北京社会科学年鉴
2013

北京市社会科学界联合会　编

北京出版集团公司
北　京　出　版　社

图书在版编目（CIP）数据

北京社会科学年鉴. 2013 / 北京市社会科学界联合会编. — 北京：北京出版社，2013. 11
ISBN 978 - 7 - 200 - 10076 - 1

Ⅰ. ①北… Ⅱ. ①北… Ⅲ. ①社会科学—北京市—2013—年鉴 Ⅳ. ①C121 - 54

中国版本图书馆 CIP 数据核字(2013)第 249318 号

责任编辑 陶宇辰
美术编辑 刘京川
责任印制 宋 超

北京社会科学年鉴 2013
BEIJING SHEHUI KEXUE NIANJIAN 2013
北京市社会科学界联合会 编
*
北 京 出 版 集 团 公 司
北 京 出 版 社 出 版
（北京北三环中路 6 号）
邮政编码：100120
网 址：www . bph . com . cn
北 京 出 版 集 团 公 司 总 发 行
北京华联印刷有限责任公司印刷
*
787 毫米 × 1092 毫米 16 开本 63. 5 印张 彩插 48 页 2150 千字
2013 年 11 月第 1 版 2013 年 11 月第 1 次印刷
ISBN 978 - 7 - 200 - 10076 - 1
定价：198. 00 元
质量监督电话：010 - 58572393

北京市社会科学界联合会《北京社会科学年鉴》编辑部
地 址：北京市东城区西滨河路 19 号
邮政编码：100011
联系电话：010 - 64527157
e-mail：sklwh@ vip. sina. com

《北京社会科学年鉴》编辑委员会名单

编辑说明

一、《北京社会科学年鉴》是一部全面系统记述首都北京哲学社会科学事业发展状况和学术动态的年度资料性学术工具书，由北京市社会科学界联合会编纂，北京市社会科学理论著作出版基金重点资助出版。

二、本年鉴高举中国特色社会主义伟大旗帜，以邓小平理论、"三个代表"重要思想、科学发展观为指导，坚持为人民服务、为社会主义服务的方向，坚持百花齐放、百家争鸣的方针，坚持吸取借鉴国内外优秀文化成果，解放思想、实事求是、与时俱进、开拓创新，客观翔实和较全面记述北京地区社会科学领域的基本情况，力求年鉴编纂的科学性、客观性、全面性。

三、本年鉴从2000年创刊起，每年出版一卷。当年的编纂出版记述上一年度首都北京哲学社会科学事业各方面的发展状况，收录的资料来自在京的党政机关，社会科学教学、研究和科研管理等机构。

四、本年鉴主旨：努力为党和政府科学决策提供社会科学方面的参考，为社会科学工作者从事学术研究及教学提供资料和借鉴，为国内外了解首都北京社会科学领域的现状提供新的有价值的信息，努力促进首都北京哲学社会科学的繁荣发展。

五、本年鉴采用分类编辑法，包括文章体和条目体，运用标准的语文体和记述体，行文力求规范、准确、简练、流畅。全书除文字表述外，配以彩色照片、表格，力求具体、形象、生动地反映首都北京社会科学的发展面貌。

六、本卷年鉴栏目设置为：特载、学科综述、科研课题、获奖成果、学术活动、机构、大事记、附录。

七、为更好发挥本年鉴的作用、增进使用便利，在编纂出版纸质版的同时编纂出版电子版（CD－ROM）。

本年鉴在资料收集、编写、出版、发行过程中，得到了有关单位及领导、学者、同人的大力支持，谨在此表示衷心感谢！

《北京社会科学年鉴》编辑部

2013年10月

The Editors' Notes

October 2013

1. *Beijing Social Science Yearbook is* an annual academic reference book which, in an all-round and systematic way, records the development of the undertakings of philosophy and social sciences, as well as the concerning academic events in Beijing, the capital of the People's Republic of China. It is compiled by the Beijing Federation of the Social Science Circles, and published with the key sponsorship of Beijing Municipal Publishing Fund for Theoretical Works on Social Sciences.

2. In compiling this yearbook, we have raised high the great banner of socialism with Chinese characteristics, followed the guidance of Deng Xiaoping Theory, the important thought of "Three Represents", and the Scientific Outlook on Development, and adhered to the orientations of serving the people and serving the socialist cause, to the implementation of the policy of "letting a hundred flowers blossom and a hundred schools of thought contend", to the absorption and reference of the excellent cultural achievements both at home and abroad, and to the principles of emancipating the minds, seeking truth from facts, advancing with the times, and blazing new trails in a pioneering spirit. We have tried to record the fundamental situations of the domains of social sciences in Beijing in an objective, accurate and comparatively comprehensive way. We have also done our utmost to be as scientific-minded, objective and comprehensive as possible in compiling this yearbook.

3. This yearbook has been compiled and published once a year since its first issue in 2000. Each volume of this yearbook records the development of the undertakings of philosophy and social sciences in the previous year in Beijing. The materials contained in this yearbook have been collected from the Party and Government departments in Beijing, and from the institutions which engage in social science teaching and research, or management of scientific research in Beijing.

4. This yearbook is intended to strive to provide the Party and Government departments with references in relation to social sciences needed in their policy-making, supply social science workers with materials and references needed for their academic research and teaching, provide new valuable information to help people both at home and abroad to learn about the current situation in the domains of social sciences in Beijing, and promote the development and prosperity of philosophy and social sciences in Beijing.

5. This yearbook is compiled by the classification method, including articles and subject entries. The whole yearbook is written in standard prose and narrative styles, trying to make the wording normative, accurate, concise and smooth. This yearbook not only presents itself in written language, but also contains color photos and diagrams, in an attempt to reflect the development of social sciences in Beijing in a concrete, vivid and lively way.

6. The standing columns in the current volume of this yearbook are Special Reprints, Survey of Various Subjects, Lists of Research Topics, Award-Winning Academic Achievements, Academic Activities, Institutions, Chronicle and Appendix.

7. While *Beijing Social Science Yearbook* is compiled and published in paper edition, it is available

in CD-ROM format simultaneously, so as to bring it into full play and make it more convenient to use.

We would like to express our heartfelt thanks to those concerning institutions with their leadership, scholars and colleagues for their immense help in the course of data-collection, compilation, publication and distribution of this volume.

The Editorial Department of
Beijing Social Science Yearbook

（翻译：王逢鑫）

2012年7月30日，中国社会科学院举行“《简明中国历史读本》和《中华史纲》出版座谈会”

2012年6月14日，中共北京市委宣传部、北京市中国特色社会主义理论体系研究中心、北京市社会科学界联合会与北京大学马克思主义学院、清华大学马克思主义学院、中国人民大学马克思主义学院、北京师范大学马克思主义学院联合举办“首都推进马克思主义理论研究和建设工程座谈会暨马克思主义中国化论坛·2012”

2012年7月31日，中国中共文献研究会周恩来思想生平研究分会、朱德思想生平研究分会联合举办“缅怀先辈殊勋 发扬优良传统——纪念南昌起义85周年学术座谈会”

2012年10月12日，中共北京市委党史研究室、北京市社会科学界联合会、中共北京市委前线杂志社、北京市中共党史学会联合召开“北京市纪念彭真诞辰110周年学术研讨会”

2012年12月18日，中国社会科学院、中国科学院、中国文学艺术界联合会、中国人民对外友好协会联合主办，郭沫若纪念馆承办“郭沫若诞辰120周年纪念会暨第四届郭沫若中国历史学奖颁奖仪式”

2012年1月8日，中共北京市委宣传部、北京市中国特色社会主义理论体系研究中心、北京市社会科学界联合会、北京市社会科学院、北京市哲学社会科学规划办公室、中共北京市委讲师团等单位联合举办“首都社科理论专家新春招待会”

2012年8月3日，中共北京市委宣传部、北京市中国特色社会主义理论体系研究中心、北京市社会科学界联合会共同举办“首都理论界学习胡锦涛总书记重要讲话精神座谈会”

2012年12月18日，中共中央文献研究室、中国中共文献研究会联合举办“学习贯彻党的十八大精神理论研讨会暨中国中共文献研究会年会”

2012年11月27日，中共北京市委宣传部、中共北京市委教育工委、北京市中国特色社会主义理论体系研究中心、北京市社会科学界联合会共同举办“首都理论界学习贯彻党的十八大精神座谈会”

2012年1月6日，北京市中国特色社会主义理论体系研究中心办公室和《中国特色社会主义研究》杂志社举办“纪念邓小平南方谈话发表20周年”理论研讨会

2012年6月26日，《中国特色社会主义研究》杂志社举办“中国特色社会主义制度”研讨会

2012年1月，北京市第十二届哲学社会科学优秀成果奖评奖工作全面展开

2013年3月14日，北京市第十二届哲学社会科学优秀成果奖颁奖大会隆重举行，大会颁发特等奖3项、一等奖45项、二等奖162项

北京市人大常委会开展社会调研活动

2012年5月30日，中共北京市委研究室、北京市社会科学界联合会召开北京市重大决策咨询课题论证会

2012年10月17日，北京市中国特色社会主义理论体系研究中心办公室组织研究中心专家赴曹妃甸首钢京唐公司进行市情国情考察

2012年4月17日，北京市中国特色社会主义理论体系研究中心和北京市社会科学界联合会组织编写，英国新经典出版社翻译出版的《中国共产党建设90年——实践探索与理论创新》英文版首发式在英国伦敦国际书展举行

2012年12月2日，北京市社会科学界联合会和北京市科学技术协会共同主办以“文化创新、科技创新‘双轮驱动’战略”为主题的第十届北京自然科学界和社会科学界联席会议高峰论坛。论坛上市社科联和市科协联合建立了首批6个北京市社会科学与自然科学协同创新研究基地

2012年9月27日，北京、天津、河北、山西、内蒙古五地社会科学界联合会与科学技术协会联合主办2012京津冀晋蒙区域协作论坛，论坛主题为：“首都经济圈：内涵与路径”

2012年10月16日，北京市社会科学界联合会、北京市科学技术协会主办，北京市档案学会、北京数字科普协会承办“数字时代档案资源的视觉传播”学术论坛

2012年10月21日，北京市社会科学界联合会、北京市科学技术协会、中国针灸学会针灸文献专业委员会共同主办，北京针灸学会、北京市学习科学学会承办“2012中医针灸”北京论坛

2012年12月9日，北京市社会科学界联合会、北京市科学技术协会主办，北京东方生命文化研究所、北京医学会承办“第二届两重生命的互动论坛”

2012年12月28日，北京市社会科学界联合会、北京市科学技术协会主办，北京伦理学会、北京食品学会承办“食品安全与食品伦理”学术研讨会

北京市社会科学界联合会、北京市科学技术协会联合举办学术活动

2012年12月15日，北京市社会科学界联合会与北京师范大学联合举办以“科学发展：深化改革与改善民生”为主题的2012·学术前沿论坛

2012·学术前沿论坛部分分论坛会场

2012年12月23日，中共北京市委宣传部、北京市社会科学界联合会与北京市哲学社会科学规划办公室联合主办以“全面小康：发展与公平”为主题的第六届北京中青年社科理论人才“百人工程”学者论坛

2012年8月下旬，北京市社会科学界联合会组织专家学者赴宁夏回族自治区继续开展“首都社科专家边疆行”活动，2009年以来，已先后赴青海、黑龙江、新疆、西藏等边疆地区

2012年5月17日，北京市社会科学界联合会、北京联合大学、北京旅游学会共同举办以“推动首都旅游产业发展——融合 · 创新 · 提升”为主题的第二届首都旅游发展论坛

2012年6月16日，北京市社会科学界联合会和清华大学共同举办以“转型时期城乡社区管理创新研究”为主题的2012北京社会建设论坛

2012年7月8日，北京市社会科学界联合会、北京市文化局、北京中华文化学院、中国民盟北京市委、九三学社北京市委、北京联合大学、北京改革和发展研究会等单位联合举办以“首都非物质文化遗产保护”为主题的2012北京文化论坛

2012年11月10-11日，北京市社会科学界联合会与首都经济贸易大学联合举办以“世界城市：规律、趋势与战略选择”为主题的第五届城市国际化论坛

2012年11月16日，北京市社会科学界联合会、辽宁大学、经济科学出版社等单位联合举办以“打造中国经济‘第四增长极’”为主题的第四届中国经济学前沿论坛（2012）

2012年11月18日，北京市社会科学界联合会、北京市中国特色社会主义理论体系研究中心和《中国特色社会主义研究》杂志社联合举办以“城乡一体化与首都‘十二五’发展”为主题的2012首都论坛

2012年11月24日，北京市社会科学界联合会、北京大学中国持续发展研究中心、北京三生环境与发展研究院共同举办以“绿色社区建设”为主题的三生共赢论坛·2012北京会议

2012年12月8日，北京市社会科学界联合会与北京工商大学联合举办以“零售业发展与创新”为主题的2012首都现代服务业发展论坛

2012年12月12日，北京市社会科学界联合会与首都师范大学联合举办以“走向教育的质量与公平”为主题的2012首都教育论坛

2012年4月26日，“首都社科专家进西城”课题对接会议在西城区召开

2012年5月4日，应丰台区委宣传部之邀，首都社科专家前往丰台永定河规划展览中心参加“丰台区建设充满活力的首都文化强区策略研究研讨会”

2012年6月13日，北京市社会科学界联合会和通州区委区政府联合举办“打造现代化国际新城 提升文化软实力——首都社科专家进通州建言献策”活动

2012年8月2日，北京市社会科学界联合会组织社科专家前往密云开展调研活动

北京市社会科学界联合会组织首都社科专家开展“走转改”活动

社科普及进机关

社科普及进军营

社科普及进公园

2012年，北京市社会科学界联合会在持续开展社科普及进社区、进村镇、进学校、进工地“四进”活动的基础上，又推出了社科普及进机关、进军营、进公园，形成社科普及“七进”系列活动

2012年4月27日，中共北京市委宣传部、中共北京市委社会工委、北京市社会科学界联合会共同举办“2012北京周末社区大讲堂系列科普讲座启动式”

2012年5月18日，北京市社会科学界联合会主办的社科普及园在第十届北京国际图书节主会场开幕，本次社科普及园活动包括社科普及展览、社科图书展和名家大讲堂

北京市社会科学界联合会举办的“社会科学普及系列讲座”持续开展

2012年11月24日，中共北京市委宣传部、北京市社会科学界联合会、北京市科学技术委员会、中共北京市西城区委宣传部、西城区社科联共同举办“2012北京社会科学普及周暨西城区首届社会科学普及周开幕式”

2012年11月，北京市社会科学界联合会开展2012北京社科普及周学习宣传十八大系列活动，发放十八大精神宣传折页5000余份

北京大学哲学系100周年庆典
哲学系主任
王 博
致辞
哲学系主任
王 博
致辞

北京大学马克思主义学院成立20周年庆典
暨全国高校马克思主义学院院长论坛
2012年4月

热烈庆祝北京大学经济学院（系）100周年暨北京大学经济学科110周年
北京大学经济学院百年院庆之“经济学博士、博士后论坛”

北京大学举办学术活动

中国人民大学推进学术研究和学校发展

中国人民银行
THE PEOPLE'S BANK OF CHINA

清華大學
TSINGHUA UNIVERSITY
清华大学五道口金融学院
成立大会
清華大學
五道口金融学院
PBC School of Finance
Tsinghua University

清華大學社會科學學院
成立大會
2012年10月27日

水木清华 人文日新
人文學院成立大會

清华大学推进学科建设

北京师范大学开展学术活动

中央民族大学开展国际学术交流

中国政法大学开展学术活动

中央财经大学开展学术活动

对外经济贸易大学开展学术活动

中国传媒大学开展学术活动

首都师范大学开展学术活动

首都经济贸易大学开展学术活动

北京工商大学开展学术活动

北京科技大学推进社会科学发展

北京林业大学庆祝建校60周年

北京交通大学举办学术论坛

中国地质大学（北京）召开学术会议

首都体育学院开展学术活动

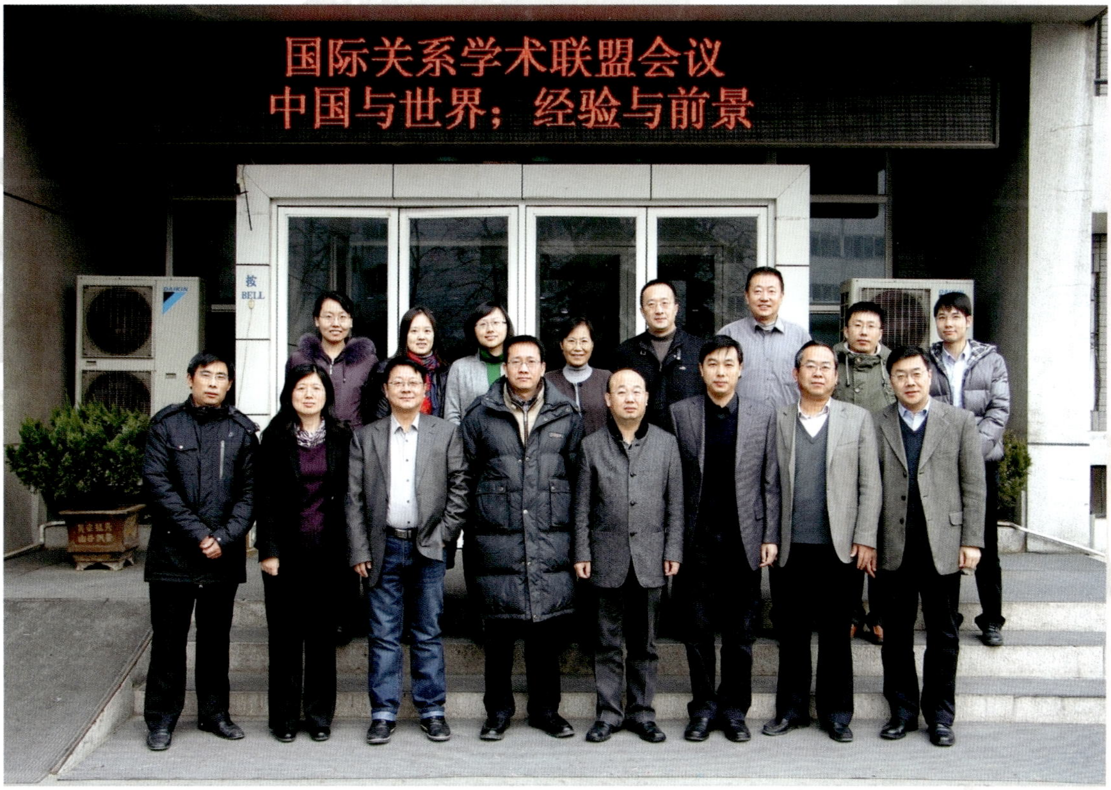

国际关系学术联盟会议
中国与世界：经验与前景

外交学院开展学术活动

中国劳动关系学院举办学术论坛

中国青年政治学院开展学术活动

中共北京市委党校、北京行政学院开展学术活动

中共北京市委党史研究室开展党史研究工作

《北京法治发展报告》首发式暨首都法治建设研讨会

北京市社会科学院推进学术研究和学科发展

北京市档案局、北京市档案馆开展档案学术活动

北京市高等教育学会学习贯彻党的十八大精神座谈会

北京外国问题研究会“2012外交官经济论坛”

北京市国际税收研究会营改增问题培训会议

北京企业文博协会主办北京企业博物馆建设与发展研讨会

北京市社会科学界联合会所属学术团体开展各种学术活动

目 录

政治学（含思想政治工作、党建、统战）

经济学

社会学（含人口学）

法　学

语言学　文学

文化　艺术（含民俗）

管理学（含人才学、信息学）

综合（含新闻、国际关系、其他）

Contents
(Abridged)

Institutions

（翻译：王逢鑫）

·特　　载·

坚定不移沿着中国特色社会主义道路前进　为全面建成小康社会而奋斗

中国共产党第十八次全国代表大会在京开幕
胡锦涛代表第十七届中央委员会向大会作报告

胡锦涛强调，总结十年奋斗历程，最重要的就是我们勇于推进实践基础上的理论创新，围绕坚持和发展中国特色社会主义提出一系列紧密相连、相互贯通的新思想、新观点、新论断，形成和贯彻了科学发展观。面向未来，必须把科学发展观贯彻到我国现代化建设全过程、体现到党的建设各方面

吴邦国主持大会　2309名代表和特邀代表出席大会

新华社北京11月8日电　高举旗帜奋力开拓铸就辉煌业绩，领航中国信心满怀共创美好未来。举世瞩目的中国共产党第十八次全国代表大会8日上午在人民大会堂开幕。

胡锦涛代表第十七届中央委员会向大会作了题为《坚定不移沿着中国特色社会主义道路前进，为全面建成小康社会而奋斗》的报告。胡锦涛强调，中国共产党第十八次全国代表大会，是在我国进入全面建成小康社会决定性阶段召开的一次十分重要的大会。大会的主题是：高举中国特色社会主义伟大旗帜，以邓小平理论、“三个代表”重要思想、科学发展观为指导，解放思想，改革开放，凝聚力量，攻坚克难，坚定不移沿着中国特色社会主义道路前进，为全面建成小康社会而奋斗。

人民大会堂雄伟庄严，万人大礼堂气氛热烈。主席台上方悬挂着“中国共产党第十八次全国代表大会”的会标，后幕正中是镰刀和锤头组成的党徽，10面鲜艳的红旗分列两侧。二楼和三楼的眺台上分别悬挂着“高举中国特色社会主义伟大旗帜，以邓小平理论、‘三个代表’重要思想、科学发展观为指导，坚定不移沿着中国特色社会主义道路前进，为全面建成小康社会而奋斗！”“伟大、光荣、正确的中国共产党万岁！”的横幅。

在主席台前排就座的大会主席团常务委员会成员有胡锦涛、江泽民、吴邦国、温家宝、贾庆林、李长春、习近平、李克强、贺国强、周永康、王刚、王乐泉、王兆国、王岐山、回良玉、刘淇、刘云山、刘延东、李源潮、汪洋、张高丽、张德江、俞正声、徐才厚、郭伯雄、李鹏、朱镕基、李瑞环、宋平、尉健行、李岚清、曾庆红、吴官正、罗干、范长龙、许其亮、何勇、令计划、王沪宁。

大会由吴邦国主持。上午9时，会议开始。全场起立，高唱《中华人民共和国国歌》。随后，全体同志为毛泽东、周恩来、刘少奇、朱德、邓小平、陈云等已故老一辈无产阶级革命家和革命先烈默哀。

吴邦国宣布，党的十八大应出席代表2268人，特邀代表57人，共2325人，今天实到2309人。他对列席大会的党外朋友和有关方面负责同志表示热烈的欢迎。

胡锦涛代表第十七届中央委员会向大会作的报告分12个部分：一、过去五年的工作和十年的基本总结；二、夺取中国特色社会主义新胜利；三、全面建成小康社会和全面深化改革开放的目标；四、加快完善社会主义市场经济体制和加快转变经济发展方式；五、坚持走中国特色社会主义政治发展道路和推进政治体制改革；六、扎实推进社会主义文

化强国建设；七、在改善民生和创新管理中加强社会建设；八、大力推进生态文明建设；九、加快推进国防和军队现代化；十、丰富“一国两制”实践和推进祖国统一；十一、继续促进人类和平与发展的崇高事业；十二、全面提高党的建设科学化水平。

胡锦涛在报告中指出，十七大以来的五年，各方面工作都取得新的重大成就，经济平稳较快发展，改革开放取得重大进展，人民生活水平显著提高，民主法制建设迈出新步伐，文化建设迈上新台阶，社会建设取得新进步，国防和军队建设开创新局面，港澳台工作进一步加强，外交工作取得新成就，党的建设全面加强。同时，必须清醒看到，我们工作中还存在许多不足，前进道路上还有不少困难和问题。

在总结十年工作时，胡锦涛强调，我们紧紧抓住和用好我国发展的重要战略机遇期，战胜一系列重大挑战，奋力把中国特色社会主义推进到新的发展阶段，为全面建成小康社会打下了坚实基础。总结十年奋斗历程，最重要的就是我们勇于推进实践基础上的理论创新，围绕坚持和发展中国特色社会主义提出一系列紧密相连、相互贯通的新思想、新观点、新论断，形成和贯彻了科学发展观。面向未来，必须把科学发展观贯彻到我国现代化建设全过程、体现到党的建设各方面。

胡锦涛指出，道路关乎党的命脉，关乎国家前途、民族命运、人民幸福。在改革开放三十多年一以贯之的接力探索中，我们坚定不移高举中国特色社会主义伟大旗帜，既不走封闭僵化的老路，也不走改旗易帜的邪路。

胡锦涛强调，建设中国特色社会主义，总依据是社会主义初级阶段，总布局是五位一体，总任务是实现社会主义现代化和中华民族伟大复兴。在新的历史条件下夺取中国特色社会主义新胜利，必须坚持人民主体地位，必须坚持解放和发展社会生产力，必须坚持推进改革开放，必须坚持维护社会公平正义，必须坚持走共同富裕道路，必须坚持促进社会和谐，必须坚持和平发展，必须坚持党的领导。

在谈到全面建成小康社会和全面深化改革开放的目标时，胡锦涛指出，综观国际国内大势，我国发展仍处于可以大有作为的重要战略机遇期。我们要确保到二〇二〇年实现全面建成小康社会宏伟目标。要在十六大、十七大确立的全面建设小康社会目标的基础上努力实现新的要求，主要目标是：经济持续健康发展，转变经济发展方式取得重大进展，实现国内生产总值和城乡居民人均收入比二〇一〇年翻一番；人民民主不断扩大，文化软实力显著增强，人民生活水平全面提高，资源节约型、环境友好型社会建设取得重大进展。全面建成小康社会，必须以更大的政治勇气和智慧，不失时机深化重要领域改革，坚决破除一切妨碍科学发展的思想观念和体制机制弊端，构建系统完备、科学规范、运行有效的制度体系，使各方面制度更加成熟更加定型。

胡锦涛指出，要加快完善社会主义市场经济体制和加快转变经济发展方式。第一，全面深化经济体制改革。第二，实施创新驱动发展战略。第三，推进经济结构战略性调整。第四，推动城乡发展一体化。第五，全面提高开放型经济水平。

胡锦涛强调，要坚持走中国特色社会主义政治发展道路和推进政治体制改革。要把制度建设摆在突出位置，充分发挥我国社会主义政治制度优越性。推进政治建设和政治体制改革要抓好以下重要任务。一是要支持和保证人民通过人民代表大会行使国家权力。二是要健全社会主义协商民主制度。三是要完善基层民主制度。四是要全面推进依法治国。五是要深化行政体制改革。六是要建立健全权力运行制约和监督体系。七是要巩固和发展最广泛的爱国统一战线。

胡锦涛指出，要扎实推进社会主义文化强国建设。加强社会主义核心价值体系建设，全面提高公民道德素质，丰富人民精神文化生活，增强文化整体实力和竞争力。

胡锦涛提出，在改善民生和创新管理中加强社会建设。加强社会建设，必须以保障和改善民生为重点，必须加快推进社会体制改革。这方面的重要任务包括：努力办好人民满意的教育，推动实现更高质量的就业，千方百计增加居民收入，统筹推进城乡社会保障体系建设，提高人民健康水平，加强和创新社会管理。

胡锦涛强调，必须把生态文明建设放在突出地位，当前和今后一个时期，要重点抓好以下四个方面的工作。一是要优化国土空间开发格局。二是要全面促进资源节约。三是要加大自然生态系统和环境保护力度。四是要加强生态文明制度建设。

胡锦涛指出，要全面加强军队革命化现代化正规化建设。积极稳妥进行国防和军队改革，推动中国特色军事变革深入发展。中国奉行防御性的国防政策，加强国防建设的目的是维护国家主权、安全、领土完整，保障国家和平发展。

胡锦涛指出，要丰富“一国两制”实践和推进祖国统一。中央政府将严格依照基本法办事，坚定支持特别行政区行政长官和政府依法施政。必须坚持“和平统一、一国两制”方针，为和平统一创造更充分的条件。我们要始终坚持一个中国原则，坚决反对“台独”分裂图谋。

胡锦涛强调，要继续促进人类和平与发展的崇高事业。在国际关系中弘扬平等互信、包容互鉴、合作共赢的精神，共同维护国际公平正义。

胡锦涛指出，要全面提高党的建设科学化水平。全党要牢牢把握加强党的执政能力建设、先进性和纯洁性建设这条主线，坚持解放思想、改革创新，坚持党要管党、从严治党，全面加强党的思想建设、组织建设、作风建设、反腐倡廉建设、制度建设，增强自我净化、自我完善、自我革新、自我提高能力，建设学习型、服务型、创新型的马克思主义执政党，确保党始终成为中国特色社会主义事业的坚强领导核心。

为此，必须抓好八个方面的重要任务：坚定理想信念，坚守共产党人精神追求；坚持以人为本、执政为民，始终保持党同人民群众的血肉联系；积极发展党内民主，增强党的创造活力；深化干部人事制度改革，建设高素质执政骨干队伍；坚持党管人才原则，把各方面优秀人才集聚到党和国家事业中来；创新基层党建工作，夯实党执政的组织基础；坚定不移反对腐败，永葆共产党人清正廉洁的政治本色；严明党的纪律，自觉维护党的集中统一。

胡锦涛强调，面对人民的信任和重托，面对新的历史条件和考验，全党必须增强忧患意识，谦虚谨慎，戒骄戒躁，始终保持清醒头脑；必须增强创新意识，坚持真理，修正错误，始终保持奋发有为的精神状态；必须增强宗旨意识，相信群众，依靠群众，始终把人民放在心中最高位置；必须增强使命意识，求真务实，艰苦奋斗，始终保持共产党人的政治本色。

胡锦涛报告过程中，全场多次响起热烈的掌声。

现任和曾任全国人大常委会副委员长、全国政协副主席的党外人士，各民主党派中央、全国工商联主席及在京副主席和无党派人士代表，全国人大、全国政协在京常委中的民主党派、无党派和民族宗教界人士韩启德、周铁农、蒋树声、陈昌智、严隽琪、桑国卫、帕巴拉·格列朗杰、黄孟复、董建华、张梅颖、张榕明、万钢、林文漪、厉无畏、罗富和、陈宗兴、王志珍、何厚铧、何鲁丽、成思危、许嘉璐、蒋正华、孙孚凌、王文元、罗豪才、张克辉、张怀西、李蒙、袁隆平等作为来宾列席大会，在主席台贵宾席就座。党内有关负责同志也列席了大会。

2700多名中外记者采访报道了开幕会盛况。

（原载《人民日报》2012年11月9日第1版）

国家“十二五”时期文化改革发展规划纲要

“十二五”时期是全面建设小康社会的关键时期，也是促进文化又好又快发展的关键阶段。为深入贯彻落实党的十七届六中全会精神，深化文化体制改革，推动社会主义文化大发展大繁荣，进一步兴起社会主义文化建设新高潮，努力建设社会主义文化强国，根据《中共中央关于深化文化体制改革、推动社会主义文化大发展大繁荣若干重大问题的决定》和《中华人民共和国国民经济和社会发展第十二个五年规划纲要》，编制本纲要。

序　言

文化是民族的血脉，是人民的精神家园。当今世界，文化地位和作用更加凸显，越来越成为民族凝聚力和创造力的重要源泉、越来越成为综合国力竞争的重要因素、越来越成为经济社会发展的重要支撑，丰富精神文化生活越来越成为我国人民的热切愿望。在新的历史起点上深化文化体制改革、推动社会主义文化大发展大繁荣，关系实现全面建设小康社会奋斗目标，关系坚持和发展中国特色社会主义，关系实现中华民族伟大复兴。

“十一五”时期是我国文化建设的创新发展期。各地区各部门认真贯彻中央决策部署，解放思想、实事求是、与时俱进、改革创新，推动文化建设不断取得新成就，走出了中国特色社会主义文化发展道路。中国特色社会主义理论体系广泛普及，全党全国各族人民团结奋斗的共同思想基础不断巩固。社会主义核心价值体系建设扎实推进，全社会思想道德水平进一步提升。文化体制改革取得实质性进展，有利于文化科学发展的体制机制初步形成。公共文化服务体系框架基本建立，服务能力和水平显著提高。文化产业蓬勃发展，整体规模和实力快速提升。文化产品创作生产十分活跃，精品不断涌现、市场日益繁荣。文化遗产保护力度不断加大，优秀民族传统文化进一步弘扬。文化走出去步伐加快，中华文化的国际竞争力和影响力明显增强。

当前和今后一段时期，我国发展仍处于可以大有作为的重要战略机遇期。文化领域正在发生广泛而深刻的变革，推动文化大发展大繁荣既具备许多有利条件，也面临一系列新情况新问题。我国经济持续快速发展、综合国力日益增强，为文化建设奠定了坚实的物质基础；中国特色社会主义理论和实践的丰硕成果，为文化建设提供了宝贵的精神文化资源；全社会重视、参与文化建设的热情日益高涨，为文化建设营造了良好的社会氛围；人民群众快速增长的精神文化需求，为文化发展拓展了巨大空间；我国的国际地位和影响力显著提高，为中华文化走出去提供了重要契机。文化改革发展面临难得的历史机遇。同时，我国文化发展的质量和水平还不高，文化建设的布局和结构不尽合理，制约文化科学发展的体制机制障碍尚未完全破除。面对人民群众精神文化需求快速增长的新形势，我国文化产品无论是数量还是质量，都还不能很好满足人民群众多方面、多层次、多样化的精神文化需求，进一步解放和发展文化生产力、提高文化产品和服务供给能力的任务更加紧迫。面对经济发展方式加快转变、社会结构深刻调整和新形势，推动全民族文明素质提高，发挥文化引领风尚、教育人民、服务社会、推动发展的任务更加紧迫。面对现代信息科技和传播手段快速发展的新形势，加快建立文化对现代信息科技和传播手段快速发展的新形势，加快建立文化创新体系、推进文化创新的任务更加紧迫。面对世界范围内各种思想文化交流交融交锋更加明显、斗争尖锐复杂的新形势，增强我国文化整体实力和国际竞争力，抵御国际敌对势力的文化渗透，维护国家文化安全的任务更加紧迫。我们要准确把握我国经济社会发展新要求，准确把握当今时代文化发展新趋势，准确把握各族人民精神文化生活新期待，牢牢抓住发展的重要战略机遇期，顺应时代发展要求，遵循文化发展规律，加快文化改革创新，在全面建设小康社会进程中、在科学发展道路上奋力开创社会主义文化建设新局面。

一、指导思想、重要方针和主要目标

（一）指导思想

高举中国特色社会主义伟大旗帜，以马克思列宁主义、毛泽东思想、邓小平理论和“三个代表”重要思想为指导，深入贯彻落实科学发展观，坚持社会主义先进文化前进方向，以科学发展为主题，以建设社会主义核心价值体系为根本任务，以满足人民精神文化需求为出发点和落脚点，以改革创新为动力，发展面向现代化、面向世界、面向未来的，民族的科学的大众的社会主义文化，培养高度的文化自觉和文化自信，提高全民族文明素质，增强国家文化软实力，弘扬中华文化，坚持中国特色社会主义文化发展道路，努力建设社会主义文化强国。

（二）重要方针

——坚持以马克思主义为指导，推进马克思主义中国化、时代化、大众化，用中国特色社会主义理论体系武装头脑、指导实践、推动工作，确保文化改革发展沿着正确道路前进。

——坚持社会主义先进文化前进方向，坚持为人民服务、为社会主义服务，坚持百花齐放、百家争鸣，坚持继承和创新相统一，弘扬主旋律、提倡多样化，以科学的理论武装人，以正确的舆论引导人，以高尚的精神塑造人，以优秀的作品鼓舞人，在全社会形成积极向上的精神追求和健康文明的生活方式。

——坚持以人为本，贴近实际、贴近生活、贴近群众，发挥人民在文化建设中的主体作用，坚持文化发展为了人民、文化发展依靠人民、文化发展成果由人民共享，促进人的全面发展，培育有理想、有道德、有文化、有纪律的社会主义公民。

——坚持把社会效益放在首位，坚持社会效益与经济效益有机统一，遵循文化发展规律，适应社会主义市场经济发展要求，加强文化法制建设，一手抓繁荣、一手抓管理，推动文化事业和文化产业全面协调可持续发展。

——坚持改革开放，着力推进文化体制机制创新，以改革促发展、促繁荣，不断解放和发展文化生产力，提高文化开放水平，推动中华文化走向世界，积极吸收各国优秀文明成果，切实维护国家文化安全。

（三）主要目标

围绕建设社会主义文化强国的宏伟目标，全面落实到2020年文化改革发展的总体部署，到2015年，我国文化改革发展的主要目标是：社会主义核心价值体系建设不断推进，全党全国各族人民团结奋斗的共同思想道德基础进一步巩固；文化体制改革重点任务基本完成，文化体制机制充满活力、富有效率，有力促进文化科学发展；覆盖全社会的公共文化服务体系基本建立，城乡居民能够较为便捷地享受公共文化服务，基本文化权益得到更好保障；现代文化产业体系和文化市场体系基本建立，文化产业增加值占国民经济比重显著提升，文化产业推动经济发展方式转变的作用明显增强，逐步成长为国民经济支柱性产业；文化产品创作生产体系不断完善，高素质文化人才队伍发展壮大，内容创新和传播能力大大增强，精神文化产品和社会文化生活丰富多彩，更好地满足人民群众的精神文化需求；公有制为主体、多种所有制共同发展的文化产业格局逐步形成；技术先进、传输快捷、覆盖广泛的文化传播体系更加完善，以大城市为中心、中小城市相配套、贯通城乡的现代文化产品流通网络逐渐形成；重点媒体国际传播能力不断增强，与我国经济社会发展水平和国际地位相匹配的媒体国际传播能力逐步形成；主要文化产品进出口严重逆差的局面逐步改善，形成以民族文化为主体、吸收外来有益文化、推动中华文化走向世界的文化开放格局；全民族文明素质明显提高，国家文化软实力和国际竞争力显著提升。

二、加强社会主义核心价值体系建设

（一）深入推进中国特色社会主义理论体系的学习研究宣传。坚持不懈用中国特色社会主义理论体系武装全党、教育人民，推动学习实践科学发展观向深度和广度拓展。建立健全党员干部理论学习制度，丰富拓展面向群众的理论学习途径，扎实推进学习型党组织和学习型社会建设。紧密联系改革开放和社会主义现代化建设实际，坚持以重大现实问题为主攻方向，深入研究关系党和国家事业发展的全局性、战略性、前瞻性问题，推出一批有深度、有价值的理论研究成果，进一步推动马克思主义中国化、时代化、大众化。围绕深层次思想理论问题和社会热点难点问题，推出更多更好的通俗理论作品，深入开展面向基层的党的理论创新成果宣讲活动。深入实施马克思主义理论研究和建设工程，实施中国特色社会主义理论体系普及计划，抓好研究成果的转化应用，推动中国特色社会主义理论体系教材进课堂、进头脑，增强科学理论教育引导群众作用。

（二）繁荣发展哲学社会科学。巩固和发展马克思主义理论学科，坚持基础研究和应用研究并重，传统学科和新兴学科、交叉学科并重，大力推进学科体系、学术观点、科研方法创新，建设具有中国特色、中国风格、中国气派的哲学社会科学，实施哲学社会科学创新工程，推进哲学社会科学创新体系建设，充分发挥哲学社会科学认识世界、传承文明、创新理论、咨政育人、服务社会的重要功能。加强学科和教材建设，全面完成高校哲学社会科学重点教材编写规划，推动社会科学和自然科学的交叉融合，不断提高理论研究整体水平。发挥国家哲学社会科学基金示范引导作用，推出一批有价值、有广泛社会影响的研究成果。有计划地组织对外翻译一批优秀哲学社会科学成果。整合哲学社会科学研究力量，建设一批社会科学研究基地和国家重点实验室，建设一批具有专业优势的思想库，加强哲学社会科学信息化建设。

（三）加强思想道德建设。扎实推进社会主义核心价值体系建设，深入开展走中国特色社会主义道路和实现中华民族伟大复兴的理想信念教育，大力弘扬以爱国主义为核心的民族精神和以改革创新为核心的时代精神，深入开展社会主义荣辱观宣传教育，积极探索用社会主义核心价值体系引领社会思潮的有效途径，形成扶正祛邪、惩恶扬善的社会风气。制定社会主义核心价值体系建设实施纲要。推进公民道德建设工程，拓展各类道德实践活动，加强社会公德、职业道德、家庭美德、个人品德教育，构建传承中华传统美德、符合社会主义精神文明要求、适应社会主义市场经济的道德和行为规范。深入开展学雷锋活动，采取措施推动学习活动常态化。做好深入细致的思想政治工作，在全社会弘扬和践行劳动最光荣、劳动者最伟大的思想观念，在各行各业着力构建和谐劳动关系。深化政风、行风建设，开展道德领域突出问题专项教育和治理。广泛开展形势政策和民族团结进步宣传教育。加强人文关怀，注重心理疏导，培育自尊自信、理性平和、积极向上的社会心态。提倡修身律己、尊老爱幼、勤勉做事、平实做人，推动形成我为人人、人人为我的社会氛围。加强未成年人思想道德建设和大学生思想政治教育，净化社会文化环境，促进青少年身心健康，为青少年营造健康成长的空间。加强青少年文化活动场所建设，创造出更多青少年喜闻乐见、益智益德的文化作品，广泛开展面向青少年的各类文化体育活动。大力弘扬中华民族优秀传统文化，深入挖掘中华传统节日、重大纪念日思想内涵，进行思想道德教育。加强爱国主义教育基地建设，积极发展红色旅游。深化文明城市、文明村镇、文明单位创建，整合现有城市评选项目。广泛开展军民警民共建精神文明活动，推进“讲文明、树新风”活动。把诚信建设摆在突出位置，加强诚信教育，大力推进政务诚信、商务诚信、社会诚信和司法公信建设，抓紧建立健全覆盖全社会的征信系统。认真实施“六五”普法规划，加强法制宣传教育，弘扬社会主义法治精神。深入开展反腐倡廉教育，大力加强廉政文化建设，形成以廉为荣、以贪为耻的良好社会风尚。广泛开展志愿服务活动，建立完善社会志愿服务体系。大力发展社会慈善事业。继续深入研究提炼社会主义核心价值观。

专栏1　社会主义核心价值体系建设工程

马克思主义理论研究和建设工程：继续加强马克思主义经典著作编译、基本理论观点和重大理论问题研究，推进充分反映马克思主义中国化最新成果的学科体系和教材体系建设，完成139种工程重点教材编写出版及推广使用工作，加强哲学社会科学骨干教师培训。

国家社会科学基金：“十二五”期间继续扩大基金规模，进一步改进完善基金管理机制，使项目管理更加科学规范，确保基金使用效益。以实施重大项目为龙头，着力推出一批代表国家水准的标志性研究成果。以青年学者为重点，努力培养一批优秀社会科学研究人才。

哲学社会科学创新工程：以社会科学院为依托，推进哲学社会科学创新体系建设。调整优化学科布局，加强重大现实问题研究，加强学术阵地建设。加强队伍建设，造就一批学术大家、领军人才和科研骨干。

文明城市、文明村镇、文明单位创建：每年对全国部分城市进行公共文明指数测评并公布结果，每3年表彰一次全国文明城市、文明村镇、文明单位。

红色旅游：以全国爱国主义教育示范基地为重点，进一步充实完善原有100余个红色旅游经典景区，实施《2011—2015年全国红色旅游发展规划纲要》，重点建设130个红色旅游经典景区，力争到“十二五”期末全国红色旅游目标人数突破8亿人次。

三、加快构建公共文化服务体系

（一）构建公共文化服务体系。按照公益性、基本性、均等性、便利性的要求，以公共财政为支撑，以公益性文化单位为骨干，以全体人民为服务对象，以保障人民群众看电视、听广播、读书看报、进行公共文化鉴赏、参与公共文化活动等基本文化权益为主要内容，完善覆盖城乡、结构合理、功能健全、实用高效的公共文化服务体系。推动跨部门项目合作，统筹规划和建设基层公共文化服务设施，坚持项目建设和运行管理并重，实现资源整合、共建共享。加强社会公共文化设施建设，把社区文化中心建设纳入城乡规划和设计，拓展投资渠道。完善面向妇女、未成年人、老年人、残疾人的公共文化服务设施。推进国家公共文化服务体系示范区创建。制定公共文化服务指标体系和绩效考核办法，明确服务标准和服务规范，加强评估考核。

（二）加强公共文化产品和服务供给。加强文化馆、博物馆、图书馆、美术馆、科技馆、纪念馆、工人文化宫、青少年宫等公共文化服务设施和爱国主义教育示范基地建设并完善向社会免费开放服务。鼓励其他国有文化单位、教育机构等开展公益性文化活动，各类公共场所要为群众性文化活动提供便利。加快现代科技应用步伐，提高公共文化服务的数字化、网络化水平。以公共图书馆、学校电子阅览室、社区文化中心为依托，建立和完善未成年人公益性上网场所。鼓励扶持少数民族文化产品的创作生产，提高优秀汉语广播影视节目、出版物等的民族语言译制量，开展少数民族文字书报刊赠送活动。扩大盲人读物出版规模，有条件的地区可以公共图书馆为依托，建立盲人电子阅览室。把主要公共文化产品和服务项目、公益性文化活动纳入公共财政经常性支出预算。采取政府采购、项目补贴、定向资助、贷款贴息、税收减免等政策措施鼓励各类文化企业参与公共文化服务。鼓励国家投资、资助或拥有版权的文化产品无偿用于公共文化服务。

（三）加快城乡文化一体化发展。增加农村文化服务总量，缩小城乡文化发展差距，以农村和中西部地区为重点，加强县级文化馆和图书馆、乡镇综合文化站、村文化室建设，深入实施广播电视村村通、文化信息资源共享、农村电影放映和农家书屋等重点文化惠民工程，扩大覆盖、消除盲点、提高标准、完善服务、改进管理。大力推进农民体育健身工程。加大对革命老区、民族地区、边疆地区、贫困地区文化服务网络建设支持和帮扶力度。引导企业、社区积极开展面向农民工的公益性文化活动，尽快把农民工纳入城市公共文化服务体系，努力丰富农民工精神文化生活。建立以城带乡联动机制，合理配置城乡文化资源，鼓励城市对农村进行文化帮扶，把支持农村文化建设作为创建文明城市基本指标。鼓励文化单位面向农村提供流动服务、网点服务，推动媒体办好农村版和农村频率频道，做好主要党报党刊在农村基层发行和赠阅工作。扶持文化企业以连锁方式加强基层和农村文化网点建设，推动电影院线、演出院线向市县延伸，支持演艺团体深入基层和农村演出。

（四）广泛开展群众性文化活动。以社区文化、企业文化、村镇文化、校园文化建设为载体，积极搭建公益性文化活动平台，依托重大节庆活动和民族民间文化资源，组织开展群众乐于参与、便于参与的文化活动。深入开展全民阅读、全民健身活动，推动文化科技卫生“三下乡”、科教文体法律卫生“四进社区”“送欢乐下基层”等活动经常化。支持群众依法兴办文化团体，精心培育植根群众、服务群众的文化载体和文化样式。鼓励文艺工作者、艺术院校学生和热心文化公益事业的各界人士开展文化志愿服务。

专栏2　公共文化服务建设工程（重点文化惠民工程）

广播电视村村通工程：重点解决20户以下已通电自然村覆盖，完善高山无线发射台站基础设施，积极推进直播卫星广播电视公共服务，基本实现广播电视户户通，全国广播电视人口综合覆盖率达到99%。

文化信息资源共享工程：实现从城市到农村服务网络全覆盖，通过有线电视、直播卫星、通信网、互联网等多种方式进入居民家庭，入户率达到50%，数字资源达到530百万兆字节。建设公共电子阅览室。

农村数字电影放映工程：农村流动银幕达到5万块，每个行政村每月放映一场数字电影，每学期农村中小学生观看两场爱国主义教育影片。

农家书屋工程：到2020年实现覆盖全部行政村，建立出版物更新配送系统，提高配送图书质量。

公共文化设施建设：新建、改扩建一批地市级公共图书馆、文化馆、博物馆。

边疆及民族地区公共文化建设：实施新疆文化建设春雨工程、新闻出版东风工程，扶持少数民族文化产品创作生产，加强边疆民族地区文化设施建设。建设少数民族语言翻译出版基地，扶持少数民族文化产品译制和出版、播出。

国家级重大文化设施建设：推进国家美术馆、中国工艺美术馆、出版博物馆、中国国学研究与交流中心、国家民族博物馆、新闻博物馆等一批代表国家文化形象的重点文化设施建设。

四、加快发展文化产业

（一）构建现代文化产业体系。构建结构合理、门类齐全、科技含量高、富有创意、竞争力强的现代文化产业体系，推动文化产业跨越式发展，使之成为新的经济增长点、经济结构战略性调整的重要支点、转变经济发展方式的重要着力点，为推动科学发展提供重要支撑。加快转变文化产业发展方式，促进从粗放型向集约型、质量效益型转变，增强文化产业整体实力和竞争力。实施一批重大项目，推进文化产业结构调整，发展壮大出版发行、影视制作、印刷、广告、演艺、娱乐、会展等传统文化产业，加快发展文化创意、数字出版、移动多媒体、动漫游戏等新兴文化产业。培育骨干企业，扶持中小企业，完善文化产业分工协作体系。鼓励有实力的文化企业跨地区、跨行业、跨所有制兼并重组，推动文化资源和生产要素向优势企业适度集中，培育文化产业领域战略投资者。规划建设各具特色的文化创业创意园区，支持中小文化企业发展。优化文化产业布局，发挥东中西部地区各自优势，加强文化产业基地规划和建设，规范建设一批全国文化产业示范区，发展文化产业集群，提高文化产业规模化、集约化、专业化水平。加大对拥有自主知识产权、弘扬民族优秀文化的产业支持力度，打造知名品牌。发掘城市文化资源，发展特色文化产业，建设特色文化城市。发挥首都全国文化中心示范作用。推动文化产业与旅游、体育、信息、物流、建筑等产业融合发展，提升品牌价值，增加物质产品和现代服务业的附加值和文化含量。

（二）形成公有制为主体、多种所有制共同发展的文化产业格局。培育一批核心竞争力强的国有控股大型文化企业或企业集团，在发展产业和繁荣市场方面发挥主导作用。在国家许可范围内，引导社会资本以多种形式投资文化产业，参与国有经营性文化单位转企改制，参与重大文化产业项目实施和文化产业园区建设，在投资核准、信用贷款、土地使用、税收优惠、上市融资、发行债券、对外贸易和申请专项资金等方面给予支持，营造公平参与市场竞争、同等受到法律保护的体制和法制环境。加强和改进对非公有制文化企业的服务和管理，引导它们自觉履行社会责任。建立健全文化产业投融资体系，鼓励和引导文化企业面向资本市场融资，促进金融资本、社会资本和文化资源的对接。推动条件成熟的文化企业上市融资，鼓励已上市公司通过并购重组做大做强。

（三）推进文化科技创新。发挥文化和科技相互促进的作用，深入实施科技带动战略，增强自主创新能力。抓住一批全局性、战略性重大科技课题，研发一批具有自主知识产权的核心技术、关键技术、共性技术，加快发展文化装备制造业，以先进技术支撑文化装备、软件、系统研制和自主发展，加快科技创新成果转化，提高我国出版、印刷、传媒、影视、演艺、网络、动漫游戏等领域技术装备水平，增强文化产业核心竞争力。依托国家高新技术园区、国家可持续发展实验区等建立国家级文化和科技融合示范基地，把重大文化科技项目纳入国家相关科技发展规划和计划。健全以企业为主体、市场为导向、产学研相结合的文化技术创新体系，培育一批特色鲜明、创新能力强的文化科技企业，支持产学研战略联盟和公共服务平台建设。研发制定文化产业技术标准，加快建立文化产品和服务质量管理体系。实施文化数字化建设工程，改造提升传统文化产业，培育发展新兴文化产业。支持电子信息产业研究开发内容制作、传输和使用的各类电子装备、软件和终端产品，支撑文化产业发展。

（四）扩大文化消费。增加文化消费总量，提高文化消费水平。创新商业模式，拓展大众文化消费市场，开发特色文化消费，扩大文化服务消费，提供个性化、分众化的文化产品和服务，培育新的文化消费增长点。提高基层文化消费水平，引导文化企业投资兴建更多适合群众需求的文化消费场所，鼓励出版适应群众购买能力的图书报刊，鼓励在商业演出和电影放映中安排一定数量的低价场次或门票，鼓励网络文化运营商开发更多低收费业务，有条件的地方要为困难群众和农民工文化消费提供适当补贴。积极发展文化旅游，促进非物质文化遗产保护传承与旅游相结合，提升旅游的文化内涵，发挥旅游对文化消费的促进作用，支持海南等重点旅游区建设。

专栏3　文化数字化建设工程

文化资源数字化：完成红色历史文化资源的数字化修复与整理，完成广播电台存留音频资料、新闻纪录片、电影档案影片、国产影片的数字化修复和保存，完成中华字库工程，加快国家知识资源数据库、全国文化遗产数据库、老唱片数字资源库等建设，加快数字图书馆、数字博物馆、数字美术馆、少数民族文化资源数字化建设。

文化生产数字化：发展数字影视制作，加快电视节目制播高清化。发展数字出版，完成数字复合出版系统、数字版权保护技术研发工程，建立数字内容生产、转换、加工平台，形成覆盖网络、手机以及适用于各种终端的数字出版内容供给体系。发展动漫、网络游戏，实施国产动漫振兴工程，发展电子阅读及有声阅读，开展电子书包试验，培育以3D立体显示技术为核心的立体视觉产业。重视印刷复制装备制造业的自主研发，发展数字印刷。

文化传播数字化：加快有线电视网络数字化、双向化改造，加强下一代广播电视网（NGB）建设，加快移动多媒体广播电视覆盖和地面数字电视覆盖，加快电信宽带网络建设，完善国家数字图书馆建设和推广，加快推进出版物发行数字化改造，建设规模化数字出版物投送平台。

五、加快文化体制机制改革创新

（一）培育文化市场主体。以建立现代企业制度为重点，加快推进经营性文化单位改革，培育合格市场主体。完成一般国有文艺院团、非时政类报刊社、新闻网站转企改制，拓展出版、发行、影视企业改革成果，加快公司制股份制改造，完善法人治理结构，形成符合现代企业制度要求、体现文化企业特点的资产组织形式和经营管理模式。推动国有文化企业积极参与市场竞争、自觉承担社会责任。把改革、改组、改造与创新管理结合起来，把深化改革与调整结构、整合资源结合起来，把建立现代企业制度与推进政企分开、转变政府职能结合起来，在政府引导下发挥市场机制的积极作用，充分发挥国有文化资本的控制力、影响力和带动力。

（二）深化文化事业单位改革。按照国家分类推进事业单位改革的总体要求，科学界定文化事业单位的性质和功能，突出公益属性、强化服务功能、增强发展活力，全面推进人事、收入分配和社会保障制度改革，明确服务规范，加强绩效评估考核。国家兴办的图书馆、博物馆、文化馆（站）、群众艺术馆、美术馆等公益性文化事业单位，要创新公共文化服务设施运行机制，探索建立事业单位法人治理结构，吸纳有代表性的社会人士、专业人士、基层群众参与管理。深入推进党报党刊发行体制改革和电台电视台制播分离改革，进一步完善管理和运行机制，不断扩大主流媒体的覆盖面和影响力。推动一般时政类报刊社、公益性出版社、代表民族特色和国家水准的文艺院团等事业单位实行企业化管理，增强面向市场、面向群众提供服务能力。

（三）健全现代文化市场体系。加快发展各类文化产品和要素市场，打破条块分割、地区封锁、城乡分离的市场格局，构建统一开放竞争有序的现代文化市场体系，促进文化产品和要素在全国范围内合理流动。重点发展图书报刊、电子音像制品、演出娱乐、影视剧、动漫游戏等产品市场，进一步完善中国国际文化产业博览交易会等综合交易平台。发展连锁经营、物流配送、电子商务等现代流通组织和流通形式，加快建设大型文化流通企业和文化产品物流基地，构建以大城市为中心、中小城市相配套、贯通城乡的文化产品流通网络。加快培育产权、版权、技术、信息等要素市场，办好重点文化产权交易所，规范文化资产和艺术品交易。健全文化经纪代理、评估鉴定、投资、保险、担保、拍卖等中介服务机构，引导行业组织更好地履行协调、监督、服务、维权等职能。

（四）创新文化管理体制。深化文化行政管理体制改革，加快政府职能转变，强化政策调节、市场监管、社会管理、公共服务职能，推动政企分开、政事分开，理顺政府和文化企事业单位关系。完善管人管事管资产管导向相结合的国有文化资产管理体制，坚持社会效益优先，努力实现社会效益和经济效益的统一，建立和完善国有文化企业评估、监测、考核体系，加强国有文化资产监管，确保国有资产保值增值。探索建立适应三网融合业务发展的管理体制和工作机制。健全文化市场综合行政执法机构，推动副省级以下城市完善综合文化行政责任主体。坚持主管主办制度，落实谁主管谁负责和属地管理原则，严格执行文化资本、文化企业、文化产品市场准入和退出政策，综合运用法律、行政、经济、科技等手段提高管理效能。深入开展“扫黄打非”，完善文化市场管理，坚决扫除毒害人们心灵的腐朽文化垃圾，切实营造确保国家文化安全的市场秩序。加强文化及相关产业统计工作，完善分类标准和统计指标，规范统计方法，增强统计数据的科学性和可比性。

专栏4　文化市场建设工程

培育骨干文化企业：选择50家实力较强、影响较大的文化企业予以重点扶持。

培育文化要素交易市场：重点扶持上海、深圳文化产权交易所建设。

文化市场技术监管平台建设：运用先进技术手段提升监管水平，重点建设互联网及其服务场所、娱乐场所、数字音像传播、数字出版内容集成、版权交易等监管平台，推动文化市场健康有序发展。

六、加强文化产品创作生产的引导

（一）坚持正确创作方向。坚持以人民为中心的创作导向，热情讴歌改革开放和社会主义现代化建设伟大实践，生动展示我国人民奋发有为的精神风貌和创造历史的辉煌业绩。要引导文化工作者牢记为人民服务、为社会主义服务的神圣职责，坚持正确文化立场，认真对待和积极追求文化产品社会效果，弘扬真善美、贬斥假恶丑，把学术探索和艺术创作融入实现中华民族伟大复兴的事业之中。坚持发扬学术民主、艺术民主，营造积极健康、宽松和谐的氛围，提倡不同观点和学派充分讨论，提倡体裁、题材、形式、手段充分发展，推动观念、内容、风格、流派积极创新。把创新精神贯穿文化创作生产全过程，弘扬民族优秀文化传统和五四运动以来形成的革命文化传统，学习借鉴国外文化创新有益成果，兼收并蓄、博采众长，增强文化产品时代感和吸引力。

（二）推出更多优秀文艺作品。文学、戏剧、电影、电视、音乐、舞蹈、美术、摄影、书法、曲艺、杂技以及民间文艺、群众文艺等各领域文艺工作者都要积极投身到讴歌时代和人民的文艺创造活动之中，在社会生活中汲取素材、提炼主题，以充沛的激情、生动的笔触、优美的旋律、感人的形象，创作生产出思想性艺术性观赏性相统一、人民喜闻乐见的优秀文艺作品。实施精品战略，组织好“五个一工程”、重大革命和历史题材创作工程、重点文学艺术作品扶持工程、优秀少儿作品创作工程，鼓励原创和现实题材创作，不断推出文艺精品。扶持代表国家水准、具有民族特色和地方特色的优秀艺术品种，积极发展新的艺术样式。鼓励一切有利于陶冶情操、愉悦身心、寓教于乐的文艺创作，坚持抵制低俗之风。

（三）建立健全文化创新机制。建立健全有利于文化工作者深入实际、深入生活、深入群众的体制机制，充分调动文化工作者的积极性和创造性，努力营造有利于文化创新的良好环境。建立以文化生产单位和个人为主体、以优秀文艺作品的市场化开发为重点、以完备的产业链和完整的价值链为依托、以版权保护为保障的文化创新机制。敏锐反映社会实践的新领域、表现主体的新变化和受众的新要求，积极运用高新技术手段推动形式创新，催生新的文艺品种，增强文化产品的表现力、感染力和传播力。

（四）完善文化产品评价体系和激励机制。坚持把遵循社会主义先进文化前进方向、人民群众满意作为评价作品最高标准，把群众评价、专家评价和市场检验统一起来，形成科学的评价标准。建立公开、公平、公正评奖机制，精简评奖种类，改进评奖办法，提高权威性和公信度。加强文艺理论建设，培育高素质文艺评论队伍，开展积极健康的文艺批评，深入开展形式多样的影评、戏评、书评、乐评等活动，倡导主流价值取向，引导群众审美鉴赏，坚决抵制低俗之风，着力净化文化市场，努力营造文化发展良好环境。加强文艺评论阵地建设，扶持重点文艺评论媒体。加大优秀文化产品推广力度，运用主流媒体、公共文化场所等资源，在资金、频道、版面、场地等方面为展演展映展播展览弘扬主流价值的精品力作提供条件。设立专项艺术基金，支持收藏和推介优秀文化作品。加大知识产权保护力度，积极开展版权保护及相关服务，维护著作权人合法权益。

专栏5　文化精品创作生产工程

国家文化发展基金：设立国家文化发展基金，面向全社会文化机构和个人进行资助，鼓励原创和现实题材创作，重点资助重大革命和历史题材创作、优秀少儿作品创作，扶持重点文学艺术作品创作，引导文化产品创作生产，支持人才培养。

精神文明建设“五个一工程”：重点推出一批弘扬主旋律、体现多样化的优秀电影、电视剧、广播剧、戏剧、歌曲和文艺类图书。

国家出版基金：继续扩大基金规模，建立健全管理体制和工作机制。重点支持一批代表国家水准的优秀人文社科类出版物出版。

七、加强传播体系建设

（一）加强重要新闻媒体建设。坚持马克思主义新闻观，牢牢把握正确导向。以党报党刊、通讯社、电台电视台为主，整合都市类媒体、网络媒体等宣传资源，调整和完善媒体的布局和结构，构建统筹协调、责任明确、功能互补、覆盖广泛、富有效率的舆论引导格局，不断壮大主流舆论，提高舆论引导的及时性、权威性和公信力、影响力。建立健全自律和他律机制，引导新闻媒体和新闻工作者秉持社会责任和职业道德，真实准确传播新闻信息，自觉抵制错误观点，坚决杜绝虚假新闻。深入推进“走基层、转作风、改文风”活动，形成长效机制。推进重点媒体扩大信息采集和产品营销网络。

（二）加强新兴媒体建设。认真贯彻积极利用、科学发展、依法管理、确保安全的方针，加强互联网等新兴媒体建设，鼓励支持国有资本进入新兴媒体，做强重点新闻网站，形成一批在国内外有较强影响力的综合性网站和特色网站，发挥主要商业网站建设性作用，培育一批网络内容生产和服务骨干企业。打造一批具有中国气派、体现时代精神的网络文化品牌。引导网络文化发展，实施网络内容建设工程，推动优秀传统文化瑰宝和当代文化精品网络传播，制作适合互联网和手机等新兴媒体传播的精品佳作，鼓励网民创作格调健康的网络文化作品。广泛开展文明网站创建，推动文明办网、文明上网，督促网络运营服务企业履行法律义务和社会责任。加强对社交网络和即时通信工具等的引导和管理，规范网上信息传播秩序，培育文明理性的网络环境。依法惩处传播有害信息行为，深入推进整治网络淫秽色情和低俗信息专项行动，严厉打击网络违法犯罪。加大网上个人信息保护力度，建立网络安全评估机制，维护公共利益和国家信息安全。加强外文网站及海外本土化网站建设，增强对外展示传播中华文化的能力。推动下一代互联网建设，积极发展与三网融合相关的新技术新业务。

（三）加强文化传播渠道建设。积极推进下一代广播电视网、新一代移动通信网络、宽带光纤接入网络等网络基础设施建设，推进三网融合，创新业务形态，发挥各类信息网络设施的文化传播作用，实现互联互通、有序运行。在确保播出安全的前提下，广播电视播出机构与电信企业可探索多种合资、合作经营模式。整合全国有线电视网络，基本实现全程全网，跨部门集成文化资源、产品和服务。加快电影院线建设，大力发展跨区域规模院线、特色院线和数字院线。加快文艺演出院线建设，推动大中城市演出场所连锁经营。加快大型骨干企业出版物发行跨地区整合和农村销售网点建设，建设以大城市为基础、中小城市相配套、贯通城乡的出版物发行网络。

专栏6　传播体系建设工程

重点媒体传播能力建设：加快人民日报社、新华社、求是杂志社、光明日报社、经济日报社、中央人民广播电台、中央电视台、中国国际广播电台、中国教育电视台、中国日报社等重点媒体软件和硬件建设，完成信息采集和产品营销网络建设，增强舆论主动权。

中央重点新闻网站建设：实施重点新闻网站二期建设工程，重点对现有技术装备及设施进行改造和升级。依托人民网、新华网，建设具有我国自主知识产权和功能强大、技术先进、服务完善的搜索引擎。依托央视网，建设国家级网络视频内容传播和共享平台。

民族语言广播建设：增加中央人民广播电台民族广播播出时间，形成蒙古语、藏语、维吾尔语、哈萨克语、朝鲜语5种语言节目单独频率、全天播出的宣传格局。

建设国家应急广播体系：充分利用广播电视现有网络基础，统筹多种广播电视传输覆盖手段，建立应急广播信息制作播发平台和应急广播调度控制平台，构建覆盖广泛、统一联动、快速高效、安全可靠、平时服务、战时应急的国家应急广播体系。

文化传播渠道建设：组建国家级有线电视网络公司。立足于服务有线电视未通达的农村地区，开展直播卫星服务。多渠道推进城镇数字影院建设，新建或改建一批城镇数字影院，加快中西部地区中小城市影院建设，实现全国地级市、县级市和有条件的县城数字影院覆盖。组建若干家剧场连锁经营公司，激活演艺市场。扶持国有发行企业“一网通”项目，实现渠道、信息、物流一体化。加快新一代移动通信网、宽带光纤接入网等网络基础设施建设。

国家新媒体集成播控平台建设：建设和运营管理手机电视、IP电视和互联网电视集成播控平台，包括节目内容统一集成和播出监控以及电子节目指南（EPG）、用户端、计费、版权等管理系统。

八、加强文化遗产保护传承与利用

（一）提高物质文化遗产保护水平。健全文物普查、登记、建档、认定制度，开展可移动文物普查，编制国家珍贵文物名录。加强世界文化遗产、大遗址和文物保护单位的保护维修、巡察养护及管理机构建设，开展工业遗产、元代以前木构建筑、乡土建筑、文化线路、文化景观等文化遗产的调查与保护，加强基本建设中的考古和文物保护，加大馆藏文物、水下文物的保护力度，提升科技创新能力。加强中华文明起源研究和成果宣传，在考古研究中积极应用高新技术。加强历史文化名城名镇名村保护建设，编制保护规划，完善基础设施，改善群众的居住条件和居住环境。加强文物市场法规体系建设，建立文物鉴定准入和资格管理制度，引导规范民间收藏。强化文物安全防范设施，提高文物安全防范能力。

（二）加强非物质文化遗产保护传承。健全非物质文化遗产普查、建档制度和代表性传承人认定制度，编制非物质文化遗产分布图集，完善非物质文化遗产名录保护体系，制定非物质文化遗产项目分类保护标准和规划。对濒危项目和年老体弱的代表性传承人实施抢救性保护，对具有一定市场前景的非物质文化遗产项目实施生产性保护，对非物质文化遗产集聚区实施整体性保护。加大西部地区和少数民族非物质文化遗产保护力度。统筹国家级文化生态保护区建设。建设非物质文化遗产保护利用设施，不断提高非物质文化遗产保护的科学化水平。

（三）拓展文化遗产传承利用途径。正确处理保护与利用、传承与发展的关系，促进文化遗产资源在与产业和市场的结合中实现传承和可持续发展。鼓励各地积极发展依托文化遗产的旅游及相关产业，发展特色文化服务，打造特色民族文化活动品牌。推动文化遗产信息资源、数字资源开发利用，提升中华文明展示水平和传播能力。鼓励对工业遗产、文化景观、考古遗址公园进行综合开发利用。加强文化遗产保护宣传，深入实施《国家通用语言文字法》，大力推广和规范使用国家通用语言文字，依法保护各民族语言文字，推动文化遗产教育与国民教育紧密结合。深入挖掘民族传统节日的文化内涵，广泛开展优秀传统文化教育普及活动，传承中华民族优秀传统文化。

专栏7　文化遗产保护工程

文物保护：加强全国重点文物保护单位、大遗址等保护规划编制，加强国家重大文化遗产地基础设施、安全防护设施建设和环境整治。实施藏品保存环境达标建设和地市级以上的博物馆建设，开展文物健康评测、珍贵文物的病害分析与健康性评估、馆藏珍贵文物和重要出土文物的技术保护。提高文物保护设施的装备和技术水平。在推进城镇化建设和旧城改造中，要高度重视保护文化遗址。加强国家考古资料基地和文物标本库建设或改扩建，建设出水文物周转库房及临时性保护整理库房。

非物质文化遗产保护和传承：加强入选人类非物质文化遗产代表作名录、急需保护的非物质文化遗产名录、国家级非物质文化遗产名录的项目保护，加强国家级非物质文化遗产项目代表性传承人抢救性保护，加强非物质文化遗产的生产性保护，实施非物质文化遗产数字化保护体系建设。

中华古籍保护与出版：完善《国家珍贵古籍名录》，改善古籍保管条件，开展古籍修复、数字化和出版，推进《中华医藏》，新版古籍基本丛书出版，系统整理散失海外的中华古籍珍本。完成清史纂修任务。实施少数民族古籍资源数字化建设工程，统纂出版《中国少数民族古籍总目提要》。

九、加强对外文化交流与合作

（一）加强对外文化交流。整合社会科学、文学艺术、新闻、广播电视、电影、出版、版权、民族、侨务、体育、旅游等资源，充分利用多边和双边机制，开展国家文化年、中国文化节、“感知中国”等品牌活动，推广中华春节文化，打造“欢乐春节”等文化交流新品牌。实施对外文化合作及援助，扶持和加强边疆地区与周边国家和区域的文化交流与合作。加快推进海外中国文化中心和孔子学院建设，形成展示、体验并举的综合平台。制定我国哲学社会科学优秀成果和优秀人才走出去规划。鼓励代表国家水平的各类学术团体、艺术机构在相应国际组织中发挥建设性作用，组织对外翻译优秀学术成果和文化精品。构建人文交流机制，把政府交流和民间交流结合起来，发挥非公有制文化企业、文化非营利机构在对外文化交流中的作用，支持海外侨胞积极开展中外人文交流。建立面向外国青年的文化交流机制，设立中华文化国际传播贡献奖和国际性文化奖项。积极吸收借鉴国外优秀文化成果，坚持以我为主、为我所用，学习借鉴一切有利于加强我国社会主义文化建设的有益经验、一切有利于丰富我国人民文化生活的积极成果、一切有利于发展我国文化事业和文化产业的经营管理理念和机制。

（二）推动文化产品和服务出口。实施文化走出去工程，完善支持文化产品和服务走出去政策措施，进一步扶持文化出口重点企业和重点项目，完善《文化产品和服务出口指导目录》，培育一批具有国际竞争力的外向型文化企业和中介机构，形成一批有实力的文化跨国企业和著名品牌。扶持文化企业开展跨境服务和国际服务外包，生产制作以外需为取向的文化产品。扩大版权贸易，保护图书、报纸、期刊、音像制品、电子出版物等出口持续快速增长，支持电影、电视剧、纪录片、动画片等出口，扩大印刷外贸加工规模。扶持优秀国产影片进入国外主流院线，国产游戏进入国际主流市场，数字出版拓展海外市场，开发一批在境外长期驻场或巡回演出的演艺产品，逐步改变主要文化产品进出口严重逆差的局面。积极扩大文化产品和服务出口规模，推动开拓国际市场。深入挖掘民族文化资源，充分运用高新技术手段提升我国文化产品的表现形式和质量，开发国外受众易于接受的文化产品和服务。加强国际文化产品和服务交易平台及国际营销网络建设，办好重点国际性展会。发展对外文化中介机构，培育专业贸易公司和代理公司，构建完整有效的投资信息平台和文化贸易统计分析体系。积极参与国际文化贸易规则的制定。充分利用香港、澳门区位优势，推动文化产品和服务出口。

（三）扩大文化企业对外投资和跨国经营。鼓励具有竞争优势和经营管理能力的文化企业对外投资，兴办文化企业，经营影院、出版社、剧场、书店和报刊、广播电台电视台等。鼓励从事具有中国特色的影视作品、出版物、音乐舞蹈、戏曲曲艺、武术杂技和演出展览等领域的文化企业采用多种形式开拓海外市场。吸收外资进入法律法规许可的文化产业领域。鼓励文化单位同国外有实力的文化机构进行项目合作，学习先进制作技术和管理经验。

专栏8　中华文化走出去工程

国际文化产品交易平台建设：以中国国际文化产业博览交易会为中心建设国际文化产品交易平台，重点扶持中国国际广播影视博览会、中国国际动漫节、中国国际图书博览会、上海国际电影电视节，形成既面向国际又面向国内的文化交易平台体系。

海外中国文化中心建设：统筹宣传文化系统与地方文化资源，形成布局合理、功能多样、内容丰富的中华文化海外展示、体验并举的综合平台。

孔子学院建设：以教师、教材建设为重点，健全体制机制，加强基础能力建设，全面提高孔子学院办学质量水平。

中华文化对外翻译与传播：资助翻译、出版推介中华经典和文化精品，促进电影、电视剧、动画片、纪录片、出版物、演艺等创作生产和海外传播，加快实施中国电影全球推广、中国图书对外推广、中国文化著作翻译出版、经典中国国际出版等专项计划。实施国际文化使者计划，加强与世界思想文化领域互动。

扶持重点文化企业海外发展：扶持文化企业到境外兴办实体和投资，形成一批有国际竞争力的跨国企业。

十、加强文化人才队伍建设

（一）造就高层次领军人物和高素质文化人才队伍。遵循文化发展规律和人才成长规律，建立和完善有利于优秀人才健康成长和脱颖而出的体制机制，加快构建一支门类齐全、结构合理、梯次分明、素质优良的宣传思想文化工作者队伍。继续实施“四个一批”人才培养工程和文化名家工程，建立重大文化项目首席专家制度，造就一批人民喜爱、有国际影响的名家大师和民族文化代表人物。加强专业文化工作队伍、文化企业家队伍建设，扶持资助优秀中青年文化人才主持重大课题、领衔重点项目，抓紧培养善于开拓文化新领域的拔尖创新人才、掌握现代传媒技术的专门人才、懂经营善管理的复合型人才、适应文化走出去需要的国际化人才。完善相关政策措施，多渠道吸引海外优秀文化人才。积极支持高层次人才创办文化企业，完善实施知识产权作为资本参股的措施，实施扶持创业优惠政策。落实国家荣誉制度，抓紧设立国家级文化荣誉称号，表彰奖励成就卓著的文化工作者。

（二）加强基层文化人才队伍建设。制定实施基层文化人才队伍建设规划，完善机构编制、学习培训、待遇保障等方面的政策措施，吸引优秀文化人才服务基层。完善基层优秀人才发现培养机制，配好配齐乡镇、街道党委宣传委员、宣传干事和乡镇综合文化站专职人员，提高队伍建设科学化水平。积极推进大学生“村官”计划，鼓励到基层从事宣传文化事业。设立城乡社区公共文化服务岗位，对服务期满高校毕业生报考文化部门公务员、相关专业研究生实行定向招录。重视发现和培养扎根基层的乡土文化能人、民族民间文化传承人特别是非物质文化遗产项目代表性传承人，鼓励和扶持群众中涌现出的各类文化人才和文化活动积极分子，促进他们健康成长、发挥积极作用。制订西部地区基层宣传文化人才队伍支持计划，对西部地区、革命老区、民族地区、边疆地区、贫困地区人才队伍建设予以重点扶持。

（三）建立完善文化人才培训机制。建立健全分类培训的宣传思想文化人才培训体制机制，制定实施各类人才培训计划。创新人才培养模式，实施高端紧缺文化人才培养计划，搭建文化人才终身学习平台。依托党校、行政学院、干部学院、高等学校、职业院校、定点大型企业，发挥人民团体的作用，加强文化人才政治素养和道德素质教育，开展任职培训、岗位培训、业务培训、技能培训。完善人才挂职锻炼、调研采风、国情考察制度。完善人才培养开发、评价发现、选拔任用、流动配置、激励保障机制，深化职称评审改革，为优秀人才脱颖而出、施展才干创造有利制度环境。重视发现和培养社会文化人才。对非公有制文化单位人员评定职称、参与培训、申报项目、表彰奖励同等对待，纳入相应人才培养工程，建立完善文化领域职业资格制度。

（四）加强职业道德建设和作风建设。引导广大工作者加强自身修养，做道德品行和人格操守的示范者，努力成为优秀文化的生产者和传播者。引导文化工作者特别是名家名人自觉践行社会主义核心价值体系，增强社会责任感，弘扬科学精神和职业道德，发扬严谨笃学、潜心钻研、淡泊名利、自尊自律的风尚，努力追求德艺双馨，坚决抵制学术不端、情趣低俗等不良风气。积极支持文化工作者特别是文化名家、中青年骨干深入实际、深入生活、深入群众，拜人民为师，增强国际了解，增加基层体验，增进群众感情。

专栏9　文化人才队伍建设工程

文化名家工程：遴选扶持一批造诣高深、成就突出、德艺双馨、影响广泛的宣传思想文化领域杰出人才，重点扶持、资助一批哲学社会科学、新闻出版、广播影视、文化艺术、文物保护名家承担重点课题、重点项目、重要演出，开展创作研究、展演交流、出版专著等活动。

"四个一批"人才培养工程：加强理论、新闻、出版、文艺领域中青年人才和高层次经营管理人才、专门技术人才的培养，加大新媒体新业态人才、基层宣传文化骨干人才、民营文化企业和民间文化人才选拔培养力度，进一步扩大工程覆盖面。

高层次国际传播人才培养计划：选拔培养高层次国际传播人才，建设一支高素质的国际传播、对外文化交流人才队伍。

非物质文化遗产项目代表性传承人扶持计划：加大对非物质文化遗产的传承保护力度，每年重点培养、扶持一批非物质文化遗产项目代表性传承人。

十一、政策措施

（一）政府投入保障政策。加大政府投入力度，建立健全同国力相匹配、同人民群众文化需求相适应的政府投入保障机制。保证公共财政对文化建设投入的增长幅度高于财政经常性收入增长幅度，提高文化支出占财政支出比例。增加公共文化服务体系建设资金和经费保障投入。以农村和基层、边疆民族地区、贫困地区为重点，优先安排涉及广大人民群众切身利益的文化项目，重点保障基层公共文化机构正常运转和开展基本公共文化服务活动所需经费，扶持公共文化机构的技术改造和设备投入。依法保障公共文化设施用地。中央、省、市三级设立农村文化建设专项资金，保障一定数量的中央转移支付资金用于乡镇和村文化建设。转变投入方式，通过政府购买服务、项目补贴、以奖代补等方式，鼓励和引导社会力量提供公共文化产品和服务，促进文化产业发展。设立国家文化发展基金，扩大有关文化基金和专项资金规模，提高各级彩票公益金用于文化事业比重。增加文化遗产保护经费投入。支持政府间文化交流和中华文化走出去。支持战略性、先导性、带动性文化产业项目建设，支持文化科技研发应用和提高文化企业技术装备水平。

（二）文化经济政策。对已有支持文化体制改革、支持文化事业和文化产业发展的经济政策进行修订或延续。进一步落实鼓励社会组织、机构和个人捐赠以及兴办公益性文化事业的税收优惠政策，促进企业及民间对文化的投入明显增加。加大财政、税收、金融、用地等方面对文化产业的政策扶持力度，对文化内容创意生产、非物质文化遗产项目经营实行税收优惠。继续征收文化事业建设费和国家电影发展专项资金。落实和完善金融支持文化产业发展政策，加强和改善对文化企业的金融服务。发挥文化产业投资基金的引导作用，吸引金融资本和其他社会资本进入文化产业。完善文化市场准入政策，吸引社会资本投资文化产业。加强对原创性作品的政策扶持和创新型人才的培养。把文化科技研发纳入国际科技创新体系，制定文化产业支撑技术的类别和范围，运用产业政策鼓励文化企业集成应用高新技术，支持文化装备业与文化产业协调发展。继续执行文化体制改革配套政策，对转企改制国有文化单位扶持政策执行期限再延长5年。

（三）文化贸易促进政策。加大已有支持对外文化贸易各项优惠政策的落实力度，进一步完善有关财税政策，支持文化企业走出去。支持文化企业在海外投资、投标、营销、参展和宣传等市场开拓活动，为文化企业走出去提供通关便利。对符合条件的文化企业发展海外业务给予账户开立、资金汇兑方面的政策便利。加强文化企业和文化产品在进出口环节的知识产权保护，维护权利人的合法权益。

（四）版权保护政策。建设涵盖文学艺术、广播影视、新闻出版等领域的版权公共服务平台和版权交易平台，扶持版权代理、版权价值评估、版权质押登记、版权投融资活动，推动版权贸易常态化。加强版权行政执法和司法保护的有效衔接，严厉打击各类侵权盗版行为，增强全社会的版权保护意识。发展版权相关产业。

（五）法制保障。建立健全文化法律法规体系，加快文化立法，制定和完善公共文化服务保障、文化产业振兴、文化市场管理等方面法律法规，将文化建设的重大政策措施适时上升为法律法规，加强地方文化立法，提高文化建设法制化水平。

专栏10　文化法律法规

研究制定的法律、行政法规：公共图书馆法、电影产业促进法、广播电视传输保障法等。

修订完善的法律、行政法规：文物保护法、著作权法，互联网、文化遗产、广播影视等相关领域法律法规。

十二、组织实施

各级党委和政府要从全局和战略高度，充分认识文化建设的重要地位和作用，切实把文化改革发展摆在全局工作的重要位置，纳入重要议事日程，纳入经济社会发展全局，纳入评价地区发展水平、发展质量和领导干部工作业绩的重要内容，推动文化建设与经济建设、政治建设、社会建设协调发展。进一步增强政治意识、大局意识、责任意识，牢牢把握文化改革发展的主动权。

坚持和完善党委统一领导、党政齐抓共管、宣传部门组织协调、有关部门分工负责、社会力量积极参与的工作体制和工作格局，形成推进文化改革发展强大合力。将文化体制改革工作领导小组调整为文化体制改革和发展工作领导小组，切实发挥统筹领导作用。党委宣传部门要加强协调指导，有关文化行政管理部门要尽快制订落实本纲要的实施方案，报中央文化体制改革和发展工作领导小组批准后组织实施；国家发展改革委、财政部、商务部、税务总局等要尽快制定落实政府投入和相关政策的实施细则，加快重点工程和项目的立项，落实资金投入、经费保障和各项政策；各有关部门要按照职责分工，发挥各自优势，为文化改革发展提供强有力的支持。将文化改革发展纳入各级党校、行政学院、干部学院教学培训的内容。各省、自治区、直辖市人民政府和新疆生产建设兵团要结合本地实际，认真贯彻落实本纲要。各地区各部门要加强对纲要实施情况的跟踪分析，做好中期评估。将纲要中确定的约束性指标纳入经济社会发展综合评价和绩效考核体系。

组织实施中要以科学发展观为指导，正确把握文化改革发展的重大关系，促进文化又好又快发展。要正确把握文化产品的意识形态属性和产业属性，正确处理社会效益和经济效益的关系，始终把社会效益放在首位，努力实现社会效益与经济效益的有机统一。要正确处理东部地区和中西部地区、城乡之间均衡发展的关系，切实加大对中西部地区和广大农村公共文化服务体系建设的支持力度，促进基本公共文化服务均等化。要正确处理繁荣市场和加强监管的关系，更加注重依法管理，综合运用法律、经济、行政、科技等手段，提高管理效能，确保文化健康有序发展。要正确处理坚持对外开放和维护文化安全的关系，在不断扩大对外开放、努力吸收世界各国优秀文明成果的同时，切实维护国家文化安全，形成以民族文化为主体、积极吸收外来有益文化的对外开放格局。要正确处理加强管理和营造良好创作环境的关系，进一步创新管理理念，强化服务意识，寓管理于服务之中，建立和完善有利于优秀人才健康成长和脱颖而出的体制机制，最大限度地调动广大文化工作者的积极性、主动性和创造性。在全社会营造鼓励文化创造的良好氛围，为广大群众成为社会主义文化建设者提供广阔舞台，让蕴藏于人民中的文化创造活力得到充分发挥。

（新华社北京2月15日电）

（原载《人民日报》2012年2月16日第5版）

刘云山在2012年度国家社科基金项目评审工作会议上强调

深入贯彻党的十七届六中全会精神
推动哲学社会科学大发展大繁荣

本报北京4月25日电　（记者李舫）2012年度国家社科基金项目评审工作会议25日在京召开。中共中央政治局委员、中央书记处书记、中宣部部长、全国哲学社会科学规划领导小组组长刘云山出席会议并讲话，强调哲学社会科学战线要深入贯彻党的十七届六中全会精神，坚持以马克思列宁主义、毛泽东思想、邓小平理论和“三个代表”重要思想为指导，深入贯彻落实科学发展观，立足中国特色社会主义伟大实践进行新的理论创造，推动哲学社会科学大发展大繁荣，以优异成绩迎接党的十八大胜利召开。

刘云山指出，党的十六大以来，哲学社会科学战线紧紧围绕党和国家工作大局，深入研究回答重大理论和现实问题，扎实推进哲学社会科学创新，巩固发展了哲学社会科学积极健康向上的良好态势，为全面建设小康社会、加快推进社会主义现代化作出了重要贡献。在新的历史起点上推动哲学社会科学繁荣发展，必须深入学习贯彻我们党在领导哲学社会科学工作长期实践中形成的一系列重要方针和原则，正确认识和处理坚持马克思主义与发展马克思主义、坚持“二为”方向与贯彻“双百”方针、传承借鉴与创新发展、繁荣发展与引导管理、个人学术追求与社会责任的关系，不断深化对哲学社会科学工作的规律性认识，更好地发挥哲学社会科学认识世界、传承文明、创新理论、咨政育人、服务社会的重要功能。

刘云山强调，面对新形势新任务新要求，哲学社会科学必须紧扣时代脉搏、聚焦中国问题，推出更多高水平的研究成果，更好地服务党和国家事业发展全局。要深化党的理论创新成果研究，认真实施中国特色社会主义理论体系普及计划，着力推进马克思主义中国化时代化大众化；深化社会主义核心价值体系研究，探索引领多样化社会思潮的有效途径和办法，着力增强全党全国人民团结奋进的精神力量；深化改革发展稳定重大问题研究，积极回答社会普遍关注的热点难点问题，着力推动科学发展、促进社会和谐；深化中国特色社会主义文化发展道路研究，不断丰富发展社会主义文化建设理论，着力推动社会主义文化强国建设；深化重大国际问题研究，着力维护国家利益和安全。要深入实施哲学社会科学创新工程，推进以问题为导向的研究体系创新、学术话语体系创新、科研组织管理体系创新，着力建设具有中国特色、中国风格、中国气派的哲学社会科学。要创造性地做好国家社科基金工作，把坚持正确导向、突出国家水准、注重科学管理、服务专家学者贯穿工作始终，充分发挥国家社科基金的示范引导作用。

全国政协副主席、中国社科院院长、全国哲学社会科学规划领导小组副组长陈奎元主持会议。

会议表彰了2011年度《国家哲学社会科学成果文库》的入选作品。

据了解，今年国家社科基金23个学科共收到25200多项申报课题。经过通讯初评，有5700多项课题入围本次会议评审。会议将按照公平公正、质量第一的要求，评审出3300个左右拟立项目。

全国哲学社会科学规划领导小组成员，各省区市党委宣传部分管社科理论工作的副部长、社科规划办主任，国家社科基金学科评审组300多名专家学者参加会议。

（原载《人民日报》2012年4月26日第4版）

社科理论界也要“走转改”

刘云山

“走基层、转作风、改文风”活动开展以来，给宣传思想文化工作带来了一股清新务实之风，注入了新的生机和活力。社科理论工作者积极参与、热情投入，在深入实践、深入群众中锤炼思想作风、增强业务本领，取得了很好的效果。我们要认真总结成功经验，进一步提高思想认识，不断把“走转改”活动引向深入，推动社科理论队伍建设取得新进展，推动社科理论工作迈上新台阶，更好地发挥认识世界、传承文明、创新理论、咨政育人、服务社会的重要功能。

1.“走转改”是贯彻马克思主义认识论、解决社科理论工作“从哪里来、到哪里去”的根本要求。实践、认识、再实践、再认识，是探求真理、把握规律的必然过程。实践为社科理论创新创造提供着源头活水，也为社科理论研究成效提供着检验标准。“问题是时代的声音。”研究回答好时代提出的问题，是社科理论工作的基本任务，也是社科理论工作者展现自身优势、实现自身价值的客观要求。问题在哪里？钥匙在哪里？从根本上说，在基层一线、在火热现实生活中。只有走下去，深入实践中，才能发现真问题，找到“怎么看”的科学视角；只有走进去，深入生活中，才能得出真理论，提出“怎么办”的思路办法。当前，我国正处于发展关键期、改革攻坚期、矛盾凸显期，短期问题和长期矛盾相互交织，发展中不平衡、不协调、不可持续问题仍很突出。破解改革发展难题，在更高起点上顺利实现全面建设小康社会奋斗目标，迫切需要社科理论工作深入把握我国基本国情，科学分析我国发展新的阶段性特征，积极探索培育发展动力、协调利益关系、增进社会共识的有效途径，不断深化对推动科学发展、促进社会和谐的规律性认识。深化“走转改”，就要推动社科理论工作者深入到中国特色社会主义伟大实践中开展调查研究，置身于改革开放火热现实中剖析典型案例，扎根在人民群众实际生活中挖掘鲜活素材，真正把理论研究的关注点聚焦到实践上来，着力研究回答改革发展稳定中的重大理论和实践课题，不断推出对指导和推动实践具有重要作用的研究成果，实现理论与实践的紧密联系和良性互动。

2. “走转改”是坚持我国社科理论工作性质、解决社科理论工作“为了谁、依靠谁”的重要途径。坚持人民至上、服务党和国家工作大局，是以马克思主义为指导的社科理论工作的本质要求，也是我国社科理论工作者的优良传统和共同追求。只有站在人民立场观察事物、分析问题，着眼群众需要解疑释惑、阐明道理，才能找到学术理论研究的基点和归宿；只有立足当今中国的实际，坚持以我们正在做的事情为中心，着眼于对实际问题的理论思考，才能更好地服务党和人民事业。伴随着我国经济转轨、社会转型，社会思想意识更加多样，社会热点难点问题增多，人民群众的理论需求增多，迫切需要社科理论工作增强大局意识，增强为民情怀，贴近实际、贴近生活、贴近群众。深化“走转改”，就要推动社科理论工作者摆正同群众的关系，密切同群众的联系，始终坚持“心系民生”“为民立言”，紧紧围绕人民群众的诉求和愿望，确定研究方向，明确研究任务，以大众的视角观察社会现实，以朴素的感情关照百姓生活，以鲜明的态度维护群众利益。当前，特别要针对缩小收入差距、解决住房问题、降低看病费用、净化道德风气、保障食品安全等问题，深入研究背景成因，积极探寻有效的思路办法，发挥好社科理论工作在解决实际问题、服务人民群众中的独特优势。

3. “走转改”是把握人才成长规律、解决社科理论战线“建设什么样的队伍、怎样建设队伍”的有效载体。基层和实践，是锻炼队伍、成就人才的沃土。“走转改”是加强哲学社会科学队伍建设的基础工程，也是培养社科理论人才的必由之路。社科理论工作者是人类灵魂的工程师，担负着文以载道、以文化人的重要职责。要成就真正的学问，必须树立崇高的价值追求和高尚的道德情操，自觉践行社会主义核心价值体系，把个人理想同人民群众创造美好生活的伟大实践紧紧联系在一起，把学术探索和理论创造融入到促进经济社会全面进步之中，努力成为对国家、对人民有贡献的学问家。当前，我国社会思想领域、学术领域空前复杂活跃，对社科理论工作者政治素养、业务能力、工作作风提出更高要求。深化“走转改”，就要推动社科理论工作者弘扬理论联系实际的马克思主义学风，培育优良文风，在走进基层中增强社会责任、提升学术境界，在深入群众中锤炼思想品质、增强创新能力，以立足实际、反映实践的理论创造，以深入浅出、生动清新的理论表述，彰显社科理论工作的新风貌，塑造社科理论队伍的良好形象。

深入社会、服务人民是一个永恒的实践课题，“走转改”是一项长期任务。希望社科理论部门和单位高度重视、精心组织，完善制度安排、建立长效机制，切实把“走转改”要求贯彻到科研组织、项目研究、成果评价、学术交流等实际工作之中，以良好的精神状态和扎实的工作作风，推动社科理论实现更大的繁荣发展。

（本文系中共中央政治局委员、中央书记处书记、中宣部部长刘云山在2012年度国家社科基金项目评审工作会议上的讲话一部分）

（原载《光明日报》2012年5月4日第4版）

全力推动首都科学发展　为建设中国特色世界城市而努力奋斗

——在中国共产党北京市第十一次代表大会上的报告

（2012年6月29日）

刘　淇

同志们：

现在，我代表中国共产党北京市第十届委员会向大会作报告。

中国共产党北京市第十一次代表大会是在首都经济社会进入新的发展阶段召开的一次重要会议。大会的主题是：高举中国特色社会主义伟大旗帜，以邓小平理论和“三个代表”重要思想为指导，深入贯彻落实科学发展观，抓住机遇，乘势而上，团结带领全市人民，为创造更加幸福美好生活、建设中国特色世界城市而努力奋斗。

一、过去五年工作的回顾

市第十次党代会以来，在党中央的坚强领导下，市委团结带领全市各级党组织和广大党员干部群众，坚持以邓小平理论和“三个代表”重要思想为指导，深入贯彻落实科学发展观，围绕建设繁荣、文明、和谐、宜居首善之区的目标，解放思想、开拓创新，确立实施“人文北京、科技北京、绿色北京”战略，提出建设中国特色世界城市的任务，总结提炼了“北京精神”，编制了“十二五”规划，胜利完成市第十次党代会确定的目标任务，在加快转变经济发展方式上迈出了坚实步伐，谱写了首都科学发展的新篇章。

圆满完成筹办北京奥运会、残奥会和新中国成立60周年庆祝活动等历史性重大任务。大力践行“绿色奥运、科技奥运、人文奥运”理念，成功举办一届“无与伦比”的奥运会、残奥会，圆了中华民族百年梦想，实现了“新北京、新奥运”战略构想，向世界展示了国家改革开放和现代化建设的辉煌成就，展示了人民群众蓬勃向上的精神风貌。新中国成立60周年庆祝活动筹办过程中，依靠举国体制优势，明确了首善工作标准，实现了“隆重、喜庆、节俭、祥和”的目标，极大地振奋了党心军心民心，极大地增强了海内外中华儿女的自信心和自豪感。完成这些重大任务，践行了社会主义核心价值体系，提高了城市文明素质，培育了伟大的城市精神，留下了弥足珍贵的物质精神财富，推动首都经济社会进入了新的发展阶段。

综合经济实力显著提升。抓住筹办奥运和应对国际金融危机机遇，主动调结构、转方式，首都经济实现了历史性突破。确定“优化一产、做强二产、做大三产”的方针，推动产业结构优化升级，对首钢等一批大型企业实施搬迁改造，主动调控汽车、房地产业发展，生产性服务业、文化创意产业、高新技术产业、现代制造业、都市型现代农业的发展迈上新台阶，金融服务、科技服务、信息服务的水平极大提高，巩固了服务业主导的高端产业发展格局，第三产业比重达到75.7%。实施扩大内需战略，消费总量连续四年居全国大城市之首。在节能减排降低资源消耗的基础上，地区生产总值超过1.6万亿元，人均地区生产总值超过1.2万美元，地方财政收入达到3006亿元。

自主创新能力大幅提高。运用科技奥运经验，实施科技北京行动计划，制定《中关村国家自主创新示范区条例》。搭建中关村创新平台，建立“部市会商”机制和包括中央在京企业、科研机构、高等院校在内的首都资源统筹机制，落实“1+6”先行先试政策，实施“十百千工程”和“瞪羚计划”，对接国家重大科技项目，建立军民融合创新发展机制，加快中关村科学城和未来科技城建设。实施首都人才优先发展战略以及“千人计划”“海聚工程”，聚集了一大批高素质的创新创业人才，培育了一批有一定国际影响力的创新型企业和创新成果，打造了一批知名度较高的品牌。万人发明专利达到26.78件，居全国领先水平。技术合同成交额1890.3亿元，占全国的40%，其中70%以上输出京外。中关村吸引了全国近四成创业投资，企业总收入超过1.9万亿元，占全国高新区总和的1/7。

改革开放取得重大突破。抓住奥运机遇，不失时机地推进改革开放。深化行政管理体制和行政审批制度改革、市与区县财政体制改革，引导各区县按照功能定位科学发展。完成原东城区、崇文区，原西城区、宣武区的区划调整，为推动首都功能核心区科学发展创造了更好条件。加强大兴和北京经济技术开发区行政资源整合、海淀和昌平两区资源统筹，形成新的发展优势。加大国有企业改革重组力度，组建国有资本运营平台，优化国有经济结构和布局，增强了市属国有企业的核心竞争力。深化农村综合改革，基本完成村级集体经济产权制度改革和集体林权制度改革主要任务。积极打造科博会、文博会、京交会等高端会展品牌，组建世界旅游城市联合会，着力推动国际组织、跨国公司总部在京落户，完善口岸服务体系，服务贸易保持全国领先，实际利用外资突破70亿美元。发挥京港会、京台会作用，广泛开展区域合作，圆满完成支援四川什邡市等灾区恢复重建工作，积极开展以援藏、援疆、援青为重点的对口支援工作，服务了国家发展。

城乡一体化发展迈出坚实步伐。制定《关于率先形成城乡经济社会发展一体化新格局的意见》，确定了统筹城乡发展的战略任务。明确农民的主体地位，深化生态补偿机制，实施城南行动计划和西部地区转型发展意见，加快重点新城、小城镇建设，推动城乡接合部50个重点村城市化建设，探索了破解城乡二元结构难题的新路，使更多农民成为有资产、有社保、有岗位、有组织的新市民。启动新一轮“菜篮子”工程建设，全面提升农业综合生产能力，拓展都市型现代农业实现形式。实施新农村建设“5+3”工程，极大地改善了农村面貌和农民生产生活条件。

城市建设管理水平大幅提升。加快基础设施建设，首都机场新航站楼等一批世界先进水平的设施投入使用，一大批水、电、气、热、通信等基础设施项目建成，特别是优先发展公共交通，下大力气抓交通设施建设，实现高速公路通车里程912公里，轨道交通运营里程372公里，扭转了长期以来基础设施建设滞后的状况，城市运行的现代化水平有了很大提高。积极治理交通拥堵，加强城市环境整治，着力保障城市安全运行。加大文物建筑腾退力度，创新旧城区整体保护利用机制，历史文化名城保护水平进一步提高。

社会主义民主政治建设稳步推进。召开市委第三次人大工作会议和第三次政协工作会议，不断加强社会主义政治文明建设。支持人大依法创造性履行职责，创新地方立法工作格局，建立立法立项论证、效果评估和预案研究机制，提高了地方立法质量；聚焦财政预算监督、司法监督，增强了监督工作实效；创新代表工作机制，发挥了国家根本政治制度的优势。支持政协组织创新履职方式，以组织大规模联合调研为切入点，提高政治协商、民主监督、参政议政的质量，发挥了政协组织协调关系、汇聚力量、建言献策、服务大局的重要作用。创新统战工作平台，涌现出一批优秀党外代表人士。加强与民主党派中央、全国工商联的联系，融合台港澳侨海外资源，引智引资引项目，助推首都建设发展。组织开展光彩惠农行动。加强民族宗教工作，加强对台工作。工会、共青团、妇联等人民团体工作的作用充分发挥。落实依法治国基本方略，推进依法行政工作，稳妥开展司法体制和工作机制改革，圆满完成“五五”普法任务。完成社区居委会、村民委员会选举工作。双拥共建成效显著，国防后备力量建设取得新进展。

首都文化繁荣发展呈现新态势。制定了《关于发挥文化中心作用加快建设中国特色社会主义先进文化之都的意见》。加强社会主义核心价值体系建设，认真总结人文奥运经验，弘扬中华民族优秀传统文化，总结提炼出“爱国、创新、包容、厚德”的“北京精神”，形成践行社会主义核心价值体系的载体。以“做文明有礼的北京人”为主题，深入开展精神文明创建活动，志愿服务活动成为代表首都风范的亮丽名片。开展百姓宣讲活动，创新宣传工作的形式。深化文化体制改革，组建国有文化资产监督管理机构，成立六大联盟，加强首都文化资源整合，文化创意产业迅猛发展，科技创新、文化创新已成为推动首都经济的重要引擎。健全公共文化服务体系，加强基层文化设施建设，实施文化惠民和文化精品工程，加强文化创新人才队伍建设。稳步推进网络身份管理工作，积极营造健康向上的网络文化氛围。

社会建设和服务管理开创崭新局面。制定《关于加强和创新社会管理全面推进社会建设的意见》《北京市“十二五”时期社会建设规划纲要》，健全社会建设和社会管理的领导体制、政策体系、工作机制和工作网络。建立“枢纽型”社会组织工作体系，推进社会组织登记管理改革，探索商务楼宇“五站合一”工作模式。基本实现社区规范化建设，推广网格化社会服务管理模式和村庄社区化管理模式，推动居民代表常委会建设，普遍建立村务监督委员会，不断加强基层民主自治建设，加强社会工作者和志愿者队伍建设，创新流动人口服务管理模式，提高了社会管理精细化水平。建立健全政府购买社会组织服务机制，拓宽社会公益服务和志愿服务领域，不断提高社会动员能力和群众自治水平。加强劳动争议仲裁，保持劳动关系和谐稳定。加强信访工作，构建社会矛盾排查化解和多元调解体系，解决了一批信访积案和历史遗留问题，落实维稳工作责任制，推进社会稳定风险评估，深化“平安北京”建设，确保了首都和谐稳定。

保障和改善民生取得实实在在成效。把筹办奥运、推动发展与群众利益紧密结合，确立了“五无”目标和统筹解决民生问题的思路，坚持为群众办实事制度，加强公共服务体系建设。率先建立覆盖城乡的基本医疗保障体系和城乡一体化的养老保障制度，残疾人事业得到全面发展，基本实现社会保障全覆盖。深入推进医药卫生体制改革，全面推进社保卡工程建设，实现“持卡就医、实时结算”。初步建立了城乡一体化的就业新格局，积极开发绿色就业岗位，基本完成首钢停产职工分流安置工作，全市就业人口超过1000万人，城镇登记失业率保持在较低水平。提出“大民政”理念，推出“九养”政策，实施老旧小区抗震节能综合改造工程，加快保障性住房建设，使广大群众得到实惠。制定并实施了中长期教育改革和发展规划纲要，积极推动优质义务教育资源均衡配置，着力解决群众对学前教育、义务教育的需求，大力推进教育公平，各级各类教育始终保持全国领先水平。采取积极措施提高中低收入群众的收入水平，城镇居民人均可支配收入年均实际增长8.2%，农村居民人均纯收入年均实际增长8.7%。

生态环境建设水平全面提升。实施绿色北京战略，实行最严格的水资源管理，实施生态修复工程，推动永定河绿色生态发展带建设，启动平原地区大规模植树造林工程，全市林木绿化率达到54%。连续实施16个阶段控制大气污染措施，加大垃圾污水治理力度，空气质量、垃圾和污水处理率与资源化率均达到有历史记录以来最好水平。加大节能减排力度，万元地区生产总值能耗由2007年的0.64吨标准煤下降到2011年的0.44吨标准煤，水耗由35.34立方米下降到22.5立方米，均居全国前列。

党的建设全面加强。制定《关于贯彻〈中共中央关于加强和改进新形势下党的建设若干重大问题的决定〉的意见》。开展学习实践科学发展观活动和创先争优活动，实施“领航工程”“聚力工程”“先锋工程”，在党政机关广泛开展“三进两促”活动，全市各级党组织和广大党员干部在推动科学发展、完成重大任务中发挥了领导核心、战斗堡垒和先锋模范作用。加强学习型党组织建设，创新干部培训方式。积极推进干部人事制度改革，建立健全体现科学发展观要求的考核评价体系，加大公开选拔、竞争上岗工作力度，推动干部交流，提高了选人用人公信度。加强和改进基层党的建设，加强党内民主，推进党务公开。落实党风廉政建设责任制，扎实推进首都惩治和预防腐败体系建设，加强对党员干部的教育、管理和监督，切实纠正群众反映强烈的不正之风，严肃查处了一批大案要案。运用廉洁奥运经验，加强对重大决策、重大活动、重点工程的监督检查。深入开展廉政风险防控工作，积极推进权力结构的科学化配置，加强对权力运行的有效监督，提高了党风廉政建设和反腐败工作科学化水平。

回顾十次党代会以来工作，我们深感过去的五年，是办好大事喜事，建首善、创一流的五年；是深化改革，扩大开放，转变经济发展方式，推动科学发展的五年；是坚持以人为本，统筹改善民生，人民群众更好享受改革发展成果的五年；也是各级党组织和广大党员干部始终保持先进性和纯洁性，带领全市人民在科学发展的大道上奋力拼搏、创造光辉业绩的五年。五年的成绩来之不易。这是党中央、国务院正确领导的结果，是中央各部门和各省区市大力支持的结果，是全市人民团结奋斗的结果。在此，我代表中共北京市第十届委员会，向全市广大党员干部群众，向中央党政军机关、人民解放军和武警驻京部队、各兄弟省区市，向各民主党派、工商联和无党派人士，向所有关心和支持首都建设的香港特别行政区同胞、澳门特别行政区同胞、台湾同胞、海外侨胞以及国际友人，表示崇高敬意和衷心感谢！

过去五年，有许多宝贵经验值得认真总结：

——必须坚持讲政治、顾大局、守纪律，高举中国特色社会主义伟大旗帜，认真贯彻中央的指示精神，始终与党中央保持高度一致。

——必须坚持首都城市功能定位，进一步提高城市服务管理水平，认真履行“四个服务”职责，以首善的标准努力使首都各项工作走在全国前列。

——必须坚持科学发展，把握首都发展规律，抓住重大活动机遇，加强统筹协调，推动资源整合，调动社会各界的积极性，充分发挥首都优势，激发社会创新活力，推动科技创新文化创新，建立创新驱动的发展模式。

——必须坚持立党为公、执政为民，增强群众观念，相信群众，依靠群众，充分发挥人民群众的主体作用，鼓励基层创新；下大力气解决好民生问题，提高公共服务均等化水平，让人民群众共享改革发展成果。

——必须坚持把维护首都社会和谐稳定作为硬任务和第一责任，下先手棋，打主动仗，落实依法治国方略，妥善处理社会矛盾，切实维护广大人民群众的利益，确保首都安全稳定。

——必须坚持加强党的执政能力建设和先进性建设，始终保持昂扬向上的精神状态，解放思想，与时俱进，敢于担当，敢于碰硬，敢于创新，为推动首都的科学发展提供坚强的政治思想组织保障。

这些经验弥足珍贵，我们要倍加珍惜。

在充分肯定工作成绩的同时，也要清醒地看到面临的困难和问题。主要是：进一步发挥首都的资源优势，提高自主创新能力的任务还很艰巨；推动城乡一体化，解决城市发展中人口、交通、资源、环境等问题，实现城乡之间、区域之间协调发展的任务还很繁重；加强社会建设，创新社会服务管理，维护社会公平，解决好民生问题，还需要下大力气；随着世情、国情、党情的深刻变化，保持党的先进性和纯洁性，加强党风廉政建设，加大反腐败斗争的力度，提高党的建设科学化水平的任务更加艰巨。我们必须高度重视这些问题，切实加以解决，努力把首都工作做得更好。

二、今后五年工作的基本要求、指导思想和奋斗目标

以北京奥运会圆满成功为标志，首都发展进入了新的阶段，推动中国特色世界城市建设，已经历史性地摆在了全市人民面前。建设中国特色世界城市，是《北京城市总体规划》的战略部署，是新世纪中央对北京工作的要求，也是首都人民的新期盼。建设中国特色世界城市，最重要的就是提升发展质量，完善城市功能，提高群众生活水平，在世界城市体系中发挥更加重要的作用，更好地服务国家的发展。我们必须紧紧抓住可以大有作为的重要战略机遇期，大力践行“北京精神”，努力开创首都各项工作新局面。

在新的发展阶段，建设中国特色世界城市，一定要牢牢把握首都的工作职责。面对国家国际地位迅速提高的大势，北京作为13亿人口大国的首都，必须以更高标准履行好“四个服务”职责。首都各项工作必须更加有利于为中央党政军领导机关服务，为日益扩大的国际交往服务，为国家教育、科技、文化和卫生事业的发展服务，为市民的工作和生活服务；首都发展建设必须更加有利于发挥全国政治中心、文化中心和国际交往中心的作用。我们要以可能达到的最高标准，努力创造一流的工作成绩和工作经验，努力使各项工作走在全国的前列。

在新的发展阶段，建设中国特色世界城市，一定要牢牢把握推动首都科学发展的神圣使命。经过多年探索，我们在科学发展的道路上迈出了坚实步伐，有了较好的工作基础。在国家2020年全面建成小康社会的伟大征程中，我们有条件，也必须按照中央的部署，更好地发挥支撑、引领和示范作用，为国家作出更大贡献。要进一步提升创新能力，形成创新驱动发展模式，成为有世界影响力的科技文化创新之城，在建设创新型国家战略中发挥支撑作用；要进一步提升城市运行管理的精细化、信息化、便利化水平，大力改善生态环境，推动城乡一体化，促进区域协调发展，在国家工业化、城市化快速发展的进程中发挥引领作用；要进一步增强文化自觉自信，大力弘扬践行“北京精神”，传承优秀传统文化，创造时代精品，努力提升文化的软实力和国际影响力，把首都建设成践行社会主义核心价值体系的首善之区、文化大发展大繁荣的标志性城市，在国家实施文化强国战略中发挥首都全国文化中心示范作用。我们必须紧紧抓住世界范围科技革命和产业调整的机遇，抓住国家工业化、信息化、城镇化、市场化、国际化快速发展的机遇，抓住国家鼓励东部地区率先发展和实施首都经济圈战略的机遇，抓住成功举办奥运会、应对国际金融危机、推动科技创新文化创新带来的机遇，奋力开创首都科学发展新局面。

在新的发展阶段，建设中国特色世界城市，一定要牢牢把握加快转变经济发展方式的重要任务。加快转变经济发展方式，解决发展中不平衡、不协调、不可持续的问题，必须着力推动创新发展、包容发展、和谐发展、绿色发展、开放发展。推动创新发展，就是要解放思想，深化改革，不断创新，建立有利于科学发展的体制机制，把首都发展转向依靠科技进步、劳动者素质提高和管理创新的轨道上来。推动包容发展，就是要坚持以人为本，同步推进经济增长、社会进步和民生改善，率先实现基本公共服务均等化，为各类发展主体创造公平的发展环境。推动和谐发展，就是要充分发扬民主，健全法制，加强和创新社会建设与管理，妥善协调好各方面的利益关系，营造和谐稳定的社会环境。推动绿色发展，就是要进一步强化绿色生产、绿色消费，倡导绿色就业、绿色生活，率先把北京建设成为资源节约型和环境友好型城市。推动开放发展，就是要在更高的水平上统筹对内对外开放，提高区域合作的能力，提高利用国际资源、引进集聚国际高端资本和人才等要素的能力，进一步提高首都经济的科学发展水平。

在新的发展阶段，建设中国特色世界城市，一定要牢牢把握立党为公、执政为民的基本要求。要把以人为本理念贯穿首都工作的全过程和各个方面，牢记权力是人民赋予的，只能用来为人民谋利益，坚持一切为了群众，一切依靠群众，把实现好、维护好、发展好最广大人民的根本利益作为一切工作的出发点和落脚点。对涉及群众切身利益和实际困难的事情，再小也要竭尽全力去办。要认真总结奥运筹办过程中实施“五无”目标管理的成功经验，下力气解决群众普遍关注的民生问题。经济发展要让群众得到实惠，城市建设管理要让群众更便捷、更舒适、更安全，要不断提高基本公共服务均等化水平，保障食品药品安全，进一步提高环境质量，让群众享受良好的生态环境。

建设中国特色世界城市是一项长期的战略任务。今后五年是打基础的重要阶段，首都工作的指导思想是：高举中国特色社会主义伟大旗帜，以邓小平理论和“三个代表”重要思想为指导，深入贯彻落实科学发展观，认真学习贯彻党的十八大精神，坚持科学发展，加快转变经济发展方式，大力践行“北京精神”，深入实施“人文北京、科技北京、绿色北京”战略，率先形成科技创新、文化创新“双轮驱动”的发展格局和城乡经济社会发展一体化新格局，努力让人民群众生活得更加幸福美好，向着建设中国特色世界城市迈出坚实步伐。

今后五年，推动中国特色世界城市建设的奋斗目标是：

——经济实力显著提升。转变经济发展方式取得突破性进展，区域协调发展水平不断提高，首都经济保持持续平稳增长的势头，着力打造“北京服务”“北京创造”品牌。人均地区生产总值达到2万美元左右，在2020年率先形成科技创新、文化创新“双轮驱动”的发展格局，初步建成有世界影响力的科技文化创新之城。

——城市功能持续优化。率先形成城乡经济社会发展一体化新格局，新农村建设持续推进，生态环境建设全面加强，完成平原地区100万亩植树造林任务，全市森林覆盖率达到40%以上，主要污染物排放总量持续削减；交通拥堵得到有效治理，中心城区公交出行比例力争达到50%；“智慧城市”的基本框架初步形成，城市运行的精细化、信息化、便利化水平明显提高，城市运行管理和应急保障能力显著增强。

——社会环境更加和谐。基本公共服务均等化程度明显提高，依法治国理念更加深入人心，公民有序政治参与逐步扩大，群众利益表达渠道更加畅通，社会服务管理体系更加完善，人口管理更加科学有序，社会矛盾化解体制机制更加健全。初步建成学习型社会。

——首都文化日益繁荣。全面践行“北京精神”，市民文明素质和城市文明程度显著提升，历史文化资源得到有效保护、挖掘、传承和利用，文化事业和文化创意产业健康快速发展，公共文化设施和服务质量达到世界先进水平，文化创新活力充分彰显，全国文化中心的示范作用得到充分发挥，努力建设中国特色社会主义先进文化之都。

——改革开放不断突破。有利于推动科学发展、加快经济发展方式转变和自主创新的体制机制与制度进一步完善，重要领域和关键环节改革取得明显进展，国际化水平进一步提高，吸引和聚集国际高端要素的能力不断增强，努力建设国际活动聚集之都、世界高端企业总部聚集之都、世界高端人才聚集之都。

——市民福祉明显改善。努力实现充分就业，实现城乡居民收入与经济发展同步增长，城乡收入差距明显缩小，中低收入群众的收入水平明显提高，率先建立起与经济发展水平相适应的社会福利制度，完成5000万平方米老旧小区综合整治任务和100万套保障房建设任务，努力实现“住有所居”。基本实现义务教育资源均等化，基本满足适龄儿童入园需求，率先实现教育现代化，建立覆盖城乡的基本医疗卫生制度和养老制度，努力建设和谐宜居之都。

三、今后五年的主要任务

今后五年，要紧紧围绕着全力推动首都科学发展、建设中国特色世界城市的战略任务，努力在以下六个方面取得新的重大进展。

（一）*加快转变经济发展方式*

坚持首都经济发展方向，加快建立创新驱动的发展模式，进一步优化产业结构，保持经济持续平稳发展。

着力提高自主创新能力。围绕建设国家创新中心，落实科技北京行动计划，深入推进中关村国家自主创新示范区建设，发挥中关村一区多园的创新引擎作用，全面提升自主创新能力。加大科技体制改革力度，推进知识产权、标准化和商标战略，大力优化创新创业环境，完善技术创新服务体系，积极承接和推进国家重大科技专项，努力在重点领域攻克一批核心关键技术。健全重大科技成果筛选和重大项目落地服务等成果转化机制，强化企业创新主体地位，引导人才、资本、技术等创新要素向企业聚集，形成一批具有国际影响力的创新型企业和国际知名品牌。落实并发挥“千人计划”“海聚工程”的作用，建设好中关村人才特区。充分发挥政产学研用一体化机制的作用，提升协同创新能力，充分发挥教育特别是首都高校在自主创新中的基础性作用。

着力打造“北京服务”“北京创造”品牌。按照“优化一产、做强二产、做大三产”的方针，积极推进产业融合发展的实体经济。着力提高服务业发展水平，下力气培育“北京服务”品牌。搞好国家服务业综合改革试点区和现代服务业综合试点，发挥“京交会”品牌效应，加快推动国家服务业中心城市建设，形成与世界城市要求相适应的国际商贸中心。进一步优化首都金融发展环境，着力扶持优质品牌金融企业，加快建设国家科技金融创新中心、国家文化金融创新中心，积极推动场外市场发展，加快发展要素市场，加快建设具有国际影响力的金融中心城市。加快科技服务业发展，培育研发、设计、工程技术和科技中介等服务业态，加快“设计之都”建设。充分发挥世界旅游城市联合会的作用，按照资源多样化、管理精细化、服务便利化、市场国际化的要求，建设国际一流旅游城市，使旅游业成为重要的支柱产业。要紧紧围绕培育一批“北京创造”品牌，加快推动新一代信息技术、新能源汽车、节能环保、高端装备制造业、生物医药、新能源、新材料和航空航天等战略性新兴产业的发展，全面提升首都经济的核心竞争力。

着力推动区域协调发展。加大市级统筹力度，进一步优化首都发展空间布局，着力强化中关村的科技自主创新功能，北京经济技术开发区的高端制造业功能，金融街的国家金融中心功能，中央商务区的现代国际商务功能，临空经济区的国际航空中心核心区功能，奥林匹克公园的重大国际活动功能。加快通州高端商务服务区建设，增强对东部发展带的带动作用。加快新首钢高端产业综合服务区建设，推进西部综合服务中心区建设，增强对西部转型发展的辐射作用。加快丽泽金融商务区建设，拓展首都金融业发展的新空间，提高城南地区生产性服务业发展水平。加快北京新机场和新航城的规划建设，提前布局重大基础设施和公共服务设施，带动南部地区加快发展。加快怀柔文化科技高端产业新区建设，带动北部生态涵养发展区科学发展。尽快建成中关村科学城、未来科技城，加快建设北京科技商务区，推进北部研发服务和高新技术产业发展带的发展。在北京经济技术开发区、房山高端制造业新区打造现代制造业高地，加快建设南部高技术制造业和战略性新兴产业发展带。积极推进首都经济圈建设，建立区域发展对接机制，建立首都区域协调发展格局。按国家要求完成好对口援藏、援疆、援青等工作。

着力实施扩大内需战略。健全扩大消费需求的体制机制和政策，逐步提高居民特别是中低收入者收入，培育特色消费街区，发展文体休闲、保健养老等发展型和服务型消费，扩大电子商务消费，加强市场监管体系、社会诚信体系、企业信用体系建设，营造良好的消费环境。积极调整投资结构，引导投资向郊区、重点新城和高端产业功能区等区域转移，提高投资质量和效益。

着力推动改革开放。进一步深化行政管理体制改革，转变政府职能，推进大部门制改革，下放审批权限，推进政务公开，加快市级政务服务中心和公共资源交易平台建设，提高行政效能和服务效率。分类推进事业单位改革。深化投融资体制改革，深化税收征管改革，构建有利于转变经济发展方式的财税体制，进一步理顺市和区县政府间财政分配关系，完善转移支付制度。推进资源环境价格改革和公用事业改革，完善重要商品、服务、要素价格形成机制。完善国有资产管理体制，深化国有企业改革，培育具有核心竞争力的大企业集团，发挥国有资本在提供公共产品和产业升级中的重要作用。完善公平准入的环境，支持非公经济、中小微型企业更好发展。加强投资促进，支持企业境外投资，广泛吸引著名跨国公司、跨国金融机构、国际金融组织、大型国有企业、大型民营企业总部及其研发中心、营运中心、结算中心落户北京，促进国际活动聚集，加强国际会展城市建设，加强外事工作，加强民间国际交往，提高运用国内外优质资源的能力。

（二）加快城乡经济社会发展一体化步伐

加大统筹城乡发展力度，提高首都发展的整体实力。

完善区县功能定位实现机制。首都功能核心区要强化政治中心、文化中心、国际交往中心功能，加强历史文化名城保护，推进旧城功能优化和人口疏解，提高服务能力，着力打造政治文化中心功能承载区、历史文化名城魅力展示区。城市功能拓展区要强化科技创新、商务服务和国际交往功能，集聚高端要素，着力打造城乡统筹发展先行区、世界城市建设试验区和创新驱动引领区。城市发展新区要加快重点新城建设，完善城市功能，加大产业、人口的承接力度，着力打造宜居宜业示范区。生态涵养发展区要强化生态涵养和保护功能，发展绿色产业，实现绿色就业，着力打造绿色宜居生态发展示范区。要发挥门头沟、平谷、怀柔、密云、延庆等区县的生态优势，提高生态涵养发展水平。

加快城市化进程。进一步创新体制机制政策，落实聚焦通州战略，分类推进重点新城建设，打造功能完备的城市副中心，尽快发挥新城对区域经济社会发展的带动作用。深入推进城南行动计划，落实西部转型发展意见，下大力气抓好南中轴线、永定河绿色生态发展带建设，提升南部和西部地区基础设施、公共服务水平。稳步推进城乡接合部地区城市化，分类推进现代特色小城镇建设，推动集中居住、集约用地、服务完善、管理科学的新型农村社区建设。

提高郊区经济发展水平。统筹推动资源在城乡之间的合理配置，推动投资重点、建设重点、发展重点向郊区转移，推动优质公共服务资源向农村转移、城市基础设施向农村延伸，更好地发挥郊区的战略腹地作用。做好农村集体土地确权工作，稳步推进农村集体建设用地流转试点，统筹利用城乡建设用地，逐步建立城乡统一的建设用地市场，使集体土地要素流动起来。加大农村集体经济产权制度改革力度，积极探索农村集体资产的有效实现形式，把农民集体资产经营起来，使更多农民成为拥有集体资产的新市民。大力发展都市型现代农业，加快国家现代农业科技城和中国北京农业生态谷建设，增强首都农业的应急保障、生态休闲、科技示范等功能，树立“安全农业”品牌，下力量抓好世界种子大会、世界葡萄大会为代表的会展农业，提升郊区农业的现代化水平。加大对农民专业合作组织扶持力度，提高郊区农民的组织化程度。加强对农民的技能和就业培训，加大农民转移就业和农转非力度，提高农村社会保障水平，增加农民收入。

提高城市精细化管理水平。切实加强规划工作，发挥规划的龙头作用，优化城市功能布局。加强城市运行管理，提高水电气热安全运营和保障能力，确保城市安全运营。加快轨道交通建设，实现区区通、全覆盖，大力改善市民出行条件，进一步提高公交出行比例，加强道路微循环系统和停车设施的建设管理，缓解城市交通拥堵。推进城市无障碍环境建设，提高对残疾人的服务保障水平。健全城市应急管理体制机制，完善首都防灾减灾体系，提高城市应急能力。加快推进“智慧城市”建设，实现城市运行管理和服务保障的信息化、智能化。积极实施历史文化名城保护和利用工程，推进中轴线申遗工作和世界名园保护，统筹推动西山八大处文化景区、海淀“三山五园”历史文化景区、十三陵明文化景区建设，加强历史文化遗产的科学保护和合理利用。

（三）努力开创社会主义民主政治建设新局面

坚持中国特色社会主义政治发展道路，坚持党的领导、人民当家做主、依法治国有机统一，切实发挥社会主义政治制度的优越性，最大限度地凝聚全市人民团结奋进的力量。

大力发展社会主义民主。坚持和完善人民代表大会制度，全力支持和保障人大及其常委会依法履行职责，充分发挥人民代表大会制度的优势。坚持和完善中国共产党领导的多党合作和政治协商制度，支持人民政协围绕团结和民主两大主题，履行政治协商、民主监督、参政议政职能，发展最广泛的爱国统一战线。完善民主选举、民主决策、民主管理、民主监督机制，保障公民依法有序的政治参与。完善基层群众自治制度，加强基层政权建设，推进“四议两公开”，落实政务公开、村务公开制度。坚持全心全意依靠工人阶级方针，完善以职工代表大会为基本形式的企事业单位民主管理制度，推进厂务公开。

切实加强和创新党的统战工作。认真落实“同心”思想，推进政党关系、民族关系、宗教关系、阶层关系、海内外同胞关系的和谐。支持各民主党派、工商联、无党派人士加强自身建设，落实党外代表人士队伍建设任务，深入开展“凝心聚力”工程，为推动首都科学发展广泛凝聚社会力量。切实加强民族、宗教、侨务和台港澳工作，发挥他们在推动科学发展、促进社会和谐中的重要作用。加强工会、共青团、妇联、科协等人民团体的建设，发挥这些团体教育引导服务群众的重要作用。

全面落实依法治国基本方略。加强地方立法工作，健全地方立法工作格局，提高地方立法质量。加大依法行政工作力度，加快建设法治政府。加强审判、检察、司法行政等工作，推进司法规范化、信息化、公开化建设，营造公正高效权威公信的司法环境。加强律师和法律援助工作，提高法律服务水平。加强政法队伍建设，牢固树立和践行“忠诚、为民、公正、廉洁”的政法干警核心价值观。深入开展“六五”普法教育，引导群众依法维护权益、理性表达诉求。加强国防教育，支持驻京解放军、武警部队建设，搞好国防后备力量建设，提高双拥共建水平，巩固军政军民团结。

（四）全力推动首都文化大发展大繁荣

加大首都文化改革发展力度，加快建设具有世界影响力的文化中心城市和中国特色社会主义先进文化之都。

大力实施思想道德引领战略。坚持以社会主义核心价值体系为统领，弘扬践行“北京精神”，筑牢全市人民团结奋斗的共同思想道德基础。以“做文明有礼的北京人”为主线，深化群众性精神文明创建活动，深入推进公共文明引导行动，扎实推进公民思想道德建设，加强和改进未成年人思想道德建设和大学生思想政治教育，加强农村精神文明建设，加强企业思想政治工作和企业文化建设，推动学雷锋、百姓宣讲等活动常态化，加强科普工作，不断提升市民文明素质和城市文明程度。牢牢把握正确舆论导向，进一步提高主流媒体的影响力，深化“走转改”，不断增强舆论引导的有效性。大力实施网络文明引导工程，扎实推进网络身份管理，加快主流网站建设，不断提升首都网站的竞争力和影响力。

着力打造文化精品。充分发挥首都优势，加强学术研究，加强首都智库建设，推进马克思主义中国化时代化大众化，繁荣发展首都哲学社会科学。坚持“二为”方向和“双百”方针，团结、鼓励和引导广大文艺工作者加强文艺创作生产，推行精品生产项目制，加大对文艺院团和文艺院校的支持力度，建立健全文化产品评价体系和激励机制，努力推出更多原创、当代、北京的精品力作。着力打造首都文化品牌，重点办好北京国际电影节、中国（北京）国际文化创意产业博览会、北京国际设计周等品牌文化活动，办好各类传统节日文化活动和群众文化活动，进一步提升首都城市文化品位。实施文化名家领军工程，完善文化人才激励机制和扶持政策，建设首都文化人才高地。

加强公共文化服务体系建设。率先建成城乡一体化公共文化服务体系，完善市、区县、街道（乡镇）、社区（村）四级服务网络，用信息化、数字化提升服务水平。加快推进国家国学中心、国家美术馆等标志性文化设施建设，坚持建、管、用并重，提高文化馆、博物馆、图书馆、档案馆、美术馆、青少年宫等的服务效能。大力实施文化惠民工程，加强公共文化体育设施建设，统筹利用中央和市属、国有和民营文化资源，充分发挥首都各文化联盟的作用，推动公共文化服务均等化，更好地保障人民群众的基本文化权益。加强历史文化资源的保护、挖掘、传承和利用，充分展示古都文化价值和内涵。

加快发展文化创意产业。进一步提升文化创意产业在首都经济中的支柱地位。推动文化与科技、金融、旅游、教育、体育等融合发展，培育提升文化消费业态。实施重大文化项目带动战略，提升文化创意产业功能区规模化、集约化、专业化水平，着力抓好中关村国家级文化和科技融合示范基地、首都核心演艺区、国家广告产业园等标志性产业园区建设，着力培育一批引领中国、影响世界的骨干文化企业和文化航母。加大对中央和地方文化资源的整合力度，鼓励以资本为纽带兼并重组、做大做强。运用国际国内两个市场、两种资源，吸引各类资本兴办文化企业、投资文化项目，形成以公有制为主体、多种所有制共同发展的文化创意产业格局。

深入推进文化改革创新。深化文化企事业单位改革，大力培育富有活力、实力和竞争力的市场主体。加强宏观管理，转变政府职能，综合运用行政、法律、经济、科技等多种手段，发挥文化产业政策、文化创新专项资金、产业投资基金和金融杠杆的作用，搭建文化创新服务平台。完善国有文化资产监督管理体制，盘活存量，扩大增量，推进文化资源的开发利用。积极培育各类文化产品市场和文化要素市场，加强文化市场监管。深入实施文化“走出去”工程，促进对外文化贸易和文化交流，不断提高首都文化的国际影响力。

（五）全面推进社会建设和服务管理创新

积极推进社会服务管理创新，努力构建具有时代特征、中国特色、首都特点的社会建设体系。

着力保障和改善民生。完善城乡一体化的就业管理、就业服务和就业援助体系，实现更加充分、更加公平的就业。推进收入分配制度改革，推进企业工资集体协商，分类推进事业单位收入分配制度改革，完善公务员工资制度，完善离退休人员工资待遇动态增长机制，逐步提高基层一线职工工资水平，努力缩小收入差距。深化“大民政”建设，建立健全城乡一体、服务均等、管理精细的全面小康型社会保障体系，积极推进适度普惠型社会福利体系建设，稳步拓展社会福利保障范围，提高扶老、助残、救孤、济困的水平，加强老年人、残疾人服务体系建设，让城乡居民人人享有更高水平的基本生活保障。坚持教育优先发展，加大教育投入，大力推进教育公平，推动素质教育，强化政府学前教育管理职责，统筹、整合、优化中小学教育资源配置，提高优质高中资源的覆盖范围。加强高等教育资源整合，深化教育改革，提高教学质量，支持有条件的高校创办世界一流大学，努力提供高质量的高等教育。探索建立现代职业教育体系，积极发展特殊教育、成人教育，支持民办教育发展。积极推动“健康城市”建设，开展全民健身活动，提高人口质量和健康水平，深化医药卫生体制改革，建立覆盖城乡的基本医疗卫生制度，加强公共卫生服务体系建设，加快发展社区卫生服务，加大对远郊区县医疗机构的帮扶力度，大力提升医疗服务和疾病防控水平，优化医疗资源配置，着力解决群众的看病就医问题。完善住房保障政策，健全符合北京实际、可持续的住房保障体系，努力实现“住有所居”。

着力提高社会服务管理精细化水平。推进网格化服务管理体系建设，健全支撑保障体系，把社会服务管理任务落实到网格，提高社会服务管理信息化、智能化、规范化和精细化水平。完善社区治理模式，打造“六型”社区，全面完成社区规范化建设，加强农村地区社会建设，推进村庄社区化管理，逐步实现城乡社区服务管理一体化。充分发挥“枢纽型”社会组织作用，加强商务楼宇“五站合一”建设，提高对非公经济组织、社会组织的服务管理水平，最大限度激发社会活力。加大“一刻钟服务圈”建设力度，加快推进政府购买社会组织服务，大力发展社会企业，更好地满足城乡居民多层次、多样化的服务需求。加强志愿服务体系建设，强化企业社会责任，进一步健全社会参与、社会动员体制。统筹人口宏观调控与服务管理，健全人口管理信息系统，积极探索实有人口服务管理措施，落实支持产业优化升级、加强业态调整、严格产业准入的相关规定，积极推行居住证制度，深化“以业控人、以房管人、以证管人”的管理模式。创新外籍人口的服务管理，加强国际化社区建设。

确保首都安全稳定。强化各级党政主要领导维护稳定的第一责任。完善重大决策社会稳定风险评估机制，从源头上预防和减少矛盾纠纷。健全党委政府主导的维护群众权益机制，拓宽群众诉求表达渠道，坚持用群众工作统揽信访工作，加强人民内部矛盾排查化解，深入开展领导干部大接访活动，加大信访积案化解力度，稳妥处理各类群体性事件。健全社会矛盾多元调解体系，完善人民调解、行政调解、司法调解衔接联动机制，推进行业性、专业性调解组织建设。深入推进“平安北京”建设，发挥专群结合、群防群治的优势，完善社会治安防控体系，推进科技创安工程，健全维稳处突工作机制，提高突发事件应对能力。加强食品药品安全管理，健全安全食品供应保障体系，健全安全生产监管体系，确保人民群众生命财产安全。

（六）大力加强生态文明建设

坚持生产发展、生活富裕、生态良好的文明发展道路，加快建设资源节约型、环境友好型社会，努力建设和谐宜居之都。

加强绿色生态环境建设。加强生态资源规划，建立生态价值服务体系。加快建设“山区绿屏、平原绿网、城市绿景”三大生态体系，办好国际园林博览会，抓好郊野公园、森林公园等重大项目规划建设，提高城乡绿化美化水平。加快国际山地休闲度假区、国际会都、中国乐谷、国际绿色休闲旅游产业综合示范区、世界地质公园等重大生态涵养发展项目的建设，加快京西北进京通道建设，积极争办世界园艺博览会，推动绿色北京示范区建设，发挥北部地区在建设中国特色世界城市中的重要作用。加强生态环境保护，防治土壤污染，加大垃圾、污水、噪声等污染治理力度，推广生活垃圾分类减量，提高再生资源利用水平。

大力改善大气环境质量。全面实施清洁空气行动计划，落实大气污染治理各项措施，加大以PM2.5为重点的环境治理力度。加大能源结构调整力度，推进天然气等清洁能源替代工程，推广太阳能等可再生能源应用，推进五环内城区无煤化建设，努力建设“无煤城市”，压缩郊区用煤总量，降低碳排放水平。加大机动车污染治理力度，推广使用新能源汽车。加大扬尘污染防治力度。推进区域大气治理联防联控，建立区域空气质量监测网络。

实施严格的水资源管理制度。强化“量水发展”理念，大力推进节水型社会建设，加快污水处理厂升级改造及再生水利用管网建设，提高水资源再生利用水平。加强对密云水库及其周边等重要水源区生态环境的保护和治理，继续深化生态清洁小流域建设，提高水源涵养能力。抓住南水北调工程的机遇，加快市内配套工程建设，深化区域水资源战略合作。提高海水淡化的产业化水平，加强地下水资源的储备和养护。加强河道治理、水源保护和污染防治，特别是加大跨区域河湖水系治理的全市统筹力度，进一步改善城乡水环境。

加大节能减排力度。执行最严格的能耗和环保标准，完善节能减排计量体系建设，强化目标责任考核，健全落后产能退出机制，重点抓好工业、交通、建筑、公共机构等领域节能减排。完善节能减排激励机制，鼓励低碳技术创新，鼓励节能新技术、新产品运用。落实最严格的耕地保护制度和节约用地制度，加强对区域土地利用的统筹，提高土地集约使用水平。

四、全面提高党的建设科学化水平

建设中国特色世界城市，必须以改革创新精神全面加强党的自身建设，不断提高领导水平和执政能力，始终保持先进性和纯洁性。

切实加强思想理论建设。创新党委理论中心组、党校、党课教育方式，着力建设学习型党组织。认真学习马列主义、毛泽东思想和中国特色社会主义理论体系，认真学习贯彻党的十八大精神，增强党员干部走中国特色社会主义道路的自觉性和坚定性。加强思想道德教育和政德教育，使广大党员干部树立正确的世界观、权力观、事业观。加强和改进党员干部的教育培训，着力提高推动科学发展、转变经济发展方式、加强和创新社会管理、建设中国特色世界城市的能力。

加强领导班子和干部人才队伍建设。坚持德才兼备、以德为先，统筹党政机关、企事业单位领导班子调整配备工作，切实把那些政治坚定、实绩突出、作风过硬、群众公认的干部选拔到各级领导岗位。坚持民主、公开、竞争、择优，深入推进干部人事制度改革，进一步完善领导班子和领导干部综合考核评价体系，不断提高干部工作的民主化、制度化、科学化水平。完善优秀年轻干部的选拔培养制度，做好培养女干部、少数民族干部和党外干部工作，高度重视、进一步加强老干部工作。实施首都人才战略，加强对人才发展的宏观指导和统筹协调，深入推进人才政策和工作体制机制创新，为建设中国特色世界城市提供人才支持和保障。

进一步加强基层党组织建设。建立创先争优的长效机制，不断推动基层党建工作创新。坚持把服务群众、凝聚人心、做群众工作作为基层党组织的核心任务和基层干部的基本职责，加强分类指导，不断探索基层党组织和党员干部维护实现群众根本利益的方式和途径。把引领发展作为农村基层党组织服务群众的首要任务，不断提升基层党组织带领群众共创幸福美好生活的能力和水平。结合落实网格化管理任务，加强城市社区党建工作，特别是村改社区和新建小区党建工作，积极构建区域化党建工作格局。加强非公有制经济组织和社会组织党建工作的制度化规范化建设，进一步扩大党的组织覆盖和工作覆盖。统筹抓好党政机关、国有企业、高等院校党建工作，在事业单位改革中全面加强党的建设。切实抓好基层党组织负责人队伍建设和村级后备干部队伍建设，加强在工人、农民、知识分子中发展党员的工作。继续做好流动党员教育管理和服务工作。落实党建工作责任制，探索建立区县、街乡党（工）委书记向上级党委汇报党建工作制度。加大对基层党组织的支持力度，建立起人向基层走、钱向基层投、政策向基层倾斜的机制，增强基层党组织服务群众的能力，树立基层党组织在群众中的威信。

加强以民主集中制为核心的制度建设。进一步完善党委常委会议事规则和决策程序，健全和规范常委会向全委会定期报告工作并接受监督制度，充分发挥全委会的作用，发挥党代表在党的代表大会闭会期间的作用。着力提高科学决策、民主决策、依法决策水平，健全重大决策征求意见制度，重大事项的社会公示、听证制度，重大决策评估、反馈和监督制度，重大决策责任追究制度和决策失误纠错改正机制。深入推进党内民主和党务公开，健全党内情况通报制度，坚持和完善“三会一课”等党内生活制度，提高党内民主生活的质量。完善基层党组织选举制度，逐步扩大基层党组织领导班子直接选举范围，切实保障党员主体地位和民主权利。

切实加强作风建设。加强对党员干部特别是领导干部的马克思主义群众观教育，引导党员干部牢固树立群众观点，坚持群众路线，切实提高群众工作的本领。大兴调查研究之风，深入基层，深入群众，问政于民、问需于民、问计于民，力戒脱离群众、脱离实际，确保各项工作合民情、得民心、顺民意。大兴求真务实之风，把求真务实贯彻到治党理政的各个环节，力戒空谈浮躁，治理庸懒散软，落实工作责任，心无旁骛地做好工作。大兴艰苦奋斗之风，牢记“两个务必”，力戒奢侈浪费，坚决制止讲排场、比阔气、贪图享受、不思进取的行为，奋发有为地不断开创工作新局面。

深入推进反腐倡廉建设。严格落实党风廉政建设责任制，加强具有首都特色的惩治和预防腐败体系建设。加强源头治理，深入开展廉洁从政教育，抓好党员领导干部廉洁自律工作，大力推进廉政文化建设，进一步加强从政道德教育，筑牢党员干部拒腐防变的思想道德防线。深入开展专项治理，切实解决反腐倡廉建设中人民群众反映强烈的突出问题，特别是发生在群众身边的腐败问题。健全权力运行的监督制约机制，加强和改进巡视工作，坚持党内监督和党外监督、专门机关监督与群众监督相结合，发挥好舆论监督的作用，加强对领导干部特别是党政“一把手”的监督。加大查办违纪违法案件工作力度，保持惩治腐败的强劲势头，对腐败案件要严肃查处，绝不姑息。深入推进廉政风险防控工作，抓住权力结构和运行这个关键，全力推动权力结构科学化配置、权力运行规范化监督和廉政风险信息化防控三个体系建设，形成以积极防范为核心、以强化管理为手段的科学防控机制。

同志们！北京是一座有着悠久历史、灿烂文化和光荣传统的城市，在不同的历史时期，勤劳勇敢智慧的北京人民为国家和首都发展创造了辉煌的业绩。在新的历史征程中，摆在我们面前最重要的任务就是：推动首都的科学发展，建设中国特色世界城市，让首都人民更加幸福安康。这个任务责任重大、使命光荣。每一名共产党员都要牢记使命，不负重托，努力在推动首都科学发展、促进社会和谐的各项事业中发挥先锋模范作用，努力在各自平凡的工作岗位上创造无愧于党和人民的一流业绩。各级党员领导干部更要始终保持共产党人的蓬勃朝气、昂扬锐气和浩然正气，时刻不忘党的宗旨、人民的利益、履职的责任，兢兢业业地为人民掌好权、用好权，以敢于担当、敢于碰硬、敢于创新的精神去完成党和人民交给我们的每一项任务，以只争朝夕、奋发有为的精神去应对挑战、推动发展，不辜负党和人民的信任。

同志们，推动首都科学发展，建设中国特色世界城市，是时代赋予我们的崇高使命。让我们紧密团结在以胡锦涛同志为总书记的党中央周围，高举中国特色社会主义伟大旗帜，迎接党的十八大，认真学习贯彻党的十八大精神，深入贯彻落实科学发展观，不动摇、不懈怠、不折腾，团结和带领全市各族人民，万众一心，开拓进取，夺取首都现代化建设的新胜利，谱写更加灿烂美好的新篇章！

（原载《前线》2012年第7—8期合刊）

中共北京市委关于发挥文化中心作用加快建设中国特色社会主义先进文化之都的意见

为深入贯彻党的十七届六中全会精神，全面落实《中共中央关于深化文化体制改革推动社会主义文化大发展大繁荣若干重大问题的决定》（以下简称《决定》），现就深化文化体制改革，推动首都文化大发展大繁荣，发挥首都全国文化中心示范作用，建设中国特色社会主义先进文化之都，提出如下意见。

一、提高文化自觉，增强文化自信，在社会主义文化强国建设中发挥更大作用

文化是民族的血脉，是人民的精神家园，是城市发展进步的灵魂。转变发展方式、提升发展质量，增进民生幸福、促进社会和谐，文化不仅是重要的内容、衡量的指标，更是强大的动力和支撑。

北京是享誉世界的历史文化名城，文源深、文脉广、文气足、文运盛。这座伟大的城市有着3000多年建城史和850多年建都史，积淀了中华民族优秀传统文化的精华，传承了“五四”运动以来形成的革命传统文化精髓，凝结了改革开放以来文化领域形成的一系列新思想新观念新风尚。新中国成立后，北京作为全国政治中心、文化中心，极大地推动了文化资源的聚集，极大地推动了文化事业的繁荣发展。改革开放特别是近年来，在党中央、国务院的坚强领导下，全市上下以北京奥运会、残奥会、新中国成立60周年、纪念中国共产党成立90周年为重要契机，着力推进社会主义核心价值体系建设，着力推动文化体制改革，着力构建公共文化服务体系，着力加快文化创意产业发展，着力加强对文化产品创作生产的引导，进一步解放了文化生产力，首都文化焕发出巨大生机与活力，文化繁荣发展成为首都科学发展的鲜明特色和突出亮点。以北京奥运会、残奥会的圆满成功为标志，中华文化昂首阔步走向世界，展示了科技与文化结合、中华优秀传统文化与世界现代文化结合的巨大魅力，首都文化发展进入了一个新的阶段。

当前，北京已经进入了实施“人文北京、科技北京、绿色北京”战略，建设中国特色世界城市的重要阶段。

——首都经济服务业主导格局总体确立，经济发展方式深刻转变，文化经济方兴未艾，文化消费进入快速增长期，文化创新日益成为推动首都科学发展的强大引擎。

——首都社会转型加速，社会结构和形态深刻变化，社会利益诉求更趋多元，市民精神文化需求快速增长，文化引领日益成为促进首都社会和谐的重要支撑。

——首都城市布局和形态走向完善，城市规划、建设、管理中的文化作用更加凸显，提升城市文明程度成为社会各界的热切期望，文化塑造日益成为提升首都城市品质和形象的巨大力量。

——首都开放程度日益扩大，随着我国国际地位不断提升和奥运会的成功举办，世界更加关注中国、关注北京，增强首都文化软实力日益成为提升国家形象和文化影响力的重要标志。

面对新形势，首都文化发展的质量水平与首都经济社会发展的要求，与人民群众日益增长的精神文化需求，与不断扩大的对外开放的要求还不完全适应，加快文化改革发展，推动首都文化的大发展大繁荣需求迫切、任务艰巨、责任重大。

党中央高度重视首都文化建设，对首都的文化改革发展作出了一系列重要指示，党的十七届六中全会《决定》提出发挥首都全国文化中心示范作用的要求。认真贯彻落实中央精神，打造中国特色社会主义先进文化之都，建设具有世界影响力的文化中心城市，是当前和今后一个时期全市重要而紧迫的战略任务。全市各级党委和政府必须以高度的文化自觉和文化自信，按照首善的标准，更加自觉地承担起推动社会主义先进文化发展的重任，更加自觉地承担起传承中华民族优秀文化的重任，更加自觉地承担起满足人民群众更高精神文化需求的重任，更加自觉地承担起为提升国家文化软实力服务的重任。

二、明确目标任务，加快改革发展，建设好国家文化中心

总体要求：高举中国特色社会主义伟大旗帜，以马克思列宁主义、毛泽东思想、邓小平理论和“三个代表”重要思想为指导，深入贯彻落实科学发展观，坚持社会主义先进文化前进方向，全面推进“人文北京、科技北京、绿色北京”和中国特色世界城市建设，以科学发展为主题，以建设社会主义核心价值体系为根本任务，以满足人民群众精神文化需求为出发点和落脚点，以改革创新为动力，大力弘扬和践行北京精神，实施思想道德引领战略，实施文化创新、科技创新“双轮驱动”战略，解放和发展文化生产力，发挥首都全国文化中心示范作用，推动首都文化大发展大繁荣，努力建设中国特色社会主义先进文化之都，为建设社会主义文化强国作出更大贡献。

发展目标：到2020年，把首都建设成为在国内发挥示范带动作用、在国际上具有重大影响力的著名文化中心城市，成为全国文化精品创作中心、文化创意培育中心、文化人才集聚教育中心、文化要素配置中心、文化信息传播中心、文化交流展示中心，发挥好首都文化中心的表率引领作用、辐射带动作用、提升驱动作用、桥梁纽带作用、荟萃集聚作用。

——思想道德显著提升。社会主义核心价值体系建设进一步推进，城市文明程度居全国前列，城乡居民的思想道德素质、科学文化素质、身心健康素质明显提高，城市文明形象充分展示。

——文化事业全面繁荣。率先建成高水平、全覆盖的公共文化服务体系，建成一批国家级标志性公共文化设施，实现公共文化服务均等化，公共文化服务的信息化、现代化水平显著提高。

——文化体制活力迸发。建立充满活力、富有效率的文化体制机制，文化事业、文化产业发展更加协调，成为体制机制创新策源地，不断创造新鲜经验。

——文化创意产业发达。率先建成现代文化产业体系，不断提高发展的质量，文化创意产业增加值占全市地区生产总值的比重力争达到18%，整体实力和国际竞争力位居全国前列。

——城市文化魅力彰显。展现古都北京的历史文化风貌和独特城市魅力，逐步恢复古都壮丽景观，充分发挥利用丰富的历史文化资源，着力聚合浓郁京味文化，城市建设文化品位明显提升。

——文化名家精品荟萃。高层次领军人物和高素质文化人才不断涌现，建成具有世界影响力的文化产品原创中心、展示中心和国家优秀文化产品生产中心，“北京创意”“中国创造”成为首都文化的鲜明标识。

——文化科技深度融合。科技创新优势转化为文化发展的强大动力和现实竞争力，文化的信息化、现代化走在全国前列，网络文化健康发展，新型文化业态充分发育，文化科技融合机制不断成熟。

——文化国际影响力显著增强。坚持走出去，引进来，加强国际国内合作，文化交往交流中心地位更加凸显，使首都成为展示社会主义先进文化的平台，成为展示中华民族优秀文化的窗口，成为中华文化走向世界的基地、桥梁和纽带。

基本原则：

——坚持思想引领，以马克思主义为指导，用中国特色社会主义理论体系武装头脑、指导实践、推动工作，不断夯实全市人民团结奋斗的共同思想基础。

——坚持以人为本，以满足人民群众文化需求为目标，发挥人民在文化建设中的主体作用，实现文化发展为了人民、文化发展依靠人民、文化发展成果由人民共享。

——坚持创新驱动，进一步解放思想、更新观念，推动理论创新、体制创新、机制创新、服务创新、管理创新、业态创新，不断增强首都文化的创造力。

——坚持把社会效益放在首位，遵循文化发展规律，适应社会主义市场经济发展要求，加强文化法制建设，一手抓繁荣、一手抓管理，实现社会效益和经济效益的有机统一。

——坚持统筹协调，处理好国际与国内、中央与北京市、北京市与兄弟省区市、国有与民营、体制内与体制外、文化与相关产业的关系，推动文化全面协调可持续发展。

——坚持开放合作，广泛吸纳、融汇一切外来优秀文化成果，提高文化开放水平，扩大文化影响力和竞争力，推动首都文化服务全国、走向世界。

三、实施思想道德引领战略，践行北京精神，深入推进社会主义核心价值体系建设

社会主义核心价值体系是兴国之魂，是社会主义先进文化的精髓。推进首都文化改革发展，必须始终坚持以社会主义核心价值体系为统领，用马克思主义中国化的最新理论成果教育人民，用中国特色社会主义共同理想凝聚力量，用以爱国主义为核心的民族精神和以改革创新为核心的时代精神鼓舞斗志，用社会主义荣辱观引领风尚，在全社会形成统一指导思想、共同理想信念、强大精神力量、基本道德规范。

大力弘扬和践行北京精神。成立北京精神宣传践行工作指导小组，统筹协调相关工作，组织实施重大活动。进一步加大宣传力度，开展北京精神的理论研究、社会宣传和主题教育，挖掘、阐释北京精神的思想内涵，宣传普及北京精神。把“爱国、创新、包容、厚德”融入首都经济社会发展的各领域和全过程，使北京精神家喻户晓、人人践行，内化为全体市民的价值认同和精神追求，凝聚和团结全市人民为首都科学发展、社会和谐贡献智慧和力量。

强化社会主义核心价值体系教育引导。坚持用发展着的马克思主义指导新的实践，加强走中国特色社会主义道路的理想信念教育，广泛开展民族精神教育和时代精神教育。深入开展形势政策教育、国情教育、革命传统教育、改革开放教育、国防教育。加强法制宣传教育，弘扬社会主义法治精神，树立社会主义法治理念。全面加强学校德育体系建设，构建学校、家庭、社会紧密协作的教育网络，加强改进大学生思想政治教育工作和未成年人思想道德建设，推动社会主义核心价值体系进校园、进课堂、进教材、进头脑。深入开展反腐倡廉教育，建设廉政文化阵地，推进廉政文化进机关、进社区、进学校、进农村、进企业、进家庭活动。加强爱国主义教育基地建设，加大扶持力度，整合教育资源，提高管理服务质量，抓住重要节庆日及重大历史纪念日，组织开展丰富多彩、形式新颖的文化活动。

扎实推进首都精神文明建设。落实首都公民道德建设实施工程，抓好社会公德、职业道德、家庭美德、个人品德建设。评选、学习、宣传道德模范等先进典型，在全社会形成知荣辱、讲正气、作奉献、促和谐的良好风尚。深入开展“做文明有礼的北京人”主题活动，注重从广大市民最关心的实事做起，推进公共文明引导行动，提升首都市民文明素质和社会文明程度。开展道德领域突出问题专项教育和整治，大力推进政务诚信、商务诚信、社会诚信和司法公信建设，构筑社会诚信体系。弘扬雷锋精神，建立健全志愿服务体系，广泛开展志愿服务，拓展各类道德实践活动。健全群众广泛参与精神文明建设的工作机制，全面推进文明区县、文明单位、文明村镇、文明社区创建活动。

持续推进学习型城市建设。坚持用中国特色社会主义理论体系武装党员干部、教育人民群众，推动学习实践科学发展观向深度和广度拓展。按照马克思主义中国化时代化大众化要求，加强党的思想理论建设，实现百姓宣讲活动常态化。坚持以领导班子和领导干部为重点，提高思想政治素养，建设学习型党组织。以全民阅读活动为抓手，营造多读书、读好书、好读书的良好文化氛围。充分利用首都资源，积极培育学习型单位、学习型企业和学习型社区。弘扬科学精神，鼓励科普创作，普及科学知识，健全服务网络，提升首都市民科学文化素养。

四、实施文化创新、科技创新“双轮驱动”战略，推动首都文化大发展大繁荣

（一）实施文化精品工程，提供更好更多的精神食粮。

创新文化产品生产机制。坚持“二为”方向和“双百”方针，遵循文化生产规律，加强对文化创作生产的引导，弘扬主旋律、提倡多样化。围绕创作更多无愧于历史、无愧于人民、无愧于伟大时代的优秀作品，成立北京市文化精品工程办公室，创新精品创作生产体制机制，实行项目化管理，加大优秀文化产品推广力度，建立健全文化产品评价体系和激励机制，设立文化艺术发展基金和首都文化贡献奖，营造多出精品的氛围。建设高水平文艺理论和评论员队伍，倡导主流价值取向，坚决抵制庸俗、低俗、媚俗之风。结合迎接党的十八大胜利召开，集中推出一批原创、当代、北京的精品力作。

充分发挥哲学社会科学作用。深入推进马克思主义理论研究和建设工程，实施中国特色社会主义理论体系普及计划。加强基础理论、发展战略和应用对策研究，努力推出更多的优秀学术成果，培养造就一批马克思主义理论家特别是中青年理论家。加强首都文化发展顶层设计，加强中华传统文化、中国特色社会主义文化、首都文化的研究。开展北京文化大系研究。建设首都智库，成立战略联盟，整合研究力量，推进学科体系、学术观点、科研方法创新。加强哲学社会科学信息化建设。加强对社科类社会组织和民办社科研究机构的引导、服务和管理。

加强和改进新闻舆论工作。牢牢把握正确导向，坚持团结稳定鼓劲、正面宣传为主，不断提高主流媒体的影响力，不断增强舆论引导的有效性。巩固壮大党报党刊、电台电视台等主流舆论阵地，整合都市类媒体、网络媒体等宣传资源，努力构建首都舆论引导新格局。坚持贴近实际、贴近生活、贴近群众，深化拓展“走转改”活动，用“身边的感动”引领社会风尚。抓好热点难点问题、重大突发事件的引导，完善新闻发布制度，健全应急报道和舆论引导机制，提高实效性，增加透明度。加强和改进舆论监督。积极推进“三网融合”试点，加快构建覆盖广泛、技术先进的文化传播体系。加强重要新闻媒体建设，做大做强精品报刊。

抓好品牌文化活动。着力打造具有国际影响力的文化品牌，重点办好北京国际音乐节、北京国际戏剧·舞蹈演出季、“相约北京”联欢活动、北京中国广告节、北京国际图书节、北京国际摄影节、北京国际青年戏剧节、青年京剧演员北京擂台邀请赛、北京国际书画双年展、北京国际芭蕾舞比赛、寻找北京最美丽的乡村等活动。充分挖掘中华民族传统节日的文化内涵，突出时代特点，体现京味特色，丰富市民生活，营造首都节庆文化。

（二）实施文化惠民工程，率先建成城乡均衡的公共文化服务体系。

加快首都标志性公共文化设施建设。推进国家美术馆新馆、中国工艺美术馆、中国国学中心等重点项目建设，打造北京博物馆中心区。发挥好国家级文化场馆的功能，支持国家音乐博物馆、中国出版博物馆等文化设施建设，积极争取新的国家级文化设施落户北京。在天桥和天坛地区集中规划建设首都核心演艺区，打造亚洲演艺中心，展示全国优秀剧目，汇聚世界艺术精品。推动完成奥运博物馆、北京文化艺术活动中心、北京国际戏剧中心、首都图书馆二期、北京儿童文化艺术中心、北京歌舞剧院剧场、北京美术馆、首都交响音乐厅、北方昆曲艺术中心等一批市级和区县级文化设施建设。盘活现有文化设施资源，利用好新建文化设施，提升文化设施的利用率和服务水平。

加强公共文化设施建设。推进公共文化设施向城南地区、城乡接合部、重点新城、新建大型社区及农村地区倾斜，优先安排涉及基层和农村群众切身利益的文化项目。以建设综合性、多功能乡镇文化站为龙头，加强农村文化基础设施建设，逐步实现城乡公共文化服务均等化，切实增强京郊农村文化吸引力和感染力。注重将文化元素融入城乡接合部和新农村建设。加大对城乡公园、文化广场和各类公共场所的投入。提高广播电视户户通、文化信息资源共享、农村电影放映、益民书屋等服务水平。加快街道级文化休闲中心、郊区城镇数字影院、“八网合一”、数字文化社区、24小时自助图书馆等建设，实现建管并重、资源共享。在北京历史文化特色街区建立博物馆、民俗馆、文化中心等社区文化设施。推进文化馆、博物馆、图书馆、美术馆、科技馆、纪念馆、工人文化宫、青少年宫等公共文化服务设施建设并向全社会免费开放。

完善基层公共文化服务。广泛开展群众文化活动，提高社区文化、村镇文化、企业文化、校园文化等建设水平，组织群众文化会演，健全基层文化组织员队伍，加强基层宣传文化队伍和文化志愿者队伍建设。加强社区群众文化组织建设，支持开展多种形式的群众文化活动。充分发挥农民在农村文化建设中的主体作用，培养建立一支乡土化的农村文化骨干队伍，使之成为农村文化的承载者和传播者。支持以农民群众喜闻乐见的形式，创造性地组织开展各类群众文化活动。丰富流动人口的文化生活，建立政府主导、企业共建、社会参与的文化工作机制，切实保障来京务工人员、困难群体的基本文化权益。推动基层公共文化服务由“一街一品”向“一村一品”延伸，形成首都公共文化服务特色品牌。支持创建国家公共文化服务体系示范区。制定公共文化服务指标体系和绩效考核办法，建立健全基层公共文化设施建设、管理和服务评估机制。

（三）实施历史文化名城保护和利用工程，彰显古都文化魅力。

切实加强历史文化遗产保护。积极推进中轴线申遗工作，重点抓好南北中轴线、朝阜大街“一轴一线”建设。严格控制名城地区新建重大项目。恢复永定门瓮城和外城东、西角楼及内城西南角楼等名城建筑，整治钟鼓楼周边环境，再现晨钟暮鼓的历史景观。加强重大文化遗产的保护利用和复建。加强优秀近现代建筑和重要工业遗产的保护利用。

充分展示古都文化价值和内涵。在保护“物”的同时，强化对“文”的保护和利用。深入挖掘历史文化遗产的文化内涵和文化价值，提升城市文化品位。加强城市生态文化建设，挖掘园林文化内涵，打造风格协调的园林景区、魅力建筑群和各具特色的城市景观。发挥孔庙、国子监等在国学文化传承中的重要作用。保护北京传统地名。打造一批历史文化名镇、名村、名街。挖掘城乡传统文化遗产，发展特色乡村（街区）民俗文化。

开发利用历史文化资源。鼓励和支持社会力量参与旧城保护和老字号、名人故居、胡同、四合院、会馆、历史宗教建筑等的修缮保护与合理利用。创新旧城街区整体保护利用机制。推进皇城文化、宣南文化、运河文化等的挖掘利用，对前门地区传统商业店铺进行有机更新，提升琉璃厂、大栅栏等传统商业文化街区功能，推动形成国家级老字号聚集区。恢复一批北京老字号演出场所的功能。支持京剧、昆曲、评剧、河北梆子、曲剧等传统民族戏曲艺术的发展。加强文化典籍整理和出版工作，推进文化典籍资源数字化。加强对非物质文化遗产的保护、挖掘、传承和利用。加强对具有北京特色的传统工艺的传承和保护。

（四）实施文化创新工程，激发体制机制活力。

创新文化管理体制。按照管人管事管资产管导向相结合的要求，组建国有文化资产监督管理机构，统筹规划和实施文化改革发展相关工作，负责文化投资、资本运作、国有文化企事业单位资产管理及文化创意产业园区、重大文化项目、重点文化工程的规划立项和组织实施。建立健全党委领导、政府管理、行业自律、社会监督、企事业单位依法运营的文化管理体制和富有活力的文化产品生产经营机制。建立首都文化资源创新中心平台。成立全市重大文化项目推进办公室，健全区县文化建设协调机制，搭建工作平台，促进信息共享、人才交流。加快文化立法，制定和完善公共文化服务保障、文化产业振兴、文化市场管理等方面的地方法规，加大文化市场综合执法力度，坚持“扫黄打非”，营造安全的文化市场秩序和良好的文化发展氛围。

加强知识产权保护和运用。严格执行《著作权法》《商标法》《专利法》等，加强知识产权依法登记、保护和利用，完善版权、专利、商标、设计的管理，提升知识产权服务水平。设立北京版权保护基金，完善数字版权保护平台等，大力推进“正版工程”“远航工程”“护航工程”“科技维权工程”。鼓励引导各类知识产权中介机构加强文化领域的服务，鼓励规范知识产权评估机构发展，建立健全知识产权信用保证机制。开展知识产权培训教育，加强知识产权保护与促进的国际交流。

健全文化投融资服务体系。建立北京文化发展专项资金，在整合资源的基础上，每年统筹资金100亿元，用于支持首都文化发展。启动北京市文化创意产业创业投资引导基金，设立北京市文化创意产业投资基金、担保基金等，支持内容生产、科技研发、平台建设和渠道拓展。推进文化金融创新，促进文化和资本市场全面对接，构建满足不同类型、不同成长阶段文化企业需求的金融服务体系。采取项目资助、贷款贴息、股权投资、奖励等多种方式支持非公有制文化企业和中小企业发展。实施项目式投资，形成政府资金引导、社会资本参与、文化资源优化配置的投融资格局。

深化文化事业单位改革。紧紧抓住转企改制中心环节，积极稳妥推进一般性国有文艺院团和非时政类报刊出版单位转企改制。鼓励名家领办文艺院团。推进文化事业单位分类改革，对经营性文化事业单位实行企业化管理，探索通过转换内部机制增强活力、改善服务的途径，不断深化劳动人事、收入分配、劳动保障制度改革。推动党报党刊、电台电视台进一步完善管理体制和运行机制。探索建立支持文化艺术发展的赞助机制，拓展文化艺术的投入渠道。

健全文化市场体系。加快文化产品和要素市场建设，重点发展图书报刊、演出娱乐、影视剧、动漫游戏等产品市场，进一步完善北京国际电影季、中国北京国际文化创意产业博览会、春秋两季首都电视节目推介会等交易平台。充分发挥北京国际版权交易中心、中国设计交易市场、北京国际设计周等平台功能，使北京成为版权之都、设计之都。推动设立北京文化创意产业交易平台、北京文化产权交易所、中国艺术品交易中心。建立健全文化资产评估体系和交易体系。建立艺术品评估机构，健全艺术品产业链。加强行业组织建设，健全中介机构。对文化创意产业驰名商标、著名商标予以行业保护。

推动文化资源的整合利用。强化服务保障，为中央在京文化单位发展创造更好条件。推动国有文化资本和社会资本向重点领域集中，推进市属文化资源和中央文化资源合作、兼并重组。促进国有文化资源和非公经济文化资源的有机结合。进一步推动落实华北五省区市文化发展战略合作。强化文化资源的整合，充分发挥首都剧院联盟、博物馆联盟、出版发行联盟、影院联盟、影视产业联盟等创新型社会组织的协调服务职能。

（五）实施文化创意产业提升工程，率先建成现代文化产业体系。

健全文化产业体系。以积极培育大型企业集团和上市公司为重点，进一步巩固壮大出版发行、影视制作、印刷、广告、演艺、娱乐、会展等传统文化产业。以加大研发投入、健全产业链条、促进产业协作为重点，加快发展数字出版、网络电视、移动多媒体、动漫游戏、设计创意、艺术品交易等新兴文化产业。支持软件设计、工业设计、建筑设计、服装设计等，提升设计产业国际化水平。支持文化企业开发原创性文化产品，提高市场占有率。加快推动文化与教育、体育、旅游等相关服务业的融合，培育形成首都经济新的增长点。健全文化创意产业统计指标体系。

科学规划产业布局。加强对区域文化发展的统筹，引导区县实现差异化、特色化发展，建设一批规模化、集约化、专业化程度较高的市级文化创意产业集聚区，培育一批各具特色的文化创意村落、创意工厂、主题楼宇、文化街区。以首都功能核心区和朝阳区、海淀区为中心，优化产业布局，集中力量建设好海淀文化和科技融合发展示范区、朝阳CBD—定福庄传媒走廊、怀柔文化科技高端产业新区、通州新城文化创意产业园等集聚区。加快建设国家广告产业园、北京国家音乐产业基地、国家新媒体产业园、中国怀柔影视基地、中国北京出版创意产业园、中国动漫游戏城、798和宋庄艺术区、国家大剧院舞美基地等。推动首钢旧厂区、北京焦化厂转型利用。

打造骨干企业和文化航母。加快建立现代企业制度和现代产权制度，体现文化企业特点，推进股份制改造，完善法人治理结构，着力培育一批世界一流的骨干文化企业。实施跨地区、跨行业、跨领域战略重组，吸引世界五百强企业、特大型国有企业投资文化创意产业。积极支持文化企业上市融资，构建上市公司的北京文化板块。抓好有发展潜力、具有自主知识产权的文化品牌，使之成为发展社会主义先进文化的排头兵。加大对国家大剧院、北京人民艺术剧院、北京京剧院、都市传媒集团、出版发行集团、广告传媒集团、演艺集团、新媒体集团等的扶持力度，支持和壮大国有或国有控股文化企业，打造一批引领中国、影响世界的首都文化航母。充分发挥市场机制的作用，着力培育500家骨干文化企业、100家文化上市公司、50家百亿级文化企业集团、3—5家千亿级文化企业集团。

支持非公有制文化企业和中小企业发展。鼓励和引导各种非公有制文化企业健康发展。支持社会资本以多种形式进入国家许可的文化领域，参与国有经营性文化单位转企改制，参与重大文化项目实施和文化创意产业园区建设，从投资核准、信用贷款、土地使用、税收优惠、上市融资、发行债券、对外贸易和申请专项资金等方面支持非公有制文化企业，进一步优化发展环境。支持中小文化企业向"专、精、特、新"方向发展，扶持非公有制优秀文化创意企业，形成富有活力的文化创意企业群体。

培育提升文化消费业态。加强对市民文化需求和文化市场消费的调查研究，积极开拓大众文化消费市场，创造和提供适销对路的文化产品和服务，健全文化产品营销服务渠道，满足市民群众多层次、多样化的消费需求。引导社会资本投资兴建书店、剧场、影院等文化设施。通过政府引导、市场调节，进一步丰富文化市场，培育文化消费。鼓励在商业演出和电影放映中安排一定数量的低价场次或门票。积极引导文化与教育、体育、旅游、休闲等结合的服务性消费。引导文化设施和重要交通节点周边配置便民商业设施，推动文化产品销售和服务向大型购物中心、售卖场及大型社区延伸，构建首都文化地理标识系统，创造良好的人文氛围。

(六) 实施文化科技融合工程，让科技助力文化的大发展。

推动文化科技融合发展。借鉴中关村国家自主创新示范区发展模式，为文化与科技融合提供政策支撑。开展文化和科技融合示范基地的认定工作。支持建设产学研战略联盟、市级文化科技创新工程实验室和公共服务平台，提升文化科技创新能力和水平。加快科技创新成果转化，积极利用高新技术改造传统文化产业，提高文化企业装备水平和科技含量，大力发展新兴文化产业。加强"数字北京"建设，在全国率先建成无线城市，方便城乡居民文化生活。

构建文化技术创新体系。坚持以企业为主体、市场为导向、政产学研用相结合，加快高新技术在文化领域的运用，加强核心技术、关键技术、共性技术攻关，培育一批特色鲜明、创新力强的文化科技企业。重点支持一批战略性文化项目和工程。支持对文化制造、展示、传播技术的研发投入。培育新兴文化业态，为文化内容创新和运用提供新动力、新载体、新空间。

(七) 实施网络文明引导工程，科学建设和利用互联网。

发展健康向上的网络文化。坚持积极利用、科学发展、依法管理和确保安全，加强网络文化建设，整合现有新闻网站、理论网站资源，加大主流网站建设，做强骨干网络文化企业，发挥网络功能和作用，服务人民、促进发展。支持发展网络新技术、新业态。推动文化资源的数字化和网络化，建设人文北京数据库。开展文明网站创建评选，大力推动文明办网、文明上网，举办健康有益的网络文化活动。

规范互联网信息传播秩序。推行互联网真实身份信息注册制度，科学利用管理微博客，发挥"北京微博发布厅"等平台引导舆论的作用，健全和完善网络发言制度。建立完善新兴媒体行业的准入、监管和退出机制，落实信息安全管理责任制。探索网络虚拟社会的法制建设，构建网络诚信体系，把依法管理、行业自律和社会监督结合起来，打造可管可控、双向交互、绿色安全的播控平台，净化网络文化环境。

(八) 实施文化名家领军工程，建设首都文化人才高地。

加强文化名家培育。制定完善首都高端文化人才引进、培养和使用的相关政策措施，建立首都高端文化人才数据库和重大文化项目首席专家制度，实施"百人工程"，培养一批德艺双馨的文化名家和各领域的领军人物，对突出贡献者授予首都人民艺术家称号。推动中央和地方、不同所有制单位间文化高端人才的交流与合作。围绕名家大师，从编剧、策划、评论、宣传、营销、投融资等方面形成全方位、立体式的专业人才服务支撑体系。

加强文化人才队伍建设。实施"四个一批"人才培养工程，健全机制，创新方式，拓展领域，提高质量，努力构建一支德才兼备、锐意创新、结构合理、规模宏大的首都文化人才队伍。统筹组织实施创新型人才、复合型人才、外向型人才、科技型人才及宣传文化人才的培养、培训和素质提升计划。加大支持力度，加强艺术院校、高职学校中高级文化人才和专业特需型人才培养，加强文化人才队伍职业化建设。

完善文化人才激励机制。多渠道吸引海内外优秀文化人才来京创业，吸引优秀文化人才服务基层。采取股权、期权、年薪制等多种方式，激励文化创新人才。扶持资助优秀中青年文化骨干参与主持重大课题、承担重点项目、领衔重要演出，充分调动非公有制文化单位人员积极性。鼓励艺术院校与社区结对建立艺术实践基地，支持艺术类院校毕业生参与社区文化建设，拓宽人才培养途径。设立城乡社区公共文化服务岗位，对服务期满高校毕业生报考文化部门公务员、相关专业研究生实行定向招录。

(九) 实施文化走出去工程，扩大中华文化影响力。

扩大文化交流合作。积极组织参与国际重大文化交流活动，构建多元文化传播载体和文化营销网络，培育奥林匹克公园等国际文化交流平台，着力打造具有北京风格、中国特色、世界水准的文化交流品牌。健全北京与友好城市的合作机制，重视对海外在京留学生、外籍务工人员、游客等的引导，推动文化交流向深度拓展。鼓励体现国家水准的各类学术团体、艺术机构在相应国际组织中发挥建设性作用。积极利用海外中国文化中心和孔子学院等平台推介北京文化。建设好“奥运之家”网络平台。组织对外翻译优秀学术成果和文化精品。发挥北京作为国际交往中心的优势，构建人文交流机制，把政府交流和民间交流结合起来，支持拓展民间交流合作领域，鼓励社会力量从事对外文化交流。加强同香港、澳门的文化交流合作，加强同台湾的各种形式文化交流，共同弘扬中华优秀传统文化。

加强对外文化宣传。全方位多层次宽领域开展对外宣传，塑造良好的城市形象，为首都发展营造友好的国际舆论环境。发挥境外驻京媒体的积极作用，展示北京城市良好形象。加强国际传播能力建设，不断提高在境外落地内容的生产能力，不断扩大海外营销力、传播力、影响力。

推动文化产品和服务的输出。依托国际友好城市、驻外机构、海外华人等资源，积极协助文化创意企业开拓海外市场，建立国际化的营销渠道。积极扶持文化产品和服务的出口，支持文化产品出口基地和北京国际文化贸易服务中心建设，支持优秀剧目、文化艺术品海外巡演巡展，支持图书出版、影视作品、动漫网游等文化企业开拓国际市场，支持企业参与国际文化市场竞争，加快培育外向型文化企业和对外文化中介机构，完善译制、推介、咨询等方面扶持机制，进一步扩大对外文化贸易。

五、加强和改进首都文化改革发展的领导

（一）*加强党对文化改革发展的领导*。全市各级党委和政府要切实担负起推进文化改革发展的政治责任，把文化建设摆在全局工作重要位置，纳入经济社会发展总体规划，把文化改革发展成效纳入科学发展考核评价体系，作为衡量领导班子和领导干部工作业绩的重要依据。建立首都文化建设指导委员会，加强总体规划和统筹协调，充分发挥中央和国家机关、央属文化企事业单位在首都文化建设中的积极作用。

（二）*全面落实支持文化改革发展的政策*。加快转变政府职能，加强绿色通道建设，改善文化投资环境，统筹协调重大文化项目的落地。加大财政投入，保证公共财政对文化建设投入的增长幅度高于财政经常性收入增长幅度，提高文化支出占财政支出比例。加大对文化基础设施建设的投入。落实和完善文化经济政策，支持社会组织、机构、个人捐赠和兴办公益性文化事业，引导文化非营利性机构提供公共文化产品和服务。继续执行文化体制改革配套政策，对转企改制国有文化单位扶持政策执行期限再延长五年。从财政支持、土地供应、税收优惠、金融创新、企业认证、股权激励、市场准入、项目落户、人才保障等方面探索实行先行先试政策。建立重点文化创意企业认证机制。支持以净资产、知识产权或股权、债权方式出资设立文化企业或集团。鼓励文化企业和社会资本对接，对文化内容创意生产、非物质文化遗产项目经营实行税收优惠。

（三）*形成全社会共同推进文化建设合力*。建立健全党委统一领导、党政齐抓共管、宣传部门组织协调、有关部门分工负责、社会力量积极参与的工作格局，统筹文化改革发展中的各种关系。文化领域各部门各单位要加强领导班子和党组织建设，自觉落实首都文化改革发展的各项任务。支持人大、政协履行职能，调动各部门积极性，支持民主党派、无党派人士、宗教界人士和人民团体发挥作用，推动文联、作协、记协等文化领域人民团体履行好服务职能，共同推进文化改革发展。发挥人民群众在文化建设中的主体作用，发挥广大党员的先锋模范作用，积极开展创先争优活动，让蕴藏于人民群众中的文化创造活力得到充分释放。

建设中国特色社会主义先进文化之都，责任重大、使命光荣。全市上下要紧密团结在以胡锦涛同志为总书记的党中央周围，进一步增强紧迫感、责任感和使命感，大力弘扬和践行北京精神，切实推动文化建设与经济建设、政治建设、社会建设及生态文明建设协调发展，奋力开创首都文化建设新局面，不辜负党中央和全国人民的重托，为把我国建设成为社会主义文化强国作出新的更大的贡献！

（原载《前线》2012 年第 1 期）

·学科综述·

概　述

本栏目包含2012年度北京地区哲学社会科学15个学科的学术综述文章56篇，北京研究的学术综述文章7篇。综述作者均为首都哲学社会科学界重要学术机构的著名学者、学科带头人及有较高学术水平的研究人员。这些学科综述文章较为客观地记述并分析了本年度相关研究领域的重点研究方向、科研项目、学术活动、学术观点和学术成果。

马克思主义

马克思主义经典著作研究

晏　荣　彭萍萍

2012年首都学术界在马克思主义经典著作研究方面呈现出繁荣景象。一方面，学术研究方面取得了累累硕果。4月，马克思主义理论研究和建设工程重点教材、博士研究生思想政治理论课教学大纲《中国马克思主义与当代》出版发行。7月，由中共中央编译局编纂的新版《马克思画传》《恩格斯画传》和《列宁画传》发行。10月3日，由中共中央编译局编译、人民出版社出版的《马克思恩格斯文集》荣获第六届吴玉章人文社会科学一等奖。另一方面，学术交流活动频频展开。5月12—13日，由《马克思主义与现实》《中国社会科学》《哲学研究》《中国人民大学学报》共同发起，与复旦大学马克思主义研究院联合主办的“思想史与现实双重维度的马克思主义研究”学术研讨会在复旦大学召开。9月23日，“中共中央编译局上海交通大学马克思主义与欧洲文化研究基地”签约暨揭牌仪式在上海交通大学举行。12月1—2日，以“当代中国马克思主义理论与实践”为主题的第九届全国马克思主义论坛在河南大学隆重举行。12月8—9日，由中共中央编译局与上海交通大学联合举办的首届“马克思与现代化”国际学术会议在上海交通大学召开。此外，由中共中央编译局马恩列斯著作编译部举办的马列著作编译论坛2012年全年共举办12期，众多中外专家就马克思主义经典著作的编译、研究工作进行了深入的交流。

下面就北京地区的学者在马克思主义经典著作研究方面的成果作如下概述。

一、马克思主义经典著作研究

1. 关于《共产党宣言》的研究

学者们对《共产党宣言》中关于“消灭私有制”的思想有着不同的认识。

有学者认为，不顾“消灭私有制需要一定的社会历史条件，特别是生产力的高度发展”，在远不具备实现条件的1848年提出“消灭私有制”的说法，并据此对《共产党宣言》进行批判和指责是有悖学理的。有学者指出，《共产党宣言》提出“消灭私有制”主要是基于理论和实践两方面考虑：从理论上看，需要说明共产党这一新型政党的理论本质；从实践上看，这是无产阶级要用科学理论指导革命行动的迫切需要。由于资产阶级私有制是以往一切私有制中“最后而又最完备的表现”，“消灭私有制”不仅是指消灭资产阶级的私有制，也指消灭一切私有制。针对是否要“一下子消灭私有制”问题，学者指出，《共产党宣言》严格区分了消灭私有制的历史必然性和消灭私有制过程的渐进性这两个相互联系但又有重要区别的问题。私有制最终是要被完全消灭的，这是不以任何人的意志为转移的客观的社会历史发展的必然趋势，但消灭私有制需要无产阶级在掌握政权的条件下逐步实现，要经历一个漫长的历史过程。此外，学者还指出，1848 年还不能“以一次简单的突然袭击来实现社会改造”，不能说明恩格斯是在责备《共产党宣言》过早提出“消灭私有制”，恩格斯晚年也并没有主张用“人的自由全面发展”取代“消灭私有制”。①

有学者指出，深刻理解《共产党宣言》的社会主义全球性思想，对于增强马克思主义的说服力、感召力，增强工人阶级及其政党的全球意识、责任意识和使命意识，推动世界社会主义运动的复兴，有着极其重要的意义。《共产党宣言》在描述资本主义世界扩张历史的基础上，同时也从全球视野阐明了社会主义运动的发展过程，论证了共产主义革命是世界性的革命，将有世界性的活动场所。资本主义全球体系确立后，两大阶级的斗争开始演变为破坏旧的全球体系与建立新的全球体系的斗争，社会主义的全球性随之凸显出来。在资本主义全球体系确立以后，共产党人则可以把自己的理论概括为另一句话：消灭以现代资产阶级私有制为基础的国际垄断资本主义体系。为了达到这一目的，《共产党宣言》阐明了下列策略原则：强调所有制问题是社会主义运动的基本问题；强化工人阶级的阶级意识和精神发展；坚持无产阶级国际主义和联合斗争；建立最广泛的统一战线以加速胜利。②

2. 关于《资本论》的研究

有学者通过对《资本论》等著作的研究，系统梳理了马克思主义思想传统中机器、资本与劳动三者之间的关系，辨析了技术发展与劳动过程变迁之间的关联，把马克思主义的技术批判还原到政治经济学批判的语境中。文章通过对资本与劳动间的形式吸纳、实质吸纳Ⅰ和实质吸纳Ⅱ等三种关系的区分，以及对“机器本身”与“机器的资本主义应用”的“四因”的分析，循着马克思的方法，重构了一个串联起从马克思到布雷弗曼和芬伯格，再到奈格里等人的马克思主义技术哲学传统的概念框架，揭示了马克思主义传统中的四种技术批判：产品批判、过程批判、设计批判和主体批判。学者指出，传统马克思主义诉诸马克思的资本主义所有制理论，却完全忽视了他对劳动过程和技术的批判性评论。20 世纪六七十年代，以特龙蒂、布雷弗曼和布若威为代表的一些马克思主义者，纷纷开始重新关注《资本论》及其手稿中的劳动过程理论，并走向了两种不同的进路：一是以布雷弗曼为代表的每月评论学派，二是以特龙蒂为代表的意大利工人主义（workerism），包括受其影响的意大利自主主义和法国调节学派。文章分别具体阐释了实质吸纳Ⅰ和实质吸纳Ⅱ的内容，认为技术体系之内是一个“充满斗争的领域”，任何向机器的共产主义应用的可能转变，都将取决于劳动对资本的斗争。③

有学者专门对《资本论》第 3 卷大量手稿进行考察，指出，在这些文稿中，没有一个对马克思的思想作出系统的、简洁的说明。马克思并没有确定，在他探讨问题的那些不同方式中，究竟哪一个是“正确的”，因此，对编者而言，并不存在一个“经授权的版本”，反倒是恩格斯花了多年工夫来研究马克思的手稿。在此期间，他挑选出各种不同的手稿，决定哪些部分他将保持原貌，哪些部分他想进行修改。恩格斯压缩了马克思超过 200 页手稿。恩格斯对影响利润率的各个因素进行了系统讨论。他关注两个主要因素，进而相应地讨论了潜在的结果。尽管马克思给出了几个多少带有普遍性质的说明，却是由恩格斯对这些依赖关系作出了清晰的概括。恩格斯还对概念、公式以及示例进行了规范化的统一，以便使不同的情况之间可以相互比较。有一些论题在马克思那里只是被简单提及，却在恩格斯那里得到了更为详细的分析。例如，恩格斯确定了对不变资本、可变资本和剩余价值等产生影响的几个因素。在准备出版马克思手稿的过程中，恩格斯并没有任意妄为，只是他并没有意识到他的编辑方式正是一种阐释。由此，我们的任务是去探询这些决定是否是唯一可能的决定，是否并不存在理解马克思的其他方式。④

3. 关于《反杜林论》的研究

有学者指出，作为马克思主义最重要的经典著作之一，《反杜林论》涵盖了恩格斯关于马克思主义哲学、马克思主义政治经济学和科学社会主义的基本观念，以论战的方式清晰地指出杜林对这三个学科的错误论述，在马克思主义传播史上具有重要地位。学者指出，《反杜林论》存在多个中译本，包括吴亮平全译本、各种摘译本和部分译本、中共中央编译局全译本，认为正是这些中译本使恩格斯撰写的这部马克思主义经典著作在中国得到广泛传播，在一定程度上反映了中国先进知识分子和马克思主义理论家翻译、研究和传播马克思主义的历程，也在一定程度上反映了中国读者接受、理解和思考马克思主义基本理论的历程。⑤

4. 关于《德意志意识形态》的研究

有学者以《德意志意识形态》为例，从加深对马克思主义理论复杂内涵的理解的角度考量，进行了甄别和辨析“马克思—恩格斯思想关系”的工作。认为就《德意志意识形态》文本看，马克思是其核心思想的主导者和首创者，恩格斯参与了这项理论建构工作，是绝大多数文稿的誊写者、修改者。二人在思想的容量、视野的扩展、思维的推进、逻辑的力量和思考的深刻等方面存在一致性，但又有比较大的差别。例如，在《神圣家族》等文本中就显示出，恩格斯思考问题的方式仍与其从商的经历密切相关，他所执笔的这些部分的思想阐释也反映出这一特点，即就事论事地将具体事件或话题归结到现实经济状况甚至是经济政策；而马克思对具体事件的分析均能上升到历史哲学的高度，进行本质性的透视和批判。学者提出对“马克思—恩格斯思想关系”的判定既需要考证和梳理文献、文本，更需要从宏观和整体上进行把握和理解，研究这一问题的方法应该是注重实证但又不“唯实证论”。[⑥]

有学者指出，《德意志意识形态》是马克思主义形成时期的主要著作，是历史唯物主义的奠基之作。在其中，马克思不仅彻底清算了自己以往的哲学观，而且创立了作为新世界观的历史唯物主义。在此之前，马克思的自由思想，从总体上看还是抽象的、不成熟的，在历史唯物主义世界观的指导下，马克思超越了抽象的自由观，对自由思想进行了科学阐释，即“现实的个人”的自由。马克思在《德意志意识形态》中指出“自由就是对决定他的境况的权力，即唯物主义的自由”，自由往往是在权力、力量这个意义上使用的，是个人对生活于其中的各种境况和关系的权力、统治和力量，是对自然、社会的异己力量的自觉驾驭和控制。学者对自由的主体进行一番考察，认为《德意志意识形态》中自由的主体就是“现实的个人”。首先，现实的个人是指感性的个人，是一种自然存在物，是有生命的肉体组织存在，他也和其他自然存在物一样处于自然关系的因果链条之中，受自然规律的制约。其次，现实的个人还是具体的个人，是处在现实中的、可以通过经验观察到的具体的个人。这种具体的个人是处于既有的历史条件和关系范围内的个人，而不是德意志意识形态家所理解的纯粹的抽象的个人。真正的自由只有在自由人的联合体即共产主义社会中才能实现，那时每一个人的自由发展将是其他一切人自由发展的条件。在马克思看来，自由只能是一种历史产物，在人类历史上从低到高的每一个社会发展阶段上，自由只能得到一定程度的实现，存在着导致不自由现象的种种原因。在《德意志意识形态》中，马克思集中分析了在资本主义私有制条件下导致“现实的个人”不自由的各种原因。这些原因包括生产力发展水平对自由的制约，分工导致的人的片面性，以及偶然性对个性的压抑。在此基础上，马克思阐释了实现个人自由现实运动的条件，包括生产力的高度发展是实现个人自由的现实基础，现实的实践活动是实现个人自由的基本途径，无产阶级是实现个人自由的主体，以及个人只有在真正的共同体中才能实现自由。马克思的这种科学阐释不仅坚定了人类历史的目标和方向，而且证明了作为自由人联合体的共产主义不是遥不可及的乌托邦。[⑦]

5. 关于《历史学笔记》的研究

有学者提出，晚年马克思所作的《历史学笔记》，并非一部没有主线可循的纯粹史学摘录和读书笔记，也不仅仅是对社会形态演进的探索，而是《资本论》的继续、深化和拓展。马克思摘录的大量历史资料背后，对社会形态演进的考察背后，是在更高层次上对国际关系和世界历史的探究。《历史学笔记》正是为完成《资本论》体系构想的后半部分而做的准备工作，它为“国际贸易篇”“世界市场篇”提供了大量的材料依据和理论观点，阐发了国际贸易和世界市场的形成与发展，通过考察各个国家和地区之间的战争交往、经济交往等，分析了近代国际关系体系的形成和发展，提出了许多世界历史观点及研究方法，是唯物史观的升华和新贡献，是世界史观的深化和具体化。在国际贸易论中，马克思认为地理大发现促进了近代国际贸易的形成，而国际贸易与资本主义生产方式的关系互为基础、相互作用。他继续指出，世界市场不是从一开始就存在的，它是以近代地理大发现为历史契机、以生产力发展和资本的扩张为基本动力而逐渐形成的。新航路的开辟直接促进了封建制度的衰落、加速了资本的原始积累，使各个区域性的市场范围不断扩大，并使各个区域性的市场彼此联系起来形成了世界市场。而世界市场的逐步形成又促进了经济的飞速发展和资本主义生产方式的确立，是近代国际关系体系和世界历史形成的物质基础。世界市场的本质是资本的不断对外扩张、攫取剩余价值的本性。马克思认为，随着世界市场的形成，“历史也就越是成为世界历史”，真正意义上的世界历史开始了。随着资本主义商品经济的发展，以民族国家意识的崛起和建立国际秩序的构想为标志的、真正意义上的世界范围的近代国际关系开始形成。世界范围的国际关系是随着资本主义生产方式的出现和发展才真正形成的，后者是前者的前提条件。[⑧]

6. 关于《论犹太人问题》的研究

有学者对马克思《论犹太人问题》的研究现状、研究中存在的问题以及现实意义作了回顾与强调。指出，国内外学界对马克思《论犹太人问题》的研究与关注主要集中于以下四个方面：马克思的犹太出身和他与犹太人的关系，尤其是马克思对犹太人的态度，马克思与反犹主义关系的问题，这是国外《论犹太人问题》研究领域争论最激烈、最突出的问题；将公共领域与私人领域、现代性与犹太人问题、政治解放与人的解放的关系作为马克思《论犹太人问题》的中心问题来研究，这是国内研究的主流；还有马克思对于犹太教与金钱、犹太教与资本主义之间关系的认识；马克思思想与犹太传统两者之间关系问题。学者认为，马克思《论犹太人问题》有两点需要我们进一步明确与注意：一是从现实层面上讲，如何继承、借鉴近代西方资本主义文明成果；二是从理论层面上说，马克思的犹太人论题本身值得我们大力关注。犹太人问题的实质是“人的问题”，是一群“另类”或“少数人”如何以自己的方式有尊严地生存的问题。它折射的是18世纪启蒙运动以来，对整个现代西方文明困境的反省与批判。[9]

二、马克思主义经典作家思想研究的新进展

1. 关于资本的思想

有学者认为，在价值论的意义上，我国对“资本”的研究，过去更多偏重马克思对“资本”野蛮性的深刻揭露和批判，而忽略了马克思“资本的文明化”思想，以致造成对马克思资本理论的片面理解。学者指出，在《资本论》及其经济学手稿中，马克思对“资本”进行了否定和肯定即资本的野蛮性与文明性的双重评价。马克思用历史的和辩证的观点和方法分析资本，既看到了资本的野蛮性，即资本的不道德性表现；同时也看到了资本的文明面，即资本的道德性表现。他站在人类社会历史发展的角度，对资本促进社会生产力发展的积极作用给予了高度评价，肯定了资本对社会生产关系局部调整的历史进步性。[10]

2. 关于商品拜物教理论

有学者从马克思的商品拜物教理论入手，并结合齐泽克运用精神分析理论对马克思商品拜物教理论的分析，论述了商品拜物教中所蕴含的两个重要维度：先验主体和无意识。文章指出，齐泽克的功劳在于巧妙地将马克思的具体论述转化为精神分析的语言，他在《意识形态的崇高客体》的第一部分提出了商品交换形式的“无意识”支配着资本主义社会人们的日常生活，并渗透到人们的日常意识之中。这种无意识的商品交换形式不仅构成资本主义社会日常运行的逻辑，而且也构成了资本主义社会存在的逻辑。文章提出，马克思在《1844年经济学哲学手稿》和《资本论》中就指出了商品社会中“拜物教”现象及其虚幻特征，即商品拜物教的产生是作为主体的人匍匐在自己的创造物面前，对它顶礼膜拜，然而却浑然不知。齐泽克将拉康的精神分析学说与马克思主义的意识形态批判理论结合在一起，以拉康的“症候”概念为核心，构建了其意识形态的大众文化批判理论。齐泽克从拉康的精神分析的视野出发指出，任何主体，包括作为革命主体的无产阶级本身，同样也难以摆脱商品拜物教的虚假幻象。其主要原因在于商品拜物教产生的根源在于某种难以消除的症候性误认，这一误认构成了商品社会中的主体的根本特征。文章还指出，有关商品拜物教的分析，齐泽克将马克思从内容到形式的这一转换类比于弗洛伊德对梦的解析，即从对梦的内容的解析转向梦本身形式的分析。齐泽克认为资本主义的最普通的商品具有神秘的特性，这种神秘性来源于商品可交换的形式本身。交换中人们自私的思维与交换行为的分离是导致商品拜物教产生的根本原因。齐泽克旨在说明，商品拜物教其实涉及了结构化网络或关系范畴，与该网络或关系之外的某个成分之间的特殊关系。只有聚焦于关系网络之外的某个成分的直接特性，才有可能真正理解商品拜物教。而这个关系网络之外的某个成分，恰好是个“多余”或“剩余”之物，它既处于商品交换的形式之中，又处于商品交换这个关系网络之外。正是这种“剩余”，才导致人们对资本主义社会的最普通的商品顶礼膜拜，并形成了拜物教。文章认为，马克思的商品拜物教研究不仅成为观察资本主义社会人性颠倒的一面镜子，而且也构成了研究现代社会不可或缺的思维方式。拜物教不仅折射了商品社会中的人的异化，而且它本身就是商品交换之神秘性的“拱出物”。[11]

有学者通过研读《资本论》，对马克思的拜物教批判理论和资本批判理论进行了探讨，指出“资本批判”的重点和难点并不在于指出“资本”不是“物”而是“关系”，而在于说明：作为“关系”的“资本”为何、如何必然地表现为“物”，“物与物的关系”是如何“掩盖”“人与人的关系”的。文章阐释了马克思的分析逻辑：货币转化为资本是以劳动力成为商品为前提条件的，资本是以资本关系（资本家与雇佣工人之间的剥削与被剥削关系）为前提的。通过让资本关系“出场”，马克思“消解”了资本作为“物”所具有的“自行增值”的“魔力”。接着，通过对绝对剩余价值和相对剩余价值这两种剩余价值的生产方法的论述，马克思分析了资本关系的历史发展，提出了“劳动对资本的这种形式上的从属，又让位于劳动对资本的实际上的从属”的观点，即认为在“特殊的资本主义的生产方式”下的相对剩余价值的生产中，劳动不仅在“形式上”，而且在“实际上”从属于资本。在资产阶级社会的表面上，工人的工资表现为劳动的价格，正是工资的形式掩盖了资本家与雇佣工人之间的现实关系（剥削与被剥削关系），使得资本关系“消失”了。在流通过程中不变资本与可变资本的价值“加入”都表现为“单纯再现”。这样一来，资本主义的生产过程就幸运地变成一个神秘莫测的东西了，产品中包含的剩余价值的起源，也就完全被掩盖起来。

在资本主义生产中，虽然总资本只有一部分进入价值增值过程，在剩余价值被分割为产业利润、商业利润、利息、地租等的过程中，资本的拜物教性质逐步加深并最终完成了。同时，马克思也指出，资本主义生产方式是一种特殊的、具有独特历史规定性的生产方式；它和任何其他一定的生产方式一样，把社会生产力及其发展形式的一定阶段作为自己的历史条件，而这个条件又是一个先行过程的历史结果和产物，并且是新的生产方式由以产生的现成基础；同这种独特的、历史规定的生产方式相适应的生产关系，具有独特的、历史的和暂时的性质。最后，文章指出，秉持拜物教批判立场的马克思，明晰地区分生产的物质内容与社会形式，“还原”了被“现象—假象”“遮蔽”的“资本关系”，揭示了资本的拜物教性质的秘密，使得资本主义生产方式的独特性和历史性彰显了出来。⑫

3. 关于“重建个人所有制”思想

有学者希望澄清目前理论界在“个人所有制”问题上的模糊认识，解开这个政治经济学研究领域的“哥德巴赫猜想”。文章指出，“个人所有制”的思想在《资本论》《反杜林论》《哥达纲领批判》《共产党宣言》中都有体现和论述。马克思运用了“正—反—合”的辩证手法来揭示所有制发展轨迹和规律。否定之否定的起点是生产资料和消费资料均属个体私有的小生产者“个人所有制”，它为资本主义的“个人所有制”即资本家的大私有制所否定，第二次否定的结果又造成了一种“个人所有制”，不过是在生产资料公有制基础上的个人消费资料所有制。为了澄清科学社会主义与各种顶着“社会主义”之名的既有思潮的区别，反击资产阶级对共产主义的诬蔑和攻击，《共产党宣言》明确指出：“共产主义并不剥夺任何人占有社会产品的权力，它只剥夺利用这种占有去奴役他人劳动的权力。”马克思在《资本论》第1卷分析资本主义积累的历史发展趋势时，提出在终结了资本主义制度的未来社会应“重建个人所有制”。恩格斯在《反杜林论》中进行解释道：“公有制包括土地和其他生产资料，个人所有制包括产品即消费品。”学者认为，这一对马克思思想作的解释是符合马克思的本意的。在《哥达纲领批判》中，马克思对共产主义经济制度作了最成熟、最详尽的表述。由于生产方式的性质变了，消费资料的分配方式也需要重建。马克思的“重建个人所有制”之说，谈的就是对未来共产主义社会的经济制度的构想，但是在马克思的总体思想中，重新建立的“个人所有制”只限于个人消费品。按照马克思的分析，在共产主义初级阶段，按劳分配后的消费资料明确为生产者个人私有，分配原则是一个人以一种形式给予社会的劳动量，又以另一种形式全部领回来。这种规定仍然具有资产阶级权利性质，因为它强调劳动所有权，在分配上体现的是等量劳动相交换的精神。随着按需分配的实现，人类社会进入了共产主义高级阶段，这种体现资本主义法权的“个人所有制”就会无存在的必要。但是，体现个人消费自由和方便的部分消费资料“个人所有制”则并不一定消亡。共产主义革命并不是完全要消灭“个人所有制”。⑬

有学者提出了自己对马克思、恩格斯关于重建劳动者个人所有制的三点体会：一是这是用不完全相同的语言表达同一个基本观点，即在未来社会中全部生产资料归全社会所有；二是重建劳动者个人所有制的精髓在于把全体劳动者看作一个整体；三是马克思所以提出重建劳动者个人所有制，除了用否定之否定的原理把未来社会的生产资料公有制下的劳动者与前资本主义的生产资料私有的小生产者对比外，还同马克思一贯重视劳动者即无产阶级的历史进步性有关。马克思提出劳动者个人所有制突出的是劳动者。⑭

4. 关于劳动生产率与单位时间创造的价值量问题

近年来有些人根据马克思在《资本论》中的论述，就劳动生产率提高以后，商品价值量到底是反向变动（成反比）还是正向变动（成正比）问题进行了争论，并分别出现了所谓的成反比学派和成正比学派。这两派学者就这一问题进行了论争。

有学者指出：“劳动生产率与单位时间创造的价值量成正比”（简称成正比理论）自提出以来就引起了学术界的强烈兴趣和激烈的争论。学者声称“劳动生产率与单位时间创造的价值量成正比”（简称成正比理论）是从“劳动生产率变化与单位商品价值量成反比”（简称成反比理论）这个经典命题中演化出来的，认为几乎所有持“成正比”观点的学者都认为“成反比”毫无疑问是正确的。针对成正比学派内部在概念指涉、理论表述等方面存在较大差异，以致给成正比理论的研究和争论带来很多困难，学者将思路定为：把所谓成反比视为一个公理，由此出发重新审视成正比理论各种观点之间的差异性，进而证明“劳动生产率与单位时间创造的价值量成正比”这个命题的正确性。为此，学者认为“成反比”这个公理完整表达包括一个命题、三个假定和两个定理，即命题：劳动生产力与单位商品的价值量成反比。假定1：同一部门假定。假定2：同一劳动假定。假定3：同一时间假定。定理1：商品的价值量与凝结在商品中的劳动量成正比。定理2：同一劳动在同一时间内提供的价值量总是相同的。并认为，这个公理的重要性在于它建立了“成反比”和“成正比”共同的概念基础，也为进一步证明“成正比”这个命题的真伪提供了清晰的逻辑思路。同时，学者认为，“劳动生产率提高与单位商品价值量成正比”是一个伪命题；劳动生产率与单位时间创造的价值量成正比。[15]

针对此文，有学者指出，“成反比”是马克思的劳动价值理论的科学结论，成正比学派反对这个结论必然导致劳动价值理论被推翻。学者指出，混淆具体劳动和抽象劳动是成正比学派的同质的特征。学者认为，成反比还是成正比，本身是由两个命题即“一是，一定长度的工作日总是表现为相同的价值产品。二是，劳动生产率提高，单位商品价值量下降”构成的。不能用一个命题去取代或混淆另一个命题。同时，在具体问题之外，学者还认为，倾向于把成正比学派的观点作为一个同质的整体不加区别地批判，忽视了该学派的不同学者在观点上的微妙差异，从而不可避免地使其批判显得缺乏针对性。[16]

5. 关于生产资料公有制理论

有学者针对否定公有制主体地位的言论提出了自己的见解，认为历史唯物主义和无产阶级革命、无产阶级专政的学说是无产阶级夺取政权后必须实行生产资料公有制的理论基础。而生产资料社会主义公有制理论，在马克思、恩格斯的著作中已经从多方面、多角度作过十分深入的论证，是成熟的理论。1844 年，在二人合著的《神圣家族》中，提出了必须消灭生产资料私有制的思想。在 1845—1846 年合著的《德意志意识形态》中，提出了由联合起来的个人所有制消灭生产资料私有制的思想。1847 年，恩格斯所著《共产主义原理》和 1847—1848 年马克思、恩格斯合著的《共产党宣言》标志着马克思主义已经发展到成熟的阶段。在此之后，二人仍有很多关于社会主义公有制理论的论述，比如恩格斯的《反杜林论》《〈法兰西阶级斗争〉导言》等。因此，学者提出，中国共产党把社会主义公有制作为社会主义制度的经济基础，完全是源自马克思主义创始人，而非斯大林主义。[17]

6. 关于保险思想

有学者指出，马克思的保险思想作为马克思经典理论体系中的有机内容，并未引起足够的关注与重视。认为，马克思对保险的关注，是其对资本与剩余价值进行深刻剖析的有机内容，他对保险的论述散见在《资本论》第 2、3、4 卷以及《哥达纲领批判》等著作之中。马克思保险思想的基本出发点是保险必要论，即社会生产的持续进行，必须要有与之相应的保险。在《哥达纲领批判》中，马克思提出了著名的“六个扣除”理论，用自己的分配观论述了在社会总产品中扣除“用来应付不幸事故、自然灾害等的后备基金或保险基金”的必要性。马克思将保险视为一切社会维持社会再生产持续进行的必要条件，论述了用保险“来消除偶然事件和自然力所造成的异乎寻常的破坏”以及意外损失的必要性。马克思还论述了保险的独特功效和保险费计入商品价格及其与风险大小直接相关的规律，论述了储备或后备集中的效率与保险的可靠性，分别从侧面验证了保险的必要性。学者提出，保险基金特殊论是马克思保险思想的重要发现。保险基金性质的特殊性在于，它是一种运行规律特殊并具有不确定性的后备基金。这源于其针对的对象——灾害与事故风险的不确定性。因此，保险基金作为一种储备形态的后备基金具有不可替代性，特别是在商品生产发达的条件下更是如此。保险基金来源的特殊性在于，它是生产上的一种非生产费用，源于剩余价值，是对剩余价值的分割。而保险利润形成的特殊性，来源于对参保人的剩余价值分割与投资收益。保险是社会分工催生的新事物，它扮演的是以替代每个资本家自行保险的专业化、风险经营与风险管理角色，充当的是保险资本参与产业资本家剩余价值分享的途径。学者指出，作为资本主义生产发展创造出来的一种新的交往形式，保险是产业分工与社会分工的客观需要。保险具有“分摊损失”与“补偿损失”两大职能，这两大职能是相辅相成的。马克思的保险职能论，揭示了保险的最终目的在于损失补偿，并以此来维持社会再生产的顺利进行，这是一个巨大的理论贡献。[18]

7. 关于平等观思想

有学者对马克思与卢梭的平等观思想进行了比较研究，认为在卢梭的平等观念中，可以看到马克思主义平等观念的萌芽状态。卢梭的平等观念虽然不具有历史唯物主义的理论高度，但它不仅包含着历史唯物主义的萌芽，而且具有与马克思平等观有近亲关系的社群主义的特色。在他们看来，没有共同体或真正的共同体，也就没有人类的自由。自由的前提是真正共同体的建构。真正共同体就是一个人人平等的共同体。实现真正的共同体，也就是实现平等与自由。卢梭的政治哲学是社群主义的政治哲学，其平等观正是这一思想框架之下的平等观。在《德意志意识形态》中，马克思以“共同体”这一概念来表明共产主义社会，认为只有在共同体中，个人才能获得全面发展其才能的手段，也就是说，只有在共同体中才可能有个人自由。真正的共同体也就是所有社会成员能够实现其平等自由的共同体，亦即共产主义社会。在其中，“个人是作为个人参加的”，即每个人不因其隶属于阶级而是不平等的，并且这种个人的联合把个人自由发展的条件置于自己的控制之下，即每个人在真正的共同体中是自由的，它意味着人的动物阶段的终结和真正的人的历史的开始。同时，学者也认为，马克思的“真正共同体”与卢梭的“共同体”有着本质的区别：后者是一种理论的虚构，只是“契约”建构的，而其契约并非是一种真正的历史活动；而前者则是基于历史唯物主义的社会发展规律所得出的社会发展的必然。[19]

8. 关于科技创新思想

有学者对恩格斯科技创新思想的哲学基础、主要观点进行了梳理、归纳、总结。文章将马克思和恩格斯关于创新的概念归结为三点，恩格斯的科技创新思想就是基于这三点展开的。首先，从微观的角度来讲，科技创新可以理解为科学发明和技术创新两部分，其中，科学发明是科学创新的核心概念，技术发明则是技术创新的核心概念。恩格斯十分看重科学理论的确立在科学创新中的作用，并以哈维、施莱登和施旺的成就为例说明这种观点。其次，从宏观的角度来讲，科技创新指的是人与自然之间、人与社会之间特殊的实践活动，它涉及人如何与自然、社会相处。同时，马克思和恩格斯非常关心科技创新与社会之间相互关系的研究，认为它们二者之间是一种互动关系。科技创新不仅涉及与自然的关系，还是一个社会化的产物，是由社会多种因素共同塑造的。最后，从经济学的视角来讲，科技创新是一种高级劳动。科技创新虽然在某种程度上属于人类的精神生产领域，但因为创新的过程同时还是人力资源的投入、生产规模扩张和资本投入不断积累的社会过程，是一种特殊的人类劳动，它更与经济活动密切相关。文章进一步指出了恩格斯科技创新思想的哲学基础：首先，它是以辩证唯物主义的自然观为指导的；其次，它是以唯物辩证法为其方法论特征的；最后，它是以历史唯物主义为指导的科技社会观。就恩格斯科技创新思想的主要观点这个问题，学者进行了如下归纳：第一，科技创新是生产力发展、生产关系变革的决定力量；第二，科技创新的动力源泉是社会需求；第三，科技创新的思维资源是唯物辩证法；第四，科技创新的终极目标是人、自然与社会的和谐发展。[20]

9. 关于战争性质问题

有学者批驳了认为马克思主义判断战争性质正义与否的基本原则已失去价值的观点，阐述了马克思主义关于战争性质的基本观点，并在马克思主义战争观的指导下区分了当代战争的性质。学者指出，马克思和恩格斯在探讨战争历史作用的过程中，从战争性质上把战争区分为两大类，即进步的、革命的、解放的、防御性的战争和反动的、奴役的、侵略的、进攻性的战争。马克思提出，应根据不同的矛盾采取不同的对待方法。列宁在继承马克思和恩格斯关于战争性质学说的基础上，从帝国主义时代各种战争产生的历史条件出发，进一步论述了区分战争性质的标准及方法，确定了对待各种战争的不同态度。毛泽东依据马克思主义有关按照政治目的区分战争性质的观点，进一步把战争的政治目的作为判明战争性质的主要标准，并把战争的阶级本质作为区分战争性质的标准之一。学者指出，弄清战争的性质，是在战争中采取何种立场和态度的重要前提。应善于根据政治目的区分战争的性质，即必须看战争追求什么样的政治目的及其对社会发展产生什么样的影响；战争性质不是一成不变的，应注意根据战争的发展把握战争性质的变化；战争矛盾的相互交织往往使战争性质的区分复杂难辨，应注意根据不同性质的战争提出和采取相应的行动准则；应依据时代特点多视角判定战争性质。[21]

10. 关于反官僚政治思想

有学者对马克思的官僚政治思想进行了研究，指出马克思所认为的官僚政治有别于马克斯·韦伯、约翰·密尔、奥塔·锡克等人的观点。首先，马克思认为官僚政治存在于封建社会向现代资本主义社会的过渡时期，明显带有专制主义的印记。其次，在马克思看来，官僚机构与国家机器是被包含与包含的关系，它是国家行政机构的重要组成部分，而并不是国家机器的全部。在马克思的笔下，官僚机构既秉承了国家机器所共有的共性，又具有其独特的个性。马克思从两方面解读了官僚政治存在的基础：一方面，官僚机构与国家机器一样都产生于社会分工的发展；另一方面，官僚机构与国家都是私有制发展和阶级斗争的产物。同时，学者指出马克思的分析对象只是法兰西18—19世纪的官僚政治。随着资本主义发展，基于分散的小农经济的官僚政治在发达资本主义国家均已不复存在。但这也并不意味着马克思提出的以所有制为基础来分析官僚政治的方法已经过时。时至今日，资本主义的文官制度虽然明显有别于马克思时代的官僚政治，但本质上仍是与资本主义国家现有的所有制相适应的行政管理模式，为资本主义制度服务。官僚机构作为异化了的行政机构，承担着阶级统治职能，以及由社会分工而产生的必要的社会管理职能。在资本主义社会，行政机构发生异化的表现之一是行政机构拥有了自己的利益，把维护官僚系统的存在以及官僚自我利益作为主要目的，而变原初赋予它的国家职能为“形式主义”；表现之二是官僚机构摆脱议会立法权的控制，官僚不再代表占经济统治地位的资产阶级的利益。无产阶级取得政权后，打碎旧的国家机器的一个重要方面就是要在保留管理机构必要的社会管理职能的前提下，取消其阶级压迫的职能，杜绝其自身利益滋生，以及防止“公仆”自身演变为剥削阶级。消除官僚政治需要取消其存在的两个基础——私有制和管理者对管理知识的独占。基于前者，要建立无产阶级专政、实行社会所有制；基于后者，实现真正的普选权和官员随时撤换等若干措施。实现了上述两点，管理机构虽然会被保留下来，但已经不再是官僚机构了。而消灭私有制，消除政权的剥削阶级性质，实现无产阶级专政是摒除官僚政治的最根本措施。学者提出，现存社会主义国家要稳固政权，首要的一点就是防止形成苏联式的全能官僚制，其次是探索建立一种去官僚政治的管理机制，社会主义国家应该探索一种社会主义的科层制。[22]

11. 关于资本主义向社会主义转变的问题

有学者指出，虽然马克思、恩格斯十分重视暴力革命在工人阶级夺取国家政权中的作用，但是在他们看来，无产阶级夺取国家政权的方式不存在固定的模式。资本主义转变为社会主义，既可以通过暴力的方式，也可以通过和平的方式。至于哪一种方式更有利，则取决于各国的历史传统、现实国情和工人革命斗争的实际发展状况。最先提出资本主义可以“和平长入”社会主义这一思想的是恩格斯而非伯恩斯坦。1891 年恩格斯在德国社会民主党《纲领草案批判》中就已经指出了旧社会和平长入新社会的可能性。资本主义有可能和平长入社会主义原因在于：（1）随着社会化生产力的发展，资本主义社会内部的社会主义因素越来越多，为资本主义和平长入社会主义提供了经济上的可能；（2）资本主义社会内部民主制度的不断进步和完善，也使得资本主义向社会主义的和平长入在政治上成为可能。当然，“和平长入”是有前提条件的。这些条件包括：最基本的条件是资本主义生产力的高度发展；关键性条件是资本主义国家实行的“不是专制制度，而是民主制度”；资产阶级由于各种原因无力加以抵抗并有相当的理智放弃这种抵抗；无产阶级力量足够强大并有利用和平方式夺取政权的智慧和能力。[23]

三、马克思主义经典著作的研究方法问题

有学者指出，马克思主义经典著作是中国共产党和中国人民最可宝贵的精神财富，是我们党的理论之源、事业之基。认真研读马克思主义经典著作，才能准确掌握马克思主义基本原理，才能准确掌握马克思主义世界观和方法论，才能准确掌握“用实践去发展本本”的马克思主义基本道理，才能准确掌握经典著作蕴含的与时俱进的理论品质，才能更好地坚持和发展中国特色社会主义理论体系。要弄清楚什么是马克思主义，唯一有效的办法就是专心致志、原原本本、反反复复地精心研读马克思主义经典作家的原著。[24]

有学者提出，中国的马克思主义研究与社会主义建设迅速发展的需要有较大差距主要原因在于问题意识比较薄弱。现在的一些研究者教条主义思想严重，在马克思的文本中搜寻出牵强附会现实的字句，并用这些剪裁的话语作为应对一切问题的现成法宝，败坏了马克思主义研究，浪费了社会资源，严重损害了马克思主义在广大人民群众中的声誉。针对肢解或歪曲马克思思想的情况，“回到马克思”是一个响亮而有意义的口号。问题意识是马克思进行研究的一个根本原则，也是我们研究马克思主义应遵循的原则。在马克思主义研究中树立问题意识，改进研究方法，是科学研究马克思主义的重要条件。[25]

有学者主张通过构建中国的“马克思学”来使马克思主义研究成为科学。学者认为，作为一种活动的“马克思学”，是直接对于马克思（也包括恩格斯）的著作、思想、事业、生平的研究，特别是围绕对马克思思想的理解（往往在与恩格斯思想的比较中，并且联系在他们之后体系化了的马克思主义）而展开的对马克思的著作、文献和思想的研究。这种研究由于伴有大量的文献考据性质而具有实证性特征。但我们不能据此而把“马克思学”看成一项纯粹技术性的工作。它实际是一种思想、理论的研究，是一种为探索和说明马克思思想所谓“真相”的研究。西方“马克思学”的问题在于往往不能正确地处理实证方法与总体方法的关系。但是，国外“马克思学”和我们的“马克思学”研究，总的说来，都是一种马克思主义研究。对于马克思主义研究来说，特别是对于马克思主义经典著作的研究来说，实证科学方法是不能缺少的方法。科学“马克思学”的实质在于方法。针对西方学者在研究方法上过分拘泥于实证方法，以至于得出许多不正确结论的片面性，应倡导马克思和马克思主义研究中的总体性方法，把总体性方法与实证科学方法有机地统一起来，以提升我们中国学者的马克思和马克思主义研究水平。[26]

有学者指出，研读马克思主义经典著作会受到主体自身要素的干预。语言差异、主体的观察视域、主体所处的历史条件等文化背景影响主体对马克思主义文本信息的接收，会制约主体对思想的理解。知识结构则会规定主体的解释框架，限制主体领会马克思主义理论，影响对共产主义的认知和信仰。研读主体的价值取向、研读马克思主义经典著作的目的和方法都在一定程度上影响着对经典著作的理解。对于坚定的马克思主义者来说，只有在研读过程中秉持理性、客观的科学精神，磨砺出科学、恰当的研读态度和方法等，才能够真正理解马克思主义经典作家的理论逻辑，把握其思想精髓，进而把马克思主义著作研读转化为实践中的思想动力，为实践提供强大的精神支撑。[27]

有学者认为，马克思主义的“求真”与“求用”是每一阶段的双重主题，但是由于主客观原因，“求真”与“求用”在不同阶段表现出程度不同的紧张关系。总的来讲，“求用”的要求超过“求真”，“求真”没有真正获得高度的独立性和自觉性。就马克思主义研究来讲，一方面要重视“求真”。通过“求真”，达到对马克思及其创立的马克思主义全面准确的认识，解除长期以来对马克思及马克思主义的误解和偏见。另一方面要重视在“求真”基础上的“求用”。“求用”是结合具体的历史语境对马克思主义的丰富和发展，进而更好地运用马克思主义指导现实，就马克思主义的精神品质讲，“求用”是对待马克思主义的正确态度。但是“求用”要以“求真”为基础，否则“求用”容易产生弊病。在马克思主义研究中，可以采用“二重历史化”的恰当策略。所谓“二重历史化”，就是将马克思主义放入具体的历史语境中对其给予认识和发展，突出历史的眼光和态度，主要包含两个层面：“第一重历史化”在于从具体的历史语境出发对本真的马克思主义给予真切的体认，重在“求真”；“第二重历史化”在于在今天的历史语境下对马克思主义进行创造性的转化，重在“求用”。通过对马克思主义给予学理化的研究、正确看待马克思主义的学术研究与政治的关系来进行马克思主义研究的“第一重历史化”。通过做到充分意识时代的变化，正确看待马克思主义的科学性和真理性；不断扩大视域，展开积极有效的对话；积极介入现实，绽放马克思主义的吸引力和合法性等方法进行马克思主义研究的“第二重历史化”。㉘

注：

①汪亭友：《岂能如此曲解〈共产党宣言〉关于“消灭私有制”的思想》，《马克思主义研究》，2012年第5期。

②刘明华：《〈共产党宣言〉社会主义全球性思想探析》，《马克思主义研究》，2012年第3期。

③夏永红、王行坤：《机器中的劳动与资本——马克思主义传统中的机器论》，《马克思主义与现实》，2012年第4期。

④［德］雷金娜·罗特：《作者马克思与编者恩格斯：关于〈资本论〉第3卷的不同观点》，《马克思主义与现实》，2012年第5期。

⑤姚颖：《〈反杜林论〉在中国的翻译及版本流传简考》，《党政干部学刊》，2012年第6期。

⑥聂锦芳：《“马克思—恩格斯思想关系”再辨析——以〈德意志意识形态〉为例》，《社会科学辑刊》，2012年第2期。

⑦陈飞：《“现实的个人”的自由——〈德意志意识形态〉中的自由思想探析》，《科学社会主义》，2012年第2期。

⑧王晓红、黄竹：《晚年马克思〈历史学笔记〉新探——〈资本论〉的深化和拓展》，《马克思主义与现实》，2012年第5期。

⑨王志军：《马克思〈论犹太人问题〉的研究现状、问题及现实意义》，《马克思主义研究》，2012年第7期。

⑩王淑芹：《资本与道德关系疏证——兼论马克思的资本野蛮性与文明化理论》，《马克思主义与现实》，2012年第1期。

⑪孔明安：《商品拜物教研究的新维度——兼论齐泽克对马克思商品拜物教理论的分析》，《马克思主义与现实》，2012年第2期。

⑫刘召峰：《拜物教批判理论与马克思的资本批判》，《马克思主义研究》，2012年第4期。

⑬周宇、程恩富：《马克思“重建个人所有制”的思想探析》，《马克思主义研究》，2012年第1期。

⑭项启源：《进一步领会马克思主义“生产资料公有制”理论及其现实意义》，《毛泽东邓小平理论研究》，2012年第9期。

⑮王朝科、郭凤芝：《也论“劳动生产率与单位时间创造的价值量成正比”》，《教学与研究》，2012年第5期。

⑯余斌：《为什么“成正比”是错的？——与王朝科、郭凤芝商榷》，《重庆工商大学学报》（社会科学版），2012年第6期。

⑰项启源：《进一步领会马克思主义“生产资料公有制”理论及其现实意义》，《毛泽东邓小平理论研究》，2012年第9期。

⑱许飞琼：《重温马克思的保险思想——兼论我国保险业的发展》，《马克思主义研究》，2012年第4期。

⑲龚群：《卢梭与马克思的平等观》，《马克思主义与现实》，2012年第3期。

⑳刘巍：《恩格斯科技创新思想研究》，《马克思主义与现实》，2012年第3期。

㉑夏征难：《马克思主义战争性质学说的当代价值》，《当代世界与社会主义》，2012年第2期。

㉒项佐涛：《马克思对官僚政治的批判研究》，《科学社会主义》，2012年第3期。

㉓叶庆丰：《资本主义向社会主义转变之若干问题再认识》，《科学社会主义》，2012年第1期。

㉔朱喜坤：《为什么要认真研读马克思主义经典著作》，《思想理论教育导刊》，2012年第3期。

㉕靳安广：《问题意识：马克思主义研究的内在动力》，《理论界》，2012年第2期。

㉖梁树发：《科学“马克思学”的意义》，《北京联合大学学报》（人文社会科学版），2012年第3期。

㉗姜霁青：《论马克思主义经典著作研读中的主体要素》，《吉林师范大学学报》（人文社会科学版），2012年第1期。

㉘李娉：《马克思主义研究的方法论反思——“二重历史化”的区隔》，《云南社会科学》，2012年第6期。

（作者：晏荣，中共中央编译局助理研究员；彭萍萍，中共中央编译局编审）

马克思主义中国化研究

毛 胜 唐洲雁

2012年，首都理论界、学术界继续深入开展马克思主义中国化的研究和探讨，在毛泽东思想、中国特色社会主义理论体系以及两者之间的关系等领域，发表了一系列新的论文和著作，从而使本学科呈现出开拓奋进、锐意创新的良好态势，并扎扎实实地向前发展。下面，仅对一年来首都学者的这方面的研究新进展作一个简要的综述。

一、关于毛泽东思想

2012年，首都学者不仅在毛泽东与马克思主义中国化时代化大众化、毛泽东政治思想、毛泽东外交思想、毛泽东文化思想等方面展开深入的探讨，而且就毛泽东对改革开放的贡献、共产国际对毛泽东及其思想的认识轨迹等问题进行专题性研究，从而使毛泽东思想研究既重点突出，又全面推进，取得了一批有质量的新成果。

1. 关于毛泽东与马克思主义中国化

有学者指出，马克思主义的普遍真理与中国具体实际第二次结合的主题和任务是实现社会主义现代化。1949年中华人民共和国成立标志着新民主主义革命的完成和社会主义革命的开始，也是“第二次结合”的历史起点。毛泽东是“第二次结合”的开创者、实践者。社会主义现代化包括社会制度的革命和生产力的革命，是一个长期、复杂和曲折的历史过程。毛泽东对中国社会主义道路的探索是辩证发展过程中的“正”的阶段，为中国社会主义事业奠定了基础；邓小平开始探索的“反”的阶段，形成了中国特色社会主义理论；历史发展要求有一个“合”的阶段，以最终实现社会主义现代化。①

有学者认为，毛泽东在中国革命和建设过程中，对马克思主义实现中国化、大众化有着独特的创造及贡献。在促进马克思主义大众化的过程中，他针对大众化的衡量标准、利益导向、实践基础、话语转换、时代意蕴、传导路径等重要课题，作了深入探讨，摸索出了一整套行之有效的马克思主义大众化方法。这对于我们在新的时代形势下，促成马克思主义以崭新的面貌和方式走向人民大众，推动中国特色社会主义现代化建设步入新的历史阶段有重要价值。②

2. 关于毛泽东政治思想

有学者深入考察了毛泽东“联合政府”主张的提出及其实现过程，认为毛泽东这一主张的提出源于三大因素：国际上美国总统罗斯福的最初提议，国内共产党军事力量的不断壮大，国民党政府独裁、腐败和军事上的失利。毛泽东在实施“联合政府”主张过程中，最初是想利用和平手段从国民党手中争取一部分执政权，它一经提出就得到民主党派及无党派民主人士的拥护，并成为一种多党联合执政的政治目标，在实施过程中最终演变成经过武装斗争胜利后共产党与民主党派及非党人士联合执政的政权形式。③

有学者系统论述了毛泽东对马克思主义阶级斗争、社会政治革命和国家学说的主要贡献，指出：毛泽东关于阶级斗争的理论大体分为明显相关的三个不同层次，即阶级和阶级斗争的观点，阶级分析的方法和阶级斗争的策略。阶级斗争的观点是这一理论的精神内核，阶级分析的方法是这一理论向“实物”形态转化过渡的中间环节，阶级理论具体化为实践理性的表现形态。这种多层次理论结构使毛泽东的阶级斗争理论具有独特丰富的内涵。新民主主义革命的辉煌胜利本身已证明了毛泽东阶级和阶级斗争观点的深刻性，阶级分析方法的有效性和阶级斗争策略的正确性。毛泽东谈论社会革命、中国革命往往将其与革命战争维系在一起，对政治革命的具体形式作了具体分析。毛泽东以马列主义国家学说为思想指南，严谨地指明了中国革命将以建立何种国家制度为最后归宿。中国革命胜利后所建立的人民民主专政的政权形式和人民代表大会的政治体制是中国社会历史上迄今为止最新最进步的政治形式。它一方面是对苏联无产阶级专政的国家政权和苏维埃代表大会的政治体制的借鉴，另一方面又是把握中国具体国情进行的一种政治创造，是毛泽东运用马列主义的政治理论和国家理论于中国社会的一个巨大成功。④

3. 关于毛泽东外交思想

有学者指出，新中国成立后，毛泽东高瞻远瞩、审时度势，在纷繁复杂的国际风云中善于驾驭全局，勇于突破西方敌对势力的层层封锁和包围，广泛团结一切可以团结的力量，不但使新中国在国际舞台上完全改变了旧中国的形象，独立自主地发挥了维护世界和平、支持一切进步事业的重要作用，而且为国内的恢复和发展创造了有利的国际环境。同时，他又善于根据变化了的国际形势，把握历史机遇，调整自己的战略和策略，掌握斗争的主动权。从20世纪60年代开始，毛泽东依据国际战略局势的重大变化，提出在世界范围内建立反帝、反霸统一战线的国际战略。这是新中国外交史上的重要一页，是毛泽东国际战略思想的重要体现。⑤

有学者认为，20世纪70年代初，世界上各种力量经过“大动荡、大分化、大改组”，逐渐形成了新的战略态势。毛泽东抓住时机，从缓和中美关系入手，调整中国的对外政策，并在此基础上形成并实施“一条线”的战略构想，改变了中国两面受敌的不利态势，使中国获得了超出自己实力的国际地位，在国际政治格局中形成了影响全局的美苏中大三角关系，使中国外交迎来了一个前所未有的大发展时期，由此开创了中国外交的新格局。在新的形势下，认真分析与研究毛泽东的国际战略思想，掌握其分析错综复杂的国际关系的立场、观点和方法，领会其团结一切可以团结的力量，结成最广泛的国际统一战线的策略思想，对于指导中国目前的外交工作仍然具有十分重大的现实意义。⑥

4. 关于毛泽东文化思想

有学者从七个方面对毛泽东关于社会主义文化建设的思想进行了梳理：社会主义文化建设的重要性，从新民主主义文化到社会主义文化，坚持马克思主义在思想文化领域的指导地位，实行百花齐放、百家争鸣的方针，正确处理文化问题上的古今中外的关系，建设工人阶级知识分子的宏大队伍，加强共产党对社会主义文化建设的领导。他经过分析后指出，尽管党在领导文化工作的过程中曾经经历过重大的曲折，甚至犯过严重的错误，但是，我们不能据此就从根本上否定毛泽东关于社会主义文化建设的许多正确思想的重大意义。⑦

有学者从总体上对毛泽东文化思想的基本点进行了梳理和回顾，包括：关于文化和政治、经济关系的观点；关于立足新的时代实践，发展民族的、科学的、大众的文化的观点；关于共产主义思想体系指导和当前阶段整个国民文化内容和性质的关系的观点；关于有批判地利用、吸收我国传统文化和外国文化的文化扬弃的观点；关于文化工作和文化工作者要解决好“为群众”和“如何为群众”的问题的观点；关于百花齐放、百家争鸣是促进艺术发展、科学进步和社会主义文化繁荣的方针的观点；关于文化和政治、经济结合为整体，推进革命事业和建设新社会的观点。经过分析后指出，这些观点对于培养高度的文化自觉、推动社会主义先进文化发展具有重要意义。⑧

还有学者强调，毛泽东在中国新文化建设中表现了高度的文化自觉与文化自信，坚持以马克思主义为指导，把荡涤封建文化、建设民族的科学的大众的新文化作为文化纲领，明确了中国新文化的指导思想和基本特征，并总结文化发展的经验教训，提出了繁荣发展社会主义文化的“双百”方针，确定了文化为人民服务的发展目标，坚持了文化发展的正确方向，对中国文化事业尤其是先进文化建设中的带有方向性、根本性、战略性的重大问题进行了积极的探索，深刻地影响了中国新文化建设的实践，成为中国特色社会主义文化发展道路探索的历史起点。⑨

5. 关于若干专题的研究

2012年，首都学者对毛泽东思想的研究，不仅关注上述重点问题，而且开动脑筋，拓宽思路，就若干专题进行深入探讨，充分体现了首都学者在理论研究中的学术自觉和宽阔视野。

毛泽东与党的建设向来是毛泽东思想研究中的一个热点。2012年6月19—20日，由中国中共文献研究会毛泽东思想生平研究会、中共中央文献研究室第一编研部和中共河北省委宣传部共同主办的“弘扬西柏坡精神，加强新时期党的建设”学术研讨会暨毛泽东思想生平研究会2012年年会在石家庄召开。与会学者围绕西柏坡精神的形成和发展过程、科学内涵和精神实质、西柏坡精神的历史意义和当代价值、西柏坡精神与党的建设等问题进行了深入研讨和交流。

毛泽东哲学思想同样是学术界长期的重要话题。2011年是全国毛泽东哲学思想研究会实际成立30周年。有学者指出，全国毛泽东哲学思想研究会成立30年以来，组织召开了一系列学术研究活动，并召开了18次年会，取得了丰硕的研究成果。展望新世纪新阶段的毛泽东哲学思想研究，有必要从以下几个方面来加强和改进：首先，必须要开阔研究视野，拓展研究视角；其次，必须坚持理论联系实际的原则，找准着眼点，抓住突破口；再次，必须采取普遍联系的方法，与相关学科、相关领域和社会实际紧密结合，互相促进；最后，还必须进一步改进具体的研究方法。⑩

此外，还有不少专题性研究值得我们关注。例如，有学者联系当前经济学中一些争议的问题，重温了毛泽东《读社会主义政治经济学批注和谈话》，认为在这篇重要文献中，毛泽东提出了许多创新性见解，包括在管理问题上，强调应该结合我国当前的实际情况，抛弃照搬西方管理思想和制度的做法；在分配问题上，主张应该从生产资料所有制出发；在利益观上，不反对个人物质利益的关心在生产中的作用，但反对把它绝对化。这些对于发展中国特色社会主义都具有重要的启迪。⑪

又如，还有学者认为，改革开放的思想与实践几乎伴随了毛泽东一生。革命是改革的特殊形态，开放是实事求是思想路线的必然表现。中国共产党作为以马克思主义为其立党理论基础的政党，革命性和开放性是其主要特征和先进性的根本依据与不竭动力。1921—1949年，是中国共产党领导中国人民以革命战争为中心独立解放的30年，也是不断改革创新的30年。新中国成立后，面对千疮百孔、一穷二白的烂摊子，万事都得以改革来开道。毛泽东提出了一系列在社会主义社会制度条件下，进行政治、经济、文化改革和建设的重大思想。1949—1978年，是以政治建设为中心实行计划经济的30年，为后来以经济建设为中心进行改革开放奠定了基础。⑫

再如，有学者认为，从1919年至1943年，共产国际对毛泽东及其思想的主要认识呈现出较为鲜明的历史轨迹：1919—1929年，共产国际对崭露头角的毛泽东初生好感，并夹杂着对农村革命根据地的不同认识；1930—1939年，共产国际与毛泽东在党内具体事务处理上存留某些不同意见，但对屡遭主观主义排挤的毛泽东积极支持，并广泛宣传其业绩和思想；1940—1943年，共产国际对坚持自主的毛泽东渐生疑虑，并加剧至对中共性质的质疑。系统呈现这一脉络对于全面评价共产国际、深刻理解马克思主义中国化，不无裨益。⑬

二、关于中国特色社会主义理论体系

2012年，首都学者对中国特色社会主义理论体系与构成这个理论体系的邓小平理论、“三个代表”重要思想、科学发展观等重大战略思想以及它们之间的关系，进行了深入的讨论，提出了许多有价值的见解。

1. 关于邓小平理论

（1）关于“南方谈话”

2012年是邓小平发表“南方谈话”20周年。对这个在中国特色社会主义发展史上具有里程碑意义的重要文献，学术界总结历史、关照现实、展望未来，取得了丰富的研究成果。有学者指出，“南方谈话”深刻回答了长期束缚人们思想的许多重大认识问题，丰富和发展了党的基本理论、基本路线，标志着邓小平理论的最终形成。“南方谈话”有力地将中国的改革开放事业推进到建设社会主义市场经济的新阶段，对于坚持党在社会主义初级阶段的基本路线不动摇和全面建设小康社会具有重要的现实指导意义。⑭

有学者指出，“南方谈话”围绕“基本路线一百年不动摇”这个核心思想展开，对涉及党和国家发展的一系列重要关系问题进行了全面的辩证的分析，如不要怕资本主义的东西多了与必须坚持社会主义道路的关系，多搞一些“三资”企业与做强做大国有大中型企业的关系，计划经济不等于社会主义与市场经济不等于资本主义的关系，一部分人先富裕起来与共同富裕的关系，聚精会神抓经济建设与坚持两手抓的关系，不搞争论与反对资产阶级自由化的关系，坚持党的基本路线与培养接班人的关系，社会主义道路的长期性、曲折性和社会主义代替资本主义历史总趋势的关系，等等。这些分析今天对我们仍然有着重要的启示作用和指导意义。⑮

有学者指出，“南方谈话”把解放生产力、发展生产力列入“社会主义的本质”之中，把三个“有利于”的原则作为改革开放是姓“资”还是姓“社”的判断的标准，强调始终坚持“社会主义初级阶段基本路线”，从而创造性地解决了什么是社会主义的问题。它解决怎样建设社会主义问题的创新之处是把社会主义基本制度和具体体制明确地区分开来，把资本主义也区分为制度层面和发展生产力的方法的层面，使市场经济为社会主义所用。⑯

有学者指出，“南方谈话”集邓小平以往思想之大成，是对邓小平关于建设中国特色社会主义诸多理论问题作了比较全面论述的综合性著作。它及时和明确地回答了改革开放后困扰和束缚人们思想的许多重大问题，站在了当代中国理论前沿的高地上。它提出的“改革也是解放生产力”论、“三个有利于标准”论、“发展才是硬道理”论、“社会主义本质”论、“社会主义市场经济”论等许多重要理论观点，将马克思主义中国化的认识提高到新的科学水平。它成为伟大文献与邓小平的个人特质是分不开的。它今后依然是指导我们消除顾虑、解放思想、深化改革、深入推进党风廉政建设和反腐败斗争、推进社会主义核心价值体系建设、反对形式主义、整顿文风的重要指针。⑰

有学者认为，“南方谈话”集中反映了邓小平对全党的政治交代。他从历史的、全局的高度强调坚持党的基本路线的极端重要性。在邓小平看来，坚持党的基本路线，就是坚持中国特色社会主义的理论、旗帜和发展方向。“一个中心、两个基本点”作为党在社会主义初级阶段的战略部署，都是围绕着巩固、完善和发展社会主义这个总的目标而展开的。它们之间是不可分割的辩证统一关系，因而坚持党的基本路线，贵在全面。要善于排除来自“左”的和右的两方面的干扰，保证中国特色社会主义沿着正确的道路健康发展。⑱

有学者认为，“南方谈话”蕴含着丰富的政治艺术，寻找共识、创造共识、宣传共识，就是其中的重要内容。这可以从以下几个方面得到体现：以广大党员、干部、群众普遍不满于改革开放前尤其是“文革”中的发展模式为基础，来宣扬继续党的以经济建设为中心的改革开放政策的共识；以总结苏东剧变的经验教训为契机，在当时多数人对于苏东社会主义模式的失败表示震惊和缺乏足够理解，甚至对于社会主义的前途有些茫然的情况下，及时地表明自己的见解并统一认识，形成对社会主义整体发展方向的共识；借鉴“1989年动乱事件”中普遍爆发的反官僚主义、反腐败情绪的历史经验，严厉地告诫了裙带主义、宗派主义的危害，争取将继续坚持民主法制的政治发展走向成为党的共识；最大化地减少“1989年政治风波”的负面效应，最大化地争取国内外拥护和支持改革开放的力量，以消除不必要的分歧所带来的分散精力的弊端。⑲

还有学者考察了自1992年邓小平发表“南方谈话”以来，国外学术界对之进行持续的关注和研究情况，认为在国外学者的研究视野中，“南方谈话”不仅是邓小平革命生涯中的重要事件，而且是“中华人民共和国历史上重要的政治里程碑”。他们的研究范围，从“南方谈话”的背景、南方视察的行程、谈话内容到“南方谈话”的意义和深远影响，越来越宽泛。通过这种全面研究，他们逐渐修正了对“南方谈话”的一些错误认识，对国外社会正确认识中国特色社会主义理论与实践大有裨益。[20]

(2) 关于邓小平理论若干问题研究

有学者指出，作为邓小平理论的重要组成部分的共同富裕理论，极大地推进了中国人民实现共同富裕的进程。邓小平共同富裕理论，不仅对中国有重要的理论指导意义，对全人类实现共同富裕的理想也有重大的理论指导价值。中国现实中出现的贫富差距问题，并不是邓小平共同富裕理论所致，反而更加有力地证明了贯彻邓小平共同富裕理论的迫切性。只要全面地、准确地、完整地去领会邓小平共同富裕理论，并在实践中始终不渝地加以执行，并随着新的实践加以发展，共同富裕这个人类的千年梦想一定会在中国大地上率先成为现实，并对人类产生极大的示范效应。[21]

有学者专题研究了邓小平关于经济发展的辩证思想，指出新中国的经济社会发展经历了如下历史演进过程：由半殖民地半封建社会的非均衡发展到计划经济的均衡发展，再走向市场经济与政府调控相结合的均衡发展。在此过程中，邓小平提出了许多关于经济发展的辩证思想。面对经济落后的基本国情，邓小平肯定中国经济发展必须也必然是高速度的，他提出“三步走”的战略思想，使中国经济发展速度和目标调整到切实可行；同时，高速度不是匀速前进，而是波浪式向前发展，要争取若干个速度比较快、效益比较好的阶段。邓小平提出一个大政策，就是要允许一部分人、一部分地区先富起来，最终实现共同富裕。在区域发展步骤上，他逐步提出“两个大局”的思想。新世纪以来的十多年间，我国国民收入结构调整不断深化，区域差距呈缩小趋势。[22]

有学者认为，十一届三中全会以后，邓小平深化了对民主集中制的认识：从外延上厘清了民主集中制与资产阶级民主的界限；从利益关系角度揭示了民主集中制与资本主义民主的本质区别；从内涵上较全面地阐述了民主与集中的辩证关系；在实践上将作为根本原则的民主集中制具体化、机制化。邓小平民主集中制思想的时代价值主要体现为：从理论上划清人民民主与资产阶级民主的界限，有助于坚定人民对社会主义民主的信念，在实践中为处理民主与专制、必要的集中与无政府主义这两对矛盾提供了正确路径，有利于避免极端民主化和个人专制两种错误倾向。[23]

有学者指出，邓小平是“有中国特色社会主义”概念的发明人，对此作了很多具体论述。但是，他没给“中国特色社会主义”下明确定义，相反还强调，过去我们对“什么是社会主义”这个问题的认识不是完全的清醒。“中国特色社会主义”建设既不能照抄经典，也不能照搬别国模式，需要当代中国人在实践中探索解决。现今，重温邓小平论述的启发是：只有在中国特色社会主义与马克思恩格斯设想的社会主义、苏联模式社会主义、资本主义以及与民主社会主义等各种关系中，充分认识其异同，才能对“中国特色社会主义”给出比较恰当合理的定位，从而引导中国持续、快速、协调、健康地发展。[24]

有学者指出，邓小平理论是同马克思列宁主义、毛泽东思想一脉相承和与时俱进的统一的科学体系。它们作为包含着真正的科学精神、彻底的革命精神、自觉的创新精神的谋求工人阶级解放和全人类解放，实现人的全面而自由发展的科学理论，具有共同的政治立场、共同的研究对象、共同的世界观和方法论、共同的最高目标、共同的社会依靠力量，因而是不断发展着的科学真理的统一体。[25]

2. 关于“三个代表”重要思想

2012年是党的十四大确立社会主义市场经济体制20周年。值此之际，《江泽民与社会主义市场经济体制的提出——社会主义市场经济20年回顾》[26]出版。该书收录了江泽民1992年在中央党校省部级干部进修班和党的十四大上关于在我国建立社会主义市场经济体制的论述，以及十四届三中全会通过的《中共中央关于建立社会主义市场经济体制若干问题的决定》。书中还收录了周小川、郭树清等回顾1991年江泽民亲自主持召开11次座谈会，研讨社会主义市场经济问题的6篇文章。这本书对于人们更好地了解社会主义市场经济体制的研究和酝酿过程，深刻领会江泽民关于社会主义市场经济的重要思想，推动社会主义市场经济体制进一步完善，都有着重要的意义。

有学者专题研究了江泽民倡导党的建设新的伟大工程的历程，指出：江泽民任中共中央总书记的13年间，国际国内形势发生深刻变化。世界社会主义事业的受挫和国际竞争的日趋激烈，给我们带来严峻挑战；经济全球化的趋势和市场经济的发展，给我们带来新的考验；党的历史方位和党员队伍构成的变化，也给我们带来了新的课题。在这13年中，以江泽民为核心的党中央明确了推进党的建设新的伟大工程的任务和总目标；提出了加强党的执政能力建设和保持党的先进性的重要命题；创立了“三个代表”重要思想；探索了一系列加强党的建设的新思路和新举措；积累了宝贵经验，发展和丰富了党建理论。13 年的伟大探索历程和形成的理论、积累的经验，是一笔宝贵财富，在新世纪新阶段仍有重要指导作用和现实意义。[27]

还有学者指出，“三个代表”重要思想是中国共产党人在不断推进马克思主义与时俱进的历史进程中产生的，它与马克思主义时代化的其他成果是一脉相承的；它的形成是时代的诉求，是对新时期党的任务、党的宗旨和党的建设的实践；它既坚定不移地坚持了马克思主义世界观和方法论，又赋予它们鲜明的时代特征和时代精神，实践并实现了马克思主义时代化。[28]

3. 关于科学发展观

由中央文献研究室第五编研部编写的《科学发展观与十六大以来的理论创新》[29]，是系统地深刻地研究科学发展观的重要著作。该书以解读党和国家重要文献为基础，以理论创新的发展脉络为着眼点，揭示科学发展观等理论创新成果的实践基础、时代特征、精神实质和科学内涵，以内在联系和相互贯通的观点，将这些理论创新成果作为统一整体加以研究，阐发其丰富内容和理论贡献，推动对科学发展观和十六大以来的理论创新成果研究。

有学者认为，应该从全人类的高度认识科学发展问题，指出：进入新世纪以来，发展的主题出现了一些值得重视的新变化、新特点。无论是发展中国家还是发达国家，发展都面临着严峻的挑战，传统发展模式造成的弊端暴露无遗，全球性风险与日俱增，国际社会对新的发展模式的探讨蓬勃兴起，能否实现科学发展日益成为当今世界的核心问题。中国在改革开放以来的现代化进程中取得了举世瞩目的进步，中国共产党人立足社会主义初级阶段基本国情，总结我国发展实践，借鉴国外发展的有益成果，逐步形成了具有中国特色的科学发展观。在新世纪新阶段，在激烈的国际竞争中，中国的出路和希望在于科学发展。科学发展观的提出正是我国应对全球风险社会来临的必然要求。[30]

学者们不仅关注科学发展观提出的国际背景，而且认为这与马克思主义时代化是内在统一的。对此，有学者指出，科学发展观立足于中国最新国情，放眼于当今最新世情，是在深刻分析世界形势、顺应世界发展趋势、借鉴国外发展经验的基础上提出来的。科学发展观吸纳了发展的最新观念，以人为本是当代发展观的重要取向。科学发展观吸纳了世界发展理论的积极因素，但又从本质上区别于并高于其他各种发展理论。科学发展观倚重于最新技术。当代科学技术作为第一生产力，对一个国家、一个民族现在和未来的发展具有决定性意义。科学发展观关注科技发展的最新趋势，提出走新型工业化道路，建设创新型国家，实现发展方式的根本转变。总之，科学发展观凝聚了时代性的关键要素，是中国马克思主义时代化的最新成果。[31]

有学者深刻分析了科学发展观的内涵指出：构成科学发展观的四个要素，内涵丰富。发展必须实现数量与质量、速度与效益的统一，是经济、政治、文化、社会等全面协调发展，是人和自然和谐相处的可持续的发展，最终是为了实现人的全面发展。以人为本的精髓可以概括为“发展为了人民、发展依靠人民、发展成果由人民共享”，体现了我们党全心全意为人民服务的根本宗旨，相信群众、依靠群众的群众路线和共同富裕的社会主义本质。全面协调可持续是科学发展观的基本要求，其内涵的丰富和深化，体现在一系列重大战略思想贯彻落实的思路和举措中。统筹兼顾是解决发展中的矛盾和难题，增强发展协调性的必然要求。这四个要素是一个内在联系、相互贯通的有机整体，使科学发展观成为我们党对发展问题的系统的科学理论。[32]

有学者认为，十六大以来的近十年间，科学发展观经历了一个实践、认识，再实践、再认识的形成发展过程：在抗击非典和探索完善社会主义市场经济体制的过程中逐步形成；在 2004—2005 年加强和改善宏观调控的实践中不断充实丰富；在制定“十一五”规划、推动经济社会切实转入科学发展轨道中蓬勃发展，从而为党的十七大作了重要的理论准备。十七大对科学发展观的理论定位、理论依据、理论内涵作了全面阐述，标志着科学发展观理论走向成熟。在全面贯彻十七大精神和学习实践科学发展观活动中，科学发展观内涵不断深化，并进一步转化为全党的自觉行动。2008 年以来，在应对国际金融危机挑战和加快转变发展方式中，科学发展观继续发展完善。[33]

还有学者专门分析了党的十七大以来科学发展观的新发展，指出：科学发展观作为中国特色社会主义理论体系的重要组成部分，其内涵和外延不断得到丰富和发展，重要地位和指导作用也越来越凸显。党的十七大以来的新发展，主要体现在进一步提升了科学发展观在中国特色社会主义理论体系中的地位，强化了科学发展观在当代中国发展中的指导作用，深化了以转变经济发展方式为主线的一系列重大战略思想。这些新的发展，表明科学发展观已成为较为系统的理论体系和具有深远意义的指导思想，标志着我们党对社会主义现代化建设规律、党的执政规律的认识进入了新的境界。[34]

有学者认为，科学发展观打开了我们党理论创新的新视野，在改革开放和现代化建设的各个领域形成了一系列重大战略思想和新观点新论断，构成了一个完整的理论体系。科学发展观将以人为本作为核心理念，赋予历史唯物主义关于人民是历史进步的动力，马克思主义政党要坚持一切为了人民、一切依靠人民等根本立场以鲜活的时代特色；用一系列相互贯通的新思想新观点新论断，深化了对中国特色社会主义的认识；将统筹兼顾作为根本方法，赋予唯物辩证法以鲜明的时代内容，因而是运用马克思主义的立场、观点和方法分析解答问题的典范。[35]

还有学者探讨了科学发展观对中国特色社会主义理论体系的丰富和发展，认为：作为中国特色社会主义理论体系的最新成果，科学发展观通过深化对社会主义初级阶段基本国情的认识，彰显中国特色社会主义的根本目的，完善中国社会主义现代化的目标体系，把中国特色社会主义理论体系推进到一个新的发展阶段，为推进社会主义现代化、实现中华民族伟大复兴提供了有力的理论指导。[36]

4. 其他专题问题研究

有学者指出，从对经济社会发展的规律性认识出发，从内在的逻辑联系上，进一步总结和概括中国特色社会主义的理论体系，是我国理论界的一项重要历史任务。要做到这一点，前提是必须搞清楚以下几个关系：中国特色社会主义和马克思主义创始人的共产主义（科学社会主义）的关系；当今社会社会主义和资本主义两条发展道路的关系；中国特色社会主义道路和传统社会主义道路的关系；后发展国家走上社会主义道路和建立社会主义制度的关系；中国特色社会主义道路初级阶段和新民主主义社会、共产主义社会第一阶段的关系。混淆不同的概念是导致理论混乱和实践偏差的重要原因。在此基础上，需要认真总结中国实践社会主义道路的初步历史经验，尽力揭示出规律性的认识。[37]

有学者指出，中国特色社会主义的理论特色突出表现在以下几个方面：科学社会主义基本原则与中国具体实际有机结合；紧紧围绕建设和发展中国特色社会主义这个主题展开；理论体系成果之间呈现既一脉相承又与时俱进的关系；既是系统完整的科学体系，又需要进一步丰富和发展；在学习借鉴人类文明成果的基础上坚持中国话语体系。[38]

有学者指出，中国特色社会主义理论体系大众化，指的是把中国特色社会主义理论体系的基本观点用通俗化语言和老百姓喜闻乐见的形式向广大群众进行宣传普及，被广大群众所接受、掌握的过程；中国特色社会主义理论大众化在内容方面，要求人生化、实效化、方法化，在方式手段上要求通俗化、形象化、普及化；推进中国特色社会主义理论大众化，必须充分发挥好媒体宣传、网络传播、学校教育、文化引领、专题活动和健全机制等多种方式和途径的作用。[39]

综观2012年首都学者关于中国化马克思主义的研究，无论是宏观问题的广泛探讨，还是具体问题的深入分析，均有相当的进展，很多成果提出了独到的新观点。当然，学无止境，学术研究也无止境。已有的成绩只能是我们继续前进的基础，而不能成为我们骄傲的资本。更何况，研究中还存在一些问题，如有的文章显然是跟风之作，选题大而化之，论述空洞乏力。2013年是毛泽东诞辰120周年，我们期待首都学者抓住契机，更进一步，在毛泽东思想和中国特色社会主义理论体系研究中取得更大的成绩。

注：

①许全兴：《毛泽东与“第二次结合”的若干理论问题》，《毛泽东邓小平理论研究》，2012年第1期。

②艾四林、刘国强：《毛泽东关于马克思主义大众化思想的六个基石》，《中国特色社会主义研究》，2012年第3期。

③胡为雄：《毛泽东“联合政府”主张的提出及其实现过程》，《中国井冈山干部学院学报》，2012年第2期。

④胡为雄：《毛泽东对马克思主义阶级斗争、社会政治革命和国家学说的主要贡献——以新民主主义革命时期和建国初期为中心的考察》，《理论学刊》，2012年第3期。

⑤梁柱：《毛泽东高举反帝、反霸旗帜的国际战略思想》，《中国延安干部学院学报》，2012年第2期。

⑥宫力：《毛泽东“一条线”构想的形成及战略意图》，《毛泽东邓小平理论研究》，2012年第5期。

⑦沙健孙：《毛泽东关于社会主义文化建设的若干思想》，《毛泽东邓小平理论研究》，2012年第8期。

⑧冯虞章：《毛泽东文化思想及其现实价值》，《马克思主义研究》，2012年第5期。

⑨欧阳雪梅：《毛泽东对中国特色社会主义文化发展道路的探索与贡献》，《湖南社会科学》，2012年第2期。

⑩唐洲雁：《30年来毛泽东哲学思想研究的回顾与展望——以全国毛泽东哲学思想研究会18次年会为考察对象》，《毛泽东邓小平理论研究》，2012年第1期。

⑪周新城：《学习毛泽东〈读社会主义政治经济学批注和谈话〉有感》，《政治经济学评论》，2012年第2期。

⑫王良学：《论毛泽东对改革开放的贡献与中国未来蓝图的勾略》，《河南大学学报》，2012年第2期。

⑬欧阳奇：《论共产国际对毛泽东及其思想的认识轨迹》，《中共党史研究》，2012年第3期。

⑭李正华：《邓小平“南方谈话”的理论贡献、历史作用与现实意义》，《当代中国史研究》，2012

年第1期。

⑮朱佳木：《坚持党的基本路线一百年不动摇——重温邓小平“南方谈话”》，《毛泽东邓小平理论研究》，2012年第3期。

⑯徐崇温：《对“什么是社会主义、怎样建设社会主义”问题的创造性解决——纪念邓小平“南方谈话”发表20周年》，《中国延安干部学院学报》，2012年第2期。

⑰石仲泉：《“南方谈话”是马克思主义中国化发展到新阶段的伟大代表性文献》，《中国延安干部学院学报》，2012年第2期。

⑱梁柱：《必须紧紧地全面掌握党的基本路线——纪念邓小平“南方谈话”20周年》，《思想理论教育导刊》，2012年第3期。

⑲程美东：《在寻求、探索、争取共识中推动中国政治发展——邓小平“南方谈话”的政治艺术》，《中国特色社会主义研究》，2012年第1期。

⑳王爱云：《20年来国外学术界对“南方谈话”的研究》，《当代中国史研究》，2012年第3期。

㉑龚云：《论邓小平共同富裕理论》，《马克思主义研究》，2012年第1期。

㉒武力：《均衡与非均衡：邓小平关于经济发展的辩证思想研究》，《党的文献》，2012年第6期。

㉓王春玺：《邓小平对民主集中制的解读及其时代价值》，《马克思主义研究》，2011年第11期。

㉔杨学功：《如何认识“中国特色社会主义”——重温邓小平论述引发的几点思考》，《北京行政学院学报》，2012年第3期。

㉕李崇富：《邓小平理论是同马克思主义一脉相承和与时俱进的科学体系》，《马克思主义研究》，2012年第1期。

㉖陈君、洪南编：《江泽民与社会主义市场经济体制的提出——社会主义市场经济20年回顾》，中央文献出版社2012年版。

㉗徐永军：《江泽民与党的建设新的伟大工程》，《党的文献》，2012年第5期。

㉘陈洪玲、韩毅：《马克思主义时代化与“三个代表”重要思想的实践》，《理论学刊》，2012年第2期。

㉙中央文献研究室第五编研部：《科学发展观与十六大以来的理论创新》，中央文献出版社2012年版。

㉚庞元正：《从全人类的高度认识科学发展问题——论科学发展观提出的国际背景》，《毛泽东邓小平理论研究》，2012年第1期。

㉛陶文昭：《论科学发展观的时代性》，《新视野》，2012年第4期。

㉜武边：《科学发展观内涵论析》，《党的文献》，2012年第2期。

㉝张宁：《十六大以来科学发展观形成和发展的历史进程》，《党的文献》，2012年第2期。

㉞贾建芳：《党的十七大以来科学发展观的新发展》，《中国特色社会主义研究》，2012年第5期。

㉟张贺福、黄华德：《科学发展观的理论内涵和重大意义述论》，《马克思主义研究》，2012年第11期。

㊱李宏伟：《科学发展观对中国特色社会主义理论体系的丰富和发展》，《中共中央党校学报》，2012年第5期。

㊲陈文通：《关于中国特色社会主义的几个理论问题》，《中国延安干部学院学报》，2012年第1期。

㊳陈占安：《深刻理解中国特色社会主义的理论特色》，《思想理论教育》，2012年第19期。

㊴韩振峰：《中国特色社会主义理论体系大众化的几个基本问题》，《中国特色社会主义研究》，2012年第3期。

（作者：毛胜，中央文献研究室助理研究员；唐洲雁，中央文献研究室研究员）

科学社会主义

李瑞琴

2012年北京市科学社会主义研究呈现这样几个特点：一是对科学社会主义基本理论的研究以现实需要为桥梁，着重为解决当代中国发展问题服务；二是对科学社会主义实践的研究以创新和发展为着眼点，突出强调新的世情、国情的时代特点，并在时代条件下推动理论和实践的发展；三是对于当代世界社会主义运动的关注，重视历史经验，立足于现实，着眼于未来，使研究置于理性而客观的视野和路径中；四是以服务于中国特色社会主义事业为目的，注重对各类左翼思潮的研究，以他山之石校中国之实践，突出了理论研究服务于实践的最终目标。

一、关于深化经典作家科学社会主义理论之研究

1. 对马克思主义经典作家理论的新阐释

有学者认为，关于社会主义由空想变为科学的理论基础，各种教科书都归之于马克思的“两个伟大发现”。殊不知，这一提法的首倡者恩格斯只是在

举例子的语境中才这样说的。因为，马克思自我认定的一大发现——“无产阶级专政”，就没有在恩格斯的“两个伟大发现”说中占有位置。所以，恩格斯在《卡尔·马克思》一文中对马克思盖棺论定的评价是，有“永垂科学史册的许多重要发现”。相对于科学社会主义理论体系的确立而言，马克思至少有七个伟大发现：（1）人类社会历史规律的研究路径；（2）劳动；（3）人类社会历史的工艺学基础；（4）无产阶级专政；（5）劳动人道主义；（6）剩余价值；（7）唯物史观。这七个伟大发现的实现，有着历时性先后顺序，在内容上也存在着逻辑层次关系。而在七个伟大发现中，处于核心、基础和本质地位的，是马克思对“劳动”的发现。

马克思主义本质上是为以无产阶级和广大劳动人民作为主体的弱者争取自身权益的理论。马克思恩格斯认为，弱者权益是由政治权益、经济权益、文化权益、社会权益和生态权益等构成的有机整体。生态权益作为人权的重要内容，是直接影响人的生存与发展的基础性和根本性的重要权益。马克思恩格斯指出，资本主义制度是导致近代生态破坏和环境污染的主要根源，也是激化人与自然关系、引起弱者生态权益缺失的总根源。马克思恩格斯强调，维护弱者生态权益是一个宏大的社会系统工程，是一个涉及制度变革、技术创新以及生产方式、生活方式的改变等诸多方面的重大课题。有学者认为，在把握马克思经典文本的基础上深入其思想的内在逻辑，揭示马克思人类解放理论的叙事结构及实现方式，是拓展马克思主义理论研究的重要思想路径。作为一种科学的社会历史理论，马克思人类解放理论宏大精深的叙事结构涵涉历史唯物主义、多向度的解放形式和共产主义运动三大部分，全面阐述了认识人类社会的根本方法、实现人类解放的根本路径和社会形态演变的根本目的，彰显了人类解放理论的彻底的革命性及其与社会现实生活的紧密关系。从马克思人类解放理论叙事结构的哲学高度，反思和检审西方马克思主义、苏联模式的社会主义和中国特色社会主义道路，对人类解放理论实现方式的学术探究与实践探索，有助于拓展马克思人类解放理论的学术空间和创造性地探寻实现人类解放的具体方式。

马克思关于“无产阶级只有解放全人类才能解放自身”的伟大的箴言几乎家喻户晓。然而，这个激动人心的真理的断言最近却被彻底地怀疑，甚至遭到拒绝。批评者指出了把特殊阶级等同于普遍性而产生的谬误。他们关注于“只有……才……”的表达和它在马克思的理论中与众不同的意义。他们认为，这种表达方式暗示着全人类的解放或许只是一个客观过程和对它的意识的结果，即使解放人类的意志并没有作为一种包罗万象的动力而显现。然而，批评者们强调，人类的解放除了是清晰地指向解放的各种行动，它不能是任何行动的结果。在此基础上，有学者讨论了在马克思的箴言中所暗示的最大可能的问题，即当马克思谈到人类解放的时候，马克思的意思是指什么？他的人类解放的思想对我们的行动和乌托邦的想象可能会产生什么影响？对第二个问题的回答是以第一个问题的回答为先决条件的。①

《1857—1858 年经济学手稿》是马克思继 19 世纪 40 年代对哲学、经济学进行初步探索后，其哲学和经济学思想发展的又一个高峰。长期以来，学界对这部手稿中的三大社会形态理论争论不休，莫衷一是。有学者从唯物史观的视角，梳理了三大社会形态理论的形成脉络，阐述了三大社会形态的基本含义，并在此基础上对学界关于三大社会形态理论的几种理解进行了反思。②马克思恩格斯在《共产党宣言》《法兰西内战》等著作中所说的资本主义社会内部形成的“新社会的因素”，既不是指“使整个社会革命化的思想”，也不是单纯指未来社会主义社会的“物质准备”或“物质条件”，而是指社会主义生产关系的因素。有学者通过对马克思恩格斯一系列有关论述的分析，具体地论证了这个观点，并对批评者的各种指责作了反批评。③

2. 对列宁斯大林社会主义理论与实践的研究

19 世纪末 20 世纪初，围绕资本主义在俄国能不能发展和怎样发展的问题，俄国各政治派别争论不休。年轻的列宁创造性地将马克思主义基本原理运用到俄国社会经济的研究中，形成了关于俄国资本主义发展的思想。为了使这一新的思想体系不被歪曲和掌握更多的群众，列宁与小资产阶级的“非资本主义道路”理论、资产阶级的资本主义“完美论”、党内机会主义者的资本主义“改良论”三大错误思潮展开了斗争，在批判的过程中科学解答了关于俄国资本主义发展的一系列问题。列宁早期对俄国资本主义发展问题的态度及对各种错误思潮的批判，对当今中国特色社会主义现代化建设实践仍具有重要的启示意义。

有学者认为，列宁领导的布尔什维克政党向世界宣告了在落后的国家如何运用马克思主义理论推翻资本主义，夺取政权，建立社会主义。然而对于在政治、经济文化落后的国家如何建设社会主义、发展社会主义，这是马克思主义所没有回答的问题。从 1918 年开始，列宁便开始认真地思索这一问题，提出了“利用资本主义文化”来发展社会主义的思想，这一观点后来成为其“新经济政策”的主要内容。这一主张是列宁晚年思想的重要理论特色，为落后国家的社会主义建设提供了可鉴之资。列宁指出，社会主义的优越性不仅表现为经济的发展，还应表现为文化的繁荣，这样的社会主义才是人们所向往和期盼的。因此，要加强党对文化的领导，用先进文化武装党；要以教育为切入点，加强文化全方位建设；要以经济建设为基础，注重提升国家文化实力。

列宁在新经济政策时期提出了改变“战时共产主义”时期形成的所有制结构，允许和鼓励小私有制经济和资本主义经济存在和发展。同时，列宁为了保证苏维埃经济向社会主义方向发展，保证国民经济健康运行，提出了加强对资本主义经济的管理，发挥国营企业和合作社的引导作用。列宁新经济政策时期的“思路”对于我们在建立和完善社会主义市场经济体制过程中坚持公有制为主体、多种所有制经济共同发展的基本经济制度，反对搞私有化和“纯而又纯”的公有制具有重要的借鉴意义。[④]

斯大林领导下的苏联曾是世界社会主义左翼力量中实力最强大的国家。斯大林思想作为马克思主义俄国化进程的重要阶段，对世界社会主义产生了深远影响。在社会主义思想、社会主义运动和现实社会主义制度实践层面，斯大林思想都推动或制约过20世纪世界社会主义的大发展大演变。全面分析和总结历史经验教训对于推动当代世界社会主义新发展有重要意义。

有学者介绍了西方学者对斯大林的研究和评价，对于我们客观认识20世纪的世界社会主义运动是极有价值的。极权主义范式（totalitarian model）是西方学者在20世纪70年代之前对斯大林思想与实践研究的主要范式。极权主义在当时西方资本主义发达国家里并不是一个学派，而是理论界一种普遍思维方式和趋势。尽管西方研究者最初来源于不同领域，关注的问题也存在不同，但是他们关于斯大林思想的看法具有一些共同的理论倾向。第一，斯大林对苏联实行“自上而下”的强制领导。第二，斯大林的思想和实践是俄国现代化的中断。认为斯大林在苏联推行的社会主义改造和建设特别是社会主义工业化和农业集体化，是这个过程的断裂。第三，斯大林的思想是马克思列宁主义的直接继承。斯大林思想起源于马克思列宁主义是一个共识。西方学者在极权主义范式下对斯大林思想的研究具有强烈的时代烙印和意识形态偏见。首先，美国和英国在20世纪50—60年代进行斯大林思想研究的主要是来自于流亡或移民到这些国家的所谓“极权主义”国家学者。其次，极权主义范式的西方研究者配合西方国家的“冷战”需要，对斯大林领导的社会主义充满敌意。

20世纪60年代末，新“左派”运动和马克思主义思想在西方学术界产生巨大影响。西方学者对斯大林思想和苏联社会主义研究又兴起了一种新的研究范式，即重评主义范式（revisionist model）。重评主义者主要由社会学家和历史学家构成，对斯大林思想和苏联社会主义的各个方面都展开了研究，针对极权主义范式研究者的主要理论倾向提出了不同看法。第一，斯大林对苏联的统治既有“自上而下”过程，也包含着“自下而上”的过程。认为，斯大林时期的苏联政权并不是管理和动员的被动过程，它得到了民众的支持和“来自下面的动力”，也就是存在社会和政权之间协调的可能性。因此，斯大林的政权是软弱的；斯大林的恐怖带有非策划的性质，大清洗是由全面混乱引起的，由地方当局的为所欲为和下层群众要求政权采取类似决定的压力引起的；大清洗的规模以前被夸大了，清洗主要针对苏联政治、经济和军事领导人；群众积极参与了大清洗的实施，当局的立场和人民的意愿相吻合。第二，斯大林的思想和实践是俄国现代化的继续。“斯大林在30年代的社会政策——有时甚至包括清洗——被认为是布尔什维克的现代化、俄国落后和党的现代化角色背景下的计划。”第三，认为斯大林思想是对列宁主义的背叛。[⑤]

二、对科学社会主义理论应用创新之研究

新中国成立以来，以毛泽东、邓小平、江泽民同志为核心的中国共产党中央领导集体和以胡锦涛同志为总书记的党中央对社会主义所有制结构进行了不断的实践探索与理论创新，创立、丰富和发展了社会主义初级阶段所有制结构理论，使党关于完善社会主义所有制结构的理论和实践达到了新的境界和新的水平。我们必须从经济关系的角度来考察和把握所有制的性质，不能把所有权等同于所有制。所有制自身没有存在形式，现实社会中存在的都是所有制的实现形式。绝大多数所有制实现形式都是具有制度属性的。公有制实现形式是公有制借以实现的经营方式和组织形式。要科学认识公有制经济的主体地位，“以公有制为主体”实质上是“以公有制多种实现形式为主体”。

有些学者撇开资源性资产，根据公有制经济产出和公有经营性资产占社会相应总量的比例，判断我国公有制的主体地位已经动摇甚至早就不占主体，陷入了认识困境。用产出和经营性资产占比指标来衡量公有制地位的方法存在严重局限。人类社会生产力和各种所有制都离不开资源性资产，马克思主义经典作家分析生产力和所有制时从未把资源性资产排除在外。我国对资源性资产实行公有制，多种所有制主要体现在经营性资产归属和占比方面。生产力发展没有要求公有经营性资产占社会经营性资产的比例过半。把资源性资产和经营性资产结合起来分析，就会看到我国公有资产在社会总资产中占有绝对优势。从资产占比及其对国有经济作用、劳动就业和收入分配的影响来看，我国公有制的主体地位是不可动摇的。[⑥]

还有学者认为，自20世纪90年代以来，公有经济在整个国民经济中的比重出现了持续、迅速和大幅度的下滑，公有经济的主体地位已经受到威胁。因此，有必要对目前我国“公有经济为主体、国有经济为主导”的状况进行科学准确的判断，有必要从可比性、准确性和全面性三个方面对公有经济的主体地位作进一步研究。这有利于我们清晰而准确地掌握我国公有经济发展的现状，以采取切实有效的政策措施鼓励和支持公有经济，特别是国有经济高速而健康地发展。这是坚持和完善社会主义初级阶段基本经济制度的必由之路。[7]

还有学者认为，马克思《资本论》及其手稿，在对资本主义进行批判的过程中，在消解商品、货币、资本关系的过程中，一步一步地生成着社会主义的价值观理论。这一理论，是在对现实经济关系的批判基础上，经过严密的思维抽象与思维具体的逻辑推理而建立的。这使得该部著作中构建的社会主义核心价值观不再是一个简单的结论，而是一个逻辑严密的推论过程。以此理论来审视中国形态——中国社会主义核心价值观，能使我们对中国社会主义核心价值观有更深入的认识和反思。

社会主义首先在经济文化相对落后国家取得胜利有无历史必然性，这在世界社会主义运动史上长期存在争议。有学者研究，从历史发展实践来看，人类进入文明时代以后新旧制度的三次交替都不是首先发生在旧制度最发达的国家，而是发生在旧制度相对不太发达的国家。这说明新制度首先产生在旧制度“薄弱环节”的国家是一个必然规律。因为，旧制度比较成熟的国家，国家政权的力量过于强大，代表新制度的阶级力量难以得到充分发展并战胜它；而国家政权力量相对弱的国家，新兴阶级就容易战胜它。同时，旧制度比较发达的国家，统治阶级积累了丰富的统治经验和方法，而且拥有丰富的物质的和精神的统治资源，可以维持政权的运转和社会的稳定。由新制度首先产生在旧制度不太发达的国家这一规律所决定，社会主义制度代替资本主义制度将是一个长期、曲折的过程。按照历史唯物主义的一般原理，社会主义与资本主义属于前后相继的两种社会形态或社会制度，是一种继承与扬弃的关系，但由于历史发展的跳跃性，“两制并存”的现实使其相互关系呈现了纵横交错的复杂态势，蕴含着一些独特的发展规律。认真研究和把握这些规律，对正确认识和有效处理“两制关系”、科学判断其发展趋势有着重要的理论和现实意义。[8]

另有学者认为，认识和建设社会主义，必须解放思想，抛弃传统的抽象、直观、孤立、静止的思维方式，确立和依靠实践的主体的辩证的思维方式。在这种新的思维方式看来，并不存在任何先天的、抽象的、一成不变的关于社会主义的所谓“本质规定”；社会主义是历史的、动态发展的，其本质体现在，也只能体现在各个社会主义国家、地区具有自身特色的建设过程中。无论是对社会主义的认识，还是关于社会主义的实践，都是一个长期的、与时俱进的过程。只有在这一认识与实践过程中，社会主义才会逐渐清晰起来，并不断得到完善和发展。[9]

关于社会主义发展模式，有学者认为马克思主义经典作家没有作出具体论述，不过在他们的著作中却暗含着对“社会主义多样化模式”的设想。苏联社会主义模式在苏联以及世界社会主义发展史上发挥过积极作用，同时也存在着种种弊端。冷战后国外共产党在审视苏联模式经验与教训的基础上，普遍认为社会主义没有固定的模式，各党应该根据本国国情建设适合本国的多样化的社会主义发展道路，并对备受世界关注的“中国模式”给予了高度肯定。[10]讨论社会主义与市场经济相结合的历史，应该从市场社会主义思潮开始。有学者从社会主义运动中的合作经济思想、西方经济学家的资源配置理论和考茨基的社会主义货币理论三个方面，阐述市场社会主义的思想和理论渊源，认为这三者构成了社会主义与市场经济相结合的思想前史。[11]

三、对于当代世界社会主义运动的关注

1. 对前苏东地区的关注

有学者以苏联社会主义历史为背景，从苏联社会主义理论发展演变的视角，揭示了世界上第一个社会主义国家从列宁主义到“人道的民主的社会主义”的演变过程；以剖析该理论实质为着眼点，系统探讨了其与苏联演变的本质关系。作者力求完整、准确地运用唯物史观阐释苏联演变的根源：（1）“根据唯物史观，历史过程中的决定性因素归根到底是现实生活的生产和再生产”，“人道的民主的社会主义”作为指导苏联改革的理论，是政治上层建筑的重要组成部分，是历史过程中的决定性因素的重要成分。（2）深刻理解“我们称之为意识形态观点的那种东西——又对经济基础发生反作用，并且能在某种限度内改变经济基础”的物质力量；深刻理解“一切重要历史事件的终极原因和伟大动力是社会的经济发展，是生产方式和交换方式的改变，是由此产生的社会之划分为不同的阶级，是这些阶级彼此之间的斗争”，揭示“人道的民主的社会主义”颠覆社会主义的巨大作用。（3）深刻理解国家权力对经济发展的三种反作用的基本观点。揭示了戈尔巴乔夫利用国家权力推行其改革路线对苏联造成巨大的破坏性作用和严重的灾难性后果，充分说明“人道的民主的社会主义”与苏联演变的本质关系。[12]

2011 年 12 月 9—11 日，在希腊的雅典举行的第十三次共产党和工人党国际会议主题是：社会主义才是未来！围绕着这一主题，来自 61 个国家的 78 个共产党和工人党的 100 多名代表，包括执政的古巴共产党、越南共产党、朝鲜劳动党和老挝人民革命党的与会代表进行了认真探讨。2011 年是苏东剧变20周年，苏联解体的原因与教训成为会议讨论的重要议题。葡共认为，苏东剧变给我们留下了深刻的教训。(1) 社会主义革命事业是群众自己的事业，群众的积极参与是社会主义取得胜利必不可少的根本前提。(2) 共产党的先锋作用在成功建设社会主义新社会的过程中不可或缺。(3) 革命不能输出和复制，这与社会发展一般性规律并不矛盾，它只是意味着社会主义的建设必须与每个国家的具体情况相适应。(4) 现实正如列宁所警示的那样，建设新社会的进程将比想象中的要更长久和更复杂，但人类社会发展的基本方向仍然是社会主义替代资本主义。

印共（马）认为，苏联东欧的剧变有苏共后期理论上的原因，一方面是对社会主义建设的长期性、艰巨性、复杂性认识不足，另一方面是对资本主义具有一定的自我调整、自我更新、自我发展的能力估计不足。除思想认识上的偏差外，苏东国家还在实践中犯了错误。一是国家的性质与形式。无产阶级专政是绝大多数人对作为少数剥削阶级的专政，这种阶级统治形式需要根据不同的社会主义发展阶段进行不断改进。另外，同一的国家形式并不适用于所有的社会主义国家，各个国家具体应采取什么形式，需要由其历史传统和现实的经济社会情况来决定。二是社会主义民主。相对于资本主义民主，社会主义民主应该更加深刻和更加丰富。社会主义必须既要为人民提供广泛的民主权利，更要为人民提供实现民主权利的条件。然而，在许多国家的社会主义民主建设进程中却出现了严重的问题。一是无产阶级专政被先锋队（如政党）的专政所取代。二是在民主集中制执行的过程中，党内民主不断削弱，而集中却不断强化，这就导致官僚主义的滋生、腐败和裙带关系的盛行、特权的制度化等。三是社会主义的经济基础。在戈尔巴乔夫领导时期，在被资产阶级神化的市场经济思想的影响下，苏联完全抛弃了生产资料的社会所有制和计划经济体制，破坏了社会主义经济的基础，把社会主义国家推向解体。四是思想意识形态工作。苏共在其存在的最后阶段，在公开性、民主化、自由化、多样性的旗号下，放弃了思想意识形态工作，任由资产阶级意识形态对党员和广大人民群众的阶级意识进行不断的侵蚀，致使种种反社会主义的言行不能得到有效的抵制。[13]

有学者关注，苏东剧变后，哈萨克斯坦共产党得以重建，在其后的发展中哈共产生了两次组织分化。从2002年开始到2007年年底，哈萨克斯坦共产主义运动陷入低潮。在金融危机背景下，哈萨克斯坦共产主义运动出现新的转机，但在危机状态下由于多种因素共同作用，哈共运动依然呈现出不确定性。

2. 对其他各国社会主义运动的研究

有学者研究，20世纪80年代中期以来印度兴起的印共（毛）主义运动相较40年代末的特仑甘纳武装斗争、60年代的纳萨尔巴里运动，体现出更为坚决的斗争性，策略上也更为成熟，在印度共产主义运动历史上是一次显著的进步。2004年成立的印共（毛），主张效仿中国革命发动人民战争武装夺取政权，最终在印度实现社会主义。印共（毛）拥有当前国际共产主义运动中实力较强大的一支武装力量。印共（毛）及其武装力量已经成为印度执政阶层的最大的敌人，双方博弈的最终结局如何，将直接影响印度乃至全世界共产主义运动的前途。[14]

在拉美，民主社会主义思潮和运动的发展面貌除受欧洲社会党和社会党国际的影响外，还更多地受到拉美自身社会历史和思想文化的深刻影响，因而与欧洲民主社会主义有很大的不同。有学者主要从民主理论、国家理论、政党理论、经济理论、福利国家理论和策略理论等六个方面，对拉美与欧洲的民主社会主义进行了简要的比较和评述，分析了二者之间的差异性。[15]

古巴的社会主义文化建设坚持以马克思主义人的全面发展理论为指导，其内容主要包括国民教育文化体系建设、思想政治建设、弘扬民族文化、发展体育文化等。卡斯特罗强调用文化的革命性和政治性来统一社会思想，坚定人们的社会主义信念，反对文化指导的多元化及资产阶级文化。同时积极推进民族文化艺术，展示古巴大众文化魅力，发展体育文化。卡斯特罗认为古巴文化既是思想政治和意识形态斗争的武器，也是提高人们艺术品位和生活质量的手段。卡斯特罗社会主义文化建设思想丰富了科学社会主义文化的内容及其发展的多样性。

3. 当代社会主义与资本主义的关系研究

国际金融危机爆发到今天已经接近5年，但是仍然没有结束的迹象，因此关于其性质和前景产生了大量争论。有学者概括地介绍了这些论述的主要观点和分歧，如短期金融危机论、世界体系危机论、生产过剩过度竞争危机论、新自由主义积累结构危机论、垄断资本晚期危机论、重大科技创新缺乏危机论和资源环境危机论，等等。通过评析这些观点认为，当前这场世界资本主义危机是资本主义最高（最后）阶段即帝国主义阶段晚期性质的危机。从这一界定出发，所得出的关于危机前景的看法，就与新自由主义、新凯恩斯主义和西方不少左翼学者的观点很不相同。[16]当前正在发展的资本主义危机，实际上是资本主义制度固有的顽疾和“绝症”的新发作，即生产的社会化与生产资料私人占有的矛盾这一无法祛除的“魔咒”。危机更突出地表明资本主义生产方式在逐渐丧失历史合理性，自我调节创新的能力和空间以及发展的多样性，将对资本主义的历史命运产生深远的影响。危机也为世界社会主义的发展提供了新的机遇，同时提出了新的问题和挑战。[17]

还有学者提出，社会主义与资本主义之间的比较是一个重要而复杂的问题。科学地进行两种制度的比较，特别要强调全面性和辩证性。全面性就是对制度之间进行多层次、全方位、全过程的比较，从总体上把握问题，防止片面性。辩证性就是不要机械地看问题，制度优劣既是绝对的，也是相对的；既是确定的，也是不确定的；既是稳定的，也是变化的。在科学的比较中，全面而辩证地把握社会主义制度的优势。[18]马克思主义在当今世界究竟还有没有现实性，最要紧的是要探讨资本主义的新发展、新变化与马克思主义之间的关系。当今资本主义社会所出现的一些新发展、新变化在一定程度上是由于资产阶级“执行”了马克思的理论才导致的，所以这些新变化非但没有推倒反而证明了马克思理论的正确性。当今资本主义社会所出现的新发展、新变化，使马克思主义的基本原理更具有了理论说服力和客观现实性。从最近发生在西方世界的马克思再次“火”起来的例证中，我们不仅可以真切地感受到马克思正在西方世界“王者归来”，而且也深刻地领悟到这种“王者归来”的根本的原因就是马克思主义对于资本主义灾难和危机的分析的不可替代性。[19]

有学者还提出，国际金融危机后，世界共产党人和左翼学者对关涉世界社会主义的许多重大理论问题也进行了新的探索，同时瞩目于加快世界社会主义运动走出低潮的步伐，在深刻洞察世界形势新变化新发展的基础上，进行了必要的战略策略调整。这种把社会主义理论研究与具有蓬勃生机的世界社会主义运动结合起来的努力，对于推动后危机时代世界方兴未艾的大变革大调整向有利于世界人民根本利益方向前进，具有重要意义。[20]

四、国外各类左翼思潮及当代资本主义的研究

1. 世界左翼思想及其活动研究

20世纪70年代以来，“葛兰西研究”逐渐成为国际学界的显学。近年来，似乎再度出现“葛兰西热”。各国学者从不同视角对葛兰西的实践哲学与政治哲学、文化霸权与意识形态、市民社会与国家、阵地战与运动战、政党理论与自治思想，以及如何评价葛兰西等问题进行了广泛而深入的探讨，提出了许多深刻的见解。然而，对葛兰西的国家概念，似乎还有进一步深入研究的必要。从知识分子问题与国家概念，霸权、市民社会与国家关系，“民主集中制”的国家形式等方面对葛兰西的国家概念进行批判性反思，并对葛兰西的国家概念进行政治伦理学诠释，可以塑造出葛兰西作为一位政治伦理思想家的形象。

有学者研究，后现代马克思主义者詹姆逊的独特贡献表现为：对第二次世界大战之后的资本主义文化特质作出了总体性揭示，提出了后现代主义是晚期资本主义的文化逻辑的重要论断。其理论具有深刻的马克思主义底蕴，主要表现为三个直接的理论来源：比利时著名的马克思主义经济学家曼德尔的晚期资本主义理论；英国著名的马克思主义理论家威廉斯关于主导文化、残余文化和新兴文化的文化系统理论；马克思主义的生产方式理论。在三个直接的理论来源中，马克思主义理论重要价值和詹姆逊自身的理论立场被充分彰显，进一步确证了他的继西方马克思主义之后的当之无愧的后现代马克思主义领军人物的身份。[21]

有学者认为，强调为社群集体谋利益，而非为少数有权人谋特权的印第安人的和平政治参与，具有浓重本土色彩和资本主义特征的玻利维亚“社群社会主义”在很大程度上是莫拉莱斯对本国未来发展道路的一种新探索。新自由主义经济改革在玻利维亚陷入困境是其产生背景。玻利维亚当下虽在新宪法制定、能源国有化和土地改革问题上取得重大突破和进展，但“社群社会主义”却也面临国内外各种挑战，如何克服“社群社会主义”浓重的领袖个人色彩和代议制民主机制下“社群”之间的政治对立乃是其所面临的最根本挑战。

英国共产主义历史学家小组是英国共产党为进行唯物主义历史研究而成立的专门小组。该小组的成员大部分都经历过辉煌的“人民阵线”时期，其信仰也是在这一阶段确立，其中一部分成员后来又成为了新左翼运动的核心人物。应当说，共产主义历史学家小组在英国左翼政治图谱中具有明显的承上启下的作用。它所秉持的信念，所遭遇的来自左右两派批判的危机，以及在危机中酝酿的突围的力量，都对后来的英国新左翼运动产生了深远的影响。[22]

2012年3月16—18日，一年一度的国际左翼论坛在美国纽约曼哈顿佩斯大学举行。论坛确定的主题是“占领制度：对抗全球资本主义”。围绕这一主题，论坛设立了400多个专题讨论会场，1400多人作了专题发言，来自全球的4500人参加了此次盛会。无论是分会场数量、专题发言人数，还是参会人员规模，2012年纽约左翼论坛都创了历史新高。[23]圣保罗论坛作为拉美左派政党和组织的协调机构已经成立22周年，圣保罗论坛的成立和发展对拉美左派的崛起、巩固和发展起了重要的推动作用，使拉美的政治格局发生了重大变化。圣保罗论坛已成为拉美地区和世界最重要的左派政党和组织的论坛，圣保罗论坛一年一度的年会已成为拉美和世界左派政党的重要聚会。2011年和2012年，圣保罗论坛第17次和18次会议先后在尼加拉瓜和委内瑞拉召开。[24]“占领华尔街”运动是美国20世纪70年代以来规模最大、扩散范围最广的抗议活动。国外学者对美国的金融制度、社会及阶层的收入分配差距、失业危机、资本主义治理结构及资本主义基本矛盾进行了深刻反思和批判，认为“占领华尔街”运动应被理解为资本主义的制度危机，资本主义国家必须再作出重大转型和调整。[25]

2. 生态马克思主义研究

我国学术界的生态马克思主义研究存在三种研究视阈，即把生态马克思主义看作一种后马克思主义流派，把生态马克思主义看作经典西方马克思主义对生态学关注的结果，把生态马克思主义看作以历史唯物主义为理论底蕴的生态学理论。有学者在分析上述三种不同研究视阈的理论得失的基础上，阐发了生态马克思主义理论对推进我国生态文明理论研究的价值和意义，阐明了我国生态文明理论研究应有的致思方向。

作为当前西方学术舞台上最具影响力的思潮之一，后马克思主义在生态问题上的反思为我们提供了独特的理论视角。在生态危机总根源的诊断上，受后现代主义影响的后马克思主义将生态危机产生的意识形态根源直指现代性，认为现代性意识形态所蕴含的对自然祛魅化的机械论世界观及其将事物进行“脱域”处理的内在机制，必然会走向破坏生态环境这一结果。在对当代社会生态危机加剧的制度性根源的剖析上，后马克思主义将原因归结为资本逻辑自身，认为生态危机是资本主义制度的内生性现象。在生态危机的出路上，后马克思主义持异质性的方案，这些方案与其他生态主义运动纠结在一起。尤其重要的是，后马克思主义的生态方案让我们重新看到了马克思的生态思想对于摆脱当前生态危机的指导意义。

有学者认为，生态马克思主义自觉运用马克思主义的观点和方法分析生态危机及其解决途径，发展了马克思主义在生态问题上的阐述。在生态马克思主义的视野中，资本的增长是以生态环境的破坏为代价的，生态危机的根源在于资本主义无限追求利润最大化而将成本外在化。伴随着全球化进程，资本主义的成本外在化也获得了全球向度，在将第三世界国家卷入资本主义全球市场的同时也将生态危机转嫁给它们。中国要坚持人本和生态原则高于资本和市场原则的立场，构建生态文明，落实以人为本的科学发展观。

2011 年 5—7 月间，生态社会主义内部引发了一场关于人口是否是环境破坏的原因的论辩。论辩源起于在生态社会主义内部出现一股企图把深生态学融入生态社会主义的趋势，视人口为环境破坏的原因和把减少人口数量作为解决之道，并力图捍卫马尔萨斯人口原理的观点。萨拉·萨卡就是这一观点的代表。生态社会主义的其他代表人物，如伊恩·安格斯等人则认为马克思、恩格斯当年对马尔萨斯的批判仍然有效。萨卡的观点是反人类的，不可避免地导致种族排斥、不利于团结社会运动等恶果。这场论辩的实质在于这是一场关于生态环境问题的成因是工业主义还是资本主义的论辩。尽管双方的观点都有失偏颇，但从这次论辩中，我们既要认识到人口的数量是环境破坏的一个重要因素，也要注意资本自身所具有的反生态本性，在控制人口的数量时，更应采取措施优化人口的结构。生态文明只有通过发展能有效达到预期目标的政策才能实现。仅仅谴责现有的经济因素，意义不大。为此，一种建设性的、可供选择的经济制度应该提供一个统一的框架来指出具体的政策和实现这些目标的方法。有学者论证的“杰斐逊式的社会主义”即被认为是一种适应于生态文明的社会经济制度，它体现了人类寻求管理与治理之间相互融合并最终促进生态保护的努力。[26]

克沃尔对生态社会主义的预想图景：从劳动的异化到“劳动者自由联合”、从商品的生产到“以生态为中心的生产”、从重交换价值到重使用价值、从“性别分歧”到男女平等。克沃尔把人的异化与自然的破坏综合起来考察、把人的解放与自然的解放当作生态社会主义的基本目标、把摆脱资本主义的生产关系和价值体系看作实现生态社会主义的基本前提是很有创造性的，但克沃尔的生态社会主义构想也存在诸多理论和现实问题，很多方面只是一厢情愿。

3. 新世纪以来德国马克思主义发展趋向

有学者介绍了新世纪以来德国马克思主义的发展：（1）对马克思恩格斯经典著作的当代解读。结合 MEGA2 编辑的出版研究、阅读马克思、MEGA2 中的《资本论》、MEGA2 中的恩格斯等。（2）对马克思主义基础理论重新诠释。例如，从整体视域、哲学视域、经济学视域、社会政治理论视域重新诠释马克思主义，重新塑造马克思理论形象、重新界定马克思主义理论实质、重新构建未来马克思主义轮廓等。（3）比较视域中的马克思研究。例如，对马克思与恩格斯、列宁、卢森堡、伯恩施坦、考茨基、托洛茨基、凯恩斯等人的比较研究；对卢卡奇、葛兰西、布洛赫、霍克海默、阿多尔诺、哈贝马斯等西方马克思主义者，以及对阿本德罗特、柯夫勒、容克、霍尔茨、克勒纳、豪克、迈彻尔、胡弗施密特等当代德国马克思主义者有关思想观点的批判性反思。（4）阶级、阶级斗争与阶级理论的研究。（5）自由、民主、平等、正义、公民权、人权等问题的研究。（6）新自由主义与金融资本主义批判。（7）新帝国主义与国际新秩序的研究。关于帝国主义理论的现实性、帝国与新帝国主义、资本主义全球化与国际新秩序。（8）关于现实社会主义反思与

“新社会主义”的构想。

新世纪以来德国马克思主义发展有四个主要特点：一是立足于 MEGA2，对马克思主义进行反思、批判、创新；二是跨学科、多层面、整体性研究马克思主义；三是以广义理解的马克思主义反思历史、阐释现实、预测未来；四是缺乏系统的马克思主义理论框架和统一的马克思主义概念，从而形成了不同的马克思主义派别。研究中存在以下几个问题：第一，与马克思主义相关的学术活动非常热闹，但缺乏统一的稳定的群众基础，在“热闹”的背后显露出急躁情绪与焦虑心态；第二，文献学研究逐渐成为马克思学研究的热点，但又陷入“有阅读、有研究、无信仰”的危险境地；第三，过分注重马克思主义经济学、伦理学、美学等维度，马克思主义哲学维度有所淡化；第四，过分关注社会现实问题，理论深度有所弱化；第五，研究视野过于宽泛，马克思主义研究与左翼思潮研究边界不明；第六，研究队伍有嫌老化，后继人才亟须补充；第七，被主流社会边缘化，经济状况不佳，社会政治地位堪忧。㉒

4. 各类马克思主义学说的研究

20 世纪初，西方世界先后形成了三种不同的马克思主义思潮：一是由伯恩斯坦、考茨基等开创的第二国际传统的思潮；二是发端于俄国、苏联而由西方一些共产党理论家所全盘接受的第三国际传统的思潮；三是卢卡奇等人最早提出后又被法兰克福学派所继承和发展的“西方马克思主义”思潮。它们之间的争论在哲学上主要围绕着两个问题展开，第一个问题是马克思主义究竟是不是哲学。第二个问题是马克思主义哲学究竟是什么。这三种思潮在哲学上的争论与分歧是紧紧地同社会理论方面的争论与分歧联系在一起的。第二国际传统的思潮为当代资本主义辩护，主张对当代资本主义实施改良的态度；第三国际传统的思潮和“西方马克思主义”思潮对当代资本主义展开批判，主张对当代资本主义实施革命的态度。后两种思潮尽管都在批判资本主义社会，但是理论出发点截然有别。共产党的理论家出发点主要是马克思的社会矛盾运动理论和剩余价值学说，而“西方马克思主义”理论家出发点则是马克思的人道主义理论和异化劳动理论。

公共领域是西方马克思主义重建历史唯物主义的核心范畴。西方马克思主义认为，极权主义、晚期资本主义的一个本质特征是系统与生活世界对立，是人民群众的被奴役和边缘化。权力的合法性基础是人民群众的拥护，没有人民群众支持的权力等于暴力。公共领域作为公共意识得以形成的领域，直接构成权力的合法性基础，因而，维护还是压制公共领域成为民主政治与专制政治的分水岭。哈贝马斯提出公共领域理论，本质上是提出了一种超越西方议会制民主的新形式，不仅对于历史唯物主义的基础理论具有建设性的意义，而且对于社会主义和谐社会建设和国际政治、经济新秩序的建设具有重大的实践意义。

后马克思主义是 20 世纪 70—80 年代在西方兴起的一股新马克思主义的思潮，是原有的西方马克思主义衰落之后在发达国家出现的新马克思热，被视为当代西方左翼思想的新亮点。后马克思主义是后现代的马克思主义，是与后现代主义紧密关联的各种新马克思主义的理论，是在后现代社会的土壤里滋长起来的新的社会科学理论。后马克思主义解构了现代社会科学的基本概念、基本理论和基本方法，解构了现代社会科学的理性主义基础，否定了现代社会科学中本质论、总体论、中心论、普遍论的现代性观念。同时，后马克思主义也解构了作为现代社会科学的马克思主义理论，因此又被称为解构的马克思主义。在对现代社会科学的解构中，后马克思主义甚至否认了科学的概念，没有建构起自己的社会科学体系，从而陷入了某种虚无主义。但是，在对当代社会的经济、政治和文化的批判性分析中，后马克思主义也提出了一些新的理论，这些新的理论实际上推进了当代社会科学的发展。

有学者总结，过去 30 多年中国学术界的新马克思主义研究，无论对于我们推动基本理论创新，还是丰富我们关于当代人类社会现实的深刻理解，都具有重要的价值。在新的历史条件下，我们应当在三个方面进一步拓展和深化新马克思主义研究：挖掘深度，从开疆拓土式的“初耕耘”到多维度的“精耕细作”；开阔眼界，从“以我为主”的解读模式到国际比较视野的全面开启；直面现实，从注重新马克思主义的“理论逻辑”到凸显它的“现实诉求”。㉓

注：

①［匈］阿格妮丝·赫勒著，王静译：《马克思与“人类解放”》，《马克思主义与现实》，2012 年第 2 期。

②杨学功、楼俊超：《如何理解马克思的三大社会形态理论——兼评学界的几种常见理解》，《教学与研究》，2012 年第 8 期。

③赵家祥：《再论资本主义社会内部可以形成“新社会的因素”》，《马克思主义与现实》，2012 年第 2 期。

④郑吉伟、陈曦：《列宁新经济政策时期的所有制理论及现实意义——兼谈我国不能搞私有化和“纯而又纯”的公有制》，《思想理论教育导刊》（京），2011 年第 11 期。

⑤郑吉伟：《评西方学者对斯大林思想研究的范式演进和新方向》，《马克思主义研究》，2012 年第 4 期。

⑥郑志国:《走出对公有制为主体的认识困境——评学术界的几种观点》,《学术界》,2012年第8期。

⑦项启源:《关于科学地判断公有经济主体地位的探讨》,《当代经济研究》,2012年第8期。

⑧陈海燕:《全球化视域下社会主义与资本主义两制关系发展规律探讨》,《理论学刊》,2012年第7期。

⑨孙伟平:《用新的思维方式重新认识社会主义》,《马克思主义与现实》,2012年第4期。

⑩王淼:《"社会主义模式"从"一"到"多"的嬗变——以国外共产党的理论探索为视角》,《陕西师范大学学报》(哲学社会科学版),2012年第5期。

⑪余文烈:《社会主义与市场经济相结合的思想前史》,《特区实践与理论》,2011年第4期。

⑫李瑞琴:《"改革新思维"与苏联演变》,社会科学文献出版社2012年版。

⑬聂运麟、周华平、王喜满、吴国富:《社会主义才是未来——第十三次共产党和工人党国际会议述评》,《红旗文稿》,2012年第7期。

⑭王静:《印度共产主义运动视野中的印共(毛)》,《马克思主义研究》,2012年第9期。

⑮蒋锐:《拉美与欧洲民主社会主义理论比较》,《社会主义研究》,2012年第5期。

⑯刘元琪:《论当前世界资本主义危机的性质和前景》,《马克思主义与现实》,2012年第4期。

⑰姜辉:《资本主义危机与世界社会主义》,《中共杭州市委党校学报》,2012年第4期。

⑱陶文昭:《科学地比较社会主义与资本主义》,《中国特色社会主义研究》,2012年第4期。

⑲陈学明:《资本主义的新变化是"证伪"还是"证实"了马克思主义》,《西南大学学报》(社会科学版),2012年第6期。

⑳刘志明:《金融危机后世界社会主义的理论革新与战略策略调整》,《安徽大学学报》(哲学社会科学版),2012年第1期。

㉑韩雅丽:《论詹姆逊后现代马克思主义理论的三个直接来源》,《学术交流》,2012年第6期。

㉒程祥钰:《从"人民阵线"到"考德威尔论争"——英国共产主义历史学家小组的危机与突围》,《马克思主义与现实》,2012年第2期。

㉓许宝友:《占领制度"高地",对抗全球资本主义——2012年纽约左翼论坛综述》,《当代世界与社会主义》,2012年第2期。

㉔徐世澄:《近年圣保罗论坛与拉美左派的巩固和发展》,《马克思主义研究》,2012年第11期。

㉕张新宁:《"占领华尔街"运动与资本主义制度危机——国外学者的视角》,《毛泽东邓小平理论研究》,2012年第8期。

㉖克里福德·柯布、甘霞:《生态文明的实现与"杰斐逊式的社会主义"》,《马克思主义与现实》,2012年第1期。

㉗王凤才:《新世纪以来德国马克思主义发展趋向》,《复旦学报》(社会科学版),2012年第3期。

㉘衣俊卿:《今天我们如何深化新马克思主义研究》,《马克思主义与现实》,2012年第6期。

(作者:中国社会科学院副研究员)

国外马克思主义研究

黄继锋　雷晓欢

2012年,北京地区学者对国外马克思主义的研究态势,表现为整体推进,不断深化,成果丰富。现将研究状况综述如下。

一、关于国外马克思主义研究的回顾和反思

徐崇温研究员是我国最早系统介绍和研究"西方马克思主义"的学者,其成果对于推动我国的国外马克思主义研究,尤其是"西方马克思主义"研究,起到重要的作用。在《我的"西方马克思主义"研究历程》一文中,徐崇温结合自身的学术经历,对我国的"西方马克思主义"研究,特别是关于"西方马克思主义"性质的多次论战进行了回顾和反思。他指出,我国改革开放之初起步的"西方马克思主义"研究,从表面上看有一定的偶然性,实际上却蕴含着强烈的必然性,即马克思主义是一个开放的体系,研究当代各种思潮,吸取和改造其中一切有价值的东西,是我们坚持和发展马克思主义所必需的。"西方马克思主义"研究有助于全面准确地把握马克思主义的基本精神,破除对马克思主义的教条式理解和附加到马克思主义名义下的错误观点,并结合我国亿万人民在党的领导下建设社会主义现代化的伟大实践,把马克思主义、把中国特色社会主义的伟大事业推向前进。徐崇温还总结了改革开放以来学术界关于"西方马克思主义"性质的多次论战。针对有些学者认为西方马克思主义是"打着新马克思主义旗号的反马克思主义"的看法,徐崇温认为,尽管西方马克思主义有许多错误和失误,但它毕竟提出了或者重申了在马克思主义发展过程中曾经遭到忽略或者偏离的问题,考察了发达资本

主义社会中出现的许多新情况、新问题，为我们从历史的比较和国际的观察中，深入研究社会主义运动中一些重大问题，并依据马克思主义的基本理论和基本方法探索解决我们面临的种种新问题，提供了极其重要的思想资料。所以，无论在性质还是作用上，对于“西方马克思主义”都是不能全盘否定的。针对部分学者把它等同于马克思主义的观点，徐崇温批评他们对“西方马克思主义”用唯心主义去“结合”马克思主义这一本质属性视而不见或者估计不足，并指出，简单笼统地将“西方马克思主义”和马克思主义等同起来是不可取的，会导致指导思想的多元化。①

周穗明的文章分析了当前我国学术界关于国外马克思主义研究的特点，认为对国外马克思主义的研究在整体上表现为不断向前推进。这体现在：(1)国外马克思主义研究的领域更加广泛，出现了多学科、跨学科的研究趋势；(2)国外马克思主义研究的总体理论框架进一步明确和完善，新流派、新人物得到及时的跟进研究，传统流派、传统理论的研究缺失也得到填补和充实；(3)国外马克思主义研究的队伍和组织优势基本形成，老一代研究者仍然在发挥理论优势，新一代研究者在外语能力和学术视野上有新的突破，两代人的两种优势得以互补。周穗明同时认为，我国在开展国外马克思主义研究中也存在一些缺陷。(1)缺乏问题意识和批判精神，理论严重脱离实际。许多研究者囿于纯理论或纯哲学的眼界，把具有强烈批判性的理论当作概念游戏来把玩。她指出，从事国外马克思主义研究的人员需要有批判精神和问题意识，需要引他山理论之“石”攻中国现实之“玉”。(2)理论基础薄弱，缺乏思想力和原创能力。她强调，扎实的基础理论和方法论训练，原创理论能力的培养，是推进国外马克思主义研究的当务之急。(3)国外马克思主义学科的域外基本著作引进不足，翻译质量不好，严重影响该学科的基本建设。(4)目前国外马克思主义研究领域存在学风不正、文风失范的问题，且缺乏中国气派的简洁明快的表达方式。她呼吁，该领域的学者要努力让国外马克思主义研究说中国话，用朴实的原创理解向国人表达，与世界对话。②

仰海峰从国外马克思主义研究的参照系、国外马克思主义的思想逻辑、流派与重要人物研究、国外马克思主义研究与本土学术话语建构四个方面来勾勒国外马克思主义研究的理论图景。他指出，国外马克思主义研究需要重新规划，具体来讲可以划分为三个基本坐标：一是对马克思思想的探讨；二是重视对西方思潮的研究；三是将国外马克思主义的理论探讨与特定的社会历史情境联系起来，把它们作为一个整体来考察。他认为只有将这三个坐标形成一个参照系，我们才能从思想逻辑与历史情境的互动中揭示国外马克思主义的发展进程，以便从总体上把握其逻辑脉络。按照仰海峰的理解，国外马克思主义的总体进程大致可划分为三个大的阶段。(1)以卢卡奇、柯尔施与葛兰西为主的第一阶段，强调从主体与阶级意识出发，在新的历史条件下重新阐释马克思主义，开启了国外马克思主义的先河。(2)从主体与意识出发，形成的两条重要的解释思路：一是将主体、技术批判与心理批判结合起来的法兰克福学派的批判理论；一是从主体出发，结合马克思早期著作形成的人学思路以及批判主体—人的结构主义思路。(3)对上述经典的西方马克思主义学术思路的批判所形成的后马克思主义。上述几个方面构成了国外马克思主义演进的主要图景。只有对这一整体逻辑进程有自觉的宏观把握，才可能从总体上把握国外马克思主义的发展过程，更好地从细节上把握具体人物与流派的思想。流派与重要人物的思想研究，一直是国外马克思主义研究中的重要主题，也是这些年进展较大的领域。从学术构图的视角来看，在总体上把握国外马克思主义的理论逻辑之后，最为重要的就是通过流派与人物研究将这一逻辑细致地呈现出来。最后，他强调了我们需要在本土学术话语的建构中研究国外马克思主义。③

二、对国外马克思主义若干主题的研究

(1)关于“西方马克思主义”“文化政治转向”的探讨。欧阳谦撰写了多篇论文探讨早期“西方马克思主义”的“文化政治转向”及其意义。在《卢卡奇与“文化主义”》中，欧阳谦认为，卢卡奇思想遵循的是一种“文化主义”的哲学逻辑。他从三个方面作了具体阐释。首先，卢卡奇重新定义马克思主义的辩证法，并且突出和强化马克思主义的哲学维度，是因为他的“文化主义”无法接纳马克思主义理论阵营中盛行的“科学主义”。其次，卢卡奇从总体性辩证法出发来构建历史主动性的方法论，是因为他的“文化主义”从根本上排斥各种各样的“经济还原主义”。最后，卢卡奇探讨“阶级意识”的文化觉醒及其政治意义，是因为他的“文化主义”看重的是“文化政治学”，而不是“政治经济学”。文章认为，卢卡奇思想中的“文化主义”逻辑因应了西方社会变革的现实进程及其斗争需要；另一方面，这种逻辑在一定意义上补充和完善了历史唯物主义的理论体系。因而，卢卡奇的“文化主义”的哲学内涵在一定程度上是应该得到肯定和深究的。另外，从这一哲学逻辑来审视其“西方马克思主义”，不仅可以凸显他的理论创新之所在，而且还可以解释他在当代思想理论舞台上的巨大影响力。④欧阳谦还撰文分析“西方马克思主义”另一早期代表人物葛兰西的文化政治学，认为可以在葛兰西的思想中发现一个明晰的文化政治逻辑，即强调文化对

于社会变革的基础性作用。他将马克思主义的理论重心从政治经济学转向文化政治学，其所引领的“文化转向”集中代表了当代国外马克思主义理论发展的一个重要方向。[5]

（2）关于意识形态问题的研究。意识形态是从“西方马克思主义”到“后马克思主义”备受关注的热点问题。张秀琴教授撰写多篇文章，分别评析了国外马克思主义学者从“文化审美主义”，“文化大众主义”以及“文化历史主义”的视角对马克思意识形态概念的新的解读。在《伊格尔顿“文化审美主义”意识形态论研究》中，她指出伊格尔顿的“文化审美主义”意识形态论有两大贡献。其一，在意识形态概念的界定上，伊格尔顿澄清了意识形态概念多种定义背后的两种主要界定范式即认识论范式和社会学范式之间的区别，并提出应当选择社会学范式，从“哲学与经验科学交叉”的视角，同时也“从历史、心理学、政治学以及包括语言学在内的各种文化研究中汲取资源”来研究意识形态理论。其二，伊格尔顿较为清晰地梳理了意识形态理论研究的学术传统，特别是其主要传统——马克思主义传统的缘起与流变。张秀琴认为，伊格尔顿的文化审美主义提供了一种“文学社会学”的意识形态论研究方法。[6]关于伯明翰文化学派斯图亚特·霍尔的“大众文化主义”意识形态观，张秀琴认为，霍尔对马克思意识形态概念的“文化大众主义”解释包括三个方面：一是大众文化是意识形态的表现形式；二是政治霸权是意识形态的社会功能；三是多元链接构成了意识形态的实践机制。张秀琴认为，霍尔的意识形态研究“整合了马克思主义和话语建构理论的方法”，他对意识形态概念的“马克思式”解释属于结构主义的解释。[7]在另一篇文章中，张秀琴把詹姆逊的意识形态理论归结为“文化历史主义”。她指出，詹姆逊认为意识形态概念和意识形态分析法，在构建完整的马克思主义理论体系中有不可替代的重要作用。因此，詹姆逊主张对现代社会特别是晚期资本主义社会采取一种“历史主义”的和“辩证”的文化分析，即“意识形态分析”。她指出，詹姆逊的这种“意识形态分析”与他对整个马克思主义意识形态理论发展史——从传统到现代——的系统梳理是分不开的。所谓传统马克思主义意识形态论有三种模式即虚假意识模式、阶级斗争模式和物化论模式。现代马克思主义意识形态论类型包括意识形态国家机器说、日常生活意识形态论、支配权意识形态论和语言异化意识形态论。詹姆逊还提出，在对当代资本主义的文化逻辑分析中，既要综合使用各种马克思主义意识形态分析模式，也要使用后现代主义文化逻辑的分析方法。张秀琴指出，詹姆逊的文化历史主义意识形态论实际上是一个“圈套”，其目的是“要使一切传统和现代的以及一切固定的东西都动摇起来”。[8]

（3）对东欧“新马克思主义”人道主义思潮的研究。近年来学术界对东欧“新马克思主义”的研究有所升温，而主要聚焦点是其人道主义的理论。刘海静分析了“南斯拉夫实践派”代表人物马尔科维奇关于人的本质的概念，认为马尔科维奇在科学与意识形态辩证关系视野中将“人的本质”概念区分为描述性和规范性两个维度，并在区分二者不同特征的基础上对其进行功能整合，从而在“人的本质”概念的革命性变革层面上彰显了马克思哲学的辩证性和超越性——描述与规范的融合。这无论从当时还是从今天看来，都具有极其重要的理论和现实意义。[9]员俊雅的文章分析了捷克斯洛伐克哲学家斯维塔克的人道主义理论，指出其在确立人在世界中的主体地位的前提下，一方面通过对艺术和诗等文化问题的探讨，揭示出艺术的本质就是人的本质；另一方面，揭示了现代工业社会存在着全面操控人、限制人的自由和创造性的现实。在反思本国社会主义理论和实践的基础上，他诉诸人道主义马克思主义，主张知识分子与工人阶级的联合，以实现社会主义民主和克服现代工业社会对人的总体性操控。员俊雅指出，我们在肯定其思想的积极方面的同时，也要看到他对马克思主义人道主义的解释渗透了存在主义因素，对此应持批判的立场。[10]

三、后马克思主义的研究

（1）对后马克思主义的总体性认识。孔明安围绕如何界定后马克思主义思潮谈了自己的看法。他认为，人们努力界划的“后马克思主义”思潮是一个有中心但无清晰边界的地图。这既与“后马克思主义”概念的模糊性有关，也与国外马克思主义这一学科的属性相关。但是，研究工作不能陷入概念之争，而要对具体的代表人物及其思想展开探讨。他还指出，从西方马克思主义到后马克思主义有其独特的路径。“后马克思主义”诞生于后现代主义的背景之下，其研究主题和主要问题域离不开后现代主义的思维方式或方法和马克思主义的基本问题架构。基于此，孔明安勾勒了从西方马克思主义到后马克思主义的多维演变路径：从英国马克思主义的战后发展，历经阿尔都塞的结构主义马克思主义，到吉登斯的“第三条道路”的选择；从法国1968年“五月风暴”之后“后解构主义”的风起云涌，如福柯、利奥塔、鲍德里亚和德里达，到如今仍高喊“回归巴黎公社”的巴迪欧；从第一代法兰克福的社会批判理论，如马尔库塞和阿多诺到第三代具有后现代转折趋向的霍耐特的承认理论；从英国马克思主义、法国的后解构主义、维特根斯坦的后语言哲学和拉康的精神分析而衍生出来的拉克劳、墨菲的后马克思主义，以及娴熟地运用精神分析工具对康德和黑格尔进行剖析的后马克思主义学者齐泽克；

此外，还包括具有后马克思主义趋向的东欧新马克思主义代表人物赫勒的思想研究。最后，他强调，虽然上述这些并不能全部涵盖“后马克思主义”的研究领域，但希望这一研究有助于推动国外马克思主义研究的深入，并推动国内的马克思主义研究，以及马克思主义中国化的理论建构。[11]欧阳谦通过梳理拉克劳和墨菲的多元主义政治理论，澄清他们所阐述的“后马克思主义”的哲学逻辑，即一种多元主义政治的哲学逻辑。他认为，后马克思主义是一种后现代主义视阈下的“马克思主义”。后马克思主义的根基还在马克思主义那里，它并没有完全抛弃马克思的理论取向，解构只是为了重新恢复马克思主义的丰富性，提升其理论的解释力，由此来拓宽和深化社会革命的政治空间。[12]

（2）对后马克思主义若干代表人物及观点的研究。李世涛评析了詹姆逊对马克思主义的历史唯物主义和辩证法的研究。他指出，詹姆逊认为马克思主义是一种历史主义，但不是本质主义或“目的论”的历史主义，而是“绝对历史主义”，即马克思主义历史观的要义是“现在的客观境遇”与“过去的客观境遇”之间的关系问题。因而，詹姆逊对马克思主义是一种历史唯物主义的观点是持肯定态度的。此外，詹姆逊还积极地把历史唯物主义运用到具体的研究中。在辩证法与马克思主义的关系问题上，李世涛认为詹姆逊的态度经历了一个由否定到肯定的转变。此前的詹姆逊主要从目的论和自然界不存在辩证法两个方面否定了辩证唯物主义，认为应该把马克思主义与辩证唯物主义区别开来，即否定了辩证唯物主义的马克思主义的属性。转变后的詹姆逊认为，辩证法是马克思主义的“最根本的特征”；马克思主义既包含又发展了黑格尔的辩证法思想；“矛盾”概念是马克思辩证法思想的重要组成部分。从这些观点看，詹姆逊转向了经典的马克思主义，实现了向马克思主义的回归。但他仍然缺乏学理上的论证，也没有读到他从理论上说明这种转变的必然性的著述。[13]

孔明安分析了齐泽克运用拉康的精神分析理论展开对商品拜物教的精神维度的分析。他指出，齐泽克将拉康的精神分析学说与马克思主义的意识形态批判理论结合在一起，以拉康的“症候”概念为核心，提出任何主体，包括作为革命主体的无产阶级本身，同样也难以摆脱商品拜物教的虚假幻象的见解。其主要原因在于商品拜物教产生的根源在于某种难以消除的症候性误认，这一误认构成了商品社会中的主体的根本特征。齐泽克还提出，支配人们日常交换行为的是商品交换中蕴含的无意识形式。而马克思对商品形式所作的精彩分析，就在于对商品形式的无意识进行了分析。孔明安指出，症候概念是齐泽克用以分析商品拜物教的核心概念。通过运用症候概念，齐泽克否认了商品拜物教传统意义上以物代人的特征，他认为商品拜物教其实涉及了结构化网络或关系范畴，与该网络或关系之外的某个成分之间的特殊关系。只有聚焦于关系网络之外的某个成分的直接特性，才有可能真正理解商品拜物教。[14]

近年来，随着鲍德里亚在西方思想界影响的不断加强，国内学界对他的研究也持续不断。由于鲍德里亚的学术背景丰富庞杂，思想特质与众不同，其思想不但令人费解，难以归类，而且往往引起不同的争论。陈慧平在她的文章中对这些争论进行了仔细梳理分析，并指出，鲍德里亚的理论绝非从概念到概念，而是关联着现实，将实践纳入思考之内，用一种流动辩证法来解释世界、指导实践。[15]

四、对国外马克思主义趋向及影响的研究

（1）关于“分析的马克思主义”是否终结的问题。魏小萍在一篇文章中回顾和总结了分析的马克思主义的总体发展状况，指出由于罗默和埃尔斯特日益向自由主义左翼阵营转向以及科亨在2009年的去世，分析的马克思主义作为一个学派已经不再有领军人物了，其阵势已经不复存在。关于我们应该如何理解这一现象，魏小萍认为，分析的马克思主义运用分析哲学的方法分析马克思的基本理论，在大多情况下是值得肯定的，但与此同时，也暴露了许多问题。例如，分析哲学的方法对辩证法的排斥限制了自身的分析、批判功能。此外，现实世界中资本主义的发展变化、资本主义意识形态理论的发展变化，迫使其批判者不得不在时代语境下进行研究、论证，这使得其研究范围的视野不能仅仅局限于马克思的语境。但她也强调，无论怎样，分析的马克思主义所取得的理论研究成果，已经产生了巨大的社会影响力，它所带给我们的分析方法和对理性主义的强调，在一定意义上有助于马克思主义哲学向着更加科学和客观的方向发展。[16]

（2）关于国外马克思主义对中国的影响问题。随着国外马克思主义思潮汹涌而来，以及我国学者与国外马克思主义研究者交流的不断增强，国外马克思主义对我国学术界也产生了一定的影响。可喜的是，有学者开始关注并探讨这一问题。贺翠香在《法兰克福学派在中国的影响和意义》中介绍了法兰克福学派三代代表人物理论在中国的传播状况，并分析了该流派在中国的影响及其意义。针对法兰克福学派第三代代表人物霍耐特2008年在德国举办的“批判—理论—批判理论：法兰克福学派在中国的影响”学术研讨会上提出的疑惑：中国接受和重视法兰克福学派早期理论是基于对现代化有指导意义的需要，还是只是当作欧洲文化遗产来看待？抑或是中国学术知识分子的自我误读？贺翠香提出了自己的观点。她认为，法兰克福学派在中国的影响不是简单地引介西方的经典，也不是中国知识分子的一种自我误读，而是基于中国社会现实的内在需要。作为一种社会批判和文化批判理论，法兰克福学派在中国产生的积极影响主要体现在三个方面：第一，为20世纪90年代的大众文化批判提供了理论资源；第二，对被苏联教科书所体系化和教条化的马克思主义进行修正和补充；第三，对当代资本主义社会的病理性特征进行揭露和批判。[17]

注：

①徐崇温：《我的“西方马克思主义”研究历程——兼论有关“西方马克思主义”的论战》，《中共宁波市委党校学报》，2012年第2期。

②周穗明：《国外马克思主义研究——需引理论之“石”攻现实之“玉”》，《社会科学报》，2012年11月8日。

③仰海峰：《国外马克思主义研究的理论构图》，《国外社会科学》，2012年第1期。

④欧阳谦：《卢卡奇与“文化主义”》，《哲学动态》，2012年第12期。

⑤欧阳谦：《葛兰西与文化政治学》，《广东社会科学》，2012年第3期。

⑥张秀琴：《伊格尔顿“文化审美主义”意识形态论研究》，《中共天津市委党校学报》，2012年第2期。

⑦张秀琴：《马克思意识形态概念的“文化大众主义”解释——以伯明翰文化学派斯图亚特·霍尔为例》，《南京社会科学》，2012年第2期。

⑧张秀琴：《马克思意识形态概念的文化历史主义解读——以弗雷德里克·詹姆逊为例》，《哲学动态》，2012年第3期。

⑨刘海静：《论马尔科维奇的“人的本质”概念：在科学与意识形态之间》，《马克思主义与现实》，2012年第5期。

⑩员俊雅：《被操控的世界及其出路——斯维塔克人道主义马克思主义初探》，《马克思主义与现实》，2012年第3期。

⑪孔明安：《“后马克思主义”思潮——有中心但无清晰边界》，《社会科学报》，2012年9月6日。

⑫欧阳谦：《后马克思主义与当代西方政治图景——一种多元主义政治的哲学逻辑》，《社会科学战线》，2012年第3期。

⑬李世涛：《经典马克思主义的回归——詹姆逊之马克思主义基本原理研究》，《甘肃社会科学》，2012年第1期。

⑭孔明安：《商品拜物教研究的新维度——兼论齐泽克对马克思商品拜物教理论的分析》，《马克思主义与现实》，2012年第2期。

⑮陈慧平：《鲍德里亚思想的整体特点及价值取向》，《哲学动态》，2012年第5期。

⑯魏小萍：《分析的马克思主义是否终结?》，《理论视野》，2012年第12期。

⑰贺翠香：《法兰克福学派在中国的影响及其意义》，《马克思主义与现实》，2012年第1期。

（作者：黄继锋，中国人民大学教授；
雷晓欢，中国人民大学博士生）

哲 学

马克思主义哲学

王 东 王晓红

2012年是中国发展的重要一年，马克思主义哲学研究的主题依然是理论创新。这一理论创新体现在两个方面：一是开掘马克思主义哲学的源头活水，二是回答时代课题与发展中的问题。它主要有六大生长点：哲学观、创新时代观、《资本论》哲学、发展观、文化观、价值观。

一、哲学观

北京大学黄枬森教授是改革开放新时期马克思主义哲学创新的一面旗帜和领军人物。为了全面系统地展示黄枬森先生的研究成果，进一步满足哲学研究工作者和读者的便捷阅读之需，自2011年至今，中央编译出版社编辑出版了《黄枬森文集》。该文集八卷共四个部分，所收文献按照编年与分类相结合的方式编排。第一部分为论著，由第一、二卷构成。主要收录作者自1983年以来有关辩证唯物主义、马克思主义哲学史、马克思主义哲学体系创新、人学、社会文化理论等方面的著作20多部，近110万字。第二部分为论文，由第三卷到第六卷构成。

其中，第三、四卷是哲学论文，主要收录作者自1957年以来有关哲学方面的论文90多篇，近100万字；第五卷是人学论文，主要收录作者自1983年以来有关人学方面的文章50多篇，近50万字；第六卷是社会文化理论方面的论文，主要收录作者自1984年以来有关社会和文化理论方面的论文40多篇，50多万字。第三部分为评论，即第七卷，主要收录作者自1956年以来有关哲学、人物、书刊等方面的评论文章100多篇，60多万字。第四部分为手稿，即第八卷，主要收录1954年以来作者的讲稿和学术专题报告，约60万字。

黄枏森和韦建桦两位学者通过问答和交谈，以黄先生的求学经历和治学生涯为切入点，围绕哲学学习和研究这一主线，对哲学与自然科学的关系、哲学与政治的关系、马克思主义哲学与西方哲学的关系、马克思主义哲学的学科建设、哲学研究的学风建设、哲学工作者的思想文化修养和社会责任以及经典著作的编译事业与马克思主义哲学中国化的关系等重要问题进行了讨论，并根据切身体会坦诚地表述了各自的见解。①

黄枏森指出，马克思和恩格斯没有提出过辩证唯物主义这一名称，也没有像叙述历史唯物主义那样叙述过辩证唯物主义的系统思想。但如果真正从文本出发，就很容易发现，辩证唯物主义世界观事实上正是他们创立的。他们在青年时期创立了唯物主义历史观的思想体系，在他们的唯物主义历史观思想体系中逻辑地蕴含了辩证唯物主义世界观，辩证唯物主义世界观思想体系主要是由恩格斯构建的。②

2012年12月北京师范大学出版社出版了一套由袁贵仁和杨耕共同主编的马克思主义基础理论研究丛书。该套丛书包括以下著作。（1）袁贵仁的《马克思主义人学理论研究》立足于马克思主义人学理论研究前沿，在深入分析马克思主义经典文献的基础上，系统论述了马克思主义人学理论中关于人的属性、人的本质、人的主体性与主体间性、人的需要、人的价值、人的权利与义务、人的自由、人的全面发展以及民主、平等、公正等重要问题，对马克思主义人学理论的形成、发展、内涵、特质、方法论原则、社会意义等内容进行了全面阐释。（2）杨耕的《马克思主义历史观研究》以马克思历史观的基本观点为研究对象，以当代实践、科学和哲学本身的发展为基础，对“自然历史过程论”、历史决定论和意识反映论等已经成为“常识”的基本观点进行新的阐述；对实践是人的生存本体、社会生活的本质以及意识形态批判理论等过去被忽视、“遗忘”的基本观点进行深入探讨；对社会的自然与自然的社会、“从后思索”、时间是人的发展的空间等一些马克思有所论述、但未充分展开，同时又具有重大现实意义的观点，进行充分展开和详尽论证，建构了一个历史本体论、历史认识论和历史方法论三者统一的马克思主义历史观体系。（3）马俊峰编著的《马克思主义价值理论研究》共分八章，分别是：马克思主义价值理论的出发点、马克思主义价值理论的基本方法、马克思主义哲学视野中的价值与事实、价值的复杂多样的形态、价值意识的产生及其本质、价值观念的结构和历史变迁、价值评价及其基本形式、价值的创造与实现等内容。（4）丰子义的《马克思主义社会发展理论研究》在全面梳理马克思主义社会发展基本理论的基础上，深入阐述了现代社会发展的原因与条件、社会发展与结构转换、社会发展与社会运行方式的变革、社会发展与人的发展、社会发展与文化传统的调适、社会发展与人的发展等理论问题，构成了一个逻辑严谨、层次分明、由理论到实践的框架结构，既是文本依据和理论来源的挖掘和深化，也是现实问题的关注和拓展，为深入研究马克思主义社会发展理论提供了一种全面的视角。（5）刘放桐的《马克思主义哲学基础理论研究：马克思主义哲学与现代西方哲学研究》运用比较研究的方法，系统阐述了马克思主义哲学与现代西方哲学的核心内容和理论旨趣。（6）俞吾金的《马克思主义认识论研究》探讨了以实践为基础的马克思主义认识论。（7）王南湜编著的《马克思主义哲学中国化的历程及其规律研究》。（8）孙正聿的《马克思主义辩证法研究》。（9）吴晓明、陈立新的《马克思主义本体论研究》。（10）胡长栓等人的《马克思主义文化理论研究》。

2012年10月新星出版社还出版了由庄福龄主编，十位最具影响力的马克思主义理论家联手撰写的《为什么马克思在中国能成功》，该书明确解答当今社会矛盾最突出、人民群众最关心的十大问题，对马克思的公正观、人权观、阶级观、道德观、民主观等的中国化实践进行了详细讲解和充分的论证。

郝立新指出，历史唯物主义的本质存在于其理论特有的“历史”之维和“现实”之维当中。历史唯物主义的理论前提是被改造过的“唯物主义”和“辩证方法”，即以实践观为核心的新唯物主义和新辩证法。唯物史观是一个具有多层次、多维度的理论整体。它本质上是社会历史哲学，但其现实形态却又与社会历史科学有机结合；它是社会历史本体论、社会历史认识论、社会历史辩证法、社会历史价值论的有机统一。历史唯物主义既有经典形态，又有发展形态。我们应该在特定的历史和现实坐标下来把握历史唯物主义的精髓。③

张曙光提出了当代唯物史观研究中的五个问题：现代国家的管理和社会的自治；人的自由全面发展与人的有限发展；经济、技术发展与文化发展的矛盾；自然界能否当作社会历史的范畴；关于普世价值。[④]

魏小萍以马克思和恩格斯文本为基础，借助于《马克思恩格斯全集》历史考证版提供的最新文本文献资料，结合当时的历史语境，对马克思和恩格斯新历史观进行了解读，分析了这一新历史观所包含的基本要素及其相互关联性。这一方面有助于克服那种将唯物史观中的“物”理解为不包含人的因素的“物”，而将人的因素排除在这一“物”的因素之外的机械的、教条式的解读方法；另一方面通过对人的意识内容的具体分析，能够更加全面地解读马克思对于人们的社会存在与人们的意识之间的相互关系的认识，同时从认识论和存在论两个意义上来分析社会历史进程中人的能动作用。[⑤]

梁树发指出，马克思主义发展史学科作为马克思主义理论学科下的独立二级学科，同其他学科一样，有其系统的确定的基础理论。可以从马克思主义发展的本质理论、条件理论、道路理论、主体理论、阶段理论、规律理论和研究方法七个方面，理解这一学科的基础理论，并对其进行初步探索。[⑥]

段忠桥总结了 20 世纪 80 年代以后英美马克思主义者形成的两个不同的研究趋向：一个趋向强调为社会主义的道德辩护，以分析的马克思主义者 G. A. 科亨和约翰·罗默为代表；另一个趋向强调应坚持社会主义必然性的信念，以辩证法的马克思主义者伯特尔·奥尔曼和市场社会主义者詹姆斯·劳勒为代表。[⑦]

二、创新时代观

2012 年，党的十八大顺利召开，这一年也是邓小平南方谈话 30 周年，学界极为重视，主要围绕着中国特色社会主义这一时代主题召开了一系列纪念和研讨会。马克思主义哲学创新为中国特色社会主义建设的顺利推进提供理论支持和引导。学者们对中国特色社会主义哲学基础与哲学创新问题的研究，成为当代马克思主义哲学研究的重要议题。

创新是社会进步的动力，是哲学社会科学、马克思主义的生命力。中国创新的目标与道路是什么？王东试图从世界历史高度与哲学深度，创造性地回答这个时代焦点问题。《中国创新论》一书分上下两篇，上篇提出了中国创新目标。通过宏观鸟瞰近代世界历史 500 年大国兴衰轨迹，该书提出中国改革开放新阶段、新目标，是开创人民主体、造福人民的中国特色社会主义市场经济的新道路、新模式，成为 21 世纪创新型国家。下篇提出中国创新必由之路是综合创新，为了实现这个宏大目标，必须走“古今中外，综合创新”大道，以中国特色社会主义市场经济与 21 世纪创新型国家的制度创新为主要支撑。建构“科技创新—文化创新—教育创新—哲学创新”的四轮驱动、综合创新机制。[⑧]

王伟光指出，推进哲学社会科学创新体系建设，实施哲学社会科学创新工程，开创有中国特色的哲学社会科学创新之路，是实现哲学社会科学大繁荣大发展的根本途径，是建设社会主义文化强国的有机组成，也是每一位哲学社会科学工作者的共同使命。推进哲学社会科学创新体系建设，要高度重视改革的顶层设计和统筹规划，系统推进各项创新子体系的协调发展，包括学术理论创新、方法和手段创新、体制机制创新、传播平台创新。哲学社会科学创新工程要以服务中国特色社会主义事业为导向，要以提升创新能力为目标，要以优化科研资源配置为基础。[⑨]

韩庆祥解读了十八大报告中的创新驱动发展战略，指出科技创新是提高社会生产力和综合国力的战略支撑，必须摆在国家发展全局的核心位置。要坚持走中国特色自主创新道路，以全球视野谋划和推动创新，提高原始创新、集成创新和引进消化吸收再创新能力，更加注重协同创新。深化科技体制改革，加快建设国家创新体系，着力构建以企业为主体、市场为导向、产学研相结合的技术创新体系。完善知识创新体系，实施国家科技重大专项，实施知识产权战略，把全社会智慧和力量凝聚到创新发展上来。[⑩]

秦宣指出，1992 年邓小平南方谈话深刻总结了中国改革开放和现代化建设的历史经验，对什么是马克思主义、怎样对待马克思主义，什么是社会主义、怎样建设社会主义，建设什么样的党、怎样建设党，实现什么样的发展、怎样发展等重大理论和实际问题，进行了认真的探索和回答，提出了一系列重要论断。这些论断进一步丰富和发展了中国特色社会主义，至今仍然具有重要的理论意义和现实意义。[⑪]

2012 年 11 月 6 日，由北京大学中国特色社会主义理论体系研究中心、马克思主义学院、马克思主义哲学研究中心、马克思主义文献研究中心、21 世纪哲学创新论坛共同主办的党的十八大理论创新学术研讨会，在北京举行。与会同志一致认为，党的十八大是在我国进入全面建成小康社会决定性阶段召开的一次十分重要的大会，学习贯彻党的十八大精神，要紧紧抓住坚持和发展中国特色社会主义这条主线，深刻领会中国特色社会主义是党和人民长期实践取得的根本成就，坚定我们的道路自信、理论自信、制度自信；深刻领会中国特色社会主义道路、理论体系、制度“三位一体”的关系，为夺取中国特色社会主义新胜利提供根本保障；深刻领会建设中国特色社会主义的总依据、总布局、总任务，把握中国特色社会主义的真谛和要义；深刻领会确保党始终成为中国特色社会主义事业的坚强领导核心，不断提高党的领导水平和执政水平。

由中国辩证唯物主义研究会、中央党校哲学教研部、中国社科院哲学所、中共深圳市委党校、北京大学哲学系联合主办的“马克思主义哲学与中国特色社会主义道路理论研讨会”，在深圳举行。王伟光、李德顺、庞元正、李晓兵、孙伟平、董振华、陈中立、王东、杨信礼等来自全国各地的百余名专家学者围绕如何运用马克思主义哲学基本立场观点方法研究中国特色社会主义重大理论和实践问题进行了深入研讨。

三、《资本论》哲学

马克思的文本研究继续深入开展，特别是《资本论》及其手稿，作为马克思一生最重要的著述，是诠释马克思思想最重要的文本依据。资本的全球化加速扩张态势，特别是近年来由西方资本主义国家引发的世界性经济危机，再次验证了马克思的《资本论》对资本主义批判的前瞻性及其对当代世界的解释力。“《资本论》及其手稿再研究”被《光明日报》评选为“2012年度中国十大学术热点”之一。⑫

在国际最具权威的《马克思恩格斯全集》“历史考证版”（MARX/ENGELS GESAMTAUSGABE）第二部分“《资本论》及其手稿卷”出齐的背景下，一场由北京大学马克思主义文献研究中心、哲学系主办的“《资本论》及其手稿再研究：文献、思想与当代性”学术研讨会于2012年12月31日在北京大学召开。来自哲学、经济学等学科，长期从事《资本论》翻译、编辑、教学和研究的专家学者30余人与会，从不同角度就相关问题进行了深入讨论。涉及的内容包括：MEGA“《资本论》及其手稿”研究的新进展（韩立新），MEGA编者的新认识、中文二版的相关编辑现状（徐洋），国外学者关于马克思《评李斯特》写作时间的文献学考证（鲁克俭），重新思考和梳理《资本论》的研究原则与基础文献（聂锦芳），关于MEGAIV/14卷关于1857—1858“危机编辑笔记”的研究论文（Atsushi Tamaoka，ChangAn Chen，刚刚获得“梁赞诺夫奖”），对布鲁诺鲍威尔重要文献《目前什么是批判的对象?》的分析和翻译（聂锦芳、李彬彬），从马克思主义史背景中看待《资本论》（安启念），《资本论》哲学思想研究的学术史清理（聂锦芳），以MEGA2为基础理解资本主义经济关系中的政治、哲学与伦理（魏小萍），从蒲鲁东对《什么是所有权》的主题和方法所作的说明理解“破坏是为了重新建设”（杨洪源），《资本论》中的亚里士多德（郗戈）。此外，学者们还认真讨论了马克思主义经济学的本质与理论框架（张宇）、《资本论》与唯物史观的关系（赵家祥、丰子义）、《资本论》哲学思想的重新解读（王东）、劳动价值论中的自然问题（韩立新）、资本占有剩余价值在什么意义上是不符合（或符合）正义的（孟捷）、马克思经济学本质观的哲学基础和当代价值（王峰明），资本主义研究在马克思社会形态理论中的地位（杨学功、席大民），从总体性视角看资本（彭宏伟）。

王东指出，“新唯物主义”是马克思本人对自己哲学的科学命名，意在强调这里不仅有超越唯心主义的一般唯物主义基本原理，而且更有超越旧唯物主义的重大创新，可视为马克思主义哲学的本名——本来名称。马克思是新唯物论——辩证唯物主义奠基人，他写出《辩证法》的构想蕴含在《资本论》逻辑中，其晚年仍守望着写出《辩证法》的哲学创新梦。不能割裂辩证唯物论、历史唯物论、实践唯物论——三位一体的一块整钢。⑬

顾海良认为，《政治经济学批判（1857—1858年手稿）》是马克思自1843年之后15年间经济学研究的结晶，实现了马克思经济学从对现存的经济学理论批判为主的研究向以经济学体系构建为主的理论叙述的转变，第一次对劳动价值论、剩余价值论和资本主义经济运动趋势理论作了较为系统的论述，因而，《手稿》是继《共产党宣言》之后马克思思想发展的重要路标，也是马克思向《资本论》进展的思想驿站。⑭

王峰明探讨了《资本论》与历史唯物主义的关系，指出马克思主义政治经济学与马克思主义哲学是一个彼此交融不可分割的统一整体。从商品价值理论来看，交换价值是马克思经济思想与西方主流经济学的分岔点，后者由此出发走向表层的价格分析和价格建模，而马克思则走向深处的价值阐释，多层次多方面地揭示和展现了商品价值的本质规定，从而创立了科学形态的劳动价值论。在此过程中，历史唯物主义的“唯物”原则、“历史”原则和“价值”原则发挥了重要的哲学方法论作用，也成为进入马克思主义政治经济学理论大厦的不二法门。⑮

仰海峰指出，从哲学、政治经济学与社会主义思想三者之间的内在关系出发，马克思思想的内核是资本逻辑批判。在此基础上，形而上学批判、资本逻辑批判、社会与人的自由发展构成了其理论的逻辑构架。它们之间具有内在的同构关系。这是我们今天重新思考马克思思想、并从马克思走向当代的理论基础。⑯

关于《1844年经济学哲学手稿》（以下简称《手稿》），与流行观点认为的《手稿》从费尔巴哈人本主义出发，其出发点是“理想的人”不同，王东和纳雪沙通过对文本的解读和马克思哲学创新道路的分析，指出《手稿》中的出发点不是什么理想或抽象的人，而是现实的、从事劳动实践活动的人。⑰

安启念探讨了《德意志意识形态》费尔巴哈章中马克思恩格斯阐发的唯物史观思想，指出其与我们通常对唯物史观的理解基本一致但又有所不同，这是一种最终用物质生产活动解释历史的理论。强调物质生产活动在社会历史中以及在唯物史观中的重要意义是马克思恩格斯的基本思想。[18]

聂锦芳发表了一部较有分量的学术专著《批判与建构：〈德意志意识形态〉文本学研究》。该书依据《德意志意识形态》原始手稿、新的《马克思恩格斯全集》历史考证版（MEGA2）编辑的最新进展和研究动态，从文献学的角度，对这一文本的产生背景、写作过程、版本渊流进行了翔实的梳理和考证；对学界研究非常薄弱而又占全书绝大部分篇幅的第一卷中的《圣麦克斯》、《圣布鲁诺》部分以及第二卷进行了详尽的释读；对过去相对来说较为熟悉的《费尔巴哈》章的内容重新进行了认真的辨析；对其中各章节关涉到的重要问题和思想一一进行了深入的讨论，从总体上重构了整部文本的理论视界和逻辑架构，阐明其现实价值与意义，予以客观的历史定位。[19]

四、发展观

科学发展问题是近几年来国内理论界研究的热点问题之一。学界对这一研究热点作了更为深入和广泛的推进。

由北京市社会科学界联合会、北京大学、清华大学等联合举办了“马克思主义中国化论坛·2012”，以“科学发展观与当代中国”为主题探讨了科学发展观与马克思主义世界观和方法论、中国特色社会主义理论体系的关系。大家认为科学发展观是中国特色社会主义理论体系的最新成果。科学发展观是我国经济社会发展的重要指导方针，是发展中国特色社会主义必须坚持和贯彻的重大战略思想。

丰子义探讨了全球化对各个国家社会发展产生的重大影响，指出全球化在各个国家的实际发展进程中主要扮演着这样一些“角色”：一是作为时代背景的全球化，二是作为社会发展内在要素的全球化，三是作为发展工具、手段的全球化，四是作为发展“问题”的全球化。全球化对于社会发展的影响主要是引起了发展的内外因关系、时空关系、顺序性与跨越性关系、虚拟与现实关系、分化与融合关系的深刻变化。要在全球化进程中寻求健康的发展，必须注意全球化的合理引导，坚持发展的自主性，正确选择发展的路径。[20]

庞元正指出，无论是发展中国家还是发达国家，发展都面临着严峻的挑战，传统发展模式造成的弊端暴露无遗，全球性风险与日俱增，国际社会对新的发展模式的探讨蓬勃兴起，能否实现科学发展日益成为当今世界的核心问题。具有中国特色的科学发展观，是我国应对全球风险社会来临的必然要求。发展是第一要义，实质上强调经济发展是第一要义。坚持发展，离不开经济、政治、文化、生态文明的共同发展。立足社会主义初级阶段的实际，是提出“发展是第一要义”论断的中国国情依据。唯物史观的生产力理论、社会形态理论和唯物主义的思想路线，是提出“发展是第一要义”论断的马克思主义哲学依据。[21]

杨金海指出，应该更加准确地认识科学发展观的历史地位和指导意义，更加全面总结科学发展观的成果和经验：（1）深刻地改变了我们的发展理念；（2）极大地转变了我们的发展方式；（3）进一步完善了我们的发展体制；（4）大大拓宽了我们的发展道路。[22]

五、文化观

文化建设是中国特色社会主义事业总体布局的重要组成部分，党的十八大提出推进社会主义文化强国建设的奋斗目标，表明我们党高度的文化自觉和文化自信。2012年还是毛泽东同志《在延安文艺座谈会上的讲话》发表70周年。学界主要围绕着文化自觉问题、如何进行文化建设等问题进行了深入的研讨。

郭湛认为，真正的文化自觉是真正的文化自信的根基。在我们对文化自觉状况的反思中，关于文化的理解、持守和创优的问题，尤其需要在理论上予以关注，在实践中加以解决。文化的进步是一个不断创优的过程。中华文化要在当代获得真正意义上的复兴，就必须发扬这种文化的创优精神。[23]

郭建宁探讨了建设文化强国的战略意义、总体思路和具体路径。指出建设社会主义文化强国必须坚持以下几个方面：以科学发展为主、以建设社会主义核心价值体系为根本任务、以满足人民精神文化需求为出发点和落脚点、以改革创新为动力。为此需要在以下几个方面着力：形成与我国国际地位相对称的文化软实力，提高中华文化的国际影响力；坚持文化传承创新，在弘扬中华优秀传统文化的基础上创造出中华文化新的辉煌；着眼于提高民族素质和塑造高尚人格，建设社会主义主流价值文化。[24]

邹广文指出，文化自觉作为一个民族文化发展的内在要求，它是从一定的文化理想出发对现实文化实践的理性认识和全方位审视，是对自身民族文化传统的自觉反思和对新文化的主动建构。从这一价值诉求来看，对于社会发展及社会生活的自觉、对于民族文化传统的自觉和对于个体文化认同的自觉（主体自我意识）构成了文化自觉的三重基本意蕴。“文化中国”是中国着眼于和谐社会建设、提升国际竞争力以及全民族人文素养所实施的文化发展战略。“文化中国”作为建设社会主义文化强国的远景，是一个正在“生成”的、面向未来的、在全球文化的交互激荡中逐步形成的过程。建设“文化中国”的价值诉求具体体现在：要注意开掘新文化创造的生命力，加强中华民族文化传统的自觉认同，注重公民健康人格和现代人文素养的生成，坚守全社会民主公正信念，培育现代生态文明观念。[25]

程恩富与冯颜利提出，社会主义核心价值体系是社会主义意识形态的本质体现，以社会主义核心价值体系引领我国文化的大发展大繁荣是社会主义核心价值体系建设与我国文化大发展大繁荣共同面临的重大任务。[26]

六、价值观

普世价值问题与社会主义核心价值体系问题，仍然是目前我国理论界研究的热点和焦点问题。学者们主要围绕着如何界定普世价值，现代价值的任务，如何建设社会主义核心价值体系等问题展开了深入探讨。

陈先达认为，核心价值是社会制度的本质和处于统治地位群体利益的价值体现。在阶级社会，核心价值具有鲜明的阶级性和历史性。社会主义核心价值反映社会主义制度的本质和人民的根本利益。在价值观建设中，应该高扬核心价值，夯实群众性的思想道德基础。社会主义核心价值的落实离不开群众性的思想道德水平，群众的思想道德教育应以核心价值为引导。[27]

韩震指出，社会主义核心价值观是社会主义核心价值体系的内在实质，其基本原则有：核心价值观是意识形态的精髓，它必须是国家社会制度价值取向的体现；必须是真正目标性、理念性的价值观，而不能是工具性、手段性的价值观；必须是基本性的、持久性的价值观，而不能是次生性的、短暂性的价值观；必须是更具解释力的价值观，而不能是包含在其他价值观中的价值观；必须是具有一定的超越性的理念，可以凝聚人心、振作精神、引领方向，具有强大的精神感召力；必须是代表历史前进方向的和具有世界意义的理念，可以吸引全人类的认同和向往。“民主、公正、和谐”体现了中国特色社会主义的核心价值追求。[28]

李德顺认为，当前中国价值论研究必须超越“西化和反西化情结”的纠缠，摆脱文化侏儒心态，独立思考，形成属于当代中国自己的学说话语；而中国特色价值学说的形成，应在“关系—实验”说基础上，运用主体性观念与主体性方法分析和反思价值领域中的一切问题并且研究者应有科学精神，保持适当“价值中立”，担负起构建合理健康的价值观念的使命。[29]

李士坤指出，价值观是意识形态的本质，我国意识形态建设本质上就是社会主义核心价值体系建设。在市场经济条件下，价值取向多样化不可避免；社会主义意识形态与资本主义意识形态之间的斗争，本质上是两种价值体系的斗争，社会主义核心价值体系就是基于这种状况而提出的。弄清社会主义核心价值体系的性质及其时空制约性，是搞好社会主义核心价值体系建设的必要前提，只有在这个前提下，才能在意识形态建设中正确解决既坚持马克思主义的指导地位，又实行尊重多样、包容开放的方针。[30]

此外，“全球化与变化中的价值观”国际学术会议于2012年11月2日在北京师范大学召开。会议由北京师范大学哲学与社会学学院、教育部人文社会科学重点研究基地“价值与文化研究中心”、“985工程”哲学社会科学创新基地“价值观与民族精神”联合主办。[31]2012年3月29日，由中国社会科学网主办的“社会主义核心价值观”专家研讨会在京举行。与会学者围绕社会主义核心价值观如何提炼、社会主义核心价值观概述语如何表述、提炼社会主义核心价值观的方法论及原则等问题，进行了广泛交流和深入研讨。

综上可知，2012年北京的马克思主义哲学界在理论创新上取得了丰硕的成果，为中国特色社会主义的新道路、新模式，为中国成为21世纪创新型国家进一步开掘了重要的理论前提和哲学基础。

注：

①黄枬森、韦建桦：《关于哲学的十个问题》，《马克思主义与现实》，2012年第6期。

②黄枬森：《马克思和恩格斯创立辩证唯物主义世界观的过程》，《毛泽东邓小平理论研究》，2012年第2期。

③郝立新：《历史唯物主义的理论本质和发展形态》，《中国社会科学》，2012年第3期。

④张曙光：《当代唯物史观研究中的五问题》，《哲学研究》，2012年第8期。

⑤魏小萍：《对马克思和恩格斯新历史观的解读——以历史考证版为基础》，《清华大学学报》（哲学社会科学版），2012年第3期。

⑥梁树发：《马克思主义发展史的基础理论》，《思想理论教育导刊》，2012年第7期。

⑦段忠桥：《当代英美社会主义研究的两个趋向》，《科学社会主义》，2012年第3期。

⑧王东：《中国创新论》，光明日报出版社2012年版；《中国何以成为21世纪创新型国家——中国特色公平正义创新之道》，《学术界》，2012年第7期；《哲学创新的七大课题与历史使命——十八大精神、理论创新、哲学意义》，《理论视野》，2012年第12期。

⑨王伟光：《开创有中国特色的哲学社会科学创新之路》，《学术界》，2012年第1期。

⑩韩庆祥：《创新驱动，构建国家发展的战略支点》，《兵团建设》，2012年第11期（下）。

⑪秦宣：《邓小平南方谈话对四个基本问题的探索和回答》，《科学社会主义》，2012年第1期。

⑫《2012年度中国十大学术热点》，《光明日报》，2013年1月8日。

⑬王东：《马克思是辩证唯物主义奠基人——写

出〈辩证法〉是马克思毕生哲学创新梦》,《毛泽东邓小平理论研究》,2012年第3期。

⑭顾海良:《通向〈资本论〉的思想驿站——读〈政治经济学批判(1857—1858年手稿)〉》,《高校理论战线》,2012年第3期。

⑮王峰明:《历史唯物主义的方法论意义——以政治经济学的价值理论为例》,《教学与研究》,2012年第1期。

⑯仰海峰:《马克思思想的理论内核与逻辑构架》,《高校理论战线》,2012年第2期。

⑰王东、纳雪沙:《〈1844年经济学哲学手稿〉的出发点新探》,《江汉论坛》,2012年第2期。

⑱安启念:《重释马克思恩格斯的唯物史观思想——以〈德意志意识形态〉费尔巴哈章为视角》,《北京行政学院学报》,2012年第6期。

⑲聂锦芳:《批判与建构:〈德意志意识形态〉文本学研究》,人民出版社2012年版。

⑳丰子义:《全球化与当代社会发展新变化》,《高校理论战线》,2012年第8期。

㉑庞元正:《从全人类的高度认识科学发展问题——论科学发展观提出的国际背景》,《毛泽东邓小平理论研究》,2012年第1期;《发展是第一要义的哲学依据》,《中共中央党校学报》,2012年第2期。

㉒杨金海:《科学发展观的理论和实践成果》,《前线》,2012年第10期。

㉓郭湛:《文化自觉:理解、持守与创优》,《理论视野》,2012年第9期。

㉔郭建宁:《文化强国的战略意义与实现路径》,《学校党建与思想教育》,2012年第3期;《培育核心价值观促进文化大发展大繁荣》,《思想政治工作研究》,2012年第12期。

㉕邹广文:《论文化自觉的三重意蕴》,《中国特色社会主义研究》,2012年第2期;《建设“文化中国”的几点思考》,《中国特色社会主义研究》,2012年第6期。

㉖程恩富、冯颜利:《以社会主义核心价值体系引领我国文化大发展大繁荣》,《学习论坛》,2012年第8期。

㉗陈先达:《论核心价值的社会制度本质》,《中国特色社会主义研究》,2012年第5期。

㉘韩震:《“民主、公正、和谐”体现了社会主义的核心价值追求》,《红旗文稿》,2012年第6期。

㉙李德顺:《价值论研究的几个疑点辨析》,《吉首大学学报》,2012年第5期。

㉚李士坤:《社会主义核心价值体系与我国的意识形态建设》,《毛泽东邓小平理论研究》,2012年第4期。

㉛郑伟:《“全球化与变化中的价值观”国际学术会议综述》,《哲学动态》,2012年第12期。

(作者:王东,北京大学教授;
王晓红,中央民族大学讲师)

中国哲学

王威威

2012年北京地区的中国哲学研究取得了丰硕的研究成果,也呈现出一些值得关注的发展趋势。从研究对象来看,作为一直以来中国哲学研究重心的儒学仍受重视,道家哲学的研究成果十分丰富,其他各家哲学的研究仍然很少,但关于法家的研究成果有所增加,近现代哲学研究成果减少。从研究思路和方法来看,研究中国古代哲学的现代意义的成果增多,反映出研究者们重现实的转向。从中国哲学的概念和问题来看,“心”“性”“情”受到研究者的重视,政治哲学问题得到关注。现从中国哲学通论、儒学通论、先秦儒学、道家哲学、法家及魏晋玄学、宋代哲学、明清哲学等方面对代表性成果(仅限论文)作一综述。

一、中国哲学通论

中国哲学通论包括国学的价值和精神研究、中国哲学研究方法和中国哲学概念的阐释等方面。

李中华认为,国学的“核心价值和基本精神”应具有普遍适用性、理论性的概括高度并符合哲学原理、契合人类文明健康发展的实践性品格。依此标准,国学的核心价值和基本精神主要体现在:普世关怀的人文精神,“天人合一”的思维方式,“和而不同”的共生哲学,“趋时求变”的“日新”理念,“夕惕若厉”的忧患意识。①

王中江探讨了如何整体和宏观地把握出土文献对古代中国哲学和思想世界带来的改变问题。他认为,《太一生水》《恒先》《凡物流形》等文献为重新认识古代宇宙生成论带来了新的刺激;《鲁邦大旱》《鬼神之明》《三德》等文献展现出在周秦时代人文意识、人事作用扩大的背景下,此前的宗教信仰和祭祀礼仪以新面貌表现出来的情形;《性自命出》《五行》《穷达以时》等文献反映出思想家通过“内外”“身心”“天人”等关系建立德性伦理的过程和方式;《黄帝四经》《为吏之道》《唐虞之道》《从政》等文献呈现出公共理性和制度规范方面的新内容。[2]

李翔海提出“通古今之变，融中西之学，究天人之际”是21世纪中国哲学新展开的三重维度。“通古今之变”是改变从时代性维度评判中国哲学的偏颇，以实现传统与现代的对接；“融中西之学”是在民族文化精神的基础上，以开放的心态吸收外来文化，以实现中西哲学的平等对话和深度融合；“究天人之际”指确立能够安顿现代中国人生命意义的终极关怀价值系统。这三重维度的展开体现出寻求中国哲学新综合与新创造的努力。[3]

陈静辨析了中文背景下“自由”含义的古今差别。东汉末郑玄注《礼记》三次用到“自由”。“自由”最初在中文里的基本含义是行为举止上的“自己做主”，能否“自己做主”的界限在礼义制度的规定。“自由”是个人在人际之外、制度之外、规矩之外的自得自在。“自由”与制度相互外在的关系，使“自由”与制度相互反对，一旦涉及制度，“自由”的贬义化几乎成为必然。到了近代，由于严复等人的努力，中文的“自由”蕴含了“权利”的含义，蕴含了在社会生活中划分人与人之间权利界限的含义。“自由”语义的古今差别，以观念的形态反映出两种不同的社会形态和制度环境的差别。[4]

二、儒学通论

儒学通论包括儒学概念、命题、思想的阐释及儒学的现代意义等方面，其中，儒家的“天人合一”观念仍是最富吸引力的研究对象。

汤一介探讨了“普遍价值”的问题。他认为，西方的“普遍主义”者所宣扬的价值观与“普遍价值”根本不同。同为人类，必然会遇到并且要共同解决的问题，各种不同文化中都会有对解决这些问题有价值的思想资源，这些思想资源就具有“普遍价值”的意义。儒家的“和而不同”“天人合一”“克己复礼”均具有“普遍价值”的意义。[5]汤先生还阐发了儒家的“礼法”合治思想及其现代意义。“礼法”从一定意义上说包含“礼”和“法”。二者从制度上说是两套，功能不同，但有着互补的相连关系，从精神上说是一贯的，“礼法合治”应是维系中国古代社会的根本制度。当今社会乱象环生，不仅是“犯法”的问题，而且是“礼”丧失殆尽。因此，我们可以建立一种“传承创新”的“礼”的制度，使“礼”与“法”有机结合。[6]

章启群梳理了儒家“天人合一”思想的发展线索。他提出，上古人们对天地、祖先的崇拜，演进为对天命的认同和敬畏；而天命思想在殷商时代渐渐浸人“德”的内涵，周人强化了“天命”与“德”的一致性，将之明确为“以德配天”的思想；子思、孟子进一步将天道与人道一以贯之，开启了宋明道学天理与人性统一的先河。董仲舒的“天人感应”中的“天”，不仅是类似上帝的最高神，而且与人从肉体到精神都有某种程度的同构。然而，在董仲舒的天人结构中，又提出必须依照天理调整人欲，人的情感和欲望必须与天理相合。这一思想与孟子、宋明诸子确有本质上的相通之处。[7]

郝海燕认为，儒家“天人合一”的“天”并非都指自然界，“人”也并非主要指全人类，“合”并非主要指“和谐”，“天人合一”并未从根本上解释人与自然的和谐问题。“天人合一”虽包含珍爱自然万物的因素，但主要目的是用“天”来为封建君主专制、伦理纲常、人格理想等作辩护，以求得天道与王道、人伦、人性、圣人等的“合一”。儒家的“仁民爱物”“民胞物与”“和乐自然”“节用时禁”“裁成辅相”“参赞化育”等思想为生态环境保护提供了有益的思想资源，但这些思想服从于“天人合一”的总原则，而“天人合一”在解释人与自然关系时有许多困境，因而从儒家的“天人合一”出发不可能达到人与自然的和谐。[8]

王楷提出了“仁者自爱”的问题。他认为，如果单纯强调“仁者爱人”的“为他”向度，仁道可能沦为对行动者缺乏积极价值关怀的片面的自我否定。因而，在“为他”的深处还要体认到“为己”，而“为己”的实质在于行动者道德生命的自我实现，这是儒家“仁者自爱”观念的基本内涵。只有在仁者自爱的基础上，仁者爱人方能成为出于行动者自律的道德实践，“爱人”因而不再是单向度的“为人”而具有“为己”的性质，从而扬弃了道德规范的外在性和异己性，这是孔子“仁者安仁”思想的逻辑基础。[9]

彭永捷认为，古代中国与古希腊一样，重视政治正义并将其作为政治的基本原则。在中国古代政治语汇中，相当于“正义”的是“中”。儒家秉承“中”的指导思想，通过重申周代的礼乐文明来维护“分配正义”，并从中提炼出“仁”的精神，从“仁”的精神内核出发，秉持民本立场，来调和、解决周礼所不及的君民之间的“校正正义”，从而形成了中国政治正义的基本立场和思想。[10]

韩星探讨了儒家的教化思想及其对现代社会治理的意义。他认为，教化是儒家政治文化的轴心，是维护社会秩序的基本途径和方法。儒家教化主要从道德教化、礼乐教化和宗教教化三个维度展开，在此基础上形成了教化与富裕、道德教化与政令刑法、礼教与刑罚的多维结构。当今中国社会治理危机的根本原因是有治无教，因此，应复兴儒家礼治模式，与德治、法治相结合，以形成新的综合社会治理模式。[11]

三、先秦儒学

在先秦儒学研究中，孔子思想的研究仍是重点，孔子与经典的关系备受关注，简帛儒家文献仍是研究热点。

（一）孔子思想研究

黄克剑分析了《论语·述而》“游于艺”的意义。他认为，联系“志于道，据于德，依于仁”，孔子的道、德，经由仁的点化，“游于艺”也笼罩于所谓“依于仁”。因而，“游于艺”之所“游”不能游离于“仁”，其所游之“艺”应不以礼、乐、射、御、书、数之才技为追求，而以探究《诗》《书》《礼》《乐》《易》《春秋》中的人文蕴蓄为旨归。联系《述而》全篇和《论语》二十篇，无一处文字可佐证“游于艺”之“艺”为射、御等“六艺”，亦无一处文字可反证“游于艺”之“艺”不是《诗》《书》等“六艺”。[12]

王利刚分析了《论语》中的“兴”义。在孔子看来，“兴”是《诗》具有修身成仁作用的高度提炼。“兴”是要将人心中有利于达到仁的境界的“真性情”彰显出来，将仁的基础建立在人内在的“真性情”上，唤起个体向善成仁的主动与自觉，而不是使之成为外在的、强加于人的规范。“兴”必有所兴之物，而这种在学《诗》的基础上所兴起的，是人人具备的真性情、真情感，具体到孔子修身成仁的教化中指有利于成仁的“诚”和“直”等品质。[13]

“亲亲相隐”的问题曾引发很多争论。梁涛认为，围绕“仁”与“孝”，儒家可分为重孝派和重仁派，前者以孝为最高原则，后者视孝为仁的起点和根基。孔子提倡孝，但又主张孝要上升为仁，因此并不主张为亲情牺牲道义。孔子讲“父为子隐，子为父隐，直在其中矣”，其中的“直”是率真、率直之直，不是公正、正直之直。为了维护社会道义，曾子一派提出“隐而任之，如从己起”，要子女代父受过以维护亲亲与道义的统一。子思一派的《五行》则将隐匿的范围限定在“小而隐者”。孟子“窃负而逃”的情节是为了展示亲情与道义相冲突的文学设计，不可落在实处进行简单的批判或辩护。且孟子让舜下令逮捕自己的父亲以及“弃天下”，是对道义、法律的尊重，是“隐而任之”的表现。但这一设计不具有可操作性，实际上又为“刑不上王父”提供了法理依据。从这一点看，子思的观点可能更值得关注，更有时代进步的意义。[14]

（二）简帛儒家文献研究

晁福林以上博简《缁衣》和今本《缁衣》为依据，分析了孔子“君民同构”的政治哲学命题。他认为，简本与今本《缁衣》相比，简本强调君民一体与和谐，今本多讲君民差异，强调民对于君的服从。简本所反映的孔子关于君民关系的理念是君民的密不可分，强调二者的一致性。简本《缁衣》比较接近于孔子思想。孔子以后，由于社会政治局面的变化，尤其是战国后期中央集权君主专制的形成，七十子之学就不再提君民同构之说，或只是作为君主爱民说的佐证偶尔提及。[15]

孟庆楠以简帛《五行》为中心，探讨了德的内外之分及内外的关联问题。他认为，《五行》开篇区分“德之行”与“行”，来强调德的内在向度的重要性。“德之行”呈现于内的正是以情感为代表的各种内心活动。而《五行》经、说关于慎独的讨论，进一步阐发了德的内在情感与外在行为之间的关系。内心的情感因素被规定为外在行为的依据。《五行》强调不能一味追求德行或仪式的外在形式，同时也没有排斥或贬低外在形式。[16]

匡钊探讨了《性自命出》中“道四术”的问题。他认为，《性自命出》从“道四术”的角度，揭示出孔子后学对孔子所提出的“博文”“约礼”“自省”等修身进路的继承与拓展。结合《大学》《中庸》等传世文献来看，孔子后学同时关注三条修身进路：“心术”或精神修炼、《诗》《书》之术或经典学习以及礼乐之术。“心术”在三条进路中被认为最为重要，《诗》《书》之术和礼乐之术的具体实践过程都离不开“心”的作用。[17]

四、道家哲学

老子和庄子的哲学思想仍是道家哲学研究的重点。黄老学研究成果有所增加，包括黄老与道家的关系研究及黄老与名、法的关系研究等。亦有对道家哲学重要概念、命题、思想发展过程的整体研究。

（一）老子哲学研究

《老子》第一章的解读依然被重视。黄克剑认为，老子遭逢春秋末季“文敝”的现实而从终极处反省人为之“文”对于人生及天地万物的意义，其“恒道”的提出在于导示世人弃“文”复“朴”。言说是人为之“文”的一种，与朴壹的自然之“道”不相应，这就是“道，可道也，非恒道也”。与“道”之“无名”相应的是“道”之“恒无欲”；与“道”之“有名”相应的是道之“恒有欲”。“恒有欲”在于对万物的生、畜、长、育、毒、养、覆，体现了“道”在究竟处的无欲。“道”在对万物的成全中恒常显现，而“道”之显现的深眇终在于其“恒无欲”。“道”之所“导”无所谋取和执着，即“恒无欲”而“无名”，但其确有所“导”而不间断，又可谓之“恒有欲”而未始不“有名”。“无”与“有”同出于“道”之所导，名虽相异，却相即于一。[18]

《老子》第四十二章历来有不同的解读，林光华以《淮南子》、河上公的宇宙论解释，庄子、王弼的语言论解释和牟宗三的境界论解释为例，剖析了三种解释之得失。她认为，老子讲“道”是为了论说君王治国的道理，其关注点不在宇宙的创生过程和构成模式上。河上公的问题意识主要在于养生处世，而不在于天道自然。王弼的问题意识在于破除汉代烦琐的注经方法，建构新的解释模式。牟宗三的问题意识在于“道”的呈现方式。深入了解不同思想者、注释者的问题意识，是回到经典原意的必经之路，亦可避免“跨文本诠释”的方法可能带来的误读。[19]

老子的“心”论成为重要的研究课题。匡钊、王中江认为，在《老子》中，“心”与赤子形象密切关联，而“心”虚静朴弱的本质和无欲无知的特性，以及与“道”“德”的关系，均由此得以揭示。“心”的观念也渗透到老子对政治治理和个人修养问题的思考中：在政治治理中，圣人之心与百姓之心的关系正如“道”与“自然”的关系；在个人修养中，普通人经由“抱一”“抟气”等心之修炼工夫可达到赤子般的精神境界。[20]

（二）庄子哲学研究

陈霞分析了庄子之“忘”的意义。她认为，庄子之“忘”首先始于“物”，即从“物”的束缚中超脱出来；其次，忘掉道德上的各种规定，从社会关系和礼乐文明中解脱出来；再次，从对知识的追求中超脱出来，不再怀有非誉巧拙、是非真假的评判；最后，忘掉自我，忘记身心。庄子之“忘”依次从占有物质、获取知识、追求道德、执着自我中超越出来，最后，将“忘”也忘掉，从而达到最高的“忘”。这个遗忘一切的“自适”的“适者”，是一个重新塑造的自由的自我。[21]

王玉彬探讨了庄子的“是非”问题。他认为，“百家争鸣”是庄子反思“是非”的思想背景，“是非无定”以及“成心”是产生“是非之争”的直接原因。“是非之争”会异化个体的心灵，扰乱社会价值，又是“道之所以亏”的最大诱因。因此，庄子提出“以明”“以道”的方法，从心灵和天道两个方面观照外物，以消解“是非之争”对人、世、道的伤害，从而超越“是非之争”，进入“理境”与“境界”相交融的“是非之境”。[22]

（三）黄老学研究

曹峰注意到从战国中晚期到汉初，在道家（黄老道家）及与道家有关的法家、名家著作中，“名”“法”并举的现象格外普遍。他认为，这是法思想和名思想发展到一定程度的产物，也是君主专制制度发展的要求。与君主专制体制相应的，具有普遍性、绝对性意义的“法”诞生在战国中晚期，此前的法多被当作刑使用。“名”此前也仅是名称、名誉，名与法相并列而成为政治上最为重要的两个项目，是战国中期以后法思想、名思想相互利用相互结合的产物。黄老道家将政治中最重要的组成部分纳入其理论体系，形成了以“道”为首，以“名”“法”为用的思想格局。战国中晚期到汉初正是追求绝对君权的政治体制成长完善时期，“名”和“法”共同体现了为专制君主服务的带有普遍性、绝对性意义的法则、标准系统，两者在性质上类似，在机能上分工不同，可互相补充。[23]

李锐考察了黄老与道家的关系。他认为，汉人所谓的“道家”一类是包括黄老、《老莱子》在内的道家，这是当时人的通见；一类是兼综各家之长的道家，这可能只是司马氏父子等少数人的意见。黄老之学则有看重宗旨、学术渊源的“泛黄老”和重视师承渊源的真正的黄老学派。讲学术师承渊源的黄老，其外延要小于汉代人的通见性的道家。这一派黄老著作以及《老莱子》，都被列入了《汉书·艺文志》道家类。而从宗旨、学术渊源而论的泛黄老，外延比汉代人的通见性的道家要大。这种可以包括申不害、韩非等的泛黄老，显然和司马谈的“道家”相应。[24]

（四）道家哲学概念、命题研究

王中江梳理了从老子到庄子和黄老的“德性”“人情”观念的演变线索。他指出，《老子》中没有“性”，但“德”有万物“各得其性”之意，还有养育万物之意。万物和百姓的“自然”即“自发活动”为“内在之德”驱动，但“德性”和“自然”的关系尚未“明朗化”。在《庄子》中，“德”被具体化并与“性”直接联系，“德性”的核心内容又与“自然”真实的“天（性）”相结合。黄老学的“德”包含事物各自的特性、君主的“为政之德”、同“刑”相对的“德”三个维度。黄老学罕言“性”而多从人的“自然欲望”之“人情”立论。这样，依法奖赏的“德”就同“人情”相统一。黄老学所说的“自然”即人的“自发性活动”也为“人情”所驱动。据此，黄老学的无为和法治，从内面性上说是因循“人情”，从外在表现说是因循人的“自然”。[25]

蒋重跃认为，“道”的本义是道路，可指事物的由来或来历，即事物之所以然的原因。这说明道具有生成属性，也具有本体意义。从《庄子》《管子》《黄帝四经》《韩非子》和《易传》可知，战国中后期思想家已明确地用理指代物类的特点，确信理从道而生，系道在物上的具体化，道和理之间具有概念的种属关系。可见，先秦时期已开始在生成论中探寻本体意义，不必等待玄学或理学。[26]

在近年公布的出土文献中，《恒先》备受学界关注，其中“气是自生”的观点引起了广泛的讨论。曹峰认为，“气是自生”应在“自然”思想的大背景下考察。《恒先》上篇论述“恒莫生气”“气是自生、自作”，目的是导出下篇“自为”以及“因”之政治哲学的合理性。“气是自生自作”，气的生成物也都“自生自作”，从行为上讲是“自为”的，所以统治者在政治上必须“无为”。而主体的“无为”，又必然导致客体即万物、百姓的“自作”“自为”。这种对应关系与《老子》的“无为→自然”思路完全一致。因此，“气是自生”“恒莫生气”是一种“被选择”的宇宙论和动力因，目的是为政治哲学提供天道依据。我们无法断定《恒先》创作时尚未出现“以气释道”的观念和以阴阳和合解释万物生成的动力因，而只能说这些思想在《恒先》中不凸显，其原因很可能是不需要凸显。[27]

五、法家及魏晋玄学

（一）法家研究

法家是先秦诸子中的重要学派，但对法家的研究一直未能得到应有的重视，且许多偏见仍主导学术界。本年度法家研究有新的进展。

宋洪兵反思了现代学界将法家的“法治”定性为“专制”、“人治”和“刑治”的观点。他认为，就理论动机言，法家持有“法权”高于“君权”的思想，所谓法家“法治”学说“专制”论并无多少学理依据。深受西方政体理论濡染的现代中国学者，为了确证立宪政体的正当性，构筑了立法权“正本清源”的神话。在这一理论框架中，西方近代宪政受到青睐，法家有关“君臣上下贵贱皆从法”的理念却被刻意解读为不能“正本清源”的“人治”。法家所关心的“法”本质上是社会规则体系及其实现方法之总称，法家之“法治”实则依靠制订规则并最终确立规则来进行社会治理，因此，法家之“法治”并非单纯的“刑治”。[28]

葛荣晋、邱忠来认为，韩非以“自为”人性论为前提，提出以势为基础，以法治民、以术治吏的法、术、势三位一体的管理之道。这种管理之道实质上是一种制度化、有序化、规范化管理。韩非认为以仁义治国或贤德之人为管理者会破坏强调制度规范化、普遍统一性的以法治国的管理，实际上，以法治国的理论框架中可以包含甚至必须包含与法制精神一致的公共道德和个人德性，二者并非绝对对立的。[29]

《韩非子》的法观念与法律实证主义及自然法学说的关系已有很多学者讨论，但是，有学者认为包括《韩非子》在内的先秦法家接近于实证法，也有学者认为《韩非子》的法为自然法。刘亮认为，《韩非子》中法令因循道理自然的主张，与西方古代自然法学说设立高于人定法的自然正义有着显著差异。西方古代自然法学说的自然正义能够评判现行法是否具备法律效力，含有永恒不变的确切内容及固定的价值倾向，这些均是《韩非子》的道理自然学说所不具备的。[30]

（二）魏晋玄学研究

关于魏晋玄学的研究成果不多，主要集中于王弼和郭象。

王今一认为王弼的人性论是一种二元论，人性由道和气两部分构成。作为人存在的根据，道决定了人的本质；而气是人性构成的物质性因素。道性是王弼的本体论思想在人性论上的延续，气性则反映了魏晋玄学对汉代宇宙论的中心概念“气”的继承。王弼通过对道性与气性关系的论述，比汉儒更为合理地解释了善恶的来源问题，而他的人性二元区分也影响了宋明理学。[31]

田丰分析了郭象《庄子注》中的“理”。他认为，郭象的“理”一方面在很大程度上维系了“理”字的原初意义；另一方面也打上了魏晋玄学追求清通简要的烙印，这两种力量使郭象的思想呈现出某些疑难。体现为：世界丰富性层级的敉平造成政治根基的平板化；“理”与“性”、“气”的关系含混不清；“理”之必然应然间有巨大张力。[32]

六、宋代哲学

宋代哲学仍是备受关注的研究领域，研究成果十分丰富。具体来看，北宋儒学的研究成果较多，北宋儒学与道家、道教的关系成为研究热点。南宋儒学研究仍以朱熹哲学为主。

（一）北宋儒学研究

陈鼓应力图呈现出周敦颐源自道家的学术面貌和精神气度。他认为，北宋中期学派林立，而朱熹却将儒释道相互会通的宋学逐步塑造成儒学单一化的传承学谱。朱熹对“无极而太极”作出“无形而有理”的解释，将《太极图说》纳入理学范围，而在周敦颐的著作中，“理”不仅不是最高范畴，且在《太极图说》中，“理”并未出现，而“无极”却反复出现。此外，《周敦颐墓碣铭》本为了解周敦颐生平事迹的第一手重要资料，但其中记录周敦颐支持王安石变法和反映他道家生活情趣以及与佛道方外人士交往的事迹，被朱熹大量删除。历代学者对于经典的诠释也或多或少地掺杂己意，删改原典。周敦颐的面貌因此被扭曲。[33]

张广保阐明了道家、道教哲学与北宋儒学复兴的关系。他认为，北宋哲学的诸学派，包括北宋后期充当官学的荆公新学，在野之学如周敦颐的濂学、张载的关学、二程的洛学、三苏的蜀学及邵雍的易学先天学，其思想体系的建构均大量吸收了道家、道教思想。从宋学的整体来看，佛、道是宋学的重要组成部分。三教思想的融通促成了宋学的复兴，而宋学也正是一种三教思想混融之学。[34]

张立文阐述了三苏关于道、情、性的论辩，从三苏以人情为旨归的经典解释出发，通过六经的人情之辩、儒释道三教融突以及与后来朱熹的道性论辩之比较三方面凸显三苏的心性哲学。他认为，三苏面对心性理气的时代话题，为心性的性情之学寻找形上支持；其道、性、命、情、善融突而和合，构成了苏氏理论思维的逻辑系统；三苏之学虽杂于佛道，但仍归宗于儒家圣人之道。[35]

（二）朱熹哲学研究

向世陵探讨了朱熹的“心”论。他认为，朱熹“心统性情”的意义，在于解释由体至用、由本然至端绪的心性情之整体。心体的“自明”将真与善融为一体。从未发到已发，修养的水准最终影响心本体的存在价值。[36]朱熹采用“心统性情”的构架将本体与发用放在一心之发用流行中，心、善、仁就不能保证一致。要保证心之本体的发用端正不偏，“诚意”的功夫必不可少。持续的致知和操存功夫，是于一念之微觉察本体并发扬光大的必要条件。朱熹心论的目的，在于引出主体自身的存养状态并保持仁德不失，以便从实践中解决心与仁的一致性问题。[37]

杨立华认为，《太极图说解》中的体用、阴阳概念对于把握朱熹思想中的理气关系等问题有重要意义。朱熹讲太极即是理，则应是体，但又讲太极之体用，这是理论表述上的不得已。朱熹一贯主张无形体、无方所的理，总是顿放在气质当中，不存在独立的理本体。《太极图说解》中，“阳之动”对应用；“阴之静”对应体，体与用有先后关系，这只是从起处立言；实然世界里，动静无端，阴阳无始。仁义礼智是理，应是体而非用。但是，理必有气、理必有象，则仁义礼智亦有其相应之象，因而有了阴阳之分，体用的分别也随之产生。关于太极动静的问题，朱熹认为静使动成为可能，而动又是静的作用所在。关于理能否造作的问题，朱熹认为理并没有主动的创造性，创造性根源于气。[38]

七、明清哲学

在明清哲学研究中，王阳明、王夫之、黄宗羲、方以智是主要的研究对象。

陈来认为，王阳明的拔本塞源论主要就“私己之欲”“功利之毒”而发，而方法是学真正的圣人之学。学圣人之学，需了解“以天地万物为一体”的圣人之心和推广“仁者以天地万物为一体”的圣人之教。王阳明阐述安分勤业的思想，批判春秋战国的霸术和法家，认为霸术和法家是功利之学的代表。学习这些的人出仕后出于功利之心而不能安分守责。士大夫风气充满私智和功利，是败坏社会的主要痼症。[39]

罗安宪认为，程朱将“格物致知”解说为“格物穷理”，有将“理”与“心”分离的危险。陆象山和王阳明坚持“心即理”。陆象山的“心即理”是理不离心，“无心外之理”；王阳明更有“心即是理”的观点。与程朱不同，王阳明将“格物致知”解成“致知格物”，而“致知格物”就是“致良知”，就是“致吾心良知于事事物物”。阳明心学虽维护了“理”与“心”、“致知”与“格物”的一贯，却导致了“致知”先于“格物”这一不合《大学》所言序次的局面。[40]

张学智近年来致力于王夫之易学的研究。他认为，乾坤并建是王夫之解易的重要体例，也是他的哲学思想在易学上的体现。《周易外传》对乾坤并建的诠释集中在以下三方面：批判以邵雍为代表的象数学，以突出天地的本体地位和对万物的统领作用；阐发乾坤所代表的知与能、易与繁、纯与杂，以彰显乾坤在万物的存在和运动中的不同作用；主张太极有易以有于易，太极体现于万物之中，太极与万物是体用关系，以此拒斥道家的宇宙生成论。[41]王夫之根据乾坤并建之体的性质及体用一源的原理推论出阴阳十二位向背。他以此来批评象数学的机械排比和框定，并用事物的自然自足、自立自全来否定《序卦传》的三种卦序说，为自己的卦序说奠定基础。他欲证明的哲学原理是：显现有向背，阴阳无或缺；本体所有的性质与功能具于个体之中，个体因而具有主体性、能动性和自由地独立活动的品格。[42]

孙宝山认为，黄宗羲的学问在总体方向上坚持了王阳明“向内求理”的路径，但表现出淡化心体、强化工夫的倾向，纠正了阳明后学空想本体的流弊。他承接王阳明“心即理”的理路，从“理气合一”的高度强调心、性、情合一，强调“意”是未发的、不动的心体，将“意”与“良知”、“诚意”与“致良知”等同，纠正了王阳明将“意”等同于“念”而导致工夫支离的弊病，从而将阳明学与蕺山学的宗旨统一。[43]

周锋利认为，方以智提倡“实学”的根本目的是经世致用。在虚实关系上，方以智认为虚实本一致，二者可以相资为用。从实学的内涵来看，包括律历音韵、医药物理等“质测”之学和象数易学、性命之学等“通几”之论。方以智的“实学”是晚明社会文化思潮的产物，也是对桐城方氏崇实家风的继承和发扬。[44]

注：

①李中华：《国学的核心价值及其基本精神》，《党政干部学刊》，2012 年第 7 期。

②王中江：《出土简帛文献与古代思想世界新视野》，《学术月刊》，2012 年第 9、10 期。

③李翔海：《21 世纪中国哲学新开展的三重维度》，《学术月刊》，2012 年第 9 期。

④陈静：《自由的含义：中文背景下的古今差别》，《哲学研究》，2012 年第 11 期。

⑤汤一介：《论儒学与“普遍价值”问题》，《中国文化研究》，2012 年秋之卷。

⑥汤一介：《论儒家的“礼法合治”》，《北京大学学报》（哲学社会科学版），2012 年第 3 期。

⑦章启群：《“天人”如何“合一”？——用思想史的逻辑推演》，《哲学研究》，2012 年第 3 期。

⑧郝海燕：《儒家的“天人合一”与人和自然的和谐》，《哲学研究》，2012 年第 5 期。

⑨王楷：《仁者自爱：儒家传统的道德生命观及其哲学基础》，《孔子研究》，2012 年第 5 期。

⑩彭永捷：《原中——正义理论的一条进路》，《中国人民大学学报》，2012 年第 6 期。

⑪韩星：《寓治于教——儒家教化与社会治理》，《社会科学战线》，2012 年第 12 期。

⑫黄克剑：《〈论语·述而〉“游于艺”义趣辨正》，《哲学动态》，2012年第8期。

⑬王利刚：《“兴”，何所兴——〈论语〉文本中的“兴”义探析》，《北京师范大学学报》（社会科学版），2012年第4期。

⑭梁涛：《“亲亲相隐”与“隐而任之”》，《哲学研究》，2012年第10期。

⑮晁福林：《“君民同构”：孔子政治哲学的一个重要命题——上博简和郭店简〈缁衣〉篇的启示》，《哲学研究》，2012年第10期。

⑯孟庆楠：《德行内外——以简帛〈五行〉篇为中心》，《中国哲学史》，2012年第2期。

⑰匡钊：《简书〈性自命出〉中“道四术”探析》，《江汉论坛》，2012年第7期。

⑱黄克剑：《“有”、“无”之辨——〈老子〉第一章再读解》，《哲学研究》，2012年第7期。

⑲林光华：《〈老子〉第四十二章之解读及方法论初探》，《中国哲学史》，2012年第1期。

⑳匡钊、王中江：《道家“心”观念的初期形态——〈老子〉中的“心”发微》，《天津社会科学》，2012年第4期。

㉑陈霞：《“相忘”与“自适”——论庄子之“忘”》，《哲学研究》，2012年第8期。

㉒王玉彬：《庄子哲学的“是非之境”》，《人文杂志》，2012年第2期。

㉓曹峰：《战国秦汉时期“名”“法”对举思想现象研究》，《西北大学学报》（哲学社会科学版），2012年第6期。

㉔李锐：《道家与黄老辨义》，《中国哲学史》，2012年第1期。

㉕王中江：《早期道家的“德性论”和“人情论”——从老子到庄子和黄老》，《江南大学学报》（人文社会科学版），2012年第4期。

㉖蒋重跃：《道的生成属性及其本体化发展——先秦道论初探》，《南京大学学报》（哲学·人文科学·社会科学），2012年第4期。

㉗曹峰：《〈恒先〉的气论——一种新的万物生成动力模式》，《哲学研究》，2012年第5期。

㉘宋洪兵：《论法家“法治”学说的定性问题》，《哲学研究》，2012年第11期。

㉙葛荣晋、邱忠来：《“自为”人性论与规范化管理——韩非管理哲学探析》，《北京行政学院学报》，2012年第6期。

㉚刘亮：《西方古代自然法学说与〈韩非子〉思想之比较》，《齐鲁学刊》，2012年第5期。

㉛王今一：《道性与气性——王弼的人性二元论》，《社科纵横》，2012年第11期。

㉜田丰：《郭象“理”字探源》，《哲学分析》，2012年第6期。

㉝陈鼓应：《论周敦颐〈太极图说〉的道家学脉关系——兼论濂溪的道家生活情趣》，《哲学研究》，2012年第2期。

㉞张广保：《道家、道教哲学与北宋儒学的复兴》，陈鼓应主编，《道家文化研究》第二十六辑，生活·读者·新知三联书店2012年版。

㉟张立文：《三苏道情性话题的论辩》，《社会科学研究》，2012年第2期。

㊱向世陵：《论朱熹的“心之本体”与未发已发说》，《湖南大学学报》（社会科学版），2012年第1期。

㊲向世陵：《仁心、觉心与本心——朱熹心论三议》，《湖南大学学报》（社会科学版），2012年第6期。

㊳杨立华：《体用与阴阳：朱子〈太极图说解〉的本体论建构》，《哲学研究》，2012年第10期。

㊴陈来：《王阳明的拔本塞源论》，《学术界》，2012年第11期。

㊵罗安宪：《“格物致知”还是“致知格物”？——宋明理学对于“格物致知”的发挥与思想分歧》，《中国哲学史》，2012年第3期。

㊶张学智：《王夫之“乾坤并建”的诠释面向——以〈周易外传〉为中心》，《复旦学报》（社会科学版），2012年第4期。

㊷张学智：《王夫之“阴阳向背”说的本体意义》，《周易研究》，2012年第3期。

㊸孙宝山：《黄宗羲对阳明学的继承和调整》，《中州学刊》，2012年第4期。

㊹周锋利：《方以智“实学”观探微》，《中国哲学史》，2012年第2期。

（作者：华北电力大学副教授）

西方哲学

杜丽燕

一、学术活动

2012年4月6—8日，“启蒙的时代及其当代遗产”国际学术研讨会，在北京师范大学举行。此次会议由北京师范大学哲学与社会学学院、北京师范大学人文宗教高等研究院主办、北京师范大学价值与文化研究中心、牛津大学中国研究中心、伦敦大学国王学院中国研究所，以及伦敦大学国王学院神学与宗教学系协办。来自英、美、瑞士、新西兰和中国等国的 30 多位学者，围绕四个议题展开讨论。第一，关于启蒙的历程。第二，关于启蒙的遗产。第三，关于法国启蒙运动。第四，关于启蒙运动与中国。

2012 年 8 月 25—26 日，“知识与论证”第八届全国分析哲学研讨会在山东大学成功举办。大会由中国现代外国哲学学会分析哲学专业委员会主办，山东大学哲学与社会发展学院承办。来自国内外 60 多所大学的 130 多名学者参加了会议，世界著名哲学家索尔·克里普克教授出席会议并作特邀报告。

会议内容相对宽泛。北京师范大学江怡结合中国哲学的认识论思想，探讨了德性认识论问题。武汉大学朱志方指出盖梯尔的反例中，存在前后不一致的假设和虚假辩护。山西大学魏屹东探讨了非语境论对知识确证问题的解决策略。中山大学黄敏指出德罗斯式语境主义知识论存在两个基础性难题。厦门大学曹剑波以大众直觉为例探讨了实验哲学对传统知识论的挑战。香港岭南大学 Kelly Trogdon 认为，误表征与真实表征不是福多所说的反事实关系，而是构成性关系。爱丁堡大学的 Peter Fazekas 提出意识经验的单子标记（Monadic Marker）理论，用嵌入认知系统的中心过程来解释知觉表征的现象性质，进而解释了现象性质何以会抵制功能化以及为何出现认知鸿沟。

语言哲学方面，克里普克探讨了空名与虚拟存在的问题。北京大学叶闯认为，克里普克风格的直接指称论对空名问题的两种处理方案，都不能真正构成对直接指称论的辩护。南京大学陈亚军介绍了实用主义内部“语言”“经验”两大不同阵营之间的互动、互补和分歧、冲突。华南师范大学陈晓平将弗雷格关于语句的含义——指称理论中语句的含义和指称，分别改为语法意义和事态。道德哲学方面，北京大学徐向东探究了非道德主义与不能自制问题，山东大学陈晓旭分析了以承认概念为中心的三种社会正义概念对罗尔斯的批评和改进，山东大学吴童立认为道德运气是真实存在且非悖论性的。

2012 年 10 月 27 日，北京大学哲学系举行百年庆典，10 月 28 日，世界大学哲学系主任圆桌论坛召开，本次论坛由北京大学哲学系倡议发起。主题是：“哲学教育与当代社会”。

来自英国、美国、德国、法国、俄罗斯、日本、韩国、澳大利亚、瑞典、比利时、以色列、芬兰、印度、土耳其以及中国台湾、香港等十多个国家和地区的包括牛津大学、剑桥大学、耶鲁大学、加州大学伯克利分校等世界知名学校的二十余位顶尖学者共同聚首，商讨有关结成一个全球性学术共同体事宜。论坛针对哲学教育与当代社会现状，与会者通过交流与研讨，对大学哲学学科的现状有了更为清楚和更加清醒的认识，进而形成一个共识，即哲学学科目前面临严峻的挑战和诸多困难，全球哲学家必须立即行动起来，积极应对这种危机，哲学家对当今世界发展应担负的社会责任，探求如何以正确的方式介入公共事务，世界的哲学家有必要增进相互了解，经常性地就哲学教育的发展交换意见。圆桌论坛由北大哲学系主任王博教授主持，哲学系赵敦华教授对发表共同宣言的动议和起草作了补充说明。

在会议中，与会学者们积极发言，热烈讨论，经过融洽而坦率的协商，各大学哲学系主任共同签署了合作宣言，约定每隔两年举办一次大型的全球性学术交流活动，以增进全球哲学界的合作与了解，建立世界大学哲学系主任合作与交流的长效机制。

与会者意识到，在全球化时代，世界众多地区的哲学教育和研究遭遇到了商业化、政治意识形态、文化认同、语言多元化，以及道德冷漠及其反面狂热主义等诸多问题的挑战。使哲学的传统方式已经经历了剧烈的改变。例如，哲学不再只是单纯的、无视功用的爱智慧，相反它现在需要更多的实践知识。哲学不再是脱离甚至高于具体科学之上的一种思辨，而是更加积极地从事跨学科的研究。哲学不再仅仅局限在自己的文化和单一传统之中，而是不可避免地融入跨文化的研究和对话中。这些外在的挑战和内在的变化不是哲学的危机和衰落，而是推动哲学自身下一个阶段的发展的契机。

没有任何一个传统、一个学派、一个领域，也没有任何一个地区、一个民族或一个大学能够成功地独立发展自己的哲学。有鉴于此，与会者意识到，全球合作对于保持哲学的历史遗产、促生新的观念、推进哲学教育和施加公众影响是绝对必要的。出于国际哲学共同体的相同或相似兴趣，北京大学哲学系提议，建立世界哲学圆桌机制。著名哲学家群体将定期地在一起讨论哲学问题。

世界哲学圆桌机制旨在提供世界各哲学机构（系、研究所、学院、研究中心）的领头人（主任或其委派人员）之间的合作论坛。该论坛由参加成员轮流主持，每两年举行一次。可以涉及如下论题。

（1）对于自己地区或大学哲学热点问题、有影响的出版物以及其他哲学学术活动的介绍和评估。

（2）报告新的教学计划、学生兴趣、课程设置的重大变化、不同的教授哲学方式等。

（3）讨论关于学生交换、教员交流、合作研究以及国际会议等多边或双边计划。这些计划可以通过大学间合作框架来确立，也可以通过相关参与机构之间的协议来确立。

（4）信息沟通，如出版物的交换，电子资源的开放，以及网站之间的相互链接等。

(5) 根据会议主题，邀请世界著名政治家、其他领域的顶尖学者、成功企业家以及有影响的媒体人发表他们对哲学功能和影响的看法。

世界哲学圆桌机制是全球性的，向世界所有著名哲学机构开放。然而，为了它有效地运转以及由于组织经费的限制，新加盟成员至少必须由上年度中两个机构正式成员推荐。

为了保证沟通信息的及时，电子版通讯将在圆桌机制的会议间隔期间定期出版。每一个参加机构要求委派一名联系人负责提供信息和接收通讯。北京大学哲学系愿意在世界哲学圆桌机制正式开设之前编辑各期通讯。

二、中世纪阿拉伯哲学与欧洲哲学的关系

中世纪阿拉伯哲学与欧洲哲学的关系，是我国西方哲学研究不太关注的问题。一些老先生，如著名哲学史家、翻译家王太庆先生，曾经提醒西方哲学研究者注意这一关系，老先生自己在阿拉伯哲学研究方面颇有造诣，但是直到今天，这一研究还是比较薄弱。2012 年，有阿拉伯哲学和西方哲学关系的研究论文几十篇，其中阿拉伯哲学研究（含与西方哲学的关系）只有区区十几篇，显然比较单薄。不过其中不乏力作。

段德智先生在《中世纪阿拉伯哲学的西方属性及其对拉丁哲学的影响》[①]一文指出：在讨论和阐述欧洲中世纪经院哲学或拉丁哲学时，法拉比（阿尔法拉比）、伊本·西拿（lbn Sīn，拉丁名字为阿维森纳，Avecinna，980—1047）和伊本·鲁西拿（Ibn Rushd，拉丁名字为阿维洛伊，Averroe，1126—1198）等几位阿拉伯哲学家及其哲学思想，我们永远回避不了。

段先生明示，论文所说的中世纪阿拉伯哲学，指的是中世纪存在于阿拉伯世界且主要用阿拉伯语所写的哲学。就历史而言，中世纪阿拉伯哲学与中世纪欧洲哲学有密切的联系，阿拉伯哲学是希腊思想的传承者，通过十字军东征，希腊思想，特别是亚里士多德主义进入欧洲，随即在经院哲学中独占鳌头。因此，探讨欧洲中世纪经院哲学，无论如何不能回避阿拉伯哲学问题。为此，我们必须对中世纪阿拉伯哲学的西方属性及其对中世纪欧洲经院哲学或拉丁哲学的深刻影响作一番较为深入的探讨，从而对中世纪阿拉伯哲学何以能够构成中世纪西方哲学的一个组成部分，构成中世纪西方哲学史的一个环节作出较为具体的说明。

段先生提示，在哲学问题上，阿拉伯与西方的关系需注意如下问题：在继承和使用哲学遗产方面，中世纪阿拉伯哲学与中世纪欧洲经院哲学或拉丁哲学一样，所继承和使用的主要是希腊哲学遗产，且主要是柏拉图和亚里士多德的哲学遗产。中世纪阿拉伯哲学史告诉我们，阿拉伯哲学家，从 9 世纪的铿迪（金迪）到 12 世纪的阿维洛伊，主要继承的正是希腊哲学遗产，尽管他们对希腊哲学遗产的态度不尽相同，对柏拉图主义和亚里士多德主义的态度也有所区别，但他们在致力于继承和阐述希腊哲学方面，特别是在致力于继承和阐述亚里士多德主义方面却是大同小异的。哲学史家常常用“东部亚里士多德主义”和“西部亚里士多德主义”来对他们作出区分，这一做法本身就表明他们在对待和处理希腊哲学，特别是在对待和处理亚里士多德主义方面的一致性。

解说东部亚里士多德主义之具有西方属性比较困难的话，那么，相形之下，要解说西部亚里士多德主义之具有西方属性，显然就容易得多了。因为所谓西部亚里士多德主义，无非西班牙的亚里士多德主义。而西班牙自公元前 146 年布匿战争结束后，就成了罗马帝国的一个行省，成了希腊文化和罗马文化的一个组成部分，属于欧洲文化和西方文化板块。尽管公元419 年西哥特人的入侵和711 年阿拉伯人的入侵，使西班牙的文化遭到一定程度的破坏，但希腊文化和罗马文化作为西班牙文化的底色，毕竟会以这样那样的形式发挥作用。由此看来，中世纪阿拉伯哲学尽管有其独立的价值和意义，但从本质上看，却与拉丁哲学一样具有西方文化和西方哲学的属性。在讨论和阐释西方中世纪哲学时，不能不特别关注中世纪阿拉伯哲学，不仅因为中世纪阿拉伯哲学明显地具有西方属性，而且还因为中世纪阿拉伯哲学对作为中世纪经院哲学的拉丁哲学的产生和发展有举足轻重的影响。

阿迪力·买买提在《论中世纪伊斯兰哲学的贡献》[②]一文指出，伊斯兰哲学就是阿拉伯哲学。那些哲学家都是在伊斯兰教政权之下成长起来的，而且绝大多数是信仰伊斯兰教的。因此有人把他们叫作伊斯兰哲学。这些哲学家都是阿拉伯帝国的臣民，而且他们的哲学论文都是用阿拉伯文写作的，因此有人又把他们叫作阿拉伯哲学家，把他们的哲学叫作阿拉伯哲学。伊斯兰哲学和阿拉伯哲学是“异名同实”的。

作者认为，阿拉伯哲学对希腊哲学的传承和发展有不可估量的作用。西方从公元 5 世纪开始，随着古希腊罗马哲学精神的泯灭，哲学的境遇极其惨淡，其他世俗科学和文化也都被基督教神学的浪潮所淹没，知识被教会垄断，理性被教会限制，思维被教会禁锢，欧洲人遗忘了古希腊和罗马文明，将自己与开化的智慧隔离开来。而阿拉伯哲学对中世纪欧洲的自然科学与人文科学的发展起了巨大推动作用，向欧洲传播了科学的方法论和历史科学。基督教经院哲学家从阿拉伯哲学著作学会了调解哲学与信仰的矛盾，并使两者和谐共存。阿拉伯哲学，发扬了古希腊哲学思想，为意大利文艺复兴奠定思想基础，对西方哲学的发展起了承前启后的作用。从整个古代文化的传播来说，阿拉伯人和（当时）处在阿拉伯人势力下的民族的任务，与中世纪后期欧洲学术复兴时代一样，第一，要发现隐藏起来的且被忘记的希腊知识的宝藏；第二，要把他们所发现的宝藏融合在他们自己语言与文化里面，最后再加上他们自己的贡献。

肖丰在《阿拉伯哲学对西欧文艺复兴的影响》[3]一文指出：阿拉伯哲学将古希腊亚里士多德的学说、新柏拉图主义和传入的其他哲学思想与自身传统融会贯通，形成富于自身特色的阿拉伯—伊斯兰哲学体系。中世纪晚期，阿拉伯哲学经由西班牙和西西里岛这两个主要途径，通过翻译运动回哺西欧，对西欧文艺复兴运动的兴起和深化产生重要影响。

其一，阿拉伯哲学构建自身的进程，其实也是一种希腊哲学阿拉伯化的进程。在这个意义上，阿拉伯哲学是希腊哲学的继续和发展。

其二，阿拉伯哲学在试图对宗教和哲学进行调和的一切可能中强调了自身的理性因素。希腊哲学思想在阿拉伯世界的传播，引起穆斯林学者关于理性和信仰关系问题的大论辩，形成诸多伊斯兰教义学派。希腊哲学和伊斯兰教教旨的调和，在阿拉伯世界历经了几个世纪，一方面不同教义学派的哲学家，不遗余力地使二者的结合更具合理性，另一方面也在这种结合中强调了理性因素的作用。

其三，阿拉伯哲学研究与自然科学研究紧密结合，使得阿拉伯哲学呈现出相对客观、理性的原则和思辨精神。阿拉伯哲学家的身份既是智者，又可能是天文学家、数学家、医学家等，伊本·西那、伊本·鲁士德等在哲学上与他们在医学和物理学上同样声名远播。天文学研究重观测实践，数学研究重逻辑推理，尤其是医学研究重客观理性地认识人体，阿拉伯哲学家在自然科学研究中必然要秉持比较客观的态度、采用更为科学的方法，进而，他们将这种态度和方法推之到哲学研究中去。阿拉伯哲学在伊斯兰意识形态基础之上，将古希腊哲学传统与自身传统融为一体，重视世俗、崇尚理性，成为联结古希腊哲学与西欧文艺复兴时期思想的桥梁。由阿维森纳、阿维罗伊等阿拉伯哲学家评注的亚里士多德哲学思想的大量涌入，成为中世纪后期西欧思想中颇具生命力的因素，对西欧十四世纪的文艺复兴运动影响深远。

此外，陈金平《东渐与西传中的阿拉伯哲学》[4]、沙宗平《中国特色的中东学与阿拉伯学浅议》[5]、王晓朝《论古希腊哲学的地方性特征和世界化历程》[6]等论文，从不同的角度探讨了阿拉伯中世纪哲学与欧洲哲学的关系。关注这一问题，对于推进中国的西方哲学研究大有裨益。

三、卢梭思想研究

2012年，是卢梭诞辰300年，有一些纪念性论文，也有常规性研究。研究兴趣，多集中在政治思想或者教育思想。事实上，卢梭最有光彩的思想内涵，也是在这两个方面。

刘小枫在《卢梭与启蒙自由派》[7]一文指出，卢梭的名言“人生而自由，却无处不在枷锁之中”虽然流传和影响极广，却是一句极为含糊的说法，迄今学界并未获得一致公认的识读。卢梭在《论科学和文艺》中的一段话有助于我们释读这句名言，亦有助于我们理解卢梭一生写作的主导意图。“复兴科学和文艺有助纯化还是败坏道德风尚呢？这的确是必须审查的问题。在这个问题上我应该站在哪一方？当然是适合一个正直的人那方，先生们，虽然他一无所知，而且并不因此认为自己就不怎么样。”对“复兴科学和文艺”有助纯化还是败坏“道德风尚”这个问题，卢梭用了“必须审查”的修辞，“审查”是苏格拉底在讨论问题时喜欢用的语词；不仅如此，卢梭实际上修改了原题，加上了“败坏”一词。卢梭紧接着就把是与否的选择回答与选择是否与“一个正直的人”为伍联系起来，他说自己选择的“一方”“适合一个正直的人”。这无异于说，搞启蒙不适合“一个正直的人”，一开始就旗帜鲜明地摆出了自己的立场。显然，与“一个正直的人”相反的“一方”指的就是当时搞启蒙的启蒙智识人。

接下来，卢梭就用嘲讽的笔法纠弹启蒙智识人心目中的“文艺复兴”——在我们的教科书中，文艺复兴是一次伟大的解放运动，卢梭却说，文艺复兴的真实含义其实是古老的“写作的艺术”和“思考的艺术”的堕落。卢梭说，欧洲的文艺复兴首先是文学的复兴，随后才是科学的复兴。为什么卢梭要强调这个顺序？卢梭解释说，所谓“文艺复兴”，指的是当时的人们发现了文学的社会功用。

卢梭后来写下著名的《社会契约论》，探讨的就是现代的生活方式。如果古人和现代人过的都是群体生活，两者的差异何在？为什么古人的群体生活不称为“社会”？因为，“社会”生活基于“激发人们彼此取悦的欲望”。

卢梭的说法推翻了关于文艺复兴的两个流行观点：第一，文艺复兴所谓的复兴古代文明并非了不起的创举，而是直接受惠于所谓“野蛮”的中世纪时代；第二，如今的启蒙智识人十分得意地让文艺具有社会作用的观点，其实是在“激发人们彼此取悦的欲望”。这无异于告诉启蒙智识人，无论搞文学还是做学问，在古代都是少数人自我认识的艺术。文艺复兴把这种自我沉浸的艺术变成了相互取悦、激发欲望的艺术，无异于说文艺复兴的真实含义是古老的文学和科学的堕落。

卢梭敏锐地看到启蒙智识人创构的“社会”概

念的实质，指出了科学和文艺与启蒙精神所推重的商业精神的内在关联。卢梭针对封建君主、“开化的人民”和启蒙智识人的分别表述，表达了卢梭对启蒙运动的政治诉求的深刻质疑。

梅谦立《卢梭与政治参与》[8]一文，试图梳理卢梭思想中“政治参与”的三个方面。首先，公民要参与主权，即立法权。其次，政治参与并不限于主权，同样也涉及政府。不过，卢梭严格地限制公民参与政府。最后，除了参与主权和参与政府之外，在卢梭看来，人民对文化社会的参与也是一种政治参与。通过对这三个层面政治参与的阐述，笔者试图证明，在卢梭思想中，政治参与并非抽象的观念，相反，它有具体的内涵，有宽广的外延，包括讨论，可以在每个时代充分地发挥。

自亚里士多德以降，西方政治思想普遍倾向于认为，由于先天的“自然社会性”，人类天然地从属于社会，并自然而然地参与社会。17—18 世纪的“契约思想家”（如洛克）尝试打破这个传统：尽管他们还坚持人的“自然社会性”这个观念，不过，他们不再将具体的社会视作自然造物，相反，是由人所构造的非自然存在。而在《论不平等的起源与基础》一书中，卢梭进一步完成了对传统思想的哥白尼式革命，他不仅否定了社会的自然性，而且也否定了人的“自然社会性”。既然社会没有任何必然性，那么人必须凭自己的绝对自由来建构社会。那么，在《社会契约论》中，卢梭并未将政治视为人的自然氛围，而恰恰相反，他把政治看作非自然的人类创制。如此一来，卢梭就颠覆了政治与人的传统关系。在这样的背景之下，“政治参与”成为政治的核心问题，它在卢梭的政治思想中也变得异常突出。

年勇的《社会契约中的公民身份研究》[9]，对卢梭在《社会契约论》一书关于“公民身份”概念亦作出了若干层次的解释。作者认为，卢梭有关公民角色定位、与公民身份相匹配的政体、公民身份的内在品质、公民身份的形成等相关理论，都体现出其特有的政治价值取向。

通过社会契约，卢梭实现了从自然人、臣民到公民的转变。订立契约的基础不是强力，而是“公意”（general will）。“我们每个人都以自身及其全部的力量共同置于公意的最高指导之下，并且我们在共同体中接纳每一个成员作为全体之不可分割的一部分。”因此，公意就构成了公民身份理论的基石。以公意为核心，卢梭从多个角度对公民身份理论进行阐述。

一是公民的角色定位。公民是主权权威参与者，拥有真正的自由与平等。首先，卢梭认为个人私利由于它的“偏私”性质，不可能永远与“公意”一致，为了维护社会的联系与存在，只有“公意”才是“指导国家”的根据。在文中卢梭一再强调，“国家主权”与“公意”是不可分割的，主权“不外是公意的运用”，“公意”是主权的依据，任何主权必须以公意为皈依。其次以此为基础，卢梭认为，“公意”的运用就是主权，因此，主权属于人民。而人民的主权是通过人民的立法行为实现的，立法权是国家中唯一具有普遍性的权力。法律也必须体现“公意”，任何人都不能置身于法律之外。最后卢梭提出了人民主权的几个原则。（1）主权是不可转让的。（2）主权是不可分割的。（3）主权是不受限制的。（4）主权不可被代表。据此，卢梭的人民主权理论可以视为对公民集合体的人民其公共意志的正确反映。

二是与公民身份相匹配的政体。卢梭以复兴古希腊罗马式的公民国家和美德政治为政治理想。他坚信，政体对于公民人格具有决定性的影响，公民是共和国的产物，而共和国则是公民生活的必要条件。他指出，每一种政府形式在一定的情况下都可能是最好的，而在另一种情况下又可能是最坏的，因此，没有哪一种政府形式适宜于一切国家，混合政府当然也不能例外；另外，作为一个好的政府的标志则是“假定一切情况都相等，那么一个不靠外来移民的办法、不靠归化、不靠殖民地的政府，而在他的治下公民人数繁殖和增长得最多的，就确实无疑的是最好的政府”。

三是公民身份的内在品质。共和国是一种公民共同体。作为共同体成员的公民，是一种超自然的道德人格的表征，而公民美德（亦即服从公意和法律、自觉履行公民义务的倾向和行为）则是共和国良性运转的内在要求。自由与平等是公民的本质属性，“一个人抛弃自己的自由就是放弃自己做人的资格，就是放弃人类的权利，甚至就是放弃自己的义务……而且取消了自己意志的一切自由也就是取消了自己行为的一切道德性”。因此，主权即是公意的运用，人们服从公意就是在服从自己的意志，而在服从主权这一点上人们获得了真正的道德自由。

根据中国知网显示的数据，2012 年，与卢梭相关的论文 1270 篇。其中探讨卢梭政治思想的论文居多。关于卢梭与马克思主义的关系也有所涉猎，如曾枝盛的《卢梭及其在马克思主义中的地位》[10]、高宣扬的《马克思与卢梭——政治的生命现象学探索者》[11]、高信奇的《马克思遇到卢梭——两者“自由”论题的相似性分析》[12]、张盾等人的《对社会的再发现——从卢梭到马克思》[13]、龚群的《卢梭与马克思的平等观》[14]等，多从政治哲学的立场探讨卢梭对马克思影响或者双方的异同。卢梭与马克思关系的探讨，是由纪念卢梭诞辰 300 年所致，也是持续多年的政治哲学热的特殊表现形式，与罗尔斯热有着异曲同工的效果。

四、学术争鸣

学术争鸣本是学术研究的常态，然而出于众所周知的原因，这种常态已经接近消失。相互攻击、相互吹捧比比皆是。2012年，《外国哲学》第22辑开辟了学术批评栏目，并以7万多字的版面刊登了学术争鸣文章，有近10多名著名专家参与讨论，该期《外国哲学》引起学界的广泛关注。

2011年年初，清华大学王路教授出版《读不懂的西方哲学》。北京大学外国哲学研究所举行了一次专题研讨会，围绕王路教授的新作，就Being在西方哲学史上的地位、内涵、翻译等问题展开争鸣。与会者多为在这一问题上有较好研究的学人，因而会议的风格不是泛谈，而是围绕西方哲学的文本展开；与会学人都有良好的学养，只求讨论学术问题，虽然有激烈的思想交锋，却并不想争出你高我低。从发言内容可以看出，与会学人各自的见解和立场都十分鲜明，称得上"百家争鸣"。而会议的氛围又是彼此坦诚相待，轻松愉快。此次会议称得上是一次"学术研讨会"，让人感受到：学术是天地间一汪宁静的清水。

王路提出一个主张，将Being的翻译一"是"到底。这一主张基本上没有赞同者。赵敦华教授说，汪子嵩先生和王太庆先生都秉承了他们老师陈康先生的意见，希望我们把希腊文当中的系动词都翻成"是"，不要翻成"存在"。汪先生也说过，他的观点和王路不一样，他是讲在希腊哲学当中翻译成"是"，并不是说在整个西方哲学都翻成"是"。王路则是要"一是到底"。王路同时也是一位逻辑学家；逻辑学必须要有它的彻底性和一贯性，所以他不能容忍亦此亦彼、既是又不是。与会者多从自己的专业对于Being的翻译提出真知灼见。这是一次精彩的学术论争，赵敦华教授提出此次争鸣要避免两个极端，一个是相互捧场表扬，一个是争得你死我活。我想我们大可不必如此，还是就问题谈问题，我们大家也都是朋友，是同人，也有很好的气氛。有不同意见是肯定的，现在大家基本的观点我们都知道，大家也都在这些问题上写过文章、发表过意见，肯定是有不同意见。我们对此就抱着一种语言游戏的心理、态度和方法，把自己的规则、自己的理由都表达出来就行。我们也不可能会达到什么共识，但是"争鸣"会把问题引向深入。[15]

在一些学术期刊里，笔者也看到为学术而学术的学术争鸣。

陈波在《休谟+康德+笛卡儿如何可能——读〈贝叶斯方法与科学合理性——对休谟问题的思考〉》[16]一文，对陈晓平著作《贝叶斯方法与科学合理性——对休谟问题的思考》提出几个问题。陈波承认，该书是一部有分量的学术专著，有如下长处。第一，该书有很扎实的学术内容。第二，该书很有技术含量。第三，该书是作者长期研究的结果。不过，陈波就下面一系列问题与陈晓平展开商榷：休谟关于因果必然性和自然齐一律的怀疑论证成立吗？休谟确实持有激进的归纳怀疑论吗？可以用康德式的先验哲学去补救休谟哲学，从而对休谟问题作出局部辩护吗？可以用笛卡儿的"我思故我在"去补救康德哲学吗？在信息爆炸的当代，通过构造一套形而上学体系来给这个世界和我们关于这个世界的认知提供某种"整全性"的解释和说明，这种研究哲学的方式还继续有效吗？这些问题汇总为一个大问题："休谟+康德+笛卡儿"如何可能？

陈晓平在《休谟问题与形而上学》[17]一文作答，从而澄清如下几个观点。（1）休谟的怀疑论证是成立的和有深远意义的。（2）休谟哲学具有一种张力结构，而极端怀疑论是其中的一个要素。（3）否定一切先验知识的观点是不能成立的，形而上学的可修正性和先验性是可以并存的。（4）形而上学不可避免地具有一定程度的神秘性，这正是它不同于科学的地方；但是其神秘性应当被降到最低程度，这正是形而上学不同于宗教的地方。（5）形而上学或某种"主义"是不能不谈的，除非放弃哲学研究。

我们应当倡导正常的学术批评，没有正常的学术氛围就没有学术。时下，我们在学术界经常看到的第一种情景是：相互表扬和自我表扬。这种状况似乎是中国文化传统的基本特征。孔子说过"为尊者讳，为亲者讳，为贤者讳"，表现出来的是对说话的人的重视，而非对"真理"本身的重视。而同样的问题，亚里士多德的"我爱吾师，我更爱真理"则更多地表现出对"理"的重视，他们更关注"说什么"而不是"谁说的"。

观当今学界，为某者讳，并不完全是传统所致。无法考据"学术圈"一词何时出现。今天，学术圈俨然是一个名利场，与娱乐圈有得一比。学术研究（如果有的话）似乎不再有学人潜心面壁，坐冷板凳，追求真理之意。学术研究在口头上常常被"做课题"所取代。"做课题"乃是换取功名和物质利益的工具。如果按照希腊哲人的设想，处于这种状态就是奴隶。哲学家也要吃饭，这不成问题。但是这和拿课题换饭吃不是一回事。作为物欲的奴隶，怎么可能追求真理呢？

此外，表扬与自我表扬至少是人性的弱点所致。"永远激励着每一位英雄的最难满足的渴望，乃是对声誉的渴望；这种渴望，完全是一种无法驾驭的贪婪。"[18]表扬与被表扬者，彼此并不太多地研究他人的作品，表扬仅仅是对被表扬者名利和地位的首肯，与学术根本就没有什么关系。这些明显带有功利色彩的相互表扬和自我表扬，是把学者和学术当作股票，找到了一支绩优股，力求获取最大收益。膨胀的是欲望，死亡的是学问。

注：

①《哲学动态》，2012 年第 3 期。

②《世界哲学》，2012 年第 4 期。

③《外国问题研究》，2012 年第 2 期。

④《传承》，2012 年第 18 期。

⑤《西北民族大学学报》（哲学社会科学版），2012 年第 1 期。

⑥《学海》，2012 年第 2 期。

⑦《中国人民大学学报》，2012 年第 3 期。

⑧《世界哲学》，2012 年第 5 期。

⑨《政治文明》，2012 年第 3 期。

⑩《马克思主义与现实》，2012 年第 3 期。

⑪《马克思主义与现实》，2012 年第 3 期。

⑫《华中科技大学学报》（社会科学版），2012 年第 1 期。

⑬《马克思主义与现实》，2012 年第 3 期。

⑭《马克思主义与现实》，2012 年第 3 期。

⑮《外国哲学》，2012 年第 22 辑。

⑯《江海学刊》，2012 年第 4 期。

⑰《江海学刊》，2012 年第 4 期。

⑱［荷］伯纳德·曼德维尔著，肖聿译：《蜜蜂的寓言》，中国社会科学出版社 2002 年版。

（作者：北京市社会科学院研究员）

科学技术哲学（自然辩证法）

张仕敏 张成岗

2012 年是中国自然辩证法研究会新老更替的换届之年，围绕自然辩证法事业在中国的发展，学会和学界举行了一系列活动，在反思历史、关注现实和展望未来的基础上，科技哲学界在学科建设、学术研究、学会活动、人才培养、国际交流、创新发展等各个领域继续前行。

一、学会活动

2012 年中国自然辩证法研究会和北京市自然辩证法研究会围绕学会工作、学科建设、社会发展中的重大问题等举行了多次活动，既梳理和总结了自然辩证法事业在中国的发展，也探讨和展望了自然辩证法事业的未来前景，凝集了共识，指明了方向。

2012 年 1 月 8 日下午，中国科学院研究生院人文学院科学哲学与科学社会学系在京召开学科建设会议。本次会议由胡新和主持，研究生院副院长马石庄，中国自然辩证法研究会秘书长王玉平等出席了会议。来自北京大学、清华大学、北京师范大学、中国社会科学院、中央党校科技哲学和科学社会学领域的专家以及国内著名科学哲学专家范岱年研究员也受邀参加研讨，并为该院科学哲学与科学社会学系的学科建设提出了意见。[①]

2012 年 1 月 13 日，北京自然辩证法研究会第七届常务理事会第二次会议暨海洋与东亚文明研讨会在中国社会科学院哲学研究所举行。北京自然辩证法研究会常务理事、监事，以及来自中国社会科学院、中国太平洋学会、亚太城市发展研究会、中国科学院自然科学史研究所、中国人民解放军海军档案馆、三联竞争力杂志、太平洋学报，以及在中国人民大学学习的韩国和越南的研究生等 40 余人参加了本次会议。常务副理事长李建军主持本常务理事会第二次会议，理事长王鸿生对该会在过去一年中的工作进行了总结，并对下一年的工作做出了部署。中国自然辩证法研究会副秘书长张明国在充分肯定北京研究会一年来工作成就的同时，也对该会的未来发展提出了希望，希望能够进一步拓宽研究领域，取得更多的研究成果。秘书长林坚主持了“海洋与东亚文明”研讨会。来自国内外的研究者就海洋科学的战略性意义及其发展现状、前景进行了讨论。[②]

2012 年 2 月 26 日，中国自然辩证法研究会第六届十五次常务理事会在北京友谊宾馆召开。会议由张彦英副理事长主持，吴启迪副理事长出席会议并讲话。会议主要传达了中国科协八届二次全委会会议精神；听取了副秘书长唐志所作的《2011 年工作总结和 2012 年工作要点》的汇报；听取了换届筹备工作组组长吴启迪副理事长所作的换届筹备工作进展情况的汇报；并就如上三项工作进行了审议讨论。会议增补中国科学院研究生院人文学院尚智丛为本会理事、常务理事。[③]

2012 年 3 月 24 日，中国自然辩证法研究会六届十六次常务理事会在北京友谊宾馆召开。会议由张彦英副理事长主持，吴启迪副理事长出席会议并讲话。会议传达了中国科协全国学会工作会议精神，听取了换届筹备小组副组长瞿振元介绍的第七次全国会员代表大会主要议程、第七届理事会领导人选等主要文件（草案）。与会人员就以上两项内容进行了审议讨论。[④]

2012 年 4 月 22 日，中国自然辩证法研究会第七次全国会员代表大会在北京召开，大会由副理事长张彦英、瞿振元主持，中国科协书记处书记徐延豪到会并致辞。朱训理事长在大会开幕式上讲话。大会表彰了第六届理事会工作期间（2006—2012 年）

的先进单位和个人。新当选的吴启迪理事长在大会闭幕式上发表讲话，对学会的历史和未来作了总结与展望。来自全国自然辩证法学界和兄弟学会近 300 位代表和来宾参加了本次大会。[⑤]

2012 年 6 月 3 日，中国自然辩证法研究会七届一次理事长会议在北京中国科技会堂召开。吴启迪理事长主持会议，张彦英等 11 位副理事长出席会议。会议审议并通过《中国自然辩证法研究会 2012 年工作要点（修订稿）》等多项议程。[⑥]

2012 年 7 月 13 日至 15 日，中国自然辩证法研究会在北京举行了“2012 年全国工作会议”。来自全国 17 个省市区自然辩证法研究会、8 个工作委员会和 32 个专业委员会的负责人，共计 70 余人参加了会议。会议由尚智丛秘书长主持，崔伟奇和唐志副秘书长出席会议。会议传达了中国自然辩证法研究会七届一次理事长会议和七届一次、二次常务理事会会议的内容，传达了陈希书记在 2012 年中国科协党组理论学习中心组学习扩大会议上的讲话，以及全国科技创新大会精神和中央领导同志讲话精神；并报告了 2012 年上半年的工作情况和未来工作计划。参会代表就各机构的工作情况及下一步工作计划进行了充分交流。[⑦]

2012 年 9 月 16 日，中国自然辩证法研究会七届二次理事长会议在北京中国科技会堂召开。吴启迪理事长主持会议，王基铭等七位副理事长出席会议，会议讨论了第四季度及 2013 年主要工作的安排，并对筹划编撰《自然辩证法学科史》和《自然辩证法学科发展报告》、推进《科学伦理、工程伦理、医学伦理》课程的开设等工作进行了充分讨论。[⑧]

2012 年 11 月 9 日，北京大学科学史与科学哲学研究中心、北京大学出版社与中国自然辩证法研究会科学哲学专业委员会联合主办的《北京大学科技史与科技哲学丛书》媒体发布会暨纪念库恩《科学革命的结构》出版 50 周年学术会议于北京大学召开。来自北京大学、清华大学等多所高校和出版社等单位的近 30 位专家学者出席会议。光明日报、中国社会科学和人民网等媒体的记者也列席参加了本次会议。[⑨]

2012 年 11 月 17 日，“第三届北京科史哲研究生学术论坛（2012）”在中国人民大学隆重召开。来自北京 20 余所院校和单位的老师和研究生 200 多人参加了本次论坛。本届论坛分别在科学哲学，科学技术与方法论，科学思想史和科学、技术与社会四个专场举办报告和讨论活动，并最终评出了 4 篇优秀论文。[⑩]

2012 年 12 月 23 日，中国自然辩证法研究会七届三次理事长会议在北京理工大学国际交流中心大厦第四议室召开。吴启迪理事长主持会议。张彦英等 8 位副理事长出席会议。会议主要听取了尚智丛所作的近期工作汇报。[⑪]

二、科学哲学

2012 年，北京地区的科学哲学学术研究和学科建设稳步向前，反思了科学、科学理论评价、科学实践、科学文化、生物哲学、中医等问题，基础理论探索在深度和广度上不断扩展，新的理论生长点继续涌现，彰显了学术传承与创新的新境界。

刘大椿对文化迷失与人文缺失等异化现象进行了反思，强调科学并不凌驾于其他文化传统之上而具有特殊的优越性，应当从强势文化走向平权文化，回复科学技术的文化本性。文化科学就是让科学回复文化的内涵，重新变得有文化。[⑫]

任定成考察了科学理论的评价和检验问题，认为科学理论在与经验相比较之前，通过相关性、相容性、自洽性和简单性判断优劣，在经验检验阶段，则通过检验蕴涵与经验的真假比较，得到确证或否证。判决性检验不能最终断定理论的命运，但可以由之发现被检验理论问题。由于观察的易谬性、理论的复合结构以及社会因素的影响，科学理论的评价和检验呈现出复杂的情况。[⑬]

吴彤关注了实践概念的阐释在亚里士多德、现象学等不同领域的境况，分析了现象学的实践概念与科学实践哲学的实践概念的区别和联系。主张以现象学的态度考察实践的多个侧面，特别是考察知觉现象学的新发展，可丰富实践的意向性维度，不断丰富实践概念。[⑭]他还从科学实践哲学的立场分析了表征和介入两种属性，认为它们都是科学活动不可或缺的两个方面；应当纠正“理论优位”、忽视科学实践的研究趋向。[⑮]

吴国盛对现代中国人的“科学”概念进行了解析，指出今天中国人的科学概念中有两个突出的特点：一是把“科学”作为任何领域里正面价值评判的标准，这是 20 世纪科学主义意识形态长期起作用的结果；二是倾向于从实用、应用的角度理解“科学”，对“科学”本身缺乏理解，这与中国近代接受西方文化特定的历史遭遇和中国实用主义的文化传统有关。[⑯]

李醒民反思了科学的认知结构，讨论了哲人科学家眼中的科学理论的两种认知结构——经验归纳认知结构和假设演绎认知结构，并着重论述了对后者中的基本假设的认知问题。[⑰]

王鸿生对科学研究中的想象力、洞察力和理解力作了阐释，认为想象力是推动创新的精神力量，洞察力是一种从理性角度质疑和批判的能力，理解力是从多角度对待事实、理论和人物的智力和能力。[⑱]

围绕进化论中的适应主义及其生物学哲学争论，李建会等人阐释了适应主义的含义及其形式，阐明适应主义与反适应主义在生物学和哲学两个层面的争论，并指出适应主义思想的局限性及多元主义视角的价值。

肖显静指出，科学是建构的产物，非自然性的科学既是工业文明的基础，同时也是其产生环境问题的重要原因。主张使科学更多地走出实验室，回归自然的科学：以新自然观为基础，进行新的科学革命；复兴博物科学的传统；让科学适应自然而不是相反；重视地方性知识的生态价值；让自然做科学的最终裁判者。[19]在综合伽利略物理学数学化这一问题的国内外研究成果的基础上，他还结合伽利略的相关著作，针对伽利略物理学数学化所可能面临的哲学诘难，分别从本体论、认识论、方法论的角度，概括性地给出伽利略物理学数学化的哲学思想基础。[20]

郝苑、孟建伟反思了西方科学文化的两个根源，即源自古希腊文化的逻各斯和源自古罗马文化的努斯，认为它们对西方科学文化的影响分别体现在形而上和形而下方面，这两种精神品格的交融，在很大程度上塑造了西方科学文化。[21]

余谋昌认为，中医和西医两种医学文化根源于不同的哲学体系和思维方式。西方现代医学是一种“生物医学模式”，它立足机械还原论而把人当作机器，忽视人的整体性；中医中药是一种辨证施治的医学模式，它以“天人合一”为哲学基础，以望闻问切为诊疗方法，从整体上把握人的生命机制。二者应当相互竞争、相互促进和补充，通过开放性整合创造出新的医学模式。[22]

刘兵等人结合劳埃德的跨文化观点及相关的争论，分析了有关跨文化普遍主义和文化相对主义的说法，探讨此观点的引入可能给科学史研究带来的变化以及编史学意义。认为，科学史的研究中应该引入多元文化，只有引入多元文化才更有益于科学史的发展。[23]刘兵等人以卢瑟福1911—1914年发现原子“核”的三篇重要论文为文本，着重分析隐喻在这一重大科学发现过程中的作用，通过考察隐喻使用的历史性和对象性，揭示出隐喻对于科学理论建构和传播的重要作用。[24]科学史与科学哲学理论的结合一直是科学哲学研究中的重要方法，创新方法论问题开始引起学界广泛关注。作为“名老专家学术继承整理”项目的成果，刘兵等人的研究以赵忠贤的科学成就为个案，在文献分析的同时，结合对赵忠贤本人的访谈，对体现在赵忠贤科研实践中的研究方法作出了分析总结。[25]李正风分析了学术思想传承和创新的相关概念，探讨了中国科学家学术思想传承与创新的主要特征，以及研究该问题的思路与方法。[26]张成岗结合中国化学学科创建与演进，对徐光宪学术思想演变进行考察，分析其创新方法与学术思想的互动，提炼和凝炼其学术创新的方法论特征，探讨了全球化背景下中国科学家的学术思想。[27]

三、技术哲学与工程哲学

2012年，北京地区的技术哲学研究既体现了对一般技术哲学的继续关注，又突出了对特定技术引起的技术哲学问题的关注，工程哲学研究关注了社会工程和工程社会学等问题，风险研究继续受到关注。

肖峰探讨了信息技术有关的哲学问题，他认为，以计算机和网络为代表的器具信息技术具有了与传统信息技术不同的新特征，并导致了不同信息技术之间乃至信息技术与物质生产技术之间的“会聚”；新的技术范式出现，即一种具有更大的包容性的技术；我们关于技术的哲学观念正在发生新的变化。[28]

王伯鲁通过对技术原则及其逻辑支点、技术精神和风险社会的阐释，解析了技术文化的当代特征，并提出了高新技术开发的不伤害、全面评估、动态跟踪等道德原则。[29]他在剖析技术构成要素及其演进的基础上，概括阐述了新技术成长的两个阶段和特点，揭示了旧技术衰亡的条件与轨迹，并探讨了旧技术衰亡的微观机理以及技术考古的基础地位等问题。他指出，旧技术的衰亡是技术进步过程的另一个侧面，要重视旧技术衰亡问题的研究，将之纳入技术史与技术哲学的研究范围。[30]

张成岗以深度解释学的方法论构架分析了哈贝马斯现代性理论中从意识形态批判到交往理性构建的逻辑演进。指出，哈贝马斯新意识形态论是对现代性的再解释：现代性危机主要表现在工具理性在交往领域的扩张并占据支配地位；回到生活世界，重建交往理性可以为现代社会发展建立牢固基础。[31]

韩连庆借助当代技术哲学的相关研究，讨论了技术意向性的含义与功能，试图在现象学运动中为技术现象学奠定理论基础；他以ATM（automatic teller machine）的使用为例，对技术意向性的含义和功能及其在实践领域中的应用进行了概括和说明。[32]

刘永谋等人从边沁和福柯的圆形监狱隐喻视角入手，关注到物联网隐喻的极权与民主问题。认为物联网与圆形监狱在运行目标、机制和方式上很契合，因而具有极强的电子监控能力。如果对物联网用于电子监控不加限制，物联网有沦为组织压制个体的极权工具的可能性。[33]他探讨了马克思对科学技术与权力关系的论述。科学技术本质上是革命性力量，但在资本主义阶段，科学技术实际上加强了资本家的权力。科学技术本身并非权力结构，资本购买让它成为权力工具。科学技术的权力职能主要表现在科学技术劳动中以及机器对工人的压迫中。[34]

风险问题依旧备受关注，徐治立从技术风险的本质属性、根源属性及其伦理基本特征分析了技术风险伦理的本体属性，从告知诚信、道义评价、公正分担以及规避责任等方面对技术风险的基本规范进行了概括。[35]邬晓燕以行动者网络理论和方法剖析转基因作物商业化的行动者网络建构过程及其结构组成，讨论了转基因作物的风险治理问题。[36]肖显静从选题、架构、信源、内容、语言和立场等方面，对媒体在科技风险的报道中的缺失进行了概括性分析。[37]

围绕转基因技术和核技术的风险认知和治理问题也是讨论的重点。胡志强等人综合近年来有关欧美国家公众核电态度状况的调查结果，总结了核事故与公众态度之间的关系的三个特征：核事故的发生是影响公众对核电风险认知的重要因素；公众对核电的态度会随着时间的推移有所改变；良好的风险沟通是积极影响公众对核电态度的重要举措。[38]王大明等人的调查结果显示，理工科研究生对转基因生物和转基因食品的风险认知程度明显高于普通公众；但在转基因食品的接受程度方面存在差异。[39]在转基因技术的产业化方面，李建军指出转基因商业化面临食品安全、市场和社会规制的不确定性，中国可通过调整社会规制原则、完善公民参与机制和加强咨询性研究和替代性研究等来有效应对这些不确定性。[40]刘益东通过分析转基因产业发展中的特殊情况，分别提出灰科学和灰创新系统概念并将其视为转基因产业在争议中快速发展的关键因素，认为转基因技术可能会导致毁灭性的灾难。[41]

在“钱学森与科技哲学”领域，黄顺基探讨了社会系统工程的思想理论基础，指出了社会系统工程面临的新问题和可能的出路。[42]李伯聪阐述了工程社会学的发展史及其在社会学中的地位，并结合这门学科的理论基础提出了工程社会学当前的主要研究议题和发展前景。[43]

李秀波、王大洲阐明了复杂工程系统的概念及特点，从复杂工程系统的自性能、复杂工程系统的自组织机制以及复杂工程系统中自组织与他组织的关系等三方面评述了国外关于复杂工程系统自组织问题的研究进展。[44]

四、科技社会学与科技政策

2012年北京地区的科技社会学与政策研究继续彰显理论与实践结合的鲜明特色，对科研体制、城市创新、公共服务与经济增长、STS视野中的科学传播等进行了多维度的研究和探索。

穆荣平等人从理论和实证两个方面对基本公共服务与经济增长的关系进行了研究。在理论方面，基本公共服务水平的提高可以促进经济增长，但经济增长未必带来基本公共服务水平的提高。在实证方面，通过因子分析法和Granger因果关系检验，对基本公共服务与经济增长的关系进行的实证检验结果与理论分析的结果一致。[45]

刘兵等人通过对科学幻想画的演变、表现形式和消费者等方面的分析探索了科学幻想画与科学传播的关系，并希望通过视觉文化这一独特的视角，开拓科学幻想画在科学传播领域研究的新路径。[46]他们还通过分析高士其科普文本的隐喻，探寻其科普作品隐喻生成的原因，揭示出科普创作中不可避免地受到社会因素、意识形态的影响，带有很强的主观性，而这些带有主观性的科普作品对于读者阅读、理解、接受和传播科学起到了一定的消极作用。[47]

刘孝廷解析了STS视野中的科学传播，梳理了STS登上科学舞台的复杂进程。人类对科学的理解推进到STS阶段，其最深刻的启示在于促进科学技术与社会协调发展的一系列新的观念和视角方面。特别是其所提出的新的科学观又带来新的传播理念。[48]

李正风等人关注到科学治理中的科学共同体。现代科学技术生产方式的新特点和公共治理理念的新变革要求改变传统的以“统治”为核心的科学宏观管理模式，走向以“治理”为核心的新管理模式。在科学治理中，科学共同体作为谋求特定利益的科学家组成的社会团体，其意义、地位和作用也发生了改变。[49]

李兵等人关注了课题制制度。通过对比课题制的制度预期和实现情况来综合评价课题制的实施成效，在肯定课题制实施的积极效果的同时也提出了存在的主要问题，并讨论了进一步完善课题制的思路。[50]他们借助行动者网络理论（ANT）研究了国家科技计划课题制的实施过程，认为构建行动者网络能够解决在课题制实施过程中由于课题制行为主体为了自身利益最大化而有损课题整体实施效果的矛盾。[51]

肖显静等人认为，我国长期存在重基础应用研究轻基础理论研究的倾向。这种倾向的出现有社会、政府、科学自身以及科研体制等方面的原因，一定程度上损害了基础理论研究的开展以及基础应用研究的发展。鉴于此，需要我们针对基础理论研究，加强认识和政策引导，增加投入，改进评价，注重人才培养，提高研究人员待遇，以协调两者之间的关系。[52]

赵延东等人分析了针对科技工作者的抽样问卷调查结果，全面描述分析了我国科技工作者对学术不端行为现状及其成因的判断、对不端行为的态度，以及对学术规范知识的掌握情况等。多数科技工作者将造成学术不端行为泛滥的最重要原因归结为当前的科研评价、管理和监督制度不合理。治理学术不端要从制度建设、加强学术规范普及切入。[53]

丁大尉等人在分析建构主义知识观两个传统进路的基础上提出，网络信息空间中的知识建构是在知识—社会互动的语境中展开的；以维基百科为例考察了网络信息空间中的知识生成机制，在分析其知识建构历程的基础上总结知识—社会互动视域下的知识建构机制的主要特征。[54]

孙涛等人以“手机冗余信息”为例，通过对北京五所高校青年学生群体的调研，探讨了科技进步对传统道德伦理的影响。[55]肖峰以维基百科的争论为例，分析新媒体与知识、信息的悖论问题。认为新媒体作为一种传播技术，给我们的信息生活方式造成了十分深刻的变化；人们面临信息的自由性与可信性之间的张力，网络空间中信息的“生产”和传播需要“把关人”。[56]

曾国屏等人关注到一系列城市创新问题。对硅谷开放式发展路径的分析认为，硅谷的“外引型”人才战略、“开放式创新”实践以及“多样化社区”发展趋势，体现出对园区“边界”的成功超越；这也为我国园区克服“边界”困境，实现跨边界发展提供一种参考。[57]对伦敦“隐性创新”现象的案例分析则表明，人们在评价一个城市的创新能力时，对制造业和服务业两种创新模式的区分认识不足，对服务业特别是知识密集型服务活动在城市创新体系中的隐性创新源头和媒介作用认识不足。城市创新政策应当重视通过服务业的创新活动特点来理解和构建一个城市的创新能力。[58]王程韡等通过引入STS中新近出现的社会技术想象的概念，并通过思想实验的方式将概念理论化认为，社会技术想象能够成为引导并形塑未来的重要资源，但这一机制只有在同时满足与技术和人工物结盟、对外“黑箱化”和对内“开放化”的条件下才能够达成。发展中国家创新型城市的建设必须同其他城市治理技术和城市化人工物结盟，并重新团结被指标排除在外的力量，想象自我实现的预言才可以达成。[59]

科学社会学的学科发展受到关注。刘华杰在库恩《科学革命的结构》出版50周年之际，阐述了库恩与SSK（科学知识社会学）的关系。[60]洪伟针对国内后默顿时代科学社会学的空缺现象，对科学分层方向、科学合作方向、科学对经济的影响及衍生方向进行了梳理，并指出科学社会学在我国面临的困境是社会学人才的稀缺。[61]刘世定等人讨论了分子遗传学的发展对社会学的影响，认为社会学引入遗传信息后，一方面能够更有效地解释人类行为的特征和结果，另一方面能够有效地抵御“遗传决定论”的不利影响，明晰社会环境对遗传表达的影响。他们也注意到引入遗传信息后社会学研究将面临的伦理问题。[62]

五、学术活动与国际交流

2012年5月12日，“找矿哲学学术研讨会”在中国地质大学（北京）举行。本次会议旨在纪念朱训《找矿哲学概论》发表20周年，同时也是中国地质大学（北京）校庆系列活动的内容。百余名与会者从认识论、方法论角度探讨地质找矿的新思维、新理念，为地质找矿突破献计献策。[63]

2012年5月13日至18日，日本化学史学会秘书长、东京工业大学社会理工科教授尾雅范博士应邀，在清华大学进行了科学史、科学技术与社会（STS）等方面的学术交流。其间，尾雅范教授先后进行了主题分别为“专家在防御公害中的地位和左右——以日本的‘痛通病’事件为例”“真岛利行在日本化学研究传统形成中的作用”“拉瓦锡与近代化学的肇始”的学术演讲，并围绕相关问题进行了讨论。尾雅范教授在京期间，还与多位学者进行座谈，围绕中日两国的研究生培养的目标和机制、中日科学技术史比较研究、中日化学和化工技术发展比较研究等议题进行了交流。[64]

2012年7月5日，中国自然辩证法研究会在中国科技会堂召开“于光远自然辩证法学术思想研讨会”，来自北京大学、清华大学、中国社会科学院、中国科学院等单位自然辩证法界的知名学者，以及于光远先生的亲友、学生近30人莅会参加。会议由尚智丛秘书长主持。名誉理事长朱训、吴启迪理事长以及与会者都先后发言，对于光远的学术成就、治学态度和处世品格作出回顾和总结，并给予高度赞扬。[65]

2012年7月25日，由北京自然辩证法研究会、拓展文化协会主办的“钱学森社会工程思想研讨会”在中国人民大学逸夫会议中心第一会议室举行。与会者听取了黄顺基教授《钱学森社会工程思想研究》的主题报告，讨论了钱学森的社会工程思想研究的哲学和现实意义，并指出要在对钱学森的社会工程思想进行充分估计和广泛理解的基础上展开研究。[66]

2012年6月30日至7月1日，由《医学与哲学》杂志社发起，协同北京大学医学人文研究院、中国自然辩证法研究会医学哲学专业委员会联合主办的“医学人文社会科学实证研究研讨会”在北京大学医学部图书馆召开。来自全国24所高校、近40位奋斗在教学和科研一线的医学人文学者参加了此次会议。与会者就当前我国医学人文社会科学实证研究的发展现状及存在的若干问题进行了广泛而深入的探讨。[67]

2012年10月27日，“城市公共安全与综合治理”论坛在中国人民大学逸夫会议中心隆重举行。来自国内外40余所高校、科研机构、科技部门的专家学者150余人参加了此次论坛。大会围绕六个方面的话题展开热烈讨论：城市管理与创新、公共安全与风险应对、食品安全与药品监管、生态安全与信息安全、社会工程与安全感、文化安全与文化构建。[68]

2012年11月2日至4日，“fPET－2012哲学、工程与技术国际论坛”在北京召开。会议由中国科学院大学主办，10家中外单位协办。来自中国、美国、英国、德国、荷兰、法国、丹麦、俄罗斯、爱尔兰、瑞士、意大利、澳大利亚、巴西等国家的近百位学者参加会议。李伯聪教授和纽伯瑞教授担任会议主席。本会常务理事、中国工程院殷瑞钰院士，丽塔·阿姆斯特朗和苏珊·蒙作了主题发言。“fPET（Forum on Philosophy，Engineering and Technology）”（起初称 WPE）是哲学界与工程界合作举办的系列国际会议，旨在推动对工程问题的哲学思考，搭建哲学界与工程界之间的桥梁，促进有关学术研究的发展。此次会议论文经过精选和编辑加工后将汇集为《工程哲学：东方与西方》一书收入国际著名的波士顿科学哲学丛书中出版。[69]

2012 年 12 月 6 日，加拿大技术哲学首席专家安德鲁·芬伯格（Andrew Feenberg）教授在中国科学院大学作了题为“技术社会中的行为能力和公民权”（Agency and Citizenship in a Technological Society）的学术报告。[70]

注：

①-⑪中国自然辩证法研究会秘书处：中国自然辩证法研究会《工作通讯》，2012 年第 1～18 期。

⑫刘大椿：《科学文化与文化科学》，《自然辩证法通讯》，2012 年第 6 期。

⑬任定成：《科学理论的评价和检验》，《贵州社会科学》，2012 年 8 月。

⑭吴彤：《实践的诠释与现象学》，《哲学研究》，2012 年第 2 期。

⑮吴彤：《科学研究中的表征——从科学实践哲学的立场看》，《哲学分析》，2012 年第 1 期。

⑯吴国盛：《现代中国人的“科学”概念及其由来》，《人民论坛》，2012 年第 2 期。

⑰李醒民：《哲人科学家眼中的科学理论的认知结构》，《自然辩证法通讯》，2012 年第 2 期。

⑱王鸿生：《科学研究中的想象力、洞察力和理解力》，《科学技术哲学研究》，2012 年第 2 期。

⑲肖显静：《从工业文明到生态文明：非自然性科学、环境破坏与自然回归》，《自然辩证法研究》，2012 年第 12 期。

⑳肖显静：《伽利略物理学数学化哲学思想基础析论》，《江海学刊》，2012 年第 1 期。

㉑郝苑、孟建伟：《逻各斯与努斯：西方科学文化的两个起点》，《中国人民大学学报》，2012 年第 2 期。

㉒余谋昌：《西医和中医：两种哲学和两种医学文化》，《郑州轻工业学院学报》（社会科学版），2012 年第 6 期。

㉓刘兵、王晶金：《科学史中理解古人如何可能——劳埃德科学史与跨文化观点的启示》，《上海交通大学学报》（哲学社会科学版），2012 年第 6 期。

㉔宗棕、刘兵：《卢瑟福原子结构理论中的“核”隐喻的提出——一项科学文本的修辞分析》，《科学技术哲学研究》，2012 年第 6 期。

㉕吴燕、刘兵：《对 1986—1987 年赵忠贤小组高温超导研究突破的方法追溯——以文献与口述为中心》，《中国科技史杂志》，第 33 卷第 2 期。

㉖李正风：《中国科学家学术思想的传承与创新：概念、特征与方法》，《南京社会科学》，2012 年第 4 期。

㉗张成岗：《全球化背景下中国科学家的学术思想及实践探微》，《南京社会科学》，2012 年第 8 期。

㉘肖峰：《信息技术的哲学特征》，《学术界》，2012 年第 12 期。

㉙王伯鲁：《技术文化及其当代特征解析》，《科学技术哲学研究》，2012 年第 12 期。

㉚王伯鲁：《旧技术衰亡问题探析》，《自然辩证法研究》，2012 年第 1 期。

㉛张成岗：《从意识形态批判到“交往理性”构建——深度解释学视域中的哈贝马斯技术批判理论》，《清华大学学报》（哲学社会科学版），2012 年第 1 期。

㉜韩连庆：《技术意向性的含义与功能》，《哲学研究》，2012 年第 10 期。

㉝刘永谋、吴林海：《极权与民主：物联网的偏好与风险——以圆形监狱为视角》，《自然辩证法研究》，2012 年第 5 期。

㉞刘永谋：《机器与统治：马克思科学技术论的权力之维》，《科学技术哲学研究》，2012 年第 2 期。

㉟徐治立：《技术风险伦理基本问题探讨》，《科学技术哲学研究》，2012 年第 10 期。

㊱邬晓燕：《转基因作物商业化及其风险治理：基于行动者网络理论视角》，《科学技术哲学研究》，2012 年第 8 期。

㊲肖显静：《科技风险媒体报道缺失概析》，《科学技术哲学研究》，2012 年第 12 期。

㊳田愉、胡志强：《核事故、公众态度与风险沟通》，《自然辩证法研究》，2012 年第 7 期。

㊴陈印政、王大明：《理工科研究生对转基因食品认知态度的调查》，《自然辩证法通讯》，2012 年第 5 期。

㊵李建军：《中国推进转基因作物商业化可能面对的不确定性》，《自然辩证法通讯》，2012 年第 5 期。

㊶刘益东：《灰科学与灰创新系统：转基因产业快速崛起的关键因素》，《自然辩证法通讯》，2012 年第 5 期。

㊷黄顺基：《社会系统工程的思想理论基础》，《辽东学院学报》（社会科学版），2012 年第 8 期。

㊸李伯聪：《工程社会学的开拓和兴起》，《山东科技大学学报》（社会科学版），2012 年第 2 期。

㊹李秀波、王大洲：《复杂工程系统自组织问题研究综述》，《工程研究——跨学科视野中的工程》，

2012年第2期。

㊺杨颖、穆荣平：《基本公共服务与经济增长关系的理论与实证研究》，《科学学与科学技术管理》，2012年第11期。

㊻呼思乐、刘兵：《科学幻想画的科学传播意义初探》，《科普研究》，2012年第2期。

㊼宗棕、刘兵：《高士其科普作品中的隐喻分析》，《科普研究》，2012年第12期。

㊽刘孝廷：《STS视野中的科学传播》，《科普研究》，2012年第10期；中国自然辩证法研究会秘书处：《中国自然辩证法研究会工作会议暨学科建设研讨会在京召开》，中国自然辩证法研究会《工作通讯》，2012年第5期。

㊾程志波、李正风：《论科学治理中的科学共同体》，《科学学研究》，2012年第2期。

㊿李兵、李正风：《课题制制度预期及实施成效分析》，《科学学研究》，2012年第1期。

(51)李兵、李正风：《基于ANT视角的国家科技计划课题制实施过程研究》，《科技进步与对策》，2012年第13期。

(52)陆群峰、肖显静：《我国"重基础应用研究轻基础理论研究"的原因及对策分析》，《科学管理研究》，2012年第6期。

(53)赵延东、邓大胜：《科技工作者如何看学术不端行为——问卷调查的结果》，《科研管理》，2012年第8期。

(54)丁大尉、李正风：《网络信息空间中的知识建构》，《自然辩证法研究》，2012年第5期。

(55)孙涛、洪眉：《浅析科技进步对传统伦理道德观念的影响》，《自然辩证法研究》，2012年第11期。

(56)肖峰：《新媒体与知识、信息的悖论问题——以关于维基百科的争论为例》，《中国特色社会主义研究》，2012年第6期。

(57)沙德春、曾国屏：《超越边界：硅谷园区开放式发展路径分析》，《科技进步与对策》，2012年第3期。

(58)李平、曾国屏：《伦敦"隐性创新"：知识密集型服务活动在城市创新体系中的作用》，《科技进步与对策》，2012年第6期。

(59)王程韡、曾国屏：《作为一种社会技术想象的创新型城市》，《自然辩证法通讯》，2012年第4期。

(60)刘华杰：《库恩与SSK的关系》，《中国社会科学报》，2012年11月26日。

(61)洪伟：《后默顿时代科学社会学述评》，《科学与社会》，2012年第3期。

(62)胡雯、张浩、李毅、刘世定、国光：《分子遗传学的发展对社会学的影响》，《社会学研究》，2012年第5期。

(63)－(70)中国自然辩证法研究会秘书处：《中国自然辩证法研究会工作会议暨学科建设研讨会在京召开》，中国自然辩证法研究会《工作通讯》，2012年第5～18期。

（作者：张仕敏，清华大学硕士生；
张成岗，清华大学副教授）

伦 理 学

罗国杰　葛晨虹　陈伟功

一、学术活动概况

4月23日，第20次中韩伦理学国际学术大会在韩国首尔中央研究院举行。会议由中国伦理学会与韩国伦理学会主办，韩国学中央研究院承办。来自中国、韩国以及东南亚其他国家的90多位专家学者参加了会议。会议主题为"现代社会的伦理问题"，与会学者就现代经济伦理、现代社会发展中的社会伦理、传统伦理与现代伦理的冲突与再生，以及其他与生活相关的伦理问题进行了交流和讨论。学者们认为，理论探讨与道德实践的统一需要对传统伦理和当代伦理的深度挖掘，也需要对多种文化价值模式的比较和借鉴。在现代社会伦理问题的研究中，还要加强伦理的思辨能力和为解决道德困顿提高伦理理论力度，这是保持伦理学科生命力和活力的基础所在。

5月26日，新闻传播伦理与法制国际学术研讨会在北京大学召开。来自中国、美国、意大利、韩国、丹麦、墨西哥、日本等国的70余位学者参加了会议。本次大会由北京大学新闻与传播学院、世界汉语修辞学会联合主办，美国卡耐基委员会全球伦理联盟、北京师范大学新闻传播研究所、中国社会科学报协办。会议主题为"全球化语境下的国家传播秩序建构与新国家文化建设：伦理与法制视阈"。与会学者就"国家传播秩序""新国家文化建构""国家媒体的道德使命""媒介文化建构""媒介与社会道德、国民道德建设"以及全球化语境下国家传播的现状、问题与对策进行了深入研讨与交流。

6月2日，"全球化时代的传统价值、德性与当代社会"国际学术会议在中国人民大学举行。来自国内外伦理学界的50多名专家学者参加了会议。本次会议由中国人民大学伦理学与道德建设研究中心举办。学者认为，当代中国道德发展遭遇的根本问题是“无伦理”，人们忧患今天的道德状况，而在道德领域、个体道德背后有更深刻的伦理根源。市场经济规律使社会现实生活贯彻了经济理性，伦理只在“市场失灵”时作为某种补救措施而存在。中国需要在巨大变革之后，找到使伦理重新在经济运行中“在场”的有效机制。要实现儒家传统德性与现代公共道德的对接，不断提高现代公民守德守法的规则意识，将中华传统伦理与现代西方道德精神相融合，建设现代社会新道德。

6月17日，第二届中国伦理学青年论坛暨首届中国伦理学十大杰出青年学者颁奖大会在江西井冈山大学举行。本次会议由中国伦理学会主办、井冈山大学承办。来自全国多所高校及学术研究机构的百余名青年伦理学者参加了会议。学者围绕当代中国社会伦理精神的内涵与特征的主题，结合当前民众的道德困惑，对当代中国社会的伦理精神与核心价值观、社会道德问题反思等内容进行了讨论。为表彰和奖励在伦理学研究中学术方向正确、学术道德规范、学术业绩突出的青年学者，受中国伦理学会的委托，中国青年伦理学会举行了首届中国伦理学十大杰出青年学者评选活动。曹刚、李培超、田海平、唐文明、王露璐、徐向东、杨明、杨通进、曾建平、左高山等10位青年学者获此荣誉。

6月9—10日，第二届“经济伦理与环境伦理”高端对话会在南京举行。本次会议由清华大学哲学系和南京师范大学公管学院共同举办。清华大学、北京大学、中国社科院哲学所、中国科学院研究生院、北京师范大学、南京师范大学等单位近20位教授，就哲学对经济学和伦理学的影响、环境哲学的实践智慧、经济学的价值导向、经济与道德的关系、发展主义的得失、经济正义与环境正义之关系、经济自由的界限等重要问题进行了深入讨论。学者认为，经济学的“价值中立”不可能存在，经济学有很强的价值导向。经济的自由增长应符合社会发展的需要，摒弃单一的利益诉求，追求多元的经济价值目标。现实环境的伦理问题也是学者的关注热点。

6月25日，“辩证看务实办——理论热点面对面2012”学习交流会在中国人民大学举行。本次会议由中国人民大学举办，来自中宣部、国家环境保护部、国务院食品安全组、中央党校、中国人民大学哲学院的领导、专家学者和30余名学生代表进行了交流。在围绕收入差距如何缩小、房地产调控如何坚持、看病费用如何降低等进行讨论的同时，也对公民道德素质教育如何推进、道德风气如何提升、食品安全如何保障、环境污染如何遏制、反腐倡廉如何深化等和道德相关的热点问题进行了讨论。

10月20—21日，“第八次全国应用伦理学研讨会”在南宁举行，会议由中国社会科学院应用伦理研究中心、广西民族大学政治学与国际关系学院共同主办。中国社会科学院、北京大学等单位的140余名伦理学专家学者参与了研讨会。学者以“国际伦理”为主题，以基本理念与核心价值、文化传统与思想资源等为分论题，围绕国际伦理与人权伦理、人道主义干预的伦理问题、全球不平等与国际经济正义、全球正义与全球健康伦理、全球环境正义与国际气候伦理等话题展开了讨论，同时还立足理论，关切现实，紧密结合时代发展和道德建设的实践等问题，进行了多视角的讨论。

10月24—27日，中国伦理学会德育专业委员会第八届学术研讨会在湖南长沙召开。来自全国28个省、市、自治区的实验区、实验校的近千名代表出席了本次年会。中宣部原常务副部长徐惟诚、原国家教委副主任柳斌出席了大会。本届年会的主题是贯彻落实《国家中长期教育改革和发展规划纲要》，增强文化自觉和文化自信，坚持和谐理念，深化课题研究，为“整体构建大中小学有效衔接的和谐德育体系”作出贡献。本届年会总结、检阅、表彰了“十一五”期间“十个一百”和2011—2012年度“一优四先”等优秀成果，新增设并表彰了“终身德育成就奖”“特殊贡献奖”。

11月2—4日，“儒学与全球伦理国际学术研讨会”在山东泗水的尼山圣源书院召开，会议由国际儒学联合会、中国孔子基金会、清华大学联合主办，由尼山圣源书院承办。来自中国、美国、德国和台湾地区的30多位专家学者参加了会议。与会学者就环境伦理、经济伦理和政治伦理问题进行了深入讨论。学者认为，现代工业文明已在进步与发展中陷入了危机，一是征服性科技发展和工业体系扩张所导致的生存危机；二是现代性文化导致的意义危机，物质主义人生观、价值观和幸福观，在经济学、政治学的辩护之下，成为主流人生观、价值观和幸福观，“大量生产、大量消费、大量废弃”的生产生活方式，使人类在生态危机中越陷越深。要走出危机，必须探讨超越工业文明、走向生态文明的可能性。

11月17日，全国“经济伦理与社会公正”学术研讨会在武汉举行。会议由中国伦理学会、中国伦理学会经济伦理学专业委员会主办，湖北省伦理学学会、中南财经政法大学哲学院及经济伦理学研究所承办，28所高校及科研机构的70多位专家学者参会。本次会议的主题是“经济伦理与社会公正”，学者们围绕“经济伦理”“社会公正”“经济伦理学会”三个关键词，阐述了经济伦理学的发展和重要地位及其学科价值，并对未来把中国经济伦理学推向世界作了展望。学者们就经济伦理中的规范体系、制度变迁、思维方式、以人为本与社会问题进行了广泛的交流。

12月10日，“人文北京建设与城市空间研究”学术研讨会在中国人民大学人文北京研究中心举办。中国人民大学的有关专家学者参加了会议。学者认为，北京市城市发展由“奥运北京”向“人文北京”转变，形成了建设“世界城市”、弘扬“北京精神”、建设“中国特色世界城市”等新的发展目标，在向“人文北京”发展中，研究者也产出了大量具重要价值的成果。

二、主要出版著作

2012年，伦理学研究取得了丰硕成果，出版了70余部专著、译著等，充分体现了北京作为全国伦理学研究中心的地位。

专著：《马克思恩格斯道德哲学研究》（宋希仁，中国社会科学出版社）、《中国大众意识形态报告》（樊浩，中国社会科学出版社）、《法律与道德》（范进学，北京大学出版社）、《伦理学》（王泽应，北京师范大学出版社）、《伦理重建与当代中国新闻报道》（罗哲宇，中国传媒大学出版社）、《论伦理精神》（张康之，江苏人民出版社）、《媒介伦理的道德论据》、（孟威，经济管理出版社）、《美德伦理学与道德多样性》（李义天，中央编译出版社）、《民法的伦理分析》（赵万一，法律出版社）、《批判的经济伦理学》（李志祥，人民出版社）、《大道哲学通书（第五卷）：道德本体论》（司马云杰，华夏出版社）、《大学制度伦理反思》（吴国娟，中国社会科学出版社）、《当代中国经济关系中的平等问题》（靳海山，首都师范大学出版社）、《当代中国流动人口管理伦理问题研究》（陈祥松，九州出版社）、《道德的人世智慧》（张传有，人民出版社）、《动物地位问题的法学与伦理学分析》（崔拴林，法律出版社）、《黄宗羲伦理思想的主题及其展开》（黄敦兵，中国社会科学出版社）、《监狱行刑伦理研究》（贾洛川，中国法制出版社）、《人类基因干预技术伦理研究》（程国斌，中国社会科学出版社）、《儒家“仁”与人权的互动》（谢军，中国政法大学出版社）、《儒家孝伦理与汉唐法律》（李文玲、杜玉奎，法律出版社）、《生命的伦理：克尔凯郭尔宗教生存伦理观研究》（王常柱，中国社会科学出版社）、《通往自我觉醒之路》（刘余莉，世界知识出版社）、《现代科学技术的伦理反思——从“我”到“类”的责任》（林琳，经济管理出版社）、《灾疫伦理学》（唐代兴，人民出版社）、《中国传统伦理与社会主义先进文化》（陈瑛，中国社会科学出版社）、《中国孝文化概论》（肖波，人民出版社）等。

编著：《中国传统道德》（再版）（德行卷、规范卷、理论卷、名言卷、教育修养卷，罗国杰主编，中国人民大学出版社）、《建筑伦理与城市文化（第三辑）》（秦红岭编，中国建筑工业出版社）、《食品行业伦理与道德建设》（赵士辉主编，中国政法大学出版社）、《先秦儒家伦理文化研究》（刘忠孝等主编，人民出版社）、《中国医学伦理思想史》（曹志平编，人民卫生出版社）等。

译著：《本真性的伦理》（［加］泰勒著，程炼译，上海三联书店）、《道德意识现象学》（［德］哈特曼著，倪梁康译，商务印书馆）、《国际商务伦理》（［美］米歇尔著，倪晓宁等译，中国人民大学出版社）、《企业伦理学》（［美］费雷尔著，张兴福译，中国人民大学出版社）、《心理学研究中的伦理冲突》（［美］博塞夫主编，苏彦捷等译，重庆大学出版社）、《心理咨询的伦理与实践》（［美］斯佩里著，侯志瑾译，中国人民大学出版社）、《真正的伦理学》（［加］约翰·M. 瑞斯特著，向玉乔译，中国人民大学出版社）等。

其中《马克思恩格斯道德哲学研究》是宋希仁教授多年来对马克思恩格斯的道德哲学所作的系统、全面的权威性研究。作者以历时态的方式详细地梳理、研究了马克思恩格斯在伦理、道德的各个方面所作的论述，为读者完整地整理、深度地剖析了马克思恩格斯的道德哲学理论，是国内相关研究中非常厚重的一部。

三、学术研究概述

2012年，北京伦理学界取得了很多成果。学者们把原理、思想史与实践问题进一步结合起来研究，以问题意识为中心，融会古今思想，贯通中西理论，积极探索新的论域。

（一）基础理论

1. 基本问题

伦理学基本问题与伦理学的学科性质直接相关，是学界广泛讨论的热点。学者提出，伦理学基本问题不等于基本的伦理学问题，它是一个问题，而非多个问题。关于道德的本质，学者认为，道德的本质就是伦理的现实化，现实化有三种形态：一是社会道德规范，二是个人道德品质，三是具体道德实践。学者提出，伦理关系的本质就是自我主体与他者主体之间的价值关系，伦理学的基本问题应当是“伦理理想与道德现实的关系”。也有学者强调，在伦理学与政治哲学中存在正当与善何者优先的问题，不注意这种区分可能在讨论相关问题时陷入混乱。对许多伦理学问题而言，优先性问题是一个基本问题，只有回答它才可能对行为作出合适的评价，但并不是所有伦理学者都同意这一点，把它当作伦理学基本问题并没有充分根据。①②

2. 研究对象

伦理学是研究道德和道德现象的科学，也是研究伦理关系及其功能的学问。学者指出前者是目前我国学界的主流观点，而后者尚未受到足够重视。伦理关系是一种具有普遍性的特殊的社会关系，主要存在于“善”的领域，以伦理权利与义务关系为实质和核心内容，以非强制性的道德调整为主要调整手段。从伦理学的历史和现实看，伦理关系都是伦理学的重要对象，不仅在伦理学理论体系的建构中具有基础性意义，而且在实践上也是完成伦理学使命的关键所在。[③]

3. 研究方法

关于科学分析。分析伦理学的兴起改变了伦理学的研究视野、旨趣和方式。学者指出，20世纪以来西方伦理学方法发生了转向，一改近代理性主义伦理学方法，走向直觉主义、情感主义。也有学者认为，伦理学可使用几何学和物理学等科学方法。因为伦理学也存在这样的公理和公式。[④⑤]

关于心理主义。心理主义在伦理学研究中产生了很大影响。从社会及人格心理学角度来看，伦理美德是一种面对道德情境时，人们直觉而自觉且相对稳定的行为意向，包含认知、情感和动力的过程。学者指出，这一新观点可以解决美德伦理学与规范伦理学之间的冲突，阐明了伦理美德与伦理规范对应的不同心理机制。美德对应的是无意识、包含情绪和认知资源的直觉加工系统；而规范对应的是有意识、不含情绪且需要努力和认知资源的推理加工系统。学者指出，在当代西方美德伦理学的复兴中，相对于亚里士多德的理性主义而言，有人从休谟的情感主义中寻找美德伦理学在当代复兴的思想源泉。斯洛特就利用心理学关于移情的成果发展了休谟的移情观念，并以移情观念为基础发展关怀伦理学，使之成为一种既能解释个体性道德问题，又能够解释公共领域、政治领域道德问题的当代情感主义美德伦理学。[⑥⑦⑧]

4. 伦理相对主义与伦理绝对主义

伦理相对主义与伦理绝对主义是伦理思想史上两种重要的致思取向。伦理相对主义强调道德的特殊性、不确定性、暂时性；伦理绝对主义则强调道德的普遍性、确定性、永恒性。学者认为应该统一把握二者，如果断言某行为应该，人们就得提出某些根据，而正当标准都可能成为判定行为是否应该的根据。但好标准与正当标准并不相同，正当标准是一个客观标准，好标准则可能是一个主观标准。有学者对安·兰德的客观主义伦理学进行了研究，认为这是针对20世纪一度盛行美国的道德相对主义、情感主义和非认知主义而提出的一种伦理学说。也有学者指出，在西方社会的现实生活中，客观主义伦理学虽充满理性激情，但由于无法有效在现实中正当化其基本理念和原则，而注定它只能是一种乌托邦式的想象。

自20世纪德性论的转向以来，德性论是否可能受到了广泛的质疑。认为德性论由于强调习惯行为养成德性，因此德性是与具体社会条件联系在一起的，具有相对主义特征，而德性应当具有客观普遍性。对于质疑，有学者以孔孟德性论为例而进行辩护，认为孔孟德性论不仅有社会性维度，还有人性论维度，这为德性论超越具体社会条件局限而具有普遍性提供了可能，而德性培养过程中的智能的作用恰可起到联系特殊与一般的作用。同时还指出，道德规范的普遍性具有与理论科学普遍性不一样的价值特征。[⑨⑩⑪]

5. 理论范式

从伦理理论范式来看，学者研究了功利主义伦理学和康德义务论伦理学两大规范伦理学的理论不同，德性伦理学聚焦行为者，重视行为者的品质、品德和实践智慧的养成。学者提出，探讨个人品德建设，需要规范论与德性论以及不同伦理理论范式的对话、互补与会通。从关注社会道德到关注个人品德，其中的联系是伦理学研究的重点之一。

从中西方古典德性伦理学的思路来看，它们分别建之于人之纯粹情感能力和纯粹理性能力之上，由此形成了两种不同类型的德性论伦理学的话语体系。西方古典德性论伦理学是基于主客对立的认识论方法和物理－生物学的学科背景而构建的，并通过人所具有的超时空抽象能力为实现个体自我生命提供了一种学理理想。儒家古典德性论立足于主客不分和生命体验的方法论建制，根据人之现世生活的“情感积淀”和人之“此在”状态的生命“境界凝聚”而提供了一种学理理想。[⑫⑬]

（二）西方伦理思想

1. 亚里士多德的实践智慧

学者指出，德性伦理学是思考一种朝向人应然地生活实践的伦理学。它表明生活的实践可能性，也表明德性地生活的可能性。伦理学可以明确或隐含地以生活的实践可能性和德性地生活的可能性作为它的基础。德性伦理学比其他实质性的伦理学更明确地诉诸这个可能性前提。亚里士多德早期、中期和成熟时期关于实践智慧概念的阐述中，隐含着一条逐渐摆脱柏拉图主义的线索，由此实践智慧也摆脱了理论智慧的阴影，成为独立的实践哲学的核心概念。在亚里士多德成熟的实践哲学中，实践智慧主要具有伊索克拉底式的形态，但同时在实践智慧的规范性方面更接近柏拉图的思想。在伦理学专著《尼各马可伦理学》中，亚里士多德表达了一种兼顾理性自我和他人善的友爱观，它将利己主义与社会道德要求结合起来。[⑭⑮⑯]

2. 伽达默尔的教化解释学。

伽达默尔的教化解释学是一种新亚里士多德主义的解释学实践哲学。它强调通过后天日常交往、练习和习惯来分享共同的信念与价值，实践共同的善；强调过一种共同体生活需要每位成员的互爱或友善。伽达默尔的深刻之处在于分析了人类生活价值伦理失落之根是实践理性、实践智慧的缺位和沦丧，“实践衰退为技术”，指出价值伦理的重塑意味着实践哲学的重建与复兴。实践哲学就是对人类存在本质和生活行为与状态的一种理性反思，是关乎人类存在、目的、价值与意义的根本性理解，实践哲学作为一种方法观念将再度重视伦理学。伦理学的宗旨就是实现人类的团结共存，当前个人主义盛行的西方面临着复兴伦理学的任务。[17][18]

3. 康德与普遍性原理

康德伦理学遇到的一个难题是如何看待爱的问题。康德不赞成以爱的情感作为道德行为的动机。因为，爱作为情感具有特殊性、相对性，不具普遍性，但作为义务根基的道德法则具有普遍性，爱不能成为道德义务；同时，作为义务或责任，道德应具有一定的强制性，“义务是由敬重法则而来的行动的必要性”。康德认为只有“形式的”东西才是具有普遍性的东西。但舍勒认为这种对应性区分是康德哲学的一个错误。

德福一致是中外哲人探讨的千古议题。康德在分析批判以往哲学家有关德福论的基础上，借助神学提出自己的至善论解答。康德探讨了先验神学、宗教与道德、人性论和伦理共同体等重要主题，在康德的道德哲学中，关于幸福的希望成为有德者的权利。[19][20]

4. 罗尔斯与正义原则

随着公民社会的发展，学者们对政治伦理表现出了研究兴趣。学者指出，分配正义只涉及如何在人们中间分配财富、机会和资源，而不涉及人们在福利上不断改善；伦理意义上的分配正义是人们对分配社会资源时所出现的问题的伦理认识、评价与积极改善；它是介于利己与利他之间，对自私自利行为进行抑制，并对维护人们的尊严，增进社会和谐发挥作用的社会力量。[21]

学者对罗尔斯的正义原则进行了研究，认为在《万民法》中，罗尔斯所提出的国际正义受到批评是某种误解，因为罗尔斯不仅对基本人权的实现持有普遍主义的承诺，其国际正义理论因充分认识到了多元主义的事实与分配正义的本质而在理论上具有独特的优越性。有学者对罗尔斯在《正义论》中所作的“相互冷淡”假设作了探讨。认为虽然“相互冷淡”假设确实留存有社会契约论人性自利说的印痕，但罗尔斯将相互冷淡与善的多元性之间等同，不仅在相当程度上拒绝了利己主义的指控，而且最终指示了一种他希望建构的自尊与互尊的伦理学。这一伦理学使正义与仁慈有可能在一个更高的层面上得以结合。[22][23]

（三）中国传统伦理思想

1.“新三纲”和“新五常”

学者提出，要用马克思主义历史唯物主义观点，对传统道德进行剔除糟粕，吸收精华的工作。认为“三纲”基本属于束缚人性的“糟粕”，应彻底否定，而“五常”则可以视为维护人之间和谐发展的“多少带有民主性和革命性”的精华内容，我们要持“扬弃”态度。弘扬民族优良传统道德，必须同弘扬社会主义爱国主义结合起来。有学者提出，一个“中华新伦理”的构想或许可概括为“新三纲”和“新五常”。“新三纲”指“民为政纲、义为人纲、生为物纲”。“新五常”分为两个部分，一是五常伦，一是五常德。五常伦指“天人和、族群宁、社会公、人人义、亲友亲”；五常德指“仁、义、礼、智、信”。“中华新伦理”的信仰体系可概括为“敬天、亲地、怀国、孝亲、尊师”。“中华新伦理”的入手途径可从正名开始，即“官官、民民、人人、物物”。[24][25]

2.“孝”道

“孝”是中国传统伦理的基础。孝文化经历了一个由神本到人本、由家庭道德到政治道德的历史变迁。学者指出，甲骨文的“孝”字与金文之后的“孝”字结构及其含义的差别，反映的是殷周之际伦理文化的变革，即由“神本”伦理到“人本”伦理的变革。有学者进而论，“孝”“仁”可以打通；孔子将个体“孝”经验上升到全体人类的“仁”境，可见孔子提倡的“孝”，不仅是“仁”的根基，而且可与孔子对于天地自然的本体论理解相通，也可与基于祖先崇拜的宗教情感相通。如此，“孝”就由个体源初的感情，上升到人类全体以至世界全体，成为人非反思地面对世界全体的不可移易的基石。[26][27]

3.“义”与“仁”

“义”是规范伦理学的核心概念，“仁”是美德伦理学的核心概念，从“义”到“仁”，孔子奠定了伦理学的逻辑基础。立足当代语境，需要对孔子“义”与“仁”作必要补充：用“个体生命权利”观念补充“义”，用“同命意识”补充“仁”，如此方可使孔子伦理学符合当代现实语境，具有更坚实的逻辑基础。孟子的“推恩”说以恻隐之情为泛爱的基础，以差等之爱为追求的目标，以事亲从兄为实践起点，这些均体现了其现实性。然而，“瞽瞍杀人”的案例却说明在亲情与公义两难选择前，“推恩”说必然陷入困境，在列维纳斯的“第三方”概念的参照之下，孟子舍公义而全亲情的价值选择也显示出其局限性。[28][29]

（四）应用伦理

1. 生态伦理

生态文明伦理学就是要实现人类及社会自然和谐共处、永续发展。推进生态文明建设，必须培育民众生态文明理念，建立生态化发展模式，完善生态伦理制度体系。中国古代生态智慧和西方的人类中心主义与非人类中心主义之争及马克思主义生态观，为生态文明提供了深厚的伦理学基础。现代西方生态伦理学在结论上具有革命性，但其逻辑进路因西方近代哲学二元论思维而造成了主客分离。中国的生态伦理学不能仅局限于西方话语系统，而必须具有中国自身的特质，应在吸收西方生态伦理学、马克思的生态学思想、中国传统生态学等思想资源的基础上加以建构。[30]

有学者强调，科学家应对社会承担相应的伦理责任。但科学家如何承担道德责任面临困境，如追求学术自由与限制某些具有潜在危险的应用科学研究之困境；科学家角色与公民角色冲突困境；科学及其副产品技术等不确定性引起的困境；局部与全局、长远和眼前利益的冲突，使科学家难以作出中止具有危险性科学研究的决定。化解这些困境，必须增强科学家应有的对社会的道德责任感，用制度规范科学家的社会行为和科学的技术应用，对科学技术应用进行公众讨论等评估以减少风险。[31]

2. 环境伦理

环境伦理学要面对国际范围环境价值观复杂多样的困境，主权国家缺乏环境伦理是当前国际环境治理困境的价值根源。国际环境治理的世界主义诉求需要具有整体主义和强制性理论特质的环境伦理。维持地球生命力和环境正义是国际环境治理的两条基本环境伦理原则。在实践中，环境伦理推动国际环境治理的“路线图”由国际环保组织建立、伦理理念传播普及、伦理规范制度化和自觉践行伦理规范这样四个阶段构成。中国在践行环境伦理、参与国际环境治理中采取了积极的行动。有学者建议用“重叠一致”和“实用主义”两种模式促成一种共识模型——可持续发展观。但可持续发展观本身也存在着理论和现实上的困境，根本原因是当前的环境价值观总体来说纠结于人类中心主义和非人类中心主义的两种价值观。基于此，学者建议建立新理论体系，主张人们的环境价值观可以根据“注重需求”和“注重理想”这两个规范进行重新定位。环境美德伦理学是近年来西方环境伦理学研究中的热门课题，是环境伦理学20世纪80年代诞生的新领域。它运用美德伦理的方法，通过对人类美德或品质、实践智慧和社会繁荣的关注，展开对环境问题的探讨。[32][33]

（五）现实道德问题研究

1. 道德现状评价

学者指出，应怎样评价我国现阶段社会道德状况，这个问题已经超出单纯道德评价的范畴，涉及对中国特色社会主义总体成就的评价，需进行深入的分析。大多学者认为，我国道德状况的主流是发展进步的。经济社会的全面进步奠定了坚实基础，道德建设成就在一系列的重大事件中得到显示和证明。但道德问题在一些时段、一些领域和一些人群中表现突出，使我们的道德建设面临严重考验。社会道德危机主要表现在以下几个方面：利字当头，见利忘义；自私自利，人伦丧尽；诚信缺失，坑蒙拐骗；漠视生命，危及生活；国际形象受损。其成因从价值观上看，而主要在于：利字当头扭曲了义利关系；个人本位扭曲了人伦关系；过分竞争扭曲了社会和谐。道德危机和道德价值观的迷失，是道德文化和社会道德氛围营造不力，相关制度建设不到位的问题。道德危机的拯救从社会与政府层面看，必须坚持德法文教并举。[34][35][36]

2. 精神家园与德性社会

在描述西方道德逐渐衰微之历程的基础上，回归伦理学家把当代社会理解成为道德衰微亦即缺乏道德共识因而缺乏人类共同的精神家园的“无家可归”社会。他们试图凭借“回归传统的德性伦理学”挽救当代社会的道德危机。然而有学者认为，尽管他们对于西方伦理学之发展历程和当代社会道德危机的描述比较正确，但他们未能充分认识到西方道德发展历程更为重要的进步意义，他们并不知道，面对当代社会无家可归的状态，人类需要的不是返回曾经的精神家园，而是重建新的精神家园。

学者对德性之美与社会之善之间的内在逻辑也进行了研究，强调个体德性是城邦之善的基础，却无法从德性之美推论出城邦之善来。道德的个人和缺失道德的政府以及道德的政府和不道德的个人都可能存在。一个基本事实是，一个缺失道德的政府比不道德的个人所造成的危害可能更大。长期以来政府的“德性”（或城邦之善）如何可能却没有真正成为伦理学深入讨论的对象。如果说个体德性取决于个体的“善良意志”或“优良品质”，那么城邦、社会之善则决定于精英群体的公共理性，也取决于政治家和公务员的德性结构。讨论个体德性的结构和政府德性的生成，分析连接二者的逻辑环节，无疑是重要的理论和实践任务。[37][38]

3. 诚信建设

学者指出在当前中国诚信体系建设中的问题主要表现为失信频率高发化、失信主体多元化、失信手段多样化、失信后果严重化。学者指出，人格主体的诚信美德和正当有效的社会信用外在机制是确保责任承诺的合理可期和忠实践行的两大基础。面对现代社会转型中超常态的社会政治法治条件、社会结构公共化态势以及文化道德资源供应相对缺乏的复杂性现实，需要建构以制度、伦理和品德为三维支柱的诚信制度体系。[39][40][41]

有学者指出，诚信原则在我国市场发展中往往被理解为客观诚信，被理解为仅是财产法上的制度。学界还忽略了诚信失却与伦理学上的善恶问题的关联。即使在对相当于主观诚信的“善意”研究中，也忽略了此等善意的个别性和地域性，由此忽略了主观诚信制度的保护弱者功能。学者们认为，诚信问题主要是因为经济发展水平总体不高、改革开放的冲击和传统文化的式微、城市化进程的迅速推进和法制建设进程的明显滞后等造成的。要解决这些问题，推进社会诚信体系建设，就要着力推进社会核心价值体系建设，汲取国内外积极经验，丰富诚信理论，进一步提高制度惩戒力度，完善法制建设，不断加强组织管理能力。[42]

4. 价值观与价值体系

学者指出，只有拥有经济和文化以及意识形态双重优势的民族才是真正强盛的民族。而真正强盛的民族应该信赖制度的力量，信赖文化和核心价值的力量。社会主义核心价值观既是中国特色社会主义道路的本质体现，也是中国社会主义制度对中国人民的承诺、对人类未来前途命运的把握、对历史发展方向的定位。凝练社会主义核心价值观，必须遵循中国特色社会主义道路的基本要求和中国特色社会主义制度的基本要求，而不能将其与作为人民群众生活伦理规范的道德生活价值观混为一谈。学者认为核心价值体系应包括价值存在体系与价值观念体系两个方面。作为价值存在的核心价值体系，反映了人类社会的发展规律、社会主义建设的基本规律以及中国共产党成立九十多年和执政六十多年的基本经验，包括人的价值、经济价值、政治价值、文化价值、生态价值；作为价值观念的核心价值体系，应该有理想信念、行为规范和心理品格三个层次内涵，是全社会都应遵守的规范和都应形成的心理品格。[43][44]

总之，北京2012年的伦理学研究内容丰富而深入。学者们体现出更多的问题意识，并担当起理论创新的责任，研究中既有解构，更有建构，承上启下，为伦理学的发展、现实问题的解决发挥了积极的理论指导作用。

注：

①赵昆：《关于“伦理学基本问题”的思考》，《道德与文明》，2013年第1期。

②何宝峰：《好人存在，好人何以可能——阿格妮丝·赫勒论道德哲学的基本问题》，《信阳师范学院学报》（哲学社会科学版），2012年第6期。

③朱海林：《对伦理学的对象的再认识——兼与韩东屏教授商榷》，《伦理学研究》，2012年第1期。

④孙伟平：《“科学的”分析伦理学思想评析》，《自然辩证法研究》，2013年第2期。

⑤王海明：《伦理学方法要义》，《武汉科技大学学报》（社会科学版），2012年第2期。

⑥喻丰等：《伦理美德的社会及人格心理学分析：道德特质的意义、困惑及解析》，《清华大学学报》（哲学社会科学版），2012年第4期。

⑦齐贵云：《移情关怀伦理学：斯洛特情感主义美德伦理学新进路》，《求索》，2012年第2期。

⑧黄正华：《伦理学基于心理主义吗?》，《淮阴师范学院学报》（哲学社会科学版），2012年第3期。

⑨黄正华：《好、正当与应该——伦理学基本概念之间的一种可能关系》，《福建师范大学学报》（哲学社会科学版），2012年第2期。

⑩江怡：《知识与价值：对德性认识论的初步回答》，《北京师范大学学报》（社会科学版），2012年第4期。

⑪孔文清：《德性是相对的吗——以孔孟的德性论为例》，《道德与文明》，2012年第4期。

⑫高力克：《公共伦理与个人美德：英日中转型伦理学的双轨范式》，《华东师范大学学报》（哲学社会科学版），2013年第4期。

⑬乔法容、马越：《德性论视阈下的个人品德建设研究》，《中州学刊》，2012年第3期。

⑭廖申白：《论德性伦理学的实践原理的两个基本含义》，《北京师范大学学报》（社会科学版），2012年第3期。

⑮黄小洲：《伽达默尔教化解释学的实践哲学特征》，《求是学刊》，2012年第5期。

⑯刘宇：《亚里士多德实践智慧思想的起源和发展》，《求是学刊》，2012年第3期。

⑰丁立群：《理论哲学与实践哲学：孰为第一哲学?》，《哲学研究》，2012年第1期。

⑱张能为：《伽达默尔的实践哲学与价值伦理学》，《学术界》，2012年第12期。

⑲张传有：《作为情感的爱与作为义务的爱》，《哲学研究》，2012年第5期。

⑳张传有：《对康德德福一致至善论的反思》，《道德与文明》，2012年第3期。

㉑段忠桥：《关于分配正义的三个问题——与姚大志教授商榷》，《中国人民大学学报》，2012年第1期。

㉒徐向东：《罗尔斯的政治本体论与全球正义》，《道德与文明》，2012年第1期。

㉓孙小玲：《互尊和自尊的伦理学——从罗尔斯的“相互冷淡”谈起》，《复旦学报》（社会科学版），2012年第1期。

㉔何怀宏：《新世纪的纲常——“中华新伦理”的一个构想》，《道德与文明》，2012年第4期。

㉕罗国杰：《论中华民族传统道德的“精华”与“糟粕”》，《道德与文明》，2012年第1期。

㉖焦国成、赵艳霞：《“孝”的历史命运及其原始意蕴》，《齐鲁学刊》，2012年第1期。

㉗温海明：《孔子“孝”非反思先行性之哲学分析》，《社会科学》，2012年第7期。

㉘李凯：《论孟子“推恩”说的现实性、困境及出路——以列维纳斯伦理学为参照》，《齐鲁学刊》，

2012年第5期。

㉙薛富兴：《孔子“仁义”观的内在结构、普遍价值及现代补充》，《孔子研究》，2012年第1期。

㉚叶平：《生态伦理的价值定位及其方法论研究》，《哲学研究》，2012年第12期。

㉛李醒民：《科学家的道德责任：限度与困境》，《学术研究》，2012年第1期。

㉜钟芙蓉：《环境经济政策的伦理学审视》，《伦理学研究》，2012年第3期。

㉝王国聘、李亮：《环境伦理学视域中的国际环境治理》，《学术交流》，2013年第1期。

㉞秋石：《正确认识我国社会现阶段道德状况》，《求是》，2012年第1期。

㉟肖群忠：《道德危机的拯救与文明大国的崛起》，《西北师大学报》（社会科学版），2012年第1期。

㊱葛晨虹：《社会道德问题与道德实力重建》，《西北师大学报》（社会科学版），2012年第1期。

㊲强以华、杨海军：《“回归德性伦理学”的反思》，《湖北大学学报》（哲学社会科学版），2012年第1期。

㊳晏辉：《从德性之美到城邦之善——论两种善的逻辑及其通约关系》，《学术研究》，2012年第1期。

㊴李景林：《诚信观念与道义原则》，《天津社会科学》，2012年第2期。

㊵甘绍平：《雷锋的道德关切与陌生人的社会》，《党政干部学刊》，2012年第8期。

㊶万俊人：《论诚信——社会转型期的社会伦理建设研究之一》，《苏州大学学报》（哲学社会科学版），2012年第2期。

㊷徐国栋：《诚信原则理论之反思》，《清华法学》，2012年第4期。

㊸韩震：《必须区分核心价值观与道德生活价值观——如何凝练社会主义核心价值观之管见》，《中国特色社会主义研究》，2012年第3期。

㊹孔润年：《伦理学视野中的社会主义核心价值体系建设》，《道德与文明》，2012年第2期。

（作者：罗国杰、葛晨虹，中国人民大学教授；
陈伟功，中国人民大学博士生）

美　学

孙　焘

本综述以北京地区美学研究的单位为主体，重点总结较有影响力的活动、具有代表性的成果和观点。

一、北京大学

2012年5月19日至22日，由北京大学美学与美育研究中心与杭州师范大学弘一大师·丰子恺研究中心联合举办的第二届丰子恺研究国际学术会议在杭州召开。会议主题为“丰子恺艺术教育思想研究”。会议共收到相关研究论文25篇，各与会代表分别就丰子恺先生的漫画、音乐、书法、散文及其教育思想，从“民俗审美的多重视角”“物我同一的护生情怀”“浓郁的人文关怀精神”“‘曲高和众’的社会艺术教育理念”等多个角度展开探讨。会议还就丰子恺美学与美育思想研究、丰子恺艺术及艺术教育思想研究等专题进行分组讨论。

2012年4月和5月，北京大学美学与美育研究中心在燕南园56号举办了两次学术研讨会。在第一次研讨会上，朱良志教授报告了在纽约大都会博物馆任高级研究员的观感和思考。朱良志指出，近年来，国外的博物馆、大学、研究机构在亚洲艺术方面投入大量人力物力开展研究、举办展览。他们的中国艺术史研究已取得了扎实的成果，引领了相关学科的学术风气。相比之下，国内的中国艺术史研究现在尚缺乏系统的、基础性的工作，人才培养也存在不足。然而，西方研究机构在研究方向上也存在比较大的偏差。他们的顶级学者大多数只是把中国艺术史的资料当作研究历史的材料，而不当作艺术本身来对待，这也对国内的艺术史研究风气造成了误导。与此相关，西方学者关于中国艺术史的研究偏重于物的研究，忽略了艺术品跟一般物品之间的界限，无视艺术品的精神内涵。这些问题，本质上都是文化隔膜的问题。艺术研究一定要跟文化思想的研究结合起来，才会有更大的突破。真正深入探究、呈现中国学术文化精神的工作，还是要由中国学者来做。从另一方面说，中国学者的声音要真正得到尊重，则需要我们拿出真正有分量的、能够得到广泛认可的研究成果。

北京大学艺术学院的彭锋教授报告了2011年策展威尼斯双年展中国馆的情况和经验。威尼斯双年展以国家为参展单位的当代艺术展示平台，相当于当代艺术界的奥运会。彭锋积极地应对场馆条件的局限，将主题定为“弥漫”，馆内主要通过茶、酒、药、香等气味为作品的主体，馆外则突出云雾的效果，体现了中国文化重视“味”“气”的特色。彭锋将本次策展的成功归结为思想的、学术的力量。他对一个好的展览的定义，就是一个既有学术前瞻性，又有文化内涵的展览。《弥漫》的创意一方面得自国际美学界对于身体的重视，另一方面还有中国文化的启示，即一种打破边界的、柔性的渗透力量。彭锋认为，未来人类文明融合对于普遍性的追求，乃是一种基于宽容、弥漫基础上的普遍性，而不是基于人种或观念上的普遍性。《弥漫》体现了彭锋基于叶朗教授的“美在意象”而形成的美学观念。彭锋认为，美就是“事物在无概念状态下的显现”，而审美则是“自我在无身份状态下的逗留”。因为去除了身份的考虑、名利的考虑，作为策展人，他可以提出十分大胆的，甚至冒险的创意，并且在策展的过程中能够克服重重困难，最后取得成功。

在第二次研讨会上，清华大学哲学系副主任肖鹰教授就他近些年来针对重要文化现象所作的批评与20余位学者一起展开讨论。就大众文化和演出对于传统艺术和高雅艺术的冲击现象，肖鹰以2012年比较引人注目的文化现象入手，着重谈了传统艺术的改革问题。他说，地方戏剧、传统戏剧不是不可以改革，但必须尽最大的努力去保持或保护传统艺术已经达到最高峰的东西。娱乐化的戏剧改革，表面上扩大了其表演空间，增加了舞台流动性，但弊端是用物质压倒了人物，用技术压倒了表演。人本身被排斥和压抑了，传统本身实际上就给压抑了。肖鹰进一步指出，中国的当代文化整体走向了娱乐化和市场化，却缺乏一种矛盾的相反对的力量对它进行一定的调节。肖鹰指出，这是值得警惕的趋势。

2012年6月14日至28日，由夏威夷大学哲学系和北京大学美学与美育研究中心发起，第一届北京大学—夏威夷大学Uehiro基金美学暑期班在北京大学燕南园56号院举行。夏威夷大学哲学系安乐哲教授、唐克己教授和北京大学美学与美育研究中心的彭锋教授、孙焘研究员主持了暑期班。本次暑期班面向在京高校和研究机构招收学员，来自北京大学、清华大学、中国人民大学、北京师范大学、首都师范大学、北京外国语大学、中央美术学院和中国社会科学院的24名博士和硕士研究生入选。本期的研讨主题为“自由与和谐的美学”，在为期两周的暑期班学习中，学员们阅读了康德的《判断力批判》席勒的《审美教育书简》《中庸》和《庄子》。围绕这四个文本，学员与主讲教授以英文展开了讨论。

92岁高龄的张世英先生在2012年出版了新著《美在自由：中欧美学思想比较研究》[①]。本书从审美意识的哲学基础、审美与语言、美与真善、欧洲审美意识与人的主体性、美与人生境界五个维度对中欧美学思想进行了比较研究。张世英指出，欧洲文化传统长期以“主客二分”占主导地位，其美学思想亦长期建立在“主客二分”的基础之上，故重典型美——理性美，其流弊在于脱离生活与现实；直至现当代或所谓“后现代”，才转而倡导“人与世界融合”的“在世结构”。但欧洲人背负“主客二分”、非此即彼的传统包袱过重，欲达到人与世界一体之真正的、深切的领悟与玩味，却非易事。作者为此而用相当篇幅论述了中国美学思想中建立在“天人合一”基础上的“意象说”，认为欧洲人应吸收中国此种美学思想的优点，从中学习如何体悟和玩味彼此融通的意境和神韵。

北京大学美学与美育研究中心主任叶朗教授出版了《文章选读》[②]。叶朗教授总结该书的编选宗旨，是引导读者去追求一种简洁、干净、明白、通畅、有思想、有学养、有情趣的文风。与此同时，注重拓宽自己的胸襟，涵养自己的气象，提升自己的人生境界。因此，该书乃是叶朗对于其审美意象与人生境界思想的一种实践。

朱良志教授在2012年发表了两篇中国美学方面的文章。在《论唐寅的“视觉典故”》[③]中，朱良志教授指出，中国画的发展存在着一种可称为“视觉典故”的现象，在文人画中表现最为明显。文章以明代吴门画派画家唐寅为例来讨论其中的相关问题，主要内容包括两个方面，一是“视觉典故”的概念，二是唐寅关于视觉典故的运用。作者认为，视觉典故的运用，使唐寅绘画富有强烈的智慧特点，他的绘画不是图写物象，吟弄花鸟，而是追求生命的“真性”。

《恽南田的“乱”》[④]是朱良志的另一篇美学专论。他着重梳理了“乱”在中国美学和艺术学中的独特意义。“乱”是传统文人画的理想境界，文章以清初画家恽南田为例来分析其理论内涵。由恽南田的绘画实践和理论探讨可知：文人画强调安顿性灵，以平和冲淡为审美理想，并不代表这样的艺术只会追求平衡，排斥冲突；文人画强调内在秩序的创造，并不代表这样的艺术只会追求形式和谐，在荒寂离乱的境界中，也蕴含着独特的美感。文人画的“乱”境中隐藏着彰显生命真性的大文章。

彭锋教授在2012年出版了三部当代艺术方面的著作，分别为《方案：2011年威尼斯国际艺术双年展中国馆》[⑤]《流动艺术：具象研究个案》[⑥]和《流动艺术》[⑦]。这些著作均以当代中国艺术的创作和批评为中心，旁及艺术与社会演变、艺术与历史，以及艺术展策划、宣传等问题，追求历史的厚度、理论的深度和现实的广度。

彭锋在《如画概念及其在环境美学中的后果》[⑧]一文中分析了中国和西方美学中的如画概念的差异。在西方美学中，如画更多的是出于风格上的考量，介于优美与崇高之间，西方如画概念显示了一种统一风格布局的观念，这种理念的结果就是人工化的人文景观；在中国美学中，“如画”更多的是出于境界上的考量，介入真实与虚幻之间，中国如画概念讲求适度的人文改造，将自然风景与人文理想联系起来，形成虚实相生、真假参半的景观。彭锋教授从中西如画概念的不同背景与内涵分析中，揭示中西环境美学的差异，并指出当下环境美学出现完全推崇自然科学、排斥人文因素的倾向。

另外，彭锋在讨论中国艺术的论文《水墨是可以解构的吗》[⑨]中提出，在全球化时代，传统水墨画面临新的挑战。如何将水墨精神从文化符号的束缚中解放出来，以便更好地适应全球化时代的新形势，这是当代水墨亟待解决的问题。作者通过考察活跃在海内外的当代艺术家的水墨实践，主张将文化水墨还原为自然水墨，在自然水墨的基础上建构适应全球化时代的新的文化水墨。解构的是僵化的文化符号，建构的是真正的水墨精神。

北京大学美学与美育研究中心研究员、清华大学哲学系的肖鹰教授发表了《“墨戏”与“平淡”——董其昌绘画观一辨》[⑩]。文章在前人研究的基础上，在对庄子宇宙观和人生观的哲学溯源中，阐释了“平淡”与“墨戏”所包含的哲学精神，并揭示其中所体现的中国绘画哲学对于精工与平淡、形式与生命的矛盾观念。肖鹰指出，庄子“以淡为本”的宇宙观延伸为人生哲学，就形成一种隐逸于万物而游心于无穷的人生情怀，它提供于中国绘画艺术的是“刻雕众形而不为巧”的创作精神。董其昌对“平淡”与“墨戏”的美学阐发，核心就在于将“以淡为本”落实为艺术与人生统一的自由艺术精神。

二、中国社会科学院

2012 年 5 月 18 日至 21 日，由中国社会科学院文学所与江苏师范大学联合主办的“美学与国际：传统与当代”国际学术研讨会在江苏徐州举行。国际美学协会主席柯提斯·卡特、前任国际美学协会主席阿诺德·柏林特等国外专家，以及来自中国社科院、北京大学、山东大学、南京大学、江苏师范大学等高校和科研单位的专家学者出席了本次研讨会。本次研讨会主要集中在美学和艺术两个领域，探讨了美学、艺术在传统文化语境中的形态和特征，以及在当下语境中的发展与新变。会议紧扣三个方面的主题来展开美学与艺术相关话题的讨论，即“当代语境中对美学与艺术传统的新审视”、“面向当代世界的中国美学与艺术”及“美学对促进艺术与文化繁荣和发展的意义”。

在这次会议中，学者们联系当代的文化语境对美学和艺术的传统进行透视。在这方面，较有代表性的是美国学者柏林特教授的发言，他谈到了美学领域的扩张问题，认为艺术和美学的实践延续了过去几个世纪的方向，以更加迅速的方式扩展其领域范围，延伸到环境和社会各个角落，形成诸如环境美学、日常生活美学、饮食美学、社区美学、政治美学等形态，另外，对其他审美文化传统越来越多的关注，也使得我们的思考范围得以延伸。斯洛文尼亚学者艾尔雅维奇回顾了西方美学近代以来的历史，分析了艺术独立概念和美学学科形成的历史语境，并分析从黑格尔到阿瑟·丹托延续下来的“艺术终结论”话题。此外，国内的学者赵宪章结合当下文化新语境探讨文学与图像的关系新变，并提出“文学图像论”的命题；姚文放则考察了“美学”概念几百年来的发展历程，并关注了美学新的发展方向，对美学中的肉体话语和身体话语进行了解读；金惠敏结合新媒体时代的特征对美学和艺术的发展趋向进行了分析；丁国旗论述了马尔库塞美学思想的特征及其价值，希望美学的研究能够利用和借鉴这些理论资源。

在本次研讨会上，国内外学者都对中国传统的美学与艺术表示了极大的关注。美国学者柯提斯·卡特先生联系全球化的文化语境，考察了中国新时期以来的先锋派艺术，认为中国的传统以及西方的相关艺术理论都对中国先锋派艺术产生了巨大的影响。高建平围绕中国古代绘画的表现性动作这一话题，探讨了中国艺术尤其是绘画在技法和内蕴上与西方绘画的同与异。香港学者文洁华女士从中国古代水墨画的特征谈到现代新水墨艺术的发展，并对新水墨艺术的前景进行了展望。美国学者大卫·布隆贝尔以中国传统绘画为例，探讨中国艺术的表达方式，以及中国艺术特有的美学意蕴等。另外，朱存明、扬之水和杨子彦等学者都对中国古代的艺术现象和审美文化范畴等进行了具体的探讨，挖掘中国传统艺术和美学的魅力。

2012 年，文学所的高建平研究员主要讨论了当代艺术理论的发展问题。在长文《“进步”与“终结”：向死而生的艺术及其在今天的命运》中，高建平指出：艺术理论研究者们长期被一个话题所困扰，这就是“进步”；另外，从黑格尔开始，一个新的话题兴起了，这就是艺术和艺术史的“终结”。艺术发展到 20 世纪后期，面临着双重压力，一种是丹托所谓的被哲学剥夺。造成艺术与美的脱离。而另一种则是被“美”（实际上是资本家所制造的快乐）剥夺。后一种情况，就是日常生活审美化所带来的从工艺设计到通俗文化，再加上娱乐业所带来的处处皆“美”的世界。高建平最后提出，终结并不意味着灭亡，让人人成为艺术家，让成为艺术家的人们相互欣赏，让艺术的生产者占据主体地位，让他们在生活中创造意义，这是艺术的未来，是艺术走出“终结”之道。

在《理论的理论品格与接地性》[⑪]一文中，高建平提出了“接地性”的观点。他提出理论不应一味傍“主义”大旗，而要有问题意识。理论“接地”是要克服经院化倾向，使理论从生活出发，从现实出发。另外，“接地”也要防止“时文”的方向，就是将文学、美学的理论探讨变成社会和政治评论。对于理论如何"接地"，高建平认为应从"问题"出发，激活旧话题，发展新话题。"接地"是一种更新的动力，要使话题常新，才能使理论不断产生新的活力。

高建平出版了两本编著：《中国艺术的表现性动作——从书法到绘画》[12]和《现代艺术——18世纪至今艺术的美学和哲学》[13]。《现代艺术》一书的作者让-马里·舍费尔是法国当代最主要的美学家之一。他梳理了西方美学历史上的种种思辨理论，并提出了超越思辨而更具有包容精神的艺术理论。另外，高建平主持的国家社科基金重大项目"20世纪中国美学史"也在本年度获得立项。

哲学所美学研究室主任王柯平研究员的成果主要集中于古希腊美学的研究领域。他本年度出版的著作《古希腊诗学遗韵》收录了近8年来发表的部分论文，主要关注点是古希腊诗学，侧重点是柏拉图的诗学理论。与古希腊美学相关的论文有：（1）《悲剧净化说的渊源与反思》[14]，讨论了亚里士多德悲剧理论的"疏泄或净化"（katharsis）的含义问题。（2）《试析"剧场政体"问题》[15]，从柏拉图提出的"剧场政体"，讨论雅典剧场文化的蜕变、民主政体的衰败与公民德行的堕落等因素。（3）《柏拉图的城邦净化说》[16]指出，柏拉图的城邦净化说主要涉及三个方面：一是净化城邦的诗乐艺术，意在保障施行正确的道德化教育；二是净化城邦的政坛与民意，以便实现大权独揽、唯我独尊的政治企图；三是净化城邦的公民，试图采取优胜劣汰的方式挑选合格的公民。另外，"城邦净化"作为一种隐喻，在一定程度上为亚里士多德的悲剧净化说埋下了伏笔。以上几篇论文都将古希腊美学问题还原到当时的社会文化语境中，打开了理论研究的视野。

王柯平研究员的成果还包括中西美学比较的著作，在《流变与会通：中西诗乐美学释论》[17]中收录了如下几部分文章：孔子与柏拉图论乐、墨子与荀子论的乐辩、朱熹的道德化诗学观、《明诗》篇三议题、禅悟与空灵之境、创造性转化与生生之德、模仿论与模写说辨析、境界为探其本的深层意味，《摩罗诗力说》与摩罗式崇高诗学、方东美的文化理想观与跨文化探索、挪用与创构中的文化诗学等。

三、中国人民大学

2012年，中国人民大学哲学系张法教授在两个主要方向上发表了论文。

其一是对于形象/意象/图像内涵的比较研究。

在这个方面，特别值得注意的是张法教授发表在《河北学刊》上的三篇副题为"从比较文化和比较文论的角度看Image（形象/意象/图像）"的系列文章。它们的主标题分别为：《西方文化和文论中的Image》[18]《中国文化中的"象"》[19]《印度文化中的形象（Rūpa）及其展开》[20]，从中、西、印三种文化的"象"、"Image"和"Rūpa"的梳理和分析入手展开对比讨论"意象""形象""图像"的联系与区别。在《西方文化和文论中的Image》中，作者指出，Image（形象/图像/意象）是全球化时代文化对话和美学对话中的一个重要主题。从比较文化的角度来看，其在西方主要与三个方面相关：由主客互动而来的影像，主体心理运行的意象，由主体外化而成的艺术形象。这三个方面为Image在中国的三种不同译法奠定了基础。在《中国文化中的"象"》中，作者指出，中国的象不同于西方的Image。在中国文化中，宇宙和事物是虚实合一的，象既体现了虚实合一中实的一面，更要突出其虚的一面。对"象"的强调既突出了人物审美和文艺作品的神—骨—肉结构中"形"的一面，更关系到"神"的一面。因此，象是最能体现中国文论之特质的关键词。在《印度文化中的形象（Rūpa）及其展开》中，作者指出，印度文化中的形象由多个概念体现出来："色"与"相"是西方Image的相似物，"境"是主客合一的形象，"情"呈现了艺术形象的三重结构，"味"体现了形象的印度型本质，"韵"呈现了文学形象的特质。

在《当代形式美的三个方面》[21]一文中，张法还梳理了"形式美"在当代的演进。这个过程主要体现为三个方面：一是分形形成了"形"上的新的结构原则；二是光的新质的发现，形成色彩方面的新原则；三是光和场的研究，形成了一种虚实相生的结构观念。作者指出，当代形式美的这三个方面对理解现代艺术和现代美学的种种构成法则，具有重要的意义。

其二是对艺术学相关概念的辨析。

在《中国现代学术语汇的困局——以艺术学为例》[22]中，张法指出，中国艺术体系在与世界的互动中出现了两套语汇：以艺术为总名的艺术体系和以文艺为总名的艺术体系。教育制度中作为学科体系的文学和艺术的分开强化了后一体系，而西方源源不断的译著则强化着前一体系。二者的并存造就了中国艺术学的语汇困扰，以及由此而生的艺术概论的写作困扰，还在艺术史的语汇上产生语义的差异。

张法在《文艺研究》发表的《"文艺"一词的产生、流衍和意义》[23]一文，他具体分析了"文艺"一词在当代中国美学语境中的复杂内涵。作者指出，2011年，国务院学位委员会和教育部颁布了新的《学科授予与人才培养目录》将艺术学从文学门类中独立出来，升级为学科门类，但尚没有改变"文艺"一词作为文化关键词的含混。作者认为："文艺"一词的出现及其演化是在中国现代性进程当中，由中西文化体系所决定的中西艺术体系的互动和汇通而演成的结果。目前中国现代性进程并未完成而尚在中途，“文艺”一词所包含的明晰与模糊、定义与语用、忽宽忽窄的混杂，还会继续下去。作者从语汇现象入手进行基本的逻辑分析，然后进入这一语汇的历史发生与演进，最后回到当下事件，加深对其未来演化的理解。

2012年，哲学系牛宏宝教授出版了美学原理类教材:《美学概论（第3版）》[24]。该教材突出了“纯粹诗性直观”的观念。全书以“人的存在性境域的显现活动”为诗性直观的根基，摆脱旧美学的“美的本质设问”“主观一客观二元对立”“审美静观”等理论误区，在美学体系方面探索了新的可能。该教材的另一特点是附有关于重要美学家、美学现象、美学流派和一些前沿问题讨论等的“插文”，方便读者了解相关背景知识。牛宏宝教授还在《音乐在现代美学“语言转向”中的作用》[25]一文中讨论了美学领域的“语言转向”的特点，他就此提出了若干问题：一种诗性显现的言说如何可能？审美的符号呈现或艺术的诗性语言与逻辑语言、日常语言有何不同？绘画、音乐、雕刻、建筑等非词汇语言的形式显现是否也是一种语言？如果是，那么它们的特性和组织原则是什么？艺术的符号呈现与真理的关系如何？正是在寻求对这些问题的回答中，涉及音乐这一非词汇语言的审美呈现方式与美学领域“语言转向”的关系。

余开亮副教授在《孔子论“美”及相关美学问题的澄清》[26]一文中指出，《论语》中“美”的字义主要为外观形式之美，而孔子所认同的美为形式之美与内容之善相互结合的美。以实用的观点来评价孔子的美善合一是一种理论的误判。道德价值在艺术活动中的引入无可非议，相反它能使艺术的体验从情感的形式快感提升到更为广阔的、整合的、有机的生命境界。

2012年6月，中国人民大学哲学院美学与现代艺术研究所召开了名为“中国风景的神圣能量”的学术论坛，主讲人是中国人民大学艺术学院丁方教授。丁方教授是“85新潮美术”运动的重要参加者。从20世纪80年代中期开始，丁方教授即致力于用油画的形式探索民族精神的提升及其艺术语言的独特语汇。此后，他成为“行走者”，在中国西北地区的大地、山川行走，并力图通过解读人文地理来发掘精神资源的源初形态，探索天、地、神、人共在的结构和显现。在本次讨论会上，丁方教授与中国艺术研究院陈剑澜研究员、中国人民大学哲学院吴琼教授、牛宏宝教授、余开亮副教授，文学院夏可君副教授等美学学者展开了艺术与美学的对话。

四、北京师范大学

2012年，北师大美学专业在岗教师有刘成纪教授、黄文杰副教授、朱会晖博士三人，严春友教授继续在意大利马切拉塔大学孔子学院任职。科研方面，本年度美学学科教师共出版专著2部，发表论文23篇，刘成纪教授获教育部高等学校科学研究成果奖1项。

在著作类成果中，刘成纪教授主编并撰写了《中原文化与中华民族》[27]。全书90万字，重点考察中原文化对中华民族精神的历史孕育过程，对理解中华民族精神的历史成因和时代发展具有理论和现实意义。严春友教授出版了《范畴的世界——西方哲学范畴专题研究》[28]。全书26万字，对西方向柏拉图至德国古典哲学时期哲学范畴的演变进行了梳理。

在论文类成果中，刘成纪教授本年度发表学术论文10篇，重点集中于对中国社会早期美学状况的探讨。其中，《中国远古美学研究的若干问题》[29]，澄清了关于中国美学发端的一些理论问题；《殷商刻辞与中国艺术观念的本源》[30]，对甲骨卜辞中与美学和艺术相关的文字进行了分析；《古今之争：春秋乐论的核心问题》[31]，对春秋时期音乐理论的主题给予了新的判断。严春友教授本年度发表论文12篇，其中，《生成论批判》[32]一文，对当代哲学界流行的生成论思潮进行了批判性考察，认为对哲学本源的考察必须持生成论与预成论互补的立场。《论哲学与美学的关系》[33]则对哲学与美学的关联性及各自的理论边界进行了探讨。

本年度学术交流方面，2012年9月28日，严春友教授受邀在意大利马尔凯大区“狮子协会”作“中国人对于哲学的感觉”的讲演。2012年5月，刘成纪教授受邀在北京第二外国语学院跨文化研究所作学术报告“西周礼仪美学的物体系”；11月，应华中科技大学国家大学生素质教育基地邀请，作学术报告“中国美学与农耕文明”和“中国艺术精神的哲学本源”；应武汉大学邀请作学术报告“中国文化与美丽中国”；应中国传媒大学艺术研究院邀请，作学术报告“中国艺术精神的哲学本源”。另外，2012年5月，刘成纪教授还邀请美国纽约城市大学艺术学院Gail Levin教授来北师大讲学；2012年10月，邀请日本立命馆大学社会科学系仲间裕子教授讲学。

本年度参加国内外学术会议的情况：2012年3月，严春友教授参加马切拉塔大学哲学系举办的“后现代形而上学”国际学术讨论会，并作“中国哲学中的存在概念”的发言。朱会晖博士参加2012年8月于济南召开的第八届全国分析哲学会议和11月在北京召开的第十七届中国现象学年会。刘成纪教授于2012年11月参加武汉大学“中国当代美学的回顾与展望：刘纲纪先生八十华诞学术研讨会”，作学术报告并主持会议；2012年12月参加台湾高雄中山大学主办的“意象与文化：跨文化哲学与美学”学术讨论会，作大会发言。

五、首都师范大学

首都师范大学文学院王德胜教授在2012年出版了《美学原理》[34]（北京市高等教育精品教材立项项目）。该教材着眼于教学实际，在合理吸收传统美学思想，充分关注和借鉴国内外美学研究新成果的基础上，以审美活动为基点，从美学学科定位及对象、人类审美发生、美的存在、审美类型、审美经验及其结构与过程、审美判断、艺术审美与创造、审美文化及其生产与消费、审美教育等方面，对美学的重要理论问题进行了系统的论述。《美学原理》突出美学理论的当代特点，强调历史与现实、理论与实践、概念与形象的统一，旨在通过系统的理论学习，使学生掌握必要的美学知识，形成一定的审美分析能力，裨益学生的审美实践。

王德胜教授继续深化其宗白华研究，本年度出版了《宗白华美学思想研究》[35]（中国现代美学名家研究丛书）。作为20世纪中国美学史上杰出的美学家，宗白华在深入发掘中国文化精神、中国哲学思想、中国审美观念、中国艺术理想与实践的基础上，结合对西方文明发展、文化理想与价值意识、艺术精神与美学理论的认真思考，在哲学、美学与艺术领域，尤其是中国美学、中国艺术、艺术史以及中西比较美学与艺术的研究方面进行了大量独树一帜的工作。王德胜所著的《宗白华美学思想研究》主要通过研究宗白华的美学理论，着重从宗白华美学的总体特征——“散步”，来呈现宗白华的学术思想，以期从学术史层面认识其对于20世纪中国美学的意义。

另外，王德胜教授还出版了《美学与文化论集》[36]。该书收录了作者在各个不同阶段撰写的一些理论文章（包括合作成果）。这些文章主要集中于美学、现代中国美学史、当代审美文化等问题的研究，并且都曾在报刊上公开发表。这些文章写作和发表的时间跨度很大，既有王德胜在20世纪80年代中期的最初几篇文章，也有近一两年里进行的思考和探讨，大体上反映了二十多年来王德胜所经历的学术研究过程，也折射着当代中国美学二十多年来的发展轨迹。

综观2012年北京各科研机构的美学研究成果，我们可以总结如下几个特点。

其一，美学研究逐渐引入了问题意识。美学研究既有思辨性，又面对艺术、审美、社会文化等现实领域。学者们已经逐渐认识到，脱离了对于审美活动和历史、现实的实际问题，思辨会走向“死胡同”。高建平研究员提倡的“落地”引起了良好的反响，就反映了中国美学学人在这方面的自觉意识，也表明中国当代美学已经开始突破一些空洞的概念和诸如“后”“新”“主义”等标签的束缚。

其二，美学研究具备了全球视野。一方面，中国美学研究与交流日益与国际美学界的问题、方法和规则接轨，在生态美学、身体美学、日常生活美学等由西方学界引领的方向中，中国学者能够迎头赶上，并结合本土思想理论资源加以深化和创新。另一方面，中国学者也因为越来越打开了文化比较的视野从而不再盲从和跟风。朱良志教授对于中国传统艺术研究取向的反思，张法教授对于中西印美学核心概念的比较研究，都体现了中国艺术、中国美学的自觉，其背后则是当代中国思想、中国文化的自觉。

其三，美学研究加强了理论色彩。彭锋教授在威尼斯双年展上的艺术成功来自于美学理论的自觉运用，用他的话来说，其创作是基于一种“理论的兴趣”。刘成纪教授对于上古文化的研究，虽然也基于大量的出土文物和相关研究，但与考古学的一大区别就是把关注的重点放在梳理美学观念的沿革上面，这也是一种理论的探索。

注：

①张世英：《美在自由：中欧美学思想比较研究》，人民出版社2012年版。

②叶朗：《文章选读》，华文出版社2012年版。

③朱良志：《论唐寅的“视觉典故”》，《北京大学学报》（哲学社会科学版），2012年第2期。

④朱良志：《恽南田的“乱”》，《文艺研究》，2012年第9期。

⑤彭锋：《方案：2011年威尼斯国际艺术双年展中国馆》，人民美术出版社2012年版。

⑥彭锋：《流动艺术：具象研究个案》，江西美术出版社2012年版。

⑦彭锋：《流动艺术》，江西美术出版社2012年版。

⑧彭锋：《如画概念及其在环境美学中的后果》，《郑州大学学报》（哲学社会科学版），2012年第5期。

⑨彭锋：《水墨是可以解构的吗?》，《艺术设计研究》，2012年第3期。

⑩肖鹰：《“墨戏”与“平淡”——董其昌绘画观一辨》，《文艺研究》，2012年第9期。

⑪高建平：《理论的理论品格与接地性》，《文艺争鸣》，2012年第1期。

⑫高建平：《中国艺术的表现性动作——从书法到绘画》，安徽教育出版社2012年版。

⑬［法］让－马里·舍费尔著，周宪、高建平编，宋丽丽译：《现代艺术——18世纪至今艺术的美学和哲学》，商务印书馆2012年版。

⑭王柯平：《悲剧净化说的渊源与反思》，《哲学研究》，2012年第5期。

⑮王柯平：《试析“剧场政体”问题》，《外国文学评论》，2012年第2期。

⑯王柯平：《柏拉图的城邦净化说》，《世界哲学》，2012 年第 2 期。

⑰王柯平：《流变与会通：中西诗乐美学释论》，北京大学出版社 2012 年版。

⑱张法：《西方文化和文论中的 Image》，《河北学刊》，2012 年第 1 期。

⑲张法：《中国文化中的“象”》，《河北学刊》，2012 年第 2 期。

⑳张法：《印度文化中的形象（Rūpa）及其展开》，《河北学刊》，2012 年第 3 期。

㉑张法：《当代形式美的三个方面》，《中山大学学报》（社会科学版），2012 年第 5 期。

㉒张法：《中国现代学术语汇的困局——以艺术学为例》，《探索与争鸣》，2012 年第 3 期。

㉓张法：《“文艺”一词的产生、流衍和意义》，《文艺研究》，2012 年第 5 期。

㉔牛宏宝：《美学概论（第 3 版）》，中国人民大学出版社 2012 年版。

㉕牛宏宝：《音乐在现代美学“语言转向”中的作用》，《文艺研究》，2012 年第 3 期。

㉖余开亮：《孔子论“美”及相关美学问题的澄清》，《孔子研究》，2012 年第 5 期。

㉗刘成纪、杨云香：《中原文化与中华民族》，河南人民出版社 2012 年版。

㉘严春友：《范畴的世界——西方哲学范畴专题研究》，中国社会科学出版社 2012 年版。

㉙刘成纪：《中国远古美学研究的若干问题》，《陕西师范大学学报》，2012 年第 6 期。

㉚刘成纪：《殷商刻辞与中国艺术观念的来源》，《甘肃社会科学》，2012 年第 2 期。

㉛刘成纪：《古今之争：春秋乐论的核心问题》，《求是学刊》，2012 年第 6 期。

㉜严春友：《生成论批判》，《河北学刊》，2012 年第 4 期。

㉝严春友：《论哲学与美学的关系》，《河南社会科学》，2012 年第 2 期。

㉞王德胜：《美学原理》，高等教育出版社 2012 年版。

㉟王德胜：《宗白华美学思想研究》，商务印书馆 2012 年版。

㊱王德胜：《美学与文化论集》，首都师范大学出版社 2012 年版。

（作者：北京大学研究员）

逻辑学

郭佳宏　梁　莉

2012 年北京地区逻辑学学科的发展概况，我们将分成三部分来进行综述：一是学术活动，二是研究成果，三是教学探讨。研究成果的文献主要来自中国知网（CNKI）收录的北京学者所著的中文文章或者北京学者正式出版的著作，论文选取的重点是中国人民大学书报资料中心《复印报刊资料》中《逻辑学》收录的内容。

一、学术活动

2012 年北京地区逻辑学界的学术活动相当活跃，主要表现在以下几个方面。

1. 多个高校和科研机构参加中国逻辑学会第九届全国代表大会

2012 年 11 月 3—4 日中国逻辑学会第九届全国代表大会在贵州省贵阳市召开。大会由中国逻辑学会、贵州毕节学院、贵州省逻辑学会共同主办，由贵州毕节学院承办，由中国逻辑与语言函授大学、贵州大学、西南大学、西南财经大学协办。会议颁发了中国逻辑学会第 3 届优秀成果奖，进行了中国逻辑学会下届理事、常务理事、会长、副会长和秘书长的选举。学术研讨包括北京大学、中山大学、清华大学、南京大学、浙江大学、中国社会科学院、中国人民大学、北京师范大学、南开大学、西南大学和毕节学院等单位的大会发言和 4 个分会场的分组报告。

2. 举办北京市逻辑学会第九届会员大会

2012 年 9 月 22 日上午在中国人民大学教学 2 楼 2109 教室，举行了北京市逻辑学会换届选举大会暨学术报告会。参加会议的有北京市逻辑学会全体会员，经过协商、讨论，会议审议并通过第八届理事会报告、财务工作报告、修改逻辑学会章程的报告和监事会报告，产生了北京市逻辑学会第九届理事会、监事会，选举了会长、副会长、秘书长以及监事长。北京师范大学哲学与社会学学院郭佳宏作了题为“基于一阶模态框架的行动知识逻辑的部分一般性结果”的学术报告。会议强调，学会成员在第九届理事会、监事会的领导下，要团结协作，增进交流，着力推进逻辑的社会化，共同为逻辑学会的发展努力。

3. 举办 2012 逻辑学学术前沿论坛

2012 年 12 月 16 日，北京市逻辑学会在北京师范大学举办“2012 学术前沿论坛——逻辑学分论坛”，论坛主题为“变化中的逻辑”。有八位学者作了专题发言，他们是：中国社会科学院哲学所邹崇理研究员：组合范畴语法研究；北京大学哲学系王彦晶副教授：公开宣告逻辑的公理化（On Axiomatizations of Public Announcement Logic）；北京大学哲学系马丽博士生：描述逻辑的概称句扩张；北京联合大学信息学院周训伟教授：互逆主义逻辑；中国社会科学院哲学所刘新文副研究员：周延理论和内插定理；北京大学哲学系刘靖贤博士生：次协调弗雷格（Paraconsistent Frege）；南开大学哲学系李章吕博士生：贝叶斯决策理论新发展；中国社会科学院哲学所胡义昭助研：说谎者和语义自指。

4. “青年学者论坛”组织了系列学术交流报告会

2012 年，北京市逻辑学会青年学者论坛共举办了由海外或境外高水平大学学者主讲的学术报告会 4 次。分别是：3 月 18 日清华大学新斋楼 335，来自阿姆斯特丹大学的 Alessandra Palmigiano 博士作了“代数的认知更新”（Epistemic updates on algebras）的学术报告；8 月 3 日，清华大学新斋楼 353，香港大学的 Chris Fraser 副教授作了“墨辩中的真 Truth in Mohist Dialectics”的学术报告；8 月 4 日，北京师范大学主楼 A802，来自威斯康星大学麦迪逊分校的 Peter Vranas 教授作了“祈使逻辑的新基础之三——论证有效性的一种一般性定义”（New Foundations for Imperative Logic 3：A General Definition of Argument Validity）的学术报告；10 月 12 日，来自阿姆斯特丹大学和斯坦福大学的著名逻辑学者 Johan van Benthem 教授在北京师范大学作了题为“逻辑、信息和主体性”（Logic，Information and Agency）的学术报告。

5. 举办专业硕士逻辑辅导公开课

与京虎教育合作，北京市逻辑学会于 2012 年 4 月 15 日在北京语言大学主楼 201 教室举办专业硕士逻辑辅导免费公开课。活动由北京市逻辑学会秘书长（中国人民大学哲学院教授、博士生导师，现任北京市逻辑学会副会长）杨武金主讲，然后由前来听课的学员们向在场教师提问和咨询。通过这次公开课，前来听讲的学员们有不同程度的收获。直接到会学员 50 多人参加了活动。京虎教育机构负责人蒋军虎校长等负责人也参加了本次活动。

二、研究成果

2012 年，在逻辑学的各个研究领域都有一批新的成果问世，主要表现在以下五个方面。

1. 数理逻辑学

邹崇理的文章《多模态范畴类型逻辑》写道：多模态范畴类型逻辑是在组合范畴语法（CCG）和范畴类型逻辑（CTL）基础上发展起来的新方向。基于范畴语法的 CCG 强调函子范畴的组合运算，给各类规则中的斜线算子添加不同的模态下标，并在词库中给词条指派的范畴含有模态下标的斜线算子，从而限制了这些规则的适用范围，使描述自然语言的范畴推演进一步精细化。CTL 则遵循严格的逻辑规范，对 CCG 涉及的函子范畴的各类规则从结构性质的角度把握其根源，用多模态范畴类型逻辑的方式涵盖了 CCG 各类规则。这就是 CCG 和 CTL 的融合产物。全文有四部分：（1）CCG 的基本情况；（2）对应 CCG 的范畴类型逻辑 CTL；（3）多模态的 CCG；（4）对应多模态 CCG 的 CTL——多模态范畴类型逻辑。①

陈磊、史晓菲的文章《狭义相对论的一阶公理化》指出：狭义相对论是 20 世纪最伟大的物理学理论之一。一直以来，狭义相对论的公理化问题受到物理学家和逻辑学家的共同关注。但由于学科的交叉性，这个问题一直没有得出很好的结论。匈牙利学者 Hajnal，Andréka 等人于 2007 年提出了一个狭义相对论的一阶逻辑系统 Specrel，作者认为这个系统无论在逻辑上还是在物理上要刻画狭义相对论都是不够的。文章声称，她们在此基础上提出了狭义相对论的另一个一阶逻辑系统 Specrel，并在这个系统中证明了洛仑兹变换——狭义相对论的重要基础公式。由此还可以得到“动钟变慢”“动尺收缩”等一系列狭义相对论的典范效应。②

许涤非的文章《经典数学的逻辑基础》认为：在普遍接受反基础主义的前提下，数学基础的研究任务不再是为数学的各个分支寻找最大程度上免于理性怀疑的基础，而是在重构数学分支的过程中给出各个数学分支间的关系，描绘出数学的大图景。在这样的背景下，数学基础的研究不可避免地需要二阶逻辑。一阶逻辑与二阶逻辑的主张者都承认经典数学，这就使得他们与直觉主义的主张有明显的不同。一阶逻辑的主张者认为只有一阶逻辑才是经典数学的逻辑，本文则提出一种比较温和的二阶逻辑的主张，即认为除了一阶逻辑之外，二阶逻辑在数学基础研究中的作用亦不容忽视。③

刘新文的著作《图式逻辑》论述了逻辑研究有效推理，认为：一个推理是有效的是因为结论所传达的信息与前提所传达的信息之间具有必然关系，而传达这些信息的媒介不一定就是语言，图形在人类推理中同样扮演着非常重要的角色。本书考察的对象是历史上著名的逻辑图及其逻辑理论。逻辑图首先是为理解亚里士多德的直言命题和三段论推理而发展起来的，其开端一般追溯到欧拉图。围绕着图形的可表达性问题，在长期的历史发展过程中，经过欧拉、文恩和皮尔士等人的努力，逻辑图从最初的设想变成了现实，从最初的简单表述三段论的工具发展成了关系逻辑和模态逻辑等的图式表示。围绕着图形的可表达性问题，作者在第 1 章考察逻辑图从古典形式走向形式化的发展历程；第 2 章研究的是欧拉图；第 3、4 章的研究对象是文恩图及其扩展；第 5 章研究皮尔士的存在图系统。[④]

2. 逻辑哲学与哲学逻辑

杜国平、傅庆芳发表《3 值逻辑与经典 2 值逻辑关系探究》一文，对 3 值逻辑与 2 值逻辑的关系问题进行论证。指出：3 值逻辑与经典 2 值逻辑的关系问题是逻辑哲学研究的基本问题之一，通常看法是：经典 2 值逻辑的某些推理规律在 3 值逻辑中不成立，3 值逻辑是经典 2 值逻辑的变异。结合对这一观点来源的分析，在建立了一个函数完全的 3 值逻辑自然推演系统的基础上，作者从语形和语义两个方面作了以下证明：3 值逻辑是经典 2 值逻辑的扩充，而不是变异。[⑤]

张志伟发表《从先验的逻辑到语言的使用——〈哲学研究〉89 - 133 小节解读》一文，对维特根斯坦的哲学观进行了解读。文章指出，在《哲学研究》89 - 133 小节，维特根斯坦集中描述了他的后期哲学观。该文从两个方面对《哲学研究》89 - 133 小节进行解读。在第一部分中，结合早期维特根斯坦的哲学观，分析了维特根斯坦对企图通过做出发现或构建体系解决哲学问题的构想所进行的批判；在第二部分，通过对文本的解析，指出后期维特根斯坦的哲学方法的关键是将引起哲学问题的言语方式置于特定的语言游戏中，通过关于特定语言游戏的自然描述，哲学问题得以消解。最后一部分在对这些小节解读的基础上，尝试提出一个关于维特根斯坦前期向后期转变的思想基础的个人理解。[⑥]

孔杨发表《德国古典哲学外延逻辑批判的总线索》一文，主要探讨了德国古典哲学家对外延逻辑的批判。文章指出：德国古典哲学的逻辑学改造运动，就是把传统的外延逻辑（形式逻辑）改造为内涵逻辑的过程。近代哲学创始人与德国古典哲学家进行外延逻辑批判的路径既有差异，又是进入这一线索的钥匙：培根和笛卡儿“绕过”对形式逻辑同一律的反省，单纯进行形式推理大前提批判；从康德到黑格尔则“围绕”形式逻辑同一律，通过引入推理前提内容的产生及真理性考察来实现对两项弊端的共同批判。具体来说，康德的批判途径是在传统逻辑与先验逻辑之间“划界”，费希特和谢林是以“自我 = 自我”扬弃“A = A”，黑格尔是以“具体的同一”扬弃“抽象的同一”。培根、笛卡儿二人与德国哲学家的最终目的一致，即为科学奠基，说明和寻找知识的创生源泉。但他们的路径不同，只有后者才更为准确地达到了目的地，进而为马克思《资本论》的创作奠定了逻辑基础。[⑦]

蔡曙山发表《心理与逻辑：人类认知的两个重要通道》一文，主要探讨人类认知过程中心理与逻辑的相互交融。文章指出：认知科学研究发现，心理与逻辑作为人类大脑进行信息加工的两种基本功能，是自然进化的产物。但作为人类心智统一过程的心理与逻辑，在 20 世纪却被心理学与逻辑学人为地分隔开来。在认知科学背景下，心理学与逻辑学重新交叉融合，并共同回归于人类心智与认知的统一过程。心理学与逻辑学的交叉融合与发展需要合理的学科框架，认知逻辑就是这样的学科框架，它为逻辑学的发展提供了认知科学的背景与更加广阔的发展空间。在 21 世纪，我们要从认识自己的脑与心智开始，重新认识自己，做一个心理健全、逻辑严密的能够正确思维和有效行动的人。[⑧]

杜国平发表《知识蕴涵逻辑的应用》一文，对知识蕴涵逻辑进行界定并探讨了其应用。文章提出，知识蕴涵逻辑是能够处理包含矛盾信息知识系统的推理问题的一类逻辑系统。它可以避免由于矛盾信息而带来推理后承的致命性结果。其应用前景非常广泛，主要体现在：为智能系统提供处理不协调信息的逻辑工具；用于不协调信息的形式表示；有助于自然语言的理解。由两个具体的应用实例可以看出：在某些情况下，用知识蕴涵逻辑描述人类的推理过程更加符合人类智能的实际情况。[⑨]

刘奋荣发表《在逻辑中探寻理性主体的类型》一文，主要探讨了主体多样性的来源及逻辑刻画。文章指出，主体的多样性是一种自然的社会现象，这需要逻辑学家关注和研究。不同类型的主体生活在同一个社会群体中，他们之间相互交流、共同协作完成既定的任务。了解其他主体的类型会有助于理解他们的行为模式，以便更好地交流和合作。该文重点讨论了主体在动态更新过程中在观察能力和记忆能力方面的不同所导致的不同结果。作者表明，动态认知逻辑如何为不同观察能力的主体提供模型，同时展示了如何修改动态认知逻辑以适应有限记忆主体的研究。从认识论的观点来看，上面的这两种能力至少是和推论能力和自省能力同等重要，因此对他们的研究也具有认识论的意义。对于主体多样性的研究使人们注意到，完全没有必要去假设所有的主体都有相同的能力，不同能力主体之间的互动是一个活生生的社会现象，需要我们去研究和探讨。[⑩]

李敏静、郭佳宏发表《基于描述逻辑的概念表示》一文，对描述逻辑及相关应用进行探讨。文章指出，表示是为描述世界所作的一种约定，是知识的符号过程。同一知识可以采用不同的表示方法，并且不同的表示方法可能产生不同的效果。在众多的知识表示方法中，有两种非常重要，它们是语义网络和框架系统。语义网络与框架系统都可以被看作表示实例集之间关系的网络结构。采用语义网络和框架系统的知识表示具有较强的直观性，但是它们缺乏精确的语义描述，尤其在多系统交互时，存在无法获取其共享语义的缺陷。基于该思想，在语义网络和框架系统的基础上增加形式化语义，描述逻辑是一种合适的选择。作者在文中主要介绍了描述逻辑的语言和语义：首先，介绍基本描述语言定语语言 AL，用来表示概念的内涵和外延。其次，引入描述逻辑的知识库，主要是 TBox 和 ABox。再次，应用描述逻辑来表示若干传统逻辑中的概念性质。最后，把描述逻辑用于展示一个涉及命题内部词项的有效推理证明，说明描述逻辑具有比较直观并且相对较好的表达力。⑪

张立英、刘新文发表《自然逻辑视角下的三段论与现代逻辑》一文，主要谈论了三段论扩充。文章指出：亚里士多德的三段论逻辑并不包含命题逻辑。实际上，三段论可以被视作命题逻辑的片段；同时，我们还可以考虑像多量词这种所有现代教科书都声称不是传统逻辑所能达到的范围。将传统逻辑进行扩充的想法最早来自自然逻辑的首推者萨默斯，范·罗伊近期的工作使这一想法得以实现。该文以范·罗伊的工作为基础，具体展示这种扩充的思路、方法和过程。文章主要分为三个部分，第一部分展示如何通过形式化方法从三段论逻辑扩充得到全部命题逻辑；第二部分探讨从三段论逻辑向谓词逻辑的扩充；第三部分是有关三段论和现代逻辑关系探讨的小结。⑫

胡义昭发表《从否定到矛盾》一文，主要探讨了否定的界定及矛盾论的误解。文章指出，人们知道“否定”这个词的意义，因为他们自认为是理解否定这个概念的；不过我们仍然需要更多的解说，用以尝试澄清某些相关的哲学迷雾。在逻辑的范围内，我们第一个会想到的解说或许是：一个命题的否定为真当且仅当这个命题本身为假。这个逻辑解说不太令人满意的是：它牵扯到真、假这两个似乎更需要澄清的概念，以及命题这个充满争议的概念。不过真正糟糕的是：它有一个致命的缺陷，也就是，并不是只有或真或假的陈述才可能被否定。为了修补这一缺陷，一个方便的做法就是引入可能世界，将原来仅仅适用于这个现实世界的真值扩展到其他可能世界之上。仅仅因为使用否定算子，使用真、假概念以及使用陈述句的方式决定了我们必须遵守不矛盾原则。真实矛盾论有着一个共通的弊病就是，在只愿意承认某些矛盾真实，而拒绝承认另外一些矛盾真实的理论态度上缺乏令人信服的依据，而在承认某些矛盾真实的时候，也都无一例外地源自一些各不相同的理论误解。⑬

3. 语言逻辑和法律逻辑

王欣的《逻辑语法视角下“是”的同一性问题》一文指出，哲学意味浓厚的“是”不仅是恒久的哲学论题，也是语言学热点。作者运用逻辑语法综合考察“是”的句法、语义和语用。围绕现代汉语究竟有几个“是”，即“是”的同一性这个核心问题，文章重点考察“是”的逻辑语义值、“是”字句的语义生成以及“是”的形式语用特征。作者研究发现，“是”在句法和语义层面上不具备同一性，在词库里记为五个不同的词条，其同一性表现在语用层面；它是一个显性声言算子，其辖域小于焦点算子。⑭

封宗信的《语言的不确定性与系统功能语法中的模糊性》一文指出：不确定性是自然语言的普遍特征。韩礼德提出了系统功能语法理论特有的许多范畴概念描写语法和语法系统里的不确定性；20 世纪 90 年代以来，他从“以语法方式思考”的语法学角度更细致地分析了语言各个层面的不确定性和模糊性，并明确提到了模糊逻辑概念。该文通过讨论语言（学）的不确定性问题和韩礼德对模糊性的正视和深入分析，指出系统功能语法和语法学理论直接触及到逻辑学领域和人工智能等相关学科关心的问题。⑮

刘文斌的《语言的逻辑与“逻辑”（Logos）的语言——简析海德格尔对形而上学语言观的批判》一文提出，传统的形而上学把语言看作工具和对象，是人类表情达意的手段，是人们驾驭自然的有效方式。文章也指出，在海德格尔的眼中，这样的思维方式不可能接触到语言的本质，顶多只能看到语言的表面现象。所以，对于海德格尔来讲，追寻语言的本质意味着找到“逻辑”的语言——原初的语言，而形而上学的语言逻辑是难以实现这一目标的。于是，海德格尔毅然决然地走在了通向语言的途中：在逻各斯的原始含义当中寻觅语言的真义。在他看来，非形而上学的语言理解和逻各斯的原初含义息息相关。形而上学的语言观把语言当作固定的对象物和符号系统，是人类语法逻辑的展现。但在海德格尔看来，语言不是逻辑和理性的系统，而是古希腊“逻各斯”（Logos）意义上的“聚集”和显现，是非形而上学的、主客一体的原初“发声”。⑯

娄永强的《论情境语义学的语用视角》一文指出，自创立始，情境语义学被定位为自然语言语义理论或逻辑语法理论，但它有鲜明的语用视角，主要表现在：它与诸多语用研究或思想之间的渊源关系；它和语用学在研究对象或研究内容方面的一致性；它对形式语义学兼容语用研究的研究传统和当今大语义观的发展趋势的遵循。通过对自然语言条件句陈述的情境语义解释，可以看出语用因素在情景语义学中无处不在，情景语义学与语用研究中的相关理论有内在联系。⑰

陈坤发表《法律命题、真值与法律真理观》一文指出，在法律实践中，人们会使用各种各样的法律命题。有一般性的，也有特定性的；有描述性的，也有规范性的。该文致力说明的是：这些法律命题，是否具有真值，即是否可以被称为“真的”或“假的”；在什么条件下具有真值，以及说一个法律命题

"为真"究竟意味着什么；以此发现或构造为真的法律命题，为最终解决疑难案件提供理论基础。具体而言，全文分为三个部分：第一部分主要是批判性的，以反驳那些认为法律命题不具有真值的观点；第二部分试图在考察概念相对性论题、理清法律真与法律真信念之间关系的基础上，提出一种更为妥当的法律真理观；第三部分为余论，说明这一讨论所具有的理论与实践意义。⑱

4. 逻辑学史

黄春燕发表的《"类"概念：中国传统法比附援引的思想基础》一文写道，比附援引是中国古代司法适用中的一项技术，其在司法领域中的运用与中国古代的"比类"思维形式有关。中国古代在"比"的推理思维和"类"的类型化思维下形成了认识事物、解决问题的"比类"思维形式，比附援引则是比类思维在司法领域的具体运用。"类"思想作为比附援引司法实践的哲学基础，保证了比附援引司法技术的合理性与正当性。⑲

杨武金的《从沈有鼎的研究看因明、墨辩和逻辑的差异》一文指出，沈有鼎认为，墨辩、因明和逻辑是能够互相解释的三大文化传统。在推论的研究上，西方逻辑体现为推理式，墨辩和因明则体现为论证式。推理本身只考虑形式有效，并不强调前提必须真实可靠。论证则特别强调前提的真实可靠，这就需要进一步论证大前提本身的真实性。而不论墨辩还是因明，这种对大前提真实性的论证都只能是归纳论证。对归纳本性的认识，从而也是正确把握墨辩和因明中推理形式特殊性的关键所在。⑳

三、教学探讨

北京逻辑学工作者也围绕逻辑与教学展开了热烈的讨论。

杨武金发表的《论逻辑素质教育的基本方向》一文指出：逻辑学对于素质教育具有重要作用，逻辑思维能力或判断性思维能力培养与测试是逻辑学的重要应用方面。但这种应用也存在制作良好的测试题难度大、思维训练效果反馈复杂度高、测试方式单一等缺陷。头脑奥林匹克（OM）比赛作为一种培养人的创造性思维能力的模式更值得加以关注。逻辑的应用更多地可以从培养人的论证思维能力上着手，在这方面需要做的工作还很多。该文从三个方面来分析逻辑与素质教育的重大关系：（1）逻辑与判断性思维能力训练；（2）逻辑与创造性思维开发；（3）逻辑与论证思维能力培养。㉑

赵佳、刘吉强发表的《离散数学中的数理逻辑与集合论教学》一文指出：离散数学主要内容包括数理逻辑、集合论、代数结构和图论四部分，涉及的概念和知识点较多，各个概念、知识点之间的逻辑联系紧密。由于离散数学课程抽象且难以理解的特点，学生学习的主动性不高，所以教师在给学生传授离散数学知识的同时，还要重点通过它所提供的训练来培养学生的概括抽象能力、逻辑思维能力、归纳构造能力。这将十分有益于学生严谨、完整、规范的科学态度的培养。借鉴其他学者的研究方法，并结合作者自己的教学工作，他们针对离散数学中的数理逻辑和集合论部分知识中的教学与实践作探讨。文章阐述从科研工作、上机操作、注重趣味性、类比学习等方面增加课堂互动，以提高学生的学习主动性和实践性。㉒

杜国平发表的《逻辑思维能力测试形式分析》一文对如何合理测试学生的逻辑思维能力进行了探讨。文章指出：在国家公务员录用考试、全国硕士研究生入学统一考试管理类专业学位联考综合能力考试以及各类人才招聘考试中，对逻辑思维能力的测试均占据了较大的比重，充分重视逻辑思维能力测试形式的合理性和科学性的研究，有利于科学地培养人才、公正地选拔人才。近年来，对学生进行逻辑思维能力的培养越来越受到我国教育界的重视，要科学、合理地提高学生的逻辑思维能力，必须认真研究逻辑思维测试科学，只有这样，才能使得相关教育工作科学地进行，并取得真正的实效。作者在文中阐述了逻辑思维能力测试的基本内容和8种基本形式，详细分析了这8种基本形式的合理性和科学性，并提出了一种新的测试形式的构想，即制作多项分类的个性化测评报告。文章还指出：现有的测试形式基本上是照搬西方现成的一套，这只能是一种权宜之计，不同民族具有不同的思维结构，尤其是东西方文化差异很大，如何设计符合东方民族逻辑思维特点的测试形式也是需要研究的课题之一。现有的逻辑思维能力测试大多采取分类测评、累加总分的评价形式，这不利于把握被试的逻辑思维结构和特征。㉓

注：

①《安徽师范大学学报》（人文社会科学版），2012年第6期。

②《北京师范大学学报》（社会科学版），2012年第4期。

③《哲学研究》，2012年第3期。

④刘新文：《图式逻辑》，中国社会科学出版社2012年版。

⑤《安徽师范大学学报》（人文社会科学版），2012年第6期。

⑥《自然辩证法研究》，2012年第12期。

⑦《深圳大学学报》（人文社会科学版），2012年第6期。

⑧《科学中国人》，2012年第22期。

⑨《徐州师范大学学报》（哲学社会科学版），2012年第1期。

⑩《2012·学术前沿论丛——科学发展：深化

改革与改善民生（上）》，2012 年 12 月。

⑪《2012·学术前沿论丛——科学发展：深化改革与改善民生（上）》，2012 年 12 月。

⑫《2012·学术前沿论丛——科学发展：深化改革与改善民生（上）》，2012 年 12 月。

⑬《2012·学术前沿论丛——科学发展：深化改革与改善民生（上）》，2012 年 12 月。

⑭《现代外语》（季刊），2012 年第 5 期。

⑮《外语学刊》，2012 年第 5 期。

⑯《江淮论坛》，2012 年第 5 期。

⑰《重庆理工大学学报》（社会科学），2012 年第 8 期。

⑱《上海政法学院学报》（法治论丛），2012 年第 5 期。

⑲《海南大学学报》（人文社会科学版），2012 年第 2 期。

⑳《职大学报》，2012 年第 6 期。

㉑《毕节学院学报》，2012 年第 3 期。

㉒《计算机教育》，2012 年第 3 期。

㉓《2012·学术前沿论丛——科学发展：深化改革与改善民生（上）》，2012 年 12 月。

（作者：郭佳宏，北京师范大学副教授；
梁莉，北京师范大学硕士生）

宗 教 学

黄夏年

2012 年的宗教学研究可以用平稳发展来概括，但是也有不同的新特点。这个新特点是学者的研究更多地转向了现代，有更多的学者关心当代宗教的发展。其次是学者的研究与传统的义理研究拉开了距离，许多学者将学术研究的视角降低，致力于田野调查，或者对民间信仰给予了更多的关注。这两个态势在今后相当长的一段时间内将会维持下去，中国的问题将会为越来越多学者所关注。以下介绍 2012 年的宗教研究概况。

一、宗教学原理研究

卓新平的《论恩格斯〈路德维希·费尔巴哈和德国古典哲学的终结〉的宗教观》①认为，恩格斯有两个方面的思想值得我们注意和体悟。一是现代社会“世俗化”的发展。二是“不同的阶级”会“利用它自己认为适合的宗教”。其提示的社会“世俗化”及宗教在“世俗化”处境中的生存与发展、“统治阶级”与宗教的关系及各阶级对其“合适宗教”的“利用”、宗教作为“统治手段”的意义与作用等思考，仍对我们社会发生巨变、革命政党成为执政党的今天处理宗教问题有着重要警示和独特启迪。王奇昌的《从宗教社会学的视角看宗教与社会相适应》②来说明中国共产党积极引导宗教与社会主义社会相适应是尊重事实的做法；同时对照欧美的宗教实际情况以及欧洲的政策转型倾向，说明中国共产党在积极引导宗教与社会主义相适应方面的实践也足以为其他国家提供有益的借鉴。段德智的《论中国基督宗教“有限自养”说的历史背景及政治实质》③从抵制宗教渗透的角度，依次对“有限自养”说的提出、政治实质和历史启示作出说明，强调“有限自养”说的政治实质是“他治”，走全面自养之路、反对宗教干涉主义才是中国基督宗教的历史正道。

安伦的《宗教共同体的多维度》④提出，宗教共同体并非单一维度的简单构建，而可以从信仰、精神、价值、伦理、文化、组织体制和社会功能等多维度加以研究探讨。其中信仰是宗教的核心，故为宗教共同体的最主要维度。诸维度既相生相应，相辅相成，又可能分别形成共同体，其中任一维度共同体的实现都会促进其他维度共同体的实现，所有维度的共同体都分别是实现宗教共同体的有效途径。郭长刚、张凤梅的《多元视域下的宗教观念评析》⑤认为，宗教的个体性维度与其结构功能或制度化层面相比，更具原生性和普遍性，同时也更具灵性和现实超越性；由这种个体性宗教发展为体制性宗教，使得宗教更偏向于进行社会控制的“俗世取向”。宗教在中国社会一直以来主要是以灵性需求而非体制化形式存在的，从这一维度看，一些学者根据西方体制性宗教话语来认知、讨论中国的宗教，难免就会“发现”很多“问题”。我们应该深入探讨我国及世界各地区、各文明、各历史阶段宗教信仰的发展特点，构建更具合理性的话语体系，形成独立的科学的理论范式。白建灵的《论宗教的认同性和别异性——一种方法论的探讨》⑥认为，每个民族在实现内部认同和外部别异的过程中，宗教都发挥了重要的作用。宗教在民族认同和别异中的作用，可以表述为宗教的认同性和别异性对民族认同和别异的神圣化。宗教的认同性和别异性是个“中性”的概念，普遍适用于每个民族，因此，它也具有了认识各民族社会发展的方法论价值。刘正峰的《论亚当·斯密的宗教市场理论——兼论宗教管制的经济基础》⑦认为，宗教人对来世的追求表明宗教经济人理性选择理论偏离了人的实际；缺乏道德感宗教的客观存在表明宗教并不当然具有道德教化功能；宗教市场的自律调节功能具有有限性，产品市场自身无法克服的诸多弊端同样存在于宗教市场。取消一切宗教管制的宗教自由放任理论不成立，宗教管制因此具有深刻的经济基础，亚当·斯密的宗教市场理论为宗教管制提供了必要的理论基础。杨志银的《宗教经济的规律性研究——宗教经济学体系构建》[8]提出宗教经济的宗教性或特殊性的主要内容包括宗教经济主体的宗教约束或激励、宗教经济行为的二重性、“三世”统一的最大化原则、神灵监督和自律条件下的等价交换原则、神权与人权对立统一的产权制度等等。宗教经济学理论体系，一是宗教信仰的总效用没有满足极限，始终上升，突破了西方经济学边际递减规律存在总效用极限的约束条件。二是信教的效用和收益递增。在量上体现为来世的边际倍增性；在质上有本质变化，即从人间平民进入来世天堂；体现在时间上有延展性，即“三世”及其轮回的效用和收益最大化；体现在空间和世代上有继承性，即除信教者获得好报外，还恩泽子孙后代。这样的宗教信仰的边际效用和边际收益必然递增；如果宗教信仰不正信或放弃，“三世”封闭轮回或“三世”螺旋式下降落入地狱，即边际效用和边际收益递减。宗教市场原则规制市场秩序。等价交换原则是交换能够永续进行的保障。具有宗教信仰的人，除遵循市场法则下的“等价交换”原则外，还存在神灵监督及自律条件下的“等价交换”原则。宗教经济市场也可分为要素市场和产品市场两大类。两者有时可以转化或同化。

阮炜的《Philosophia：哲学抑或神学》[9]认为。虽然古希腊世界的脱魅采取了一种神学与哲学纠缠不清的 philosophia 的样式，虽然同先秦中国儒道哲学和史学思维相比，philosophia 明显依赖于超自然力量的存在，却不能简单地斥之为“迷信”。同之前支配希腊人头脑的神话相比，philosophia 终究是一种理性化程度更高的思维样式。周普元的《皮亚杰的儿童宗教意识述评》[10]强调，在世俗教育中也应当对“儿童自发宗教观念”理论引起重视，正确认识到儿童在该阶段所具有的思维特征，并在课程中相应地设置科学与无神论教育的内容。方光华、袁志伟的《侯外庐的中国宗教思想史研究》[11]指出在中国文化的建设里面不能无视宗教传统，侯外庐研究成果是马克思唯物主义的中国宗教思想史的研究范式。

上述的研究很多都结合了当代的情况，具有现代意义。虽然中国历史上没有形成像西方以及南亚等国那样的宗教至上的宗教氛围，但是宗教在中国仍然起到了很重要的作用。中国传统宗教的思想最重要的一点是世俗化与神圣化并不对立，两者始终存在着统一关系，并且一直在发生着互动与调整，而且在任何时候，皇权始终大于神权。正是由于这一特点，使中国的宗教始终受到统治阶级的利用，最终形成了中国宗教的“爱国爱教”传统。中国宗教发展历程恰恰印证了恩格斯的观点。由此可以推之，中国天主教神学一定要符合中国化的特点，否则只能处在“有限自养”的状况。“宗教共同体”一说在中国不可能存在，因为中国宗教的管理方式是属于管理，各宗教上下之间并没有一个行政的关系，且各宗教也独自存在，信仰各自的教主，因此没有哪一个宗教会放弃自己的信仰而去接受其他的信仰。中国是一个多民族、多宗教的国家，民族与宗教是中国未来发展历程的一个不可忽视的重要因素。如何将民族与宗教的关系放在了最合适的度上，这是中国学者所面临的最大课题。宗教与市场经济并不是当前宗教发展的热点，只是某些人利用了宗教来发展自己的经济，宗教首先是跟着社会变化而运转的，市场的变化并不是影响宗教发展的主要因素。当前我国的信仰情况是宗教知识远远没有普及，正是由于这一点，才使宗教的正常发展受到了阻碍，我们的任务还在于正确普及宗教知识，而不是要去“设置科学与无神论教育的内容”。

二、佛教研究

作为中国宗教研究最有影响的佛教研究，2012年仍然牢牢占据了这一地位。佛教研究首先是表现在学术会议的召开，基本情况记录如下。

序号	会议名称	主办单位	会议时间	地点	会议内容
1	云门寺佛学院成立十周年	广东云门寺	2012年10月	云门寺	云门寺与佛教教育
2	碑帖拓本类古籍普查工作草案	国家图书馆	3月27日	北京	
3	佛教院校学术论文交流会	中国佛学院	3月30日	北京	
4	道安法师座谈会	襄阳道安研究会	4月5日	襄阳	道安
5	河南佛学院开光暨教育研讨会	河南佛学院	4月7日	桐柏	佛教教育

续表

序号	会议名称	主办单位	会议时间	地点	会议内容
6	世界佛教论坛	中国佛教协会	4月25日	香港	七个子题目
7	2012天台山济公文化研讨会	天台济公文化研究会	5月17日	天台	
8	第三届河北佛教论坛	河北柏林寺	5月20日	邢台	辽金元与华北佛教
9	首届“宗教·法律·社会”研讨会	中国政法大学与重庆华岩寺	5月25日	重庆	
10	第十一届“印顺导师思想之理论与实践”学术会议	台湾玄奘大学	5月26日	台湾	
11	两岸海峡论坛：弘一法师纪念会	泉州开元寺	6月17日至20日	泉州	弘一法师
12	佛教与当代文化建设学术研讨会	西北大学佛教研究所与香港中华密教学会	6月23—25日	西安	
13	中韩马祖禅学术研讨会	南昌大学哲学系、江西佛教协会	6月27—29日	南昌	
14	中国文化与宗教大同暨五台山佛教文化	中国社会科学院世界宗教研究所、（台湾）中华宗教哲学研究社、山西省海外联谊会、山西民族宗教文化交流中心联合举办，山西省忻州市海外联谊会、五台山风景区人民政府承办	7月5—8日	五台山	
15	首届华严论坛——“天然函昰禅师与岭南文化”研讨会	广州花都华严寺、中山大学比较宗教研究所、中山大学古文献研究所	8月15—17日	广州	
16	灵隐寺与中国佛教：纪念崇岳法师圆寂880周年	杭州灵隐寺	8月20日	杭州	
17	慧焰薪传——径山与中国禅宗文化国际学术研讨会	杭州径山寺	8月24—25日	杭州	
18	第六届寒山寺文化论坛·吴地和合文化研讨会	苏州市寒山寺	9月中旬	苏州	
19	法显纪念会	青岛政协	9月7—8日	青岛	
20	第四届弘一大师研究国际学术会议	杭州师范大学弘一大师·丰子恺研究中心 翰德林智慧女性修养学堂	2012年10月12日至15日	杭州	

续表

序号	会议名称	主办单位	会议时间	地点	会议内容
21	新昌大佛寺佛教文化发展座谈会	中国人民大学佛教与宗教学研究所、浙江新昌大佛寺	2012年10月13日	浙江新昌	
22	第三届旭日佛学多学科学术对话——《坛经》与禅宗思想多学科学术对话	武汉大学中国佛学及佛教艺术研究中心	2012年10月22日	武汉	
23	元代北京佛教学术研讨会	北京佛教研究所	2012年10月21日	北京	
24	《隋唐思想与信仰》的学术研讨会	中山大学哲学系	11月2—7日	广州	
25	2012崇圣论坛：唐代佛教密教与大理白族佛教密宗研讨会	大理崇圣寺与大理学院民族文化研究所	11月16—18日	大理	
26	广东省佛教协会成立三十年暨2012广东禅宗六祖文化节	广东省佛教协会办公室	11月17日至19日	广州	
27	广东梅州客都禅文化研讨会	广东梅州千佛塔寺	11月22日至26日	梅州	
28	2012襄阳道安论坛	襄阳道安研究会、襄阳理工学院	11月23—26日	襄阳	
29	潼南大佛穿金竣工剪彩暨开光大典与世界第一大室内金佛论证会	重庆潼南大佛景区	11月24日	潼南	
30	泾川县大云寺佛教文化研讨会	甘肃泾云县	11月29—30日	泾云	
31	佛教与文化繁荣研讨会	玉佛寺	12月7—8日	上海	
32	第三届黄梅禅文化论坛	四祖寺	12月15—17日	黄梅	
33	周敦颐与汝城暨理学思想与中国传统乡土社会学术研讨会	湖南省社会科学院	2012年12月21日	长沙	

除了上述30余个会议之外，2012年11月7日，在河北井陉县宣传文化中心举行了“井陉县法舫文化研究会成立大会”。[12]法舫是近代中国佛教的大师，曾经对我国佛教文化事业的发展作出过贡献。

2012年我国佛学研究的论文发表3000余篇，出版的著作达300余本，硕博士论文近五十种，基本上保持了过去的势态。以下介绍北京地区研究的成果。

方广锠的《略谈汉文大藏经的编藏理路及其演变》[13]对汉文大藏经从古到今的编藏理路作了简单梳理，指出传统大藏经都是佛教信徒编纂的，现在则是由学者编纂的。两者应该相互尊重、相互促进，从而共同提高。侯冲的《汉地佛教的论义——以敦煌遗书为中心》[14]以敦煌遗书中论义文的释读为基础，结合日僧圆仁《入唐求法巡礼行记》对论义的记载，从论义与论端、论义程序、论义失误、举行论义的时间和论义文五个方面，对汉地佛教论义进行了专门研究。杜斗城、任曜新的《鲍威尔写本

〈孔雀王咒经〉与龟兹密教》[15]从新疆库车佛塔出土的4世纪至6世纪梵语婆罗谜文鲍威尔写本《孔雀王咒经》的角度提出龟兹早期杂密流行的新证据。杜斗城、张颖的《敦煌佛教文献女性经典试析》[16]与传统女性观进行对比，分析“八敬法”“五碍说”得来之缘由，从而论证女性在佛教初传和汉译过程中所起的重要作用。中国佛教在女性观上，为了取得支持和更好的发展，也逐渐演变为适合社会现实和实际需要的理论和观念了。张明的《梵净山弥勒道场〈敕赐碑〉研究》[17]根据明代贵州发生的几次重大历史事件，同时结合地方史志和碑刻文献，对梵净山《敕赐碑》进行了比较深入的考证和研究。指出明王朝为稳定梵净山地区的统治，一方面加强对少数民族的武力征剿，另一方面又在此大力推崇佛教，兴修庙宇，敕封加冕，借以强化佛教对少数民族的教化功能，最终为梵净山“弥勒菩萨道场”的形成提供重大契机，而转圜此契机之关键人物是为钦命僧妙玄。孔庆典、马丁玲的《隋唐时期佛道文献中的星宿纪日》[18]梳理了隋唐时期佛道文献中有关星宿纪日的记载，认为汉译佛经中的《宿曜经》等文献中的星宿直日属于“二十七宿纪日法”，《大方等大集经》中的星宿直日则属于“朔宿法”。

黄夏年的《充分发挥佛教对外服务的民间外交功能》[19]系统地考察了佛教民间外交的发展，指出唐代以后，中国的民间外交开始发生变化，佛教向外传播成为后来的主流。在盛世大国佛教的背景下，宗教信仰市场决定了佛教民间外交必须走出去，文化输出作为佛教民间外交的一个最重要的表达方式。现在我们重新进入了盛世，大国中国的佛教民间外交再次有了机遇。我们应该抓住这次机遇，充分利用佛教民间外交的传统，将中国文化推向世界。陈红兵的《佛教生态德性论研究》[20]指出心性论是佛教生态德性论的人性论基础。佛教心性染净说对于克服建立在物欲基础上的现代自然主义人性论具有借鉴意义；佛教心性智慧说则能为生态智慧提供人性论基础；佛教“净佛世界”的生态环境建设是建立在主体净化身心、度化众生的德性修养实践基础上的；佛教德性论具有自身独特的美德体系，佛教美德具有丰富的生态环保意蕴。胡兴东的《云南傣族传统法律中佛教因素》[21]认为，云南傣族传统法律受佛教影响是较为全面的，具体体现在：立法上有立法思想、原则、技术和表达方式等方面；在实体内容上表现在刑事法律、民事法律和行政法律等方面；在司法上表现在审判的原则、证据的构成、判决形式等，甚至是人们对待法律的态度等。

王雪梅的《古代印度弥勒信仰历史渊源研究述论》[22]指出，学界对于弥勒信仰的起源，比较流行的观点是源于外来的“弥赛亚”或伊朗的“米特拉”信仰，实际上，弥勒信仰有属于自己的“救度”性格与“拯救”方式。李宜静的《“动态的空”与历程哲学——宗教间创造性的相互转化的一个案例分析》[23]指出阿部对“空”的创造性阐释受到了其宗教对话的启发，实践了“促进宗教间创造性的相互转化”的理念。杨东的《唯识古学诸论之虚妄分别与三性义探析》[24]指出，古学诸论在种识合一现起依他起能所二分、虚妄分别显现为二取外境、多从杂染边界定依他起性等义理上，具有共通性，这也是唯识古学所共有的思想特征。张爱林的《永明延寿的因明现量论解析》[25]认为以现量和比量为基本认知方式的因明学是佛教独有的。丁小平、傅映兰的《萨迦派“轮回涅槃无二”思想研究》[26]认为从心性论的角度表述为“明空无二”，即内心唯明、唯觉、唯动的功能与无有实体的本性是一体之两面。这种思想以大乘唯识学和中观学为基础，教理并无创见，只在修行实践的方法上有其特色。

欧阳楠的《晚明南京地区的寺院等级与寺院经济》[27]对晚明南京地区的寺院地理分布、寺院等级状况，以及对寺院经济的影响作了分析，认为都城寺院和乡村寺院的差异在当时其他地区也存在；寺院之间各种经济关系的形成也略显端倪。这与长期以来学术界对明代寺院“大量随意散布乡村”“没有内在的组织或任何固定的机构”总体印象不同。许效正的《试论清末民初（1895—1916）的佛教寺产所有权问题》[28]认为，清末民初的寺产所有权问题是中国政治体制由封建专制向民主共和快速转轨过程中现代思想和传统因素、民众利益与精英理想激烈冲突的集中体现。这个问题的逐步解决，则构成了民国初年民主政治的独特一幕。袁世凯政府的寺产所有权政策先后经历了寺产属于佛教，寺产分为官产、公产和私产，寺产属于佛教社团以及寺产属于寺庙等四个阶段，这是一个逐渐明晰化、系统化的过程。而寺产所有权政策的每次修改，都是社会各界激烈博弈的结果。它所确立的主要原则，充分体现了《临时约法》的基本精神，吸收了地方政府和佛教社团的意见。这些原则逐渐被佛教社团所接受，也被以后历届政府所沿用，对我国宗教政策的现代化产生了深远影响。王毓的《从佛化新青年运动看佛教近代调适特征》[29]认为，20世纪20年代的佛化新青年运动是佛教自身近代调适的重要努力之一。它反映了佛教近代调适的宗教人间性、伦理普世化、观念世界化的重要特征。这些特征折射出佛教在中国思想领域的角色转变和其适应近代社会发展的调适方式。研究佛化新青年运动不仅对传统宗教的当代转型具有现实意义，对整个中国传统文化的现代化发展也有一定的参考价值。佛化新青年运动的各项主张没有脱出费正清的所谓“冲击—回应”中国近代转变框架。佛化新青年运动的兴起一方面是应对西方文化的冲击，另一方面也体现了佛教界对于中国本土思想一贯的回应。丁希宇的《教派与权争：静安寺住持传继纠纷（1922—1923）》[30]提出，透过静安寺纠纷案，亦可窥视民国时期政教、僧俗之间的博弈互动。教派龃龉揭开纠纷序幕，而权势鏐轕则将矛盾推向深入。如果说，剃度派以及支持剃度派的士绅要求的“收回主权”是“别有用心”，那么行政官厅主张的“因案撤换”与“传继合法”分别办理则是法权范围内的正义主张。会审公廨的三审判决无视中国当局的处理意见，则映衬了中国主权丧失所带来的隐痛。何方耀的《佛教寺院物业管理改革的现状与对策初探》[31]认为，要正确衡量当前寺院物业管理改革的利弊得失，首先必须厘清寺院物业管理与寺院的主要功能即佛法修持之间的相互关系，才能准确把握改革与继承之间的度，让改革朝着正确的方面推进。谢重光的《惭愧祖师身世、法号、塔号、信仰性质诸问题及其在台湾传播的特点试析》[32]考察了惭愧祖师本是粤东客家人的重要民间信仰。台湾一般信众已不了解祖师的身世，产生了种种附会的说法。惭愧祖师信仰由客家原乡辗转传至台湾，祖师身世、功能、神性、形象乃至信众族群都发生了巨大的变化。这与台湾南投等地拓垦初期的族群性质及自然环境、现实需要有深刻的内在关联，也反映了民间信仰因环境转变而移易混化的现象。

薛克翘的《印度佛教金刚乘成就师坎诃巴》[33]认为，从坎诃巴身上可以看到印度佛教灭亡的诸多原因之一，即与印度教湿婆派和性力派相结合，几乎是彻底颠覆了传统的佛教，使佛教逐渐走下坡路。在面临印度教强大挑战时，金刚乘不得不退让苟全。朱丽霞的《智缘及其与北宋熙河地区汉藏关系》[34]指出，智缘是北宋时活动在汉藏边界的一个著名的汉族僧人，在当时的汉藏关系中起到了较为重要的作用。他利用僧人的有利身份，顺利招抚了藏僧结吴叱腊部落。金生杨的《张浚与佛学》[35]认为张浚佛学影响了他的洛学思想的发展，甚至对张栻的学术思想也造成了一定的影响。洪修平、孙亦平的《空海与中国唐密向日本东密的转化——兼论道教在日本的传播》[36]将空海思想置于中国唐密与日本东密的关系中，说明空海依据日本人的信仰方式和精神需要，对“即身成佛”进行的阐发，是推动唐密向东密转化的重要原因，同时也遮蔽了道教“即身不死”的信仰，在一定程度上阻碍了道教在日本的传播。张宏敏的《刘基的丛林交游考——兼论刘基的儒佛之辨》[37]认为，刘基得以与丛林高僧进行各种形式的交往，有同乡之交、诗文之交、书画之交，还有因平定战事而结交。但刘基始终不通佛理，也不能对佛教进行同情与理解，所以，只能站在儒家狭隘的道统立场之上，毫无章法地批评、排斥佛教。黄博的《生命之树：西藏阿里王朝与止贡噶举派早期政教关系研究》[38]认为在阿里王朝史记忆中，无论是古格、普兰还是拉达克，止贡派都有着独占鳌头的优势地位。止贡派创派之后，先后集中派遣了以古雅冈巴为首的三次大规模的传教团进入阿里地区的神山圣湖地区开辟新的弘法事业，取得巨大的成功。同时，初传时期止贡派在阿里地区也产生一批杰出的宗教活动家，他们的贡献奠定了此后数百年止贡派在阿里地区的基本政教格局。

上述的文章，可以从整体上反映出现在佛教研究的趋势，这就是传统的经典研究仍然占有佛教研究的重要地位。因为经典是佛教研究的基础，缺少了这方面的研究，则会使佛教研究没有了根。由于佛教博大精深，故对经典的解读可以有多样化的表述，以及各种形式的不同理解，所以在今后的佛教研究里面，经典的解读永远都是一项重要的内容，相比之下，电脑技术的出现之后，版本的整理与研究就相对薄弱了。近现代佛教研究则现在开始后来居上，正在出现迅速发展的局面，这是中国佛教繁荣之后出现的必然结果。由于近现代佛教与当前佛教有密切的联系，佛教在发展中，又不断地碰到新情况，特别是我们现在正处在转型期，佛教也在这个时期开始了新变化。所有这些新情况，是过去所没有碰到过的，因此需要佛教界和学术界去通力合作，提出一些解决问题的办法。在这个形势下，学术界的参与也就成为必然之势。对近现代佛教的研究的重视，还得益于近年来学者提供的一些资料的整理与出版，没有这些基本的资料，我们的研究很难提升，也谈不上什么热点，特别是对教制上的研究，直触佛教的底线，更容易得到学者的重视，故2012年的佛教研究文章中，有价值的应该是这一部分内容。当前在党中央提出的文化大发展大繁荣的情形下，地方文化越来越得到了重视，佛教文化的研究也成为当前佛教研究中的重要的一项工作。许多地方的政府与寺院都对当地的佛教文化投入了精力，组织全国专家与学者召开研讨会，研究文化发展的对策与总结地方文化的成果，于是促进了各地的基本资料整理与研究，也提升了当地的学术成果，对当地的佛教来说也是一个重要的推动。从现在的研究成果来看，对佛教的思想与理论研究正在停滞，且有下滑的趋势，这种情况一方面是解读经典的人越来越少，另一方面是积累不够。

三、道教研究

樊光春的《老子入秦年份考》[39]结论是老子入秦的年份是公元前488年。郑永华的《姑苏道士席应珍考略》[40]与黄永锋、方宝璋的《白玉蟾活动区域考》[41]考证了著名道教人物的生平行迹。南宋著名道教人物白玉蟾一生为求仙求师访道传道，云游四方，其活动区域以江西、福建为中心，足迹涉及浙江、广东、湖北、湖南、安徽、河南、四川、广西、江苏等地。白氏的游历大致可分为3个阶段，其活动区域受到当时这一地区道教文化、区位、乡情、友情等因素的影响。云游期间，白氏较长时间居住的地方依次是罗浮山、福州和武夷山，逝世于海丰。利用姚广孝所撰《海虞席先生墓铭》等原始资料，可以对席应珍的籍贯名姓、师承法嗣、住持宫观、治学修为，以及其与姚广孝的关系等问题，进行较为详细的考辨。张全晓的《明代武当山志著录疏误补正》[42]对历代文献著录屡有疏误作了挖掘和整理。赵芃、刘燕妮的《先秦时期山东地区的巫文化与山东道教的产生》[43]认为，考古资料和传世文献均反映出东周之前山东巫文化的"繁荣昌盛"。至春秋战国，随着理性思潮的高涨，巫逐渐丧失了其政治地位，渐次下移到民间，有的则演变为方士，这便促进了山东道教的前身——方仙道在燕、齐沿海地区的兴起。可以说，先秦时期山东巫文化的发展流变过程，乃为山东道教产生前的酝酿、准备阶段。王驰的《天师张继先与龙虎山正一雷法》[44]认为宋代以来道教革故鼎新，形成了以雷法为核心的道法体系。北宋末天师世家的杰出代表，第三十代天师张继先在雷法创立、兴盛的潮流中多有贡献。本文从史传考辨和思想解析的双重维度出发，梳理了张继先参同诸家学脉，开创龙虎山正一雷法的事迹，并依其著作，对融摄内丹心性学说的正一雷法思想进行了阐释。

道教雷法以法术的方式，对道教文化乃至汉民族精神气质进行了重要整合与提炼。雷法开创出了唐宋以来代表道教文化气质的广阔宗教世界。作为宋代龙虎山天师世家的杰出代表，张继先敏锐把握了道教本身的变革发展趋势，在雷法创立、兴盛的潮流中多有贡献。正如后世天师张宇初在《汉天师世家序》中所评价："汉末而下，居龙虎山者，岩栖谷隐，修炼以自寿。宋初，渐以道行称于时。暨大观、崇宁间，虚静真君出焉。其神功妙应一发于御气炼形之实，而后益振，有足方驾于前矣。"（张宇初：《汉天师世家序》，见《岘泉集》卷二，《道藏》第33册，第204页。）从整个道法发展的历史来看，天师张继先堪称将道教丹鼎与符箓之学融冶一炉的宗师巨匠。他发扬天师宗风，以性命之学精研雷旨，开创龙虎山正一雷法，从而在诸多方面为后世雷法道派垂范立教。其流衍之道脉殆至于今，仍堪启迪后人。胡百涛的《上清经五行数观念与道教"重阳"思想》[45]认为六朝上清经是以阴阳五行理论作为基础展开论述的，但上清经对阴阳五行理论的运用并不是一袭其旧，而是有所选择和发展的。这种发展集中体现在上清经出现的五行配数观念之中。上清经书以一和十二配属中央土，而以三五七九分别配属南方火、北方水、西方金、东方木的独特模式，导源于汉末纬书，经过魏晋道气理论的成熟而发展为《灵宝五符》中的五方天气理论，最后被上清经用作论述上清道法的基本框架。它是魏晋道派在统治者禁言阴阳五行灾异的环境下新创的理论，而其创造的思想基点则是道教一贯的重阳思想。在这套五行数模式下，上清经实现了"道"与"术"的完美结合。至此，可以认为上清经五行配数模式萌发于西汉末期的谶纬文献，经过汉末魏晋之际《太上老君太素经》等一批经书的发展，最终由《灵宝五符》明确为五方天气之数，进而被上清经吸纳成为其架构道术体系的基础理论。它的完整呈现应该在《太平经》与《周易参同契》之后，当为魏晋之际新起之观念，是六朝道经独有的思想。上清经接受了这一理论的五行数观念之后，对它进行了改换，如完全改变了一直延续到《灵宝五符》中的五方帝名号，而只是把它作为阐述道法的原理来使用。而这乃是基于上清经对通过道气沟通天人之道家理论的继承和发展，也是重阳思想在上清经中的独特存在形式。由钟吕开创的道教内丹学由于《周易参同契》逐步被推崇为内丹经典，也采用了与之相近的五行天地数模式，从而成为以后道教内丹学的基本架构。上清经的五行数模式反而不得彰显了。但是重阳的思想被继承下来，如何在阴阳兼备的人体内部练出"正阳"之体也就形成了潜在的矛盾，这个矛盾只有在宋易先天后天理论的区分中才能得到解决。而上清经则通过五方天气数的结构和存思道法的设计保证了重阳得仙观念在修习实践上的可操作性，体现了"道"与"术"的完美结合。

强昱的《初期全真道的自由平等观念》[46]论述全真道对平等自由问题的广泛关注，是中国哲学发展到宋金元时期十分引人注目的现象。而倡导三教合一的全真道能够迅速崛起、发展，同王重阳开创的被七真光大的思想主张密不可分。考察新兴道教派别的精神创造的内容，将是揭示中国哲学与宗教发展成长进程的不可忽视的环节。全真道在思想史上的贡献，概要言之大致包括三个方面。首先，纠正了由张伯端开创的内丹道南宗缺乏社会关怀的局限，重新回归于老庄道家的内圣外王之道的理想，保障了道家道教思想的延续性。其次，视生产劳动为修行的不可或缺的方法手段，虽然为佛学禅学所肯定，但是禅宗追求的是个体的解脱，本身没有社会政治理论是其固有缺陷，无法同社会政治理论实现有机的统一。是全真道不同时代的理论家的努力，实现了这种历史性的贯通。最后，自我存在问题与理想人格问题，由于自由平等的价值论问题的有力渗透其中，特别是同形上学问题与方法论问题的结合，为中国哲学在宋元以来的发展昭示了一个极其重要的方向。而他们共同具有的诉诸个体生命体验的追求，普遍缺乏严谨系统的逻辑分析的不足，大大地限制了理论建构的完整性。另外，个人应当享有的平等政治权利的问题尚未进入全真道思想家的视域之中，而意识到这一重大问题的已是明末的黄宗羲。真正从社会制度的角度全面考察说明其相互关系的人物，则是近代的著名启蒙思想家严复。这种历史的跨越过程及其认识演变的意义，非常值得我们探寻。灵济道派是产生于明代的一个道派，亦是道教宗派史研究中待开垦的处女地。王福梅的《明代灵济道派的形成嬗变考析》[47]试图梳理灵济道派形成发展的历史脉络，指出：灵济道派源于五代宋元的二徐真人信仰，明初形成一个独立宗派，并发展到鼎盛，晚明以后逐渐衰亡。综上所述，灵济道派是明代一个以灵济真君徐知证、徐知谔为主要崇拜对象，以灵济宫为主要活动场所的道派。它源于五代宋元的二徐真人信仰，形成于明永乐年间，成化年间达到鼎盛，之后逐渐衰落并流入民间。作为正一道中的一个新道派，灵济道派秉承传统的道教教义，在教义思想方面并无大的创新。然而，由于明皇室崇尚斋醮，灵济宫的道士们亦造作了一系列崇祀洪恩灵济真君的科仪，从而形成一全套自成体系的、完整的斋醮科仪。

道教是中国传统的组成部分之一，但是对道教的研究始终不如佛教与基督宗教的研究，这个问题是由于道教本身所处的位置及其功能所决定的。道教在中国宗教的分工中，以养生而体现出来它的特点，而在过去时代养生更多的是一项保健运动，故并不是一般人就能够开展并重视的。现在随着人们的生活内容日益丰富，生活环境与物质条件也得到了很好的改善，养生开始受到人们的重视，道教的养生学内容正在开始发热，内丹学正在社会上得到普及。但是其他的理论与法术的研究则一直保持平衡发展，道教的历史与宗派的研究也进步不大，道教与现代社会的关系近年来一直受到道教界的重视，但是它的文化内涵与宗教的提升，还需要进一步得到更多学者的重视，如此方能让道教研究更上一个台阶。

四、民间信仰

陈彬、刘文钊的《信仰惯习、供需合力、灵验驱动——当代中国民间信仰复兴现象的“三维模型”分析》[48]首先纳入一种历时性维度，将信仰传承的惯习作为一种孕育着民间信仰复兴的基本原因进行深入剖析；然后再立足于现时性维度进行探讨，即把信仰结构的供与需两方面因素作为促成民间信仰复兴的重要原因来展开讨论；最后还将辅以一种动态性维度，即把灵验机制作为维系民间信仰复兴的关键因素。俞黎媛的《加强民间宗教信仰管理　促进宗教文化生态平衡》[49]以福建为中心，介绍当前民间宫庙不同的管理模式，指出其管理中存在难度，并就如何完善管理提出建言对策。首先必须摒除对民间宗教信仰的歧视、尊重民间宗教信仰的历史传统和客观存在，并尽快出台相应的政策法规，给予民间宗教信仰以合理、合法的生存空间。因为保证宗教文化生态的和谐平衡不仅是政府部门对宗教活动场所进行科学有效管理的必要前提，也是从宗教生态和谐平衡的角度确保国家文化安全的题中应有之义。加强对民间宗教信仰的管理，不仅是保护非物质文化遗产的题中应有之义，而且对于促进地区之间的对话交流、共建和谐社会具有重大价值。加强对民间宗教信仰的引导和管理，恢复和重建我国的宗教生态平衡，在21世纪的中国显得格外紧迫和必要。

何文凤的《汉代祠庙功能探索——从升仙的角度来分析》[50]认为，汉代民间盛传的种种升仙的传说，反映了汉代人信仰生活的一个侧面。升仙成为汉代祠庙祭祀的主要功能之一。汉代仙人祠数量的增多，与升仙有着直接的关系。“死后为人所立祠的有道术之士，应该就是各地‘仙人祠’的一类来源。”钮卫星的《唐宋之际道教十一曜星神崇拜的起源和流行》[51]从唐宋之际的佛、道两教文献中有关九曜和十一曜的资料出发，首先考察了源自密教星占术的九曜概念和它们的天文含义，然后通过对唐末五代的九曜醮词、罗天醮词等文献的解读，确认了对九曜和月孛的崇拜已经成为当时道教醮仪的组成部分。对宋元学者认为的十一曜源自《聿斯经》的说法提出了不同看法，认为十一曜星命学是由中国本土术士在九曜星命学的基础上融合了本土天神崇拜后改造而成的。宋真宗的崇道刺激了十一曜星神崇拜的流行，民间术士和官方历算家都为这种流行的信仰提供了技术支持。汪桂平的《江浙民间的〈庚申经〉与庚申会》[52]通过对《庚申经》的内容分析，指出这类民间经典及其相应的诵念结会活动，在历史上曾受到道教、佛教和民间教派等多种宗教文化的影响，但又与正统的宗教经典与活动迥然有别，表现出不同的文化内涵与传播方式。作为地方信仰民俗的一部分，守庚申的习俗在这些地方还会继续传承下去，并且随着时代的变迁，其传承的内容和方式也不会一成不变，它会不断受到现代文明及地方各类流行文化的冲击，并在碰撞中发生变化，从而使这种古老的习俗历久弥新。宁俊伟的《明代三教的衰微与文昌信仰的发展探析》[53]认为自明代中叶以来，面对社会经济的发展，政府无法提供适应其变化的产权、分配等方面的制度保障。于是，在功利主义私人化的影响下，以儒释道为核心、社会舆论为保障的传统信仰体系出现了危机。文昌帝君作为三教文化交汇的神祇，正迎合了政府的这一需求。在补充正统宗教的激励和约束机制的同时，文昌信仰由于没有组织和专门神职人员，也就不存在滋生反政府势力的温床。因此，文昌信仰填补了世俗百姓由于信仰危机所带来的精神空虚，成为政府抵御民间宗教泛滥的思想工具，从而造就了明代以降文昌信仰异军突起的局面，成为明清时期的三大社会信仰之一。蒋明智的《除夕“卖冷”习俗源流新探》[54]指出，卖冷习俗并非卖懒，而是一种袚除寒气的巫术仪式，目的在于祈求新春回暖、健康吉祥。至晋代的长江中下游地区，卖冷习俗与“打灰堆”相结合，使原初单纯的袚除寒气仪式向祈求财富的世俗需求转变。宋时，由“打灰堆”又衍生出“卖痴呆”的祈年习俗，由原来的祈求财富向祈求智慧和勤劳转化。明清时期岭南出现的“卖懒”习俗来源于卖痴呆习俗，它们的本质都是儿童在辞旧迎新之际，期望卖掉呆懒的过去，迎来勤劳和智慧的未来。岭南的卖懒习俗由于尚保留有远古的巫术仪式，至今仍在传承，有着重要的现实意义。王元林、郭学飞的《水神萧公信仰的形成与地域扩展》[55]指出，历史上萧公信仰的形成与新淦的自然环境、萧氏宗族密切相关。明代萧公神在与国家、地方社会之间的互动中获得两次国家加封赐号，使自身演变为国家正统神灵。伴随着萧公神地位的不断提高，其影响力与日俱增，萧公信仰开始对外传播，地域扩展的范围越来越广，最终萧公神成为民众广泛奉祀于江河湖泊的一位水神。王焕然的《〈清诗铎〉祈雨术初探》[56]认为，《清诗铎》全面展示了清代乃至我国古代的祈雨术，反映了清代人在旱灾面前所采取的消极应对措施，显示出清人头脑中根深蒂固的天命主义弭灾论。

乔新华的《借儒兴道：从元代全真教改造山西尧舜禹庙看其兴盛的独特路径》[57]以元世祖时期，全真道士姜善信改造传统儒家正祀庙宇——尧、舜、禹庙的生动事例为研究对象，考察分析全真教在山西南部发展兴盛的独特路径。王守恩的《山西乡村社会的村际神亲与交往》[58]初步探讨了山西民间信仰中神亲关系缔结的因缘、概况及此关系的属性与功能。村际神亲在山西普遍存在，它是村落之间以共同信奉的民间神灵为纽带而形成的一种虚拟亲属关系。这种文化建构将村际的地缘关系亲缘化、世俗联系神圣化。本无亲缘关系的不同村落群体由此成为亲属集团，在信仰领域保持了联系，其世俗交往也从无到有或由少到多。既维系了共同信仰，又培养了亲属感情的神亲关系，是乡村社会整合、凝聚、和谐的重要资源。姚春敏、车文明的《清代华北村落庙宇的僧侣研究——以山西泽州民间庙宇碑刻为中心》[59]认为，从民间碑刻看，清代山西泽州村落明代至清代，僧侣在村落庙宇中的地位逐渐下降，尤其是嘉庆道光之后，村落庙宇中已经很少见到僧侣，取而代之的是一些本村的看庙人，个别村落庙宇尚存僧侣，也是由“社”请来看守村落庙宇的。僧侣从村落庙宇的住持，沦为民间自治组织“社”的雇工。郝平的《嬗变与坚守：近代社会转型期晋中的民间宗教活动——以〈退想斋日记〉为中心》[60]从祖先崇拜、佛道活动、多神信仰等方面论述了近代晋中的民间宗教活动，其中窑神、纸神、水神等信仰行为极富地域性特色。在晋中社会剧烈转型的清末民国时期，基层民众的宗教活动并没有受到很大影响，表现出极强的稳定性。民间宗教行为变动与否直接受生存环境变迁的制约，社会转型与生存环境变迁是两个没有直接关系的概念，这是清末民国时期晋中民间宗教活动与社会转型的“步调”并不一致的深层原因。张泽洪的《中国西南少数民族的竹王神话与竹崇拜》[61]详细考察竹王神话的流播及其影响，认为具有原始思维特色的西南少数民族竹王神话，蕴含着西南少数民族自然崇拜、图腾崇拜、祖先崇拜的文化要素。竹王神话和竹崇拜长期影响着西南各族群的社会生活，其神话思维模式反映出各族先民的宗教情结和自然生态意识。张咏、高前的《灵验的遗产——宗教生态视域下的河北深州“香门”信仰研究》[62]强调香门信仰作为一种有悠久历史的民间信仰形式，存在于河北衡水地区，特点是神秘性和实用性，在当代又具有“佛教化”倾向，显示了民间信仰作为中国传统宗教底层所具有的若干类基础性意义。余欣的《冥币新考：以新疆吐鲁番考古资料为中心》[63]以新获吐鲁番考古资料——巴达木墓地所出葫芦木刻冥币和木纳尔墓地所出纸钱文书为基础，与20世纪初斯坦因阿斯塔那收集品，新中国成立后在阿斯塔那、哈拉和卓古墓群的考古发掘成果，其他各地域出土的汉唐间冥币材料以及传统文献互相印证，着重于从冥币在墓葬中的实际保存状态、制作和使用方式、与墓葬整体遗存之间的相互关系等着手进行分析，对其源流、形制、性质和功能进行了新的考索，尤其是对冥币在中古时代所发生的关键性演化作了较为深入的阐释，揭示了这一丧葬习俗的变迁过程及其丰富内涵。

田野与资料的结合，使民间信仰的研究有了深入的讨论。于是出现了民间信仰模式的探讨，提出了理论模式。但是民间信仰是地域文化的产物，反映的是地方信仰的特点，要有一个通适的模式，应该很难，在这方面可以做尝试工作，而成功率则很低。学者指出了民间信仰的实用性，而且与民众的需求有重要的关系。像文昌神、水神等这类与自然与命运有关的神祇的信仰，实际上就是反映了人们的对生活与改变的诉求，因此这类神祇可以做大成为社会的主神之一，贯穿于整个社会。而地方性的研究则是又一个案形式，山西是我国地上文物最多的地方，也是民间信仰发达的地方，对这里留存的民间信仰进行考察，既有书本的记载，还可以结合民间的社火，从而可以取得更多的更好的成果。近年来，除了福建的民间信仰以外，北方的山西民间信仰是重要的研究基地，故在这方面有很多成果，也是必然的。此外，像河北与北京这些文化积淀深厚的地区，其具有个案性的民间信仰也引起了人们的注意。香河的“香门”信仰，就是流行在河北一带的民间的信仰，但是对这个信仰最早引起注意的并不是中国人，而是法国人，之后才引起了中国学者的注意。民间宗教与道教有密切的关系，属于草根文化的范畴。过去通常将这些研究归在道教研究里面。近年民间信仰的研究开始升温，变成了宗教研究中较为突出的热点。这是因为，人们更多地意识到在中国社会中影响最大的并不是定型的佛教道教，而是流行在百姓中间的民间信仰，是各种民间信仰支撑起整个中国宗教的基础。国外宗教学研究流行人类学的田野调查，这种风气又通过港台等地的学者传到了大陆。而大陆本身丰富的田野过去不受重视，现在得到了重视，一些对理论研究不擅长的学者于是转向了这片研究的沃土。

五、基督宗教研究

谭立铸的《“梵二”：天主教的现代界石》[64]认为“梵二”通过与现代世界的真实对话重塑了教会的认同及它与现代文明的关系。面对“梵二”的精神和原则，需要一种正确的解释学。

孔陈焱的《梵二会议后的罗马教廷与国际关系》[65]指出第二次梵蒂冈大公会议是天主教会迈入现代世界发展潮流的里程碑，深刻改变了罗马教廷在国际关系中的外交趋向。后梵二时代的教廷以崭新的姿态成功回归国际社会，并完成了国际外交身份建构。教廷以其活跃的外交实践在国际社会获得不可忽视的影响力。虽然教廷不愿意其宗教性定位被政治化，但其独特的外交目标、利益取向和外交特征却仍值得从政治学角度进行探究。陈铃、陶飞亚的《从历史视角看梵二会议与中国天主教会》[66]认为梵二会议的精神与理念的落实需要和中国天主教会的具体实际相联系。中国天主教会的发展与其内部关系、政教关系及中梵关系是密不可分的，三者相互作用相互影响，共同构建出当代中国天主教会问题的复杂多变性。张西平的《从梵二会议看中国天主教的本地化传统》强调中国教会在世纪中的福传成败也将必然地取决于能否适应国家的日益发展与强大，民族和文化的多元与融合，取决于能否时时处处维护法律的尊严、维护人民的利益、维护民族的团结、维护祖国的统一。赵敦华的《罗马教廷回应圣经批评运动的七大文献》[67]认为“梵二”宪章肯定四福音书作者在默感中记录见闻、记忆和选取素材的成书过程，本笃十六最近批评对圣经记载的事件“去历史化”，在这些至关重要的问题上，至今所见的有影响的学术成果却与信仰教义背道而驰。

谢志斌的《理论和处境：汉语基督教伦理研究的基本思路探究》[68]探究汉语基督教伦理研究的基本思路问题，特别关注具体处境中基督教价值的公共意义问题。提出研究采用基督教伦理研究中的实在的和处境化的进路，将之放在一个特定的文化和社会背景下并考虑到其具体和当下的条件来展开对基督教伦理思想的论述。谭树林的《利玛窦易服问题再研究》[69]在详细析探利玛窦易服过程的基础上，论述了利玛窦易服所产生的影响。指出利玛窦易服后采取的“学术传教”的曲线传教策略，在宣扬福音方面收效甚微，却在沟通中西文化交流方面取得了前所未有的巨大成就。丁锐中的《张炳璿〈王徵墓志铭〉点校及初步探析》[70]简要介绍了王徵生平著述贡献及研究现状，重点在于对出土的墓志铭文并盖及墓室楹联进行点校，可以认定张炳璿《王徵墓志铭》的出土，补充了王徵研究资料上的空白。周萍萍的《从新发现的资料解读英敛之的早期思想》[71]对英敛之早期思想的认知，可以更好地理解其后来的种种举措，如积极创办《大公报》、直接参与到历次抵御灾害和赈济灾民的社会活动，以及努力筹建中国公教大学、大力推动中国教会的本地化等。王锟的《论谢扶雅对怀特海宗教哲学的吸收和融会——兼与怀特海上帝观之比较》[72]指出谢扶雅的宗教思想，大体可分为“宗教的哲学反省”与“神学思想的综合创新”两个阶段。1926—1946 年是“由社会倾向而至个独沉思”时期，此即“宗教的哲学反省”阶段，从他对宗教的本质、演进及理性化等问题的思考中可见怀特海宗教哲学的清晰烙印。1946 年之后的阶段是“由沉思而更至综合”时期，此即“综合创新阶段”，他把中国传统的“中和思想”与怀特海的“过程上帝观”相互融会而形成“中和神学”，这是中国基督教本土化的代表理论之一。李枫的《冯至与基督教浪漫主义》[73]以冯至诗作为例证，考察“五四”新文化运动所折射出的基督教浪漫主义思潮。认为情感与想象力是连接二者的桥梁；独特的抒情风格与气质使冯至诗作与基督教浪漫主义话语产生了若隐若现的关联。由这样的一种关联，能够回溯至欧洲浪漫主义诗人与神学家们在构建“诗化神学”时的一些追寻与思考。

金文兵的《明末地方教化“引耶入儒”的现实考量——耶稣会士高一志晚年译著（1630—1640）背景初探》[74]提出高一志译著集中完成在晚年（1630—1640），与耶稣会士进入历局、雷翀告示“尊天辟邪”有着密切联系。二者均为高一志所著义礼西学从塾学到社学再到乡约的步步渗透创造有利外部条件，并由此形成一种以儒学为主神学为辅的地方教化模式。廉松心的《明末清初天主教在中朝两国初始传播研究》[75]认为，耶稣会士在研究儒学的同时，自然而然地把中国的文化典籍翻译介绍到欧洲，架起了中西文化交流的桥梁。在朝鲜，天主教的传播及其发展，不仅对朝鲜封建社会的传统观念和体制提出了挑战，而且天主教的诸如超人间、超自然的上帝观，基于灵魂不灭说的伦理道德观，以及对人权的平等要求等西方思想，为以后朝鲜近代化的到来提供了重要的思想文化基础。袁瑒的《“长白云国度”海外传教运动视野下的对华传教——新西兰赴华传教士（1877—1952）》[76]尝试在国际差传体系的大视野下检视新西兰赴华传教的个案。先就人数、差会、性别比例、阶段性发展等因素作通史性勾勒，再以“英属殖民地差传国”、“小型次传教国”和“对华传教对新西兰本土的反向影响”为理论进路，挖掘一些易为“外史型”学者所忽略的问题。叶农的《美南浸信会与广州东山口——一个历史宗教地理学的典型范例》[77]利用在广东省档案馆等处所收藏的档案及文献资料、实地考察，研究浸信会开发广州东山口地区的过程，包括：教堂的建设与传教：基督教东山堂；教育机构的开设：培正小学、培正中学；出版机构的设立：美华书局；慈善机构的开办：恤孤院；东山口城区的开发与形成：高尚住宅区。东山口地区的发展，美南浸信会等宗教团体发挥了不可磨灭的作用，是历史宗教地理学的一个成功范例。张龙平的《中华基督教教育会与巴敦调查团来华的酝酿》[78]以中华基督教教育会为首，在调查团来华的人事安排、经费落实、先期调查、资料整理上作了大量的工作，其价值是将中国基督教教育的现状及未来走向通过调查团之口传达给西方，进而影响中西基督教界。李海萍的《从“借学布道”到“教育为本”：清末民初教会大学内部职权体系之变迁》[79]从职权角度重新审视教会大学的历史。并以圣约翰大学的内部职权体系为例，探讨清末民初的政治风云变幻对教会大学生存和发展的深刻影响，以及教会大学徘徊于宗教与世俗、政治与教育、市场与学术之间多重互动的复杂关系。邓杰的《新中国的宗教政策与基督教教会的因——以中华基督教会边疆服务运动为例》[80]认为，在新中国成立初期国家政治转型、人们曾经有过的政治立场被高度看重的背景下，中华基督教会被列为统战的对象，教会人士开始了自身的改造，边疆服务部同工的处境尴尬已在情理之中。加之中华基督教会全国总会是一个超越教派的“合一”组织，其内部本身就具有不同教会主张的派别，只是因“中华”或中国人身份认同的原因将不同教派联系到了一起。这对基督教的本色化是一个有力的推进，但由于内部的主张多元化、教派结构的纷繁，又不可避免会影响到教会事业的发展。卢成仁的《从礼拜座位看基督教会组织原则的本土运用——以云南怒江娃底村傈僳族为例》[81]从傈僳人进行礼拜仪式时与性别和年龄相关的左右、前后不同的座位安排入手，对娃底傈僳族教会的组织原则进行细致的分析和讨论。认为传统的性别等级和年龄序列制度是娃底教会的重要组织原则，同时这一组织原则又是与诸多社会行为相关联的。而传统社会制度的应用，与基督教信仰在这一地区的发展有着直接的关系。

肖超的《提阿菲罗斯在〈致奥托莱库斯〉中史学阐释理论体系》[82]认为安提阿的提阿菲罗斯对于早期基督教史学可谓至关重要。在其传世之作《致奥托莱库斯》（To Autolycus）中，他不仅首次编撰了富有基督教特色的编年史；还对众多传统西方史家与史著作出评判，建构起一整套带领“意义”脱离于“言语”的史学阐释体系。他就为业已陷入困境的西方史学开辟了一条新路，使得原本拒斥史学的早期基督教思想，得以找到将历史学征为已用的可能；同时也为历史学投奔新兴宗教打开了方便之门。汪琴的《宗教身份与罗马人格法》认为随着基督教的出现，宗教身份是人格变更的因素。而当基督教成为帝国国教时，信仰正统的基督教则成为完整人格的构成要素。凡信仰正统基督教则享有完整的权利能力；反之则具体权利能力受限，但不会导致身份的剥夺。基督教的独尊地位使得宗教身份摇身一变成为了完整法律人格的构成要素。陈沛志、张强的《经院哲学与西欧中世纪政教之争》[83]认为西欧中世纪政教二元的政治体系造成了教俗双方在权力领域相互斗争又相互制约的局面。教俗双方的较量引发了关于基督教世界最高权力的争论。争论双方引经据典，以辩证法为工具，捍卫各自的政治立场，从而促生了经院哲学。因此，经院哲学的发展与政教之争的进程息息相关，是政教之争在哲学和神学领域中的反映。

车桂的《卡尔·拉纳的先验形而上学——上帝存在本体论证明的认识论表述》[84]认为卡尔·拉纳先验形而上学的鹄的，在于奠定启示神学的知识论根基和真理规范。一方面，托马斯·席瀚对卡尔·拉纳的哲学诠释是值得商榷的，但另一方面，拉纳关于上帝存在本体论的证明面对托马斯和康德的高尼罗式的诘问也依然是无力还击的。刘锟的《论梅列日科夫斯基新基督教思想中的历史和文化哲学问题》[85]提出以梅列日科夫斯基为代表的思想家主张应该对基督教作文化人类学的解读，因为文化属于人的积极性创造范畴，而人如果与超验的宗教本原相脱离，就会离开文化创造的神秘根基，以致把文明引向绝境。梅列日科夫斯基通过对尼采思想进行思辨，并在索洛维约夫神学思想的影响下，形成了他独特的三段论的、关于圣灵基督教的历史文化哲学观。成祖明的《亚威信仰与古代以色列社会——歌德瓦与马克思主义社会学圣经批评》[86]指出歌德瓦是圣经社会学批评的奠基人之一。他成功地将马克思主义社会学理论引入到圣经批评学之中，重构了以亚威崇拜为中心的古代以色列社会。他从“反抗模式”出发，论述了亚威信仰和崇拜源于受压迫的乡村农牧民，他们平等的社会关系导致了亚威信仰的诞生；亚威崇拜对早期以色列社会的作用是不仅产生了一套“伦理规范”，更是深入社会结构深层的权力象征，在以色列人的社会、经济和文化方面发挥着独特功能，是维系以色列共同体平等的社会关系和抵御外来侵略不可或缺的力量。

当前基督宗教的研究，风气正在朝着研究现代性与中国基督教史的方向发展。经过多年的学术沉淀以后，中国学者的研究正在朝着自己的方向发展，并且呈现了良好的势头。2012 年是天主教教廷发表“梵二”宣言六十周年，世界天主教的发展与当代社会进行了更好的对接，中国学者撰写了有关文章评述这一举措，欲借此东风来改变中国基督教的现状。基督教的本土化一直是中国学者研究的重大问题，更是基督宗教界的发展方向。对中国基督宗教的研究加强，无疑涵括了为基督宗教在中国的未来发展找出历史的经验与教训，这其中既包含了像利玛窦的易服问题，也有基督教文化人王徵、高一志、英敛之、谢扶雅、冯至等数代哲人的思考，还包括了外国传教士和本土的基督教徒的努力。此外，基督宗教的神学思想仍然是学者研究的重点，遗憾的是我们至今还没有提出如何使基督宗教中国化的理论发展思路。

六、伊斯兰教研究

张宁的《宗教资本的再生产与宗教组织角色创新》[87]认为，清真寺以参与防艾宣教行动的方式间接地参与了基层公共卫生治理行动，宗教组织成为参与多元治理主体中的一分子。这不仅有利于本教坊穆民的生命健康，更有利于清真寺提高其宗教资本，促进自身不断发展。马丽蓉的《清真寺文化场域的资本转换及其对策思考》[88]为应对全球化挑战，特提出中国清真寺发展观。建议在寺管会管理框架下采用“功能分层管理”，推进我国清真寺管理的制度创新。中国清真寺的成功发展历史经验主要包括：(1)中国清真寺不仅是进行“儒伊文明对话”的重要沟通平台，也是形成具有中国特色对话文明范式的特殊纽带；(2) 中国清真寺不仅是弘扬“爱国爱教”传统的重要实践平台，也是穆斯林多重身份认同的整合场；(3) 中国清真寺不仅坚持“以寺养寺”的独立生存原则，还成为融入社会主义经济建设的积极探索者。其中，“爱国爱教”与“以寺养寺”，解决了穆斯林的精神归属与生存基础等重大而切实的问题，并在“政教分离”的原则下形成了中国清真寺的基本发展模式。杨文笔的《从“教团”到“门宦”——哲赫忍耶宗教组织制度化的历史进程》[89]以四大门宦中的哲赫忍耶为例，将其宗教组织制度化演进历程分为三个阶段，作为苏非教团的哲赫忍耶，哲赫忍耶门宦的雏形，哲赫忍耶门宦的形成与定型，在对这三个历史阶段的回溯中，观照哲赫忍耶宗教组织制度化构建的历史境遇，以及作为宗教族群建设中形成的门宦显性特征。郭泰山、董西彩的《对当前新疆宗教工作和政策选择的评析》[90]提出随着全球化浪潮、国内外形势的变化及对宗教内涵理解的不断深化，当前的新疆工作和政策日益表现出开放性、人本化，呈现出与现代化社会紧密相连的特征。

纳巨峰的《明武宗回教信仰考》[91]以最近发现的一系列证据：文物方面从北京故宫的红彩回回文盘上重新释读出明武宗的回教署名“苏莱曼国王 / Shah Suleiman”，及甘肃省博物馆的回回文铜香炉的铭文；文献方面有中国和朝鲜的几份史料予以支持，如《回回馆来文》、朝鲜《李朝实录》和《清真指南》的相关记载；以及对正德圣旨的重新解读，从而形成以波斯语铭文为核心的一系列文物—文献证据链，基本可以确认《中国纪行》记载的真实性。至于对藏传佛教的尊崇，应是在非信仰层面，即对房中术的迷恋而已。明武宗的宗教信仰应是伊斯兰教。此种历史景象的出现，凸显出中世纪中国与伊斯兰文明的交流曾达到何等的广度。金宜久《读汉译〈昭元秘诀〉》[92]认为《昭元秘诀》反映的是大神秘主义者伊本·阿拉比的思想。除阐释加米写作《昭元秘诀》的缘由外，概略地讨论该书的“品论”及其主体部分“电论”。对于当今苏非著作的研究仍有其不可忽视的现实意义。丁士仁、罗小芳的《天方尊大真经中华明文注解——中国已知最早〈古兰经〉小经汉语通译本介绍》[93]在整理伊斯兰文献的过程中发现 1912 年由两位甘肃籍阿訇用“小经”文字以经堂语翻译了《古兰经》全文，命名为《天方尊大真经中华明文注解》。这一发现刷新了我国《古兰经》翻译的历史纪录，将中国汉语通译《古兰经》的历史提前了近 15 年。

杨雅妮的《从合法救济到暴力冲突：宗教冲突中的人权保障透视——基于清中后期花寺门宦与哲合忍耶门宦宗教冲突的分析》[94]认为从人权的视角对花寺门宦和哲合忍耶门宦之间的宗教冲突进行分析，对于当前保障少数民族的基本人权及民族团结、社会安定具有非常重要的意义。马健君的《西安穆斯林传统寺坊组织试析》[95]从社会组织视角，以西安穆斯林寺坊历史概况和寺坊组织的构成及特点等几个方面展开分析阐述，探讨中国伊斯兰教千百年历史发展进程的一个重要方面。李晓曈的《马启西苏非思想溯源》[96]根据已有的研究，结合新发现的资料，认为马启西的苏非思想可以追溯至纳格什班迪苏非教团。他从多个方面间接地吸收了该教团的思想，在新的历史境遇下，对其作了一定的继承和扬弃，付诸实践，使其呈现出新的特征。马桂芬、赵国军的《“尔麦里”仪式中的穆斯林妇女——基于甘肃省广河县胡门拱北“尔麦里”仪式的人类学考察》[97]基于对甘肃省广河县胡门拱北的人类学考察，试图通过对伊斯兰教“尔麦里”仪式中信奉门宦的穆斯林妇女在其中扮演的角色，探讨“尔麦里”仪式对当地穆斯林妇女所产生的影响，并进一步了解门宦穆斯林妇女的宗教行为和宗教生活。广河县的穆斯林妇女们在日常生活中备尝艰辛，但通过“尔麦里”仪式等活动的参与，宗教给了她们精神的慰藉和心理的补偿，使她们对现世和后世充满了希望。

蒋真的《霍梅尼伊斯兰革命思想研究》[98]从理论上讲，霍梅尼的伊斯兰革命思想是一个封闭性政治学说，其封闭性表现在他试图在拒绝外来影响下向外界显示其独立性和唯一性，如其“不要东方、不要西方、只要伊斯兰”，“不要宪法、不要法律、只要《古兰经》”的政治主张。与此同时，霍梅尼的思想是在伊朗反对君主专制、反对帝国主义、反对殖民主义的历史进程中产生并形成的，因此，可以说它是伊朗面临内忧外患下寻求国家发展道路的一种尝试，而宗教则扮演了极其重要的角色。范若兰的《霍梅尼妇女观及其实践探析》[99]认为霍梅尼在伊斯兰框架内提倡妇女权利，主张男女权利平等和自由，强调性别隔离和支持多妻制，在实践中，既有限制妇女权利和行为的一面，也有维护妇女权利的一面。李立丰的《伊斯兰教法中的女性继承权：以国际人权法为视角的评价与反思》[100]认为事实上，伊斯兰教法确认并保障女性享有继承权等重要经济权利。相较于当时所处社会、历史环境而言，这是一项重大进步。和空洞的人权批判相比，为提升穆斯林女性法律地位、扩大穆斯林女性权利范围寻找“体制内”路径更为现实。马强的《泰卜里厄哲玛提研究述评》[101]认为以西方学者为主，个别观点值得商榷。研究困难在于多学科知识、研究资料、语言三个方面。研究视野和范围仍有限，特别是缺乏深入的田野调查个案，对这一运动在不同地域中的本土化问题关照不够，同时应该重视研究的伦理和价值问题。王霏的《法特瓦与阿拉维派被承认的历史》[102]指出20世纪有三个关于阿拉维派的重要法特瓦，逐渐承认并确立了其属于伊斯兰什叶派的地位。第一个是1936年由耶路撒冷的大穆夫提哈吉·阿明·侯赛尼发布的，第二个是由大阿亚图拉哈桑·马哈迪·设拉齐在1972年发布的，第三个是由赛义德·穆萨·萨达尔在1973年发布的。在一定程度上可以说，是这些法特瓦谱写了阿拉维派被承认的历史。

伊斯兰教的研究近年来有一定的进步，中国伊斯兰教的研究更加受到学者的重视。

七、其他

侯亚伟、侯杰的《鸦片战争前后天津庙宇的空间分布——以〈津门保甲图说〉为中心》[103]以《津门保甲图说》为中心，从庙宇数目与类别、人文分布、地理分布等几个层面，对鸦片战争前后天津城乡庙宇空间分布状况进行了初步探讨，希望能够有助于深化中国近代宗教史的研究。刘海威的《也论祆神与火神之融合——以小说〈封神演义〉为例》[104]以小说《封神演义》中所载的火神为考察点，将其形象与文献和考古发掘中出现之祆神相比较，证明了小说中之火神与文献记载之祆神在形象、姓名和文化意义方面十分相似，佐证了陈垣先生的结论，宋元以后祆神与中国火神信仰已经融合。还引用佛经记载，解决了为何唐宋典籍均将祆神比附与摩醯首罗之疑问。林悟殊的《霞浦科仪本〈下部赞〉诗文辨异》[105]拟就该等抄本中所采录《下部赞》诗文，与敦煌发现的写本作比较，辨其异同，释其差异产生之原因，冀有助于解开该等科仪本形成之谜。霞浦三个版本与敦煌本之比较始见多有共同的差异。这也就提示吾辈，田野调查所发现的有关科仪本，未必是同一时期的批量产物，彼等之形成或有先有后，若后者参考前者，亦属常理。洪燕妮的《德清与智旭对〈中庸〉的诠释》[106]通过分析明末两大高僧德清及智旭对《中庸》思想的解读，从一个侧面说明儒家思想对明末佛教的影响以及明末佛教会通儒学的方式及特点。孔含鑫的《简论羌民族宗教文化的社会功能》[107]指出羌民族宗教文化在现代社会中也已趋于世俗化，并参与到世俗事务之中，强调道德教化、注重在社会中发挥宗教伦理作用。熟悉羌民族宗教文化的社会功能及其演变进程，有助于汶川地震灾后文化重建工作顺利开展及羌区社会长治久安，也是社会主义文化建设事业大发展大繁荣的需要。

蔡晶的《印度穆斯林种姓摭议》[108]认为从构成形式上来讲，印度穆斯林种姓依出身尊卑划分为阿什拉夫、阿吉拉夫和阿贾尔；各种姓集团也具有传统的印度教种姓制度的一些基本特征，即存在等级秩序、流行内婚的习俗、部分种姓与世袭的职业有传统的关联。胡稹、洪晨辉的《日本宗教包容性原理的成因初探》[109]认为日本宗教的包容性原理源于作为“绝对神”的“人格创造神”观念发育不足，以至不易出现类似于西方世界的一神教排斥异己的观念。其中可能有两个原因：(1) 日本在远古乃使用一个统称为“物”的、泛指今人所说的“神、佛、鬼、魂”等的概念，“神”并不伟大；(2) 此后日本引进中国的“神”“灵”“魂”等词汇，置换了“物”的概念，但因中国上古似乎和日本一样，也缺乏“绝对神”的观念，泛神现象严重，“神”“灵”“魂”等的概念边界模糊，故使日本仍未能明确自己的“绝对神”何在，反而和中国一样，继续在泛神的宗教道路上发展。日本（或中国）个别的“神”的伟大，是后期政治干预宗教的结果。石沧金的《从保守走向开放，从传统走向变异》[110]认为马来西亚华人的三一教组织可分为传统活跃型、开放变异型、沉寂冬眠型三类。传统活跃型的堂祠仍然比较重视延续三一教教义及仪式的传统。由于受到诸多因素的影响，马来西亚华人的三一教信仰从保守封闭走向开放，从传统走向变革，尤其呈现出更多值得我们关注的变异现象。

注：

①《世界宗教研究》，2012年第6期。
②《世界宗教研究》，2012年第5期。
③《世界宗教研究》，2012年第3期。
④《世界宗教研究》，2012年第1期。
⑤《世界宗教研究》，2012年第2期。
⑥《世界宗教研究》，2012年第3期。
⑦《世界宗教研究》，2012年第5期。
⑧《世界宗教研究》，2012年第5期。
⑨《世界宗教研究》，2012年第1期。
⑩《世界宗教研究》，2012年第4期。
⑪《世界宗教研究》，2012年第1期。
⑫梁建楼：《法舫文化研究会在河北省井陉县成立》，《世界宗教研究》，2012年第6期。
⑬《世界宗教研究》，2012年第1期。
⑭《世界宗教研究》，2012年第1期。
⑮《世界宗教研究》，2012年第2期。
⑯《世界宗教研究》，2012年第5期。
⑰《世界宗教研究》，2012年第4期。
⑱《世界宗教研究》，2012年第4期。
⑲《世界宗教研究》，2012年第3期。
⑳《世界宗教研究》，2012年第2期。
㉑《世界宗教研究》，2012年第5期。
㉒《世界宗教研究》，2012年第6期。
㉓《世界宗教研究》，2012年第4期。
㉔《世界宗教研究》，2012年第6期。
㉕《世界宗教研究》，2012年第2期。
㉖《世界宗教研究》，2012年第1期。
㉗《世界宗教研究》，2012年第3期。
㉘《世界宗教研究》，2012年第1期。
㉙《世界宗教研究》，2012年第4期。
㉚《世界宗教研究》，2012年第4期。
㉛《世界宗教研究》，2012年第6期。
㉜《世界宗教研究》，2012年第4期。
㉝《世界宗教研究》，2012年第3期。
㉞《世界宗教研究》，2012年第3期。
㉟《世界宗教研究》，2012年第2期。
㊱《世界宗教研究》，2012年第5期。
㊲《世界宗教研究》，2012年第5期。
㊳《世界宗教研究》，2012年第6期。
㊴《世界宗教研究》，2012年第1期。
㊵《世界宗教研究》，2012年第1期。
㊶《世界宗教研究》，2012年第6期。
㊷《世界宗教研究》，2012年第2期。
㊸《世界宗教研究》，2012年第2期。
㊹《世界宗教研究》，2012年第4期。
㊺《世界宗教研究》，2012年第5期。
㊻《世界宗教研究》，2012年第3期。
㊼《世界宗教研究》，2012年第4期。
㊽《世界宗教研究》，2012年第4期。
㊾《世界宗教研究》，2012年第2期。
㊿《世界宗教研究》，2012年第5期。
(51)《世界宗教研究》，2012年第1期。
(52)《世界宗教研究》，2012年第1期。
(53)《世界宗教研究》，2012年第1期。
(54)《世界宗教研究》，2012年第2期。
(55)《世界宗教研究》，2012年第2期。
(56)《世界宗教研究》，2012年第3期。
(57)《世界宗教研究》，2012年第4期。
(58)《世界宗教研究》，2012年第3期。
(59)《世界宗教研究》，2012年第5期。
(60)《世界宗教研究》，2012年第6期。
(61)《世界宗教研究》，2012年第3期。
(62)《世界宗教研究》，2012年第5期。
(63)《世界宗教研究》，2012年第1期。
(64)《世界宗教研究》，2012年第6期。
(65)《世界宗教研究》，2012年第6期。
(66)《世界宗教研究》，2012年第6期。
(67)《世界宗教研究》，2012年第6期。
(68)《世界宗教研究》，2012年第1期。
(69)《世界宗教研究》，2012年第4期。
(70)《世界宗教研究》，2012年第1期。
(71)《世界宗教研究》，2012年第1期。
(72)《世界宗教研究》，2012年第2期。
(73)《世界宗教研究》，2012年第3期。
(74)《世界宗教研究》，2012年第3期。
(75)《世界宗教研究》，2012年第2期。
(76)《世界宗教研究》，2012年第3期。
(77)《世界宗教研究》，2012年第2期。
(78)《世界宗教研究》，2012年第3期。
(79)《世界宗教研究》，2012年第5期。
(80)《世界宗教研究》，2012年第3期。
(81)《世界宗教研究》，2012年第1期。
(82)《世界宗教研究》，2012年第4期。
(83)《世界宗教研究》，2012年第5期。
(84)《世界宗教研究》，2012年第2期。
(85)《世界宗教研究》，2012年第2期。
(86)《世界宗教研究》，2012年第4期。
(87)《世界宗教研究》，2012年第5期。
(88)《世界宗教研究》，2012年第1期。
(89)《世界宗教研究》，2012年第3期。
(90)《世界宗教研究》，2012年第6期。
(91)《世界宗教研究》，2012年第2期。
(92)《世界宗教研究》，2012年第4期。
(93)《世界宗教研究》，2012年第3期。
(94)《世界宗教研究》，2012年第6期。
(95)《世界宗教研究》，2012年第5期。
(96)《世界宗教研究》，2012年第1期。

(97)《世界宗教研究》，2012 年第 5 期。
(98)《世界宗教研究》，2012 年第 2 期。
(99)《世界宗教研究》，2012 年第 6 期。
(100)《世界宗教研究》，2012 年第 6 期。
(101)《世界宗教研究》，2012 年第 2 期。
(102)《世界宗教研究》，2012 年第 6 期。
(103)《世界宗教研究》，2012 年第 5 期。
(104)《世界宗教研究》，2012 年第 3 期。
(105)《世界宗教研究》，2012 年第 3 期。
(106)《世界宗教研究》，2012 年第 4 期。
(107)《世界宗教研究》，2012 年第 5 期。
(108)《世界宗教研究》，2012 年第 3 期。
(109)《世界宗教研究》，2012 年第 4 期。
(110)《世界宗教研究》，2012 年第 6 期。

（作者：中国社会科学院编审）

经 济 学

理论经济学

卫兴华　侯为民

2012 年是国际金融和经济危机深化发展的第五年，也是我国迎接党的十八大召开之年。党的十八大报告科学阐述了中国特色社会主义道路、中国特色社会主义理论体系、中国特色社会主义制度的内涵及其相互关系，提出中国特色社会主义的总依据、总布局和八项基本要求，提出科学发展观的新诠释及建设生态文明、坚持共同富裕等新要求。十八大前后，学界围绕这方面的内容和十年来的经济社会发展成就，进行了研究和阐述。从 2012 年全年理论经济学热点问题研究状况来看，国企改革、中国模式、中等收入陷阱、共同富裕和中国经济发展前景以及经济学的教学与研究等问题是经济理论界关注的重点，取得了一些新的研究成果。

一、怎样认识国有经济为主导的公有制经济的地位和作用的争论

改革开放以来，我国国有经济经过战略性调整和改革，国有经济在中国特色社会主义制度中占有重要地位和发挥着重要作用。党的十八大报告中提出："要毫不动摇巩固和发展公有制经济，深化国有企业改革，完善各类国有资产管理体制，推进国有资本更多投向关系国家安全和国民经济命脉的重要行业和关键领域，不断增强国有经济活力、控制力和影响力。也要毫不动摇地鼓励、支持、引导非公有制经济发展。"但究竟应如何看待国有经济的地位和作用，学界却存在理论认识上的分歧。可以说，2012 年在如何看待国有经济问题上，展开了一场较为广泛的大讨论和大论战。

陈清泰提出：20 世纪 90 年代初'姓社姓资'问题的突破，大大解放了思想，为建立社会主义市场经济体制扫清了障碍。今天，如果能摘掉企业的"所有制标签"，消除"所有制鸿沟"，突破"姓国姓民"的桎梏，将是生产力的又一次大解放。①

张维迎认为，在国有企业占到如此大的比重、如此重要的地位的情况下，中国很难进入真正的市场经济，国有企业已经成为未来中国进一步成长的主要障碍之一。未来几年，中国在经济领域上要做三件事情，一是国有企业的私有化，希望在五到十年内国有企业的比重降到 10% 左右。可以通过市场转让国有股份到非公有的部门和个人。也可以通过像英国那样用半转让、半赠送的办法分给普通的老百姓。第二是土地的私有化。第三则是金融的自由化。②

高尚全说：如果将国有经济定位为党的执政基础，有四种现象就不好解释。第一，前苏联垮台时，国有经济一统天下，它为什么就没有支撑苏联共产党继续执政、社会主义制度持续下去？第二，第二次世界大战以后，发达资本主义国家中的国有经济比重都比较高，基本上在 30% ~35%，也没有人说它们是社会主义国家；第三，浙江的国有经济投资很少，但恰恰是经济发展比较快，人民较富裕，社会较稳定；第四，越南的国有经济比重比我们低得多，但没有人说越南不是社会主义。中国共产党的执政基础不在于国有经济比重的高低，而根本的是在于三个"民"：民心、民生和民意。③

宗寒不赞同陈清泰的观点：陈清泰是以"突破姓国姓民桎梏"的名义，反对进一步发展壮大国有经济。说什么"国有经济处于强势地位，形成寡头垄断"。这种论调违背事实，在理论上不能成立。"消除所有制鸿沟""摘掉所有制标签"，就是要消除、摘掉公有制的主体地位和国有经济的重要作用，取消社会主义制度的基础，实行私有化。他并以国有经济发展的事实与统计资料，反驳陈清泰的见解。[④]

温原说：最近社会上有些人对国有企业改革和发展持否定态度，这种倾向与国有企业为法律所赋予的地位以及在现实中的作用是不相符的。从登上历史舞台起，国企就是中国社会主义建设事业的主体和主导力量。新中国的前30年，国企几乎从零起步，使中国一跃成为世界第六大工业国；改革开放以来，国企承担了巨大的改革成本。在国际金融大危机下，中国经济实现了一枝独秀，与国企作用密不可分。国企是书写"中国创造"当之无愧的主力军，是维护国家利益与经济自主权的先锋。包括国有经济在内的公有制经济是我国社会主义制度的经济基础，否定公有制的主体地位和国有经济的主导作用，必然动摇中国特色社会主义事业的根基。[⑤]

卫兴华指出：以国有经济为核心的生产资料公有制是社会主义制度的基础，这是从马恩列到毛泽东、邓小平、江泽民、胡锦涛以及我国宪法和中央有关文件，始终作为马克思主义和社会主义的一个基本原理坚持不移的。江泽民一再强调国有企业和公有制经济的重要作用。他告诫全党"没有国有经济为核心的公有制经济，就没有社会主义的经济基础，也就没有我们共产党执政以及整个社会主义上层建筑的经济基础和强大物质手段。这一点各级领导干部特别是高级干部必须有清醒深刻的认识"（《江泽民文选》第71页）。卫兴华还专文论述了以国有经济为核心的公有制经济是共产党的执政基础。共产党是致力于社会主义和共产主义事业的，而社会主义制度的经济基础就是公有制经济。没有国有经济为主导，公有制为基础或主体，就没有中国特色社会主义。《共产党宣言》和"共产党"的名称，就表明是要共生产资料的产的。如果不搞公有制而专搞私有制，是不需要共产党的。公有制的兴衰成败，是社会主义事业兴衰成败和共产党执政兴衰成败的重要标志。他还系统论述了搞好和做大做强国有经济的多方面重要意义。如果社会主义公有制蜕变为资本主义私有制，经济基础变了，上层建筑也会跟着变。苏东原社会主义国家在私有化改革中，共产党失去执政地位，就是明证。[⑥]

袁恩祯提出：在改革开放进程中，始终存在着要不要实现公有制主体地位，特别是发挥国有经济主导作用的争议。而在近期，由于世界银行与中国国务院发展研究中心联合发布的《2030年的中国》报告，其中对"规范"中国国有企业的一些议论，更引起人们对这个问题的警示与关注。多年来，存在国有企业"低效率"论。在今天，单以上海地区来说，如振华港机、上汽集团、宝钢集团等，都已成为高效率的一流企业，是对"国有企业低效率"论的最有力的否定。所谓国有企业不能"与民争利"，这个说法初听起来似乎冠冕堂皇，但只要稍加推敲就发现问题。我们的国企是全民所有制企业，代表全民利益，套不上"与民争利"的帽子。"与民争利"的实际意思是不与私企外企争利，这样一来又违反了市场经济是竞争经济的基本原则。国有经济是社会组织稳定的坚实基础，是人民群众安居乐业的重要保证，更是中国共产党执政的重要经济支柱，是社会主义航向的稳定器。[⑦]

易涤作说：一味指责国有企业垄断，而对跨国公司的垄断置若罔闻，是双重标准，对中国有害无益。"国进民退"是个伪问题。国有企业被私有化就是改革和进步，国有企业收购经营不善的私企，就是阻碍和退步，这种市场原教旨主义的观点，既不符合经济发展的历史法则，在现实世界中也很难行得通。[⑧]

吕政指出：坚持和完善公有制为主体的基本经济制度的一个重要方面，是毫不动摇地巩固和发展公有制经济。坚持和完善公有制经济为主体，首先是坚持和完善国有经济的主导作用，保持国有经济在国民经济中占有适当比重，确保国有经济在关系国民经济命脉的重要产业和关键领域占支配地位，增强国有经济的调控力和影响力。[⑨]

欧阳袖指出：世行报告（指《2030年的中国》——引者）的方法论是原原本本、地地道道的西方经济学理论框架，是西方经济学新自由主义思想的充分运用。这一理论体系正是不少学者接受的正统西方经济学理论范式，受到这部分人士的欢迎和追捧不足为奇。有人认为，国有企业不退出，民营企业就发展不了。这种把国有和民营人为对立的观点完全没有道理。应该用历史的眼光看待国有企业在新中国成立后促进经济社会稳定、构建国民经济体系、巩固社会主义制度方面作出的巨大贡献，在改革开放和全球竞争时代参与国际竞争、构建国家产业竞争力、夯实党的执政基础、实现国家管理意图等方面作出的巨大贡献来客观评价国有企业的作用；应该从国有企业在"保民生、保稳定、保发展"、承担急难险重任务、促进产业转型和结构调整、提高国防装备水平、履行社会责任等方面作出的突出贡献来全面认识国有企业和中央企业的作用；应该从俄罗斯国有企业"私有化"的悲剧、拉美国家"私有化"后深陷"中等收入陷阱"、印度实行自由市场经济制度的实际后果中吸取教训。[⑩]

冯蕾提出：新的历史阶段，国企改革的方向究竟是什么？近日国内少数学者认为国企已经成为未来中国进一步成长的重要障碍之一，主张中国未来几年要做的第一件事就是国企私有化。但是，俄罗斯私有化并没有带来经济发展和企业效益的提高。相反，导致国有资产严重流失，一些工业部门衰落，经济衰退。反观中国现实，国有企业现在运转得很好，国有企业员工的待遇也好于私有企业，若将国企私有化，一方面将打断中国整体经济迅速壮大的势头，另一方面将让少数人一夜暴富，把人民财产据为己有，还会导致大量工人失业下岗。[11]

《光明日报》2012年4月18日和19日，连续发表该报记者写的《国企怎么了》和《国企怎么办》的报道。《国企怎么了》一文中，针对国企是垄断企业的指责指出：118家中央企业中，除21家企业外，其他企业都处于竞争性领域。国家对如石油石化等类高度稀缺性或涉及国家安全的战略性部门，采取垄断性经营是必要的。世界主要50个石油生产国和消费国中，76%的国家只有一个石油公司，20%的国家不超过三家石油公司。一些学者以一些国企兼并重组私营企业的个案为例证，得出中国经济出现"国进民退"的结论，不符合实际。断言国企整体亏损也违背事实。1998—2006年，工业增加值国企最低为2005年的32%，而私营企业最高为2006年的27%，国企的最低值也高于私营企业的最高值。从劳动生产率看，2005年和2006年国企分别为11万元和14万元，而私企分别为5万元和7万元，差距很大。文章指出，社会上有一股思潮，主张把国有企业卖掉分光，不分实际情况地提出私字当头，一卖了之等。北京大学的一位教授日前就表示，国有企业已经成为中国进一步成长的主要障碍，经济改革首要任务就是国企的私有化。他甚至主张国企股份应赠送民众。记者引用张全景的话：如何看待国企，本质上是一个如何看待公有制企业的问题；而如何看待公有制企业，又是和要不要坚持社会主义道路紧密相关。简言之，这是一个走什么道路的大是大非问题，必须引起高度重视。在《国企怎么办》的记者报道中，引用了江涌、周济昌等人的观点，他们都认为，国企改革的方向是公有制与市场经济的结合，而不是私有化，国有企业退出竞争领域将会动摇社会主义基本经济制度。

《经济日报》发表署名金里伦的文章指出：目前存在的市场有效竞争不足、国有资产监督管理等方面的问题，仍需要通过深化改革来解决。但这绝不是要国有企业"一退了之"。近几年国有企业和民营企业深度融合的案例频繁出现，无论是国企投资并购民企，还是民企投资并购国企，都是市场主体的正常行为，不能由此认定国有经济挤占了民营经济的发展空间。主张国有经济全面退出竞争性领域，其实质是把社会主义市场经济和西方自由市场经济混为一谈。不能把企业所有制结构和市场竞争结构这两个不同层面的问题混为一谈，也不能把国有企业与民营企业对立起来，并把它们之间的关系简单归结为此消彼长。[12]

项启源提出：公有经济为主体，多种所有制共同发展的初级阶段基本经济制度是载入宪法的。公有经济的主体地位是一个侧重于量的概念，60%上下的"临界值"客观上的确存在。但质与量又是紧紧相连、内在统一的。公有经济接近"临界值"的，如湖北省，国有经济的主导作用也较强劲；公有经济明显低于"临界值"的，如浙江省、江苏省，国有经济已不存在对该省整个国民经济的主导作用。坚持国有经济的主导作用，既要保持量的优势，更要保持质的优势。[13]

程恩富、方兴起认为：目前，我国在轻工、化工、医药、机械、电子等21个国民经济最重要的行业中，跨国公司的子公司已占据国内1/3以上的市场份额，部分行业接近半壁江山，在产业中拥有绝对控制权。显而易见，无论是国企还是民企，它们所面对的最大既得利益者和最大垄断者是外资企业。新一轮改革的首要任务就是要改变这种局面，而绝不是国有企业的私有股份化。[14]

丁冰认为：在市场经济中，硬要国企为民间资本腾出进入空间并不合适，这必将破坏市场机制作用的正常发挥和市场公平竞争原则，不利于社会资源的最优配置和社会经济的健康发展。一些主流经济学家依据《世行报告》要求我国国有企业私有化，是一个错误的方案。[15]

张占斌认为：未来世界各国竞争的一个最大特点，是大型跨国企业将扮演越来越重要的角色。目前，我国的大型国有企业主要分布在关系国家安全和国民经济命脉的重要行业和关键领域，大多是基础行业、支柱产业和高新技术产业中的排头兵企业，是我国企业参与国际竞争的主要力量。从当前国内外形势和大型企业改革发展存在的问题看，做优做强大型国有企业，培育更多的一流大型国有企业刻不容缓，时不我待。[16]

项冶、张静认为：在中国经济中，国有企业与民营企业是互补合作、共存共荣的关系。大企业作为现代经济组织和社会组织形态，是各国制定重大政策的重要参与者，它们在维护国内经济社会稳定、应对重大灾难和金融危机、开展国际战略合作等方面，都表现出巨大的优越性。在大企业时代，加强国有企业的控制力和影响力，有利于维护国家和人民群众的利益。[17]

胡鞍钢系统论述了"国进民退"是个伪命题：其一是不符合客观事实；其二是不符合一般事理逻辑和科学道理。他引用了大量统计资料和历史经济文献，论证"国进民退"之说不能证实，不能"以讹传讹"。他认为，中国必须根据自己的国情，既要发展国有企业，也要发展私营企业，并不存在谁进谁退的问题，而是齐头并进，共进多少的问题。对于"国进民退"这一伪命题的讨论毫无意义，只会是"庸人自扰"。[18]

二、关于中国模式问题的争论

关于“中国模式”的争论，依然是过去一年里理论界关注的热点问题。在这个问题上，肯定者有之，质疑者亦有之，反映出对我国发展和改革成就及其问题与前景的不同判断。

吴敬琏认为：腐败猖獗和贫富分化加剧，为一些支持旧体制和旧路线的人运用民粹主义和民族主义的言说误导大众提供了机会。这些支持旧路线和旧体制的人们提出的“药方”或者叫作另一种“顶层设计”，就是动用国家机器来制止腐败和贫富分化；同时运用政府强大的资源动员能力，靠海量投资来营造炫人耳目的政绩。这样，就形成了一个恶性循环的怪圈——政府的控制越是加强，寻租的制度基础就越大，腐败也就更加严重；而腐败越是严重，在某种错误的舆论导向下，也越有理由要求加强政府和国有企业的控制力。后一种“顶层设计”的初始形态叫“北京共识”，后来则被称为“中国模式”。其主要内容是依靠强政府、大国企，用海量投资来支持高速增长。这种政府主导的发展道路，在全球金融危机发生后从西方各国政府短期政策中得到鼓舞。其“优越性”似乎也得到了某些短期业绩的支持。“南方讲话”以后形成的新的改革高潮存在着缺陷，其中最主要的缺陷是，1992 年以后就不再像过去那样，把经济体制改革和政治体制改革并提。事实上，中国改革进程中落后的方面，包括政府职能明确界定和国有经济有进有退的调整，都涉及政治改革。[19]

高尚全反对把“中国模式”界定为政府行政主导，受控市场。他认为，所谓模式是定型的东西，如果把政府行政主导、受控市场作为“中国模式”，就会转移我国的社会主义市场经济的改革方向，就会影响深化改革。所以，不能把应对危机的政府行政主导的政策措施，用“中国模式”加以固定下来。政府政策的重点在于撬动市场，而不是代替市场。强调“中国模式”，容易理解为中国改革已经到位了、定型了，不需要再深化改革了。[20]

张维迎认为：“中国模式论”和“改革失败论”思潮看起来不同，但本质是一样的：迷信政府的力量，不相信市场的逻辑；迷信政治家的高瞻远瞩，不相信企业家的深谋远虑；迷信国情和“特色”，不承认普世价值。不同的是，“改革失败论”者主张回归到计划经济时代，而“中国模式”论者否定的是未来的市场化和民主化改革，主张固化现有体制和权力结构，用国有企业主导经济。[21]

另一些学者提出不同的观点。夏小林发表多篇系列论文，批评吴敬琏的观点。他认为：吴敬琏的中国“改革顶层设计”属于“华盛顿共识”的范畴，基本内容是实现私人“自由企业制度”、不“受控的市场”、“宪政民主”。从西方经济学层面看，吴敬琏主张在我国实行“欧美模式”的资本主义，只是为“1%”的富人服务，并且最契合美国的私利。从学术方法角度评论，吴敬琏主张“欧美模式”的种种说法，也是对西方经济学和欧美现实的一种规避性表述，且非常片面和矫情，缺乏说服力。在我国坚决反对复制“欧美模式”的社会主义发展道路上，他关于我国应搞“欧美模式”的说法是只能是空头支票。[22]

刘国光指出：当前改革面临着两条道路、两个前途：一条是社会主义的自我完善，建立真正的社会主义市场经济体制；一条是资本主义私有化，建立资本主义市场经济体制。现在这两派的较量日益明显，已经是不争的事实。他主张，不要简单地重复“不改革就是死路一条”，这个说法不精确，容易将改革引到错误的方向。强调国家计划在宏观调控中的导向作用，并不是如某些人所讲的那样“要回到传统计划经济模式”。现在要坚持“两个毫不动摇”，即毫不动摇地坚持公有制为主体，毫不动摇地发展多种所有制形式，不能只强调发展非公有制经济，不能只强调一个毫不动摇。无论是所有制结构、运行机制还是分配制度，都要坚持正确的发展观。倒退没有出路，也不会有回头路。不坚持市场取向的改革，中国没有出路；市场化走过了头，也没有出路。[23]

程恩富、辛向阳肯定“中国模式”。他们认为，“中国模式”有着经济、政治、文化和社会诸方面的丰富内涵：在经济建设方面，表现为形成了“四主型经济制度”；在政治建设上，形成了“三者统一、四层制度”的架构；在文化建设上，形成了“一个体系、五个主体”的制度格局；在社会建设方面，形成了“三个互动、五层制度”的总体格局。“中国模式”是一个已经相对成熟，对相关民族和国家的发展具有重要借鉴价值的发展模式，但在其发展过程中，也面临着严峻的挑战。[24]

王东平指出：在西方面临重大经济危机的时刻，国内一些人仍然极力推销西方已百病丛生的经济模式。盲目信仰西方主流经济学理论的经济学家认为，不存在什么中国模式，中国发展道路就是华盛顿共识所主张的市场化、私有化和自由化。在金融危机中反思西方主流经济学理论的经济学家认为，西方模式不是现代化的普适模式。不能简单把中国过去 30 多年发展的成就概括为市场化改革。因为全盘推行华盛顿共识的拉美、东欧和前苏联，经济发展比中国曲折得多，落后于中国。在应对全球金融危机中，中国政府表现出远比西方国家更为有效的应对能力。英国前工党首相布朗在主持伦敦召开的 20 国首脑峰会上宣布华盛顿共识的终结，中国却还有经济学家为华盛顿共识辩护。中国改革开放的成功，打破了英美模式是世界普适模式的神话。将来能否让全世界承认中国模式的存在，取决于中国未来的发展能否进一步破解目前中国的资源瓶颈，并参与改革当前不合理的国际秩序。中国模式现在还未定型，所以可以叫“中国道路”或“中国经验”。[25]

三、关于经济发展阶段和“中等收入陷阱”问题的多种见解

联系收入分配状况分析经济发展的阶段性特征，是厘清当前我国分配领域存在问题及其负面影响的重要条件。2012年我国理论经济学继续保持对这一问题的研究，提出了一些新的见解和对策。

林毅夫认为：中国现阶段仍需以投资为主才能追赶发达国家，比照日韩等经济体利用后发优势的经验，中国未来20年仍有年均增长8%的潜力。中等收入陷阱并非必然，据新结构经济学的观点，按照要素禀赋所决定的比较优势发展就是经济发展成功的秘方。因此，应该用积极的财政政策，投资于能消除增长瓶颈、短期能创造就业、中长期能够提高增长潜力和竞争力的交通、能源基础设施、环境等方面的建设，以增加需求。同时，深化改革，完成向市场体制的转型，釜底抽薪消除收入分配不均、储蓄—消费不均衡和内外不平衡。[26]

杨承训、张新宁认为：“中等收入陷阱”论用数量掩盖了经济发展的本质。如果不防止或缩小两极分化，则内需大幅度缩减，停滞和动乱是不可避免的；如果不摆脱对美国等西方国家的依赖，矛盾的激化也是无法摆脱的。在资本主义国家掌握金融霸权、军事霸权、国际话语主导权的世界，它可以使一个国家迅速摆脱“中等收入陷阱”，也可以使一个国家陷入“中等收入陷阱”不能自拔，甚至回到低收入国家。不同国家的不同经济发展阶段都有各种各样的“陷阱”，使之泛化，也抹杀了矛盾的特殊性。相比于战略机遇期、矛盾凸显期这一反映我国阶段性特征的提法，“中等收入陷阱”不是一个全面准确的科学概念，对广大发展中国家缺乏指导意义，尤其不适合中国的国情。[27]

孟捷认为：“中等收入陷阱”不是普适的理论命题，是在某些国家发展经验的基础上提出来的。与拉美国家相比，中国面临的“中等收入陷阱”的风险有相似性和差异性。相似的是社会风险，如收入差距过大问题。不同的是经济风险，如经济增长的传统比较优势在退化，面临产业空心化、产业结构升级困难、经济增长的内驱动力不足等问题。跨越“中等收入陷阱”的根本前提，是构建一系列制度，使全社会的剩余能够充分转化为生产性投资和创新，而不是奢侈性消费和资产投机。[28]

孙立平认为：中国现在需要警惕的不是所谓“中等收入陷阱”，而是“转型陷阱”。“转型陷阱”指的是，在改革和转型过程中形成的既得利益格局阻止进一步变革的过程，要求维持现状，希望将某些具有过渡性特征的体制因素定型化，形成最有利于其利益最大化的“混合型体制”，并由此导致经济社会发展的畸形化和经济社会问题的不断积累。[29]

周文、孙懿认为：“中等收入陷阱”这个问题本身并非仅局限于统计意义上，一国的收入水平是否快速超过某个标准，而是反映了更深刻的本质内涵。可以将“中等收入陷阱”问题所包含的本质上的因果逻辑关系总结为：经济和政治体制僵化→社会经济结构不匹配→经济发展方式转型困难→“中等收入陷阱”。要避免陷阱，必须将“动员资源”的政策转变为“促进转型”的政策。而要使这种转变在现实中真正得到执行，必须打破僵化的体制，促进社会经济结构向有利于经济模式转型的方向转变。[30]

四、关于消除两极分化实现共同富裕的讨论和不同观点

在全球财富分化加剧，我国收入差距过大、出现贫富分化、社会矛盾凸显的情况下，按照社会主义本质论的要求实现共同富裕，成为一个不可回避的论题。十八大报告指出：我国城乡区域发展差距和居民收入分配差距依然较大，社会矛盾明显增多，必须坚持走共同富裕道路。共同富裕道路是中国特色社会主义的根本原则。2012年，国内学者就我国收入分配差距过分扩大、消除两极分化和促进共同富裕等问题加强了研究，阐释了实现共同富裕的紧迫性、内在依据、现实要求和政策选择。对这一问题，学界同样存在着意见分歧。

吴敬琏提出：如何看待当前中国社会腐败、贫富分化加大等社会问题？目前社会上存在的种种丑恶现象，从根本上说是源于市场经济体制改革没有完全到位，政治体制改革相对滞后，行政权力变本加厉地压制和干预民间的经济活动。如果听任改革开放前旧体制的捍卫者利用这种形势，用民粹主义和民族主义的议论蒙蔽和误导大众，把反对的目标从权贵既得利益者转移到市场化改革的一般受益者身上，如企业主、职业经理人、医生等，将会把大众引向歧途。[31]

茅于轼提出：收入差距大，但是垂直流动性很高，未必都是坏事，它能鼓励低收入者奋发图强进入中高收入阶层。相反，绝对的收入差距虽然不大，但是垂直流动性很差，会造成社会发展的停滞。应该消除非市场因素造成的收入差距（严格讲，所有的初次分配都应该从市场得到，或者说按要素所得分配财富）。[32]他还认为，虚拟经济是创造财富的，所以我们要大力发展虚拟经济。[33]又说，要为企业家正名。赚钱就是创造财富，有机会赚，你一定要赚。放高利贷就是钱尽其用，我们要为高利贷平反，大家都放高利贷，供给增加，价格就下降了。[34]

很多学者则提出另外的见解。刘国光认为：目前我国收入分配领域最核心的问题，是贫富差距急剧扩大，两极分化趋势明显。由于我国资本原始积累过程中财富来源路径的特殊性，我国富豪积累财富的时间超短，而完成先富带后富、实现共同富裕的任务却遥遥无期。在调整收入分配关系、缩小贫富差距时，人们往往从分配领域本身着手，特别是从财政税收、转移支付等再分配领域着手，完善社会保障公共福利，改善低收入者的民生状况。这些措施是完全必要的，需要加大力度继续做好。但是，仅仅就分配谈分配，仅仅从分配和再分配领域着手，还是远远不够的。还需要从所有制结构上直面这一问题，需要从强化公有经济为主体、国有经济为主导着手，来解决这个问题。中心的问题不是什么“国富”与“民富”的矛盾，而是一部分国民先富、暴富与大部分国民不富或贫穷的矛盾。要克服和扭转贫富差距扩大和两极分化的趋势，需要的政策转向，不是什么将“国富优先”转变为“民富优先”，而是明确宣布“让一部分人先富起来”的政策已经完成任务，今后要把这一政策转变为逐步实现“共同富裕”的政策，完成“先富”向“共富”的过渡。[35]

王伟光提出：坚持公有制为主体的根本经济制度，是解决分配不公、防止两极分化的根本性举措，只有坚持公有制为主体毫不动摇，才能从经济基础上保证共同富裕。解决分配问题的其他措施也是必要的，但要从属于根本举措，要搞全面的配套措施，才能防止和避免两极分化，实现共同富裕。当然，如果公有制的具体形式、具体体制不适当，也会影响公有制的效率和作用，甚至使公有制变样，起不到应有的作用。然而，这样的问题绝不能成为否定公有制的理由。发展起来后遇到的问题比发展问题更难解决，所有这些问题集中到一点上，就是一个分好蛋糕的问题。要利用各种手段、各种方案、各种方法解决好分配问题，坚定不移地走共同富裕之路，这是推进中国特色社会主义发展的重大战略抉择。[36]

周新城认为：研究分配问题，不能停留在分配的表面现象上，而应该深入到决定分配关系的生产关系中去，从生产关系尤其是从所有制的关系中去把握分配问题。目前学术界研究分配问题的主要倾向恰恰是离开生产关系尤其是离开所有制，孤立、抽象地研究分配问题。实质上，两极分化是以资本与劳动的对立为基础的资本主义生产关系的产物。只要存在资本与劳动的对立，两极分化就是不可避免的。只有用公有制代替私有制，用社会主义取代资本主义，才有可能消除两极分化这种社会现象。[37]

胡鞍钢等认为：只有建立了社会主义制度之后，中国才有可能第一次找到通向共同富裕的道路。毛泽东时代是中国走向共同富裕的第一步，即消除政治不平等、社会不平等的制度奠基时代。改革开放时代最大主题和成就就是消除贫困。未来20年，中国将迎来共同发展、共同繁荣和共同富裕的大同时代。无论是共同发展，还是共同繁荣，都是为了共同富裕。共同富裕，就要不断缩小三大差距，即缩小城乡差距、地区差距和人与人之间的差距。这些差距并不只是单一的收入差距，而是包含收入、教育、健康、公共服务供给水平等多维指标在内更广义的发展差距。[38]

张宇等认为：绝不能把邓小平的共同富裕理论仅仅理解成为一个关于收入分配的理论，更不能把这理论的意义仅仅归结为缩小收入差距。邓小平的社会主义本质理论有着丰富的内容，贯穿于社会主义经济中生产分配等各个环节。其中，共同富裕是体现社会主义生产关系本质的方面。而社会主义本质和共同富裕是以社会主义公有制为基础的。共同富裕与两极分化的区别，从根本上来说是“坚持社会主义还是走资本主义道路”的问题。[39]

蔡昉提出：不能只看劳动所得为主的城镇居民人均可支配收入差距，居民真实收入有很大部分来自资产性或财产性收入，这部分收入分配的不均等使收入差距继续扩大。居民和社会所感受到的分配不公恰好源自这部分来自于机会不平等的收入。无视现实中存在的严重不平等及其可能引起的社会反应和经济后果，会降低研究的政策针对性；如果只看到收入差距存在的现实，却未触及问题根源，也会导致错误的政策导向。收入分配差距扩大的主导性因素是资产性和财产性收入的严重不均等，解决收入不公问题，就应从增量、存量和收入三个角度着手。[40]

中国社会主义经济规律系统研究会2012年4月14—15日在武汉大学举办“财富的生产和分配：中外理论与政策研讨会”。与会代表认为，当前不仅要研究收入分配，还要研究财富分配。衡量贫富分化程度时最重要的是财富的差距，而不是收入的差距。一些代表指出：造成当前我国财富和收入分配不公的最根本原因，是我国所有制结构发生的根本性变化。与会代表对西方主流经济学关于收入分配问题的一些主要观点进行了辨析，指出实现共同富裕的所有制基础只能是生产资料公有制，并从多个角度对贫富分化问题进行了研究，提出了应对措施和建议。[41]

龚云认为：以公有制为主体，是实现共同富裕的重要前提和经济制度保证。要想使共同富裕由理想变为现实，必须排除生产资料占有的私人属性使之回归到社会属性，建立生产资料公有制。公有制的存在和主导地位的确定及保持，可以使非公有制经济的发展被导入“有利于增强社会主义生产力，有利于发展社会主义国家的综合国力，有利于提高人民生活水平”的良性轨道，使非公有制经济始终服务于发展社会主义经济总要求、有利于实现共同富裕的最终目标的实现。[42]

五、关于转变发展方式问题和对中国经济前景的展望

十八大报告中指出：以科学发展为主题，以转变经济发展方式为主线，是关系我国发展全局的战略抉择。要加快形成新的经济发展方式，把推动发展的立足点转到提高质量和效益上来，着力激活各类市场主体发展新活力，着力增强创新驱动发展新动力，使经济发展更多依靠消费需求拉动，更多依靠现代服务业和战略性新兴产业带动，更多依靠科技进步、劳动者素质提高、管理创新驱动，更多依靠节约资源和循环经济推动。

从2012年我国经济发展的国内外背景来看，国际金融和经济危机在全球迟迟难以走出旋涡，我国经济发展受到外需乏力和内需不振的双重不利影响。我国经济增长与发展是否进入降速的新阶段？应怎样转变发展方式应对新挑战？我国理论经济学进行了深入研究，存在不同的见解。

吴敬琏认为：所谓权贵资本主义这样的体制对于权贵资本和特殊既得利益集团来说，是最理想的。各级政府不断强化资源配置的权力和对经济活动的干预，使寻租的基础在许多领域继续保持甚至扩大。由于体制的演进会有路径依赖，一旦进入政府主导的路径，从寻租活动中得利的特殊既得利益者，必然会力求推动“半统制、半市场”的经济体制向国家资本主义乃至权贵资本主义蜕变。中国的发展历程也向我们表明，想用政府的强力管控来遏制腐败是一种不可能成功，却十分危险的处方。因为政府权力的扩张必然造成寻租基础的扩大，而寻租基础的扩大又不可避免地造成腐败的蔓延。于是，就会陷入一种政府扩权和腐败蔓延的恶性循环，把社会推向溃败的深渊。[43]

胡鞍钢认为：中国创造了人类历史上最大规模、最快速度的经济增长奇迹。中国经济保持30多年强劲、快速增长，1978—2010年的GDP年平均增长率高达9.89%，2010年GDP相当于1978年的20.57倍。1978—2008年30年期间，中国在世界可计算的166个国家中增长最快，增长率为9.9%，比排名第二的新加坡高3个百分点，这一轮的高速增长使得中国与西方发达国家的差距大大缩小，与印度等国的差距进一步拉大。在同一时期，中国还是世界上增长最为稳定的国家，GDP的波动系数为0.28，为世界增长最快的20个经济体中最小的。未来20年，中国仍处在经济起飞阶段，经济仍具有巨大发展潜力和增长惯性，仍能够保持长期高增长，尽管可能由于经济规模基数增大，资源、环境和气候变化的硬约束，相对过去30年，经济增长率会有所下降。但仍将保持7%～8%的高增长。[44]

洪银兴提出：从经济发展方式看经济增长方式，转变经济增长方式就不只是转向集约型经济增长，还有以下两个转变。一是经济增长转变的重要方面就是转向消费拉动。基本途径是通过收入分配制度培育居民的消费力。既要通过增加居民收入，解决有钱可消费的问题，也要通过完善社会保障制度等途径，形成良好的消费预期，解决有钱敢消费的问题。二是在当今经济全球化、网络化、信息化的条件下，依靠科技进步与其他发达国家站在同一起跑线，抢占科技和产业的世界制高点。创新驱动的增长方式不只是解决效率问题，更为重要的是依靠知识资本、人力资本和激励创新制度等无形要素创造新的增长要素。[45]

刘世锦认为：我国经济潜在增长率的下降以及由高速增长向中速增长的阶段性转换，很可能已经开始。经过30多年的高速增长后，我国经济潜在增长率适度下降、增长阶段转换，反映了经济增长的客观规律，并非有些人所说的“增长衰退”。从一定意义上说，这恰恰证明我国成功地抓住和利用了工业化进程中高速增长的战略机遇。从目前情况看，稳增长应关注并防止两种倾向。一种倾向是不适应、也不理解增长阶段的转换。另一种倾向是对短期内增长速度大幅下滑或剧烈波动重视不够、应对不力。当前稳增长，就是要使增长处在一个适度区间，防止强制上行和过快下行两种风险，平稳度过增长阶段的转换期。[46]

卫兴华认为：近十年来的经济发展是历史上最快的时期。展望今后十年，经济社会将进一步发展，将全面建成更高水平的小康社会。经济增长会更加重视质量和效益，将进入次高速增长期。由于经济总量增大，即使年均增长放慢一些，GDP的绝对量也会显著超过以往。转变发展方式依然是主题，科学发展会进一步推进，会更加关注、保障和改善民生，在共同富裕的道路上迈出新的步伐。[47]

黄泰岩指出：有人认为，中国经过30多年的快速发展，高速增长期该结束了，甚至依据日本、韩国的经验，证明存在“30年大限”。这一结论有点简单，因为日韩腹地很小、区域差距不大，放到中国这样区域经济发展严重不平衡、差异巨大的发展中大国来看，日韩的发展经验就失效了。依据发达国家的经验，当本国基本实现工业化、城市化之后，投资和产业开始大规模向国外转移，以寻找新的经济增长点和更高的投资回报，但我国腹地广阔，与东部地区的发展差距较大，无须走发达国家的老路。中国完全可以在东部地区率先现代化的过程中，通过向中西部和东北地区进行产业转移和大规模产业投资，支撑下一个10年到20年的快速发展。[48]

李建伟认为：我国出口及经济增长面临着探底回升，CPI涨幅将会回落。2013年以后经济增速及物价涨幅走势取决于国内宏观调控政策取向，在国内宏观调控政策保持相对稳定、美欧日进口适度增长的情况下，2013年一季度后我国经济增速将可能较快增长，CPI涨幅也将回升到4%以上。人民币持续升值会有效降低CPI和PPI涨幅，但也会导致投资、消费和出口及经济增速出现较大幅度下降。[49]

注：

①陈清泰：《超越争议公平竞争》，《人民日报》，2012年6月4日第017版。

②钟晶晶、邢世伟：《张维迎：国企是中国成长的障碍》，《新京报》，2012年3月19日。

③高尚全：《改革攻坚必须打破垄断》，《中国民营科技》，2012年6—7期合刊。

④宗寒：《进一步发展壮大国有企业的几个问题》，《毛泽东邓小平理论研究》，2012年第7期。

⑤温原：《正确看待国企的地位与价值》，《求是》，2012年第10期。

⑥卫兴华：《中国特色社会主义经济制度的理论是非需要澄清》，《政治经济学评论》，2012年第3期。

⑦袁恩祯：《国有经济的主导作用不可动摇》，《毛泽东邓小平理论研究》，2012年第7期。

⑧易涤作：《深化国企改革要避免误入歧途》，《求是》，2012年第11期。

⑨吕政：《适应生产力发展要求是所有制调整的出发点》，《人民日报》，2012年5月23日。

⑩欧阳袖：《再驳"世行报告"的国企观点》，《现代国企研究》，2012年第6期。

⑪冯蕾：《企业的未来》，《光明日报》，2012年4月19日。

⑫金里伦：《国有经济"完全退出"不可行》，《经济日报》，2012年3月24日。

⑬项启源：《关于科学地判断公有经济主体地位的探讨》，《当代经济研究》，2012年第8期。

⑭程恩富、方兴起：《深化经济改革的首要任务绝不是国有企业私有化》，《光明日报》，2012年6月10日。

⑮丁冰：《国企的进退应该交由市场决定》，《国企》，2012年第7期。

⑯张占斌：《大国竞争需要更优更强的国企》，《人民论坛》，2012年第5期（下）。

⑰项冶、张静：《大企业时代国企与民企需融合发展》，《红旗文稿》，2012年第19期。

⑱胡鞍钢：《"国进民退"证伪》，《国家行政学院学报》，2012年第1期。

⑲吴敬琏：《经济体制改革的方向》，《学术界》，2012年第5期。

⑳高尚全：《强调"中国模式"可能误导改革》，《人民论坛》，2012年第7期（上）。

㉑张维迎：《两种思潮阻碍改革》，《商界评论》，2012年第34期。

㉒夏小林：《"普世价值"的"欧美模式"不能救中国》，《管理学刊》，2012年第4、5期。

㉓刘国光：《不坚持社会主义方向的改革同样死路一条》，《人民论坛》，2012年第3期（下）。

㉔程恩富、辛向阳：《论中国模式若干基本问题——兼议若干疑惑》，《贵州师范大学学报》（社会科学版），2012年第3期。

㉕王东平：《中国道路本质和中国未来的选择》，《经济社会体制比较》，2012年第3期。

㉖龙金光、李旦：《林毅夫：中等收入陷阱并非必然》，《南方日报》，2012年10月23日第A18版。

㉗杨承训、张新宁：《科学运用"两期论"把握阶段性特征——兼析"中等收入陷阱"论的非科学性》，《政治经济学评论》，2012年第1期。

㉘张雁：《中国会落入"中等收入陷阱"吗》，《光明日报》，2012年10月29日第016版。

㉙清华大学社会学系社会发展研究课题组：《"中等收入陷阱"还是"转型陷阱"?》，《开放时代》，2012年第3期。

㉚周文、孙懿：《中国面对"中等收入陷阱"问题的解构：本质、挑战与对策》，《经济学动态》，2012年第7期。

㉛吴敬琏：《当务之争是加快推进改革》，《深圳特区报》，2012年2月21日。

㉜茅于轼：《茅于轼谈流动性与财富分配》，《新经济导刊》，2012年第7期。

㉝茅于轼：《虚拟经济赚的钱不是剥削和欺骗》，《中国中小企业》，2012年第3期。

㉞田然：《企业利人利已才能双赢》，《深圳特区报》，2012年10月18日。

㉟刘国光：《谈谈国富与民富、先富与共富的一些问题》，《中国流通经济》，2012年第1期。

㊱王伟光：《走共同富裕之路是发展中国特色社会主义的战略选择》，《红旗文稿》，2012年第1期。

㊲周新城：《关于两极分化和共同富裕的思考》，《学习论坛》，2012年第1期。

㊳胡鞍钢、鄢一龙、魏星：《2030中国：迈向共同富裕（上）》，《农场经济管理》，2012年第4期。

㊴张宇、蒋茜、王娜：《深化对社会主义本质认识的若干思考》，《经济学动态》，2012年第3期。

㊵蔡昉：《遏制资产性收入分配不公趋势》，《光明日报》，2012年5月25日。

㊶卢映西：《财富的生产和分配：中外理论与政策——"中国经济规律研究会第22届年会"综述》，《马克思主义研究》，2012年第5期。

㊷龚云：《论邓小平共同富裕理论》，《马克思主义研究》，2012年第1期。

㊸吴敬琏：《当前中国面临的最严重危险是权贵资本主义》，《领导文萃》，2012 年第 4 期（上）。

㊹胡鞍钢、鄢一龙、魏星：《2030 中国：迈向共同富裕（上）》，《农场经济管理》，2012 年第 3 期。

㊺洪银兴：《科学理解经济增长方式及其转变》，《光明日报》，2012 年 8 月 30 日。

㊻刘世锦：《加快经济增长动力结构和机制转换》，《中国经济时报》，2012 年 8 月 22 日。

㊼卫兴华：《经济增长更加重视质量和效益》，《光明日报》，2012 年 11 月 13 日第 15 版。

㊽黄泰岩：《未来十年靠什么实现高增长》，《新华日报》，2012 年 12 月 5 日第 B06 版。

㊾李建伟：《我国经济发展前景的多情景比较分析》，《经济学动态》，2012 年第 5 期。

（作者：卫兴华，中国人民大学教授；
侯为民，中国社会科学院副研究员）

宏观经济学

陈享光　李克歌

受国际金融危机等因素的影响，我国宏观经济运行中的问题愈加突出，引起社会的普遍关注。经济学界就社会关注的宏观经济热点问题进行了大量研究，产生了许多有价值的新的研究成果，特别是在对国民收入分配中劳动收入和要素收入、金融危机背景下通货膨胀及治理、环境约束下国民经济和区域经济增长、新的经济周期和经济波动、金融危机及防范、财政政策的宏观经济影响及最优财政政策、货币政策的宏观经济影响及货币政策选择等问题的研究上有了新的进展。

一、国民收入分配中的劳动收入与要素收入问题研究

夏庆杰等使用 1988 年、1995 年、2002 年、2007 年 CHIP 城镇入户调查数据考察国有单位工资结构及其就业规模变化的收入分配效应。为此，文章采用了分位数回归方法、以多重分位数回归为基础的 Machado&Mata（2005）反事实分解方法及作者扩展了的方法。结果表明：国有企业就业份额大幅度下降导致中国城镇工资收入差距显著下降；然而国有企业减员增效改革完成以后，国有企业工资高于非国有企业的幅度及其不合理部分大幅度上升，其结果是城镇工资收入差距扩大。①

马双等以 1998—2007 年全国各市（地区、自治州、盟）最低工资标准随时间变化的外生差异来识别最低工资上涨与企业平均工资、企业雇佣人数的关系。利用 1998—2007 年规模以上制造业企业报表数据进行的分析显示，最低工资每上涨 10%，制造业企业平均工资将整体上涨 0.4%～0.5%。借助 2006—2007 年福建省最低工资上涨的“准自然实验”证实了该结论。对于不同行业、不同人均资本水平的企业，最低工资上涨的影响也存在异质性。最低工资将更多地增加劳动密集型或人均资本较低企业的平均工资。研究还发现，最低工资每增加 10%，制造业企业雇佣人数将显著减少 0.6% 左右。政府在制定最低工资时应权衡其在收入分配上的积极效果以及其对就业的负面影响。②

孙文杰认为理解现阶段我国经济系统中劳动报酬的形成机理和产生效率，对于中国顺利实现产业结构转型，避免落入“中等收入陷阱”，具有极其重要的意义。利用非竞争型投入产出模型，重点从需求结构和技术效率两个视角深入分析了开放背景下 1987—2007 年中国劳动报酬份额的演变趋势及其背后动因。研究发现，最终需求变动和技术效率变化对我国 1987—2007 年劳动报酬份额的演变具有非常显著的影响，最终需求结构、以需求衡量的产业结构、最终需求进口替代、劳动回报率、进口中间投入和投入产出效率对 1987—2007 年劳动报酬份额下降的贡献率分别为 11%、14%、2%、38%、2% 和 33%。进一步研究发现，1997 年之后，国内消费、投资和出口对我国劳动报酬的拉动系数呈大幅下降趋势，且拉动重心逐渐由国内居民消费转向投资和出口，这在很大程度上导致了 1997 年之后劳动报酬份额的显著下降。此外，包括劳动回报率、进口中间投入和投入产出效率在内的技术效率变化也是引起劳动报酬份额下降的重要原因。③

何晓斌等以中国城镇住房改革为例，从资产转换的角度研究了中国体制转型过程中城镇居民家庭财富积累及分配差距的产生。20 世纪 80 年代以来的房屋政策鼓励工作单位将住房出售给现有居民，即住房商品化。通过 1988 年、1995 年和 2002 年中国城镇住户收入调查的数据分析，20 世纪 90 年代中期以来的住房商品化过程中，相对于私营部门居民家庭，干部和国有单位工作的家庭更容易以折扣价从工作单位获得住房。随着近期住房市场的繁荣，原有的以及住房商品化过程中产生的住房不平等，已经转化成国有和私营部门家庭财富的更大差距，而且干部的住房增值优势和国有部门家庭的财富优势随着市场化的推进有加速增加的趋势。④

郭庆旺等的研究表明，要素收入分配与居民收入分配之间存在密切联系。由于居民收入中劳动收

入不平等程度一般大大低于资本收入不平等程度，要素收入分配向劳动倾斜将有助于缩小居民收入分配差距。政府可以通过调整针对要素收入的税率，同时改变两种收入分配状况。实证研究发现，我国国民收入中税后劳动要素分配份额的持续下降，是城乡居民收入比和城乡居民消费比扩大的重要原因。当前坚持和完善以按劳分配为主体、多种分配方式并存的分配制度，对同时扭转劳动分配份额下滑和居民收入分配差距扩大的局面，具有重大现实意义。⑤

周晔馨使用 CHIPS2002 数据，通过分析社会资本不平等影响收入不平等的两个渠道——资本欠缺和回报欠缺，对“社会资本是穷人的资本”这一假说进行了检验。在完善农户社会资本的测量并构建综合指数的基础上，文章估计了社会资本回报率分布特征，并分析了地区收入水平变化对社会资本作用的影响。结果发现低收入农户社会资本的拥有量和回报率低于高收入农户，从地区差别来看也是有利于富裕地区农户。总的来看，社会资本是一个拉大农户收入差距的因素。文章结论倾向于证伪“社会资本是穷人的资本”这个假说。⑥

陈斌开等分析了金融抑制产生的机制，发现政府发展战略是造成金融抑制背后的根本原因：为支持违背本国比较优势的资本密集型产业的发展，政府通过金融抑制的方式来降低其生产成本。文章的理论模型和数值模拟结果表明：（1）金融抑制导致穷人面对更高的贷款利率和更低的存款利率，造成金融市场的“机会不平等”，使得穷人财富增长更慢，甚至陷入贫困陷阱。（2）在比较优势发展战略下，“先富带动后富”的“滴落”机制将发生作用，收入分配格局会不断改善；若政府推行重工业优先的发展战略，个体财富收敛速度将减慢，收入分配趋于恶化，甚至造成长期“两极分化”的态势。⑦

陈享光等从初次分配、政府收入规模和最终收入构成三个不同的维度对我国宏观收入分配格局进行了考察，认为我国收入分配格局的形成，既有发展阶段、国际分工、要素禀赋方面的原因，更有体制机制方面的原因。要改变不合理的国民收入分配格局，需要建立经济剩余分享机制，优化政府收支结构，建构符合现代市场经济和我国国情的制度安排。⑧

二、金融危机背景下的通货膨胀及治理问题研究

胡援成等结合有向无环图方法（DAG）及结构向量自回归模型（SVAR），分别从成本推动渠道、资金输入渠道和货币扩张渠道就美元贬值对我国通货膨胀影响的传导途径及其效应进行了实证研究。分析表明，由成本推动渠道，美元贬值会迅速带动我国工业品出厂价格上涨，能源价格、食品价格和金属价格的传导效应都很显著，而推动我国居民消费价格走高则存在一定时滞，其主要依赖食品价格传导。此外，国际大宗商品价格上涨对我国通货膨胀的影响更侧重于生产领域。由资金输入渠道，美国联邦基金利率走低和美元指数下滑会带动国内商品房销售价格和资本市场价格的结构性上升，进而拉动我国通货膨胀，其中以市场利率和短期资本流动传导尤为显著。由货币扩张渠道，美元贬值对我国工业品出厂价格的影响更为显著，货币扩张主要通过外汇占款和人民币升值预期对我国通货膨胀产生影响，且以对消费领域的影响较为明显。研究显示，我国当前承受着较大的输入型通货膨胀压力。⑨

郑挺国等从实时分析的视角，基于多种退势方法的产出缺口最终估计、准最终估计和实时估计序列，分别构建了四类预测模型对我国通货膨胀率进行预测，分析了产出缺口修正效应和滞后阶数变化效应对通胀预测的影响，并进一步考察了产出缺口在通胀预测中的作用及菲利普斯曲线在通胀预测中的适用性。研究结论表明，通胀率的实时预测效果要明显比基于最终数据的差，其中滞后阶数变化效应对实时预测精度的影响大于产出缺口修正效应；尤为重要的是，尽管在最终数据的预测分析中，产出缺口的引入能够提高通胀率的预测精度，但是在实时预测中，产出缺口没有提供有价值的信息，因此“产出—通胀”型菲利普斯曲线在我国通胀实时预测中并不适用。⑩

彭方平等认为通货膨胀类型不同，会导致治理通胀政策选择上的差异，我国通货膨胀是需求拉动型还是工资成本推动型的回答对我国通胀治理具有重要意义。他们基于超额工资理论，以超额工资衡量工资性成本，从企业的微观层面来甄别我国通货膨胀的类型。实证研究表明，我国通货膨胀除了受需求拉动影响外，工资成本的上升也是重要原因。研究结果还显示，产品市场占有率越大的企业，产品价格对工资性成本冲击越敏感。而传统理论所认为的劳动密集型产品价格受工资成本影响更大的推断并未获得经验上的支持。⑪

田新民等主要通过对 Quah 和 Vahey 的两变量结构向量自回归（SVAR）模型进行扩展，建立了包括产出、通货膨胀、货币供应量和食品价格的四变量 SVAR 模型来估计中国的核心通货膨胀率。根据估计出的核心通货膨胀率，分析我国核心通货膨胀的特征，说明我国的核心通货膨胀确实能更好地反映通货膨胀潜在的长期趋势。在政策方面，强调中央银行在制定和实施货币政策时，要适度关注核心 CPI 的变化，从而使货币政策在保持长期物价稳定的同时，可以控制短期的通货膨胀，实现动态平衡。⑫

张成思研究了 1978—2011 年间中国通货膨胀、经济增长与货币供应的互动机制。他将中国内生性

货币供应机制融入货币主义理论模型，阐明其与新凯恩斯现代宏观模型的内在联系，并以此构建动态模型系统，以信息准则和序列相关性双重约束设立计量模型，对通货膨胀率、真实经济增长率与货币增长率的互动机制进行经验分析。研究结果表明：无论在短期还是中长期，货币增长率都显著驱动通货膨胀，但对真实经济增长却没有驱动效应。因此，调整货币供应机制是管理通货膨胀的关键。但是要实现对经济增长的有效调控，就必须改变总量调控的货币政策执行模式，而货币主义与新凯恩斯主义的折中与融合为宏观决策提供了可选路径。⑬

周文等认为通货膨胀率和经济增长率之间动态关系的认识是宏观调控的基础，然而，目前在线性和静态的分析框架内未能揭示出通货膨胀和经济增长的复杂动态关系。文章运用1996—2009年GDP增长率、CPI与M2增长率的季度数据建立我国经济增长与通货膨胀的非线性动力系统模型（GDP－CPINLDS），揭示了我国最优的季度GDP增长率和CPI，以及零通货膨胀的季度GDP增长率。总体上，我国经济增长与通货膨胀处在次优化的非均衡运行状态，两者呈现出同向性变动的特点。最优调控实验表明，仅调节M2增长率不能完全实现“十二五”调控目标。文章建议“十二五”期间要以调控GDP增长为导向，以从紧货币政策为基础，配合多种调控手段，形成强有力的联合调控机制，以确保GDP增长率和CPI目标的最优实现。⑭

封思贤等在构建并阐释金融状况指数（FCI）预测通胀机理的基础上，通过广义脉冲响应函数测算了我国的FCI，并实证分析了FCI对我国通胀未来趋势的预测能力。结果表明：在分析金融变量对通胀水平的影响效果和预测通胀趋势方面，采用综合反映一国货币供应量、利率、汇率、股价等金融变量的FCI比采用单一的金融变量更合理、更全面；FCI是我国通胀的先行指标，包含未来通胀水平变化的有用信息，可以有效预测未来6个月内的通胀运行趋势。我国应尽快指定相关部门编制FCI，并通过定期公布FCI来实施宏观经济监测、货币政策调整和通胀预期管理。⑮

三、环境约束下的国民经济和区域经济增长研究

郑丽琳等通过构建包含环境约束的动态随机一般均衡模型，分析了生产技术和环保技术冲击对一国主要宏观变量的影响。研究发现：（1）生产技术冲击对经济发展的促进作用是直接的、主要的，而对污染排放量的增长效应则是间接的、次要的，最优污染排放变动具有顺周期性；（2）环保技术冲击对经济的推动作用是间接的、次要的，而对污染排放量的限制作用则是直接的、主要的，最优污染排放变动具有逆周期性；（3）在两类冲击共同作用下，环保技术冲击的减排效应短期显著，而生产技术冲击的增长效应则长期占优，但两类冲击对全球污染存量变动的影响都十分微弱，经济波动周期维持在十年左右。⑯

仲云云等通过计算1995—2009年我国29个省市的碳排放量，揭示了我国碳排放的区域差异特征，并进一步构建“LMDI三层完全分解模型”，研究了各地区碳排放增长的9类驱动因素，其中人均GDP是促进碳排放增长的决定因素，产业部门的能源强度下降是抑制碳排放增长的主要因素。文章根据这9类因素对各地区碳排放增长的影响方向和影响程度及其导致区域碳排放的异质性特征，提出了我国差异化区域碳减排政策。⑰

陈诗一基于SBM－DDF－AAM低碳经济分析理论机制，构建了低碳转型进程的动态评估指数，并对改革以来中国各省级地区的低碳经济转型进程进行评估和预测。结果表明，中国低碳经济转型经历了20世纪80年代中后期和21世纪初两个低潮发展时期，也经历了20世纪90年代颇有成效阶段，近年来又开始迎来大转型的历史契机。该评估指数不仅考虑了各种环境污染的负外部性和经济增长的质量，而且也考虑了GDP增速，能够更加准确评估中国的经济转型进程，切合了“十二五”时期的科学发展主题。根据评估结果，各地区低碳转型进程有很大不同且很多省市区尚处于不稳定的初期转型阶段，各地方政府应因地制宜制定合理的经济和环境政策来持续促进低碳经济大转型进程。⑱

胡剑峰等实证分析了1995—2009年碳排放的区域特征，并采用情景模拟的方式研究了2050年前区域低碳经济的发展目标，通过影响因素分析和灰色关联度测算，提出了实现低碳目标的主要路径和具体方案。研究表明，我国长三角地区的碳排放总量逐年攀升，工业比重和煤类能源消费比重过大，碳排放强度较低的优势正在逐步削弱。今后40年，长三角地区的减排压力较大，其碳排放强度下降的“五年目标”应相对平稳，大体可以在17%～19%进行选择。而要实现这一目标，短期内主要应加大产业结构调整的力度。从长三角现有工业结构看，积极鼓励文教体育用品制造业、工艺品等行业的发展，同时适度限制造纸及纸制品业、石油加工、炼焦及核燃料加工业、塑料制品业等行业的规模，将有利于实现区域低碳经济目标。⑲

张学良在综合考虑多维要素对中国区域经济增长的协同作用的基础上，构建交通基础设施对区域经济增长的空间溢出模型，利用1993—2009年的中国省级面板数据和空间计量经济学的研究方法，实证分析得出以下主要结论。（1）中国交通基础设施对区域经济增长的产出弹性值合计约0.05～0.07，表明其对中国区域经济增长具有重要的作用。

(2) 中国交通基础设施对区域经济增长的空间溢出效应非常显著，若不考虑空间溢出效应，会高估交通基础设施对区域经济增长的作用。(3) 外地交通基础设施对本地经济增长表现为以正的空间溢出效应为主，但是也有空间负溢出的证据。(4) 在影响区域经济增长的多维要素中，劳动力和其他公共部门的资本存量对中国区域经济增长的弹性仍然较大，新经济增长因素与新经济地理因素的作用也不容忽视。[20]

张清勇等运用1985—2009年中国各省、直辖市、自治区的数据，对住宅投资与经济增长之间的领先—滞后关系进行分析。研究结果表明，无论是1985—2009年全时段还是以1998年大规模房改为分界线的分时段，无论是全国各省市还是分区域的各省市面板数据，经济增长引领住宅投资的单向Granger因果关系是稳定的；不同于一些研究和政策措施所主张的住宅投资引领经济增长的观点，文章认为找不到证据来支持住宅投资带动经济增长的论点。由此可见，所谓“住宅引领增长假说”在我国并不成立，而我国自20世纪90年代中期以来一直大力促进住宅投资以带动经济增长、把住宅建设当作国民经济的新增长点和支柱产业的政策值得反思。[21]

罗楚亮认为我国经济转型过程中同时发生的居民收入增长和收入差距扩大对农村贫困减缓具有不同的影响。在住户调查数据的基础上，讨论了不同时期经济增长和收入差距对于农村贫困减缓的作用大小，估算了不同年份经济增长和收入差距的贫困减缓弹性，并根据Shapley分解讨论了分项收入对贫困程度的影响以及分项收入不均等性的贫困减缓弹性。[22]

四、新的经济周期与经济波动问题研究

李连发等鉴于银行信贷已成为现代经济波动的重要驱动因素之一，构建了一个包含银行信贷与经济周期特征的Svensson扩展模型，考察了由贷款损失推断偏差等因素所导致的银行信贷扩张及其宏观效应。通过对我国1984年以来的季度数据分析发现，信贷扩张发生后产出缺口扩大的趋势仅持续4个季度左右，而通胀压力则会持续7个季度以上；信贷总量的适度逆周期调整有助于减少宏观经济的波动和福利损失；信贷总量还与存款准备金率变化之间存在协整关系。应继续密切关注信贷总量变动，并合理引导。[23]

银行信贷和经济波动的关系一直是理论和实务界关注的焦点，过去国内的研究大多仅从信贷总量层面入手而忽视了结构效应，这不利于厘清信贷在经济中的作用机理。在将贷款按期限划分为短期贷款和中长期贷款后，范从来等的文章通过应用一个小型DSGE模型，发现短期贷款对经济增长虽有短期的促进作用，但却形成通货膨胀压力；而中长期贷款对经济增长有长期的促进作用，同时对通货膨胀有一定的抑制作用。以我国1998—2010年的宏观数据为样本进行的FAVAR检验支持了上述观点。该结论一方面意味着信贷政策及其监管应加强对信贷期限结构的关注，另一方面结合我国近年来中长期贷款比重大幅上升的客观事实，也从一个新的视角解释了货币信贷加速扩张的同时，价格水平却较为稳定的“中国货币之谜”。[24]

陈昆亭、龚六堂等通过研究我国省际数据发现，波动性对长期增长趋势有显著影响：1978年前，波动性与平均增长呈负相关的特征在多数省份出现；1978年后，两者关系主要表现为正相关。文章通过建立内生随机增长模型，研究波动与增长之间的内在关联，提出了实际波动与增长关系的一种合理解释。模型的基本思想是：人力资本形成过程分为自然形成和主观形成，教育投入等决定主观形成过程的因素的多少是决定波动性如何影响长期经济增长方向的关键。当教育投入较高，以致主观过程占优时，波动性对长期增长趋势有正效应；反之，当自然过程占优时，波动性对平均增长有负效应。模型结论与新中国成立后的发展历史相印证：1978年前，生产水平低，教育投入少，人力资本形成中干中学比例占优，因而波动性同增长呈负相关；1978年恢复高考后，教育正常化，生产发展，教育投入增加，因而波动性与增长逐渐呈现正相关。[25]

郭庆旺等认为政治上的业绩激励和经济上的财政利益激励，使得中国地方政府具有推动经济增长的强烈动机，而由于投资具有直接且强劲的经济增长效应，地方政府势必在投资规模上展开激烈的竞争，由此将产生省份总投资冲击进而影响全国经济周期波动。文章将地方政府投资竞争、政府投资冲击、非政府投资冲击和经济周期波动纳入一个分析框架，利用动态因子模型和贝叶斯空间计量模型检验地方政府投资竞争通过省份总投资冲击影响全国经济周期波动的作用机理。研究结果表明，地方政府在非政府投资规模上的竞争加剧了全国经济周期波动，而在政府投资规模上的竞争在一定程度上缓解了全国经济周期波动。[26]

五、金融危机及其防范问题研究

袁辉等认为20世纪70年代，福特主义面临全面危机，金融部门的兴起和金融化的发展，最终形成了金融主导的积累体制。在这一体制中，个人、企业、政府和国际部门越来越紧密地与金融机构、金融市场联系在一起，金融领域的增殖逻辑逐渐控制了国民经济发展的节奏与方向。但是，金融主导的积累体制具有内在不稳定性，它必然进一步加剧实体经济的停滞，并导致各种现代危机的不断爆发。[27]

陈雨露等从市场主体投资行为的角度，为分析泡沫、实体经济和金融危机之间的作用机制提供了一个完整的周期性框架。这一框架突破了主流文献在局部均衡分析中的不足，将视角扩展至整个泡沫经济和金融危机形成、发展和崩溃的全过程。在这一框架下，文章不仅对泡沫经济推动的周期性金融危机的基本机制和主要特征进行了分析，而且对金融危机发展过程中的价格、利率和信贷机制提供了新的、更加贴近现实的解释。文章通过对纳入信贷市场的承诺本质和信贷资金供求彼此的高度依赖性的分析，强调指出，市场过程内生于市场主体的投资行为之中，而对市场过程本身的认识则是理解泡沫经济和金融危机生成机制的关键。只有从金融与实体经济的持续反馈机制中去认识危机过程中的价格、利率和信贷机制，才能动态理解泡沫经济推动金融危机的渐进过程，并为泡沫的识别与危机的防范提供现实的依据。[28]

吴宁等认为这次资本主义全球金融危机并未超越马克思主义关于经济危机的理论逻辑——资本主义制度的内在矛盾：有效需求不足—生产过剩—透支消费—违约率上升—经济危机，证明马克思主义的解释力和前瞻性。坚持马克思主义、坚持社会主义制度才能从根本上防范和规避资本主义经济危机的冲击。马克思主义的复苏是资本主义全球金融危机的必然结果，我们应以马克思主义指导应对金融危机，在危机应对中扩大马克思主义影响力。[29]

程棵等使用基于非对称双指数分布的跳－扩散模型，以资产治理结构理论为框架对金融危机爆发前后以及危机中政府救助前后的债务平均到期时间、冲击到来频率以及违约资产损失率进行设定，从而对金融机构债务/资产比率在不同情况下的变化趋势进行数值模拟，以此分析金融危机对金融机构的冲击以及政府救助金融机构的效果。模拟分析结果发现，金融危机中金融机构的脆弱性主要来自债务/资产比率过高、中短期债务过多以及资产质量过低；政府对危机中金融机构的救助措施以低频大幅注资辅以购买短期债务和劣质资产最为有效。[30]

李小平等构建了基于马尔可夫转换—广义自回归条件异方差（MS－GARCH）模型的汇率波动模型，并实证研究了2008年金融危机前后不同经济特征的国家或地区的货币汇率波动转换特征，结果表明：危机期间的突发事件、宏观经济形势的改变、央行干预政策以及国际利差交易行为是汇率波动状态转换的可能原因。该文为辨别金融危机期间汇市的周期变化，分析和预测市场走势，以及为央行干预和政策制定提供了一定的统计依据。[31]

曾忠东等认为金融危机的贸易溢出效应主要是通过价格效应和收入效应实现的。中美两国存在密切的互补型贸易关系，该文就美国金融危机通过价格效应对我国贸易状况的影响进行了实证研究，并与收入效应的影响进行对比分析。研究发现，美国金融危机对我国贸易溢出的价格效应显著，而收入效应较小；美国金融危机对中国贸易的溢出效应主要是显著影响了出口，而对进口的影响较为短暂。[32]

王潇潇认为2007年在美国爆发的次贷危机和金融危机对全球经济造成了巨大、强烈而深远的影响和冲击。中美两国各自根据国情及危机产生的根源的不同分别采取了及时积极的货币政策和财政政策，王潇潇对两国货币政策实施的具体操作措施、实施的时间、目标、政策工具和力度、实施效果、经济恢复情况及目前仍存在的经济问题进行了详细的比较和分析。[33]

陶纪坤认为中国在应对2008年国际金融危机中开始重视社会保障对危机的缓冲作用。澳大利亚是发达国家在2008年国际金融危机中运用社会保障措施应对危机的成功例子。比较两国政府在应对国际金融危机中运用的社会保障措施，有助于我们今后更好地处理和应对经济社会发展中出现的各种不确定性，使社会保障制度真正发挥更大的保障作用。总体来说，在应对国际金融危机过程中，澳大利亚的社会保障制度是“收入引导型”，而中国的社会保障制度是“社会救济型”。[34]

杨晶等运用投入产出方法，分析了受金融危机影响导致我国出口下滑引起的就业岗位减少以及我国为应对金融危机采取的增加投资政策对于扩大就业的拉动作用，并针对就业结构的影响进行了比较分析。主要方法为计算2007年中国投入产出表42部门的各就业结构的直接就业系数矩阵和完全就业系数矩阵，并用就业弹性进行调整，进而估算出口下滑以及2009年增加投资对就业结构的影响。结论如下：2009年出口下滑导致的非农就业岗位减少806.8万人，主要集中在通用、专用设备制造业、金属制品业和纺织业，其中，初中文化程度的失业人口最多，约为398.79万人；而2009年增加投资20908.96亿元可扩大就业岗位505.1万人，主要集中在建筑业，其中拉动初中文化程度就业人口330.11万人。可见从总量上分析，增加投资对扩大就业起到一定的作用，一定程度上缓解了出口下滑对就业带来的负面影响。但在结构层面，增加投资对不同行业和不同教育程度的就业人员拉动作用存在较大差异，因此，我国在制定经济刺激政策和投资政策时应加强对行业和就业结构影响的考虑。[35]

六、财政政策的宏观经济影响和最优财政政策

周波构建了内生捕捉我国财政政策体制变化的财政规则，并对产出缺口稳定动机和债务稳定动机反应进行了分析。基于马尔科夫转换财政政策反馈规则的实证估计表明，不同体制下，财政赤字与政府债务和产出缺口之间存在不同的政策反应关系；

与基于不变参数识别的规则相比，体制转换财政规则能更好地追踪我国财政赤字的时间序列行为。这意味着，假定财政政策体制总是固定的货币政策规则研究以及基于不变财政体制框架 VAR 度量财政政策冲击高频率效应的实证研究都应慎重。[36]

王云清等选取中国宏观经济季度数据，运用 SVAR 方法得出中国财政冲击对消费、私人投资和通货膨胀影响的经验事实：政府支出增加对消费和私人投资产生正效应，通货膨胀表现为先下降后上升。然而，在真实周期模型下，其与政府支出使税收上升和消费下降及“挤出”效应导致私人投资下降的结论完全相反。文章基于新凯恩斯主义视角，引入“深度”消费习惯因素，构建一个 DSGE 模型来解释这一经验事实，并运用贝叶斯法估计模型的参数，进而从经济理论上解析了中国财政扩张冲击对消费、投资和通胀的传导机制。[37]

黄干等构建了一个凯恩斯结构的中国可计算一般均衡模型，以 2007 年的社会核算矩阵为数据基础，模拟考察了 4 万亿元投资的宏观经济、部门经济效应以及分行业新增投资的经济效率。研究发现：(1) 2009 年至 2010 年间的 4 万亿投资方案能每年拉动 GDP 约 1.42%，增加就业 3.44%，但同时也挤出了相当大量的私人消费，导致居民福利水平下降严重，有利有弊；(2) 相比于原计划，历经调整最后实际实施的刺激方案虽然宏观效应稍弱，但更加有利于三次产业整体结构的改善；(3) 分部门来看，用于公共管理和社会组织、教育以及水利、环境和公共设施管理业三部门的政府投资支出效率较高，而房地产业、采矿业、电水气业三个部门的投资效应最差且为负面影响，尤其是房地产业。[38]

贾俊雪等构建了一个新凯恩斯动态随机均衡模型，以中国经济为样本，在更加现实的经济条件下探究具有较强可操作性的最优财政货币政策规则；同时深入考察了财政支出的生产效应和效用效应，澄清其在刻画财政政策作用机理方面的作用及其对最优财政货币政策规则特性的影响。研究表明，旨在实现价格稳定的货币政策（积极货币政策）为最优，反周期货币政策将导致较大的福利损失；旨在实现债务稳定的财政政策（消极财政政策）为最优，反周期财政政策虽非最优但造成的福利成本很小；财政支出的效用效应特别是生产效应的引入有助于解释“财政支出拉动效应之谜”，更好地刻画财政政策作用机理，但带来额外的通货膨胀偏差以及最优通货膨胀率、最优利率和最优所得税率的较大波动，导致最优财政政策对债务波动的反应力度明显减弱。[39]

崔潮认为财政过程是一个不同产权形态转化的过程，财政制度变迁是财政过程产权转化合约进行调整的集中体现。人类历史发展进程中，财政过程产权转化由不完全性合约逐渐向完全合约演化，走向财政主体地位平等化、内容明晰化、形式规范化、影响范围扩大化。[40]

七、货币政策的宏观经济影响和货币政策的选择

靳庆鲁等首先考察了货币政策对民营企业融资约束和投资效率的影响。研究发现，宽松的货币政策减少了民营企业的融资约束，但对投资效率的影响则呈现非线性关系。文章进一步从实物期权的角度考察了货币政策对公司增长与清算期权价值的影响，结果表明：高盈利能力公司的增长期权价值在宽松货币政策时期更大，而低盈利能力公司的清算期权价值在紧缩货币政策时期更高。文章的研究结论有助于理解在不同的货币政策状态下，资本逐利这一经济规律的表现形式；同时，该文的经验证据还有助于从投资效率和公司价值的角度评价宏观经济政策对微观经济实体的影响，从而为决策部门制定恰当的经济政策、促进宏观经济体系的良好运转提供政策性建议。[41]

陆虹以 1996—2012 年的相关季度统计数据，运用 STR 模型和 LM 统计检验方法，对我国货币政策信贷传导渠道的非对称效应及地区经济影响进行了实证研究。结果显示，我国货币政策信贷传导渠道效果存在明显的不对称特性，即具有很强的非线性特征；同时，这种不对称性对我国及东中西部地区的经济运行存在不同的影响。[42]

张卫平等认为 Fisher - Seater 对长期货币中性给出了在实证上具有可操作性的定义。基于此定义，作者从货币量冲击的分类、“长期关系”和“长期影响”的区别两方面，更进一步地界定长期货币中性的含义。在此基础上，作者利用 1994 年以来的季度宏观数据，采用时序回归法和向量自回归法，对中国的长期货币中性是否成立进行检验，实证结果不足以否定长期货币中性。这对用于中国经验的宏观理论模型的构建以及央行货币政策的制定都具有一定的参考价值。[43]

陈雨露等以跨国数据为基础，对中央银行是否应分离银行监管职能这一问题进行了系统的实证分析。结果表明，在中央银行未分离或未完全分离银行监管职能的国家，其金融稳定性通常更高，经济增速更快，而且未出现明显的“通货膨胀倾向”。这意味着金融监管的独立性并不是简单地将监管职能从中央银行分离的问题，中央银行的独立性也并不必然排斥其继续实施金融监管职能。通过将货币政策和金融监管的兼容性置于政治经济学框架下加以解读，文章发现真正影响金融监管实际独立性的并非监管主体的设置问题，而是更广泛地依赖于不同的政治制度条件。上述结论表明，如何在既定的政治制度和政策框架下切实加强货币政策和金融监管

的协调与配合才是问题的核心和关键。[44]

注：

①夏庆杰、李实、宋丽娜、Simon Appleton：《国有单位工资结构及其就业规模变化的收入分配效应：1988—2007》，《经济研究》，2012 年第 6 期。

②马双、张劼、朱喜：《最低工资对中国就业和工资水平的影响》，《经济研究》，2012 年第 5 期。

③孙文杰：《中国劳动报酬份额的演变趋势及其原因——基于最终需求和技术效率的视角》，《经济研究》，2012 年第 5 期。

④何晓斌、夏凡：《中国体制转型与城镇居民家庭财富分配差距——一个资产转换的视角》，《经济研究》，2012 年第 2 期。

⑤郭庆旺、吕冰洋：《论要素收入分配对居民收入分配的影响》，《中国社会科学》，2012 年第 12 期。

⑥周晔馨：《社会资本是穷人的资本吗？——基于中国农户收入的经验证据》，《管理世界》，2012 年第 7 期。

⑦陈斌开、林毅夫：《金融抑制、产业结构与收入分配》，《世界经济》，2012 年第 1 期。

⑧陈享光、苏传才：《对中国宏观收入分配格局的理性分析》，《黑龙江社会科学》，2012 年第 3 期。

⑨胡援成、张朝洋：《美元贬值对中国通货膨胀的影响：传导途径及其效应》，《经济研究》，2012 年第 4 期。

⑩郑挺国、王霞、苏娜：《通货膨胀实时预测及菲利普斯曲线的适用性》，《经济研究》，2012 年第 3 期。

⑪彭方平、樊海潮、连玉君、展凯：《我国通货膨胀类型的甄别——来自企业层面的经验证据》，《经济研究》，2012 年第 8 期。

⑫田新民、武晓婷：《中国核心通货膨胀的 SVAR 模型估计与政策应用》，《中国工业经济》，2012 年第 12 期。

⑬张成思：《通货膨胀、经济增长与货币供应：回归货币主义》，《世界经济》，2012 年第 8 期。

⑭周文、赵果庆：《中国 GDP 增长与 CPI：关系、均衡与“十二五”预期目标调控》，《经济研究》，2012 年第 5 期。

⑮封思贤、蒋伏心、谢启超、张文正：《金融状况指数预测通胀趋势的机理与实证——基于中国 1999—2011 年月度数据的分析》，《中国工业经济》，2012 年第 4 期。

⑯郑丽琳、朱启贵：《技术冲击、二氧化碳排放与中国经济波动——基于 DSGE 模型的数值模拟》，《财经研究》，2012 年第 7 期。

⑰仲云云、仲伟周：《我国碳排放的区域差异及驱动因素分析——基于脱钩和三层完全分解模型的实证研究》，《财经研究》，2012 年第 2 期。

⑱陈诗一：《中国各地区低碳经济转型进程评估》，《经济研究》，2012 年第 8 期。

⑲胡剑锋、马诗慧：《区域低碳经济发展目标及实施方案——以长三角地区为例》，《财经研究》，2012 年第 3 期。

⑳张学良：《中国交通基础设施促进了区域经济增长吗——兼论交通基础设施的空间溢出效应》，《中国社会科学》，2012 年第 3 期。

㉑张清勇、郑环环：《中国住宅投资引领经济增长吗?》，《经济研究》，2012 年第 2 期。

㉒罗楚亮：《经济增长、收入差距与农村贫困》，《经济研究》，2012 年第 2 期。

㉓李连发、辛晓岱：《银行信贷、经济周期与货币政策调控：1984—2011》，《经济研究》，2012 年第 3 期。

㉔范从来、盛天翔、王宇伟：《信贷量经济效应的期限结构研究》，《经济研究》，2012 年第 1 期。

㉕陈昆亭、周炎、龚六堂：《短期经济波动如何影响长期增长趋势?》，《经济研究》，2012 年第 1 期。

㉖郭庆旺、赵旭杰：《地方政府投资竞争与经济周期波动》，《世界经济》，2012 年第 5 期。

㉗袁辉、陈享光：《金融主导积累体制视角下的现代危机》，《当代经济研究》，2012 年第 7 期。

㉘陈雨露、马勇：《泡沫、实体经济与金融危机：一个周期分析框架》，《金融监管研究》，2012 年第 1 期。

㉙吴宁、冯旺舟：《资本主义全球金融危机与马克思主义》，《马克思主义研究》，2012 年第 1 期。

㉚程棵、魏先华、杨海珍、杨晓光：《金融危机对金融机构的冲击及政府救助分析》，《管理科学学报》，2012 年第 3 期。

㉛李小平、冯芸、吴冲锋：《金融危机前后的汇率波动特征》，《管理科学学报》，2012 年第 4 期。

㉜曾忠东、谢志超、丁巍：《美国金融危机对中国贸易影响的价格溢出效应分析》，《国际金融研究》，2012 年第 2 期。

㉝王潇潇：《美中应对金融危机的货币政策及其效果比较》，《亚太经济》，2012 年第 4 期。

㉞陶纪坤：《中国与澳大利亚应对国际金融危机采取的社会保障措施比较研究》，《经济纵横》，2012 年第 11 期。

㉟杨晶、石敏俊、王妍：《我国应对金融危机增加投资对就业拉动效果评价》，《管理评论》，2012 年第 5 期。

㊱周波：《中国财政政策规则及其体制稳定性分析》，《数量经济技术经济研究》，2012 年第 2 期。

㊲王云清、朱启贵：《中国财政扩张对居民消

费、投资和通货膨胀的动态效应研究》，《南开经济研究》，2012 年第 6 期。

㊳黄干、马成：《“4 万亿”的经济效应与财政投资结构优化——基于 CGE 建模的分析》，《经济学家》，2012 年第 10 期。

㊴贾俊雪、郭庆旺：《财政支出类型、财政政策作用机理与最优财政货币政策规则》，《世界经济》，2012 年第 11 期。

㊵崔潮：《财政过程的不完全合约属性及演化趋向》，《云南财经大学学报》，2012 年第 2 期。

㊶靳庆鲁、孔祥、侯青川：《货币政策、民营企业投资效率与公司期权价值》，《经济研究》，2012 年第 5 期。

㊷陆虹：《我国货币政策信贷传导渠道的非对称效应及地区经济影响》，《财经研究》，2012 年第 7 期。

㊸张卫平、李天栋：《中国的货币在长期是中性的吗？——基于 Fisher-Seater 定义的研究》，《经济研究》，2012 年第 4 期。

㊹陈雨露、马勇：《中央银行的宏观监管职能：经济效果与影响因素分析》，《财经研究》，2012 年第 5 期。

（作者：陈享光，中国人民大学教授；
李克歌，中国人民大学博士生）

微观经济学

陈享光 潘大洋

2012 年，经济学家对微观经济学的热点问题进行了深入研究，发表了大量研究成果，在一些问题的研究上，特别是居民消费行为、企业经济、融投资、信息不对称、异质性、市场结构、劳动力市场、工资与劳动收入等问题的研究上取得了新进展。

一、关于居民消费问题的研究

叶德珠等通过放松理性经济人假设，在行为经济学双曲线贴现模型框架下，以“自我控制”认知偏差及相应的模型参数设定对东西方消费文化差异进行了技术表达，进而阐明了消费过度（欧美国家）和消费不足（东亚国家）这两类消费行为偏差的形成机制。研究表明，东西方消费文化等不随时间改变的个体因素比传统变量更能解释各国居民的消费差异。实践层面上，双曲线贴现模型中锁定技术能有效纠正“自我控制”认知偏差，从而消解儒家文化对消费的深度抑制，可为扩大内需政策创新提供思路启发和技术支撑。①

白重恩等利用农村引入新型农村合作医疗这一政策变化来研究医疗保险的获得对农村居民消费的影响。结果表明，新农合使得非医疗支出类的家庭消费增加了约 5.6 个百分点。这一正向作用随医疗保险保障水平的提高而增强，而且在没有医疗支出的家庭中仍然存在。同时，新农合对消费的正向影响在收入较低或健康状况较差的家庭中更强。这些结果都与医疗保险减少了预防性储蓄的假说相一致。②

胡帮勇等依据 1979—2010 年的时间序列数据，实证分析了我国农村金融发展水平与农民消费之间的动态关系。结果表明，农民人均可支配收入、农村金融效率和农村金融规模都显著影响农民的消费支出，且影响力次第减弱；农村金融效率和农村金融规模对农民消费支出的影响主要体现为长期效应，短期影响并不明显；货币化程度对农民消费支出的影响不显著，主要体现为短期效应，长期内几乎没有影响。③

张大永等基于我国首次较详尽的家庭金融微观调查数据，探讨了家庭房屋价值、金融资产及其他财富对消费的影响。研究发现，是否拥有自有住房、房屋价值高低和金融资产规模等对家庭消费都存在显著影响。④

蒲成毅等从微观机理视角来探讨保险消费对经济增长的多因子协同作用机理，发现保险要么以企业生产消费形式进入生产领域，要么以家庭个人和政府机构的服务消费形式进入消费领域，构成了社会经济系统再生产循环中物化劳动与活劳动消耗的一小部分嵌入性投入，而嵌入活劳动的保险消费对经济增长的贡献不但大于嵌入物化劳动的保险消费对经济增长的推动，而且具有较强的人力资本积累效应，可激励企业为员工开办年金计划，弥补社会保障体系不健全条件下养老金支付的巨额缺口，缓解政府财政压力，可促进社会公共服务管理创新和提高政府行政能力效能。⑤

二、企业经济问题研究

温军等通过放松经理人市场的完全竞争性假定，拓展了经典职业生涯模型，借此研究了中国制度背景下的机构持股、企业性质与企业创新的关系，并基于 2004—2009 年 923 家上市公司的数据，从 R&D 投入和专利申请两个维度对其拓展模型的命题进行了实证检验。⑥

吴超鹏等从媒体监督、政治关联与高管变更的多角度研究发现，媒体具有对政治关联高管行为的监督和约束作用。研究表明，并购绩效越差的公司，高管越容易被变更；但是，政治关联高管即使并购绩效差也较不容易被变更。媒体监督这种非正式外部治理机制可以通过强大的社会舆论力量约束政治关联高管行为，从而提高上市公司治理水平。[⑦]

杜海霞基于产权理论对内部控制的本质进行研究认为，内部控制的本质是内部控制框架研究的逻辑起点。研究表明，产权的属性通常不能完全界定，这些不能完全界定的产权属性就会置于公共领域，从而引致寻租行为，内部控制的本质就是重新安排这些产权，以避免公共领域的产权属性被不当攫取。[⑧]

李万福等从一个较为新颖的税收视角探讨了内部控制的经济后果。研究发现，内部控制质量与公司税负负相关，随着内控质量的提高，公司税负显著下降；相对于内控较差组公司，内控较好组公司有更低的实际税负；相对于未披露内控鉴证报告的公司，披露鉴证报告的公司实际税负更低；在控制了其他相关因素后，内部控制与公司税负之间的关系并未发生实质性变化。研究表明，内部控制可对企业的税收经营活动产生积极影响，从而提升企业价值。[⑨]

钟宁桦借助全国12个城市1268家企业的调查数据，考察了公司治理结构对于员工福利和企业绩效的影响。根据企业在16个约束经理人行为的治理结构上的表现，钟宁桦构建了一个公司治理指数。基准回归显示，治理结构好的企业不仅利润率高，而且提供给了员工更好的福利。[⑩]

李万福等认为，企业财务困境不仅影响企业自身的生存与发展，还将给债权人、股东和员工等利益相关者带来重大损失。因此，李万福等从企业内部控制视角出发，探讨了财务困境的成因。研究发现，内部控制对财务困境具有显著而重要的影响，存在重大内部控制缺陷的公司更可能陷入财务困境；存在重大内部控制缺陷越多的公司，其陷入财务困境的可能性越大。所以，加强内部控制建设在现实中确实能有效规避财务困境。[⑪]

李艳丽等实证检验了在代理成本不同的上市公司中，机构投资者持股与管理层在职消费之间的关系。研究发现，机构投资者持股能够有效降低管理层在职消费，而且这种抑制作用在代理成本较高的公司中更加明显；同时，管理层在职消费与公司绩效负相关，这一负相关关系同样在代理成本较高的公司中更加显著。[⑫]

三、国有企业改革问题

盛明泉等立足于中国特定的制度环境，采用中国上市公司的数据，直接检验了国有企业面临的预算软约束对它们的资本结构调整速度以及资本结构与目标资本结构之间偏离度的影响。研究结果表明，国有企业的预算软约束程度越大，它们的资本结构调整速度越慢，实际资本结构与目标资本结构之间的偏离程度也越大，进而从制度角度为国有企业经营低效性的成因提供了经验证据。[⑬]

宋晶等基于国有企业“二重性”理论，将国有企业高管依据不同的选用方式划分为“行政高管”和“市场高管”两类，并主张对组织任命、上级委派或调任等行政任命方式选拔的高管参照实行公务员工资制度，而对竞争上岗、公开招聘等非行政任命方式选拔的高管则实行市场化薪酬制度。[⑭]

李宝宝等在明确定义在职消费经济性质的基础上，提出了一个有关在职消费的经验估计模型。借助于这一经验模型，李宝宝等对国有企业在职消费的相对水平作出估计，并以此为基础对国有企业在职消费进行实证检验，最后对如何治理国有企业的在职消费提出具体建议。[⑮]

吴延兵基于企业效率最大化要求剩余索取权与剩余控制权相对应这一企业理论，分析了国有企业的生产效率损失和创新效率损失问题。国有企业的公有产权属性决定了国有企业中存在着生产效率和创新效率的双重损失，且国有企业的创新效率损失大于生产效率损失。[⑯]

四、融投资问题研究

刘慧龙等研究了国有企业改制模式对上市公司投资效率的影响，以及独立董事在其中的作用。研究结果表明，由于存续分立公司的大股东代理问题和管理者代理问题比非存续分立公司严重，使得其投资效率显著低于非存续分立公司，独立董事可以减少因大股东的利益输送而造成的投资不足问题。[⑰]

赵岳等从信息不对称的角度出发，通过建立理论模型，分析了银行通过电子商务平台为中小企业贷款的新型信贷模式。研究表明，引入电子商务平台后，其在增大企业违约成本、采集企业信息、实现风险共担等方面的优势可以在一定条件下帮助企业展示自己的信用类型。即使在没有抵押品的情况下，传统模式下受到信贷约束的低风险中小企业在新模式下可以获得银行贷款。从而进一步分析了企业违约成本、信息获取优势、风险共担机制、电子商务用户总规模等因素对电子商务作用的影响，并在此基础上提出政策建议，为通过电子商务平台解决我国中小企业的融资难题提供了理论基础。[⑱]

谭之博等运用静态、动态面板模型和横截面Tobit模型，检验了企业规模对融资来源的影响。研究发现，企业规模越小，不仅银行融资占其总资产的比重越小，而且银行融资相对于股权融资的比例越小。与股权融资相比，银行融资对小企业更加抑制。结论是，小企业受到的融资抑制由其自身因素及它们所处环境的宏观金融体系相关。[⑲]

葛永盛等从关系专用性投资的视角出发，考察了中小企业对融资关系的处理以及融资契约的安排，并通过数学建模检验了静态博弈的非效率性，以及动态博弈下不同融资模式的子博弈完美纳什均衡的参与约束条件，进而为解决我国中小企业融资难问题提出了政策性建议。[20]

潘永明等从不同角度研究了我国中小企业融资问题。借助我国过去几年对中小企业集合债券发行试点工作的经验，基于规模经济视角，对中小企业集合发债进行经济学研究。[21]此外，潘永明等通过整理和分析我国中小企业集合票据的发展现状，发现集合票据融资模式虽然具有良好的发展态势，但也存在着现实困境。借鉴韩国P－CBO融资模式的成功经验将有助于不断完善和广泛推广我国中小企业集合票据融资模式。[22]

杨晓东等从中小企业知识产权质押融资的角度出发，总结了北京知识产权质押融资发展经验，探讨如何将北京知识产权质押融资模式进一步推广，最终为中小企业融资开辟新途径。[23]

张杰经过研究发现，各国之所以拥有不同的金融制度边界，基本原因是其在利用金融市场和金融企业制度方面的“比较优势”存在差异；法律传统不可能抛开市场交易方式以及交易效率而直接决定金融制度边界。相比之下，文化渊源的重要性则体现在，它决定着交易成本的初始结构，并由此影响人们对交易方式或者交易制度的选择。[24]

五、农村金融发展问题研究

田杰等使用来自我国2006—2009年1883个县（市）的面板数据，实证分析了农村金融密度对农村经济增长的影响。研究表明：从全国层面看，用人均金融机构网点数表示的农村金融密度对农村经济增长有显著的促进作用；农村金融密度与农村经济增长的关系处于倒U形曲线的左边；农村金融密度通过增加贷款数量和提高信贷配置效率两种途径来促进农村经济的增长。[25]

郭峰等从社会福利最大化的视角，分析了正规金融机构与非正规金融机构的共生形式，并证明合作有助于提高社会福利水平。同时利用相关博弈模型，研究了两者合作能够稳定实现的条件，并在总结研究结论的基础上提出相关建议。[26]

董晓林等针对农村地区普遍存在的金融排斥现象，以县域金融机构网点分布作为农村金融排斥状况的代理变量，从金融供给方视角分析了影响我国农村金融排斥的因素。研究发现，人口规模小、社会消费品零售总额小、金融基础设施状况差的县域更易受到金融排斥。进而分机构考察表明，商业银行在进行网点布局时更多地关注城镇人口规模与城镇居民收入，而农村信用社在进行网点布局时主要关注人口规模变量（尤其是乡村人口规模），收入变量不显著。[27]

杨林等通过调查兰州市榆中县、永登县、皋兰县的农村金融情况，发现在信息不对称和缺乏合规抵押物的情况下，农村信贷资源的分配存在着向高收入农民集中的情况。最需要得到信贷资源的中低收入农民却难以获得正规农村金融机构的信贷支持，转而求助于民间金融；对信贷需求不那么迫切的高收入农民却成为农村金融机构争抢的优质客户资源，造成农村金融市场供给和需求的脱节。杨林等认为必须降低农村金融的门槛、打破农村金融的垄断和给予民间金融以合法地位，并且建立一套惠农政策提高农民收入，改善农村金融的服务基础。[28]

六、信息不对称问题研究

刘志成在一个纵向约束模型中考虑销售努力的横向外部性和信息不对称问题，分析了最优的两部收费和转售价格维持（RPM）合同的特征，给出了两种纵向约束合同的福利影响及其对反垄断执法的政策含义。认为反垄断政策在处置RPM问题时需要权衡横向外部性和信息不对称问题的严重程度。[29]

严武等充分利用中国A－B股市场的独特结构，实证分析了产权保护对市场交易中不同投资者之间信息不对称的影响。实证结果表明：当某一城市的产权保护较好时，该城市的同一上市公司的A－B股的不同投资者之间的信息不对称程度较低。进一步研究发现，产权保护影响了公司治理实践、信息的透明度，继而影响了同一企业的两个市场的投资者之间的信息不对称。[30]

廖理等利用2006—2011年股权增发样本进行实证研究发现：我国上市公司在设计股权增发路径时主要是在公开增发和定向增发之间进行选择，定向增发中投资者的差异并没有构成新的增发路径。信息不对称程度越强，上市公司选择定向增发的可能性越大，而监督效应因素的影响并不显著。在信息不对称情景下，公开增发公司会聘请资本实力更强的承销商来见证公司价值，而资本实力较弱的承销商出于包销风险的考虑，也会影响上市公司股权增发路径的选择。[31]

刘少波等以深圳成份股为样本，研究公平披露规则（RFD）对证券市场信息不对称的影响。研究发现：（1）RFD实施后逆向选择成本显著减少，说明规则有利于证券市场信息不对称的减少；（2）实施RFD后，前盈余窗口的信息性交易比非盈余窗口的要大，后盈余窗口的逆向选择成本比非盈余窗口的要大；而在此之前，后盈余窗口的信息性交易与非盈余窗口相比要么不变，要么是减少的。在研究发现的基础上，作者提出了完善RFD的相关建议。[32]

石明明通过将交易过程中“需要的双重一致性”耦合问题模型化，构建了流通机制概念模型，分析了这一模型的三大特征：交易双方的偏好结构以及了解这种结构的交易成本、处理这种偏好信息的过程以及交易实现、保障交易有效实施的制度环境。

流通机制下任何个体行为的理性均衡等价于激励相容的协调机制，这一机制的内在结构可以表现为业态及生产—流通—消费的动态反馈，流通机制与生产、消费两侧的结合界面通过威廉姆森的交易费用分析框架确定。[33]

七、"异质性"问题研究

简泽等从经济转轨过程中市场竞争环境的变化出发考察了竞争的增强对企业层面全要素生产率增长的影响。研究发现，基于异质性企业对市场竞争环境变化的不同反应，全要素生产率呈现收敛的趋势。这意味着，促进竞争的政策与知识产权保护的搭配能更全面地促进微观层面生产率的增长。[34]

张文武将异质性劳动力及地区内和地区间的多样化贸易成本同时引入空间经济模型，建立了一般均衡模型。分析结果表明，低成本约束的人力资本比高成本约束的普通劳动力流动更容易打破空间经济集聚和扩散的对称均衡，促使产业空间结构稳定地向人力资本丰富的地区集聚。[35]

赵伟等使用来自中国企业的大样本微观数据，运用Probit模型对影响企业创新的异质性特征从全要素生产率（TFP）因素进行了拓展，同时将所有制异质性作为"基础因子"，综合考察了多维度异质性特征、出口等对中国企业技术创新的影响。结果发现：（1）TFP因素对所有类型企业的创新倾向均具有显著的正向影响，即表现出明显的"创新自选择"效应；（2）出口参与因素显著提高了各类型企业的创新倾向，但出口密度因素对国有和民营企业的技术创新影响存在显著的倒U形关系，而对外资企业技术创新影响的非线性关系并不明显；（3）其他影响因素如企业规模、人力资本等异质性特征在不同类型企业的创新决策中表现各异。[36]

毛雁冰等在对我国三大产业进行细分的基础上，基于1985—2009年各产业能源消费量、产值和就业人数的统计数据，采用面板协整模型对三者之间的互动关系进行了实证检验。检验结果显示，不同产业及产业内部主要部门在能源产出弹性和能源就业弹性方面存在着显著的差异，产业能源消耗的异质性决定了能源消耗低碳化对经济产出及就业产生的不同影响，表明低碳经济应与经济产出和就业保持均衡的发展关系。[37]

何雄浪等在对新新经济地理学假设进行拓展的基础上，从理论分析和数值模拟两个层面对企业异质性、规模报酬与劳动力空间流动进行了系统的研究。结论是：地区间企业生产技术水平的不同决定了企业与劳动力的转移方向，企业的生产技术水平与固定成本呈正向变动关系；落后地区和发达地区的发展与彼此对外市场开放相互依赖；由于落后地区总有一定的市场需求，棒—棒均衡在现实中存在的可能性很小。[38]

八、关于市场协调与政府干预

曹春方从募资变更投向角度揭示了政府对企业"掠夺之手"的具体路径，加深了民众对政府干预企业的认识。以2000—2008年地方国有上市公司为样本，从政府干预下募资变更后投向的角度解开部分"黑箱"；从晋升激励、财政激励和社会稳定等方面构建政府多重目标的干预指数。研究发现，政府干预越强，募资变更概率越大；政府干预下公司募资变更后更易投向固定投资，最终降低公司价值。进一步发现，固定投资的资金是否来自募资变更并不能影响公司价值，降低公司价值的关键原因在于政府干预。[39]

谭劲松等从政府职能在中国转轨经济过程中的激励与约束视角入手，从政府干预的角度，回答政府与银行不良贷款形成之间的关系。以国内某国有商业银行1988—2005年的全部剥离不良资产数据为初始样本，通过研究发现，政府干预是银行不良贷款产生的主要原因。[40]

张娟锋等从宏观和微观两个层面考察土地管制政策对市场价格的影响，利用35个大中城市的宏观数据，检验土地供给是否对住房价格产生影响，以及其影响程度与时间路径；利用杭州286宗住宅用地微观数据，量化微观管制政策对土地价格的影响方向与程度。通过研究发现：土地供给对住房供给在长期内（1~2年）有显著影响，短期内（1年以内）没有影响；而土地供给对住房价格在长期与短期内都有影响。[41]

田野等以2004—2009年我国证券市场中申请撤销特别处理的ST类公司为研究样本，考察了转轨经济环境下我国政府监管部门执行自主裁量审批的效率。研究发现：（1）监管部门在对ST摘帽进行审批时，在精确性规则的基础上明显地运用了原则性规定，利用自主裁量的审批空间考察了申请公司的财务特征以及公司治理水平；（2）摘帽成功的公司其后续财务业绩、盈余质量显著优于摘帽失败的公司，监管部门运用自主裁量审批权将"实质上"未达要求的公司筛选出来，并对其作出区别对待。[42]

九、市场结构问题研究

况伟大通过房地产税、市场结构与房价的关系入手，研究了房价上涨的因素。文中在住房流量模型的基础上，构建了一个购房者和开发商的住房市场局部均衡模型，考察了完全垄断和完全竞争情形下房地产税与房价之间的关系。研究表明，无论何种市场结构，提高房地产税均导致房价下降；住房市场垄断性越强，房价越高，房地产税对房价影响越大。[43]

刘瑞明从国有企业隐性补贴的视角回答了导致中国地区间的市场分割的因素，并且，解释了市场分割在时间和空间上表现出来的差异性。研究发现，在经济转型的过程中，市场分割扮演了对国有企业进行隐性补贴的角色，一个地区的国有比重决定了隐性补贴程度，进而决定了市场分割程度。利用中国的省级面板数据，采用静态面板和动态面板方法实证分析表明，地区国有比重对于市场分割程度具有很好的解释力。[44]

王聪等运用SFA法测度证券公司的成本效率，借鉴国际通用的新实证产业组织方法——PR模型测度市场竞争度，考察了我国证券业的市场结构，并在此基础上，实证分析股权结构、市场结构与证券公司成本效率之间的关系。研究显示，国有性质证券公司的效率低于非国有性质的证券公司，股权集中度与证券公司成本效率之间是一种U形关系，市场竞争度与证券公司效率之间呈倒U形关系，且现阶段效率处于下降区间。[45]

十、劳动力市场与劳动力转移问题研究

王亚柯等认为，我国劳动力市场开始形成并逐渐发育，劳动力资源配置方式发生了明显变化，市场机制的作用逐渐增强，但同时，劳动力市场机制仍不够完善，日趋固化的市场分割严重损害了市场效率。[46]

李晓宁等从市场分割的角度出发，对劳动力流动与工资差距同时扩大的“悖论”和中国市场化过程中的“迁移谜题”进行了深入分析，认为劳动力市场的地区分割和城乡分割导致了劳动者之间必然存在工资收入差距，而且即使存在劳动力转移，也不能使工资差距收敛。这种制度性偏好导致的劳动力市场分割，对劳动者工资收入差距的扩大起了推波助澜的作用，因此，应当构建全国统一、自由竞争的劳动力市场。[47]

孙三百等将人口迁移与区域特性纳入代际收入弹性估计方程，并运用迁移概率作为局部工具变量进行估计，发现迁移者的代际收入弹性不到未迁移者的一半。而当前我国代际收入流动的主要问题在于部分人群面临“代际低收入传承陷阱”，他们可以通过迁移从而增加就业机会等方式摆脱这一陷阱，这至少可以使一代人免受代际低收入传承的困扰。进一步分析迁移对代际收入传递路径的影响，结果表明教育在可识别的代际收入传递路径中贡献最大，而迁移强化了这一影响。[48]

封进等考察了工资上涨能否增加转移劳动力供给。将劳动供给弹性区分为外出持续时间弹性和外出的参与弹性。研究发现，外出持续时间弹性远小于外出参与弹性，提高工资可以增加外出打工的可能性，但对外出持续时间影响较小，男性的时间弹性为0.40，女性为0.68。时间弹性在不同群体间表现出较大差异，工资对较高教育程度者、老一代的外出时间并没有影响。[49]

樊明利用在河南省组织学生所做的针对农民工和农民的问卷调查数据，通过对比两组人群转移和非转移的选择，研究显著影响农民转移到城镇就业的个人因素。研究发现，农民的转移选择最主要受年龄、性别和婚姻等因素的综合影响，其他因素的影响相对较小。[50]

纪韶对目前在北京就业的农民工融入城市的现状和程度进行了实证分析，量化分析了农民工融入城市的程度。研究表明，制度上的限制、流动就业的类型和个人的资源禀赋条件是影响农民工融入城市的主要因素。[51]

叶仁荪通过对国内外群体离职研究文献的梳理，对群体离职概念、群体离职动因、群体离职过程模型以及群体离职的影响等问题进行了较全面、深入的分析，提出了群体离职研究需进一步关注的方向。[52]

范兆斌等研究了熟练劳动力跨国移民对于移出国人力资本积累及经济增长的影响。研究表明，不同发展阶段的国家需要不同知识结构的人力资本，跨国移民的经济影响取决于移出国所处的阶段。在技术模仿阶段，跨国移民的激励效应会扭曲移出国人力资本积累的结构，从而延缓经济增长。只有到了技术创新阶段，这种激励效应对人力资本积累的扭曲才会消失。另外，目标国对熟练劳动力的移民“门槛”政策，会加重移出国人力资本积累的扭曲，进一步延缓其经济增长。[53]

魏浩等利用1999—2008年期间全球48个国家和地区的统计数据，深入研究了不同类型国家（地区）吸引人才（留学生）的影响因素。研究发现：国家间的商品贸易会显著促进留学生在国家间的流动；发展中国家的留学生，当选择发展中国家作为目的国时，同时考虑教育因素和经济因素，当选择发达国家作为目的国时，主要考虑经济因素；发达国家的留学生，当选择发达国家作为目的国时，重点考虑教育因素；当选择发展中国家作为目的国时，同时考虑教育因素和经济因素。[54]

十一、工资与收入分配问题研究

赵颖通过对工资粘性、技能分工及劳动者工资之间的关系研究，探讨了劳动者工资差异的决定方式。研究表明，工资粘性在不同技能劳动力之间确实存在较大差异，劳动力市场上工资粘性的存在显著降低了劳动者工资收入的数量，且各技能层次劳动者技能报酬和工资粘性的交叉影响在一定程度上使得劳动者工资收入分配格局出现了恶化的趋势。进而提出，逐步提升劳动者的技能水平和完善劳动力市场的供求机制，是提高劳动者工资收入并改善劳动者工资分化局面的有利之举。[55]

杨继东等把中国企业生产率分布与工资分布联系起来，利用1999—2007年工业企业数据，考察了企业生产率水平对工资水平以及生产率差距对工资

差距的影响。企业层面的计量结果显示：企业生产率水平是决定工资水平的重要因素；越是人均工资水平高的企业，生产率对工资的影响越大；企业生产率越高，应付工资与实付工资之间的缺口越大，但随着时间推移，生产率对工资缺口变动的效应逐渐减小。行业层面的计量结果表明：随着生产率差距的缩小，企业间工资差距也在缩小，生产率差距对工资差距具有很强的解释力。[56]

张杰等根据大样本企业数据研究发现，出口显著抑制了中国制造业劳动收入份额增长，这为理解中国劳动报酬占 GDP 比重持续下降的动因提供了微观层面的支撑。结果表明，中国制造业企业特殊的出口模式是中国宏观层面劳动收入份额持续下降的主要推手之一。促进中国制造业出口附加值的提升，是扭转劳动报酬占比持续下降的核心举措。[57]

夏庆杰等使用 1988 年、1995 年、2002 年、2007 年 CHIP 城镇入户调查数据考察国有单位工资结构及其就业规模变化的收入分配效应。结果表明：国有企业就业份额大幅度下降导致中国城镇工资收入差距显著下降；然而国有企业减员增效改革完成以后，国有企业工资高于非国有企业的幅度及其不合理部分大幅度上升，其结果是城镇工资收入差距扩大。[58]

陆正飞等以 1999—2009 年间我国 A 股上市企业为样本，考察了国有股权性质对职工平均工资的影响。研究结果表明，从整体上看，样本期间国有企业支付了更高的职工工资，而且这一结论在控制了行政垄断、企业规模和职工教育背景等因素之后依然成立。国有企业高管薪酬与非国有企业并无显著差异，但中央政府控制的国有企业高管薪酬显著高于地方政府控制的国有企业和非国有企业。[59]

孙文杰利用非竞争型投入产出模型，重点从需求结构和技术效率两个视角深入分析了开放背景下 1987—2007 年中国劳动报酬份额的演变趋势及其背后动因。研究发现，最终需求变动和技术效率变化对我国 1987—2007 年劳动报酬份额的演变具有非常显著的影响，最终需求结构、以需求衡量的产业结构、最终需求进口替代、劳动回报率、进口中间投入和投入产出效率对 1987—2007 年劳动报酬份额下降的贡献率分别为 11%、14%、2%、38%、2%和 33%。[60]

丁守海认为，受制于家庭分工的约束，供给曲线呈特殊的阶梯形态：随劳动供给的增加，农业劳动力的保留工资不断提高，且幅度不断扩大。劳动供给对工资的反应是非连续的：只有当工资上升到新的保留工资水平时，劳动供给才会增加；否则，工资上涨并不能带来供给增长。与这种特殊的供给形态相对应，工资上涨的主要动力从农业收入转向工业劳动需求。当劳动需求扩张时，由于工资的微调不能带动供给的微调，劳动力市场将长期难以出清。进一步研究发现，当前农民工工资上涨与用工短缺并存现象很可能源于劳动剩余条件下的供给不足，并不必然意味着剩余劳动力枯竭，不能作为刘易斯拐点到来的证据。[61]

十二、战略性新兴产业问题的研究

贺俊等对战略性新兴产业的经济学属性进行抽象和提炼，从而完成问题的概念化和操作化，并在此基础上提出恰当的理论分析框架，是推进我国战略性新兴产业问题理论研究的起点。作者提出了一个具有一般性和自洽性的战略性新兴产业理论分析框架，其基本逻辑是，首先识别影响战略性新兴产业发展绩效的主要技术性、经济性和制度性因素，然后研究这些关键因素之间的相互适应性和动态匹配性，最后分析这些要素和互动主要发生在国家、产业或企业的哪个层次和位置。[62]

张同斌等构建了高新技术产业的可计算一般均衡（CGE）模型，考察了财政激励政策和税收优惠政策对高新技术产业发展进而对产业结构调整的影响。结果显示，财政激励政策比税收优惠政策能够更加有效地促进高新技术产业的产出增长。财税政策的激励作用对于高新技术产业增加值率的提高和内部结构的优化都具有积极影响，并且税收优惠政策的效果更为显著。政府在财税政策制定时，应注重提高高新技术产业的自主研发和创新能力，并考虑政策的短期适应性和长期战略性，推动高新技术产业的科学发展和产业结构调整的合理化进程。[63]

王新新从当今世界正处在大发展、大变革、大调整时期的大背景出发，认为创新成为国家竞争力的核心要素，战略性新兴产业是一个国家或地区实现未来经济持续增长，并对国民经济发展和产业结构升级具有决定性促进和导向作用的产业。因此，培育和发展战略性新兴产业是我国“十二五”期间有效应对国际金融危机，加快经济发展方式转变的战略抉择。进而提出以战略性新兴产业为引领、推动我国经济走创新驱动、内生增长的道路，是关系我国经济社会发展全局的重要命题。[64]

廖宇翃等构建了省域战略性新兴产业的优选模型，并以重庆市为案例对模型进行了验证和运用。研究表明，战略性新兴产业选择应遵循市场导向原则、高新技术原则、投入产出原则、产业带动原则、环境支撑原则。并提出，重庆市的战略性新兴产业主要有以新能源汽车为核心的交通运输业、以轻轨交通为核心的装备制造业、以计算机为核心的电子信息产业、以镁铝合金和石油化学工业为重点的新材料工业。[65]

凌江怀等以广东省的上市公司为样本，基于和传统产业的对比，研究了战略性新兴产业的企业规模和融资结构对其经营绩效的影响。研究发现企业规模和股权资本对传统产业和战略性新兴产业绩效的影响迥异，即规模扩张不利于传统产业提高经营绩效，却有利于战略性新兴产业提高经营绩效；股权资本降低了传统产业的经营绩效，却显著提高了战略性新兴产业经营绩效。研究结果表明战略性新兴产业目前还处于规模效应递增阶段，需要大力发展；同时表明其规模的扩张更倾向于通过股权融资的方式来实施。[36]

注：

①叶德珠、连玉君、黄有光、李东辉：《消费文化、认知偏差与消费行为偏差》，《经济研究》，2012年第2期。

②白重恩、李宏彬、吴斌珍：《医疗保险与消费：来自新型农村合作医疗的证据》，《经济研究》，2012年第2期。

③胡帮勇、张兵：《中国农村金融发展对农民消费影响的实证研究——基于1979—2012年的时间序列数据》，《经济经纬》，2012年第6期。

④张大永、曹红：《家庭财富与消费：基于微观调查数据的分析》，《经济研究》，2012年第S1期。

⑤蒲成毅、潘小军：《保险消费促进经济增长的行为金融机理研究》，《经济研究》，2012年第S1期。

⑥温军、冯根福：《异质机构、企业性质与自主创新》，《经济研究》，2012年第3期。

⑦吴超鹏、叶小杰、吴世农：《媒体监督、政治关联与高管变更——中国的经验证据》，《经济管理》，2012年第2期。

⑧杜海霞：《基于产权理论的内部控制本质研究》，《商业研究》，2012年第1期。

⑨李万福、陈晖丽：《内部控制与公司实际税负》，《金融研究》，2012年第9期。

⑩钟宁桦：《公司治理与员工福利：来自中国非上市企业的证据》，《经济研究》，2012年第12期。

⑪李万福、林斌、林东杰：《内部控制能有效规避财务困境吗?》，《财经研究》，2012年第1期。

⑫李艳丽、孙剑非、伊志宏：《公司异质性、在职消费与机构投资者治理》，《财经研究》，2012年第6期。

⑬盛明泉、张敏、马黎珺、李昊：《国有产权、预算软约束与资本机构动态调整》，《管理世界》，2012年第3期。

⑭宋晶、孟德芳：《国有企业高管薪酬制度改革路径研究》，《管理世界》，2012年第2期。

⑮李宝宝、黄寿昌：《国有企业管理层在职消费的估计模型及实证检验》，《管理世界》，2012年第5期。

⑯吴延兵：《国有企业双重效率损失研究》，《经济研究》，2012年第3期。

⑰刘慧龙、吴联生、王亚平：《国有企业改制、董事会独立性与投资效率》，《金融研究》，2012年第9期。

⑱赵岳、谭之博：《电子商务、银行信贷与中小企业融资——一个基于信息经济学的理论模型》，《经济研究》，2012年第7期。

⑲谭之博、赵岳：《企业规模与融资来源的实证研究——基于小企业银行融资的视角》，《金融研究》，2012年第3期。

⑳葛永盛、童盼：《基于博弈均衡的中小企业融资契约安排》，《金融研究》，2012年第4期。

㉑潘永明、王芊：《中小企业集合发债的经济研究》，《商业研究》，2012年第2期。

㉒潘永明、张婷婷：《中小企业集合票据融资模式探究》，《商业研究》，2012年第10期。

㉓杨晓东、付坚：《中小企业知识产权质押融资比较分析》，《商业研究》，2012年第10期。

㉔张杰：《交易成本、法律传统与金融制度边界的决定》，《财贸经济》，2012年第2期。

㉕田杰、陶建平：《农村金融密度对农村经济增长的影响——来自我国1883个县（市）面板数据的实证研究》，《经济经纬》，2012年第1期。

㉖郭峰、胡金焱：《农村二元金融的共生形式研究：竞争还是合作——基于福利最大化的新视角》，《金融研究》，2012年第2期。

㉗董晓林、徐虹：《我国农村金融排斥影响因素的实证分析——基于县域金融机构网点分布的视角》，《金融研究》，2012年第9期。

㉘杨林、高宏霞：《农村金融资源分配扭曲的现象与对策——基于兰州市榆中县、永登县、皋兰县的数据分析》，《经济理论与经济管理》，2012年第8期。

㉙刘志成：《转售价格维持、不对称信息与反垄断执法》，《经济研究》，2012年第S2期。

㉚严武、许荣、史清华、汪勇祥：《产权保护和市场信息不对称：来自中国A－B股的证据》，《经济研究》，2012年第11期。

㉛廖理、范宏博：《信息不对称下股权增发路径的设计与选择》，《数量经济技术经济研究》，2012年第10期。

㉜刘少波、汪涛：《公平披露规则对证券市场信息不对称的影响》，《财贸经济》，2012年第4期。

㉝石明明：《不对称信息、偏好搜寻与流通机制》，《财贸经济》，2012年第4期。

㉞简泽、段永瑞：《企业异质性、竞争与全要素生产率的收敛》，《管理世界》，2012年第8期。

㉟张文武：《集聚与扩散：异质性劳动力和多样化贸易成本的空间经济效应》，《财经研究》，2012年第7期。

㊱赵伟、韩媛媛、赵金亮：《异质性、出口与中国企业技术创新》，《经济理论与经济管理》，2012

年第4期。

㊲毛雁冰、薛文骏:《我国产业能源消耗对经济产出和就业的异质性影响——基于面板协整模型的实证分析》,《财经研究》,2012年第6期。

㊳何雄浪、杨继瑞、郑长德:《企业异质性、规模报酬与劳动力空间流动——基于新新经济地理学的理论研究》,《财经研究》,2012年第5期。

㊴曹春方:《政府干预、地方国有企业募资变更后投向与公司价值》,《经济管理》,2012年第4期。

㊵谭劲松、简宇寅、陈颖:《政府干预与不良贷款——以某国有商业银行1988—2005年的数据为例》,《管理世界》,2012年第7期。

㊶张娟锋、刘洪玉、任超群:《土地管制、市场价格与政策选择》,《财贸经济》,2012年第7期。

㊷田野、陈全:《政府监管、自主裁量与审批效率》,《金融研究》,2012年第3期。

㊸况伟大:《房地产税、市场结构与房价》,《经济理论与经济管理》,2012年第1期。

㊹刘瑞明:《国有企业、隐性补贴与市场分割:理论与经验证据》,《管理世界》,2012年第4期。

㊺王聪、宋慧英:《中国证券公司股权结构、市场结构与成本效率的实证研究》,《金融研究》,2012年第5期。

㊻王亚柯、罗楚亮:《经济转轨背景下得中国劳动力市场发育》,《中国人民大学学报》,2012年第3期。

㊼李晓宁、姚延婷:《劳动力转移与工资差距同时扩大的"悖论"研究——基于市场分割的视角》,《当代财经》,2012年第4期。

㊽孙三百、黄薇、洪俊杰:《劳动力自由迁移为何如此重要?——基于代际收入流动的视角》,《经济研究》,2012年第5期。

㊾封进、张涛:《农村转移劳动力的供给弹性——基于微观数据的估计》,《数量经济技术经济研究》,2012年第10期。

㊿樊明:《影响农村劳动力转移的个人因素——基于河南省农民及农民问卷数据》,《经济经纬》,2012年第6期。

(51)纪韶:《举家外出的农民工融入城市问题研究——对在北京务工的500个农民工家庭的访谈数据分析》,《经济理论与经济管理》,2012年第1期。

(52)叶仁荪、倪昌红、夏军:《员工群体离职研究述评》,《经济理论与经济管理》,2012年第11期。

(53)范兆斌、刘德学:《熟练劳动力跨国移民、知识结构与经济增长》,《世界经济研究》,2012年第3期。

(54)魏浩、王宸、毛日昇:《国际间人才流动及其影响因素的实证分析》,《管理世界》,2012年第1期。

(55)赵颖:《工资粘性、技能分工与劳动者工资的决定》,《经济研究》,2012年第2期。

(56)杨继东、江艇:《中国企业生产率差距与工资差距——基于199—2007年工业企业数据的分析》,《经济研究》,2012年第2期。

(57)张杰、陈志远、周晓艳:《出口对劳动收入份额一支效应研究——基于微观视角的经验证据》,《数量经济技术经济研究》,2012年第7期。

(58)夏庆杰、李实、宋丽娜:《国有单位工资结构及其就业规模变化的收入分配效应:1988—2007》,《经济研究》,2012年第6期。

(59)陆正飞、王雄元、张鹏:《国有企业支付了更高的职工工资吗?》,《经济研究》,2012年第3期。

(60)孙文杰:《中国劳动报酬份额的演变趋势及其原因——基于最终需求和技术效率的视角》,《经济研究》,2012年第5期。

(61)丁守海:《劳动剩余条件下的供给不足与工资上涨——基于家庭分工的视角》,《中国社会科学》(英文版),2012年第3期。

(62)贺俊、吕铁:《战略性新兴产业:从政策概念到理论问题》,《财贸经济》,2012年第5期。

(63)张同斌、高铁梅:《财税政策激励、高新技术产业发展与产业机构调整》,《经济研究》,2012年第5期。

(64)王新新:《我国战略性新兴产业发展策略研究》,《商业研究》,2012年第1期。

(65)廖宇翃、廖元和:《省域战略性新兴产业优选及其构建——以重庆市为案例的研究》,《经济管理》,2012年第5期。

(66)凌江怀、胡雯蓉:《企业规模、融资结构域经营绩效——基于战略性新兴产业和传统产业对比的研究》,《财贸经济》,2012年第12期。

(作者:陈享光,中国人民大学教授;
潘大洋,中国人民大学博士生)

国际经济学

卫兴华　黄　林

2012 年，世界经济呈现缓慢复苏的态势，但依然艰难曲折，未能走出危机阴影。后危机时期，国际经济环境日益复杂多变，世界经济增长的不稳定不确定因素增多，一些经济热点问题持续显现。一方面，国际金融危机影响深远，欧债危机继续发酵拖累欧元区经济持续低迷，并影响到全球经济的复苏；另一方面，全球经济不平衡性增长导致国际贸易摩擦不断，贸易保护主义明显升温。国际经济环境的变化使得中国国家经济安全问题更加突出，人民币汇率改革问题再次被推至风口浪尖。

一、欧元区主权债务危机问题

进入 2012 年，欧元区主权债务危机继续发酵，欧洲国家主权信用评级被大面积下调，各种矛盾不断暴露，债务危机和经济低迷相互交织、相互拖累的迹象日趋明显。根据欧盟统计局 2012 年 11 月 15 日发布的数据显示，欧元区出现了连续两个季度 GDP 下滑的状况，这意味着欧元区经济陷入了 2009 年金融危机以来的第二次衰退。对此，我国经济学界继续进行研究，对主权债务危机产生的原因、影响、教训等提出了各自的见解。

（一）主权债务危机的原因

李旭章从欧元区竞争力的丧失，公共债务水平的不可持续，高福利的负面影响，无效的劳动力市场，僵化的民主制度和欧元制度本身的缺陷等六个方面分析了欧债危机的深层次原因。[①]白永秀等则认为，欧债危机实质上是市场经济固有特征与现代社会文明矛盾的产物，反映出欧盟经济发展方式的深层次矛盾。欧盟国家长期通过扩大债务方式维持高水平“公平”导致了经济效率的降低，通过提高虚拟经济比重的方式维持经济增长，导致了产业结构的不合理，长期通过加大社会保障力度的方式提高公民的福利水平，导致了社会发展责任意识的淡薄。[②]王汉儒基于国际经济学和新政治经济学的理论框架，指出欧债危机爆发的根源在于欧美国家的“民主超载”的政治体制导致了财政赤字和由工资粘性带来的企业效率低下的经济结构性问题，即欧元区国家参与选举的政党因无法抗拒团体和选举的压力，导致在推行公共福利政策和公共设施政策时具有过量供给的冲动，破坏了市场对经济资源配置的基础性作用。同时“民主超载”通过选票效应造成工会势力的膨胀，进而通过劳动力市场的价格粘性产生产品市场的价格粘性，破坏了价格信号的准确性，降低欧洲市场经济运行效率。[③]王志伟认为，除了欧元体系的制度缺陷和巨大的福利开支负担影响外，欧元区经济困境产生的原因还包括：欧元区部分国家在债务账目上弄虚作假和国际金融投机活动的推动，主权信用评级的推波助澜，欧盟对金融风险的监管松懈，欧元区的政治体制使得经济发展缺乏长远的规划和调节机制，美国为保住金融市场的货币霸主地位对欧元的攻击等。[④]丁冰认为，当前的主权债务危机是 2008 年国际金融危机的延续和深入发展，是二战后各国政府为补救资本主义生产过剩、需求不足的缺陷，奉行凯恩斯主义国家干预和赤字举债政策而日积月累的结果。[⑤]

（二）主权债务危机的影响

徐晓燕认为，欧洲主权债务危机极大地冲击着国际资本以及汇率的变动，使国际贸易受到严重的影响，尤其是冲击新兴经济体的出口增长。[⑥]宋学红分析了欧债危机对欧盟经济的影响，指出随着欧盟成员国融资成本的上升，财政状况将继续恶化。欧元区成员国紧缩政策和经济特征以及发展水平的差异性，使欧元区经济结构失衡将进一步加重，欧元的稳定性和国际地位也会受到冲击。[⑦]李京阳认为，欧债危机对中国的影响包括：一是欧元区经济低迷冲击我国的外需，出口受到抑制；二是欧元表现不稳影响我国的储备资产安全；三是欧债危机导致的国际金融市场波动显著影响我国跨境资金的流动；四是欧债危机可能产生的量化宽松货币政策对我国形成输入型通货膨胀压力；五是本次危机也是全球洗牌，会给中国带来一些机遇；六是各国间可能发生的货币战争使人民币面临更大的升值压力。[⑧]李本松认为，欧债危机的持续发展导致了更加严重的经济危机，抑制了社会消费，影响了其投资环境，损坏了经济基础，使欧洲失业加重，社会危机加深，政局不稳。同时，欧洲未来的发展前景变得更加不确定，影响了世界经济复苏的信心。[⑨]

（三）欧债危机对我国的启示

张丽华认为，对欧债危机应进行分析和借鉴。要采取预防性措施防范化解地方债务潜在的风险，避免因地方政府债务恶化问题带来的金融系统性震荡。充分警惕“未富先老”的养老压力和养老金缺口给财政带来的压力，避免出现长期、大规模的财政赤字。同时，应促进高科技制造业的发展，增强实体经济的力量。[⑩]景维民等认为，主权债务危机对我国的经济发展与转型具有以下的重要启示：一是由投资出口拉动经济增长转为消费主导；二是实现实体经济与虚拟经济的协调发展；三是福利制度与经济发展水平相适应；四是正确认识政府在市场中的作用；五是预防地方政府债务风险。[11]王昊等认为，应对欧洲主权债务危机，我国应增强经济发展的弹性，当前我国经济过于依赖出口和房地产，应当吸取教训，丰富产业结构，增强经济竞争力和抗冲击力。同时，加强对金融衍生产品的监管力度，正确处理虚拟经济和实体经济的关系，坚持金融发展服务于实体经济的需要。[12]卢欣雪等认为，欧洲主权债务危机的蔓延升级应当引起我国政府的高度重视，一方面要扩大地方政府融资渠道，加强对地方金融市场的监管，避免给地方政府留下财政隐患；另一方面，注重银行流动性管理，扩大银行的融资渠道，实现存款业务和债务市场相结合的融资方法，增强风险防范能力。[13]

二、贸易保护主义与贸易壁垒问题

在国际金融危机和欧洲主权债务危机的冲击下，世界市场有效需求萎缩，导致贸易保护主义在后危机时期盛行开来。回眸历次经济或金融危机，贸易保护主义成为影响后危机时期国际经济关系稳定发展的重要因素。此次后危机时期贸易保护主义与以往的贸易保护主义有何不同？为何我国频繁遭遇对外贸易摩擦？应怎样应对贸易保护主义和贸易壁垒的新挑战？我国经济学界进行了广泛的探讨，提出了许多有实践意义的见解。

（一）后危机时期贸易保护主义新趋势

刘旭认为，全球贸易保护主义将进入一个高发期，但爆发大规模贸易战的可能性不大。同时经济刺激政策导致的落后产能将成为推动贸易保护主义的重要因素，发展中国家也日益成为贸易保护措施的主要发起者，但发达国家发起的贸易保护措施所涉金额要远远大于发展中国家。以应对气候变化为名的贸易保护可能成为贸易保护主义的新形式。[14]郭楠认为，欧债危机下出现新贸易保护主义其实质仍是霸权主义和强权政治。在形式上分为绿色壁垒、投资保护和金融保护，呈现出名义上的合理性，形式上的合法化，范围上的广泛性，技术上的歧视性，领域上的多样性等特点，极大地影响了各国外贸的发展。[15]王佳丽认为，当前的新贸易保护主义措施主要分为两大类：一是滥用世贸规则允许的贸易救济措施，二是使用传统的关税和非关税壁垒。与传统的贸易保护主义措施不同，新贸易保护主义措施发生了一些变化：一是更加法制化、制度化，二是保护的领域从单一的商品市场扩大到本国就业和金融市场，三是保护措施日益隐蔽。[16]李大伟研究了美国对华贸易保护主义的新趋势，指出，一方面金融危机之后美国对华贸易保护主义的程度日益加深，“双反”调查已成为美国对华贸易保护主义的主要形式；另一方面贸易保护主义的产业已经由劳动密集型产业转向资本密集型产业和技术密集型产业。[17]卢进勇等认为，随着贸易保护主义形式的多样化和跨国并购的迅速发展，国际保护主义兴起。国际保护主义主要包括贸易保护主义和投资保护主义。金融危机和欧债危机促使贸易保护主义和投资保护主义不断高涨，保护的手段层出不穷且趋于复杂化，甚至跨太平洋战略经济伙伴关系协定（TPP）都是一种针对中国的区域保护主义。同时，国际保护主义的泛政治化色彩越来越浓，或多或少地带有政府的政治目的。[18]

（二）我国对外贸易中摩擦频发的原因

苏华山认为，我国长期的对外贸易顺差是贸易摩擦的直接原因，贸易顺差与贸易摩擦具有同向变化的趋势。逆差国经济衰退是贸易摩擦频发的内在根源，在经济衰退阶段，由于国内需求减少，失业增加，一些逆差国对于贸易差额的变动更加敏感，更倾向于采取贸易保护主义措施。国际贸易中我国所处的不平等地位给贸易保护者提供了可乘之机；新兴产业的发展作为世界新的经济增长点，成为国际贸易摩擦中新的焦点。[19]陈玉祥认为，引发贸易摩擦的原因大致可以归结为：一是政治因素，贸易摩擦往往是国家间政治斗争的筹码；二是经济因素，我国出口产品具有极强的竞争力，对国外相关产业造成一定的冲击；三是利益集团因素，相关产业利益集团以各种资源和手段推动政府部门制定和实施有利于其集团利益的贸易措施和政策；四是出口产品结构因素，出口产品与进口国同类产品高度同质化竞争；五是贸易管理因素，外贸体制改革后外贸企业过度的自主经营权导致出口失序。[20]尉静认为，我国频繁遭遇国际贸易摩擦主要有三个原因：一是我国陷入了“比较优势”陷阱，大量出口劳动密集型产品冲击贸易伙伴国的相关产业规模和产业结构。二是长期的贸易顺差引起贸易伙伴国的不满。三是后危机时代，西方发达国家回归实体经济，通过保护本国实体产业来缓减社会福利、失业率上升等社会问题。[21]

（三）我国应对贸易保护和贸易摩擦的对策选择

马相东认为，应对美国对华贸易保护主义，中国应从以下几方面思考。一是加强与美国战略对话与贸易谈判，加快转变外贸发展方式。二是调动中美各方力量，削弱美国特殊利益集团的不利影响。三是立足于本土研发，进一步推进“科技兴贸”战略，进而提高企业劳动生产率和国家金融发展水平。[22]钱吉从全球政治经济地位视角审视了中美贸易摩擦问题，认为就中国而言，主要依靠政府和企业的共同努力。一方面中国企业要提高产品的竞争力，增加产品附加值。遵守市场规则和商业道德，自觉抵制低价倾销等扰乱出口经营秩序的行为。学习贸易规则，掌握贸易救济的知识，充分维护企业利益。另一方面，政府必须尽快建立应对贸易争端的解决机制。同时扩大中美两国在经贸合作方面的利益融合，加强交流与合作。加快进行经济发展方式的转变，增强中国的真实经济实力。[23]桑百川等研究了中国与其他金砖国家的贸易摩擦问题，提出缓解金砖国家贸易摩擦的对策，包括：拓展与巴西的经贸关系，促进中巴贸易平衡，深化中巴投资合作；改善中印的政治关系，逐步扩大对印度优势产品的进口，缓解中印贸易不平衡状况；杜绝灰色清关交易，着力优化中国和俄罗斯双边贸易结构，充分发挥两国接壤的区位优势，提升中俄贸易战略协作伙伴关系；以资源能源领域合作为依托，全面拓展中国与南非的经贸关系。[24]张晓涛认为，国外的反补贴相关法律出现了一些新的发展趋势，且反补贴的形式多样化，为此，中国应以 WTO 规则执行与诉讼为手段，维护中国的合法权益。有效利用 WTO 规则，维护与其他国家的公平交易。同时协调企业与协会的力量，形成反补贴应对机制中的合力。大力推进产业结构调整，实现出口市场多元化。调整对企业的补贴政策，努力推进市场化改革。[25]

三、后危机时期的国际经济环境变化与经济安全

当前世界正在发生深刻复杂的变化，国际金融危机影响深远，全球发展不平衡加剧，霸权主义、强权政治和新干涉主义有所上升，局部动乱频繁发生，粮食安全、能源资源安全、网络安全等全球性问题更加突出。

我国发展的外部环境日趋复杂，国家经济安全问题也更加突出。如何更好地了解认识我国所面临的国际经济环境，把握国际经济秩序的发展趋势，维护我国的经济安全，国内学者进行了深入的研究，提出了一些有益的见解和对策。

（一）国际经济环境的不确定性变化及其影响

全毅认为，未来世界经济增长的不确定性增加，美国与欧盟主权债务危机继续延续。为了促进经济复苏，世界主要国家和地区都采用了一个宽松的货币环境，在这部分货币进不了实体经济的情况下，很可能带来高通胀水平。国际原材料价格居高不下，推高了我国经济运行的成本。大宗商品价格仍然保持高位震荡。世界经济的低迷及贸易保护主义的抬头，将导致中国外贸出口受阻，中国依靠出口拉动经济增长的战略受到挑战。就国内环境来看，人民币汇率升值，资源与原材料价格上涨，能源价格的持续上升，劳动力成本的上升，都使得传统的以低成本扩张的战略难以为继。所有这些都使得中国经济转型的压力强化。[26]国家发改委政策研究室的研究报告指出，世界经济复苏进程虽然艰难曲折，但尚未发生逆转，也并未再度陷入衰退。世界经济复苏释放出三个积极的信号：美国重要宏观经济指标有所好转，一些新兴市场经济体物价形势有所好转，国际资本市场运行有所好转。但也存在着三个不容低估的方面：世界经济复苏的不确定性和不稳定性不容低估，其对我国的稳定和扩大内需具有重要影响；欧洲主权债务危机的继续发酵不容低估，其对我国经济和金融的平稳运行带来严峻挑战；大宗商品价格持续上涨的可能性不容低估，其对我国保持物价总水平的基本稳定带来严峻挑战。[27]

（二）后危机时期的国家经济安全

国际金融危机爆发后，我国的经济安全问题受到持续广泛的关注。钟表认为，当前我国经济安全领域面临的主要问题是：国外的贸易保护主义影响我国的产业和贸易安全，我国对外贸易依存度很高，出口产业遭受贸易摩擦和制裁的外部压力也就大，各种贸易保护主义威胁我国外向型产业的整体和贸易安全。人民币过快、过度升值可能会在短时间内造成我国出口竞争力迅速下降，冲击国内实体经济，引发国内资产价格膨胀，进而导致经济的泡沫化。同时在金融体系不健全的条件下对资本项目的过早全面开放会威胁我国的金融安全。国际信用评级机构对我国金融市场存在潜在的冲击，现阶段我国的信用评级市场需求正持续扩大，国内资本市场对国外三大评级机构的过度依赖存在很大的风险。战略性资源的安全意识不强和石油资源的自给率不足产生战略性资源安全问题，威胁经济稳定发展。长期以来对经济信息安全领域的忽视也威胁到我国国家经济安全。[28]刘友法分析了非传统因素对我国经济安全的影响。我国周边地区面临的非传统安全问题主要体现在以下领域：专属经济区管辖权、资源和能源、恐怖主义、毒品、非法移民、环境安全、金融安全、信息安全等。我国与部分周边国家在非传统安全领域还缺乏战略互信，安全利益上的差异和纠纷影响我国的经济安全。[29]顾海兵等从产业安全、资源安全、外贸安全三个领域选取了八个重点指标，通过指标依国别分解法对五年间美国对中国经济安全的影响程度进行了动态监测分析，得出了三个重要的结果：一是中国在外商直接投资、有色矿业外贸依存度以及进出口集中度上均为高度安全状态，但需警惕美国在重点领域的资本控制，部分有色金属对美国的过度依赖以及中国对美国贸易出口的一边倒情形。二是国外发明专利授权量、综合外贸依存度与贸易反倾销摩擦中，中国均处于危机到重度不安全的状态，应警惕美国对中国的高新技术封锁控制。三是中国石油进口依赖度处于危机状态，需警惕美国在石油原产地的干涉控制以及国际油价波动对我国带来的间接损失风险。[30]李勇坚等认为，应建立健全高端服务业，即对战略性资源具有非常强的控制能力的相关服务业，包括金融、科技研发、文化创意、商务服务、高端商贸等，提升高端服务业的竞争力是维护国家经济安全的核心与关键。而且通过发展高端服务业来维护经济安全，比单纯的

通过行政手段维护产业安全更具效率和更符合国际游戏规则。[31]张福军等认为，重视我国的经济安全，要正确处理三个关系：一是正确处理对外开放和经济安全的关系，合理利用两种资源和两个市场；二是正确处理经济转型与金融安全的关系，维护我国的金融主权，完善金融监管制度，防范金融风险；三是正确处理金融与经济的关系，明确金融在经济发展中的地位，充分发挥金融的先导性功能，更好地服务于实体经济。[32]

四、全球经济失衡与再平衡问题

国际金融危机爆发以来，全球经济经历了反复震荡与曲折发展，美欧发达国家和新兴市场国家面临着不同的问题和处境，全球经济失衡与再平衡问题成为研究的热点。针对后危机时期全球经济失衡的原因、现状、特点和实现全球经济再平衡的机制和对策，我国学界展开了较为广泛的讨论和研究。

（一）后危机时期的全球经济失衡问题

张燕生认为，全球经济失衡的起因主要源于经济全球化的内生矛盾和困境，一方面经济全球化增加了各国间的联系和融合，增进了世界经济福利和效率；另一方面对全球经济失衡的内在矛盾缺少内部调整机制，造成风险积累。美国利用其经济地位、金融货币特权和技术创新优势成为了全球经济失衡的最大受益者。中美在全球经济再平衡中应各自承担起调整的责任来。[33]姜跃春认为，产业生产要素跨国流动，产业在国家间的逐级转移是世界经济失衡的根本原因；以国界划分的贸易顺逆差已不能真实反映各国间的贸易平衡情况和在国际分工中的地位是重要原因。在贸易顺差国和逆差国近期难以做出根本性政策调整的前提下，国家间经济关系失衡将成为未来全球经济的常态。全球经济失衡必然对人民币升值产生压力，中国须加快经济结构的调整步伐，切实努力转变经济增长方式。[34]廖泽芳、雷达利用估值效应模型对全球经济失衡的金融利益分配格局进行了实证检验。认为在全球经济失衡时，与外部失衡相应的国际资本流动收益为美国提供了稳定的融资来源，相当于财富从顺差国向美国转移。[35]付争认为，后金融危机时期的全球经济失衡不同于以往的是同时表现在贸易与金融两个领域，金融市场发展水平的差异促成并深化了国际分工，为资本的流动提供动力并引导资本的全球配置。世界主要经济体之间金融市场发展水平不同，金融体系也各异，以致此次全球经济失衡以前所未有的速度恶化。对中国来说，缩减经常账户顺差需要国内产业结构的升级，而产业结构的升级离不开金融体制改革，改革的着力点是提高我国金融体系资金转化效率和分散风险的能力，只有这样才能从根本上缓解对外经济的失衡。[36]张茉楠认为，从本质上看，当前的全球经济失衡特别是中美经济失衡是在金融全球化和国际产业转移的大背景下，全球金融中心与全球制造业中心在国际分工协作和利益分配上的失衡，中国的贸易顺差有被跨国公司放大的表象。全球的利益分配方式已经不仅体现在经常项目上，还体现在金融利益所得上。美国既获得了跨国公司主导下的贸易所得，也享受了金融分工下的资本利得，而中国是具有负财富收益的债权国。从长期看，全球经济失衡的格局难以持续，一方面是因为原有的贸易循环模式不可持续，另一方面是随着真实利率的提高全球资金循环将不可持续。[37]林毅夫认为，全球经济失衡源于美元作为全球主要储备货币的地位，并跟金融自由化导致对金融部门缺乏合适的监管和美联储的低利率政策相联系。实现全球经济复苏和长期增长的再平衡局面，需要一个全新的国际金融架构，并由高收入国家和发展中国家一同进行的结构性改革相配套。[38]

（二）全球经济再平衡研究

黄薇认为，全球经济失衡的原因，既有资源禀赋差异、全球产业格局与生产模式变化、人口老龄化年龄结构、进口与出口的收入弹性差异等基本因素，也有国际货币体系改革滞后和金融监管不力，投资储蓄失衡等因素。实现全球经济再平衡发展需要抑制贸易保护主义，尤其是需要G20这样的全球性多边平台对世界经济发展环境加以建设，经济合作主义远比贸易保护主义更为现实。在已有国际经济组织的辅助下成立均衡发展经济理事会，着手全球经济失衡的治理工作。在全球层面建设一个更加理想和稳健的国际货币体系，积极维护自由贸易投资金融往来环境。[39]霍伟东等认为，当前全球经济失衡集中表现在美国经常账户的持续大量赤字和新兴经济体和石油输出国经常账户持续的大量盈余，这种状态的不可持续性迫切需要相关经济体采取有效的调整措施，尽快实现全球经济的再平衡。由于全球经济失衡、利益关系的复杂性，要在全球范围内达成具有共识的再平衡经济政策难度很大，而采取区域性协调对全球经济失衡施加积极影响将有明显的成效。为此，实施亚太地区的自由贸易区战略，加强成员国战略伙伴关系与经济贸易关系的互动，对缓解全球经济失衡具有重要的作用。[40]姚文韵认为，全球经济进入再平衡时代，中国人口红利出现拐点，原有的制造成本优势逐渐丧失，中国能否抓住契机保持稳定增长，关键在于高新技术企业的创新能力与核心竞争力，对我国经营的安全性、融资能力、创新能力等要素与企业的竞争力明显相关，是影响企业竞争力的关键因素，对实现经济平衡具有重要的战略意义。提升我国高新技术企业的竞争力必须从以下四方面努力。一是把握全球经济再平衡契机，有效开拓国外市场，增强盈利能力。二是突破融资瓶颈，实现融资渠道多元化。三是充分利用已有的资源发挥规模经济效应，防御竞争风险。四是提升创新能力，构建国际化智慧军团。[41]赵鹏飞认为，美国存在放任美元贬值、任由赤字扩大的嫌疑。实现全球经济再平衡需要中美两个大国参与经济全球化，积极开展合作。中国在顾及内外失衡做出成本收益衡量的前提下，应加大金融改革和汇率政策调整的力度，让市场起到更多的调节作用。美国应建立长久的战略思维，搭建更大的国际舞台来接纳其他国家，建立更为有效的机制来共同调整解决全球经济失衡问题。[42]

五、人民币汇率变动问题

人民币汇率变动问题一直是学术界关注的热点问题，联系后危机时代人民币汇率变动的国际、国内政治和经济背景，是深入研究人民币汇率变动问题的重要条件。2012年我国经济学界继续加强了对这一问题的研究，从不同的角度和方法上阐述了人民币汇率变动对我国经济的影响以及人民币汇率改革问题。

（一）人民币汇率变动对我国经济的影响

李宏等认为，人民币实际有效汇率的变动对不同产业贸易收支的影响存在差异，人民币实际有效汇率的上升会对劳动密集型产业的贸易收支产生负面影响，而对资本、技术密集型产业的影响很小，甚至会改善其贸易收支。因此，从长期来看，人民币适度稳步的升值将会提高出口企业的竞争力，促进我国贸易结构的调整，进而通过比较优势的传递影响我国国际贸易的发展。[43]卢秀清等认为，人民币升值及升值预期带来了国内流动性的过剩，从而影响了商品价格，国内的物价上涨使国内的生产成本提高，进而影响出厂价格，推动物价上涨。[44]邱嘉锋等认为，人民币汇率是联系中国经济与国际经济的纽带，人民币汇率变动通过进出口贸易和外商直接投资传导机制影响国内生产总值。一方面实际汇率升值对进出口存在明显的抑制作用。另一方面，人民币实际汇率与利用外商直接投资存在长期稳定关系，但影响是相当微弱的。[45]张婷等认为，短期内人民币升值会对我国上市公司的预期收益和预期利润产生正向的影响，导致股票市场的快速膨胀。但从长期来看，升值预期一旦消失，股票价格将会大幅下跌。而我国金融市场上的股票价格变动对人民币汇率没有影响，因为人民币汇率虽然实行以市场供求为基础的，参照一篮子货币调节的，有管理的浮动汇率制度，其浮动幅度仍受到严格的管理，限制了人民币汇率对股票价格变动的反应程度。[46]高峰认为，人民币汇率升值对我国经济的影响存在有利和不利两方面，有利影响包括：一是有利于降低进口成本；二是有利于改善吸引外资的环境，增强在华投资的外资企业投资者的信心；三是有利于减轻外债还本付息压力。不利影响包括：抑制出口增长，影响我国金融市场的稳定，影响货币政策的有效性，增加我国的就业压力。[47]

（二）人民币汇率改革问题

作为开放经济货币稳定机制动态调整的重要体现，人民币汇率改革问题受到各界极大的关注。林楠认为，我国应确立符合自身国民利益的人民币汇率的价值定位，进一步加快人民币汇率的市场价格形成，促成人民币汇率的理性回归，对资本账户开放带来的压力，要结合中国自身实际因地制宜地制定人民币汇率战略。在应对人民币对美元汇率的升值压力时，可以不失时机地采取人民币对美元汇率的贬值策略。[48]卢广认为，经过多年人民币对美元汇率的大幅升值，目前中国的贸易收支状况得到了很大的改善，在外压并未明显增强的情况下，扩大人民币汇率改革的步伐正是好时机。人民币汇率改革必须坚持以市场供求为基础，参考一篮子货币汇率的变动，维护人民币汇率正常浮动的基本原则，保持人民币汇率在合理、均衡水平上的基本稳定，维护宏观经济和金融市场的稳定。[49]李维刚等认为，应为我国经济发展创造良好的外部环境。为此，人民币汇率改革应坚持继续推进人民币互换业务，加快实现人民币的国际贸易结算功能。深化我国金融市场改革，为国际人民币资产投资提供多元化渠道。同时寻求汇率的自主与稳定，降低汇率的波动性。由于当前我国金融市场改革尚未全面完成，因而人民币汇率改革的主要路径应该是先区域化后国际化。[50]曹海军等认为，当前人们对汇改的路径还缺乏清晰的认识，人民币汇率弹性、资本账户开放以及人民币国际化等问题上争论仍然不断。随着国内外失衡问题的积累和宏观调控难度的增加，人民币汇率改革的步伐需要加快。但由于市场基础的不完善和中国经济转轨的特殊性，人民币汇率改革宜采取分阶段相机改革，即把经济发展程度作为一个维度，将人民币汇改路径按照经济发展程度分为五个阶段：浅度、中浅度、中度、中深度、深度。[51]安国俊认为，完善人民币汇率形成机制，保持人民币汇率在合理、均衡水平上的基本稳定，是人民币汇率形成机制改革的基本目标。未来应进一步推进改革，建立更加适应市场供求变化和更为灵活的人民币汇率形成机制，增强汇率的弹性和灵活性。着力把握人民币汇率的市场化改革、资本项目开放、人民币国际化、离岸人民币金融市场等金融改革的步骤和顺序，从政策层、监管层、市场层不同角度有效防范开放过程中的金融风险。[52]

注：

①李旭章、龙小燕：《欧债危机：深层原因与十大矛盾分析》，《经济研究参考》，2012年第40期。

②白永秀、吴航：《市场经济、现代社会文明与欧债危机——对欧债危机成因的一个新解释》，《当

代财经》，2012年第10期。

③王汉儒：《欧债危机爆发根源的再思考——基于国际货币体系视角的分析》，《当代财经》，2012年第11期。

④王志伟：《欧元区的经济困境：主权债务危机及其出路》，《山东大学学报》（哲学社会科学版），2012年第1期。

⑤丁冰：《简析当前美欧债务危机及其启示》，《管理学刊》，2012年第4期。

⑥徐晓燕：《欧债危机给全球贸易造成的影响》，《国际贸易》，2012年第8期。

⑦宋学红：《欧债危机对欧盟经济的影响与启示》，《经济纵横》，2012年第4期。

⑧李京阳：《欧洲危机对中国的影响及国际货币体系的改革思考》，《财经科学》，2012年第3期。

⑨李本松：《当前欧债危机的危害和中国应对之策》，《湖北社会科学》，2012年第5期。

⑩张丽华、李冠农：《欧债危机对中国的影响与启示》，《经济纵横》，2012年第10期。

⑪景维民、杨恒：《欧债危机对中国经济转型与发展的影响及启示》，《河北经贸大学学报》，2012年第7期。

⑫王昊、李文浩、蔡晋：《欧洲主权债务危机进展及启示》，《西部金融》，2012年第3期。

⑬卢欣雪、许逸伦：《欧洲主权债务危机成因及启示》，《现代商业》，2012年第27期。

⑭刘旭：《十二五时期国际贸易保护主义发展趋势及其对中国的影响》，《国际贸易》，2012年第1期。

⑮郭楠：《新贸易保护主义对我国外贸的影响及应对策略》，《特区经济》，2012年第3期。

⑯王佳丽：《论新贸易保护主义的影响及其应对》，《人民论坛》，2012年第11期。

⑰李大伟：《美国对华贸易保护主义的趋势、影响与对策》，《宏观经济管理》，2012年第7期。

⑱卢进勇、李锋：《五大措施应对国际保护主义》，《中国对外贸易》，2012年第7期。

⑲苏华山：《我国应对国外“双反”贸易摩擦需要有新思路》，《对外经贸实务》，2012年第5期。

⑳陈玉祥：《贸易摩擦加剧与我国应对策略》，《宏观经济管理》，2012年第6期。

㉑尉静：《新贸易保护主义对我国外贸的影响与对策》，《中国商贸》，2012年第18期。

㉒马相东：《奥巴马对华贸易保护的国际政治经济学分析》，《新视野》，2012年第2期。

㉓钱吉：《从全球政治经济地位视角审视中美贸易摩擦问题》，《商业时代》，2012年第15期。

㉔桑百川、郑伟、徐紫光：《破解中国与其他金砖国家贸易摩擦难题》，《国际贸易》，2012年第4期。

㉕张晓涛：《国外对华反补贴发展趋势与应对策略》，《国际贸易》，2012年第1期。

㉖全毅：《国际经济环境的演变趋势与我国经济转型》，《世界经济与政治论坛》，2012年第4期。

㉗国家发改委政策研究室：《当前我国发展面临的外部形势》，《宏观经济管理》，2012年第5期。

㉘钟表：《美欧债务危机后中国经济安全面临的主要问题》，《学术交流》，2012年第7期。

㉙刘友法：《未来10年中国周边经济安全形势及对策思考》，《国际问题研究》，2012年第4期。

㉚顾海兵、张安军、薛珊珊：《美国对中国经济安全影响的动态监测分析》，《经济学家》，2012年第5期。

㉛李勇坚、孟静：《以发展高端服务业促进国家经济安全》，《经济研究参考》，2012年第46期。

㉜张福军、毕嘉：《正确处理我国经济发展中的经济和金融安全》，《北方经济》，2012年第8期。

㉝张燕生：《全球经济失衡与中美的调整责任》，《当代世界》，2012年第2期。

㉞姜跃春：《世界经济失衡的本质原因及中国的政策选择》，《当代世界》，2012年第4期。

㉟廖泽芳、雷达：《全球经济失衡的利益考察——基于估值的视角》，《世界经济研究》2012年第9期。

㊱付争：《金融市场差异与全球经济失衡》，《世界经济研究》，2012年第7期。

㊲张茉楠：《国际分工视角下的全球经济失衡与利益分配格局调整》，《金融与经济》，2012年第5期。

㊳林毅夫：《诊脉全球经济失衡》，《文史博览（理论）》，2012年第7期。

㊴黄薇：《全球经济治理之全球经济再平衡》，《南开学报》（哲学社会科学版），2012年第1期。

㊵霍伟东、杨碧琴：《加强区域经济协调，应对全球经济失衡》，《当代经济研究》，2012年第5期。

㊶姚文韵：《全球经济再平衡：中国高新技术企业竞争力研究》，《南京社会科学》，2012年第9期。

㊷赵鹏飞：《全球经济失衡与中美博弈》，《生产力研究》，2012年第9期。

㊸李宏、何穆彬、钱利：《人民币汇率变动对我国贸易平衡的影响》，《天津师范大学学报》，2012年第1期。

㊹卢秀清、李喆芳：《人民币汇率变动与我国物价波动的实证分析》，《理论月刊》，2012年第2期。

㊺邱嘉锋、王珊珊、侯庆志：《人民币汇率变动对中国经济增长的影响分析》，《经济纵横》，2012年第9期。

㊻张婷、徐炜：《人民币汇率变动对我国证券市

场影响研究》,《商业时代》,2012 年第 21 期。

㊼高峰:《人民币汇率升值对我国经济的影响与对策》,《经济师》,2012 年第 3 期。

㊽林楠:《全球失衡美元汇率动态下人民币汇率改革研究》,《现代财经》,2012 年第 9 期。

㊾卢广:《人民币汇率改革踏上新征程》,《金融经济》,2012 年第 9 期。

㊿李维刚、陈继祥:《金融动荡下的人民币汇率改革研究》,《现代管理科学》,2012 年第 7 期。

51曹海军、朱连明:《再论人民币汇率形成机制改革及其若干问题》,《当代经济科学》,2012 年第 5 期。

52安国俊:《人民币汇率市场化改革》,《中国金融》,2012 年第 3 期。

(作者:卫兴华,中国人民大学教授;
黄林,中国人民大学博士生)

宏观经济管理与政策

方 芳 刘媛媛

2012 年中国经济稳中求进,全年经济增长 7.8%,上半年宏观经济延续了 2011 年逐季回落的趋势,但在宏观政策实现微调之后,于年底实现反弹,重返复苏轨道。通胀状况得以改善,CPI 同比增速自 2011 年 7 月达到高点之后从 6.5% 逐步回落,进入 2012 年以来,CPI 同比增幅在一季度出现小幅波动,在连续四个月平稳回落后于年底实现回升。宏观调控得到加强和改善,在保持政策的稳定性和连续性的基础上,预调微调的水平不断提高。货币政策"防通胀""促增长",财政政策加大对"稳增长""调结构""保民生"的重视。国际方面,相比 2011 年,2012 年中国经济内外形势都相当严峻,虽然经历了全球金融危机之后,世界贸易开始逐渐复苏,但欧洲主权债务危机、美国再次启动的量化宽松政策以及世界经济增速放缓都加剧了全球经济发展的不确定性。在复杂严峻的国内外经济形势下,"艰难"将是对 2012 年中国宏观经济运行与宏观管理的最佳概括,一方面,从国内经济运行态势来看,中国经济自身的增长源泉受到挑战,人口红利和比较优势逐渐消失,经济增长空间收窄;另一方面,从宏观调控上看,既要防止经济增速下降幅度过大,又要防止物价涨幅反弹,同时还要保证就业和民生状况的改善,使国民经济实现稳中求进,进入到平稳健康的增长轨道上来。

一、2012 年宏观经济运行态势与政策

2012 年宏观经济运行的基本特点是:经济增速下滑,深层次的结构问题和资源配置问题继续存在,并开始显现;受国际形势的影响,外需总量下滑,比较优势减弱,但在全球出口比重依然处于高位;内需方面,虽然动力结构逐渐从政府推动向市场驱动转变,但政策刺激效果依然较强,消费总量虽持续增长,但消费拉动乏力,可持续增长基础不稳固的问题依然未得到解决;全社会总供给增速出现明显放缓,中小企业生产持续疲软;通货膨胀得到抑制,短期通胀压力减弱;财政收入增速放缓,工业企业利润增速回落明显,国民收入分配差距扩大;金融环境并不宽松,各类实体投资和金融投资都出现明显的"去杠杆"倾向。

面对复杂的国内外形势,中央在稳中求进的工作总基调下,继续保持积极的财政政策和稳健的货币政策。2012 年是中国经济走向新的转折阶段的关键性一年,中国经济开始步入"挤泡沫"的进程之中。提高资源配置效率,寻找新的经济增长点,保障就业,提高人民收入,成为中国亟待解决的焦点问题。

有学者结合国内经济运行的主要特征,客观分析了经济出现回落现象的主要原因,包括世界经济复苏步伐的放缓,特别是欧洲主权债务危机的持续发酵,对我国外需和资金面的冲击超出了预期;各类刺激政策的退出、宽松宏观经济政策的常态化以及严厉的房地产调控政策导致宏观经济紧缩效应比预期要大,政策回调过猛;资产价格回落导致的"去杠杆"与生产价格下滑导致的"去库存"同步进行,加剧了企业经营环境的恶化;经济主体的信心和预期恶化,导致资金流动速度和货物周转速度出现内生性放缓。加强和改善宏观调控,一是要避免在现有利益格局和地方政府的推动下使"稳增长"演变为"扩投资"。二是为防止"去杠杆"和"去库存"等经济加速器产生下滑的问题,流动性不能过紧,以避免泡沫破灭和"硬着陆"。货币政策应进行宽松性的再定位,但也不宜调整过大。三是积极财政政策需要进行定位调整,财政赤字率可以适度提高到 2% 左右,以加大中央财政支出的力度。四是将"稳投资"作为"稳增长"的核心。"稳投资"的重点依然应是在建项目、城市生活基础设施、农业水利基础设施和公共服务等领域。要避免政府主导的产业投资过度膨胀。[①]

有学者认为,当前的宏观经济趋缓下行,其性质不是总需求不足,而是国内外结构调整变化叠加影响导致的"结构性收缩",表面上看是增长速度的

回落，实质上则是市场力量在推动经济结构调整和发展方式转变。在结构性收缩的状况下，判断经济形势好坏的指标不应是传统的经济增长速度，而应该是就业的状态。只要劳动力趋向充分就业状态，即使经济增长趋缓下行，也说明经济形势良好。就业状态指标比国内生产总值指标更具有综合性。而从就业的状况来看，尽管经济趋缓下行，但就业状态良好，宏观形势仍处于正常状态，政府政策应顺势而为，从总量性政策转向结构性政策，把重心应放在创新、创业上，营造一个良好的创新环境，加快强化创新要素的培育；在“稳中求进”的政策框架下专注于有效增长与就业状态；实行以结构性减税为重点的积极财政政策，瞄准经济结构调整的需要给予定向支持；货币政策应重新回到稳健的正确轨道上来，并适时适度微调，同时积极推进利率市场化和完善人民币汇率形成机制，实行差别化的信贷政策，尤其是对中小微企业、农村、创新创业企业和个人，都应当给予特殊的融资政策支持。②

有学者认为，2012 年中国面临的宏观经济环境较为复杂，此时我国的政策选择就应当重点兼顾保增长、抑通胀和控房价三个部分，采用定向扩张的需求管理政策和降低成本的供给管理政策。具体来说，在需求管理层面，要扩大有效需求：实施进口替代战略，把我国对部分产品的进口需求转换为对本国产品的需求；提高产品标准，确保产品质量和消费安全，尤其是食品安全，增强我国产品的吸引力和美誉度；吸引民间资金进行生态治理和生态开发，用对荒地、荒山、荒漠的长期使用权或所有权吸引私人企业投资。在供给管理层面，要降低企业成本：降低企业税费；降低物流成本；降低企业注册门槛，鼓励各种创业活动，尤其是对小企业和非国有企业；实行以猪肉价格为主的肉禽价格保护制度。③

有学者认为，虽然 2012 年经济增长速度会放慢，但是增长的协调性和可持续性有望增强。加强和改善宏观调控，需要关注六个突出问题：世界经济增长继续分化，不确定和不稳定因素增加；国内的油荒、电荒，凸显了相关改革的紧迫性；小型微型企业经营环境趋紧；结构调整面临很难得的机遇，但是压力很大；财政金融风险暴露得比较突出；行业利润分配严重失衡，导致资金和其他要素的流向很不合理。在此基础上，建议宏观经济政策的基本取向或基调不需要做大的调整，但需要增强宏观调控的针对性和前瞻性，应该控价格、调结构、稳增长、惠民生，应把稳增长放在第三位；财政政策和货币政策要更好地相互协同，更多地运用财政政策，优化支出结构和结构性减税，引导经济结构的战略性调整；应该继续完善扩大居民消费的政策，来带动投资结构的调整；对待出口，要稳定政策、适度微调，继续采取出口鼓励政策，微调中央和地方的退税负担比例；完善竞争政策和财税政策，进一步改善小微企业、民营企业的融资环境和经营环境；改革能源供给体系和资源价格形成机制，改革的方向是要反映资源稀缺性、供求关系和环境治理的代价。④

二、关于扩大内需消费问题的讨论

刺激消费，扩大内需是近年来宏观调控的重点问题，自 2007 年 12 月开始，国家陆续出台家电以旧换新、汽车行业的鼓励性政策等一系列鼓励措施，这对于推动消费市场发展、拉动中国经济起到了巨大作用。但是，进入 2012 年以来，随着前期一系列消费促进政策的退出以及受整体经济增长放缓和短期政策调整的叠加影响，中国社会消费品零售总额名义增速放缓，总体处于下行区间。1—8 月，社会消费品零售总额 131195 亿元，同比名义增长 14.1%，较上半年回落 0.3 个百分点，较 2011 年同期下降 2.8 个百分点。虽然消费增速放缓，但在拉动经济增长的三驾马车中，消费仍然是支撑经济增长的稳定力量。今年上半年消费对经济增长的贡献达到 57.7%，达到 2002 年以来的最高值。由于多年的政策刺激与市场培育，中国的消费市场已初具规模，但是如何实现可持续发展，挖掘更大的消费潜力，成为各界广泛探讨的议题。

有学者从现阶段中国消费内需扩展的现状和制约因素来看，认为当前中国居民消费的特点是：居民消费增长慢于经济增长；居民消费增长慢于政府消费增长；居民消费增长慢于其收入水平增长；相对城镇居民而言，农村居民消费增长更为缓慢。这主要是由三个制约因素导致，包括处在转型期的中国，在社会保障体系不完善的条件下，居民面临各种潜在风险，理性居民不得不增加储蓄、减少消费以应对未来不确定性所带来效用损失的风险；居民收入差距的持续扩大制约着居民消费的增长，其中一个不容忽视的问题就是城乡间居民收入差距的持续扩大；公共支出转型滞后，主要表现为行政管理费等增长过快，而对居民消费呈挤入效应的社会文教费增长相对缓慢。⑤

还有学者认为消费能力进一步扩展的难点在于：受世界经济复苏的不确定性及中国政府工作重点转移的影响，居民对未来增收信心略有下降，居民收入预期下降将直接影响居民消费的进一步增长；央行加息使得消费减少；服务业供给不足是制约我国服务性消费增长的一个重要因素，这主要表现在我国服务业发展相对滞后，服务水平和质量整体较低，使得大量服务性消费需求不能得到很好的满足；由于调控政策的影响，汽车、住房等消费增长受到抑制，对以住和行为主要特征的消费结构升级形成制约；由于相关制度建设不健全，目前我国消费环境还不完善，安全消费和放心消费难以获得有效保障，使得居民潜在消费需求难以转化为有效需求。[⑥]

从消费内需扩展的途径来看，相关学者提出了较多观点。有学者认为，要进一步扩大消费需求，应在把握消费需求长期发展趋势和方向的前提下，实现长短期消费促进政策的有机结合；以更好满足人民日益发展的各种需求为目标来调整中长期消费政策；以加快收入分配改革为重点，进一步增强居民消费能力；以建立公平、统一、可持续的社会保障体系为重点，改善居民消费预期；以更好满足人民群众的客观需求为原则，有效释放消费潜力；以发展信用消费和降低流通成本为重点，提高消费便利程度。[⑦]

有学者认为，要促进可持续发展的消费模式的建立，就要促进引导、调节、鼓励、惩罚于一体的税收激励机制的构建。具体来说，要发挥税收正向激励作用，引导生产和消费行为转向“低消耗、低排放”方式，进一步完善税收优惠政策，鼓励企业节约资源、减少排放，重视对建筑节能、交通节能的税收扶持，并利用税收政策对居民消费行为进行直接引导；完善就业税收政策，缩小收入差距，调节不同收入群体消费水平，制定统一的就业与再就业税收政策，把促进就业与发展非正规就业和积极拓展现代新型服务领域结合起来，鼓励自主创业，运用税收政策促进中小企业发展，鼓励高收入者进行公益事业性捐赠。[⑧]

有学者认为，建立扩大内需的长效机制必须考虑外需。研究发现，外需增长过快是内需率持续大幅下降的直接原因。学者通过比较改革开放以来外需、内需的与GDP的增长速度，得出结论，各类需求及GDP的增长速度保持协调，是内外经济均衡的基本条件。因此，当外需单方面增长过猛，将会对内需增长起到负面影响；未得到及时调整“奖出限进”的进出口政策、持续不计代价地利用外商直接投资政策、尚不完善的人民币汇率形成机制，是外需大幅增长进而导致内需率下降的主要原因；外需大幅增长会使得产业结构、收入分配结构发生变化，国民福利流失，进而影响内需。在此基础上，建议调整“奖出限进”的贸易政策，弱化甚至取消出口退税鼓励出口的功能，恢复其中性贸易政策功能；取消鼓励外商直接投资的优惠政策，对内外资实行国民待遇；完善人民币汇率形成机制；推进出口加工行业转型升级，提高增值率，延长出口加工行业在国内的产业链条；加快优化投资结构，进一步规范政府投资的范围和领域，通过放宽市场准入、提供财政补贴、完善金融服务等，引导民间资本进入基础产业、基础设施、金融业、环保、社会事业及高技术产业等领域。[⑨]

从促进国内消费的国际经验来看，有学者也进行了相关探讨。该学者认为，为促进本国消费增长，欧美日通常根据本国自身情况，从财政、税收、金融等多个方面入手，采取减轻税负、增加收入、发放补贴、增加假日、培育热点等不同的刺激政策，减轻企业负担和消费者生活负担，提升消费能力，拓宽消费领域，增强本国消费对经济的拉动作用。[⑩]

三、关于房地产市场价格调控政策的讨论

到2012年为止，被媒体称为“史上最严厉”的房地产调控政策已实施两年，调控成果初显，房地产泡沫逐渐“挤出”。为巩固房地产调控成果，中央政府继续坚定不移地加强房地产调控，国土部再发“禁墅令”，财政部进一步研究推进房产税改革的方案，12月召开的中央经济工作会议指出，要继续坚持房地产市场调控政策不动摇。虽然政府态度坚决，调控成果初显，但房价尚未回归合理水平，房地产市场存在的深层次矛盾和问题还有待进一步解决。房地产市场发展是政府迫切想要解决的经济发展障碍，也是未来中国经济能否良性运行的关键所在。

有学者认为，目前房地产调控的重点和难点包括以下几个方面：一是要理清现阶段住房的基本功能，在目前住房供给难以满足各种住房需求的情况下，必须明确居住是住房的基本功能，满足居民的基本居住需求；二是要注重调控政策的连续性，尽量避免为应对短期问题，使政策前后不衔接、不协调，影响房地产市场的平稳运行；三是要理顺地方政府与房地产市场的关系；四是解决大规模建设保障房面临的资金压力、合理分配、可持续运营的问题；五是要做好调控政策相关的基础制度建设，客观、真实、实时掌握房地产市场的动向。[⑪]

关于房地产调控政策成效评价的研究方面，有学者认为，房地产调控政策的核心是“限购”，认为“限购”在实施过程中，各方对其实施效果、政策的利弊可谓褒贬不一。“限购”政策存在的主要问题包括限购城市房价并未发生实质性变化，政策未能达到预期效果，限购政策已执行近两年，尽管成交量下滑，但房价依旧未有明显反应；中国尚未形成全国统一的住房信息统计系统，缺乏数据支持，政策出台依据不足；各地政府执行力度不一，政策推行受阻，政策执行力度不一背后的核心依然是地方和中央政府的博弈，各级地方政府存在财权和事权不对称的情况，越往基层走，这种现象越严重；住房限购政策，基本都是与户籍制度挂钩，抑制部分刚性需求；投资（投机）需求转移目标，催动非限购城市房价上升，造成我国资金流向境外；限购政策是一种严厉的行政调控手段，强力行政手段干预市场，不利行业长期稳定发展。在此基础上，建议考虑采用“限价”代替目前的“限购”，即通过掌握准确的基础数据，加强监管和评估，对房地产价格予以限制；加快房产税推行进程，房产税的开征将

有效抑制非刚性需求，同时作为一种税收，此种调控方式可长期存在，并可通过税率的调整应对房价的涨跌；持续推动保障性住房建设，并保持政策的稳定性和持续性，同时保障住房的合理分配；建立完善的住房信息统计系统；拓宽境内居民投资渠道，这包括加强监管和机制改革，恢复资本市场的投资功能，探索向私人资本开放一些原本受到限制或由国企垄断的高收益领域，制订优惠政策鼓励和支持民间资本进入一些发展前景良好的新兴产业。[12]

还有学者认为，从2010年国务院颁布“国八条”至今，这一轮的房地产宏观调控初见成效，主要表现在：一是房地产开发投资增速得到抑制；二是房地产投资结构有所调整，如别墅、高档公寓、高档住宅等项目的投资比例开始下降，居民普通住宅建设，如经济适用房、廉租房等比例有所提高；三是之前增长过快的房地产价格开始有所回落，特别是一些大中城市及沿海城市；四是房地产开发企业的过快增长得到抑制，炒卖房地产的现象得到遏制。尽管本轮房地产宏观调控有效抑制了房地产泡沫的过度膨胀，但仍存在不足之处，并引发了一些问题：无法满足房地产市场的刚性需求，不利于城镇化发展；减少了地方政府财政收入；调控房地产市场既要促进经济增长，又要确保房价基本稳定的双重目标存在矛盾；房地产持有环节税收制度缺失，相较于世界其他国家，中国相关税收制度仍不完善；在房地产市场宏观调控的情况下，许多房地产商尤其是中小开发商的资金链趋紧甚至出现断裂，房地产信托违约风险加大。[13]

有学者认为，要完善政府对房地产市场调控的手段，需要建立房地产市场调控的长效制度体系；完善城镇住房供应制度，实现住房供应主体的多元化，提高商品房供应市场的竞争性，推进住房供应类型的多元化，使商品住房和保障性住房共同发展；完善土地出让制度，政府可以土地供应的变化来调节土地的价格，并由此来调整房价；改进商品房预售制度，加强预售资金管理，明确住房质量责任主体，减少买卖纠纷，加大监管力度；改革房地产税收制度，对课税对象、税种结构、税负水平和征收管理上重新设计，最终建立起健全的、有效的房地产税收体系结构。[14]

有学者客观分析了房地产市场发展现状，认为目前房地产市场整体发展状况基本平稳，在宏观政策作用下，我国房地产市场调整正在加快。建议对房地产行业重新定位，调整投资、消费、净出口三驾马车作用，弱化投资作用，将经济发展转向由内需拉动。房地产角色应由投资拉动功能转向对经济和社会发展的承载功能，与其他新兴产业融合共生；改革“土地财政”，应征收存量房的房产税，以逐步取代土地出让金；建立多元化的房地产金融体系，发展房地产信托投资基金及其他类型的房地产基金，使民间资金合法有序进入，有效抑制投机炒房，促进企业优胜劣汰。[15]

四、关于国民收入分配改革问题的讨论

2012年，收入分配制度改革稳步推进，年内有23个省份上调了最低工资标准，2008年到2012年的5年间，全国最低工资标准年均增幅12.6%，调整后，月最低工资标准最高的是深圳，达1500元；小时最低工资标准最高的是北京，为15.2元/小时。另外，规范公务员津贴补贴、事业单位实施绩效工资工作有序进行。“十二五”时期，中国经济发展方式转型的总体趋势是向消费主导、民生导向和政府转型转变。国民收入分配改革既是扩大居民消费需求、优化经济结构的基本要求，也是推动经济发展方式转变的强大动力和基础保障。现阶段收入分配调节作用显现，但仍面临艰巨挑战，如何加快以民富优先为导向的收入分配改革，切实保障民生，提高民众幸福感，已成为中国经济社会转型的重大课题。

有学者探讨了国民收入分配改革必要性，认为收入分配制度改革是加快转变经济发展方式的关键。这是因为，转变经济发展方式的根本出发点和落脚点是保障和改善民生，而且发展方式转变的难点在于经济发展达到中等收入水平以后，需要实现经济发展方式从生产推动型向消费推动型转变，只有依靠居民收入的大幅度提高，国民收入分配状况得以改善，才能真正促进经济发展方式转变。[16]

关于现阶段收入分配的特点的研究方面，有学者认为当前国民收入分配的特点是：居民收入总量提高，但相对于物价上涨，国内生产总值增长率来看，居民收入增长的相对比例不能令人满意；居民收入总体提高，但差距扩大呈现全方位特点，即不同地区、不同行业、城乡之间、所有制之间居民收入的差距逐年扩大，这种收入差距是全方位的、普遍的；虽然政府通过运用税收政策、社会保障等政策改善收入分配能力，再分配对收入调节作用显现，但由于基础薄弱，短期内包括社会保障等政策的工作任务和难度依然很重，面临的压力和挑战越来越大。[17]

关于国民收入分配问题成因的探讨方面，有学者认为从市场经济的自身缺陷来看，收入分配格局的形成与资本、劳动力、土地生产要素初始配置不均有关。越是有效率的市场，越是维持最初的收入分配状况。从中国收入分配问题形成的特殊性来看，中国从计划经济向市场经济的转型尚未全部完成，旧制度不断被突破，新制度尚未健全，制度漏洞留下不少“致富”空间；同时，中国仍处于货币化进程中，很多资产、土地以及资源也有可能转化为货币财富，从而也增加了财富获取的机会；国有资源管理制度的不够健全，导致部分国有资源收益转化为个人收入。[18]

关于深化国民收入分配改革的途径的研究方面，有学者从收入分配领域存在问题的制度成因的角度出发，认为造成收入分配领域存在问题的直接原因是我国收入分配体系不健全，即国民收入初次分配格局不合理，二次分配缺乏公平理念和力度，三次分配格局不够完善，慈善法规、慈善机构和运行机制不健全，监督管理有待加强。由此造成了收入分配结构失衡，收入差距过大的现状。建议从以下几个方面深入改革：一是调整分配结构的体制改革，这包括提高劳动报酬在收入分配中的比例，提高公共服务均等化水平；二是调节收入差距的体制改革，包括加快个人所得税、财产税、遗产税等改革，加快统筹城乡综合配套改革，加快垄断行业的改革与重组，规范国有企业内部分配秩序，培育现代慈善观念、优化激励机制；三是进一步完善与收入分配相关的综合配套体制改革，包括以民富优先的政府转型，不断完善收入分配相关的法律、法规、制度和执行机制，加大权力部门、“灰色收入”和税收征管的社会监督力度。[19]

五、关于垄断行业改革问题的讨论

垄断行业改革是现阶段经济体制改革的重要任务，也是决策层案头的首要命题。改革进展直接影响公平与效率，改革成效直接关系着社会秩序的稳定。早在2005年，国务院就已出台允许民间资本进入垄断行业的“非公36条”，2010年国务院再度出台“新非公36条”加以完善。2012年3月，温家宝总理在《政府工作报告》中进一步明确要鼓励和引导民间资本进入，包括能源、电信、铁路、金融、市政、教育、卫生等。随后，国务院要求出台的“新36条实施细则”全部出台完毕，据不完全统计，各部委共发布22条实施细则。虽然政策文件已经到位，理论上为民间资本进一步进入诸多行业铺平了道路，但这并不表示民间资本进入垄断行业就此一帆风顺，民间资本依然没有摆脱“铁门”、“玻璃门”和“弹簧门”的重重阻拦。因此，如何把对民间资本的支持从纸面落到实处、改变垄断行业多年改革却收效甚微的状况，是深化经济体制改革，促进社会公平的关键议题。

有学者分析了垄断行业改革的难点，认为自然垄断行业改革是一个复杂的系统工程，牵扯到多方面的利益，需要作出全面、系统的研究与评价，不可能短时间内一蹴而就的。中国垄断行业改革的难点：一是相较于西方始于20世纪40年代的垄断行业问题研究，中国是改革开放以后才开始涉足垄断领域的理论和实践的探索，因此目前的垄断行业改革还缺乏成熟的理论指导；二是自然垄断行业主要存在于和国家安全关系密切的领域，这些行业长期以来一直由国有经济控制，在长期的政企不分的国家垄断体制下，逐渐淤积了各种致命的问题，垄断产业改革自身有一定的复杂性；三是由于中国当前存在着各种不确定性因素与利益群体影响着垄断行业改革的总体环境，与其他方面的改革相比较，垄断行业改革面临着更多的风险与挑战。由于国家垄断行业都处于很关键的经济地位，一旦出现问题，不仅会使我国经济生产与人民生活发生困难，政府的公信和执政能力也将受到严重的负面影响。[20]

有学者从垄断行业国有企业改制重组的具体过程进行分析。研究发现，垄断行业国有企业改制重组或市场化过程中，或垄断行业在引进民间投资过程中，引进拥有高新技术企业的民间投资者，比引进没有拥有高新技术企业的民间投资者，可以实现更优的资源配置和更大的社会福利。这是因为，通过国有企业与高新技术企业的优势互补，国有企业有实力，但创新动力相对不足；民营企业有动力，但创新实力却相对不足的问题得以解决，进而通过高新技术企业存在的显著的技术外溢效应使整个社会福利水平得以提高。[21]

有学者从垄断行业公司治理的角度，分析了垄断行业现阶段公司治理存在缺陷的成因，并给出相关的改善思路。中国自然垄断行业的行政垄断特性及其担负的社会功能导致其公司治理是一种行政主导型的具有中国特色的利益相关者治理结构。这种低效率治理机制的成因包括所有权和控制权分离，也相应产生了剩余索取权和剩余控制权的不相匹配；产权改革效果不显著，现实表现为国有垄断企业加剧重复建设、难以增强效率、无效率行为在政府的操纵下频频出现；自然垄断行业具有强烈的政府垄断色彩和双重垄断性质缠绕与交织的基本特征，使垄断企业的公司治理结构只具有形式上的价值而无实质上的变化。在此基础上，建议建立有效竞争市场结构，即建立一种寡占型市场结构形态，以实现规模经济、范围经济以及网络外部性经济，减少重复建设和过度竞争；产权改革必须以破除行政垄断为前提，破除政府人为设置的壁垒；随着自然垄断行业的市场开放和引入竞争，政府规制应由过去的以价格和进入规制为重点转变为以网间协调、稀缺资源控制为重点。[22]

有学者认为，垄断行业的改革不应简单地表述成“国退民进”，而是要保证国有企业与其他所有制企业在法律上保持平等地位，充分发挥市场竞争的竞争机制。他建议：首先，在确保国计民生和国家经济安全的前提下，垄断行业要尽可能引入竞争机制，即使仍属自然垄断的行业，某些业务也可以引入竞争机制；其次，要防止垄断企业滥用市场支配地位，具体表现为某些垄断行业收费高、服务差、强买强卖等，这类行为往往又与政企不分有关，客观上造成既限制公平竞争又加剧不正当竞争、损害消费者利益等现象；要加强政府监管和社会监督，这不仅包括对企业市场行为的监管、监督，如价格管制、价格听证等，而且包括对企业内部经营管理情况的监管监督，如滥发奖金福利以致某些行业收入畸高等。[23]

六、关于低碳经济的讨论

在气候问题备受关注的国际大背景下，世界各国都在为解决气候问题而努力。低碳经济这一理念始于气候变化和能源安全的考虑，强调通过改善经济发展方式和消费方式来减少能源需求和排放。随着中国经济的快速增长，能源生产与消费量呈几何级数增长，中国经济正面临着迅速实现工业化与进行结构调整、增长方式转变的双重压力。合理发展低碳经济是未来经济发展的必然趋势，也是中国实现可持续发展的必由之路。中国必须抓住低碳工业革命的新契机，处理好能源、环境与经济发展的关系，实现增长方式的根本转变。

有学者认为，低碳经济的核心是能源技术和减排技术创新、产业结构和制度创新以及人类生存发展观念的根本转变，目的是实现经济、社会、资源、能源、环境的良性互动和协调发展。促进低碳经济的发展的意义在于：开启了新的发展模式，即低碳时代的来临使得发展实践中的环境、生态、资源等问题参与对经济发展和社会进步的评判，考量人类对自然的利用、开发和保护；开始探寻新的发展路径，即低碳经济的发展成为探索可持续发展途径的突破口，使可持续发展的一般性原则向可操作化转变；引领发展思维方式的转变，即低碳经济有利于促使人类不断摆正人与自然的关系，树立战略思维，把握发展的时代走向；推进人类文明转型，即低碳时代预示人类对文明的考量不再是单一的经济学指标，不再是有形的物质财富，而是囊括人类生存和发展的最基本的文明参数。[24]

有学者对现阶段低碳经济的发展障碍进行了讨论，认为我国低碳经济发展进程中的障碍因素是：无论是政府，还是公民在低碳意识方面都较为不足，从整个社会来说，低碳发展观念和意识都远远不能满足发展的需要；低碳政策支持体系还不健全，缺乏具有系统性和可操作性的步骤流程，这包括低碳发展模式的框架还未建立，支持低碳发展的投入机制和奖励管理机制几乎还未构建，低碳市场的准入和低碳产品的标准化建设较不完善，基础设施建设也远不能满足发展的需要；低碳发展技术的研发和产业化转化都较为薄弱，我国的新能源产业化进程在基础设施方面的建设远远不足，相关技术还达不到推广的程度，也难以通过市场形成产业化发展；市场化动力较差，我国迄今为止在推进节能减排工作的开展和构建新能源产业等工作中还主要以政府的政绩考核和相应的一票否决制度等行政层面的管理措施作为主要的调控手段，而并没有充分利用市场机制。[25]

有学者从能源开发与经济增长的关系的角度研究了中国发展低碳经济的现实性。研究发现能源开发强度对总体经济的影响为负，说明能源开发强度在一定程度上制约了经济增长。因此，以能源和资源要素的高投入、高消耗为特征的增长方式并不能从根本上保持经济增长，而转变经济增长方式、提高能源效率才是发展的关键。另外，能源开发强度对经济增长的影响具有地区差异，各地区应根据自身资源条件、经济发展水平和产业结构实行适宜本地区的低碳经济发展策略：东部沿海地区应首先从能源的消费结构入手，加大清洁能源的使用比例，减少高碳能源的利用，着重发展高端新型电子信息产业，促进产业结构优化升级；中西部地区经济落后、资源丰富，是能源生产的主要基地，可充分利用地理优势发展新能源生产产业。[26]

有学者通过研究发展低碳经济的国际经验，发现美、欧、日等发达国家均通过大力发展战略性新兴产业的方式投身于以能源的高效利用和清洁能源的开发为核心的低碳经济浪潮，因此作出总结，认为低碳经济的发展催生了战略性新兴产业，战略性新兴产业的发展使得低碳经济成为可能。在此基础上提出以下建议：一是鉴于低碳经济与战略性新兴产业的发展是建立在新技术之上的，我们应提高自主研发水平，加强国际科技合作，加大知识产权保护，促进国际技术交流与转让；二是发展传统产业与战略性新兴产业相结合，结合旧有的产业特点和地区优势，合理布局，避免盲目跟风；政府培育与市场调节相结合，根据“产品有稳定并有发展前景的市场需求、有良好的经济技术效益、能带动一批产业的兴起”的原则发展中国的战略性新兴产业。[27]

有学者认为，我国低碳经济发展尚处于起步阶段，要想在不影响经济发展的前提下，履行减排温室气体的国际责任，实现我国经济的可持续发展，建议制定实施低碳经济发展战略的近、中、长期规划，加强舆论宣传，建立低碳型社会；调整产业结构和能源结构，加快建立以低碳农业、低碳工业、低碳服务业为核心的新型经济体系；加强低碳技术创新和产品创新；推进低碳制度创新与法律体系建设；出台鼓励进行低碳创新、节能减排、可再生能源使用的政策，促使企业承担发展低碳经济的社会责任。[28]

注：

①刘元春、阎衍、段亚林：《注重调控节奏实现稳中求进——当前宏观经济形势的分析与建议》，《宏观经济管理》，2012 年第 7 期。

②刘尚希、樊轶侠：《宏观经济政策应以结构性

改革为主》，《中国金融》，2012 年第 20 期。

③苏剑、叶淏尹、房誉：《2012 年中国宏观经济形势和政策》，《经济学动态》，2012 年第 2 期。

④卢中原：《经济增速适度放缓有利于推进经济转型》，《财贸经济》，2012 年第 1 期。

⑤沈坤荣、刘东皇：《是何因素制约着中国居民消费》，《经济学家》，2012 年第 1 期。

⑥陈新年、王蕴、黄卫挺：《消费形势分析及相关政策建议》，《宏观经济管理》，2012 年第 6 期。

⑦王蕴、黄卫挺、刘国艳：《当前消费形势分析与政策建议》，《中国物价》，2012 年第 10 期。

⑧席卫群：《促进我国居民消费模式转变的税收政策选择》，《当代财经》，2012 年第 9 期。

⑨郭春丽：《建立扩大内需的长效机制必须考虑外需》，《宏观经济管理》，2012 年第 3 期。

⑩李正波、郭召芬、李贺明：《当前消费形势及政策选择》，《中国国情国力》，2012 年第 9 期。

⑪廖英敏：《中国房地产宏观调控分析及政策建议》，《中国市场》，2012 年第 20 期。

⑫武倩：《对现行房地产调控政策的几点思考》，《生产力研究》，2012 年第 6 期。

⑬蒋紫文：《对我国近一轮房地产市场宏观调控的相关思考》，《金融与经济》，2012 年第 6 期。

⑭李素蕾、宫兰营：《对加强房地产调控有关问题的思考》，《宏观经济管理》，2012 年第 6 期。

⑮聂梅生：《当前我国房地产市场发展形势与趋势》，《经济研究参考》，2012 年第 7 期。

⑯李炳炎：《跨越“中等收入陷阱”与我国收入分配改革》，《管理学刊》，2012 年第 1 期。

⑰许杰慧：《我国居民收入分配格局及影响因素分析》，《特区经济》，2012 年第 1 期。

⑱杨志勇：《收入分配制度改革思路的选择》，《中国金融》，2012 年第 23 期。

⑲唐龙：《深化收入分配制度改革推进经济发展方式转变》，《经济纵横》，2012 年第 1 期。

⑳刘尚钰、李慧：《我国自然垄断行业市场化改革的难点与途径》，《中国经贸导刊》，2012 年第 23 期。

㉑冯根福、张舒玮、郑冠群：《国有垄断行业引进民资的策略选择与实现社会福利最大化》，《当代经济科学》，2012 年第 4 期。

㉒桑叶斯、纪国涛：《我国自然垄断行业公司治理缺陷与完善》，《经济师》，2012 年第 2 期。

㉓吴强：《关于垄断行业改革的几个问题》，《求是》，2012 年第 18 期。

㉔王国莲：《略论低碳经济的发展向度与意义》，《经济问题》，2012 年第 1 期。

㉕李晶、熊源、袁晟：《我国发展低碳经济的路径依赖与制度保障》，《学术论坛》，2012 年第 8 期。

㉖李文洁：《中国低碳经济的发展研究——基于能源开发与经济增长的视角》，《经济学家》，2012 年第 1 期。

㉗尹政平：《低碳经济与中国战略性新兴产业的发展》，《现代经济探讨》，2012 年第 5 期。

㉘张治：《浅析低碳经济与我国经济可持续发展》，《经济师》，2012 年第 9 期。

（作者：方芳，中国人民大学教授；
刘媛媛，中国人民大学硕士生）

法　　学

法　理　学

冯玉军　隋燕飞

一、重要的学术研讨会与著述

2012 年，全国法学理论界对大量理论与实践问题展开了广泛而深入的探讨和研究，在法治与一般法律理论、完善中国特色社会主义法律体系、人权与民主问题、司法理论与纠纷解决、社会管理创新、法律文化、法律与经济、法律与政治跨学科研究等领域都有深入的讨论，取得了众多研究成果，发表了一大批研究论著。北京地区的法理学者、专家们本着务实、创新的探索精神，也对中国法学理论研究的诸多重点、热点问题进行了深入研讨。

本年度，北京地区召开了一系列学术研讨会，主要有：2012 年 5 月 24 日，以实用主义的宪法解释而闻名的美国联邦最高法院大法官斯蒂芬·布雷耶在清华大学法学院作了“美国政府体系中的最高法院”的讲座，促进了中美在法律层面的交流与理解。

5月27—28日，由中国社会科学院法学研究所主办的“加强妇女社会权利的法律保护国际研讨会”成功举办，会议增进了对妇女社会权利法律保护重要性的认识，从国际人权法和国内法两个层面，深入研究了妇女社会权利法律保护的立法、行政和司法制度。6月2日，中国人民大学法律与宗教研究中心成立。6月23—24日“2012年世界华人法哲学年会”在清华大学法学院举行，主题是“中国的成长与规范世界”。8月25日，由中国社会科学院法学研究所主办“依法治国与法治文化建设理论研讨会”举行，会议主题分别为“法治与法治文化”、“中国特色法治文化的建设与发展”和“文化建设的法治保障”，与会学者对加强法治文化建设、完善法治提出了许多建设性意见和建议。9月20日，英国牛津大学法学院院长蒂莫西·恩德科特在中国人民大学法学院作了题为“欧洲人权审查的危机”的学术报告。10月13日，由中国法学会主办的“第七届中国法学家论坛——宪法实施法治论坛”在京举行，乔晓阳、张文显、徐显明、陈斯喜、李步云、应松年、韩大元等专家学者在大会上作了主题发言。11月24 25日，“2012亚太诊所法律教育论坛暨中国诊所法律教育年会”在中国人民大学召开，论坛的主题为“经验分享与前景展望”，旨在为亚太地区的各诊所法律教育单位提供分享经验和总结方法的平台，进一步促进该地区诊所法律教育的交流与发展。11月25—26日，中国法学会董必武法学思想研究会2012年年会在京召开，会议以“严格依法办事是建设法治国家的中心环节”为主题，与会代表一致认为，要更加深入地研究董必武法学思想，运用董必武法学思想更好地服务于当前社会主义法治建设、社会主义法制改革、指导科学建设和完善社会主义法治理论体系。在中国近代最早的高等法科学校——朝阳大学创立百年之际，11月28日“朝阳百年——近代中国法学教育与法律文化”学术研讨会在人大法学院举行，与会专家学者围绕“‘浚哲文明、理实并重’的朝阳大学传统”“百年中国法学教育的反思与启示”“传统、现实与法学教育”等主题展开了热烈讨论。为纪念彭真诞辰110周年和1982年宪法公布施行30周年，11月30日，“彭真民主法制思想研究与教育基金成立大会暨彭真民主法制思想研讨会”在人大法学院举行，“基金”旨在继承彭真的革命精神和崇高品德，弘扬彭真民主法制思想，促进我国社会主义民主法制建设，与会专家学者就“彭真民主法制的核心思想和贡献”等问题展开了热烈讨论。12月4日，习近平总书记在首都各界纪念现行宪法公布施行30周年大会上发表重要讲话，讲话提出要“更加注重发挥法治在国家治理和社会管理中的重要作用，全面推进依法治国，加快建设社会主义法治国家”。“宪法的生命在于实施，宪法的权威也在于实施。我们要坚持不懈抓好宪法实施工作，把全面贯彻实施宪法提高到一个新水平。”12月8日，“中国律师百年——回顾与展望”论坛在人大法学院举行，会议致力于寻找中国律师制度的发展轨迹，总结历史经验教训，弘扬律师在中国社会变革和中国革命中所做的重大贡献，探索律师业发展的道路，展望律师业的未来。12月9日，“审判语言学术研讨会”在京举行，来自最高人民法院、最高人民检察院、司法部以及北京和天津等地法院的法官等60余人围绕“法官看审判语言”“律师看审判语言”“学者看审判语言”等专题进行了深入的讨论，学者们认为，审判语言是审判工作的重要组成部分，有着丰富的内涵和广泛与多样化的表达方式，法官在法庭之上和法庭之外的语言表达适当与否，对诉讼活动乃至司法公正都会产生重要影响。12月14日，由中国社会科学院主办的“法治与科学发展”国际研讨会开幕，会议围绕法治与政治发展、法治与经济发展、法治与社会发展、法治与文化发展以及依法治国与依宪治国等主题展开热烈而深入的研讨。12月22日，中国法律思想史专业委员会举行年会，主题是“先秦法文化研究的新视野与当下学术研究之探索”。

除了发表诸多学术论文外，北京地区的学者本年度出版的著述主要有：苏力编著的《法律和社会科学》（第9卷）和《法律书评》（第10辑），郑永流编著的《法哲学与法社会学论丛》（2012年第1卷），高其才编著的《当代中国的社会规范与社会秩序：身边的法》，王进喜著的《法律职业行为法》，谷春德、杨晓青著的《法学概论》（第三版），冯玉军著的《法理学》，曾宪义、马小红合著的《礼与法：中国传统法律文化总论》，曾宪义、王健、闫晓君合著的《律学与法学：中国法律教育与法律学术的传统及其现代发展》，赵晓耕著的《身份与契约：中国传统民事法律形态》，叶秋华、王云霞、夏新华合著的《借鉴与移植：外国法律文化对中国的影响》，朱景文著的《法理学》（第二版），林喆著的《行为法学导论》，郑永流著的《法学方法阶梯》（第二版），宋英辉，李哲合著的《法律实证研究本土化探索》，谢鸿飞著的《法律与历史：体系化法史学与法律历史社会学》，高鸿钧、王明远、邓海峰合著的《〈清华法治论衡〉（第16辑）：环境法治与可持续发展》，舒国滢、李宏勃合著的《法理学阶梯》（第2版），马剑银、鲁楠等合著的《比较法新论》，怀效锋著的《中国特色社会主义司法制度的改革与完善研究》，尤春媛著的《市场经济·契约文明·法治政府》，张中秋著的《中国法律形象的一面——外国人眼中的中国法》，孟涛著的《中国非常法律研究》，孙国华、龚刚强合著的《和谐社会的法治基础》，程波著的《中国近代法理学》，叶传星著的

《当代中国的法理念：以构建和谐社会为背景的考察》，李林著的《中国法治发展报告 No.10 (2012)》，中国社科院法学研究所法理教研室主办的连续出版物《民主法治评论》2012 年第 1 卷。本年度也出版了一些译著，如郑海平译的布赖恩 · Z. 塔玛纳哈著《一般法理学：以法律与社会的关系为视角》，王俊峰译的罗伯特 · N. 威尔金著《法律职业的精神》，何帆译的布莱恩 · 拉姆著《谁来守护公正：美国最高法院大法官访谈录》，苑宁宁、陈效合译的吉姆 · 佩特罗著《冤案何以发生：导致冤假错案的八大司法迷信》，明辉译的梅利莎 · 麦柯丽著《社会权力与法律文化：中华帝国晚期的讼师》，等等。

二、研究热点与创新

综观本年度，北京法理学界探讨和研究的重点与热点主要集中在以下七大方面。

（一）人权及民主问题研究

2012 年度，围绕人权与民主问题，北京市的学者们展开了深入研究。

平等权是人权不可忽视的一维，有学者就平等主义展开了研究。文章指出，福利平等主义和资源平等主义是德沃金提出的两种资源分配方式，在其中如何区分残障与昂贵偏好，以及为了初始资源分配的平等，如何给予残障者资源补贴并把昂贵偏好者企图鱼目混珠的要求区别开来，是保证平等分配的一个很具体的问题。福利平等主义因其存在的道德风险和单边主义而提前出局，资源平等主义也在误解中犯错：拍卖所要追求的结果其实是福利经济学第二基本原理所提及的可能结果；由保险以观望者的角色去评价人们的第二层次的欲望，即由个人从超越文化背景预设的基础上去评估他们的偏好，是无法完成的任务。承认理论，从立足于视野融合的风险验证角度入手，利用本质实践—非本质实践的新范式对昂贵偏好者的资质和要求本身进行分析，从而为实践资源平等主义提供了支持。[①]还有学者就妇女平等权的保护展开了研究。文章指出，妇女享有与男子同等的地位与权利是实现两性平等以及妇女自身充分发展的必要条件。将妇女平等权纳入宪法及法律成为世界发展的潮流。文章基于国际和国内比较的视角，对中国妇女平等权的立法保护进行了梳理，继而分析了“性别立法”和“性别预算”等促进妇女平等权的新政策工具在中国的开展和实施，以期进一步推动男女平等在中国的真正实现。[②]

有学者就网络自由与监管问题作了研究。文章指出，以互联网为基础载体的网络信息传播，极大限度地维护了公民的言论自由、表达自由、知情权、监督权等的实现，但同时网络信息的匿名性、无序性、任意性的传播特点也为滥用表达自由、言论自由提供了最近场所，并因此对公共利益、国家利益和私人利益造成强烈冲击，导致多元化权益损害问题日益突出。网民在充分享有网络信息自由的同时，履行维护网络秩序、维护国家信息安全和公共秩序安全的义务，是一个行为的两方面。从法学理论的角度讲，网络信息自由与网络监管有度限制信息自由辩证统一，协调二者的平衡是信息时代各国政府面临的重大法律治理问题。[③]

有法理学者就民主思想，展开了视角独特的研究。文章指出，现代政治较之古代并未摆脱统治权与其主体分离的事实，使得摄政至今仍不失其必要性。由此，现代民主政治就面临相同而更为复杂之问题：一旦以虚构的人民取代君主，民主国家势必缺乏统一的判断力与行动力，那么，新生人民是否需要摄政以及如何成长？英国对待摄政乃是采行立法，对功能加以理性化。理性化进一步体现为摄政为代表之历史原型。除了要担负起监护人民的摄政职能，代表还须建构和贯彻公共意志。孙中山洞察到“训政”的必要，却失于规范化考虑，仅从政治上层构建人民意志；共产党则扬弃训政为人民意志构建，从下层民众出发，先后担当起社会意志建构、民族意志建构以及现代化建设的先锋队，虽不乏波折，却是行进在理性化与规范化的道路之上。[④]

（二）法治与一般法律理论研究

有学者对中国法治的人文之路展开了深入研究。文章认为，现时代需要一种融合中西人文主义之精髓、兼容人的认知理性与道德理性的新人文主义。从人文主义的视角看，道德人文维度与民主政治维度是构建中国法治需要着力加强的两个方面。在法治发展道路上，中国需要协调好法治的道德、功利、政治与行政四个层面，沿着自身的文化传统，打造政治和社会的理性与道德基础，开拓一种具有厚重人文底蕴的“道德的民主法治”，实现仁义道德与自然权利、民主法治在现代的历史衔接。从道德与政治、天理与民意、“内圣”与“外王”相统合的角度看，中国法治既需要培植政治领袖和行政精英的人文素养、道德认知和政治伦理，也需要疏通和扩展德性之知在民众中的普遍生发渠道，发挥作为道德主体的人在民主法治实践中的积极作用。中国的法治道路更适合吸收历史上法家法治、儒家法治和民主法治三种法治形态的优长，并在学理上融通自然权利与仁义道德，由此形成兼具理性人文和道德人文向度的“道德的民主法治”。[⑤]

有学者提出要从法民关系这一独特的视角来思考中国法治。该研究认为，当前司法公信力严重流失和法治信仰深重危机的一个典型表现，是普通人对法律人的不信任和对自己理解并掌握法律的自信，其中凸显的是“法民关系”，就是法律职业者与普通民众的关系。古今中外的法民关系有两种，一种是法律职业主导的法民关系，另一种是普通民众主导的法民关系。当代中国的法治实践始终受制于法律职业与普通民众之间相对紧张、互不信任的法民关系。如何走出这一法治困境？首先，不应该把法治的困境仅仅归结为政治体制、社会观念和社会结构等外在因素，而应当从法治实践的内在特点，寻求可能的理论解释和改革出路。其次，借鉴西方经验时，不应只聚焦于其西方法治当下的发展，更重要的是关注其建立之初面临同样法治困境时的做法。古今中西的法治有两条道路，一是从顶层设计出发，自上而下尽快地确立政府信用和法律权威，另一种是从底层基础出发自下而上循序渐进地逐渐培养司法公信和法治信仰。无论走哪条道路，当中国的普通民众真正放心把法律交到法律人手中时，中国的司法公信与法治信仰的实践难题才能得到解决。[6]

有学者对法治与法的自治性展开了深入研究。文章认为，法治国家的法律具有高度的自治性，与此同时，法律又不是完全封闭的，而要通过一定的机制回应社会环境的压力，保持对政治、道德要求的适度开放性。在中国当前，如何平衡法的这种自治性和开放性，是继续推进法治国家建设需要解决的一个重要问题。而实现这种平衡的核心问题，是如何提升法的自治性，在不损害法的统一性和普遍性的基础上保持法的适度开放。所谓法的自治性，韦伯称之为形式性，是指一种法律制度“使用内在于这种法律制度之中的决策标准”的程度。改革开放以来，中国法的自治性和普遍性日益增强，法治国家建设的进程不断推进，体现在“中国特色社会主义法律体系已经形成”、建立了规模较大的法律职业队伍、法律职业群体的文化素质和专业水平都越来越高等方面。但是，和法治国家的要求相比，中国法的自治性仍然严重不足，体现在：现行的一些制度和理念不能确保法官依法办理案件；现行的一些制度和理念对律师权利的尊重和维护不够；法律的开放性不遵循法定的机制。这类现象的存在，从法治本身来说，破坏了法制的普遍性和统一性，法的权威难以树立，法律信仰难以培养；从社会生活和经济发展来说，全国统一的市场被人为分割，经济活动和社会生活难以规划和预测；从权利保障的角度来说，法律不能公正实施，法律规定的权利难以实现。[7]

有学者对法治进程的情法矛盾与伦理选择作了研究。文章认为，权大于法的腐败行为，归根结底源自于情大于法的伦理信念。“情法矛盾”构成了中国法治进程必须面对的一个基本矛盾。作为改革目标的专职主义法治理念，要求的是“法大于情”，必须以法律取代情理作为权力行使的最高准则，才能确保权力行使的法律垄断。但是，取缔了情理的外在约束，反而可能释放出更为专制的暴力和更为顽固的腐败。由于法律与情理的矛盾冲突始终没能得到大多数改革者和学术界的认真对待，我们越来越看不懂中国人自己一直坚守的那些生活方式和文化价值。“法律不外乎人情”，关于中国法治的研究和改革，应“认真对待情理”。[8]

有学者研究了法治思维下的反腐治权。文章认为，公权力腐败的表现形式五花八门，公权力腐败的原因不尽相同，但归根结底是掌握和行使公权力的各类主体的腐败，而这些主体基本上都是政府官员和公职人员，所以法治国家不仅要依法治权，而且要依法治官、从严治吏。在我国，依法治权、依法治官是推进依法治国、依法执政和依法行政的必然要求，也是法治思维下反腐治权的必然要求。反腐必须治权，治权必靠法治。[9]

有学者研究了在法治背景下，如何看待国家官员的超法规免责事由这一极具现实意义的问题。文章指出，所谓“国家官员的超法规免责事由”，并非刑法理论上公认的“阻却事由”，而是专指国家官员实施了违法乃至犯罪行为，但基于国家宏大制度和宏观政策背景，在实践中得以减免其法律责任的情形，其基本逻辑为“目的证明手段正当”，陕西“强制引产”事件即为典型事例。世界各国虽然由严格禁止堕胎到逐渐允许有法定限制的堕胎，但不得任意处置胎儿乃是人性的底线，“胎儿值得法律保护”是最基本的共识。人的概念必须受制于“尊重个体生命”的道义命令，不应听命于不确定性的法律目的，从而使某些人失去法律规则的保护。灵活而多义的目的论解释会潜移默化地化解或者架空法律。一旦将某种目的刻上“国家”或“高尚”二字，宣称“好的目的可以使坏的手段正当化”“政府为了善的目的就可以违法”，目的便具备了无限的干预力，任何个人的牺牲以及各种形式的个人牺牲，就会轻而易举并且在所难免。必须给这种干预力以极大的限制，否则它会伤及自身。[10]

有学者对凯尔森的规范理论作了修正性运用。文章指出，法律规范可二分为一般规范与个别规范。传统法律理论只认可一般规范概念，然而，这一理论格局在解释民法规范时将遭遇障碍。由于私法自治理念，民法一般规范或者可由当事人排除适用，或者只是消极禁止某种行为、基本不作积极行为之指令，因而缺乏私法交往中至关重要的积极行为规范。为此，该文引入凯尔森的个别规范理论，意在表明，作为私法自治手段的法律行为具有个别规范的品格，为当事人的私法交往提供积极行为规范。因之，完整的民法规范体系由一般规范与个别规范（法律行为）构成，它们分别从消极与积极角度支撑着自治这一民法核心理念。[11]

（三）中国特色社会主义法律体系研究

2010 年，我国初步形成了中国特色的社会主义法律体系。本年度，学者们主要对我国法律体系的变迁根源、定位、完善等展开了深入探讨。

对改革开放以来中国法律体系变迁根源的探讨，通常遵循国家主义的认识论，即国家意志主导甚至决定了法律体系变迁的所有方面。有学者认为，这种认识论虽然能够较好说明改革开放初期法律体系在中国的再造，但是未能全面把握当前的复杂情况。文章以律师职业在改革开放时期的变迁为例，利用定量数据和实证方法说明国家、市场和社会对法律体系的多重动态影响，提出了法律体系变迁的“结构性制约”理论框架，即改革开放以来中国法律体系变迁已逐步由国家主导的格局，演变成国家、市场、社会和法律体系之间相互直接和间接影响的格局。中国法律体系的整体从“全能主义”国家主导的局面已演变为结构性制约。法律体系的变革已经脱离“大跃进时代”，逐步走入技术化的“微调时代”；法治的进退存在于法律体系同国家、市场与社会互动的前沿阵地——具体的制度建设是今后法律发展的努力方向。[12]

有学者研究了中国特色社会主义法律体系的定位问题。文章认为，当代中国法存在于一个实行着两种政治、社会、经济制度（资本主义和社会主义）的国家内，三种法系（大陆法系、英美法系与混合法系）风格兼备，中国内地、中国香港、中国澳门和中国台湾各有独立的法律体系，并在四个法域（内地、香港、澳门和台湾）中分别适用各自的法律。中国四地不同的法律的未来，在全球地域化中，当是走向一种新的中国法圈，它既是民族国家的，又是“溢出国家”的地理性的，具有一元的现代法律理念，应透射出强烈的沟通理性。如何促使中国四地法律进一步接近，促使中国法圈的地理性和沟通理性进一步增强？在立法层面，可借鉴欧盟的做法，从指导立法的政策或立法框架入手，四地目前虽各自独立行使立法权，但可在非政治领域共同协商大体一致的立法政策，以此来指导各自的立法，为此必须探讨建立制度化的商谈机制。在司法层面，可通过有一定共识的“合立法政策解释”，即以大体一致的立法政策为标准去解释四地既存的不同的法律，尤其是具有极大不确定性的概念，如台湾法律规定的“公共秩序”和“善良风俗”，内地法律规定“社会公共利益”，旨在消除四地法律的差异。这比今天立法时四地各行其是，明天司法时遇到法律冲突，再慢慢坐下来，费时费力地寻找解决法律冲突的方法，似更为根本和有效。[13]

有学者从融贯性角度对中国特色社会主义法律体系的完善方向提出了建议。文章指出，融贯性具有重要意义。它意味着法律体系各个部分之间的相互支持与证立，这是对于法律体系的道德要求，也是法治的目标之一。法律体系的融贯性具有程度差异，它包含连贯性、体系融贯性与理念融贯性三个层次的要求。融贯的法律体系主要是裁判者的诠释活动带来的，它是借助于一定的诠释方法建构出的产物。当代中国法律体系的融贯化面临特殊的难题，只有从制度体系、背景体系与方法体系三个方面努力，才能建构出满足三个层面融贯性要求的法律体系。[14]

有学者注意到了我国社会信用法律体系存在的问题。文章指出，社会信用法律体系是我国法律体系的子系统，具有与母系统的自我相似性。这种家族相似性指出了社会信用法律体系建设的路径选择和制度安排。但是，通过解构我们发现体系存在的法律生成障碍、结构虚空导致法律效力的软约束、结构模糊导致权力分配不确定、结构存在固有的不平等导致利益关系不平等的问题，影响了我国社会信用法律体系的建设。体系的建构既要反映信用经济社会客观发展的需求，又要遵循法律结构体系的生成要求；既要通过制度变迁调整失衡的利益分配格局，又要受制于固定不变的逻辑力量。社会信用法律体系结构由不均衡向均衡状态的转变是信用经济社会发展的外在压力引起的法律制度内在的变迁，与实体经济向虚拟经济（信用经济）社会经济结构的转变相契合。[15]

还有学者研究了法律体系中的紧急权力法及其理论。文章指出，紧急权力法律制度是一种内在矛盾的组合，其古代形态是古罗马专政制度和中止一般执法活动制度，近代形态主要是戒严法和围困状态法，现代则以紧急状态和紧急权力的规范形式兴盛于全球。西方的法律与紧急权力理论有例外型和规训型两类，前者主张紧急权力居于法律之外，后者主张紧急权力应受法律的充分规训。法律与紧急权力共有五种理论模式：调适、例外法、惯常、政治动员和权威专政。除惯常模式以外，其他四种模式都在中国出现过。中国现行紧急权力制度遵循政治动员、调适和例外法三种模式，未来发展是建立融合政治动员和例外法模式优点的调适模式制度。[16]

（四）社会管理创新研究

2012年，全国法理学界对社会管理创新投入了很大的研究热情，北京的研究者们也取得一些研究成果。

针对党中央要求的“化解社会矛盾、创新社会管理、公正廉洁执法”这三项重点工作，有学者认为这三项重点工作是相互联系、相互制约的，核心是化解社会矛盾。化解社会矛盾就要求创新社会管理，化解社会矛盾、创新社会管理的必要条件之一是要求执法人员公正廉洁执法。化解社会矛盾可以采取经济的、政治的、社会的、思想文化的种种措施及其结合，但又都必须在宪法和法律允许的范围内，并与法律措施有机结合。这是因为法律不仅可以为正确处理利益关系、维护社会的公平正义提供基本的标准，而且还可以为采取各种措施有序地化解社会矛盾提供法律秩序的保障。法、法律是化解社会矛盾的重要的、精巧的、不可缺少的手段，而实行法治、贯彻依法治理，则是化解社会矛盾、创新社会管理和公正廉洁执法的必要前提和基本要求[17]。

关于如何预防化解社会矛盾，有学者提出治本之策是规范公权力。该学者认为，当前我国社会矛盾纠纷不断增加的主要原因是公权力行使不规范，表现为社会政策和法律制度滞后、政府违法决策处置突发事件不当、行政执法不规范、法律实施不良、行政不作为、信息不公开等。预防化解社会矛盾纠纷的根本出路在于规范公权力行使，包括明确权力边界，规范立法权力，健全程序规则，规范决策和执法行为。由于解决矛盾纠纷主要依赖行政方式，诉讼、复议等法定救济渠道并未充分发挥作用，致使社会矛盾越解决越多，预防化解矛盾纠纷的难度不断加大。为此，应当慎用行政手段，畅通法定救济渠道，完善司法救助制度，在法治的框架内提供社会救助，有效化解社会矛盾纠纷。[18]就如何消弭社会矛盾，该学者认为，社会矛盾多发易发的一个重要原因就是，公权力机关不能坚持依法办事，老百姓又不善于依法维权，当公私两类主体都不在法治轨道上运行时，社会管理就会失序，政府维稳和老百姓维权就会发生激烈冲突。如何预防和化解社会矛盾，维护社会稳定？一方面，公权力必须依法行事，在宪法法律范围内行使权力履行职责。另一方面，人民群众要依法维权，在法治的轨道上理性维权。[19]

(五) 司法与纠纷解决机制研究

2012 年，北京市的法学学者就基本司法原则、重要司法制度、法院文化等问题展开了深入的研究。

有学者对我国的案例指导制度作了深入研究。文章指出，案例指导制度是我国推进司法改革的过程中，保障司法公正的重要举措，它对于保障裁判的统一、规范法官自由裁量权、保障法律的准确适用等都具有十分重要的意义。案例指导制度建立之后，其将与司法解释制度相辅相成，共同发挥解释法律、统一裁判尺度、保障法律的准确适用的功能“建立案例指导制度的关键在于，要明确指导性案例的效力”指导性案例发挥作用的关键在于，通过“识别”，确定系争案件与指导案例之间是否存在类似性，指导性案例不限于漏洞填补情形下的指导，还包括各种事实认定、法律适用的典型案件的指导。[20]

人民法院独立审判是依法治国的基本要求，在我国是被宪法和诸多基本法律所确立的法治原则。有学者认为，在当下的中国这一法治原则受到了来自多方面的侵蚀，甚至引起了诸多的质疑。这是一种极不正常的社会现象。如果任其发展，则将危害国家与社会的长治久安。司法腐败不是人民法院独立审判的必然产物，在坚持人民法院独立审判的基础上，加大打击司法腐败的力度才是正确的应对之策。政府权力之行使面对人民法院独立审判应该保持足够的谨慎与克制，社会团体、行业组织、利益集团以及任何单位和个人都应尊重人民法院独立审判，否则应被科以法律责任。应当改革人民法院内部行政化的管理体制，注重对法官个人德行的监督，实现人民法院内部由法官独立审判。人民代表大会及其代表对人民法院的监督应当遵循法定的程序，舆论监督只能引起人民法院进一步核查事实与检讨法律适用，而不能代替人民法院审判。人民法院独立审判的实现是一项综合的社会工程，需要各方的协力合作。[21]

人民陪审制度是我国的一项重要司法制度，有学者对民众参与审判的案件作了类型学分析。文章指出，民众参与审判主要包括治安法官、参审法官和陪审法官三种制度类型，其案件分布呈现趋同性和差异性两种规律。前者是指各国通过各种形式吸收具有相关知识和经验的民众参与专门案件审判。就后者而言，治安法官主要审理涉及私人纷争、社会影响不大的案件，陪审法官和参审法官主要审理涉及公共利益、社会影响较大的案件。究其原因，案件类型不同，民众参与审判的意义、制度设计及实践运作亦有所差异。当前我国人民陪审员主要参与轻微案件审判，与法律规定及上述规律均发生明显背离。这种背离有其客观原因和现实意义，但在充分发挥民众参与审判的作用方面仍有很大的改革空间。文章最后提出，从长远考虑，为了充分发挥民众参与审判的作用、合理配置司法资源，有两个问题值得关注。首先，鉴于人民陪审实行合议庭审理，在缓解案件负荷、促进调解等方面的作用有限，或许可以借鉴域外治安法官制度的经验，试点由陪审员相对独立地处理轻微案件。其次，从文章的考察来看，民众参与审判增强审判的正当性、提高司法公信力主要集中在为数较少的社会影响力大、涉及公共利益的重大案件中。由此，将来的改革或许可以将人民陪审合议庭限制在重大刑事案件、群体性诉讼等案件中，更加注重提升民众参与这些案件审判的质量而非数量。[22]

有学者对调解协议效力的司法审查问题作了细致研究。该文章指出，以调解解决纠纷是多元化纠纷解决机制的重点，调解协议的效力是有效解决纠纷的关键，对调解协议效力的司法审查则是诉调对接、多元化纠纷解决机制成功构建的关键一环。调解协议的司法确认包括赋予调解协议强制执行力和对调解协议变更、撤销及无效认定的正反两方面。调解制度的完善，必须规范调解协议的司法审查制度和相关程序。[23]

有学者就社会主义法治理念视野下的法院文化建设作了研究。文章指出，人民法院作为国家司法机关，是社会主义法治建设的一支专门力量。如何在社会主义法治建设中做好自我定位、实现功能服务，是当前法院工作的一项重点。无论是最高人民法院 2010 年出台的《关于进一步加强人民法院文化建设的意见》（法发［2010］31 号）中，还是 2012 年 6 月在天津举行的全国大法官研讨班对法院文化建设的专题研究中，均凸显了法院文化在建设社会主义文化强国与社会主义法治国家中的重要地位。法院文化作为法治文化的一部分，同法治文化建设一样，具有系统性和长期性，决定了必须用社会主义法治理念全面指导其工作，才能契合现阶段社会主义法治建设的本质要求。作者通过对法治文化、法院文化和社会主义法治理念间关系的讨论与辨析，就当前法院文化建设的走向提出了一些想法与建议。[24]

（六）法律文化研究

本年度里学者们对古今中外的法律文化表现了很大的研究兴趣。

有学者研究了比较法律文化视域的英美法。文章指出，英美法作为西方法律文明的重要分支之一，具有独特的历史传统、文化意蕴、发展路径、表现形式、价值取向以及运作机制。同大陆法传统比较，英美法的发展具有历史的连续性；法律、权利与自由之间存有内在关联，并维持互动；司法具有特殊的重要性；程序正义优于实体正义；在法律价值上，更重视个人、实用和经验。近代以来，英美法的一些概念、制度和原则被移植到中国，产生了不同程度的影响。目前，中国对英美法的研究虽然场面很大，表面繁荣，但大多研究都停留在简单介绍和复述格言隽语的层面，不够深入、系统。因此，中国法学界亟待深入、系统地研究英美法，从历史之维理解它的生命，从理念之维解读它的精神，从制度之维发掘它的机制，从理论之维分析它的义理，从实践之维判断它的效力，从西方和世界法律文明之维总结它的经验和教训，从中国需要之维吸取它的营养。[25]

有学者以孟子心性论为视角探讨了人的道德权利与社会变革的合法性之关系。文章指出，“孔孟之道”所象征的儒家文化传统中，“孔仁孟义”中的“义”和“思孟学派”中的“心性”都与孟子的思想人格紧密关联。“义”具有“天下道义”的奥义，它对于“家”中的“亲长”权力和“国”中的“君父”权力均有神圣的超越性，常以“大义灭亲”和“替天行道”标而出之；“心性”则是对《中庸》“性命”观念的创造性转化，突出了儒家的认识论和宇宙论的主体性与伦理性。在孟子思想体系中，“心性”与“道义”的结合，揭示出了人的普遍道德权利和伦理义务，也蕴含着其对天子、国君和权臣的世俗权力的伦理性超越和限制，其辩证的结论就是：当世俗权力侵害普遍道德权利时，社会变革就成为维护人的普遍道德权利的必然而正当的选择。[26]

（七）法律与经济、法律与政治研究

2012 年学者就法律与经济、法律与政治等展开了跨学科研究。

有学者研究了权利的另一种成本——认证。文章指出，以个人号码和全国数据库为基础的现代认证，实质上是现代国家治理术的一次革新，它使身份、财产、福利和社会经济认证在现代国家里取得基础地位，宗教认证正式落幕，教会正式臣服于国家。国家认证的西方经验表明，认证是权利的另一种成本，是建构良好的法治和治理秩序的必要条件，是一项政府应该提供的公共物品。权利的认证成本体现了一种政治学与法学的交叉视角。国家认证的公共性，体现在它几乎是所有国家制度的前提，因此堪称国家治理体系的“基础的基础”。在建设法治国家、税收国家、福利国家和监管国家的过程中，现代国家需要不断增强其认证能力，让多数人进入认证体系。建立完善的现代认证体系，才能加快国家基本制度建设的进程，提升法律与政策的有效性，最大限度地降低国家沟通国民的中间成本，逐步实现关注绝大多数人的期望并为绝大多数人服务的良治状态。认证这种“治理术”在发达国家的制度化和例行化，应当为追求民主法治的人们所正视。[27]

注：

①亓同惠：《残障、昂贵偏好与承认的区分性机制——以德沃金的两种平等主义为分析资料》，《中外法学》，2012 年第 2 期。

②徐爽：《妇女平等权的立法保护与性别预算——基于国际和国内比较的视角》，《现代法学》，2012 年第 1 期。

③刘素华：《信息自由与网络监管的法理分析》，《现代法学》，2012 年第 2 期。

④张龑：《人民的成长与摄政的规范化——辛亥革命以来的人民意志建构及其先锋队》，《中外法学》，2012 年第 1 期。

⑤胡水君：《中国法治的人文道路》，《法学研究》，2012 年第 3 期。

⑥凌斌：《从法民关系思考中国法治》，《法学研究》，2012 年第 6 期。

⑦冉井富：《法治与法的自治性》，《法学研究》，2012 年第 6 期。

⑧凌斌：《法律与情理：法治进程的情法矛盾与伦理选择》，《中外法学》，2012 年第 1 期。

⑨李林：《法治思维下的反腐治权》，《法制日报》，2012 年 12 月 26 日。

⑩邓子滨：《如何看待国家官员的超法规免责事

由》，《法学》，2012年第8期。

⑪朱庆育：《私法自治与民法规范——凯尔森规范理论的修正性运用》，《中外法学》，2012年第3期。

⑫程金华、李学尧：《法律变迁的结构性制约——国家、市场与社会互动中的中国律师职业》，《中国社会科学》，2012年第7期。

⑬郑永流：《中国法圈：跨文化的当代中国法及未来走向》，《中国法学》，2012年第4期。

⑭雷磊：《融贯性与法律体系的建构——兼论当代中国法律体系的融贯化》，《法学家》，2012年第2期。

⑮李晓安；《我国社会信用法律体系结构缺陷及演进路径》，《法学》，2012年第3期。

⑯孟涛：《紧急权力法及其理论的演变》，《法学研究》，2012年第1期。

⑰孙国华：《法律是化解社会矛盾的重要的、精巧的、不可少的手段》，《朝阳法律评论》，2012年3月11日。

⑱马怀德：《预防化解社会矛盾的治本之策：规范公权力》，《中国法学》，2012年第2期。

⑲马怀德：《寻找消弭社会矛盾的正解》，《人民日报》，2012年12月19日。

⑳王利明：《我国案例指导制度若干问题研究》，《法学》，2012年第1期。

㉑张新宝：《对"人民法院独立审判"的全面理解》，《法学》，2012年第1期。

㉒彭小龙：《民众参与审判的案件类型学分析》，《中国法学》，2012年第3期。

㉓洪冬英：《论调解协议效力的司法审查》，《法学家》，2012年第2期。

㉔郑秋宇：《社会主义法治理念视野下的法院文化建设》，《法学》，2012年第11期。

㉕高鸿钧：《比较法律文化视域的英美法》，《中外法学》，2012年第3期。

㉖单纯：《论人的道德权利与社会变革的合法性——反思孟子心性论的人文价值》，《法学家》，2012年第1期。

㉗欧树军：《权利的另一个成本：国家认证及其西方经验》，《法学家》，2012年第4期。

（作者：冯玉军，中国人民大学教授；
隋燕飞，中国人民大学博士生）

宪 法 学

胡锦光 董 妍

2012年是现行宪法颁布施行30周年，宪法学界围绕该主题，回顾了八二宪法30年的历程。学术界也以纪念现行宪法实施30周年为契机，认真回顾了我国宪政发展历史，同时也梳理了宪法研究方法论、基本权利、中央与地方制度等基本问题。应当说，2012年的宪法学研究呈现出的特点是：以纪念八二宪法实施30周年为主线，同时对宪法学一些基本问题作出了更为深入的研究。

一、纪念现行宪法实施三十周年与宪政发展史

纪念八二宪法实施30周年是2012年宪法学研究的一个主旋律，许多法学期刊上都开设了专题讨论，很多宪法学者也就这一问题发表了自己的观点。在学术路径上，有学者认为，八二宪法作为自清末以来，中国立宪史上，实施时间最长、运作最为稳定的一部宪法，足以说明过去30年中中国政治与社会相比以往的巨大进步，但是降生在改革年代的"八二宪法"又不可避免地与改革所带来的不确定性联系在一起。"八二宪法"试图为改革确定宪法框架，但在过去的30年中，改革多次突破宪法，并最终以修宪的方式获得合法化。中国社会关于改革走向的思考，也必然会反映到中国宪法学的讨论中来。近年来，随着学科知识积累的推进与问题意识的明确化，中国宪法学研究已经呈现出了生动活泼的争鸣态势，尤其是出现了两大风格迥异的学术路径：第一种路径以成文宪法的司法适用为实践努力方向、以宪法解释学为基本依托，通称"规范宪法学"；第二种路径则更重视宪法对政治共同体的整合功能，并在此前提下把握成文宪法的司法适用，在知识上也大量借用政治学、社会学与历史学的成果，通称"政治宪法学"，这也表明中国宪法学也正在形成新的学术传统，出现了在相互砥砺与争鸣中不断进步的好局面。①有学者基于政治宪法学立场，在百年中国宪政历史的脉络中，阐释了"八二宪法"的复调结构、改革属性以及演进逻辑。"八二宪法"的颁行既在于拨乱反正，又在于为改革开放提供宪政结构，因此内含着多重逻辑，特别展现为革命与去革命的二重奏以及主权的三重肉身。正因为如此，"八二宪法"实际上是去革命的改革宪法，四个修正案充分展现了改革宪法的属性以及内在演进逻辑，并旧瓶装新酒地内化出一种新的宪政设计。②有学者从宪法修改问题在学界的最初提出、学界对频繁修宪现象的反思以及在宪法修改内容方面的一些理论焦点等问题出发，梳理了现行宪法颁布以来学界对于宪法修改的一些争议性论题，旨在以宪法修改的相关理

论论争为线索，探究现行宪法30年来的变迁轨迹，并对现行宪法的实施、变迁等问题进行一个客观的评价。[③]

关于30年来宪法的实施情况及其评估方法、价值、历史地位，有学者认为30年来，在中国社会的改革开放进程中，1982年宪法成为国家与社会生活的重要内容，奠定了国家治理的正当性基础，确立了国家与社会的价值观与目标，推动了中国社会的发展与进步。1982年宪法为中国社会发展作出的重要贡献之一是通过宪法治理初步形成了社会共识，凝聚了民心，维护了国家统一与社会稳定。未来的宪法发展应当以宪法理念为本，重视宪法运行机制，以宪法意识处理国家和社会事务，通过宪法的发展推动国家社会的发展，维护人类和平与人的价值。[④]有学者指出当下宪法实施理论研究方面存在的问题主要在于没有准确地界定宪法实施概念的性质，以及没有对宪法实施建立起一套科学和合理的分析系统。并进一步指出，从理论来看，宪法实施是使静态宪法变成动态宪法，宪法实施概念所要解决的主要理论问题是“行动中的宪法”。但是宪法实施是一个集主观评价与客观实践于一体的复杂现象，必须要在认真分析宪法实施对象的特征，并在此基础上做出分门别类研究，对实施可能性作出区别对待基础上，才能进行科学的分析；从实践来看，宪法实施概念具有很强的目的性，需要解决特定的宪法问题，因此，离开了具体目的性的指引，纯粹的抽象意义上的宪法实施，在实践中，不仅不利于树立宪法本身的权威形象，相反还会严重影响宪法作为根本法自身所具有的科学性和规范性。[⑤]有学者认为，1982年宪法实施30年来，我国社会主义法治建设取得了举世瞩目的成就。当前我们极有必要汲取30年来的得失，及时把握新时期我国社会主义法治建设的宏观走向。主要包括：我国社会主义法治建设应当融入善治理想，奠定善治基调；在顶层设计上坚持并规范党的领导，强化政党法治建设；在主题精神上，弘扬法治生活，让法治成为公民的生活方式。[⑥]关于八二宪法的历史地位，有学者认为，八二宪法的历史地位和时代背景也需要从历史逻辑中进行探寻，即八二宪法承担着稳定国家秩序与推进社会转型改革的重任。从八二宪法的历史和文本中，可以看到宪法作为人民的基本共识，潜藏新中国宪法发展与变迁的历史逻辑，契合了中国社会变革和转型的现实，总结了历部宪法的历史经验，融入了先进的宪政理念。由此展望八二宪法之未来，其拥有足够容量，能够完成为中国社会进一步转型提供法律动力之历史使命。[⑦]

针对1982年宪法的四次修改，学术界对于宪法修改问题展开了讨论。有学者指出，1982年宪法颁布以来的30年，是我国宪法修改频率最高、幅度和力度最大的历史时期。宪法修改是对改革开放成果和社会变迁的真实记录。30年宪法修改的历程，呈现出务实性、人性化和国际化的特点，但也存在缺少宪政体制优化整体思路、经济机制修补具体化、政治机制完善空泛化、修改进程被动化的不足。未来我国的宪法修改和完善，要有整体修宪计划，提高修宪的前瞻性、主动性和现实指导性；要与宪法解释相结合，避免盲目修宪和仓促修宪。[⑧]有学者对宪法修正案专门作出了研究，指出1999年、2004年的《宪法修正案》，将“法治”与“人权”载入宪法。这不仅是对“法治”与“人权”的确认，而且标明了建构中国现代法治秩序的价值准则与基本方向。更重要的是，它揭示出宪制与法律制度的逻辑问题。依据这样的逻辑，《宪法修正案》的根本含义，就是要求对宪制与法律制度进行“修正”，以实现和巩固“法治”与“人权”。[⑨]关于修宪建议，有学者也专门进行了讨论，认为由执政党提出修宪建议启动宪法修改，在我国已经成为了一项重要传统，在促进我国宪法与法治发展及社会和经济进步方面都起到了积极作用。执政党提出的修宪建议反映了执政党的理论创新、路线方针的变化及新的经济政策。修宪建议的产生程序越来越规范，民主化程度越来越高，修宪建议的提出方式也渐趋固定。但目前提出修宪建议仅限于执政党，其提出的程序也需要进一步规范。[⑩]

有学者以宪法实施30年为契机，回顾了整个宪政发展历史及其在中国的表现。该学者对于宪政的起源进行了考察，指出学术界一般认为，宪政最早起源于西方的古希腊与罗马。然而，通过对古代近东地区传世法律文献和考古出土泥板等史料的阅读，该学者认为，近现代宪政固然直接起源于古代希腊罗马，但其因子却可以追溯到古代西亚两河流域。这种宪政因子是在古代两河流域苏美尔城邦国家的诞生和发展过程中，通过与日渐壮大的王权进行不断博弈而逐渐凸显出来的。[⑪]

相对于对宪政起源的探索，更多学者将关注点放在了宪政在中国发展的历史，特别是在中国近代发展的历史。有学者认为，20世纪20年代，南京国民政府采取革命的方法造党建国，中华民国的法统被党统替代。宪政，抑或革命，这对接受了西方宪政思想又抱有家国情怀的中国知识分子构成了选择困境。孤军派的彷徨与抉择，具有典型性。他们从尊崇法统到走向革命，揭示了近代中国宪政道路的复杂性。这对当今中国的政治与法治建设，不无警示意义。[⑫]有学者指出导致民初宪法迟迟未能颁布的原因并不只是军阀势力的干预，还同时源自国会内部在有关“政体”与“国体”等问题上的争论不休。而在这些争论的背后，真实的冲突来自于作为军阀政治本质的派系政治，其根源在于作为建国基础的“宪政”之薄弱。作者同时指出，民初形成了一种“军阀+宪政”的政治组合模式：由于军阀在政治正当性资源上的贫困，他们不可能完全抛弃宪政的表象；但军阀政治本身又使得真正的宪政成为不可能。而之后的新型革命政党政治的历史意义，正在于克服这一僵局，重建宪政的国家基础。[13]有学者从孙中山先生的“训政”理论得到启发，深入思考了“中国人民”这个共和政治主体的建构问题。在张龑看来，相较于君主，“人民”本身是个抽象的统治权主体，需要具体化；更不用说在历史大转型之时，新生的“人民”面向不确定的未来，缺乏判断力和行动力，在此情况下，革命政党作为现代政治语境下的“摄政者”或“新生人民的代表”应运而生。其使命在于建构人民的意志并执行之，但其危险在于僭越人民的权力。文章以国共两党为例，思考了如何保障革命政党实现其历史使命，而不背叛人民、僭越人民权力。[14]有学者对近代大变局中一个重要的法政关键词“统治权”的源流进行了考察。作者指出，这一关键词源于日本近代立宪实践对于德国理论的借鉴，并影响了近现代中国，并在不同的政治情境中衍化出若干不同的意义类型。在作者看来，概念在政治语境中被使用的过程，本身就是政权合法性论证的过程。“统治权”盛行于清末民初，但最终消失于中共的宪法传统之中，折射出中国近代政权合法化论证方式的变迁。[15]有学者以中国宪政模式为题，以“差序格局”、反定型化和未完全理论化合意为关键词，层层递进发现了中国宪政的一种结构性面向。“差序格局”是中国宪政模式的物质基础，是中国宪法实践和理论思考的立足点。反定型化是“八二宪法”时代的改革策略。中国改革在相当长的时间内包含并且包容着参差多态的地方模式，这种地方试验主义的宪法允许由下而上、因地制宜的制度创新和政策试验。在此基础上，中国宪政作为一种政治整合机制，必须自觉地保持共识的未完全理论化，这不仅是建设一个各得其所的自由社会的要求，还是由“差序格局”政治空间及其内部差异性与反定型化作为特定时期的宪法策略所共同决定的。[16]有学者认为，孙中山的宪政程序设计中，军政是宪政的必要性要件，而宪政是军政的目标，并为军政提供了合法性论证。就自身要完成的任务和要实现的目标而言，军政不是一剂对症之药。军政完全排除了军阀谋求的统一，完全放弃了和平统一的道路，忽视了军阀们为寻求政权合法性所表现出的民主热情，对当时盛行的联省自治、废督裁兵等宪政化改造军阀统治的方案未予以足够关注和推行，因而是一剂过猛的药方。军政留下的宪政悲剧是：它粉碎了多元权力格局，消解了分权制衡功能，造成了和平、协商、法治等宪政契约精神的流失。[17]

也有部分学者对于当代中国宪政问题进行了探讨。有学者指出，宪政，无论是从其历史起源和演变脉络看，还是从其制度安排和实现机制看，都是一种地方性知识。但对宪政问题的考量，不应当仅仅局限于其地方性特征而忽视价值层面的深度关切。只有在深刻洞悉了宪政的普遍性之后，认真回应和对待具有根本意义的宪政价值与原则，才能更好地坚持和发展自己的特殊性。当代中国的宪政建设不仅具有政治文明进步的一般性意义，更有着非同寻常的特殊历史境遇、运作过程和发展规律。宪政中国化是中国法治进程中具有方向性意义的重大问题，对这一问题的讨论，需要超越普遍主义和特殊主义、“普世价值”和“地方性知识”之间的理论纠葛与意识形态化纷争，努力在宪政的普遍性与“中国主体性”之间达致一种和谐与平衡。[18]有学者认为，当代中国的宪政建设面临不同层面的理论分歧，其中分权主义与民主主义的理论冲突，集中反映了中国宪政建设中不同制度发展方向的理论选择。然而，宪政建设中的实践问题既不可能等待理论上的冲突尘埃落定，也无法完全涵盖于上述理论冲突中。当代中国宪政建设中面临的人民代表大会制度框架下的控权机制问题、宪法基本权利的法律化问题、新媒体时代“权利—权力”关系问题、国家基本政策的制度化问题以及宽容的宪政文化的养成问题，都在不同程度上超出了纯粹的理论选择问题。不应以理论上的所谓“冲突”取代对宪政制度具体问题的关注，应以实践唯物主义哲学为指导，走中国特色的宪政发展道路。[19]针对我国单一政党宪政国的现实，有学者对该问题进行了阐述，指出目前世界上的宪政体制，大体分为三种模式：其一是超国家宪政，其二是神权宪政模式，其三是“国家—政党”宪政模式。该学者集中介绍了巴克尔对中国“国家—政党”宪政体制的研究。“国家—政党”宪政体制来源于马克思列宁主义和苏联的实践，新中国成立后所确立的宪政模式也在这种传统之下。但是，这种“国家—政党”宪政体制在1982年以来进行了一场根本性的改革，开始迈向“单一政党宪政体制”，即在党和国家分权的基础上，增加了法治的要素，确立了宪法最高地位，从而在党的领导与依法治国之间形成了一种动态的平衡。一方面，党作为社会价值规范的提供者，为宪法和法治提供了规范价值基础；另一方面，宪法和法治约束了党的行为方式，使其服从于宪法和法律。在此基础上，巴克尔提出了完善“单一政党宪政体制”的有关构想。[20]

二、宪法学基本理论

宪法解释是规范宪法学研究中的核心技术，很多学者就宪法解释问题，特别是宪法解释方法问题作了深入的探讨。有学者对于合宪性推定的起源进行了考证，指出合宪性推定与违宪审查密切相关，二者均源于《圣经》所确立的两个不同的良心义务，即服从人法的外在义务与服从上帝法的内在义务。《圣经》中个人良心被视为上帝植入人心中用以感知上帝法并接受上帝命令的接收器。因此，当人法与个人良心冲突时，要选择服从上帝而不是服从人。15世纪至18世纪期间，加尔文与英国神学家和法学家相继将良心的这两个义务发展成为服从人法与抵制人法的义务，继而分别成为合宪性推定与违宪审查的神学起源。[21]有学者对合宪性解释进行了专门研究，认为虽然合宪性解释方法在概念上会存在些许差别，但其所遵循的合宪性推定逻辑是相通的，即都体现了司法权对立法权的谦抑。合宪性解释方法中所含括的单纯解释规则，如果不与冲突规则在学理上加以区分，则很容易对合宪性解释产生认识上的偏差。目前合宪性解释方法所模本的欧陆经验，从源流上来说，最早其实可溯及早期美国合宪性推定的理论与实践，并与回避宪法方法一脉相承。通过合宪性推定可以发现，合宪性解释方法可以从宪法方法与法律方法两个层面展开。把握其内在理路及权力逻辑，方可使其具有本土可能性。[22]对于合宪性推定的具体应用，该学者在其另外一篇文章中对该方法进行了说明，指出香港“郑家纯等诉立法会”案的判决涉及“香港立法会的调查委员会是否有权传召当事人”这一颇具争议的问题。针对当事人提出的“立法会调查委员会越权”的主张，在进入司法审查后，法院面对的是如何选择具体的方法来进行审查。虽然从文本来看，香港《基本法》并没有明确赋予立法会的调查委员会以传召当事人的权力，但法院采取合宪性推定方法，认为《基本法》没有禁止立法会通过调查委员会来行使证人传召权，并判决立法会的调查委员会不存在越权情形。这种对立法机关持谦抑姿态的方法论在一定程度上超越了形式文本，在本质上建基于《基本法》架构下国家不同权力间的关系维度，具有宪法上的正当性，并且对当下中国宪法方法的建构具有启示意义。当然，香港立法会调查权的行使必须以《基本法》为依据，以香港特殊的行政主导制为基础，这又从另一面体现了立法权对行政权的谦抑。[23]同样是合宪性推定问题，有学者结合一起刑事案件进行了研究，《刑法》第12条第2款可称作“有利溯及之例外”条款，近年来广受关注的牛玉强案就涉及这一条款。对于该条款的解释，刑法学上的观点大致可类型化为“完全适用说”、“选择适用说”以及“完全不适用说”。“选择适用说”与“完全不适用说”意在排除该条款在某些个案中的适用，但两种学说都面临一系列学理上的难题。如果引入宪法层面的判断，则可对该条款进行合宪性限定解释。其路径有二：一是以限制基本权利的比例原则对该条款的适用范围加以限缩；二是将罪刑法定原则解释为具备宪法位阶的原则，继而将一部分有罪判决排除出该条款的适用范围。[24]有学者提出了宪法规范层次论，认为我国已有的宪法学说从不同角度将宪法规范分为根本法和非根本法、不可变更法和可变更法以及基本原则、具体原则和规则，由此形成有待体系化的宪法规范层次论。基于对“良性违宪”论争折射的宪法规范层次论的反思，以及认真对待该理论的立场，宪法规范层次论可以在解释论维度上发展为一种方法论，从而给既有的宪法解释方法（如合宪性推定、穷尽低位阶规范解释、体系解释等）带来更为丰富的意义。以深圳1987年拍卖土地使用权的事件为例进行的思想实验，可以检视之。[25]

宪法本身具有公共性，其注重对于公共利益的保护。有学者从宪法层面诠释了“公共利益”的含义，指出对于公共利益的解释而言，宪法解释是主要的和根本的方法。而解释的目的在于，让公共利益的宪法解释与合宪性解释能够互相通融、协调一致。作为这两种解释方法的链接点，公共利益的含义和规范意义是公共利益之宪法解释的核心。公共利益的核心含义是公共目的。虽然通过法律可以了解公共利益的大致含义，但只有透过宪法上的“公共利益条款”或者“宪法原则或精神”来解释确定一个公共利益的规范意义，才能根据宪法具体化下来的意义对法律进行合宪性控制。而公共利益的规范意义在于，基于公共利益的行政征收和征用应符合比例原则，以保持公共利益与私人利益之间的平衡。[26]

对于权力的监督是宪法学研究要解决的一个重要问题，部分学者就监督机关、监督程序以及监督领域中的其他问题作出了阐述。有学者就“法律监督机关”的概念进行研究，认为法律监督机关这一概念的理论渊源可追溯至列宁，列宁为苏联检察制度实行垂直领导制和一般监督奠定了基础。中国检察制度创建时在全面承袭苏联检察制度的基础上，产生了法律监督机关概念。但是，在中国检察制度放弃垂直领导制和一般监督之后，法律监督机关概念却经历了异化与重构的复杂过程。该概念在产生之初指实行垂直领导制和一般监督的苏式检察机关，但在其法定化之后却在否定垂直领导制和一般监督的基础上指维护国家法制统一的机关。法律监督机关上述意义的转变，标志着中国检察制度摆脱苏联影响、走上独立发展之路的同时，也为此后中国的立法与法学进一步丰富法律监督机关概念的意义预留了空间。[27]有学者对我国宪法监督的现实作了反思，指出我国宪法监督程序是在宪法性法律内设定的，主要集中于《全国人民代表大会组织法》和《立法法》。然而，我国宪法监督程序对于公民基本权利保障与宪法权威树立并未发挥其应有的作用，故有必要从程序设定的监督主体、程序设定的场景与提起主体、程序监督的客体及其合理性等方面审思程序失效之因，并提出改革的新路径。[28]

在宪法基本理论的其他方面，有学者就宪法的选择适用进行了阐述，认为要真正认真地对待和实施宪法，必须选择适用宪法。作为一部可实施的基本法，宪法的基本性质决定了只有某些宪法条款才能获得直接适用。宪法不只是政治宣言，因而一般不应该直接适用其中规定的积极权利；宪法也不是普通的法律，因而不应该适用其所规定的公民义务或经济政策细节，而应将这些事项留给立法。在厘清宪法文本的适用结构之后，中国宪法是完全可以获得适用和实施的。作者在文章中首先批判了政治宪政主义的几种理论，以便清除宪法适用的理论障碍。其次，探讨了宪法适用的基本原则，并提出甄别可直接适用条款的中立标准。最后，运用宪法适用标准甄别“八二宪法”各项规定的可适用性，进而形成一个可适用的宪法结构。[29]对于宪法判断问题，有学者指出，对特定国家行为的合宪性作出具有法律效力的宪法判断，有助于实现基本权利的保障和法律体系的统一。除此之外，对国家行为的正当化也是宪法判断所能实现的一个重要功能。宪法是法律体系的正当性基础，通过对法律规范作出合宪判断，可以直接强化其宪法上的正当性，而即便是违宪判断，通过法律技术的运用和处理，也可以实现对特定法律规范或国家行为的正当化功能。[30]关于制宪权问题，有学者指出制宪权理论用“政治决断”解释了“人民”参与构建国家时作出的授权。但在现实中，采用制宪形式构建的政权并不总能获得人民的真实认同。当代立宪主义语境下，无论是构建国家，还是确立政权权威，执政者掌控和行使权力形式上都必须满足人民认同这个正当性标准。人民是根据文化统一行动的；所以，人民的统一认同实质上表达了文化的认同。只有在符合人民文化认同的权力话语基础上，才能构建起真正符合宪政精神的权威。[31]

三、基本权利

权利保障是宪法的核心，在2012年度宪法学研究中，基本权利仍然是学者研究的重点。当前的基本权利研究存在“破碎”与“稗贩”的弊端。此弊端的克服，有赖于基于我国宪法文本的体系化思考。德国基本权利教义学从“价值与请求权体系”到“基本权利的功能体系”的发展，可以为建构我国基本权利的法学体系提供方法和内容的借鉴。体系化乃法学的基本思维，是法学达成其学科使命的基本致力方向。通过解释我国宪法基本权利章的两个概括性条款，第33条和第51条，可以建构初步的理解我国宪法下的基本权利的整体方案，并为诸多理论与实践问题的解决提供思考框架。[32]有学者对宪法中的“尊严条款”作出了分析，认为尊严条款因其法理基础、宪法文本表述及宪法解释实践的差异在各国宪法上享有不同的地位，归纳起来可分为宪法原则、基础价值、规定功能的宪法概念。我国宪法第38条人格尊严的哲学基础不同于其他国家的人是目的、人格发展、交往理论，而是着重于个人的名誉与荣誉保护；宪法文本表述并非人的尊严、人性尊严，而是人格尊严，且该条既未规定在总纲中，亦未置于“公民的基本权利和义务”一章之首，即使与“国家尊重与保护人权”一款结合起来阅读，亦无法取得与其他国家宪法上的规范地位。人格尊严在我国宪法上属于独立条款，也是公民的一项基本权利，具有具体的法律内容，在宪法解释过程中可作为规范与特定宪法事实相涵摄，证明公民的人格尊严受到了侵犯。[33]有学者剖析了法院在基本权利保护中的作用，认为普通法院在基本权利保护中发挥着重要作用。德国虽然设立了宪法法院，但保护公民基本权利的职责仍主要由其他法院承担。在没有设立宪法法院的国家，通过普通法院更是为基本权利提供司法保护的唯一途径。我国法院应当通过三种方式为基本权利提供司法保护：如果法律有保护基本权利的具体规定，法院应当直接适用法律；如果法律对基本权利的保护只作了抽象规定，法院应当对有关抽象立法进行合宪解释之后予以适用；如果法律没有作出保护基本权利的任何规定，法院可以直接适用宪法的基本权利条款。[34]有学者认为，一个国家宪法文本的形成无不体现时代的烙印、主流价值观的渗入。公民基本权利的立宪发展彰显国家追求进步、追求法治的姿态。基本权利保障制度的践行也往往仰赖于宪法文本的规定或者解释，公民基本权利观念也总是在现实与文本之间寻求突变。分析我国现行宪法中公民基本权利内容的表达方式，虽然不能一蹴而就地解决现实问题，但是却成为我们解决现实问题的前提要素之一。[35]有学者针对1982年宪法规定的权利体系进行了反思，认为1982年宪法虽然规定了广泛的基本权利，但实施却不令人满意。有学者提出，其原因在于我国公民基本权利的保障机制不健全。最高人民法院曾通过直接适用宪法的方法保障公民基本权利，但引发了宪法的“立法适用说”和“司法适用说”争议。最终，最高人民法院于2008年通过废止适用“齐玉苓案”批复，在事实层面上终止了这个争议。然而，最高人民法院的这一做法多多少少带有“自废武功”的悲情，而且“立法适用说”不能够真正解决我国基本权利效力虚置的问题，更有可能打击正在发生的改善我国宪法适用体制的努力。我国宪法基本权利效力虚置，根本原因在于我国的宪法基本权利体系本身缺乏制约权力的观念。因此，改善基本权利的实践状况，根本上在于树立制约权力的基本权利观，建立和完善以权力制约为中心的宪法适用体制。[36]有学者针对基本权利条款虚置的条款进行了研究，认为基本权利条款虚置，不仅仅是因为基本权利保障机制的不完善，更重要的是因为传统的基本权利本身缺乏制约权力的功能。该学者在对目前使用的基本权利概念进行清理的基础上，确立对我国基本权利解释的合理基点。基本权利概念在逻辑上至少存在具体形态的基本权利、国别意义上的基本权利、观念形态的基本权利三个层面。它们分别对应着不同的认知方法和范畴，若不加以区分，就容易造成基本权利的认识上的混乱。作者认为我国基本权利体系的解释的合理基点应当在于首先确立制约权力的基本权利观念。[37]有学者指出，关于中国宪法权利的研究存在着诸多缺陷，而导致研究缺陷的一个重要原因就是对中国宪法权利的分类针对性与科学性不足。基于规范依据，可将中国宪法权利划分为单一宪法权利与复合宪法权利；基于权利内容，可将中国宪法权利划分为基本权利与非基本权利。运用“新”分类所蕴含的关系原理，既可对中国宪法权利本体问题及衍生的关系问题作出解释，也可对中国宪法权利的护卫机制进行设想与展望。[38]

宪法中的具体权利，很多学者也作了探讨。2012 年由于微博和其他网络媒体的发展，言论自由，特别是网络言论自由及其限制问题成为了一个焦点问题。针对该问题，有学者指出互联网是继报纸、广播、电视之后的第四媒体，其去中心化、信息化和开放性、自由性等特征，为人类意志的自由表达提供了一个前所未有的通畅渠道。通过互联网传播信息，已经成为普通公民一种重要的表达方式。互联网为人们提供了一个多元化的公共话语平台，人们可以在互联网上畅所欲言，大胆地表达自己的意愿和诉求；另一方面，互联网带来的表达方式的新特点，超越了传统的信息传播范围，迫使政府改变对传播方式的管理思路和手段。我们必须看到，没有边界的自由是对法制的破坏。人们在充分享受互联网表达自由的同时，必须遵守法律和互联网行业管理规范。对政府而言，对互联网表达自由的限制只能通过法律途径来实现。政府应当在充分保障互联网表达自由的原则下，通过完善的制度设计，寻求国家利益、公共利益、私人利益三者的平衡。[39]还有学者指出随着网络技术的普及和网络参与平台的不断开发更新，网络言论成为公民参与网络的重要形式并显现出极度繁荣的状态。但与之相伴随的却是网络言论发展中如“网络犯罪”“网络侵权”“网络谣言”等诸多隐患。面对这一情况，公民主要从实现言论自由的角度出发对网络言论持欢迎态度，而公权力则基于“维稳”的需要对网络言论的态度显现出忧虑。应以能否促进公民基本权利的平衡实现和保护为标准，衡量和评价网络言论中存在的问题。应清晰认识到网络言论发展的不可避免和不可遏制，从保护公民基本权利的角度界定法权，恰当处理好网络言论中存在的问题。[40]财产权利是公民的一项主要权利，有学者对财产权的社会义务作了详细研究，指出除了必须附带补偿的征收，法律制度中还存在诸多对于财产权的“不予补偿的单纯限制”。此种限制往往被视为财产权的社会义务，是私人财产为了社会公共福祉所应承受的正常负担。财产权伴随社会义务的理念，是对“所有权绝对”理念的反思，其社会经济背景是个人的基本生存状态从主要依赖私有财产到主要依赖社会关联的转变，而在意识形态上与社会主义或者“社会国家”观有着密切联系。财产权负有社会义务的观念对财产法制度产生了深刻影响，在保护财产“私使用性”的前提下，协调其与社会正义之间的冲突，是现代宪法必须面对的课题。此种平衡与协调，同时亦有助于消解我国宪法第 13 条私有财产权条款与第 2 条社会主义条款之间的紧张关系，有助于弥合当下中国不同意识形态之间的对立。[41]对于免于贫困的权利，有学者指出，减少贫困问题是一个国际学术热点。现有的“基于人权的减贫方法”无论是在法律本体论还是规范实效性上都具有不可克服的缺陷，应当转变为“免于贫困的权利方法”。免于贫困的权利是人类享有维持体面生活所必需的物质资料和文化产品，并通过获得均等的减贫机会，参与、促进减贫并分享减贫成果之积极行为来实现的权利。该权利与人的尊严密切相关，具备人权的逻辑要素，且不能被国际人权公约所列举的人权形式所替代或覆盖，因而是一项独立的人权。应当在全球层面构建免于贫困权利的新型义务谱系和法律实施机制。[42]对于性权利，有学者也进行了探讨，指出尽管人的进步是和性的解放关联在一起，但是法治意义上的性权利绝不是完全的性自治和性自由，性权利永远都是法律规则与制度下的权利，永远都是与性义务、性责任相对应的权利，它受制于社会规则，来源于社会合作。因此，性的法治是建立在自治基础上对性的法律控制。具体说，这种法律控制体现在婚姻形态的选择、国家对性资源的配置以及国家权力与私人力量的博弈等环节或过程中。[43]

四、中央与地方制度

中央与地方制度一直是宪法学研究的一个重要问题，2012 年，部分学者对该问题继续进行了研究。关于中央与地方权力的关系，有学者认为，在我国这样的单一制国家，地方权力的行使也不可避免，但在地方权力行使的同时我们对这种权力的属性却没能进行深入的研究，这使得地方与中央的权力关系很难理清，因而我们现在所进行的中央与地方的权力配置就具有某种盲目性。在我国，地方权力与中央权力一样都是在统治权力的权属与权能分离过程中治理权力行使的体现，只是两者的分工不同而已。为了使人民更好地行使统治权力，必须合理地配置中央与地方的权力。这种权力配置在静态上要求职权法定；同时，由于权力在行使过程中所表现出来的差异性，这种权力配置还要求动态的权能配置的法治化和权力行使的正当化。因此，我国中央与地方权力配置的应然状态就是通过静态的权限划分和动态的权能配置实现权力行使所指向的特定目的，而不至于陷入实用主义的泥沼。[44]

中央与地方财政和税收的权力划分问题也是学者研究的重点。有学者探讨了分权制背景下地方财政的自主权，认为为实现政治统治的合法化，近现代国家在民主的基础上形成了以规范为中心的权力认知模式。建国与改革为主题的国家制度建设所呈现的渐进性和试验性，使我国在中央与地方的财政关系上，形成了规范内外不同的权力生长与存续机理。碎片化的规范，赋予了地方在特定领域内的财政自主权。同时，依赖政治过程的分散化策略，引致了权力的制度外溢，形成了诸多所谓的“事实上的财政自主权”。尽管正当的制度只能逐步建设和改进，但如果始终存在超越于法律规范之上的权力，法治秩序终将会崩裂。地方财政自主权，必须在规范主义的立场上循序形成。[45]

特别行政区制度一直是学术界研究的重点问题，2012年，也有几位学者就特别行政区的问题进行了探讨。有学者指出，香港和澳门特别行政区的高度自治在制度设计背景、历史传统、权力内容和行使方式等方面具有其特殊性，不应从西方国家地方自治的角度解读特别行政区的高度自治权并将其归结为一种权利。港澳居民所享有的权利与自由和特别行政区的高度自治权是两个不同层面的问题，不能简单画上等号。应当明确，特别行政区高度自治权的性质属于权力而非权利，否则将扭曲中央与地方的关系，混淆特别行政区权力的来源。[46]有学者指出，对于特别行政区基本法应当作出合宪性推定。该学者认为，全国人大曾作出特别行政区基本法符合宪法的决定，但未释明合宪性理由，而学界则于学理上形成了特别行政区宪法论、基本法律论和宪法特别法论三种合宪性推定理论。三种理论均存在表现不一的误解和困境，并完全忽视了1982年后我国宪法根本规范的变迁。现行宪法以共和制为根本规范，建立了一般行政区、民族自治区和特别行政区的地方制度，其中特别行政区实行资本主义共和制，其他地区实行社会主义共和制。全国人大决定特别行政区的设立及其制度，制定特别行政区基本法，将《宪法》第31条具体化，符合现行宪法的规定。与其他地方制度相比，特别行政区制度的宪法规定十分欠缺。全国人大应当修改宪法，明确规定特别行政区制度的宪法地位和内容，从根本上化解特别行政区基本法抵触宪法的疑虑。[47]有学者对违基审查权进行了研究，指出香港的普通法传统为特区法院的违基审查权提供了法理依据。特区的新法治秩序激活了普通法中法院的司法审查权，而全国人大常委会审查权的不完整性使特区法院的违基审查成为必要。司法实践表明，特区法院的违基审查权无法挑战全国人大常委会的审查权，对基本法的实施总体上是有利的；损害特区行政主导体制的主要因素并非是法院的违基审查，而是立法会的强势地位。作为植根于普通法传统、已有十多年运行实践的权力，特区法院的违基审查权无须再通过全国人大常委会释法确认。当然，基于其在特区法治秩序中的地位，特区法院违基审查权应受到特区外部与内部两方面的制约。[48]特别行政区法院对国家豁免案件的管辖权问题，有学者认为，特别行政区法院对于该类案件没有管辖权，该学者认为，2011年8月26日，全国人大常委会根据香港终审法院的请求，就刚果（金）案审理中涉及的基本法有关条文进行了解释。本次释法涉及一系列与基本法相关的重大理论与实践问题，以下几个问题有特别重要的意义：（1）国家豁免行为的主体和行为的性质表明，国家豁免涉及国家间的关系，是与国家主权相关的国家行为，由主权国家行使和决定；（2）香港作为中国的一个特别行政区，应奉行与国家相一致的国家豁免制度，香港法院既无权决定香港实行何种国家豁免制度，也对以国家为被告的、涉及国家豁免行为的案件无管辖权；（3）香港原有法律，包括1997年前在香港适用的普通法，如果在香港特区继续适用，应作出“必要的变更、适应、限制和例外”，以不与基本法抵触为原则，普通法的任何规定和原则都不得违反基本法的规定。[49]

注：

①章永乐：《“八二宪法”三十年：实践反思与理论争鸣》，《中外法学》，2012年第5期。

②高全喜：《革命、改革与宪制：“八二宪法”及其演进逻辑——一种政治宪法学的解读》，《中外法学》，2012年第5期。

③常安：《改革、修宪与宪法理论论争——现行宪法颁布30周年之际的一个学术史回溯》，《法律科学》，2012年第6期。

④韩大元：《宪法实施与中国社会治理模式的转型》，《中国法学》，2012年第4期。

⑤莫纪宏：《宪法实施状况的评价方法及其影响》，《中国法学》，2012年第4期。

⑥周叶中、蔡武进：《我国社会主义法治建设的路向展望——1982年宪法实施30周年的思考》，《法学评论》，2012年第6期。

⑦薛小建：《中国社会转型的法律基石：1982年宪法的历史地位》，《中国法学》，2012年第4期。

⑧董和平：《宪法修改的基本经验与中国宪法的发展》，《中国法学》，2012年第4期。

⑨程燎原：《再说“〈宪法修正案〉修正了什

么”——“法治”、“人权”入宪之断想》，《现代法学》，2012年第6期。

⑩谢维雁、段鸿斌：《论修宪建议——纪念1982年〈宪法〉颁布30周年》，《现代法学》，2012年第6期。

⑪魏琼：《宪政起源考——以古代两河流域神权、长老会、法律与王权的博弈为视角》，《比较法研究》，2012年第4期。

⑫饶传平：《宪政与革命：1920年代中国知识分子的“孤军”困境——以〈孤军〉杂志为中心》，《政法论坛》，2012年第5期。

⑬于明：《政体、国体与建国》，《中外法学》，2012年第1期。

⑭张龑：《人民的成长与摄政的规范化》，《中外法学》，2012年第1期。

⑮钱宁峰：《“统治权”：被忽视的宪法关键词》，《中外法学》，2012年第1期。

⑯田雷：《“差序格局”、反定型化与未完全理论化合意——中国宪政模式的一种叙述纲要》，《中外法学》，2012年第5期。

⑰郑琼现：《军政之治与宪政之病——对孙中山宪政程序设计的反思》，《法学评论》，2012年第1期。

⑱苗连营：《作为“地方性知识”的宪政及其当代中国的历史境遇》，《政法论坛》，2012年第6期。

⑲任喜荣：《当代中国宪政建设中的“主义”与“问题”》，《法制与社会发展》，2012年第5期。

⑳强世功：《中国宪政模式？巴克尔对中国“单一政党宪政国”体制的研究》，《中外法学》，2012年第5期。

㉑佀化强：《合宪性推定与违宪审查的神学起源——以15至18世纪基督教良心的双重义务为视角》，《清华法学》，2012年第3期。

㉒王书成：《论合宪性解释方法》，《法学研究》，2012年第5期。

㉓王书成：《从合宪性推定到权力谦抑主义——香港“郑家纯等诉立法会”案中的解释方法与司法哲学》，《法学家》，2012年第1期。

㉔陈鹏：《刑法“有利溯及之例外”条款的合宪性限定解释——基于牛玉强案的思考》，《法学家》，2012年第4期。

㉕沈岿：《宪法规范层次论：一种解释方法》，《清华法学》，2012年第5期。

㉖门中敬：《含义与意义：公共利益的宪法解释》，《政法论坛》，2012年第4期。

㉗田夫：《什么是法律监督机关》，《政法论坛》，2012年第3期。

㉘范进学：《我国宪法监督程序制度之审思与变造》，《法学》，2012年第10期。

㉙张千帆：《宪法的选择适用》，《中外法学》，2012年第5期。

㉚翟国强：《宪法判断的正当化功能》，《法学研究》，2012年第1期。

㉛张颖、陈晓枫：《制宪权之真实性的文化解读》，《法学评论》，2012年第2期。

㉜张翔：《基本权利的体系思维》，《清华法学》，2012年第4期。

㉝郑贤君：《宪法“人格尊严”条款的规范地位之辨》，《中国法学》，2012年第2期。

㉞谢立斌：《论法院对基本权利的保护》，《法学家》，2012年第2期。

㉟胡弘弘：《我国公民基本权利的宪法表述》，《政法论坛》，2012年第6期。

㊱夏正林：《1982年宪法基本权利观探讨和反思》，《政法论坛》，2012年第6期。

㊲夏正林：《论基本权利的一般性和特殊性》，《法学评论》，2012年第5期。

㊳韩秀义：《中国宪法权利“新”类型的划分、解释与应用》，《现代法学》，2012年第2期。

㊴罗楚湘：《网络空间的表达自由及其限制——兼论政府对互联网内容的管理》，《法学评论》，2012年第4期。

㊵肖榕：《网络言论在公民基本权利平衡实现中的地位》，《法学》，2012年第5期。

㊶张翔：《财产权的社会义务》，《中国社会科学》，2012年第9期。

㊷汪习根：《免于贫困的权利及其法律保障机制》，《法学研究》，2012年第1期。

㊸李拥军、付中强：《性的自治与规制——在法律规则的视野下对性权利的一种解读》，《法制与社会发展》，2012年第1期。

㊹徐清飞：《我国中央与地方权力配置基本理论探究——以对权力属性的分析为起点》，《法制与社会发展》，2012年第3期。

㊺徐键：《分权改革背景下的地方财政自主权》，《法学研究》，2012年第3期。

㊻吴天昊：《特别行政区高度自治权：是权力而非权利》，《法学》，2012年第12期。

㊼叶海波：《特别行政区基本法的合宪性推定》，《清华法学》，2012年第5期。

㊽李树忠、姚国建：《香港特区法院的违基审查权——兼与董立坤、张淑钿二位教授商榷》，《法学研究》，2012年第2期。

㊾董立坤、张淑钿：《香港特区法院对涉及国家豁免行为的案件无管辖权》，《政法论坛》，2012年第6期。

（作者：胡锦光，中国人民大学教授；董妍，天津科技大学讲师）

行政法学

胡锦光　董　妍

2012 年，《行政强制法》开始实施、《行政复议法》修订工作列入国务院立法计划，最高人民法院发布《最高人民法院关于国家赔偿案件立案工作的规定》等，与此同时，行政法学研究也更为深入，与以往相比，2012 年行政法学研究呈现出更为重视理论研究的特点。

一、行政法学基础理论

在行政法学基础理论的研究中，有学者对行政法学的体系进行了研究，认为传统的行政法学过度偏重于作为行政过程最终结果的行政行为，忽略了同一行政过程中各个连续的行为形式之间的联系，仅仅从静态上定点地考察行政行为的合法性。随着现代公共行政的发展，行政法学必须将行政过程中的各种行为形式全盘纳入视野，而且应注重同一行政过程中各行为以及同一行为内部的各环节之间的关联性，对行政过程进行全面、动态的考察。基于此，可以从公私法区分的相对化、实质法治主义的转换、行政法学方法论的变革、行政法体系的重构、行政行为理论的发展、行政过程中相对人地位及作用的提高等六个方面构建行政过程论的理论体系。[①]制定统一的行政法典一直是中国行政法学者的一个梦想，有学者称其为“一个美丽易碎的梦”。该作者指出，二十多年前，我国行政法学界同仁曾进行过一次起草行政基本法的大胆尝试，但由于各种历史原因而夭折。当前，随着我国行政法治理论和实践的不断推进，制定一部规范所有行政行为，在行政法体系中起纲要性、通则性、基础性作用的行政基本法的时机开始成熟。该作者全面分析了制定行政基本法的必要性、可行性，并提出了制定行政基本法需要重点解决的十个问题，以及需要正确处理好的十大关系。[②]有学者认为，行政法中目前存在着不和谐因素，这些不和谐因素是行政法内部不能自洽、行政法诸元素互不关联、行政法的规制方式相互否定、行政法发展结果分裂等状态。其表现为：行政法实在与行政法实现、行政立法与行政执法、行政法一般规则与部门行政法规则、作为“体”的行政法与作为“用”的行政法的不和谐。这些问题足以制约一国行政法治的进程，然而并没有引起我国学界的重视。该学者认为有必要探讨行政法中不和谐因素的解决对策，应当用宪政制度统领行政法体系、用公法理念框定行政法概念、用公平理念构筑行政法治、用广义司法审查构建行政救济体系。[③]有学者从行政规则的语义入手，对这一概念进行了分析。指出语义及法理分析显示，“行政规则”明显优于“行政规范”和“行政规定”，理应成为指代规章以下规范性文件的最佳概念。行政规则效力的外部化业已成为一种世界性现象，行政规则的具体效力应视其样态和功能的不同而定。法渊源内分资源、进路和动因三要素理论的提出，为消除行政规则法源地位认识上的模糊性提供了学理基础。行政规则事实上的拘束力及其与公共政策的界分，为清除上级行政规则优越论的误导提供了现实基础。行政规则认识误区的逐一破除，能够促使行政规则研究正本归源并向纵深方向发展。[④]有学者对行政法规和行政法律的界限进行了阐述。认为在我国的立法实践中，诸多事项法律与行政法规同时规定，而且从理论上讲法律的数量应当远远多于行政法规，因为，法律可以规定一切行政事项，行政法规仅能规定三类事项。这种有限性与无限性的反差，应当使行政法律的数量相对大些，但在具体的立法实践中，行政法规的数量要比行政法律的数量多出许多倍，对于这个现象行政法学界和立法学界并没有从理论上给予合理解释。作者认为，理论界无法解释与实务部门的普遍困惑都源于行政法律与行政法规在实质上的界限不清。所谓实质上的界限不清是指二者在规制的行政事态的内容上没有一个规范性标准，而学界对这样的标准也没有给出理论上的阐释。这个问题对于行政法治建设的制约是巨大的，因为当某一事项本该由法律规定却被行政法规规定时，必然会降低对这个事态的规范力。反之，当某一事态本该由行政法规规定却被法律规定时，必然会人为加大立法成本，最终的结果则是大大降低我国行政法的公信力。在此基础上，作者提出了二者的关系为：其一，行政法规的规制裁量仅存于国务院之职权之中；其二，行政法规只能设定管理关系而不能设定行政关系；其三，行政法规规制前提以行政法律留有空隙为基础。[⑤]

对于行政法学研究的进路，有学者认为应当充分利用本土资源，行政法学研究的资源是行政法学研究一开始就遇到的问题。但是，由于人们展开对行政法问题研究时将侧重点放在行政法问题之上，便常常疏忽了对研究过程中遇到的资源进行审视，对资源本身作出判断和选择这样一个相对外在的问题。事实上，当学者们对行政法问题进行研究时都面临怎样对待资源，怎样合理利用资源这样一个研究的初步环节。一定意义上讲，行政法学研究中所占有的资源对行政法学研究的状况，对行政法学科的构建有决定意义。即是说，研究过程中所占有的资源不同得出的结论就有所不同，对资源的处理方式不同，对研究的进路也就有所不同。正因为如此，必须引起对行政法学研究资源的重视，必须注意对研究过程中资源的有效处理和合理利用。在我国行政法学研究中，对本土资源以外的资源相对重视一些，而对本土资源的重视尚嫌不够。正基于此，该学者对行政法学研究中的本土资源及其合理利用作一系统研究，以引起学界对行政法学研究中资源，尤其是本土资源的重视。[6]

行政法的社会功能，特别是社会治理功能，也受到了学者的关注。有学者指出，预防和化解社会矛盾的治本之策就是规范公权力，认为社会矛盾是指社会群体、阶层、组织之间的紧张关系，这种紧张关系通常是由资源占有或者利益分配的不均以及意识形态、价值观等差异造成的。通常表现为一方对另一方的负面情绪，并会因负面情绪而采取的一定形式的外显行为。从法律意义上看，社会矛盾往往表现为纠纷和争议。当前社会矛盾纠纷呈现出数量增多，参与主体多元化、有组织化，表达方式极端化、暴力化、网络化等特征，而纠纷化解渠道不畅，过分依赖行政手段的纠纷解决方式，加大了纠纷解决难度，给社会稳定带来更大压力。当前我国社会矛盾纠纷不断增加的主要原因是公权力行使不规范，预防化解社会矛盾纠纷的根本出路在于规范公权力行使，包括明确权力边界、规范立法权力，健全程序规则，规范决策和执法行为。由于解决矛盾纠纷主要依赖行政方式，诉讼、复议等法定救济渠道并未充分发挥作用，致使社会矛盾越解决越多，预防化解矛盾纠纷的难度不断加大。为此，应当慎用行政手段，畅通法定救济渠道，有效化解社会矛盾纠纷。[7]还有学者针对目前出现的诚信危机提出了治理办法，认为诚信是社会正常运转所必不可少的基本品质，我国当前面临着严重的诚信危机，无论国家机关诚信还是社会诚信均需重塑。我国当前的诚信信息供给模式属于公共信息机构占据主导地位的混合模式，市场化的诚信信息供给主体作用较小。因此，对社会诚信危机的治理，应当在完善公共诚信信息系统的基础上，进一步完善公共诚信信息的行政运用机制，通过行政机关的协同配合和社会公众的参与来达成目标。[8]

社会管理创新近年来一直是行政法学研究的热点问题，2012 年，仍有部分学者针对这一问题进行了探讨。有学者运用行政法基本原则中比例原则理论对社会管理创新问题进行了研究，认为比例原则不仅是行政法的“皇冠原则”，而且是社会管理和国家治理的基本原则。该原则要求政府在社会管理中应当注意管理手段与管理目的之间的适当性、必要性和相称性，不能欲治反乱，不能为了某一管理目标而付出极端高昂之成本，不能给人民加上过重之负担。今天的比例原则已经为全球宪政主义提供了一个“共同的话语”，唯有在社会管理和国家治理中尊重和落实该原则，公民权利才能得到有效保护，社会管理才能有条不紊，国家才能和谐稳定。[9]还有学者认为，社会管理创新要求加强行政决策程序建设。该学者指出社会管理创新已成为时代特征和科学发展的要求，社会管理创新必须以民生为先导，以公平正义为基础，加强行政决策制度建设，通过相关决策内容和决策目标的调整，推动政府职能有效转变。行政机关应当运用法治、规则和程序，以“行政公开”与“行政参与”的程序理念为内核，建立具体的正当性行政决策程序规则，推进社会管理理念、方式和机制的创新，促进经济社会协调发展。[10]

有年轻学者对行政法与民法交叉问题进行了研究，对民法规范在行政法中的适用问题进行了阐述，指出民法与行政法虽各有特性，但也有共通之处。在行政法规范出现漏洞时，出于平等和正义的要求，适用民法规范既有可能，也有必要。但民法规范并非一律可以直接适用，而要根据有无行政的特殊需要来作出判断。民法中的一般法律原则、一般法律制度以及法律技术性规定等通常可以直接适用于行政法领域。其他民法规范虽然未必直接适用，但仍可能根据平等原则的要求，进行类推适用。无论是直接适用还是类推适用，均应以行政法规范存在漏洞为前提，并遵守合理的规则和界限，否则也会破坏民主与法治原则。[11]

二、行政法主体

随着公权力的转移，社会组织承担了很多重要的社会管理职能，而以往的理论中鲜有对其退出机制的研究。有学者针对这一问题进行了阐述，认为中国社会组织的法定类型包括社会团体、民办非企业单位和基金会，注销、撤销和取缔是社会组织退出的三种方式。社会组织管理机关通过不定期的大规模的清理整顿，将不符合政策的社会组织淘汰出局，有违社会治理常态。美国、英国、德国和日本社会组织退出制度各有特色，对中国具有借鉴意义。同时，《公司法》和《企业破产法》关于公司解散和清算的制度经验，也为社会组织的退出机制提供了参考。健全社会组织退出机制需要：（1）贯彻自愿性公益的理念，形成以自愿为主、强制为辅的社会组织退出机制；（2）降低社会组织准入门槛，营造宽进宽出的法律环境；（3）建立社会组织评估与预警机制；（4）明确规定社会组织退出时的相关法律责任及剩余财产的处置办法。[12]在新的社会权力结构下，有学者探讨了行政主体理论的变迁，指出强化社会管理是要求政府加大民生福利方面的投入，而不是包揽一切社会管理事务。政府、社会组织以及其他社会管理主体共同履行公益服务职能的社会管理新格局正在形成。政府通过购买公益服务，与社会组织在社会管理和公共服务中形成合作伙伴关系是社会管理创新的重要途径。社会组织走上公共服务的前台引发了行政主体理论的变迁，社会行政组织成为行政主体的重要组成部分。[13]关于高校行政主体问题，有学者也作了探讨，该学者指出高校与大学生之间的法律关系问题一直是大家讨论的热点。该学者从行政法的角度论述了两者之间的法律关系，认为高校与大学生之间存在行政法律关系，分析了这种行政法律关系的各个要素，指出高校作为行政主体时所做出的行政行为均为外部行政行为，建议通过法律宣传和教育，并对现行法律进行修改，从根本上保护作为行政相对人身份时大学生的合法权益。[14]

本年度行政法研究中，还有一个十分突出的特征，就是重视对行政相对人的研究。有学者讨论了行政相对人义务的认赎，认为执法方式的改进和创新是我国法治政府及和谐社会建设的迫切要求。认赎是一种全新的执法方式，透射出鲜明的时代精神，彰显“以人为本”的执法理念。表现在当行政相对人履行义务发生客观困难时，可用其他相同的义务赎抵或替换原义务的履行，但有严格的限制。前提是该义务具有可替换性，且基于行政相对人自愿主动提出，行政主体为实现行政目的，在法定职权范围内依据一定程序对该申请予以认诺作出。[15]有学者探讨了对行政相对人不产生实际影响的行政行为。指出对行政相对人不产生实际影响的行政行为是指在行政法治实践中由行政主体依法定要件实施的具有行政行为外形但与行政相对人权益没有直接关联的内部行政行为或外部行政行为。其包括貌似外部行政行为的内部行政行为、貌似给行政相对人作出的以第三人为对象的行为、貌似具有特定对象的对象不特定性行为、貌似实体性的程序性行为、貌似执行性的决策性行为、貌似设定义务的赋权性行为、貌似法律行为的事实行为等类型。对行政相对人不产生影响的行政行为并非完全没有诉讼地位，它是具有部分诉讼地位的行政行为，即当事人有将其作为诉讼标的的权利。人民法院有裁定不予受理的权力，原告资格转移后有再诉的可能，人民法院应作出适当的司法处置。[16]有学者探讨了行政相对人的参与权，指出公民参与是宪政与法治的核心议题之一。新时期行政体制改革不仅为我国行政相对人参与权的完善提供了历史契机，而且完善我国行政相对人的参与权也是我国行政体制改革的内容之一。同时，行政决策民主化、科学化就必然要求加强行政相对人的民主参与。因此，从行政相对人参与权与宪政理论的辩证关系来分析我国现行法律制度中关于行政相对人参与权所存在的缺陷，并提出完善行政相对人参与权的具体举措，以期真正实现人民主权这一宪法基本原则之最高追求。[17]

行政相对人的法律素养也成为了学者探讨的内容。有学者认为，行政相对人与执法主体在执法活动所形成的行政法律关系是互有权利义务、互为主体的关系。然而，行政相对人的主体地位是有限的主体地位，因而在执法活动中行政相对人既与执法主体有自愿的合作也有非自愿合作。行政相对人的德性要求也就是与执法主体进行合作所需要的基本品质，即诚信、服从、责任感和友善。[18]有学者针对行政相对人的法律素质与行政效率相关性进行了研究，指出行政相对人的法律素质包括行政人所具有的法律知识，行政相对人的法律意识以及行政相对人运用法律知识的能力和行为。提高行政相对人的法律素质，不仅是建设法治社会的要求，而且对于提高行政效率具有重要的意义。行政相对人法律素质的提高可以改进行政过程，监督行政不作为以及制约行政违法行为。[19]

三、行政行为

行政行为历来是行政法学研究的一个重点，2012 年，行政法学界对于行政行为的研究主要集中在以下几个方面。

（一）行政裁量

行政法被裁量的术语统治着，它是行政国时代实现法治的核心要素。2012 年，行政裁量问题仍然是行政法学研究的热点问题。有学者以英国的“非正式规则”为参照系，结合我国实践和理论，逐一分析了指南、手册和裁量基准的效力、公开、制定主体和程序问题。指出它们对内因行政科层制而具有拘束力，对外呈现多样化的效力形态，应运用合法预期、“直接的权力因素检查”和相关考虑等理论，对其内容和条文逐个分析判断。它们提供了有益的裁量建构，只有公之于众，才能有效规范自由裁量。可以引入类似立法的程序予以控制，但要适度克制，避免其丧失灵活性。[20]有学者研究了行政裁量缩减论，指出行政受法的拘束，是法治国家的基本要求，也是行政权具有民主合法性的基础。同时，行政权具有主动、积极的特性，担负处理公共事务及实现公共利益的职责，行政机关不应只是单纯的“执法机器”，其权力的运作往往带有某种程度的创造性与形成性。而且社会公共事务多元复杂，基于合目的性的考量，也必须让行政权享有某种程度的权宜性与自由性，才能合乎个案正义的要求。然而，在依法行政原则的要求下，这个自由活动空间的内涵及其范围成为行政法学上争论的焦点，构成行政法解释学上的核心问题。一般而言，行政机关在行使裁量权时，考量是否或如何采取措施时，并非毫无限制，其必须审慎斟酌各种可能情况及其行为的必要性，行政裁量不仅必须合乎公益上的必要性、衡平性及合目的性，而且应该遵守法治国家的基本原则，不能背离理性或违反平等原则及禁止过度原则。因此，行政裁量的范围在一定条件下可能受到限缩，甚至在特殊情况下，仅有唯一合法决定可以选择，对此学者称之为裁量缩减至零。[21]有学者研究了裁量基准的效力问题，指出近年来，裁量基准是中国行政法理论界和实务界共同关注的一个问题，新兴行政任务的要求促使行政实务必须发展新的行政行为和组织形式来应对，裁量基准由此产生。裁量基准效力的理论依据是行政自我拘束和信赖利益保护原则，效力性质体现在其效力的相对性上；裁量基准除了对行政相对人的外部效力外，还对司法存在拘束力。在一般情况下，法院应当出于对专门行政知识、长久行政惯例和政策的尊重，或者出于对保障私人平等权利等法律原则的考虑，认可裁量基准作为裁判依据的效力。[22]行政裁量也存在自我规制问题，有学者认为行政裁量自我规制是行政主体及其工作人员基于自律、自行规范行政裁量行为、避免行政裁量权滥用、保障授权法目的实现的机制。行政裁量自我规制相对于行政外部规制而言，具有针对性强、效率较高和成本较低的优势。行政裁量自我规制的主要方式有法的精神、法的基本原则、正当法律程序、行政惯例、行政政策、裁量基准等。行政裁量自我规制的适用必须适当和适度。应该正确处理防止裁量权滥用与促进裁量权有效行使的关系，加强、完善自我规制与主动、积极接受外部规制的关系，健全硬法规制与推进软法规制的关系。[23]对于自由裁量权的程序性控制，有学者认为，行政自由裁量权是行政权的核心，它既能适应行政权不断扩张的需要，也能适应行政管理活动的特殊性和灵活性的原则要求，可以有效地弥补法治的局限性。然而，在产生积极影响的同时，其滥用也是不争的事实，这不仅损害了行政主体的形象，还助长了官僚作风和特权思想。因此，实施行政程序性控制可以在行政自由裁量权行使的过程中督促其行为趋于科学合理，在当前不失为一种行之有效的控制方法。[24]

（二）行政强制

《行政强制法》于2012年1月1日开始实施，很多问题已经尘埃落定，虽然2012年学术界对于《行政强制法》的研究成果不比前两年，但仍然出现了一些比较有代表性的作品。有学者对于“行政强制措施”和“行政强制执行”两个概念进行了区分，指出《行政强制法》既将行政强制措施与行政强制执行“合二为一”（合称为“行政强制”），又在同一法中将它们“一分为二”（分别规定“行政强制措施”与“行政强制执行”）。之所以将它们“合一”，是基于行政强制措施与行政强制执行有其行政行为上的共性；之所以将它们“分二”，是基于行政强制措施与行政强制执行在法律设定和法律适用中的严格区别。作者在反思以前几种区别理论的基础上，认为行政强制措施与行政强制执行之间最为本质的区别应当是行政机关强制当事人履行的“义务”不同：强制当事人履行“容忍、不作为”义务者为行政强制措施；强制当事人履行“作为”义务者为行政强制执行。[25]有学者认为我国现在行政强制制度的调查取证制度有完善的必要，指出《行政强制法》的实施给本来就困难的行政调查和取证带来了新的挑战。基于在坚持依法行政的前提下实现行政调查和取证的目标，有必要在立法上完善相对人不履行证明责任的法律责任制度，有限使用秘密调查取证方法，推行调查取证中的担保制度，以及建立调查取证中的职务协助制度。[26]目前，在行政执法中出现了公布违法事实的情况。有学者指出针对行政强制执行体制之争，《行政强制法》作出了维持现状的选择，创新执行手段随之成为破解行政强制执行难的务实路径。作为一种间接强制手段，违法事实公布业已在我国价格监管、环境监管及计划生育等多个具体行政领域得到适用。行政任务多样性与执行手段有限性之间的矛盾、间接强制优于直接强制理念的落实，以及信息社会确保行政法义务履行的实效性，为违法事实公布成为间接强制执行的新手段提供了正当性依据。为了防止对行政相对人合法权益的侵害，应当从法律依据、适用条件及程序设置三个方面实现对违法事实公布手段的法律控制。[27]

（三）土地征收

土地问题一直是中国社会的敏感问题，土地征收问题也一直是行政法学研究的重点。有学者分析了土地使用权回收的类型，指出土地使用权收回，是我国土地法律体系中一个独特且复杂的概念。目前，无论是行政法学界还是民法学界，对于土地使用权收回的理论基础、种类、性质和适用条件等都缺乏足够关注。通过对我国现行法律和行政、司法实务的梳理发现，客观上存在着“公法上的收回”和“私法上的收回”两种性质不同的土地使用权收回。其中，公法上的收回又可分为征收性收回、处罚性收回、确权性收回三类；私法上的收回又可分为契约性收回和身份性收回两类。不同性质和种类的土地使用权收回生成的理论背景不同，适用条件和范围各不相同，是否补偿和救济途径也有所差异，这些皆需在修改土地管理法等相关法律法规过程中加以明确和细化。[28]针对拆迁中的问题，有学者指出，《国有土地上房屋征收与补偿条例》规定的以司法强拆取代行政强拆的制度难负众望，因为法院缺乏保持司法中立的制度性保障，同时又缺乏对作为拆迁根据的法规、规章等违法性“法律”进行解释和审查的权力。司法强拆并不能终结拆迁悲剧。解决拆迁问题的关键是对被拆迁人作出公平、合理的补偿，这就要求必须从补偿范围、补偿标准、补偿形式等各方面全面调整目前的拆迁制度设计，特别是要对土地使用权的价值作出补偿。从深层次上说，解决拆迁问题必须解决土地征收背后的财政、人事等体制性根源，并推进、深化司法与政治体制改革。[29]有学者探讨了土地征收中的法律适用问题，认为法律规则在界定初始权利之后，通常会运用财产规则和责任规则提供保护。但目前房屋拆迁所适用的是一种比责任规则更为残酷的规则。在这一残酷规则下的博弈形式中，政府官员、拆迁人和法官形成了结盟以最大化其共同利益，而被拆迁人的所得仅仅基于其最基本的底线。由于外在客观价值标准（如公共利益）缺乏明晰界定，因此该学者主张需要回归适用最基本的财产规则。而物权法的颁行并没有改变现实的博弈均衡，因为诸如集中的政治权力和独立司法权的缺失等更基本的规则没有发生变革。[30]有学者对于土地征收中的“公共利益”作出了解释，认为从20世纪50年代以来，土地征收中的公共利益经历了一个演变过程，其具体内涵从最初的“国家建设”走向改革开放后的“建设”，并最终在1998年《土地管理法》通过后走向虚无。在这个过程中，政府发挥了关键性的作用，所谓的公共利益实际上成了政府决定的利益，只要政府决定了，则征收不可避免。尽管国家也不断地对土地征收进行控制，但在“发展经济”的背景之下，控制并不是为了限制“公共利益”的滥用和保护私人权利，且其本身也是乏力且摇摆不定的。土地征收中公共利益的演变是由社会政治经济发展的“形势”所决定的，它下一步如何发展取决于各种力量的博弈。[31]有学者对“司法强拆”问题作了阐述，认为1991年、2001年国务院两部《城市房屋拆迁管理条例》均确立了“行政强拆”与“司法强拆”双轨制立法模式，在立法层面较好地兼顾了公正与效率的价值。然而在地方强拆实务操作层面，则倾向于选择以“行政强拆”“先行（予）执行”为主的效率模式。2011年国务院出台的《国有土地上房屋征收与补偿条例》改采“司法强拆”单轨制立法模式，在彰显公正价值之余，却不当舍弃了公益征收背景下应予关注的效率价值，同时也忽视了司法执行中本备受批评的窘境。该作者通过新旧条例对房屋强拆立法模式变迁及实务问题的疏理，指出当下问题的关键不在于“行政强拆”还是“司法强拆”，而在于强拆目的是否限于公共利益，征收补偿是否公平合理，以及政府、法院动用国家强制力剥夺百姓安身立命之所，是否兼顾了公益与私益、公权与私权、公正与效率的适度平衡。[32]

（四）政府信息公开

自2004年上海市出现“政府信息公开诉讼第一案”以后，特别是2008年《政府信息公开条例》实施以来，政府信息公开一直是行政法学界的一个重点问题。有学者针对目前政府信息公开申请的困境，指出从“知的需要”到“知的权利”的转变，代表现代政府信息自由立法的理念革新。但反观我国《政府信息公开条例》，依申请公开保留“知的需要”作为限制条件、立法目的条款回避对“知情权”的明确保障，都显现出“知的权利”这一核心定位的缺失。这也导致《条例》在信息公开范围和豁免条款设计的逻辑偏差，以及“公开为原则、限制为例外”基本原则的旁落，从而引发信息公开申请在实务操作与法律救济层面的困境。这需要从理念转型、规范设计和制度操作的系统性角度，来明确未来信息自由立法的方向。[33]针对行政机关常以“政府信息不存在”为由，拒绝公开信息，有学者指出法院在审理政府信息公开案件的过程中，常会出现行政机关以“政府信息不存在”为由拒绝提供政府信息的情况。政府信息不存在是指政府信息自始至终不曾产生。对此行政机关在诉讼中应当提供进行过合理检索的证据，法院应当在综合考量行政机关工作人员的工作态度、检索载体和检索方法的基础上判断行政机关是否尽到了合理检索义务。法院应当根据不同案件事实选择合适的判决方式，在判决撤销政府信息公开决定的同时应判决行政机关在一定期限内重新答复。[34]还有学者对中国近代保密制度与新闻自由，以清末为起点进行了梳理，指出清末以来，列强环伺、内乱绵延，为实现民族独立和国家统一，清政府和民国政府积极进行保密法制建设，建立电报保密制度、军事秘密保护制度和新闻保密审查制度，颁布刑法典，惩治泄露国家秘密犯罪。保密法制的建立和发展为抗战中的保密工作奠定了良好的制度基础。但中国近代保密法制未能完全实现其立法目的，袁世凯时期甚至以保密为名迫害新闻媒体，造成新闻业的重大衰退。国民政府保密法制也有过于严厉之处，这给保密法制的发展蒙上阴影。如何妥善处理国家保密权与新闻自由以及公开的关系，是中国近代保密法制未能完全解决的一大难题。[35]

（五）行政处罚

行政处罚是行政执法中经常遇到的内容，也是对相对人权益产生切实影响的行政行为。针对行政处罚规则中的空白要件，有学者认为应受行政处罚行为的成立要件包括构成要件的该当性、违法性及有责性三个判定标准，其中构成要件是指法律规范中规定违法行为特征的各种条款。在由自由法治国向社会法治国的转变过程中，经常会出现将违法行为交由其他规范予以描述的空白要件。我国行政处罚法第二章并不能限定空白构成要件的创设，现实中的空白要件设定也欠缺明确性，这在一定程度上是对处罚法定原则的破坏。因此，需要运用诸如“保护行政法益的必要性和等同性规则”“授权明确性规则”“第二次禁止规则”等约束机制，对空白要件的创设与补充加以规范。[36]有学者专门就美国的罚款制度进行了研究，认为行政罚款是美国联邦政府监管机构日益频繁使用的执法手段。行政罚款主要适用于与政府监管或者税收征收相关的违法行为，相对人的违法行为属于行政犯而非自然犯，并且其适用能够实现预防或者救济的功能。在联邦立法中设置行政罚款条款时往往注重与其他执法工具的组合，突出其弹性灵活的优点，使其成为刑罚、吊销许可证等制裁方式的重要补充。在罚款金额的确定上，美国联邦法律和行政规则往往明确规定执法机关确定罚款金额的公式和调整系数。行政机关在评估确定罚款金额时，往往同时考虑违法收益和违法程度，以求实现最佳的威慑效果。为了确保行政罚款的有效、高效和公正性，法律在实施程序方面提供了两种主要模式选择：一种是赋予行政机关对行政罚款和解进行评估并作出妥协的权力，但要求有更高水平的行政程序保障；另一种则将实质性的权力赋予司法机关，但是强调行政程序的灵活和效率。如果相对人没有依照监管机构的罚款决定或者双方达成的和解协议交纳行政罚款时，联邦地区法院负责强制执行罚款的决定或者和解协议，法律同时规定了可以按日加收罚款或者提供禁令救济。行政罚款资金一般上缴国库，但是为了奖励举报人或者救济受害人的目的，法律作出特殊安排。[37]

四、行政救济制度

本年度行政救济制度的研究主要集中在行政诉讼和行政复议两项制度。

（一）行政诉讼

有学者指出行政诉判关系就是行政诉请与判决的关系，属于研究诉请与判决之间关系的客观规律范畴。一般观点认为，行政诉讼与民事诉讼一样，行政诉请对行政判决的制约作用，即行政诉请与行政判决有一致性，是由司法的被动性、处分原则、正当法律程序所决定的。行政诉判关系的一般观点以及理论基础具有一定的局限性，缺乏系统的逻辑论证以及忽视了行政诉讼的特殊性。构建行政诉判关系应当以主观公权利救济和客观法秩序维护两条主线重新认识。从主观公权利救济的角度看，主观公权利、行政诉权、诉讼请求、行政判决的关系从逻辑上总保持着相当程度的一致性和连贯性。而从客观法秩序维护的角度，行政行为的违法性与有效性并非一致决定了行政诉判完全一致。因此，行政诉判关系是一致性与非一致性的统一。[38]还有学者指出参与式诉讼在我国的出现，是社会自身演化的结果。它是由案件当事人、媒体、律师等各种社会主体通过公众参与活动形成的社会合力促生出来的，具有参与式民主和协商式民主的色彩。在一定程度上补充了我国权力结构模式的不足，是一种新型制度推进机制，对于解决重大的社会问题和制度问题具有很强的推动作用。为充分实现它的价值，需要从审判制度改革、信息公开制度建设、当事人资助基金制度建设等方面进行制度构建。[39]针对目前行政诉讼存在的问题，有学者提出了完善的建议，认为1989年颁布的《行政诉讼法》在行政权力制约、行政相对人的权利救济方面发挥了较好作用，但随着时代的发展，现有《行政诉讼法》已经很难有效地对行政相对人的权利进行救济，亟待修改和完善。该学者针对行政诉讼的“五大门”问题，即受案范围狭窄、受理“门槛”过高、司法不独立、纠纷解决能力差、制度存在漏洞等，分别提出立法建议，为有效解决行政纠纷、保护相对人合法权益提供智力支持。[40]公益诉讼一直是行政诉讼讨论的热点问题。有学者针对这一问题发表了自己的观点，主张在本次修订《行政诉讼法》中引入公益行政诉讼制度，与以保护公民、法人和其他组织合法权益为宗旨的现行制度并行设置，划分为针对规范性行政规则和针对客观性行政决定两大类。我国现行《行政诉讼法》受到民事诉讼的极大影响，该学者认为作为公法制度的行政诉讼需要独立的公法诉讼理论。参考大陆法系国家的主观诉讼和客观诉讼及其诉权理论，该学者对行政公益诉讼及其嵌入式制度进行了分析。他认为公益性行政诉讼制度的构建必须考虑而不得超越的因素，是法院与行政之间的公法关系、社会公众与行政权力之间的公法关系和行政决策民主化的发达程度。因此，我国不可能照搬式移植法国和其他发达国家的模式，只能根据本国的情况渐进和逐步地建立起公益行政诉讼制度。[41]关于行政诉讼法律适用问题，有学者提出因行政诉讼法律适用自身有其特殊性，在我国宪政体制内对其效力问题的理解形成了困境。跳出困境，首先应当明确在我国现行宪法的规范下，将抽象行政行为纳入行政诉讼受案范围是不合适的。该学者在文章中提出解困途径——扩展间接审查的范围，并在此基础上构建间接审查的程序及时限。[42]

关于行政诉讼调解制度，有学者认为在修订我国《行政诉讼法》时增加调解制度，目前已成为司法政策的要求和学界的共识。在此背景下，哪些行政案件可适用调解以及可采用哪些调解方法等乃是需要明确的重要问题之一。该学者认为，根据法理基础、实际需要以及可行性，我国行政诉讼调解的范围可以概括为：群体性纠纷案件、存在自由裁量行为的案件、行政合同纠纷案件、直接或者间接涉及民事纠纷的行政确认和行政裁决案件、被诉具体行政行为违法的案件、法律规定不明确或者法律规定与相关政策不统一的案件以及不履行法定职责的案件等共计十类；行政诉讼调解在调审关系的处理上，可选择较有效率的全过程“调审合一”的模式；

而在调解方法上，则应在总结实践经验的基础上，采取找准问题调解、先协调后向被告提建议、内外配合进行调解和多层劝导等多种方法。[43]针对这一问题，还有学者提出，传统行政法理论中，“公权力不可处分”等观点否定行政诉讼适用调解，受此影响，我国法律规定行政诉讼不适用调解。但行政审判实践中，以“协调”“和解”等形式变通适用调解的做法一直存在。这一矛盾根源在于将“公权力不可处分”“当事人法律地位不平等”等学说的绝对化。行政裁量权的广泛存在和契约行政的渐成趋势，使行政诉讼中调解制度的建立具有了充分的正当性。但同时，行政裁量权的有限性和契约行政的局限性，又决定了行政诉讼中的调解应当是一种有限的调解。[44]

（二）行政复议

关于行政复议，有学者认为反司法化定位下的现行行政复议程序过于简化与内部行政化，欠缺程序公正的基本制度要素，不利于公正解决行政争议。要提升行政复议解决行政争议的有效性，必须开展以提升程序公正性为重心的系列公正程序制度改革，将体现程序公正的基本要素引入行政复议中，在行政复议中确立公正程序的各项基本原则，切实保障申请人的各项程序权利。在此基础上完成正当行政复议程序制度重构，具体包括回避制度、复议案件公开审理制度、言词辩论制度、复议决定说明理由制度等。[45]对于复议前置问题，有学者指出因行政复议的低使用率和应对当前行政争议形势的不尽如人意，要求用复议前置替代已实行20多年的自由选择模式，进而促使行政复议成为解决行政争议的主渠道的主张开始出现。然而，把复议前置作为改革方向值得商榷，其理由亦缺乏说服力。塑造行政复议公正性的品性，通过公正性赢得公众和当事人的信任并由此确立行政复议主渠道的地位，才是行政复议改革的根本之策。[46]我国行政复议的证据问题，有学者指出，我国行政复议证据制度存在的问题主要是：举证责任规定不够全面、证据开示和质证有所缺失、证据认定规则缺失、证明标准可操作性不强且严苛。修改的方向和原则应当是准司法化、兼顾效率与公正、内容体系化。具体来说，应当在总则中规定总体要求，完善举证责任制度，增加证据交换、保全、排除、自认、补强制度，限制复议机关所调取证据的效力，根据行政复议的目的和使命合理设定证明标准，对证据和程序两部分的内容分类归并，等等。[47]

关于复议机构的问题，有学者提出“行政复议法修改专家建议稿”关于行政复议机构提出了三方面的改革的内容：相对集中复议权，设置行政复议委员会和行政复议办公室。关于相对集中复议权的改革方案，是在区县级以上政府设置行政复议委员会，统一管辖本区域内的行政复议案件；实行全国垂直领导体制的部门，继续保留复议管辖权；法律另有规定的除外。关于行政复议委员会和行政复议办公室的设置，主要是从人员组成、委员的资格要求以及职责三方面进行构建。[48]关于第三部门作为被申请人的行政复议受理标准问题，有学者提出，第三部门作为行政复议被申请人，首先需要解决的是行政复议的受理标准问题，即第三部门从事的哪些活动可以被认定为是行政公共权力、从事公共管理活动的行为，从而可以纳入行政复议的受理范围。考察英美法院认定哪些非政府组织的行为可以接受司法审查的经验，以公共权力的行使和基本权利的保障作为主线，以权利的救济和保障作为宗旨，研究针对第三部门行政复议的受理标准，具有理论和实践意义。[49]

注：

①江利红：《以行政过程为中心重构行政法学理论体系》，《法学》，2012年第3期。

②江必新：《迈向统一的行政基本法》，《清华法学》，2012年第5期。

③张淑芳：《行政法中的不和谐因素研究》，《法学评论》，2012年第6期。

④郑雅方：《我国行政规则研究中的若干误区之克服》，《政法论坛》，2012年第5期。

⑤张淑芳：《论行政法规与行政法律的界限》，《比较法研究》，2012年第2期。

⑥关保英：《论行政法学研究中的本土资源及合理利用》，《比较法学研究》，2012年第6期。

⑦马怀德：《预防化解社会矛盾的治本之策：规范公权力》，《中国法学》，2012年第2期。

⑧王青斌：《社会诚信危机的治理：行政法视角的分析》，《中国法学》，2012年第5期。

⑨沈开举、程雪阳：《比例原则视角下的社会管理创新》，《现代法学》，2012年第2期。

⑩应松年：《社会管理创新要求加强行政决策程序建设》，《中国法学》，2012年第2期。

⑪王贵松：《民法规范在行政法中的适用》，《法学家》，2012年第4期。

⑫易继明：《社会组织退出机制研究》，《法律科学》，2012年第6期。

⑬金国坤：《论社会管理新格局的形成与行政主体理论的变迁》，《江淮论坛》，2012年第1期。

⑭李赵奎：《行政法视角下高校与大学生之间的法律关系分析》，《教育与职业》，2012年第30期。

⑮李牧：《论行政相对人义务之认赎》，《法学评论》，2012年第5期。

⑯关保英：《论对行政相对人不产生实际影响的行政行为》，《南京社会科学》，2012年第6期。

⑰龚文龙、李友林：《试论宪政视野下行政相对

人参与权的完善》,《四川师范大学学报》,2012年第6期。

⑱吴晓蓉:《论行政相对人的德性》,《求索》,2012年第4期。

⑲吴迪莱:《行政相对人的法律素质与行政效率相关性研究》,《人民论坛》,2012年第5期。

⑳余凌云:《现代行政法上的指南、手册和裁量基准》,《中国法学》,2012年第4期。

㉑史艳丽:《行政裁量缩减论》,《比较法研究》,2012年第2期。

㉒戴建华:《裁量基准效力研究》,《法学评论》,2012年第2期。

㉓姜明安:《论行政裁量的自我规制》,《行政法学研究》,2012年第1期。

㉔周丽婷:《论行政自由裁量权的滥用及其程序性控制》,2012年第1期。

㉕胡建淼:《"行政强制措施"与"行政强制执行"的分界》,2012年第2期。

㉖叶必丰:《〈行政强制法〉背景下行政调查取证制度的完善》,《中国法学》,2012年第2期。

㉗章志远:《作为行政强制执行手段的违法事实公布》,《法学家》,2012年第1期。

㉘湛中乐:《我国土地使用权收回类型化研究》,《中国法学》,2012年第2期。

㉙刘东亮:《拆迁乱象的根源分析与制度重整》,《中国法学》,2012年第4期。

㉚丁利、韩光明:《现状还是底线?——征收拆迁中的补偿与规则适用》,《政法论坛》,2012年第3期。

㉛蔡乐渭:《从拟制走向虚无——土地征收中"公共利益"的演变》,《政法论坛》,2012年第6期。

㉜唐杰英:《"司法强拆"可否走出征收困局》,《法学》,2012年第4期。

㉝蒋红珍:《从"知的需要"到"知的权利":政府信息依申请公开制度的困境及其超越》,《政法论坛》,2012年第12期。

㉞殷勇:《"政府信息不存在"情形下的司法审查》,2012年第1期。

㉟张群:《中国近代保密法制与新闻自由》,《政法论坛》,2012年第11期。

㊱熊樟林:《行政处罚上的空白要件及其补充规则》,《法学研究》,2012年第6期。

㊲苏苗罕:《美国联邦政府监管中的行政罚款制度研究》,《环球法律评论》,2012年第3期。

㊳邓刚宏:《我国行政诉讼诉判关系的新认识》,《中国法学》,2012年第5期。

㊴安子明:《参与式诉讼发生的社会机理与政治架构》,《法律科学》,2012年第5期。

㊵杨小军、宋心然:《完善行政诉讼制度研究》,《法学杂志》,2012年第8期。

㊶于安:《公益行政诉讼及其在我国的构建》,《法学杂志》,2012年第8期。

㊷刘莘:《关于行政诉讼法律适用制度修改的思考》,《苏州大学学报》(哲学社会科学版),2012年第1期。

㊸方世荣:《我国行政诉讼调解的范围、模式及方法》,《法学评论》,2012年第2期。

㊹邹荣、贾茵:《论我国行政诉讼调解的正当性构建》,《行政法学研究》,2012年第2期。

㊺王万华:《重构公正行政复议程序制度　保障行政复议公正解决行政争议》,《行政法学研究》,2012年第2期。

㊻杨伟东:《复议前置抑或自由选择——我国行政复议与行政诉讼关系的处理》,《行政法学研究》,2012年第2期。

㊼莫于川、王宇飞、雷振:《我国行政复议证据制度的突出问题与完善路径》,《行政法学研究》,2012年第2期。

㊽刘莘:《行政复议改革之重——关于复议机构的重构》,《行政法学研究》,2012年第2期。

㊾管君、余凌云:《第三部门作为被申请人的行政复议受理标准问题研究》,《行政法学研究》,2012年第2期。

(作者:胡锦光,中国人民大学教授;董妍,天津科技大学讲师)

刑法学

韩玉胜　史丹如

在2012年,北京地区的刑事法学学者和专家们,以锐意进取的精神和求真务实的治学态度,在刑法的多个重点和热点问题上进行了深入性的探讨研究,这其中既包括了中国刑法的理论和实务问题,也有对域外刑事法律相关问题的介绍和比较。此外,以刑法与其他法律的关系、刑法的司法适用等为主题的学术交流、研讨活动,也推动着北京地区刑事法学的发展与创新。

一、重要论著

2012年的重要论著有:张军主编《刑事法律文

件解读》〈总第85辑〉（人民法院出版社），赵秉志、张军主编《刑法与宪法之协调发展》〈上下卷〉（中国人民公安大学出版社），中国法制出版社编著《体系刑法学》（法制出版社），北京市监狱管理局编著《监狱与服刑》（法律出版社），谢望原主编《刑法学》（第二版）（北京大学出版社），赵秉志主编《刑法论丛》（总第31卷）（法律出版社），陈兴良著《刑法的知识转型：方法论》（中国人民大学出版社），张明楷著《刑事疑案探究》（清华大学出版社），陈泽宪著《刑事法前沿》（中国人民公安大学出版社），王平著《社区矫正制度研究》（中国政法大学出版社），侯国云著《刑法因果新论》（中国人民公安大学出版社），时延安著《刑事管辖制度适用》（中国人民公安大学出版社），黄风著《国际刑事司法协助国内法则概览》（中国方正出版社），等等。另外，还有重要的学术论文两百余篇。

二、研究的热点与创新

（一）刑罚研究

刑罚的目的是预防犯罪，但如何有效地运用刑罚有针对性地预防犯罪、矫正犯罪人，是刑法理论和实务界愈来愈重视的问题。本年度内，关于刑罚的研究主要是集中在对我国刑法中的死刑、附加刑，以及作为刑罚执行重要方式的社区矫正等方面。

1. 死刑研究

死刑问题一直是我国刑事法学界的一个重点研究核心。尽管多年以来，学者、专家们从多角度对其作过深入探讨，但在2012年，又有关于此问题的新研究论述纷呈。

有学者认为，“国家尊重和保障人权”是我国《宪法》规定的重要原则，而生命权是公民的基本人权。《刑法修正案（八）》首次取消13个非暴力性经济犯罪的死刑，彰显了生命至上的价值，充分体现了严格控制和慎用死刑的刑事政策和《宪法》规定的人权保障原则，标志着《刑法》修正向取消死刑罪名的方向发展。应当在刑事法治领域继续大力贯彻人权保障原则，从立法上进一步减少死刑的适用，从司法上严格控制死刑的适用。①

有学者认为，通过司法控制死刑适用是我国死刑制度改革的有效可行途径。在死罪个案中罪行达到何等严重程度方可判处死刑，完整理解刑法第48条至关重要。“罪行极其严重”量定了客观危害，是死刑适用的一般化标准，同等情况同等对待，不因人而异；罪行极其严重的“犯罪分子”测查主观恶性，是判定死刑立即执行或者缓期执行的个别化依据，不同情况不同对待，需因人而异。立足国情、贯彻少杀慎杀的政策精神，对“罪行极其严重”标准应予“严加”把控，对不是必须立即执行的“犯罪分子”尺度适当“放宽”掌握，通过公正司法将“罪行极其严重”可判死刑的“犯罪分子”限制到极少数。②

也有专家认为，危害结果在很大程度上反映出行为社会危害性的大小，在我国死刑裁量中发挥了重要作用。危害结果在很多情况下是作为酌定量刑情节的形态存在的，其对于死刑的限制适用具有重要意义。充分发挥危害结果情节在限制死刑适用中的作用，应当力戒死刑适用“唯后果论”的倾向；物质性的危害结果不是特别严重的，可以不判处死刑立即执行；危害结果的发生系存在介入因素的场合，应当慎用死刑立即执行。③

而对于共犯的死刑适用问题，有学者认为，应当在兼顾报应与功利，并且由报应限制功利的框架下，确定共同犯罪案件死刑适用的总量标准。在最主要的主犯因有重大立功表现而被从轻处罚，没有被判处死刑立即执行的情况下，可以对其他主犯判处死刑立即执行，但不能因此而对本来只需判处死缓的次要主犯提升刑罚，改判死刑立即执行。在一人犯数罪的情况下，较轻的罪行因体现出犯罪人的主观恶性和人身危险性，可以影响到对最严重罪行的死刑适用。④

关于死缓制度，有学者认为，《刑法》第50条第2款有关于死缓犯限制减刑的规定应理解为，人民法院在对死刑缓期2年执行减为无期徒刑或者有期徒刑时，根据其犯罪情节的主观部分以及其在死缓考验期内的表现，作出是否限制减刑的决定。最高人民法院有关司法解释规定将限制减刑的适用置于定罪量刑阶段，所依据的理由缺少说服力。对死缓犯限制减刑的程序设计，应置于死缓变更程序中予以一并解决；通过完善死缓变更程序，在充分保障被执行人权益的前提下，妥善解决如何适用限制减刑的问题。⑤

2. 附加刑研究

近年来，随着财产刑在刑罚体系中占有愈来愈重要的地位，对其法律规定和司法适用深入性的研究逐渐增多。或许正因如此，2012年的附加刑研究也主要是集中在财产刑方面。

有学者认为，《刑法修正案（八）》对数附加刑的执行规定，对司法习惯影响不大，但引发了两点争论：第一，数有期剥夺政治权利刑合并应否继续实行限制加重？第二，没收全部财产刑和罚金刑的执行应否继续实行吸收？针对这两个具体问题，在执行时对数有期剥夺政治权利刑合并采取限制加重原则，较为合理，即主张继续沿用司法习惯做法实行限制加重；对数附加刑“种类不同的，分别执行”，应解释为按照先执行罚金刑而后执行没收财产刑的顺序分别执行，基调是相加执行，关键是明确分别执行的顺序：先执行罚金刑，后执行没收财产刑。⑥

对于没收财产刑，有学者认为，我国刑法既规定了一般没收，也规定了特别没收。一般没收具有存在的理由，不应废除。没收供犯罪所用的本人财物，虽然具有没收财产刑的内容，但只能归入保安处分；对供犯罪所用的本人财物应限制解释为供犯罪所用的，并且与违禁品相当的本人财物。犯罪分子违法所得的一切财物是指符合犯罪构成要件的违法行为所得的一切财物，不以行为人具有责任为前提，对之适用没收规定时，应当区分不同种类的没收，并实现相关规定的目的。⑦

有学者认为，在宽严相济形势政策的指导下，罚金刑在刑罚体系中的地位开始有所突显。但是，目前我国罚金刑的司法适用存在着一定问题，这其中的重要原因是与其执行密切相关的。为了有效地改变罚金刑执行中的困难之局，可以采取科学地确立罚金刑的执行机关、建立执行前的保全措施、通过立法设立罚金刑的易科制度，并对未成年犯罪人的执行采取减免措施等方法，以期达到适度地扩大适用的范围目的，确保这种刑罚在我国司法实践中的具体适用。⑧

3. 社区矫正研究

在《刑法修正案（八）》将社区矫正写入刑法后，学者们在现有法律规定的框架之下，从保障犯罪人通过矫正之后能够复归社会，以及对矫正工作的法律监督等方面进行了研究。

有学者认为，社区矫正作为宽容刑罚观的产物，其犯罪学依据主要在于人们对犯罪、犯罪人以及犯罪人如何重返社会的认识步步推进。首先，人类对犯罪本质、犯罪是否正常现象、犯罪与环境的关系认识趋于客观，为科学的刑罚观奠定了理论基础，也回答了“犯罪人应不应矫正”的问题；其次，随着人类对犯罪人是否正常人、犯罪人“到底能不能改变”等认识逐步丰富，更坚定树立了“犯罪人能够矫正”的基本信念；最后，随着重犯累犯现象增多，人类对犯罪人如何重返社会的思考更趋理性，认为如果让犯罪人在社区中接受矫正而非禁闭于监狱与世隔绝，有利于其顺利再社会化和回归社会。⑨

对于检察机关对社区矫正活动进行的法律监督，有学者认为，其目的是通过发现和纠正社区矫正中所存在的违法问题，从而促进社区矫正活动的依法、规范、有效进行，保障社区服刑人员的合法权益，保证法律的正确实施。就具体的法律监督而言，建立健全社区矫正法律监督机制，发现违法机制是关键，纠正违法机制是重点，监督保障机制是保证，监督问责和绩效考评机制是动力。因此，建议从这些主要法律机制入手加以完善。⑩

（二）个罪研究

对刑法个罪的研究，不仅有助于正确理解其法律内涵，还有助于提高刑事司法适用的效果。2012年，学者、专家们围绕着贿赂型、危险驾驶、危害国家安全等多个具体犯罪从不同角度进行了研究。

关于贿赂型犯罪的问题，有学者认为，利用影响力受贿罪是《刑法修正案（七）》中新增的罪名，虽然其在犯罪构成上与斡旋受贿行为有相似性，但在具体理解上却有明显的区别。利用影响力受贿罪的犯罪主体不仅包括了近亲属，还包括了“其他”密切关系人。在对近亲属范围的理解上应当采取民事关系认定中的广义概念，在其他密切关系人的认定上要结合客观条件具体判断，做到主客观相统一。在判断行为人是否利用影响力时，应按照一般人的标准进行事前判断，在影响力对象的判断上需要结合具体情况具体分析。⑪也有学者则认为，应当以受贿罪的犯罪构成为依据，在理解最高人民法院、最高人民检察院2007年的《关于办理受贿刑事案件适用法律若干问题的意见》第9条第1款“国家工作人员收受请托人财物后及时退还或者上交的，不是受贿”和第2款“国家工作人员受贿后，因自身或者有关联的人、事被查处，为掩饰犯罪而退还或者上交的，不影响认定受贿罪”时应注意：根据该解释的内容，索取贿赂退还或者上交的，依然成立受贿罪；“及时退还或者上交的”不是一个单纯的时间概念，而是表明行为人没有受贿故意；此两款内容也非对立的关系，在现实中完全存在对两款内容都不符合的情形；不构成受贿罪的退还行为可能成立帮助毁灭证据罪。⑫而关于目前我国对贪污腐败犯罪案件的惩治，有学者认为，尚存在着对该犯罪行为打击不力、刑事责任追究力度与受贿罪不平衡的问题。究其原因，主要存在于立法和司法两个层面。对此，应该从立法和司法两个路径加强对行贿犯罪的惩治力度。在立法上，需要从扩大贿赂范围、拓宽行贿行为方式、科学配置行贿罪刑罚、最大限度地加强国际合作这四个方面完善现行法律。在司法层面，需要从以下三个方面加强：首先，以司法解释方式明确“减轻处罚”和“免除处罚”的具体内容，为法官的自由裁量设置明确领域；其次，构建例外性规定，为从宽处罚设置一定限制；最后，完善“情节严重、情节特别严重”的具体内容。⑬

自从《刑法修正案（八）》将危险驾驶行为入罪以来，关于其犯罪特征、司法认定等具体问题，在我国刑法理论和实务界就引发了一定的热议。有学者认为，醉驾入刑一年多来，其法治效果和社会效果显现，但同时也存在一些问题。在法律与政策精神上，司法机关对醉驾行为的处理既要坚持从严惩处的态度，同时也要正确贯彻宽严相济的基本刑事政策。醉驾的情形有多样性，对醉驾行为的入罪应根据其情节的不同而区别对待，同时合理理解和正确适用醉驾的标准，并从立法上完善醉驾入刑的规定。⑭也有学者认为，醉驾在入刑时应当以情节为重要的判断依据，即在法庭审判这类案件时，对那些情节显著轻微危害不大的，可以根据第13条的“但书”，依法作适当的除罪化处理；对那些犯罪情节轻微不需要判处刑罚的，可以根据第37条，依法免予刑事处罚。这既不违反罪刑法定的原则，又可以化解立法的尴尬。但在理解上应把握的是，以情节为依据不是无限度地为某些醉驾行为出罪开口子。[15]对于危险驾驶罪的认定，有学者认为，由于既遂故意是未遂犯的主观的超过要素，危险驾驶是行为人在道路上醉酒驾驶机动车并故意引起公共安全的抽象危险的行为，不符合以危险方法危害公共安全罪的未遂犯的成立条件，而只能认定为危险驾驶罪；在没有车辆和行人的道路上醉酒驾驶机动车的行为，只具有造成抽象危险的可能性，而不具有现实的抽象危险，不能认定为危险驾驶罪；危险驾驶过失致人伤亡构成交通肇事罪的，属于结果加重犯；危险驾驶行为同时构成其他犯罪的，需要具体分析和处理；在能够评价为数个行为与结果时，不排除数罪并罚的可能性。[16]

关于危害国家安全罪，有学者认为它不仅是刑法中最危险的犯罪，也是需要特别讲究规范与标准的犯罪。从保护国家安全的实质意义出发，危害国家安全罪在概念上有历史概念、政治概念、学术概念与法律概念之分，不同概念对理解与界定危害国家安全罪有各自不同的意义。以中国刑法为依托，危害国家安全罪不仅是一类犯罪的总称，而且是一组封闭的法律概念。同时，运用比较与论述的方法，从故意、犯罪客体与客观行为要件方面也可发现中国危害国家安全罪在犯罪构成上的特点。另外，依托中国的历史与现状，危害国家安全罪的发展具有犯罪构成日益变得更加精确，该类犯罪仍然是刑法的防范重点以及通过维护法治安全作为维护国家安全的基础性措施等特点。[17]

对于刑法第114条与第115条的内容，有学者认为，司法机关不当扩大（过失）以危险方法危害公共安全罪的适用范围，存在各种各样的具体原因；不管基于何种原因，这种做法都有违反罪刑法定原则之嫌。司法机关应当准确把握（过失）以危险方法危害公共安全罪的罪质与构成要件，限制该罪的适用范围。[18]

关于“有组织的暴力性犯罪”，有学者认为这是《刑法修正案（八）》的新造名词，结合了犯罪学中“有组织犯罪”和“暴力性犯罪”两个概念，意在体现宽严相济刑事政策之严的要求。然而，由于这一名词结合了“有组织”和“暴力性”两个特征，具有相当的弹性，需要根据犯罪学、刑法学的知识和刑法的规定，予以合理的限定，从而保证罪刑法定主义的实现。[19]

关于“黑社会性质组织犯罪”，有学者认为，我国的立法对其虽经多次修订和司法解释，不仅仍难以消除理论上的纷争和执法上的不统一，而且客观上也难以发挥遏制有组织犯罪发展的功能。立法与司法的这种无为状态，表面上看只是立法规范的表述问题，实质上则是因这一刑事规范本身缺乏坚实的事实基础，导致在立法观念与规范设计上出现重大缺陷。科学立法的基础在于把握力图调控的犯罪事实特征及其本土性的现实反映。唯有如此，才能确立科学的有组织犯罪观念，并不断地完善可有效打击有组织犯罪的法律制度。[20]

关于嫖宿幼女罪，有学者认为，从犯罪构成来看，刑法第236条强奸罪第2款明确规定对“奸淫幼女”情形“以强奸论”。此规定决定了嫖宿幼女罪是包含在强奸罪中的，嫖宿幼女的行为性质即强奸幼女，两罪属于法条竞合。从法定刑来看，嫖宿幼女罪实际比强奸罪中的“奸淫幼女”情形要低，且在“奸淫幼女情节恶劣”“奸淫幼女多人”等情况下并未设置相应的更严厉刑罚，因此根据法条竞合“重法优于轻法”的处理原则，嫖宿幼女罪的存在缺乏法理依据。从是否承认幼女性自主权和性决定权来看，强奸罪是一律否定，而嫖宿幼女罪却予之肯定，这是刑法中存在前后冲突、自相矛盾之处，严重损害了刑法的严谨性和权威性。从立法初衷来看，嫖宿幼女罪对幼女的性生理和性心理未进行严格保护，而仅是有限保护，该罪设立存在的立法冲突，同时也导致了司法实务的混乱和未成年幼女的“污名化”，实行效果堪忧。[21]

（三）刑法解释研究

刑法解释是对法律条文的含义、立法者的立法本意和宗旨等内容的具体说明，也是为刑事审判提供公正的统一标准和尺度。因此，科学地认识各种类型的刑法解释及其作用，对于正确理解和适用刑法规范都是十分有益的。

有学者认为，只有划清扩张解释与类推适用的界限，才能克服刑法解释的恣意性，否则，就会以扩张解释之名行类推适用之实，造成比具有严格限制的类推制度更大的破坏罪刑法定主义的危险。在是否处于刑法条文用语可能的含义之中、是否具有一般公民的预测可能性、是否采用了符合形式逻辑的推论和是否从罪刑法定主义的理念出发这四个方面，扩张解释都与类推适用存在构造上的差异。展开合理的扩张解释时，应当遵循一定的操作路径：首先，需要判断所要解决的事项是否属于扩张解释的对象；其次，需要根据一般公民的预测可能性对刑法条文用语的通常含义进行正向扩展，然后根据处罚的必要性进行反向限缩；再次，需要通过法律商谈来检验解释结论的性质；最后，需要通过一种程序性方式，来终局性地解消对实体性问题的分歧。[22]

有学者认为，如何区分扩张解释与类推解释，是贯彻罪刑法定原则的客观需要。并且，主张以刑法正文体系化的文义，作为区分扩张解释与类推适用的标准。在刑法正文范围内揭示需要解释事项的体系化文义的是解释，反之是类推。与字面含义、真实含义、通常含义、可能具有的含义等概念不同的是，刑法正文是一个结构性概念，表现为从点到面再到法律体系之整体，它首先着眼于某一个具体的刑法分则条文，并进一步地关注与这一分则条文具有密切联系的若干个分则条文，然后是刑法分则以至整部刑法，乃至于整个法律体系范围内，发现待解释事项的体系化的文义。[23]

有学者认为，为确保刑法规范的开放性，在刑法解释中，有必要赋予其合乎时代精神与现实需要的价值判断，包括引入超越实证法范围的价值判断。教义学本质上涉及的是价值判断的规范化问题，具有将价值判断问题转化为法解释技术问题的功能。在法教义学层面，基于罪刑法定的制约，只有部分法外的价值判断能够实现向法内价值判断的转换。概括性条款与规范性构成要件要素充当着法教义学与法外价值判断之间的联结点，描述性构成要件要素也并非与法外的价值判断无涉。在刑法解释中，解释者应当优先以刑事政策所代表的价值取向来填充其间的价值判断内容。正是通过为价值判断提供实体内容，刑事政策为教义学体系的演进提供方向性指导，防止后者蜕变为封闭、僵化的存在。通过对危害性评价的支点产生作用，刑事政策在影响对行为的应受刑罚处罚必要性及其程度的判断的同时，反过来对犯罪成立要件的解释构成制约。贯彻“以刑制罪”的逻辑，将有助于对某些犯罪的构成要件作出合理的界定。由于“以刑制罪”现象的存在，所以要求将罪刑相适应作为刑法解释的指导原则。[24]

（四）其他问题研究

除以上具体集中的问题外，还有专家、学者对不作为犯、行为无价值和结果无价值、刑法中的承诺等问题进行了深入研究并阐明了独到的见解。

有学者从历史的角度对不作为犯在我国刑法领域的发展作了详细的梳理，认为不作为犯在我国刑法中并无总则性规定，因此完全是一个刑法理论问题。我国刑法学中的不作为犯理论存在一个逐渐生成的过程，起初是从苏俄刑法学引进的，之后又有多位学者不断提出见解，逐渐丰富了这一理论。在这一过程中，我国刑法学吸收德日刑法学的不作为犯理论，从而充实并推进了不作为犯理论的发展与创新。[25]有学者以实证考察的方法为基础，在排查了九万多份刑事判决和逐一梳理现行刑法全部罪名的基础上提出：不纯正不作为犯的概念在形式上没有法律依据，内容上无法具体给出不作为犯与作为犯之间等价性的判断标准，还使得一些罪名的归类遭遇困境。通过研究41个法定不作为犯，将其分为充要不作为犯、必要不作为犯、选择不作为犯和混合不作为犯。并在比较研究的基础上提出了法定不作为犯罪的经验定义，为依法限缩刑法义务的范围提供了参照物。[26]

关于大陆法系刑法理论中的行为无价值和结果无价值的问题，有学者认为，对于在犯罪论体系中处于重要地位的实质违法性论问题，有重视“恶果”的结果无价值论和重视“通过‘恶行’造成‘恶果’”的（二元的）行为无价值论的对立，但我国刑法学界对这两种理论的研究尚未充分展开。合理的违法性论应该考虑某种身体动静如何通过对行为规范的违反造成的法益损害，以建立一种“新行为无价值论”。这个意义上的（二元）行为无价值论不会使处罚范围扩大化，不会侵犯人权；同时，仍然坚守客观违法性论立场，不会混淆违法和责任的界限。新行为无价值论能够将犯罪论和刑罚论有机地统一起来，肯定刑罚积极的一般预防目的，也与我国当前的社会发展状况、立法倾向、司法实务相契合。[27]而有学者则认为，不存在所谓不考虑行为的纯粹的结果无价值论，作为构成要件要素，行为是不可或缺的内容。但是，行为的实质意义在于侵害或者威胁法益，而不是违反伦理、缺乏社会的相当性或者违反行为规范。符合构成要件的行为侵害或者威胁了刑法所保护的法益时，就具有刑法上的违法性（结果无价值论的法益观）。在刑法面前，国民不是被动的客体，更不是预防他人犯罪的工具，而是权利主体。国民有权利阻止、防卫侵害法益的行为，即使意外致人伤亡的行为，国民也有权阻止、防卫。因此，只能将故意、过失作为责任要素，而不能将故意、过失作为违法要素。[28]

有学者从刑法上承诺之正当化根据入手，重点研究了中国刑法理论以及刑事审判关于被害人承诺的理解和处理案件的基本立场。认为承诺之正当化的根据乃是意思自治；在中国，被害人承诺是一种超法规的正当化事由；没有达到法定年龄的人的同意是无效承诺；重型精神病人无论是同意和他人发生性关系，还是同意他人拿走自己的财物等，其同意都不能排除相对行为人的强奸或盗窃等行为的犯罪性。中国刑法学一般将基于认识错误的承诺分为事实错误与动机错误两类。事实错误不能排除相对行为人之行为的犯罪性，动机错误则可以排除相对行为人之行为的犯罪性。[29]

三、重要学术交流活动

2012年2月18日下午，由中国刑法学研究会和北京师范大学刑事法律科学研究院共同主办的“关注死刑改革系列论坛”在北京师范大学举行，本次论坛的主题为“聚焦吴英案的罪与罚”。来自中国法学会、中国人民大学、北京大学、中国政法大学、中国社会科学院、华中科技大学、国家法官学院、北京师范大学的专家、学者共80余人参加了论坛。本次论坛对社会各界密切关注的“吴英案”从立法、司法、社会、经济等多个视角进行了全方位的反思和研讨，对推动我国经济犯罪死刑的限制与废除具有积极的意义。

2012年3月3日，由清华大学法学院公法研究中心与世界卫生组织联合举办的“酒驾、超速的法律在中国的改善”研讨会在清华大学法学院隆重召开。来自全国人大、国务院法制办、最高人民法院、最高人民检察院、公安部、卫生部、中国疾控中心以及苏州、大连两地的政府法制办、卫生部门、公安部门等机构，以及中国社科院法学所、中国人民大学、中国政法大学、中国人民公安大学、荷兰乌得勒支（Utrecht）大学等科研院所的专家学者，世界卫生组织、全球道路交通安全项目组、中国红十字会等国内外社会组织的专家官员等50余人参加了本次会议。

2012年3月10—11日，中国人民大学刑事法律科学研究中心和ICCD国际传播促进中心在京共同举办“名誉权的法律保护与刑事司法适用”研讨会，来自中国人民大学，中国社会科学院，中央民族大学，中国政法大学，最高人民法院，最高人民检察院，国家法官学院，北京市第一、二中级人民法院等多个单位的专家学者、法官、检察官、律师共40余位代表参加了此次会议。本次研讨会围绕“热点刑事案例中的公民网络表达、媒体监督与名誉侵权、诽谤罪的边界”“网络及新媒体侵权与诽谤罪、侮辱罪的认定”“新媒体诽谤名誉、商誉案”等议题进行了广泛研讨。

2012年4月27日，由中国人民大学刑事法律科学研究中心与北京市怀柔人民检察院共同举办的“社会管理创新语境下流动人口犯罪司法应对”研讨会在北京怀柔区顺利举行。该研讨会围绕着流动人口犯罪形势政策、流动人口刑事案件中的实体问题等多项议题展开了深入研讨。

2012年6月11—12日，由中国人民大学刑事法律科学研究中心与牛津大学犯罪学研究中心共同举办的“犯罪学与刑事法制改革”国际研讨会，在中国人民大学顺利举行。来自国内外的理论界和实务界的近百名学者参加了此次研讨会。

2012年8月16—17日，由中国人民大学刑事法律科学研究中心与北京市密云县人民检察院联合主办的“现代社会与刑事司法”研讨会在北京密云县成功举行。与会代表就反腐视角下我国财产申报制度、如何认定以危险方法危害公共安全罪、妨害公务罪中暴力的认定等诸多问题进行了深入研讨，为司法实务与刑法理论的互动与发展搭建了重要平台。

2012年12月22日，北京大学法学院、北京师范大学刑事法律科学研究院联合主办的当代刑法思潮特别论坛“刑法体系与刑事政策”在北京大学隆重举行，来自全国各院校的刑法学者济济一堂，就刑法体系与刑事政策的相关问题进行了研讨。

注：

①周道鸾：《人权入宪与死刑限制》，《法学杂志》，2012年第10期。

②储槐植：《死刑司法控制：完整解读刑法第四十八条》，《中外法学》，2012年第5期。

③彭新林、周强华：《论危害结果与死刑的限制适用》，《法学杂志》，2012年第8期。

④左坚卫：《共同犯罪案件死刑适用标准探疑》，《国家检察官学院学报》，2012年第2期。

⑤时延安：《论死缓犯限制减刑的程序问题——从对〈刑法〉第50条第2款的法理分析引入》，《法学》，2012年第5期。

⑥阮齐林：《〈刑法修正案（八）〉后数附加刑的执行》，《人民检察》，2012年第3期。

⑦张明楷：《论刑法中的没收》，《法学家》，2012年第3期。

⑧史丹如：《罚金刑执行的改革问题探究》，《中国人民公安大学学报》（社会科学版），2012年第6期。

⑨但未丽：《社区矫正的犯罪学依据》，《中国人民公安大学学报》（社会科学版），2012年第5期。

⑩林礼兴、尚爱国、沈玉忠：《社区矫正法律监督机制的构建与完善》，《人民检察》，2012年第1期。

⑪高铭暄、陈冉：《论利用影响力受贿罪司法认定中的几个问题》，《法学杂志》，2012年第3期。

⑫张明楷：《受贿罪中收受财物后及时退交的问题分析》，《法学》，2012年第4期。

⑬谢望原、张宝：《从立法和司法层面加大对行贿罪的惩治力度》，《人民检察》，2012年第12期。

⑭赵秉志、袁彬：《醉驾入刑诸问题新探讨》，《法学杂志》，2012年第8期。

⑮刘仁文：《“醉驾入刑”看情节没有错》，《中国检察官》，2012年第1期。

⑯张明楷：《危险驾驶罪的基本问题——与冯军教授商榷》，《政法论坛》，2012年第6期。

⑰王世洲：《危害国家安全罪的信条学考察》，《中国刑事法杂志》，2012年第8期。

⑱张明楷：《论以危险方法危害公共安全罪——扩大适用的成因与限制适用的规则》，《国家检察官学院学报》，2012年第4期。

⑲卢建平：《“有组织的暴力性犯罪”辨析》，《国家检察官学院学报》，2012年第1期。

⑳张远煌、林德核：《试析有组织犯罪的演变特征及存在形态》，《法学杂志》，2012年第3期。

㉑但未丽：《嫖宿幼女罪存废之再思考》，《中国

刑事法杂志》，2012 年第 12 期。

㉒冯军：《论刑法解释的边界和路径——以扩张解释与类推适用的区分为中心》，《法学家》，2012 年第 1 期。

㉓曲新久：《区分扩张解释与类推适用的路径新探》，《法学家》，2012 年第 1 期。

㉔劳东燕：《刑事政策与刑法解释中的价值判断——兼论解释论上的“以刑制罪”现象》，《政法论坛》，2012 年第 4 期。

㉕陈兴良：《不作为犯论的生成》，《中外法学》，2012 年第 4 期。

㉖白建军：《论不作为犯的法定性与相似性》，《中国法学》，2012 年第 2 期。

㉗周光权：《新行为无价值论的中国展开》，《中国法学》，2012 年第 1 期。

㉘张明楷：《结果无价值论的法益观与周光权教授商榷》，《中外法学》，2012 年第 1 期。

㉙谢望原：《论刑法上承诺之正当化根据及其司法适用》，《法学家》，2012 年第 2 期。

（作者：韩玉胜，中国人民大学教授；
史丹如，中国人民公安大学博士生）

民商法学

林　嘉　姚　辉　李俊杰

一、学术活动

2012 年 5 月 4 日，由中国民法学研究会主办，江苏省高级人民法院、南京师范大学法学院共同承办的“中国民法学研究会第一次会员代表大会暨 2012 年民法理论研讨会”在南京举行。会议表决通过了中国民法学研究会章程，表决通过了计票人、监票人名单，表决通过了名誉会长、顾问、学术委员会成员、秘书处组成人员名单。中国人民大学党委副书记、副校长王利明教授当选会长。2012 年民法理论研讨会同期举行，与会代表就“继承法的现代化”“消费者权益保护法的修改与完善”“人格权法的发展”“侵权法与民事法律适用方法”四个议题展开了热烈的研讨。

2012 年 5 月 18 日上午，“罗马法在中国的传播”中意研讨会暨中国人民大学民商事法律科学研究中心罗马法研究所成立仪式在中国人民大学举行。会上宣布中国人民大学民商事法律科学研究中心成立罗马法研究所，杨立新教授为所长。研讨阶段，与会人员围绕罗马法在中国的传播这一主题，就罗马法对现代民法理论的影响、罗马法对中国民法的影响，以及在中国高校开展罗马法教学等问题进行了深入的探讨。

2012 年 11 月 17—18 日，“第五届中国破产法论坛”在北京友谊宾馆举行。会议围绕破产重整、破产财产、合并破产、破产程序与执行程序的衔接等破产法理论和实务问题进行了深入研讨。

二、重要学术著作

2012 年，各位学者在深入研究相关热点问题、前沿问题的过程中，著书立说，出版了一批重要的学术著作。主要有如下这些：王利明著《民法典体系研究》（第二版）、《民法总则研究》（第二版）、《人格权法研究》（第二版）、《合同法研究》（第三卷）（中国人民大学出版社）；李永军著《民法总论》（中国政法大学出版社）；易军著《民法基础理论新视域》（法律出版社）；薛军著《批判民法学的理论构建》（北京大学出版社）；刘召成著《准人格研究》（法律出版社）；崔建远著《合同法》（北京大学出版社）、《债权：借鉴与发展》（中国人民大学出版社）、《合同法总论》（中卷）（中国人民大学出版社），崔建远主编《自然资源物权法律制度研究》（法律出版社）；刘家安等著《债法：一般原理与合同》（高等教育出版社）；陈华彬著《债法总论》（中国法制出版社）；隋彭生著《民法新角度：“用益债权原论”阶段性成果》（北京大学出版社）；王利明、周友军、高圣平著《侵权责任法疑难问题研究》；杨立新著《侵权责任法》（第二版）（法律出版社）、《医疗损害责任法》（法律出版社）；张新宝主编《精神损害赔偿制度研究》（法律出版社）；于飞著《权利与利益区分保护的侵权法体系之研究》（法律出版社）；李建伟著《中国企业立法体系改革：历史、反思与重构》（法律出版社）；孟强著《信托登记制度研究》（中国人民大学出版社）；梅迪库斯著、陈卫佐等译《请求权基础》（第 8 版）（法律出版社）；欧洲民法典研究组著、高圣平译《欧洲示范民法典草案：欧洲私法的原则、定义和示范规则》（中国人民大学出版社）。

三、研究动态及学术观点

（一）民法学

虽然我国最高立法机关宣布已经建成了社会主义市场经济法律体系，但是从“体系”的角度看，我国的民法立法在体系化和科学化方面还有缺陷。我国现行民法均以单行法律法规呈现，这些法律制定的时间跨越期限很长，一些重要的法律制度在基本精神、体系衔接等方面问题明显，民法整体出现立法碎片化的现象。基于这样的现实，有学者认为建国以来进行的四次民法起草工作，均未达到民法典应具有内在逻辑联系的科学的、充分彰显私权理念和意思自治精神的要求，遂产生了民法典“渐行渐远”的担忧。[①]有学者认为现行建成的所谓“体系”并没有表现民法典整合的趋势，也不符合民法科学体系化的内在逻辑。为保障市场经济发展和人民权利，民法立法体系化科学化的任务必须旗帜鲜明地提出来，必须借助潘德克顿法学的科学防止立法碎片化，尽快实现民法现行立法的整合，并且尽快出台中国民法典。[②]在对现行立法进行反思的同时，也有学者对“民法典”的制定进行了探讨。该学者在对财产与财产法，有形财产与无形财产，实物财产与信用财产，财产与人格这四对范畴进行深入分析的基础上，提出尝试在一个以绝对权为中心的理论架构下协调传统物权与各种新型财产权的关系，从而构建新的财产分类和新的财产权理论体系，在未来的民法中建立开放式的财产法体系。[③]

1. 民法总则

民法总则方面的研究集中在基本原则、民事主体、法律行为等几个方面。首先，关于民法的基本原则，有学者对公平原则进行了诠释，认为公平足以充任民法基本原则，其意旨在民事生活领域，应使“各人得其应得”的观念求取最大程度的实现。公平原则表现为交换正义、归属正义、矫正正义与分配正义等具体类型，而它们又各自透过一些具体的民法制度加以实践。民法上的公平一般具有程序性、形式性的品性，诉诸客观等值标准以及旨在实践分配正义的制度具有实质性或结果性，在民法中居于例外地位。[④]同时，学者们对“私法自治”这一重要原则进行了深入的研究。有学者指出私法自治不仅是抽象的法律理念，它还渗透于规范的性质与功能当中。由于私法自治理念，民法一般规范缺乏私法交往中至关重要的积极行为规范，而作为私法自治手段的法律行为具有个别规范的品格，为当事人的私法交往提供积极行为规范。因之，完整的民法规范体系应由一般规范与个别规范（法律行为）构成，它们分别从消极与积极角度支撑着自治这一民法核心理念。[⑤]有学者认为私人自治与私法品性之间具有密切关联。由于实行私人自治原则，私法呈现出抽象性等形式主义品性。因而民事立法应坚守形式主义品性，若必须创设例外，应有正当充分的理由。中国现行民法还存在着上述诸品性程度不高的缺憾，形式主义品性有待提升。[⑥]还有学者从政治哲学的视角对私人自治进行了解读，指出私人自治具有个人性与消极性。私人自治的原则化实系国家向私人让渡部分立法权。为保障私人自治计，私法中公权力的运作应保持谦抑性。[⑦]在民事主体制度方面，有学者提出通过法律续造的方法构建部分权利能力制度。[⑧]在有关民事权利的研究中，有学者认为债权与物权从权利发生的角度来看，它们有引导与发展的关系；在权利存续的层面，它们有伴生与协力的关系；在特性交错方面，存在融合和并存的关系；在规范适用上，显示出同质与同化的关系。对这些关系的辨析，有助于深化对物权法的定位、对象、规范、原则、危机等基本问题的认识。[⑨]关于法律行为，有学者认为我国民法中“正面”“并列”规定有效要件与成立要件的做法均有不妥。通过建立“成立推定有效”规则，并使积极性的“有效要件”转变为消极性“效力阻却事由”，可改进这些弊病。[⑩]有学者对见义勇为这一特殊的民事行为进行了分析，认为见义勇为属于民法上的紧急无因管理行为，救助人对被救助人不存在危难救助义务是构成见义勇为行为的核心构成要件。当事人之间的特殊关系是危难救助义务存在的法理基础。对救助人在见义勇为行为中所受损害，应该根据矫正正义和分配正义的要求，建立多元化的救济机制。[⑪]此外，有学者从法学方法论的视角研究民法的法源与法学方法的关系，认为民法的法源不仅是民法基础理论的重要问题，更是民法方法论的前提性判断，是研究民法方法论的起点。[⑫]还有学者认为最高法院的司法解释与民商事立法构成了当代中国私法进程的两条十分醒目的发展脉络，司法解释时而还扮演着“先行者”的角色。作为一种具有“中国特色”的法律现象，在构建私法秩序方面，最高法院的司法解释仍大有可为。[⑬]

2. 人格权法

由于我国尚未制定人格权法，所以该领域的研究主要还是立法论层面的。随着网络技术的飞速发展，网络在促进信息传播和共享的同时，也给网络环境下人格权的保护带来一些挑战，因此法律有必要对其加以规制。有学者认为我国《侵权责任法》第36条网络侵权的规定不能代替人格权法的功能；同时，由于网络环境下的人格权的特殊性，也不宜与具体人格权混为一体，有必要在人格权法中专门规定网络环境下的人格权。[⑭]在具体人格的研究中，有学者对隐私权的性质及其法律保护进行了研究，认为隐私权主要属于民事权利的范畴，其具体属性应当是具体人格权而非一般人格权。隐私权主要包括生活安宁和私人秘密两个方面，未来隐私权的内容也应当以此为基础进行发展和扩张。个人信息资料权不宜纳入隐私权的范畴，它是相对独立于隐私权的一种权利。[⑮]有学者对姓名权的性质及其法律保护进行了分析，认为姓名权不仅是一种人格权，同时也具有身份权的特征。系统分析了姓名权的权能以及姓名权的保护范围和现有的保护制度。[⑯]

3. 物权法

物权法总则。该部分的研究主要集中在物权变动和登记方面。关于物权变动，有学者认为不动产的一物二卖应区分不同情形，产生出卖人交出其第二次出卖所获利益、第二买受人不能取得所有权以及出卖人与第二买受人承担侵权损害赔偿责任等法律效果。[17]而在动产的一物多卖的情况下，在确定标的物的归属时应遵循登记的效力优先于交付，如果数个买受人均要求出卖人实际履行，则法院应当依次按照下列标准确定所有权归属：登记与否、交付与否、登记优先于交付。[18]还有学者对物权变动中的从附原则进行了评述，指出如果成分与主物或其他成分在合成前归不同人所有，从附原则将对成分原所有人不利，为达致利益平衡，法律效果受限的不当得利就成为关联规范。在成分因正当事由从物的整体中分离，从附原则即被突破，成分独立负载所有权，但会受制于主物与从物的一体处分规范。[19]关于登记，有学者对我国物权法上的登记对抗主义进行了全面系统的研究，认为登记对抗主义下的绝大多数理论构造与我国所继受的物权法的理论体系相冲突。只有权利外观说最适应我国的民法体系，也最符合我国的立法目的。我国法律原则上仅保护善意第三人，总体上符合效率价值。但是参考比较法和法经济学，也应该承认一些例外。[20]还有学者分析了不动产登记机构错误登记的赔偿责任，认为登记机构错误登记的赔偿责任因此应定性为民事责任，登记机构与登记申请人的行为如构成共同侵权，二者应承担连带赔偿责任；如构成混合侵权，登记机构的责任宜确定为补充责任。登记机构追偿权的行使，也因其责任形态的不同而有所差异。[21]

所有权部分。有学者认为当前我国的农村土地权利制度的不足主要是因为集体所有权概念本身的模糊性，导致集体所有权的主体不明确、农民权利虚化。而从根本上改变土地集体所有的性质是不符合我国社会现实的，应当深入理解《物权法》中集体土地“成员集体所有”的制度设计，探寻通过明晰集体土地所有权主体而完善这一制度的新路径。[22]

他物权部分。有学者认为我国《物权法》认可抵押权约定实现程序的做法值得肯定，但其允许当事人对抵押权的实现条件作出约定以及完全禁止流押契约的做法，甚为不妥。《物权法》第 195 条第 2 款新确立了抵押权的法定实现程序，该程序应界定为非讼程序，唯其如此，方符合抵押权作为支配权、变价权的本质，同时也有助于高效地实现抵押权，充分发挥物的效用。[23]

4. 债和合同

合同的订立。合同的订立需要经过邀约和承诺，而网络时代电子要约和承诺具有自身的特殊性。因而有学者对这方面的特殊法律问题进行了研究，认为如果电子意思表示发出后能够即时被相对人受领并能即时被回应，则为对话式意思表示；否则，便是非对话式意思表示。在判断网上商品信息是电子要约还是电子要约邀请时，可以参酌法律规定、当事人的意思以及客观外在的情形来判断，应区分收件人是否指定接收数据电文的特定系统来确定数据电文的到达时间。对于电子要约的撤回和撤销问题、电子承诺的撤回问题，不存在法律适用上的障碍，关键在于客观上能不能满足撤回和撤销的要件。[24]我国《合同法》第 19 条规定了“要约不得撤销”，对于该条的理解，有学者认为应以限制要约撤销为立场，将第 19 条从宽解释为规定了三种限制撤销权的事由。应将“要约不得撤销”的规范意义解释为，并非意味着违法撤销要约须负信赖损失赔偿责任，而是指撤销要约的通知不发生效力，受要约人的承诺通知只要适时到达了要约人，合同即可成立。[25]可以说现实中大多数订立的合同都是有偿合同，无偿合同是作为典型合同体系例外和特别规则存在的，但是无偿合同具有重要的意义，无偿行为也是人们维系团结合作的渠道。即使是借助商业化的形式，无偿行为也能在商业社会中创设出某种利他的、相对稳定的社会关系，从而实现促进财产交易和提升社会团结等多元价值。[26]

合同的效力。关于合同的效力，有学者从解释论的角度出发，梳理我国现行民事立法有关合同行为一般生效条件的规定，并从立法论的角度提出进一步完善的建议；[27]有学者还对无效合同的判断标准进行了详细的研究，对判定合同无效的标准、合同无效与恶意抗辩的区分等问题进行了分析。[28]

合同的履行。首先有学者对债权让与进行了研究，指出债权让与的优先顺序具有深层次社会经济意义。通过考察让与主义、通知主义、登记主义三种主要制度对各方当事人及第三人的影响，可发现登记主义更为公平、更有效率。中国合同法对此未作规定，存在不足，未来有必要对债权完全让与及担保性让与采统一登记制度。[29]其次，有学者对依据我国《合同法》的规定，对解除权效果折衷说进行了评论，认为解除效果之折衷说不符合我国合同法第 97 条规定的文义和规范意旨；解除不消灭合同关系之说不符合客观事实；将恢复原状义务作为合同解除导致的返还债务存在着难以克服的弱点。折衷说对于我国合同法第 98 条的解读、对于合同与违约损害赔偿之间的依存关系的认识存在着误区，在利益衡量方面处于劣势。在合同无效、合同被撤销和合同解除三者之间关系的把握上，折衷说看错了法律评价的重心。折衷说关于解除权行使的行为引起物权变动之说不能成立。[30]此外还有学者通过对最高人民法院首批发布的“指导案例 1 号”的评释，对“跳单”违约和居间报酬的法律问题进行了剖析，还在居间独家委托和多人居间报酬请求权方面，为居间法体系建构做了铺垫。[31]

5. 侵权责任法

首先，有学者从宏观上对《侵权责任法》作出了评论，指出其在价值定位上显现出“权利救济法”与过错责任、危险责任二元归责并立相结合的品格；在体系结构的外在方面，呈现出“分散式总则＋混搭式分则”的特点，虽然与二元论内在体系并不协调，但相当程度包容了其复杂的外化要求，也较好发挥了整合不同背景、不同层次的立法和司法经验的作用。在保护范围、损害赔偿规则、多数人规则、责任承担方式、过错责任制度、危险责任制度以及对第三人造成他人损害的责任制度等方面，《侵权责任法》取得了引人注目的发展。但这部立法也存在一些不足，有进一步完善以及合理提升现代化水平的空间。[32]

其次，有学者通过考察德国侵权法上的“法益”，指出德国侵权法上的“法益”从来不是指权利之外受法律保护的利益，我国侵权法中，也没有必要在这个意义上设立一个“法益”概念。[33]该学者还在辨析德国侵权法中“框架权”的概念的基础上指出，由于我国《侵权责任法》中已经有了对权利外利益提供概括保护的一般条款，因此从请求权基础和裁判需要角度，我们并不需要“框架权”“一般人格权”“营业权”这些一般条款性质的概念。[34]此外该学者还在分析德国民法典第826条规定的“背俗故意致损”进行深入分析的基础上，指出应当借鉴动态系统理论，以本土判例为素材，建构我国的“背俗故意致损”判例类型。[35]

关于侵权责任的构成，有学者认为我国《侵权责任法》尚未采用违法性要件，应当采用违反注意义务作为统一的标准来判断过错，从而正确认定责任。[36]关于责任的形式，有学者认为，将赔礼道歉作为侵权责任承担方式有一定的历史时代原因；但在现代法的背景之下，该种责任承担方式不仅在理论上争议颇多，而且造成了司法实践中问题重重。其作为一种责任承担方式的合理性值得怀疑，将其从法律责任还原为道德责任实属必要；[37]而就精神损害赔偿，有学者认为只承认侵权场合的精神损害赔偿、而否定违约场合可以成立精神损害赔偿的种种理由均不成立或说服力不足，在旅游、观看演出等以旅游者、观众等权利人获得精神享受（愉悦）为权利内容的合同场合，必须成立精神损害赔偿责任。在产妇到医院生产、婚庆典礼、拍摄结婚照、洗印照片等合同场合，亦应承认违约的精神损害赔偿。[38]关于网络侵权，有学者认为虽然《侵权责任法》第36条为解决网络侵权问题找到了出口，但除了该条第2款中明确规定的被侵权人享有向网络服务提供者发出通知的权利之外，侵权网络用户也享有向网络服务提供者发出反通知的权利，这样才能平衡网络侵权中以网络服务提供者为中心的被侵权人、侵权网络用户和其他网络用户之间的利益；[39]还有学者对网络服务提供者的安全保障义务进行了论述。[40]

关于医疗损害责任，有学者详细阐释了《侵权责任法》第54条规定的医疗损害责任的构成要件，[41]该学者还指出医疗管理损害责任是医疗损害责任中的一种具体类型，与医疗伦理损害责任、医疗技术损害责任和医疗产品损害责任一道，构成医疗损害责任的类型体系。医疗管理损害责任应当适用《侵权责任法》第54条的规定确定赔偿责任，但与该法第34条第1款规定的用人单位责任构成竞合关系，受害患者可以根据自己的利益选择法律。[42]

6. 婚姻家庭法

家庭暴力防治立法已被全国人大纳入立法工作计划，这也使得相关的研究增多。有学者针对家庭暴力的核心内容——夫妻暴力，在进行深入分析的基础上提出了增设夫妻非常法定财产制、整合停止侵害和消除危险等责任方式、取消离婚损害赔偿请求权人无过错的条件限制等修正现行立法的构想。[43]还有学者研究了夫妻之间婚内侵权行为的法律地位、美国法对其规制的历史与现状、中国法上的现状与制度建构，希望通过对美国与中国相关立法与司法的分析比较，为尚未确立夫妻之间婚内侵权行为制度的中国法提供了借鉴与参考。[44]

（二）商法学

1. 商法总论

有学者认为我国现有商法未采用“商人”和“商行为”的概念，商法学术界却坚持将“商人”和“商行为”作为商法基础概念，这使得我国商法理论基础和发展方向不很明确。应该在厘清相关法律术语含义的前提下，采用“企业”或“主体性企业”以及对应的其他范畴，这样可以发展出适合我国国情的新型商法模式。[45]有学者对“营业转让”的界定和规制进行了阐述，指出营业转让的客体是“组织化了的机能性财产”，营业转让合同与买卖合同相似，应当参照适用有关买卖合同的规定。客体的独特性使得民商法需要就营业转让合同中的权利义务配置发展出特殊的规则，这些特殊规则主要涉及瑕疵的判断、已有债务的处理、劳动者保护、出让人的竞业禁止义务等方面。[46]有学者对《法国商法典》总则进行了述评。[47]此外，还有学者以商事司法解释为例对司法解释的建构理念进行了分析。[48]

2. 公司法

有学者认为现行公司法的公司法律形态存在着结构性问题。有限责任公司虽属封闭公司，但没有涵盖发起设立股份有限公司，而股份有限公司却容纳了公开公司和封闭性的发起设立股份有限公司。这种结构导致了封闭公司适用不同规则，公开性股份有限公司、封闭性股份有限公司适用同样的规则。公司法改革的取向是整合封闭公司资源，重塑有限责任公司形态，涵盖所有封闭公司，并使股份有限公司仅具有公开公司特点，不再涵盖发起设立的公司。在此基础上，同一法律形态的公司适用同样的规则，以利公司法现代化。同时，实现公司法体系一元化，外商投资有限责任公司与内资有限责任公司并轨，这是重塑有限责任公司形态的应有内涵。[49]还有学者从法经济学的角度对股东派生诉讼的实现进行了论述，认为股东派生诉讼在某一国家是否活跃，在很大程度上取决于该国股东派生诉讼的成本风险分担规则和激励机制能否起到鼓励或者抑制诉讼的作用。针对我国上市公司股东派生诉讼案件鲜有发生的现状，我国在完善股东派生诉讼规则时，应当充分利用法经济学的理论基础和分析工具，重视法律规则在诉讼成本存在时的效率作用，并采取适当的激励机制以发挥股东派生诉讼制度的积极作用。[50]

3. 证券法

有学者以合同为中心对金融衍生交易进行了分析，指出通过还原衍生交易规则背后的法律逻辑，可以构筑一个以“合同”为中心的衍生交易法律问题的分析框架，容纳从合同效力、履行、缔约到信息披露、监管等一系列问题。以合同为主要处理对象的民商法应扩张自身的体系以容纳实践中产生的新合同类型，从而为整个金融衍生交易法律规则体系提供坚实的基础。[51]还有学者在探讨证券法的建构理念是证券法的效能先导的基础上，对科学确定应当由证券法规制的证券市场边界、证券市场法律关系结构的完备化与合理化以及证券监管机制的理念转换与功能再造进行了论述。[52]此外，有学者对中外证券从业人员买卖股票制度进行了比较研究，认为我国应逐步健全证券从业人员买卖股票的内幕交易规制机制，确立利益冲突交易限制机制，建立个人交易报告和信息披露制度，完善行政、民事、刑事的多层次责任追究体系与监管体系。在此前提下，考虑逐步放开或不再禁止证券从业人员买卖股票。[53]

4. 保险法

有学者对保险合同可争议制度进行了研究，指出保险合同的可争议制度在规范内容和结构、可争议事由、可争议期间与弃权制度发生作用的空间等方面存在差异。我国《保险法》第16条对保险合同可争议制度已有体系化的规范安排，但在制度运行的基础和逻辑层面，尤其是有关可争议期间的制度，应该说还有改进的空间。[54]有学者对保险惯例进行了论述，指出不能忽略保险交易的性质、环境和条件，简单地给保险惯例贴上霸王条款的标签，并且不加区分地适用保险合同法中的程序规制和实体规制，法院应从强制规范审查和专业技术查证两个路径进行评判，以通过个案的审查令交易双方对保险惯例形成最大限度的共识，追求司法正义。[55]此外，还有学者对美国的洪水保险制度进行了全面的介绍，[56]为我国建立洪水保险制度提供了有益的借鉴。

5. 破产法

有学者研究了破产管理人合同解除权的限制问题，指出我国破产法对于破产程序开始后，管理人的合同解除权并没有作出任何限制，似乎任何情况下其都可以对于未履行或者履行完毕的双务合同具有解除权，甚至连管理人解除权的标准都没有作出规定。这不仅违背衡平的原则，而且也与我国现存的物权法、合同法等法律不协调，如预告登记、所有权保留等。因此，应该在特殊情况下，承认对管理人合同解除权的限制。[57]

注：

①柳经纬：《渐行渐远的民法典》，《比较法研究》，2012年第1期。

②孙宪忠：《我国民法立法的体系化与科学化问题》，《清华法学》，2012年第6期。

③王卫国：《现代财产法的理论构建》，《中国社会科学》，2012年第1期。

④易军：《民法公平原则新诠》，《法学家》，2012年第4期。

⑤朱庆育：《私法自治与民法规范》，《中外法学》，2012年第3期。

⑥易军：《私人自治与私法品性》，《法学研究》，2012年第3期。

⑦易军：《私人自治的政治哲学之维》，《政法论坛》，2012年第3期。

⑧刘召成：《部分权利能力制度的构建》，《法学研究》，2012年第5期。

⑨常鹏翱：《债权与物权在规范体系中的关联》，《法学研究》，2012年第6期。

⑩易军：《法律行为生效要件体系的重构》，《中国法学》，2013年第3期。

⑪王雷：《见义勇为行为中的民法学问题研究》，《法学家》，2012年第5期。

⑫姚辉、段睿：《民法的法源与法学方法》，《法学杂志》，2012年第7期。

⑬柳经纬：《当代中国私法进程中的民商事司法解释》，《法学家》，2012年第2期。

⑭王利明：《论网络环境下人格权的保护》，《中国地质大学学报》（社会科学版），2012年第4期。

⑮王利明：《隐私权概念的再界定》，《法学家》，2012年第1期。

⑯李永军：《论姓名权的性质与法律保护》，《比较法研究》，2012年第1期。

⑰许德风：《不动产一物二卖问题研究》，《法学研究》，2012年第3期。

⑱程啸：《论动产多重买卖中标的物所有权归属的确定标准》，《清华法学》，2012年第6期。

⑲常鹏翱：《经济效用与物权归属——论物权法中的从附原则》，《环球法律评论》，2012 年第 5 期。

⑳龙俊：《中国物权法上的登记对抗主义》，《法学研究》，2012 年第 5 期。

㉑刘保玉：《不动产登记机构错误登记赔偿责任的性质与形态》，《中国法学》，2012 年第 2 期。

㉒王利明、周友军：《论我国农村土地权利制度的完善》，《中国法学》，2012 年第 1 期。

㉓程啸：《论抵押权的实现程序》，《中外法学》，2012 年第 6 期。

㉔周洪政：《网络时代电子要约和承诺的特殊法律问题研究》，《清华法学》，2012 年第 6 期。

㉕朱广新：《要约不得撤销的法定事由与效果》，《环球法律评论》，2012 年第 5 期。

㉖宁红丽：《无偿合同：民法学与社会学之维》，《政法论坛》，2012 年第 1 期。

㉗王轶：《论合同行为的一般生效条件》，《法律适用》，2012 年第 7 期。

㉘王利明：《论无效合同的判断标准》，《法律适用》，2012 年第 7 期。

㉙李宇：《债权让与的优先顺序与公示制度》，《法学研究》，2012 年第 6 期。

㉚崔建远：《解除效果折衷说之评论》，《法学研究》，2012 年第 2 期。

㉛汤文平：《从“跳单”违约到居间报酬——“指导案例 1 号”评释》，《法学家》，2012 年第 6 期。

㉜龙卫球：《〈侵权责任法〉的基础构建与主要发展》，《中国社会科学》，2012 年第 12 期。

㉝于飞：《“法益”概念再辨析——德国侵权法的视角》，《政法论坛》，2012 年第 7 期。

㉞于飞：《论德国侵权法中的“框架权”》，《比较法研究》，2012 年第 2 期。

㉟于飞：《违背善良风俗故意致人损害与纯粹经济损失保护》，《法学研究》，2012 年第 4 期。

㊱王利明：《我国〈侵权责任法〉采纳了违法性要件吗?》，《中外法学》，2012 年第 1 期。

㊲姚辉、段睿：《“赔礼道歉”的异化与回归》，《中国人民大学学报》，2012 年第 2 期。

㊳崔建远：《精神损害赔偿绝非侵权法所独有》，《法学杂志》，2012 年第 8 期。

㊴杨立新、李佳伦：《论网络侵权责任中的反通知及效果》，《法律科学》，2012 年第 2 期。

㊵刘文杰：《网络服务提供者的安全保障义务》，《中外法学》，2012 年第 2 期。

㊶杨立新：《医疗损害责任构成要件的具体判断》，《法律适用》，2012 年第 4 期。

㊷杨立新：《医疗管理损害责任与法律适用》，《法学家》，2012 年第 3 期。

㊸林建军：《规制夫妻暴力民事立法的功能定位与制度完善》，《中国法学》，2012 年第 6 期。

㊹夏吟兰、罗满景：《夫妻之间婚内侵权行为的中美法比较》，《比较法研究》，2012 年第 3 期。

㊺叶林：《企业的商法意义及“企业进入商法”的新趋势》，《中国法学》，2012 年第 4 期。

㊻王文胜：《论营业转让的界定与规制》，《法学家》，2012 年第 4 期。

㊼聂卫锋：《〈法国商法典〉总则述评——历史与当下》，《比较法研究》，2012 年第 3 期。

㊽陈甦：《司法解释的建构理念分析——以商事司法解释为例》，《法学研究》，2012 年第 2 期。

㊾王保树：《公司法律形态结构改革的走向》，《中国法学》，2012 年第 1 期。

㊿朱芸阳：《论股东派生诉讼的实现》，《清华法学》，2012 年第 6 期。

51刘燕、楼建波：《金融衍生交易的法律解释——以合同为中心》，《法学研究》，2012 年第 1 期。

52陈甦、陈洁：《证券法的功效分析与重构思路》，《环球法律评论》，2012 年第 5 期。

53郭文英、丁海筠：《中外证券从业人员买卖股票制度之比较研究》，《环球法律评论》，2012 年第 3 期。

54常敏：《保险合同可争议制度研究》，《环球法律评论》，2012 年第 2 期。

55方志平：《论保险惯例：以商业车险条款为中心》，《中外法学》，2012 年第 3 期。

56任自力：《美国洪水保险法律制度研究——兼论其变革对中国的启示》，《清华法学》，2012 年第 1 期。

57李永军：《论破产管理人合同解除权的限制》，《中国政法大学学报》，2012 年第 6 期。

（作者：林嘉、姚辉，中国人民大学教授；
李俊杰，中国人民大学博士生）

诉讼法学

陈卫东　汤维建　刘计划　程永锋　辛志伟

一、刑事诉讼法学

2012 年刑诉界理应以“改革”作为其关键词。立法机关对刑事诉讼法进行了大修，司法界通过制定司法解释、培训司法人员对修改后的刑事诉讼法进行讨论和学习，学术界对新刑事诉讼法解读的同时进行批判建构，整个刑事诉讼法界呈现出百家争鸣、蓬勃发展的态势。

（一）研究概况

该年度刑事诉讼法学界发表论文近千篇，出版著作数十部。随着刑事诉讼法的修改，2012 年的论文和著作基本上是对刑事诉讼法的解读释义。代表性著作有：张军、陈卫东主编《刑事诉讼法新制度讲义》《新刑事诉讼法疑难释解》（人民法院出版社）；陈瑞华、黄永、褚福民著《法律程序改革的突破与限度：2012 年刑事诉讼法修改述评》（中国法制出版社）；卞建林主编《中华人民共和国刑事诉讼法最新解读》（中国人民公安大学出版社）；宋英辉著《法律实证研究丛书：法律实证研究本土化探索》（北京大学出版社）；刘计划著《刑事公诉案件第一审程序》（中国人民公安大学出版社），等等。

该年度召开的学术会议主要有：3 月 26 日，围绕刑事法律援助制度改革，来自学术界和实务界的人士在北京市西城区法院展开研讨；4 月 24 日，中国刑事诉讼法研究会在京举办“新刑事诉讼法”专题研讨会；4 月 24 日，“刑事诉讼法修改与预防青少年违法犯罪”研讨会在北京人民大会堂举行；6 月 15 日，中国政法大学刑事法律援助研究中心召开刑事法律援助工作座谈会；9 月 21 日，由北京市人民检察院、北京市法学会诉讼法学研究会、北京师范大学刑事法律科学研究院主办，北京市房山区检察院承办的“职务犯罪侦查工作的机遇与挑战专题研讨会”在京举行；10 月 19—21 日，中国刑事诉讼法学研究会 2012 年年会在杭州隆重召开，本次年会主题为“新《刑事诉讼法》的实施”；12 月 15—16 日，中国政法大学、吉林大学、武汉大学司法文明协同创新中心和中国政法大学诉讼法学研究院主办的刑事法律援助国际研讨会在京召开；12 月 22 日，中国人民大学诉讼制度与司法改革研究中心与公安部监所管理局、北京市公安局联合举办的“新刑事诉讼法实施与在押人员权利保障”学术研讨会在京召开，等等。

（二）热点与创新

该年度刑事诉讼法学研究主要集中于刑事诉讼法的修改，主要有以下几个方面。

1. 刑事诉讼法修改

刑事诉讼法的修改主要集中于以下几个方面：将“尊重和保障人权”写入刑事诉讼法；证据制度：完善非法证据排除制度，明确证人出庭范围，加强对证人的保护；强制措施：进一步明确逮捕条件和审查批准程序，适当定位监视居住措施，明确规定适用条件，严格限制采取强制措施后不通知家属的例外情形；辩护制度：明确犯罪嫌疑人在侦查阶段可以委托辩护人，完善律师会见程序，扩大法律援助的适用范围；侦查措施：一方面予以完善，另一方面强化对侦查活动的监督；审判程序：调整简易程序适用范围，完善第一审程序，明确第二审应当开庭审理的案件范围，对发回重审作出限制规定，完善附带民事诉讼程序，对死刑复核程序作出具体规定，对审判监督程序进行补充完善；执行程序：严格规范暂予监外执行的适用，强化人民检察院对减刑、假释、暂予监外执行的监督；增加特别程序，规定未成年人刑事案件诉讼程序，设置特定范围公诉案件的和解程序，设置犯罪嫌疑人、被告人逃匿、死亡案件违法所得的没收程序，增设依法不负刑事责任的精神病人的强制医疗程序。①

2. 基础理论

（1）关于刑事诉讼立法

有论者认为，刑事诉讼立法所要解决的首要问题，在于对国家权力与公民权利作出适当的平衡，避免国家权力的滥用，防止公民权利受到任意的侵犯。为此，立法部门需要认真考虑刑事追诉权与司法裁判权、执行权与裁判权的分离与制衡问题，维护被追诉者的诉讼主体地位，确保诉权对裁判权的有效制约。刑事诉讼立法只有在对国家权力与公民权利的平衡上取得实质性的突破，才能真正解决诸如刑讯逼供、冤假错案、超期羁押等实践难题。另外，作为一项国家立法活动，刑事诉讼法的修改应当依据宪法来展开。立法部门无论是创设新的制度，还是对已有的制度作出变革，都不能突破宪法所确立的体制和原则。②

（2）关于无罪推定

有论者认为，无罪推定原则虽未明文规定，但有关修改内容比较充分地贯彻、体现了无罪推定原则的基本要求。主要体现在：明文规定控方应当承担证明被告人有罪的举证责任；虽不彻底但明文规定了不得强迫自证其罪的原则；深化了定罪的证明标准；仍保留了疑罪从无的原则。③

对此，有论者认为，散见于我国刑事诉讼法中的几个条款对无罪推定的思想予以充分体现。未经人民法院依法判决，对任何人不得确定有罪；公诉案件中被告人有罪的举证责任由人民检察院承担；不得强迫任何人证实自己有罪；对于证据不足，不能认定被告人有罪的，应当作出证据不足、指控的犯罪不能成立的无罪判决。

（3）关于刑诉中的警察权

刑事诉讼中的警察权是维护社会安全的公共权力，然而如果其行使越过法律的界限，就会侵犯公民的合法权利。刑事诉讼法再修改过程中社会上出现的对“秘密拘捕”的质疑，就反映出公众对刑事警察权不当行使的担忧。有学者认为，在刑事诉讼法对警察权扩张和限制的基础上，应当在司法解释中进一步予以规范。其一，厘清相关术语。应当细化第54条中的“刑讯逼供”和“暴力取证”，细化被适用强制措施之后的通知家属的规定，细化第117条的“必要休息时间”，细化第148条中的“严格的批准手续”。其二，设置违反程序的后果。根据刑事警察权行使过程中违反法定程序的严重程度，建议相关司法解释在设置违反程序法律后果方面规定以下两种情形：一是可以补正的情形，二是归于无效的情形。[④]

（4）关于检察监督

有学者通过解构我国检察机关刑事审判监督职能，发现三种行使方式都系诉权范畴，即属诉讼职能。其中，向法院提出“纠正意见”名不副实，实为一种异议；抗诉案件改判比例极低，与检察机关“在刑事抗诉中始终站在客观、中立、公正的立场上，代表国家对法院确有错误的裁判实施法律监督”的辩称不符，二审、再审中的抗诉不过是检察机关提起的上诉和申请再审；对审判人员职务犯罪案件的侦查，实为检察机关调查事实、收集证据的追诉活动，因定性为监督，造成诉讼法律关系混乱和诉讼职能冲突。由此，将检察机关在刑事审判程序中的职能区分为诉讼职能和监督职能，是我国传统刑事诉讼理论研究中的误区。[⑤]

（5）关于研究方法

有论者认为，规范刑事诉讼法学特别是法解释学不应当被忽视，对于未来较长时期的刑事诉讼法学研究而言，特别需要进一步加强；同时实践导向的刑事立法与司法实践也呼唤着成熟的实证研究方法的扩大适用，在这方面学界同仁显然有更长的路要走。比较法学作为重要的辅助性研究手段，曾发挥了重要的历史性作用，然而随着中国刑事诉讼法学研究的逐步推进，当中国刑事诉讼法学愈发承担起推动实践变革的重大使命时，对比较法学作用的评价应当逐步从盲从回归理性。比较研究的方法也应当进一步更新，由制度比较走向更为体系化的比较，借由中国关注的问题出发，探寻一项外国法制度的生存环境与土壤，细致而非泛化地、具体而非一般地对关乎中国实践的问题、规则、制度展开研究。[⑥]

当前的刑事诉讼法学研究中主要存在以下值得思考和关注的问题：理论创新以及对理论体系建构的宏观思考不足；基本价值追求方面的恒定性与通约性不够；对于中西方学术传统的梳理与承继不足；刑事诉讼法学研究与相关学科相分离；缺乏对于中国刑事司法实践的深度关注；研究方法运用中的科学性与规范性不足；学术风气浮躁与缺乏客观公正的学术评价。[⑦]

3. 诉讼制度与程序

（1）关于辩护

2012年刑诉法修改在刑事辩护制度上有很大进步。时至今日，我国刑事辩护规范体系已经基本形成。在法律体系的视域内观察刑事辩护规范，可以说，宪法、刑事诉讼法、律师法中的刑事辩护规范在总体上相互呼应，彼此促进，但是其中也有不协调、不一致之处，有待通过法律解释乃至下一次修法予以解决。而以法理学中对于法律规范的一般性解说为基础，来分析刑诉法中的刑事辩护规范，可以大致得出如下结论：在我国，立法围绕刑事辩护问题，从原则到规则，从条件、行为到后果，从授权性规范、义务性规范到保障性规范，已经完成了基本的体系性建构。当然，现有的刑事辩护规范体系并非完美无缺，而且“刑事辩护制度的实施是一个系统工程”。[⑧]

（2）关于证据

有论者认为，两个证据规定和2012年刑事诉讼法已经初步形成了我国刑事证据法的法律文本。根据这些法律文本所渗透的主要理念，我国证据法初步确立了六个方面的基本原则，分别为：证据裁判原则、实质真实原则、无罪推定原则、证据合法原则、直接和言词原则、禁止强迫自证其罪原则。[⑨]

有论者认为，我们期待的不仅是证据法学研究的转变，而且是我国刑事证据法向更加科学、规范、文明的方向发展。从《修改决定》的规定及我国司法实践的情况来看，当前期待比较迫切的变化是证据制度的重心从注重职权便利的需要到重视权利保障的转变、从注重证据形式到注重证据规则的转变以及从注重证明标准的细化到实现证明要求的程序规则的完善的转变等。[⑩]

（3）关于强制措施

有学者认为，“侦查中由人民检察院批准、决定逮捕”构成逮捕审查制度的中国模式，其理论基础是检察监督理论。逮捕在我国刑事诉讼中被普遍适用，有违法定逮捕要件，对公正审判与有效辩护造成不利影响。逮捕被普遍适用的根源在于，享有批准、决定逮捕权的检察机关实为追诉机关，其执行的实体标准、审查程序及“快捕快诉”的追诉性指导思想，挤压了取保候审等羁押替代措施的适用空间。解决逮捕普遍化问题，应依据“互相制约”的宪法原则确立法院审查模式，由法院统一行使逮捕决定权，即在检察机关初次审查的基础上，增加法院审查程序，以制约公安机关、检察机关行使的追诉权，更好地实现保障人权的刑事诉讼目的。[11]

有学者认为，审前羁押在我国成为对待犯罪嫌疑人的常态化处置方式，其主要原因在于混同了逮捕与羁押，从而导致司法审查的缺失以及司法救济的虚无。应当从根本上对审前羁押制度进行改革，实现逮捕与羁押相分离，将逮捕定位于羁押的前置程序并设置独立的羁押审查程序，以控制羁押的适用。在秉持司法授权原则、司法审查原则、司法救济原则以及比例原则等现代审前羁押制度通行原则的基础上，我国审前羁押制度可通过如下具体进路予以完善：坚持检察机关的审查主体定位，完善羁押审查程序，厘清羁押期限问题，强化羁押救济程序，丰富羁押替代措施。[12]

（4）关于案卷移送制度

从1979年的庭前移送案卷制度，到1996年对检察机关移送起诉的案卷范围的限制，再到1998年的庭后移送案卷制度，直至2012年对庭前案卷移送制度的恢复，中国刑事诉讼法在规范法官庭前阅卷问题上走过了一条曲折的发展道路。但是法院通过阅卷来形成裁判结论的审判方式并没有发生实质性的变化。主要原因有：法官主导证据调查的司法传统；以案卷笔录为中心的审判方式；在法庭之外形成裁判结论的司法文化；建立在阅卷基础上的复审制度。要彻底解决法庭审判流于形式的问题，就必须废止案卷移送制度，避免法官在开庭前接触、查阅任何案卷笔录和证据材料，从而彻底割断侦查与法庭审判程序之间的联系。[13]

（5）关于再审

有论者认为，应当注重再审纠错与程序安定性价值之间的衡平。此次刑事诉讼法修改对刑事再审程序作了修改与完善，有其进步意义，但对于申诉改造、再审事由的设置、再审的启动主体以及再审审理程序的构建等核心问题并没有涉及。因而，此次关于再审程序的修改只能称得上是程序“微调”。从司法适用的角度来讲，新《刑事诉讼法》的有关规定尚有进一步完善、细化的必要。结合中国的司法实际，可以通过司法解释的形式加以完善，以统一指导司法实践。具体建议为：限缩人民法院主动启动再审的案件范围；“新的证据”“可能影响定罪量刑”“可能影响公正审判”的范围可以参照《民事诉讼法》的相关规定。[14]

（6）关于特别程序

有学者认为，新《刑事诉讼法》增设了几种特别程序，既在章节体例上健全了我国刑事诉讼法，也完善了刑事诉讼制度，体现出刑事诉讼立法不断总结司法实践经验和借鉴域外经验，刑事诉讼制度逐步走向科学、民主和精密。增设特别程序，可以适应司法实践的需要，也符合联合国刑事司法准则的要求。从增强可操作性的角度看，新《刑事诉讼法》的某些规定还需要进一步研究。[15]

二、民事诉讼法学

2012年民事诉讼法学的研究取得了新的进展，许多热点问题的研究进一步深入。尤其是2012年8月31日，新的民事诉讼法修正案通过，学界针对民事诉讼法修改中遇到的各种问题进行了热烈而富有成效的探讨。

（一）研讨会

本年度召开的主要学术会议有：10月27—28日，由中国民事诉讼法学研究会主办、南京市中级人民法院和南京师范大学法学院承办的2012年民事诉讼法学研究会年会在江苏省南京市召开。本次年会的分组讨论共分为“总论与审判程序，法院调解与非讼程序，证据制度与检察监督，以及公益诉讼、恶意诉讼、小额诉讼、第三人撤销之诉”等4个大组合计16个单元，涵盖了此次民事诉讼法修正案修改部分的方方面面。

4月9—11日，2012年海峡两岸民事诉讼法学术研讨会在台湾政治大学举办。8月4日，由中国民事诉讼法学研究会和韩国民事诉讼法学会共同主办、宜昌市人民检察院承办的第四届中韩民事诉讼法国际学术研讨会在湖北省宜昌市举行，中韩双方民事诉讼法知名学者近四十人参加了会议。8月20日下午，最高人民法院研究室举办的“诉讼诚信体系建设座谈会”在最高人民法院召开。9月7日，由清华大学法学院民事程序法研究中心和日本现代亚洲法研究会联合主办的“中日民事诉讼法修改的比较研究”国际学术研讨会在清华大学法学院明理楼模拟法庭召开。11月17日，民事诉讼法国际学术研讨会在西南政法大学举行，会议在民事诉讼法修正案草案新增设小额诉讼制度的背景下召开，就“小额诉讼”进行了探讨。

此次《民事诉讼法》的修改，可谓大刀阔斧。围绕着民事诉讼法领域长久以来积存的各种问题，学者们积极论证，建言献策，有力地推动了《民事诉讼法》修改的顺利进行。此次《民事诉讼法》修改，内容广泛，有的学者认为以修正案内容与原法典之间的关系为标准，可以将修法成果类型化为“新增型”、“修正型”和“删除型”三种。其中“新增型”内容主要包括诚实信用原则、公司诉讼的地域管辖、公益诉讼、第三人撤销之诉、专家辅助人制度、行为保全、恶意诉讼规制机制、小额诉讼、司法确认程序、实现担保物权的程序等；“修正型”

内容主要涉及民事检察监督权的范围和方式、协议管辖的适用范围、回避的方式、证人出庭作证制度、送达方式、司法罚款的数额区间、先行调解制度、应诉管辖制度、二审审理方式、督促程序的终结方式、再审的法定事由等；而“删除型”内容则包括人民调解原则、管辖错误等部分再审法定事由、涉外民事诉讼中的协议管辖及应诉管辖、涉外民事诉讼中的财产保全等。从横向与纵向、宏观与微观等多角度、多层面来审视本次法律修正的成果，可以发现，其在推动民事程序规范之现代化、体系化革新的同时，还存在着条文过于疏略、可操作性差、功能协作程度低等诸多局限与不足。[16]

（二）研究的主要问题

2012年民事诉讼法学的研究主要围绕着《民事诉讼法》修改而进行，学界的诸多学者对于民诉法此次修改的众多亮点进行了分析，主要包括如下几个方面。

1. 检察监督原则

“权力导致腐败；绝对的权力导致绝对的腐败”，任何权力都必须接受监督。民事检察监督作为极具中国特色的民事审判监督机制，对于遏制司法不公具有极为现实的作用。2012年民事诉讼法的修改中，检察监督得到了进一步强化。从检察监督的范围来看，由原来的“审判活动”变为“民事诉讼活动”。而且在强制执行中，增加一条，强调检察机关对民事执行活动的监督。第210条规定“人民检察院因履行法律监督职责提出检察建议或者抗诉的需要，可以向当事人或者案外人调查核实有关情况”，新《民事诉讼法》第208条第2款和第3款规定人民检察院向同级人民法院提出检察建议的权力。有学者认为我国目前民行检察监督基本原则最为重要的乃是强调三大原则：一是全面监督原则；二是依法监督原则；三是客观公正监督原则。[17]有学者认为对于检察监督的范围，除了法律明确规定的以外，法院作出的查封、扣押以及破产裁定虽然不是典型意义上的司法裁判活动，但其也存在严重侵犯当事人公平审判权的可能性，将其一并纳入民事诉讼检察监督范围的法律解释也完全符合立法的基本宗旨。[18]该学者还认为，为了平衡监督权和审判权之间的关系，要对检察监督权行使的事由加以明确和限制：如果检察机关认为人民法院对事实认定存在一定问题，原则上不能启动抗诉程序，因为一般认为事实认定属于法官的自由裁量权范畴，其不应成为检察机关的诉讼监督对象，除非人民法院故意作出明显违背常识的事实认定，否则检察机关不应对此提起抗诉和提起检察建议；对于法律适用问题，检察机关同样也要谨慎行使民事诉讼监督权，原则上不能随意提起抗诉和检察建议，只有对那些明显违反法律适用规则、背离一般法律解释原则的法律适用，检察机关才有权提起抗诉和发出检察建议。有学者提出对检察院抗诉的期间可以采用当事人申请再审的期间，即两年。这样可以督促当事人选择最恰当的方式行使诉讼权利。[19]

2. 诚实信用原则

当事人之间恶意串通，利用诉讼、调解等方式侵害他人合法权益的虚假诉讼，被执行人与他人恶意串通，通过诉讼、仲裁、调解等方式逃避履行法律文书确定的义务的恶意串通逃避执行的现象越来越严重，严重损害了正常的诉讼秩序和执行秩序，危害司法公正和国家法律制度的权威，引起了社会各界的普遍关注。为此，新《民事诉讼法》增加了两条，即第112条和第113条，规定人民法院对虚假诉讼、恶意串通逃避执行的行为“应当”（而不是“可以”）采取包括驳回请求，根据情节轻重予以罚款、拘留，构成犯罪的依法追究刑事责任等在内的惩罚措施。同时，加大了对个人和单位的罚款力度。有的学者认为作为一个伦理化色彩十分浓厚的法律原则，诚实信用的规定至少对当事人、诉讼参与人的诉讼行为具有一定的教化作用，成为一种具有宣示效益的规范，同时也可以为司法解释、指导性案例以及在具体案件审判中的裁量提供根据（这也正是法院诉求诚实信用原则条文化的主要原因）。[20]关于当事人之间相互遵循诚实信用这个主要的领域，我国今后可能需要更加注重对“禁反言”的适用解释，把握好运用这项规则的分寸或“火候”，并通过司法实践努力丰富发展其适合我国实际情况的内容。同时，在遏制恶意诉讼、虚假诉讼或诉讼欺诈等方面切实并充分地发挥诚实信用原则的作用，对于转型期社会亟待建立诚信机制的我国当前情势而言，可能具有更加重大的意义和紧迫性。[21]

3. 公益诉讼制度

随着经济社会的发展，环境污染和大规模侵犯消费者权益等公益案件逐渐增多，为了保护社会公共利益，此次民事诉讼法修改特意引入公益诉讼制度，规定：对污染环境、侵害众多消费者合法权益等损害社会公共利益的行为，法律规定的机关和有关组织可以向人民法院提起诉讼。有的学者认为，对于公益诉讼的诉权主体既不可确定过宽，也不可失之过窄，而应当从实际出发，按照实事求是、循序渐进的原则加以确定。建议民事诉讼法修改将公益诉讼的原告资格赋予检察机关、社会团体和公民个人三类主体。[22]此次修法，并未承认公民的公益诉讼主体资格，对此有的学者认为随着经济的发展，国民素质的提高，公益诉讼的主体扩大到个人应该是一种趋势。国家、集体利益的落脚点就是公民的利益，对公民利益的侵害是最具体的，如果把原告主体资格扩大到每一个公民个人，才能够真正发挥人的主观能动性。[23]有的学者认为主体资格的特殊性只是公益诉讼区别于私益诉讼的一个方面，诉讼程序和裁判制度的特殊性显然更加重要，如举证责任的问题，是否可以进行和解的问题，判决效力的问题，诉讼费用的负担问题等，都必须予以明确规范。遗憾的是，新《民事诉讼法》对于这些问题没有任何涉及。[24]修正案通过列举的方式规定了侵犯公共利益的案件类型，但实际中侵犯公共利益案件类型远远大于上述列举，根据立法原意和我国实践，可以提起民事公益诉讼的案件包括但不限于“污染环境”“侵害众多消费者合法权益”两类案件，其他社会公共利益受到侵害的，如国有资产被侵害、不正当竞争的侵害亦可根据该条规定救济。[25]有的学者主张，公益诉讼是保护公共利益的最后途径，并非唯一路径和最佳路径，社会也不宜寄予太高期望。事先预防才是保护环境的最佳方式，公权力机关在作出公共决策时就应该充分考虑保护公共利益。

4. 证据制度

民事证据制度是民事诉讼法的核心内容，也是民事诉讼中最为复杂的制度。针对实践中比较突出的证人出庭、电子证据、证据保全、鉴定人出庭等问题，此次《民事诉讼法》修改作了突出性回应。在举证迟延问题上，当事人延期提交证据并不会当然地导致证据排除，而是根据具体情况由法官裁量，不予采纳该证据或者采纳该证据但予以训诫、罚款。该制度的确立，有利于减轻当事人的举证负担，有利于保障实体公正。但有学者认为由人民法院确定举证期限，完全排斥当事人确定举证期限的自主权，可能导致权力滥用而危害司法公正。[26]有的学者认为举证时效制度应该进一步完善，其一，扩大举证时限的适用范围。其二，增设逾期举证的费用制裁。其三，完善对证据失权一方当事人的程序保障。[27]在证人出庭作证问题上，增加了通过视听传输技术或者视听资料等作证的方式。在证人出庭作证费用的承担上，规定了必要费用由败诉当事人负担的制度，解决了证人出庭作证的费用问题。有学者认为这一规定虽然弥补了现行民事诉讼法在证人费用方面的缺陷，但是，这一规定的不足之处在于没有按照证人的性质就证人费用的标准作出规定，至少作原则性的规定。国家应当以对证人进行补助的方式对证人补贴，由于证人之间是平等的，因此补贴也应是平等的，而非按照证人的收入多少予以补贴。具体可以用全国职工日平均工数乘以作证天数进行计算。另外，关于证人交通、住宿、就餐等作证费用的计算也应当实现标准化，从而避免因为不能落实作证费用导致证人不愿甚至抵制作证的现状。[28]有学者建议立法应进一步明确对证人、鉴定人及其近亲属的人身安全予以保护的主体机关、保护措施以及明确对保护不力的惩戒等内容，确保为实现事前保护和事后保护提供法律支持。[29]本次修法将“鉴定结论”改为“鉴定意见”，并且要求鉴定人出庭作证，有利于规范鉴定意见的使用，防止鉴定意见误导案件裁判。而且，本次修改首次规定了证据的诉前保全制度。除了上述民诉法修改涉及的内容以外，一些学者还主张在我国建立“文书提出命令制度”以进一步完善我国的证据制度。

5. 小额诉讼程序

为及时解决面广量大的民事纠纷，根据一些地方的试点探索并借鉴国外好的做法，本次民事诉讼法修改的重要内容之一就是在简易程序的基础上再增设小额诉讼程序。修订后的民诉法第一百六十二条：“基层人民法院和它派出的法庭审理符合本法第一百五十七条第一款规定的简单的民事案件，标的额为各省、自治区、直辖市上年度就业人员平均工资百分之三十以下的，实行一审终审。”一审终审是小额诉讼程序的一大特色，但是也剥夺了当事人上诉的权利，有碍于权利的救济。对此，有的学者认为，小额诉讼全部采取一审终审制并不恰当，主张采撷一审终审制与两审终审制的精华，对小额诉讼程序实行有限的二审终审制。对于小额诉讼的一审判决事实认定错误明显、程序严重违反法律或者适用法律存在重大错误的，当事人有权向上一级法院提起上诉。这种法律既包括实体性法律也包括程序性法律。无法否认的是，上诉程序的设计必然对小额诉讼的一审程序产生影响，甚或抑制简易、快速和低廉功能的充分张扬。[30]但另有学者主张在一审终审的前提下，可以借鉴日本的做法，赋予小额诉讼当事人程序上的复议权，通过这样一种制度的设计来缓和公众对于一锤定音的逆反心理，同时又不至于加重法院的审理负担，造成司法资源的浪费，达到一种制度涉及的双赢状态。[31]而且对于小额诉讼程序或小额速裁程序的规定，不能仅仅就规定一个条文，而应当对能够反映小额速裁程序特征的程序规则均加以规定，因而建议专设一节予以规范。[32]

6. 调解制度

为了加强诉讼与非诉的衔接机制，此次修法增加了调解协议的司法确认内容，即由双方当事人依照人民调解法等法律，自调解协议生效之日起三十日内，共同向调解组织所在地基层人民法院提出。经过司法确认的调解协议，具有与法院诉讼调解一样的法律效力，也即具有强制执行力。调解协议的司法确认包括赋予调解协议强制执行力和对调解协议变更、撤销及无效认定的正反两方面。[33]检察机关对申诉案件进行和解达成的协议，应递送人民法院加以核定。经核定后的检察和解，具有取代生效裁判的效力。[34]有学者还建议我国民事诉讼法修改应当尽快抛弃“调审合一模式”，而改为“调审分离模式”：调解与审判的程序分离；调解者与审判者的分离。唯有通过调审分离模式取代调审合一模式，我国的诉讼调解制度才能克服其固有的流弊，产生出应有的程序功能。

此次修法增加了先行调解的内容，即当事人起诉到人民法院的民事纠纷，适宜调解的，先行调解，但当事人拒绝调解的除外。有的学者建议规定得更明确一些，如可以规定："适宜调解的案件，经当事人双方同意，审判组织可以在开庭审理前进行调解。"我们认为要理性地发挥调解的效率优势，首先，要控制调解次数，调解次数与期限要体现当事人意思自治，但是不宜过频、过长，对社会效果的追求也要有个度，否则当事人与法官都会不堪其"累"；其次，明确调解用时与案件类型、案情复杂程度的正相关关系，排除法外因素对调解过程的干扰；再次，在部分存在"调解无审限"意识的地区，应该确立调解审限意识，在调解书中明确写明立案时间和结案时间，杜绝调解超审限案件的发生；最后，答辩期满前调解也不宜超越审限要求。[35]此外，实践中还开创了"1+2+3+N"工作方法，有力地推动了基层的诉前调解工作。[36]

7. 强制执行程序

此次执行程序的修改吸收了人民法院近些年来执行工作的经验，并且充分听取了相关学者的意见，进一步完善了我国的强制执行制度，有利于进一步解决实践中突出的"执行难"问题。具体而言，立法机关在《修正案》中，尊重和体现了以下三方面的价值共识：对逃债赖债等背德失信行为的不宽容态度；"债权人中心主义"的执行程序观；执行效率至上的价值取向。明确了执行程序中强制拍卖权的归属，廓清了过去的错误认识，将作为强制执行权组成部分的司法拍卖权，回归由法院行使，法院自行拍卖成为强制拍卖的常态。在法院自行拍卖下，被执行人在缴纳执行费后不再额外承担高昂的拍卖费用，省去了传统委托拍卖必须支付给拍卖机构的一大笔佣金，因而提高了债务人的偿债能力，相应地强化了对申请执行人债权的保护力度。[37]而且，此次修法突出了检察机关对强制执行程序的监督权，有学者认为法院的强制执行权缺乏有效监督是导致"执行难"与"执行乱"的重要原因之一。我国民事执行监督体系的完备离不开多种监督机制的相互配合与协调。法院的内部监督虽有缺憾，但单纯强化检察机关对执行的监督也并非最佳选择。可以考虑构建以执行救济为核心，以法院内部监督为支撑，以适当的检察监督等外部监督为补充的执行监督体系。[38]除此之外，还有学者认为，在我国的执行程序中应该建立债务人异议之诉[39]，保障执行中债务人的合法权益，防止执行权的滥用。

8. 再审制度

此次民事诉讼法修改，针对实践中存在的问题，对发回重审之适用条件进行了缩限和细化，并对适用次数进行了明确。而且再审的审级也作了进一步规定，对于当事人一方人数众多或者当事人双方为公民的案件，也可以向原审人民法院申请再审。应当说，上述修改具有一定的进步性，但仍存在一些问题。例如，尚未解决适用条件过于模糊和宽泛的问题，仍将"原判决认定基本事实不清"同时作为发回重审和改判的裁量性事由；对程序性错误的处理过程中，仍未将当事人意思纳入考虑范围，等等。只有全面革新发回重审制度的功能定位和整个规则体系的设计安排，将上述问题纳入重点研究的范围，才能为一审与二审程序之间、初审法院与上诉审法院之间关系的矫正和合理化配置提供可能。[40]有的学者认为不予受理、驳回起诉和按照撤回上诉处理的裁定应允许当事人通过再审方式获得救济。而我国立法上其他裁定则不应允许当事人申请再审。[41]

此次《民事诉讼法》涉及的修改内容十分丰富，除了上述问题以外，还包括：回避制度、送达制度、裁判文书公开制度、合意管辖制度、担保物权实现程序、执行通知制度等。民诉法学界也对这些问题展开了广泛而深入的讨论，取得了许多科研成果。问题的复杂性决定了《民事诉讼法》不可能通过一次修改就得到全面完善。面对新《民事诉讼法》仍然存在的诸多问题，加强理论研究，积累实践经验，准备迎接《民事诉讼法》的下一次和下下次修改，应当从现在开始提上日程。[42]我们相信，此次《民事诉讼法》的修改不是我们民事诉讼法学建设和研究的终点，而是一个崭新的起点。

注：

①《王兆国作关于刑事诉讼法修正案草案的说明》，《人民日报》，2012年3月9日。

②陈瑞华：《法律程序构建的基本逻辑》，《中国法学》，2012年第1期。

③顾永忠：《我国刑事辩护制度的重要发展、进步与实施——以新〈刑事诉讼法〉为背景的考察分析》，《法学杂志》，2012年第6期。

④陈卫东：《刑事诉讼法再修改后刑事警察权与公民权的平衡》，《法学家》，2012年第3期。

⑤刘计划：《检察机关刑事审判监督职能解构》，《中国法学》，2012年第5期。

⑥陈卫东：《从刑诉法修改看刑诉法学研究方法的转型》，《法学研究》，2012年第5期。

⑦熊秋红：《诉讼法学研究之评价与展望》，《法学研究》，2012年第5期。

⑧熊秋红：《刑事辩护的规范体系及其运行环境》，《政法论坛》，2012年第5期。

⑨陈瑞华：《我国刑事证据法的基本原则》，《兰州大学学报》，2012年第4期。

⑩王敏远：《论我国刑事证据法的转变》，《法学家》，2012年第3期。

⑪刘计划：《逮捕审查制度的中国模式及其改革》，《法学研究》，2012 年第 2 期。

⑫卞建林：《论我国审前羁押制度的完善》，《法学家》，2012 年第 3 期。

⑬陈瑞华：《案卷移送制度的演变和反思》，《政法论坛》，2012 年第 5 期。

⑭陈卫东、杜磊：《再审程序的理解与适用——兼评〈刑事诉讼法〉关于再审程序的修改》，《法学杂志》，2012 年第 5 期。

⑮宋英辉、茹艳红：《刑事诉讼特别程序立法释评》，《苏州大学学报》，2012 年第 2 期。

⑯潘剑锋、韩静茹：《新问题与新意识：〈民事诉讼法〉修改对民事审判工作提出的挑战》，《法律适用》，2012 年第 10 期。

⑰汤维建：《民行检察监督基本原则研究》，《法制研究》，2012 年第 8 期。

⑱韩成军：《新〈民事诉讼法〉对民事诉讼检察监督的拓展与规制》，《河南社会科学》，2012 年第 12 期。

⑲张坤、马志强：《论民事检察监督的范围》，《黑龙江省政法管理干部学院学报》，2012 年第 4 期。

⑳张卫平：《民事诉讼中的诚实信用原则》，《法律科学》，2012 年第 6 期。

㉑王亚新：《我国新民事诉讼法与诚实信用原则——以日本民事诉讼立法经过及司法实务为参照》，《比较法研究》，2012 年第 5 期。

㉒汤维建：《公益诉讼的主体资格》，《中国审判》，2012 年第 6 期。

㉓陈冬玲：《公益诉讼问题初论》，《中国司法》，2012 年第 12 期。

㉔谭秋桂：《〈民事诉讼法〉修改评析》，《中国司法》，2012 年第 11 期。

㉕孙佑海：《对修改后的〈民事诉讼法〉中公益诉讼制度的理解》，《法学杂志》，2012 年第 12 期。

㉖谭秋桂：《〈民事诉讼法〉修改评析》，《中国司法》，2012 年第 11 期。

㉗熊跃敏：《传承与超越：举证时限制度的新发展》，《检察日报》，2012 年 10 月 15 日。

㉘张卫平：《民事诉讼法修改与民事证据制度的完善》，《苏州大学学报》，2012 年第 3 期。

㉙杨立新：《证人、鉴定人出庭作证制度研究》，《人民检察》，2012 年第 5 期。

㉚肖建华、唐玉富：《小额诉讼制度建构的理性思考》，《河北法学》，2012 年第 8 期。

㉛高扬：《小额诉讼程序的比较法分析——兼评我国民事诉讼法修改草案有关小额诉讼的相关规定》，《知识经济》，2012 年第 17 期。

㉜汤维建、齐天宇：《民事诉讼法全面修改的若干重点研判及立法建议》，《苏州大学学报》，2012 年第 3 期。

㉝洪冬英：《论调解协议效力的司法审查》，《法学家》，2012 年第 2 期。

㉞汤维建、齐天宇：《漂移的中国民事调解制度》，《比较法研究》，2012 年第 5 期。

㉟宋朝武：《对民诉法修正案中调解制度的若干理解》，《中国审判》，2012 年第 6 期。

㊱《推行'1 + 2 + 3 + N'诉前调解工作模式》，《人民调解》，2012 年第 11 期。

㊲肖建国：《执行程序修订的价值共识与展望——兼评〈民事诉讼法修正案〉的相关条款》，《法律科学》，2012 年第 6 期。

㊳熊跃敏、曹新华：《我国民事执行监督的路径选择与体系构建》，《北京师范大学学报》，2012 年第 2 期。

㊴王娣：《我国民事诉讼法应确立"债务人异议之诉"》，《政法论坛》，2012 年第 1 期。

㊵潘剑锋：《中国民事审判程序体系之科学化革新——对我国民事程序及其相互关系的反思》，《政法论坛》，2012 年第 5 期。

㊶王林清、刘鹏飞：《民事裁定再审问题研究》，《法学评论》，2012 年第 4 期。

㊷谭秋桂：《〈民事诉讼法〉修改评析》，《中国司法》，2012 年第 11 期。

（作者：陈卫东、汤维建，中国人民大学教授；
刘计划，中国人民大学副教授；
程永锋、辛志伟，中国人民大学研究生）

经济法学

朱大旗　吴宏伟　胡延玲

一、2012 年中国经济法立法之简要梳理

（一）颁布或修订的法律

《中华人民共和国军人保险法》已由第十一届全国人民代表大会常务委员会第二十六次会议于 2012 年 4 月 27 日通过，自 2012 年 7 月 1 日起施行。《中华人民共和国农业技术推广法》已由第十一届全国人民代表大会常务委员会第二十八次会议于 2012 年 8 月 31 日修订通过，自 2013 年 1 月 1 日起施行。《中华人民共和国证券投资基金法》已由第十一届全国人民代表大会常务委员会第三十次会议于 2012 年

12月28日修订通过，自2013年6月1日起施行。

（二）全国人大议事

2012年3月14日，第十一届全国人民代表大会第五次会议批准《关于2011年中央和地方预算执行情况与2012年中央和地方预算草案的报告》，批准2012年中央预算。2012年3月14日，第十一届全国人民代表大会第五次会议批准《关于2011年国民经济和社会发展计划执行情况与2012年国民经济和社会发展计划草案的报告》，批准2012年国民经济和社会发展计划。2012年7月20日，全国人民代表大会内务司法委员会会同常委会法制工作委员会、中国残疾人联合会组成评估工作领导小组和工作机构，对《中华人民共和国残疾人保障法》设立的一些主要法律制度进行了评估。根据全国人大常委会监督工作计划，常委会检查组于2012年8月至10月对《中华人民共和国农业法》实施情况及中央相关文件落实情况进行了检查。检查的重点是发展现代农业、粮食安全、农业投入与支持保护、耕地保护和农业扶贫开发。2012年12月24日在第十一届全国人民代表大会常务委员会第三十次会议上，全国人民代表大会常务委员会法制工作委员会，会同全国人大财政经济委员会、工业和信息化部、中国银行业监督管理委员会等部门、单位，严格按照立法后评估工作的程序和标准，进行了《中华人民共和国中小企业促进法》有关制度立法后评估工作，提出了立法后评估报告。

（三）颁布的行政法规

《机动车交通事故责任强制保险条例》已由国务院令第618号于2012年3月30日进行2012第一次修订，自2012年5月1日起施行；根据2012年12月17日《国务院关于修改〈机动车交通事故责任强制保险条例〉的决定》进行2012年第二次修订。《对外劳务合作管理条例》已经2012年5月16日国务院第203次常务会议通过，自2012年8月1日起施行。《期货交易管理条例》已经2012年9月12日国务院第216次常务会议通过，自2012年12月1日起施行。《中华人民共和国税收征收管理法实施细则》根据2012年11月9日国务院令第628号《国务院关于修改和废止部分行政法规的决定》进行修订。《企业名称登记管理规定》根据2012年11月9日《国务院关于修改和废止部分行政法规的决定》进行修订。《农业保险条例》已经2012年10月24日国务院第222次常务会议通过，自2013年3月1日起施行。

（四）国务院规范性文件

2012年1月3日，国务院办公厅关于印发农村残疾人扶贫开发纲要（2011—2020年）的通知（国办发〔2012〕1号），《纲要》是今后一个时期农村残疾人扶贫开发工作的纲领性文件。2012年1月10日，国务院关于同意建立清理整顿各类交易场所部际联席会议制度的批复（国函〔2012〕3号），同意建立由证监会牵头的清理整顿各类交易场所部际联席会议制度。2012年1月13日，国务院关于印发全国现代农业发展规划（2011—2015年）的通知（国发〔2012〕4号），强调：在工业化、城镇化深入发展中同步推进农业现代化，是“十二五”时期的一项重大任务。2012年1月20日，国务院办公厅关于完善省级以下邮政监管体制的通知（国办发〔2012〕6号）。2012年1月20日，国务院关于印发国家药品安全“十二五”规划的通知（国发〔2012〕5号）。2012年1月24日，国务院关于批转促进就业规划（2011—2015年）的通知（国发〔2012〕6号）。2012年2月13日，国务院关于西部大开发“十二五”规划的批复（国函〔2012〕8号）。2012年3月6日，国务院关于支持农业产业化龙头企业发展的意见（国发〔2012〕10号）。2012年3月18日，国务院批转发展改革委关于2012年深化经济体制改革重点工作意见的通知（国发〔2012〕12号）。2012年4月14日，国务院办公厅关于印发深化医药卫生体制改革2012年主要工作安排的通知（国办发〔2012〕20号）。2012年4月14日，国务院办公厅转发发展改革委、法制办、监察部关于做好招标投标法实施条例贯彻实施工作意见的通知（国办发〔2012〕21号）。2012年4月19日，国务院关于进一步支持小型微型企业健康发展的意见（国发〔2012〕14号）。2012年4月30日，国务院关于加强进口促进对外贸易平衡发展的指导意见（国发〔2012〕15号）。2012年5月24日，国务院办公厅转发发展改革委等部门关于加快培育国际合作和竞争新优势指导意见的通知（国办发〔2012〕32号）。2012年6月28日，国务院关于印发节能与新能源汽车产业发展规划（2012—2020年）的通知（国发〔2012〕22号）。2012年7月8日，国务院关于促进民航业发展的若干意见（国发〔2012〕24号）。2012年7月9日，国务院关于印发“十二五”国家战略性新兴产业发展规划的通知（国发〔2012〕28号）。2012年7月11日，国务院关于印发国家基本公共服务体系“十二五”规划的通知（国发〔2012〕29号）。2012年7月12日，国务院办公厅关于清理整顿各类交易场所的实施意见（国办发〔2012〕37号）。2012年7月17日，国务院关于同意调整社会信用体系建设部际联席会议职责和成员单位的批复（国函〔2012〕88号）。2012年8月2日，国务院办公厅关于印发进一步支持小型微型企业健康发展重点工作部门分工方案的通知（国办函〔2012〕141号）。2012年8月3日，国务院关于深化流通体制改革加快流通产业发展的意见（国发〔2012〕39号）。2012年8月6日，国务院关于印发节能减排“十二五”规划的通知（国发〔2012〕40号）。2012年8月27日，国务院关于大力实施促进中部地区崛起战略的若干意见（国发〔2012〕43号）。2012年9月1日，国务院关于促进企业技术改造的指导意见（国发〔2012〕44号）。2012年9月23日，中共中央、国务院关于深化科技体制改革加快国家创新体系建设的意见。2012年11月9日，国务院关于开展第三次全国经济普查的通知（国发〔2012〕60号）。2012年12月19日，国务院办公厅关于印发中央预算单位2013—2014年政府集中采购目录及标准的通知（国办发〔2012〕56号）。2012年12月20日，国务院办公厅关于深化电煤市场化改革的指导意见（国办发〔2012〕57号）。2012年12月25日，国务院关于土地管理和矿产资源开发利用及保护工作情况的报告。2012年12月26日，国务院办公厅关于印发全国现代农作物种业发展规划（2012—2020年）的通知（国办发〔2012〕59号）。2012年12月29日，国务院关于印发生物产业发展规划的通知（国发〔2012〕65号）。

（五）司法解释

2012年10月29日，最高人民法院印发《关于审理上市公司破产重整案件工作座谈会纪要》的通知（法〔2012〕261号）。2012年12月11日，最高人民法院关于审理中央级财政资金转为部分中央企业国家资本金有关纠纷案件的通知（法〔2012〕295号）。《最高人民法院关于个人独资企业清算是否可以参照适用企业破产法规定的破产清算程序的批复》已于2012年12月10日由最高人民法院审判委员会第1563次会议通过，自2012年12月18日起施行。

二、学术研讨活动

2012年经济法学学术氛围浓烈，研讨主题紧密结合经济动态，研究深入，成果颇丰。2012年3月10日，由北京大学财经法研究中心和山东工商学院政法学院联合主办，山东西政律师事务所协办了“第二届中国财税法前沿问题高端论坛”。四十余名来自中国大陆和台湾地区的财税法学者和宪法学者，围绕“财政立宪与预算法变革”主题，展开了深入的研讨。

2012年3月24—25日，由中国财税法学研究会主办，厦门大学法学院、厦门大学国际税法和比较税制研究中心承办，福建省法学会财税法学研究会协办的“中国财税法学研究会第一次会员代表大会暨第十六届海峡两岸财税法学术研讨会”在厦门国家会计学院召开。本次年会围绕着“法治视野下预算法的修改”以及“财税法学教学改革与人才培养”两个议题展开了积极而热烈的讨论。

2012年4月5日，“中国经济法学研究会会员代表大会、中国法学会经济法学研究会2012年年会暨第二十届全国经济法理论研讨会”在重庆举行。开幕式由中国法学会经济法学研究会副会长卢代富教授主持，开幕式后，大会由史际春教授主持，由李昌麒教授围绕本次大会主题“民生·发展·经济法”作主题发言。

2012年4月15日，由中国人民大学法学院（经济法学研究中心、竞争法研究所、亚太法学研究院）和中国人民大学产业经济与竞争政策研究中心、北京德恒律师事务所共同举办的第十四届人大反垄断法高峰论坛——“知识创新与垄断规制：互联网行业的规范发展”在中国人民大学法学楼隆重举行。来自政府有关部门、著名大学和科研机构以及互联网实务界的与会人员，就中国互联网行业创新与规范发展等问题，进行了广泛、深入的研讨，会议一致认为我国互联网行业创新与垄断规制等问题亟待解决。

2012年5月26日，由中国人民大学财税法研究所、中国人民大学国际学院（苏州研究院）和中国人民大学全球化研究中心联合主办的“第四届中国财税法博士论坛”在苏州隆重召开，主题为“增值税法改革与税收法治建设”。

2012年6月15日，“国际化视野下的金融创新、金融监管与西部金融中心建设”研讨会暨中国证券法学研究会2012年年会在成都召开。本次年会由中国证券法学研究会主办，四川省政府金融办公室、四川省社会科学院承办。来自全国金融监管部门、金融机构以及金融法学界的领导、专家和学者四百余人参加了此次学术会议。

2012年7月18日，由华东政法大学经济法律研究院主办，上海国有资本运营研究院、上海市法学会经济法学研究会协办的“第四届经济法律高峰论坛”在上海美仑大酒店举行。此次论坛以“政府投融资法律制度的完善”为主题，来自北京大学、中国人民大学、中国政法大学、厦门大学、辽宁大学、中南大学、湖南大学、复旦大学等国内著名大学，上海发展改革研究院金融研究所等科研院所，以及上海城投公司、长江联合基础设施投资有限公司等实务部门的共50余位专家学者出席论坛。

2012年8月18—19日，由中国人民大学经济法学研究中心主办、兰州大学法学院承办的以“包容性发展与经济法治回应”为主题的第七届“中国经济法治论坛”在兰州举行。与会代表就论坛主题所关涉的“保障发展成果共享的经济法机制问题”、“区域经济发展中的经济法治问题”和“共同发展中国际经济新秩序构建的法律问题”三个主要议题，展开了热烈而深入的专题研讨。据悉，本次论坛是国内法学界首次召开的对“包容性发展”这一全球社会经济治理新理念进行积极回应和专业解读的学术研讨会。

2012年11月17—18日，第五届中国破产法论坛在北京举行。破产法学界的众多专家学者围绕破产财产、合并破产、企业重整、破产程序与执行程序的衔接等破产法理论与实务问题进行了深入研讨，并借此为最高人民法院新破产法司法解释制定工作提供立法完善意见。

2012 年 11 月 24 日，由北京市法学会金融与财税法学研究会主办、北京联合大学承办的北京市法学会金融与财税法学研究会 2012 年年会暨第二届首都金融与财税法论坛隆重举行。论坛围绕“加强财税金融法学学科建设与促进财税金融科学发展的政策、法治研究”“营改增与促进北京金融业等现代服务业的发展”“对中小企业税收优惠政策实际落实情况的研究”“金融消费者权益保护法律问题研究”“解决北京交通拥堵问题的法治思考”五个方面的主题展开讨论与交流。

2012 年 11 月 24—25 日，中国法学会银行法学研究会 2012 年年会在北京北方工业大学召开，年会主题为“中国金融体制改革及银行法律制度建设”。来自全国各科研院所、高校、各大银行、银行监督管理部门、司法部门的百余名代表出席此次会议。

三、经济法学术研究的基本情况

（一）关于经济法基础理论的研究

经济发展权不仅是国际法上的重要概念，也是经济法主体权利谱系中的重要范畴。对于各类经济法主体都享有的经济发展权，必须加强经济法保护。为此，应着重解决阻碍公平竞争和公平分配等影响经济发展权实现的突出现实问题，这既有助于推进经济法的理论研究和制度完善，也有助于促进“发展法学”和国际法学的发展。①

（二）关于经济法主体制度的研究

1. 关于公司法的研究

由于公司购并的特殊决策机制，决定了公司购并活动往往体现控制股东和管理层的利益关切，但未必体现小股东的利益诉求和心理感受。因此，如何确保公司购并活动的公平公正合理，充分维护小股东的合法权益，就成了公司法领域中一个重要的研究课题。②

学界通说认为，赋予其他股东在股东向外转让股权时的优先购买权，其制度设计旨在保护闭锁公司其他股东的“控制利益”或“在先利益”，即封闭或者限制外部人进入公司的渠道。然而，此种解读忽略了优先购买权制度设计的另一目的——衡平转让人、拟收买股权的受让人与其他股东之间的利益关系。优先购买权除能赋予其他股东“近水楼台先得月”的“旁观者利益”外，还有保护转让人获得最大转让利益的功能。解释论上认可转让人修改其转让股权之意思表示，可在受让人与其他拟收购股东之间形成一种内部拍卖市场，从而使闭锁公司拟转让之股权能获得最优的、公平的市场价格，克服闭锁公司之股权交易缺乏公开市场而衍生的弊病，这种被忽略的价格形成机制需要重新发现和得到重视。按此理解，优先购买权可解释为优先购买请求权，而非优先购买形成权。其他股东的优先购买权能否实现，取决于转让人之转让意思最终是否会发生修改。③

法律现实主义者十分关注法律的回应力。按照法律回应力的分析工具，最佳的公司法模式是有很强“回应性的公司法”。全球公司法的回应力模型可以区分为私人方向的回应模型和公共方向的回应模型，中国大体居于一种中间主义的状态。公司法的回应力取决于利益主体的识别、利益机制的设计以及回应成本、回应时机的考量。按照法律分工的模式，中国公司法的回应力应更集中于公司、股东以及董事、高管的利益调整，淡化其他的回应需求；要细分不同利益主体的利益层次；在回应成本和回应时机上进行改良，强化立法性、民间性、司法性回应机制，成立公司法改革检讨委员会、承认公司内部解决纠纷的能力、成立专门的公司法审判庭或者商事法院、促使裁判文书公共化。不同的公司法回应力政策会产生不同的系统性效应，导致不同的“习惯性沉淀”。要使沉淀的“法律资本”有用武之地，公司法必须持续保持其回应力。④

2. 关于上市公司法律的研究

中国证监会对上市公司信息披露违法案件中董事责任的追究，是遏制信息披露违法、促使上市公司规范运作的重要手段。中国证监会对上市公司定期报告披露违法的行政处罚案例的分析和整理表明：中国证监会在对董事行政责任中责任主体的认定、归责原则的确立、具体行为标准的产生和应用等方面，补充和完善了现有法律规定的不足，丰富了我国信息披露制度和上市公司治理规则。⑤

京威股份因其副总买入 6300 股本公司股票而使其公司陷入退市危机，提醒了人们关注现行法中对于上市公司股权分布的要求。仔细检讨可以发现，仅规定社会公众持股最低比例并不足以保证上市公司的股权适度分散，还应该规定最低持股人数。《证券法》通过对公开发行的界定规定了 200 人的股东人数要求，以此为依据，中国证监会创设了非上市公众公司的概念。但非上市公司的概念中应当包括退市公司，而不应包括股份公开转让的公司。对非上市公众公司的监管应当考虑到对证券欺诈法律责任的适用问题。⑥

3. 关于破产法的研究

随着中国社会主义市场经济体制的不断完善与世界经济的不断融合，中国也将面临着越来越多的跨国破产案件。《企业破产法》第 5 条专门就跨国破产作出了特殊规定，但细细考究该条款，对跨国破产问题的解决方法仍存在许多有待完善的地方。因此，中国亟须借鉴国际经验，构建符合本国国情并与世界接轨的跨国破产法律体系。[7]

（三）关于宏观调控法的研究

1. 关于发展规划法的研究

经济与社会发展规划是政策和法律相耦合的社会规范表现形式，它对我国经济与社会发展发挥了积极促进与指导作用。在推进规划体制改革过程中，为科学编制与实施规划，要处理好经济社会发展规划与发展规划法的关系，应当完善与拓展政策与法律相耦合的形式，明确政府规划行为的公定力，提高公众参与度，健全经济与社会发展规划法制，完善国家宏观调控体系。[8]

2. 关于财政法与税收法的研究

分税制改革确立了税权集中在中央的基本原则：按税种划分中央和地方的预算收入，因此，地方财力由地方自有财力以及上级政府的税收返还和转移支付构成，中央通过财政转移支付来促进全国的基本公共服务均等化。自此，税权持续向中央集中。税费改革后，非税收入也逐渐纳入预算管理，同时，事权却不断向地方分散。中央既要抑制地方要求分享税权的冲动，又必须在税收立法时适度兼顾地方税收利益诉求。考察国务院、中央财税主管部门和地方政府近20年制定的税收规范性文件，不难发现其中隐含的税权集中的形成及其强化轨迹。[9]

中德两国互为重要的经济贸易伙伴国。《中德税收协定》自1985年签订以来，成为两国解决双重征税和防止逃漏税问题的法律准则。然而，《中德税收协定》实施后，中国不断地推进税制改革，两国间经贸往来出现了新的形式，与此同时，国际税法理论也有了新的发展。因此，适时修改《中德税收协定》是必要的。尽管中国在德国的投资已有所发展，但是应当清醒地看到，中国仍是资本输入国，在修订《中德税收协定》时，应当坚持来源地管辖权为主和适当兼顾居民管辖权的原则。[10]

3. 关于预算法的研究

预算在公共财政中具有重要地位，需要通过预算法的修改，来为公共财政的建设奠定基础。公民权利与国家权力的协调和制衡，是宪政理论的基本出发点；而在宪政体制下，财政问题的实质是公民财产权与政府财政权的互动。财政本身即是以公共权力进行的资源分配，近现代民主政治和市场经济更是要求财政具有公共性的特征。[11]

预算法修改是政府间财政关系法治化的重要内容，必须从横向、纵向与斜向三个层面考虑预算权力在不同主体之间的配置问题；预算法律关系是预算法修改的基本进路，只有明确参与预算过程的各方主体为其配置合理的权责，预算法才能真正有效运转。立法机关与预算过程是预算法修改中的核心命题，包括预算过程的本质再认识、立法机关之于预算过程的定位，以及立法机关参与预算过程的主体架构和规则设计，对这些基本关系的探究，关系到预算立法的基本进路和整体质量。[12]

司法预算是实现国家司法机器有效运转的物质基础，司法预算制度是否科学直接影响到司法制度与司法程序的科学性。《人民法院第三个五年改革纲要（2009—2013）》指出，要进一步解决制约人民法院科学发展的体制性、机制性、保障性障碍，改革经费保障体制，建设公正高效权威的社会主义司法审判制度，并把加强法院经费保障作为第三个五年的主要任务之一。司法需求决定司法供给，人民法院经费保障体制改革的需求，反映了当前司法预算制度的滞后性，呼唤着科学的司法预算制度。[13]

预算监督权是现代各国立法机关普遍享有的一种重要权力。我国人大预算监督权制度体系已经初步建立，但现实中人大预算监督权的行使仍然存在一些难以适应经济发展和公共财政运行的问题。为此，我国应在修订《预算法》中明确赋予人大预算修正权；应贯彻预算全面性原则，将政府全部收支纳入人大预算监督范围；应完善人大预算监督机制，将人大预算监督贯穿于预算活动始终；应加强预算监督组织建设，增强人大预算监督能力。[14]

4. 关于金融法的研究

中国《证券法》的证券概念主要以股票、债券为原型，其适用范围显然不足以应对金融创新的新发展。《证券法》应当借鉴美日等国的立法经验，引入“投资合同”概念作为判断证券属性的实质性标准，以扩张证券的适用范围。投资合同是投入某项共同事业的金钱投资，依赖他人努力而获得收益的行为；其被定义为证券是为避免投资行为中的信息不对称及投资者能力不足，以保护金融投资者。引入投资合同概念在规范商品交易所规则、公司债权融资、金融衍生品类别理财产品的监管和金融消费者保护等诸多领域具有广泛的适用前景。[15]

近年来，地方政府债务问题已经引起了社会的广泛关注和高度重视。与此相关，围绕“是否应当赋予地方政府发债权”问题的讨论越发激烈，对此，主要形成了两种观点：一种观点认为，鉴于当前地方政府面临的财政压力，应适当赋予地方政府发行地方债的权力；另一种观点则认为，在欧债危机教训深刻，我国地方政府债务和风险急剧上升，且缺乏有效配套制度安排的情况下，必须从严规范地方债务。这两种观点均具有一定的合理性，也分别在一定程度上影响到立法机关的态度和预算法修改的进程。[16]

另外，有的学者对金融衍生交易进行了研究。[17]

（四）关于反不正当竞争法与反垄断法的研究

有的学者针对腾讯科技（深圳）有限公司、深圳市腾讯计算机系统有限公司诉北京奇虎科技有限公司、奇智软件（北京）有限公司、北京三际无限网络科技有限公司不正当竞争纠纷一案，从用户体验角度讨论互联网企业的竞争策略。[18]

我国《反垄断法》当然适用于垄断行业，但是政府产业规制会在一定程度上限制其在垄断行业中的适用范围，而企业的所有制差异不会导致《反垄断法》适用范围的任何限制。在我国，准确界定垄断行业中《反垄断法》的适用范围会面临诸多困难，应对难题的主要举措是：努力寻找政府产业规制与反垄断规制的合理衔接点；加快产业政策法治化和产业规制行为法治化的进程；在产业规制法律制度限制《反垄断法》在垄断行业中的适用范围时不能完全拘泥于法律的效力级别；重视《反垄断法》与产业规制法律制度的良性互动并系统性应对问题。当我国垄断行业逐步引入竞争机制并呈现出放松管制的趋势时，《反垄断法》发挥作用的空间也会越来越大。[19]

在立法层面探讨垄断行为是否应当入罪的问题，应当坚持以社会危害性为根本标准。垄断行为是一种具有严重社会危害性的行为，然而我国反垄断法却并没有规定垄断行为的刑事责任。这不仅使得反垄断法中针对相关非垄断行为的刑事责任在刑法上无法实现合理的逻辑解释，而且不利于竞争法体系内责任制度的协调。垄断行为不仅侵害了个人的利益，而且也损害了社会利益，但由于其造成的损失不像普通财产犯罪那样容易被察觉，所以导致其社会危害性被低估。刑事责任制度对于打击垄断行为是必要的。[20]

互联网信息服务市场的支配地位是指在信息服务的相关市场中掌握技术垄断力，通常表现为控制规范化的技术标准，并拥有稳定而庞大的客户群体。技术标准化的垄断严格区分于利用技术的网络效应而建立的先行优势。我国的互联网信息服务产业尚未达到“技术全面标准化”的地步，调整互联网信息服务市场支配地位时，应当首要遵循竞争法对于市场支配地位的一般调整规则，其次，要全面考虑相关产业的市场现状和政策要求。[21]

（五）关于市场规制法的研究

诚实信用原则是我国资本市场的“帝王规则”，加强诚信建设对我国资本市场发展意义重大。我国应树立宜细不宜粗的诚信立法新思维，更加注重公平公正。树立规范与发展并重的监管思维，在立法、司法和执法等各个方面更加注重契约正义。建议大幅度提高失信成本，提升投资者的维权收益。进一步弘扬诚信政府文化，为资本市场提供廉洁高效的行政监管服务。应将道德建设与法治建设结合起来，相互促进，不断提高我国资本市场诚信水平。[22]

期货市场是金融衍生市场的重要形式。我国现阶段的股指期货市场与国际成熟市场和我国实体经济的要求相比，还存在极大的差距。表现在：面对股指期货市场固有的风险和我国新兴加转轨的特殊市场环境，我国尚无健全的风险控制和监管机制，亦无成熟有效的市场运行机制。对此，应根据股指期货固有制度风险和我国特殊市场环境，找准风险监控难点；应完善监管法制，坚持“监管法治、严控风险、保护投资者权益、促进适度创新”的监管理念；应以强化功能监管和市场约束为导向，明确政府、行业协会、交易所的监管职责；应加强跨部门监管协调和合作，健全跨股市、股指期货两大市场的监管机制；应优化以专业性为核心分类依据的投资者适当性制度，加强对股指期货交易行为的规制。[23]

（六）其他法律制度的研究

农村土地承包经营权是我国《农村土地承包经营法》所规定的一项新的权利，长久以来，民法学界针对该权利进行了“物权说”和“债权说”的理论论争。在中国，农村土地具有特殊的功能，土地承包经营权从权利属性分析，属于农民的基本生存权，因此，该权利的保障须站在生存权的高度，运用生存权保障的方法，才能得到相应的保障。[24]

我国“大而不富”的经济状况可归因于其低端产业链中缺乏广阔知识领土以及有效的法律制度性保障。瓶装水盈利模式的变革昭示了知识领土固定化带来的巨大品牌利益，这直接关系到国家产业是否能转变“大而不富”的经济怪圈。应当完善法律对于知识领土的框架性保护，在寻求知识领土固定化的努力中达成经济转型。[25]

注：

①张守文：《经济发展权的经济法思考》，《现代法学》，2012 年第 2 期。

②刘俊海：《论公司并购中的小股东权利保护》，《法律适用》，2012 年第 5 期。

③蒋大兴：《股东优先购买权行使中被忽略的价格形成机制》，《法学》，2012 年第 6 期。

④蒋大兴：《公司法规则的回应力》，《法制与社会发展》，2012 年第 3 期。

⑤甘培忠、周淳：《上市公司定期报告信息披露违法董事责任认定研究》，《北方法学》，2012 年第 3 期。

⑥彭冰：《京威股份退市风波分析——上市公司股权分布要求与非上市公众公司监管》，《证券法苑》，2012 年第 8 期。

⑦郑维炜：《中国应对跨国破产法律问题的策略选择》，《当代法学》，2012 年第 1 期。

⑧徐孟洲：《论经济社会发展规划与规划法制建设》，《法学家》，2012 年第 2 期。

⑨叶姗：《税权集中的形成及其强化：考察近 20 年的税收规范性文件》，《中外法学》，2012 年第

4 期。

⑩刘剑文：《〈中德税收协定〉的现状与发展趋势》，《现代法学》，2012 年第 2 期。

⑪刘剑文：《公共财政视野下的〈预算法〉修改》，《中国法律》，2012 年第 1 期。

⑫徐阳光：《政府间财政关系视野下的预算法修改若干问题论证》，《经济法论丛》，2012 年第 1 期。

⑬朱大旗、危浪平：《司法预算制度应以司法公正为基石》，《法学》，2012 年第 1 期。

⑭朱大旗、李蕊：《论人大预算监督权的有效行使——兼评我国〈预算法〉的修改》《社会科学》，2012 年第 2 期。

⑮姚海放：《论证券概念的扩大及对金融监管的意义》，《政治与法律》，2012 年第 8 期。

⑯刘剑文：《地方政府发债权的现实可能性》，《法学》，2012 年第 10 期。

⑰刘燕、楼建波：《金融衍生交易法律问题的分析框架：跨越金融部门法的界限》，《金融服务法评论》，2012 年第 3 期。

⑱徐惠丽：《腾讯公司诉北京奇虎科技有限公司、奇智软件（北京）有限公司等涉嫌不正当竞争案——从用户体验角度讨论互联网企业的竞争策略》，《科技创新与知识产权》，2012 年第 1 期。

⑲孟雁北：《我国〈反垄断法〉之于垄断行业适用范围问题研究》，《法学家》，2012 年第 6 期。

⑳谭袁：《反垄断法责任制度探讨》，《西部法学评论》，2012 年第 4 期。

㉑杨东：《互联网信息服务市场支配地位的认定及法律调整》，《政法论坛》，2012 年第 1 期。

㉒刘俊海：《强化资本市场诚信建设的若干思考》，《证券法苑》，2012 年第 2 期。

㉓朱大旗：《完善我国股指期货市场监管机制的法律思考》，《政治与法律》，2012 年第 8 期。

㉔郑尚元：《土地上生存权之解读》，《清华法学》，2012 年第 3 期。

㉕吴志攀：《知识领土中的法律问题》，《法学》，2012 年第 1 期。

（作者：朱大旗、吴宏伟，中国人民大学教授；胡延玲，中国政法大学副教授）

环境资源法学

周　珂　贺佐琪

一、2012 年北京市环境立法概况

2012 年北京市第十三届人民代表大会常务委员会第三十四次会议审议通过了《北京市河湖保护管理条例》，第三十七次会议审议通过了《北京市湿地保护条例》，对《北京市实施〈中华人民共和国防震减灾法〉规定》进行了初次审议，研究起草了《北京市大气污染防治条例》，立项研究《北京市基本住房保障条例》预案。①

2012 年北京市人民政府第 120 次常务会议审议通过了《北京市节约用水办法》，对《北京市实施〈风景名胜区条例〉办法》、《北京市地下文物保护管理办法》、《北京市建筑节能管理规定（修订）》进行了立项调研。②

2012 年北京市人民政府各部门先后发布了《关于印发〈北京市太阳能热水系统城镇建筑应用管理办法〉的通知》（京建法〔2012〕3 号）、《北京市国土资源局、北京市财政局关于印发〈北京市矿产资源补偿费免（减）审批办法〉的通知》（京国土矿〔2012〕106 号）、《北京市环境保护局〈关于建设项目主要污染物总量控制管理有关内容的细化规定〉（试行）》（京环发〔2012〕143 号）、《北京市市政市容管理委员会关于印发〈北京市非正规垃圾填埋场筛分治理工程施工要求及监管办法〉的通知》（京政容发〔2012〕49 号）、《北京市财政局、北京市环境保护局关于印发〈北京市工业废气治理工程补助资金管理暂行办法〉的通知》（京财经一〔2012〕2756 号）等规范性文件。③

二、重要学术活动

（一）应对气候变化立法国际研讨会

2012 年 3 月 29 日，“应对气候变化立法国际研讨会”在京召开，会议由国家发展和改革委员会主办，中国政法大学承办，英国驻华大使馆提供支持。来自国家发展和改革委员会、全国人大环资委、国务院法制办、英国驻华大使馆、中国政法大学、英国国会上院和国家相关部门、地方发改委以及国际组织、研究机构、企业、金融机构、驻华使馆的代表近百人参加了此次研讨会。研讨会共分为“目标原则与框架体系”“管理体制与制度”“市场机制与碳交易”“激励与保障措施”“能力建设与公众参与”五个主题单元。④

（二）第二届环境司法论坛

2012 年 6 月 28—29 日，“第二届环境司法论坛”在北京国谊宾馆召开，会议由北京大学法学院、中华环保联合会、国家法官学院共同主办。来自全国各地的法官、检察官、律师、行政官员、法学专家等近 200 人参加了论坛。论坛主题为“环境能动司

法的理论与实践”，包括“社会管理创新与能动司法”、“环境能动司法的现状与问题”与“环境能动司法的完善和展望”三个专题。[⑤]

（三）海上石油和天然气开采：以比较法的视角审视防止漏油和责任问题国际研讨会

2012年8月21日，“海上石油和天然气开采：以比较法的视角审视防止漏油和责任问题”国际研讨会在北京大学博雅国际酒店举行，会议由北京大学法学院与美国得克萨斯大学联合主办。来自中美两国的专家学者、律师、能源企业法务人员等60余人参加会议。研讨会共分海上石油开发监管及其法律体系、能源企业如何降低环境风险、石油合同与海上石油开发的民事责任三个专题。[⑥]

（四）第二届中欧社会生态与法律比较论坛

2012年11月14—15日，“第二届中欧社会生态与法律比较论坛”在中国人民大学明德法学楼601国际报告厅召开。会议由中国人民大学法学院、德国罗莎·卢森堡基金会和北京市法学会环境资源法学研究会联合主办，中华环保联合会、彭真民主法制思想研究与教育基金会、奥地利维也纳大学协办。来自维也纳大学、柏林自由大学、爱尔兰都柏林大学以及国内多所大学的环境法学者以及部分官员、实务界人士参加了本次论坛。论坛的主题为“社会生态问题中的共同但有区别的责任——全球范围和国家范围内的实施与执行”。包括“共同但有区别责任原则——发展、创新、挑战与价值”“共同但有区别责任原则与社会生态运动——红绿运动的历史性结合”“共同但有区别责任原则与能源、资源问题(全球和国家范围内的能源贫乏问题——保障基本需求)”“环境正义与司法”“社会生态问题中的共同但有区别的责任——全球范围和国家范围内的实施与执行”五个主题单元。[⑦]

此外，在2012年，“清华环境与能源法论坛”共举办6期[⑧]，“北京大学瑞林资源能源与环境法论坛”共举办4期。[⑨]针对环境保护法，先后召开了“《环境保护法》修改专题研讨会”[⑩]和“《环境保护法修正案（草案）》专家座谈会”。[⑪]针对环境法教学研究先后召开了“环境法学科的发展：困境与出路研讨会”[⑫]和“浙江省、北京市法学会环境资源法学研究会2012年年会暨全国环境法教学研讨会”。[⑬]针对环境司法、污染健康损坏赔偿等其他环境资源法学前沿问题举办各类专题学术活动。

三、学者重点关注的领域

（一）《环境保护法》修改

对于《环境保护法》修改，学者们纷纷献言献策，有学者建议：《环境保护法》（1989年）存在着计划经济色彩浓厚，缺乏环境和自然资源管理的市场机制，环境管理机构设置重叠、空缺，立法体系不完善，立法内容交叉矛盾等诸多问题，严重影响了对环境资源的合理利用和保护，应当尽快进行修改。在该法中应确立环境保护优先原则、预防原则、合理开发利用原则、污染者负担受益者补偿原则、公众参与原则，强化环境保护法的基本法作用，建立环境公益诉讼制度，建立生态补偿法律制度，立法上引入市场机制合理配置环境和自然资源，解决环境管理机构设置重叠、空缺的问题。[⑭]

也有学者建议：完善我国环境法的当务之急是调整环境法的立法目的。这是因为：第一，我国执政党和我国政府的发展观、文明观在2003年前后发生了重大的变化，与这种变化了的发展观、文明观相比，我国现行环境法所体现的发展观、文明观已经落后；第二，我国执政党和我国政府的发展观、文明观的改变是对人与自然关系的正确反映，而处理人与自然关系的主要法律部门是环境法；第三，要想让环境法适应发展观和文明观的转变，关键是对其立法目的做出修改。[⑮]

还有学者建议：我国环境保护法中并未规定公众参与原则，我国和国际环境保护实践均在推动公众参与基本原则从教科书上升至实然立法，我国应该借鉴国外先进的立法经验，将公众参与原则写入环境保护法。[⑯]

（二）环境影响评价制度改革

2012年正值《环境影响评价法》颁布十年，学者们高度关注《环境影响评价法》确立的环境影响评价制度改革，纷纷献言献策。有学者建议：我国环境影响评价制度改革的第一个方向是改革环评程序使其独立于项目的其他审批程序、提高环评的独立性和效力。第二个方向是加大公众参与环评的力度及其参与的效力，同时应当确立环评审批的许可性质及其与其他主管机关实施许可之间的先后关系。第三个改革方向是取消科研机构的环评资质，建立建设单位和科研机构的环评信用；取消收费的环评技术评估程序，建立为政府环评决策服务的非官方环评审查专家委员会。第四个改革方向是加大对环评违法行为的制裁力度，废止补办环评程序、引入对违法行为人的自由罚以及对连续违法单位的按日计罚措施。[⑰]

也有学者建议：环境影响评价制度还没有真正成为预防环境污染和破坏、遏制环境状况恶化的阻遏器。为适应经济社会发展的需要，应尽早尽快修订和完善环评类法律法规。包括战略环评需要扩展范围、提高环评效果，环境影响评价报告书的内容需要进一步规范，公众参与应当更加广泛和有针对性，对违法行为的处罚应当增加力度和增强合理性。[⑱]

还有学者建议：我国应当部分借鉴美国的相关规定对战略环评立法进行完善，包括在战略环评对象方面，应当通过名录的方式进一步明确需评价的规划的具体范围，并考虑将政策纳入评价范围；在战略环评主体方面，应扩大行政监督范围，大力发展公众监督，并增加相关部门对战略环评的支持义务；在战略环评程序方面，应将战略环评程序有机融入战略决策程序之中，根据环境影响大小确定评价范围，并增加有关替代方案的规定。[19]

（三）气候资源权属

2012年6月14日，黑龙江省人民代表大会常务委员会通过了《黑龙江省气候资源探测和保护条例》，该条例第3条规定“气候资源为国家所有”引发学者们热议。学者们对气候资源权属意见不同，有学者认为：气候资源是一种重要的自然资源，是指气候要素中可以被人类利用的物质和能量，包括阳光热量、风力、降水、大气成分及其运动。气候资源具有物的一般属性，能够成为法律关系的客体。气候资源可被视为全体公民的“公共财产”和“共享资源”，国家或政府是这一公共财产的受托人。为了避免其“公有地的悲剧”和“反公有地的悲剧”的发生，应当将其纳入公众公有物进行保护，即由公众委托国家对其进行管理，以避免无序或低效开发利用的局面，而非简单地宣布将其所有权私有化或归国家所有。[20]

有学者认为：黑龙江省人民代表大会通过地方性法规形式确认“气候资源归属国有化”在我国现行法上缺乏立法依据，“气候资源利用关系物权化”超越当代物权法及其学理的解释框架，“气候资源归属关系国有化”的制度设计，在实践上也会面临难以克服的法律技术障碍。“气候资源国有化”，是法律上不可能实现的任务。[21]

还有学者认为：自然资源国家所有权制度在世界各国普遍存在。由于气候资源是自然资源的下位概念，所以，各国都是将气候资源国家所有权规定在自然资源国家所有权里。我国规定气候资源国家所有并无不当，且应当坚持并做必要的立法完善。在实行气候资源国家所有的同时，国家应当履行相应的义务，确保民众不会因为气候资源国家所有而增加生活成本或不便。[22]

还有学者认为：设立作为可再生能源的气候资源的国家所有权，无助于加强气候资源的勘测和保护。加之法律依据的模糊性以及经济学上的不合理性，这一权属规定既无必要，亦不合法，在画蛇添足之余埋下了阻碍可再生能源产业健康发展的隐患。[23]

（四）环境风险防范制度

重金属污染是一种特殊的污染问题，但目前我国现行的相关法制体系并没有对重金属污染进行独立的规制。在此情况下，应当重视一般污染防治制度中对重金属物质、重金属污染具有较强针对性的部分，并在此基础上考虑重金属污染的特殊性，在实施操作方法方面进行有针对性的细化、调整，防范我国重金属污染风险。此类制度包括环境标准、环境影响评价、产品生命周期（质量标准、废弃物处理）、突发环境事件应对等。[24]

石棉，特别是温石棉已经被科学界主流认为存在危害。欧美等发达国家通过立法禁止了绝大部分石棉产品的生产、使用和进口，而我国仍大量生产和消费石棉，造成了粉尘和职业病等严重危害。石棉对人体健康和环境的危害不容忽视，我国应贯彻环境法预防原则的要求，确立禁止石棉的政策，并通过立法逐步推进，完善我国石棉的环境与健康风险防范。[25]

（五）环境信息公开制度

2012年3月5日，温家宝总理在《政府工作报告》中宣布：“今年在京津冀、长三角、珠三角等重点区域以及直辖市和省会城市开展细颗粒物（PM2.5）等项目监测，2015年覆盖所有地级以上城市。”由此，与PM2.5相关的环境信息公开问题成为理论界和实务部门的重点关注的问题。环境信息公开不但是政府的权力与职责，而且也是保障社会大众环境知情权的必然要求。环境信息公开主体制度在环境信息公开制度中占有重要的地位，应平衡政府、企业、社会公众三者之间的关系，完善信息公开主体制度，从而更好地保护自然环境。具体而言，包括扩大环境信息公开权利主体范围；确立环境知情权，提高权利主体维权意识；完善政府信息公开制度，明确政府环境信息公开的权力责任；转变企业发展理念，加强企业监管；坚持民众参与、社会监督原则。[26]

（六）环境标准

目前我国的环境标准制度存在诸多不足，环境标准本身科学性不强，存在着标准滞后、空白、总量控制标准少、确定和修改依据不明、缺少专门针对公众健康设定的指标以及针对同一环境要素数值交叉等问题。这同时也与环境标准的法律性质不明确、编制机构不中立、编制程序不完善、公众参与不足密切相关。而环境标准体系本身的不完善也带来环境标准适用上的困难和障碍。对此，需要从法律制度和政策选择上寻求突破，明确环境标准的法律地位和效力，建立环境标准制定和修改的规则，确立环境标准的适用原则和条件，从而进一步完善环境标准制度。[27]

2012年2月29日，《环境空气质量标准》（GB 3095—2012）和《环境空气质量指数（AQI）技术规定（试行）》一同公诸世人，自去年始便广受关注和热议的PM2.5终于有了国家标准。然而，标准的颁布只是万里长征第一步，接下来，如何具体实施新标准，实现其绿色引领作用，才是更加艰巨和复杂的系统工程。[28]

（七）海洋油污损害赔偿

海洋自古以来就是人类生存和发展的重要战略基地，然而人类在享用海洋所赐予的福祉的时候，海洋环境问题也日益严重，尤其是海上油气资源开发，海上石油运输中的溢油事故给海洋环境造成了严重损害。由于我国海洋油污损害赔偿立法制定较早，加之其对国家作为索赔主体提起生态损害赔偿的主体资格与路径规定模糊，导致实践中国家多因主体资格证明问题和索赔路径选择陷入求偿困境。有学者指出：在我国国家有权就海洋油污损害提出索赔，索赔路径可选择诉讼、仲裁、和解三种方式。根据现行立法代表国家提出索赔的行政机关应按照具体的损失类型而定，但从未来立法展望来讲，我国可以在理顺国有自然资源管理体制的基础之上建立国家自然资源监督管理委员会来专门负责国有自然资源的保值增值，具体由何级行政机关代表国家行使索赔权可以根据油污损害范围和造成的直接经济损失来确定。㉙

（八）温室气体减排

气候变化背景下我国面临巨大的减排挑战，为完善我国温室气体减排制度，学者们纷纷建言献策。有学者建议：欧盟、德国温室气体监测统计报告制度作为欧盟及德国温室气体排放监管体制的基本要素，不仅是欧盟温室气体排放监管的基本手段和行政执法的重要依据，也是欧盟和德国进行温室气体减排政策创新以及构建市场机制的温室气体减排制度体系的物质保障和法律政策保障。其在监管主体责任科学配置，确保排放主体如实履行报告义务，第三方查验机构准入监管和核证机制，构建碳配额登记与交易注册平台建设等方面的立法经验值得我们在建立和完善碳减排政策体系和进行减排制度创新时予以借鉴。㉚

有学者建议：顺应节能减排领域对碳交易市场化的法律需求，发挥法律在碳交易市场创建、交易规则形成、市场规模扩张、交易平台构建、交易形式创新等方面的制度优势，是当前我国碳交易市场化进程中的基本途径。同时也是充分利用我国巨大的减排潜力所形成的交易影响力，在国际碳交易市场化进程中发出“自己的声音”，发挥我国在低碳发展中“后发优势”的重要保障。因此，探讨法律在碳交易市场化进程中对碳交易市场创造、交易技术保障、物质保障、制度保障、交易平台、碳权保护等市场化环节中的基础性促导和保障作用，具有较强的理论价值和实践意义。㉛

还有学者建议：虽然中国自愿减排交易量呈逐年上升的趋势，但自愿减排交易市场的发展仍存在不确定性。主要表现在：自愿减排没有限制，供需难以平衡；市场分布比较松散，价格相差较大；交易欠缺透明，信用基础薄弱；监管措施不得力，无统一标准；交易所遍地开花，配置不合理；立法严重滞后，无法保障其有序运行，等等。针对这些问题，可从政策和法律上加以规范。在交易内容方面，明确交易商品；扩大交易主体；确立核证标准，保障交易透明、公平和规范；实行适合国情的柔性总量控制。在法律监管方面，界定碳排放权的权利属性；尽早出台规范全国自愿减排交易机制的法律；整合现有的碳交易所；建立规范的交易核证制度和有效的交易激励机制。在交易监管方面，建立交易信息披露制度，形成由政府主管机关、行业组织和交易平台三位一体的监督管理体系，促进中国自愿减排交易市场的健康发展。㉜

（九）生态文明和美丽中国建设

党的十八大报告提出大力推进生态文明建设，建设美丽中国，学者们对此高度关注。有学者认为：用法治的力量推进生态文明建设，加强生态文明建设迫切需要法治力量的推进。法治规范有助于解决对文件精神“理解不一致”，法治民主有助于调动公众参与生态文明建设的积极性，法治稳定有助于解决生态文明建设中政策易变，法治权威有助于克服有令不行、有禁不止。㉝

有学者认为：不少人曾经设想过，中国人均GDP达到5000美元时，会像世界上大多数国家那样进入“环境库兹涅茨曲线的拐点”。但是即便在大多数国家，这个“拐点”也不会自然到来。许多国家都是在付出了沉重的代价之后，付出巨大的环境代价后才痛下决心进行治理，这条先污染后治理的道路我国不应重复。其他国家的实践也已经证明了，建设美丽中国，就应该促进“拐点”的到来，而这需要法治。十八大报告明确提出要建设美丽中国，并且指出“要把资源消耗、环境损害、生态效益纳入经济社会发展评价体系，建立体现生态文明要求的目标体系、考核办法、奖惩机制”。这是我国生态文明建设和实现美丽中国的重要的政策和法律制度保障，这必将对于“拐点”的到来起到非常积极的推动作用。㉞

此外，学者们对环境权㉟、环境法治㊱、环境应急制度㊲、绿色经济㊳、碳税㊴、电子废物回收利用㊵、土壤环境保护㊶、能源立法㊷、海域使用权流转㊸、法定地役权㊹、土地征收㊺、自然资源物权㊻以及环境公益诉讼制度㊼等进行了研究，取得了富有创造性的成果。

注：

①北京市人大常委会门户网站：http://www.bjrd.gov.cn/index.html，最后访问时间2013年5月1日。

②首都之窗：http://www.beijing.gov.cn/，最后访问时间2013年5月1日。

③北京市人民政府法制办公室：http://

www. bjfzb. gov. cn/，最后访问时间2013年5月1日。

④《应对气候变化立法国际研讨会在京召开》，国家发展和改革委员会：http://www. sdpc. gov. cn/gzdt/t20120331_ 471105. htm，最后访问时间2013年5月4日。

⑤《第二届环境司法论坛成功举办》，北京瑞林环境法网：http://envilaw. pkulaws. com/news/view/181，最后访问时间2013年5月4日。

⑥《"海上石油和天然气开采：以比较法的视角审视防止漏油和责任问题"国际研讨会成功举办》，北大瑞林环境法网：http://envilaw. pkulaws. com/news/view/192，最后访问时间2013年5月4日。

⑦《第二届中欧社会生态与法律比较论坛比较国际研讨会在我院召开》，中国人民大学法学院：http://www. law. ruc. edu. cn/commu/ShowArticle. asp?ArticleID=38900，最后访问时间2013年5月4日。

⑧清华大学法学院环境资源能源法学研究中心：http://erelaw. tsinghua. edu. cn/news_ more. asp?lm2=98，最后访问时间2013年5月4日。

⑨北京瑞林环境法网：http://envilaw. pkulaws. com/news/newstype/1，最后访问时间2013年5月4日。

⑩中国政法大学民商经济法学院：http://www. cupl. edu. cn/html/msjjfxy/col398/2012-03/15/20120315091814281565643_ 1. html，最后访问时间2013年5月4日。

⑪中国人民大学法学院：http://www. law. ruc. edu. cn/research/ShowArticle. asp? ArticleID=38714，最后访问时间2013年5月4日。

⑫清华大学法学院环境资源能源法学研究中心：http://erelaw. tsinghua. edu. cn/news_ view. asp?newsid=1083，最后访问时间2013年5月4日。

⑬浙江农林大学：http://xb. zafu. edu. cn/xb-news. asp?id=7167，最后访问时间2013年5月4日。

⑭曹明德：《对修改我国环境保护法的再思考》，《政法论坛》，2012年第6期。

⑮吕霞、徐祥民，涂俊：《发展观、文明观的转变与环境法的修改》，《中国海洋大学学报》，2012年第5期。

⑯竺效：《论公众参与基本原则入环境基本法》，《法学》，2012年第12期。

⑰汪劲：《从中外比较看我国项目环评制度的改革方向》，《环境保护》，2012年第22期。

⑱王灿发、樊杏华：《新时期我国环境影响评价制度亟待新发展》，《环境保护》，2012年第22期。

⑲王社坤：《我国战略环评立法的问题与出路——基于中美比较的分析》，《中国地质大学学报》，2012年第3期。

⑳曹明德：《论气候资源的属性及其法律保护》，《中国政法大学学报》，2012年第6期。

㉑侯佳儒：《气候资源国有化：法律上的"不可能任务"》，《中国政法大学学报》，2012年第6期。

㉒庄敬华：《气候资源国家所有权非我国独创》，《中国政法大学学报》，2012年第6期。

㉓于文轩：《设立气候资源所有权不利于可再生能源产业健康发展》，《中国政法大学学报》，2012年第6期。

㉔周珂、林潇潇、曾媛媛：《我国重金属污染风险防范制度的完善》，《环境保护》，2012年第18期。

㉕周珂、李修棋、王一晨：《完善我国石棉的环境与健康风险立法建议》，《环境保护》，2012年第13期。

㉖高桂林、于钧泓：《推动环境信息公开重在完善主体制度》，《环境保护》，2012年第23期。

㉗张晏、汪劲：《我国环境标准制度存在的问题及对策》，《中国环境科学》，2012年第1期。

㉘徐岭、周珂：《新环境空气质量标准的法律解读》，《环境保护》，2012年第7期。

㉙邓海峰、刘星星：《我国海洋油污损害索赔现状及国家索赔路径探析》，《山东科技大学学报》，2012年第1期。

㉚曹明德、崔金星：《欧盟德国温室气体监测统计报告制度立法经验及政策建议》，《武汉理工大学学报》，2012年第2期。

㉛曹明德、崔金星：《我国碳交易法律促导机制研究》，《江淮论坛》，2012年第2期。

㉜冷罗生：《中国自愿减排交易的现状、问题与对策》，《中国政法大学学报》，2012年第3期。

㉝孙佑海：《用法治的力量推进生态文明建设》，《环境保护》，2012年第23期。

㉞《权威人士详解"美丽中国"多重法治内涵》，法制网：http://www. legaldaily. com. cn/News_Center/content/2012-11/19/content_ 3993882. htm?node=35428，最后访问时间2013年5月4日。

㉟王社坤：《环境权理论之反思与方法论重构》，《山东科技大学学报》，2012年第1期。

㊱汪劲：《中国环境法治失灵的因素分析——析执政因素对我国环境法治的影响》，《上海交通大学学报》，2012年第1期。

㊲翟勇：《中国环境污染应急的法制建设》，《世界环境》，2012年第2期。

㊳周珂、欧阳杉：《绿色经济在中国的启蒙与复兴》，《法学杂志》，2012年第3期。

㊴徐岭、周珂：《欧盟强征航空航海碳税背后的绿色贸易壁垒》，《中国物价》，2012年第10期。

㊵冷罗生：《电子废弃物回收利用和处置的法律措施——国外经验与我国对策》，《行政管理改革》，

2012 年第 12 期。

㊶胡静：《关于我国〈土壤环境保护法〉的立法构想》，《上海大学学报》，2012 年第 6 期。

㊷曹明德：《从金砖国家国际合作的视角看气候变化时代的中国能源法》，《重庆大学学报》，2012 年第 1 期。

㊸谭柏平、周珂：《论海域使用权流转制度的完善——以〈海域使用管理法〉修订为视角》，《河南财经政法大学学报》，2012 年第 4 期。

㊹李延荣：《土地管理视角下的法定地役权研究》，《中国土地科学》，2012 年第 6 期。

㊺李延荣、张岩：《土地征收行政复议中申请人的认定》，《法学杂志》，2012 年第 4 期。

㊻于文轩：《自然资源物权：政策倾向与调整手段》，《山东科技大学学报》，2012 年第 1 期。

㊼孙佑海：《对修改后的〈民事诉讼法〉中公益诉讼制度的理解》，《法人杂志》，2012 年第 12 期。

（作者：周珂，中国人民大学教授；贺佐琪，中国人民大学硕士生）

国际法学

余民才　张　睿

一、国际法规则的新价值取向与国际法治

21 世纪国际关系的新变化和保护的责任这类新观念促成了国际法规则价值取向的新发展，即人权或人道因素日益融入国际法规则。有学者认为，北非中东一些国家的形势突变，反映了西方国家正在努力构建有利于己方价值观的世界格局，也表明在构建国际秩序方面，除了经济、政治及军事因素以外，还有人道和人权的考量。无论联合国安理会关于利比亚问题的第 1970 号和第 1973 号决议，还是国际法关于国家承认制度，都可看到人权和人道因素对传统国际法规则的冲击与影响。人权或人道的价值理念，正越来越多地在国际法律决策中发挥核心的作用。而在利比亚与叙利亚问题上出现的以武力干涉的意向，反映了人权与人道在国际关系中的价值取向。该学者同时指出，国际法规则存在于多个领域，有多种视角和原则。在这些领域中，不同的规则有不同的考量：基于一定价值理念的人权或人道，与国家主权原则和禁止干涉原则等国际法其他规则之间存在冲突。当今国际社会对是否要对叙利亚局势予以干涉的博弈，反映了国际法规则在国际秩序形成过程中的重要性。这不仅直接事关北非与中东国家，也关乎整个世界局势的走向与发展。对于中国在中东北非变局中的立场，该学者认为，这是中国合理运用国际法，体现了作为大国对国际责任的坚持，也是中国对国际法中主权原则的贡献。[①]

有学者结合国际法院近年来所处理的诉讼案件，对国际法院指示临时措施的法律根据和法律性质、指示临时措施的权力和范围、当事国对临时措施的遵守和执行以及指示临时措施对国际法治的影响等问题进行了探讨。该学者认为，国际法院指示的临时措施具有约束力，当事双方均有遵守的义务。国际法院指示临时措施的权力对于维护国际法治具有重要和独特的意义。要使国际法院的这种权力发挥应有的作用，一方面，国际法院指示临时措施要更为适应国际社会国际法治发展的需要；另一方面，国际社会应加强对临时措施的重要性的认识，并采取必要的法律措施，使有关当事方愿意并采取行动遵守和执行国际法院指示的临时措施。[②]

还有学者研究了经济全球化治理模式的法治化问题，认为传统的经济治理模式已经不再适应全球经济一体化程度加强的形势，各国应本着互相尊重、平等参与、民主决策、互利共赢的精神改革传统的全球经济治理模式，主要包括：(1) 制定《国际经济合作宪章》及平等相互尊重、实现共同利益、促进合作与广泛共识的法律原则；(2) 根据《国际经济合作宪章》建立具有包容性、代表性、权威性的国际经济合作组织；(3) 构建国际经济争端解决机制。[③]

二、条约的实施

有学者分析了有关《经济、社会和文化权利国际公约》实施的几种理论，即义务缺位论、资源耗费论、逐步实现论和不可诉论，认为国家履行尊重的义务不再限于消极措施，而履行保护和实现的义务也不一定要积极作为，国家对人权保护承担的义务是多层次的，且无可逃遁；并非所有的经社文权利都需要耗用资源，在更多情况下，实现经社文权利的最佳途径是使个人自由免受国家干预，或者通过个人自主地调配资源；公约对权利逐步实现的规定，其真正用意是要求无论缔约国贫富，都应该公平、有效、充分地利用资源，以一切适当方法在短期内实现权利；一国对经社文权利不提供司法补救，并不意味着该权利具有不可审理的性质。实际上，人们现在更多讨论的是经社文权利的审判和执行问题。[④]有学者重新阐释了《联合国气候变化框架公约》中的应对气候变化责任原则及其发展趋势，认

为该原则的准确表述应当是“共同但有区别的责任和各国能力的原则”。它包括“共同但有区别的责任”原则和“各国能力”原则两个方面的内容。前者的责任分担原则以温室气体排放量为依据，后者以应对气候变化的能力为依据；前者体现的法理是行为者负担，后者体现的法理则是能者多劳。共同但有区别的责任原则正在失去对中国等大国的主张的支持力。各国能力原则中的“能力”包括多个方面的内容，其中人均国民收入、工业化水平和能源结构等对我国寻求责任分担上的公平待遇更为有利。“区别的责任”的依据正随着时间的推移而“萎缩”，至少对于中国和其他几个发展中的大国是如此。然而，这种发展也正是发展中国家所追求的。⑤还有学者分析了我国《缔结条约程序法》存在的问题，认为“条约”的概念与分类使用较为混乱、该法未规定中国国家主席的主动缔约权以及《宪法》与《缔结条约程序法》中有关全国人大和全国人大常委会在批准条约方面的权力存在错位。该学者进而提出，我国应该完善《缔结条约程序法》，构造以《宪法》为核心的国际法立法与国内法立法体系，使两个法律体系在立法程序上实现良好衔接。⑥

有两位学者则分析了《联合国国际货物销售合同公约》在我国的适用问题。一位学者认为，该公约在我国法院的适用有直接适用和选择适用两种类型，法院在适用该公约时应该进一步注意如下问题。(1) 正确解读公约适用的优先性。中国作为缔约国，应将该公约作为其法律体系的一部分，在满足条件的时候直接适用。只有在缺少调整争议的国际统一实体法时，才可以根据国际私法规则处理合同。明确“当事人意思自治”原则对该公约的排除适用在只有当事人一方排除该公约的适用时是没有效力的。(2) 我国适用该公约的现有规则存在不确定性。(3) 我国应该考虑撤回对该公约第1条第1款 (b) 项的保留。(4) 适用该公约应当严格遵守适用条件，禁止滥用。⑦另一位学者具体分析了我国撤回对该公约第1条第1款 (b) 项的保留问题。该学者认为，适用该公约的第2条“国际私法规则导致适用某一缔约国的法律”是借助国际私法规则指引的间接适用，借助当事人意思自治原则、最密切联系原则以及合同特征性履行地这三项冲突规范都可能导致公约的适用，第1条b项的法律效果是增强公约的适用性，而我国的保留限制了对该公约的适用可能性。我国应该撤销此项保留，这有助于利用公约先进的法律技术，弥补我国合同法的欠缺，便于国际商事活动当事人理解接受法律裁决，树立开放包容的大国形象。⑧

三、海洋法问题

有学者重新评估了中国在《联合国海洋法公约》中的利弊得失，认为中国应该利用该公约的相关制度尽量减轻或克服自己所支持和同意的专属经济区和新大陆架制度所造成的不利后果或困扰；并建议中国应该以史为鉴，在对待“区域”内海洋遗传资源归属及其立法倡议这个崭新问题上作出正确的抉择，以及修改国内法，承认外国军舰的无害通过权，促进和捍卫海洋航行自由。⑨有学者研究了专属经济区内有关军事活动的问题，认为在专属经济区内的军事研究和测量活动应当被定性为军事活动，因而这类活动与《联合国海洋法公约》中“海洋应只用于和平目的”的宗旨相悖，构成对沿海国安全的威胁，沿海国对此进行管辖并不妨碍航行自由。⑩

四、南海问题

中国与南海周边其他国家之间的岛礁和海洋权益之争，尤其是中菲黄岩岛之争，是2012年的热点之一。有学者从历史证据、相关国际协定与法理角度，分析了中国对南沙岛礁的主权，认为南海问题主要是指部分南海周边国家侵占南沙岛礁引发的与中国的领土主权争端以及南海周边国家单方面划定管辖海域引起的海域划界争端。南海问题的核心是南沙岛礁的主权归属，其法律性质是越南、菲律宾和马来西亚等国侵占中国岛礁及其领海的领土主权。中国是最早发现、命名、开发经营和管辖南海诸岛的国家，对南海诸岛及其附近海域的主权有充分的历史和法理依据。该学者还认为，南海断续线是一条历史性权利线。这种历史性权利的内涵一是领土主权，即中国对该线内的南海诸岛享有主权，二是非专属的历史性权利。非专属的历史性权利主要包括历史性捕鱼权和传统的航行权等内容。南海断续线作为历史性权利线与以《联合国海洋法公约》(以下简称“公约”) 为代表的现行海洋法制度并不矛盾。第一，《公约》不是判断领土主权的取得和归属的国际法依据。第二，《公约》不否定、也不能否定中国在南海的历史性权利。第三，中国在南海的历史性权利与《公约》的原则和内容一致。以《公约》为代表的现代国际海洋法律制度承认和尊重历史性权利，《公约》在关于海湾、领海划界、群岛和群岛国、传统捕鱼权以及争端的解决等部分的条款 (第10、15、46、47、51、298条等) 中都肯定了历史性权利。第四，作为《公约》缔约国，中国与其他沿海国一样，拥有划定专属经济区和大陆架的权利及对上述管辖海域的海洋权益。第五，中国根据《公约》享有的海洋权益与来自断续线的历史性权利并不矛盾。⑪

有学者一般地分析了在领土争端解决判例中关键日期的地位、概念与确定原则。该学者认为，关键日期是国际法的一部分，这个日期实际上就是争端正式产生的日期，其作用在于：有关国际法庭根据关键日期时的事实和法律来裁决当事国权利主张的是非曲直，当事国在关键日期之后的行为不能影响那时的法律地位。确定关键日期的原则是：首先，争端必须是法律性质的争端，即当事方因法律上或事实上意见不一致引起的争端，是由于法律权利争执引起的，当事方提出的事实和权利要求必须有法律依据。其次，当事方的争执或具体争论点实际上就是当事方按照国际法采取的最后立场，形成了具体的诉讼请求。最后，这些争执或具体争论点涉及的权利要求（权利义务）必须指向同一标的。[12]有学者则依据关键日期的原理，逐项分析了菲律宾在“菲律宾关于巴霍的马辛洛克及其附近海域的立场”文件中所提出来用以支持其对黄岩岛行使“有效占领和有效管辖”的证据材料的效力。该学者认为，按照国际法院确定关键日期的标准（争端明确化），中菲黄岩岛主权争端的关键日期是1997年。因此，1997年之后所发生的行为不能被接受为裁判主权归属的证据，“除非此类行为是先前行为的正常延续，且作出此行为的目的不是为了加强依赖该行为一方的法律立场”。菲律宾在其立场文件中所提出的证据材料（包括将黄岩岛包括在内的2009年《群岛基线法》）本身即使是真实准确的，也不足以支持菲律宾关于其自独立以来对黄岩岛行使了“有效占领和有效管辖”并由此获得该岛主权的主张。其实，鉴于中国“以主权名义”针对该岛所从事的各种行为，在菲律宾开始对黄岩岛提出领土主权要求的时候，中国已经确立了对该岛的主权，因而黄岩岛不再属于无主地而菲律宾也无法通过先占取得其主权。[13]

五、WTO基本法律制度

有学者分析了《补贴与反补贴措施协定》中的补贴专向性，将它分为四种类型：企业专向性、产业专向性、地区专向性和拟制专向性。在现实中判断补贴的专向性有法律上和事实上的两种方式。但是，与事实上的专向性相比较，法律上的专向性更容易判定。为进一步说明如何判定专向性，该学者结合DSB的案例以及多哈回合谈判中的提案对补贴专向性判定中的“产业”、“主观意图”及事实专向性问题进行探讨，认为占生产同类产品国内总产量主要部分的国内生产者即可构成一个产业，补贴授权机关的主观过错不是认定补贴事实专向性的必需因素，而只是作为证明事实专向性的参考因素。该学者还认为，我国现行立法中的补贴专向性规定总体上与《SCM协定》基本相符，但是仍然存在一定的差距。我国应当：（1）明确区分补贴专向性判定的方式，反映法律上的专向性与事实上的专向性的区分；（2）区分证明的专向性与可推定的专向性；（3）区分事实专向性认定中的考虑因素，如受补贴企业的数量、企业受补贴的数额等。[14]有学者讨论了与服务贸易有关的所得税问题，将之分为三类：构成服务贸易壁垒的所得税措施、影响服务贸易投资的所得税措施以及双重征税。这三类问题是分别通过服务贸易总协定、投资条约和税收协定来处理的。该学者认为，GATS、投资条约和税收协定分别对所得税问题进行处理是可行的，尽管分工不同，但它们都能够相互配合和促进服务贸易的发展。然而，这种处理机制也存在如下问题。（1）由于成员方对服务贸易补贴偏好、服务贸易本身复杂，WTO未对服务贸易的补贴问题制定出相应的规定。（2）对服务投资的保护仍然需要通过双边投资协定或区域贸易安排的相关章节予以安排。（3）由于税收协定一般是双边的，也无最惠国待遇条款，因此在多国范围内进行经营的服务提供者面临的差别待遇无法通过双边税收协定来解决，需要国家之间的进一步协调与合作。该学者最后指出，通过区域安排解决这一问题是比较可行的方法。[15]

六、涉外民事关系法律适用法的适用

我国新颁布《涉外民事关系法律适用法》后，有两位学者的研究涉及该法的适用问题。一位学者研究了当事人意思自治原则在该法中的地位，认为该法将当事人意思自治原则放在总则的部分赋予了其统领的地位，分则部分规定在合同、委托代理、信托、夫妻财产关系、运输中的动产物权、一般性侵权责任、知识产权侵权责任、不当得利无因管理、知识产权的转让予许可使用等领域。当事人意思自治原则适用范围的扩大进一步突出了该原则的重要地位。该学者还认为，为防止当事人意思自治原则被滥用，该法还通过引入强制性规则和特殊合同准据法的规定（消费者合同和劳动合同）使得当事人意思自治原则的适用更为合理，间接体现了当事人意思自治原则的重要地位。[16]另一位学者对《涉外民事关系法律适用法》中的若干争议问题进行了探讨。这些问题包括：“涉外”民事关系的定义、最密切联系原则的内涵、强制性规定的具体适用、规避、反致、动产物权及与国际公约的关系。该学者认为，涉外民事关系的定义不应该抽象地局限于哪些属于涉外民事关系，而应该把涉外民事关系和法律适用联系在一起；最密切联系原则的内容应该包含三方面：一是确定适用的法律与该涉外民事关系具有最密切联系；二是确定适用的法律与该涉外民事关系不具有最密切联系的，则适用与该涉外民事关系具有最密切联系的法律；三是法律对涉外民事关系法律适用问题没有规定的，适用与该涉外民事关系有最密切联系的法律；强制性规定应该与公共秩序保留制度相区别；在一般情况下，当事人规避国内法或外国法上的强制性规定，通过故意改变连接因素，躲避本应适用的法律转而适用对自己有利的法律，规避行为在形式上是合法的；我国在对待反致的问题上应当谨慎而又开放；我国在对待动产物权问题上允许当事人协议选择适用的法律；对于与国际条约的关系，尽管该法没有规定，但是，民法通则、民事诉讼法等法律中有关规定仍然适用。[17]

注:

①朱文奇:《中国与北非中东变局中的国际法》,《中国法学》,2012 年第 4 期。

②邵沙平、冯雅囡:《国际法院指示临时措施法律问题研究》,《外交评论》,2012 年第 2 期。

③刘敬东:《全球经济治理新模式的法治化路径》,《法学研究》,2012 年第 4 期。

④何海岚:《〈经济、社会和文化权利国际公约〉实施问题研究》,《政法论坛》,2012 年第 1 期。

⑤吕霞:《〈气候变化框架公约〉中的应对气候变化责任原则解析》,《中国政法大学学报》,2012 年第 3 期。

⑥谢新胜:《中国的条约缔结程序与缔约权》,《华东政法大学学报》,2012 年第 1 期。

⑦宣增益、王延妍:《我国法院对〈联合国国际货物销售合同公约〉的适用》,《法学杂志》,2012 年第 5 期。

⑧李巍:《论中国撤回对于〈联合国国际货物销售合同公约〉第 1 条 b 项的保留》,《法学家》,2012 年第 5 期。

⑨余民才:《中国与〈联合国海洋法公约〉》,《现代国际关系》,2012 年第 10 期。

⑩周忠海、张小奕:《论专属经济区中的军事研究和测量活动》,《法学杂志》,2012 年第 10 期。

⑪贾宇:《南海问题的国际法理》,《中国法学》,2012 年第 6 期。

⑫王军敏:《国际法中的关键日期》,《政法论坛》,2012 年第 4 期。

⑬高健军:《从国际法角度评菲律宾对黄岩岛的主权主张》,《法学杂志》,2012 年第 10 期。

⑭张目强:《〈补贴与反补贴措施协定〉中的补贴专向性》,《政法论坛》,2012 年第 2 期。

⑮张志勇:《与服务贸易有关的所得税问题》,《政法论坛》,2012 年第 3 期。

⑯许军珂:《论当事人意思自治原则在〈涉外民事关系法律适用法〉中的地位》,《法学评论》,2012 年第 4 期。

⑰王胜明:《涉外民事法律适用法若干争议问题》,《法学研究》,2012 年第 2 期。

(作者:余民才,中国人民大学副教授;
张睿,中国人民大学硕士生)

法律史学

赵晓耕 叶秋华 王云霞 范依畴 胡姗辰

一、中国法律史学

(一) 重要学术会议

1.《中国传统法律文化研究》首发式暨中国法学教育研究成果奖、中国法律文化研究成果奖颁奖仪式

2012 年 1 月 10 日,《中国传统法律文化研究》(十卷本)首发式暨中国法学教育研究成果奖、中国法律文化研究成果奖颁奖仪式,纪念曾宪义先生逝世一周年——曾宪义法学思想研讨会在中国人民大学明德法学楼国际学术报告中心举办。会议由教育部高校法学学科教学指导委员会、全国法律硕士专业学位教育指导委员会、中国法学教育研究会、中国人民大学法学院、曾宪义法学教育与法律文化基金会、中国人民大学法律文化研究中心共同主办。来自中国法学会、司法部、教育部等国家机关的代表,国内外兄弟院校和科研机构代表,中国法学教育研究成果奖和中国法律文化研究成果奖获奖代表,曾宪义教授的亲属、生前好友、弟子以及新闻媒体代表等 120 余人出席了会议。曾宪义教授是杰出的法学家、教育家和社会活动家,是中国法学教育的领军人物,他对中国改革开放以来的法学教育事业所作贡献为法学界所尊重。以曾宪义教授为首席专家的《中国传统法律文化研究》(十卷本)课题,被教育部正式确立为“哲学社会科学研究重大课题攻关项目”,同时也被新闻出版总署确定为“‘十一五’国家重点图书出版规划”。

2. 中国法律史学会 2012 年学术年会

2012 年 11 月 10—11 日,由中国法律史学会主办、中国政法大学和海南大学共同承办、海南政法职业学院协办的“法律与国情:中华法制文明再探讨”国际研讨会暨中国法律史学会 2012 年学术年会在海口隆重召开。来自中国社会科学院、中国政法大学、中国人民大学、北京大学、香港科技大学、复旦大学、西南政法大学、华东政法大学等著名高校近 200 名从事法律史教学与研究的专家学者参加了本届年会。大会主题发言阶段,中国政法大学终身教授张晋藩先生、中国社会科学院法学研究所杨一凡教授等六人围绕着大会“法律与国情——中华法制文明再探讨”这一主题分别作了主题发言。随后,会议分五个分会场、十个单元进行专题讨论,40 名发言人作了专题发言,10 名教授主持了专题讨论,20 名评议人在各自的专题中进行相关评议活动。

3. 中国法学会董必武法学思想研究会 2012 年年会

中国法学会董必武法学思想研究会 2012 年年会 11 月 25 日在北京召开。中国法学会副会长、最高人民法院、国务院法制办公室的领导出席了开幕式。来自全国各级人民法院、检察院、各高等院校、党史研究室等单位 160 余位专家学者和司法、法律工作者参加了本次年会，其中包括孙琬钟、张晋藩、孙国华、刘海年、杨瑞广、周道鸾等法学界资深学者。会上，中国法学会李青林副会长对本次年会所提出的会议主题“严格依法办事是建设法治国家的中心环节”表示赞赏。他认为“人民司法”“依法办事”是董必武法学思想的精髓，他希望研究会能进一步组织专家学者，认真地研究运用董必武法学思想促进民主执政、依法执政的水平，为全面推进依法治国发挥更大的作用。

4. 朝阳百年——近代法学教育与法律文化研究会

2012 年 11 月 28 日由中国人民大学法学院、朝阳大学校友会、中国人民大学法律文化研究中心联合主办的“朝阳百年——近代中国法学教育与法律文化”学术研讨会在中国人民大学明德法学楼国际报告厅隆重举行。来自中国政法大学、山东大学、华东政法大学、西南政法大学、西北政法大学、苏州大学、南京师范大学、北京航空航天大学、北京交通大学、华中科技大学等国内知名法学院校的专家学者和朝阳大学老校友及部分亲属共 100 多人参与了此次盛会。本次研讨会讨论的主题主要围绕“百年中国法学教育的反思与启示”展开，与会代表们围绕这一主题进行了深入对话和广泛交流。

5. “中国律师百年回顾与展望”高峰论坛

2012 年 12 月 8 日，由中国人民大学法学院、律师学院主办的“中国律师百年回顾与展望”高峰论坛在人民大学开幕，与会的法律实务界、法学界人士共同回顾律师百年发展历程，展望律师制度发展前景。一百年前，在辛亥革命的推动下，北洋政府公布了《律师暂行章程》，标志着律师制度在我国的诞生。律师制度发展到今天，已经走过了百年历程，在这百年节点上，与会代表欢聚一堂，寻找中国律师制度的发展轨迹，总结历史经验教训，弘扬律师在中国社会变革和中国革命中所作的重大贡献，探索律师业发展的道路，展望律师业的未来。

6. 中国法律思想史 2012 年学术年会

2012 年 12 月 22 日，中国法律思想史专业委员会、北京市法学会中国法律文化研究会 2012 年学术年会在中国人民大学法学院隆重召开。本次学术年会由中国法律思想史专业委员会、北京市法学会中国法律文化研究会联合主办，中国人民大学法学院、中国人民大学法律文化研究中心承办。会议主题是“先秦法文化研究的新视野与当下学术研究之探索”。来自全国高校及科研院所的专家学者共 120 余人参加了此次年会。参加会议的老、中、青三代学者围绕先秦诸子法律思想与当代法律文化研究、法治社会建设等展开深入而富有创见的研讨。会议过程中既有学术共识，又有百家争鸣。与会学者表示，传统法律文化博大精深，若能深入发掘，必将对当代法治社会建设起到极大的推动作用。

（二）重要学术著作简介

在法律史学专著方面，北京法律史学诸位同仁本年度取得了非常丰硕的成果，不论是基础性法史资料的汇编，抑或是法律史专著，相比上一年度，都有很明显的增加。

中国政法大学终身教授张晋藩先生的个人论文集《镜鉴心语：法史研究中的古与今》出版。该书主要内容包括中国法制历史经验的借鉴问题、中国法律的传统与固有国情、中国古代综合治国的历史探析、中国古代廉政法制建设及其启示等问题。四千多年的中国法制文明历史中，蕴含着丰富的治国、理政、明法、卫民方面的历史经验，科学地对其加以总结，对于建设社会主义法治国家具有重要的借鉴意义。基于此种理念，作者将自己过去授课的关于法制历史经验的借鉴问题的演讲稿加以整理，汇编成书，定名为“镜鉴心语”，在于所收录的文章都围绕着以史为鉴、鉴古明今的中心，并且是作者真实感想的凝结。①

中国社会科学院法学研究所杨一凡研究员作为中国法制史文献资料整理专家，在 2012 年度，整理出版了《古代判牍案例新编》，该书一套装共 12 册，是新中国成立以来出版的第一部历代判例判牍汇集。古代司法研究一直是法史研究的薄弱领域，长期以来因缺乏审判活动的史料，一些著述对古代法律实施状况存在不少认识上的误区。该书的出版，对于正确地认识古代的司法制度、审判程序、刑事和民事案件的审理等提供了宝贵的一手资料，对于中国法制史尤其是中国古代司法研究具有重要的参考价值。②

杨一凡研究员与辽宁大学法学院刘笃才教授合著了《历代例考》一书，该书对历史上各类例的起源、内容、演变及其在各代法律体系中的地位、价值和功能作了系统考证。其创新之处在于：对例的前身决事比和故事的形成、演变进行了考证，揭示了例的渊源；对长期流传的所谓秦“廷行事”、清“成案”即判例的观点提出质疑，厘正了前人的不确之论；对学界存有争议的汉代的“比”、宋元的“断例”的性质作了考辨；对前人未曾研究的元代的分例和明代的榜例、则例等进行了探讨；对唐代至明清的条例、事例和元代的格例以及清代的则例、省例、《大清律例》中的附例等进行了考证；突破“以刑为主”研究法史的传统模式，对各代刑例之外的行政、经济、民事、军政、学校管理等方面的诸例进行了全面考述，阐明了例的体系；论证了历史上的律例关系理论。[3]

中国政法大学郭成伟教授主编的《大清律例根原》（全四卷），依据中国政法大学图书馆藏同治十年（1871）刑部外放官员裕禄主持修订、安徽省敷文书局刊印的古籍善本《大清律例根原》为底本，同时参照此前分别于乾隆五十八年（1793）、道光二十七年（1847）、咸丰二年（1852）刊印的四个版本校订而成。该书正文一百二十卷，分为名例律、吏律、户律、礼律、兵律、刑律、工律七个部分，附则《督捕则例》四卷。全书共计一百二十四卷。该书内容涵盖了清代刑部官员汇集、整理的自顺治到同治年间修订律文和例文的过程，并通过臣等谨按的首创形式，客观地反映了有清一代法律变化的原因和发展过程，具有重要的文献参考价值。[4]

清华大学法学院王亚新教授翻译整理了日本研究中国法律史的专家寺田浩明教授的论文，编成《权利与冤抑：寺田浩明中国法史论集》于2012年问世。该书由15篇论文组成，内容包括我国明清时期的土地制度，民间的契约形态及效力，相当于民事诉讼的州县衙门“听讼”的程序与结构、性质与历史定位，作为审判基准的“情理”，重罪案件的刑事程序和律例的适用。更为重要的是，作者试图用“首唱—唱和”“权利—冤抑”“非规则的法律形态”等理论概念来归纳我国历史上的法律现象，试图在世界范围的文明比较视野中从理论的高度来内在地理解中国法的历史位置。[5]

中国人民大学法学院赵晓耕教授主编两本著作，分别为《古今之平：唐律与当代刑法》和《观念与制度：中国传统文化下的法律变迁》。《古今之平：唐律与当代刑法》一书是一部论文集，所选的十九篇论文围绕唐律与当代刑法展开，基本涵盖了唐律研究的所有方面。该书试图以当代的眼光来解读唐律，充分发掘传统刑法资源在当代法制建设中的实际价值，沟通当前法律史研究和部门法研究，使中国法律史研究更具有法学的实践品格，在真正意义上实现“从传统中寻找力量”的夙愿。[6]《观念与制度：中国传统文化下的法律变迁》一书将文化传统与法律变迁紧密结合，突破了以往对传统法制变迁的研究大多就法律而论法律，就文化而论文化的窠臼。该书的研究不只停留在空泛的文化传统与法律变迁的宏观叙事上，而是采用实证的方法，以中国传统社会中的具体制度变迁为实证分析的对象，内容涵盖了宪政、行政、民商事、刑事立法、诉讼及司法等内容，以专题的形式加以深入分析，具有极强的现实针对性和实用性。继而阐明中国法律文化传统与法律变迁之间存在的紧密关系，从而为理论界和实务界反思近现代以来一味移植西方法律而产生的诸多水土不服效应及如何应对，提供进一步思考的视角。[7]

北京航空航天大学法学院郑显文教授的《出土文献与唐代法律史研究》一书，汇集了作者近年来对唐代法制史及中国传统法律研究的部分成果。该书以现存的中国古代文献典籍为基础，结合新发现的秦汉法律竹简、敦煌吐鲁番文书、天一阁藏北宋《天圣令》残卷、在韩国发现的元代《至正条格》，以及日本的《令集解》、《延喜式》，韩国的《高丽史》等文献资料，广泛参考了日本、韩国、欧美及我国港台学者的最新研究成果，大体上反映了大陆学者目前对唐代法制史研究的最新进展。[8]

中国政法大学刘广安教授的个人论文集《中国古代法律体系新论》，主要涉及中国传统法典与法律体系的新认识问题、中华法系与中国法史学发展的反思问题。所收录的论文不论长短，不论是根据立法者建构的体系还是根据研究者建构的体系，都希望能在法史学的学术认识功能、历史借鉴功能和文化教育功能方面，发现新的视角，提出新的问题，阐明新的观点，或辨析新旧史料，运用切合论题特点的方法，为深化法史学的认识、推动法史学的发展作出滴水穿石的努力。[9]

中国政法大学崔永东教授所著的《中国传统司法思想史论》是一部系统研究中国古代司法思想史的基础理论著作。全书以时间为序，大跨度地考察了从周秦时期、汉代、唐代到宋明时期的司法思想，对其所反映的深层次司法理念进行了总结，并对中国传统司法思想的优秀内容进行了揭示与分析。中国传统司法文化是一个包括司法思想与司法制度在内的文化系统，其中司法思想是其深层结构。该书从司法的理论根据、司法的地位与作用、司法的价值与目标、司法的基本要素及司法道德等方面对各家各派的司法思想进行研究，注重考察司法制度背后的司法思想。该书对司法传统进行了深入挖掘，为司法学学科的构建植入了深厚的文化底蕴、打下了扎实的理论基础。[10]

中国政法大学法律史学研究院李青教授的《清代档案与民事诉讼制度研究》一书，依据清代四川巴县、天津宝坻、四川冕宁、陕西紫阳、台湾淡新档案，同时参考黄岩档案等，对档案中民事案件的部分进行数据的分析和法理的分析，并对清代司法机关中的民事诉讼程序诸如管辖、受理、代理、证据、审判、调处、结案、覆讯、上控等进行全面梳理，探寻其中的规律性。意在说明中国古代既有民事实体法，也有民事诉讼法，以期还历史的原貌。[11]

中国人民大学法学院博士后姚国艳的专著《明朝商税法制研究：以抽分厂的运营为对象》一书，以明朝履行税收职能的抽分厂为具体研究对象和考察视角，从法律史学的角度，运用法学的概念术语、知识体系和研究方法，通过考察抽分厂运营中遵守和适用法律规范的情况，对明朝商税法制进行了较全面的研究。该书围绕抽分厂的运营，从行政法律、税收法律、对违法行为的法律处罚三个层面深入研究明朝商税法制的具体内容，全面考察商税法制的整体实施状况，分析了明朝商税的体系与制度设计同中国传统社会所推崇的平衡理念的内在契合，研究了商税法制发展完善对缓解社会矛盾、促进经济发展与社会稳定的积极意义。[12]

（三）本年度学科研究重点问题

2012年北京地区中国法制史学科研究的热点问题，通过对学者们的主流学术论文中的归纳总结，主要集中在以下几个方面。

1. 关于中国古代法律史的研究

中国法制文明四千多年，所以中国法制史研究的重点总集中于古代法制史的探究。本年度中国古代法制史研究主要集中在以下几个问题：中国传统法律文化的整体研究、明清法制研究、古代法制中的具体制度研究等。

关于中国传统法律文化的整体研究这一话题，有学者探讨了传统中国的法秩序及其构成原理与意义。该学者通过以中外关于传统中国社会法与秩序的论说为引子，将法→秩序构成→社会结构→文化原理联系起来观察，发现了它们之间存在着同构共质以及由此生发出来的对应与互动的一体关系，而贯通其间的是中国文化的道德原理。道德本是传统中国法秩序的正当性所在，传统中国法秩序的构成原理是道德原理。道德原理建立在有机宇宙论之上，这种从宇宙有机出发具有生命感的理论，从根本上回答了有机世界存在的形式与本质，即世界在形式上是道本质上是德，这表明中国人的世界观实际上是道德观。作者最后认为，从文化原理上说，道德或许不只是传统中国法秩序保持长期稳定并具有修复机能的奥秘，亦是中华文明绵延不绝生生不息的根源，甚至还有可能是我们复兴中华文化，包括创新中国法文化的思想资源和精神动力。[13]

2012年，明清法制研究成果颇多，在宏观研究方面，有学者对清初开国肇基时期的法制概况进行了梳理，指出清关外肇基时期的法制，是清开国史中的重要组成部分。研究此时期的法制，可以全面了解和把握社会转型与法律变革的相互关系与规律，了解统治者法律观念的变化，以及满汉法文化交流的真实过程。[14]在微观研究方面，明清法制的研究主要集中在对清代诉讼的研究。有学者对清代简约型司法体制下的“健讼”问题进行了研究，认为在简约型司法体制之下，一旦词讼规模超过官府理讼能力所能应对的范围，就会被纳入“健讼”之类的主观评价话语而予以谴责。因此，清代所谓的“健讼”之论，既是对官府理讼能力与民间诉讼需要之间张力不断拉大这一现实的话语体现，也是当时的司法体制在“制度资源”逐渐无法有效应对社会情势变迁之时用来弥补其正当性的一种“话语资源”。清代简约型司法体制下的种种微妙关联对于思考当代的司法状况不乏启示。[15]该学者还就清代“厌讼”幻象之下的“健讼”实相进行了考证。作者指出明清以来的很多区域均不同程度地呈现出词讼数量激增而非民众普遍“厌讼”的社会景象。其中的原因在于，衙门所收词状的总数，并不能被直接等同于讼案的实数，因为这些词状之中，有大量是属于针对某一相同案件的催呈或投词。所以，重新思考明清时期的诉讼文化，不仅需要对明清衙门所实际面临的词讼压力谨慎估量，还应该对明清官方所常用的“细故”等称谓的微妙意涵，以及健讼之风的区域性差异加以关注。片面坚持“厌讼”旧论固然会使我们错失对问题的全面认识，但如果对一些相关史料不加仔细辨析便转而径自强调“健讼”新说，也容易堕入矫枉过正的陷阱。[16]还有学者通过对清代词讼与案件的研究，探讨了清代的诉讼分类及其实践。作者指出清代立法与司法实践主要受皇帝和官方自我利益因素的驱动，将诉讼事件大致分为词讼（或细事）与案件（或重情）两大类。这种分类标准既与案情本身性质与构成要素有关，同时也包括事后判决结果及量刑轻重。这两类诉讼的告诉时间规定及裁决依据各有不同，词讼与案件的分类以及官府贬低词讼的态度，显示了官僚集团的自利倾向。这种司法环境促使词讼当事人采取一些无可奈何的制度性回应方式。[17]

关于古代法制中的具体制度研究，有学者对令在中国古代的作用进行了考证，认为令的作用主要表现在行政管理和社会管理方面的指导作用和惩戒作用，还有奖励作用和教化作用。在秦汉至唐宋的法律体系中，令与律互相配合，在重要制度和一般制度方面都起到了互补的作用。[18]有学者对宋代的奁产进行了法律分析，认为，在宋代，决定设立奁产及其种类、数量的权利人是家长。奁产设立后可以因设立人的意愿而变更、取消，但设立人没有正当理由不能任意变更、取消和买卖奁产。在室女并没有变更和处分奁产的权利。在涉及奁产的买卖时，奁产具有优先于买卖的地位，买卖的效力不能凌驾于奁产之上。[19]

2. 关于中国法制史料的研究

法制史史料学研究也是2012年的热点问题，有学者对民国时期《司法公报》进行了研究，对民国北京政府时期和南京国民政府时期司法公报的办刊主体、刊物体例、主要内容、办刊周期等方面的发展变迁进行了系统而细致的梳理，并对这两个时期司法公报在内容方面的异同进行比较分析。司法公报是民国时期官方出版的一种司法类期刊，司法公报记录了民国时期的各种立法、司法状况，是研究民国法律制度、司法实践不可或缺的珍贵资料。[20]

有学者对《清史稿·刑法志》史源问题进行探析，从《清史稿·刑法志》与清史馆未刊稿的区别与史源，《清史稿·刑法志》与清代国朝《刑法志》体裁与思想的异同，《清史稿·刑法志》被选用的理由及其问题等几个方面梳理了《清史稿·刑法志》的历史渊源。[21]

还有学者对中国历史上第一部监狱法规汇编《提牢备考》进行了研究。该学者通过综合运用描述性和解释性的法律史研究方法对《提牢备考》的作者赵舒翘与他的《提牢备考》进行互证研究，探讨了赵舒翘和《提牢备考》及社会语境三者之间的内在关联，从而实现对赵舒翘这一清末律学翘楚和具有开山之功的监狱学著作《提牢备考》的“深描”，进而深化对人物和作品的认知。[22]

此外，还有学者对中国法律史研究资料的价值进行了宏观评价，认为中国法律史作为一门独立学科产生以来，前辈学者在继承中国传统史学的基础上，借鉴西方实证史学的研究方法，形成了各类研究资料存在清晰的价值差等的共识。近年来，中国法律史研究领域出现将各类研究资料价值齐一化的倾向，可能会对法律史学一贯追求“求真”的研究目标产生妨碍。这种现象的出现，与研究者的后现代史观、单纯从问题入手找材料的问题意识以及过于求新猎奇的治学风气紧密相关。重提研究资料价值差等的“常识”，关键在于承认法律史学研究中正史、文集、回忆性文字等，应低于律例典章、地方法规、司法档案、案例汇编、家法族规、乡约、行规、方志、契据、家谱、政书、讼师秘本、日用类书等，应高于野史笔记、文学作品等。青年研究者应在此基础上，重视常见资料和实物资料，充分审视和灵活运用新资料。[23]

3. 关于中国法制史学史的研究

关于中国法制史学史的宏观研究也是这一年度的热门话题，有学者对百年来中国法制史学进行了归纳和总结，对清末中国法制史学科的创设、民国时期中国法制史学的发展、新中国前三十年中国法制史学的跌宕起伏和近三十年中国法制史学的辉煌成就进行了较为系统的回顾。指出当前的时代背景下我们的任务是解决传承与创新的问题；要从中国的本土国情出发，关注世界法学发展的大势，引入国外的相关研究成果；要深入总结四千余年来在治国理政、明法治吏等方面的超越时空的历史经验等。百年中国法制史学的发展证明：一定要自主创新走中国自己的路，继续克服阻碍中国法制史学发展的西方中心论和片面学习苏联的影响。[24]也有学者对近代以来日本中国法制史研究的源流进行了探究。指出日本近代法学部法制史讲座制下的中国法制史研究，发端于日本国学传统中的日唐律令比较，其研究者的治学风格也正体现了明治维新之后，日本新学、旧学交错的时代背景，故而形成文科派、法科派等治学路数。其中东京帝国大学与京都帝国大学这两所比肩而立的高等学府成为研究中国法制史的学术摇篮。但是，中国法制史的研究也并非法学部的专利，秉承日本汉学传统而来的文学部中东洋史学的学术力量也孜孜不倦地贡献着其卓越的智识，由此共同成就了日本中国法制史研究的璀璨。[25]

二、外国法律史学

（一）学术交流活动

2012 年度，北京市法律史学界举办或参与了多项学术会议和活动，与外国法制史学科相关的主要包括：

1. 全国外国法制史研究会第 25 届年会

2012 年 9 月 25—26 日，全国外国法制史研究会第 25 届年会在四川大学召开。时值全国外国法制史研究会成立 30 周年，本届年会特别召开了“全国外国法制史研究会成立 30 周年纪念暨全国外国法制史研究会 30 周年文集首发”专场会议。此后，年会以“超国家法的历史变迁”为主题，分别围绕“超国家法的历史源流”、“超国家法的理论构建”、“超国家法的实践：区域研究”、“超国家法的实践：部门法视角”以及“全球化、超国家法与中国法治”为专题进行了五场专题研讨会。来自全国各大高校、科研机构以及新闻出版单位的 160 余名与会代表展开深入交流和广泛探讨。北京地区各主要高校和科研单位均派代表参会。

2. 西方法律思想史学会 2012 年年会

2012 年 11 月 3—4 日，全国西方法律思想史研究会在湖南大学召开 2012 年年会。本次年会同时也是第五届拉得布鲁赫思想研讨会。20 多所中外院校的 80 多名专家学者以及来自法院、律师事务所等机构的众多法律实务机构的工作者参加了该年会。中国社会科学院法学研究所、中国人民大学法学院、北京大学法学院、清华大学法学院、中国政法大学、中国人民公安大学等多所在京法学院校、科研机构以及法律出版社都派代表参会。

3. “宪政的源与流：中西比较的视野”国际研讨会

2012 年 11 月 17—18 日，由湖南大学法学院、湖南大学罗马法系研究中心、意大利罗马法系框架下法典化和中国法学人才培养观测站、北京航空航天大学人文与社会科学高等研究院共同主办的“宪政的源与流：中西比较的视野”国际研讨会在长沙隆重举行。包括中国社会科学院、北京大学、中国人民大学、北京航空航天大学、中国政法大学等国内外 30 多所院校的 50 位专家学者及特约代表参加了此次研讨会。会议分为六个单元，分别围绕罗马法研究、经典解读、欧美宪政、宪政理论、中国宪政、比较宪政等议题进行了详细讨论和评议，从古今中外多个角度分析了宪政的源流与发展，总结了世界各国宪政的经验，对中国宪政之路提出了诸多建议和方案。

4. 中国人民大学民商事法律科学研究中心罗马法研究所成立暨"罗马法在中国的传播"中意研讨会

2012年5月18日，中国人民大学民商事法律科学研究中心罗马法研究所成立。与此同时，"罗马法在中国的传播"中意研讨会在中国人民大学召开。意大利驻华使馆法律参赞安东奈利博士以及罗马一大、萨萨里大学、罗马二大、布莱西亚大学教师代表等意方代表与中国人民大学、中国政法大学等近30位学者出席了罗马法研究所的成立仪式并参与了本次研讨会。研讨阶段，与会人员围绕"罗马法在中国的传播"这一主题，就罗马法对现代民法理论的影响、罗马法对中国民法的影响，以及在中国高校开展罗马法教学等问题进行了深入的探讨。

5. "帝国、公民权和法律的全球化"暨安东尼敕令颁布1800年纪念国际研讨会

2012年12月14日，由意大利驻沪领事馆、华东政法大学外国法与比较法研究院、罗马法和欧洲法研究中心共同举办了"帝国、公民权和法律的全球化"国际学术研讨会。本次会议是我国首次以安东尼敕令和罗马公民权为主题举办的学术研讨会，包括"罗马公民权和多元文化的帝国""市民权及历史发展""法律全球化"三个主题。与会代表对罗马公民权的形成和其对近现代宪政制度的影响，以及3世纪时期的罗马法和同期中华帝国法律制度的比较，进行了深入的探讨。北京地区学者代表亦参加了本次研讨会。

（二）主要学术成果

2012年外法史学界出版的学术著（译）作颇丰，北京地区出版或由北京学者撰写的论著成果主要有：

1. 论集类

《全国外国法制史研究会30周年丛书》[26]是为纪念外法史研究会诞辰30周年而由全国外国法制史研究会主编的外法史文献巨著。该套丛书包括三卷论文集，分别为《外国法制史研究导论》、《外国法制史研究·基础理论》和《外国法制史研究·法的移植与法的本土化》（修订版）。另有一卷《孤寂的辉煌》展现研究会30年历程的图片和学界同仁所写的随笔。丛书分别从外国法制史学的发展路径、各主要历史时期世界各地法治发展状况、大陆法系和英美法系传统和经验以及法律移植与法的本土化等外法史主要专题的角度出发对历年外法史学界重要研究成果进行整合和梳理，以彰显成果、积累学术、激励同仁、滋养后学。

华东政法大学法律史研究中心所编《法律史的成长》（上、下册）[27]收录了华东政法大学法律史专业自1981年至2010年招收的硕士毕业论文93篇。这些论文涉及古今中外法律史的基本问题，展示了华东政法大学法律史研究30年来的成长历程和主要成果。

由意大利学者桑德罗·斯奇巴尼和徐涤宇共同主编的《罗马法与共同法》[28]在2012年出版两辑。第一辑系2011年6月"罗马法传统与现代中国：回顾与前瞻"国际研讨会精选论文集，收录有意大利、德国、匈牙利等国主要高校和科研机构的外籍学者及几十位国内著名学者关于罗马法及相关领域研究的最新力作。第二辑收录了17篇论文与译文，分为"民法基础理论研究"、"欧洲私法研究"、"民法制度研究"和"罗马法研究"四个板块。

《法律人生——法史随想》是北京大学法学院徐爱国教授的一部随笔集。该书分三个专题：个人与私权、国家与公权、吸收与融合。共由28篇小文章组成。分别从一些个人的特别私权利、国家的公权力以及法律的融合等角度展开了法律史方面的探讨和研究。它是一本法律历史反思的书籍。文章以中外法律史宏观视角解析法律历史对今天法制的启示，融民法、刑法、经济法、诉讼法诸具体制度于笔端，通过古今对比、中外阐发，辨明法律历史的镜鉴作用及不可忽视的路径选择。[29]

2. 教材类

李秀清主编的《外国法制史（21世纪法学系列教材法律史系列）》[30]作为法学基础理论课程教材之一，对国外主要国家不同历史时期的法制发展历程进行介绍、研究，从古希腊一直讲述到现在的西方各国，以便读者通过阅读，学习、了解各历史时期内存在于世界各地的主要法律制度和多样的法律文化。

严存生编写的《西方法律思想史（现代法学教材）》[31]系统地介绍了古典自然法学、历史法学、功利主义法学、分析法学、社会法学、现代自然法学等西方各重要法学流派的法律观、研究的主要问题和主要方法，并重点介绍了西方各个历史时代的主要法律思想家的生平趣闻及其在学术上的最有独创性的学术观点和主张。

3. 编著类

陈金全所著《西方法律思想史（人民法学文存）》[32]通过探讨苏格拉底、柏拉图、亚里士多德、爱比克泰德等众多思想大师的法哲学思考，阐释了西方法律思想产生、发展及其演变的历史，折射出西方人寻找法治真谛的心路历程。

刘海鸥所著《大陆法系侵权法历史研究》[33]是研究大陆法系侵权法制史的专论。著者从大陆法系侵

权法的历史渊源、正式确立、近代发展、现代发展及趋向等不同历史时期大陆法系侵权法制的法律文化背景、理论依据和主要内容等方面，梳理、分析大陆法系侵权法的重要历史发展阶段，总结各历史关节点影响侵权法律制度的主要因素和侵权法的发展特点。

杨永康的专著《美国宪法军事条款的渊源与变迁》[34]对美国社会发展中宪法军事条款命运的变迁进行探索。作者对美国宪法军事条款的历史渊源、产生过程、修正与发展以及两次世界大战时期条款内涵的重大变化等方面进行分析与思考，认为美国宪法军事条款为美国全球霸权体系的形成提供了“合法性”理论依据。经过两百多年的发展，美国宪法已经从“防卫型宪法”跃升为“战斗性宪法”。

张怀印所著《十九世纪英国宪政改革研究——以议会选举制度改革为中心》[35]从19世纪英国宪政改革的经济、政治和理论基础入手，深入研究了英国宪政改革的开端、发展和制度完善，并对此进行了分析。最终，对19世纪英国宪政改革的特征、局限性与启示进行了总结。

赵景文主编的《法的经典》[36]选取了在欧美法律体系构建过程中发生过巨大影响力的法学主要经典著作并进行分析解读。作者以柏拉图、孟德斯鸠、黑格尔、汉密尔顿等15人的14部著作为样本，就西方法的起源、法理的形成、法的精髓进行了评述，概要阐述了国家主义理念、民族主义和自然秩序等在资本主义宪政国家制度中所起的支柱作用。

4. 译著类

由米健、李钧翻译的优士丁尼《学说汇纂（第九卷）：私犯、准私犯与不法行为之诉》[37]是优士丁尼《学说汇纂》第九卷的中译本。本书共有四章，分别为：如果主张四蹄动物造成了损害（动物损害之诉）、关于《阿奎利亚法》、有关那些向下泼洒或抛掷的人们（泼洒或抛掷物损害之诉）、关于他权人损害之诉。该书为中国学者研究罗马私犯与准私犯提供了重要的资料，为中国侵权法的理论研究奠定了稳健的基础。

法国皮埃尔·特鲁仕所著、丁伟所译的《世界法学精要：法国司法制度》[38]着重从四个方面对法国司法制度作出介绍：第一，法国司法制度的历史沿革；第二，司法运行的主体，包括司法部的职权、司法官员和对诉权的制度保护；第三，民事和刑事的司法概况；第四，普通法系和大陆法系国家司法制度比较。作者充分梳理了法国司法发展的历史脉络，阐述了法国法治发展的最新进展。

由易继明、杜颖翻译的《法译馆·讲演集：英格兰法与文艺复兴》[39]是剑桥大学两位大师梅特兰和贝克的同名演讲集。梅特兰在1901年发表演讲，认为英格兰法的讲授归功于律师公会的诵讲人和法学院的教师，这最终使得英格兰法没有像欧洲大陆法那样被罗马法取代。1984年贝克发表同名演讲，认为中世纪欧洲大陆对罗马法的继受并非如梅特兰描述的那样彻底，而英格兰法在罗马法渗透欧陆之时也并非毫厘无损。这两篇演讲对英格兰法与文艺复兴之间的关系进行了精要的解读，为同类问题提供了非常有价值的研究方法。

（三）研究热点问题

1. 大陆法及其具体制度研究

2012年，北京地区学者对大陆法系的研究主要以大陆法系国家某一部门法或具体制度为切入点，主要涉及法、德等传统的大陆法系国家及日本的具体法律制度。

有的学者对1751年德国《巴伐利亚刑法典》进行专门研究，从该法典在德国法制史上的意义、制定背景、制定过程、体例内容、当代德国法学界对该法典的评价及法典制定者的学术地位等方面进行详细的分析，论证1751年《巴伐利亚刑法典》是德国当代刑法的起源，说明德国立法逐渐从中世纪的传统社会思维中走向启蒙时代。[40]有的学者则以德国犯罪构造体系为研究对象，梳理了德国犯罪构造体系在百年来的演进过程和相关学说。[41]还有的学者对德国《基本法》中的“社会国家原则”进行专门研究，通过历史的考察，论证该原则在德国《基本法》中的重要地位，以及该原则发挥作用的方式和机制。[42]

在对法国法的研究中，有的学者结合《法国商法典》总则的历史演进，对现行《法国商法典》总则部分进行评述，试图明晰法国商事法的规范理念，揭示法国法典化的基本观念。[43]有的学者对法国劳动法中解雇权的变迁过程进行考察，试图对我国劳动法相关制度完善提供有益启示。[44]还有的学者对《法国民法典》中的危险责任形态的生成和演进过程进行梳理和分析，指出法国近二百年来侵权责任不断严格化的发展趋势。[45]

对日本法的关注主要集中在民商法领域。学者将近30年来日本的民法作为研究对象，从日本民法实施百余年来民事法律制度的不断完善和学界研究重点的转移两个方面对日本民法学的近30年历史做出立体素描。[46]

2. 英美法及其具体制度研究

在英国法制史的相关研究中，有的学者通过考察对“trespass on the case”这一英国法制史上重要诉讼形式的不同译法的考察和比较，对各种译法背后的不同学说进行探究，从而梳理英国法制史研究的新旧交替过程。[47]有的学者考察了英国独立羁押巡视制度的确立过程及其在实践中的新发展。[48]还有的学者对亨利二世的司法改革进行了研究，认为亨利二世的司法改革不仅具有“英国普通法院及普通法体制的发轫”的法制史意义，更具有国家建构的关键意义。[49]

对美国法制史的研究主要集中在其宪政史领域。有的学者在分析美国宪法军事条款产生背景的基础上，研究了反联邦党人关于宪法军事规定的责难及《权利法案》的产生过程，剖析了美国宪法制定过程中关于军事问题的辩论对美国社会生活的影响。[50]有的学者以联邦最高法院司法审查为中心，梳理了美国总统的战争权力扩张与限制的历史发展过程。[51]有的学者通过对麦迪逊《制宪会议记录》及其他美国制宪文本的解读，考察汉密尔顿制宪方案中有关总统制的设计及其思路，梳理这一设想如何通过费城会议逐步落实为“共和君主”的总统。[52]此外，还有学者对美国法律学教育史中独具特色的诊所式法律教育制度的演进展开研究，考察诊所式法律教育产生的背景、产生及初期发展、理念的转变以及专业化形成的过程、对诊所教育模式在新世纪的发展及其在实践中存在的问题，并对其前景和作用进行展望和评价。[53]

3. 比较法律文化视野下的法律史研究

从比较法的视野进行中西法律文化研究是本年度法律史研究的又一大热点。有的学者将英国的判例法和欧陆的制定法进行比较，通过与欧陆法系法官的作用相比较凸显英国法的“法官造法”的特征及其问题；通过对大陆法“重实体而轻程序”特征的比较详细论述英国法的“程序中心主义”特征；通过与以理性建构起来的大陆法系的比较说明经验在英国法中的重要地位和英国法结构、行话和风格的独特性；通过对英国法各种法律渊源形成和发展路径的分析比较英国法和大陆法对于法律“常”与“变”的不同态度，从而深化对英国法传统的认知和理解[54]。还有的学者在介绍普通法系与民法法系混合法系基本特征的基础上，描述了苏格兰的大陆法制度和英格兰地区普通法制度的不同，通过两个地区法律制度的比较，着重论述了苏格兰法律体系糅合大陆法系和普通法系的特征，指出混合法系在全球化时代将成为法系融合的鲜明例证和重要推动力。[55]

有些学者则将中西法律文化进行对比，研究不同法律文化的相互影响。有的学者对当今中国法主导性理念的西方法律渊源进行探究，认为中国法律主导型的法律观念，既是古代传统与现代观念冲击与融合的产物，又是中国人与西方人对抗与妥协的现实。[56]有的学者则对“天眼”和“天平”这两种中西不同的司法者图像和和标志进行解读，讨论了中西文化特质对于追寻此司法目的的方法所产生的差异以及司法工作本质上的限制和司法者的功能，认为中西两种图像所表达的期望都有问题，都应当加以修正。[57]

还有的学者以比较法的视角，对西方检察权的产生和发展进行研究，认为大陆法系以国家统一检察权为特征，而英美法系则由不同主体分领检察权。历史传统与环境的差异导致了两种检察权类型理论与职责范围的不尽相同，但是其精神内核是一致的，即对个人权利与自由的保障，以及对刑事诉讼民主化的追求。[58]

4. 罗马法研究

2012 年北京地区对罗马法的研究比较注重某一具体概念或制度的演进和发展，说明其对当今相关法律制度的重要影响。

有学者详细阐述了罗马法上所有权概念与术语的历史演变，认为其发展体现了政治性的逐渐消退而法律性与经济性逐渐增长的趋势，是近代大陆法系各国法典中所有权概念的模型，且其“行省土地所有权”与“裁判官法所有权”分别与英美财产法中的“不限嗣继承地产权”以及“衡平法所有权”，从功能到结构有着高度的相似与趋同。[59]

有学者对公元前 4 世纪李其尼法之前的罗马公地占有状况进行介绍，阐述了李其尼法的颁布、具体内容及实施效果、历史影响，认为李其尼法使平民开始参与罗马公地的利用，使“新贵”得以形成；标志着氏族集体土地的完全解体；且使共和国制宪体系从“习俗”向“制定法”发展；形成了“占据地”上的裁判官保护体系。[60]

5. 法制和法律学说的历史渊源问题

有学者通过对经典文献《伊利亚特》中“阿喀琉斯盾牌上的审判”的分析，以探究文明的法律如何发端，认为原始、野蛮的法律以复仇为标志，而文明的法律则以赔偿为标志，从复仇至赔偿的发展体现出前后相继的两个不同文明阶段，预告了人类新纪元的诞生。[61]

有学者通过对古代近东地区传世法律文献和考古出土泥板等史料的阅读，认为近代宪政固然直接起源于古代希腊罗马，但其因子却可以追溯到古代西亚两河流域。这种宪政因子是在古代两河流域苏美尔城邦国家的诞生和发展过程中，通过与日益壮大的王权进行不断博弈而逐渐凸显出来的。[62]

有的学者则对罪刑法定原则的起源、发展及其实现进行梳理，通过学说史的考察，认为罪刑法定原则发展出实质侧面的内涵，乃历史形成而非人为割裂的结果。[63]

注：

①张晋藩：《镜鉴心语：法史研究中的古与今》，厦门大学出版社 2012 年版。

②杨一凡：《古代判牍案例新编》，社会科学文献出版社 2012 年版。

③杨一凡、刘笃才：《历代例考》，社会科学文献出版社 2012 年版。

④郭成伟：《大清律例根原》，上海辞书出版社 2012 年版。

⑤［日］寺田浩明著，王亚新译：《权利与冤抑：寺田浩明中国法史论集》，清华大学出版社2012年版。

⑥赵晓耕：《古今之平唐律与当代刑法》，社会科学文献出版社2012年版。

⑦赵晓耕：《观念与制度：中国传统文化下的法律变迁》，湘潭大学出版社2012年版。

⑧郑显文：《出土文献与唐代法律史研究》，中国社会科学出版社2012年版。

⑨刘广安：《中国古代法律体系新论》，高等教育出版社2012年版。

⑩崔永东：《中国传统司法思想史论》，人民出版社2012年版。

⑪李青：《清代档案与民事诉讼制度研究》，中国政法大学出版社2012年版。

⑫姚国艳：《明朝商税法制研究——以抽分厂的运营为对象》，中国政法大学出版社2012年版。

⑬张中秋：《传统中国的法秩序及其构成原理与意义》，《中国法学》，2012年第3期。

⑭张晋藩：《清开国肇基时期法制概论》，《政法论坛》，2012年第2期。

⑮尤陈俊：《清代简约型司法体制下的"健讼"问题研究——从财政制约的角度切入》，《法商研究》，2012年第2期。

⑯尤陈俊：《"厌讼"幻象之下的"健讼"实相？重思明清中国的诉讼与社会》，《中外法学》，2012年第4期。

⑰邓建鹏：《词讼与案件：清代的诉讼分类及其实践》，《法学家》，2012年第5期。

⑱刘广安：《令在中国古代的作用》，《中外法学》，2012年第2期。

⑲金眉：《宋代奁产的法律分析》，《政法论坛》，2012年第6期。

⑳赵晓耕：《中华民国时期〈司法公报〉述略》，《山西大学学报》（哲学社会科学版），2012年第3期。

㉑李典蓉：《〈清史稿·刑法志〉史源问题探析》，《清史研究》，2012年第4期。

㉒沈玮玮：《文若其人：赵舒翘与〈提牢备考〉互证》，《政法论坛》，2012年第2期。

㉓李启成：《"差等"还是"齐一"——浅谈中国法律史研究资料之价值》，《河南大学学报》（社会科学版），2012年第3期。

㉔张晋藩：《继往开来的百年中国法制史学》，《甘肃政法学院学报》，2012年第5期。

㉕赵晶：《近代以来日本中国法制史研究的源流——以东京大学与京都大学为视点》，《比较法研究》，2012年第2期。

㉖全国外国法制史研究会主编：《全国外国法制史研究会30周年丛书》，商务印书馆2012年版。

㉗华东政法大学法律史研究中心编：《法律史的成长》（套装上下册），法律出版社2012年版。

㉘［意］桑德罗·斯奇巴尼、徐涤宇主编：《罗马法与共同法》两辑，法律出版社于2012年3月和12月出版。

㉙徐爱国：《法史随想》，商务印书馆2012年版。

㉚李秀清主编：《外国法制史（21世纪法学系列教材法律史系列）》，北京大学出版社2012年版。

㉛严存生：《西方法律思想史（现代法学教材）》，中国法制出版社2012年版。

㉜陈金全：《西方法律思想史（人民法学文存）》，人民出版社2012年版。

㉝刘海鸥：《大陆法系侵权法历史研究》，法律出版社2012年版。

㉞杨永康：《美国宪法军事条款的渊源与变迁》，法律出版社2012年版。

㉟张怀印：《十九世纪英国宪政改革研究——以议会选举制度改革为中心》，中国政法大学出版社2012年版。

㊱赵景文主编：《法的经典》，中信出版社2012年版。

㊲［东罗马］优士丁尼著，米健、李钧译：《学说汇纂（第九卷）：私犯、准私犯与不法行为之诉》，中国政法大学出版社2012年版。

㊳［法］皮埃尔·特鲁仕主编，丁伟译：《世界法学精要：法国司法制度》，北京大学出版社2012年版。

㊴［英］弗雷德里克·威廉·梅特兰、［英］约翰·汉密尔顿·贝克著，易继明、杜颖译：《法译馆·讲演集：英格兰法与文艺复兴》，北京大学出版社2012年版。

㊵陈惠馨：《1751年德国〈巴伐利亚刑法典〉——德国当代刑法的起源》，《比较法研究》，2012年第1期。

㊶喻海松：《德国犯罪构造体系的百年演变及启示》，《中外法学》，2012年第3期。

㊷［德］英格沃·埃布森著，喻文光译：《德国〈基本法〉中的社会国家原则》，《法学家》，2012年第1期。

㊸聂卫锋：《〈法国商法典〉总则评述——历史与当下》，《比较法研究》，2012年第3期。

㊹张平：《法国劳动法中解雇权的变迁及其启示》，《清华法学》，2012年第2期。

㊺李昊：《法国危险责任的生成与演进》，《比较法研究》，2012年第4期。

㊻［日］大村敦志著，渠涛译：《近30年来日本的民法研究》，《清华法学》，2012年第3期。

㊼张传玺:《trespass on the case 之正名及其他》,《北方法学》,2012 年第 4 期。

㊽彭海青:《英国独立羁押巡视制度的确立及实践新发展》,《比较法研究》,2012 年第 1 期。

㊾杨利敏:《亨利二世司法改革的国家构建意义》,《比较法研究》,2012 年第 4 期。

㊿杨永康:《美国宪法制定过程中关于军事问题的辩论》,《法学杂志》,2012 年第 7 期。

51顾元:《扩张与限制:美国总统的战争权利》,《国家行政学院学报》,2012 年第 3 期。

52李一达:《“共和君主制”的兴起——1787—1796 年的美国总统制的诞生》,《北大法律评论》,2012 年第 2 期。

53王竹青:《美国诊所式法律教育的演进》,《比较法研究》,2012 年第 2 期。

54高鸿钧:《英国法的主要特征(上)——与大陆法相比较》,《比较法研究》,2012 年第 3 期;《英国法的主要特征(中)——与大陆法相比较》,《比较法研究》,2012 年第 4 期;《英国法的主要特征(下)——与大陆法相比较》,《比较法研究》,2012 年第 5 期。

55[英]霍普勋爵著,刘晗译:《普通法系世界中的混合法系》,《清华法学》,2012 年第 6 期。

56徐爱国:《论中国法主导性理念之西方思想渊源》,《华东政法大学学报》,2012 年第 1 期。

57张伟仁:《天眼与天平——中西司法者的图像和标志解读》,《法学家》,2012 年第 1 期。

58何勤华、王思杰:《西方检察权发展简论》,《人民检察》,2012 年第 11 期。

59汪洋:《罗马法“所有权”概念的演进及其对两大法系所有权制度的影响》,《环球法律评论》,2012 年第 4 期。

60汪洋:《罗马共和国李其尼·塞斯蒂亚法研究——公元前 4—3 世纪罗马公地利用模式诸类型》,《比较法研究》,2012 年第 3 期。

61肖厚国:《文明的法律如何发端——阿喀琉斯盾牌上的审判》,《北大法律评论》,2012 年第 1 期。

62魏琼:《宪政起源考——以古代两河流域神权、长老会、法律与王权的博弈为视角》,《比较法研究》,2012 年第 4 期。

63苏彩霞:《罪刑法定的实质侧面:起源、发展及其实现——一个学说史的考察》,《环球法律评论》,2012 年第 1 期。

(作者:赵晓耕、叶秋华、王云霞,中国人民大学教授;范依畴、胡姗辰,中国人民大学博士生)

政 治 学

政 治 学

王乐理　乔欣欣

经过 30 年的发展,中国政治学的学科体系逐渐成熟,不论是研究领域的广泛性、方法论的科学性还是成果的丰富性,各方面都取得令人瞩目的进步。北京地区作为中国政治学发展的重镇,在 2012 年涌现出为数可观的成果,其重点更明显地转向本土,并且偏向紧迫的现实课题。

一、政治理论

1. 民主理论

政治改革已经成为中国政治发展的共识,究竟怎样发展中国的民主政治,在一定程度上取决于政治家和学者对概念的理解和界定。不过学者们一致认为,只有针对中国政治中的问题来谈民主,政治建设才能有实质性的进步。

有学者指出,中国一百多年来一直在价值层面谈论民主,而民主制度更多地需要从问题,或者说从工具的意义上来建设。当下中国社会最为迫切的问题表现在两个方面,第一,社会充满暴戾之气;第二,腐败严重存在。这两个问题归根结底源于一个问题,即资源的垄断。必须从如何解决政治垄断资源的问题入手,来寻求解决之道。该学者将民主政治划分为三个层面,一是立宪民主或法治民主,不但保障个人权利和自由,也保障国家主权,是一种基本政治秩序;二是分权民主,为了实现民主的初衷而去中央化的一种制度安排,分权不是无度的,既不能形成无政府主义式的分权,也不能在分权的旗帜下分裂国家;三是选举民主,在形式上保障平等权利。①

有学者对“中华人民共和国”这一名称的来由进行考察,指出其重要的历史内涵。在 1949 年的新政协筹备会议上,毛泽东在致辞和致辞结束时喊的口号都使用了“中华人民民主共和国”名称，在之后的讨论中出现了两种看法。黄炎培和复旦大学的法学教授张志意识到了“民主”与“共和”的重复，清华大学的张奚若却看到了“人民”与“民主”的重复，最终张奚若的建议得到采纳，将国名改为“中华人民共和国”。作者认为，采用“人民共和国”这个称号，在中共独特的话语系统里是顺理成章的，因为其体现了这个共和国特定的阶级属性。这里的人民是国民中特定的群体，即“工、农、小资产阶级和民族资产阶级四个阶级及爱国民主分子”，其他阶级则被排除在人民之外；这一名称也区别于国民党的“中华民国”，“中华民国”意味着一个全民的国家，而“人民共和国”意味着阶级的国家，这里的人民承载着“人民民主专政”的内涵。[②]

民主政治的发展需要一定的条件，需要整个社会结构和社会心理形成成熟的条件。有学者以欧债危机为例，说明民主发展的逻辑以及可能遇到的困境。在民主政治近百年的实践中，平民主义倾向日益明显，这是民主的胜利，也隐含着一些不足，如激情政治、群氓政治、暴民政治，以及低效政治、集团政治和福利超载。从目前西方国家的实践来看，较好地预防了前三项不足，对于后三项似乎还没有形成很好的解决方案，欧债危机就是这后三项不足综合作用的结果。比较而言，中国的政治天平向精英政治方向太过倾斜，政府太过强势，通过社会建设和民主政治克服公权主导下的私田悲剧，才是中国政治发展的首要任务。[③]也有学者以党内基层民主为对象，探讨现实中存在的风险。党内基层民主风险包括系统性风险和本体性风险两大层级。系统性风险是党内基层民主建设在全社会视域下的风险审视和解析，本体性风险则是技术性的运行风险；后者不具有改变民主建设进程的效力和作用，前者则是一种带有社会化意义、事关经济社会发展大局的整体性风险。作者指出，随着党内基层民主的不断深化，需要我们从社会价值体系上做出一定回应。[④]

民主发展的历程提醒我们，必须注意民主建设的方式。有学者指出，从缺乏民主到低度民主，再到高度民主以及其后的发展完善，是一个自然的历史过程。中国当前复杂、尖锐的社会矛盾，决定了急需启动和推进的是低度民主的改革方案。比较基于普选制的高度民主，低度民主是基于限选制的形式，西方国家在 19 世纪及其以前实行的就是这种民主。低度民主并非任意的最低限度的改革，而是有足够的力度、能够基本满足社会对于民主化基本功能需求的政治进步，如遏止和扭转分配不公的恶化、腐败的蔓延和政府公信力下滑的趋势。[⑤]

民主的理论转变为可操作的实践，需要专门的技术。《罗伯特议事规则》是广为流传的工具典范，所代表的治理规则与决策流程已经成为全球范围内组织治理与议事规则的蓝本，体现着权利、法治和民主的精神。有学者以安徽阜阳的一个村子——南塘村为试点，对这一议事规则应用到中国基层治理之中的过程进行观察和记录，展现了理论在应用中所经历的各种质疑、挑战和创新。[⑥]

2. 社会正义理论

党的十七大以后国家开始调整战略，更加关注民生和社会公平问题，正义理论成为政治学研究的热点。“正义为何显得如此重要?”有学者指出，政治哲学的兴起一般都与社会出现重大的政治争论有关，这种争论往往涉及政治共同体的基本信念、基本价值、基本生活方式以及基本制度之根据，从而必然成为所有人文社会科学的共同关切。20 世纪上半叶爆发了很多重大的历史事件，两次世界大战、多次革命以及形形色色的极权主义对人类价值的威胁，使人们重新认识人与政治的关联。全球化时代的人们对问题的思考非常现实，如何公平地分配社会资源，如何建构促进人的幸福的正义原则，成为政治哲学家最重要的理论努力。[⑦]

从思想史的角度进入正义理论的路径引人注意，有学者通过研读亚当·斯密道德哲学的重要文献《道德情操论》，指出斯密的正义范畴包含三种基本含义，其中第三种更为广泛，就是人们行为举止完美的合宜性。这种含义不仅包含了狭义的正义以及仁慈等社会性美德，而且还包含了谨慎、刚毅和自制等所有的个人性美德，同时，这种含义囊括交换正义和分配正义的功能，而交换正义正是斯密正义理论的核心内容。在斯密看来，交换正义比其他的社会美德更为根本，它对社会的存在起着基础性的支柱作用。[⑧]

有学者从马克思主义的经典著作中寻找理论自觉。在马克思的正义理论中，自由与平等作为其核心价值，打破了西方传统以“自由”为主旨的问题论域，使正义理论研究发生了视域迁移。[⑨]马克思主义正义论可以为西方自由主义与社群主义的理论之争提供有益的参考，对中国社会公正问题的实际解决具有重大的实践意义。

有学者指出，当代中国的公平、公正问题明显表现在两个方面，即社会分层和社会空间领域。社会分层指社会成员、社会群体因社会资源占有的不同而产生的层化或差异现象，尤其是建立在法律、法规基础上的制度化的社会差异体系，官二代、富二代、户籍限制等现象是这种差异的表现形式。所谓社会空间，是指受到社会因素影响的物质空间。处于改革与转型时期，城市社会空间发生的变化与社会公正问题紧密联系在一起。如今城市结构的解体与重组的基本取向是空间利益更多地向资本和权力倾斜，经济上、政治上的强势群体在空间关系上占有明显的优势，弱势群体明显地被边缘化。资源分配与空间布局如何做到公正，是我们在追求和谐社会过程中应该认真研究的问题。[10]

二、政府管理与改革

1. 政治体制改革

从理论上对中国政治改革的经验加以总结，能够为进一步的发展提供借鉴。有学者从中国宪政史的角度入手，解读中国改革史上一件重要的事件——“八二宪法”的颁布。“八二宪法”的颁行既在于拨乱反正，又在于为改革开放提供宪政结构，它包含着多重逻辑，实际上是去革命的改革宪法。“八二宪法”标志，以经济先行的常态国家建构具有了正式的宪法基础，开启了改革时代法制建设的大幕，设定了法制建设的合法性基础和边界。[11]

另有学者对当代改革的形势进行回顾和分析，总结出能够保证改革持续进行的原因。作者对改革的初期进行时间上的界定，主要指从1978年党的十一届三中全会到20世纪80年代末90年代初的第三代领导集体的行程，以及1993年通过《关于建立社会主义市场经济体制若干问题的决定》，社会主义市场经济体制的初步确立这一阶段。原因概括来说主要有四个方面：首先最主要的，就是十一届三中全会以来党的路线、方针和政策反映了最广大人民群众的根本利益，代表了历史发展的正确方向；其次，是选择了一条渐进改革的模式，对改革进行了最有效的政治控制；再次，就是对原有政治优势的充分利用；最后，是改革同开放紧密结合，不断地为改革注入外部的动力。这些经验对今后的改革具有重要的启示。[12]

波兰尼的《大转型》一书预言了自由市场经济自身逻辑的悲剧性，及其必将带来的灾难性后果。有学者指出，中国的改革目前也处于一个“大转型”的过程当中：在1990年代短暂经历了“市场社会”的梦魇之后，中国已出现蓬勃的“反向运动”，例如，政府在煤矿安全事故、药品安全、交通事故等方面的社会性规管，政府在再分配方面的各种措施等等，都说明中国的转型正在逐步地从市场社会退出，而向社会市场迈进。在社会市场里，市场仍然是资源配置的主要机制，但政府通过再分配的方式，尽力对人类生存权相关领域进行“去商品化”，让全体人民分享市场运作的成果，让社会各阶层分担市场运作的成本，从而把市场重新“嵌入”社会伦理关系之中。[13]2010年，中央文件明确提出，要继续推进省直管县财政管理体制改革，继续推进扩权强县改革试点。有学者就这一改革实行以来的现状进行调查，发现改革面临新的困境。主要表现在几个方面：第一，层级与幅度动态匹配问题；一般而言，省一级的有效管理幅度为40~50个县，实行改革以来这一数额大幅增长，给省级政府部门的工作带来巨大挑战；第二，区域增长点选择问题；省直管县不论在财政投入还是资源开发上都更多地倾斜于县，就可能导致中心城市发展的空间和动力不足，不利于城市化进程。这一改革只能循序渐进，并采取积极稳妥的措施。[14]

2003年以后，中国的行政问责制度逐步建立，其良好的运行需要相应的文化土壤。行政问责文化，即行政体系内部和外部人员对行政问责现象的价值判断。目前，中国行政问责文化存在一些问题：主要表现为公共行政价值取向的单一化，“官本位”观念根深蒂固；责任意识偏差大，缺乏道德自律的理念和行为规则；公民的理性参与意识不强；社会公共精神匮乏、法治观念薄弱。这些问题成为完善行政问责制度的阻碍。[15]

2. 当代政府治理

明确和把握地方政府的法律定位，是优化和改进地方政府治理的前提，这一法律定位通常是通过地方政府的权力性质、权力形成、权力范围和职能以及权力约束和监控等规定来体现的。有学者指出，当代中国地方政府的实践模式有三种，即一般地方政府模式，民族地区地方政府模式和特别行政区地方政府模式。[16]分别把握每一类型政府的法律定位，有助于有针对性地提出地方政府治理的方案。目前，我国的政府治理不仅仅局限于地方政府，开始有跨省、跨界的合作，有学者以京津冀都市圈为例，来分析这种政府跨界的治理模式。京津冀地区最初的政府间合作以经济技术合作为主，随着区域经济一体化的发展，推进都市圈一体化成为区域政府合作的主要目标。政府间开始探索以跨界公共事务协作为目标的整体性治理，如公共危机事件应急救援、跨省市交通运输以及跨省市文化产业等。在探索过程中发现，跨界公共事务治理上存在很多障碍，如行政区划的体制性障碍导致的缺乏总体的发展目标和长远规划，缺乏制度化的协作框架、缺乏强有力的区域合作组织，政府间的合作缺乏制度与法律的保障，等等。作者认为，政府间的跨界治理应该借鉴由英国学者提出的整体性治理理论，采用以协作和整合为特征的治理模式，对于我国的跨界公共事务治理有重要意义。[17]

城镇化是目前中国社会发展所面临的重要问题之一。有学者从动力机制和空间模式两个视角入手，着重分析城镇化的“推进模式”。当前城镇化的突出特征是政府主导、大规模规划、整体推动、土地的国家或集体所有；空间上有明显的跳跃性；民间社会尚不具备自发推进城镇化的条件。我国的城镇化推进模式可以划分为七种类型：建立开发区、建设新区和新城、城市扩展、旧城改造、建设中央商务区、乡镇产业化和村庄产业化。尚存的缺陷包括：持续发展的动力不足、市场力量发挥不足、社会力量参与不足、土地闲置和浪费问题严重等。[18]政府主导的推进模式也造成一些大城市的“城市病”，主要源于近年来城市的快速发展和省市规划与管理的落后，具体体现在基础设施建设不能满足城市发展的需要；城市规划建设不科学不合理；城市建设理念上“以物为本”，“以人为本”的理念被淡化；城市管理技术的落后。[19]

随着改革的不断深入，公共服务、基础建设、经济发展、政府自身建设等都需要政府发挥主导的作用，但是利用社会力量和民间资本已经成为一种政府治理的新手段。有学者认为，近十年来社会治理中一个极为独特的现象就是“项目制”，项目制旨在通过国家财政的专项转移支付等手段，突破以单位制为代表的体制束缚，遏制市场体制所造成的分化效应，加大民生工程和公共服务的有效投入。这一体制能够将国家从中央到地方各层级关系以及社会各领域统和起来，同时也是一种新的思维模式，决定着国家、社会集团乃至具体的个人如何构建决策和行动的战略和策略。[20]

互联网时代政府治理，亟待观念和角色的转变。有学者提出，以网络为主的新媒体时代，政府应不断转变思维方式，创新社会管理的方式方法，如以放权服务思维取代集权命令思维，以平等合作思维取代单向监管思维，以对话共识思维取代主观专断思维，以柔性开放思维取代刚性压制思维。[21]也有学者提出应该构建制度化的网络政民沟通模式。目前存在的网络沟通模式有三种：官媒推动模式，由官方网络媒体搭建互联网平台，推动政府与公众交流；政府主办模式，在政府网站开办论坛或热线；第三方获授权主办模式，由独立于政府的自收自支事业单位主办。作者指出复合型的沟通网络是未来的发展趋势。[22]

有学者从风险管理的视角就政府的职能转变进行分析。所谓风险管理，是指仅仅用市场失灵理论来解释政府的作用是不够的，政府存在的意义在于提供一种保障机制，以减少可能对个人健康的安全产生威胁的风险。作为风险的管理者，政府的职能主要是通过政策和管理手段减少、分散和转移社会各个群体所面临的风险。自改革开放以来，政府职能主要围绕着吸引和保护投资人，创造条件降低其风险，进而建立经济运行的环境；追求市场制度的确立、企业的发展、GDP的增长以及政府税收增加。在发展过程中出现一系列就业、生产安全、食品安全、公共卫生等方面的问题，它们恰恰是社会所面临的风险，政府不仅要保障投资人的利益，也要管理和减小社会其他群体的风险。[23]另有学者就政府在社区减灾中的角色进行了分析，指出政府的作为不应是单纯的包揽一切，也不应单纯退出，而是退出干预与提供服务相结合。有效的社区减灾既依赖于政府权力的自我约束，也需要政府的资源支持。[24]

三、比较政治

经过30年的积累，中国的比较政治研究呈现出自主探索的态势，目光更多地指向对策问题。有学者对中国比较政治学学科发展的现状进行总结，指出其优点是突破直接借用甚至单纯引介西方理论和研究逻辑，超越西方比较政治研究的局限性，努力建立能满足中国政治实践和中国政治学建设需要的理论。目前的问题是分析逻辑和研究工具仍有不足。分析逻辑有两种不合理的方式，一是从预设的研究意图出发，如论证西方民主的合理性和普世价值、西方政治制度模式的普世性等；二是从现有理论逻辑和研究框架出发，依据某一理论流派和研究视角，选择新的或具体的研究对象，陷入验证性思维螺旋。在研究工具上，出现了过度追求科学化和数学化、偏爱使用数理分析方法的倾向。[25]

在研究题材上，有针对中国不同地区政府治理模式的分类研究。随着“社会管理创新”主题的提出，基层治理创新出现许多个案，有学者从宏观层面对这些案例进行考察和比较，发现有关社会管理的基本思路经历了一个逐步发展和定型的过程。20世纪90年代，形成四个以试点地方命名的模式，即沈阳模式、江汉模式、上海模式和盐田模式。它们属于社区建设和社会建设的初期，是在实行居民委员会自治选举后对于社区发展的一种探索。四种模式在以行政强化导向和自治强化导向为谱系的坐标中处于不同位置，其间存在明显的差异。2010年以来，又有一批城区被确定为新的试点，如浙江宁波、天津滨海新区、大连普兰店、四川德阳、北京东城、山西太原等，这些试点均将社会组织参与社区管理、加强社会管理工作的民主化纳入了创新工作的要点。2011年以来，以安徽铜陵、南京建邺、重庆巫溪和山东新泰为代表的试点又体现了一种新的变化，即由强调政府自上而下的层级管辖，变成强调减少管理层次、资源下沉和扶育基层发展的社会治理。[26]

也有针对现实中外政治的研究。一般认为，西方国家高赤字的发展模式与民主选举体制下的福利许诺有关。有学者对比西方国家在社会福利方面的现状，指出并不是所有的西方民主体制都推高了社会福利，相反，西方国家的社会保障能力出现了不同程度的衰退。作者通过对西方国家财政状况的比较发现，国家高赤字及政府负债的形成，其最关键因素是放纵的市场经济以及伴随而来的全面的金融解放运动，由此产生放松管制和自由化后果。将西方国家高赤字发展模式归咎于民主体制下的高福利体系，并没有准确揭示问题的根源。[27]另有学者通过对西方国家的政党政治比较研究，展现了西方政党在党内民主发展上的新趋势：政党重视提高代表性，扩大女性、少数族群等群体的权利；重视扩大党员权利，扩展直接民主的运用；国家运用法律对党内民主进行规范，党内民主重要性及制度化程度上升。[28]

还有学者对中西早期文明语境中的道德与法律关系进行比较，指出德法相容是早期文明的共性，突出表现为道德的法律化。相比于中国古代以儒家道德为主体的伦理性道德，西方的道德是建构在人性的抽象和超越的基础之上的。在中西文明的早期，道德与法律没有明确的界限，像《汉穆拉比法典》《摩奴法典》《古兰经》等，都是法律、道德规范、宗教戒律的混合体。同时，由于中西在价值和道德文化上的差别，形成人们不同的行为取向和行动结构，这是中西民众在对待法律上不同态度的根源。[29]另有学者就儒家思想与基督教文化做了对比，指出儒家思想的特质是一种与基督教“外在超越”旨趣不同的“内在超越”。传统儒家既不追求宗教意义的超越，也不追求本体论—知识论意义上的超越，与宗教超越重视上帝与人的关系、本体论—知识论重视超验—经验架构相比，儒家思想乃是高度看重人的德性修养与境界提升的伦理体系。在现代处境下，为儒家思想进行辩护最好的方式不是将其看作与宗教类似的价值体系。儒家对基于道德信念的相关秩序的安排，同样能够起到与基督教同样的整合社会的作用。[30]

四、政治发展与政治文化

就基础理论研究而言，阿尔蒙德的《公民文化》出版之后，西方学界对其存在的理论和经验方面的问题进行了批判，指出公民文化与制度结构之间的关联性是建立在个人主义的规范民主理论基础上的，其中所涉及的经验案例有着非政治和非历史的性质，《公民文化回访》一书对这种批判作了回应。如果说《公民文化》开创了政治文化研究第一阶段，那么《公民文化回访》标志着这一领域发展的第二阶段；《公民文化》把政治文化研究引导到“公民文化”这一带有明显政治伦理价值取向的特定范畴，《公民文化回访》则对这一导向所产生的理论误区和经验性解释缺陷给予必要的揭示。更为重要的是，这种批判与反思为第三阶段的政治文化研究走出“公民文化”的藩篱，重新找回政治文化研究的学术范畴奠定了基础。[31]

体制的进步与观念的革新紧密相关。有学者指出，西方社会大体上经历了两次政治观的革新，一次是近代权力本位的政治观出现，针对的是古典时代以城邦为主要模式、具有“泛公共性”的政治观；另一次是现在西方社会所经历的重新回归政治的公共性内涵的政治观，针对的则是近代经典的自由主义政治观。比较之下，中国传统的政治观是一种伦理本位和权力本位相互扭结的政治观。现代政治观念的起步，要从权力本位的传统政治观中寻求革命性解构的逻辑。新的政治观的形成必须经历一个社会性的自主适应过程，无论哪种方案都要内化为全体社会成员的共识。[32]

有学者考察官本位文化的历史与思想根源。在古代中国，科举制与官本位文化有着长期而重要的联系。科举制一方面保证了皇帝的最高权威，保证了皇帝跟入仕者的天然联系，还保证了朝廷可以从民间不断汲取人才。另一方面，科举制在民间社会造成根深蒂固的官本位观念，成为某种政治认同的习俗。读书人常常是乡村礼俗社会和宗族的领袖，古代中国实际上不存在国家与社会的二元对立，在官本位的价值体系上，两者是统一的。如今官本位的价值还在，没有了科举的官本位成为一种官僚主义，社会成员对于官员抱有病态情感，人们既痛恨官员，公务员考试又蜂拥而上。[33]《官僚主义的起源和元模式》[34]对古往今来的中国官僚政治作了系统的剖析和批判。作者能够直面新中国成立以后的官僚主义现象，重新审视马克思主义经典作家提出的、已经定性的有关结论。作者认为，官僚主义不只是官员的作风问题，而是和人类自身同样悠久的痼疾。作者深入到人类的起源、国家的职能和消亡、剥削的性质等一系列根本性问题中，质疑成说，另辟蹊径。这本书被认为是自王亚南的《中国官僚政治研究》之后对官僚政治的研究最为系统的一部著作。

中国走向现代社会需要吸收异域文化的优秀因素，西方文化对中国现代化过程的影响早在清末已经开始。有学者考察清末至民国时期的留学精英对于中国现代政治发展的推动作用，肯定留学运动所确立的现代政治理念、对现代国家建构制度的认同、日常生活方式的改良，等等。留学精英对现代政治在知识和实际操作上的严重误解，也产生了不容忽视的消极影响。作者分别对留学英美、日本、俄国的学生进行了群体特征的比较，指出他们所具备的不同观念对中国政治产生了不同影响。[35]

中国在近三十年经济和国力突飞猛进地发展，在此过程中出现的一系列社会问题和失德败俗的现象，也令大多数国人觉得失望。有学者指出我们急需探寻一种新的稳定的社会体制，优先要考虑的是奠定这个社会的道德基础。作者提出一种“中华新伦理”的构想，包括两个部分。其一，“新三纲”，是指“民为政纲、义为人纲、生为物纲”，分别从政治领域、社会领域以及自然领域对人们应当遵循的道德原则加以规范。其二，“新五常”，细分为两个部分，一是五常伦，指“天人和、族群宁、社会公、人人义、亲友亲”；另一个是五常德，指“仁、义、礼、智、信”。纲常讨论的是道德的原则规范，新伦理的信仰价值体系，则是在民间社会被广泛接受的价值体系或崇敬的对象，即天、地、国、亲、师，其表现形式则是：敬天、亲地、怀国、孝亲、尊师。实现中华新伦理的首要工作是正名，根据现实生活中重要和紧迫的问题，作者提出一种“新正名”，就是官官、民民、人人、物物。[36]

网络的高速发展成为推动政治文化变迁的技术力量。这体现在几个方面。第一，网络社会中的公民直接参与；网络能够使现实政治生活中的干扰因素降到最低程度，保证每个政治参与者独立地按照自己的意愿进行判断和选择。第二，通过互联网，公民获得了一种新的结社方式；与传统的社团相比，网络虚拟社团组织起来更方便，成员的地域和身份几乎不受限制，成员的交往空间获得了很大的扩展。第三，网络政务提高了行政效率，拉近了政府与公民之间的距离；公民可以更加便利和清楚地了解政府工作程序，政府也可以通过网络及时进行民意调研和意见征询。第四，网络社会成为一种全新的、与传统媒介完全不同的政治社会化媒介；网络扩展了政治社会化的空间，其便捷性、开放性和平等性更有利于政治社会化。[37]网络的拓展同时带来一系列严峻的伦理问题，如网络语言暴力、色情、隐私侵犯、不诚信、谣言等，有学者提出网络伦理的建构问题。传统伦理很难通过教育、立法等形式进入网络社会，一种内部自发或建构成为网络伦理的理想途径。这种内部建构的理想模式通过网络使用者之间相互博弈，达成共识和协议，即一种契约式的模式。网络社会具备平等、自由、互利的关键性因素，通过网络实名制可以达成一种良性的可循环博弈，最终完成网络伦理的建构。[38]

五、政治思想史

1. 西方部分

有学者以“向人民申诉的权利”为主线，追寻古代罗马国家法治传统中的正当程序观念。当一名罗马公民受到官员的指控面临鞭打、钱财或死刑的处罚时，他有权向人民提出申诉，并在特定的公民大会上为自己辩护；公民大会在听取双方的事实陈述后，会间隔几十天，以匿名投票的方式对处罚的性质与轻重作出终审裁决。这是一种由国家正规政治制度保护的公民权利，渗透了程序正当的审慎原则。它诞生于王政向共和制转化的历史时刻，在共和国的晚期毁坏于无原则的党争。[39]

中世纪通常是研究的薄弱环节。有学者从基督教关于教权与皇权并立的二元权力观入手，考查社会制度与观念形态中与其相配合的一系列二元结构，如皇权这一职位与皇帝这一自然人的区分、神父与国王的制约与合作、君权与民权之间的张力、国王与臣属的服从与抵抗关系。中世纪末期的政教分离有其必然性与合理性。近代西方国家将政教分离写入宪法，实际上吸取了大量的历史经验教训，它的实施有利于国家的稳定和发展。[40]

重要的政治思想家通常是研究的热点，近期的研究成果显得更为细致和深入。在《马基雅维利与现代性》一书中，作者指出施特劳斯的核心命题是马基雅维利开启了现代政治哲学和现代性，其关键的论证是：第一，马基雅维利颠覆了支配古典政治哲学的古典德性理论；第二，颠覆了基督教的统治地位。作者沿着这一思路作进一步的论证和分析，确证了施特劳斯的观点。[41]斯宾诺莎的政治哲学长期以来被看成是他的哲学或形而上学体系在人类社会政治领域的简单演绎和应用而不被重视，有学者认为其政治哲学构成了他的哲学思考的基本语境，甚至是他哲学思想的内在组成部分，《神学政治论》和《伦理学》刚好构成了他哲学的两个方面：前者的目的是揭露传统神学和宗教是一种束缚和禁锢人的迷信、偏见，后者则是教导人如何在理性的引导下认识神，获得真正的自由和拯救。综合起来看，斯宾诺莎从政治哲学到哲学的上升之路，正是一条现代性的理性启蒙、解放和拯救之道。[42]

又有学者对洛克的自然法思想进行分析，指出自然法之所以具有约束力，乃因其源自人类理性的本性并能为理性自身所认识。理性对自然法的认识既是关于永恒正义的认识，也是理性对自身的认识与肯定，从而确立起规定人自身的普遍法则，实现理性的自觉，这种自觉也被洛克称为“良心”或“良知”。正是这种内在的良知承担起审判与惩罚的功能，确保自然法的约束力贯彻始终。[43]从自然法到自然权利，再到人权，西方的权利概念经历一个漫长的演变历程。对自由主义的批判往往涉及对其权利理论的批判，如麦金泰尔对权利的“观念史的批判”和“本体论的批判”。有学者对这种批判给予回应。作者梳理 ius 的三种含义，意在回应麦金泰尔的“观念史批判”。后形而上学视域下带着亚里士多德面具的权利伦理学，为我们回应“本体论批判”提供一个很好的理论视野。[44]

2012 年是卢梭诞生三百周年，《中国人民大学学报》第 3 期为此划出专栏，重新认识和解读卢梭。有学者通过重新阅读《论科学与艺术》中卢梭反对自由民主政制原则的段落，重新解读“人生而自由，却无处不在枷锁之中”这句话，它体现了卢梭对启蒙运动的政治诉求的深刻质疑，因为卢梭敏锐地认识启蒙人士所创构的“社会”概念的实质，科学和文艺与启蒙精神所推崇的商业精神亦有内在关联。[45]有学者细致解读《致达朗贝尔的信》中的“洛夏岱尔寓言”，引出最佳政制问题。卢梭一方面继承了古典政治理念，如亚里士多德传统对理性、技术和命运的深刻洞见，因而与启蒙阵营针锋相对；另一方面，他又悄然背离古典哲人的政治教导，为启蒙时代的欧洲各国设计出与古典原则相异的理想政制。这种两面性揭示了卢梭对启蒙运动复杂而暧昧的态度。[46]还有文章解读《孤独漫步者的梦》中的“第四漫步”，分析卢梭的哲人与公民美德教导者这双重身份之间的张力，揭示卢梭反思启蒙的具体思路和内在矛盾：一方面，卢梭继承苏格拉底的古典政治哲学立场，认为商业文明滋生出毫无公民责任感的布尔乔亚，而人类社会的最佳状况是公民社会，只有公民社会中的人们能够追求德性；另一方面，卢梭强调在公民社会中，哲人不应充当民众的启蒙者，因为启蒙运动只会使民众暴露在自然的暴戾之中而无处容身，哲人也必然随之变质。卢梭从这两个方面阐述了对公民美德和道德情感的理解。[47]

还有学者就卢梭的主权和民主理论进行新的研究。国家由社会契约产生，是近代政治哲学的一个基本洞见。有学者认为，从契约论到人民主权理论的真正确立，需要一个重要的理论环节，就是彻底颠覆强力的正当性。只有如此，才能真正保障契约者的自由本质，确保由此确立起来的国家为所有成员掌控，其主权才是真正出自所有成员的共同意志。对强力本身的正当性的否定，是卢梭在《社会契约论》里完成的首要理论工作，近代政治哲学由此完成人民主权论的建构。[48]卢梭通常被认为是直接参与民主理论的原型，但是其著作对直接参与民主的批判也很多，如何理解这个矛盾？有学者认为，卢梭创造性地对主权者和政府进行了区分，而民主制的政府恰恰混淆了主权者和执行者之间的区别。卢梭的真正想法是分别在两个层次上考虑民主问题。在主权者层次上，他主张直接民主制，强调公民要积极参与，主权不能被代表；在政府层次上，卢梭反对直接民主制，主张代议民主制，强调知识、经验和智慧在决策中的作用。[49]

俄国知识分子是一个具有明显地域和思想特征的群体，有学者对俄国近代知识分子进行群体和个案的研究，追溯其广泛、深远的历史与社会背景，澄清历史研究中的很多疑惑。作者认为，俄国从来没有统一的知识分子群体，而是呈现为几个典型的知识分子群体。例如，19世纪前半叶的贵族知识分子与20世纪60年代开始活跃的平民知识分子不仅毫无共同之处，而且是相互敌对的思想圈子。平民知识分子表现出横扫一切的虚无主义、好斗的社会革命热情、手段为目的服务的非道德观念、盲目的人民崇拜、实用主义的功利化倾向，与贵族知识分子的温文尔雅、“书卷气”和“伤感主义”、“纯思辨”的特征截然不同，体现了民主主义和自由主义两大流派的分道扬镳。个案研究也是精彩之处迭现，十月革命时期的高尔基和苏联时期的索尔仁尼琴是两个不同时期的知识分子代表，作者力图揭示两个历史人物不同的人格、命运以及思想发展背后隐藏的社会条件。[50]

2. 中国部分

主要按人物研究呈现。有学者深入探讨汉初大儒董仲舒与汉武帝围绕改制立法的对话，认为其核心议题是彻底弃绝秦制，改革汉立国初年杂糅法（混合了黄老之学）儒的国策，回向三代之治，即以仁义治国的大道。达成此目的的关键任务，是培养具有“行道于天下”担当的士大夫阶层，形成与皇权共治天下的体制。其辅助措施包括兴办太学，从社会基层遴选人才，以孔子倡导的六艺作为培养后进的核心课程。这一思想指导下的改革影响了以后两千年的发展路径。[51]又有学者借助于西方的理论资源和概念工具，提出董仲舒的天人之学带有政治宗教的特点。天不仅具有覆育万物的自然特征，而且包含仁爱的道德性质，富于贵人的思想要素。上天借助于自然界灾异和神谴的方式，警示统治者及时纠正不正当的政策偏失，这一文化源自孔子的三畏思想（畏天命、畏大人、畏圣人之言），而且借用了上古时代对天命神鬼的信仰传统。[52]

有学者剖析明代中后期泰州学派何心隐有关儒教改制的思想。基于尊崇孔子及其言行的基点，何心隐以朋友一伦笼罩兄弟一伦，其伦常不仅牵涉家族的兄弟，而且牵涉家庭的父子与国家的君臣关系，形成一套超越于世俗伦理的宗教伦理。在评点历史人物时，何心隐认为取于武力的汤武革命以及取于禅让的尧舜政权，均不如孔子取于友朋的以仁设教。君子或士可以托身于会所或孔氏家，形成一种与皇权并立的儒教与道统。[53]

另有学者指出，明末儒者黄宗羲批评泰州学派及何心隐与禅门合流，以空为底蕴，消解了儒家的道德形而上本体，导致社会失范，当为明朝灭亡的深层原因。他主张学贵适用，仿效三代之法以天下公义为宗旨的法治精神，避免仅为一家之私的后世之法。黄宗羲的政治构建突出几个原则，包括君臣共治天下，宰相具有一定的独立决策权，君主又保留政治决断大权；中央太学除了是全国最高学府，还担当重要的政治职能，首要的是参与议定国家的根本宪制，而郡县学校同样具有教化与议政的双重职能；社会下层的士人与庶民借助于每月两次的集会，评议地方政治事务，小至纠正施政错误，大至更换地方官员。[54]

注：

①杨光斌：《作为民主形式的分权：理论建构、历史比较与政策选择》，《中国人民大学学报》，2012年第6期。

②丛日云：《解读1949年国号之争》，《炎黄春秋》，2012年第12期。

③燕继荣：《对民主政治平民化的反思——欧债危机的启示》，《山西大学学报》，2012年第4期。

④刘汉锋、董成华：《党内基层民主建设风险管理研究》，《北京社会科学》，2012年第4期。

⑤王占阳：《中国急需发展低度民主》，《探索与争鸣》，2012年第1期。

⑥寇延丁、袁天鹏：《可操作的民主——罗伯特议事规则下乡全纪录》，浙江大学出版社2012年版。

⑦臧峰宇：《正义为何显得如此重要——兼论正义论的人性根基》，《理论与改革》，2012年第4期。

⑧王喜文：《亚当·斯密的交换主义理论——基于〈道德情操论〉的研究》，《兰州学刊》，2012年第8期。

⑨张伟、牟世晶：《马克思主义理论的立论基础：立足于“平等”的自由》，《社会主义研究》，2012年第1期。

⑩李强：《社会分层与社会空间领域的公平、公正》，《中国人民大学学报》，2012年第1期。

⑪高全喜：《革命、改革与宪制：“八二宪法”及其演进逻辑——一种政治宪法学的解读》，《中外法学》，2012年第5期。

⑫关海廷：《中国初期改革持续发展原因的政治分析》，《党的文献》，2012年第5期。

⑬王绍光：《波兰尼〈大转型〉与中国的大转型》，生活·读书·新知三联书店2012年版。

⑭潘小娟：《关于推行“省直管县”改革的调查和思考》，《政治学研究》，2012年第1期。

⑮施雪华：《当前中国行政问责文化的主要问题与解决思路》，《政治学研究》，2012年第5期。

⑯王浦劬：《论当代中国地方政府的法律定位》，《国家行政学院学报》，2012年第6期。

⑰崔晶：《区域地方政府跨界公共事务整体性治理模式研究：以京津冀都市圈为例》，《政治学研究》，2012年第2期。

⑱李强、陈宇琳、刘精明：《中国城镇化“推进模式”研究》，《中国社会科学》，2012年第7期。

⑲姜爱华、张弛：《城镇化进程中的“城市病”及其治理路径探析》，《中州学刊》，2012年第6期。

⑳渠敬东：《项目制：一种新的国家治理体制》，《中国社会科学》，2012年第5期。

㉑赵春丽：《新媒体时代政府社会管理思维的新转变》，《社会主义研究》，2012年第1期。

㉒褚松燕、崔珣：《三种制度化互联网政民沟通模式分析》，《国家行政学院学报》，2012年第5期。

㉓曹峰：《政府在发展中的职能演化路径——风险管理的视角》，《国家行政学院学报》，2012年第4期。

㉔吕方：《中国式社区减灾中的政府角色》，《政治学研究》，2012年第3期。

㉕郭静：《中国比较政治学的现实需求和学科道路》，《政治学研究》，2012年第1期。

㉖张小劲、于晓红：《中国基层治理创新：宏观框架的考察与比较》，《江苏行政学院学报》，2012年第5期。

㉗樊鹏：《西方国家高赤字发展模式是社会福利惹的祸吗？——基于财政和税收的视角》，《政治学研究》，2012年第2期。

㉘谢峰、王燕：《西方政党党内民主发展的新趋势》，《社会主义研究》，2012年第4期。

㉙庞金友：《早期文明语境中的道德与法律：基于政治文化的比较视角》，《北京科技大学学报》，2012年第2期。

㉚任剑涛：《内在超越与外在超越：宗教信仰、道德信念与秩序问题》，《中国社会科学》，2012年第7期。

㉛徐湘林：《把政治文化找回来——“公民文化”的理论与经验反思》，《政治学研究》，2012年第2期。

㉜韩冬雪：《政治观的革新：理论结构与自主建构》，《人民论坛》，2012年第31期。

㉝张鸣：《从科举制到市场经济转型——官本位的源流及滥觞》，《人民论坛》，2012年第13期。

㉞孙越生：《官僚主义的起源和元模式》，福建教育出版社2012年版。

㉟任剑涛：《建国之惑：留学精英与现代政治的误解》，中国政法大学出版社2012年版。

㊱何怀宏：《新世纪的纲常——“中华新伦理”的一个构想》，《道德与文明》，2012年第4期。

㊲熊光清：《中国网络政治的兴起与政治文化的变迁》，《社会科学》，2012年第1期。

㊳肖红春：《网络伦理的契约论维度与网络实名制的道德困境》，《天津行政学院学报》，2012年第2期。

㊴薛军：《古罗马政制中的正当程序观念》，见张桂琳、庞金友主编：《西方古代中世纪政治思想研究》，社会科学文献出版社2012年版。

㊵彭小瑜：《中世纪传统与西方宪政思想和现代政教分离的起源》，见张桂琳、庞金友主编：《西方古代中世纪政治思想研究》，社会科学文献出版社2012年版。

㊶刘玮：《马基雅维利与现代性——施特劳斯、政治现实主义与基督教》，华东师范大学出版社2012年版。

㊷吴增定：《斯宾诺莎的理性启蒙》，上海人民出版社2012年版。

㊸李季璇：《自然法因何具有约束力，具有怎样的约束力？——论洛克关于自然法约束力的思想》，《浙江学刊》，2012年第5期。

㊹周濂：《后形而上学视域下的西方权利理论》，《中国社会科学》，2012年第6期。

㊺刘小枫：《卢梭与启蒙自由派》，《中国人民大学学报》，2012年第3期。

㊻黄群：《哲人言辞中的城邦——卢梭与莫尔、培根的理想政制》，《中国人民大学学报》，2012年

第3期。

㊼张爽：《卢梭的梦与苏格拉底》，《中国人民大学学报》，2012年第3期。

㊽黄裕生：《社会契约的公式与主权的限度——论卢梭的主权理论》，《浙江学刊》，2012年第6期。

㊾谈火生：《“直接民主”抑或“代议民主”？——卢梭民主理论初探》，《政治思想史》，2012年第1期。

㊿金雁：《倒转“红轮”——俄国知识分子的心路回溯》，北京大学出版社2012年版。

51姚中秋：《天人之际的治道：广川董子“天人三策”义疏》，《政治思想史》，2012年第3期。

52林存光：《董仲舒的天人之学及其政治含义再解读》，《政治思想史》，2012年第3期。

53任文利：《儒教改制者何心隐及其所殉孔子之教》，《政治思想史》，2012年第2期。

54顾家宁：《秩序重建的政治之维——黄宗羲与近世政治思维的突破》，《政治思想史》，2012年第2期。

（作者：王乐理，中国人民大学教授；乔欣欣，中国人民大学博士。本文由中国人民大学李景治教授审阅）

社 会 学

社 会 学

郑杭生 奂平清

2012年度北京社会学界在理论社会学（包括学科发展），社会转型、社会建设与社会管理研究，社会结构、社会分层、流动与融合研究，城乡发展研究，社会问题、社会政策、社会保障与社会工作研究，组织社会学，政治社会学，环境社会学，法社会学，文化研究，社会心理研究以及婚姻、家庭与性别研究等领域取得了丰富的研究成果，有一些研究在全国社会学乃至社会科学研究中有引领性的作用。

一、理论社会学

近年来，郑杭生在费孝通“文化自觉”理论的基础上，提出了中国社会学“理论自觉”的命题，在中国社会学乃至哲学社会科学界引起较大的反响与讨论。郑杭生进一步从理论自觉与中国风格的社会科学的内在联系入手，深入分析了理论自觉对中国社会科学重要性和迫切性。提出我们要把“理论自觉”全面落实到中国社会学的各个领域、各个方面，要用理论自觉来总结、梳理自己的过去，把握现在，规划将来，把理论自觉真正落实到自己学科各专业、各分支中，运用到自己学科教学和研究的方方面面，运用到学科体制、体系建设的各个领域。[①]对于郑杭生社会学理论自觉历程以及他提出的“理论自觉”命题对中国社会学发展的意义，学界也有较多的分析与评述。[②]

对于当代中国社会现代化过程中的意识形态现代化的相关问题，也受到社会学者的关注。有分析指出，在视觉文化大规模取代文字文化统治地位的新形势下，应当高度重视社会主义意识形态思想观念的形象化、象征化或感性化，以生动的感性形式在社会生活中实现有效传播。[③]

在风险社会时代，社会安全与个体安全成为社会学研究的议题之一。有分析指出，文明的比较研究有助于解释基本的智慧形态——风险求存、彼此宽容、和平共处，以及它们的更新、发展、递进和留下的问题，在文明的转折期，面对新的风险和安全问题的挑战，中华文明的智慧显示出特别的意涵。个体安全研究推动了社会学三大传统范式的有机“融合汇聚”，在“社会互构论”的方法论指导下，立足于中国社会转型的现实，反思性借鉴西方社会学理论传统并建构本土的个体安全理论体系，体现了中国社会学的理论自觉。[④]

有学者对中国社会学恢复重建以来的道路作了总结，认为其间中国社会学的主要特点是注重社会调查、突出中国国情、具有国际视野，以及在研究方法上有独特建树。但总体而言，社会学学科的影响力还不够，表现在学术研究队伍不足、学术研究载体（专科杂志）不足、学科调研少等，最核心的是社会影响力不足。就社会学学科建设来说，中国应坚持大社会学的概念，将人口学、人类学、民俗学、理论社会学、应用社会学、社会工作以及社会政策与社会管理作为二级学科的框架，是社会学重新发展的机遇。[⑤]

二、社会转型、社会建设、社会管理研究

有学者指出，中国社会转型所面临的一个新任务就是要从社会成员的“无感增长”向“有感发展”转变。要实现这一转变，必须在对传统发展方式进行深刻反思的基础上，推进从发展理念到具体体制机制在内的全方位创新。[6]

有学者指出，在当今中国新的社会经济情势下，只有维护并促进社会公正，才能有效地解决和缓解社会矛盾问题，确保社会的安全运行。社会管理基础在于促进社会公正，其效率在于发展社会组织，其行为准则在于维护每一个社会成员的基本权利。现阶段社会的发展要求牢牢抓住这三个关键环节，以创新的社会管理积极维护社会安全。[7]有分析指出，中国社会管理创新面临着社会系统内部个人困扰和公众论题双重广泛化等格局性困境。当前必须以“正义压倒一切”作为社会管理创新的未来行动纲领，以便能够在中国社会实现社会正义的重建。[8]

有分析指出，加强和创新社会管理急需解决社会管理的基本理论问题，要梳理社会建设与社会管理的思想脉络，要竭力避免“国家—社会”相互对立的思维方式。[9]有学者对西方社会管理思想发展的基本脉络作了梳理，认为自由与秩序的适当平衡则是西方社会管理所追求的最高境界。[10]有分析指出，对于基层社会的整合而言，基于原初的血缘、地缘特征结成的社会纽带有相当强的局部性和分割性，其亲疏有别的个人关系规则很难在公共社会中发挥作用；而基于集体化生产和再分配特征形成的社会纽带是一种被动性连接方式，妨碍了经由社会成员自主选择建立的主动认同和归属。所以，社会整合实质上是要探寻社会成员共享的利益及价值的协调机制，关键是公共制度建设，如果传统经验不去面对公共选择，就难以给今天异质社会的整合问题提供现成模式。[11]

在社区建设与治理方面，有学者基于对全国多个城市的实地调查分析了当前我国社会管理和社区治理面临的新形势、新趋势。当前，我国的社区治理模式普遍面临着“居委会困境”和“共同体困境”，要突破这双重困境，必须创新社区管理体制，建立起既能够保障居委会自治功能发挥，又能够保障各项行政事务在社区“落地”，同时也能够吸纳社区居民广泛参与的新型社区治理模式。[12]

三、社会结构、社会分层、流动与融合研究

当今网络技术的发展对社会结构的影响受到社会学者的密切关注。有分析指出，当超越空间限制的缺场交往成为沟通交流后，传递经验成为可以横向联结且能引导在场经验的主导经验，来自广大社会成员的认同权力改变了社会权力结构之后，社会结构将会因这些基本因素的变化而发生更加深刻的变化，人类社会将形成一种崭新的社会形态。因此，在网络化背景下，需要重新认识在场交往与缺场交往、实地经验与传递经验、实体权力和认同权力的相互关系。[13]

在社会分化依然十分明显的背景下，阶级阶层分析仍然是热点研究主题。有分析认为，社会结构阶层化和利益关系市场化构成社会群体矛盾与冲突的基本特征。整合日益分化的社会结构，正确处理市场化背景下权力和权利的问题，将是中国社会管理面临的新挑战，而公开、参与、平衡是协调社会矛盾与冲突、重塑社会秩序的基本理念和方向。有分析认为，我国社会公平、公正问题在社会分层和社会空间两个方面表现得十分明显。我国城市社会空间成为社会各利益群体激烈争夺的焦点领域，许多社会矛盾、冲突、纠纷都与社会公平和公正问题密切相关。我们所追求的社会公正应该是机会公正、程序公正、结果公正三者的有机结合，为全体国民创造越来越多的公正竞争机会、公正的程序条件和公正的分配结果。社会空间属于重大的社会资源。[14]有学者根据历年的跟踪调查数据分析了我国公众“公平感”与“冲突感”的演变趋势，发现受访群体普遍反映收入不平等持续拉大，收入分配欠公平与合理，一些群体间的矛盾与冲突较为严重并有持续恶化的趋势。公众对收入及生活机会分配的公平性认知与社会冲突意识之间有紧密的关联，不公平感越高，群体的社会冲突意识越强。[15]

在教育与社会分层流动方面，基于2006年中国综合社会调查数据的相关分析表明，我国教育再生产的模式主要表现为子代对父母中较高受教育程度的传承，此外，代际教育程度之间也存在对称性流动。在不同历史时期、不同地域之间，教育代际传承效应的强度存在明显差异，同时，家庭社会资本等因素也在一定程度上影响着教育代际关系的强弱。[16]

随着工业化、城市化的发展，大城市的流动人口管理问题日益受到关注。从社会管理的角度分析流动人口服务管理的研究的日益增多。[17]流动人口，尤其是流动儿童的社会融入问题也日益受到关注。有研究发现，外来劳动力在城镇劳动力市场上的融合是一种有差别的融合。[18]有研究发现，新生代农民工与老一代农民工在社会融入状况上并没有根本差异，影响社会融入的人力资本因素更显著地体现在农民工的工作技能上，政策制度对农民工社会融入具有重要影响，农民工社会融入的经济—社会—心理—身份四个层次不存在递进关系，经济层次的融入并不必然带来其他层次的融入。[19]在流动儿童社会融合研究方面，有研究认为，亲子交流决定着流动儿童社会融合的方向和速度，必须更加重视家庭环境建设与家庭教育方式的改进。在强调家庭教育并向流动儿童提供社会关怀与支持的同时，为流动人口制订并健全保障性社会政策、消除社会不公与歧视，才能真正改变流动儿童心理健康的不良处境。[20]

四、城乡发展研究

城镇化越来越成为中国经济社会发展的重要推动因素。有学者从城镇化的动力机制和空间模式等视角的分析认为，我国城镇化“推进模式”分为建立开发区、建设新区和新城、城市扩展、旧城改造、建设中央商务区、乡镇产业化和村庄产业化七种类型。城镇化的突出特征是政府主导、大范围规划、整体推动、土地的国家或集体所有、空间上有明显的跳跃性、民间社会尚不具备自发推进城镇化的条件等。这一模式充分体现了中国的制度创新性及灵活性，但如何更尊重客观经济规律，促进政府与民众良性互动，以实现城市增长的公平正义，是亟待研究和解决的重大问题。[21]

有学者指出，我国城市化过程中存在城乡差距巨大、城市化滞后于非农化和工业化、人口城市化滞后于土地城市化、城市土地集约效益薄弱、“城市病”和“乡村病”同时显现等突出问题。我国促进城市化发展的战略应该包括充分发挥城市化对经济社会发展的引领作用，提高大城市的集约能力，发展城市群网络，建设好小城镇，加快农民工市民化步伐，走城乡统筹发展的新型城市化道路。[22]

有人从行政控制、产业置换和空间疏导等方面对当前我国大城市采取的主要人口调控对策的梳理发现，这些对策并未能取得预期效果。认为人口规模调控是实现社会发展的众多手段之一，城乡差距是大城市人口规模调控能否实现的关键，应构建人口发展的“环境—经济—公正”分析框架，为政府制定人口政策提供参考。[23]有分析指出，目前我国劳动力市场分割正在显现出以区域城市化水平为基础的纵向分割。唯有在注重人口城市化速度的同时，更加注重城市化质量，才能从根本上彻底消除造成劳动力市场分割的体制性因素影响。[24]我国农民工市民权的缺失表现为非正规工作、社会保障的有限性与不平等性、政治参与和利益代表不足、家庭分离的居住形式、平等教育权的缺失。农民工市民化的出路在于外部“赋能”与自身“增能”。[25]

有分析指出，探究城市化问题重要的不是要找到最理想的城市化模式或最佳的城市化水平，而是要追求城市化进程中的合理性、协调性和正义性。我国的城市化需要重点从三个方面推进户籍制度改革：一是建立公民统一的户口身份制，二是剥离居民户口的社会分配功能，三是保障公民自主选择户口迁移权。为了推进和落实这些改革，应尽快制订新的《户籍法》。[26]有分析认为，城乡分割的社会管理体制导致经济社会发展遇到巨大困难，为此，要在总结各地实践经验的基础上，加快推进城乡社会和服务的一体化改革。[27]

有学者分析认为，农户承包和耕种土地的行为依然属于小农经营。增加对农村教育的投入、推动农村土地流转市场发展以及加大对农业生产及农户兼业的政策扶持力度等政策选择，将对“三农”发展有着积极意义。[28]

五、社会问题、社会政策、社会保障与社会工作研究

中国经济社会的快速转型也伴随着相当多的社会问题。有分析将当前中国的社会问题分为民生类问题、社会公正类问题和健康安全类问题等三类，认为对不同类型社会问题的关注群体的特征进行区分，可以得出影响公众对社会问题感知的因素和机制：个人生命历程和城乡因素会与特定的社会问题相关联；作为个人困扰的生活压力会明显地强化公众对社会问题的感知；经济状况与教育程度这两个因素对不同类型社会问题的感知影响方式不同。[29]

对于当前中国普遍性的社会焦虑问题，有分析认为其主要原因包括：社会经济整体利益结构正在发生全方位、大幅度和急剧的调整；社会风险因素空前增加；许多社会成员信仰的缺失；社会缺乏正常的秩序和规则体系。社会焦虑会造成大面积的社会负面效应，要缓解社会焦虑问题，需要打造公正合理的规则体系，建立一个初级的民生保障体系，尽可能地实现充分就业。[30]

有学者对中国社会政策发展的总结认为，新中国社会政策的发展演变，大致分为三大阶段，即国家统揽型社会政策时期、市场主导型社会政策时期及国家主导型社会政策时期。其中国家主导型社会政策注重借鉴当代国际社会政策理论与实践的最新成果，强调国家在社会福利方面的基本职责，同时借助市场机制的作用，注重发挥社会、社区、家庭乃至个人等各方面的力量，以实现国民社会福利的最大化。这种新型社会政策已经曙光初现，但其发展完善仍然任重道远。[31]有学者指出，创造适合国情的福利模式，是社会管理成功的基础。一个好的福利模式要能保持四个基本均衡：经济发展与福利支出的均衡，福利支出中的基础部分与非基础部分的均衡，福利机制中的刚性与柔性的均衡，福利责任结构中的政府与市场、家庭、个人之间的均衡。底线公平福利模式具有教育为基、劳动为本、服务为重、健康为要的特点和优势。这一模式充分发挥了中国优秀文化和社会结构优势，把发展性要素内置于福利模式之中，可以实现社会福利的内外平衡，为社会安全奠定基础。[32]

有分析发现，2001—2010年我国省际社会保障经济公平发展不均衡，但程度在逐渐缩小；社会保障与经济发展水平不匹配，财政支持社会保障发展缺乏制度约束，社会保障财政依存度存在风险因素，社会保障流动性不足是非均衡的重要因素；东部与中、西部之间非均衡程度显著，中、西部之间非均衡程度逐渐缩小，需要从经济均衡发展、社会保障

匹配经济水平、提高制度流动性、规范财政投入制度约束和防范财政依存度风险等方面采取措施，以改变非均衡发展状态。[33]有分析指出，加快保障性住房建设，是落实“住有所居”的重大举措，对控制高房价、加强与创新社会管理具有十分重要的意义。近年来我国在保障性住房建设取得成就的同时，也存在诸多不足与问题，需要进一步改革与完善。[34]

有分析认为，党的十七大以来，社会救助被定位为社会保障体系的“基础”和“重点”，摆脱了以往有意无意地被“边缘化”的弱势地位。社会救助制度在“十一五”期间取得了较快的发展。但这一制度仍然面临诸多问题，在今后的政策推进过程中，有必要建立有效的社会救助与物价上涨的联动机制，同时在政策思路和制度安排上还须引入“适度普惠”的理念，注重社会救助的专业化以及社会工作的介入。[35]

有分析指出，伴随着社会与文化变迁以及社会福利制度的改革，社会工作早期发展起来的价值判断、技巧与实践模式，已难以适应变迁的文化与政策环境。当前社会工作需要进入新的启蒙状态，对过去的理论基础和实践方法做全面的反思，社会工作理论在中国的发展也将经历不同的发展道路。[36]有分析认为，西方社会工作中以证据为本的实践模式把社会工作实践置于实证主义的研究指引下，希望借此提升社会工作的干预效力。但实践处境的复杂性和多变性，以及日常生活的实践智慧都对此模式形成挑战，这一模式也往往遮蔽了反思性能动主体。因此，把理论研究嵌入反思行动的实践过程，实现理论和实践的反思对话，就能够更好地平衡社会工作价值投入和干预效力之间的紧张关系。[37]还有学者从“发生学”视角分析中国与西方不同文化土壤和社会发展进程，认为无论从道义层面到操作方法层面，还是从核心价值观到实践领域，我们都需要对西方的社会工作专业关系准则进行全面的本土化，要提倡“道义追求下的专业关系＋工作关系＋朋友”的模式。[38]

有学者指出，社会工作作为社会力量的组成部分可以对社会管理发挥协同作用。[39]该学者根据我国民族地区、少数民族（族群）面临的问题，阐述了我国民族社会工作的发展视角和文化视角，并以经济发展、文化持守为向度，以群体（族群）、个人（家庭）为层次，建构了民族社会工作的任务结构框架，同时指出我国的民族社会工作应具有发展的特征。[40]有分析指出，我国正在加大社会工作发展的力度，但社会工作的发展仍然有获取实践权的问题，社会工作实践权的获得受教育系统权威人士认可、社会工作群体建构和社会空间的边界等因素的影响。[41]

六、组织社会学

对于当前中国“项目制”的国家治理体制，受到社会学界的主要关注领域。有分析指出，项目制治理的主要目的在于通过国家财政的专项转移支付等项目手段，突破以单位制为代表的原有科层体制的束缚，遏制市场体制所造成的分化效应，加大民生工程和公共服务的有效投入。但项目制也对基层社会产生了诸多意外后果，项目制所引起的基层集体债务、部门利益化以及体制的系统风险，对于可持续的社会发展将产生重要影响。[42]有分析认为，各种财政资金以“专项”和“项目”的方式向下分配越来越成为国家最主要的财政支出手段。但是，项目和专项资金并非像上级部门预想的那样有效率，相反还会出现许多意外后果。过于依赖项目和专项，最终反而使资金难以实际到达农村基层社会。[43]

有学者利用相关调查数据，从凝聚力（包括社会支持、垂直整合以及组织认同）和脆弱性（包括不满意度、相对剥夺感以及失范）两个维度对组织团结的测量作了操作化尝试，试图说明在什么样的条件下组织行为的趋同与差异以及这种趋同与差异对组织中社会团结的意义。[44]

有学者从社会网的角度对中国人社会交往结构的分析指出，中国人的社会行为与关系网络是“差序格局”和“情境中心”的，其中“人情交换”、“圈子”和自组织的治理机制是理解中国人组织形态与社会结构的关键所在。在中国人工作场域中的圈子现象中，小圈子可以有较大的弹性，边界不封闭，熟人可以从认识的圈外人发展而来，这使得中国人的个人网关系结构可伸可缩、可紧可密。[45]

有学者以相关家族组织个案的研究分析为例，认为家族组织是利用传统组织资源的一种当代社会的公民组织，家族在结社形式上是传统的，但作为组织实体却是当代的。这种分析对于在认识上摆正国家与社会的关系、传统与现实的关系、农民与公民的关系有重要意义。[46]

有学者从组织边界的角度对政府监督权力问题的分析认为，要正确确定政府组织边界、分配政府组织注意力、建立共栖的合作型关系，以共同决策方式克服障碍，对政府组织的监督权力加以合理有效的延展，从而解决惠民政策从目标到结果的不一致问题，维护基层社会稳定。[47]

伴随着中国市场化改革的深入和社会转型的加速，城乡居民对社会服务的需求急剧增长，对提供社会服务的各类社会组织的关注也越来越成为社会学关注的热点。[48]

七、政治社会学

有学者从国家政权建设的角度对新中国信访制度形成及演变的历史过程和规律作了分析，认为信访制度是中国共产党根据群众路线而创立的。信访工作包括社会动员和冲突化解两个方面，应做到二者的有机统一。但在信访工作实践中，国家在不同历史时期总是偏重其中一个方面。1978年前，在社会动员取向主导下，信访制度建设趋于革命化，结果造成国家社会动员与民众利益诉求之间的严重对立；1978年后，国家信访工作的主导观念向冲突化解取向调整，又形成了信访制度的科层化。在社会形势发生变化的背景下，冲突化解取向的信访制度不能有效地回应民众的政治参与需求，却在客观上有利于民众的政治动员。这是国家信访制度改革必须要应对的主要矛盾。[49]

群体性事件和社会稳定问题依然是2012年度社会学的重要话题。有分析指出，当前中国的社会稳定问题兼具现实性冲突与非现实性冲突的特点。人格的冲突、情绪的对抗是集体上访和群体性事件得以发生和持续的关键动力。在维持稳定方面存在着运动式治理与制度化治理的矛盾，行政主导与法律治理的对立。缓解社会稳定问题的新思路在于破除僵硬的维稳机制，形成以利益均衡为主导的社会矛盾化解模式。[50]有分析指出，我国过去群体性事件的发生其原因多集中在拆迁和征地等方面，矛盾基本上发生在社会本土群体当中，但近几年发生的群体性事件表现出外来群体和本地群体发生的激烈冲突。因此，流动人口和社会安全的关系问题应该受到关注。[51]

有人利用相关调查数据考察了我国无神论教育对抑制民众关于神秘力量的宗教体验的影响，发现国家政治规训对宗教体验的遏制取得了部分效果，但个人经济状况、精神状态和社会关系网络仍对宗教体验的形成具有重要推动作用，从而在一定程度上消解了国家政治规训的影响。因此，国家在进行政治规训的同时，必须注重对民生状况和微观生活环境的改变，才能有效地引导宗教的发展。[52]

有学者对中国语境中的“公民社会”概念及其实践的分析认为，该概念在翻译上逐渐从“市民社会”为主演变为以“公民社会”为主；在对象范围上逐渐从现代都市扩展到整个国家共同体；在行动主体上逐渐从城市居民的自愿结社和现代产业分工下的非营利组织，扩大到包含农民的各种结社的所有公民组织；在与国家的关系上逐渐从强调独立乃至对立转而强调非行政与非营利属性下与政府和企业的合作。社团作为组织实体是公民社会的外显方面，而公民精神则是其内在品质。[53]

八、环境社会学

在我国经济社会发展的新阶段，生态文明建设也日益成为社会学关注的核心议题。有学者对中国经济增长、环境保护与生态现代化的分析认为，虽然中国的生态现代化实践在一些方面对生态现代化理论提供了支持，但中国生态现代化实践也对西方生态现代化理论提出了一些挑战。如果没有基于中国实践的理论自觉，简单照搬、套用生态现代化理论分析甚至规范中国的现代化进程，不仅可能会使我们陷入理论误区，而且会误导实践。源自少数发达国家实践的生态现代化理论忽视实现生态现代化的可能的多种路径和模式，例如，生态现代化理论将技术、市场、社会运动与生态现代化进程相联系，但中国的实践表明，生态现代化可存在多种路径，去中心化、削弱民族国家的作用不能有效推动环境治理；在生态现代化理论中，社会公正问题没有受到应有的关注，而中国实践表明，社会不公会成为生态现代化的重要约束。从长远看，促进社会公正必定是有效推动生态现代化的重要条件。在中国简单地推进所谓生态现代化而不设计配套的社会改革，很有可能造成新的“绿与非绿”的二元社会结构。[54]

九、法社会学

有学者指出，中国的法社会学研究，只有立足本土、放眼世界，加强学科之间的沟通与交流，推动基于中国经验的学术研究，真正创造出既能指导中国实践，又能与西方理论对话的“中国理论”。[55]有分析指出，在“现代/传统”二元对立范畴中，“传统”逐渐成为一种意识形态化了的话语，西方文化代表着现代、开放、活力，中国传统文化则被视为传统、狭隘、滞后。在这种认知方式下，中国近现代以来的法律改革总体上走的是西化的路子，大规模移植西方社会的法律制度，深嵌了东方主义逻辑。在法律移植的路径中，中国传统文化与现代法治被视为两种截然不同的事项，传统文化被视为会阻碍现代法治建设，需要被批判、摒弃的对象。但司法实践证明，不受道德和价值观支持的法律系统容易失效，法治建设需要观照传统文化。[56]

乡村民间纠纷与秩序是社会学关注的热点话题。有研究认为，在农村民间纠纷调解中，影响纠纷调解协议即公平达成的重要因素包括：维持人际关系延续的调解目标，调解人的角色定位、道德背景及其权威性，调解过程中包括上门调解等多种调解技巧和策略的运用，以及符合农村社会人们所普遍认可的公平提案等方面。而社会关系维系、公平的关系性以及综合性等，是中国农民公平观的重要特征。[57]有研究表明，各利益主体的博弈行为引起并加深了乡土社会的矛盾和冲突，造成了大量的违法行为；这些违法行为既是在不断的修订的国家法与民间法的冲突中产生的，也是社会成员在反复的模仿行为中建构出来的。民间法和国家法在乡土纠纷事件的发展过程中都在连续地发挥着作用。[58]有调查研究表明，与传统的民间法理论的预设相反，国家法秩序的“外来性”是地方性社会中日渐增多的“陌生人”获得保护的可能途径。然而，国家法的实践依赖于基层政治运作，其调整功能取决于民间秩序的配合，民间秩序整合的失败迫使国家法直接面对个人的实质性需求，而其调整无力反过来增加了个人对国家法的失望，并可能将失望导向对国家法独立性的质疑。[59]

十、文化研究

有学者对20世纪前期孙本文等中国社会学家重视文化研究的社会学优良传统作了深入分析与肯定，并对当代中国社会学中文化研究被淡化的问题及其根源作了分析，认为由于社会学偏信于客观原则和量化分析的普遍适用性，以及在研究方式上过于注重表面观察和单纯经验描述，使得文化研究在社会学中被淡化。由于社会生活网络化和消费社会到来等原因引起的价值观念变迁，迫切需要重新认识和加强文化研究在中国社会学中的地位，因为文化问题是社会问题，只有把文化问题放到社会关系中才能有更明确、更真实的理解和把握。[60]

有学者指出，中国的文化问题是社会关系问题的表现，通过非物质文化遗产来建设中国的文化生态，就是要调整中国的文化定位和社会关系，把它们的关系重新理顺，成为常态。文化生态建设要让那些曾经被贬低的人的文化得到承认，让他们也有自主的“文化自觉”，从而实现社会整体的“文化自觉”。[61]

有学者提出，以中国意识为核心的知识主体性话语的创造，要求人类学家必须从以中国为中心的角度去重新看待宏观的整个世界的构成。围绕中国而产生出来的地方社会、周边社会以及现代世界这三者可以用来构成人类学家审视自己田野资料的背景性构架。我们要承认这种多元世界的现实，并要洞察到这多元背后作为整体的文化存在的可能，以此来促进人类学的文化反思及创造出具有新的意义且有着知识主体性的田野工作。[62]

有学者通过对“文化”概念在人类学中演变的探讨和对以“文化”作为核心概念的相关人类学研究范式的思考，进而在与社会学的“社会”研究范式比较的基础上，提出在人类研究中“文化”与“社会”的“波粒二象性”。认为文化概念具有广泛的人类和社会现象的普适性和包容性，文化是人类遵照其相应的自组织规律对人类及其社会事物的各种联系，运用信息进行秩序创造并共享其意义的具有动态再生产性的编码体系。[63]

十一、社会心理研究

在中国社会急剧转型的时期，社会心态成为社会变迁的一个重要组成部分，受到了中国学术界广泛重视，也成为社会学中具有重要理论和现实意义的研究专题。有学者对社会心态形成的心理机制及效应作了探讨，认为社会心态的形成机制异常复杂，社会心态的形成模型有向上模型、向下模型和互动模型。从社会心态互动模型来看，社会心态形成的内部机制包括社会认同、情绪感染、去个人化与去个体化、关系化等方面。社会心态的形成过程也会带来汇聚效应、多数人与少数人效应、群体极化效应、群体参照效应和皮格马利翁效应。[64]

在中国经济社会发生巨大变革的时代，对“中国经验”进行分析与总结是社会学的重要任务之一。同时，对于“中国体验”，包括中国人在价值观、生活态度和社会行为模式等方面的变化，也受到社会学者的关注。[65]

有学者关注和倡导对社会转型过程中社会景气与社会信心的持续监测与研究。提出要像重视对经济景气的研究一样重视对社会景气（人们对其所处社会结构环境良好与否以及是否得到改善的一种主观感受，可通过人们的满意度、相对剥夺感状况和对政府的信任度进行测量）与社会信心（指人们对目前社会环境的主观感受与看法的基础上对社会未来发展的预期）的研究，要系统地、长时间地跟踪研究我国的社会景气与社会信心，要加强这方面研究的科研经费投入和科研机构与政府职能部门间的沟通与合作，使研究的成果能及时成为政府决策的基础。[66]

十二、婚姻、家庭与性别社会学

伴随着工业化、城镇化与规模巨大的人口流动，关于婚姻家庭方面的研究日益得到关注。有分析表明，中国家庭户规模持续缩小，家庭结构则进一步呈现出核心化趋势。在核心化过程中最显著的特征是老年家庭的空巢化，老年独居者问题成为需要关切的问题。对于失独家庭来说，国家还需要修改家庭政策来改善这些人面临的生存风险。农村社区和城市社区，都需要通过加强公共服务为老年家庭提供更多的支持，以使老年人能够分享到更多社会发展的成果。[67]

有学者分析了新中国成立以来婚配模式的变迁，研究表明，我国各时期的婚姻匹配模式主要表现为不同社会特征群体的同类婚；此外，各时期的异质性婚配现象呈现明显的对称性。不同社会特征婚姻匹配强度的变化趋势部分印证了工业化理论，自致性特征在婚姻匹配中的重要性不断上升，而先赋性因素的重要性则经历了一个先降后升的过程。[68]还有分析认为，家庭研究需要从家庭作为感性生活世界的特质出发寻求更为适宜的研究方法。[69]

注：

①郑杭生：《“理论自觉”与中国风格社会科学——以中国社会学为例》，《江苏社会科学》，2012年第6期；郑杭生：《把“理论自觉”全面落实到社会学各个领域》，《宁夏党校学报》，2012年第5期。

②陆益龙：《从文化自觉迈向理论自觉——郑杭生对中国社会学及理论的贡献》，《甘肃社会科学》，2012年第3期；奂平清：《“理论自觉”与中国社会学的发展——以郑杭生及其社会运行学派为例》，《西北师大学报》（社会科学版），2012年第3期；奂平清：《“理论自觉”与中国马克思主义社会学的发展——郑杭生的社会学理论立场及意义》，《甘肃

社会科学》，2012年第3期；黄家亮：《中国现代性的探寻与中国社会学的理论建构——以郑杭生社会学学术历程为例》，《西北师大学报》（社会科学版），2012年第3期。

③刘少杰：《意识形态现代化的展开形式与评价原则》，《哈尔滨工业大学学报》（社会科学版），2012年第1期。

④杨敏：《瞭望文明：在共同生活中收获智慧构筑安全——关于比较文明研究的社会学分析》，《社会科学研究》，2012年第2期；杨敏：《个体安全研究与中国社会学的理论自觉——社会学传统范式和研究方法的一种兼容汇聚》，《思想战线》，2012年第2期。

⑤李强：《社会学建设的几点思考》，《北京工业大学学报》（社会科学版），2012年第3期。

⑥郑杭生、黄家亮：《从社会成员“无感增长”转向“有感发展”——中国社会转型新命题及其破解》，《社会科学家》，2012年第1期。

⑦吴忠民：《以创新的社会管理积极维护社会安全》，《中共中央党校学报》，2012年第6期；吴忠民：《以社会公正奠定社会安全的基础》，《社会学研究》，2012年第4期。

⑧赵孟营：《社会正义重建：中国社会管理创新的历史转向》，《中国特色社会主义研究》，2012年第6期。

⑨杨敏：《当代社会变革中的“国家—社会”新型关系——社会学中国化视野下的社会建设与社会管理》，《华东师范大学学报》（人文社会科学版），2012年第5期。

⑩张旅平、赵立玮：《自由与秩序：西方社会管理思想的演进》，《社会学研究》，2012年第3期。

⑪张静：《社会建设：传统经验面临挑战》，《江苏行政学院学报》，2012年第4期。

⑫郑杭生、黄家亮：《当前我国社会管理和社区治理的新趋势》，《甘肃社会科学》，2012年第6期；郑杭生、黄家亮：《论我国社区治理的双重困境与创新之维——基于北京市社区管理体制改革实践的分析》，《东岳论丛》，2012年第1期。

⑬刘少杰：《网络化时代的社会结构变迁》，《学术月刊》，2012年第10期。

⑭李强：《社会分层与社会空间领域的公平、公正》，《中国人民大学学报》，2012年第1期。

⑮李路路、唐丽娜、秦广强：《“患不均，更患不公”——转型期的“公平感”与“冲突感”》，《中国人民大学学报》，2012年第4期。

⑯齐亚强、牛建林：《教育的再生产：代际传承与变迁》，《中国人民大学教育学刊》，2012年第1期。

⑰李强、刘精明、刘佳燕：《北京市流动人口的管理》，《北京规划建设》，2012年第5期；冯晓英：《城乡统筹视角下的流动人口服务管理与创新——京渝成三市城乡统筹发展的比较与启示》，《北京社会科学》，2012年第1期。

⑱谢桂华：《中国流动人口的人力资本回报与社会融合》，《中国社会科学》，2012年第4期。

⑲李培林、田丰：《中国农民工社会融入的代际比较》，《社会》，2012年第5期。

⑳周皓：《流动儿童社会融合的代际传承》，《中国人口科学》，2012年第1期；周皓：《流动儿童心理健康的队列分析》，《南京工业大学学报》（社会科学版），2012年第3期。

㉑李强、陈宇琳、刘精明：《中国城镇化“推进模式”研究》，《中国社会科学》，2012年第7期。

㉒李培林：《城市化与我国新成长阶段——我国城市化发展战略研究》，《江苏社会科学》，2012年第5期。

㉓陈宇琳：《我国快速城镇化时期大城市人口规模调控对策评价与思考》，《现代城市研究》，2012年第7期。

㉔范雷：《城市化进程中的劳动力市场分割》，《江苏社会科学》，2012年第5期。

㉕刘爱玉：《城市化过程中的农民工市民化问题》，《中国行政管理》，2012年第1期。

㉖陆益龙：《户籍：一种对中国城市化制度性的扭曲》，《探索与争鸣》，2012年第12期。

㉗王春光：《加快城乡社会管理和服务体制的一体化改革》，《国家行政学院学报》，2012年第2期。

㉘陆益龙：《农户的耕地使用行为及其影响——基于2006CGSS的实证分析》，《江苏社会科学》，2012年第2期。

㉙李炜：《中国当前社会问题的特征及影响机制分析》，《黑龙江社会科学》，2012年第6期。

㉚吴忠民：《社会焦虑的成因与缓解之策》，《河北学刊》，2012年第1期。

㉛李迎生：《国家、市场与社会政策：中国社会政策发展历程的反思与前瞻》，《社会科学》，2012年第9期。

㉜景天魁：《创新福利模式优化社会管理》，《社会学研究》，2012年第4期。

㉝江华、吕学静、王延中：《中国省际社会保障经济公平非均衡发展评估》，《中国人口科学》，2012年第5期。

㉞李迎生、李文静：《保障性住房建设与社会管理创新》，《河北学刊》，2012年第4期。

㉟唐钧：《“十一五”以来社会救助发展的回顾及展望》，《社会科学》，2012年第6期。

㊱熊跃根：《从社会诊断迈向社会干预：社会工作理论发展的反思》，《江海学刊》，2012年第4期。

㊲郭伟和、徐明心、陈涛：《社会工作实践模式：从“证据为本”到反思性对话实践》，《思想战线》，2012年第3期。

㊳潘绥铭、侯荣庭、高培英：《社会工作伦理准则的本土化探讨》，《中州学刊》，2012年第1期。

㊴王思斌：《试论社会工作对社会管理的协同作用》，《东岳论丛》，2012年第1期。

㊵王思斌：《民族社会工作：发展与文化的视角》，《民族研究》，2012年第4期。

㊶王思斌：《社会工作实践权的获得与发展》，《学海》，2012年第1期。

㊷渠敬东：《项目制：一种新的国家治理体制》，《中国社会科学》，2012年第5期。

㊸周飞舟：《财政资金的专项化及其问题：兼论“项目治国”》，《社会》，2012年第1期。

㊹李汉林：《关于组织中的社会团结——一种实证的分析》，《社会科学管理与评论》，2012年第4期。

㊺李智超、罗家德：《中国人的社会行为与关系网络特质——一个社会网的观点》，《社会科学战线》，2012年第1期；罗家德：《关系与圈子——中国人工作场域中的圈子现象》，《管理学报》，2012年第2期。

㊻高丙中、夏循祥：《作为当代社团的家族组织——公民社会的视角》，《北京大学学报》（哲学社科版），2012年第4期。

㊼时立荣、刘蔚：《从组织边界看政府监督权力的介入有限性与合理延展》，《北京科技大学学报》（社会科学版），2012年第3期。

㊽罗婧、王天夫：《何以肩负使命：志愿行为的持续性研究——以大学生支教项目为例》，《社会学研究》，2012年第5期；李迎生等：《非营利组织社会服务的改革与创新》，《教学与研究》，2012年第8期。

㊾冯仕政：《国家政权建设与新中国信访制度的形成及演变》，《社会学研究》，2012年第4期。

㊿应星：《超越“维稳的政治学”——分析和缓解社会稳定问题的新思路》，《人民论坛·学术前沿》，2012年第7期。

(51)戴建中：《流动人口与社会安全》，《北京工业大学学报》（社会科学版），2012年第3期。

(52)冯仕政：《政治规训与宗教体验——基于抽样调查的实证研究》，《人文杂志》，2012年第6期。

(53)高丙中：《“公民社会”概念与中国现实》，《思想战线》，2012年第1期。

(54)洪大用：《中国经济增长、环境保护与生态现代化》，《中国社会科学》，2012年第9期。

(55)郭星华、秦红增：《从中国经验走向中国理论：法社会学（法人类学）再思考》，《广西民族大学学报》（哲学社会科学版），2012年第5期。

(56)邢朝国、郭星华：《从摒弃到尊重：现代法治建设与传统文化》，《中国人民大学学报》，2012年第4期。

(57)王汉生、王迪：《农村民间纠纷调解中的公平建构与公平逻辑》，《社会》，2012年第2期。

(58)周延东、时立荣：《法社会学视角下石村矿山资源产权纠纷的实践逻辑》，《江苏社会科学》，2012年第1期。

(59)储卉娟：《从暴力犯罪看乡村秩序及其“豪强化”危险：国家法/民间法视角反思》，《社会》，2012年第3期。

(60)刘少杰：《重新认识文化研究在中国社会学中的地位——兼论孙本文对文化社会学研究的贡献与局限》，《社会科学研究》，2012年第5期。

(61)高丙中：《关于文化生态失衡与文化生态建设的思考》，《云南师范大学学报》（哲学社科版），2012年第1期。

(62)赵旭东：《中国意识与人类学研究的三个世界》，《开放时代》，2012年第11期。

(63)张小军：《人类学研究的“文化范式”——“波粒二象性”视野中的文化与社会》，《中国农业大学学报》（社会科学版），2012年第2期。

(64)杨宜音：《社会心态形成的心理机制及效应》，《哈尔滨工业大学学报》（社会科学版），2012年第6期。

(65)方文：《部分公民权：中国体验的忧伤维度》，《探索与争鸣》，2012年第2期。

(66)李汉林：《要注重和加强社会景气和社会信心的研究》，《中国社会科学报》，2012年12月31日第A02版。

(67)张翼：《中国家庭的小型化、核心化与老年空巢化》，《中国特色社会主义研究》，2012年第6期。

(68)齐亚强、牛建林：《新中国成立以来我国婚姻匹配模式的变迁》，《社会学研究》，2012年第1期。

(69)刘谦：《家庭研究中感性视角的彰显与价值》，《中国人民大学学报》，2012年第5期。

（作者：郑杭生，中国人民大学教授；
奂平清，中国人民大学副教授）

民 族 学

民 族 学

杨圣敏 祁进玉

2012年民族学、人类学研究在学科建设、基本理论与研究方法等方面得到进一步发展，其分支学科的学科教学与科学研究方面也取得了显著的进步。近年来，我国的民族学与人类学学科发展呈现出如下趋势：一是各分支学科呈现出较强的学科交叉、跨学科研究，新兴交叉学科研究领域取得丰硕的成果；二是民族学、人类学学科整合研究趋势得到加强；三是在应用性研究方面得到进一步重视。

在全球化背景下，我国民族学人类学研究中进一步加强对我国及周边国家和地区的政治、经济、文化、宗教以及跨境民族研究及其认同变迁的研究；更多关注西部少数民族地区的文化生态、环境与社区发展；重点研究全球化背景下的多民族国家的族际关系与社会和谐，充分关注对长三角和珠三角流域的人口流动与社会适应、城市化与弱势群体权益保护等议题。

在民族学、人类学学科建设与专业设置等方面，新兴的跨专业、跨学科、交叉的分支学科的教学与研究得到充分重视。国内很多高校纷纷设立民族学、人类学学科，并加大对民族学人类学学科建设的研究经费支持。此外，各院校纷纷加大了对世界民族问题和海外民族志研究领域的科研经费投入和人才引进，重视对周边国家与世界民族研究的跨学科整合研究与学术交流，并在相关研究领域取得了初步的进展。

本研究兹从民族学、人类学学科建设和基本理论与方法研究，全球化与民族主义、民族理论与民族政策研究，民族与族群问题，民族地区发展，少数民族社会历史文化、民族宗教研究，分支民族学、人类学学科发展的最新研究动向，世界民族研究，重要学术会议、学科学术交流活动八个方面分别加以概述。

一、民族学、人类学学科建设、基本理论与方法研究

有学者系统地阐释了民族学学科的内涵，包括三个方面的内容：一是该学科名称的意义、研究领域与学科形成的简史，还从民族学的分支，民族学所研究的“文化”的意义和特点等方面来介绍民族学的内涵与定义；二是民族学的理论基础和学科特点，包括传统民族学理论、马克思主义与民族学当代民族学理论和民族学的研究方法等；三是民族学与其他学科的关系，包括民族学与人类学、历史学和汉民族研究的关系以及民族学的开放性特点等内容。[①]他认为，对此，中外学界历来有多种定义和解释。有人主要从其研究的领域，有人则主要从其开展研究的角度，或研究的方法等不同方面去进行定义和规范。而自民族学作为一个学科产生的一个半世纪以来，也像其他许多社会科学的学科一样，学科本身的研究领域方法和角度等也在不断地发展和变化，学者们在研究过程中也各有偏重，于是国内外的学者就对其有多种定义和归纳，这本是一个正常的学术现象，没有必要去强行统一。此外，他还对新时期以来中国民族学人类学界在研究中和学科建设中存在的四个方面的问题加以深入论述，即学科界线与学科规范问题，客观性的问题，汉民族研究问题以及后现代与学术创新的问题等进行了讨论。[②]

有研究者通过对中国人类学与社会学的关系进行学科史的探究，聚焦于20世纪前半期人类学民族学社会学之间密切关系的考察，追溯中国人类学发展的早期场景，并从相互之间的联系以及在研究方法研究角度等方面的差异出发，进一步分析造成中国人类学与社会学之间复杂和纷乱的关系的缘由，反思西方中心主义的学科分类理念，就如何处理学科的纯洁性和跨学科的统一性之间的关系进行讨论。[③]

中国的文化问题是社会关系问题的表现，通过非物质文化遗产来建设中国的文化生态，就是要调整中国的文化定位和社会关系，把它们的关系重新理顺成为常态。这就是文化生态建设的基本使命，其中时空框架是否与非物质文化遗产相匹配是非物质文化在社会中正常生长的重要条件。我们特别需要探讨如何重建时空框架的中国属性。文化生态建设要让那些曾经被贬低的人的文化得到承认，让他们也有自主的“文化自觉”，从而实现社会整体的文化自觉。[④]

由于费孝通在20世纪80年代的多次强调，“藏彝走廊”问题开始被学者们所关注，学者们开始了大量的实际的调查研究。有研究者认为，在“藏彝

走廊”的概念中缺失了本应该包含在内的羌族历史文化的强调，而羌族历史文化的强调对于走廊的历史及现状的理解应该具有不可替代的积极意义，近年来的羌语支研究足以说明这一问题。为弥补这一明显缺陷，他首先由历史及现状出发，强调古羌在民族走廊中的历史作用，进而提出民族走廊的正确命名应该为“藏羌彝走廊”的观点。在此基础上，梳理“藏羌彝走廊”研究的历史及现在的研究路径，并指出跨学科的综合性研究才是“藏羌彝走廊”研究的有效方法。⑤

自马林诺夫斯基以后，人类学经典且公认的方法是参与观察，即一个人在遥远的僻壤进行长时段的田野工作，可提供分析的文本是民族志。但是，当今的世界受全球化信息化的影响，他者的世界已不再相互隔断互不来往，而是你中有我，我中有你，或许他者本来就存在于人与人、人与自然、人与观念之间的关系中。为此，有研究者通过一项关于公共服务的志愿者行动的研究，采用常人民族志的方法，将服务与被服务关系放在了他者关系中进行试验与讨论，解决了道德权威不可自我检验的问题，进一步确认了知识的公共性与共建的假设，也为全球化背景下的大规模文化研究提供了一条新思路。⑥

有研究者主张用宏观、中观、微观三个层次来探讨“超社会的社会”之存在方式与结合程度。民族学学科，不是哲学和政治学，我们更重视经验。对于以上问题，他认为，我们应更经验地加以研究。⑦

有研究者参考了反思人类学近年来的相关研究成果，在对文化他者的创造性加以确认的基础上，通过分析文化他者在现实语境中所运用的各种修辞策略来说明“自我”得以展示的途径，目的在于探究“诗性”何以使民族志研究成为可能。⑧

二、全球化与民族主义、民族理论研究、民族政策研究

自1949年以来，中国参照苏联模式建成一个多民族国家。在20世纪50年代开展了民族识别工作，政府组织专家学者深入各地调查，最后正式识别出56个民族，这样一个民族格局构成了现今中国民族关系的基本框架和所有制度政策设计实践的基础。有研究者认为，为了更加深入地分析新中国成立后60年中国在民族工作方面的实践，反思在民族工作中出现的经验和教训，重新思考并开展对20世纪50年代民族识别工作的口述史调查，分析当时的历史条件和社会背景，讨论这一格局对今天中国民族问题的影响是非常有必要的。⑨

费孝通于20世纪80年代提出“中华民族的多元一体格局”的理论构想，以此来作为理解中华民族内部族群关系的总体性引导。有研究者分析指出，此后的研究者以诸多证据及论述阐发，从“多元到一体”的历史进程，但对于在现代民族国家观念影响下之既定“一体”格局中社会内部多元分化发展的图景，特别是现实的分化与地方自治机制，并没有给予太多的关注。这种片面的关注维度隐含有一种历史主义的偏颇，如何在现实的“一体”的格局之下去理解和呈现“多元”发展以及多样性的社会与文化的存在及其演进过程，构成今天所提“一体多元”的核心要义。⑩

中国共产党成立90年来，中国的民族理论研究硕果累累，尤其是改革开放以来，我国民族理论取得了长足的进步与发展。知名学者对中国民族理论的发展提出了自己的种种看法，针对中国的民族问题的现状与未来作了理论上的探讨，形成了各自的观点。有研究者对新时期处理民族关系路径提出建议：解决中国的民族问题，要重视少数民族同胞各行各业精英人物的作用。⑪

白荷婷的《创造壮族：中国的族群政治》是近年来西方学术界以解构中国民族识别为切入点，继而质疑中国民族政策为研究目的著作之一。白荷婷通过梳理壮族身份认同的形成过程，考察了当代中国在不同阶段实施的政策与壮族族群认同之间的关系，认为壮族是中国基于政治需要而精心创造出来的民族。有研究者分析指出，这种基于西方中心主义的观念、视角、理论和方法在对壮族身份认同分析时陷入了认识论和方法论的危机中，体现了后现代主义和后殖民主义的理论工具和研究思路在解释中国民族识别的局限性和不适用性。⑫也有研究者通过对白荷婷的研究深入分析，比较中西方族群研究范式的差异性以及此项研究的不足之处，试图对我国的民族政策及制度设计中的局限性作一些再思考。⑬

斯大林的民族理论认为，民族（民族国家）是资本主义上升时期的产物。这一理论判断在应用到中国的历史时发生了难题，这也是中国史学上汉民族形成问题之所以产生争论的原因。解决这一难题的出路在于对斯大林民族形成条件理论作出修正。有研究者在对比马克思主义创始人的论述和中西历史的基本特征之后认为，是市场经济而不是资本主义构成了民族国家形成的基础。⑭

马克思着眼于人类社会的进步，认为全球化是各民族之间相互关系的纽带，是各个民族及其文化发展延续的基础与前提。有研究者认为，马克思以辩证的眼光对全球化的现实作出批判，以积极的姿态审视民族文化从传统的恒定中游离出来的现实命运，认为全球化运动在深刻改变人们传统生活方式的同时，也建构起一种人类公共的认知方式，即世界意义上的文化理解与认同。⑮

民族自决权最早可追溯到公元前5世纪希腊城邦的自治观念，但是现代意义上的民族自决权主要是18世纪以来自由权利学说人民主权理论和民族主义思想发展的综合产物。民族自决权具有正当性，但对其适用范围应当加以规范。费希特、马志尼、列宁等人提倡民族自决权，实际上是国族自决权或人民自决权，而非“族群自决权”。从民族自决权与国家主权、人民主权的关系看，民族自决权的适用主体是“国族”，而非“族群”。[16]

第二代民族政策说力求构建各民族交融一体的中华民族共同体，提出国际上处理民族事务的两种模式，并主张在民族问题上的“三个强化”和“三个淡化”以及“去政治化”、“去标签化”的处理方式。有研究者认为，第二代民族政策不仅在学界上引起新一轮的学术分化和学术大讨论，还为民族关系投下阴影，并制造了社会上的思想混乱，其在现实政治中具有难以预计的影响。[17]

20世纪90年代以来，中国近代民族主义研究受到学术界广泛关注，研究成果日见增多，研究的广度与深度已经呈现扩展之势，但还有很多方面需要学术界继续努力。有研究者认为，在全球化日趋强化的今天，加强中国近代民族主义研究，从近代中国的民族解放运动中吸取经验教训，探讨怎样做才能更好地利用民族主义意识形态来整合社会力量，从民族传统中寻找力量，或许能为我们今天构建社会主义价值体系提供有益的借鉴。[18]也有研究者指出，民族、民族国家和民族国家建构是民族政治学的核心术语，本身具有浓厚的西方学术色彩。如何正确解读这些术语是实现学术话语转换，理解民族政治学科体系的基础。[19]

三、民族与族群问题研究

有研究者探讨了新疆乌鲁木齐地区维吾尔族初中学生的民族身份认同状况，分析了维族学生参与者对于中国人、维吾尔族和中华民族3个概念的认知情况，从而说明作为符号建构过程的维吾尔族学生群体的民族身份认同形成过程的复杂性。文章最后建议，在实践中建构各族群的共同政治认同的同时，需要促进各群体间的不断接触与交流，保障各民族群体在社会生活各个方面的平等发展和自由流动；此外，在多民族传统下的现代国家认同建构过程中，有必要保持认同基础的开放性包容性和可持续性，突出国民共同的品格文化抑或理念等属性，避免过分强调地理、历史传统等因素而导致国家认同构建中的特殊化、唯一化倾向。[20]

有研究者认为，Steele 和 Aronson（1995）最早提出刻板印象威胁的概念，指出这种威胁使个体担心自己会验证所属群体的消极刻板印象。民族刻板印象威胁表现为个体行为表现下降并影响民族交往。民族刻板印象威胁效应的主要机制是工作记忆受损和不认同。通过提供内群体榜样和进行非评价性测试并有效地减轻“刻板印象”威胁效应。未来研究要准确界定种族、族群和民族的概念，考察民族刻板印象威胁与性别刻板印象威胁的区别，研究不同民族的刻板印象威胁效应。[21]

新中国成立以来，尤其是1980年以来，随着我国新型民族关系的确立和各民族结构性交融程度的增加，回汉通婚率得到了快速增长。但因地区社区类型回族聚居程度等方面的差异而在各地呈现出较大的不同，越偏向于东南一带，城市化现代化水平和杂居程度越高，回汉通婚率、回族妇女外嫁程度和人们对于回汉通婚的赞同程度也越高。有研究者认为，1990年以来，一批基于田野调查的成果相继问世，将我国回汉通婚的研究推向深入，但与国际上的研究相比，在理论的创新与提升调查的系统精深等方面还存在较大差距。今后，吸收借鉴相关理论和成果，增多并扩大调查研究的点与面，进行深入系统周详的调查和理论创新是深化这一研究的关键。[22]

大众媒介在当今世界已成为影响民族问题的重要因素。在全球化背景下，大众媒介运用凸显民族记忆传播特定的价值观和共享重大事件的关注等手段，通过创造一致的心理归属、营造优势的意见环境和内化意识形态等作用机制，实现了意识控制和建构集体记忆的效果，从而对民族意识和民族认同产生了重要影响。有研究者认为，这种影响为民族国家带来了前所未有的机遇和挑战，民族国家应以谨慎和积极的态度去应对。在充分发掘大众媒介在民族意识和民族认同方面积极潜力的同时，对大众媒介所具有的消极功能也必须给予充分的重视。[23]

民族国家是建立在一个或多个民族对于这一国家认同基础之上的主权国家。有研究者认为，以掌控国家政权的民族（国族）数量多少为分界，可以把民族国家区分为单一民族国家与多民族国家。就单一民族国家来讲，其特征主要为国族的单一性、国族与少数民族的政治地位存在显著差别、少数民族政策的非平等性和歧视性等，其政治发展的方向是国族的多元化。就多民族国家来讲，其特征主要是国族的多元性、民族关系主要表现为不同国族间的竞争、民族分离主义成为影响国家未来走向的核心因素等，其政治发展的方向为国族一体化。伴随民族政治的发展，国族的一体多元将成为民族国家的显著特征。[24]

四、民族地区发展与和谐社会建设

族群的形成是一个动态的发展过程，应当从动力学的特征中探讨族群的环境与适应开放性与闭合性关系，有必要在一种族群互动的场景下去理解族群的迁徙以及自我文化认同形成的机制。有研究者认为，在具体考察之时，分析食物的供给、人口压力，甚而重新思考“多元一体”理论有助于更好地理解族群迁徙和现代的文化认同。[25]

在计划经济向市场经济转变，高校招生迅速扩张的背景下，大学生就业难问题已成为全社会关注的焦点之一，其中少数民族大学生就业问题尤为突出。有研究者在实地调研、掌握大量第一手材料的基础上，从政府、用人单位、高校、学生个人几个不同层面，对新疆少数民族大学生就业的现状、特点、问题进行分析，并提出对策建议。文章认为就业是一个受多方面影响的社会问题，因此必须在全面把握、深入分析的基础上，政府、社会和个人多方协作、共同努力，才可能使就业问题得到有效解决。[26]也有研究者在2008年7月通过对西藏拉萨、日喀则、泽当三个城市的流动人口进行调查研究与问卷调查，在此基础上从流动人口的特征、就业、收入、婚姻、居住时间和条件等要素进行深入分析，并揭示了流动人口的现状。对流动人口工作中需要关注的问题及解决办法提出了有益的建议。[27]也有研究者通过调查分析发现，在西藏山南地区泽当镇由于人口流动逐渐形成了一个新的族群结构。同时，当地各族流动人口在个人特征方面确实存在一定的结构性差异。这种差异有其内在的原因，而非因为族群身份所致。[28]

少数民族扶贫减贫方略及效果，与如何认识少数民族及其文化有着至关重要的联系。将少数民族扶贫减贫工作与少数民族文化资源的利用联系起来，利用少数民族文化资源摆脱贫困局面已经成为人们的共识。但因对少数民族在扶贫和文化发展中的主体性认识不足，导致所谓的文化扶贫在一定程度上陷入僵局。有研究者通过对中国贫困研究的现有认识和话语进行富有挑战性的理论辨析，凸显少数民族主体性的重要性，并对相关实践原则进行探索，以有助于在反思中明确思路，应对挑战。[29]

近代以来，由于国家的积贫积弱，政府的软弱无能，边疆危机四伏。清末民初，中央与地方政府为改变西南边疆危机频发的状况采取了一系列举措，以促进边疆地区社会发展。有研究者认为，在当前非传统安全因素占主导地位的情形下，如何管理和建设边疆成为国家稳定、边疆安全、社会和谐建构的重要因素。就此而言，对近现代以来我国边疆问题的研究无疑具有极强的现实意义。[30]

牧民定居是新世纪以来政府在藏族牧区推行的主要惠民政策之一，但定居的方式规模等各地的情况不尽相同。有研究者认为，甘肃省玛曲县和青海省果洛州大武镇有扶贫、定居、移民三种不同牧民定居模式，各具特点。牧民定居是个复杂问题，牵涉到牧民生活的方方面面，不能简单地用生态移民一言而蔽之。此外，应从多视角具体分析牧民定居，牧民定居化，未必像一些学者坚持的那样，是游牧文化的终结，相反，可能是一种新的游牧生活的肇始。[31]也有研究者在梳理国内学界关于生态移民后续产业发展研究的基础上，通过对阿拉善盟生态移民及后续产业发展的实地调研，重点分析了阿拉善盟生态移民后续产业发展状况。以阿敦高勒嘎查为例，对其生态移民后续产业选择进行了评估与分析，在此基础上提出了阿拉善盟生态移民后续产业发展所存在的问题，以及今后的发展方向和对策。[32]

五、少数民族社会历史文化、民族宗教研究

有研究者将残存概念作为研究“藏羌彝”走廊历史文化族群互动的切入点，在重新建构了残存概念以后，具体选用与世界广大范围中存在的民俗信仰Evil Eye几近同质的羌族毒药猫为分析对象，联系中国及藏羌彝走廊诸族中类似毒药猫的民俗事象，最终确认在南北通透的藏羌彝走廊中，长期的历史过程中南向的民族迁移，因与复杂多样的自然生态的相互作用，原来同质性的民俗文化现象呈现出了多元化的倾向。而随后形成的走廊诸民族虽也有长时期的相互作用，但仍保持住了自身的文化特性，使得走廊中的诸民族文化在这一地理空间中，形成了民族文化百花齐放的文化局面。[33]

拉萨世居穆斯林是生活在藏传佛教中心的特殊族群，其藏族文化与穆斯林文化并存的特殊风俗习惯，吸引了社会和学术界的广泛关注。有研究者以拉萨世居穆斯林为研究对象，选取穆斯林宗教节日“斋月”及“开斋节”并对这一时空中拉萨世居穆斯林所表现出的藏族文化现象进行较详细的记录和研究，并总结了这些文化现象的影响因素。[34]

明初曾接纳过数十万故元归附官兵和自愿内迁的北方各族首领，将之安置于军事卫所。洪武和永乐年间是归附人南下最多的时期，由于面对的军政形势不同，这两个时期对归附人的安置政策也大相径庭。洪武来归的故元官兵编伍入卫，使之成为世代专执军役的军籍人户；而永乐之后自愿内迁的归附人却享受优养的待遇，寄籍卫所授职食俸而不任事。在军役世袭的卫所制度下身份的差异贯穿到子孙后代。有研究者认为，军籍归附人在靖难之役和成祖五出三犁的北征中，凭借少数民族的善战勇敢，不少人因军功跻身武官行列，并在成化之后手握各种事权，活跃在明后期的军事舞台上。在杂居中原的生活中，军籍和寄籍归附人的本族文化都受到冲击和影响，民族变化因身份不同和所处环境的有别而显现出差异。[35]

有研究者通过对黔西北“穿青人”的社会历史、宗教生活和族群身份进行长时段的考察，认为“穿青人”族群身份的变动过程，是国家与地方社会互动的历史过程，其中包含了族群之间的关系，国家和地方社会的互动关系，以及现代民族国家构建、整合的关系，是多重因素建构的结果。[36]

六、分支民族学、人类学学科发展

（一）社会人类学研究

拉达克素有“小西藏”之称，自古以来，无论是其地理、民族，还是宗教、文化等方面都与我国西藏地方有非常密切的关系。实际上，直到第一次鸦片战争结束，拉达克地方一直是在我国西藏地方政府的管辖之下。由于领土争端等原因，直到20世纪80年代，拉达克才向游客和学者开放。由于独特的地理环境和浓厚的藏传佛教文化氛围，拉达克很快便成为国际学术界关注的热点，尤其受到了人类学民族学家的高度关注。有研究者认为由英国人类学家约翰·克鲁克等人主编的《喜马拉雅山的佛教村庄——拉达克地区桑斯噶尔的环境、资源、社会与宗教生活》一书是在深入的田野调查基础上撰写而成的民族志经典，无论是研究内容，还是研究方法，都对今天我们从事青藏高原的人类学研究有一定的借鉴和启发。[37]

中国政治的民主发展水平与中国社会的公民性发育程度并不必然是同步的。有研究者指出，“公民社会”的概念在翻译上逐渐从“市民社会”为主演变为以“公民社会”为主；在对象范围上逐渐从现代都市扩展到整个国家共同体；在行动主体上逐渐从城市居民的自愿结社和现代产业分工下的非营利组织，扩大到包含农民的各种结社的所有公民组织；在与国家的关系上逐渐从强调独立乃至对立转而强调非行政与非营利属性下与政府和企业的合作。社团作为组织实体是公民社会的外显方面，而公民精神则是其内在品质。公民社会已然是中国的现实，这不仅是由中国的宪法所预设的，而且是由中国社会的主流价值和广泛的公民结社很现实地代表着的。[38]

家族组织在结社形式上是传统的，但是家族作为组织实体却是当代的。大量关于家族组织的研究忽视了这样一个基本事实，未能把城乡各地在近三十年涌现的家族组织作为当代的公民自愿结社看待。有研究者以号称江南第一家的郑氏家族组织为例，论述家族组织可以被看作当代普通的社团组织的观点，并说明家族组织归根结底是利用传统组织资源的一种当代社会的公民组织而已。此种研究对于在认识上摆正国家与社会的关系、传统与现实的关系、农民与公民的关系都具有意义。[39]

有研究者以互助土族自治县五十乡土观村的婚姻家庭现状调研为切入点，采取定量与定性相结合的研究方法，从择偶标准、通婚范围、婚姻状况、人口结构、性别角色分工等角度来探究土族婚姻家庭现状，深度分析当地土族婚姻与家庭生活中存在的问题及其发展变化的趋势。也有研究者以土族婚姻圈的现状调查作为研究主题，基于对某一典型土族村庄的实证调查与个案研究，以微观的社区视角进行较为深入的分析，以期作为相关研究的个案补充，为相应的“通婚圈”理论研究提供和补充新的材料。[40]

从宋元到明清，中国社会步步形成士大夫国家与庶民共谋的“共主体性”的政治文化。“祠堂之制”（伴随着国家礼仪的士庶化）和“祖先之礼”（伴随着民间礼仪的国家化），则是宋代儒家士大夫企图恢复尧、舜、禹三王之治的运动。有研究者认为，“文治复兴”的积极贡献之一是客观上将民众动员和调动起来，并参与到国家的治理和政治事务之中。华南庶民宗族丰富的文化创造民间宗教信仰的广泛发展，亦都是这一过程的伴随结果。[41]

（二）历史人类学研究

承德地景结构一直被看作理解清代宗教—政治格局的关键问题，历史学相关论述已经非常丰富。有研究者以对承德地景建构的历史过程的描述为基础，与宗教人类学中对城市格局与宇宙观之间的对应关系展开对话，证明承德的地景并非对某一具体宇宙观的展演，而是对当时清王朝内部诸种宇宙观之间的关系的表达。[42]

乾隆时期的两次金川之役，其历时之久、损伤之大、耗费之巨都是惊人的。正因如此，有较多观点认为这是一次得不偿失的或不该有的战争。乾隆帝有好大喜功、穷兵黩武之嫌，但从历史分析，战争爆发是有其必然性的，即微观上土司之间内斗不断，朝廷屡次调解效果不佳；宏观上土司制度已不适应历史发展潮流，改土归流是大势所趋。[43]

也有研究者认为，边缘社会内的某些群体可以同时属于两个文化圈，即置身于中原农耕文化与草原游牧文化之间，从没被赋予其文化身份的合法性，逐渐发展成游牧半农耕社会独有的生活方式。无论是何种历史朝代，在中华文明发展史中游牧社会与中原之间的关系是沿着中国的边疆互动格局的演变而变化，也是上述三方面问题的必然结果。[44]

（三）语言人类学研究

鉴于社会科学越来越重视社会实际调查及研究，以及在非汉语地区社会科学调查的日益增加，有研究者深入阐述了社会科学的人类学民族学调查研究中调查地语言学习的必要性，并以国外大学的人类学学科的实例印证了这种必要性的存在。他认为，在这样的语言学习及训练当中，民族语言教育研究机构正好能够发挥自己的专长，一方面拓宽自己的教学及研究领域，促进自身的发展；另一方面也能与其他社会科学学科形成密切的协作关系，能够得到共同的发展。[45]

在流动人口的城市融入这一热点议题中，语言作为一个新颖的分析切入点在近年来得到越来越多的关注。流动人口语言使用中呈现出多语码掌握、语言选择时“趋高避低”且“内外分异”、语言学习动力源于生计与交际的实用性目的、语言认同与实践存在背离言语社区形成等诸多特点和趋势。在语言的外显功能即语言对流动人口城市融入的影响上，熟练的普通话作为一项人力资本优势对主体的工作获得与工作能力有着显著的促进作用，但语言的隔阂在一定程度上制约着他们的人际关系网络及社会空间的拓展。此外，人口大规模流动引发了流入地语言生态的变迁，并对普通话推广工作带来了发展契机与挑战。[46]

有研究者以生态系统理论为指导，从宏观经济和政策、地区环境、学校管理、教师和同学、学生家庭以及学生自身六个方面，分析了影响少数民族双语教育质量的主要因素并对主要影响因素的测量方法，以及影响因素作用大小的量化分析提出了可操作的方案。[47]也有研究者以新疆某高校一次MHK三级考试成绩为研究对象，从少数民族大学生个人项角度，分析了少数民族大学生汉语总体水平及在听力阅读书面口语四个方面表现出来的不同特点，试图从另一个侧面反映新疆少数民族双语教育发展成效。[48]

（四）法人类学研究

历史地看，多元文化主义一开始就与少数民族争取平等权利的要求密切相关。当前关于多元文化主义与少数民族权利的研究有两个特点：一是并不严格区分多元文化主义的不同维度；二是往往把多元文化主义仅视为少数民族的权利理论，没有从多民族国家构建的角度理解多元文化主义的重要意义。有研究者认为多元文化主义至少存在于事实、理论、意识形态、政策和价值理念五个维度，每个维度下的“少数民族权利”都呈现出不同的面相，具有不同的意义和效果。少数民族权利保护与多民族国家构建是同一个历史过程的两个方面。多元文化主义不仅仅是少数民族的权利理论，它也是多民族国家构建的重要理论支点。[49]

流动少数民族社会融入在理论上是一个文化接纳、行为适应和身份认同问题，但在法律上却是一个少数人权利的实现与保障问题。有研究者认为，用少数人权利的标准来衡量目前流动少数民族社会融入状况具有合理性和可操作性。目前，流动少数民族的群体特征未得到应有的尊重，平等有效的政治参与受到制约，社会经济融入和文化融入实现困难成为影响其社会融入的主要原因。促进流动少数民族社会融入的政策方向需要有权利保障，要通过法律和政策来消除阻碍流动少数民族社会融入的制度性不平等因素。[50]

法院活动是由法官和当事人共同编织的“意义之网”。司法研究不仅要分析法院的制度设计和职能定位、法院政策的实施效果，更应注重分析诉讼案件当事人以及包括受到法院政策影响的其他当事人对法律和法院的理解和感受。有研究者认为，从人类学视角出发，研究者可能会获得一套与法院诉讼话语完全不同的当事人话语体系。两套话语体系的背后反映着现有司法制度与社区传统之间的紧张关系。因此，应在特定社会情境之中整体理解和改革中国的司法制度。[51]

（五）教育人类学研究

有研究者认为，我国边境民族教育具有区别于其他地区教育的特殊性加上青少年群体不能自发产生国家认同感的事实，针对边境教育特殊性的需要，加强国家认同教育成为维护我国边境稳定促进多民族团结和多元文化协调发展的关键。[52]

有研究者翻译并介绍了美国教育人类学家安东尼·伯顿的青少年人类学研究。他的研究基于如下两个目的：提出一些重要的问题，并且简要地勾勒出青少年人类学的概念范围。通过对学校民族志、观察方法、课程开发和土著居民的学校教育这一类主题的分析，进一步探讨教育人类学是否在日渐收缩范围和走向专门化等问题。[53]

也有研究者以美国肯定性行动为例，探讨了西方教育领域的种族或族群优惠政策的借鉴意义。美国经验说明，在各族群之间差距较大的情况下，政府可以使用带有种族或族群意识的政策进行干预，但是随着差距的缩小，这类政策必将成为过去。在政策的实施过程中，政府需要把握好尺度，以免造成反向歧视和“污名化”问题。此外，肯定性行动现阶段所遭遇到的困境说明两点：一是任何一项种族或族群优惠政策，从逐渐弱化到最终取消，都需要经历较长的过渡阶段；二是政策的定位不能只是停留在高等教育入学阶段，解决各族群在基础教育阶段的差距，才是问题的关键所在。[54]

（六）生态人类学研究

生态治理工程的演变与土地承包制度的变化紧密关联，其中国家、社区、家户多个行动主体的资源利用方式利益分配格局也随之改变。有研究者以内蒙古东部科尔沁沙地的一个半农半牧嘎查的植树造林工程为研究个案，对20世纪90年代中期以来各项生态治理工程的实施机制及其演变过程进行了描述和分析。在生态治理工程中，国家力量越来越直接地作用于农户，而嘎查这一社区层次行动主体的作用则呈现明显弱化的态势。[55]

除了不同文化之间的接触交流与融合外，生态环境和生活条件改变对塑造民族文化多元性同样产生着深刻影响。有研究者分析认为，上述影响在婚姻文化中表现尤为明显。大理西罗坪山白族在数百年前从坝区迁徙到山区后，生存环境变动引起生产生活方式急剧变化，为更好地适应当地环境，出现了“一夫一妻”与“婚外偶居”并存的婚姻家庭形态，从这个过程中可以看出特殊婚姻家庭形态与特定生态环境下形成的生存发展模式之间的相互适应。[56]

中国是一个陆海兼具、生态环境多样的国家，海洋是中华民族生存、发展的重要环境之一。有研究者认为，东南沿海地区的社会发展充分地利用了海洋环境与海洋资源，其经济、社会和文化具有浓厚的海洋性特征，说明东南沿海社会发展与海洋环境的紧密关系。[57]

（七）艺术人类学研究

在艺术人类学研究方面，有研究者通过对中国云南花腰傣社会结构的展示以及对花腰傣“月亮姑娘”仪式的描述和分析检验了美国人类学家维克多·特纳的过渡仪式理论并用认知论的研究视角及信仰理论与其进行对话。[58]

作为多学科分析的一个焦点，表演是艺术性的、反思性的、表演性的、传统的及呈现中的。有研究者认为，具有不同学术谱系的表演研究正在趋于融合，表演研究的任务就是理解表演与日常生活之间的区别，阐释这些区别在社会生活中的形式意义与功能。[59]

这里所说的“知识共享伙伴”，是指介入非物质文化遗产保护和研究工作时各相关主体或各“利益相关方”（联合国教科文组织专用术语）在知识上形成的共享关系。而这里所说的“知识”，包括地方性知识和分析性知识（借用阿兰·邓迪斯的概念术语）。“民族志立场”，则特指学者和文化保护工作者在从事非物质文化遗产项目的研究时，应当具有的基本态度，就是：立足民众，立足社区，立足传统，充分尊重遗产拥有者的文化自主权及其传统知识谱系的内涵、功能和整体性而形成尽可能科学和客观的记录、描述、叙事和阐释，同时涉及民族志的田野、方法、理论和文本呈现等具体的操作层面。这样的立场，应该讲，也是对一种工作原则、一种学术伦理的坚守。[60]

以自传式纪录片为载体的土著影像，是20世纪60年代由美国人类学者索尔·沃斯和约翰·阿代尔进行纳瓦霍人电影计划之后，在世界范围内蓬勃发展起来的土著文化自我表述和影像赋权。有研究者认为，土著族群自我表达自我呈现的影像民族志，根本性地改写了民族志电影作者与被拍摄对象之间的关系，在一定程度上消除了影像创作的文化殖民霸权，产生了更为深入具有丰富阐释价值的影像文本，在当代视觉人类学的发展过程中占有无可替代的重要地位。[61]

（八）应用人类学及其他

在文学人类学研究方面。中国政治社会文化在由前现代向现代转型过程中，“民族”观念得到刷新与重生，“少数民族文学”则作为对抗帝制时代的边缘底层与异质性因素得到张扬。在全球性的各种势力博弈之中，它在诞生的同时也就纳入国族叙事的话语之中。有研究者认为，中国各民族文学之间的关系必须放在具体的历史语境中，才能更清晰地剖析其各自独立又彼此交融的复杂情形。[62]

在医学人类学研究方面。自20世纪80年代初艾滋病在美国被发现认识后，逐步引起了美国人类学家们的关注和研究兴趣，这与美国医学人类学应用人类学等分支学科发展和跨学科边际交叉研究的兴起密切相关。持续性、传染性疾病事件遭遇时代背景下人类学学科视野的拓展，丰富了相关艾滋病问题的人类学研究成果，也彰显了人类学应用研究的学科价值。有研究者通过对美国学界近30年来关于艾滋病问题人类学研究发展与现状的梳理，讨论对我国艾滋病问题人类学研究的若干启示。[63]

七、世界民族研究

东北亚的各国彼此之间有着千丝万缕的历史联系，人类种群的密切关系以及民族互动文化彼此接触与有效交流的历史，自然拉近了区域内各国间的文化经济以及人员的频繁交流。在全球化的背景下，充分发挥东北亚地区丰富的文化资源和文化历史传统的作用，增进区域内族群/民族间彼此的接触和交流，增强跨国文化认同的感召力，构建东北亚文化经济共同体有着十分重要的理论和现实意义。有研究者针对全球化理论提出与之相反的地方性知识，以期在全球化场景中深层探讨在东北亚区域建构文化经济共同体的可能思路与发展趋向。[64]

在后苏联俄国重建历程中，民族主义是其重要推动力之一。有研究者指出，这种推动力同样延及到俄中关系领域：俄罗斯民族主义之于当代俄国对中国的认知、态度、情感、评价等，远不是临时的情绪表达，而是有着历史根据和理论基础的自觉行为，包括大众媒介关于中国形象塑造、知识界关于汉学研究、政界关于俄中双边关系的理解和处理等。这些行为既不能为中俄战略协作伙伴关系所限定，又在文化结构和精神深处导致俄国人折损中国所期待的中俄全面战略协作伙伴关系的效力。[65]

作为俄罗斯民族学领军人物的瓦·阿·季什科夫提出了公民民族及其认同观点，旨在保障各民族权益与地位的同时，在人们的思想中构建一个统一的俄罗斯民族认同观，形成全体俄罗斯人民共同的民族意识。有研究者认为，季什科夫的观点经过近20年的发展逐渐成为俄罗斯政界学界乃至社会民众普遍接受的新的民族观，为维护国家完整，改善民族关系起到了积极的作用。[66]

玻利维亚的印第安人占全国人口的60%，共有36个印第安民族，人数最多的是克丘亚人和艾马拉人。长期以来，玻利维亚的印第安人受尽新老殖民者的剥削和压迫，处在社会的最底层，50%的印第安人处在极端贫困状态，而掌握土地和矿产资源的几乎都是白人或印欧混血种人。经过不懈的斗争，2006年初，印第安艾马拉人埃沃·莫拉莱斯出任总统，成为玻利维亚历史上首位印第安人总统。有研究者指出，莫拉莱斯执政后，制定并通过了新宪法，确定玻利维亚是社群性的多民族权利社会的统一国家，玻利维亚议会决定将国名由玻利维亚共和国改为多民族玻利维亚国，强调玻利维亚多民族国家的性质。莫拉莱斯政府通过推行一系列法规和政策措施，从根本上调整和改变了玻利维亚的民族关系，使印第安人的处境有了明显改善。[67]

澳大利亚联邦是一个移民国家，民族成分繁杂，其民族政策也经历了一段漫长的嬗变过程：从过去奉行白澳政策的极端民族主义政策演化到目前的多元文化共存政策，这是历史的必然选择。有研究者从历史发展的纵向角度对其政策进行逐一归纳分析，弄清其嬗变的内因和外因，旨在对我国的民族理论与民族政策研究起到一定的启迪与借鉴作用。[68]

美国是世界上最大最典型的移民之国，其族裔人口构成和族际关系状况极为复杂且处于持续变化的过程中。有研究者分类阐释了近10年来美国族际冲突中的典型事件，重点关注美国如何通过多样化的应对机制来化解族裔矛盾和处理族际冲突，并进一步探讨美国解决此类问题的多条思路与多种办法，对于我国处理民族间的矛盾与摩擦有何借鉴意义。[69]

八、重要学术会议、学术交流活动

为了充分展示中国人类学民族学界近几年来的新成果，为全国人类学民族学研究领域的研究机构与专家学者集中提供一个学术交流平台，促进国内人类学民族学研究资源整合，提升中国人类学民族学研究整体水平，中国人类学民族学研究会2012年年会于2012年9月21—25日在西北民族大学召开。此次年会以专题会议的形式进行学术研讨，共分跨境民族研究、法律人类学、文学与人类学、应用人类学与工商人类学等23个专题会议。

2012年11月9—10日，第二届亚洲人类学民族学论坛在北京召开。会议由中国社会科学院民族学与人类学研究所、中央民族大学世界民族学人类学研究中心、中国民族学学会联合主办。与会学者围绕本次论坛的主题：资源环境与人类社会。就资源环境与人类生存、地理环境与人类文化多样性、资源开发与社会发展、生态文明与人类可持续发展、亚洲环境问题与文化生态个案研究、亚洲人类学民族学前沿理论与分支学科发展等具体议题展开讨论。

2012年5月19—20日，由中国社会科学院民族学与人类学研究所民族研究编辑部与西南民族大学共同主办的“第五届中国民族研究西南论坛：田野历史与理论学术研讨会”在成都隆重召开。会议就如下议题加以讨论：学科理论方法及其反思、民族政策历史与现实问题的研究、传统文化与族群认同的研究、区域族别经济社会与历史文化的研究等。此次论坛探讨了民族学和人类学的田野调查方法历史反思与理论创新等问题，对推动和深化我国的民族研究，尤其是西南民族研究具有重要的理论和现实意义。

中央民族大学教育学院暨中央民族大学“985”工程中国少数民族教育研究创新基地于2012年9月召开了“全球化背景下的多元文化教育国际研讨会”。与会专家就多元文化教育理念、人性图景等理论层面和多元文化教育政策制定和实施等实践层面做了交流，对我国民族教育体系的建立和完善提出了建议。

注：

①杨圣敏：《民族学是什么?》，《新疆师范大学学报》，2012年第1期。

②杨圣敏：《当前民族学人类学研究中的几个问题》，《广西民族大学学报》，2012年第1期。

③王建民：《与社会学结缘的中国人类学——基于20世纪前半期的学科史讨论》，《中南民族大学学报》，2012年第6期。

④高丙中：《关于文化生态失衡与文化生态建设的思考》，《云南师范大学学报》，2012年第1期。

⑤张曦：《藏羌彝走廊的研究路径》，《西北民族研究》，2012年第3期。

⑥罗红光：《常人民族志——利他行动的道德分析》，《世界民族》，2012年第5期。

⑦王铭铭：《文明、“超社会体系”与中国》，《西北民族研究》，2012年第4期。

⑧刘珩：《民族志诗性：论“自我”维度的人类学理论实践》，《民族研究》，2012年第4期。

⑨马戎：《中国的民族问题与20世纪50年代的民族识别》，《西北民族研究》，2012年第3期。

⑩赵旭东：《一体多元的族群关系论要——基于费孝通“中华民族多元一体格局”构想的再思考》，《社会科学》，2012年第4期。

⑪李乔杨：《新时期解决民族问题路径刍议》，《民族论坛》，2012年第12期。

⑫雷勇：《西方中心主义视野下的中国民族识别——以白荷婷的〈创造壮族：中国的族群政治〉为中心》，《广西民族研究》，2012年第4期。

⑬卢露：《壮族分类体系与认同变迁的再思考——兼评〈创造壮族：中国的族群政治〉》，《西北民族研究》，2012年第2期。

⑭李风华：《市场经济与民族国家：对斯大林民族形成条件理论的修正》，《广西民族研究》，2012年第4期。

⑮王瑜卿：《马克思的民族文化观及其当代意义》，《世界民族》，2012年第3期。

⑯江玲宝：《“国族”而非“族群”——试论民族自决权的适用主体》，《世界民族》，2012年第6期。

⑰谢胜君：《“第二代民族政策”说引起的学术

争论及社会影响》，《民族论坛》，2012 年第 12 期。

⑱张治江：《20 年来中国近代民族主义研究及启示》，《安徽史学》，2012 年第 6 期。

⑲严庆：《民族民族国家及其建构》，《广西民族研究》，2012 年第 2 期。

⑳杜亮、马力克·阿不力孜：《中国（维吾尔族）人：维吾尔族初中学生的民族认同初探》，《湖南师范大学教育科学学报》，2012 年第 3 期。

㉑高兵：《民族刻板印象威胁效应》，《心理科学进展》，2012 年第 8 期。

㉒连菊霞：《新中国成立以来回汉通婚的发展变迁及研究述评》，《学术交流》，2012 年第 4 期。

㉓才凤伟、刘彤：《意识控制与记忆建构——大众媒介对民族意识和民族认同影响分析》，《广西民族研究》，2012 年第 4 期。

㉔于春洋、贺金瑞：《论民族政治学视野中的民族国家》，《贵州民族研究》，2012 年第 6 期。

㉕赵旭东：《适应性族群迁徙与现代的文化认同》，《广西民族大学学报》，2012 年第 3 期。

㉖孙嫱、王向然、朱娜、殷继明、杨圣敏：《新疆少数民族大学生就业问题的调查与分析》，《西北民族研究》，2012 年第 4 期。

㉗马戎、旦增伦珠：《2008 年夏季拉萨、日喀则、泽当三城市流动人口问卷调查结果分析综述》，《中国藏学》，2012 年第 3 期。

㉘李健：《人口流动、族群结构与族际关系——关于西藏山南地区泽当镇的实地调查研究》，《中国藏学》，2012 年第 2 期。

㉙王建民：《扶贫开发与少数民族文化——以少数民族主体性讨论为核心》，《民族研究》，2012 年第 3 期。

㉚杨筑慧：《清末民初对西双版纳的开发》，《云南民族大学学报》，2012 年第 6 期。

㉛苏发祥、才贝：《论藏族牧民定居化模式及其特点——以甘肃省玛曲县青海省果洛州为个案》，《中南民族大学学报》，2012 年第 4 期。

㉜张丽君、吴俊瑶：《阿拉善盟生态移民后续产业发展现状与对策研究》，《民族研究》，2012 年第 2 期。

㉝张曦：《藏羌彝走廊与"毒药猫"》，《阿坝师范高等专科学校学报》，2012 年第 4 期。

㉞杨晓纯：《拉萨世居穆斯林节日中的藏族文化元素——以开斋节为例》，《中国藏学》，2012 年第 4 期。

㉟奇文瑛：《论明初卫所制度下归附人的安置与任用》，《民族研究》，2012 年第 6 期。

㊱雷勇：《社会历史、宗教生活与族群身份的建构——以黔西北穿青人为例》，《青海民族研究》，2012 年第 4 期。

㊲苏发祥：《〈喜马拉雅山的佛教村庄——拉达克桑斯噶尔地方的环境、资源、社会与宗教生活〉介绍》，《西藏民族学院学报》，2012 年第 2 期。

㊳高丙中：《"公民社会"概念与中国现实》，《思想战线》，2012 年第 1 期。

㊴高丙中、夏循祥：《作为当代社团的家族组织——公民社会的视角》，《北京大学学报》，2012 年第 4 期。

㊵祁进玉、何润润、何清颖、付越：《土族婚姻与家庭生活变迁调查——以青海省互助土族自治县土观村为个案》，《青海民族大学学报》，2012 年第 3 期；祁进玉、何薇、宗洋、马迪、马小霞：《土族通婚圈的实地调查与分析——以大庄村为个案》，《青海民族大学学报》，2012 年第 1 期。

㊶张小军：《"文治复兴"与礼制变革——祠堂之制和祖先之礼的个案研究》，《清华大学学报》，2012 年第 2 期。

㊷张亚辉：《没有围墙的城市——关于承德地景的历史人类学研究》，《民族学刊》，2012 年第 2 期。

㊸张曦：《乾隆朝金川之役原因背景浅析》，《四川民族学院学报》，2012 年第 5 期。

㊹托玛索·泼罗瓦朵：《中国边疆史之"边缘社会"的管辖范围问题——以匈奴模型为例来探讨中原文化如何看待西北边疆地区的民族》，《青海民族研究》，2012 年第 2 期。

㊺张曦：《人类学·民族学田野工作中的调查地语言学习》，《民族教育研究》，2012 年第 3 期。

㊻秦广强、陈志光：《语言与流动人口的城市融入》，《山东师范大学学报》，2012 年第 6 期。

㊼吴瑞林、王莉、朝格巴依尔：《少数民族双语教育影响因素的分析与测量》，《黑龙江民族丛刊》，2012 年第 5 期。

㊽张红艳、郝路军：《管窥新疆少数民族双语教育发展成效》，《新疆教育学院学报》，2012 年第 1 期。

㊾周少青：《多元文化主义视阈下的少数民族权利问题》，《民族研究》，2012 年第 1 期。

㊿陆平辉、张婷婷：《流动少数民族社会融入的权利逻辑》、《贵州民族研究》，2012 年第 5 期。

51侯猛：《迈向以当事人为中心的法院研究——司法活动中人类学方法的运用》，《学习与探索》，2012 年第 10 期。

52苏德、王渊博：《国家认同教育：云南省边境教育发展的战略选择》，《民族教育研究》，2012 年第 5 期。

53［美］安东尼·伯顿著，白美妃、祁进玉译：《教育人类学与青少年人类学研究》，《青海师范大学学报》，2012 年第 3 期。

54王凡妹：《西方教育领域的种族或族群优惠政

策对于我国的借鉴意义——以美国肯定性行动为例》，《西北民族研究》，2012年第2期。

(55)王清：《从“万亩林”到“承包林”——生态治理工程演变的社会机制》，《内蒙古工业大学学报》，2012年第2期。

(56)吴瑛：《大理西罗坪山白族传统婚姻与家庭的文化生态阐释》，《云南社会科学》，2012年第1期。

(57)曾少聪：《生态人类学视角下东南地区的海洋环境与沿海社会》，《云南社会科学》，2012年第5期。

(58)吴乔：《社会结构与过渡仪式——以花腰傣社会及其“月亮姑娘”仪式为例对特纳理论的检验》，《民族研究》，2012年第6期。

(59)王杰文：《“表演”与“表演研究”的混杂谱系》，《世界民族》，2012年第4期。

(60)朝戈金：《知识共享伙伴：非物质文化遗产保护中的民族志立场》，《西北民族研究》，2012年第1期。

(61)朱靖江：《“土著影像”与后殖民时代的影像民族志》，《世界民族》，2012年第4期。

(62)刘大先：《现代民族转型与少数民族文学的诞生》，《重庆师范大学学报》，2012年第5期。

(63)张宁、李亚琼：《美国学界相关艾滋病问题人类学研究的发展与现状及启示》，《中共南京市委党校学报》，2012年第6期。

(64)祁进玉：《东北亚文化经济共同体的构想路径与展望》，《世界民族》，2012年第3期。

(65)林精华：《陌生的邻居——后苏联时期俄国民族主义潮流下的中俄关系》，《俄罗斯研究》，2012年第4期。

(66)臧颖：《瓦·阿·季什科夫与俄罗斯公民民族认同观及社会现实反应》，《黑龙江民族丛刊》，2012年第2期。

(67)徐世澄：《玻利维亚的民族关系与民族政策》，《世界民族》，2012年第6期。

(68)熊坤新、李乔杨、胡琦：《澳大利亚民族政策的嬗变及对我国民族政策的启示》，《民族论坛》，2012年第5期。

(69)施琳、马迎雪：《试论当前美国的族裔冲突及其多样化应对机制》，《世界民族》，2012年第5期。

（作者：杨圣敏，中央民族大学教授；
祁进玉，中央民族大学副教授）

教 育 学

教 育 学

劳凯声　张瑞芳　秦朝军　张晓雯　王　志

一、教育学学科性质与教育研究方法

1. 有关教育学学科性质的研究

教育学的学科性质问题一直是教育基本理论研究者的关注点，2012年学者的研究可以分为以下几个层面。

一是认同教育学的科学性，进一步探讨教育学的具体性质。针对“教育学属于人文科学”[1]的观点，有学者对教育学学科归属的历史争议进行了考察与分析，认为：“教育学无法直接地归入人文科学或社会科学，因为它确实具有这双重属性。事实上，教育学的属性是多重的，它还有许多无法归入人文科学或社会科学的属性。”通过进一步考察教育学属性的两个维度，分析当前教育社会化与教育功利化趋向，该学者认为，“教育学是一门综合科学”。[2]

二是有学者提出教育学的“玄学维度”。[3]该学者虽然没有明确否认教育学的科学纬度，但他认为“玄学”是“与科学对举的一门学问”。该学者论述了教育科学研究与教育玄学研究在研究对象、研究问题、研究程序、研究方式上存在的差异，从而认为，“教育的内在空间是科学所无法、无力达至的领地，教育最终要实现的是心、性的转化和提升，要达成内在领悟、道德智慧、默观洞见、诠释知识、内省感知、美感表现，这些方面不能完全靠科学化的路径，而是要从‘玄’门进入”。

三是对于“教育学”与“教育科学”的研究。与上述视角不同，本年度有学者对“教育学”与“教育科学”进行了研究。但值得注意的是，虽然都用了“教育学”与“教育科学”的概念，但学者所指并不一样。有学者从比较的视角对德国“教育学—教学论”范式与美国“教育科学—课程论”范式进行了研究，比较了两大范式的差异、差异的产生原因以及对中国教育的影响。[4]该学者认为，教育学是从原理出发，用原理来分析现象的，注重从整体上把握教育现象和问题；而教育科学则是从研究具

体教育现象和教育问题出发的，虽然结构非常宏大，但缺乏对教育现象和问题的整体把握。还有学者则认为“教育学”研究的是“与价值有涉”的教育问题，而“教育科学”研究的是“与价值无涉”的教育问题，且提出了区分“教育学”与“教育科学”的必要性。[5]该学者认为，“教育科学”与“教育学”在研究对象、研究目的、语言表述方式、研究范式等方面存在明显区别，不加以区分会使研究中出现各种各样的问题。

以上三个层面反映的还是对教育学学科性质、特点的不同认识，学者对此持有不同的观点，但却有一个清晰的趋势，就是学者们均强调教育学的研究要更加重视对于“人”的关注，对教育实践问题的关注。这一趋势也表现在本年对于“教育与生活”“教育学人性假设”等相关探讨中[6]，同时也体现在对教育研究方法的新认识、新探索，以及多元方法的引入上。

2. 有关教育研究方法的研究

2012年，在教育研究视角或价值立场方面，有学者针对教育政策提出“民生”的视角。[7]“民生视角的教育政策研究渗透着人本思想和人文关怀，把承认和增强民众的利益作为理解和解决教育问题的出发点和落脚点，强调倾听基层民意、兼顾不同利益、协调平等与效率、沟通官方与民间”，这一视角其实也适用于其他教育研究领域。而学者关于教育研究中的“历史意识”的阐释，展示了注重研究者对教育当下、过去与未来的整体认识。他认为，“历史意识就是人们的当下自我意识，过去、现在和未来以共时态的功能性联系呈现其中”。[8]有学者探讨了教育研究的表达方式，注意到了我国教育研究中“以叙事研究为代表的文学性表达倾向”，并认为，“这种倾向的兴起，与基于思辨和精确量化的科学表达的困境有关，因为它试图挣脱教育学的概念框架与理论谱系的束缚，直接把教育研究指向教育活动的现场与个体的切身体验”。[9]此外，有学者探讨了人类学研究范式对于我国教育研究的启示[10]，还有学者探讨教育研究中的经验研究[11]，有学者通过考察教育刊物《现象学+教育学》来考察现象学对教育研究的影响[12]，等等。这些研究展现了教育研究方法论在新的历史环境中的新发展以及具体研究方法的多元化。

二、进入“深水区”的教育改革的路径选择研究

刘延东同志在2012年全国教育工作会议上的讲话中指出，“改革已进入攻坚期、步入‘深水区’，能否形成继续推进改革的强大思想动力和实践动力，决定着新一轮改革深度和进度”。[13]本年度学者对于教育改革给予了高度关注，除了对各个领域（教育体制、学校制度、课程等）、各个层级（高等教育、中等教育、基础教育、学前教育等）改革的讨论与研究，学者对于改革的关注主要集中于教育改革模式和当前教育改革路径的选择。从整体上来说，学者们通过考察我国教育改革既有的模式类型，对新的历史时期的教育改革提出了建议，普遍重视多元主体的参与、注重自下而上的改革方式、注重改革中对于个人的关注。

例如，有学者认为，我国的教育改革应当由“作为政治—经济改革的教育改革”转型到“作为社会—文化改革的教育改革”。[14]“作为政治—经济改革的教育改革”，是指新中国成立之后前30年间的重大教育改革多由政治统领，后30年间的重大教育改革则常以经济主导，其间更有政治、经济双重取向的改革。“作为社会—文化改革的教育改革”是随着我国进入社会改革阶段的教育改革的必要选择。该学者认为，在教育改革的转型中，改革决策要稳健执中，在集权与放权、公平与效率、数量与质量等几对重大主题上克服偏重一端的倾向，把握动态平衡；还需要辨正理顺涉及改革目的的改革和发展、涉及改革手段的改革和革命、涉及改革合力的政策（文本）和实施等几组主要的改革关系。

有学者认为，一场实质性的教育改革，是教育范式的转变，包括社会文化价值、教育体制机制的整体性转型。它是以理论创新、文化更新为先导的。为此，需要深入的社会动员和广泛的公众参与，凝聚改革共识，探索知识经济和网络时代知识生产和社会创新的新特征，重视自下而上的改革。就当前我国的教育改革来说，该学者认为，需要进一步落实和放大“自上而下与自下而上相结合”的新机制，通过改善政府治理，简政放权，激励地方和基层创新，培育学习型个人和学习型组织，形成上下结合、多方合力的新局面，推动教育范式的整体改变。[15]

有学者认为，不断进行改革探索，已经是现代教育发展的突出特征和重要机制，且在实践的基础上已形成了教育改革哲学，即关注：教育改革的实质是什么？教育改革追求什么价值目标，遵循何种价值规范？教育改革的基本机制和行动策略有哪些？[16]该学者认为，教育改革应走稳健的路线，采取温和、渐进和自我完善的方式来变革现实，更多把改革理解为一个主要是调整、修正、充实、完善和提高的波浪式前进的量变过程，而不应是我国基础教育界流行的激进革命论调。

有学者从社会理论的角度就教育改革成功的基础提出了自己的看法，认为教育改革的成功取决于三个基本条件：一是促进所有学生的发展，这是教育改革道德正当性的来源；二是对积极支持并参与教育改革者予以合理的利益回报，这是教育改革社会合法性的前提；三是采取民主的推进方式，这是教育改革过程有效性的保证。[17]

此外，有学者提出了我国基础教育改革的“政策规划型主体”、“理论建构型主体”、“实践突破型主体”、“商业炒作型主体”和“社会公益型主体”的五种形态。[18]有学者探讨了教育改革中的“地方”因素，认为教育改革在“地方”层面的生存与生产，可能影响或改变整个教育改革的预先设计、实际进程和阶段性结局，应当关注“地方”在教育改革中的重要作用与行为。[19]

三、义务教育均衡发展研究

1. 当前义务教育均衡发展的主要问题

有学者认为，我国义务教育发展区域非均衡状况主要表现在以下三方面。第一，东部地区多种发展水平共存，先进与落后、富裕与贫困、国际化与本土化之间既冲突又融合，区域“内差异”凸显。第二，以农业文明为主导的中部地区，教育基础条件薄弱，教育投入区域分配不均衡，“普九”欠债严重，强势的应试导向加剧着这种不均衡。第三，经济欠发达的西部地区，存在着多民族文化的交融与冲突，高密度的国际援助在促进教育发展的同时，也使理想与现实、观念与行动之间的落差加大。[20]

有学者调查显示，我国各地区城乡中小学，一类学校和三类学校的生均经费和生均预算内经费的差距很大。择校差异明显，择校率城市高于农村。[21]西部县域各学校间办学水平和教育质量等方面差距显著。[22]造成这种状况的主要因素有：教育优先发展的战略地位未得到进一步确立；历史“欠账”多；财力薄弱，经费投入有限；教师整体素质偏低。[23]也有学者利用德尔菲法，对35位专家进行三轮咨询分析后提出，影响区域义务教育均衡发展的关键因素是教育经费、教育者和教育政策。[24]

2. 解决义务教育均衡发展的途径

为实现义务教育的均衡发展，有学者提出，教育行政部门要保障经费投入的均衡合理；要提升教育者的教育情怀与专业素养，引领他们从均衡的视角考量课程，分析课程与实施课程；完善教育政策的制定与执行，坚持均衡取向的政策伦理观，遵循整体平等的原则，综合运用同一尺度与多元尺度。[25]

针对教育总体上比较落后的地区，有学者指出，应通过政策倾斜提高困难地区、困难学校、困难群体的发展水平，继续加大扶贫力度。这是义务教育均衡发展的关键。[26]学者也注意到了实践中取得的经验。例如，河北涉县鹿头中学历经4年多山区农村义务教育均衡发展，已初步探索出一种有效的模式——学区建设模式。学区内建立了“学区教育委员会—学区研训室—学校教研组”三级教研机构。各校教研组按年级组设立学区备课组，开展和落实形式多样的教研活动。[27]

3. 义务教育走向优质均衡发展

优质均衡发展是义务教育适应教育生态的转变、对教育现代性的追求以及解决自身发展问题的一种选择，学校努力实现公共性与个性化的教育资源互补。[28]

有学者提出，在逐步实现资源均衡后，义务教育均衡发展的重点必须转向教育质量的提升。教育质量提升的关键在于实现学校的转型变革与自主发展，它需要以特色学校建设为抓手，以学校教育教学改革为支撑，转变资源均衡阶段学校外延式、依附性和同质化的发展模式。[29]教育优质均衡发展需要多样化的教育，建设适合学生的多样化基础教育体系，除了制度、课程、教学和评价等方面的改革，还包括实施择校制度、建立弹性化课程结构、实施差异性教学和多元发展性评价等。[30]还有学者提出提高教育质量均衡应把重心转移到教育系统运行的四大载体：学校、课程、学生、教师。学校变革的主要任务是对学校组织的关键要素及其相互关系构成的整体结构加以重组和优化，实现“转型性变革”；课程改革要不断提高学校教育活动对个性发展需求满足的效能与适应程度。校本课程要体现课程对学校和学生的适应性；学生发展要注重适切性和自由发展，差异性均衡对于个体来讲才是公平的，才能真正满足学生的需要，教育行政部门应当按照个性特点适当配置学校教育资源；教师发展方面，学校要制订切实可行的教师个人专业发展规划，各地要充分发挥名师的引领与带动作用，并促使城镇骨干教师与农村教师的教学教研交流。[31]

有学者总结了教育质量提高的途径：一是充分发挥教研系统的研究、指导和服务功能，灵活运用区域教研、联片教研、网络教研等多种形式，组织教师参与教研活动，增强教学研究的针对性和实效性。二是以乡镇、街道中心校、示范校为中心，以集体备课、合作交流为形式，充分发挥骨干教师、学科带头人的专业引领作用，组织农村教师进行现场观摩，引导基层教师不断改进教学行为。三是组织地方科研院所和高等学校研究人员，深入基层学校进行教育教学改革研究，探索课程开发、管理创新和教育教学新模式，在超越学科层面上探索提高教育质量的有效途径。四是建立省级“义务教育教学指导委员会”和“学科教学指导委员会”。[32]

四、教师培养模式创新与教师专业化发展研究

社会的发展和教育的改革需要更高水平的教师，全面提高教师培养水平，建设高水平教师队伍成为时代必然。2012年，以“育人为本”“实践取向”“终身学习”为基本理念，创新教师培养模式，提高教师专业能力，构建实践取向的教师教育课程体系成为学者们关注的焦点。

1. 创新教师培养模式

教师教育培养体系逐渐从封闭走向开放，从单一走向多元，传统师范院校的教师培养模式面临诸

多竞争和压力。"2+2""3+1""4+2"等教师培养模式由于学校内部体制机制的制约也渐渐归于沉寂[33]，探索新的教师培养模式成为师范院校转型升级的必然。

面对传统的教师培养模式存在的教师目标定位偏低、课程体系陈旧、培养体系封闭、教学方法落后等弊端，有学者以免费师范生政策为契机，提出以未来教育家为根本导向的新的人才培养目标定位，构建以实践化为取向的课程体系，重构立体化、开放式的育人环境，创建现代信息化教师培养平台，"一体三化"的新的教师培养模式，提升了师范生的整体素质，取得良好效果。[34]

还有学者认为新一代的师范生成长于"全媒体"时代，信息技术的持续发展为新型师范生个性化教学模式的构建提供了有力的技术支撑。以全媒体为中心，以协同创新为基本方法，以学习科学为理论基石，以信息技术为支撑手段，将校园课程的学习和现场经验的习得结合在一起；以媒介形态的多元化，传播通道的融合性与接收终端的多样性为导向建设数字化学习空间，最终构建以学习者为中心，专业可持续发展为导向，以"教育家型教师培养"为归宿的新型师范生培养模式。[35]

另有学者介绍了美国城市教师驻校培养模式，认为这一新的教师教育培养模式面向社会开放，注重大学、社区与社会三方的共同合作；注重教师职前职后一体化的培养；培养体系兼具协同性与网络化特色，集理论性与实践性一体。这一模式是我国教师教育培养模式改革的一面镜子。[36]

2. 提高教师专业能力

由知识型教师向能力型教师转变是教师培养的趋势。[37]有学者认为，教育研究能力是教师专业化发展的必然选择。教师的教育研究能力表征为实践反思基础上的问题意识、理性认知基础上的问题分析、系统逻辑框架下的问题解决。以专业为准、学养为基、研究为核、内化提升教师教育研究能力是教师教育创新模式的未来方向。[38]也有学者认为，教师专业实践能力注重经验和理论的结合，知识和行为的统一，其本质是反思性实践，具有经验性、情境性、发展性、价值性等特征。因此，培养教师专业实践能力是教师教育改革的时代需求。[39]还有学者认为，德育是教师教育中的一个重要维度，构建教师专业品质需要教师德育的专业化。教师德育专业化其内涵包括专业伦理和专业知识，过程包括专业的整体发展和教师个体德育专业化，其实现需要政府、大学、中小学和教师共同努力。[40]

另有学者认为，教师专业化的提法体现出工具主义和功利主义的倾向，解构了教师对正义、知识、精神自由等的信仰，教师成为"无我"的"实干家"和"执行者"。[41]在教师专业化发展过程中要避免技术主义倾向和知行断裂的行为，注重教师专业伦理的培养。[42]

3. 建构实践取向的教师教育课程体系

2011年教育部颁布《关于大力推进教师教育课程改革的意见》，提出构建符合素质教育要求的教师教育课程体系，这使得教师教育的理论取向的课程体系逐渐向实践取向的课程体系转向。

有学者认为，教师专业化发展的核心是专业化的教师教育课程体系，实践导向的教师教育课程体系改革是专业化教师教育的实现途径。[43]传统的教师教育课程体系以学术理性为取向，理论高于实践，造成理论与实践的脱节。实践取向的课程体系在课程目标设计、学习者的角色、内容以及实施方面都有其独特内涵，重构了理论与实践、经验与反思、教师教育机构与中小学校的关系。[44]

也有学者建议，应依据"育人为本、实践取向、终身学习"的设计理念和"顶层优先、系统建构、体用一致性"的设计原则，对教师教育课程平台进行顶层设计，构建与基础教育改革相沟通的立体交错，相互贯通、开放的课程体系。通过通识教育课程、学科专业教育课程、教师专业教育课程三大学习领域的顶层设计，培养能够适应并引领基础教育改革的专业化教师。[45]

五、高等教育研究

1. 大学章程

2010年教育部要求北京大学等26所部属高校"推动建立健全大学章程，完善高等学校内部治理结构"，各大学陆续开始了章程的制定工作，但章程建设的许多课题有待深入研究。

大学章程是指大学最高权力机构，依据国家法律法规、尊重大学组织特性、遵守行政法规制定程序，制定出来的上承国家法律法规下启内部各项规章制度的大学最高纲领。[46]大学章程是现代大学制度的主要载体，是大学办学与管理的"宪法"，是校内各项具体规章制度的"纲领"和"顶层设计"。[47]

有学者提出我国大学章程建设面临着社会的三大转型：由计划经济体系向市场经济体系转型；由集权管理体制向分权管理体制转型；由大学的行政化运作向去行政化转型。[48]也有学者总结了大学章程制定面临着现代大学制度的四种取向：起源与本质的历史学取向——大学自治、学术自由、教授治校；理念与精神的文化学取向——维护大学精神，保障大学的文化地位，协调大学与外部的价值冲突；组织与制度的管理学取向——大学的有效管理有赖于规范的组织建设和一系列巧妙安排的制度；法治与权力的法理学取向——学术权力与行政权力，主要涉及监事会、董事会、理事会或大学章程的建设。[49]

从大学治理的视角，有学者提出制定大学章程问题的关键在于保障大学的独立法人地位，依照大学自治和学术自由的原则来制定大学宪章，进而依照大学章程来治理大学。大学章程是大学治理的基本法律依据，要解决的是大学权力来源的问题。[50]也有学者提出由教授治校的理念走向共同治理。共同治理涵盖了所有的正式制度和规则，同时也包含各种非正式的制度安排。大学共同治理的实质是“大学内外利益相关者参与大学重大事务决策的结构和过程”，形式上体现为一种对大学进行管理和控制的体系，实质是大学决策权力的制度安排问题，既表现为大学内部权力的分配、协调与行使的制度，也表现为大学与外部利益相关群体相互作用的规则。[51]

还有学者提出要尊重大学的组织特性，中国当前的大学治理结构是“党委领导、校长负责、教授治学、民主管理”，这一治理结构基本反映了大学组织的学术性和资源依赖性。但是，这一治理结构只是提供了一个没有具体运作规定体系的制度框架，当务之急是为这一治理结构创设运作机制，各大学可以根据自己的特点进行完善。[52]

2. “2011计划”

“2011计划”是在总结吸收传统产学研的经验基础上，继“985工程”“211工程”后的高级形式。

“2011计划”整体上贯穿了一个根本出发点、一项核心任务、四类协同创新模式和八个方面机制改革的思路，即以“国家急需、世界一流”为根本出发点；以人才、学科、科研三位一体创新能力提升为核心任务；以协同创新中心为载体，构建以面向科学前沿、行业产业、区域发展以及文化传承创新为重要需求的四类协同创新模式，推进校校、校所、校企、校地及国际间的深度融合；通过大力推进高校协同创新组织管理、人事制度、人才培养、人员考评、科研模式、资源配置方式、国际合作以及创新文化建设等八个方面的改革，推动实现三个转变：实现高校科学研究、人才培养等工作由学科导向转向以需求为主；实现创新组织管理由个体、封闭、分割方式，转向流动、开放、协同的机制；实现创新要素与资源由孤立、分散的制约转向汇聚、融合的方向，最终要实现高校创新发展方式的根本转变。[53]

有学者提出协同创新须避免同质化。协同创新不等于科研合作，大学之间的合作，其目标、任务以及所做的事情是一样的，这就需要大学之间认真考虑彼此的优势，并在合作中努力确保各自优势的最大发挥。在大学与研究机构、企业之间的合作中，要注意大学的价值导向和企业是完全不一样的，在科研成果的应用方面，大学的“腿”不宜伸得太长，否则会影响大学的价值导向，甚至影响大学育人的核心工作。要形成一个从基础探索研究到产品研发创新的新链条，除了政府的支持、机制的协同创新外，也需要学校本身做更多努力。[54]

六、学前教育研究

我国学前教育大致上形成了以“民办园为主、公办园为辅、多种力量办学”的办学格局，主要的问题还是“入园难”、“入园贵”和“入园差”。“三入问题”主要与管理体制、财政投入体制和师资质量有关。

1. 完善学前教育管理体制

有学者认为，在学前教育公共服务体系中，政府存在的主要问题是职能的缺位、越位与错位。“缺位”表现为将资源供给责任较多地转移给市场；“越位”表现为行政审批过多，服务指导太少；“错位”表现为“政出多门”，致使政府不能有效发挥监督作用。[55]目前实行的以“政府主导”的学前教育发展政策，对究竟如何发挥政府的主导作用、各级政府的具体职责及其管理权责的划分仍未明确。一些省份将“政府主导”等同于“政府办园”，弱化了政府在统筹规划、引导管理、队伍建设、质量提升和督导评估等方面的重要职责。[56]

有学者提出首先要从观念上正确认识学前教育显著的公益性，确实把学前教育纳入基础教育体系，从整体上规划我国学前教育的国家政策，改变政策制定的滞后性。[57]也有学者提出，可由政府引导成立专门的社区教育管理机构，并通过加大社区教育投入，依托社区教育项目吸引幼儿园参与。同时幼儿园也要发挥主体性，为社区、家庭提供服务，协助社区建立教育网络，增强社会力量对民办园的支持与监督，共同创造良好的外部环境。[58]

2. 学前教育财政投入体制

有学者认为，我国学前教育财政投入的主要现状是：与世界各国相比，占GDP百分比太低；与其他各级教育相比，占教育经费百分比偏低；生均经费及公共投入比例偏低。学前教育财政投入存在的主要问题有：财政投入总量少且不均衡；公办园的封闭性和学费双轨制导致新的社会不公；城市中心主义的财政投入格局进一步拉大城乡差距；过分依靠自由市场，同时又缺乏必要的监管和干预；财政投入机制缺少法律保障。[59]

对于占据半壁江山的民办园，有学者指出，财政投入集中投向公办园，可能导致对民办学前教育的“挤占效应”。[60]由于民办幼儿园几乎得不到任何财政补贴，办学成本全部由家庭负担。这就造成了中低收入家庭只能通过市场自发选择质量较低的幼儿园；高收入家庭则能够引导市场提供优质高价的教育服务。[61]针对民办幼儿园的现状，有学者从生态系统理论指出：从整体上着力破解微系统（家庭、管理部门、劳动力市场、社区）、宏系统（文化观念、法律政策）对民办园发展的制约作用；明确民办园的法人地位、明晰管理主体及其职责、推进人事制度改革并积极培育劳动力市场。[62]

有学者借鉴国外经验提出：政府可以实行向供方和需方并行投入的财政方式；有针对性地重点立法、重点投入，而非面面俱到或平均投入；保障贫困儿童、留守儿童、少数民族儿童、残疾儿童等弱势群体，促进教育公平。[63]也有学者提出对家庭经济困难的幼儿实施定额补助，将经费直接补给所在幼儿园，增强经费收入的目的性和针对性。[64]该学者还提出，实行公办幼儿园和补助其他幼儿园两种方式。进入公办幼儿园本身就享受了公共资源，不宜再享受政府提供的其他补助。进不了公办幼儿园的，政府应按家庭收入情况给予额度不等的补助。[65]

3. 提高学前教育师资培养质量

2012 年 2 月 10 日，教育部颁布《幼儿园教师专业标准》，标志着我国幼儿园教师队伍建设进入专业化发展阶段。标准突出了五个特点：对幼儿园教师的师德与专业态度提出了特别要求；要求幼儿园教师高度重视幼儿的生命与健康；充分体现幼儿园保教结合的基本特点；强调幼儿园教师必须具备的教育教学实践能力；重视幼儿园教师的反思与自主专业发展能力。[66]其中，对于“保教并重”，有学者提出“保教并重”是幼儿园教育的基本原则，体现着幼儿园教育的特殊性。保育工作是家庭养育功能的自然延续，对建立幼儿的归属感与安全感、师生间的亲密感有着积极的作用，是幼儿园实施生活教育的直接途径，有利于保障幼儿学会基本独立生活与日常生活交往。“保教并重”的基本原则应修正为“保育优先，教育其次；保育为重，教育为辅”。[67]

七、构建中国特色职业教育体系研究

当下的中国，在经历了 30 多年的快速发展之后，迫切需要破解发展难题，优化产业结构，转变经济发展方式，建设现代产业体系。职业教育服务于国民经济的科学发展，服务于现代产业体系建设，担负着为经济社会发展培养职业人才的重任。这就需要我们结合实际，面向需求，构建具有中国特色的、多元开放的职业教育体系。

1. 统筹城乡职业教育均衡发展

统筹城乡协调发展、推进城乡一体化建设是党和政府顺应经济社会发展而作出的重大战略决策。在推动城乡一体化建设过程中，职业教育凭借其经济与教育的双重属性和显著的区域性特征成为促进区域经济协调发展的有效桥梁，而职业教育自身的均衡发展也是时代教育改革的必然趋势。[68]

有学者认为，统筹城乡发展的重要基础在于农村人力资源的合理有效开发与利用。职业教育在提升农村劳动力素质，培养适应社会发展的新型农民方面具有独特的优势和作用。因此，要树立大职业教育观，统筹面向农村的职业教育；以需求为取向，合理配置城乡职业教育资源，形成良好的培养培训体系；进一步改革领导和管理体制，以地级市政府为统筹主体，辩证处理好办学、教育和管理等各方面的关系，实现职业教育在新形势下的科学发展。[69]

还有学者在实证调研区域职业教育发展状况的基础上认为，现阶段我国职业教育城乡统筹发展虽有一定的进步，但由于长期以来的城乡二元化困境以及由此引起的教育体制障碍，仍然存在着公平性缺失引发的职业教育机会的区域性失衡，支撑性不足引发的核心教育资源的匹配性失衡，协调性孱弱引发的职业教育结构的局部性失衡，水平性阻滞引发的人才培养质量的效力性失衡等问题。实现职业教育城乡均衡发展的关键在于彻底打破城乡分割、高职中职分裂、学校脱离行业的体制，重点在于为办学管理体制、投入配置机制、人事管理体制等提供统筹保障。[70]

2. 中等和高等职业教育的有效衔接

中等和高等职业教育的有效衔接是实现中等和高等职业教育协调发展的核心，也是建设现代职业教育体系的前提和基础。有学者认为，现行的中等和高等职业之间的对口升学考试、五年一贯制、自主招生、注册制入学等制度设计，均着眼于解决中职或高职的生源问题，并没有抓住问题的实质，具有明显局限性，治标不治本。实现中高等职业教育的科学衔接应从建立现代职业教育体系的高度重新认识、规划和设计中等与高等职业教育衔接的相关制度，拓宽中职和高职之间的通道，真正使二者相互融通。[71]

也有学者认为，中高等职业教育相互衔接的本质问题不在于如何推进局部办学实体之间的衔接，也不是如何使高职教育体现出相对于中职教育的高等性，而是建立中高等职业相互衔接的课程体系。[72]构建现代职业教育课程体系应通过顶层制度设计和行业职业技能等级及标准的完善，制定统一的课程标准和一体化的课程内容。[73]

3. 高等职业教育层次上移

现代职业教育体系与普通教育体系是相互平行的教育体系，二者在层次上并没高低之分。但长期以来我国职业教育体系却以专科为最高层次，与普通教育体系不相协调。为此，突破传统职业教育体系，实现高等职业教育层次上移，成为现代职业教育体系新的研究热点。

有学者认为，高等职业教育层次上移不同于以往的高职“专升本”，也不是简单地将高职院校升格为本科高职院校，而是应以建设现代职业教育体系为目标，突破学位断层、专业割裂等的障碍，在现有专科层次高等职业教育的基础上，通过多元途径促进职业教育的人才培养层次向本科、研究生等上层移动，发展与学术性学士学位平行的“技术专业学士学位”，推进高层次应用型人才的培养，实现高等职业教育的上移，建设现代职业教育体系。[74]

还有学者认为，高等职业院校在现代职业教育体系建设中不能仅满足于简单升格为本科高等职业院校，而是要找准高等职业教育在现代职业教育体系建设中的定位，坚守自己的层次和类型，形成有别于其他教育类型的鲜明办学特色，致力于培养一流的应用性高素质人才，搭建学生成才成长的立交桥，拓展学生发展空间，提高高职院校服务区域经济社会发展能力。[75]

八、课程与教学论研究

1. 课程改革的继续深入

课程改革是学习方式和教学方式的转变，课程改革的核心环节是课程实施，而课程实施的基本途径是课堂教学。本年度课改关注的主题集中在教学改革、有效教学两方面。

关于教学改革，有学者在学校教育创新视野下聚焦课堂教学改革，提出了必须重新认识课堂教学的内涵实质、研究视角及研究重点，提出了发展性教学的观点。文章从学校教育创新的研究视角，讨论了课堂教学改革创新研究的重点、现代课堂教学生成发展的内涵，并对课堂教学若干基本进行了探讨。[76]也有学者总结了课改后教学方式的转向，提出了从“规训”到“对话”的教学转向是新的教学本质观的内在要求，并认为，教学实现由规训到对话的转变，需要做到：弘扬追根溯源的“思”之精神，鼓励学生大胆言说；激活课程内容的文本“活”性，确立师生与文本的交往和对话本质；基于师生的真实交往，构建心心相印的生存关系。[77]还有学者通过分析比较20世纪90年代和近十年的三组11节小学数学优质课，总结了不同年代的优质课共性与差异性。共性特征表明教学具有相对的稳定性，差异反映了不同年代的教育理念与价值取向的变化；由此，作者提出教学改革应考虑到教学的文化特性、教学改革的渐进性和反思的持续性。[78]

关于有效教学，有学者系统阐述了有效教学内涵及意义，认为有效教学是一种提倡效果、效用、效率三者并重的教学观，有效果、有效用、有效率是有效教学的三个维度。有效果指的是学有所得、所获；有效用指的是学的东西是有价值的、有用的；有效率指学的过程和方法是科学的、简洁的、省时的。[79]也有学者论述了教师“课堂体验”对有效教学的意义，提出课堂体验是教师教学实践与教学理念的综合产物，也是教师形成教学思想和优化教学实践的出发点，教师需要意识到课堂体验在实践与理论上的双重重要性，并真实地面对自己的课堂体验，真实地改造与优化自己的课堂。[80]还有学者对如何实现“教是为了不教”，如何实践高效课堂进行了策略研究，认为研究者应抓住教育的本质规律、学生的认知规律、教材编排的知识体系等，总结归纳出符合学生身心发展的方法和策略，为学生的终身发展奠基，并从实践出发，总结出以“一讲三化”策略教学法为切入点的高效课堂教学基本模式。[81]

2. 教学论研究新进展

改革开放三十多年来，我国教学论学科取得了一些成绩，但也存在着诸多问题。有学者认为，教学论研究学科立场存在偏差，主要表现在旨在普适性教学知识的寻求、限于以自我为中心的教学表达以及止于教学论文本的逻辑运演等方面，并进而提出，教学论研究者需要确立基于现实教学问题解决的学科立场，明确界定教学问题、严格履行研究过程、谨慎对待教学认识、注重教学实践检验和强化研究主体意识。[82]关于当前教学论研究的瓶颈，有学者认为主要表现在以下三个方面：一是强调回到原点的教学论研究，没有形成基于原点的研究问题域；二是试图改变教学论无“学”的尴尬境地，但对于教学条件下的若干机制性问题的探讨又非常欠缺；三是极力倡导教学论的原创性研究，但总体上仍然未能摆脱逻辑演绎的研究范式。并由此提出，推进教学论研究的突破口在于：回到原点，着力研究“学科”“知识”“能力”“学习”“发展”几个方面的原点问题；以学习与发展为主题，聚焦于教学条件下学生学习与发展的内在机制问题；以教学事实为基础，注重对实践经验的归纳概括。[83]

关于教学实践理论方面，有学者讨论了教学实践模式与教师的实践思维的关系。作者认为教学实践模式经历了从行为主义经认知主义到建构主义这一演进过程，社会建构主义教学实践模式也对教师提出了新要求，需要高层次的判断——提供问题框架，在做出教学行为的同时，同问题解决情境展开对话与反思。因此提出，锻造教师实践思维需要提上日程。[84]也有学者讨论了教学探究的机制与策略，认为教学探究是人类在教学活动中激活知识、实现知识内化的过程，并提出教学探究的内在机制由三方面构成：具有批判与创造精神的教学参与者、“三个世界”对话与联系的教学过程、自由和民主的教学氛围。[85]

九、德育研究

关于学校德育改革的相关研究本年度仍然是学者们讨论的重点。随着信息技术的发展，网络文化与德育的关系也引起了学者们的关注；同时，加强公民教育的呼声也不断高涨。

1. 对学校德育改革的深入反思

新时代背景下，学校传统德育的弊端日益凸显，社会对学校德育提出了新的要求。有学者认为，学校德育问题表现在：德育知识界限模糊不清，德育实践流于形式，德育信仰渐行渐远等方面。该学者分析造成这一状况的原因在于没有从理性、信仰与德育的内在关系入手进行本真意义的德育，由此提出，德育在善知识意义上是理性的科学，在心性教化意义上体现为修养的实践，在道德根基与源泉意义上诉诸神圣的信仰这一观点。[86]也有学者指出，德育是一种对于理性的建构，并对知性德育与生活德育的观点进行了批判，提出了实践理性德育的观点。认为实践理性德育汲取了生活德育论的积极因素，同时又肯定了知性德育论的合理成分，把道德意志的培养作为德育的关键，将意志的自律视为德育的根本指标，使普遍的道德法则深入人心，成为人的行为准则。[87]还有学者提出，学校德育如何适应社会经济生活是教育理论和实践必须面对的时代课题。学校要正确处理经济生活与道德教育的关系，应该高度重视“经济教育”，努力强化“富的教育”，自觉承担道德教育的超越使命，唯有如此，学校教育才能完成“德育回归生活”的要求，才能够实事求是、理直气壮地弘扬正气、培育良知。[88]

2. 网络与德育关系引起关注

伴随着信息网络技术的迅猛发展，以计算机、手机等设备为载体的互联网络已经覆盖了人类生活的全部空间，同时也对新时代学生们的生活产生了深刻的影响。有学者认为，网络上多样化价值观传播，是对以“育人为本，德育为先”的德育工作的直接挑战，而网络作用的日渐增大使得这种挑战变得更为严峻。[89]关于如何加强对网络亚文化的控制，有学者提出，加大校园网络规范管理力度；进行责任教育和媒介素养教育，形成自觉抵制不良网络文化的内在约束力；充分利用网络弘扬主流文化，消除和抵制亚文化的传播；提高德育工作队伍的网络素养，打造一支高水平的网络工作队伍等控制措施。[90]还有学者对通过 BB 网络教学平台实现“思想道德修养与法律基础”课互动教学展开探讨，以充分发挥网络作为科技载体的技术性力量，全面调动学生的积极性、主动性和创造性，为“思想道德修养与法律基础”课互动教学的成功开展提供新的思路。[91]

3. 公民教育的必要性

有关“公民教育”问题的讨论仍然是德育中的热点问题。有学者提出，随着社会主义民主政治的稳步推进、市场经济的逐步成熟，我国学校德育“走向公民”已是大势所趋。并提出，走向公民的德育目标应学会审慎处理公民生活的三种基本关系，培养独立人格；德育课程要走向生活；德育方法论要走向对话；思想教育走向多元化。学校德育要完全实现以上目标，还面临着历史文化心理、现有管理体制、教师专业化等方面的障碍，不可能一蹴而就。[92]也有学者指出教育改革应走向公民教育，认为当今教育改革的症结在于对人的理解与认识存在误区，陷入国家功利主义和个人浪漫主义两个极端，而公民则是国家和个人之间矛盾调和的产物；因此，当代教育症结的消除和教育改革方向的确立蕴含于公民教育的理路与实践之中；并由此指明，“公民”不仅仅是一个教育的培养目标，更重要的是将培养公民这一理念蕴含于教育理论与实践之中。[93]还有学者论述了社会同情与公民形成的关系。他指出社会同情是民主公民素养的重要组成部分，是社会理解的条件，社会责任的基础，也引导着人们的积极社会行动；社会同情的培育指向良好公民的形成，有助于防止和消解社会加速分化可能带来的社会冷漠、排斥和不正义；并提出，社会同情心的培育可以通过开展社会调查、加强人文和艺术教育、社会角色体验或扮演、开展人类基本教育等途径和方法来实施。[94]

注：

①张楚廷：《教育学属于人文科学》，《新华文摘》，2012 年第 3 期。

②王洪才：《教育学：人文科学抑或社会科学？——兼与张楚廷先生商榷》，《教育研究》，2012 年第 4 期。

③谭维智：《教育学的玄学之维》，《教育研究》，2012 年第 5 期。

④王飞：《德国“教育学—教学论”范式与美国“教育科学—课程论”范式的比较研究》，《清华大学教育研究》，2012 年第 4 期。

⑤李西顺：《区分“教育学”与“教育科学”的必要性》，《首都师范大学学报》，2012 年第 1 期。

⑥刘铁芳：《返回生活世界教育学：教育何以面对个体生命成长的复杂性》，《教育研究》，2012 年第 1 期；涂艳国、周贵礼：《试论教育回归人性的基本方式》，《教育研究》，2012 年第 2 期；孟建伟：《教育与生活——关于“教育回归生活”的哲学思考》，《教育研究》，2012 年第 3 期；杨进、柳海民：《论美好生活与学校教育》，《教育研究》，2012 年第 11 期；康永久、王雅薇：《教育与生活：意犹未尽的对话——教育学分会教育基本理论专业委员会第十三届年会综述》，《教育研究》，2012 年第 3 期；冯向东：《对教育学人性假设的追问》，《北京大学教育评论》，2012 年第 4 期；劳凯声：《追寻“人”的制度教育学——兼评李江源〈走向自由：教育制度与人的全面发展〉》，《河北师范大学学报》（教育科学版），2012 年第 5 期。

⑦劳凯声、李孔珍：《教育政策研究的民生视角》，《教育科学研究》，2012 年第 12 期。

⑧于述胜：《也谈人文社会科学研究的“历史意识”——基于教育研究的理论思考》，《教育研究》，2012 年第 1 期。

⑨熊和平：《教育研究的表达方式》，《教育研究》，2012 年第 4 期。

⑩李姗泽：《论人类学研究范式对中国教育研究的启示》，《教育研究》，2012 年第 12 期。

⑪冯向东：《关于教育的经验研究：实证与事后解释》，《教育研究》，2012年第4期。

⑫朱光明、应单君：《理解〈现象学+教育学〉的使命》，《教育学报》，2012年第1期。

⑬刘延东：《坚定信心 乘势而上 奋力开创教育改革发展新局面——在2012年全国教育工作会议上的讲话》，《人民教育》，2012年第5期。

⑭程天君：《教育改革的转型及其政策导向的调适——基于新中国教育60年来的基本经验》，《北京大学教育评论》，2012年第4期。

⑮杨东平：《试论我国教育范式的转变》，《北京理工大学学报》（社会科学版），2012年第4期。

⑯王本陆：《呼唤稳健的基础教育改革》，《教育导刊》，2012年第19期。

⑰吴康宁：《教育改革成功的基础》，《教育研究》，2012年第1期。

⑱张荣伟：《论我国基础教育改革的五种主体形态》，《课程·教材·教法》，2012年第1期。

⑲陈荟：《关于基础教育改革"政府推动模式"的几个问题》，《教育学报》，2012年第3期。

⑳许杰：《重心下移：义务教育均衡发展政策走势》，《中国教育学刊》，2012年第3期。

㉑翟博、孙百才：《中国基础教育均衡发展实证研究报告》，《教育研究》，2012年第5期。

㉒杨令平、司晓宏：《西部县域义务教育均衡发现状展调研报告》，《教育研究》，2012年第4期。

㉓李慧勤、刘虹：《县域间义务教育均衡发展的影响因素及对策思考——以云南省为例》，《教育研究》，2012年第6期。

㉔孙素英：《区域义务教育均衡发展影响因素》，《中国教育学刊》，2012年第6期。

㉕孙素英：《区域义务教育均衡发展影响因素》，《中国教育学刊》，2012年第6期。

㉖曾国华、柴纯青：《以改革创新精神推进义务教育均衡发展——专访国家教育咨询委员会委员、义务教育均衡发展专家咨询组组长陶西平》，《中小学管理》，2012年第1期。

㉗马春晖：《山区农村义务教育均衡发展模式的实践研究》，《教育实践与研究（B)》，2012年第9期。

㉘王一军：《优质均衡发展：义务教育现代化的质量范型》，《教育发展研究》，2012年第22期。

㉙冯建军：《义务教育均衡发展方式的转变》，《中国教育学刊》，2012年第3期。

㉚冯建军：《优质均衡视域中的基础教育模式的改革》，《教育科学研究》，2012年第8期。

㉛许杰：《重心下移：义务教育均衡发展政策走势》，《中国教育学刊》，2012年第3期。

㉜王一军：《优质均衡发展：义务教育现代化的质量范型》，《教育发展研究》，2012年第22期。

㉝张斌贤、董静：《"教师教育学院现象"与师范院校的发展战略》，《高等教育研究》，2012年第10期。

㉞马敏、王坤庆：《教师教育新模式理论探索及其实践——以师范生免费教育政策实施为契机》，《教育研究》，2012年第11期。

㉟王继新、郑旭东：《免费师范生教学模式重构与探索》，《高等教育研究》，2012年第10期。

㊱石长地、郭玲：《教师教育改革的新方向——美国城市教师驻校培养模式探析》，《人民教育》，2012年第17期。

㊲康晓伟：《21世纪全球教师教育：发展趋势、问题及解决策略——第一届全球教师教育峰会"如何在21世纪培养教师"会议综述》，《比较教育研究》，2012年第4期。

㊳杨茂庆、孙杰远：《聚焦于教育研究能力的教师教育模式探析》，《教育研究》，2012年第12期。

㊴戚万学、王夫艳：《教育专业实践能力：内涵与特征》，《教育研究》，2012年第2期。

㊵檀传宝：《再论"教师德育专业化"》，《教育研究》，2012年第10期。

㊶曹永国：《从信仰到职业——一个教师专业化的省思》，《教育学报》，2012年第2期。

㊷张凌洋、易连云：《专业化发展视域下师范生专业伦理培养研究》，《教育研究》，2012年第3期。

㊸王坤庆、胡中波：《实践导向的专业化教师教育课程体系改革与探索》，《课程·教材·教法》，2012年第12期。

㊹彭寿清、蔡其勇等：《实践取向的职前教师教育课程建构》，《课程·教材·教法》，2012年第7期。

㊺娄立志：《教师教育课程平台顶层设计的理念与构想——搭建与基础教育改革相沟通的桥梁》，《教育研究》，2012年第12期。

㊻周光礼：《完善中国现代大学制度——以大学章程为载体，以治理变革为突破口》，《大学》（学术版），2012年第1期。

㊼陈立鹏、杨阳：《论我国现代大学制度建设——从大学章程的视角》，《国家教育行政学院学报》，2012年第4期。

㊽周光礼：《完善中国现代大学制度——以大学章程为载体，以治理变革为突破口》，《大学》（学术版），2012年第1期。

㊾罗志敏：《现代大学制度问题研究：当代挑战与路径转换》，《清华大学教育研究》，2012年第6期。

㊿袁本涛：《现代大学制度、大学章程与大学治理》，《探索与争鸣》，2012年第4期。

(51)王秀丽:《从教授治校走向共同治理》,《黑龙江高教研究》,2012 年第 1 期。

(52)周光礼:《完善中国现代大学制度——以大学章程为载体,以治理变革为突破口》,《大学》(学术版),2012 年第 1 期。

(53)杜占元:《准确把握总体要求精心做好“2011计划”启动工作》,《中国高等教育》,2012 年第 11 期。

(54)侯建国:《协同创新须避免同质化》,《中国高校科技》,2012 年第 11 期。

(55)李辉:《我国民办幼儿园发展的制约因素及其作用机理剖析——以生态系统理论为视角》,《教育学报》,2012 年第 5 期。

(56)庞丽娟、范明丽:《当前我国学前教育管理体制面临的主要问题与挑战》,《教育发展研究》,2012 年第 4 期。

(57)庞丽娟、洪秀敏、孙美红:《高位入手 顶层设计我国学前教育政策》,《教育研究》,2012 年第 10 期。

(58)李辉:《我国民办幼儿园发展的制约因素及其作用机理剖析——以生态系统理论为视角》,《教育学报》,2012 年第 5 期。

(59)李辉:《中国学前教育财政投入体制改革的困境》,《中华女子学院学报》,2012 年第 4 期。

(60)宋映泉:《民办学前教育规模占比的省际差异、政府财政投入与管制》,《北京大学教育评论》,2012 年第 2 期。

(61)杨娟:《完善学前教育收费机制 促进社会公平》,《中国物价》,2012 年第 11 期。

(62)李辉:《我国民办幼儿园发展的制约因素及其作用机理剖析——以生态系统理论为视角》,《教育学报》,2012 年第 5 期。

(63)李辉:《中国学前教育财政投入体制改革的困境》,《中华女子学院学报》,2012 年第 4 期。

(64)储朝晖:《财政投入与幼儿教育公平性研究》,《天津师范大学学报》(社会科学版),2012 年第 1 期。

(65)储朝晖:《财政投入与幼儿教育公平性研究》,《天津师范大学学报》(社会科学版),2012 年第 1 期。

(66)庞丽娟:《〈幼儿园教师专业标准〉的研制背景、指导思想与基本特点》,《学前教育研究》,2012 年第 7 期。

(67)赵南:《学前教育“保教并重”基本原则的反思与重构》,《教育研究》,2012 年第 7 期。

(68)林克松、朱德全:《职业教育均衡发展与区域经济协调发展互动的体制机制构建》,《教育研究》,2012 年第 11 期。

(69)俞启定:《统筹城乡发展战略指导下的职业教育改革》,《教育研究》,2012 年第 4 期。

(70)朱德全、杨鸿:《职业教育城乡均衡发展问题表征与统筹保障》,《教育研究》,2012 年第 3 期。

(71)张守祥:《中等和高等职业教育衔接的制度研究》,《教育研究》,2012 年第 7 期。

(72)徐国庆、石伟平:《中高职衔接的课程论研究》,《教育研究》,2012 年第 5 期。

(73)肖凤祥、薛栋:《我国现代职业教育体系研究的现状及思考》,《中国职业技术教育》,2012 年第 24 期。

(74)张宁东、蓝洁:《高等职业教育层次上移:现实与前瞻》,《教育与职业》,2012 年第 18 期。

(75)沈海东、任君庆:《高职院校在现代职业教育体系建设中的定位探讨》,《中国高教研究》,2012 年第 6 期。

(76)裴娣娜:《教育创新与学校课堂教学改革论纲》,《中国教育学刊》,2012 年第 2 期。

(77)张增田:《教学当代转向从“规训”到“对话”》,《中国教育学刊》,2012 年第 12 期。

(78)赵冬臣:《教学改革的渐进性:不同年代优质课研究的启示》,《教育研究》,2012 年第 10 期。

(79)余文森:《有效教学的三大内涵及其意义》,《中国教育学刊》,2012 年第 5 期。

(80)周彬:《让“有效教学”从“课堂体验”起步》,《中国教育学刊》,2012 年第 4 期。

(81)鲁冰:《如何实现“教是为了不教”》,《中国教育学刊》,2012 年第 1 期。

(82)徐继存:《教学论的学科立场》,《教育学报》,2012 年第 4 期。

(83)李松林:《推进教学论研究的突破口》,《教育研究》,2012 年第 8 期。

(84) 钟启泉:《教学实践模式与教师的实践思维——兼评“特殊教学认识论”》,《教育研究》,2012 年第 10 期。

(85)靳玉乐、李志超:《教学探究的机制与策略》,《中国教育学刊》,2012 年第 6 期。

(86)李少兵:《从理性与信仰的关系反思高校道德教育》,《北京师范大学学报》(社会科学版),2012 年第 3 期。

(87)赵志毅:《德育的“意志”转向——兼论走向“实践理性”的学校德育》,《教育研究》,2012 年第 2 期。

(88)檀传宝:《经济教育与道德教育——兼论学校德育如何适应市场经济》,《中国教育学刊》,2012 年第 7 期。

(89)肖铁岩:《网络时代大学德育的挑战与应对》,《中国高等教育》,2012 年第 8 期。

(90)胡海情:《论网络亚文化传播背景下的大学生德育可控性》,《中国报业》,2012 年第 9 期。

⑪顾玉彬、吴明霞、张利敏：《BB网络环境下德育与法制基础教育探讨》，《中国报业》，2012年第5期。

⑫杜时忠：《论德育走向》，《教育研究》，2012年第2期。

⑬曾水兵：《当今教育改革的症结在哪里——兼论走向"公民"与"公民教育"的当代抉择》，《教育科学研究》，2012年第9期。

⑭石中英：《社会同情与公民形成》，《北京师范大学学报》（社会科学版），2012年第2期。

（作者：劳凯声，首都师范大学教授；张瑞芳，北京师范大学教育学部教师；秦朝军、张晓雯、王志，首都师范大学硕士研究生）

心 理 学

许燕　冯秋迪

2012年心理学的研究成果丰厚，研究问题涉猎广泛，前沿问题研究与实践应用研究的并驾齐驱，体现了心理学工作者为科学贡献和为社会服务的职业精神。心理学学术研究主要体现在以下六大领域中。

一、心理健康、临床心理与咨询研究

（一）心理健康的相关研究

心理健康一直以来都是心理学研究关注的重点，也是心理学服务于人类社会的一个重要研究点。一项研究调查了中国人对情绪表达抑制的使用情况并探索其与心理健康的关系，它采用问卷法收集265名被试的相关数据，结果发现，情绪表达抑制与情境、情绪类型有关，父母密友等情感性关系中的情绪表达抑制与心理健康水平有关。[①]对106项探讨气质性乐观与心理健康的积极指标和消极指标的研究发现，整体上气质性乐观与心理健康积极指标有显著正相关，与心理健康消极指标有显著负相关；气质性乐观与不同心理健康指标的相关有显著差异，积极指标中，与自尊的相关最高；消极指标中，与抑郁的相关最高；文化背景差异对两者的关系有显著影响，西方文化中气质性乐观与心理健康的相关高于东方文化中的相关。[②]有研究者对1986年至2010年间237项采用90项症状自评量表（SCL－90）的报告进行了横断历史的元分析，以考察这些研究（被试为30多万名大学生）所测心理问题的9个因子得分随年代所呈现的变化趋势。结果发现，25年来大学生的心理问题逐渐减少，即大学生心理健康的整体水平逐步提高。这主要体现在大学一年级以上的学生上，而且重点大学学生（较之非重点大学）、城市生源学生（较之农村）、男生（较之女生）的心理健康改善更快。[③]同样采用横断历史研究的另一项研究，使用1990年至2007年18年间的142组数据研究了108736位中国军人的心理健康状况随年代所呈现的变化趋势。结果发现，世纪之交的18年间，中国军人的心理健康越来越好，"人际敏感"方面变化最大，而在"躯体化"方面变化最小，在"恐怖"方面最没问题，而在"强迫症状"和"人际敏感"方面所表现出的问题一直突出。另外，中国独生子女军人的心理健康状况低于非独生子女军人，中国城市籍军人的心理健康状况低于农村籍军人，中国高中学历军人的心理健康状况低于低学历的军人。[④]

（二）焦虑的研究

焦虑是现代人较为突显的心理健康问题，这个领域的研究也越来越受重视。为了探讨焦虑性障碍儿童的行为问题与自我意识特点，研究者通过对湖南中小学生心理健康状况流行病学调查中的全部研究对象进行DSM－IV临床诊断，最后选出单纯儿童焦虑性障碍组（$n_1=110$人）、正常对照组（$n_2=113$人），入组儿童由父母填写Achenbach儿童行为量表（CBCL），其本人（三年级及以上学生）填写儿童自我意识量表（CSCS）。结果表明，焦虑障碍儿童与正常儿童相比较其行为问题比较多，自我评价低。[⑤]

我国约有一半的大学生经受着考试焦虑的困扰，一项以624名大学生为被试的研究发现自我决定动机对考试焦虑有着重要的影响，并且拖延行为对两者的关系有中介作用。[⑥]另一项研究考察了大学生广泛性焦虑症状的特点及其影响因素，它采用宾州忧虑问卷、艾森克人格问卷简式量表、对不确定性的忍受力问卷、元担忧问卷对1135名大学生进行调查。结果表明，大学生的广泛性焦虑症状处在中等水平，女生的广泛性焦虑症状高于男生，非独生子女的广泛性焦虑症状显著高于独生子女，家庭经济状况越差则广泛性焦虑症状越高。另外，神经质对广泛性焦虑症状既有直接作用，又通过不确定性所带来的压力和元担忧频率起一定的间接作用。[⑦]

（三）精神分裂症的研究

为探讨精神分裂症患者家属的心理健康状况及其相关因素，研究者在某精神病专科医院住院部、门诊部共采集464名符合特定入组标准的精神分裂症患者家属，运用症状自评量表、艾森克个性问卷、家庭照顾负担访谈量表、社会支持评定量表、家庭功能评定量表、简易应对方式问卷进行调查，结果表明，照顾负担对精神分裂症患者家属的心理健康的影响效应巨大，神经质人格特征在影响中的中介效应最大。[8]

另一项研究探讨精神分裂症患者记忆损害状况，采用修正的加工分离记忆实验程序，分别测试精神分裂症患者和正常对照组的记忆能力。结果发现精神分裂症患者的内隐记忆功能相对完整，而外显记忆障碍在以阴性症状为主的精神分裂症患者尤为突出。[9]

（四）抑郁的研究

抑郁往往与自杀事件相关，因此抑郁症的研究越来越成为社会关注的焦点，其研究成果也非常丰富。一项研究探讨了抑郁性障碍患者的症状表现特征及其与认知情绪调节方式之间的关系。采用结构式临床访谈、认知情绪调节问卷对 301 例抑郁性障碍患者进行调查。结果表明，抑郁性障碍患者的认知情绪调节方式与症状表现有关。[10]一项研究要求 1201 名大学生完成认知方式问卷、学生日常生活和学业应激量表等系列自评量表，结果表明，认知易感性在应激—抑郁两者的关系中起着中介作用。[11]

通过对来自南京市的 598 名初中生进行连续三年的生活事件和抑郁的测量，研究发现，在青少年早期，抑郁与生活事件的因果关系发生动态变化，抑郁并不总是结果变量，也可能是原因变量。[12]另一项研究考查了父母—子女人格相似性对教养行为与青少年抑郁关系的调节作用。采用中国科学院心理研究所全国青少年心理健康数据库中 2009 年的横断数据，对其中 4474 名 11—22 岁的在校学生数据进行分析。结果表明，父母—子女人格相似性对教养行为与青少年抑郁的关系具有显著的调节作用。[13]抑郁往往有其生理基础，研究者对 5 – HTTLPR 与抑郁关系的研究进行了综述，表明 5 – HTTLPR 基因型并不直接影响抑郁的发生，而是通过基因与环境交互作用影响的。携带有 S 等位基因的个体暴露于较多的负性生活事件时，更易发生抑郁。另外，5 – HTTLPR 还与 CYP2C9、BDNF 等基因存在交互作用。研究还发现 5 – HTTLPR 对抑郁作用的机制可能有两条。首先，和基因型为 L/L 的个体相比，携带有 S 等位基因的个体的杏仁核脑区的活动增强，而前额叶 – 杏仁核神经环路的耦合相对较弱。其次，携带有 S 等位基因的个体在应激条件下 HPA 轴活性更强，有更高的皮质醇含量，进而更容易抑郁。[14]一项实证研究探讨了去甲肾上腺素转运体（NET）基因多态性与中国南方汉族人群中重性抑郁症患者之间的关系，通过高温连接酶检测反应法，检测 254 例抑郁症患者和 231 例正常对照者的 NET 基因 rs5569 位点基因型和等位基因分布。结果表明，未发现中国南方汉族人群 NET 基因 rs5569 多态性与重性抑郁症存在关联但 NET 基因 rs5569 多态性可能与症状群中睡眠障碍和精神性焦虑有关联。[15]为了探讨难治性抑郁症患者与正常对照之间神经生化代谢分布的差异，一项研究直接对比 rTMS 治疗前后难治性抑郁症局部脑代谢物的特异性。结果表明，难治性抑郁症患者可能存在前额叶胶质细胞代谢异常，有效的 rTMS 治疗可改善神经胶质细胞功能。[16]

（五）述情障碍的研究

为分析述情障碍者情绪启动中的 ERPs 特征，探讨述情障碍者情绪自动加工缺陷的神经机制，研究者采用 TAS – 20 中文版筛选出述情障碍者与非述情障碍者进入情绪启动实验。以阈下或阈上方式呈现启动图片，要求受试对目标图片作出正负性的判断，记录受试 ERPs 数据。结果支持述情障碍者对无意识感知的情绪刺激的自动加工是完整的，而对意识到的情绪刺激的自动加工存在明显的缺陷。[17]

一项研究探讨了儿童期精神虐待经历对大学生人格及述情障碍的影响。采用儿童虐待史问卷、艾森克人格问卷和多伦多述情障碍量表（TAS – 26）对河南省某高校的 733 名本科生进行调查。结果表明，儿童期精神虐待对大学生人格及述情障碍有直接预测作用。[18]另一项研究对青少年述情障碍特征与应激水平对抑郁症状的预测作用进行了探索。采用多伦多 20 条目述情障碍量表、流调中心用抑郁量表和青少年生活事件量表对 618 名在校高中生进行了首次测查，随后每隔 3 个月对被试的抑郁症状和生活事件进行追踪测查，追踪时间为期一年。结果表明，述情障碍在青少年日常应激和抑郁躯体症状的关系中起调节作用。[19]

（六）突发事件的心理应激研究

非常规突发事件的频繁发生带来巨大的社会损失，物质方面的重建易于施行而精神重建难度较大，这引起了社会各界对心理学研究的广泛重视。研究主要集中于突发事件之后受灾者的心理应激特点。创伤后应激障碍（PTSD）是由高情绪刺激引起延迟出现和长期持续的精神障碍。闯入、闪回、病理性重复体验、持续性警觉性增高和回避等症状严重损害其认知功能。研究者整合了大量心理学研究发现，PTSD 患者记忆形成了情绪网络，这种情绪记忆具有强烈、持久的特点，在记忆中具有优势地位。[20]另一项实证研究考查了汶川地震后 18 个月青少年睡眠问题共患 PTSD、抑郁、焦虑状况及其影响因素。该研究抽取都江堰地区青少年 1287 人进行评估，结果表明，震后 18 个月睡眠问题共患 PTSD、抑郁、焦虑较高，评估及干预青少年的睡眠问题对预防精神健康问题有重要意义。[21]为考察汶川地震后青少年创伤后应激障碍症状与父母教养方式、心理弹性的关系，研究者在震后 18 个月对都江堰地区规模最大的某高中的二年级学生进行调查，结果表明，父母对孩子较多的关怀和较少的控制干涉有利于培养青少年的心理弹性，对震后 PTSD 症状具有保护作用。[22]

一项研究运用事件相关电位（ERPs）技术，采用学习—再认实验任务，考察不同年龄阶段的地震亲历者（13 个大学生、13 个中学生）对威胁性刺激（地震相关图片）再认时记忆偏向的差异。结果表明地震图片对中学生经历组的效应比对大学生经历组更大，地震经历组对地震相关图片有记忆偏向。[23]另一项研究探讨了汶川地震后青少年心理弹性、抑郁症状和震后继发的负性生活事件之间的关系。震后 6 个月，对都江堰地区 2250 名中学生进行测查。结果表明，震后继发的负性生活事件既可以对抑郁症状产生直接影响，又可以通过削弱心理弹性间接影响抑郁症状，另外，心理弹性削弱了负性生活事件对抑郁的负面影响，起到保护个体的作用。[24]

（七）心理治疗方法的研究

1. 个体治疗方法的研究

为了探讨健康教育与运动干预对 2 型糖尿病伴发焦虑患者在焦虑、糖代谢及主观幸福感方面的影响，研究者对 120 例 2 型糖尿病伴发焦虑患者进行测评，并随机分成对照组、健康教育组、运动干预组、健康教育加运动干预组各 30 人。在原有药物治疗不变的情况下，对不同组别施以相应的干预方式。结果表明，健康教育可以明显降低焦虑程度，运动干预可明显改善糖代谢，健康教育与运动干预共用可同时改善焦虑及糖代谢，并提高患者的主观幸福感。[25]另一项研究探讨乐观倾向训练方案对乐观、悲观的各自改变效果及效果的稳定性；同时进一步分析该训练对相关消极、积极心理变量的影响效果，结果表明，基于优势的乐观干预训练效果显著且稳定。[26]箱庭疗法近年来在全国范围内得到巨大的发展，一项研究采用个案法对一名强迫症状突出的大学生进行连续 12 次的箱庭治疗，综合使用访谈法和问卷法对治疗的过程和有效性进行评估。结果表明，箱庭疗法能有效改善大学生的强迫症状，对强迫症状的治疗有其特有的治疗机制。[27]另一项有关箱庭疗法的研究也采用个案法，对象为一名 12 岁 ADHD 听障男孩，研究者对其进行为期 8 个月共 29 次的连续个体箱庭治疗和家庭箱庭治疗，综合使用访谈法和问卷法对治疗的过程和有效性进行评估。结果表明，ADHD 听障儿童的箱庭作品和治疗过程有其独特的特征，箱庭疗法对提高 ADHD 听障儿童的心理健康水平及改善 ADHD 症状有良好的效果。[28]

2. 团体心理干预方法的研究

团体心理辅导常常在校园里为广大学生服务。为了探索团体心理辅导对学业不良初中生学业求助的影响，研究者通过从长沙市两所中学分别选取 24 名和 20 名学业不良学生，随机分成实验组和对照组。使用学业求助态度问卷和学业求助行为问卷进行测量。结果表明，团体心理辅导能够改善学业不良初中生的学业求助态度和学业求助行为。[29]另一项研究探讨了以积极心理学理论为指导的团体辅导对研究生心理健康水平的影响，以团体辅导的形式对 35 名研究生进行干预，结果表明，基于积极心理学理论的团体辅导能改善研究生心理健康状况，降低其负性症状和知觉压力水平，提高其自我接纳程度。[30]

团体心理干预还能对大学生自我接纳、自我效能水平的产生影响。研究者将某院校 94 名一、二年级本科生随机分为实验组（$n=47$）和对照组（$n=47$）。实验组实施团体心理干预，每周 1 次，共 10 周。结果表明，团体心理干预能有效提升大学生自我效能、自我接纳水平。[31]一项研究探讨了意象对话取向团体辅导对大学生自我概念的影响。将 40 名有改变自我意愿的大学生随机分成实验组与控制组（各 20 人，每组男女各半），实验组接受为期 10 周的意象对话取向团体辅导，控制组不进行实验处理。辅导前后分别进行田纳西自我概念量表评估。结果表明，意象对话取向团体辅导对改善大学生自我概念有显著作用。[32]另一项研究用叙事取向团体辅导对大学生自我认同进行干预。结果发现，叙事治疗强调的好奇、尊重、珍惜的态度，为被试创设了安全、温暖、支持的团体氛围；外化和解构使被试与问题拉开距离，探讨问题的影响力；寻找并丰厚特殊意义事件，让被试看到自身的正向力量和资源；局外见证人团队，进一步巩固被试身上的正向力量。[33]

二、发展与教育心理研究

（一）心理发展关键期的研究

关键期的研究能够提供心理发展过程的纵向数据，为青少年和婴幼儿每一个环节的心理发展提供科学的信息。6～8 个月的婴儿仅能区分动作变化，对人物和物体无法区分，而 17～19 个月的婴儿对三类变化均可以区分。[34]为了探索幼儿预见能力的发展及其与抑制控制、心理理论的关系，研究者通过非言语研究范式对 3～5 岁幼儿进行研究。结果表明，4 岁以后，幼儿能够根据未来的需要选择适宜的物品。另一项研究以 4～6 岁幼儿为研究对象，考察了预见与抑制控制和心理理论能力的关系。结果发现，抑制控制对幼儿的预见能力存在直接的预测效力，而心理理论则是通过抑制控制作为中介变量间接地作用于预见过程。[35]一项研究对 39 名 3.5～5.5 岁儿童的时序记忆能力以及心理理论表现进行测查，并且让 90 个儿童通过正叙、倒叙、预叙三种叙述方式将时序记忆分离为理解性时序记忆和机械性时序记忆，再分别考察与心理理论的关系。结果发现，5.5 岁儿童的理解性时序记忆显著高于 3.5 岁儿童，4.5 岁、5.5 岁儿童的机械性时序记忆显著高于 3.5 岁儿童；只有理解性时序记忆能够预测儿童的心理理论成绩。[36]

一项研究采用自编传递性推理材料，考察3～7岁共139名儿童在三种不同类型传递性推理任务下传递性推理能力的发展规律和策略使用规律。结果表明，三类传递性推理的解题能力随年龄的增长而不断提高，在7岁左右初步形成；三类传递性推理，能力发展有不同的起始点、快速发展期以及初步形成期。真传递性推理发展最早最快，不确定传递性推理最晚最慢；3～7岁儿童解决三类传递性推理问题时使用了猜测、视觉判断、定向反应、经验推测和逻辑推理等策略，然而随着年龄的增长，主导策略由准策略向真策略转换。[37]

一项研究采用对偶选择的范式，通过两个实验考察了96名3～4岁儿童基于可信度特质的信任判断。结果显示，不是因为好坏评价能力的缺陷，而可能是任务本身较重的认知负荷使得3岁儿童不能像4岁儿童那样自发地依据特质的效价信息进行信任判断。[38]另一项研究通过经典的Flanker任务考察181名一年级至六年级小学生在冲突任务中的成绩。结果发现，对于6～12岁左右的小学生，冲突适应效应已经稳定存在，但不存在年龄差异。[39]

（二）认知与学习能力的研究

1. 儿童认知发展

一项有关反事实思维理解的发展研究发现，2岁幼儿的加法、减法反事实思维得分显著高于替代反事实思维；在加法反事实任务中，2岁幼儿显著低于4岁幼儿；在减法反事实任务中，2～4岁时，反事实理解能力逐年提高；在趋避冲突下，加法与减法反事实得分都显著高于替代反事实；在结果反事实理解任务中，随年龄增长，幼儿结果反事实思维理解能力有显著提高。[40]而另一项有关学习的研究发现，2岁儿童的视频学习存在视频缺陷现象，2.5～5岁儿童的拟社会互动视频学习效果明显，优于非互动视频学习，与真人互动学习相当。2.5～4.5岁是拟互动视频学习的最佳年龄。[41]

为了考察幼儿提问对其解决猜测物体的问题的影响，一项研究以69名5岁幼儿为被试，通过创设猜测物体的问题情境。结果表明，面对问题情境，幼儿运用提问解决问题的正确率显著高于不提问直接猜测的正确率；幼儿运用两阶段整体策略和逐一排除策略提问来帮助其问题解决的效果好于直接猜测的效果；幼儿提出混合类问题和外在感知类问题来帮助其解决猜测物体问题的效果好于提出内在属性类问题。[42]研究者对来自上海市的120名4～6岁儿童采用个别面试法考察其数学认知中的多元表征。结果表明：4～6岁儿童已具备初步的数、数运算、模式的多元表征能力，其中数的多元表征能力最好；4～6岁儿童在数、模式的多元表征中未出现明显的年龄差异与性别差异，在数运算多元表征中有明显的年龄差异，无性别差异；儿童使用的表征形式数量随年龄增长相应增加，且更倾向于使用描绘性表征中的实物情境表征与教具模型表征。[43]

2. 青少年学习发展

通过问卷法对1139名初中生的一项调查研究发现，学习目标定向和成绩接近定向与学习倦怠具有负向联系，而成绩回避定向与学习倦怠具有正向的关联；学业自我效能在成就目标定向与学习倦怠的关系中起着一定的中介作用；在学习目标定向与学习倦怠、成绩接近定向与学习倦怠的关系中，学业自我效能起完全中介作用；而在成绩回避定向与学习倦怠的关系中，学业自我效能起部分中介作用。[44]通过对武汉地区402名中学生的调查研究发现，直接经验的积累可增强学习主体参与自主学习活动的意愿；直接经验对自主学习意愿的积极影响可通过行为态度等核心变量发挥间接效应实现，也可通过直接路径实现；直接经验与自主学习意愿的关系不受行为态度等核心变量调节。[45]

为考察初中生成就归因、学业情绪与学业成绩之间的关系，研究者采用成就归因量表和学业情绪量表对364名初中生进行调查，结果表明，学业情绪在成就归因与学业成绩间具有中介作用。[46]另一项研究探索了大学一年级学生社会自我效能感、适应和学业成绩的关系。通过跨时间的研究设计，对华东地区某综合性大学417位一年级学生进行调查，结果表明，学业适应和社交适应对社会自我效能感与学业成绩的关系具有完全中介作用。[47]一项研究还探讨了积极独处等人格特征对高中学生学业成绩的影响。采用独处行为量表测试364名高三学生，并与他们2011年的语文、数学和外语三科高考成绩进行逐步回归分析。结果表明，积极独处人格特征具有提高高中生学习效率和解决问题的作用。[48]

（三）人格与社会性发展的研究

研究者通过问卷调查法和同伴提名法考察小学四、五年级共503名儿童的消极社会行为（攻击、退缩、受欺负）、同伴接受和儿童忽视间的关系，发现儿童忽视与退缩行为、受欺负行为之间存在显著正相关，与攻击行为之间相关不显著；儿童忽视与同伴接受有显著负相关。忽视通过消极社会行为的两组中介变量作用于儿童的同伴接受。[49]另一个研究用同伴提名和班级戏剧对小学四年级至初中二年级787名儿童进行为期一年的追踪研究，考察了社交淡漠与同伴接纳的相互预测关系。结果发现，同伴接纳与社交淡漠呈显著负相关；社交淡漠在一年时间内呈现出高度的稳定性。测查时间与性别、年级的交互作用显著，在一年时间里，小学男生社交淡漠水平有所减少、女生社交淡漠水平有所增加，而初中男生社交淡漠水平有所增加、女生社交淡漠水平有所减少；社交淡漠与同伴接纳的关系模式存在显著的性别差异。对于男生，前测的社交淡漠可以显著预测后测的同伴接纳，而前测的同伴接纳不能显著预测后测的社交淡漠。女生则呈现完全相反的模式。[50]

为考察儿童内疚情绪对其亲社会行为的影响，一项研究采用现场实验的方法探讨了小学五年级学生内疚情绪与其亲社会行为的关系。结果显示，内疚情绪能促进儿童亲社会行为水平的提高，难过情绪不能促进儿童亲社会行为水平的提高；当儿童将注意力集中于自己对团体造成的不良影响时，产生内疚情绪，但如果其将注意力集中于自己的不良结果时，则产生难过情绪。[51]

青春期是个体自主和联结的发展变化最为显著、最为突出的阶段。一项研究采用问卷法，对 2157 名中学生日常生活事件的特点，及其与社会适应、社会问题解决能力的关系进行研究。结果发现，学业压力与人际冲突是中学生所遇到的最主要的日常生活事件。低年级经历的事件显著少于高年级，女生经历的事件显著少于男生；中学生日常生活事件显著负向预测积极适应，显著正向预测消极适应；社会问题解决能力在日常生活事件和社会适应之间起到部分中介作用，其中问题趋近、问题回避的作用尤其突出。[52]一项研究对 424 名中学生自主和联结的发展状况及其社会适应进行了调查，结果表明，青少年具有高自治高联结、低自主低联结及个体化型三类不同的自主－联结发展水平；三种类别随年龄增长呈现各自不同的发展态势，同时男生在三种类型上人数分布相对较为均衡，女生则较多属于高自治高联结类型；高自治高联结者的社会适应和学业成绩最为理想。[53]另一项研究对 1518 名中学生进行调查，结果发现，低社经地位家庭与外化问题行为和内化问题行为（以焦虑抑郁为指标）显著正相关，与学业成就显著负相关；感恩在低社经地位家庭与青少年社会适应各指标关系间的补偿效应均显著；感恩在低社经地位家庭与青少年社会适应各指标关系间的调节效应均不显著。[54]

为了测查青少年的身体攻击和友谊质量，研究者采用问卷法，对湖北省一所初级中学二年级青少年进行了一个学年的纵向追踪研究。结果表明，在控制了前测“肯定与关心”得分后，身体攻击显著地负向预测了“肯定与关心”得分。在控制了前测的“冲突解决策略”得分后，攻击行为边缘显著地预测了后测的“冲突解决策略”得分。同时发现，后测“身体攻击”和“冲突与背叛”不存在显著的相关。[55]

（四）心理发展的影响因素研究

1. 父母影响

一项对 2623 名中学生进行的调查结果表明青少年所获得的父母支持总体状况良好，且存在显著的性别和年级差异；女生在情感支持和陪伴支持方面显著高于男生，在肯定价值和工具性支持方面不存在显著的性别差异；父母支持的 4 个维度都表现出随年级增长而下降的趋势，高二年级的父母支持显著低于初一、初二年级；父母支持、情绪智力和社会适应的简单相关分析发现，父母支持与积极社会适应显著正相关，与消极社会适应显著负相关；情绪智力与积极社会适应显著正相关，与消极社会适应显著负相关；父母支持与情绪智力显著正相关；父母支持与青少年社会适应存在显著相关。[56]

基于亲子沟通的三层次模型的一项研究比较了学业成绩优秀、中等和较差儿童的亲子沟通状况。结果发现，成绩优秀儿童的表达主动性、清晰性、敏感性得分显著高于成绩较差儿童。三组儿童父亲的某些沟通能力存在显著差异；学业成绩较差儿童的父子和母子沟通质量均显著低于成绩优秀儿童；成绩优秀儿童的父子沟通和母子沟通作用相对均衡，且两种沟通较一致，而成绩较差儿童的母子沟通的地位显著高于父子沟通，且两种沟通不一致。[57]一项研究通过对 519 名青少年的研究发现，父母的行为控制与心理控制均与青少年的早期攻击和社会退缩有关，父母行为控制与青少年早期攻击和社会退缩呈倒 U 形曲线关系，心理控制与其呈线性关系；认知重组和表达抑制在心理控制和攻击之间具有部分中介作用。[58]

为了探讨青少年感知的父母冲突对其网络成瘾的影响，研究者选取北京、重庆和石家庄三所初中学校 1038 名初一到初三年级的学生进行调查。结果表明，父母冲突和青少年对父母冲突的认知评价与青少年的网络成瘾呈显著正相关，而青少年的情绪管理与其网络成瘾呈显著负相关；父母冲突不仅直接影响青少年的网络成瘾，而且还通过青少年的冲突评价和情绪管理间接影响青少年的网络成瘾，但直接作用更为明显；相比青少年的冲突评价，青少年的情绪管理起着更为重要的中介作用。[59]

2. 同伴影响

一项研究通过对 430 名小学三年级至五年级的儿童进行了为期一年的追踪调查发现，不同的攻击行为发展轨迹在社会喜好上的主效应显著，但是在友谊质量上的差异不显著。[60]为检验同伴侵害影响儿童孤独感的中介变量，一项研究对武汉市某小学三年级至六年级 445 名儿童进行了调查。结果发现：同伴接纳和整体自尊是同伴侵害与孤独感间的两个中介变量。在考察单一变量的中介作用时，同伴接纳在儿童的同伴侵害与其孤独感间起完全中介作用，而整体自尊在儿童的同伴侵害与其孤独感间起部分中介作用；当同时考察同伴接纳与整体自尊的中介作用时，同伴接纳与整体自尊在同伴侵害与孤独感间起完全中介作用，而且，由于同伴接纳对整体自尊的正向预测作用，同伴侵害对整体自尊的预测关系不显著。[61]

为探讨同伴接纳知觉准确性和偏差与孤独感之间的关系，一项研究以515名小学三年级至六年级的儿童为研究对象，结果表明，同伴接纳知觉绝对准确性与孤独感相关不显著，但同伴接纳知觉相对准确性可以显著预测当前和一年后的孤独感；同伴接纳知觉偏差与孤独感具有双向影响作用，积极同伴接纳知觉偏差有利于降低儿童的孤独感，并且孤独感能正向预测后期的同伴接纳知觉偏差。[62]

3. 学校教育

为考察理性情绪教育对增进学生良好学业情绪的作用，一项研究对343名初一、初二和高一年级学生进行调查。然后在所调查的高一年级中，选取调查结果无差异的两个班级，指定其中一个班为实验班（57人），另一个班为对照班（52人）。对实验班的学生进行为期8周的理性情绪教育课堂干预。结果发现，理性情绪教育可以增加高一学生的良好学业情绪，减少消极学业情绪；同时提高学科学业自我概念。[63]

一项研究以432名幼儿教师为样本，探讨了幼儿教师教学策略的结构及类型，并进一步分析了不同类型幼儿教师的教学策略特点。结果表明，幼儿教师教学策略的结构主要包括引导监控策略、分析总结策略、交流互动策略及计划应变策略4部分；幼儿教师教学策略的类型主要分为综合发展型、整合提升型和交流缺失型3种；综合发展型幼儿教师的教学策略水平较高，交流缺失型幼儿教师的交流互动策略最差，而整合提升型幼儿教师的教学策略正处在整合发展期。[64]

一项研究采用国际学生评价项目PISA2006的数据，比较中国香港、日本、芬兰和美国四个国家（地区）的学校教育资源与学生数学素养成绩的关系。结果发现，在控制学生背景变量的情况下，学校教育资源对学生数学素养成绩的影响在四个国家（地区）之间存在一定的文化差异：学校大小、生师比对中国香港学生数学素养成绩有显著的正向预测作用；学校大小、班级大小、学校类型、有硕士研究生学历的教师比例对日本学生数学素养成绩有显著的正向预测作用，用于教学的计算机比例对日本学生数学素养成绩有显著的反向预测作用；学校教育资源对芬兰学生数学素养成绩没有显著的预测作用；学校类型对美国学生数学素养成绩具有显著的反向预测作用。[65]

（五）弱势群体子女心理问题研究

随着城镇化进程不断加快，流动人口不断增加，越来越多的“非本地户籍人口”成为发展生产的主力。他们是弱势群体的代表，他们子女的心理发展也越来越引起心理学界的重视。一项研究使用问卷法对4279名流动、留守和农村普通儿童的亲子、师生和同伴关系、社会负性环境和问题行为进行调查，结果发现，小学流动儿童的轻度问题行为得分显著高于留守儿童和普通儿童，小学流动和留守儿童的重度问题行为显著高于普通儿童；中学流动儿童的轻度问题行为得分显著高于普通儿童，普通儿童的相应得分又显著高于留守儿童；普通和留守儿童的亲子、师生关系和社会环境显著好于流动儿童；亲子关系可以调节社会负性环境对流动和普通儿童问题行为的预测作用；同伴关系可以调节社会负性环境对留守和普通儿童问题行为的预测作用。[66]为了探索留守儿童人格特征、应对方式与心理适应性的关系，一项研究运用问卷测量的方法，以332名农村留守儿童为研究对象。结果发现，留守儿童心理适应性总体发展具有显著的年级和安置方式差异而性别差异不显著；留守儿童的人格特征可以直接影响其心理适应性，应对方式可以直接影响心理适应性中的个别因子，还可以通过人格特征间接地影响心理适应性。[67]

一项研究通过整群抽样法对5所北京市公立学校和1所打工子弟学校的1164名流动儿童进行调查，对其进行为期一年的追踪测查研究。结果发现，经过一年的城市适应，流动儿童整体的积极应对增多，消极应对减少，抑郁感下降，但社交焦虑水平无明显变化；流动儿童个体在压力应对、抑郁感、社交焦虑的发展上均表现出两极分化的现象，年龄越小、来京时间越短、低年级及女生流动儿童群体的发展趋势更为良好；流动儿童压力应对方式与抑郁感、社交焦虑间存在相互作用的动态关系。[68]一项研究考查了流动儿童学校归属感和学校适应的关系，以及集体自尊在二者之间的中介作用。通过对719名流动儿童进行问卷调查。结果表明，流动儿童的学校归属感通过提高其集体自尊而促进学校适应。[69]

一项研究比较了外来中学生与上海本地学生自尊、家庭功能以及学校适应的状况，并探讨家庭功能、学校适应及社会经济因素对自尊的影响。采用问卷法共收集浦东612名初中生自尊、家庭功能、学校适应及一般社会人口学的数据。结果表明，外来中学生自尊水平显著低于本地学生；同伴关系、家庭经济水平特别影响外来中学生的自尊水平。[70]

一项研究考察了分离年龄和留守时间对留守儿童行为和情绪问题的影响。对268名留守儿童和228名非留守儿童进行调查，结果表明，留守所导致的亲子分离现象对儿童行为适应及情绪发展存在不利影响，年幼时（6岁以前）与父母分离，无论留守时间长短，都将对儿童的行为和情绪发展造成消极影响；而年龄较大时（6岁以后）与父母分离，则分离时间越长，对行为和情绪发展的消极影响越严重。[71]一项研究考察了留守儿童的孤独感与友谊质量及社交地位的关系。对268名留守儿童和228名非留守儿童进行调查的结果表明，与非留守儿童相比，留守儿童孤独感明显偏高；留守儿童的友谊质量及社交地位与其孤独感密切相关。高孤独感的留守儿童与同伴之间的情感联系少并处于不利的社交地位。[72]

（六）老年心理研究

对45名老年人和59名青年人进行半结构化访谈和人格特质测量，结果表明，老年人和青年人的悲伤情绪体验没有显著差异。老年人的被动情绪调节策略的使用和青年人存在显著差异；老年人的被动情绪调节策略不但与年龄有关，而且与悲伤情绪体验有关。悲伤情绪体验可以显著预测其被动情绪调节策略使用；老年人的悲伤情绪体验与人格特质神经质维度存在显著正相关；老年人与青年人的被动情绪调节策略都与悲伤情绪有关，但老年人的被动情绪调节策略不能由人格特质显著预测，而青年人的被动调节策略还可以由人格特质内外向维度显著预测。人格特质的内外向维度对老年人和青年人的前摄性情绪调节策略的预测效应是一致的。[73]

为了考察农村留守老人感恩、情绪智力和自我和谐之间的关系及作用机制，研究者调查了153名子女打工在外的农村老人，结果表明，农村留守老人的感恩和情绪智力水平较高，自我和谐程度偏低；自我和谐在健康状况上的主效应显著，健康状况与子女联系状况的交互作用也显著；感恩与农村留守老人的自我和谐呈显著负相关；情绪智力在感恩与自我和谐的关系中发挥着部分中介效应；情绪智力不是调节变量，不会显著影响感恩与自我和谐之间关系的强度和方向。[74]一项研究采用社会支持评定量表和UCLA孤独量表对487名老年住院患者进行调查分析。结果显示，老年住院患者的社会支持在性别、宗教信仰、配偶等方面的差异显著，老年住院患者的孤独感在配偶方面的差异显著。孤独感与社会支持、客观支持、主观支持和对支持的利用度呈显著负相关。客观支持和主观支持能够显著预测老年住院患者的孤独感。良好的社会支持能够减轻老年住院患者的孤独感。[75]

一项研究对27对60～84岁老年夫妻的依恋风格及夫妻冲突情况进行了测查。结果表明，老年夫妻冲突具有低频率、低强度、较低的威胁性、较高的建设性及易解决的特点；不同依恋风格的老年夫妻冲突的强度、频率、冲突解决程度均不存在显著差异；在冲突性质上，安全型依恋风格老年人感知到的冲突建设性显著高于不安全型依恋风格个体，但其感知到的冲突威胁性无显著差异；老年夫妻对冲突的感知存在冲突知觉一致性效应。[76]

三、统计、心理测评研究

（一）心理统计方法的研究

优化中介效应的检验方法一直是心理统计的重要关注点。一项研究通过中介效应检验方法之间的比较和效果量指标之间的比较，建议放弃将总效应c显著作为检验中介效应的前提条件，并放弃基于直接效应c′显著性的完全和部分中介的提法，推荐使用偏差校正的百分位Bootstrap法直接对中介效应ab进行检验，使用K^2、R^2med等中介效果量指标并报告效果量的置信区间。[77]

另一项研究采用Monte Carlo模拟技术，探讨心理与教育测量数据分布对概化理论各种方法估计方差分量的影响。结果表明，Traditional方法估计正态分布和多项分布数据的方差分量相对较好，估计二项分布数据需要校正，Jackknife方法准确地估计了三种分布数据的方差分量，校正的Bootstrap方法和有先验信息的MCMC方法（MCMCinf）估计三种分布数据的方差分量结果较好；心理与教育测量数据分布对四种方法估计概化理论方差分量有影响，数据分布制约着各种方差分量估计方法性能的发挥，需要加以区分地使用。[78]

在结构方程模型的领域，研究者通过模拟研究，比较了SEM框架下WLSc和WLSMV估计方法与MIRT框架下MLR和MCMC估计方法的差异。研究结果表明，WLSc得到参数估计的偏差最大，且存在参数收敛的问题；随着样本量增大，各种项目参数估计的精度均提高，WLSMV方法与MLR方法得到的参数估计精度差异很小，大多数情况下不比MCMC方法差；除WLSc方法外，随着每个维度测验题目的增多，参数估计的精度逐渐增高；测验维度对区分度参数和难度参数的影响较大，而测验维度对项目因素载荷和阈值的影响相对较小；项目参数的估计精度受项目测量维度数的影响，只测量一个维度的项目参数估计精度较高。[79]

一项研究探讨了题组随机效应模型的适用范围。采用Monte Carlo模拟研究，分别使用2－PL贝叶斯题组随机效应模型（BTRM）和2－PL贝叶斯模型（BM）对数据进行拟合，考虑了题组效应、题组长度、题目数量和局部独立题目比例的影响。结果显示，BTRM不受题组效应和题组长度影响，BM对参数估计的误差随题组效应和题组长度增加而增加；BTRM具有一定的普遍性，且当题组效应大，题组长，题目数量大时使用该模型能减少估计误差，但是当题目数量较小时，两个模型得到的能力估计误差都较大；当局部独立题目的比例较大时，两种模型得到的参数估计差异不大。[80]另一项研究采用模拟数据考察在均衡的不完全分块（BIB）矩阵取样设计中，似真值（PV）与传统的MLE、WLE和EAP方法对学生能力总体参数估计的精确性和稳健性。结果表明，PV对总体平均数和标准差的估计最为精确和稳健；EAP倾向于低估，MLE和WLE倾向于高估，且精确性和稳健性远远不如PV。同时，总被试量对估计结果的影响很小，而每个题本中的项目数量对估计结果的影响较大。[81]

一项研究对比了展开模型（GGUM）和优势模型（GRM）对职业兴趣测验反应数据的拟合情况，并对展开模型和优势模型两种测验编制方法在职业兴趣测验中进行了比较。结果发现，展开模型的模型拟合情况和测量精度优于累积模型，两种模型对被试能力参数估计的差异主要体现在极端被试上，对兴趣水平极端高的被试，展开模型的估计值更精确；采用展开模型编制的测验在信度上远远高于Likert方法编制的测验，中间区域题目的增加提高了测验的信度，但两种方法在测验的效标关联效度上没有差异。这说明，在职业兴趣的测量上，展开模型更精确；在职业兴趣测验的编制上，GGUM和Likert法没有差异，反而Likert法具有简便、易懂的优势。[82]

（二）心理测量方法的研究

在心理测量领域，测验的开发与修订、信效度检验工作不断在进行。符合中学生特点的本土化迷信信念量表通过7次抽样，共计调查3064人次，通过通俗度检验和3次探索性因素分析，最终被编制出正式版。[83]适用于青少年的宽恕倾向问卷被编制，研究者通过开放式问卷和访谈收集初始问卷条目，然后又采用探索性和验证性因素分析进行检验。[84]一项研究通过对153名大学生进行预试调查和710名大学生展开正式施测，编制了大学生网络消费偏好的问卷。[85]一项研究通过专家评定法对问卷进行修改后，对1166名初一到高二年级的学生进行施测，编制了青少年上网污名知觉问卷和内化污名问卷。[86]一项研究对5273名中学生进行调查后，编制了适合我国中学生的常见心理问题筛查量表。[87]一项研究编制了适合中国国情的父母对大学生生涯发展期望的量表。[88]一项研究通过先后对533名和532名大学生进行调查，最终编制了适用于中国大学生的生涯阻碍知觉问卷。[89]一项研究探索了离线元认知调节的测量学结构，开发出相应的测量工具，并且在职业测评领域通过实践检验。编制出离线调节量表。[90]一项研究对10名中学教师进行了开放式访谈，编制了教学效能感量表，又先后对200名和530名中学教师施测对量表进行检验和修订。[91]

在一项研究中，研究者采用双盲翻译获得的中文版囤积量表SI－R对1979名大学生施测，最终对其进行修订。[92]为了在大学生群体中对思维压抑量表（White Bear Suppression Inventory，WBSI）进行修订并考察其信效度，先后三次分别对125名、383名和334名大学生进行施测。[93]一项研究在华北、西北、东南、东北等地区4所高校收集有效数据718份，并在两周后对其中的125人进行重测，最终修订了正念注意觉知量表（MAAS）中文版。[94]一项研究考察了情绪调节自我效能感量表（RESE）中文版在我国初中生群体中的适用性。[95]一项研究通过使用游戏角色依恋问卷和网络游戏成瘾问卷对481名在校大学生网络游戏玩家进行测量，将游戏角色依恋问卷应用于我国大学生人群。[96]一项研究将多维强迫量表（DOCS）引入中国，通过方便取样对1787名大学生进行测查，结果表明，DOCS原四因素模型在中国大学生样本中不适用，五因素的结果符合心理测量学的标准，但需要扩大样本和增加临床样本进一步检验。[97]一项研究在北京与上海两地8所幼儿园收集数据，对学前行为与情绪量表（PreBERS）进行中文版修订。[98]一项研究检验了艾森克个性问卷（成人版）计算机自适应测验（EPQ－A－CAT）在实际应用中的测量精准度、效度和测试效率。[99]一项研究在5·12汶川地震灾民群体中修订创伤后成长量表。[100]一项研究对348名本科生进行初测，在745名本科生中正式施测，检验了非理性拖延量表（IPS）在我国大学生群体中的适用性。[101]一项研究使用4903名老年人组成的全国样本，系统地检验了流调中心抑郁量表的因素结构。[102]这些编制和修订的测验均具有良好的信度与效度。

四、组织行为与人力资源的研究

组织行为与人力资源方面的研究一直是心理学应用于社会，应用于企事业单位的重要领域，这方面的研究总是能产生最直接的经济效益。

（一）团队研究

研究者对来源于46项研究的59个独立样本运用元分析方法对个体和团队层面情绪智力与工作相关变量的关系进行了探讨。结果发现，个体情绪智力与领导行为有效性高度正相关，与任务绩效、背景绩效、自我效能感有中偏高的正相关，与工作满意、组织承诺、创新行为有中偏低的正相关，与工作倦怠有中偏高的负相关，与工作压力有中偏低的负相关，与员工离职和凝聚力的相关不显著。团队情绪智力与团队绩效高度正相关。结果表明，情绪智力是工作场所有价值的变量，它对有效的工作变量有不同程度的预测性。[103]

一项研究基于85个团队的团队领导和475名团队成员的配对数据，考察了团队情绪氛围、情绪劳动及团队效能感对团队创新绩效的影响机制。结果发现：团队中有两种类型的情绪交换——团队情绪氛围是团队内部的情绪交换，而情绪劳动是团队成员对外的情绪交换。高强度的情绪劳动（高外部情绪交换）具有情绪资源攫取的效果，削弱了团队积极情绪氛围与团队创新绩效之间的关系；当团队工作的情绪劳动程度较高时，团队较低的积极情绪氛围对于团队创新反而有更强的促进作用。团队积极情绪氛围（团队内部的积极情绪交换）对于团队效能感有促进作用。团队情绪氛围与情绪劳动的交互作用以团队效能感为完全中介进而影响团队创新绩效。[104]

另一项研究以国内13家大型企业集团75个工作团队共334名团队成员为研究对象，利用问卷调查，探讨了团队沟通、工作不安全氛围对团队成员创新行为的影响，以及创造力自我效能感对此关系的调节作用。结果表明，团队沟通、工作不安全氛围对团队成员创新行为有倒U形的影响；创造力自我效能感调节团队沟通、工作不安全氛围与团队成员创新行为之间的关系：员工的创造力自我效能感越高，团队沟通、工作不安全氛围对团队成员创新行为的倒U形影响越小。[105]

（二）领导与上下级关系的研究

为了考察中国组织情境下领导方式的有效性问题，一项研究以91项实证研究（92个独立样本，33517名员工）为对象，综合使用元分析、相对权重分析和结构方程技术，结果表明，变革型领导和领导—部属交换与员工积极性态度和行为正相关，破坏型领导与员工积极性态度和行为负相关。三种领导方式的有效性有所不同：在对下属态度的影响上，领导—部属交换作用最强，变革型领导次之，破坏型领导最弱；在对下属行为的影响上，破坏型领导作用最强，领导—部属交换次之，变革型领导最弱。关系导向领导方式在行为导向领导方式与下属反应关系中起部分中介作用，即除了直接影响，变革型和破坏型领导还通过提高和降低领导—部属交换质量影响下属态度和行为。[106]一项研究通过对国内一家企业共785位员工及其直接主管的问卷调查，考察了下属心理资本在变革型领导与下属工作绩效及满意度之间关系的中介作用以及程序公平对该关系的调节作用。结果表明，下属的心理资本与其工作绩效和满意度正向相关；下属的心理资本部分中介了变革型领导对下属工作绩效及满意度的正向关系；下属的程序公平感越高，变革型领导与下属心理资本的正向关系越强，反之越弱；程序公平感越高，变革型领导通过心理资本对下属的工作绩效和满意度所产生的作用就越强，反之越弱。[107]

通过对我国26个省市企事业单位员工的问卷调查，研究者探讨了CPM领导行为模式对员工利他行为和工作投入的影响途径。结果表明，C因素和M因素通过信任上司的完全中介作用影响利他行为和工作投入，而P因素则通过信任上司的部分中介作用对它们产生影响；信任上司通过情感承诺的完全中介作用影响工作投入，通过情感承诺的部分中介作用影响员工的利他行为。[108]为了考察辱虐管理与下属针对领导偏差行为之间的关系，以及同事偏差行为和惩罚可能性在其中起到的调节作用，一项研究采用问卷调查法，分两次在企业员工中施测，获得271份有效匹配数据。结果表明，企业欲减少员工的偏差行为，除杜绝辱虐管理的发生，还应下大力气整治组织风气，建立赏罚分明的规章制度。[109]一项研究以373份对上级—下属配对数据为样本，分析了上级的变革型领导对下属进谏行为的影响以及组织心理所有权的中介效应和传统性的调节效应。结果发现，变革型领导对下属进谏上司和进谏同事均有积极影响；变革型领导通过组织心理所有权的中介效应影响下属进谏上司、进谏同事；传统性对组织心理所有权与进谏上司、进谏同事之间的关系具有调节效应，员工的传统性越高，组织心理所有权对进谏上司、进谏同事的影响越小。[110]另一项研究探讨了下属的反馈寻求行为在上司不当督导与下属绩效之间的中介作用，下属的学习目标定向对上述过程中的调节作用。通过问卷法获得306名下属与上司的对偶数据，结果表明：上司不当督导不仅直接影响下属的绩效，还能通过抑制下属的反馈寻求行为间接地影响员工的绩效；下属的学习目标定向调节着上司不当督导与下属的反馈寻求行为的关系，下属的学习目标定向越低，上司不当督导对反馈寻求行为的抑制作用越明显。[111]

（三）员工个体行为研究

研究者在总结前人研究的基础上指出，工作重塑与主动性人格、生涯取向、自主性、人—环境不匹配等因素之间存在密切联系，并对工作满意度、工作意义感、工作投入、工作绩效和组织承诺等具有积极预测作用。[112]一项研究从中国文化的视角，探讨组织政治技能对个体自身的影响作用。结果显示，组织政治技能与工作满意度之间存在线性关系，而非曲线关系；组织政治技能中的处世圆通和面子和谐两个维度有利于缓解工作压力，而人际敏锐可能增加个体的工作压力感；自我评价对于组织政治技能与工作压力和工作满意度之间关系的中介效应不显著；工作压力在处世圆通、人际敏锐和面子和谐三个维度与工作满意度之间起完全中介作用。[113]另一项研究探讨了依恋关系对员工工作绩效的影响以及性别在其中的调节作用。对110名不同职业和岗位员工依恋与工作绩效的关系进行调查，结果发现，倾注型被试在情境绩效上的得分显著低于安全型被试和害怕型被试；依恋焦虑与任务绩效和情境绩效均呈显著正相关；依恋焦虑可以预测情境绩效；通过进一步分析，发现男性和女性在情境绩效和任务绩效上有所不同，说明性别在依恋关系和工作绩效之间起调节作用。[114]

为了考察心理授权、工作倦怠和离职意向的关系，一项研究以某大型通信企业呼叫中心的309名客服代表为研究对象，采用问卷调查方式对客服代表的心理授权、工作倦怠和离职意向进行调查。结果显示，心理授权对离职意向有负向影响，工作倦怠对离职意向有正向影响。其中，心理授权先影响情绪衰竭，再影响玩世不恭，最后对离职意向起负向预测作用。研究结果支持了工作倦怠在心理授权和离职意向之间的中介作用。[115]一项研究探索了压力偏好和任务类型在拖延行为对绩效产生影响中的调节作用。用问卷调查的方法对155人进行调查。结果发现：相比偏好压力者，厌恶压力者的工作绩效更容易受到拖延行为的影响；对于复杂任务，拖延对偏好压力者的绩效影响显著低于对厌恶压力者；而对于简单任务，两种类型人的绩效的差别并不明显。结论是，偏好压力者能够减弱拖延行为对其工作绩效的影响，尤其对于复杂任务，这种影响更加明显。[116]为探讨压力情境认知评价与工作倦怠的关系，一项研究选取北京、河南两家公司的303名员工进行调查。结果发现，在控制了人口统计学因素之后，挑战评价对玩世不恭存在显著正向预测作用，控制评价对情绪衰竭、玩世不恭和成就感低落存在显著负向预测作用；进一步分析发现，控制评价在情绪中心应对与情绪衰竭、问题中心应对与成就感低落之间的关系上具有调节作用。结果表明，压力情境认知评价是影响员工工作倦怠的重要因素。[117]

五、人格与社会心理学研究

对于人格与社会心理学研究因其与社会现象关联的紧密性而逐渐成为社会关注的热点心理学问题。

（一）人格心理学问题的研究

对人格的研究近来一直呈现出跨领域的特性，一项研究对416名初中学生进行调查，考察青少年气质、父亲教养对青少年一般自我概念的影响。结果表明，气质的意志控制和消极情绪性特征分别正向和负向预测青少年的一般自我概念，权威型父亲教养能够正向预测青少年的一般自我概念、气质的外向性和归属感特征，专制型父亲教养对青少年的一般自我概念不具有显著预测作用。气质与父亲教养对青少年一般自我概念的影响表现为累加效应，不具有交互效应。[118]为探讨大学生的三重自我建构与个人自主水平之间的关系，一项研究用问卷法对477名本科学生进行调查。结果表明，个体自我可显著负向预测外部调控，正向预测认同调控和整合调控；关系自我可显著正向预测外部调控和投射调控，且可在个体自我与外部调控、认同调控的关系中起调节作用；集体自我可显著负向预测外部调控，正向预测投射调控、认同调控和整合调控，且可在个体自我与投射调控的关系中起调节作用。研究支持了个体自我的积极作用，同时也揭示了关系自我和集体自我对个人自主产生积极作用的方式。[119]

为了探索中国人抑郁易感人格的特点与结构，研究者首先将国内有抑郁症病史者作为中国抑郁易感个体的典型代表，以临床咨询经验丰富的精神科医师为主要调查对象，通过深度访谈和开放式问卷调查探索中国人抑郁易感人格特征；在此基础上形成原始项目，在一般大学生和有抑郁症病史者被试基础上探索并验证中国人抑郁易感人格结构；最后对一般大学生进行追踪研究，初步考察中国人抑郁易感人格与压力交互作用对抑郁症状的影响。结果表明，中国人抑郁易感人格是一个五因素结构，中国人抑郁易感人格量表具有良好的心理测量学指标，能够有效筛查中国抑郁易感个体。[120]另一项研究通过对1076名大学生进行人格特质（外倾和神经质）、情绪调节自我效能感和情绪体验的测查，探讨了外倾和神经质影响情绪的可能机制。结果表明，情绪调节自我效能感与外倾和神经质之间有紧密联系；外倾与情绪调节自我效能感可以有效预测个体正性情绪的变异；外倾对正性情绪的影响部分是以情绪调节自我效能感为中介的。[121]

一项研究以80名大学女生为被试，采用两个实验考察了想象重要他人对于自我评价转移的影响，并探索了自尊的调节作用。结果发现，当想象重要他人为父母时，相对于想象同性朋友，被试更倾向于认为自己合群、独立；相对于想象异性朋友，被试更倾向于认为自己道德水平高、合群性强；当想象重要他人为男朋友时，相对于想象同性朋友，被试的自我评价更偏向神经质。[122]另一项研究探讨成败反馈对大学生核心自我评价的影响，以及任务重要性和外向性在其中的调节作用，247名被试随机分配到各实验组中。结果表明，反馈类型、任务重要性和外向性对核心自我评价变化的主效应及三者的交互作用效应均显著；成败反馈与任务重要性对核心自我评价变化存在显著的交互作用；简单效应分析表明，在失败反馈条件下，执行重要任务被试的核心自我评价下降幅度显著大于执行不重要任务被试；成败反馈与外向性对核心自我评价变化存在显著的交互作用；简单效应分析显示，在失败反馈条件下，外向被试核心自我评价的下降幅度显著小于内向被试；在失败反馈条件下，任务重要性和外向性对核心自我评价的变化存在交互作用。[123]还有一项研究验证了我国大学生的自我建构的个体间差异对利己归因偏好与自我增强的影响。大学生被试首先完成一个虚拟的能力测验，然后对其自我建构等进行测量，最后被试得到成绩反馈并进行归因与课题评价。结果表明，被试表现出利己归因偏好，独立型比依存型自我建构者表现出更显著的自我增强，同时独立性对自我增强起极重要作用。[124]

一项研究以概念启动和情境启动的方式分别激活了可能自我和当前自我知觉，借以检验对自我提高和自我增强的影响。结果发现，相对于当前自我，可能自我启动后，个体对自我的评价更低，更乐意接受反馈，也更能注意到测试对自己的帮助；一年级学生在读了明星学生的新闻后对自己的评价更低，对明星的评价更高；四年级学生则相反。这表明，消极反馈和可能自我的同时出现引发了自我提高动机，消极反馈和当前自我共同激活了自我提高动机。[125]

（二）社会心理问题研究

近年来，社会心理研究主要围绕社会行为、社会热点问题以及人际互动等领域展开，因其社会影响越来越受到心理学界关注和重视。

1. 社会交往与人际互动

人际好奇是指渴望获得新异、未知的关于他人的信息，在人们的社交活动中有着重要的意义。一项研究通过一个两人共同完成的赌博任务考察了当前状况、性别及需付代价等因素对人际好奇的调节作用。结果发现，当个体处于优势地位时，相对于处于劣势的人，其人际好奇更强烈；女性比男性的人际好奇更强烈，但在满足人际好奇的过程中却会因需要付出一定代价而减少探究行为。[126]一项研究通过两项实验室实验探讨社会距离的外部线索——人格相似性和内外群关系对具身模拟强度的影响。结果显示：社会距离越近，个体的解释水平越低，具身模拟强度越高；解释水平可以部分中介人格相似性对具身模拟的影响，中介效应占总效应量的 38.4%；解释水平可以完全中介内外群线索对具身模拟的影响。最后，结合实验结果讨论了个体推断他人心理的过程和机制。[127]另一项研究探讨了体验式和分析式自我关注模式对高、低社交焦虑个体情绪、负性自我评价的影响，为社交焦虑个体的临床干预提供新的思路。通过创设实验室预期焦虑情景，引发高、低社交焦虑个体的焦虑情绪，并进一步通过不同指导语引导焦虑个体形成体验式或分析式自我关注模式，分析社交焦虑个体在两种自我关注模式下，情绪和负性自我评价的差异。结果表明，对社交焦虑个体而言，不同的自我关注模式具有不同的功能属性，体验式自我关注是适应性的，而分析式自我关注是非适应性的。[128]

一项研究采用问卷法对 638 名大学生的依恋、个人自主及人际适应状况进行测查。结果发现，依恋与个人自主均能显著预测大学生人际关系适应；依恋焦虑通过个人自主间接预测大学生人际适应，个人自主在依恋焦虑与人际适应间起完全中介作用；依恋回避直接预测人际适应。[129]另一项研究考察情侣依恋、情感投入和性别之间的关系。结果发现，承诺和满意度与焦虑依恋和逃避依恋相关显著，对两种依恋预测作用显著。性别调节作用仅存在于承诺和满意度与焦虑依恋的关系中：男生的承诺与焦虑依恋关系较强；女生的满意度与焦虑依恋关系较强。承诺和满意度与逃避依恋的关系没有性别差异。焦虑依恋和逃避依恋相对独立。性别对承诺和满意度与焦虑依恋和逃避依恋的关系中有不同调节作用。[130]为探讨私人意图和交际意图的动态时间过程的区别，一项研究记录了 16 名健康被试理解三种不同意图任务时的脑电成分。该结果为理解私人意图和交际意图的动态加工过程提供了神经电生理学的初步证据。[131]

互惠是一种存在于各种社会文化中的人际交往规范。研究者依据现有的互惠研究成果，分析了互惠发挥影响的内在作用机制是通过互惠各方的价值观、互惠过程中各方感知到的风险、各方冲突的程度这三种途径来实现的。[132]一项研究以 52 名大学生为被试，在模拟真实生活的游戏情境中，设定施恩与受恩的情形，考察个体是否会“知恩图报”。结果发现：受恩的被试具有一定的感恩意识，但比较薄弱；感恩情绪总体上是一种积极的心理体验过程，并且随着报恩行为的发生，个体的这种正性情绪会相对增强；受恩被试具有明显的感恩回报行为，但回报值低于所接受的恩惠值。说明“知恩图报”是以保护自身利益为前提的有限回馈，其实质很可能是基于亏欠而产生的一种偿还义务。[133]

2. 社会问题与社会行为

一项研究采用系列问卷，在 2004 年和 2009 年先后三次对甘肃省河西、河东汉族为主的地级市属各个县市区城乡居民以及蒙陇、湘陇的跨省域居民进行抽样调查。结果表明，区域文化同一性和差异性以及具体的生态环境、生活方式、经济发展、政治体制、社会结构、教育水平、风俗习惯、风土人情等差异，是影响区域居民心理健康、性格特质、社会态度、刻板印象等心理机能的重要变量。[134]

老乡心理的本质是祖籍族群认同。一项研究发现，老乡心理效应由语言认同、文化认同、情感认同、习俗认同、地域认同等成分组成，必备条件由中心因素和外围因素构成。采用群体参照效应的研究范式，考察在本地和外地上学的大学生对老乡的参照效应，发现被试在外地时，参照本省（市）人加工的回忆成绩显著优于其他参照条件，对本省（市）人表现出参照效应；被试在本地时，各参照条件下回忆成绩没有差异。老乡心理是形成区域心理性格的基础，也是区域文化差异与人格差异相互作用的重要标志。[135]为检验群体认同对极端群体行为（为群体牺牲意愿）的影响及其内在心理机制，一项研究采用问卷调查法，以上海三所高校的 467 名大学生为被试，结果表明，群体认同对为群体牺牲意愿有显著的预测作用；积极情感和否认态度完全中介群体认同对为群体牺牲意愿的影响，且积极情感在群体认同和否认态度之间担当部分中介角色；抗伤害信念在积极情感和为群体牺牲意愿之间起调节作用。[136]

一项研究通过三个实验考察了个体自发比较时威胁效应的来源及其消解。结果表明，威胁效应来源于自主条件下比较对象的选择。个体在比较后的自我评价过程中激活了周围优秀人物的信息，比较后自我评价水平降低，引发社会比较的威胁；中国文化背景下的个体在比较后存在威胁“泛化”现象，不论操作任务是否与自我相关，均会出现社会比较的威胁效应；与周围优秀人物进行比较所导致的威胁效应，可以通过自我肯定策略得以缓解，使个体的整体自我系统重新恢复平衡。[137]一项研究以6175名17岁以上的个体为被试，采用四种自编问卷考察了相对剥夺感对创新和反叛这两种社会适应方式的影响，归因方式在其中的中介作用和调节作用，同时还考察了反叛在相对剥夺感和创新关系中的调节作用。结果表明，相对剥夺感对社会适应方式具有正向预测作用；归因方式对相对剥夺感与社会适应方式的关系起部分中介作用；在弱势群体阶层中，反叛能减弱相对剥夺感对创新的直接影响。[138]

一项研究以价值观冲突理论为依据，探讨中国社会转型时期物质主义与儒家传统价值观的并存给当代大学生带来的心理冲突。采用测谎仪记录被试回答价值观选择两难情境问题时的皮电值，结果发现：对于高儒家传统价值观的大学生而言，物质主义水平较高的个体其皮电强度值要显著地高于物质主义水平较低的个体，而对于低儒家传统价值观的大学生则没有这种差异。表明同时拥有高水平的物质主义和儒家传统价值观的大学生会体验到更多的心理冲突。[139]

（三）行为决策与消费心理

行为决策与消费心理研究作为经济学与心理学的一个交叉领域，近年来发展迅猛，备受其他学科的关注。

研究者在总结大量研究的基础上发现心理账户因素、决策认知因素、决策情境因素和个体因素影响时间相关决策中非理性现象的产生。通过加强时间价值感知训练、理性分析和想象后悔、团队决策、制订合理时间计划和理解社会文化等方法，可减少时间相关决策中的非理性现象。[140]为了探索心理疲劳对风险决策的影响，以及任务框架对这一关系的调节作用，一项研究采用129名在校大学生进行2（疲劳，非疲劳）×2（获益框架，损失框架）被试间设计。结果显示，相对于非心理疲劳组，心理疲劳状态下个体更倾向于风险规避，且不受任务框架的影响。[141]

为探索影响大学生职业决策的影响因素和决策有效性，一项研究分别从决策者心理特征（内隐自尊与风险偏好）和职业方案特征（框架效应与风险水平）入手，考察二者对大学生职业决策行为的影响。研究表明，多数大学生倾向于选择保守职业方案；高风险偏好大学生倾向于选择冒险职业方案；高内隐自尊大学生倾向于主动择业；积极表述的职业方案更受大学生青睐。[142]为了考察模拟法官决策中心理控制源对后见偏差的影响，一项研究采用2（心理控制源：外控型、内控型）×3（有无策略：后见组、分散注意组、指导组）两因素被试间实验设计。采用自编两个案例及问卷测查模拟法官决策中后见效应的差异。实验结果发现，心理控制源是导致模拟法官决策中后见偏差存在差异的影响因素。同时，两种策略能够有效减少模拟法官决策中的后见偏差。[143]

一项研究使用同时评价、单独评价的研究范式从随机事件和自然事件两个领域来探讨模糊规避的形成机制。研究结果表明，当风险事件和模糊事件同时评价时，个体倾向于模糊规避；当风险事件和模糊事件单独评价时，模糊规避会消失。[144]为探讨偶然情绪对延迟选择的影响及影响机制，一项研究在被试进行决策前，分别采用图片和短片诱发其与当前决策任务无关的偶然情绪，然后要求被试完成选择任务，并从决策结果和决策过程两个角度考察偶然情绪对延迟选择的影响及影响机制。结果发现，当可选项中不存在1个优势选项时，与正性情绪相比，个体在负性情绪下会更倾向于延迟选择，而个体对决策信息的加工深度在偶然情绪对延迟选择的影响中具有中介作用。这可能是因为相比于正性情绪，个体在负性情绪下会采用更深入的加工策略，增加了决策难度，进而提高了个体的延迟选择倾向。[145]

一项研究采用IAT技术测查被试的内隐自尊，并引入收益和损失两种任务框架，综合探讨了内隐自尊水平、任务得失框架对自我决策和为他人决策时风险偏好的影响。结果发现，在收益框架下，被试为他人决策时更冒险，而在损失框架下，为自我和他人决策的风险偏好无显著差异；与为自我决策相比，低内隐自尊者为他人决策时更冒险，而高内隐自尊者为自我和他人决策的风险偏好无显著差异；内隐自尊水平与任务框架的交互作用及内隐自尊水平、任务框架和决策者角色之间的三级交互作用均不显著。[146]一项研究考察了在一个道德两难的情境中，权威人格和权力感对道德思维方式的影响。以某市公检法系统的122名公务员为被试。首先采用权威人格问卷筛选出高权威人格组和低权威人格组被试，然后分别进行高、低权力感的启动，最后让被试对一个道德上的两难情景作出选择，选择的结果可以反映被试的道德思维方式。研究结果显示，高权威人格组被试在启动了他们高的权力感后，产生了明显的以规则导向为主的道德思维，而对低权威人格被试，他们道德思维方式则不受权力感启动的影响。由于社会冲突的产生常常与冲突情境中的道德思维方式有关。[147]

不作为惯性指如果个体先前已错过了一个更优的机会，当次一些的类似机会再出现时（但仍好于一般情况），个体会倾向于继续放弃这一机会。研究者总结了导致不作为惯性的两个主要原因是后悔情绪和估价；并探讨了不作为惯性产生的条件及在市场营销及股票市场中的应用研究。[148]

为了探讨哪一类别商品的平面广告更适合于采用幽默的诉求方式，一项研究随机选取 160 名大学生为被试，以 16 则改编平面广告为实验材料，以广告类型（幽默，非幽默）、商品类别为自变量，以广告评价、广告顺序为协变量，以商品的印象、喜爱程度、购买意向为因变量，进行平衡设计实验。结果表明，幽默广告具有较好广告效果，可以提高受众对大宗工具、小奖赏和小工具型商品的记忆；幽默平面广告更适用于低风险、功能性商品，不适用于高风险、享乐性商品。[149]一项研究提供了一个关于品牌情感和品牌信任同时影响品牌忠诚形成过程的动态研究，弥补了现有营销文献中这一理论的不足。通过一个纵向情境模拟实验研究发现，随着时间的推移，品牌信任对品牌忠诚的影响作用增强了，而品牌情感的影响作用减弱了。并且，消费者对品牌的不一致性体验会削弱这种效应。最后，研究指出品牌情感和品牌信任对品牌忠诚共同的影响作用随着消费经验的积累显著增强。[150]

一项研究经由两个实验探讨了不同情绪特点的消费者对两种说服策略的反应。通过区分反驳型说服策略和诊断型说服策略，并将其联结于消费者的情绪特点（情绪类型与情绪强度）。结果表明，根据消费者负面情绪特点，适当的说服策略有利于消费者原谅品牌，进而产生品牌关系再续意愿。[151]另一项研究针对分析式系统对来源国效应的削弱，检验了产品信息呈现方式对来源国效应的调节作用。结果表明，分析式系统的启动可以有效削弱来源国效应；特定的产品信息呈现方式所引起的消费者信息处理不流畅性感知会激发消费者的元认知困难，从而使他们在产品评价过程中主要依赖分析式系统，达到削弱来源国效应的目的；并不是所有能引起信息处理不流畅性的产品信息呈现方式都能削弱来源国效应，过于复杂的呈现方式由于给消费者带来过多认知负荷，反而不能成功启动分析系统，从而无法削弱产品来源国形象对消费者产品评价的影响。[152]

六、情绪、认知与脑神经科学研究

（一）情绪研究

一项研究运用经验抽样法对 154 名大学生的日常情绪体验、生活事件进行为期 14 天的追踪调查，结果表明：大学生积极情绪体验多于消极情绪体验。在个体内和个体间，消极事件都对积极情绪有显著的负向预测作用，对消极情绪有显著的正向预测作用；积极事件对积极情绪有显著的正向预测作用。积极事件对消极情绪的负向预测作用只在个体间水平显著。表达抑制这种情绪调节策略能够增强消极生活事件与消极情绪体验的关系。[153]一项研究通过两项实验分别探讨特质性、情境性调节模式是否影响反事实思维与后悔之间的关系。结果表明：特质性调节模式及情境性调节模式均对反事实思维与后悔之间的关系具有调节作用，具体来说，针对情境性调节模式而言，运动模式下加法式思维越多则后悔越轻微，评估模式下加法式思维越多则后悔越强烈；针对特质性调节模式而言，运动模式下加法式思维越多则后悔越轻微。[154]

情绪的控制是一个有趣的领域，正逐渐受到重视。一项研究招募 20 名大学生，从中国情感图片系统选择正性、中性和负性情境图各 29 张为刺激，采用默数和深呼吸为注意分散任务，记录和测量情绪状态强度和事件相关电位数据。结果表明，注意分散不仅有效降低被试的主观情绪状态强度，而且能够调节 LPP 波幅，是有效的情绪调节策略，但默数和深呼吸对不同效价的图片呈现出不同的时间过程模式。[155]一项研究采用实验法，以 183 名大学生运动员为被试，以心率变异性为指标，在情绪诱发和认知任务的两种情况下，系统考察了不同情绪状态、不同情绪调节策略下运动员自主神经反应的特点，结果表明：情绪诱发情况下，运动员心率变异性分别受情绪状态和情绪调节策略影响。正性情绪的情绪稳定性小于负性情绪，认知重评策略更为有效；认知任务情况下，运动员心率变异性受情绪状态和情绪调节策略的共同影响。负性情绪条件下表达抑制策略的效果减弱，正性情绪条件下认知重评策略更为有效。[156]

一项研究采用 EEG 法探究音乐对悲伤情绪舒缓作用，选取中国古典、流行、摇滚及班得瑞音乐及悲伤影片。播放影片诱发悲伤情绪后，用音乐进行舒缓，同步采集脑电，分析得脑电功率谱（PS）及重心频率（GF）。结果表明，影片显著降低了 GF 及 α 频段 PS；古典音乐 GF 最高，且诱发的 α 段 PS 最高，摇滚乐最低；脑对音乐加工的性别差异显著，半球差异不显著；主观体验悲伤度与 α 波 PS 显著负相关。所选音乐均具情绪舒缓作用，中国古典音乐最佳；α 波 PS，可作为反映悲伤—快乐情绪体验变化的脑电指标。[157]为考察运动员咀嚼口香糖行为与竞赛焦虑的关系，一项研究调查了 457 名运动员。结果发现，运动员在竞赛情景下普遍处于应激状态并容易体验到焦虑；竞赛咀嚼行为与竞赛焦虑存在显著正相关，竞赛焦虑高的个体拥有更多的竞赛咀嚼行为，并更多地采用咀嚼口香糖的方式来缓解竞赛焦虑。[158]

（二）知觉研究

一项研究采用启动范式，以汉语听者为被试，考察了非言语声音是否影响言语声音的知觉。研究发现，非言语声音能够影响言语声音的知觉，表明言语声音知觉也需要一个前言语的频谱特征分析阶段。[159]另一项研究以电影视频作为刺激材料，通过控制视频的声音信息，采用眼动技术探讨了声音对字幕偏好性的影响。结果发现：视频的声音信息会对字幕的加工产生影响，关闭声音后字幕的加工时间和次数会增加，对字幕的注视次数和注视时间占总注视的比例超过了 50%，说明声音和字幕对视频的理解具有相互辅助的作用。[160]

一项研究通过两个实验考查材料类型和颜色典型性对颜色—物体 Stroop 效应的影响，考查颜色—物体（图片）Stroop 效应。结果表明颜色典型性差异显著，命名图片的颜色和图片的名称都产生显著的颜色—物体 Stroop 效应。并且考查颜色—物体（词语）Stroop 效应。结果表明颜色典型性差异显著，命名词语的颜色产生颜色—物体 Stroop 效应，命名词语的名称未产生颜色—物体 Stroop 效应。结论：材料类型和颜色典型性影响颜色—物体 Stroop 效应。[161]物体识别的两大理论一直存在争议。研究者采用启动范式下的分类任务，通过操纵物体自身的结构信息和相对的结构信息，考察了三维物体识别的影响机制。结果发现，物体自身组成部分之间的分离水平和物体之间的相对空间位置对物体识别的影响均呈层级式。支持以观察者为中心理论的整体表征观；不分离水平和相同位置上，整体启动快于部分启动；全分离水平和远距离位置上，部分启动快于整体启动。支持以物体为中心理论的小几何体优先表征观。实现两大理论的融合需要进一步厘清“what + where”两通路联合表征的二级子层级。[162]

为了探索人格与反馈对时间估计的影响，一项研究采用非时间任务和预期式时距估计的方法对个人自立高分组与低分组共 40 名被试进行了研究。结果发现，高个人自立者的时间估计误差的变异度更小，同时可能倾向于更准确地进行时距估计；反馈有助于提高时间估计的准确性。[163]为了探讨时序知觉中是否存在词义与位置 Stroop 效应，一项研究通过时序知觉判断任务，使用中文汉字“先—后”刺激材料，让被试做出时序判断。反应时的统计结果显示空间方位、词义位置的匹配关系和时间间隔均存在主效应，空间方位和词义位置匹配关系、空间方位和时间间隔、词义位置匹配关系和时间间隔均存在交互作用。上述结果提示人脑在时序知觉判断过程中存在词义和位置的 Stroop 效应，该效应可能与时序知觉、词义和位置加工的时程先后有关。[164]一项研究以视觉呈现时距信号，采用时间泛化范式要求被试判断 5 种探测时距（1～4 秒）与标准时距（2 秒）之间的长度关系，并记录 11 名大学生在时距判断过程中的事件相关电位（ERP），继而探讨不同探测时距条件下 CNV 波幅特征变化以及左、右侧额叶在时距判断中的功能。结果表明，在 1 秒以上视时距判断中 CNV 波幅峰反映了基于记忆中标准时距的时距判断的决策过程；CNV 负性翻转至基线位置与时距判断的决策阶段存在共变关系，CNV 负性翻转至基线位置相当于负荷解脱过程中的一个由负翻正的转折点；左、右侧额叶均参与了时距脉冲累加过程。[165]

（三）注意研究

一项研究采用数字线索提示的刺激探测任务，通过三个实验探讨负数的低水平加工能否，以及怎样引起空间注意的转移。研究表明，对负数的低水平加工可以引起空间注意的转移，然而，是对绝对值的加工还是数量大小的加工引起注意转移依赖于共同参与的其他数字加工产生的影响。[166]另一项研究采用眼动仪直接记录 40 名在校大学生及研究生（平均年龄 21.9 岁，SD = 1.8）自由观看实景图片的眼动情况，考察自然状态下视觉注意在真实场景中的空间偏向。结果表明，存在独立于刺激特征的空间注意偏向，表现在水平方向具有左侧注意偏向，垂直方向具有上侧注意偏向。[167]为了对视觉刺激探测的警觉性注意特征进行初步探索，一项研究采用“预警提示—目标探测”范式。结果表明，随着预备到目标刺激的时间间隔（interstimulus interval，ISI）变化，固定位置上探测目标刺激的速度也随之变化，并且对大概率刺激的探测更快，表现出了警觉性注意的稳定性和选择性特征。研究进一步考察了目标刺激在不同 ISI 和不同空间位置的情况，除发现与之前相似的结果以外，被试探测目标刺激的速度随注意视角增大而下降，表现出了警觉性注意的集中性特征。[168]

一项研究对身体意象失调女性的注意偏向，并探讨瘦身广告对个体在不同类身体信息注意偏向上的影响进行了探索。采用负面身体自我量表胖分量表（NPSS - F）筛选出身体意象失调个体 28 人和控制组被试 30 人，以积极、消极、形似、隐喻四类身体信息为实验材料，在观看瘦身广告的前后分别完成点探测任务。结果表明，身体意象失调个体对身体信息存在注意偏向，瘦身广告对个体在积极词上的注意偏向有促进作用。[169]另一项研究采用点探测变式探讨了 120 名成功和失败女性限制性饮食者对两类食物线索的注意偏向机制。结果发现，只启动享乐目标时，成功的限制者存在对美味食物线索的注意回避，失败的限制者存在对美味食物线索的注意脱离困难；当相继启动享乐目标和节食目标时，成功和失败两类限制者均存在对美味食物线索的注意回避，但失败者仍然存在注意脱离困难。[170]

（四）社会认知研究

面孔识别的任务一直是社会认知领域最为常见的范式。一项研究通过把面孔表情分割成三部分，按照不同的时间间隔以及不同的呈现时间相继呈现，考察了被试对面孔表情的时间整合效果，以此探讨时间整合的加工过程和影响因素。结果发现，面孔表情的时间整合效果受时间结构和刺激材料的影响；分离呈现的面孔表情能否进行时间整合与 SOA 的大小有关；面孔表情的时间整合存在类型差异；面孔表情的时间整合是在一个有限的视觉缓冲器内进行的，图像记忆和长时记忆与面孔表情的时间整合过程关系密切。[171]另一项研究探讨了自我概念威胁以及与重要他人的比较对自我面孔优势效应的共同影响。10 对同性好友（20 名被试）在接受完自我概念威胁启动或者非威胁性启动后对自我面孔和朋友面孔进行朝向的判断。结果表明，自我概念威胁以及与重要他人的比较共同削弱自我面孔优势效应；而左手效应的发生似乎表明了大脑右半球对自我面孔识别的主导和调节作用。[172]还有一项研究采用图像处理技术和眼动探讨了性别二态线索对面孔偏好的影响，结果发现，非面孔线索未掩蔽和掩蔽时，感知男性化技术与原始照片条件下女性化的男性面孔更有吸引力和信任度；性别二态技术条件下，非面孔线索未掩蔽时男性化的男性面孔更有吸引力和信任度。被试对男性面孔的平均瞳孔大小和注视次数均大于和多于女性面孔，首次注视时间短于女性面孔；被试对男性化面孔的首次注视时间和首次注视持续时间均长于女性化面孔。[173]

为了考察自我指向和他人指向的自我负性认知评估类型对个体选择特定羞耻情绪认知调节策略的影响，研究者采用情境故事法操纵两种能激发羞耻的负性自我认知评估以诱发个体羞耻情绪，比较两种条件下个体在认知情绪调节策略选择上的差异。结果表明，自我负性认知评估类型对个体认知调节策略的选择有一定影响，但这一影响的表现是复杂的。[174]一项研究以网名为材料，通过三项视觉搜索实验考察了与自我相关的网络信息可能存在的加工优势。结果证明了与自我相关的网络信息具有和物理世界中的自我信息相似的加工优势，且与以真实人名为材料的多项实验结果完全一致，从而表明自己的网名与真实人名可能具有相同的加工机制。[175]

一项研究采用 ERP 技术，运用最后通牒博弈范式，考察两个情境因素：域（损失或获益）和博弈对象（人或计算机）对公平加工的影响。结果表明，对分配提议的大脑加工受博弈对象的调节，人际博弈时，对损益域、公平与不公平提议的加工类似，而人机博弈时，损失域和不公平提议涉及更多的抑制加工和冲突解决，获益域和公平提议则更富动机性意义，证实公平加工具有情境依赖性。[176]

（五）记忆研究

为探讨记忆在编码阶段的脑机制是否不同，一项研究采用两阶段的迫选再认方式，把学习项目区分成三类：随后被选择且告知为见过的项目（记住），随后被选择但告知为猜测的项目（启动）以及随后未被选择的项目（忘记）。该实验结果表明，内隐记忆与外显记忆在编码阶段的脑机制既存在着分离，也存在着重叠的现象。[177]另一项研究使用 Think/No-think（T/NT）任务，从外显和内隐记忆两个方面探讨负性情绪、测试时间对压抑遗忘的影响。实验结果表明：在外显记忆成绩中情绪与 T/NT 任务的交互作用显著，在 NT 条件下中性词回忆的成绩优于负性词，同时，情绪的主效应显著，被试对中性词的记忆显著高于负性词。但是 T/NT 任务的主效应不显著，情绪 × T/NT 任务 × 测试时间的交互不显著。在内隐记忆成绩中，在所有条件下的记忆成绩均无显著性差异。[178]

一项研究通过模拟复杂人机系统的监控作业，考察了长时工作记忆与短时工作记忆在情境意识保持中的作用。研究采用模拟的飞行相撞判断任务，通过考察中断任务对情境意识的影响，分析情境意识在记忆中的存储地点。实验结果表明，在问题回答之前的中断阶段，无论施加心理旋转任务，还是施加算式判断任务，无论中断任务的加工负荷与记忆负荷有多高，熟练被试的情境意识始终保持于较高的水平，并没有因受到中断任务的干扰而出现下降。新手被试的情境意识受到心理旋转任务和算式判断任务的显著影响，两种任务的执行速度越快、记忆负荷越大，情绪意识水平就越低。[179]

一项研究考察了自我损耗对工作记忆的影响。40 名六年级小学生被随机分配到实验组和控制组，分别完成损耗任务和非损耗任务。结果发现，与控制组相比，实验组被试的工作记忆容量明显降低。进一步的研究考察积极情绪能否克服自我损耗对工作记忆的负面影响。在完成损耗任务后，采用自传式回忆的方法诱发实验组的积极情绪。结果发现，诱发被试的积极情绪体验，能够克服自我损耗对于工作记忆的消极影响。[180]

情绪对记忆的影响常常受到关注，一项研究采用单字范式，以正性、负性和中性情绪词为材料，探讨了情绪材料对有意遗忘的影响。结果发现，三类词语均表现出了显著的有意遗忘效应；研究进一步加入了情绪状态，探讨了情绪状态和情绪材料对有意遗忘的影响，结果发现，在积极情绪状态下，被试更多地遗忘负性情绪词；在消极情绪状态下，被试更多地遗忘中性词。表明个体对情绪信息的有意遗忘既受信息的情绪性影响，又受个体情绪状态的影响。[181]另一项研究采用提取诱发遗忘的标准范式，将情绪因素分解为学习材料的情绪性和学习主体的情绪状态，分别从这两方面考察了情绪对提取诱发遗忘的影响。研究结果：情绪性和非情绪性材料产生了同等程度的提取诱发遗忘；主体在中性情绪状态下发生了提取诱发遗忘，而在正性和负性情绪状态下没有发生遗忘。这表明学习材料的情绪性不影响提取诱发遗忘，而主体提取过程的情绪状态会对提取诱发遗忘产生影响。[182]还有一项研究采用项目法定向遗忘的研究范式，在两个实验中分别使用文字和图片材料考察了负性情绪记忆定向遗忘的效果及其心理机制。实验中采用了中性和负性两种实验材料，设置了两种记忆指令延后呈现的时间（间隔2秒后提示和间隔5秒后提示）。研究表明负性情绪会干扰定向遗忘，相对于中性材料，被试更不容易忘记负性材料。记忆指令延后出现的时间长短只影响图片材料的定向遗忘，说明选择性编码是文字材料定向遗忘的心理机制，而抑制控制是图片材料定向遗忘的机制。[183]

前瞻记忆与日常生活密切相关，一项研究通过调查得到个体对日常情境中前瞻记忆失败的6种归因，在此基础上，编制12个日常生活中前瞻记忆失败的情境故事，让124名大学生被试进行归因，以确定事件重要性、人际关系和过错者身份对日常情境中前瞻记忆失败归因结果的影响。结果表明，被试倾向于对不重要事件的前瞻记忆失败归因为“主观无意”，重要事件归因为“主观故意”；在对事件后果和过错者人品判断时具有“对己严格”和“对人宽容”的归因特点；对包含亲子关系的前瞻记忆失败者进行责任较轻的归因与后果判断，在重要事件情境中，对包含朋友关系的前瞻记忆失败者进行责任较重的归因与后果判断。[184]一项研究对47名大学生被试依次进行自然情境中的人为任务、自然情境中的自然任务、实验室情境中的人为任务和实验室情境中的自然任务的前瞻记忆测试。结果发现，相同任务情境中的不同性质的前瞻记忆具有一致性，特别是在自然情境中的一致性更为明显；相同任务性质但不同任务情境下的前瞻记忆没有一致性，实验室中的前瞻记忆与自然情境中的前瞻记忆不能相互预测。[185]

（六）言语认知与阅读的研究

一项研究采用眼动随动显示技术，通过分析动态协助或干扰词切分对阅读过程的影响，考察了汉语阅读过程中词切分的位置与数量。结果表明，在汉语阅读中存在两种词切分现象，一种由加工词n+1引起，另一种由加工词n引起。[186]另一项研究则应用EyelinkⅡ眼动仪，采用眼动随动显示技术操纵注视点左侧文本被掩蔽词汇的范围，考察中文阅读过程中词汇加工的认知滞后效应。结果发现：掩蔽词n以左的文本可严重影响被试的总阅读时间；掩蔽词n-1以左文本则不影响被试的总阅读时间。因此，相对于注视位置，中文阅读的认知过程存在明显的滞后效应。[187]

一项研究采用眼动方法，通过两个实验考查了句子语境中汉语词汇形、音的作用及其作用的时间进程。结果表明，句子语境影响词汇形、音的作用及作用的时间进程，汉语词汇的意义可以由字形直接通达，也可以由形和音两条路径得到通达。[188]另一项研究采用启动词汇判断范式，探讨了义符熟悉性对低频形声字词汇通达的影响。结果表明，义符熟悉性和整字频率是影响词汇加工的重要因素，不仅影响对整字语义通达的速度，也影响亚词汇成分的加工。[189]

一项研究通过四个实验，对在句子阅读理解过程中是否存在比N400反映的加工更早的句意建构这一问题进行探讨。研究结果显示，在句子阅读理解过程中，读者在句末双字词呈现了约150ms之时就已建立了句意；可能存在比N400反映的加工更早的句意建构。[190]另一项研究以60名汉语言专业本科生为被试，采用改进后的瞬时回忆范式，探讨汉语四字格成语产生中的语法结构启动效应。结果表明，无论启动成语和目标成语的语素结构是否相同，只要两者语步结构相同，就会在汉语成语产生中出现语法结构启动效应。本结果初步表明，在结构较为凝固的汉语四字格成语产生过程中也存在着语法生成与选择过程，这种语法生成与选择过程主要来自汉语成语的语步结构，是一种抽象的语法结构的生成。[191]还有一项研究使用ERPs技术考察汉语隐喻义与本义理解时程的异同，以研究汉语隐喻理解的机制。以句尾范式向被试随机呈现本义句、熟悉隐喻句、新奇隐喻句和错误义句各50句，实验任务为判断每句话是否有意义。结果显示：两种隐喻句诱发的N400波形与头皮分布和本义句类似，且两种隐喻句诱发的N400波幅均显著高于本义句。这证明，汉语隐喻义和本义理解的认知加工机制类似。这支持了隐喻理解的平行加工假说，并说明加工隐喻义需要耗费更多的认知资源。[192]

（七）思维研究

一项研究以日常生活中的条件推理语句为实验材料，采用大、小前提和结论依次呈现的“推断—判断”范式，利用事件相关电位（event-related brain potential，ERP）技术探讨了条件推理中否定前件下信念偏差效应的脑内时程动态变化。结果发现：在行为反应上，较信念促进，信念阻碍下的正确率更低反应时更长；在脑电上，两条件（信念阻碍和信念促进）诱发的ERP波形仅在大前提加工阶段出现明显的分离。这表明该推理下的信念偏差效应可能早在对大前提的语义表征阶段就已发生。[193]另一项研究以大学生为被试，采用不同情绪效价的条件命题作为实验材料，运用眼动仪器记录被试进行条件推理的过程和结果，探讨了材料情绪性对条件推理的影响状况。研究结果发现，正性和负性情绪材料的条件推理成绩显著地低于中性情绪材料，结果支持抑制假说。[194]

为弥补内部因素对无意识思维作用的研究缺陷，一项研究从知识迁移视角提出无意识思维受内部知识与外部任务目标双重导向的观点。结果发现，无意识思维知识的迁移促进了无意识思维效应；在无意识思维知识与任务目标双导向下，无意识思维效应更强。基于上述研究，认为无意识思维效应是内部因素（如，知识、兴趣、动机等）与外部因素（如，任务目标）共同作用的结果。[195]

一项研究以240名大学生为被试，探讨了问题类型和情绪状态对贝叶斯推理的影响。结果表明，问题类型对贝叶斯推理有影响；情绪状态对贝叶斯推理有影响；问题类型与情绪状态对贝叶斯推理的影响存在交互作用。具体地，在经典乳癌问题中，被试在消极情绪状态下比在积极情绪状态下作出更高的概率估计，而在中彩问题中，被试在积极情绪状态下比在消极情绪状态下概率估计更高。[196]

为进一步探讨十文钱问题推理错觉的原因，一项研究设计了十文钱的异质同构问题，采用十文钱原版问题和新设计的异质同构问题进行了一系列的实证研究。结果发现，被试在十文钱异质同构问题中表现出了与十文钱问题同样高的错误率；题目表面特征的弱化能显著提高被试的推理成绩；批判性思维意识与批判性思维技巧的线索提示能显著提高被试的推理成绩。[197]

一项研究采用中国汉字谜，通过模拟Wallas（1926）关于顿悟问题解决的四个阶段，探讨了酝酿期有效提示和无效提示对猜字谜的影响。结果发现：有效提示组被试比无效提示组猜对了更多的靶字谜，反应时也更短；在脑电水平上，酝酿期的有效提示谜比无效提示谜在左前额叶分别于300～400ms，400～600ms，600～800ms引发了更大的P300～400成分、P400～600成分、P600～800成分。表明有效提示谜比无效提示谜对靶字谜问题的解决有更大促进作用。[198]

上述研究综述从六个方面回顾了2012年心理学工作者的学术研究成果，引用了198篇研究论文。综上可见，中国心理学研究的特征表现为研究主题紧跟国际心理学前沿研究。同时，把握中国社会重大现实需求，研究中国社会变迁所带来的社会心理问题，为政府决策提供心理学科学依据，专注民众心理健康，为建设和谐社会服务。

注：

①周婷、王登峰：《情绪表达抑制与心理健康的关系》，《中国临床心理学杂志》，2012年第1期。

②齐晓栋、张大均、邵景进、王佳宁、龚玲：《气质性乐观与心理健康关系的元分析》，《心理发展与教育》，2012年第4期。

③辛自强、张梅、何琳：《大学生心理健康变迁的横断历史研究》，《心理学报》，2012年第5期。

④衣新发、赵倩、蔡曙山：《中国军人心理健康状况的横断历史研究：1990～2007》，《心理学报》，2012年第2期。

⑤沈玲、罗学荣、韦臻：《焦虑性障碍儿童行为问题与自我意识研究》，《中国临床心理学杂志》，2012年第2期。

⑥田芊、邓士昌、郭佳：《自我决定动机对考试焦虑的影响：拖延行为的不同中介作用》，《心理科学》，2012年第5期。

⑦杨智辉：《广泛性焦虑症状的特点及其影响因素》，《中国临床心理学杂志》，2012年第4期。

⑧孙玉成、于文军、徐文明：《精神分裂症患者家属心理健康影响因素模型的构建》，《中国临床心理学杂志》，2012年第1期。

⑨林贤浩、林世泽、郑金炽、林泽涯、林辉：《精神分裂症患者的记忆损害》，《心理科学》，2012年第2期。

⑩蔡琳、钟明洁、朱熊兆：《抑郁性障碍患者的症状表现与认知情绪调节方式的关系》，《中国临床心理学杂志》，2012年第2期。

⑪蚁金瑶、钟明天、凌宇：《抑郁认知易感性在应激—抑郁中的中介效应》，《中国临床心理学杂志》，2012年第6期。

⑫陈慧、邓慧华、钟萍：《青少年早期的抑郁与生活事件的交叉滞后分析》，《中国临床心理学杂志》，2012年第1期。

⑬陈韧、郭菲、陈祉妍：《父母—子女人格相似性对教养行为与青少年抑郁关系的调节作用》，《中国临床心理学杂志》，2012年第5期。

⑭张俊先、陈杰、李新影：《5－HTTLPR与抑郁相关性的研究动态》，《心理科学》，2012年第1期。

⑮喻妍、赵靖平、杨栋：《去甲肾上腺素转运体基因多态性与中国南方汉族人群重性抑郁症的关联研究》，《中国临床心理学杂志》，2012年第1期。

⑯郑会蓉、李凌江、刘鹏：《难治性抑郁症患者rTMS治疗前后双侧前额叶质子磁共振波谱定量研究》，《中国临床心理学杂志》，2012年第6期。

⑰蚁金瑶、钟明天、凌宇：《述情障碍者情绪启动效应的ERPs特征》，《中国临床心理学杂志》，2012年第1期。

⑱贾媛媛、杜爱玲、姚桂英：《儿童期精神虐待对大学生人格及述情障碍的影响》，《中国临床心理学杂志》，2012年第4期。

⑲凌宇、钟明天、蚁金瑶：《述情障碍特征对青少年应激与抑郁症状的调节作用》，《中国临床心理学杂志》，2012年第2期。

⑳王小玲、李松蔚、钱铭怡：《创伤后应激障碍患者情绪记忆优势研究述评》，《心理科学进展》，

2012年第2期。

㉑耿富磊、范方、张岚：《汶川地震后18个月都江堰地区青少年睡眠问题共患PTSD、抑郁、焦虑状况》,《中国临床心理学杂志》，2012年第2期。

㉒孙仕秀、范方、郑裕鸿：《青少年创伤后应激障碍症状与父母教养方式的关系：心理弹性的中介作用》,《中国临床心理学杂志》，2012年第4期。

㉓张妍、孔繁昌、韩黎、石明莉、陈红：《中学生与大学生地震亲历者对威胁性刺激记忆偏向的比较研究》,《心理发展与教育》，2012年第2期。

㉔朱清、范方、郑裕鸿：《心理弹性在负性生活事件和抑郁症状之间的中介和调节：以汶川地震后的青少年为例》,《中国临床心理学杂志》，2012年第4期。

㉕王智玉、肖晶、褚松龄：《健康教育与运动干预对2型糖尿病伴发焦虑的效果评价》,《中国临床心理学杂志》，2012年第2期。

㉖侯典牧、刘翔平、李毅：《基于优势的大学生乐观干预训练》,《中国临床心理学杂志》，2012年第1期。

㉗张雯、张日昇：《箱庭疗法对强迫症状大学生的治疗过程及有效性研究》,《中国临床心理学杂志》，2012年第1期。

㉘孙凌、姜智玲、张日昇：《ADHD听障儿童的箱庭治疗过程及效果》,《中国临床心理学杂志》，2012年第3期。

㉙王海燕：《团体心理辅导对学业不良初中生学业求助的影响》,《中国临床心理学杂志》，2012年第3期。

㉚黄文倩、张蓉、柳迎新：《团体辅导提高研究生心理健康水平的效果研究——基于积极心理学的理论》,《中国临床心理学杂志》，2012年第4期。

㉛杨琴、蔡太生：《团体心理干预对大学生自我效能、自我接纳影响的研究》,《中国临床心理学杂志》，2012年第5期。

㉜彭阳、林静、杨琴：《意象对话取向团体辅导对大学生自我概念的影响》，《中国临床心理学杂志》，2012年第6期。

㉝赵君、李焰、李祚：《叙事取向团体辅导对大学生自我认同的干预研究》,《心理科学》，2012年第3期。

㉞陈杰、郑小蓓、孟祥芝、Rachel Pulverman、Twila Tardif、朱莉琪：《汉语婴儿词汇学习的注意偏好》,《心理科学》，2012年第4期。

㉟刘岩、杨丽珠、邓晨曦：《幼儿预见能力的发展及与抑制控制、心理理论的关系》,《心理发展与教育》，2012年第1期。

㊱童薇、阳泽、张霞：《幼儿心理理论与时序记忆的关系——来自时序记忆分离的证据》,《心理发展与教育》，2012年第3期。

㊲张婷、张仲明、李红：《3—7岁儿童不同类型的传递性推理的发展研究》,《心理科学》，2012年第2期。

㊳李庆功、徐芬、周小梅：《3~4岁儿童基于可信度特质的信任判断：特质间差异和年龄特点》,《心理发展与教育》，2012年第4期。

㊴李永鑫、朱湘茹、李莉：《6~12岁儿童Flanker任务下的冲突适应效应》，《心理发展与教育》，2012年第8期。

㊵陈俊、贺晓玲、李霞、张积家：《动机冲突下2~4岁幼儿反事实思维理解的发展》,《心理科学》，2012年第4期。

㊶郭力平、郝俊、朱文佳：《拟社会互动在年幼儿童视频学习中的作用》,《心理科学》，2012年第4期。

㊷费广洪、汪文娟、王淑娟：《幼儿提问类型及策略对其问题解决的影响》，《心理学探新》，2012年第6期。

㊸黄瑾、章佳颖：《4~6岁儿童数学认知中的多元表征研究》,《心理科学》，2012年第6期。

㊹石雷山、高峰强、王鹏、陈英敏：《成就目标定向对学习倦怠的影响：学业自我效能的中介作用》,《心理科学》，2012年第6期。

㊺赵宝春：《直接经验对自主学习意愿的影响：基于计划行为理论的应用》,《心理科学》，2012年第4期。

㊻陈京军、李三福：《初中生成就归因、学业情绪预测学业成绩的路径》,《中国临床心理学杂志》，2012年第3期。

㊼孟慧、杨铮、徐琳：《大学生社会自我效能感与学业成绩的关系：适应的中介作用》,《中国临床心理学杂志》，2012年第4期。

㊽鲍莉、戴晓阳：《积极独处对学生高考成绩的影响》,《中国临床心理学杂志》，2012年第4期。

㊾刘爱书、年晶：《儿童忽视与同伴接受：消极社会行为的中介作用》，《心理科学》，2012年第4期。

㊿刘俊升、丁雪辰：《4—8年级学生社交淡漠与同伴接纳的交叉滞后回归分析》，《心理科学》，2012年第2期。

(51)张晓贤、桑标：《儿童内疚情绪对其亲社会行为的影响》,《心理科学》，2012年第2期。

(52)杨颖、程玉洁、邹泓、王莉：《日常生活事件对中学生社会适应的影响：社会问题解决能力的中介作用》,《心理科学》，2012年第6期。

(53)陆芳、陈国鹏：《青少年自主—联结的发展及其与社会适应的关系研究》，《心理科学》，2012年第2期。

(54)叶婷、吴慧婷：《低家庭社会经济地位与青少年社会适应的关系：感恩的补偿和调节效应》，《心理学探新》，2012 年第 1 期。

(55)吴鹏、刘华山、刁春婷：《青少年攻击行为与友谊质量的交叉滞后回归分析》，《心理学探新》，2012 年第 1 期。

(56)张文娟、邹泓、梁钰苓：《青少年父母支持的特点及其对社会适应的影响：情绪智力的中介作用》，《心理发展与教育》，2012 年第 2 期。

(57)池丽萍、俞国良：《不同学业成绩儿童的亲子沟通比较》，《心理科学》，2012 年第 5 期。

(58)李丹黎、张卫、李董平、王艳辉：《父母行为控制、心理控制与青少年早期攻击和社会退缩的关系》，《心理发展与教育》，2012 年第 2 期。

(59)邓林园、张锦涛、方晓义、刘勤学、汤海艳、兰菁：《父母冲突与青少年网络成瘾的关系：冲突评价和情绪管理的中介作用》，《心理发展与教育》，2012 年第 5 期。

(60)孙晓军、范翠英、热娜古丽·艾赛提、张笑容、陈洁：《同伴关系与攻击行为稳定性的关系研究》，《心理发展与教育》，2012 年第 3 期。

(61)范翠英、王明忠、周宗奎、孙晓军：《童年中期同伴侵害影响孤独感的中介变量分析》，《心理科学》，2012 年第 3 期。

(62)游志麒、范翠英、周宗奎、孙晓军、田媛：《儿童同伴接纳知觉准确性及偏差与孤独感的关系：一项交叉滞后研究》，《心理发展与教育》，2012 年第 5 期。

(63)马惠霞、刘美廷、张非易：《理性情绪教育改善高一学生的学业情绪》，《中国临床心理学杂志》，2012 年第 1 期。

(64)秦旭芳、高丙成：《幼儿教师教学策略的结构、类型及特点》，《心理发展与教育》，2012 年第 5 期。

(65)吴桂翎、辛涛、张文静：《学校教育资源对学生数学素养预测效应的跨文化比较》，《心理科学》，2012 年第 2 期。

(66)金灿灿、刘艳、陈丽：《社会负性环境对流动和留守儿童问题行为的影响：亲子和同伴关系的调节作用》，《心理科学》，2012 年第 5 期。

(67)贾文华：《农村留守儿童人格特征、应对方式与心理适应性关系》，《心理科学》，2012 年第 1 期。

(68)袁晓娇、方晓义、刘杨、蔺秀云：《流动儿童压力应对方式与抑郁感、社交焦虑的关系：一项追踪研究》，《心理发展与教育》，2012 年第 3 期。

(69)彭丽娟、陈旭、雷鹏：《流动儿童的学校归属感和学校适应：集体自尊的中介作用》，《中国临床心理学杂志》，2012 年第 2 期。

(70)茆正洪、余志华、李蓉蓉：《上海市外来初中生与本地生学校适应、家庭功能及自尊水平的比较研究》，《中国临床心理学杂志》，2012 年第 4 期。

(71)凌辉、张建人、易艳：《分离年龄和留守时间对留守儿童行为和情绪问题的影响》，《中国临床心理学杂志》，2012 年第 5 期。

(72)凌辉、张建人、钟妮、易艳：《留守儿童的孤独感与友谊质量及社交地位的关系》，《中国临床心理学杂志》，2012 年第 6 期。

(73)莫书亮、孙葵、周宗奎：《老年人日常人际问题解决中的悲伤情绪体验和情绪调节策略：年龄和人格特质的作用》，《心理科学》，2012 年第 1 期。

(74)何安明、刘华山、惠秋平：《情绪智力在农村留守老人感恩与自我和谐之间的效应：中介还是调节》，《心理学探新》，2012 年第 4 期。

(75)杨静、董军、严祥、秦湘鑫：《老年住院患者孤独感与社会支持的关系》，《心理学探新》，2012 年第 6 期。

(76)王倩蓉、王大华、陈翠玲：《老年人夫妻冲突一般特点及其与依恋的关系》，《心理发展与教育》，2012 年第 2 期。

(77)方杰、张敏强、邱皓政：《中介效应的检验方法和效果量测量：回顾与展望》，《心理发展与教育》，2012 年第 1 期。

(78)黎光明、张敏强：《概化理论方差分量估计的跨分布分析》，《心理发展与教育》，2012 年第 8 期。

(79)刘红云、骆方、王玥：《多维测验项目参数的估计：基于 SEM 与 MIRT 方法的比较》，《心理学报》，2012 年第 1 期。

(80)刘玥、刘红云：《贝叶斯题组随机效应模型的必要性及影响因素》，《心理学报》，2012 年第 2 期。

(81)黄慧静、辛涛、李珍：《矩阵取样设计中的似真值能力估计方法》，《心理科学》，2012 年第 5 期。

(82)方平、邓希冯、姜媛：《展开模型和优势模型在职业兴趣测验中的比较研究》，《心理学探新》，2012 年第 5 期。

(83)韦嘉、张进辅、王亚琨：《中学生迷信信念的维度探索及量表编制》，《中国临床心理学杂志》，2012 年第 1 期。

(84)王薇、马晓辉、雷雳：《青少年宽恕倾向问卷的编制及应用》，《中国临床心理学杂志》，2012 年第 1 期。

(85)黄健柏、黄飞：《大学生网络消费偏好问卷的编制》，《中国临床心理学杂志》，2012 年第 2 期。

(86)雷雳、冯丹、檀杏：《青少年上网污名问卷的编制及其应用》，《中国临床心理学杂志》，2012 年第 3 期。

(87)胡明、胡国清、胡婧璇：《中学生常见心理问题筛查量表的编制与信效度检验》，《中国临床心理学杂志》，2012 年第 3 期。

(88)侯志瑾、陈淑芳、周司丽：《父母对大学生生涯发展期望量表的编制》，《中国临床心理学杂志》，2012年第5期。

(89)赵小云、谭顶良：《大学生生涯阻碍知觉问卷的编制》，《中国临床心理学杂志》，2012年第5期。

(90)黎坚、李一茗、张厚粲：《离线元认知调节的结构探索与验证》，《心理科学》，2012年第5期。

(91)赵守盈、杨建原、臧运洪：《基于多层面模型的教学效能感量表》，《心理科学》，2012年第6期。

(92)唐谭、王建平、唐苏勤：《囤积量表修订版在中国大学生中的修订》，《中国临床心理学杂志》，2012年第1期。

(93)Marcus A. Rodriguez、贾珂、钱铭怡：《思维压抑量表：中文版的结构、信度及效度》，《中国临床心理学杂志》，2012年第2期。

(94)陈思佚、崔红、周仁来：《正念注意觉知量表（MAAS）的修订及信效度检验》，《中国临床心理学杂志》，2012年第2期。

(95)黄时华、刘佩玲、张卫：《情绪调节自我效能感量表在初中生应用中的信效度分析》，《中国临床心理学杂志》，2012年第2期。

(96)魏华、周宗奎、田媛：《游戏角色依恋问卷在中国大学生中的适用性研究》，《中国临床心理学杂志》，2012年第2期。

(97)王辰怡、王建平、唐谭：《多维强迫量表在中国大学生中的修订》，《中国临床心理学杂志》，2012年第3期。

(98)华弥之、周仁来：《学前行为与情绪量表在中国学前儿童中的应用》，《中国临床心理学杂志》，2012年第3期。

(99)雷辉、戴晓阳、朱熊兆：《艾森克个性问卷（成人版）计算机自适应测验的信效度研究》，《中国临床心理学杂志》，2012年第3期。

(100)陈悦、甘怡群、黄淑慧：《创伤后成长量表在汶川地震灾民中的修订与初步应用》，《中国临床心理学杂志》，2012年第3期。

(101)倪士光、徐继红、叶霖：《非理性拖延量表的修订及其与健康行为的关系：自我效能的中介作用》，《中国临床心理学杂志》，2012年第5期。

(102)张宝山、李娟：《流调中心抑郁量表在老年人群中的因素结构》，《心理科学》，2012年第4期。

(103)张辉华：《情绪智力与工作相关变量关系的元分析：以中国样本为例》，《心理科学》，2012年第5期。

(104)刘小禹、刘军：《团队情绪氛围对团队创新绩效的影响机制》，《心理学报》，2012年第4期。

(105)杨付、张丽华：《团队沟通、工作不安全氛围对创新行为的影响：创造力自我效能感的调节作用》，《心理学报》，2012年第10期。

(106)王震、孙健敏、赵一君：《中国组织情境下的领导有效性：对变革型领导、领导—部属交换和破坏型领导的元分析》，《心理科学进展》，2012年第2期。

(107)隋杨、王辉、岳旖旎：《变革型领导对员工绩效和满意度的影响：心理资本的中介作用及程序公平的调节作用》，《心理学报》，2012年第9期。

(108)李明、凌文辁：《CPM领导行为模式对员工利他行为及工作投入的作用机制》，《心理科学》，2012年第6期。

(109)蒋奖、王荣：《辱虐管理与下属针对领导的偏差行为：同事行为和惩罚可能性的调节作用》，《中国临床心理学杂志》，2012年第2期。

(110)周浩、龙立荣：《变革型领导对下属进谏行为的影响：组织心理所有权与传统性的作用》，《心理学报》，2012年第3期。

(111)申传刚、马红宇、杨璟：《上司不当督导与下属绩效：反馈寻求行为和学习目标定向的作用》，《心理学报》，2012年第12期。

(112)张春雨、韦嘉、陈谢平、张进辅：《工作设计的新视角：员工的工作重塑》，《心理科学进展》，2012年第8期。

(113)柳恒超、金盛华、赵开强：《中国文化下组织政治技能对个体自身的影响作用》，《心理学探新》，2012年第1期。

(114)杨安博、任真、陶晓春：《性别在企业员工成人依恋与工作绩效关系中的调节作用》，《心理科学》，2012年第2期。

(115)王桢、李旭培、罗正学、林琳：《情绪劳动工作人员心理授权与离职意向的关系：工作倦怠的中介作用》，《心理科学》，2012年第1期。

(116)何琛、解蕴慧、马力：《拖延对工作绩效的影响——压力偏好与任务类型的调节作用》，《心理科学》，2012年第4期。

(117)田宝、李旭培、滕秀杰、时勘：《压力情境认知评价与工作倦怠的关系》，《心理科学》，2012年第1期。

(118)纪林芹、张迎春、张良、赵树娟、张文新：《气质、父亲教养与青少年早期个体的一般自我概念》，《心理发展与教育》，2012年第8期。

(119)刘艳、邹泓：《大学生的三重自我建构与个人自主的关系》，《心理发展与教育》，2012年第1期。

(120)徐华春、黄希庭、陈传锋：《中国人抑郁易感人格的特点与结构初探》，《中国临床心理学杂志》，2012年第4期。

(121)田学英、卢家楣：《外倾个体何以有更多正性情绪体验：情绪调节自我效能感的中介作用》，《心理科学》，2012年第3期。

(122)胡琳丽、蔡晨：《想象重要他人对自我评价转移的影响》,《心理科学》,2012年第3期。

⑫③黎建斌、马利军、陶惠斯、池思晓:《成败反馈对大学生核心自我评价的影响:任务重要性、外向性的调节作用》,《心理科学》,2012年第2期。

⑫④马伟军、冯睿:《中国大学生的自我建构、利己归因偏好与自我增强》,《心理科学》,2012年第6期。

⑫⑤孙晓玲、李晓文:《自我提高还是自我增强?解释水平理论的观点》,《心理科学》,2012年第2期。

⑫⑥韩春慧、李鹏、冯廷勇、李红:《个体当前状况对人际好奇的调节作用(英文)》,《心理科学》,2012年第6期。

⑫⑦陈咏媛、许燕、王芳、潘益中:《解释水平在社会距离影响具身模拟中的中介效应检验》,《心理学探新》,2012年第3期。

⑫⑧王华、孙维燕、陶嵘:《两种不同自我关注模式对社交焦虑个体情绪和负性自我评价的影响》,《中国临床心理学杂志》,2012年第5期。

⑫⑨李彩娜、刘佳、黄凤:《依恋与大学生人际适应——个人自主的中介作用》,《心理科学》,2012年第6期。

⑬⓪陆爱桃、张积家、Michael Harris Bond、张学新:《情侣依恋与情感投入:性别的调节作用》,《心理科学》,2012年第3期。

⑬①王益文、黄亮、徐晟:《理解私人意图与交际意图的ERP证据》,《心理学报》,2012年第12期。

⑬②邹文篪、田青、刘佳:《"投桃报李"——互惠理论的组织行为学研究述评》,《心理科学进展》,2012年第11期。

⑬③蒲清平、朱丽萍:《大学生"知恩图报"的心理反应特点》,《心理科学》,2012年第5期。

⑬④张海钟、姜永志、赵文进、安桂花、张小龙、胡志军、张万里:《中国区域跨文化心理学理论探索与实证研究》,《心理科学进展》,2012年第8期。

⑬⑤姜永志、张海钟、张鹏英:《中国老乡心理效应的理论探索与实证研究》,《心理科学进展》,2012年第8期。

⑬⑥石晶、郝振、崔丽娟:《群体认同对极端群体行为的影响:中介及调节效应的检验》,《心理科学》,2012年第2期。

⑬⑦韩晓燕、迟毓凯:《自发社会比较中的威胁效应及自我平衡策略》,《心理学报》,2012年第12期。

⑬⑧马皑:《相对剥夺感与社会适应方式:中介效应和调节效应》,《心理学报》,2012年第3期。

⑬⑨李静、郭永玉:《大学生物质主义与儒家传统价值观的冲突研究》,《心理科学》,2012年第1期。

⑭⓪王洲兰、管益杰、于金红、杨镕榕:《时间相关决策中的非理性现象》,《心理科学进展》,2012年第8期。

⑭①王璐璐、李永娟:《心理疲劳与任务框架对风险决策的影响》,《心理科学进展》,2012年第10期。

⑭②陈世平、张艳、王晓庄:《内隐自尊和风险偏好对大学生职业决策的影响》,《心理科学》,2012年第1期。

⑭③彭慰慰:《模拟法官决策中心理控制源对后见偏差的影响》,《心理科学》,2012年第2期。

⑭④徐富明、张军伟、刘腾飞、蒋多、文桂婵:《模糊规避的形成机制:基于可评价性假设的视角》,《心理科学》,2012年第1期。

⑭⑤李晓明、谢佳:《偶然情绪对延迟选择的影响机制》,《心理学报》,2012年第12期。

⑭⑥段婧、刘永芳、何琪:《决策者角色及相关变量对风险偏好的影响》,《心理学报》,2012年第3期。

⑭⑦李小平、杨晟宇、李梦遥:《权威人格与权力感对道德思维方式的影响》,《心理学报》,2012年第7期。

⑭⑧李晓明、李晓琳:《不作为惯性产生的原因、条件及应用》,《心理科学进展》,2012年第4期。

⑭⑨杨海波:《幽默平面广告的适用性研究》,《心理科学》,2012年第3期。

⑮⓪望海军:《品牌信任和品牌情感:究竟谁导致了品牌忠诚?——一个动态研究》,《心理学报》,2012年第6期。

⑮①黄静、童泽林、张友恒:《负面情绪和说服策略对品牌关系再续意愿的影响》,《心理学报》,2012年第8期。

⑮②汪涛、张琴、张辉、周玲:《如何削弱产品来源国效应——产品信息呈现方式的影响研究》,《心理学报》,2012年第6期。

⑮③罗峥、付俊杰、熊庆秋、张腾月:《情绪调节策略对日常生活事件与情绪体验关系影响的多层分析》,《心理科学》,2012年第2期。

⑮④逄晓鸣、汪玲、肖凤秋、齐博:《反事实思维与后悔的关系:调节模式的调节作用》,《心理科学》,2012年第5期。

⑮⑤张文海、卢家楣:《注意分散情绪调节的晚期正电位》,《中国临床心理学杂志》,2012年第6期。

⑮⑥姜媛、林崇德:《运动员情绪调节心率变异性的特点》,《心理学探新》,2012年第6期。

⑮⑦卢英俊、戴丽丽、吴海珍、秦金亮:《不同类型音乐对悲伤情绪舒缓作用的EEG研究》,《心理学探新》,2012年第4期。

⑮⑧刘金婷、陈曦、施惟希、沈锡远、周晓林:《运动员咀嚼口香糖行为与竞赛焦虑的关系》,《心理

科学》，2012年第1期。

⑮刘文理、乐国安：《非言语声音影响汉语听者言语声音的知觉》，《心理学报》，2012年第5期。

⑯王福兴、白学军、闫国利、周宗奎：《电影观看过程中的字幕偏好性：声音的影响作用》，《心理科学》，2012年第1期。

⑯刘海燕、陈俊、肖少北：《材料类型和颜色典型性影响颜色——物体Stroop效应》，《心理科学》，2012年第3期。

⑯段海军、连灵：《分离水平和空间位置对三维物体识别的影响》，《心理科学》，2012年第1期。

⑯夏凌翔、陈姝莹：《个人自立、反馈对长时距估计的影响》，《心理科学》，2012年第3期。

⑯汪强、宣宾、刘振会：《时序知觉中词义和位置的Stroop效应》，《心理科学》，2012年第2期。

⑯尹华站、柳昀哲、李丹、李波：《1秒以上时距判断的ERP研究》，《心理学探新》，2012年第2期。

⑯张宇、游旭群：《负数的空间表征引起的空间注意转移》，《心理学报》，2012年第3期。

⑯杨萌、刘丹玮、蔡安妮、周仁来：《自由观看实景图片时注意的空间偏向》，《心理科学》，2012年第2期。

⑯覃义贵、罗俊龙、贾磊、李亚丹、张庆林：《视觉刺激探测的警觉性注意特征初探》，《心理学探新》，2012年第2期。

⑯尉玮、王建平、梁媛：《瘦身广告对身体意象失调女性注意偏向的影响》，《中国临床心理学杂志》，2012年第4期。

⑰翁春燕、陈红、朱岚：《限制性饮食者对食物线索的注意偏向：基于目标矛盾理论模型》，《心理学报》，2012年第5期。

⑰陈本友、黄希庭：《不同时距条件下面孔表情知觉的时间整合效应》，《心理科学》，2012年第4期。

⑰关丽丽、张庆林、齐铭铭：《自我概念威胁以及与重要他人的比较共同削弱自我面孔优势效应》，《心理学报》，2012年第6期。

⑰温芳芳、佐斌：《男性化与女性化对面孔偏好的影响——基于图像处理技术和眼动的检验》，《心理学报》，2012年第1期。

⑰高隽、赵晴雪、王觅：《自我认知评估对羞耻认知调节策略选择的影响》，《中国临床心理学杂志》，2012年第4期。

⑰杨红升、王芳、顾念君：《自我相关信息的加工优势：来自网名识别的证据》，《心理学报》，2012年第4期。

⑰吴燕、周晓林：《公平加工的情境依赖性：来自ERP的证据》，《心理学报》，2012年第6期。

⑰孟迎芳：《内隐与外显记忆编码阶段脑机制的重叠与分离》，《心理学报》，2012年第1期。

⑰张敏、卢家楣：《青少年负性情绪信息记忆偏向的情绪弹性和性别效应》，《心理学探新》，2012年第4期。

⑰傅亚强、许百华：《工作记忆在监控作业情境意识保持中的作用》，《心理科学》，2012年第5期。

⑱袁冬华、李晓东：《自我损耗对工作记忆的影响及其克服》，《心理科学》，2012年第3期。

⑱白学军、王媛媛、杨海波：《情绪一致性对有意遗忘的影响》，《心理科学》，2012年第1期。

⑱刘希平、张佳佳：《情绪对提取诱发遗忘的影响》，《心理科学》，2012年第6期。

⑱杨文静、杨金华、肖宵、张庆林：《负性情绪材料的定向遗忘及心理机制》，《心理科学》，2012年第1期。

⑱李燕、祝春兰、刘伟、武莹莹：《日常情境中前瞻记忆失败事件的归因》，《心理科学》，2012年第3期。

⑱黎琳、王丽娟、刘伟：《不同任务情境中的前瞻记忆是一致的吗》，《心理科学》，2012年第3期。

⑱张智君、刘志方、赵亚军：《汉语阅读过程中词切分的位置：一项基于眼动随动显示技术的研究》，《心理学报》，2012年第1期。

⑱刘志方、石以萍、张智君、潘运：《中文阅读中的认知滞后效应》，《心理学探新》，2012年第1期。

⑱任桂琴、韩玉昌、于泽：《句子语境中汉语词汇形、音作用的眼动研究》，《心理学报》，2012年第4期。

⑱陈新葵、张积家：《义符熟悉性对低频形声字词汇通达的影响》，《心理学报》，2012年第7期。

⑲钟伟芳、莫雷、金花：《句子阅读理解过程中句意的建构时间》，《心理学报》，2012年第6期。

⑲张金桥：《汉语成语产生中的语法结构启动效应》，《心理科学》，2012年第4期。

⑲吴念阳、陈俊卿、居银、白洁、马子凤：《汉语隐喻理解时程的ERPs研究》，《心理科学》，2012年第4期。

⑲顾本柏、罗俊龙、贾磊、索涛、张庆林：《条件推理中否定前件下信念偏差发生阶段的ERP研究》，《心理科学》，2012年第3期。

⑲林珠梅、高华：《材料情绪性对条件推理影响的眼动研究》，《心理学探新》，2012年第6期。

⑲刘磊鑫、蔡璇、原献学：《知识迁移对无意识思维效应的作用》，《心理科学》，2012年第5期。

⑲史滋福、周禹希、刘妹：《问题类型和情绪状态对贝叶斯推理的影响》，《心理科学》，2012年第4期。

⑲肖前国、张凤华、苟娜：《十文钱问题再探》，《心理科学》，2012年第3期。

⑱张忠炉、邢强、唐志文、徐争鸣、蔡新华：《酝酿期有效提示和无效提示的比较》，《心理科学》，2012年第4期。

（作者：许燕，北京师范大学教授；冯秋迪，北京师范大学博士生）

历 史 学

史学理论及史学史

汪高鑫 周 倩

2012年，北京地区的史学工作者一如既往地辛勤工作、不懈探索，继续深化对史学理论及史学史的研究。他们在学术传承的基础上，解放思想、开拓思路，直面时代和史学发展变化的新特点，寻求新的学术增长点，创新学术研究的理论与方法，展拓学术研究的深度和广度，为促进史学理论及史学史的新发展作出了贡献。现将本年度的研究情况综述如下：

一、马克思主义史学研究思路的新探索

马克思主义史学是史学理论及史学史研究的重要组成部分，一直以来都受到史学研究者的高度重视。学者们在已有的研究基础上，为探索马克思主义史学研究的思路，作出了积极的尝试。

首先，重视对马克思主义史家群体的研究。对“史家群体”的研究是近年出现的新视角，较之个体史家研究更能彰显某一史学群体的特点和在时代中的位置。有学者关注了延安时期的马克思主义史家群体，包括范文澜、吕振羽、何干之、艾思奇、陈伯达、吴亮平、杨松、吴玉章等一大批优秀史学家。认为他们以唯物史观为指导，为中国革命与抗日战争服务，秉承史学传统之余进行学术创新，在史学理论、史学思想及治史方法上具有鲜明的时代特征与学术风格，他们是整个中国史学得以新陈代谢乃至成功转型的关键一环，更为中国化马克思主义史学在以后的发展树立了学术典范，意义重大。[①]还有学者把注意力集中在“十七年史学”的史家群体上，认为这是一个出生于1910年前后、具备扎实的史料考证基础、已经有一定学术地位、在新中国成立17年后正处于学术生命旺盛期的“中生代”史家群体。他们在马克思主义史学居主导地位以及学习马克思主义理论的形势下，经历了从史料考证研究为主到运用唯物史观、熔实证研究与理论指导于一炉的研究路向的转化。他们参加重大历史理论问题的讨论和大规模史料整理工作，在各自的研究领域多有新的创获，成为中国马克思主义史学队伍中的重要一员。[②]

其次，探索唯物史观与中国近现代史学流派之间的关系。马克思主义史学和“新史学”、“新历史考证学”并存于近现代中国，共同构建了史学的多彩复杂的面貌，虽然各派指导思想、研究方法相异甚至相悖，但也相互影响和渗透。有学者开始注意考察唯物史观与“新史学”流派之间的关系，认为唯物史观居于更高的理论层次，对新史学有较大的影响。指出唯物史观对新史学派的影响突出体现在核心历史解释观点，即生产力与生产关系、经济基础与上层建筑的矛盾运动决定社会基本进程；在推动和影响社会进程的诸项原因中，经济的前提和条件归根结底是决定性的，并与其他条件形成合力。新中国成立以后，新史学派加强或重新学习唯物史观，走上新的研究道路。[③]有学者则以史学家岑仲勉晚年的史学成就为例，从个案看新历史考证学与唯物史观之间的密切关联。认为新历史考证学者在新中国成立后普遍接受了唯物史观，从而使他们的研究旨趣与治史内容发生了重大变化，扩大了马克思主义史学的影响，完善并丰富了新历史考证学派的治史理念与方法。岑仲勉晚年学习了唯物史观，在隋唐史、黄河变迁史、中国古代经济史、中国古代社会分期等问题上作出了新探索，取得了新进展。岑仲勉晚年史学成就是新历史考据学研究方法与唯物史观有机结合的代表，既保留了新历史考据学重视史料、求真致用的精神，又重视对人类社会的发展规律进行探索，集二者之长，正好可以为我们现在史学研究路向的选择提供启示。[④]

最后，介绍西方马克思主义史学研究的最新进展。有学者向我们介绍了近年来西方马克思主义史学发展的新动向。牛津大学出版社2007年出版《面向21世纪的马克思主义史学》和《罗德尼·希尔顿的中世纪：历史主题的探讨》，这是近年来西方马克

思主义史学研究具有总结意义的论著，其中对马克思主义史学目的论、欧洲中世纪社会经济史研究、马克思主义史学与非马克思主义史学的关系等问题的探讨，充分展示了马克思主义史学发展的新动向。其中关于马克思主义史学目的论得到了更深入的认识，认为把马克思有关“过渡”的阐述归结为目的论似可商榷；欧洲中世纪社会经济史研究是西方马克思主义史学影响非常广泛的一个领域，目前面临的最大挑战，就是如何深入探索封建生产方式的内部逻辑和动力机制；当代西方马克思主义史学与非马克思主义史学越来越多地展开交流和对话，进而使双方的历史方法和解释越来越相互兼容，这已经成为一种基本趋向。[5]还有学者将西方专业历史学家对马克思主义史学的研究引进国内，如将英国历史学家里格比1987年由曼彻斯特大学出版社出版的《马克思主义与历史学》一书译为中文版，并对这本著作进行解读。[6]在该书中，里格比教授以自己的见解对唯物史观的基本概念和重要原理进行阐释，试图打破意识形态的成见，客观公正地评说是非得失，积极吸收马克思主义史学的有益内容，运用于史学研究。与西方史学界的马克思主义研究的热潮相反，在目前中国史学界，关于马克思主义史学理论的探讨似乎出现了“失语”状况，学术指导地位逐渐被边缘化，变成一种形式用语，这种怪现象足以引起我们作出深刻反思。[7]

二、史学重大理论问题的新思考

1. 历史、史学与社会的关系

由北京师范大学史学理论与史学史研究中心、历史学院和北京市历史学会联合主办的“历史·史学·社会”学术研讨会，于2012年11月10—11日在北京师范大学举行。在会上，有学者探讨了历史、史学与社会三者的相互关系，以其中每二者成一组合——历史与社会、历史与史学、史学与社会，用逻辑的方法论述了概念上的差异性和内涵上的同一性。认为历史与社会在概念上具有差异性与排斥性，但二者又有同一性与相通性，从哲学的高度阐释了历史、史学与社会三者的关系，为会议研讨奠定了一块深厚的理论基石。有学者探讨了中国传统史学的“为人”问题，认为历史人物的“为人”，首先要注意其正邪曲直，历史上的一些代表人物或著名人士的“为人”，往往影响一代风气或历史兴衰。肯定“为人”问题是传统史学中首要的史学思想，在如今提倡“精神文明”的要求下，世俗为人如何，应当引起关注。有学者则认为历史与史学的关系，一个方面是客观历史运动对史学发展产生的作用，主要有三种情况：时代变动与历史撰述、政治局面与历史撰述、朝代兴亡与历史撰述；另一方面是史家对历史进程的思考及提出的问题，考察历史进程与历史撰述、总结历史经验与历史撰述、提出重大历史问题与历史撰述。[8]还有学者就汉代社会与史学思想的关系发表看法，认为在汉代统一多民族国家的建立和巩固过程中，史学思想与社会变动之间持续着一种互动。秦亡汉兴的历史巨变，促使了汉初史学“过秦”思潮的出现；汉家天子起于闾巷的特殊身份，以及光武中兴使得汉家天下失而复得，引起了汉代史家从神意角度对汉皇朝政权的合法性作出论证；汉代国家大一统格局的形成和扩大，使得汉代史学具有着浓厚的大一统观念；“汉盛于周”的历史定位，决定了汉代史学具有强烈的“宣汉”意识。[9]

2. 史学研究“碎片化”问题

近年来，历史发展趋势之演变、走向、规律等“大问题”渐遭冷遇，取而代之的是文化史和社会史。史学工作者们更热衷于基层社会组织和民众日常生活状况的书写，这固然是一种全新的研究方法，但也使史学研究中“碎片化”现象凸显，论题小而微，缺乏关怀；论题细碎而零散，缺乏联系；论题小而平面化，缺乏理论。“碎片化”问题引起了史学工作者的普遍担忧。2012年，《近代史研究》杂志在第四、第五期连续发表题为“中国近代史研究中的‘碎片化’问题”的系列笔谈，北京学者在这次笔谈中从不同角度出发提出了对“碎片化”问题的看法。首先是关于史学研究“碎片化”出现的原因。大部分学者都认为，改革开放以来，中国的史学研究力图打破意识形态主导的单一解释模式，在研究视角、研究领域、研究方法上寻求多元发展，这是史学新变化的大背景。对小领域、小问题，以及民间社会文化情况的关注，是大背景下产生的一种研究角度。[10]也有学者则具体考察了微观研究、新兴史学兴起与“碎片化”之间一定程度的伴生关系。认为改革开放后史学界开始由之前聚焦于革命政治等宏大主题，转向探究中国社会演变的实态及根源，由此出现了微观研究的趋向，社会史、文化史相继兴起，成为新兴史学领域；而社会文化史较之政治史更关心下层社会和民众，而社会总是纷繁复杂的，于是史学研究开始偏向小论题、个案化和深度描述。特别是近代年代不远，印刷及报刊发达，社会与文化的遗留史料浩如烟海，为研究者从中寻找小题目提供了广阔空间，因而在近代社会与文化史领域“碎片化”倾向更为突出。[11]

其次是对史学研究“碎片化”应采取的态度。大部分学者认为必须坚持历史的总体性，注意整体与联系，注意理论与实践的结合，否则历史研究必然导致“碎片化”的灾难。不过有学者则提出要区分两种“碎片化”，一是放弃总体性所导致的“碎片化”；二是坚持总体性下的研究多元化所呈现的“碎片化”现象。从历史上看，人类对自身历史的认识和研究，正是经历着不断的“碎片化”与不断的

“总体化”，二者相辅相成，构成统一的历史发展过程。目前中国史学研究的“碎片化”在一定程度上是历史学发展自身规律的体现，是属于在语义上价值取向积极的一类，不应一概而论作简单否定。当然，历史家作为个人，研究什么以及怎样研究，是他的自由，不过历史学界作为整体不能只满足于具体细碎问题的研究，应积极倡导与鼓励学者对近代史重大问题进行研究，避免细碎化的出现。[12]

3. 史学变革与转型

第一，关于社会文化史在史学转型中的独特位置。有学者认为，史学方向由政治军事转向社会文化，这种趋势随着21世纪的到来而愈益突出。国内从20世纪的以阶级斗争为纲，到改革开放后以经济建设为中心，再到21世纪的以人为本，使得史学研究得以向社会文化领域延伸。社会文化史向我们展示了完全不同的中国，发掘形形色色的民众生活，展示历史的另一面，并以它的特色走向人文学科的前沿。[13]还有学者具体到中国的世界古代史研究上来，认为21世纪的古代史写作以普通人及其日常生活成为主要内容，特别重视古希腊罗马公民的社会生活以及影响公民生活的诸种政治和经济因素。古代史主题变换与研究转型，既与学者们对史料的认识以及对社会科学方法的借鉴有内在联系，也与西方史学注重公民活动的传统相关。[14]

第二，关于西方后现代主义史学对中国史学发展的影响。有学者系统考察了西方后现代主义史学的理论与实践，认为中国史学目前首要的依然是史学的现代化而不是跳过现代化而直接从事后现代的理论和实践，否则，无论是否可行，那样的所谓后现代性就变成空泛的、不切实际的、虚假的了。但是后现代是现代的一个组成部分，我们不是只是一味进行现代化而漠视后现代主义批判提出的问题。后现代主义对史学理论的一个重要的贡献就是把历史学家的关注点有意地转变到“作历史”的基本哲学前设，对史学工作者开拓思路，对历史学的反思和行动意义重大。[15]

第三，从以往史学由传统向现代转变的过程，反观今日中国史学的变革和转型。有学者在统合百家的基础上，从贯通和整体诠释的角度，对20世纪中国史中的重大问题作出个性化解读，进而揭示中国历史变迁的内在脉络；同时纵论这一时期史学大家的学术成就和治学理路，并且注重历史细节的描述。[16]有学者认为，民国初年新史学主流所谓史料即是史学的极端主张，在当今史学界亦普遍存在，为了解决它，我们需要挖掘一些历史发生的“共通要素”，如“正统性”“文质”“夷夏之辨”“大一统”“政教关系”等，既可避免把历史研究直接升级为宏大政治叙事，又可避免人类学方法的过度介入引起的社会史研究日趋碎片化的倾向。[17]还有学者通过对胡适史学局限性的研究，来反思今天的中国史学变革。认为胡适的史学研究存在着忽视对历史本身的探讨、偏离世界史学发展主流、严重的门户偏见等局限，它不仅制约了胡适自身学术成就的取得，也阻滞了中国现代史学的健康转型。时至今日，中国史学再一次面临关键的转变，我们需借助对胡适的深刻反思，为当代中国史学发展寻找有益的借鉴。[18]

4. 历史研究方法的完善

有学者关注了历史记忆的研究，认为“记忆”这一概念在历史意识中所取得的支配性地位，是当下史学私化趋势的代表，记忆打破历史话语的统治，获得自我表述，这是一种全新的研究角度。记忆在历史话语中的存在让我们可以断言：历史本身也是一种建构。[19]有学者关注了“新文化史”相关理论和方法在中国史学界的流传和运用，认为“新文化史”是“后现代思潮”对“现代化思潮”批判性的反省与重构，它通过语言学转向，强调历史学的叙事意义和功能，而不是像过往新史学强调历史意义、经验和教训，方法手段则受到了社会学、人类学、文化学的启示。“新文化史”重视历史中的下层阶级和边缘群体，关注普通人的日常生活，为史学研究的发展打开了一片广阔的天空。[20]有学者讨论了概念史方法对于中国近代史研究的重要意义，认为通过概念史研究，实现对近代中国重要概念、基本概念乃至一般概念本身的个案和系统清理，对于认知近代中国思想的演变，透视思维方式和价值观念的变革意义重大。另外通过对社会、政治、经济等领域新式核心概念的形成、传播、认同和使用的深入探讨，将有助于提供和呈现政治、经济、思想文化相互交织的立体化历史图景，丰富和深化对于中国近代史的认知。[21]有学者看到了口述历史对中国当代社会史研究的启示。口述历史关注普通民众的日常生活，并以唤醒记忆的方式重建个体生命经验与宏观社会结构之间的联系，因此蕴含着带有普遍意义的当代社会变迁问题，也是当代社会史研究参与多学科对话、为现实问题提供历史依据的基础。[22]有学者肯定英国当代著名史学家詹姆斯·C. 霍尔特的大宪章研究在方法上的突出特色，是将法律或原则还原为生活，通过比较，从实际生活过程解说大宪章的产生和特点，从生活与逻辑的交汇点阐释大宪章的内容和性质，依据大宪章的内在特点与时代发展的关系说明大宪章的历史与神话的联系。[23]还有学者探讨了20世纪中期以来罗马史研究方法论的转型。认为20世纪中叶以来，由18世纪英国历史学家爱德华·吉本进行经典性表述、延续了200年的“罗马帝国衰亡”模式受到了巨大挑战，以古代晚期研究为主力的“罗马世界转型”范式悄然兴起，由于各有庞大的史料作为支撑，昔日互不相容的两种交锋理论，在今天转化为观察晚期罗马史的两个互补竞争的模式。[24]

5. 史家素养与史学研究

史家素养决定史学成就，具有鲜明的学术个性的学者，往往能在学术研究中独树一帜、敢于提出自己与众不同的见解。有学者认为侯外庐先生学术个性鲜明，坚持独立见解，坚信自己追求的事业的正义性、先进性，从不轻易改变自己的思想信仰，而去趋炎附势。以侯外庐先生为代表的马克思主义史家的优良学术个性值得现今史学工作者学习，对指导当今的史家素养建设意义重大。[25]有学者关注了“史学二陈”的学术精神，认为虽然二人或接受马克思主义，或仍恪守“独立”与“自由”，但他们在学术上所追求的目标是一致的，即都奉行实事求是、客观公正、求真求善、精益求精的学术精神，这是历史研究的内在核心，是史学工作者素养的重要组成部分。[26]有学者以白寿彝先生《丙辰九十年》一文为例，肯定史家政治素养的重要性。在《丙辰九十年》中，白先生指出了史学工作者在处理民族问题时的重大责任，认为史学工作者应该强调民族间和睦相处和民族联合，要客观公正地看待和研究民族问题，这一观点这对于今天的史学研究有着极其重要的意义。[27]还有学者肯定“通识”意识是史学工作者必备的重要素质。认为司马迁、王充、范晔等史学家具有“通识”的意识，能在宏观把握史事的基础上，揭示史事演变的路径及其内在的法则。魏徵、杜佑和司马光等史家的通识不仅是为了说明历史，而且还在于启示后人，使这种智慧运用于社会。[28]并以白寿彝先生的史学研究为例，认为“理论、通识、创新，在白先生的学术活动中是三位一体的”，白寿彝先生的器局和通识，不仅体现于他在多个研究领域的创见，更重要的是他能将这些领域的研究有机地融贯在一起，这些都是当今史学研究者应该学习继承的优良品质。[29]

三、历史编纂理论与方法的探究

历史编纂理论与方法的探究，是以历史典籍为对象，揭示典籍内容与形式的辩证关系，说明史体特征和产生并得到发展的社会因素和学术因素，描述不同史体的异同以及相互之间的影响，评价不同历史编纂学说或史体思想的产生、演变和学术价值。

1. 史书体裁与体例

有学者认为《汉书》在历史编纂上，开创了“断代为史”的著史新格局，成功地解决了历史编纂上的难题，保证了“历史记载的长期连续”得以实现；班固以“实录”精神和进步史识为指导，弘扬了中国文化的人文精神，对抗了两汉之际盛行的图谶神秘妖妄之说。[30]有学者把研究的注意力集中在《汉书·艺文志》上，认为从《艺文志》实际成书过程及其六分法的体系来看，简单地称它为学术史著作似较为不妥。《艺文志》是在官藏书籍的整理过程中产生的，藏书目录是其原始和基本功能，因而是目录学与学术史双重标准的产物；但其作为目录的功能更为明显，学界对其学术史的推崇有进一步界定和澄清的必要。[31]有学者就《五代史志》对典志体通史编纂的影响进行了思考，认为《五代史志》在历史编纂上架设了一条从“正史”书志向典制体通史过渡的桥梁。《五代史志》以绪论说明某一制度的渊源流变与著述旨趣，志目下又分为若干子目，以子目为纲提携志文。杜佑《通典》全书分九门，每一门类之下有序言，序言之下分为若干子目，穿插着前人议论与作者议论，进一步完善了《五代史志》的编纂体例，说明两者之间在历史编纂上存在着继承关系。[32]有学者认为王先谦的《五洲地理志略》采用分区撰写总志的编纂方法，五大洲即为五个大专题，五大专题之下形成了一个个小专题，一个国家或地理区域便是一个专题，信息涵盖量很大；同时附有25幅地图及说明。这样灵活的史书编纂体裁，使叙述的内容更加形象生动，从而体现了近代史地著作编纂的一些新特点。[33]有学者研究了20世纪中国“新史学”对史书体裁的创造，认为“新史学”派充分吸收中西史书体裁之长，创造出诸多令人耳目一新的综合体裁，主要有“仍纪传之体而参本末之法”、寓传统体裁的精华于近代章节体之中，以及纪事本末体与典志体的大胆糅合。“新史学”派对20世纪中国历史编纂学的发展作出重要贡献。[34]还有学者谈到了私人信函的史料价值，认为写信人所谈自己的境遇、思想、心情等以及对人对事的看法，往往是在公开的文字中看不到的，故在相当程度上能透露历史的真相。有关论学的内容，有些是在已发表的著作中没有谈到或谈得不充分的，也可作为公开著作的补充。治史者应尽可能扩大史料范围，以便全面深入地了解历史，私人信函是应当利用的一种史料。[35]

2. 史书编纂特色

有学者以陆贾历史著述为研究对象，指出《新语》编纂的最大特色是史论结合，认为陆贾对社会的理解来源于对历史与天地自然的认识，他的政论以历史观和历史事实为基本依据，政论与史论相结合。书中阐述的治国之道，因为是在充分总结历史经验教训基础上展开的，所以能切中要害，为现实政治提供有益的指导。[36]有学者关注了《史记》本纪的撰述特色，认为“本纪者，本天地之法则，建帝王之纲纪也”，《史记》的本纪撰述以天地、天子、德力、人心与纲纪建设为中心，使其在内容上成为全书的主体架构，并且有统领全局的学术品质，具有全书之“纲”的本质本质。[37]有学者比较了《后汉纪》和《后汉书》在编纂特色上的差异，认为袁宏《后汉纪》编纂特点是“言行趣舍，各以类书”，这种方法吸收了纪传体记人的优点，可以容纳更多人物言行，在编年体史书中较早地把记事和记人结合起来，做到了事因人而丰满，人因事而益显，两者相得益彰。而范晔《后汉书》的历史编纂，在继承袁宏《后汉纪》类传思想的同时，对纪传体史书的编纂体例作了较大创新。如他开创了在本纪部分作"皇后纪"的先例，并作附记义例；首创了列女传、宦者列传、逸民列传等新的类传，对后代史家影响巨大。[38]还有学者探讨了《史通》外篇言事、内篇言理的著述体系，认为刘知幾的史学理论巨著《史通》分为内、外两篇，全书的结构形式具有典型的子书特点。就论述内容而言，《史通》具有外篇言事、内篇言理的根本性差异；这种内容上的差异决定了全书在行文模式上具有外篇重条陈例证、内篇重理论分析的显著区别。[39]

3. 史书"求真"书法

有学者研究了儒家对上古战争的记叙，认为中国春秋以前的战争，崇尚"军礼"、战争手段相对温和与唯力是凭、战争手段极端残暴，都是客观真实的存在。这两种历史真实性的并存，使得儒家在构筑其以"义战"为中心的战争观念之时，有意识地采取了选择性的立场；而这样选择性取舍的结果，则逻辑地导致了历史的某一种真实得以无限制地放大，另一种真实却被人为地加以虚化或掩盖，从而促成了历史的真实向历史的虚构的转化。这包括对历史真实的选择性遗忘与否定，以自己的逻辑，对既有的明确史实进行解构与抹杀；对历史真实的曲解性解释与阐述，以自己的逻辑，对历史事件的真实含义进行歪说与篡改。[40]有学者考察了历史书写中王徵形象的演变，认为王徵作为晚明中国的一名天主教儒士，自晚明至今，他在不同历史时期被塑造成不同的历史形象，先后出现过"忠臣义士""科学家""天主教徒""跨文化传播者"等几种不同的文化诠释。肯定史学研究与时代发展密切关系，历史人物既是历史的，也是当代的。上述王徵不同历史形象的史学史考察，反映出不同时代的史家总是从不同时代的社会需求对历史人物作出具有各自时代特点的历史诠释。为王徵历史形象作新的诠释，反映了不同时期史家当时的社会价值取向。[41]还有学者研究了《弗里德加编年史》所见之墨洛温先公先王的形象，认为都尔主教格雷戈里在《历史十书》中精心探索法兰克人的起源和墨洛温王室的渊源，由此形成"格雷戈里命题"。而半个世纪后，《弗里德加编年史》更加范围广泛地探讨了"格雷戈里命题"，他一方面通过增加故事，构建谱系为墨洛温王室统治的合法性进行辩护；另一方面，通过引入一代不如一代的传说故事，对后来诸王的统治无能表示了不满。[42]

4. 民族史撰述

《求是学刊》2012 年第 2 期发表了以"历代正史民族史撰述与中国统一多民族国家"为主题的系列文章，北京学者在此命题的研究中取得了重要成果。有学者对两汉正史民族史撰述与统一多民族国家的巩固进行了探讨，认为两汉是中国统一多民族国家的巩固时期，也是中国正史的创立时期。司马迁《史记》和班固《汉书》这两部正史的民族史撰述，明显体现了汉代统一多民族国家的时代特点。从历史编纂而言，两书都重视将民族史撰述作为统一多民族国家的有机整体来加以把握，肯定少数民族对维护大一统政治的作用，具有明显的大一统视野；从民族观念而言，两书的民族认同思想不尽相同，《史记》不斤斤于夷夏之别，肯定华夷各族同源共祖的思想尤为进步；而《汉书》的"异内外"和"德化四夷"的思想则较为正统，却都有助于人们对汉代民族关系的认识和加强对统一多民族国家的巩固。[43]有学者认为魏晋南北朝隋唐时期正史的民族史记述有了新的发展，一是民族史记述成为各正史不可或缺的重要内容；二是民族史记述范围扩展；三是记述方式有所改进、创新。在魏晋南北朝纷争的表象下，史学有着加强民族联系、实现民族统一的内在要求；隋唐统一后天下一家的思想基本成为人们共识，民族关系的思考主要关注两点：一是宣讲以夏变夷的责任及意义，二是处理民族关系的具体方略。[44]还有学者对明清正史民族史撰述与统一多民族国家的定型作了探讨。认为明清时期中国统一多民族国家逐步定型，受此政治局势的影响，明清两部官修正史——《元史》和《明史》的民族史撰述表现出四个值得注意的特征：第一，不为统一的多民族国家的境内民族立史传；第二，民族歧视和偏见较少；第三，重视反映边疆民族地区纳入统一的多民族国家的历史过程；第四，重视总结边疆民族政策的利弊得失。[45]

四、史学思想研究的深入

1. 历史贯通精神

有学者探讨了断代史《汉书》中体现的通史精神，认为《汉书》在体例上是断代史，而班固著书的自我期许却是横罗多重学术、纵贯古往今来，其八表、十志充满了通史精神。八表起点早于汉之统一，已溢出断代范围；至于十志，则都是专门学术通史，其框架大体由损益《史记》八书而来，是司马迁"究天人之际"的修订新版。[46]有学者具体谈司马迁"通古今之变"思想的形成，指出"通"意识的形成与"究天人之际"密切相关的，司马迁在思考天人之际时，既继承了周公、孟子的上述天人思想，并以此来解释古今历史递嬗中的"常"；同时又有自己更深一层的思考，并以此来解释古今历史递嬗中的"变"，从而最终做到"通古今之变"。[47]还有学者就中国古代通史观念与西方的普世史观念作了对比，认为中国古代通史观念滥觞于周代，经过孔子、孟子、司马迁和班固的不断积累拓展，奠定了通史精神的基础。与西方古代的普世史观念相比，普世史关注的是横向空间历史内容之间的联系，司马迁的通史则重视从横向空间历史内容的联系显示出历史阶段（或王朝）的不同特点，从不同特点历史阶段之间的联系显示出历史纵向变化的连续性；普世史关注的是从一个不变的基点来认识历史的变化，司马迁的通史则重视从变化中认识相对不变的东西（历史阶段的特点），从相对不变的东西中认识历史变化的规律（连续性）。[48]

2. 历史变易观念

有学者对于司马迁历史变易观的理论渊源进行探究，认为主要有三个方面：《周易》的通变思想、邹衍的“五德”说和董仲舒的“三统”说。其中《周易》的通变思想是司马迁历史变易思想的哲理基础，为其解说历史的重要思想依据；邹衍“五德”说对司马迁历史变易思想的影响，主要表现在《史记》所构建的五帝、三王和秦汉历史系统采纳了“五德”说，同时《史记》宣扬的革命思想也符合“五德”相胜之义；董仲舒“三统”说对司马迁历史变易思想的影响，包括《史记》受“民皇帝王”论的影响而创立五帝、三王古史系统、以“三道”循环变易来解说三代的历史、以“三正”循环而倡导汉朝“行夏之时”和强调变道的历史发展观等四个方面。[49]有学者从刘咸炘对“风”的认识入手，一窥影响历史变易的因素。认为在刘咸炘那里，“风”是贯穿历史进程始终、推动历史发展变化的“根本”，它既是推动历史发展的直接动因，又是《易》所展演的规律在历史运动中的具体形态。刘咸炘从“风”“云”等自然现象的形成和社会历史发展的层面对“风”进行解析，认为“风”之本质即潮流，是某一时期、某一地域人们好恶习俗、思想文化的倾向和趋势。[50]还有学者以德国汉学家福兰阁论中国历史为例，对外国汉学家的历史变易思想作了探讨。福兰阁所处的时代，西方知识界和学术界仍然深受著名哲学家黑格尔和历史学家兰克的影响，对中国历史存有许多偏见，许多人认为中国“没有历史”，是一个“永远停滞”的民族，还处在世界历史之外。福兰阁坚决反对中国“无历史”和“永恒静止”等观点，认为中国历史同欧洲历史一样，也经历了一个从古代起，经过中世纪，最终到达近现代的、不断发展和进步的过程，反对不把中国历史纳入到世界历史中的做法。[51]

3. 历史文化认同意识

有学者对汉代史学的历史文化认同进行了探讨，认为汉代史学关于政治统绪认同意识，与汉政权合法性的论证紧密相连；关于国家制度认同意识，蕴含于汉代维护封建制度理论的构建过程；关于夷夏之辨，表现出了浓厚的礼义文化认同意识，体现了汉代民族关系与民族观念的发展。[52]有学者具体就《汉书》与历史文化认同的推进展开讨论，《汉书》在记载内容上，以进步史识为指导，肯定汉朝代秦而起是历史的进步，强调造成秦汉之势的历史变局是时势所决定的，赞扬汉朝废除藩国、加强国家统一力量等功业；在历史编纂上贯彻“实录”精神，突出地记载民族间和好的历史事件，反映出主“忠信”、重“礼义”是中华文化传统对待古代民族关系的主流意识。[53]有学者看到炎黄文化传统对辽夏金元历史认同观念的影响。认为在辽、夏、金、元时期，作为中华民族源头的黄帝和炎帝，最终成为中国境内各民族起源的象征，其表现一是后世为前代皇朝修史，承认历史的继承和延续；二是各民族由共同祖先发展而来，同源异流；三是中国境内的居民四海一家，彼此共存。[54]有学者认为清代是中华主体历史文化的“自觉”认同时期，这突出地表现在它对于中华主体历史文献的整理和史书编纂方面。清代是中华主体历史文献大整理、大总结的时代，满族统治者自觉意识到文献整理是“彰千古同文之盛”，编撰史书是“远述百家”以明“时代相承”。这些都是与祖国多民族的统一大业密切相关的事业，反映了清满族统治者的历史文化认同意识。[55]还有学者从世界史中寻求历史认同的影子，探讨了古希腊伊索克拉底的“泛希腊主义”中蕴含的民族认同观念。伊索克拉底是公元前4世纪“泛希腊主义”的代表人物，其“泛希腊主义”作为民族认同观念的重要表现形式，主要解决希腊民族的自我识别以及与外部世界关系的问题。在他对希腊人、马其顿人和蛮族人的认识中，希腊民族认同中的血缘、文化等传统因素虽还不时发挥作用，但决定性因素则是伊索克拉底希望实现希腊民族团结、发起对蛮族战争的政治诉求，其“泛希腊主义”也因此具有极大的灵活性，这对希腊化时代的民族思想和民族关系有着重要的影响。[56]

4. 经史关系论

经学和史学是中国传统学术的两大显学，它们之间因缘颇深，对经史关系作深入探讨，是揭示中国传统史学与史学思想的民族特性的有效途径。有学者认为董仲舒的经学学术思想体系中蕴含着体大思精的历史哲学体系。其著作从董仲舒“天人感应”论与汉代“究天人之际”历史思想，“三统”、“五德”与汉代“通古今之变”，董仲舒“大一统”说与汉代“大一统”历史思想三方面着手，详细阐述了董仲舒对汉代史学的重大影响，讨论汉代史家司马迁、班固、王充、刘歆等对董生思想的继承发展，从而展示汉代经史深厚的渊源。[57]《学习与探索》2012年第8期组织了题为“经学与传统史学”的专题讨论，北京学者在其中探讨了“五经”之一《周易》对传统史学历史思维的影响。认为《周易》的天、地、人相联系的整体思维，启发了传统史学的“究天人之际”，史官把天与人联系起来解说社会现象，从四时、天象的往复变动中得到启迪，悟出社会人事也在变。《周易》的通变思维，启发了传统史学的“通古今之变”，如司马迁用“原始察终，见盛观衰”的方法来探寻古今之变，提出“承敝易变”的历史变革论；班固、杜佑、司马光、郑樵和章学诚等优秀史家的历史编纂，都充分体现历史变易的思想。《周易》的“一致百虑”思维，启发了传统史学的“成一家之言”，自司马迁始，中国传统史学都普遍重视“成一家之言”。《周易》的忧患意识，启发了传统史学的历史借鉴思想。《周易》的悲悯情怀与忧患情结，深深植根于一种高度的社会历史和民族国家的责任感与使命感；而传统史学的经世致用特点，使得《周易》的这种忧患意识转变为一种浓郁的历史借鉴思想。[58]

5. 西方历史哲学

首先是关于历史学的科学性与普遍性问题。有学者对培根的历史科学性思想作了研究，认为弗兰西斯·培根是西方史学史上把历史学纳入科学领域并从逻辑上论证的第一人。培根历史学以历史（经验）为研究对象，认为历史（经验）自身并非凌乱无序，而是有内在的因果关系，人类只要以历史（经验）作为逻辑认识的起点，首先排除认识的障碍，再借助观察和科学归纳法，就可以得到对于历史的真理性认识，故历史学是一种知识形式，是科学，并且是整个知识金字塔的基础。[59]还有学者通过对亨普尔《普遍规律在历史学中的作用》进行文本研究，探析了亨氏对于历史学中的“普遍化”问题的看法。指出亨普尔在文章中认为，与在自然科学中一样，普遍规律在历史学中也同样发挥着决定性作用，是历史研究不可或缺的手段；文章还详细而又明确地阐述了覆盖率问题，不仅构成了20世纪五六十年代西方历史哲学的核心话题，而且还间接影响了当前西方历史哲学的理论趋向。[60]

其次是关于历史学的“历史理性”问题。《学术研究》2012年12期组织了题为“什么是历史理性”的专栏，北京学者在此专栏中发表了自己的看法。有学者认为在史学实践的范围内，历史理性可以理解为人们在把握过去时的精神结构和智力装备，历史感是其中不可或缺的要素。对于人事变易无常的意识、对于过去与现在之间的异同的敏锐感受、健全的历史观、开放而自我克制的历史想象力、微观研究与宏观视野的结合，都是历史感在史家史学实践中的具体体现。史学理论的当前转向，为历史理性和历史感得到更为清晰的理论阐发提供了契机。[61]还有学者在阐述了狄尔泰历史理性批判的康德来源之后，指出狄尔泰对于“内部经验的意识事实”之关注表现出与康德的分歧所在。在狄尔泰那里，“体验”是其认识论的核心范畴，“体验”、“生命”、“实在”和“历史”实际上是同一的。狄尔泰的认识论中其他几个主要范畴，如“生命的表达”、“理解”和“概念化”，它们与“体验”一起，架构起历史理性批判体系，表现为一种调和历史主义、抽象理性主义、非理性主义和实证主义的结果，同时也成为狄尔泰在知识的相对主义状况和人类的客观主义诉求这样的两难困境中找到的一条出路。[62]

此外，有学者对德意志历史哲学在19世纪法国的传播和影响作了探讨，认为19世纪之所以成为法国史学发展的黄金时期，既有法国国内各种因素的影响，也与这一时期法国史学对近邻德国历史哲学的学习和借鉴有关。斯塔尔夫人的《论德国》最早将德国古典历史哲学介绍给法国人，此后，基内与库赞在将赫尔德、黑格尔为代表的德国历史哲学引入法国上着力最著。兰克为代表的德国实证史学在主导19世纪德国史学研究的同时，也于法国史学界产生重大影响。以莫诺、拉维斯、瑟诺博司为首的法国史学家在借鉴兰克史学的基础上，推动法国实证史学在学科化与专业化的道路上迅速发展。[63]

五、史学理论及史学史学科建设的总结和展望

进入21世纪以来，随着中国史学的不断发展，史学理论及史学史学科如何在以往研究的基础上，结合当前历史学发展的前沿动态，找到合乎逻辑的学术增长点非常关键。这种迫切的要求使得对本学科过往历史的总结和对未来发展的规划成为必要。

有学者对过往史学史发展情况进行总结，认为中国史学史作为一个独立的学科，已经走过了80多年的历程。近年来，受后现代思潮的影响，在史学研究诸多领域“碎片化”倾向日益严重的大背景下，中国史学史的研究却能以宏观的视野、多样的视角、丰硕的成果，稳固、提升了该学科的学术地位，使中国史学史的研究进入了一个系统而全面发展的新阶段。认为近年来中国史学史学科的发展趋势，有以下两个方面值得注意：一是史学史与史学理论融会贯通的新局面。近年来中国史学史发展的整体趋势随着系统研究的开展而走向纵深的境地，其最为突出的表现是中国史学思想研究取得突出成绩和中国古代史学批评的开展与史学理论遗产的清理。二是史学史学科走向成熟，反映在新一批史学史教材的编写和对学科发展的反思与总结中。[64]还有学者对近十年以来史学理论与史学史研究的若干重要问题进行了归纳，认为主要以天人关系、君主论、史学批评和少数民族史学的发展表现最为明显。[65]

关于史学理论及史学史研究的未来展望，学者们根据各自的研究情况和心得，提出了自己对未来的构想。有学者认为，30多年来中国史学史研究的内容，集中于对某一史家的某种史书的思想、体裁体例、价值与局限等问题的研究，已经成为一种广泛使用的模式。近年来，一些同行已经意识到需要在继续运用这一模式的过程中，探索新的研究路向，进而提升中国史学史研究的水准；而理论研究、专题研究和比较研究等问题的提出，则是在相关研究内容和研究方法上的一些思考，目的是推动中国史学史研究于传承中有所发展和创新。[66]还有学者提出，加强史学思潮和史学批评范畴两个领域的研究，对中国史学史研究进一步寻找新的增长点，拓宽学术领域，促进史学史的内涵和体系不断深入和完善至关重要。中国史学中每一种史学思潮形成以后，都按其治史宗旨对中国史学重新加以诠释，显现出不同的学术风貌和史学形态。探讨各种史学思潮的内涵及其发展变化的轨迹，将会有助于揭示各个时期史学的利弊得失，从更深层次认识中国史学发展演变的规律。中国史学史学科对自身范畴研究相当薄弱，已经在很大程度上制约着学科自身的深化和提高。只有站在今天的历史高度，以敏锐的洞察力把握当代史学发展的脉搏，从现代意义上去认识和清理历代史学批评的范畴和理论内涵，才能建立科学的历史学理论体系。[67]

注：

①何虎生、濮灵：《延安时期中国化马克思主义史学研究》，《辽宁大学学报》（哲学社会科学版），2012 年第 2 期。

②张越：《新中国建立后十七年“中生代”史家群体与马克思主义史学》，《史学理论研究》，2012 年第 2 期。

③刘永祥：《“新史学”流派与唯物史观》，《淮阴师范学院学报》（哲学社会科学版），2012 年第 1 期。

④张峰：《新历史考证学与唯物史观的密切关联——以岑仲勉晚年的史学成就为中心》，《淮阴师范学院学报》（哲学社会科学版），2012 年第 1 期。

⑤侯树栋：《西方马克思主义史学的新动向》，《史学理论研究》，2012 年第 3 期。

⑥［英］S. H. 里格比著，吴英译：《马克思主义与历史学》，译林出版社 2012 年版。

⑦吴英：《评英国历史学家里格比对唯物史观的解读》，《史学理论研究》，2012 年第 4 期。

⑧张立芹：《“历史·史学·社会”学术研讨会综述》，《史学史研究》，2012 年第 4 期。

⑨汪高鑫：《汉代社会与史学思想》，《史学史研究》，2013 年第 1 期。

⑩杨念群：《“整体”与“区域”关系之惑——关于中国社会史、文化史研究现状的若干思考》，《近代史研究》，2012 年第 4 期。

⑪李长莉：《“碎片化”：新兴史学与方法论困境》，《近代史研究》，2012 年第 5 期。

⑫郑师渠：《近代史研究中所谓“碎片化”问题之我见》，《近代史研究》，2012 年第 4 期。

⑬刘志琴：《当代史学功能和热点的转向》，《甘肃社会科学》，2012 年第 4 期。

⑭晏绍祥：《古典历史的基础：从国之大事到普通百姓的生活》，2012 年第 2 期。

⑮刘华初：《后现代主义史学的理论与实践》，《史学史研究》，2012 年第 2 期。

⑯谢保成：《龙虎斗与马牛风：论中国现代史学与史家》，生活·读书·新知三联书店 2012 年版。

⑰杨念群：《“新典范”和“旧史学”的冲突与调适——对中国现当代史学变革的一个贯通性解释》，《中国人民大学学报》，2012 年第 6 期。

⑱姜萌：《现代史学视野下的胡适——从唐德刚相关言论出发的讨论》，《文史哲》，2012 年第 4 期。

⑲张旭鹏：《史学的个体化与记忆研究的兴起》，《史学理论研究》，2012 年第 3 期。

⑳李剑鸣：《探索世界史研究的新方法——“新文化史”的方法论启示》，《史学月刊》，2012 年第 2 期。

㉑黄兴涛：《概念史方法与中国近代史研究》，《史学月刊》，2012 年第 9 期。

㉒姚力：《试论口述历史对中国当代社会史研究的启示》，《当代中国史研究》，2012 年第 4 期。

㉓侯树栋：《生活与逻辑的交汇——詹姆斯·C. 霍尔特论大宪章》，《史学史研究》，2012 年第 1 期。

㉔李隆国：《从“罗马帝国衰亡”到“罗马世界转型”——晚期罗马史研究范式的转变》，《世界历史》，2013 年第 3 期。

㉕邹兆辰：《论马克思主义史学家的学术个性》，《廊坊师范学院学报（社会科学版）》，2012 年第 3 期。

㉖牛润珍：《“史学二陈”及其学术精神》，《河北学刊》，2012 年第 1 期。

㉗王东平：《史学工作者的责任——读白寿彝先生〈丙辰九十年〉》，《回族研究》，2012 年第 3 期。

㉘瞿林东：《中国古代史家的通识与智慧》，《史学史研究》，2012 年第 3 期。

㉙瞿林东：《白寿彝与 20 世纪中国史学》，高等教育出版社 2012 年版。

㉚陈其泰：《〈汉书〉：中华文化传统继往开来的名著》，《人文杂志》，2012 年第 4 期。

㉛杨新宾：《目录学与学术史之间——〈汉书·艺文志〉价值的再思考》，《理论月刊》，2012 年第 6 期。

㉜张峰：《〈五代史志〉与典制体通史的纂修》，《人文杂志》，2012 年第 1 期。

㉝王青芝：《〈五洲地理志略〉的编纂及其思

想》,《史学史研究》, 2012 年第 1 期。

㉞刘永祥:《20 世纪“新史学”流派对史书体裁的综合创造》,《人文杂志》, 2012 年第 1 期。

㉟齐世荣:《谈私人信函的史料价值》,《首都师范大学学报》(社会科学版), 2012 年第 5 期。

㊱许殿才、毛英萍:《陆贾的历史著述与历史思考》,《安徽史学》, 2012 年第 3 期。

㊲杨燕起:《本天地之法则建帝王之纲纪——〈史记〉本纪含义发微》,《咸阳师范学院学报》, 2012 年第 3 期。

㊳杨俊光:《浅论袁宏〈后汉纪〉与范晔〈后汉书〉史学思想之异同》,《长春理工大学学报》(社会科学版), 2012 年第 2 期。

㊴赵海旺:《〈史通〉外篇言事、内篇言理的著述体系》,《淮阴师范学院学报》(哲学社会科学版), 2012 年第 3 期。

㊵黄朴民:《历史的真实与历史的重构——兼论儒家有关上古战争现象的虚拟化解读》,《文史哲》, 2012 年第 3 期。

㊶毛瑞方:《王徵历史形象演变的史学史考察》,《史学史研究》, 2012 年第 2 期。

㊷李隆国:《〈弗里德加编年史〉所见之墨洛温先公先王》,《史学史研究》, 2012 年第 4 期。

㊸汪高鑫:《两汉正史民族史撰述与统一多民族国家的巩固》,《求是学刊》, 2012 年第 2 期。

㊹许殿才:《魏晋南北朝隋唐正史民族史撰述与统一多民族国家的整合》,《求是学刊》, 2012 年第 2 期。

㊺汪增相:《明清正史民族史撰述与统一多民族国家的定型》,《求是学刊》, 2012 年第 2 期。

㊻刘家和:《论断代史〈汉书〉中的通史精神》,《北京师范大学学报》(社会科学版), 2012 年第 3 期。

㊼赵琪:《关于“究天人之际”与“通古今之变”的再思考——从〈史记·五帝本纪〉的天命说谈起》,《史学集刊》, 2012 年第 3 期。

㊽易宁:《古代中国的通史与西方的普世史观念》,《求是学刊》, 2012 年第 6 期。

㊾汪高鑫:《司马迁历史变易思想的理论渊源》,《郑州大学学报》(哲学社会科学版), 2012 年第 3 期。

㊿曹小文、曹守亮:《“风”:刘咸炘历史理论的枢机》,《四川师范大学学报》(社会科学版), 2012 年第 5 期。

51黄怡容:《德国汉学家福兰阁论中国历史》,《史学史研究》, 2012 年第 1 期。

52汪高鑫:《汉代历史文化认同意识与统一多民族国家的巩固》,《四川师范大学学报》(社会科学版), 2012 年第 1 期。

53陈其泰:《〈汉书〉与历史文化认同的推进》,《学术研究》, 2012 年第 2 期。

54罗炳良:《炎黄文化传统与辽夏金元历史认同观念》,《史学史研究》, 2012 年第 3 期。

55向燕南:《清统治者的历史文化认同与历史文献整理和历史编纂》,《廊坊师范学院学报》(社会科学版), 2012 年第 6 期。

56李渊:《伊索克拉底的“泛希腊主义”与民族认同观念》,《陕西师大学报》(社会科学版), 2012 年第 6 期。

57汪高鑫:《董仲舒与汉代史学思想》, 商务印书馆 2012 年版。

58汪高鑫:《〈周易〉与传统史学的历史思维》,《学习与探索》, 2012 年第 8 期。

59张立芹:《构想克里奥女神的科学殿堂——弗兰西斯·培根的史学科学性思想》,《淮北师范大学学报》(哲学社会科学版), 2012 年第 5 期。

60董立河:《亨普尔〈普遍规律在历史学中的作用〉之文本研究》,《史学史研究》, 2012 年第 1 期。

61彭刚:《历史理性与历史感》,《学术研究》, 2012 年第 12 期。

62董立河:《狄尔泰的“历史理性”及其当代启示》,《学术研究》, 2012 年第 12 期。

63顾杭、庞冠群:《德意志史学与历史哲学在 19 世纪法国的传播及其影响探析》,《史学史研究》, 2012 年第 4 期。

64杨艳秋:《关于近年来中国史学史学科发展趋势的思考》,《史学月刊》, 2012 年第 8 期。

65张宇:《近 10 年史学理论与史学史研究的若干重要问题综述》,《河南社会科学》, 2012 年第 11 期。

66瞿林东:《试论中国史学史研究的新路向》,《天津社会科学》, 2012 年第 1 期。

67罗炳良:《深化中国史学史研究的构想》,《史学月刊》, 2012 年第 1 期。

(作者:汪高鑫,北京师范大学教授;
周倩,北京师范大学研究生)

中国古代史

仝卫敏　周　松

2012年，北京地区中国古代史领域的学者们持续探索，在诸多研究领域取得新的进展，现将本年度研究情况综述如下：

一、主要学术交流活动

本年度北京古史学界组织主办了多次学术会议。2012年6月25日，由中国社会科学院历史研究所主办、"中国古文书研究班"承办的"中国古文书学"研讨会在京召开，来自国内外研究机构的40多位学者分别对古文书学的理论、历史时期各类文书的具体研究、文献版本的考察等问题展开深入探讨。7月7—8日，北京大学中国古代史研究中心与首都师范大学历史学院《唐研究》编辑部合办"中古中国的信仰与社会"学术研讨会，来自全国20余所高校科研机构的众多青年学者就中古时期宗教、国家祭祀、地方祠祀、占卜、民俗等不同信仰问题交流了意见。8月23—24日，由中国秦汉史研究会、中国人民大学历史学院主办的"日常秩序中的秦汉社会与政治"国际学术研讨会在中国人民大学召开，来自国内外知名大学的学者们围绕秦汉考古与简牍、法律史与法律文化、社会经济与日常生活等进行了纵深讨论。8月23—24日，"明代宫廷生活史学术研讨会"在故宫博物院召开，全国60多位专家学者出席了研讨会。10月27—28日，北京大学中国古代史研究中心、北京大学出土文献研究所共同主办"简牍与早期中国"学术研讨会暨第一届出土文献青年学者论坛，来自国内10多个大学及机构的青年学者结合金文、简牍等出土材料对早期中国的制度、阶层、思想观念等议题发表见解和讨论。

二、出土材料的整理与研究

甲骨卜辞方面，有学者撰文探讨了卜辞中"之日""之夕"的"之"字，认为它所指代的是紧接其前一日的干支日，而不是占卜日。武丁卜辞"翌甲申易日，之夕月有食"的"之夕"，是指甲申夕，此次月食应是发生在甲申夕的一次月食，而非是发生在占卜日的癸未日，这次月食应称为"甲申月食"而不应称为"癸未月食"。[①]还有学者从亲属称谓这一重要标准出发就宾组、出组、历组、何组、无名组等甲骨分期有争议的问题提出了新的见解。[②]商代亲属称谓前的区别字意义重大，它与亲称共同规定了成员的家族乃至社会角色。有学者就卜辞中的区别字问题进行系统的整理和分析，认为亲称前的数字有规律可循，"数字+亲称+日名"的格式只用于表示日名相同的尊二辈及其以上的同性亲属；而大、中、小等其他区别字则用来表示同辈同性亲属之间的长幼关系，也不排除用于区分同日名亲属的可能性；卜辞中常见的"大示"应是指上甲、大乙、大丁、大甲、大戊、大庚和中丁等七位神主，是以区别字为"大"的神主为主体的集合庙主；高祖一词在周代延续了商代以曾祖之父为"高祖"称谓的下限，并延及曾祖。[③]

金文研究方面，有学者分别对随州叶家山西周墓地出土的斗子鼎及山东枣庄徐楼村宋公鼎铭文进行释读，认为前者属于西周成王时物，可与洛阳出土的保尊、保卣等器物系联，反映的是周成王岐阳会盟天下诸侯的史事；后者为春秋中晚期宋共公器物，并提供了费国在春秋时期存在的有力证据，并非学界普遍认为的其为鲁国附庸。[④]还有学者对西周金文中用作地名的"斤"字进行深入考证，结合昭王伐楚、南巡路线，鄂东一带西周前期文化遗迹，西周王朝的铜路及文字训诂等多重证据，认为该字或可释作"蕲"，地望在今湖北蕲春附近。[⑤]

简牍帛书方面，清华简依然是学界热点。《楚居》中的"为郢"，出现频率高，时间跨度大，特别引人注目。有学者从楚文王迁都情况出发，结合楚灵王时期的史实，判断为郢就是《左传》昭公十三年、《史记·楚世家》灵王十二年的鄢，在今湖北宜城西南，可对应1990年发掘的宜城郭家岗遗址。《楚居》中从邑安声的字，整理者读为鄢，应即《史记·伍子胥列传》中"楚之边邑鄢"，在河南郾城县南五里处，与褒信白亭相近。[⑥]还有学者将清华简《金縢》与传世本及其他文献进行比较，考察了《尚书》的早期流传过程，指出清华简本《金縢》所记周公事迹最为素朴，应是较早记载周公历史的史籍。今传本《尚书》应不是汉代的《古文尚书》本，或根据今文说改造过。《史记·鲁周公世家》材料来源芜杂，其关于周公历史事迹的记载存在诸多错乱之处。简本《金縢》与《史记》关于周公历史记载的差异，反映了周初特别是周公历史在战国至秦汉时期不断层累叠加的事实。[⑦]此外，《文物》杂志2012年第8期刊发了清华简系列论文，众位学者分别对新近整理的六种清华简作了概要介绍，对《芮良夫》《周公之琴舞》进行专篇讨论。[⑧]

此外，围绕其他战国简帛的研究也在进行中。如有学者结合上博简《诗论》所评之诗绝大部分（或者全部）都见于今本《诗经》，属于逸诗者尚未见到的情况，分析了《诗》成书有一个从古本到定本的发展过程：西周贵族的诗作是首先被编入古本之《诗》的内容，相对于《颂》《雅》之诗而言，

《风》诗的出现稍晚。古本之《诗》开始编定的时间应当在西周中期的康王时期，西周后期又有增益。西周春秋时期流行的《诗》约有三百篇，就是孔子每每言及的“《诗》三百”。孔子为授徒所编的定本之《诗》与古本没有太大的差别，上博简《诗论》让我们知道在孔子之后的时代，《诗》并未散佚。[9]上博简、郭店简均有《缁衣篇》，与传世本《缁衣》有同有异，围绕《缁衣篇》学界业已展开深入的讨论。有学者对比简本《缁衣》和今本《缁衣》关于孔子讲君民关系言辞的异同，认为简本强调君民一体与和谐，今本则多讲君民的差异，强调民对于君的服从。孔子提出的“君民同构”理念是其政治哲学的重要命题。[10]

值得一提的是，《文物》杂志继 2011 年之后又于 2012 年第 6 期特辟专栏发表了北京大学藏秦简牍的简报和系列论文，首次对 2010 年年初入藏北京大学的秦简牍做了全面介绍。内容包括这批秦简牍的室内发掘情况、整体面貌、主要内容和部分科技检测结果，还对秦简牍中的《从政之经》、《泰原有死者》、数学文献、方术类文献等作了专门介绍和初步研究。[11]

秦汉史领域，对安徽天长纪庄汉墓出土材料的研究仍在继续。有学者将纪庄汉墓《户口簿》与考古发现的题名为“户口簿”的其他汉代木牍文书比较后发现，汉代各郡县上计在递交综合类“集簿”文书的同时，还要呈递不同类别的专项统计“集簿”文书。《户口簿》中的户口数，据考为西汉临淮郡东阳县的数据；《户口簿》中的户口数字，应来自东阳县某年各乡“八月案比”的人口调查统计；《户口簿》蕴含汉代县乡政治、地理、人口等方面重要信息，为秦汉置县制度相关问题的探讨提供了宝贵史料。[12]

魏晋南北朝史方向，长沙走马楼吴简依然是关注重点。这批吴简公布后学界围绕其中的“吏”与“吏民”展开激烈的讨论。有学者经过考辨材料后认为吴简中的“真吏”、“给吏”均可简称为“吏”，担任地方州、郡、县掾史等属吏之职，与署长、佐官等“官”相对。吏的社会身份为公乘，是国家法定的赋役对象，即有“算事”义务。汉魏时期吏已出现身份世袭化，出现了专门的“吏户”即真吏，虽然要给吏役，但已被免除算事和其他赋税徭役。吏与公乘以下的庶民合称为“吏民”。三国时期官与吏的区别源于汉代长吏与少吏亦即士与庶民的分野。[13]

隋唐史方向，有学者以敦煌吐鲁番文书为中心，对唐代“三贾均市”的起源、具体举措及影响进行了详细考察。唐政府评估市场物价、规范市场秩序形成了基本本年度准则——“三贾均市”，定期对商品评估，确定价格，作为官方平赃定罪、官民之间和市与和籴交易以及赋税折纳的依据。[14]

近年来，随着《黑水城出土文书（汉文文书卷）》《俄藏黑水城文献》《英藏黑水城文献》《斯坦因第三次中亚探险所获汉文文书》的陆续刊布，宋辽金元史研究产生了新的学术增长点。有学者以俄藏黑水城出土西夏文军籍文书为例分析了西夏王朝基层军事组织的军籍登记制度，指出西夏晚期黑水城地区军队质量下降、战斗力削弱。[15]还有学者根据黑水城文书相关资料及传世文献考察了元代的钱粮考较制度，包括元代钱粮考究的时间、具体程序、内容及奖惩规定等。[16]

由于大批新出土文献的问世，古史领域出土文献研究热潮迭起，而这一研究倾向最主要的研究方法即王国维于 20 世纪初提出的“二重证据法”。针对学界对“二重证据法”的滥用及由此引发的批评，有学者认真梳理了“二重证据法”的定义、学术理据及其规则、理据及局限，认为针对“二重证据法”的质疑，并不足以动摇“二重证据法”本身的合理性，但古史研究者在具体研究当中应当对研究方法予以反思。[17]

三、传统研究领域的新进展

在传统研究领域，北京古史学界也取得丰硕成果。

1. 政治史研究

先秦史方向，有学者探讨了商代的国家结构和形态问题，认为商代的国家结构既非一般所说的“统一的中央集权制国家”，亦非所谓“邦国联盟”，而是一种“复合制”形态，由“内服”与“外服”组成。内服亦即王邦之地，有在朝的百官贵族；外服有诸侯和其他从属于商王的属邦。内、外服关系亦即甲骨文中“商”与“四土四方”并贞所构成的结构关系。维系内、外服“复合制”结构的是商的王权及其“天下共主”的地位。商的王权既直接统治着本邦（王邦）亦即后世所谓的“王畿”地区，也间接支配着臣服或附属于它的若干邦国。这是一种以王为天下共主、以王国（王邦）为中央、以主权不完全独立的诸侯国即普通的属邦为周边（外服）的复合型国家结构。[18]嬴秦、赵与商之先祖皆出自以鸟为图腾的古东夷部落是史学界讨论已久的老问题，有学者从甲骨文资料出发进一步补充论证了嬴秦与商之东土的关系，指出嬴是商王巡游的住地，在商王朝的东土范围之内。[19]

秦汉史方向，汉初二十等爵制的公、卿、大夫、士分层大体上承续了秦军功爵制的分层。秦汉之际因功拜爵和普遍赐爵的频繁导致大夫爵层与卿、士爵层间的界限日趋模糊，并演化出二十等爵制高、低爵之新剖分。随着“爵—秩体制”的发展，变动中的高、低爵与相对稳定的以六百石为界标的上、下秩级相结合促使了官、民爵的形成。官、民爵之分直接影响了汉晋官僚贵族化和吏民一体化。[20]汉代公开执行死刑与陈尸称为“显戮”，有学者缕析了这种处刑的历史渊源、行刑地点的演变及其原因、具体处决方式及其在两汉之际的变化，认为“显戮于朝”制度的取消应当视为春秋之后中国社会转型时期阶级关系变动在刑罚领域的某种反映，并非孤立现象。[21]作为独立的汉代法律载体之一，科与律、令、品、式特征迥异。有学者以新近出土简牍材料中的“购赏科”为例，考察了汉科的法律渊源、制定过程、法律效力及特点，认为正是由于汉科的上述特质才使得它能够在汉末三国特殊的政治格局下，被各方统治集团所利用，成为法规汇编或编纂的代称，实现从如律令到如科令的历史转变。[22]还有学者从制度史、政治史与政治伦理史的角度重新分析了东汉光武帝刘秀封“以奴弑主”的子密为“不义侯”的意义，指出这一爵赏借列侯之名号表达含有政治贬斥的含义，并呈现出“列侯虚封”的新格局。后人对之褒贬有加，从而成为意蕴深厚的文化符号。[23]

魏晋南北朝方向，有学者引入“编任资格”的概念考察了“舍人”这一指称对象在中古时期的公职化进程：其一，舍人“编任资格”的变化，即“舍人”这一称谓被纳入官僚组织之内，进而由侍从官职扩展到行政官职；其二，称“舍人”之官种类的变化，即魏晋南北朝时很多官以“舍人”为名，而唐宋以后转而减少。前者展示了官僚政治演进中私人依附关系向公共行政关系转变的过程，后者则展示了官僚政治演进中新设官职与候选形式的关系。[24]

隋唐史方向，周唐革命前后曾三次调整二王三恪制度，这三次改制背后均有切实的政治意识在驱动：载初改制反映了武则天在“革命”前夕面对如何处置睿宗李旦和定位李唐王朝的历史困境；圣历改制表明武则天直到圣历年间仍未放弃寻求建立完全武周王朝的努力；而神龙改制则显示出复兴后的李唐君臣对于武周王朝的历史定位。三次改制展现了周唐革命暧昧模糊、曲折反复的王朝更替进程以及武周王朝在李唐历史中的独特位置。[25]藩镇是唐史中的重要问题之一，有学者从唐代藩镇——河朔集团张氏与陈氏家族入手分析其权力阶层的特点，指出尽管唐廷经常改易易定镇节度使人选，但往往只是顺势而为，其实也是对河朔藩镇社会集团的又一种承认方式。[26]唐代中晚期藩镇问题尤为突出，为实现帝国复兴的共同理想，政府往往鼓励举子们在制举考试时直言不讳地讨论藩镇问题。[27]于阗是唐朝的安西四镇之一，在唐朝经营西域的过程中发挥着重要作用。于阗在唐代从镇戍演变为军镇，表明军镇体制最终控制、支配了原来的羁縻体制。[28]

宋辽夏金元史方向，宋朝“不诛大臣、言官”的祖宗家法是宋太祖“皇帝与士大夫共治天下”政策的必然结果，在当今也有借鉴意义。[29]“限考受荐”是宋代选人受荐举改官所需遵行的重要原则，这一原则的演变反映了宋代荐举改官制度的成熟。[30]通过宋朝公文在形成、流转过程中产生的各种文书形态及其签署情况，可以了解各官司日常政务处理与权力运作实态。[31]与前代相比，宋代令史升迁较为容易，补官的现象比较常见。[32]北宋军队拣选制度是伴随着募兵制确立而出现的一种士兵考核机制，但拣选制的立意与其现实效果间形成了巨大反差。[33]宋代的走马承受公事作为皇帝派驻地方的使者，其奏报成为决策的重要依据。[34]“契丹直”是五代北宋时期以契丹降人或契丹归附人建立的一种特殊军事组织，作为禁军诸班直之一长期存在。[35]针对西方学界基于相对主义立场批判中国古代诸北族王朝研究中汉化命题的潮流，有学者撰文指出耶律阿保机在建立大契丹国新政权之初就表现出强烈汉化色彩，西方学者的批评有失偏颇。[36]另外，学者们分别探讨了沙剌班、世杰班父子在举荐帖木达世为中书右丞等重大政治活动中的态度和影响，[37]考证了窝阔台之子合失的生母，[38]补充了耶律阿海、秃花家族世系的史料。[39]

明清史方向，明朝卫所制度的建立和完善是一个持续的动态过程，并非始自洪武元年刘基的倡立。[40]有学者提出熊廷弼屡挫于明末的党争中，最终成为东林党与阉党政治斗争的牺牲品，明末党争危害从中可见一斑。[41]清早期汗号的使用表明满蒙两族在政治机构的构造上已经形成了共同的制度文化，[42]清代东北政制变革最能够体现清王朝再建国家认同、强化疆域统合的意图。[43]清政府在新疆部分地区实行了科举制度，以吸引内地人前来新疆，并增强其对新疆的认同和凝聚力。[44]

此外，还有学者对东西方学界普遍流行的“中国专制主义”观点进行了反思，并从政体类型说的角度认为判断中国皇权是否是专制主义，应通过各个同类政权的综合比较，在全球“系谱”中加以判断。“专制”指君主的无限权力，可以从权力集中化程度上来认识，还包括君臣身份关系，如人身支配和人格依附，无条件的统治与效忠。从“为谁而统治”视角出发，还可把君主个人对财富、资源和声望的集中占有程度，作为识别标准。中文“专制”来自多个西文语词，是一个本土化概念。“专制”现象可以历史地看待，用作中性概念；如欲回避围绕其滋生的政治纠葛，可以“集权君主制”为替代。[45]

2. 经济史研究

唐宋经济史方向，有学者考察了这一时段手工业经济中以笔墨纸砚为主的文具制造业的发展情况。[46]唐代中后期所特有的绢帛物估问题显示了盐利、榷价的虚实估本质。[47]财政机构方面，唐代比部职掌有从全国财务勾检向知制诰等方面转化的特点。[48]有学者提出将宋朝救荒仓廪分为五大类，认为制度上出现了三个新的变化，从而深化了两宋灾荒赈济的研究。[49]在个案研究方面，有学者从军事地理和粮食补给角度分析河北安抚使路划分的原因，突显了军事交通地理和后勤补给运输路线在影响安抚使路划分过程中所发挥的作用。[50]海商研究以台州宁海周氏家族为例，探讨了宋朝商人的价值取向。[51]宋中央政府制定了一系列关于茶马贸易和管理的法律规制，对确保茶马互市顺利开展起了重要作用。[52]

金代中都地区的手工业在经营管理、品类发展、生产规模、工艺技术等方面均有明显的发展。[53]通过《金史》中户籍管理和户口资料的梳理，可发现金朝户口组成、户口规模及其时代特征。[54]元代经济史研究侧重于农业。根据黑水城文书可以看出钱粮房在元代钱粮考较制度中的作用。[55]元朝末年，政府缓解大都粮食供应不足问题的措施还是取得了一定的效果。[56]鲁明善是元代著名的畏兀儿农学家，其著作《农桑衣食撮要》在中国农学史上具有独特的价值。[57]

明万历年间重建乾清、坤宁二宫“进献助工”热潮的实质是一场掠夺民间财富的灾难。[58]清政府用额定牙行制度强化对牙行和牙人的管理，但对牙行的政治管制与商业自由发展的要求之间产生冲突。[59]有学者总结了清代前期经济运行的两个特征。[60]还有人从“行商制度”和“商欠”行为的角度出发重新解释了清代广州涉外贸易。[61]清朝一直致力于改革赋役催征制度，但因落后的治理理念导致赋役催征弊病严重、效率低下。[62]

3. 思想文化史研究

商周之际天命观念的变革在中国传统文化发展历程中具有重要意义。周人天命观中所表现出的人文精神的跃动、人类精神的觉醒等理性因素素来为学界称道。有学者结合新近刊布的清华简《程寤》及周初铜器铭文等材料，考察了周代天命观念的发展与嬗变历程。认为理性因素并非周人天命观的全部，周人基于现实需要宣传天命，其天命论与殷人并非迥然有别，天命观念在周代并不是沿着理性的轨迹直线发展，而是反复出现非理性因素。这种理性中夹杂非理性，觉醒与非觉醒相交织的状态，仍然是“精神觉醒”后周人上层思想领域内的大致状况。[63]还有学者从“谌”“忱”二字字义的考证出发，指出这两字的含义并非前辈学者所认为的“棐”是“匪”的假借，“忱（谌）”训为“信”，“天棐忱”义即天不可信。“谌”“忱”二字皆有“因过度相信从而导致迷信”的意思，所谓“天棐忱”可理解为天不可迷信。天不可迷信与天命所归乃在民心共同构成周人天命观的主要内容。[64]

有学者对《史记·封禅书》与《汉书·郊祀志》中刘邦设“晋巫”“秦巫”“梁巫”“荆巫”一段史料作了详尽的考证与诠释，追溯了刘邦祖先在春秋战国时期流动迁徙的轨迹，同时对刘邦祭祀中的各种所谓“神名”逐一作了考订，认为刘邦祭祖是经历春秋战国社会大动荡变革之后进行的，从中可以看到许多新的现象与特点。[65]还有学者全面统计了汉代画像石、画像砖中的车马出行图材料，认为汉代的尚左、尚右问题在政治生活中较为明显，行政职官以尚右为主，军事职官以尚左为主；而在社会生活中，尚左、尚右情况则不明显。制度层面的改变是显性的，而文化、价值或心态层面的改变则相对隐性，二者的改变幅度往往不相适应。[66]

唐代的“三勒浆”是诃梨勒、毗梨勒、庵摩勒“三果”配制而成的果品饮料，从波斯传入中国。“三勒”在中土流传的差异反映了波斯、中国与印度三地文化和宗教之间的差异、选择与互动。[67]蒙元是北方蒙古族所建立的大一统帝国。忽必烈将程朱理学作为官方意识形态，成为“用夏变夷”最重要的举措之一。它促进了汉族儒士大夫们的政治文化认同，成为不同族群的共同文化价值体系。[68]清代惠栋入卢见曾幕府时期是其传播其汉学思想的重要时段，卢见曾幕府成为惠栋播扬汉学的助推器。[69]

4. 社会史研究

秦汉史方向，有学者考证了汉代社会的“小儿”称谓，原义指未成年儿童，亦有社会称谓取其转义，即以“小儿”称成年人者，语义复杂。其中有取亲昵义者，有取轻蔑义者。以“小儿”指称成年人所暗含贬损之义，反映出当时通常社会意识中未成年人的地位。[70]

魏晋南北朝史方向，正史当中关于国家的政治传统记载尤其详备，而民间组织的传统则语焉不详。有学者通过对这一时期战乱背景下产生的坞壁组织原则的个案分析，讨论了坞壁的组织结构以及其中所反映出的社会传统问题。认为坞壁初建的最重要原因即为了应对天下大乱以自保，坞壁组织的人群主体是百姓，建立的原则是自愿并非强迫；坞壁领袖主要通过选举产生；坞壁的规章采取的是群体同意的原则。坞壁作为一种临时性的民间社会组织与传统的国家政府组织相比，表现出更多的民主传统。[71]

唐王朝以礼、律、令等形式把丧葬活动纳入国家的管理体系，“以礼入法”体现了政府介入丧葬活动的特点。[72]唐五代时期政府的养老政策分为养庶民、恤鳏寡茕独和养官吏三个层面。[73]唐宋间城市文化发展，政治上表现为唐代以来城居士大夫阶层和城市文化资源的集中，进而给专制国家提供了文化上前所未有的控制权，导致从两宋时期起，社会文化的中心从乡野转移到了城市。[74]明初朱元璋“安民为本”和“锄强扶弱”的主张及其措施有效地协调了农村的贫富关系，促成明前期盛世的出现。[75]晚明时代江南社会变迁中出现了农民从农村进入城市，形成农工互动，但他们并未转化为城镇居民。[76]

清初台湾乡村社会在社会生态环境、中西文化的影响、乡村社会管理等方面呈现出不同于大陆的发展之路。[77]清朝内地各种坛庙文化随人口迁移传入新疆，在边地形成了一种浓厚的内地文化氛围。[78]个案方面，清乾隆时期伪孙嘉淦奏稿反映了这种社会传播行为在一定程度上消解了清朝的国家力量。[79]有学者通过民事案件审理过程中县官对女性当事人的裁决和妇女对县官的回应及互动，探讨了清代嘉道时期下层妇女的法律地位和法律意识。[80]

5. 民族史研究

唐朝官方地理文献中“西域”一词的含义在唐代发生了显著变化，词义的变化反映了唐朝西北边陲统治方式的深刻转变。[81]通过结合多语言材料研究，唐代于阗毗沙都督府属下六城、西河州、东河州、河中州等四个州的地望和辖区得以基本确定。[82]有学者以新的视角，即安南行营为切入点，考察了熙宁年间宋朝与交趾国战争爆发的原因、结果及影响，重新认识和评价了这场战争。[83]

近年来，明清时期边疆与民族问题的研究十分活跃。基于实证原则，学者们运用一些新的理论，选择特殊的着眼点，从宏观和微观两方面探讨该领域的学术问题。有学者提出应将“北虏”问题视为全球史时代变化的组成部分，使得“内陆史视角”的观察与思考成为传统“海洋史视角”的重要补充。[84]基于新的材料，可以得出明初撒里畏兀儿应是安定斡端、曲先答林两卫，现代裕固族的祖先正肇源自于阗和库车两大系统的结论。[85]明廷将“归附人”安置于军事卫所，授职食俸而不任事，[86]明代后期的“忠顺营”源自洪武时代漠北杭爱山的北元部众，他们的内迁线索彰显了政府与内附民族政治调试模式的具体运作进程及其结果。[87]16世纪末右翼蒙古中出现的QONCIN称号既反映了明代安多藏人的历史文化背景，又揭示了喇嘛文人向俺答汗政权所提供的佛教国家学说依据。[88]

17世纪，后金政权为协调满汉民族关系出台的策略、措施、规定，是客观环境与后金领袖人物的主观意志双重作用的产物。[89]西南边疆，清朝在云南推行儒学教育与科举考试，构建和保持少数民族对王朝的文化认同。[90]北方边疆，《番例》是清代针对青海和四川等地藏族，由达鼐等人从蒙古《律书》中选录与“番人”相关条款编辑而成的法律。[91]正是达鼐担任钦差办理青海蒙古番子事务大臣期间，编设青海蒙古旗，安排朝觐、会盟，在“番部”设官、立法，为清朝处理青海蒙藏事务作出了贡献。[92]漠北方向，喀尔喀左右翼在顺治八年（1651）确立了九白年贡关系，清廷对贡道、贡品、筵宴、朝礼、赏赐等方面做出严格的规定。[93]

四、北京地方史研究

本年度北京地方史的研究仍然集中于明清两代。有学者通过探讨明代北京营建时烧造地域的空间变化、烧办方式变迁等诸问题，揭示了明中期以来社会经济的发展及纳银代役制度的变化。[94]作为明清两代的首都，北京发展了独特的城市文化。有学者认为明清时期北京城休闲地空间格局的形成和变迁常常是自然地理环境、区位、都城性质和功能、民俗文化、政治等因素综合作用下的结果。[95]康乾盛世时期，北京城借助政治上和思想文化上的强势对朝贡国施加影响，同时也发展了某种逐渐超越朝贡体系的国际交往。[96]今天北京文化中很多特色的形成大多都可追溯至清代前期，对于当今首都文化建设也具有一定的借鉴和参考意义。[97]环境方面，过度采伐的结果使得到明朝中期，北京周边的山脉植被已严重退化，导致自然生态恶化。[98]地方志是地方史研究的主要材料依托，有学者通过分析北京历代地方志中关于寺庙的记载，梳理出这些寺庙间的传承关系。[99]还有学者利用碑铭资料探讨了北京东岳庙的香会组织。[100]

注：

①杨升南：《从卜辞“之日”“之夕”说甲申夕月食》，《中国史研究》，2012年第3期。

②黄国辉：《从亲属称谓看殷墟甲骨的分期问题》，《文物》，2012年第7期。

③黄国辉：《商代亲称区别字若干问题研究》，《考古学报》，2012年第3期。

④李学勤：《斗子鼎与成王岐阳之盟》，《中国国家博物馆馆刊》2012年第1期；《枣庄徐楼村宋公鼎与费国》，《史学月刊》，2012年第1期。

⑤王泽文：《试说西周金文中用作地名的“斤”》，《南方文物》，2012年第2期。

⑥赵平安：《〈楚居〉“为郢”考》，《中国史研究》，2012年第4期。

⑦杨振红：《从清华简〈金縢〉看〈尚书〉的传流及周公历史记载的演变》，《中国史研究》，2012年第3期。

⑧李学勤：《新整理清华简六种概述》，《文物》，2012年第8期；赵平安：《〈芮良夫〉初读》，《文物》，2012年第8期；李守奎：《清华简〈周公之琴舞〉与周颂》，《文物》，2012年第8期。

⑨晁福林：《从新出战国竹简资料看〈诗经〉成书的若干问题》，《中国史研究》，2012年第3期。

⑩晁福林：《“君民同构”：孔子政治哲学的一个重要命题——上博简和郭店简〈缁衣〉篇的启示》，《哲学研究》，2012年第10期。

⑪朱凤瀚、韩巍、陈侃理：《北京大学藏秦简牍概述》，《文物》，2012年第6期；朱凤瀚：《北大藏秦简〈从政之经〉述要》；李零：《北大秦牍〈泰原

有死者〉简介》，《文物》，2012年第6期；韩巍：《北大秦简中的数学文献》，《文物》，2012年第6期；陈侃理：《北大秦简中的方术书》，《文物》，2012年第6期。

⑫蔡万进：《天长纪庄木牍〈户口簿〉及相关问题》，《中国史研究》，2012年第1期。

⑬杨振红：《吴简中的吏、吏民与汉魏时期官、吏的分野——中国古代官僚政治社会构造研究之二》，《史学月刊》，2012年第1期。

⑭赵贞：《唐代的"三贾均市"——以敦煌吐鲁番文书为中心》，《中国社会经济史研究》，2012年第1期。

⑮史金波：《西夏文军籍文书考略——以俄藏黑水城出土军籍文书为例》，《中国史研究》，2012年第4期。

⑯杜立晖：《黑水城文书与元代钱粮考较制度》，《首都师范大学学报》，2012年第4期。

⑰李锐：《"二重证据法"的界定及规则探析》，《历史研究》，2012年第4期。

⑱王震中：《论商代复合制国家结构》，《中国史研究》，2012年第3期。

⑲孟世凯：《嬴秦与商之东土》，《管子学刊》，2012年第4期。

⑳凌文超：《汉初爵制结构的演变与官、民爵的形成》，《中国史研究》，2012年第1期。

㉑宋杰：《汉代死刑中的"显戮"》，《史学月刊》，2012年第2期。

㉒张忠炜：《汉科研究：以购赏科为中心》，《南都学坛》，2012年第3期。

㉓孙家洲：《光武帝独出心裁的封爵之赏——"不义侯"》，《史学集刊》，2012年第1期。

㉔廖基添：《论汉唐间"舍人"的公职化——"编任资格"视角下的考察》，《中国史研究》，2012年第4期。

㉕孙正军：《二王三恪所见周唐革命》，《中国史研究》，2012年第4期。

㉖张天虹：《唐易定镇的张氏家族与陈氏家族——"河朔故事"研究之二》，《首都师范大学学报》，2012年第2期。

㉗金滢坤：《中晚唐制举对策与政局变化——以藩镇问题为中心》，《学术月刊》，2012年第7期。

㉘孟宪实：《于阗：从镇戍到军镇的演变》，《北京大学学报》，2012年第4期。

㉙张希清：《宋太祖"不诛大臣、言官"誓约考论》，《文史哲》，2012年第2期。

㉚胡坤：《限考受荐：宋代选人改官的资格》，《中国史研究》，2012年第1期。

㉛刘江：《宋朝公文的"检"与"书检"》，《北京大学学报》，2012年第2期。

㉜李志刚、李文才：《试论宋代令史的选拔和迁转》，《山东师范大学学报》，2012年第3期。

㉝游彪、张国英：《北宋军队拣选制度研究》《暨南史学》（第七辑），广西师范大学出版社2012年版。

㉞秦克宏：《走马承受公事与宋代信息通进研究》，《求是学刊》，2012年第3期。

㉟刘浦江：《在历史的夹缝中：五代北宋时期的"契丹直"》，《中华文史论丛》，2012年第4期。

㊱林鹄：《耶律阿保机建国方略考——兼论非汉族政权之汉化命题》，《历史研究》，2012年第4期。

㊲尚衍斌：《畏兀儿人世杰班仕元遗事》，《西域研究》，2012年第1期。

㊳邱轶皓：《合失生母小考》，《中国史研究》，2012年第3期。

㊴刘晓：《太傅也可那延家族世系的几点补充》，《中国史研究》，2012年第1期。

㊵彭勇：《刘基"密奏立军卫法"辨疑》，《北京联合大学学报》，2012年第3期。

㊶时仁达：《熊廷弼与明末党争》，《北方论丛》，2012年第3期。

㊷N·哈斯巴根：《清初汗号与满蒙关系》，《民族研究》，2012年第2期。

㊸高月：《论清代的疆域统合与地方政制变革——以东北地方为讨论中心》，《社会科学辑刊》，2012年第2期。

㊹贾建飞：《浅析清代新疆的文化教育与科举政策（1759—1864）》，《广东社会科学》，2012年第1期。

㊺阎步克：《政体类型学视角中的"中国专制主义"问题》，《北京大学学报》，2012年第6期。

㊻陈涛：《唐宋时期文具制造业研究》，《中国经济史研究》，2012年第2期。

㊼李青淼、韩茂莉：《从唐代盐利看唐代中后期各地之盐产量》，《首都经济贸易大学学报》，2012年第4期。

㊽李志刚：《唐代比部职掌的转变及其原因试析》，《首都师范大学学报》，2012年第2期。

㊾李华瑞：《宋代救荒仓储制度的发展与变化》，《暨南史学》（第七辑），广西师范大学出版社2012年版。

㊿程龙：《北宋华北战区军政区域规划与粮食补给》，《中国历史地理论丛》，2012年第3期。

51薛豹、游彪：《赴日宋朝海商初探——以宁海周氏家族为中心》，《浙江学刊》，2012年第4期。

52陈武强、才旺贡布：《宋代茶马互市的法律规制》，《西藏大学学报》，2012年第1期。

53章永俊：《金代中都地区手工业述略》，《首都师范大学学报》，2012年第3期。

(54)韩光辉、吴炳乾：《关于金代户籍类型的考察》，《北方文物》，2012 年第 3 期。

(55)杜立晖：《黑水城文书与元代钱粮考较制度》，《首都师范大学学报》，2012 年第 4 期。

(56)韩光辉、向楠：《元末大都城市的粮食供应》，《北京社会科学》，2012 年第 3 期。

(57)尚衍斌：《元代畏兀儿农学家鲁明善事迹再探讨》，《中国边疆史地研究》，2012 年第 2 期。

(58)方兴：《略论明朝万历年间的“进献助工”》，《江西社会科学》，2012 年第 4 期。

(59)燕红忠：《清政府对牙行的管理及其问题》，《清华大学学报》，2012 年第 4 期。

(60)方行：《清代前期经济运行概述》，《中国经济史研究》，2012 年第 1 期。

(61)曹雯：《乾嘉道时期的广州贸易与行商商欠问题再考》，《清史研究》，2012 年第 3 期。

(62)魏光奇：《清代雍乾后的赋役催征机制》，《河北学刊》，2012 年第 6 期。

(63)罗新慧：《周代天命观念的发展与嬗变》，《历史研究》，2012 年第 5 期。

(64)赵琪：《从“谌”“忱”二字看周人的天命观》，《北京师范大学学报》，2012 年第 4 期。

(65)李祖德：《刘邦祭祖考——兼论春秋战国以来的社会变革》，《中国史研究》，2012 年第 4 期。

(66)李现红：《尊左？尊右？——从车马出行图看汉代社会生活中的尊与卑》，《史林》，2012 年第 4 期。

(67)陈明：《“法出波斯”：“三勒浆”源流考》，《历史研究》，2012 年第 1 期。

(68)姜海军：《蒙元“用夏变夷”与汉儒的文化认同》，《北京大学学报》，2012 年第 6 期。

(69)曹江红《惠栋与卢见曾幕府研究》，《中国史研究》，2012 年第 1 期。

(70)王子今、刘林：《汉代“小儿”称谓》，《南都学坛》，2012 年第 2 期。

(71)孟宪实：《论魏晋时期坞壁的组织原则——民间社会的民主传统个案》，《中国社会历史评论》，2012 年第 13 期。

(72)裴恒涛：《国家视阈下唐代对丧葬活动的管理——以墓志资料为中心的考察》，《西北民族大学学报》，2012 年第 5 期。

(73)盛会莲：《试析唐五代时期政府的养老政策》，《浙江师范大学学报》，2012 年第 1 期。

(74)包伟民《两宋“城市文化”新论》，《文史哲》，2012 年第 5 期。

(75)陈梧桐：《朱元璋治理乡村社会的理念与措施》，《江南大学学报》，2012 年第 5 期。

(76)商传：《农工互动：晚明城乡新现象》，《博览群书》，2012 年第 4 期。

(77)王亚民、姚远：《清初台湾乡村社会管窥》，《吉林师范大学学报》，2012 年第 3 期。

(78)贾建飞：《清代新疆的内地坛庙：人口流动、政府政策与文化认同》，《中国边疆史地研究》，2012 年第 2 期。

(79)刘文鹏：《论清代商业网络传播与国家的社会控制力——以乾隆时期的伪孙嘉淦奏稿案为中心》，《清史研究》，2012 年第 1 期。

(80)毛立平：《“妇愚无知”：嘉道时期民事案件审理中的县官与下层妇女》，《清史研究》，2012 年第 3 期。

(81)荣新江、文欣：《“西域”概念的变化与唐朝“边境”的西移——兼谈安西都护府在唐政治体系中的地位》，《北京大学学报》，2012 年第 4 期。

(82)朱丽双：《唐代于阗的羁縻州与地理区划研究》，《中国史研究》，2012 年第 2 期。

(83)陈朝阳：《熙宁末年宋交战争考述》，《中国史研究》，2012 年第 2 期。

(84)赵世瑜：《时代交替视野下的明代“北虏”问题》，《清华大学学报》，2012 年第 1 期。

(85)李新峰：《明初撒里畏兀儿设卫考》，《民族研究》，2012 年第 4 期。

(86)奇文瑛：《论明初卫所制度下归附人的安置与任用》，《民族研究》，2012 年第 6 期。

(87)周松：《从西蒙古草原到华北平原——明朝忠顺营源流考》，《中国历史地理论丛》，2012 年第 2 期。

(88)乌云毕力格：《十六世纪蒙古“浑臣”考》，《内蒙古大学学报》，2012 年第 6 期。

(89)孙淑秋：《论后金政权的汉族政策》，《中央民族大学学报》，2012 年第 2 期。

(90)赵旭峰：《文化认同视阈下的国家统一观念构建——以清代前中期云南地区为例》，《云南民族大学学报》，2012 年第 2 期。

(91)达力扎布：《〈番例〉渊源考》，《青海民族大学学报》，2012 年第 2 期。

(92)达力扎布：《西宁办事大臣达鼐事迹考》，《西北民族大学学报》，2012 年第 2 期。

(93)张双智：《清代喀尔喀九白年贡仪制》，《青海民族研究》，2012 年第 2 期。

(94)王毓蔺：《明北京营建烧造丛考之一——烧造地域的空间变化和烧办方式变迁》，《故宫博物院院刊》，2012 年第 2 期。

(95)吴承忠、韩光辉：《明清北京休闲空间格局研究》，《地理学报》，2012 年第 6 期。

(96)唐晓峰：《康乾时期京师文化的繁荣及其国际影响》，《北京联合大学学报》，2012 年第 1 期。

(97)刘仲华：《试析清前期北京文化发展的新环境》，《唐都学刊》，2012 年第 6 期。

⑱田培栋：《明政府对太行山与燕山林木的砍伐——明代北京的燃料供应问题》，《北京联合大学学报》，2012 年第 3 期。

⑲王岗：《北京地方志中的寺庙资料述略》，《北京社会科学》，2012 年第 1 期。

⑳陈巴黎：《从碑刻资料看北京东岳庙的香会组织》，《北京档案》，2012 年第 2 期。

（作者：仝卫敏，北京师范大学副研究馆员；周松，北京师范大学博士生）

中国近现代史

张　皓　王　纯

一、政治

鸦片战争到清朝灭亡这段时期，太平天国、义和团、清帝逊位等问题历来备受学界关注。随着史料搜集的增多，学者们对这些关键问题的研究逐步深入，成果颇丰。

历史学家罗尔纲曾为太平天国的开国史勾勒出“集结团营→揭帜起义→登极建元”的发展脉络。姜涛则提出：洪秀全早于道光三十年二月二十一日（1850 年 4 月 3 日）即已秘密登极，其后才是十月初一日杨秀清等人于金田等处发动的公开揭帜起义、十二月初十日在金田的祝寿建元等一系列事件。太平天国开国的真实历史进程应是“天王登极→起义勤王→祝寿建元”。①

关于“义和团”的性质，学者们争论依旧很多。侯宜杰发表《义和团：在“灭洋”的旗帜下》一文认为：义和团所从事的贯彻始终的“灭洋”活动并非反对帝国主义，而是打洋教。另外，义和团烧杀抢掠无辜的平民、回民和官署官员是“赤裸裸的强盗行径”。② 周育民不同意这一看法，撰文《我看“义和团的真面目”——与侯宜杰先生商榷》认为：“我们肯定义和团运动的反帝性质，并不是肯定和赞扬义和团运动中的一切；我们揭露义和团运动的消极面，也不是取消和否定当时的中国下层民众的反抗权利。”③ 就此问题，侯宜杰又撰文《也谈“义和团的真面目”——回应周育民先生》，对周育民文中提出的每个问题进行了回应。④

以往研究认为翁同龢是联系光绪帝与康有为的桥梁，他曾向皇帝举荐过康氏。马忠文认为这种说法并无事实依据。“真正的荐康者应是户部左侍郎、总理衙门大臣张荫桓”，翁、康关系始终比较疏远。翁氏“荐康”的官方定论，是政变后清廷派系斗争的产物。⑤

1912 年 2 月 12 日清廷发布“逊位诏书”，标志着中国绵延两千余年的君主制度正式宣告结束，中国从此进入“共和”时代。2012 年 6 月 16—18 日，由中国人民大学清史研究所主办的“清帝逊位与民国肇建一百周年”国际学术研讨会在北京召开。来自中国社科院近代史所、北京大学、清华大学、中国人民大学、北京师范大学等大学，《历史研究》《近代史研究》《史学月刊》等编辑部，以及社科文献出版社、北京大学出版社等文化学术机构的国内外专家学者共 90 余人，参加了此次会议。与会专家分三个小组分别进行了六场专题讨论。讨论涉及清帝逊位前后的政治时局与政治运作、政治观念与时代思潮、政治集团或政治人物的心态与活动，社会灾荒及其影响等等方面。李文海撰文指出了清朝统治者的自救努力存在着三大致命的弱点：一是“表不治本”；二是“缓不济急”；三是“势不可为”。⑥ 杨念群从清朝“正统性”与民国“合法性”之间如何发生对立互动的新视角探讨民国政权建设的成败得失，以及传统因素在民国政治制度建立过程中所发挥的重要作用。⑦ 高全喜在《立宪时刻——论〈清帝逊位诏书〉》一书中，对宪法的短板、宪制的背景等问题进行了研究。⑧

此外，王开玺考察了辛酉政变前后的两道谕旨：清廷将肃顺等人解任的谕旨；咸丰帝遗命肃顺等八大臣赞襄政务的谕旨，⑨ 丰富了辛酉政变的研究。

清王朝灭亡后的政治史研究，我们从辛亥革命、民国政治、共产党历史、国民党历史和国共关系四个方面进行总结。

1. 关于辛亥革命的研究

2011 年是辛亥革命爆发 100 周年，研究成果甚多。今年，关于辛亥革命的研究又取得了一些新进展。《辛亥前十年中国政治通览》由中华书局再版，这本著作记述了国体转换的当事人当时的感受和分析，⑩ 是研究辛亥革命的重要参考史料。

在历史巨变的辛亥革命时期里，地方政府组织体系同中央政府一样都发生了变革。张皓以浙江为例，对地方政府的变革进行了研究，指出这种地方变革是有限的，民主的影子在逐渐消失。⑪ 李细珠对武昌起义之后的地方督抚及清末中央与地方权力格局进行了研究。他认为各省督抚在武昌起义后的反应，情形不一。其中，真正转向革命阵营或死命对抗革命的督抚只是极少数，大多数督抚还是存效忠清廷之心。辛亥鼎革之际，中央与地方权力关系实际上是一种“内外皆轻”的权力格局。⑫ 黄克武梳理了清朝中晚期的历史脉络，分析促成辛亥革命的各种思想与政治因素。[13]侯中军对辛亥革命期间中华民国的承认问题进行了研究。[14]

另外，还有学者从某个具体人物出发，研究革命。例如，雷颐对容闳的革命历程进行了考察，认为"他从'温和改良'到'走向革命'的一生，就像镜子一样映照了近代中国的历史走向"。[15]李长莉通过考察何天炯1905—1911年的活动，借此分析中国同盟会"东京本部"的组织、活动及其作用。[16]马勇根据新旧史料考察了袁世凯在武昌起义后的一段心路历程，认为袁世凯从维新到新政，再到仿行立宪，基本上充当着晚清政治变革重要推手。[17]这些，为辛亥革命的研究提供了新的角度。

2. 关于民国政治的研究

民国时期，是中国历史上大变革的一段时期，历来关于民国政治的研究就很多。近来的研究呈现具体、深化的趋势。

1914年，袁世凯政府将清末以来陆续设置的地方审判厅裁撤三分之二，初级审判厅全部裁并。唐仕春对该事件进行了分析，认为这"成为此后整个民国时期司法与行政不分的背景，以及初级审判组织迟迟无法建立的源头"[18]。

清末民初，广东的钦廉曾三次被提议改隶广西省。高茂兵考察了此事，得出如下结论：在研究民国初期的行政区划变更时，不仅要考虑传统的因素，还要考虑基层民意、地方绅商的势力和近代报纸的舆论影响。[19]

此外，周斌对《尹昌衡与张培爵书》进行了考辨，认为"这表面为尹昌衡致重庆蜀军政府都督张培爵主张统一川政、合并成渝两军政府的代表作，实际乃是1912年5月4日尹昌衡致熊克武电"[20]。王建朗在《远看民国》中，指出："民国是一个古老社会终结后的转型期，是一个试验场，不同的理念和制度在这里进行了演示。"[21]

3. 关于国民党与国共关系的研究

关于国民党的研究，今年的一个亮点则是《国民党与共产国际》的出版。该书由中国社会科学院近代史研究所李玉贞研究员编著，汇集了作者30多年的研究成果，探讨了1919—1927年共产国际与中国国民党的关系史。[22]

中国国民党改组伊始，即在"非党团体"中设立秘密党团。徐秀丽对1924—1949年国民党党团进行了考察。文中指出："党团活动在第一次国共合作时期偏重青年学生组织和军队，南京国民政府时期则侧重民众团体和'民意机构'。"[23]

关于蒋介石的研究仍然在继续。杨天石通过分析1936年的绥远抗战，考察了蒋介石对日政策的转变。他认为，在绥远抗争过程中，"蒋介石维护国家领土和主权完整，坚决抗日的决心和意志已经充分表露，其一贯的民族主义立场也已经充分表露"[24]。他还以档案史料为基础，研究了史迪威在开罗会议期间假传罗斯福指示，策划暗杀蒋介石。[25]

此外，张皓、陈银屏探讨了1948年北平的"七五事件"，认为经过该事件，最后那些尚对国民党政府抱有期望的知识分子和学生对其失望，政治态度转向共产党一方，投入到解放事业中去。[26]

关于国共关系，西安事变一直是研究的重点问题。杨奎松在专著《西安事变新探：张学良与中共关系之谜》中，详尽地披露了西安事变发生前后张学良与中共关系的种种内幕。[27]西安事变期间，《盛京时报》作为日本在华的重要新闻媒体，对事变诸方面作了详细的报道。王志刚从其新闻报道入手，研究了日本对西安事变的态度和反应。[28]

二、经济

关于近代经济史的研究，以1919年五四运动和1949年新中国成立为界，可划分三个历史阶段进行总结分析。

鸦片贸易同茶叶贸易一起共同成为19世纪中国对外贸易最重要的一部分，也是上海对外贸易的最重要的组成部分。仲伟民撰文分析了鸦片战争之后鸦片和茶叶贸易与上海的发展，指出："上海之所以能迅速成为中国新兴的贸易、金融与工业中心，除了因为上海的开埠以及优越的地理位置以外，茶叶和鸦片贸易发挥过巨大作用。"[29]

关于洋务运动期间的经济问题，学者们的研究更加具体。云妍应用计量经济学工具方法，建立了自1905年至1936年开滦煤矿产出关于资本、劳动投入的生产模型，同时借用现代经济学理论中"Solow余值"的分析框架，探讨了开滦煤矿生产经营背后的实际因素。[30]倪玉平撰文分析了曾国藩与两淮地区的盐政改革。[31]此外，朱汉国考察了民国时期河北省粮食作物种植与农家的食粮。[32]

抗日战争时期的经济问题，也取得了新的进展。王士花对北海银行与山东抗日根据地的货币政策进行了考察，指出北海银行及中共在山东抗日根据地推行的货币政策，为山东抗日根据地的巩固与发展作出了巨大贡献。[33]周祖文分析了1940—1944年晋西北征收抗日救国公粮问题。[34]

1953年毛泽东提出过渡时期总路线，由此启动了大规模的社会主义改造。1956年，社会主义改造基本完成，中国进入了社会主义社会。罗平汉提出："社会主义改造的几年，是新中国成立至中共十一届三中全会前国民经济发展比较好的时间，其中的原因是多方面的。"[35]罗还考察了1953年的农村粮食统购问题。[36]中国共产党在资本主义工商业的社会主义改造以及西藏地方的民主改革中，对民族资产阶级和未参加叛乱的封建农奴主创造性地实行"和平赎买"。宋月红撰文对该问题进行了分析。[37]

三线建设，是始于20世纪60年代中叶的一场以战备为中心的经济建设战略。陈东林对三线建设进行了全面评价。[38]此外，董志凯考察了1950—2010年我国投资结构的调整与经济结构的变迁。[39]彤新春考察了1949—2010年新中国海运事业的发展和变迁。[40]

三、军事

关于中国近现代军事问题的研究，主要集中在抗日战争、解放战争等关键问题上。

1. 关于抗日战争的研究

2012年5月4—7日，由中国社会科学院近代史研究所《抗日战争研究》编辑部与浙江省民国浙江史研究中心联合举办，台儿庄大战纪念馆协办的“国民政府的国防建设与抗战时期的正面战场”学术研讨会，在山东省枣庄市台儿庄召开。来自中国社会科学院近代史研究所、北京大学、南京大学等单位的近30名专家学者参加了此次会议。与会学者围绕抗战爆发前后的国防建设、中日两国的作战计划、正面战场和战役、台儿庄大战、南京保卫战、江桥抗战等主题展开讨论和交流。

九一八事变后，海内外的中国知识分子通过英文撰述揭露日本侵略的真相、批驳敌人不实的战争宣传。李珊重点分析了徐淑希、桂中枢、孟治三人的著作，认为这些著作“既为争取国际社会的支持起到了积极作用，同时也反映出近代中国民族主义理性的一面”[41]。

1935年，为了更好地解决西南问题，加强国家统一，准备对日抗战，蒋介石改造川局，并因此与四川军阀刘湘展开了一系列明争暗斗。黄天华对该问题进行了系统梳理。[42]1936年，中共中央在延川县大相寺召开会议，作出一系列重大决策，对抗日民族统一战线的形成和革命新局面的开拓产生了深远的影响。李东朗搜集了诸多材料对该会议进行了考察。[43]

抗日战争时期，八路军在与日本侵略军殊死搏斗的同时，进行了大量发动、组织群众和推进抗日战争的宣传工作。李东朗就此问题进行了分析，指出八路军的宣传工作“在动员和组织人民群众奋起抗日、瓦解日军、配合敌后抗日斗争、推进全国抗日运动发展等方面发挥了重要的作用”[44]。李还对抗日战争时期共产党勤政廉政建设进行了考察，“勤政、廉政建设，形成了抗日根据地励精图治的良好政治局面，形成党政军民同心协力、共同奋斗的巨大力量”[45]。

2. 关于解放战争的研究

关于解放战争的战线问题，学术界有不同观点。占善钦认为准确理解毛泽东关于解放战争“两条战线”问题的论断，是正确认识这一问题的关键。他撰文指出这“两条战线”就是“解放区和蒋管区的人民运动”。金冲及在著作《决战：毛泽东、蒋介石是如何看待三大战役的》中，逐一分析了毛、蒋二人在面对战局时如何统筹全局、作出判断、布局下子，如何处理战争进程中那些异常复杂而有关键意义的问题。

除了这些关键问题，还有一些关于军事方面的研究。例如，关于第五次反“围剿”失败的原因，一直为学界关注。罗平汉在文中指出，蒋介石对中央苏区发动第五次“围剿”时，改变了以往的战略与战术。但是，中共临时中央却在军事战略与战术上出现严重错误。[46]石仲泉撰文指出1932年漳州战役的胜利，是“毛泽东、周恩来双星定位的历史起点，影响了两位伟人一生的合作关系”[47]。改革开放以来，关于革命史的研究成果颇丰。黄道炫对这些研究成果进行了梳理。[48]

四、思想、文化、教育

1. 关于教会的研究

宗教问题一直是中国近现代史的研究的一个重要问题，该问题贯穿于各个发展时期，特别是清末民初。

王立新系统考察了1830—1932年美国传教士对中国文化态度的演变。该文指出：19世纪，绝大多数传教士企图对中国进行文化征服。从20世纪初期开始，在理性主义、民族主义的冲击和第一次世界大战的影响下，主流的传教团体开始倡导文化合作，提出基督教与其他宗教携手“共同追求真理”，以及借鉴中国文化遗产以补充和丰富基督教传统的重要思想。[49]

为复兴教会，中华全国基督教协进会于1930年发动了著名的“五年奋进布道运动”。张德明对这场运动进行了考察，指出该运动“虽未达到教徒翻倍的目标，但是教徒数量与质量均有增长，带来了教会的复兴，也推动了教会的本色化”[50]。

新中国成立之初，如何改造中国天主教会以适应新社会，是对中国共产党提出的新挑战。赵晓阳对此问题进行了研究。他提出中共在提出宗教信仰自由的同时，强调政教分离，领导和督促中国天主教会开展革新运动，形成了独立自办和自选自圣的新型中国天主教会。[51]

2. 关于五四运动的研究

五四运动是一个具有划时代意义的事件。关于该事件的研究成果可谓层出不穷，尤其以五四前后的思想文化和领导阶级群体（工人、学生、民族资产阶级等）的研究为学术界的主流。杨红运探讨了五四时期上海军警的反应及其受制因素[52]。邱涛撰文探讨了五四运动的领导权问题[53]。

1919—1924年，杜威等五位外国名哲来华讲学，实为欧战后西学东渐的文化壮举。郑师渠对讲学促进了中国思想界的分化与演进问题进行了研究，指出其重要意义：其一，对其时中国反省现代性思潮的兴起起了推波助澜的作用。其二，五四后新文化运动最终归趋“以俄为师”的社会主义，其在思想层面上的展开过程，也明显地打上了名哲尤其是杜威与罗素讲学的印记。[54]

3. 关于孙中山思想的研究

臧运祜分析了孙中山与《中华民国临时约法》的关系，认为孙中山“通过对于临时约法的扬弃而完善起来的五权宪法学说，虽然在理论与实践上难免理想主义的色彩，但对于当时和后世，仍有思想武器之价值”[55]。张皓、黎德黄研究了胡志明与孙中山的新三民主义，认为“胡志明思想的理论来源主要是马列主义，孙中山的新三民主义是其重要补充”[56]。欧阳哲生探讨了孙中山的建国思想。文中指出孙中山的建国思想主要体现在《建国方略》和《建国大纲》之中，“这两份经典文献是后来南京国民政府执政的理论基础，对国民党执政理念具有深远的历史影响”[57]。李在全考察了孙中山晚年的司法思想与实践，文章指出：党权政治学说引入后，晚年孙中山完成了从“主权在民”到“主权在党”、从“天赋人权”到“革命民权”的思想转变。[58]

4. 关于胡适等重要人物思想的研究

梁启超、胡适、郭沫若是中国史学由传统向近现代转型具有坐标意义的学者。周文玖撰文比较了三人的学术个性，指出他们的异同，与他们的个人气质、经学倾向、求学经历、政治观点等，均有紧密的联系。[59]

2012年3月24日，是新文化运动领军人物之一胡适逝世50周年纪念日。在近代中国，胡适无论是在文化、思想和学术领域，还是在社会的多个层面，均产生过巨大影响。耿云志就胡适产生影响力的具体原因进行了分析。[60]欧阳哲生分析了胡适与西方近世思潮，提出“胡适的新文化观与他对西方近世文明的理解有着密切关联”，胡适的“西化”思想是建构在其西学的知识大厦之上的。[61]杨天石还撰文指出胡适曾经主张放弃东北地区。[62]中国人民大学博物馆收藏的13封“陈独秀等致胡适信札”，具有重要的史料价值。黄兴涛撰文对这些信进行了整理、注释。[63]

此外，耿云志系统梳理了梁启超对清王朝最后统治危机的观察与评论。[64]

邢和明对陈独秀的“二次革命论”进行了评析。[65]

5. 关于教育等重要问题的研究

郭双林对辛亥革命时期知识界的平民意识进行了考察，他认为辛亥革命“非但没有使中国实现平民化，反而造就了一批新贵”。不过，辛亥革命时期“知识界平民意识的广泛传播，为五四时期平民主义思潮的澎湃作了思想上的准备”[66]。

郭还撰文分析了前期“甲寅派”政治调和的意涵及思想来源。[67]左玉河考察了辛亥革命后的尊孔思潮。[68]

国际联盟建立前后，中国知识分子就为何成立国联、怎样建设国联以及国联的作用等问题，进行了有益思考，发表了不少真知灼见。郑大华以《太平洋》杂志为中心，探讨了欧战后中国知识界对建立国际联盟的思考，指出要充分肯定中国知识分子关注世界的热情。[69]

抗日战争时期是新民主主义革命时期中国共产党领导出版事业发展的繁盛时期。王海军系统梳理和研究了该时期陕甘宁边区出版业中的组织管理机构、主要类别、印刷与发行、基本特征与当代价值等一系列问题。[70]

1945年10月，台湾光复。褚静涛对陈仪团队接收与重建台湾的教育问题进行了研究。文章认为“陈仪团队贯彻中华民国的全民教育、国民教育、公平教育的理念，强制推行国语国文、中华史地等课程，取得一些成效”，但是，国民党党化教育对台湾青少年存在错误导向。[71]

五、社会

近年来，社会史的研究逐步遍及中国近现代史发展的各个阶段，成果丰硕。李俊领探讨了清末文庙祀典的升格问题。[72]梁景和、廖熹晨考察了清末民初婚姻文化的变革，认为进步知识分子主张的新式婚姻观以及婚姻文化的变革，蕴藏着女性身体和精神解放的意义，亦蕴含着男女平等、男女两性双重解放的意义。[73]

何黎萍以19世纪末至20世纪20年代中国妇女争取婚姻自主权为线索，利用了清末和民国时期的第一手资料，考察了近代妇女从否定、批判封建婚姻，到争取婚姻自主权和实施恋爱婚姻的历史过程。[74]

关于1949—1956年国家政权与民间慈善组织的关系，学者们的研究目光多集中于民间慈善组织“被改造”的历史。李小尉撰文指出：国家政权在对民间慈善组织的“团结改造”中，最终实现了“依靠人民力量建设新中国救济福利事业”的目的。[75]

六、外交

1. 中美关系

美国政府为支持清末禁烟运动，发起上海国际鸦片会议，通过了声援中国禁烟的决议。崔志海对该问题进行了分析，指出：“这既与当时美国国内兴起的反麻醉品运动和治理菲律宾有着直接关系，又与美国对华鸦片政策及美国扩大对华贸易有关，同时也是因为出现了有利于中国禁烟的国际背景。”[76]崔志海还撰文分析了美国政府对载沣驱袁事件的态度和反应，提出“摄政王载沣驱袁事件，既是清廷内部的一场权力斗争，同时也夹杂着复杂的国际因素，与当时中美日三国外交存在十分微妙的关系，尤其与袁世凯联美制日外交的失败直接有关"[77]。

1894 年爆发的中日甲午战争是近代东亚国际关系史上的一个转折点。崔志海考察了甲午战争时期美国政府的政策。他提出美国在甲午战争中始终声称奉行"中立"政策，"实际上却发挥了其他列强不曾起到的作用"[78]。

抗日战争时期是中国共产党走向世界和开始真正外交的时期，而中共和美国的来往，在其整个外交活动中占主要地位。学术界对此期间双方的关系有许多论述，而关于两者的合作则相对较少。李东朗专门撰文研究了此期中共与美国的合作。[79]

杨奎松详细考察了 20 世纪 50 年代的毛泽东对美战略，认为 1953 年朝鲜战争之后，中国政府"主动向美国伸出橄榄枝"，但是对美缓和失败，于是毛泽东"欲通过制造台海危机的方式，迫使美国人坐到谈判桌前来"[80]。

2. 中俄关系

2012 年 6 月 15 日，中国社会科学院当代中国研究所、俄罗斯东欧中亚研究所与俄罗斯科学院远东研究所在莫斯科联合举办了主题为"中俄关系及其国内国际因素（1991—2011 年）"的学术研讨会。来自当代中国研究所、俄罗斯东欧中亚研究所及中国外交部国际关系研究所和俄罗斯科学院远东研究所、经济研究所及俄罗斯地区发展部等机构的 30 余位学者出席了会议。与会学者就中俄两国的外交关系进行了讨论。朱佳木撰文回顾了 20 年来中俄的友好关系。[81]刘国新梳理了 20 年来中俄文化交流情况。[82]

珍稀刻本史料《辩论阜通茶船被碰案》《俄国孔总领事来函》，收录了同治年间通商口岸天津俄国总领事与清津海关道之间为解决华俄纠纷的往来信函，比较全面地反映了中俄地方层面的交涉概况。陈开科详细考察了这些珍贵的史料，借以分析中俄关系。[83]陈还研究了 1886 年李鸿章与俄国驻华代办拉德仁在天津就朝鲜问题进行五次会谈的情况，认为"中、俄两国从战略上建构和协调了彼此的朝鲜政策，对维持甲午战前东北亚局势的相对稳定起了一定作用"[84]。

杨奎松对毛泽东第一次访问苏联以及中苏结盟进行了深入分析，指出："新政权与美国交恶，虽然背后存在着苏联的巨大作用，但并不意味着毛泽东的新中国一定会成为苏联的手足。"其实，"就在 1949 年新中国成立后不久，由于毛泽东访苏，中共与苏共之间的矛盾与分歧就已经开始显露出来了"[85]。

3. 中英关系

王开玺探讨了英军焚毁圆明园事件与"国际法"问题。文中指出：1860 年 10 月，英国首席代表额尔金以清政府虐待英法"侨民"致死"违犯国际公法"为借口，悍然下令侵华英军劫掠并焚毁了圆明园等中国皇家园林。查证史实，可知当时并未形成世界意义上的"国际法"。[86]

陈春华撰文探究了"中英藏"西拉姆会议。文章指出英俄两国在辛亥革命之后一直企图扩大各自在西藏和阿富汗的权益，然而随着中国政府断然拒绝正式签署"西姆拉条约"，英俄两国围绕中国西藏的政治交易随之告吹。[87]喜饶尼玛·塔娜从 1912 年 7 月尹昌衡率军西征角度分析了西拉姆会议，认为尹昌衡西征一方面促成了和解西藏问题的会谈，另一方面严重阻碍了英帝国主义外交阴谋的实施，一度成为阻止"西姆拉会议"召开的重要原因之一，并对"西姆拉会议"的召开地、内容、性质都有一定的影响。[88]

梁俊艳利用大量中英文档案等资料，对荣赫鹏在英国对我国新疆和西藏扩张中起到的作用加以分析，指出荣的行动"加重了我国近代的边疆危机"[89]。

此外，关于中日关系，庚子赔款一直为学术界关注。徐志民探讨了日本政府的庚子款补给中国留日学生政策。[90]

七、民族

关于民族的研究，西藏、新疆等问题一直是重点。

1. 关于西藏问题的研究

十三世达赖喇嘛转世灵童的寻访与遴选、十四世达赖喇嘛的坐床，是中国近现代政治史上的一件大事。张皓认为其中"热振的地位举足轻重，贡献很大"，"他之所以主张以拉木登珠为转世灵童并主张不用掣签，既是出于巩固和提高自己在西藏地方政府中的权力与地位的考虑，又与九世班禅、国民政府及内地的主张有关"[91]。

西藏地方政府的权力格局因十三世达赖喇嘛圆寂而急剧变动。张皓通过研究指出：十三世达赖喇嘛圆寂后，西藏地方政府的权力格局立即重组。龙厦设法废除噶伦制度的努力不可避免地失败，噶厦权力得到恢复，实权落入赤门手中，新的权力格局形成。[92]

邱熠华梳理了以往研究中有关 1930 年藏尼危机的不同记述，分析了危机爆发的内外因素及导火索。[93]

2. 关于新疆问题的研究

冯建勇考察了 1942—1943 年国民政府对新疆政权的统合问题。国民政府"先是设置外交部驻新疆特派员，随后制定《新疆省中央与地方外交权限划分办法》《新疆省政府与外交部驻新疆特派员公署联系办法》，最终在制度层面将新疆地方之外交权全部收归中央所有"[94]。

此外，民国时期，发生多起侮辱回教案，对于中华民族团结造成了伤害。李锐以民国时期的杂志《月华》为例，研究了回族知识分子对于侮教案的斗争。[55]宋月红对新中国成立初期的民族区域自治进行了探讨。[56]值得一提的是，瞿林东所著的《白寿彝与20世纪中国史学》[57]一书面世。此书记录了白寿彝先生关于《中国通史》的编撰、民族史思想等，是了解白寿彝先生史学思想的重要书籍。

注：

①姜涛：《太平天国开国史的再辨析——天王登极、金田起义与祝寿建元》，《广东社会科学》，2012年第2期。

②侯宜杰：《义和团：在“灭洋”的旗帜下》，《炎黄春秋》，2012年第5期。

③周育民：《我看“义和团的真面目”——与侯宜杰先生商榷》，《炎黄春秋》，2012年第9期。

④侯宜杰：《也谈“义和团的真面目”——回应周育民先生》，《炎黄春秋》，2012年第11期。

⑤马忠文：《张荫桓、翁同龢与戊戌年康有为进用之关系》，《近代史研究》，2012年第1期。

⑥李文海：《清王朝覆亡百年祭》，《河北学刊》，2012年第1期。

⑦杨念群：《清帝逊位与民国初年统治合法性的阙失——兼谈清末民初改制言论中传统因素的作用》，《近代史研究》，2012年第5期。

⑧高全喜：《立宪时刻——论〈清帝逊位诏书〉》，广西师范大学出版社2012年版。

⑨王开玺：《辛酉政变前后两道谕旨考论》，《历史研究》，2012年第4期。

⑩杜亚泉等著：《辛亥前十年中国政治通览》，中华书局2012年版。

⑪张皓：《辛亥革命时期地方政府体系变革的有限性——以浙江为例的探讨》，《晋阳学刊》，2012年第2期。

⑫李细珠：《辛亥鼎革之际地方督抚的出处抉择——兼论清末“内外皆轻”权力格局的影响》，《近代史研究》，2012年第3期。

⑬黄克武：《从晚清看辛亥革命：百年之反思》，《近代史研究》，2012年第5期。

⑭侯中军：《“成立在我，承认在人”——辛亥革命期间中华民国承认问题再研究》，《近代史研究》，2012年第5期。

⑮雷颐：《走向革命：以容闳为中心》，《徐州师范大学学报（哲学社会科学版）》，2012年第5期。

⑯李长莉：《何天炯与同盟会东京本部》，《近代史研究》，2012年第3期。

⑰马勇：《从君宪到共和：袁世凯的一段心路历程》，《安徽史学》，2012年第3期。

⑱唐仕春：《一九一四年审判厅大裁并之源流》，《历史研究》，2012年第3期。

⑲高茂兵：《清末民初钦廉改隶之争探究》，《中国边疆史地研究》，2012年第2期。

⑳周斌：《尹昌衡〈与张培爵书〉辨析》，《近代史研究》，2012年第6期。

㉑王建朗：《远看民国》，《近代史研究》，2012年第1期。

㉒李玉贞：《国民党与共产国际》，人民出版社2012年版。

㉓徐秀丽：《中国国民党党团论述（1924—1949）》，《历史研究》，2012年第1期。

㉔杨天石：《绥远抗战与蒋介石对日政策的转变》，《晋阳学刊》，2012年第4期。

㉕杨天石：《史迪威假传罗斯福指示策划暗杀蒋介石——开罗会议前后侧记》，《江淮文史》，2012年第1期。

㉖张皓、陈银屏：《从期望到失望：1948年北平“七五”事件再探讨》，《史学集刊》，2012年第3期。

㉗杨奎松：《西安事变新探：张学良与中共关系之谜》，山西人民出版社2012年版。

㉘王志刚：《日本对西安事变的观点和反应——根据〈盛京时报〉新闻报道所作的分析》，《抗日战争研究》，2012年第3期。

㉙仲伟民：《鸦片战争后茶叶和鸦片贸易与上海城市的发展》，《复旦学报（社会科学版）》，2012年第5期。

㉚云妍：《近代开滦煤矿产出的“Solow余值”分析》，《中国经济史研究》，2012年第4期。

㉛倪玉平：《曾国藩与两淮盐政改革》，《安徽史学》，2012年第1期。

㉜朱汉国：《关于民国时期河北省粮食作物种植与农家食粮的考察》，《史学月刊》，2012年第2期。

㉝王士花：《北海银行与山东抗日根据地的货币政策》，《史学月刊》，2012年第1期。

㉞周祖文：《封闭的村庄：1940—1944年晋西北救国公粮之征收》，《抗日战争研究》，2012年第1期。

㉟罗平汉：《关于社会主义改造的几个问题》，《毛泽东邓小平理论研究》，2012年第12期。

㊱罗平汉：《一九五三年的农村粮食统购是如何开展的》，《中共党史研究》，2012年第8期。

㊲宋月红：《新中国历史上的“和平赎买”》，《当代中国史研究》，2012年第4期。

㊳陈东林：《评价毛泽东三线建设决策的三个新视角》，《毛泽东邓小平理论研究》，2012年第8期。

㊴董志凯：《投资结构调整与经济结构变迁的回顾与展望——兼及增长方式转变（1950—2010）》，《中国经济史研究》，2012年第1期。

㊵彤新春：《试论新中国海运事业的发展和变迁

(1949—2010)》，《中国经济史研究》，2012 年第 2 期。

㊶李珊：《九一八事变后中国知识界对日本战争宣传的反击——以英文撰述为中心》，《抗日战争研究》，2012 年第 4 期。

㊷黄天华：《从“僻处西陲”到“民族复兴根据地”——抗战前夕蒋介石对川局的改造》，《抗日战争研究》，2012 年第 4 期。

㊸李东朗：《简论 1936 年 5 月的大相寺会议》，《中国延安干部学院学报》，2012 年第 6 期。

㊹李东朗：《八路军宣传活动述论》，《理论学刊》，2012 年第 4 期。

㊺李东朗：《抗日根据地勤政廉政述论》，《河南理工大学学报（社会科学版）》，2012 年第 3 期。

㊻罗平汉：《再论中央苏区第五次反“围剿”为何失败》，《安徽史学》，2012 年第 4 期。

㊼石仲泉：《漳州战役是毛泽东、周恩来双星定位的历史起点》，《党的文献》，2012 年第 4 期。

㊽黄道炫：《改革开放以来的中国革命史研究及其趋向》，《史学月刊》，2012 年第 3 期。

㊾王立新：《美国传教士对中国文化态度的演变（1830—1932）》，《历史研究》，2012 年第 2 期。

㊿张德明：《挫折与复兴：民国基督教五年运动之布道事业初探》，《民国档案》，2012 年第 3 期。

51赵晓阳：《中国天主教独立自办运动的初成》，《当代中国史研究》，2012 年第 4 期。

52杨红运：《走向“消极”：五四运动中上海军警的反应》，《晋阳学刊》，2012 年第 2 期。

53邱涛：《五四运动的领导权：进步政治力量与传统社会力量的离合互动》，《教学与研究》，2012 年第 5 期。

54郑师渠：《五四前后外国名哲来华讲学与中国思想界的变动》，《近代史研究》，2012 年第 2 期。

55臧运祜：《孙中山与〈中华民国临时约法〉关系纵论》，《华中师范大学学报》（人文社会科学版），2012 年第 5 期。

56张皓，黎德黄：《从认识、吸收到践行：胡志明与孙中山的新三民主义》，《中共党史研究》，2012 年第 7 期。

57欧阳哲生：《近代国家建设之路——孙中山建国思想的历史解读》，《河北学刊》，2012 年第 2 期。

58李在全：《从党权政治角度看孙中山晚年的司法思想与实践》，《近代史研究》，2012 年第 1 期。

59周文玖：《梁启超、胡适、郭沫若学术个性之比较》，《四川师范大学学报》（社会科学版），2012 年第 1 期。

60耿云志：《并不遥远的胡适》，《社会科学论坛》，2012 年第 3 期。

61欧阳哲生：《胡适与西方近世思潮》，《安徽大学学报（哲学社会科学版）》，2012 年第 2 期。

62杨天石：《胡适主张放弃东北，程潜斥为“汉奸”》，《文史博览》，2012 年第 4 期。

63黄兴涛：《中国人民大学博物馆藏“陈独秀等致胡适信札”释读》，《中国人民大学学报》，2012 年第 1 期。

64耿云志：《梁启超对清王朝最后统治危机的观察与评论》，《徐州师范大学学报》（哲学社会科学版），2012 年第 1 期。

65邢和明：《陈独秀的“二次革命论”再评价》，《中共党史研究》，2012 年第 4 期。

66郭双林：《论辛亥革命时期知识界的平民意识》，《近代史研究》，2012 年第 3 期。

67郭双林：《论前期“甲寅派”政治调和的意涵及思想来源》，《晋阳学刊》，2012 年第 1 期。

68左玉河：《民国初年的信仰危机与尊孔思潮》，《郑州大学学报》（哲学社会科学版），2012 年第 1 期。

69郑大华：《欧战后中国知识界对建立国际联盟的思考——以〈太平洋〉杂志为中心的考察》，《安徽大学学报》（哲学社会科学版），2012 年第 1 期。

70王海军：《抗日战争时期陕甘宁边区出版业述略》，《中共党史研究》，2012 年第 6 期。

71褚静涛：《光复初期台湾教育的接收与重建》，《民国档案》，2012 年第 1 期。

72李俊领：《清末文庙祀典升格与人心失控》，《史学月刊》，2012 年第 5 期。

73梁景和，廖熹晨：《女性与男性的双重解放——论清末民初婚姻文化的变革》，《史学月刊》，2012 年第 4 期。

74何黎萍：《试论近代中国妇女争取婚姻自主权的斗争》，《西华师范大学学报》（哲学社会科学版），2012 年第 2 期。

75李小尉：《一九四九年至一九五六年国家政权与民间慈善组织的关系解析》，《中共党史研究》，2012 年第 9 期。

76崔志海：《美国政府与清末禁烟运动》，《近代史研究》，2012 年第 6 期。

77崔志海：《美国政府对载沣驱袁事件的态度和反应》，《历史教学》，2012 年第 3 期。

78崔志海：《“中立”中的偏袒：中日甲午战争中的美国政府》，《历史教学》，2012 年第 2 期。

79李东朗：《太平洋战争爆发后中共和美国的合作》，《新远见》，2012 年第 1 期。

80杨奎松：《炮击金门与 1950 年代毛泽东的对美战略》，《江淮文史》，2012 年第 4 期。

81朱佳木：《中俄友好合作关系的回顾与展望》，《当代中国史研究》，2012 年第 5 期。

82刘国新：《20 年来中俄文化交流简论》，《当代中国史研究》，2012 年第 5 期。

⑧陈开科：《俄总领事与清津海关道——从刻本史料看同治年间地方层面的中俄交涉》，《中国社会科学》，2012 年第 4 期。

⑧陈开科：《1886 年李鸿章、拉德仁天津会谈与中、俄朝鲜政策》，《近代史研究》，2012 年第 6 期。

⑧杨奎松：《中苏结盟与民族主义的碰撞》，《江淮文史》，2012 年第 3 期。

⑧王开玺：《英军焚毁圆明园事件与“国际法”》，《北京师范大学学报》（社会科学版），2012 年第 2 期。

⑧陈春华：《俄国外交文书选译——关于“英中藏”西姆拉会议》，《中国藏学》，2012 年第 3 期。

⑧喜饶尼玛、塔娜：《尹昌衡西征与西姆拉会议》，《西藏民族学院学报》（哲学社会科学版），2012 年第 1 期。

⑧梁俊艳：《荣赫鹏与英国在新疆和西藏的殖民扩张》，《西域研究》，2012 年第 1 期。

⑨徐志民：《日本政府的庚款补给中国留日学生政策研究》，《抗日战争研究》，2012 年第 3 期。

⑨张皓：《热振与达赖喇嘛转世灵童的寻访、遴选及坐床》，《山西大学学报》（哲学社会科学版），2012 年第 6 期。

⑨张皓：《十三世达赖喇嘛的圆寂与西藏地方政府权力格局的变动》，《中国边疆史地研究》，2012 年第 3 期。

⑨邱熠华：《1930 年尼泊尔与西藏地方关系危机探析》，《中国藏学》，2012 年第 3 期。

⑨冯建勇：《1942—1943 年国民政府对新疆外交权之统合》，《西域研究》，2012 年第 3 期。

⑨李锐：《民国回族期刊中的侮教案与回族多重认同——以〈月华〉杂志为例》，《民族文学研究》，2012 年第 1 期。

⑨宋月红：《新中国成立初期民族自治地方行政建制研究》，《中共党史研究》，2012 年第 11 期。

⑨瞿林东：《白寿彝与 20 世纪中国史学》，高等教育出版社 2012 年版。

（作者：张皓，北京师范大学教授；
王纯，中国人民大学附属中学教师）

中国共产党历史

张静如　王炳林　刘　畅

2012 年，中国共产党召开了第十八次全国代表大会。这一年也是邓小平南方谈话 20 周年，是彭真诞辰 110 周年。北京地区党史研究呈现出活跃态势，研究内容更为广泛深入，研究成果更为丰富，举行了多种规模的纪念会、党史讲座和学术研讨会，使党史研究又上了新台阶。

一、重要学术活动和学术著作

（一）首都党史学界举行新春联谊会

1 月 13 日，首都党史学界新春联谊会在中共中央党史研究室召开。会议总结了近年来党史工作的情况，并表示要进一步加强首都党史学界的互相沟通和联系，同心同德，形成合力，在新的历史起点上开创党史工作新局面。会议对今后的工作提出几个建议：“一、认真做好迎接党的十八大胜利召开和学习宣传贯彻十八大精神的有关工作。二、坚持不懈地把深化党史研究作为第一位任务认真抓好。要进一步推动学术繁荣，更好地服务大局。三、坚决抵制和回应党史问题上的错误观点和错误倾向。警惕并抵制各种错误观点影响。四、进一步加强党史工作队伍建设。要根据当前党史人才队伍的现状，把长期目标与当前目标结合起来，突出重点，先易后难，循序渐进，稳步推进。要把有利于人才成长、成才的体制机制建立起来，完善人才培养和使用的相关措施，推动中央与地方、不同单位之间党史人才的交流和合作。”

（二）纪念“七千人大会”召开 50 周年学术座谈会

2 月 7 日，由中国社会科学院当代中国研究所和中华人民共和国国史学会联合主办、当代中国研究所政治史研究室承办的“纪念‘七千人大会’召开 50 周年”学术座谈会在京召开。会议指出，研讨“七千人大会”的历史意义，要紧紧抓住会议的中心和主题，进一步总结我们党和国家在实行民主集中制方面的历史经验，全面理解民主集中制民主与集中的辩证关系，深刻阐释它的科学性、合理性在调动各方面的积极因素、发挥社会主义制度优越性方面的重要意义，推动民主集中制在理论上更加发展、在实践上更加完善，使民主集中制在全面实现小康社会和中华民族伟大复兴的全过程中发挥更大的作用。

（三）纪念邓小平南方谈话发表 20 周年学术座谈会

2 月 21 日，“纪念邓小平‘南方谈话’发表 20 周年学术座谈会”在当代中国研究所召开。会议指出，“南方谈话”完整阐述了党的十一届三中全会以来的路线、方针、政策，深刻回答了长期困扰和束缚人们思想的许多重大认识问题，系统提出了对整个社会主义现代化建设具有现实和长远指导意义的重要思想，为推动我国改革开放和社会主义现代化建设进入新阶段作出了重大贡献。这篇谈话的前瞻性和真理性，已为20年来我国经济的持续高速增长、综合国力的不断增强，以及国际形势的深刻变化和资本主义世界经济的一再危机所充分验证。事实说明，它是在国内国际政治风波严峻考验的重大历史关头，坚持党在社会主义初级阶段基本路线、创新中国特色社会主义理论的又一个宣言书，是中华人民共和国史特别是改革开放史中一份十分重要的马克思主义的历史性文献。

（四）北京市党史部门党史资政工作调研会

2月29日，北京市党史部门党史资政工作调研会召开。会议总结了北京市及昌平、通州等区县在党史资政工作中取得的有益经验。与会者围绕党史资政与深化党史研究的主题，认为北京市党史资政工作应强化服务中心的意识、走出去的意识、大协作抓党史的意识，培育执政者对党史资政的愿望和需求，同时要努力提高党史资政工作者的水平和能力。

（五）北京市党史工作会议

3月9日，北京市党史工作会议召开。会议传达了习近平同志重要讲话精神和欧阳淞同志在全国党史研究室主任会议上的工作报告要点。会议系统总结了2011年北京市党史工作，对2012年工作进行了重点部署，要求精心组织好学习和宣传党的十八大和北京市第十一次党代会精神；深化党史研究，做好党史部门的主业；配合党的中心工作，发挥党史以史鉴今、资政育人的作用；加强人才队伍建设，为首都党史工作健康发展提供坚强组织保证。会议强调2012年党史工作要认真抓好中央和市委有关党史工作指示精神的学习贯彻，大力弘扬工作实践中形成的好传统、好作风，紧紧围绕中心，服务大局，在基础研究上取得新进展、重点研究上取得新突破、宣传教育上取得新成效，更好地服务首都科学发展大局。

（六）北京市党史期刊协作会召开

5月31日，北京市党史期刊协作会召开。会上，与会同志围绕近年来办刊经验、存在的难题以及如何学习宣传即将召开的党的十八大和市十一次党代会精神的主题，进行了研讨交流。大家纷纷表示，全市党史期刊认真落实党的新闻出版要求，把握工作定位，突出自身特色，取得了很大成绩，积累了丰富经验：一是领导高度重视，办刊人员群策群力，发挥了方方面面的积极性、主动性、创造性；二是坚持上下联动、开门办刊思想，在宏观党史视域中立足市情、区情，始终做到围绕中心，服务大局，发挥了党史期刊资政育人作用；三是加大稿件征集力度，拓宽文稿来源，不断提升刊物质量；四是固定设置史料类、学术类、宣教类三大栏目板块，不断丰富栏目内容，实现学术性与可读性的统一；五是注重刊物专题策划，规范科学出刊流程；六是重视外联工作，拥有了固定的作者群、读者群，扩大刊物的社会影响力。同时，办刊中也存在一些问题困难，如部分区党史刊物稿源不足、办刊思路有待开阔、编辑人员有待扩充、编校质量有待提高、刊物影响力有待扩大等，需要在今后工作中进一步解决。与会同志对期刊协作会这个交流办刊思想、办刊经验，互通有无的重要平台，给予了一致好评，希望坚持下去，使之长期化、制度化。

（七）《北京党史》创刊30周年座谈会

7月31日，党史期刊发展前沿论坛暨北京党史创刊30周年座谈会在北京召开。会议充分肯定了《北京党史》创刊30年所取得的成绩，认为刊物始终把握政治方向，始终坚持学术特色，坚持办刊宗旨，在办刊形式、办刊内容上都有长足进步，在全国30多家地方党史期刊中突显了自身的特色。与会者还指出，面对新形势新任务，党史期刊的发展已到了一个关键时期，如何实现可持续发展，成为需要下大力气解决的重大课题；要在口述历史上下功夫，积极探索方式方法；要在强化资政育人下功夫，重视对历史事实的深入研究；要在扩大刊物影响上下功夫，强化市场意识、阵地意识；要在编辑队伍建设上下功夫，提高理论水平，高标准、严要求地保证期刊品位。会议回顾了《北京党史》30年来的历程，概括了四条基本经验：“一、始终坚持‘提供党史资料，反映研究成果，交流动态信息，开展宣传教育’的办刊宗旨，不断从党史部门自身职能和首都实际出发，办好学术性、理论性刊物。二、始终及时反映研究成果，积极发挥研究导向功能，不跟风、不媚俗、不浮躁，坚持应有的立场、方向。三、始终真诚依靠专家学者，建设高素质的作者队伍。四、始终重视编辑队伍自身建设，做到‘创一流、出精品、出人才’。”

（八）学习贯彻党的十八大精神座谈会

11月16日，中共中央党史研究室、中国中共党史学会、中国中共党史人物研究会在北京联合召开首都党史学界学习贯彻党的十八大精神座谈会，党史学界专家学者畅谈了学习十八大精神的体会。与会专家学者认为，党的十八大是在我国进入全面建成小康社会决定性阶段召开的一次十分重要的大会，是党的奋斗历程中又一次高举旗帜、继往开来、团结奋进的大会。十八大报告高屋建瓴、主题鲜明，思想深刻、求真务实，是我们党团结带领全国各族人民坚持和发展中国特色社会主义的政治宣言，是全面建成小康社会的行动指南，是马克思主义的纲领性文献。大家表示，坚决拥护十八大报告和大会通过的《中国共产党章程（修正案）》，认为把科学发展观同马克思列宁主义、毛泽东思想、邓小平理论、“三个代表”重要思想一道确立为党必须长期坚持的指导思想，具有重大而深远的意义。大家认为，党史学界要把学习、宣传、贯彻、落实十八大精神作为当前和今后一个时期的首要政治任务。要切实领会十八大精神实质，准确把握十八大对党史工作提出的新要求、新任务；要深刻理解和服从服务于全面建成小康社会目标的重大部署，认真完成中央赋予的各项任务，进一步开创党史工作新局面。

（九）张静如学术思想研讨会

12 月 23 日，张静如学术思想研讨会在北京师范大学举行。与会者认为，张静如先生是一位爱国知识分子，著名的中共历史学专家，做学问勤奋严谨，善于创新。他写出了国内第一部系统研究李大钊思想发展历史的著作，主编了第一部中共党史学史。他主编的《中国现代社会史》从经济、政治、教育文化、阶级与阶层、社会组织、家庭、社会习俗等诸多方面全景式展示了中国现代社会的风貌。与会者围绕对张静如在学术体系、学科建设、教书育人方面的成就作出了高度评价，并提出，要学习张静如对学术锲而不舍的执着精神、对教育孜孜不倦的敬业精神，学习他纯朴本色、平实大气、自信达观的人生态度。

（十）《中共北京历史八讲》等著作出版

2012 年北京党史界有许多学术作品面世。谢荫明著《中共北京历史八讲》，兼顾学术性和可读性，围绕主线、探究细节，突破篇幅和专题形式的限制，突出北京特色。八讲内容以新中国成立为界，革命和执政分占四讲，每讲内容独立成篇，配以适量图片，深入浅出、生动直观地把 90 多年的中共北京历史展现在读者面前。

经过十六年的编写，《北京志——中国共产党志》也于 2012 年基本编撰完成。该书共 10 篇 70 万字，以志书形式客观、平实地反映了中共北京组织重要机构的历史沿革，记录了发生在北京党史上的重大政治活动，反映了北京党组织创建和发展的历程，是一部翔实可信的资料性工具书。

中央文献出版社出版了《彭真传》和《彭真年谱》两套巨著。这两部书以历史唯物主义为指导，依据丰富、翔实、权威的历史文献和档案资料，力求全面、客观、准确地反映彭真为中华民族的独立和中国人民的解放，为社会主义制度的建立和巩固，为社会主义民主法治的建设，中国特色社会主义的发展奋斗的一生。

二、重要学术观点

（一）结合党的历史深入学习研究十八大精神

党的十八大报告实现了继承与创新、理论与实践、当前与长远、强国与富民、责任与使命的有机结合，是中国共产党领导人民全面建成小康社会的政治宣言和行动纲领。一些学者结合党的历史深入学习研究党的十八大精神。

第一，党的十八大号召全党学习党的历史。报告的第十二部分中的第一个题目“坚定理想信念，坚守共产党人精神追求”中指出“要抓好思想理论建设这个根本，学习马克思列宁主义、毛泽东思想、中国特色社会主义理论体系，深入学习实践科学发展观，推进学习型党组织创建，教育引导党员、干部矢志不渝为中国特色社会主义共同理想而奋斗。抓好党性教育这个核心，学习党的历史，深刻认识党的两个历史问题决议总结的经验教训，弘扬党的优良传统和作风，教育引导党员、干部牢固树立正确的世界观、权力观、事业观，坚定政治立场，明辨大是大非”。贯彻十八精神，必须学习党的历史，要在党史学习中吸取苏联的经验，避免犯背离马列主义、否定党的历史、失去群众信任和拥护的错误等，并抵御西方的诋毁，从而提升党的领导水平、提高执政能力，保持长期执政、少走弯路。

第二，党的十八大报告对党的历史经验做了总结。一方面，报告总结了党的十六大以来十年历史，强调指出：“总结十年奋斗历程，最重要的就是我们坚持以马克思列宁主义、毛泽东思想、邓小平理论、‘三个代表’重要思想为指导，勇于推进实践基础上的理论创新，围绕坚持和发展中国特色社会主义提出一系列紧密相连、相互贯通的新思想、新观点、新论断，形成和贯彻了科学发展观。”另一方面，报告对党的整个历史经验也进行了总结概括，指出：“90 多年来，我们党紧紧依靠人民，把马克思主义基本原理同中国实际和时代特征结合起来，独立自主走自己的路，历经千辛万苦，付出各种代价，取得革命建设改革伟大胜利，开创和发展了中国特色社会主义，从根本上改变了中国人民和中华民族的前途命运。”①

第三，党的十八大报告对中国特色社会主义历史发展进行了论述。在第二部分“夺取中国特色社会主义新胜利”的开头指出“回首近代以来中国波澜壮阔的历史，展望中华民族充满希望的未来，我们得出一个坚定的结论：全面建成小康社会，加快推进社会主义现代化，实现中华民族伟大复兴，必须坚定不移走中国特色社会主义道路”。报告阐述了中国特色社会主义的四个历史阶段，并从党的历史的角度阐述中国特色社会主义的艰难辉煌历程，这不只是解决了对党的第一代中央领导集体探索社会主义建设道路的历史定位的评价问题，更重要的是把新中国前 30 年和后 30 年的历史科学地贯通了起来，客观地、完整地揭示了中国特色社会主义的酝酿、形成和发展的过程及其历史逻辑，并回答了党的十七大召开后一个时期理论界关于毛泽东与中国特色社会主义理论体系关系的一些争论问题。

第四，党的十八大报告对我们所处的时代进行了历史定位。党的十八大报告明确指出，我国仍处于并将长期处于社会主义初级阶段的基本国情没有变，人民日益增长的物质文化需要同落后的社会生产之间的矛盾这一社会主要矛盾没有变，我国是世界最大发展中国家的国际地位没有变。以此提醒全党同志“既不要妄自菲薄，也不妄自尊大”。准确判断所处的时代、定准历史方位，在茫茫大海中就不会迷失方向，就会沿着既定目标，到达胜利的彼岸。

第五，党的十八大确立了全面建成小康社会的奋斗目标，明确了在建党100周年时全面建成小康社会，在新中国成立100周年时实现中国的社会主义现代化。以厚重的历史和辉煌的成就为基础明确奋斗目标，增强了中国特色社会主义的道路自信、理论自信和制度自信。党的十八大是一次承前启后、继往开来的大会，是一次高举旗帜、团结奋进的大会。[②]

（二）关于邓小平南方谈话的研究

2012年是邓小平南方谈话20周年，学术界从多个角度对南方谈话进行了分析。有学者考察了外国学术界对于邓小平“南方谈话”的研究成果。一些外国学者既考察当时的国内外形势，又十分注重对邓小平本人的个人认识。“南方谈话”不仅是邓小平革命生涯中的重要事件，而且是“中华人民共和国历史上重要的政治里程碑”。他们的研究范围，从“南方谈话”的背景、南方视察的行程、谈话内容到“南方谈话”的意义和深远影响，越来越宽泛。通过这种全面研究，他们逐渐修正了对“南方谈话”的一些错误认识，并不断地发掘“南方谈话”对中国的经济发展、中国人思想观念变化，以及对政治的深层次影响。对国外社会正确认识中国特色社会主义理论与实践大有裨益。[③]

有学者从理论的角度分析了“南方谈话”的贡献，指出：“南方谈话”在特殊的历史时期，深刻回答了长期束缚人们思想的许多重大认识问题，丰富和发展了党的基本理论、基本路线，标志着邓小平理论的最终形成，同时有力地将中国的改革开放事业推进到建设社会主义市场经济的新阶段，继续实现着中国共产党指导思想与时俱进的优秀品质，对于坚持党在社会主义初级阶段的基本路线不动摇和全面建成小康社会，以及继续解放思想、推动科学发展、促进社会和谐都具有重要的现实意义。[④]

有学者从基本概况、主要问题和当代思考几个角度，对20年来国内关于邓小平“南方谈话”的研究进行了综述。在回顾了“南方谈话”特殊的历史背景的基础上，将南方谈话与1978年的“北方谈话”及江泽民同志的“七一讲话”进行了对比研究，指出了理论发展等方面的继承和发展的关系。此外，还提出了要拓展研究思路，立足中国国情发展的实际，结合当下现实问题，从社会学、经济学等学科方法对“南方谈话”进行深入分析的观点。[⑤]

有一些学者以笔谈的形式对“南方谈话”进行纪念。有学者从历史的角度，回顾了南方谈话的背景并通过谈话前后的变化，指出了南方谈话的重要意义。当时，中国该如何走下一步找到改革的突破口，改革开放会不会半途而废成为严峻的课题。南方谈话的出现坚定了人们改革开放的信念，回答了长期困扰和束缚人们思想的重大认识问题，对党的历史经验教训，包括改革开放以来新鲜的经验进行了总结，并作出了下一步长远的指导。因此，我们应该把握改革的脉搏，不断应对改革中出现的新矛盾，不断探索、推进改革的进程。这也是南方谈话给我们最大的启示。[⑥]

有学者通过比较研究，把邓小平“南方谈话”与20世纪50年代党的八大及其之后发生的重大变化进行了联系和比较。八大报告和南方谈话都提出了许多进步的论断，然而八大之后的20年中国犯了“左”的错误，而南方谈话后则走上了正轨，两相比较，正是由于邓小平的个人能力以及改革开放的人心所向，所以避免了错误的重演。[⑦]还有学者对“南方谈话”的时代与当下进行了比较，提出两个时期的共性是都处在一个改革的困境期，在某种意义上讲，邓小平“南方谈话”就是一次顶层设计，因此顶层设计十分重要，此外，光有顶层设计没有民众的广泛参与，改革难免不被扭曲。也有学者认为，改革首先应当有广泛的讨论，其次应当有畅通的利益表达平台和渠道，这样才能在平等的权利保障和公正透明的规则中应对市场经济的挑战。[⑧]

（三）关于党代会的研究

2012年党的十八胜利召开，党代会也成了学术界研究的课题之一。有学者提出党代会报告研究是中共党史研究的新领域。党代会报告是党的文献体系的最高层次，具有其他文献不可超越的权威，具体来说其地位和作用表现在以下几个方面：（1）党代会报告是一个时期党的理论旗帜、政治宣言和行动纲领的集中体现，党代会的历史构成党的整个历史的主干脉络；（2）研究党代会报告，可以深化对马克思主义中国化的成果，特别是中国特色社会主义理论体系的研究；（3）研究新时期的党代会报告，可以深化对中国特色社会主义道路的研究；（4）全国党代会报告在中国共产党自身建设和发展上具有独特的重要性。[⑨]

有学者从党内民主的角度考察了党代会的问题。党代会定期召开的实质就在于党的建设走向规范化和制度化。党代会是党内民主最基本的制度保障；党代表民主选举和权利主体作用的发挥是党内民主特征的重要体现；代表选举只是党员民主权利的起点，而党代表真正发挥作用是要在党代会上对重大决策的参与；党代会常任制使党代会在闭会期间能行使最高决策权和最高监督权，为党代表充分履职搭建制度平台，在制度和机制上使党内民主发展有长久的保障。完善党代会是发展党内民主的最基本途径和必然要求。⑩

有学者从党员主体地位的角度，论述了党代会制度的重要性。党代会制度的完善是保障党员主体地位的关键环节，要加强党内民主而党代表大会制度的整合功能，以扩大党内民主带动人民民主，增进党内和谐促进社会和谐。同时，党内民主要根本性和实质性发挥，离不开党内选举制度的完善，这要求进一步扩大普通党员参与党内事务的范围，理顺党的代表大会、全委会和常委会的关系，形成责权明确、有效制约的科学领导体制。而对于党内选举制度的完善，就要改进和规范选举程序和投票方式，可以从县乡两级开始，直接选举产生党代会代表，并推行有竞争的差额选举制度。⑪

（四）关于土地政策的研究

有学者从20世纪30年代国共两党土地政策入手，探讨了中国新民主主义革命道路的逻辑起点。中国封建地主土地所有制直接导致了农村贫穷落后、农民生活极端困苦的悲惨局面；地主阶级同广大农民阶级尖锐对立的残酷现实，构成了中国新民主主义革命道路的逻辑起点。国民党由于历史原因和自身阶级局限，以及中央保守势力占据统治地位，基层政权被豪绅地主把持，不可能实行有利于农民的土地政策。而中国共产党实行正确的土地政策，广泛发动群众，进行深入的政治动员，打破维持几千年的封建土地制度，将农民的乡土和族群意识纳入阶级意识的体系之中，使农村的土地改革成为阶级斗争的主要成分。与此同时，实行了正确的土地政策，无偿没收地主土地，解决了农村的根本矛盾，从而为中国新民主主义革命的胜利和中国农村的发展奠定了坚实的基础。⑫

有学者考察了解放战争时期土地改革中对农村"新"成分的划分方式和相关因素。解放战争时期的土地改革中，中共对农村阶级成分进行了基本划分。这符合中共的农村阶级斗争理论，即"农民不同经济地位直接联系着他们的政治态度"。然而，这种以静态分析为主的原则性规定无法解决老区中共执政而产生的社会基层流动问题。尽管划分有政治和经济双重意义，然而，却无法摆脱新民主主义理论两难的困境：小农经济条件下的贫雇农上升，自然会增加未来向社会主义过渡的阻力，其中"新富农"和"新上中农"更兼有剥削的背景，但实行新民主主义，就又要保护和提倡这样的上升。而这种两难，也是后来促进农业合作化的动因之一。⑬

（五）关于党史研究方法的探讨

对于党史研究方法的争论主要集中在对个案研究的态度上。有学者提出从实证研究角度入手，认为个案研究是党史研究不可或缺的方法之一。有学者认为，由于方法自恋和以偏概全的想象长期存在，党史研究对于"碎片化"问题存在着偏见，并经常轻易否定。个案研究以解剖麻雀的踏实洞察，可以让人领会到微观折射宏观这一境界的真谛。即使不具有普遍意义，也可以作为研究素材，这比起没有史料支撑的偏见空谈，要有更多的意义，起码不会误人子弟。此外，想要保有自身研究的学术水准，真正做到"以理服人"必须抛弃大而无当的"宏大叙事"方式，以实证研究推进党史研究的学术化。从这个角度来说，无论是结合历史的经验教训还是当下的研究氛围，个案实证研究都是党史研究不可或缺的方法。⑭

有学者强调了口述史在党史研究中的重要性。口述历史虽然难免夹杂复杂的主观因素，记忆不全准确也是客观存在的，但是也有许多后来人修史不可比拟的优势，这一点对于我国这种重大决策首先由小范围讨论产生的国家更是如此。对于口述史中"添枝加叶"的现象，研究者指出，这需要专业历史工作者付出很大的努力，从访谈提纲对受访者的引导和史实的互证角度多做文章来加以解决。同时指出，为了避免口述史可能出现的离现实太近而存在的敏感问题，应当在制度上加以安排，对口述史文章进行分类，有些可以发表的加以发表，不适合发表的就参照国外的经验和档案文献管理的办法，等到口述者同意解密并适合解密方可解密。这样既可减少被采访者的顾虑，又可以给后人留下宝贵的资料。⑮

有学者提出中共党史研究应该树立科学的问题意识。指出要让当前党史研究中的问题意识具有科学性，要强调三点：（1）现实问题要避免"口号化"，中共党史学与现实政治关联因素非常多，学术研究应该在基本立场和方向上正确的情况下，具有相对独立性，不只是停留在"口号化"层次；（2）历史问题研究避免"碎片化"，应减少沉迷于琐碎事件的发掘，对某一现象孤立解剖和观察而看不到整体的问题；（3）理论问题避免"教条化"，应从多样性中抽出一般性、普遍性，从若干具体时间的人始终作出理论分析与概括，达到规律的认识。做到这三点才能在党史研究中树立科学的"问题意识"。⑯

有学者从人文性的角度对党史研究进行了一些反思。文化研究与党史研究有着深入的内在联系，两者相互依存，互为存在的条件。历史学研究的人物、事件无一不具有丰富而深刻的文化内涵和鲜明的文化特征。因此应该在研究中充分体现历史研究的人文性。反思的人文史观，当用例证剖析问题、摆事实、讲道理的方式，坚持实事求是的原则，讲求对具体研究内容的思辨，从中感悟"人文性"的重要价值。党史研究中，将党的历史和党的建设有机结合，注入人文性因素，进行研究和反思，是十分必要的。[17]

注：

①胡锦涛：《坚定不移沿着中国特色社会主义道路前进为全面建成小康社会而奋斗——在中国共产党第十八次全国代表大会上的报告》，人民出版社2012年版。

②任贵祥：《学习十八大关于党的重要历史的重要论述及体会》，《中共党史研究》，2012年第12期。

③王爱云：《20年来国外学术界对“南方谈话”的研究》，《当代中国史研究》，2012年第3期。

④李正华：《邓小平“南方谈话”的理论贡献、历史作用与现实意义》，《当代中国史研究》，2012年第1期。

⑤朱晓艳：《邓小平南方谈话20年研究综述》，《北京党史》，2012年第2期。

⑥章百家：《总结经验指点迷津启示未来》，《中共党史研究》，2012年第2期。

⑦郑谦：《南方谈话历史经验顶层设计》，《中共党史研究》，2012年第2期。

⑧萧冬连：《中国改革亟须凝聚共识，寻求新突破》，《中共党史研究》，2012年第2期。

⑨张传能：《党代会报告研究是中共党史研究的新领域》，《北京党史》，2012年第3期。

⑩蔡文华：《党代会是党内民主的有效载体》，《北京党史》，2012年第3期。

⑪姜卫平：《党代会制度是党员主体地位的有力保障》，《北京党史》，2012年第3期。

⑫关海庭、田巍：《论中国新民主主义革命道路的逻辑起点》，《中共党史研究》，2012年第2期。

⑬杨利文：《解放战争时期土地改革中的农村“新”成分研究》，《中共党史研究》，2012年第9期。

⑭张海荣：《个案研究是党史研究不可或缺之法——兼谈研究中的碎片化问题》，《北京党史》，2012年第1期。

⑮汪文庆：《坚定对口述历史的信心》，《北京党史》，2012年第5期。

⑯宋学勤：《科学确立中共党史研究中的“问题意识”》，《北京党史》，2012年第1期。

⑰侯且岸：《中共党史研究的人文性问题——简论反思的人文史观》，《中共党史研究》，2012年第11期。

（作者：张静如、王炳林，北京师范大学教授；
刘畅，北京师范大学硕士生）

世界上古中古史

刘林海

2012年4月18日，由中国社会科学院世界历史研究所古代中世纪史研究室主办的“血缘关系与文明起源学术研讨会”在中国社会科学院世界历史研究所召开，与会专家围绕血缘关系与文明起源问题进行了深入的探讨。[1]

一、史学理论与史学史

彭刚认为，历史理性是把握过去的精神结构和智力装备，历史感则不易用概念化的方式来把握。史学家们要对这种“非理性”要素进行反思，以便为深化认识历史感奠定深厚基础。[2]董立河指出，“体验”是狄尔泰认识论的核心范畴，它与“生命的表达”“理解”“概念化”等一起构成历史理性批判体系，表现出调和历史主义、抽象理性主义、非理性主义和实证主义的特点，也是他在知识的相对主义状况和人类的客观主义诉求两难困境中寻找的一条出路。邓京力分析了将当代西方史学界分为重构主义、建构主义、解构主义的做法，指出这种划分本身即蕴涵了后现代主义的基本理论立场与实际指涉。[3]

刘新成结合自己的教学和研究经验，对全球史的历程及其在中国的发展状况、全球史面临的问题等做了分析。[4]施诚认为，全球史经过四十多年的发展，形成了一系列独特的研究主题，如全球化的进程、世界历史分期、跨文化交流、环境变迁与人类历史的互动关系等，取得了令人瞩目的成果。[5]他还分析了“早期近代”的含义，并从早期近代世界贸易网络的初步形成及环境变迁两方面，论述了早期近代世界文明互动的表现。[6]刘文明分析了社会学家本杰明·纳尔进提出的“文明际相遇”理论及其在学界的发展，指出其对于研究文明互动的重要借鉴意义。[7]董欣洁评论了多米尼克·萨克森迈尔的《全球史的全球观点：连通世界中的理论与方法》一书。[8]

张文涛翻译了荷兰作者克里斯·洛伦茨的《从历史到记忆》一文，探讨现当代历史研究的变化及原因。[9]他分析了塞缪尔·亨廷顿的爱国者和学者两种身份，指出其研究中存在的爱国者偏见及加强美国的身份认同的目的，在本质上是一种身份认同危机下的意识形态。[10]张旭鹏与阿兰·梅吉尔就“观念史”的一些问题进行了对话[11]，还探讨了史学的个体化与记忆研究兴起的关系。[12]

易宁比较了中西的通史观念，指出无论中国的通史观念还是西方的普世史观念，均早于史著的出现。研究其形成过程，对于深入认识其各自的特点有重要意义。[13]晏绍祥分析了古代史研究从政治史、军事史以及大人物到普通人日常生活转变的历程及内在原因。[14]他还分析了古典教育等在17世纪英国政治生活中的作用，指出古典共和传统主要是给已有的信念和行动增加权威的一种手段。[15]李隆国讨论了“格雷戈里命题”，通过对其形成过程的梳理和分析，指出历史编纂的政治功能。[16]侯树栋评价了英国史学家詹姆斯·C. 霍尔特的《大宪章》一书，指出其研究对破除辉格派史学传统的诸多错误的积极意义。[17]侯树栋结合新出版的《面向21世纪的马克思主义史学》和《罗德尼·希尔顿的中世纪：历史主题的探讨》两本著作，对当代西方马克思主义史学发展中的一些值得关注的新动向进行介绍，并指出其在一些理论问题上与中国认识的相同。[18]

于沛指出，研究中国世界史的史学史，要关注周谷城对“欧美中心论”的批判、中国特色世界历史理论体系探索、马克思主义指导下的世界历史研究等理论成就。[19]张顺洪指出，跨学科研究是世界史研究的一大趋势。[20]孟广林就史学研究的国际视野与世界史前沿问题的关系进行了分析。[21]王晓辉分析了我国世界史学界在“欧洲中心论”反思上存在问题。[22]任灵兰梳理了2011年中国世界史研究的一般状况。[23]

二、世界古代中世纪史

易建平辨析了“古代国家”与“早期国家”概念的异同。“古代国家”的“古代”，主要是社会史分期上概念。“早期国家”的“早期”，是“国家”本身的一个发展阶段。“古代国家”只存在于“古代”；“早期国家”则存在于社会史分期的各阶段。“酋邦”与“分层社会”也是不同的概念。[24]

金寿福梳理了关于古代埃及文明起源中的“北来说”和“黑非洲性质”等说法，指出探讨古代埃及文明起源在种族学、文献学及历史学等领域的重要意义，以及其文明的内生与杂糅的双重性特征。[25]董晶分析了《赫尔墨斯预言》，指出其浓厚的埃及元素，解读了其强烈的“埃及中心主义”和反异族情绪。[26]张彦伟介绍了埃及对早期基督教隐修制度的影响。[27]王海利分析了木乃伊对研究古埃及历史的参考价值。[28]毕健康指出埃及自古以来的大开放特征，提出从文明交往和历史发展维度探讨埃及的国家构建与发展问题的意义。[29]

国洪更研究了亚述帝国的“拉科苏”（raksu）士兵，对其身份地位及在军事、政治生活中的作用进行了分析。[30]

晏绍祥分析了古典时期雅典民主政治存在的问题及其相应变化，指出其重建对公元前4世纪雅典民主政治稳定的作用。[31]崔丽娜分析了演说自由在雅典民主政治中的重要地位及其体现——平等和自由，指出其对雅典民主政治繁荣和持续存在的保障作用。[32]她还探讨了捐献与雅典民主政治的关系，梳理了其由自愿到强制性变化的过程。[33]李永斌以古希腊悲剧《欧墨尼德斯》为主要分析对象，探讨了血亲复仇观念在伦理学意义上的内涵及其矛盾的时代特点。[34]他还以电影《斯巴达300勇士》为例，分析了历史类影像资料在高校辅助教学中应该遵循的目的性、共同参与及科学性三原则。[35]李渊通过分析公元前4世纪伊索克拉底的“泛希腊主义”思想，探讨了希腊民族认同的一些重要问题。[36]

杨共乐指出，罗马既是一个勤劳、务实的民族，又是一个善学习、爱思考的民族，有海纳百川的胸襟和气魄以及开放精神。适时开放、兼容并蓄是罗马文明对后世最大的启示。[37]倪腾达指出，古罗马戏剧的发展深受希腊文化影响，早期罗马戏剧中蕴含着丰富的希腊文化元素。[38]张子青讨论了卢卡努斯《内战记》的英译本问题。[39]李隆国分析了以古代晚期研究为主力的“罗马世界转型”范式的兴起，指出由于它们都起源于晚期罗马帝国，各有史料支撑，看似互不相容，实则可以互补竞争。[40]

马克垚比较分析了中西古代君主制社会中的“君主是民之父母的思想”，指出其异同，认为“中国古代家国并非一体。君为民之父母一说，可以休矣”。[41]赵文洪的专著系统探讨了古代西方关于人的观念，对一些重要问题进行研究。[42]刘城分析了“作战的人”“祈祷的人”“劳作的人”、城市居民四个社会群体，多角度解析中世纪英国与法国的封建社会建构模式，分析其流变。[43]她还对中世纪基督教文化环境中的人的生存状态进行系统研究。[44]刘林海梳理了“中世纪”概念在西方的流变及其在近代以来中国世界史学界的发展，指出其在当代中国史学研究中的理论和实践的矛盾困境。[45]孟广林、曹为翻译了阿莫诺的关于中世纪英国宪政史研究的新趋势。[46]

张绪山的专著汇集了其关于中国与拜占庭关系史上的热点及重要问题，对中国的养蚕制丝技术传入西方、景教入中国、西方历史文献中的“桃花石国”等进行详细分析。[47]汪中邸分析了中世纪早期西欧犹太人的法律地位和现实生活的两面性特征。[48]

王超华分析了中世纪西欧的领主自营地，指出其发展变化对后来“农业革命”的基础作用。[49]他还探讨了中世纪英国乡村妇女的劳动和工资以及英国庄园自营地上的全职工资劳动者庄仆。[50]陈志坚探讨了中世纪英格兰地产主的女继承人问题及其发展变化。[51]柴晨清以战争对及财政的影响为切入点，分析了英国都铎王朝时期战争与王权强化的关系。[52]崔洪健评述了中世纪英国价格和工资变迁研究中的“新人口论”和“货币论”。[53]

曹为以英格兰国王亨利二世与坎特伯雷大主教托马斯·贝克特冲突为例，分析了中世纪西欧政教之争蕴含的政治内涵。[54]周诗茵分析了教皇亚历山大三世在托马斯·贝克特与亨利二世争论的中态度，认为其立场缓和了教会自由与世俗政治之间的张力，维护了教皇权威在英格兰的适度影响。[55]她还分析了索尔兹伯里的约翰关于教会—国家关系的理论及其意义。[56]张慧探讨了中世纪教会对骑士精神的培养问题。[57]

俞金尧、刘健探讨了农业时代的城市起源问题，指出权势在城市形成中的作用。[58]田汝英讨论了西欧中世纪的香料文化。[59]宁凡以尼德兰市集为例，探讨了中世纪欧洲市集的转变问题。[60]

朱孝远指出，宗教改革运动有革命性的一面，在德国强化了世俗政府的权利，但也有保守性一面，具有转型时期的一般特征。[61]刘城分析了路德“唯信称义”思想形成的过程及革命意义，梳理了其与天主教传统教义之间的分歧和继承关系。[62]周施廷分析了薄伽丘的《但丁传》及其对推进意大利文艺复兴运动研究的意义，探讨了文化运动转变成为社会改革运动的原因。[63]她还分析了路德派的宣传策略及其对宗教改革的积极影响。[64]高铁军分析了金属活字印刷术在西欧诞生的综合原因及其对印刷文化兴起的促进作用。[65]

注：

①国洪更：《“血缘关系与文明起源学术研讨会”综述》，《世界历史》，2012 年第 6 期。

②彭刚：《历史理性与历史感》，《学术研究》，2012 年第 12 期。

③邓京力：《重构、建构与解构之间——从文学形式论史学类型与史学性质》，《史学理论研究》，2012 年第 1 期。

④刘新成，邹兆辰：《全球史：世界历史教学与研究的新理念——访刘新成教授》，《历史教学问题》，2012 年第 1 期。

⑤施诚：《全球史研究主题评介》，《史学理论研究》，2012 年第 2 期。

⑥施诚：《早期近代世界文明互动的表现》，刘新成主编：《全球史评论》（第五辑），中国社会科学出版社 2012 年版。

⑦刘文明：刘新成主编：《全球史评论》（第五辑），中国社会科学出版社 2012 年版。

⑧董欣洁：《变动世界中的全球史及其多样性——读〈全球史的全球观点：连通世界中的理论与方法〉》，《史学理论研究》，2012 年第 2 期。

⑨［荷兰］克里斯·洛伦茨撰，张文涛译：《从历史到记忆：近代史学的时空架构与记忆研究的兴起》，《山东社会科学》，2012 年第 9 期。

⑩张文涛：《文明冲突理论：一种身份认同危机下的意识形态》，《山东社会科学》，2012 年第 3 期。

⑪阿兰·梅吉尔、张旭鹏：《什么是观念史？——对话弗吉尼亚大学历史系阿兰·梅吉尔教授》，《史学理论研究》，2012 年第 2 期。

⑫张旭鹏：《史学的个体化与记忆研究的兴起》，《史学理论研究》，2012 年第 3 期。

⑬易宁：《古代中国的通史与西方的普世史观念》，《求是学刊》，2012 年第 6 期。

⑭晏绍祥：《古典历史的基础：从国之大事到普通百姓的生活》，《历史研究》，2012 年第 2 期。

⑮晏绍祥：《17 世纪英国革命期间共和派对古典民主与共和制度的运用》，《世界历史》，2012 年第 2 期。

⑯李隆国：《〈弗里德加编年史〉所见之墨洛温先公先王》，《史学史研究》，2012 年第 4 期。

⑰侯树栋：《生活与逻辑的交汇——詹姆斯·C. 霍尔特论大宪章》，《史学史研究》，2012 年第 1 期。

⑱侯树栋：《西方马克思主义史学的新动向》，《史学理论研究》，2012 年第 3 期。

⑲于沛：《中国世界历史研究的理论成就》，《社会科学战线》，2012 年第 2 期。

⑳张顺洪：《跨学科研究是世界史研究的一大趋势》，《社会科学战线》，2012 年第 2 期。

㉑孟广林：《国际学术视野与世界史前沿问题研究》，《史学月刊》，2012 年第 12 期。

㉒王晓辉：《国内史学界对“欧洲中心论”的反思及其认识误区》，《首都师范大学学报》（社会科学版），2012 年第 5 期。

㉓任灵兰：《2011 年中国世界史研究述评》，《世界历史》，2012 年第 3 期。

㉔易建平：《文明起源研究中的“国家”与“社会”》，《历史研究》，2012 年第 3 期。

㉕金寿福：《内生与杂糅视野下的古埃及文明起源》，《中国社会科学》，2012 年第 12 期。

㉖董晶：《〈赫尔墨斯预言〉中的埃及元素》，《北京大学研究生学志》，2012 年第 3/4 期。

㉗张彦伟：《埃及、圣安东尼与基督教隐修主义的兴起》，《世界宗教文化》，2012 年第 4 期。

㉘王海利：《木乃伊对研究古代埃及历史的意义》，《史林》，2012 年第 6 期。

㉙毕健康：《文明交往、国家构建与埃及发展》，《西亚非洲》，2012 年第 1 期。

㉚国洪更：《亚述帝国的“拉科苏”士兵探析》，《世界历史》，2012 年第 1 期。

㉛晏绍祥：《雅典民主政治的危机与民主信仰的重塑》，《史学集刊》，2012 年第 1 期。

㉜崔丽娜：《演说自由与雅典民主政治》，《首都师范大学学报》（社会科学版），2012年第3期。

㉝崔丽娜：《古典时代雅典的捐献与政治》，《世界历史》，2012年第3期。

㉞李永斌：《从血亲复仇看古希腊伦理冲突——以〈欧墨尼德斯〉为中心的考察》，《首都师范大学学报》（社会科学版），2012年第2期。

㉟李永斌：《温泉关战役再思考——兼评高校历史教学中影视作品的运用》，《历史教学》，2012年第16期。

㊱李渊：《伊索克拉底的“泛希腊主义”与民族认同观念》，《山西师大学报》（社会科学版），2012年第6期。

㊲杨共乐：《罗马文明持续发展的动力》，《求是学刊》，2012年第6期。

㊳倪滕达：《罗马早期戏剧中的希腊文化元素》，《北方论丛》，2012年第5期。

㊴张子青：《洛布古典丛书本〈内战纪〉英译订误》，《史学史研究》，2012年第3期。

㊵李隆国：《从“罗马帝国衰亡”到“罗马世界转型”——晚期罗马史研究范式的转变》，《世界历史》，2012年第3期。

㊶马克垚：《论家国一体问题》，《史学理论研究》，2012年第2期。

㊷赵文洪：《古代西方关于人的观念》，江西人民出版社2012年版。

㊸刘城：《英国与法国封建社会的构成：社会群体的角度》，《武汉大学学报》（人文科学版），2012年第5期。

㊹刘城：《中世纪西欧基督教文化环境中“人”的生存状态研究》，北京师范大学出版社2012年版。

㊺刘林海：《“中世纪”的建构与解构——兼论中国世界中世纪史理论与实践的困境》，《世界历史》，2012年第5期。

㊻W. M. 阿莫诺著，孟广林、曹为译：《从辉格传统到新宪政史：中世纪英国宪政史研究新趋势》，《历史研究》，2012年第4期。

㊼张绪山：《中国与拜占庭帝国关系研究》，北京：中华书局2012年版。

㊽汪中砥：《中世纪早期西欧犹太人地位的辨析》，《史学史研究》，2012年第2期。

㊾王超华：《13—15世纪英格兰农业工人工资与领主自营地》，《世界历史》，2012年第3期。

㊿王超华：《中世纪英国乡村妇女的劳动和工资》，《史林》，2012年第2期；《中世纪英国庄仆探微》，《史学理论研究》，2012年第3期。

51陈志坚：《中世纪英格兰女嗣财产继承权初探》，《首都师范大学学报》（社会科学版），2012年第6期。

52柴晨清：《战争与英国都铎王朝时期君权的强化——以战争对财政的影响为视角》，《廊坊师范学院学报》（社会科学版），2012年第1期。

53崔洪健：《中世纪英国的价格和工资变迁之动因——从“货币论”与“新人口论”的争论谈起》，《中南大学学报》（社会科学版），2012年第1期。

54曹为：《制度的限度与政治的自然状态——试论亨利二世与托马斯·贝克特的政教之争》，《思想战线》，2012年第6期。

55周诗茵：《教会自由与世俗政治之间的平衡——教皇亚历山大三世在贝克特争论中对教会—国家关系的处理》，《大连大学学报》，2012年第4期。

56周诗茵：《理想模式与政治现实的互动——索尔兹伯里的约翰教会—国家关系思想的发展》，《首都师范大学学报》（社会科学版），2012年第6期。

57张慧：《论中世纪教会对骑士精神的培养》，《首都师范大学学报》（社会科学版），2012年第1期。

58俞金尧，刘健：《权势创造城市——论农业时代的城市起源》，《杭州师范大学学报》（社会科学版），2012年第5期。

59田汝英：《西欧中世纪社会生活中的香料文化》，《首都师范大学学报》（社会科学版），2012年第3期。

60宁凡：《15—16世纪欧洲集市的转变——以尼德兰集市为例》，《史学集刊》，2012年第2期。

61朱孝远：《关于德国宗教改革强化世俗政府问题的一些分析》，《历史教学》，2012年第18期。

62刘城：《马丁·路德“唯信称义”思想：灵魂救赎的单一路径》，《世界历史》，2012年第6期。

63周施廷：《但丁的政治价值与文化价值——薄伽丘〈但丁传〉略论》，《历史教学》，2012年第8期。

64周施廷：《路德新教宣传的策略及其作用》，《史学月刊》，2012年第3期。

65高铁军：《近代早期印刷术的出现及西欧印刷文化的兴起》，《宝鸡文理学院学报》（社会科学版），2012年第6期。

（作者：北京师范大学教授）

世界近现代史

郭家宏　王晨辉

2012年北京地区世界近现代史研究成果颇丰，无论是广度，还是深度，都有一定发展。

一、美国史

饶舒琪、安然对杜威民主主义道德教育思想进行了再审视，认为在19世纪下半叶至20世纪上半叶美国历史发展的转型期，出现了因严重的社会失范而引发的种种社会问题。基于社会危机主要是一种道德危机的判断，杜威围绕着寻找新道德的基础和维持、再生产新道德的机构这两个主要课题展开了其民主主义道德教育思想。[①]王希认为美国内战与重建时期，非裔美国人虽然没有直接参与重建时期国会的立法过程，但以弗雷德里克·道格拉斯为首的黑人领袖们所创造出的一套新的转型宪政主义的话语和思想，为国会共和党人的立法行动提供了思想和法理的支持，推动了美国宪政的重构和美国民主的转型。[②]宋云伟认为，《1873年林木种植法》是美国国会为了鼓励美国人在西部大平原植树通过的法案，法案对申请人的资格、申请的土地数量、获得土地产权标准、申请程序、违反义务等方面作出规定，一部分诚实的拓殖者申请了土地，但是由于法案本身不太严密，造成土地投机盛行。该法的实施使西部形成了一些森林，但总体来说是失败的，大部分林木种植地申请者放弃了土地，其主要原因是气候干旱、土地投机、小农的贫困等，立法者应该对法律条款进行充分论证，使其更加严密，并有配套执行机构和资金，使其更有实践性。[③]王立新认为，从第二次世界大战爆发到珍珠港事件的两年间，国际主义者和孤立主义者围绕是否应该援助英国和苏联和干预欧洲战争等问题，进行了美国历史上最激烈的辩论。孤立主义者虽然在辩论中失败了，但其思想在战后仍然对美国扩张性的外交政策构成某种牵制。从这个意义上说，孤立主义者同国际主义者一起共同塑造了战后美国外交的面貌。[④]高龙彬指出，冷战初期，美国为了深入研究苏联社会进而洞察苏联的防御能力，由哈佛大学俄罗斯研究中心实施了“哈佛苏联社会制度项目”，通过采访第二次世界大战期间的离苏难民，来了解苏联是其中的一个组成部分。该项目成为美国制定对苏联战略的重要参考依据。[⑤]

二、英国史

郭家宏、徐铱景认为，消费合作运动是19世纪英国工人阶级最重要的自助与互助运动之一，对缓解工人阶级贫困，改善工人阶级生活、工作状况起到了一定作用。1844年，英国罗彻代尔公平先锋社成立，标志着现代消费合作运动的开始。罗彻代尔公平先锋社确立的按购买量分红、民主管理、重视教育等原则意义深远，日后成为国际消费合作运动的基本原则，至今依然发挥着重要作用。[⑥]郭家宏还指出，19世纪是英国教育大发展的世纪，在这一时期，英国政府对教育进行了一系列改革，使教育从宗教和慈善组织手中转到了国家掌控为主。由于国家的干预，更多的工人阶级子女可以得到较好的教育。大力发展教育既是英国政府社会控制的一种手段，也是工人阶级摆脱贫困的一条路径，为英国现代化的发展奠定了基础。[⑦]张瑾认为，19世纪德国大学的迅速发展对英国高等教育领域产生了一定的刺激作用，另外学术界对英国的高等教育提出了许多批评建议。19世纪下半叶英国的高等科技教育发生了根本变化，其标志一是伦敦大学等城市大学的兴起和发展，二是牛津和剑桥引入科技教育。[⑧]王广坤认为，19世纪中期英国传统的丧葬服务出现了诸多弊端，为消除这些弊端，查德威克对此进行了系统考察，并提出进行全面变革。改革计划由于受到既得利益者的强烈反对，并未达到预期目标，但改革所体现的基本思想则代表着现代丧葬产业的发展方向，为现代西方国家丧葬服务体系的形成奠定了基础。[⑨]他还指出，1848年英国首部《公共卫生法》的颁布，标志着英国正式拉开了公共卫生管理的宏观调控大幕。法案颁布后，医生们对自己的社会定位进行了积极探索，最终在1911年出台的《国民保险法》中，医生被定位为技术专家，不负行政责任，专事医疗。[⑩]曹瑞臣认为作为时代和社会进步的新兴阶层，以商人阶层、乡绅以及约曼农阶层和专业人士阶层为代表的中间阶层构成了18世纪中产阶级精英的主力。这些新兴力量的出现和崛起，不仅改变了英国传统的、等级色彩浓厚的社会结构，而且对英国近代社会转型、工业革命的开展和民主化进程的推动都产生了重大影响，同时也直接促成了19世纪更加成熟的中产阶级的形成。[⑪]赵秀荣认为疯人增加、资本主义商品经济发展、人们对疯癫的认识和态度改变、疯人院在政府法令规范下自身的调整与改善以及国王乔治三世发疯都是这一时期疯人院增加的重要原因。[⑫]黄小东认为，1984年地方税法案是撒切尔政府为控制地方支出而推行的一项重要政策。该政策遭到了工党控制地区的激烈反对。在伦敦朗伯斯区，由工党主导的朗伯斯议会与中央政府进行了激烈的对抗博弈。地方反对地税封顶是撒切尔时期地方财税改革过程中的重要事件，反映了地方税改革以及中央与地方财税关系的复杂性。[13]王新明认为工业革命所带来的阶级分化和贫富差距大大激化了社会矛盾，民间传统的休闲活动往往成为平民发泄不满情绪的渠道，这便对经济发展和社会稳定造成了威胁。于是，政府通过立法对民众休闲生活进行干预，对传统休闲生活中不适应现代社会要求的地方进行了改造，并加以积极引导，对公共休闲环境进行立法整治，给予了公众文明、有序、安全、舒适的休闲环境。[14]杜平认为，19世纪后期，伴随着工业革命的深入和技术水平的提高，海军建设出现了以往从未出现过的新特点，即技术的快速发展。为了继续维持英国的海军优势和海上霸权，英国海军部与私营公司在海军建设上展开了紧密的合作。[15]晏绍祥认为17世纪英国社会与文化所具有的浓厚古典氛围，使共和派思想家们得以大量借用古典民主与共和传统，抨击君主专制，积极阐述共和政治的优点，并以古代雅典、斯巴达和罗马的共和制为基础，构想近代国家的制度与体系。但英国革命毕竟是近代的产物，革命进程主要由17世纪英国的社会基础决定，古典共和传统主要是给他们已有的信念和行动增加权威的一种手段。[16]

三、德国史

孙立新认为，民族认同主要指一个民族的人们对其自然及文化倾向性的认可与共识。纵观当今世界各民族，无论大小、强弱，都对本民族有着明确的归属感和强烈的自豪感。然而，德意志民族的民族认同至今仍悬而未决。[17]李维指出，自第二次世界大战以来，西方正史对希特勒之死的研究稳中有进，在基本史实不变的情况下，随着新证据的不断出现，其对希特勒自杀方式的描述大致经历了三个阶段。[18]崔文龙、赵光强认为，德意志帝国统一初期，由普鲁士海军发展而来的帝国海军长期存在于陆军的影响之下，海军战略从属于陆军战略，主要担负着海岸防御的任务。进入19世纪90年代，蒂尔皮茨的“深海打击”战略使海军从陆军的影响下摆脱出来，“第九备忘录”的提出为德意志帝国海军建设提出了明确的战略规划。随着德英矛盾的突出，“风险理论”成为德意志海军建设的指导战略思想，在这一理论的指导下，德意志帝国海军开始进行大规模扩建。[19]

四、法国史

倪玉珍认为，第二次世界大战后，法国知识分子普遍左倾，追随苏式共产主义一度成为风尚。自20世纪50年代起，风潮转向，不少左翼知识分子转而批判苏式“极权主义”。1968年“五月风暴”促成左翼思想时兴，但至70年代末，伴随极左革命理想的幻灭，法国思想界对“极权主义”的挞伐也达于顶峰。至90年代，法国已由昔日“欧洲左派之都”变为“保守之都”。[20]马胜利认为法兰西民族国家是长期历史演变的产物。大革命传统和共和主义理念奠定了当代法兰西民族国家的基石。然而，随着全球化的发展、欧洲一体化的深入、法国国际地位的下降，以及移民问题引发的社会危机，法国的民族国家观念、社会文化模式和民族认同受到了严重挑战。法国人不得不对法国的社会文化模式、法兰西民族认同，以及法兰西的前途进行重新思考。[21]

五、苏俄与东欧史

张建华认为，经济实力与军事实力的增强使得勃列日涅夫时期苏联的对外政策战略攻势极为明显。在处理与东欧社会主义国家和第三世界国家关系方面，“勃列日涅夫主义”成为最直接的实践标准和最明确的理论表述。[22]他认为，十月革命曾是苏联史学的“宏大叙事”与核心问题，而萌芽于十月革命前的苏维埃文化在20世纪30年代中期最终形成。在这一过程中，知识分子作为社会价值文化与意识形态的创新者与传播者，扮演着重要角色。[23]他还认为20世纪英国著名学者以赛亚·伯林于20世纪中后期先后三次访苏之旅。时值苏联历史发展的关键时刻，伯林所到之处，刻意留心考察苏联文化艺术、知识分子生存和创作状况、知识分子与政府的关系，并且以其自由主义理念加以深刻的分析和批判。[24]此外，他认为赫尔岑是俄国农民社会主义思想的创始人。作者将其思想置于俄国思想史和革命史的双重视野下，认为他的思想的核心是人道主义，是基于对俄国村社传统的珍视和对西欧资产阶级政治的批判基础之上的，他的思想超越了斯拉夫派和西方派，真实地反映了俄国历史发展的要求和时代的呼唤。[25]陈余对苏联解体21年后俄罗斯社会、尤其是学术界对赫尔岑及其思想的回顾和解读给予了梳理和评价，以窥探赫尔岑思想对于当代俄罗斯的现实意义。[26]姚朋把列宁未竟的遗愿和1991年前夕苏联的状况作一番对比后，发现苏联后来的发展方向在很大程度上偏离甚至背弃了列宁遗嘱。[27]王晓菊认为，1921年实施新经济政策以后，苏俄农民总体上改变了在战时共产主义政策时期形成的对苏维埃政权的消极态度，社会情绪初步改善。然而，农民与苏维埃政权之间的关系并不稳固，到新经济政策末期，农民的不满情绪再度激化，在相当程度上汇聚成一股强大的反对力量。[28]黄立茀认为，新经济政策时期是苏俄社会组织发展的“黄金时代”。1930年8月通过的关于社会组织的新条例明确将社会组织的宗旨与苏联社会主义的战略目标联系在一起，这标志着宪法框架下部分自治的管理体制终结，苏共主导型的社会组织管理体制确立。这是苏维埃国家摸索和建立治理国家模式，从相对分权到中央集权的一个缩影和组成部分。[29]张丹认为，战时共产主义时期，受马克思主义理论和直接过渡思想的影响，苏维埃政府颁布了集中化的住房管理政策，试图迅速改善劳动群众的居住条件。然而在实践中，集中化住房管理体制未能解决住房危机。新经济政策时期，苏维埃政府将住房管理体制由国家集中管理转向国家、集体和个人分散管理。住房管理模式的调整取得了积极成效，城市居民的居住条件得到了初步改善。[30]

六、日本史

张艳茹系统阐述了日本在产生继任内阁首时所形成的独特的奏荐机制。她首先从制度层面分析了这种奏荐机制何以能够产生和存在；进而分析参与奏荐的元老、以内大臣为首的宫中、重臣等势力的构成及性质；并依据不同时期参与奏荐的主体的演变，将奏荐的历史过程分为几个阶段进行阐述。通过奏荐产生内阁首相是近代日本有别于其他国家的一种政治现象，体现了近代日本天皇制非立宪的一面。[31]史桂芳认为，九一八事变是日本由“协调外交”转向“自主外交”的重要标志。日本知识分子出于对国家命运的担忧，成立了国策研究机构——昭和研究会。中日全面战争爆发后，它以中日提携为核心的协同主义理念，主张将中国的对日抗战引向与日本合作上来，共同建设所谓的东亚新秩序。昭和研究会的协同主义理论，适应了日本“以华制华”的政策，为所谓东亚新秩序提供了理论基础。[32]她还认为，日本将第一次世界大战视为“大正天佑”，借对德宣战之机，迅速夺取德国在中国山东的利益，并企图在巴黎和会上得到“法理”上的认可。由于中国代表拒绝在和约上签字，日本未能得逞。1921年之后在华盛顿体系的框架下，日本一方面在与列强的“协调”中求得利益最大化；另一方面则伺机突破体系限制，建立由日本主导的东亚新秩序。九一八事变标志着日本告别华盛顿体系，开始实施建立所谓的东亚新秩序。[33]王新生认为，在战前学生运动传统、盟军总部在日本推行非军事化及民主化改革、日本共产党成为合法政党并积极开展活动、生活困难且学费不断上升等背景下，大学生组织“全学联”于战后初期成立，并开展了声势浩大的社会运动，尽管后来党派间矛盾导致该组织分裂，但仍然领导了包括反对修改日美安全保障条约及美军在日基地在内的反体制运动。[34]他还认为，佐藤政权时期，佐藤首相以争取“冲绳归还”为外交重点，并充分利用国内外各种有利时机，以“等待型”政治作风循序渐进地实现了这一政策目标。反映了首相决断型决策过程乃至政治过程的典型特征。[35]谢辰、唐利国以兰学家杉田玄白为例，研究了日本近世知识分子的思想构成。杉田玄白曾积极宣扬“西学”，批判“以中华为中心”的华夷观，促使日本积极吸纳西洋文明成果，其思想构成，很大程度上代言了日本近世知识分子及其时代的特征。[36]

七、亚非拉史

侯艾君以吉尔吉斯的现代化转型为例，阐述了在中亚现代化开启的转型过程中，存在的许多问题。他指出现代化进程与民族国家建设的进程同步，使得中亚既是前现代社会又具有现代特征。[37]宋丽萍认为，由于印度社会的多元性质，地方政治是推动中央地方关系良性互动的主导因素。地方分权运动的逐步衰落，既是源于政治和经济形势转变带来的客观变化，更是由于深层次的制度问题并没有得到解决。因此，中央地方矛盾冲突的解决依然任重而道远。[38]张皓、黎德黄指出，胡志明对新三民主义的认识有一个逐渐升华过程，从最初的理论层面直到将其运用到越南民族解放革命运动中，并发展成为具有越南民族特点的三民主义。随着越南历史的变化，胡志明对外来理论的研究和吸收逐渐从新三民主义转到毛泽东思想上来。[39]毕健康指出，埃及伊斯兰教化与阿拉伯化后，曾在中古时代一度辉煌，随后严重滞后于地中海北岸的资本主义文明。强化对资本主义文明的认同，有益于埃及现代民族国家的构建与未来的大发展。[40]刘兰认为，从20世纪50年代末开始，出于种族隔离目的，南非白人政府推行家园制度和资本密集型产业发展模式，导致南非劳动力市场供求结构出现新的严重失衡。时至今日，失业问题仍是南非社会长期发展面临的一大难题。[41]杭聪认为，在20世纪五六十年代受英、美政府支持的西方公司通过支持和放弃种族主义的政治和经济策略，换取与英属中非联邦当地政治力量的妥协，以图保留既存的经济特权。但这一策略激化了同全体非洲人的民族矛盾，引发了以矿业罢工为先导的非洲人全民性的反抗。中非联邦呈现瓦解之势，西方公司便携英美政府和西方金融界逼迫非洲人多数政府继续保留其矿业特权。[42]他还认为，第二次世界大战之后，英国在英属黑非洲殖民地的公职人员政策有三次调整，分别以扩招、稳定和留任为重点，很好地配合了英国的整体殖民政策。但这并未解决独立前后殖民地公职人员缺乏的状况，直接原因在于英国撤退得过快，深层原因则在于其长期以来对殖民地社会发展的忽视。[43]董经胜指出，墨西哥独立后，由于大庄园主因经济困难而被削弱，墨西哥的农业转向以满足自身消费和部分满足地方市场为主，出现了一种向“小农制”转变的农业发展模式。这不仅给农民带来了直接的经济利益，而且为快速的经济增长和更加平等的分配创造了条件。但19世纪末，在迪亚斯的独裁统治下，墨西哥的农业重新回到了大庄园商品生产的模式，下层农民处境不断恶化，阶级矛盾日趋尖锐，终于导致1910年的墨西哥革命。[44]他还以1985年巴西军政府“还政于民”为例，指出建立民主的文武关系是拉美国家后威权时期民主化巩固的重要前提。[45]

八、思想史

董正华指出，现代化不是一个从抽象思维中产生出来的理论概念，应当从历史经验的角度探寻其本质。非西方社会的现代化要在社会变革、思想文化的传承与创新、经济和政治制度创新、科学技术创新等方面做新的探索。全球化是当今世界发展的趋势和未来前景，全球化的大趋势对国家主权形成冲击，但主权国家仍然是世界体系的基本结构。[46]李维认为，第一次世界大战结束前，奥匈帝国贵族的家庭环境和社会环境不仅孕育了卡莱基的“泛欧”联合思想，还培养、共生出保守贵族的政治价值观念。卡莱基向往的是精英专制政体，渴望少而精的“质量原则”。两次世界大战期间，卡莱基在与欧洲民主势力保持合作关系的同时，坚持保守贵族的政治价值观，认为欧洲统一的前景是“新贵族”的专制，而非西方意义上的自由民主制，这明显暴露出“泛欧”联合思想的历史局限性。[47]

九、环境史

高国荣认为，20 世纪七八十年代以来，美国环保组织的体制化以及深层生态学思想的传播，促进了激进环保组织的兴起。作为美国典型的激进环保组织，地球优先组织旨在推进美国国内的荒野保护。激进环保组织宣扬和实践了生态中心主义的某些合理主张，有力地配合和支持了主流环保组织的斗争。但与此同时，激进环保组织的过激言行并不利于其自身的长远发展，对环保运动的整体发展也会产生消极影响。[48]梅雪芹指出，与工业化伴生的环境问题，是人类新的生产和生活方式过分干扰生态系统、污染自然环境所结出的苦果。在英美等工业化先行国家，几乎在环境问题出现的同时，对其危害的认知、讨论以及解决问题的努力即已开始，这些国家在对待和治理环境的问题上，不是“先发展，后治理”，而是边破坏、边治理，不断提高认识并加大治理力度。[49]曹瑞臣以爱尔兰的马铃薯饥荒为切入点，探讨了生态环境对人类社会的重要影响。美洲大陆的马铃薯在旧大陆的传播，曾带来生态农业革命，对欧亚大陆社会发展和人口增长意义重大，而马铃薯病害引发的饥荒灾难，对爱尔兰民族历史和国家命运的影响，更是启发我们重新思考自然环境对人类的生命与安全的重大影响。[50]江天岳以法国卢瓦尔河谷城堡建筑群中的舍农索和维朗德里城堡为例，探讨了自然美和人文美的和谐统一。[51]

十、中外关系史

孙立新指出，义和团运动爆发后，德国新闻媒体纷纷指责基督教新教士的中国传教活动；针对这种指控，德国新教传教士一方面极力为自己的所作所为进行辩护，另一方面也试图找出引发义和团“暴乱”的“真正”原因；他们把所有的责任和罪过都归咎于中国和中国人，并以此论证西方列强对华政策的“正当性”和“合法性”。[52]袁玮蔓、孙立新指出，在与中国建交过程中，联邦德国执政党出于对苏联的顾虑，一再推迟建交时间，而在野党则积极要求和推动同中国建交，这不仅加速了建交的进程，而且起到了在国际上试探和为政府“分担风险”的作用。[53]袁玮蔓认为中国抗日战争初期，德国为中日和解，授权驻华大使陶德曼和驻日大使狄克逊，劝说中日两国由交战走向和谈。调停虽以失败告终，但它在中、日、德三国的历史中具有特殊意义，展示了三国关系的微妙变化。[54]王立新指出，19 世纪，绝大多数传教士对中国文化抱着毫不妥协的态度，企图用基督教文明取代中国本土的伦理价值观，即对中国进行文化征服。从 20 世纪初期开始，在理性主义、民族主义的冲击和第一次世界大战的影响下，主流的传教团体开始倡导文化合作，以中国文化遗产补充和丰富基督教思想，对中国文化表现出高度的尊重与欣赏。这种思想改变了传教运动的面貌。[55]张皓指出，十三世达赖喇嘛圆寂之后，先后发生土登贡培、龙夏两次政治事件，国民政府派遣黄慕松入藏协商解决问题。英国则派遣诺布顿珠入藏阻挠破坏。虽然噶厦最终承认了西藏是中国领土不可分割的一部分，但是由于国民政府不能予以“确切之保证”，西藏问题只能搁置下来。[56]他认为分裂分子夏格巴在印度、美国、英国的支持下，乘国民党政府即将崩溃之机，企图分裂西藏，而三国对西藏亦各有图谋。国民政府相应地采取了一系列措施，反对夏格巴的分裂活动和三国的干涉。但其中不乏失策之处。[57]杨雨青指出，1942 年，为共同对日作战，美国向中国提供了 5 亿美元财政借款。但在围绕借款的具体运作方式、国民政府的黄金政策等问题，中美双方产生分歧。这些争执反映了美国作为援助国和中国作为受援国的不同立场和认识，也体现了双方在经济援助与合作领域的矛盾与冲突，并与中美在军事政治领域的矛盾纠缠在一起，造成两国关系的紧张。[58]姚百慧认为，1963 年，时任法国总理的富尔访华初期，中法在台湾问题上的分歧使会谈陷入僵局。其后，中方在坚决反对任何形式的“两个中国”原则的基础上，先后提出了有步骤建交方案、直接建交方案，最终在三项默契基础上同富尔达成了一致。中方把最终形成的默契以文本形式交给富尔，这就是《周恩来总理谈话要点》。总的看来，谈话要点是求同存异的结果，并未全面解决中法在台湾问题上的分歧。[59]

十一、国际关系史

郭华榕指出，19 世纪中期，发生了一场欧洲范围的巨大冲突，引发了欧洲北部至中近东的广大地域的战事，1854 年的波罗的海战争是这一场大冲突的重要组成部分，它直接表明：法英两国为了谋求欧洲优势，曾以军事力量直逼俄罗斯帝国的心脏，给予其严重打击。因此，加强对 1854 年波罗的海战争的研究，有助于认识当时欧洲列强法英与俄罗斯之间的大冲突的实际状况与真正意义。[60]茹莹指出，范德斯图尔是第一任欧洲安全与合作组织少数民族问题高级专员，从其思想与实践看，少数民族问题高级专员职位的设置是关于族群冲突的早期预警与早期干预机制的重要一环，是全球化时代下国家主权让渡的一个具体表现。该机制以建立整体性多样化的国家社会为目标，但在具体的运作过程中却依然受到欧安组织参与国立场的影响与制约。[61]曹群应用美国军事情报相关分析理论，结合日俄战争前俄国对日情报工作的案例，分析和探讨了军事竞争情报与战略决策之间的互动关系进行。[62]刘东明指出，第二次世界大战结束前后到1949年，美国的杜鲁门政府一面宣称在印度支那问题上保持中立，另一面却大力支持法国重返印度支那，还支持法国采取"以越制越"，促使法国在越南的殖民统治合法化。这些做法给法国在印度支那重建殖民统治提供了方便。[63]肖克认为，自20世纪50年代摩洛哥独立以来，其与法国的关系经历了重塑、发展和强化这三个发展时期。20世纪90年代末以来，两国在相互需要的基础上，关系取得显著进展，逐步建立起全面的合作伙伴关系。[64]梁占军指出，20世纪90年代以来，国外学界对于国际冲突的研究逐步突破了以往只关注政治和经济因素的局限，越来越重视对文化因素的考察。在分析国际冲突的过程中，文化分析只是对政治、经济、军事等分析角度的一种补充，绝不能因此忽视或否定其他因素的作用；冷战后西方文化价值观的强力输出对不少非西方国家的内部稳定构成了威胁，帝国主义的文化扩张已经成为当代国际冲突的主要根源之一。[65]

十二、西方经济史

宁凡认为，在中世纪欧洲商业复兴的背景下，城市的政策是促进集市繁荣并向交易所转变的重要原因。近代领土国家和中央政府的形成进一步促进了商业制度的成熟。地方政府和法庭为商业发展制定的政策较国家政策更加细致，在集市向交易所转变过程中的作用更为明显。[66]作者还指出，北海—波罗的海贸易区在近代早期的崛起，主要由于英国和荷兰手工业及外贸的发达。而意大利在地中海贸易区的转运贸易没有与国内工业结成紧密的联系，同时意大利城市间存在恶性竞争，加之主要工业陷入低谷，造成意大利经济在近代早期失去在欧洲的领先地位，也使地中海贸易区的经济实力开始下降。[67]黄立茀指出，苏俄为摆脱战时共产主义产生的经济与政治危机，实施新经济政策转向利用市场经济道路，在理论领域、经济领域、政治社会领域的三个重大基本问题上与马克思主义传统观点产生了矛盾，在市场经济不断深化的形势下，经济领域市场经济机制运行与理论领域、政治社会领域的传统观点产生冲突，致使新经济政策夭折。而中国共产党实行市场经济改革以后，在马克思主义的三个重大基本问题上进行了较系统的理论创新，闯过了社会主义市场经济道路上生与死的三道关隘。[68]刘冬认为，1973年"石油危机"爆发后，欧佩克产油国获得了本国石油资源主权，开始执行独立的石油政策。维护产油国利益，确保产油国获得稳定的石油收入是欧佩克的根本目标。但从欧佩克政策的实践来看，欧佩克产量调整虽然能对国际油价波动产生一定影响，对国际油价的走势却无能为力。但据此得出欧佩克不具备垄断势力的结论仍过于武断。"卡特尔"建立的初衷并非左右价格走势，而是要获得垄断利润。因此，与关注油价波动和走势相比，关注欧佩克维持高油价均衡的能力对于判断欧佩克的市场属性更为重要。[69]

十三、全球史

曾金花、张彦敏指出，1918—1919年大流感是一场世界性的灾难，它之所以迅速传播到世界各地，与第一次世界大战时的人员集中和流动不无关系；战争造成的恶劣生活条件削弱了人们对疾病的抵抗力；战争环境下国家卫生防疫政策受到了极大干扰。这场流感造成了大量人口死亡，也加速了第一次世界大战的结束。[70]刘文明指出，1918年流感从美国爆发，随士兵调动而传播到西非，造成了尼日利亚大量青壮年人口死亡，使那里因劳动力短缺和食物匮乏而改种木薯。说明20世纪初的世界殖民体系和世界大战使尼日利亚处于交往日益密切的"世界历史"之中，因而很快受到了外来流感的冲击，改种木薯便成为关联性历史事件中的一环，并因此具有了"世界历史性"。[71]

注：

①饶舒琪、安然：《社会转型期的道德危机与道德教育——杜威民主主义道德教育思想再审视》，《外国教育研究》，2012年第7期。

②王希：《非裔美国人与内战后宪政新秩序的建立》，《史学集刊》，2012年第6期。

③宋云伟：《美国〈1873年林木种植法〉刍议》，《山东师范大学学报》（人文社会科学版），2012年第5期。

④王立新：《珍珠港事件前的美国外交大辩论及其意义》，《世界历史》，2012年第6期。

⑤高龙彬：《窥视苏联：美国"哈佛苏联社会制度项目"的实施与研究》，《黑龙江社会科学》，2012年第6期。

⑥郭家宏、徐铱景：《工人阶级的自助和互助——19世纪英国消费合作运动探析》，《史学月刊》，2012年第12期。

⑦郭家宏：《19世纪英国工人阶级教育问题探析》，《黑龙江社会科学》，2012年第6期。

⑧张瑾：《试析英国19世纪的高等教育改革》，

《云南财经大学学报》（社会科学版），2012 年第 2 期。

⑨王广坤：《查德威克与 19 世纪中期英国的丧葬改革》，《史学理论研究》，2012 年第 3 期。

⑩王广坤：《19 世纪中后期英国医生的社会定位探析》，《黑龙江社会科学》，2012 年第 6 期。

⑪曹瑞臣：《18 世纪英国中产阶级崛起研究》，《合肥工业大学学报》（社会科学版），2012 年第 3 期。

⑫赵秀荣：《19 世纪英国私立疯人院繁荣原因初探》，《首都师范大学学报》（社会科学版），2012 年第 4 期。

⑬黄小东：《伦敦朗伯斯区反对中央“地税封顶”运动探析》，《辽宁师范大学学报》（社会科学版），2012 年第 4 期。

⑭王新明：《19 世纪英国政府对民众休闲活动的干预》，《理论界》，2012 年第 5 期。

⑮杜平：《19 世纪后期英国海军部与私营公司的合作》，《历史教学》（下半月刊），2012 年第 4 期。

⑯晏绍祥：《17 世纪英国革命期间共和派对古典民主与共和制度的运用》，《世界历史》，2012 年第 2 期。

⑰孙立新：《纳粹历史与德意志民族认同危机》，《科学发展：深化改革与改善民生/2012 学术前沿论丛》（上），北京师范大学出版社 2012 年版。

⑱李维：《西方正史中的希特勒之死》，《历史教学》，2012 年第 10 期。

⑲崔文龙、赵光强：《论德意志帝国海军战略的转变》，《军事历史研究》，2012 年第 1 期。

⑳倪玉珍：《法国当代左翼思想变迁述略》，《政治思想史》，2012 年第 3 期。

㉑马胜利：《法国民族国家和民族观念论析》，《欧洲研究》，2012 年第 2 期。

㉒张建华：《“世界革命”与“国家利益”：“勃列日涅夫主义”的理论来源与真实诉求》，《黑龙江社会科学》，2012 年第 6 期。

㉓张建华：《历史断想：十月革命与苏联知识分子》，《俄罗斯学刊》，2012 年第 3 期。

㉔张建华：《以赛亚·伯林视野下的苏联知识分子和苏联文化》，《俄罗斯研究》，2012 年第 3 期。

㉕张建华：《“空想”非“彼岸”：赫尔岑社会主义思想的历史价值》，《俄罗斯文艺》，2012 年第 3 期。

㉖陈余：《“钟声”依旧：当代俄罗斯学界对赫尔岑思想的研究与思考》，《俄罗斯文艺》，2012 年第 3 期。

㉗姚朋：《列宁“遗嘱”和 1991 年前夕的苏联》，《山东社会科学》，2012 年第 7 期。

㉘王晓菊：《新经济政策时期苏联农民的社会情绪》，《俄罗斯学刊》，2012 年第 6 期。

㉙黄立茀：《新经济政策时期苏联社会组织管理体制的初创与确立》，《俄罗斯研究》，2012 年第 3 期。

㉚张丹：《苏联新经济政策时期城市住房管理体制转型初探》，《俄罗斯研究》，2012 年第 3 期。

㉛张艳茹：《近代日本内阁首相产生机制研究》，《日本问题研究》，2012 年第 1 期。

㉜史桂芳：《协同主义与东亚新秩序》，《抗战史料研究》，2012 年第 1 期。

㉝史桂芳：《第一次世界大战前后日本对外扩张与东亚格局之变动——以华盛顿体系为中心的考察》，《世界历史》，2012 年第 4 期。

㉞王新生：《“全学联”与战后日本学生运动》，《大连大学学报》，2012 年第 1 期。

㉟王新生：《佐藤政权时期“冲绳归还”的政治过程》，《日本学刊》，2012 年第 3 期。

㊱谢辰、唐利国：《日本近世知识分子思想构成研究——以兰学家杉田玄白为例》，《中共贵州省委党校学报》，2012 年第 5 期。

㊲侯艾君：《中亚现代化的若干问题与思考：以吉尔吉斯为例》，《俄罗斯学刊》，2012 年第 5 期。

㊳宋丽萍：《浅析印度地方分权运动的发展及特征》，《唐都学刊》，2012 年第 3 期。

㊴张皓、黎德黄：《从认识、吸收到践行：胡志明与孙中山的新三民主义》，《中共党史研究》，2012 年第 7 期。

㊵毕健康：《文明交往、国家构建与埃及发展》，《西亚非洲》，2012 年第 1 期。

㊶刘兰：《白人政府干预政策与南非劳动力市场供求结构的变化》，《西亚非洲》，2012 年第 4 期。

㊷杭聪：《西方矿业公司与英属中非联邦解体》，《史林》，2012 年第 4 期。

㊸杭聪：《略析战后英国在英属黑非洲的公职人员政策（1945—1963）》，《唐山学院学报》，2012 年第 2 期。

㊹董经胜：《19 世纪上半期墨西哥的农业发展模式与现代化道路》，《史学集刊》，2012 年第 3 期。

㊺董经胜：《巴西后威权时期的文武关系》，《南开学报》（哲学社会科学版），2012 年第 6 期。

㊻董正华：《科学技术、生产力、现代化的本质特征与“未来景象”》，《理论与现代化》，2012 年第 1 期。

㊼李维：《卡莱基“泛欧”联合思想的政治价值观》，《欧洲研究》，2012 年第 4 期。

㊽高国荣：《激进环保运动在美国的兴起及其影响——以地球优先组织为例》，《求是学刊》，2012 年第 4 期。

㊾梅雪芹：《西方国家的工业化酿出环境苦酒》，《绿叶》，2012 年第 8 期。

㊿曹瑞辰：《马铃薯饥荒灾难对爱尔兰的影响——作物改变历史的一个范例》，《中南大学学报》（社会科学版），2012 年第 6 期。

51江天岳：《卢瓦尔河上的两道“风景”——略论舍农索和维朗德里城堡中的自然美与人文美》，《学术研究》，2012 年第 6 期。

52孙立新：《德国新教传教士论义和团运动爆发的原因》，《深圳大学学报》（人文社会科学版），2012 年第 1 期。

53袁玮蔓、孙立新：《从政党政治角度看 1972 年德中建交事件》，《黑龙江社会科学》，2012 年第 6 期。

54袁玮蔓：《谁为调停“买单”？——再论陶德曼调停》，《抗战史料研究》，2012 年第 2 期。

55王立新：《美国传教士对中国文化态度的演变（1830—1932）》，《历史研究》，2012 年第 2 期。

56张皓：《黄慕松入藏致祭与中英藏两国三方之间的协商与较量》，《历史教学问题》，2012 年第 6 期。

57张皓：《1947—1949 年夏格巴印美英“商务”之行及国民政府的应对》，《中国延安干部学院学报》，2012 年第 6 期。

58杨雨青：《1942 年美国借款使用中的中美之争》，《广东社会科学》，2012 年第 3 期。

59姚百慧：《中法建交谈判中关于台湾问题的“三项默契”——〈周恩来总理谈话要点〉形成考释》，《当代中国史研究》，2012 年第 2 期。

60郭华榕：《1854 年波罗的海之战的重要历史价值——基于法国国家档案馆与外交部档案馆所藏档案的探讨》，《四川师范大学学报》（社会科学版），2012 年第 3 期。

61茹莹：《范德斯图尔关于族群问题的思想、实践与 HCNM 机制》，《世界历史》，2012 年第 6 期。

62曹群：《军事竞争情报与战略决策——以日俄战争前俄国对日情报工作分析为例》，《情报资料工作》，2012 年第 2 期。

63刘东明：《杜鲁门政府与法国在印度支那殖民统治的重建（1945—1949）》，《北京师范大学学报》（社会科学版），2012 年第 6 期。

64肖克：《摩洛哥与法国关系的发展变化》，《亚非纵横》，2012 年第 6 期。

65梁占军：《论国际冲突研究的文化视野》，《史学理论研究》，2012 年第 4 期。

66宁凡：《15—16 世纪欧洲集市的转变——以尼德兰集市为例》，《史学集刊》，2012 年第 2 期。

67宁凡：《区域经济的发展与近代欧洲经济格局的演变》，《南京师大学报》（社会科学版），2012 年第 5 期。

68黄立茀：《系统理论创新与社会主义市场经济之路：中国与苏联比较研究》，《俄罗斯学刊》，2012 年第 5 期。

69刘冬：《欧佩克石油政策的演变及其对国际油价的影响》，《西亚非洲》，2012 年第 6 期。

70曾金花、张彦敏：《1918—1919 年大流感传播的原因及其影响》，《首都师范大学学报》（社会科学版），2012 年第 1 期。

71刘文明：《全球史视域的 1918 年流感与尼日利亚木薯种植》，《华中师范大学学报》（人文社会科学版），2012 年第 3 期。

（郭家宏，北京师范大学教授；
王晨辉，北京师范大学博士生）

考　古　学

考　古　学

高崇文

2012 年，北京地区各科研单位及高校陆续发表了一系列新的考古资料和研究成果，在众多研究领域均取得了重要进展。现综述如下：

一、重要学术活动

2013 年 4 月 12 日，“2012 年度全国十大考古新发现”评选结果揭晓，入选项目是：河南栾川孙家洞旧石器遗址，江苏泗洪顺山集新石器时代遗址，四川金川刘家寨新石器时代遗址，陕西神木石峁遗址，新疆温泉阿敦乔鲁遗址与墓地，山东定陶灵圣湖汉墓，河北内丘邢窑遗址，内蒙古辽上京皇城西山坡佛寺遗址，重庆渝中区老鼓楼衙署遗址，贵州遵义海龙囤遗址。[①]

2012年1月6日，由中国社会科学院考古研究所主办的“中国社会科学院考古学论坛·2011年中国考古新发现”召开，会议听取了内蒙古鄂尔多斯市乌兰木伦旧石器时代中期遗址、内蒙古科左中旗哈民忙哈新石器时代遗址2011年的发掘、湖北随州市叶家山西周墓地、江苏盱眙县大云山汉墓、山东定陶县灵圣湖汉墓、西藏定结县恰姆石窟等6个重要遗址的发现情况，与会专家学者展开了深入讨论，研究了这6处遗址的重要学术意义。[②]

2012年10月15日，陕西省考古研究院、榆林市文物勘探工作队、神木县文体局在神木县共同举办了“神木石峁遗址专家座谈会”。中国考古学会、国家文物局、陕西省文物局、中国社会科学院考古研究所、国家博物馆、部分省级考古研究机构和北京大学等高校的文物考古专家40余人，考察了陕西神木石峁遗址发掘现场，并围绕遗址的学术价值和意义、遗址的保护及下一步考古工作等进行了深入研讨。石峁石城由内、外两层城垣组成，总面积约425万平方米。发掘了外城东门址，其体量巨大、结构复杂、技术先进，发现了壁画、玉器、大量龙山晚期至二里头早期的陶器残片等重要遗物。初步认定石峁城址始建于龙山中期，延续至龙山晚期至二里头早期阶段，是目前所知我国规模最大的新石器晚期城址。专家认为，如此规模的石峁遗址所对应的社会形态、聚落形态、人地关系、遗址的功能、其在早期畜牧文化和农耕文化交流中的作用、石峁玉器文化在西北地区玉器研究中的重要性等一系列问题值得重视，它为中国文明起源的探索提供了全新的资料和视野。[③]

2012年12月，“铁器技术在东亚与西亚的崛起”国际学术研讨会在美国哈佛大学召开，北京大学考古文博学院陈建立、北京科技大学梅建军等学者参加了研讨会。陈建立介绍了磨沟、梁带村、杨营、二龙湖等多批新出土铁器的分析结果，提出了块炼铁与生铁在早期已并存的情况，并检讨了铁器及生产技术从中国往韩国与日本的传播与发展模式。梅建军重新分析了新疆出现的早期铁器，提出铁器技术并非通过新疆传入中国，而是另有途径，可能通过草原地带直接传播到中原地区。[④]

2012年9月18日至19日，由故宫博物院古陶瓷研究中心主办的“定窑学术研讨会”在故宫博物院举行，共有来自中国大陆、中国台湾以及美国、德国、韩国、日本等国家和地区的80余位代表参加了会议。会议主要围绕唐宋时期“官”“新官”款白瓷、定窑与其他窑口的关系、定窑的调查与发掘、定窑的分期、金属扣瓷器等进行了深入研讨，尽管对某些问题还存在不同看法，但总体上取得了较大共识。[⑤]

2012年11月3日至4日，“第二届中国柴窑文化高层论坛”学术研讨会在北京召开。来自北京、陕西、台湾、广东、江苏、浙江、内蒙古、辽宁、河南、河北等地的近80位专家学者出席。会议对记载柴窑的文献、五代耀州窑青瓷的断代、耀州窑遗址的分布、故宫博物院所藏耀州窑天青釉瓷器等进行了深入研究，取得了不少新的学术研究成果。[⑥]

二、重要考古发现与研究

（一）旧石器时代考古发现与研究

2010年4至7月，中国科学院古脊椎动物与古人类研究所、湖北郧县博物馆组成联合考古队，对湖北郧县刘湾旧石器时代遗址进行了发掘，出土了319件石制品，石器类型以砍砸器为主，其次为手斧、手镐，刮削器较少。推测刘湾旧石器时代地点年代为距今5万～10万年。刘湾旧石器时代遗址的发掘证明在汉水流域不仅有距今100万年的旧石器时代早期的“郧县人”文化，也有距今5万～10万年的文化，汉水流域的远古文化是土生土长的文化。[⑦]

刘扬等学者对湖北丹江口杜店旧石器时代遗址发现的遗迹现象进行了研究，文章从遗迹的形态、埋藏学以及砾石和石制品的原料、大小、类型等方面进行了分析和探讨，初步推断这是一处属于原地埋藏的石器加工场所。该遗迹的发现与研究为探讨杜店遗址以至汉江流域旧石器时代晚期古代居民的文化面貌、工业技术特点以及生业模式提供了强有力的佐证。[⑧]

（二）新石器时代考古发现与研究

中国社会科学院考古研究所河南新砦队于2006—2007年对郑州市站马屯西新石器时代遗存进行了发掘，发现有灰坑、瓮棺葬、土坑墓等，出土了大批陶器。经研究，此遗址可分三期，这对郑州地区仰韶文化的分期进行了细化，并为重新审视郑州地区仰韶文化和庙底沟二期的文化谱系提供了丰富的新资料。[⑨]2004年，中国国家博物馆田野考古研究中心等单位，对山西绛县周家庄遗址进行了发掘，发现仰韶晚期、庙底沟二期和龙山文化遗存，了解该遗址上述各时期的文化面貌和特点，丰富了运城盆地史前考古资料，为运城盆地史前文化研究奠定了基础。[⑩]2011年3—4月，湖北省文物考古研究所与北京大学考古文博学院联合对湖北天门市石家河古城的三房湾、谭家岭遗址进行了发掘。此次发掘确认了石家河古城东南部低洼地带也有城垣；古城兴建年代应不早于屈家岭文化晚期，在石家河文化晚期就已废弃；还发现一处屈家岭文化晚期的古桥遗迹。[⑪]1987年5月，甘肃省文物考古研究所与北京大学考古学系联合对甘肃酒泉干骨崖墓地进行发掘，清理墓葬107座，出土一批青铜时代早期阶段的玉石器、陶器、铜器、骨蚌器等遗物。该墓地的年代为四坝文化早期阶段，处在中原地区的夏代至商代初期。干骨崖墓地的发掘及收获极大地丰富了四坝文化的内涵，对进一步深化和认识四坝文化有积极的意义。此墓地还发现一批与早期东西方文化交流的遗物，表明中国西北地区、特别是河西走廊的古代先民们很早就与新疆、中亚乃至西亚等地的域外文明存在交往联系，相互间不断发生潜移默化的相互影响。[12]

吴小红等学者对江西仙人洞遗址出土陶器进行了年代研究，对陶片和碳十四测年样品层位关系开展地层显微结构分析。从测试结果显示，遗址出土最早的陶片年代为距今 19000 ~ 20000 年，比东亚和其他地区的陶器早了 2000 ~ 3000 年。洞穴内遗存证明这些陶器是在末次冰盛期由采集狩猎者所制造，可能被用做炊煮器。说明陶器在农业出现以前一万年甚至更早就被制造和使用了。[13]吴小红等还对湖南道县玉蟾岩遗址早期陶器及其地层堆积进行了碳十四测年研究，测试结果显示，玉蟾岩遗址的年代为距今 13800 ~ 21000 年，年代数据表明下层堆积中存在人类栖居的间断，陶片的年代为距今 17000 ~ 18000 年。这些陶片是在中国发现的制造陶器的最早证据之一。[14]韩建业撰文分析了距今约 6000 年前后的仰韶文化东庄——庙底沟类型的文化特征，这一文化类型对辽河流域、山东海岱地区、江淮地区、长江中游地区的诸文化均产生了强烈影响，通过中国大部地区的考古学文化交融，从而形成了以中原东庄——庙底沟文化类型为核心的相对统一的早期中国文化圈。[15]张忠培对福泉山、马桥和瑶山三处良渚文化墓地做了详细分析，根据墓葬随葬品的差异统一分为六个级别，并分析了六个级别的墓葬在良渚文化早、中、晚期的分布规律，进一步阐述了良渚社会可分为掌握神权与军权的最高等级、只掌军权的第二等级、行使军事职能权力的兼职战士第三等级和从事农业劳动的平民第四等级，认为良渚文化社会政权的性质是神王国家，也可称之为政教合一的国家。[16]袁广阔对豫东北地区龙山时代丘类遗址与城址出现原因进行了研究，认为龙山文化时期丘类遗址和城址的出现是当时气候变暖，雨水增多，河湖泛滥，水位上升，人类为适应环境而采取的措施。[17]尚雪等研究者对陕西白水县下河遗址新石器时代早期农业活动进行了探索，通过对该遗址所出花粉、炭化种子等生物标本进行研究显示，下河遗址地区在距今 4700 ~ 5300 年之间时植被类型以草原为主，仅在河谷地区与山区有少量乔木生长；该地先民在仰韶时代晚期农业活动以旱作农业为主，广泛种植粟类作物，伴随少量黍类作物；另外，较多数量草木樨植物种子的出现可能暗示该地先民利用植物资源饲养牲畜。[18]

（三）夏商周时期的考古发现与研究

2008—2011 年期间，中国社会科学院考古研究所安阳工作队先后对河南安阳殷墟刘家庄北地、王裕口村南地商代遗址进行了发掘。在刘家庄北地制陶作坊遗址清理了 20 多座商代陶窑。陶窑由上、下两部分组成，上部分包括窑室、窑顶和烟道等，下部分包括火门、火膛、火道、窑柱、窑箅、火眼等。遗址所出陶器以豆、簋、盂、瓿、钵、盆、器盖等盛食器为主。该遗址始于殷墟文化第一期，至少延续至殷墟文化第三期。[19]在刘家庄北地进行的第三次发掘，清理出殷墟时期道路及道路两侧分布的陶窑、房基、水井、灰坑、祭祀坑、墓葬等，这些遗迹可能与制陶手工业作坊区相关。另外，F79 东院窖藏坑所出有铭青铜尊为殷墟首次发现，H77 祭祀坑和以 M70 为代表的家族墓地可能与同一家族有关。[20]对王裕口村南地遗址进行的发掘，清理出道路、房基、水井、祭祀坑、墓葬等遗迹。其中 M103、M94 两墓所出铜器上有与甲骨刻辞中所见贞人相同的铭文，可能是该贞人的家族墓地，这为研究贞人集团的地位及其地位变迁提供了难得的资料。[21]1982 年，中国社会科学院考古研究所沣西发掘队对陕西长安县沣西新旺村西周遗址进行了发掘，发现的遗迹有房址、窖穴、烧坑、井、灰坑、墓葬，出土陶器、石器、骨器、铜器、蚌器等遗物。通过对遗迹、遗物判断，该地应是一处居住址，年代当属西周晚期。[22]2010—2011 年，早期秦文化课题组对甘肃张家川马家塬战国墓地再次进行了发掘，清理中、小型墓葬 5 座，大部分为竖穴阶梯墓道偏洞室墓，竖穴内均随葬有车及牛、羊、马头骨和腿骨等，其中 M18 出土的 2 号车，车身不同部位采用铜、银、贴金铁饰件以及汉蓝、汉紫珠和髹漆等装饰。墓葬出土有金器、银器、铜器、铁器、陶器、骨器等器物，其中铜敦、匝、三足壶和盆以及数量较多的漆耳盘（杯）等为马家塬墓地新出土的器类，为研究西戎文化与其他文化的交流等提供了新资料。[23]

郭明对先秦时期的墓上建筑进行类型学分析，总结了各时期墓上建筑的特点和分布状况。商代已出现墓上建筑，但为数很少，与等级无关。西周除商系前掌大墓地极少数西周早期墓葬沿用墓上建筑外，其他地区基本不见墓上建筑。墓上建筑的再度出现为春秋时期，见于雍城秦公陵园，战国时期在三晋地区流行开来，但其他地区不见。东周时期采用墓上建筑的，均为高级贵族。并认为，起码从西周开始就出现了“墓祭”，战国时期的墓上建筑也是用于“墓祭”。[24]孙庆伟对山西曲沃北赵和羊舌晋侯墓地祭祀坑进行了全面分析，并结合晋国史事，认为所有这些坑状堆积都是在不同历史背景下形成的盟誓坑，西周晚期和春秋早期没有在墓地祭祀祖先的制度。[25]他还对曲沃羊舌墓地的归属问题进行了论证，认定羊舌墓地是继北赵晋侯墓地之后的另一处晋侯墓地，其中的两组共4座大墓应是昭侯、孝侯两代晋侯及其夫人的墓葬。[26]张闻捷研究了周代的用鼎制度，认为中原地区周代用鼎制度可分为西周、春秋和战国三个大的阶段。西周至春秋早期时均仅有一套正鼎，且数量与身份等级对应；春秋中期后五鼎以上高级贵族墓葬中开始出现两套正鼎，一套为“古式”鼎，另一套为“今式”鼎；战国以后七鼎公卿以上贵族墓葬增加了第三套正鼎。而五鼎大夫级别墓葬则一般仍为正鼎两套。战国中期晚段以后这种多套正鼎的现象就逐渐消失。南方楚墓中的鼎可分为祭器和食器两套。偶鼎制度主要流行于南方楚国、齐鲁地区和淮河流域，而在中原腹地较为罕见，很可能代表的是商代以来的旧有礼俗。[27]

（四）汉唐时期的考古发现与研究

2012年4月中旬，中国社科院考古研究所与陕西省考古研究院先后对汉长安城北墙外的施工工地进行考古调查，发现了正对汉长安城北墙中部城门厨城门的“厨城门桥”和对准东端城门洛城门的“洛城门桥”，是迄今为止所见规模最大的秦汉古桥。其规格巨大，横跨渭河，是汉代最为重要的桥梁之一，对秦汉考古学、秦汉交通史、中国古代桥梁史的研究具有重要价值。[28]2010年10—12月和2011年3—5月，中国社会科学院考古研究所与日本奈良文化财研究所对汉魏洛阳故城北魏宫城西南角进行大面积发掘，发现北魏宫城五号建筑遗址。此次发现对确定北魏宫城的位置、范围、布局及完整把握整个汉魏洛阳故城的内涵和演变等，均提供了重要线索。[29]2012年8—12月，北京市文物研究所在北京市房山区长沟镇坟庄村发掘了一座大型唐墓，该墓由墓道、封门、前甬道、耳室、壁龛、墓门、主室、侧室、后甬道、后室等组成，墓壁多处绘有彩绘壁画。出土器物主要有唐幽州节度使刘济墓志、大型彩绘浮雕十二生肖描金墓志、须弥座彩绘石质棺床、彩绘石质文官俑及武官俑、石质构件、金属饰件、瓷器残片、陶器残片等。刘济墓志志盖阴刻篆书“唐故幽州卢龙节度观察等使中书令赠太师刘公墓志之铭”。彩绘浮雕十二生肖墓志志盖阴刻描金篆书“唐故蓟国太夫人赠燕国太夫人清河御夫人祔志铭”。刘济（757—810），幽州（今北京）人，唐德宗、顺宗、宪宗时，任幽州卢龙节度使。此次发现为研究北京地区的唐代历史与文化提供了珍贵资料。[30]2008年至2011年，北京市文物研究所先后在北京房山区长阳发掘了3座汉墓，在昌平区沙河镇发掘了9座唐墓，在宣武区甘石桥发掘了3座唐墓，在延庆县西屯墓地发掘汉至明清墓葬490座。[31]章永俊对秦汉时期燕蓟地区手工业遗迹、遗物的发现与研究作了综述。[32]盛会莲对北京市房山区晋唐时期城址、墓葬、宗教遗迹、窑址等发现与研究作了综述。[33]这些都为研究北京地区的汉唐历史文化丰富了实物资料。2008年，北京大学考古文博学院在河北省临城县东镇补要村发掘了4座唐墓，出土有陶器、瓷器、三彩器、铜器、骨器等文物。这为研究邢台地区唐代墓葬形制、随葬品特征及葬俗等提供了重要实物资料。[34]2009年秋，中国国家博物馆与安徽省文物考古研究所在安徽池州市贵池区铜山牌发掘了冶炼遗址，发现了炼炉、灶、半地穴房址、灰坑等遗迹以及大量炼渣堆积和陶、瓷器残片，是皖南地区首次发掘的唐代冶铜遗址，为研究该地区唐代冶铜业提供了实物资料。[35]

刘瑞全面梳理了西汉时期在定陶封王的文献记载，认为山东定陶灵圣湖巨型“黄肠题凑”大墓，有可能是汉哀帝刘欣即帝位之前为定陶王时所建寿陵，也可能是哀帝母丁太后之墓。[36]2012年9月，考古人员在原本空空的定陶汉墓墓室内地板下发现一竹笥，内盛一件缝有玉璧的汉代丝质女性长袍。这一发现为推断定陶灵圣湖大墓的主人又提供了新的线索。[37]倪润安对北京石景山八角村魏晋墓的年代及墓主问题进行了研究，认为该墓的年代为西晋晚期，下限可到十六国初期。石龛壁画的中心图像是执麈尾正坐的男墓主人，这一形象是改进东汉旧样后、创新于幽州地区的新图式，体现了与幽州鲜卑的文化联系。该文由此进一步推测，八角村墓墓主人为遇害于蓟城的西晋并州刺史刘琨，该墓为二次改葬墓，石龛为段部鲜卑单于供奉的祭龛。[38]韦正研究了新疆吐鲁番地区几座魏晋、十六国时期墓葬的年代与特征，确定其年代或可早到十六国早期。认为在西晋甚至曹魏时期，汉式墓葬已在吐鲁番出现，且与河西敦煌、酒泉等地墓葬的面貌接近，这或与当时河西人士迁入吐鲁番地区的历史背景有关。[39]李梅田对魏晋南北朝墓葬中的弧壁砖室进行了研究，认为弧壁砖室墓可能与汉末乐浪墓葬有关。西晋时期向中国内地扩散，逐渐成为高等级墓葬的典型形制，南北朝时期弧壁砖室墓的发展南北方出现异途，东晋南朝仅在南京个别高等级墓葬中使用，而在北朝东部则被各代高等级墓葬普遍采用。北朝弧壁砖室现象滥觞于平城时期的北魏，可能经由三燕地区传入。其发展、传播与魏晋南北朝的政治文化密切相关，可能是中原与乐浪、辽东地区士庶迁徙往来的结果。[40]吴荭、王策、毛瑞林通过对甘肃河西高台县地埂坡发现的魏晋时期墓葬特征分析，认为含有浓厚的鲜卑文化因素，并通过与东北、内蒙古中南部鲜卑墓葬的比较，揭示了河西墓葬与鲜卑墓葬的关系。认为河西地区自古以来就是多民族杂居的地区，其文化面貌以汉文化为主又蕴含着多种文化因素，其中草原游牧文化是极其重要的内容之一。[41]

（五）宋元明清时期的考古发现与研究

2003—2007年，中国社会科学院考古研究所等单位对江苏扬州宋大城北门遗址瓮城西区和水门北段、瓮城东区、主城门和水门南段等先后进行了发掘，出土了唐至元明时期的砖瓦、陶瓷器、铜镜、钱币、料器、石碑等遗物。宋大城北门遗址的发掘，基本揭露出了南宋时期北门和北水门遗址的全貌。[42] 2011 年 9—12 月，北京大学考古文博学院、河南省文物考古研究所对河南省禹州市鸠山镇闵庄钧窑遗址进行了考古发掘，清理了各类遗迹 26 处，其中窑炉 6 座、作坊 2 座、灰坑 12 个、灶 3 座、井 2 个、墙 2 道，出土了大量瓷器和窑具，其中完整或可复原标本数千件。为研究钧窑的历史文化、烧制工艺等提供了重要资料。[43] 2006 年、2010 年，北京市文物研究所先后在北京市平谷区马坊镇河北村发掘元代墓葬 5 座，在大兴区生物医药基地发掘金、元墓葬 8 座，在昌平区沙河镇北区发掘元代墓 4 座、明代墓 15 座、清代墓 91 座，出土有陶器、釉陶器、瓷器、铜镜等文物。[44] 为研究北京地区历史文化丰富了实物资料。

李伟敏研究了北京地区辽、金、元、明、清等时期的火葬墓及相关问题。这些火葬墓在构筑材料、形制、葬具等方面均不尽相同，墓主有汉人，也有契丹、女真、蒙古、满族等少数民族。辽金元时期火葬墓较为盛行，明朝时期有所减少，至清朝时又有所增加。认为火葬习俗的变化与不同民族的丧葬习俗、宗教信仰和统治者对火葬的态度及政策有关。[45] 孙勐深入研究了在颐和园昆明湖东岸耶律楚材家族墓地内出土的耶律铸及其夫人奇渥温氏墓志内容。该文从耶律铸家族传统的大背景入手进行分析，对辽、金、元时期耶律铸的家族世系，其先祖、父辈事迹及其家族成员等问题进行了考释和探讨，补充了元史之佚阙。[46]

（六）宗教考古的发现与研究

2011 年 10 月至 2012 年 1 月，邺城考古队对河北临漳邺城遗址赵彭城北朝佛寺东南院的大型殿堂式建筑基址、回廊式建筑基址、连廊式建筑基址及寺院围壕南部通道等遗迹进行勘探发掘，了解了其建筑格局及结构，为研究中国古代佛教寺院从早期的以塔为中心的平面格局向以佛殿为中心格局之演变提供了重要的考古学资料。[47] 2012 年 1 月，邺城考古队在邺城遗址北吴庄抢救发掘了一处佛教造像埋藏坑，出土造像碎片近 3000 块，绝大多数是汉白玉造像，极少数是青石造像、陶质造像，有题记的约占一成。时代跨越北魏、东魏、北齐、隋和唐代，是研究北魏晚期至隋唐时期邺城地区佛教造像类型和题材的重要标本。[48] 2010 年和 2011 年，中国社会科学院考古研究所边疆民族研究室等单位对新疆鄯善县吐峪沟东区北侧石窟进行发掘，清理了 50 多处洞窟和许多重要的窟前遗迹，新发现壁画面积约 200 平方米，出土大量文书残片和绢画、木器等。在吐峪沟西区北侧石窟共清理洞窟 14 处，出土一些纸文书、建筑木构件等，还发现较大面积的壁画、题记。吐峪沟石窟开凿于公元 5 世纪前后。这两次发掘为研究古代佛教石窟、吐鲁番地区历史文化等提供了新资料。[49] 2010 年，中国社会科学院考古研究所对策勒县达玛沟乡托普鲁克敦 3 号佛寺建筑遗址进行了发掘，3 号佛寺建筑是一处起居、学习、论经的综合性建筑，其中首次发现的广场式庭院和僧房为研究当地的建筑史提供了新资料。遗址内出土的壁画，反映了 8 至 9 世纪唐人和吐蕃人对和阗地区的影响。[50] 李裕群考察了不见地方志记载的山西寿阳石佛寺石窟，认为第 1 窟具有较多的北齐石窟造像特点，推定其为北齐晚期开凿的洞窟。第 2 窟既有北齐造像题材和样式的特点，也有隋初造像的特点，此窟的开凿年代应定为隋代开皇前期。寿阳石佛寺石窟为研究古代佛教艺术的传播和交通路线提供了新的资料。[51] 尤李对唐代幽州地区佛教与社会研究的重要成果作了整理，分别从唐代幽州地域的佛寺、唐廷在幽州地区的宗教活动、房山石经、幽州地方势力与佛教、安史之乱、会昌灭佛与幽州地区的佛教，以及唐幽州佛教对辽代佛教的影响等几个方面进行梳理，对相关研究进行评述，并提出一些值得进一步探讨的问题。[52]

（七）中外文化交流考古

2010 年 12 月至 2011 年 1 月，北京大学考古文博学院等单位组成的调研小组，对肯尼亚沿海地区的 21 处古代遗址和 7 个其他单位出土的中国瓷器进行了调研。格迪古城遗址位于肯尼亚东海岸马林迪市西南约 15 千米处，此次调查了此遗址出土的中国瓷器共计 580 件，这些瓷器的时代分别为南宋时期、南宋时期至元代、元代、元末明初、明代早期、明代中期、明代晚期，并对这些瓷器进行了产地分析。格迪古城遗址出土的中国瓷器对于了解当时东非地区在环印度洋贸易体系中的地位和贸易状况具有重要意义。[53] 2010 年 11 月至 2011 年 1 月，中国国家博物馆水下考古研究中心联合肯尼亚国立博物馆沿海考古部组成肯尼亚沿海水下考古工作队，对肯尼亚沿海进行了水下考古调查。此次调查发现了 6 处沉船和其他类型的水下文化遗存，为探讨肯尼亚古代的海外贸易提供了珍贵的资料，特别是谢拉水下遗址发现的中国瓷器，为中国与非洲海上贸易与交流史研究提供了新的实物资料。[54] 郭物通过对新疆等地与欧亚草原东部的考古发现进行比较研究，探讨了公元前 7 至前 3 世纪斯基泰游牧民族的早期历史文化。认为新疆阿尔泰山和天山地区的考古学文化兴衰可能和公元前 8 世纪以前发生在欧亚大陆的西迁运动有关。根据考古发现，新疆及周边地区在斯基泰西迁之前已经和丰提克地区有了一定的互动关系，分布于蒙古、图瓦和阿尔泰山地区的三道海子文化遗存在其中起到主要的作用，斯基泰的西迁主要也是因为其强大和扩张。斯基泰西迁后，欧亚草原进入以游牧为主要经济方式的时代，整个草原分化为几个大的人群，这些人群内部的分化也加剧，形成了塞人、格里芬人、伊塞顿人和独目人共存的局面。就考古学文化而言，有哈萨克斯坦草原的塞人文化、阿尔泰山的巴泽雷克文化、天山地区的诸考古学文化、米努辛斯克盆地的塔加尔文化、三道海子文化遗存等。由于游牧经济的普及，东西方草原地区的交流更为频繁，欧亚草原文化逐渐趋同，形成以铜镀、兵器、马具、动物风格艺术为主要特征的草原游牧文化。[55]

（八）科技考古研究

刘莉等研究者对郑州大河村遗址仰韶文化“高粱”遗存进行了再研究，所测结果证实为“大豆”。这是迄今为止发现的年代最早且人为集中储存的大豆遗存。[56]陈相龙等研究者通过对山西陶寺遗址动物骨（猪、狗、黄牛、绵羊）的碳、氮稳定同位素分析，揭示出了其食物结构。从而证实，仰韶时代开始，逐渐繁荣的粟作农业已为家畜提供了充足食物，对家畜饲养产生了巨大影响。龙山时代，粟作农业经济的影响进一步深化，开始向刚被引入的食草动物——黄牛渗透。因此，在龙山时代，农业生产力已非常发达，农业基础已十分深厚。粟作农业为人类提供了食物，也向家畜饲养业输入大量饲料，成为家畜饲养稳定发展的基础。而农作物栽培和家畜饲养的共同繁荣，推动了新石器时代晚期社会分工和复杂化进程加深，促进人类社会一步步迈入文明时代。[57]张雪莲等研究者对山东滕州市前掌大商末周初墓地出土人骨的碳、氮稳定同位素分析结果显示：当时人们的主食以粟类为主，稻类或麦类也有一定的比例；男女食肉程度基本相近，女性比男性主食中粟类植物比例高；较大型墓葬主人比较小型墓葬墓主人的食肉程度高；墓主人食肉程度一般高于殉人；殉人食肉程度的高低，可能与墓主人的亲疏关系有关；前掌大墓地的考古学文化从第一期到第三期粟类植物有逐渐减少的趋势，可能表明稻或麦类的种植比例增加。通过这些测试分析，可以了解古人的食物状况，进而可以探讨不同阶层人群的社会生活，由此对进入文明社会的研究提供了新的路径。[58]崔剑峰等研究者对山西垣曲商城出土部分铜炼渣及铜器的铅同位素比值分析结果显示，垣曲商城所冶炼或者熔炼的铜料，来自附近的中条山铜矿，其落家河矿区是最有可能提供矿料的铜矿区，有必要对该矿区进行考古学调查。对垣曲商城所出铜器的分析表明，有些应是本地铸造，有些可能是其他地区铸造的。[59]陈建力等研究者对甘肃临潭磨沟寺洼文化墓葬出土铁条的金相组织、夹杂物元素组成特征以及墓葬年代的综合分析，判定铁条为块炼渗碳钢锻打而成，系人工冶铁制品，年代为公元前14世纪左右。这2件铁器也是目前中国境内出土最早的人工冶铁证据，对于研究中国冶铁技术的起源具有重要意义。种种迹象表明，中原地区的块炼铁技术源自中亚和西亚地区的可能性是存在的，而新疆和甘青地区可能是这一通道，但随着文化交流和汉文化的西进，中原的生铁制品或生铁冶炼技术传播到甘肃、新疆的证据也是明显的。[60]

三、主要考古书籍的出版

徐光冀主编的《中国出土壁画全集》由科学出版社于2012年1月出版。该书共有10卷，包括河北、山西、内蒙古、山东、河南、陕西、东北、西北等地区的重要出土壁画资料，这是首次对中国出土壁画的综合展现，为多学科的研究提供了丰富的参考资料。国家文物局主编的《2011中国重要考古发现》由文物出版社于2012年6月出版发行。本书是2011年中国重要考古发现的汇总，共收入33项，遗址的时代从旧石器时代到清代，其中有遗址、墓地、都城、道路系统、作坊、玉矿遗址、运河遗址、瓷窑址、衙署遗址等。北京大学考古文博学院、北京大学中国考古学研究中心编《考古学研究》（九）由文物出版社于2012年4月出版。共收录40篇论文，主要包括旧石器至商周时期考古研究，以及古代文明起源、聚落考古、农业考古、盐业考古、科技考古等内容。吕章申主编的《纪念国博百年考古文集》由科学出版社于2012年6月出版。内容包括中国国家博物馆田野、水下、航空等方面考古业务的回顾、发展及未来的展望，从石器到瓷器、从生业发展到祭祀文化等专题性考古研究，以及文物保护和人类学研究等多领域的研究成果。北京市文物研究所编著的《北京亦庄X11号地考古发掘报告》由科学出版社于2012年6月出版发行。北京市文物研究所在亦庄镇发掘了汉代墓葬32座、窑址7座，唐墓1座，辽金时期墓葬5座、窑址1座，以及清代墓葬3座、井1眼，并出土了大量文物。为研究北京地区的历史文化提供了新资料。山西省考古研究所、中国国家博物馆田野考古研究中心和忻州市文物管理处共同编著的《滹沱河上游先秦遗存调查报告（一）》由科学出版社于2012年7月出版。书中较详细地介绍了滹沱河上游繁峙、代县、原平三县发现的363处遗址，年代范围从新石器时代到战国时期。书中对这些遗址分布的地理位置、自然地形地貌、遗存分布状况进行了详细的阐述。这些材料对了解滹沱河上游先秦时期人类活动情况及聚落考古研究和文物保护奠定了基础。中国古迹遗址保护协会石窟专业委员会、龙门石窟研究院编《石窟寺研究》第二辑由文物出版社于2011年12月出版。内容包括石窟考古研究、艺术研究、造像研究、壁画研究、佛教研究以及石窟寺的环境监测、保护材料、保护工艺等。中国文化遗产研究院编著《大运河清口枢纽工程遗产调查与研究》由文物出版社于2012年5月出版。江苏淮安清口地区位于隋唐大运河与明清大运河交汇之处，也是黄河、淮河和大运河的交汇点，经数百年的演变，发展成为极其复杂的水利工程枢纽。本书以田野调查为基础，以文献和舆图研究为辅助手段，综合水利史、地方史、考古学、地理学、信息技术、水利工程学等不同学科视角，对于大运河淮安段清口地区的自然环境、周边遗址、河道历史变化过程、水利工程技术成果及价值等进行了调查与研究。北京科技大学冶金与材料史研究所、北京科技大学科学技术与文明研究中心编《中国冶金史论文集》第5辑由科学出版社于2012年10月出版。该书收录41篇论文，包括古代铜器的科学研究、古代钢铁技术研究、古代矿冶遗址考察与分析、金属工艺技术研究等内容。是北京科技大学冶金与材料史研究所近年来所取得的最新研究成果。

注：

①《2012年度全国十大考古新发现》，《中国文物报》2013年4月12日。

②付兵兵：《“中国社会科学院考古学论坛·2011年中国考古新发现”纪要》，《考古》，2012年7期。6项考古新发现内容也在此期刊发。

③李政：《令人震撼的中国史前时期规模最大的城址》，《中国文物报》，2012年10月26日；王炜林等：《2012年神木石峁遗址考古工作主要收获》，《中国文物报》，2012年12月21日。

④林永昌：《“铁器技术在东亚与西亚的崛起”国际学术研讨会在哈佛大学召开》，《中国文物报》，2012年12月21日。

⑤项坤鹏：《故宫博物院定窑学术研讨会综述》，《故宫博物院院刊》，2013年第1期。

⑥吕成龙：《“第二届中国柴窑文化高层论坛”学术研讨会取得新进展》，《中国文物报》，2012年12月7日。

⑦北京联合大学应用文理学院历史文博系、中国科学院古脊椎动物与古人类研究所：《湖北郧县刘湾旧石器时代遗址发掘简报》，《江汉考古》，2012年第2期。

⑧刘扬、贺存定、陈全家、方启：《湖北丹江口杜店旧石器时代遗址发现的遗迹现象初探》，《江汉考古》，2012年第1期。

⑨中国社会科学院考古研究所河南新砦队、河南省文物局南水北调文物保护办公室：《郑州市站马屯西遗址新石器时代遗存》，《考古》，2012年第4期。

⑩中国国家博物馆田野考古研究中心、山西省考古研究所、运城市文物保护研究所：《山西绛县周家庄遗址第一次发掘报告》，《中国国家博物馆馆刊》，2012年第12期。

⑪湖北省文物考古研究所、北京大学考古文博学院：《湖北天门市石家河古城三房湾遗址2011年发掘简报》，《考古》，2012年第8期。

⑫北京大学考古文博学院、甘肃省文物考古研究所：《甘肃酒泉干骨崖墓地的发掘与收获》，《考古学报》，2012年第3期。

⑬吴小红、张弛、［美］保罗·格德伯格、［美］大卫·科恩、潘岩、［美］蒂娜·阿平、［美］欧弗·巴尔－约瑟夫：《江西仙人洞遗址两万年前陶器的年代研究》，《南方文物》，2012年第3期。

⑭吴小红、［以］伊丽莎贝塔·博阿雷托、袁家荣、［美］欧弗·巴尔－约瑟夫、潘岩、曲彤丽、刘克新、丁杏芳、李水城、顾海滨、［以］韦琪·居、［美］大卫·科恩、［美］天朗·娇、［美］保罗·戈德伯格、［以］史蒂夫·韦纳：《湖南道县玉蟾岩遗址早期陶器及其地层堆积的碳十四年代研究》，《南方文物》，2012年第3期。

⑮韩建业：《庙底沟时代与“早期中国”》，《考古》，2012年第3期。

⑯张忠培：《良渚文化墓地与其表达的文明社会》，《考古学报》，2012年第4期。

⑰袁广阔：《豫东北地区龙山时代丘类遗存与城址出现原因初探》，《南方文物》，2012年第2期。

⑱尚雪、张鹏程、周新郢、邱新威、屈亚婷、王炜林、王昌燧：《陕西下河遗址新石器时代早期农业活动初探》，《考古与文物》，2012年第4期。

⑲中国社会科学院考古研究所安阳工作队：《河南安阳市殷墟刘家庄北地制陶作坊遗址的发掘》，《考古》，2012年第12期。

⑳中国社会科学院考古研究所安阳工作队：《河南安阳市殷墟刘家庄北地2010—2011年发掘简报》，《考古》，2012年第12期。

㉑中国社会科学院考古研究所安阳工作队：《河南安阳市殷墟王裕口村南地2009年发掘简报》，《考古》，2012年第12期。

㉒中国社会科学院考古研究所沣西发掘队：《陕西长安县沣西新旺村西周遗址1982年发掘简报》，《考古》，2012年第5期。

㉓早期秦文化联合考古队、张家川回族自治县博物馆：《张家川马家塬战国墓地2010—2011年发掘简报》，《文物》，2012年第8期。

㉔郭明：《先秦时期墓上建筑研究》，《华夏考古》，2012年第1期。

㉕孙庆伟：《祭祀还是盟誓：北赵和羊舌晋侯墓地祭祀坑性质新论》，《中国国家博物馆馆刊》，2012年第5期。

㉖孙庆伟：《试论曲沃羊舌墓地的归属问题》，

《南方文物》，2012 年第 2 期。

㉗张闻捷：《周代用鼎制度疏证》，《考古学报》，2012 年第 2 期。

㉘刘瑞、李毓芳、张翔宇、柴怡：《西安发现迄今最早最大木梁柱桥——秦汉“渭桥”》，《中国文物报》，2012 年 5 月 25 日。

㉙中国社会科学院考古研究所、日本独立行政法人国立文化财机构奈良文化财研究所：《河南洛阳市汉魏故城发现北魏宫城五号建筑遗址》，《考古》，2012 年第 1 期。

㉚北京市文物研究所：《唐幽州节度使刘济墓在北京发现》，《中国文物报》，2013 年 2 月 1 日。

㉛北京市文物研究所：《房山长阳汉墓发掘简报》，《北京文博》，2012 年第 3 期；北京市文物研究所等：《北京市昌平区沙河镇唐代墓葬发掘简报》，《北京文博》，2012 年第 2 期；北京市文物研究所：《北京市宣武区甘石桥唐墓发掘简报》，《北京文博》，2012 年第 2 期；北京市文物研究所等：《北京市延庆县西屯墓地西区（Ⅰ区）考古发掘简报》，《北京文博》，2012 年第 4 期。

㉜章永俊：《秦汉时期燕蓟地区的手工业》，《北京文博》，2012 年第 1 期。

㉝盛会莲：《房山区晋唐考古发现与研究》，《北京文博》，2012 年第 2 期。

㉞北京大学考古文博学院、河北省文物局、邢台市文物管理处：《河北临城补要唐墓发掘简报》，《文物》，2012 年第 1 期。

㉟中国国家博物馆、安徽省文物考古研究所等：《安徽贵池铜山牌唐代冶炼遗址的发掘》，《中国国家博物馆馆刊》，2012 年第 3 期。

㊱刘瑞：《定陶汉墓墓主考辩》，《中国文物报》，2012 年 1 月 6 日。

㊲《山东定陶“亚带王级”汉墓首现墓底专设器物坑》，新华网济南，2012 年 9 月 13 日；崔圣宽：《山东定陶灵圣湖汉墓》，中国文物信息网，2013 年 2 月 27 日。

㊳倪润安：《北京石景山八角村魏晋墓的年代及墓主问题》，《故宫博物院院刊》，2012 年第 3 期。

㊴韦正：《试谈吐鲁番几座魏晋、十六国早期墓葬的年代和相关问题》，《考古》，2012 年第 9 期。

㊵李梅田：《魏晋南北朝墓葬中的弧壁砖室现象研究》，《中国国家博物馆馆刊》，2012 年第 7 期。

㊶吴荭、王策、毛瑞林：《河西墓葬中的鲜卑因素》，《考古与文物》，2012 年第 4 期。

㊷中国社会科学院考古研究所等：《江苏扬州市宋大城北门遗址的发掘》，《考古》，2012 年第 10 期。

㊸秦大树、赵文军、徐华峰：《河南禹州闵庄钧窑遗址发掘取得重要成果》，《中国文物报》，2012 年 3 月 2 日 8 版。

㊹北京市文物研究所：《北京平谷河北村元墓发掘简报》，《文物》2012 年第 7 期；《北京市大兴区生物医药基地金元墓葬发掘简报》，《北京文博》，2012 年第 3 期；《北京市昌平区沙河镇元、明、清代墓葬发掘简报》，《北京文博》，2012 年第 1 期。

㊺李伟敏：《北京地区的火葬墓及相关问题研究》，《考古》，2012 年第 5 期。

㊻孙勐：《北京出土耶律铸墓志及其世系、家族成员考略》，《中国国家博物馆馆刊》，2012 年第 3 期。

㊼中国社会科学院考古研究所、河北省文物研究所：《2011 年度河北临漳邺城遗址赵彭城北朝佛寺发掘》，《中国文物报》，2012 年 2 月 24 日。

㊽中国社会科学院考古研究所、河北文物研究所：《河北临漳县邺城遗址北吴庄佛教造像埋藏坑的发现与发掘》，《考古》，2012 年第 4 期。

㊾中国社会科学院考古研究所边疆民族研究室、吐鲁番学研究院、龟兹研究院：《新疆鄯善县吐峪沟东区北侧石窟发掘简报》，《考古》，2012 年第 1 期。

㊿中国社会科学院考古研究所新疆队：《新疆策勒县达玛沟 3 号佛寺建筑遗址发掘简报》，《考古》，2012 年第 10 期。

51李裕群：《山西寿阳石佛寺石窟》，《文物》，2012 年第 2 期。

52尤李：《唐代幽州地区的佛教与社会研究现状评述》，《中国国家博物馆馆刊》，2012 年第 7 期。

53刘岩、秦大树、齐里亚马·赫曼：《肯尼亚滨海省格迪古城遗址出土中国瓷器》，《文物》，2012 年第 11 期。

54中国国家博物馆水下考古研究中心、肯尼亚国立博物馆沿海考古部：《2010 年度中肯合作肯尼亚沿海水下考古调查主要收获》，《中国国家博物馆馆刊》，2012 年第 8 期。

55郭物：《欧亚草原东部的考古发现与斯基泰的早期历史文化》，《考古》，2012 年第 4 期。

56刘莉、盖瑞·克劳福德、李炅娥、陈星灿、马萧林、李建和、张建华：《郑州大河村遗址仰韶文化“高粱”遗存的再研究》，《考古》，2012 年第 1 期。

57陈相龙、袁靖、胡耀武、何驽、王昌燧：《陶寺遗址家畜饲养策略初探：来自碳、氮稳定同位素的证据》，《考古》，2012 年第 9 期。

58张雪莲、仇士华、钟建、梁中合：《山东滕州市前掌大墓地出土人骨碳、氮稳定同位素分析》，《考古》，2012 年第 9 期。

59崔剑锋、佟伟华、吴小红：《垣曲商城出土部分铜炼渣及铜器的铅同位素比值分析研究》，《文物》，2012 年第 7 期。

⑥0陈建立、毛瑞林、王辉、陈洪海、谢焱、钱耀鹏:《甘肃临潭磨沟寺洼文化墓葬出土铁器与中国冶铁技术起源》,《文物》,2012 年第 8 期。

(作者:北京大学教授)

语 言 学

中国语言学

宋作艳 李子鹤 杜兆金 邵琛欣 邱立坤 陈保亚

一、现代汉语

1. 语音研究

重音是本年度语言研究的热点问题。句子和语篇层面的重音研究中,有学者通过对 30 篇自然叙事语篇的统计分析,探讨了焦点与重音的对应关系。研究发现,在朗读语篇中,绝大多数焦点都会被重读,但重读程度有差异。对于宽焦点重音、联合式短语以等重为主;主谓、述宾、述补短语以后重为主;定中和状中短语以前重为主。[①]有学者从焦点重音和功能语气角度讨论了汉语的语调。窄焦点重音在词组中表现为音域加大,时长加长;宽焦点重音表现为韵律词低点下倾,最后一两个音节音域较大,时长较长。疑问和陈述语气由边界调携带,其音高相对于该音节声调抬高或下压一些;命令语气表现为句末重读音节在语调音高模式中核心突显;感叹语气表现为强重音和宽音域。重音和边界调是汉语语调的本质。[②]另有学者利用嗓音信号对普通话句重音进行了研究,结果表明,女声重音在高音调段基频大幅上升,开商上升、速度商下降;女声重音在低音调时表现为基频小幅下降、开商下降、速度商上升;男声重音在低音调时表现为基频小幅下降、开商上声、速度商上升。[③]重音层级的研究中,有学者利用语音实验和音系学分析结合的方法,考察了普通话重音的层级性特征。普通话重音存在层级性的差异,表现为"核心重音"和"核心前重音"的对立。从焦点到重音的实现受韵律结构的制约,节律"强"的位置可以实现为核心重音或核心前重音,节律"弱"的位置在表层无重音实现。[④]

此外,有学者考察了轻声及其韵律变量的语法功能,认为轻声是一种正在进行的语音变化,其轻化度表现不一,这是韵素、音节、韵律、形态、功能等多个层面相互作用的结果。音节的轻化度与句子的合法程度也有对应性。[⑤]

2. 词汇研究

本年度的词汇研究主要集中在词汇语义方面,尤其是词典释义。有学者把认知的视角引入了词典释义,文章首先通过具体用例的释义分析来说明词义结构中的认知属性,接着探讨了词义结构生成的认知基础,指出词义的生成是认知过程结构化的结果,词义构成成分在认知凸显中的定位,词义结构关系的衍生过程具有拓扑性特征。在此基础上,文章概括了词语释义应该遵循的一些基本认知原则:认知理据的完备性原则、认知因素的结构化原则、认知机制的一致性原则。[⑥]有学者从用途义与目的义的增补、字面义与语境义的区分、词类标注的逐步完善三个方面,对《现代汉语词典》第 6 版中部分条目的修订情况进行了讨论,记录了它们的修订过程和内容,说明了修订的原因和理由,归纳出了辞书编纂中一些带有规律性的东西,可以为以后的编修工作提供参考。[⑦]另有学者研究发现,二语学习中的"母语词义误推"可分为义位误推、义域误推和语义特征误推三种类型。通常是由非常用义向常用义推移,意义关系近、抽象度高则易发生词义误推。[⑧]

3. 语法语义研究

词类问题依然是本年度研究的一个热点,尤其是关于"名动包含说"的讨论比较多。这一观点的提出者沈家煊先生从这个独特的视角重新审视了"名动词""零句"和"流水句"的研究。研究认为,"名动词"和英语的"V-ing 形式"并不是对当的同类现象,英语所有的动词都有"V-ing 形式",而"名动词"只是汉语动词中的小部分,汉语里跟英语的"V-ing 形式"对当的不是"名动词",而是整个"动词"类。由此提出了解决问题的两条对策:一是确立汉语"名动包含"的模式;二是首先用单音双音来区分动性强弱不同的动词。[⑨]流水句是把语用上都具有指称性的零句并置,语义上的联系依靠语用推理而不必采用递归句法。"名动包含说"是"零句说"的延伸,也为流水句的深入研究扫清了理论障碍。[⑩]有学者认为,汉语词类的"名动包含"说和"新动单名双"说对现代汉语的词类面貌有很强的解释力。现代汉语有一大批双音节的动词通过语义的“转指”形成了同形的双音节名词，其中有一些还发生了内部结构的“重新分析”。文章认为这都是现代汉语共时系统里“名动包含”和“动单名双”这两个基本事实导致的语法效应。尤其是一些原来为“状中”结构的动词变成“定中”结构的名词，难以用语法关系来解释，双音词名词性的吸引力才是根本解释。[11]还有学者在名动包容模式的基础上更进一步，认为“这本书的出版”不仅在语用范畴上符合向心结构理论，在句法范畴上也符合向心结构理论，整个结构的句法语义中心就是“出版”。通过讨论名词和动词在主宾语和谓语等句法位置上实现组合变化的能力，文章指出汉语名词的句法特征是“［+N，－V］”，而动词的句法特征是“［+N，+V］”。[12]另有学者从语言工程的角度分析了“这本书的出版”，指出汉语词类包含模式的主要立论依据是传统的汉语词类体系中关于名、动、形等的处理方式有一个困境：要么违背语言学理论中的“中心扩展条件”“并列条件”，要么违背理论构建时应该遵循的“简约”原则。文章从树库语料的分析出发来说明语言事实中确实存在上述困境，如果采用词类包含模式去看待汉语词类，就可以摆脱这个困境。但从语言工程的角度看，词类包含模式并不是一个更简约的理论设计。把“出版”标记为VP能更好地反映语言事实中存在的区别，更精细地刻画出词语的分布差异。[13]汉语形容词的语法性质历来有很大争议。有学者从类型学视角，根据充当定语和谓语有无标记的标准来确定属性义词是饰词性的还是谓词性的，并对世界上72种语言的属性义词进行了考察，归纳出了属性义词的语法性质的五种类型。汉语属于第四种类型，其属性义词有三类：①谓词性的，②饰词性的，③兼有饰词性和谓词性。针对汉语属性义词的语法性质，最好的划类方案是把①、③划为形容词，把②划为区别词。[14]

类型学方面，有关显赫范畴的研究比较受关注。有学者通过句法论证和跨语言比较，证明了词类中的动词、量词，短语中的连动结构，复句中的主次复句，由语用成分语法化而来的话题结构等语类都可以归入汉语的显赫范畴。显赫范畴不但本身语法化程度高、句法功能强、使用频率高，而且有一个共同的特点：它们除了用于该范畴本身的原型功能之外，都被用来表达其他相邻的，甚至有一定距离的语义语用范畴，即扩展范畴或边缘范畴。[15]作者在语言库藏类型学框架下具体探讨了汉语差比句和话题结构的关系。研究发现，汉语“比”字差比句具有独特的句法自由和句法限制。这些自由和限制都是话题结构的属性，“比”字差比句和话题句高度同构，前者是后者的一个次类，是话题结构作为显赫范畴扩张的产物。[16]

有学者通过考察“防止、避免、后悔、责怪、怀疑”等类动词的语义结构和句法表现，分别讨论了其所含的隐性否定的语义层次（断言、推论、预设）；用动词内隐性否定的语义溢出，来解释相关句子中冗余性的多重否定，着重于确定动词内隐性否定的语义溢出和词汇实现的句法语义条件；并且，尝试用动词内隐性否定的语义溢出和语义倒灌等隐喻性概念，揭示动词“怀疑”有意义相反的两个义项（“不相信”vs“相信、猜测”），及其在分布上呈现出互补状态的句法语义机制。[17]

“作格动词”和“作格结构”是汉语语法学界很重视，也有很多研究的动词和动词性结构。有学者试图证明，“双动词”形式才是典型作格动词形式，“谓语动词+补语小句”结构才是典型的作格结构。根据这种假设不但可解释以往作格动词结构研究中许多令人困惑的问题，也可建立以作格结构为核心层的“双动词结构（CAUSE）系统”。[18]

语言各个层面的互动关系是近几年比较受关注的一个问题，有学者从构式压制来考察语法和修辞的互动关系。文章认为，认知性构式压制现象是语法和修辞的界面现象，构式压制得以实现的基础是进入构式的成分和构式整体在本质特征上的契合程度；从构式压制过程来看语言现象的常与偶，发现两者在本质上是相通的。文章还指出，压制表现出来的也是一种功能凸显和调整，压制都是压制那些表面上冲突、关键之处相一致的对象。[19]

有学者研究发现，在会话中，相邻话对不仅可以构成“话题—说明”关系，还可以呈现出多种复句关系。由于会话合作原则的作用，相对于前项连词（如“因为、不但”等）而言，话轮起始位置更偏爱于后项连词（如“所以、但是”等），呈现出行域、知域、言域和话语标记等各类用法。相对于行域和知域而言，言域用法对会话结构的依赖更强，是会话中的浮现义。当话轮起始位置有不止一个连词同现的时候，用作话语标记的连词出现在言域用法连词之前。影响连词意义和功能的因素除了该连词在话轮中的位置之外，前后话轮之间的话题延续性也是重要的影响因素。[20]

中国大陆（内地）与港澳台语言对比研究是近几年的一个热点问题。有学者对这一研究现状做了全面的介绍和深入的思考，并对中国大陆（内地）与港澳台的“遭”字句及其与“被”字句的差异做了具体研究。研究发现在台港澳三地，“遭”字句比较常见，并且有比较丰富多样的结构类型，由此形成了三地被动句的一个重要特色。大陆地区这样的用例不多，主要原因是语言表达趋于通俗化与口语化。这一形式在台湾用得最多，主要是因为台湾更多地保留了文言成分及表达习惯。与一般“被”字句相比，二者在语义特征、使用范围、语体风格及复杂程度等方面有较为明显的差异。[21]

二、计算语言学

计算语言学界对事件信息结构和事件知识库的建设进行了系统的研究。有学者指出突发事件新闻报道文本包含主线信息链和副线信息链，主线信息链中包含了文本的事件信息，是事件信息提取重点考虑的文本内容部分；副线信息链则由文本结构中的“评价”“背景”以及“情节”部分的细节信息组成。事件信息结构可以进一步分解为前核心事件链、核心事件链、次生事件链和后次生事件链。[22]在事件知识库构建方面，有学者提出一种静态知识库和动态标注库相结合的汉语事件知识库构建方法。在统一的设计框架下，将相关事件知识拆分成五个相对独立的知识子库（事件块句法语义标注库、目标动词义项标注库、情境网络、词汇知识库、动词义项对齐知识库），并通过各子库之间的内在联系使之互相参照、互为补充。[23]还有学者从汉语树库角度剖析了当前中文信息处理领域主流语法体系的优缺点，并将它们与传统语法体系作了深入的比较分析，进而提出可以将传统的句本位语法应用于中文信息处理，并讨论了具体应用中的几个关键问题。[24]

三、汉语史

汉语音韵学方面，有学者对先秦汉语联绵词的语音问题进行了探讨，通过对“最小对立词”的分析，提出了“汉语非叠字双音节不重复原则”，并指出如果前后音节相似程度较高，还会有声调、介音的进一步区分。[25]也有学者对《诗经》中双声、叠韵、非双声叠韵联绵词音节语音特征组合方式进行了考察，发现《诗经》联绵词双音形式组合遵循音节响度顺序原则。[26]有学者分析了汉语唇齿通转材料、民族语言的语音演变情况和汉藏语相关同源词，发现上古汉语 ＊sP－类复声母的字，在塞擦音产生之前主要与擦音心母谐声。之后，＊sP－的 s 词头慢慢弱化并最终失去。受短元音复化影响，这类字中古时大多演变为三等唇音字，并具有重纽四等特征。[27]

语法研究主要有两个特点：一是将研究活语言的方法和理论引入汉语史的研究。有学者从语篇角度分析了上古汉语虚词“夫”和“今”的话语标记功能。指出议论语篇中常见的“夫”和“今”可以分析为话语标记：“夫”主要用于引入说话人或文本作者的观点，作为议论的前提；“今”主要用于引入事实，这个事实往往是需要加以议论的论题。[28]另有学者从“控制度”的角度分析了近代汉语中处置式的多种语法意义，指出前人提出的广义处置式、狭义处置式、致使义处置式和遭受义处置式的控制度依次由高到底。[29]二是利用语言接触材料来观察汉语自身的演变。例如有学者证明了中古汉语兴起的“VP 去”形式与女真语及《元朝秘史》的 SOV 语序的有关联。研究发现：（1）最早的“VP 去”见于汉译佛经，其后多见于和佛经有关或受阿尔泰语影响的历时文献中；（2）“VP 去”往往与“D＋去”同现，与此相对的是“去 VP”与“去＋D”同现；（3）在 SOV 语序的女真语、《元朝秘史》以及现代涉汉混合语中，相关语序也是“D＋QU（去义动词）”“VP＋QU”；（4）“去＋VP＋去”是两种语序类型的目的构式混合的结果。[30]有学者从类型学的角度，考察了汉语名量词的演变历史，讨论了汉语名量词的产生动因、“反响型量词”以及通用量词在汉语量词发展史上的地位、量词这一语法范畴如何在汉语中扩散、指示代词与量词结合的历史、通用量词“个”是否泛化等问题。[31]另有学者运用语言接触和二语习得的相关理论分析了元代三种不同性质语料中使役句的特点，指出，受蒙古语影响，元代汉语使役句产生了只强调动作的受影响性，而不明确使事与受使成分关系的用法，且这一用法并进入了元代标准汉语中，而元代“汉儿言语”则表现出使役形式特征与标准汉语基本一致，但语义则与翻译文献语言较为接近的特点。[32]

四、方言

汉语方言的分类仍是研究热点之一。有学者讨论了方言地理、方言分区和谱系分类的关系，认为分区是方言地理学的重要课题之一，方言分区必须以同言线的考察和谱系分类的研究为基础。方言分区要在特征分布图的基础上逐个绘制出同言线，然后按特定的分区目的来确定同言线的重要性序列，优先选择重要的同言线、聚集成束的同言线来作为方言分区的标准。方言地理学不仅在音韵地图的解释上遵循谱系分类的基本原则，而且也会借用谱系分类的研究结果，但是在进行方言分区时会根据时间尺度忽略下游节点。[33]有学者就平话是否应划为独立的大方言这一问题进行了讨论，认为中古全浊声母今读类型是汉语方言分类的主要标准。根据这一标准，勾漏片粤语应归属平话，晋语应回归官话；徽语是独立的混合型方言；赣语和客家话是根据文化认同分立的两大方言。由此，现代汉语可以分为九大方言：官话方言、吴方言、湘方言、闽方言、粤方言、平话方言、赣方言、客家方言和徽州话。[34]

方言历史音变方面也有深入的探讨，特别是揭示了中古全浊声母演变的丰富现象。通过对闽北建阳弱化声母字音频率的分析，结合风格色彩、与亲属方言的比较和闽地的人文历史，有学者提出，闽北浊弱化声母的原始形式应是《切韵》的全浊音；《切韵》的全浊擦音亦有弱化的反映形式，在历史上有过发音部位变动的全浊擦音则有两个弱化反映形式；全浊声母在闽北的无条件多分，由唐五代北宋时期的方言混合造成，其中一支为浊擦音已消失、但浊带塞音仍保留的北方方言。文章从理论上指出《切韵》音类在汉语方言中无条件多分现象大多是方言平等混合的结果。方言混合现象与文白叠置、方言借用属于语言接触的不同类型。[35]有学者对益沅小片湘语古全浊声母弱化现象的研究发现，在音值上，古全浊声母弱化后，今读浊擦音、近音、鼻音、边音、零声母等，按不同的语音条件发生了多次分化；在地理分布上，弱化程度由西北向东南渐次递减；在弱化顺序上，浊擦音最容易弱化，浊塞擦音次之，浊塞音最难弱化。[36]

闽语鼻音声母与鼻化韵的问题得到了集中的探讨。有学者分析了云澳闽方言鼻化韵的演变及相关音变现象。研究发现：云澳方言本地层次上咸、山、宕、梗四摄发生了鼻尾韵变鼻化韵的演变，这一音变早于闽南诸方言普遍发生的中古鼻音声母在非鼻化韵前变为塞音声母的演变，因而形成了本地层次上鼻音声母配鼻化韵、塞音声母只配非鼻化韵的共时搭配格局；外来层次上，鼻音声母后的口元音韵被改造为鼻化韵，同时鼻音声母还可配鼻尾韵和塞尾韵，突破了本地层次的声韵搭配格局，与厦门方言坚持本地格局改造外来层次音值的现象不同。[37]另有学者考察了中古明、泥、疑三个鼻音声母在厦门、潮州、台湾等地闽南方言中的读音，推测了它们的历史演变。认为早期闽南方言的鼻音声母在元音韵和塞尾韵前发生口腔化音变，因而从 m、n、ng 中分化出 b、l、g，之后又经过一系列变化形成了如今闽南方言各地不同的局面。莆仙方言中来自中古明、泥、疑母的 p、t、k 声母与闽南方言的 b、l、g 声母同源。[38]

方言地理学方面，有学者利用“汉语方言地图集数据库”和其他公开发表的材料，对汉语方言中全浊上与次浊上声调相分的现象进行了考察，整理描写了这种音变现象的类型，指出上声全次浊分调是一种官话型的音变，在方言地图上以“漏斗式”的演变模式向东南方言扩散，东南方言发生全次浊分调的字类以书面语字、文读音居多，在官话方言的影响下逐渐完成了上声全次浊分调。[39]

连读变调是研究比较集中的另一个领域。有学者描写了福建漳平新桥方言的一般性前变调，指出其最突出的特点是，变调调值受变调位置之后的基前字和基字变调的制约。这一规律主要体现在阴调字上，变调位置之后的基前字、基字有读高调的音节时，变调为中低调；变调位置之后的基前字、基字都读中低调时，变调为高调。[40]另有学者调查发现江苏邳州方言“上声＋轻声”的声调组合存在两类连调式，并认为这种情况是轻声化与单字调值演变这两项历史音变相互交叠造成的：首先第一种类型的两字组轻声化，然后调值发生演变；第二种类型的两字组轻声化较晚，连调式以演变后的单字调值为基础。[41]

五、民族语言

基于历史比较法的民族语研究依然是本年度的重头戏。在同源关系的研究中，有学者把核心词分成最核心的词集和次核心的词集，即高阶词集和低阶词集。并据此考察了汉藏对应和汉彝对应的核心词汇有阶分布，确定高阶词汇比例大于低阶词汇比例，进一步证明了汉语和藏语同源以及汉语和彝语同源，也进一步确认了汉语和藏缅语的同源关系。[42]基于大规模语音对应数据库，该学者还进一步提出了核心词自动分阶的算法模型。该模型通过核心程度算法和两阶核心词调整算法，计算核心词的核心程度，自动调整高阶核心词集和低阶核心词集，使得两阶词集在已知为同源关系的语言中的分布与已知为接触关系的语言显著不同。[43]另有学者出版专著探讨了汉语和白语的对应关系语素，依次遵循普遍对应、充分对应、完全对应、一致对应等操作原则和方法，考察汉白对应关系语素，给出了最早时间层面的对应语素，并通过分阶研究得出了汉白同源的结论。[44]在语音来源方面，有学者对藏缅语中羌、彝、藏 3 个语支 30 余种语言的同源词中小舌音的相互对应关系进行了比较研究。认为小舌音 q、qh、G 是古藏缅语的遗存，小舌擦音 χ 和 ʁ 可能是后来发展的，小舌塞音在大多数语言中呈现衰减——弱化——消失的趋势。[45]另有学者根据中国境内 6 种彝语方言的材料，应用完全对应、核心一致对应原则重构出原始彝语的声调系统，着重论述了与声调重构相关的原始彝语的前置声母＊h－和＊？－，解释了巍山彝语先喉塞音声母的来源以及这两个前缀在其他彝语方言中的变化模式，并根据南华和撒尼彝语中声调的发展以及核心语素的表现确认了重构前置声母＊h－和＊？－的理由。[46]另外，还有学者从声学语音学、音韵学及历史演化角度分析了蒲西霍尔语软腭化的语音，认为蒲西霍尔语软腭化并非辅音特征，其起源很可能属于存古特征，源自古嘉戎语组祖语一般元音与软腭化元音的对立。[47]

实验语音学方法的运用成为本年度民族语研究的亮点之一。有学者通过实验语音学方法讨论了锡伯语双音节词重音的语音表征及重音位置，认为锡伯语双音节词第一音节是词重音的位置，词重音属于音高显突型，稳定的低调域平调是重音显著和主要的语音表征。[48]另有学者构建了汉语、维吾尔语元音三维声学空间，对汉维元音三维空间距离进行了量化，继而观察汉维韵母匹配过程及规则。研究认为，维汉韵母匹配遵循元音空间距离原则，即维汉韵腹元音的匹配往往选择三维空间距离最小的元音参与匹配。[49]另外，也有学者对蒙古语标准音边音/l/的出现频率、声学和生理时长、共振峰分布特点等进行了分析，认为蒙古语边音/l/的音长受其词中所处位置的影响，/l/发音过程中，舌叶动作和舌面动作的程度和趋向均不同，［l］的收紧点是舌叶—齿龈。[50]

声调的研究方面，有学者利用大型藏语数据库，通过计算藏语方言的同音词，从信息量的角度探讨藏语声调起源的本质，研究认为同音词的增加带来的信息量的提高是声调产生的最主要原因，尽管藏语各方言声韵调数量不同，但同音词的分布趋势是相同的，并提出了预测声调产生的方法。[51]还有学者广泛援引词汇及形态的丰富证据，论证了卓克基嘉戎语是不折不扣的声调语言，其系统为缺性声调系统，呈现出降调/HL/与零声调/Ø/相对的格局，声调对立的定义域为词，从声调类型学角度看则兼有亚洲和非洲声调系统的特质。[52]

语言接触依然是民族语研究的一个重要视角。有学者认为琅南塔克木语浊塞音、浊塞擦音在浊音清化演变趋势的制约下几近消失，但由于语言接触中借入了老挝语、傣语的浊音词，又充实了浊音音位，使原来几近消失的浊音音位“死灰复燃”。[53]有学者基于维吾尔族人说汉语的语音材料考察了维吾尔语和汉语声母匹配规则，研究认为维汉声母匹配受维汉辅音声母相似度的制约，维汉声母匹配受到语音系统格局的潜在支持。[54]

语法研究方面，有学者按照参考语法的理论、框架，从词类、构词、句法、语料等方面对景颇语的语法事实进行了详尽描写。[55]有学者认为，侗台语部分语言出现“相互+动词”是语言接触引发的“动词+相互”“相互+动词”演变的产物，触发这种演变的模式语是汉语。侗台语“互相”的 ɕeŋ、tja：ŋ 借自汉语“相”，to 和 toŋ 借自汉语的“同”。[56]另有学者认为侗台语差比式有基准前置型、基准后置型和缺少标记型三种类型。其中缺少标记型的“S-A-St”是侗台语差比式的固有层次，基准前置型和基准后置型是源自汉语的外来层次。前者是对汉语标准语“S-比-St-A”模式的复制，后者则源于粤语和平话差比式“S-A-过-St”的区域扩散。[57]

六、语言规划研究

随着经济文化的高速发展，尤其是网络时代的到来，语言规划已成为目前迫在眉睫的一个问题，而要进行规划首先要了解语言生活。有学者发表了系列文章来探讨这一问题。文章指出，中国语言生活具有如下一些重要的时代特征：“双言双语”的语言生活初步形成；虚拟语言生活快速发展；中国“语言地图”在快速改写；快速的城市化进程急需语言规划；国内国外两个语言大局需统筹兼顾。准确把握、深入认识这些语言国情，处理好语言关系，管理好语言生活，有效提升公民语言能力和国家语言能力，最大限度地发挥语言产业对社会经济的推动作用，履行好国际语言义务等，是国家语言规划的重要任务。[58]该学者还进一步把语言生活划分为宏观、中观、微观三个层级，考察了超国家、国家、领域、地域、个人和社会终端组织等不同层面的语言生活，讨论了这些层面语言规划的任务、特点和现状，指出了语言生活管理中的一些薄弱点和空缺处。为全面深入地观察语言生活提供了一个学术框架，为完善我国语言生活的管理提出了若干建议。[59]

注：

①赵建军、杨晓虹、杨玉芳、吕士楠：《汉语中焦点与重音的对应关系——基于语料库的初步研究》，《语言研究》，2012年第4期。

②林茂灿：《汉语焦点重音和功能语气及其特征》，《中国语音学报》，2012年第3辑。

③尹基德：《汉语普通话语句重音的嗓音发声研究》，《语言学论丛》，第45辑，商务印书馆2012年版。

④贾媛、李爱军：《论普通话重音的层级性——基于语音事实的分析》，《中国语音学报》，2012年第3辑。

⑤冯胜利：《北京话的轻声及其韵律变量的语法功能》，《语言科学》，2012年第6期。

⑥施春宏：《词义结构的认知基础及释义原则》，《中国语文》，2012年第2期。

⑦谭景春：《词典释义中的语义归纳与语法分析》，《中国语文》，2012年第6期。

⑧张博：《二语学习中母语词义误推的类型与特点》，《语言教学与研究》，2011年3期。

⑨沈家煊：《“名动词”的反思：问题和对策》，《世界汉语教学》，2012年第1期。

⑩沈家煊：《“零句”和“流水句”》，《中国语文》，2012年第5期。

⑪张伯江：《双音化的名词性效应》，《中国语文》2012年第4期。

⑫周韧：《“N的V”结构就是“N的N”结构》，《中国语文》，2012年第5期。

⑬詹卫东：《从语言工程看“中心扩展条件”和“并列条件”》，《语言科学》，2012年第5期。

⑭郭锐：《形容词的类型学和汉语形容词的语法地位》，《汉语学习》，2012年第5期。

⑮刘丹青：《汉语的若干显赫范畴：语言库藏类型学视角》，《世界汉语教学》，2012年第3期。

⑯刘丹青：《汉语差比句和话题结构的同构性：显赫范畴的扩张力一例》，《语言研究》，2012年第4期。

⑰袁毓林：《动词内隐性否定的语义层次和溢出条件》，《中国语文》，2012年第2期。

⑱沈阳、Rint Sybesma：《作格动词的性质和作格结构的构造》，《世界汉语教学》，2012年第3期。

⑲施春宏：《从构式压制看语法和修辞的互动关系》，《当代修辞学》，2012年第1期。

⑳方梅：《会话结构与连词的浮现义》，《中国语文》，2012年第6期。

㉑刁晏斌：《两岸四地的“遭”字句及其与“被”字句的差异》，《语言教学与研究》，2012 年第 5 期。

㉒杨尔弘、曾青青、李婷婷：《事件信息结构分析》，《中文信息结构》，2012 年第 3 期。

㉓周强、王俊俊、陈丽欧：《构建大规模的汉语事件知识库》，《中文信息学报》，2012 年第 3 期。

㉔彭炜明、宋继华、王宁、康明吉：《汉语传统语法及其在中文信息处理中的应用展望》，《中文信息学报》，2012 年第 4 期。

㉕孙玉文、郑妞：《先秦联绵词语音探微》，《长江学术》，2012 年第 1 期。

㉖刘芹：《〈诗经〉联绵词语音研究》，《殷都学刊》，2012 年第 4 期。

㉗李琴：《试析上古汉语 * sP - 类复声母的演变》，《民族语文》，2012 年第 3 期。

㉘董秀芳：《上古汉语议论语篇的结构与特点：兼论联系语篇结构分析虚词的功能》，《中国语文》，2012 年第 4 期。

㉙郭浩瑜、杨荣祥：《从“控制度”看处置式的不同语法意义》，《古汉语研究》，2012 年第 4 期。

㉚杨永龙：《目的构式“VP 去”与 SOV 语序的关联》，《中国语文》，2012 年第 6 期。

㉛张赪：《类型学视野的汉语名量词演变史》，北京大学出版社 2012 年版。

㉜张赪：《元代语言接触中的汉语使役句式》，《民族翻译》，2012 年第 2 期。

㉝项梦冰：《方言地理、方言分区和谱系分类》，《龙岩学院学报》，2012 年第 4 期。

㉞李小凡：《平话的归属和汉语方言分类》，《语言科学》，2012 年第 5 期。

㉟王洪君：《也谈闽北方言的浊弱化声母——兼论原始语构拟如何鉴别和处理借用成分以及平等混合造成的无条件分化》，《语言学论丛》，第 46 辑，商务印书馆 2012 年版。

㊱夏俐萍：《益沅小片湘语古全浊声母的弱化现象》，《语言科学》，2012 年第 1 期。

㊲张静芬：《云澳闽方言鼻化韵初探》，《语言学论丛》，第 45 辑，商务印书馆 2012 年版。

㊳林晴：《闽南方言的 b l g 声母》，《语言学论丛》，第 45 辑，商务印书馆 2012 年版。

㊴王莉宁：《汉语方言上声的全次浊分调现象》，《语言科学》2012 年第 1 期。

㊵陈宝贤：《福建漳平新桥方言一般性前变调》，《方言》，2012 年第 2 期。

㊶许井岗：《邳州方言“上声 + 轻声”的两种连调式》，《常熟理工学院学报》，2012 年第 7 期。

㊷陈保亚、汪锋：《汉语——藏缅语同源的两个词汇有阶分布证据》，《云南师范大学学报》，2012 年第 5 期。

㊸陈保亚、李子鹤等：《核心词自动分阶的一种计算模型——以纳西族玛丽玛萨话为例》，《云南民族大学学报》，2012 年第 5 期。

㊹汪锋：《语言接触与语言比较——以白语为例》，商务印书馆 2012 年版。

㊺黄布凡：《藏缅语的小舌塞音》，《语言学论丛》，第 45 辑，商务印书馆 2012 年版。

㊻陈保亚、汪锋：《试论重构原始语言的若干原则——以原始彝语的声调及前置声母 * h - 和 * ? - 为例》，《语言学论丛》第 45 辑，商务印书馆 2012 年版。

㊼林幼菁、孙天心、陈正贤：《蒲西霍尔语软腭化的语音对立》，《语言学论丛》，第 45 辑，商务印书馆 2012 年版。

㊽李兵、汪朋、贺俊杰：《锡伯语双音节词重音实验语音学研究》，《民族语文》，2012 年第 2 期。

㊾杜兆金、陈保亚：《元音三维声学空间与维汉韵母匹配》，Language and Linguistics，13（5），2012。

㊿哈斯其木格、呼和：《蒙古语边音/l/的声学和生理研究》，《民族语文》，2012 年第 2 期。

(51)孔江平：A Study on the Origin of Tibetan Tones by Homonym Rate，《语言学论丛》，第 45 辑，商务印书馆 2012 年版。

(52)林幼菁（You - Jing Lin）：By No Means Marginal：Privetive Tone in Zhuokeji Rgyalrong，Language and Linguistics，13（4），2012。

(53)戴庆厦、朱艳华：《琅南塔克木语浊塞音、浊塞擦音的死灰复燃》，《语言研究》，2012 年第 1 期。

(54)杜兆金：《维汉接触中声母匹配的特征基础》，Journal of Chinese Linguistics，40（2），2012。

(55)戴庆厦：《景颇语参考语法》，中国社会科学出版社 2012 年版。

(56)蓝庆元、吴福祥：《侗台语副词“互相”修饰动词的语序》，《民族语文》，2012 年第 6 期。

(57)吴福祥：《侗台语差比式的语序类型和历史层次》，《民族语文》，2012 年第 1 期。

(58)李宇明：《中国语言生活的时代特征》，《中国语文》，2012 年第 4 期。

(59)李宇明：《论语言生活的层级》，《语言教学与研究》，2012 年第 5 期。

（作者：宋作艳，北京师范大学讲师；
李子鹤、杜兆金、邵琛欣，北京大学博士生；
邱立坤，鲁东大学副教授；
陈保亚，北京大学教授）

英语语言学

王逢鑫

以评价理论的态度（情感、判断、鉴赏）、介入和级差范畴为着眼点，彭宣维系统考察了亚里士多德著述中体现的评价思想，发现两者涉及的主要范畴之间有实质性的渊源关系，唯各自的出发点有别：前者主要是非语言学意义上的；后者是在系统功能语言学框架内构拟的。这从一个角度补足了评价理论的文献综述，并可为相关其他研究提供基础。①

德国哲学家海德格尔从存在论、现象学、解释学等视角重新审视柏拉图、亚里士多德等为代表的形式主义和理性主义的学术传统，并提出人从属于语言的观点，受到许多当代西方哲学家的重视。胡壮麟认为海德格尔以新的哲学理念和思维方式试图扭转和解决当今时代思想的贫乏和语言的贫乏，有其现实意义。他的令人失望之处在于历史观运用不当，过于肯定古希腊时期的一切和词语，否定罗马以后人类文明的发展，特别是现代人和当代社会所取得的进步。②

现象学的亲缘性揭示出索绪尔沿用传统的主/客体模式与基础主义的认识论。这正是海德格尔极力批判与解构的对象。叶起昌指出，索绪尔与海德格尔争论的焦点在于，语言在多大程度上可以客观化。海德格尔主张的合理一面来自他对“知”的本体论上所作的批判，因为科学不是纯推理，它需要本体论与认识论的指导。对海德格尔而言，“知”意味着科学，特别是实验科学研究的客观和理性的产物。并且他相信，这种知识不仅不全面和有歪曲作用，而且实际上是危险的。③

正确认识任意性和线性原则对于全面理解索绪尔的普通语言学理论和语言符号观具有重大意义。语言符号的任意性和线性是索绪尔提出的语言系统的两大基本原则，这两大原则是索绪尔构建共时语言学理论的基础，也是其探讨规约性等其他语言属性的前提。车宁薇认为索绪尔对语言与思想关系的论述进一步阐述了任意性的重要性。④

形式主义和功能主义是两种不同的语言观，它们在理论研究上有不同的侧重点，在研究方法上也有各自的特点。田歆桐指出形式主义认为语言是一个自足的结构系统，是人脑中的一种机制，因此要探寻语言的共性。功能主义则强调语言与环境的依存关系，着重分析语言的社会功能。⑤

2010 年 11 月，Halliday 在同济会议上总结了自己对语篇分析的看法。他认为，语篇分析是语言学的一部分；所谓语言学的语篇分析，就是把篇章跟语言的系统联系起来，即描写篇章的术语应该是该语言的词汇语法和音系学整体描写的一部分。姜望琪认为语用学与语篇分析也密切相关。⑥

不确定性是自然语言的普遍特征。韩礼德提出了系统功能语法理论特有的许多范畴概念描写语法和语法系统里的不确定性。20 世纪 90 年代以来，他从“以语法方式思考”的语法学角度更细致地分析了语言各个层面的不确定性和模糊性，并明确提到了模糊逻辑概念。封宗信通过讨论语言（学）的不确定性问题和韩礼德对模糊性的正视与深入分析，指出系统功能语法和语法学理论直接触及逻辑学领域和人工智能等相关学科关心的问题。⑦

由于缺乏跟句法配套的语义理论，已有的语义指向研究很难透析这一同时涉及句法和语义两个部门的语言现象。逻辑语法同步生成句子的语形和语义，句法结构集合跟语义结构集合同构。在此动态视角下审视，语义指向问题表现为在满足上下文无关语义学的制约条件下，以相关表达式的句法特征和词汇语义为基础，制订适当的组合路径，以生成正确的句子和语义。王欣认为这有助于从一个新角度揭示语义指向的本质。⑧

跨语言语法隐喻是指不同语言间表达同一命题意义的表达式之间的映射关系。表达式所体现的语义存在转喻性的语义关系、跨语言的不同表达式之间存在一定的形式差异。林正军、王克非指出跨语言语法隐喻现象存在于词汇、语法和篇章等各个层面，它主要是由不同语言间的社会文化差异不同民族或种族的人们之间认知能力和认知方式的差异，以及不同语言自身的差异造成的。⑨

20 世纪 90 年代，认知文体学在国外迅猛发展起来。但是国内外研究者对认知文体学的定位及其与其他学科（如认知诗学、认知修辞学、认知叙事学、文体学或文学文体学）的关系讨论得还不够清楚。胡壮麟认为，认知文体学关注的除语言与文学研究的结合以外，还增加了心理学的维度，即认知神经科学。认知文体学最基本的特质是研究阅读过程的认知理论。⑩

会话是语言运用的最基本形式，是一种实时行为。说话人随想随说，听话人随听随想，共同建构会话，典型地展示了语言运用的动态特性。姜望琪通过电视访谈节目、电视剧等各种语言运用实例说明会话是动态的，其结果是测不准的。在这个意义上，研究语言运用的语用学也是动态的。动态语用学将成为下一阶段的一个研究重点。⑪

姜望琪还从真实的语料出发，说明会话含义在现实生活中到处可见。虽然说话人不一定知道会话含义这个概念，但是他们都会想方设法运用会话含义，以达到最佳的表达效果。会话是动态的，会话含义的解读也必须是动态的，随语境的变化而变化。这可能是解释会话含义的一种新路径。[12]

Grice 的意义分析模式被认为过于强调说话人意向的主导地位，而无视语言规约。姚晓东揭示了这一论断的片面和不实之处，发现 Grice 对意向概念有严格的界定，而非一个随意的常识性概念。他的意义理论并未抛弃规约，并且他对其中的说话人意向与语言规约之间比配关系的看法，也并非一成不变。[13]

心理语言学是一门对于语言产生和理解的心理和神经生理因素方面进行研究的学科。近二十年，心理语言学得到新进展。官群建立在充分的字、词、句、语篇、发音等心理语言学实验基础之上，针对每个语言要素给出相应的建议和语言能力培养的层次性发展模式。其对外语教学的启示包括：跨越语音渠道，使用字形渠道；体现语义特征，发挥语境作用；强调情景作用，成功进行语篇到意义的表达。[14]

王立非、江进林选取 2000—2009 年 4 种国际权威二语习得学术期刊的论文建立语料库，采用词频统计法和内容分析法对国际二语习得研究的热点和趋势进行定量统计分析。研究发现，词汇习得、语言形式教学、语言运用、社会环境、阅读理解、任务型教学等研究热点受到较多关注；学习者内部因素研究最为突出，教师教育、语言政策等宏观的社会文化因素和二语学习认知动态过程特点开始引起关注；实证研究依然是主流研究方法，以实验研究最为突出，研究方法呈现出多样化、交叉性特征。这对国内外语教学研究的选题具有一定启示意义。[15]

二语动机策略是目前应用语言学界关注的一个新研究领域。高越发现目前该领域研究存在概念归属清晰度不够、术语使用混乱、研究深度有待加强、和研究方法过于单一的问题，提出今后的相关研究应扩大研究视角，特别是在实证研究的理论基础和理论模型构建上应寻求更丰富和多层面的动机理论支持，以期获得新的突破。为求得全方位、深层次的研究结果，后续研究宜多采用质性或定量、定性相结合的混合研究方法，同时丰富数据统计分析手段。[16]

有的学者在教学大纲中强调语块或套语的作用。Bley - Vroman（1996，1997）则根据根本差异性假说提出构式学习和补丁式教学。戴曼纯认为，语块、套语和构式界定不明确，学习语块和构式仅仅是为语言系统添加零散的外围补丁，不一定有助于二语核心运算系统的形成。语块教学和构式教学都是补丁式教学，会误导师生形成错误的语言学习理念，导致外语学习失败。[17]

翻译不仅仅是一种语言行为、艺术行为，它还是一种伦理行为、社会行为，为目的所控制，意识形态在其中扮演极为重要的角色。这种角色的作用连历史学家、文化研究者也不予否认，尽管他们只是在不得已的情况下才承认它。罗选民认为翻译的作用在一个民族的文化转型时期显得尤其重要，其功能没有其他学科可以替代，它与一个国家的现代性、一个民族的振兴息息相关。[18]

文化是一个民族最基本的元素，要提升国家形象需要文化自觉。只有建立在文化自觉之上的文化自信才是可靠的。就翻译而言，文化自觉的最终目的就是要在不损害中国文化精神的前提下，以最合适的方式来解读和翻译最合适的典籍材料，从而达到消解分歧，促进中外文化交流，极大地满足西方受众阅读中国典籍的需要。罗选民、杨文地综合考察中国典籍英译状况，认为中国典籍翻译需要借船出海、中西合作，以达到文化传播的最佳效果；对外翻译应该抱着厚今薄古的态度去做，能反映当代的文学艺术和社会文化作品都需要得到更多的关注，需要有系统的规划，使我们的投入能够得到最大的回报。[19]

武光军认为奎因翻译哲学的主要贡献为：①从本体论上，论证了语言间的可译性；②从认识论上，论证了翻译标准的多元性，证明不存在唯一正确的翻译；③从方法论上，探索了原始翻译的过程。奎因翻译哲学的局限性为：①行为主义和自然主义的意义观；②由于分析的仅是原始翻译的特殊情况，奎因的语句类型难以界定，难以操作。[20]

秦颖、李颖超提出了一种基于词汇检索翻译对应句的方法。原文句子与译文句子并不在词汇级存在一一对应的关系，判断是否构成翻译关系也不需要认定所有的词都构成翻译对。他们提出了词语信息度（WI）的概念来反映词在句子中的重要性。词语信息度由词频、词在文档中的分布、词性、词的长度构成。判断是否构成翻译关系时，只关注信息度高的词汇是否构成翻译对。基于高信息度词汇翻译对构建了翻译对应句检索系统。实验表明，系统性能优于简单的基于所有词汇的翻译对应句检索方法，在噪声实验中，与相关研究对比表现了更好的强健性。[21]

有些英汉对比得出的结论缺乏说服力，主要原因一是不重视语言内部的证据，二是不重视证据的系统性。此外，还缺少语言类型学的视野。沈家煊认为跟印欧语“名动分立”不同，汉语动词是包含在名词里的一个次类，叫“动态名词”。从这个意义上讲，汉语是一种重视名词的语言。汉语“名动包含”的模式为人类语言词类系统的循环演变提供了不可或缺的一个支点。[22]

方法论是决定科学研究质量的一个关键因素。张威对影响口译研究的方法论因素进行了全面分析，主要涉及理论支撑的确定、研究类型的选择、研究程序的设计、研究方法的筛选与评价等4个方面，以期强化口译研究的科学方法论意识，提高口译研究质量。[23]

工作记忆与口译技能是影响口译加工效果的两项重要因素。张威通过控制原语发布速度，重点考察工作记忆与口译技能的相互关系及其对口译加工效果的影响，结果证实：①工作记忆能力与口译技能可以单独影响同传质量，均对同传效果有积极的促进作用；②同等条件下，口译技能对同传效果的作用更加明显，特别是在同传任务难度加大的情况下，口译技能的熟练应用能够有效缓解工作记忆资源不足的压力；③工作记忆与口译技能对同传效果的影响具有阶段性特征。在初级阶段，工作记忆的作用相对突出。在高级阶段，口译技能的作用更加明显，但工作记忆与口译技能的综合作用有所下降，其他因素的影响不断增强。[24]

西方口译史研究经过数十年积累，已形成特定的研究传统和方法，口译研究者关注的对象包括西方古代的口译活动，现、当代的会议口译及其他现代形式的口译活动。姚斌认为，西方口译史研究的主要特征是以译员为中心、注重国别口译史研究及译员对新技术条件、新型口译形式的适应。我国未来的口译史研究需拓宽研究领域，强调译员中心，引入跨学科视角，进而为当代口译从业者提供值得汲取的历史经验。[25]

语料库语言学领域的两种研究范式之争由来已久。“语料库驱动”的研究范式以“激进的经验主义”为哲学基础，以Firth的语境论为语言学基础；而“基于语料库”的研究范式以“温和的经验主义”为哲学基础，发展过程中受到了美国结构主义语言学理论的重要影响。哲学基础和语言学理论基础的不同导致了研究范式的差异。梁茂成认为“基于语料库”的研究范式将逐渐成为语料库语言学研究的主流范式和默认范式。[26]

语料库标记与标注是语料库开发和研究的重要方法。语料库标记记录文本的外部信息和结构特征，是极具价值的；语料库标注则指对语料库文本附加解释性的语言信息。学界在基于语料库研究和语料库驱动研究对标注的应用方面存在较大分歧。李文中以中国英语语料库为例，坚持语料库标记的严谨性和动态性，对语料库进行有限标注，并在技术上支持标注的开放性，为语料库标记与标注提供可选的解决方案。[27]

最近二十年来，计算机中介交流（CMC）研究渐成应用语言学领域的一个热点。对比国外在研究和教学实践方面取得的一系列成果，我国在该领域的研究还有待加强。CMC研究所依据的外语学习理论是认知互动主义理论和社会文化理论。王洁卿发现，CMC互动具有促进二语学习尤其是二语口语能力的潜力；学习者愿意参与CMC活动；借助CMC技术，建立基于网络的跨国合作项目可帮助培养外语学习者的文化理解和跨文化交际能力。[28]

根据课程论的理论，制定课程目标要依据学生发展需求、社会发展需求和学科发展需求。自2004年《大学英语课程教学要求》颁布以来，上述三个需求发生巨大变化，而由需求变化引发了三个主要问题：（1）大学新生英语水平两极分化加剧；（2）具有国际视野和中国眼光的高水平外语人才缺口加大；（3）大学英语教学中未充分重视作为国际通用语的交际有效性问题，导致投入大，收效低。文秋芳对此提出三条建议：（1）英语技能目标应给学生提供更多的选择权；（2）为高水平学生提供一流的外语教育，以利于培养高端人才；（3）提供英语国际语的教学框架，以提高教学效率。[29]

我们持有的语言观直接影响我们对有关外语教育的重要问题的理解和回答。外语教育政策制定者的语言观直接影响外语教育政策的科学性和合理性。外语教育政策制定者应该懂得语言学，应该了解不同的语言学理论以及这些理论对外语教育的意义、内容、过程和结果的启示。程晓堂认为主管部门在选择外语教育政策制定者时，应该考虑语言学理论研究者。[30]

刘璐、高一虹考察了综合性大学英语专业四年级学生的英语学习动机与自我认同变化，发现学生的动机和认同在延续前三年趋势的同时也发生了变化。具体表现为：动机强度显著下降，学习情境动机有所上升；削减性变化上升至四年级最高，同时社会责任动机、生产性变化有所下降。质的材料进一步揭示了动机和认同变化的多元性、复杂性和曲折性。[31]

英语在全球范围的传播进程中产生了变异，成为不同国家多元文化交流的载体。具有地域文化特色的世界英语变体给语言研究和应用带来了新思考。胡晓丽从教学目标、教学内容和教学评价三个方面探讨世界英语变体发展对英语教学的启示，认为我国英语教学应该：（1）重视英语不同变异形式的介绍；（2）了解全球文化和本土文化的价值观差异；（3）培养学生理解和使用语言变体的跨文化交际能力。[32]

将性别与认同结合进行的语言习得研究，视语言学习为一种社会活动，将学习者看作参与社会活动的实体，而性别则是构成学习者社会认同的关键因素之一。刘媛媛提出通过采用叙事性研究、批判民族志等方法，构建一套更加适合学生需求，激发学习动机，鼓励学生积极改变的教学内容和方式。

随着中国国力的上升，世界语言教学界的目光正在转向中国的英语及对外汉语教学，可为我国未来的语言教学研究提供有益的信息和启示。[33]

国家外语能力的缺失和外语人才的缺乏给美国带来了危机感，使美国政府逐渐认识到外语教育在保障国家安全方面的重要性，并采取措施加强外语教育，鼓励外语教学创新、外语研究和国际问题研究，探讨建立民间外语人才后备队伍的必要性及可行性。戴曼纯认为美国外语政策的制定和实施也存在一些问题，如不同教育阶段存在脱节现象，传承语言受到威胁等问题，值得我们思考。[34]

语法缺失是失语症患者在语言表达过程中普遍存在的一种句法障碍，其中患者在语法词素的使用上具有明显的选择性和层次性。他们在表示时态的屈折词素使用方面要比表示一致的屈折词素更容易受到失语症的影响。为了解释这一现象，Friedmann根据生成语法理论提出了句法树剪裁假说。崔刚、马凤阳认为该假说对我们认识失语症患者语言障碍的本质，制订切实有效的康复方案具有重要意义。[35]

注：

①彭宣维：《从评价理论反观亚里士多德有关思想》，《山东外语教学》，2012 年第 1 期。

②胡壮麟：《人·语言·存在——五问海德格尔语言观》，《外语教学与研究》，2012 年第 6 期。

③叶起昌：《认识论层面上的索绪尔与海德格尔语言观》，《外语学刊》，2012 年第 3 期。

④车宁薇：《索绪尔语言符号观评述》，《外国语文》，2012 年第 S1 期。

⑤田歆桐：《浅谈形式主义和功能主义的差异》，《外国语文》，2012 年第 S1 期。

⑥姜望琪：《Halliday 论语篇分析及有关学科》，《中国外语》，2012 年第 2 期。

⑦封宗信：《语言的不确定性与系统功能语法中的模糊性》，《外语学刊》，2012 年第 5 期。

⑧王欣：《上下文无关语义学与语义指向》，《外国语》，2012 年第 3 期。

⑨林正军、王克非：《跨语言语法隐喻探讨》，《外语学刊》，2012 年第 1 期。

⑩胡壮麟：《认知文体学及与其相邻学科的异同》，《外语教学与研究》，2012 年第 2 期。

⑪姜望琪：《语言运用的动态性》，《外语教学》，2012 年第 6 期。

⑫姜望琪：《会话含义新解》，《外语与外语教学》，2012 年第 3 期。

⑬姚晓东：《Grice 意义理论中的意向与规约》，《外语与外语教学》，2012 年第 3 期。

⑭官群：《心理语言学新进展——兼论对外语教育的启示》，《外语教学理论与实践》，2012 年第 3 期。

⑮王立非、江进林：《国际二语习得研究十年热点及趋势的定量分析（2000—2009）》，《外语界》，2012 年第 6 期。

⑯高越：《国内外二语动机策略研究述评：回顾与展望》，《山东外语教学》，2012 年第 2 期。

⑰戴曼纯：《语块学习、构式学习与补丁式外语教学》，《外语界》，2012 年第 1 期。

⑱罗选民：《关于翻译与中国现代性的思考》，《中国外语》，2012 年第 2 期。

⑲罗选民、杨文地：《文化自觉与典籍英译》，《外语与外语教学》，2012 年第 5 期。

⑳武光军：《奎因的翻译哲学研究》，《外语教学理论与实践》，2012 年第 1 期。

㉑秦颖、李颖超：《基于词语信息度的翻译对应句检索》，《外语教学与研究》，2012 年第 2 期。

㉒沈家煊：《怎样对比才有说服力——以英汉名动对比为例》，《现代外语》，2012 年第 1 期。

㉓张威：《口译研究的科学方法论意识》，《外语学刊》，2012 年第 2 期。

㉔张威：《工作记忆与口译技能在同声传译中的作用与影响》，《外语教学与研究》，2012 年第 5 期。

㉕姚斌：《西方口译史研究的历史与现状》，《外语与外语教学》，2012 年第 6 期。

㉖梁茂成：《语料库语言学研究的两种范式：渊源、分歧及前景》，《外语教学与研究》，2012 年第 3 期。

㉗李文中：《语料库标记与标注：以中国英语语料库为例》，《外语教学与研究》，2012 年第 3 期。

㉘王洁卿：《计算机中介交流在外语教学中的应用研究述评》，《外语教学与研究》，2012 年第 5 期。

㉙文秋芳：《大学英语面临的挑战与对策：课程论视角》，《外语教学与研究》，2012 年第 2 期。

㉚程晓堂：《语言学理论对制定我国外语教育政策的启示》，《外语教学与研究》，2012 年第 2 期。

㉛刘璐、高一虹：《英语学习动机与自我认同变化跟踪——综合性大学英语专业四年级样本报告》，《外语与外语教学》，2012 年第 2 期。

㉜胡晓丽：《世界英语变体发展对英语教学的启示》，《外语与外语教学》，2012 年第 6 期。

㉝刘媛媛：《从认同到性别——语言教学研究新动向》，《现代外语》，2012 年第 3 期。

㉞戴曼纯：《以国家安全为导向的美国外语教育政策》，《外语教学与研究》，2012 年第 4 期。

㉟崔刚、马凤阳：《语法缺失的句法树剪裁假说研究述评》，《外国语》，2012 年第 6 期。

（作者：北京大学教授）

外国语言学（英语除外）

鲍　红

一、语言学与语篇学

赵爱国从学术史角度对20世纪俄罗斯语言学方法嬗变和科学范式转进做了历时性的考察，并就不同方法和范式所展现的学理形态的特点进行了具体的分析和论证。指出20世纪俄罗斯语言学研究是在其特有的社会文化土壤上发展起来的，除结构—系统范式较之世界晚了近30年外，其他范式与世界基本保持着同步发展的态势，且在对语言的系统性、社会性（功能性）研究总体上一直处于世界领先的地位。[①]周民权总结了20世纪俄语成语学研究的理论范式、学术流派和研究方法，强调通过两大成语流派的学说争鸣，俄罗斯语言学家在成语单位的本质特征、定义、结构、语义、语用、修辞等一系列基本理论问题上取得了重要的研究成果，构建了系统的俄语成语学理论体系，使之成为俄罗斯语言学及至世界成语学研究领域不可多得的学说遗产。[②]政治语言学是在语言学和政治学交叉渗透的基础上产生的一门新兴语言学分支。杨可对俄罗斯政治语言学的发展脉络进行了梳理，对现代政治语言学的定义以及与其他相关学科的联系、该学科研究的对象、任务和目的，以及主要的研究方法和流派进行了概述。[③]史铁强和安利借鉴俄罗斯语篇研究成果，吸收中国传统文章学和修辞学的布局谋篇思想，探讨了俄语语篇的微观组织和宏观布局问题，旨在揭示语篇的基本建构规则。其研究内容包括句子的实义切分、句际衔接、超句统一体、信息性、主观情态性、语义独立片段、谋篇与修改、语篇分析方法的比较，等等。大量的俄语与汉语、作品原版与改版的对比分析，有助于领悟俄、汉语言表达的细微之处，体会观察现象的视角，看到文学加工和词语锤炼的方法。[④]郭明尝试以语篇范畴为切入点对小说篇章进行分析，论述了语篇范畴、小说的概念。从时间、空间和人的角度研究小说语篇的结构和功能，探索作为独特语篇的小说的内部运行机制与层级系统，阐释语篇范畴的规律和表现。[⑤]

二、语义学与语用学及认知语言学

以Н.Д.Арутюнова为首的俄罗斯语言逻辑分析小组，发表了一系列引人瞩目的成果，但她早期提出的关于搭配限制的观点，特别是事件意义与事物意义对立的观点，未能引起中国学界足够的关注。华邵从名词与表明时间、逻辑关系/空间关系的前置词等的搭配、内涵动词/非内涵动词与客体的搭配及逻辑主词、谓词位置上的具体名词与事件名词三个方面对词的搭配限制进行了详尽的分析和研究，指出正确判断语句中的搭配是否合格是体现语言能力的重要方面。在今天语义研究蓬勃发展，但又困难重重时，重提这一话题，也许对语言研究和实践有一定积极意义。[⑥]徐翁宇分析研究了作为言语交际单位的对话话语，将其划分为描述话语和评价话语，前者是客观地描述世界，后者表达说话人对世界的情感和态度，它具有互动性。对话中评价话语和情感有关，常使用夸张法、委婉法、反语和隐喻，对话评价话语又可以区分出不同的类型。[⑦]杜桂枝对语言中不确定情景语言表达手段的认知过程、语用功能、话语行为特征及其语义和使用情景的制约性进行了多维度探讨和分析，强调俄语中表达不确定情景的不确定判断句反映了其民族语言特有的认知—思维模式，是一种特殊的句法现象。[⑧]周民权梳理与评价了俄罗斯语言学家对社会性别原型在俄罗斯语言意识以及非口头交际中的诸多特点所进行的深入研究。其研究结果表明，从社会性别对比和跨文化交际的视角研究社会性别原型，不仅能够挖掘出社会性别原型所固有的一般特点，而且可以确定其民族文化特色及其在俄语中的反映。作者还分析了对社会性别语言学等学科产生了重要影响的20世纪俄语音位学，指出俄罗斯语言学家在音位的本质特征、定义、音位体系等一系列基本理论问题上所取得的重要的研究成果使之成为俄罗斯语言学乃至世界音位学研究领域不可多得的学说遗产。[⑨]孙淑芳与王钢归纳总结了30多年来中国外语界言语行为理论研究取得的成绩和存在的问题。指出在语势、意向行为类型、间接言语行为、言语行为理论的应用等方面都有深入的探讨，但存在研究方法较为单一，研究范围有待拓宽，相关学科领域的交流不够，没有充分利用汉语语料，并且理论的应用领域有限等问题。梳理的结果可以更好地把握该理论研究的现状与未来的发展趋势。[⑩]张帘秀以俄语体学研究中的传统成就为起点，借鉴当今语言学理论的新成果，特别是认知语言学、功能语言学、语义学，重新审视俄语动词的行为方式这一范畴，尝试对有关行为方式的各个方面进行分析，并试图对反映在行为方式中的认知因素进行阐释。指出俄语动词体和行为方式相互作用，密不可分。体是纯语法范畴，体的对立是在一个词汇意义的框架内的对立；行为方式是词汇—语法类别，与动词体处于不同的语言层次。两者的根本差异在于行为方式是一种隐性语法范畴，即行为方式类别，而动词体属于显性语法范畴。[⑪]对称与不对称现象普遍存在于语言学中，符号不对称，即能指与所指之间没有准确的对应关系是自然语言与其他符号系统的区别所在。徐东辉对俄语语言在系统、结构和功能几个层面上的对称与不对称现象进行了概括说明，并对不对称产生的原因及不对称补偿问题做了相应的分析与阐释。[12]胡连影以《意义〈=〉文本》模式理论为基础，对由词汇函数 Conv 构建的深层句法结构的迂喻法转换规则的形成和各部分关系进行了系统的解析和尝试，希望通过相关的阐述和解析，相关的同义转换规则的形式化表达式能够被充分理解，并借助这些表达式帮助形成语句同义转换的一些思维模式和运用习惯。作者还在详细解析了词汇函数 Oper1 内涵的基础上，分析了基于该函数构建相关的深层结构同义转换规则的内部逻辑性。重点通过对大量例证的整理和分析，研究得出适合这样转换的动词以及在转换时需要考虑的一些限制条件。[13]黄东晶结合俄罗斯语言学家 В. Г. Гак 的“新功能主义”语言研究方法论及其理论研究内容，察看俄罗斯功能句法理论和方法如何体现在具体的语言分析上，重点探讨当代语言学研究中新功能主义的四个主要问题：功能的“目的性用途”、结构功能与语义功能、“功能”的整合以及功能的“标记性”。[14]徐莉阐述了俄罗斯认知语义学的形成和发展概况，对比了俄罗斯理论语义学和美国认知语言学研究的差异，并简述了近年来俄罗斯知名的认知语义学研究代表人物及其学派的研究倾向。[15]徐先玉论述了时空定位超级范畴与语句意义之间的关系，认为 Т. В. Булыгина 和 А. Д. Шмелев 所提出的“时空定位”超级范畴对于语句语义的研究具有重要意义。语句的各个构成部分必须遵循“时空定位一致律”，也即述谓类别与名词短语的指称特性所内含的时空语义彼此相互制约，必须保持一致，这直接影响到对语句的认知和多义现象的语境消除。[16]彭文钊指出语言信息单位是社会记忆将表现现实世界的痕迹凝结在语言使用者意识中的语言表达，在言语运用中，它主要执行认知和语用两大功能。前者主要体现在三方面：一是表征具有民族文化特色的事物和现象；二是表现社会规范、铭记历史事件、表征历史典故；三是表征民族精神世界。后者与说话人、受话人（或作者与读者）的主观评价相关，在理解与阐释活动中，通过语言信息单位，语句的预设、蕴含及意向意义得以表达。[17]赵国栋强调大众传媒中的语言游戏具有丰富的情感表现力和社会评价功能，在大众传媒中得到了普遍使用。语言游戏在传媒语言的书写层面、形态层面、构词层面和篇际层面都有所体现，且各具特点。不同层面的语言游戏互相协同，在解构语言规范的基础上，发挥包括先例文本在内的文化要素的启示作用，展示出语言的创造力和情感表现力，更加凸显大众传媒的感染和评价功能。[18]王洪明认为语言学中词汇单位语义派生机制的研究经历了三个不同发展阶段，即形态层面、意义层面、认知层面。厘清三者之间的关系，对揭示词汇单位的语义派生机制有着重要的意义。[19]贾洪伟根据现有文献，从语言学史的角度，扼要梳理了苏联语义学思想在中国的传播和发展，以相关历史背景和学科发展的重要标志为界对苏联语义学思想在中国的传播史（1950—1991）给予分期，总结苏联语义学思想在中国传播的历史成因、阶段性特征及其对中国语义学发展造成的影响，以便为中国现代语义学史和中国语言学史的撰写提供史实参考。[20]刘丽丽运用语义学、认知语言学中的相关理论，从“义项划分”和“义项派生”两方面入手，对一词多义现象的内部规律进行研究，具体涉及动词的元语言释义、词汇函数、义项派生机制及其划分的认知理据。此项研究有益于更深入地认识多义动词内部义项间的关系，对词汇教学、词典编纂具有一定的参考价值。[21]

三、语法学与语音学

崔卫与标准语语法体系保持一致，按照口语语音、口语构词法、口语词法、口语句法（简单句、复合句和对话语句）的语法体系，编撰了立足于现代俄语口语研究理论的实践语法，详解了口语语法的独有内容——口语构词法、称名法、成语化结构、言语套语等。[22]作为语言的普遍现象，过渡现象反映了语言事实之间的相互关系和相互作用。过渡现象在俄语词类划分中同样存在，这便形成读音相近、意义相近、但属于不同词类的功能同音词。周海燕在相关研究的基础上，对俄语词类间的功能同音现象进行了分类和成因分析，明确指出功能同音词和词汇同音词及语法同音词既有区别，又有联系。[23]俄语全句限定语作为一种句法范畴在俄语语言学界经过长期的争论于 20 世纪 70 年代最终被确立下来。语言学家为此作出了重要的贡献，他们各抒己见，提出各种不同的观点，丰富和完善了全句限定语理论。张勃诸着力于句法结构层面的分析，围绕全句限定语的语法特征、全句限定语与展词成分的界限、全句限定语与简单句述谓核心的关系等几个问题展开论述。[24]王清基于俄语词群的本原和特质，即一方面由于自身特性具有相对稳定性，同时又受到超语言因素和语言内部诸因素的影响，呈现出动态变化和扩充发展的特点，力求探寻出当代俄语词群扩展的方法途径，揭示俄语构词系统发展变化的一些规律和特点。[25]丁丽芬针对传统俄语语法同位语概念研究中亟待解决的几个问题，从语法、语义等角度探讨同位语作为句子特殊成分从不同角度修饰、说明或评价主导词的本质特征，并考察其在言语交际中的语义、篇章、信息和修辞功能。[26]邵楠希分析了俄语单词“ОДИН”的应用特点和多义性。“ОДИН”在历史起源上并非纯粹的数词，而是一个非常活跃的、兼有形容词特征和数词功能的俄语单词。在其漫长的发展演变过程中，充分体现了它在词类归属上的延伸性特点，在固定词组中的对比性特点和在语言内涵上的多义性特点。对其特点的研究能够使“ОДИН”在现实应用中更加准确和规范。[27]王翠指出俄语语气词 БЫЛО 在语法结构和情态意义上有其独特性。从语法上看，语气词 БЫЛО 源于古俄语中的过去完成时，是语法化的结果，有原型和边缘用法；从情态意义看，语气词 БЫЛО 可表达客观情态意义与主观情态意义。客观情态意义主要指动作违反常规的进程或违反期待的结果等；其不同的主观情态意义是由语气词 БЫЛО 所处不同位置所决定的。[28]袁长在解析了俄语逻辑语调的构成部分，各个部分之间的内在联系和相互作用，揭示出语调规律，确立逻辑语调理论体系，并以此理论体系为依据，对俄语句法学所囊括的各种句型进行系统的语调分类，归纳出九大类型语调，并通过各种句型的例句，对每种类型语调进行详尽的逻辑语调剖析。俄语语调理论体系的确立是俄语语调教学研究的一大进展，一定程度上填补了俄语语调教学的空白，促进了其理论化和系统化。[29]

四、俄汉语对比研究

姜宏对比了俄汉时间范畴的语义系统，认为俄汉两种语言对时间系统的理解大体是一致的，都包括三个最主要的部分：时相、时制、时体。然而俄语时间系统分得更为细致，还分出了时序、时列以及时位。两种语言所采用的术语及其内涵和外延也基本对应，但也有不相吻合的情况。此外，两种语言对时间范畴研究的全面性和着重点不完全一致。作者在对上述语义系统进行对比的基础上，还对“时相”研究的归属问题提出了质疑。[30]数词作为一种特殊的文化语言，是世界各民族乃至人类文明不可或缺的重要组成部分。它存在于社会生活的各个方面，不仅具有计数的功能，还蕴含着深刻的文化内涵。武晓霞与李岩通过对汉语和俄语中的数词二和 ДВА 的词源及文化内涵进行比较分析，揭示其在各自文化中所具有的独特意蕴。[31]徐英平以 Talmy 框架语言类型理论为切入点，以移动动词基本语义要素“路径”为研究对象，通过对其类型、形式体现、功能及语用灵活度等方面的对比，剖析并论证了俄汉语移动动词路径语义要素的异同及其理据。[32]张志军和孙敏庆以俄汉语空间维度词“高/低（矮）”为例，从词典释义入手，对其空间维度的概念特征进行探讨，进而借助认知语言学的隐喻理论，对俄汉语“高/低（矮）”维度由空间域向其他六个目标的映射情况进行对比分析。[33]谢昆在阐明祈使范畴概念的基础上，从含有模态词的俄、汉语间接祈使言语行为句所具有的不同特点及俄、汉语祈使范畴所具有的不同体貌特征两方面进行了俄汉对比。[34]

五、翻译学与教学法及语言文化学

杨仕章以超句统一体内相邻语句为基本单位，探讨俄语篇章连贯性的主要翻译方法及其使用频率。通过对平行译文的分析与统计，指出不同连贯手段在翻译中受到调整的方式，揭示每种调整方式各自所占的比例，从而得出俄语连贯手段受到翻译调整的倾向性结论。在归纳俄语连贯手段各种译法的基础上，以汉语篇章构建方式为参照，通过分析汉语篇章实现连贯的诸多手段，阐明各种调整译法存在的合理性或必要性。作者还就脚本理论视角下行为文化的翻译阐述了自己的观点，认为对于具有译语文化身份的译者而言，文化之间脚本的空缺或不对应、原作中文化脚本的偏离或嵌入使用，给激活相关脚本以解读具体文化行为造成困难。在翻译行为文化时，不论涉及无标记脚本还是标记脚本，帮助读者建构源语文化脚本都是实现文化传统的基础，补偿法也因此成为最主要的译法。[35]毛志文尝试将结构诗学中超义子和语义对比丛的理论引入俄汉诗歌翻译研究中。超义子作为聚合性词语的共同因子构成诗歌整个语义结构大厦的基础，它可以构成语义丛，然后形成语义对比丛，最终汇成语义场，揭示诗歌的主题，而单个词语的概念意义也在文本语义场中被具体化。语义是诗歌翻译的根本，我们在译文中也要尽力去再现这样的语义结构模式，使其与原文的语义结构模式相对应，防止超义子译错、语义丛错误或者缺失等情况，保证翻译中语义转换的正确性。[36]徐涛审视了汉语动补结构俄译问题。动补结构是汉语特有的一种句法结构，在其他印欧语系中并不存在，因而需要再把汉语动补结构翻译成俄语的过程中，深入剖析动补结构的基本类型和内部结构，并以俄语自身的词汇特征和语法特点为基础对汉语动补结构的翻译方法进行探讨。[37]刘莉莉和崔钰在吸收国内外俄语理论研究新成果的基础上，聚焦俄语教学理论与实践研究的若干问题，对当前俄语教学中的俄语与文化问题进行了较为系统的梳理，比较了俄语与汉语及英语的一些具体的语言现象，介绍了相关的重叠修辞知识。[38]罗苹以能指与所指的非对称发展为主线，对俄语词汇符号的非对称二元性进行了系统描写，并探讨了该思想在俄语词汇教学中的运用，即构建词汇网络系统和加强词汇知识的深度加工。[39]王铭玉与赵亮从语言学的角度对外语教学进行了全面的分析。作为外语教学法理论基础的语言学，先后产生了历史比较语言学、结构语言学、转换生成语言学、社会语言学和功能语言学等流派。在其影响下外语教学法也经历了语法翻译法、听说法、认知法和交际法等流派的沿革。任何外语教学法的产生和发展都与语言学理论有着直接的关系，新的语言学理论的产生势必会引起外语教学领域对语言本质以及语言教学本质的重新思考。[40]刘宏从语言国情学核心理论出发，探讨了语言文化的学科发展过程。他以语言世界图景为研究核心，结合语言文化学、心理语言学、认知语言学、民族语言学、跨文化交际和教学法等学科概念与理论，讨论了一系列的跨学科概念与理论，主要有语言世界图景、语言个性的文化观念、文化空间与先例现象、民族社会文化常规范型，并阐释了各类语言文化单位及语言信息单位，为开展语言文化教学实践奠定了良好的理论基础。[41]

六、应用语言学与计算机语言学

词汇语义知识库是自然语言信息处理领域中的核心工程之一。蔡晖解读和分析了俄罗斯词汇语义知识库《词典人》语言工程对词汇语义独到的处理方式，从研究背景、建构原则、语义理念、释义方法和词条区域等方面论述了该项目在建立语言形式化模型过程中的研究思路和方法。[42]张禄彭和张超静根据特定需求自主构建新闻政论语体的俄语大规模语料库，结合Word Smith统计工具将该自建语料库运用于俄语教学与研究，并获取某些领域的主题词表，探讨该语料库在词汇检索与搭配及词语辨析等方面的应用，统计得出受限领域内的俄语高频词及高频词串，并探讨语法范畴分布倾向性的统计方法。[43]陈虹以四个具有代表性的大型俄语语料库为参照，研究俄语语料库的文本标注原则、模式、理论基础及类型。指出其标注原则是最大限度地方便标注者和使用者，标注模式是结合俄语自身的语言特点，在接受TEI和EAGLES等国际标准的基础上进行的必要的扩展。目前俄语语料库标注的主要类型有元信息标注、词性标注、原形标注、句法标注和语义标注。[44]陈雪研究了俄语计算机术语中存在的多义、同音异义和同义现象，分析同音异义术语的来源，并对多义和同义计算机术语进行类型划分。[45]

注：

①赵爱国：《20世纪俄罗斯语言学方法的嬗变和范式的转进》，《中国俄语教学》，2012年第3期。

②周民权：《20世纪俄语成语学研究》，《中国俄语教学》，2012年第1期。

③杨可：《俄罗斯现代政治语言学——一门新型的交叉学科》，《中国俄语教学》，2012年第1期。

④史铁强、安利：《语篇语言学概论》，外语教学与研究出版社2012年版。

⑤郭明：《俄罗斯语言篇章范畴与小说研究》，黑龙江大学出版社2012年版。

⑥华邵：《论词的搭配限制》，《中国俄语教学》，2012年第2期。

⑦徐翁宇：《对话评价话语分析》，《中国俄语教学》，2012年第4期。

⑧杜桂枝：《语言中不确定情景的多维度阐释》，《中国俄语教学》，2012年第2期。

⑨周民权：《俄罗斯语言学界社会性别原型研究概观》，《中国俄语教学》，2012年第4期；《20世纪俄语音位学研究及其影响》，《外语学刊》，2012年第2期。

⑩孙淑芳、王钢：《21世纪言语行为理论研究：回眸与展望》，《中国俄语教学》，2012年第4期。

⑪张帘秀：《俄语动词行为方式研究》，中国海洋大学出版社2012年版；《俄语动词行为方式与动词体》，《中国俄语教学》，2012年第3期。

⑫徐东辉：《俄语系统结构及功能的对称与不对称现象研究》，《中国俄语教学》，2012年第3期。

⑬胡连影：《同义深层句法结构的题元换位型转换规则》，《中国俄语教学》，2012年第1期；《基于词汇函数Oper1构建的深层结构同义转换规则》，2012年第4期。

⑭黄东晶：《语义研究中的新功能主义及其解读》，《中国俄语教学》，2012年第4期。

⑮徐莉：《俄罗斯认知语义学研究现状及流派》，《中国俄语教学》，2012年第4期。

⑯徐先玉：《试论时空定位超级范畴与语句意义的关系》，《中国俄语教学》，2012年第1期。

⑰彭文钊：《试论语言信息单位及其认知功能与语用功能》，《中国俄语教学》，2012年第2期。

⑱赵国栋：《大众传媒中的语言游戏》，《中国俄语教学》，2012年第4期。

⑲王洪明：《词汇单位语义派生机制多维阐释》，《中国俄语教学》，2012年第3期。

⑳贾洪伟：《苏联语义学思想在中国：历史反思》，《中国俄语教学》，2012年第1期。

㉑刘丽丽：《言语行为动词一词多义现象的内部解析》，《中国俄语教学》，2012年第1期。

㉒崔卫：《现代俄语口语实践语法教程》，外语教学与研究出版社2012年版。

㉓周海燕：《俄语词类间的过渡现象分析——以功能同音词为例》，《中国俄语教学》，2012年第4期。

㉔张勃诺：《浅析全句限定语理论中存在的问题》，《中国俄语教学》，2012年第4期。

㉕王清：《现代俄语词群扩展方式新探》，《中国俄语教学》，2012年第3期。

㉖丁丽芬：《现代俄语中的同位语：本质特征及其言语功能》，《中国俄语教学》，2012年第3期。

㉗邵楠希：《俄语单词“один”的应用特点和多义性研究》，《中国俄语教学》，2012年第3期。

㉘王翠：《俄语语气词было的语法结构与情态分析》，《中国俄语教学》，2012年第3期。

㉙袁长在：《俄语语调——理论与实践》，黑龙江大学出版社2012年版。

㉚姜宏：《俄汉时间范畴的语义系统对比研究》，

《中国俄语教学》，2012 年第 2 期。

㉛武晓霞、李岩：《俄汉数词“ДВА/二”的文化内涵对比研究》，《中国俄语教学》，2012 年第 3 期。

㉜徐英平：《俄汉语移动动词路径语义要素的多维认知》，《中国俄语教学》，2012 年第 1 期。

㉝张志军、孙敏庆：《俄汉语“高/低（矮）”空间维度隐喻认知对比分析》，《中国俄语教学》，2012 年第 1 期。

㉞谢昆：《俄汉语祈使范畴对比分析》，《中国俄语教学》，2012 年第 3 期。

㉟杨仕章：《俄语篇章连贯性翻译研究》，上海译文出版社 2012 年版；《脚本理论视角下行为文化的翻译》，《中国俄语教学》，2012 年第 2 期。

㊱毛志文：《超义子、语义对比丛与俄汉诗歌翻译》，《中国俄语教学》，2012 年第 2 期。

㊲徐涛：《汉俄动补结构的俄译思考》，《中国俄语教学》，2012 年第 3 期。

㊳刘莉莉、崔钰：《俄语教学理论与实践研究》，北京理工大学出版社 2012 年版。

㊴罗苹：《词汇符号的非对称二元性及其在俄语词汇教学中的运用》，《中国俄语教学》，2012 年第 3 期。

㊵王铭玉、赵亮：《从语言学看外语教学法的源与流》，《中国俄语教学》，2012 年第 2 期。

㊶刘宏：《俄语语言与文化理论研究与实践探索》，外语教学与研究出版社 2012 年版。

㊷蔡晖：《俄罗斯词汇语义知识库——〈词典人〉语言工程》，《中国俄语教学》，2012 年第 3 期。

㊸张禄彭、张超静：《自建语料库在俄语教学研究中的运用》，《中国俄语教学》，2012 年第 3 期。

㊹陈虹：《俄语语料库的标注》，《中国俄语教学》，2012 年第 2 期。

㊺陈雪：《俄语计算机术语的语义现象》，《中国俄语教学》，2012 年第 1 期。

（作者：北京大学副教授）

文　学

文艺学

周　娆　吴子林

一、学术活动概况

2012 年 4 月 8 日，由中国诗酒文化协会、中国社会主义文艺学会、中国大众文艺学会、中国红色文化研究会联合主办的“纪念毛泽东《在延安文艺座谈会上的讲话》（以下简称《讲话》）发表 70 周年暨柯岩作品研讨会”在北京人民大会堂举行。有关部门领导和包括港澳台在内的相关学者、作家近百人参加了会议。与会者就《讲话》的精神实质和当代价值，柯岩的创作实践与《讲话》精神的内在联系等内容进行了深入的研讨。

5 月 11 日，由中国社会科学院文学哲学学部主办，中国社会科学院文学所与中国社会科学院中国特色社会主义理论体系研究中心联合承办的“继承传统迎接挑战——纪念毛泽东《在延安文艺座谈会上的讲话》发表 70 周年学术研讨会”在京召开。百余名与会专家深入细致地讨论了“《讲话》的历史意义及其与中国现当代文学的关系”“《讲话》精神在当代文艺和文化生活的现实意义”等议题，认为《讲话》对于迎接我们当下文艺发展的挑战具有重要意义，我们需要继承和发扬《讲话》精神。

为了缅怀纪念著名马克思主义文艺理论家陆梅林先生，推进马克思主义美学、文艺学研究的进一步发展，由中国艺术研究院主办，中国艺术研究院马克思主义文艺理论研究所承办的“陆梅林学术思想研讨会”于 7 月 19 日在中国艺术研究院隆重举行。来自京内外有关方面的领导、专家和学者 50 余人参加了此次会议。会议围绕陆先生生平往事、学术成就和治学特点，及其学者风范等一系列话题展开了热烈而富有建设性的讨论。

2012 年 10 月 13、14 日，中国社会科学院文学研究所在京召开了以“文化自觉与中国想象力”为主题的学术论坛，该论坛作为文学所“创新工程”项目的子课题，邀请了来自文化部、全国各高校和研究机构的 50 余名专家学者出席。会议就“文化自觉”与“中国想象力”进行了分组讨论，与会成员从自己的研究领域出发，从不同角度进行了阐发和评述，强调要加强文化自觉性，学术研究要抓住社会转型所提供的新机遇，面向现实问题进行研究。

2012 年 10 月 18 日，中国艺术研究院举行了“祝贺莫言获得诺贝尔文学奖座谈会”，热烈祝贺中国艺术研究院文学院院长、中国作家协会副主席莫言获得2012年诺贝尔文学奖。相关部门领导和文艺界专家、作家、艺术家纷纷发言向莫言表达祝贺之情和自己的喜悦，肯定了莫言数十年文学创作所取得的成就，分析了莫言获奖对于当代中国文学艺术创作的意义。

2012年11月10日，由北京师范大学文艺学研究中心主办的“百年文学理论学术路径的反思”学术研讨会在京召开。来自全国高校和科研单位的60余名学者梳理了百年来中国文学理论学术路径的发展变迁，围绕理论与历史的关系、理论的发展路径和未来走向、中国文论的发展、外来理论本土化、个人主体等问题展开了热烈地讨论，通过对历史的反思和总结，努力为未来文学理论发展奠定坚实的基础。

2012年11月24日，由中国人民大学文学院、《中国作家》杂志社、北京大学电影与文化研究中心联合举办的“诺贝尔文学奖与中国：从鲁迅到莫言”学术研讨会在中国人民大学文学院举行。50余名驻京高校教师探讨了诺贝尔文学奖的评选过程，回顾了中国作家与诺奖的渊源，分析了莫言的创作特点、莫言的创作与现代文学传统的关系以及中国文学的发展现状，最主要在于倡导理智看待莫言获奖，认清中国文学发展的现实。

为进一步推动中国马克思主义文艺理论研究以及文艺理论、比较文学等学科的发展，2012年12月12、13日，北京大学中文系、北京大学批评理论中心、《人民论坛》杂志社在北京大学举办了“杰姆逊与中国当代批评理论”学术研讨会。与会专家结合杰姆逊在中国学界的接受状况，从不同角度对杰姆逊的一些重要理论概念、理论思想进行了阐释，试图发掘其理论观点在当前的意义以及新的阐释可能性。通过探讨杰姆逊对马克思主义的继承及发展，进而思考马克思主义文艺理论在当代的发展，反思中国的马克思主义文艺理论研究中存在的问题。

为加强不同文明之间的对话，迎接全球化挑战，2012年12月16、17日，北京师范大学文学院主办了“思想与方法：全球化时代中西对话的可能”国际高端对话暨学术论坛。这次会议由北京师范大学文学院教授、文艺学研究中心研究员方维规策划并主持，邀请了朱利安（于连）、成中英以及20多名中外知名学者参加。会议围绕中西方的哲学、中西方对话的可能与基础、对话的实践方式等议题进行了激烈的争论。

二、主要出版著作

1. 专著

党圣元《返本与开新：中国传统文论的当代阐释》（河南大学出版社）收录作者从20世纪80年代至今在中国古代文论研究方面的部分学术论文，围绕中国古代文论研究中的一些概念范畴、古代文论典籍或文论家、古代文体批评现象、文论史现象，以及关于古代文论研究的学术理念、学术方法论，或者古代文论研究学术史等个案问题进行研究，提出在当下的思想文化语境中，应该建立一种国学视野下的文化通观意识和“大文论”观念，以为我们研究古代文论的学术理念和方法论。

张晶《艺术美学论》（中国文联出版社）强调了艺术美学作为艺术学分支学科的重要价值，致力于艺术美学的学科建构。全书分为思辨形态的艺术美学、中国古代艺术美学和当代艺术美学三编，从艺术的价值、艺术审美规律、文学与艺术的审美共通性，艺术创造与欣赏等诸多论域，建构起了具有各种艺术形态通识共性的美学理论。

冯巍《跬步十年：语言·文学·艺术》（辽宁大学出版社）收录了作者近年来所撰的30余篇文章，分为“美的探索”“哲理之思”“走近电视”“与书为友”四个部分。全书立足于马克思主义基本理论，以文化批评视野，对文学艺术领域诸如“真实性”“意境论”“主体间性”以及元文艺学的发展等重要理论问题，当代文艺家的理论探索，中国作家的创作，20世纪30—50年代美国纽约批评家集群，西方学者的理论观，以及当下的文艺现象与文艺热点等问题进行了严谨的论述。

张慧瑜《影像书写——大众文化的社会观察(2008—2012)》（生活·读书·新知三联书店）分为“影像书写”“主流价值观”“社会与主体”三部分，以文化研究的方法对“后奥运”时期的社会文化现象进行了细致入微地观察和思考，通过详细解读电影、电视剧、电视栏目等大众文化的丰富内涵，来呈现2008年奥运会以来中国社会、思想与文化的变迁。

2. 合著

徐志伟、李云雷等著《重构我们的文学图景：“70后”的文学态度与精神立场》（广西师范大学出版社）从诸多“70后”批评家、作家中抽取28位进行访谈，力图从不同的角度探寻这一代人的文学观念、精神立场的生成与演进历程：一方面，他们都对20世纪80年代所确立的“纯文学”观念有所反思；另一方面他们也都积极探索文学重新介入现实的可能性。他们对文学的重新理解和想象，在某种程度上已经推动了当代文学发展史上一次值得注意的文学转型和范式分野。

3. 编著

金元浦、张首映、刘方喜主编《当代文艺学的变革与走向：钱中文先生诞辰80周年纪念文集》（人民日报出版社）收录了一批活跃于文艺学研究前沿的学者论文，既有钱先生对自己治学经历的回顾，也有部分回忆研究的文章，但更多地集中于对当代文艺学发展走向的探讨，有些文章虽是讨论具体的传统话题或文学史问题，但研究路数本身也能昭示当代文艺学研究的某种总体走向。

三、学术研究概况

“理论已死”的说法虽不绝于耳，但综观2012年度北京市文艺学研究，人们对于文艺理论的研究与反思并没有终结。不论是对马克思主义文艺理论的探索，还是对当代文艺理论和思潮的研究；不论是西方文论与美学的理论旅行，还是古代文论研究的返本开新，学者们都在走进历史与扎根现实的过程中，孜孜于文艺学的理论重构与创新。

（一）马克思主义文艺理论研究

1. 对马克思主义文艺学学术史的勾勒

程正民通过对20世纪马克思主义文艺理论的历史回顾，认为其出现了多样性、当代性、开放性的新特征。针对20世纪马克思主义文艺理论存在着苏联、中国和西方三种形态的现状，提出应当从文化多样性的角度去探究原因；而20世纪马克思主义文艺理论的理论贡献就在于着力于寻找文艺理论的人学出发点和人学基础，努力阐明文学的审美意识形态本质，提出艺术生产理论，并且出现了从文化角度分析文艺现象的新趋势。苏联形态和中国形态的马克思主义文艺理论不断从封闭走向开放，从对立走向对话，而开放性作为西方形态的马克思主义文艺理论的本质特征，是其取得重要成就和难以摆脱自身局限的根源。①

2. 马克思主义经典作家的研究

陈奇佳从浪漫主义对于马克思、恩格斯和拉萨尔的影响入手，认为这场悲剧观念之战实际上是一场关于浪漫主义法统价值的论战。对于浪漫派国家民族观念的不同态度构成了马恩与拉萨尔悲剧观念冲突的主要意识形态来源（前者批判，后者接受），二者在对德国国家统一的情感立场、实现统一的可能性及其历史地位的认识、实现德国统一的现实力量和领导权的判断、国家关系和对被压迫群体的态度等方面存在着分歧。拉萨尔的观点在今天看来是有启发意义的，如革命领导权、权术在革命斗争中的作用、对国家民族的见解等，特别是针对20世纪左翼阵营将马恩观点教条化从而在悲剧建设上走向“诗学正义”的流弊。②

“美学标准和历史标准”一直被理解为马克思主义的文艺批评标准，金永兵提出，“美学观点和史学观点”作为无产阶级的美学理想，并不是对立统一的两个因素，而是一个不可分割的统一体。“美学观点和史学观点”是唯物史观在文艺领域的运用，以处于历史之中的人为出发点，美学观点只有在历史之中才能解释，但历史观点并不能取代美学观点，无产阶级的性质和目标使得历史和审美内在于一个整体之中。③

3. 西方马克思主义研究

张永清认为，西方马克思主义的文化理论使得20世纪90年代马克思主义文学批评发生了文化转向，特别是法兰克福学派和伯明翰学派在其间发挥了重要作用。这种文化转向的特点在于从文学转向文化，从书面文本转向视觉文本，从语词转向图像，从阅读者的语言享受转向观看者的视觉快感，并且这种转向给马克思主义文学批评带来了一系列的消极影响，譬如，对马克思主义文学批评与马克思主义文化批评的关系认识不清，再次将文学批评与文化批评的泛政治化和泛意识形态化，文学批评缺乏文学性和审美性等。④

4. 关于《讲话》的研究

文艺理论家童庆炳指出，《讲话》第一次系统地、完整地、具体地把马克思主义的文艺思想与中国抗日战争时期延安的文艺工作实际情况联系起来思考，明确提出并解决了文艺为工农兵服务和如何为工农兵服务的问题，使马克思主义的文艺思想带有了中国的特性，带有抗日战争时期斗争的特性。但是，《讲话》不是一般的文艺学著作。它产生于抗日战争时期延安整风这个特殊的历史时期，是当时党的整风文献之一，是马克思主义中国化的重要标志之一。从当时的历史语境看，它远远超越了文艺问题本身，它的主要价值是从总结五四运动以来新文学运动的经验与教训，总结“左联”时期文艺工作的经验与教训和当时延安文艺工作者的实际出发，做出了自己独特的结论。因此，《讲话》成为马克思主义中国化在文艺领域的重要标志。⑤

著名作家王蒙认为，《讲话》的成就在于实现了文艺的革命化并通过文艺革命化实现人民思想革命；大量开掘民族民间的文艺资源；文艺创作极大地鼓舞了民众的精神。并且认为当前文艺者面临的主要问题是如何使文艺在满足人们需要的同时更好地起到提升精神、引导社会的作用。⑥

董学文将《讲话》在审美理论上的功绩概括为三个方面：以文艺如何为群众服务为中心，集中解决了作家、艺术家与群众结合的问题；集中解决了作家艺术家主观世界和思想感情与文艺创作之间的关系，防止了因创作方式的多元性而忽视作家、艺术家自身树立先进世界观的理论偏见；创造性地揭示了作家、艺术家审美情感实现的新途径，为“审美性”注入了时代、历史、阶级、政治等诸多内容，使其不仅仅局限于艺术和形式方面。当下我们文艺创作的诸多弊端就是在文艺“为什么人”和“如何为”这些根本问题的理解上出现了偏差。⑦

杨劼则关注《讲话》精神与中国文化转型的关系，指出围绕《讲话》形成的延安文学从欧化的、城市倾向的、脱离乡土中国的角度展开对五四文学的批评，试图实现一次新的文化转型。不同于五四斩断传统、走向世界的倾向，延安凭借马克思主义巧妙将现代化与传统进行调和，从知识分子手中接过文化领导权，引发了中国文化结构性变异，促使文化重心下移，打破了精英与大众间的藩篱，并且为文化民主奠定了基础。[⑧]

5. 马克思主义文论中国形态化

党圣元提出，我们应将以下五个方面作为我们的问题意识和提问方式，建构起马克思主义文论中国形态化的话语体系：注重学科间性，跨越学科边界，将其他相关学科的成果作为自身的研究资源；强化整体性研究意识，从单向度割裂走向系统性整合，避免断章取义式解读，同时系统整合各个学科，找出基本规律和方法论原则；强调问题意识，善于从当下的文艺发展现状提出问题并进行分析和理论总结；通过文本和研究者之间的对话，使马克思主义经典文论进入中国的话语实践，提出符合时代需要的马克思主义哲学和美学命题；本土视域与世界视域并重，借鉴西马的思想和方法，将马克思主义文论与中国传统文论、西方文论进行融合。[⑨]

（二）当代文艺理论与思潮新探索

1. 作者与世界的关系

在由作者、作品、读者、世界所构成的文学空间里，世界不仅是作者的创作语境，也是其言说对象，秦晓伟认为作者对世界的言说普遍采取三种策略：以真理符合论为基础的镜像式言说，主张对客观世界的逼真再现，强调文学的认知功能；以行动主义为原则的介入式言说，主张依据作者意图或理想呈现世界，注重文学的社会功能；强调审美自律的疏离式言说，有意忽略或悬置现实世界，构造出一个虚拟世界和精神空间。但是，镜像式言说不可能实现绝对客观，介入式言说也不能忽视文学的自身属性，疏离式言说实际上是以一种隐微的方式对现实进行批判。因而，在文学实践中，三种言说策略往往相互渗透，共同发挥作用，为人类提供了一个丰富多彩的意义空间。[⑩]

陈晓明则对现当代文学批评中重要的“文学反映现实”这一陈述提出质疑。文学要表现现实无可厚非，可问题在于这个被反映的“现实”不断被外在因素介入：或是一种历史感映射下的批判性书写；或是被政治或道德律令明确规定；或是一种被时代想象投射的决定。实际上在马克思主义那里，“现实性”并不是感观所直接接触的现实现象，而是以历史理性为依据合乎必然性的存在。文学所表现的现实只能是他的艺术想象力所能及的生活。站在一种道德高地上提出文学反映现实，很有可能成为文学创作发展的桎梏。当代有一部分文学作品以损害艺术性为代价强行将一些社会现实问题糅合进去，使之无法达到应有的艺术高度。现实与艺术之间的悖论提示我们，不应该放弃文学所长的表现方式，要求文学去表现观念化的现实，去关心社会问题，去回答并未想明白的大是大非的问题。文学天然要与现实保持一点距离，才能艺术化地表现现实生活，有这段距离才能透出真正的思想深度。[⑪]

2. 媒介与文学

金惠敏颇有新意地探寻麦克卢汉与庄子思想的关联，认为麦克卢汉的“媒介即信息”命题是对媒介技术的一种“反视角主义”整体思维，其含义在于媒介的本质即其后果，此后果是由各种感觉相互激荡而成的“统一场”引发的，以此为基础的媒介研究就是一种以感性或美学为核心的文学研究。麦克卢汉对庄子“抱瓮出灌”的援引和评论只是对其媒介研究“后果范式”和整体性思维方式的支持。可惜的是麦克卢汉并未能看到更多庄子对技术的整体性和感性的论述，其对老子的引用也未能领悟其原意。麦克卢汉与道家或者扩而言之中国传统文学之间的互文性，正是我们开拓中国媒介生态学未来的一种路径。[⑫]

当下手机能否成为继网络之后的“第五媒体”成为人们争论的焦点。丁国旗认为，手机作为媒体而言，既存在优势，同时也存在许多尚未解决的技术难题，宜界定为“准第五媒体”，并且手机媒体传播是一种“人际大众传播”。手机的广泛使用给当下的文学创作和人们的生活带来了多重影响，手机媒体所具有的沉溺性威胁到人在使用过程中的主导地位和人的主体意识。[⑬]

秦艳华从传播学角度提出，手机媒介建构起新的传播生态；手机媒介在与不同的传统媒体相结合的基础上，从最初的语音通信工具发展成一种可以进行公共信息传播的媒体；手机媒介为公民话语权的实现提供了有利条件，因而成为以公民个体为传播主体的“自媒体”；手机媒介可以有效实现个体与媒体之间的互动，促使传播生态由传统的单向传播向双向传播转变。手机媒介在与传统大众媒介的竞争与合作中，带来了现代社会倡导的传播自由理念，对实现以民主自觉为核心理念的新闻公民化有着非同寻常的意义。[⑭]

3. 图文关系研究

莱辛的《拉奥孔》长期被视为探讨诗画界限的杰作，张辉发现，莱辛至少有三分之一的笔墨在讲述荷马史诗的故事，相比于诗画界限他更重要的是探究人性。莱辛从拉奥孔雕刻与维吉尔诗中的拉奥孔的不同为起点，批判温克尔曼的双重误解：将拉奥孔雕刻中合乎造型艺术规律的克制推演为普遍的艺术规律，将被压制、被扭曲的人性误解为人性的最高形式。诗与画不仅仅是两种艺术手段的差异，更重要的是，两种不同的古代图景的差异，两种对理想人性的理解的差异。莱辛的启发意义在于，在静穆地面对苦难与荣光的方式之外，还有一种荷马的即诗的方式。这种方式尊重人的自然人性，是“更高的类别的人”的方式，与野蛮人相区别，也与文明的现代人不可同日而语。[15]

董琦琦认为，作为人类有史以来的两大叙事符号，图像与文字一直存在着或隐或显的联系。图文关系并不是一个现代学术话题，早在古希腊时期就引起关注，只是图像时代的到来扩大了两者间的分歧。注重感性直观的图像随着人的主体地位提升和现代美学的诞生从语言的附庸地位摆脱出来，拥有了自主性。由图像真伪引发的视觉悖论更直接导致了命名与指示、言说与状物、意指与模仿、读与看、词与物等传统表征关系的瓦解。那种认为图文处于非此即彼对峙状态的观点，只是对“图像转向”说的误读。[16]

4. 海外汉学研究

近年来海外汉学家对中国文学的研究，引起了国内学界的极大关注，相关论文多集中于热门汉学家的研究路数的探究。

李庆本认为，宇文所安以“他者”视野对中国文学进行解读，虽然也存在着一些“误读”，但是丰富了我们对中国文学的理解，为我们的解读和阐释提供了一种新视角。而宇文所安的阐释模式是延续“新批评”注重作品细读的特点，又将文本分析与文化、历史联系起来，将感性体验与理性认知相结合，构建了由作品、作者、读者、世界所组成的文学空间，因而将其研究定位为跨文化阐释。宇文所安以超越中西二元对立的学术视野，着力于对中国文学本体意义和普遍价值的揭示，并且由于他的西方人身份，他的研究为西方学习者、研究者提供了一个进入中国文学的窗口。[17]

胡淼森综合运用后殖民批评方法、文学形象学和文化地理学等方法，对西方汉学家笔下的中国文学形象进行考察，发现文学研究在整个汉学研究体系中并不占据重要地位，汉学家们往往将中国文学“对象化”或者是器物化，并且充满了理论优越感，否定中国文学理论的价值，以西方理论视角来解读中国文学作品。汉学家对中国文学的整体态度、分析方法和评价体系的一致性，透射出中西对立、以西释中的思维痼疾。特别是对于中国文学理论的忽视，将中国材料作为西方理论的注脚的研究方法，使得中国学术界逐渐丧失文学阐释话语权和理论权。只有对汉学家的话语特征和学术理念进行深刻剖析，尝试自我塑造形象，才有可能摆脱汉学家的套话对中国文学形象的潜在影响。[18]

5. 文学批评

文学批评自20世纪90年代开始热点纷呈，批评的范围、对象、方法和批评队伍都在不断扩大，然而，不少文学批评或以西方理论话语来阐释中国作品，或是过分学院化、程式化、隔靴搔痒式，或是与市场和文化资本结盟，至于那些草根化、网络匿名化的批评，更是消解了文学批评的尺度和规则。要想保证高质量的文学批评，批评家的责任意识也重要，这一方面我们可以从纽约学派汲取养料。冯巍提出纽约学派的批评理念高度关注文学批评应承担的责任，强调批评家参与文学事件、介入人生、承担重大的文化使命，体现在他们的批评实践中就是深入挖掘文学作品内涵的思想意蕴与人文内涵，希望通过文学批评来提升公众的审美品位和社会历史意识，通过对于文学批评自身的反思来反思美国文化。纽约学派的文化批评包含着对社会、人生、历史及其与文学的复杂关系的思考，在文学批评或偏重于文本细读或侧重于对文学进行文化解构和阐释的当下，不失为一种有益的参考。[19]

（三）西方文论与美学研究

1. 美学本体论研究

美学本体论是美学研究中的核心问题，也是长期以来学界争论不休的话题之一。针对目前有学者提出“实践存在论美学”“新实践美学”等概念，毛崇杰认为，实践论与本体论不是两种思维方式，认识论与实践论是统一的，本体论美学将“本体”与“本质”两概念对立起来。长期以来中国美学研究难以深入的原因就在于对认识论、实践论、本体论以及本体、本质等概念没有从哲学的高度加以透彻认识。李泽厚的美学思想一直都不是历史唯物主义的，并没有因“情本体”的提出而分为唯物、唯心两期，实践美学和种种后实践美学、新实践美学、生命美学、存在美学都有一个共同的哲学基础，即对作为人的生命存在的本体的相关范畴，不是从生产关系出发，而是把这些范畴抽象化为脱离历史的“超越的自由”作为生命存在的本质。[20]

2. 艺术理论与批评

王一川近年一直致力于艺术公赏力的研究，他发现艺术的信誉及艺术家的信誉本是不证自明的，可《三枪拍案惊奇》遭遇质疑，以及“人造韩寒”之争凸显了艺术公信度的重要性及其在当前的问题化状态，其原因就在于社会体制的转变、全球性现代艺术在实验蔑视与实验好奇间的悖逆、公共领域的自由质疑、社会敏感问题假艺术公信度问题而隐秘显现等。他指出，艺术公信度应包括艺术品、艺术家、艺术社团、艺术产业、艺术媒体、艺术展演机构、艺术批评家和艺术评奖机构等维度，和艺术家个人创造力与文化产业集体制作、艺术创作个性与艺术商业属性、艺术作品无价与艺术商品有价、艺术实验被蔑视与艺术兴趣增长、艺术创作与艺术感召、艺术短时轰动与艺术长久流芳等耦合关系。这些维度和耦合关系表明艺术公信度需放置在当前社会的公平与民主框架中自主检验。[21]

汪民安则运用尼采权力意志概念来解释中国当

代艺术与消费的关系。按尼采的理解，力的增长和释放是一个轮回过程，当力积聚到饱满状态就一定要释放，同理当代艺术也是社会财富积聚到极大程度时的释放手段之一，艺术品的无用性使其拥有无限的价值潜能，可以消耗社会财富。当代艺术在今天的意义，就是为社会财富找一个发泄渠道，并且这种发泄也许比艺术家内心焦虑的发泄更为重要。[22]

3. “艺术终结”论

“艺术终结”论是近年来的热点话题之一。高建平认为，“进步”“终结”“历史”是三个紧密联系的概念，传统的在技术和征服视觉层面谈论艺术进步的观念在20世纪遭到质疑，现代主义艺术的兴起，使得以康德哲学为基础的诸多美学流派遭遇了新的阐释困境，以维特根斯坦哲学为基础的分析美学则通过下定义的方式来直面艺术现实。丹托等人吸收黑格尔的“终结”观，在历史过程之中考察艺术的兴衰，从而走出康德的主体性和分析美学的间接性。艺术终结论只是一种学术策略，但其中蕴含深意，丹托实际上是指单数的大写的“艺术”（Art）的终结，而复数的小写的艺术仍有未来。艺术应该从哲学家和资本家转向艺术家，以艺术创作者为主体，这才是艺术走出终结的途径。[23]

阎国忠从何为艺术入手，认为一直以来对艺术的界定都只有悖论，没有定论，从艺术模仿论、艺术科学论、艺术“镜子”论、到艺术表现论、艺术再现论，再到艺术理念论、艺术直觉论、“有意味的形式”论、艺术真理论，乃至艺术意境论，所有界定都有其合理性，也有其局限性。现代主义艺术的兴起，使得艺术与非艺术间的界限被打破，艺术界也放弃对艺术本质的讨论，转向何以被称作艺术品。但是艺术品只是一种具体存在，对艺术的界定理应先于对艺术品的理解。艺术作为人类借以观照自己、调节自己、超越自己的生活方式，只要人类无法完全认清自身，就还需要艺术，对艺术的追问和界定就不会终止。从这个意义上说，艺术不会“终结”。[24]

4. 日常生活审美化

由“艺术终结论”衍生出来的“日常生活审美化”，同样引发了人们持久而热烈的争论。王德胜等人认为，“日常生活审美化”并不是对西方话语的简单移植，而是深植于中国文化现实的学术探究。由于中国特殊的历史文化背景，当下人们争论的焦点集中在对“日常生活”和“感性”的不同理解之上，“日常生活审美化”在中国无异于一场生活观念和人生意义的思想革新。得益于此，“日常生活美学”可能作为一种新的美学话语出现，并将联系起美学与人的日常生活，拥有介入现实的能力。[25]

金惠敏通过对“日常生活审美化”的主要倡导者韦尔施、波德里亚、费瑟斯通等人的研究，提出他们的研究或隐或显地均将图像增殖作为审美化的推动力，围绕着这一主线，可以在技术与审美化的关系以及技术背后的最终推动力商品等方面展开进一步研究。一件商品必然拥有并不为其本质所需却能真实反映其实体的形象，商品通过对形象的阴谋利用实现了资本对消费者无孔不入的入侵。[26]

杨波认为，当下的日常生活审美化更多的是传播商业文化而不是美，而“艺术的生活化”则将艺术直接等同于生活，消亡了艺术。真正意义上的日常生活审美化应该是提升人的生存境界，实现人的生命自由，在这一点上中国“为人生而艺术”的传统思想有借鉴意义。[27]

5. 大众文化研究

“日常生活审美化”是消费社会的表征，现有研究坚持对其背后资本逻辑的批判是合乎逻辑的。陶东风认为，20世纪90年代中国进入了消费主义时期，一种变态的物质主义和自恋人格文化盛行无阻，中国大众文化丧失了公共维度；我们只有承继80年代的公共参与精神，着眼于公民社会建设才有可能走出泥淖。[28]他进一步关注核心价值体系与大众文化之间的契合点和转化机制，提出核心价值体系必须具有多元性、包容性、开放性和普适性、基础性、广泛性，才能从官方文化转变为主流文化，从而获得大众的自觉认同，取得文化领导权；通过成为支配大众日常生活的常识哲学，使自身从主流文化进一步转变为大众文化。而与此相呼应的大众文化批评必须依据世俗社会的普遍价值尺度和道德伦理，才能有效地提升大众。[29]

肖鹰认为，当下我们的文化问题在于没有建立起大众文化与精英文化良性互动的文化生态，而精英文化自身文化理想的丧失和文化取向的下滑则是当前文化问题重重的主要原因。因此，精英文化必须重建文化理想，立足于传统，着眼于未来，以此重建独立的文化批评力量。[30]

赵勇则对大众文化的概念流变、演变轨迹和研究走向进行了梳理分析，认为大众文化的概念经历了“Popular Culture→Kitsch→Mass Culture→Culture Industry→Popular Culture”的发展之路，其中隐含着持文化精英主义立场的西方学界对大众文化从否定到肯定、从主观到客观的态度演变。而20世纪中后期以来大众文化已经从新兴文化发展为主导文化，从上层建筑演变为经济基础，从中产阶级文化转变为青年亚文化，研究走向上从法兰克福学派转变为伯明翰学派，以一种更客观公允的研究姿态，多元化的理论方法，在后现代语境中聚焦于媒介文化研究。但是各派西方大众文化理论仍以批判理论、文化研究和符号学为基础。[31]

（四）古代文论

1. 中西文论比较

针对中国重表现、西方重再现说法的弊端，童庆炳提出，中国文学观念从先秦至明清始终是以抒情为主的审美论，将文学视为表现人的生命感情形态的言语艺术，而以欧洲为中心的西方文学从柏拉图至后现代则是以模仿为主的认识论，提倡文学必须发现知识、揭示真理。中西方文学观念、文学主题、文学精神的差异是根植于不同的文化土壤之中的。具体而言，中国的农耕文明使人们易于产生对身边人和事物的情感，而西方的海洋文明则迫使人必须探索知识来减少伤害；中国的人文传统讲求天人合一，重视人伦，生发出思乡、亲情、隐逸和咏史四大主题，生长出以美好的人伦关系为核心的人文精神，而西方的人文主义则将人从神手中夺回，以对人的压迫，征服自然，改造社会为主题，生长出以人道主义为核心的批判力量；中国的求实精神使中国文学倾向于表达自甘弱小卑微而又别有真意真情的审美精神，而西方的科学精神却孕育着史诗精神、创造精神和批判精神。[32]

2. 先秦两汉诗学

杜书瀛提出，中国古代文论应该命名为“诗文评”。他认为魏晋之前“诗文评”并未成为一门独立学科，但是先秦两汉散见于其他专著中关于文学的片段式感悟却为其奠定了基础，其中最重要、影响最大者有三：一是《尚书》提出的“诗言志”命题奠定了中国古代文论的“开山纲领”；二是孔子评诗论文的言论成为儒家诗学文论的元点，以文艺工具论、德政为先诗文为次、君子为人为文之统一为特征；三是《左传》中的“季札观乐”，季札对各种音乐的批评开启了“感悟批评”“印象批评”“读者反映批评”“社会政治批评”之风。[33]

李春青关注文人身份与文学观念的关系，“士大夫”与“文人”同属一个社会阶层，但两者的文化主体身份不同：前者以“道”为终极价值范畴，通过捍卫“道统”的神圣性来规范和引导君权；后者则侧重表现一种无关政治社会的个人内心世界，追求精神自由与审美享受。“文人”作为“士大夫”阶级的一个衍生身份，其形成始于战国，直至东汉以“个人情趣合法化”为标志的文人趣味生成才真正确立，并在诗歌创作机制和文学艺术评价标准两方面给文学观念带来变化。[34]

夏静同样将研究聚焦于魏晋以前文学的发展状况，认为《诗大序》的出现标志着自孔子以来儒家早期文学价值观理论形态的完成，在价值标准、价值原则、价值理想等方面内化于整个传统文化之中。具言之，在价值主体和价值理想上，从追求美善的君子儒演变为重视礼教的士大夫，从追求内圣的道德理想转变为外王的社会理想；在价值取向上，从孔子“对话式”用诗转变为汉儒“文献式”释诗，从追求自我实现到经世致用；在正统文学观的选择上，学术和政治紧张关系趋于缓和，从“六艺”之学的整体性价值取向嬗变为政教一体的诗教原则。[35]

3. 魏晋南北朝诗学

“文学自觉”说自日本学者铃木虎雄开创后，得到学界的广泛接受并发展为“魏晋文学自觉说”，更有学者在时代认定上前溯到“汉代说”“宋齐说”。

吴寒、吕明恒通过对文学作品及文论历史的细致分析，发现魏晋“文学自觉”只是一个假象，因为作品本身的审美特性自文字之初就一脉相承，以道德教化论文章在传统体系中一直占主流地位，传世史籍中“文学类目”的独立也只是走入传统语境与现代概念的对接误区。“文学自觉”作为一个在西方学术观念影响下提出的中国文学史命题，之所以被定位在魏晋时期，实际上是由于魏晋长期分裂，导致抒情言志的创作大量繁荣；并且得益于造纸术的发明和广泛运用，使文学传播与流行成为可能，从而造成魏晋文学创作的繁盛。正是这种创作“突然繁荣”的假象，使学者得以建构起“文学自觉”。[36]

袁济喜则认为中国古代的文学批评与艺术批评在魏晋南北朝达到高峰，既延续了先秦开创的以道来统率文学与艺术在内的精神活动的思想体系，又将艺术与士人生命活动与生命体验相融合，促成了文学与艺术相对独立的地位，使审美精神获得解放与自由。艺术批评与文学批评呈现出内在的联系与互渗，都被视为一种高尚的精神文化活动，是构建理想人生与理想人格的途径，并且魏晋士人不同于两汉的儒生，大多文学与艺术兼通，文学批评与艺术批评往往相互交融，体现出人文性与贯通性。可以说不同于西方对不同艺术种类的区分和现代学科分类，中国自古以来就强调文学与艺术的互渗，强调不同学科间研究观念和方法的有机联系。对于中国传统学术的立场和做法值得今人借鉴。[37]

4. 明代诗学

“情”是明代诗学中占有重要地位的概念。沿着情感路线我们可以勾勒出明代文论的发展路径。肖鹰针对学界将明代诗学分为复古与情感两期的说法，提出在复古拟古之中孕育着情感化和个人化的诗学精神，着力分析前期文论“由法而情”的演变历程：宋濂的文论在强化文学的精神性和本原性追求的同时，也赋予文艺的原创性和情感性的自由，为后世做了铺垫；茶陵派李东阳为反对台阁体提出“以汉、魏、晋、盛唐为师”，重视但不拘泥于诗的声律法度，追求“天真兴致”，开启了一条通过拟古而走向情感主义的道路；直至前七子李梦阳虽以汉唐为最高标准，却高标真性情在诗文创作中的核心地位，其“情一遇”说和“真诗乃在民间”说成为明代后期文学思潮的先声。[38]

王阳明在明代中后期文论发展中的作用极为关键，杨洋认为，王阳明以心学为哲学基础形成了中和诗学，其诗文的目的在于载道，功用是导人性情改变世风，表达方式应华实相映。对其主张应分从两方面解读，一是作为理学家的王阳明要求文学直面现实的社会性追求，一是整个时代重视个体生命感受的抒发和流露。这种诗学观既是对当时一味追求审美性的诗坛的反思，也是对内忧外患的社会和个体觉醒时代的深刻感受。[39]

5. 文化诗学

自20世纪90年代以童庆炳、刘庆璋、蒋述卓为代表的文学理论家提出“文化诗学”的理论构想以来，二十余年时间里不管是在学理探究还是批评实践上都取得了一定的实绩。文化研究要求在我们文学理论的研究和文学批评的实践中，将文本与文化统一起来，实现内部批评与外部批评的统一，增加文学研究的历史深度与文化内蕴。

李青春认为，“文化诗学”虽是舶来品，但是与中国固有的研究模式有着相通之处，都具有跨学科性，打破了文学、历史、政治、哲学、民俗、宗教、地理等学科界限；排斥抽象的形而上学论争，面对具体的文学和文化现象进行阐释；结合历史语境进行具体的分析，这使得文化诗学的本土化成为可能。而本土化的文化诗学应该坚持对话的言说立场，对研究对象保持尊重与平等态度，要有跨学科的互文性视野，寻找不同文类的文化文本之间的相通处，要考察研究对象在与具体语境的互动中的生成过程，判断研究对象在其产生背景中的价值与意义，并根据当下语境选择能够发挥积极作用的研究对象。[40]

作为一种研究路径，文化诗学在当下的关注度显然不及文化批评，我们认为需要有更多的学者运用文化诗学的方法进行批评实践。在这意义上，罗钢的“意境说”研究值得一提。他通过对20世纪七八十年代“意境说”理论历史建构的细致分析，指出这些研究以王国维等人提供的意境理论为依据，将中国古代诗学思想作为材料进行主观的人为的建构，是一种斯金纳所说的“学说的神话”。这种脱离历史语境的研究遮蔽了古代文论的真正内涵。而且王国维的“意境说”是在西方主客二分哲学基础上建立的，我国古代虽出现一些以意境论诗文的说法，但都是在佛学影响和自身文化传统中形成的。[41]罗钢的文章对我们进行文论研究有很大的启发，一方面是要还原到文本语境之中，一些概念范畴只有在上下文中才能得到准确理解，另一方面是要还原到历史语境之中，才能深刻理解文论产生的历史契机和不可复制性。

在学术探索中，我们应该以什么样的态度来做学问也是极为关键的，在这一点上“一生所重唯在于学”的孔子能够给我们以启发。吴子林剖析了孔子“志于道，据于德，依于仁，游于艺”的“教学总纲”，对孔子的“学”思想进行了全新的系统阐释：“游于艺”以一种自由自发的精神来追求知识，学习技艺，从而唤醒人格自觉；“依于仁”使孤立的个人建立起与自然、他人、社会之间的联系；“据于德”致力于个体的自我认同；“志于道”则塑造理想人格，达到体悟天道的境界。通过学，个体沿着“人文化→社会化→个体化”之路逐层递进，最终超越有限生命，实现文化价值理想，完成自我的创造性转化。[42]

不论是扎根现实，还是走进历史，都沉淀着文学理论研究者对当下文艺学走向的思考与探索。文艺理论家钱中文说得好：“对自己从事的文学研究要有兴趣，浓烈的兴趣，耐得住寂寞；要面向现实的问题，沉入各种知识的梳理与思考，对各种理论与各种思想都要给以鉴别，汲取真正的新思想，而不盲从；要努力发现新问题，在自己的著述中不断提出新问题、新思想，在学术上有所积累，使学术有所前进，从中逐渐形成自己的学术个性。要恪守道德底线，对于失去诚信的社会，纵使无力回天，也要清白做人，要做一个具有血性和良心、怜悯和同情的人文知识分子，而不是一个‘知道分子’。如前所说，理论不仅提供知识、也应提供思想!”[43]我们相信，只要怀着对文学的满腔热忱，沿着科学、正确的研究路径，当代中国文艺学研究定会有更大创获。

注：

①程正民：《20世纪马克思主义文艺理论的多样性、当代性与开放性》，《马克思主义与现实》，2012年第1期。

②陈奇佳：《关于浪漫主义的分歧——马克思与拉萨尔悲剧问题论争的意识形态根源》，《江淮论坛》，2012年第4期。

③金永兵：《“美学观点和史学观点”的整体性——无产阶级美学理想再认识》，《首都师范大学学报》（社会科学版），2012年第2期。

④张永清：《马克思主义文学批评的“文化转向”》，《西北大学学报》（哲学社会科学版），2012年第2期。

⑤童庆炳：《马克思主义中国化在文艺领域的重要标志》，《党的文献》，2012年第3期；《毛泽东的〈讲话〉是中国历史语境下的马克思主义——纪念〈讲话〉发表70周年》，《艺术评论》，2012年第5期。

⑥王蒙：《文学与时代精神——毛泽东〈在延安文艺座谈会上的讲话〉及其历史作用》，《文艺研究》，2012年第6期。

⑦董学文：《〈在延安文艺座谈会上的讲话〉的历史地位和现实价值》，《高校理论战线》，2012年第6期。

⑧杨劼：《延安与中国文化转型》，《文艺争鸣》，2012年第5期。

⑨党圣元:《马克思主义文论中国形态化的问题意识及其提问方式》,《贵州社会科学》, 2012 年第 9 期。

⑩秦晓伟:《作者如何言说世界》,《人文杂志》, 2012 年第 5 期。

⑪陈晓明:《文学如何反映当下现实》,《文艺研究》, 2012 年第 12 期。

⑫金惠敏:《"媒介即信息"与庄子的技术观——为纪念麦克卢汉百年诞辰而作》,《江西社会科学》, 2012 年第 6 期。

⑬丁国旗:《手机媒体带来的问题与挑战》,《学习与探索》, 2012 年第 12 期。

⑭秦艳华:《手机媒介重构传播生态》,《中国出版》, 2012 年第 19 期。

⑮张辉:《莱辛〈拉奥孔〉中的荷马史诗》,《文艺理论研究》, 2012 年第 1 期。

⑯董琦琦:《在疏离与聚合之间——图文关系考辨及相关问题研究》,《江西社会科学》, 2012 年第 8 期。

⑰李庆本:《宇文所安:汉学语境下的跨文化中国文学阐释》,《上海交通大学学报(哲学社会科学版)》, 2012 年第 4 期。

⑱胡淼森:《西方汉学家笔下中国文学形象的套话问题》,《文学评论》, 2012 年第 1 期。

⑲冯巍:《论文学批评的职责——在纽约学派文化批评视野下的审视》,《文艺理论与批评》, 2012 年第 3 期。

⑳毛崇杰:《再论美学本质论及本体论问题——与张伟及王元骧二先生商榷》,《广东社会科学》, 2012 年第 5 期。

㉑王一川:《论艺术公信度——艺术公赏力系列研究之五》,《当代文坛》, 2012 年第 4 期。

㉒汪民安:《当代艺术与消费》,《东方艺术》, 2012 年第 15 期。

㉓高建平:《"进步"与"终结":向死而生的艺术及其在今天的命运》,《学术月刊》, 2012 年第 3 期。

㉔阎国忠:《艺术的悖论——积淀在艺术概念里的人类智慧》,《艺术百家》, 2012 年第 6 期。

㉕王德胜、李雷:《"日常生活审美化"在中国》,《文艺理论研究》, 2012 年第 1 期。

㉖金惠敏:《审美化研究的图像学路线》,《文学评论》, 2012 年第 2 期。

㉗杨波:《西方现当代美学思想嬗变及其对现实生活的超越》,《求索》, 2012 年第 10 期。

㉘陶东风:《畸变的世俗化与当代中国大众文化》,《探索与争鸣》, 2012 年第 5 期。

㉙陶东风:《核心价值体系与大众文化的有机融合》,《文艺研究》, 2012 年第 4 期。

㉚肖鹰:《中国文化的问题在精英文化取向的下滑——兼论精英文化与大众文化的互动》,《探索与争鸣》, 2012 年第 5 期。

㉛赵勇:《大众文化的概念之旅、演变轨迹和研究走向》,《山西大学学报(哲学社会科学版)》, 2012 年第 3 期。

㉜童庆炳:《中西文学观念差异论》,《文艺理论研究》, 2012 年第 1 期。

㉝杜书瀛:《先秦"诗文评"萌芽期儒家三论》,《文艺理论研究》, 2012 年第 4 期。

㉞李春青:《"文人"身份的历史生成及其对文论观念之影响》,《文学评论》, 2012 年第 3 期。

㉟夏静:《从孔子到〈诗大序〉——儒家早期文学价值观的建构》,《文学评论》, 2012 年第 5 期。

㊱吴寒、吕明恒:《"文学自觉说"反思》,《文艺研究》, 2012 年第 12 期。

㊲袁济喜:《论魏晋南北朝文学批评与艺术批评的互渗》,《中国文学研究》, 2012 年第 3 期。

㊳肖鹰:《由法而情的美学转进——明代自然情论诗学观的萌发》,《文艺研究》, 2012 年第 2 期。

㊴杨洋:《论王阳明的中和诗学观》,《中国文化研究》, 2012 年第 4 期。

㊵李春青:《"文化诗学"的本土化与"中国文化诗学"之建构》,《文艺争鸣》, 2012 年第 4 期。

㊶罗钢:《学说的神话——评"中国古代意境说"》,《文史哲》, 2012 年第 1 期。

㊷吴子林:《原学:自我的创造性转化——孔子之"学"思想抉微》,《西南大学学报(社会科学版)》, 2012 年第 2 期。

㊸金元浦等主编:《当代文艺学的变革与走向:钱中文先生诞辰 80 周年纪念文集》,人民日报出版社 2012 年版。

(作者:周娆,中国社会科学院硕士生;
吴子林,中国社会科学院副研究员)

先秦两汉文学

刘书刚 常 森

2012年度，北京地区先秦两汉文学研究进一步发展，成果主要集中在作家作品研究、文学史研究、学术史文化史研究等方面。

一、作家作品研究

本年度《诗经》《楚辞》研究有相当的成绩，而后者更见系统和深入。

（一）关于《诗经》

王国维以来，学者多以《周颂》“三象”（《桓》《赉》《般》）为“文舞”，跟《大武》为“武舞”相对。姚小鸥在考辨其舞容、舞具的基础上质疑此说，并分析了它们在周代前期礼乐文化嬗变中的地位。《武》《象》一为大舞一为小舞，规模有巨大差别，二者同用之时，《武》用为舞，《象》则仅为管乐演奏；就其同为舞而言，《武》有数成，《象》未闻其说，可见《象》之重要性在《武》之下。《大武》舞具为干戚，是典型的武舞。《象》舞舞具中的“籥”很可能是一种乐器，学者多因此证明《象》为文舞，但这种说法是有问题的。古人有执“翟羽”即“雉羽”舞蹈的习俗，而雉鸟是力量的象征，在战争中以雉羽为饰或执雉羽而舞，都有显示力量、鼓舞士气、震吓敌人的用意。另外，乐器与人们的军事活动密切相关，舞蹈者以乐器为道具，是原始文化中尚武精神的遗留。《象》舞舞具中有乐器不足以证明其为文舞，“三象”之诗有歌颂先王武功的成分，以舞容加以展现同样是可能的，只是与《武》相比，对武功的呈现力度已有所削弱，而“文”的色彩则大为提升。由此亦可见《武》更多地体现出周代早期礼乐文明的特征，《象》则显示了稍后历史时期内人们对礼乐传统的发展与继承。①

姚小鸥、王克家考证了《周颂·小毖》的创作本事，认为此诗当作于周公居东时，毛传、郑笺所云周公归政之后、成王求贤臣以自辅的说法并不确切。“周公居东”在传世和出土文献中均有记载，足见其事先秦时广为流传，与此同时又有“周公奔楚”的说法。周原甲骨中有“女公用聘”之辞，“女公”即“汝公”，参之以《豳风·九罭》《周易·渐》爻辞，可知周初时周公曾活动于汝水一带，因此学者以“汝公”为周公的说法是可信的。汝水流域在成周东南方，战国时尽属于楚，“周公奔楚”与“周公居东”当为同一事。鲁国初封之地为河南鲁山，所谓“居东”即是周公因逃避王室矛盾而出居封地，居东的时间也应在东征前。《小毖》既然作于周公居东时，其含义亦当有新的解释：前三句写成王自我查省，自言虽无人辅佐，亦当自勉自励；后四句是成王以鸟儿栖居蓼草弱枝况喻自己风雨飘摇的处境。全篇文字洗练，情感真挚，形象生动。该篇强调了人主应内心戒惧、黾勉于事的观念，合乎周礼“敬”的核心精神，所以它虽无祝颂之词和告成之语，却被置于《周颂》中。②

《诗经》有几处提到禹的事迹，历来学者多以治水传说来作训释，但姚小鸥、李永娜以为这些诗句所言不但是治水故事，更是创世神话。如《长发》“洪水芒芒，禹敷下土方”、《韩奕》“奕奕梁山，维禹甸之”等，记载的是禹创造大地，又造成梁山、南山等置于地上的伟业。《山海经·海内经》“禹卒布土以定九州”、《尚书·禹贡》“禹敷土，随山刊木，奠高山大川”、《豳公盨》“天命禹敷土，堕山濬川”等文献所言，都是禹创造大地、高山、河流之事，“禹迹”正是隐喻禹创生大地的神话语汇。按《诗经》所记，在大地创生之前先有洪水之事，这反映了初民宇宙观中的神话思维。《管子·水地》、郭店出土《太一生水》将水视作世界本原，是对这一神话思维的哲学化。在华夏族神话和传说体系中，创世神话与洪水神话实为两个既相关联又有区别的系统，春秋战国之后两者逐渐混淆，使得禹的创世神话转变为治水的英雄传说而湮灭不彰。③

姚小鸥、李文慧考察了《周颂·有瞽》及与其相关的合乐制度，认为孔颖达以“合诸乐器”解释诗序、郑笺所说的“大合乐”并不全面。“大合乐”是先秦礼乐盛典中演出的包括乐器演奏与舞容的综合性艺术，据《周礼·大司乐》经文及郑注，六代之乐都出现于其中，可见周人在建构礼乐文化时充分吸收了前代礼制的成果。据《礼记·明堂位》，“大合乐”中除有《大武》《大夏》等华夏音乐外，还有《任》《昧》等蛮夷之乐，集中了华夏主流文化与周边诸族文化，内涵十分丰富。《诗序》认为《有瞽》之“大合乐”是在“始作乐”的前提下进行的。孔颖达以为“始作乐”即“始作《大武》之乐”，有以偏概全之嫌。事实上，《大武》之乐在周代有一个不断充实和演变的过程。周初，其首要内容是颂扬武功，克商大业完成，周人进入敬守天下的阶段，其中又加入了许多安民、和众的因素。正是这一思想倾向的转变使它能够出现在各种礼典场合中，发挥“和同”的功能。《有瞽》中的大合乐也正是如此。篇中“我客戾止，永观厥成”等语，从客的角度描述乐和同的效果，突出了观乐礼节在整个宾礼、祭礼中的特殊作用。观乐在显示王室对宾客重视的同时，要求客及其他观乐诸侯要有与其身份相应的君子风范，是诸侯邦交中有重要作用的一项礼乐制度。总之，《有瞽》描述的“大合乐”礼典，上承虞舜、殷商时期诸侯助祭并观乐的传统，下启春秋宾礼中的观乐仪式，在周代礼乐制度中有重要意义。[④]

鲁洪生、王美英讨论了《诗经》比兴中“以男女喻君臣”的现象，认为这一现象在《周易》卦爻辞中十分普遍，《诗经》无论写作时间还是类比联想的思维方式都与之相近，其数量众多的婚恋诗中，应该存在部分实为描述君臣之事的作品。时代久远，喻义隐晦，经学家之解说不可尽信，《诗经》中是否有此现象虽然并无确证，但有一些间接信息显现出这种比兴方式存在的迹象。比兴思维基于类比联想，一般认为喻女之物其实也可喻男，“美人”赞美人之美貌美德，即可不论男女，《邶风·简兮》中的“西方美人”很有可能指西周圣王，成为楚辞“香草美人”模式的滥觞。男女、君臣之间的关系相似相关，以男女喻君臣的现象十分普遍。《曹风·候人》很可能是以“女思男”的形式写“臣思君”；《邶风·柏舟》一诗，“微我无酒，以敖以游”以及“奋飞”等词句都非妇人之事，“威仪棣棣”似君子之语，以“众妾”释“群小”并无依据，也可能是借女子之口，抒发仁人遭受排挤打击时的弃逐之愤；《陈风·防有鹊巢》既有“男女”的痕迹，又有“君臣”的证据，同样可能是君臣遭谗言离间的作品。总而言之，“以男女喻君臣”的现象在《诗经》中虽无确证，而理有或然，其比兴模式启发了屈原之作自无疑义。[⑤]

（二）关于诸子

李炳海考辨了孔子入周学礼、老子由周入楚等事迹，在此基础上讨论了孔老交往传说的生成。他认为，孟僖子去世后，孟懿子和南宫敬叔为孔子向昭公求助，孔子方得以适周学礼，其入周时间当为鲁昭公二十四年（前518年）。是时老子为周守藏室之史，负责掌管朝廷的典籍文献，此职为大史之下属，大史对丧葬有督察作用，老子自然有机会参加各种丧葬活动，熟悉相关礼仪。《礼记·曾子问》所载老聃向孔子传授丧礼之事，当为可信。其中一条且云孔子与老子料理丧葬时遇到日食，也与文献所记昭公二十四年的情形吻合。周王室内乱，鲁昭二十六年，王子朝与周王室一批高官及家族成员入楚，携带了大量典籍文献，专司此职的老子也不免被迫同行。进入楚境的政治流亡人员往往被安置在淮河以北地区，王子朝之徒应被置于当时属于陈地的河南苦县一带。文献中以老子为楚之隐士的说法正是由此而来的，老子见周衰而出关，所出的也应是楚国之关隘。孔子去鲁周游列国，两次在陈地逗留，按老聃年寿，两人有再次相见的可能，《庄子》等典籍中出现二人在楚地交游的传说故事，就是以这种可能性为基础编写而成的。[⑥]

在中国历史上，晏子是一个有文化符号功能的人物，方铭归纳了其人及《晏子春秋》一书的核心价值观，试图挖掘其现代意义。他指出，《晏子春秋》体现出重视民生疾苦、以民为本、以德治国的观念，与孔孟大致相同；晏子生当春秋时期，在“礼坏乐崩”的社会环境中心怀天下，把维护礼仪制度看作神圣事业，在治国理政中重视制度建设，强调责任意识；他主张选贤授能，反对赏罚失中，既有发现贤才的眼光，又有不拘一格提拔人才、使人各得其所的胸怀；他虽为重臣，却注重自身修养，在起居饮食、声色犬马方面极为节制，自我要求甚严，并督促君主节用爱民；在与君主相处、参与外交活动时，他外圆内方，既坚持原则，又颇具智慧，行政方式和行为方式机智灵活。因此，晏子尽管视野有局限，行为不尽纯粹，却仍然是一位大节不失的贤臣，受到孔子及后世儒家的推崇，今天仍值得高度重视。[⑦]

姚小鸥、孟祥笑辨析了《论语》中“子罕言利与命与仁”一语的含义。历来对此句的解释大概有两种，一种是说利、命、仁都是孔子很少论述的话题，一种是说子罕言者唯利而已，命、仁二者为孔子所深与。要判定两说之是非，必须把握孔子的思想整体。孔子确实不赞成对“利”的过分追求，但“仁”却是其思想的重要组成部分。“命”在孔子的言说中不多见，但他对“天”的论述实际蕴含着对“命”的理解，他所继承的殷周两个文化传统对“天命”都十分重视，“敬天命”也被视为礼的核心精神之一。所谓“夫子之言性与天道，不可得而闻也”，并不是说孔子对此没有讨论，而是子贡自谦不能把握孔子这方面言论的精髓。从郭店简等简牍文献来看，性与天命恰是儒家思想的重要内容。“子罕言利与命与仁”一句中的“与”字不是连词而是动词，其全句之意为，“孔子很少谈到利，但他敬畏天命，称举仁德”。[⑧]

（三）关于屈原及《楚辞》

常森《屈原及其诗歌研究》一书，是著者研究屈原的一个阶段性成果。该书宗旨在于探究屈子诗艺方面的一系列重大而艰深的问题，并以相关实践，体现学术史的考量以及对研究方法的关注，期求在推进屈原屈作研究的同时，呈现较强的方法论意义。该书自始至终都贯穿着一种学理的探求和追问，对自身解决问题之方法、过程及结论的有效性，保持着清醒的反思。说到屈子与传统文化，千百年来，人们或者拒绝承认他跟原始神话的关联，或者认定其作品的逻辑也就是原始传统的逻辑，而均未系统深刻地认识到他对神—巫传统的超越。该书细致掘发屈子的文化视野，剖析了他在理性层面上对神—巫传统的否定，也论析了他在诗歌形式层面上对该传统的继承，认为这一超越是屈子诗歌艺术得以建立的根基。该书以事实证明，就如屈子历史视野不限于楚史一样，屈子所超越的原始传统也不限于楚文化。屈原扬弃原始传统的逻辑脉络是：从否定神—巫传统（代表作为《天问》），到继承神—巫文化传统的形式要素，熔铸成独特瑰丽的艺术表达（代表作为《离骚》《九章》部分作品、《招魂》以及《九歌》）。当然这是思维的逻辑，不意味着作品的产生即按照这一先后顺序。总之，屈子对神—巫传统作了革命性的转换，其作品的内在逻辑、艺术特质均与这一转换有极深刻的关联。从研究方法上看，该书反对游走于屈作之外、扯挦以为富，而立足于以屈作阐释屈作；同时反对孤立地观照屈子各篇作品以及作品中的单个元素，坚持个体或局部之功能与意义只能从系统整体和全局中准确地彰显。基于此，它致力于掘发屈子赋予一系列重要文本构成元素的意义和功能，依文本相关元素之互相规定、互相证明，来剖析屈作基本模式的内涵，彰显其艺术上的深刻同一性以及逻辑上的内在连贯性。屈作潜在的“互相诠释性”得到了前所未有的彰显。现代楚辞学从未清醒认识屈作的寓言特质，该书先梳理中国传统寓言视野，在此基础上，揭示了屈作很多篇章不仅是传统寓言视野的核心构成部分，而且是其中的一个重要体类——“寄情寓言”，与人们熟知的“寄理寓言”大异其趣。因此，在中国传统寓言视野中，以《庄子》《韩非子》为代表典籍的寄理寓言，与以屈作为代表篇什的寄情寓言，双峰并峙，蔚为奇观。该书还探究了屈作寓言艺术的特性及其正确解读方法，反思了古今学界对屈作寓言的相关误读。中国传统寓言视野的历史真相及其在20世纪遭受的蒙蔽和歪曲，在该书中亦得到了清晰的呈现。除此之外，至少是近代以来，人们对传统诗学中的比体艺术充满了误解。该书辨析了诗学之比和修辞学之比，掘发了屈作比体艺术的发展轨迹、特性及其无与伦比的成就。作者指出，寓言淋漓尽致地表现了屈子对诗歌形式的苦心经营，凸显了中国艺术史上最深刻、最有魅力的“形式主义”；屈原在中国历史以及思想、文化、文学各专门史上的意义和地位，到了重新书写的时候。⑨

在推断屈原的生辰后，李炳海对这一日期何以被视为吉祥作出了解释。综合历来学者的观点，他认为屈原生于公元前343年或342年亦即寅年或卯年的说法最接近实际。《离骚》首句以岁星纪年，岁星为仁义之星、主德之星；称岁星为“摄提”或“摄提格”，是将其视作辅助万物生长、守护生命之星，名称本身亦具吉祥之义；在战国时期，“寅”有前进、上升、富有活力之义，“卯”则有草木破土而出之象，指事物的上行趋势，因此在寅、卯之辰摄提出现，则所对应之地域必有吉祥。在古人观念中，孟春为春之首月，是草木萌生、活力焕发的时节，屈原生于此月自是吉祥之至。“庚寅”二字，“庚”指更改、继续，“寅”指生机勃勃，楚先祖吴回接替重黎担任火正之职正在庚寅，对楚族来说，这天既是祖宗殉难日，也是英雄先祖继往开来之时，有凝重庄严的意义。因此屈原诞生之年、月、日皆属吉祥，而《离骚》开篇两句的表述，则出自他的精心设计。战国时人们对历法的选用尚未整齐划一，有较大灵活性，屈原在众多用于记时的星宿中选择岁星，在夏、殷、周三种历法中选择夏历来记月，都显示出诗人的匠心独运、巧妙调遣。⑩

（四）关于《春秋》三传及《山海经》

谭家健择取《谷梁传》中的部分叙事段落，与《左传》《公羊传》对比，评议其叙事成就。他认为，僖公元年鲁公子友获莒拏、成公元年晋鲁卫曹四公子使齐、昭公四年楚人杀庆封、成公五年晋伯尊问梁山崩、襄公三十年宋伯姬被焚等事，《谷梁传》或刻画新奇、生动，或提供了丰富详明、饶有趣味的细节，或曲尽其意，或文辞简省，叙事有优长于《左传》《公羊传》者；僖公二年虞师晋师灭夏阳、僖公十年晋杀其大夫里克、定公十年齐鲁郏谷之会、文公十一年叔孙得臣败狄人于咸等事，三传在细节上多有互相补充之处，传闻异辞，各有千秋；僖公二十二年宋楚泓之战、文公六年晋杀阳处父、僖公四年楚屈完对齐桓公、定公四年吴楚柏举之战、襄公二十五年吴子伐楚、僖公三十三年蹇叔哭秦师等事，《谷梁传》叙述简略粗疏，说理不够透彻中肯，不及《公羊》和《左传》。整体而言，《公》《谷》重解经而忽视叙事的生动性完整性，《左传》则文史兼擅，叙事成就最为突出，具有更高的文学价值。⑪

徐建委考察了《左传》与《风诗序》的关联，试图从中窥探《左传》春秋早期历史史料来源的一种可能性。他指出，《风诗序》所确定的各国风诗出现的年代，《左传》中的叙事都比较详细，《序》所言诗作的本事，在《左传》中亦多有记载。其中，邶、鄘、卫、郑、陈诸风诗与《左传》的相关性较高，齐、唐次之，王、秦、曹再次之，而《左传》早期历史中，卫、郑、鲁、宋叙事较详明，晋自献公后记载才逐渐丰富，齐、楚、周、陈则较简略，可见《风诗序》与《左传》相关性的高低与《左传》中相应国家史迹的多寡恰成正比。另一方面，《左传》所载春秋人引诗赋诗，对诗意的理解与《诗序》基本一致，足见《诗序》虽成文于后，其解释却是有所沿袭，其基本内容在《左传》成书之前当已存在。而与上述现象相反，《国语》与《风诗序》在整体性的历史叙事上几乎没有关联、对应或重叠，让人怀疑其取材有意避开了《诗序》中的叙事。这与春秋时《诗》《语》两种文献并行有关。典籍中反映《诗》的流传状况的记载，以及清华简《耆夜》一篇都表明，春秋时代到战国中期，很可能存在与《诗》的本事、背景有关的历史或故事，诗史相配，以诗为史；《诗》及其相关史事之流传既已相当普及，与其并列之“语”不再采录也就自然而然了。由此可断言，既然一般以为《国语》是《左传》的资料来源之一，与《风诗序》相关的历史材料，当也被《左传》所吸纳。⑫

《山海经》中各方土著居民体貌往往奇形怪状，李炳海讨论了这一现象的文化根源。他指出，中国南方气候炎热，日照充足，《山海经》中黑身黑皮肤的南方土著，是以人们的朴素直观和切身体验为依据，又加以联想和虚拟的产物。先民以南方为天地之中心，距太阳最近，而太阳是使万物得以孕育生长的生命之源，想象中的土著居民因此获得充沛的生命力，头部器官往往超常发育，或是数量增多，或是体积变大，变成三首、三面或三身之人，这种增生现象甚至能使人体生长出动物器官，成为兽身鸟羽的怪异之物。《山海经》作者又有物不能两大亦不能两缺的观念，使得南方土著的生理缺陷多集中于脚部，反踵、鸟足、无脚，行动不便。他对其他方位土著体貌特征的成因，也作出了类似的解释。⑬

二、文学史研究

本年度文学史研究的成绩，主要集中在文体研究方面。

尚学锋、李翠叶在古代礼乐文化传承的背景下，对“记”体的嬗变及《礼记》文体作出了研讨。他们认为，随着礼乐文化在春秋战国至两汉这一时期内传承情况发生了变化，“记”体也大致经历了三个演变阶段：首先是《仪礼》中的附经之记，言必承经文，依经以敷义，或是原文相关事项的记录，或是对礼制内涵的阐述，或是对不同礼制的辨析，在文体风格上呈杂录形态；在礼乐文化由官方制度进入学术传承之后，“记”体扩大了功能，形式上脱离经文而单独成篇，内容上不再侧重于礼制细节，开始通论礼义，阐述仁义礼智、性情等儒家理念；在汉代整理典籍、传承经学的过程中，“记”被集中起来汇编成书，成书后的《礼记》较之单篇有更为稳定、丰富的文体形态和结构。与杂录不同，《礼记》属于寓作于述的编述之作，表现出“以类相从”和“序次”的编撰意识；编纂者有言礼不离事的创作自觉，形成了以经义为主、以事类为佐、“以道贯技”的结构形态，以及以深层儒学精义贯通显层礼制细节、“义精事核”的文体风格，并且创造出一种质实平易，适于描述事物、铺陈事件的语言风格。较之早期的附经之记，《礼记》为篇章命名的形式更为多样，篇章的编写方式也有杂记、解经、编述、通论四种，体现出从经典阐释到文章独立创作的过渡痕迹。“记”的文体功能的孕育与发展，是在传承礼乐的过程中发生的，文学与经学呈现出同步共生的状态。⑭

姚小鸥、孟祥笑从赋体文学的源流入手，分析了《招魂》的文体特色。他们将全篇分为四个部分：开篇六句叙述创作缘由，是全篇前言；第二部分即帝与巫阳的对话，为“序辞”；第三部分即全篇的主体部分“招辞”，第四部分即“乱辞”。这种篇章结构，与《文心雕龙·诠赋》篇的定义“既履端于倡序，亦归余于总乱。序以建言，首引情本；乱以理篇，迭致文契”，是完全吻合的，堪称典型的赋体作品；其中“招辞”部分以四言韵文为主，杂以三、五、七言，间用“兮”字，也与赋体文学合拍。《招魂》这些文体特征在屈原时代出现，并非偶然：其客主问答的形式和铺张扬厉的风格，受诸子问答体和纵横家辞令的影响；即使在《楚辞》内部，《卜居》《渔父》也以主客问答结构全篇，以韵散结合带动行文；屈原之后宋玉、唐勒等人的赋作，更从侧面证明屈原以赋体创作《招魂》的合理。总之，《招魂》从结构形式与审美特征来看都是典型的赋体文学作品，它的产生与战国时期历史环境和楚国文化氛围有关，也是《楚辞》内部诸文体相互影响的结果。⑮

李炳海考察了先秦诸子著作的文体特征与文本形态。他认为，将诸子著作称为议论文、说理文等，将其与韵文、叙事文区别开来的做法并不合适。先秦时期韵文散文的界限并不清晰，诸子中有大量韵文或韵文段落存在；而且不只是说理，子书中有大量以叙事为主的篇目章节。因此，诸子著作在文本形态上极具多样性。研究诸子的文章体式，需要准确把握各类文体的特征，这既需要对文体的名称进行训诂考据，以明了其义，也需要深入文本内部，从纵向、横向两个方面探究文体特征的动态变化。例如，对说体文，即需要根据其游说主体和游说对象的不同，具体分析其文体形态。诸子著作的成书方式并不一致，既有口传笔录与直接书写的区别，也有个人独撰与集体编写的差异，对文章内容、形式与风格都有重要影响，不应混为一谈。通常将诸子著作的文本演变划分成语录体、对话体、专论体三个阶段，与历史多有牴牾。事实上，诸子著作存在着简约派、繁复派两个系统，既各自并存，又互有交融，前者以《老子》《论语》为代表，后者包括《墨子》《孟子》《庄子》《荀子》《韩非子》等诸多著作。由于诸子社会角色的不同，其文本亦有不同的个性特征，如《老子》为博大真人的奥义书，《论语》为大成宗师的启示语和风云录，《墨子》为爱心大使的宣教词和践行记，《孟子》为好辩之士的诘难辞，《庄子》为逍遥之士的化蝶梦和鼓盆曲，《荀子》为渊博学者的百科全书，《韩非子》为律师的诉讼状和法官的判决书，《吕氏春秋》为阳翟大贾的文化超市。[16]

于雪棠出版了《先秦两汉文体研究》一书，研讨《周易》《尚书》等重要典籍及其他散文文体现象和文体观念。全书主要观点如下：《周易》本经两卦相对、包举宇宙、沟通天人的结构方式，序在篇末、经传合编的编排体例，为后人所借鉴效仿，极大地影响了战国秦汉时期散文著述的体例及其整体结构。《尚书》六体之名是由行为之名转化为文体之名，行为本身的特点跟记录行为的文本体类的特点具有一致性。《尧典》《禹贡》《金縢》《顾命》四篇为叙事体，较《尚书》大多数篇章具口语色彩，表现出鲜明的书面特征，标志着宏观叙事意识与能力的增强，包含着后世叙事文体的众多因素。秦汉封禅文以《尚书》典体文为渊源，又受到其时代文化生态的影响，李斯、司马相如与扬雄、班固对这一文体功能的期待呈现了某种变化，反映出文学意识的增强。《尚书》中的训有解说、传授知识之义，是《史记》《汉书》书志体的先声，训体文也经历了由说明文到议论文的转变。春秋辞令的卓绝丰富，与当时重言尚辞、崇文重礼的观念密切相关，但当时也有"辞其何益"的观念，同样影响了一些辞令的语言风格和艺术表现。《公羊传》与《春秋繁露》同为阐释《春秋》之作，其文体却表现出"辩而裁"与"博而切"的不同，这是因为二者在阐释方式上有"依经以辨理""合经以立义"的区别，在文体上遂有"义由例出"与"体由义出"的区分。西汉诏策多为帝王自拟，其内容、体制、风格往往与帝王之经学师受有关，经学教育作为一种以观念灌输为主的教育方式，影响了帝王的人格，进而影响了其诏策的风格。刘向所编《说苑》《新序》《列女传》三书体例，来自于先秦诸子以及战国至汉初的说经方式，其意在事先、以事言理的思想表达方式，与《周易》尤有相通之处。以颂德为主的碑文起于东汉，与铭诔有渗透交叉之处，保持个性的内在要求与开放兼容的弹性之间的张力，是促进文体发展的重要因素。[17]

三、学术史文化史研究

（一）关于学术史

常森围绕着简帛《五行》篇和《孟子》一系列互相联系的重要观念，发掘了《孟子》承继并光大《五行》学说的轨迹，也彰显了《孟子》对于《五行》的歧出，以富有实证性的比较与辨析，复现了那一段久被湮灭又极其重要的思想学术的历史。作者指出，《孟子》四端说看似空无依傍，今《五行》篇复出，其三气说、进端充端说、充心说中，较然已见四端说的头绪和基本架构。《五行》所含"推其所为"的观念，"终（充）心"之道德修养的路径，"大体""小体"之界定及其在道德修为中的不同功能，王公"尊贤"的取向等，对《孟子》的体系都有深刻的影响。当然，思想的影响和承继往往是十分复杂的，研究者需谨防偏执，以避免流于简单和机械，只有平心细究其相关性和相异性，才能准确认知它们关涉的学术思想的历史。[18]

马银琴以考证子思生平著作、思想渊源为基础，讨论了子思作品引《诗》的主要方式及其思想特点。她认为，孔子卒时，子思最小已十岁，具备独立的思考能力，其学术思想应是直接上承孔子，曾子、子游、子夏等人虽对其有所影响，但都不是其师。子思早期作品《缁衣》《表记》《坊记》中出现的大量"子曰"，是他假孔子之权威表达自己思想的一种特殊方式，其中有孔子的思想言论，也不乏他个人的阐释发挥。但在其最为成熟的作品《五行》篇中，这种形式已被放弃，子思径直、系统地表达了自己的观点。根据这一文体形式的差异，她赞同学界将现存《中庸》分作《诚明》和《中庸》两篇的说法，认为前者与《五行》同属子思后期之作，后者虽已开始独立表达思想，但未彻底摆脱"子曰"的形式，介乎前后期之间。在早期作品中，子思以"子曰"的形式表达观点时，也有意识地采用了当时流行的引《诗》证事的方式来增强论述的说服力，几乎言必称《诗》，只是其论述与所引诗章之间往往保持外在、疏离的关系，其间契合处需要迂曲解释才能显示，而《诚明》《五行》篇中，引诗与所表达的思想契合无间，圆融浑一，对《诗》的把握和理解十分精深；《中庸》篇引诗的频率已开始降低，与议论主旨逐渐贯通浑融，呈现出明显的过渡色彩。子思对《诗》的态度的变化也反映着其思想的动迁。君臣之道，礼、仁之学是他早期思想的关注重点，其著作中也多引与这些主题相关的诗句；后期的子思更关注"德""诚""五行"等问题，所引诗句也向这方面倾斜；对于"君子之道"的论述贯穿子思思想之始终，但也发生了从外在行为规范向内在自律与自我完善的转变，唯其如此，诗学的道德化才在子思这里真正完成。[19]

常森讨论了汉代《诗经》著述的体式问题。他认为，汉代《诗经》著述原有内外传体之分，但是从今文《诗》内传体著述相继亡佚后，人们对内外传体之区别彻底陷入了茫昧。汉儒运用各种著述体式本有相当复杂的逻辑层次和定位，要言之，内传体旨在追索《诗》本义，外传体则立足于引《诗》以助成己意，虽然两方面的著述有局部的叠合，但其体不乱。据现代学术理念，至今传世的真正有"《诗经》学"价值的文献，唯有纯属于内传体的《毛诗》系列。历代典籍引录汉代《诗》说，则往往不着意于标示分属内外传的文献的本源，使人们对内外传体的迷失日甚一日；《诗经》学领域几为显学的辑佚之学无意于分辨内外传体，在《诗经》学上的科学性因此亦大打折扣。[20]

通过考察战国中前期到西汉中后期著作中存在大量“公共素材”的现象，徐建委反思了中国文学史惯常的叙述模式。中国文学史书写规范在20世纪逐渐统一，时间序列的演进和作家、作品的对应成为文学史叙事的基本特征，周秦汉文学也不例外，但这一时期文学文献的独特存在样态，与此种叙事模式实有明显的冲突。战国秦汉间存在着故事、说理和短语三种公共素材，它们以独立段落或者短章的形式出现，是诸子取材的重要资源之一。“故事”指广泛见于各种典籍的历史人物故事，绝大多数无法判断其来源或时代，只能笼统地归于战国；“说理”指存在于经传诸子文章中，被不同文献征引的独立段落，数量不及“故事”，但也颇为可观；“短语”指散见于战国秦汉典籍中的格言、谚语等说理短句，也是当时诸子论说所采择的重要对象。这些公共素材产生的时限跨度非常大，但多数形成于战国初年并流传开来，它们的存在使得典籍中的一些段落究竟是作者原创还是有所取资变得可疑，作家与作品的对应性大打折扣，而这种对应自《汉书·艺文志》即已确立。刘向校书改变了古书的流传样态，将原本属于“开放性”文献的古书，转变为篇、章数目一定的“闭合性”文献，在语言文字、篇章多寡、内部结构等方面都与早期传本大不相同。在这次文献整理活动中，原本或被采择进古书、或单独以短章形式流传、或结成“素材集”而存在的“公共素材”，已经入书、成书的被保存下来，单独流传的则大多消失，由此古书之中的互见段落，往往被误解为相互的“转抄”。总之，这些“公共素材”在长时间内被反复利用，无法确定其作者、年代，以作家作品对应、文学随时代而变迁为主要特征的文学史叙述模式在应对它们时就十分无力，但同时，它们也提供了重写文学史、学术史的可能。[21]

姚小鸥、杨晓丽总结了20世纪以来《周易》古歌的主要研究方法。他们认为，郭沫若、李镜池、高亨、傅道彬等学者之后，《周易》古歌研究已成为《易》学的一个重要分支，也是先秦诗学研究的重大课题。《周易》爻辞多为韵语，富于节奏感和音乐性，学者们对其审美属性的发现为古歌研究奠定了基础。一些爻辞在句式、节奏、诗意方面与逸诗相比毫不逊色，以赋比兴等解诗原则观照古歌，成为学者研究的普遍范式。诗学属性首先在爻辞中发现之后，学者们又渐渐注意到一卦所含的全部爻辞也呈现出完整的诗歌形态，这有助于进一步发掘《周易》的诗学性质。《易》在先秦时代广为传播，古歌朗朗上口、易于记诵的特点与这种传播形态相得益彰。先秦时存在的其他卜筮之书中，也包含可称为歌谣的韵文，可与《周易》对比。《周易》古歌研究尚未充分展开，在这些方面都有继续推进的可能。[22]

（二）关于文化现象

在先秦文献的记载中，工匠常常有劝谏君主的权力，过常宝对这一现象作了分析，指出箴谏君主这一特权的获得，与工匠是当时社会中巫史之外的重要专业阶层有关。先秦之乐人、制作匠人都可用“工”来指称，二者本有相似之处。工匠作为一个独特的社会群体，聚居在官府周围，自然会被附着以某些特权和声望，甚至被当作官员。在崇敬专业人员的时代氛围中，他们的创作不仅有方便实用的功能，而且被认为对认知宇宙人生、指导社会生活有启示意义。工匠和巫师都以“规矩”作为其所执“艺事”的符号，足见二者有相通之处。“规矩”是知天知地的象征，工匠有时亦可从事巫职，具有神秘色彩，这构成了其获得社会声望的重要依据和资源，使他们被想象为某种价值和行为标准的持有者，具有裁决是非的权力。由史传文献中的记载可见，工匠因其“艺事”而享有特别的政治权力，劝谏正是其主要职责。而诸子文献中工匠也大量出现。如墨子对公输班“重于技而轻于义”的批评，反映了他对工匠文化传统中以规矩裁决天下的载道精神的维护和捍卫。庄子对崇智尚巧的工匠多有批判，但也多次借助工匠形象阐发“道”的意义，展示由技进乎道的过程，描绘得道后自由自如的状态。概言之，在先秦文化中，是“艺事”的特殊性和神秘性，赋予工匠超越性的话语权力，百工劝谏有其特殊的文化依据。[23]

李炳海解读了汉初异地群巫参与朝廷祭祀的政治文化意蕴。西汉初年，朝廷征用大批异地巫师到都城长安，参与祭祀，使得与祭者除秦巫外还有晋、梁、荆三地之巫。这一方面是由于天下初定，朝廷现有人员不足以应付文化建设的需要，故不得不从外地征调，另一方面，晋、梁、荆分别为彭越、韩王信、刘贾封地，地理位置十分重要，三人又都是随刘邦平定天下的开国元勋，征调其巫师反映了汉廷对他们的信任和倚重。汉初杂用各地巫师，但祭祀活动中楚文化的地位尤其突出，有些楚地神灵成为祭祀对象，有时楚调成为祭祀乐曲，楚人尚巫的传统得到继承。在这些祭祀中，社神得到高度重视，地位进一步提升，对西汉王朝歌功颂德也是祭祀的重要内容。在很多祭祀中，巫师所出地域、祭祀对象的性质，与地望星宿的既定配置形成对应关系，反映了祭祀设计者的博学多识和构建体系的用意，表明杂用群巫既有政治上的考量，也有完善礼乐制度、进行文化建设的企图。[24]

注：

①姚小鸥：《〈周颂·三象〉舞容与周代前期礼乐文化之嬗变》，《河南大学学报》（社会科学版），2012年第3期。

②姚小鸥、王克家：《〈周颂·小毖〉考论》，

《中国文化研究》，2012 年夏之卷。

③姚小鸥、李永娜：《〈诗经〉中禹的创世神话》，《文化遗产》，2012 年第 3 期。

④姚小鸥、李文慧：《〈周颂·有瞽〉与周代观乐制度》，《文艺研究》，2012 年第 3 期。

⑤鲁洪生、王美英《〈诗经〉比兴中的“以男女喻君臣”》，《河北师范大学学报》（哲学社会科学版），2012 年第 4 期。

⑥李炳海：《孔子赴周学礼、老子由周入楚考辨——兼论孔、老之间的交往及传说》，《山西大学学报》（哲学社会科学版），2012 年第 3 期。

⑦方铭：《晏子文化价值的现代意义》，《深圳大学学报》（人文社会科学版），2012 年第 6 期。

⑧姚小鸥、孟祥笑：《孔子的“天命观”与“子罕言利与命与仁”的解读》，《古籍整理研究学刊》，2012 年第 1 期。

⑨常森：《屈原及其诗歌研究》，北京大学出版社 2012 年版。

⑩李炳海：《屈原生辰的推断及其吉祥之说的原因》，《社会科学战线》，2012 年第 10 期。

⑪谭家健：《〈谷梁传〉叙事比论》，《文史哲》，2012 年第 4 期。

⑫徐建委：《〈左传〉早期史料来源与〈风诗序〉之关系》，《文学遗产》，2012 年第 2 期。

⑬李炳海：《〈山海经〉南方土著奇形怪状体貌的文化生成》，《学术论坛》，2012 年第 3 期。李炳海的相关文章尚有：《〈海经〉、〈荒经〉东方奇形怪状之人考辨》，《齐鲁学刊》，2012 年第 2 期；《〈山海经〉西部地区土著居民形貌特征的文化生成》，《甘肃社会科学》，2012 年第 2 期；《空间方位理念统辖下的人体样态设计——〈山海经〉对北方土著奇形怪貌的记载》，《学习与探索》，2012 年第 2 期。

⑭尚学锋、李翠叶：《中国礼乐文化的学术传承与〈礼记〉的文体研究》，《河北师范大学学报》（哲学社会科学版），2012 年第 3 期。

⑮姚小鸥、孟祥笑：《赋体文学源流与〈招魂〉的文体性质》，《学术界》（月刊），2012 年第 6 期。

⑯李炳海：《先秦诸子著作的文体种类、属性及文本形态和特色》，《励耘学刊》2012 年第 1 辑，学苑出版社 2012 年版。

⑰于雪棠：《先秦两汉文体研究》，北京师范大学出版社 2012 年版。

⑱常森：《从简帛〈五行〉篇到〈孟子〉：一段重要历史的追踪》，《古典学集刊》第 1 辑，上海古籍出版社 2012 年版。

⑲马银琴：《子思及其〈诗〉学思想寻迹》，《文学遗产》，2012 年第 5 期。

⑳常森：《论汉代〈诗经〉著述之内外传体》，《国学研究》第 30 卷，北京大学出版社 2012 年版。

㉑徐建委：《战国秦汉间的“公共素材”与周秦汉文学史叙事》，《中山大学学报》（社会科学版），2012 年第 6 期。

㉒姚小鸥、杨晓丽：《〈周易〉古歌研究方法辨析》，《北方论坛》，2012 年第 5 期。

㉓过常宝：《论先秦工匠的文化形象》，《北京师范大学学报》（社会科学版），2012 年第 1 期。

㉔李炳海：《汉初异地群巫参与朝廷祭祀的政治文化意蕴——史记相关篇目的对读》，《兰州大学学报》（社会科学版），2012 年第 5 期。

（作者：刘书刚，北京大学博士生；
常　森，北京大学教授）

魏晋南北朝隋唐五代文学

马自力　马小会

2012 年北京地区魏晋南北朝隋唐五代文学的研究，在重要作家、经典作品、文体形态和文学现象的探讨方面，相对于上一年度显现出继续深化和拓展的态势，学者们关注的学术视野，也呈现出一些新的面貌和特点。

一、诗歌史研究成果卓著

作为国家社会科学基金重点项目、北京市哲学社会科学“十一五”规划项目、北京市教委重点项目及首都师范大学中国诗歌研究中心重大攻关项目，由赵敏俐、吴思敬主编的《中国诗歌通史》的出版无疑有着重大的学术意义和文化意义。其中，钱志熙《中国诗歌通史·魏晋南北朝卷》①将建安到隋的诗歌史作为研究对象，探究了各代诗风形成的社会背景，并结合具体作家作品加以阐释各代最具代表性的诗歌风貌，清晰地展现了魏晋南北朝诗歌史的全貌，凸显了魏晋南北朝文人诗在中国诗歌发展史上的重要地位。吴相洲《中国诗歌通史·唐五代卷》②采用“四唐说”，以风格描述为主线，并且注重考察诗人群体的活动；以盛唐诗歌为基准，分析此前的诗歌如何一步步走向盛唐，此后的诗发生了何等变化；重视描述乐府歌诗，有助于对诗人的诗歌成就给予完整的描述。上述两卷诗歌通史对以往的诗歌史著作均有不同程度的超越，对魏晋南北朝隋唐五代的诗歌元典进行了新的解读，也与赵敏俐在《多民族特点与世界性眼光——略论新世纪的中国诗歌史观》中所提出的“通古今之变”和“观中西之别”的新诗歌史观念相契合。[3]

此外，钱志熙还发表了一篇相关论文：《旧学与新知的复杂交汇——试论二十世纪上半叶的汉魏六朝诗歌史研究》[4]。文章指出，20世纪汉魏六朝诗歌史研究，在古代文学研究中具有一定的典型性。一些新的文学观念的确立，使学者们获得了重新建构、阐释诗歌史的话语体系，也发现了一些新的事实，或重新阐述了那些被旧文学史观所忽略的事实，形成了一些研究热点。随着研究的深入，学者们在调整自身观念与方法的前提下，更加全面地去认识诗歌史的整体，且不断与旧学呼应，甚至出现向传统方法的回归，旧学与新知得到了很好的统一。文章同时指出今后的文学史家们需要认真思考的问题，即文学史研究如何融汇中西、沟通新旧，在继承古代丰富的文学史研究传统的基础上获得有力的发展。

刘宁的《唐宋诗学与诗教》[5]一书将诗歌史与思想史的复杂互动关系作为立足点，分析了唐宋诗教观念的演变，考察了唐宋诗史与诗体源流的演变，并对唐宋诗学中一些核心问题进行了反思，对唐宋诗学与诗教的复杂内涵有了进一步的思考，厘清了唐宋诗学的发展脉络，丰富了“诗教”概念的历史与文化意义，如《杜甫忠君体验与诗教：对楚骚传统的变化》一文首先论述了杜甫的“忠君”体验，“这种既有清醒的理性思考，又融合了眷恋、执着、信赖、敬爱等深厚体验的忠君之情，是杜甫精神世界极为独特的内容”，并认为“恋阙”较之“忠君”更能表达杜甫对“忠”的内在化体验。其次，作者将杜甫的“忠君”意识与两汉时期的“忠君”意识进行相比，发现其有着从重“天道”到重“人事”的转变。最后，作者指出这种独特的忠君体验影响了杜甫对儒家诗教传统的认识，“在追求儒家伦理内在性与超越性统一的宋代以下，沉郁顿挫的杜诗，取代了屈骚艺术，成为诗教的最高典范”，对诗教观念的演变作出了深入揭示。

二、文学与文体关系研究有所深化

重视文体研究是中国古代文学研究的一大特色。葛晓音的《先秦汉魏六朝诗歌体式研究》[6]以诗歌体式为基础，分上中下三编，从语言、结构、节奏、表现方法等多重角度，细致而深入地阐释了从《诗经》《楚辞》到五言、七言等各类诗体产生和发展的原理，体式生成和语言节奏的关系，各种体式之间的关系，各种体式自身的转型以及体式和表现方式的关系。于魏晋南北朝隋唐五代文学研究的贡献主要在中编与下编，作者分别论述了七言诗的生成原理及其与各类诗型的关系和五言诗的产生及创作传统的形成。可以说，本书是一部视角新颖的唐前诗歌体式生成和体调演进的发展史。

韩愈七言绝句的成就往往被其古文和古诗的光辉所掩盖，陶文鹏《论韩愈的七言绝句》[7]一文旨在探讨韩愈七绝诗的内涵与风格，指出其对李杜七绝的继承与发扬及对宋代七绝的影响。韩愈的七言绝句题材内容颇为深广，忧国忧民，尤其是写他参与的两次平叛战役之作，堪称“诗史”，是盛唐之音的回响。韩愈奇诞丰富的艺术想象力使他的七绝构思奇巧，章法多变，写景状物运用白描、比喻、夸张、拟人俱生动传神，兼具谐趣、奇趣与理趣。他力追李杜，其七绝在艺术表现上受杜诗影响更多，他有意学杜甫的“变体”七绝，不拘平仄，大胆创新，在中唐独树一帜，对宋代七绝也有着巨大深远的影响。

周京艳《中唐元、白制诰研究》[8]一文以元稹和白居易的制诰为研究对象，论述了制诰对中唐文人政治生活的影响。一方面，制诰可能成为文人的政治斗争工具，也会影响文人间的关系；另一方面，文人以参与制诰的草拟为荣，重视制诰对自己的评价。文章阐明了元、白制诰的新面貌与文学特色。针对当时制诰的缺点，元、白二人对制诰提出改革，他们的制诰内容真实、形式自由，摆脱了先前制诰形式和内容上的缺点，并具有制诰少有的文学性。制诰作为元、白文学创作的重要组成部分，体现了二人文学尚实尚用的一面，其少有的文学性也更是他们对制诰这一文体作出的新贡献，使人们对于元、白二人文学成就的认识又加深了一步。

此外，李飞跃《〈花间集〉的编辑传播与新词体的建构》[9]一文着重探讨了作为第一部文人词选集的《花间集》，它的编辑与传播与新的词体观念的形成及词体新标准的建立之间的关系。文章表明，正是以《花间集》为代表的一批五代宋初词集的出现，为曲子词的演变构建了新的形式规范，使之朝着词而非曲的方向迅速发展。

三、文人阶层与文学关系研究成果较为丰硕

文人阶层、家族、集团、群体与文学的关系，是近年来中国古代文学研究的热点。袁行霈、丁放著的《盛唐诗坛研究》[10]打破以诗人个案研究为主的理路，将盛唐作为一个整体来加以观照，在重新确定盛唐时限的前提下，将盛唐诗人分为宫廷中的诗人、在地方担任职官的诗人与布衣诗人三大类，采用“诗史互证”的方法，探讨了盛唐诗歌与政治的关系。

袁济喜、王猛《从都城与王权观念重新审视曹魏集团的文学活动》[11]一文通过对汉末曹魏集团文学实践与文本之辨析，进而对曹魏集团的文学活动与政治理想之间的关系进行辨析。文章分为四个部分：一是论述曹魏营建都城的象征意义；二是论述了文学中的都城观念及其功能性；三是阐明了文学中王权模型的表现方式与功能；四为结论，表明曹魏文人集团的文学创作，在其纯文学的特征之外，依然与政治理念有着非常紧密的联系，他们的文学创作因而具有很强的政治功能性。从都城与王权相结合的角度重新审视曹魏集团的诗文创作，不失为一个更全面的视域。

此外，张丽《隋至初唐嘉遁之风与汾阴名士王绩》[12]一文以初唐隐逸士人代表王绩为研究对象，论述了唐初由隐致仕的风习，阐明了汾阴名士王绩放诞外行下的儒学修习，指出了王绩诗赋的多面性特征及其取法渊源，为研究王绩的文学创作提供了新的视角。

四、文学与制度关系研究有所推进

跨学科研究是近些年来文学研究的热点，尤其是制度与文学的关系及影响，更是受到学者们的广泛关注。郭英德《中国古代文学与教育之关系研究》[13]一书，于魏晋南北朝隋唐五代文学的贡献主要在于探讨了唐代私学教育的文学性特征、吕祖谦的文学选本与文学教育、柳宗元永州时期的文学教育活动、唐传奇与进士科的文学教育以及沈亚之的文学教育与小说创作、填补了文学与教育制度关系研究的空白。例如，在论述《唐传奇与进士科的文学教育》时，作者论述了唐传奇的“文备众体”与进士科文学教育的关系，揭示了史学教育与唐传奇中史传化叙事风格的关系，阐明了诗赋取士与唐传奇诗意化的关系，总结了科场风习对唐传奇创作、接受、传播的影响，弥补了唐传奇研究中与教育之关系研究的空白，同时也是对教育之文学功能研究的补充。

诸葛忆兵《论唐宋诗差异与科举之关联》[14]一文着重探讨了由唐至北宋这一时期，科举制度演变与唐宋诗差异的关联。主要从三个角度进行研究：一是纳卷行卷的衰歇与诗歌创作。唐代纳卷、行卷之风盛行，宋代科举录取“一切以程文为去留”。故宋代纳卷消亡，行卷衰歇。宋代士人由此转向闭门苦读。宋人因此缺少生活和情感阅历，缺乏创作激情。与唐人比较，宋人作诗的热情和投入时间都锐减。二是漫游的衰歇与诗风转移。配合行卷过程，唐人科名有成之前，必须外出漫游，同时饱览沿途风光，创作出大量风景诗且融入求仕过程中喜怒哀乐之复杂情感。宋人被逼向闭门苦读之后，风景诗大都作于登第入仕之后，诗风转向从容平和，情感强烈度与诗歌艺术感染力远不如唐人。三是科举录取名额的改变与诗歌成就。宋代科举录取名额大量增加，登第后直接授官，且升迁较快。进入仕途后的文人更少体验人生挫折或苦难。故宋人诗歌写得波澜不惊，更多的是休闲或宴饮之际的酬唱应答之作。诸葛忆兵从科举制的角度为人们阐释了唐宋诗之差异，为人们研究唐宋诗的嬗变提供了新的视域。

五、文学经典的再研究值得思考

詹福瑞在《“经典”的属性及价值》中指出经典具有超越时空的永久性和普遍性价值，经典当属于传统，是人类优秀的文化遗产。[15]对于中国古代文学而言，经典的意义自是不言而喻。2012年间，北京地区学者对于文学经典的再研究值得思考。

刘跃进《关于〈文选〉旧注的整理问题》[16]一文对《文选》这一文学经典进行了全新的思考。全文分为三个部分，一是论述《文选》的经典意义，提出若从文献的角度系统整理《文选》旧注颇有意义这一论题；二是探讨解读《文选》的途径，即研读原文及各家注释，比较各家注的异同；三是以《〈文选〉旧注辑存》为例，说明《文选》研究的具体方法。通过这些分析，作者试图指出，走近经典，体味经典，或许从中可以探寻一些带有规律性的东西，为今天的文学经典的创造，提供若干有意义的借鉴。

此外，戚学民《〈后汉书〉李贤注与〈文选〉李善注：论李善注影响的扩张》[17]一文认为《文选》李善注对《后汉书》李贤注有直接影响，前者某些具体条目不仅直接为后者借用，而且对后者的注疏凡例有所启发。此外，李贤注利用《文选》李善注来邀宠固位，由此使得《文选》这部文学经典的影响超出了文学领域。

袁济喜、宋亚莉《〈文心雕龙〉与集部形态建构》[18]一文认为《文心雕龙》作为中国古代诗文评的经典，它对于集部的贡献，首先在于它继承了传统的集部精神，又加以发展，从而对中国固有之文学观念进行了充实与发展。此外，还体现在对于屈原为代表的楚辞的评价上面以及对于别集创作提出了很好的意见上。不过，《文心雕龙》对于集部的最大贡献还是体现在诗文评方面。虽然按照传统学术的四部分类法，《文心雕龙》被列入集部的“诗文评”类，但它不是一般的“诗文评”，它对于历代集部的形成与发展，提供了许多有益的启示，具有重要贡献，跳出了龙学研究的一般范畴。

童庆炳从古代文论角度对《文心雕龙》也提出了一些新的见解。其《〈文心雕龙〉论人与自然的诗意关系》[19]一文指出：刘勰的《文心雕龙·物色》篇提出了“心物宛转”说，既是对人的感情与自然景物文学关系的一次理论总结，又开启了唐以后的情景交融论。文章在心理学意义上作出了新的阐释，认为刘勰提出的从“随物以宛转”到“与心而徘徊”，其旨义是诗人在创作中要从对外在世界物貌的随顺体察，到对内心世界情感印象步步深入的开掘，体现了由物理境深入心理场的心理活动规律。因此，“心物宛转”说承前启后，在中国文论史上具有重要的地位。

六、唐人评唐诗的研究值得注意

钱志熙《唐人论孟诗诠论》[20]一文从诠释入手，

探讨唐人对孟浩然评论的内涵，指出唐人评论诗人有两个特点：一是重视知人论世；二是具备整体性思维方式。文章以唐人王士源《孟浩然集序》、殷璠《河岳英灵集》及皮日休《郢州孟亭记》为例证，详述了唐人对孟浩然诗歌的评论，较之后人更能揭示孟浩然的艺术造诣，也对研究孟浩然在唐诗发展中的地位有着更为重要的作用。皮日休对孟浩然诗歌的评论更具特点，他从一个更为广阔的诗歌背景，揭示出了包括孟浩然诗歌在内的盛唐诗风，是在对建安诗风与六朝诗艺的辩证继承、成功融合的基础上产生的，而后人对唐诗继承关系的研究，往往将两者割裂开来认识。唐人评唐诗的价值是后世评论家的评论所不能取代的。

此外，谭显宗《唐人论唐诗——中唐诗论家之身份地位及其理论学说》[21]论述了中唐诗论家的身份地位及诗论取向，阐释了中唐诗论家之理论学说，总结了中唐诗论的特色与意义，为唐代唐诗学研究作出了应有的贡献。

七、乐府诗研究稳步推进

魏晋南北朝直至隋唐，乐府诗一直是与音乐关系最为密切的诗歌体裁。梁海燕《乐府诗风格研究刍议》[22]一文认为：写作技巧与艺术风格的传承与保留，在乐府诗体系内的表现，比其他任何一种诗歌体裁都更加明显，也更加自觉。后人对于前代乐府诗的模拟，很大程度上就是对其风格的模拟。对乐府诗的风格进行专门研究，深入认识各类乐府诗的风格成因，尤其是从音乐形态上考察乐府诗的风格成因，或能进一步触及其文体本貌，重新恢复其音乐艺术风格的美学探索，掇拾自唐宋以后在乐府文体的认识上完全缺失或不甚清晰的音乐形态，对于乐府诗体的美学意蕴及艺术魅力了解也会更为深刻。

李白的乐府诗创作，为唐诗的发展作出了独有的贡献。钱志熙《论李白乐府诗的创作思想、体制与方法》[23]一文对李白乐府诗创作的基本思想、体制与方法作了较为系统的论述。文章分为三部分，一是论述李白乐府诗创作的基本思想。乐府诗是其复古诗学的重要构成之一，是他对初唐以来复古诗学的深化。在初盛唐之际拟乐府诗创作陷入困境、近体乐府独盛的诗坛局面中，李白奋起复古，无疑为诗坛的奇迹。对“乐流”的回复与对“讽兴”之旨的追求，构成李白乐府诗创作的基本思想。二三部分着重论述李白乐府诗创作的体制与方法。李白遍取汉魏以下的所有乐府诗体制，对魏晋拟调、晋宋拟篇、齐梁赋题等古乐府的创作方法进行融合，并作出创造性的发展。文章揭示了李白乐府诗与汉魏六朝乐府诗复杂、多层的关系，并试图解答了李白是如何通过复古的方式达到与诗歌艺术创造规律高度契合的境界的。

蔡丹君《论曹魏诗人“以古乐府写时事”的思想根源》[24]一文认为，在曹魏之前，乐府歌诗的主题大多是城市都邑和底层社会的平民生活，不录军政大事，其主要功能是用来“听风俗”。而在曹魏文人笔下，乐府旧题被用来写重大时事，抒发政治情怀。这一变化的发生并非偶然，而是与自汉代以来人们对乐府的评价、汉魏易代的社会现实所产生的礼乐需求和两汉《诗经》学“以史解诗”的方式深有关系。

八、具体作家作品研究在多个层面皆有创获

2012年度，关于具体作家作品的研究成果在数量上依然有绝对优势，下面拟从五个角度加以概述：

（一）具体作品深层意蕴的阐释

邓小军《杜甫与李泌》[25]以及《杜甫与李泌（下）》[26]以杜甫写到李泌的九题诗篇及相关史料为依据，讨论了杜甫对李泌的政治期望以及杜甫与李泌的关系。文章指出，杜甫与李泌虽然曾为同事，却并无朋友关系，亦未见直接交往，但是杜甫出以公忠忧国，对李泌辅正肃宗、代宗以使政治有道，寄予厚望，十余年间，九见于诗。究其原因，在于杜甫与李泌在玄肃之际的政局变化中，具有相同的政治见解、军事见解，具有相同的政治行动，以及归根到底，具有相同的道德观。同时，亦在于杜甫对李泌有深切的关注和了解。

范子烨的《〈拟古〉其九：春蚕无食与无怨无悔（上）——春蚕的故事：曹植的人生低谷与精神高原（三）》[27]《〈拟古〉其九：春蚕无食与无怨无悔（下）——春蚕的故事：曹植的人生低谷与精神高原（三）》[28]《〈拟古〉其一：兰枯柳衰与天涯知己——春蚕的故事：曹植的人生低谷与精神高原（四）》[29]《〈拟古〉其二：拒为卜商与鄙斥隗嚣——春蚕的故事：曹植的人生低谷与精神高原（五）》[30]《〈拟古〉其三：谯国创业与富贵还乡——春蚕的故事：曹植的人生低谷与精神高原（六）》[31]《〈拟古〉其四：感悟北邙与骋望平原——春蚕的故事：曹植的人生低谷与精神高原（七）》[32]几篇文章是对上一年度《拟古》九首研究的承续。范子烨分别从广义和狭义的互文性理论出发，对《拟古》九首进行了解析。他认为，《拟古》其九是曹植伫立于鱼山之上对自己人生的深情回眸与悠长回顾，是对自己流离漂泊的坎坷人生的回忆与追寻，其他八首诗都是围绕着这首诗展开的。文章指出，《拟古》九首是曹植对个人的生命旅程的回顾，陶渊明将他的这种回顾置于其“时代的对话语境中”，因而也就深刻地揭示了那个时代的典型特征。这组诗的独特叙述角度所呈现出的不仅仅是世界在主人公曹植的心中是什么，而且还是主人公曹植的心中是什么，这是对人的主体性及自我意识的充分肯定。这些都将引导读者进入一个被遮蔽已久的《拟古》九首的艺术世界和思想天地。

此外，还有陶文鹏的《论李白的黄河绝唱》[33]，以李白咏唱黄河的诗歌为核心，探究了李白黄河诗的丰厚内涵，表达了诗人大济苍生的理想抱负和执着追求自由的个性情怀，体现了盛唐的时代精神，彰显了唐代士人的时代性格和精神面貌，也更鲜明地体现李白诗歌雄奇奔放、气势磅礴的艺术风格，并认为李白的黄河诗前无古人，后无来者，堪称千古绝唱。

（二）具体作家文学史地位的探讨

相对于谢灵运与山水文学的研究，有关颜延之与宫廷文学的研究相对较为薄弱。孙明君《颜延之与刘宋宫廷文学》[34]一文探讨了刘宋时代宫廷文学巨匠颜延之的重要影响。文章分为三部分：一是论述了颜延之"庙堂大手笔"地位的确立过程；二是阐述了颜延之庙堂文学的历史地位与文学价值；三是探讨颜延之宫廷文学的诗史地位。颜延之宫廷文学乃是两晋士族文学的歧变，它确立了南朝宫廷文学的范型，规定了南朝宫廷文学的走向，在中国古代宫廷文学发展史上占有一定的位置。

（三）具体作品及相关文学史问题的考辨

彭庆生的《初唐诗歌系年考》[35]在已有相关研究成果基础上，以翔实的材料和严谨的治学态度考证了唐高祖朝至唐睿宗、玄宗96年间300多位诗人两千多首诗的成诗时间。如对王勃《送杜少府之任蜀川》一诗进行系年考证时，作者先对题目进行辨析，"蜀川"，一作"蜀州"，根据《元和志》《旧书·地理志》等史料，得出"蜀州"说法有误。其次，根据诗句，得知送别之地在长安，则此时王勃应在京城游宦。又根据《王勃集序》《登科考》及其《入蜀纪行诗序》得知，王勃于乾封元年（666年）登科，总章二年（669年）五月离京入蜀，"后虽入京参选，旋即出为虢州参军。由此可证，诗当作于乾封元年之后，总章二年五月之前。姑系于本年"。得出此诗大致作于668年这一结论。作者的考证过程言之有物，条分缕析，为初唐诗歌的基础研究作出了重大贡献。

邓小军的《元结撰、颜真卿书〈大唐中兴颂〉考释》[36]首先以年表形式展示了元结、颜真卿与玄肃之际政治变局的关系，分析了元结撰、颜真卿书贬天子的《大唐中兴颂》的原因与写作背景。其次，分析了元结的《大唐中兴颂》，认为其是一首包含贬天子之微言的颂体诗，歌颂了唐朝平定安史之乱、收复两京的中兴业绩，并以微言揭露了玄肃之际政治变局的真相以及肃宗之不孝玄宗。再次，分析了颜真卿书的《大唐中兴颂》，认为其采取左行正书以隐喻和宣示孝道之义，配合《大唐中兴颂》贬天子之不孝，气势磅礴，章法奇特，是一篇创造性的微言书法。从而印证了元结撰《大唐中兴颂》与颜真卿书《大唐中兴颂》是不可分割的一个创作整体这一结论。

永明体及其声病说形成的原因，学界多有探讨，讨论亦比较充分。杜晓勤针对"永明体的产生与音乐有关，南朝流行的吴声西曲对永明声病说的产生有较大的影响"这一新说进行了考察。他的《吴声西曲与永明体成立关系的诗律学考察》[37]一文认为，上述新说既得不到乐律与诗律对应关系的理论证明，也得不到诗律分析数据的支撑。文章论述了现存晋宋吴声西曲多为五言四句诗，它与永明诗律的相合程度，不仅低于晋宋文人五言诗，更低于其中的五言四句诗。阐明了今存晋宋吴声西曲中永明律句、永明律联所占比例，并未超出其在五言诗中的出现概率，说明这些歌词的作者尚无明确的永明诗律意识。因而认为永明体诗律系受晋宋吴声西曲声律之启发而形成的说法，既不符合诗史，也与逻辑相悖。他的另一篇文章《"王斌首创四声说"辨误》[38]则用正史材料与相关佛典资料进行比照，对齐梁王斌之生平作更为详细的探讨，否定了王斌是四声之目的首创者这一说法，对解决四声之目是否确系王斌首创这一古代诗律史上的重要问题作出了努力。

孙明君的《谢庄〈与江夏王义恭笺〉释证》[39]一文指出：刘宋孝武帝孝建元年，吏部尚书谢庄写作了《与江夏王义恭笺》，表达了自己不愿居选部的意愿。《宋书·谢庄传》记载："庄素多疾，不愿居选部，与大司马江夏王义恭笺自陈。"后世学者基本认同这一判断。但孙明君认为谢庄不愿居选部的原因不完全是"素多疾"，他对吏部尚书"意多不行""唯奉行文书"的现状不满才是辞职的根本原因。文章指出，笺文并非仅提出辞官这么简单，它体现了士族领袖在皇族与寒族夹击中所形成的一种处世方略，体现了谢庄"顺人而不失己"的处世态度，表明了高门士族精英对孝武帝政治的清醒认识和理性抗争。由此让人们对谢庄《与江夏王义恭笺》有了更深层次的认识。

此外，范子烨的《惊鸿瞥过游龙去，虚恼陈王一事无——"感甄故事"与"感甄说"证伪》[40]《"悠然望南山"：一句陶诗文本的证据链》[41]及《别样的叙写：〈建康实录〉陶渊明事迹考辨》[42]等分别就相关问题提出了个人独到的见解。

（四）作家精神世界的探讨

着力探讨作家的精神世界，发掘其内涵和独特性，也是学者们的关注点之一。谢思炜《杜甫的精神探索与思想界限》[43]一文分三个部分对杜甫的精神世界进行了探索与解析：一是杜甫的精神成长之路。杜甫的思想发展经历了理想破灭、社会批判和自我人性发现三个阶段，他从自己的亲身经历中体会到儒家伦理自觉的意义，从对"儒术"的质疑而重新回到儒家仁政理想之上，可谓是唐代诗人伦理自觉和儒学复兴的先驱。二是杜甫的人性关怀。杜甫始终保持着仁爱理想和博大情怀。同时，他又以诗人的方式不断反身自省，探寻人性的本质，追寻精神之善。三是杜甫的思想界限。主要表现在个人与社会、主观题材与客观题材在杜诗中的自然结合，并不总是平衡一致的。杜诗在处理客观叙事题材时也有一定局限，诗人既不能完全跳出文人主观立场来客观展现社会生活，也不能超出亲历所限更充分地运用叙事手段讲述个人和群众的生活故事，他最终无法逃脱中国专制社会传统政治格局和以儒学为主的传统思想格局的限制，指出了杜甫的思想局限性。

（五）文学作品风格与作家性格气质关系研究

西晋时期的文学家陆机和陆云被钟嵘称为“二陆”。刘跃进的《“二陆”的悲情与创作》[44]首先探讨了“二陆”的身世。陆氏为东南望族，“二陆”的祖父陆逊是吴国的丞相，父亲陆抗为吴国的大司马。吴亡，陆机、陆云隐退故里10年，后到京城洛阳拜访时任太常的著名学者张华，受到器重，但政治上却不得志，陆机甚至死于“八王之乱”。其次，文章分析了“二陆”的性格，指出陆机与陆云兄弟，同出高门，文采斐然，却性格迥异，陆云文弱弘静，陆机风格凌厉，其性格迥异表现在文学创作上，就形成了不同的风貌，陆机繁缛，陆云鲜净。再次，文章比较了“二陆”的创作。陆机和陆云都很强调文学艺术的社会价值和文化传承的作用。最后，指出了陆机《文赋》的重大影响在于，其精微地论述了文学创作的过程，在艺术构思、谋篇布局、美学标准和文体的分类方面提出了一系列有价值的主张。

九、关于文艺理论、文学思想及文学批评问题的探讨不断深入

对古代文论、文学思想及文学批评的探讨，有助于深化对文学本体的认识。2012年度，袁济喜在该研究领域贡献突出。

袁济喜注意到，中国古代的文学与艺术批评，发展至魏晋南北朝时，呈现出内在的联系与互渗的特点。在《论魏晋南北朝文学批评与艺术批评的互渗》[45]一文中，他首先用大量篇幅阐释了从先秦“人文化成”精神看文艺批评的生成过程。中国古代自先秦以来，形成了以道来宗率文学与艺术在内的精神活动的思想体系。魏晋以来，这种传统得到延续，同时又促成了文学与艺术相对独立的地位，审美精神获得解放与自由。其次，阐释了魏晋南北朝文学活动与艺术活动的互融。汉末以来的士人大多文学与艺术兼通，表现为一种通才达人的特点，不同于两汉的儒生。魏晋南北朝文学批评与艺术批评的相互交融，充分彰显了六朝批评的人文性与通贯性。结论部分强调文学与艺术内在联系与互渗的重要性，提醒人们切忌从西方学科观念出发，否定中国传统学术的立场与做法。

魏晋南北朝时期的文学批评观念在时代的分裂与融合中得以调整与拓展。《南朝与北朝的文学对话及其文学观念构建》[46]与《从对话与融合层面探讨魏晋南北朝文学批评之特质》[47]两篇文章皆是从对话与交流的层面探讨了这一时期文学观念的建构及文学批评的特质。前者着重探讨了北朝与南朝对话与交流的两条主线，一是在传统的诗骚精神影响下进行，二是在取长补短的基础上开展。庾信、王褒、温子升等人在南北文学对话及其文论观念构建中功绩卓著。文章着重以庾信为例，阐述了庾信通过自己的身世之感激活了儒学中的人文精神，对中国古代“诗可以怨”与“发愤著书”的思想进行了拓展。后者指出，魏晋南北朝时期，洛阳特殊的地理位置和文化地位使之成为了文化交流重地，士人是南北文化交流的主体，互相遣使是文化交流融合的重要途径，而南北僧人交往则为文学审美增添了别样风神。南北文化对话与交融的典范当属庾信与颜之推。庾信的贡献，前文已有阐述。颜之推则为形成较为系统的文学批评理论观作出了重要贡献，如主张南北文风对话与调和，强调文学是政教功能和陶冶性情的审美功能的完美融合等。以上文章皆从对话与融合层面论述了魏晋南北朝文学观念的构建与文学批评的特质，正是这一时期的文学对话与交流为唐代文学奠定了恢宏博大、多元并存的坚实基础。

注：

①钱志熙：《中国诗歌通史·魏晋南北朝卷》，人民文学出版社2012年版。

②吴相洲：《中国诗歌通史·唐五代卷》，人民文学出版社2012年版。

③赵敏俐：《多民族特点与世界性眼光——略论新世纪的中国诗歌史观》，《文史哲》，2012年第4期。

④钱志熙：《旧学与新知的复杂交汇——试论二十世纪上半叶的汉魏六朝诗歌史研究》，《文艺理论研究》，2012年第1期。

⑤刘宁：《唐宋诗学与诗教》，中国社会科学出版社2012年版。

⑥葛晓音：《先秦汉魏六朝诗歌体式研究》，北京大学出版社2012年版。

⑦陶文鹏：《论韩愈的七言绝句》，《文学遗产》，2012年第5期。

⑧周京艳：《中唐元、白制诰研究》，《北京大学学报》（哲学社会科学版），2012年第4期。

⑨李飞跃：《〈花间集〉的编辑传播与新词体的建构》，《中州学刊》，2012年第3期。

⑩袁行霈、丁放：《盛唐诗坛研究》，北京大学出版社2012年版。

⑪袁济喜、王猛：《从都城与王权观念重新审视

曹魏集团的文学活动》，《暨南学报》（哲学社会科学版），2012 年第 3 期。

⑫张丽：《隋至初唐嘉遁之风与汾阴名士王绩》，《北京大学学报》（哲学社会科学版），2012 年第 3 期。

⑬郭英德：《中国古代文学与教育之关系研究》，北京大学出版社 2012 年版。

⑭诸葛忆兵：《论唐宋诗差异与科举之关联》，《文学评论》，2012 年第 5 期。

⑮詹福瑞：《“经典”的属性及价值》，《文艺研究》，2012 年第 8 期。

⑯刘跃进：《关于〈文选〉旧注的整理问题》，《中国典籍与文化》，2012 年第 1 期。

⑰戚学民：《〈后汉书〉李贤注与〈文选〉李善注：论李善注影响的扩张》，《社会科学研究》，2012 年第 3 期。

⑱袁济喜、宋亚莉：《〈文心雕龙〉与集部形态建构》，《兰州大学学报》（社会科学版），2012 年第 4 期。

⑲童庆炳：《〈文心雕龙〉论人与自然的诗意关系》，《北京师范大学学报》（社会科学版），2012 年第 5 期。

⑳钱志熙：《唐人论孟诗诠论》，《阅江学刊》，2012 年第 1 期。

㉑谭显宗：《唐人论唐诗——中唐诗论家之身份地位及其理论学说》，《学术月刊》，2012 年第 6 期。

㉒梁海燕：《乐府诗风格研究刍议》，《乐府学》第 7 辑，学苑出版社 2012 年版。

㉓钱志熙：《论李白乐府诗的创作思想、体制与方法》，《文学遗产》，2012 年第 3 期。

㉔蔡丹君：《论曹魏诗人“以古乐府写时事”的思想根源》，《乐府学》第 7 辑，学苑出版社 2012 年版。

㉕邓小军：《杜甫与李泌》，《杜甫研究学刊》，2012 年第 2 期。

㉖邓小军：《杜甫与李泌（下）》，《杜甫研究学刊》，2012 年第 4 期。

㉗范子烨：《〈拟古〉其九：春蚕无食与无怨无悔（上）——春蚕的故事：曹植的人生低谷与精神高原（三）》，《名作欣赏》，2012 年第 7 期。

㉘范子烨：《〈拟古〉其九：春蚕无食与无怨无悔（下）——春蚕的故事：曹植的人生低谷与精神高原（三）》，《名作欣赏》，2012 年第 13 期。

㉙范子烨：《〈拟古〉其一：兰枯柳衰与天涯知己——春蚕的故事：曹植的人生低谷与精神高原（四）》，《名作欣赏》，2012 年第 19 期。

㉚范子烨：《〈拟古〉其二：拒为卜商与鄙斥隗嚣——春蚕的故事：曹植的人生低谷与精神高原（五）》，《名作欣赏》，2012 年第 22 期。

㉛范子烨：《〈拟古〉其三：谯国创业与富贵还乡——春蚕的故事：曹植的人生低谷与精神高原（六）》，《名作欣赏》，2012 年第 28 期。

㉜范子烨：《〈拟古〉其四：感悟北邙与骋望平原——春蚕的故事：曹植的人生低谷与精神高原（七）》，《名作欣赏》，2012 年第 34 期。

㉝陶文鹏：《论李白的黄河绝唱》，《徐州工程学院学报》（社会科学版），2012 年第 1 期。

㉞孙明君：《颜延之与刘宋宫廷文学》，《文学遗产》，2012 年第 2 期。

㉟彭庆生：《初唐诗歌系年考》，北京大学出版社 2012 年版。

㊱邓小军：《元结撰、颜真卿书〈大唐中兴颂〉考释》，《晋阳学刊》，2012 年第 2 期。

㊲杜晓勤：《吴声西曲与永明体成立关系的诗律学考察》，《陕西师范大学学报》（哲学社会科学版），2012 年第 2 期。

㊳杜晓勤：《“王斌首创四声说”辨误》，《文学遗产》，2012 年第 3 期。

㊴孙明君：《谢庄〈与江夏王义恭笺〉释证》，《北京大学学报》（哲学社会科学版），2012 年第 5 期。

㊵范子烨：《惊鸿瞥过游龙去，虚恼陈王一事无——“感甄故事”与“感甄说”证伪》，《文艺研究》，2012 年第 3 期。

㊶范子烨：《“悠然望南山”：一句陶诗文本的证据链》，《淮阴师范学院学报》（哲学社会科学版），2012 年第 4 期。

㊷范子烨：《别样的叙写：〈建康实录〉陶渊明事迹考辨》，《中国典籍与文化》，2012 年第 3 期。

㊸谢思炜：《杜甫的精神探索与思想界限》，《徐州师范大学学报》，2012 年第 3 期。

㊹刘跃进：《“二陆”的悲情与创作》，《北京联合大学学报》（人文社会科学版），2012 年第 3 期。

㊺袁济喜：《论魏晋南北朝文学批评与艺术批评的互渗》，《中国文学研究》，2012 年第 3 期。

㊻袁济喜：《南朝与北朝的文学对话及其文学观念构建》，《江海学刊》，2012 年第 5 期。

㊼袁济喜：《从对话与融合层面探讨魏晋南北朝文学批评之特质》，《黑龙江社会科学》，2012 年第 5 期。

（作者：马自力，首都师范大学教授；
马小会，首都师范大学博士生）

宋元明清文学

金达芾　李鹏飞

一、诗词文的研究

本年度诗词文研究的基本情况是出版发表的研究专著较少而专题论文较多。出版的专著中，有的著作专门针对作家作品作深度的纵向解析，如《陆游闲适诗研究》《〈浮生六记〉研究》等；有的则以文学史的视角对文体的发展进行横向研究，如《明代诗文发展史》《清代前中期黄庭坚诗接受史研究》等。论文的情况则稍显复杂，体现出了多样化的研究思路和研究视角。

李建英的《陆游闲适诗研究》从创作背景、艺术内涵、后世影响三个角度对陆游的闲适诗进行了全面的分析研究。在创作背景研究中，李建英又分别谈了社会背景、陆游诗论、仕宦经历对其闲适诗创作的影响；在艺术内涵方面，李建英认为陆游的闲适诗包含了山水田园之趣和日常生活情趣两个层面；而在影响方面，则以诗歌史研究的方式，全面梳理了陆游闲适诗在南宋后期到清朝数百年间的接受和影响情况。[①]

自清代以来，关于明代诗文发展史如何分期，一直是一个见仁见智的问题。尹恭弘认为，无论是钱谦益提出的四期分法还是黄宗羲总结的三期分法抑或是其他各种划分方法，均有其合理与不合理的方面。在总结前人研究的基础上，尹恭弘提出了元末至天顺、成化至隆庆、万历至明末的明代诗文三期划分的构想。并以此为阐释框架、以诗人为研究单元，探讨了包括明代诗文的复古主义创作倾向，师心自用的创作倾向在内的各种明代诗歌发展中的学术问题。[②]

陈伟文秉承传统文献学、诗歌史和批评史的研究方法，系统梳理了黄庭坚诗歌在清代中前期的接受情况，重点讨论了黄庭坚诗从备受冷落到逐渐盛行的转变历程及其背后的深层原因。并借此理清了清代中前期诗歌创作和诗学理论的发展脉络，为研究清代诗学的历史演进提供了一个新的视角。[③]

近年来关于明清小品文的研究的论著较少，根据已故前辈学者陈毓罴先生遗稿整理的《〈浮生六记〉研究》一书，是这一领域比较值得注意的学术成果。其书的正文部分系陈毓罴先生生前对其历年所著之旧文增删、重新编订而成，附录部分则是其家人根据陈先生生前未曾发表的遗稿整理而成。全书详细地考订了《浮生六记》的作者沈复生平、家庭等事迹并为其编订了详细的年谱，以较大的篇幅探讨了关于《浮生六记》的成书地点、结构、序跋、版本、是否足本等重要的学术问题，是对陈毓罴先生一生对《浮生六记》研究的全面总结。[④]

在以往的宋诗研究中，偈语诗这一特殊的诗歌形态所获得的关注并不多，是一个较新的研究领域。王培友指出，偈语诗由唐入宋，产生了显著的变化，传播佛法、点化信众的功能被继承了下来，而唐代诗人以偈语诗的形式写作世俗人生情感的传统则在宋初偈语诗中被疏离。解读宋初偈语诗中所蕴含的文化特征，有助于今人更全面地认识由“唐型文化”向“宋型文化”的转变，具有重要的文化意义。[⑤]

周剑之从宋诗的纪事观念、纪事的理论基础、表现形态、纪实性追求等几个角度全面地探讨、阐释了宋代诗学中广泛存在的以诗纪事、以纪事论诗的现象。并指出，对叙事的重视，是宋诗能摆脱唐诗套路形成独特风貌的重要原因之一。也为后来的诗学发展提供了新的生长点。[⑥]

罗璇指出，南北宋之际的诗坛上，陈与义及其“新体”诗歌的横空出世，是对苏黄后学诗风流弊的一次匡正，陈与义以极大的才力和魄力在继承前人的基础上创造出兼具“奇壮”与“明丽”风格的“陈简斋体”，影响广泛而深远。[⑦]

关于元代诗歌研究，杨镰认为，传统上一直存在着对元代文学的认识误区，即认为由于戏曲小说的发展繁荣，元代诗文退出了文坛前列的位置。但实际上诗歌在元代文坛的地位与唐宋一样，仍然是主流文体，且具有其独特的价值。叙事文体与诗歌之间的互相影响、认同，强化了元诗的叙事化特征，为我们认识元代历史文化提供了丰富的细节，具有重要的历史价值。[⑧]

与往年相似，本年度对于明诗的研究，依然侧重于明代诗学研究，尤其注重将明代诗学发展与时代背景、社会思想的发展相联系的研究方法。杨洋从王阳明的哲学思想出发，探究了阳明诗学所标举的“中和”观念的理论基础、成因以及其内涵、影响。并指出王阳明的诗学观明显地带有两个层面需求的痕迹：既主张文以载道，要求心性中和，同时又重视真性情的抒发，赞赏狂者的精神。[⑨]张晶从明代诗论家谢榛论诗“以兴为主”的观点出发，全面地梳理了谢榛诗论体系中“兴”“化境”“天机”“妙悟”“浑成无迹”等有关概念的内涵。总结了谢榛主要的诗学观点。并阐释了《四溟诗话》所具有的丰富的内涵和美学阐释空间，以及其对当代美学理论建设的重要裨补意义。[⑩]以往学界对李贽的研究多集中于其思想、文学理论批评等方面，而左东岭则注意到了其诗学理论和诗歌创作的文学史意义。

左东岭认为，在明代众多的诗歌作者中，李贽无论从诗歌数量还是质量来看皆难属上乘，但其旗帜鲜明地突破体制格调的限制的诗学观念，在明代诗学从王阳明到公安派的演变中起到了重要作用，因此应当充分肯定李贽在明代诗学发展中的地位。[11]

徐楠认为，以往学界对于王夫之明诗批评的研究，偏重于肯定其在批评方面的有益贡献，如指出明代诗人热衷门户、机械模拟等弊端；而对其诗学批评的内在问题的研究则并不充分。徐楠指出，王夫之对明诗的批评存在价值尺度褊狭、逻辑论证随意、诠释视野单调等问题，并由此得出了王夫之仍处于明代诗学余波中，未必是严格意义上的清代诗学开启者的结论。[12]王夫之的诗学思想及其问题，在其对于正德年间苏州诗人的批评中得到了鲜明的体现。在对祝允明、唐寅、沈周的褒贬中，体现出明显的"黜主流而扬别派"的思路，既有其合理性，也存在问题和误读。徐楠认为，这种误读主要是由其诗学理想与其论证明诗价值的方式的矛盾造成的，当然其中也带有王夫之缺乏宽容的视野胸襟与冷静细密的批评态度的原因。[13]

马里扬对于宋代词人及其词风演变的研究偏向于从还原历史语境的方式探讨词人生活轨迹对创作心态的影响。他详尽地分析了欧阳修《采桑子》十三首与《玉楼春》《夜行船》《朝中措》《明妃曲》等歌词作品中的词人自洛阳而夷陵而颍州的政治心态内在转向的历程。以实证研究的方式论述了欧阳修歌词创作与政治遭际之间的关系。[14]在东坡词研究方面，马里扬对苏轼歌词创作以及与故人杨绘相关的种种文学"小环境"事件详加考证，抽绎出"眉山记忆"作为苏轼词风形成与演变的内在动因。立足于细微线索的考证，力图还原词人交往所构筑起的文学生态圈，呈现出苏轼独特词风的嬗变轨迹。[15]

董宇宇的《论北宋前期词的悲情意识》一文，从宋人对唐人观念突破处着眼，探讨了北宋前期个体意识觉醒对宋词创作的影响，并将北宋前期词中的悲情意识分为不足、不永、闲愁、离愁四种。以此为据分析并阐述了北宋中前期词的"唯情主义"风尚。[16]

赵雪沛选取了在宋词中所占比例并不大的多片词作为研究对象，着重探讨了多片词创始者柳永以及后继者周邦彦、吴文英这三位名家在多片词创作叙事和结构上的传承和差异，分析了多片词在增加词的叙事成分、营造婉曲细腻的艺术意境方面的成就。其研究指出，多片词的出现和发展，显示出了宋词叙事抒情和章法结构艺术的进步。[17]

柳永现存的200多首词中，有80多首写到了夜景，所占比例相当之高。张静将这些夜景词分为都市之夜、私密之夜和羁旅之夜，分门别类地探讨了蕴于其中的艺术韵味和复杂的情感，肯定了其在宋代词史上的重要地位。[18]

张旭以文本细读的方式，通过分析秦观词在结构句法、词句锻炼、意象选择、悲剧意识、思想感情等各方面的特征，总结了少游词"情韵兼胜"的纯美意境的成因。[19]

相较宋元明清时期的诗词研究，"文"的研究成果较少，略显沉寂。但为数不多的论文却针对不同时期的文体发展演变的问题作了深入的剖析，体现了研究的深度。

管琴选取了历来少受关注的制文作为研究对象，论述了"词科取士"与制文文体的关系。论者认为，自北宋绍圣年间开始设"宏词科"之后，长达百余年的词科取士对宋代骈文产生了重大影响。正因其影响深远，词科文风逐渐由场屋之文辐射到制、诏、表、启等日常应用文体，形成了所谓的"词科习气"。而对"词科习气"的反拨以及理学思潮的影响，则又带动了制文复古的风潮，折射出南宋时期复杂的文学观念。[20]

刘尊举从"融液经史"的言辞、"寓骈于散"的行文法度以及一唱三叹、跌宕起伏的古文意境三个方面阐述了明代以唐顺之、归有光为代表的正、嘉作家群"以古文为时文"的创作形态，并在此基础上提出应对八股文的艺术成就予以更为公允的评价，认识其对明清古文理论发展的推动作用。[21]

梁娟认为，康海、王九思等复古派文学家罢归后投身散曲小道创作，使明代弘、正文坛呈现出一种非唯诗文独尊的文体多元化发展局面。康、王的文体实践是晚明"文体解散"的先兆之一，他们虽然没有直接创作小品，他们弃诗文而制散曲的创作转变却在思想上和文体实践上对晚明小品的兴盛有着重要的影响。[22]

二、小说的研究

本年度关于宋元明清小说的研究专著数量颇丰。其中《红楼梦》相关研究专著和往年一样，角度众多，成果丰富。除此以外本年度的其他研究专著则体现出一些共性，如《周兆新元明清小说戏曲论集》《小说中的百味人生》《梦·醒·三国——明清小说新论》等著作皆非针对某一部小说而是从明清小说的整体研究出发，选择几部具有代表性的重要作品加以深入研究。在纵向深入挖掘小说文本的相关问题的同时，注重横向比较，以更宽的视野对明清小说进行研究。

《周兆新元明清小说戏曲论集》一书，是已故前辈学者北京大学周兆新教授毕生研究成果的全面整理与结集。全书由"三国演义考评""金戈铁马话三国""散论"三个部分组成。所关涉的内容包罗万象，既从宏观层面探讨了《三国演义》与民间文学、曲艺、戏剧之间的关系，也从具体层面分析了曹操、刘备、关羽、诸葛亮等人物形象的塑造以及"煮酒论英雄”“五关斩将”等饶有趣味的故事情节。该书充满了著者对一些重大学术问题的新见，改变、更正了包括《三国演义》成书年代在内的一些传统说法和观点，是对著者生前有关《三国演义》乃至整个元明清小说戏曲研究的全面总结。[23]

张国风的《小说中的百味人生》一书，在形式上接近于随笔集，其中所讨论的小说主要包括了《三国演义》《水浒传》《红楼梦》《金瓶梅》《醒世姻缘传》等比较重要的明清小说作品。著者以文本精读的方式，对这些小说中的人物形象、情节设置、艺术手法、人文内涵等问题进行了深入浅出的阐释。对以往文本解读中业已形成的定见提出了新的看法。此外，本书的序言——《中国古典小说的发展规律》一文，从理论的高度探讨了小说的内部结构、阅读期待、美学追求，文言小说的发展，小说史的变迁等诸多学术问题，是著者长期从事古代小说研究的心得的总结。[24]

《梦·醒·三国——明清小说新论》一书系夏薇将其从事明清小说研究以来，有关《红楼梦》《醒世姻缘传》《三国演义》三部小说的研究成果加以汇集、改订而成。该书对三部小说的分析有所侧重，主要以《红楼梦》研究为主，所涉及的问题包括红学的研究方法、后四十回的文学价值和文学史地位以及其他一些具体问题。《三国演义》研究部分主要收录了著者近年与刘世德合作取得的在《三国演义》文献、版本研究方面的成果。[25]

李小龙借鉴了《文心雕龙》的研究范式，采用了纵向梳理中国古典小说回目的形成过程、背景和横向分析中国古典小说回目构成要素和叙事功能相结合的方式，辅以个案研究、影响研究与传播研究等其他研究手段，全面阐释了作为中国古典小说最独特的体制特征的“回目”的重要文学意义。[26]

本年度古代小说研究中，《红楼梦》研究依然是热点，且研究所涉及的范围相当广泛，方法新颖，值得关注。本年度出版发行的《〈红楼梦〉程甲本探究——纪念〈红楼梦〉程甲本刊行220周年学术研讨会论文集》一书，是对2011年9月由北京曹雪芹学会主办的“纪念《红楼梦》程甲本刊行220周年”学术研讨会相关成果的总结。其中收录了胡文彬、张书才等17位红学研究者的16篇论文，围绕《红楼梦》程甲本刊行的意义、影响、版本特征及后四十回的著作权的学术问题展开了深入的论述。[27]

吴伟凡认为，眼下的红学研究在《红楼梦》抄本研究、思想研究、人物研究和艺术研究方面日渐深入和扎实，但堪称突破性的成果却甚少，故其采用了一个较新的维度——诗性——去论析《红楼梦》在融合雅俗、抒情与叙事等方面取得的成绩。并从人物刻画、悲剧意识等方面分析了《红楼梦》的诗性美。在此之外还阐述了新旧红学的流变、版本传播等其他重要问题。[28]

《红楼丛谈》一书系龚鹏程积年研究《红楼梦》的心得总结，其中所关涉的红学研究领域甚为广泛，既有对索隐派研究的回顾、又有从宗教视角对《红楼梦》的观照、也有对《红楼梦》版本考据方面的研究成果。其中“红楼猜梦”一节独辟蹊径地从读者阅读和诠释史的角度对《红楼梦》进行解读，介绍了一种从诠释形态角度研究《红楼梦》的新角度。[29]

论文方面，针对宋元明清时期的古代小说的研究十分兴旺，小说理论、文献版本、人物本事等研究领域皆有丰富成果涌现，研究跨度大、研究视域宽、研究角度新是本年度小说研究的显著特征。

在小说理论研究方面，《北京大学学报》一年一度的“古代小说前沿问题丛谈”依然值得关注。本年度的笔谈围绕着宋人赵彦卫关于古代小说“文备众体”的论断，展开了关于古代小说文体兼容性、古代小说与诗词韵文及戏曲等文体的互动交融诸问题的相关讨论。

刘勇强认为：中国古代小说的文体兼容性是一种小说史现象。在不同的小说中有着不同层次的表现。这种不同既表现为所兼容文体的不同，同时也表现为兼容或文体黏着度的不同。这种文体兼容性为古代小说带来了远逾单一文体的丰富内涵，使其成为古代文学最有代表性的文体。但这也对研究者提出了更高的要求，即需要有更多的文体意识和知识。[30]在中国古代叙事文学体系中，小说和戏曲的关系至为紧密，两者“同源而异派”，潘建国在谈到戏曲对小说的影响时认为，古代小说文体中的戏曲因子主要存在于两个层面：小说素材层面和小说创作艺术层面，前者数量庞大，但其文学功能相对单纯；后者较为复杂，又可细分为显性和隐性两类，但无论是隐是显，皆是小说家文学匠心的主观运用和有意探索，对小说的发展有着重要的意义。[31]与潘建国在叙事文学内部研究小说对戏曲因子吸收的视角不同，李鹏飞以古代小说中“韵散结合”“以韵入散”的现象作为切入点，研究了主要作为抒情文学的诗歌与作为叙事文体的小说之间的互动。李鹏飞指出，诗歌进入小说后所承担的功能十分复杂，在发挥抒情功能方面，由于诗歌在长期发展历程中形成了十分成熟的抒情技巧，恰好承担了中国古代小说中的散文部分较为缺少的抒情功能。在叙事层面、诗歌则具备着包括重复叙事，将自身意境化入叙事等多重功能。他还指出，“韵散结合”作为中国古代小说的民族特点，乃是特定历史阶段的产物，进入民国以后，这一现象逐步消失。[32]

北宋时期是历史琐闻笔记发展、成熟的重要阶段，郭凌云从目录学著录、虚实观念、创作观念这三个角度探讨了北宋历史笔记的三个重要新变：在文体分类上，历史笔记与小说故事类笔记的区分渐渐分明，长期混淆的情况得以改变；在创作态度上，体现出明显的“崇实忌虚”的倾向，希望笔记能如正史般信实，以实现“有补于史”的追求；在创作价值观方面，重视记录朝政，形成了弘扬士林，注重德行的价值追求。[33]

四大名著之一的《水浒传》作者施耐庵的确切身份，一直是中国小说史上一段难有定论的公案。卢兴基的研究从我国通俗小说的文学生态和传播史出发，在兴化地区长期口耳相传的民间传闻、清代晚近施氏谱系以及碑志文字等诸多文献、实物资料中寻找线索，试图证明施耐庵即为江苏兴化一带施姓一族自认的祖先施彦端。[34]

潘建国以发生在同一篇明代中篇文言传奇的不同载体之间的文本变动作为切入点，分析了这种删改现象背后的小说史意义。潘建国指出，中篇文言传奇增饰小说细节、文本语言化雅为俗，变文为白，甚至羼入白话小说习用套语等现象，都体现了白话小说施诸其上的影响。而杂入文言小说集中的白话体小说和杂入白话小说集中的文言小说的存在，则更证明了两种文体互动曾经相当频繁和深入。[35]

傅承洲本年度围绕明代文学家冯梦龙的文学创作和理论批评所展开的研究，系国家社会科学基金项目“冯梦龙文学活动研究”的阶段性成果。在冯梦龙小说理论方面，傅承洲认为，尽管冯梦龙没有专门的小说理论著作传世，但其为“三言”所作的三篇序言，分别探讨了通俗演义的源流、影响，小说创作的虚实关系和通俗小说的“醒世”意义等三个问题。这三篇序言相互勾连补充，构成了一套独特的小说理论体系。[36]冯氏的《太平广记钞》一书系对《太平广记》删订、评点而成。傅承洲认为，该书的成书，体现了其兼容佛道但又捍卫儒家正统的立场，也能见出冯梦龙作为史家、小说家、小说批评家的多重眼光。[37]傅承洲还指出，将原本内容不全、故事情节交代不清的二十回本《三遂平妖传》增补成四十回本《新平妖传》是冯氏对中国古代小说的又一重大贡献，其增补不仅使人物来历变得明确、小说结构更为完整，同时提出了“妖由人兴”的观点并补写了大量的世情故事。因此对于该小说而言，冯梦龙的贡献甚至要大于原作者罗贯中。[38]此外，傅承洲通过对比冯梦龙所编撰的两种笑话集《古今谭概》和《笑府》之间的差别，以及通过对冯氏搜集、整理笑话集的动机、标准等的研究，系统地阐释了冯梦龙对笑话的特点与功能的认识。[39]

钟晓华将“三言”中大量出现的寺院场景作为场景类型研究的对象，从叙事作用和文化意蕴两个方面探讨了寺庙场景在小说故事中所承担的多样化的叙事功能以及深刻的哲学思想意义。并以此为据论述了佛教文化与明清小说的密切关系。[40]

谢君以历史地理学的研究视角出发，试图还原明清通俗小说刊刻中心从福建建阳向苏州、杭州、扬州等江南运河城市转移的过程，并进一步分析了刊刻中心的地理转移和书坊业在运河城市中的发展壮大等历史现象在通俗小说全面繁荣中所起到的重要作用。[41]

刘大先对晚清小说《孽海花》的研究采取了一个比较独特的切入点：流言。其文从《孽海花》一书的成书、生产过程、文本内容以及接受史等角度，深入分析了其与晚清社会转型时期带有流言色彩的新闻舆论之间的关系，并得出了《孽海花》一书“像一个在商业环境中被放大的、用书写驯化的、通过大众传媒扩散开来的‘流言’”的结论。[42]

在中国古代小说的海外传播研究方面，顾钧撰文分析了19世纪美国来华传教士卫三畏在多部著作中对《聊斋志异》故事的翻译，认为在《拾级大成》中的三篇——《种梨》《曹操冢》《骂鸭》是西方世界最早的《聊斋志异》的翻译。并对之前学术界关于《聊斋志异》在西方译介问题上存在的王丽娜“卫三畏1848”说和王燕“郭实腊1842”说这两种说法提出了商榷。[43]

任冬梅从梳理晚清风靡一时的科学小说的译介、创作及传播情况入手，通过比较晚清时期作为舶来词汇的“科学”与原生词汇“格致”的与使用情况，探讨了晚清科学小说在科学观念普及方面做出的贡献。[44]

与研究专著的情形相似，本年度的红学研究论文成果也较为丰富，角度也颇为多样。周先慎从四个方面总结了已故红学家张毕来先生《漫说红楼》《红楼佛影》《贾府书声》《谈〈红楼梦〉》四部书的特点及其在红学研究上的贡献，特别指出了他在研究的态度、方法、学风和文风上，对当今研究工作的启示。[45]郑志良以庋藏于中国国家图书馆的《红楼梦传奇序并题词》抄本作为研究对象，指出此书并非清代有关《红楼梦》戏曲的一些序言和题词，而是《红楼梦》小说的序言和题词。而其中姜宁、祝崧三、蔡任等三位清代文人的“题红诗”具有一定的学术研究价值，但一直未被学界所重视。[46]张云认为，尽管包括高鹗后四十回续书在内的大量《红楼梦》续书与曹雪芹原著相比，不容讳言的不足之处固然比比皆是，但其存在价值却是不能否定的。对于这些续书应当采取不以经典眼光看待、不用经典标准要求的评价策略。其文在此基础上引申出了关于非经典作品的阅读与评价问题，并探讨了再续《红楼梦》的必要与可能，以及续红能否出现经典等诸多问题。[47]

三、戏曲的研究

本年度戏曲研究的专著数量不多，但都立足于详细的文献考订，体现了研究的精度与深度。吕薇芬撰写的《北曲文字谱举要》一书，是近年来北曲研究中一部比较重要的著作。全书收录了北曲曲牌400余条，对元代至现代的七部重要的曲谱进行了详细的勘比，寻绎每一曲牌的格律以及曲律在历史中的演变轨迹，旨在为北曲研究者提供经过勘比的、较为可靠的研究参考。[48]

张净秋的《清代西游戏考论》一书，在借助前辈学者的研究成果、全面整理历代戏曲文献著录《西游》剧目情况的基础上，理清了《西游》戏发展的历史轨迹。并以《西游》戏的集大成之作、清代宫廷连台本戏《升平宝筏》作为重点研究对象，通过对勘新发现的康熙朝全本《升平宝筏》与现存近30种其他版本剧本，基本弄清了《升平宝筏》的文本状况、发展进程、源流演变等有关情况。在此基础上，张净秋还对《升平宝筏》之后的众多《西游》戏进行了比较全面的梳理和研究，对其生成方式、流传途径和思想内容作了简要的论析。[49]

本年度的戏曲研究情况与往年相仿佛，主要集中于元明清时期的杂剧、南戏、传奇的研究方面。但有关宋代戏剧的研究也值得关注。刘小梅认为，两宋社会在确立通俗化、平民化的社会文化潮流的历史过程中有着重要地位。这一时期通俗娱乐文化的盛行、诗化思维的确立、叙事意识的勃兴、杂剧完成自身的蜕变和升华等因素，都对戏曲艺术形态的确立产生了举足轻重的影响。[50]

一般认为，汤显祖的“至情观”表达的是弘扬真情、对抗封建礼教的精神，唐卫萍则通过对《牡丹亭》重新进行文本细读的方式对这一观点提出了商榷。论者认为，汤显祖的“情”的观念有两个方面：一是对“情”的承认和赞美，二是“理”对“情”的引导和收束。前者是论“情”的起点，后者则是“情”的落脚点。因此汤显祖不仅是“情”的歌颂者，而且也是“情”的批判者。[51]

《西厢记》的发展演变一直是学术界颇为重视的研究课题。《西厢记》的版本、文本、舞台表演等方面的变化情况，为戏剧艺术在不同时期的发展情况提供了一个直观的参照。陈建平从演出声腔、演员构成两个方面勾勒并梳理了《南西厢》在明清戏曲舞台上传播的细节和线索，并作了客观的描述和理论的总结。[52]汪龙麟的研究则立足于《西厢记》版本演变史，细致地梳理了残页本、弘治本、徐士范本、王骥德本、凌濛初本、金圣叹本、毛西河本、潘廷章本等八种在《西厢记》传播史上影响较大的版本的文本形态、版本特征，大致理清了明清《西厢记》刊本演变的过程。[53]

李玫详细地考证了“时曲”“时剧”这些概念在不同时期内涵外延的不断变化，重点以明清两代作为研究对象，分析了“时曲”“时调”在明代流行繁荣的盛况以及清代“时剧”的名实特征。从一个侧面勾勒出了明清两代戏曲发展的剪影。[54]在戏曲个案研究方面，李玫注意到，明清戏曲作品中时常出现的“渔樵话”，实际上已经形成了一种相对固定的特殊意象。这些对话背后，往往是文人借他人之口抒发人生得失取舍的感慨，带有浓厚的个人命运的色彩。而《桃花扇》中的“渔樵话”则大为不同，孔尚任借柳敬亭、苏昆生和老赞礼之口，将“渔樵话”通过一步步的铺垫，上升到历史命运感悟的高度，也使这部剧作所描述的历史、所表达的历史观念，有了一种理性的升华。[55]

郭英德认为《秣陵春》传奇的作期关系到该剧文化内涵和象征意蕴的深入探析，故不可不详加考辨。但目前学界关于《秣陵春》的作期有“顺治三年秋至四年七月”“顺治八年”“顺治九年”“顺治九年至十年春之间”诸说，莫衷一是。郭英德从《南词新谱》的编刻、吴伟业与余怀的交往以及《秣陵春》在顺治年间的传播等各角度进行考证，认为《秣陵春》传奇在顺治八年初秋或稍前便已定稿。[56]

吴书荫对《古本戏曲丛刊五集》中所收录的传奇《双南记》的作者——“姓名、字号、道里皆未详”的“越雪山人”的身份作了详细、全面的考订，认定其为清初顺、康年间享誉文坛的周金然，同时也从作者的家世、个人遭遇、作剧主旨以及关目安排等方面探讨了写实剧中出现神道描写的原因。[57]

王永恩指出，在清代中后期的历史巨变中，中国戏曲舞台，最终完成了由“雅”而“俗”的演变，在这一过程中，传奇、杂剧创作呈现日渐衰落的趋势。清代中后期才子佳人剧的创作数量虽然不低，但质量却不尽如人意。这期间的才子佳人剧呈现出了创作案头化、内容的同质化和道德化等三个倾向。[58]

在古代戏曲理论和批评研究方面，本年度的论文性学术成果中，亦多有创见。朱万曙认为，明代中叶以后兴起的文学批评家对戏曲作品的评点，其内涵已经远非仅仅在文学层面对作品进行主观评价那么简单，而是从单纯的文学批评延伸到批评者借作品抒发自己对人生社会的看法等层面。朱万曙指出，明中叶以后的大量戏曲评点所反映对社会、人生的看法与态度可以分为“伦理精神与社会责任”“抒发士愤与感叹炎凉”等四类，这些内容折射出了整个晚明士人阶层的精神世界，值得重视。[59]吴新苗指出，在明清戏曲理论批评中，“趣”是一个非常重要理论范畴。论者通过梳理何良俊、沈璟、黄周星等古代戏曲理论家的有关论述，总结阐释了“趣”这一范畴所指涉的内涵及其艺术价值，认为古代戏曲诙谐风趣的艺术品格、追求抑扬之趣的叙事原则，以及情志与文本统一的意趣等，对当今的戏曲创作都有启发意义。[60]

四、其他研究

还有一些研究成果所涵盖的面十分广泛，无法简单将其归入上述三大类研究之中，兹撮其要略，加以介绍。

傅秋爽的《北京元代文学》一书，是一部带有区域文学史性质的学术著作。其书探讨了元代政治背景、历史文化、社会生活对当时北京（大都）地区文学的影响等一系列宏大的文学史命题。傅秋爽分别对杂剧、散曲、诗文三个领域内数十位作家的生平、创作、艺术成就作了全面、系统的考辨、整理，试图还原自元太祖十年（1234年）到元至正二十八年（1368年）这将近150年中北京元代文学发展盛衰的全貌。[61]

在研究论文方面，对与明清时期文学作家相关的其他文献的研究，成为了考证作者的生平事迹及思想观念的新方式。明清通俗小说虽然数量众多，但由于多方面的原因，生平事迹可考者，不足十之一二，而有诗文集传世者，更是寥寥无几。这种现象的存在，使对这些为数不多的身份可考的小说作家的生平考证研究具有了重要的窥斑知豹的学术个案意义。潘建国对庋藏于加拿大英属哥伦比亚大学亚洲图书馆藏明刊孤本《蝉吟稿》作了详细的研究，探讨了其作者——明代多产的小说撰者邓志谟的生平事迹、《蝉吟稿》所收诗文的情况、文献价值以及其序作者吴迁的小说创作活动等诸多学术问题。[62]

吴敬梓的伯曾祖吴国缙的《世书堂稿》一书记录了全椒吴氏家族在吴敬梓曾祖一辈上的生活和交游情况。郑志良以此书作为主要的研究材料，梳理了吴氏一脉的家族情况，尤其突出了吴敬梓另一位伯曾祖——终生未仕，布衣终老的吴国器对吴敬梓思想观念的影响。从文献考证和生平研究的角度诠释了家族传统对于《儒林外史》一书思想艺术的影响。[63]

在晚清的社会巨变之中，报刊文学应运而生，并成为了晚清近代文学研究中最重要的领域之一。夏晓虹以还原语境的方式，采用大量的原始文献，详细考察了1989年7月创刊的《女学报》以及继起的陈撷芬所创办的《女报》这两份女报的编辑及发行情况，并以新见史料为据，力证了1899年女报的存在。从文学、社会两个角度论证了女报的存在与发展的重要意义。[64]

注：

①李建英：《陆游闲适诗研究》，首都师范大学出版社2012年版。

②尹恭弘：《明代诗文发展史》，社会科学文献出版社2012年版。

③陈伟文：《清代前中期黄庭坚诗接受史研究》，中国人民大学出版社2012年版。

④陈毓罴：《〈浮生六记〉研究》，社会科学文献出版社2012年版。

⑤王培友：《论宋初百年偈语诗的诗性品格及其文化价值》，《清华大学学报》（哲学社会科学版），2012年第4期。

⑥周剑之：《宋诗纪事的发达与宋代诗学叙事性转向》，《文学遗产》，2012年第5期。

⑦罗璇：《南北宋之际诗坛与陈与义的“新体”诗风》，《河北北方学院学报》，2012年第5期。

⑧杨镰：《元诗叙事纪实特征研究》，《文学评论》，2012年第2期。

⑨杨洋：《论王阳明的中和诗学观》，《中国文化研究》，2012年第4期。

⑩张晶：《谢榛诗论的美学理解》，《北京大学学报》（哲学社会科学版），2012年第5期。

⑪左东岭：《论李贽的诗学思想和诗歌创作》，《首都师范大学学报》（哲学社会科学版），2012年第4期。

⑫徐楠：《论王夫之明诗批评的内在问题》，《北方论丛》，2012年第6期。

⑬徐楠：《论王夫之〈明诗评选〉对成化正德间苏州诗人的批评》，《河北学刊》，2012年第3期。

⑭马里扬：《欧阳修词与政治心态的内在转向》，《北京大学学报》（哲学社会科学版），2012年第1期。

⑮马里扬：《“眉山记忆”与苏轼词风嬗变轨迹》，《文学遗产》，2012年第1期。

⑯董宇宇：《论北宋前期词的悲情意识》，《文艺评论》，2012年第3期。

⑰赵雪沛、陶文鹏：《论宋代多片词》，《江海学刊》，2012年第1期。

⑱张静：《千古风流，因夜而生——浪子词人柳三变眼中的夜景》，《文学界》，2012年第10期。

⑲张旭：《秦观词纯美意境的构成》，《文艺评论》，2012年第6期。

⑳管琴：《南宋词科取士与制文文体之关系论略》，《北京大学学报》（哲学社会科学版），2012年第3期。

㉑刘尊举：《“以古文为时文”的创作形态及文学史意义》，《文学评论》，2012年第6期。

㉒梁娟：《康海、王九思创作转变对晚明小品兴起的启示》，《文艺评论》，2012年第6期。

㉓周兆新著、井玉贵编：《周兆新元明清小说戏曲论集》，光明日报出版社2012年版。

㉔张国风：《小说中的百味人生》，商务印书馆2012年版。

㉕夏薇：《梦·醒·三国——明清小说新论》，社会科学文献出版社2012年版。

㉖李小龙：《中国古典小说回目研究》，北京大学出版社2012年版。

㉗北京曹雪芹学会：《〈红楼梦〉程甲本探究——纪念〈红楼梦〉程甲本刊行220周年学术研讨会论文集》，当代中国出版社2012年版。

㉘吴伟凡：《诗性红楼撷英》，首都经济贸易大学出版社2012年版。

㉙龚鹏程：《红楼丛谈》，山东画报出版社2012年版。

㉚刘勇强：《中国古代小说的兼容性》，《北京大学学报》（哲学社会科学版），2012年第3期。

㉛潘建国：《古代小说中的戏曲因子及其功能》，《北京大学学报》（哲学社会科学版），2012年第3期。

㉜李鹏飞：《以韵入散：诗歌与小说的互动》，《北京大学学报》（哲学社会科学版），2012年第3期。

㉝郭凌云：《北宋历史琐闻笔记观念简论》，《北京大学学报》（哲学社会科学版），2012年第3期。

㉞卢兴基：《解开"施耐庵之谜"》，《明清小说研究》，2012年第4期。

㉟潘建国：《白话小说对明代中篇文言传奇的文体渗透》，《暨南学报》（哲学社会科学版），2012年第2期。

㊱傅承洲：《冯梦龙的小说理论》，《洛阳师范学院学报》，2012年第12期。

㊲傅承洲：《〈太平广记钞〉的删订与评点》，《南京师范大学学报》（社会科学版），2012年第6期。

㊳傅承洲：《备人鬼之态，兼真幻之长——冯梦龙增补〈新平妖传〉的贡献》，《求是学刊》，2012年第2期。

㊴傅承洲：《冯梦龙的笑话搜集、整理与评点》，《盐城师范学院学报》（人文社会科学版），2012年第5期。

㊵钟晓华：《从"三言"本事考看寺院场景的叙事功能与文化意蕴》，《明清小说研究》，2012年第4期。

㊶谢君：《大运河与明清通俗小说刊刻中心的转移》，《湖南人文科技学院学报》，2012年第2期。

㊷刘大先：《流言时代：〈孽海花〉与晚清三十年》，《明清小说研究》，2012年第2期。

㊸顾钧：《也说〈聊斋志异〉在西方的最早译介》，《明清小说研究》，2012年第3期。

㊹任冬梅：《从清末"科学小说"的流布看"科学"一词在中国的早期传播》，《中国科技史杂志》，2012年第1期。

㊺周先慎：《论张毕来"红学四书"》，《红楼梦学刊》，2012年第1期。

㊻郑志良：《〈红楼梦传奇序并题词〉考述》，《红楼梦学刊》，2012年第3期。

㊼张云：《对续写〈红楼梦〉的重新认识与思考》，《明清小说研究》，2012年第1期。

㊽吕薇芬：《北曲文字谱举要》，社会科学文献出版社2012年版。

㊾张净秋：《清代西游戏考论》，知识产权出版社2012年版。

㊿刘小梅：《两宋社会文化氛围与戏曲艺术形态的形成》，《中国戏曲学院学报》，2012年第3期。

51唐卫萍：《汤显祖"至情观"辨析》，《长春师范学院学报》（人文社会科学版），2012年第1期。

52陈建平：《明清时期〈南西厢〉的舞台传播考述》，《戏曲研究》，2012年第3期。

53汪龙麟：《〈西厢记〉明清刊本演变述略》，《北京社会科学》，2012年第4期。

54李玫：《略论清代"时剧"的特征》，《戏曲研究》，2012年第3期。

55李玫：《〈桃花扇〉中意境阔大的"渔樵话"》，《南都学坛》（人文社会科学学报），2012年第6期。

56郭英德：《吴伟业〈秣陵春〉传奇作期新考》，《清华大学学报》（哲学社会科学版），2012年第6期。

57吴书荫：《越雪山人及其〈双南记〉考》，《文学遗产》，2012年第5期。

58王永恩：《论中后期才子佳人剧创作》，《中国戏曲学院学报》，2012年第1期。

59朱万曙：《戏曲点评与晚明士人精神》，《复旦学报》（社会科学版），2012年第3期。

60吴新苗：《古代戏曲理论与批评"趣"论发微》，《戏曲研究》，2012年第2期。

61傅秋爽：《北京元代文学》，知识产权出版社2012年版。

62潘建国：《加拿大英属哥伦比亚大学亚洲图书馆藏明刊孤本〈蝉吟稿〉考略》，《文献》，2012年第2期。

63郑志良：《吴敬梓家世新探——读吴国缙〈世书堂稿〉》，《古典文献研究》，2012年第7期。

64夏晓虹：《晚清两份〈女学报〉的前世今生》，《现代中文学刊》，2012年第1期。

（作者：金达芾，北京大学研究生；
李鹏飞，北京大学副教授）

中国现代文学

李培艳

从整体上来看，2012年的中国现代文学研究所取得的成果颇为可观。作家研究、文学史研究、文学流派与社团研究，以及作为学科前提的史料发掘与整理工作等相对成熟的基本研究领域，研究成果稳步扎实。同时，基于对当下社会与文化危机的回应与反思，相对往年而言，今年的现代文学研究呈现出新的研究趋向，以及某种普遍性的潜在学科反思意识。一方面，一些研究者开始有意识地尝试引入新的研究方法，以突破近些年来已经固化的学院派研究思路；另一方面，重回学科起点，在现代文化转型、小说转型与语言变革等各个层面，检视五四新文学的发生意识，似乎成为一些研究者的普遍诉求。再者，本年度的研究热点也比较集中，足以构建学科理解风向标的鲁迅研究，依旧是热点中的热点。此外，左翼文学研究、延安文艺研究、性别研究与文学群落研究，以及关于早期新诗的浪漫主义问题，都是本年度研究的热点与创建所在。

首先，就本年度新研究趋向而言，2012年第8期《中国现代文学研究丛刊》所刊载的“当代文学生活状况调查”专辑无疑预示了学科发展的新方向与可能性。该专辑共刊载了7篇分别从文学生产、传播与接受等各个环节，包含农民工的阅读状况、大学生的阅读状况、长篇小说的生产与传播机制、网络文学的生态、茅盾文学奖的接受、鲁迅作品的阅读与接受、金庸武侠小说的接受等，对当下不同社会群体的文学生活状况的全方位的社会学调查。[①]

其中，颇为值得一提的是贺仲明关于农民工文学阅读状况的调查，将当代农民工纯文学阅读较少的原因追溯到五四启蒙时期的新文学，认为新文学对待农民的传统姿态需要反思。[②]郑春与叶诚生关于当下文化语境中鲁迅阅读与接受情况的调查，问卷调查与个案访谈结果显示，值得反思的是鲁迅在知识群体内在的影响力都在降低，鲁迅的文学趣味没有引起当下接受者的关注。[③]正如本次调研的组织者学者温儒敏在《“文学生活”：新的研究生长点》一文中所言，引入“文学生活”的研究视野，关注文学生产、传播与接受行为，目的不但在于拓展现当代文学研究的视野，同时，文学社会学方法的引入，关注普通民众生活中的文学消费情况，综合接受美学、文学、社会学与历史学的研究方法，既是对学院派研究思路的突破，同时也是对于社会民生的一种关怀。[④]由此可见，“文学生活”概念与社会学方法的引入，内中所指向的是学科与社会的双重反思。

其次，重回学科起点，检视五四新文学的发生意识是本年度的另一大新的研究趋势。研究者各有侧重，分别从理论、语言工具、小说创作、文学论争等各个层面回到早期新文学的问题。贺仲明在《本土化：中国新文学发展的另一面》一文中，明晰地提出重新检视新文学发展的历程的原因在于当下中国文学所陷入的本土化危机，试图通过对传统资源的再认识与创造，反思新文学的现代可能性。[⑤]刘纳则对新文学的命名，以及新式白话诗与新文学之间的关系作了重新的梳理，目的在于找到新文学最初写作的思维方式。[⑥]张宝明则试图在知识分类与学科分化的语境下，重现五四新文学的“独立”过程。[⑦]其他颇为值得一提的是徐钺通过对胡适“文学革命”与黎锦熙“国语运动”言论的考察，对“文学革命”语言工具与社会功能实现的反思。[⑧]罗晓静关于晚清政治小说与五四问题小说之间的比较研究，在“群”与“个人”的不同思想预设之下，分析五四问题小说与晚清政治小说的本质不同，反思现代小说的转型之路。[⑨]张鑫在戏剧改良的脉络里对中国现代文化转型意义与价值的探讨。[⑩]这些关于早期新文学的研究，虽然具体的方法、角度与研究对象有所不同，但背后共同的学科反思意识是不言自明的，既是对早期新文学可能性的重新思考，也是研究者有意识地对当下社会文化转型与危机的回应。

作为紧接早期新文学之后的另一大学科重心——左翼文学，依旧是2012年度的研究热点。在关于左翼文学的历史研究的层面，马俊江以中学校园的文艺空间和中学生的文艺群体为考察对象，以文学生活为进入问题的视角，勾勒了20世纪30年代左翼文学在中国校园的历史，[⑪]视野独特，并且基本呈现了历史发生当时的现场感。汪纪明则从人事关系角度切入，详细地考察了左联的组织结构与参照资源，史料扎实，立论严谨。[⑫]在个案研究方面，有王智慧以蒋光慈为例对于革命作家精神历程的分析，[⑬]陈俐对于1930年代中国现代主义诗人曹葆华奔赴延安前后心理路程的探讨，[⑭]以及杨慧从读者反映角度对于蒋光慈的小说《丽莎的哀怨》的考察，[⑮]分别从不同的侧面丰富了我们对左翼文学历史的理解。在理论论争方面，陈帅锋的《“同仁社团”与“文学机关”——析“两个口号”论争的两个团体》一文，详细地分析了两个口号论争的实质，在作者看来“两个口号”的分歧集中在文学界统一战线的制度层面：鲁迅等希望在抗日的旗帜下建立同仁社团，周扬等则希望建立一个统一的文化机关，正是五四新文学到延安文学两种文学生产模式的转折点，革命文学家与职业革命家对于文学与革命关系的不同体察，不乏新的历史洞察力。[16]另外值得一提的是吴述桥对于新感觉派与左翼文学关系的研究，通过历史分析，对于二者关系所作出的新的解释。[17]

性别研究是本年度研究的另一大热点。近些年来，女性作家的创作与其背后的主体意识一直是学界关注的热点，本年度对于女性文学的研究主要集中于20世纪20年代与40年代两段历史时期。由于五四新文化运动反对家族制度与传统道德是以女性的婚姻问题为突破口的，所以五四时期往往被作为现代性别意识产生的历史起点。实际上，现代性别建构的历程从晚清已经开始，宋少鹏就以观念史的研究方法，将“女性”概念的产生追溯到晚清，进而思考五四新文化运动对于性别的建构的特殊之处，丰富了性别研究的历史面向。[18]杨联芬在《爱伦凯与五四新文化》一文中，通过对爱伦凯的《恋爱与婚姻》一书在五四时期传播与接受个案的考察，从理论层面反思了五四女性问题讨论的思想资源。[19]徐仲佳则侧重于对女性写作者身份意识的考察，在她看来，正是现代性爱思潮所带来的性觉醒使20世纪20年代的女性作家具有了“为人”与“为女”的双重自觉，同时也是其身份焦虑意识的起源。[20]对于20世纪40年代女性文学创作与性别意识的研究，整体上侧重在性别、阶级与政治框架内，对女性文学的创作作出反思。李振在《妇女解放书写的新模式——1942年之后延安文学的性别话语之一》一文中，以1942年之后延安文学的女性书写为研究对象，在作者看来，女性的苦难被符号化、意识形态化，政治的逻辑消解了此前延安文学对于女性生存状况的关注与批判。[21]沈红芳则着重分析了萧红《商市街》中的叙事性与主体性，及作者的写作动机与自我建构。[22]程丽亚对苏青40年代散文中女性意识的研究，将问题一直追溯到了苏青对于五四妇女解放运动的反思，作者研究发现苏青对五四女性所遭遇的现代性困境的反思，悖反性地推进了五四文学女性启蒙的传统，是对“娜拉走后怎样”的回答。[23]对于两段历史时期女性意识的研究，潜在的形成了某种对话性，“娜拉走后怎样”这一五四式的启蒙话题，依旧是当下有生长力与现实反思性的研究课题。

自学科创立以来，作家研究就是现代文学研究的重心，鲁迅研究尤其是重中之重。本年度鲁迅研究的成果主要围绕以下四个方向展开。①鲁迅在域外（主要是东南亚地区和日本）与台湾地区的接受情况的研究。在接受史层面，马来西亚学者王润华详细地勾勒鲁迅在东南亚国家华文学中的阅读与接受情况，[24]台湾学者黄琪椿则通过对鲁迅在台湾接受史的处理，反思了台湾当代消费社会的思想状态与现实困境。[25]二者共同为我们提供了理解鲁迅的新的视野。在思想层面，无论是在新马地区（新加坡与马来西亚）还是日本，据研究来看，鲁迅既是一种资源，又是一种媒介，其往往被作为反思亚洲现代性与殖民主义的思想资源来接受。据柴红梅等研究，日本学者伊藤虎丸的鲁迅研究应该被放置在日本思想史的视角之下来理解，其吸收了丸山真男的思想史研究成果，最终导向的是对日本及亚洲现代性的反思。[26]保加利亚学者 D. 加布拉科瓦通过对鲁迅与谢野晶子思想在字面到抽象层面关联的分析，同样将问题指向亚洲现代性的反思。[27]②对于鲁迅启蒙思想的反思。陈玲玲[28]与杨新刚[29]共同将目光投向了鲁迅对于易卜生的接受研究，通过对于鲁迅和胡适的比较，分析启蒙思想家鲁迅对于易卜生的接受视角。董炳月则以《文化偏至论》为中心，反思鲁迅早年个人主义的文明观与明治日本之间的关系。[30]段从学在《答复这个问题：“娜拉走后怎样?”——一个可能的出口》一文中，从当下的知识界后现代思潮对于鲁迅启蒙合法性消解的现状出发，对鲁迅的启蒙思想重新作了有深度的反思。[31]在他看来，对于“娜拉走后怎样?”这一启蒙话题所隐含的冲突是个人生存时间的有限性与作为社会实践的启蒙在历史事件之域的开放性之间的冲突，只有消解“启蒙者”与“愚弱的国民”之间的等级状态，才可能真正重新开启切实有效的启蒙之路，值得读者反思。③关于鲁迅后期杂文的研究。鲁迅后期杂文一直是近几年研究的热点，往年学界的研究主要集中于杂文概念的辨析、鲁迅杂文自觉的深层思想动因、杂文的“文学性”等话题展开。今年的研究同样是在这些已经开拓的基本研究话题下展开的。汪卫东的《鲁迅杂文：何种“文学性”?》将文学当作一种行动来理解，认为鲁迅的“杂文自觉”是对自我与时代的双重性发现，展示了文学精神存在的文学性内核。[32]李淑英则从鲁迅思想的“黑暗面”探讨其放弃纯文学而转向杂文的原因。[33]此外，吴怀志[34]与朱寿桐[35]的研究同样有所创见。④对于《故事新编》的研究。对鲁迅文本背后的主体状态的关注正是近些年来鲁迅研究的一大趋势，关于《故事新编》的研究，同样也不例外。徐钺通过对《故事新编》中“油滑”这一修辞与叙述结构的研究，发现其不仅是一种文本结构技法，同时也是主体所面对的荒诞本身。[36]李国华则通过《故事新编》分析鲁迅晚年的行动与主体建构逻辑。[37]二者进入《故事新编》的视角虽然有所不同，但潜在的都将问题指向文本背后的鲁迅晚年的自我建构逻辑。比较鲁迅研究而言，今年周作人研究的成绩相对较少，颇为值得一提的是徐从辉对周作人与日本浮世绘之间关系的研究。[38]在他看来浮世绘中所体现出的“东洋人的悲哀”与东亚文化的内在分裂造成了周作人的存在“悲感”，为我们探讨“苦住时期”的周作人提供了一条新的路径。

在鲁迅之外，对于其他现代文学史上重要作家的研究主要围绕茅盾、郁达夫、老舍、巴金与沈从文等作家展开。茅盾研究主要集中于对其创作起点的寻找、小说形式分析，及其所参与的数次文学论争展开。贾振勇的《创伤体验与茅盾早期小说》将政治创伤体验作为茅盾小说创作的起点，详细地分析了其艺术才情被理性自我规训的创作历程。[39]李国华从以往研究者所常常忽略的“旧小说”与茅盾长篇小说的关系为研究视角，思考二者在形式上的关联，视野独特，为理解现代长篇小说打开了丰富的面向。[40]在文学论争方面，张广海主要分析茅盾由沈雁冰向茅盾的转变中，与革命文学派的“现实”观之争；[41]崔瑛祐则着重处理了“两个口号”论争时期茅盾对于合乎艺术道路的左翼文学的探讨；[42]谢晓霞重新审视了茅盾与鸳鸯蝴蝶派的意识形态之争中，对于新文学合法地位确立所作出的贡献，[43]共同丰富了我们对于茅盾文学观念的理解。对于郁达夫的研究，则侧重于其早年的自我意识，以及其与现代出版传媒的关系方面。王昉在《从浪漫主义反抗到人文主义救赎——也论郁达夫创作的精神转向》一文中，通过文本细读，梳理了郁达夫精神转向的内在逻辑。[44]李音的《郁达夫、忧郁症与现代情感教育》则在现代情感教育的意义上对郁达夫的“自白”文体做出分析，进而反思其在中西文化对立的语境下的现代自我意识。[45]最有创见当是吴晓东从现代出版传媒视角出发，对郁达夫20世纪30年代风景游记书写的研究，他以郁达夫的《屐痕处处》为个案，探讨了旅游产业与现代出版、游记写作之间，以及风景的发现与文学艺术出版媒介之间的关系，[46]视角新颖独特，可谓对于新的的研究方法与路径的开拓。老舍研究在小说、诗歌、散文与话剧四种文体上都有所收获。李玲的《老舍〈离婚〉中的存在追问与人生悲感》从存在论层面进入老舍创作深层的思考。[47]刘东方的《老舍〈丈夫去当兵〉与抗战诗歌》从文体形式的角度进入老舍的抗战诗歌研究，对于当下诗歌的生存与发展困境颇有启示意义。[48]杨剑龙则认为都市与老舍之间是一种相互塑造的关系，老舍以散文的方式记录了不同年代的都市画卷。[49]吴小美以《茶馆》为个案探讨了老舍创作的悲剧美色彩。[50]这些研究在方法上虽然没有大的创新，但史料扎实，立论深入。本年度的巴金研究颇为值得一提的是陈广思对于新时期以来《寒夜》接受史的处理，[51]以及李哲对于巴金创作转型的思考。[52]其中，李哲对以往文学史中对于《家》的研究有所突破，在作者看来，从《家》开始，巴金的创作摆脱了滞留于写作中的政治惯性，“去革命化”的“青年”开始成为小说中鲜活的人物形象，但由于巴金将“五四精神”与“政治信仰”作同构性理解，导致其无法对“五四”进行深刻的反思。沈从文研究一直是近些年来作家研究的热点。谢志熙在《中国现代文学研究丛刊》的第10、11、12期相继连载了以《爱欲抒写的“诗与真”——沈从文现代时期的文学行为叙论》为名的长文，以沈从文的爱欲观与文学观为潜在的话题中心，对沈从文整个新时期以来的文学行为轨迹进行了全面系统的考察，可谓对于近几年来沈从文研究话题的总体回应。[53]此外，龚敏律考察了沈从文30年代小说创作中的宗教情结，[54]王爱松则历史地分析了现代出版机制对于沈从文创作的影响与压迫，[55]都有一定的启示意义。

相对于前面的分析中已经涉及的小说、戏剧与散文三种文体的研究成果而言，本年度诗歌文体的研究成果则更为丰厚。延续2010年度诗歌界关于新诗浪漫主义的论争，五四新诗的浪漫主义问题依旧是本年度诗歌研究的热点。李怡突破从西方浪漫主义思潮和创作方法的角度，观察和阐述《女神》与五四“浪漫主义”文学的基本学术范式，发现《女神》并不是作者对德国浪漫主义的简单移植，而源自其对中国文化“根本传统”的想象，其最终指向的是“文化创造”的根本目标，[56]从根本上打破了我们通常对于《女神》的理解视野。诗人兼学者西渡的《冷热不调：浪漫主义在中国新诗中的遭遇》从文化心理、审美经验、诗歌美学、中国政治环境与传统伦理等角度，分析了浪漫主义在中国过早凋零的原因。[57]其研究实际上所针对的是当下诗歌界的问题意识与现状，根本目的在于重新提出反思浪漫主义的话题。张静的《初识浪漫：清末民初中国作家眼中的雪莱》着重比较了苏曼殊与鲁迅对于浪漫主义诗人雪莱译介背后不同的文化生产逻辑。[58]在浪漫主义话题之外，关于20世纪40年代诗歌的研究是本年度诗歌研究的另一重心。由于40年代特殊的政治环境与社会状况，政治与文学的关系是研究者普遍选择的视角之一。严靖的《文本旅行中的情知纠结——谈戴望舒译纪德〈从苏联回来〉》通过对40年代特殊背景中的诗歌翻译的研究，思考文学与政治的关系；[59]李松睿的《政治意识与小说形式——论卞之琳的〈山山水水〉》从政治意识与小说形式的角度解读《山山水水》，认为该小说的真正价值在于卞之琳对于自我文学与时代关系的处理。[60]此外，一些研究者在新诗内质、语言、诗学层面的研究，同样不乏创建。吕周聚通过对“五四”一代诗人审美风格与理念的研究，得出结论五四新诗具有传统与现代双重特质。[61]陈仲义则详细勾勒了新诗语言百年演变的历程，呈现新诗语言由工具性向本体性转型的历史进程。[62]邓招华从西南联大诗人群所借用的西方诗歌资源层面分析其诗学选择，及其智性化的表达策略对于新诗现代诗形的建构。[63]刘艳以诗人穆旦40年代的诗歌为对象，分析其诗的思维、艺术与语言上的现代化。[64]无论是以新诗的内质，还是以语言、思维与诗学为研究对象，最终所指向的其实是语言与社会文化转型中新诗的现代性问题。

最后，史料的发掘与整理是中国现代文学研究的重要基础。本年度在佚文考订、史实考辨与史料研究方面的发现与成果，虽然不能一一详述，但对于较重要的史料发掘与研究成果还是不可忽略的。较重要的佚文与史料发现有李斌对于胡风小说《半思斋二三事》的发现，补充了《胡风全集》的文章收录；[65]李扬对于沈从文刊载在《大公报》上的《新书业和作家》一文的发现，为理解沈从文与郭沫若的关系提供了新的史料；[66]蒋成德对新版《郁达夫全集》未录之日记、书信与诗文的整理，以补研究之用；[67]刘涛对冰心40年代散佚诗文的辑录，对了解抗战胜利后冰心的思想、心态具有颇为重要的史料价值；[68]杨扬对于台湾“国民党特种档案”中未曾披露过的有关茅盾的材料的抄录与整理等，[69]都为我们进一步深入了解历史与这些作家的创作，提供了珍贵的史料储备与参考价值。

注：

①详细可参阅《中国现代文学研究丛刊》2012年第8期关于“当代文学生活状况调查”的专辑。

②贺仲明：《农民工当代文学阅读状况调查》，《中国现代文学研究丛刊》，2012年第8期。

③郑春、叶诚生：《当下文化语境中鲁迅作品的阅读与接受状况的调查》，《中国现代文学研究丛刊》，2012年第8期。

④温儒敏：《“文学生活”：新的研究生长点》，《中国现代文学研究丛刊》，2012年第8期。

⑤贺仲明：《本土化：中国新文学发展的另一面》，《中国现代文学研究丛刊》，2012年第2期。

⑥刘纳：《新文学何以为“新”——兼谈新文学的开端》，《中国现代文学研究丛刊》，2012年第5期。

⑦张宝明：《学科转型语境下的五四“文学”选择》，《文学评论》，2012年第2期。

⑧徐钺：《文学革命时期的“国语”与“白话”——以胡适与黎锦熙为中心》，《文学评论》，2012年第4期。

⑨罗晓静：《“群”与“个人”：晚清政治小说与五四问题小说之比较研究》，《文学评论》，2012年第6期。

⑩张鑫：《重申五四时期〈新青年〉杂志上的旧戏论争》，《中国现代文学研究丛刊》，2012年第1期。

⑪马俊江：《革命文学在中学校园的兴起与展开——北方左联与1930年代中学生文艺的历史考察》，《中国现代文学研究丛刊》，2012年第1期。

⑫汪纪明：《左联组织结构考述——以“组织法”和“党团”为核心》，《中国现代文学研究丛刊》，2012年第2期。

⑬王智慧：《在创作自由与集团规诫之间——从蒋光慈看革命作家的精神困扰》，《中国现代文学研究丛刊》，2012年第7期。

⑭陈俐：《现代诗人曹葆华走向延安的诗与事》，《中国现代文学研究丛刊》，2012年第7期。

⑮杨慧：《作为革命的“哀怨”——重读蒋光慈的〈丽莎的哀怨〉》，《中国现代文学研究丛刊》，2012年第8期。

⑯陈帅锋：《“同仁社团”与“文学机关”——析“两个口号”论争的两个团体》，《中国现代文学研究丛刊》，2012年第11期。

⑰吴述桥：《新感觉派和左翼文学关系再考察》，《中国现代文学研究丛刊》，2012年第1期。

⑱宋少鹏：《清末民初“女性”观念的建构》，《中国现代文学研究丛刊》，2012年第5期。

⑲杨联芬：《爱伦凯与五四新文化》，《中国现代文学研究丛刊》，2012年第5期。

⑳徐仲佳：《性觉醒与中国现代女性文学的兴起》，《文学评论》，2012年第1期。

㉑李振：《妇女解放书写的新模式——1942年之后延安文学的性别话语之一》，《中国现代文学研究丛刊》，2012年第5期。

㉒沈红芳：《〈商市街〉中的叙事性与主体性》，《中国现代文学研究丛刊》，2012年第5期。

㉓程亚丽：《“娜拉走后”究竟怎样？——论苏青40年代散文中的女性意识》，《中国现代文学研究丛刊》，2012年第8期。

㉔王润华：《新马华文教科书中的鲁迅作品》，《中国现代文学研究丛刊》，2012年第4期。

㉕黄琪椿：《当鲁迅不再是禁忌——在台湾教授鲁迅的经验与困难》，《鲁迅研究月刊》，2012年第2期。

㉖柴红梅、刘伟：《日本思想史视角下的鲁迅研究——兼论“伊藤鲁迅”与丸山真男的精神联系》，《中国现代文学研究丛刊》，2012年第9期。

㉗D. 加布拉科瓦：《鲁迅和与谢野晶子的“地火”与“野草”及亚洲的现代性》，《鲁迅研究月刊》，2012年第2期。

㉘陈玲玲：《中国易卜生传播史上的鲁迅与胡适》，《中国现代文学研究丛刊》，2012年第9期。

㉙杨新刚：《鲁迅、胡适与茅盾对〈玩偶之家〉解读之比较——兼及三人“五四”时期女性解放思想》，《鲁迅研究月刊》，2012年第4期。

㉚董炳月：《鲁迅留日时期的文明观——以〈文化偏执论〉为中心》，《鲁迅研究月刊》，2012年第9期。

㉛段从学：《答复这个问题：“娜拉走后怎样?”——一个可能的出口》，《鲁迅研究月刊》，2012年第7期。

㉜汪卫东：《鲁迅杂文：何种“文学性”?》，《文学评论》，2012年第5期。

㉝李淑英：《关于“黑暗”和鲁迅的杂文转向——从“鲁迅作品的黑暗面”谈起》，《鲁迅研究月刊》，2012年第7期。

㉞吴怀志：《鲁迅杂文概念考辨》，《鲁迅研究月刊》，2012年第6期。

㉟朱寿桐：《鲁迅的文学身份、批评本体写作与汉语新文学的发展前景》，《鲁迅研究月刊》，2012年第8期。

㊱徐钺：《论“油滑”：鲁迅作品中的一种修辞格及叙事结构方法》，《鲁迅研究月刊》，2012年第3期。

㊲李国华：《行动如何可能——鲁迅〈故事新编〉主体建构的逻辑及方法》，《鲁迅研究月刊》，2012年第9期。

㊳徐从辉：《“东洋人的悲哀”：周作人与浮世绘》，《文学评论》，2012年第6期。

㊴贾振勇：《创伤体验与茅盾早期小说》，《文学评论》，2012年第2期。

㊵李国华：《“旧小说”与茅盾长篇小说的生成》，《中国现代文学研究丛刊》，2012年第1期。

㊶张广海：《茅盾与革命文学派的“现实”观之争》，《中国现代文学研究丛刊》，2012年第1期。

㊷崔瑛祐：《茅盾与“两个口号”论争》，《中国现代文学研究丛刊》，2012年第1期。

㊸谢晓霞：《重审沈雁冰批评鸳鸯蝴蝶派的意义》，《中国现代文学研究丛刊》，2012年第3期。

㊹王昉：《从浪漫主义反抗到人文主义救赎——也论郁达夫创作的精神转向》，《中国现代文学研究丛刊》，2012年第2期。

㊺李音：《郁达夫、忧郁症与现代情感教育》，《中国现代文学研究丛刊》，2012年第5期。

㊻吴晓东：《郁达夫与中国现代“风景的发现”》，《中国现代文学研究丛刊》，2012年第10期。

㊼李玲：《老舍〈离婚〉中的存在追问与人生悲感》，《中国现代文学研究丛刊》，2012年第6期。

㊽刘东方：《老舍〈丈夫去当兵〉与抗战诗歌》，《中国现代文学研究丛刊》，2012年第7期。

㊾杨剑龙：《论老舍散文中的都市印象》，《中国现代文学研究丛刊》，2012年第10期。

㊿吴小美：《悲剧美：老舍精神与艺术之魂》，《中国现代文学研究丛刊》，2012年第11期。

51陈思广：《新时期以来的〈寒夜〉接受研究》，《中国现代文学研究丛刊》，2012年第7期。

52李哲：《从政治宣泄到文学叙事——论〈家〉之于巴金创作转型的特殊意义》，《中国现代文学研究丛刊》，2012年第8期。

53解志熙：《爱欲抒写的“诗与真”——沈从文现代时期的文学行为叙论》（上）（中）（下），《中国现代文学研究丛刊》，2012年第10、11、12期。

54龚敏律：《沈从文眼中的基督教文化》，《中国现代文学研究丛刊》，2012年第9期。

55王爱松：《现代出版机制下沈从文早期的文学生产》，《文学评论》，2012年第6期。

56李怡：《〈女神〉与中国“浪漫主义”问题——纪念〈女神〉出版90周年》，《中国现代文学研究丛刊》，2012年第1期。

57西渡：《冷热不调：浪漫主义在中国新诗中的遭遇》，《中国现代文学研究丛刊》，2012年第3期。

58张静：《初识浪漫：清末民初中国作家眼中的雪莱》，《中国现代文学研究丛刊》，2012年第3期。

59严靖：《文本旅行中的情知纠结——谈戴望舒译纪德〈从苏联回来〉》，《中国现代文学研究丛刊》，2012年第1期。

60李松睿：《政治意识与小说形式——论卞之琳的〈山山水水〉》，《中国现代文学研究丛刊》，2012年第4期。

61吕周聚：《“五四”新诗审美风格新探》，《中国现代文学研究丛刊》，2012年第4期。

62陈仲义：《夹生·成色·驳杂——百年诗语的衍变与历险》，《中国现代文学研究丛刊》，2012年第6期。

63邓招华：《论西南联大诗人群的知性化诗学策略》，《文学评论》，2012年第3期。

64刘艳：《丰富和丰富的痛苦——论穆旦及其诗作》，《中国现代文学研究丛刊》，2012年第11期。

65李斌：《新发现的胡风小说：〈半思斋二三事〉》，《新文学史料》，2012年第1期。

66李扬：《从佚文〈新书业和作家〉看沈从文与郭沫若关系》，《新文学史料》，2012年第1期。

67蒋成德：《新版〈郁达夫全集〉未录之日记、书信与诗文》，《新文学史料》，2012年第2期。

68刘涛：《冰心四十年代散佚诗文辑说》，《新文学史料》，2012年第4期。

69杨扬：《台湾所见“国民党特种档案”中有关茅盾的材料》，《新文学史料》，2012年第3期。

（作者：北京大学博士生）

中国当代文学

邵燕君　孟德才　闫作雷

2012年中国当代文学研究的总体趋势与往年大体持同，但也发生了一些变化：新世纪文学研究持续升温，其中大众文化研究和网络文学研究异军突起；20世纪80年代文学研究步入收官阶段，开始出现清理已有研究成果的总结性文章；“底层文学”研究基本上偃旗息鼓；此外，莫言获得诺奖掀起一股莫言评价热潮，关于“中国文学海外传播”的问题也重新浮出水面。

一、20世纪50—70年代文学研究

洪子诚对1957年中国作协党组扩大会议相关材料进行了重新编排和注释，以便考察在该事件中邵荃麟、冯雪峰、张光年、林默涵、郭小川等人不同时间叙述的差异性或相似性，从而建立起不同声音之间或否或正的逻辑关系。作者以扎实的考据、严谨的论述，较清晰地还原了1957年作协党组扩大会议始末的历史真相。[①]在一篇访谈的文章中，洪子诚就文学史写作的方法、立场、前景等问题做了集中的回应，其中涉及了50—70年代文学“一体化”的问题。洪子诚指出，“一体化”并不是“铁板一块”，其内部也存在“多层”的复杂情况。在文学“一体化”的实施过程中，秉持不同文学理想的作家、派系之间必然发生冲突，此外文学写作和成果的复杂性并非简单的概念所能表述清楚的。我们应该充分认识50—70年代文学“一体化”内部的异质性和复杂性。[②]

孙民乐通过对茹志鹃十七年文学中重要叙事文本的分析，揭示出茹志鹃小说背后被“重写文学史”运动所掩盖的政治性内涵。作者认为，在新时期“重写文学史”运动中，茹志鹃的小说由于其叙事表象“审美特征”比较突出，成为被重点重构的文学景观之一，小说原本的政治性内涵被遮蔽掉了。事实上，茹志鹃小说是以复杂的“时间”编码，将“革命远景”拉入“社会现场”，从而为“继续革命”提供了一种独特而隐秘的叙事阐释形式。[③]闫作雷对《组织部新来的青年人》《在桥梁工地上》《本报内部消息》三部经典的“百花文学”文本进行了解读，指出这些作品是当时文学“连续性”的一环，而不是其中的“非主流”。作者立足于充分的历史化讲述，发掘出“百花文学”作品中“继续革命”的政治性诉求。[④]徐刚通过对十七年文学中“乡下人进城”的历史脉络的梳理，发现了“城市”在十七年文学叙事中的双重意义。“乡下人进城”，不仅是文学中的个体遭遇和见闻，更是国家民族在现代性转换期间的历史寓言。对“乡下人进城”这一文学叙事的考察，正是为了廓清社会主义的现代性悖论问题以及重新认识社会主义的文学和城市。[⑤]逄增玉通过对草明小说的系统解读，揭示出其文本内部存在的矛盾和裂痕，自我解构及互斥现象，从而实现了对工业题材小说中的“草明现象”的深度阐发。[⑥]

李建军从小说伦理这一角度出发，对《创业史》进行了重新研究和评价。作者认为，解剖《创业史》的问题和经验，有助于我们认识十七年文学乃至当下文学的局限和残缺，认清优秀小说家所应该具有怎样的小说伦理观。小说的“伦理性”在小说诸多特性（如“虚构性”“真实性”“对话性”“修辞性”等）之间居于主导地位，它决定着小说家在处理自己与小说人物、自己与话语权力之间关系时所表现出来的态度和策略。《创业史》的问题在于，它过于听从狭隘阶级观念的质询，放弃了小说伦理“同情地理解每一个人物”的要求，从而导致人物塑造的畸形和反映现实的扭曲。[⑦]

孙郁评论了姚丹的《“革命中国”的通俗表征与主体建构——〈林海雪原〉及其衍生文本考察》，认为姚著最大的特点就是把新中国文学放在五四之后的文化链条中进行考察，从词语的编辑和取舍来考察社会主义文化的建立，从而找到切入20世纪50年代文化语境的入口。姚著通过对《林海雪原》的经典化历程的梳理，勾勒出50年代文化经验中个人主义叙述如何逐步让位于集体主义的过程，由此揭示出文本背后革命话语文化领导权的底色。姚著在讨论革命文学形成过程时，还特别向读者展示了不同艺术形式之间转换所带来的文化隐含。[⑧]

二、八十年代文学研究

2012年的“八十年代文学研究”，仍然延续了2011年将文学文本与社会学、政治经济学和历史语境结合的研究思路，但同时出现了一些总结性的文章对以往的研究成果进行清理，这表明“八十年代文学研究”逐渐进入收官阶段。

作为“重返八十年代”的主持人程光炜，认为“细读与历史”可以视为“重返八十年代”栏目的结束或开始。[⑨]程光炜对文本细读和文本历史化的重视，一直贯穿在“重返八十年代”研究的始终。在对《机电局局长的一天》解读时，程光炜把小说的主人公霍大道纳入和《金光大道》中的高大泉、《红岩》中的许云峰等有着同样气质的人物谱系中来加以理解，认为这些人物形象发挥了一种“象征性符号的功能”，是竹内好所说的文学中的“超克”。对于如何透析当代文学史中种种“超克现象”，作者认

为只有找到“文学的超克”背后的“社会的超克”，才能有效地理解当代中国文化和文学的复杂性。[10]

杨庆祥运用新批评的方法，从意象和句式分析入手，对残雪的《山上的小屋》进行了重读。作者认为，以残雪为代表的中国现代派文学讲故事能力的欠缺，表面上看是小说技巧问题，实际上是无法有效地理解当代历史，随后指出作者一方面不愿意完成故事讲述，一方面又不愿意实现主体的建构，或许是80年代先锋作者们所采取的一种共同的写作姿态。[11]李雪也是以具体文本为研究对象，重返70—80年代的历史现场的，但与杨庆祥采取细读的方式不同，李雪侧重分析文本的阅读史、接受史以及写作者的精神史等外在的因素。她对《公开的情书》的解读尽量讲求还原历史的复杂性及真实性，作者并没有简单地将它放置到“地下文学”的整体中讨论，也没有将其放置到80年代各种思潮的序列中考察，而是将其视为一个独特的文本细细辨析，从而屏蔽了一些文学史定论的干扰。[12]徐勇对《平凡的世界》进行了分析，认为这部小说对“人性”的重建显然不同于伤痕、反思以及知青、改革文学的叙述方式，路遥竭力从时代潮流中解脱出来，从而建立“个人主义”话语的大厦。然而徐勇注意到这种“个人主义”的话语，恰恰从另一方面不期然地成为全球化时代意识形态实践的一部分。[13]

“80年代文学研究”除了上述侧重文本分析的研究文章外，还出现一些清理以往研究成果、具有回顾总结性质的研究文章。程光炜立足于已有的研究成果，对“八十年代文学边界问题”进行了系统的讨论，他认为1976年并不是新时期文学真正的发源地，新时期思想和文学的温床大概可以界定在1970年前后。80年代文学的发生和发展，并不只是“地下文学”这么一个发生点，还有从“文革”中的杂志走出的新时期作家、由“知青”文学中转型的作家等其他发生点。程光炜的论述旨在打破人们已有的将“新时期文学”与“文革文学”割裂开来的偏见，他认为“八十年代的启蒙”与“六十、七十年代的文革”并不是“相互脱节的历史链条”，而是一种“相互质疑又相互连接的关系结构”。[14]

贺桂梅也对近年来的“八十年代文学研究”做了一个回顾性总结。她认为“重返八十年代”并非是返回到一个客观的“历史现场”，因为“现场”并非是一个像客体那样自明的事实。任何重返“历史现场”的工作，都要充分意识到“历史现场”的叙事性和建构性。此外，贺桂梅还提醒道，研究者不能将自己的研究视野普泛化，这是缺乏对自身书写立场与书写语言有限性的反省的表现。真正有效可行的“重返”，是在“当代性”与“历史性”的对话关系中展开的。研究者一方面需要对那段历史中人们的“内在视野”有充分的理解，一方面还要把持对自身当代立场和当代视野的自觉。[15]在另一篇文章中，贺桂梅指出，80年代所谓的“纯文学”其实是一种意识形态，我们今天再不加思辨地沿用，对我们的研究是一个屏障，或者是“一堵封闭的墙”。[16]

三、新世纪文学研究

本年度“新世纪文学研究”呈现出如下几种态势：一是从整体入手，总括式对新世纪文学的艺术流变、面貌特征及格调作出描述；二是立足于某一面向，逐一梳理相关文本或文学现象，如从“人学主题”“中国化”“历史书写”“当下性”等面向寻找研究路径；三是从文学的外部——生产机制入手探究新世纪文学发生变化的缘由。

陈晓明的研究文章可谓第一种态势的典型代表。陈晓明在阿多诺、赛义德的“晚期风格”概念的基础上，提出来的一个更富有中国意味的概念——“晚郁时期”来概括新世纪中国文学的整体面貌。随后陈晓明从风格论角度出发勾勒了中国文学的发展脉络，从20世纪初的青春/革命写作，经由20世纪后期的“中年写作”，新世纪以来则步入了“晚郁时期”。作者认为“晚郁时期”的写作是一种回归本土的写作，是一种摒弃了激烈的形式变革，更加注重艺术表现的内化经验的写作。这一时期的作者，对艺术手法的掌控更加娴熟，不再受各种文学常规的束缚，具备一种自由、随意的写作姿态，同时“晚郁时期”的写作又呈现出“深刻而内敛的主体态度”。总体而言，作者对“晚郁时期”的文学给予了极高的评价。[17]在另一篇文章中，陈晓明从乡土叙事、历史反思、文体形式、语言艺术等角度全面总结了新世纪以来中国长篇小说的艺术流变趋势。作者指出汉语白话文学经历百年变革，其艺术火候已臻于成熟，当今所有的文学成就都是在“历史的尽头”所作出的坚韧的努力。[18]

白烨在回顾总结2011年的长篇小说创作时，指出尽管该年度长篇小说题材各异、写法不一而足，但是它们都可以视为“人学主题”的艺术演绎与文学变奏。作者从“艺术与人”“人伦与女性”“存在与精神”“人生与个性”“情感与情性”“青春与成长”等角度盘点2011年度的重要长篇作品。[19]李云雷从“中国化”角度对21世纪文学作出了肯定。他认为，21世纪以来，中国作家开始更加注重本土资源和中国经验。长篇小说“中国化”的尝试可谓中国文学自觉的表现。贾平凹、王安忆、格非、刘震云等作家以他们的创作成果，显示了中国作家在创造能够充分表达中国人经验和内心世界的新的“小说”形式方面所做出的努力。[20]张清华也用“中国经验”来概括新世纪以来一批作家的艺术实践。他对作家敢于执着地书写“中国经验”的勇气表示了赞赏，但同时指出，对“中国经验”的执着书写，会陷入

"不可译"的境地，中国当代文学很可能会在一个世界性的评价体系中更加边缘化。[21]杨庆祥在谈到新世纪文学的历史想象与书写这一话题时，批评了中国作家在处理重大历史题材的时候不善于"举重若轻"，受历史的因袭太重，同时作者也反思了这一见解的生发是否与其青年研究者的站位有关。[22]此外，在另一篇文章中，杨庆祥避开余华、王安忆等已经被经典化的作家群以及韩寒、郭敬明等高度市场化的作家群，将研究的目光投向了蒋一谈、冯唐、葛亮等秉携各自美学特色的小说家，着重探讨了他们的写作如何丰富了新世纪文学的当下性及多样性。[23]

张柠着重考察了21世纪以来文学生产模式的变迁。作者首先分析了传统的指导性"生产—传播—接受"模式的产生背景、运作特点及消失原因，随后对发端于20世纪90年代的现代的诱惑性"生产—传播—接受"模式进行了深度扫描。此外，作者还注意到一种新兴的文学生产模式，他称之为新生的自发性"生产—传播—接受"机制。这一机制的参与者主要是80年代后期及90年代初期出生的大学生。近年来风行的"小清新"文学趣味正是这一机制推动的结果。作者对这一生产模式的前景寄予了一丝期望。[24]

四、大众文化研究与网络文学研究

2012年大众文化研究，其中尤其是网络文学研究，逐步升温，成为当代文学学界研究的一个热点和新领域。

邵燕君以网络文学蓬勃发展的势头为背景，提出对中国主流文学的设想：中国的主流文学"未必是拥有最大众读者的"，但必须是"对最大众读者有引导力"的文学。随后，作者在对网络文学所吸收的文化资源进行清理时发现，网络文学吸收了诸如中国传统文化、欧美类型文学、日韩动漫等各种文化资源，却单单把五四以来确立的新文学传统绕了过去。作者从启蒙价值解体、"85"—"95"一代人群体文化特征、大众流行机制欠缺等方面探讨了新文学传统失落的原因，反思了纯文学意识形态的负面影响。[25]在另外一篇文章中，作者认为网络文学是各方力量相互博弈的一个文学场域，目前政治、经济、草根的力量已经入场，唯独精英的力量还没有介入。作者指出在网络时代，精英力量需要深入网络文学内部，有效地影响粉丝的辨别力，抵制文化工业"向下拉齐"的受众趣味，从而推动网络文学朝着良性方向发展。[26]在论及网络小说意识形态的功能时，邵燕君以"清穿"小说为例，论证了在当今"启蒙绝境""娱乐至死"的现实语境中，网络文学价值观整体处于"回撤"的姿态，但是也有"逆流而上"的作品，如猫腻的《间客》。作者认为《间客》坚持启蒙主义立场，实际上是《平凡的世界》的延续，只不过在"现实主义的乌托邦叙述"难以为继的今天，《间客》只有在"异托邦"构建"另类个人选择"的幻象空间，才能实现其意识形态的神话。[27]白烨在回顾2011年文坛现状时指出，网络文学持续走热，成为了"当代文坛发展得最快、成长性最强的新兴板块"。作者认为2011年网络文学发展有两个最为突出的特点：一是与传统文学的互动频繁、联系愈加密切；二是网络文学改编成影视剧的比较集中，社会影响也比较大。[28]

赵勇则对大众文化的概念、研究走向的变迁进行了勾勒与分析。他指出大众文化经历了"通俗文化—媚俗艺术—大众文化—文化工业—通俗文化"的概念之旅。此外，作者还从研究姿态、理论方法、关联语境、聚焦领域等几个方面爬梳了大众文化研究的基本动向。[29]张颐武则从青年心态入手，认为大众文化尽管存在很多不足，但是它能够以青年人喜闻乐见的方式，帮助青年人塑造健康向上的价值观。因此研究者们应该重视大众文化在增进青年社会认同方面的积极作用，从而客观地对大众文化的功能和影响作出评判。[30]肖鹰从精英文化和大众文化对比的角度来讨论了二者的互动关系，他对两种文化类型不同的价值意义都作出了肯定，认为二者之间并非水火不容，而是相互依存，相互促进的。真正理想的"文化生态"正是二者和谐互动的产物。[31]

张柠对当前大众文化研究领域"文化阐释"和"符号经济学"两种常见的研究方法作出了反思：他指出前者很容易受到研究者自身精英立场的干扰从而演变成对大众文化的宣判，而不是研究；后者虽然保持了价值中立，却容易忽视大众文化生产、传播、接受过程中的美学及心理学问题。鉴于以上两种方法的不足，张柠提出了一种新的研究范式：面临大众文化文本杂乱无章的现状，研究者首先要建立一套新的分类学标准，如此研究者入场时方能获得"可理解的整体性"。此外，还应该对大众文化叙事进行"主题学"或"母题学"研究，由此抵达"发生学的意识形态阐释"。[32]

五、莫言评价问题及中国文学海外传播问题

2012年，莫言获得诺贝尔文学奖，无疑是本年度中国当代文学界最有影响的大事之一。莫言获奖，引发了一股关于莫言以及中国当代文学价值的批评热潮，此外关于汉文学海外传播的话题，在此前后也浮出水面，得到了较充分的讨论。

张颐武首先对莫言获奖作出肯定，认为这是瑞典文学院一次"超前"而"富有前瞻性"的选择。莫言获奖，使得中国文学的诺奖焦虑终于可以放下了。莫言获奖虽然未必在国外掀起中国文学的阅读热潮，但放下焦虑后，中国文学将以一颗平常心在世界文学圈子中越走越远。[33]李云雷从三个方面总结了莫言获奖的意义，他认为，莫言获奖扩大了中国作家在世界的影响，打开了世界理解中国作家的窗口。同时，莫言获奖一定程度使人们认识到文学在社会中的重要地位以及纯文学的巨大精神力量。[34]张清华认为，莫言获得诺贝尔文学奖，一是体现了西方对使用者不止十四亿人口的汉语的不可回避的重视，二是对莫言小说本身艺术水准的一个认可，而非是出于意识形态方面的考量。作者指出，新文学经过一百年的探索和发展之后，从来没有像今天这样更接近“中国美学”和“中国经验”本身，我们对莫言的评价应该放置于新文学百年发展的谱系中进行。[35]此外，涉及对莫言作品的评价，孙郁认为莫言的《丰乳肥臀》为读者呈现出了一个“翻腾摇动的神幻世界”，其中“反逻辑的意象”“奇幻的历史图景”使得这部小说具有了一种可以和卡尔维诺、略萨等世界级作家相媲美的灵性与奇玄。[36]陈晓明对莫言《蛙》给予了积极评价，认为这部作品无论从文体实验，还是叙述人身份来看都显示出莫言在小说叙事上的“强大能力和不懈的创新精神”。[37]

白烨将莫言获奖与中国当代文学的整体发展状况联系起来，将莫言视为中国当代文学的一面“镜子”。莫言获奖对中国当代作家必然会产生一种激励作用。随后，白烨讨论了中国当代文学海外传播的话题，他认为，作品持续而大量的译介是莫言获奖的一个基本条件。而这种译介的丰富性和有效性是建立在莫言作品本身的“可译性”上的。即莫言的作品在内容和艺术表达上更容易与西方文学阅读接轨，更容易获得外国读者的理解和接受。[38]张清华认为“中国文学海外传播”一个最大的问题是，如何解决中国文学与西方文学之间沟通和交流受到阻隔的问题。中国文学海外传播，面临着两个深刻的矛盾，一是西方预设的价值形态在其中产生的阻隔力；二是对中国当下写作转向的判断出现了分歧和困难。[39]

程光炜也对“中国文学海外传播”的话题表示了关心。他首先区分了“主传播渠道”和“分支性传播渠道”所产生的不同传播效果，随后对一些中国作家过度迎合国外汉学家的阅读趣味、审美选择表示了担忧，认为这样只会生产出一些中国作家与国外汉学家相约相识的“小圈子文学”。对于近些年来“异识”作品（即那些凸显中西方价值文化差异的、在国内被认为是“闯祸”的作品）在译介过程中不断增多的现象，程光炜认为这是文学筛选程序出现问题的缘故，不过人们也没必要对这一问题的严重性估计过高。因为异识作品存在某种时效性，很容易贬值，但程光炜同时指出异识作品具有轰动性，国内研究者不要被其轰动的效应蒙蔽，从而对其艺术价值作出错误的估计。[40]

注：

①洪子诚：《材料和注释——1957年中国作协党组扩大会议》，《文学评论》，2012年第6期。

②洪子诚：《文学史写作：方法、立场、前景——洪子诚先生访谈录》，《新文学评论》，2012年第3期。

③孙民乐：《十七年文学中的“百合花”》，《文学评论》，2012年第1期。

④闫作雷：《“继续革命”视野下的反官僚主义文本——以“百花时代”的三篇作品为例》，《中国现代文学研究丛刊》，2012年第12期。

⑤徐刚：《十七年文学中的“乡下人进城”》，《文艺争鸣》，2012年第8期。

⑥逄增玉：《工业题材小说中的“草明现象”》，《文学评论》，2012年第5期。

⑦李建军：《论〈创业史〉的小说伦理问题》，《南方文坛》，2012年第2期。

⑧孙郁：《转折还是终点？——评姚丹〈“革命中国”的通俗表征与主体建构——《林海雪原》及其衍生文本考察〉》，《中国现代文学研究丛刊》，2012年第8期。

⑨程光炜：《主持人的话》，《当代作家评论》，2012年第2期。

⑩程光炜：《文学的“超克”——再论蒋子龙小说〈机电局长的一天〉》，《当代文坛》，2012年第1期。

⑪杨庆祥：《小屋的恐惧和救赎——〈山上的小屋〉中的历史讲述》，《当代作家评论》，2012年第2期。

⑫李雪：《蝙蝠的境地——谈〈公开的情书〉的历史沉浮》，《海南师范大学学报》（社会科学版），2012年第8期。

⑬徐勇：《潮流之外与牢笼之中——“个人主义”话语、〈平凡的世界〉与“后文革”一代青年的成长史》，《海南师范大学学报》（社会科学版），2012年第4期。

⑭程光炜：《“八十年代”文学的边界问题》，《文艺研究》，2012年第2期。

⑮贺桂梅：《重返80年代，打开中国视野——贺桂梅访谈录》，《现代中文学刊》，2012年第3期。

⑯贺桂梅：《开放文学研究——以“20世纪中国文学论”为例》，《海南师范大学学报》（社会科学版），2012年第4期。

⑰陈晓明：《新世纪汉语文学的晚郁时期》，《文艺争鸣》，2012年第2期。

⑱陈晓明：《历史尽头的自觉——新世纪中国长篇小说的艺术流变》，《社会科学》，2012年第8期。

⑲白烨：《“人学”主题的文学演绎——2011年长篇小说概观》，《小说评论》第2期。

⑳李云雷等：《长篇小说的“中国化”及其他》，《作家》，2012年第7期。

㉑张清华：《“中国经验”：道德悲剧与文学前

景》，《社会科学报》，2012 年 8 月 23 日。

㉒杨庆祥、金理、黄平：《新世纪以来的历史想象和书写——80 后学者三人谈（之二）》，《南方文坛》，2012 年第 2 期。

㉓杨庆祥、金理、黄平：《当下写作的多样性——80 后学者三人谈（之六）》，《南方文坛》，2012 年第 6 期。

㉔张柠：《新世纪文学生产模式变迁》《文艺报》，2012 年 9 月 24 日。

㉕邵燕君：《网络时代：新文学传统的断裂与"主流文学"的重建》，《南方文坛》，2012 年第 6 期。

㉖邵燕君：《网络时代，精英何为?》，《探索与争鸣》，2012 年第 5 期。

㉗邵燕君：《在"异托邦"里建构"个人另类选择"幻象空间——网络文学的意识形态功能之一种》，《文艺研究》，2012 年第 4 期。

㉘白烨：《稳步前行中的悄然变动——2011 年文坛热点扫描》，《艺术评论》，2012 年第 3 期。

㉙赵勇：《大众文化的概念之旅、演变轨迹和研究走向》，《山西大学学报》，2012 年第 5 期。

㉚张颐武：《青年心态与大众文化》，《中关村》，2012 年第 5 期。

㉛肖鹰：《中国文化的问题在精英文化取向的下滑——兼论精英文化与大众文化的互动》，《探索与争鸣》，2012 年第 5 期。

㉜张柠：《发生学的意识形态阐释：大众文化研究的新范式》，《探索与争鸣》，2012 年第 5 期。

㉝张颐武：《中国文学的焦虑彻底放下了》，《人民论坛》，2012 年第 30 期。

㉞李云雷：《莫言获奖的三重意义》，《中国文化报》，2012 年 12 月 13 日。

㉟张清华：《诺奖之于莫言，莫言之于中国当代文学》，《文艺争鸣》，2012 年第 12 期。

㊱杨联芬、孙郁等人《名家谈莫言》，《中国图书评论》，2012 年第 11 期。

㊲陈晓明：《从作品〈蛙〉看莫言不懈的创新精神》，《西部大开发》，2012 年第 10 期。

㊳白烨：《莫言获诺奖引发的思考》，《人民日报》（海外版），2012 年 11 月 13 日。

㊴张清华：《身份困境与价值迷局：中国当代文学的世界处境》，《文艺争鸣》，2012 年第 8 期。

㊵程光炜：《当代文学海外传播的几个问题》，《文艺争鸣》，2012 年第 8 期。

（作者：邵燕君，北京大学副教授；
孟德才，北京大学硕士生；
闫作雷，北京大学博士生）

东方文学

魏丽明　阎鼓润

2012 年对于中国文学界是一个特殊年份。在这一年，莫言获得了诺贝尔文学奖，成为获此殊荣的首位中国作家。对国内东方文学研究界而言，最重要的事件就是非洲首位诺贝尔文学奖获得者索因卡访华。应中国社会科学院外文所与中国人民大学文学院的共同邀请，尼日利亚剧作家、诗人、小说家、评论家，1984 年诺贝尔文学奖得主沃勒·索因卡访问中国。10 月 29 日上午，索因卡在社科院作了题为《追寻复兴的五十年历程》主题演讲，回顾了非洲半个世纪以来的历史足迹，以及非洲文学与现实之间的种种复杂关系；下午与中国作家进行了座谈。10 月 30 日上午，索因卡到访北大并作题为《全球化逆流中的非洲》的演讲，以全球性交流——特别是文化、艺术的交流为主题，梳理并反思了黑人性运动的过程及其中存在的问题，借此探讨了文学作品创作者如何对待当代语境中的全球化主义。北京大学学生在国内第一次把索因卡的剧本《狮子与宝石》搬上舞台。

3 月 29 日，时值埃及作家、诺贝尔文学奖得主纳吉布·马哈福兹一百周年诞辰，中国阿拉伯文学研究会、中国对外友好协会和北京大学外国语学院阿拉伯语系举办纪念大会和座谈。5 月 10—13 日，中外传记文学研究会第十七届年会暨"书信文学及其他"研讨会在江苏师范大学召开，包括非洲文学、日本文学和阿拉伯文学等在内的专家学者出席此次研讨会。7 月 24 日，中国社会科学院举办了题为"中国与亚洲周边国家的文化（文学）交流与互动"学术研讨会，就蒙古、朝鲜、韩国、日本、东南亚、印度、波斯、中亚、土耳其、阿拉伯、以色列等国家和地区与中国的文化（文学）交流与影响传播进行了学术交流与讨论。第九届东南亚华文文学研讨会于 10 月 21—25 日在厦门召开，这次会议在探讨东南亚华文文学特点时，注重围绕自身的内在联系，从中发掘创新价值。10 月 23 日，诺贝尔文学奖热门候选人阿多尼斯应邀出席外语教学与研究出版社的新书《在意义的天际写作：阿多尼斯文集》① 首发式，并以《今天，文学意味着什么》发表主题演讲。这是当代阿拉伯文化标志性人物阿多尼斯的首部中文版文集。11月9日，“中国阿拉伯文学研究会理事会议暨2012年度学术研讨会”在上海外国语大学召开，与会代表展开题为“动荡之后的阿拉伯文学”的专题研讨。11月16—19日，2012史诗研究国际峰会在中国社会科学院举办，来自世界各国的专家与中国学者一道对包括蒙古、非洲、菲律宾等国家的史诗进行研讨。11月23—25日，西域—中亚语文学国际学术研讨会在中央民族大学举办，中外专家济济一堂，展示出这一领域最新的研究成果。

此外，7月2日，在北大研究生院的支持下，北京大学东方文学研究中心和外国语学院举办为期两周的2012年“东方文学：从传统到现代”全国研究生暑期学校。本期“东方文学：从传统到现代”全国研究生暑期学校依托北京大学东方文学研究中心和北京大学外国语学院有关东方语言文学学科各系所的教学师资力量，同时聘请国内外东方文学研究领域的知名专家学者，包括中国社会科学院以及国内外大学的一流学者参与授课。非洲文学批评家、哈佛大学非洲与非裔研究系教授、北大亚非系外国语言文化讲席教授拜尔顿·杰伊夫（Biodun Jeyifo）和被誉为索因卡之后非洲最重要的剧作家之一的尼日利亚剧作家、伊巴丹大学戏剧系教授费米·奥索菲桑（Femi Osofisan）相继来华，并在北大亚非系开设非洲文学相关课程。

一、综合类

北京大学东方文学研究中心出版了《东方文学研究：文化阐释与比较研究》[2]，全书收录国内东方文学领域学者的研究成果20篇，涉及日本、韩国、蒙古、印度、阿拉伯、以色列、波斯等多国多语种文学。黎跃进著《东方文学史论》[3]一书是《东方文化集成》系列丛书之一，全书运用了历史—美学和文化批评的研究方法，探讨了东方文学的演变和特质。刘曙雄、赵白生和魏丽明合著的《东方作家传记文学研究》也在同年出版，全书分为“作家篇”“作品篇”“文献篇”三部分，对近现代东方文学领域各主要语种三十余位杰出作家的传记文学进行研究。[4]本书无论是从选材还是体例都具有开创性。颜治强著《东方英语小说引论——南亚、西非、东非卷》出版。本书试图“说明英语文学怎样在东方生成，并且成为一些国家民族文学组成部分的”的深层原因，分析了英语及其文学在东方国家的功能，结合作家身份与出版发行的规则，选取了南亚、西非和东非三个热点地区的五个国家的七位作家：安纳德、纳拉杨、拉奥、阿契贝、阿尔马、恩古吉和法拉赫进行个案研究。[5]

马筱璐在《俄罗斯“东方文学”研究概述》[6]一文中对俄罗斯“东方文学”作为整体文学的研究进行梳理，并澄清在中国学界对“东方文学”俄罗斯起源说的误解。

二、比较文学

2012年东方文学研究中的比较研究著作集中于东亚地区，如崔雄权著《陶渊明与韩国古典山水田园文学》[7]。本书从历史学、社会学的角度出发，从不同历史发展时期阐述陶渊明文学作品在韩国的登陆、确立、深化与发展，及其对韩国文人的影响。郑日男著《楚辞与朝鲜古代文学之关联研究》[8]考证了楚辞传到朝鲜的大致时间，简要介绍了朝鲜各个时期文人学者接受楚辞的基本情况，综合考察朝鲜古代文人的楚辞观、接受楚辞的基本动因等，有助于客观地把握楚辞在朝鲜的传播、接受与转化特点。隽雪艳著《白居易与日本古代文学》[9]以日本文学史上著名的作品、作家为对象，具体地考察了白居易与日本物语、和歌、日记等不同文体的古代文学作品的密切关系；此外本书还特邀当今日本中国学界研究白居易最有代表性的学者下定雅弘、诸田龙美二人撰稿，反映了日本学者与中国学者不同的研究视角。

陆建德在《诗人与社会——略谈大江健三郎与威廉·布莱克》[10]一文中认为大江健三郎被威廉·布莱克的预言诗所吸引，在写《新人啊，觉醒吧!》的时候与布莱克遥相呼应，无形中继承了布莱克蔑视世俗权威、歌颂自然生发的遗产；但他并未完全听由布莱克的指引，而对布莱克预言诗中的神秘主义成分敬而远之，因而获得来自社会与读者的巨大支持。吴圣杨、赵燕兰在《佛教与民间信仰的相遇——泰国〈鬼妻〉与中国〈白蛇传〉的比较分析》[11]一文用民俗学的方法，比较分析泰中两国民间传说《鬼妻》和《白蛇传》，考察了福建在传播过程中与地方原始信仰的相容性，进而提出了《鬼妻》或源自《白蛇传》观点。王志清著《东亚三国文化语境下的王维接受》[12]认为中日韩三国在地理上接近，且同属一个相容与共的大文化语境，具有汉字文化圈国家所拥有的文化亲密性，因而在王维接受这一个具体而特殊的对象上，具有了一种相对稳定的判断体系，进而使日韩接受者形成了相近的美学取向和审美心理结构，几乎不因历史变迁与地域异样的原因而存在接受上的排异反应。王正海在《高丽汉诗对宋诗之接受研究》[13]一文中认为，高丽汉诗对宋诗的接受，主要包括文本的接受、作家的接受以及诗学观点的接受，该文整理了高丽诗人阅读的宋人诗集，分析他们对宋诗接受的方式，并深入了解宋代诗学观念对高丽汉诗的影响。

三、东亚文学研究

2012年，学界对日本古代、近现代文学的研究成绩斐然。古代文学方面以诗歌为主。马骏著《日本上代文学“和习”问题研究》[14]一书以日本上代文学的五部代表作品《古事记》《日本书纪》《万叶集》《怀风藻》《常陆国风土记》为对象，探讨了日本上代文学的“和习”问题；“和习”是指日本人撰写的汉诗文中所包含的日语固有表达习惯，在东亚古代文学交流史上具有广泛的共同性特征与普遍意义。蒋洪生在《论江户时代萱园诗派对日本文学和精神史的影响》[15]一文中介绍了日本江户时代著名的古文辞学家荻生徂徕所奠基、其弟子服部南郭为代表的萱园诗派是如何直接间接地参与了日本民族精神、国民精神的建设。张龙妹在《平安物语文学中的古琴》[16]一文中通过对平安物语文学的考察，探讨了古琴视作贵族女性修养的传说产生的渊源以及对后世文学的影响。王辉在《日本“片冈山传说”流变考——兼论其对日本佛教史、文学史建构的意义》[17]一文梳理了日本佛教说话、佛教史建构以及和歌等三个流变系统的演变，揭示出片冈山传说相应文本流变背后蕴含的佛教史、文学史建构的意义及二者之间的重互动。在《〈日本灵异记〉对中国文学的接受研究——“昆山一砾”和“慈膝怀虎”用典考释》[18]一文中，刘九令以“昆山一砾”和“慈膝怀虎”为例，揭示其与佛典的关系，进而考察《日本灵异记》对中国文学的接受。

王向远在论文《论日本美学基础概念的提炼与阐发——以大西克礼的〈幽玄〉〈物哀〉〈寂〉三部作为中心》中指出，日本美学的概念和范畴是逐渐被提炼出来的，到大西克礼的《幽玄》《物哀》《寂》三部作品出现，日本古典美学三大基础概念在现代美学的体系架构内才得以被深入阐发。在《日本古代文论的生成、发展、特色及汉译问题》[19]一文中，王向远认为日本古代文论基本上是纯文学论，对文学的抽象本质问题、本源问题、社会价值与功能问题等缺乏关心和探讨；在著述方式上，具有私人性、非社会性、家传化的特点，文体上具有散文化、随笔化的特征。在《日本近代文论的系谱构造与特色》[20]中，王向远总结了日本近代文论较为清晰的理论系谱和内在构造和其独到贡献与理论特色。

《交融与交响——日本现当代作家研究》[21]一书由王艳凤、于清赫、刘影三人编著而成，在比较文学的视野下，本书重点研究了川端康成、大江健三郎和村上春树的创作风格——“传统与现代意识相结合”“日本与西方文化相交汇”“音乐与文学创作相融合”，从一个侧面反映日本现当代文学的成就及风格。林少阳所著的《“文”与日本的现代性》[22]一书选择了从17世纪（江户初期）到20世纪90年代后现代思潮为止的几位日本思想家和文学家作为论述对象，从文本的语言分析入手，探讨了汉字文化圈的文本解释理论。李征著《都市空间的叙事形态——日本近现代小说文体研究》[23]一书，该书从都市文学的角度对日本近现代小说进行梳理，以典型作家的典型作品进行叙事学研究。刘晓芳著《岛崎藤村小说研究》[24]主要以岛崎藤村的四部作品《破戒》《春》《家》《新生》为研究对象，通过对藤村的近代自我意识与自我告白意识之间的关联性的考察，分析了告白这一形式在藤村文学中的形成、确立、成熟直至顶峰状态的发展变化过程。徐琼著《樋口一叶及其作品研究》[25]一书从一叶的生平出发，结合其《青梅竹马》《浊流》《十三夜》三篇作品，寻找其中的文化符号、象征意义、社会内涵，探究其文学价值存在的合理性，并与井原西鹤作品对比，对小说的现实主义创作进行探讨。何建军著《大冈升平战争文学研究》[26]以大冈升平的战争体验为主线，结合作品创作的社会历史文化背景，分析了作品的主题思想、人物形象和大冈的战争观，并探讨了大冈对战争认识的变化轨迹。

本年度日本文学界对夏目漱石、芥川龙之介、三岛由纪夫、大江健三郎、村上春树这五位作家尤为关注。许金龙在《〈水死〉的“穴居人”母题及其文化内涵》[27]中认为大江健三郎的最新长篇小说《水死》为其小说创作的互文体系增添了新的结构样式，其中“穴居人”一词与孟德斯鸠《波斯人信札》中的“穴居人”有所联系；而这一概念又可追溯到《古兰经》和古罗马的基督教传说。在《〈在约定的场所〉之于村上春树的“奥姆”》[28]一文中，林少华选取了村上春树采访八名奥姆真理教信徒写成的纪实文学作品《在约定的场所》，从约定的场所是怎样的场所、何以有人进入那样的场所、村上何以介入奥姆问题这三点切入文本，得出了1995年奥姆事件是村上春树创作转折点的结论。在《1943：武者小路实笃的中国之旅》[29]一文中，董炳月发现了旅行中武者小路实笃身份的二重性：旅行使他感受到了中国对日本文化的影响，导致了其战争观的分裂：支持日本与英美之间的战争，而对中日间的战争持消极态度；折射出对中国怀有善意的日本近代作家在日本侵略中国的事实面前、在战时日本国家意识形态控制之下的两难与无奈。唐卉在《〈高野圣僧〉：泉镜花的“镜花缘”》[30]一文中指出，该小说内容在一定程度上受到日本密宗的影响，在释放性和理性压抑戏剧性的冲突中，既是一次作者个人的“镜花缘”体验，又深刻地揭示了进入近代化的日本在飞速运转的过程中终将摆脱不了的悖论和噩梦。翁家慧在《简述日本文学中的“都市空间论”》[31]一文中提到，前田爱的论文集《都市空间中的文学》用拓扑学的相关概念和符号学原理建立关于文学作品内部的空间理论，并由此解析都市空间在文本中所具有的物质性、象征性和隐喻性，在他的都市空间论的刺激和带动下，日本文艺评论界开始尝试用这种方法重新解读文学文本。

值得一提的是，本年度日本文学学者进行了大量的学术史梳理。吴真的《近二十年日本道教文学研究综述》[32]是国内学界首次对日本道教文学研究史进行概述。宿久高、杨晓辉撰写的《日本生态文学研究述略》[33]在掌握第一手资料的基础上，对日本生态文学研究的缘起和发展研究的整体面貌等进行梳理，为我国生态文学研究提供有益参考。兰立亮的《新世纪以来中国大江健三郎研究述评》[34]通过对中国2001—2010年大江健三郎研究的梳理，指出当前研究的得失，为将大江健三郎小说研究推向深入提供帮助。在《日本“乡愁小说”在1930年代前后的译介》[35]中，冯波提到民国二十年前后，有着留日、旅日经历的翻译家，将日本作家的“乡愁小说”介绍到中国，译作数量虽不多，但是对中国现代乡愁小说的影响不容忽视，这种影响主要体现在乡愁中的人道主义诉求与对于现代城乡关系思考两方面。王奕红在《日本文学经典中的“歧视”——兼论中国的日本文学研究状况》[36]中结合近年来国内有关夏目漱石与川端康成部分作品的研究现状及存在的问题，强调加强日本文学研究中“歧视”问题视角的重要性。

朝韩现代文学方面，林大根在《韩国现代文学中的华人形象：以〈土豆〉和〈农民〉为例》[37]一文中认为，这两部韩国现代文学作品中描绘了华人形象，该作品试图超越意识形态的问题，对后来朝鲜对华（人）的认识产生了一定的影响。牛林杰、张懿田所著《中韩建交二十年来中国的韩国现代文学研究综述》[38]利用文献计量学的方法，对中韩建交以来中国的韩国现代文学研究成果从年度分布、研究主题、刊发期刊及主要作者等几个方面做了量化的统计，并在此基础上梳理中国韩国现代文学研究的发展历程，分析韩国现代文学研究的现状并指出存在的主要问题。

四、南亚文学研究

侯传文在《印度文学的森林书写》[39]一文中认为，森林书写是印度森林文明的结晶，其中蕴含着原生态主义的思想和智慧。在《佛教文学生态整体主义初探》[40]一文中，侯传文认为佛教文学表现的“相依缘起”的世界观，“依正不二”的业报理论和“无情有性”的佛性论，超越了人类中心主义，以整体主义的态度看待宇宙万物，为现代生态整体主义提供了丰富的思想资源。刘战奎著《薄伽梵歌全解》[41]通过译文和释义引导读者学习印度史诗《摩诃婆罗多》中的经典对话《薄伽梵歌》所蕴含的文学创造性、传承教育性与智慧真实义。王鸿博在《〈摩诃婆罗多〉“咒祝”主题研究》[42]一文中指出，《摩诃婆罗多》中大量咒祝文化现象反映了婆罗门种姓在婆罗门教社会中的特殊身份及职能；在史诗中，这一主题呈现为（设禁）、违禁、惩罚、解除（或实现）的结构；印度史诗叙事的特点在于设禁环节的缺失，这主要因为史诗时代婆罗门教法体系化，禁忌观念已然形成，而咒语向祝祷转化透露出远古巫术向系统化宗教的嬗变。

尹锡南与谷俊合写了论文《印度文学理论的发展轨迹》[43]，该文认为印度文学理论经历了萌芽期、古典梵语诗学、印度中世纪文论、印度近现代文论和当代文论、印度独立以来等几个发展阶段，其发展受到宗教语言文学等传统文化和近现代西方文化的双重影响。

在《〈卑微的神灵〉中的“想象的终结”论》[44]一文中，黄芝指出印度裔女作家阿兰德蒂·罗伊在散文集《想象的终结》中提出的“想象的终结论”包含她对缺乏想象信念的批判，在对想象梦想追求的事实上，罗伊借助与自己同龄的叙事者表达对民族种姓和性别问题上想象的憧憬，即自由的选择。在《“我坦白”：〈白虎〉的自白叙事伦理》[45]一文中，黄芝认为作者阿拉文德·阿迪加试图通过叙事人的自白叙事启发被自白者或读者进行伦理判断，进而逐步引导他们发现和理解其中隐含的伦理价值取向，并深入洞察这些伦理问题背后的当代印度社会弊病。

五、东南亚文学

张京华在《三“夷”相会——以越南汉文燕行文献为中心》[46]一文中提到，新出版的《越南汉文燕行文献集成（越南所藏编）》一书公布了越南“如清使”共计53人9种著作，外交以汉字诗文为媒介，穿透风俗、地理差异的表面，切入传统经典，不仅表现出对于东亚礼乐文明的深切认同，甚且隐然含有以纲常正统自任的意识。刘志强在《略论越南占婆文学》[47]中认为占婆王国是一个深受印度文化影响的东南亚文明古国，对其文化和文学遗产的研究多为学界所遗忘，文章论述占婆文学发展的基本脉络、体裁以及印度罗摩故事对占婆的影响。在《越南古代七律诗初探》[48]一文中，严明观察和辨析越南汉诗中的七律体一枝独秀现象，总结越南汉诗的特点，试图探索古代越南汉诗发展的要因。在《从女性文学形象看当代越南妇女生存现状》[49]一文中，黄以亭认为越南女作家的文学作品中的女性形象范式所呈现的是女性对社会文化意识形态的默许和对自身传统角色的被迫认同，同时也揭露了越南妇女并未获得真正意义上的性别平等与解放的真实情况。张婷婷在《21世纪初越南文学的特点》[50]一文中指出，21世纪越南作家队伍不断发展壮大，写作风格不断创新并积极走向世界，传统文学和新文学体裁共同发展，文学批评理论日臻成熟。陈义源在《越南在东亚汉文学研究的不可或缺——以〈越南汉籍·献述论〉的简介为例》[51]一文中以相关研究成果为证，举例说明越南研究跟日本研究、韩国研究一样不可或缺，呼吁学界应该共同关注越南汉文学的研究。

陈有金在《试论老挝古代文学的特征》[52]一文中介绍了老挝古代文学的三大特征：外来文化特征、

民族特征以及宫廷政治特征。作者认为老挝古代文学具有开放包容的特质，这对老挝文学的发展具有深远影响。黄勇在《16—17世纪老挝世俗文学及其特点》[53]一文中指出16—17世纪是老挝世俗文学的蓬勃发展时期，出现了长篇叙事诗、寓言诗体小说、纪事体散文等文学体裁，并涌现出大量的优秀文学作品。这些作品在内容和形式上与印度文学和佛教文学相互渗透融合，呈现出佛教化、民族化、同质化等特点。这些作品既充盈着浓厚的佛教色彩，又贯穿着老挝本土的伦理文化和道德文明。在《从貌鲁埃系列小说看德班貌瓦的文学创作特点》[54]一文中，刘利民指出"貌鲁埃"系列小说文体独特，语言朴实简洁，构思新颖，在继承缅甸传统文学的精髓的基础上冲破了封建文学形式的束缚，在缅甸由旧文学向新文学的转变中起到了承上启下的作用。

许文荣、庄薏洁在《多元文化语境下的边缘意识：马华文学少数民族书写的主题建构》[55]中以主题建构为切入点去探讨马来西亚华裔作家如何观照少数民族。本文认为马华文学作者多从三大层面，即族群关系、文明进程与"魔幻现实主义"来建构有关少数民族书写主题。罗国安和沈紫娟在《马来班顿体和土生华人班顿体比兴中的自然物象》[56]一文的研究焦点是马来和马来西亚土生华人班顿体，论文重点分析了马来班顿体首联中对自然的偏爱如何在土生华人班顿体中得到体现，并强调了自然比兴的手法是马来班顿体和土生华人班顿体冲突后产生的"镜像效应"。涂文晖在《缅甸华文文学初论》[57]一文中指出，缅华文学正面临着后继乏人的危机，该文初步介绍了有关人士对缅华文学出路的探讨，呼吁加强对缅华文学的关注。

六、西亚北非文学

梁工主编的《圣经文学研究》在2012年出至第六辑，[58]这一辑主要译介了勒兰德·莱肯、罗兰·巴特尔、布鲁斯·祁尔顿等多位海外学者的研究成果，也侧重国内相关学者研究成果的展示。如钟志邦在《中国学术界的"圣经学"：回顾与展望》一文中对中国的圣经研究进行了系统的综述，回顾了国内圣经研究重要的学术成果并展望了未来的走向；梁工在《作为文学的〈圣经〉》[59]一文中指出，早期《圣经》兼具"作为宗教"和"作为文学"的复杂性质，其作为文学源泉对后世文学发生了持续的影响，把握圣经文学品质的活动始于古代，20世纪中期以后围绕着作为文学的《圣经》，西方大学的学术运动扭转了圣经批评史的方向和格局，80年代初期以来这场运动在中国也得到长足的发展。

王凤在论文《作为密德拉什的批评——杰弗里·哈特曼与犹太释经传统》[60]中认为，哈特曼是促成文学理论与密德拉什相结合的代表人物，密德拉什在语言层面上的字词游戏反映了犹太拉比们回应实际生活的需要，极富创造性和想象性，这为当代客观系统的批评范式提供了修正意义；哈特曼旨在提倡希伯来文化对于希腊文化的借鉴性，并重新唤回批评对于生活现实的回应性。

阿拉伯文学方面，宗笑飞发表了有关阿拉伯文学与南欧文学关系的两篇论文。在《西班牙骑士文学中的阿拉伯元素》[61]一文中，她认为阿拉伯文学对于骑士道的奇思妙想深刻影响了西班牙文学，虽然西班牙骑士小说大都以抗击摩尔人或保卫基督教神圣教义为宗旨，但阿拉伯异教文化却润物无声地浸染于它们的字里行间，这构成了对真实的颠覆；而在《从西班牙文学看阿拉伯文学对南欧喜剧复兴的影响》[62]一文中，她又以阿拉伯文学中的幽默讽刺及其对文艺复兴运动时期南欧喜剧和笑文化的影响为切入点，评述了阿拉伯文艺对于文艺复兴运动时期的文学，尤其是近代西方喜剧复兴的贡献。林丰民在《乔治·宰丹的历史小说对伊斯兰价值的表现》[63]一文中着重论述乔治·宰丹小说中所体现的《古兰经》和真主使者在穆斯林心目中的崇高地位、穆民领袖的高尚情操、伊斯兰去恶向善的价值取向和穆斯林的团结合作精神等价值；他认为黎巴嫩作家和学者乔治·宰丹虽然是一位阿拉伯基督徒，但是他创作了一系列再现阿拉伯—伊斯兰历史的小说充分地表现了伊斯兰的价值观。余玉萍在《再建女性话语：〈肉体的记忆〉对于当代阿拉伯女性叙事的新启示》[64]一文中指出阿尔及利亚著名女作家艾赫拉姆·穆斯苔阿妮米用爱情故事阐发一个严肃的社会政治主题，以私人话语来消解宏大叙事，颠覆了阿拉伯文学评论界的主流认知；肉体的记忆作为一种深刻的文化表述，为当代阿拉伯女性叙事去性化写作树立了正面榜样。邹兰芳在《从"在场的缺席者"到"缺席的在场者"——巴勒斯坦诗人达尔维什的自传叙事》[65]一文中以巴勒斯坦诗人达尔维什的自传《为了遗忘的记忆》和《为何把马儿独自抛下》为研究对象，指出达尔维什自传"美学抵抗"的内涵在于以反讽的手法揭示"记忆"与"遗忘"在哲学层面上的悖论关系，以语言的力量来弥合权力话语在同为闪族子孙的巴以两个民族之间造成的感情创伤和历史叙事差异。潘世昌在《阿拉伯苏菲诗歌中象征表达的文化意境》[66]一文中指出，苏非诗歌是阿拉伯诗歌的重要分支，诗歌常用词如"酒""女人"等逐渐成为具有专门含义的词汇。

李政在《赫梯书信与传记文学——浅析赫梯国王哈吐什里三世致巴比伦国王卡达什曼·恩里尔二世的书信传记价值》[67]一文中从传记文学史料价值对赫梯书信进行研究；在《年代记与传记——论赫梯国王穆尔什里二世年代记的伟记特征》[68]一文中，李政又对就穆尔什里二世的年代记加以探讨，深入挖掘这篇文献的传记特征和它作为一篇传记的可能性。

七、黑非洲文学研究

对黑非洲文学的整体书写成为学界的热点。在《黑非洲文学的区域性特征简论》[69]一文中，王向远从宏观比较文学的角度为切入点，认为共同的口承文学传统是黑非洲近现代文学共同的文化冲突的题材和主题，使黑非洲各民族各国家的文学在纷繁复杂中呈现了内在的统一，在多样性中呈现出了共通性，即所谓“黑人特性”，并由此形成了相对完整独立的黑非洲区域文学。邹颉在《后殖民东非文学概述》[70]中探讨了后殖民东非文学关于写作语言、民众文学、见证文学三个热点问题，指出这些问题的实质表明东非后殖民作家的作用与责任。在《非洲戏剧：便览·素描·谈片》[71]中，卢茂君认为非洲戏剧可按地域区划为以埃及为中心的北非阿拉伯戏剧和撒哈拉沙漠以南的黑非洲戏剧，但其间既有共通的口承传统，亦有相类的译介移植、因袭欧洲戏剧的起步经历；北非戏剧伴随民族意识的觉醒而兴起，在反殖斗争中发展繁荣；黑非洲戏剧在民族解放运动中长足进步，辐射范围广泛，突显黑人特性，形成了鲜明的区域性特征。

从上文综述可以看出，2012年北京东方文学学界的研究成果呈现多样化趋势：日本文学界出版了多部学术著作，非洲文学学科建设稳步发展，对西亚北非文学的关注持续升温。不够之处在于学界研究仍以诺贝尔文学奖作家作品为主，对东方各国文学的新人、新作和新动向关注不够。值得肯定的是，东方文学的研究方向不再拘泥于国别，呈现了跨国别、跨区域的整体研究与比较研究态势，这对于东方总体文学研究的进一步完善无疑具有积极意义。

注：

①外语研究与教学出版社2012年版。

②北京大学出版社2013年版。

③昆仑出版社2012年版。收入北京大学《东方文学集成》系列丛书。

④北京大学出版社2012年版。

⑤人民出版社2012年版。

⑥《外国文学研究》，2012年第2期。

⑦中国社会科学出版社2012年版。

⑧人民出版社2012年版。

⑨北京大学出版社2012年。

⑩《上海师范大学学报》（哲学社会科学版），2012年第3期。

⑪《东南亚研究》，2012年第1期。

⑫《中国比较文学》，2012年第1期。

⑬《学术界》，2012年第9期。

⑭北京大学出版社2012年版。

⑮《日语学习与研究》，2012年第1期。

⑯《日语学习与研究》，2012年第6期。

⑰《外国文学评论》，2012年第1期。

⑱《日语学习与研究》，2012年第4期。

⑲《广东社会科学》，2012年第4期。

⑳《山东社会科学》，2012年第6期。

㉑中央民族大学出版社2012年版。

㉒中央编译出版社2012年版。

㉓复旦大学出版社2012年版。

㉔北京大学出版社2012年版。

㉕知识产权出版社2012年版。

㉖世界图书出版公司2012年版。

㉗《外国文学评论》，2012年第4期。

㉘《外国文学》2012年第4期。

㉙《文学界》2012年第3期。

㉚北京大学出版社2013年版。

㉛北京大学出版社2013年版。

㉜《武汉大学学报》（人文社科版），2012年第6期。

㉝《外语研究》，2012年第4期。

㉞《大连海事大学学报》（社会科学版），2012年第1期。

㉟《中国现代文学研究丛刊》，2012年第11期。

㊱《解放军外国语学院学报》，2012年第1期。

㊲《外国文学研究》，2012年第6期。

㊳《当代韩国》，2012年第3期。

㊴《南亚研究》，2012年第2期。

㊵北京大学出版社2013年版。

㊶东方智慧研究中心2012年版。

㊷《外国文学研究》，2012年第2期。

㊸《南亚研究季刊》，2012年第2期。

㊹《国外文学》，2012年第3期。

㊺《当代外国文学》，2012年第4期。

㊻《外国文学评论》，2012年第1期。

㊼《国外文学》，2012年第4期。

㊽《学术界》，2012年第9期，总第172期。

㊾《东南亚研究》，2012年第6期。

㊿《东南亚纵横》，2012年第8期。

(51)北京大学出版社2013年版。

(52)《东南亚纵横》，2012年第5期。

(53)《东南亚纵横》，2012年第1期。

(54)《文学教育》，2012年第1期。

(55)《民族文学研究》，2012年第3期。

(56)《浙江大学学报》（人文社会科学版），2012年第1期。

(57)《华文文学》，2012年第1期。

(58)人民文学出版社2012年版。

(59)《外国文学》，2012年第1期。

(60)《外国文学评论》，2012年第3期。

(61)《国外文学》，2012年第2期。

(62)《外国文学研究》，2012年第2期。

(63)《广东外语外贸大学学报》，2012年第5期。

㊶《外国文学研究》，2012 年第 2 期。

㊷《外国文学评论》，2012 年第 4 期。

㊸《伊斯兰文化》，2012 年第 2 期。

㊹《第十七届中外传记文学研究会年会论文摘要集》，2012 年。

㊺北京大学出版社 2013 年版。

㊻《苏州科技学院学报》（社会科学版），2012 年第 3 期。

㊼《浙江师范大学学报》（社会科学版），2012 年第 2 期。

㊽《苏州科技学院学报》（社会科学版），2012 年第 3 期。

（作者：魏丽明，北京大学研究员；阎鼓润，北京大学硕士生）

西方文学（不含英美）

刘一南　喻天舒　淡　霞

新一年北京学者的西方文学研究，除了继续讨论西方文学史上的经典作家作品的多方意义之外，对某些知名度较小的作家，如摩洛哥旅法作家塔哈尔·本·杰伦等，也予以了必要的关注，取得了一定的研究成果。以下我们分西方古典文学研究、德语文学研究、法语文学研究、西班牙语文学研究和文学理论研究五部分，就笔者掌握的资料，对 2012 年北京学者的西方文学研究状况，进行一番综述。

一、西方古典文学研究

卜者对神的兆示的解释，在东方和西方的古代社会中都曾发挥过重要的作用，但古希腊文学对卜释的质疑却构成了希腊文化独特的一面。从荷马史诗到《俄狄浦斯王》，对卜释的质疑之声不断呈现。杨秀敏的论文从认知史的角度，对荷马史诗与《俄狄浦斯王》中的卜释质疑，进行了比较研究。该文认为，《俄狄浦斯王》中的“质疑卜释”明显体现出了对荷马史诗传统的继承。在传统宗教观念的影响下，《俄狄浦斯王》基本上没有脱离荷马史诗在这方面的“套路”及荷马对这一问题的基本看法，原因在于：实证精神在公元前 5 世纪的知识阶层可能已经成为认知方式的主流，但在精神信仰层面上，逻各斯精神还远未动摇秘索思（mythos）的统治地位。另一方面，我们也从文学人物对卜释的质疑声中看到了古希腊文化“天生”具有的包容性。在宗教氛围仍然浓烈的古希腊，在神权、祭司（或卜师）、王者等行为主体所构成的权力图谱的真空地带，逻各斯精神在顽强地行进着，并草蛇灰线般地在古希腊文学中形成了一条若隐若现的线索。正是这种可贵的包容性孕育并模塑了西方独特的文化精神。[①]

“血亲复仇”是古希腊悲剧《欧墨尼德斯》的主题，也是古希腊神话和戏剧作品中出现最多的主题之一。李永斌的论文以《欧墨尼德斯》中的“血亲复仇”主题为研究对象，探讨了这一主题所反映的古希腊伦理冲突。文章认为，这一主题不仅反映了古希腊社会转型时期的家庭和城邦伦理冲突，也反映了人们思想意识中的凡人与神灵间的伦理冲突。在这个时代，一方面父权制已经建立，需要进一步清除母权制残余；另一方面，社会秩序的维护也开始了从人治走向法治的进程。[②]

罗马诗人卢克莱修既是最重要的拉丁语哲人，也是古罗马的一位伟大诗人；其《物性论》既是伊壁鸠鲁主义的主要文献，也是现存第一部古典拉丁语长诗。李致远的论文以《物性论》开篇的序诗为研究对象，通过细致分析其中呼唤维纳斯的诗句，阐明了如下观点：一方面，伊壁鸠鲁主义与传统的罗马政治秩序之间有着巨大的冲突，是哲学与政治之争的具体反映；另一方面，伊壁鸠鲁主义与罗马人关于世界帝国的政治想象又有着千丝万缕的联系。总的来看，卢克莱修的哲学教诲隐秘地透露了非政治的伊壁鸠鲁主义的政治意图。[③]

刘小枫的论文同样从哲学角度出发，对《物性论》卷三第 978 行到第 1023 行进行了释读。《物性论》第三卷的主题是“人的灵魂本质”，卢克莱修在其中列举了 21 条生动的论据来证明灵魂不可能不死。临近结尾时，卢克莱修论及古传宗教所说的冥府，反其意而用之，以此来启发常人的生命意识——这就是第三卷中著名的“阿克绒深渊”段落。论文认为，“阿克绒深渊”乃卢克莱修证明灵魂不可能不死的点睛之笔：既然灵魂与身体一样会死，那么，这个宗教传说中所谓人死之后灵魂的去处就是子虚乌有的。卢克莱修相信，伊壁鸠鲁哲学可以使得常人（而非仅仅是少数人）的眼睛变得明亮起来，对“阿克绒深渊”的重新认识就是最好的检验。该文认为，卢克莱修试图通过《物性论》这部长篇教谕诗作，将玄奥晦涩的自然之理变成明澈甘甜的文学语言；他的这部作品不仅通俗地解说了常人难以理解的唯物原子论，也开启了启蒙教育的文学样式。[④]

维吉尔的史诗《伊尼德》对罗马内战期间的历史有着或明或暗的指涉，一些学者认为诗中的迦太基女王狄多在很大程度上影射了埃及女王克里奥帕特拉。高峰枫的论文对西方学者关于这个问题的讨论进行了梳理，并对较少受到注意的《伊尼德》第四卷第543行进行了深入的分析。首先，该文指出，美国学者皮斯在《伊尼德卷四集注》（1935年）的前言中列举了《伊尼德》中的狄多与历史上的克里奥帕特拉这两人的相似之处，其中比较有说服力的是以下几点：其一，两人的身份和地位相同，都是一国之主；其二，两人身世相同，都是被兄弟赶出国门，去国离乡，到别处避难；其三，也是最重要的一点，是两人都以美色羁绊住了罗马史上的关键人物。皮斯之后，凡是侧重历史研究的学者，在讨论狄多故事时，都会简要提及"影射克里奥帕特拉"一事。随后，该文结合其他西方学者的研究，对史诗的几处细节（特别是皮斯在其注释中不曾注意到的段落和词句）进行了讨论，试图说明《伊尼德》是如何在罗马当代读者的阅读经验中激发起对于埃及艳后克里奥帕特拉的联想的。最后，该文结合罗马内战史的相关古典文献，以及现代学者对罗马"凯旋式"（triumph）的研究，说明维吉尔笔下的狄多确有可能让罗马读者自然联想到克里奥帕特拉这位罗马的死敌。⑤

古希腊神话中有许多故事涉及"观看与惩罚"的主题；罗马诗人奥维德在其长诗《变形记》的第三卷中，将其中一些故事辑录在一起，敷陈了一组视觉性的叙事。那么，视觉性在神话叙事中的这一重复嵌入究竟意味着什么？观看与惩罚的这种关联究竟隐含了什么样的神话逻辑？吴琼的论文围绕这些问题，运用人类学和精神分析学的阐释方法，对《变形记》中的视觉叙事背后的无意识机制进行了探讨。该文认为，视觉性叙事在神话中的重复出现乃是社会针对僭越性观看的一种表征运作，而这个运作的目的在于禁止和调节人们对欲望满足的过度追求；在那些关于"视觉禁忌"和"观看惩罚"的故事中，其实隐含了人类对视觉驱力的某种恐惧，以及对这种恐惧的想象性解决方式。⑥

二、德语文学研究

2012年恰逢世界文学名著、联合国非物质文化遗产"格林童话"诞生200周年。早在19世纪末20世纪初，"格林童话"就随着新文化运动，与其他西方儿童文学一起，被译介到中国，迄今已有100多年的历史。它作为中国学者翻译、研究、分析、改编的对象，始终伴随着中国儿童文学的发生与发展，并一同经历了百年历史的沉浮。杜荣的论文沿着历史的脉络，回顾了"格林童话"在中国的传播与接受历程。文章将"格林童话"在中国的接受史分为四个阶段：1949年以前，大量"格林童话"故事被译介到中国，伴随并推动了中国儿童文学的发生与发展；到了20世纪五六十年代，"格林童话"被赋予阶级斗争色彩，并被批评或误读；"文革"期间，"格林童话"的传播与接受陷入真空；改革开放以后，"格林童话"进入了复苏和蓬勃发展的新时期。20世纪70年代末以来，在翻译方面，再版和重译交相辉映，实现了"格林童话"汉译史上的突破与超越；同时，对"格林童话"本身的研究也在不断成熟，体现出了前所未有的深度及广度，并蕴含着较大的发展空间。⑦

18世纪法国大革命前后，是德国从近代向现代过渡的转型时期，史学界称之为"马鞍时期"。这个时期的特征是：市民阶层的自我意识增强，他们开始在政治、经济和文化领域里与贵族阶级抗衡；开明贵族也开始向市民靠拢。其结果是传统等级制度瓦解，现代市民—公民社会开始形成。走出私人空间、进入公共领域，成为这一时期市民阶层主要的政治和社会诉求。谷裕的论文认为，歌德的小说《威廉·迈斯特的学习时代》以文学形式记录了这一历史过程，并对围绕它产生的问题进行了反思。小说的创作从1777年延续到1796年，正好覆盖了"马鞍时期"关键的20年。市民青年如何走出私人领域、进入公共生活，构成了小说的一条主要线索。小说以文学形式再现了市民进入公共生活的要求、途径和存在的问题。小说通过主人公在"塔社"的经历，描绘了一个建立在开明贵族与市民互动基础上、趋于等级平等的共同体，展示了未来公民社会的理想形态。同时，小说对这一过程中情感和天性等私人领域品质的丧失，也进行了批判性反思。⑧

2012年，德国大诗人海涅诞生215周年。张玉书撰文回顾了海涅与中国关系的三个发展阶段：海涅青年时代的抒情诗中有印度，却没有中国；1830年七月革命前后，海涅将斗争锋芒指向德国的封建势力，并用被他视为典型封建帝国的中国形象来讽刺浪漫派诗人和普鲁士国王；1840年鸦片战争爆发后，海涅从一开始便把同情倾注在中国人一边，对欧洲的"红毛生番"痛加挞伐，他的通讯报道汇编《卢苔齐娅》和他最后的著作《自白》，都足以证明海涅此时已对中国怀有深情。该文还指出，如果说海涅在19世纪的20年代和30年代上半叶是在为自由、平等、博爱而奋战的话，那么在他生命中的最后20年，他是在集中精力攻击假共产主义的政治骗子们所宣扬的"极端平均主义"这一蛊惑人心的教条；他对一切受压迫和受侮辱的人们，包括受苦受难的中国人民表现出的同情，就发生在这一时期。⑨

亨利希·曼是德国著名小说家，他与弟弟托马斯·曼共同构成了德国现代文学史上的"双子星座"。叶隽的论文从资本主义官场视角，对亨利希·曼的小说《臣仆》进行了文本细读，探讨了具有德意志特点的"仆从民族性"形成的客观语境。论文认为，《臣仆》的主人公、出身于市民阶级的狄德利希·赫斯林，是一个在强调秩序、强调服从的德国教育制度下被培育出来的典型人物。同时，该文还通过对代表自由主义色彩的另一个作品人物老布克的分析，指出：虽然自由主义者曾在历史进程里扮演重要角色，但是他们在这个过程中也丧失了在国家政治进程中可能获得的主导性地位。他们没有稳固的经济基础，甚至也没有稳定的政治权力作为后援；随着岁月的流逝，他们依靠昔日革命而储存的社会资本逐渐贬值，终究无法传之后世。相比之下，赫斯林这样的“博士商人”却与时俱进，借助德国崛起时代的资本语境，不断积累资本，加之他们对作为“国民性”的仆从意识领会深刻，长袖善舞，不但不会被淘汰出局，反而逐步登上了舞台中心。老布克所承继的传统，本有其独特的意义，但德国却并不承认；德国的国民性仍将按照其固有的“仆从性”行进，这或许就是“德意志特殊道路”的文化特质。[10]叶隽的其他三篇论文探讨的既有第二次世界大战后的德国文学现象，也有德国文学对中国的影响。在现代德国文学的进程中，1945 年无疑是一道鲜明的界线，战败的惨痛经历，使德国的文学精英不得不在很长时间里，将对战争的反思作为其历史观的主要内容。叶文以作者主体为标准（适当兼及代际变迁），分析了以伯尔、格拉斯、施林克的作品为代表的战后德国文学的历史观。将对第二次世界大战进行过反思的德国作家分为成年亲历者、少年记忆者、历史继承者三类，并分别选择伯尔、格拉斯、施林克作为代表性个案，通过对典型文本的探究来考察其历史观的形成，并试图从“战后德国文学的历史观”这一特定角度，揭示文学史的意义。该文认为，伯尔对纳粹的残暴无疑是深恶痛绝的，但他在自身的文学实践中却并未直接揭示这一点，而是在冷静叙事中表现出了对“重建”的善良意愿。在他的《列车正点到达》中，虽不乏深刻的批判，却更蕴含着一种温良的理性态度。如果说伯尔在思想上的力度相对较弱，那么，坚守启蒙立场的格拉斯则在其作品中体现了十分充沛的“思力”。《蟹行》通过三代人不同的历史阅历、时代语境和个体价值观，表达了作者对纳粹历史的深刻反思：“第二帝国”与“第三帝国”的兴起过程是一个“理性的毁灭”过程，大众的狂热民族主义和知识精英的推波助澜都难辞其咎。这部小说充分体现了历史与现实之间的有机穿插和互文性。施林克的《朗读者》同样聚焦于对第二次世界大战的反思，它意味着后代人以一种经典追溯的方式将“二战史”纳入了民族记忆。可以说，由于作家的问题意识，这部“太德国化”又“太个人化”的小说，唤起了世界范围内广大读者的人性之思。[11]叶隽的第三篇论文探讨了德诗东渐过程中的主体原则与资源向度。论文以歌德及其《浮士德》、席勒及其《退尔》、尼采及其《苏鲁支语录》在现代中国的接受史为研究基础，讨论了“诗人巨像”与“文学镜像”的二元互补关系，一方面强调接受维度的变形必然性，另一方面也揭示了德诗东渐本身对受者主体的规定性。最后，论文强调，资源采择是多维度的，其间既有互补和互释，也有冲突和对抗；如何使之形成一种有序的博弈格局，进而达成有效的融化和创生，乃是一个必须通过大量深入细致的个案研究来进行探讨的问题。[12]叶隽的第四篇论文对我国的德语文学研究现状进行了反思，并对德语文学学科的建设提出了战略性的意见。论文将德语文学学科的概念表述为“德系语文学”（deutsche Philologie），认为这一学科不可能仅仅停留在单纯的语文学范畴之内，而必然延伸到历史学、哲学、社会学、政治学、经济学等更为广阔的整体学术领域，因此，这一学科的出路和意义在于层次更高、更具整合性的“德国学”的建设。如今，被归于“外国文学”学科群下的德文学科相对而言尚处于弱势地位，而“德国学”命题的提出和各学科互涉的力量整合，很有可能对德文学科的发展大有裨益。[13]

罗炜的论文分析了德国戏剧大师贝托尔特·布莱希特对中国古代哲学的吸收和借鉴。该文指出，如果仔细梳理 20 世纪 20 年代至 40 年代布莱希特对孔子及儒家的理解，便不难发现一条“怀疑与褒扬交错并行”的发展轨迹。20 年代中叶，布莱希特开始注意到儒家哲学作为道德和生命哲学的务实一面，而他对儒家思想的理解同他对墨家思想的研究具有内在联系。他对孔子及其学说的浓厚兴趣集中体现于他在 40 年代创作的教育剧《孔夫子的一生》中。文章在考察了布莱希特在近三十年的时间里吸收、借鉴孔子及儒家思想主要情况后指出：一方面，孔子及儒家思想对布莱希特文学创作和文艺思想的影响是十分明显的；另一方面，布莱希特对中国传统文化的接受体现出了一定的实用主义色彩。[14]

任国强的论文对德国流亡文学研究中的政治化倾向问题进行了探讨。论文认为，围绕德国著名流亡文学杂志《汇集》所引发的风波及相关评论，显示出该领域的研究存在着片面的主导思想和评论模式，即以是否公开声讨纳粹为评价标准；这种政治化倾向将一个错综复杂的历史产物简单化了，不仅抹杀了流亡文学的多样性构成这一客观存在，也否定了与纳粹斗争的多样性及其合法性和有效性。流亡作家的历史定位被蕴含在这一称谓之中，“流亡”业已表明其政治取向；事实上，流亡文学的历史定位不仅取决于对纳粹的挞伐，还在于对人道主义的捍卫。围绕《汇集》而进行的争鸣，其意义不仅在于探讨历史的真实，还在于彰显反法西斯的多样性与合法性。[15]

有望获得诺贝尔文学奖的德国作家马丁·瓦尔泽可谓一位多产的作家，他的小说《惊马奔逃》一经出版便引起文坛轰动。雷海花的论文从时序角度出发，运用叙事学理论展示了瓦尔泽这位“驾驭语言的能手”对叙事艺术见微知著效果的精心运用。论文认为，瓦尔泽在这部小说中巧妙地利用双重时间的差异，发挥出时序特有的功能；他对“闪回”和“闪前”的交错使用既增强了小说的层次性，又天衣无缝地构造出了流畅的文本，恰到好处地把故事呈现给了读者。[16]

奥地利小说家弗兰兹·卡夫卡堪称20世纪最有影响力的德语小说家。他生活在一个机器大发明、大运用、大规模机械复制的时代，他本人在劳工工伤保险公司所从事的工作也与机器的安全性能密切相关，因而他对机器非常熟悉。曾艳兵的论文对卡夫卡的短篇小说《在流放地》进行了分析，认为这篇小说集中体现了卡夫卡对机器时代的关注与思考。论文指出，在卡夫卡笔下，机器时代首先将人与机器的关系颠倒过来，随后这种被颠倒的关系渗透到社会的各个领域，最终，人更多地成为机器时代的受害者，而不是受益者。论文还分析了这篇小说与卡夫卡的宗教观之间的联系。论文认为，在卡夫卡看来，小说中的那架行刑机器就像现代社会中的宗教一样，当人们相信它时它便运转正常，符合常理；当人们不再相信它时它就脱离常轨，变得不可思议、无从把握。从这篇小说可以看出，卡夫卡敏锐地触摸到了机器时代的弊端与危险，并已开始思考处于机器时代的人如何摆脱机器的束缚和奴役这一严峻的问题。[17]

三、法语文学研究

在中国，莫里哀是最早被引进和最受欢迎的西方古典戏剧家之一，但是真正出现对他的研究高潮，还是在1978年改革开放之后。陈惇的论文对中国的莫里哀戏剧研究状况进行了考察。该文将中国的莫里哀研究分为三个阶段：1949年之前、1949—1978年、1979—2009年。论文指出，1978年之前的研究大多是以历史的、社会学的批评方法，着重研究莫里哀作品的社会历史价值，强调其战斗性。1978年以来，中国的莫里哀研究不仅成果数目剧增，而且研究逐步深入，论者就一些重要问题各抒己见，如：莫里哀是反封建的战士还是表现路易十四时代主流意识的戏剧家？莫里哀是古典主义作家还是现实主义作家？如何看待莫里哀喜剧中的悲剧因素？如何认识莫里哀作品中的所谓“扁形人物”？但是，总的来看，我国的莫里哀研究存在着研究方法单一、研究力度不足、研究对象过于集中等弊病，因而少有突破性的成果。近年来出现的研究方法多元化趋势，有利于莫里哀研究的进一步发展。[18]

法国作家马塞尔·普鲁斯特的名著《追忆似水年华》被视为20世纪小说形式革新的开山之作。涂卫群的论文对中国的普鲁斯特小说研究状况进行了考察，并分析了中国学界的研究与法国学界的研究之间的关系。论文将中国的普鲁斯特小说研究分为1949年之前、1949—1979年、1980—1999年、21世纪四个阶段。中国的普鲁斯特小说研究始于曾觉之发表于1933年的纪念普鲁斯特逝世十周年的长文《普鲁斯特评传》。由于新中国成立后对外国文学研究的政策引导，加之苏联学者对普鲁斯特小说进行了“反现实主义”和“颓废派”的定性，普鲁斯特研究陷入了长达30年的沉寂期。直至改革开放后，普鲁斯特研究才重新兴起。从20世纪80年代开始，与中国作家寻求写作新思路的实践相呼应，《追忆似水年华》主要作为西方现代派之意识流小说的先驱被引入我国。1989年到1991年，15位译者合作将该小说译成中文。此后，对普鲁斯特小说的研究渐渐由少数精通法语的学者扩大至众多外国文学研究者和作家。20世纪90年代末重新兴起的“国学热”，促使我国的一些普鲁斯特小说研究者开始从基于中国文学诗性传统，唤起文学记忆，沟通文学世界的角度来研究《追忆似水年华》。21世纪以来，中国的普鲁斯特研究侧重于对小说的时间艺术和诗性回忆的研究。近30年来，在几代外国文学研究者的努力之下，中国的普鲁斯特研究逐渐填补了新中国成立后的前30年的空白，与国际学界的研究渐至同步，并显示出了自己的研究特色。[19]

张迎旋的论文对1980年至2000年这20年间的法国戏剧发展历程进行了回顾。论文指出，20世纪的法国戏剧流派众多、异彩纷呈，从前那种一个阶段一种主潮的状况已经不复存在，新的思潮和流派不断涌现，形成一个多元共存、互相碰撞、互相吸收的局面。1980年以来，法国戏剧自身的发展历程就是一部史诗般的世俗剧。它在主张形式革新的实验室上演，导演和剧作家轮流担当主角和配角，故事情节似有若无，观众可有可无，重要的是要实现“戏剧理想”——真实而深刻地再现人类心灵的运行轨迹。因此，当代法国戏剧也被人们誉为“人类文明的伦理实验室”。如今，这座实验室也面临着危机：演出数目不断增加，观众数量却逐渐减少。但是，该文认为，我们并不能因此就推断法国戏剧在走向没落。虽然戏剧在各类艺术中最讲求即时性，但是它也因此而成为深受人类丰厚文化遗产的影响、值得被珍藏在记忆深处的“文学魔术”。[20]

摩洛哥旅法作家塔哈尔·本·杰伦曾获龚古尔奖、都柏林奖等国际文学大奖，被视为北非马格里布地区法语文坛之翘楚。余玉萍的论文以本·杰伦创作的反映摩洛哥社会女性遭遇的“三部曲”《沙的孩子》《神圣的夜晚》《错误之夜》为研究对象，通过对其中的女主人公形象进行隐喻解读，指出这三部小说有两点共性：首先是人物的双重性，即主人公为了反抗性别、阶级、种族和民族的单向式归类，游走于从属和拒斥之间，建构了超越二元对立的双重文化身份，分别体现于事实和隐喻的层面；其次是象征的模糊性，这一点反映了作家本人处于多种文化交叉路口的创作语境，从而使作品游走于内在与外在、真实与虚幻的边界，呈现出现实主义和寓言叙事交相辉映的色彩。论文还对作品中魔幻现实主义手法的游牧叙事特征进行了分析，认为小说在表层意义上虽然有利用本土化意象来取悦西方读者的媚俗之嫌，但其所隐含的游牧思想却恰恰是一种抵抗策略，这种抵抗策略有助于缓解后殖民作家的身份认同危机。[21]

四、西班牙语文学研究

西班牙有史以来最伟大的作家塞万提斯凭借其传世之作《堂吉诃德》而被誉为“欧洲现代小说之父”，迄今仍然具有广泛的国际影响力。作为中国最知名的西班牙语小说，《堂吉诃德》的丰富性和多面性使其在中国读者心目中历久弥新。王军的论文考察了中国对塞万提斯及其《堂吉诃德》的接受和研究状况。论文将中国的“塞学研究”分为四个阶段：1949年之前、1949—1977年、1978—1999年、2000—2011年。新中国成立之前，经过鲁迅、周作人等老一辈文学大师的译介，《堂吉诃德》走进了中国读者和文人的视野。抗战时期，堂吉诃德的理想主义精神十分契合当时的国情，中国知识分子在这位西班牙骑士身上看到了榜样的力量；但这一时期国人的焦点几乎都局限于如何看待堂吉诃德这一人物形象及其精神实质，很少涉及此著作的艺术性和审美性。新中国成立后，学界在塞万提斯作品的翻译方面取得了新的突破；但在改革开放之前，由于国内左倾政治环境的影响，塞学研究思路十分狭窄，学界对西方塞学的传统、现状及成果知之甚少，研究手法也相当滞后，对堂吉诃德和桑丘的评价带有很深的意识形态烙印。改革开放之后，中国塞学开始走上正轨。无论是塞万提斯作品的翻译，还是对《堂吉诃德》的评价，抑或对塞万提斯本人的研究，都力图摆脱“文革”的消极影响，不再单纯探讨作品的思想意义、人物性格，而是从比较文学、现代性等角度对《堂吉诃德》进行全方位的阐释。进入21世纪之后，塞学的研究视角更加宽广，一些学者从后现代性、殖民叙事、文化研究等角度对塞万提斯及其《堂吉诃德》进行了探讨。该文同时也指出了目前中国塞学研究尚存的问题和空白点。[22]

宗笑飞的两篇论文对西班牙文学中的阿拉伯元素进行了考察。一篇论文以阿拉伯文学的幽默讽刺元素为切入点，分析了东学西渐的一个向度——“笑文化”及其对广义上的南欧喜剧复兴的影响。论文指出，在阿拉伯文学史上，尽管喜剧的发生相当迟缓（这与阿拉伯世界的历史进程、社会发展及阿拉伯人的生活方式有关），却并未妨碍阿拉伯人对幽默感的情有独钟，这种幽默元素通过阿拉伯人的创作，影响到西班牙乃至整个西方文学的喜剧风格。阿拉伯人经由伊比利亚半岛将一些相对轻松、奇崛的东方文学作品（如《天方夜谭》和《卡里来和笛木乃》）翻译成拉丁文并迅速在南欧传播；但丁（尤其是《神曲》）、薄伽丘（如《十日谈》）与阿拉伯文学的某些渊源关系几乎成了现代但丁学和薄伽丘学的重要生长点。在阿拉伯人的统治长达800年之久的西班牙，阿拉伯文学的影响自然要深广得多，同时也复杂得多。15世纪至17世纪乃至更晚，西班牙的封建势力和宗教气氛远比意大利强盛；但是，阿拉伯幽默还是润物无声地进入了西班牙的主流文学。塞万提斯的创作，就以夸张的喜剧形式将阿拉伯的幽默元素发展到了极致，他在《堂吉诃德》中不仅假托阿拉伯历史学家熙德·哈梅特·贝南赫利，以获得丰富的想象空间，而且将大量阿拉伯幽默元素注入作品之中。总的来看，西班牙喜剧在15世纪到17世纪受到了教会高压政策的控制，严格的书检制度和残酷的宗教裁判所使不少作家噤若寒蝉；但是，阿拉伯人及其文学仍以其难以抵挡的幽默、风趣，深刻而持续地影响了西班牙文学，同时也为西班牙文人提供了一个嘲讽的对象和自嘲的契机。[23]宗笑飞的另一篇论文探讨了阿拉伯文学对西班牙骑士文学的影响。论文指出，阿拉伯文学对西班牙骑士文学的影响可以追溯至公元10世纪以前的骑士谣曲和14世纪到17世纪的骑士小说。在被普遍看作西班牙第一部骑士小说的《西法尔骑士之书》（大约问世于13世纪末、14世纪初）中，就已经出现了类似于《一千零一夜》中辛巴达航海经历的传奇性段落，这种“神奇与真实的交相辉映”，见证了该小说与阿拉伯传奇的亲缘关系，同时也奠定了西班牙骑士小说的特殊风格。到了骑士小说高度繁荣的15世纪、16世纪，很多作品都体现了阿拉伯文学的影响。如在广为流传的《阿马狄斯》（1508年）中，主人公因其私生子身份，“出生后即被抛入大海并险些送命”，这一情节很有可能就是对阿拉伯长篇故事《安塔拉传奇》的有意模仿。宗文认为，阿拉伯文学对骑士道的奇思妙想深刻地影响了西班牙文学。虽然西班牙骑士小说大都以抗击摩尔人或保卫基督教神圣教义为宗旨，但阿拉伯“异教”文化却浸染于它们的字里行间，使逼真的描写常常被相对神秘的意境所统摄，从而为骑士小说的“天真烂漫”平添了一份凝重与神奇。[24]

秘鲁诗人塞萨尔·巴耶霍（1892—1938）是20世纪西班牙语美洲诗人的著名代表。于施洋的论文分析了巴耶霍诗歌中抒情主体的“客体化”趋势。该文指出，欧美现代诗人在整体上有把“自我”当作“客体”来深究的态度；现代诗歌的一个基本特征就是日益坚定地与自然生命分离，不但排除了私人化的人，甚至还剔除了常规的人性。早在20世纪的第一个10年，巴耶霍就几乎同步接受了欧美现代诗歌，尤其是法国和西班牙诗歌“去人性化”“非个性化”的风尚。他于1923年旅居巴黎后，其诗歌创作更是显示出了“经验自我大面积退位”的客体化倾向。巴耶霍的这种倾向可以细分为三种理路和手段：从外部观自身、从身体观灵魂、从死亡观生存。诗人尽量客观地从外部来察看本体的微不足道，通过身体来挑战精神的所谓理智，通过死亡来体会生存的艰辛及其易逝。[25]

郑书九的论文论述了当代西班牙语美洲小说的发展趋势与嬗变过程。该文指出，20世纪60年代，在西班牙语美洲叙事文学的领域中出现了一个史无前例、震惊世界、非同凡响的文学发展时期，史称“文学爆炸”时期。“文学爆炸”的特点可以归结为三点：首先，“文学爆炸”表现在高质量的小说作品在20世纪60年代集中发表，并受到不同层次读者群的普遍认同，促使读者和批评家对拉美大陆的叙事文学给予重新评价与定位；其次，“文学爆炸”引领了拉美大陆叙事文学发展的趋势，它不仅挖掘出一批早在三四十年代就已崭露头角的作家，而且发现并“适时地”推出了一批新的作家；再次，“文学爆炸”促使拉美大陆涌现出一大批新的、囊括各个社会阶层的读者群，以及西班牙和拉丁美洲的出版社。该文将“文学爆炸”的起因概括如下：拉美文化中欧洲文化、印第安文化与黑人文化交融的多元性，欧美文学流派对拉美作家的影响，诸多作家采取的兼收并蓄的态度，加之拉美经济的发展和古巴革命的成功与影响，各种因素共同推波助澜，将拉美小说的创作与传播推向了一个前所未有的繁荣的新时期。随后，该文还对20世纪70年代以后的“爆炸后文学”的特点进行了论述。[26]

五、文学理论研究

在当今的比较文学和文学理论界，“世界文学”这个概念已经成为一个热门话题。高旭东的论文对“世界文学”概念进行了跨文化反思，并从中国的具体实践出发，考察了这个概念在比较文学教学与研究中的不同使用甚至误用，以图还原其本来面目。该文认为，自从歌德提出“世界文学”概念以来，学术界对这个概念的阐释充满歧义、含混与不确定性；在中国，这个概念经常与“外国文学”概念混用。中国的“世界文学史”教材之所以常常被写成“外国文学史”，是因为这些教材描述的是中国以外的其他国家的文学史，而且是多国文学史的罗列与相加；然而，中国文学史不应该自外于世界文学史，而应该昭显于世界文学史之中，这样才能把中国文学与世界上其他民族的文学连接起来，使“比较文学与世界文学”这门学科真正成为中外文学的桥梁。该文还探讨了“比较文学”与“世界文学”的关系。[27]

刘洪涛的论文以即将出版的《世界文学理论读本》一书所收录的歌德著作选段和东西方学者关于“世界文学”的17篇较有代表性的论文为依据，论述了“世界文学”观念的嬗变及其在中国的意义。论文指出，歌德的世界文学观念有三层含义：世界主义理想、文学跨国流通的现实描述、民族文学在世界文学中扮演的角色。早期学者从不同侧面丰富和发展了歌德的世界文学观念，提出了世界文学的多元起源说、世界文学本质的“人性—人类性”反映说或民族文学精华说，以及弱势民族文学在世界文学中地位不平等说，认为世界文学研究有助于建立文学的全球观，且可依靠研究译本来实现。全球化时代的世界文学理论受到沃勒斯坦世界体系理论的深刻影响，致力于探索近代世界文学体系形成和发展的过程，研究世界文学体系内部中心与边缘的不平等关系，探讨东方主义在这种中心—边缘关系的建构中发挥的重要作用。文章指出，中国文学处于世界文学体系的边缘；对于中国文学而言，世界文学话语是一把双刃剑，对它的使用是会削弱还是会加强中国文学在全球文学中的地位，仍有待进一步探讨。[28]

杨慧林的论文集中探讨了“比较文学与世界文学”这一学科的命意及发展趋向。该文指出，中国“比较文学”研究作为学科而被建立起来的时候，人们在一定程度上忽视了“比较文学”的根本命意及其应当为文学研究带来的整体启发；结果，一方面具体的“比较文学”研究实践趋于萎缩，另一方面，勃洛克式的开放态度又引起中国学者对“比较文学何以成为独立学科”的担忧，甚至导致“比较文学”和“世界文学”往往被视为两个互不相干，甚至互相拆解的部分。事实上，在汉语的语境和理解结构中为“世界文学”定位，已经意味着一切外国文学研究都必然以“比较”的观念为前提。“比较文学与世界文学”之所以可能成为学科重构的典型，正在于传统的学科分野已经无法限定它的论题范围和研究领域。该文将“比较文学与世界文学”的学科命意和内在精神归结为三个方面：从“对话”到“间性”的意识，“问题”对“学科”的消解，以及“弱势”和“边缘”的文化策略。并阐述了论者对“比较文学与世界文学”学科研究趋向及发展空间的看法。[29]

乐黛云的论文对比较文学研究的使命、潜能和发展前景进行了论述。论文指出，在一个被计算机、互联网、移动通信、生物工程技术、纳米技术乃至印刷文本文化的移位和媒体意象文化的兴起所改变的世界里，在解构和颠覆现代性的后现代语境中，为了建构人类的精神家园，东西方文学的互识、互证、互补以及超越了“同”和“异”的一种全新、互惠、平等的跨文化对话，为比较文学乃至整个人文学科的发展描绘了灿烂的前景。在建构一个全球文化多元共生的理想世界的过程中，文学，特别是比较文学和世界文学所起的作用越来越重要；全世界的文学研究者应当并肩前行，为重新考虑人类的生存意义和生存方式、铸造新的精神世界而共建伟业。[30]乐黛云的另一篇论文，对法国当代著名思想家埃德加·莫兰关于“复杂性”的思想进行了探讨。该文认为，根据莫兰的思想，人类应该努力赋予每一种文明以其自身方式揭示人性本质追求的合法权利，并承认所有文明都同样渴求真理和世界性，只不过这种真理和世界性是以不同文明的特殊形式来加以表现的。基于这种认识，对话的基本目的应该是理解和尊重“在他者的自身文化多样性”中的他者，而绝不是将其抽离原有的文化语境并加以扭曲、同化，甚至使之湮灭。任何文化都可以超越自己，为其他文化提供新的思考和可能；对话的目的就是使这种思考和可能发挥到极致，将人类文化推向前进。该文肯定，莫兰的复杂性思维对于当今比较文学和世界文学的发展具有十分深远的意义，有助于我们从一个崭新的视角，用不同的思维方式来重新审视我们的生活和文学。[31]

在比较文学领域，法国学派是出现时间最早，也是影响最大的研究学派，居斯塔夫·朗松则是这一学派的先驱人物。范方俊的论文通过分析朗松的《龙萨怎样创造?》一文，对比较文学法国学派的文学史研究性质进行了探讨。该文认为，法国学派的一个基本立场是：比较文学是从文学史中分离出来的，前者应当被视为后者的一个分支，或者是后者的一个辅助性学科。早在20世纪初确立文学史的研究方法时，朗松就直言文学史“跟一切历史一样”，致力于探索“一般的事实”，主要方法之一就是通过历史的线索来确立作品之间的源流关系。从这个意义上讲，对于深受文学史研究影响的法国学派而言，朗松的《龙萨怎样创造?》所倡导的“历史地”探讨跨越国别和语言界限的文学这一研究思路，堪称法国学派探寻“文学事实关联”的不二法门。作为一篇考察龙萨与外国诗人之间模仿和创新关系的“影响研究”论文，朗松的《龙萨怎样创造?》可以被视为法国学派影响研究的一篇经典范例。[32]

古希腊戏剧是古希腊艺术的典范，是古雅典人引以为豪的成就。对现代人而言，要深入地理解和欣赏古希腊剧作，仅仅关注其内容与形式是不够的，还要对雅典的“剧场文化”有所了解。王柯平的论文分析了柏拉图《法礼篇》第三卷中关于“剧场政体”（theatrokratia）的论述。根据柏拉图的原著，诗人们对戏剧的“庸俗的漫无法纪的革新”，导致群众“养成一种无法无天、胆大妄为的习气，使他们自以为有能力去评判诗乐与歌曲的好坏……由静默变成多言，好品头论足”，于是，“一种卑劣的剧场政体就生长起来，代替了管理诗乐的贵族政体”。该文认为，柏拉图在论及“剧场政体”的过程中，表露出了深沉的家国情怀和忧患意识。从历史角度来看，“剧场政体”问题具有双重性：它一方面涉及诗乐翻新的消极影响，另一方面则关乎制度腐败的政治走向。因此，要探究这一问题，就需要从滋生“剧场政体”的相关条件谈起。在这些条件中，雅典剧场文化的背景与民主政体的状况颇为关键；因为，“剧场政体”的乱象与弊端虽说是艺术上追求标新立异和政治上追求“过分自由”所致，但在深层意义上则与剧场文化的蜕变、民主政体的衰败与公民德行的堕落密切相关。这一切实际上也是柏拉图深感担忧的主要根由。[33]

莱辛的《汉堡剧评》不只是一部普通的18世纪戏剧评论集，它还以大量篇幅集中讨论和解释了亚里士多德《诗学》；可以说，它处于《诗学》解释史上古今交汇的关键时间点。张辉的论文从分析莱辛“以亚里士多德说明亚里士多德”这一解释学原则入手，试图在现代语境中揭示这一原则对重启《诗学》根本精神的再理解所具有的非凡意义。莱辛的独特主张和亲自实践，使他对《诗学》的理解和解释并不局限于《诗学》本身，而是与亚里士多德思想的整体——特别是与《修辞学》《伦理学》《政治学》等——建立了有机联系，这是对现代《诗学》解释传统的重要修正。这一返本开新的工作，一方面有利于我们重新认识《诗学》与人类情感（特别是悲剧情感）的本然关联，与政治和伦理的对话关系，以及对改善人心的内在诉求；另一方面也可以帮助我们纠正现代学科偏见所导致的对古典诗学的片面解读。[34]

贾涵斐的论文从“媒介”的角度对欧洲近代早期的文学史进行了考察，意在探究当时多种媒介的并存及其对“异者”知识的传播所起的作用。论文指出，15世纪印刷术的兴起促进了媒介的交替和转换，并造成了口头、书写、印刷三者长期并行的局面。在这个新旧媒介交替、并存的过渡时期，“新世界”的形象被多种媒介共同建构和传播；其中，新兴的印刷媒介的地位渐趋重要。该文认为，统一化、标准化的印刷媒介在向公众传达有关新世界这一“异者”（das Fremde）的知识时，往往包含着特定的视角和立场。最先了解新世界的一批人通过多种媒介，尤其是印刷媒介这种全新的传播模式来进行知识的建构和信息的传播，从而在具有标准化、统一化特征的时代背景下，被卷入了新兴印刷媒介的运行机制，有意无意地采取多种策略来参与建构同一视角的、具有普适性的知识。在媒介传播的知识中，有错误、重复的信息，有人为的筛选、改动和整合，也有作者的视角和偏见。对“异者”的好奇、想象和了解是基于对“自我”的认识，而对“异者”的建构不仅能体现出以自我为中心的思想，同时也能加强对自身的反省，以及对自身所属团体的认同感。总之，多种媒介参与建构了关于新世界这一“异者”的知识，这一点不论是在媒介史上还是在“异者”研究史上都具有重要的意义。[35]

“文学与思想”之间的关系，是一个古老的难题。胡继华的论文认为，德国早期浪漫主义文化运动可以看作在现代性语境下自觉地凸显“文学与思想”之关系的一场运动，它昭示了“艺术”与“批评”、“文学”与“思想”、“诗”与“思”之间的巨大张力。库尔提乌斯超越了古典罗曼文献学，致力于建构作为一种整体历史视野的“主题学”，据以从语言出发来恢复并展开精神世界的结构。布鲁门贝格则试图将“主题学”从修辞学和文学史之中解放出来，使之进入哲学人类学的视野，并由此建构作为基础、导向和范式的“隐喻学”。布鲁门贝格认为，隐喻以理性不能涵盖的方式，回答那些在原则上无法回答的整体问题，从而为本质匮乏的人类引导方向，增益人类的谋生之道。“绝对隐喻”拒绝退出直观形象，坚持保护着本源的丰富性，从而成为文学与思想之间永恒忠实的媒介。“洞穴”和“沉船”，是书写于西方经典之内、流布于人类文化历史之中的两个“绝对隐喻”，它们以否定的修辞吐露了“神话”和“逻各斯”、隐喻和概念之间的盈虚消息。针对文艺复兴以来延续数百年的理性霸权，布鲁门贝格通过铸造“修辞策略”来坚守神话（感性论）的特权，同时又通过建构“隐喻学”而加固了理性（逻各斯）的根基。[36]

注：

①杨秀敏：《从认知史角度比较荷马史诗与〈俄狄浦斯王〉中的卜释质疑》，《河北学刊》，2012年第3期。

②李永斌：《从血亲复仇看古希腊伦理冲突——以〈欧墨尼德斯〉为中心的考察》，《首都师范大学学报》（社会科学版），2012年第2期。

③李致远：《〈物性论〉开篇绎读》，《国外文学》，2012年第1期。

④刘小枫：《卢克莱修的诗性启蒙——〈物性论〉卷三行978—1023绎读》，《文艺理论研究》，2012年第1期。

⑤高峰枫：《狄多女王与克里奥帕特拉》，《国外文学》，2012年第2期。

⑥吴琼：《观看与惩罚——奥维德〈变形记〉中的观看叙事》，《外国文学评论》，2012年第3期。

⑦杜荣：《〈格林童话〉在中国的传播与接受——纪念格林童话诞生200周年》，《德国研究》，2012年第3期。

⑧谷裕：《从市民家庭到公共生活——解读歌德的〈威廉·迈斯特的学习时代〉》，《同济大学学报》（社会科学版），2012年第4期。

⑦张玉书：《海涅的中国情结》，《德国研究》，2012年第2期。

⑩叶隽：《资本积累视阈中“国民性仆从意识”——〈臣仆〉与亨利希·曼的时代批判》，《德国研究》，2012年第2期。

⑪叶隽：《启蒙之路与现代性未竟之业——以伯尔、格拉斯、施林克等为代表的战后德国文学的历史观》，《译林》（学术版），2012年第3期。

⑫叶隽：《德诗东渐过程中的主体原则与资源向度》，《中国文学研究》，2012年第2期。

⑬叶隽：《德文学科与“德国学”建设》，《东吴学术》，2012年第5期。

⑭罗炜：《布莱希特和孔子》，《中国地质大学学报》（社会科学版），2012年第1期。

⑮任国强：《论德国流亡文学研究中的政治化倾向问题——从流亡文学杂志〈汇集〉风波说起》，《同济大学学报》（社会科学版），2012年第2期。

⑯雷海花：《〈惊马奔逃〉的时序解读》，《文学教育》，2012年第5期。

⑰曾艳兵：《卡夫卡与机器时代——〈在流放地〉解析》，《国外文学》，2012年第3期。

⑱陈惇：《新中国莫里哀戏剧研究60年》，《北京大学学报》（哲学社会科学版），2012年第3期。

⑲涂卫群：《新中国60年普鲁斯特小说研究之考察与分析》，《北京大学学报》（哲学社会科学版），2012年第3期。

⑳张迎旋：《法国戏剧1980年至2000年的发展历程略述》，《外国文学》，2012年第1期。

㉑余玉萍：《游牧与抵抗——塔哈尔·本·杰伦“三部曲”的隐喻解读》，《外国文学评论》，2012年第1期。

㉒王军：《新中国60年塞万提斯小说研究之考察与分析》，《国外文学》，2012年第4期。

㉓宗笑飞：《从西班牙文学看阿拉伯文学对南欧喜剧复兴的影响》，《外国文学研究》，2012年第2期。

㉔宗笑飞：《西班牙骑士文学中的阿拉伯元素》，《国外文学》，2012年第2期。

㉕于施洋：《试论巴耶霍诗歌中的“客体化”趋势》，《外国文学》，2012年第1期。

㉖郑书九：《当代拉丁美洲小说发展趋势与嬗变——从“文学爆炸”到“爆炸后文学”》，《外国文学》，2012年第3期。

㉗高旭东：《世界文学的跨文化反思与学科重估》，《外国文学研究》，2012年第4期。

㉘刘洪涛：《世界文学观念的嬗变及其在中国的意义》，《中国比较文学》，2012年第4期。

㉙杨慧林：《比较文学与世界文学的学科命意及发展趋向》，《复旦学报》（社会科学版），2012 年第 1 期。

㉚乐黛云：《面对比较文学的未来》，《复旦学报》（社会科学版），2012 年第 1 期。

㉛乐黛云：《漫谈埃德加·莫兰的“复杂性思维”》，《中国比较文学》，2012 年第 2 期。

㉜范方俊：《从居斯塔夫·朗松的〈龙萨怎样创造?〉看比较文学法国学派的文学史研究性质》，《江淮论坛》，2012 年第 3 期。

㉝王柯平：《试析“剧场政体”问题》，《外国文学评论》，2012 年第 2 期。

㉞张辉：《亚里士多德的准绳——论莱辛〈汉堡剧评〉对〈诗学〉的解释》，《北京大学学报（哲学社会科学版）》，2012 年第 1 期。

㉟贾涵斐：《论欧洲近代早期媒介对“异者”知识的建构》，《外国文学》，2012 年第 5 期。

㊱胡继华：《从“主题学”到“隐喻学”——在现代德国文学批评语境中求索文学与思想之间的关联》，《艺术百家》，2012 年第 3 期。

（作者：喻天舒，北京大学教授；
刘一南，北京大学博士生；
淡霞，北京大学硕士生）

英语文学

丁林棚

2012 年，对于北京英语文学界的学者们来说，是硕果累累的一年。这一年里，学者们在英美文学及其他英语国别文学方面的研究表现出了强烈的兴趣，在文学批评以及理论研究方面都取得了令人瞩目的成就，研究视角较之以往更加广阔，涵盖了文本细读、历史研究、社会批评、文化研究等诸多领域，呈现出百花齐放的绚丽景色。纵观这一年的研究，其显著特征有：英国文学方面，对于经典作家及其作品，学者们给予了持续密集的关注，有关华兹华斯的论述尤其引人注目；美国文学方面，除了对经典作家如庞德、狄金森的论述之外，对后现代文学的关注尤其令人瞩目；在其他英语国别文学方面，尤其是爱尔兰文学方面研究得到了继续深入，表现出学术兴趣的进一步延伸和扩大；文艺理论方面，学者们继续从文化、审美、道德、宗教、社会等多元视角进行了深入探讨。限于篇幅，本文拟选取最具代表性的研究成果，向读者展示 2012 年北京地区学者的研究成果。

一、美国文学

和以往相比，在美国文学研究方面，学者们的兴趣除了集中在美国经典作家和作品之外，还呈现出了明显的多元化特征，研究焦点逐渐从传统正典作品转移到了族裔文学、同性恋写作、媒介文学主题之上等。在研究方法上，表现出三个重要特征：第一，对文学文本主题分析、社会学研究、历史影响等方面的研究进一步得到了深入与加强，其中包括对文学与市场，文学与历史、文学的人文关怀等传统主题。第二，随着社会文化发展与技术进步，文学研究也不拘一格，引入了多元视角，其中包括技术伦理关怀、后现代多媒介研究、同性恋研究等，这充分反映了美国当代文学的多元化特征。第三，21 世纪头十年以来，国内的外国文学研究进入阶段总结时期，针对国内美国文学研究的状况，本年度出现了文学研究回顾和总结的小高潮，有两项国家社科重大基金项目在研项目，如北京外国语大学金莉对 20 世纪末期美国小说研究进行了回顾、北京大学韩加明则对改革开放时期美国文学史研究进行了述评与分析，这充分说明了国内美国文学研究的新气象。下面是对本年度美国文学研究的一些代表性论文的分析评价。

20 世纪后半叶，美国社会经济的快速发展以及思想界、文化界和学界的不断变革，不仅影响也极大地促进了世纪末美国的小说创作。金莉对 1980—2000 年的美国文学发展趋势进行了回顾和总结。她指出，美国小说在经历了 60 年代的社会大动荡之后出现了回落，被称为后现代小说的小说创作实验，在 60 年代达到顶峰。70 年代初小说创作已发生某种变化，它从主要是对于形式的实验和语言学的兴趣逐渐开始表现出对于社会问题的关注和主题方面的实验，形成了两大写作阵营。对于政治的关注为 80 年代至世纪末的美国小说的显著特点。例如，越南战争对美国人的永久创伤成为众多小说家的写作素材。文化多元性为 80 年代以来美国文学的最大特征，而首开美国族裔文学先河的就是非裔美国作家。在当代美国小说领域，多元性已经成为其最引人瞩目的特征，美国少数族裔文学的蓬勃发展，而当前美国文学研究中的众多命题，如种族、阶级、性别等都与其有着密切联系。总之，这一时期美国文学的重要特点为：（1）社会发展和历史事件对文学产生了重大影响。这些包括 20 世纪 60 年代开始的各种社会思潮和运动如民权运动、女权运动、反战示威、水门事件，这些都对当代美国文坛产生了深远的影响。(2) 进入70年代之后，美国社会局势趋向平稳，种族冲突得到缓解，少数族裔文学逐渐繁荣。再加上80年代末冷战结束、90年代初的海湾战争确立美国的霸主地位，这些历史变化促进了文学的繁荣。与此同时，一些重大的社会运动与文化变革也影响了文学的发展，许多作家和学者受其感染与冲击，积极参与了之后文坛和学界的大论战。(3) 20世纪最后20年的美国小说，在形式和内容上既有对传统的继承，也表现出大胆的实验特征；而最令人瞩目的是其所呈现出的多元特征，传统文学形式不断推陈出新、少数族裔和女性小说家异军突起、通俗文学体裁登堂入室。①

后现代文学是美国当代文学中的一朵奇葩，而随着人类进入媒介时代，后媒介主题渐渐成为文学作品关注的对象。后现代媒介的出现在某种程度上颠覆了文学与其他艺术形式的界限。陈世丹选取了美国文学中的一些典型文本，如冯内古特的短篇小说《冠军早餐》，安德森的短篇小说《战争是现代艺术的最高形式》，莫斯罗普的电子文学和超文本小说《胜利花园》《逃亡范围》等，并从这些作品中后现代媒介进行了分析。文章指出，后现代媒介是一个显在的颠覆者和建设者，它在解构传统的文学法则与文学秩序的同时，也必然会建构当代的文学法则与文学秩序。媒介作为载体，决定了文学存在的基本物化形态、文本形式及与此相关联的文学观念和文学活动。在感知视觉化的媒介社会里，语言为图像所替代，虚拟现实为图像真实所替代，在后现代小说中出现了语言以外的媒介与“再现”和建构，如插图、音乐、电子化超文本等新的诗意的表达途径。②

华裔美国作家汤亭亭的《中国佬》将小说、自传、传记、传说、神话等各种文本与历史文本并置，构成一个文学、历史、政治相互交织的符号系统。因此，这部作品的文学体裁是评论家们争论的焦点问题。它究竟是一部传记还是一部小说？其史实根据在多大程度上是现实主义的和能够证实的？陈世丹指出，根据新历史主义，像小说一样，历史的深层结构是诗性的，是充满虚构、想象和加工的。《中国佬》以其非传统的文本表现了文学的历史性和历史的文学性、文学的政治化和政治的历史化，小说用诗性的语言构筑了一段神话的历史。一方面它非常接近作者的家庭历史事实，可以充当19世纪华裔美国人家庭生活演变的个案记录；另一方面，它又是作者自由虚构的诗性的故事，一种文学、历史、政治相互交织的符号系统。因此，汤亭亭的作品使文学的历史性和历史的文学性相互交织：一方面小说将文学政治化，通过文学创作提出对美国在历史上对华人不公正待遇的政治抗议；而另一方面则使政治历史化，用历史文本真实生动地表现了美国如何在政治上残酷对待旅美华人。③

纳撒尼尔·霍桑是美国浪漫主义时期最伟大的小说家之一，他的小说的一个显在叙事范式就是主人公的夜行。为什么霍桑作品中会不断出现“夜行叙事”？田俊武指出，霍桑在创作的过程中会有意识地将古希腊神话尤其是英雄冒险故事作为自己小说潜在的叙事元素。文章以荣格和卡佩尔的神话理论为视角，深入分析《小伙子布朗》《我的亲戚莫里钮斯少校》《红字》等作品中的“夜行”叙事。文章从荣格的精神分析理论出发进行了分析，指出这种夜行时对荣格所述的出现在恶龙和屠龙英雄的故事中“夜海旅行”神话原型的呼应。卡佩尔的理论则指出了神话中英雄的扩张性的外部探索与内省式的灵魂旅行的区别：内省式旅行的主人公可以像一般的探索者那样经历考验，但他的旅行并不能为他的意志所控制。文章还认为霍桑作品中反复出现的“夜行”叙事还与作者的生活经历与人生观有一定的联系。霍桑的人生可以说是经历了从天堂到地狱的跌落（descent），而这个词后来成了霍桑小说中一个重要的结构暗喻。并进一步揭示霍桑作品中反复出现的“夜行”叙事源于霍桑童年时候的夜行经历以及他的“人性恶”的阴暗心理。④

托马斯·品钦是美国后现代主义小说的代表作家，从短篇小说《熵》到其后的一系列长篇小说如《拍卖第四十九批》《葡萄园》《万有引力之虹》（以下简称《虹》），品钦始终密切关注现代技术语境下存在的意义和人类的命运问题。王建平对品钦的《虹》中的技术伦理观进行了研究，他指出，对现代技术的追问和反思是托马斯·品钦小说创作的重要议题。品钦密切关注技术与社会、技术与人、技术与环境的关系，特别是战争语境下科学技术的异化及其影响。一方面，品钦肯定启蒙运动的价值和科技发展带来的进步；另一方面，又看到西方社会中工具理性膨胀和技术扩张所造成的后果。作为一部探讨技术伦理问题的小说，《虹》体现了品钦一贯的人本主义思想，对现代技术之本质的追问、对技术合理化向度的考量、对人类生存状况的忧思使品钦对晚期资本主义社会的批判达到了新的高度。⑤

莱斯利·马蒙·希尔克是活跃在当代美国文坛上的印第安女作家。她立足于美国印第安文化，通过自己的作品为处于边缘地位的美国印第安人的权利呐喊。胡俊撰文指出，在希尔克最具争议性的作品《死者年鉴》中表现出一种后现代的地方观。这种地方观强调“地方”的建构性，尤其是“地方”作为抵抗的场所以及“地方”应该打破边界的禁锢。希尔克在《死者年鉴》中揭露了不同的权力力量如何作用于美国国家的建构过程，作为印第安人，她特别关注自己的族人如何通过抵抗压迫书写反殖民的历史。她在小说中还呼吁人们应该解放地方，让地方不再受边界的约束，从而建立一个人与自然、人与人和睦相处的世界，这也是后现代地方观的理想。⑥

赫尔曼·麦尔维尔被誉为美国文学史上的一位不朽的文学巨匠。然而，直到被重新发现之前，麦尔维尔只是依靠两部早期游记作品栖身于二流作家行列。麦尔维尔今天所享有的盛誉和逝世前的几近默默无闻形成了鲜明的对比。这引起了众多学者的关注。在诸多解释中，麦尔维尔与19世纪美国文学市场的关系近些年来得到了越来越多的重视。纵观麦尔维尔的写作生涯，人们会发现早期的麦尔维尔绝非像后期的麦尔维尔那样与时代格格不入。彼时的麦尔维尔作为一个新秀作家，市场的需求、读者大众的喜爱是他很重要的考量。修立梅从《泰比》女性人物花雅薇的塑造入手，分析了创作生涯早期的麦尔维尔与19世纪中叶文学市场的关系。作为男主人公兼叙述者托莫的土著女伴，花雅薇所呈现的异域女性独有的野蛮风情和魅惑，符合西方文明社会对女性的想象，具有西方女性的特点。文章认为这一点表明麦尔维尔在创作《泰比》时受到当时流行的感伤主义文学传统的影响，同时他也有意识地利用这种传统对自己的叙述加以包装，使其更容易被目标读者，即"炉边读者"所接受。⑦

威廉·卡洛斯·威廉斯的创造理念之一就是在写作中，体现语言超越一切的原则。可以说，语言是威廉斯终其一生都在关注和思考的问题。20世纪美国新修辞学代表肯尼思·伯克是威廉斯的终生挚友，其思想对威廉斯诗歌创作影响深远。梁晶以威廉斯诗歌《在肯尼思·伯克的住所》为研究起点，探讨了其"语言"主题及其与伯克修辞哲学的相通之处，审视了威廉斯诗歌及诗学表达。该文指出，二者的相通体现在伯克的修辞思想如"象征行为""同一"与威廉斯诗歌"语言"的交汇上。此外，"接触"等"社会性功能"及"物"的本真存在也是其共同指向。这使威廉斯诗歌创作无论从文学性抑或现实性层面，都具有超越时代、超越国度的深度内涵。⑧

近年来凯瑟被视为美国同性恋群体的代言人，西方同性恋文学传统的承袭者。孙宏从这一视角出发，研究了凯瑟的作品。他指出，作家以不引人注目的方式处理同性恋，采用代码式的文本将真意传达给予她灵犀相通的对象。奥布赖恩发现凯瑟在《不带家具的小说》(1922年)一文中论述的"并未言明之事"和王尔德所说的"不敢道出其名的爱"极其相似。虽然在主流社会的禁锢下凯瑟以暧昧的方式对同性恋进行表述，但这种"并未言明"的爱培养了凯瑟对人类差异性的敏感和与之相适应的独特风格，使她的小说更加奇崛，更加富于活力。对于凯瑟小说中同性恋情的研究应更多关注她的创作艺术本身，关注她对刻板模式的超越，而不是她个人的性取向。她的作品发出了为新兴群体代言的声音，不仅对同性恋文学的发展具有深远的影响，而且通过唤起多种可能性对作家和学界兼有启迪，表明文学事业存在的价值不在于追寻既定的"主义"，而在于以富于创造性的方式探索正在进行之中的真理。⑨

视觉文化的崛起是现代社会一个重要的文化现象。20世纪初的语言学转向已经让位于视觉转向，视觉对文学的影响也日趋明显，研究文学作品中的视觉也成为文学研究的一个新视角。过去对女性文学和非裔美国文学的研究偏重于听觉，如探讨边缘化群体被压制的声音，以及如何通过找到自己的声音找到自我等。20世纪三四十年代，美国的视觉文化迅速发展，在美国南方文化的传承和重建过程中起着越来越重要的作用，南方文学中的视觉元素对人物身份的形成作用日益明显。吕惠从当代视觉理论视角出发，分析了美国南方女作家波特的《老人们》和赫斯顿的《他们眼望上帝》中的照片等视觉元素，认为这些视觉元素在女主人公解构传统女性性别、种族身份，建构新的独立身份的过程中起到了重要作用。通过对这两部小说的分析，吕惠指出，视觉将为美国女性文学和非裔美国文学研究提供新思路。⑩

北京大学著名学者陶洁对新中国60年以来的福克纳研究进行了回顾和总结。她指出，在很长的时间内，我国学者对威廉·福克纳注意不多，直到1950年福克纳获得诺贝尔文学奖，我国学者对这位作家的译介和研究才正式展开，但很快又因"文化大革命"而中断。自1979年开始，我国的福克纳研究走上正轨。1990—1999年是我国翻译出版福克纳作品和有关著作的全盛时期，也是福克纳研究的一个高潮。进入21世纪以来，我国的福克纳研究稳步而迅速发展。这一时期福克纳研究的特点是年轻学者增多，研究对象范围扩大，研究方法也更加新颖和多样，从比较文学角度予以研究的论文、论著也在逐渐增加，还出现不少总结我国福克纳研究的文章。总体而言，我国福克纳研究起步较晚，但发展迅速。存在的问题主要是重复研究，对他的后期作品以及现实主义创作手法研究不足等。⑪

二、英国文学

2012年北京地区学者在英国文学研究领域中取得了丰硕成果，无论在经典作家和著作的研究之上，还是在当代文学及文化的交汇研究之上，较之往年都有了深入的发展，呈现出百花齐放的局面。在经典作家方面，学者们的研究焦点聚集在以19世纪和20世纪女作家奥斯汀、伍尔夫和对当代女作家拜厄特的作品之上，对她们进行了深入解读。此外，研究范围涉及传统手稿研究、文化研究、媒体研究等多方面，在题材方面则涉及出小说之外的诗歌、戏剧等，可谓硕果累累。下面则其要举例说明。

英国经典女作家简·奥斯汀的名著《傲慢与偏见》自发表以来，深受读者的喜爱。耿力平指出，奥斯汀在小说中利用独特的反讽艺术生动地表述了自己推崇的认识论。为了真正领会奥斯汀小说的本意，我们应从启蒙时期认识论的层面探讨这本经典著作的辩证蕴涵。文章指出，洛克的认识论得到英国18世纪主流社会的广泛认可，奥斯汀六部小说中主要人物的中心活动就是学会如何认识自己、如何认识他人、如何认识社会。《傲慢与偏见》作为一个典型的例子，折射了启蒙时代先进的认识论。文章从“傲慢”和“偏见”两个主题出发，分别阐述了它们的认识论背景，指出只有深入分析和解读小说中主要人物的辩证认识过程，我们才能充分欣赏奥斯汀的反讽艺术，才能清晰地了解这部小说在人物刻画和叙事技巧方面的骄人成就，进而对奥斯汀的创作思想和艺术成就作出客观和准确的评价。[12]

在拜厄特的“四部曲”小说《巴比塔》中，作家除了描述英国社会和文化的复杂景象，主要再现了女主人公知识女性弗拉德里卡·波特在20世纪60年代中期的生存状态。她的乌托邦理想和激进叛逆的自我追求是小说叙述和反思的中心。由于作品对自由与自律、传统与叛逆关系的哲理性描写，它亦有“思想小说”之称。陈姝波对这部小说进行了深入阐释，她指出，在“重现”当时英国的思想和文化风貌的同时，作品反思性了知识女性在那个特殊时期的成长经验。这篇文章从考察女主人公在憧憬自由、寻求自我发展过程中的种种乌托邦幻想出发，揭示了作家对20世纪60年代流行的乌托邦思潮的批判，并阐释了作家对自由、特别是女性自由的独到见解。文章主要从女主人公弗拉德里卡在60年代的“成长”经验出发，探讨了其个人主义的乌托邦理想和追求的种种形式及其产生的危害，揭示作家对当时盛行的乌托邦思潮的反思和对女性自由的再认识。[13]

陈姝波的在另外一篇论文中则从《巴比塔》中的“语言”视角出发进行了阐述。文章指出，小说为我们展示了60年代语言遭遇的“再现”和“信仰”的双重危机。作家借语言的困境引申和隐喻60年代英国社会和个人的生存状态，让我们以一个独特而诗意的视角，重新审视那个渐行渐远、但依然深刻影响着“当下”的“过去”。通过对法庭上的舌战的分析，文章指出，作为法律规章载体的语言绝不是透明的、纯语言学意义上的交流媒介，而是渗透着浓厚意识形态的权力工具。它被社会强势集团操纵，成为实现他们本身利益和目的的途径。此外，“巴别塔”还是作者个人生存状态、特别是“自我”内在风景的贴切隐喻。这个自我风景是通过女主人公的所谓“创作”呈现的。[14]

福斯特的小说《看得见风景的房间》是一部借旅行叙事来表达成长主题的小说。许娅指出，由于小说上下两部分分别聚焦于意大利旅行和英国本土生活，其叙事连贯性和主题统一性一直备受争议。这主要是由于对旅行叙事的狭义界定和对旅行隐喻的不完全理解造成的。这种局限性导致以往的批评在很大程度上忽略了凝视活动在主人公露西的身份建构历程中所起的重要作用。作为延续旅行叙事和实现旅行隐喻的一个关键手段，凝视活动在小说上下两部分贯穿始终。围绕凝视客体和凝视主体的“意义”和“真实性”问题，小说描述了露西在凝视对象、凝视方式和凝视关系上的转变，展现了她在凝视活动中对他人身份进行识别和分化、对自我身份加以认识和定位的成长过程。[15]

对英国文学手稿的研究在国内方兴未艾，但对早期英国文学手稿的研究则凤毛麟角。郝田虎对《赫斯珀里得斯，或缪斯的花园》的手稿进行了深入的发掘，他指出，这部作品是约翰·埃文斯编纂的17世纪英国手稿札记书，具有文学、历史、文化等多方面的重要性。他通过校勘两个版本、调查物质证据，揭示这些手稿的生产过程和编纂日期。论文认为，福尔杰莎士比亚图书馆所藏 Folger MS V. b. 93既非复制品，亦非扩充版，而是《缪斯的花园》的母本，是残存版的基础；MS V. b. 93的生产日期大约为1654—1666年，残存版大约为1655—1656年。论文最后讨论了出版商汉弗莱·莫塞莱的作用，并通过论述指出，有形书本的首要性和为学术研究的目的保存手稿原件的重要性无论怎么强调都不为过。[16]

弗吉尼亚·伍尔夫是英国女性主义文学的先驱之一，也是中国学者持续关注的作家之一，她的作品在中国产生了很大的影响，相关的批评和研究也非常丰富。本年度在伍尔夫研究方面可谓硕果累累，出现了多篇研究论文，在此以三篇为例，说明伍尔夫研究的深入和丰富性。李博婷从一个新颖的视角出发深入作品，指出伍尔夫的作品与人生表现出对食物与吃既拒斥又欣赏的矛盾心理，切合厌食和暴食的症状，是她所谓“精神病”的组成部分。文章选取了《一间自己的屋》和《黛洛维夫人》两部作品，通过对小说中对吃的描写，结合伍尔夫丈夫的视角，揭示了吃对伍尔夫具有的包含着极其复杂矛盾的象征意义与文化内涵：一方面基督教文化有轻肉体重精神的倾向，男权社会中男性视角对女性常作错误判断，体制化的医疗对“精神病人”实施压制；但另一方面，吃能维系生命，为思想提供动力，给生活增添美感，是伍尔夫追求的高雅生活不可或缺的重要元素。“疯狂”作为这富有张力的精神生活的一个体现也成为伍尔夫文学创作的动力，是既折磨她也成就她的一种独特力量。[17]

《友谊长廊》是为伍尔夫的早年好友迪金森做的小传，但是，与《奥兰多》相比，《友谊长廊》长久以来却没有引起评论界的较为严肃的学术审视，也没有把它收录在迄今为止任何一部伍尔夫文集中。针对这一“评论盲点”，郑佰青指出，事实上伍尔夫该早期作品已显现出实验性，为20年后手法更为纯熟的《奥兰多》的创作埋下了伏笔。在《友谊长廊》中，作者一再强调“我们不是在写小说，而是在讨论真实的本质”，“这部传记不是小说，而是严肃的编年史”。但作品的奇幻色彩与荒诞风格，使读者不禁对其所属文类持怀疑态度：它究竟是传记还是小说，抑或是传记与小说的杂糅？郑文以《友谊长廊》为例，研究伍尔夫对维多利亚传记写作传统的反思与革新，以及对新传记艺术的早期探索与实验。文章指出，《友谊长廊》对维奥莱特的身世进行了神话般的再现，以荒诞的文风勾画出一个现实与幻想交织的奇异世界，展示了传记和小说的契合，颠覆了传统传记的叙事模式，也预示了伍尔夫在日后的小说和传记写作中将会采用的实验手法。[18]

尹星则从文化视角出发，把伍尔夫视为城市漫步者。在她的作品中，伍尔夫伴随着悠闲的脚步和冷峻的目光细心体味城市赋予她的每一部戏剧、每一个故事或每一首诗。尹星在论文中探讨了伍尔夫从阐释城市隐喻到书写城市话语，对日常生活经验的记录和反思。通过分析《逛街》《达洛卫夫人》中的几个典型的城市漫步者形象，跟随她们的脚步，阐释了伍尔夫如何在作品中再现伦敦20世纪初明亮繁华的商业胜景，体察不同阶层参与消费文化的表现，采撷现代性经验的碎片。[19]

19世纪上半叶的奥斯汀和勃朗特姐妹是英国文学中的经典作家，其作品影响重大，也是中国学者持续关注的对象。周颖通过分析史实和文献分析，从女性主义视角出发，对三位女作家简·奥斯丁和勃朗特姐妹笔下的家庭女教师形象进行了剖析，指出他们事实上展现了英国中产阶级女子初入职场的尴尬、屈辱和艰辛背后个人和制度的原因。论文结合社会现实和小说虚构的关系，指出家庭女教师的痛苦有现实的依据，也有想象的成分，有基于客观现实的敏锐观察，也有源于主观经验的无意识投射。恰恰是因为女子地位低下，无力把握自身命运的事实，才引发了作品人物如此痛苦、微妙、复杂的心理——想象不仅植根于现实，是构成现实的一部分，也是揭露和反抗现实的手段。[20]

威廉·燕卜荪是英国著名批评家、诗人，他的著作《含混的七种类型》已经成为英美文学批评的经典。然而，他对中国学术界有一层特殊意义，那就是他曾经在抗战时期在西南联大讲过学，因此对中国学术界的影响也无法估量。然而燕卜荪在他的著作中关于中国做过怎样的记录呢？他怎样看自己的外国人身份呢？张剑通过对燕卜荪的四篇作品《南岳之秋》《复杂词的结构》《中国》和《皇家野兽》的解读，指出不管是探讨东西方文化差异，还是帝国文化、中日关系、汉族与少数民族的关系，燕卜荪都是在以不同方式对自己的文化身份进行思考，从一个侧面反映了他身在东方的他者处境，以及他对这个议题的关注。论文最后指出，文化差异是燕卜荪在中国创作的作品的一个重要主题，中西文化差异一方面迫使他反思西方人文传统；另一方面增加了他对文化差异的意识。从某种意义上讲，他对文化差异的思考强化了他的西方人身份、他的英国视角、他所接受的西方人文传统。[21]

从20世纪60年代开始，浪漫主义一直是英国文学研究的热点，并且长期以来一直保持着这种热度。欧洲浪漫主义运动一直与“回到自然”和“自然崇拜”的思想联系在一起，也就是说，“自然”是浪漫主义文学特别重要的一环。可以说，英国浪漫主义文学特别符合生态文学的定义，是生态文学的典型种类。张剑从生态批评入手，着重探讨了浪漫主义诗歌的几个重要方面，例如华兹华斯与自然的“复魅”、柯尔律治与“自然经济学”、布莱克与“人类中心主义”批判，雪莱、济慈和拜伦的素食主义、自我否定力和生态启示录。论文指出，生态批评在浪漫主义诗歌研究中有着积极的作用，浪漫主义诗人的生态意识对现当代生态批评思想的启示。[22]

英国文学研究领域中，文艺复兴时期的诗歌和戏剧，尤其是莎士比亚研究，历来是英国文学研究中的重头戏。然而，莎士比亚研究在战后英国戏剧研究似乎被忽略和淡化。当各种主题研究、类别研究、舞台与文本研究，到文本与影视研究以及有关戏剧的理论研究和跨国别研究蓬勃发展之时，西方学者探讨战后英国戏剧的独特和对传统戏剧艺术的突破时，却不太留意在这戏剧繁盛之中莎士比亚如影随形的存在。陈红微通过对战后英国戏剧史的回顾指出，在20个世纪后现代文化语境下，莎士比亚在战后英国戏剧中的存在，在很大程度上表现为“再写”文学的出现：一方面，透过“再写”，莎士比亚作为“大写”作者的身份被消解，其“圣经”般的文本成为众多互文溪流中的一脉；但另一方面，“再写”也是一种“活者与亡者”之间的对话，是莎剧在20世纪语境中一种独特的诗学存在，是一种更高意义上的文本修正和衍生。[23]

三、爱尔兰文学、文学理论及其他

2012年英语文学研究欣欣向荣，不仅表现在学者对英美文学的持续关注之上，更引人注目的是，在过去的一年间，学者的兴趣继续扩大，在文学理论研究方面的工作进一步加强深入。而在爱尔兰文学的研究方面则无论在数量和质量上都有了明显增加，话题也从地域主义到后现代主义、后殖民主义等无所不包，这反映了全球化背景下文学研究的一大特点。下面首先对爱尔兰文学研究加以选介。

早在20世纪20年代，爱尔兰文学就已被介绍到了中国，鲁迅、郭沫若、茅盾等都曾高度评价并译介过爱尔兰文学。不过，爱尔兰文学史从未以专题形式讨论过“爱尔兰地方小说”，而它作为一种特殊的文学样式不仅真实存在而且有其演进过程。20世纪后期西方文化批评领域出现的“空间转向”推动了爱尔兰地方小说研究。在这种背景下，龚璇对相关研究进行简要评述，然后对当代爱尔兰地方小说做一个全景式的概括，剖析了该文类的主要特征，并着眼于当代爱尔兰学界的“地域主义”之争，借此探讨了当代爱尔兰地方小说特有的美学形态和意识形态内涵。龚璇总结了爱尔兰地方小说的三个主要特征，即现实主义技巧的运用、“地缘感”的表达以及地方（空间）意象的多重功能。她认为，当代爱尔兰地方小说对边缘群体的个体记忆与城市变迁之关系的探讨通过审视边缘群体本身的城市融入参与了建构一个“自由、民主、平等的新爱尔兰”的历史进程，体现了文学书写之于社会发展、价值体系重建的意义。[24]

龚璇在她的另外一篇文章里对爱尔兰作家谢默斯·迪恩的《在黑暗中阅读》进行了解读。她指出，这部小说是一部以个体成长隐喻民族身份建构的自传小说。而评论界关注的是核心事件“伯父失踪之谜”的政治寓意，却忽视了该事件在小说中的结构意义以及迪恩对如何书写过去以及文学表征的“阐释性”和“意识形态性”的思考。文章认为，“表述与沉默”“想象与事实”“个体与政治”三组对立关系构成该小说几股主要的叙事张力，演绎了迪恩关于历史写作之“文本性”的理论主张，含蓄地表现出爱尔兰历史书写者和民族身份建构者的“集体失败”给他造成的多重焦虑。论文通过小说的“节选版”（1988年）和“成型版”（1996年）之间的对比，揭示了小说在形式上的“复式编排”以及失踪事件的结构意义，进而分析小说如何巧妙地将书写过去表现为一个“认识的渐进过程”。论文最后还从“爱尔兰文学是否应该向后看”的争论来审视爱尔兰历史书写者和民族身份建构者的“集体失败”给迪恩造成的多重焦虑。[25]

龚璇在其第三篇论文中仍然聚焦于迪恩自传小说《在黑暗中阅读》，对小说对无名“我”和“疯子乔”的人物刻画进行了探讨，指出迪恩在曼根《自传》和乔伊斯《一个青年艺术家的画像》的影响下，以人物为“面具”，在“我”作为亲历者的证词与“疯子乔”对“野蛮的爱尔兰人”的戏仿中，对殖民主义及其政治共谋提出抗议，为所有“生于分裂社会”之中却不甘妥协的无名氏与疯子进行了辩护。[26]

爱尔兰大诗人叶芝虽然早在20世纪20年代前后就已被介绍入我国，但在80年代之前，国内仅有其作品的零星汉译问世，相伴随的也只有一些介绍性文章，真正的学术性研究论著可以说寥寥无几。改革开放以来，叶芝才重新得到译介，其作品迄今已有多种汉译本，相关研究也逐渐深入。问题在于，我们对叶芝的了解还远不够全面深入。傅浩撰文对爱尔兰文学在中国的接受状况进行了介绍。文章分“早期译介（1919—1949）”、“近期译介（1980—2010）”和“近期研究（1980—2010）”三个部分分别进行了描述，包括了论文、论著、教材等多方面，并将日本、中国、印度和西方的叶芝研究进行了横向比较。文章指出，尽管国内对于叶芝的译介自80年代初就已重新开始，但有关研究却相对滞后，可以说，直到90年代才开始出现真正的学术研究论著。最后，傅浩指出，我国研究者似乎“对工具性基础成果利用不足，对文本的读解还远不够深入细致，以至于所论尚多停留于印象和描述，尤其在文体、语言和创作方法等方面缺乏内行精到的看法”，因此这方面的工作还有待进一步深入。[27]

20世纪初中西文学都处于转型时期。1918—1920年发生在英国两位著名汉学家间的一场关于翻译与时代诗学关系的争论，不仅呈现了英国文学转型期新旧诗学观念的碰撞，而且揭示了影响翻译的时代诗学反过来接纳翻译作品以“翻译文学”形式存在于自己的文学系统中。李冰梅撰文讨论了韦利与翟理斯在英国诗学转型期的一场争论。她指出，这场争论表明西方文学中的现代主义部分起源于对中国古典诗歌的翻译。韦利和他的汉学家群体在为西方了解中国提供一个广阔平台的同时，为“东学西渐”作出了不可磨灭的贡献。论文认为，韦—翟之争及韦利与英美现代主义文学关系的研究进一步证明，韦利、庞德等现代英美文人的确“发现了中国诗”，中国诗风也由此吹进英美的文坛。这些事实有助于消解长期以来基于西方中心主义观点衍生出来的文明史、文化史、文学史观中所持的西方是一切进步思想、价值输出的唯一中心的顽念。[28]

命运观念是日常生活中经常被人们谈论的问题，也是西方文学史上自古希腊以来最古老的文学作品主题之一。周小仪对命运观念做了梳理和讨论，着重讨论了命运的内涵、命运与人的主观努力的关系、主观意志的意义等问题。文章从四个层面进行了论述，分析了文学艺术、社会结构、历史哲学、消费文化中的命运观念，并梳理了古老的命运主题的发展变化轨迹，探讨了命运最终在我们当代生活中的面貌。[29]

20世纪90年代以来，西方的多个研究领域发生了认知转向，学者们将注意力从文本转向了发话者和受话者的认知框架和认知机制。在国内，认知研究也成了一个十分热门的话题。申丹撰文论述了规约性认知框架和个体认知框架之间的关系，探讨了这种关系在文学认知和日常认知中有何区别，分析了面对两种框架之间的对照或冲突，我们应采取什么立场。当规约性的认知框架与作者/文本独特的认知框架发生冲突时，前者往往会占上风，导致对后者的压制和对作者旨在表达的意义的误解。若要较好地阐释作品的主题意义，我们需要尽力排除规约性认知框架的干扰，充分尊重作者独特的认知方式。在日常生活中，交流一般是依赖规约性的认知框架来进行的，因此对规约性认知的探讨十分重要。与此同时，不同日常认知者受到个人经验影响的独特认知方式也应予以尊重，并加以充分探讨。这两种探讨呈互为补充的关系。以往的日常认知研究聚焦于规约性的认知。我们应分清楚不同语境与规约的不同关系，根据不同语境而采用不同的研究方法，以便对认知现象进行较为全面的研究。[30]

美国当代修辞性叙事理论的领军人物韦恩·布思、詹姆斯·费伦和彼得·拉比诺维茨在我国的叙事研究界产生了重大影响。美国当代修辞性叙事理论由芝加哥学派第二代和第三代学者所创建和发展。20 世纪 70 年代中后期以来，这一理论一直受到抨击。一些学者认为，跟第一代芝加哥学派所创建的诗学理论一样，它是无视历史语境的理论。针对这一辩论，申丹指出，第一代芝加哥学派和第二代芝加哥学派实际上两者之间存在本质区别，那就是，第一代的诗学理论不具备历史化的潜能，而第二代和第三代的修辞理论则具有这种潜能，甚至有历史化的表述，只是由于种种原因被遮蔽。在揭示出修辞性叙事理论（潜在的）考虑历史语境的要求之后，我们就会发现，美国当代修辞性叙事理论实际上不仅重视文本，而且也或暗或明地提示出了考虑历史语境的重要性，在形式和历史之间达到了某种平衡。[31]

连接或建立联系是人与人相互接触、相互了解的必要环节，是人类社会得以组织和发展的决定因素，因此也是文学艺术兴起和发展的根本。文学和艺术史上，建立这种联系的场所首先是艺术家和作家们得以相识、影响和成长的沙龙、咖啡馆、酒馆或像巴黎左岸这样的文人聚集地，称作非场所。它们在文学史上起到了非常重要的关联作用，但却为文学批评所忽视。赵英男和陈永国从超现代时期的空间非场所的角度，探讨了这些非场所在文学内外的重要促进作用，并以一种非关联的形式吁请读者在连接的实践中体会连接的意义。文章首先分析了非场所中“非”的含义，然后从“连接”和“相遇”入手进行具体分析，最后探讨了“超现实连接”的启示。文章指出，只有通过这种连接，我们才能“相遇”，才能达到真正的理解，才能像伏尔泰的老实人那样愉快地“种植自己的花园”。[32]

注：

①《20 世纪末期（1980—2000）的美国小说：回顾与展望》，《外国文学研究》，2012 年第 4 期。

②《后现代文学中的媒介与“再现”和建构》，《外国文学》，2012 年第 3 期。

③《〈中国佬〉：一个文学、历史和政治相互交织的符号系统》，《国外文学》，2012 年第 4 期。

④《简论纳撒尼尔·霍桑小说中的“夜行”叙事》，《国外文学》，2012 年第 4 期。

⑤《〈万有引力之虹〉的技术伦理观》，《国外文学》，2012 年第 3 期。

⑥《〈死者年鉴〉中的后现代主义地方观》，《外国文学评论》，2012 年第 1 期。

⑦《〈泰比〉与感伤主义传统》，《国外文学》，2012 年第 1 期。

⑧《威廉·卡洛斯·威廉斯的“语言”与伯克的修辞哲学——从〈在肯尼思·伯克的住所〉一诗说起》，《外国文学》，2012 年第 6 期。

⑨《“并未言明之事”：同性恋批评视角下的凯瑟研究》，《外国文学研究》，2012 年第 1 期。

⑩《视觉与美国南方女性性别、种族身份的形成——评〈老人们〉和〈他们眼望上帝〉》，《外国文学》，2012 年第 3 期。

⑪《新中国六十年福克纳研究之考察与分析》，《浙江大学学报》，2012 年第 1 期。

⑫《〈傲慢与偏见〉所折射的认识论》，《外国文学研究》，2012 年第 4 期。

⑬《乌托邦的陷阱：论拜厄特的〈巴比塔〉》，《外国文学评论》，2012 年第 4 期。

⑭《巴别塔下的喧哗：60 年代英国的文学重构——从“语言危机”的角度解读拜厄特的〈巴别塔〉》，《外国文学》，2012 年第 5 期。

⑮《从乔托壁画到自然风光——〈看得见风景的房间〉中的游客凝视和身份建构》，《外国文学》，2012 年第 3 期。

⑯《英国文学札记书〈缪斯的花园〉手稿版本研究》，《外国文学》，2012 年第 2 期。

⑰《弗吉尼亚·伍尔夫的吃与疯狂》，《国外文学》，2012 年第 3 期。

⑱《传记与小说的契合——论伍尔夫〈友谊长廊〉中的新传记艺术》，《外国文学》，2012 年第 4 期。

⑲《作为城市漫步者的伍尔夫——街道、商品与现代性》，《外国文学》，2012 年第 6 期。

⑳《想象与现实的痛苦：1800—1850 英国女作家笔下的家庭女教师》，《外国文学评论》，2012 年第 1 期。

㉑《威廉·燕卜荪“中国作品”中的文化、身份与种族问题》,《当代外国文学》, 2012 年第3 期。

㉒《英国浪漫主义诗歌与生态批评》,《外国文学》, 2012 年第3 期。

㉓《“再写”:战后英国戏剧中的莎士比亚》,《外国文学》, 2012 年第3 期。

㉔《当代爱尔兰地方小说初探》,《外国文学研究》, 2012 年第1 期。

㉕《黑暗中的写作者——〈在黑暗中阅读〉的第一人称回顾性叙述》,《外国文学评论》, 2012 年第2 期。

㉖《无名“我”与疯子乔:谢默斯·迪恩的抗辩式写作》,《外国文学》, 2012 年第4 期。

㉗《叶芝在中国:译介与研究》,《外国文学》, 2012 年第4 期。

㉘《韦利与翟理斯在英国诗学转型期的一场争论》,《外国文学评论》, 2012 年第3 期。

㉙《命运观念的祛魅与消费文化》,《外国文学》, 2012 年第4 期。

㉚《文学与日常中的规约性认知与个体认知》,《外国语文》, 2012 年第1 期。

㉛《美国当代修辞性叙事理论中被遮蔽的历史化》,《国外文学》, 2012 年第4 期。

㉜《连接与相遇:文学内外的空间非场所》,《外国文学研究》, 2012 年第4 期。

(作者:北京大学副教授)

俄罗斯文学

赵桂莲 崔艺学

一、古代及 19 世纪俄罗斯文学研究

对俄罗斯民间文学的研究一直以来都没有得到我国学者的重视,王灵芝[①]研究魔幻童话的文章虽稍嫌稚嫩,但却是值得肯定的尝试,其结论也颇有新意:魔幻童话中典型形象的双重性和矛盾性是俄罗斯民族性格双重性及矛盾性的反映和体现。

雷贝基尼[②]通过对 19 世纪 30 年代两位作家 1812 年主题历史小说的分析推断其对俄罗斯民族认同意识可能产生的影响:布尔加林和扎戈斯金都竭力将自己的社会立场及其阶层所支持的利益合法化,前者是新晋贵族和中产阶级,而后者是对新晋贵族怀有敌意的旧式贵族,虽然二者的影响难以确定,但前者的小说只出版了两版而后者有 28 个版次则是事实存在。乌山[③]分析该时期诗歌中的伏尔加河和涅瓦河形象的结论是:民族意识使曾经不仅仅是“俄罗斯的”伏尔加河在文学书写中逐渐去异族化,变成“母亲河”,而曾经是俄罗斯象征的涅瓦河则失去指代俄罗斯民族的功能。白文昌[④]在普希金与法国作家司汤达的对照中凸显前者在俄罗斯文学独立之路上的划时代性。黄新峰[⑤]以叙事学理论为指导印证了果戈理《外套》的怪诞性,其怪诞正是通过独具匠心的语言和结构体现出来的。尼科尔斯基[⑥]把赫尔岑小说《谁之罪》的主人公定义为“思想家主人公”,其命运类似于“多余人”,作家通过这类人物表达了自己对俄国的认识。

汪介之[⑦]认为,“第一浪潮”侨民批评家对陀氏的研究视野广阔,思路独特,具有深化、丰富陀氏研究的学术意义。与同一时期苏联国内的评论不同,他们偏重于考察其作品对于表现俄罗斯灵魂、俄罗斯人精神心理结构的意义,由此发现了作家对于普遍人性的深刻洞察,揭示出其思想和艺术探索的全人类意义;从俄罗斯文学演变的视角认识作家文学活动的价值,侧重于探讨其创作与俄罗斯小说艺术传统的关系,把握到他在经典现实主义与现代主义思潮之间所起到的过渡、勾连和转换的作用;重返陀氏的“土壤派”理论,思考俄罗斯与西方之间的关系。聚焦陀氏三部小说表现的拿破仑传说,波多索科尔斯基认为,与《罪与罚》不同,作家在这里以另外的视角提出与拿破仑和 1812 年主题相关的一系列问题,体现了此类俄罗斯文学的某些传统原则和特点,即刻画战争给主人公造成的生理与心理创伤,缩短与敌人的时空距离,具有丰富的幽默感。[⑧]帕慕克紧密结合人生阅历的感受既鲜活又深刻:陀氏的创作促使人了解世界的统治法则,找到自己身在何地,阅读时体验的恐惧与作家认识的世界不断变化、尚未完成、有缺陷、法则不明晰有关。帕慕克的总体感受是,在这个世界上很少有作家像陀氏一样,将信仰、抽象概念与哲学矛盾拟人化和戏剧化得如此完美。武晓霞[⑨]比较研究了陀氏和梅列日科夫斯基的同貌人主题:在陀氏创作中该主题体现为对主人公心理疾病和个性分裂的评价、充当揭示主人公思想和表达反基督与基督两个王国的作用;梅氏继承了前者的传统并在此基础上形成了其创作思想的二元论诗学。二者对人格分裂本质的理解不同:陀氏将同貌人分裂,梅氏使他们彻底联合成一个整体。二者在塑造方法上存在很大差异:在陀氏那里该主题起着构建情节和人物性格的作用;而在梅氏笔下则起着创造“超情节”的作用。该作者另著文专论梅氏小说《基督与反基督》中红白黑三种颜色的象征意义:白与黑的对立乃圣灵与魔鬼的对决,

白与红的映照体现死亡与复活的诱惑，红与黑的交织尽显真实与虚幻的困惑。[10]对梅氏小说《拿破仑》中的引文运用，该作者认为，互文是作家加深、扩展、丰富艺术语义的变型方法，与其展现自己的宗教哲学思想联系密切。[11]张磊[12]认为，相比其他作品来说，较少被关注的《一个荒唐人的梦》在陀氏创作中占有重要地位，是对作家总体文学创作从人物形象到哲理意蕴所做的诗意化概括和寓言式总结。杜国英[13]通过《白痴》中伊沃尔金将军的姓名考、生平经历认定他与拿破仑相似，带有嘲笑和讽刺拿破仑的态度。借助该形象及其讲述的关于拿破仑的故事，作家表达了对拿破仑的双重认识：他既是世界拯救者，也是其毁灭者。

李雪梅[14]在列斯科夫的《姆岑斯克县的麦克白夫人》中看出了多个层面的悲剧，即无爱的婚姻悲剧、个性与社会抗衡而失败的悲剧、非理性的爱情悲剧和丧心病狂的人性悲剧。吴允兵[15]勾画了列夫·托尔斯泰在五四时期中国人眼中的面貌，总的来说，国人对思想家托尔斯泰的重视超过对文学家托尔斯泰的重视，这种面貌的失真和变异与该时期新文化运动的宗旨有关。彭甄[16]通过对契诃夫小说《宝贝儿》“母性欲望”之“爱情内涵”和“话语模式”的细致文本分析，得出如下结论：小说文本基于父权意识形态的叙事对女性形象在“爱情”本质给定和“话语”方式组织两个层面进行操作和控制，体现了小说文本以男性价值指导为书写目标的基本叙事策略。荀波淼[17]以《哈姆雷特》为背景解读了《海鸥》主人公，在前人研究基础上推进一步，认为作家使用莎剧引语不是将其人物关系简单架构于《海鸥》，而是将人物关系间的矛盾推向更加微妙和复杂的程度。比较契诃夫与欧·亨利小说创作的小人物系列，孙晶[18]认为，二者一冷一热的文学效果源于各自的世界观，前者的冷源于其表现的主人公在审视自己“身陷沟渠”的同时依然在“仰望星空”，而后者的主人公虽在“仰望星空”，但很少思考自己“身陷沟渠”。

二、20世纪及当代俄罗斯文学研究

《俄罗斯文艺》2012年第1期推出了一组国内外学者从不同角度研究中国俄侨文学的论文[19]，对全面推动该领域研究具有促进作用。扎比雅卡从涅斯梅洛夫具有“童年”与“成年”两重维度的“儿童主题”的创作中看出其中反映的中国化俄罗斯人在政治、文化和民族心理等方面种种矛盾的纠结；别切利察、克里别洛夫循着安捷尔先的生平脚步追溯其诗歌创作与时代的关系；艾芬吉耶娃论述诗歌创作的宗教性，认为东正教是诗人们的精神基础和民族属性之一；涅娃列娜娅分析了扬科夫斯卡娅小说创作的艺术特色，认为该作家创作体裁广泛、表现手法各异在很大程度上应该受其地理“迁移”和俄国东方侨民的文学风气决定；望月恒子在整个俄侨文学的大背景上分析了中国俄侨文学的独特性及其对日本的特殊影响；泽田和彦以时间为脉络对哈尔滨俄侨杂志的综述分析对全面认识中国俄侨知识人的文化活动具有重要意义。李延龄著文论证了其提出的“哈尔滨批判现实主义”这一术语的根据及其相比于本土和欧洲俄侨批判现实主义的独特性，独特性源于它是俄罗斯文化与中国文化相结合的产物；苗慧、赵建成、孙忠霞以关注民生、审视社会、探求发展为题挖掘了卡丘洛夫创作的人道主义思想；张坤剖析女诗人群体崛起而同时期中国没有这种现象的原因主要在于俄侨女子普遍接受教育、男女平等以及为生活所迫，她们创作中与男作家共同的主题是怀念祖国，不同的主题是母爱等；张岩、李延龄关注的是女诗人群落中的一位，认为哈茵德洛娃的诗歌创作凸显出女诗人内心的矛盾，即对祖国极度思念与深深厌恶、高度自信与深度气馁、挚爱中国与对中国感到陌生；高妍、刘聪颖概述了美澳日俄的中国俄侨文学与文化研究状况，从中可以比较我国学者与其他国家学者研究的优势和差距。文导微[20]通过对美国俄侨作家纳博科夫小说《天赋》的细节分析澄清了一直以来有关作家重手法轻思想的“误解”：纳氏小说富有艺术性的细节背后隐含着深刻意义，这些细节直接与文学本质、与生命相连，具有永恒的终极意义。借由该作家的《尼古拉·果戈理》一书，张冰[21]管窥的是其文艺美学观的学理脉络及其成因：纳氏否认文学与现实存在任何关系，文学乃“语言游戏”，该认识受到俄国形式主义影响。王安[22]借助空间叙事理论研读纳氏创作，发现用空间方式书写空间主题、空间化的时间、语像叙事、空间形式与空间主题是纳氏作品的显著特征。

王希悦[23]介绍了学界关注不够但却极为重要的白银时代作家什梅廖夫的创作风格及主题，为进一步深入研究该作家提供了线索。初金一[24]探讨了波德莱尔对俄国象征派诗歌的影响，这种影响主要体现在“应和论”“恶之花”主题和“城市抒情诗”三个方面。刘锟[25]的研究表明，梅列日科夫斯基在吸收尼采和索洛维约夫哲学观念的基础上形成了自身的新基督教思想，人、宗教本原和文化创造是其中的核心概念。该研究者[26]还具体研究了梅氏小说的体裁类型和诗学特点：一方面，可以把梅氏小说定义为“象征主义历史小说”；另一方面可以定义其为“世界观型宗教思想小说”，这一定义与前文论及的作家对人类文化创造本质的认识有关。戴卓萌[27]在整体把握索洛古勃以远离尘世、反抗此间世界并力图创造另一世界的创作脉络的基础上分析了《编织的传说》。小说中人在反抗虚伪的现象世界的同时运用创造的意志努力建立完美世界，而两个世界内涵的对照构成其象征主义创作的典型特征。张猛[28]关注的是学术界疏于研究的白银时代荒诞派文学，通过对具体作家创作之语言、语法、情节、修辞等分析在一定程度上概括了该流派的风格特点。高建华[29]从生态批评角度论述了库普林创作体现为崇尚万物有灵、天人和谐的生态伦理观。于晓利[30]、董春春[31]、刘溪[32]、孙贺楠和武晓霞[33]等作者赏析文章的可贵之处皆在于文本细读，作者紧密结合某一首诗歌中的字句和意象挖掘诗人创作的独特风格，对于认识不同诗人的创作特色而言可谓是窥一斑而见全豹。劳华夏[34]的研究对象是阿赫玛托娃诗歌中的缪斯形象，认为诗人创作中屡屡出现被视为依靠和向导的缪斯形象与其对时代变化无法把握的感受有关。杨鹏[35]着眼于《伊泽吉尔老婆子》的创作风格，认为其独特魅力在于语言明快、形象生动、音韵和谐。纪薇[36]从空间视角、时间视角和布局结构三个角度出发分析《罗斯记游》，发现叙述人、主人公与作者形象的结合是该小说集独一无二的叙事特征，也是高尔基的创新。王树福[37]以翔实的史料考证了巴别尔与高尔基之间的交往，二者的交往从一个侧面反映出20世纪二三十年代从白银时代文学到苏维埃文学类型转换与过渡之际俄国文坛流派的复杂多样与思想流派的混乱丰富，同时也体现出面对集权专制时知识分子对精神独立的追求与对自我内心的坚守。管海莹[38]关注的是别雷与果戈理之间的对话，对话方式是前者“戏拟”后者的风格，经由这种手法别雷完善自己的象征主义手法和风格，建构“象征主义是世界观”的理论体系。徐宝俏[39]分析的是《幽暗的林荫道》中的一部小说，从总体上把握住了布宁的整体创作格调，即追忆、感伤和淡淡的忧愁。何雪梅[40]分析该小说集中《净身星期一》的爱情主题和创作技巧时同样把握住了作家的这一特色。蒋杰[41]的感受细腻，对布宁诗歌主题及特色的评述有宏观上的把握，也有微观的细致观察。

刘文飞[42]从自然观、生态观、宗教观、美学观和世界观几个方面剖析了普里什文创作多面、深刻的思想内涵，弥补了一直以来仅以“大自然歌手”“小品作家”等为该作家冠名的传统认识的不足，为进一步深入研究其创作思想提供了借鉴。梁坤[43]综述了《大师与玛格丽特》40余年在俄罗斯的研究状况：研究方法可归纳为传记研究、小说谱系及原型研究、小说文本分析，但在具体研究中各种方法存在交叠。杨玉波[44]在俄罗斯文化传统核心价值“聚合性”的框架下重新阐释《苦难的历程》，认为表现自我之爱与大爱、个性自由与社会秩序、个人幸福与集体利益之间的关系是该小说三部曲的主题思想。穆华英、王蕾、李万春[45]总结了苏联卫国战争题材文学的研究状况：主要成果来自改革开放以后，体现出研究内容广泛和深入、研究者思想解放以及思考独立化的特点，不足在于艺术性研究不够，诗歌和戏剧也乏人关注。

谢红芳[46]论述了创作颇丰但却没有引起我国学界关注的作家利金小说《雨声》的道德主题及其表现手法，认为该作家表现主题传统，但艺术手法却表现出现代性。王靓[47]通过分析《无望的逃离》中“公主”和“骑士”两个形象，发现小说虽蕴含着童话元素，但实际上却是对传统童话的解构，是作家对现实的反讽。孙磊[48]在《不死的人》中也看出该小说是有关国家政治的现代寓言，揭示了苏联和苏联解体后两个不同时代同样畸形的政治文化。张建华[49]对通俗文学的历史和兴衰及其原因做了全面分析：处于文学边缘地位的通俗文学在“长辈”“晚辈”两种文学的对立与冲突中得以确立；传统性与现代性结合是当代通俗文学创作的鲜明文化特征，由此促成了它的巨大成功。

李新梅[50]审视了后现代派作家对19世纪俄罗斯文学既颠覆又与其对话的矛盾态度，这种态度直接决定了后现代文学的创作内容、风格和表现手法。马卫红[51]研究的是后现代派文学中的观念主义及其创作特点和影响，具体说来，它借用苏联时期的各种社会文化符号、语言模式和经典作品，对其加以歪曲、夸张处理和变形，目的是揭示和讽刺现实，动摇僵化的思维模式，具有把语言本身作为艺术对象、反抒情性、互文性等特征。王丽丹[52]把20—21世纪之交俄罗斯戏剧特点与现实联系起来进行考察，指出这一时期的戏剧流派多样，体裁杂糅，戏剧人物边缘化，对戏剧传统既有继承又有突破。庄宇[53]对《我们》和《野猫精》做了比较研究，指出虽然二者内容各异，但因为不同时代的作家都处于历史转折时期，因此小说反映的历史问题和社会现象极其相似，皆表达了俄罗斯的历史宿命，使读者得以更加深入地了解俄罗斯知识分子面对社会重大变革时所肩负的责任。温玉霞[54]认为，后现代作家以非人非物的“影子”“能指”出席、“所指”缺席、“主体死亡”的方式展示的“虚像”叙事旨在解构文化主体，该叙事展示了苏联解体后的社会状况和人的精神状态，表达了作者的忧虑。李志强[55]的研究认定《普希金之家》是一部迷宫式小说，迷宫特征在体裁上表现为“反体裁”、文本的互文性、作者与主人公的关系、文字游戏等，行文风格上表现为反乌托邦叙事，主题上表现为对俄罗斯民族文化传承与发展的思考。

陈爱香[56]借由俄语布克奖的发展历程透视近20年俄罗斯文学的变迁，发现这一时期的俄罗斯文学对民族历史的认识经历了从否定到认同、俄罗斯民族从离散到聚合的过程。闫吉青[57]从叙事立场的民间化、叙事视角的边缘化和个人化、口述叙述形式、人物命运的偶然性、诗意的栖居乃人类永恒的追寻几个角度对《烟雾笼罩着古老的阶梯》做了新历史主义的解读。采用这一角度解读小说是因为其契合新历史主义“文本的历史性”和“历史的文本性”理念，在这里文学和历史具有互动关系。林精华[58]认为近20年里文学在不断进行文化转型，但转型处于未完成状态，存在着文学队伍断裂、被回归文学潮流打乱秩序、作家组织变异为利益集团三种危机。该作者同时还关注到苏联解体后文学与政治的关系：虽然解体后的文学活动置身于文化产业结构之中、报刊审查制度的废除和新闻出版法从根本上保证了文学活动的自由，但由于民主机制不健全，文学发展和政治的关系迄今为止并未理顺，许多作家或积极或被迫介入政治活动，政治也积极利用文学家。[59]对于越来越受到西方学界认可的苏联后现代主义文艺创作，该学者指出其原因是其诗学特点有别于西方现代主义，是表面借用官方话语、概念和表达方式而实际对官方强大意识形态功能的消解。[60]刘志华[61]对俄罗斯文学中高加索形象之内涵演变的研究值得关注：该演变与认知观念本身的变化有关，苏联解体前的高加索形象主要体现的是“道路”观念蕴含的危险、自由、相遇和朝圣；而解体后的高加索形象只突出了相遇，自由观念大大减弱，与此同时“家园”观念的显著特征“认同”占据主导地位。

三、文学流派与文学理论研究

李正荣[62]追溯、梳理、研究了维谢洛夫斯基被忽略的重要观念“总体文学史”产生的来龙去脉、发展线索和终极目标，认为理论家建构这一范畴的目标是要在大量的民间创作和文人创作中“充分”找到同一种类型的表达格式，然后再科学地“归纳”出一个构建全部诗歌大厦的基本元素。

刘涵之[63]的基础研究从梳理俄国形式主义的核心范畴做起，凸显出该文论的旨归，即将文学从文化、政治、社会需求等附庸中解放出来，赋予文学研究以自足性和独立性。杨燕[64]认为，什克洛夫斯基“陌生化”理论的后期发展非常值得重视，因为前期被“悬置”的文本内容或意义阐释在这里得到补充，该理论因此获得修正与拓展。李冬梅[65]在追溯艾亨鲍姆的学术之路后发现了同样的轨迹，认为该理论家后期走向社会学批评并非妥协，而是延续了形式主义学派的优秀传统，在注重文本结构分析的同时克服了其弊端，因而是对早期诗学的修正和超越。朱涛[66]的研究旨在纠正捷克结构主义乃俄国形式主义文论简单延续和翻版的认识：实际上后者只是前者的影响源之一，布拉格学派具有自身高度的理论原创性和辐射力，它与俄国形式论不同的一大特色是遵循捷克历史悠久的形式美学传统，从诗学向美学转向，将形式主义文论推进到结构主义文论阶段。杨向荣[67]借助马尔库塞对俄国形式主义的反思与批判，梳理出形式及其相关问题如何从俄国形式主义之审美诉求向马克思主义批评之社会规划的转换路径，指出马氏注重形式的“新感性”观念的提出是对西方社会物化文明的批判。杨一铎[68]比较研究了俄国形式主义与中国古代文论的异同：就相同点而言，二者都是对以往文学理论的反动与纠偏，都是通过强调文学的艺术形式区别于其他学科和探讨诗歌技法达到对文学理论的科学性诉求；就差异而言，前者同现代语言学理论关系紧密，而后者的主要特点却在于文体划分以及强调诗歌声律。

张卫东[69]的研究表明，巴赫金和巴特的符号学理论虽然在分析框架、侧重点和研究方法上存在差异，但却殊途同归，都是对语言逻各斯中心主义和意识形态中权力话语的解构，其目的都是建构能使社会符号及所指平等对话的意义产生机制。潘兆一、王永祥[70]从巴赫金辩证统一的语言学本质观及其符号意识形态论方面论证出其语言观的理论核心与马克思主义哲学的一般本质观存在惊人一致。赵光慧、张杰[71]运用巴赫金的符号学理论阐释美国文学理论批评家伊格尔顿的文艺批评观，证明了马克思主义在今天各领域的实际指导意义。通过梳理托波罗夫从文本空间到直觉空间再到神话诗歌世界模式的理论建构历程，赵爱国、姜宏[72]总结其对符号学理论的独特贡献在于进一步发展了以巴赫金为代表的文本/篇章符号学理论，使符号学研究具有了认知/心理符号学的性质。库尔[73]研究了洛特曼意指过程的基本原则：“代码复数原则”“不相容或不可译原则”“自我交际原则”“符号继承原则”和“符号域原则”。颜文洁、张杰[74]从内容与形式的融合、文化空间中的时间维度、从封闭走向对话三方面论述了洛特曼对俄国形式主义的批判与超越，认为前者几乎对后者的全部核心观点都进行了批判，但在学术精神上存在继承关系。彭佳、汤黎[75]从跨学科角度研究了洛特曼符号学理论对生物学的借鉴，指出洛氏符号学研究的深远意义在于指明了符号学今后的发展方向。

有感于最近十年来苏联时期社会主义现实主义艺术作品在俄国和国际范围越来越引人关注这一现象，林精华[76]对当下学界如何认知社会主义现实主义产生了兴趣，认为新的认知更为理性、学理性更强，而对该美学体系从苏联解体前后的批判、否定和颠覆到近年来的怀旧、反思和检讨是形成这种认知及其受到关注的原因。孙超[77]梳理了俄国文论史中不同学派对语境的认识，划分出文学语境、作家语境和历史语境，指出语境对于理解文本至关重要，脱离文本的语境研究和忽视语境的文本研究都会影响对作品的理解。

注：

①《俄罗斯魔幻童话中的几种典型形象》，《俄语学习》，2012年第4期。

②《1812年和俄罗斯早期历史小说中的民族认同感的建立》，《俄罗斯文艺》，2012年第4期。

③《拿破仑战争时期俄国诗歌中的伏尔加河与涅瓦河形象》,《俄罗斯文艺》,2012年第4期。

④《俄国文学自立的标志与19世纪现实主义文学的滥觞——以普希金与司汤达为例》,《俄罗斯文艺》,2012年第3期。

⑤《论果戈理〈外套〉的怪诞性》,《俄语学习》,2012年第5期。

⑥《赫尔岑早期作品中的思想家主人公与俄国生活》,《俄罗斯文艺》,2012年第3期。

⑦《俄罗斯流亡批评家视野中的陀思妥耶夫斯基》,《俄罗斯文艺》,2012年第2期。

⑧《陀思妥耶夫斯基小说中的1812与拿破仑传说》,《俄罗斯文艺》,2012年第4期。

⑨《追寻灵魂中的超我——论陀思妥耶夫斯基和梅列日科夫斯基创作中的同貌人主题》,《北京航空航天大学学报》(社会科学版),2012年第25卷第6期。

⑩《论梅列日科夫斯基三部曲〈基督与反基督〉中"颜色"的象征意义》,《俄罗斯文艺》,2012年第3期。

⑪《梅列日科夫斯基小说〈拿破仑〉的互文性解读》,《俄罗斯文艺》,2012年第4期。

⑫《论〈一个荒唐人的梦〉在陀思妥耶夫斯基创作史上的重要性》,《俄罗斯文艺》,2012年第2期。

⑬《〈白痴〉中的伊沃尔金将军形象与拿破仑神话》,《俄罗斯文艺》,2012年第4期。

⑭《浅析列斯科夫〈姆岑斯克县的麦克白夫人〉的悲剧意识》,《俄语学习》,2012年第5期。

⑮《"五四"新文化运动背景下的列夫·托尔斯泰》,《俄罗斯文艺》,2012年第2期。

⑯《"宝贝儿":"女性本质"的设定与构造》,《国外文学》,2012年第1期。

⑰《〈哈姆雷特〉背景下的〈海鸥〉解读》,《俄罗斯文艺》,2012年第4期。

⑱《星空与沟渠:从"小人物"看契诃夫与欧·亨利的世界观》,《俄罗斯文艺》,2012年第4期。

⑲《阿·涅斯梅洛夫作品中的"儿童主题"》;《论中国俄侨女诗人拉·安捷尔先》;《论中国俄侨诗歌的宗教性》;《维·扬科夫斯卡娅短篇小说的艺术特色》;《20世纪初期日本对中国俄侨文学的认知》;《哈尔滨俄罗斯侨民杂志概述》;《再论哈尔滨批判现实主义》;《解读中国俄侨作家格·卡丘洛夫中国背景下的创作主题》;《论俄侨女诗人莉·哈茵德洛娃诗歌创作》;《论中国俄侨女诗人的群体崛起》;《美、澳、日、俄中国俄侨文学与文化研究简论》。

⑳《魔法背后的意义——以〈天赋〉为例谈纳博科夫细节的意义》,《俄罗斯文艺》,2012年第2期。

㉑《从〈尼古拉·果戈理〉看纳博科夫的文艺美学观》,《俄罗斯文艺》,2012年第4期。

㉒《纳博科夫小说中的空间叙事》,《俄罗斯文艺》,2012年第4期。

㉓《俄罗斯侨民作家:伊万·谢尔盖耶维奇·什梅廖夫》,《俄语学习》,2012年第1期。

㉔《俄国象征主义文学视野中的波德莱尔》,《俄罗斯文艺》,2012年第2期。

㉕《论梅列日科夫斯基新基督教思想中的历史和文化哲学问题》,《世界宗教研究》,2012年第2期。

㉖《梅列日科夫斯基小说作品的体裁类型和诗学特征》,《俄罗斯文艺》,2012年第4期。

㉗《索洛古勃长篇小说〈编织的传说〉中的两个世界》,《俄罗斯文艺》,2012年第2期。

㉘《试析"真实艺术协会"的荒诞与真实——以丹尼尔·哈尔姆斯的作品为例》,《俄语学习》,2012年第5期。

㉙《生态批评视域下的库普林小说》,《俄罗斯文艺》,2012年第1期。

㉚《叶赛宁诗歌〈晴空的气息澄澈而蔚蓝〉赏析》,《俄语学习》,2012年第1期。

㉛《涓涓情思沁心田——克柳耶夫〈夏天悄然而逝〉》,《俄语学习》,2012年第2期。

㉜《激情与苦难:茨维塔耶娃的生命诠释——抒情诗"一串串花楸果"赏析》,《俄语学习》,2012年第4期。

㉝《"变奏"的情感力量:阿赫玛托娃诗歌〈故土〉赏析》,《俄语学习》,2012年第4期。

㉞《浅析阿赫玛托娃诗集〈群飞的白鸟〉中的缪斯形象》,《俄语学习》,2012年第2期。

㉟《〈伊泽吉尔老婆子〉的语言风格》,《俄语学习》,2012年第2期。

㊱《管窥〈罗斯记游〉中的作者形象》,《俄语学习》,2012年第3期。

㊲《巴别尔与高尔基之创作交往考——一种文学类型转换的侧影书写》,《俄罗斯文艺》,2012年第2期。

㊳《别雷与果戈理的"对话"——论别雷小说艺术中的戏拟风格》,《俄罗斯文艺》,2012年第2期。

㊴《前尘往事成云烟——读布宁小说〈大乌鸦〉有感》,《俄语学习》,2012年第3期。

㊵《试析布宁的短篇小说〈净身星期一〉》,《俄语学习》,2012年第5期。

㊶《布宁其人其诗歌》,《俄语学习》,2012年第4期。

㊷《普里什文的思想史意义》,《外国文学评

论》，2012 年第 1 期。

㊸《俄语布尔加科夫学概观》，《俄罗斯文艺》，2012 年第 3 期。

㊹《乌托邦的构建：〈苦难历程〉中的“聚合性”主题》，《俄罗斯文艺》，2012 年第 4 期。

㊺《中国的苏联卫国战争文学研究》，《俄罗斯文艺》，2012 年第 4 期。

㊻《忠贞：爱的基石——解读利金的短篇小说〈雨声〉》，《俄语学习》，2012 年第 2 期。

㊼《爱情童话的现实解构——浅析〈无望的逃离〉中待价而沽的女性形象》，《俄语学习》，2012 年第 1 期。

㊽《畸形政治的隐喻性书写——评斯拉夫尼科娃长篇小说〈不死的人〉》，《外国文学》，2012 年第 3 期。

㊾《俄罗斯通俗文学：历史命运及勃兴之由》，《俄罗斯文艺》，2012 年第 4 期。

㊿《颠覆与传承——后现代主义语境中的 19 世纪俄罗斯经典文学》，《俄罗斯文艺》，2012 年第 1 期。

51《俄罗斯观念主义诗歌的反美学特征》，《俄罗斯文艺》，2012 年第 1 期。

52《世纪之交的俄罗斯戏剧作品概观》，《俄罗斯文艺》，2012 年第 1 期。

53《反乌托邦文学：俄国知识分子的思想路标——〈我们〉和〈野猫精〉的历史比较研究》，《俄罗斯文艺》，2012 年第 2 期。

54《文化主题的结构：“虚像”叙事——以索罗金的小说分析为例》，《俄罗斯文艺》，2012 年第 3 期。

55《〈普希金之家〉：后现代主义文学的“迷宫”叙事》，《俄罗斯文艺》，2012 年第 4 期。

56《俄语布克奖与当代俄罗斯文学 20 年的历史演进》，《俄罗斯文艺》，2012 年第 1 期。

57《〈烟雾笼罩着古老的阶梯〉的新历史主义解读》，《俄罗斯文艺》，2012 年第 4 期。

58《未完成的文化转型：后苏联俄国文学 20 年的三种危机》，《俄罗斯学刊》，2012 年第 5 期。

59《后苏联俄罗斯文学发展和俄联邦政治进程》，《外国文学》，2012 年第 3 期。

60《观念主义：苏联后现代主义文学的诗学》，《国外文学》，2012 年第 4 期。

61《俄罗斯文学中“高加索形象”之内涵的演变》，《俄语学习》，2012 年第 6 期。

62《从总体文学史观看民族文学与主流文学关系》，《民族文学研究》，2012 年第 5 期。

63《“诗学的任务”与文学独立性》，《俄罗斯文艺》，2012 年第 3 期。

64《什克洛夫斯基“陌生化”理论新探》，《俄罗斯文艺》，2012 年第 1 期。

65《艾亨鲍姆：俄苏“形式论”诗学的创建者、守卫者和超越者》，《俄罗斯文艺》，2012 年第 2 期。

66《从俄罗斯形式论学派到布拉格学派——兼论开拓布拉格学派文论研究的意义》，《俄罗斯文艺》，2012 年第 2 期。

67《从诗学的审美诉求到批判的社会规划——马尔库塞对俄国形式主义的反思与批判》，《俄罗斯文艺》，2012 年第 2 期。

68《从文学特征论看俄国形式主义与中国古代文论之异同》，《俄罗斯文艺》，2012 年第 2 期。

69《殊途同归的解构与颠覆——巴赫金与巴特符号学思想的内在动源刍议》，《俄罗斯文艺》，2012 年第 1 期。

70《巴赫金马克思主义语言观的理论核心》，《俄罗斯文艺》，2012 年第 4 期。

71《对话性阐释：政治与艺术之间——伊格尔顿马克思主义文艺批评观的符号学阐释》，《俄罗斯文艺》，2012 年第 4 期。

72《从“文本空间”到“神话诗歌世界模式”——托波罗夫艺术文本符号学思想评介》，《俄罗斯文艺》，2012 年第 2 期。

73《洛特曼在意指过程模式化方面的遗产》，《俄罗斯文艺》，2012 年第 3 期。

74《批判的继承：洛特曼与俄国形式主义》，《俄罗斯文艺》，2012 年第 3 期。

75《与生命科学的交光互影：论尤里·洛特曼的符号学理论》，《俄罗斯文艺》，2012 年第 3 期。

76《何谓社会主义现实主义》，《文学评论》，2012 年第 3 期。

77《俄国文艺美学中的“语境”考辨》，《俄罗斯文艺》，2012 年第 3 期。

（作者：赵桂莲，北京大学教授；
崔艺学，北京大学博士生）

管 理 学

工商管理学

高 杰 邓荣霖

一、企业管理

2012年，北京学者围绕企业管理制度、企业人力资源管理、企业营销管理方面研究取得了新进展，现综述如下：

（一）企业管理制度

关于企业管理制度。有的学者提出，管理自主权的概念连接宏观制度环境与微观企业实践，为研究转型经济下“制度企业家”的形成机制提供了全新视角。并通过问卷调查，获取了61位学界专家和84位公司高管对中国30个省份企业CEO（首席执行官，下同）管理自主权大小的评价，考察基于已有经济和社会数据所形成的制度变量与管理自主权的关系，获得如下发现：（1）区域正式与非正式制度，如信任、政府干预、所有权分离、金融发展、地方保护、外商投资、司法公正及劳动力灵活性等，均与省份层次的CEO管理自主权相关；（2）CEO管理自主权与企业风险承担及绩效显著正相关；（3）CEO管理自主权对区域制度环境与企业风险承担及绩效的关系具有中介效应。[①]有的学者认为，我国企业管理制度建设要与企业形态结合起来。企业形态分成3大类：小企业；大企业（以大公司为代表）；大企业的变形体（包括企业集团及跨国公司）。跨国公司管理与小企业管理不同。跨国公司中的母子公司管理要解决企业组织结构合理化及其相关的管理问题。[②]有的学者提出，政治背景作为高管的社会资源，会对公司的内部治理效率产生影响。通过对2004—2011年中国A股民营上市公司的1330个样本进行实证分析，研究了高管政治背景对其离职—业绩敏感性的影响。研究发现，总体而言，公司高管离职的可能性与业绩水平显著负相关；在考虑政治关联因素的影响后，政治关联能够显著地弱化高管离职的可能性与业绩水平的负相关关系，亦即高管的政治背景能够降低其离职—业绩敏感性。[③]

有的学者按照终极控股权和控制层级理论，将北京109家样本公司分为八类。用EVA（经济增加值，下同）验证各类公司的价值创造能力，结果得出：样本公司2009年的平均EVA值偏低，均值为0.03%；终极控股股东性质对EVA的影响不显著，控制层级与EVA显著负相关；非政府一级控股公司EVA值最高，其次是政府二级控股公司，他们显著优于政府控股四级控股公司和非政府三级控股公司。[④]有的学者提出，随着我国市场经济的成熟，越来越多的企业开始向集团化和多元化方向发展。以往研究发现多元化战略和组织结构匹配的企业通常能够获得较好绩效，但较少探讨企业多元化战略与组织结构匹配程度的影响因素。故以我国台湾地区1981—1998年100家最大企业集团为样本，探讨影响企业集团多元化战略和组织结构匹配的因素。研究表明：行业集中度、金融市场制度以及所有权结构对企业集团的战略—结构匹配有显著影响：市场竞争越激烈、企业集团上市子公司越多、外国投资者所有权和政府投资者所有权所占比例越高，企业集团战略与结构的匹配程度就越高。[⑤]

（二）企业人力资源管理

关于企业人力资源管理。有的学者提出，“德才兼备”是中国评价领导者的重要内容，学者多关注团队领导者的“才”对创新的影响，鲜有研究探讨领导者的“德”与创新的关系。真实型领导与德才兼备中的“德”有着较好契合，故以113个研发团队的领导者及其574名员工为被试，运用多层次研究方法，探究真实型领导对创新的作用及机制。结果表明，个体导向的真实型领导透过上级支持对员工创新结果具有显著促进作用；团队导向的真实型领导透过团队协力对员工个体创新行为和团队整体的创新均有显著促进作用。[⑥]有的学者指出，近年来，员工创新行为的影响因素一直是学术界关注和探讨的热点，并基于团队心理安全感和工作单位结构两个视角，提出了一个整合模型。运用分层线性模型，利用75个工作团队共334份团队成员问卷检验了整合模型，研究结果表明：（1）学习型风格、创造型风格对创新行为具有显著的正向预测效果，但计划型风格对创新行为的影响不显著；（2）团队心理安全感不仅对创新行为有直接显著的正向影响，而且在学习型风格、创造型风格与创新行为的关系中有正向的调节效应，但团队心理安全感不显著调节计划型风格同创新行为之间的关系；（3）工作单位结构调节了学习型风格、创造型风格与创新行为之间的关系，而对于计划型风格与创新行为关系的调节效果不显著。[7]

有的学者提出，知识分享是组织学习研究领域中的一个热点话题，通过实证研究发现，组织跨部门心理安全与组织知识分享、组织绩效之间均存在“倒U”关系，而知识分享会对组织绩效的提升产生正向影响，知识分享在跨部门心理安全对组织绩效的作用中扮演中介角色。[8]还有的学者提出，改革开放后，我国人力资源服务业发展迅速，历经了20世纪80年代的初始阶段、从20世纪90年代初至21世纪初的市场化转变期和始于21世纪初的快速发展期。我国人力资源服务业在增加就业、降低企业运营成本、有利于优化产业结构等方面发挥了重要作用，同时面临各地人力资源服务体系尚不完善、市场化服务和公共服务界限不清、人力资源服务业发展层次较低、在岸服务外包发展迅速但离岸服务外包不受重视等问题。目前，伴随全球经济的复苏，曾陷入迅速衰退的发达国家人力资源服务业开始恢复增长。在我国，人才服务业已进入快速发展期，应制定政策促进人力资源服务业多元化发展、市场化服务和公共服务业协调发展、人力资源服务企业转型升级，以及推动在岸外包和离岸外包协调发展和不断完善法律环境。[9]

（三）企业营销管理

关于企业营销管理。有的学者运用真实的线上消费者评论数据来研究网络口碑对图书销量的影响。研究发现，内生性对于分析结果有显著影响。在考虑内生性这一因素后，网络口碑中评论分数对销量的影响消失了，而其影响主要来自于评论数量。这说明网络口碑主要通过让更多消费者知晓产品来促进销量，而说服消费者购买的作用并不显著。[10]有的学者提出，中国消费者的崇洋消费心理表现出对国外品牌更多的喜好，但是在品牌负面曝光事件中，由于负面信息造成的期望不一致，崇洋消费心理产生对国外品牌的消极影响：在崇洋消费心理作用下，面对一般消极程度的品牌负面信息，消费者对国内品牌和国外品牌的评价没有显著差异；面对重大消极程度的品牌负面信息，消费者对国外品牌的评价明显低于对国内品牌的评价。[11]还有的学者在文献回顾的基础上，运用内容分析法，以网络回帖为研究对象，研究了中国消费者对同一品牌国产与进口产品认知差异原因。研究结果表明：随着时间的推移，中国消费者对于“进口产品好于国产产品”认知强度呈现下降趋势；中国消费者对所评价产品的知识越丰富，他们对于“进口产品好于国产产品”认知强度越低。[12]

二、会计与财务管理

2012年，北京地区的专家学者主要围绕新会计准则下公允价值、公司治理与资本市场、环境会计与社会责任、内部控制与审计等问题进行了深入的研究和探讨。

关于新会计准则下公允价值。有的学者以2004—2009年A股上市公司为样本，从会计稳健性角度，检验了新会计准则的实施对会计盈余稳健性的影响。同时针对新会计准则的最大变化——公允价值计量模式的引入，研究其对稳健性的影响后发现：新会计准则实施后会计信息仍存在盈余稳健性特征，且不是盈余管理所致，公允价值计量会使稳健性降低。就现阶段而言，可供出售金融资产对于稳健性的影响更为显著。[13]有的学者认为，公允价值相对于历史成本更具决策有用性已得到了被调查者的广泛认可，但市场环境与公允价值运用条件的不成熟，直接影响了其在我国企业中的运用效率。为了更深入地挖掘企业的疑虑及困惑，通过文献研究、访谈与问卷调查，运用因子分析法将被调查者回答的27个问题归为6个因子：组织特征因子、财务指标影响因子、信息质量和成本因子、利益相关者因子、管理层特性因子以及政治环境因子。[14]还有的学者提出，国际会计准则制定了适用于全球资本市场的一套高质量会计准则。这一准则能够提高国际资本市场的运作效率，提高财务报告信息的可比性和质量，同时也能降低编制财务报告的成本以及信息风险与资本成本。[15]

关于公司治理与资本市场。有的学者从当今央企的投资经营多元化、多级治理和日益对接资本市场等新变革出发，明确了整合央企集团财务治理、财务管控体系和经营目标与价值创造的基本逻辑，提出了强化总部的财务领导力与经营分权、多样化控制机制等基本原则，阐明了央企集团财务治理体系是：以经济增加值EVA为核心的业绩管理体系、以全面预算为主的多级治理体系、以风险边界为重心的财务结构管控体系和以财务增加值为基础的分配控制。[16]有的学者研究我国上市公司最终控制人的产权性质与地区制度环境对公司内部控制质量的影响。利用厦门大学内控课题组（2010）构建的2007—2009年我国上市公司内部控制指数进行研究发现：相比于中央政府控制的公司，地方政府控制的公司内部控制质量相对较差，而非政府控制的公司内部控制质量与中央政府控制的公司之间则没有明显差异；上市公司所在地区的市场化程度越高或政府对经济的干预程度越低，公司的内部控制质量越高，尤其是对于地方政府控制和非政府控制的上市公司，并且，良好的外部制度环境有助于缩小地方政府控制和非政府控制公司的内部控制与中央政府控制公司之间的差距。[17]

关于环境会计与社会责任。有的学者提出，社会责任报告可以间接反映企业社会责任的管理水平和投入水平，反映企业的可持续发展能力和责任风险。并通过研究发现：社会责任的履行会影响投资者对企业盈利持续性的判断，企业社会责任表现越好，市场评价越高，会计盈余的信息含量也越高。而社会责任战略的制定与实施、社会责任行为的履行以及社会责任信息的披露都将影响市场对企业发展及盈余信息含量的评价。[18]有的学者尝试从可持续性、外部性、信息披露、成本管理和行为科学五个视角，按照文献的发展脉络和逻辑关系对国际学术界在环境会计理论方面的研究新进展进行了评述，并讨论了这五个研究视角之间的内在联系，探讨了有关理论的发展方向，并分析目前环境会计理论研究在方法和内容上的最新趋势。[19]

关于内部控制与审计。有的学者将企业集团作为一个整体来研究集团客户重要性对审计师独立性的影响，发现集团客户经济依赖性会损害审计师的独立性，这种现象对于小规模事务所而言尤为严重。研究还发现，在制度环境改善之后，审计师执业总体上变得更加谨慎，大规模事务所尤其如此。[20]有的学者以莲花味精为例予以深入解析，研究发现：业绩归因分析可以作为审计师识别风险和应对风险的一种有效方法，有助于降低审计师从“特供”资料或虚假资料推导出错误结论的风险，也有助于审计师追踪报表重大错报的根源。[21]有的学者提出，内部控制的设计和执行都存放于企业的“黑箱”中，内部控制信息披露是高管层向外部利益相关者释放内部控制质量的信号，这一信号是否传递了企业内部控制的真实信息？该学者认为高管层具有披露的“动机选择”倾向，这种“动机选择”决定了内部控制信息披露偏离内部控制质量的偏差，并分析了高管层决策、内部控制和内部控制披露的逻辑关系，并以此为基础提出了内部控制管制的思路和政策建议。[22]

三、技术经济与管理

技术经济分析、低碳经济与循环经济、创新管理、产业经济与区域发展是2012年北京地区专家学者在技术经济与管理领域较为关注的热点问题。

关于技术经济分析。有的学者提出，作为应对不确定性的重要手段，情景分析法有着自身的规律及理论方法体系，深入研究情景分析法在技术经济中的应用，有利于丰富技术经济分析手段，提升技术预测的质量。[23]有的学者从上市公司董事会社会资本角度，把董事会社会资本细分为：董事会社会行业资本、社会连锁资本和社会政治资本，并运用2009年通信业上市企业的截面数据，通过多元线性回归分析实证检验了上市公司董事会社会资本对公司成长性的影响。研究结果表明，上市公司董事会社会资本对公司成长性具有显著正向影响。[24]有的学者通过对消费者、企业、市场、就业等指标的影响，将新兴技术经济影响分为7个等级，并对经济影响因素进行定义，即各等级中新兴技术对经济影响因素产生怎样影响的描述。以技术采用企业数作为技术扩散变量，针对不同的技术，运用德尔菲方法确定衡量的经济指标，运用震级算法计算出某种技术的震级值，以此作为对新兴技术经济效应的强度度量，不同技术对经济产生的不同方面影响都可转换为震级值进行比较。[25]

关于低碳经济与循环经济。有的学者基于表征人类活动对环境影响的IPAT方程（环境冲击压力方程），运用结构分解分析模型，采用修正后的Laspeyres方法（拉斯贝尔斯指数法），选取污染物排放量和资源消耗量作为衡量环境压力的指标，构建了分析循环经济与节能减排政策对我国环境压力影响的方法。[26]有的学者通过分析库存控制过程中碳排放的要素，构建出基于碳排放成本的库存控制模型，对低碳供应链中的库存控制的要素进行了分析，并给出了具体的实现方案。[27]有的学者认为，技术进步与产业结构高度化之间的相互作用、规模经济与重工业产业组织结构之间的相互作用、聚集经济及环境容量与重工业产业布局结构之间的相互作用，共同促进了节能减排水平的提高和重工业的发展及经济的增长，这构成了重工业结构调整促进节能减排和经济增长的机制。[28]

关于创新管理。有的学者提出产学研协同创新的新模式与操作要点，指出了加强产学研合作各方的战略协同，以提升大学、科研机构与企业构建战略性伙伴关系，提高企业的技术创新层次，加强学术界的基础研究源头创新；开展知识协同，以增强产学研之间的知识转移尤其是隐性知识的共享；不断实施组织协同，以提高大学与企业合作创新的速度与效率。[29]有的学者对环境技术创新中公众参与的重要性进行了深入讨论，认为公众参与是理解环境污染对社区的影响以及进行环境创新的前提。同时还从公众的信息获取与扩散，公众听证会、监督和咨询，公众的监督和发挥社会团体、非政府组织和志愿者的作用4个方面讨论了公众参与的方式。[30]

关于产业经济与区域发展。有的学者基于演化经济地理学、经济社会学和复杂网络理论，构建了一个具有复杂交互关系的创意主体区位决策模型，探讨创意主体的社会网络结构及其交互关系、信息瀑布效应、网络效应、外部规模经济和不经济效应等对创意空间集聚过程和结果的影响，阐释创意主体区位决策的微宏过程以及相应空间分布规律，提出促进创意集聚区可持续发展的基本原则。[31]有的学者使用探索性空间数据分析工具研究了1988—2009年中国各省区人均GDP（国内生产总值）的空间分布格局与特征，结果显示：一方面存在着全域范围的正的空间自相关性，并且这种相关性随着时间的推移在增大；另一方面局域相关也显示出中国局域性的空间集聚特征越来越明显。[32]还有的学者提出，智慧产业是产业发展的高级阶段，是产业转型升级的重要方向。通过阐述智慧产业的基本内涵，介绍了智能制造、智慧制造、知识经济等智慧产业的相关概念，论述了物联网、云计算、移动互联网、大数据等智慧产业的技术基础。通过介绍美国、德国、日本智慧产业发展情况，分析了中国智慧产业发展现状，指出中国智慧产业发展过程中存在的主要问题，并提出智慧产业发展对策。例如，在各行各业推广应用新一代信息技术；推进产品智能化，提高产品的技术含量和附加值；利用智能化技术推进高能耗、高污染行业的节能减排，促进高危行业的安全生产；加强分类指导，进行重点突破，提高各行各业的智能化发展水平；开展智慧企业试点示范工作；完善智慧产业支持服务体系等等。[33]

四、旅游管理

学科建设与产业融合发展、现代旅游与信息融合发展以及世界遗产与旅游是2012年北京地区专家学者在旅游管理领域较为关注的热点问题。

关于学科建设与产业融合发展。有的学者提到，中国交通体系的全面革新推动了“高速时代”的到来，而旅游业的格局和增长与地理集聚之间具有高度的相关性，交通的改善，将降低旅游业的交易成本，推动集聚和扩散作用的互动变化，改变旅游业的空间格局和增长方式，这将对中国旅游业产生深刻而全面的影响。“高速时代”将开创旅游业新的局面，发生同城化、近城化、网络化、网格化等多种变化。游客时间成本和空间成本也将发生新的变化，旅游目的地选择将被重新分配，中国旅游业还将拥有新的价值、面对新的问题。[34]有的学者在文献分析、成熟量表测度语句借鉴、访谈和自编测度语句基础上开发了旅游管理专业的学科认同问卷，通过对西安6所高校旅游管理专业本科生的正式调查，采用探索性和验证性因子分析方法验证了旅游管理专业学科认同的结构和关联维度。研究结果表明：旅游管理专业的学科认同由专业学习、专业前景、专业意识、职业发展、专业投机、社会偏见、专业归属等7个维度构成；7个维度中专业学习、专业前景、专业意识对旅游管理专业的总体学科认同影响力最大。[35]有的学者认为，随着大众旅游初级阶段的到来，我国旅游业也相应进入了国家战略体系，加上旅游教育和人才培养层次的提升，基于中国学术立场和现实诉求的理论创新已是当务之急。并在分析总结旅游发展阶段特征和当代旅游发展的核心价值取向的基础上，提出了当代旅游发展理论的核心观点：构建以旅游法为核心的国家意志体系，以旅游经济监测与预警为中心的宏观调控体系，以游客满意为导向的微观监管体系。[36]

关于现代旅游与信息融合发展。有的学者在回溯智慧旅游的起源及发展条件和现有概念评述的基础上，提出智慧旅游的基本概念。在此概念的理念下，提出了智慧旅游的能力（capabilities）、智慧旅游的属性（attributes）和智慧旅游的应用（applications）三个层面构成的CAA框架体系。提出智慧旅游的四大核心技术是物联网、移动通信、云计算和人工智能技术，并阐述了基于多利益主体的智慧旅游价值供给。[37]还有的学者提出，社会化媒体的发展为旅游服务业营销带来了空间的机遇，目前旅游服务业利用社会化媒体营销出现了意见领袖营销和微电影营销两种新趋势。旅游服务的信息来源可以分为商业来源和社会来源两大类。商业信息来源指的是旅游目的地或旅游企业或旅游组织设计的广告或其他促销材料；社会信息来源指的就是人与人之间的信息传播渠道，通常包括影响顾客行为的五种人际信息：文化或亚文化、参照群体、社会阶层、意见领袖和家庭。[38]有的学者认为，利用现代科技，特别是信息技术推进旅游业从传统服务业向现代服务转型是我国旅游业发展面临的中长期问题。旅游公共服务体系包括线上和线下的多个方面，但信息是整个体系的主线，旅游公共信息服务是旅游业发展的重点内容。云计算是信息技术工业化的过程，旅游云服务是旅游产业壮大发展和成熟的机遇，同时旅游云的实践也将促进云计算相关技术产业的发展。[39]

关于世界遗产与旅游。有的学者认为，近年来，遗产旅游发展迅速，国内外大量案例都显示遗产旅游是一柄“双刃剑”，各种不同的研究结果让遗产旅游本身充满争议，这种争议又引起了学术界关于遗产旅游的激烈讨论。综合来看，经济力量的驱使让旅游的“双刃剑”效应在遗产地表现得相对突出，致使很多学者对遗产旅游问题持负面态度；而遗产旅游的社会文化功能又使得遗产旅游需要更多正面的认可。[40]有的学者通过2008年12月对慕田峪景区经营小商铺的村民进行的问卷调查，评估了世界遗产地评定和旅游发展对当地的影响。同时，通过对慕田峪村管理人员的访谈，了解当地遗产保护、旅游管理和社区参与的现状。研究表明，受访者高度认可了世界遗产地评定对旅游和社区发展的促进作用，以及旅游对社区经济和社会文化的积极影响。然而，社区居民也逐渐认识到旅游对环境的一些负面影响。[41]有的学者提出，非物质文化遗产具有传承文明和记载历史的作用，同时也具有游憩利用与开发的价值。研究发现，追求审美与历史价值、文化价值和教育价值是非物质文化遗产游憩者的3大动机。以游憩者的人口统计学特征和动机为细分变量，将非物质文化遗产游憩者分为小康文化型、经济求知型和平稳审美型3种类型。非物质文化遗产所在地域内外游憩者动机及决策偏好存在差异，所在地域内的本地居民在非遗的3个游憩动机方面的感知与诉求明显高于地域外的游客。这些结论为非物质文化遗产资源利用中的市场细分和针对不同区域文化背景游憩者的市场开发和促销推广提供了思路。[42]

注：

①张三保、张志学：《区域制度差异，CEO管理自主权与企业风险承担——中国30省高技术产业的证据》，《管理世界》，2012年第4期。

②邓荣霖：《企业和谐劳动关系：制度创新与人本管理》，《构建社会主义和谐劳动关系》，中国工人出版社2012年版。

③王锟、李伟：《高管政治背景对其离职——业绩敏感性的影响》，《南开管理评论》，2012年第6期。

④王雪梅：《终极控股权、控制层级与经济增加值——基于北京上市公司数据》，《软科学》，2012年第2期。

⑤冯米、路江涌、林道谧：《战略与结构匹配的影响因素——以我国台湾地区企业集团为例》，《管理世界》，2012年第2期。

⑥郭玮、李燕萍、杜旌、陶厚永：《多层次导向的真实型领导对员工与团队创新的影响机制研究》，《南开管理评论》，2012年第3期。

⑦杨付、张丽华：《团队成员认知风格对创新行为的影响：团队心理安全感和工作单位结构的调节作用》，《南开管理评论》，2012年第5期。

⑧孙锐、陈国权：《企业跨部门心理安全、知识分享与组织绩效间关系的实证研究》，《南开管理评论》，2012年第1期。

⑨姚战琪：《我国人力资源服务业发展现状、趋势与政策建议》，《经济研究参考》，2012年第46期。

⑩龚诗阳、刘霞、刘洋、赵平：《网络口碑决定产品命运吗——对线上图书评论的实证分析》，《南开管理评论》，2012年第4期。

⑪陈瑞、林升栋：《崇洋消费心理的双刃剑效应》，《软科学》，2012年第5期。

⑫袁胜军，符国群：《中国消费者对同一品牌国产与进口产品认知差异的原因及分析》，《软科学》，2012年第6期。

⑬肖翔、王佳、杨程程：《新会计准则下公允价值对会计稳健性的影响》，《北京交通大学学报》（社会科学版），2012年第1期。

⑭李英、邹燕、蒋舟：《新会计准则下公允价值运用的动因探索》，《会计研究》，2012年第2期。

⑮祝继高、张晨宇：《推进中国会计研究的国际化——中国会计学会会刊〈中国会计研究〉第一届研讨会会议综述》，《会计研究》，2012年第6期。

⑯罗乾宜：《大型央企集团财务治理模式及其制度创新》，《会计研究》，2012年第4期。

⑰刘启亮、罗乐、何威风、陈汉文：《产权性质、制度环境与内部控制》，《会计研究》，2012年第3期。

⑱朱松：《企业社会责任、市场评价与盈余信息含量》，《会计研究》，2012年第11期。

⑲周守华、陶春华：《环境会计：理论综述与启示》，《会计研究》，2012年第2期。

⑳陆正飞、王春飞、伍利娜：《制度变迁、集团客户重要性与非标准审计意见》，《会计研究》，2012年第10期。

㉑李晓慧、孙蔓莉：《业绩归因分析在审计风险识别中的运用研究》，《会计研究》，2012年第9期。

㉒崔志娟：《规范内部控制的思路与政策研究——基于内部控制信息披露“动机选择”视角的分析》，《会计研究》，2012年第11期。

㉓娄伟：《情景分析法在技术经济中的应用》，《工业技术经济》，2012年第10期。

㉔李永壮、刘小元：《董事会社会资本与公司成长性分析》，《技术经济与管理研究》，2012年第12期。

㉕吴菲菲、封红丽、黄鲁成：《基于震级法的新兴技术经济效应评估框架研究》，《科学学与科学技术管理》，2012年第3期。

㉖曾琳、张天柱：《循环经济与节能减排政策对我国环境压力影响的研究》，《清华大学学报》（自然科学版），2012年第4期。

㉗李兵、付新玥、刘金、盘英姿、王文灏：《面向低碳的供应链节点最优库存控制策略》，《统计与决策》，2012年第12期。

㉘陈明生、康琪雪、张京京：《节能环保与经济增长双重目标下我国重工业结构的调整研究》，《工业技术经济》，2012年第2期。

㉙何郁冰：《产学研协同创新的理论模式》，《科学学研究》，2012年第2期。

㉚柳卸林、姜江：《发挥公众参与在环境技术创新中的重要作用》，《工业技术经济》，2012年第1期。

㉛王娜、李东、王其文：《基于复杂网络的创意产业空间集聚研究》，《技术经济与管理研究》，2012年第5期。

㉜潘文卿：《中国的区域关联与经济增长的空间溢出效应》，《经济研究》，2012年第1期。

㉝金江军：《智慧产业发展对策研究》，《技术经济与管理研究》，2012年第11期。

㉞魏小安、金准：《“高速时代”的中国旅游业发展》，《旅游学刊》，2012年第12期。

㉟白凯、倪如臣、白丹：《旅游管理专业的学科认同：量表开发与维度测量》，《旅游学刊》，2012年第5期。

㊱戴斌、周晓歌、夏少颜：《论当代旅游发展理论的构建：理念、框架与要点》，《旅游学刊》，2012

年第3期。

㊲张凌云、黎巎、刘敏：《智慧旅游的基本概念与理论体系》，《旅游学刊》，2012年第5期。

㊳邵隽：《旅游服务业社会化媒体营销新趋势——意见领袖与微电影营销》，《旅游学刊》，2012年第8期。

㊴秦良娟：《旅游云时代的旅游公共信息服务》，《旅游学刊》，2012年第2期。

㊵孙业红：《关于遗产旅游几个重要问题的认识》，《旅游学刊》，2012年第4期。

㊶苏明明、Geoffrey Wall：《遗产旅游与社区参与——以北京慕田峪长城为例》，《旅游学刊》，2012年第7期。

㊷孙梦阳、石美玉：《非物质文化遗产游憩者动机及其市场细分研究》，《旅游学刊》，2012年第12期。

（作者：高杰，神华管理学院助理研究员；邓荣霖，中国人民大学教授）

公共行政学

孙彩红

2012年，党和国家政府管理领域重大举措有：召开了全国社会管理创新综合试点与综合治理工作会议；国务院决定进一步取消和调整行政审批项目；党的十八大召开，其中提出了深化行政体制改革的指导方针与要求。许多城市，特别是北京市发生特大洪涝灾害，这些现实问题都反映在了本年度公共行政的研究当中。

检索了人大复印资料《公共行政》的近200篇文章；《中国行政管理》400多篇文章；《政治学研究》《北京行政学院学报》《新华文摘》等核心期刊700多篇文章；还有重要报纸上100多篇行政学专业领域文章；等等。同时查阅了2012年行政学领域主要专著。这些是综述的主要资料来源。

一、重要学术活动与专著

学术研讨活动是反映学科研究的重要窗口，也是学术前沿和现实问题研究的重要表现。专著则是学科研究的一个集中体现。在此把本年度重要学术活动与主要专著放在一起简述。

（一）主要学术活动与研讨会

2012年度围绕着行政学和政府管理主题，不同研究单位和机构举办了多场学术研讨活动。其中按时间顺序主要简述如下。

4月28—29日，由中国人民大学公共管理学院主办的全国公共部门人力资源管理研讨会在京召开。全国高校与研究部门相关专家学者，对公共部门人力资源管理理论与实践前沿、学科建设，以及与工商部门人力资源管理比较借鉴等三个议题展开深入研讨。

5月18—20日，由中国政法大学政治与公共管理学院主办的“公共服务改革的国际比较：理论与实践”国际学术研讨会在京举行。这一国际比较视角对于中国公共服务改革实践有一定参考意义。

6月17日，第三届中国行政改革论坛“十年来中国行政体制改革回顾与展望”在国家行政学院举办。来自国务院有关部门、部分省市负责人、行政改革领域专家学者等200多人参加论坛，围绕转变政府职能、优化政府结构、推进事业单位改革等论题展开深入研讨。

8月8—9日，由中国行政管理学会等主办、北京市行政管理学会协办、主题为“构建政务服务体系，提升行政服务能力”的第四届全国政务服务中心创新论坛在京举行。就行政服务中心发展和经验、与服务型政府的关系、建立更加完善的政务体系等问题进行了讨论。

10月21—22日，由北京大学人力资源开发与管理研究中心等单位主办的第三届“中国领导人才论坛”在京召开，中组部、相关企业高层领导、专家学者，围绕领导人才开发、评价与测评等主题展开广泛研讨，在品德测评、领导力开发等方面达成共识，受到各界好评。

11月29—30日，国家行政学院主办的“中欧公共治理的新挑战与行政改革”论坛在京召开。有关政府领导及中外学者就行政体制改革经验、问题与任务，公共治理新挑战与公共决策新定位，大部门体制探索，政府绩效等重大问题展开深入研讨。

（二）主要研究专著

本年度出版的行政学著作主要集中在如下研究领域与主题上。

第一，对行政体制和管理体系的综合性研究。在行政体制改革这一基本问题上，有些学者以梳理与分析中国行政改革历史沿革为基础，分析了未来行政体制改革面临挑战，包括信息化、全球化、腐败问题、利益集团等方面的挑战。[①]对行政管理体系及其现代化的系统研究，代表性成果是，针对行政组织、行政监督、社会管理、公共服务、行政绩效等多种体系改革优化举措，提出了我国行政管理体系现代化建设，包括实现中央与地方关系法治化，建立具有约束机制的科学民主决策体系等观点。[②]对中央与地方这一重要关系体制研究的代表性成果是，以中央—地方关系的多元一体格局为逻辑主线，对二者关系中最复杂的事权配置问题，围绕法治化这一核心，提出了系统制度设计。[③]

第二，对政府某些具体领域的专题研究。在政府社会管理职能与构建和谐社会研究上，有些学者在构建和谐社会指标体系架构基础上，提出生态环境污染、社会治安、食品安全等领域加强社会管理的对策。[④]有的是围绕当前社会形势和社会管理创新重点问题，系统阐述了社会管理创新必须以社会公正为导向，构建现代化社会治理模式。[⑤]还有的是从社会管理创新涉及的重点领域提出了社会建设理论思考，包括群众工作、社会保障、社会文明与环境建设等问题。[⑥]

第三，对政府组织和机构改革的研究。代表性成果是，有些学者提出大部制改革要以国家整体发展战略为目标，突出政府核心职能，促成机构有机整合和资源共享等观点。[⑦]对地方政府组织结构、行政监督、财政预算等领域问题的研究，比较有代表性的是总结了地方政府规模和结构的规律，主要是从经济学视角包括经济增长、经济稳定、收入分配等维度来探讨规模和结构的优化策略。[⑧]

另外，在专著中还有些涉及政府应急管理、事业单位改革、公共服务等问题。例如，对北京市公共服务领域和发展状况分析以及提高公共服务质量对策的研究。[⑨]

二、研究的重要领域与主要观点

本年度重要研究领域涉及政府基本职能特别是社会管理职能、大部制与行政体制改革、地方政府实证研究、城市政府危机管理问题、行政学基本理论问题等领域的研究。下面把这些重点领域的主要观点综述如下。

（一）行政体制与大部制改革研究

关于行政体制这一行政学最基本问题的研究，除了上述专著外，在学术文章方面有如下主要观点。

1. 行政体制改革宏观层面研究

代表性观点认为行政体制改革主线是“机构改革与转变政府职能，改革干部人事制度，调整中央与地方权限，加强行政法制建设与规范权力运行，建设人民满意的政府，集中反映中国特色社会主义的时代主题”[⑩]。另有观点是从转变经济发展方式视角阐释政府体制改革重要性，认为政府要“更加重视社会主义市场经济体制的顶层设计和总体规划，主动改变自己的行为方式，实现顶层设计与基层创新的良性互动”[⑪]。还有的是从公务员立场上分析行政改革问题。有些学者通过对公务员问卷调查方法，研究公务员对行政改革的态度、看法和研判。结果发现，“在行政改革具体进路上，较多认同人事制度改革；在行政改革重点上，绝大多数同意公共服务、社会管理和市场监管的改革。”[⑫]这一调查分析，对于有侧重地推进行政改革实践和理论研究深度都有着重要影响。

2. 基层行政改革问题研究

代表性观点是，撤销街道办事处，推进城市治理结构扁平化，实行“二级政府、二级行政”体制，由区政府直接面向社区提供公共服务。[⑬]从改革路径看，撤销街道办事处有赖于推进大部门体制、调整行政区划、完善社区治理结构、培育公益性社区组织等前置性制度建设。但笔者认为，街道办事处从其历史发展来看，仍有其存在的现实需求，不可能全国一刀切撤销这一派出机构，就能彻底实现行政层次少、行政成本低。还有，增加市辖区数量为撤销街道办的前提条件，这也很不现实。这需要通过试点来总结，而且这也是一个渐进过程。

3. 对大部制改革的探讨

大部制改革是近年政府机构改革一项重要内容，是行政体制和政府职能转变的外在表现和载体。不少学者认为目前大部制改革效果不很明显，改革中仍存在着诸多问题。如何继续搞好大部制改革，不少学者给出了各自建议。有建议是：“大部制改革方案要广泛征求社会各方面意见，执行改革方案要置于社会各方面的全程监督，评估改革成效要纳入社会各方面满意度指标，增强改革的法制保障。”[⑭]另有建议是：“认真梳理大部制改革面临的不同层面、不同环节的问题，要着力加强对‘上下不对口’问题研究，重点探究不同层级政府机构设置一般性规律，统筹推进改革，逐步理顺大部门之间的关系。”[⑮]这对于解决好大部制的前置条件、运转中问题、改革后问题具有重要意义。还有的是从经济学视角提出建议：“一是实现激励兼容，动员各方面参与积极性，打破部门利益障碍；二是加强顶层设计，按照公共财政要求，推进财政大部制，建立符合社会主义市场经济和政治文明建设的现代国家财政体制。”[⑯]总之，大部制改革不是政府部门简单合并，也不单纯是缩小机构与规模，关键在于政府结构优化与整合，政府职能要与现代社会和市场经济发展要求相适应。

（二）政府职能与社会管理研究

在政府的社会管理职能这一领域，前面介绍本年度已有不少专著出版。这里重点对学术文章重要观点进行综述。

1. 对政府职能转变的研究

职能转变是行政体制改革核心，对其研究一直是重要领域。有些学者针对政府职能领域存在的误区，提出了解决对策：“对政府职能的界定不能仅仅反映政府自身的主观诉求，还要有其他社会主体的表达与诉求；在内容上各地不能把中央政府规定的政府职能形式化和固定化，而应结合当地实际有针对性地转变。”[⑰]另有观点是从经济学视角突出政府职能转变重点："政府主要角色要从运动员转为设计师、监管者和裁判员；政府公共资源配置应当由一般的经济建设领域，转向社会建设和生态文明建设领域；由关注财富的账面积累，转向关注民众真实福利水平的提高；由注重物资资本投入，转向注重人力资源开发和技术创新。"[18]还有观点认为政府职能转变关键是财税体制改革："提高直接税比重；改革财政分配体制，缩小地方收入差距；改革转移支付制度，基本实现人均可支配财力均等化。"[19]这里重点强调的是政府经济分配职能和调整利益格局职能。

2. 加强社会管理职能的研究

近年来，我国经济和社会结构深刻变革导致了利益冲突与社会矛盾凸显，加强社会管理创新和以民生为重点的社会建设在党的十八大中被提升到战略高度。创新社会管理成为本年度一个学术热点，较多集中在社会管理的理念价值、方法方式、体制机制、路径等方面。

一是加强社会管理的对策研究。有观点提出应提升政府的社会管理能力："由制度能力、组织管理能力和公职人员个体行为能力三者共同构筑，形成有机的整体能力。"[20]另有观点提出社会体制改革基本路径是："通过顶层设计和创新建立中国社会体制的宏观调控与微观搞活制度环境，建构社会体制的运行机制。"[21]这也是运用发展的眼光、用动态性和阶段性的思路来解决社会管理创新问题。还有些学者针对现实问题，从改善社会发展质量等角度，提出了现实语境下社会管理标准化概念及其"公正性、政策性、民主性、专业性、层次性、动态性"[22]等六个主要特性。这些都是创新社会管理的必备基础。

二是社会管理的理论研究。有些学者构建了一个包括三个构成要素的理论模型，即"本体论框架建构—诊断—设计"。[23]但是，笔者认为这种理论框架对政府与社会两个系统运行的现实性关注不够，不同主体的管理方式和行为方式还需要进一步研究。还有学者从理论上区分了社会管理与管理社会的不同内涵，必须在实践中克服管理社会的思想，"管理社会是对旧的计划体制下全能主义国家逻辑的继承。将社会作为管理对象……无法激发起社会的活力和创造力"[24]。加强社会管理创新在党的十八大报告中表述为"在加强和改善民生中创新社会管理，目标是社会建设"。这里强调激发社会的创造力和积极性，注重服务与协调等方式解决社会问题，与十八大中的目标要求基本一致。

三是政府与社会关系研究。在社会管理创新背景下，如何有效培育和发展社会组织，成为各界关注的重要议题。这主要涉及社会组织发展中的问题及解决对策。例如，在社会组织发展方面有学者针对主要社会组织的资金不足难题，提出解决思路："进一步转变政府职能，让社会组织参与提供公共服务；在法律和政策许可范围内拓宽社会组织收入来源；完善法律法规。"[25]另有学者提出政府发展社会组织的工具选择，包括"基础型工具、分配型工具、市场化工具和引导型工具"[26]。这就对政府管理能力提出了更高要求，需要针对不同类型、不同功能的社会组织来选择合适的发展与管理政策。还有些学者进行实证研究，对北京市某区实地调查，归纳出了政府与社会组织的四种模式，即强伴生模式、伴生模式、弱伴生模式、无伴生模式。而社会组织现实发展需求是"真正建立在平等关系基础上的与政府平等合作新模式"[27]。这就注重了发挥两头积极性，一方面是政府应该促进社会组织平等发展并与之合作；另一方面是社会组织要不断提升自身能力尤其是独立性、公信力和专业能力，这是与政府平等合作的内因。

此外，在基层社会管理研究方面，有些学者从组织视角提出，社区是社会管理创新的微观组织基础，"社会管理须构建和强化新的微观组织单元来实现个体组织化"[28]。这利于落实中央提出的"党委领导、政府负责、社会协同、公众参与、法治保障"的社会管理格局要求，激发居民潜能、提高社区的组织化水平，从而夯实社会管理的群众基础。

（三）对地方政府和北京的实证研究

这一领域主要是对地方政府尤其是北京市政府管理与具体社会问题实证研究，包括社会管理、危机和应急管理、城市公共服务等问题研究。

1. 对北京市城乡接合部社会管理实证研究

城乡接合部的双重二元结构是城市发展中面临的共性问题，大城市的问题更严重。有些学者就北京市城乡接合部，尤其是社会保障政策涉及的群体差异进行了实证研究，提出解决对策是："扩大社会保障覆盖面，不断加大财政投入，完善征地补偿政策，维护失地农民社会保障权益，提高对流动人口的社会保障水平，明确不同社会保障主体即各个不同层级政府的责任边界。"[29]只有建立并实施了这种完善的社会保障体系，才能有利于城市化进程和公共服务均等化目标的实现。

2. 城市政府的危机管理研究

这种危机不仅包括社会危机和社会安全管理，还包括自然灾害危机和应急管理。有些学者对北京市社会安全应急管理研究，提出了"以综治办或维稳办为依托来统一应急领导机构……加强应急的综合协调力度和上下级政府之间的互动"[30]等对策。还有学者针对影响社会稳定的群体性事件提出了安全应对举措："通过吸纳草根精英进入信访代理员队伍、大力发展网格内基层自治组织、着重培育维权型社会组织等方式，将自发的社会维权运动引向以可控的组织形式表达诉求。"[31]总体来看，加强社会安全管理和应急管理，主要途径不外乎机构与制度路径。还有些学者对城市政府如何应对暴雨灾害等自然危机进行了研究。2012 年 7 月北京遭遇特大暴雨，造成重大灾害。这引起了对城市治理和灾害危机管理热烈讨论。有学者针对暴雨灾害暴露出的问题，提出："综合运用战略思维与系统思想，构建城市战略管理体系；把地下排水系统的规划、设计和建设作为城市中长期发展的重点工作。"[32]通过加强城市重大危机风险预测与评估，完善重大灾情发布技术手段及制度，完善危机预案及加强可操作性演练，提高城市应对重大危机的质量。

3. 对城市政府服务的研究

城市管理主要是促使城市环境更加优化，更好地为市民提供各种公共服务。有些学者对城市政府提供公共服务的方式以北京市 96156 这种社区服务模式为案例进行了实证分析。这种服务提供模式的关键在于"通过信息化的方式实现了各个社会主体各得其所、互利共赢的局面，从而探索出一条社区服务资源整合的道路"[33]。不过，这一提供公共服务运行模式仅仅通过这样一个案例显得实践支持力度不够，能否适用到高于社区的市政府层次，还需要进一步深入研究。有些学者对城市人居环境，结合北京市六个城区人居环境满意度进行实证分析，提出改善建议："建设需求导向的城市人居环境公共服务体系；建立以公众满意度为导向的城市人居环境绩效评价体系；构建多元主体的城市治理模式。"[34]这也是坚持以人为本加强城市建设的实践体现。

（四）公共行政学理论问题研究

一个学科的发展必须有重要理论进展来推动。除了公共行政现实问题研究，对于行政学理论问题研究也是本年度研究的一个重要领域。

1. 行政哲学视角的研究

代表性成果是从哲学视角对国家建构与行政改革实践、公私域边界变化与公共性理论建构、中国行政学研究的回顾与反思等问题进行了讨论。[35]这些探讨有利于深化对行政学理论基础的建构，引导行政学的发展方向。

2. 行政学理论基础探讨

有些学者从政治与行政关系视角分析了行政学基础理论问题。例如，代表性观点认为，本土化不足是其身份危机产生的重要原因，加强行政学本土化有利于中国行政学获得其学科尊严，更好地发挥其实践指导作用。"通过批判性吸收和本土化改造实现对元命题的超越，从而有助于缓解直至最终摆脱中国行政学的身份危机。"[36]行政学理论发展必须注重价值与功能这两种取向的有机统一。有些学者以需求溢出理论为基础，重构公共管理学，包括管理形态、主体、途径方法、资源配置等。还有学者提出了注重公共行政理论基础，"既要正视我国公共部门运行中的管理缺陷，又要避免对新公共管理理论的简单化认识"[37]。这一分析对于公共管理学的学科发展具有一定参考价值。

3. 国外公共行政理论研究

有些学者研究了美国公共行政的管理主义基础，认为"美国公共行政理论中的管理主义是以实证主义为哲学基础的"[38]。这种方法论基础对我国行政学研究是一个重要警示，不能随便照搬美国公共行政理论来解释中国行政管理实践领域的问题。有学者分析了 20 世纪 60 年代以来西方公共行政理论发展脉络及其缺陷，主要分为工具理性取向的行政科学和价值理性取向的行政哲学。而现实中是不能把这两者完全割裂开来的："公共行政必须以价值理性为指导，以工具理性为支撑，才能实现健康发展。"[39]所以，我国公共行政实践既不能单纯强调政府的行政效率至上，也不能仅仅强调公平、民主等公共价值，必须把二者有机结合起来，在充分发挥民主作用和公平价值的同时提高管理绩效。

（五）国外政府管理实践领域探讨

对其他国家政府管理领域实践做法的探讨，最终目的是以此为借鉴，审视中国政府管理过程和实践，更好地解决促使中国政府问题。本年度这一领域研究较多涉及如下主题。

1. 国外社会建设的经验分析

有些学者对日本社会建设状况进行了研究。[40]日本在 20 世纪 50—80 年代经济高速增长期，针对一系列社会不协调问题，提出建立"以平等化为特质的大众社会"。在这一理念指导和国家政策引导推动下，日本社区、社会福利、企业组织、阶层结构等诸多层面都不断发展。日本促进社会领域资源和机会有效配置的社会建设方法对我国今天创新社会管理过程中具有一定参考价值。还有学者研究了美国社会建设问题以及社会改革运动，认为通过社会改革来解决社会发展中的问题是一条有效路径，这对我国社会建设任务有着启示意义。

2. 国外大部制的研究

大部制是我国近十年机构改革重点，对于国外大部制研究也是一个热点问题。有学者对不同国家大部制经验进行归纳，试图找出对中国大部制改革有借鉴意义的内容。国外大部制实践有："英国为代表的政策局 + 执行局模式，以德法为代表的职能司局 + 独立行政机构模式，以美国为代表的职能司局 + 相对独立模式。"[41]这些不同模式，都从某方面或某种程度上实现了决策与执行分开，但目的不是削减部门规模或精简人员，而是提高政策执行和服务提供的效能。国外大部制的设立、部门结构优化的实践经验和规律性，可为我国机构改革提供参考。

3. 国外政府和行政改革研究

有些学者研究了日本行政改革，代表性观点认为战后日本行政体制特征是："以国民主权为基点的民主性，行政体制的法制性，以民主性、效率性为目标的行政体制变革性，在国家目标设定上体现出的中央政府行政官僚组织的主导性、能动性以及优越性。"[42]这些做法与重要特征，可促使反观和更加深入思考我国行政体制改革中存在的某些问题。有些学者研究了新加坡政府改革，总结了其改革经验，"以服务为导向"，推出了"21世纪公共服务"改革计划，"设立了专门的公共服务计划委员会，建设高效廉洁的公务员队伍，重塑国家核心价值观，积极推动和培育社会力量的发展"[43]。虽然这些改革举措对中国政府改革实践具有借鉴性，但关键要把实质性精神内涵借鉴过来并加以实践，而不只是形式上借鉴，这是有难度的。

4. 国外应急管理实践的探讨

在经济社会发展的复杂性和不确定日益增加的当今时代，许多自然危机和社会危机的出现对政府应急管理是一种极大考验和挑战。有些学者研究了韩国应急管理实践。韩国为了应对政治型、经济—技术型及社会型突发事件的挑战，实现了应急管理转型，"从单纯应对自然灾害转向多灾种协同应对"。[44]有些学者研究了美国志愿者参与应急管理的体制机制等。对此提出我国志愿者参与应急管理的制度性建议："应逐步建立起规范的法律和财税制度，依托政府部门组建稳定的应急管理志愿者队伍，建立公民跨区参与应急救援的认证与许可制度。"[45]还有些学者研究了德国危机管理制度，包括专业的救援模式和救援队伍、政府与社会相结合等特点，提出了我国专业救援发展的建议。

在国外政府管理研究中，还涉及美国土地管理[46]、美国人力资源考评、美国地方政府公共物品供给、美国食品安全监管及其经验、法国分权改革和公务员改革等。

另外，本年度研究中还有行政问责制[47]、服务型政府、政府绩效评估、公共政策等领域和问题。鉴于这些研究成果不是太多，或有些成果缺乏创新性等，没有列为综述主要内容。

三、对本年度研究的简要评价

综上所述，本年度公共行政学研究成果在数量上明显增多，而且研究领域越来越拓宽，与实践结合也越来越紧密。这些尤其体现在对政府职能、社会管理、大部制、行政体制改革等领域研究上。

对中国本土问题和政府管理中现实问题的实证研究也越来越多，对策性更强。例如，城市政府管理中公共服务提供问题、政府与各类社会组织关系问题、城市政府应对自然灾害和社会危机对策研究，基本上都有实证性研究成果。

但是，在研究成果质量上，有些成果理论化层次不够高。例如，对于社会管理及其创新研究，研究成果数量的确很多，但从理论化程度来看，又存在层次不够高和重复性成果问题。有些问题包括社会管理体制、社会管理主体、社会管理方式等领域，具有突破性的创新成果还不多见。虽然还有许多关于社会管理研究的专著，涉及社会管理面临的挑战与形势、基层社会管理、社会管理方式创新等主题，但有许多重复性研究成果。又如，大部制改革作为行政体制改革"突破口"成为学术界研究热点问题之一，尤其是对大部制改革原因、路径、难点与阻力以及国外经验借鉴问题进行了大量研究。但研究主要集中在经验研究，对于理论基础研究还不足，对于我国大部制改革的实际引导作用就很有限。再如，对行政问责制研究的一些文章，仍主要集中在问责主体、问责程序和制度、问责法律等主题；在对策上，主要是提出问责立法、增强问责透明度、增加政治问责、严格规范免职官员复出等举措。总体上还是缺乏有新意和实践可行的对策。

从国外政府管理领域的研究来看，对于发达国家研究太多，主要集中在日本、德国、英国、韩国，尤其是对美国政府管理领域的研究过多，而对于其他国家研究还较少，这种不平衡状况需要改变。虽然大国和发达国家政府管理实践经验值得研究，但是发展中国家、与我国相近的小型国家的经验同样也值得关注。

针对上述研究中存在的问题，今后公共行政研究中几个值得关注的领域是：社会管理研究以及政府与社会组织关系研究都需要深入，特别是社会不同主体参与社会管理过程中，哪些职能可以转移给社会组织，哪些社会组织又具备这样的能力，权力配置与运行监管上如何顺畅等，都需要理论和实证研究。大部制改革研究需要进一步拓展，特别是现有国家实行大部制的条件是什么，中国的现实国情与条件是否能够与它们相比，不同条件下改革的内容和形式又是什么关系，这些都需要理论支撑。对国外研究必须从集中于发达国家的研究拓展到其他领域的国家，这样才能实现国外政府管理研究的全面性，尤其是需要深入研究国外做法的运作机制和配置条件等，真正对中国实践有所贡献。

注：

①许超：《新中国行政体制沿革》，世界知识出版社2012年版。

②魏礼群等：《中国现代行政管理体系研究》，国家行政学院出版社2012年版。

③熊文钊：《大国地方》，中国政法大学出版社2012年版。

④侯保疆、杜钢建：《社会和谐视角下地方政府社会管理职能研究》，暨南大学出版社2012年版。

⑤连玉明主编：《中国社会管理创新报告》，社会科学文献出版社2012年版。

⑥北京市社会建设工作办公室编：《社会建设与

社会管理创新研究》，中国人民大学出版社 2012 年版。

⑦杨兴坤：《大部制：雏形、发展与完善》，中国传媒大学出版社 2012 年版。

⑧郭庆旺等：《中国地方政府规模和结构优化研究》，中国人民大学出版社 2012 年版。

⑨张耘主编：《北京公共服务发展报告》，社会科学文献出版社 2012 年版。

⑩汪玉凯：《新中国行政管理体系变革的主题与主线》，《中共中央党校学报》，2012 年第 1 期。

⑪吴敬琏：《中国的发展方式转型与改革的顶层设计》，《北京师范大学学报》，2012 年第 5 期。

⑫董礼胜：《公务员群体眼中的行政改革》，《北京日报》，2012 年 6 月 25 日。

⑬杨宏山：《街道办事处改革：问题、路向及制度条件》，《公共行政》，2012 年第 7 期。

⑭石亚军等：《大部制改革：期待、沉思与展望》，《中国行政管理》，2012 年第 7 期。

⑮于宁：《大部门制改革值得关注的几个问题》，《行政管理改革》，2012 年第 8 期。

⑯时红秀：《大部制改革：基于经济学视角的分析》，《国家行政学院学报》，2012 年第 5 期。

⑰罗峰：《走出政府职能转变的五个认识误区》，《学习时报》，2012 年 1 月 9 日。

⑱卢中原：《经济转型的新形势与政府职能转变》，《北京日报》，2012 年 2 月 6 日。

⑲侯云春：《转变政府职能关键在于改变利益和政绩“指挥棒”》，《行政管理改革》，2012 年第 8 期。

⑳孙柏瑛：《社会管理与政府能力建构》，《南京社会科学》，2012 年第 8 期。

㉑丁元竹：《中国社会体制改革的目标模式和基本路径》，《学习时报》，2012 年 9 月 17 日。

㉒马俊达：《社会管理视阈下的标准化问题研究》，《经济社会体制比较》，2012 年第 6 期。

㉓李文钊等：《诊断中国社会管理：一个理论考察》，《中国行政管理》，2012 年第 3 期。

㉔冯明亮：《社会管理不等于管理社会》，《社会科学报》，2012 年 1 月 19 日。

㉕蓝军：《解决社会组织发展面临的困难》，《人民日报》，2012 年 4 月 25 日。

㉖王世强：《政府培育社会组织政策工具的分类与选择》，《学习与实践》，2012 年第 12 期。

㉗刘传铭等：《政府与社会组织的互动模式》，《经济社会体制比较》，2012 年第 3 期。

㉘张秀兰等：《社区：微观组织建设与社会管理》，《清华大学学报》，2012 年第 1 期。

㉙姜爱华等：《北京市城乡接合部社会保障的问题与对策研究》，《中国行政管理》，2012 年第 8 期。

㉚熊炎：《北京市社会安全应急能力建设中的问题与改进》，《国家行政学院学报》，2012 年第 2 期。

㉛姚兵：《北京应对群体性事件日趋组织化的思考与建议》，《北京行政学院学报》，2012 年第 2 期。

㉜王建民：《北京暴雨灾害的管理反思》，《人民论坛》，2012 年第 8 期。

㉝黄家亮：《论社区服务中国家、市场与社会的互构》，《北京社会科学》，2012 年第 3 期。

㉞王蕾等：《城市人居环境满意度指数调查研究》，《行政论坛》，2012 年第 6 期。

㉟高小平等：《哲学与政治学视野中的行政学发展》，南京大学出版社 2012 年版。

㊱杨平：《反思视域下的政治与行政》，《行政论坛》，2012 年第 6 期。

㊲黄小勇：《当代西方公共管理研究中的“管理”传统分析》，《当代世界与社会主义》，2012 年第 6 期。

㊳刘耀东等：《美国公共行政理论中管理主义之哲学基础与内在逻辑》，《中国人民大学学报》，2012 年第 5 期。

㊴李玉耘：《20 世纪 60 年代以来的西方公共行政理论述评》，《上海行政学院学报》，2012 年第 6 期。

㊵李升：《日本经济高速成长期的社会建设》，《国家行政学院学报》，2012 年第 3 期。

㊶沈荣华：《国外大部制梳理与借鉴》，《中国行政管理》，2012 年第 8 期。

㊷白智立：《从比较公共行政研究看战后日本行政体制特征》，《日本学刊》，2012 年第 4 期。

㊸宋雄伟：《新加坡建设服务型政府的经验》，《学习时报》，2012 年 10 月 22 日。

㊹王宏伟：《韩国应急管理的转型与发展》，《北京航空航天大学学报》，2012 年第 2 期。

㊺宋劲松等：《美国应急志愿者管理制度及其经验借鉴》，《北京行政学院学报》，2012 年第 4 期。

㊻高新军：《美国地方治理和对土地的管理》，《学习与探索》，2012 年第 6 期。

㊼施雪华：《当前中国行政问责文化的主要问题与解决思路》，《政治学研究》，2012 年第 5 期。杨小军等：《试论行政问责制的完善》，《理论与改革》，2012 年第 2 期。

（作者：中国社会科学院副研究员）

新闻传播学

新闻传播学

郭庆光 郑亦心

随着媒介融合的进一步深化及社会化媒体与移动互联网的迅猛发展，2012年的新闻传播学研究在继续探讨往年部分热点话题的同时，进一步拓宽了学科的研究视野，涌现了一批较为扎实的理论成果和具有现实价值的应用研究。

一、新闻理论研究

在学科融合的大背景下，新闻学研究也面临着新的机遇与挑战。对此，有研究者提出提升当前新闻学研究水平的两种路径：一是“走出”新闻学，即以跨学科的视野进行学科融合；二是“走入”新闻学，即以新闻学的概念、范畴和理论体系为基础，真正进入新闻学自身研究领域。这两种路径互为表里，不可偏废。[①]也有研究者通过对国外相关研究进行综述，总结了媒介融合视域下新闻学研究的新议题，包括学术价值、朴素理论、新闻融合、新闻生产、新闻定义、人本主义、公共利益、新闻教育。[②]新媒介环境下的新闻学研究应当何去何从？有研究者认为新闻学应突破传统，构建新的理论体系。[③]

对于新闻学领域的核心概念，国内学界也进行了再探讨，如从肯定记者主观能动作用的基础出发重新阐述“新闻真实”的意涵、[④]探讨风险传播中平衡报道的现实意义等。[⑤]有研究者从形态、社会基础、规制等角度对虚假新闻进行了理论探讨，[⑥]也有研究者总结了美国“事实核查”网站的经验与启示。[⑦]

新闻生产方面，有研究者引入“他者”概念，探讨新闻对报道对象的形象塑造。[⑧]也有研究者分析了社会化媒体对职业新闻工作者产生的影响，认为当前新闻生产的新特征是专业化与开放性的融合，而新闻业务的改革既要坚守专业传统又要突破一些不再适应新形势的传统观念和操作模式。[⑨]

二、新闻史研究

中国新闻史研究方面，有研究者通过史料考证，认为中国目前有文字可考的最早的新闻月刊是熙宁变法时期宋神宗下诏令进奏院发行的一种不同于进奏院状的新型官报。这种官报没有留下专门名称，后人根据其发行机构及周期暂以“进奏院月报”称之。[⑩]关于我国近代报业的兴起与发展，研究者探讨了19世纪末20世纪初基督教在华传教士关于报刊世俗化的争论，认为在华传教士世俗化报刊的理念及努力从客观上催生了中国近代本土新型报纸的兴起，也推动了西学东渐和中西文化融合。[⑪]关于中国共产党领导下的新闻传播体制的创新与发展，研究者详细梳理了内参工作机制的建立与发展，并系统总结了内参工作在我国政治生活、经济生活、文化生活、社会生活乃至外交生活中的功能与作用。[⑫]

一些研究梳理了新闻传播领域核心概念或理念的历史源流，如对“新闻评论”一词的溯源与考证[⑬]、19世纪中期英国报刊史学家及报人们对第四等级报刊观念的理解[⑭]、美国言论自由理念的诞生[⑮]等。

新闻史研究方法论层面，有研究者总结了既往新闻史研究的“熟悉化”策略，即以历史结果倒推历史原因、系统化和逻辑化、以“选集”代替“全集”，这些策略导致新闻史研究的单一重复。由此研究者提出新闻史“去熟悉化”的研究策略：一为回归历史事件原点逐层揭开历史帷幕，二为具备情境意识，三为重视一手材料。[⑯]

三、新闻传播教育研究

2012年5月12日，“全媒体时代国际新闻传播教育创新论坛”在清华大学举行；2012年12月15—16日，“全球传播和新闻教育的未来”国际学术论坛又在清华大学召开。全媒体时代新闻传播教育面临的机遇与挑战成为国内外新闻传播教育界共同关心的话题。

有研究总结了我国新闻传播教育近10年的发展趋势，包括对新闻传播教育的认识趋于实际理性、新闻传播教育正在主动适应传播环境的变化、新闻传播教育的课堂在向外延伸、研究性教学渐成规模、新闻院校开始尝试向媒介转型、退休高官入主新闻院校等。[⑰]有研究者指出，当前我国新闻学教育面临的矛盾包括专业化与宽口径的悖论、师资建设与教育产业化的冲突、学理性与技能性的两难等。[⑱]关于我国新闻教育改革的出路，有研究者认为应从教学内容、教学方法层面的改革转向更为根本的制度创新，改革招生制度，创新办学模式。[⑲]

2012年相关研究继续深入探讨了媒介融合趋势下新闻传播教育面临的困境与出路。[⑳]他山之石，可以攻玉。一些研究进一步总结了美国新闻教育的经验及其对我国新闻教育改革的启示。[21]

四、传播学研究

2011年12月27—28日，复旦大学新闻学院和复旦大学信息与传播研究中心发起主持了“传播革命与中国传播学：超越结构功能主义”学术对话会，相关理论文章于2012年年初发表。有研究者梳理了功能主义理论的起源与发展源流，并结合本土情境探讨了中国传播研究中作为理论框架的功能主义与作为意识形态的功能主义。[22]也有研究者分析指出，结构功能主义这一研究路径在强调传播的功利性社会效果时，也遮蔽了传播在文化与日常生活方面所扮演的角色，而新媒体的技术赋权让日常生活中的交流重新浮现于人们的视野，由此研究者呼吁重塑传播学的研究范式并超越结构功能主义范式的学术霸权。[23]

2012年时值传播学奠基人威尔伯·施拉姆访华30周年。针对传播学研究范式的“经验—批判”二元框架，有研究者提出质疑与批判，通过梳理“批判学派”这一指称的学术源流，研究者指出批判学派是“被书写出来的”，并不存在明确的主体，我国学者在探索传播研究本土化时应努力突破二元框架并加强理论储备。[24]

有研究者探讨了受众在不同媒介信息获取渠道中产生的属性议程设置，通过实验法验证了阅读新闻材料和大群体交流对属性议程的影响显著，而群体交流对信息的依赖程度依其规模的不同而不同，意见分歧的消除也取决于参与群体交流的群体规模的大小。[25]

内容研究方面，研究者梳理了“媒体表现”的概念演变、研究传统和相关理论，结合中国实际，提出我国“媒体表现”评估指标应包括专业、多元和秩序三个层次，认为“媒体表现”研究可以促进媒体改进质量，有助于媒体政策的科学决策，也可以为学术研究提供基础数据。[26]关于公共关系对新闻报道的影响规律及特点，有研究者创造性地提出“消息来源卷入度”概念以及“卷入广度”和“卷入密度”两个维度，通过分析2001—2010年中国大陆具有代表性的四份报纸的1600篇新闻，研究发现公共关系的“信息补贴”现象十分普遍，且政府官方一直是中国报纸新闻的最主要消息来源；与此同时，弱势群体在媒体上的声音愈来愈强大。[27]

五、广播电视研究

2011年10月下旬，国家广电总局正式发布《关于进一步加强电视上星综合频道节目管理的意见》，该《意见》从2012年1月1日起正式实施，要求34个电视上星综合频道提高新闻类节目播出量，同时对部分类型节目播出实施调控，以防止过度娱乐化和低俗倾向。作为对此规制的回应，国内卫星综合频道集中火力打造王牌娱乐节目。国内学界也对我国的电视娱乐节目进行了审视与反思，有研究者以真人秀节目为例探讨了电视节目形态的跨国流动与本土重构。[28]也有研究者认为我国电视娱乐节目在传媒市场化过程中出现了价值迷失、泛娱乐化和内容同质化严重等问题，呼吁对我国电视生产内容进行价值体系的重构。[29]相关研究表明，2011年我国电视收视市场的总量进一步萎缩。[30]

伴随伦敦奥运会的举行，体育赛事直播技术的革新也引发了研究者浓厚的兴趣。研究者探讨了“云技术”在中国网络电视台奥运报道中发挥的作用，指出“一云存储、多终端报道”的传播体系形成了多种移动电视终端全面发力的新媒体传播格局。[31]

关于我国广播电视媒体公信力的受众认知情况，有研究者进行了问卷调查。研究发现，总体而言受众对当前我国广播及电视的可信度比较满意，电视媒体的可信度要高于广播媒体；受众最信任的信息来源渠道首先是电视，其次是互联网、报纸和其他媒体。[32]

新媒体时代的到来为传统广播电视行业的转型提供了新思路。有研究者分析了不同载体平台上广电新媒体的发展现状，预测广电新媒体未来的发展趋势是内容资源共享及渠道与终端融合。[33]也有研究者探讨了电视及广播与新媒体融合的具体路径。[34]

六、新媒体研究

社会化媒体的传播模式与传播特征依然是学界关注的焦点。有研究者探讨了网络传播模式的变革，认为当前的网络信息传播模式正在从以Web网站为核心的“大众门户”传播模式及以搜索引擎为基础的“定向索取”传播模式转向以社会关系为传播渠道的“个人门户”传播模式。个人门户使大众门户的中心地位被削弱，同时也会促成新的话语权力中心。[35]也有研究者认为内容聚合为社会化媒体开放平台构建奠定了基础，传播线索消除进路的突围与超人际模型的探索推进了社会化媒体的网络人际传播，而内容聚合与新型人际传播模式彰显着社会化媒体的社会性。[36]关于社会化媒体的可信度，有研究者通过实证分析比较了传统媒体、web1.0网站和社会化媒体的可信度高低。研究发现三类媒体中传统媒体仍被认为最可信，社会化媒体尽管被使用得越来越普遍和频繁，但其可信度却在三者中最低。[37]

互联网舆论研究方面，有研究者引入社会心理学的“陌生人”视角，分析网络陌生人的人际不确定性和情感正向性特征，讨论陌生人复杂互动如何导致社会化媒体内议题和舆论领袖的涌现、并通过社会化媒体间的共振导致突发性意外效果。[38]关于微博平台上的舆论意见领袖，有研究者借助社会网络分析的视角并通过个案研究对意见领袖在特定社会网络中的信息交易能力、信息控制能力、不受控制能力进行了量化解读。[39]此外，也有研究以2011—2012年度较为显著的五大公共议题为对象，通过实证研究探讨网络空间中公共议题敏感度及其主要传播渠道的相关性。研究发现，敏感度越高的信息越趋向于在互动程度高的传播渠道中传播，反之亦然。就此研究者提出网络公共议题中敏感信息的渠道模型，即“敏感的螺旋”。[40]

关于互联网使用与公民参与的相关性，有研究者对来自全国31个省、市、自治区的问卷调查数据加以分析，研究发现互联网使用对公民参与有全国普遍的正向影响，同时影响公民参与的还有社会—经济条件因素、心理卷入和信心因素以及传统媒体使用因素。[41]也有研究者以美国社会为例，探讨了网络时代知识生产与政治参与的关系，认为新媒体技术具有某种强化边缘、赋权弱势的民主潜力，网络知识生产也为重构政治传播格局创造了新的机会。[42]

移动互联网的迅猛发展进一步拓宽了新媒体研究的学术视野，相关研究探讨了移动网络舆论的传播机制[43]、位置服务促成移动社区形成[44]等话题。

七、传媒经济研究

有研究者选取2011年传媒经济研究领域的660篇高关注度文献，对传媒经济研究的热点与局限进行综述。通过对所选文献研究题目的词频分析，研究者发现：宏观格局和发展策略研究多于微观要素及操作研究；立足于本国问题的研究是我国传媒经济研究的重中之重；新媒体研究的热度居高不下、“融合”研究大大多于“竞争”性研究；报业的研究成果远大于广播电视业的研究成果。研究者认为当前的传媒经济研究应该站在传媒产业实践和传媒经济理论中间，以科学的研究方法研究政策规制的信度和效度，采用客观中立的态度，以理论为武器，保持一个审视和怀疑的距离来反思传媒业运作的现状。[45]研究者还通过量化分析绘制了中国传媒经济研究的“学术地图”。[46]

产业研究方面，中国人民大学“中国传媒发展指数报告（CMDI）”课题组发布了针对中国媒介经济结构及走势的实证分析报告。研究发现，2010年中国传媒业整体呈稳健发展态势，中国各省区传媒竞争程度相对较低，中国各省区传媒业还处于各自为政、偏安一隅的格局，中国传媒业必须下大功夫提升自己的盈利能力。[47]

2012年国内学界热议的话题包括三网融合、新媒体产业、媒介融合等。有研究者分析了2011年五大跨国传媒集团的战略调整。[48]针对主流媒体网站的管理问题，有研究者对全国37家主流媒体网站高管进行了问卷调查与半结构性访谈，总结了当前我国主流媒体网站在管理方面存在的问题，并从管理体制、员工管理、内容管理、经营管理几方面提出相应的对策和建议。[49]

随着“大数据”时代的到来，海量数据的挖掘、分析与运用为信息产业注入了新的活力。有研究者深入分析了大数据对传统广告营销体系的解构与重构，认为大数据不仅赋予营销体系参与者新的力量，也让全媒体营销的构建成为可能。[50]

注：

①杨保军、涂凌波：《“走出”新闻学与“走入”新闻学——提升当前新闻学研究水平的两种必须路径》，《国际新闻界》，2012年第5期。

②部书锴：《媒介融合视域下新闻学研究的8个新议题——基于国外新闻学研究者的文献综述》，《新闻记者》，2012年第7期。

③芮必峰、陈明惠：《新媒介环境下扩展了的“媒体”范畴——兼谈传统新闻学的调整与变革》，《新闻界》，2012年第14期。

④王辉：《瞬间与无限：新闻真实的两种理解方式》，《国际新闻界》，2012年第2期。

⑤杜建华：《风险传播悖论与平衡报道追求——基于媒介生态视角的考察》，《当代传播》，2012年第1期。

⑥刘自雄、任科：《现代性、后现代性与虚假新闻——关于虚假新闻几个基本理论问题的探讨》，《现代传播》，2012年第8期。

⑦张海华、陈嘉婕：《美国“事实核查”网站的经验与启示》，《现代传播》，2012年第3期。

⑧童兵、潘荣海：《“他者”的媒介镜像——试论新闻报道与“他者”制造》，《新闻大学》，2012年第2期。

⑨蔡雯：《走向专业化与开放性相融合的新闻传播——试论社会化媒体影响下的新闻业务改革》，《国际新闻界》，2012年第9期。

⑩魏海岩：《中国最早的新闻月刊——进奏院月报》，《国际新闻界》，2012年第2期。

⑪王海、王筱桐：《基督教在华传教士报刊的世俗化之争》，《国际新闻界》，2012年第4期。

⑫尹韵公：《论中国独创特色的内部参考信息传播工作及其机制》，《新闻与传播研究》，2012年第1期。

⑬张玉川：《对“新闻评论”一词的溯源与考证》，《国际新闻界》，2012年第1期。

⑭张妤玟：《第四等级报刊观念：基于历史文本的解读》，《国际新闻界》，2012年第2期；谢吉：《到底是谁最早提出“第四等级”?》，《国际新闻界》，2012年第6期。

⑮张军芳：《美国言论自由理念的诞生》，《国际新闻界》，2012年第9期。

⑯涂鸣华：《“去熟悉化”：中国新闻史研究方法论的探讨》，《新闻大学》，2012年第1期。

⑰李建新：《中国新闻传播教育发展趋势探讨》，

《编辑之友》，2012年第3期。

⑱牛炳文、王春玲：《探析当前新闻学教育专业的矛盾》，《新闻爱好者》，2012年第12期。

⑲吴廷俊、王大丽：《从内容调整到制度创新：中国新闻教育改革出路》，《西南民族大学学报》（人文社会科学版），2012年第7期。

⑳肖娜：《媒介融合时代新闻教育的变与不变》，《新闻界》，2012年第2期；牛炳文、王春玲：《论媒体融合背景下新闻教育过程中对话机制的建构》，《编辑之友》，2012年第3期；宋永琴：《国内高校推进媒介融合型教育的“冷”思考》，《现代传播》，2012年第9期。

㉑辛欣：《美国新闻教育思想的源流与发展》，《现代传播》，2012年第2期；李异平：《论传播学教育的两条主线——以美国大学传播学教学为例》，《现代传播》，2012年第3期；贾敏：《走出象牙塔：精英理念与新闻教育的互动和实践——以哈佛尼曼新闻教育项目为中心的考察（1937—1948）》，《新闻大学》，2012年第3期；李建新：《密苏里新闻伦理教育的内涵及借鉴》，《新闻大学》，2012年第5期。

㉒刘海龙：《中国传播研究中的两种功能主义》，《新闻大学》，2012年第2期。

㉓胡翼青：《范式的重塑：社会化媒体时代对功能主义路径的反思》，《新闻大学》，2012年第2期。

㉔胡翼青、吴雷：《谁是批判学派：对传播研究范式二元框架的批判》，《当代传播》，2012年第3期。

㉕马志浩等：《群体规模对属性议程设置的影响——基于议程融合假设的实验研究》，《国际新闻界》，2012年第4期。

㉖刘海龙：《监测信息环境的质量：媒体表现的理论及测量》，《国际新闻界》，2012年第7期。

㉗陈先红、陈欧阳：《公关如何影响新闻报道：2001—2010年中国大陆报纸消息来源卷入度分析》，《现代传播》，2012年第12期。

㉘陈欣钢、田维钢：《电视节目形态的跨国流动与本土重构——以真人秀节目为例》，《当代传播》，2012年第1期。

㉙梅明丽：《内容价值体系的重构——对当前电视娱乐节目定位的思考》，《当代传播》，2012年第3期。

㉚陈晓洲、周欣欣：《2011年中国电视收视市场观察》，《现代传播》，2012年第4期。

㉛邢立双：《“一云多屏”在CNTV奥运报道实践中的应用》，《现代传播》，2012年第10期。

㉜雷跃捷、沈浩、薛宝琴：《我国广播电视媒体公信力的受众认知调查与研究》，《现代传播》，2012年第5期。

㉝周小普、韩娜：《我国广播电视新媒体发展现状及未来趋势》，《国际新闻界》，2012年第12期。

㉞王长潇：《电视与新媒体融合发展模式探析》，《当代传播》，2012年第2期；孟伟：《新媒体语境下广播传受互动理念的建构》，《现代传播》，2012年第7期。

㉟彭兰：《从“大众门户”到“个人门户”——网络传播模式的关键变革》，《国际新闻界》，2012年第10期。

㊱雷蔚真、刘佳：《内容聚合与关系扩散：社会化媒体的开放平台构建分析——以Youtube网站的热播视频为例》，《现代传播》，2012年第4期。

㊲李晓静、张国良：《社会化媒体可信度研究：理论探讨与实证分析》，《新闻大学》，2012年第6期。

㊳张杰：《“陌生人”视角下社会化媒体与网络社会“不确定性”研究》，《国际新闻界》，2012年第1期。

㊴韩运荣、高顺杰：《微博舆论中的意见领袖素描——一种社会网络分析的视角》，《新闻与传播研究》，2012年第3期。

㊵周俊、毛湛文：《敏感的螺旋：网络公共议题中敏感信息的传播渠道研究》，《国际新闻界》，2012年第5期。

㊶潘忠党：《互联网使用和公民参与：地域和群体之间的差异以及其中的普遍性》，《新闻大学》，2012年第6期。

㊷韦路、李锦容：《网络时代的知识生产与政治参与》，《当代传播》，2012年第4期。

㊸林凌：《移动网络舆论传播机制及引导策略》，《当代传播》，2012年第5期。

㊹黄佩、王文宏：《位置服务与移动社区：重构一种城市空间》，《当代传播》，2012年第6期。

㊺喻国明、宋美杰：《传媒经济研究的热点、局限与未来期待——2011年传媒经济研究综述》，《国际新闻界》，2012年第1期。

㊻喻国明、宋美杰：《中国传媒经济研究的“学术地图”——基于共引分析方法的研究探索》，《现代传播》，2012年第2期。

㊼中国人民大学“中国传媒发展指数报告（CMDI）”课题组：《中国传媒发展指数CMDI（2012）总报告》，《编辑之友》，2012年第5期。

㊽邢建毅、刘菁：《2011年五大跨国传媒集团发展概述》，《现代传播》，2012年第10期。

㊾钟瑛、罗昕：《我国主流媒体网站管理现状与建议》，《新闻与传播研究》，2012年第1期。

㊿黄升民、刘珊：《“大数据”背景下营销体系的解构与重构》，《现代传播》，2012年第11期。

（作者：郭庆光，清华大学教授；
郑亦心，清华大学博士生）

军　事　学

军　事　学

昝瑞礼

2012年是中国人民解放军建军85周年，更是党的十八大胜利召开之年。党的十八大第一次明确提出要把信息化建设作为国防和军队现代化建设的方向。同时，要求我们从新的历史起点出发，创新发展军事科学，回答和解决国防和军队建设的新问题，提出了富有创造性的新思想、新观点、新论断。回顾2012年，军事学理论研究又取得了新的成果。

一、学术活动观点综述

1. 首届军地高端战略论坛观点综述

张庆春、曹延中在《首届军地高端战略论坛观点综述》一文中指出，2012年9月下旬，由军事科学院和国防科学技术大学共同发起，在北京联合举办了首届军地高端战略论坛。论坛以“安全环境变化与中国的战略选择”为主题，围绕国际金融危机走向与国际战略格局演变、科学技术发展与国家安全、中国崛起过程中的国家利益、中国在国际大变局中的战略选择等战略问题，进行了多角度的深入研讨。主要观点综述如下：关于国际金融危机走向与国际战略格局演变；关于国际金融危机的走势；关于国际金融危机的战略影响；关于人民币国际化；关于中国安全环境变化；关于科技发展与国家安全；关于国家崛起中的国家利益；关于中国的战略选择。①

2. 2012年“网络与信息安全战略研讨会”学术总结

黄艺在《筹谋网络安全制胜未来战场——中国军事科学学会军队指挥分会2012年“网络与信息安全战略研讨会”学术总结》一文中指出，中国军事科学学会军队指挥分会于2012年12月15日在国防大学召开了“网络与信息安全战略研讨会”，研讨会紧紧围绕主要国家和军队网络空间战略、我网络空间面临的威胁，以及加强网络空间安全建设等问题开展了深入研究和交流，取得了重要的理论成果。(1)关于美国及有关国家网络空间安全战略。大多数作者认为，其实质是以遭受威胁为名，加强控制，为其“世界领导”地位正名；以联合为名，为构建“霸权金字塔”铺路；以安全为名，主动出击，为“先发制人”制造声势；以帮助为名，竭力渗透，为霸权延伸、扩张创造条件；以自由为名，培植势力，为消耗对手制造网络避风港。(2)关于美国及有关国家和军队网络空间作战能力建设。大多数作者认为，美军网络空间作战能力建设及总体指导原则是“为用而建”，突出强调先谋后动，有法可依、有章可循，从国家、军队和军种各层面统一规划网络空间作战能力发展建设。(3)关于我国网络与信息安全战略。有作者提出，应借鉴世界各国的建设经验，建立“主动防御，整体防范”的国家信息安全战略总体指导思想，确立“统筹协调、分级负责、风险管理、循序渐进”的网络空间安全战略发展原则，确保国家网络空间主权的独立和完整，确保国家信息网络基础设施、重要网络系统和网络内容的安全，确保网络空间内容健康、秩序稳定可控，确保国家网络空间体系的自主性和竞争力，确保有效应对网络空间危机能力的不断提升。(4)关于国家网络与信息安全机制构建。大多数作者认为，应在相关职能部门的设置、网络空间安全力量的建设规划、网络空间安全力量任务区分、网络空间安全力量的体制编制、网络空间安全装备的研制、后备网络空间安全力量的组织动员机制建设等方面取得一定共识。但也有作者提出，可建立“两线四级”的网络空间安全军地联合组织体系。“两线”，即“行政领导”线和“业务指导”线；“四级”，即四级行政领导架构（地方为三级）。②

3. 国防大学“非战争军事行动研究中心”第一届学术年会综述

崔天伦、梁殿福在《加强非战争军事行动理论研究提升我国武装力量非战争军事行动能力——国防大学“非战争军事行动研究中心”第一届学术年会综述》一文中指出，这次非战争军事行动学术年会，与会代表集中探讨交流了非战争军事行动能力建设、力量运用和组织指挥等问题，形成了一些共同见解。一是按照信息赋能、网络聚能、体系增能的要求，着眼实现指挥一体化、编成模块化、装备体系化、训练实战化，深化力量体系融合集成，不断提升非战争军事行动能力。二是提升武装力量遂行多样化任务能力。三是非战争军事行动力量运用。四是非战争军事行动组织指挥：第一是构建指挥体系；第二是理顺指挥关系；第三是实施组织指挥。

在地方党委政府或联合指挥机构的统一指挥下，由军队指挥员组织部队的具体行动。[③]

4. 第六届中国军事法治前沿论坛

吴晓曦在《第六届中国军事法治前沿论坛》一文中指出，本次论坛旨在研究和探讨新形势下我国军民融合式发展战略所涉及的重大理论与实践问题，探索和构建面向军事法学术前沿、面向国防与军队建设科学发展、面向战斗力生成模式的快速转变等重大需求的协同创新模式。本次论坛分为五个部分，分别为“军民融合式发展的实践问题”“军民融合式发展的制度构建”“军民融合法律体系的建设与未来发展”“军民融合式发展对军事法的影响”和“军事法研究的其他问题”。每部分均分为主题发言、评议和自由发言环节。武警部队总部法制办主任杜树云就武警法规体系的构成与特点这一问题做了报告。解放军军事法院的谢丹教授就我国军事法制建设的若干问题作了深入分析。军事科学院的丛文胜教授就军民融合奠定了我国军事法繁荣发展的基础这一论题作了详细说明。[④]

5. 2012年度全军外宣工作理论研讨会学术观点综述

王炜、高嵩在《军队政工理论研究》2012年5期《努力做好新形势下军事文化外宣工作——2012年度全军外宣工作理论研讨会综述》一文中指出，经军委、总政领导批准，由总政治部宣传部和南京政治学院联合举办的“2012年度全军外宣工作理论研讨会”于2012年9月27—28日在南京召开。研讨会围绕“中国军事文化与军事对外宣传”这一主题，面向军内外共征集论文206篇，76篇论文获优秀论文奖。与会代表围绕军事文化“走出去”的可行性和必要性、军事文化对外宣传的主要内容、军事文化传播的方式方法和渠道、先进军事文化传播的历史经验与启示、外军文化传播的借鉴等5个专题，进行了广泛深入的研讨，产生了一批思想性、指导性和操作性较强的研究成果，进一步丰富了新形势下军事外宣理论。[⑤]

6. 当代战争战略理论前沿问题学术研讨会观点综述

马刚、许森在《当代战争战略理论前沿问题学术研讨会召开》一文中指出，由国防大学战略教研部主办的当代战争战略理论前沿问题学术研讨会2012年6月26日在泸州召开。研讨会上，专家学者深入探讨当代世界主要国家战争战略理论前沿问题，围绕贯彻落实军委关于加强战略问题研究的有关指示，深化当前我军战争战略理论创新发展，破解当前和今后一个时期制约我军建设诸多难题等问题发表了许多独到的见解、创新的观点，取得了一批有价值的研究成果。[⑥]

7. 中国军事科学学会军队指挥分会十年回顾

袁文先在《中国军事科学学会军队指挥分会十年回顾》一文中认为，中国军事科学学会军队指挥分会是根据中国军事科学学会决定、经国家民政部批准，在国防大学成立的第一个全军性专业研究会。该分会于2001年12月28日正式成立，至今已经走过十年的辉煌历程。十年来，为深化军队指挥理论研究，加强学术成果交流与推广，规范军内学术团体活动，促进军队指挥能力建设，作出了突出贡献。分会采取自办、联办、协办等多种形式，坚持每年召开一次大型学术交流活动和一次小型专题研讨活动，成功搭建了军队指挥理论创新成果交流与推广的平台。分会成立至今，先后召开了“一体化联合作战指挥”“联合战役信息作战”“推进军事训练转型”“信息化作战指挥与信息化建设领导管理”“应急行动指挥”等十余次在全军具有影响的大型学术研讨活动。这些会议，具有选题时代性强、研究层次高、参与范围广、成果影响大等显著特点。[⑦]

8. “贯彻落实党的十八大精神，深入推进军民融合式发展”研讨会述要

褚振江在《扎实推进国防经济理论研究科学发展——“贯彻落实党的十八大精神，深入推进军民融合式发展”研讨会述要》一文中指出，与会专家认为，战斗力生成模式转变对国防经济发展方式提出了新要求，就是要推进国防经济从粗放型发展方式向集约型发展方式转变，从注重总量扩张型发展方式向注重结构优化型发展方式转变，从军民分离型发展方式向军民融合型发展方式转变，从行政配置资源方式向行政和市场结合配置方式转变，从相对封闭型发展方式向全方位开放型发展方式转变，从供给牵引型运行方式向需求牵引型运行方式转变。

在保障方式智能化、保障效能实时化、保障空间多维化、保障主体多元化的新特点、新要求这种大背景下，我国国防经济建设面临着一系列亟待解决的重大课题。例如，如何按照保障方式智能化的要求，积极推进国防经济信息化建设问题；如何按照保障空间多维化的要求，构筑战略战役战术相配套、海陆空天电磁相衔接、基地与机动相匹配、现役与后备相结合、军队与地方相协调的保障力量体系的问题；如何按照保障效能实时化的要求，合理确定潜力与实力、流量与存量、平时与战时、通用与专用、军事需求与其他需求的规模和结构的问题；等等。这些都需要去研究解决。[⑧]

二、军事学理论创新和学术创新的新成果

1. 党的军事指导理论创新发展的新境界——学习党关于新形势下国防和军队建设思想

刘成军、孙思敬在《党的军事指导理论创新发展的新境界——学习党关于新形势下国防和军队建设思想》一文中指出，进入新世纪新阶段，国防和

军队建设面临一系列新的要求。这些新要求集中起来就是三句话：一是如何在新形势下坚持党对军队绝对领导的根本原则，为国防和军队建设保持正确方向；二是如何提高军队有效履行新使命新任务的能力，为国家安全和发展提供有力保障；三是如何推进国防和军队建设科学发展，实现富国与强军相统一，为实现建设繁荣富强的社会主义强国的战略目标奠定坚实基础。党关于新形势下国防和军队建设思想，是科学发展观的重要组成部分，是科学发展观在军事领域的运用和展开；是毛泽东军事思想、邓小平新时期军队建设思想、江泽民国防和军队建设思想的继承和发展；是新形势下推进国防和军队建设的科学指南。党关于新形势下国防和军队建设思想以科学发展观为指导，紧紧抓住新形势下军事力量如何“发展”、如何“运用”这一基本问题，着眼国家安全和发展战略全局，科学筹划国防和军队建设，提出了一系列富有创造性的新思想、新观点、新论断，实现了党的军事指导理论的重大突破。(1) 提出在全面建设小康社会进程中实现富国和强军相统一，明确了建设巩固国防和强大军队是我国现代化建设的战略任务。(2) 提出新世纪新阶段我军历史使命，明确了国防和军队建设的发展方向。(3) 提出主题主线重大战略思想，明确了新形势下解决国防和军队建设主要矛盾的基本路径。(4) 提出思想政治建设“三个确保”的时代课题，明确了新形势下国防和军队建设的政治要求。(5) 提出构建中国特色现代军事力量体系，明确了新形势下国防和军队现代化的战略要求。(6) 提出向科学管理要战斗力，明确了提升军队建设水平的重要方法。⑨

2. 马克思主义军事基本理论研究的新进展

褚振江：《深入推进马克思主义理论创新和学术创新——国防大学参与马克思主义理论研究和建设工程纪事》一文中指出，国防大学成立马克思主义经典著作军事问题研究课题组，集中数十位专家进行分类研究，推出了一批有价值的研究成果。一是编写了“马克思主义经典著作基本观点研究参考丛书”之一《中外关于马克思恩格斯列宁斯大林军事理论研究》。该书填补了国内该研究领域的空白，是中央编译局总课题的18 个子课题组中第一本正式出版的研究成果。二是《经典作家关于军事问题基本观点研究》《马克思主义军事理论中国化的历史进程》《变化着的世界军事与发展着的中国军事理论》《中国现代军事思想研究》等书稿相继问世。课题组首席专家吴杰明参与主编的《军队政治工作学》作为工程唯一一本军队教材正式出版发行，并在全军院校使用。⑩

3. 我军第一部非战争军事行动辞书《非战争军事行动辞典》出版

本书是总参军训部赋予石家庄陆军指挥学院的重要研究课题，是相关研究人员历时五年打造的精品成果。该书共收录2507 个词目33 万余字，分为综合、反恐怖、维护社会稳定、安保警戒、抢险救灾、边（海、空）防斗争、维护国家权益、国际维和、国际救援、军事外交、联合军演、军事威慑等 14 个部分。该书的出版，对于规范和深化我军非战争军事行动理论研究和实践探索具有很强的指导意义。⑪

4. 长征文化系列丛书出版

在喜迎党的十八大胜利召开和纪念建军 85 周年之际，国防大学出版社出版的长征文化系列丛书《历史的决策——长征重要会议》《催征的号角——长征诗词歌曲》《指路的明灯——长征标语口号》《殊死的较量——长征战役战斗》正式向军内外公开发行。国防大学和成都军区在驻渝某红军师，联合举办长征文化系列丛书出版发行座谈会暨首发仪式，并向红军师赠发了图书。⑫

5. 全军军事用语的法规性工具书新版《中国人民解放军军语》出版

韩韧在《一部规范全军军事用语的法规性工具书——2011 年版〈中国人民解放军军语〉评介》一文中指出，新版《军语》主要有以下特点：第一，增加了一批具有我军特色、体现时代特征的新词条。第二，对 1997 年版《军语》的大部分词条进行了修订，使之更加科学准确、简明易懂，并具有时代感。第三，在总体结构上对类目进行了全面调整，使分类更加科学合理。第四，首次增设了词目英文译名。第五，利用信息化平台对所有词条进行了比对和校正。⑬

三、军事战略问题研究的新亮点

1. 当代军事转型中思维向度的调整

任天佑在《当代军事转型中思维向度的调整》一文中认为，当前军事领域的思维方式，有两种思维向度：一种是向着现实、追求认识和完善现实的思维，可称之为既是思维，即主要追求既有事物及其规律性认识的思维。另一种是向着未来、追求思考和创造未来的思维，可称之为应是思维，即主要追求符合未来应有事物，或现实存在但还未被看作既有事物规律性认识的思维。两种不同思维指向，形成不同的思维特征。笔者认为，当前军事领域解放思想，更具深层意义的是思维向度调整，解放思想的重心是调整思维向度。从当代中国军事发展看，重心是调整思维向度。通过这种调整，使我们的思维彻底摆脱既有束缚，超越现实制约，更加自觉地着眼未来，思考和创造未来。换言之，就是从既是思维主导转变到应是思维主导，以创造未来的思维追求，去思考研究问题。⑭

2. 创新积极防御战略思维的前提和基点

赵文华在《创新积极防御战略思维的几点思考》一文中认为，创新积极防御战略思维，应把握好四个前提和一个基点。四个基本前提：一是世界战略格局；二是国家战略目标；三是国家安全环境；四是我国的综合国力和军事实力。创新战略思维的基点是争取主动，先为不可胜。“争取主动”是中国积极防御战略思维活的灵魂，“主动准备，主动作为”是其思想的核心，创新战略思维应从这个基点出发。[15]

3. 创新战略思维的途径

赵文华在《创新积极防御战略思维的几点思考》一文中认为，创新战略思维，就意味着要打破原有的思维定式。如何打破？正确的方法是从实践中找到答案。实践的途径有两个：一是从军事斗争的准备和实践中，如危机事件的处置中去反思、总结，顿悟方向。这一过程中，重要的是不把思维停止在已有处置的结果上，而是把思维向前延展，着眼更理想的战略目标继续复盘研讨下去，找到战略思维的盲点和错位点，获得新的领悟，找到未来解决此类问题的原则、对策和方向。二是善用现代战略模拟对抗手段，如兵棋推演、作战仿真等进行战略思维创新。战略对抗推演是一种和平状态下“触摸”双方或多方战略底线的最有效手段和方法，是一种近似“实战”的虚拟实践。[16]

4. 我国面临的主要现实和潜在安全问题

刘正茂在《变问题为机遇，提高国家战略能力》一文中认为，国家安全是国家发展的不竭之源。在国家安全层面上，影响我国发展稳定的主要现实和潜在安全威胁主要有以下几个方面。一是民族分裂势力，主要有“台独”“疆独”“藏独”等；二是周边领土海洋权益争端，如钓鱼岛主权问题、中印边境领土争端、东海油气资源分配问题、南海问题等；三是可能对我安全环境产生破坏性影响的周边热点问题，如东北亚、东南亚、南亚、西亚、中亚的安全局势；四是我发展对国际格局形成挑战，既得利益者强力反弹，对我形成遏制压力；五是随着我国参与国际事务的增多，一些突发国际事件对我发展带来影响；六是一些国际极端势力对我海外利益的挑战；七是大规模群体性事件对国家安全和社会稳定带来的挑战；八是突发性自然灾害给国家发展带来重大影响；九是快速发展带来的大量资源消耗与能源供给问题，使发展面临安全问题。变问题为机遇，需要从以下几方面认真筹划。(1) 充分认识安全问题的复杂性。(2) 同步运筹国家发展和国家安全。(3) 预防可能出现的问题，未雨绸缪。[17]

5. 美国亚太新战略的主要特点

王建平在《美国亚太新战略凸显的几个主要特点》一文中认为，美国亚太新战略的主要特点是：一是美国全球战略重心东移；二是其主要战略对手转为亚太地区的新兴国家；三是将非传统安全领域的威胁视为影响其霸权的主要威胁；四是推行亚太新战略主要依靠“新三线”（热点线、动态线和威慑线）来支撑；五是亚太陆海相邻地带是美国主要关注的地区；六是“双重心重叠”使中国周边安全环境复杂化；七是美国在亚太地区依靠的力量由结盟国转变为伙伴国。[18]

四、中国军事法学研究新进展

1. 围绕主题主线依法从严治军

唐复全在《围绕主题主线依法从严治军》一文中认为，依法治军、从严治军，是军队建设的全局性、基础性、长期性工作。围绕国防和军队发展的主题和主线，全面推进军队各项建设和改革，需要从诸多方面做起，其中一个极其重要的方面，必须进一步完善“加强军队党的先进性建设和各级党委的能力建设，有效贯彻党对军队绝对领导的根本原则和制度”的法规体系、“加强人民军队的根本性质和宗旨”的法规体系、“加强政治民主、军事民主、经济民主”的法规体系、“加强和谐军营建设，维护新型官兵关系”的法规体系、“加强军队高中级干部作风建设”的法规体系等。[19]

2. 强化我军海外非战争军事行动法律保障

王硕在《着眼不断拓展和深化军事斗争准备强化我军海外非战争军事行动法律保障》一文中认为，新世纪新阶段，随着我军遂行海外非战争军事行动任务的增多，在准确把握海外非战争军事行动客观规律，充分认清法律保障地位作用基础上，根据未来我军可能遂行的海外非战争军事任务，进一步建立健全相关法规体系，切实提高法律服务的质量效益，对增强我军海外非战争军事行动能力具有重要意义。[20]

3. 中国军事法学研究回顾与展望

齐三平在《中国军事法学研究回顾与展望》一文中认为，进入新世纪，我国军事法学研究积极把握时代发展机遇，广泛开展学术研讨，形成了一系列研究热点，推出了一大批有影响的研究成果，总体上呈现出繁荣发展的良好局面。首先，十余年来，我国军事法学研究紧贴国防和军队建设实际，积极开展研讨，学术活动频繁，学术争鸣活跃，内容涉及广泛，取得了丰硕成果。其次，新世纪我国军事法学研究，主要围绕以下九个方面展开：一是法律战问题。二是非战争军事行动法律保障问题。三是国防动员法制建设问题。四是信息战、网络战涉法问题。五是战时军事法制问题。六是军人权益保护问题。七是军事司法问题。八是国际法和战争法相关问题。九是军事法学基础理论问题。对这些重点问题的研究，取得了新的丰硕成果。再次，将军事法学研究的未来发展目标确定为四个方面：一是推动形成完善的中国特色军事法规体系。二是构建合理完整规范的军事法学理论体系。三是形成相对完备的军事法学学科体系。四是培养高素质高水平军事法学研究队伍。以科学、多元的军事法学方法论推动军事法学研究向深层次发展，推出创新性、突破性成果，进一步夯实军事法学理论根基。[21]

五、军事文化研究新亮点

1. 军事文化的组成要素

齐忠亮在《挖掘无形战斗力的丰厚资源——军事文化散论》一文中指出，我军的军事文化是中国特色社会主义文化的重要构成部分。从“产成品”的角度看，军事文化大体上由四个方面组成：一是主要以“忠诚于党、热爱人民、报效国家、献身使命”为基本内涵的当代革命军人核心价值观，它是军事文化的精髓，是广大官兵价值追求、使命义务的准确表达，也是整个社会主流价值观的集中体现；二是主要由专业文化工作者创造的文学艺术作品，如以军事题材小说、散文为主的军旅文学，以军事题材故事片、电视剧为主的影视艺术，以军事题材戏剧、舞蹈、音乐为主的舞台艺术，以军事题材绘画、雕塑、书法为主的造型艺术等，它们是军事文化的集中代表、典型形态；三是主要由基层官兵创造的军营文化，如阵地文化、帐篷文化、甲板文化、机场文化等“战地文化”，以及升国旗仪式、阅兵仪式、宣誓仪式、出征仪式、向军旗告别仪式等“仪式文化”，它们是军事文化的草根形态、民间表达；四是渗透在军人日常思维、工作、生活过程中，以严格、有序、统一为基本特征的军人生活方式。[22]

2. 先进军事文化的内涵和特征

林培雄在《以高度文化自觉推进先进军事文化创新发展》一文中指出，先进军事文化，是党领导人民军队在长期奋斗中创造的宝贵精神财富，是体现我军性质宗旨、职能使命、历史传统的文化形态。作为社会主义先进文化的重要组成部分，先进军事文化除了具有社会文化的一般特征外，还具有自身的鲜明特征。一是鲜明的政治性。二是特有的人民性。三是强烈的战斗性。四是灵活的开放性。[23]

3. 创新发展先进军事文化的总体要求

林培雄在《以高度文化自觉推进先进军事文化创新发展》一文中指出，大力发展先进军事文化，必须坚持正确的政治方向，坚持服务军队建设中心任务，坚持着力保持我军高度团结统一，坚持促进官兵全面发展，坚持紧贴时代要求创新发展。这“五个坚持”，既互相联系，又有机统一，凝结了我军文化建设的基本经验，把握了我军文化发展的特点规律，抓住了军事文化建设的关键和根本，是发展先进军事文化的总体要求。[24]

4. 先进军事文化建设的社会功能

卢君在《充分发挥先进军事文化建设在军队意识形态领域斗争中的重要作用》一文中认为，军事文化领域是意识形态领域斗争的重要战场、特殊阵地。要充分发挥先进军事文化建设的旗帜引领作用，确保军队在意识形态领域斗争的正确方向；充分发挥先进军事文化建设的骨干排头兵作用，勇于在意识形态领域的斗争中当先锋打头阵；充分发挥先进军事文化建设的塑造育人作用，夯实做好意识形态领域斗争的思想政治根基。[25]

5. 军队院校应是先进军事文化建设的引领者

陈兴圆、曲平、徐小林在《军队院校必须在先进军事文化建设中发挥重要的引领作用》一文中认为，先进军事文化的建设是提升军队战斗力、加快军队现代化建设的关键环节，也是建设社会主义文化强国、实现中华民族伟大复兴的一个重要组成部分。军队院校应该勇于承担时代的职责重任，在思想文化、制度文化、行为文化方面做到理论先行、实践先行，在我军先进军事文化建设发挥引领作用。[26]

6. 军事电视宣传在传播先进军事文化中的作用

聂秀生在《关于军事电视宣传带头传播先进军事文化的思考》一文中认为，军事电视宣传在带头传播先进军事文化上作出新贡献。一是军事电视宣传带头传播先进军事文化，必须适应形势、应对挑战，切实在提升核心竞争力上下功夫；二是军事电视宣传带头传播先进军事文化，必须抓住根本、把握方向，切实在增强文化软实力上下功夫；三是军事电视宣传带头传播先进军事文化，必须聚焦主题、服务主线，切实在提高部队战斗力上下功夫；四是军事电视宣传带头传播先进军事文化，必须打牢基础、强“魂”健“体”，切实在提升媒体影响力上下功夫；五是军事电视宣传带头传播先进军事文化，必须团结协作、锐意改革，切实在激发创新力上下功夫。[27]

7. 我军先进军事法律文化建设

孙璐在《对我军先进军事法律文化建设的思考》一文中认为，先进军事法律文化作为一个军事与法律的交叉学科概念，它既是一种军事文化，有着军事文化的特征；又是一种法律文化，有着法律文化的形式特点。军事法律文化，就是指军事主体在从事军事法律实践活动中产生的思想观念、行为模式、情感倾向、传统和习惯，以及与这些法律意识观念相适应的军事法律规范、军事法律制度、军事法律组织和军事法律设施的总称，是人们在军事法律实践中所形成的法律能力，活动方式以及创造的精神成果。[28]

8. 实施先进军事文化战略应正确处理三个关系

徐绿山、刘永路、董宁在《实施先进军事文化战略应正确处理三个关系》一文中指出，新的历史条件下，实施社会主义先进军事文化战略，坚持具有我军特色的军事文化发展道路，必须处理好弘扬主旋律与提倡多样化、服务军队建设中心任务与促进官兵全面发展、尊重官兵基本文化权益与满足官兵多层次多方面文化需求这三个关系。[29]

六、网络国防研究的新进展

1. 网络国防——国防建设新的时代命题

宛东生、朱玉萍、王海在《网络国防——国防建设新的时代命题》一文中认为，随着信息技术的迅猛发展，网络正深度渗入人们的生产生活，网络空间已成为国家安全空间的重要组成部分。网络国防是在社会文明转型过程中产生的新的国防形态。网络国防的出现，给国家安全增加了新的内涵，给国防和军队建设增添了新的内容，给国家、民族生存和发展扩展了新的条件。要以构建基于网络空间的战略平衡为目标，建立良好的网络空间安全基础，发展可靠的网络攻击能力，抢占有利的网络空间战略先机，为国家安全提供可靠的保障。[30]

2. 网络空间对抗对世界军事发展的影响

叶征、赵宝献在《网络空间对抗 对世界军事发展的影响及对策》一文中认为，网络空间对抗对世界军事发展的影响：一是催生了新的战争理念；二是拓宽了作战空间；三是改变了军事力量结构；四是创新了新的作战方式。为应对挑战，我们应加强网络空间作战顶层设计，构建一体化力量体系，打造“撒手锏”装备，提升我军的网络战能力，确保能打仗、打胜仗。[31]

3. 发挥网络新媒体在传播先进军事文化中的作用

田迎娣在《积极利用网络新媒体进行先进军事文化传播》一文中认为，发展先进军事文化必须结合社会发展新趋势，紧贴时代要求、反映时代特征，创新先进军事文化传播观念，适应从机械化战争形态向信息化战争形态的加速转变，应对新情况、新问题、新挑战。在满足官兵精神文化需求、引导舆论的过程中，要积极利用网络新媒体传播途径，占领网络新媒体传播先进军事文化的新阵地。发展先进军事文化是当前文化发展的内外环境变化的现实要求。首先，从外部环境来看，网络化发展推动和加速了全球化的真正完成。其次，先进文化是人类社会前进的精神动力和智力支持。再次，处在当下社会转型和快速发展的阶段，作为文化的主体和创造者——人对文化的需要发生了较大变化。最后，新媒体发展日新月异，文化传播平台和渠道发生了显著变化，文化本身也受传播平台和渠道的影响，迎来了新的挑战和机遇，先进军事文化也必须适应这些变化，积极创新发展。提高新媒体环境下舆论引导能力，用先进军事文化占领网络宣传阵地。[32]

4. 传统媒体与新兴媒体对军事变革的作用

许森在《舆论的力量是军事变革的重要推手》一文中认为，舆论的力量是军事变革的重要推手。军队加强精英和民众并重的传播有助于扩大军队建设的基础，传统媒体与新兴媒体并重有助于增强军事变革的动力，“大传播”理念有助于提高军队建设的能力。军队对外传播，政府主导是关键。国家通讯社、主流网站、中央主要新闻单位是军队外宣的主力军，在涉及我军形象的重大宣传上，要统一步调，一个声音，配合默契。在未来，我们要努力开拓对外传播的新局面，逐步形成政府主导，多方位参与的模式和全方位、多层次、宽领域的格局。[33]

七、信息化条件下军队建设理论研究的新进展

1. 陆军新型作战力量基本作战理论研究的新进展

靖勇、薄睿在《陆军新型作战力量基本作战理论探要》一文中认为，以体系破击战思想为指引，以顽强的作风和新质战斗力为支撑，于战场全纵深实施广泛的“超越攻击”作战，将成为未来地面交战的基本特征。顺应信息化战争历史潮流，我军传统地面作战理论与实践正在酝酿重要变革。（1）机械化条件下我军地面作战行动主要采取逐次用兵、逐层破击的方式；信息化条件下陆军部队依靠全纵深精确打击和立体突击能力，能够直取敌要害节点，肢解作战体系，达成快速制胜。（2）机械化条件下我军的作战重心在地面决战，客观形成以陆军为主的合同作战模式；信息化条件下联合作战成为我军基本作战形式，陆军部队能够与其他军兵种部队密切配合，以长制短、合力制敌。（3）机械化条件下地面作战主要通过灵活机动等形成主次分明、以多打少的战场优势；信息化条件下陆军部队能够在广阔的交战地域内，按需实现分散动态的力量聚合和能量聚优。（4）机械化条件下我军主要立足以劣势装备战胜优势装备之敌，避实击虚，捡弱的打；信息化条件下陆军部队具有与对手相当的作战能力，可以放开手脚，循道用势、阳谋制敌。（5）机械化条件下我军对战场态势掌握比较模糊，作战指挥的概略性特征突出；信息化条件下陆军部队战场感知和指挥控制能力明显增强，能够对作战手段、时空、进程和打击目标进行精确有效控制。[34]

2. 训练模式创新研究新进展

徐向华在《训练模式创新要在“四个方面”求突破》一文中认为，训练模式指的是训练的结构样式和运行方式，表现为对指导理念、训练目标、运行方式、训练内容、组训方法、训练管理和训练保障等要素的制度性安排，是不同历史时期军事训练特点规律和本质特征的集中反映。当前，我军建设正处于转型期，军事训练面临的客观环境和依存条件发生了重大变化，迫切需要构建与信息化条件下军事训练发展相适应的新型训练模式。军事训练模式创新，主要应解决思想认识问题，在确立新的理念上求突破；解决理论滞后问题，在把握特点规律上求突破；解决支撑条件问题，在形成网聚能力上求突破；解决管理保障问题，在建章立制规范运行上求突破。[35]

3. 数字化部队作战运用研究新进展

王西欣在《数字化部队作战运用——发挥体系效能优势的制胜之道》一文中认为，数字化部队作为陆军新型作战力量的代表，是我军未来信息化条件下作战的威慑力量、首选力量和决胜力量。主要遂行信息化程度高、关系战略全局、具有决定意义的作战任务。确立数字化部队作战运用的基本指导，必须着眼可能遂行的作战任务，贯彻信息主导、体系对抗的基本思想。具体须把握六个要点。（1）信息——数字化部队作战运用的核心优势。（2）全域——数字化部队作战运用的任务属性。（3）机动——数字化部队作战运用的行动样式。（4）精确——数字化部队作战运用的内在要求。（5）多能——数字化部队作战运用的特点。（6）体系——数字化部队作战运用的效能优势。[36]

4. 军队信息化建设人才培养新理念

郭之成在《培养高素质新型军事人才需确立五种新理念》一文中认为，当前，我军信息化建设步入加速推进发展的新阶段，迫切需要大批想信息化、钻信息化、抓信息化、干信息化、用信息化的高素质新型军事人才，为推进军队信息化建设加速发展提供有力的人才保证和智力支持。从人才培养实践和未来发展需要看，当前亟须确立以下五种人才培养新理念。第一，确立“走上战场”的实战化培养理念。第二，确立“信息主导”的新质化培养理念。第三，“培塑精英”的专业化培养理念。第四，“没有围墙”的融会化培养理念。第五，“瞄准未来”的超前化培养理念。[37]

八、军事实力研究的新进展

1. 新型作战力量研究的新进展

陈道祥在《新型作战力量使用原则初探》一文中认为，近年来，新型作战力量快速发展，特别是2011年编制体制调整后，特战、陆航、电子对抗部队等新型作战力量，在整体作战力量中的比例逐步加大，已经成为未来联合作战体系的重要组成部分和有力支撑力量。新型作战力量虽然作战效能独特、作用地位突出，但兵力规模有限、指挥协同复杂、保障要求很高。作为指挥员手中的“利剑”和“奇兵”，只有把握科学原则、合理用兵，才能发挥优势、出奇制胜，才能实现新型作战力量作战效能的最大化。一是新型作战力量的运用关键，就是要准确把握制胜机理、运用特点，合理赋予作战任务。二是新型作战力量运用必须着眼复杂战场环境，充分发挥整体作战效能，基于效果编组作战力量，力求保持对敌“非对称”优势。三是作战中使用新型作战力量应重点关注三个环节，即准确把握运用时机，合理选择作战方式，创新使用战法手段。四是有机衔接作战体系，强化信息系统组织。五是持续保持作战能力，严密组织作战保障。具体要抓好三个方面的保障，即情报保障，技术保障和气象水文保障。[38]

2. 中美军事实力比较研究

徐焰在《中美军事实力差距巨大》一文中认为，现代军队是科技密集型团体，一国的国防科研能力和工业经济水平决定其装备水平，也最终决定其军事实力。中国近些年来科研力量发展很快，2011年“神舟”飞船与“天宫”达成了对接，很快可以建立空间站，不过这在总体上也只相当于美苏20世纪80年代的水平。中国在军事系统整体操作水平方面的差距更大。中国陆军主战装备的水平同美国相比，可能是各军兵种中差距最小的，不过现代战争中陆战的作用已日益降低，美国甚至早就扬言不会同大国再打陆战。从海军的总吨位看，中国海军已仅次于美俄居全球第三，不过其装备水平同美国的差距却是军事领域中最大的。第二炮兵装配的战略核导弹，可谓中国最具威力的“撒手锏”，是中国多年来能够威慑美国的最强利器。不过在数量上与技术水平上同美国肯定不能相比，只以保持一点有效的核反击力量为满足。综观中美两国的主战武器，可以说多数项目的技术差距不止20年。另外，中国过去奉行国土防御和近海防御战略，缺少空中和海上的远程投送力量，这方面同美国的差距更大，而想改变这一状况恐怕至少还需要两代人的努力。因此，现在一些国人应从自我陶醉中清醒，在处理对外问题上保持谨慎态度，仍应坚持“韬光养晦”的方针。[39]

3. 军事实力的强弱问题

刘大勇在《我军当代国际形象传播的基本目标与实现途径解析》一文中指出，在人类的共同利益还未大于或超越于民族国家的主权利益的情况下，军事实力的强弱就会在相当程度上决定大国的国际地位和作用。世界各国的军事实践表明，军事实力既可以成为具有破坏作用的暴力，也可以成为服务本国民众的建设性力量。以“服务”为关键词广泛传播我军的“服务性”行动，有利于在适当的尺度内树立起我军“和平之师”形象，从而有效防止过于宽泛和虚化的“和平之师”形象妨碍我军硬实力的使用。[40]

4. 提高基层文化育人的实力

屠金仕在《提高基层文化育人的实力》一文中认为，随着知识经济和信息时代的到来，文化力已经成为影响军队凝聚力、战斗力的重要因素，在军事力量建设和运用中的地位和作用越来越突出。基层文化作为先进军事文化的基础和活力源泉，其建设效益直接影响先进军事文化能否在基层落地生根。提升基层文化育人软实力，既是培养塑造高素质新型革命军人、加快推进战斗力生成模式转变的迫切需要，也是加强基层全面建设的必然要求。[41]

九、未来战争可能使用的武器装备研究新进展

陈文灵在《未来战争可能使用的武器装备》一文中认为，武器装备是战争的物质基础。随着科学技术的飞速发展及其物化，必将产生越来越多性能更卓越的武器装备，从而不断改变战争形态。分析梳理国内外军事科技发展现状及趋势，以下九类武器装备可能在未来战争中广泛使用：一是军事生物科技装备；二是智能化武器装备；三是非致命武器装备；四是网络战武器装备；五是纳米武器装备；六是定向能武器装备；七是隐身武器装备；八是高超声速飞行器；九是深海武器装备。[42]

注：

①张庆春、曹延中：《首届军地高端战略论坛观点综述》，《中国军事科学》，2013年第1期。

②黄艺：《筹谋网络安全制胜未来战场——中国军事科学学会军队指挥分会2012年“网络与信息安全战略研讨会”学术总结》，《国防大学学报》，2013年第3期。

③崔天伦、梁殿福：《加强非战争军事行动理论研究提升我国武装力量非战争军事行动能力——国防大学“非战争军事行动研究中心”第一届学术年会综述》，《国防大学学报》，2013年第3期。

④吴晓曦：《第六届中国军事法治前沿论坛》，《法制日报》，2012年5月17日。

⑤王炜、高嵩：《努力做好新形势下军事文化外宣工作——2012年度全军外宣工作理论研讨会综述》，《军队政工理论研究》，2012年第5期。

⑥马刚、许森：《当代战争战略理论前沿问题学术研讨会召开》，《解放军报》，2012年6月27日。

⑦袁文先：《中国军事科学学会军队指挥分会成立十年回顾》，《国防大学学报》，2012年第2期。

⑧褚振江：《深入推进马克思主义理论创新和学术创新——国防大学参与马克思主义理论研究和建设工程纪事》，《国防大学学报》，2012年第9期。

⑨刘成军、孙思敬：《党的军事指导理论创新发展的新境界——学习党关于新形势下国防和军队建设思想》，《求是》，2012年第24期。

⑩褚振江：《深入推进马克思主义理论创新和学术创新——国防大学参与马克思主义理论研究和建设工程纪事》，《国防大学学报》，2012年第9期。

⑪《国防大学学报》，2013年第2期。

⑫《国防大学学报》，2012年第9期。

⑬韩钧：《一部规范全军军事用语的法规性工具书——2011年版〈中国人民解放军军语〉评介》，《中国军事科学》，2013年第1期。

⑭任天佑：《当代军事转型中思维向度的调整》，《国防大学学报》，2013年第2期。

⑮赵文华：《创新积极防御战略思维的几点思考》，《国防大学学报》，2013年第2期。

⑯赵文华：《创新积极防御战略思维的几点思考》，《国防大学学报》，2013年第2期。

⑰刘正茂：《变问题为机遇，提高国家战略能力》，《国防大学学报》，2012年第1期。

⑱王建平：《美国亚太新战略凸显的几个主要特点》，《国防大学学报》，2012年第9期。

⑲唐复全：《围绕主题主线依法从严治军》，《国防大学学报》，2013年第4期。

⑳王硕：《着眼不断拓展和深化军事斗争准备强化我军海外非战争军事行动法律保障》，《国防大学学报》，2013年第2期。

㉑齐三平：《中国军事法学研究回顾与展望》，《中国军事科学》，2013年第1期。

㉒齐忠亮：《挖掘无形战斗力的丰厚资源——军事文化散论》，《国防大学学报》，2012年第9期。

㉓林培雄：《以高度文化自觉推进先进军事文化创新发展》，《国防大学学报》，2012年第11期。

㉔林培雄：《以高度文化自觉推进先进军事文化创新发展》，《国防大学学报》，2012年第11期。

㉕卢君：《充分发挥先进军事文化建设在军队意识形态领域斗争中的重要作用》，《国防大学学报》，2012年第9期。

㉖陈兴圆、曲平、徐小林：《军队院校必须在先进军事文化建设中发挥重要的引领作用》，《国防大学学报》，2012年第3期。

㉗聂秀生：《关于军事电视宣传带头传播先进军事文化的思考》，《军队党的生活》，2012年第2期。

㉘孙璐：《对我军先进军事法律文化建设的思考》，《国防大学学报》，2012年第11期。

㉙徐绿山、刘永路、董宁：《实施先进军事文化战略应正确处理三个关系》，《国防大学学报》，2012年第9期。

㉚宛东生、朱玉萍、王海：《网络国防——国防建设新的时代命题》，《军事学术》，2013年增刊第1期。

㉛叶征、赵宝献：《网络空间对抗对世界军事发展的影响及对策》，《军事学术》，2013年增刊第1期。

㉜田迎娣：《积极利用网络新媒体进行先进军事文化传播》，《基层通讯员》，2012年第2期。

㉝许森：《舆论的力量是军事变革的重要推手》，《学习时报》，2012年4月24日。

㉞靖勇、薄睿：《陆军新型作战力量基本作战理论探要》，《中国军事科学》，2013年第1期。

㉟徐向华：《训练模式创新要在“四个方面”求突破》，《国防大学学报》，2012年第9期。

㊱王西欣：《数字化部队作战运用——发挥体系效能优势的制胜之道》，《军事学术》，2013年第2期。

㊲郭之成:《培养高素质新型军事人才需确立五种新理念》,《国防大学学报》,2012年第11期。

㊳陈道祥:《新型作战力量使用原则初探》,《国防大学学报》,2013年第3期。

㊴徐焰:《中美军事实力差距巨大》,《学习时报》,2012年10月15日。

㊵刘大勇:《我军当代国际形象传播的基本目标与实现途径解析》,《国防大学学报》,2012年第10期。

㊶屠金仕:《提高基层文化育人的实力》,《解放军理论学习》,2012年第11期。

㊷陈文灵:《未来战争可能使用的武器装备》,《军事学术》,2013年第2期。

(作者:国防大学研究员)

北京研究

北京经济

孟　斌　郑丽敏　贾晓明

2012年,是实施"十二五"规划承上启下的重要一年,党的十八大也顺利召开。面对日趋严峻的国际经济形势,以及内部调整转型、自然灾害叠加等多重因素影响,北京市人民在党中央、国务院和市委、市政府的坚强领导下,坚决贯彻落实党的十八大和市十一次党代会精神,紧密围绕主题主线,坚持"稳中求进",积极推进各项宏观调控政策,全市经济持续健康发展,社会和谐稳定。

一、重要会议简介

2012年2月24日,北京市召开2012年首都能源与经济运行调节工作会议,落实市委十届十次全会和市"两会"决策部署,总结2011年全市能源与经济运行调节工作,部署2012年的重点工作。副市长洪峰同志出席会议并讲话。王英建专职副主任对2012年能源运行工作进行了全面部署,以"十八大"能源保障为重点,确保全年能源运行平稳安全;以清洁化供热体系建设推进燃煤替代为突破口,全面深化能源结构调整;以提升平原和农村地区能源清洁化为着力点,深入实施能源安居惠民工程;以重大项目建设为支撑,不断增强设施保障能力;以发展理念和模式创新为引领,高标准建设区域能源系统;以新能源新技术创新为抓手,促进新能源产业发展;以内涵促降、系统促降为关键,大力推进节能减排工作再上新台阶;以制度化、信息化建设为保障,不断提升能源调节水平和综合应对能力。

第六届"中国经济增长与周期"国际高峰论坛于2012年6月16—17日在北京召开,会议由中国社会科学院经济研究所、首都经济贸易大学、《经济研究》杂志社、《经济学动态》杂志社、香港经济导报社、中国经济实验研究院等单位联合主办。与会专家围绕"稳定宏观经济、推进结构性改革"这一主题,针对我国宏观经济低位运行的现状、原因以及未来几年经济的走势进行了深入分析,在推进结构性调整与经济转型以及政府职能方面各抒己见,就经济稳定与增长速度高低和路径问题展开了热烈的讨论。专家们既着眼于国内经济社会发展所处的阶段、经济发展的现实,又关注经济全球化大背景下的相互影响和相互传导;既注重短期稳定,又谋划长期可持续繁荣,对未来经济发展既达成了广泛共识,也存在一定分歧。6月17日,与会专家参加了"周期性经济波动与经济结构调整"和"外部冲击与宏观经济稳定"两个分会场的专题研讨会,对宏观经济及结构性调整展开了进一步的研讨。

"2012中国经济论坛"于2012年9月14日在北京举行,由中国社会科学院经济学部主办,中国社会科学院城市发展与环境研究所和北京市社会科学院承办。论坛主题为"城市转型与绿色发展",主要议题包括:(1)城市转型与绿色发展的国际经验;(2)城市转型与绿色增长理论;(3)中国城市转型的方向与战略路径;(4)城市型社会的特征及其演变趋势;(5)转型期中国城市化道路的选择;(6)首都圈与城市群的可持续发展;(7)大城市人口规模调控与膨胀病治理;(8)生态环境保护与城市绿色转型;(9)绿色城市建设的理论与实践;(10)绿色发展的制度安排与政策选择。

2012年11月2日,北京论坛经济学分论坛——"反思资本主义:后危机时代世界面临的挑战"在北京举行,由北京大学、北京市教育委员会和韩国高等教育财团联合主办。会议围绕以下三个主题进行探讨:(1)美国金融危机和欧债危机再认识;(2)资本主义的问题;(3)替代方案。

2012年11月11日,第七届全国虚拟经济研讨会在北京航空航天大学举行。本次会议由中国科学院虚拟经济与数据科学研究中心、南开大学虚拟经济与管理研究中心、北京航空航天大学经济管理学院联合主办。会议重点对以信息技术为依托所进行的经济活动（Virtual Economy）展开专题讨论。

2012年11月17日，由董辅礽经济科学发展基金会联合北京大学经济学院、中国人民大学经济学院、武汉大学经济与管理学院、上海交通大学安泰经济与管理学院和清华大学经济管理学院共同组织的中国经济学家年度论坛暨中国经济理论创新奖（2012）颁奖典礼在清华大学举行。与会专家就我国经济结构趋同、财税体制改革；产业结构不合理，提高三产比重，产业结构创新、体制机制调整；破除城乡二元经济结构；调整收入分配，调整消费和储蓄结构；金融制度改革；充分利用人口红利和制度红利等话题进行了精彩的演讲，并进行了热烈的讨论。

2012年12月8日，“经济与社会研究”学术年会在中央财经大学召开，此次会议由中央财经大学中国海外发展研究中心和社会发展学院承办。与会学者围绕“经济社会学理论创新”“经济社会学研究方法”“当前我国经济社会热点问题”等议题进行了精彩的发言。

二、重要学术著作简介

《循环经济与北京——发展　问题　对策》（李岩等，中国经济出版社）从内涵性质、理论基础、政府管制与政策、产业发展、产业园规划、企业管理、技术进步、财政机制、市场激励、商业消费等十个方面对循环经济展开了全面深入的论述、研究和分析。作者十分精准地把握住循环经济的多学科、跨专业和综合性特征，表明循环经济不仅要具备先进的工程技术，符合科学原理，组织工艺过程，还要制定和遵循有效的政府规制和政策，特别是要符合和满足市场经济的规律。正如循环经济这一名称所明确表明的，物质要循环，实现在经济。如果循环经济最终不能走进市场，而只是停留在实验室里、教科书上和研究报告中，那么再美好的愿景也将是海市蜃楼。

《北京市经济社会发展分析》（姚翠友，首都经济贸易大学出版社）认为，作为中国的首都，围绕建设“人文北京、科技北京、绿色北京”的战略任务，北京市的经济社会发展已经进入了全面建设现代化国际大都市的新阶段。但北京市的经济社会发展仍然面临着不少的困难和问题。例如，人口与资源环境矛盾已经十分突出，加快转变发展方式、调整经济结构的要求变得更加紧迫；经济社会发展也面临着自主创新能力不够强，影响首都科学发展的体制机制障碍仍然没有完全消除，关系群众切身利益的就业、教育、医疗、住房、交通等民生领域还存在不少问题等难题。为推动首都经济社会又好又快地发展，必须对北京市的经济社会发展进行深入研究。对北京地区经济社会发展的研究，既需要进行定性分析，也需要进行定量化研究。该书对北京市经济社会发展状况进行细分和类型化，采用统计分析方法，建立了一套科学的指标体系。对2006—2009年北京地区经济和社会发展速度、分布状况进行了测量和科学评定，获得了北京市各区县经济社会发展状况的各类分布信息和细节特征，并进行了北京市各区县间的对比分析、进步速度分析及影响因素分析；研究了北京市在经济、民生、社会结构、生态环境等领域，并与国内其他主要城市进行了对比分析，以及与国际大都市作了比较分析；还对“十二五”末北京经济社会发展趋势进行了预测分析。

《服务经济背景下北京金融服务外包发展研究》（徐枫，知识产权出版社）通过对北京金融服务外包发展现状的分析，指明北京未来金融服务外包发展的产业导向，提出发展北京金融服务外包的对策建议，除了政府导向确定鼓励的产业政策、完善相应的产业促进体系，还应培育具有竞争优势的领军企业。同时，也应该借鉴制造业的经验，积极发展高端的金融服务外包。并就企业发展与社会责任问题二者的关系作了具体的分析。文中指出，金融服务企业的社会责任是未来产业可持续发展的必要保证。

《世界城市与全球城市区域：北京世界城市的区域经济合作》（曾宪植，知识产权出版社）认为，把北京建设成为世界城市是未来几十年北京市的城市发展目标。从世界城市的发展过程来看，城市不是一个孤立的大都市，而是一个具有全球影响力和控制力的大都市圈——全球城市区域。因此，北京建设世界城市是一个通过区域经济合作，不断扩大辐射和影响范围，由国际化大都市发展成为大都市圈，形成全球城市区域的过程。北京世界城市建设中的区域经济合作是北京建设世界城市中最值得深入研究和探讨的问题。该书从理论、背景和实力、区域实践三个层面对这一问题进行了较为深入的分析和探讨。

《中国都市经济系列研究2012——北京市产业空间结构研究》（张辉等，北京大学出版社）通过运用区域一体化理论，对我国四大经济区的19个国家战略发展区域进行了系统的研究，全面考察了国家区域发展战略实施以来，各战略区域内的一体化进程、协调发展程度，并对今后的发展趋势作了科学的研判。在此基础上，该书从经济地理的视角出发，通过密度、距离和分割三大经济地理特征，对北京市在区域经济一体化过程中的现状与问题进行了深入的分析，对调整北京产业空间结构提出了具有针对性的政策建议。例如，北京市要建设世界城市和推进区域经济一体化，就要缩短（时间）距离——加强交通规划和建设，紧密城区内以及与市外的联系；减少分割——调整经济结构，营造更加自由畅通的经济环境，以更加开放的姿态参与到区域经济的整合以及世界经济发展的大潮中；提高密度——推进城市化建设，消除城乡二元经济结构，实现城乡统筹。

三、"首都经济"研究

2012 年是"十二五"规划实施的第二年，也是推动首都科学发展的关键时期。目前，首都经济开始进入由投资导向阶段向创新导向阶段迈进的关键时期。站在世界城市建设的战略高度，按照国家加快转变发展方式的要求，审视首都经济发展，与纽约、东京等世界城市相比仍有较大差距。未来应更加注重高端引领、创新驱动和绿色发展，加快形成科技创新、文化创新"双轮驱动"发展格局。①

2012 年针对首都经济的研究成果丰富，研究视角主要包括产业经济、沟域经济、循环经济、经济结构等方面。

（一）把握"稳中求进"总基调

2012 年，是实施"十二五"规划承上启下的重要一年，党的十八大也将召开。首都北京大力弘扬和践行"北京精神"，牢牢把握"稳中求进"的总基调，在全市 16 区县人代会上各区县确定的经济社会发展目标亮点纷呈，可见千帆竞发、百舸争流的好势头。②

北京市整体上突出把握"稳中求进"总基调，建设中国特色社会主义先进文化之都，加强和创新社会管理，切实保障和改善民生。

"稳中求进"是中央经济工作会议提出的 2012 年经济社会发展总基调。北京深刻把握"稳"与"进"的辩证法，既在政策、措施上保持基本稳定，保证经济社会平稳运行；又紧紧抓住和用好我国发展的重要战略机遇期，在加快转变经济发展方式等方面积极进取。③

（二）产业经济

经济全球化背景下，无论是发达国家还是新兴市场化的世界城市，产业结构都已呈现出服务业占绝对主导地位的格局，而且这种结构十分稳定、成熟，近年来没有太大波动，显示产业结构优化的格局具有一定的共性。

面对世界经济发展这些新的动态，北京的经济怎么发展？北京的城市发展及城市产业结构如何调整？北京能否保持其中国经济发展中创新的先导地位？这些问题，直接关系到 21 世纪北京经济发展的基本思路和战略部署，也直接影响到北京能否建设成科技创新和文化创意双轮驱动的世界城市。

针对上述背景，有学者提出科技创新与文化创意双轮驱动的 2030 北京经济，并通过世界级产业和企业加快首都经济发展方式的转变。④

（三）沟域经济

沟域经济是北京为适应山区生态涵养定位和社会经济发展要求而提出的崭新山区经济发展模式，实践探索取得显著成效，但理论研究尚显不足。

有学者运用区域经济学理论，立足沟域在北京社会经济发展中的功能定位，阐述了沟域经济的基本内涵及其发展影响因素，提出有关沟域经济区划的原则和方法，并对沟域经济区进行了初步划分。⑤

（四）循环经济

在北京向中国特色世界城市发展的新时期，循环经济理念和发展模式的引入进一步提升了北京经济增长的质量，促进北京经济向着"低投入、高产出、可循环"的方向发展。

循环经济是一种遵循生态规律和经济规律，应对资源约束和环境约束，以"减量化、再利用、资源化"为原则，以资源的高效利用和循环利用为核心，以"低消耗、低排放、高效率"为特征，倡导生态、经济、社会和谐共生的全新经济发展模式。循环经济将经济活动组织成为"资源—产品—消费—再生资源"的物质反复循环的闭环式流程，所有的原料和能源在这个不断进行的经济循环中得到最合理的利用，从而使经济活动对自然环境的影响控制在尽可能小的程度。加快发展循环经济既是科学发展的必然要求，也是可持续发展的重要选择。

有学者在解读北京发展循环经济的紧迫性与现实意义的基础上，提出北京发展循环经济路径选择，即发展循环型农业、循环型工业、循环型服务业、循环型园区、循环型社会等。并就"十二五"期间循环经济发展诸多问题和制约因素进行分析，进一步提出了北京发展循环经济的措施和建议。⑥

具体为：(1) 完善政策法规和投融资支撑体系，建立循环经济发展的相应机制。(2) 加强技术支撑体系建设，增强循环经济技术创新能力。(3) 要按照循环经济发展理念，建设产业园区。(4) 广泛倡导绿色消费，营造循环经济发展良好社会氛围。

（五）经济结构

调整优化经济结构是提高经济发展质量、转变发展方式的重要内容，是增强经济竞争力，实现经济持续较快发展的有效途径。近年来，北京市以科学发展观为指导，加快建设"人文北京、科技北京、绿色北京"，着力调整优化经济结构，取得了显著成效。产业发展坚持高端、高效、高辐射力的方向，经济总量持续增长，产业结构不断调整，空间布局逐步优化，资源消耗大幅下降，全市经济在平稳快速发展的轨道上实现了良好运行。特别是在提出建设"世界城市"目标后，北京为增强经济发展的长期动力，坚持立足扩大内需调整结构，加快产业结构优化升级，统筹人口资源环境和经济社会发展，通过经济结构调整破解可持续发展面临的诸多难题，对首都经济社会发展产生了积极而深远的影响。

有学者认为站在新的起点，北京优化调整经济结构要努力解决发展中面临的瓶颈和问题主要有：经济总量和发展水平与世界城市标准还有较大差距；产业结构尤其是产业内部结构需要进一步调整优化；经济功能不均衡问题和城市空间结构矛盾有待突破；总部经济规模实力及可持续发展能力有待增强。在此基础上提出优化北京经济结构提升首都经济发展质量的对策建议，即大力发展高端产业和产业高端环节；加快形成“两城两带六高四新”空间格局；打造世界高端企业总部聚集之都；通过打造“首都经济圈”解决首都的可持续发展问题。⑦

四、北京经济的发展目标、重点及对策研究

（一）北京经济的发展目标

“十二五”时期全市发展的主要目标是：紧紧围绕“人文北京、科技北京、绿色北京”战略和建设中国特色世界城市的目标，按照在推动科学发展、加快转变经济发展方式中当好标杆和火炬手，走在全国最前面的要求，率先形成创新驱动的发展格局，率先形成城乡经济社会一体化发展新格局，努力把北京建设成为更加繁荣、文明、和谐、宜居的首善之区。

2012 年北京市的发展目标如下：

经济平稳较快发展。率先形成创新驱动的发展格局，综合经济实力和竞争能力显著增强，为国家发展服务的功能进一步完善。地区生产总值年均增长 8%，地方财政一般预算收入年均增长 9%，价格总水平保持基本稳定。中关村国家自主创新示范区初步建成具有全球影响力的科技创新中心，战略性新兴产业的支柱地位初步形成，服务业占比达到 78% 以上，“北京服务”“北京创造”品牌和影响力明显增强。

城乡环境更加宜居。率先形成城乡经济社会发展一体化新格局。全市生态服务价值进一步提高，林木绿化率提高到 57%。交通拥堵现象得到有效治理，中心城公共交通出行比例达到 50%。万元 GDP 能耗、万元 GDP 二氧化碳和主要污染物排放持续下降，空气质量二级和好于二级天数的比例达到 80%。基本实现城市生活垃圾零增长、污水全处理。城市管理的精细化、智能化水平进一步提高。

社会发展和谐稳定。公共服务体系更加完善，基本公共服务均等化程度明显提高。城镇登记失业率控制在 3.5% 以内。城乡社会保障体系基本健全，社会保障卡覆盖所有应保障人群。中低收入群众的住房条件得到明显改善。社会管理和服务体制更加完善。人口调控管理服务能力进一步增强，防范和化解社会矛盾的机制更加健全，社会治安防控体系更加严密，社会更加和谐稳定。

文化大发展大繁荣。社会主义核心价值体系建设更加深入，市民文明素质和城市文明程度进一步提高。历史文化资源得到有效的保护、挖掘、传承和利用，文化创意产业和文化事业迅速发展。首都科技、教育、文化等资源优势充分彰显，城市文化软实力显著提升，全国文化中心功能显著增强。

（二）北京经济的发展重点

2012 年北京市重点抓以下几个方面的工作：

着力扩大内需特别是消费需求。越是在国际经济环境趋紧的时候，越是要立足于发挥首都优势，巩固扩大内需稳定增长的良好局面。充分发挥消费主导作用。适应消费结构升级和变化趋势，重点围绕改善民生促消费，大力营造良好的消费环境。进一步优化投资结构。保持政府投资适度增长，优先安排民生保障、城市交通、资源环境、自主创新等方面投资，突出保重点、保续建、保竣工。落实鼓励引导民间投资健康发展的意见，支持社会资本进入社会事业、战略性新兴产业、市政基础设施等领域，促进民间投资稳定增长。坚定不移地抓好房地产调控。继续严格实施抑制投机投资性需求的政策措施，促进房价合理回归。继续做好稳定物价工作。以稳定食品价格、房屋租金价格为重点，深入落实物价调控各项措施，实行市与区县两级价格监控责任制，用好价格调节资金，完善市场调控预案，全面推进保供应、抓流通、重监管、稳预期等各项工作，保持物价总水平基本稳定。

推进产业结构深度调整。着力培育新的经济增长点，大力发展实体经济，加快推动首都经济走上高端引领、创新驱动、绿色发展的轨道。增强科技创新支撑引领作用。加大中关村示范区“1+6”政策及相关配套措施落实力度，集聚整合创新要素，着力推进科技创新和成果产业化。加快推动产业高端化发展。全面实施促进战略性新兴产业发展的政策措施，加大核心技术研发力度，抓好一批科技创新工程和重点项目建设，加强示范应用和市场开拓，尽快培育形成新的支柱产业。不断提高服务业发展水平。举全市之力办好首届中国国际服务贸易交易会，着力打造“北京服务”品牌。进一步推进节能减排降耗。认真落实国家下达的“十二五”时期目标任务，以内涵促降为重点，健全激励约束机制，加强考核问责，切实抓好工业、交通、建筑和居民生活等重点领域节能减排，确保完成年度任务。⑧

（三）发展对策

1. 扩大首都经济优势

进一步彰显首都经济特征。坚持服务经济、总部经济、知识经济和绿色经济的发展定位，巩固和强化首都经济特征。服务经济是首都经济的主体和优势所在，是经济长期保持平稳较快发展的基石，要坚持大力发展服务业，特别是生产性服务业，进

一步发挥对全市经济增长的稳定器作用。总部经济是首都经济的突出特征，是提高经济控制力和影响力最宝贵、最稀缺的资源，要注重积极引进与重点培育并重、国内总部与跨国总部并重、各次产业及各类企业总部并重，继续大力提升总部经济发展水平。

主动推进“首都经济圈”建设，实现跨区域创新协同发展。推进“首都经济圈”建设，既是国家实施区域发展总体战略的重要内容，也是支撑北京世界城市建设、辐射带动周边区域共同发展的战略选择。纽约、东京等世界城市的发展都离不开周边腹地的支撑，如支撑纽约发展的波士华城市群，以纽约、波士顿、费城、巴尔的摩、华盛顿5大城市为中心，面积占美国的1.5%，经济总量占美国的15.7%。未来首都经济圈建设，要充分发挥各自的资源优势，加强产业对接与合作，促进区域经济一体化发展。一是要发挥首都的创新资源优势，跨区域打造“研发—成果产业化”创新协作体系。⑨北京作为全国重要的自主创新高地和技术辐射源头，每年技术成果交易中70%输出到京外地区和国外，但是在北京周边区域转化的比例并不高，北京对周边区域的创新辐射作用还没有充分发挥出来。未来应加强创新合作，充分发挥首都创新优势和周边区域转化成本较低优势，重点围绕战略性新兴产业领域开展合作，增强区域整体创新能力。二是基于北京产业发展空间有限的现实问题，积极探索总部经济、飞地经济等模式，促进区域产业合作，实现共赢发展。⑩

2. 加强城乡一体化建设

优化空间布局。坚持分区域功能定位发展，把优化区域功能配置、完善空间布局形态作为重要支撑，切实提高城乡一体化和区域协调发展水平。着力优化、疏解中心城功能，促进旧城保护与发展。加快推进新城功能完善和新区发展，更加注重薄弱地区发展提升，加快城市空间格局由功能过度集中在中心城向多功能区域共同支撑转变，塑造城乡一体、多点支撑、均衡协调的战略发展格局。

分类打造现代特色小城镇。以重点镇为基础，按规划集中力量打造一批特色突出、环境优美、经济繁荣的现代宜居小城镇。立足小城镇资源条件和发展基础，在主导产业、城镇风貌和人文环境等方面突出发展特色，分类推进旅游休闲特色镇、科技和设施农业示范镇、商务会议特色镇、园区经济特色镇、重点产业功能区配套服务特色镇等小城镇建设。积极引导设立小城镇发展基金，吸引社会资本进入，加快小城镇发展。⑪

3. 增强服务功能

把不断完善和提升首都服务功能作为发展的主要着力点，走增强服务功能与发展服务产业有机融合之路，在服务区域和国家发展的过程中，实现自身的新发展和服务的新提升。着力推进服务功能区建设，塑造世界一流的服务标准和环境，吸引高端要素聚集，增强科技创新、金融服务、商务服务、信息服务功能，更好地辐射带动区域发展和参与全球经济分工。更加注重文化软实力培育，持续提升城市的竞争力和影响力。⑫

4. 加强人才建设

北京作为首都，拥有着丰富的高质量的人力资源。这是北京的最大优势。北京若能把所有人的积极性调动起来，首都经济发展将是最有希望的。当然，要充分发挥人力资源优势，必须实现体制创新，这是前提。

北京在这方面应着力做好三件事：一是进一步明确现在民营企业、个人合法经营和通过辛勤劳动所得到的财产和权益应受到法律的保护。如果知识产权、产品和其他权益受到侵犯，那么，人的积极性将受到严重伤害。所以，必须建立和健全相应法律，并严格按法律办事。二是社会流动可以使人们在不同场合找到发挥才能之处，也就是说，社会流动是从体制上调动人力资源的重要方面。“人挪活，树挪死”这一古语与人力资源的社会流动的内涵是一致的。科技人员下海、农民进城、人才中心的建立都是为使人力资源能够得到更充分的发挥。“跳槽”既不是褒义，也不是贬义，其在社会流动中是极为正常的事。就大学毕业生来说，不在于能不能找到工作，而在于能不能不断地找到更好的工作。北京应该在贯彻五中全会精神的基础上，对目前的户籍管理工作作进一步改革，以便更好地使人力资源优势充分发挥出来。三是要有合理的分配体制，即适合于经济时代和转型经济时代的要求，如知识产权入股、员工持股及有限合伙制，这些都能更好地调动人们的积极性。⑬

注：

①杨国梁：《转变首都经济发展方式：意义、约束与路径选择》，《环渤海经济瞭望》，2012年第1期。

②爱敏：《2012年北京经济社会百舸争流》，《前线》，2012年第2期。

③刘立功、丁文斌：《探析北京经济周期中的“稳”与“进”》，《数据》，2012年第9期。

④梁昊光：《北京产业经济2030发展战略研究》，《北京规划建设》，2012年第5期。

⑤陈俊红：《北京沟域经济发展模式的内涵及区划初探》，《广东农业科学》，2012年第5期。

⑥王颖：《北京市发展循环经济路径与实施对策研究》，《2012城市国际化论坛——世界城市：规律、趋势与战略选择论文集》，2012年第11期。

⑦何芬：《北京市优化经济结构推动发展方式转

变的思考》,《科技创新与生产力》,2012 年第 3 期。

⑧赵弘、赵燕霞、何芬:《新阶段推动首都经济科学发展的战略思考》,《北京市经济管理干部学院学报》,2012 年第 3 期。

⑨冷宣荣:《关于首都经济圈城市群发展的几点思考》,《领导之友》,2012 年第 11 期。

⑩胡浩:《促进环首都经济圈“绿色产业”发展的公共财政对策研究》,《经济研究参考》,2012 年第 34 期。

⑪温小泉:《环“首都经济圈”规划及对相关县域经济发展的影响》,《当代经济管理》,2012 年第 1 期。

⑫谭维克、赵弘:《论“首都经济圈”建设》,《北京社会科学》,2012 年第 4 期。

⑬哈妮丽、曲兵:《探索先行先试首都经济圈人才一体化》,《投资北京》,2012 年第 9 期。

(作者:孟斌,北京联合大学北京学研究所副所长;郑丽敏、贾晓明,北京联合大学硕士生)

北京历史与文化

张 勃 张金荣 王 鑫

2012 年,众多学者通过召开会议、出版专著、发表论文等方式围绕当前北京的历史与文化研究的前沿热点和重要问题进行探索,在北京精神、北京文化建设和传播、北京文化遗产保护传承与利用、北京文化创意产业、北京民俗、北京宗教史等方面取得了新的进展,现将本年度的学术交流情况与研究情况综述如下:

一、重要的学术会议

2012 年 6 月 8 日,由北京联合大学北京学研究基地、北京联合大学学报编辑部和北京联合大学人文地理学学术创新团队联合主办的“北京文化与北京学研究——第十四次北京学学术研讨会”在北京西藏大厦举行。本次会议就北京精神、北京历史文化、北京文化遗产保护和传承、北京学与北京文化的关系等多个话题进行了深入讨论。本次会议共收到论文 50 余篇,从中择优选出与会议主题密切相关的 20 余篇结集为《北京学研究 2012:北京文化与北京学研究》,于 2012 年 10 月由同心出版社出版发行。

2012 年 7 月 8 日,由北京市社会科学界联合会、北京中华文化学院(北京社会主义学院)、北京市文化局、中国民主同盟北京市委员会、九三学社北京市委员会、北京联合大学、北京改革和发展研究会等单位共同主办的“2012 北京文化论坛——首都非物质文化遗产保护”在北京召开。主要议题是总结近年来首都非物质文化遗产保护工作实践经验,探讨如何推动北京优秀传统文化的传承和发展。本次会议的主要成果结集为《首都非物质文化遗产保护——2012 年北京文化论坛文集》,于 2013 年 6 月由首都师范大学出版社出版发行。

2012 年 9 月 19 日,由中共北京市委宣传部、北京市国有文化资产监督管理办公室指导,《新京报》主办的“2012 文化创意产业(北京)峰会”在京召开。本次峰会以“新战略 新驱动 新发展”为主题,多位专家学者就“提升软实力——文化产业的融合与升级换代”“文化兴业——文化创意企业的发展与资本运营”“人才兴文——文化产业繁荣与人才的培养和管理”“园区创新——北京文化创意产业园区发展模式”等话题进行了深入探讨。

2012 年 11 月 10—11 日,由北京市社会科学界联合会与首都经济贸易大学主办的“2012 城市国际化论坛”在京举行。围绕着世界城市发展的规律、趋势与战略选择的主题,来自海内外的百余名专家学者就“世界城市发展的理论与实践”“世界城市规划的重点与难点”“公共服务与城市治理”等问题进行了深入探讨。

2012 年 11 月 20 日,由北京联合大学北京学研究基地、北京联合大学应用文理学院、加拿大文化更新研究中心和加拿大道格拉斯学院合作举办的“历史文化街区保护与更新——2012 年北京学国际学术研讨会”在北京会议中心召开。来自中加韩三个国家的专家学者就历史文化街区的概念、历史文化街区保护的价值和意义、历史文化街区保护与更新的关系、不同国家和地区各类历史文化街区保护的具体方法、经验和建议等方面进行了广泛的交流,取得了许多有价值的成果,对于推动历史文化街区保护与更新的国际比较研究和实际运作经验的相互借鉴,具有十分重要的积极意义。本次会议的主要成果结集为《历史文化街区保护与更新——2012 北京学国际学术研讨会论文集》,于 2013 年 6 月由知识产权出版社出版发行。

二、学术论著简介

《北京精神与文化》(李建平、谭烈飞、马建农、郗志群著,经济科学出版社 2012 年版)是对北京精神的专门研究。该书将北京精神的提炼与理解与北京文化密切联系,认为北京精神是一代又一代北京人创造、实践、传承的价值理想,是北京这座伟大城市在发展进步的过程中逐步积累、不断深化的文化内核和思想动力，是在北京这片热土上自发生长出来的、源远流长、与时俱进的城市精神，是北京优良文化传统和时代先进文化融合的结晶。该书还分别对爱国、创新、包容、厚德进行了解读。认为爱国是北京精神的核心，历史悠久，具有引领和辐射作用，也具有鲜明的时代特征；创新是北京精神的精髓，在北京文化史上具有特殊的地位和影响；包容作为北京精神的特征，是体现北京文化底蕴和文化胸怀的重要内容之一，也是北京文化形成和发展的活力之源。厚德是北京精神的人格化，是北京精神的品质，北京人的厚德源远流长，其内涵随着社会的变迁而演变，并具体表现为尚礼、厚道、宽容、助人等四个方面。

《北京文化发展报告（2011—2012）》（李建盛主编，社会科学文献出版社 2012 年版）一书围绕推进全国文化中心建设、打造社会主义先进文化之都的主题，以 2011 年度北京的文化战略、发展、建设和管理为基本内容，从文化政策与文化战略、公共文化服务与文化软实力、文化创意产业与文化经济、文化遗产保护和文化交流传播等方面，总结分析首都文化发展的现状、原因以及发展趋势，并提出建设性的对策和建议。报告研究分析表明，北京是全国的文化中心城市，建设具有世界影响的著名文化中心城市则任重而道远。

《北京文化创意产业发展报告（2011）》（王国华、张京成主编，社会科学文献出版社 2012 年版）重点跟踪研究北京市文化创意产业发展态势，从整体运行、行业分布、区县布局、集聚发展、政策法规、传统文化资源的创意开发、传统农业和工业的创意转型、奥运遗产资源的创意挖掘、国内外交流等方面综合研究北京的文化创意产业。

《人文北京与文化创新能力建设：历史与现实的对话》（李丽娜、石刚主编，中国经济出版社 2012 年版）从建设与文化、创新与文化、历史与文化、社会与文化等多个方面将历史与现实进行关联，寻找人文北京建设的思路和方法，探究人文北京建设和文化创新能力建设的路径。《国家文化中心的内涵与特征初探》《北京作为社会主义文化中心的特征研究》《北京作为国家文化中心的特殊性研究及发展思考》等文章反映了学者对北京都市定位和作用发挥的新思考。

《北京文化“走出去”国际比较研究》（白志刚，知识产权出版社 2012 年版）立足于中国文化“走出去”的时代背景，着眼于北京市文化“走出去”现状分析，比较系统地考察了国外发达国家及其代表城市文化对外交流传播、文化产业与文化贸易发展的战略规划、具体措施和相关成功经验，并在此基础上探索北京市文化“走出去”的模式和途径。

《北京青年文化现象透视》（冯松青主编，九州出版社 2012 年版）一书由两年来北京市青年宫部分干部员工发表的有关青年文化现象的动态分析和研究成果汇编而成，内容涉及网络热词、青年交友、健身娱乐、艺术培训、观影群体、心理减压、业余生活等，围绕当今青年的热点文化现象，对更好地了解青年特点，开展青年文化活动有一定参考价值。

《意象京华：老舍与北京的文化情缘》（王红英、冯云著，北京燕山出版社 2012 年版）从“作为作品背景的北京”“作为作品题材的北京”和“作为文化想象的北京”三个层面对老舍和北京文化的关系进行了深度阐述，北京成就了老舍，老舍也对北京文化的丰富和传播作出了重要贡献。

《历史的记忆：北京市海淀区太平庄村史》（唐旺主编，学苑出版社 2012 年版）一书以我国农村经济和社会发展为脉络，分九章比较全面、系统地记载了北太平庄、五道口等 11 个自然村百余年来的历史和现状，反映了村落这一最基层单位在不同历史时期的发展史。保存了较为丰富的村一级的历史资料。

《北京佛教石刻》（佟洵主编，孙勐编著，宗教文化出版社 2012 年版）一书共收录隋唐至明清时期北京地区石碑、墓志、石塔、经幢、石函、造像、摩崖题刻等多种石质文物上的佛教石刻文字 433 篇，内容涉及寺庙、高僧、教派、教理、教义以及世俗大众的思想、行为等诸多方面，对于研究北京地区佛教发展史和佛教文化具有重要史料价值。

三、北京文化研究

（一）“北京精神”研究

2011 年 11 月 2 日，以“爱国、创新、包容、厚德”为内容的“北京精神”表述语正式向社会发布。相关解读成为 2012 年北京历史与文化研究的热点，并取得了一系列成果。

学者们十分重视对北京精神的生成、价值及其与中国传统文化的关系等进行研究。有学者认为北京精神不仅具有区域性特征，也是民族精神的集中体现，并且在很大程度上与中华民族的核心价值体系紧密相连。北京精神既有历史连续性，又有时代性；既是一种符号话语系统，又是一个战略目标，一种行为规范，需要整体性地推进。[①]有学者认为北京精神的每一项，都是在时代和时代精神的培育下散发着强烈地方色彩的崇高，蕴含并且培养着崇高。[②]有学者提出北京精神有着十分深厚的传统文化底蕴，是中国传统文化基本精神所在。对北京精神的倡导与践行，是对中国传统文化的弘扬与提升。[③]有学者认为北京精神的八个字是公众对于北京文化和历史解读的结果，也是社会对于北京期望和要求的结果，在当下，它是对于快速崛起中的北京的文化自信、文化自觉和文化自强的集中展现。北京精神的概括，会为北京的发展注入新的动力。[④]有学者强调北京精神既是长期以来形成的，又是在当今全球化的时代背景下需要进一步塑造的，体现了全球化背景下对北京个性的反思与阐释。[⑤]还有学者从园林文化的角度来理解北京精神，认为北京园林作为城市的重要组成部分，体现着爱国情怀，浓缩了创新精髓，汇集了包容特征，蕴含着厚德的品质，与北京精神一脉相承。

也有学者对北京精神中的厚德进行深度阐释。认为北京人的厚德应是北京地缘文化环境中生长起来的方正、仁义、容让和实诚相互交融共生的动态品格。[⑥]还有学者认为厚德是北京首善的定位之魂，其中蕴含着素位而行、自觉修为的内圣伦理诉求，彰显出天人、人我合一，立德扬善的和谐伦理精神，引领着崇尚责任与追求和平的共赢伦理愿景。[⑦]

有学者着重思考北京精神的培育问题，探讨培育北京精神的必要性、基础条件和努力方向，将弘扬和培育北京精神视为首都社会主义文化建设的重要任务和必然要求，并认为北京精神的培育已经具备了坚实的思想基础、物质基础，良好的文化生态土壤，宝贵的实践经验和新的契机。[⑧]有学者提出内化践行是弘扬北京精神的关键，高校师生应该率先践行和宣传。[⑨]还有学者专门探讨创新精神的培育，认为应该提高市民的创意水平和享受创意的意识；发挥艺术家和知识分子的引领作用；将保护知识产权提升到战略的高度。[⑩]

（二）城市文化建设研究

2011年10月，党的十七届六中全会通过了《中共中央关于深化文化体制改革推动社会主义文化大发展大繁荣若干重大问题的决定》，对深化文化体制改革、推动社会主义文化大发展大繁荣作出了全面部署，并明确提出北京要更好地发挥首都全国文化中心示范作用。中共北京市委十届十次全会审议通过并于2011年12月26日正式公布的《关于发挥文化中心作用加快建设中国特色社会主义先进文化之都的意见》，明确了北京的文化发展目标。围绕城市目标定位进行文化研究，成为2012年北京文化研究的另一热点，同时也体现了北京文化研究注重服务北京城市建设、应用性鲜明的特点。

厘清北京文化的特点是进行文化建设的基础和前提，有学者将北京文化概括为北京文化是地域文化、城市文化、都城文化和首善文化。[⑪]

文化建设对于北京城市发展具有重要意义、需要加强文化建设是学者们的共识。[⑫]有学者研究了北京文化建设的优势和难点，认为优势体现在拥有丰富的文化资源、集中了不同层次的文化人才、集散中外文化交流和文化信息等；难点在于如何实现传统与现代的结合，如何变人才优势为创新活力；如何做好文化“引进来”与“走出去”工作。[⑬]也有学者在国际比较的视野中专门审视北京城市文化设施的发展状况。[⑭]

在如何进行文化建设方面，有学者提出有必要跳出“北京”，放眼世界，在学习借鉴国际大都市的城市文化发展经验过程中获得有益的启示。[⑮]有学者认为，以“地域性、综合性、应用性、开放性”为特色的北京学应该在北京文化建设方面发挥重要作用。[⑯]

在推进北京文化建设的具体措施方面，有学者提出北京应该构建自己的文化日历，并对这一新事物从概念、构建原则、构成要素、准入标准、对于城市文化建设的意义等方面进行了理论上的探索。[⑰]有学者从日韩经验受到启发，提出应该通过庆典仪式的构建来清晰文化和传达价值，盘活得天独厚的历史文化资源，让有北京古城特色和中华文明特色的文化得以复兴。[⑱]有学者提出需要确定北京的特色文化资源，并加强整合与传播。[⑲]

还有学者梳理了20年来北京文化发展战略构建与演进的历程，认为首都文化的提出是北京文化建设认知与实践的一个重大跃升，在对现阶段首都文化建设的主要内容与特点进行总结的基础上，提出面向未来的首都文化建设要体现贯彻中央要求与反映北京实际的有机结合，体现总结过去与把握当下的紧密结合；体现大文化、大战略、大整合与新举措的有效配合。[⑳]

（三）文化遗产的保护、传承和利用

北京中轴线是自元代至今以来北京城市东西对称建筑的对称轴，北京市诸多建筑亦位于此条轴线上。北京中轴线现存主要文物建筑包括天安门、故宫、景山、北海、永定门（复建）、燕墩、天坛、先农坛、正阳门、太庙、社稷坛、皇城墙（地安门内大街）、普度寺、万宁桥、火神庙、鼓楼、钟楼等。新中国成立以后，又陆续扩建了天安门广场，建设了人民英雄纪念碑、毛主席纪念堂等。2011年，北京中轴线申报世界文化遗产提上日程，北京中轴线保护成为社会热点，相关研究成果迅速增加，2012年虽然研究形势不比上年，但也有重要成果的产出。有学者对北京中轴线的性质做了明确定位，指出中轴线是北京城的基准之轴；是中国传统文化的凝聚之轴；是体现首都第一功能的政治之轴；也是历久弥新的历史辩证之轴。现在的北京城中轴线，既给今天的世人提供了中国封建时代的三个轴基本完整的范本，同时给出了顺应时代变化保护、传承和发展的成功案例。[㉑]有学者明确提出中轴线的四个保护原则：（1）凸显各段不同的主题特色，强化独特的中国气质；（2）保护传统轴线，使其整体具备申报世界文化遗产的能力；（3）倡导“原真性”保护原则；(4)拟定传统中轴线的设计控制原则，进行积极的保护。[22]有学者在对北京中轴线上已消逝若干建筑描述的基础上，提出了保护中轴线文化遗产应该遵循从历史到现代、从传承到创新的发展规律，中轴线景观的恢复工作需要具体论证，严格控制。[23]有作者在对北京中轴线天桥风貌协调区的历史现状进行研究、调查、分析的基础上，提出了保护与更新的原则和思路。[24]

作为具有历史、技术、社会、建筑或科学价值的工业文化遗迹，工业遗产是城市工业化的历史遗留，是人类工业文明的物质载体和历史见证。它的价值和保护问题日渐受到重视。有学者撰文以北京京棉二厂为案例，对北京现代工业遗产的文化内涵从物质、制度及精神三个层面进行解读，并提出了保护建议。[25]

(四) 文化创意产业研究

近年来伴随着文化创意产业的蓬勃发展，相关研究十分丰富。北京文化创意产业发展的现状、问题和对策研究仍然是2012年的热点讨论问题。

有学者从产业规模、产业构成、企业分布、从业人员分布、所有制结构、产业分布、文化创意不同行业的发展等方面系统展示了北京文化创意产业的整体状况。[26]有学者在比较视野中看待北京在文化产业方面的发展，认为近年来北京市的文化创意产业有了长足进步，在全国占有绝对领先地位，具有强大的区域竞争优势。[27]有学者对北京市文化创意产业区域集聚水平和集聚效应进行研究。[28]

不少学者注重在把握现状的基础上发现其中存在的问题并试图加以解决。有学者认为北京文化创意产业发展中存在一些问题，如政策环境有待完善，企业原创动力不足、文化资源优势尚未转化为产业优势，文化创意产业对价值链条整合不足，缺乏具有世界知名的大品牌和大企业发挥引领作用、向国际化方向发展受到限制，产业技术创新能力较弱、未能形成文化创意和科技创新的相互融合等，并对这些问题提出了有针对性的建议。[29]还有学者借助SWOT分析方法，对北京发展文化创意产业的优势、劣势、机遇和威胁进行了梳理。[30]有学者对北京郊区原生聚落式文化创意产业集聚区进行了具体研究，并提出了有针对性的发展建议。[31]

有学者对北京文化创意产业的具体方面进行研究。例如，有学者重视北京市传统文化资源的利用和发掘，[32]也有学者提出北京文化创意旅游产业的总体思路和具体措施建议，认为需要从建设世界城市文化感召力的高度认识文化创意旅游的发展。[33]文化创意产业人才是文化创意产业发展核心要素，有学者重视北京市在文创人才培养方面存在的问题分析和对策建议。[34]

四、北京历史研究

2012年北京历史研究大致可以分为两类，一类着重从宏观上对北京古代历史特征进行概括和原因分析。如有学者认为北京独特的地理位置以及重要的战略地位，使其成为汉族和北方诸多少数民族争夺的重镇，决定了北京古代历史具有战乱频仍、民族融合前沿、少数民族政权长期统治和政治地位从方国中心逐步上升到全国中心等特征。[35]有学者分析了清代前期北京文化发展的环境，认为当时政治上大一统的实现，多民族、多地域的文化交流，北京作为当时的商贸中心和消费中心对文化融合的促进作用，中西交流进一步加深等，均深刻地作用于北京文化的形成与发展，从而使清前期成为北京文化发展历史上的里程碑。[36]

另一类是从微观角度对北京历史的不同方面进行研究，其中北京历史民俗文献和民俗史研究占有较大分量。有学者撰文对地方志与北京历史民俗研究的关系进行深入探讨，认为不同历史时期修纂的地方志对北京民俗的记述，为当下进行北京民俗研究提供了比较系统、翔实、可靠且时空确定的宝贵资料。通过对地方志中民俗资料的发现与解读，可以进行北京民俗史、北京民俗形态、不同区域民俗的比较、不同历史时期的风俗观以及民俗志文本写作等诸多方面的研究。[37]竹枝词，以吟咏风土为其主要特色，是研究地方民俗的重要资料渊薮。有学者探讨了京津竹枝词形成发展的历史轨迹和分布特点，并认为现存竹枝词具有极大的民俗学研究价值。[38]也有学者通过对《燕九竹枝词》的详细解读，刻画了北京人过“燕九节”时的狂欢场面。[39]《帝京景物略》是一部重要的北京历史文献，有学者对其中的春场部分（关于岁时民俗的记述）进行了专门研究，认为《帝京景物略》是一个北京人和两个旅居北京多年的他乡人在北京著作的有关北京的一本书，书中的岁时民俗记述具有内容可信、时空结合、可读性强等特点。[40]有学者则通过解读春场部分重构明末北京的岁时生活。[41]这些研究体现了民俗研究史料范围的扩大。

在具体的民俗事象史研究方面，有学者探讨了北京饮食习俗的特点和时代特征，指出北京具有广纳全国饮食风味，兼容并蓄、丰富多彩的文化特点，并随着朝代的更替和时代的变化而呈现出不同的时代特征。[42]有学者研究了清末民初的北京满汉人生仪礼，认为融合是这一时期北京地区人生仪礼的典型特点。[43]

在民俗文献和民俗史研究之外，2012年在历史时期北京宗教、教育、城市景观、城市空间等方面上也取得了一些研究成果。有学者对近代北京基督教史的研究现状及史料利用状况做了全面综述，认为基督教在近代北京异常活跃，北京基督教史既反映了基督教在近代北京发展历程的曲折，又展现了与近代北京社会变迁的互动关系。[44]有学者利用八部北京地方志中的寺庙资料，对北京寺庙历史变迁的脉络进行了梳理，并分析了不同志书的价值。[45]

有学者撰文对民国初期北京的社会教育进行研究，指出民国初期，在政府主导下，北京社会教育逐渐兴起。[46]有学者将《北京女报》作为研究对象，注重大众传媒与教育关系的探究。[47]

近年来文化研究中引入空间视角和影像视角，2012年也有这方面的成果。有学者关注清末士子文人集会的空间选择，借以从中发现他们面对政治危机时的复杂心态和重建个人认同的努力。[48]有学者对北京中央公园与民国文人的关系进行思考，指出中央公园是一个非常特殊的公共空间，它为民国文人交流学术思想、建构文化沙龙提供了优越条件，又是民国文人发生浪漫情事、表达故园之思的寄情场所。而不同的文人对中央公园也有不同的精神体验。[49]有学者从影像看文化，认为北京影像文化蕴含着深厚的故都情怀，展现着城市的日新月异，包罗着人世间的万象百态，电影中的北京文化展现出这个地域独有的自然风貌、人文景观、历史形态、风物人情等地方特色。[50]

注：

①程曼丽：《北京精神的传播与践行》，《新闻与写作》，2012年第6期。

②陈瑛：《北京精神——走进时代的崇高》，北京市社会科学界联合会，北京师范大学主编：《2012·学术前沿论丛——科学发展：深化改革与改善民生(下)》，北京师范大学出版社2012年版。

③李静：《"北京精神"的浓厚文化底蕴》，《文教资料》，2012年第18期。

④张颐武：《北京精神的价值》，《北京观察》，2012年第1期。

⑤赵庆杰：《北京精神的时代解读》，《求实》，2012年第2期。

⑥王一川：《谈谈"北京精神"中的"厚德"》，《北京社会科学》，2012年第1期。

⑦赵爱玲：《北京精神中的"厚德"及其伦理诉求》，《城市管理与科技》，2012年第1期。

⑧孙照红：《培育"北京精神"是首都文化建设的实践载体——兼论北京建设世界城市的精神力量》，《城市管理与科技》，2012年第1期。

⑨欧阳漫等：《北京精神：传统的凝练时代的旗帜》，《北京教育》，2012年第2期。

⑩郭万超：《从世界视野看北京精神的创新元素培育》，《城市管理与科技》，2012年第1期。

⑪李建平：《北京文化的特点——兼论北京文化与北京学》，张妙弟主编：《北京学研究2012：北京文化与北京学研究》，同心出版社2012年版。

⑫沈金箴：《文化的世界城市：北京的优先路径》，《北京规划建设》，2012年第4期；吴少平：《建设中国特色世界城市应当加快文化产业发展》，《2012城市国际化论坛——世界城市：规律、趋势与战略选择论文集》。

⑬姚桓、孙宁：《发挥首都全国文化中心示范作用的优势与难点》，《前线》，2012年第1期。

⑭黄鹤、郑皓：《国际视野下北京城市文化设施比较分析》，《北京规划建设》，2012年第3期。

⑮唐莹莹、王松霞：《北京：比较视野中的国家文化中心建设》，《北京联合大学学报》（人文社会科学版），2012年第1期。

⑯张宝秀：《北京学与北京文化研究》，张妙弟主编：《北京学研究2012：北京文化与北京学研究》，同心出版社2012年版。

⑰张勃：《北京文化日历建构论纲》，张妙弟主编：《北京学研究2012：北京文化与北京学研究》，同心出版社2012年版；张勃：《城市文化日历构建及其相关问题的思考》，《青海社会科学》，2012年第5期；张勃：《北京应构建自己的文化日历》，《中国文化报》，2012年12月22日。

⑱高小岩、全美英：《复兴北京的历史文化：庆典仪式和民族凝聚力的日韩经验启发》，张妙弟主编：《北京学研究2012：北京文化与北京学研究》，同心出版社2012年版。

⑲李艳：《北京特色文化资源整合与传播研究初探——以北京的中国特色世界城市建设为研究背景》，《2012京津冀晋蒙区域协作论坛论文集》。

⑳孔建华：《论首都文化——20年来北京文化发展战略的构建与演进》，《新视野》，2012年第4期。

㉑张妙弟：《北京中轴线性质的四个定位》，《北京规划建设》，2012年第2期。

㉒金磊：《北京中轴线建筑遗产的保护与传承》，《北京规划建设》，2012年第2期。

㉓刘文丰：《消失的北京中轴线建筑》，《北京规划建设》，2012年第2期。

㉔戴俭、曾苏元、周璐璐：《北京中轴线（天桥）风貌协调区保护与更新的实践与思考》，《城市建筑》，2012年第8期。

㉕张艳、柴彦威：《北京现代工业遗产的保护与文化内涵挖掘——基于城市单位大院的思考》，张妙弟主编：《北京学研究2012：北京文化与北京学研究》，同心出版社2012年版。

㉖梅松、郭万超：《北京文化创意产业的发展》，《北京当代研究》，2012年第1期。

㉗李亚薇：《文化创意产业视角下的城市发展——以北京市和上海市文化创意产业发展为例》，《特区经济》，2012年第11期。

㉘姚林青、卢国华：《北京市文化创意产业区域集聚水平研究》，《生产力研究》，2012年第8期；赵倩、陈桂玲：《北京文化创意产业的集聚效应研究》，《中国商贸》，2012年第23期。

㉙吴庆玲：《关于促进北京文化创意产业发展的几点建议》，《经济研究参考》，2012年第70期。

㉚王世崇：《北京发展文化创意产业的SWOT分析》，《理论月刊》，2012年第3期。

㉛赵之枫、张建、陈喆：《北京郊区原生聚落式文化创意产业集聚区规划建设研究》，《多元与包容——2012中国城市规划年会论文集》，云南出版社2012年版。

㉜包仁燕：《北京市传统文化资源的创意开发》，《科技管理》，2012年第6期。

㉝王欣、杨文华：《文化创意旅游产业发展模式及北京市发展对策研究》，《北京第二外国语学院学报》，2012年第11期。

㉞梁露：《北京文化创意产业人才培养研究》，《中国现代教育装备》，2012年第7期；黄侃：《完善高校人才培养模式，推动北京文化创意产业发展》，《北京教育（高教）》，2012年第6期。

㉟赵连稳：《北京古代历史特征》，《安康学院学报》，2012年第1期。

㊱刘仲华：《试论清前期北京文化发展的新环境》，《历史文化研究》，2012年第6期。

㊲张勃：《地方志与北京历史民俗研究》，《民俗研究》，2012年第4期。

㊳郑艳：《作为民俗文献的京津竹枝词》，张妙弟主编：《北京学研究2012：北京文化与北京学研究》，同心出版社2012年版。

㊴王颖超：《〈燕九竹枝词〉中的“燕九节”习俗》，《北京文化论坛文集》编委会编：《首都非物质文化遗产保护——2012北京文化论坛文集》，首都师范大学出版社2013年版。

㊵张勃：《〈帝京景物略〉中的岁时民俗记述》，邢莉主编：《民族民间文化研究与保护（第二辑）节日仪式卷》，世界图书出版公司2012年版。

㊶王雨：《从〈春场〉看明末北京的民俗文化》，《芒种》，2012年第6期。

㊷万建中：《北京建都以来饮食文化的时代特征》，《新视野》，2012年第5期。

㊸田莉莉：《清末民初北京满汉人生仪礼比较浅论》，《内蒙古农业大学学报》（社会科学版），2012年第4期。

㊹左芙蓉：《近代北京基督教史研究现状及史料利用综述》，《世界宗教研究》，2012年第2期。

㊺王岗：《北京地方志中的寺庙资料述略》，《北京社会科学》，2012年第1期。

㊻刘晓云：《民国初期北京社会教育述论》，《北京联合大学学报》（人文社会科学版），2012年第3期。

㊼湛小白：《〈北京女报〉与清末北京女子教育初探》，《北京社会科学》，2012年第5期。

㊽季剑青：《朝市与庙会：清末北京的文人雅集》，《汉语言文字研究》，2012年第1期。

㊾高兴：《北京中央公园与民国文人的文化心态》，《北京社会科学》，2012年第3期。

㊿刘兴福、杜剑锋：《影像中的北京文化解析》，《新闻爱好者》，2012年第20期。

（作者：张勃，北京联合大学副教授；
张金荣，北京联合大学硕士研究生；
王鑫，北京联合大学硕士研究生）

人文北京

金元浦　王林生

2012—2013年北京市“十二五”规划建设进入了关键实施阶段。在这一年中北京大力践行北京精神，实施文化创新科技创新“双轮驱动”战略，不断增强和拓展人文北京研究的高度、广度、深度，为推进社会主义先进文化之都和有世界影响力的特色世界城市建设提供了精神动力和智力支持，有效推动了首都北京的文化建设。按照主题划分，其研究内容大致体现在以下几个方面。

一、世界城市研究稳步向前推进

2012年6月，北京市第十一次党代会提出了建设中国特色世界城市的战略目标，将北京的文化建设纳入世界城市文化体系的范畴中，由此，围绕世界城市建设探讨北京城市发展与人文建设的关系成为理论界关注的新焦点。

第一，从国际宏观视野剖析世界城市的发展规律是诸多视角之一。金元浦通过对世界城市的最新测评标准的变化做了研究。[①]2012年8月20日最新出版的美国《外交政策》杂志8/9合刊封面文章以“未来城市”为题，发布了《2025年全球最具活力城市排行榜》，对未来15年世界城市的发展趋势作出了预测。这个榜单由美国麦肯锡咨询公司推出。作者认为，在历史的任何时候，“城市”，从没如此重要过。如今，全世界有600个城市正在创造全球约60%的GDP。到2025年，这种情况依然不会有太大的变化，只是构成这600个城市的精英成员会有很大的变化。2010年，全球GDP的一半出自发达国家的362个城市。预测认为，到2025年，除了纽约、东京、伦敦、芝加哥等超级大都市，四分之一的发达国家城市将跌出全球600强城市榜单，被96个新兴城市取代，其中72个来自中国。在全球75座活力城市名单中，中国有29个城市入选，约占四成。上海摘得该榜单桂冠，京津紧随其后，广州名列第五。中国的城市化正以前所未有的步伐推进，其规模是世界首批城市化国家英国的100倍，速度则是其10倍。金元浦认为，我们要平静地审视《外交杂志》的文章与排名，清醒地看到我国城市发展中的一系列重大问题与困境。

付宝华从典型世界城市发展规律的角度，探讨了北京“中国特色世界城市”建设路径选择问题。[②] 认为世界城市建设有其发展的独特性，北京在建设中国特色新型世界城市的过程中应在借鉴纽约、伦敦、巴黎、东京的基本构成的基础上，创造一个具有独特品格的东方文化型的世界城市。白志刚则通过北京与其他世界城市在文化的总体比较、文化遗产和人口、文化设施和市场、文化活力和产业等层面的对比分析，指出发挥历史文化优势，构建特色文化城市是北京世界城市建设的重中之重。[③] 龙晓柏、岳晓燕、刘治彦等借鉴世界城市的演化经验探讨了北京建设世界城市的主要策略。[④] 他们通过数据的分析与对比，认为北京与纽约、巴黎、东京等城市在综合影响力、经济实力、人口增长、城市基础设施、国际对外开放程度、国际金融集聚效应和城市空间布局等方面存在显著的差距，提出北京应致力于总部经济建设，在推进京津冀区域一体化的过程中，发展绿色城市经济与国际虚拟经济，发展城市卫星城、完善城市综合交通，着力推进京城都市圈新城化建设。

第二，城市文化定位与世界城市建设研究。城市文化定位决定着城市的建设方向，针对这一问题冯惠玲强调了世界城市应具有的文化功能，指出世界城市作为国际城市的高端形态，在国际政治、经济和文化生活中具有全球影响力和控制力，发挥着全球意义战略资源的聚集和配置作用。[⑤] 邱运华则从北京建设全国文化中心的层面论述了北京的文化定位与“当代中国文化”的关系。[⑥] 指出这一概念作为一个全新范畴具有当代性、“人类大同”、文化政治、开放意识等内容，并在宏观的历史视角中剖析北京作为当代中国文化中心的全新含义。孔建华以20年来北京文化发展战略的构建与演进为视角，指出首都文化的提出是北京文化建设认知与实践的重大跃升，应从中央要求与北京实际相结合、总结过去与当下相结合、大战略整合与新举措相配合等几个层面建设加强首都的文化建设。[⑦] 李建平以剖析北京文化的特点为切入口，总结出北京文化具有地域文化、城市文化、都市文化和首善文化四大内涵。[⑧] 与以上论证视角不同，金元浦则根据中外时尚产业发展的现状和趋势，剖析了北京建设国家时尚中心在提升北京国际化程度中的必要性，阐释了国际时尚创意中心的理念和总体目标。[⑨] 提出北京“设计之都”称号的获得，标志着中国时尚创意产业有形成世界中心的可能性，并从规划、研究、合作、助推、示范、保障等6个层面对建设“国家时尚创意中心”给予了建设性的意见。

第三，文化软实力与世界城市建设研究。提升文化软实力是世界城市的建设的路径之一，于铭松强调了文化软实力与国家形象、城市形象塑造的关系。[⑩] 指出在国家和城市形象的构建中要注重发挥文化的社会整合功能、社会导向功能，以柔性的方式塑造城市和国家的精神价值和共同追求。光明日报出版社出版的《北京精神·构建精神家园·提升文化软实力》一书同样注重文化软实力建设，阐释了北京精神在凝练社会主义核心价值观、首都高校思想政治教育及在建设世界城市过程中建筑文化的作用等问题。[⑪] 与以上观点不同，惠东坡则较为强调北京地区大众传媒在建构国家形象中的作用。[⑫] 认为在城市走向国际的过程中，要着重通过树立传播的“球土化”意识，处理好京派文化、民族文化、世界文化三重视域的关系，利用好在京发生的“媒介事件”，以不同的大众传媒塑造国家形象。

第四，文化科技融合创新发展与世界城市建设研究。文化创新、科技创新是社会发展的动力，在以文化科技融合创新发展推动北京世界城市建设的研究中，李丽娜、石刚等编著的《人文北京与文化创新能力建设》一书，通过“建设与文化”“创新与文化”“历史与文化”“社会与文化”四个层面阐释了探讨了文化创新能力建设对推动北京文化发展的新思路和新方法。[⑬] 王晖侧重文化与科技融合对世界城市的推动作用，且用洛杉矶的数字电影模式和东京数字动漫产业模式作为例证阐释了世界城市文化科技融合对北京建设世界城市的启示。[⑭] 吴少平从北京的实际和当代城市发展趋势的层面阐释了特色文化产业应是北京建设世界城市的战略取向，并在国家宏观产业政策、整合各项文化资源，以及创意产业高端人才与创新人才培养提升的层面阐释了首都文化的发展路径。[⑮]

第五，特色文化与北京作为全国文化中心建设研究。将北京建设成为国家文化中心，这是党中央对北京的准确定位，也是北京进一步的发展方向。按照中央领导指示，到2020年，北京要建设成为全国文化精品创作中心、文化创意培育中心、文化人才集聚教育中心、文化要素配置中心、文化信息传播中心、文化交流展示中心，发挥好首都文化中心的表率引领作用、辐射带动作用、提升驱动作用、桥梁纽带作用、荟萃集聚作用。特色文化是城市文化身份的重要标志，北京的悠久历史积淀孕育了特有的京味文化。董晓莉和刘广伟以此为出发点，分别侧重“京味文化”和美食文化在提升北京国际影响力中的作用。董晓莉提出应将京味文化走出去视为实施首都文化国际化战略的重要举措，尽管董晓莉承认京味文化在走出去的过程中存在国外市场分析、海外推广形式和附加值不足等层面的局限，但以京味文化为特色的时尚文化、文化投资、文化旅游等是提升北京文化活力的可能性方式。[16]刘广伟认为口味和文化是中餐得以影响世界的两大要素，蕴含着哲学、历史、礼仪、保健等四大文化内涵，在21世纪的形势下，中餐经历着从“业余选手”向“职业选手”，从“谋生阶段”向“产业阶段”，从“低端市场”向“高端市场”的升华，并在北京建设世界城市的过程中恰逢海外布局和扩张的良机。[17]

从总体来看，随着世界城市建设的深入推进，对世界城市的研究也从建设世界城市的战略意义、内涵、重要性等层面逐步扩展至世界城市建设的规律、文化定位、建设路径等层面。这不仅是北京在迈向世界城市发展过程中以现实的需求呼唤理论支撑的必然要求，也是世界城市本身作为一项重要的理论课题随着实践的逐步深入而不断拓展的结果。周琼在文章中指出，在北京迈向世界城市和人文北京理念实施的过程中，应开展进程监测评价研究，分析了计划实施的情况及存在的问题，并提出对策建议。[18]根据北京城市文化的发展实际，李建盛通过在国际城市视野中的北京文化发展实力的比较，指出北京在世界城市综合竞争力、世界城市影响力、国际城市文化设施、国际城市文化影响力，以及国外城市文化产业领军企业数量等方面，均有较大差距，进而得出北京在建设具有世界影响力的文化中心城市任重道远的结论。[19]

二、历史文化与非遗保护研究向纵深发展

北京是历史文化名城，探讨历史文化名城保护与传承历来是首都文化发展和人文北京研究的重要内容。尤其是在新历史条件下，随着全球化、城市化的快速发展和现代化的快速推进，历史文化保护面临历史文化名城保护的路径，以及现代城市发展与历史文化的保护的关系历来是人文北京研究的重要内容。在2012—2013年度，首都历史文化研究的主要内容包含以下几个方面。

其一，对物质文化遗产的保护战略研究。历史建筑是民族文化的瑰宝和世界文化的遗产，具有一定的历史、科学和艺术价值，是城市历史风貌和地方特色的反映。从世界文化遗产保护与完善的文化战略层面，程京生从加大世界文化遗产地搬迁腾退、成立北京世界文化遗产管理中心、创办北京世界文化遗产网、成立北京世界文化遗产保护基金会、制作发行北京世界文化遗产年票（卡）、与联合国教科文组织建立积极沟通机制、创办世界文化遗产论坛，以及在国内外举办以“北京世界文化遗产”为主题的流动展览等八个层面对北京的文化遗产保护工作提出了建议。[20]肖东发在论证中则以北京历史文化为认识中华传统文化的切入点，要在北京历史文化的保护中，维护古都风貌，加强文化自觉，推动产业转型。[21]

其二，对建筑文化遗产的个案保护研究。与从战略层面对北京的历史文化保护进行研究的方式不同，一些以区县或历史古建为案例的实证性研究也凸显了出来。王强编著了《北京市历史文化资源若干典型案例研究》一书，以典型案例的分析为切入口，以北京市历史文化资源研究的理论体系构建、文化街区研究、名人故居、皇家苑囿为主题，探讨了历史文化资源的保护和利用问题。[22]包世轩以房山和门头沟的古村落和古建筑为例对传统文化的特色进行了分析，[23]而范学新则以当代延庆传统文化资源的挖掘为例，探讨了活化传统文化资源提升延庆文化软实力的问题。[24]在个案研究中，刘庆余选取了京杭大运河的“申遗”为论证的主题，阐释京杭大运河“申遗”的国际背景与历程、保护与利用存在的问题，认为建立“运河学”学科、统筹南水北调与文物的保护、健全多部门协调合作的管理机制、统筹运河的遗产保护与利用、提高遗产产业的认识高度和完善法律法规等方面的任务已刻不容缓。[25]

金岩和孙洪铭以北京的特色建筑——四合院为视角讨论了当代语境下四合院的保护和利用问题。金岩通过总结北京和国外城市对社区的改造经验，探讨了四合院在当代语境下的建筑形态和空间定位，并从丰富四合院空间格局和构建混合型的建筑类型两个层面剖析了四合院的空间形态。[26]而孙洪铭则在回顾四合院发展历史和新中国成立后的保护与建设的基础上，突出了城市化进程中四合院保护的艰难，并认为应从规划做深做细、人口疏导和违章建筑拆除、善待居住在老四合院的老北京人、大市政管线入户、改善胡同交通、加强四合院保护课题研究等层面开展工作。[27]

其三，对非物质文化遗产保护与利用的机制研究。非物质文化遗产以活态的文化形式存在于人们的生活中，依托于人的技艺、经验和精神，世代相传。在针对北京非物质文化遗产保护与利用的机制研究中，赵书、余涛、章放等从首都非物质文化遗产保护全局的层面提出了建设性的意见。赵书认为应从全社会重视、加强“非遗”项目的应用、重视“非遗”项目的研究、发展特色文化产品、做好“非遗”的普查等五个层面对首都非物质文化遗产进行保护提出了建议。[28]余涛则从北京建设国家非物质文

化遗产中心的基础、区位优势、政策法律指导和保障、教育优势等层面，阐释了首都建设全国非物质文化遗产传承、保护和发展中心的必要性和路径。[29]章放着重突出了知识产权在非物质文化遗产保护中的作用，并从著作权、商标保护和专利保护三大层面阐述了知识产权保护的可行性，指出可在建立集约化管理制度、利用知识产权制度保护人才、增强保护和创新意识、培养传承人知识产权意识等四个方面，加强对非物质文化遗产的知识产权保护。[30]成志芬、张宝秀从北京地区高校非物质文化遗产传承人才培养的角度，分析了高校在教学、科研等层面的现状，并从加大政策和资金支持力度、适当扩大人才培养规模、建立有效的传承机制三大层面做出了建议性总结。[31]

其四，新媒体与非物质文化遗产的保护与利用研究。随着新媒体的发展和普及，新媒体条件下对非物质文化遗产的保护和利用问题也成为讨论的热点。迟锐以"文玩天下网"为个案，分析了首都非物质文化遗产保护与互联网的结合及经济开发的关系，认为网络媒体在非物质文化遗产的保护与传承中发挥着信息宣传、论坛交流沟通、商务交易、多元化推广工艺匠人、图书出版等积极的作用。[32]孔昭林和王丹谊则通过对新媒体视野下北京老字号品牌推广的创新表现的考察，认为新媒体时代的数字化营销在推动北京老字号的文化输出、搭建传播平台、开创高效的互动模式、提升对外形象等层面，为老字号的保护和传播注入了新的活力。[33]王丹谊重点探讨了新媒体环境下北京老字号的广告设计形态，指出企业品牌网站设计、品牌视频广告以及网上商店的体验式设计等促进了传统与时尚结合，有效地延伸着北京老字号的生命力。[34]

其五，非物质文化遗产保护与利用的实证研究。对一些传统的文化形式，也有论者从实践层面对其保护问题进行了研究。高大伟、李妍对北京历史文化的保护则将视野扩展至北京的历史名园与非物质文化遗产的挖掘和传承层面，通过对北京历史文化名园概念、概念外延的扩展，以及园中佛事活动、登高活动、庙会活动等非物质文化的剖析，对北京历史名园非物质文化遗产文化空间的整体保护进行了展望。[35]李石以北京的民间花会为问题对象，分析了花会在首都非物质文化遗产中的历史和地位、传承人等问题，并从组建管理办公室、设立专项资金、加大保护力度、激发传承人的积极性、组织花会大赛等几个层面对加强北京花会及传承人保护问题提出了对策。[36]吴宏兰和吕韶钧分别以天坛祭祀乐舞和"传统体育类"非遗项目为对象，探讨了祭祀乐舞在当代的功能性转变和创造的经济价值，[37]剖析了"传统体育类"非遗项目目前的现状、保护的经验和问题，并从规范保护名录的类别和重视抢救保护工作两个层面对如何加强"传统体育类"非遗项目的保护进行了思考。[38]在北京的历史发展中，佛教在传统文化中占据着重要地位。佟洵指出佛教文化是千年古都重要的标志，它的发展与社会政治背景有密不可分的关系，探讨了皇宫御苑内的佛教文化、北京的佛教寺庙，以及藏传佛教文化的政治作用等。[39]

综合以上论述，对历史保护的研究呈现出纵深化的研究趋势。即对历史文化的保护并没有仅仅停留在单就保护论保护的层面，而是扩展至如何在新的历史条件下盘活城市文化资源、生成城市文化资本，从而激发城市文化活力。这一扩展，不仅是对十七届六中全会对挖掘城市文化资源、建设特色文化城市这一时代文化主题的理论回应，也是在北京现代化进程中，对处理好城市传统文化与城市建设、让传统文化更好地服务城市发展做出的理论探索。

三、文化创意产业研究进一步深化

文化创意产业是朝阳产业，也是北京在未来要着力打造的支柱性产业。2012 年北京文化创意产业的发展"稳中求进"，全能总收入创万亿大关。为进一步发挥文化创意产业在北京文化发展中的推动性作用，诸多论者进行了研究和阐释。

其一，"双轮驱动"战略对文化创意产业的助推性作用研究。"双轮驱动"战略是北京"十二五"时期推动经济社会文化发展的重要动力，陈少峰从数字化与平台产业模式、文化与科技的融合与驱动力、数字文化产业模式、文化产业升级转型、转变发展模式的视角与对策等六个方面分析了文化和科技融合促进文化产业发展的模式。[40]林坚从宏观层面阐释了科技创新和文化创新的内涵、形式、功能和落实的路径，[41]张京成、刘光宇阐释了"双轮驱动"战略在北京建设设计之都中的作用。[42]认为设计之都是文化与科技交流的桥头堡，展现了科技创新和文化创新的能力，在具体的实施路径上，可以通过设立"设计之都"专项建设资金、出台税收优惠和减免政策、构建多元的投融资机制、加强知识产权保护、重视人才队伍建设，以及成立组织推进机构等实施"双轮驱动"战略。而李一凡重点阐释了新媒体在促进科技文化协同创新方面的作用和新媒体促进北京发展协同创新的新模式。[43]在"双轮驱动"战略的研究中，李丽娜、石刚等编著了《人文北京与文化创新能力建设》一书，通过"建设与文化""创新与文化""历史与文化""社会与文化"四个层面阐释了探讨了人文北京与文化创新能力建设的新思路和新方法。朱琳妍侧重非物质文化遗产的差异性、稀缺性、活态性、生态性等特征对北京文化产业发展的推动作用。与以上论者从宏观理论层面阐释"双轮驱动"战略的内涵或意义不同，金元浦在阐释了文化产业三个发展阶段的基础上，以苹果、初音未来和愤怒的小鸟等三个案例实证的形式说明了科技与文化结合的路径。[44]并特别关注北京朝阳规划艺术馆的成功案例。北京朝阳规划艺术馆作为科技与文化成功融合的新兴文化创意示范基地，运用3D等高新技术成功地对存量工业资源和奥运遗产进行了保护性开发利用，产生了巨大的社会价值，避免了资源重复浪费和更多的资源消耗。通过在文化传播中更多应用最新科学技术，朝阳规划艺术馆成功探索出一条“规划展示+艺术交流+文化融合科技”的发展路径，以及将公益性的规划展示与自主性的文创活动相结合的独特模式。全国首创的数字沙盘使规划成为艺术、图像成为生活、视觉创造全新体验，数字带来一个真实而又炫幻的世界。朝阳规划艺术馆应用3D技术，与文化创意紧密结合，催生了全国首创的数字沙盘的诞生。利用3D技术创造数字沙盘，不仅可以保留传统实物沙盘的基本功能，还能实现动态演示、实时更新、快速查询，并便于修订参数以获取更加丰富的演示效果，更加展示了科技带给我们的实时性和共享性。基于GIS系统的三维技术让城市规划展示更精确、更真实。

其二，文化创意产业发展的整体状况研究。对北京文化创意产业整体进展的研究中，金元浦提出“消费引领，我国文化创意产业的新爆发点”的观点。他认为，消费是我国经济发展中最弱的一极。这与我国改革开放30多年来主要实行外向型经济和投资拉动战略有密切关系。我国的文化消费，与我国整体经济的发展一致，是自上而下、政府大力推动的结果。他认为北京文化创意产业，要把消费放在重要位置上来推进。文化消费引领首先要将消费者置于市场主体的位置，从市场的角度探讨消费者的文化需求，以文化消费的需求来引领文化产业的发展。[45]

廖旻、梅松等全面回顾了2012年北京文化创意产业的发展状况、特点、发展措施及存在的问题，并从加大扶持、推进文化与资本对接、统筹产业功能区建设、推动重大项目建设、打造首都“文化航母”和实施文化“走出去”等六个方面对2013年的工作提出了建议。[46]姚林青侧重创意产业集聚度的探讨，在其编著的《文化创意产业集聚与发展：北京地区研究报告》中，采用不同方法测量了北京市文化创意产业的集聚水平，从而将人们对集聚水平的感性认识和判断上升到精确的数量表达，并进一步验证了产业集聚效应的存在。[47]高宏存在研究中指出：文化创意产业是区域经济的动力，从城市发展典范转移、走向世界城市的定位塑型、城市空间新布局、构建创意之都的系统支撑等几个层面探讨了文化创意产业对北京产业区位与空间布局的影响。[48]财政和投融资是文化产业发展的重要支撑，杨聪杰在分析了北京现行财政政策的基础上，借鉴国际经验，认为应从转变财政政策职能、把握财政资助重点、创新财政支持方式、注重过程绩效评价等四个方面对未来财政扶持政策进行调整。[49]赵磊从政策层面考察了首都文化产业投融资服务体系建设问题，通过考察国内外文化融合发展的模式及首都文化与金融融合创新发展的做法，从借鉴、推动、促进三大层面提出了相应的建议。[50]人才是创意发展的重要基础，针对人才教育问题，陈步一从文化遗产开发与文化产业发展相结合的角度，阐释了建设打造首都文化产业职业应用人才教育示范基地的重要性。[51]

其三，北京文化创意产业的行业发展研究。在行业发展研究中，何群、荆艳峰、孟海东、傅秋爽、张丽等针对2012年北京文化创意产业中的电影产业、旅游产业、文艺演出行业、出版行业和文化贸易的发展状况进行了分析。[52]何群从投融资的角度探讨北京电影产业呈现出的五大趋势、荆艳峰等剖析北京旅游业呈现出的六大新进展、孟海东等对北京演出行业表现出的四大特点进行分析、傅秋爽梳理了北京在图书出版业中表现出的四大明显成就、张丽对北京文化贸易发展的五大特点进行了概括，并各自针对行业存在的问题提出了解决的路径。陈淑姣、戴莛考察了北京动漫产业的发展状况，通过对比国内外成功的动画产业模式，指出北京动漫产业应该根据自己的文化创意优势，立足原创，拓展发行播出渠道，创造适合中国国情的盈利模式。[53]倪燕欣则着重强调了首都非物质文化遗产在经济价值开发中存在的问题，并对挖掘内涵、以变求通、加强规范性管理、加强法制管理、拓宽投资渠道和做好活态保护等方面提出了相应的对策。[54]

文化创意产业研究在整体上以“双轮驱动”为主线，围绕这一主线探索北京的文化与科技融合发展之路，从而从总体上提升北京文化的发展水平和质量，加强历史文化的保护与传承，建设特色文化城市，加快北京文化创意产业的集约化、规模化、专业化发展，增强竞争力。可以说，随着“人文北京”建设和具有中国特色的世界城市的深入实施，对北京文化领域的研究也提出了更高的要求，因此全面、深入、多样地开展研究和探索，通过理论指导实践，以实践丰富理论，服务于北京的文化建设和发展，是理论工作者的责任和义务。

注：

①金元浦：《国际化城市的标准与测度》，汤丽霞主编：《解码城市新境界》，人民日报出版社2012年版。

②付宝华：《典型世界城市发展规律与北京“中国特色世界城市”建设》，《2012城市国际化论坛论文集》，首都师范大学出版社2012年版。

③白志刚：《北京与上海及世界城市的文化比较》，《2012城市国际化论坛论文集》，首都师范大学出版社2012年版。

④龙晓柏、岳晓燕、刘治彦：《世界城市的演化经验及北京建设世界城市的主要策略》，《2012城市国际化论坛论文集》，首都师范大学出版社2012年版。

⑤《北京明确未来五年发展战略 推动中国特色世界城市建设》，http：//www. bj. xinhuanet. com/bjfs/2012－06/29/content_ 25451554. htm

⑥邱运华：《以“当代中国文化”建设全国文化中心》，《北京联合大学学报》，2012年第1期。

⑦孔建华：《论首都文化：20年来北京文化发展战略的构建与演进》，《新视野》，2012年第4期。

⑧李建平：《北京文化的特点——兼论北京文化与北京学》，《北京联合大学学报》，2013年第1期。

⑨金元浦：《北京要建设国家时尚中心》，《北京文化创意产业发展》，2013年第1期。

⑩于铭松：《文化软实力与国家形象、城市形象塑造》，《2012北京文化论坛论文集》，首都师范大学出版社2012年版。

⑪论坛文集编委会：《北京精神：构建精神家园提升文化软实力》，光明日报出版社2013年版。

⑫惠东坡：《北京地区大众传媒建构国家形象的策略》，《北京社会科学》，2012年第5期。

⑬李丽娜、石刚：《人文北京与文化创新能力建设：历史与现实的对话》，中国经济出版社2012年版。

⑭王晖：《世界城市文化科技融合之研究》，《2012城市国际化论坛论文集》，首都师范大学出版社2012年版。

⑮吴少平：《建设中国特色世界城市应当加快文化产业发展》，《2012城市国际化论坛论文集》，首都师范大学出版社2012年版。

⑯董晓莉：《推进京味文化走出去的思考》，《前线》，2013年第4期。

⑰刘广伟：《中餐是足以影响世界的文化——世界城市北京美食文化战略构想》，《2012城市国际化论坛论文集》，首都师范大学出版社2012年版。

⑱周琼：《“人文北京”行动计划实施进程监测评价研究》，《数据》，2012年第6期。

⑲李建盛：《北京建设具有世界影响力文化中心城市：任重而道远》，《北京文化发展报告》，社会科学文献出版社2013年版。

⑳程京生：《对进一步搞好北京世界文化遗产保护与完善的几点思考》，《2012北京文化论坛论文集》，首都师范大学出版社2012年版。

㉑肖东发：《传承与发展：研究北京文化的意义》，《北京联合大学学报》，2013年第1期。

㉒王强：《北京市历史文化资源若干典型案例研究》，经济科学出版社2013年版。

㉓包世轩：《北京古村落与古民居建筑历史艺术特色考察》，《2012北京文化论坛论文集》，首都师范大学出版社2012年版。

㉔范学新：《挖掘延庆传统文化资源 提升延庆文化软实力》，《2012学术前沿论丛——科学发展：深化改革与改善民生（上）》，2012年7月。

㉕刘庆余：《“申遗”背景下的京杭大运河遗产保护与利用》，《北京社会科学》，2012年第5期。

㉖金岩：《当代语境下北京旧城四合院建筑形态和空间再生策略探讨》，《艺术设计研究》，2013年第1期。

㉗孙洪铭：《北京旧城四合院的保护任重道远》，《当代北京研究》，2012年第4期。

㉘赵书：《首都非遗保护五项建议》，《2012北京文化论坛论文集》，首都师范大学出版社2012年版。

㉙余涛：《首都应该建设全国非物质文化遗产传承、保护和发展中心》，《2012北京文化论坛论文集》，首都师范大学出版社2012年版。

㉚章放：《北京非物质文化遗产的知识产权保护》，《2012北京文化论坛论文集》，首都师范大学出版社2012年版。

㉛成志芬、张宝秀：《北京地区高校非物质文化遗产传承人才培养情况分析》，《2012北京文化论坛论文集》，首都师范大学出版社2012年版。

㉜迟锐：《首都非物质文化遗产保护与互联网的结合及经济开发——以“文玩天下网”为例》，《2012北京文化论坛论文集》，首都师范大学出版社2012年版。

㉝孔昭林、王丹谊：《新媒体视野下北京老字号品牌推广的创新表现》，《北京联合大学学报》，2012年第4期。

㉞王丹谊：《新媒体环境下北京老字号的广告设计形态》，《大众文艺》，2012年第9期。

㉟高大伟、李妍：《北京历史名园与非物质文化遗产的挖掘和传承：从概念到实践》，《2012北京文化论坛论文集》，首都师范大学出版社2012年。

㊱李石：《在首都非物质文化遗产中北京民间花会保护问题的探讨》，《2012北京文化论坛论文集》，首都师范大学出版社2012年版。

㊲吴宏兰：《从北京天坛祭祀乐舞看儒家乐舞的当代功能转变》，《2012北京文化论坛论文集》，首都师范大学出版社2012年版。

㊳吕韶钧：《北京市“传统体育类”非遗项目的发展现状及其思考》，《2012北京文化论坛论文集》，首都师范大学出版社2012年版。

㊴佟洵：《北京佛教文化特质与价值》，《北京联合大学学报》，2013年第2期。

㊵陈少峰：《以文化和科技融合促进文化产业发展模式转型研究》，《同济大学学报》，2013年第

1期。

㊶林坚：《科技创新与文化创新的“双轮驱动”》，《2012北京自然科学界和社会科学界联席会议高峰论坛论文集》，2012年12月。

㊷刘光宇、张京成：《论双轮驱动战略在北京设计之都建设中的落实》，《2012北京自然科学界和社会科学界联席会议高峰论坛论文集》，2012年12月。

㊸李一凡：《新媒体协同创新与科学艺术生态体系建设》，《2012科学与艺术研讨会论文集》，清华大学出版社2012年版。

㊹金元浦：《怎样将科技与文化融合》，《文化月刊》（下旬刊），2013年第3期。

㊺金元浦：《消费引领，我国文化创意产业的新爆发点》，《中关村》，2013年第2期。

㊻廖旻、王海玉、梅松：《2012年北京文化创意产业发展分析及2013年展望》，《北京经济发展报告》，社会科学文献出版社2013年版。

㊼姚林青：《文化创意产业集聚与发展：北京地区研究报告》，中国传媒大学出版社2013年版。

㊽高宏存：《北京文化创意产业的区位选择与空间布局》，《北京文化创意产业发展研究》，2013年第1期。

㊾杨聪杰：《助推首都文化创意产业发展的地方财政政策浅析》，《新视野》，2013年第1期。

㊿赵磊：《促进首都文化产业投融资服务体系建设的政策选择》，《北京文化创意产业发展研究》，2013年第1期。

51陈步一：《打造首都文化产业职业应用人才教育示范基地》，《2012北京文化论坛论文集》，首都师范大学出版社2012年版。

52何群等：《2012年北京市电影产业投融资状况分析》，《北京文化发展报告》，社会科学文献出版社2013年版。

53陈淑姣、戴茳：《北京动画产业盈利模式研究》，《北京社会科学》，2013年第2期。

54倪燕欣：《首都非物质文化遗产在经济价值开发中的问题和对策》，《2012北京文化论坛论文集》，首都师范大学出版社2012年版。

（作者：金元浦，中国人民大学教授；
王林生，北京市社会科学院助理研究员）

绿色北京

陈　剑　毛雪峰

一、有关“绿色北京”建设的重要观点

2012年度，学术界有关“绿色北京”的最重要话题，莫过于对PM2.5的讨论。2011年年底至2012年年初，美国大使馆PM2.5的爆表事件、民间环保人士的参与、媒体的推动，引发了社会各界对环境空气监测标准的广泛关注。2月，国务院同意发布新修订的《环境空气质量标准》增加细颗粒物监测指标，北京市政府在发布的“2012年为群众拟办的重要实事”中，将PM2.5的治理列为2012年度35件拟办大事的第一位。

对此，学术界持有不同观点。《中国环境报》发表文章《PM2.5治理难题怎么破解》，文章认为，控制PM2.5污染，表面上看是控制颗粒物污染，实际上必须要控制一系列气态污染物，需要区域污染联防联控、多种污染物协同处置。文章提出，破解PM2.5治理难题，产业结构优化、能源结构调整是必由之路，需要从改善环境质量出发，严格环境准入，推进能源清洁化使用，加快淘汰落后产能，实行多种污染物协同控制，大幅削减污染物排放量，形成环境优化经济发展的倒逼机制，促进经济发展方式转变，推动区域经济与环境协调发展。

中国科学院大气物理研究所王跃思认为，依目前的技术水平，国际上的不同的监测设备在同一时间、同一区域监测到的数据并不相同，这在学术界存在很大争议。在引进设备之前，政府应该先和专家探讨，否则花费上亿元资金买回来的国外仪器难以发挥效益，会带来巨大浪费。他倾向于监测PM2.5每天的平均浓度，不用采购昂贵的进口设备，技术也简单得多。他同时认为，汽车排放是PM2.5的“最根本问题”。

就汽车减排问题，北京纺织工程学会徐孝纯认为北京应重点研制发展纯电动汽车。他认为纯电动汽车具有价格低、行驶成本低、驾驶方便、不易损坏，便于维修、零排放等各种优点，必然有很广阔的市场。北京市政府应下定决心，创造条件，制定优惠政策，在北京市首先达到大面积使用纯电动汽车的局面，以达到减排目的。

北京是水资源严重缺乏的城市，水资源匮乏是制约“绿色北京”建设的重要因素。2012年2月，国务院发布《国务院关于实行最严格水资源管理制度的意见》，7月，北京市颁布《北京市节约用水办法》。中国水利水电科学研究院副总工程师程晓陶认为，北京作为首都的政治地位，导致了北京虽然缺水，但很多人没有水荒的感受，北京各种调水工程用的多是公共财政的钱，用水者没有分摊，就不会特别珍惜，用起水来大手大脚，因此，北京供水尽

量“自力更生”，最缺水的北京就应该匹配最严格的用水制度。

水利界有专家呼吁水价调整，以此约束人们的用水行为。对此，北京师范大学水科学研究院院长许新宜认为，北京应该坚持节水优先、控制需求，做需求上的管理。但他认为节约用水不能从根本上解决问题，南水北调才能有效缓解北京缺水问题。

针对外调水的问题，九三学社的夏培鑫、北京生产力学会的李楠认为，从外地调水只能是权宜之计，北京已数次从同样是严重缺水的河北省调水入京，然而水源地基本得不到北京的水资源补贴和生态补偿金，很不合理，应给水源地一定的调水补偿费以减轻水源地贫困县的经济负担。除了外援，北京应当重视污水处理的建设，增加对雨水、工业废水、生活废水的回收处理，强化雨水利用，以此实现“开源”的目的，北京市应建立严格的用水制度，建立法规和制度促使人们提高节水意识。有专家提出，北京的水资源承载不起人口增长，因此应严格控制北京人口增长。中国农业科学院研究员姜文来认同这个观点，他认为，解决北京水资源供需矛盾，必须在城市扩张和人口规模上有所限制，摊大饼式的发展，难以走出“扩张—调水—扩张—调水”的怪圈。

《北京科协》（2012 年第 6 期）刊登《科学处理生活垃圾》的文章。文章认为，北京市生活垃圾的处理目前存在以下两个问题：第一，填埋处理的比例过大，不但大量占用土地资源，还普遍存在渗滤液和填埋气污染的问题；第二，生活垃圾处理设施以政府投资为主，不利于通过市场竞争获取最高性价比的技术、最优秀的工程建设者和有实力的投资运营商，使具有更优技术和成本优势的非公有制企业失去了参与市场竞争的机会。文章认为，应深入推进生活垃圾处理的产业化、市场化进程，采用生活垃圾综合处理技术，大力发展静脉经济，建设静脉产业园。对固体废弃物预处理中心、垃圾焚烧发电厂、污泥处理中心、沼气发电工程、卫生填埋场、渗滤液处理中心以及环保设备制造研发中心等项目工程统一规划布局，集中在产业园区建设。

针对有毒废弃物的处理问题，中国科学院研究员林金星认为，北京是高等学校和和科研院所集聚的城市，这些单位每年使用有毒、剧毒药品数量多，废物和药品的毒害级别高，比一般工厂产生污染更具毒害性。他认为，国家环保部门应该重视和加强高等学校和科研院所有毒物品使用的管理及废弃物的回收，组织全国范围内的检查与监督，督促有关部门建立常设的管理机构和有毒废弃物处理的设施，进行分类收集、存放和集中处理的制度。

北京园林学会的李炜民认为，应重视城市园林建设的理论研究和探讨。他认为园林建设关注焦点不应该在数字增长上，而应是城市绿地系统的完善，绿地的结构、质量和规划体系、改善城市的生态环境和提高人民的生活环境质量才是核心问题。他认为今后应该把绿化建设改造的关注点放在城区，切实解决北京目前环境建设存在的问题。

而北京园林学会副理事长刘秀晨则认为，“绿色北京”是北京在相当长时间内的“新战略”，应从绿地系统规划入手，找到三个差距：绿量、结构和品质。他认为，市区绿化空间统筹应该结合城市建设和改造，结合城市风貌和文物保护，结合城市道路水系和铁路的建设，结合完善隔离地区的绿化和公园环境的实施，结合中关村、中央商务区（CBD）、金融街、总部基地的规划，结合继续整治城中村，结合产业结构、教育结构的调整，结合新兴文化创意产业环境的升级等。

二、重要论坛和研讨会

2012 年 2 月 27 日，北京市科学技术协会举办“北京 PM2.5 治理工作专家研讨会”。会议从控制燃煤总量、实施绿色交通、促进产业调整转型、推行绿色施工、加强生态建设、实施区域大气污染联防联控，以及加强重污染日预警和应急管理等方面进行研讨。与会专家认为，PM2.5 的治理工作是一个非常复杂的系统工程，涉及的领域非常宽泛，既有行政管理、技术应用，也有立法、舆论导向、科普宣传，等等。要解决 PM2.5 等区域性污染问题，单打独斗不行，需要区域污染联防联控、多种污染物协同处置，既要深化工业污染源治理，更要加强移动源和面源治理。

3 月 27 日，北京食品学会、北京食品协会共同举办“第五届中国·北京国际食品安全高峰论坛”。主要议题有：“食品安全管理与国际技术合作”“食品安全研究与最新进展”“微生物、毒素及致病菌检测”“农兽药残留及重金属分析”“食品安全快速检测技术”“食品安全分析检测的样品前处理技术”“牛奶及乳制品质量安全”“辐照技术在食品安全中的应用”“食品检测的创新技术与产品”“食品检测方法标准与应用实践”等。

8 月 28 日，北京技术经济和管理现代化研究会等单位举办“北京生态环境建设学术研讨会”。与会专家指出，在对传统产业进行以节能降耗为宗旨的生态转型的基础上，要大力发展以环保产业为主体的逆向产业体系。会议形成如下观点：一是要推动以节能降耗为重点的现有产业结构的升级，形成节约资源能源和保护环境的产业结构；二是推进环保产业的发展，建立和完善环保产业体系；三是构建绿色供应、绿色生产、绿色消费为主线的绿色产业链，形成完整的绿色循环圈；四是遵循大自然的生态规律，形成大小企业共生、集聚和分散共存，“高端”与“低端”同在的协调发展的生态经济结构。

9月3日，北京林学会、世界自然保护联盟共同举办“森林景观恢复及大都市水源地保护伙伴关系研讨会”，主要议题为：“森林景观恢复及大都市水源地保护合作关系。”会议形成如下观点：建立北京饮用水源地保护伙伴关系，建立全国大城市水源地保护联盟，编制密云水库流域水源地保护综合规划，制订北京密云水库水源保护技术指南，探索水源地保护有效模式，开展水源地生态系统服务功能评估，开展水源地防灾避险相关调查研究，开展公众及社区参与的水源地保护示范及宣传教育。

10月12日，北京环境科学学会举办“北京市潜在风险水污染物筛查甄别技术研讨会”。研讨会主要内容有：剖析国内外水污染事件典型案例，我国浙江、天津、福建等地筛选优先控制污染物名单的特点；介绍美国、欧盟等国家和地区潜在风险水污染物的筛选、甄别、排序方法；对筛选原则、潜在风险污染物的调查、技术路线选择、吸收国外成功经验等提出意见；就北京市潜在风险水污染物筛查甄别技术提出建议。有关专家提出北京市水污染物减排工作要逐步从关注传统污染物向关注潜在风险污染物转移，应加强潜在风险污染物的筛查和甄别，为制定北京市潜在风险污染物名录打下基础。

12月28日，北京市社会科学界联合会等单位举办“食品安全与食品伦理”研讨会。中国社会科学院研究员陈瑛分析了食品安全事件反映和暴露出来的社会各层面的利益与伦理之间的问题；中国食品安全评估中心研究员刘秀梅阐述了食品安全、食源性疾病专业知识概念，介绍了国内外食品安全风险评估体系。中国人民大学教授曹刚提出食品安全伦理原则即“敬畏生命”的主导思想，并提出社会转型期中国社会道德的建设应依靠“中间体”的建议。论坛认为，应提高技术人员和专家学术水平和道德水准，改变政府监督管理部门工作作风，完善食品安全检测方法，对媒体的宣传报道要有审查监督，加强对掺杂使假违法者的惩治力度。

三、重要研究课题和项目

《北京市环保行业标准体系建设研究》是北京市科学技术委员会课题，由北京市环境保护局等单位组织承担。本项目对北京市地方环境保护标准体系及其发展规划进行了系统和全面的研究。主要内容如下：(1) 总结北京市地方环保标准体系的建设现状，针对首都经济快速发展、人口持续增长、环境质量改善难度越来越大的典型特点，分析北京市地方环保标准体系的缺陷和不足。(2) 分析北京市面临的主要环境问题，研究国家新近发布的行业排放标准的新思路和新方法，梳理北京市现有地方环境保护标准，提出调整和规范北京市地方环境保护标准的合理建议。(3) 结合北京市环境管理的需求和特点，在国内首次研究建立了地方环保标准体系基本框架，提出北京市环保标准体系表，建立了三个层次共23类标准的北京市环保标准框架结构。(4) 研究制订北京市环境保护标准发展规划，确定规划期内需要制（修）订的北京市地方环保标准的具体名录。该成果对于建立具有首都特色的地方环保标准体系意义重大，对其他省市地方环保标准体系的建设具有示范作用。

《北京市PM_（10）自动监测网络优化研究》是环境保护公益性行业科研专项（200709001），承担人员：北京大学环境科学与工程学院等单位的齐玲、赵越、谢绍东。研究成果：以北京市26个PM10监测站点2007年7月1日至2008年6月30日的监测数据为基础，应用正矩阵因子分析法将这些监测站点划分区域，使得每个区域具有独特的季节变化特征，并依据各类区域的去除偏差识别冗余信息站点，优化监测网络。研究结果表明，北京市PM10监测网络包括10个具有独特季节变化特征的区域。例如，通州、延庆、密云水库、房山良乡和平谷世纪广场为5个独立区域，丰台花园、石景山古城等5个西部站点为一个区域等。每个区域PM10在2007—2008年具有独特的季节变化特征，PM10浓度由北向南逐渐升高。根据去除标准，设置2种PM10监测网络优化方案。

《基于地下水暴露途径的健康风险评价及修复案例研究》是北京市科委环境保护公益性行业科研专项（201009032），由北京市环境保护科学研究院等单位的姜林、钟茂生、贾晓洋等承担。课题以北京某大型焦化厂苯污染地下水为例，对该场地不同功能地块苯呼吸暴露途径的致癌风险进行了评价，计算了苯的修复目标、修复范围并提出了相应的修复策略。结果表明，室内呼吸含苯的蒸气为关键暴露途径，该途径下，规划为商业用地的地块A苯的致癌风险为6.37×10^{-8}，未超过1.0×10^{-6}，风险可接受。但规划为工业遗址公园的地块B及规划为综合开发区的地块C苯的致癌风险分别为2.20×10^{-4}、7.49×10^{-5}，均超过可接受风险水平。为使风险可接受，该场地地下水应修复至118μg. L^{-1}以下，需修复的地下水面积约为16.5万m^2。综合考虑该场地地下水含水层的高渗透性及苯的强挥发性，确定削减污染源强度的空气注射技术并辅以切断暴露途径的工程控制措施为该场地苯污染地下水的优先修复策略。

《北京城市典型下垫面降雨径流污染初始冲刷效应分析》是国家自然科学基金项目（41030744，41230633，40901265），承担者：中国科学院的任玉芬、王效科、欧阳志云、侯培强。研究成果：城市硬化地表的迅速增加使得降雨径流量增加，屋面和路面等下垫面上污染物的大量累积并随径流进入城市排水系统，对城市水环境造成威胁。选取2004—

2006 年典型屋面和路面对径流污染过程进行了监测和分析，计算了两种径流的次降雨平均浓度（EMC）水平，发现两类径流的 COD 和 TN 污染较为严重；屋面径流的化学需氧量（COD）、总氮（TN）分别超标（地表水环境质量标准 GB 3838 - 2002 V 类）3.64 和 4.80 倍；路面径流的 COD、TN 分别超标 3.73 和 1.07 倍。利用 M（V）曲线，判断径流量同径流污染负荷的关系，发现屋面径流污染物总悬浮颗粒物（TSS）、COD、TN 和总磷（TP）发生了不同程度的初始冲刷现象；路面初始冲刷现象主要表现为 TSS 和 TP，总体上初始冲刷效应不明显。汇水面性质、降雨强度、污染物累积状况等都是影响屋面和路面径流污染物排放特征的重要影响因素。

《北京市社区生活垃圾分类收集实效调查及其长效管理机制研究》为“十二五”国家科技支撑计划项目（2012BAC13B04），承担者：北京市市政市容管理委员会等单位的邓俊、徐琬莹、周传斌。研究成果：对北京市 600 个分类示范试点社区进行垃圾分类收集现状调查，基于调查数据分析得出，目前试点社区分类正确率和投放正确率均不高，知晓率是影响分类正确率和投放正确率的重要因素，知晓率根据知晓深度分成两个等级，分别为 75.6% 和 15.5%。社区大多数居民（约 60.1%）垃圾分类知晓程度保持在一个初级水平，24.4% 的居民不知道垃圾分类，分类正确率和投放正确率较低，分别为 4.5% 和 31.2%。提出持续采用多种媒介提高垃圾分类宣传力度和深度，结合多种培养方式引导居民参与操作实践。构建软硬结合的垃圾分类评价指标体系，建立完善操作性强的监管机制，长期持续对居民进行督促，并将垃圾分类作为社区管理工作中的一项重要考核指标，整体提高行政管理水平。

《中意合作污染场地评估与修复项目（一期）：标准、导则和案例研究》由北京市环境科学研究院主持完成，项目荣获 2012 年环境保护科学技术奖二等奖。项目针对我国及北京市日益突出的污染场地问题，开展场地环境管理急需的政策法规、技术规范和土壤筛选值研究，是目前国内已完成的污染场地环境管理技术领域中最为系统、全面和实用的研究与示范项目。依托项目研究成果编制的《场地环境评价导则》（DB11/T656 - 2009）、《场地土壤环境风险评价筛选值》（DB11/T811 - 2011）、《污染场地修复验收技术规范》（DB11/T783 - 2011）和《重金属污染土壤填埋场建设与运行技术规范》（DB11/T810 - 2011）作为北京市地方标准发布，在北京市及上海、重庆、吉林、河北、广州、武汉等国内多个省市得到了应用。项目研究成果在污染场地环境监管体系建立和示范应用等方面取得了重大突破，填补了我国污染场地环境管理制度与技术标准的空白。

四、政策建议

针对绿色无污染“菜篮子工程”，北京市科学技术协会提出北京蔬菜产业发展的建议。包括以下五个方面：完善高产高效栽培体系，提升总体技术水平；减轻北京水资源压力，开源节流建设高效水资源利用体系；发展现代蔬菜产业，实现主要蔬菜生产环节的机械化；强化“供京蔬菜”基地建设，完善提升蔬菜应急保供体系；确保蔬菜质量安全，建设蔬菜流通可追溯体系。

与上述建议相关，中国农科院的曹世杰提出北京市建立蔬菜产销一体化运作机制的建议。建议包括三个方面的内容：第一，乡镇组建菜园联社集团，实行二级管理，凡是蔬菜生产合作社（专业大户）办不了的事，如蔬菜需求平衡计划、产品安全质检、产品贮藏运销等，都由联社集团办。第二，城市社区组建集体所有的蔬菜供销合作社，在市蔬菜调控中心的指令下，与蔬菜生产联社集团挂钩进货，实行无缝对接。第三，组建蔬菜调控中心，将市场情况定时通报联社集团，指令联社集团将货物运送到具体进货群体。

居住小区绿化是建设“绿色北京”的重要组成部分，北京老科技工作者总会认为，目前北京的小区绿化工作存在着领导缺位、管理不力、设计理念脱离实际、资金投入不足、技术力量严重缺乏、植物配置不合理、绿地处理不当等严重问题。针对以上问题，北京老科技工作者总会提出如下建议：第一，强化对居住小区绿地规划的验收与管理，强化绿化行政主管部门的权限，细化居住小区绿化评价标准，落实绿地规划验收的时限。第二，严格把居住小区“水景工程”规划关口，由市园林绿化局会同市住房和城乡建设委员会物业服务指导中心，把“小区水景工程”作为专项问题来解决。第三，解决居住小区绿化资金短缺困境，改变小区“绿化费”收费标准，开辟资金来源，增加小区物业服务措施。第四，加强居住小区绿化技术力量。第五，合理调整居住小区植物配置。第六，增加植物种类，丰富植物景观。第七，加强对土壤层进行检查验收和改造。第八，建立居住小区绿化档案，将小区绿化的有关资料纳入城市绿化建设档案进行管理。

针对北京城区绿化工作，中国铁道科学研究院副研究员陈大中对城六区环境质量及绿化提出建议：市园林局、环卫局等单位联合成立“见缝插绿”小组，勘察道路两边，立交桥上下等“死角”植树种草；城六区成立各类“环境保护志愿者”组织；整合北京市科教单位具有监测空气质量的设备和人员资源；采取立体模式在五环以内建停车楼。

有关上述绿地建设，北京联合大学的王越、王湘提出建设下沉式绿地的建议，他们认为，北京市各类混凝土建筑物导致土地表面上形成了无数的不透水层，雨水不能渗漏到地下，白白流走。他们建议：利用“城中村”和城乡接合部的改造以及旧城改造契机，把连片的旧房基地改造成为绿地，增加透水层的面积，使降水能够顺畅地通过这些“窗口”渗入地下；采用工程措施，开发利用现有绿地的汇水、保水及渗水功能，把现有绿地的高度尽可能降低到其所在地局部区域的最低点，形成“下沉式绿地”。

北京林学会提出“推广低碳林业社区”的建议：目前北京山区有71个乡镇1475个村，每年用柴量约17万吨，年排放二氧化碳27万吨。如将“低碳林业社区”项目引入这些村庄，则每年至少能减少10万吨二氧化碳的排放量，并能吸纳两万名农村剩余劳动力成为林务员，参与森林经营，缓解就业压力。因此，建议在北京山区推广该项目，在促进森林质量提高的同时，增加村庄自我发展能力，实现建设“绿色北京”“低碳城市”和改善山区村民生活水平的目标。

有关北京林区建设话题，北京植物病理学会沈瑞祥、杨旺对目前实施的“生态林补偿政策”提出建议：取消平均的办法，实行多劳多得、奖勤罚懒，在总体平均每亩40元的标准进行效益补偿的原则下，根据每个地段森林抚育管理经营的状况决定每年每亩的具体补偿数额；区县和乡镇成立“生态林补偿评定办公室”，制定生态林补偿分级标准，评定每个地块生态林的补偿等级；生态林管护员的工资，根据其负责管护的生态林的抚育管理、森林生长和森林效益的实际情况划分几个等级。

针对北京市电子废弃物回收产业链带来的环境隐患，清华大学教授张人佶提出建议：明确电子废弃物回收和处理的主管部门，形成以市政市容委主管、家电协会和商会具体协调、专业处理企业负责处理和再制造的规范管理和操作模式；正面引导从事电子废弃物回收的游贩，促进他们组织起来与专业处理企业建立联系；将电子废弃物回收规范化作为“文明社区”评比条件之一；建立有效的本市电子废弃物回收系统，政府投资建设统一的电子废弃物拆解和处理中心；依据《中华人民共和国环境影响评价法》，对从事电子废弃物处理的二次制造业进行评测，制定固废再制造行业标准和质量检测体系，将规范管理纳入固废再制造行业管理。

北京生产力学会的朱越生对农作物秸秆利用中存在的“生物质能气化”问题提出建议。他认为目前气化技术缺乏专业人才，生物质能气化技术至今没能根本解决。他建议：对现有的生物质能气化站的管理、技术、操作人员进行生物质能气化的原理、操作要领、影响因素、管理方法、经济成本、维护等综合专题培训，定期考核；对新建成筹建的气化站管理人员和操作人员进行培训后考核上岗；进行定期气化站技术交流经验活动；市、区、县、镇设专门机构进行统筹管理生物质能气化站，各气化站实行人、物、财专项管理，包括计划、考核、经费、技术等各方面独立核算。

注：

主要参考百度网站新闻栏目，北京市人民政府、北京市发展和改革委员会、首都科技网、北京市环保局等相关网站，《中国环境报》等资料。

（作者：陈剑，北京改革和发展研究会会长、研究员；毛雪峰，北京改革和发展研究会秘书处主任、经济师）

科技北京

陈　剑　毛雪峰

一、有关“科技北京”建设的重要观点

2012年7月21日，一场特大暴雨席卷京城，导致79人遇难，5人失踪，由此引发的科技与城市公共安全综合治理的讨论在学术界展开。北京市科学技术协会刘晓勘认为，作为一项系统工程，城市公共安全和治理的领域宽广，需要各个学科和各个领域部门的广泛协同，充分发挥各学科联盟资源优势，开展覆盖多学科、多领域的综合性合作，重视学术成果的运用和实效，围绕首都经济社会发展的要求，将科技工作者的个人智慧升华为集体智慧，服务于政府的科学决策和首都的科学发展。北京自然辩证法研究会理事长王鸿生教授持相同观点，他认为，北京在向开放性的现代化大都市迈进过程中，应借助现代科技手段再加上充分人文价值和社会理想，用全球化的眼光寻找一种综合性的思路和手段，用科学和智慧推动北京公共安全和综合管理向前迈进，较好地解决城市公共安全问题，推动中国城市文明的发展。

中国科技战略研究院副研究员李哲认为，北京在发展战略性新兴产业方面具有五大优势：第一，北京是全国最大的科研基地，科技资源总量在国内首屈一指，每年获国家奖励的科技成果约占全国的1/3；第二，每年都有一大批新兴技术成果在北京产生并得以应用；第三，形成了一批具有国际竞争力的企业，登陆国际资本市场；第四，新兴产业发展具有以中关村国家自主创新示范区和北京经济技术

开发区为依托的坚实载体；第五，战略性新兴产业发展初现成效。但他同时认为，目前对战略性新兴产业内涵、范围、统计指标等的界定不完备，严重影响着北京战略性新兴产业的发展。他认为北京应立足优势领域和特色，尽快建立完善相关产业的分类体系，依托中关村国家自主创新示范区结合亦庄北京经济开发区的建设，积极主动开展试点，发挥对全国的引领和示范作用。

针对战略性新兴产业话题，中国工程院院士杜善义认为，无论是战略性新兴产业发展还是传统产业升级，都应把科技创新摆在首位，并且不能对国外的技术产生依赖，不能再走模仿的老路，否则就不可能实现“跨越式”发展。他认为，战略性新兴产业创新的“两翼”，一是国家需求和市场导向，二是产学研结合，前者是企业技术创新的前提，后者能够使产业发展与技术创新前沿相结合。对此，首都经济贸易大学副教授周伟认为，北京发展高新技术产业的路径选择，应包括以下内容：合理规划产业发展空间布局，多渠道地消化、吸收、引进世界高新技术，同时加快自主创新体系建设，推动产业结构优化升级，把高新技术产业发展作为战略，积极改造传统产业，推动数字化城市建设，完善高新技术产业的政策体系，加强科技资源的整合。

数字技术是建设“科技北京”的重要内容，有关数字技术的解读，不同领域的专家学者有不同的见解。北京大学教授张浩认为，视觉传播教会人们以一种新的观察思维，将信息进行视觉化编辑和加工，并且有效地使用视觉传播技巧，在科学管理信息的基础上使个人能力信息和团队的执行信息在沟通中产生最佳的传播效果和到达率。北京市档案局宋红认为，数字时代档案资源视觉传播，应该体现时代的特征，以及所运用的信息技术。北京市档案馆馆员王兰顺认为，数字媒体技术的应用要根据展览形式设计的需求和展览内容表现需要的形式而定，数字媒体技术只是一种手段，关键是如何运用这种手段，使形式设计和内容设计起到表现主题深化展览的作用。

针对数字技术建设，首都博物馆的孙竞认为，数字技术在文化遗产的预防性保护上有着广阔的前景，但也不可避免地会有许多新问题出现，如怎样更高速、准确地采集三维数据（尤其是濒危的文化遗产的数据资料），如何尽可能减少数据处理中的人工干预，如何实现立体文物影像数据采集、加工和展示中的色彩统一管理，如何建立古建筑与文物藏品数据采集、加工、保存的规范和数据标准，如何建立古建与文物藏品虚拟修复方法和修复标准等，这些问题需要多个专业协同合作，寻找新的解决方案。

科技评价是目前科技界非常关注的话题，也是制约我国科技界发展的最大瓶颈。中国科学院院士唐守正认为，科技评价应引入第三方。他认为，作为科技评价的第三方，应该是具备法人资质的实体，能够承担民事责任，甚至能够承担刑事责任；应有学术权威性，得到领域内一定程度的认可；应有相应的人才，可以集中领域内最主要的专家。在2012年“两会”上，有全国政协委员表示了相同的观点，认为重大科技项目要经过独立的专家委员会评估和论证，重大项目实施过程要有独立的专家评估和监督，项目成果要由独立的第三方评估机构验收。

科普工作是建设“科技北京”和中国特色世界城市的重要推动力，自2007年至今，北京市命名科普基地已达243家，取得显著成果。针对北京的科普工作，也有专家提出不同看法。李克勤认为，首先，目前的科普组织管理制度可能会导致各单位的科普活动各自为战，从而造成科普工作管理上的混乱和监督上的缺位，如张悟本、马悦凌事件；其次，当科普工作出现问题后，没有人为此承担责任。他认为《科普法》规定的法律责任太宽泛，不足以解决科普工作中出现的所有问题。他建议在纪念《科普法》颁布10周年之际，为科普工作设立一项国家级的奖项。

中国科学院的李宏波、李晓佳等提出开展网络科普的建议。观点认为，目前我国现有科普网站存在的主要问题是：内容多、更新慢，信息多、互动少，图文多、技术少，维护多、创新少。他们提出建立“科普网站建设中心”虚拟组织的建议，积极开拓信息资源渠道，促进网络科普工作发展。

二、重要论坛和研讨会

2012年8月15日，北京市台办、北京市科协等单位举办“2012年京台青年科学家论坛”，论坛包括“京台农产品物流和食品安全论坛”“京台测绘与地理信息技术学术交流论坛”“京台城市园林绿化可持续发展论坛”三个分论坛，论坛主要内容：促进两地经济、科技发展，惠及民生；引导论坛向“深”“实”发展，不断开发新项目；城市和农村的规划、气象地理信息预报、防灾减灾、灾情预警、灾后重建等问题。

9月4日，北京市农林科学院等单位举办“2012年精准农业与植保技术国际研讨会”。会议主题：精准农业和农业植保技术。国外专家分别介绍了欧盟在应对气候严重恶化时的相关农业政策与对策、利用植物病毒进行疫苗开发的方法、植物强化物的法律问题及其应用的技术要求等。国内专家分别介绍了不同的栽培模式不同管理协议类型在北京郊区的优化和推广、农业非点源污染和温室气体排放的影响及解决措施等。

9月16日，北京石油学会、瑞典乌普萨拉大学全球能源系统研究所等单位举办“第八届能源及石油问题学术研讨会”，会议主题：石油峰值的研究进展及其影响与中国加拿大能源合作、中瑞能源合作。会议围绕世界能源问题，尤其是石油及能源峰值问题，如石油峰值来临的标志是什么、欧美学者及社会对石油峰值的态度和观点是什么、石油峰值的来临对气候变化谈判的影响、石油峰值对粮食安全、军事安全的影响等进行研讨。

10月15日，北京市科学技术协会主办“从数字城市走向智慧城市论坛”，论坛主题：推进智慧北京建设，探索城市信息化新方向。论坛主要内容：共同商讨测绘地理信息行业如何在首都“数字城市”建设成果的基础上，发展“智慧北京”的思路与建议；进一步推动智慧北京、中国特色世界城市建设模式研究和城市信息化新方向的探索。

11月10日，北京技术经济和管理现代化研究会举办“依靠创新转变经济发展的思路与对策研讨会”。与会专家认为，转变经济发展方式就是要调整经济结构，应把自主创新作为推进结构调整和提高国家竞争力的中心环节，转变经济发展方式与完善社会主义市场经济体制相辅相成、相互促进，客观上要求建立健全现代市场体系。不断完善社会主义市场经济体制，不断改革阻碍市场经济发展的体制和机制，有助于实现稀缺资源的合理配置和高效利用，从而促进经济发展方式的转变。

11月25日，北京电子学会举办“新材料及其加工技术研讨会”，会议主题：新材料、新工艺研究的现状、成果及发展趋势。与会专家认为，专业面跨度最大的生产技术涉及材料、加工工艺、测量技术等，随着科技的不断发展，高端的先进技术与实际应用的联系需要对科技人员的再教育、再提高，应充分利用学会提供的渠道和丰富的人才资源面向电子信息行业开展专业培训，在开展技术攻关、解决技术难点等方面发挥好行业的人才培养作用。

12月2日，北京市社会科学界联合会举办“2012年两界高峰论坛”。论坛主题：“科技创新、文化创新——驱动战略”。主要议题：“创建新模式：文化与科技的深度融合”“高新技术在文化领域中的应用初探”“科学推动型产业及其创新”“数字演出与智能创意”“知识产权战略推动首都双轮驱动”等。论坛宣布设立知识产权与北京科技创新、文化创新双轮驱动研究基地，北京食品安全研究基地，北京人文交通、科技交通、绿色交通研究基地等六家基地。

12月15日，北京生产力学会举办“第十一届北京迈向国际化大都市论坛暨学会年会”，就十八大提出的“五位一体建设”方面进行研讨，包括：首都非物质遗产的经济价值、农民工的教育及社会建设、国际贸易展望下的产业结构调整的思考、农业现代化问题、生态文明建设、空气污染治理涉及的因素等方面。

三、重要研究课题和成果

《灾损评估及救助测评体系研究》课题系北京市民政局项目，由北京减灾协会承担完成。课题就北京市灾害损失评估方法和救助资金实时测算技术做了较系统研究，探讨了北京市救灾物资储备体系发展思路及救灾物资储备的空间布局和分类管理方案，分别对农业、气象、地震、地质及城市生命线系统的灾损评估指标进行了归纳研究。课题提出因人员伤亡造成的人力经济损失的概念及其计算公式，设计出将间接经济损失转化为生产效益损失和社会生态效益损失的定量评估以及针对不同救助工作需求的多层次灾害救助测定模型，是北京市在国内率先开发的灾害损失评估和救助测评体系。

《中关村科技园区海淀园军民结合高技术产业园建设》课题是北京市科学技术委员会项目，由北京科技协作中心承担实施。课题目的：进一步推动北京市军民结合产业的发展。课题完成内容：建设北京市军民结合产业园（东升示范园）、军民结合技术托管中心，托管军民两用科技成果144项，实现技术交易额1300多万元；促成“汉麻秆芯超细粉体改性聚氨酯涂层关键技术”“机械产品再制造国家工程研究中心”等重点项目在京落地；搭建了军民两用科技成果转化交流的平台。

《国家现代农业科技城科技创新产业促进中心建设模式研究》为北京市科学技术委员会课题，由北京市农林科学院农业科技信息研究所承担，该课题隶属于北京市科技计划“软科学研究专项”项目。课题明确了北京国家现代农业科技城科技创新产业促进中心的内涵和特征，分析了科技创新中心建设发展需求，总结了国内外科技中介机构发展与管理的成功经验与启示，提出了北京国家现代农业科技城科技创新产业促进中心的建设模式、功能定位、业务重点、组织管理方式、保障措施等，撰写了《国家现代农业科技城科技创新产业促进中心建设模式研究》报告，对北京国家现代农业科技城建设具有重要参考价值。

《西瓜基因组序列图谱绘制与破译》研究成果，由北京市农林科学院蔬菜研究中心组织完成。该研究成果于2012年11月25日在国际学术顶级刊物《自然·遗传学》上在线发表，是世界首张西瓜基因组序列图谱绘制与破译。该研究成果完成了栽培西瓜全基因组的序列分析，获得了高质量的西瓜基因组序列图谱，成功破译了西瓜遗传“密码”。这是中国主导完成的世界第一张西瓜基因组序列图谱，也是植物基因组领域研究的又一突破性重大成果，标志着我国西瓜基因组学研究取得了国际领先地位。

《北京现代农业国际合作平台建设》研究，为北京市科学技术委员会课题，由北京市科委农村发展中心承担。课题围绕北京国家现代农业科技城建设，分析国内外籽种产业、精准农业、创意农业三个高端农业产业分布、资源和发展现状，以及国内外农业产业带资源相关性分析，形成“北京国家现代农业科技城国内外高端农业产业分布资源调查与分析报告”，建设国际合作资源数据库；组织并参与“中英现代农业技术转移合作论坛——北京国家现代农业科技城高端合作论坛”“2011 跨国技术转移北京论坛生物农业与食品专场”等活动，促进了北京国家现代农业科技城农业科技国际合作交流中心建设。

四、相关的重要项目

中关村生命科学园。北京市政府、国家科技部根据国务院关于加快中关村科技园建设的《批复》，启动北京高科技“248”重大创新工程所作出的重大战略部署，集生命科学研发、企业孵化、中试与生产、成果评价鉴定、生物技术项目展示发布，风险投资、国际交流、人员培训于一体的高科技园区，是国家级生物技术和新医药高科技产业的创新基地。生命园以“863”计划生物领域重大项目为主要依托，面向国际、国内一流的生物技术研发机构和企业开放，并吸引金融机构、风险投资、法律事务等社会中介机构，在政府职能部门的指导下共同创建国际一流的生命科学园。2012 年 9 月，昌平生物医药基地（中关村生命科学园重要组成部分）等 6 家基地被北京市商务委员会评为第一批北京市外贸转型升级基地。

“农业智能装备系统化集成研究与产业化”项目，由北京农业智能装备技术研究中心主持完成。项目结合农科城高端产业培育，以现代农业发展对设施农业智能装备的迫切需求为出发点，针对智能化农机具、农用传感器与检测仪器、高效育苗与栽植机械化系统开展创新研究与应用示范，通过产学研合作，开发适应我国农业生产的高科技、低成本系列农业智能装备。该项目建立农科城农业智能装备示范核心基地 2 个，研制并熟化智能装备产品 32 台（套），全国范围内累计推广应用达到 2275 台（套），累计产生社会经济效益 5300 余万元。

数字科普基地。依据《科学技术普及法》《国家中长期教育改革和发展规划纲要（2010—2020 年）》等纲要精神，探索建立利用社会资源开展中小学社会实践的机制，利用数字技术开展科学技术普及和教育活动，丰富校园科技教育实践的内容和形式，探索数字科普进校园新思路、新模式，打造具有鲜明科技特色、文化特色的数字校园。2012 年 10 月 31 日，北京华中师大一附中朝阳学校成为全国首个“数字科普实践基地”。

厚德创新谷孵化器。由清华大学校友总会互联网与新媒体协会等单位于 2012 年 10 月 30 日共同创建。创建目的：搭建创业者、从业者、国内外投资机构、企业服务机构的交流、服务和合作平台；为创业团队提供全角度创业服务、全过程的资金支持和全方位的产业对接；引进国际先进技术、商业模式和创业团队，引领北京市创新创业服务平台走向国际舞台。创建之初启动一亿元人民币种子基金（Pre-Angel），向海内外广泛征集移动互联网、云计算、文化创意等领域的早期创业项目。

五、重要的规划和措施

科技套餐工程。该工程围绕北京都市型现代农业的发展，由科研人员、大学生村官等 1300 多人组成科技套餐工程服务队伍。服务领域涉及种植、养殖、民俗旅游、医疗保健、农村应急避险、基础文化、农业政策、金融、家政服务等农村生产和发展的各个方面，按照“农民点菜，专家掌勺”的原则，科技人员与区县农经组织、农民需求对接。自 2008 年至 2012 年，北京市共开展科技下乡活动 2000 余次，受益群众 30 万人次，示范推广优新科技成果 200 余项，受益面积达 50 余万亩。

“北京青少年科技创新市长奖”。2003 年由北京市政府设立，是北京市青少年科技创新领域的最高奖。设立目的：鼓励更多的青少年钻研科学。截至 2012 年，已有 50 名青少年获此荣誉。

六、政策建议

北京生产力学会朱越生提出关于改进科研成果审批办法的建议。他认为，科学研究与生产技术到生产新产品是一条龙的关系，不能各自为政，目前出现了一些理论与实践、科研院校与生产企业、科学技术与生产技术等不相配的情况。因此，他建议：科研机构要针对本行业、生产企业的需求以及本行业发展的现实性制定科技项目，审批部门依据国家经济发展规划、产业政策、生产企业和市场需求来协调和安排，与生产技术、生态环境、节能等方面综合进行考核后才能最终实施项目；科技成果必须要以生产实践出新产品为最终成果，对科研项目可以分成实验阶段、实施阶段、生产新产品三个阶段，从各阶段来对科研项目分别审评；科研单位承担所推荐科技项目的社会责任和经济责任，鉴定科技成果的标准应以生产技术为核心；加大对生产企业的科研机构支持力度，打破管理部门、科研单位与生产企业等方面的绝对界限，向市场化迈进。

中国气象局研究员阮水根、北京减灾协会韩淑云认为，北京市影响预报预警能力存在着灾害监测网功能单一、灾害情景监视欠缺、接收预警信息的方式缺陷等问题。他们建议：增加并强化制定针对本地区易于发生的灾害或突发事件的专项或重大活动应急预案；对大灾、巨灾预报的落点、落时、量级、范围要进行持续的科技攻关，对次生、衍生灾害开展多部门的科研合作，延长预警有效时间提前量；提高全体公民和管理人员对城市防灾抗灾标准重要性和改进应急与常态化运行管理紧迫性的认知度，编制应对城市大灾、巨灾的硬件、软件新安全标准方案；改革城市运行机制和管理模式，把应对各种灾害的非常态与常态化运行管理紧密结合起来，建立责任制。

《北京科协》（2012年第1—2期）提出“关于调整北京农业产业结构的建议”：第一，用城乡结合一体化目标、农业向工业化迈进的思路引领农业科技开发，加快农业机械化，形成城乡结合统一发展结构，将农业产业改变为北京都市型农业的新产业结构，以区、县为单元，分工合作，组成北京市都市服务和发展的体系。第二，加强农业与工业结合的科技开发，以北京市郊农产品为基础，开发系列的都市型农业系统为前导，将现有农产品和加工业产品组成新产业链，并与北京相关发展的几大系列工业产品相结合，统筹融入中关村自主创新示范区的科技开发范围，制定科技开发计划立项。第三，促使农业与新兴产业结合发展，发挥中关村的科技开发优势，把生物工程、新能源利用等结合到农业科技中统筹规划同步研发。第四，农业科技和基础设施向现代化小城镇建设规划统筹发展，在小城镇建设中把都市型农业的企业、产业链的建设、市政建设等一并纳入，把发展农业科技的项目与农业基础设施的内容、标准要求融进整体建设规划中。

北京测绘学会的杨伯钢、刘忠卿提出北京“从数字城市建设向智慧城市发展的思路与建议”。建议内容：在“数字城市”建设成果基础上，搭建服务型城市级智慧城市平台。以互联网、物联网、电信网、广电网、无线宽带网等网络的多样化组合为基础，以物联网和云计算技术为支撑，推进基础性与应用型信息系统开发建设和各类信息资源的开发利用，探索“智慧北京”建设模式，发展智慧技术、智慧产业、智慧人文、智慧服务、智慧管理、智慧生活等为重要内容的城市发展模式，从而实现北京向世界城市高速迈进和实现高品质管理的发展战略。

机电科学院的李敏贤提出关于发展北京现代制造服务业的建议，他建议成立现代制造服务推进协会。吸引企业及科研院所参加协会，通过协会的工作，加强对现代制造服务的研究，为企业发展现代制造服务提供建议，引导企业加强对现代制造服务的重视。

北京自动化学会的吕武轩建议：应重视现代化测控技术在水资源综合利用及水污染防治工程中的应用，在教育领域设立“水工业仪表自动化”专业。他认为，目前我国的水处理工业体系中，较少用到水质测控技术装备，即使引进国外设计而安装了一些水质监测仪器及自动化系统，却因行业整体技术水平有限、运行维护能力跟不上而未能发挥应有的作用。他认为，造成这种状况主要的原因是缺少专业科班人才，而现有涉及给水排水自动控制教材远远不能满足实际需要。他建议，教委宜在有条件的高等院校或职业技术学院中设置“水工业仪表自动化”专业，系统培养跨接“过程控制”和“给水排水工艺”两个互不搭界专业的融一型人才，以适应水工业现代化发展的迫切需求；即便不可能立即设置这类专业，也要在“给水排水”专业的课程中增加测控技术原理及应用内容。

注：

主要参考百度网站新闻栏目，北京市人民政府、北京市发展和改革委员会、首都科技网、北京市科学技术委员会等网站，《科学时报》及其他相关资料。

（作者：陈剑，北京改革和发展研究会会长、研究员；毛雪峰，北京改革和发展研究会秘书处主任、经济师）

北京城市建设与管理

孟　斌　郑丽敏

在党的十八大报告中，以“在改善民生和创新社会管理中加强社会建设”为题，对城市建设分6个部分作了详细的分析与论述。加强社会建设，是社会和谐稳定的重要保证。必须从维护广大人民根本利益的高度，加快健全基本公共服务体系，加强和创新社会管理，推动社会主义和谐社会建设。可以说，党的十八大报告发展和丰富了新时期城市建设的内容，赋予了城市建设以崭新的使命。

一、重要学术会议简介

2012年3月19日，北京国际数字城市建设及3S技术应用展览会在北京举行。“数字城市”是一个由遥感技术、地理信息系统、卫星定位系统等多种高技术支持的计算机网络信息系统。“北京国际数字城市建设及3S技术应用展览会”集中了国内数字城市建设领域最高精尖的智慧和学识，数字城市大会已经成为全面检阅数字城市建设思想理念、技术水准的重要舞台。本次展会为我国各地的信息化发展提供了很好的理论支持和技术支撑。

2012年4月29—30日，“2012中国智慧城市”大会在北京国际会议中心隆重召开。大会对国内重点智慧城市的成果和项目进行了展示，对为智慧城市作出贡献的单位进行了表彰。宁波和北京、上海、广州、武汉、南京、扬州等7个城市被授予全国“智慧城市领军城市”称号。本次大会真实反映了我国智慧城市当前的情况，包括指导思想、顶层规划、重点行业、实施项目和我国智慧城市的主导企业、重点企业发展状况，以及当前智慧城市建设中存在的问题等，使各部委、城市、企业充分掌握智慧城市的实际情况，促进了智慧城市的国家战略意识的提升，并促使城市和企业走上智慧城市的科学发展之路。

2012年6月27日，“城市可持续发展北京论坛”在北京国家会议中心举办。“城市可持续发展北京论坛”是以北京市政府名义主办、以北京市国际友好城市为参与主体的高端政府间国际会议，以“城市的可持续发展”为永久主题。2012年“城市可持续发展北京论坛”选择“文化：城市可持续发展的动力”作为年度主题，是北京市深入贯彻落实中央十七届六中全会和北京市委十届十次会议精神的一次重要实践，论坛将充分利用以城市政府为主体、学术机构和企业参与的多边合作平台，展示首都深厚的文化底蕴和丰富的文化资源，学习、借鉴国际城市文化发展的有益经验，进一步优化北京市公共文化服务体系建设，促进文创产业国际合作，为推动首都文化事业大发展、大繁荣作出积极贡献。

2012年第五届中国北京国际城市景观、园林及建筑设计展览会在北京举行。本届展会的举办旨在为中国的城市建设添上浓抹一笔，真正成为城市景观市场的风向标。随着中国与国际接轨步伐的加快，将为景观、园林、绿化、建筑行业带来无限的商机。自“创建国家园林城市绿化主体工程”被北京市政府列为一号重点工程之后，北京及华东地区的城市环境面貌发生了翻天覆地的变化。世界关注着中国，中国关注着北京。北京——这座充满魄力的城市，将为来自世界各地的景观、园林设计的行业单位跻身中国景观市场构筑一个良好的平台，从而为景观行业发展带来了无限的商机。

2012年10月12—13日，低碳交通、低碳物流与绿色建筑国际学术会议（2012）在北京交通大学国际会议中心隆重举行。会议主题为“绿色低碳发展中的技术、管理与政策的融合”。多位专家围绕低碳交通、低碳物流、绿色建筑作了主题报告，报告引起了与会学者的广泛兴趣和强烈反响。

2012年10月27日，由首都经济贸易大学和北京市社科联主办、首都经济贸易大学文化与传播学院承办的“2012城市发展与文化创新北京论坛”在北京会议中心举行。论坛以“文化大发展、大繁荣背景下的城市发展与文化创新”为主题，研讨新形势下北京社会建设与文化创新问题。

2012年11月10—11日由首都经济贸易大学和北京市社会科学界联合会联合主办的“2012城市国际化论坛”组织海内外专家学者围绕“世界城市发展的理论与实践”“世界城市规划的重点与难点”“公共服务与城市治理”等多个专题进行深入探讨。与会专家通过跟踪世界城市的发展前沿、揭示世界城市的发展规律、比较国内外城市国际化进程中的经验教训，为破解北京世界城市建设难题，解决城市发展中人口、交通、资源、环境等问题，实现城乡之间、区域之间协调发展提供了思路和方法。

2012年12月16日，北京市社会学学会2012年社会学学术前沿论坛于北京师范大学举行。此次论坛的主题为社会建设与城市发展，会议围绕“十八大”关于社会建设的论述、创新城市社会管理体制、城市社会风险分析等议题进行了热烈讨论。

二、重要学术论著简介

《北京城市绿色空间：格局、过程、功能与宜人性》（付晓等，学院出版社）认为，城市绿色空间作为城市景观中不可或缺的组成部分，在城市发展与建设中起着重要的作用。该著作综合运用多源遥感影像、社会经济统计数据、问卷调查及实测数据，对北京城市绿色空间的信息提取方法、时空演变特征、景观格局及生态服务功能、社会文化功能等方面进行多角度、不同层面的分析，为今后的绿地规划提供了合理化建议。

《北京城市轨道交通投融资理论与实践创新》（张工等，北京交通大学出版社）从政府视角出发，梳理北京市城市轨道交通既有投融资创新的实务工作成果，总结北京市发展和改革委员会会同市有关部门主导的制度创新、模式创新、实践创新“三位一体”投融资创新体系，并展望了北京市前瞻性的投融资发展战略思考，为北京和全国城市轨道交通投融资创新提供借鉴。

《北京城市边缘空间结构演化与重组》（宋金平等，科学出版社）在综述大城市边缘区有关研究的基础上，应用核心边缘理论和景观生态学理论探讨了城市边缘区空间组织的运行规律，分析了我国转型期城市边缘区空间结构的演化趋势；借助遥感影像数据和GIS技术，从数量、类型、方向、强度等方面展现了北京城市边缘区的空间扩展规律；以产业和人口两个主导因素为切入点，研究了社会经济条件对城市边缘区空间结构演进的影响，结合北京实际剖析了北京城市扩展过程中带来的居住—就业的空间错位现象，分析了“钟摆式”空间错位的模式及其形成机制，并从空间错位的主体、原因、形式等方面对比了中美的差异；在借鉴国外典型郊区空间组织经验的基础上，提出了北京城市边缘区空间优化重组的原则，构建了“非显性功能区划”的重组模式。

《面向世界城市的北京发展趋势研究》（李国平等，科学出版社）力图全景展现面向世界城市的北京发展及未来图景。该书从分析北京建设世界城市的背景、地位和基础出发，详尽地从人口、资源、环境，经济发展，社会发展和空间发展四个方面对面向世界城市的北京发展现状进行分析，并对北京建设世界城市的发展趋势进行判断和展望。通过问卷调查和座谈，《面向世界城市的北京发展趋势研究》汇集了22位来自不同领域的专家对北京发展和建设世界城市的见解和观点，为判断未来北京发展趋势，以及认识北京建设世界城市的目标、差距、问题、路径和战略等提供参考。最后，该书提出了北京建设世界城市的战略定位、发展目标、模式及其策略。该书的内容和一些观点能够为新的城市总体规划修编以及相关规划的编制提供依据，也可为北京城市管理提供决策参考。

《北京首都圈发展规划研究——建设世界城市的新视角》（顾朝林，科学出版社）指出，北京面临的人口快速增长，城市空间急剧扩大、交通拥堵、住房短缺、环境污染、生态退化等大城市病以及人口、资源与环境的不协调成为北京建设世界城市的障碍，因此从区域层面思考和解决这些问题，成为政治家和科学家共同关注的焦点。该著作主要研究首都圈层面问题，有助于解决首都城市问题，实现首都圈的全方位发展。主要内容包括：首都圈发展目标与总体战略、首都圈空间结构构想、人口规模和新城建设、产业及布局规划、大交通规划设想、资源与生态环境、城乡一体化发展。

《世界城市与全球城市区域北京世界城市的区域经济合作》（曾宪植，知识产权出版社）一书认为，把北京建设成为世界城市是未来几十年北京市的城市发展目标。从世界城市的发展过程来看，世界城市不是一个孤立的大都市，而是一个具有全球影响力和控制力的大都市圈——全球城市区域。因此，北京建设世界城市是一个通过区域经济合作，不断扩大辐射和影响范围，由国际化大都市发展成为大都市圈，形成全球城市区域的过程。北京世界城市建设中的区域经济合作是北京建设世界城市中最值得深入研究和探讨的问题。该书从理论、背景和实力、区域实践三个层面对这一问题进行了较为深入的分析和探讨。

三、北京城市发展

（一）城市空间

《北京城市总体规划（2004—2020年）》是北京城市发展的重要指导方略。由于中心城区继续蔓延，北京空间结构调整和长期发展战略面临更加复杂的问题和挑战。中心城区用地规模已经接近或超过大伦敦区，但“摊大饼”蔓延，近期内仍然难以得到遏制；人口膨胀和资源环境之间的矛盾日益尖锐，对人口和土地调控、城市综合承载力提升、规划管理与实施要求更高、更严格。[①]

从北京市域来看，最近呈现如下发展趋势：一是中心城区圈层发展和北向、东—南向走廊发展态势明显，五至六环和城乡接合部空间变化剧烈，功能混杂；工业、仓储、居住用地沿高速公路等快速通道拓展，北京远郊和环北京地区县城工业发展速度加快。中心城区的巨型化促进了城区向新城的蔓延发展；使得城市生产、生活活动在市域范围内更加密切。二是新城发展不均衡，就业、社会服务、交通等配套不足，市域交通可达性不均衡，市域东部与北部优于西部与南部，出行压力大，职住分离明显。三是有特色的天然绿地集中在市域西、北部山区。平原区区域绿地系统不完善，西部生态涵养带建设进展缓慢，大型绿地服务社区的能力弱，绿隔成为中心城区蔓延侵蚀的对象。

吴唯佳等在《北京城市空间趋势和布局战略思考》中认为，面对规模越来越巨大的中心城区，除两轴两带多中心外，需要更加清晰、更具战略意义的空间结构，以疏解中心城区，促进城市有序、健康、可持续地发展。总体看来，一方面北京城市总体规划面临的新的问题和挑战，打乱了实施城市总体规划、转变发展方式的步骤；另一方面由于疲于应付的突发事件和新的变化，相关部门没有能够把应急措施与城市发展战略目标结合起来。[②]

北京市副市长苟仲文对于如何破解“大城市病”曾表示，北京正处在城镇化、现代化的加速期和转型发展的关键时期。在首都经济圈加速发展的大背景下，北京要建设世界城市，就需要解决产业外溢和人口疏解的问题。在北京市社会科学院副院长、研究员赵弘看来，目前制约北京建设世界城市有很多矛盾，首先就是“单中心”格局，影响到首都城市功能的充分实现，影响到首都综合承载力和城市运行效率的提升。一个世界城市应该有很强大的全球资源配置能力。这些功能不能仅仅依靠城市中心城区来承担，还需要分散在城市不同区域来实现。[③]

（二）城市文化

当前，世界城市的发展越来越呈现出以文化论输赢、以文明比高低、以精神定成败的格局。中国特色世界城市、社会主义先进文化之都的确立和定位，对北京精神文明建设提出了新的目标和更高的要求，也必然要求北京以更好的精神状态投入到城市建设和发展中来，为北京城市发展贡献精神力量。

孙照红在《培育“北京精神”是首都文化建设的实践载体——兼论北京建设世界城市的精神力量》中提出，北京确立了建设中国特色的世界城市和社会主义先进文化之都的目标和定位，这就需要依据此目标和定位来谋划北京城市更高层次的发展，就要努力培育一流的市民素质、一流的人文环境、一流的城市形象，展现自身的文化魅力和影响，引领中国文化走向世界。[④]

目前，以“爱国、创新、包容、厚德”为主要内容的“北京精神”表述语最终确定下来。“北京精神”是一个有机整体。“爱国”是“北京精神”的核心；“创新”是“北京精神”的精髓；“包容”是“北京精神”的特征；“厚德”是“北京精神”的品质。

由此可见，中国特色世界城市、社会主义先进文化之都的确立和定位，对北京精神文明建设提出了新的目标和更高的要求。⑤

（三）“2049”发展

吴唯佳在《“北京2049”长期发展趋势的认识》中认为，“北京2049”的长期发展趋势可能是：城市的空间布局更加扩散，随着城市规模的扩大，需要更多的技术和资金投入来维持和更新区域内的城市基础设施，需要更强大的产业支撑；显然，这种状况的“东京式”后果也是我们必须警惕的。此外，针对京津冀地区的人口增长和资源紧缺局面，北京也需要更多来自区域的支持。因此，推动周边地区在土地和资源的合理利用，加强产业发展、社会服务、基础设施建设和居住方面的合作，立足特大城市地区多中心格局，促进京津冀地区协调发展，也是北京城市发展的一个重要任务。⑥

四、北京世界城市建设

北京作为中国的首都，在国家经济社会发展过程中具有重要地位。北京具备较完备的政治、经济、文化功能及科技、智力资源和历史文化遗产。后奥运时期，北京提出了“人文北京、科技北京、绿色北京”的发展战略，世界影响力显著提高，北京建设有中国特色的世界城市已受到高度关注。

（一）发展模式

尽管在市场经济条件下，市场因素决定城市的形态和结构，形成了世界城市所经历的相似的社会—经济空间重构过程，但城市不是孤立存在的，城市所在国家和地方政府的政权体制的差异、城市历史轨迹的不同走势使世界城市的发展模式大不相同。

王新新在《北京建设中国特色世界城市的路径选择》中认为，在经济全球化条件下，面对国际竞争的压力，完全照搬发达国家世界城市的发展经验和做法是不可取的。当年发达国家的城市化是自生性的，其进程与工业化和经济发展的水平趋于一致，而今天我国的城市化速度却明显超过工业化速度，因此，北京建设世界城市的模式应该是在充分重视市场规律的基础上，采取政府主导、市场为辅的发展模式。⑦

（二）发展定位

顾朝林等认为，引领发展的绿色科技中心、享誉世界的全球制造业管理中心、内涵深厚的东方文化之都、繁荣稳定的社会主义首都可以成为北京世界城市的定位。⑧

北京建设世界城市，可以充分利用北京智力资源集聚的优势和市场对技术创新的推动，培育全球绿色科技中心。把握对世界未来发展产生巨大影响的关键技术，是北京跃居世界城市行列的关键要素，建设绿色科技中心，应该成为北京建设世界城市的首要目标。

中国许多行业或产品产量跃居世界前列，最近也被称为“世界工厂”。北京建设世界城市，可以抓住中国成为世界制造业中心的机遇，将北京培育为全球制造业的管理中心。

北京建设世界城市可以重新考虑东方文化在世界体系中的地位和作用，发扬中华传统文化与流行文化融合形成的新普世价值观，通过世界城市的建设推动东方文化重新走向世界，实现中华民族文化的伟大复兴。

北京建设世界城市需要充分发挥社会主义意识形态的首都的作用。社会主义主张或提倡将整个社会作为整体，由社会拥有和控制产品、资本、土地、资产等，其管理和分配基于公共利益。社会主义首都在发挥其政治、经济、国际、文化功能之外，其空间发展更应体现公共利益，更加宜居和谐的城市空间和城乡居民的均衡发展。充分发挥社会主义首都的城市功能，强化政治中心、文化中心的地位，积极发展国际功能和经济功能。

（三）发展瓶颈

住房“瓶颈”：住房需求来自于3个方面。一是北京城市化进程的加快带动了大量拆迁住房需求；二是住房消费的升级增加了人们的置业需求；三是北京作为国际大都市吸引大批精英人士来京工作，也吸引了中低层次的劳动力进城寻找机会，产生了巨大的自住需求。北京世界城市范围未来人口的进一步集聚将导致住房需求进一步增加。北京市有限的住房供应无法满足世界城市持续增长的住房需求，因此人口增长与住房供应短缺之间的矛盾将成为阻碍北京发展的一大“瓶颈”。

交通“瓶颈”：快速增长的机动车与有限的道路资源矛盾日益激化，城市功能的过度集中将首都变成了“首堵”。原本为了疏解功能，分散交通压力的新城建设，由于未能充分考虑职住平衡，导致大量的车流和人流穿梭于市中心与周边的“睡城”之间，交通“瓶颈”依然存在。

土地“瓶颈”：2010年之后的10年，北京土地利用将进入优化整合、全面建设世界城市和生态城市阶段。根据《北京市土地利用总体规划（2006—2020年）》，将严格控制建设用地规模，北京市将控制建设用地增长速度，增加林地等生态用地面积。

淡水“瓶颈”：北京历史上就是一个缺水城市，为了解决新的水源问题，北京一直在做境外水源的可行性研究。[9]

（四）文化经济视角发展导向

第一，坚持高起点规划，分阶段实施，充分体现世界城市建设的人文精神与内涵；第二，坚持硬实力提升、软实力强化，促进世界城市建设与文化经济发展和谐统一；第三，坚持优势发挥、特色彰显，打造别具一格的世界城市风貌与文化气派；第四，坚持低碳生活、宜居目标，牢牢把握以人为本原则和文化再造创新理念。[10]

“十二五”期间，北京建设世界城市的任务尤为重大，如何开好头、起好步对于以后城市发展有着重要影响。我们既要看到后奥运与后危机的机遇，又要看到建设世界城市绝非一蹴而就，必须做好长期、科学、有步骤建设的准备。城市是人的城市，人因城市空间而聚居，城市因人的存在而存在，所有努力必须指向人的价值，这也是城市文化的意义所在。文化经济为城市发展提供了绝好的路径，北京建设世界城市应牢牢把握这一重大机遇。

五、北京创意城市建设

创新型城市是创新型国家的重要支柱。在“三个北京”的可持续性创新与发展理念之上，以创新带动城市发展方式的转变，创意城市建设已经成为北京建设世界城市的战略延伸，北京的这一战略目标与我国建设自主创新型经济的精神也始终是一脉相承的。当前，北京已成功加入联合国教科文组织的创意城市，这一举措不仅关系到首都经济模式转型，也关系到北京世界城市的建设，在这一背景下，北京加快了创新型城市建设的步伐。

陈红玉在《以文化创新驱动推进北京创意城市建设》中认为，在创新驱动战略的层面上，文化传承与创新不仅是提高首都文化软实力和文化生产力的路径，也是首都文化大发展大繁荣的体现。应把创新驱动和创新型城市建设定义在更加突出更加重要的位置上，要进一步强调文化创新驱动的基础作用，坚持以社会主义核心价值和文化大发展大繁荣为最终目标的创新驱动战略和创新型城市战略，走真正可持续性创新模式的城市创意之路。[11]

六、北京国际旅游城市建设

北京确立了打造国际一流旅游城市的发展目标，制定了《关于贯彻落实国务院加快发展旅游产业文件的意见》，提出“大旅游”的发展思路和旅游资源多样化、服务便利化、管理精细化、市场国际化的工作要求，创建国际一流旅游城市成为重中之重。张凌云认为，北京在旅游相关行业和要素的资源整合、分类统计、信息集成、动态更新、实时提供等城市公共服务上，仍需新成立的北京市旅游发展委员会作为旅游目的地管理部门（DMO）加大与相关部门的协调范围和合作深度，改善旅游城市的公共服务。[12]在国际一流旅游城市建设过程中，北京市旅游发展委员第一编实证研究会大有可为，在推进智能化管理、智慧化服务和提升北京作为国际旅游城市的竞争力和美誉度方面，改善旅游环境、推广旅游目的地形象方面都可以借鉴其他大城市的一些做法。在资源开发上，不能只依靠传统文化资源，还要在挖掘多样化资源上狠下功夫；在市场开发上，建设国际一流旅游城市，应该在提升国际化水平上狠下功夫；北京作为我国首选旅游目的地城市应该成为首善区，成为旅游业作为现代服务业的示范区，这就需要旅游企业管理和旅游的公共管理都在信息化、精细化和便利化上狠下功夫。只有这样，才能将北京建成国际一流旅游城市的愿景变为现实。

七、北京城市管理

在圆满完成北京奥运会、残奥会和新中国成立60周年大庆等一系列重大活动的环境和设施运行保障任务后，北京的城市管理进入了一个新的发展阶段，并在发展过程中形成了首都城市管理的“五化”经验[13]，具体如下。

一是城市管理体制机制的高位协调。在管理体制上，顺应首都城市管理高位协调的现实需要，北京不断创新市政市容综合管理体制机制，建立了数字化城市管理系统和城市运行监测平台，组建了北京市城市管理综合协调办公室，建立完善了“1 + 6 + N”的运行模式，初步形成了地下管线综合协调管理机制，确保了城市安全稳定运行。建立了城市公共设施安全与应急管理体系，公共设施事故连续五年平稳下降。

二是城市管理目标管理精细化。在管理理念上，转变“重建轻管”的传统观念，扎实推进规划、建设、运行管理的全程配合管理。2012 年，在总结 2011 年“精细管理，美化市容”工作经验的基础上，结合弘扬和践行“北京精神”，进一步提出了以“精细管理，服务群众”为主线，以解决重点难点和群众身边环境问题为突破口，以治理、改善、提升城市景观水平为主要目标的精细管理工作新思路。

三是城市管理路径上的社会参与化。针对城市管理与人民群众切身利益密切相关的内在特点，始终高度重视发动群众，走群众监督的道路，让群众在参与中受惠，突出群众在环境建设中的主体地位。

四是城市管理手段的信息化。北京市信息化城市管理系统建成运行，并建立城市运行监测平台。

五是城市管理保障上的法治化。在完善立法上，先后起草并颁布实施了《北京市市容环境卫生条例》《北京市生活垃圾管理条例》《北京市燃气管理条例》等地方性法规，及《北京市供热采暖管理办法》《北京市架空线管理若干规定》等十几项地方政府规章，为环境建设和市政市容管理工作提供了法制保障。

注：

①②吴唯佳、于涛方、赵亮、于长明：《北京城

市空间趋势和布局战略思考——〈北京城市总体规划（2004—2020年）〉实施评估研究》，《北京规划建设》，2012年第3期。

③沈聪：《北京向东：走近首都城市副中心》，《前线》，2012年第11期。

④⑤孙照红：《培育“北京精神”是首都文化建设的实践载体——兼论北京建设世界城市的精神力量》，《城市管理与科技》，2012年第1期。

⑥吴唯佳：《“北京2049”长期发展趋势的认识》，《北京规划建设》，2012年第8期。

⑦王新新：《北京建设中国特色世界城市的路径选择》，《城市问题》，2012年第2期。

⑧顾朝林、袁晓辉：《建设北京世界城市的思考》，《城市与区域规划研究》，2012年第6期。

⑨赵峰、陈军：《新形势下北京城市建设的“十大关系”》，《北京规划建设》，2012年第6期。

⑩王海文：《文化经济视角下北京建设世界城市的现状及对策》，《城市》，2012年第4期。

⑪陈红玉：《以文化创新驱动推进北京创意城市建设》，《北京自然科学界和社会科学界联席会议高峰论坛论文集》，2012年12月。

⑫张凌云：《北京建设国际一流旅游城市研究》，2012年首都旅游产业研究报告。

⑬柴文忠：《首都城市管理的“五化”经验》，《城市管理与科技》，2012年第3期。

（作者：孟斌，北京联合大学北京学研究所副所长；
郑丽敏，北京联合大学硕士生）

2012年北京市哲学社会科学规划项目成果综述

尹 岩　张馨元

2012年，北京社科规划工作紧密结合北京市经济社会发展的重大理论和现实问题组织规划项目开展深入研究，取得了一批理论功底扎实、学术分量厚重、应用价值突出的研究成果。北京市哲学社会科学规划办公室在全力落实精细化管理的基础上，加强规划项目中后期管理，进一步改进和完善规划项目管理办法，积极推动规划项目研究成果的影响力不断扩大和有效转化。

一、基本情况

2012年共有187个规划项目经验收合格准予结项，其中162项成果经专家鉴定准予结项，占结项总数的86.63%；80项成果鉴定等级为“优秀”，占结项总数的42.78%；27项成果鉴定等级为“良好”，占14.44%；55项成果鉴定等级为“合格”，占29.41%；25项成果符合免于鉴定条件而准予结项，占结项总数的13.37%（见表1）。整体来看，本年度规划项目结项顺利，成果质量较好。

表1　2012年北京市社科规划项目结项情况统计表

	结项总数	经鉴定结项数				免于鉴定结项数
		小计	优秀	良好	合格	
数量（项）	187	162	80	27	55	25
占比（%）	100	86.63	42.78	14.44	29.41	13.37

已结项项目成果的形式多样，以研究报告为主，共有130份，占69.52%。此外，还有专著47部（其中结项后已出版19部），占25.13%，其中既有如《中国国际关系60年》《新中国文化60年》等对当代中国各项事业发展历程进行梳理和总结的系列成果，又有如《北京人口发展史》《北京物流史》等填补研究空白的专著等。其他还有论文集及数据库等形式的成果10部，占5.35%。

从已结项项目的学科分布看，187个结项项目涵盖了北京市哲学社会科学规划项目研究的全部学科领域。从各学科的结项数量统计，经济·管理学科为数最多，共68项，占结项总数的36.36%，反映出首都经济建设与社会的协调发展仍是当今社会科学研究者关注的重点；其次是综合学科，共32项，占17.11%，该学科领域研究关注的重点主要是“三个北京”建设、世界城市建设和北京市城乡一体化建设等关系北京市战略发展目标的研究课题；再次是科社·党建·政治学科，共25项，占13.37%，该学科领域研究关注的重点多集中于中国特色社会主义、科学发展观、社会主义核心价值体系建设、党的基层民主建设等关乎党的重大理论和现实问题的研究；再后面依次是社会学15项；法学12项；文学·艺术12项；教育学8项；历史学7项；哲学4项；城市学4项。这七个学科的研究成果从不同的学科领域、不同的研究视角，对首都的社会发展、城市建设、历史文化、语言艺术等诸多问题进行了深入的理论研究和学术探讨。

从已结项项目的类别看，一般项目104项，占结项总数的55.61%；重点项目59项，占结项总数的31.55%。此外，还有重大项目10项、青年项目12项、特别委托项目2项。

首批10项北京市哲学社会科学规划重大项目在2012年全部完成结项工作。据不完全统计，有6项重大项目研究成果已经得到北京市领导批示17人次。例如，由中国人民大学冯惠玲校长主持的《"人文北京"行动计划研究》，先后得到了时任中共中央政治局委员、中共北京市委书记刘淇同志的3次批示："可积极采用此成果"，"加大对人文北京的宣传力度"。此外该项目还先后得到时任中共北京市委常委、市委宣传部长蔡赴朝、鲁炜等同志的批示。由北京市社会科学院谭维克院长主持的《北京建设世界城市的战略研究》也先后得到时任中共中央政治局委员、北京市委书记刘淇同志，时任中共北京市委常委、市委宣传部长、副市长蔡赴朝，中共北京市委常委、秘书长李士祥，中共北京市委常委、宣传部长、副市长鲁炜等同志的肯定性批示。有4项课题成果的主要观点和研究结论被北京市人大内务司法委员会、北京市农村工作委员会等单位采纳，直接应用于相关文件和政策的制定。另外还出版学术专著3部，发表论文70余篇。重大项目研究成果社会影响良好，示范效应明显。

2012年起，首批北京市哲学社会科学规划应用对策研究基地项目陆续结项。应用对策研究基地项目自2011年起首批共设立15个，是由中共北京市委宣传部和北京市哲学社会科学规划办公室在东城、西城、海淀、昌平、延庆5个区县建立的北京市哲学社会科学应用对策研究基地项目的基础上，经专家评审设立的。各研究基地项目课题课题组紧紧围绕区县经济社会发展中亟须解决的理论和实际问题开展深入的调查研究。目前有12个项目完成了研究任务，其中，由海淀区委宣传部承担的"海淀历史文化研究"等4项成果经专家鉴定等级为"优秀"；由朝阳区委宣传部承担的"朝阳区社会服务管理创新研究"等6项成果经专家鉴定等级为"良好"；1项成果经专家鉴定等级为"合格"；另外由石景山区委宣传部"关于建设首都绿色转型示范区的研究"成果以专刊的形式全文刊登在《北京调研》2011年第12期，符合免于鉴定条件而结项。整体来看，应用对策研究基地规划项目研究取得了良好的研究成果。

2012年，在"北京市第十二届哲学社会科学优秀成果奖"获奖名单中，共有24项北京市哲学社会科学规划办公室负责管理的北京市哲学社会科学规划项目成果和市属单位承担的国家社科基金项目成果在此次评选中获奖，包括一等奖2项，二等奖22项。其中17项为北京市哲学社会科学规划项目成果，包括一等奖1项，二等奖16项；7项为市属单位承担的国家社科基金项目成果，包括一等奖1项，二等奖6项，获奖名单见表2。另外，在已结项目中，还有《北京青年宗教信仰问题及其法律治理研究》等14个项目成果在各类评奖中获奖。

表2　北京市社科规划项目成果获"北京市第十二届哲学社会科学优秀成果奖"名单

项目编号	成果名称	申报单位	申报者	奖项等级
04BJBLS037	中国共产党北京历史（第二卷）	北京市委党史研究室	谢荫明等	一等奖
*04BJL035 07&ZD016	自然垄断产业改革：国际经验与中国实践	首都经济贸易大学	戚聿东	一等奖
07AbZH066	经验　价值　影响——2008北京奥运会、残奥会志愿者工作成果转化研究	北京团市委	魏娜	二等奖
08AbJG227	中国企业国际化经营研究报告2010	对外经济贸易大学	林汉川	二等奖
09AeZH148	北京服装品牌个性的国际化研究	北京服装学院	宁俊	二等奖
09AbJG294	北京市轨道交通司机安全性评价与管理研究	北京交通大学	叶龙	二等奖
09AeZH148	北京市社科类社会组织现状及激发活力、发挥作用对策研究	北京市社科联	陈之昌等	二等奖
11ZDA04	城市生活垃圾减量化对策研究	北京信息科技大学	葛新权	二等奖

续表

项目编号	成果名称	申报单位	申报者	奖项等级
10AbZH162	建设“人文北京、科技北京、绿色北京”决策研究	北京市委研究室	王力丁	二等奖
06BaCS009	首都跨界水源地经济与生态协调发展模式与机理	首都经济贸易大学	张贵祥	二等奖
07BaJG142	医患关系的经济学研究	首都经济贸易大学	张琪	二等奖
06BaZH020	世界城市研究	北京大学	陆军	二等奖
08BaJG206	北京金融产业集聚效应研究	首都经济贸易大学	王曼怡	二等奖
06BaZH034	当代中国的发展哲学——科学发展观的哲学解读	北京大学	夏文斌	二等奖
09AaKD082	党内民主文化建设——党的建设的新视角	北京市委党校	刘汉峰	二等奖
06BaZH037	天人和谐论	北京交通大学	路日亮	二等奖
09AbWY064	风格创造——张艺谋电影创作论	北京电影学院	张会军	二等奖
10BaKD090	北京市乡镇人大发挥职能作用情况调研报告	北京联合大学	王维国	二等奖
*08CJY008	会计与投资者保护——理论、证据与案例	北京工商大学	崔学刚	二等奖
*08BJY123	北京现代服务业与经济增长实证研究	北京工商大学	李朝鲜	二等奖
*04FSS002	中世纪英国财政史研究	首都师范大学	施诚	二等奖
*06BTJ011	中国地方政府绩效评估方法与应用研究	北京市统计局	崔述强	二等奖
*03BJY078	中国消费者购买行为的文化价值观动因研究	首都经济贸易大学	张梦霞	二等奖
*06BJY003	从规模到质量：中国利用外资的历史进程	首都经济贸易大学	邹昭晞	二等奖

注：项目编号带*的为市属单位承担的国家社科基金项目成果。

此次获奖的社科规划项目成果，坚持正确导向、关注现实问题、创新价值明显、应用价值突出、研究质量过硬，充分体现了首都哲学社会科学研究的整体实力和学术水平，为发挥哲学社会科学规划项目的导向性、权威性、示范性作用作出了表率。获奖成果从其研究内容来看，具有以下特点：一是导向性强，从史学和马克思主义哲学的角度，深入开展党的执政历史和党在新时期的重大理论问题研究，丰富了马克思主义理论和党史党建研究的学术成果。如《中国共产党北京历史（第一卷、第二卷）》《当代中国的发展哲学—科学发展观的哲学解读》《天人和谐论》等。二是战略性强，紧密围绕首都经济社会发展中的重大理论和现实问题开展战略研究，为推动首都的科学发展提供理论支撑。如《建设人文北京、科技北京、绿色北京决策研究》《世界城市研究》等。三是现实性强，密切结合北京经济社会发展的热点和难点问题开展研究，为北京市各项事业的建设与发展提供智力支持。如《北京现代服务业与经济增长实证研究》《北京市轨道交通司机安全性评价与管理研究》《城市生活垃圾减量化对策研究》《医患关系的经济学研究》等。

2012年，为扩大北京市哲学社会科学规划项目成果的社会影响力，推动规划项目研究成果更好地转化，北京市哲学社会科学规划办公室对《历代王朝与民族宗教》等6项规划项目最终成果进行了出版资助，资助额达到43万元，创“十一五”规划以来出版规划项目出版资助总额的历史新高。

2012年，规划项目研究成果的宣传推介工作取得了显著效果。在市编办的支持下，原《北京社科规划》编辑部改为宣传处，明确并强化了其宣传职能，为规划项目成果宣传推介工作提供了组织保障。规划项目宣传工作一方面不断加强自有宣传平台建设，通过《成果要报》《北京社科规划》刊物、《北京社科规划工作简报》和北京社科规划网站，以及编辑出版《北京市哲学社会科学规划项目优秀成果选编》《北京市哲学社会科学规划项目阶段成果汇编》《北京市哲学社会科学研究基地成果选编》等有效形式，开展对规划项目研究工作和成果的宣传。其中，《成果要报》经过两年的发展，已成为成果宣传推介方面的重要抓手。2012 年共编发《成果要报》40 期，选题既包括市领导高度重视的首都科学发展、科技北京建设、世界城市建设等重大战略问题，也包括社会广泛关注的弘扬雷锋精神、践行北京精神等热点问题，还有群众普遍关心的生活垃圾减量、旅游、交通、地铁票价、医患关系、城市排水等民生问题的探讨。其中有 13 期得到市领导批示 25 人次，批示率为 33%。另一方面积极利用社会媒体对北京社科规划工作和成果进行宣传。与《中国社会科学报》共同策划，对北京社科研究基地管理工作的做法和经验，以及首都医科大学王晓燕教授、北京信息科技大学葛新权教授做了专题报道。积极向报刊推荐优秀成果，《北京工作》发表规划项目研究成果 16 篇，《前线》发表 10 篇。《宣传系统内部参阅》等内刊也多次刊发规划项目成果摘要。通过多种途径的宣传和推广，北京社科规划项目宣传工作的针对性、实效性和社会影响力不断扩大。

二、研究内容

北京市社科规划项目研究涉及了哲学社会科学研究领域的大多数学科。从北京市哲学社会科学规划所设学科来看，规划项目研究内容丰富，研究覆盖面较广。

哲学学科的研究成果既有如《康德的想象力理论》，对西方哲学家核心思想理论的全方位梳理和探讨，也有对十几年西方哲学价值观的整体性考辨，还有密切结合党的执政和公民价值观，从哲学角度进行的理论与实践研究和论证，如《世纪之交的西方哲学价值观研究》《执政伦理基本问题研究》《北京市公民价值观现状及发展趋势调查研究》等。

科社 · 党建 · 政治学学科规划项目的研究，一方面深化了对党的重大理论和指导思想的研究，如《社会主义的历史经验与中国特色社会主义政治研究》《“三个代表”重要思想的哲学基础》《创先争优活动重要理论与实践问题研究》等；另一方面也紧密围绕党在新时期提出的社会主义核心价值体系这一科学命题进行深入的探讨，形成了如《用社会主义核心价值体系引领首都精神文明建设研究》《“十二五”时期首都社会主义核心价值体系建设的路径研究》等研究成果；同时，还形成了一批紧密围绕《党的十七大以来北京市深入贯彻科学发展观新实践研究》《健全和完善提高党的执政能力的领导体制和组织制度研究》《20 世纪 90 年代以来中国民主政治建设的历史进程与基本经验研究》，以及《创先争优活动重要理论与实践问题研究》等问题的理论与实践相结合的研究成果。

经济 · 管理学科的规划项目研究成果最为丰富，研究内容最为广泛，涵盖了首都财政、金融、税收、产业结构调整、商业品牌创建、城乡一体化建设、环境保护、能源发展等各个研究领域。研究者从理论和实际应用等方面对制约北京经济发展、加快转变经济发展方式、促进城乡一体化等方面进行了深入的研究和探讨，提出了一系列有利于首都经济建设与发展的对策建议，形成了一批具有应用价值的研究成果，如《首都城市化进程中城乡一体化问题研究》《国际金融危机对首都经济社会发展的影响研究》《北京加快转变经济发展方式研究》《北京旧城古旧建筑节能改造模式及政策创新研究》《北京市休闲经济宏观调控决策支持体系构建》《北京市城乡居民收入差距问题研究》《北京市公共产品定价、供给与融资机制问题研究》《北京老字号企业创建强势品牌的对策研究》《北京市节能研究》，等等。

法学学科的规划项目研究成果主要围绕制度建设与机制改革、围绕地方立法问题开展研究，丰富了法学研究的理论成果，也为依法治国在北京的实践提供了有益的思路。研究成果有《建立公正、高效、权威的社会主义司法制度研究——以司法职权配置与运行为中心》《法官职业伦理研究》《再审制度改革研究》《“十二五”期间首都地方立法研究》《北京市行政执法责任制实践研究》《京郊涉农犯罪法律适用及追诉机制研究》等。

社会学学科的研究主要集中于人口问题研究、社区建设研究、公共服务与社会保障制度研究等方面。研究成果有《奥运后北京人口发展问题研究》《北京市社区文化生活制度支撑体系研究》《北京城乡接合部社区安全问题研究》《北京社区建设管理信息系统（MIS）实施研究》《流动人口社会融入及其与公共服务体系建设的关系》《北京市实施城乡居民医疗保险制度一体化管理的可行性研究》《北京市城市贫困人口就业扶持对策研究》等。

教育学学科的研究成果以对高等院校教育公平、教育资源的合理配置等关于教育事业发展以及教育制度改革方面的研究为主，如《中央高校与市属市管高校资源共享研究》《北京市高等学校内部资源配置结构与组织效能研究》《和谐社会中的首都高等教育公平研究》等；其他还涉及了关于大学生就业的《北京市大学生的区域就业结构协同研究》，关于教育绩效评价体系《新型物理教师过程性绩效评价体系研究——以教师对课后作业的处理为主体内容的教师评价》研究，以及有关青少年思想道德教育的研究成果，如《电视媒介对青少年道德认知影响的研究》《弘扬京剧艺术、提高大学生德育水平》等。

城市学学科研究成果从节约资源、城市空间管理、流动人口管理等方面开展调查研究，对北京市的城市建设与发展提出了相应的对策和建设。研究成果如《北京市建设节水型城市研究》《人文北京与社区公共空间建设》《以色列移民管理政策及对我市的启示》《北京学研究报告》等。

历史学学科研究成果，一是从浩瀚的史料入手，对“北京人口发展史”“北京胡同档案史料”“清代北京地区纸币印刷”“海淀历史文化”等进行了深入的挖掘和梳理。二是针对人们对皇家文化的浓厚兴趣，开展了对《清宫文化热研究》；另外，有学者还对北京历史文物资料英文翻译的规范化问题作了深入的研究。历史学科的研究突出了北京特有的历史文化地域特色，形成了一批具有学术价值和传承意义的研究成果。

文学·艺术学科的研究成果汇集了语言、文化、文学研究领域和艺术学科领域的研究成果。语言研究领域的成果主要有《北京话与普通话语音差异的调查研究》等，该成果在语言使用的规范化、汉语教学、普通话测试、语言文字政策等方面具有广泛的应用价值。文化艺术学科的研究成果主要有：《中国美术批评学研究》《中国画传统及其现代变革——以民初北京画坛为例》《雍和宫佛教音乐文化研究》《设计文化在文化创意产业中的传播与应用》《基于时尚语境的流行趋势研究》《20世纪北京传统工艺美术的传承与保护》等，在音乐、美术、服装设计等学科研究中提出了各自的结论和观点。文学研究领域的研究成果有：《唐代文学教育与文学的生成、发展及传播——以安史之乱前后的演变为中心》《当代北京作家与城市经验研究》《民族文化交融与元散曲研究》。

综合学科研究成果内容丰富，涉及了广泛的学科领域，形成了众多具有影响力的研究成果。研究内容主要集中在：一是对“人文北京、科技北京、绿色北京”建设的研究，如《“人文北京”行动计划研究》《“人文北京”建设的人本向度与人性化推进》《科技北京建设研究》《绿色北京建设研究》《奥运绿色遗产与建设绿色北京的价值研究》《关于建设首都绿色转型示范区的研究》等，这些研究成果对推动“三个北京”建设起到了积极的推动作用；二是对世界城市建设问题的研究，推出了如《北京建设世界城市的战略研究》《北京建设世界城市的指标体系和努力方向研究》《世界城市与北京社会建设研究》《北京市国际化大都市视觉指引系统研究》《北京市人口、资源、环境与城市发展综合研究》等研究成果；三是对城乡一体化建设和新农村建设问题的研究，如《北京市新农村建设中的传统空间文化延续研究》《北京新型农村科技服务体系建设与运行机制研究》《首都新农村社会建设应用对策研究》《日本实现城乡经济社会发展一体化政策研究及对我市的启示》《日本缩小城乡差距政策研究》等。另外，还有《首都报业应对新媒体挑战之策略研究》《北京高校专利转化问题与对策研究》《市民社会构建与社区体育服务变革——以北京市为例》等。

三、成果的应用转化

据不完全统计，在结项的187个项目中，135项成果得到不同程度的转化应用，转化应用率达到72.19%。

14项研究成果进入决策视野，得到了市领导的24次的批示。如北京大学夏文斌教授的《党的十七大以来北京市深入贯彻科学发展观新实践研究》、首都经济贸易大学段霞教授的《北京建设世界城市的指标体系和努力方向研究》等成果分别得到时任中共中央政治局委员、中共北京市委书记刘淇等领导的批示；北京市社会工委张坚同志的《世界城市与北京社会建设研究》得到了北京市人大常委会副主任梁伟同志的批示；首都社会经济发展研究所鹿春江同志的《北京市建设节水型城市研究》、张晓冰同志的《日本缩小城乡差距政策研究》、王微同志的《日本实现城乡经济社会发展一体化政策研究及对我市的启示》，分别得到了夏占义副市长的批示；北京市政府研究室孙进军同志主持的《北京建设国际一流旅游城市的比较研究》得到了时任北京市副市长丁向阳同志的批示等，其中一些成果多次得到有关市领导的批示。

有46项课题研究成果被北京市党政机关和相关部门参考采用，推动了首都各项事业的发展。首批市社科规划重大项目陆续有一批研究成果被相关部门在报告起草和政策制定中参考采纳。如由“‘人文北京’行动计划研究”课题组提供的《普及“北京精神”要做到“五个结合”》研究成果和由“用社会主义核心价值体系引领首都精神文明建设研究”课题组提供的《推进学雷锋活动常态化的几点建议》研究成果，经我办《成果要报》报送后，其主要观点分别被《北京市宣传思想文化工作要点折子工程》《首都精神文明建设2012年度折子工程》《弘扬北京精神深入推进未成年人思想道德建设行动计划折子工程》参考采纳。另外，还有如由中国人民大学冯玉军主持的《北京青年宗教信仰问题及其法律治理研究》为国家宗教局政法司采纳；由中国人民大学徐芳教授主持的《高绩效人力资源管理系统与现代服务业研究》，在总结国内外呼叫中心产业园区建设的成功经验的基础上，形成《国外呼叫中心行业人力资源管理最佳实践》《全球视野下的呼叫中心发展与管理》《北京绿色产业面临发展良机》《生产性服务业与残疾人就业促进》等系列研究报告，被北京市密云县政府采纳，并由市政府批准，建立北京呼叫中心产业基地；由北京物资学院刘丙午教授主持的《北京市危险品物流发展状况与协同对策研究》和其研究成果，于2012年1月11日获批“一种危险品物流安全监控系统和方法专利”（专利号：ZL201010256408）；由北京科技经济信息联合中心陈深井主持的《北京技术转移服务管理规范与评价指标研究》成果被北京市技术监督局采纳，于2011年8月9日批准，发布为北京市地方标准《技术转移服务规范》（标准号为DB11T/816－2011）；由北京市高级人民法院刘京华同志主持的《法官自由裁量与刑罚裁量规范化的研究》成果，被直接转化为《关于规范部分刑事案件审级管辖的通知》（京高法发〔2010〕428号）、《关于印发关于对社区服刑罪犯减刑、假释工作的规定（试行）的通知》（京高法发〔2010〕442号）、《北京市高级人民法院量刑指导意见（试行）》（京高法〔2010〕331号）、《关于印发北京市社区矫正实施细则的通知》（京司发〔2012〕160号）等系列文件；由北京联合大学李兴国教授主持的《北京市国际化大都市视觉指引系统研究》成果被北京市交通委采纳，为规范北京市交通指示路标系统建设提供了重要的参考；北京农学院何忠伟教授主持完成的《基于供应链的北京农产品质量安全管理模式研究》提出的“社区企业蔬菜直销模式”以及具体措施得到了中共北京市委农村工作委员会的肯定和采纳；对外经济贸易大学王铁栋教授主持完成的《北京企业对外投资支持体系研究》的部分研究成果分别被中国国际贸易促进委员会北京分会和北京国际贸易学会采用，为促进北京企业对外投资提供了重要的指导和参考；首都经济贸易大学丁芸教授主持的《“绿色北京”视角下促进节能减排的财税政策研究》，课题报告中“促进北京节能减排的税收政策建议”被市国税局采用；等等。

42项研究成果正式出版。例如，由中央民族大学云峰主持的《民族文化交融与元散曲研究》、首都经济贸易大学栾甫贵主持的《企业破产重整价值评估研究》；由首都社会经济发展研究所王力丁同志主持的《北京加快转变经济发展方式研究》；由国家法官学院曹三明同志主持的《法官职业伦理研究》；由中国政法大学宫睿同志主持的《康德的想象力理论》；首都师范大学符静主编的《上海沦陷时期的史学研究》、首都经济贸易大学祝合良教授主编的《品牌创建与管理》，等等。

有484篇阶段性研究成果在各类报刊上发表，如由中共北京市委党校姚桓教授主持的《创先争优活动重要理论与实践问题研究》系列论文先后17次在《求是》《前线》及《北京工作》上相继发表；人民大学郝立新教授的《“人文北京”建设的人本向度与人性化推进》先后5次发表于《人民日报》和《光明日报》；国家法官学院侍东坡同志主持的《民事强制执行权研究》系列研究成果，先后发表于《法律适用》《人民司法》《人民法院报》等报刊。这些研究成果的发表产生了广泛的学术影响和社会影响。

此外，还有17个项目的重要观点和对策建议被北京社科规划《成果要报》采用，上报决策层，起到了很好的服务决策作用。

（作者：尹岩，北京市哲学社会科学规划办公室成果处处长；张馨元，北京市哲学社会科学规划办公室成果处副主任科员）

附：

2012年度中国十大学术热点

《光明日报》理论部　《学术月刊》编辑部　中国人民大学书报资料中心

一、中国特色社会主义制度研究

入选理由：中国特色社会主义制度是中国共产党成立90年来所取得的重大成就，是涵盖经济、政治、文化、社会等各个领域的一整套相互衔接、相互联系的制度体系。当前学界对其研究的重点和进展主要体现在以下几个方面：（1）将中国特色社会主义制度放在中国特色社会主义实践的大视野中进行研究，强调其是中国特色社会主义的特点和优势的最终体现，是当代中国发展进步的根本保障。（2）对中国特色社会主义制度与道路和理论体系之间的关系进行厘定，明确了三者之间相互依存、三位一体的关系。（3）对中国特色社会主义制度的内涵进行解读。（4）将中国特色社会主义制度与其他社会制度形态进行对比，从中阐释其优势，概括其特点。（5）对中国特色社会主义的根本政治制度、基本政治制度、基本经济制度等主要制度，以及政治、经济、文化、社会等领域的各项具体制度，进行全方位的梳理和解读，并基于实践中形成的问题意识来探索制度完善的路径。

【专家点评】2012年，党的十八大对中国特色社会主义制度作了全面系统的论述和阐释，指明了制度建设的重要性，论述了中国特色社会主义制度体系包括的主要内容，阐述了中国特色社会主义道路、理论体系和制度三者的关系，并对如何坚持和完善中国特色社会主义制度作了具体部署。从当前学术界的研究来看，关于社会制度的研究，尚存在着以下不足：一是对社会制度的基础理论研究不够；二是对社会制度的分层研究不够；三是对社会制度的比较研究不够。因此，在下一阶段，如何从理论上克服社会制度研究方面的不足，大胆进行理论创新，进而实现制度创新，以便我们建立更加成熟、更加定型的社会制度，将是学界的一项重要任务。

（点评人：秦宣，中国人民大学马克思主义学院教授、博士生导师）

二、中国特色学术话语体系与国际话语权

入选理由：创新中国特色学术话语体系，提升国际学术话语权，使我国的理论研究和话语体系与我国的经济政治地位相适应，是一个重大而紧迫的时代课题。2012 年，学术界围绕这一主题进行了深入而广泛的探讨。学者们以“中国特色”“中国风格”“中国气派”的内涵解读为起点，深入阐释构建中国特色哲学社会科学学术话语体系的必然性、重要性和路径选择，主要包括：（1）我国改革开放的实践走出了与资本主义国家不同的发展道路，这是理论界构建中国话语体系的根本基础，中国学者要有高度的理论自觉和坚定的理论自信，用中国的理论研究和话语体系解读中国实践、中国道路。（2）独立的学术话语体系是由核心概念铸造起来的，要以理论创新和学术创新为基础，运用新方法，概括出理论联系实际的、科学的、开放融通的新概念、新范畴、新表述。（3）正确解释外来名词概念，实现西方学术话语的中国化，做到“中国立场，国际表达”。（4）创建有利于建构中国学术话语体系的体制机制，建立中国特色的学术评价体系，打造理论学术造诣高深、在国际上具有重要影响的学术大家。

【专家点评】中国特色学术话语体系的议题在今年的学术界备受关注。这一议题并不是被主观地设想出来的，其现实基础乃是中国自近代以来的历史性实践，特别是自改革开放以来的发展实践。这一实践基础主要包括两个基本方面：第一，是现代化的基本诉求和长期任务。第二，中国的现代化任务，是在非常独特的传统、国情和社会状况中展开的，这意味着我们必须面对先前的遗产并把握自身的现实，并通过这种把握而取得文化上和学术上的真正自觉。这一热点的形成意味着中国自近代以来整个学术发展的一个重要转折点，即在积极的对外学习中获得其学术上的自我主张。因此，这一议题在理论上的进一步探讨与深化，将有力地推动当代中国的学术发展，并使之成为中华民族伟大复兴的一个重要组成部分。

（点评人：吴晓明，复旦大学哲学院教授、博士生导师）

三、中国经济增长趋势与政策选项

入选理由：中国经济增速在经历逆周期应对的暂时反弹后，2009 年下半年起步入下降轨道，2012 年第二季度 GDP“破八”成为令人瞩目的标志性事件，且至今增速已持续 12 个季度回落。就如何看待中国经济增长趋势及未来政策选项，学术界存在显著不同的观点与激烈的辩论：（1）关于经济减速的性质与原因。相对悲观且占主流的观点认为，经济已呈现趋势性减速，中国经济尤其是发达地区提前进入自然减速区，劳动力、资源耗竭、投资回报率下降，原有发展模式走到尽头是其深层次的原因；另一种相对乐观的观点认为，当前经济减速的性质仍为周期性减速，在短期触底后中国经济仍有可能实现持久的上升，周期性减速的核心动力来自于出口下滑导致的产能过剩。（2）关于政策走势与选项。相对经济减速性质的双重判断，衍生出不同的政策取向：认为应着眼于中长期结构性改革，使经济增长方式更加依赖于提高效率和内生性增长；主张继续实施逆周期调控政策，稳定投资增长，避免 GDP 增长率出现失速下滑风险；倾向于从周期性和结构性双方面解释经济放缓原因，主张周期应对与促进转型并重，提高效率政策与扩大增长空间政策并举，认为改革红利与推进城镇化将为中国经济持续稳定增长提供不竭动力。

【专家点评】2008 年金融危机后，经济增长的条件发生了一些重要变化。从国际看，发达国家至今没有走出危机的阴影，世界经济仍陷于低迷状态，经济增长的外部环境非常复杂。从国内来看，经济增长面临着产能过剩、成本上升、资源环境和体制制约矛盾，调整经济结构、转变经济发展方式和保持经济平稳较快增长的任务非常艰巨。在这种条件下，如何化解矛盾，克服困难，兼顾当前与长远、速度与效益、发展与改革，以提高经济增长的质量和效益为中心，加快转变发展方式，同时继续保持经济平稳较快增长，对政府经济政策的选择是一个很大的考验，也是中国经济学界高度关注和热议的重大课题。

（点评人：张宇，中国人民大学经济学院教授、博士生导师）

四、现代农业发展与粮食安全

入选理由：截至 2012 年，中国粮食生产已实现“九连增”。然而，在粮食产量不断增加的同时，随着国家工业化、城市化进程的加快，中国粮食安全也面临一系列挑战。2012 年，学术界主要从以下几个方面对现代农业发展与粮食安全问题进行了研究：（1）基于粮食安全的现代农业发展现状。农业仍是

中国薄弱环节，农业现代化建设仍然明显滞后于工业化和城镇化，已成为国家现代化建设的瓶颈。(2)保障粮食安全的国际经验与启示。从国际经验看，政府补贴、农业科技和经营体制、国际农产品贸易政策均对实现粮食安全至关重要；中国粮食应坚持“立足国内生产，实现基本自给”的原则，充分发挥国内外“两个市场”“两种资源”的作用，注重农业科技创新和经营模式创新。(3)通过发展现代农业，确保粮食安全的战略与政策建议。应加强粮食安全的顶层设计、改革农业管理体制、加强农业科学技术研究。

【专家点评】现代农业发展和粮食安全在2012年再度成为研究的热点，是由我国当前经济形势和特定国情决定的。首先，近年来全球粮食供求日益偏紧，粮食危机的隐患越来越大，确保粮食安全已经成为各国农业政策的首要目标。其次，2011年我国人均GDP已经超过5000美元，加快现代农业建设、补齐农业现代化这块短板，决定着我国能否顺利跨越“中等收入陷阱”。另外，我国工业化和城镇化的深入发展对粮食生产的“挤出效应”日趋严重，现代农业发展进程中粮食安全问题的复杂性、艰巨性和紧迫性突显。此外，当前，粮食消费在人们日常消费食物中的比重开始显著下降，粮食安全将逐渐让位于食物安全。强调逐步以食物安全取代粮食安全，扩大对粮食安全认知的内涵和外延，也具有越来越重要的意义和影响。

（点评人：朱信凯，中国人民大学农业与农村发展学院教授、博士生导师）

五、人口结构转变与中国人口问题

入选理由：近年来，中国的人口结构形势与人口问题在很多方面都发生了重大的变化。2012年正值马寅初先生诞辰130周年，关于中国人口结构的转变及由此引发的问题重新引起了学术界与公众的广泛关注与讨论：(1)积极思考人口结构转变的理论问题，对人口结构转变的概念模型、理论观点以及学术流派作了总结分析，提出了中国特色的人口转变两阶段理论。(2)从历史向度对中国人口结构转变道路进行分析，指出中国进行人口结构转变是由时代发展特征和中国的特殊国情共同决定的。(3)对人口结构转变引起的城乡结构、年龄结构、性别结构、家庭结构等方面的转变等进行了深入研究，具体探讨了人口结构转变对中国经济、社会、国防安全等方面的影响。(4)从人力资本提升、劳动力供给、生育制度改革、社会保障制度完善与社会管理创新等方面对中国人口问题的解决建言献策。

【专家点评】在过去的几十年间，中国人口的发展态势经历了巨大的变化。社会经济的迅速发展和政府计划生育政策的实施推动着生育水平的稳步下降和预期寿命的不断提高，我国人口快速增长的趋势已经得到根本扭转，人口老龄化进程加速，人口流动迁移规模巨大，城镇化程度快速提高，家庭规模持续减小，出生性别比失衡依然严重，城乡之间、地区之间、各种人口群体之间、各年龄人口之间在与人口活动有关的行为方式和理念方面正出现日益多元化的趋势，中国人口问题正变得更加复杂多样，对社会经济发展和生态文明建设形成巨大的挑战。人口问题的解决需要整合社会政策体系和适应性的制度重构，也需要社会保障制度的改革和经济增长模式的改变。人口问题的妥善解决是和谐社会的基本要义，而和谐社会的建设也必将有助于应对人口问题的挑战。

（点评人：彭希哲，复旦大学社会发展与公共政策学院教授、博士生导师）

六、“八二宪法”30年与法治建设

入选理由：“八二宪法”是我国宪法史上最好的一部宪法，30年来，以其至上的法制地位和强大的法制力量，有力促进了改革开放和社会主义现代化建设。2012年，学界以“八二宪法”颁行30年为契机，充分总结和评价其在中国法治建设进程中的规范和保障作用，并深入研讨宪法及宪法学发展的未来。相关研究主要集中在以下几个方面：(1)回顾宪法的制定过程、内容的丰富和文本演变。(2)评价宪法施行的历史贡献。(3)高度肯定宪法在社会主义法治建设中的重要作用和价值，认为它奠定了我国社会主义法治的整体基调，落实了社会主义法治体系的顶层设计；强化了政党法治，确立了国家价值与人权文化。(4)客观理性地分析宪法实施中存在的问题，如基本权利的保障和实现，宪法司法化等。(5)通过“规范宪法学”“政治宪法学”等不同学术路径，研讨宪法学研究的重要议题，如宪法学研究转型和历史使命、宪法的适用实施、回应型宪法等。

【专家点评】“八二宪法”的历史贡献首先在于，它有效地终结了之前的社会动荡，并努力将政治过程纳入有序的法治轨道，如宪法确立了国家机关法定任期制度，从而有效废除了领导干部终身制。其次，现行宪法不仅为改革开放提供了根本的正当性，也通过适时修宪的方式，将改革开放的具体成果加以正当化，从根本上对改革开放作出了巨大贡献。与此同时，这30年来的实践还说明了，宪法不仅是政治实践的产物，同时其自身还蕴含着价值取向，如2004年的宪法修正案把“国家尊重和保障人权”载入宪法，这使我国的法制建设具有了更明确的价值取向。然而，我国的法制建设任重道远，有鉴于此，我国当前的制度建设以及宪法学研究的重点应该聚焦于宪法保障制度的建立与完善这一课题，唯有建立起这样一种理性机制，才能进一步推动法

治建设。

（点评人：林来梵，清华大学法学院教授、博士生导师）

七、城乡教育一体化发展路径

入选理由：2012 年，在《国家中长期教育改革和发展规划纲要（2010—2020 年）》的引领下，我国城乡教育资源公平配置和教育发展均衡化得到进一步推进，但距离城乡教育一体化的真正实现还有相当长的路程。在此背景下，教育学术界对城乡教育一体化的诸多热点问题展开了深入探讨，主要包括：（1）深入剖析城乡教育一体化基本理论问题，明确城乡教育一体化的内涵与特征，探讨城乡教育一体化的层次与类型等，为提出符合中国国情的城乡教育一体化制度构想与实践策略奠定理论基础。（2）以体制重构和制度创新为核心，逐步纠正或改进造成城乡教育差距的体制和政策，如在财政拨款、学校建设、教师配置等方面向农村倾斜，以促进城乡教育协调发展。（3）构建各级各类教育的城乡一体化指标体系，监测其发展进程并评价其发展水平，为政府决策部门和各级各类教育部门与机构制定决策提供参考和依据。

【专家点评】城乡教育一体化发展路径问题，近年来受到学术界的热议，本年度被评为研究热点，反映了教育研究关注时代性重大命题的敏锐性以及破解教育改革和发展关键问题的价值追求。首先，在我国经济社会由城乡分割的二元格局转向城乡一体化发展的新形势下，实现城乡教育一体化是我国推进城镇化和农业现代化的现实要求，也是教育体制改革的必然结果。其次，长期以来形成的城乡教育二元结构造成了城乡教育的巨大差距，是当前推进教育公平政策的主要障碍。再次，城乡教育一体化本质上要求实现城乡教育公共服务均等化，提供更加丰富的优质教育，整体提升教育质量，这是达到《教育规划纲要》提出的到 2020 年基本实现教育现代化目标的必然选择。城乡教育一体化发展路径问题的探讨，对我国教育改革发展具有重大的战略意义。

（点评人：高宝立，《教育研究》杂志社总编辑、编审、博士生导师）

八、《资本论》及其手稿再研究

入选理由：资本的全球化加速扩张态势，特别是近年来由西方资本主义国家引发的世界性经济危机，再次验证了马克思的《资本论》对资本主义批判的前瞻性及其对当代世界的解释力。当代社会实践的发展为我们重新研究《资本论》创造了新的空间，而《马克思恩格斯全集》“历史考证版”第二部分“《资本论》及其手稿卷”的出齐以及中文版《马克思恩格斯文集》10 卷本的问世，则为我们的研究提供了更权威、更完整的文献资料。2012 年，“《资本论》及其手稿”成为学界研究的热点，国家社科基金和教育部两次将其列为重大项目招标。有关研究主要表现在三个方面：（1）从文本、文献的角度，对马克思思想重新进行梳理、阐释和评论，还原马克思创作《资本论》的历史原貌。（2）从社会发展的角度，在正视时代变迁所导致的差异并结合我国社会主义发展现状的基础上，对《资本论》及其手稿的主要范畴和概念进行再解读，探究资本新形式批判与人的解放之路。（3）从经济学的角度，结合当代经济生活中的现实同题，重新理解和评价《资本论》中有关“资本的本性”与“资本的逻辑”的思想，并以之来探讨和应对我国社会主义市场经济存在的风险。

【专家点评】在当代新的境遇下重新研究《资本论》及其手稿：第一，必须站在世界学术研究的前沿领域，以权威、完整和准确的文献资料、版本作为基础，以此廓清《资本论》发表百余年来争论的众多问题；第二，必须突破把它仅仅看作单纯的政治经济学著作和哲学上只是对唯物史观的运用与检验的传统而狭窄的研究思路，要将其宽广的思想视野、深邃的历史意识和深刻的哲学蕴涵全面地展示、提炼出来；第三，必须结合对 20 世纪资本批判史的梳理、结合目前资本全球化的发展态势来重新理解和评价《资本论》中的资本理论及其对资本逻辑的批判，确立其思想史地位和当代意义。从这个意义上说，《资本论》及其手稿研究仍然任重而道远。

（点评人：聂锦芳，北京大学哲学系教授、博士生导师）

九、莫言获奖与中国当代文学的价值定位

入选理由：莫言是有史以来第一个获得诺贝尔文学奖的中国籍作家，由此引发了广泛的社会关注，国内学界展开了热烈的讨论：（1）以莫言获奖为契机，在探讨莫言创作特质的同时进而探讨中国当代文学向世界提供的独特经验以及全球化视野下中国当代文学评判标准的逐渐改变问题。莫言的创作表现出持久的想象力与生命激情，以其超越的姿态不同于精英知识分子的理论批判，在对农民、对民间生存状态的悲悯与关怀中出入自如，并辅之以敏感的题材与成熟的技巧。（2）对中国当代文学走向的深层次思考。如果将莫言与同时代其他中国作家进行比较，可以看出尚有较莫言艺术水准更胜一筹者，不能因本次获奖便简单断言莫言作为地方性的作家已经达到世界性标准与经典标准。为此，更明智的做法是以平常心看待此次事件，在力避文学民族主义情绪的浮躁中坦然展示中国文学的实绩。

【专家点评】莫言的获奖，是西方主流话语对汉语书写的一次认同。它至少表明，中国文学内在性因素唤起了域外读者的一种心灵的快感。他们从这位作家那里发现了一种在黑暗里咀嚼苦难且超越苦难的雄浑之气。莫言并不满足于在文本的里面袒露隐私，他站在了文本的外面，以上帝般的悲悯俯瞰芸芸众生，获得了一种穿透人性与时间的双眸：小说不都是告诉我们生活是什么，而是告诉我们，它本来就不是什么。但他的获奖，并不意味着当代文学已进入黄金时代，只是一种隐喻和象征。中国文学书写中无智无趣的存在比比皆是。莫言只是一个突围者，我们的文化还在巨大的惯性里滑动，文学与艺术要真正复兴，还有漫长的道路。

（点评人：孙郁，中国人民大学文学院教授、博士生导师）

十、中国社会史研究的拓展、深化及反思

入选理由：社会史是用社会学的理论和方法对历史上的社会结构整体及其运动、社会组织及其运动、社会行为及社会心理的研究，其特点突出体现在对整体社会的研究、对下层民众的研究、对“长时段”历史的研究。近年来，随着浙南契约石仓文书、浙江龙泉司法档案、四川南充南部文书档案和贵州等地的一批批档案和契约文书等新史料的发现，学界对传统社会的研究维度和深度发生了变化。这些新史料的出现大大丰富了学界对中国社会历史的认知，对传统问题的研究视角也发生了变化，特别是一些自然科学技术的引入，使得研究方法和手段大大延伸和丰富。同时也使得对社会史乃至整个历史的研究出现了细化和碎化。2012年以来，学界就社会史研究是否碎片化等理论问题进行了探讨，这种理论的探讨和实践结合将会极大地推进中国社会史研究的深化。

【专家点评】2012年社会史研究维度的拓展与深化，突出地反映在三点：一是关于社会生活、民间组织、社会管理等受到更多关注；二是跨学科交叉研究趋向越发明显；三是出现社会史研究时段后移的新趋向，不仅抗战时期的社会史研究较为活跃，有的还延伸到新中国成立后，及“文革”时期的社会状况与社会生活，这是反省那段历史的一个突破口。对社会史研究“碎片化”的反思是今年的一个集中议题，一方面“碎片化”是社会史研究走向深化、细化的必然现象；另一方面也成为制约社会史研究进一步发展的瓶颈，从而向我们提出了需要更高一层理论概括的要求，也许解释中国社会历史变迁的理论创新就在这种孕育之中。

（点评人：李长莉，中国社会科学院近代史研究所研究员）

（原载2013年1月8日《光明日报》第4版）

2012年理论视野中的十大热点

一、党的十八大报告：坚定了道路自信、理论自信、制度自信

党的十八大是在我国进入全面建成小康社会决定性阶段召开的一次十分重要的大会，是对中国未来进一步发展进行定向、定调与定位，大大吸引了国内外学者的眼光。

理论界对十八大报告的历史、理论与实践意义给予了高度的评价。学者认为，十八大把科学发展观列为党的指导思想，又根据新的实践和探索，进一步回答了新形势下，我们需要什么样的发展和如何发展的问题，继续发展了中国特色社会主义理论。十八大在中国共产党的发展史上，写下重重的一笔，也会在社会主义理论发展史上留下重重的一笔。学者对十八大报告提出的新思想、新观点、新部署也进行了系统的总结，如对科学发展观的精神实质、对中国特色社会主义事业总体布局的构建、对社会主义核心价值体系赋予的内涵等新提法、新论断进行了深入解读和分析。学者认为，十八大报告坚定了道路自信、理论自信和制度自信。

学者指出，在全面建成小康社会的关键时期，十八大报告是课题指南，为社科专家继续破解中国特色社会主义建设中的重大理论和实践问题，指明了主攻方向。

国外学者对党的十八大高度关注。国外学者认为，中国共产党面临的挑战无论在程度还是级别上都比其他国家高出许多倍，如执政党现代化、平衡社会秩序与满足人民权利、建立强大和公正的政府、扩大中户阶层、探索更公正和更有效的经济运行方式等，但十八大提出的战略方针将引领新的变革和突破，新的领导班子将为中国未来发展带来新的希望，这将有利于推动中国取得新的进展。十八大昭告世界，中国发展将进一步把人民放在首要位置，坚持人民主体地位，尊重人民首创精神，贴近人民真实关切，这引起国外学者的高度认同与深层共鸣。

二、中央经济工作会议：用好战略机遇期扩大内需是基点

重要战略机遇期是党的十六大首次提出来的一个概念，但随着国际国内形势的深刻变化，我国是否还处在重要战略机遇期成为学界广为关注的一个话题。12月15日至16日召开的中央经济工作会议指出：从国际环境看，我国发展仍处于重要战略机遇期的基本判断没有变。同时，我国发展的重要战略机遇期在国际环境方面的内涵和条件发生很大变化。对于这一精神，理论界给予了深入的探讨和解读。

学者认为，从当前和平与发展的时代主题没有变、世界多极化和经济全球化的大势没有变、新科技革命日新月异的发展态势没有变的三个基本条件来看，我们仍处在重要战略机遇期。对于我国发展的重要战略机遇期在国际环境方面的内涵和条件发生很大变化，学者认为，国际环境的新挑战是传统模式之危，恰恰是科学发展之机。全球经济进入相对低速增长期，正是倒逼我们扩大内需的新机遇，有利于我国改变过度依赖外向型经济、“大进大出”的传统发展方式，将经济发展的立足点更多建立在扩大内需的基础上。世界范围内的结构调整、技术创新“赛跑”，正是倒逼我们提高创新能力的新机遇，有利于经济增长更多地依靠科技进步和劳动者素质的提高。资源能源、气候等全球性问题凸显，正是倒逼我们转变经济发展方式、走绿色低碳发展之路的新机遇。学者指出，切实用好当前的新机遇，必须牢牢把握扩大内需这一战略基点，因势利导，顺势而为，努力在风云变幻的国际环境中谋求更大的国家利益。

三、刑事诉讼法修改：公权与私权得到很好平衡

《全国人民代表大会关于修改〈中华人民共和国刑事诉讼法〉的决定》3月公布。这次刑事诉讼法的修改是1996年修订刑事诉讼法实施以来的首次修改，且是一次“大修”，修改条文逾百条，在证据制度、辩护制度、强制措施、侦查措施、审判程序、执行程序等方面都有重要完善。

法学界普遍认为，修改后的刑事诉讼法更好地适应了我国经济社会发展形势，对于更加有效地惩罚犯罪，更加有力地保障人权，切实维护社会和谐稳定，具有重大现实意义。尊重和保障人权是宪法中非常重要的法律理念，刑诉法修改充分体现了这一重要理念，在惩治犯罪和保护人权的关系方面处理得很好。

有专家认为，这次修改很好地掌握了一个平衡原则；将“尊重和保障人权”首次写入总则，平衡了公权与私权的关系；“不通知家属”设限，很好地平衡了“通知家属”与“侦查需要”间的矛盾；辩护律师提前介入，增强了辩控双方的平衡，等等。也有专家认为，刑事诉讼法以惩罚犯罪和保障无罪人不受刑事追究为目的，不仅涉及国家的稳定和社会秩序的和谐，更关系到公民基本人权如自由、荣誉、财产甚至生命等重大权益，尤其是在证据问题上改变了“口供为王”，尽可能地杜绝刑讯逼供，给予证人特殊保护，实现了一些突破。

四、中国城镇化率超过50%：由“乡村中国”迈向“城镇中国”

中国社科院发布的《2012中国中小城市绿皮书》指出，我国城镇化率已经超过50%，这意味着我国城镇比例已经超过农村。对于这一历史性突破，经济学、社会学界给予了高度关注和深入探析。

学者指出，这代表了中国城乡发展的三个历史性突破：由“乡村中国”向“城镇中国”快速迈进，由城乡二元向城乡一体稳步推进，由传统生活向现代生活逐步演进。但也有学者指出，我国的城镇化是一种典型的“不完全城镇化”，大量农民只是名义上的“居民”。为什么说是“不完全城镇化”呢？这主要体现在大量进城务工的农民工、郊区就地转化的农转非居民以及城镇扩区后存在的大量农民，虽然住在城镇地区，并被统计为城镇居民，但他们并没有真正融入城市。

学者认为，科学、健康、可持续的城镇化，不仅仅是城镇数量的增加、农村人口的减少，更重要的是城市功能的完善、百姓生活的便利。但目前我国大多数城镇发展模式仍比较粗放，“土地城镇化”速度快于人口城镇化；城乡基础设施建设和公用事业发展滞后。因此，学者指出，城镇化转型刻不容缓。新型城镇化要实现六个方面的转型，即由城市优先发展向城乡互补协调发展转型，由高能耗的城镇化向低能耗的城镇化转型，由数量增长型城镇化向质量提高型城镇化转型，由高环境冲击型城镇化向低环境冲击型城镇化转型，由放任式城镇化向集约式城镇化转型，由少数人先富的城镇化向社会和谐的城镇化转型。

五、延迟退休调研：“小步慢走”“弹性退休”可能有效

6月，人社部表示推迟退休年龄已是一种必然趋势，计划下半年启动延迟退休调研，引起了社会各界的热议。

赞同延迟退休的学者认为，随着经济和社会的发展，人口预期寿命提高，计划生育使得缴费人数相应下降，已经使得延迟退休成为一种必然趋势。也有专家认为，我国目前既面临着老龄化加快的挑战，又面临着就业压力巨大的挑战，延迟退休这样一个政策，关系到我国人口结构、代际关系，关系到我国社会保障制度建设情况、总体就业的状况、职工和居民收入状况，要综合考虑这些因素，选择政策实施的时机，慎重而行。

关于弹性延迟申领养老金列入社保“十二五”规划，对于这一政策怎么设计，有专家认为，许多国家在调整退休年龄时都要预先若干年向社会公告，对不同群体采取差别政策，并以“小步慢走”的方式实施，以减少负面影响，这对我们研究这一问题是个借鉴和参考。

也有专家认为，延迟退休年龄不仅关系经济发展，更关乎公平。有时候，对某个群体的特殊照顾，如允许其65岁退休，虽然可能会让这个群体满意，但也可能引起其他群体不满。这就要求政策制定者，对延迟退休通盘考虑，真正做到科学论证、凝聚共识。也有专家认为，在权衡各方利弊的前提下，实施“弹性退休”不失为最有效的方法，而具体到方案的制订与出台，必须配套相应的“弹性制度”，才能使“弹性退休”更好地得到落实。

六、现行宪法公布施行30周年：进一步走向现实与行动的宪法

今年是现行宪法公布施行30周年。法学界就宪法的本质、作用、当前宪法研究的重点等问题展开了深入分析。

学者指出，宪法30年的发展过程，递进式地记录了中国改革开放的历程，使我国宪法及时跟上时代要求，巩固改革开放的成果，适应人民的期待。如1999年“依法治国”写入宪法，2004年“人权入宪”，2012年把“尊重和保障人权”的宪法原则写入了刑事诉讼法。其中，“依法治国”写入宪法是社会主义法治国家建设进程中的一个重要分水岭。当时有三大观点——“法治论”“结合论”“取消论”。“法治论”提倡法治，倡导依法治国；“结合论”主张将法治与人治结合；“取消论”认为“依法治国”是资产阶级口号，我国只需要“健全社会主义法制”。三大观点争论激烈，但是“依法治国”符合人民愿望、历史规律和时代精神，逐渐被社会认同。

学者指出，加强宪法的实施，就是要使宪法从纸面上的宪法，进一步在现实和行动中得到尊重和落实。在执行和遵守宪法方面，公职人员要明确两个观念：一是人本观念，即尊重和保障人权、维护公民基本权利，在制定和执行政策、作出重要决策时必须考虑民众的权利诉求，尊重人的生命价值；二是规则观念，按照宪法和法律、法规规定的程序和标准处理问题，做到公平、公正、公开，经得起公众的质疑和检验。还有学者认为，建立公众广泛参与的多维度的利益表达机制，使“维稳”的思路从“保稳定”转变为“创稳定”，还需进一步挖掘宪法价值、普及宪法知识等。

七、确立社会主义市场经济体制目标20周年：聚焦处理好政府与市场的关系

确立社会主义市场经济体制目标20周年、邓小平南方谈话20周年，今年的这两大纪念主题，使理论界再次聚焦到改革的话题。

学者指出，中国社会主义市场经济发展的重要价值取向和标准，使全社会充溢自主创新的气象。时至今日，中国社会正进入关键的攻坚阶段，仍需要再下决心，开启新一轮的改革航程。针对改革中实际存在的问题，学者认为仍然是由于市场经济的普遍性体现不到位，包括：生产要素市场化改革滞后；城乡二元结构体制阻碍市场经济的完善和城市化进程；政府、市场、社会关系不顺，还没有形成顺畅的市场配置资源基础，等等。因此，学者指出经济体制改革重点有三个方面：一是垄断行业改革；二是政府改革；三是收入分配改革。如果这三个方面的改革能够深入推动起来，能够取得实质性的进展，再配合其他方面的改革，围绕转变发展方式也好，避免中等收入陷阱也好，就都很有希望。

正确处理好政府与市场的关系，这是深化经济体制改革的关键，也是学界探讨的一个热点问题。学者指出，要进一步调整政府与市场的关系，就必须明确政府与市场的边界。经济发展的主体力量在市场，企业和老百姓才是创造财富的主体，政府应该是创造环境的主体。更好发挥政府作用，应追求市场主导下政府的有效作用。而不是政府主导下市场的有限作用。

八、公民道德论坛：社会诠释价值观的一个载体

近几年，随着社会道德失范事件的不断涌现，公众的道德焦虑感日益强烈。在这种道德心态中集体性地产生了对于雷锋精神等美好道德的期待。2月28—29日，第九届公民道德论坛在京举行，学界以论坛为契机，对雷锋精神进行了深入挖掘和探讨。

学者认为，任何一个主流社会都要倡导某些价值观，在这个过程中，需要最生动、最鲜活、最具有说明意义的载体，来解决传播力的问题。雷锋精神由于具有传承和复制性，而富有时代价值，因而雷锋精神是社会诠释价值观的一个载体。

针对“雷锋精神是个筐，什么都可以往里装”的疑问，学者认为雷锋精神不能简单地认定就是雷锋个人的精神，至少不能把雷锋精神等同于雷锋。雷锋精神也是中华民族精神创造的结晶——简言之，当事迹抽象为精神后，就实现了升华，就不再是原来的人和事。而且随着社会的前进，雷锋精神一定会不断充实新的时代内涵，以保证其发挥社会引领作用。

现代社会环境与雷锋时代已大为不同，新时代如何学雷锋也成为探讨的一个重点。学者认为，学雷锋不在于形似，而在于神似；不在于表面，而在于本质。例如，雷锋抢着帮人提东西，如果你现在也学着去抢人家东西提，就可能把人家吓跑了。这是因为，社会环境变了。过去我们的道德建立在“熟人道德”的基础上，而当今进入了“陌生人社会”，与原有的伦理道德就不相适应了。这些带有基础性根本性的变化，必然要求我们建立起与社会关系和人际关系变化相适应、相吻合的伦理道德体系、标准和行为模式。

九、“钓鱼岛事件”：对周边环境不确定因素的研究更受重视

这场起因于日本巡逻船撞击中国渔船的恶性事

件，继之以日本大搞“购买钓鱼岛”“国有化钓鱼岛”而导致两国关系出现的危机，引发了理论界对国家安全等问题的思考。

有学者认为，中日钓鱼岛问题争端由来已久，这也是近年来乃至今后相当长时间内中日关系中最敏感和最棘手的问题之一。国内学者们以行政管辖、经济活动、自然延伸等原则为基础，论证了钓鱼岛主权属于中国符合国际法原则。而日本在钓鱼岛挑起事端的政治图谋，是近年来日本政治的右倾倾向日益突出的表现，具体表现在日本政治体制的演变、外交政策、军事及许多日本政治家多次失言等方面。有学者认为，两国政府应充分信任，通过谈判协商达成共识，以发展的长远的眼光看待主权问题。学者还指出，随着亚太地区成为全球地缘战略角逐的焦点，特别是美国把战略重心转向亚太地区，牵动着亚太地区政治、经济和战略格局发生了历史性变化和调整。我国周边安全环境不稳定不确定因素增加，因此学界要加强对中国周边环境不确定因素的研究。

十、网络信息保护：加强网络信息保护立法正当时

随着我国互联网的快速发展，钓鱼网站、黑客攻击、电信诈骗等不法行为日益增多，严重损害了广大网民和消费者的合法权益。全国人大常委会于12月开始审议《加强网络信息保护的决议草案》，这表明立法机关向危害网络信息安全的行为“亮剑”。

有学者认为，从媒介经济学的角度来看，互联网作为一种媒介，为人们的生活工作提供了许多便利。随着大量的信息出现在互联网上，网络的信息安全问题就变得非常严重。因此，只有将增强公民个人信息权利意识，充分发挥社会监督的作用，通过立法明确规则，政府部门执法得当等要素统一起来，才能够有效改善我国目前网络传播状况。

还有学者认为，对网络信息进行立法规制，在国外已是通例。世界上有90多个国家制定了个人信息保护的法律，其中包括互联网时代的网上信息。也有专家认为，通过立法，不仅有利于保护网民的权益，而且有利于依法行政。同时，通过加强网络立法，还可以提升互联网企业的竞争力，完善我国法律体系建设。

（年终特刊策划统筹：本刊编辑部“十大热点”执笔：黄月平）

（原载2012年12月31日《北京日报·理论周刊》）

2012年理论学术研究观点要览

一、哲学篇

（一）十八大报告中的新思想、新论断受到学界关注

学界普遍认为，把科学发展观确立为党的指导思想，既是中国特色社会主义进入新的发展阶段的必然要求，也是科学发展辉煌成就的实践推动。

有学者认为，中国特色社会主义事业“五位一体”总体布局的确定，标志着我们党对经济社会可持续发展规律、自然资源永续利用规律和生态环保规律的认识达到新的水平。

学术界普遍认为，从“全面建设小康社会”到“全面建成小康社会”，是我国发展阶段的新飞跃，是我们党对全国人民的庄严承诺。

学者普遍认为，十八大报告明确回答了当代中国的发展方向、发展目标，彰显出高度的道路自信、理论自信、制度自信，这一确定未来中国大政方针的纲领性文献，展示出中华民族伟大复兴的美好前景。

有学者认为，理论自觉和理论自信的坚实基础是中国特色社会主义伟大实践，增强理论自觉自信关键是对中国特色社会主义理论、道路和制度自觉自信。

有学者提出，要打造具有中国特色、中国风格、中国气派的哲学社会科学学术话语体系。这一体系应以解读中国道路、中国实践为出发点和落脚点，充分体现中华民族的思维方式、世界观、价值观与政治伦理主张，不仅能解决中国发展中的问题，而且能够为世界提供独特的理论范式。

学者们认为，坚持马克思主义是理论自觉、理论自信的核心和灵魂，思想理论教育是理论自觉、理论自信获得群众认同的主要渠道和必要环节，要重视马克思主义理论学科和思想理论教育在增强理论自觉自信中的特殊作用。

（二）“南方谈话”基本精神体现了“三个坚定不移”

今年是邓小平同志“南方谈话”发表20周年。有学者认为，“南方谈话”的基本精神可概括为“三个坚定不移”，即坚定不移地推进改革开放，坚定不移地坚持科学社会主义的基本原则，坚定不移地进行反对“左”和右的错误倾向的斗争。

学者们认为，“南方谈话”强调坚持党的基本路线一百年不动摇，这是建设中国特色社会主义理论和实践的总纲。“南方谈话”奠定了中国特色社会主义理论体系的基本框架，中国特色社会主义理论体

系是对“南方谈话”的继承与创造性发展。

（三）哲学研究要把思想史维度和现实维度结合起来

马克思主义哲学要展现自己的生命力，必须和中国的现实联系起来。因此，学者们纷纷强调，马克思主义哲学研究的思想史维度和现实维度应该结合起来。马克思主义哲学研究者应树立起理论自信，推动具有中国特色的马克思主义哲学研究。

还有学者强调，科学发展观是马克思主义同当代中国实际和时代特征相结合的产物，集中体现了马克思主义关于发展的世界观和方法论，对现实重大问题作出了科学的回答。只有在这一认识高度，才能树立起对科学发展观的自信，坚定理论的自信。

（四）文化建设需要哲学在场

发展和繁荣当代中国文化是马克思主义中国化的内在诉求，也是哲学面临的时代主题。学者围绕“唯物史观的文化理论”“西方马克思主义的文化批判理论”“文化价值与中国文化建设”“哲学对于文化建设的批判意义和建构意义”“当代中国文化建设的思想路径”等主题展开学术研究。

有学者认为，当前在文化研究中，一方面要关注马克思主义哲学话语中的文化思想，厘清历史唯物主义的文化概念与文化理论；另一方面又要用历史唯物主义指导认识当代中国的文化发展。文化建设需要哲学的出场，文化的自觉首先应该是哲学的自觉。也有学者强调，中国文化建设需要面对来自古今中外的各种文化资源，需要谨慎面对各式各样的大众文化和精英文化，哲学在其中要以自己独特的反省意识和批判作用，在自我反思中趋向自觉。

（作者：李建国，中国社会科学院马克思主义研究院研究员；郭清香，中国人民大学哲学系副教授）

二、经济学篇

（一）宏观政策微调开始见效

在全球经济低速增长的大背景下，我国经济增长的基调是“稳中求进”，即保持宏观经济政策基本稳定，保持经济平稳较快发展，重点在于稳物价和稳增长。有专家指出，我国经济减速主要是由出口和投资引起的，并非消费。我们在扩大内需的同时，必须要保持对投资、投机性住房需求的抑制。也有专家认为，宏观政策微调已开始见效，但绝对不能再搞“四万亿”，要防止进一步追加和叠加政策的过度反应。目前消费基本稳定，没有必要大幅调整政策来刺激消费，否则可能打乱居民的消费节奏，透支未来的增长潜力。还有专家认为，实现稳增长还得从转变经济发展方式上下功夫，必须从执政理念上转变，真正把民生问题、就业问题、居民的收入增长问题放在首位。

（二）在稳增长和控房价之间寻求更好的平衡点

随着国家一系列房地产宏观调控政策的出台，如何在稳增长和控房价之间寻求更好的平衡点，成为当前我国经济政策的重要议题。有专家认为，自楼市宏观调控政策出台后，抑制房价有成效，但现在楼市已经回暖，2013 年房价将全面上涨。一些专家认为，应坚持调控不动摇，严防反弹；挤出空置房，满足刚需；尽快出台房产税，引导合理消费。还有专家认为，今后经济发展要减少对房地产业的依赖，稳增长还得靠投资，首先要配合推进城镇化战略，更多关注中小城市、小城镇的基础设施和配套设施建设。

（三）影响收入分配问题的三大原因

近年来，我国贫富差距过大，收入分配不公已引起了各界的关注。地区、城乡、行业、群体间的收入差距有所加大，分配格局失衡导致部分社会财富向少数人集中，少数高收入群体将平均收入水平拉高，而六成以上居民收入却达不到平均水平。对于我国收入分配存在问题的原因，一些学者认为，一是在初次分配中，收入分配过分向非劳动要素倾斜。二是居民收入增长速度长期低于经济增长速度。三是工资增长速度长期低于财政收入增长速度。不少专家提出，当前我国收入分配已经走到亟须调整的“十字路口”，必须像守住 18 亿亩耕地“红线”一样守住贫富差距的“红线”。

（四）不能避开国际国内市场竞争谈国企民企进退

有些专家认为，国企改革争论的本质，表面看来是竞争环境和不同经济主体经营领域边界的问题，实质是所有制问题。一些专家认为，在市场经济条件下，国企是否退出应是市场竞争的自然结果，而不应由任何人主观决定取舍。硬要国企为民间资本进入腾出空间就不合适，这违反客观规律，必将破坏市场机制作用的正常发挥和市场公平竞争原则，因而不利于社会资源的最优配置和社会经济的健康发展。还有学者认为，目前存在的市场有效竞争不足、国有资产监督管理等方面的问题，仍需通过深化改革来解决。但是，这绝不是要国有企业“一退了之”。未来世界各国竞争的一个最大特点是大型跨国企业将扮演越来越重要的角色。目前，我国的大型国有企业主要分布在关系国家安全和国民经济命脉的重要行业和关键领域，大多属于基础行业、支柱产业和高新技术产业，正是我国企业参与国际竞争的重要力量。

（作者：孙咏梅，中国人民大学中国经济改革与发展研究院副教授）

三、法学篇

（一）要重视建立保障宪法实施的具体机制

今年是现行宪法颁布实施 30 周年。习近平同志在纪念现行宪法公布施行30周年大会上的讲话引起了法学界的广泛关注和热议。法学界的基本共识是，必须重新认识宪法在国家整个政治生活和社会生活中的地位和作用，真正把宪法和法治作为治国的基本方略，通过宪法来治理国家，通过宪法来凝聚社会共识。

宪法的实施无疑是当前和今后一个时期宪法学研究的重大课题。有学者认为，要重视建立保障宪法实施的具体机制。也有学者认为，应当建立科学合理的宪法实施评价机制。

（二）宪法学研究方法的不断更新

30年来中国宪法学研究逐渐迈向专业化，尤其是近10年来宪法学研究呈现出日益多元化的趋势，研究方法不断更新。

有学者主张以宪法文本为中心进行宪法学研究，通过解释宪法文本发掘宪法价值，构建宪政秩序。也有学者倡导规范宪法学研究。宪法学研究必须通过解释性方法的运用与价值判断，从条款中构建出规范，强调宪法规范的开放性，理性方法的重要性。还有学者主张宪法本质上是一种政治结构，宪法不仅仅是一套权利保障的叙事，还是对主权的规范落实与直接表达。

（三）刑诉法修改对我国刑事证据制度作了重要完善

“尊重和保障人权”写入新刑诉法的总则，法学界高度肯定其重要意义。有学者认为，这既是落实宪法要求的体现，也是给“惩治犯罪”划定一个清晰的界限，特别是给刑事诉讼中的公权力“系好安全带”。

刑诉法修改对我国刑事证据制度作了重要完善，特别是确立不得强迫自证其罪原则，非法证据排除规则，解决证人、鉴定人出庭作证问题等，学界普遍认为修改后的刑诉法对我国刑事证据制度的修改具有积极意义。

强化诉讼监督是新刑诉法的一大亮点。修改后的刑诉法对检察机关的诉讼监督工作新增了12个方面的规定和任务，涉及侦查监督、审判监督、执行监督等领域。有学者认为，新增的诉讼监督规定扩展了诉讼监督的范围，丰富了诉讼监督的手段，明确了诉讼监督的效力，强化了诉讼监督的责任，健全了诉讼监督的程序，对保障刑事诉讼活动依法进行具有重要意义。

（四）公益诉讼入法堪称新民诉法最大的亮点

公益诉讼入法堪称新民诉法最大的亮点。公益诉讼是相对于传统私益诉讼的现代型诉讼，关涉到不特定多数人的利益。有学者认为，将公民个人排除在提起公益诉讼主体之外是民诉法修改的一大缺陷，应赋予公民公益诉讼权。

确立诚实信用原则，也是民诉法修改的一大亮点。有学者从法官裁判行为的视角分析，认为诚实信用原则对法院的裁判行为应具有硬性的约束力。行为意义上的诚实信用原则要求法官在实施裁判行为时不应具有误导或者欺骗的恶意；实质意义上的诚实信用原则要求法官在裁判过程中禁止非依法裁判、诉讼突袭和滥用自由裁量权。

（五）防止民事诉讼“泛调解化”倾向

学界对民诉法第122条规定的“先行调解”性质的理解发生分歧，分歧点集中在先行调解是指立案前的调解还是立案后的调解，或者二者兼有。关于调解与判决的关系，学界普遍认为，目前司法实践偏离调解本质与功能的调解成“风”，已经导致民事诉讼“泛调解化”倾向，应当改变“调解兴起、审判衰落”的现象。

还有学者指出，当下法院调解中一个值得警惕的现象是调解结案的民事案件大量进入强制执行。这一现象可能颠覆调解的比较优势，损害债权人的权益，削弱调解本应具有的“案结事了”功能。法院调解必须从注重调解的量改为注重调解的质。

（作者：刘武俊，司法部《中国司法》杂志总编、研究员）

四、伦理学篇

（一）社会主义核心价值观层次分明

学界对社会主义核心价值体系的研究步步深化，十八大报告对社会主义核心价值观的归纳将这一研究又向前推进了一步。社会主义核心价值观是社会主义核心价值体系的内核与精髓，在社会主义价值体系中居主导地位，起支配作用，决定了社会主义核心价值体系的基本特征和发展方向。

有学者强调，理解社会主义核心价值观需要区分五点：社会主义核心价值观是“中国自己”的，而非其他地方的；是“马克思主义性质”的，而非其他性质的；是“社会主义阶段”的，而非其他阶段的；是“核心”部分，而非边缘部分；是“观点”，而非“体系”。

很多学者进一步分析了24字核心价值观的内在层次：富强、民主、文明、和谐体现了发展目标上的规定，是立足国家层面提出的要求；自由、平等、公正、法治体现了价值导向上的规定，是立足社会层面提出的要求；爱国、敬业、诚信、友善体现了道德准则上的规定，是立足公民个人层面提出的要求。这三个层次的理念相互联系，实现了国家、社会、公民在价值目标上的统一，兼顾了国家、社会、个人三者的价值愿望和追求，反映了现阶段全国人民价值观的“最大公约数”，既有深厚的传统底蕴，又有鲜明的时代特征。

（二）个人幸福与社会正义密切相关

今年国庆期间，中央电视台推出了特别调查节目，记者们分赴各地，随机发问：“你幸福吗？”引起全民性反思，学者们也从哲学层面对幸福的相关问题进行了思考。有学者提出："人民的现实幸福"是马克思主义哲学的最高价值诉求。实现"人民的现实幸福"的最根本途径是人之展现其自由自觉本性的劳动。因此，在建设中国特色社会主义的历史进程中实现"人民的现实幸福"，就要贯彻与体现"以人为本"的价值原则，建构一种能使他们充分发挥自身创造力的自主活动即劳动，使人们在劳动中充分体会到生命、生活的乐趣。学者们还从学理上论证了道德与幸福的一致性，提出幸福不应该仅仅是个人的感受，特别强调了个人幸福与社会正义的密切关系。

（三）建设美丽中国需要树立科学的自然伦理观

当前世界面临着严峻的生态问题，人类社会必须树立尊重自然、顺应自然、保护自然的生态理念，实现可持续的发展。作为人类社会发展的一种文明范式，生态文明是在对工业文明进行反思和超越的意义上出现的，具有其特定的发展模式、制度理念和价值观念等基本预设。

学者认为，建设美丽中国需要树立起科学的自然伦理观。这就要求我们当代人公平、高效、有节制地开发和利用自然资源，世界各个国家、民族和地区的人们都应共同承担保护地球生态环境的责任。更为重要的是，科学的自然伦理观不仅应该成为每个人世界观、人生观和价值观的重要组成部分，而且应该将这些理念纳入国家法律法规体系，在全社会树立生态环境保护的氛围，为我国及世界生态文明建设创造思想和社会道德典范。

（四）中国伦理道德现状调查揭示民众道德面貌

弄清当前中国民众伦理道德的现状，是伦理学理论研究和道德建设的前提，其重要性不言而喻。今年学者们基于多年的田野调查工作，推出了重部头的研究成果，其中以《中国伦理道德报告》和《中国大众意识形态报告》为代表。报告共两百多万字，分别对当前中国伦理关系、道德生活、伦理道德素质、伦理道德建设的经验教训和当前我国思想、道德、文化中的"多"中之"一""变"中之"不变"，进行了比较系统全面的调查。尤为可贵的是，报告对当前中国伦理道德发展和大众社会意识呈现的"中国问题"寻找"中国解释"或"中国理论"，进而提出"中国战略"。

（作者：郭清香，中国人民大学哲学系副教授）

五、史学篇

（一）对社会形态理论的研究有待在论证中获得共识

有学者表示，只有走出"五种社会形态"的误区，具体地、细致地分析研究各个时期的社会结构，才能真正科学地认识社会、理解历史和设计未来。与此同时，主张坚持马克思的社会形态理论的声音也很多。有学者指出，马克思的社会形态理论没有因时代的变迁而丧失理论光彩。马克思关于五种社会形态的概括，只反映了人类历史发展的普遍性规律，而具体的历史发展不是单一的、直线的、绝对的，在一定历史条件下存在特例、偶然的情况。不能将"五种社会形态"作为历史研究的教条和图式，而应立足于各个国家的历史实际，揭示其具体发展道路和模式。

总体来说，对于马克思的社会形态理论，持坚持与反对态度的两派学者，仍缺少学术角度的对话与交锋。欲获得共识，仍需要进行更多的理论探讨，仅反复揭示自身立场，难以将研究推向深入。

（二）近代史研究"碎片化"的成因、表现

有专家认为，碎片化不等于碎片，碎片研究是史学研究必不可少的一个步骤，而碎片化则会矮化史学研究的意义。碎片化并不总是由微观取向和跨学科研究造成的，在很大程度上与研究者的研究取向和旨趣有关。

不少学者认为，就目前的中国近代史研究状况而言，所谓"碎片化危机"言过其实。所谓"碎片化"，并非"危机化"，它恰是近代史研究酝酿大突破的征兆。而当下近代史研究之所以仍不免给人以"碎片化"之观感，还是因为对近代历史的阐释，在根本的理论架构上，仍未实现真正的突破。

也有学者对史学研究的"碎片化"问题深感忧虑，并呼吁回归总体史，重建史学的宏大叙事。有学者认为，就学术评价而言，宏观研究与微观研究并无高下之分，要重视细节研究，同时拒绝"碎片化"。克服"碎片化"，关键在于回归"总体史"，具体而言，一要有鲜明的问题意识，二要重视"长时段"，三要以历史学为本位的多学科交叉。

（三）社会史与政治史是相互联系、制约和交融的

如何正确处理社会史与政治史的关系，有研究者提出：（1）社会史研究的进一步深入离不开政治史，一味将社会史与政治史作泾渭分明的区分，会导致作茧自缚而不利于史学的健康发展。（2）从社会史出发可以深化政治史研究。传统政治史研究，一个明显的不足是就政治言政治，未能将政治活动与社会活动联系起来，因而缺乏分析和解释力度。运用社会史的理论方法，对历史上的政治事件、精英人物、国家制度和权力运作等进行的研究，能够为政治史研究注入新的活力，创新政治史研究途径。（3）社会史须在新的基础上与政治史相融合，建构出叙事和分析相结合的历史、上层与下层共同创构的总体历史。概而言之，社会史与政治史是对立统一、相互联系、相互制约、互为交融的关系。没有社会史的基础，政治史研究所得之结论往往会陷入片面化，没有政治史的关照，社会史的研究必然会

流于琐屑平庸。

（四）民国史研究要注重史料的国际性

民国史已成为中国近代史中颇具活力、成果丰硕的分支领域，民国史研究的整体深化与创新，还需要关照与借鉴国际史学界的一些最新发展趋向。

有学者认为，民国史研究，必须注重其史料的国际性。海外留存了大量晚清和民国时期的档案和文献资料。这些档案不仅包括中国历届政府或高官同各国政府在不同历史时期就不同历史事件所进行的交涉，也有相当数量的各国外交官对于中国不同时期政治、军事、经济、社会、文化等各方面的报告、图片。鉴于民国时期中国对外开放程度很高，研究民国史所运用的史料决不能仅仅局限于海峡两岸的档案，国际性资料的运用已是大势所趋。中国近代史学界有必要有组织、有计划地进行民国时期海外档案文献的收集和整理工作，并由国家出资建设“民国史料馆”。

（作者：赵庆云，中国社科院近代史研究所副研究员）

六、政治学篇

（一）参与民主要注意各种张力的平衡，协商民主微观定量研究尚不足

学者认为，在中国的社会主义民主政治建设中需要进一步推进公民的有序参与，但在推进过程中面临着直接与间接参与、多数与少数以及多元与一致之间的张力。因此，寻求它们之间的平衡是当代中国参与民主发展的应有之义。完善中国特色参与式民主形式，要借鉴世界参与式民主发展中的有益经验，构建有效的协商参与机制。

关于协商民主的研究是今年政治学研究中的重要议题。总体上来看，对协商民主的宏观定性研究还比较突出，微观定量研究比较少。主要的研究内容和路径有三个方面：一是对协商民主与社会主义民主政治建设的关系进行了深入探讨；二是将协商民主研究与具体实际结合起来，如积极挖掘一些地方在乡村治理、城市社区治理方面的经验，使其上升为带有一定规律性的协商民主的模式；三是用一般协商民主理论考量协商民主在中国的发展模式。

（二）政治发展的“中层理论”受到学界重视

政治发展受到学界重视主要表现在三个方面，一是评析西方政治发展理论。近年来，政治学界开始反思“政治发展理论”的宏大叙事的优缺点，人们开始重视“中层理论”，把解释力的强度作为这种理论的目标。二是研究国别或地区政治发展。强调政治发展研究目的并不是对政治世界进行形而上的哲学分析，而是研究分析现实世界的政治活动，并且指向现实运用。三是研究宪政问题。面对着世界局势和中国现代化的迅猛发展，人们发现，“政治现代化”仍然是中国绕不开的问题。

（三）政治体制改革要符合民生和社会发展的需要

随着当前中国社会转型期出现的各种挑战，对中国政治体制改革的关注持续升温。有学者认为，我国推行30多年的政治体制改革的目标正是为了让我国的政治体制更符合民生和社会发展的需求。政治体制改革就是要培育公正、平等、正义的良好社会风尚，市场经济可以创造财富，而好的政治建设可以帮助百姓守护财富。也有学者认为，中国政治体制改革处于由“浅水区”到“深水区”的深化阶段，在这一阶段，一定要坚持走中国特色社会主义政治发展道路，深化政治体制改革要有缜密的思考和安排，要从政治制度变迁、政治文化普及上改变原有的思路，更加注重改革的顶层设计和总体规划。同时，中国的政治体制改革必须坚持党的领导，发展更加广泛、更加充分、更加健全的人民民主。

（四）党内民主对人民民主有带动和示范作用

研究和推动党内民主，最终推动社会主义的人民民主，是现阶段我国政治体制改革的重点。有学者指出：发展党内民主，是政治体制改革和政治文明建设的重要内容。党内民主是党的生命，要以发展党内民主带动人民民主。因为作为执政党的党内民主，对人民民主起着带动、示范的作用，执政党要以尊重党员主体地位来推动和实现尊重人民主体地位；以保障党员民主权利来推动和实现保障人民民主权利。同时，在当前阶段，应重视和重点发展基层党组织的党内民主。如果执政党的基层民主没有搞好，就会影响到基层人民民主的健康发展；或者说，假使执政党的基层党内民主并没有得到真正的发展，便会造成对基层人民民主的阻碍和伤害。

（五）通过对权力的有效规制来使对反腐的认识达到新高度

有效规制权力，始终是反腐倡廉建设的核心问题，也是今年政治学界众多学者得出的结论，更是反腐的永恒主题。

今年的最新调查研究表明，近六成民众对今后5—10年中国反腐工作取得明显成效有信心。与此同时，不少干部群众对“一把手”监督难、个人凌驾于法律之上、领导干部与不法企业主之间的巨额利益输送问题感到忧虑，因此，有学者建议，需尽快从体制机制上防止“一把手”权力“过载”，党政机关、国有企业和金融机构主要负责人不应直接分管资金配置、干部任免等具体事宜。

有学者建议，可将“三公”作为干部考核等的重要内容，在一定范围内公示，并实行领导干部“三公”支出终身责任制；有学者呼吁将官员财产申报制纳入《反腐败法》，通过推动官员财产公示制度来保障权力运作的公开透明。

（六）社会管理创新是制度安排，也是社会变革

有学者指出，社会管理创新是对中国进一步改革具有战略意义的制度安排，它意味着一场新的变革。创新社会管理，需要人们对社会管理有新的理解：社会管理并不是社会问题管理或社会危机管理，因此，不能简单地将加强社会管理理解为加强社会控制。实际上，对社会管理的新理解就是要把服务放到社会管理中，并成为社会管理的重要组成部分和基础。从总体上来讲，在实施社会管理和社会管理体制创新过程中，在管理技术和方法上创新固然必要，但最重要的是要强化服务意识，结合实施服务来强化和创新社会管理。

（作者：王炳权，中国社会科学院政治学研究所副研究员；余茜，北京大学政府管理学院博士）

七、文化篇

（一）“扎实推进社会主义文化强国建设”目标备受关注

党的十八大报告对文化发展做出了新的阐释和部署，提出了扎实推进社会主义文化强国建设的目标。报告提出要大力加强社会主义核心价值体系建设，顺应当今时代文化发展新趋势，顺应人民群众精神文化生活新期待，全面提高公民道德素质，丰富人民精神文化生活。

学者指出，文化是民族复兴的底蕴，无论是“美丽中国”，还是“幸福民生”，都需要文化支撑。没有历史文化的积累，没有文化建设的繁荣，尤其是没有国民文化素养的提升，全面小康和社会主义现代化都难以实现。中国要想长久地持续发展，就必须使我们的文化强大起来。学者认为，创新要以文化为底蕴，而文化是没有捷径可走的。提倡创新也并不代表要全民沸腾，要真正安下心来，扎扎实实做一些文化建设，如形成广大市民热爱读书的良好习惯。读不读书对一个民族很重要。

（二）推动文化又好又快发展的重点任务

十八大报告强调，建设社会主义文化强国，要坚持社会主义先进文化前进方向，树立高度的文化自觉和文化自信，推动文化事业全面繁荣、文化产业快速发展，推动文化产业成为国民经济支柱型产业。联系2012年2月《国家“十二五”时期文化改革发展规划纲要》的出台，学者认为，“十二五”时期是全面建设小康社会的关键时期，也是促进文化又好又快发展的关键阶段。文化体制的改革发展，必将为文化大发展、大繁荣奠定坚实基础。学者认为，应该重塑文化市场主体的目标，加快推进国有经营性文化单位转企改制工作；推进文化体制改革还应该鼓励民间资本投资文化产业，建立健全多元化、多层次、多渠道的文化产业投融资体系；鼓励和支持民营文化企业借助资本市场做大做强；鼓励和引导民间资本参与的金融机构、中介组织、各类投资基金进入文化产业领域。

（三）培育和提炼城市精神是实现文化自觉的重要标志

近年来，以北京、上海、深圳为代表，我国各大城市纷纷以城市文化环境、形态、历史、发展特色为基础，提炼城市精神，提升文化竞争力。北京市发布的“北京精神”是“爱国、创新、包容、厚德”。上海的城市精神是“海纳百川、追求卓越、开明睿智、大气谦和”。深圳的城市精神是“开拓创新、诚信守法、务实高效、团结奉献”。学者认为，提炼和培育城市精神，是一个城市发展成熟、实现文化自觉的重要标志。作为展示城市形象、引领城市发展的一面旗帜，城市精神又能凝聚力量、激励斗志，进一步推动一个城市的繁荣发展。

学者认为，城市精神是在城市整个发展过程中逐步形成的，具有历史性和传承性特征。城市精神应体现民族精神、时代精神、人文精神，同时，城市精神应具有张扬城市个性的异质性特征。独特的城市个性，可以体现一座城市卓尔不群的风格与魅力。

（四）文艺“为人民”的思想不会过时

今年是毛泽东同志《在延安文艺座谈会上的讲话》（以下简称《讲话》）发表70周年。在《讲话》发表70周年之际，各地各界召开座谈会、众多报刊开设纪念专栏、文艺家们畅谈体会，重温《讲话》，其中“为人民”的思想精髓仍极具指导意义。学者认为，《讲话》把马克思主义基本原理同中国革命文艺实践创造性地结合起来，是我们党领导文艺事业的经典文献。从延安文艺座谈会到党的十七届六中全会，“人民”始终鲜明地镌刻在中国文学的旗帜上，为中国文学指引着前进的方向。文艺为了人民，这不仅指出了中国革命文艺和社会主义文艺的根本属性，而且揭示了古往今来那些伟大作家们恒久生命力的奥秘。文艺如何贴近时代、贴近生活、贴近群众？如何以建设社会主义核心价值体系为根本任务，以满足人民精神文化需求为出发点和落脚点，以改革创新为动力，建设一个面向现代化、面向世界、面向未来的社会主义文化强国？这是新形势下继承和弘扬《讲话》精神必须面对的命题。

（五）文学是最需要解放思想的

2012年，莫言成为中国籍作家获得诺贝尔文学奖的第一人。12月8日，莫言在瑞典文学院发表领奖演讲，莫言的演讲主题是“讲故事的人”。学者认为，这是当代中国文学与文化界一大盛事，是中华文化软实力走向世界的鲜明标志。

学者认为，我们衡量文学和文化的发展状况以及成就时，需要有一个历史的眼光。如果没有中国的改革开放，就不会有现在的莫言。20世纪70年代末，中国当代文学可以说是从一片废墟中起步，从原先高度封闭、荒凉、贫瘠的状态，到重新解放思

想、打开感官，摆脱僵化束缚，创造性地运用全新的语言，去书写和表现中国翻天覆地的社会变化和国人焕然一新的生活经验。文学是最需要解放思想的。这30年来中国当代文学走过的道路，与中国解放思想的历程息息相关，同步向前，没有改革开放，难以想象。今天中国文学的面貌如此多姿多彩，至少有10位优秀作家，能站在与世界文学对等的平台上，坦然地展开国际交流和对话，靠的是改革开放，靠的是解放思想。

（作者：刘勇，北京师范大学北京文化发展研究院执行院长）

八、社会学篇

（一）社会转型过程中存在哪些“转型风险”

学者指出，转型与变迁是当前中国社会的最大特色。需要警示的是：社会转型的结果，并不理所当然地呈现出历史决定论意义的“必然律”，而是充满了多元变化的“或然律”。也就是说，“社会转型”并不必然使“转型中的社会”一帆风顺地步入进步、公正、繁荣与文明。

有研究通过对调查数据的量化分析，证明了亨廷顿假设在东亚社会的适用性——“社会经济的快速发展会带来政治参与的扩大，进而增加政治动荡的可能性”。在这里，社会经济发展——人均受教育水平提高——对政府或国家期望的拉升——预期难以满足——政治参与积极性的萌发之间，就被赋予了因果逻辑解释力。因此，受教育水平越高的人，在制度外参与政治行动的积极性也越高。这就进一步强化了“转型风险”的蔓延可能。综观2012年群体性事件的表现，除继续萌发的征地拆迁、劳资关系、流动人口与户籍人口关系等社会冲突外，由市民阶层卷入的环境保护等，则以更大规模的意见表达，传递了转型风险。

（二）社会管理的政策配置应以什么为主要任务

正因为强烈意识到了转型可能带来的风险，政府部门才开始调整发展战略，加快了社会建设的步伐，强化了社会管理的政策配置。学者一致认为，社会管理的主要任务，就是形塑公平公正的社会运行机制以维护社会的动态稳定。有学者提出了“底线公平理论”；有学者认为，要搭建出与社会主义市场经济相符的利益博弈平台；有学者提出，要以社会公正奠定社会安全的基础。

实践证明，社会转型加速了人们对自身相关利益的关注。社会也比以往任何时候更加关注收入差距、财富积累差距与就业机会差距。在这种情况下，只有像党的十八大报告所说的那样，“加紧建设对保障社会公平正义具有重大作用的制度，逐步建立以权利公平、机会公平、规则公平为主要内容的社会公平保障体系，努力营造公平的社会环境，保证人民平等参与、平等发展权利”，我们才会在新的发展阶段，重新凝聚力量，建成人人共享和谐的小康社会。

（三）社会矛盾化解机制为什么还需“更给力”

社会转型使公平公正机制的建立表现为“过程”性的特征。在原有的社会修复机制难以起作用的同时，新的社会修复机制，需要一个较为漫长的时间来延伸其发挥作用的空间。学者认为，在此承前启后的变化中，需要通畅的矛盾化解渠道以排解淤积的社会不满情绪。

譬如劳资关系问题：我国的集体协商原本不在于推动劳资博弈，而是将劳资双方纳入法制框架并使之契约化来维护既有的稳定。但有学者在调查中发现，我们在社会治理中采用的指标化管理模式，正在使集体协商流于形式。社会转型的风险正在于此：制度设计的初衷在于化解矛盾，但经历诸种不可预见的执行扭曲，最后却转化为应付检查的任务分解。而正因为工会与集体协商制度没有起到应有的作用，企业内部的冲突激化出现恶性事件。

再如，信访制度的设计与建构，在于冲突的化解。但学者研究发现，信访制度在一些地方，不但不能有效回应社会问题，反而负面效应增多。信访制度设计的初始阶段，的确具有正功能，但在发展变化过程中，却逐渐发展出了一些负功能，甚至于对法治化社会的建设，也带来诸多功能性弊端。

（四）健全社会流动机制的必要性进一步凸显

在市场化背景下，竞争规则的公平是基础。要人民共享改革开放的成果，就应该在社会学视野构建和维护公平公正的社会流动机制。但社会结构的层级化，却表现出了阶级阶层结构的层级化。所谓“农二代”“穷二代”等符号化的社会表达，彰显了收入差距的代际继承。而所谓“富二代”“官二代”“城二代”，则放大了阶层等级的鸿沟，由此也再生产出了社会阶层之间的矛盾，正如有学者指出的，基于社会关系分化基础上的阶层利益矛盾往往更固化。

学者研究认为：现代社会阶层关系的固化，以及中下层社会阶层向上流动概率的降低，会在很大程度上降低人们的幸福感，妨碍各阶层发展和社会和谐。所以，学者认为，只有健全社会流动机制，使之真正具有公平公正的渠道引导特征，并使下层社会的“孩子们”，能够通过教育与职业发展的通道，顺利改变自己的命运，则转型危机就会转变为转型红利，从而形成和谐的社会环境。

（作者：张翼，中国社科院人口与劳动经济研究所研究员）

九、新闻传播学篇

（一）“走转改”：传媒界的精彩亮点

传媒圈历来分业界和学界两派，许多情况下，业界关注的却是学界忽视的，而学界看重的却又是业界不屑的。然而，对“走转改”活动的认识，却获得了业界和学界双方的高度认同。从开展“走转改”活动到提出“走转改”精神，说明“走转改”活动已经从实践层面上升到理论层面。“走转改”精神的问世，有力地昭示着：传媒界对自身行业的规律性认识已经有了更高层次的理性提升，对自身工作的能力把握有了更加坚定的充分自信。

学者认为：“走转改”精神是世界传媒界中独特的中国精神现现象，它植根于中国大地，适合于中国气候，服务于社会主义初级阶段的中国国情。强化“走转改”精神，有助于使我们党和政府的执政基础更加巩固，执政资源更加牢实。“走转改”精神的思想基础是辩证唯物论的认识论和反映论，我们越是深入实际、贴近生活，就越是能够体现“走转改”的精神实质。正如任何一种精神的显像从来都不是单色的而一定是多彩的一样，作为总方向、总原则和总框架的“走转改”精神，在不同的媒体身上必然会彰显出不同的颜色和不同的品格。

学者认为，“走转改”及其精神已经越来越多地融入新闻工作者的职业理想、职业使命、事业准则中，要当思考型的记者、要做有思想的新闻；缺乏思想内涵的传播是没有分辨力的传播，缺乏思想提炼的报道是没有责任心的报道；要将淬炼的思想精华、点燃的思考激情融入每一篇调研报道之中，思考有多深，报道就会有多深；思想的张力有多强，报道的影响就会有多大。

（二）主流媒体把握话语权的挑战日益增大

学者认为：我国社会发展正处在重要转型期，一方面表现为国内社会结构变动、利益格局调整，社会思想文化日趋多元化和多样化，各种社会思潮不断涌现；另一方面表现为世界政治多极化、经济全球化深入发展，国际范围内各种思想文化交流、交融、交锋更加频繁。同时，新媒体时代的来临，为公众思想的表达、信息的获取、舆论的传播提供了更加自由多元的平台。上述种种变化，都对新闻宣传工作提出了新的要求和挑战。

在经济转型、社会转型、传媒转型等三大转型相互激荡的大背景下，传统媒体的转型势在必行。学者认为，今天的中国舆论环境，也许是历史上最复杂的一个时期，互联网为代表的新媒体舆论场越来越多地影响着今天中国社会的认知。同时，主流媒体的话语权发生变化，公信力和权威性都在受到挑战。在这种情况下，两个舆论场上的声音时常会出现较量，塑造社会舆论共识的难度越来越大。越来越多的利益群体试图借助社会热点表达自己的主张，影响社会舆论和各方决策，个体感受代替集体意志、个别矛盾被无限放大、关注“坏人”不关注“好人”——这些现象都时有发生。在这样的舆论环境、时代背景中学会用均衡的眼光看待不均衡的中国可谓第一要务。

（三）公共新闻学成为研究热点

我国当前正处于社会结构急剧转型的关键时期，面对各种风险冲突和突发性、冲突性社会事件，新闻媒体既要满足公众的“知情权”，又要把握分寸，掌握火候，引导公众关注公共议题并参与相关讨论，在此基础上建立相关评判标准，这就需要建构公共新闻的视角。

学者认为，公共新闻最终所要达到的目的，是通过与公众的互动，引导公众自发地参与到事件的讨论中来，而不是做事不关己，高高挂起的“冷漠的旁观者”，并促成一些社会事件得到合理合法有效地解决。当然这是一个漫长的过程。学者认为，“公共新闻”要“培育和营造公民社会，监督和构建公共领域，报道和指导公民事务，交流和引导公共意见”。

“公共新闻学”要求新闻工作者视人民为公共事务的潜在参与者，而非受害者或旁观者；要改善公共讨论的环境，而非仅仅眼看着它被破坏；帮助改善公共生活，使得它值得人们关注。如果新闻工作者能够找到恰当的方法解决这些问题，他们就能进一步得到公众的信任，建立与逐渐远离的受众的关系，点燃专业的理想，以一种更实质的方式，促进民主的健康发展，而这才是我们给予新闻工作者权力和保护的原因所在。

（作者尹韵公为中国社会科学院研究员）

（原载2012年12月31日《北京日报·理论周刊》）

2012年中共党史研究若干新见

李庆刚　尤国珍　宋月红　刘振清

一、核心提示

近年来，中共党史研究以重大历史事件和重要历史人物纪念活动为契机，掀起了一个热潮。随着新方法的运用和新史料的发掘，党史研究的领域和视野进一步拓展，在研究的内容和重点上，不但重视宏大叙事，而且重视历史细节，总体看来，人物研究、事件研究、专题研究等方面皆有新的进展，既突破了一些研究“禁区”，也澄清了一些误识，从而进一步发挥了党史研究“资政育人”的功能。这里对近年来特别是2012年党史研究的若干热点，略作介绍。

二、人物篇

关于陈独秀、李大钊、毛泽东、张闻天、彭真、胡乔木等党史人物研究的新观点。

（一）陈独秀为何拒赴莫斯科；李大钊临刑前有没有“发表演说”

陈独秀、李大钊是中共创始人，关于他们二人的研究一直受到学界的格外关注。近年来对“南陈北李”研究的热度一直未减。

对于陈独秀拒赴莫斯科问题，与以往研究只注意陈独秀几次拒赴莫斯科不同，有学者指出：是共产国际和联共（布）拒绝陈独秀赴莫斯科的；但是当时中共中央把陈独秀拒赴莫斯科作为开除其党籍的理由并不合适；共产国际也没有召开过审议陈独秀被开除党籍的会议。

对于李大钊临刑前有没有“发表演说”的问题，学者张静如提出了新看法。他认为，李大钊临刑前回答了指挥行刑官的话，但未“发表演说”。学者李继华《新版〈李大钊全集〉疏证》一书以考据的方法，对李大钊著作中涉及的人物、事件、年代、思潮、著作、名词等作了疏证研究，在打通李大钊著作与相关领域的联系方面作了探索。

（二）毛泽东文艺大众化思想形成的标志

1950 年中宣部拟定的《庆祝五一劳动节口号》中有“毛主席万岁”一条，对于这一条是谁提出来的，近年来引起了一场争论。有学者称：“1950 年中宣部起初拟定的五一口号中，最后两条原是‘中华人民共和国万岁！中国共产党万岁！’毛泽东在后面亲自加上‘毛主席万岁！’”对此，有学者指出：说毛泽东自己喊自己“万岁”，不符合事实。曾担任全国人大机关刊物《中国人大》主编的吴文泰在文章中指出：1950 年 4 月 27 日《人民日报》头版头条发表的中共中央《庆祝五一劳动节口号》中，并没有“毛主席万岁”的口号。中央文献研究室研究员张素华也查阅了《庆祝五一劳动节口号》档案，证实“伟大的中国人民领袖毛泽东同志万岁！”这一口号，是刘少奇将“毛主席万岁！”改写而成的，毛泽东没有改写添加过任何字。

学界还围绕纪念毛泽东《在延安文艺座谈会上的讲话》（以下简称《讲话》）发表 70 周年活动展开了深入探讨。有学者认为：在《讲话》中，毛泽东文艺大众化思想真正形成了其科学、系统的理论形态；“为人民大众”是其根本出发点和立足点；“文艺工作者的思想感情和工农兵大众的思想感情打成一片”是其基本内涵；“到‘大鲁艺’去”“讲老百姓的话”“下决心跟老百姓学”是其重要途径；坚持普及和提高的辩证法，把普及和提高结合起来，是其一般运动方式和运动规律；文艺批评的人民性标准是其核心标准。

（三）张闻天的经济观

近年来，有学者对张闻天关于资本主义经济的看法的历史演变脉络进行了系统的考察和科学的评价，认为：在中国革命和建设过程中，张闻天以唯物辩证法的方法论为工具，通过分析资本主义经济与中国革命和建设的关系，形成了自己的资本主义经济观，为新民主主义时期和社会主义社会生产力的发展提供了一定的理论指导。有学者对张闻天经济体制思想进行了比较全面系统的研究，展示了他在民主革命时期和社会主义探索时期对我国经济体制问题所进行的可贵探索。

张闻天与共产国际的关系问题也受到了关注。从 1925 年赴苏联留学至 1943 年共产国际解散，张闻天在中国革命的许多重大问题上与共产国际有过密切的接触。有学者以时间为线索，根据张闻天与共产国际关系的发展变化及特点进行了探讨，指出：张闻天与共产国际的关系是中国革命与共产国际关系的一个缩影。

（四）对彭真的历史贡献有了更为深入的研究

2012 年是彭真同志诞辰 110 周年，学界对彭真的历史贡献有了更为深入的研究。有学者研究了彭真与北京的建设和发展问题，认为：彭真是首都社会主义现代化建设的重要奠基者，在主政北京 17 年间，他对北京的政治、经济、城市规划、教育、民生等方面都作出了重大贡献。有学者研究了彭真的党建思想和实践探索，认为彭真长期领导党的建设工作，高度重视党的建设经验和教训，探索了党的思想建设、组织建设、作风建设的规律和特点。还有学者研究了彭真的民主和法制思想，认为彭真长期领导、主持了社会主义民主和法制建设工作，尤其是 1979 年复出后，直接主持了宪法修改和一些重要法律的制定，是新中国社会主义法制的主要奠基人。

（五）胡乔木对党史研究工作的贡献

2012 年，学界以纪念胡乔木诞辰 100 周年为契机，对胡乔木的思想和贡献进行了系统研究。有学者认为：胡乔木的党史研究工作卓有建树。他是党史研究和党史工作的主要奠基者，是中央关于历史问题两个决议起草的重要参与者，是改革开放以后一个时期党史工作的主要领导者。

有学者总结和概括了胡乔木对党史研究工作所作的卓越贡献，指出：他确立了党史研究的基本原则和方法，即主张党史工作应坚持实事求是、历史主义、“四面八方”、普遍联系等原则，党史编撰应坚持史论结合法、热情式解读法、开放式接纳法、科学客观严谨法等基本方法；他不但在理论上丰富和发展了党史思想，而且在实践上推动了党的文献注释工作的规范化，拓展了马克思主义党史理论的研究空间。

(六) 不能说王明领衔起草了新中国第一部《婚姻法》

近年来，学界对王明的研究在史料发掘和观点方面都有突破。有学者对于新中国第一部《婚姻法》是由王明领衔起草的说法进行了辨析，认为：邓颖超对新中国第一部《婚姻法》的诞生起了关键作用，起草和修订的大量工作是在她主持下由中央妇委承担的。1950年4月13日，《中华人民共和国婚姻法》草案在中央人民政府委员会第七次会议上讨论后通过，王明向会议报告了《婚姻法》起草经过和理由。虽然王明代表政务院法制委员会作关于《婚姻法》起草经过和起草理由的报告，但不能说是由王明领衔起草了新中国第一部《婚姻法》。因为《婚姻法》草案是相关机关和团体对婚姻条例草案讨论修改后，由法制委员会集中修改意见，报中央批准的。王明代表法制委员会作报告，只是履行他作为法制委员会主任的职责而已。

三、事件篇

关于中共一大、中共二大、国共合作、皖南事变等历史事件研究的新进展。

(一) 中共一大：会议地点为何选在上海法租界

近年来，有学者从社会史视角来考察党的诞生，围绕中共一大为什么选在上海法租界举行所作的研究认为：法租界在上海城市化过程中较之公共租界与华界占有后发优势，规划严格，道路宽畅，人口密度不高，环境幽雅，交通便利，房屋建筑精致，租金适中，安全又有保障。这是陈独秀、李汉俊、李达等人集聚在这里召开中共一大的重要原因。法租界俄侨众多的特点，也为帮助中共一大举行的吴廷康、马林、尼科尔斯基等外国人活动提供了方便。这些因素集合在一起，使得法租界成为中共一大举行的比较理想的场所。

(二) 中共二大：解开“共产国际代表为何没有参加”之谜

关于中共二大研究，尚有未解开的谜团，尤其是关于出席中共二大的代表名单的研究，学者指出有新中国成立初期的“20人说”、20世纪50年代初至70年代末的“12人说”、1980年后的“12人说”、21世纪初的“主流认证”与“多家争鸣”等四个阶段。新版《中国共产党历史》(第一卷)关于出席中共二大的代表名单是：陈独秀、张国焘、李达、杨明斋、罗章龙、王尽美、许白昊、蔡和森、谭平山、李震瀛、施存统等12人(尚有一人姓名不详)。

有学者指出，尽管有一个代表的名字尚未确认，但可以认定他也是一个中国人。这是中共二大有别于中共一大的一个特点——没有外国人(共产国际代表)参加，鉴于中共一大的教训，这样可以避免引起租界巡捕房的注意，便于隐蔽，保证会议的安全。对此，有学者提出：中共二大是陈独秀应对马林和共产国际的一次紧急会议，陈独秀趁马林回莫斯科之时紧急召开了中共二大，以致代表未经正式推选，各地代表不均衡，代表人数少，起草文件仓促，外国人(共产国际代表)未能出席。但也有学者认为，中共二大不是摆脱共产国际控制，而是一次积极贯彻共产国际重要指示精神的会议。

(三) 第一次国共合作：对“党内合作”的评价问题仍有争论

第一次国共合作是通过共产党员以个人身份加入国民党的“党内合作”形式实现的。如何评价“党内合作”是近年来研究的一个热点问题。

有学者认为：“党内合作”是当时孙中山和国民党所能接受的唯一合作方式，是中共三大的重大历史功绩，是国共两党双赢的形式，开启了中国民主革命的新局面，促进了工农运动的发展和党的力量的壮大，“党内合作”并不是造成第一次国共合作破裂和大革命失败的主要原因。

也有学者对“党内合作”持否定的评价，认为：“党内合作”政策是错误的决定，违背了列宁的统一战线思想，混淆了阶级，限制了党的独立自主的发展，帮助国民党反动派壮大了力量，助长了共产党依靠国民党的思想，最终导致了大革命的彻底失败；这种方式是马林的殖民地工作经验在中国的翻版，使中国共产党丧失了革命的独立性，从而在大革命中不得不放弃领导权。

还有学者认为，应对“党内合作”方式进行分阶段评价：在合作之初，这一形式是可以接受的，但是随着工农运动兴起、国共矛盾日益激化，适时地采取“党外合作”形式，更易被两党接受，也更有利于革命的发展。因此，“党内合作”的形式有积极的一面，也有消极的一面，不应全盘肯定或否定。

(四) 皖南事变：项英没有抵制发展华中的战略

有学者对项英在皖南时期主要“错误”进行了辨析，指出：“向南发展”并不是项英自作主张，项英也没有抵制发展华中的战略。新四军遭受惨重损失，当时中央在形势判断上存在失误，但项英对皖南新四军的失败确实负有不可推卸的责任。

还有学者认为：从两岸档案史料综合分析可证，皖南事变发生的根本原因是国民党容不得新四军在华中敌后迅速发展壮大；蒋介石确有“围剿”新四军的周密预案，但是并没有在茂林设置陷阱；顾祝同也只求新四军渡过皖北；由于皖南新四军选择南走茂林的错误路线，又轻率地过早暴露行动目标，从而给国民党制造皖南事变提供了机会。

(五) 延安整风运动：客观地分析了整风运动的历史功绩和不足之处

近年来，学界对延安整风运动的研究进一步深化。有学者概括了延安整风的五大历史功绩：空前地提高了党的马克思主义理论水平；基本弄清了党的历史问题的路线是非，初步地达到了思想的统一；加快了马克思主义中国化、时代化、大众化的步伐；促进了毛泽东思想成为全党指导思想；对于把中国共产党建设成为马克思主义政党起了决定性作用。但是延安整风运动也有三个缺陷：路线斗争出现过过火批判；“抢救运动”出现过严重混淆两类矛盾的情形；因历史和认识的局限，“历史决议”一定程度上存在过分突出个人的情况。

有学者强调，要廓清对延安整风运动一些错误看法，澄清一些被颠倒的重大历史是非问题，指出：延安整风是伟大的马克思主义教育运动，而不是“打击异己”的权力斗争；延安整风对待犯错误的同志坚持“惩前毖后、治病救人”的正确方针，而不是“残酷斗争、无情打击”；延安整风不是“互相猜疑和防范”。

（六）“人民公社”：“第一个人民公社”并非嵖岈山卫星公社

有学者分析了人民公社的制度绩效问题，指出：作为一种在总体上并不成功的制度安排，“人民公社”之所以能存在20多年，与它在维护农村社会稳定、为工业化建设提供资金、推动农业基本建设、促进农村文化教育事业的发展、提供农村社会保障、普及和提高农业生产技术等方面所发挥出来一定的制度绩效是密不可分的。但也正是在发挥这些制度功能的同时，最终也导致农村人民公社制度退出历史舞台的必然命运。

在关于人民公社的具体问题方面，有的学者对“第一个人民公社”的情况进行了考察，指出：最早使用“公社”名称的大社是浙江诸暨的“红旗共产主义公社”，河南新乡县七里营大社第一个使用了“人民公社”名称；嵖岈山卫星公社获得“第一个人民公社”的称号，主要是其《嵖岈山卫星人民公社试行简章（草稿）》在当时产生了巨大影响。

四、专题篇

关于革命根据地、抗日战争、解放战争、党代会等专题研究的新看法。

（一）革命根据地研究：苏区研究引入“地缘革命学”概念

近年来，关于革命根据地研究进一步深化。关于苏区的研究，有学者引入“地缘革命学”概念，认为：中共革命的成功，在于其一方面成功地结合了地方因素与群众动员两种手段；另一方面充分利用地缘因素与中国共产党人的主观能动性的互动关系，使革命产生了动力。还有学者认为，苏维埃革命的张力，在1933—1934年的时候已经达到极限，面对蒋介石发动的第五次“围剿”，无论是人力还是物资资源，都不足以应对。

（二）抗日战争研究：对“速胜论”的一种新看法

有学者对抗日战争时期的“速胜论”进行了研究，指出：长期以来流行的一种观点认为《大公报》等新闻媒体是抗战“速胜论”的舆论代表，这是不符合事实的。实际上，《大公报》虽曾一度流露出某种急躁情绪，但只是一闪即逝，很快便重归冷静。就当时舆论界的主导倾向而言，“速胜论”并非主流。

（三）解放战争研究：对“斯大林是否劝阻中国人民解放军渡江”问题的新看法

关于斯大林在解放战争后期是否劝阻中国人民解放军渡江的问题，学术界一直存在争论。有学者认为，斯大林没有明确劝阻中国人民解放军渡江，但这并不表明斯大林没有使国共双方“划江而治”的想法。苏联战略安全利益第一位和苏美关系的大局始终决定着斯大林此时的复杂心态，在一定程度上也决定着斯大林双重的对华政策和复杂意图。这是毛泽东多次说起斯大林“阻止我们过长江”的原因。

（四）党代会研究：更加注重对大会历史细节的挖掘

党的全国代表大会史，是中国近现代史，特别是中共党史研究的重要组成部分，也是了解党的历史的重要环节和重要视角，随着十八大召开而更加受到广泛关注。有学者盘点了历史上党的全国代表大会，对会议召开的时间和地点、会议的议程和议题、会议的代表和代表的党员、会议的开会方式和宣传报道、会议的历史作用和影响等作了述评。有学者通过对历次党的全国代表大会细节的挖掘，从一个特定角度回顾了党代会的历史，这在一定程度上拓展和深化了中共党史研究。

党代会报告研究是中共党史研究的一个新领域。有学者对改革开放以来、十八大召开之前六次党的全国代表大会报告的特点和新意进行了研究，指出：深化党代会报告研究，对于加强党在改革开放和社会主义现代化建设新时期的研究，对于全面系统地加强中共历史基础理论研究很有意义。

（五）“党史文化”研究：拓展了党史研究的新领域

“党史文化”是近年来党史研究中的一个新范畴和新领域，尤其受到了关注。学者主要围绕以下方面进行阐述。

一是关于“党史文化”的形成和内涵的界定。有学者指出，“党史文化”体现为物质、制度和精神三个层面，其中，物质文化是基础，精神文化是核心，制度文化是保障。从广义上讲，“党史文化”是中国共产党在领导中国革命、建设、改革和党的自身建设历史进程中所创造的物质财富和精神财富的总和；从狭义上讲，是中国共产党在领导中国革命、建设、改革和党的自身建设历史进程中所创造的精神财富的总和，包括研究、运用、宣传党的历史的过程和结果。

二是关于“党史文化”的作用。有学者指出，中国共产党之所以能够始终充满生机活力，深层次的原因可以从党的文化和“党史文化”中来寻找，党的文化和“党史文化”集中体现了中国共产党人先进的理念和高尚的追求，蕴含着中国共产党在应对各种困难和风险考验中的巨大勇气、智慧和力量。

三是关于“党史文化”的历史书写问题。有学者指出，与纪念仪式相比，“党史文化”的书写将在另一个层面将“党史文化”构建为一种思想主流文化形态。它不是一种虚拟的自我陈述，在任何情况下它都不可能是一种虚拟的漂浮物，只能与现实语境相关联，社会思潮、政治走向、经济形态、民族精神、传统观念等，都可能制约这种书写的进展。

（作者单位分别为：中央党校党史部、北京市社会科学院科社所、当代中国研究所、哈尔滨学院）

（原载2012年12月31日《北京日报·理论周刊》）

·科研课题·

概述

本栏目记述2012年度3个国家或者省部级社科研究课题指南，7个国家或者部级（北京地区）和4个北京市级单位在人文社会科学方面已立项和已通过评审计划立项的课题，这些课题涉及20多个学科及其众多研究领域，包括重点项目、一般项目、青年项目、资助项目等，以及这些课题的项目名称、承担单位、项目负责人、项目来源、成果形式及完成的时间等内容；记述北京地区部分高校、科研单位承担的省部级以上人文社会科学研究项目及各院校校级文科项目等内容。这些信息反映了北京社科研究的概貌及2012年度社科研究的重点和特点。

2012年度国家社会科学基金项目课题指南

2012年度国家社科基金项目申报公告

一、申报国家社会科学基金项目的指导思想是，高举中国特色社会主义伟大旗帜，以邓小平理论和“三个代表”重要思想为指导，深入贯彻落实科学发展观，贯彻落实党的十七大和十七届五中、六中全会精神，坚持解放思想，实事求是，与时俱进，坚持以重大现实问题为主攻方向，坚持基础研究和应用研究并重，努力构建哲学社会科学创新体系，为党和国家工作大局服务，为推动社会主义文化大发展大繁荣、建设社会主义文化强国服务。

二、申报国家社会科学基金项目，基础理论研究要力求具有原创性和开拓性，应用对策研究要具有现实性和针对性，着力推出代表国家水准的哲学社会科学研究成果。

三、课题申请人须符合以下条件：重点项目和一般项目申请人须具有副高级（或相当于副高级）以上专业技术职务；青年项目申请人（包括课题组成员）年龄不得超过39周岁（1973年2月25日后出生），不具备副高级以上专业技术职务的，须由两名具有正高级专业技术职务的同行专家推荐；申请人必须从事实际研究工作并真正承担和负责组织项目实施；课题参加者或推荐人须征得本人同意并签字确认，否则视为违规申报。

四、课题申请单位须符合以下条件：在相关领域具有较雄厚的学术资源和研究实力，设有科研管理职能部门；能够提供开展研究的必要条件并承诺信誉保证。

五、课题申报范围涉及23个学科，须按照《国家社科基金项目申报数据代码表》填写申请书。跨学科课题要以“尽量靠近”原则选择为主的学科申报。教育学、艺术学、军事学单列学科的申报分别由全国教育科学规划办、全国艺术科学规划办、全军社科规划办另行组织。

六、《课题指南》条目一般只规定研究范围、研究方向和研究重点，申请人要自行设计具体题目，没有明确的研究对象或问题指向的申请一般不予受理。只要符合《课题指南》的指导思想和基本要求，各学科均鼓励根据个人研究兴趣和学术积累申报自选课题。申报自选课题与按《课题指南》申报的选题在评审程序、评审标准、立项指标、资助强度等方面同等对待。

七、2012年度国家社科基金项目继续实行限额申报，限额指标和操作说明另行下达。各地社科规划办和在京委托管理机构要努力提高申报质量、适当控制申报规模、减少同类选题重复申报。

八、申报课题的平均资助额度为：重点项目25万元，一般项目和青年项目15万元。申请人应根据需要提出适当的资助经费，并按照《国家社科基金项目经费管理办法》编制合理的经费预算。

九、国家社科基金项目的完成时限，基础理论研究一般为3年左右，也可根据研究工作的实际需要适当延长；应用对策研究要根据研究问题的时效性确定。

十、申报课题的负责人同年度只能申报一个项目。在研的国家社科基金和国家自然科学基金各类项目（以结项证书标注日期为准）负责人不能申请新项目。申报国家社科基金项目的负责人同年度不能申报国家自然科学基金或其他国家级科技计划项目，其课题组成员也不能作为负责人以内容相同或相近选题申报国家自然科学基金或其他国家级科技计划项目。

十一、申报课题须按照《国家社会科学基金项目申请书》要求如实填写材料，并保证没有知识产权争议。凡弄虚作假者，一经查实取消3年申报资格；如获立项即予撤项并通报批评。为保证申报评审的公正性和严肃性，评审会议召开前申报单位或个人不得以任何名义走访、咨询学科评审组专家或邀请学科组专家进行申报辅导。凡行贿评审专家者，一经查实将予通报批评；如获立项即予撤项，5年内不得申报国家社科基金项目。

十二、申报课题全部实行同行专家通讯初评，初评采用活页匿名方式，活页论证字数不超过4000字，要按规定方式列出前期相关研究成果。

十三、课题负责人在项目执行期间要遵守相关承诺，履行约定义务，按期完成研究任务。最终成果实行匿名通讯鉴定，鉴定等级予以公布。除特殊情况外，研究成果须先鉴定、后出版，擅自出版者视为自行终止资助协议。凡以博士学位论文（或博士后出站报告）为基础申报的课题，须在《申请书》中注明申请项目与学位论文（报告）的关系，申请鉴定结项时提交学位论文（报告）原件。

十四、项目申报材料可从我办网站“项目申报”栏下载，或向受理单位索取。申请书经所在单位审查盖章后，报送各地社科规划办或在京委托管理机构。

十五、各地社科规划办、在京委托管理机构和基层科研单位要加强对申报工作的组织和指导，严格审核申报资格、前期研究成果的真实性、课题组的研究实力和必备条件等，签署明确意见。

十六、各省（区、市）社科规划办受理当地的课题申报，新疆生产建设兵团社科规划办受理兵团的课题申报，中国社科院科研局受理本院的课题申报，中央党校科研部受理中央国家机关及在京直属单位的课题申报，教育部社科司受理中央各部委所属在京普通高等院校的课题申报，全军社科规划办受理军队系统（含地方军队院校）的课题申报。全国社科规划办不直接受理个人申报。

十七、各地社科规划办、在京委托管理机构和基层科研管理单位要按规定做好申报数据录入、打印报表和申请书汇总报送等工作。

十八、课题申报时间为2011年12月12日至2012年2月25日。各省（区、市、兵团）社科规划办、在京委托管理机构须于2012年2月29日前将汇总的申请书“数据表”发至我办电子邮箱（npopss@vip.163.com），并确保电子数据和申请书“数据表”一致；3月5日前将申请书和统计表报送至我办，逾期不予受理。

马克思主义·科学社会主义

1. 中国特色社会主义理论体系的基本内容研究
2. 中国特色社会主义理论体系的精髓和主题研究
3. 中国特色社会主义理论体系的逻辑建构研究
4. 中国特色社会主义理论体系的学科建设研究
5. 中国特色社会主义道路研究
6. 中国特色社会主义制度研究
7. 中国特色社会主义总体布局研究
8. 中国特色社会主义文化发展道路研究
9. 邓小平理论在马克思主义中国化进程中的地位与作用研究
10. “三个代表”重要思想在马克思主义中国化进程中的地位与作用研究
11. 科学发展观在马克思主义中国化进程中的地位与作用研究
12. 科学发展观与全面建设小康社会研究
13. 当代中国马克思主义大众化基本问题研究
14. 社会主义核心价值观研究
15. 社会主义核心价值体系与文化建设关系研究
16. 社会主义核心价值体系融入国民教育的方法途径研究
17. 治理道德领域突出问题研究
18. 马克思主义基本原理学科性质、研究对象、学科体系研究
19. 马克思主义关于落后国家社会发展的重要著作和基本理论研究
20. 马克思主义关于人类社会发展总趋势理论研究

21. 马克思主义理论的整体性研究

22. 马克思主义人的学说研究

23. 马克思、恩格斯的国家政权建设思想与20世纪社会主义的教训研究

24. 马克思、恩格斯研究未来社会的科学方法论及其当代价值研究

25. 马克思主义不同流派发展史研究

26. 马克思主义的当代发展研究

27. 马克思主义发展史基础理论研究

28. 马克思主义经典文本形成史研究

29. 科学社会主义学科化研究

30. 马克思主义经典著作研究

31. 马克思主义社会建设理论研究

32. 马克思主义生态学思想史研究

33. 马克思主义时代观的理论形态与当代化创新研究

34. 马克思主义意识形态史研究

35. 马克思主义与儒学研究

36. 经济全球化与马克思主义中国化的关系研究

37. 生态文明视域下的马克思主义时代化研究

38. 马克思主义中国化的内在逻辑与历史进程研究

39. 马克思主义政党思想精神研究

40. 科学社会主义的核心、基本范畴、逻辑起点研究

41. 现阶段我国基本国情的特征研究

42. 社会主义生态文明建设研究

43. 先进文化的界定及其文化活动内在要求研究

44. 经济全球化背景下中华文化复兴研究

45. 中国发展道路的世界意义研究

46. 执政党的意识形态建设规律与思想政治教育目标任务的关系研究

47. 开放条件下国外思潮对中国意识形态建设的影响研究

48. 学校德育教育研究

49. 加强网上思想文化阵地建设研究

50. 思想政治教育的人文关怀和心理疏导研究

51. 学雷锋常态化研究

52. 宗教教育的特点和成效及其对思想政治教育方法的启示研究

53. 思想政治教育的世界视野及其与相关国家的比较研究

54. 思想政治教育环境变化（包括虚拟社会）对人的思想和行为的影响研究

55. 我党我军政治工作模式的构建与创新研究

56. 西方马克思主义与中国化马克思主义的关系研究

57. 美国和西方民主输出与中国的意识形态安全研究

58. 欧洲社会民主主义暨欧洲社会党研究

党史·党建

1. 十六大以来党领导人民贯彻落实科学发展观的基本经验研究

2. 新民主主义革命时期党领导文化工作的实践与基本经验研究

3. 社会主义革命和建设时期党领导文化建设的实践与基本经验研究

4. 十六大以来党推动文化改革发展、走中国特色社会主义文化发展道路的实践与基本经验研究

5. 中国共产党历史的主题和主线、主流和本质研究

6. 中国共产党专题史研究

7. 中国共产党的重大决策与事件研究

8. 中国共产党历史的分时期综合性研究

9. 中国共产党的重要会议与重要人物研究

10. 《在延安文艺座谈会上的讲话》与70年来中国文化发展研究

11. 社会主义改造和建设的实践与毛泽东思想的新发展研究

12. 毛泽东与中国社会主义建设各项事业的发展研究

13. 在革命、建设、改革的不同历史时期党应对各种风险和考验的历史经验研究

14. 在革命、建设、改革的不同历史时期党正确处理人民内部矛盾、促进社会和谐稳定的历史经验研究

15. 新中国成立以来党推进民族团结进步事业的历史经验研究

16. 新中国成立以来党维护国家主权和领土完整的历史经验研究

17. 新中国成立以来党处理同周边国家关系的历史经验研究

18. 改革开放以来党充分发挥社会主义制度的政治优势、推进经济发展和社会进步的实践与经验研究

19. 改革开放以来党积极稳妥推进社会主义政治体制改革的实践与经验研究

20. 改革开放以来党推动海峡两岸和平发展、促进祖国统一的实践与经验研究

21. 十六大以来党创新社会管理的实践与经验研究

22. 中国共产党90年来社会公正思想研究

23. 党的中央领导集体形成的历史研究

24. 中共党史资料的收集、整理与研究

25. 中共党史学科建设与发展研究

26. 科学发展观与党的建设研究

27. 改革开放以来党的建设理论创新实践与启示研究

28. 社会主义核心价值体系融入党的建设的方法途径研究

29. 文化领域非公有制经济组织、新社会组织党组织建设研究

30. 坚持从严治党、消除“四大危险”问题研究

31. 在新的历史条件下提高党的建设科学化水平研究

32. 建设马克思主义学习型政党方法途径研究

33. 形成以德修身、以德服众、以德领才、以德润才、德才兼备的用人导向研究

34. 构建内容协调、程序严密、配套完备、有效管用的党建制度体系研究

35. 完善党代表大会制度和党内选举制度研究

36. 完善党内民主决策机制研究

37. 建立健全贯彻落实科学发展观的体制机制研究

38. 加强党内基层民主建设研究

39. 完善地方党委领导体制和工作机制研究

40. 完善党代表大会代表任期制研究

41. 提高选人用人公信度研究

42. 完善机制、提高竞争性选拔干部质量研究

43. 规范干部选拔任用提名制度研究

44. 建立来自基层一线党政领导干部选拔培养链研究

45. 加强农村、企业、社区等基层干部队伍建设研究

46. 建立健全防止利益冲突制度研究

47. 党员队伍规模问题研究

哲学

1. 马克思主义哲学中国化、时代化、大众化研究

2. 社会主义核心价值体系与文化改革发展的哲学研究

3. 文化自觉、文化自信与文化大发展大繁荣研究

4. 文化强国建设问题的哲学研究

5. 马克思主义在先进文化建设中的地位研究

6. 马克思主义哲学创新问题研究

7. 历史唯物主义与中国特色社会主义文化发展道路研究

8. 弘扬科学精神研究

9. 马克思主义哲学经典著作研究

10. 《资本论》与马克思哲学思想研究

11. 恩格斯哲学思想及其当代价值研究

12. 列宁哲学思想及其当代价值研究

13. 毛泽东哲学思想及其当代价值研究

14. 马克思主义哲学与中国特色社会主义制度研究

15. 历史唯物主义与科学发展道路研究

16. 历史唯物主义与社会公平正义思想研究

17. 辩证唯物主义和历史唯物主义世界观、方法论教育研究

18. 马克思主义哲学与马克思主义整体性的关系研究

19. 国外马克思主义哲学流派研究

20. 比较视野中的马克思主义哲学研究

21. 中国哲学与西方哲学比较研究

22. 西方哲学史的编纂和方法研究

23. 外国哲学史、断代史和国别史研究

24. 当代国外哲学思潮、流派和前沿问题研究

25. 外国重要哲学家著作编译和研究

26. 中国哲学文献的整理和研究

27. 西学东渐与中国现代哲学发展研究

28. 中国哲学与马克思主义中国化关系研究

29. 中国政治哲学史研究

30. 中国传统价值观与当代中国文化建设研究

31. 马克思主义政治伦理思想与中国特色社会主义政治文明研究

32. 当代西方政治伦理思想研究

33. 当代科技伦理问题研究

34. 诚信与当代中国政府公信力问题研究

35. 当代中国社会道德问题与对策研究

36. 社会公德研究

37. 职业道德研究

38. 家庭美德研究

39. 个人品德研究

40. 马克思主义科学技术思想研究

41. 当代科学与技术前沿的哲学问题研究

42. 科学技术哲学的基本理论问题研究

43. 科学技术与公共政策研究

44. 科学技术与当代社会问题的哲学研究

45. 经典与非经典逻辑研究

46. 逻辑与哲学的关系研究

47. 悖论的成因与解决方案研究

48. 逻辑思维与创新人才培养研究

49. 因明与名辩学研究

50. 汉语语言学美学与符号学美学基础和方法论创新研究

51. 美学与当代中国文化发展重大问题研究

52. 视觉文化与影像美学研究

53. 西方美学流派与文献研究

54. 中国传统美学的现代阐释研究

理论经济

1. 马克思主义经济学中国化问题研究

2. 马克思主义经济学经典著作研究

3. 国外马克思主义经济学新发展研究

4. 马克思主义垄断资本主义理论的当代发展

研究

5. 马克思主义世界经济学发展研究

6. 中国特色社会主义经济制度研究

7. 推动文化产业成为国民经济支柱性产业研究

8. 与社会主义核心价值体系相适应的经济伦理体系研究

9. 文化企业跨地区、跨行业、跨所有制兼并重组研究

10. 文化产业与其他产业融合发展研究

11. 国有控股文化企业发展模式研究

12. 文化产品和要素流动机制研究

13. 新时期国有经济的地位和作用问题研究

14. 农业合作制等新型公有制形式的发展研究

15. 促进非公有制经济健康发展研究

16. 中国特色自主创新道路研究

17. 社会主义市场经济中宏观调控的理论与实践研究

18. 解决收入差距拉大问题的政策措施研究

19. 中国发展道路的经济学研究

20. 中华人民共和国经济思想史研究

21. 外国经济思想史专题研究

22. 当代资本主义经济发展阶段研究

23. 国际金融危机演变的最新趋势及对我国的影响研究

24. 国际金融危机与世界格局变化研究

25. 发达资本主义国家主权债务危机的原因和影响研究

26. 国际金融危机对发展中国家经济发展的影响研究

27. 人民币及其汇率的价值基础研究

28. 推进新一轮西部大开发的战略研究

29. 全面振兴东北地区等老工业基地中的产业升级问题研究

30. 环首都经济圈建设的理论与政策研究

31. 贫困地区大规模生态移民可持续发展研究

32. 大力促进中部地区崛起的战略研究

33. 东部地区率先发展与加快转变发展方式问题研究

34. 资源密集型区域可持续发展对策研究

35. 我国直接金融、间接金融比例及其宏观调节研究

36. 建立健全基本公共服务体系研究

37. 构建和谐劳动关系问题研究

38. 提高劳动报酬在初次分配中的比重问题研究

39. 改善房地产市场调控问题研究

40. 水利保障与国民经济可持续发展问题研究

41. 中国入世十年来应对贸易摩擦的经验研究

42. 新时期我国城市化发展的阶段和战略问题研究

43. 地方政府债务问题研究

44. 通货膨胀预期的问题管理研究

45. 民间融资风险防范研究

46. 经济全球化条件下的两岸金融合作问题研究

47. 中国农村人口变动趋势研究

48. 建立主体功能区制度的配套政策研究

49. 区域经济格局变化的长期趋势研究

50. 中国社会主义市场经济条件下垄断与竞争关系研究

应用经济

1. 我国进入中等收入阶段后经济发展战略研究

2. 今后十年我国国民经济结构调整和优化路径研究

3. 宏观经济总量平衡与结构协调关系研究

4. 新形势下国家经济安全问题研究

5. 促进经济发展方式转变的路径研究

6. 公共文化服务体系的财政政策研究

7. 发展文化产业集群研究

8. 现阶段我国文化消费调查研究

9. 城市文化资源和特色文化产业研究

10. 社会资本进入文化产业领域研究

11. 文化产业科技带动战略研究

12. 个性化、分众化文化产品和服务研究

13. 国有文化企业融资体制创新研究

14. 现代文化市场体系研究

15. 文化产权交易研究

16. 文化旅游的模式及特点研究

17. 红色旅游研究

18. 我国新型城市化道路研究

19. 我国农村土地制度改革研究

20. 重要资源性产品价格改革问题研究

21. 我国重要资源开发与可持续利用问题研究

22. 优化国土空间布局研究

23. 经济圈与经济带问题研究

24. 构建扩大消费长效机制研究

25. 建立统一的人力资源市场研究

26. 缩小城乡居民收入差距对策研究

27. 国际新能源发展趋势与我国新能源发展战略研究

28. 完善城市公共交通体系建设问题研究

29. 欠发达地区经济发展问题研究

30. 我国宏观经济调控经验总结与理论创新研究

31. 经济社会发展的幸福指标体系研究

32. 完善失业统计制度研究

33. 中低收入群体对通货膨胀的承受能力研究

34. 提高我国投资效率问题研究

35. 人力资本参与收入分配的理论与政策研究

36. 提高消费率与经济稳定增长关系研究

37. 当前我国收入分配格局和改革研究

38. 构建综合交通运输体系研究

39. 城乡统筹进程中土地、资本和劳动力整合机制研究

40. 城乡统筹与我国新型城镇化进程研究

41. 海峡两岸特色经济合作模式研究

42. 我国发达地区经济带动和辐射效应研究

43. 我国人口空间动态及其对区域经济发展的影响研究

44. 城市综合体理论及其在空间规划中的应用研究

45. 综合成本上涨对我国产业升级的影响问题研究

46. 资源、环境及气候因素与产业发展关系研究

47. 金融支持战略性新兴产业发展研究

48. 制造业与物流业的协调发展研究

49. 物流成本与产业发展、价格水平的研究

50. 我国产业结构调整和优化的区域比较研究

51. 劳动密集型产业集群升级研究

52. 经济全球化新趋势下国际贸易重大问题和政策研究

53. 贸易政策工具的储备和预警研究

54. 服务贸易补贴政策的绩效评估体系研究

55. 开放经济条件下双边贸易差额的真实利益分析与评估研究

56. CEPA、ECFA 实施效果分析研究

57. 我国对外贸易与投资一体化的形成机制研究

58. 我国粮食国际贸易战略研究

59. 高技术服务业的培育发展与我国制造业转型升级问题研究

60. 中央与地方政府财税体制优化研究

61. 地方政府债务问题研究

62. 我国预算制度的演化与改进研究

63. 税制结构优化研究

64. 财政透明度研究

65. 中小企业金融服务和信用担保体系研究

66. 地方政府金融管理体制研究

67. 巴塞尔新协议对中国银行业监管的影响研究

68. 系统性金融风险与宏观审慎监管研究

69. 我国企业对汇率波动的承受能力研究

70. 国有金融资产管理体制改革研究

71. 人民币离岸市场和货币供应量调控的研究

72. 人民币与国际汇率协调机制研究

73. 促进我国资本市场稳定健康发展的机制和政策研究

74. 中小金融机构发展和监管研究

75. 失业保险政策对劳动力供给影响研究

76. 非营利组织的人力资源体系建设与薪酬制度研究

77. 我国收入分配格局调整与发展方式转变关系研究

78. 珠三角、长三角、中西部等地区劳动力市场研究

79. 劳动力市场歧视问题及对策研究

80. 我国劳动收入比重偏低的原因和有效提高的途径研究

81. 国防经济资源配置问题研究

82. 国防工业发展的军民融合战略研究

83. 资本存量、人力资本和知识函数研究

84. 网络数量经济学：理论、方法与应用研究

85. 高效生态经济数量分析：模型、参数与应用研究

86. 我国战略性新兴产业技术效率测度研究

87. 农业水价改革与节水战略研究

88. 农村集体土地确权与流转问题研究

89. 现代农业支持体系评价与优化研究

90. 发展农村小型金融组织研究

91. 发展牧区水利问题研究

92. 国际粮食价格波动及其对我国粮食供需平衡影响研究

93. 完善农村流通体系研究

94. 农村消费对扩大内需、提振经济的潜力研究

95. 城镇化和农村人口流动与农村公共服务资源配置效率研究

96. 我国农业走出去战略研究

97. 促进节能环保的阶梯定价理论及其应用研究

98. 低碳经济背景下的绿色贸易政策转型研究

99. 老工业基地发展低碳经济的对策研究

100. 海洋经济发展战略研究

101. 我国低碳消费模式研究

102. 我国温室气体减排的技术经济优化路径与政策研究

103. 工业节水战略研究

104. 大型项目经济社会影响分析和评价方法创新研究

105. 我国主权债务安全问题研究

106. 国家资产负债表研究

107. 房地产税制改革研究

108. 保障性住房问题研究

统计学

1. 我国公共文化服务指标体系的统计学研究

2. 我国文化产品消费统计方法研究

3. 关于改进 CPI 编制方法的基础理论研究

4. 社会科学中的贝叶斯统计分析

5. 非线性计量方法研究

6. 关于统计调查方法研究

7. 关于统计学术历史研究

8. 空间统计方法及其在社会经济领域的应用研究

9. 模糊统计方法及其应用研究
10. 同比、环比增长率测算研究
11. 统计模型中工具变量的设计理论与方法研究
12. 统计数据的标准化研究
13. 统计信息化（SIT）研究
14. 统计制度研究
15. 统计组合预测理论与方法研究
16. 指数理论与方法研究
17. 中国住户生产核算研究
18. 收入分配统计方法研究
19. 经济转型评价方法研究
20. 人口及人口统计方法研究

政治学

1. 中国特色社会主义政治发展道路的理论阐释研究
2. 中国特色社会主义政治制度建构和运行机理研究
3. 新时期中国共产党领导的多党合作与政治协商制度理论基础研究
4. 深化文化体制改革和推动社会主义文化大发展大繁荣的政府职能研究
5. 社会主义政治建设与文化建设协调发展的理论与机制研究
6. 深化文化行政管理体制改革研究
7. 社会主义核心价值体系引领社会政治文化建设机制研究
8. 社会主义核心价值体系与中国传统政治文化的关系研究
9. 地域文化发展与地方政府的文化政策研究
10. 文化改革发展成效的政府管理评价指标研究
11. 掌握思想文化领域国际斗争主动权与维护国家文化安全研究
12. 社会主义荣辱观与加强领导干部和公务人员道德修养研究
13. 中国特色社会主义民主政治与社会民生相互促进的理论研究
14. 强化人民代表大会监督权力的途径研究
15. 以人民政协为载体的中国特色社会主义协商民主发展研究
16. 协商民主与人权保障研究
17. 工会组织在社会管理与和谐社会建设中的功能研究
18. 妇女组织在公民权利保障和有序政治参与中的作用研究
19. 共青团组织在政治文化发展和政治社会化过程中的作用研究
20. 加强民族地区文化建设与完善民族区域自治制度互动关系研究
21. 中国特色的侨务理论和实践研究
22. 公共政策制定和评估过程中公民有序参与的有效性研究
23. 政府重大决策跟踪反馈和责任追究研究
24. 政府执行力与公共政策效能研究
25. 强化和提高党组织和政府对舆论引导能力研究
26. 我国政务诚信与社会诚信的关系研究
27. 反腐倡廉的政治文化建设研究
28. 我国政府公务消费监管研究
29. 完善广纳群贤、人尽其才、能上能下、充满活力的用人机制研究
30. 基层文化人才队伍建设研究
31. 领导干部管理的科学化、民主化和法治化研究
32. 公共预算改革与国家政治建设的关系研究
33. 政府社会福利政策的政治经济研究
34. 我国政府协同运行机制研究
35. 政府信息公开的范围与路径研究
36. 政府公共服务质量评价、监督和改进制度研究
37. 基于低碳经济视角的节约型政府研究
38. 我国政府智库建设发展和运行研究
39. 我国省直管县体制改革的难点问题研究
40. 维护政治稳定、主动正视与妥善处理社会矛盾的政策和机制研究
41. 基层社会治理中维护公民正当权益与维护社会政治稳定的相互促进机制研究
42. 基层政府社会矛盾和纠纷解决机制研究
43. 我国公民利益表达和聚合机制研究
44. 我国公民政治意识和政治心理调查研究
45. 政府管理与社会自治的衔接与互动关系研究
46. 城镇化发展与服务型政府建设的联动机制研究
47. 我国城市的城乡接合部治理研究
48. 我国农村水利建设和治理的体制机制研究
49. 我国公共资源治理的体制机制研究
50. 我国城乡贫困扶助与治理研究
51. 农民工的政治认同与职业流动的关系研究
52. 强化和完善村民自治中的民主管理和民主监督研究
53. 电子政务和电子治理的绩效评估研究
54. 网络政治文化特点及其发展规律研究
55. 网络舆情疏导与治理体制研究
56. 涉外民间组织的政府管理研究
57. 边疆民族自治地方公共服务发展比较研究
58. 边疆民族地区重大公共突发事件应急管理体系研究
59. 跨境民族关系与政府管理研究
60. 完善我国政府宗教事务管理体制机制研究

61. 政务诚信建设研究
62. 促进国家统一与增进台海两岸政治互信研究
63. 新形势下廉政文化建设研究
64. 港澳政治发展研究
65. 西方国家金融债务危机的政治研究
66. 中国现代政治学学科和学术发展的起源、演变与发展研究
67. 比较政治学理论和方法发展跟踪研究

法学

1. 经济发展方式转变与法制改革研究
2. 社会管理创新与法制改革研究
3. 依法治国与政治发展研究
4. 法治文化与文化强国战略研究
5. 文化产业发展法律问题研究
6. 民族优秀文化知识产权保护研究
7. 公共文化服务法律保障机制研究
8. 中国社会主义人权理论体系研究
9. 中国法律文明研究
10. 司法诚信建设研究
11. 法律解释问题研究
12. 网络运营服务企业法律义务与社会责任研究
13. 网络安全与网上个人信息法律保护研究
14. 司法权威与法律信仰研究
15. 法律监督制度研究
16. 高等法学教育改革研究
17. 司法官伦理建设研究
18. 中国古代法律与政治、经济、文化关系研究
19. 唐代法制史研究
20. 古代文书研究
21. 明清律例、会典研究
22. 加强全国人民代表大会监督职权行使的法律制度研究
23. 中国特色社会主义宪法实施制度研究
24. “一国两制”与台湾问题研究
25. 行政法律责任的理论与实践研究
26. 依法行政的法律法规体系化研究
27. 行政诉讼法修改研究
28. 行政复议法修改研究
29. 中国纪检监察学科建设规划研究
30. 受教育权平等法律保护研究
31. 公务员财产申报与公开制度研究
32. 不动产征收制度研究
33. 实施信息公开制度的障碍与对策研究
34. 虚拟社会管理法律问题研究
35. 社会管理创新与警务改革研究
36. 社会治安防控体系的法治保障研究
37. 人口动态管理法律问题研究
38. 行政裁量法律规制研究
39. 刑法典修改问题研究
40. 死刑的司法适用标准及控制研究
41. 我国惩治恐怖主义犯罪立法及其完善研究
42. 惩治与防范权钱交易犯罪法律制度研究
43. 惩治与预防腐败体系建设法律问题研究
44. 社区矫正的理论与实践研究
45. 职务犯罪疑难问题研究
46. 刑事司法协助问题研究
47. 起草民法典问题研究
48. 民法解释的规则及方法研究
49. 中国土地产权法律制度研究
50. 城市规划法治问题研究
51. 物权法实施问题研究
52. 合同法实施中的新问题研究
53. 人格权法研究
54. 侵权责任法实施问题研究
55. 票据法修改问题研究
56. 商事法律实施中的新问题研究
57. 私募基金法律规制问题研究
58. 知识产权制度创新与科技、文化创新问题研究
59. 国家知识产权战略的法律保障体系研究
60. 我国专利、商标授权确权司法复审制度研究
61. 我国生物物种资源流失防控法律保障体系研究
62. 市场经济与国家行政干预问题研究
63. 区域经济协调发展与区域法治建设研究
64. 公共财政监督制度研究
65. 经济法律制度的修改与完善研究
66. 企业制度改革法律问题研究
67. 限制竞争问题研究
68. 经营者集中控制的结构救济与行为救济研究
69. 社会法基本范畴研究
70. 和谐劳动关系的权利基础与法律机制研究
71. 生态补偿法律制度建设研究
72. 自然保护区制度研究
73. 渤海区域立法研究
74. 保障性住房建设法律问题研究
75. 食品安全战略立法研究
76. 基本公共服务法律保障机制研究
77. 刑事诉讼法实施问题研究
78. 刑事诉讼特别程序研究
79. 侦查管辖冲突解决机制研究
80. 民事诉讼法再修改研究
81. 民事行政公益诉讼研究
82. 民事执行制度改革研究
83. 证据规则研究
84. 法院审判管理体制创新研究
85. 诉讼监督问题研究
86. 司法鉴定法治化研究

87. 律师法实施问题研究
88. 法律援助制度研究
89. 后冷战时期的国际法律秩序问题研究
90. 国际争端解决机制的新发展与中国对策研究
91. 核能利用法律问题及立法对策研究
92. 中国拥有南沙群岛的法律制度研究
93. 军队执行多样化任务法律问题研究
94. 涉外民事关系法律适用法研究
95. 金融体制改革与金融现代化法律问题研究
96. 碳关税法律问题研究
97. 我国出口管理制度改革问题研究
98. 国际反避税合作法律问题研究

社会学

1. 中国特色社会学理论体系构建的探索与研究
2. 新时期中国马克思主义社会学理论研究
3. 中国特色社会建设研究
4. 社会主义核心价值体系引领社会思潮研究
5. 现阶段我国社会大众精神文化生活调查研究
6. 社区文化中心建设研究
7. 日常文化建设的比较研究
8. 中国青年价值观研究
9. 青少年对时尚文艺接受的实证与文化研究
10. 海外华裔新生代文化认同研究
11. 构建社会主义和谐社会视野下的社会服务体系建设研究
12. 社会征信系统研究
13. 社会学在中国本土化的历程与经验研究
14. 民生政策体系建设研究
15. 社会秩序安排的形式、功能及内在要求研究
16. 人口、资源、环境问题的社会学研究
17. 中国特色女性社会学理论体系研究
18. 旅游社会学基础理论研究
19. 中国公民“幸福指数”评价指标体系研究
20. 我国社会转型期的道德文化问题及其对策研究
21. 中国社会政策的转型方向研究
22. 中国社会现代化的历程研究
23. 中国社会结构优化的主要目标与策略研究
24. GDP 增长、收入分配与生活质量关系研究
25. 市场交易秩序的道德基础研究
26. 市场社会学的理论与方法研究
27. 产业转型升级的社会学研究
28. 企业社会学理论与实践研究
29. 企业社会责任及其培育机制研究
30. 后单位社会及其运作机制研究
31. 劳资关系调整的多方参与机制研究
32. 虚拟社会综合管理的学理基础与实践模式研究
33. 网络化时代的社会认同研究
34. 网络化时代的交往方式变迁研究
35. 信息化与虚拟组织的运作机制研究
36. 群体事件中的网络助燃作用研究
37. 社会各阶层民生需求的调查与比较研究
38. 全球化时代的社会个体化趋势研究
39. 民政事业城乡一体化的理论与政策研究
40. 社会研究过程中的困难与冲突研究
41. 家庭和社会德育建设研究
42. 青年社会学视角下的我国青年民生问题研究
43. 完善弱势群体公共文化服务研究
44. 弱势群体的经济、社会和政治权利保障问题研究
45. 农民工与城市公共文化服务体系研究
46. 产业更新形势下的再就业问题研究
47. 社会转型期的老年福利事业发展研究
48. 经济发展方式转变中的社会心理研究
49. 新形势下的群体意识形态研究
50. 社会平等对幸福感的影响研究
51. 中国婚姻家庭的现代化转型与性别平等研究
52. 女性职业发展与幸福家庭建设研究
53. 城乡社会管理的社会参与路径与机制研究
54. 群体事件中的社会认同研究
55. 当代中国法律制度的自然演化与理性建构的法社会学研究
56. 风险沟通中的信任研究——基于中国自然灾害的经验考察
57. 社会转型过程的社区治理研究
58. 农村社会管理机制创新的社会学研究
59. 社会转型期的农村贫困问题研究
60. 农村社区建设与农村发展的关系研究
61. 农民阶层结构的变化趋势研究
62. 农民工随迁子女的城市社会融入问题研究
63. 当代中国农村社会变迁研究
64. 农村新型社区化与城乡一体化道路研究
65. 农民进城相关制度问题研究
66. 社会变迁视角下当代中国农村土地制度研究
67. 社会工作者队伍建设相关问题研究
68. 企业社会工作研究
69. 戒毒人员回归社会的长效机制构建研究
70. 民族地区宗教信仰与社会秩序的民族志研究
71. 他文化（欧洲、美国、非洲、阿盟、东盟）与国际交流战略的文化人类学研究
72. 现代化与非物质文化遗产保护的关系及机制研究
73. 民俗资源的动员与乡村发展研究
74. 中国社会思想史及其研究方法研究
75. 国外社会建设比较研究
76. 西方社会学理论的借鉴与反思研究

人口学

1. 人口与经济发展方式转变研究

2. 人口科学文化素质调查研究
3. 流动人口与公共文化服务体系建设研究
4. 资源环境承载力与“适度人口”研究
5. 第六次全国人口普查数据质量评估研究
6. 人口分析方法与统计分析方法相结合研究
7. 新技术革命时代人口迁移新趋势研究
8. 人口城市化与住房保障研究
9. 农村劳动力转移潜力和政策研究
10. 中国超大城市人口调控与“城市病”防治研究
11. 城乡统筹发展的人口城市化研究
12. 自然灾害多发地区人口分布与迁移研究
13. 人口素质、人力资本投资与经济持续增长研究
14. 老年健康保障跨学科研究
15. 人口老龄化与养老保障服务体系研究
16. 我国老龄化高峰期养老金缺口应对研究
17. 老龄人口贫困化研究
18. 老龄人口消费研究
19. 人口老龄化的社会学研究
20. “居家养老”问题研究
21. 以家庭为中心的社会政策（家庭发展政策）研究
22. 老龄产业发展问题研究
23. 青少年流动人口心理健康干预研究
24. 中国人口与民生政策仿真和决策支持系统研究
25. 家庭结构与婚姻关系研究
26. 独生子女社会心理研究
27. 边境地区少数民族人口调查研究
28. 当代女性人口新问题研究

民族问题研究

1. 党和国家繁荣发展少数民族文化的理论与政策研究
2. 马克思主义关于多民族社会主义国家文化建设的思想研究
3. 中国文化多样性与当代中华民族文化凝聚力研究
4. 加快西部民族地区经济社会发展中的现代文化产业建设研究
5. 西部地区文化产业与少数民族特色文化的保护研究
6. 少数民族地区公共文化产品和服务供给研究
7. 少数民族地区生态移民与社区文化重建研究
8. 非物质文化遗产保护传承研究
9. 少数民族地区灾后重建的文化传承与现代变迁研究
10. 少数民族山区（牧区）公益文化设施建设研究
11. 少数民族传统节日、民间仪式的文化创新研究
12. 少数民族语言文字的科学保护与媒体传播研究
13. 少数民族历史遗址保护、文化典籍收集、口传采集研究
14. 少数民族传统文化的村寨依托与保护研究
15. 西部地区民间乡土文化（含生态知识）及其现代意义研究
16. 2000 年以来西部地区人口重心变化趋势研究
17. 2000 年以来少数民族人口增长与分布研究（全国、区域、族别）
18. 西部地区城镇化的现状与制约因素研究
19. 少数民族地区传统集贸市场与城镇化发展研究
20. 生态移民集聚地与城镇化相结合研究
21. 少数民族人口城镇化及其就业取向和特点研究
22. 少数民族山区（牧区）生态移民与职业培训研究
23. 少数民族地区职业教育定向、定技能、定岗培养研究
24. 民族区域自治地方加快、跨越式发展的速度与效益研究（区域）
25. 对口支援（援藏、援疆）与提升自我发展能力研究
26. 西部大开发以来东西部发展差距的基本态势研究
27. 扶持人口较少民族发展的现状与前景研究（区域、族别）
28. 少数民族山区贫困人口的现状与因地制宜脱贫政策研究
29. 中国少数民族史（志）研究
30. 西方国家多元文化主义政策及其当代困境研究（地区、国别）
31. 国外民族政治学理论与民族事务研究
32. 民族国家建构与国家民族整合的理论与实证研究

国际问题研究

1. 马克思主义国际关系理论及其当代价值研究
2. 马克思《资本论》与当代资本主义金融危机研究
3. 列宁《帝国主义论》与当今世界政治、经济秩序和主要矛盾研究
4. 毛泽东三个世界理论和加强我国与发展中国家关系问题研究
5. 国际环境新变化对我国实现“十二五”发展目标的影响评估及对策研究
6. 当代中国外交战略的调整与大国关系研究

7. 开展多渠道、多形式、多层次对外文化交流战略研究

8. 我国实施文化走出去工程战略研究

9. 对外文化交流与维护国家文化安全研究

10. 世界文化多样性研究

11. 中外人文交流平台建设研究

12. 面向外国青年文化交流机制研究

13. 国外国际关系前沿理论研究

14. 经济全球化与国际金融危机研究

15. 当代国际政治思潮研究

16. 后“9·11”时期的“软实力”帝国主义研究

17. 当代国际关系中政治与经济互动机制研究

18. 金砖国家间的利益共同点与分歧点研究

19. 西方国家国际干预理论、方式变化及干预案例研究

20. 美国重返亚洲战略及对策研究

21. 美国亚太政策的基本目标及可能采取的政策手段研究

22. 美国经济形势与美元走势研究

23. 美国国债负担变化对中国外汇储蓄安全的影响研究

24. 新形势下我国和平发展的军事战略研究

25. 捍卫国家主权、海洋权益和领土完整的军事战略研究

26. 世界大国和周边国家“中国观”的演变研究

27. 中国人的国外形象研究

28. 东海、南海区域对我国和平发展的作用和影响研究

29. 印度洋区域对我国和平发展的作用和影响研究

30. 中国海外投资的国家战略规划与风险防范研究

31. 和平发展背景下的中国外交与民间外交研究

32. 我国对外援助与贸易和投资的互动关系研究

33. 西方发达国家拓展公共外交机制研究

34. 日本大地震、大海啸和核辐射事故后国家战略动向研究

35. 日本社会结构和社会意识的演变及其对内外政策的影响研究

36. 朝鲜半岛现状发展趋势及对策研究

37. 中国与邻国构建和谐关系中“软实力”的应用研究

38. 印度对外战略研究

39. 俄罗斯大选之后战略走向与中俄战略伙伴关系研究

40. 俄罗斯北极政策及对地区的影响研究

41. 欧洲主权债务危机现状、前景及影响研究

42. 欧债危机、欧元和欧洲一体化进程研究

43. 西方强国中东北非战略与中东、阿拉伯地区政治格局变动趋势研究

44. 中东北非动乱的国内根源研究

45. 阿拉伯国家社会结构的演变及其对社会稳定的影响研究

46. 伊斯兰国家政治格局变化对中国民族宗教问题研究

47. 发展军备和对外侵略对美国经济和综合国力的影响研究

48. 中国如何进一步扩大在拉美、非洲的影响力研究

49. 国外外汇储备现状及经验借鉴研究

50. 国际货币监管的发展方向及对国际货币体系的影响研究

51. 国际货币体系改革的出路以及世界主要货币的地位研究

52. 全球贫富差距问题及相关对策研究

53. 全球企业并购与国际直接投资的变化方向研究

54. 全球大宗商品价格供求格局、价格形成机制与安全研究

55. 石油、粮食、水及其他资源安全问题研究

56. 全球核现状、核安全战略研究

57. 全球和平发展的话语权研究

58. 原苏东社会主义国家的现状和社会主义思潮研究

59. 金融危机后的世界左翼和社会主义理论思潮研究

60. 金融危机后各国共产党动态跟踪研究

61. 北极问题研究

中国历史

1. 唯物史观与中国特色社会主义理论体系研究

2. 唯物史观与中国历史学发展研究

3. 中华文明连续性特点的形成及其意义研究

4. 中华优秀传统文化传承体系研究

5. 中国历史上民族文化认同研究

6. 礼制文化与古代文明构建研究

7. 中国古代孝文化研究

8. 中国传统节日文化研究

9. 明清祭祀礼仪与社会变迁研究

10. 中国古代的尊老传统与养老问题研究

11. 中国古代天人关系理论研究

12. 中西方封建社会比较研究

13. 中国古代社会管理思想研究

14. 中国古代职官管理制度研究

15. 中国古代宗教与神话研究

16. 中国古代慈善事业研究

17. 中国历史上的谏官制度研究

18. 近代中国军事制度变革研究
19. 中国古代兵家思想研究
20. 中国古代水利建设历史经验研究
21. 中国古代交通与社会发展研究
22. 历史时期域外引进作物的本土化研究
23. 中国西南汉代画像研究
24. 出土汉唐行政文书汇释与研究
25. 宋元明清的“河患”问题与政府应对研究
26. 明代以来特大地震灾害及社会影响研究
27. 明清以来极端天气气候事件及社会应对研究
28. 明清城市结构与城市生活研究
29. 明清人口流动与基层社会管理研究
30. 明清民间文书整理与研究
31. 明清地域商帮比较研究
32. 明清中外文化交流与经贸关系研究
33. 官箴书与清代地方司法实践研究
34. 中国近代以来婚姻问题及其演变研究
35. 中国近代文化产业的形成与兴起研究
36. 近代中外交通史与华侨研究
37. 宗教与近代中国社会研究
38. 近代中国乡村社会研究
39. 近代农民生活状况研究
40. 近代西方人士在我国内陆地区的科学考察活动及其影响研究
41. 近代北方土地文书研究
42. 20世纪“新史学”学术流派研究
43. 新中国成立以来社会主义价值观的确立及演变研究
44. 当代中国法制建设的历史经验研究
45. 当代中国农民合作经济组织史研究
46. 当代中国国防史研究
47. “三线建设”和西部开发研究
48. 当代中国社会生活和社会管理的变化与变革研究
49. 中华人民共和国史民间档案资料的发掘与整理研究
50. 当代中国社会史的理论与方法研究

世界历史

1. 世界主要国家文化发展与国家崛起的互动关系及启示研究
2. 古代国家与宗教的关系研究
3. 古代国家社会结构的比较研究
4. 发达国家社会结构与社会管理研究
5. 近代以来世界各国社会两极分化问题研究
6. 北美独立战争时期的政治文化研究
7. 亚非国家近代以来社会变革中的宗教与政治研究
8. 20世纪国际资本流动与财富流动研究
9. 发展中国家农业与社会研究
10. 世界历史上的种族、种族观念和种族主义研究
11. 欧洲右翼极端主义历史研究
12. 20世纪资本主义转嫁社会、经济危机的历史考察
13. 农业开发与环境保护的历史考察
14. 发展中国家城市化与社会稳定研究
15. 当代国际共产主义运动研究
16. 苏联解体后新独立国家的历史研究
17. 金融与政治、社会关系的历史考察

考古学

1. 中国远古人类及文化研究
2. 中国文明起源和形成的考古学研究
3. 史前聚落形态的考古学研究
4. 夏商周时期的考古学文化研究
5. 古代城市与村镇的考古学研究
6. 古代墓葬制度的考古学研究
7. 古代手工业遗存的考古学研究
8. 中外文化交流的考古学研究
9. 中国考古学史研究
10. 中国田野考古重要报告研究

宗教学

1. 马克思主义宗教观研究
2. 中国特色社会主义宗教理论体系研究
3. 宗教和谐与社会文化建设研究
4. 宗教文化艺术研究
5. 中国文化及其宗教因素研究
6. 宗教心理学研究
7. 中外无神论的历史及其理论学说研究
8. 宗教与基层社区建设
9. 边疆民族地区多元宗教和谐关系研究
10. 宗教经典及宗教名著整理、翻译及研究
11. 中国宗教研究成果外文翻译
12. 宗教思想及教义研究
13. 宗教与礼仪、民俗研究
14. 宗教与公共外交研究
15. 当代宗教新媒体的发展及其影响研究
16. 当代宗教与国际冲突关系研究
17. 宗教生态问题研究
18. 世界各宗教的历史与现状研究
19. 区域宗教史研究
20. 中国宗教现状研究
21. 儒学与中国宗教关系研究
22. 佛教寺庙与道教宫观经济文化研究
23. 道教与中国科技发展关系研究
24. 民间信仰在当代中国社会的发展研究
25. 藏传佛教发展研究
26. 基督教与中外关系研究
27. 海外中国伊斯兰教研究

28. 当代伊斯兰教发展研究

中国文学

1. 中国特色马克思主义文学理论体系研究
2. 科学发展观与文学研究
3. 文学与文化建设的关系研究
4. 文学与社会主义核心价值观的关系研究
5. 新时期文艺理论建设与文艺批评研究
6. 文学发展中的主旋律与多样化研究
7. 文学基本理论与文艺批评学的创新研究
8. 现代文学评估价值体系建构研究
9. 世界文学格局中的中国文学研究
10. 文学的本质、功能与发展规律研究
11. 历代重要作家作品及其流派研究
12. 历代重要文学文献资料整理和研究
13. 21 世纪世界华文文学研究
14. 网络文学研究
15. 民间民族文学研究
16. 儿童文学中的科幻作品研究
17. 当代大陆与台港澳长篇小说比较研究
18. 新时期我国女性文学演变问题研究
19. 地域、民俗、文化习尚与中国古代文学研究
20. 中国古代文学的交叉性专题与跨学科研究
21. 中国古代文学学术史研究
22. 现代文学评估价值体系建构研究
23. 左翼文学研究
24. 现代文学语言与文体研究
25. 文学史编写及其科学模式研究
26. 地域文学史和作家群研究
27. 少数民族古典文学研究
28. 各民族文学学术史研究

外国文学

1. 当代外国文学中的社会文化思潮研究
2. 21 世纪以来的外国文学现状和趋势研究
3. 现代化过程与外国文学中的伦理价值问题研究
4. 后冷战时期的外国文学研究
5. 新时期以来的外国文学理论及其研究的评价或反思研究
6. 外国重要作家和作品研究
7. 外国重要文论家、批评家研究
8. 国外重要文学奖项研究
9. 外国古典文学的注疏研究

语言学

1. 新时期语言文字规范化问题研究（包括对已有规范进行修订的研究）
2. 中国境内语言的类型特征及语言普遍现象研究（汉语、各少数民族语言）
3. 声调类型学研究
4. 中国濒危语言有声语档建设的理论与实践研究
5. 现代通用汉字的历史读音研究
6. 现代汉语常用词的构成理据及其历史源流研究
7. 词汇研究的中文信息处理研究
8. 句法和语义的互动关系研究
9. 汉语词类的新探索和特殊小类研究
10. 方言研究数字化基础建设研究
11. 地理语言学与汉语方言研究
12. 汉语方言特征研究（区、片、边界点等）
13. 地方普通话研究
14. 汉藏历史比较语言学研究
15. 汉语历史语法研究资料库研究
16. 近代汉语官话语音研究
17. 基于语料库的出土上古文献虚词发展研究
18. 新出土简帛研究
19. 音韵学资料的计算机处理和数据库建设研究
20. 曲韵系列韵书研究
21. 专书训诂研究和断代训诂研究
22. 聋哑人手语的神经和机制研究
23. 汉语失语症研究

新闻学与传播学

1. 马克思主义新闻理论体系建设研究
2. “走基层、转作风、改文风”与践行马克思主义新闻观研究
3. “中国发展道路”的国际影响力与国际新闻传播话语权研究
4. “三网融合”背景下的广播电视媒体发展战略研究
5. 中国特色的传媒文化体系建构研究
6. “中国形象”塑造、展示和传播的跨学科研究
7. 文化体制改革与媒体经营管理研究
8. 国家形象及其软实力与跨文化研究
9. 国家新媒体集成播控平台建设研究
10. 构建当代中国话语的理论、方法与问题意识研究
11. 广播电视的国际传播能力和影响力研究
12. 全球化信息化条件下主流媒体新闻宣传和舆论引导规律研究
13. 健全应急报道和舆论引导机制研究
14. 舆论监督机制及效果评价研究
15. 国家安全与军事新闻传播研究
16. 国家领导人会议形象传播研究
17. 加强对重大突发公共事件依法报道的研究
18. 涉藏对外传播的艰巨性和有效性研究
19. 突发公共事件的信息公开与新闻处置研究
20. 突发危机事件中群体应激行为的传播与控制机制研究

21. 版权保护与版权相关产业的发展研究
22. 改革开放以来中国报业发展研究
23. 数字出版研究
24. 我国数字出版产业发展现状、趋势及对策研究
25. 传播理论的本地/在地化研究
26. 传播学研究（可选择广告传播、环境传播、人际传播、组织传播、跨文化传播等专题分别研究）
27. 文化精品网络传播方式研究
28. 微博研究
29. 网络社群组织与社会管理创新研究
30. 网络实名制实现路径研究
31. 网络文化建设与政府执政方式研究
32. 网络舆情监测与引导机制研究
33. 网络著作权研究
34. 网民的数据安全与隐私保护研究
35. 西方反华传媒的新媒体战略及对策研究
36. 新媒体传播的法律规制问题研究
37. 新媒体的政治传播及对策研究
38. 信息技术与新媒体传播研究
39. 对外宣传方式方法创新研究
40. 文化走出去工程的政策措施研究
41. 现当代新闻传播史研究
42. 中华民国新闻史研究
43. 古代新闻传播史研究
44. 传播思想史研究
45. 外国新闻传播史研究

图书馆·情报与文献学

1. 构建国家可持续文化竞争力的图书馆系统战略研究
2. 网络环境下图书馆的生存环境与功能定位的变革研究
3. 基于图书情报理论与方法的科研诚信监测研究
4. 图书馆学情报学（L & I）与信息科学的交叉及分界研究
5. 情报学专业课程建设的现状和发展趋势研究
6. 图书情报档案留学归国和海外人才智力资源开发与管理研究
7. 网络环境下的社会科学情报理论与方法研究
8. 以创新和质量为导向的中国人文社会科学研究评价机制与实施体系研究
9. “走基层、转作风、改文风”与公共图书馆服务优化研究
10. 公益性数字文化服务体系研究
11. 社会参与图书馆公共服务研究
12. 农家书屋管理、使用及发展问题研究
13. 中国数字图书馆建设中的标准规范体系构建研究
14. 国家数字信息资源永久保存战略研究
15. 我国数字出版呈缴制度研究
16. 中国城乡数字鸿沟及其对城市化进程的影响研究
17. 数字图书馆知识产权管理模式及侵权责任防范研究
18. 图书馆法与知识产权关联研究
19. 社会信息化转型背景下信息资源开发利用及其法律问题研究
20. 数字信息资源的质量管理研究
21. 社会网络环境下信息的开放获取与共享研究
22. 高科技项目中知识团队的知识传承与共享研究
23. 面向知识服务的知识组织框架构建和应用研究
24. 基于关联数据的图书馆云服务研究
25. 图书馆移动服务模式及其质量规范研究
26. 社交网络工具在图书馆服务中的应用研究
27. 图书馆志愿者服务的现状、问题与政策研究
28. 中国社会弱势群体公共信息服务权益发展研究
29. 虚拟社区知识组织研究
30. 语义网信息组织与检索技术研究
31. 开放网络环境下的语义信息抽取及检索模型研究
32. 跨语言信息检索与信息定位研究
33. 网络舆情信息工作机制与服务内容研究
34. 基于情报学方法的网络舆情发现与分析研究
35. 城市竞争情报体系的设计与运营管理研究
36. 网络竞争情报中的信息提取与可信度评价研究
37. 信息经济学研究的新趋势、新进展、新问题研究
38. 信息产业全球化对我国国家安全的威胁及应对战略研究
39. 泛在信息环境下的信息异化问题及对策研究
40. 城市新移民日常生活信息获取行为研究
41. 情报计量学与科学计量学的应用研究
42. 基于分类的学术期刊质量共性和个性融合评价机制与实施方案研究
43. 新媒体阅读研究
44. 全民阅读活动机制问题研究
45. 社交网络与即时通信工具的引导和管理研究
46. 中国传统藏书研究
47. 文化典籍资源数字化平台研究
48. 新中国著名编辑出版家研究
49. 全程管理中的文件与档案分类研究
50. 数字环境下集团化企业电子文件管理模式与共享机制研究

51. 档案专业课程建设的现状和趋势研究

52. 关注档案学科与相关学科在交叉或边缘地带产生的全新管理问题研究

53. 关注信息化进程和社会管理变化所引发的档案学理论创新

54. 电子文件管理与电子政务和电子商务的关系研究

55. 面向社会的档案信息资源规划研究

56. 网络环境下文件、档案管理体制与模式研究

57. 信息立法趋势与档案法律、法规和政策的配套建设研究

58. 信息资源管理背景下档案学科课程体系与教育模式创新研究

59. 重大突发事件中的档案应急机制研究

60. 数字档案资源的认知、界定与管理对策研究

61. 博物馆形态研究

62. 科技型中小企业知识资本运营中的法律风险防范与治理研究

体育学

1. 体育强国的指标体系研究
2. 体育文化建设的目标与实现途径研究
3. 体育文化传承体系研究
4. 提升体育软实力与体育强国建设研究
5. 中外体育发展方式的比较研究
6. 我国体育发展方式的演进研究
7. 体育事业发展的社会效益研究
8. 社会体育需求与需求结构研究
9. 体育公共服务均等化研究
10. 政府职能转变与体育社团建设研究
11. 我国体育事业管理体制机制改革研究
12. 体育公共服务与市场服务体制机制研究
13. 体育事业与体育产业协调发展研究
14. 国外体育产业发展政策研究
15. 体育产业与相关产业关系研究
16. 体育休闲方式研究
17. 学生体质健康与教育制度改革研究
18. 职业体育政策制度研究
19. 中国体育思想史研究
20. 中外体育哲学社会科学研究进展研究
21. 体育社会科学方法论研究
22. 我国“三大球”管理体制机制创新研究
23. 我国大型综合性运动会改革研究
24. 体育法制建设与行业作风建设研究
25. 中国体育国际话语权研究
26. 老年人体育研究
27. 残疾人体育研究
28. 区域文化与民族传统体育研究
29. 民族传统体育国际化研究
30. 体育传播体系研究
31. 完善全民健身活动研究

管理学

1. 中国情境下的管理理论创新与学科发展研究
2. 21 世纪管理理论重要进展研究
3. 比较管理理论与跨文化管理实践研究
4. 基于优秀文化的企业管理模式创新研究
5. 文化产品评价和激励机制研究
6. 公共文化服务指标体系和绩效考核办法研究
7. 特色文化城市的国际比较研究
8. 组织管理理论创新研究
9. 文化技术创新体系研究
10. 企业理论发展与创新研究
11. 文化消费商业模式创新研究
12. 文化创意人才队伍建设研究
13. 国外文化创新成果典型案例研究
14. 商务诚信建设研究
15. 中国古代商业思想研究
16. 管理活动中主客体互动行为的复杂性研究
17. 国际视野下的中国管理学研究方法创新研究
18. 中国管理学教育改革与发展研究
19. 后金融危机时代公司治理理论创新与实践研究
20. 中国跨国公司成长问题研究
21. 中国企业社会责任评价与推进机制研究
22. 农村和中西部地区县级文化设施建设研究
23. 中国企业战略转型理论与实践研究
24. 国有企业跨国投资与政府监管问题研究
25. 小企业融资环境改善与小企业财务战略选择问题研究
26. 企业供应链理论与实践问题研究
27. 企业知识资本理论问题研究
28. 网络新技术新业态发展趋势研究
29. 企业投资者保护与财务控制研究
30. 企业劳动关系与管理民主化问题研究
31. 快速工业化进程中企业安全生产问题研究
32. 低碳经济下中国企业管理变革与创新研究
33. 我国企业推广先进质量管理方法的途径研究
34. 国际化环境下会计准则建设问题研究
35. 企业技术创新、管理创新与制度创新的关系研究
36. 中国企业从模仿性到自主性创新转型路径研究
37. 信息化时代企业营销管理理论与方法创新研究
38. 当代中国公共管理理论的探索研究
39. 中国居民幸福指数构建与应用研究
40. 中国地方政府债务与融资平台问题研究
41. 政府信息公开机制与问题研究
42. 基本公共服务均等化问题研究

43. 加强和完善流动人口服务和管理对策研究
44. 建立多元化保障性住房供应体系研究
45. 公共部门的绩效管理研究
46. 电子政务效率问题研究
47. 我国学校制度改革与学校管理问题研究
48. 国家社会科学基金绩效评价系统与数据库研究
49. 哲学社会科学创新中的科研组织管理问题研究
50. 科研管理中课题制相关问题研究
51. 我国医院制度改革与医院管理问题研究
52. 我国创新创业人才队伍建设问题研究
53. 主要发达国家人才发展战略比较研究
54. 快速城市化进程中的城市公共安全问题研究
55. 世界各国质量安全监管制度比较研究
56. 减灾防灾能力建设研究
57. 重大公共安全事故应急管理研究
58. 中国城市化、工业化和农业现代化快速推进背景下的水资源保障对策研究
59. 国防人力资源配置理论及应用问题研究
60. 中国环境质量综合评价指数及相关研究
61. 我国建设低碳城市的标准体系及政策保障研究
62. 我国矿产资源开发生态环境影响及治理研究
63. 我国金属矿产资源安全保障战略研究
64. 我国宏观经济管理机制完善与宏观经济调控手段选择研究
65. 国际金融危机前景与我国宏观经济管理应对策略研究
66. 财政体制改革滞后风险分析与我国财政管理体制完善建议研究
67. 各国应对国际金融危机的宏观经济政策比较研究
68. 我国市场经济体制完善与加快垄断行业改革研究
69. 深化收入分配体制改革研究
70. 社会主义市场体系建设与市场秩序规范问题研究
71. 中国工业化进程与三次产业协调发展问题研究
72. 中国城市化进程与区域协调发展问题研究
73. 战略性新兴产业发展与经济发展方式转变研究
74. 新形势下我国劳动力供给和就业问题研究
75. 人口老龄化与养老产业发展研究
76. 城市交通发展战略及体制机制研究
77. 我国交通运输业的协调发展研究
78. 铁路管理体制改革与铁路发展方式转变研究
79. 我国民间借贷相关问题研究
80. 中国城市居民家庭金融研究
81. 通货膨胀与预期管理问题研究
82. 社会保险基金风险防控对策研究
83. 电子商务服务业发展战略研究
84. 知识产权服务业发展战略选择及政策研究
85. 物联网服务新业态研究
86. 我国现代科技金融服务体系研究
87. 社会保障性住房建设及融资模式研究
88. 粮食主产区农田水利基础设施建设管理机制研究
89. 农村公共产品与服务供给模式研究
90. 农民专业合作经济组织与农业社会化服务体系研究
91. 气候框架公约下我国农业碳减排政策研究
92. 中国国有事业单位改革问题研究
93. 中国非营利组织的治理结构和规制问题研究
94. 城乡一体化进程中的农村社会管理创新研究
95. 进城农民工社会管理体制研究
96. 道家社会管理思想及其现代化研究
97. 非营利组织与社会服务事业的发展问题研究
98. 新媒体环境下的电子化社会管理问题研究

（全国哲学社会科学规划办公室供稿）

2012 年度国家社会科学基金项目立项课题（北京地区）

马克思主义·科学社会主义

重点项目

项目名称	负责人	工作单位	预期成果	完成时间
马克思主义发展史视域中的马克思主义经典著作研究	桁　林	中国社会科学院马克思主义研究院	专著	2014. 12. 30

一般项目

项目名称	负责人	工作单位	预期成果	完成时间
马克思恩格斯民主思想与当代中国政治发展研究	王中汝	中共中央党校马克思主义理论教研部	专著	2015.12.31
历史唯物主义的生成路径及其当代启示研究	李成旺	清华大学马克思主义学院	专著	2015.5.1
邓小平共同富裕思想的科学内涵及其实现路径研究	刘宏元	对外经济贸易大学思想政治理论课教学科研部	专著	2015.6.30
科学发展观的新发展及其理论贡献研究	冯书泉	中共中央党校科社教研部	专著	2013.12.31
胡乔木对马克思主义中国化时代化大众化的探索和贡献研究	朱家梅	中央财经大学	专著 论文（集）	2015.6.30
生态文化与生态文明建设研究	路日亮	北京交通大学马克思主义学院	专著 论文（集）	2014.12.30
儒学与马克思主义中国化关系研究	刘东超	国家行政学院	专著	2015.6.30
当代中国发展进程中的“人民幸福”问题研究	冯务中	清华大学马克思主义学院	论文（集）	2015.6.30
执政条件下党的意识形态建设规律研究	李俊伟	中共中央党校马克思主义理论教研部	专著	2014.12.20
中华文化传统伦理与社会主义核心价值体系建设研究	姚小玲	北京航空航天大学	专著	2013.12.31

青年项目

项目名称	负责人	工作单位	预期成果	完成时间
《共产党宣言》创作史问题研究	李　锐	北京联合大学	专著	2015.8.20
基于新 MEGA 文献的“《资本论》恩格斯编辑问题”研究	陈　浩	中国人民大学马克思主义学院	论文（集）	2014.7.1
马克思货币物役性思想研究	杨兴业	北京科技大学马克思主义学院	专著	2015.12.31
整体性视域下马克思资本批判理论研究	赵　培	中共中央党校马克思主义理论教研部	专著	2014.12.31
中国特色社会主义理论体系的范畴与逻辑建构研究	黄　刚	中央财经大学马克思主义学院	专著	2015.6.30
文明发展视域下的中国城市化道路研究	吴泽群	中共中央党校科研部	专著	2014.9.1
中国特色社会主义的宏观调控理论范式研究	张　勇	中共北京市委党校	专著 研究报告	2015.3.30
微博政治参与和社会主义民主建设研究	赵春丽	北京工商大学马克思主义学院	专著 研究报告	2015.6.30
当前大学生对宗教的关注度及心理取向研究	邢国忠	中央财经大学马克思主义学院	研究报告	2013.9.18
社会转型期中俄民族精神弘扬与培育比较研究	刘左元	北京理工大学人文与社会科学学院	专著	2015.6.30

续表

项目名称	负责人	工作单位	预期成果	完成时间
美国民主输出对中国意识形态安全的挑战及对策研究	徐浩然	中共中央党校科学社会主义教研部	专著	2014.12.30
西方公民道德教育模式的逻辑演进对我国思想政治教育的启示研究	赵义良	北京航空航天大学思想政治理论学院	专著	2015.12.31
社会主义核心价值体系大众化面临的挑战与对策研究	阚和庆	北京工业大学马克思主义学院	专著	2014.12.1

党史·党建

重点项目

项目名称	负责人	工作单位	预期成果	完成时间
中国社会主义道路的探索与毛泽东思想的发展研究	田居俭	中国社会科学院当代中国研究所	专著	2014.12.31
新形势下防止利益冲突制度研究	干以胜	中央纪委	论文（集）	2014.6.30

一般项目

项目名称	负责人	工作单位	预期成果	完成时间
邓小平与《关于建国以来党的若干历史问题的决议》思想研究	刘金田	中共中央文献研究室	专著	2015.6.30
民主革命时期党的历次全国代表大会研究	李　颖	中共中央党史研究室	专著	2013.12.31
新中国成立以来中印关系发展的历史经验与现实意义研究	陈宗海	北京理工大学人文与社会科学学院	专著 论文（集）	2015.7.1
构建党内民主参与机制研究	薛　梅	中共北京市委党校	专著 研究报告	2014.6.30
中国共产党执政以来反腐倡廉思想研究	李雪勤	中央纪委研究室	专著	2014.6.30
改革开放以来中国共产党决策体制的历史演进研究	沈传亮	中共中央党校党史教研部	专著	2014.7.1

哲学

重点项目

项目名称	负责人	工作单位	预期成果	完成时间
马克思主义哲学创新路径与发展趋势研究	庞元正	中共中央党校哲学教研部	专著	2015.12.31
《资本论》及其手稿的技术哲学思想研究	王伯鲁	中国人民大学哲学院	论文（集） 研究报告	2014.12.31

续表

项目名称	负责人	工作单位	预期成果	完成时间
描述论和直接指称论之争——回顾、批判与建构	陈　波	北京大学哲学系	论文（集）	2015. 12. 30
西方伦理思想的女性主义解读	肖　巍	清华大学哲学系	专著	2015. 12. 31
当代消费文化对身份认同影响的哲学研究	王成兵	北京师范大学哲学与社会学学院	专著	2015. 12. 31

一般项目

项目名称	负责人	工作单位	预期成果	完成时间
《资本论》及其手稿哲学思想再研究	聂锦芳	北京大学哲学系	专著	2015. 5. 5
精神分析维度中的商品拜物教研究	孔明安	中共中央编译局	专著	2016. 1. 30
《北溪字义》中外版本整理及思想研究	张加才	北方工业大学思想文化研究所	专著	2014. 12. 31
古印度主要哲学经典研究	姚卫群	北京大学哲学系	专著	2015. 12. 31
维特根斯坦与当代西方哲学的发展研究	江　怡	北京师范大学哲学与社会学院	专著 译著	2015. 12. 31
可能世界的名字	刘新文	中国社会科学院哲学研究所	专著	2014. 9. 30
社群主义的社会平等思想及其当代价值研究	何霜梅	中央社会主义学院马列教研部	专著	2014. 12. 30
建筑伦理的体系建构与实践研究	秦红岭	北京建筑工程学院文法学院	专著	2014. 12. 31
学科创新视域下的公共哲学：中日比较研究	林美茂	中国人民大学哲学院	专著	2014. 8. 30
松辽区域文化的可持续发展研究	田建华	北京工商大学马克思主义学院	研究报告	2014. 12. 30

青年项目

项目名称	负责人	工作单位	预期成果	完成时间
《马克思恩格斯全集》历史考证版（MEGA）的开创者——梁诺赞夫专题研究	赵玉兰	中国人民大学马克思主义学院	专著	2015. 9. 30
当代科学哲学中的因果理论前沿研究	徐　竹	中国科学院研究生院人文学院	论文（集） 研究报告	2015. 5. 20
新兴技术发展的伦理争议研究	胡明艳	中共中央党校哲学教研部	专著	2014. 7. 10
梵本《月喜疏》与早期胜论思想研究	何欢欢	中国社会科学院哲学研究所	专著	2014. 12. 31
民国今文经学研究	陈壁生	中国人民大学国学院	专著	2015. 9. 1
荀子的工夫论及其哲学基础研究	王　楷	北京师范大学哲学与社会学学院	专著	2015. 5. 1

续表

项目名称	负责人	工作单位	预期成果	完成时间
柏拉图书信的翻译与研究	彭　磊	中国人民大学文学院	专著 译著	2015. 9. 30
当代西方政治哲学视野中的国家认同问题研究	吴玉军	北京师范大学哲学与社会学学院	专著	2015. 6. 30
基于动作序列的祈使句语义和道义逻辑研究	琚凤魁	北京师范大学哲学与社会学学院	论文（集）	2015. 3. 30
我国基本医疗服务改革的伦理学研究	刘俊香	北京协和医学院社会科学系	专著 论文（集）	2015. 12. 31
形象的叛逆：法国当代哲学的艺术之思	董树宝	北方工业大学文法学院中文系	专著 论文（集）	2014. 12. 31

经济理论

重点项目

项目名称	负责人	工作单位	预期成果	完成时间
当代垄断资本金融化研究	齐　兰	中央财经大学经济学院	研究报告	2015. 10. 30
推进社会主义民主政治建设的经济学分析	刘剑雄	中国社会科学院经济研究所	专著	2014. 12. 30
中国城市化模式、演进机制和可持续发展研究	张自然	中国社会科学院经济研究所	研究报告	2013. 12. 20

一般项目

项目名称	负责人	工作单位	预期成果	完成时间
马克思经济学“六册结构”计划与现代生产方式研究	刘明远	中国人民大学经济学院	专著	2015. 6. 30
无形资本运动规律及其影响研究	马传兵	中华女子学院	专著	2015. 12. 30
以人为本视角下经济发展指数与发展方式研究	贾华强	中共中央党校经济学教研部	研究报告 专著	2015. 12. 31
跨国流通企业纵向控制与中国突破路径研究	宋宪萍	北京理工大学人文与社会科学学院	论文（集） 研究报告	2015. 6. 30
我国融资结构测度及优化——基于净融资法的研究	陶春生	中央民族大学经济学院	专著 研究报告	2014. 12. 31
理性疏忽、黏性信息与通货膨胀预期形成机制研究	王　军	首都经济贸易大学经济学院	专著 研究报告	2014. 12. 31
扩大文化消费的有效供给研究	张宏伟	中国政法大学新闻与传播学院	专著	2015. 6. 30
社会偏好理论与社会合作机制研究	周业安	中国人民大学经济学院	专著	2014. 12. 20
我国专利制度、企业专利战略与经济技术发展研究	叶静怡	北京大学经济学院	论文（集） 研究报告	2015. 12. 30

续表

项目名称	负责人	工作单位	预期成果	完成时间
WTO 框架下中国应对及运用贸易救济措施促进产业发展的经验研究	宏　结	中国政法大学商学院	论文（集） 研究报告	2015. 9. 30
我国特殊贫困地区加快发展的障碍与对策研究	龚晓菊	北京工商大学经济学院	研究报告	2014. 12. 31

青年项目

项目名称	负责人	工作单位	预期成果	完成时间
国际金融危机与社会主义的发展机遇研究	沈尤佳	中国人民大学马克思主义学院	专著	2015. 9. 30
劳动报酬比重的决定因素和变动机理研究	邹　燕	中央财经大学	论文（集） 研究报告	2015. 12. 31
社会公平的微观基础研究	骆欣庆	北京第二外国语学院	论文（集） 研究报告	2014. 12. 31
非合理性行业收入差距的成因与测度研究	武　鹏	中国社会科学院经济研究所	论文（集） 研究报告	2014. 12. 1
社会网络影响收入差距的理论、政策与实证研究	周晔馨	北京师范大学经济与资源管理研究院	论文（集） 研究报告	2015. 6. 30
政府行为与中国经济增长：比较经济发展视角的解读	付敏杰	中国社会科学院财政与贸易经济研究所	论文（集） 研究报告	2013. 10. 30
最优授权理论及其在中国政府治理中的应用研究	李石强	中国青年政治学院经济系	论文（集） 研究报告	2015. 12. 31
世界经济结构变迁中的 FDI 撤资与风险控制研究	李玉梅	对外经济贸易大学国际经济研究院	研究报告	2014. 12. 31
我国对外金融资产负债失衡与金融调整研究	肖立晟	中国社会科学院世界经济与政治研究所	论文（集）	2014. 7. 1
贸易差额数据鸿沟与中美贸易利益分配评估研究	段世德	北京大学经济学院	论文（集） 研究报告	2014. 12. 30
保障国民经济可持续发展的水利投资最优规模研究	张培丽	中国人民大学经济学院	研究报告 专著	2014. 6. 30

应用经济

重点项目

项目名称	负责人	工作单位	预期成果	完成时间
我国劳动力素质升级对产业竞争力提升与产业升级的影响研究	李　钢	中国社会科学院工业经济研究所	专著	2013. 12. 31
系统性金融风险与宏观审慎监管研究	何德旭	中国社会科学院数量经济与技术经济研究所	专著 研究报告	2014. 6. 30

一般项目

项目名称	负责人	工作单位	预期成果	完成时间
人口发展与经济发展方式转变的路径研究	陈宇学	中共中央党校经济学教研部	论文（集） 研究报告	2014. 12. 31
物流成本及其对产业发展、价格水平影响研究	刘　勇	中国社会科学院工业经济研究所	专著 研究报告	2014. 12. 31
农村劳动力流动与我国城乡居民收入差距研究	高文书	中国社会科学院人口与劳动经济研究所	研究报告	2014. 5. 31
中低收入群体对通货膨胀的承受能力研究	吴　军	对外经济贸易大学	论文（集） 研究报告	2014. 12. 31
城市化进程中农民工的就业歧视及其社会风险研究	冯　虹	北京工业大学	专著 研究报告	2015. 6. 30
经济减速、产业转型形势下我国劳动力市场中的青年失业问题研究	谭永生	国家发展和改革委员会社会发展研究所	研究报告	2014. 12. 31
转型发展中城市主导产业选择方法研究	付晓东	中国人民大学经济学院	研究报告	2014. 6. 30
新能源产品国际市场准入权研究	廖　玫	北京工业大学经济与管理学院	专著 研究报告	2015. 5. 31
沿海发达地区私营企业和谐劳动关系影响机制的实证研究	吕景胜	中国人民大学商学院	论文（集） 研究报告	2015. 9. 30
我国期货农业模式创新研究	安　毅	中国农业大学经济管理学院	专著 研究报告	2013. 12. 30
农产品流通转型对农产品价格波动和农户生产经营行为的影响研究	赵玉田	农业部农村经济研究中心	研究报告	2013. 12. 31
促进我国新能源战略发展的财税政策研究	丁　芸	首都经济贸易大学财政税务学院	专著 研究报告	2015. 7. 1
我国战略性新兴产业政府引导基金及运行机制问题研究	蒋先玲	对外经济贸易大学国际经济贸易学院	研究报告	2014. 7. 1
扩大内需过程中家庭消费信贷的适度规模和经济后果研究	何丽芬	对外经济贸易大学金融学院	专著 研究报告	2014. 12. 31
系统重要性金融机构宏观审慎监管研究	董小君	国家行政学院经济学教研部	研究报告	2014. 7. 31

青年项目

项目名称	负责人	工作单位	预期成果	完成时间
人口发展与加快经济发展方式转变研究	李　鹏	中共中央党校经济学教研部	研究报告	2014. 6. 30
我国劳动收入比重偏低的原因和有效提高的途径研究	钱震杰	对外经济贸易大学金融学院	专著 论文（集）	2013. 12. 30
产业转移的空间过程及区域空间结构优化政策研究	刘霄泉	北京第二外国语学院	研究报告	2015. 12. 30

续表

项目名称	负责人	工作单位	预期成果	完成时间
我国城市房价周期波动研究	陈英楠	清华大学土木工程系	论文（集） 研究报告	2014.9.30
我国制造业应对碳关税的预警机制与系统策略研究	蓝庆新	对外经济贸易大学	论文（集） 研究报告	2014.12.31
生产要素成本上涨对我国产业转型升级影响研究	叶振宇	中国社会科学院工业经济研究所	论文（集） 研究报告	2014.8.31
农村集体土地确权与流转问题研究	伍振军	国务院发展研究中心农村经济研究部	专著 研究报告	2014.12.31
大型零售商主导产业链的理论与公共政策研究	盛朝迅	国家发改委产业经济与技术经济研究所	研究报告	2014.6.20
消费者视角下零售商品牌价值评价模型构建研究	张　蕙	北京工商大学经济学院	研究报告	2014.12.31
主要发达经济体服务业研发创新激励政策与我国的政策选择研究	付亦重	北京林业大学	研究报告	2013.12.31
新时期我国互利共赢开放战略分析研究	王　立	商务部国际贸易经济合作研究院	研究报告	2013.12.31
产品多样化视角下我国外贸利益评估研究	王明荣	首都经济贸易大学经济学院	专著 研究报告	2015.12.31
国际粮食价格波动与中国粮食供需平衡影响研究	吕　捷	中国人民大学农业与农村发展学院	专著	2015.12.1
遗产地铭刻时代痕迹与旅游发展研究	张祖群	首都经济贸易大学工商管理学院	专著 研究报告	2014.12.30
财政政策对私人消费的效应及解释研究	李晓嘉	对外经济贸易大学公共管理学院	论文（集） 研究报告	2014.3.31
金融支持战略性新兴产业发展研究	余　剑	中国人民银行营业管理部	研究报告 专著	2014.12.30
基于商业银行参与约束和激励相容的市场化、逆周期信贷调控机制研究	刘胜会	中国人民银行研究局	研究报告	2014.6.30
全球百年人口结构变迁对国际资本流动格局的效应研究	朱　超	首都经济贸易大学金融学院	论文（集）	2014.12.31
资本市场调控机制的影响及政策研究	边江泽	对外经济贸易大学金融学院	论文（集） 研究报告	2014.12.31

统计学

一般项目

项目名称	负责人	工作单位	预期成果	完成时间
建立我国社会保障卫星账户的理论方法与对策研究	黄向阳	中国人民大学统计学院	研究报告	2015.9.30

续表

项目名称	负责人	工作单位	预期成果	完成时间
中国区域间贸易的碳足迹核算研究	王亚菲	北京师范大学国民核算研究院	研究报告	2014.12.31
小微企业信用风险生成路径识别与评估体系构建研究	满向昱	中央财经大学	研究报告	2015.12.31

青年项目

项目名称	负责人	工作单位	预期成果	完成时间
中国税负水平的总体评价与结构分析	席　玮	北京师范大学国民核算研究院	研究报告	2014.12.31
基于分位数回归的时空数据分析及应用研究	罗玉波	北京工商大学经济学院	研究报告	2015.6.30
宏观经济组合预测方法研究及其应用平台开发	张　涛	中国社会科学院数量经济与技术经济研究所	论文（集） 研究报告	2014.7.30

政治学

重点项目

项目名称	负责人	工作单位	预期成果	完成时间
中国现代政治学学科和学术发展的起源、演变与发展研究	金安平	北京大学政府管理学院	专著	2015.12.30
竞争性选拔和任用领导干部拓展研究	刘　峰	国家行政学院政治学部	论文（集） 研究报告	2014.7.1

一般项目

项目名称	负责人	工作单位	预期成果	完成时间
加强人大常委会依法行使监督权的途径研究	徐永利	北京联合大学人民代表大会制度研究所	专著	2014.9.30
县级人大选举中的选民参与追踪研究	雷　弢	北京市社会科学院	研究报告	2013.9.30
海峡两岸政治关系研究（1949—2014）	朱松岭	北京联合大学台湾研究院	专著	2015.12.31
近三十年台湾政治发展研究	王英津	中国人民大学国际关系学院	专著	2014.6.30
台湾民进党政治生态发展趋势研究	陈　星	北京联合大学台湾研究院	专著	2014.12.30
中国特色社会主义制度运行机理研究	杨雪冬	中共中央编译局	专著	2014.12.31
我国食品安全监管的实证分析研究	刘智勇	首都经济贸易大学城市经济与公共管理学院	专著 研究报告	2014.6.30

青年项目

项目名称	负责人	工作单位	预期成果	完成时间
黑格尔的“自由—权利”理论与方法论研究	罗朝慧	清华大学马克思主义学院	论文（集）	2013.9.30
政党认同理论比较研究	柴宝勇	中国青年政治学院公共管理系	专著	2015.6.20
现代西方民主的思想史研究	霍伟岸	对外经济贸易大学国际关系学院	专著	2015.5.1
历史类型视角下行政人员人格构建机制研究	杨　艳	北京理工大学管理与经济学院	专著 研究报告	2015.12.31
城镇化进程中乡村文化的保护与发展研究	蔡　杨	中共北京市委党校	专著 研究报告	2015.6.30
加强人大预算监督权力的途径研究	王淑杰	中央财经大学	论文（集） 研究报告	2014.7.20
政府执行力与国家五年规划目标实现机制研究	鄢一龙	清华大学教育研究院	研究报告 专著	2014.12.30
中国智库核心竞争力研究	王莉丽	中国人民大学	研究报告	2014.12.31
中国跨境民族经济交往的政府治理研究	傅景亮	中央民族大学管理学院	专著 论文（集）	2014.12.31

法学

重点项目

项目名称	负责人	工作单位	预期成果	完成时间
行政诉讼法修改研究	解志勇	中国政法大学法学院	专著 研究报告	2014.12.31
量刑差异、量刑基准和量刑规范化研究	但　伟	最高人民检察院检察理论研究所	专著 研究报告	2013.12.31
刑事证据规则研究	樊崇义	中国政法大学诉讼法学研究院	专著	2015.12.31
公共财政监督法律制度研究	刘剑文	北京大学法学院	专著	2015.9.30
全球化背景下的自由贸易和文化多样性的国际法研究	石静霞	对外经济贸易大学法学院	专著	2014.12.31

一般项目

项目名称	负责人	工作单位	预期成果	完成时间
法律硕士教育评价指标体系实证研究	袁　钢	中国政法大学法学院	专著 研究报告	2015.3.1
斯拉夫法的历史发展及对社会主义法系形成的影响	刘洪岩	中国社会科学院法学研究所	研究报告	2015.2.28
《大清律例》疑难条文及相关制度背景考论	苏亦工	清华大学法学院	论文（集）	2015.7.31
修宪权的内在限制研究	杜强强	首都师范大学政法学院	论文（集） 译著	2015.6.30

续表

项目名称	负责人	工作单位	预期成果	完成时间
民族自治地方个体和群体犯罪的发生机制和防控模式研究	韩　轶	中央民族大学法学院	论文（集）	2015.7.1
中国社区矫正规范化研究	吴宗宪	北京师范大学刑事法律科学研究院	专著	2014.12.30
我国死刑政策的反思与调整	梁根林	北京大学法学院	研究报告	2015.12.30
律师法实施问题研究	王进喜	中国政法大学	专著	2014.12.31
构建警察执法化解民事纠纷的机制研究	吴道霞	中国人民公安大学	专著 研究报告	2015.2.27
科学化司法证明中的逻辑与经验研究	栗　峥	中国政法大学诉讼法学研究院	研究报告	2014.12.31
债权总则编的建构：历史、功能与体系研究	谢鸿飞	中国社会科学院法学研究所	研究报告	2015.10.30
应收账款担保融资法律制度研究	高圣平	中国人民大学法学院	专著	2014.6.30
自然之债在债法体系中的地位研究	李永军	中国政法大学民商经济法学院	专著	2014.10.28
大规模侵权救济机制法律问题研究	刘道远	北京工商大学	研究报告 专著	2014.12.31
媒体侵权与媒体权利保护的司法界限研究	杨立新	中国人民大学法学院	专著 研究报告	2014.3.30
侵权责任法实施中的疑难问题研究	李　昊	北京航空航天大学法学院	专著	2015.12.30
云计算技术条件下网络财产的发展趋势及保护规则研究	梅夏英	对外经济贸易大学法学院	研究报告	2013.6.30
社会保险法基础理论研究	郑尚元	清华大学法学院	专著 研究报告	2015.3.3
垄断行业反垄断执法问题研究	孟燕北	中国人民大学法学院	专著 研究报告	2015.3.30
土地承包经营权入股若干法律问题研究	董景山	北京农学院人文社会科学学院	研究报告 论文（集）	2015.12.31
反就业性别歧视的法律评估机制研究	刘明辉	中华女子学院	专著 研究报告	2015.12.31
中国环境法治视野下环境警察制度构建研究	邢　捷	中国人民公安大学	论文（集） 研究报告	2014.12.1
我国国际板证券发行监管制度的构建研究	马其家	对外经济贸易大学	论文（集）	2014.8.28
涉外民事诉讼程序修改理念与制度完善研究	杜焕芳	中国人民大学法学院	论文（集）	2015.9.30

青年项目

项目名称	负责人	工作单位	预期成果	完成时间
对国家干预经济的宪法规范研究	郭　殊	北京师范大学法学院	专著 研究报告	2015. 7. 1
我国宪法总纲条款的规范属性与实施机制研究	王　锴	北京航空航天大学法学院	专著 论文（集）	2014. 12. 31
中国宪法实施的协调机制研究	翟国强	中国社会科学院法学研究所	研究报告	2014. 9. 10
京津冀地区区域立法研究	王　轩	中共北京市委党校	专著	2014. 6. 30
中央政府部门组织法立法研究	张迎涛	交通运输部科学研究院	研究报告 专著	2013. 8. 30
能源产业监管的行政法研究	苏苗罕	中央财经大学	论文（集） 研究报告	2014. 6. 1
我国食品安全法实施中疑难问题实证研究	王小龙	中国农业大学人文与发展学院	专著	2014. 10. 1
刑事司法改革中的实验研究	何　挺	北京师范大学刑事法律科学研究院	专著	2014. 12. 31
我国惩治恐怖活动犯罪立法及其完善研究	杜　邈	北京市人民检察院第二分院	研究报告 专著	2014. 12. 31
预防与遏制贪官外逃制度研究	李晓欧	对外经济贸易大学	论文（集） 研究报告	2014. 3. 1
职务犯罪特殊侦查措施研究	尚　华	北方工业大学文法学院法律系	专著	2014. 12. 31
刑事法治视野下的没收制度研究	李　伟	中央财经大学	研究报告	2014. 12. 1
信息化时代庭审方式变迁的实证研究	梁　坤	中国人民大学社会与人口学院	研究报告	2014. 9. 30
网络服务提供者侵权责任研究	鲁春雅	北京化工大学文法学院法律系	专著 论文（集）	2014. 6. 30
物权法中登记对抗制度实施问题研究	龙　俊	北京大学法学院	专著	2015. 2. 1
公司慈善捐赠法律问题研究	董慧凝	北方工业大学文法学院	专著 论文（集）	2015. 12. 31
反垄断法法益立体保护研究	金善明	中国社会科学院法学研究所	专著 研究报告	2014. 12. 31
反垄断法在互联网领域的实施研究	张江莉	北京师范大学法学院	研究报告	2014. 12. 31
知识经济时代中竞争法的变革和我国的对策研究	刘　彤	对外经济贸易大学	专著	2015. 5. 30
公共财政的法制监督研究	郭维真	中央财经大学	专著 研究报告	2015. 5. 1
农民财产权保障视角下的土地征收补偿制度研究	董　彪	北京工商大学法学院	专著	2014. 12. 31
少数民族非遗传承人法律保护研究	田　艳	中央民族大学法学院	专著	2015. 5. 30

续表

项目名称	负责人	工作单位	预期成果	完成时间
国际人权民事诉讼中的国家豁免问题研究	李庆明	中国社会科学院国际法研究所	专著 研究报告	2014. 12. 31
武装冲突环境下中国海外投资保护法律问题研究	冷新宇	中国政法大学法学院	专著	2015. 3. 1
中国海外工程承包风险的法律规制研究	王秉乾	对外经济贸易大学法学院	专著	2015. 6. 30

社会学

重点项目

项目名称	负责人	工作单位	预期成果	完成时间
社会学中国化视野下的社会建设理论与实践研究	杨　敏	中央财经大学	专著	2015. 12. 31

一般项目

项目名称	负责人	工作单位	预期成果	完成时间
面向中国特色社会管理实践的社会秩序理论构建研究	高　峰	北京工业大学马克思主义学院	专著	2014. 9. 1
教育政策对流动儿童社会融入的影响研究	韩嘉玲	北京市社会科学院	研究报告	2014. 6. 30
农民工文化与城市主流文化的融合路径研究	洪小良	中共北京市委党校	研究报告	2013. 12. 30
农业女性化对农业发展的影响研究	吴惠芳	中国农业大学人文与发展学院社会学系	研究报告 专著	2014. 12. 31
社会转型期家庭变迁理论研究	吴小英	中国社会科学院社会学研究所	研究报告	2015. 6. 30
民族传统节日象征符号与文化品牌建设研究	林继富	中央民族大学文学与新闻传播学院	专著	2015. 8. 30
建立城市老年公民幸福指数评价体系研究	彭凯平	清华大学人文社会科学学院心理学系	论文（集） 研究报告	2015. 3. 20
农民工随迁子女城市社会融入问题的人类学研究	刘　谦	中国人民大学社会与人口学院	研究报告	2014. 6. 30
社会转型期的职业分类研究	田　丰	中国社会科学院社会学研究所	研究报告	2015. 6. 30
医务社工的角色定位与功能整合研究	冯　文	北京大学医学部	专著 研究报告	2015. 12. 31
城市失能老人家庭照料及社区支持研究	杜　娟	首都医科大学	论文（集） 研究报告	2013. 12. 31

青年项目

项目名称	负责人	工作单位	预期成果	完成时间
转型期社会不满情绪的法社会学研究	邢朝国	北京科技大学文法学院社会学系	专著	2014. 12. 30

续表

项目名称	负责人	工作单位	预期成果	完成时间
流动儿童对立违抗行为及其对城市适应与融入的影响	蔺秀云	北京师范大学心理学院	研究报告	2015. 12. 31
农民工身份的代际传递研究	周　潇	中国劳动关系学院劳动关系系	专著 论文（集）	2015. 2. 1
我国城市女性的社会经济地位与婚姻质量研究	张会平	中国人民大学社会与人口学院	论文（集）	2014. 6. 30
城市化进程中农村社区的秩序重建与组织再造研究	吴　莹	中国社会科学院社会发展研究所	研究报告	2014. 3. 31
下岗职工集体行动的理性疏导及妥善应对研究	李晓非	北京大学社会学系	研究报告	2015. 2. 28
可持续发展视角下的企业社会责任研究	余晓敏	北京师范大学社会发展与公共政策学院	论文（集） 研究报告	2015. 3. 1
劳动关系调整的多方参与机制研究	闻效仪	中国劳动关系学院劳动关系系	专著 研究报告	2015. 6. 1
网络“类民间组织”的运行机制与社会影响研究	王冬梅	中国青年政治学院社会学系	研究报告	2014. 7. 1
网络时代的社区参与和社区治理研究	肖　林	中国社会科学院社会学研究所	研究报告	2014. 12. 30
我国公务员养老保险制度改革研究	龙玉其	首都师范大学管理学院	专著	2014. 12. 31
我国养老保险制度中的中央与地方关系研究	鲁　全	中国人民大学劳动人事学院	研究报告	2014. 6. 30
弱势群体权利保障中的打击拐卖妇女儿童行动研究	周俊山	中国人民公安大学	研究报告	2014. 6. 30

人口学

一般项目

项目名称	负责人	工作单位	预期成果	完成时间
青少年流动人口心理健康与发展研究	周　皓	北京大学社会学系	研究报告	2014. 12. 30
老龄化和城市化背景下的中国社会养老服务体系研究	林　宝	中国社会科学院人口与劳动经济研究所	研究报告	2014. 6. 30
农村失能老人照顾过程中的家庭策略研究	丁志宏	中央财经大学	研究报告	2014. 12. 28
建立适应人口老龄化形势的社区医疗卫生服务模式研究	黄成礼	北京大学人口研究所	研究报告	2014. 6. 30

青年项目

项目名称	负责人	工作单位	预期成果	完成时间
我国老龄人口贫困问题研究	徐丽萍	中国国际扶贫中心	专著 研究报告	2013. 8. 30
社会支持网络与居家养老服务支持体系研究	施巍巍	中央民族大学管理学院	专著	2015. 12. 31
第六次全国人口普查生育水平、年龄结构数据质量评估	陶　涛	中国人民大学中国调查与数据中心	研究报告	2014. 9. 30
人口变动对队列人口福利的影响及政策回应研究	马　妍	中国社会科学院社会学研究所	研究报告	2014. 12. 31
子女移居国外的空巢老人家庭代际关系研究	李　超	中国政法大学商学院	论文（集） 研究报告	2014. 12. 30
城市建设与“城市病”治理研究	杨　卡	国际关系学院公共管理系	研究报告	2015. 3. 20
我国超大城市人口调控及“城市病”防治研究	刘　洁	北京联合大学商务学院	研究报告	2013. 12. 31
社会性别视角下人口流动对我国人力资本发展的影响	牛建林	中国社会科学院人口与劳动经济研究所	论文（集）	2014. 9. 30

民族问题研究

重点项目

项目名称	负责人	工作单位	预期成果	完成时间
民族自治区的文化认同与国家认同调查研究	徐　平	中共中央党校文史教研部	专著 研究报告	2015. 6. 30
当代多民族国家民族政策类型研究	朱　伦	中国社会科学院民族学与人类学研究所	专著	2014. 12. 30
民族地区的环境、开发与社会发展问题研究	包智明	中央民族大学民族学与社会学学院	研究报告 专著	2015. 8. 31

一般项目

项目名称	负责人	工作单位	预期成果	完成时间
《哲孟雄（锡金）王统史》译注	扎　洛	中国社会科学院民族学与人类学研究所	译著	2015. 6. 30
新疆多元文化生态的保护与多族体和谐研究	周　泓	中国社会科学院民族学与人类学研究所	研究报告	2016. 1. 30
三江源自然保护区生态移民社会适应与社区文化重建研究	祁进玉	中央民族大学民族学与社会学学院	论文（集） 研究报告	2014. 12. 30

青年项目

项目名称	负责人	工作单位	预期成果	完成时间
民国时期西南“夷苗”的政治承认诉求研究	伊利贵	中央民族大学科研处	专著	2014. 12. 31

续表

项目名称	负责人	工作单位	预期成果	完成时间
西夏蒙书《九经抄》研究	黄延军	中央民族大学少数民族语言文学系	专著	2014.12.30
西藏世居穆斯林族群认同研究	杨晓纯	中国藏学研究中心社会经济所	专著	2014.11.1
连片特困少数民族地区旅游发展中的贫困人口受益机制研究	李　佳	首都经济贸易大学工商管理学院	研究报告	2014.12.30

国际问题研究

重点项目

项目名称	负责人	工作单位	预期成果	完成时间
原苏东社会主义国家的现状和社会主义思潮研究	孔凡君	北京大学国际关系学院	专著	2015.6.15
美国亚太战略新变化及发展趋势与我国对策研究	阮宗泽	中国国际问题研究所	专著 研究报告	2014.6.30
俄罗斯崛起前景与中俄关系走向研究	季志业	中国现代国际关系研究院	专著 研究报告	2013.12.31

一般项目

项目名称	负责人	工作单位	预期成果	完成时间
朝鲜领导体制研究	朴键一	中国社会科学院亚太与全球战略研究院	研究报告	2013.6.30
中资企业在东南亚投资大型工程项目政治风险评估研究	查道炯	北京大学国际关系学院	研究报告 论文（集）	2014.12.30
美国亚太政策的基本目标及政策手段研究	周　琪	中国社会科学院美国研究所政治室	专著	2015.1.31
上海合作组织的农业合作与我国西部粮食安全研究	张　宁	中国社会科学院俄罗斯东欧中亚所	专著	2015.6.30
未来十年上海合作组织的发展趋势及其影响因素研究	高　飞	外交学院外交学系	专著	2015.1.1
伊斯兰力量在巴基斯坦的政治参与研究	钱雪梅	北京大学国际关系学院	专著	2014.9.30
大变局下美国中东战略的调整、影响与我国对策研究	高祖贵	中共中央党校国际战略研究所	专著	2014.12.31
西方马克思主义论域中的欧洲一体化研究	贾文华	中国政法大学政管学院	专著	2015.8.30
俄罗斯现代化战略及其对中俄经济合作的影响研究	田春生	中国青年政治学院经济系	研究报告	2014.11.30
美国“重返亚洲”战略下日本的国家战略动向研究	孙　承	中国政法大学政治与公共管理学院	专著	2015.6.30
国际核不扩散领域的“双重标准”问题及对策研究	刘华平	北京语言大学人文学院	专著 论文（集）	2014.12.31

续表

项目名称	负责人	工作单位	预期成果	完成时间
国际大宗商品定价权的金融视角分析及我国的对策研究	谭小芬	中央财经大学金融学院	专著	2014. 7. 31
国际货币体系改革的出路及世界主要货币的地位研究	陈江生	中共中央党校国际战略研究所	专著	2015. 12. 30

青年项目

项目名称	负责人	工作单位	预期成果	完成时间
经济权力视角下我国对外战略调整研究	白云真	中央财经大学	专著	2014. 12. 31
美国亚太政策的基本目标及可能采取的政策手段研究	张严冰	清华大学公共管理学院	研究报告	2014. 12. 31
中亚能源外交与中亚——我国天然气管道风险防范研究	程春华	北京大学国际关系学院	专著	2015. 1. 20
欧美主权债务风险溢出效应及中国应对策略研究	陈建奇	中共中央党校国际战略研究所	专著	2014. 12. 30
我国对非洲能源合作中的国家风险评估研究	崔守军	中国人民大学国际关系学院	专著	2014. 10. 31
美国战争话语研究	王　磊	北京第二外国语学院	专著	2014. 12. 30
从科索沃到利比亚：西方人道主义干预新发展及我国对策研究	刘　波	北京市社会科学院外国问题研究所	专著	2014. 12. 30
2020 年后国际气候制度谈判政治博弈及我国谈判战略与主要问题立场研究	王　谋	中国社会科学院城市发展与环境研究所	研究报告	2013. 9. 30
企业异质性与我国出口市场多元化研究	马相东	中共北京市委党校	专著	2014. 12. 31
发达经济体主权债务可持续性及我国对策研究	黄晓薇	对外经济贸易大学金融学院	研究报告	2014. 8. 31
跨太平洋合作协议对亚太区域合作制度化进程的影响及我国对策研究	熊李力	对外经济贸易大学国际关系学院	研究报告	2015. 6. 30

中国历史

重点项目

项目名称	负责人	工作单位	预期成果	完成时间
中国当代社会史的理论与方法研究	李　文	中国社会科学院当代中国研究所	专著	2014. 12. 1
中国科举制度通史及其专题研究	张希清	北京大学历史系	专著 论文（集）	2015. 12. 31

一般项目

项目名称	负责人	工作单位	预期成果	完成时间
清代目录学研究	陈晓华	首都师范大学历史学院	专著	2015.9.6
《周易》与魏晋玄学	王晓毅	清华大学人文社会科学学院	专著	2015.12.30
六朝道教古灵宝经的历史学研究	刘　屹	首都师范大学历史学院	专著	2015.12.31
魏晋南北朝谥法制度研究	戴卫红	中国社会科学院历史研究所	专著	2015.3.1
商业账簿整理与清代至民国时期社会经济史研究	袁为鹏	中国社会科学院经济研究所	论文（集）	2015.12.31
18—19世纪学术家族之研究	罗检秋	中国社会科学院近代史研究所	专著 论文（集）	2015.12.20
近千年来北京城市发展与人口、资源、环境的关系研究	孙冬虎	北京市社会科学院历史研究所	专著	2015.6.30
鸦片战争以前北京与西方文明研究	欧阳哲生	北京大学历史学系	专著	2014.7.1
历史学视野中的正统论——以华夷观念为中心	刘浦江	北京大学历史学系	专著	2015.6.30

青年项目

项目名称	负责人	工作单位	预期成果	完成时间
20世纪中西交通史研究之演进路径	毛瑞方	北京师范大学古籍与传统文化研究院	专著	2015.9.1
中科院近代史研究所与马克思主义史学发展（1949—1966）	赵庆云	中国社会科学院近代史研究所	专著	2015.12.30
长沙走马楼三国吴简薄书整理与研究	凌文超	中国社会科学院历史研究所	专著 研究报告	2014.5.31
新出简帛与百家争鸣的重要论题研究	李　锐	北京师范大学历史学院史学研究所	论文（集）	2014.12.31
西晋复古改制及其对4—6世纪的影响研究	顾江龙	首都师范大学历史学院	专著	2015.7.1
唐代县级行政体制与政务运行机制研究	赵璐璐	中共中央党校文史教研部	专著	2014.12.30
唐代中下层官员群体研究	蒋爱花	中央民族大学历史文化学院	专著	2015.12.31
北族政权研究再思考	林　鹄	中国社会科学院历史研究所	专著	2015.6.30
辽代五京体制研究	康　鹏	中国社会科学院历史研究所	专著	2015.6.30
文书制度与北宋中枢政务运行	张　祎	首都师范大学历史学院	专著	2015.6.30
中国近代“国学”构想的建立：章太炎与明治思潮	彭春凌	中国社会科学院近代史研究所	专著 论文（集）	2015.12.20
民国北京地区的诸十字会及其关系研究	王　娟	北京理工大学人文与社会科学学院（马研部）	研究报告	2015.12.30
国民政府时期西藏驻京机构研究	张子新	中央民族大学藏学研究院	专著	2015.6.12

续表

项目名称	负责人	工作单位	预期成果	完成时间
明清沿海地图研究	孙靖国	中国社会科学院历史研究所	专著 电脑软件	2015. 9. 1
清代县辖政区与基层社会管理研究	胡　恒	中国人民大学清史研究所	专著	2015. 6. 30

世界历史

重点项目

项目名称	负责人	工作单位	预期成果	完成时间
美国早期政治文化的演变研究	李剑鸣	北京大学历史学系	专著	2015. 6. 30

一般项目

项目名称	负责人	工作单位	预期成果	完成时间
20世纪三四十年代亚洲主义的演变与中日关系研究	史桂芳	首都师范大学历史学院	专著	2015. 12. 31
古代中朝移民史研究	孙　泓	中国社会科学院世界历史研究所	专著	2015. 3. 1
巴尔干近现代史研究	马细谱	中国社会科学院世界历史研究所	专著	2015. 12. 30
德国宗教改革时期国家与教会关系变迁研究	朱孝远	北京大学历史学系	专著	2015. 12. 30
蛮族王国的兴起与中世纪早期基督教史学	李隆国	北京大学历史学系	论文（集）	2015. 12. 31
金融危机与政治、社会关系的历史考察	李世安	中国人民大学历史学院	专著	2015. 6. 30
中国古代时间体系对东亚地区的影响研究	刘晓峰	清华大学人文社会科学学院历史系	专著	2015. 6. 30

青年项目

项目名称	负责人	工作单位	预期成果	完成时间
日本侵华战争时期思想战研究（1931—1945）	唐利国	北京师范大学历史学院	专著	2015. 6. 30
戴高乐第二次执政时期的美法关系（1958—1969）	姚百慧	首都师范大学历史学院	专著	2015. 6. 30
西方全球史学研究	董欣洁	中国社会科学院世界历史研究所	专著	2016. 12. 30

考古学

重点项目

项目名称	负责人	工作单位	预期成果	完成时间
明清北京城礼制建筑研究	姜　波	中国社会科学院考古研究所	专著	2014. 12. 31

一般项目

项目名称	负责人	工作单位	预期成果	完成时间
昂昂溪考古学资料整合报告	朱延平	中国社会科学院考古研究所	专著 译著	2013. 6. 30
湖北省郧县人遗址发掘研究报告	冯小波	北京联合大学应用文理学院	研究报告	2015. 12. 31
吸纳与融合：殷墟外来文化研究	何毓灵	中国社会科学院考古研究所	专著	2015. 2. 28
秦汉墓葬的结构类型与区域变迁研究	杨哲峰	北京大学考古文博学院	专著	2015. 3. 15
山西翼城大河口墓地出土容器内存积土的分析与研究	赵春燕	中国社会科学院考古研究所	研究报告	2015. 12. 31

青年项目

项目名称	负责人	工作单位	预期成果	完成时间
新石器时代墓葬和祭祀坑集中埋藏猪下颌现象的研究——以河南邓州八里岗遗址为个案	王　华	北京大学考古文博学院	研究报告	2013. 12. 31

宗教学

重点项目

项目名称	负责人	工作单位	预期成果	完成时间
我国宗教文化遗产保护和利用现状及对策研究	蒋坚永	国家宗教事务局宗教研究中心	研究报告 论文（集）	2014. 12. 31

一般项目

项目名称	负责人	工作单位	预期成果	完成时间
早期汉藏佛教交流资料整理、翻译及研究	周　拉	中央民族大学藏学研究院	专著	2015. 9. 25
汉文伊斯兰教著译与明清伊斯兰思想研究	杨桂萍	中央民族大学哲学与宗教学学院	专著	2015. 6. 30
道教心性学研究	郑　开	北京大学哲学系	专著	2015. 6. 30
东北道教史	汪桂平	中国社会科学院世界宗教研究所	专著	2015. 12. 31

续表

项目名称	负责人	工作单位	预期成果	完成时间
宗教学著作《西伯利亚埃文克人的宗教》（萨满教）翻译研究	于　静	中国社会科学院世界宗教研究所	译著	2013. 12. 30
当代俄罗斯的政教关系研究	戴桂菊	北京外国语大学俄语学院	专著	2015. 8. 30

青年项目

项目名称	负责人	工作单位	预期成果	完成时间
印度宗教冲突与融合研究	张占顺	中央财经大学	专著	2015. 7. 30
当代天主教宗教对话理论研究	高　喆	中央民族大学哲学与宗教学学院	专著	2014. 6. 30
闽西罗祖教调查研究	李志鸿	中国社会科学院世界宗教研究所	专著	2015. 12. 31
民俗学视域下的乡村基督教群体的日常生活研究	曹　荣	中国劳动关系学院工会学院	论文（集） 研究报告	2014. 2. 18

中国文学

重点项目

项目名称	负责人	工作单位	预期成果	完成时间
秦汉文学史	刘跃进	中国社会科学院文学研究所	专著 工具书	2015. 12. 31
中国文学近代化转型史论	王　飚	中国社会科学院文学研究所	专著 论文（集）	2015. 6. 30
20 世纪中国科幻小说史	吴　岩	北京师范大学教育学部	专著	2013. 6. 30
民国社会历史与中国现代文学的研究框架	李　怡	北京师范大学	专著 论文（集）	2015. 12. 31

一般项目

项目名称	负责人	工作单位	预期成果	完成时间
“中国问题”与“中国经验”——新时期文艺理论研究	金永兵	北京大学中国语言文学系	专著	2015. 7. 1
中国当代文学的“潜叙事”与“潜结构”研究	张清华	北京师范大学文学院	专著	2015. 6. 30
干宝及其《搜神记》研究	张庆民	首都师范大学文学院	专著	2015. 6. 30
唐诗选本与唐诗学之演进	贺　严	中国劳动关系学院文化传播学院	专著	2015. 12. 20
宋代经学佚著辑考汇释	吴国武	北京大学中国语言文学系	专著	2015. 12. 31
沈从文现代时期的文学行为考论	解志熙	清华大学人文社会科学学院	论文（集）	2015. 12. 30
左翼文学与左翼电影的生态背景与文化关联研究	袁庆丰	中国传媒大学经济管理学院	专著	2014. 10. 30

续表

项目名称	负责人	工作单位	预期成果	完成时间
“青春文学”与青少年亚文化研究	张国龙	北京师范大学文学院	专著	2015. 2. 28
家乡民俗学的理论与实践研究	安德明	中国社会科学院文学研究所	专著	2015. 12. 30
蒙古说书《水浒传》与汉文原著《水浒传》比较研究	朝克图	中央民族大学蒙古语言文学系	专著	2015. 6. 28
蒙古族佛经文学口头传统研究	斯钦巴图	中国社会科学院民族文学研究所	专著	2014. 12. 31
东北三少民族史诗类型研究	汪立珍	中央民族大学少数民族语言文学系	专著	2014. 12. 30

青年项目

项目名称	负责人	工作单位	预期成果	完成时间
东北老工业基地的历史记忆与当代文化生产研究	刘　岩	对外经济贸易大学	专著	2015. 5. 1
宋代文学地图数字分析平台研究	刘京臣	中国社会科学院文学研究所	电脑软件	2015. 6. 30
博学鸿词科与康熙诗坛关系研究	张立敏	中国艺术研究院	专著	2015. 12. 31
清初京城诗坛研究	白一瑾	北京大学中国语言文学系	专著	2014. 9. 30
清代来华西士与中国古典小说的早期海外传播研究	王　燕	中国人民大学文学院	专著	2015. 9. 30
序文研究与文献整理	王玥琳	首都图书馆	专著	2015. 12. 31
晚清民国旗人书面文学的现代演变研究（1840—1949）	刘大先	中国社会科学院民族文学研究所	专著	2014. 10. 1

外国文学

一般项目

项目名称	负责人	工作单位	预期成果	完成时间
新历史主义理论家斯蒂芬·格林布拉特研究	生安锋	清华大学外文系	专著	2015. 12. 31
19世纪中期以来的西方城市文学研究	汪民安	北京外国语大学	专著	2015. 9. 1
日本上代文学文体与汉文佛经的比较研究	马　骏	对外经济贸易大学	专著	2014. 6. 30
日本私小说批评史研究	魏大海	中国社会科学院外国文学研究所	专著	2015. 12. 31
朝鲜古代“燕行”诗笺注与研究	李　岩	中央民族大学少数民族语言文学系	专著	2015. 6. 30
托马斯·品钦小说研究	王建平	中国人民大学	专著	2014. 6. 30

续表

项目名称	负责人	工作单位	预期成果	完成时间
弥尔顿在中国的跨文化之旅研究	郝田虎	北京大学外国语学院	专著	2015. 12. 31
托·斯·艾略特戏剧创作研究	陆建德	中国社会科学院文学研究所	专著	2016. 12. 31
罗兰·巴尔特“法兰西学院课程”研究	黄晞耘	首都师范大学外国语学院	专著	2015. 12. 9

青年项目

项目名称	负责人	工作单位	预期成果	完成时间
朴趾源文学与中国文学之关联研究	陈冰冰	北京第二外国语学院	专著 研究报告	2014. 12. 1
18 世纪英国小说与文学公共领域的建构研究	胡振明	对外经济贸易大学英语学院	专著	2014. 12. 1
当代英美小说中的改写现象研究	穆　杨	北京语言大学外国语学院	专著	2016. 7. 1
19 世纪英国文人的词语焦虑与道德重构研究	乔修峰	中国社会科学院外国文学研究所	专著	2014. 12. 31

语言学

一般项目

项目名称	负责人	工作单位	预期成果	完成时间
同声传译能力发展研究	高　彬	对外经济贸易大学	研究报告	2015. 6. 30
建国后三十年小说英译研究	马士奎	中央民族大学外国语学院	专著	2014. 12. 30
认知神经科学视角下的汉语成语结构与意义加工研究	白　晨	北京第二外国语学院	专著 研究报告	2015. 6. 30
我国外语专业大学生思辨能力发展差异的比较跟踪研究	文秋芳	北京外国语大学中国外语教育研究中心	研究报告	2015. 9. 30
国际汉语教师专业发展模式研究	王添淼	北京大学对外汉语教育学院	专著 研究报告	2014. 12. 30
欧美留学生汉语语块的认知加工实验研究	鹿士义	北京大学对外汉语教育学院	研究报告	2015. 10. 30
语言知识资源的可视化技术研究	詹卫东	北京大学中国语言文学系	论文（集）	2014. 12. 31
中国口译学习者语料库的研制与应用	张　威	北京语言大学外国语学院英语系	论文（集） 电脑软件	2015. 12. 30
草书字体研究	李洪智	北京师范大学艺术与传媒学院	专著	2015. 12. 31
西北屯戍简牍词汇研究	魏德胜	北京语言大学汉语进修学院	专著	2015. 7. 31
汉语平比句和比拟式的历史发展与演变机制研究	高育花	北京外国语大学中国语言文学学院	专著	2015. 8. 31

续表

项目名称	负责人	工作单位	预期成果	完成时间
事件结构理论与跨语言类型比较参照下的汉语结果句式研究	周长银	北京第二外国语学院	专著 论文（集）	2015. 8. 31
基于句法语义互动关系的汉语形态句法研究	张伯江	中国社会科学院语言研究所	专著	2015. 12. 31
主内定语和宾内定语的语义信息不对称研究	张国宪	中国社会科学院语言研究所	论文（集）	2015. 6. 30
中国蒙古语基础方言与蒙古国蒙古语中心方言对照词典	包满亮	中央民族大学蒙古语言文学系	工具书	2014. 12. 31
回鹘文摩尼教文献语文学研究	张铁山	中央民族大学少数民族语言与古籍研究所	专著	2015. 3. 1
伊斯兰文献《古兰经注释》语言结构研究	赵明鸣	中国社会科学院民族学与人类学研究所	专著	2015. 1. 31
二语特征组装模式下的英语导句功能语类习得研究	戴曼纯	北京外国语大学中国外语教育研究中心	论文（集）	2015. 12. 30
应用体裁语篇翻译质量评估模式研究	司显柱	北京交通大学语言与传播学院	专著	2013. 12. 31
中日两国现代语言生活中的同形词汇研究	施建军	北京外国语大学	研究报告	2015. 6. 30

青年项目

项目名称	负责人	工作单位	预期成果	完成时间
汉语方言声调演变类型研究	王莉宁	北京语言大学语言研究所	专著	2014. 12. 31
清代语言政策史研究	黄晓蕾	中国社会科学院民族学与人类学研究所	专著	2015. 2. 16
中国大学生英语阅读困难的诊断和教学干预研究	薛　锦	北京第二外国语学院	论文（集） 研究报告	2015. 12. 30
基于网络的汉语水平自测系统研究	王佶旻	北京语言大学汉语水平考试中心	论文（集）	2014. 12. 31
两周金文作器用途铭辞综合整理与研究	陈英杰	首都师范大学文学院	专著	2015. 12. 31
语义图视角下汉语不定代词、情态词和“工具—伴随”介词的多功能性研究	张　定	中国社会科学院语言研究所	专著	2015. 6. 30
类型学背景下的汉语非核心论元实现及允准研究	孙天琦	中国人民大学文学院	专著	2015. 9. 30
基于双语语料库的汉语复杂动词结构英译研究	许家金	北京外国语大学中国外语教育研究中心	研究报告 电脑软件	2015. 12. 31
呈现语言真实面貌：嘉戎语参考语法	林幼菁	北京大学中国语言文学系	专著	2015. 11. 30
现代日语时间副词的句法语义互动研究	孙佳音	北京语言大学外国语学院日语系	专著	2015. 12. 31

新闻学

重点项目

项目名称	负责人	工作单位	预期成果	完成时间
互联网时代传统主流媒体舆论引导效能和方法创新研究	马　利	人民网股份有限公司	专著	2014.12.31
我国版权相关产业发展的成就、问题与对策研究	郝振省	中国新闻出版研究院	研究报告	2014.12.31
“三网融合”背景下的我国广播电视媒体发展战略研究	黄升民	中国传媒大学	专著 研究报告	2014.12.30
“实施国家广告战略”研究	甘　霖	国家工商行政管理总局	专著 研究报告	2013.6.30

一般项目

项目名称	负责人	工作单位	预期成果	完成时间
新中国成立初期《人民日报》的舆论引导和党报示范	钱　江	人民日报新闻研究中心	专著	2014.10.1
面向突发公共事件舆论引导的应急科普机制研究	刘彦君	北京市科学技术情报研究所	专著 研究报告	2013.12.31
中国当代新闻界人物的口述史研究	王润泽	中国人民大学	论文（集）	2015.9.30
重大突发公共事件依法报道研究	周建明	中国人民大学	专著 其他	2015.6.30
推进传统媒体全媒体转型对策研究	周燕群	新华通讯社新闻研究所	研究报告	2015.6.30
现当代中国新闻播音主持发展史研究	姚喜双	教育部语言文字应用研究所	论文（集） 研究报告	2015.3.31
当代中国文化对外传播话语创新研究	马诗远	北京第二外国语学院	专著	2014.12.31
中国品牌跨文化传播战略研究	张景云	北京工商大学商学院	论文（集） 研究报告	2015.6.30
社交网络信息扩散机理与舆论引导机制研究	廖　玒	人民网股份有限公司	研究报告	2014.12.31
网络舆情监测与引导机制研究	张树庭	中国传媒大学MBA学院	论文（集） 研究报告	2014.6.30

青年项目

项目名称	负责人	工作单位	预期成果	完成时间
美国政治传播体系运作机制及我应对策略研究	翟　峥	北京外国语大学英语学院	专著	2015.9.30
政治传播视域下中西微博运用对策研究	赵鸿燕	对外经济贸易大学国际关系学院	专著	2014.12.30

续表

项目名称	负责人	工作单位	预期成果	完成时间
国际电视新闻频道全球传播与拓展战略研究	陈　怡	新华通讯社新闻研究所	研究报告	2013. 6. 30
台湾政治转型与新闻传播制度变迁	向　芬	中国社会科学院新闻与传播研究所	专著	2014. 12. 30
新时期职工维权与大众媒体的关系研究	张玉洪	中国劳动关系学院文化传播学院	研究报告	2014. 12. 31
传播学视野下的中美网络外交研究	陈俊妮	中央民族大学文学与新闻传播学院	专著	2014. 6. 22
中国在非洲的国际影响力和国际话语权建构研究	龙小农	中国传媒大学传播研究院	专著	2014. 12. 30
大众传媒与农民工阶层关系的研究	何　晶	中国青年政治学院新闻与传播系	专著 论文（集）	2014. 12. 31
战略视野下中国国家形象的塑造研究	陈世阳	北京体育大学	专著 研究报告	2014. 12. 30
中国在非洲的国家形象形成机制与演变规律研究	冉继军	外交学院英语与国际问题研究系	专著	2015. 12. 31
突发公共事件中新媒体舆情传播、监测及管理机制研究	祝兴平	中央财经大学	研究报告	2015. 6. 30

图书馆、情报与文献学

重点项目

项目名称	负责人	工作单位	预期成果	完成时间
档案学专业创新人才培养模式研究	张　斌	中国人民大学	论文（集） 研究报告	2015. 8. 31

一般项目

项目名称	负责人	工作单位	预期成果	完成时间
我国公共图书馆服务体系政策保障研究	申晓娟	中国国家图书馆	专著	2015. 7. 31
图书馆资源组织语义化理论及方法研究	刘　耀	中国科学技术信息研究所	论文（集） 电脑软件	2014. 12. 31
基于众包的图书馆数字馆藏建设模式及保障机制研究	王　琼	北京师范大学	论文（集）	2015. 12. 31
我国数字图书馆标准规范体系及其构建机制研究	汪东波	中国国家图书馆	专著	2015. 6. 30
网络环境下科技信息资源建设中的质量元数据及评估应用研究	宋立荣	中国科学技术信息研究所	研究报告 电脑软件	2015. 7. 1
公益性数字文化服务体系研究	魏大威	中国国家图书馆	研究报告	2014. 6. 30

续表

项目名称	负责人	工作单位	预期成果	完成时间
基于用户视角的数字资源质量管理实务研究	刘素清	北京大学图书馆	研究报告	2015.12.1
中国城乡数字鸿沟及其对城市化进程的影响研究	韩圣龙	北京大学信息管理系	研究报告	2015.2.1
基于叙词表自动集成的领域本体构建方法研究	于海燕	中国科学技术信息研究所	研究报告 电脑软件	2014.6.30
国家层面的私人档案信息资源体系建设研究	孙爱萍	北京联合大学应用文理学院	专著	2015.12.31
数字出版物呈缴制度研究	翟建雄	中国国家图书馆研究院	专著 研究报告	2014.6.30

青年项目

项目名称	负责人	工作单位	预期成果	完成时间
数字图书馆动态知识管理研究	周义刚	北京大学图书馆	论文（集） 电脑软件	2015.12.30
哈佛燕京学社汉学引得丛刊研究	马学良	中国国家图书馆研究院	专著 电脑软件	2014.12.31
创新和质量导向的中国人文社科学术成果评价管理控制机制研究	杨红艳	中国人民大学人文社科学术评价研究中心	论文（集） 研究报告	2014.9.30
专利信息的生命特征揭示和老化规律研究	望俊成	中国科学技术信息研究所	研究报告	2015.8.31
面向科技型中小企业创新的技术竞争情报方法体系研究	刘志辉	中国科学技术信息研究所	研究报告	2015.6.30
重大科技工程中多学科团队的协同知识创造研究	王　馨	北京理工大学图书馆	研究报告	2015.12.30
国有企业境外档案监管体系研究	徐拥军	中国人民大学	论文（集） 研究报告	2014.12.30
网络“微信息”知识化的形成机理与组织模式研究	杜智涛	中国青年政治学院新闻与传播系	专著 研究报告	2014.12.30

体育学

重点项目

项目名称	负责人	工作单位	预期成果	完成时间
体育强国建设中的传承与创新研究	陈　希	清华大学体育部	研究报告	2014.9.30
我国大型公共体育场馆事业单位改制及配套政策研究	林显鹏	北京体育大学	研究报告	2015.5.31
我国体育制度分析与设计研究	隋　路	北京体育大学	专著	2014.12.1
30年来中国学校体育重要理论问题研究	毛振明	北京师范大学体育与运动学院	专著 研究报告	2015.12.31

一般项目

项目名称	负责人	工作单位	预期成果	完成时间
我国大型体育赛事网络营销策略研究	张春萍	北京体育大学	专著	2015. 9. 30
我国体育社团的社会责任研究	黄亚玲	北京体育大学	研究报告	2014. 12. 30
职业运动员国家文化使者的形象塑造与培养途径研究	钟秉枢	首都体育学院	研究报告 专著	2014. 2. 28
中外体育经济学理论研究进展与实践效果	靳英华	北京体育大学	专著	2013. 12. 31
“体医结合”的全民健身模式与实证研究	黄亚茹	中国农业大学体育与艺术教学部	研究报告	2015. 12. 31
我国全民健身活动指导体系的构建与运行机制研究	刘新华	国家体育总局体育科学研究所	研究报告	2013. 12. 30
中国奥林匹克委员会60年(1952—2012)	王 军	国家体育总局体育文化发展中心	专著 研究报告	2014. 6. 30
中国体育新闻传播史	薛文婷	北京体育大学	专著	2014. 12. 30
我国优势体育项目电视国际公用信号产品构成和推广研究	毕雪梅	北京体育大学	专著	2014. 12. 30

青年项目

项目名称	负责人	工作单位	预期成果	完成时间
社区市民团体及其体育志研究	汪 流	首都体育学院	研究报告	2013. 12. 31
我国城市自发性体育组织研究	王 芳	北京体育大学	专著	2013. 12. 31
城市化与体育发展研究	邱 雪	国家体育总局体育科学研究所	专著 研究报告	2015. 1. 1
自主创新提升体育制造业核心竞争力研究	周学政	北京体育大学	专著 研究报告	2015. 12. 31

管理学

重点项目

项目名称	负责人	工作单位	预期成果	完成时间
人口老龄化与养老产业发展研究	杨燕绥	清华大学公共管理学院	研究报告	2014. 12. 31
现阶段通货膨胀与预期管理问题研究	许光建	中国人民大学公共管理学院	研究报告	2015. 9. 30
中国地方政府债务形成机制与风险控制研究	孙玉栋	中国人民大学公共管理学院	专著 研究报告	2015. 9. 30
中国社会管理指数测算模型构建及应用研究	汪大海	北京师范大学管理学院	研究报告	2014. 1. 31

一般项目

项目名称	负责人	工作单位	预期成果	完成时间
中外合资企业控制权转移影响因素、路径与防范机制研究	方　刚	中央财经大学商学院	专著 研究报告	2015. 12. 31
从模仿创新到自主创新的转型路径研究	王生辉	中央财经大学	专著 论文（集）	2014. 12. 31
我国战略新兴产业技术创新路径研究	王玉荣	对外经济贸易大学	研究报告	2014. 12. 31
新技术应用领域转移研究	吴菲菲	北京工业大学	研究报告	2014. 12. 30
地方融资平台信用风险压力测试研究	孙东升	对外经济贸易大学金融学院	研究报告 论文（集）	2014. 12. 31
准公益性水利项目投融资机制研究	邹亚生	对外经济贸易大学金融学院	专著	2014. 12. 31
集团财务公司风险控制与投资者保护	袁　琳	北京工商大学商学院	研究报告	2014. 12. 31
制度环境、会计准则国际趋同后果与资本市场监管体系创新	吴　革	对外经济贸易大学国际商学院	专著	2014. 12. 31
企业集团网络组织特性及协作机制研究	周永源	北京青年政治学院	论文（集） 研究报告	2014. 12. 31
拓宽农产品流通渠道管理制度研究	郭崇义	北京工商大学商学院	论文（集） 研究报告	2014. 12. 31
我国“走出去”企业国际人力资源管理政策与实践研究	刘世敏	对外经济贸易大学国际商学院	专著	2015. 6. 30
我国旅游立法重大问题研究	韩玉灵	北京第二外国语学院	专著 研究报告	2014. 6. 30
国际气候变化谈判与合作中的技术转让问题及我国的对策研究	王　波	对外经济贸易大学国际关系学院	论文（集） 研究报告	2014. 12. 31
适度社会保障水平与克服“中等收入陷阱”关系研究	杨风寿	对外经济贸易大学	专著	2014. 12. 31
基于学生发展的学校自我诊断研究	李凌艳	北京师范大学脑与认知科学研究院	专著 研究报告	2015. 12. 31
快速城市化进程中关键基础设施系统性危机应急模式研究	王宏伟	中国人民大学公共管理学院	专著	2014. 9. 30
基于信息技术的社区卫生服务绩效管理模式与实证研究	胡红濮	中国医学科学院医学信息研究所	专著 研究报告	2014. 12. 30
青蒿素研发中的管理模式与科研评价研究	张大庆	北京大学医学部	研究报告	2014. 9. 1
大都市城乡结合部流动人口居住服务管理问题研究	谢宝富	北京航空航天大学公共管理学院	专著	2015. 12. 31
以公众为中心的政务微博运行机制研究	张　玲	中共北京市委党校	研究报告	2013. 12. 30
中美比较视野下保密管理机制对政府信息公开的影响研究	孙宝云	北京电子科技学院管理系	专著 论文（集）	2015. 7. 1

续表

项目名称	负责人	工作单位	预期成果	完成时间
慈善组织公信力的评价体系与评价模型研究	石国亮	首都师范大学政法学院	专著	2015. 6. 30

青年项目

项目名称	负责人	工作单位	预期成果	完成时间
我国高端装备制造业转型升级的模式及实现路径研究	邓晓虹	北京联合大学商务学院	研究报告	2014. 6. 30
国有企业跨国投资与政府监管问题研究	刘建丽	中国社会科学院工业经济研究所	研究报告	2015. 7. 1
金砖国家技术创新政策比较研究	李　凡	北京第二外国语学院	论文（集） 研究报告	2014. 12. 31
家族企业传承的动因与经济后果研究	李思飞	北京外国语大学国际商学院	论文（集） 研究报告	2014. 7. 1
政府干预的周期特征、企业投资协同行为与经营绩效研究	赵懿清	首都经济贸易大学会计学院	论文（集） 研究报告	2015. 3. 1
中国企业社会责任评价与推进机制研究	肖红军	中国社会科学院工业经济研究所	专著 研究报告	2013. 12. 31
我国文化创意旅游产业发展模式与对策研究	王　欣	北京第二外国语学院	研究报告	2014. 12. 31
基于农户技术选择视角的农业面源污染控制政策设计	金书秦	农业部农村经济研究中心	专著 研究报告	2015. 6. 30
低碳经济背景下企业节能减排行为分析与优化管理研究	石　磊	中国人民大学	研究报告	2014. 6. 30
文化事业单位改制中社会保障政策衔接和配套改革研究	孙守纪	对外经济贸易大学保险学院	专著	2015. 12. 31
基于包容性发展的我国都市圈地方政府整体性协作治理机制研究	崔　晶	中央财经大学	论文（集） 研究报告	2014. 12. 31
我国省级政府权力空间配置制度研究	赵国钦	北京师范大学管理学院	专著 研究报告	2013. 12. 31
我国反补贴政策产业救济效果评估体系与方法研究	乔小勇	清华大学公共管理学院	研究报告	2015. 2. 28
建立多元化保障性住房供应体系研究	李恩平	中国社会科学院城市发展与环境研究所	研究报告	2014. 9. 30
我国保障性住房市场板块化设计与动态管理研究	张远索	北京联合大学应用文理学院	论文（集） 研究报告	2014. 9. 30
基于健康管理理念的社区慢性病防控合作模式研究	李星明	首都医科大学	研究报告	2014. 12. 31
城乡结合部规划建设模式与土地利用协调机制研究	李　强	首都经济贸易大学	专著 研究报告	2014. 12. 31
特大城市公交巴士企业补贴机制与测算方法研究	卢　宇	首都经济贸易大学工商管理学院	研究报告	2015. 12. 31

续表

项目名称	负责人	工作单位	预期成果	完成时间
中国快速城市化进程中的城市水安全战略研究	许英明	北京大学政府管理学院	论文（集） 研究报告	2015.12.30
中国非营利组织的治理和规制问题研究	卢宪英	中国社会科学院农村发展研究所	专著 研究报告	2014.12.31

（全国哲学社会科学规划办公室供稿）

教育部办公厅关于做好全国教育科学“十二五”规划 2012年度课题组织申报工作的通知

教办厅函〔2012〕57号

各省、自治区、直辖市教育厅（教委）、教育科学研究院（所）、教育科学规划领导小组办公室，新疆生产建设兵团教育局，解放军总参谋部军训部、全军军事教育科学规划办公室，部属各高等学校，部内各司局、各直属单位：

按照全国教育科学规划管理的有关规定，经全国教育科学规划领导小组批准，决定自2012年7月30日起组织2012年度课题申报工作。现将《全国教育科学“十二五”规划2012年度课题指南》（以下简称《课题指南》）印发给你们，并将申报工作的有关事项通知如下：

一、申报教育科学规划课题的指导思想是，坚持以中国特色社会主义理论为指导，深入贯彻落实科学发展观，贯彻落实党的十七大和十七届五中、六中全会及全国教育工作会议精神，以《国家中长期教育改革和发展规划纲要（2010—2020年）》的重大理论和现实问题为主攻方向，解放思想，实事求是，大力推进理论创新、制度创新和方法创新，进一步提高教育科研质量，繁荣和发展教育科学事业，为建设人力资源强国贡献更大力量。

二、申报教育科学规划课题，基础研究要力求具有原创性和开拓性，深刻揭示教育的本质和规律，关注学理问题的研究，促进学科建设；应用研究要具有针对性和实效性，有效解决教育政策和实践问题；开发研究要注重社会效益和使用价值。着力推出代表国家水准的教育科学研究成果。

三、教育科学规划课题申请人须具有副高级以上专业技术职务（或相当于副高级以上专业技术职务）；申报青年课题者（包括课题组成员）年龄不得超过39岁（1973年9月30日之后出生）。不具备副高级以上专业技术职务的，须由两名具有正高级专业技术职务的同行专家推荐。《课题申请·评审书》中所涉及的课题组参加者或推荐人须征得本人同意和亲笔签名方为有效。国家重大委托课题由全国教育科学规划领导小组办公室负责委托单位和个人开展研究，不接受申请。

四、教育科学规划课题承担单位必须符合以下条件：在相关领域具有较雄厚的学术资源和研究实力；设有科研管理的职能部门；能够提供开展研究工作的必要条件并承诺信誉保证；在以往的课题过程管理中认真负责，信用良好。凡课题按时完成率高且优秀率高的单位可增额申报，按时完成率不高且合格率不高的单位将限额申报，按时完成率低于60%且不合格率偏高以及管理不到位的单位不得申报。

五、全国教育科学规划涉及14个学科。课题申请人根据《课题指南》所列示的研究领域进行选题论证。重点课题申请人填写《国家社会科学基金教育学重大（重点）课题投标申请·评审书》（2012年版），届时等候通知到京参加现场答辩，不参加答辩视为放弃；一般课题申请人依照《课题申请·评审书》列出的学科分类代码填写相应学科，跨学科课题根据“尽量靠近”原则选定一类学科进行申报。中小学和幼儿园系列课题申报基础教育学科，单列单评。

六、本年度国家社科基金教育学重点课题资助标准为20万—25万元、一般课题资助标准为12万—15万元，青年基金课题资助标准为10万—12万元；教育部重点课题平均为3万元、教育部青年专项课题平均为2万元。申请人要根据研究工作的实际需要，参考资助标准，提出拟申请的资助额度，并按照《国家社会科学基金项目经费管理办法》进行合理的经费预算。申请重点课题和申请一般课题互不交叉，申报国家社会科学基金课题和教育部级课题互不贯通，申请人只能从中选一。实际资助经费额度参照同级别课题经费资助标准，以最终评审结果为准。

七、《课题指南》中列示的一般课题为研究基本内容和方向的提示，申请人可在此基础上自拟课题名称。鼓励开展反映国家需要和国际趋势的前瞻性、创新性课题研究，不支持以编译著作、编写教材、编写丛书、编写工具书为直接目的的课题研究。优先考虑西部地区的课题申请人。

八、本年度全国教育科学规划课题将实行限额申报，限额指标另行下达到各省级教育科学规划领导小组办公室、教育部直属高校和部内司局、直属单位，坚持标准、保障底线、鼓励先进。各地要参考教育科研生产力布局情况及历年申报情况，以及立项率、优秀率、不合格率、违规率等因素，科学合理分配指标，努力提高申报质量和层次。

九、本年度全国教育科学规划立项课题原则上要求在1—3年完成，最迟在5年内完成。决策性研究应在1年内完成，其他类型研究课题可适当延长。研究期限自课题批准立项之日起计算。

十、全国教育科学规划课题为国家财政支持的社会公益项目，资助在公共部门服务的教育科学工作者。为减少重复，申报全国教育科学规划课题的负责人同年度只能申报一个课题。在研的全国教育科学规划课题负责人不得再申报新课题。申报全国教育科学规划课题的负责人同年度不能申报国家社会科学基金其他项目或其他国家科研项目，其课题组成员不能作为负责人以内容相同或相近的课题申报国家社会科学基金其他项目或其他国家科研项目。得到政府基金项目（国家自然科学基金、国家社会科学基金以及教育部人文社会科学课题等）资助的课题或项目负责人不得再次申报全国教育科学规划课题。不支持已有两个以上其他来源的在研项目的研究者再次申报全国教育科学规划课题。上述各类课题的结题均以结题证书注明的时间为准，并须提供结题证书复印件。

十一、申请人应如实填写申请材料，并保证没有知识产权争议。凡弄虚作假者，一经发现并查实后，取消个人3年申报资格，如获准立项一律按撤项处理并通报批评，同时追究申请人所在单位的管理责任。

十二、从2012年起，全国教育科学规划申报课题全部实行同行专家初评和专家会议集中复评。初评采用活页匿名方式，活页论证字数不超过4000字，复评重点考察前期相关研究基础和研究能力。

十三、全国教育科学规划课题实行信用管理制度。课题承担单位要履行承诺，保证信誉。获准立项的课题负责人在课题执行期间要遵守各项规定，履行约定义务，按期完成研究任务。课题研究的最终成果实行结题鉴定制度，鉴定等级予以公示。课题研究成果鉴定为不合格或有不良信誉记录者，课题负责人5年内不得申请新课题。成果鉴定为优秀或社会影响良好的课题负责人，在申报新课题时享受优先政策。

十四、课题立项通过课题申报、资格审查、专家初评、学科组会议复评的程序进行。课题评审坚持公平公正，凡申报课题的学科规划组专家须回避课题评审工作。课题评审坚持质量第一，宁缺毋滥。专家评审结果报全国教育科学规划领导小组审定后公示，无异议后下达课题通知并拨付课题经费。

十五、课题申报单位、各省（区、市）教育科学规划领导小组办公室（或相应的教育科研主管机构）、教育部各司局、部直属高等学校和国家级教育科研机构要加强对本年度课题申报工作的宣传、组织、管理和指导，既要积极鼓励，又要严格把关，应依据《全国教育科学规划课题管理办法》的相关规定和本通知的要求对申请人进行资格审查，认真审核申请人的资质和信誉、前期研究基础、课题组研究实力和支撑条件，签署明确意见，保证申请人所填写内容的真实性，确保课题申报工作的质量，并认真履行课题立项后的日常管理，帮助课题负责人按期高质量完成研究任务。

十六、课题申报实行三级申报制度，申请人按照所在单位隶属关系，经所在单位审查盖章后，由所在单位科研管理部门统一分别报送省（区、市）教育科学规划领导小组办公室（或相应的科研主管机构）、教育部各司局办公室、部直属高等学校科研处（社科处）和国家级教育科研机构科研管理部门，再由上述机构统一报送全国教育科学规划领导小组办公室。各级科研管理部门不得收取任何申报评审费用。全国教育科学规划领导小组办公室不直接受理个人和基层单位申报。

十七、课题申报所需的各种材料（包括《2012年度课题指南》《国家社会科学基金教育学重点课题投标申请·评审书》（以下简称《课题申请·评审书》）均可从全国教育科学规划领导小组办公室网站（网址：http://onsgep.moe.edu.cn）、全国哲学社会科学规划办公室网站单列学科栏目（网址：http://www.npopss-cn.gov.cn）和中国教育科学研究院（网址：http://www.cnier.ac.cn）下载。课题申请书要求统一用计算机填写、A3纸双面印制、中缝装订。经所在单位审查盖章后，逐级报送《课题申请·评审书》纸质材料一式6份（原件1份，复印件5份）、《课题设计论证》活页7份给相关科研管理部门。

十八、本年度课题受理申报时间从2012年7月30日起至9月30日止。各省（区、市）教育科学规划领导小组办公室（或相应的科研主管机构）、教育部各司局办公室、部直属高等学校科研处（社科处）和国家级教育科研机构科研管理部门务必认真负责，做好本系统课题申报数据录入、打印报表和申请书汇总报送等工作，确保数据录入准确和报送材料完整，列出本系统课题申请书清单和各学科分类申报数量汇总统计表。于2012年9月30日前将审查合格的《课题申请·评审书》汇总后统一报送全国教育科学规划领导小组办公室，逾期不予受理。办公室咨询电话：010－62003471，62003307；邮政编码：100088；地址：北京市北三环中路46号中国教育科学研究院全国教育科学规划领导小组办公室。

十九、本通知及所附《课题指南》将同时在教育部、全国哲学社会科学规划办公室的专门网站上发布，并在《中国教育报》等教育媒体发布申报公告，请有关部门及时将有关信息传达至各所属有关单位，供教育科学工作者选题申报时参考。国防军事教育课题申报评审工作由全军军事教育科学规划办公室负责另行组织。

附件：全国教育科学“十二五”规划2012年度课题指南

2012年7月24日

（全国教育科学规划领导小组办公室供稿）

全国教育科学“十二五”规划2012年度课题指南

一、重点课题

1. 社会主义核心价值体系融入国民教育全过程研究

2. 国家教育体制改革试点研究

3. 中华优秀传统文化教育研究

4. 高校创新能力国际比较研究

5. 工业化、城镇化、农业现代化同步推进下的农村教育发展与改革研究

6. 高中阶段的教育发展战略研究

7. 信息化促进优质教育资源共享研究

8. 中小学语文教育改革研究

9. 中小学理科教材国际比较研究

10. 学校质量评价标准研究

二、一般课题

（一）教育基本理论

素质教育实践的理论建构研究；改革开放以来的中国教育改革经验研究；党的中央领导集体教育思想研究；教育在文化传承与创新中的基础作用研究；教育法制理论研究；当代社会教育两大功能关系研究；教育学科建设研究等。

（二）教育史研究

中国教师史研究；中国学生史研究；中国城市学校与城市教育史研究；中国教育研究史研究；中国专业学位教育发展研究；世界主要国家现代学校教育制度的演进研究；欧美职业技术教育史研究等。

（三）教育发展战略研究

重大教育热点问题研究；民办教育发展战略研究；人力资源强国建设相关教育指标体系研究；基本公共教育服务体系建设研究；统筹城乡教育综合改革试验研究；省（自治区、直辖市）教育发展战略研究；县域内推进义务教育均衡发展研究；高等学校产学研协同创新机制研究；高等教育资源优化与结构布局战略研究；西部地区实施教育现代化的战略研究；终身教育体制与机制建设研究；学习型社会、学习型城市、学习型社区指标体系研究等。

（四）教育经济与管理研究

重大教育决策评估研究；教育经费使用效益研究；统筹城乡发展的基础教育资源配置研究；教育管理体制“管办评”分离改革研究；教育督导管理模式和运行机制研究；高考社会化可行性及实施途径研究；促进民办教育发展的公共财政扶持政策研究；教育扶贫开发的有效途径研究；教育中介组织的功能及管理研究；教育法律纠纷的特点与应对机制研究；教育行政执法的手段与效能研究等。

现代教师教育体系构建研究；农村教师专业发展与队伍建设研究；免费师范生培养和使用机制研究；促进义务教育均衡发展的教师流动机制研究等。

（五）基础教育研究

新课程改革实施与评价监控研究；学生学习和创新能力培养研究；高质量的课堂教学模式研究；大城市义务教育阶段择校问题现状和对策研究；义务教育阶段学生课业负担监测与公告制度研究；流动人口子女在流入地义务教育后升学考试研究；留守儿童关爱机制研究；学生校外学习状况研究；学前教育规律研究；不同发展地区普及学前教育的模式研究；特殊教育师资队伍培养和培训机制研究；随班就读工作机制和保障体系研究；学校教育、家庭教育与社会教育协调配合研究等。

（六）高等教育研究

高校分类标准及评价体系研究；构建教育强国的高等教育国际化能力与评价体系研究；提高高校绩效的理论与方法研究；高校人才培养模式改革与

质量提升研究；普通高校本科教学质量国家标准研究；学科专业管理制度研究；高校中青年教师教学能力现状及提高办法研究；研究生招生制度改革研究；研究生教育质量监督保障机制研究；完善中国特色学位制度研究；高校毕业生就业状况统计及监测研究；开放大学的功能定位与管理体制机制研究等。

（七）职业技术教育研究

职业教育质量标准研究；职业教育招生模式改革研究；高等职业教育专业设置管理与预警机制研究；职业学校教师培养与补充机制研究；职业教育现代学徒制研究；校企合作长效机制研究；职业教育制度执行监管机制研究；面向农村的职业教育定位和功能研究；地方政府职业教育政绩评价指标体系研究；中高职有机衔接的机制研究等。

（八）德育研究

网络环境下促进青少年健康成长策略研究；大、中、小学德育课程教学改革研究；道德文化的当代困境及其教育应对方法研究；时代精神与道德教育改革研究；传统德育思想资源现代转化研究；学生公民教育研究；中小学生命教育研究；师德建设与考核研究；大学生社会责任感现状及其培养研究；高校学风建设与学术规范教育研究；学术诚信建设中的法律问题研究；教育引导学生正确认识和对待宗教问题的策略研究等。

（九）教育心理研究

网络对学生心理发展的影响研究；学生高效率学习的心理学研究；学习困难学生心理发展特点及教育矫正研究；教师心理健康素质的研究；大、中、小学校心理健康教育的衔接与贯通研究；中小学生心理健康标准与测评系统研究；儿童青少年人格评价体系构建与健全人格培育研究；创造性思维的培育策略研究；学生心理危机干预系统的构建研究；留守儿童和流动儿童的心理发展特点研究等。

（十）体育卫生艺术教育研究

学校体育理论创新与发展研究；学校体育质量标准及评估体系研究；中小学“体育与健康课程标准”实施难点及改进研究；大、中、小学体育目标衔接、体育课程与教学改革研究；学校体育设施、场馆建设与器材配备现状及标准研究；学生审美品质和能力培养研究；与素质教育相适应的艺术教育有效模式研究；在职中小学艺术教师专业发展研究；开发利用优秀民间艺术资源研究；学校突发公共卫生事件防控体系建设研究；学生健康素养评价指标体系研究；青少年肥胖干预研究等。

（十一）教育信息技术研究

教育信息化标准研究；惠及全民的教育信息化支撑体系应用示范研究；基于云计算的区域教育资源公共服务模式研究；面向学习创新的数字化教育装备开发与应用研究；信息化学习方式的变革及影响因素研究；在线学习分析模式与工具研究；农村中小学现代远程教育工程应用效益评估研究；教育信息技术促进继续教育的创新与发展研究等。

（十二）成人教育研究

信息化环境下学习型社会的内涵建设研究；学校和社区互动与合作研究；继续教育的制度建设与资源整合研究；新农村建设与城镇化、农业现代化进程中的新农民、新市民教育研究；农民工培训的现状、问题与对策研究；教师继续教育创新研究；“国培与省培计划”实施的模式创新及有效性研究；闲暇教育研究；成人教育的质量保障研究等。

（十三）民族教育研究

民族团结教育实践模式研究；民族地区教育文化适应与就业问题研究；中国特色民族地区双语教育政策研究；民族地区中小学幼儿园双语教师队伍建设研究；西部民族地区学前教育发展现状调查及对策；民族地区职业教育研究等。

（十四）比较教育研究

中国教育在世界教育发展格局中的地位研究；创新型国家发展过程中教育改革的比较研究；合作办学模式比较研究；高校考试招生制度的比较研究；大学通识教育模式的比较研究；高中多样化发展的比较研究；普通高中课程方案与课程管理制度国际比较研究；科普教育的国际比较研究；中外医学教育课程设置比较研究；中外学校体育教育比较研究；中小学校车制度的比较研究；国际教育援助的比较研究；中外杰出人才群体比较研究等。

（全国教育科学规划领导小组办公室供稿）

全国教育科学“十二五”规划2012年度北京地区立项课题

课题批准号	课题类别	课题名称	姓名	单位
ALA120002	国家重点	中华优秀传统文化教育研究	谢嘉幸	中国音乐学院

续表

课题批准号	课题类别	课题名称	姓名	单位
AIA120003	国家重点	高校创新能力国际比较研究	陈晓宇	北京大学
ACA120005	国家重点	信息化促进优质教育资源共享研究	黄荣怀 任友群	北京师范大学 华东师范大学
AFA120006	国家重点	国家教育体制改革试点研究	顾海良	国家教育行政学院
AGA120007	国家重点	工业化、城镇化、农业现代化同步推进下的农村教育发展与改革研究	张少刚	中央广播电视大学
AHA120009	国家重点	中小学语文教育改革研究	任　翔	北京师范大学
BAA120011	国家一般	百年中国教科书在文化传承与创新中的基础作用研究	石　鸥	首都师范大学
BBA120017	国家一般	积极心理学背景下区域心理健康教育体系的构建	边玉芳	北京师范大学
BBA120019	国家一般	青少年的网络游戏体验及其与网络游戏行为的关系研究	雷　雳	中国人民大学
BCA120021	国家一般	基于云计算的校际数字教育资源共享共建模式：教学组织形式和技术平台架构研究	韩锡斌	清华大学
BFA120038	国家一般	理工科大学生就业能力培养模式研究	马永霞	北京理工大学
BGA120041	国家一般	人力资源强国指标体系与评估监测研究	韩　民	教育部教育发展研究中心
BHA120056	国家一般	流动人口子女在流入地义务教育后升学考试研究——基于八省（市）的调研	吴　霓	中国教育科学研究院
BIA120063	国家一般	高校毕业生就业状况统计及监测研究	沈聪伟	北京市教育委
BIA120065	国家一般	国家公派出国留学效益与小语种人才培养模式研究	曹士海	教育部留学基金委
BIA120070	国家一般	深入实施西部大开发背景下高职教育发展战略研究	高宝立	中国教育科学研究院
BIA120079	国家一般	高校人才培养模式改革与质量提升研究	曹国永	北京交通大学
BKA120085	国家一般	基于四维度模型的“企业大学”创新体系研究	吴　峰	北京大学教育学院
BLA120088	国家一般	普及中国画教学增强民族认知感和全民凝聚力的策略研究	张　赤	中国美术学院
BLA120091	国家一般	普通高校教体结合培养世界大赛奖牌获得者的理论与实证研究	陆　淳	清华大学
BLA120093	国家一般	高校体育场馆融入公共体育服务体系的实证研究	尹　博	中国青年政治学院
BMA120094	国家一般	民族教育的多元文化特征与少数民族学生就业	李曦辉	中央民族大学
CAA120102	国家青年	社会转型时期的中小学教师价值教育意识及其培养	胡　萨	首都师范大学
CBA120105	国家青年	大学生社会责任的心理结构及其培养研究	黄四林	中央财经大学

续表

课题批准号	课题类别	课题名称	姓名	单位
CCA120110	国家青年	基于情景的信息化学习实验研究：重构开放教育资源文本链接形式	张婧婧	北京师范大学
CEA120119	国家青年	媒介时代的公民教育：基于媒介批判的立场	班建武	北京师范大学
CFA120122	国家青年	招生计划宏观调控对我国青年人口迁移的影响及作用机制研究	潘昆峰	中国人民大学
CFA120123	国家青年	基于教育价格差异的中国地区间义务教育资源配置公平问题研究	付 尧	中国人民大学
CGA120128	国家青年	“县城学校大型化”调查研究	司洪昌	国家教育行政学院
CGA120131	国家青年	分类管理制度下民办高等教育发展战略研究	鞠光宇	教育部教育发展研究中心
CIA120140	国家青年	高等学校实验室管理规范体系的研究	高东锋	教育部高等教育司
CIA120142	国家青年	外部质量评估对大学变革的影响研究	刘水云	北京师范大学
CIA120147	国家青年	我国高等教育院校评估体系研究	王 红	教育部高等教育教学评估中心
CIA120148	国家青年	从大学生农民工现象反思大众化阶段高校人才培养模式	尹 银	中央财经大学
CIA120149	国家青年	协同创新视角下科学研究与人才培养的互动机制研究	苑大勇	北京教育科学研究院
CIA120155	国家青年	行业特色院校产学研协同创新机制研究	王帮俊	中国矿业大学
CJA120158	国家青年	西方职业技能形成理论与实践体系研究——基于跨学科的视角	许 竞	教育部职业技术教育中心研究所
CLA120161	国家青年	大学生健康体育实施模式研究	冯 霞	北京联合大学
CLA120165	国家青年	学校艺术教育质量标准及评估体系研究	许洪帅	中国教育科学研究院
CMA120166	国家青年	少数民族中学生族群认同的发展与教育对策研究	陆小英	中央民族大学
CMA120167	国家青年	双语教育政策过程及效果研究——以内蒙古自治区和青海省为个案	敖俊梅	中央民族大学
COA120170	国家青年	美国新保守主义大学思想史研究	王 晨	北京师范大学
DBA120179	教育部重点	中小学学困生学习心理发展特点及教育矫正研究	官 群	北京科技大学
DCA120189	教育部重点	CSCL 协同知识建构的可视化促进策略与支持系统研究	任剑锋	首都师范大学
DCA120191	教育部重点	国家教育考试考务管理信息化建设及关键技术研究	李鸿江	北京教育考试院
DDA120194	教育部重点	精英教育的国际比较研究	许建争	中国教育科学研究院
DDA120196	教育部重点	开放大学的外部质量保证研究	刘永权	北京广播电视大学
DEA120198	教育部重点	道德实践与大学生社会性发展：服务性学习的作用	王晓艳	北京化工大学

续表

课题批准号	课题类别	课题名称	姓名	单位
DEA120206	教育部重点	新课标背景下中小学价值教育的校本化研究	张广斌	教育部基础教育课程教材发展中心
DGA120220	教育部重点	学习型社会构建进程中家长委员会的枢轴作用及其实现路径研究	严　平	中国人民大学
DHA120233	教育部重点	中学生对课堂互动的满意度及其对课堂投入的影响	杨碧君	北京市朝阳区教育研究中心
DHA120250	教育部重点	绿色教育理论与区域教育改革实践研究	叶向红	北京市石景山区教育委员会
DHA120252	教育部重点	中国传统文化教育课程研发与实施的实践研究	张瑞清	北师大实验中学
DIA120285	教育部重点	高校科技质量评价指标体系及质量标准研究	孙　燕	教育部科技发展中心
DJA120300	教育部重点	当代我国职教教师工作生活质量评价研究	徐英俊	北京联合大学
DJA120301	教育部重点	基于博弈论的高等职业教育校企合作长效机制研究	齐再前	北京联合大学
DMA120321	教育部重点	少数民族高校毕业生就业状况调查及对策研究	塔　娜	中央民族大学
EAA120326	教育部青年	新时期我国中小学校自主变革的价值取向研究	宋兵波	北京林业大学
EBA120327	教育部青年	免费师范生教师职业认同发展的影响机制与促进研究	张晓辉	北京师范大学
EBA120333	教育部青年	儿童叙事能力发展的追踪研究	刘玉娟	中国教育科学研究院
EDA120349	教育部青年	卓越教师评价与培训的国际比较研究	何　美	中国教育科学研究院
EHA120374	教育部青年	促进学生认识发展的科学教学范式研究	胡久华	北京师范大学
EIA120379	教育部青年	基于组织分析的高校绩效工资制度研究	杨　娟	清华大学
EIA120383	教育部青年	高等教育国际化背景下我国大学生国际能力评价指标体系研究	刘　扬	北京航空航天大学
EIA120386	教育部青年	自我效能感对大学生职业生涯规划的影响研究——问卷调查数据分析	郭　蕾	对外经济贸易大学
EIA120398	教育部青年	美国高等院校学生学业成就评价研究	吴智泉	北京联合大学
EJA120399	教育部青年	职业教育集团化办学的产权改革问题研究	郭　静	北京师范大学
ELA120414	教育部青年	区域性非物质文化遗产教育传承的实践研究	徐　昌	北京市东城区小学活动课中心
EMA120418	教育部青年	提高少数民族高层次骨干人才计划硕士生培养质量的机制创新研究	车　峰	中央民族大学

（全国教育科学规划领导小组办公室供稿）

2012年度国家社会科学基金艺术学项目课题指南

《2012年度国家社会科学基金艺术学项目课题指南》的指导思想是：高举中国特色社会主义伟大旗帜，以邓小平理论和“三个代表”重要思想为指导，深入贯彻落实科学发展观，贯彻落实党的十七大和十七届五中、六中全会精神，坚持解放思想、实事求是、与时俱进，坚持以重大现实问题为主攻方向，坚持基础研究与应用研究并重，努力构建艺术科学创新体系，为党和国家工作大局服务，为推动社会主义文化大发展大繁荣、建设社会主义文化强国服务。

申报2012年度国家社会科学基金艺术学项目，要以重大理论和现实问题为中心，坚持基础研究和应用对策研究相结合，紧密联系我国改革开放与中国特色社会主义建设特别是文化艺术建设实践，推进、完善中国特色社会主义艺术科学学科理论体系建设，深化、拓展我国文化建设实践中的重大现实问题研究，着力推出代表国家水平的艺术科学研究成果。

为进一步突出重点，针对我国艺术科学各门类学科理论体系建设中的薄弱环节、我国文化建设中亟待研究回答的重大理论与实践问题，本《课题指南》确定了若干重点领域和指定研究方向（以*标注），为全国艺术科研机构、科研人员和社会各界有关人士提供研究参考，具备相应学术积累、学术资源和研究实力的申请者可在相关的范围和方向下自行拟定题目，其中指定研究方向的申报课题一经获准立项，可根据研究工作的实际需求，适度放宽资助额度。基础研究要具有创新性和开拓性，应用研究要具有现实性、针对性和时效性；鼓励艺术科学学科理论体系建设重要领域、方向与我国文化建设重大现实问题研究的集体攻关项目，鼓励这些研究领域与方向中优势学术资源的整合；努力推动传统学科、新兴学科和交叉学科健康发展，力求居于学科前沿，避免低水平重复。除重要的基础研究外，鼓励以论文和研究报告作为最终研究成果进行申报。

为切实提高规划水平和研究水平，2012年度国家社会科学基金艺术学项目的评审立项要与学科建设、队伍建设、基地建设、人才培养及科研结构调整、合理布局结合起来，加强协同攻关，加强整合创新。在选题上应注意处理好几个方面的关系：

1. 注意处理好总结历史、研究现实及准确把握未来三者之间的关系，努力使研究项目体现出科学性、时代性与前瞻性。

2. 注意处理好理论和实践统一的关系，防止理论与实践脱节的倾向。

3. 注意处理好共性与个性的关系，既要认真开展对当前艺术学发展有普遍指导意义的课题研究，也要针对本学科领域和本地区存在的特殊问题，深入开展个案研究和实证性研究。

4. 在数量和质量上注意做到缩短战线，控制规模，注重立项课题的质量，杜绝低水平重复选题，切实提高全国艺术科学研究的整体水平。

5. 在研究方法上，提倡运用现代科技手段，提倡定性研究与定量研究、理论研究与实证研究相结合，实现研究方法的科学性、规范性和严谨性。

根据突出重点、兼顾一般、控制规模，提高质量的要求，本年度项目将对我国文化建设实践中的重大现实问题研究给予重点关注，推出一批有代表性和重要社会影响的应用对策研究项目，以充分发挥项目的决策咨询功能，更好地为社会主义文化建设大局服务。同时，对在学科建设方面具有填补空白意义的基础理论研究、民族民间艺术研究等集体攻关课题以及边远贫困地区和少数民族地区特别是西部地区艺术研究给予一定的倾斜。

艺术基础理论研究

（艺术基础理论研究，包括艺术学原理、艺术史学、艺术批评学以及艺术学的新兴、交叉学科等研究）

马克思主义艺术学原理研究

中国化马克思主义艺术学研究

中国艺术学学科谱系研究*

中国艺术学方法论研究

中国传统艺术分类体系研究

中国传统文化体系中的中国传统艺术研究

中国现代艺术体系的形成与发展研究

地方艺术史研究

新中国成立以来艺术发展道路、主要成就与基本经验研究

新时期艺术理论、艺术学发展历程回顾与未来趋势展望

20世纪重要艺术理论家研究

口述艺术史资料整理研究

艺术生产评价体系研究*

中国现当代艺术批评史、艺术批评学研究

艺术学新兴、交叉学科发展状况及学科建设研究

数字时代的艺术媒介化研究

中国当代艺术与国家文化形象的研究*

关注当代中国艺术生活的社会舆情动态研究

中国艺术与世界艺术发展关系的研究

西方现当代艺术理论研究

非洲艺术研究

戏剧（含曲艺、木偶、皮影、杂技、魔术）研究

（戏剧研究，包括话剧、戏曲研究，含曲艺、木偶戏、皮影戏、杂技、魔术等研究）

中国戏曲表演理论与体系研究*

中国戏曲音乐理论与体系研究

中国各剧种史论研究

中国戏剧史断代研究

中国戏剧口述史研究

中国话剧演出史研究

地方剧种文献文物整理与研究

中国戏剧（戏曲、曲艺、木偶、皮影、杂技、魔术）艺术家、剧本、影像信息资料数据库建设与研究

当代话剧、戏曲导演与编剧研究

当代话剧、戏曲批评研究

音乐剧研究

当代戏剧舞台美术与表演研究

当代科技对戏剧艺术的影响研究

中国现当代剧场研究

戏曲艺术的传承与发展研究

戏剧受众与文化影响研究*

戏剧传播途径研究

戏剧表演团体体制改革与戏剧产业研究*

话剧与城市发展关系研究

乡村曲艺现状的调查研究

曲艺曲本创作与革新研究

木偶戏、皮影戏、杂技、魔术史论研究

电影、广播电视及新媒体艺术研究

（电影、广播电视及新媒体艺术研究，包括电影、电视剧及其他电视艺术、广播艺术、新媒体艺术等方面的研究）

中国电影通史及专题研究*

中国电影人口述历史研究

中国电影评论史研究

中国电影、电视剧创作现状研究*

中国电影的叙事研究

电影、电视剧导演与表演艺术家研究

电影、电视剧批评及其价值取向研究

数字电影研究

电视剧类型与发展研究

电视艺术、技术与媒介文化价值研究

当代电视娱乐栏目的价值取向研究

电影、电视发展与国家文化政策研究*

电影体制改革与创新机制研究

电影产业投融资机制研究

中国中小成本电影发展研究

我国动漫产业的国际竞争力研究

电影产业与电影院线建设及营运研究

中外电影关系史研究

外国电影研究

世界动漫作品中动画形象及影响研究

新媒体艺术研究

广播艺术研究

音乐研究

（音乐研究，包括音乐史学、民族音乐学、系统音乐学等研究）

音乐史学基础理论研究

中国音乐史断代研究

中国音乐史专题研究

中国传统多声部音乐形态研究*

音乐地理学研究*

中国少数民族传统音乐形态中的民间知识体系研究

跨地域音乐及其传播研究

音乐生态研究

音乐古籍、民间传谱、音像文献资料整理及数字化标准研究

20 世纪中国音乐界重要学者研究

中国当代音乐作品与作曲家研究

中国流行音乐的现状及发展趋势研究

中国音乐产业与音乐剧制作研究

数字技术应用与数字音乐研究

社区音乐文化建设研究

中国音乐的国际传播研究*

当代西方音乐发展研究

舞蹈研究

（舞蹈研究，包括舞蹈学原理、民族舞蹈学、舞蹈史学、舞蹈编导学、舞蹈生态学、舞蹈文化学、舞蹈批评学、舞蹈传播学等研究）

中国舞蹈文化史研究*

中国民间舞蹈研究

中国少数民族舞蹈研究

中国现当代舞蹈发展研究

中国当代舞剧理论与实践研究

舞蹈编导学研究

当代舞蹈的表演艺术体系研究

舞蹈批评学研究

舞蹈生态学概论*

区域舞蹈研究
舞蹈记录方式数字化研究
群众舞蹈的文化功能研究*
舞蹈文化产业研究
舞蹈市场运行研究
中国舞蹈的国际传播研究

美术研究

（美术研究，包括绘画、雕塑等研究）

中国美术史专题研究
民间美术传承人口述史研究
中外文化与美术史研究
地域文化与少数民族美术研究
中国现代美术发展现状研究
移居海外的华人艺术家群体研究
连环画、连环漫画创作现状研究
中国书籍装帧与插图创作现状研究
艺术品修复研究
信息技术在美术领域中的应用研究
美术批评研究
美术年展现状、问题与对策研究
20世纪中国现代雕塑的民族化问题研究*
城市规划与城市标准研究
中国传统文化与书法艺术的当代发展研究
摄影艺术研究
艺术品消费行为与消费模式研究*
当代中国艺术品市场现状、问题与对策研究
中外美术比较研究
中外艺术品市场政策法规比较研究*

设计艺术研究

（设计艺术研究，是指作为实用艺术的设计艺术研究）

中国传统物质文化史研究
中国设计艺术史研究
中国传统文化与设计思想研究
区域文化与设计文化形态研究
20世纪中国著名设计艺术家研究
当代中国设计艺术理论与实践研究*
节约型社会的设计理论与实践研究
当代设计艺术批评理论体系研究
设计艺术与传统工艺结合研究
设计艺术与社会心理研究
设计艺术与传统工艺美术产业研究
设计艺术与文化创意产业发展的关系研究*
当代中国文化会展（博览会）中的艺术设计实践研究
交互设计研究
中外设计艺术比较研究
中外设计艺术产业竞争力比较研究*

艺术文化综合研究

（艺术文化综合研究，是与艺术科学发展密切相关的我国文化建设理论与实践问题的综合性研究）

中国特色社会主义文化发展道路研究
中国特色社会主义文化强国的理论与实践研究*
文化创新体系的理论架构与实践模型研究
文化领域主要统计指标体系研究
我国大众文化消费结构调查与研究
我国农村群众文化需求调查与研究
我国公共文化服务体系建设保障机制研究*
当代文化发展繁荣与文化立法的关系研究
文化产业发展方式转变与创新研究
我国文化产业投融资体系建设研究
全国艺术院团建设标准与评估体系
国有表演艺术院团改革的支撑体系研究
民营艺术表演团体现状调查与研究
艺术资源信息库建设与应用研究
艺术产品的产权交易研究
文化市场监管体制机制与能力建设研究
网络文化发展对社会文化生活的影响研究
非物质文化遗产保护与传承机制研究
信息技术在非物质文化遗产保护中的应用研究
我国文化艺术行业的人才队伍现状与对策研究
推进文化与科技融合的政策与措施研究*
艺术服务与科学普及领域的现状研究
国际艺术节的运作模式及促进社会发展的作用研究
我国艺术产品的国际传播与国际贸易研究
世界各国文化法律、文化政策比较研究
世界文化思潮及文化热点问题研究

（全国艺术科学规划领导小组办公室供稿）

2012 年度国家社会科学基金艺术学“十二五”规划项目（北京地区）

项目名称	负责人	负责人所在单位	批准号	项目类别	预期成果形式	计划完成时间
中国电影人口述历史研究	陈必强	中国电影艺术研究中心	12AC003	国家重点项目	专著 论文	2015. 12. 31
中国传统多声部音乐形态研究	樊祖荫	中国音乐学院	12AD005	国家重点项目	专著	2015. 12. 31
西方现代审美主义思想源流	陈剑澜	中国艺术研究院	12BA011	国家一般项目	专著 论文	2015. 12. 31
20 世纪中国戏曲理论批评研究	何玉人	中国艺术研究院	12BB017	国家一般项目	专著	2015. 12. 31
现代性与民族性：中国话剧思想史	宋宝珍	中国艺术研究院	12BB018	国家一般项目	专著 论文	2015. 12. 31
中美日三国家庭情节剧电影比较研究	杨远婴	北京电影学院	12BC019	国家一般项目	专著	2015. 12. 31
改革开放以来中国电视娱乐栏目价值取向的变迁	董华峰	北京工商大学	12BC020	国家一般项目	专著	2015. 12. 31
中国当代电影批评及其价值取向研究	张智华	北京师范大学	12BC021	国家一般项目	专著 论文	2014. 12. 31
中美电影新协议对中国电影的影响评估及战略对策	刘汉文	国家广电总局广播影视发展研究院	12BC022	国家一般项目	研究报告	2014. 12. 31
电视艺术、技术与媒介文化价值研究	潘　源	中国艺术研究院	12BC025	国家一般项目	专著	2015. 12. 31
中国乐籍制度与传统音乐文化	项　阳	中国艺术研究院	12BD034	国家一般项目	专著 研究报告	2015. 12. 31
中国民族民间舞口述史研究	高　度	北京舞蹈学院	12BE035	国家一般项目	专著 其他	2014. 12. 31
中国当代摄影影像创作观念与现状研究	史民峰	北京印刷学院	12BF040	国家一般项目	专著 论文	2015. 12. 31
写意论	张江舟	中国国家画院	12BF047	国家一般项目	专著	2015. 12. 31
古代玛雅艺术研究	李建群	中央美术学院	12BF049	国家一般项目	专著	2015. 12. 31
纤维艺术的应用之美	林乐成	清华大学	12BG057	国家一般项目	专著 研究报告	2013. 12. 31
我国艺术产品的国际传播与国际贸易研究	向　勇	北京大学	12BH065	国家一般项目	论文 研究报告	2014. 12. 31
网络社会的文化创新	张　跳	中国青年政治学院	12BH067	国家一般项目	专著	2015. 12. 31
跨文化交流背景中的“十七年电影”研究	李玥阳	中国传媒大学	12CC078	国家青年项目	专著 论文	2015. 12. 31
北京电影发展史（1900—2004）	武亚军	中央戏剧学院	12CC079	国家青年项目	专著	2015. 12. 31

续表

项目名称	负责人	负责人所在单位	批准号	项目类别	预期成果形式	计划完成时间
中国音乐的国际传播研究——以美国为例	张丰艳	中国传媒大学	12CD082	国家青年项目	论文 研究报告	2014. 12. 31
社会变迁中的福建南音馆阁乐社调查研究	陈　瑜	中国艺术研究院	12CD083	国家青年项目	专著 研究报告	2015. 12. 31
20 世纪中国现代雕塑的民族化问题研究	郅　敏	中国艺术研究院	12CF091	国家青年项目	专著 论文	2014. 12. 31
澳门当代艺术研究	高　洁	中国艺术研究院	12CF092	国家青年项目	专著 论文	2015. 12. 31
晚清至民国前期西方设计在中国的传播与影响研究（1840—1937）	李　江	北京师范大学	12CG093	国家青年项目	专著 论文	2015. 12. 31
器用与生活——以宋辽金时代为例	陈彦姝	清华大学	12CG098	国家青年项目	论文 研究报告	2015. 12. 31
工业化背景下的嘎玛藏族传统首饰设计艺术与工艺研究	张卫峰	中国地质大学（北京）	12CG100	国家青年项目	专著 论文	2015. 12. 31
博物馆与认同之建构——以民国时期故宫博物院为中心	徐婉玲	故宫博物院	12CH103	国家青年项目	专著 论文	2015. 12. 31

批准号释义：

一、“12”——2012 年度。

二、第一个英文字母分别代表：A——国家重点项目；B——国家一般项目；C——国家青年项目。

三、第二个英文字母分别代表：A——艺术基础理论研究；B——戏剧（含曲艺、木偶、皮影、杂技、魔术）研究；C——电影、广播电视及新媒体艺术研究；D——音乐研究；E——舞蹈研究；F——美术研究；H——设计艺术研究；G——艺术文化综合研究。

四、最后三位数字为序号。

（全国艺术科学规划领导小组办公室供稿）

2012 年度教育部在京高校国家社会科学基金重大项目（第一批）

批准号	首席专家	课题名称	责任单位
12&ZD009	丰子义	当今时代文化发展的新特点新趋势研究	北京大学
12&ZD032	李国新	加快公共文化立法，提高文化建设法制化水平研究	北京大学
12&ZD109	王　博	中国解释学史	北京大学
12&ZD119	周北海	基于多学科视域的认知研究	北京大学
12&ZD143	张　帆	《元典章》校释与研究	北京大学
12&ZD150	雷兴山	周原地区商周时期的聚落与社会研究	北京大学
12&ZD151	李水城	史前时期中西文化交流研究	北京大学

续表

批准号	首席专家	课题名称	责任单位
12&ZD175	袁毓林	汉语国际教育背景下的汉语意合特征研究与大型知识库和语料库建设	北京大学
12&ZD179	段　晴	新疆丝路南道所遗存非汉语文书释读与研究	北京大学
12&ZD190	张　弛	邓州八里岗仰韶聚落研究与报告编写	北京大学
12&ZD227	王厚峰	面向网络文本的多视角语义分析方法、语言知识库及平台建设研究	北京大学
12&ZD233	朱青生	中国汉代图像数据库与《汉画总录》编撰研究	北京大学
12&ZD005	吴向东	社会主义核心价值观研究	北京师范大学
12&ZD094	赖德胜	构建和谐劳动关系研究	北京师范大学
12&ZD118	江　怡	分析哲学运动与当代哲学发展研究	北京师范大学
12&ZD157	韩格平	现存元人著作（汉文部分）总目提要	北京师范大学
12&ZD182	王　宁	数字化《说文》学及其研究平台构建	北京师范大学
12&ZD216	徐宗学	我国河湖水系连通重大战略研究	北京师范大学
12&ZD228	刘　超	中国人社会认知的特征：心理与脑科学的整合研究	北京师范大学
12&ZD176	文秋芳	国家外语人才资源动态数据库建设	北京外国语大学
12&ZD173	李宇明	新时期语言文字规范化问题研究	北京语言大学
12&ZD090	张汉林	未来十年世界经济格局演变趋势及我国发展战略调整研究	对外经济贸易大学
12&ZD096	林桂军	我国对外贸易战略转型研究	对外经济贸易大学
12&ZD205	王永贵	我国自主创新型技术赶超发展战略与路径研究——基于跨学科协同的多层次整合研究	对外经济贸易大学
12&ZD149	陈争平	近代中国经济统计研究	清华大学
12&ZD219	崔保国	下一代互联网与我国参与建构世界信息传播新秩序研究	清华大学
12&ZD017	胡正荣	国际传播发展新趋势与加快构建现代传播体系研究	中国传媒大学
12&ZD034	郝立新	中国特色社会主义文化发展道路研究	中国人民大学
12&ZD034	牛维麟	中国文化产业人才培养体系建设研究	中国人民大学
10&ZD089	陈雨露	完善金融宏观调控体系研究	中国人民大学
12&ZD091	张　宇	国际金融危机后资本主义的历史走向与我国的应对方略研究	中国人民大学
12&ZD092	郭　杰	加快推进经济发展方式转变和经济结构调整的我国财政政策及财政管理模式研究	中国人民大学
12&ZD093	焦国成	中国特色社会主义道德体系研究	中国人民大学
12&ZD095	常　凯	和谐劳动关系构建中的政府规制研究	中国人民大学
12&ZD116	刘大椿	科学哲学史研究	中国人民大学
12&ZD146	华林甫	清史地图集	中国人民大学
12&ZD220	杜小勇 卢小宾	云计算环境下的信息资源集成与服务研究	中国人民大学

续表

批准号	首席专家	课题名称	责任单位
12&ZD237	朱景文	法治评估创新及其在中国的推广应用研究	中国人民大学
12&ZD028	李　涛	扩大文化消费问题研究	中央财经大学
12&ZD097	唐宜红	国际贸易保护主义发展趋势及我国应对策略研究	中央财经大学

（高校社科管理中心白晓供稿）

2012年度教育部人文社会科学研究一般项目（北京地区）

序号	学科门类	学校名称	项目类别	项目名称	项目批准号	申请人
1	法学	北方工业大学	规划基金项目	司法独立与民主可问责性研究	12YJA820020	韩红兴
2	法学	北方工业大学	青年基金项目	信用违约互换集中清算机制研究	12YJC820007	陈兰兰
3	管理学	北方工业大学	青年基金项目	基于老龄化进程加速背景的老年人电子服务采纳影响因素交互作用研究	12YJC630209	王若宾
4	管理学	北方工业大学	青年基金项目	北京市高新技术企业的低碳经济贡献度研究	12YJC630222	王志亮
5	交叉学科/综合研究	北方工业大学	青年基金项目	中国古代音乐思想的美学探究	12YJCZH115	李　颖
6	经济学	北方工业大学	规划基金项目	全球产业链下的大国效应：中国矿产品贸易困境分析	12YJA790113	宋胜洲
7	经济学	北方工业大学	青年基金项目	大国转型开放条件下的实际汇率决定模型——兼论近年人民币升值压力之源	12YJC790209	谢朝阳
8	艺术学	北方工业大学	规划基金项目	当代儿童戏剧发展轨迹与现实问题研究	12YJA760058	谭旭东
9	艺术学	北方工业大学	青年基金项目	古代物质文化史专题研究与小型数据库构建——以明人《天水冰山录》为中心	12YJC760114	张鹏程
10	语言学	北方工业大学	青年基金项目	约翰生《英语词典》研究	12YJC740052	李　翔
11	法学	北京大学	规划基金项目	中国住房保障法律制度：路径依赖与创新	12YJA820045	楼建波
12	管理学	北京大学	规划基金项目	股权结构、定向增发与投资者保护	12YJA630186	张　然
13	管理学	北京大学	青年基金项目	弹性规划的实践演进与理论建构——基于深圳市城市规划实践（1979—2011）	12YJC630119	刘　堃

续表

序号	学科门类	学校名称	项目类别	项目名称	项目批准号	申请人
14	交叉学科/综合研究	北京大学	规划基金项目	可再生能源产业融资风险管理与政策支持体系构建——基于生命周期理论的研究	12YJAZH056	李　虹
15	交叉学科/综合研究	北京大学	规划基金项目	叶圣陶与中国现代语文教育	12YJAZH109	商金林
16	交叉学科/综合研究	北京大学	规划基金项目	大学生 HIV 咨询检测行为意向及需求研究	12YJAZH220	朱广荣
17	交叉学科/综合研究	北京大学	青年基金项目	国家在城市基层社会中的权力实现与话语传播——基于北京市某居委会运作的分析	12YJCZH193	王　迪
18	交叉学科/综合研究	北京大学	青年基金项目	大学体育中生命安全教育培训方案的研究	12YJCZH195	王东敏
19	教育学	北京大学	青年基金项目	世界主要国家教育财政比较与中国借鉴	12YJC880060	刘　强
20	经济学	北京大学	规划基金项目	基于死亡率风险的寿险证券化理论与实证研究	12YJA790152	谢世清
21	经济学	北京大学	青年基金项目	金融化和投机对国际油价的影响：基于行为金融学的视角	12YJC790073	黄　卓
22	经济学	北京大学	青年基金项目	产业升级背景下我国特大城市经济空间组织演化与优化对策研究——以北京为例	12YJC790124	刘霄泉
23	经济学	北京大学	青年基金项目	我国消费金融体系构建研究	12YJC790233	杨鹏艳
24	马克思主义理论/思想政治教育	北京大学	规划基金项目	我国大学生性观念现状研究——高校思想政治工作面临的新挑战	12YJA710047	刘新芝
25	社会学	北京大学	规划基金项目	人口转变条件下公共卫生需求及其对策研究	12YJA840019	任　强
26	图书馆、情报与文献学	北京大学	规划基金项目	中国周边国家文献的国家保障研究	12YJA870004	关志英
27	语言学	北京大学	规划基金项目	俄罗斯语篇语言学研究综论	12YJA740071	王辛夷
28	语言学	北京大学	规划基金项目	现代汉语述补结构网络数据库的构建与应用	12YJA740104	詹卫东
29	管理学	北京第二外国语学院	青年基金项目	研发国际化背景下中印技术创新政策比较研究	12YJC630085	李　凡
30	管理学	北京第二外国语学院	青年基金项目	客户体验视角下在线广告平台的运行机理与广告位位置管理策略研究——以新浪与百度为例	12YJC630146	欧海鹰
31	经济学	北京第二外国语学院	青年基金项目	商业银行操作风险的度量与风险资本计提研究：理论模型与实证分析	12YJC790013	陈　倩

续表

序号	学科门类	学校名称	项目类别	项目名称	项目批准号	申请人
32	经济学	北京第二外国语学院	青年基金项目	企业异质性视野下中国出口增长的二元边际分析：影响因素和福利效应	12YJC790166	孙俊新
33	语言学	北京第二外国语学院	规划基金项目	基于语料库的英汉逻辑结果程式语语义韵对比研究	12YJA740039	李美霞
34	语言学	北京第二外国语学院	青年基金项目	汉语社会称谓语的使用现状调查及语义演变研究	12YJC740070	刘永厚
35	艺术学	北京电影学院	规划基金项目	中国电影声音创作中的拟音艺术研究	12YJA760082	姚国强
36	教育学	北京电子科技学院	规划基金项目	聘任制下大学教师流动的实证研究——基于国际比较的视角	12YJA880124	吴培群
37	艺术学	北京服装学院	规划基金项目	服装设计艺术中的流行趋势预测方法研究	12YJA760014	耿增民
38	艺术学	北京服装学院	规划基金项目	服装情感量化模型研究	12YJA760089	张海波
39	法学	北京工商大学	青年基金项目	未成年人民事诉讼专门程序研究	12YJC820131	俞　亮
40	管理学	北京工商大学	青年基金项目	参考价格对创新产品消费者支付意愿分布离散性影响研究	12YJC630013	陈立彬
41	管理学	北京工商大学	青年基金项目	技术标准形成过程中的规制作用机理研究	12YJC630049	高俊光
42	管理学	北京工商大学	青年基金项目	盈余波动对公司价值的作用机理研究	12YJC630124	刘　婷
43	管理学	北京工商大学	青年基金项目	基于扎根理论的国有非上市公司外部董事管理机制研究	12YJC630181	孙玥璠
44	管理学	北京工商大学	青年基金项目	产权配置对企业纵向经营边界的影响及其经济后果研究	12YJC630293	张伟华
45	管理学	北京工商大学	青年基金项目	基于顾客体验视角的在线冲动性购买行为研究	12YJC630303	张运来
46	管理学	北京工商大学	青年基金项目	政治关联、企业绩效与权益资本成本——基于中国民营企业的研究	12YJC630308	赵　峰
47	交叉学科/综合研究	北京工商大学	规划基金项目	创业型经济创新商业模式与创业板上市公司信息披露战略性重构	12YJAZH152	王仲兵
48	经济学	北京工商大学	规划基金项目	我国现代服务业发展机制及对策研究	12YJA790117	孙永波
49	经济学	北京工商大学	规划基金项目	CFO 权力的测度、决定因素与经济后果研究	12YJA790132	王　斌
50	经济学	北京工商大学	青年基金项目	零售商品牌价值构成要素及培育路径研究	12YJC790261	张　蕙
51	经济学	北京工商大学	青年基金项目	首都绿色农业金融发展机制研究——基于供应链金融的探讨	12YJC790271	张　伟

续表

序号	学科门类	学校名称	项目类别	项目名称	项目批准号	申请人
52	马克思主义理论/思想政治教育	北京工商大学	青年基金项目	转型社会的公正研究	12YJC710010	杜　凡
53	法学	北京工业大学	规划基金项目	我国专利资产证券化的法律制度研究	12YJA820029	季景书
54	交叉学科/综合研究	北京工业大学	规划基金项目	体育竞赛中越轨行为及其法律控制研究	12YJAZH025	韩新君
55	交叉学科/综合研究	北京工业大学	青年基金项目	基于空间权的北京城市公共建设用地分层利用规制研究	12YJCZH110	李　强
56	教育学	北京工业大学	规划基金项目	世界城市高等教育的基本特征、发展经验及其对北京的启示	12YJA880055	金保华
57	艺术学	北京工业大学	规划基金项目	基于现代服务业的中国设计产业研究	12YJA760020	胡　鸿
58	交叉学科/综合研究	北京航空航天大学	青年基金项目	大学学术网络影响力评价研究	12YJCZH038	樊文强
59	教育学	北京航空航天大学	青年基金项目	非正式学习环境下中学生 ICT 应用动机、应用行为及应用效能关系研究	12YJC880081	任秀华
60	教育学	北京航空航天大学	青年基金项目	20 世纪 60 年代美国博士教育规模扩张的动因、路径和质量保障机制研究	12YJC880160	赵世奎
61	艺术学	北京航空航天大学	规划基金项目	普通高校《合唱与指挥》教学模式创新研究	12YJA760028	李爱华
62	中国文学	北京航空航天大学	规划基金项目	中国左翼文艺思想研究——历史与实践	12YJA751050	石天强
63	交叉学科/综合研究	北京化工大学	青年基金项目	建立用于人群疏散中的踩踏事故模拟的三维精细化模型	12YJCZH023	程礼盛
64	教育学	北京化工大学	规划基金项目	以跨学科研究为核心的学科建设政策研究——协同学的视角	12YJA880022	冯　婕
65	经济学	北京化工大学	青年基金项目	我国主要粮食作物技术进步类型与农户技术需求行为研究	12YJC790234	杨　巍
66	管理学	北京交通大学	规划基金项目	企业资源价值与商誉变动报告及其应用研究	12YJA630065	李玉菊
67	管理学	北京交通大学	青年基金项目	话语权及影响力对国际财务报告准则应用效果的影响研究	12YJC630267	姚立杰
68	管理学	北京交通大学	青年基金项目	基于有限理性行为的服务外包决策方法与应用研究	12YJC630289	张　磊
69	交叉学科/综合研究	北京交通大学	青年基金项目	企业社会责任信息披露对权益资本成本的影响研究	12YJCZH118	李远慧
70	经济学	北京交通大学	规划基金项目	企业成长中的凝聚力研究	12YJA790073	李文兴
71	经济学	北京交通大学	青年基金项目	我国产业结构调整与大学生就业的关联性研究	12YJC790282	赵　杨

续表

序号	学科门类	学校名称	项目类别	项目名称	项目批准号	申请人
72	新闻学与传播学	北京交通大学	青年基金项目	网络环境下由突发性事件引发的公共危机传播和管理研究	12YJC860013	董媛媛
73	语言学	北京交通大学	青年基金项目	中国翻译思想史研究：周秦至民国的翻译思想谱系	12YJC740116	夏登山
74	法学	北京科技大学	规划基金项目	《婚姻法》及其司法解释对农村婚姻家庭的影响	12YJA820078	王竹青
75	交叉学科/综合研究	北京科技大学	青年基金项目	19世纪英国文学文化思想史研究	12YJCZH041	范一亭
76	交叉学科/综合研究	北京科技大学	青年基金项目	面向自然语言信息处理的组合范畴语法研究	12YJCZH153	满海霞
77	交叉学科/综合研究	北京科技大学	青年基金项目	我国高等教育境外消费出口市场研究	12YJCZH318	周永源
78	马克思主义理论/思想政治教育	北京科技大学	青年基金项目	中国共产党执政道德建设的历史考察与基本经验研究	12YJC710086	赵　静
79	语言学	北京科技大学	青年基金项目	基于“发现程序”设计计算机模型模拟儿童语言习得过程	12YJC740147	赵　亮
80	法学	北京理工大学	规划基金项目	技术移民法立法与引进海外人才	12YJA820040	刘国福
81	管理学	北京理工大学	青年基金项目	基于社会认知理论的节能行为影响因素及作用机理研究——以都市写字楼员工为研究对象	12YJC630301	张毅祥
82	教育学	北京理工大学	规划基金项目	农村学生的高等教育机会与教育资源配置研究	12YJA880144	杨东平
83	教育学	北京理工大学	青年基金项目	网络课程中协作学习环境的新探索——通用协作学习活动库的设计应用	12YJC880015	董宏建
84	经济学	北京理工大学	青年基金项目	非线性单位根检验理论与应用研究	12YJC790268	张凌翔
85	马克思主义理论/思想政治教育	北京理工大学	青年基金项目	《资本论》中国传播与马克思主义大众化研究	12YJC710042	刘新刚
86	社会学	北京理工大学	青年基金项目	乡城流动人口的社会网络与艾滋病风险性行为	12YJC840041	王文卿
87	图书馆、情报与文献学	北京理工大学	青年基金项目	重大科技工程中代际知识传承的导师制研究	12YJC870026	王　馨
88	艺术学	北京理工大学	规划基金项目	中国古代美术理论对当代设计理念的影响研究	12YJA760079	杨建明
89	艺术学	北京理工大学	规划基金项目	明式家具的机能性设计研究	12YJA760083	姚　健
90	语言学	北京理工大学	青年基金项目	转喻视角下特殊结果句式识解的构式研究	12YJC740022	高　波

续表

序号	学科门类	学校名称	项目类别	项目名称	项目批准号	申请人
91	管理学	北京联合大学	青年基金项目	我国文化创意产业实践社区运营模式及政策应用研究	12YJC630069	季　皓
92	马克思主义理论/思想政治教育	北京联合大学	青年基金项目	《1861—1863年经济学手稿》文本研究	12YJC710030	李　锐
93	民族学与文化学	北京联合大学	青年基金项目	交汇、互动与认同——北京民族史研究	12YJC850026	于　洪
94	社会学	北京联合大学	规划基金项目	基督宗教与近现代中国社会工作	12YJA840040	左芙蓉
95	语言学	北京联合大学	规划基金项目	语言类型学视角的中国手语定中语序调查研究	12YJA740054	吕会华
96	管理学	北京林业大学	青年基金项目	基层公职人员离职意愿识别及其作用机理研究：基于离职扩展准则的视角	12YJC630302	张玉静
97	交叉学科/综合研究	北京林业大学	规划基金项目	森林保险制度选择及保费补贴试点实证与仿真	12YJAZH090	马　宁
98	经济学	北京林业大学	青年基金项目	集体林权改革后林区农户集群创业的机理与培育路径研究	12YJC790221	薛永基
99	经济学	北京林业大学	青年基金项目	基于资源基础视角的中国木材产业竞争力来源研究	12YJC790241	印中华
100	艺术学	北京林业大学	青年基金项目	当代艺术研究——“中国文脉”与国家文化战略	12YJC760020	郭　茜
101	法学	北京师范大学	规划基金项目	中国土地法律历史变迁研究	12YJA820003	柴　荣
102	法学	北京师范大学	规划基金项目	刑事程序违法的定量分析	12YJA820069	王　超
103	法学	北京师范大学	青年基金项目	公共领域与立法正当性研究	12YJC820071	马建银
104	法学	北京师范大学	青年基金项目	中国少年司法制度的构建与推进——以少年矫正司法化为中心视角	12YJC820089	苏明月
105	管理学	北京师范大学	青年基金项目	基于分布式创新的动态能力构建机制的实证研究：以跨国公司为例	12YJC630076	焦　豪
106	管理学	北京师范大学	青年基金项目	现金分布、公司治理与投资行为	12YJC630287	张会丽
107	国际问题研究	北京师范大学	规划基金项目	南亚地区的恐怖主义与反恐合作研究	12YJAGJW009	马　勇
108	国际问题研究	北京师范大学	规划基金项目	中国开展面向发展中国家公共外交战略研究	12YJAGJW013	张胜军
109	交叉学科/综合研究	北京师范大学	青年基金项目	教育的历史隐喻与意识形态——当代中国电影的教育叙事	12YJCZH035	杜　霞
110	交叉学科/综合研究	北京师范大学	青年基金项目	出土文献与《商君书》综合研究	12YJCZH188	仝卫敏

续表

序号	学科门类	学校名称	项目类别	项目名称	项目批准号	申请人
111	教育学	北京师范大学	规划基金项目	中美教育技术学专业课程设置比较研究	12YJA880078	刘美凤
112	教育学	北京师范大学	规划基金项目	我国中小学校方责任保险的理论与实践	12YJA880151	尹　力
113	教育学	北京师范大学	规划基金项目	高校公用空间资源合理配置研究	12YJA880157	张　凯
114	教育学	北京师范大学	青年基金项目	大学招生考试中非认知测验的有效性研究	12YJC880001	卞　冉
115	教育学	北京师范大学	青年基金项目	从知识分享到知识协同建构——区域教师网络协同备课研究	12YJC880007	陈　玲
116	教育学	北京师范大学	青年基金项目	民国时期公民教育的话语演变	12YJC880014	丁道勇
117	教育学	北京师范大学	青年基金项目	经济发展中的我国学前教育资源配置效率研究	12YJC880020	冯婉桢
118	教育学	北京师范大学	青年基金项目	学前儿童入学准备的保护性与危险性因素评估	12YJC880044	李晓巍
119	教育学	北京师范大学	青年基金项目	法国大学治理模式与自治改革的研究	12YJC880058	刘　敏
120	教育学	北京师范大学	青年基金项目	公办中小学促进进城务工人员子女健康发展的教育策略研究	12YJC880066	卢立涛
121	教育学	北京师范大学	青年基金项目	我国中小学国际教育与合作中的文化安全问题研究	12YJC880106	王　熙
122	教育学	北京师范大学	青年基金项目	学校文化领导力模型构建与作用机制研究	12YJC880132	徐志勇
123	经济学	北京师范大学	青年基金项目	基于中国多区域CGE模型的碳税收入分配效应研究	12YJC790039	高　颖
124	经济学	北京师范大学	青年基金项目	公共教育经费、教育机会平等与收入差距的经验研究	12YJC790230	杨　娟
125	历史学	北京师范大学	青年基金项目	甲骨金文所见商西周亲属称谓的整理研究	12YJC770023	黄国辉
126	社会学	北京师范大学	规划基金项目	我国婚姻市场挤压形成机制与对策研究	12YJA840013	李汉东
127	统计学	北京师范大学	青年基金项目	CPI偏差理论、测度方法与中国应用研究	12YJC910005	吕光明
128	图书馆、情报与文献学	北京师范大学	青年基金项目	特色数字馆藏建设用户参与模式与保障机制研究	12YJC870014	李书宁
129	外国文学	北京师范大学	规划基金项目	巴特勒和西苏理论比较研究：以身体、语言、女性性为中心	12YJA752010	郭乙瑶
130	新闻学与传播学	北京师范大学	规划基金项目	传统电视媒体与视听新媒体融合发展模式及路径研究	12YJA860014	王长潇
131	艺术学	北京师范大学	规划基金项目	我国大众文化消费结构研究	12YJA760032	李　明

续表

序号	学科门类	学校名称	项目类别	项目名称	项目批准号	申请人
132	艺术学	北京师范大学	规划基金项目	电影国家资助机制与中国电影产业发展研究	12YJA760055	宋维才
133	语言学	北京师范大学	规划基金项目	社会认知视角下英语反讽话语的人际意义建构研究	12YJA740092	杨庆云
134	语言学	北京师范大学	规划基金项目	日语语音教学系统研制	12YJA740103	翟东娜
135	语言学	北京师范大学	规划基金项目	汉语作为第二语言教学词汇属性基础研究	12YJA740121	朱志平
136	中国文学	北京师范大学	青年基金项目	良友出版与中国现代文学的发展	12YJC751070	宋　媛
137	管理学	北京石油化工学院	青年基金项目	董事会控制行为选择及效果研究：考虑经理层的行为反应和制度约束	12YJC630088	李海萍
138	图书馆、情报与文献学	北京石油化工学院	规划基金项目	关联数据环境下安全机制与数据溯源的研究	12YJA870014	倪　静
139	国际问题研究	北京外国语大学	规划基金项目	外部干预与重建政权合法性的生成——基于中美比较的视角	12YJAGJW010	史泽华
140	交叉学科/综合研究	北京外国语大学	规划基金项目	中国向亚非地区派遣非通用语留学生状况与战略研究	12YJAZH175	杨晓京
141	外国文学	北京外国语大学	青年基金项目	20世纪英美女性城市小说中的现代性叙事	12YJC752037	尹　星
142	外国文学	北京外国语大学	青年基金项目	当代英国流散小说研究	12YJC752039	张　峰
143	外国文学	北京外国语大学	青年基金项目	英国马克思主义文论史	12YJC752047	赵国新
144	语言学	北京外国语大学	青年基金项目	高本汉的汉学思想研究	12YJC740093	谭慧颖
145	哲学	北京外国语大学	规划基金项目	生态女性主义研究	12YJA720033	张妮妮
146	哲学	北京外国语大学	青年基金项目	十六至十八世纪“四书”拉丁文译本流变考究——以《中华帝国六经》为中心	12YJC720019	罗　莹
147	管理学	北京物资学院	规划基金项目	基于空间维度的货物运输经济研究	12YJA630045	姜　旭
148	管理学	北京物资学院	规划基金项目	应急管理人才素质模型及其开发策略	12YJA630107	唐华茂
149	管理学	北京物资学院	规划基金项目	食品安全政府监管的长效机制研究——基于利益选择与监管制衡关系的视角	12YJA630125	王可山
150	图书馆、情报与文献学	北京物资学院	青年基金项目	知识管理无形学院中知识交流结构研究——以社会网络分析为方法	12YJC870031	张　勤

续表

序号	学科门类	学校名称	项目类别	项目名称	项目批准号	申请人
151	管理学	北京印刷学院	青年基金项目	团队成员跨边界学习的形成机制及其对团队创新绩效的影响——基于多层次视角的研究	12YJC630311	赵慧群
152	管理学	北京邮电大学	规划基金项目	新型网络环境下信息扩散机制研究	12YJA630166	闫长乐
153	交叉学科/综合研究	北京邮电大学	青年基金项目	网络舆情与政府治理博弈关系及其法律规制研究	12YJCZH147	马　荔
154	马克思主义理论/思想政治教育	北京邮电大学	青年基金项目	网络文化背景下党的意识形态领导方式创新研究	12YJC710037	梁　刚
155	艺术学	北京邮电大学	规划基金项目	当代中国网络音乐的多视角研究	12YJA760019	侯琳琦
156	语言学	北京邮电大学	规划基金项目	基于网络的英语视听说教学多维评估体系研究	12YJA740052	卢志鸿
157	交叉学科/综合研究	北京语言大学	青年基金项目	基于语料库的对英语单位名词数量表达机制的类型学与认知研究	12YJCZH288	张　旭
158	艺术学	北京语言大学	规划基金项目	20世纪中国美术批评研究	12YJA760086	尹成君
159	语言学	北京语言大学	规划基金项目	春秋金文及其地域特征研究	12YJA740056	罗卫东
160	语言学	北京语言大学	青年基金项目	类型学视野下的韩汉存在动词对比研究	12YJC740069	刘英明
161	管理学	北京中医药大学	青年基金项目	中国企业跨国经营中母国形象劣势的应对策略研究	12YJC630098	李　祺
162	交叉学科/综合研究	北京中医药大学	规划基金项目	中国医药企业社会责任评价体系研究	12YJAZH031	侯胜田
163	交叉学科/综合研究	北京中医药大学	规划基金项目	清末民国医易汇通学派文献整理与研究	12YJAZH195	张其成
164	统计学	北京中医药大学	青年基金项目	卫生核算理论方法国际新进展研究及对中国医疗卫生活动的宏观观察与分析	12YJC910002	何　静
165	心理学	北京中医药大学	规划基金项目	中医情志疗法对大学生阈下抑郁的干预研究	12YJA190010	孔军辉
166	宗教学	北京中医药大学	青年基金项目	早期道教典籍成书过程研究——以《葛仙翁肘后备急方》为例	12YJC730010	肖红艳
167	法学	对外经济贸易大学	规划基金项目	海洋石油污染损害赔偿制度比较研究	12YJA820074	王　军
168	法学	对外经济贸易大学	青年基金项目	我国辩护律师涉嫌伪证罪的追诉机制研究	12YJC820011	陈学权
169	法学	对外经济贸易大学	青年基金项目	我国基金会的法律监管机制研究	12YJC820025	冯　辉

续表

序号	学科门类	学校名称	项目类别	项目名称	项目批准号	申请人
170	法学	对外经济贸易大学	青年基金项目	社会法请求权体系之架构——以德国为中心的考察与制度本土化讨论	12YJC820069	娄　宇
171	港澳台问题研究	对外经济贸易大学	青年基金项目	当代日本亲台势力对我国台湾问题的影响研究	12YJCGAT001	王海滨
172	管理学	对外经济贸易大学	规划基金项目	基于关系网络与组织学习视角的我国软件与信息服务业国际化水平提升研究	12YJA630006	曹淑艳
173	管理学	对外经济贸易大学	规划基金项目	不同制度情境下人力资源管理实践的差异与整合机制研究——基于中国企业跨国经营的经验	12YJA630076	刘世敏
174	管理学	对外经济贸易大学	青年基金项目	虚拟组织的治理与管理控制研究	12YJC630030	戴天婧
175	管理学	对外经济贸易大学	青年基金项目	中国制造业 OEM 企业转型升级的模式及实现路径研究——基于全球价值链的视角	12YJC630067	黄满盈
176	管理学	对外经济贸易大学	青年基金项目	政策性负担、市场环境与国有股权的治理效应	12YJC630116	刘慧龙
177	管理学	对外经济贸易大学	青年基金项目	和而不同与组织有效性：对组织冲突管理的系统化研究	12YJC630225	魏　昕
178	国际问题研究	对外经济贸易大学	规划基金项目	全球化进程中的中国国际话语权拓展策略研究	12YJAGJW003	梁凯音
179	国际问题研究	对外经济贸易大学	青年基金项目	基于 Web2.0 技术的西方对华“新媒体外交”态势及我国对策研究	12YJCGJW002	董青岭
180	国际问题研究	对外经济贸易大学	青年基金项目	中国海外利益保护机制构建研究	12YJCGJW006	李志永
181	国际问题研究	对外经济贸易大学	青年基金项目	欧盟贸易决策制定：多层网络内公、私行为体之间的物品交易	12YJCGJW012	王宏禹
182	国际问题研究	对外经济贸易大学	青年基金项目	全球经济治理视角下新兴经济体与传统大国的互动关系研究——以 20 国集团为例	12YJCGJW016	徐　婷
183	交叉学科/综合研究	对外经济贸易大学	规划基金项目	城乡一体化背景下基于教师研修社区的学习模式对农村教师能力提升的作用及路径	12YJAZH102	秦良娟
184	交叉学科/综合研究	对外经济贸易大学	青年基金项目	碳金融产品的结构化设计与估值问题研究	12YJCZH045	冯建芬
185	交叉学科/综合研究	对外经济贸易大学	青年基金项目	高维因子模型的极大似然分析	12YJCZH109	李鲲鹏
186	交叉学科/综合研究	对外经济贸易大学	青年基金项目	东北老工业基地的历史记忆与当代文化生产	12YJCZH136	刘　岩
187	经济学	对外经济贸易大学	规划基金项目	中国参与国际投资体制的新战略研究	12YJA790018	崔　凡

续表

序号	学科门类	学校名称	项目类别	项目名称	项目批准号	申请人
188	经济学	对外经济贸易大学	规划基金项目	包容性增长视角下中国家庭负债的适度规模和经济后果研究	12YJA790042	何丽芬
189	经济学	对外经济贸易大学	规划基金项目	我国积极应对欧盟反补贴问题研究	12YJA790069	李计广
190	经济学	对外经济贸易大学	规划基金项目	世代交叠框架下赡养经济（中国）中教育投入、社会保障和经济增长之间的理论和实证研究	12YJA790087	刘庆彬
191	经济学	对外经济贸易大学	规划基金项目	城市商业银行跨区域经营的风险控制与效率提升研究	12YJA790101	欧阳青东
192	经济学	对外经济贸易大学	规划基金项目	地方政府融资平台违约率的估算与风险防范——基于宏观压力测试的研究	12YJA790114	孙东升
193	经济学	对外经济贸易大学	规划基金项目	后危机时代银行跨境监管合作机制研究	12YJA790141	温晓芳
194	经济学	对外经济贸易大学	规划基金项目	中国通货膨胀成因量化解析与全面压力测试——基于宏观审慎视角	12YJA790145	吴　军
195	经济学	对外经济贸易大学	青年基金项目	证券交易税能够稳定市场吗	12YJC790001	边江泽
196	经济学	对外经济贸易大学	青年基金项目	信息不对称环境下银行资产证券化的风险自留监管框架研究：作用机制、效果评估与再设计	12YJC790047	郭桂霞
197	经济学	对外经济贸易大学	青年基金项目	沿海外商投资企业撤资风险防范	12YJC790109	李玉梅
198	经济学	对外经济贸易大学	青年基金项目	我国银行贷款质量的内在机理及影响因素分析——来自全国各省的证据	12YJC790146	潘慧峰
199	经济学	对外经济贸易大学	青年基金项目	中国区域间产品内分工深化与缩小地区差距的路径优化研究	12YJC790170	汤　碧
200	经济学	对外经济贸易大学	青年基金项目	工人工资增长、企业经营选择与工作创造	12YJC790201	巫　强
201	经济学	对外经济贸易大学	青年基金项目	高铁与民航竞争的博弈模型研究和实证分析	12YJC790228	杨杭军
202	经济学	对外经济贸易大学	青年基金项目	不确定技术变革条件下的产业追赶机制研究：以中国（后发国家）的家电和汽车制造业为例	12YJC790235	杨震宁
203	社会学	对外经济贸易大学	青年基金项目	城市失能老人照护中的劳动力供需矛盾与人力资源开发机制	12YJC840006	方黎明
204	外国文学	对外经济贸易大学	青年基金项目	意象的磁场——对法国作家于连·格拉克的作品主题的亲缘性研究	12YJC752033	阎雪梅
205	语言学	对外经济贸易大学	青年基金项目	商务话语的批评隐喻分析：基于语料库方法	12YJC740092	孙　亚
206	法学	华北电力大学	青年基金项目	网络传媒时代审判公开问题研究——以司法信息网络公开为中心	12YJC820045	孔令章

续表

序号	学科门类	学校名称	项目类别	项目名称	项目批准号	申请人
207	交叉学科/综合研究	华北电力大学	规划基金项目	我国风电产业链动态建模及其柔性问题研究	12YJAZH205	赵振宇
208	管理学	首都经济贸易大学	规划基金项目	基于信息技术的企业内部控制缺陷认定与早期预警机制研究	12YJA630119	王海林
209	管理学	首都经济贸易大学	青年基金项目	基于政府干预亲周期特征的企业投资协同行为研究	12YJC630315	赵懿清
210	教育学	首都经济贸易大学	青年基金项目	我国高校教师组织认同的结构及其与工作绩效的关系研究	12YJC880032	姜　红
211	经济学	首都经济贸易大学	规划基金项目	企业会计准则实施的经济后果研究	12YJA790089	刘文辉
212	教育学	首都师范大学	规划基金项目	北京市义务教育教师交流现状、问题与对策研究	12YJA880108	田汉族
213	教育学	首都师范大学	青年基金项目	游戏与德育——小学生校园游戏生活的道德审视	12YJC880042	李　敏
214	教育学	首都师范大学	青年基金项目	县域中小学布局调整的政策工具分析	12YJC880083	荣利颖
215	教育学	首都师范大学	青年基金项目	对现当代中西方教育哲学研究问题的比较研究	12YJC880084	邵燕楠
216	考古学	首都师范大学	青年基金项目	商代前期青铜容器分期与区域类型研究	12YJC780005	朱光华
217	历史学	首都师范大学	规划基金项目	古灵宝经所见的晋宋时代江东信仰世界	12YJA770030	刘　屹
218	历史学	首都师范大学	青年基金项目	《晋书·地理志》与西晋分封制的互进研究	12YJC770017	顾江龙
219	图书馆、情报与文献学	首都师范大学	青年基金项目	新时期俄罗斯图书馆事业研究	12YJC870027	文　凤
220	语言学	首都师范大学	规划基金项目	东周金文作器用途铭辞与东周社会研究	12YJA740008	陈英杰
221	语言学	首都师范大学	青年基金项目	楚简通假字汇编与研究	12YJC740136	张富海
222	中国文学	首都师范大学	青年基金项目	批判理论在中国：新时期效果历史研究	12YJC751071	孙士聪
223	教育学	首都体育学院	规划基金项目	中国大、中、小学体育课程一体化模式的构建	12YJA880111	王皋华
224	管理学	首都医科大学	青年基金项目	新农合住院补偿方案对农民服务利用的影响及政策改善策略研究	12YJC630233	吴妮娜
225	交叉学科/综合研究	首都医科大学	青年基金项目	国家基本药物生产、流通和使用监测指标体系研究	12YJCZH116	李　颖
226	交叉学科/综合研究	首都医科大学	青年基金项目	正性情绪对老年高血压患者血压和生命质量的影响	12YJCZH146	马丽娜
227	教育学	中国传媒大学	规划基金项目	研究型大学教师绩效评价制度研究	12YJA880029	耿益群

续表

序号	学科门类	学校名称	项目类别	项目名称	项目批准号	申请人
228	新闻学与传播学	中国传媒大学	青年基金项目	基于附随扩散模型的我国手机阅读用户扩散的实证研究	12YJC860009	程静薇
229	艺术学	中国传媒大学	规划基金项目	中国电视剧理论批评发展史（1977—2010）	12YJA760007	戴 清
230	艺术学	中国传媒大学	规划基金项目	中国电视剧批评模式研究	12YJA760065	王黑特
231	艺术学	中国传媒大学	青年基金项目	合作制片与中国主流文化的互动影响研究（1979—2012）	12YJC760027	胡黎红
232	艺术学	中国传媒大学	青年基金项目	听觉元素的艺术及文化内涵与大众传播关系研究	12YJC760034	姜 燕
233	艺术学	中国传媒大学	青年基金项目	改革开放以来境外电视剧在中国的流变会通研究	12YJC760104	姚皓韵
234	中国文学	中国传媒大学	规划基金项目	东北解放区文学出版和刊物的勃兴与文学发展	12YJA751045	逄增玉
235	中国文学	中国传媒大学	青年基金项目	唐宋古文金元传播接受史	12YJC751087	王 永
236	管理学	中国地质大学（北京）	青年基金项目	中小高新技术企业知识溢出与合作创新研究	12YJC630043	方 伟
237	交叉学科/综合研究	中国地质大学（北京）	青年基金项目	我国新能源汽车产业发展的财税政策支撑：基于“3E”复合系统和动态CGE模型的研究	12YJCZH057	葛建平
238	经济学	中国地质大学（北京）	规划基金项目	境外矿业投资环境指数结构研究	12YJA790064	雷 平
239	管理学	中国矿业大学（北京）	规划基金项目	我国煤化工行业开展CCS技术的政策设计	12YJA630161	徐向阳
240	经济学	中国矿业大学（北京）	青年基金项目	我国能源活动相关的甲烷排放特征、系统减排潜力与最优对策模型研究	12YJC790255	张 博
241	法学	中国劳动关系学院	规划基金项目	事业单位人事争议处理法律制度研究	12YJA820094	张冬梅
242	经济学	中国劳动关系学院	青年基金项目	经济增长模式转型背景下劳动者收入结构对消费需求影响的实证研究	12YJC790210	谢 琦
243	经济学	中国劳动关系学院	青年基金项目	农村人力资本溢出效应与城乡收入差距研究	12YJC790276	张艳华
244	新闻学与传播学	中国劳动关系学院	青年基金项目	大众传媒与构建和谐劳资关系研究——以新生代农民工为核心对象	12YJC860042	吴 麟
245	新闻学与传播学	中国劳动关系学院	青年基金项目	媒介融合趋势下的数字品牌建设	12YJC860053	张佰明
246	管理学	中国农业大学	规划基金项目	鲜活农产品追溯系统激励机制研究——以淡水活鱼为例	12YJA630184	张建胜
247	交叉学科/综合研究	中国农业大学	青年基金项目	食用农产品标识管理中利益相关者的行为特征及其影响因素研究	12YJCZH285	张小栓

续表

序号	学科门类	学校名称	项目类别	项目名称	项目批准号	申请人
248	经济学	中国农业大学	规划基金项目	生物技术应用的社会规制问题研究	12YJA790140	王玉斌
249	经济学	中国农业大学	规划基金项目	基于主体功能区规划的欠发达地区土地利用模式与区域经济发展耦合研究——以贵州省为例	12YJA790217	朱道林
250	经济学	中国农业大学	青年基金项目	劳动力流动与农民工市场一体化研究	12YJC790105	李晓峰
251	艺术学	中国农业大学	青年基金项目	区域社会史视野下的上海电影文化消费社区研究（1896—1937）	12YJC760003	陈　刚
252	法学	中国青年政治学院	青年基金项目	WTO贸易报复机制研究——发展中的法理和制度	12YJC820057	李晓玲
253	交叉学科/综合研究	中国青年政治学院	青年基金项目	媒介融合环境下的“微学习”模式及实现机制研究	12YJCZH036	杜智涛
254	交叉学科/综合研究	中国青年政治学院	青年基金项目	网络趣缘群体中的聚众传播及其社会整合功能研究	12YJCZH143	罗自文
255	政治学	中国青年政治学院	青年基金项目	制度约束下中国县级政府自主性决策的实践逻辑与扩张路径探究——以河北省Z市为例	12YJC810021	孙广厦
256	法学	中国人民大学	规划基金项目	国际经济纠纷的司法解决：秩序重构与法律对策	12YJA820016	杜焕芳
257	法学	中国人民大学	规划基金项目	夫妻财产制研究	12YJA820063	孙若军
258	法学	中国人民大学	青年基金项目	程序利益论：民事诉讼程序运转的逻辑基础及社会动力	12YJC820123	许尚豪
259	管理学	中国人民大学	规划基金项目	基本医疗保险关系转移接续路径研究——基于典型地区试点运行的实证调查	12YJA630020	仇雨临
260	管理学	中国人民大学	规划基金项目	随机环境下技术选择与人力资源集成规划及算法	12YJA630046	蒋洪迅
261	交叉学科/综合研究	中国人民大学	规划基金项目	人口统计数据空间化与区域人口风险管理机制研究	12YJAZH012	杜本峰
262	交叉学科/综合研究	中国人民大学	规划基金项目	“韩（非）学”史略	12YJAZH118	宋洪兵
263	交叉学科/综合研究	中国人民大学	青年基金项目	国际贸易隐含能源转移问题研究：机制、影响及应对政策	12YJCZH021	陈占明
264	交叉学科/综合研究	中国人民大学	青年基金项目	经济学研究的性别视角	12YJCZH173	沈尤佳
265	经济学	中国人民大学	规划基金项目	新生代农民工市民化过程中的制度冲突与协调问题研究	12YJA790051	黄　锟
266	经济学	中国人民大学	规划基金项目	中国节能管理城市分类技术与管理策略研究——基于287个城市面板数据的分析	12YJA790111	宋国君

续表

序号	学科门类	学校名称	项目类别	项目名称	项目批准号	申请人
267	经济学	中国人民大学	规划基金项目	城市群人口空间分布机制及优化研究——以京津冀城市群为例	12YJA790202	张耀军
268	经济学	中国人民大学	青年基金项目	中国地区制度质量对企业行为和绩效的影响	12YJC790143	聂辉华
269	经济学	中国人民大学	青年基金项目	我国扩大内需长效机制的微观基础与政策构建——基于家庭消费函数与大样本调查的研究	12YJC790158	石明明
270	经济学	中国人民大学	青年基金项目	逆向选择还是正向选择——对董事责任保险购买需求的研究	12YJC790217	许　荣
271	经济学	中国人民大学	青年基金项目	为什么汇率干预不能解决贸易失衡——基于出口边际视角	12YJC790283	赵　勇
272	社会学	中国人民大学	规划基金项目	艾滋病歧视与反歧视策略研究	12YJA840035	张有春
273	社会学	中国人民大学	青年基金项目	生命历程视角下的失业者就业观点和就业障碍研究	12YJC840045	吴　蕾
274	统计学	中国人民大学	青年基金项目	集成创新系统的测度与实证：来自中国的经验证据	12YJC910010	吴翌琳
275	外国文学	中国人民大学	规划基金项目	现代作者理论研究	12YJA752005	刁克利
276	心理学	中国人民大学	青年基金项目	儿童同伴交往中的资源获得行为及其社会适应意义的跨文化比较	12YJC190001	曹睿昕
277	艺术学	中国人民大学	青年基金项目	唐宋时期佛教经藏插图研究	12YJC760109	张建宇
278	语言学	中国人民大学	规划基金项目	话语符号历史模态重构当代中国国家认同	12YJA740091	杨　敏
279	语言学	中国人民大学	青年基金项目	类型学背景下的汉语非核心论元实现模式及允准机制研究	12YJC740090	孙天琦
280	哲学	中国人民大学	青年基金项目	《马克思恩格斯全集》历史考证第一版（MEGA1）与第二版（MEGA2）的比较研究	12YJC720060	赵玉兰
281	中国文学	中国人民大学	青年基金项目	唐诗语言学批评研究	12YJC751116	朱子辉
282	宗教学	中国人民大学	青年基金项目	清代佛教史学与史家研究	12YJC730002	曹刚华
283	法学	中国人民公安大学	规划基金项目	秘密侦查与技术侦查措施规范化研究	12YJA820043	刘　涛
284	图书馆、情报与文献学	中国人民公安大学	青年基金项目	基于综合情报平台的重大社会安全事件预警防范机制研究	12YJC870003	陈　亮
285	艺术学	中国戏曲学院	规划基金项目	中国元素在西方油画语言中的应用与成果	12YJA760071	王　忻
286	法学	中国政法大学	规划基金项目	民事诉讼询问权制度的理论与实务运作考察	12YJA820061	孙邦清

续表

序号	学科门类	学校名称	项目类别	项目名称	项目批准号	申请人
287	法学	中国政法大学	规划基金项目	城市住宅小区业主自治与善治问题研究	12YJA820090	杨玉圣
288	交叉学科/综合研究	中国政法大学	规划基金项目	我国文化产品“走出去”的有效供给机制研究	12YJAZH045	鞠宏磊
289	交叉学科/综合研究	中国政法大学	规划基金项目	中国公民司法公正感实证研究	12YJAZH088	马　皑
290	交叉学科/综合研究	中国政法大学	规划基金项目	自媒体繁荣背景下的政法舆情引导机制研究	12YJAZH137	王佳航
291	交叉学科/综合研究	中国政法大学	规划基金项目	中美刑事判决书比较研究	12YJAZH197	张　清
292	教育学	中国政法大学	青年基金项目	中美高等教育评估体系比较及基于DS证据理论的教育评估决策系统研究	12YJC880123	肖　滢
293	经济学	中国政法大学	规划基金项目	体制和规制约束条件下美国金融制度变迁研究	12YJA790143	巫云仙
294	逻辑学	中国政法大学	规划基金项目	情境语义学视野下的态度句研究	12YJA72040003	王建芳
295	社会学	中国政法大学	规划基金项目	地方政府对劳资关系的软性调控及其效果研究——以浙江省为例	12YJA840031	游正林
296	新闻学与传播学	中国政法大学	规划基金项目	网络传播伦理案例、问题与对策研究	12YJA860024	阴卫芝
297	哲学	中国政法大学	青年基金项目	詹姆逊与马克思主义文化批判理论	12YJC720022	倪寿鹏
298	经济学	中华女子学院	青年基金项目	适应产业结构发展的新生代女性农民工就业竞争力构建研究	12YJC790049	国晓丽
299	宗教学	中华女子学院	青年基金项目	《碛砂藏》随函音义辑校与研究	12YJC730009	谭　翠
300	法学	中央财经大学	规划基金项目	海洋环境污染诉讼问题研究	12YJA820002	曹晓燕
301	法学	中央财经大学	青年基金项目	劳务派遣法律规制研究	12YJC820051	李海明
302	法学	中央财经大学	青年基金项目	跨国公司在全球化共同体中的软法治理机制研究——以企业社会责任规范为中心	12YJC820058	历　咏
303	管理学	中央财经大学	规划基金项目	新农合的筹资结构优化及精算平衡研究——基于可持续发展的视角	12YJA630011	陈　华
304	管理学	中央财经大学	规划基金项目	基于中国企业跨国经营的公司品牌影响机制研究	12YJA630104	孙国辉
305	管理学	中央财经大学	规划基金项目	会计规范和监管政策不断变化下的财产险公司盈余管理及动机的实证研究	12YJA630195	赵雪媛
306	管理学	中央财经大学	青年基金项目	基于供应链跨界搜索的港资企业二元创新与企业绩效：动态竞争的权变视角	12YJC630011	陈金亮

续表

序号	学科门类	学校名称	项目类别	项目名称	项目批准号	申请人
307	管理学	中央财经大学	青年基金项目	董事连锁网络与独立董事治理：理论分析和实证检验	12YJC630021	陈运森
308	管理学	中央财经大学	青年基金项目	基于网络群体事件的虚拟社会治理机制研究	12YJC630027	崔　鹏
309	管理学	中央财经大学	青年基金项目	网络舆情传播过程中的情绪演化规律研究	12YJC630106	李雪峰
310	管理学	中央财经大学	青年基金项目	无形资产资本化与证券分析师盈余预测：影响机理与制度背景	12YJC630226	魏　紫
311	管理学	中央财经大学	青年基金项目	基于系统逻辑的我国新城规划管理模式创新研究	12YJC630227	温锋华
312	交叉学科/综合研究	中央财经大学	青年基金项目	若干金融保险问题的最优时间一致性决策研究	12YJCZH219	伍慧玲
313	教育学	中央财经大学	规划基金项目	中国大学课程管理制度的演变与发展趋势研究	12YJA880033	郭德红
314	教育学	中央财经大学	青年基金项目	义务教育均衡发展的指标体系研究	12YJC880052	林存银
315	经济学	中央财经大学	规划基金项目	我国地区财力差异研究——基于地级市的视角	12YJA790195	张　莉
316	经济学	中央财经大学	青年基金项目	基于结构突变的分数单积半参数统计推断及应用研究	12YJC790028	邓　露
317	经济学	中央财经大学	青年基金项目	财政体制视角下的房产税改革：理论与实证分析	12YJC790100	李　升
318	经济学	中央财经大学	青年基金项目	跨境贸易人民币结算对我国出口的效应研究——理论机制、现状与对策	12YJC790137	马光明
319	经济学	中央财经大学	青年基金项目	经济周期测度与逆周期经济政策国际协调机制研究	12YJC790165	孙　瑾
320	经济学	中央财经大学	青年基金项目	人口转型、劳动力迁移与资本积累：论我国经济长期发展与短期波动中的人口因素	12YJC790269	张　琼
321	经济学	中央财经大学	青年基金项目	保险公司最优风险控制策略研究	12YJC790290	周　明
322	经济学	中央财经大学	青年基金项目	融资约束和市场分割对中国出口的影响机制研究	12YJC790291	周世民
323	马克思主义理论/思想政治教育	中央财经大学	规划基金项目	早期中国共产党人群体对马克思主义中国化的初步探索及其当代价值研究	12YJA710092	张世飞
324	马克思主义理论/思想政治教育	中央财经大学	青年基金项目	我国网络意识形态的基础理论研究	12YJC710072	谢玉进
325	社会学	中央财经大学	青年基金项目	市场转型与城市基层社会管理体制创新——以“单位”研究为视角	12YJC840043	王修晓

续表

序号	学科门类	学校名称	项目类别	项目名称	项目批准号	申请人
326	新闻学与传播学	中央财经大学	青年基金项目	公共危机传播中的新媒体舆情监测与风险管控研究	12YJC860059	祝兴平
327	管理学	中央民族大学	规划基金项目	少数民族地区经济数据处理的图形模式方法研究	12YJA630123	王　辉
328	交叉学科/综合研究	中央民族大学	规划基金项目	提高我国少数民族地区基础教育理科课程质量的计量模型研究	12YJAZH028	何　伟
329	民族学与文化学	中央民族大学	规划基金项目	伊斯兰教本土化的中国经验——以回族的视角	12YJA850004	丁　宏
330	民族学与文化学	中央民族大学	青年基金项目	基于旅游人类学视野的人口较少民族旅游反贫困研究——以循化撒拉族和宁蒗普米族为个案	12YJC850010	李劲松
331	社会学	中央民族大学	青年基金项目	老年人长期照护制度与社会支持网络研究	12YJC840031	施巍巍
332	图书馆、情报与文献学	中央民族大学	规划基金项目	军机处满文录副奏折所藏 18 世纪托忒文文书研究	12YJA870026	叶尔达
333	艺术学	中央民族大学	规划基金项目	四川省巴塘县村落歌舞“弦子”及其社会文化研究	12YJA760066	王　华
334	政治学	中央民族大学	青年基金项目	政党管理体制及其发展趋势研究——基于利益、权力和组织的分析	12YJC810004	傅景亮
335	法学	外交学院	青年基金项目	请求权基础探寻方法：展开民法的公因式	12YJC820113	吴香香
336	国际问题研究	外交学院	规划基金项目	新古典现实主义与外交政策理论的新发展	12YJAGJW002	陈志瑞
337	国际问题研究	外交学院	规划基金项目	从“制度困境”看全球治理体制的改革与中国对策	12YJAGJW008	卢　静
338	政治学	外交学院	青年基金项目	影响公共外交受众心理的路径分析	12YJC810002	陈雪飞

（高校社科管理中心白晓供稿）

2012 年度教育部哲学社会科学研究重大攻关项目（北京地区）

项目批准号	项目名称	单位	项目负责人
12JZD036	中国社会转型期的居民信用管理和公共服务体系建设研究	北京大学	章　政
12JZD021	社会组织参与社会管理和服务机制研究	北京师范大学	陶传进
12JZD040	义务教育阶段学生学业质量标准体系研究	北京师范大学	辛　涛
12JZD014	东亚国家语言中汉字词汇使用现状研究	北京外国语大学	施建军
12JZD018	全球汉语中介语语料库建设和研究	北京语言大学	崔希亮

续表

项目批准号	项目名称	单位	项目负责人
12JZD030	转型时期中国的行业垄断与居民收入分配研究	中国人民大学	岳希明
12JZD049	亚太地区形势演变及中国亚太战略研究	中国人民大学	黄大慧
12JZD005	我国公共文化服务体系保障机制研究	中国政法大学	张桂琳
12JZD039	信息时代网络法律体系的整体建构研究	中国政法大学	于志刚
12JZD043	大学生村官成长成才机制研究	中国政法大学	马抗美
12JZD026	居民收入占国民收入比重统计指标体系研究	中央财经大学	刘　扬
12JZD015	当代艺术实践与增强国家文化竞争力战略研究	中央美术学院	宋晓霞

（高校社科管理中心白晓供稿）

2012 年度教育部哲学社会科学研究后期资助项目（北京地区）

项目批准号	项目名称	单位	项目负责人
12JHQ017	日本劳动法研究	北京大学	叶静漪
12JHQ053	中国健康转变和健康发展模式研究	北京大学	郑晓瑛
12JHQ028	中国农村金融组织结构优化研究	北京工商大学	张正平
12JHQ032	公平贸易的公平性及福利效应研究	北京师范大学	曲如晓
12JHQ049	人类基因治疗的伦理审视	北京协和医学院	张新庆
12JHQ042	历史·当下——J. M. 库切作品与后现代文化景观	对外经济贸易大学	邵　凌
12JHQ003	伦理与企业：企业伦理探源	首都经济贸易大学	温宏建
12JHQ010	新编金文编	中国人民大学	王贵元
12JHQ016	转型乡村的纠纷解决	中国政法大学	栗　峥
12JHQ039	说唱、唱本与书坊：北京民间说唱文学综论	中国政法大学	崔蕴华
12JHQ027	从机会均等到结果平等：中国收入分配现状和出路	中央财经大学	陈斌开
12JHQ054	道教与中国少数民族	中央民族大学	谢路军
12JHQ055	汉藏文化的共同性与差异性——基于民间故事的比较视角	中央民族大学	林继富
12JHQ009	唱词音声说	中央音乐学院	钱　茸

（高校社科管理中心白晓供稿）

2012 年北京市哲学社会科学规划项目

序号	项目编号	项目名称	项目负责人	申报学科	项目类别	最终成果形式	信誉保证单位	计划完成时间
1	12CSA001	北京建设中国特色世界城市战略重点研究	唐　鑫	城市学	重点项目	研究报告	北京市社会科学院	2013. 12. 30
2	12CSA002	西城区“首善之区”建设的理论与模式研究	王　宁	城市学	重点项目	研究报告	北京市哲学社会科学应用对策研究西城区基地	2012. 10. 30
3	12CSB003	北京城市景观文化生态发展研究	黄　艳	城市学	一般项目	专著	清华大学	2014. 10. 30
4	12CSB004	北京城市文化旅游发展主导模式研究	董恒年	城市学	一般项目	研究报告论文集	北京联合大学	2013. 12. 31
5	12CSB005	北京轨道站点乘客换乘行为分析与交通组织优化研究	吴海燕	城市学	一般项目	研究报告	北京建筑工程学院	2013. 12. 30
6	12CSB006	北京市健康城市建设的大众化路径探索——以民族健身操为切入点	李俊怡	城市学	一般项目	研究报告论文集	中央民族大学	2014. 12. 31
7	12CSB007	北京在世界城市网络中影响力研究	赵　霜	城市学	一般项目	研究报告	北京市科学技术研究院	2014. 12. 31
8	12CSB008	公益性公园的文化建设与社会主义先进文化之都的相关性研究	朱英姿	城市学	一般项目	研究报告	北京市公园管理中心	2014. 12. 31
9	12CSB009	基于生态优化的北京新城发展机理研究	李金林	城市学	一般项目	研究报告论文集	北京理工大学	2014. 12. 31
10	12CSC010	北京市保障性住房运行机制研究	张远索	城市学	青年项目	研究报告论文集	北京联合大学	2014. 3. 30
11	12CSC011	北京市流动人口聚居区“社区主导型”人居环境改善模式研究	孙　立	城市学	青年项目	论文集	北京建筑工程学院	2014. 12. 30
12	12CSC012	基于城市增长边界的北京城市空间管理研究	谢天成	城市学	青年项目	研究报告	中共北京市委党校	2014. 11. 1
13	12CSC013	基于区域协作与区域治理的北京世界城市建设机制研究	唐　燕	城市学	青年项目	研究报告	清华大学	2015. 12. 31

续表

序号	项目编号	项目名称	项目负责人	申报学科	项目类别	最终成果形式	信誉保证单位	计划完成时间
14	12CSC014	加快数字北京建设对策研究：基于创新2.0的智慧城市管理模式探索	张　楠	城市学	青年项目	报告	清华大学	2013.12.31
15	12CSC015	首都城市色彩体系构建研究	陈金梅	城市学	青年项目	研究报告 论文集	北京电子科技职业学院	2015.11.20
16	12FXA001	北京建设中国特色世界城市中的外国人管理机制研究	万　霞	法学	重点项目	专著	外交学院	2014.6.30
17	12FXA002	党领导立法实证研究——以北京市人大及其常委会为例	莫纪宏	法学	重点项目	专著	中共北京市委讲师团	2014.4.30
18	12FXA003	美国问责机制对中国的启示与借鉴	应松年	法学	重点项目	研究报告	中国政法大学	2014.4.30
19	12FXA004	强制拍卖制度研究	金俊银	法学	重点项目	专著	国家法官学院	2015.6.30
20	12FXB005	民事执行中的检察监督制度研究	谭秋桂	法学	一般项目	研究报告	中国政法大学	2013.12.31
21	12FXB006	“十二五”期间北京地方电力立法研究	王学棉	法学	一般项目	研究报告	华北电力大学	2014.12.31
22	12FXB007	“十二五”期间首都地方立法——以社会管理创新立法为视角	武树臣	法学	一般项目	研究报告	北京市法学会	2013.7.1
23	12FXB008	北京食品安全法律对策研究	徐久生	法学	一般项目	研究报告	中国政法大学	2014.12.31
24	12FXB009	北京市PM2.5污染治理的政策与法律研究	高桂林	法学	一般项目	研究报告	北京市法学会	2014.6.30
25	12FXB010	北京市典当融资立法研究——基于金融法二元规范结构的视角	郭娅丽	法学	一般项目	研究报告 其他	北京联合大学	2013.12.30
26	12FXB011	北京市非物质文化遗产保护立法研究	韩赤风	法学	一般项目	研究报告	北京市法学会	2013.5.30
27	12FXB012	北京市分布式能源政策与立法研究——以紧急状态下北京市能源安全保障为视角	曹治国	法学	一般项目	研究报告	华北电力大学	2014.12.31
28	12FXB013	北京市吸戒毒问题研究	谢川豫	法学	一般项目	研究报告	中国人民公安大学	2014.12.30
29	12FXB014	北京市学前教育的立法现状与制度完善	李　昕	法学	一般项目	研究报告	首都师范大学	2013.8.30

续表

序号	项目编号	项目名称	项目负责人	申报学科	项目类别	最终成果形式	信誉保证单位	计划完成时间
30	12FXB015	北京市医疗纠纷非诉讼解决机制（ADR）的改革与完善	刘兰秋	法学	一般项目	研究报告	首都医科大学	2014. 12. 30
31	12FXB016	北京市中小企业社会责任法律规制研究	林艳琴	法学	一般项目	论文集	北京师范大学	2015. 6. 30
32	12FXB017	北京文化大发展大繁荣背景下的知识产权保护	靳晓东	法学	一般项目	研究报告	北京工业大学	2013. 5. 1
33	12FXB018	北京行政复议委员会制度研究	王青斌	法学	一般项目	研究报告	中国政法大学	2013. 12. 31
34	12FXB019	机动车交通事故责任研究——以侵权责任法实施为基点	孙玉荣	法学	一般项目	研究报告	北京工业大学	2014. 9. 30
35	12FXB020	论网络谣言的法律规制	齐小力	法学	一般项目	研究报告	中国人民公安大学	2013. 5. 31
36	12FXB021	审判组织设置方式改革研究	吴在存	法学	一般项目	研究报告	北京市高级人民法院	2014. 6. 30
37	12FXB022	首都法治指数研究	蒋立山	法学	一般项目	研究报告	北京市法学会	2013. 3. 30
38	12FXB023	新刑事诉讼法证明标准实证研究	李训虎	法学	一般项目	专著	中国政法大学	2014. 12. 31
39	12FXB024	在押人员未成年子女救助问题研究	田宏杰	法学	一般项目	专著	中国人民大学	2014. 6. 30
40	12FXB025	知识产权许可合同研究	郭德忠	法学	一般项目	研究报告	北京理工大学	2014. 12. 31
41	12FXC026	北京市法律援助体系实证研究	袁　钢	法学	青年项目	研究报告	中国政法大学	2014. 4. 30
42	12FXC027	刑讯逼供防治系统化研究——新《刑事诉讼法》颁行背景下的讨论	刘　昂	法学	青年项目	研究报告	北京政法职业学院	2014. 6. 30
43	12FXC028	北京市人民调解制度研究	刘坤轮	法学	青年项目	研究报告	中国政法大学	2014. 12. 30
44	12FXC029	北京市社区力量参与社区矫正的实证研究	廖　明	法学	青年项目	研究报告 论文集	北京师范大学	2013. 11. 30
45	12FXC030	北京市突发公共事件应急管理中的法律问题	郭　殊	法学	青年项目	论文集	北京师范大学	2014. 9. 30
46	12FXC031	北京市政府非税收入管理的法律对策研究——域外经验与立法完善	冯　辉	法学	青年项目	论文集	对外经济贸易大学	2014. 9. 30

续表

序号	项目编号	项目名称	项目负责人	申报学科	项目类别	最终成果形式	信誉保证单位	计划完成时间
47	12FXC032	北京市最低生活保障法律制度研究	李海明	法学	青年项目	研究报告	中央财经大学	2014.4.30
48	12FXC033	两岸四地跨境旅游纠纷应对机制研究——以北京游客跨境旅游纠纷为中心	曾　涛	法学	青年项目	研究报告	中国政法大学	2014.4.30
49	12FXC034	民事诉讼中的检察监督研究	姜晓妍	法学	青年项目	论文集	中国人民大学	2014.12.31
50	12FXC035	侵权责任法的一般条款构成要件该当性重构	林承铎	法学	青年项目	研究报告	中国人民大学	2014.8.30
51	12FXC036	社会救助体系中的残疾人就业指导法律问题研究——以北京市残疾人就业服务体系为考察对象	徐　爽	法学	青年项目	研究报告	中国政法大学	2014.4.30
52	12FXC037	意大利行政诉讼制度变迁研究	罗智敏	法学	青年项目	专著	中国政法大学	2015.9.30
53	12FXC038	中美食品安全刑法保护比较研究	左袖阳	法学	青年项目	论文集	北京市社会科学院	2014.12.31
54	12FXB039	法规预案研究制度的实践与思考	张　引	法学	一般项目	研究报告	北京市人大理论研究会	2012.6.1
55	12FXA040	地方人大常委会立法体制问题研究	张真理	法学	重点项目	研究报告	北京市人大理论研究会	2013.6.30
56	12FXB041	人大专题询问制度化研究——从事后质询监督向事前询问监督转变	陈淑娟	法学	一般项目	研究报告	北京市人大理论研究会	2013.4.1
57	12FXB042	人大代表履职现状分析及对策研究——以朝阳区人大代表为主要研究对象	佟克克	法学	一般项目	研究报告	北京市人大理论研究会	2012.12.31
58	12FXB043	京郊农地可持续利用法律规制研究	董景山	法学	一般项目	研究报告	北京农学院	2013.12.31
59	12JGA001	首都文化走出去政策措施研究	李小牧	经济·管理	重点项目	研究报告	北京第二外国语学院	2012.12.31
60	12JGB002	北京新媒体产业发展及国际化趋势研究	李一凡	经济·管理	一般项目	其他	北京印刷学院	2012.12.10
61	12JGB003	北京京剧院打造世界驰名院团的战略研究	李嘉珊	经济·管理	一般项目	研究报告	北京第二外国语学院	2013.6.30

续表

序号	项目编号	项目名称	项目负责人	申报学科	项目类别	最终成果形式	信誉保证单位	计划完成时间
62	12JGB004	新形势下北京京剧传承与发展的现状、问题及对策研究：基于市场化的视角	王海文	经济·管理	一般项目	研究报告	北京第二外国语学院	2013.12.31
63	12JGA005	北京地区理工科高校科研竞争力分析	李双杰	经济·管理	重点项目	研究报告	北京工业大学	2014.12.30
64	12JGA006	北京现代种子产业整合研究	侯军岐	经济·管理	重点项目	研究报告 论文	北京信息科技大学	2014.12.30
65	12JGA007	北京城市公用事业价格形成机制及其管理研究	柳学信	经济·管理	重点项目	研究报告	首都经济贸易大学	2014.12.31
66	12JGA008	北京生产性服务业与区域经济发展互动机制研究	张　耘	经济·管理	重点项目	研究报告 论文集	北京工商大学	2014.8.30
67	12JGA009	北京市旅游企业战略能力与集团化发展模式研究	王成慧	经济·管理	重点项目	专著	北京第二外国语学院	2014.12.31
68	12JGA010	北京市人口家庭老龄化对储蓄、消费和社会保障的影响研究	姚　洋	经济·管理	重点项目	研究报告 论文集	北京大学	2013.9.30
69	12JGA011	北京市信息安全问题研究	张真继	经济·管理	重点项目	研究报告	北京交通大学	2013.6.30
70	12JGA012	北京新能源产业发展的融资支持研究——基于绿色金融的视角	徐丹丹	经济·管理	重点项目	研究报告	北京工商大学	2014.9.30
71	12JGA013	基于运输时间价值的北京市轨道交通票价模型与应用研究	林晓言	经济·管理	重点项目	研究报告	北京交通大学	2014.12.31
72	12JGA014	首都社会稳定视角下的互联网治理对策研究	王天梅	经济·管理	重点项目	论文集	中央财经大学	2014.6.30
73	12JGA015	我国特大城市 CBD 金融集聚差异化发展研究	王曼怡	经济·管理	重点项目	专著 研究报告	首都经济贸易大学	2014.12.31
74	12JGA016	自主创新驱动北京新兴产业共生发展战略研究	欧阳桃花	经济·管理	重点项目	研究报告	北京航空航天大学	2014.12.31
75	12JGB017	北京率先形成创新驱动发展格局研究	徐则荣	经济·管理	一般项目	研究报告	首都经济贸易大学	2014.12.30
76	12JGB018	基于就业的适度增长与结构调整问题研究	王　昊	经济·管理	一般项目	专著 研究报告	中共北京市委党校	2015.6.30

续表

序号	项目编号	项目名称	项目负责人	申报学科	项目类别	最终成果形式	信誉保证单位	计划完成时间
77	12JGB019	北京“菜篮子”产品供应体系风险管理与控制研究	胡宝贵	经济·管理	一般项目	研究报告	北京农学院	2014. 10. 30
78	12JGB020	北京 OFDI 逆向技术溢出效应对全要素生产率影响程度及政策仿真研究	刘　宏	经济·管理	一般项目	专著 研究报告	首都经济贸易大学	2014. 12. 31
79	12JGB021	北京城市公用事业价格规制及政府补贴管理研究	张鹏飞	经济·管理	一般项目	论文集	北京大学	2015. 12. 31
80	12JGB022	北京地铁脆弱性及应急管理研究	宋守信	经济·管理	一般项目	研究报告	北京交通大学	2014. 4. 30
81	12JGB023	北京都市农业、生态旅游和文化创意产业融合路径研究	陈跃雪	经济·管理	一般项目	研究报告	北京农学院	2013. 12. 30
82	12JGB024	北京高端服务业精益运营模式研究	曲　立	经济·管理	一般项目	研究报告 论文	北京信息科技大学	2014. 12. 30
83	12JGB025	北京加入 GPA（政府采购协议）应对策略研究	王燕梅	经济·管理	一般项目	研究报告	北京市社会科学院	2013. 6. 30
84	12JGB026	北京金融产业竞争力发展研究	吴　军	经济·管理	一般项目	研究报告	对外经济贸易大学	2014. 4. 30
85	12JGB027	北京居民农产品供应保障体系建设研究	郭崇义	经济·管理	一般项目	研究报告 论文集	北京工商大学	2014. 8. 30
86	12JGB028	北京居民消费价格指数波动规律及其驱动因素研究	许光建	经济·管理	一般项目	研究报告	中国人民大学	2014. 6. 30
87	12JGB029	北京绿色物流会计研究	谢瑞峰	经济·管理	一般项目	研究报告 论文	北京信息科技大学	2014. 12. 30
88	12JGB030	北京农产品价格形成机制研究	董志勇	经济·管理	一般项目	研究报告	北京大学	2014. 5. 30
89	12JGB031	北京人均 GDP 超 1 万美元后经济社会发展趋势研究	潘建民	经济·管理	一般项目	研究报告	北京市统计局（国家统计局北京调查总队）	2013. 6. 31
90	12JGB032	北京商务中心区（CBD）服务贸易竞争力研究	康增奎	经济·管理	一般项目	研究报告	首都经济贸易大学	2013. 9. 30
91	12JGB033	北京市 PM2.5 治理的政府规制政策工具比较分析和选择	王红梅	经济·管理	一般项目	研究报告	中央财经大学	2014. 12. 30

续表

序号	项目编号	项目名称	项目负责人	申报学科	项目类别	最终成果形式	信誉保证单位	计划完成时间
92	12JGB034	北京市电子商务信用服务制度体系建设研究	张　莉	经济·管理	一般项目	研究报告 论文集	对外经济贸易大学	2013.12.31
93	12JGB035	北京市非公有制企业转变发展方式的现状分析及路径选择的研究	吴　杰	经济·管理	一般项目	研究报告 论文集	北京市工商业联合会	2013.12.31
94	12JGB036	北京市公共租赁住房融资模式研究	陈　钰	经济·管理	一般项目	研究报告 论文集	中央财经大学	2014.6.30
95	12JGB037	北京市科技投入优化配置研究	王　斌	经济·管理	一般项目	研究报告 论文	北京信息科技大学	2013.12.30
96	12JGB038	北京市CPI变化规律的经验模态分解及驱动因素实证研究	李　雪	经济·管理	一般项目	研究报告	首都经济贸易大学	2014.12.30
97	12JGB039	老年人力资源的利用和管理研究	张丽琍	经济·管理	一般项目	研究报告	中华女子学院	2013.12.30
98	12JGB040	北京市实体书店的功能演进与布局优化研究	李桂君	经济·管理	一般项目	研究报告	中央财经大学	2014.12.30
99	12JGB041	北京市突发公共事件应急管理机制创新研究	高　岩	经济·管理	一般项目	研究报告 论文	中国人民公安大学	2014.5.30
100	12JGB042	北京市物流产业安全指数设计与实证研究	蒋志敏	经济·管理	一般项目	专著 研究报告	北京交通大学	2014.4.30
101	12JGB043	北京市战略新兴产业发展中的企业创新模式研究——以新一代信息科技产业为例	王智慧	经济·管理	一般项目	研究报告	对外经济贸易大学	2013.12.31
102	12JGB044	北京市政府投资复杂大型项目协同监管机制研究	乌云娜	经济·管理	一般项目	研究报告	华北电力大学	2014.12.31
103	12JGB045	北京市中小企业社会责任管理研究	刘文纲	经济·管理	一般项目	研究报告	北京工商大学	2014.9.30
104	12JGB046	北京市中小企业社会责任建设的现状、问题及推进对策研究	肖海林	经济·管理	一般项目	研究报告 论文集	中央财经大学	2014.6.30
105	12JGB047	北京市中小型生产性服务企业创新管理案例研究	庞　毅	经济·管理	一般项目	研究报告 其他	北京工商大学	2014.8.30

续表

序号	项目编号	项目名称	项目负责人	申报学科	项目类别	最终成果形式	信誉保证单位	计划完成时间
106	12JGB048	北京外向型高新技术企业增长模式转变的研究——基于拆分增值分析方法	王铁栋	经济·管理	一般项目	研究报告	对外经济贸易大学	2014.12.30
107	12JGB049	北京乡村旅游新业态发展模式与政策研究	周　觉	经济·管理	一般项目	研究报告论文	北京信息科技大学	2014.12.30
108	12JGB050	打造具有“北京精神”的“世界城市”文化——北京市文化创意产业特色与定位研究	倪　宁	经济·管理	一般项目	研究报告	中国人民大学	2013.12.30
109	12JGB051	当代北京金融风险管理中若干重大问题的基础理论研究与防范对策	田茂再	经济·管理	一般项目	论文集	中国人民大学	2015.12.31
110	12JGB052	高校服装文化创意产业模式及品牌推广研究	金　水	经济·管理	一般项目	研究报告论文	北京服装学院	2014.7.15
111	12JGB053	基于科学发展视角的北京市能源消耗结构动态模拟研究	任继勤	经济·管理	一般项目	研究报告论文集	北京化工大学	2013.12.30
112	12JGB054	基于路权分配的北京小汽车出行需求研究	李雪梅	经济·管理	一般项目	研究报告	北京交通大学	2013.12.31
113	12JGB055	基于知识管理的旅游业公共危机保障体系及对策研究	黎　枫	经济·管理	一般项目	研究报告论文	北京信息科技大学	2014.6.30
114	12JGB056	基于知识管理的企业业绩评价体系研究	刘　春	经济·管理	一般项目	研究报告	北京信息科技大学	2014.12.30
115	12JGB057	加速北京三网融合的路径与政策研究	曾剑秋	经济·管理	一般项目	研究报告其他	北京邮电大学	2013.12.30
116	12JGB058	建立健全北京市绿色金融体系与优化机制研究	王卉彤	经济·管理	一般项目	研究报告	中央财经大学	2013.6.30
117	12JGB059	金融集聚与总部金融发展——北京现代金融产业体系的构建与发展对策研究	胡海峰	经济·管理	一般项目	研究报告	北京师范大学	2013.12.30
118	12JGB060	金融衍生品监管与会计准则变革——基于宏观审慎政策的视角	陈凌云	经济·管理	一般项目	研究报告	北京工商大学	2013.12.31

续表

序号	项目编号	项目名称	项目负责人	申报学科	项目类别	最终成果形式	信誉保证单位	计划完成时间
119	12JGB061	控制机动车污染排放的碳税政策研究：以北京为例	方　虹	经济·管理	一般项目	研究报告	北京航空航天大学	2014.12.31
120	12JGB062	美国“337调查”对北京市机电产品出口的影响与对策研究	彭红斌	经济·管理	一般项目	研究报告	北京理工大学	2013.12.31
121	12JGB063	密云水库流域生态补偿研究	周建华	经济·管理	一般项目	研究报告	北京林业大学	2014.12.31
122	12JGB064	民营经济与国有经济法律保护差异性的制度经济学分析——基于北京市的调研	马丽娜	经济·管理	一般项目	专著	中国政法大学	2014.12.30
123	12JGB065	南水北调引水进京后北京市地下水修复的生态补偿机制研究	王　玲	经济·管理	一般项目	论文集	中国地质大学（北京）	2014.9.30
124	12JGB066	食品加工企业履行社会责任的动力机制——基于北京市的调查研究	王可山	经济·管理	一般项目	研究报告论文集	北京物资学院	2013.12.31
125	12JGB067	首都风电产业链环境动荡性测度与柔性优化配置研究	赵振宇	经济·管理	一般项目	论文集	华北电力大学	2014.12.30
126	12JGB068	首都流通业与京津冀区域经济协同发展研究	李　丽	经济·管理	一般项目	研究报告	北京工商大学	2014.9.30
127	12JGB069	提升北京市文化消费需求研究：基于供需均衡的视角	陈斌开	经济·管理	一般项目	研究报告	中央财经大学	2013.12.30
128	12JGB070	通过技术并购促进北京市传统优势企业转型升级的路径研究	王宛秋	经济·管理	一般项目	研究报告	北京工业大学	2014.12.30
129	12JGB071	中关村示范区与北京创新体系协同发展及其政策研究	崔新健	经济·管理	一般项目	论文集、研究报告	中央财经大学	2014.9.30
130	12JGB072	中关村自主创新示范区企业知识产权管理模式研究	赵旭梅	经济·管理	一般项目	研究报告	对外经济贸易大学	2014.12.30
131	12JGC073	北京博物馆文化旅游质量提升研究	王　静	经济·管理	青年项目	研究报告	北京联合大学	2013.12.31
132	12JGC074	北京发展信用卡消费扩大消费需求研究	黄纯纯	经济·管理	青年项目	研究报告	中国农业大学	2015.12.31

续表

序号	项目编号	项目名称	项目负责人	申报学科	项目类别	最终成果形式	信誉保证单位	计划完成时间
133	12JGC075	北京高星级酒店员工组织公民行为的价值动因机制研究	王　瑾	经济·管理	青年项目	研究报告	北京第二外国语学院	2014. 5. 30
134	12JGC076	北京国际高端人才使用效率研究	李　茂	经济·管理	青年项目	研究报告	北京市社会科学院	2013. 12. 30
135	12JGC077	北京建设世界一流会展目的地战略研究	王起静	经济·管理	青年项目	研究报告	北京第二外国语学院	2014. 12. 30
136	12JGC078	北京居民消费价格指数波动规律及其驱动因素研究	杨颖梅	经济·管理	青年项目	研究报告	北京信息科技大学	2014. 12. 31
137	12JGC079	北京市低收入群体现状及社会救助研究	张晓静	经济·管理	青年项目	研究报告	对外经济贸易大学	2013. 12. 30
138	12JGC080	北京市电网系统突发公共事件应急管理决策方法研究	黄敏芳	经济·管理	青年项目	论文集	华北电力大学	2014. 12. 31
139	12JGC081	北京市高技术企业员工心理契约对知识共享的影响研究	尹洁林	经济·管理	青年项目	研究报告 论文	北京信息科技大学	2014. 12. 30
140	12JGC082	北京市高技术中小企业知识管理能力与成长性关系研究	李晓非	经济·管理	青年项目	研究报告 论文	北京信息科技大学	2014. 6. 30
141	12JGC083	北京市交通拥堵治理的社会评价体系研究	王　超	经济·管理	青年项目	研究报告	北京交通大学	2013. 10. 10
142	12JGC084	北京市节能减排自愿协议机制研究	刘　倩	经济·管理	青年项目	研究报告 其他	中央财经大学	2014. 8. 30
143	12JGC085	北京市金融产业竞争力发展研究	张亚光	经济·管理	青年项目	研究报告	北京大学	2014. 5. 30
144	12JGC086	北京市居民养老负担及养老产业发展模式研究	鲲　鹏	经济·管理	青年项目	研究报告 论文集	清华大学	2013. 12. 31
145	12JGC087	北京市粮食价格形成机制研究	李　宁	经济·管理	青年项目	研究报告	北京工商大学	2014. 9. 30
146	12JGC088	北京市林产品绿色政府采购政策研究	李小勇	经济·管理	青年项目	研究报告	北京林业大学	2013. 12. 30
147	12JGC089	北京市人才培养与产业结构双调整研究——基于高校毕业生调查数据	蒋　承	经济·管理	青年项目	论文集	北京大学	2013. 12. 31
148	12JGC090	北京市人群拥挤踩踏事故隐患研究	程礼盛	经济·管理	青年项目	研究报告 论文集	北京化工大学	2014. 12. 30

续表

序号	项目编号	项目名称	项目负责人	申报学科	项目类别	最终成果形式	信誉保证单位	计划完成时间
149	12JGC091	北京市市区铁路营业线施工安全应急管理系统可靠性研究	赵　先	经济·管理	青年项目	论文集	北京理工大学	2015. 12. 31
150	12JGC092	北京市统筹城乡医疗保障制度对财政体系的影响研究	蒋云赟	经济·管理	青年项目	论文集	北京大学	2014. 12. 31
151	12JGC093	北京市文化创意产业与旅游业融合发展研究	吴丽云	经济·管理	青年项目	研究报告	中国旅游研究院	2014. 12. 31
152	12JGC094	北京市新能源基础设施的投资效益评价与政策支持手段研究	潘慧峰	经济·管理	青年项目	研究报告	对外经济贸易大学	2014. 4. 30
153	12JGC095	北京文化创意产业结构及演化趋势研究	田　蕾	经济·管理	青年项目	研究报告	北京市社会科学院	2013. 8. 30
154	12JGC096	北京文化与科技融合模式与机制研究	黄　琳	经济·管理	青年项目	研究报告	北京市科学技术研究院	2013. 12. 31
155	12JGC097	成本快速上升对京郊观光农业的影响研究	钟　真	经济·管理	青年项目	研究报告	中国人民大学	2014. 6. 30
156	12JGC098	城市公共场所中密集人群的分布预测研究	刘梦婷	经济·管理	青年项目	研究报告 论文集	北京化工大学	2014. 12. 30
157	12JGC099	基于电子商务交易平台的供应链融资模式研究——以北京小微企业为例	晏妮娜	经济·管理	青年项目	研究报告 论文集	中央财经大学	2014. 12. 30
158	12JGC100	基于复杂系统理论的北京市中心城区交通拥堵综合治理研究	杨浩雄	经济·管理	青年项目	论文集	北京工商大学	2014. 8. 30
159	12JGC101	基于农户需求及参与供给和融资意愿的农村公共品供给模式研究——以北京市为例	廖媛红	经济·管理	青年项目	研究报告	中国农业大学	2014. 12. 31
160	12JGC102	基于知识管理的北京学习型企业建设研究	段海超	经济·管理	青年项目	研究报告	北京交通大学	2013. 5. 1
161	12JGC103	建设世界城市背景下北京小城镇可持续发展模式选择与评价研究	万冬君	经济·管理	青年项目	研究报告	北京建筑工程学院	2014. 12. 31
162	12JGC104	京津冀地区农民工流动与市场整合研究	李晓峰	经济·管理	青年项目	研究报告	中国农业大学	2014. 6. 30

续表

序号	项目编号	项目名称	项目负责人	申报学科	项目类别	最终成果形式	信誉保证单位	计划完成时间
163	12JGC105	京津冀都市圈生态休闲农业发展的关键问题及对策研究	张　敏	经济·管理	青年项目	研究报告	北京市科学技术研究院	2013. 12. 31
164	12JGC106	汽车制造供应网络的稳定性及实证研究	何喜军	经济·管理	青年项目	研究报告	北京工业大学	2013. 12. 30
165	12JGC107	全产业链重产品型北京农产品物流模式创新研究	唐秀丽	经济·管理	青年项目	研究报告	北京物资学院	2014. 5. 30
166	12JGC108	人口老龄化对北京城镇职工医疗保险财政可持续性影响的实证研究	朱俊利	经济·管理	青年项目	研究报告	首都医科大学	2014. 12. 30
167	12JGC109	提高劳动报酬在初次分配中的比重研究——基于北京市最低工资政策实施状况的调查	黄　伟	经济·管理	青年项目	研究报告	中国人民大学	2014. 6. 30
168	12JGC110	推动首都经济发展方式转变的路径选择——基于政府非税收入“收支脱钩”的视角	白宇飞	经济·管理	青年项目	研究报告	北京第二外国语学院	2013. 12. 20
169	12JGC111	应对突发自然灾害情况下的北京物资学院保障体系研究	吴　非	经济·管理	青年项目	研究报告	北京物资学院	2014. 12. 31
170	12JGB112	发挥首都中医药人才优势，促进北京健康城市建设的策略研究	蒋　燕	经济·管理	一般项目	研究报告	北京中医药大学	2013. 12. 12
171	12JGA113	经济学发展报告——中国经济热点前沿、国外经济热点前沿	黄泰岩	经济·管理	重点项目	专著	中国人民大学	2014. 6. 30
172	12JGB114	促进文化科技商务旅游融合发展研究——以海淀区为例	郭万超	经济·管理	一般项目	研究报告	北京市社会科学院	2013. 6. 30
173	12JGB115	北京市编外行政辅助人员规模及管理研究	魏　娜	经济·管理	一般项目	研究报告	中国人民大学	2013. 6. 30
174	12JGB116	本市经营性国有资产管理体制研究	崔学刚	经济·管理	一般项目	研究报告	北京工商大学	2013. 6. 10
175	12JGB117	北京市文化管理体制改革的总体研究	张祖群	经济·管理	一般项目	研究报告	首都经济贸易大学	2013. 6. 30

续表

序号	项目编号	项目名称	项目负责人	申报学科	项目类别	最终成果形式	信誉保证单位	计划完成时间
176	12JGB118	北京市食品安全监管体制和运行机制研究	洪　岚	经济·管理	一般项目	研究报告	北京物资学院	2013. 6. 1
177	12JGB119	北京财经研究基地2012年度报告——破解北京市城市交通拥堵的财政金融对策研究	陈　灵	经济·管理	一般项目	研究报告	中央财经大学	2013. 6. 1
178	12JGB120	大学治理框架下的教学改革机制研究	肖　念	经济·管理	一般项目	论文 专著	北京工业大学	2014. 12. 31
179	12JGB121	北京文化创意产业竞争力评价及产业发展路径研究	赵继新	经济·管理	一般项目	论文 研究报告	北方工业大学	2015. 12. 31
180	12JGB122	北京文化创意产业集群效应研究	李朝鲜	经济·管理	一般项目	专著	北京工商大学	2015. 12. 31
181	12JGB123	北京零售企业自有品牌战略研究	王国顺	经济·管理	一般项目	论文 研究报告	北京工商大学	2014. 12. 31
182	12JGB124	知识产权质押融资制度设计与创新模式研究	刘筠筠	经济·管理	一般项目	专著	北京工商大学	2015. 12. 31
183	12JGB125	北京市创新型中小企业融资困境的思考——基于居民消费的视角	魏中龙	经济·管理	一般项目	论文 研究报告	北京工商大学	2015. 12. 31
184	12JGB126	高校文化创意产业园区的形成机理与运营机制研究	贾荣林	经济·管理	一般项目	论文 研究报告	北京服装学院	2015. 12. 31
185	12JGB127	基于BIM标准的工程合同体系研究	何佰洲	经济·管理	一般项目	论文 专著 研究报告	北京建筑工程学院	2014. 12. 31
186	12JGB128	净零碳足迹导向的农村生活能源政策研究	曹淑艳	经济·管理	一般项目	论文 专著	北京石油化工学院	2014. 6. 30
187	12JGB129	北京地区不同级别医院医生职业幸福感影响因素及提升策略研究	张曼华	经济·管理	一般项目	论文 研究报告	首都医科大学	2015. 12. 31
188	12JGB130	京津冀体育产业一体化发展战略研究	杨铁黎	经济·管理	一般项目	论文	首都体育学院	2014. 12. 31
189	12JGB131	中关村和班加罗尔相关技术创新政策比较研究	李　凡	经济·管理	一般项目	论文 研究报告	北京第二外国语学院	2015. 12. 31

续表

序号	项目编号	项目名称	项目负责人	申报学科	项目类别	最终成果形式	信誉保证单位	计划完成时间
190	12JGB132	食品安全信息有效传递的激励约束机制——基于北京市的跟踪研究	魏国辰	经济·管理	一般项目	论文 研究报告	北京物资学院	2014. 12. 31
191	12JGB133	北京“世界文化遗产类”旅游景区实现精细化管理的路径研究	蔡　红	经济·管理	一般项目	论文 研究报告	首都经济贸易大学	2015. 6. 30
192	12JGB134	资产型通货膨胀与货币政策选择问题研究	马方方	经济·管理	一般项目	论文 专著	首都经济贸易大学	2015. 12. 31
193	12JGB135	基于 Web2.0 的首都高新技术产业决策机制研究与应用	陈建斌	经济·管理	一般项目	论文 研究报告	北京联合大学	2014. 1. 31
194	12JGB136	北京主要外国客源市场游客消费行为与宣传推广策略研究	赵晓燕	经济·管理	一般项目	论文 研究报告	北京联合大学	2014. 12. 31
195	12JYA001	北京市产学研联合培养博士研究生的模式、机制和路径研究	赵世奎	教育学	重点项目	研究报告	北京航空航天大学	2014. 12. 31
196	12JYA002	北京市在家教育的立法规范研究	余雅风	教育学	重点项目	研究报告	北京师范大学	2014. 6. 30
197	12JYA003	青少年利他行为的影响因素及培养途径	陈英和	教育学	重点项目	研究报告	北京师范大学	2015. 12. 30
198	12JYB004	北京市中小学家长择校研究	涂元玲	教育学	一般项目	研究报告	北京教育学院	2014. 7. 30
199	12JYB005	北京市属高校大学生英语学习“动机减退”研究	高　越	教育学	一般项目	研究报告 其他	北方工业大学	2014. 8. 30
200	12JYB006	2030 年首都学龄人口变化趋势与教育对策研究	杨晓明	教育学	一般项目	研究报告	北京科技大学	2014. 12. 30
201	12JYB007	北京建设中国特色世界城市与教育国际化问题研究——世界一流大学建设的视角	钟　周	教育学	一般项目	研究报告	清华大学	2014. 5. 31
202	12JYB008	北京市 4—6 岁学前儿童天文启蒙与素质教育的实践研究	杨彩霞	教育学	一般项目	研究报告	中国儿童中心	2014. 6. 30
203	12JYB009	北京市高素质幼儿教师培养模式研究	王建平	教育学	一般项目	研究报告 论文集	首都师范大学	2015. 7. 31

续表

序号	项目编号	项目名称	项目负责人	申报学科	项目类别	最终成果形式	信誉保证单位	计划完成时间
204	12JYB010	北京市社会教育资源共享及云服务建设研究	周围	教育学	一般项目	研究报告论文集、其他	北京交通大学	2014.12.31
205	12JYB011	北京市义务教育教师绩效工资实施状况研究	杜屏	教育学	一般项目	论文集	北京师范大学	2014.12.30
206	12JYB012	北京市幼小衔接教育环境生态系统模式的构建与应用	雷秀雅	教育学	一般项目	研究报告	北京林业大学	2014.4.30
207	12JYB013	北京市属高校中青年教师专业化发展状况与院校支持策略研究	曲学利	教育学	一般项目	研究报告论文集	北京联合大学	2014.12.31
208	12JYB014	高考北京卷英语科目的改革与高中英语课改的互动性研究	李养龙	教育学	一般项目	研究报告	北京航空航天大学	2014.12.31
209	12JYB015	工程硕士专业学位研究生培养质量的保障机制研究——以北京地区为例	靳贵珍	教育学	一般项目	研究报告及其他	北京理工大学	2014.6.30
210	12JYB016	国外高等教育模式本土化研究	王群	教育学	一般项目	研究报告	北京航空航天大学	2014.12.31
211	12JYB017	基于就业筛选机制的高校毕业生薪酬期望研究	马永霞	教育学	一般项目	研究报告	北京理工大学	2014.12.30
212	12JYC018	北京市农村小学科学教育现状及对策分析	张玉平	教育学	青年项目	研究报告	北京教育学院	2014.6.30
213	12JYC019	北京市外来务工农村劳动力职业技能培训政策评估	汪雯	教育学	青年项目	研究报告	北京林业大学	2014.9.30
214	12JYC020	北京市小学生体育锻炼兴趣培养机制研究	燕凌	教育学	青年项目	研究报告	首都体育学院	2013.4.30
215	12JYC021	基于断点回归设计的北京市示范性高中增值效应实证研究	拱雪	教育学	青年项目	研究报告	北京教育科学研究院	2013.12.01
216	12JYC022	教学诊断对北京市中小学教师专业成长的作用及实践策略研究	岳欣云	教育学	青年项目	论文集	首都师范大学	2014.12.30
217	12JYC023	教育公平视阈下京津冀青少年体质城乡分化的实证研究	甄志平	教育学	青年项目	研究报告	北京师范大学	2014.4.30

续表

序号	项目编号	项目名称	项目负责人	申报学科	项目类别	最终成果形式	信誉保证单位	计划完成时间
218	12JYC024	留学低龄化与北京国际高中发展态势研究	刘钧燕	教育学	青年项目	研究报告	北京教育科学研究院	2014.6.30
219	12JYC025	社会转型期大学生心理变迁的追踪研究——基于北京市大学生的调查分析	黄四林	教育学	青年项目	研究报告	中央财经大学	2015.12.30
220	12JYC026	首都学校法人制度建设的基础法律问题	周　详	教育学	青年项目	其他	中国人民大学	2014.6.30
221	12JYC027	心理健康教育视域下首都大学生生命价值观问题的质性研究及预防干预	徐　洁	教育学	青年项目	研究报告	北京化工大学	2014.9.1
222	12JYC028	影响北京市义务教育阶段流动人口中处境不利学生语文学业成就的多层因素	赵宁宁	教育学	青年项目	专著 研究报告	北京师范大学	2013.12.30
223	12JYC029	中关村青年创业人才成长机制研究	黄敬宝	教育学	青年项目	研究报告 论文集	中国青年政治学院	2014.7.30
224	12JYC030	拉班舞谱对盲童舞蹈治疗的应用研究	唐　怡	教育学	青年项目	研究报告	北京师范大学	2013.9.30
225	12JYA031	通过北航中法跨文化教育合作研究透视中国文化创造力	朱　颖	教育学	重点项目	研究报告	北京航空航天大学	2014.6.30
226	12JYB032	北京市中小学学校文化建设研究	石　玚	教育学	一般项目	研究报告 论文集	北京教育学院	2014.6.30
227	12JYB033	高校青年教师行为方式研究——以北京高校为例	吴　静	教育学	一般项目	研究报告	北京交通大学	2014.12.30
228	12JYB034	唐五代童蒙教育研究	金滢坤	教育学	一般项目	专著	首都师范大学	2015.12.31
229	12JYB035	构建具有艺术院校特色的综合育人模式研究	迟行刚	教育学	一般项目	论文 研究报告	北京舞蹈学院	2015.7.31
230	12JYB036	全媒体传播环境对大学生思想政治教育的影响及其对策研究	秦世成	教育学	一般项目	研究报告	中国农业大学	2015.12.31
231	12JYB037	辅导员专业化培训核心课程构建研究	叶静漪	教育学	一般项目	研究报告	北京大学	2015.12.31
232	12JYB038	学术软环境建设对培养研究生拔尖创新人才的促进作用研究	张小平	教育学	一般项目	研究报告	清华大学	2015.12.31

续表

序号	项目编号	项目名称	项目负责人	申报学科	项目类别	最终成果形式	信誉保证单位	计划完成时间
233	12JYB039	培养机制改革视域下的研究生师生关系研究	程基伟	教育学	一般项目	研究报告	北京航空航天大学	2015. 12. 31
234	12JYB040	增强思想政治理论课教学效果的途径与方法研究——以“思想道德修养与法律基础”课为例	彭庆红	教育学	一般项目	研究报告	北京科技大学	2015. 12. 31
235	12JYB041	高校学生党员全程化培养机制的研究与实践	任新钢	教育学	一般项目	研究报告	北京化工大学	2015. 12. 31
236	12JYB042	深度辅导工作现状调查研究	姚念龙	教育学	一般项目	研究报告	北京交通大学	2015. 12. 31
237	12JYB043	中国传统文化与大学生心理素质教育	赵　旻	教育学	一般项目	研究报告	北京语言大学	2015. 12. 31
238	12JYB044	高校青年教师思想政治工作体制机制研究	朱光好	教育学	一般项目	研究报告	北京服装学院	2015. 12. 31
239	12JYB045	基于建构主义学习理论的大学生学业辅导模式研究	高春娣	教育学	一般项目	研究报告	北京工业大学	2015. 12. 31
240	12JYB046	首都高校大学生思想政治教育协同创新研究	缪劲翔	教育学	一般项目	研究报告	首都师范大学	2015. 12. 31
241	12JYB047	首都大学生北京精神的培育研究	宋志强	教育学	一般项目	研究报告	北京联合大学	2015. 12. 31
242	12JYB048	首都高职院校学生学风建设有效机制构建研究	佟　怡	教育学	一般项目	研究报告	北京青年政治学院	2015. 12. 31
243	12KDB001	北京精神与社会主义核心价值体系研究	韩振峰	科社·党建·政治学	一般项目	研究报告 论文集	北京交通大学	2013. 12. 31
244	12KDB002	机关党建运行机制研究	夏尚武	科社·党建·政治学	一般项目	其他	中共北京市委市直机关工委	2013. 6. 30
245	12KDA003	保持党的纯洁性，防范“四个危险”研究	谭维克	科社·党建·政治学	重点项目	研究报告	北京市社会科学院	2013. 12. 30
246	12KDA004	创造性介入理论：中国和平发展的一种前瞻性探索	王逸舟	科社·党建·政治学	重点项目	研究报告 其他	北京大学	2014. 9. 30
247	12KDA005	马克思主义基本原理在当代中国的发展	张雷声	科社·党建·政治学	重点项目	论文集	中国人民大学	2015. 12. 30
248	12KDA006	北京精神传播创新研究	夏文斌	科社·党建·政治学	重点项目	研究报告	北京大学	2013. 6. 30

续表

序号	项目编号	项目名称	项目负责人	申报学科	项目类别	最终成果形式	信誉保证单位	计划完成时间
249	12KDA007	党的先进性与纯洁性建设的历史进程及基本经验研究	纪淑云	科社·党建·政治学	重点项目	论文集	北京交通大学	2014.6.30
250	12KDA008	中国共产党北京组织工作历史研究(1920—2012)	陈志楣	科社·党建·政治学	重点项目	专著	中共北京市委党史研究室	2013.12.31
251	12KDB009	北京市领导干部完善人格提升领导力的路径研究	林　泉	科社·党建·政治学	一般项目	研究报告	中共北京市委党校	2014.6.30
252	12KDB010	1949年以来中国男女平等观的历史演变研究	魏开琼	科社·党建·政治学	一般项目	专著	中华女子学院	2014.9.30
253	12KDB011	百姓宣讲传播效果研究	赵曙光	科社·党建·政治学	一般项目	研究报告	中共北京市委讲师团	2013.6.30
254	12KDB012	北京城乡接合部网络化治理研究	袁振龙	科社·党建·政治学	一般项目	研究报告	北京市社会科学院	2013.12.31
255	12KDB013	财政信息公开的驱动因素与效应研究——基于北京市现实	肖　鹏	科社·党建·政治学	一般项目	研究报告	中央财经大学	2013.6.30
256	12KDB014	当代青年政治态度与党的执政基础研究	何玉芳	科社·党建·政治学	一般项目	研究报告其他	北京交通大学	2014.7.30
257	12KDB015	多元文化背景下大学生马克思主义宗教观教育的机制与路径研究——以北京高校为中心的考察	刘丽敏	科社·党建·政治学	一般项目	研究报告	北京科技大学	2015.12.31
258	12KDB016	国际新媒体与中国北京政治安全研究	张历历	科社·党建·政治学	一般项目	研究报告	外交学院	2013.6.30
259	12KDB017	和平发展战略视角下的中国国际领导力研究	李永成	科社·党建·政治学	一般项目	专著	北京外国语大学	2014.12.31
260	12KDB018	新中国成立以来党的执政理念与执政方式的变化发展问题研究	刘智峰	科社·党建·政治学	一般项目	专著	中共北京市委党校	2014.12.30
261	12KDB019	马克思主义中国化时代化大众化的路径与方法	郭建宁	科社·党建·政治学	一般项目	专著	北京大学	2015.4.30
262	12KDB020	人民政协民主监督理论与实践研究	陈　煦	科社·党建·政治学	一般项目	专著	北京市政协	2014.12.30

续表

序号	项目编号	项目名称	项目负责人	申报学科	项目类别	最终成果形式	信誉保证单位	计划完成时间
263	12KDB021	十六大以来北京市深化文化体制改革的历史经验与路径选择研究	卫志民	科社·党建·政治学	一般项目	研究报告	北京师范大学	2014. 12. 31
264	12KDB022	首都公共文化服务均等化：定量评估与对策研究	王洛忠	科社·党建·政治学	一般项目	研究报告	北京师范大学	2013. 12. 30
265	12KDB023	台湾社会结构演变及其对两岸关系和平发展的影响	张植荣	科社·党建·政治学	一般项目	专著	北京大学	2014. 12. 31
266	12KDB024	西方政治思想的传播与当代中国政治意识的变迁	庞金友	科社·党建·政治学	一般项目	专著	中国政法大学	2015. 6. 30
267	12KDB025	新世纪以来美国主流报刊对北京形象的认知与塑造研究	张　颖	科社·党建·政治学	一般项目	研究报告	北京外国语大学	2015. 6. 30
268	12KDB026	新中国成立初期（1949—1956）的社会建设与社会认同研究——以北京地区为中心的考察	宋学勤	科社·党建·政治学	一般项目	论文集	中国人民大学	2014. 6. 30
269	12KDB027	以社会主义先进文化为动力推进北京市学习型党组织建设研究	陈树文	科社·党建·政治学	一般项目	研究报告 论文集	北京交通大学	2014. 6. 1
270	12KDB028	用社会主义核心价值体系引领高校社会思潮的有效途径研究	左　鹏	科社·党建·政治学	一般项目	论文集	北京科技大学	2014. 9. 30
271	12KDB029	中国化马克思主义世界历史定位研究	陈明凡	科社·党建·政治学	一般项目	系列论文	清华大学	2014. 6. 30
272	12KDB030	中国与不同社会制度国家和平合作共同发展基本经验研究——以中日关系为中心的考察	史桂芳	科社·党建·政治学	一般项目	专著	首都师范大学	2015. 7. 31
273	12KDB031	推进学习型领导班子建设机制体制问题研究	王海平	科社·党建·政治学	一般项目	研究报告	中共北京市委宣传部	2012. 12. 31
274	12KDC032	“北京精神”的微博推广模式研究	柳思思	科社·党建·政治学	青年项目	研究报告	北京第二外国语学院	2013. 4. 10

续表

序号	项目编号	项目名称	项目负责人	申报学科	项目类别	最终成果形式	信誉保证单位	计划完成时间
275	12KDC033	“北京精神”融入首都高校校园文化建设机制研究	沈自友	科社·党建·政治学	青年项目	研究报告	北京工业大学	2014.12.30
276	12KDC034	北京精神知行状况调查及实践创新研究	孙照红	科社·党建·政治学	青年项目	研究报告	北京市社会科学院	2013.12.30
277	12KDC035	北京市大学生政党认同的现状与特征——以XX大学为例	柴宝勇	科社·党建·政治学	青年项目	专著	中国青年政治学院	2015.4.30
278	12KDC036	北京市民社会风险认知状况调查研究	舒绍福	科社·党建·政治学	青年项目	研究报告	国家行政学院	2012.4.18
279	12KDC037	北京市外国驻华使馆的历史与现状	李潜虞	科社·党建·政治学	青年项目	其他	外交学院	2014.1.30
280	12KDC038	北京市政府信息公开热点问题研究	李淑华	科社·党建·政治学	青年项目	研究报告	中国人民公安大学	2013.12.20
281	12KDC039	地域性价值观与社会主义核心价值体系建设研究——以“北京精神”建设为例	孙文营	科社·党建·政治学	青年项目	专著	北京科技大学	2013.12.30
282	12KDC040	加强社会公平与提升北京居民幸福指数问题研究	汪琼枝	科社·党建·政治学	青年项目	研究报告	北京建筑工程学院	2014.6.30
283	12KDC041	马克思主义文化动力观研究——基于马克思主义经典著作的理解	张明霞	科社·党建·政治学	青年项目	研究报告	外交学院	2015.5.30
284	12KDC042	态度形成理论视角下首都大学生信仰问题研究	邢国忠	科社·党建·政治学	青年项目	研究报告	中央财经大学	2014.4.30
285	12KDC043	新兴媒体推动马克思主义大众化的效果研究	兰 岚	科社·党建·政治学	青年项目	研究报告	北京农学院	2014.7.30
286	12KDC044	延安：一个红色的民主实验——在历史语境下解读马克思主义中国化、时代化、大众化的方法与路径	李 蕉	科社·党建·政治学	青年项目	系列论文	清华大学	2013.12.30
287	12KDC045	在民主社会主义与马克思主义之间：拉斯基政治思想与英国工党政治实践	翁贺凯	科社·党建·政治学	青年项目	专著	清华大学	2015.5.30

续表

序号	项目编号	项目名称	项目负责人	申报学科	项目类别	最终成果形式	信誉保证单位	计划完成时间
288	12KDB046	国际组织总部与北京世界城市建设研究	高　飞	科社·党建·政治学	一般项目	研究报告	外交学院	2014. 12. 30
289	12KDA047	北京市区域化党建问题研究	靳连芳	科社·党建·政治学	重点项目	研究报告	中共北京市委党校	2014. 12. 31
290	12KDB048	试论发挥人大制度优势与加强党的领导之关系	李福忠	科社·党建·政治学	一般项目	研究报告	北京市人大理论研究会	2013. 4. 1
291	12KDB049	人大制度：实现党的领导、人民当家做主、依法治国有机统一的制度载体	侯少文	科社·党建·政治学	一般项目	研究报告	北京市人大理论研究会	2013. 3. 1
292	12KDB050	马克思主义中国化国际战略思想研究	李久林	科社·党建·政治学	一般项目	专著	首都经济贸易大学	2015. 12. 31
293	12LSA001	北京考古史	宋大川	历史学	重点项目	专著	北京市文物局	2013. 12. 30
294	12LSB002	北京历史文化街区保护模式研究	朱永杰	历史学	一般项目	研究报告论文集	北京联合大学	2013. 10. 31
295	12LSB003	北京历史文化资源数字化建设与服务研究	倪晓建	历史学	一般项目	研究报告	首都图书馆	2014. 12. 31
296	12LSB004	北京前都时代地名遗产的整理与研究	马保春	历史学	一般项目	研究报告	首都师范大学	2015. 12. 31
297	12LSB005	北京市革命纪念建筑物及遗址、遗迹保护问题研究	肖建杰	历史学	一般项目	研究报告	北京建筑工程学院	2015. 12. 31
298	12LSB006	北京水环境变迁研究	吴文涛	历史学	一般项目	专著	北京市社会科学院	2014. 10. 30
299	12LSB007	《外国人眼中的老北京——晚清民国译丛》(第一辑)	黄兴涛	历史学	一般项目	专著	中国人民大学	2014. 6. 30
300	12LSB008	厚德载物与人文之魂：北京史迹研究	刘凤云	历史学	一般项目	专著	中国人民大学	2014. 6. 30
301	12LSB009	基督教在中西文化交流中的影响和作用——以基督教在北京的发展为例	薛晓建	历史学	一般项目	论文集	中国青年政治学院	2015. 5. 30
302	12LSA010	北京历史文化研究	陈之昌	历史学	重点项目	专著	北京市社会科学界联合会	2013. 12. 31
303	12LSB011	西文古籍中清代北京老照片及图片的整理及研究	张红扬	历史学	一般项目	专著	北京大学	2014. 6. 30

续表

序号	项目编号	项目名称	项目负责人	申报学科	项目类别	最终成果形式	信誉保证单位	计划完成时间
304	12LSB012	元大都佛教历史研究	舒小峰	历史学	一般项目	论文集	中共北京市委前线杂志社	2015. 5. 30
305	12LSC013	北京周口店旧石器时代考古遗址人下颌骨研究	李海军	历史学	青年项目	论文集	中央民族大学	2014. 6. 30
306	12LSC014	清代北京地区粮价波动与社会应对	李　军	历史学	青年项目	研究报告	中国农业大学	2015. 6. 30
307	12LSC015	日伪北京新民会若干问题研究	符　静	历史学	青年项目	论文集	首都师范大学	2015. 6. 30
308	12LSC016	新堡村落民俗文化调研	田莉莉	历史学	青年项目	研究报告	北京市文物局	2013. 12. 30
309	12LSC017	元明清北京官方的典籍编纂、诠释与文化认同	姜海军	历史学	青年项目	专著	北京师范大学	2013. 12. 31
310	12LSB018	古代希腊与东方文明的交流及互动研究	李永斌	历史学	一般项目	论文	首都师范大学	2015. 1. 31
311	12SHA001	失能老人社会照料服务制度建设研究——北京市失能老人家庭照料状况调查	侯亚非	社会学	重点项目	专著	中共北京市委党校	2015. 12. 30
312	12SHA002	网络社群的集体行动与社会治理	金兼斌	社会学	重点项目	研究报告 论文集	清华大学	2014. 12. 30
313	12SHB001	北京市的人口增长和调控对策研究	童玉芬	社会学	一般项目	研究报告	首都经济贸易大学	2013. 12. 30
314	12SHB002	北京市居民符号消费模式研究	孙　凤	社会学	一般项目	研究报告	清华大学	2014. 12. 30
315	12SHB003	北京市老旧社区养老问题研究	康　越	社会学	一般项目	研究报告	北京化工大学	2014. 6. 30
316	12SHB004	北京市社区犯罪防控研究——以“通过环境设计预防犯罪”理论为视角	李春雷	社会学	一般项目	研究报告	中国人民公安大学	2013. 11. 30
317	12SHB005	北京市社区社会工作人才培养研究	袁光亮	社会学	一般项目	研究报告	北京青年政治学院	2013. 12. 31
318	12SHB006	从健康视角探讨新生代农民工的城市融合问题	和　红	社会学	一般项目	研究报告	中国人民大学	2013. 12. 31

续表

序号	项目编号	项目名称	项目负责人	申报学科	项目类别	最终成果形式	信誉保证单位	计划完成时间
319	12SHB007	工会作为群团组织参与社会管理体系研究——对北京市工会系统创新社会管理的实证研究	许晓军	社会学	一般项目	论文集	中国劳动关系学院	2013. 12. 31
320	12SHB008	农民工随迁子女城市社会融入问题研究	刘　谦	社会学	一般项目	研究报告	中国人民大学	2013. 12. 30
321	12SHB009	青少年色彩审美心理建构途径研究	朱　慧	社会学	一般项目	研究报告	北京工商大学	2014. 9. 30
322	12SHB010	群体性事件中群体情绪的产生与扩散机制及相关因素研究	方　平	社会学	一般项目	研究报告	首都师范大学	2015. 12. 30
323	12SHB011	社区精神疾病患者的管理现状、卫生服务需求及综合管理模式研究	路孝琴	社会学	一般项目	研究报告	首都医科大学	2015. 5. 30
324	12SHB012	社区空巢老人的团体心理辅导模式及效果研究	曾美英	社会学	一般项目	研究报告	北京联合大学	2014. 6. 30
325	12SHB013	首都人口红利延续机制研究——北京“用工荒”现象探微	尹德挺	社会学	一般项目	研究报告	中共北京市委党校	2015. 6. 30
326	12SHB014	网络社会中的信息传播与组织动员机制研究：以北京地区网络集群事件为研究对象	彭知辉	社会学	一般项目	研究报告	中国人民公安大学	2013. 12. 30
327	12SHC015	北京市居民居住区隔研究	魏亚萍	社会学	青年项目	研究报告	北京工业大学	2014. 4. 30
328	12SHC016	北京市居民信息消费行为研究	孟海亮	社会学	青年项目	研究报告	北京信息科技大学	2014. 12. 31
329	12SHC017	北京市老旧小区物业管理模式研究	陈建国	社会学	青年项目	研究报告	华北电力大学	2014. 10. 1
330	12SHC018	北京市新生代农民工的城市融合研究	张瑞凯	社会学	青年项目	研究报告	北京青年政治学院	2014. 12. 31
331	12SHC019	北京市政务微博的公共治理与舆论引导研究	詹　骞	社会学	青年项目	论文 研究报告	中国传媒大学	2013. 12. 30
332	12SHC020	管理创新与政策选择：政府培育扶持社区社会组织的研究	谭日辉	社会学	青年项目	研究报告	北京市社会科学院	2013. 12. 30

续表

序号	项目编号	项目名称	项目负责人	申报学科	项目类别	最终成果形式	信誉保证单位	计划完成时间
333	12SHC021	技术进步与组织间关系：以中关村科技园的两个园区为例	王旭辉	社会学	青年项目	研究报告	中央民族大学	2014. 6. 30
334	12SHC022	家庭视角下北京市残疾人服务需求研究	尹　银	社会学	青年项目	研究报告	中央财经大学	2013. 11. 30
335	12SHC023	社会排斥视角下北京市流浪儿童救助保护出口问题及应对策略	薛在兴	社会学	青年项目	研究报告论文集	中国青年政治学院	2014. 6. 30
336	12SHC024	网络背景下的社会认同及其对偏向性信息传播的影响研究	陶　塑	社会学	青年项目	研究报告论文集	中国地质大学(北京)	2014. 12. 30
337	12SHB025	本市社会建设和管理体制机制研究	唐　军	社会学	一般项目	研究报告	北京工业大学	2013. 6. 30
338	12WYA001	《文化诗学讲稿》	童庆炳	语言·文学·艺术	重点项目	专著	北京师范大学	2013. 9. 30
339	12WYA002	北京话的历史与现状研究	周建设	语言·文学·艺术	重点项目	专著	首都师范大学	2015. 6. 30
340	12WYA003	黄侃《说文同文》研究	韩　琳	语言·文学·艺术	重点项目	专著	中央民族大学	2015. 12. 31
341	12WYA004	京味文化的谱系研究	刘　勇	语言·文学·艺术	重点项目	专著	北京师范大学	2015. 9. 30
342	12WYB005	北京城区语言生态格局研究	郭风岚	语言·文学·艺术	一般项目	论文集、其他	北京语言大学	2015. 5. 30
343	12WYB006	北京传统音乐口述史研究	刘　嵘	语言·文学·艺术	一般项目	研究报告	中国音乐学院	2014. 6. 1
344	12WYB007	北京画家画派研究——蒋兆和艺术创作及其影响研究	尹成君	语言·文学·艺术	一般项目	研究报告	北京语言大学	2015. 9. 30
345	12WYB008	北京市农家书屋创新与长效机制研究	许　欢	语言·文学·艺术	一般项目	研究报告	北京大学	2014. 12. 31
346	12WYB009	北京文化资源在汉语国际教育中的作用	刘晓天	语言·文学·艺术	一般项目	研究报告	首都师范大学	2014. 12. 30
347	12WYB010	北京小剧场调查研究	邹　红	语言·文学·艺术	一般项目	研究报告	北京师范大学	2015. 2. 28
348	12WYB011	北京中轴线景观嬗变与北京精神研究	苏　丹	语言·文学·艺术	一般项目	研究报告	清华大学	2014. 5. 1
349	12WYB012	汉日结果可能句研究	张　威	语言·文学·艺术	一般项目	专著	中国人民大学	2015. 10. 30

续表

序号	项目编号	项目名称	项目负责人	申报学科	项目类别	最终成果形式	信誉保证单位	计划完成时间
350	12WYB013	基于北京文化创意产业特点的微电影创作传播机制问题与对策研究	孔昭林	语言·文学·艺术	一般项目	专著	北京联合大学	2014. 4. 15
351	12WYB014	基于历时语料库的科技语篇跨符号隐喻研究	董　敏	语言·文学·艺术	一般项目	专著	北京航空航天大学	2014. 12. 31
352	12WYB015	看得见的周秦汉唐（宫廷）音乐文明	王　军	语言·文学·艺术	一般项目	专著	中国音乐学院	2013. 12. 30
353	12WYB016	清代宫廷戏曲研究	黄　卉	语言·文学·艺术	一般项目	专著	北京大学	2014. 12. 31
354	12WYB017	清末民初北京话副词研究	魏兆惠	语言·文学·艺术	一般项目	研究报告	北京语言大学	2014. 4. 30
355	12WYB018	十九世纪末二十世纪初北京口语研究	张美兰	语言·文学·艺术	一般项目	专著	清华大学	2015. 5. 30
356	12WYB019	唐诗之中的丝绸之路文化意蕴	石云涛	语言·文学·艺术	一般项目	专著	北京外国语大学	2014. 12. 30
357	12WYB020	文化大发展背景下的北京高校影视声音学科建设现状及发展对策研究	姚国强	语言·文学·艺术	一般项目	研究报告	北京电影学院	2014. 9. 30
358	12WYB021	戏曲舞蹈研究	金　浩	语言·文学·艺术	一般项目	专著 研究报告 其他	北京舞蹈学院	2013. 12. 30
359	12WYB022	元代古琴艺术研究及文献史料编纂	章华英	语言·文学·艺术	一般项目	专著	中央音乐学院	2014. 12. 30
360	12WYB023	造化的诗学：《伊川击壤集》的文献与文学研究	郭　鹏	语言·文学·艺术	一般项目	论文集	北京语言大学	2014. 6. 30
361	12WYB024	中国文学典籍英译词典编纂：理论与实践	文　军	语言·文学·艺术	一般项目	其他	北京航空航天大学	2014. 12. 31
362	12WYB025	中国文学在阿拉伯世界的传播研究	丁淑红	语言·文学·艺术	一般项目	专著	北京外国语大学	2016. 12. 30
363	12WYB026	中国现当代文学中的北京城市形象研究	张鸿声	语言·文学·艺术	一般项目	专著	中国传媒大学	2014. 6. 30
364	12WYC027	“文化治理”与北京文化产业园区的“创意软环境”构建	徐海龙	语言·文学·艺术	青年项目	论文集	首都师范大学	2015. 6. 30
365	12WYC028	“众源方式”在网络词典编纂中的应用	秦晓惠	语言·文学·艺术	青年项目	其他	北京科技大学	2014. 6. 30

续表

序号	项目编号	项目名称	项目负责人	申报学科	项目类别	最终成果形式	信誉保证单位	计划完成时间
366	12WYC029	19世纪以来北京话的语音演变研究——海外北京话文献之语言学研究	周晨萌	语言·文学·艺术	青年项目	研究报告	对外经济贸易大学	2014.12.30
367	12WYC030	北京地名文化遗产的保护与应用研究	王长松	语言·文学·艺术	青年项目	研究报告	对外经济贸易大学	2014.12.31
368	12WYC031	北京地区佛学社团及其出版品研究	李芳瑜	语言·文学·艺术	青年项目	研究报告	北京师范大学	2014.4.30
369	12WYC032	北京话计量语言学研究	黄　伟	语言·文学·艺术	青年项目	论文集	北京语言大学	2015.12.31
370	12WYC033	北京名人故居保护与开发的民间参与模式研究	杨　志	语言·文学·艺术	青年项目	研究报告	北京师范大学	2014.5.30
371	12WYC034	北京牛街文化旅游资源开发研究	魏启荣	语言·文学·艺术	青年项目	研究报告	北京第二外国语学院	2014.4.8
372	12WYC035	机器翻译理论框架下的汉俄篇章语义对比研究	胡连影	语言·文学·艺术	青年项目	研究报告	北京大学	2014.4.30
373	12WYC036	京剧在现代文本中的重构	丁怡萌	语言·文学·艺术	青年项目	论文集 专著	北京化工大学	2015.8.30
374	12WYC037	老龄化趋势下北京居住环境的适应性发展研究	李　嫣	语言·文学·艺术	青年项目	研究报告	北京师范大学	2013.11.30
375	12WYC038	留学生对中国文学接受的实证研究	于小植	语言·文学·艺术	青年项目	研究报告	北京语言大学	2014.12.30
376	12WYC039	民国时期书学文献整理与研究	邓宝剑	语言·文学·艺术	青年项目	其他	北京师范大学	2015.9.30
377	12WYC040	首都高校影视专业“产学研一体化”现状与对策研究	曾笑鸣	语言·文学·艺术	青年项目	研究报告	北京电影学院	2014.12.30
378	12WYC041	新时期以来的北京少儿电影艺术研究	彭笑远	语言·文学·艺术	青年项目	论文集	北京青年政治学院	2014.12.31
379	12WYC042	燕国宫廷音乐重建研究与实践	杨春薇	语言·文学·艺术	青年项目	研究报告	中国音乐学院	2014.6.30
380	12WYC043	中英文合同语言对比：基于语料库的研究	魏　蘅	语言·文学·艺术	青年项目	研究报告	中国政法大学	2014.9.30
381	12WYB044	北京画派与北京精神	边　恺	语言·文学·艺术	一般项目	研究报告	中央美术学院	2015.7.1
382	12WYB045	当代西方美学“艺术”定义史研究	黄应全	语言·文学·艺术	一般项目	专著	首都师范大学	2015.12.31

续表

序号	项目编号	项目名称	项目负责人	申报学科	项目类别	最终成果形式	信誉保证单位	计划完成时间
383	12WYB046	中国汉族传统旋律的构成要素研究	赵冬梅	语言·文学·艺术	一般项目	专著	中国音乐学院	2015. 12. 31
384	12WYB047	戏曲导演创作研究	冉常建	语言·文学·艺术	一般项目	论文 专著	中国戏曲学院	2015. 12. 31
385	12WYB048	中国电影产业发展模式及发展协同创新研究	侯光明	语言·文学·艺术	一般项目	专著	北京电影学院	2015. 12. 31
386	12WYB049	当代东欧与北欧电影文化研究	张　冲	语言·文学·艺术	一般项目	专著	北京电影学院	2014. 12. 31
387	12ZHA001	国际视野中的"北京精神"：文化传播与影响力研究	朱立群	综合	重点项目	研究报告	外交学院	2013. 12. 30
388	12ZHA002	治理 PM2. 5 国际经验及对我市的启示	王鸿春	综合	重点项目	研究报告	首都社会经济发展研究所	2012. 7. 1
389	12ZHA003	《首都卫生管理与政策研究报告》（基地年度研究报告）	王晓燕	综合	重点项目	研究报告	首都医科大学	2012. 12. 31
390	12ZHA004	《北京学研究报告2012》（基地年度研究报告）	张宝秀	综合	重点项目	研究报告	北京联合大学	2012. 12. 31
391	12ZHA005	线上话语空间建构与线下动员——突发公共事件的微博传播与预警机制研究	喻国明	综合	重点项目	专著 研究报告	中国人民大学	2013. 12. 31
392	12ZHA006	1949—2011 年北京市居民死因统计	邓小虹	综合	重点项目	研究报告	首都医科大学	2014. 12. 30
393	12ZHA007	2011 北京城乡居民社会心态动向研究	王力丁	综合	重点项目	研究报告	首都社会经济发展研究所	2012. 8. 30
394	12ZHB008	多种用工体制下的党员教育管理服务专题调研	王海平	综合	一般项目	研究报告	中共北京市委宣传部	2012. 12. 31
395	12ZHB009	北京高校艺术教育与学生人文素质提升研究	谭述乐	综合	一般项目	研究报告	北京建筑工程学院	2014. 9. 30
396	12ZHB010	北京历史文化遗产英语译介研究	王建荣	综合	一般项目	研究报告	北京交通大学	2014. 12. 30
397	12ZHB011	北京市对口援疆的理论研究与实证分析	高　诚	综合	一般项目	研究报告	北京青年政治学院	2013. 12. 31
398	12ZHB012	北京数字音像产业创新型商业模式研究	刘千桂	综合	一般项目	专著	北京印刷学院	2014. 12. 30

续表

序号	项目编号	项目名称	项目负责人	申报学科	项目类别	最终成果形式	信誉保证单位	计划完成时间
399	12ZHB013	北京文化日历构建研究	张　勃	综合	一般项目	研究报告 其他	北京联合大学	2013. 12. 31
400	12ZHB014	北京永定河文化“生态博物馆”建设前置研究	潘守永	综合	一般项目	研究报告	中央民族大学	2013. 6. 30
401	12ZHB015	国外城市排水系统建设调查及对我市的启示	王彦峰	综合	一般项目	研究报告	首都社会经济发展研究所	2012. 8. 30
402	12ZHB016	京郊乡镇卫生院服务可及性研究	彭迎春	综合	一般项目	研究报告	首都医科大学	2014. 12. 30
403	12ZHB017	劳动文化学：一门新兴的交叉学科	王江松	综合	一般项目	专著	中国劳动关系学院	2014. 12. 31
404	12ZHB018	社会转型期的危机传播与社会认同	胡百精	综合	一般项目	专著 研究报告	中国人民大学	2013. 12. 31
405	12ZHB019	文化“走出去”战略背景下中华武术的国际传播研究——以美国为例	孟　涛	综合	一般项目	研究报告	首都体育学院	2013. 12. 31
406	12ZHB020	音乐如何影响情绪及其对机体稳态改善和调节作用的研究	王超慧	综合	一般项目	研究报告	首都师范大学	2014. 12. 31
407	12ZHB021	中国互联网上的海外军团研究	卫金桂	综合	一般项目	研究报告	北京电子科技学院	2013. 12. 30
408	12ZHC022	北京建设社会主义先进文化之都践行机制研究——以北京地铁特色文化建设为例	顾伟伟	综合	青年项目	研究报告	中共北京市委党校	2013. 3. 27
409	12ZHC023	北京市殡葬行业绿色营销的路径研究	亓　娜	综合	青年项目	研究报告	北京社会管理职业学院	2013. 12. 31
410	12ZHC024	北京市新媒体发展与社会管理创新研究	黄　河	综合	青年项目	专著	中国人民大学	2014. 6. 30
411	12ZHC025	基于语料库的法律常用词语应用研究	崔玉珍	综合	青年项目	其他	中国政法大学	2014. 12. 31
412	12ZHC026	首都高校大学生对应激性生活事件的情感反应和行为决策研究	陈红敏	综合	青年项目	研究报告 论文	北京工商大学	2014. 8. 30
413	12ZHC027	影视传播对中国道德建设的影响与对策研究	张　杰	综合	青年项目	研究报告	北京交通大学	2014. 9. 30

续表

序号	项目编号	项目名称	项目负责人	申报学科	项目类别	最终成果形式	信誉保证单位	计划完成时间
414	12ZHA028	第三批北京市哲学社会科学研究基地二期建设绩效考核研究	葛新权	综合	重点项目	研究报告	北京信息科技大学	2013. 12. 30
415	12ZHA029	美国、欧盟及日本科研经费管理经验及其对中国的启示	徐赤宇	综合	重点项目	专著	外交学院、北京外事基地	2014. 6. 30
416	12ZHC030	北京高校大学生思想政治教育主体间性转向研究	居　峰	综合	青年项目	研究报告	北京语言大学	2014. 12. 30
417	12ZHB031	北京特色文化资源整合与传播研究	李　艳	综合	一般项目	论文 专著 研究报告	首都师范大学	2014. 12. 31
418	12ZHB032	两岸关系和平发展思想研究	李松林	综合	一般项目	专著	首都师范大学	2014. 12. 31
419	12DCA01	激发首都文化活力的途径研究——以西城区为例	王都伟	综合	重点项目	研究报告	西城区委宣传部	2013. 12. 30
420	12DCA02	技术转移与产业化研究——以中关村地区为例	傅首清	综合	重点项目	研究报告	海淀区委宣传部	2013. 12. 30
421	12DCA03	顺义区文化新城建设研究	肖承继	综合	重点项目	研究报告	顺义区委宣传部	2013. 12. 30
422	12DCA04	顺义区多样化社区模式下的党建问题研究	车克欣	综合	重点项目	研究报告	顺义区委宣传部	2013. 12. 30
423	12DCA05	平谷区文化创意产业发展现状及对策研究	韦小玉	综合	重点项目	研究报告	平谷区委宣传部	2013. 12. 30
424	12ZXB001	邪教的文化策略研究	徐永利	哲学	一般项目	研究报告	北京联合大学	2013. 12. 10
425	12ZXA002	分析哲学运动与当代哲学的发展	江　怡	哲学	重点项目	专著	北京师范大学	2015. 12. 31
426	12ZXB003	《资本论》与历史唯物主义的新探索	仰海峰	哲学	一般项目	论文集	北京大学	2015. 12. 31
427	12ZXB004	少数民族聚居情况变化对北京建设世界城市的影响	牛　颂	哲学	一般项目	研究报告	北京市民族事务委员会	2013. 12. 31
428	12ZXB005	传统道德的践行与北京精神的弘扬	曾广开	哲学	一般项目	研究报告	北京语言大学	2013. 12. 31
429	12ZXB006	当代条件下艺术公赏力研究	王一川	哲学	一般项目	专著	北京大学	2014. 6. 30
430	12ZXB007	认知科学的“4E + S”革命及其哲学挑战研究	李建会	哲学	一般项目	专著	北京师范大学	2016. 6. 30

续表

序号	项目编号	项目名称	项目负责人	申报学科	项目类别	最终成果形式	信誉保证单位	计划完成时间
431	12ZXB008	中国当代美学审美问题研究	邹　华	哲学	一般项目	专著	首都师范大学	2015. 6. 30
432	12ZXC009	流动人口人际交往环境对其道德行为的影响——以北京市为例	王旭凤	哲学	青年项目	研究报告	中国青年政治学院	2014. 12. 30
433	12ZXC010	人的尊严与生命伦理研究	李亚明	哲学	青年项目	专著	首都医科大学	2014. 12. 30
434	12ZXC011	西方激进平等主义正义观研究	傅　强	哲学	青年项目	专著 其他	北京电子科技学院	2014. 6. 1
435	12ZXC012	制度分析与构建视域下的道德冷漠研究	李志强	哲学	青年项目	研究报告 论文集	北方工业大学	2014. 12. 31
436	12ZXC013	转型期北京社会公德建设的困境及对策研究	王　颖	哲学	青年项目	研究报告	北京青年政治学院	2014. 12. 31
437	12ZXC014	人本哲学视角下北京建设世界城市的生成论研究	计　彤	哲学	青年项目	研究报告	北京工业大学	2014. 6. 30

（北京市哲学社会科学规划办公室供稿）

北京市教育委员会 2012 年评出的 2013 年度社会科学计划批准立项重点项目

项目编号	项目名称	承担单位	项目负责人	成果形式	拟完成时间
SZ201310005001	大学治理框架下的教学改革机制研究	北京工业大学	肖　念	论文 专著	2014. 12
SZ201310009002	北京文化创意产业竞争力评价及产业发展路径研究	北方工业大学	赵继新	论文 调研报告	2015. 12
SZ201310011003	北京文化创意产业集群效应研究	北京工商大学	李朝鲜	专著	2015. 12
SZ201310011004	北京零售企业自有品牌战略研究	北京工商大学	王国顺	论文 研究报告	2014. 12
SZ201310011005	知识产权质押融资制度设计与创新模式研究	北京工商大学	刘筠筠	专著	2015. 12
SZ201310011006	北京市创新型中小企业融资困境的思考——基于居民消费的视角	北京工商大学	魏中龙	论文 研究报告	2015. 12
SZ201310012007	高校文化创意产业园区的形成机理与运营机制研究	北京服装学院	贾荣林	论文 研究报告	2015. 12

续表

项目编号	项目名称	承担单位	项目负责人	成果形式	拟完成时间
SZ201310016008	基于 BIM 标准的工程合同体系研究	北京建筑工程学院	何佰洲	论文 专著 研究报告	2014.12
SZ201310017009	净零碳足迹导向的农村生活能源政策研究	北京石油化工学院	曹淑艳	论文 专著	2014.6
SZ201310020010	京郊农地可持续利用法律规制研究	北京农学院	董景山	论文 研究报告	2013.12
SZ201310025011	北京地区不同级别医院医生职业幸福感影响因素及提升策略研究	首都医科大学	张曼华	论文 研究报告	
SZ201310028012	当代西方美学“艺术”定义史研究	首都师范大学	黄应全	专著	2015.12
SZ201310028013	北京特色文化资源整合与传播研究	首都师范大学	李　艳	论文 专著 研究报告	2014.12
SZ201310028014	唐五代童蒙教育研究	首都师范大学	金滢坤	专著	2015.12
SZ201310028015	古代希腊与东方文明的交流及互动研究	首都师范大学	李永斌	论文	2015.1
SZ201310028016	两岸关系和平发展思想研究	首都师范大学	李松林	专著	2014.12
SZ201310029017	京津冀体育产业一体化发展战略研究	首都体育学院	杨铁黎	论文	2014.12
SZ201310031018	中关村和班加罗尔相关技术创新政策比较研究	北京第二外国语学院	李　凡	论文 研究报告	2015.12
SZ201310037019	食品安全信息有效传递的激励约束机制——基于北京市的跟踪研究	北京物资学院	魏国辰	论文 研究报告	2014.12
SZ201310038020	马克思主义中国化国际战略思想研究	首都经济贸易大学	李久林	专著	2013.12
SZ201310038021	北京“世界文化遗产类”旅游景区实现精细化管理的路径研究	首都经济贸易大学	蔡　红	论文 研究报告	2015.6
SZ201310038022	资产型通货膨胀与货币政策选择问题研究	首都经济贸易大学	马方方	论文 专著	2013.12
SZ201310046023	中国汉族传统旋律的构成要素研究	中国音乐学院	赵冬梅	专著	2015.12
SZ201310049024	戏曲导演创作研究	中国戏曲学院	冉常建	论文 专著	2015.12
SZ201310050025	中国电影产业发展模式及发展协同创新研究	北京电影学院	侯光明	专著	2015.12
SZ201310050026	当代东欧与北欧电影文化研究	北京电影学院	张　冲	专著	2014.12
SZ201310051027	构建具有艺术院校特色的综合育人模式研究	北京舞蹈学院	迟行刚	论文 研究报告	1905.7
SZ201311417028	基于 Web2.0 的首都高新技术产业决策机制研究与应用	北京联合大学	陈建斌	论文 研究报告	2014.1
SZ201311417029	北京主要外国客源市场游客消费行为与宣传推广策略研究	北京联合大学	赵晓燕	论文 研究报告	2014.12

（北京市教育委员会科学技术与研究生工作处供稿）

北京市教育委员会2012年评出的2013年度社会科学计划批准立项面上项目

项目编号	项目名称	承担单位	承担人	成果形式	拟完成时间
SM201310005001	北京文化创意产业聚集效应及产业链的价值分析	北京工业大学	谢永琴	论文 研究报告	2014.12
SM201310005002	北京市网络社区用户参与行为分析与模拟	北京工业大学	单晓红	论文 研究报告	2014.12
SM201310005003	全球化背景下的城市社区教育模式创新研究	北京工业大学	李　升	论文 研究报告	2014.12
SM201310005004	市场经济视角下的《资本论》研究	北京工业大学	王明友	专著	2014.12
SM201310005005	应用伦理学视野下大学生道德挫折的教育与对策研究	北京工业大学	迟　萌	论文 研究报告	2014.12
SM201310005006	新媒体艺术中传统皮影演出模式的研究	北京工业大学	张　岩	研究报告等	2014.12
SM201310005007	竹原纤维材料在家具产品设计中的应用研究	北京工业大学	林蜜蜜	论文 设计报告	2014.12
SM201310005008	两汉廉政监察制度研究	北京工业大学	王勇华	专著	2014.12
SM201310005009	地方工科院校青年教师工程素养培养研究与实践	北京工业大学	李庆丰	论文 研究报告	2014.12
SM201310005010	北京文化创意产业生态研究	北京工业大学	刘永孜	论文 研究报告	2014.12
SM201310005011	基于章程的大学内部权力架构研究	北京工业大学	冯爱玲	论文 研究报告	2014.12
SM201310005012	基于战略性活动单元的团购网站商业模式研究	北京工业大学	臧　维	研究报告 论文	2014.12
SM201310005013	大学学科带头人领导行为特征研究	北京工业大学	关少化	论文 研究报告	2014.12
SM201310005014	面向师生的高校信息化服务体系构建研究——以北京工业大学为例	北京工业大学	冀雅儒	研究报告 论文	2014.12
SM201310005015	面向协同创新的地方高校科研体制机制改革研究	北京工业大学	石照耀	研究报告 论文	2014.12
SM201310009001	北京对外贸易动态收益及实现机制分析	北方工业大学	孙　强	论文	2015.12
SM201310009002	基于口碑传播的北京市电子信息产业新产品扩散研究	北方工业大学	陶晓波	论文 专著	2015.12
SM201310009003	全媒体时代电视媒体的核心竞争力研究	北方工业大学	于　隽	论文	2015.12
SM201310009004	日本自然主义文学研究	北方工业大学	莫琼莎	论文	2015.12

续表

项目编号	项目名称	承担单位	承担人	成果形式	拟完成时间
SM201310009005	地域文化视野中的新农村景观规划设计研究	北方工业大学	任永刚	专著	2014. 12
SM201310009006	基于前沿信息技术的智能交互设计研究	北方工业大学	杨茂林	论文	2015. 12
SM201310011001	基于国际分工视角的北京服务贸易发展研究	北京工商大学	侯海英	论文	2014. 12
SM201310011002	北京市生态建设社会化途径研究	北京工商大学	张　予	论文	2014. 12
SM201310011003	组织文化的个体转化机制研究：给予组织认同的理论框架及实证分析	北京工商大学	周　燕	论文	2014. 12
SM201310011004	顾客——企业价值共创过程中顾客参与的整合管理研究	北京工商大学	彭艳君	研究报告 论文	2014. 12
SM201310011005	北京市突发事件应急资源保障体系优化设计研究	北京工商大学	王　晶	论文 研究报告 专著	2014. 12
SM201310011006	北京市粮食价格的影响因素、形成机制与稳定策略研究	北京工商大学	李　宁	论文	2014. 12
SM201310011007	符号学视域下的北京精神研究	北京工商大学	王妍慧	专著	2014. 12
SM201310011008	北京市企业规章制度与法制的衔接现状和改善研究	北京工商大学	张羽君	论文 研究报告	2014. 12
SM201310012001	中国传统造物思想与设计研究	北京服装学院	詹　凯	论文 研究报告	2014. 12
SM201310012002	现代中式服装品牌的旗袍产品设计研究	北京服装学院	刘　卫	论文 研究报告	2014. 12
SM201310012003	全球视阈下典籍作品中服饰文化英译研究	北京服装学院	张慧琴	论文 研究报告	2014. 12
SM201310015001	北京出版精神挖掘与推广研究	北京印刷学院	王彦祥	论文 研究报告	2014. 12
SM201310015002	网络社会生态系统环境下数字出版生态产业链研究	北京印刷学院	关晓兰	论文 研究报告	2014. 12
SM201310015003	传播学视角下的“中国英语”词汇研究	北京印刷学院	李晶晶	论文 专著	2014. 12
SM201310015004	我国网络体育新闻传播发展现状及对策研究	北京印刷学院	肖春梅	研究报告 专著	2014. 12
SM201310015005	中国出版物出口潜力及对策研究	北京印刷学院	付海燕	论文 研究报告	2014. 12
SM201310016001	北京城乡独生子女家庭养老问题比较研究	北京建筑工程学院	赵仲杰	调研报告 论文	2015. 12
SM201310016002	战略人力资源管理中人力资本理论的应用研究	北京建筑工程学院	刘　娜	研究报告 论文	2015. 12
SM201310016003	中国剪纸艺术的现代设计应用研究	北京建筑工程学院	赵希岗	论文	2015. 12

续表

项目编号	项目名称	承担单位	承担人	成果形式	拟完成时间
SM201310017001	北京市能源消耗与碳排放历史特征及成因分析	北京石油化工学院	赵剑峰	论文 研究报告	2014. 12
SM201310017002	篮球跳投技术的生物力学分析	北京石油化工学院	徐洪远	论文 研究报告	2014. 6
SM201310017003	全球化背景下中国传统文化典籍英译策略研究——以儒释道的三个根本英译策略为个案	北京石油化工学院	何亚琴	论文 译著	2014. 12
SM201310020001	京郊社区矫正适用程序问题研究	北京农学院	宋桂兰	论文 研究报告 专著	2014. 12
SM201310020002	京郊旅游流时空调控机制研究	北京农学院	安永刚	论文 研究报告 专著	2014. 12
SM201310020003	北京市消费者对转基因食品的态度及影响因素研究——以转基因大豆油为例	北京农学院	李　嘉	研究报告	2014. 12
SM201310020004	基于不同转出对象的京郊农村土地流转绩效比较研究	北京农学院	毕宇珠	论文 研究报告	2015. 12
SM201310025001	北京市公立医院医护人员体质健康状况调查与对策研究	首都医科大学	赵东生	论文 研究报告	2015. 12
SM201310025002	预防医护人员职业耗竭、构建医患联盟的心理学实践研究	首都医科大学	张　辉	论文 研究报告	2015. 12
SM201310025003	英美经典小说中的医者形象研究	首都医科大学	谢春晖	论文	2015. 12
SM201310025004	北京市社区慢性病防治服务质量综合评价指标体系研究	首都医科大学	崔羽洁	论文 研究报告	2015. 12
SM201310025005	医药卫生体制改革的社会舆论环境现状	首都医科大学	杨芳宇	论文 研究报告	2015. 12
SM201310025006	基于知识图谱的大学图书馆前沿与热点研究	首都医科大学	黄　芳	论文 研究报告	2015. 12
SM201310028001	新时期新诗教育研究的反思与拓展	首都师范大学	孙晓娅	专著 工具书	2015. 12
SM201310028002	清末民初天津女学与城市空间研究	首都师范大学	秦　方	专著	2014. 12
SM201310028003	团体法规则：股东大会决议制度重构	首都师范大学	吴高臣	专著 论文	2014. 12
SM201310028004	小学生数学学习困难鉴别及对策研究	首都师范大学	张晓龙	论文	2014. 12
SM201310028005	法国画家库尔贝与巴黎公社	首都师范大学	李　华	论文	2014. 12
SM201310028006	北京市社会管理评价指标体系研究	首都师范大学	李水金	研究报告	2014. 12
SM201310028007	中国舞剧人物个性形象塑造研究	首都师范大学	武巍峰	专著	2014. 12
SM201310028008	中国传统艺术“元素”对当代美术教育改革的理论指导与应用研究	首都师范大学	王晓彤	专著	2015. 12
SM201310028009	北京市艺术衍生品产业与市场研究	首都师范大学	翟　晶	论文	2014. 12

续表

项目编号	项目名称	承担单位	承担人	成果形式	拟完成时间
SM201310028010	隋唐墓志文书法史史料研究	首都师范大学	王亚辉	论文	2015.12
SM201310028011	新课标修订背景下的北京小学英语教师职前教育	首都师范大学	周　琳	研究报告 论文	2014.12
SM201310028012	清代京师八旗女性文学创作研究	首都师范大学	詹　颂	专著	2014.12
SM201310028013	超音段音位语音知识习得与中国学生英语听说能力相关性研究	首都师范大学	赵　鹏	论文 其他	2015.12
SM201310028014	北京市扩大消费的长效机制研究	首都师范大学	刁永祚	专著	2015.12
SM201310028015	健身俱乐部消费者信息需求和价格感知研究	首都师范大学	陈文山	论文	2015.12
SM201310029001	北京高校户外运动安全体系构建研究	首都体育学院	王　港	研究报告 论文	2014.12
SM201310029002	中国世代消费者体育参与的异同及文化归因	首都体育学院	邢晓燕	论文	2014.12
SM201310029003	北京市中小学生体育素养现状调查与评估研究	首都体育学院	何丽娟	论文 研究报告	2014.12
SM201310029004	北京市竞技体操教练员人力资源开发研究	首都体育学院	杨树东	论文 研究报告	2015.1
SM201310029005	中国幼儿体育政策研究：权利保障与权利救济	首都体育学院	郝晓岑	论文 研究报告	2014.12
SM201310031001	北京建设世界城市背景下知识产权战略与国际贸易竞争之路新探	北京第二外国语学院	倪晓宁	论文 研究报告	2014.12
SM201310031002	跨文化背景下的俄罗斯游客来华印象分析	北京第二外国语学院	张冬梅	研究报告	2013.12
SM201310031003	从传统到现代：美国文学经典的文化重构	北京第二外国语学院	龙　云	论文 专著	2014.12
SM201310031004	北京会展产业素质升级的影响因素分析及政策选择	北京第二外国语学院	高凌江	论文 研究报告	2014.12
SM201310031005	全球媒体中的北京城市形象研究	北京第二外国语学院	刘　晖	研究报告	2014.12
SM201310031006	阿拉伯国家的旅游发展研究以及中阿旅游合作展望	北京第二外国语学院	刘　晖	论文 研究报告	2014.12
KM201310037001	基于无线传输的多功能仓储图像采集装置的开发	北京物资学院	唐秀丽	论文 研究报告	2014.12
KM201310037002	基于物联网的仓储监控管理系统关键技术研究	北京物资学院	吕　波	论文 研究报告	2014.12
SM201310037001	北京城市共同配送网络构建与协同运作技术研究	北京物资学院	张　军	论文 专著	2014.12
SM201310037002	中关村虚拟孵化器的运营模式研究	北京物资学院	王淑华	论文 研究报告	2014.12
SM201310037003	上市公司应计质量研究——趋势、影响因素和经济后果	北京物资学院	褚晓琳	论文 研究报告	2014.12

续表

项目编号	项目名称	承担单位	承担人	成果形式	拟完成时间
SM201310037004	经管类双语教师职业能力评价体系的构建研究	北京物资学院	陈炜煜	论文 研究报告	2014.12
SM201310037005	我国上市公司股权融资偏好的博弈分析	北京物资学院	童年成	论文 研究报告	2014.12
SM201310038001	北京市属国有企业经营者管控模式创新研究	首都经济贸易大学	徐　炜	论文 研究报告	2014.12
SM201310038002	养老保险法律问题研究	首都经济贸易大学	王显勇	论文 研究报告	2014.12
SM201310038003	上市公司并购重组资产评估和定价研究	首都经济贸易大学	王竞达	论文 专著	2014.12
SM201310038004	医疗开支对家庭消费的影响研究	首都经济贸易大学	宋　捷	论文	2014.12
SM201310038005	新媒体时代下的广告传播思维模式与实践案例研究	首都经济贸易大学	母晓文	论文 研究报告	2014.12
SM201310038006	北京市社区体育赛事发展现状及对策研究	首都经济贸易大学	张小航	论文 研究报告	2014.12
SM201310038007	北京市居民幸福指数的关联分析与追踪研究	首都经济贸易大学	张贝贝	论文 研究报告	2014.12
SM201310038008	北京市服务型政府服务质量评估系统的实证分析	首都经济贸易大学	张杉杉	论文 研究报告	2013.12
SM201310038009	外语专业大学生思辨能力发展研究	首都经济贸易大学	高秋萍	论文 专著	2014.12
SM201310038010	国际化大城市的信用演化与借鉴	首都经济贸易大学	高杰英	论文 研究报告	2013.12
SM201310038011	云计算时代的在线会计服务研究	首都经济贸易大学	蔡立新	论文 研究报告	2014.12
SM201310038012	北京市智能手机软件应用商店的消费者采纳研究	首都经济贸易大学	陈蔚珠	论文 研究报告	2014.12
SM201310038013	北京低碳城市建设目标与对策	首都经济贸易大学	单吉堃	专著 研究报告	2013.12
SM201310038014	基于 LPP 理论视角的微博用户参与行为研究	首都经济贸易大学	胡　磊	论文 研究报告	2014.12
SM201310046001	西方艺术音乐中的弦乐发展研究	中国音乐学院	殷　遐	论文	2014.12
SM201310046002	我国高等专业音乐院校钢琴艺术指导学科建设研究	中国音乐学院	张柯瑶	研究报告	2014.12
SM201310046003	中国古典诗词艺术歌曲的现代演唱与教学研究	中国音乐学院	杨曙光	论文	2014.12
SM201310046004	刘德海琵琶艺术研究系列——刘德海琵琶艺术的哲学思想	中国音乐学院	李　佳	论文	2014.12
SM201310046005	视唱练耳专业教学的理论研究与实践	中国音乐学院	赵　苏	论文	2014.12
SM201310046006	中、日、韩近现代和声技法比较研究	中国音乐学院	王　萃	研究报告	2014.12

续表

项目编号	项目名称	承担单位	承担人	成果形式	拟完成时间
SM201310049001	数字音乐戏曲化创作研究——昆曲音乐创编	中国戏曲学院	姜景洪	作品	2014. 1
SM201310049002	梅兰芳先生早期与杨小楼先生合作的《霸王别姬》的表演研究	中国戏曲学院	张　晶	论文	2014. 12
SM201310049003	中国戏曲学院昆曲表演教学史	中国戏曲学院	韩冬青	论文	2013. 12
SM201310049004	戏曲视唱练耳教学应用与研究	中国戏曲学院	孙晓洁	专著	2015. 12
SM201310049005	梅兰芳表演美学论	中国戏曲学院	池　浚	论文	2013. 12
SM201310050001	好莱坞电影音乐创造流程研究	北京电影学院	王黎光	论文 译著	2015. 1
SM201310050002	当代电影美术前沿学术问题研究	北京电影学院	敖日力格	专著	2014. 12
SM201310050003	从"无形"到"有型"——电影声音造型研究	北京电影学院	曾笑鸣	专著	2015. 12
SM201310050004	影视广告摄影教学基础操作演示及训练	北京电影学院	齐　虹	研究报告 教材	2014. 12
SM201310050005	百名日本电影导演研究	北京电影学院	王乃真	专著	2014. 12
SM201310050006	动画与多媒体、游戏设计应用研究	北京电影学院	胡国钰	教材	2014. 12
SM201310050007	当代中国电视剧叙事策略研究	北京电影学院	张　巍	工具书	2014. 12
SM201310050008	当代电视剧表演创作研究	北京电影学院	滴　妮	专著	2015. 12
SM201310050009	影视文化企业创业板上市策略研究	北京电影学院	丁　峰	专著	2015. 12
SM201310050010	虚拟环境下的电影表演艺术探究	北京电影学院	张杰勇	论文 专著	2014. 12
SM201310050011	影视动画动作设计研究	北京电影学院	张　丽	专著	2014. 12
SM201210051001	中国新古典舞中现代文化因素的融入研究	北京舞蹈学院	陈　苗	论文 研究报告	2014. 12
SM201210051002	纽约表演艺术研究	北京舞蹈学院	慕　羽	专著	2013. 12
SM201210051003	孔子乐舞思想研究	北京舞蹈学院	袁　禾	论文 研究报告	2014. 12
SM201210051004	中国民族民间舞基本能力训练的理论与实践研究——基于中国古典舞训练的理念与方法	北京舞蹈学院	宋海芳	教材 其他	2014. 12
SM201210051005	中国芭蕾性格舞蹈传承与创新研究	北京舞蹈学院	杨　越	专著 其他	2014. 12
SM201310772001	基于知识管理的北京市高新技术企业群决策系统研究	北京信息科技大学	王　莹	论文	2014. 12
SM201310772002	基于知识流创新的北京知识密集型服务业竞争力提升战略研究	北京信息科技大学	王　晖	论文 研究报告	2014. 12
SM201310772003	基于知识视角的北京制造业产业集群协同创新研究	北京信息科技大学	李静文	论文 研究报告	2014. 12
SM201310772004	北京节能减排应用政策模拟与细化——利益相关者视角	北京信息科技大学	徐　峰	研究报告 论文	2014. 12

续表

项目编号	项目名称	承担单位	承担人	成果形式	拟完成时间
SM201310772005	供应链网络模型下多级库存控制与优化方法研究	北京信息科技大学	臧玉洁	论文 研究报告	2014. 12
SM201310772006	北京市社会矛盾化解机制研究	北京信息科技大学	伊　强	论文 专著	2014. 12
SM201310772007	新时期科技报告的语言特征与翻译研究	北京信息科技大学	陈海涛	论文 研究报告	2014. 12
SM201310772008	基于平衡计分卡法的市属高校教师绩效评价研究	北京信息科技大学	谢新伟	论文 研究报告	2014. 12
SM201310772009	软科学在高校科研工作中的重要性研究	北京信息科技大学	何颖利	研究报告	2014. 12
SM201311417001	中关村示范区技术创新与科技金融创新的协同演进机制研究	北京联合大学	赵　睿	论文 研究报告	2014. 12
SM201311417002	北京科技型中小企业人力资本投资风险预警研究	北京联合大学	陈雄鹰	论文 研究报告	2014. 12
SM201311417003	宋金词体文学风格研究	北京联合大学	李　艺	论文 专著	2015. 12
SM201311417004	我国重大突发事件新闻话语修辞研究	北京联合大学	惠东坡	专著	2014. 12
SM201311417005	新媒体环境下北京地区期刊业的发展状况与思路研究	北京联合大学	陈冠兰	论文 研究报告	2014. 12
SM201311417006	北京市智力残疾学生体质健康标准研究	北京联合大学	郝传萍	论文 研究报告	2013. 12
SM201311417007	北京历史文化街区传统地方性要素识别研究——以琉璃厂文化街、南锣鼓巷为例	北京联合大学	成志芬	论文 研究报告	2014. 12
SM201311417008	基于网络搜索数据的北京 CPI 的预测研究	北京联合大学	付丽丽	论文	2014. 12
SM201311417009	台湾社区总体营造模式在京郊乡村民俗旅游村的应用研究	北京联合大学	谭佳伦	论文 研究报告	2014. 12
SM201311417010	创新社会管理模式推进流动儿童问题的解决	北京联合大学	唐莹莹	研究报告	2014. 12
SM201311626001	宋代士人心态及其对文学创作的影响	北京青年政治学院	李建英	论文	2013. 12
SM201311626002	基于现代大学制度的大学章程研究	北京青年政治学院	李　雯	论文 研究报告	2013. 12
SM201311626003	高职学生混合式学习接受度实证研究	北京青年政治学院	刘乃瑞	论文 研究报告	2013. 12
SM201311626004	北京市高职院校学生学习性参与度现状调查与对策研究	北京青年政治学院	肖　毅	论文 专著	2013. 12
SM201311626005	首都社区养老信息化建设模式的研究	北京青年政治学院	徐志立	论文	2013. 12

续表

项目编号	项目名称	承担单位	承担人	成果形式	拟完成时间
SM201311626006	人民币汇率波动条件下企业风险管理研究	北京青年政治学院	易艳红	论文	2013.12
SM201351638001	北京财经类职业院校教师企业实践能力提升途径与机制建设研究	北京财贸职业学院	王　剑	研究报告	2013.12
SM201351638002	面向首都零售商业的财经类高职院校社会服务模式与“双赢”机制研究	北京财贸职业学院	寇长华	研究报告	2013.12
SM201351638003	产业升级背景下首都旅游职业教育模式创新与优化策略	北京财贸职业学院	王　琦	研究报告	2013.12
SM201351638004	新制度经济学视角下北京电子商务企业社会责任研究	北京财贸职业学院	周　佳	研究报告	2013.12
SM201351638005	供应链约束下的物流绩效管理实证研究	北京财贸职业学院	李作聚	研究报告	2013.12
SM201351638006	北京市职业教育产学研一体化研究	北京财贸职业学院	李宇红	研究报告	2013.12
SM201310858001	中国汉字在吉祥物设计中的应用研究	北京电子科技职业学院	陈淑姣	论文 研究报告	2014.12
SM201310858002	物流企业资源整合行为的财务分析	北京电子科技职业学院	徐秀艺	论文 研究报告	2014.12
SM201310858003	北京民族工艺品的品牌突围研究	北京电子科技职业学院	刘　萍	论文 研究报告	2014.12
SM201310853001	北京市人口老龄化对储蓄消费的影响研究	北京工业职业技术学院	宋文光	研究报告	2014.5
SM201312448001	北京农村生态供给问题和对策研究	北京农业职业学院	钱　静	调研报告 研究报告 论文	2013.12
SM201312448002	北京市提高农民财产性收入途径研究	北京农业职业学院	杜一馨	调研报告 研究报告 论文	2014.12
SM201312448003	北京涉农上市公司投资价值研究	北京农业职业学院	樊　钰	调研报告 研究报告 论文	2014.12
SM201312448004	京郊山区农村文化创意产业的发展研究	北京农业职业学院	康　杰	调研报告 研究报告 论文	2013.12
SM201350061001	北京市中小学教育干部培训课程体系建设的研究	北京教育学院	杨志成	论文 研究报告	2014.12
SM201350061002	中小学教师继续学习的动力因素研究	北京教育学院	刘琳娜	论文 研究报告	2014.12
SM201350061003	北京市区（县）教育党校建设现状分析与发展对策研究	北京教育学院	马宪平	论文 研究报告	2014.12

续表

项目编号	项目名称	承担单位	承担人	成果形式	拟完成时间
SM201351160001	北京开放大学专业和课程建设标准及实践案例研究	北京广播电视大学	李春英	论文 研究报告	2014. 12
SM201351160002	北京开放大学网络学习与管理平台功能开发和应用研究	北京广播电视大学	孙月亚	论文 研究报告	2013. 12
SM201351160003	开放大学职业发展课程规划与实施的实证研究——以小学数学教师职业发展课程的研发和实施为例	北京广播电视大学	高勤丽	论文 研究报告	2014. 12
SM201314075001	校企深度合作的高等职业教育人才培养模式研究	北京劳动保障职业学院	何福贵	论文 研究报告	2014. 12

说明：北京市教育委员会从 1996 年开始设立人文社会科学研究计划项目。2003 年开始该计划项目分为重点项目和面上项目，重点项目同时列入北京市哲学社会科学规划项目，与北京市哲学社会科学规划办公室联合立项并实施管理。2007 年依据《北京市市级教育经费项目支出预算管理办法（试行）》的规定，北京市教委、北京市财政局联合印发了《北京市属高等学校科学研究项目管理办法（暂行）》（以下简称《管理办法》）。根据新的《管理办法》，规范了项目类别，北京市教委人文社会科学研究计划项目更名为社科计划项目。北京市教育委员 2013 年度社科计划批准立项项目 202 项，其中重点项目 29 项，面上项目 173 项。

（北京市教育委员会科学技术与研究生工作处供稿）

2012 年度北京市调查研究重点课题

题目	主持人
对生态发展、绿色就业的研究	刘　淇
首都包容式发展研究	郭金龙
坚持和完善人民代表大会制度，充分发挥人民代表大会职能作用的总结和研究	杜德印
围绕率先形成城乡一体化发展新格局协商议政	王安顺、沈宝昌
推广网格化社会服务管理模式研究	王安顺
维护首都政治稳定的实践与思考	王安顺
首都实体经济发展研究	吉　林
关于加强反腐倡廉建设保持党的纯洁性问题研究	叶青纯
关于加强基层党组织建设研究	吕锡文
新时期做好党委系统督察工作的若干思考	李士祥
新形势下做好市人大代表换届选举工作的调研	梁　伟
加快推进北京市社会服务管理创新的思考	梁　伟
北京市党外代表人士队伍建设专题研究	牛有成
北京市学校一体化管理改革试验研究	赵凤桐
中关村建设国家科技金融创新中心的调研报告	赵凤桐
关于大力弘扬践行北京精神的调研	鲁　炜

续表

题目	主持人
着眼维护首都安全稳定大力加强民兵预备役部队应急力量建设	郑传福
提升首都公安机关党建科学化水平的实践与思考	傅政华
加强和改进市人大及其常委会监督司法工作的总结和研究	马振川
加强和改进市人大常委会代表工作的总结和研究	刘晓晨
加强和改进市人大及其常委会经济和预算监督工作的总结和研究	吴世雄
加强和改进市人大常委会立法工作的总结和研究	柳纪纲
推进全国文化中心建设进展情况的调研	刘新成
北京市创意农业发展现状调研和未来发展建议	刘新成
门头沟区宗教文化情况的调研	马振川、李昭玲
北京国家现代农业科技城科技金融服务模式研究	李昭玲
市十三届人大常委会五年工作总结和研究	唐　龙
深化城管执法体制创新提高城市管理精细化水平研究	刘敬民
加快推进工业“北京创造”的战略研究	苟仲文
北京公交线网优化问题研究	苟仲文
北京市 PM2. 5 的防治目标与对策研究	洪　峰
符合首都特点的医疗服务体系建设研究	丁向阳
首都区域空间发展战略深化研究	陈　刚
北京公共租赁住房后期管理政策研究	陈　刚
首都口岸经济体系建设研究	程　红
北京平原地区绿化问题研究	夏占义
关于北京地区人类文化遗产的完善与开发利用的调研	陈　平
关于优化企业自主创新发展环境的调研	熊大新
关于大气污染防治的调研	赵文芝
关于网络建设和管理调研	赵文芝
关于加强审判管理确保依法公正履行审判职能的调查研究	池　强
检察机关参与、加强和创新社会管理途径和机制研究	慕　平
打造首都经济圈推进区域一体化发展	傅惠民
推进生态文化建设，服务绿色北京发展	葛剑平
发展首都特色金融，巩固首都金融优势，把北京打造成具有国际影响力的金融中心城市	王永庆
关于北京（首都）周边绿色生态圈建设的调研	于文明
关于北京市人口结构改善与规模控制的调研	马大龙
关于如何增加我市农民财产性收入途径及对策研究	蔡国雄

（中共北京市委研究室供稿）

部分高校、科研等单位承担国家或省部级人文社会科学研究项目及院校校级文科项目

北京大学

2012 年承担国家或省部级社会科学研究课题

项目名称	负责人	承担部门	项目来源	成果形式	完成日期
当今时代文化发展的新特点新趋势研究	丰子义	哲学系	全国哲学社会科学规划办公室（重大项目）	专著	2016.12
加快公共文化立法，提高文化建设法制化水平研究	李国新	信息管理系	全国哲学社会科学规划办公室（重大项目）	专著	2015.5
中国解释学史	王　博	哲学系	全国哲学社会科学规划办公室（重大项目）	专著	2015.12
基于多学科视域的认知研究	周北海	哲学系	全国哲学社会科学规划办公室（重大项目）	专著	2017.12
《元典章》校释与研究	张　帆	历史系	全国哲学社会科学规划办公室（重大项目）	专著	2017.12
周原地区商周时期的聚落与社会研究	雷兴山	考古文博学院	全国哲学社会科学规划办公室（重大项目）	专著	2015.8
史前时期中西文化交流研究	李水城	考古文博学院	全国哲学社会科学规划办公室（重大项目）	专著	2017.12
汉语国际教育背景下的汉语意合特征研究与大型知识库和语料库建设	袁毓林	中文系	全国哲学社会科学规划办公室（重大项目）	专著 数据库	2017.12
新疆丝路南道所遗存非汉语文书释读与研究	段　晴	外国语学院	全国哲学社会科学规划办公室（重大项目）	专著	2016.12
邓州八里岗仰韶聚落研究与报告编写	张　弛	考古文博学院	全国哲学社会科学规划办公室（重大项目）	专著	2017.12
面向网络文本的多视角语义分析方法、语言知识库及平台建设研究	王厚峰	计算语言所	全国哲学社会科学规划办公室（重大项目）	论文集 数据库	2017.12
中国汉代图像数据库与《汉画总录》编撰研究	朱青生	艺术学院	全国哲学社会科学规划办公室（重大项目）	专著 数据库	2020.12
欧美留学生汉语语块的认知加工实验研究	鹿士义	对外汉语教育学院	全国哲学社会科学规划办公室（一般项目）	研究报告	2015.1
国际汉语教师专业发展模式研究	王添淼	对外汉语教育学院	全国哲学社会科学规划办公室（一般项目）	专著 研究报告	2014.12
网络纠纷解决机制研究	高　薇	法学院	全国哲学社会科学规划办公室（青年项目）	专著	2015.3
我国死刑政策的反思与调整	梁根林	法学院	全国哲学社会科学规划办公室（一般项目）	研究报告	2015.12

续表

项目名称	负责人	承担部门	项目来源	成果形式	完成日期
公共财政监督法律制度研究	刘剑文	法学院	全国哲学社会科学规划办公室（重点项目）	专著	2015.9
物权法中登记对抗制度实施问题研究	龙　俊	法学院	全国哲学社会科学规划办公室（青年项目）	专著	2015.2
中资企业在东南亚投资大型工程项目政治风险评估研究	查道炯	国际关系学院	全国哲学社会科学规划办公室（一般项目）	研究报告 专题论文集	2014.12
中亚能源外交与中亚——我国天然气管道风险防范研究	程春华	国际关系学院	全国哲学社会科学规划办公室（青年项目）	专著	2015.1
原苏东社会主义国家的现状和社会主义思潮研究	孔凡君	国际关系学院	全国哲学社会科学规划办公室（重点项目）	专著	2015.6
伊斯兰力量在巴基斯坦的政治参与研究	钱雪梅	国际关系学院	全国哲学社会科学规划办公室（一般项目）	专著	2014.9
贸易差额数据鸿沟与中美贸易利益分配评估研究	段世德	经济学院	全国哲学社会科学规划办公室（青年项目）	专题论文集 研究报告	2014.12
我国专利制度、企业专利战略与经济技术发展研究	叶静怡	经济学院	全国哲学社会科学规划办公室（一般项目）	专题论文集 研究报告	2015.12
新石器时代墓葬和祭祀坑集中埋藏猪下颌现象的研究——以河南邓州八里岗遗址为个案	王　华	考古文博学院	全国哲学社会科学规划办公室（青年项目）	研究报告	2013.12
秦汉墓葬的结构类型与区域变迁研究	杨哲峰	考古文博学院	全国哲学社会科学规划办公室（一般项目）	专著	2015.3
美国早期政治文化的演变研究	李剑鸣	历史学系	全国哲学社会科学规划办公室（重点项目）	专著	2015.6
蛮族王国的兴起与中世纪早期基督教史学	李隆国	历史学系	全国哲学社会科学规划办公室（一般项目）	专题论文集	2015.12
历史学视野中的正统论——以华夷观念为中心	刘浦江	历史学系	全国哲学社会科学规划办公室（一般项目）	专著	2015.6
鸦片战争以前北京与西方文明研究	欧阳哲生	历史学系	全国哲学社会科学规划办公室（一般项目）	专著	2014.7
中国科举制度通史及其专题研究	张希清	历史学系	全国哲学社会科学规划办公室（重点项目）	专著 专题论文集	2015.12
德国宗教改革时期国家与教会关系变迁研究	朱孝远	历史学系	全国哲学社会科学规划办公室（一般项目）	专著	2015.12
建立适应人口老龄化形势的社区医疗卫生服务模式研究	黄成礼	人口研究所	全国哲学社会科学规划办公室（一般项目）	研究报告	2014.6
下岗职工集体行动的理性疏导及妥善应对研究	李晓非	社会学系	全国哲学社会科学规划办公室（青年项目）	研究报告	2015.2
青少年流动人口心理健康与发展研究	周　皓	社会学系	全国哲学社会科学规划办公室（一般项目）	研究报告	2014.12
基于用户视角的数字资源质量管理实务研究	刘素清	图书馆	全国哲学社会科学规划办公室（一般项目）	研究报告	2015.12

续表

项目名称	负责人	承担部门	项目来源	成果形式	完成日期
数字图书馆动态知识管理研究	周义刚	图书馆	全国哲学社会科学规划办公室（青年项目）	专题论文集 电脑软件	2015.12
弥尔顿在中国的跨文化之旅研究	郝田虎	外国语学院	全国哲学社会科学规划办公室（一般项目）	专著	2015.12
中国城乡数字鸿沟及其对城市化进程的影响研究	韩圣龙	信息管理系	全国哲学社会科学规划办公室（一般项目）	研究报告	2015.2
医务社工的角色定位与功能整合研究	冯　文	医学部	全国哲学社会科学规划办公室（一般项目）	专著 研究报告	2015.12
青蒿素研发中的管理模式与科研评价研究	张大庆	医学部	全国哲学社会科学规划办公室（一般项目）	研究报告	2014.9
描述论和直接指称论之争——回顾、批判与建构	陈　波	哲学系	全国哲学社会科学规划办公室（重点项目）	专题论文集	2015.12
《资本论》及其手稿哲学思想再研究	聂锦芳	哲学系	全国哲学社会科学规划办公室（一般项目）	专著	2015.5
古印度主要哲学经典研究	姚卫群	哲学系	全国哲学社会科学规划办公室（一般项目）	专著	2015.12
道教心性学研究	郑　开	哲学系	全国哲学社会科学规划办公室（一般项目）	专著	2015.6
中国现代政治学学科和学术发展的起源、演变与发展研究	金安平	政府管理学院	全国哲学社会科学规划办公室（重点项目）	专著	2015.12
产业转移的空间过程及区域空间结构优化政策研究	刘霄泉	政府管理学院	全国哲学社会科学规划办公室（青年项目）	研究报告	2015.12
中国快速城市化进程中的城市水安全战略研究	许英明	政府管理学院	全国哲学社会科学规划办公室（青年项目）	专题论文集 研究报告	2015.12
清初京城诗坛研究	白一瑾	中国语言文学系	全国哲学社会科学规划办公室（青年项目）	专著	2014.9
“中国问题”与“中国经验”——新时期文艺理论研究	金永兵	中国语言文学系	全国哲学社会科学规划办公室（一般项目）	专著	2015.7
呈现语言真实面貌：嘉戎语参考语法	林幼菁	中国语言文学系	全国哲学社会科学规划办公室（青年项目）	专著	2015.11
宋代经学佚著辑考汇释	吴国武	中国语言文学系	全国哲学社会科学规划办公室（一般项目）	专著	2015.12
语言知识资源的可视化技术研究	詹卫东	中国语言文学系	全国哲学社会科学规划办公室（一般项目）	专题论文集	2014.12
中国住房保障法律制度：路径依赖与创新	楼建波	法学院	教育部人文社科项目	论文 咨询报告	2015.12
股权结构、定向增发与投资者保护	张　然	光华管理学院	教育部人文社科项目	著作 论文	2015.12
金融化和投机对国际油价的影响：基于行为金融学的视角	黄　卓	国家发展研究院	教育部人文社科项目	论文 咨询报告	2015.1
世界主要国家教育财政比较与中国借鉴	刘　强	教育学院	教育部人文社科项目	论文 咨询报告	2013.9

续表

项目名称	负责人	承担部门	项目来源	成果形式	完成日期
可再生能源产业融资风险管理与政策支持体系构建——基于生命周期理论的研究	李　虹	经济学院	教育部人文社科项目	论文 咨询报告	2013. 12
基于死亡率风险的寿险证券化理论与实证研究	谢世清	经济学院	教育部人文社科项目	著作 论文	2014. 12
我国消费金融体系构建研究	杨鹏艳	经济学院	教育部人文社科项目	论文 咨询报告	2013. 12
人口转变条件下公共卫生需求及其对策研究	任　强	人口所	教育部人文社科项目	论文 咨询报告	2014. 12
弹性规划的实践演进与理论建构——基于深圳市城市规划实践（1979—2011）	刘　堃	深圳研究生院	教育部人文社科项目	论文	2014. 12
大学体育中生命安全教育培训方案的研究	王东敏	体育教研部	教育部人文社科项目	著作 论文	2013. 9
中国周边国家文献的国家保障研究	关志英	图书馆	教育部人文社科项目	论文 咨询报告	2014. 12
俄罗斯语篇语言学研究综论	王辛夷	外国语学院	教育部人文社科项目	著作 论文	2014. 12
国家在城市基层社会中的权力实现与话语传播——基于北京市某居委会运作的分析	王　迪	新闻与传播学院	教育部人文社科项目	论文 咨询报告	2014. 12
大学生 HIV 咨询检测行为意向及需求研究	朱广荣	医学部	教育部人文社科项目	论文 咨询报告	2014. 8
我国大学生性观念现状研究——高校思想政治工作面临的新挑战	刘新芝	医学部	教育部人文社科项目	论文	2014. 8
叶圣陶与中国现代语文教育	商金林	中文系	教育部人文社科项目	著作 论文	2014. 9
现代汉语述补结构网络数据库的构建与应用	詹卫东	中文系	教育部人文社科项目	论文 电子出版物 专利	2013. 12
产业升级背景下我国特大城市经济空间组织演化与优化对策研究——以北京为例	刘霄泉	政府管理学院	教育部人文社科项目	论文	2014. 12
数字、网络技术在科研诚信和学风建设中作用研究	汪　琼	教育学院	教育部专项项目	论文 咨询报告 电子出版物	2013. 12
高校学生文明上网研究——以大学生媒介素养教育为抓手的探索	蒋广学	学生工作部	教育部专项项目	论文	2012. 12
思政工作专项任务项目	安国江	保卫部	教育部专项项目	研究报告	2012. 12

续表

项目名称	负责人	承担部门	项目来源	成果形式	完成日期
新疆双语教育发展与现存问题调研报告	马　戎	社会学系	教育部专项项目	研究报告	2012.12
中东北非问题研究	王逸舟	国际关系学院	教育部专项项目	研究报告	2012.12
新疆稳定问题研究	钱雪梅	国际关系学院	教育部专项项目	研究报告	2012.12
中东北非问题研究	王锁劳	国际关系学院	教育部专项项目	研究报告	2012.12
中国健康转变和健康发展模式研究	郑晓瑛	人口所	教育部后期资助项目	著作	2013.12
日本劳动法研究	叶静漪	法学院	教育部后期资助项目	著作	2013.12
中国社会转型期的居民信用管理和公共服务体系建设研究	章　政	经济学院	教育部重大攻关项目	著作	2015.12
生态文明与中国特色社会主义	夏文斌	中国特色社会主义理论研究中心	教育部研究基地重大项目	著作	2015.12
日本近代文论在中国的译介与接受研究	李　强	东方文学研究中心	教育部研究基地重大项目	著作	2015.12
阿拉伯现当代文学与社会文化变迁	林丰民	东方文学研究中心	教育部研究基地重大项目	著作	2015.12
龟兹石窟寺院调查与研究	林梅村 魏正中	中国考古学研究中心	教育部研究基地重大项目	著作	2015.12
魏晋南北朝士人活动与审美范畴建构	袁济喜	美学与美育研究中心	教育部研究基地重大项目	著作	2015.12
中国低生育率研究	郭志刚	中国社会与发展研究中心	教育部研究基地重大项目	著作	2015.12
居住空间的更新与治理：城镇扩张中的社会管理	朱晓阳	中国社会与发展研究中心	教育部研究基地重大项目	著作	2015.12
非存在对象的名字与新梅农主义研究	叶　闯	外国哲学研究所	教育部研究基地重大项目	著作	2015.12
基于心灵与认知观的逻辑与数学哲学研究	叶　峰	外国哲学研究所	教育部研究基地重大项目	著作	2015.12
《政府信息公开条例》的实施与改进	余凌云	宪法与行政法研究中心	教育部研究基地重大项目	著作	2015.12
公益征收研究	张树义	宪法与行政法研究中心	教育部研究基地重大项目	著作	2015.12
汉语名词短语（DP）的内部构造	沈　阳	中国语言学研究中心	教育部研究基地重大项目	著作	2015.12
近代汉语虚词系统研究	杨荣祥	中国语言学研究中心	教育部研究基地重大项目	著作	2015.12
人大制度改革与责任政府构建的理论与实践研究	谢庆奎	政治发展与政府管理研究所	教育部研究基地重大项目	著作	2015.12
政治心理学：一门学科和一种资源	王丽萍	政治发展与政府管理研究所	教育部研究基地重大项目	著作	2015.12

续表

项目名称	负责人	承担部门	项目来源	成果形式	完成日期
北平图书馆旧藏宋元版研究——近代版本学发展史研究之一	桥本秀美	中国古代史研究中心	教育部研究基地重大项目	著作	2015.12
晚唐五代社会文化的转型	陆　扬	中国古代史研究中心	教育部研究基地重大项目	著作	2015.12
教育机会均等的实证研究	沈　艳	教育经济研究所	教育部研究基地重大项目	著作	2015.12
高职院校的组织转型、培养模式变革与毕业生就业力的多案例研究	郭建如	教育经济研究所	教育部研究基地重大项目	著作	2015.12
从观礼朝圣到行蛮貊之邦——朝鲜燕行使与《燕行录》研究	漆永祥	中国古文献研究中心	教育部研究基地重大项目	著作	2015.12
美国政府财政和债务危机及其对我国经济的影响	张　帆	中国经济研究中心	教育部研究基地重大项目	著作	2015.12
高中入学决策与教育回报不确定性	赵耀辉	中国经济研究中心	教育部研究基地重大项目	著作	2015.12
北京市人口家庭老龄化对储蓄、消费和社会保障的影响研究	姚　洋	国家发展研究院	北京市哲学社会科学规划办公室（重点项目）	研究报告 论文集	2013.9
创造性介入理论：中国和平发展的一种前瞻性探索	王逸舟	国际关系学院	北京市哲学社会科学规划办公室（重点项目）	研究报告 其他	2014.9
北京精神传播创新研究	夏文斌	马克思主义学院	北京市哲学社会科学规划办公室（重点项目）	研究报告	2013.6
北京城市公用事业价格规制及政府补贴管理研究	张鹏飞	经济学院	北京市哲学社会科学规划办公室（一般项目）	论文集	2015.12
北京农产品价格形成机制研究	董志勇	经济学院	北京市哲学社会科学规划办公室（一般项目）	研究报告	2014.5
马克思主义中国化、时代化、大众化的路径与方法	郭建宁	马克思主义学院	北京市哲学社会科学规划办公室（一般项目）	专著	2015.4
台湾社会结构演变及其对两岸关系和平发展的影响	张植荣	国际关系学院	北京市哲学社会科学规划办公室（一般项目）	专著	2014.12
西文古籍中清代北京老照片及图片的整理及研究	张红扬	图书馆	北京市哲学社会科学规划办公室（一般项目）	专著	2014.6
北京市农家书屋创新与长效机制研究	许　欢	信息管理系	北京市哲学社会科学规划办公室（一般项目）	研究报告	2014.12
清代宫廷戏曲研究	黄　卉	中文系	北京市哲学社会科学规划办公室（一般项目）	专著	2014.12
《资本论》与历史唯物主义的新探索	仰海峰	哲学系	北京市哲学社会科学规划办公室（一般项目）	论文集	2015.12
当代条件下艺术公赏力研究	王一川	艺术学院	北京市哲学社会科学规划办公室（一般项目）	专著	2014.6
北京市金融产业竞争力发展研究	张亚光	经济学院	北京市哲学社会科学规划办公室（青年项目）	研究报告	2014.5

续表

项目名称	负责人	承担部门	项目来源	成果形式	完成日期
北京市人才培养与产业结构双调整研究——基于高校毕业生调查数据	蒋　承	教育学院	北京市哲学社会科学规划办公室（青年项目）	论文集	2013. 12
北京市统筹城乡医疗保障制度对财政体系的影响研究	蒋云赟	经济学院	北京市哲学社会科学规划办公室（青年项目）	论文集	2014. 12
机器翻译理论框架下的汉俄篇章语义对比研究	胡连影	外国语学院	北京市哲学社会科学规划办公室（青年项目）	研究报告	2014. 4
北京市高校人才培养与产业结构调整的耦合机制研究	蒋　承	教育学院	北京市教育科学规划项目（青年项目）	研究报告	2014. 12
对中小学生健康素养的评价研究	余小鸣	医学部	北京市教育科学规划项目（重点项目）	研究报告	2014. 12
北京市中小学数字校园建设对教与学的影响研究	吴筱萌	教育学院	北京市教育科学规划项目（重点项目）	研究报告	2014. 12
学生身体活动影响因素与综合干预策略、措施研究	李榴柏	医学部	北京市教育科学规划项目（重点项目）	研究报告	2014. 12
虚拟教学管理团队的领导力研究	郭文革	教育学院	北京市教育科学规划项目（重点项目）	研究报告	2014. 12

（北京大学社会科学部供稿）

中国人民大学

2012 年承担国家或者省部级社会科学科研课题

项目名称	负责人	承担部门	项目来源	成果形式	完成日期
中国特色社会主义文化发展道路研究	郝立新	哲学院	国家社会科学基金项目重大项目	专著 论文	2015. 12
中国文化产业人才培养体系建设研究	牛维麟	教育学院	国家社会科学基金项目重大项目	专著 论文	2015. 12
完善金融宏观调控体系研究	陈雨露	财政金融学院	国家社会科学基金项目重大项目	专著 论文	2014. 12
金融危机后资本主义的历史走向与我国的应对方略	张　宇	经济学院	国家社会科学基金项目重大项目	专著 论文	2014. 12
加快推进经济发展方式转变和经济结构调整的我国财政政策及财政管理模式研究	郭　杰	经济学院	国家社会科学基金项目重大项目	专著 论文	2015. 12
中国特色社会主义道德体系研究	焦国成	哲学院	国家社会科学基金项目重大项目	论文 研究报告	2015. 9
和谐劳动关系构建中的政府规制研究	常　凯	劳动人事学院	国家社会科学基金项目重大项目	专著 论文	2015. 12
科学哲学史研究	刘大椿	哲学院	国家社会科学基金项目重大项目	专著	2016. 12
清史地图集	华林甫	清史所	国家社会科学基金项目重大项目	专著	2017. 12

续表

项目名称	负责人	承担部门	项目来源	成果形式	完成日期
云计算环境下的信息资源集成与服务研究	杜小勇 卢小斌	信息学院 信息资源管理学院	国家社会科学基金项目重大项目	专著 论文	2015.12
法治评估创新及其在中国的推广应用研究	朱景文	法学院	国家社会科学基金项目重大项目	专著 论文	2015.12
经济结构调整中的通胀预期管理研究	张成思	财政金融学院	国家社会科学基金项目重点项目	论文 研究报告	2015.12
促进社会公平正义的理论和实践研究	孙国华	法学院	国家社会科学基金项目重点项目	专著 论文	2014.12
中国地方政府债务形成机制与风险控制研究	孙玉栋	公共管理学院	国家社会科学基金项目重点项目	专著 研究报告	2015.9
现阶段通货膨胀与预期管理问题研究	许光建	公共管理学院	国家社会科学基金项目重点项目	研究报告	2015.9
新疆地区中西文化交流研究	李　肖	国学院	国家社会科学基金项目重点项目	研究报告	2017.12
档案学专业创新人才培养模式研究	张　斌	信息资源管理学院	国家社会科学基金项目重点项目	专题 论文集 研究报告	2015.8
《资本论》及其手稿的技术哲学思想研究	王伯鲁	哲学院	国家社会科学基金项目重点项目	专题 论文集 研究报告	2014.12
大金融	陈雨露	财政金融学院	国家社会科学基金项目 国家哲学社会科学成果文库	专著 论文	2013.9
建设公正高效权威的社会主义司法制度研究	陈卫东	法学院	国家社会科学基金项目 国家哲学社会科学成果文库	专著 论文	2013.12
制度、市场与中国农村发展	陆益龙	社会与人口学院	国家社会科学基金项目 国家哲学社会科学成果文库	专著 论文	2013.9
涉外民事诉讼程序修改理念与制度完善研究	杜焕芳	法学院	国家社会科学基金项目一般项目	专题 论文集	2015.9
应收账款担保融资法律制度研究	高圣平	法学院	国家社会科学基金项目一般项目	专著	2014.6
垄断行业反垄断执法问题研究	孟雁北	法学院	国家社会科学基金项目一般项目	专著 研究报告	2015.3
媒体侵权与媒体权利保护的司法界限研究	杨立新	法学院	国家社会科学基金项目一般项目	专著 研究报告	2014.3
快速城市化进程中关键基础设施系统性危机应急模式研究	王宏伟	公共管理学院	国家社会科学基金项目一般项目	专著	2014.9
近三十年台湾政治发展研究	王英津	国际关系学院	国家社会科学基金项目一般项目	专著	2014.6

续表

项目名称	负责人	承担部门	项目来源	成果形式	完成日期
转型发展中城市主导产业选择方法研究	付晓东	经济学院	国家社会科学基金项目一般项目	研究报告	2014. 6
马克思经济学“六册结构”计划与现代生产方式研究	刘明远	经济学院	国家社会科学基金项目一般项目	专著	2015. 6
社会偏好理论与社会合作机制研究	周业安	经济学院	国家社会科学基金项目一般项目	专著	2014. 12
金融危机与政治、社会关系的历史考察	李世安	历史学院	国家社会科学基金项目一般项目	专著	2015. 6
沿海发达地区私营企业和谐劳动关系影响机制的实证研究	吕景胜	商学院	国家社会科学基金项目一般项目	专题 论文集 研究报告	2015. 9
农民工随迁子女城市社会融入问题的人类学研究	刘　谦	社会与人口学院	国家社会科学基金项目一般项目	研究报告	2014. 6
建立我国社会保障卫星账户的理论方法与对策研究	黄向阳	统计学院	国家社会科学基金项目一般项目	研究报告	2015. 9
托马斯·品钦小说研究	王建平	外国语学院	国家社会科学基金项目一般项目	专著	2014. 6
中国当代新闻界人物的口述史研究	王润泽	新闻学院	国家社会科学基金项目一般项目	专题 论文集	2015. 9
重大突发公共事件依法报道研究	周建明	新闻学院	国家社会科学基金项目一般项目	专著 其他	2015. 6
学科创新视域下的公共哲学：中日比较研究	林美茂	哲学院	国家社会科学基金项目一般项目	专著	2014. 8
城乡接合部规划建设模式与土地利用协调机制研究	李　强	公共管理学院	国家社会科学基金项目青年项目	专著 研究报告	2014. 12
我国对非洲能源合作中的国家风险评估研究	崔守军	国际关系学院	国家社会科学基金项目青年项目	专著	2014. 10
民国今文经学研究	陈壁生	国学院	国家社会科学基金项目青年项目	专著	2015. 9
低碳经济背景下企业节能减排行为分析与优化管理研究	石　磊	环境学院	国家社会科学基金项目青年项目	研究报告	2014. 6
保障国民经济可持续发展的水利投资最优规模研究	张培丽	经济学院	国家社会科学基金项目青年项目	研究报告 专著	2014. 6
我国养老保险制度中的中央与地方关系研究	鲁　全	劳动人事学院	国家社会科学基金项目青年项目	研究报告	2014. 6
清代县辖政区与基层社会管理研究	胡　恒	历史学院	国家社会科学基金项目青年项目	专著	2015. 6
基于新 MEGA 文献的“《资本论》恩格斯编辑问题”研究	陈　浩	马克思主义学院	国家社会科学基金项目青年项目	专题 论文集	2014. 7
国际金融危机与社会主义的发展机遇研究	沈尤佳	马克思主义学院	国家社会科学基金项目青年项目	专著	2015. 9

续表

项目名称	负责人	承担部门	项目来源	成果形式	完成日期
《马克思恩格斯全集》历史考证版（MEGA）的开创者——梁诺赞夫专题研究	赵玉兰	马克思主义学院	国家社会科学基金项目青年项目	专著	2015. 9
国际粮食价格波动与中国粮食供需平衡影响研究	吕　捷	农业与农村发展学院	国家社会科学基金项目青年项目	专著	2015. 12
信息化时代庭审方式变迁的实证研究	梁　坤	社会与人口学院	国家社会科学基金项目青年项目	研究报告	2014. 9
第六次全国人口普查生育水平、年龄结构数据质量评估	陶　涛	社会与人口学院	国家社会科学基金项目青年项目	研究报告	2014. 9
我国城市女性的社会经济地位与婚姻质量研究	张会平	社会与人口学院	国家社会科学基金项目青年项目	专题论文集	2014. 6
创新和质量导向的中国人文社科学术成果评价管理控制机制研究	杨红艳	书报资料中心	国家社会科学基金项目青年项目	专题论文集 研究报告	2014. 9
柏拉图书信的翻译与研究	彭　磊	文学院	国家社会科学基金项目青年项目	专著 译著	2015. 9
类型学背景下的汉语非核心论元实现及允准研究	孙天琦	文学院	国家社会科学基金项目青年项目	专著	2015. 9
清代来华西士与中国古典小说的早期海外传播研究	王　燕	文学院	国家社会科学基金项目青年项目	专著	2015. 9
中国智库核心竞争力研究	王莉丽	新闻学院	国家社会科学基金项目青年项目	研究报告	2014. 12
国有企业境外档案监管体系研究	徐拥军	信息资源管理学院	国家社会科学基金项目青年项目	专题论文集 研究报告	2014. 12
大国竞争的金融战略	陈雨露	财政金融学院	国家社会科学基金项目后期资助项目	专著 论文	2012. 5
合同法分则研究	王利明	法学院	国家社会科学基金项目后期资助项目	专著 论文	2013. 3
金融消费者保护统合法论	杨　东	法学院	国家社会科学基金项目后期资助项目	专著 论文	2013. 12
人民、权威与权利	张　龑	法学院	国家社会科学基金项目后期资助项目	专著 论文	2013. 3. 1
价值转型	沈民鸣	经济学院	国家社会科学基金项目后期资助项目	专著 论文	2012. 12
古都邺城研究——中世纪东亚都城制度探源	牛润珍	历史学院	国家社会科学基金项目后期资助项目	专著 论文	2014. 12
马克思主义基本原理在当代中国思想政治教育	刘建军	马克思主义学院	国家社会科学基金项目后期资助项目	专著 论文	2012. 6
马克思现代性思想与当代社会发展	郗　戈	马克思主义学院	国家社会科学基金项目后期资助项目	专著 论文	2012. 12

续表

项目名称	负责人	承担部门	项目来源	成果形式	完成日期
儒家实意伦理学	温海明	哲学院	国家社会科学基金项目后期资助项目	专著论文	2012.12
文化市场管理与执法研究	韩大元	法学院	国家社会科学基金项目特别委托项目	专著论文	2012.12
法学家	史际春	法学院	国家社会科学基金项目学术期刊资助	专著论文	2013.11
经济理论与经济管理	方福前	经济学院	国家社会科学基金项目学术期刊资助	专著论文	2013.6
教学与研究	齐鹏飞	马克思主义学院	国家社会科学基金项目学术期刊资助	专著论文	2013.6
清史研究	祁美琴	清史所	国家社会科学基金项目学术期刊资助	专著论文	2013.11
人口研究	翟振武	社会与人口学院	国家社会科学基金项目学术期刊资助	专著论文	2013.6
国际新闻界	陈立丹	新闻学院	国家社会科学基金项目学术期刊资助	专著论文	2013.6
档案学通讯	胡鸿杰	信息资源管理学院	国家社会科学基金项目学术期刊资助	专著论文	2013.11
中国人民大学学报	段忠桥	哲学院	国家社会科学基金项目学术期刊资助	专著论文	2013.6
国土空间利用的约束条件识别与动态潜力评估关键技术	严金明	公共管理学院	国家科技支撑计划项目课题	专著论文	2014.12
私有内部信息条件下的两阶段做市定价规则研究	张顺明	财政金融学院	国家自然科学基金项目面上项目	专著论文	2016.12
独立董事激励机制的影响因素和激励效果——来自我国上市公司的证据	郑志刚	财政金融学院	国家自然科学基金项目面上项目	专著论文	2016.12
基于政策执行评估的政府采购政策功能实现机制研究	王丛虎	公共管理学院	国家自然科学基金项目面上项目	专著论文	2016.12
反垄断管制的新视角：参与性管制的理论和实践	叶光亮	汉青经济与金融高级研究院	国家自然科学基金项目面上项目	专著论文	2016.12
中国人口老龄化对宏观经济的定量影响	陈彦斌	经济学院	国家自然科学基金项目面上项目	专著论文	2016.12
打开黑箱的网络DEA模型及应用研究	韩　松	经济学院	国家自然科学基金项目面上项目	专著论文	2016.12
人力资源管理系统双元性的内容结构、实施效果与作用机制研究	苏中兴	劳动人事学院	国家自然科学基金项目面上项目	专著论文	2016.12
兼顾员工幸福感与组织绩效的人力资源管理实践及其机制的多层次研究——人本主义的视角	孙健敏	劳动人事学院	国家自然科学基金项目面上项目	专著论文	2016.12

续表

项目名称	负责人	承担部门	项目来源	成果形式	完成日期
中国食品产业链转型中的能源使用与碳足迹研究	Thomas Reardon	农业与农村发展学院	国家自然科学基金项目面上项目	专著论文	2016.12
成员异质性、合作社理论创新与农民专业合作社发展政策体系构建	孔祥智	农业与农村发展学院	国家自然科学基金项目面上项目	专著论文	2016.12
基于制度视角的北方干旱半干旱区草地资源的可持续管理研究	谭淑豪	农业与农村发展学院	国家自然科学基金项目面上项目	专著论文	2016.12
基于会计制度变迁的所得税会计信息有用性研究	戴德明	商学院	国家自然科学基金项目面上项目	专著论文	2016.12
客户关系管理（CRM）系统的管理控制作用及其价值机理研究	董树涛	商学院	国家自然科学基金项目面上项目	专著论文	2016.12
投资者保护与声誉机制的作用机理	李　焰	商学院	国家自然科学基金项目面上项目	专著论文	2016.12
企业社会责任影响消费者品牌态度的内化机制研究——社会认同和互惠理论视角	刘凤军	商学院	国家自然科学基金项目面上项目	专著论文	2016.12
产业供应链服务化条件下的服务外包决策与风险管理	宋　华	商学院	国家自然科学基金项目面上项目	专著论文	2016.12
分析师特征与市场价格发现效率研究	伊志宏	商学院	国家自然科学基金项目面上项目	专著论文	2016.12
紧张觉醒与活力觉醒路径对消费者态度、自我控制与亲社会行为的影响——RFID技术之应用与实证	张恩忠	商学院	国家自然科学基金项目面上项目	专著论文	2016.12
基于语义分析的数据库交互技术	周　烜	数据工程与知识工程教育部重点实验室	国家自然科学基金项目面上项目	专著论文	2016.12
基于当代分位回归与鞍点逼近方法的复杂数据分析	田茂再	统计学院	国家自然科学基金项目面上项目	专著论文	2016.12
金融资产配置中面板数据动态因子模型研究	张　波	统计学院	国家自然科学基金项目面上项目	专著论文	2016.12
组织文化对并购有效性的影响机制及干预模式	时　勘	心理学系	国家自然科学基金项目面上项目	专著论文	2016.12
信息网络关联关系分析技术研究	李翠平	信息学院	国家自然科学基金项目面上项目	专著论文	2016.12
基于互联网海量金融情感信息的多方位金融市场智能关联研究及在线决策支持系统	梁　循	信息学院	国家自然科学基金项目面上项目	专著论文	2016.12
离散分析——分形和图上的分析及其应用	林　勇	信息学院	国家自然科学基金项目面上项目	专著论文	2016.12

续表

项目名称	负责人	承担部门	项目来源	成果形式	完成日期
“推荐—采纳”模式下病毒营销用户影响传播机制研究	余　力	信息学院	国家自然科学基金项目面上项目	专著论文	2016. 12
线上线下互动对老年人在虚拟社区知识分享的影响研究	左美云	信息学院	国家自然科学基金项目面上项目	专著论文	2016. 12
农户参与、合作行为和灌溉水使用：基于中国农村的一组调查和实验数据	龚亚珍	环境学院	国家自然科学基金项目青年科学基金项目	专著论文	2015. 12
我国遗产旅游社区参与综合评估模型研究	苏明明	环境学院	国家自然科学基金项目青年科学基金项目	专著论文	2015. 12
中国自然保护区空间分布的经济分析与驱动因素研究	吴　健	环境学院	国家自然科学基金项目青年科学基金项目	专著论文	2015. 12
交通违法治理：基于随机社会实验的实证分析	陆方文	经济学院	国家自然科学基金项目青年科学基金项目	专著论文	2015. 12
国际贸易保护主义盛行背景下中国企业应对贸易壁垒的策略体系研究	王孝松	经济学院	国家自然科学基金项目青年科学基金项目	专著论文	2015. 12
基于碳价值特征测度的碳金融资产定价模型及其应用研究	夏晓华	经济学院	国家自然科学基金项目青年科学基金项目	专著论文	2015. 12
领导—成员交换关系差异化对团队和个体的作用机制研究：基于中美两国的跨文化分析	李育辉	劳动人事学院	国家自然科学基金项目青年科学基金项目	专著论文	2015. 12
产业链转型视角下的生鲜乳质量安全保障机制研究	钟　真	农业与农村发展学院	国家自然科学基金项目青年科学基金项目	专著论文	2015. 12
中国民营企业利润分享计划的实施前因与影响过程探索	Byron Yee Sing Lee	商学院	国家自然科学基金项目青年科学基金项目	专著论文	2015. 12
新兴经济体天生全球化企业国际扩张与绩效关系研究	邓子梁	商学院	国家自然科学基金项目青年科学基金项目	专著论文	2015. 12
基金经理短视对基金投资和市场效率影响的研究	韩　燕	商学院	国家自然科学基金项目青年科学基金项目	专著论文	2015. 12
软文对消费者购买决策的影响：主效应、与平面广告的交互效应及网络环境下的涟漪效应研究	王　霞	商学院	国家自然科学基金项目青年科学基金项目	专著论文	2015. 12
基于模糊粗糙集的概率数据挖掘方法研究	赵素云	数据工程与知识工程教育部重点实验室	国家自然科学基金项目青年科学基金项目	专著论文	2015. 12
企业创新的就业创造机制研究——基于中国制造业企业的微观实证	吴翌琳	统计学院	国家自然科学基金项目青年科学基金项目	专著论文	2015. 12
性别比例失衡对经济决策的影响	邢　采	心理学系	国家自然科学基金项目青年科学基金项目	专著论文	2015. 12

续表

项目名称	负责人	承担部门	项目来源	成果形式	完成日期
自动情绪调节的神经机制及其可塑性研究	张　晶	心理学系	国家自然科学基金项目青年科学基金项目	专著论文	2015.12
基于访问特征分析的流媒体存储系统节能方法研究	柴云鹏	信息学院	国家自然科学基金项目青年科学基金项目	专著论文	2015.12
通用Web结构化信息检索引擎的关键技术研究	王秋月	信息学院	国家自然科学基金项目青年科学基金项目	专著论文	2015.12
面向企业2.0的研发团队知识共享与创新多层次模型研究	余　艳	信息学院	国家自然科学基金项目青年科学基金项目	专著论文	2015.12
具有可调节范数的支持向量机模型与算法的研究	张春华	信息学院	国家自然科学基金项目青年科学基金项目	专著论文	2015.12
公共管理与政策研究方法暑期研讨班（1）	蓝志勇	公共管理学院	国家自然科学基金项目国际合作与交流项目	专著论文	2012.12
公共管理与政策研究方法暑期研讨班（2）	蓝志勇	公共管理学院	国家自然科学基金项目国际合作与交流项目	专著论文	2013.7
第一届国际健康信息科学会议	孟小峰	信息学院	国家自然科学基金项目国际合作与交流项目	专著论文	2012.6
亚洲超大数据库国际学术会议	杨　刚	信息学院	国家自然科学基金项目国际合作与交流项目	专著论文	2012.12
转型时期中国的行业垄断与居民收入分配研究	岳希明	财政金融学院	教育部人文社科项目重大课题攻关项目	专著	2015.12
亚太地区形势演变及中国亚太战略研究	黄大慧	国际关系学院	教育部人文社科项目重大课题攻关项目	专著论文	2015.12
中国社会学史	郑杭生	社会与人口学院	教育部人文社科项目重大课题攻关项目	专著论文	2014.12
中国经济波动与财政货币政策研究	张成思	财政金融学院	教育部人文社科项目基地重大项目	专著论文	2015.2
扩大内需的财税政策研究	朱　青	财政金融学院	教育部人文社科项目基地重大项目	专著论文	2015.2
刑法中的责任原则	冯　军	法学院	教育部人文社科项目基地重大项目	专著论文	2015.2
死刑制度的宪法控制	韩大元	法学院	教育部人文社科项目基地重大项目	专著论文	2015.2
中国强制执行法体系研究	肖建国	法学院	教育部人文社科项目基地重大项目	专著论文	2015.2
侵权责任法的若干疑难问题研究	杨　震	法学院	教育部人文社科项目基地重大项目	专著论文	2015.2
合作与冲突：2000年以来俄罗斯与欧盟关系	陈新明	国际关系学院	教育部人文社科项目基地重大项目	专著论文	2015.2
全球化背景下中欧关系的发展态势与挑战	房乐宪	国际关系学院	教育部人文社科项目基地重大项目	专著论文	2015.2
国际政教关系比较研究	张　践	继续教育学院	教育部人文社科项目基地重大项目	专著论文	2015.2

续表

项目名称	负责人	承担部门	项目来源	成果形式	完成日期
稳增长背景下管理好通货膨胀预期的财政与货币政策组合研究	郭　杰	经济学院	教育部人文社科项目基地重大项目	专著 论文	2015.2
国际货币体系与人民币国际化	雷　达	经济学院	教育部人文社科项目基地重大项目	专著 论文	2015.2
清季新设中央机构研究(1901—1911)	迟云飞	历史学院	教育部人文社科项目基地重大项目	专著 论文	2015.2
西方左翼学者的马克思主义观研究	黄继锋	马克思主义学院	教育部人文社科项目基地重大项目	专著 论文	2015.2
传统文化与中国文化软实力研究	王　易	马克思主义学院	教育部人文社科项目基地重大项目	专著 论文	2015.2
清代灾赈档案史料汇编	陈　桦	清史所	教育部人文社科项目基地重大项目	专著 论文	2015.2
中国住房与人口变化研究	陈卫民	社会与人口学院	教育部人文社科项目基地重大项目	专著 论文	2015.2
人口老龄化与老年社会保障制度设计	石人炳	社会与人口学院	教育部人文社科项目基地重大项目	专著 论文	2015.2
农村社区建设与农村发展的社会学研究	陆益龙	社会与人口学院	教育部人文社科项目基地重大项目	专著 论文	2015.2
中国社会学的理论自觉及理论与方法创新研究	郑杭生	社会与人口学院	教育部人文社科项目基地重大项目	专著 论文	2015.2
政府统计数据质量保证体系研究	傅德印	统计学院	教育部人文社科项目基地重大项目	专著 论文	2015.2
随机效应模型及其在非寿险风险管理中的应用	孟生旺	统计学院	教育部人文社科项目基地重大项目	专著 论文	2015.2
社会化媒体时代的媒介素养研究	彭　兰	新闻学院	教育部人文社科项目基地重大项目	专著 论文	2015.2
中国新闻本体史研究	王润泽	新闻学院	教育部人文社科项目基地重大项目	专著 论文	2015.2
古希腊罗马政治伦理研究	白彤东	哲学院	教育部人文社科项目基地重大项目	专著 论文	2015.2
中国近代政治伦理思想研究	宋志明	哲学院	教育部人文社科项目基地重大项目	专著 论文	2015.2
中国的法学教育	韩大元	法学院	教育部人文社科项目重大委托课题	专著 论文	2012.7
高校稳定工作预警研判机制	武龙生	保卫处	教育部人文社科项目专项任务项目	专著 论文	2014.12
教育部 R&D 数据清查资料汇编(人文社会科学)	陈　健	出版社	教育部人文社科项目专项任务项目	专著 论文	2012.11
学习宣传贯彻党的十八大精神理论研究课题 5	王利明	法学院	教育部人文社科项目专项任务项目	专著 论文	2013.3

续表

项目名称	负责人	承担部门	项目来源	成果形式	完成日期
学习宣传贯彻党的十八大精神理论研究课题6	程天权	马克思主义学院	教育部人文社科项目专项任务项目	专著论文	2013.3
科学发展观的重大理论和实践意义研究	刘建军	马克思主义学院	教育部人文社科项目专项任务项目	专著论文	2014.12
学习宣传贯彻党的十八大精神理论研究课题4	秦宣	马克思主义学院	教育部人文社科项目专项任务项目	专著论文	2013.3
中国特色社会主义制度若干问题研究	秦宣	马克思主义学院	教育部人文社科项目专项任务项目	专著论文	2012.12
马克思主义中国化与哲学社会科学创新发展	秦宣	马克思主义学院	教育部人文社科项目专项任务项目	专著论文	2014.12
当代主要社会思潮对大学生思想道德的影响及对策研究	王易	马克思主义学院	教育部人文社科项目专项任务项目	专著论文	2012.5
学习宣传贯彻党的十八大精神理论研究课题3	张雷声	马克思主义学院	教育部人文社科项目专项任务项目	专著论文	2013.3
学习宣传贯彻党的十八大精神理论研究课题1	喻国明	新闻学院	教育部人文社科项目专项任务项目	专著论文	2013.12
学习宣传贯彻党的十八大精神理论研究课题2	方立天	哲学院	教育部人文社科项目专项任务项目	专著论文	2015.3
国际经济纠纷的司法解决：秩序重构与法律对策	杜焕芳	法学院	教育部人文社科项目规划项目	专著论文	2014.12
夫妻财产制研究	孙若军	法学院	教育部人文社科项目规划项目	专著论文	2014.12
“韩（非）学”史略	宋洪兵	国学院	教育部人文社科项目规划项目	专著论文	2014.12
中国节能管理城市分类技术与管理策略研究——基于287个城市面板数据的分析	宋国君	环境学院	教育部人文社科项目规划项目	专著论文	2014.12
新生代农民工市民化过程中的制度冲突与协调问题研究	黄锟	经济学院	教育部人文社科项目规划项目	专著论文	2014.12
基本医疗保险关系转移接续路径研究——基于典型地区试点运行的实证调查	仇雨临	劳动人事学院	教育部人文社科项目规划项目	专著论文	2014.12
人口统计数据空间化与区域人口风险管理机制研究	杜本峰	社会与人口学院	教育部人文社科项目规划项目	专著论文	2014.12
城市群人口空间分布机制及优化研究——以京津冀城市群为例	张耀军	社会与人口学院	教育部人文社科项目规划项目	专著论文	2014.12
艾滋病歧视与反歧视策略研究	张有春	社会与人口学院	教育部人文社科项目规划项目	专著论文	2014.12
现代作者理论研究	刁克利	外国语学院	教育部人文社科项目规划项目	专著论文	2014.12

续表

项目名称	负责人	承担部门	项目来源	成果形式	完成日期
话语符号历史模态重构当代中国国家认同	杨　敏	外国语学院	教育部人文社科项目规划项目	专著论文	2014.12
随机环境下技术选择与人力资源集成规划及算法	蒋洪迅	信息学院	教育部人文社科项目规划项目	专著论文	2014.12
逆向选择还是正向选择——对董事责任保险购买需求的研究	许　荣	财政金融学院	教育部人文社科项目青年项目	专著论文	2014.12
程序利益论：民事诉讼程序运转的逻辑基础及社会动力	许尚豪	法学院	教育部人文社科项目青年项目	专著论文	2014.12
儿童同伴交往中的资源获得行为及其社会适应意义的跨文化比较	曹睿昕	国际学院	教育部人文社科项目青年项目	专著论文	2014.12
国际贸易隐含能源转移问题研究：机制、影响及应对政策	陈占明	经济学院	教育部人文社科项目青年项目	专著论文	2014.12
中国地区制度质量对企业行为和绩效的影响	聂辉华	经济学院	教育部人文社科项目青年项目	专著论文	2014.12
为什么汇率干预不能解决贸易失衡——基于出口边际视角	赵　勇	经济学院	教育部人文社科项目青年项目	专著论文	2014.12
经济学研究的性别视角	沈尤佳	马克思主义学院	教育部人文社科项目青年项目	专著论文	2014.12
《马克思恩格斯全集》历史考证第一版（MEGA1）与第二版（MEGA2）的比较研究	赵玉兰	马克思主义学院	教育部人文社科项目青年项目	专著论文	2014.12
清代佛教史学与史家研究	曹刚华	清史所	教育部人文社科项目青年项目	专著论文	2014.12
我国扩大内需长效机制的微观基础与政策构建——基于家庭消费函数与大样本调查的研究	石明明	商学院	教育部人文社科项目青年项目	专著论文	2014.12
生命历程视角下的失业者就业观点和就业障碍研究	吴　蕾	社会与人口学院	教育部人文社科项目青年项目	专著论文	2014.12
集成创新系统的测度与实证：来自中国的经验证据	吴翌琳	统计学院	教育部人文社科项目青年项目	专著论文	2014.12
类型学背景下的汉语非核心论元实现模式及允准机制研究	孙天琦	文学院	教育部人文社科项目青年项目	专著论文	2014.12
唐诗语言学批评研究	朱子辉	文学院	教育部人文社科项目青年项目	专著论文	2014.12
唐宋时期佛教经藏插图研究	张建宇	艺术学院	教育部人文社科项目青年项目	专著论文	2014.12
关于个人所得税改革的几点建议	郭庆旺	财政金融学院	教育部人文社科项目委托项目	专著论文	2014.12
教育部社科委哲学学部特别委托项目（题目待定）	郭　湛	哲学院	教育部人文社科项目委托项目	专著论文	2013.12

续表

项目名称	负责人	承担部门	项目来源	成果形式	完成日期
新编金文编	王贵元	文学院	教育部人文社科项目后期资助项目	专著论文	2014. 6
战后日本的护宪运动与护宪细想研究	邱　静	国际关系学院	教育部留学归国人员科研启动基金项目	专著论文	2014. 9
世界遗产地旅游发展中社区参与模式与有效性的实证研究	苏明明	环境学院	教育部留学归国人员科研启动基金项目	专著论文	2014. 9
简牍文书中的概念、称谓与汉唐时期的社会变化	韩树峰	历史学院	教育部留学归国人员科研启动基金项目	专著论文	2013. 3
外资进入速度与节奏对我国内资企业的影响2	邓子梁	商学院	教育部留学归国人员科研启动基金项目	专著论文	2014. 9
中、日、韩三国社会网络资本测量的比较研究	王卫东	社会与人口学院	教育部留学归国人员科研启动基金项目	专著论文	2013. 3
现代教育技术与大学生外语自主学习能力研究	江晓丽	外国语学院	教育部留学归国人员科研启动基金项目	专著论文	2014. 9
母语与二语词汇学习：二语心理词汇表征视角	田丽丽	外国语学院	教育部留学归国人员科研启动基金项目	专著论文	2014. 9
投资决策过程中的情绪调节	邢　采	心理学系	教育部留学归国人员科研启动基金项目	专著论文	2013. 3
不确定数据管理关键技术研究	覃　飙	信息学院	教育部留学归国人员科研启动基金项目	专著论文	2014. 9
维特根斯坦《哲学研究》论稿研究	刘　畅	哲学院	教育部留学归国人员科研启动基金项目	专著论文	2013. 3
土地政策与宏观经济的关系：理论基础与实证研究	张清勇	农业与农村发展学院	教育部科技发展中心项目高等学校博士学科点专项科研基金	专著论文	2015. 12
基于专业合作的农产品质量安全内生保障机制研究——以奶业为例	钟　真	农业与农村发展学院	教育部科技发展中心项目高等学校博士学科点专项科研基金	专著论文	2013. 12
基于普惠要求的农村金融市场创新体系研究	周　立	农业与农村发展学院	教育部科技发展中心项目高等学校博士学科点专项科研基金	专著论文	2015. 12
企业技术创新与国际市场生存：基于权变视角的研究	邓子梁	商学院	教育部科技发展中心项目高等学校博士学科点专项科研基金	专著论文	2015. 12
马克思主义基本原理在当代中国的发展	张雷声	马克思主义学院	北京市哲学社会科学规划项目重点项目	专著论文	2015. 12
线上话语空间建构与线下动员——突发公共事件的微博传播与预警机制研究	喻国明	新闻学院	北京市哲学社会科学规划项目重点项目	专著论文	2013. 12
侵权责任法的一般条款构成要件该当性重构	林承铎	国际学院	北京市哲学社会科学规划项目青年项目	专著论文	2014. 8

续表

项目名称	负责人	承担部门	项目来源	成果形式	完成日期
首都学校法人制度建设的基础法律问题	周　详	教育学院	北京市哲学社会科学规划项目青年项目	专著论文	2014.6
民事诉讼中的检察监督研究	姜晓妍	科研处	北京市哲学社会科学规划项目青年项目	研究报告	2014.12
提高劳动报酬在初次分配中的比重研究——基于北京市最低工资政策实施状况的调查	黄　伟	劳动人事学院	北京市哲学社会科学规划项目青年项目	专著论文	2014.6
成本快速上升对京郊观光农业的影响研究	钟　真	农业与农村发展学院	北京市哲学社会科学规划项目青年项目	专著论文	2014.6
北京市新媒体发展与社会管理创新研究	黄　河	新闻学院	北京市哲学社会科学规划项目青年项目	专著论文	2014.6
在押人员未成年子女救助问题研究	田宏杰	法学院	北京市哲学社会科学规划项目一般项目	专著论文	2014.6
北京市编外行政辅助人员规模及管理研究	魏　娜	公共管理学院	北京市哲学社会科学规划项目一般项目	专著论文	2013.6
北京居民消费价格指数波动规律及其驱动因素研究	许光建	公共管理学院	北京市哲学社会科学规划项目一般项目	专著论文	2014.6
《外国人眼中的老北京——晚清民国译丛》(第一辑)	黄兴涛	历史学院	北京市哲学社会科学规划项目一般项目	专著论文	2014.6
新中国成立初期（1949—1956）的社会建设与社会认同研究——以北京地区为中心的考察	宋学勤	马克思主义学院	北京市哲学社会科学规划项目一般项目	专著论文	2014.6
厚德载物与人文之魂：北京史迹研究	刘凤云	清史所	北京市哲学社会科学规划项目一般项目	专著论文	2014.6
从健康视角探讨新生代农民工的城市融合问题	和　红	社会与人口学院	北京市哲学社会科学规划项目一般项目	专著论文	2013.12
农民工随迁子女城市社会融入问题研究	刘　谦	社会与人口学院	北京市哲学社会科学规划项目一般项目	专著论文	2013.12
当代北京金融风险管理中若干重大问题的基础理论研究与防范对策	田茂再	统计学院	北京市哲学社会科学规划项目一般项目	专著论文	2015.12
汉日结果可能句研究	张　威	物理学系	北京市哲学社会科学规划项目一般项目	专著论文	2015.10
社会转型期的危机传播与社会认同	胡百精	新闻学院	北京市哲学社会科学规划项目一般项目	专著论文	2013.12
打造具有“北京精神”的“世界城市”文化——北京市文化创意产业特色与定位研究	倪　宁	新闻学院	北京市哲学社会科学规划项目一般项目	专著论文	2013.12
北京市碳排放影响因素、削减潜力及低碳发展策略研究	柯水发	农业与农村发展学院	北京市自然科学基金项目面上项目	专著论文	2015.12
面向跨平台微博的复杂社区发现和用户网络结构关系研究	梁　循	信息学院	北京市自然科学基金项目面上项目	专著论文	2015.12

续表

项目名称	负责人	承担部门	项目来源	成果形式	完成日期
基于文献推荐的科研选题决策支持系统	余　力	信息学院	北京市自然科学基金项目面上项目	专著 论文	2015.12

2012年中国人民大学科研基金项目

项目名称	负责人	承担部门	项目来源	成果形式	完成日期
朝阳大学先贤文集和法学文库：点校出版、学术研究与数据库建设	郑爱青	财政金融学院	重大基础研究计划	专著 论文 电脑软件 期刊	2015.12
大宗商品价格高波动成因及其对中国的影响	汤　珂	法学院	重大基础研究计划	论文	2015.12
燕辽文化区在中华文明演进过程中的地位与作用	吕学明	公共管理学院	重大基础研究计划	专著	2015.12
中国大型企业组织体制转型及路径创造研究——反绎法在制度类型创生中的应用	王凤彬	国学院	重大基础研究计划	论文 教学案例	2015.12
当前中国网络群体性事件的形成及治理研究	冯仕政	环境学院	重大基础研究计划	论文 研究报告	2015.12
马克思主义批评理论研究	张永青	文学院	重大基础研究计划	专著 论文	2015.12
佛典语言的中国化	朱冠明	文学院	重大基础研究计划	专著 论文	2015.12
人民币国际化理论与实践研究	涂永红	财政金融学院	研究品牌计划基础研究项目	专著 论文 研究报告	2015.12
意见证据制度在我国的构建和完善	李学军	法学院	研究品牌计划基础研究项目	专著	2015.12
地方财政活动空间效应研究——基于空间计量模型与方法应用的视角	崔　军	公共管理学院	研究品牌计划基础研究项目	论文 研究报告	2015.12
三江平原农业政策与湿地保护政策对湿地影响的空间经济分析	刘子刚	环境学院	研究品牌计划基础研究项目	论文	2015.12
现代大学组织变革与转型研究	李立国	教育学院	研究品牌计划基础研究项目	论文 研究报告	2015.12
中国企业应对国际贸易壁垒的策略体系——基于厂商异质性和内生保护理论的研究	王孝松	经济学院	研究品牌计划决策支持研究基础积累项目	专著 论文 研究报告 数据库	2015.12
宋代政务文书研究——以新出《武义南宋徐谓礼文书》为中心	李全德	历史学院	研究品牌计划基础研究项目	专著 论文 论文集	2015.12

续表

项目名称	负责人	承担部门	项目来源	成果形式	完成日期
全球消费文化理论框架下品牌全球性感知对消费者购买意愿的影响机制	蒋　晶	商学院	研究品牌计划基础研究项目	论文	2015.12
国内贸易活动的基础理论综合与研究方法创新	王晓东	商学院	研究品牌计划基础研究项目	论文 研究报告 电脑软件	2015.12
中华民族认同与族际社会整合研究	奂平清	社会与人口学院	研究品牌计划基础研究项目	论文	2015.12
人文学科跨界关系网络跟踪评价研究	王　星	统计学院	研究品牌计划跟踪调查与评价项目	论文	2015.12
欧美现代小剧场戏剧影响下的中国现代戏剧社团研究及资料汇编	范方俊	文学院	研究品牌计划基础研究项目	专著	2015.12
语义范畴和语法演变的接口研究	董正存	文学院	研究品牌计划基础研究项目	专著 论文	2015.12
中国人民大学新闻传播数字博物馆建设	王润泽	新闻学院	研究品牌计划决策支持研究基础积累项目	工具书 网站建设	2015.12
产业园区品牌化的机制与路径：理论与信息资源产业实证研究	钱明辉	信息资源管理学院	研究品牌计划决策支持研究基础积累项目	论文 研究报告	2015.12
省以下财政管理体制、地方政府行为及经济增长	张　静	财政金融学院	明德青年学者计划	论文	2015.12
双市场均衡的商品房住宅价格决定机制与最优调控策略	刚健华	财政金融学院	明德青年学者计划	论文 研究报告	2015.12
CEO 换届与继任者研究	何　青	财政金融学院	明德青年学者计划	论文	2015.12
中国刑法犯罪构成的教义学分析	王　莹	法学院	明德青年学者计划	专著 论文	2015.12
基本权利教义学研究	张　翔	法学院	明德青年学者计划	译著 论文	2015.12
宪法专政理论研究	孟　涛	法学院	明德青年学者计划	译著 论文	2015.12
有效控制大流行性流感传播的政策体系设计与政策模型构建	钟　玮	公共管理学院	明德青年学者计划	论文 计算机模型	2015.12
房地产税评估与征管研究	曲卫东	公共管理学院	明德青年学者计划	专著 论文 研究报告	2015.12
基尼系数测度不平等的几个基本理论难题研究	程永宏	公共管理学院	明德青年学者计划	论文 研究报告	2015.12
全球化与中国公众的国际观	韩冬临	国际关系学院	明德青年学者计划	专著 论文	2015.12
海岱地区商周古国史研究	张明东	国学院	明德青年学者计划	专著 论文	2015.12

续表

项目名称	负责人	承担部门	项目来源	成果形式	完成日期
韩非子思想的当代价值研究	宋洪兵	国学院	明德青年学者计划	专著 论文	2015.12
中国环境金融学科理论体系的构建	蓝　虹	环境学院	明德青年学者计划	专著 论文	2015.12
羊皮纸上的大学："达特茅斯学院"与美国大学法人制度的确立	周　详	教育学院	明德青年学者计划	专著	2015.12
区域间教育经费购买力差异对教育政策效果的影响研究	付　尧	教育学院	明德青年学者计划	论文	2015.12
二氧化碳边际减排成本曲线研究	魏　楚	经济学院	明德青年学者计划	专著 论文 电脑软件	2015.12
推动能源生产和消费革命的路径与对策研究	虞义华	经济学院	明德青年学者计划	论文	2015.12
自我参照与他人参照的职业成功：跨文化量表的开发及纵向追踪比较研究	管延军	劳动人事学院	明德青年学者计划	论文	2015.12
中国劳动力市场上的歧视问题研究	葛玉好	劳动人事学院	明德青年学者计划	论文 研究报告	2015.12
清代北京历史文献研究	阚红柳	清史所	明德青年学者计划	专著	2015.12
族群、革命与现代化——清末民初的中国历史学	姜　萌	历史学院	明德青年学者计划	专著 论文	2015.12
清代驿站与驿传体系研究	刘文鹏	清史所	明德青年学者计划	专著	2015.12
清代汉学考据兴衰再研究	张瑞龙	历史学院	明德青年学者计划	论文	2015.12
1950年代地方粮食政治研究——以安徽省无为县为考察中心	徐　进	马克思主义学院	明德青年学者计划	专著	2015.12
青年马克思思想新解读——以《马克思恩格斯全集》历史考证版第二版（MEGA2）为基础	赵玉兰	马克思主义学院	明德青年学者计划	专著	2015.12
农民工市民化研究	陈传波	农业与农村发展学院	明德青年学者计划	专著 论文	2015.12
国际粮价异动与中国粮食安全战略研究	吕　捷	农业与农村发展学院	明德青年学者计划	专著 论文	2015.12
政府行为、土地利用与中国经济增长	张清勇	农业与农村发展学院	明德青年学者计划	专著 论文	2015.12
农户土地使用权受限与补偿机制研究——以粮食主产区为例	王雨濛	农业与农村发展学院	明德青年学者计划	论文 研究报告	2015.12
电子商务平台中零售企业绩效研究：进入时机和组织能力视角	SHAN WANG	商学院	明德青年学者计划	论文 研究报告	2015.12

续表

项目名称	负责人	承担部门	项目来源	成果形式	完成日期
推进境外粮食产能建设，确保国家粮食安全的路径探索	刘晓梅	商学院	明德青年学者计划	论文 研究报告	2015.12
应用性社会科学理论概念反思、研究逻辑重构及会计研究方法研究	曹　伟	商学院	明德青年学者计划	专著 论文	2015.12
从异质企业贸易模型的视角来研究中国企业创新行为与国际化战略	易靖韬	商学院	明德青年学者计划	论文	2015.12
社会地位、不平等与健康——关于国民健康的社会影响因素及其作用机理研究	齐亚强	社会与人口学院	明德青年学者计划	论文	2015.12
中年空巢的心理适应：发展、影响因素及前瞻意义	唐　丹	社会与人口学院	明德青年学者计划	论文 研究报告	2015.12
非线性动态随机一般均衡模型的求解方法及其在中国货币政策分析的应用	肖争艳	统计学院	明德青年学者计划	论文 研究报告	2015.12
同伴互动语码转换对英语学习者交际意愿的影响研究	田丽丽	外国语学院	明德青年学者计划	论文 研究报告	2015.12
中国古代文论基本观念研究——以其内在问题及当代意义为中心	徐　楠	文学院	明德青年学者计划	论文	2015.12
重叙“中国故事”——新世纪小说叙事研究	杨庆祥	文学院	明德青年学者计划	专著 论文	2015.12
山东方言声调的语音学与音系学综合研究	吴永焕	文学院	明德青年学者计划	专著 论文	2015.12
国际汉语教材编写理念创新研究	李　泉	文学院	明德青年学者计划	论文	2015.12
形象·影响·传播力：网络时代的新闻工作者声誉管理	高贵武	新闻学院	明德青年学者计划	专著 论文 研究报告	2015.12
开放式可持续电子文件格式的设计和实现	崔　鹏	信息资源管理学院	明德青年学者计划	专著 电脑软件	2015.12
早期音乐教育对儿童的个人素质提升作用机制的研究	刘　琉	艺术学院	明德青年学者计划	论文	2015.12
亚里士多德《欧德谟伦理学》研究	刘　玮	哲学院	明德青年学者计划	专著 译著 论文	2015.12
中国法治进程中的若干重大伦理问题研究	曹　刚	哲学院	明德青年学者计划	专著	2015.12
自然主义世界观下表征理论、语义理论及其逻辑应用	许涤非	哲学院	明德青年学者计划	专著 论文	2015.12

续表

项目名称	负责人	承担部门	项目来源	成果形式	完成日期
马克思早期政治哲学文本解读及其中国语境研究	臧峰宇	哲学院	明德青年学者计划	专著	2015.12
自由主义、权利与德行	周　濂	哲学院	明德青年学者计划	专著	2015.12

（中国人民大学科研处关晓斌供稿）

清华大学

2012年承担国家或省部级人文社会科学科研课题

序号	项目名称	承担部门	负责人	来源单位
国家社会科学基金重大项目				
1	下一代互联网与我国参与建构世界信息传播新秩序研究	新闻传播学院	崔保国	全国哲学社会科学规划办公室
2	近代中国经济统计研究	人文学院	陈争平	全国哲学社会科学规划办公室
国家社会科学基金重点项目				
3	中国民事指导性案例库建设研究	法学院	崔建远	全国哲学社会科学规划办公室
4	基于科学的产业走向自主创新的技术赶超路径及其战略研究	经济管理学院	雷家骕	全国哲学社会科学规划办公室
5	当今时代文化发展的新特点新趋势研究	人文学院	邹广文	全国哲学社会科学规划办公室
国家社会科学基金委托项目				
6	中国文化软实力研究论纲	马克思主义学院	张国祚	全国哲学社会科学规划办公室
7	文化产品和服务进出口管理法律问题研究	法学院	王振民	全国哲学社会科学规划办公室
国家社会科学基金一般项目				
8	人口老龄化与养老产业发展研究	公共管理学院	杨燕绥	全国哲学社会科学规划办公室
9	西方伦理思想的女性主义解读	人文学院	肖　巍	全国哲学社会科学规划办公室
10	体育强国建设中的传承与创新研究	体育部	陈　希	全国哲学社会科学规划办公室
11	美国亚太政策的基本目标及可能采取的政策手段研究	公共管理学院	张严冰	全国哲学社会科学规划办公室
12	我国反补贴政策产业救济效果评估体系与方法研究	公共管理学院	乔小勇	全国哲学社会科学规划办公室
13	《大清律例》疑难条文及相关制度背景考论	法学院	苏亦工	全国哲学社会科学规划办公室
14	社会保险法基础理论研究	法学院	郑尚元	全国哲学社会科学规划办公室
15	历史唯物主义的生成路径及其当代启示研究	马克思主义学院	李成旺	全国哲学社会科学规划办公室
16	当代中国发展进程中的“人民幸福”问题研究	马克思主义学院	冯务中	全国哲学社会科学规划办公室
17	黑格尔的“自由—权利”理论与方法论研究	马克思主义学院	罗朝慧	全国哲学社会科学规划办公室
18	《周易》与魏晋玄学	人文学院	王晓毅	全国哲学社会科学规划办公室

续表

序号	项目名称	承担部门	负责人	来源单位
19	中国古代时间体系对东亚地区的影响研究	人文学院	刘晓峰	全国哲学社会科学规划办公室
20	沈从文现代时期的文学行为考论	人文学院	解志熙	全国哲学社会科学规划办公室
21	新历史主义理论家斯蒂芬·格林布拉特研究	人文学院	生安锋	全国哲学社会科学规划办公室
22	政府执行力与国家五年规划目标实现机制研究	教育研究院	鄢一龙	全国哲学社会科学规划办公室
23	我国城市房价周期波动研究	土木工程系	陈英楠	全国哲学社会科学规划办公室
国家哲学社会科学成果文库项目				
24	英美法原论	法学院	高鸿钧	全国哲学社会科学规划办公室
25	社会组织论纲	公共管理学院	王　名	全国哲学社会科学规划办公室
国家社会科学基金后期资助项目				
26	跨文化语境中的王国维诗学	人文学院	罗　钢	全国哲学社会科学规划办公室
27	宜兴紫砂工艺研究	美术学院	杨　帆	全国哲学社会科学规划办公室
28	能源环境一般均衡分析	核研院	鲁传一	全国哲学社会科学规划办公室
国家社科基金中华学术外译项目				
29	凯德洛夫学说与中国自然辩证法事业的发展（1960—2010）	社会科学学院	鲍　鸥	全国哲学社会科学规划办公室
国家社会科学基金期刊资助项目				
30	国家社科基金重点期刊——清华大学教育研究	教育研究院	王孙禺	全国哲学社会科学规划办公室
31	清华大学学报（哲学社会科学版）学术期刊资助	学报编辑部	仲伟民	全国哲学社会科学规划办公室
国家社科基金艺术学一般项目				
32	器用与生活——以宋辽金时代为例	美术学院	陈彦姝	全国艺术科学规划办公室
33	纤维艺术的应用之美	美术学院	林乐成	全国艺术科学规划办公室
教育部人文社会科学重大课题委托项目				
34	当代中国大学精神研究	教育研究院	胡显章	教育部社会科学司
教育部人文社会科学重点研究基地重大项目				
35	我国新企业形成的研究	经济管理学院	高　建	教育部社会科学司
36	能源—环境—经济系统综合模型体系研究	经济管理学院	陈文颖	教育部社会科学司
37	电子商务参与者行为规律及其管理问题的实证研究	经济管理学院	陈国青	教育部社会科学司
38	大学生践行社会主义核心价值体系状况调查	马克思主义学院	吴潜涛	教育部社会科学司
教育部人文社会科学规划项目				
39	基于机会公平视角的财政支出对居民收入分配影响的理论与实证研究	经济管理学院	董丽霞	教育部社会科学司

续表

序号	项目名称	承担部门	负责人	来源单位
40	中国新能源产业创新轨道与政策分析工具研究——以洁净煤产业为例	公共管理学院	周　源	教育部社会科学司
41	我国电子治理战略的演进机理、推进路径和实施策略	公共管理学院	关　欣	教育部社会科学司
42	中国博士教育培养机制改革的理论与实证研究——基于多元利益相关者理论的视角	公共管理学院	黄海刚	教育部社会科学司
43	开放自然系统视角下的官僚改革政治研究：以能源大部制改革的历史经验为例	公共管理学院	宋雅琴	教育部社会科学司
44	风险信息在社会群体中的放大机制及路径研究	公共管理学院	刘　冰	教育部社会科学司
45	批准生效合同研究	法学院	汤文平	教育部社会科学司
46	证券发行上市法律实施情况的实证研究：政府监管者的视角	法学院	沈朝晖	教育部社会科学司
47	海洋油污损害国家求偿机制研究	法学院	邓海峰	教育部社会科学司
48	损害赔偿法基础理论之研究	法学院	程　啸	教育部社会科学司
49	土地储备制度的现状与完善	法学院	崔建远	教育部社会科学司
50	共同犯罪的归责基础研究	法学院	何庆仁	教育部社会科学司
51	劳动合同法的修改与完善研究	法学院	郑尚元	教育部社会科学司
52	越南民主化改革及其对中国的启示	马克思主义学院	陈明凡	教育部社会科学司
53	精神健康问题的伦理学研究	人文学院	肖　巍	教育部社会科学司
54	英语名词的数标记习得与离散性认知模式研究	人文学院	杨朝春	教育部社会科学司
55	动态系统理论视角下的英语学习者个体差异研究	人文学院	崔　刚	教育部社会科学司
56	言语幽默的认知语言学对比研究	人文学院	吴　霞	教育部社会科学司
57	“多重委托人”理论	社会科学学院	郑　路	教育部社会科学司
58	西方技术哲学的逻辑发展线索及其趋向研究	社会科学学院	张成岗	教育部社会科学司
59	法国研究生教育质量保障体系研究	教育研究院	高迎爽	教育部社会科学司
60	基于个性化教育的未来基础教育发展方式探索	教育研究院	王振权	教育部社会科学司
61	租金房价比变动的影响因素研究：基于动态住房使用成本模型	土木工程系	陈英楠	教育部社会科学司
62	基于居住邻里的城市社区社会网研究——以北京为例	建筑学院	刘佳燕	教育部社会科学司
教育部人文社会科学专项任务项目				
63	中国特色自主创新的理论和路径探索	经济管理学院	吴贵生	教育部社会科学司
64	民主革命时期的红色美术与马克思主义大众化研究	马克思主义学院	华　表	教育部社会科学司

续表

序号	项目名称	承担部门	负责人	来源单位
65	阐述五千年文明进程，为建设社会主义文化做出贡献	人文学院	李学勤	教育部社会科学司
66	坚定中国特色社会主义道路自信、理论自信、制度自信	人文学院	韩立新	教育部社会科学司
67	教育部十八大委托专项课题	社会科学学院	李 强	教育部社会科学司
68	教育部十八大委托专项课题	社会科学学院	刘江永	教育部社会科学司
69	关于开展对日“赈灾外交”的紧急建议	社会科学学院	刘江永	教育部社会科学司
70	近20年来美国高等工程教育研究的话语演变及改革趋势研究	教育研究院	王孙禺	教育部社会科学司
71	城镇化建设与现代职业教育体系研究	教育研究院	袁本涛	教育部社会科学司
教育部软科学项目				
72	新时期我国科技体制改革的若干重大问题研究	公共管理学院	苏 竣	教育部社会科学司
73	新时期大学科技园发展方向与支行机制研究	清华科技园	梅 萌	教育部社会科学司
教育部后期资助项目				
74	面向中文信息处理的语言知识库研究	人文学院	柏晓静	教育部社会科学司
全国教育科学规划项目				
75	普通高校教体结合培养世界大赛奖牌获得者的理论与实证研究	体育部	陆 淳	全国教育科学规划办公室
76	基于云计算的校际数字教育资源共享共建模式：教学组织形式和技术平台架构研究	教育研究院	韩锡斌	全国教育科学规划办公室
77	普通高校本科教学质量国家标准研究	教育研究院	史静寰	全国教育科学规划办公室
78	基于组织分析的高校绩效工资制度研究	教育研究院	杨 娟	全国教育科学规划办公室
国家体育总局项目				
79	不同层次优秀运动员的个性化教育研究	社会科学学院	张 薇	国家体育总局
80	大型体育赛事风险评估与应对策略研究	体育部	霍德利	国家体育总局
国务院侨办项目				
81	侨资企业发展年度报告2010—2011	社会科学学院	龙登高	国务院侨办
科技部国家软科学计划项目				
82	创新链、产业链、价值链的理论与相互关系研究	经济管理学院	吴贵生	科技部
83	海外引进人才的工作机制研究	公共管理学院	张严冰	科技部
84	中国科学发展的社会生态：观念、制度与文化	社会科学学院	李正风	科技部
85	提高科技中介机构国际竞争力研究	社会科学学院	雷 毅	科技部
86	中国城市创新发展案例研究	清华科技园	梅 萌	科技部

续表

序号	项目名称	承担部门	负责人	来源单位
北京市哲学社会科学规划项目				
87	网络社群的集体行动与社会治理	新闻传播学院	金兼斌	北京哲学社会科学规划办公室
88	加快数字北京建设对策研究：基于创新2.0的智慧城市管理模式探索	公共管理学院	张　楠	北京哲学社会科学规划办公室
89	在民主社会主义与马克思主义之间：拉斯基政治思想与英国工党政治实践	马克思主义学院	翁贺凯	北京哲学社会科学规划办公室
90	中国化马克思主义世界历史定位研究	马克思主义学院	陈明凡	北京哲学社会科学规划办公室
91	十九世纪末二十世纪初北京口语研究	人文学院	张美兰	北京哲学社会科学规划办公室
92	北京市居民符号消费模式研究	社会科学学院	孙　凤	北京哲学社会科学规划办公室
93	北京市居民养老负担及养老产业发展模式研究	社会科学学院	鲲　鹏	北京哲学社会科学规划办公室
94	北京城市景观文化生态发展研究	美术学院	黄　艳	北京哲学社会科学规划办公室
95	北京中轴线景观嬗变与北京精神研究	美术学院	苏　丹	北京哲学社会科学规划办公室
96	从留学生文化体验视角看北京文化国际影响力的提升	教育研究院	文　雯	北京哲学社会科学规划办公室
97	北京建设中国特色世界城市与教育国际化问题研究——世界一流大学建设的视角	教育研究院	钟　周	北京哲学社会科学规划办公室
98	基于区域协作与区域治理的北京世界城市建设机制研究	建筑学院	唐　燕	北京哲学社会科学规划办公室
北京市教育科学规划项目				
99	基于计算机协作的活动学习模式及其支持系统研究	教育研究院	杨　娟	北京市教育科学规划办公室
100	北京地区研究型大学资优本科生的学习状况和满意调查——创新型人才培养的实证研究	教育研究院	阎　琨	北京市教育科学规划办公室
101	北京市小学阶段校外培训机构对学生学习行为及学校教学的影响	教育研究院	张　羽	北京市教育科学规划办公室
国家自然科学基金重点项目				
102	低碳时代的供应链建模、优化与协调的理论与方法研究	经济管理学院	陈　剑	国家自然科学基金委员会
103	中国企业战略领导力研究：集体领导力的理论模型及有效性	经济管理学院	杨　斌	国家自然科学基金委员会
104	基于若干领域政策实践的中国公共决策模式及其现代化路径研究	公共管理学院	苏　竣	国家自然科学基金委员会
105	中国城市居民家庭/消费者金融研究	五道口金融学院	廖　理	国家自然科学基金委员会
国家自然科学基金杰出青年科学基金项目				
106	企业信息管理——信息技术在企业管理中的应用与影响	经济管理学院	徐　心	国家自然科学基金委员会
国家自然科学基金优秀青年科学基金项目				
107	需求管理策略	经济管理学院	肖勇波	国家自然科学基金委员会

续表

序号	项目名称	承担部门	负责人	来源单位
国家自然科学基金青年科学基金项目				
108	混合双边市场中的平台定价模型研究	经济管理学院	高　明	国家自然科学基金委员会
109	金融摩擦和贸易成本如何影响中国的国内和国际消费风险分担？——基于动态随机一般均衡框架的理论和实证研究	经济管理学院	郭美新	国家自然科学基金委员会
110	使用贝叶斯变结构模型研究我国投资者在金融市场中的动态作用	经济管理学院	刘　淳	国家自然科学基金委员会
111	CEO与高管团队之间的社会裙带关系与上市公司违规行为	经济管理学院	陆　瑶	国家自然科学基金委员会
112	贸易和产业政策干预的实际效果：基于结构式和简约式估计方法的实证研究	经济管理学院	马　弘	国家自然科学基金委员会
113	人民币汇率变动与企业出口行为选择：基于微观企业数据的研究	经济管理学院	徐　嫄	国家自然科学基金委员会
114	基于顾客特性的服务策略研究	经济管理学院	杨　柳	国家自然科学基金委员会
115	关于有限期不对称信息模型中理性泡沫的理论基础、实验分析与对策研究	经济管理学院	郑　捷	国家自然科学基金委员会
116	风险管理中公众信任的影响因素及动态演化规律研究	公共管理学院	刘　冰	国家自然科学基金委员会
117	示范项目对产业技术轨道的作用机理研究——以新能源汽车和新能源产业为例	公共管理学院	周　源	国家自然科学基金委员会
118	网络与信息安全风险评价、理论分析及公共政策取向研究	社会科学学院	高常水	国家自然科学基金委员会
119	反事实思维对消费者决策行为的影响及作用机制	社会科学学院	廖江群	国家自然科学基金委员会
120	虚拟现实中的人类路径整合研究	社会科学学院	宛小昂	国家自然科学基金委员会
国家自然科学基金面上项目				
121	建立以本土企业为主体的协同创新机制的理论与对策研究	经济管理学院	高旭东	国家自然科学基金委员会
122	基于平台的企业微博商业价值研究	经济管理学院	黄京华	国家自然科学基金委员会
123	社会网络视角下的中国跨国公司海外子公司知识转移研究	经济管理学院	李东红	国家自然科学基金委员会
124	基于知识流动的产业共性技术创新平台研究	经济管理学院	李纪珍	国家自然科学基金委员会
125	双边市场中的信息甄别与信用评价机制研究	经济管理学院	李明志	国家自然科学基金委员会
126	技术转移和知识溢出对技术创业活动影响的实证研究	经济管理学院	李习保	国家自然科学基金委员会
127	卖空机制、融资成本和定价效率	经济管理学院	郦金梁	国家自然科学基金委员会
128	通过社会化媒体挖掘用户兴趣的方法及应用研究	经济管理学院	刘红岩	国家自然科学基金委员会

续表

序号	项目名称	承担部门	负责人	来源单位
129	领导者如何塑造强文化：文化领导的特征和影响机制研究	经济管理学院	曲　庆	国家自然科学基金委员会
130	股票预期收益率波动如何影响公司资本结构调整？	经济管理学院	王　浩	国家自然科学基金委员会
131	大股东代理问题对上市公司现金持有水平及使用的影响	经济管理学院	薛　健	国家自然科学基金委员会
132	中国权证泡沫与投资者行为	经济管理学院	杨之曙	国家自然科学基金委员会
133	中国消费者全球品牌感知研究：维度和影响因素	经济管理学院	于春玲	国家自然科学基金委员会
134	企业组织中的员工幸福感：结构维度、影响因素与作用机制的研究	经济管理学院	郑晓明	国家自然科学基金委员会
135	物理环境和社会环境对消费者自我控制和亲社会行为的影响	经济管理学院	郑毓煌	国家自然科学基金委员会
136	经济转型过程中的收入分配与储蓄倾向：实证证据与政策含义	公共管理学院	周绍杰	国家自然科学基金委员会
国家自然科学基金海外及港澳学者合作研究基金				
137	新时期易变质产品的库存与定价策略研究	经济管理学院	陈　新	国家自然科学基金委员会

清华大学校级社科研究项目

序号	项目名称	负责人	承担部门	成果形式
1	清代法制上的满汉斗争	苏亦工	法学院	专著
2	情感的现象学研究——对伦理—道德基础的重新考察	黄裕生	人文学院哲学系	系列论文
3	中国环境艺术设计发展史研究	苏　丹	美术学院	专著 其他
4	民国时期的清华学生运动研究	欧阳军喜	马克思主义学院	论文
5	西汉铜镜研究	冯立昇	图书馆	论文
6	格林布拉特的文化诗学研究	生安锋	外文系	专著
7	现代主义绘画的中国之路	包　林	美术学院	专著 论文集
8	传统宣纸制作技艺复原与传承研究	雷建军	新闻与传播学院	论文 其他 专著
9	少数民族文化生态研究	张小军	人文学院社会学系	论文
10	金融环境下如何影响企业的行为和效率	庞家任	经济管理学院金融系	论文
11	中国地方创新扩散机制研究	张小劲	人文学院政治学系	系列论文
12	春秋时期的国际体系与现代国际体系的比较研究	王庆新	公共管理学院	论文
13	1949—1976 年间中国陶瓷艺术研究	李正安	美术学院	专著
14	清华简《系年》与周代历史研究	刘国忠	人文学院历史系	系列论文

续表

序号	项目名称	负责人	承担部门	成果形式
15	世界城市景观文化生态研究设计	黄　艳	美术学院	论文 专著
16	基于数据分析的中国莎学特色与潜力研究	刘　昊	外文系	论文
17	中国雕塑造型理论研究	许正龙	美术学院	论文集
18	研究型大学资优本科生的学习适应状况和满意程度调查	阎　琨	教育研究院	论文
19	中国当代戏剧的发展与演变	张玲霞	人文学院中文系	论文
20	甜蜜的生活：一个西部县城糖厂的文化史研究	梁君健	新闻与传播学院	其他
21	“清华与美国”之初期研究：清华—哥伦比亚及清华—伯克利的百年交流史案例分析	钟　周	教育研究院	论文
22	网络舆论与股票市场	姜　磊	经济管理学院	论文
23	制度安排与外资流入——对“中国经济为何偏好FDI”的一个解释	程建国	人文学院经济所	系列论文
24	量词辖域窄域释义的英汉对比研究及其在参数理论中的地位	何宏华	外文系	论文集
25	吴兴华诗文辑校	解志熙	人文学院中文系	编著
26	坚持“育人至上”推进清华大学校园体育文化建设研究	赵　青	体育部	论文 专著
27	苏威廉（William E. Soothill）《论语》英译本中“仁”的翻译研究	张　萍	外文系	论文
28	经济货币化进程中的土地资本与中国农村剩余劳动力转移研究	靳卫萍	人文学院经济所	论文 其他
29	我国公立医院管理体制模式研究	薛　镭	经济管理学院	专著 论文集 其他
30	我国事业单位改革中事业单位的组织形态分类研究	刘求实	公共管理学院	论文
31	普通高校培养世界大赛奖牌获得者的理论与实证研究	张新贵	体育部	论文 研究报告
32	我国新型城市化道路研究	蔡继明	人文学院经济学所	专著 论文
33	医学人类学的理论流派与田野研究	景　军	人文学院社会学系	论文 其他
34	当代政治学发展前沿	苏毓淞	人文学院政治学系	专著
35	研究型大学研究生阶段学术英语写作与论文发表教学模式之探索	张为民	外文系	论文
36	马克思主义史研究的典型个案——《马克思主义的主要流派》译介	唐少杰	人文学院哲学系	译著
37	传统“权力神圣观”研究——近代“权力腐败论”民主理念观照下的中国传统政治伦理批判	张绪山	人文学院历史系	专著
38	《清华藏战国竹简（壹）》若干人物与世族研究	陈颖飞	人文学院历史系	专著

续表

序号	项目名称	负责人	承担部门	成果形式
39	展望人类新世纪——汤因比与池田大作的对话录	冯　峰	外文系	译著
40	竞技体育发展之路——走进德国	刘　波	体育部	专著

（清华大学文科建设处刘金梅供稿）

北京师范大学

2012 年承担国家或省部级社会科学研究课题

项目名称	项目负责人	承担部门	项目来源	成果形式	计划完成时间
历史题材文学系列研究（5 册）	童庆炳	文学院	国家社科基金后期资助项目	专著	2013
中国科技软实力的发展战略研究	冯留建	马克思主义学院	国家社科基金后期资助项目	专著	2013
校长教学领导力研究	赵　茜	教育学部	国家社科基金后期资助项目	专著	2013
韩国檀君神话研究	张哲俊	文学院	国家社科基金后期资助项目	专著	2013
情绪犯研究	袁　彬	法学院	国家社科基金后期资助项目	专著	2013
马克思主义哲学基础理论研究	杨　耕	哲学与社会学学院	国家社科基金《国家哲学社会科学成果文库》	著作	2015
世界部分国家学前教育报告	霍力岩	教育学部	国家社科基金《国家哲学社会科学成果文库》	著作	2015
实施扩大就业的发展战略研究	赖德胜	经济学院	国家社科基金《国家哲学社会科学成果文库》	著作	2015
中西古代历史、史学与理论比较研究	刘家和	历史学院	国家社科基金《国家哲学社会科学成果文库》	著作	2015
荀子的工夫论及其哲学基础研究	王　楷	哲学与社会学学院	国家社科基金青年项目	专著	2015. 5
当代西方政治哲学视野中的国家认同问题研究	吴玉军	哲学与社会学学院	国家社科基金青年项目	专著	2015. 6
基于动作序列的祈使句语义和道义逻辑研究	琚凤魁	哲学与社会学学院	国家社科基金青年项目	专题论文集	2015. 3
社会网络影响收入差距的理论、政策与实证研究	周晔馨	经济与资源管理研究院	国家社科基金青年项目	专题论文集 研究报告	2015. 6
中国税负水平的总体评价与结构分析	席　玮	国民核算研究院	国家社科基金青年项目	研究报告	2014. 12

续表

项目名称	项目负责人	承担部门	项目来源	成果形式	计划完成时间
对国家干预经济的宪法规范研究	郭 殊	法学院	国家社科基金青年项目	专著 研究报告	2015.7
刑事司法改革中的实验研究	何 挺	刑事法律科学研究院	国家社科基金青年项目	专著	2014.12
反垄断法在互联网领域的实施研究	张江莉	法学院	国家社科基金青年项目	研究报告	2014.12
流动儿童对立违抗行为及其对城市适应与融入的影响	蔺秀云	心理学院	国家社科基金青年项目	研究报告	2015.12
可持续发展视角下的企业社会责任研究	余晓敏	社会发展与公共政策学院	国家社科基金青年项目	专题 论文集 研究报告	2015.3
20世纪中西交通史研究之演进路径	毛瑞方	古籍与传统文化研究院	国家社科基金青年项目	专著	2015.9
新出简帛与百家争鸣的重要论题研究	李 锐	历史学院	国家社科基金青年项目	专题 论文集	2014.12
日本侵华战争时期思想战研究(1931—1945)	唐利国	历史学院	国家社科基金青年项目	专著	2015.6
我国省级政府权力空间配置制度研究	赵国钦	管理学院	国家社科基金青年项目	专著 研究报告	2013.12
中国当代社会管理创新与国家科学发展战略重大课题研究	魏礼群	中国社会管理研究院	国家社科基金特别委托项目	成果汇编	2015.12
维特根斯坦与当代西方哲学的发展研究	江 怡	哲学与社会学学院	国家社科基金一般项目	专著 译著	2015.12
中国区域间贸易的碳足迹核算研究	王亚菲	国民核算研究院	国家社科基金一般项目	研究报告	2014.12
中国社区矫正规范化研究	吴宗宪	刑事法律科学研究院	国家社科基金一般项目	专著	2014.12
中国当代文学的“潜叙事”与“潜结构”研究	张清华	文学院	国家社科基金一般项目	专著	2015.6
“青春文学”与青少年亚文化研究	张国龙	文学院	国家社科基金一般项目	专著	2015.2
草书字体研究	李洪智	艺术与传媒学院	国家社科基金一般项目	专著	2015.12
基于众包的图书馆数字馆藏建设模式及保障机制研究	王 琼	图书馆	国家社科基金一般项目	专题 论文集	2015.12
基于学生发展的学校自我诊断研究	李凌艳	脑与认知科学研究院	国家社科基金一般项目	专著 研究报告	2015.12
中国当代电影批评及其价值取向研究	张智华	艺术与传媒学院	国家社科基金艺术学项目国家一般项目	专著 论文	2014.12

续表

项目名称	项目负责人	承担部门	项目来源	成果形式	计划完成时间
晚清至民国前期西方设计在中国的传播与影响研究（1840—1937）	李　江	艺术与传媒学院	国家社科基金艺术学项目国家青年项目	专著 论文	2014. 12
社会主义核心价值观研究	吴向东	哲学与社会学学院	国家社科基金重大项目	专著 论文 研究报告	2015. 3
构建和谐劳动关系研究	赖德胜	经济与工商管理学院	国家社科基金重大项目	专著 研究报告	2015. 12
分析哲学运动与当代哲学发展研究	江　怡	哲学与社会学学院	国家社科基金重大项目	专著 译著 论文集	2016. 1
现存元人著作（汉文部分）总目提要	韩格平	古籍与传统文化研究院	国家社科基金重大项目	工具书	2017. 10
数字化《说文》学及其研究平台构建	王　宁	文学院	国家社科基金重大项目	专著 论文集 电脑软件 数据库	2016. 12
我国河湖水系连通重大战略研究	徐宗学	水科学研究院	国家社科基金重大项目	专著 研究报告	2017. 12
中国人社会认知的特征：心理与脑科学的整合研究	刘　超	脑与认知科学研究院	国家社科基金重大项目	论文集 电脑软件	2017. 12
新时期文艺理论与批评建设及其关联因素研究	李春青	文学院	国家社科基金重点项目	专著 论文	2015. 9
深入推进国有经济战略性调整研究——基于国有企业分类改革的视角	高明华	经济与工商管理学院	国家社科基金重点项目	专著 研究报告	2015. 12
中国当代文学海外传播研究	张　健	文学院	国家社科基金重点项目	专著 研究报告 数据库	2017. 12
当代消费文化对身份认同影响的哲学研究	王成兵	哲学与社会学学院	国家社科基金重点项目	专著	2015. 12.
20世纪中国科幻小说史	吴　岩	文学院	国家社科基金重点项目	专著	2013. 6
民国社会历史与中国现代文学的研究框架	李　怡	文学院	国家社科基金重点项目	专著 专题 论文集	2015. 12
30年来中国学校体育重要理论问题研究	毛振明	体育与运动学院	国家社科基金重点项目	专著 研究报告	2015. 12
中国社会管理指数测算模型构建及应用研究	汪大海	管理学院	国家社科基金重点项目	研究报告	2014. 1

续表

项目名称	项目负责人	承担部门	项目来源	成果形式	计划完成时间
大学生公民意识与公民教育状况实证研究——以北京地区高校为例	郭　殊	法学院	北京市教育科学“十二五”规划青年专项课题	研究报告 论文	2015. 9
教研员实践性知识及其生成与发展机制的个案研究	卢立涛	教育学部	北京市教育科学“十二五”规划青年专项课题	研究报告 论文	2015. 9
开放教育资源国际化进程中建设开放标准与协议的实证研究	张婧婧	教育学部	北京市教育科学“十二五”规划青年专项课题	研究报告 论文	2015. 9
大学生自主学习能力现状调查及培养课程开发	赵　宏	教育学部	北京市教育科学“十二五”规划青年专项课题	研究报告 论文 其他	2015. 9
北京市社区力量参与社区矫正的实证研究	廖　明	刑事法律科学研究院	北京市哲学社会科学“十二五”规划项目青年项目	研究报告 论文集	2013. 11
北京市突发公共事件应急管理中的法律问题	郭　殊	法学院	北京市哲学社会科学“十二五”规划项目青年项目	论文集	2014. 9
教育公平视阈下京津冀青少年体质城乡分化的实证研究	甄志平	体育与运动学院	北京市哲学社会科学“十二五”规划项目青年项目	研究报告	2014. 4
影响北京市义务教育阶段流动人口中处境不利学生语文学业成就的多层因素	赵宁宁	文学院	北京市哲学社会科学“十二五”规划项目青年项目	专著 研究报告	2013. 12
拉班舞谱对盲童舞蹈治疗的应用研究	唐　怡	艺术与传媒学院	北京市哲学社会科学“十二五”规划项目青年项目	研究报告	2013. 9
元明清北京官方的典籍编纂、诠释与文化认同	姜海军	历史学院	北京市哲学社会科学“十二五”规划项目青年项目	专著	2013. 12
北京地区佛学社团及其出版品研究	李芳瑜	文学院	北京市哲学社会科学“十二五”规划项目青年项目	研究报告	2014. 4
北京名人故居保护与开发的民间参与模式研究	杨　志	北京文化发展研究院	北京市哲学社会科学“十二五”规划项目青年项目	研究报告	2014. 5
老龄化趋势下北京居住环境的适应性发展研究	李　嫣	艺术与传媒学院	北京市哲学社会科学“十二五”规划项目青年项目	研究报告	2013. 11

续表

项目名称	项目负责人	承担部门	项目来源	成果形式	计划完成时间
民国时期书学文献整理与研究	邓宝剑	艺术与传媒学院	北京市哲学社会科学“十二五”规划项目青年项目	其他	2015.9
利用信息技术创新流动儿童家庭教育的理论与实践	张　生	教育学部	北京市教育科学“十二五”规划重点课题	研究报告 专著 论文 电脑软件	2015.9
北京市成人终身学习素养调查研究	郑勤华	教育学部	北京市教育科学“十二五”规划重点课题	研究报告 论文	2015.9
基于多方协作的中学生网络依赖转化实用模式研究及在北京市的选样实验	周　颖	教育学部	北京市教育科学“十二五”规划重点课题	研究报告 论文	2015.9
建设世界城市背景下北京扩大留学生规模的路径与对策研究	蔡宏波	经济与工商管理学院	北京市教育科学“十二五”规划重点课题	研究报告 论文	2015.9
“四基”之数学基本活动经验研究：量化与课堂实践	郭玉峰	数学科学学院	北京市教育科学“十二五”规划重点课题	研究报告 专著 论文	2015.9
北京市中小学教师心理资本的现状调查及开发研究	张西超	心理学院	北京市教育科学“十二五”规划重点课题	研究报告 论文 其他	2015.9
我国高等远程教育质量保证模式及标准的研究	陈　丽	教育学部	北京市教育科学“十二五”规划重点课题	研究报告 专著 其他	2015.9
基于远程学习者模型的差异化教学目标设计研究	武法提	教育学部	北京市教育科学“十二五”规划重点课题	研究报告 论文 电脑软件	2015.9
法律硕士（法学）专业学位研究生培养改革与发展研究	徐胜萍	法学院	北京市教育科学“十二五”规划重点课题	研究报告 论文	2015.9
北京市义务教育区域内校际间均衡发展策略研究	薛二勇	教育学部	北京市教育科学“十二五”规划重点课题	研究报告 论文 其他	2015.9
中小学生科学素养培养研究	刘克文	化学学院	北京市教育科学“十二五”规划重点课题（优先关注）	研究报告 专著 论文	2015.9
传统文化教育活动的内容及实施途径研究	徐　勇	教育学部	北京市教育科学“十二五”规划重点课题（优先关注）	研究报告 论文	2015.9
基于实践取向的教师教育模式研究	王　蔷	外国语言文学学院	北京市教育科学“十二五”规划重点课题（优先关注）	研究报告 论文 其他	2015.9

续表

项目名称	项目负责人	承担部门	项目来源	成果形式	计划完成时间
北京市中小企业社会责任法律规制研究	林艳琴	法学院	北京市哲学社会科学“十二五”规划项目一般项目	论文集	2015. 6
北京市义务教育教师绩效工资实施状况研究	胡海峰	经济与工商管理学院	北京市哲学社会科学“十二五”规划项目一般项目	研究报告	2013. 12
金融集聚与总部金融发展——北京现代金融产业体系的构建与发展对策研究	杜　屏	教育学部	北京市哲学社会科学“十二五”规划项目一般项目	论文集	2014. 12
十六大以来北京市深化文化体制改革的历史经验与路径选择研究	卫志民	马克思主义学院	北京市哲学社会科学“十二五”规划项目一般项目	研究报告	2014. 12
首都公共文化服务均等化：定量评估与对策研究	王洛忠	管理学院	北京市哲学社会科学“十二五”规划项目一般项目	研究报告	2013. 12
北京小剧场调查研究	邹　红	北京文化发展研究院	北京市哲学社会科学“十二五”规划项目一般项目	研究报告	2015. 2
认知科学的“4E + S”革命及其哲学挑战研究	李建会	哲学与社会学学院	北京市哲学社会科学“十二五”规划项目一般项目	专著	2016. 6
北京市在家教育的立法规范研究	余雅风	教育学部	北京市哲学社会科学“十二五”规划项目重点项目	研究报告	2014. 6
青少年利他行为的影响因素及培养途径	陈英和	心理学院	北京市哲学社会科学“十二五”规划项目重点项目	研究报告	2015. 12
《文化诗学讲稿》	童庆炳	文学院	北京市哲学社会科学“十二五”规划项目重点项目	专著	2013. 9
京味文化的谱系研究	刘　勇	北京文化发展研究院	北京市哲学社会科学“十二五”规划项目重点项目	专著	2015. 9
分析哲学运动与当代哲学的发展	江　怡	哲学与社会学学院	北京市哲学社会科学“十二五”规划项目重点项目	专著	2015. 12
政府体育公共服务内容及标准体系研究	柴　荣	法学院	国家体育总局体育哲学社会科学一般项目	研究报告	2013. 9
学习宣传贯彻党的十八大精神理论研究课题	林崇德	心理学院	教育部“学习宣传贯彻党的十八大精神理论研究课题”	论文	2013. 3

续表

项目名称	项目负责人	承担部门	项目来源	成果形式	计划完成时间
学习宣传贯彻党的十八大精神理论研究课题	杨　耕	哲学与社会学学院	教育部“学习宣传贯彻党的十八大精神理论研究课题”	论文	2013.3
学习宣传贯彻党的十八大精神理论研究课题	李晓西	经济学院	教育部“学习宣传贯彻党的十八大精神理论研究课题”	论文	2013.3
中国土地法律历史变迁研究	柴　荣	法学院	教育部人文社会科学研究规划基金项目	著作 论文	2014.9
刑事程序违法的定量分析	王　超	刑事法律科学研究院	教育部人文社会科学研究规划基金项目	著作	2013.12
南亚地区的恐怖主义与反恐合作研究	马　勇	政治学与国际关系学院	教育部人文社会科学研究规划基金项目	著作	2015.3
中国开展面向发展中国家公共外交战略研究	张胜军	马克思主义学院	教育部人文社会科学研究规划基金项目	著作 咨询报告	2013.5
中美教育技术学专业课程设置比较研究	刘美凤	教育学部	教育部人文社会科学研究规划基金项目	著作 论文	2014.11
我国中小学校方责任保险的理论与实践	尹　力	教育学部	教育部人文社会科学研究规划基金项目	论文	2014.10
高校公用空间资源合理配置研究	张　凯	资产处	教育部人文社会科学研究规划基金项目	著作 论文	2014.11
我国婚姻市场挤压形成机制与对策研究	李汉东	管理学院	教育部人文社会科学研究规划基金项目	著作 论文	2013.6
巴特勒和西苏理论比较研究：以身体、语言、女性性为中心	郭乙瑶	外文学院	教育部人文社会科学研究规划基金项目	著作 论文	2015.12
传统电视媒体与视听新媒体融合发展模式及路径研究	王长潇	文学院	教育部人文社会科学研究规划基金项目	著作 论文	2014.9
我国大众文化消费结构研究	李　明	中国文化国际传播研究院	教育部人文社会科学研究规划基金项目	论文 咨询报告	2014.12
电影国家资助机制与中国电影产业发展研究	宋维才	艺术与传媒学院	教育部人文社会科学研究规划基金项目	著作 论文	2014.6
社会认知视角下英语反讽话语的人际意义建构研究	杨庆云	外文学院	教育部人文社会科学研究规划基金项目	著作 论文 报告	2014.9
日语语音教学系统研制	翟东娜	外文学院	教育部人文社会科学研究规划基金项目	论文 日语语音学习软件	2014.12
汉语作为第二语言教学词汇属性基础研究	朱志平	汉语文化学院	教育部人文社会科学研究规划基金项目	论文 电子出版物 研究报告	2014.9
公共领域与立法正当性研究	马建银	法学院	教育部人文社会科学研究青年基金项目	著作 论文	2014.9

续表

项目名称	项目负责人	承担部门	项目来源	成果形式	计划完成时间
中国少年司法制度的构建与推进——以少年矫正司法化为中心视角	苏明月	刑事法律科学研究院	教育部人文社会科学研究青年基金项目	著作 论文 咨询报告	2013.9
基于分布式创新的动态能力构建机制的实证研究：以跨国公司为例	焦　豪	经济学院	教育部人文社会科学研究青年基金项目	论文 咨询报告	2014.10
现金分布、公司治理与投资行为	张会丽	经济学院	教育部人文社会科学研究青年基金项目	论文 咨询报告 教学及研究案例	2014.12
教育的历史隐喻与意识形态——当代中国电影的教育叙事	杜　霞	教育学部	教育部人文社会科学研究青年基金项目	著作	2013.10
出土文献与《商君书》综合研究	仝卫敏	图书馆	教育部人文社会科学研究青年基金项目	著作 论文	2014.12
大学招生考试中非认知测验的有效性研究	卞　冉	心理学院	教育部人文社会科学研究青年基金项目	论文 咨询报告	2014.10
从知识分享到知识协同建构——区域教师网络协同备课研究	陈　玲	教育学部	教育部人文社会科学研究青年基金项目	论文 咨询报告	2013.12
民国时期公民教育的话语演变	丁道勇	教育学部	教育部人文社会科学研究青年基金项目	著作 论文	2013.10
经济发展中的我国学前教育资源配置效率研究	冯婉桢	教育学部	教育部人文社会科学研究青年基金项目	论文 咨询报告	2014.10
学前儿童入学准备的保护性与危险性因素评估	李晓巍	教育学部	教育部人文社会科学研究青年基金项目	著作 论文	2014.12
法国大学治理模式与自治改革的研究	刘　敏	教育学部	教育部人文社会科学研究青年基金项目	论文 咨询报告	2012.9
公办中小学促进进城务工人员子女健康发展的教育策略研究	卢立涛	教育学部	教育部人文社会科学研究青年基金项目	论文	2014.12
我国中小学国际教育与合作中的文化安全问题研究	王　熙	教育学部	教育部人文社会科学研究青年基金项目	论文	2013.10
学校文化领导力模型构建与作用机制研究	徐志勇	教育学部	教育部人文社会科学研究青年基金项目	著作 论文	2012.12
基于中国多区域CGE模型的碳税收入分配效应研究	高　颖	教育学部	教育部人文社会科学研究青年基金项目	著作 论文	2013.12
公共教育经费、教育机会平等与收入差距的经验研究	杨　娟	经济学院	教育部人文社会科学研究青年基金项目	论文 咨询报告	2013.8
甲骨金文所见商西周亲属称谓的整理研究	黄国辉	历史学院	教育部人文社会科学研究青年基金项目	著作	2014.9
CPI偏差理论、测度方法与中国应用研究	吕光明	国民核算研究院	教育部人文社会科学研究青年基金项目	论文	2014.6

续表

项目名称	项目负责人	承担部门	项目来源	成果形式	计划完成时间
特色数字馆藏建设用户参与模式与保障机制研究	李书宁	图书馆	教育部人文社会科学研究青年基金项目	论文 电子出版物 研究报告	2014.12
良友出版与中国现代文学的发展	宋　媛	文科学报	教育部人文社会科学研究青年基金项目	论文	2014.12
以学生为主体的"形势与政策课"实践模式探究	王秀丽	历史学院	教育部人文社会科学研究专项任务项目（高校思想政治工作辅导员专项）	论文 结题报告	2014.12
思想政治理论课实践教学研究	熊晓琳	马克思主义学院	教育部人文社会科学研究专项任务项目（高校思想政治理论课）	系列论文 结项报告	2014.12
新媒体环境下校园文化的特点及变化规律研究	张朱博	生命科学学院	教育部人文社会科学研究专项任务项目（马克思主义中国化时代化大众化）		2013.2
欧盟教育政策的历史变迁和发展走向	陈时见	比较教育研究中心	教育部人文社会科学重点研究基地重大项目	专著	2015.2
中等教育与高等教育衔接的国际比较研究	饶从满	比较教育研究中心	教育部人文社会科学重点研究基地重大项目	专著 系列论文	2015.2
当今时代背景下儿童青少年社会认知的发展特点、影响因素及促进研究	陈英和	发展心理研究所	教育部人文社会科学重点研究基地重大项目	论文 研究报告	2015.2
中小学教师共情能力的发展与促进	李伟健	发展心理研究所	教育部人文社会科学重点研究基地重大项目	论文 研究报告	2015.2
两宋时期主流价值观的变迁	张奇伟	价值与文化研究中心	教育部人文社会科学重点研究基地重大项目	专著	2015.2
大学与中小学教师教育共同体建设研究	孟繁华 张景斌	教师教育研究中心	教育部人文社会科学重点研究基地重大项目	论文 专著 研究报告	2015.2
教育伦理学研究	王本陆	教师教育研究中心	教育部人文社会科学重点研究基地重大项目	专著	2015.2
西周文献的生成、形态及文化功能研究	尚学锋	民俗典籍文字研究中心	教育部人文社会科学重点研究基地重大项目	专著	2015.2

续表

项目名称	项目负责人	承担部门	项目来源	成果形式	计划完成时间
中国古代史学批评范畴研究	罗炳良	史学理论与史学史研究中心	教育部人文社会科学重点研究基地重大项目	专著	2015.2
联邦德国史学研究——以关于纳粹问题的史学争论为中心	孙立新	史学理论与史学史研究中心	教育部人文社会科学重点研究基地重大项目	专著	2015.2
中国古代文学艺术思想通史(清代卷)	党圣元	文艺学研究中心	教育部人文社会科学重点研究基地重大项目	专著	2015.2
明代文艺思想史	方锡球	文艺学研究中心	教育部人文社会科学重点研究基地重大项目	专著	2015.2
中国特色社会主义教育发展道路研究	刘复兴 任　青	教育学部	教育部哲学社会科学研究重大委托项目	专著	2012.5
社会主义核心价值体系融入国民教育的路径、方法创新研究	石中英	教育学部	教育部哲学社会科学研究重大课题攻关项目	专著	2012.6
社会组织参与社会管理和服务机制研究	陶传进	社会发展与公共政策学院	教育部哲学社会科学研究重大课题攻关项目	专著	2012.6
义务教育阶段学生学业质量标准体系研究	辛　涛	心理学院	教育部哲学社会科学研究重大课题攻关项目	专著	2012.6
公平贸易的公平性及福利效应研究	曲如晓	经济学院	教育部哲学社会科学研究后期资助项目	专著	2012.6
都市社区舞蹈的问题与对策研究——以京沪两地为例	白雪静	艺术与传媒学院	文化部文化艺术科学研究项目	论文 研究报告	2014.12
积极心理学背景下区域心理健康教育体系的构建	边玉芳	脑与认知科学研究院	全国教育科学规划国家一般项目	专著 研究论文 研究报告	2015.12
基于情景的信息化学习实验研究：重构开放教育资源文本链接形式	张婧婧	教育学部	全国教育科学规划国家青年基金项目	研究论文 电脑软件	2016.6
媒介时代的公民教育：基于媒介批判的立场	班建武	教育学部	全国教育科学规划国家青年基金项目	专著 研究论文	2015.9
外部质量评估对大学变革的影响研究	刘水云	教育学部	全国教育科学规划国家青年基金项目	专著 研究论文 研究报告	2015.6
美国新保守主义大学思想史研究	王　晨	教育学部	全国教育科学规划国家青年基金项目	研究论文 研究报告	2016.12

续表

项目名称	项目负责人	承担部门	项目来源	成果形式	计划完成时间
免费师范生教师职业认同发展的影响机制与促进研究	张晓辉	心理学院	全国教育科学规划教育部青年专项项目	研究论文 研究报告	2015. 12
促进学生认识发展的科学教学范式研究	胡久华	化学学院	全国教育科学规划教育部青年专项项目	研究论文 研究报告 其他	2015. 12
职业教育集团化办学的产权改革问题研究	郭　静	国家职业教育研究院	全国教育科学规划教育部青年专项项目	研究论文 研究报告	2014. 3
信息化促进优质教育资源共享研究	黄荣怀 任友群	教育学部	全国教育科学规划国家重点项目	专著 系列研究论文 研究报告	2015. 12
中小学语文教育改革研究	任　翔	文学院	全国教育科学规划国家重点项目	专著 系列研究论文 研究报告	2015. 6
中小学理科教材国际比较研究（高中地理）	王　民	地理学与遥感科学学院	全国教育科学规划国家重点项目	专著 论文 结题报告	2015. 12
中小学理科教材国际比较研究（高中生物）	刘恩山	生命科学学院	全国教育科学规划国家重点项目	专著 论文 结题报告	2015. 12
中小学理科教材国际比较研究（初中物理）	李春密	物理系	全国教育科学规划国家重点项目	专著 论文 结题报告	2015. 12
中小学理科教材国际比较研究（初中数学）	曹一鸣	数学科学学院	全国教育科学规划国家重点项目	专著 论文 结题报告	2015. 12

2012 年度北京师范大学青年教师人文社会科学研究基金立项项目

课题名称	单位	姓名	预期成果	资助期
新开放宏观视角下的国际贸易增加值统计	国民核算研究院	李　昕	论文	2012—2014
中国地区能源利用效率统计研究	国民核算研究院	赵　楠	论文	2012—2014
课程测量与评价方法的回顾与探究	教育学部	王晔晖	论文	2012—2014
政府主导型农民工培训模式的改革与发展研究	教育学部	周秀平	论文	2012—2014
课程改革背景下北京教师身份的构建	教育学部	叶菊艳	论文	2012—2014
世界主要国家高等教育财政比较与中国借鉴	教育学部	刘　强	论文	2012—2014
高等教育质量评估的影响研究	教育学部	刘水云	论文	2012—2014
社会融合目的下新生代农民工职业教育的获得、影响因素与改进研究	教育学部	高　莉	论文	2012—2014

续表

课题名称	单位	姓名	预期成果	资助期
提升校长教学领导力的实践研究	教育学部	张亚星	论文	2012—2014
融合教育中学前自闭症儿童综合教育支持的研究	教育学部	胡晓毅	论文	2012—2014
海外经历对“海归”创新影响的研究	经济学院	徐　慧	论文	2012—2014
农业转型、产业化与农业上市公司特征：来自资本市场的经验证据	经济学院	方　芳	论文	2012—2014
金钱概念对消费者自我控制的影响研究	经济学院	童璐琼	论文	2012—2014
员工成长需求强度与绩效关系的实证研究	经济学院	钱　婧	论文	2012—2014
国际会计准则选择与应用的中英比较研究	经济学院	杨　丹	论文	2012—2014
中国的转型	经济与资源研究院	范世涛	论文	2012—2014
中美德法学会比较研究	法学院	袁治杰	论文	2012—2014
中美家庭情绪过程与儿童心理健康分析	心理学院	韩　卓	论文	2012—2014
创新学习方法：快速间隔学习优化英语单词记忆的应用研究	心理学院	蒋　挺	论文	2012—2014
从主体性到主体——阿多诺“否定的辩证法”研究	哲学院	郑　伟	论文	2012—2014
康德论纯粹理性理念的实在性	哲学院	朱会晖	论文	2012—2014
世界历史背景下的先秦法家法观念研究	历史学	刘　亮	论文	2012—2014
商代亲属制度研究	历史学	黄国辉	论文	2012—2014
《庄子》宋代版本源流考辨	图书馆	马鸿雁	论文	2012—2014
国内外留学生信息素质教育比较研究——以北师大和美国肯塔基大学为对象研究	图书馆	杨　波	论文	2012—2014
城市青年住房分层问题研究	管理学院	连宏萍	论文	2012—2014
杜预《诗经》学研究	古籍院	方　韬	论文	2012—2014
多元智能理论下的研究生高阶英语课程考核方式改革	外文学院	王筱晶	论文	2012—2014
中国日语学习者的日语元音发音特征研究	外文学院	张　林	论文	2012—2014
以《说文叙》为中心的许慎经学思想研究	中文信息处理研究所	张学涛	论文	2012—2014
《说文》内在系统的数字化模型研究	文学院	胡佳佳	论文	2012—2014
生活方式和人的行为对建筑能耗的影响研究	文学院	史玲玲	论文	2012—2014
基于自主调节理论的写作教学对中学生写作动机、写作能力与写作成就的影响	文学院	赵宁宁	论文	2012—2014
汉语名词性成分的指称研究	文学院	洪　爽	论文	2012—2014
我国优秀女子铁人三项运动员成绩水平现状分析与评定	体育学院	陶　焘	论文	2012—2014
北京师范大学女篮体能训练速度、耐力指标的监控与评价研究	体育学院	宋陆陆	论文	2012—2014

续表

课题名称	单位	姓名	预期成果	资助期
高校运动员训练满意度自我评价量表的编制与应用	体育学院	苏荣海	论文	2012—2014
论中国竞技体育回归教育并在教育系统中可持续发展的必要与可能	体育学院	查 萍	论文	2012—2014
后现代视角下的北京宣南地区传统音乐传承与审美研究	艺术学院	冯晓婧	论文	2012—2014
舞蹈文化产业研究	艺术学院	陈蒨蒨	论文	2012—2014
中国影视音乐研究	艺术学院	朱 杰	论文	2012—2014
近代中国视觉文化研究	艺术学院	唐宏峰	论文	2012—2014
北京市八大艺术高校之艺术管理专业调研	艺术学院	张 璐	论文	2012—2014
国际刑事政策视角下的跨国贩卖人口犯罪研究	刑科院	郭 晶	论文	2012—2014
刑事违法所得没收程序研究	刑科院	印 波	论文	2012—2014
诈骗罪中欺诈行为的意思说明研究	刑科院	赵书鸿	论文	2012—2014
关于中学生物学概念学习进阶测评工具的开发与设计	生命科学学院	刘 晟	论文	2012—2014
网络舆论蝴蝶效应研究	社管院	党生翠	论文	2012—2014
社会组织与农村社会管理机制创新	社管院	杜静元	论文	2012—2014
北京市社会管理法治研究	社管院	杨 丽	论文	2012—2014

2012年度教育部新世纪优秀人才支持项目

编 号	申请人姓名	单 位	资助期限
NCET-12-0061	董磊明	哲学与社会学学院	2012—2015
NCET-12-0062	罗楚亮	经济与工商管理学院	2012—2015
NCET-12-0063	柴 荣	法学院	2012—2015
NCET-12-0064	张胜军	马克思主义学院	2012—2015
NCET-12-0065	韩在柱	脑与认知科学研究院	2012—2015
NCET-12-0066	胡咏梅	教育学部	2012—2015
NCET-12-0067	任 翔	文学院	2012—2015

（北京师范大学社科处刘娜供稿）

中央民族大学

2012年承担国家或省部级社会科学研究项目

项目名称	负责人	承担部门	项目来源	成果形式	完成日期
建设法制化水平——文化立法与文化法制研究	熊文钊	法学院	国家社会科学基金项目	专著 论文	2015.12
民族地区的环境、开发与社会发展问题研究	包智明	民族学与社会学学院	国家社会科学基金项目	专著	2015.8

续表

项目名称	负责人	承担部门	项目来源	成果形式	完成日期
中国民间文学与民族历史记忆研究	林继富	文学与新闻传播学院	国家社会科学基金项目	专著 论文	2015.8
我国融资结构测度及优化——基于净融资法的研究	陶春生	经济学院	国家社会科学基金项目	专著	2014.12
民族自治地方个体和群体犯罪的发生机制和防控模式研究	韩　铁	法学院	国家社会科学基金项目	专著	2015.7
民族传统节日象征符号与文化品牌建设研究	林继富	文学与新闻传播学院	国家社会科学基金项目	专著	2015.8
三江源自然保护区生态移民社会适应与社区文化重建研究	祁进玉	民族学与社会学学院	国家社会科学基金项目	专著	2014.12
早期汉藏佛教交流资料整理、翻译及研究	周　拉	藏学研究院	国家社会科学基金项目	专著	2015.9
汉文伊斯兰教著译与明清伊斯兰思想研究	杨桂萍	哲学与宗教学学院	国家社会科学基金项目	专著	2015.6
蒙古说书《水浒传》与汉文原著《水浒传》比较研究	朝克图	蒙古语言文学系	国家社会科学基金项目	专著 论文	2015.6
东北三省民族史诗类型研究	汪立珍	少数民族语言文学系	国家社会科学基金项目	专著	2014.12
朝鲜古代“燕行”诗笺注与研究	李　岩	少数民族语言文学系	国家社会科学基金项目	专著 论文	2015.6
建国后三十年小说英译研究	马士奎	外国语学院	国家社会科学基金项目	专著	2014.12
中国蒙古语基础方言与蒙古国蒙古语中心方言对照词典	包满亮	蒙古语言文学系	国家社会科学基金项目	专著	2014.12
回纥文摩尼教文献语文学研究	张铁山	少数民族语言与古籍研究所	国家社会科学基金项目	专著 论文	2015.3
中国跨境民族经济交往的政府治理研究	傅景亮	管理学院	国家社会科学基金项目	专著	2014.12
少数民族非遗传承人法律保护研究	田　艳	法学院	国家社会科学基金项目	专著	2015.5
社会支持网络与居家养老服务支持体系研究	施巍巍	管理学院	国家社会科学基金项目	专著	2015.12
民国时期西南“夷苗”的政治承认诉求研究	伊利贵	科研处	国家社会科学基金项目	专著 论文	2014.12
西夏蒙书《九经抄》研究	黄延军	少数民族语言文学系	国家社会科学基金项目	专著 论文	2014.12
唐代中下层官员群体研究	蒋爱花	历史文化学院	国家社会科学基金项目	专著	2015.12
国民政府时期西藏驻京机构研究	张子新	藏学研究院	国家社会科学基金项目	专著	2015.6
当代天主教宗教对话理论研究	高　喆	哲学与宗教学学院	国家社会科学基金项目	专著	2015.6

续表

项目名称	负责人	承担部门	项目来源	成果形式	完成日期
传播学视野下的中美网络外交研究	陈俊妮	文学与新闻传播学院	国家社会科学基金项目	专著 论文	2014.12
少数民族中学生族群认同的发展与教育对策研究	陆小英	教育学院	全国教育科学规划项目（国家社会科学基金）	专著	2015.12
双语教育政策过程及效果研究	敖俊梅	教育学院	全国教育科学规划项目（国家社会科学基金）	专著	2015.12
民族教育的多元文化特征与少数民族学生就业	李曦辉	发展规划处	全国教育科学规划项目（国家社科基金）	专著 论文	2015.6
提高少数民族高层次骨干人才计划硕士生培养质量的机制创新研究	车　峰	管理学院	全国教育科学规划项目（教育部）	专著	2014.10
少数民族高校毕业生就业状况调查及对策研究	塔　娜	继续教育学院	全国教育科学规划项目（教育部）	专著 论文	2015.9
少数民族地区经济数据处理的图形模式方法研究	王　辉	信息工程学院	教育部社科项目	论文	2014.12
政党管理体制及其发展趋势研究——基于利益、权利和组织的分析	傅景亮	管理学院	教育部社科项目	专著 论文	2012.12
四川省巴塘县村落歌舞“弦子”及其社会文化研究	王　华	音乐学院	教育部社科项目	专著 论文	2014.10
军机处满文录副奏折所藏18世纪托忒文文书研究	叶尔达	蒙古语言文学系	教育部社科项目	专著 论文	2015.3
老年人长期照护制度与社会支持网络研究	施巍巍	管理学院	教育部社科项目	专著 论文	2014.12
基于旅游人类学视野的人口较少民族旅游反贫困研究——以循化撒拉族和宁蒗普米族为个案	李劲松	民族学与社会学学院	教育部社科项目	专著 论文	2013.12
伊斯兰教本土化的中国经验——以回族的视角	丁　宏	民族学与社会学学院	教育部社科项目	专著	2014.9
提高我国少数民族地区基础教育理科课程质量的计量模型研究	何　伟	理学院	教育部社科项目	专著 论文	2013.12
百年共和的经验和启示：少数民族和民族宗教对现代中国建立、建设和治理的贡献和潜力研究	贺金瑞	哲学与宗教学学院	教育部社科项目	专著	2015.2
全球化背景下移民和原住民权益博弈与公平机制研究	彭　谦	中国民族理论与民族政策研究院	教育部社科项目	专著 论文	2015.2
汉藏文化的共同性与差异性——基于民间故事的比较视角	林继富	文学与新闻传播学院	教育部社科项目	专著 论文	2014.6

续表

项目名称	负责人	承担部门	项目来源	成果形式	完成日期
道教与中国少数民族	谢路军	哲学与宗教学学院	教育部社科项目	专著	2014.6
少数民族基层干部和人才队伍建设研究	戴文红	继续教育学院	国家民委民族问题研究项目	研究报告	2012.12
西藏居民幸福感与民生改善关系研究	冯彦明	发展规划处	国家民委民族问题研究项目	研究报告	2012.12
民族地区生态环境保护机制研究	匡爱民	法学院	国家民委民族问题研究项目	专著	2012.12
民族交往交流合作与中国国家模式研究	李曦辉	发展规划处	国家民委民族问题研究项目	专著 论文	2012.12
贵州石漠化片区经济社会发展调查研究	彭　建	管理学院	国家民委民族问题研究项目	专著 论文	2012.12
基于“六普”的少数民族地区教育和就业状况分析	沈　思	理学院	国家民委民族问题研究项目	论文	2012.12
民族工作社会管理创新研究	王纪芒	管理学院	国家民委民族问题研究项目	专著	2012.12
沿海城市民族工作特殊问题研究	余梓东	党委统战部	国家民委民族问题研究项目	专著	2012.12
推进民族地区矿产资源开发补偿与生态环境保护的财政政策研究	张冬梅	经济学院	国家民委民族问题研究项目	专著 论文	2012.12
基于“六普”数据的少数民族流动人口统计分析	徐世英	理学院	国家民委民族问题研究项目	论文	2012.12
少数民族大学生职业规划与就业研究	王瑞武	经济学院	国家民委民族问题研究项目	研究报告	2012.12
民族关系理论前沿发展研究	王　军	中国民族理论与民族政策研究院	国家民委民族问题研究项目	专著	2012.12
西北走廊民族关系研究	严　庆	中国民族理论与民族政策研究院	国家民委民族问题研究项目	研究报告	2012.12
黄侃《说文同文》研究	韩　琳	文学与新闻传播学院	北京市社科规划项目	专著	2015.12
北京市健康城市建设的大众化路径探索——以民族健身操为切入点	李俊怡	体育学院	北京市社科规划项目	专著	2014.12
北京永定河文化“生态博物馆”建设前置研究	潘守永	民族学与社会学学院	北京市社科规划项目	专著 论文	2013.6
北京周口店旧石器时代考古遗址人下颌骨研究	李海军	民族学与社会学学院	北京市社科规划项目	专著 论文	2014.4
技术进步与组织间关系：以中关村科技园的两个园区为例	王旭辉	民族学与社会学学院	北京市社科规划项目	专著 论文	2014.6
人文精神、民族多样、文化包容：美国全球性城市发展方略及其对北京的参考意义研究	郭英剑	外国语学院	北京市教委	专著 研究报告	2012.12

续表

项目名称	负责人	承担部门	项目来源	成果形式	完成日期
宗教和谐论与北京诸宗教之关系研究	宫玉宽	哲学与宗教学学院	北京市教委	专著 研究报告	2012. 12
科研成果转化与产业化项目	朱　丹	中国少数民族传统医学研究院	北京市教委	论文	2012. 12
科技社团对自主创新的影响	李曦辉	发展规划处	中国科协	研究报告	2013. 12
我国土地股份制改革制度设计与风险评估研究	唐　勇	法学院	国土资源部	调研报告	2012. 12
民族领域的价值理念及国际传播方案研究与设计	杨圣敏	民族学与社会学学院	中央对外宣传办公室	研究报告	2013. 5
北京高校在校少数民族大学生思想政治状况调研	乌小花	党委学生工作部、学生处	北京市教工委	调研报告	2014. 4
少数民族地区农民科普案例研究——以内蒙古四子王旗蒙古族乡为例	王永才	校办	中国科协	研究报告	2012. 12
“青马”工程与民族高校学生干部培养的探索	徐晓鹃	团委	中共北京市委教育工作委员会	调研报告	2013. 4
民考民大学生的学校适应情况调查及应对措施探析——以中央民族大学为例	孙　娜	党委学生工作部、学生处	中共北京市委教育工作委员会	调研报告	2013. 5
北京高校少数民族学生管理难点与对策研究	冯慧想	党委学生工作部、学生处	中共北京市委教育工作委员会	调研报告	2013. 5
少数民族学生深度辅导工作探索与实践研究——以中央民族大学为例	刘　瑜	信息工程学院	中共北京市委教育工作委员会	论文 调研报告	2013. 5
科技移民立法模式研究	宋　玲	法学院	国家外专局	研究报告	2012. 12
影响首都高校少数民族学生群体稳定性问题及对策研究	刀　波	校办	北京市教委	研究报告	2013. 4
民族学学科规划	杨圣敏	民族学与社会学学院	北京大学	规划书	2012. 12

2012 年中央民族大学校级社会科学研究项目

项目名称	负责人	承担部门	成果形式	完成日期
藏族法律典籍整理与研究	喜饶尼玛	藏学院	译著 论文集	2015. 12
朝鲜半岛两千年汉文学经典演变史	李　岩	少数民族语言文学	专著	2015. 12
城市化和空巢化：西部少数民族农村人口东流的缘起、路径、后果及意涵调查和分析	潘　蛟	民族学与社会学学院	专著	2015. 12
基于国家重大新药创制计划的蒙药嘎日迪散有效部位富集与组分配伍的研究	朱　丹	中国少数民族传统医学研究院	论文集	2015. 12
古越民族葬俗的考古学研究	杨　楠	历史文化学院	专著 研究报告	2015. 12

续表

项目名称	负责人	承担部门	成果形式	完成日期
托忒文本刻版《八千颂般若经》之研究	叶尔达	蒙古语言文学系	专著	2015.12
教育人类学的理论、方法与应用研究	滕　星	教育学院	专著 研究报告	2015.12
排斥下的移民适应——基于俄罗斯中国移民的实地调研	任国英	民族学与社会学学院	专著 研究报告	2015.12
西北多民族地区的阶层分化与阶层意识比较研究——以甘肃天祝藏族自治县民族聚居区与杂居区为例	何俊芳	民族学与社会学学院	研究报告	2015.12
劳动力城乡流动背景下的西北穆斯林乡村社会发展问题研究——以青海回族、撒拉族社区为例	良警宇	民族学与社会学学院	专著	2015.12
当代图像史学视野下的中国古代孝道研究：时空框架与传统形成	雷虹霁	历史文化学院	专著	2015.12
明代华北散杂居民族研究——以保定、定州卫所“忠顺营”为个案	彭　勇	历史文化学院	专著 译著	2015.12
苗族民居的文化保护与传承	赵秀琴	宣传部	专著 其他	2015.12
哲学的民族性——兼论马克思主义哲学的民族特色	贺金瑞	哲学与宗教学学院	论文集	2015.12
蒙古族习惯法在构建和谐社会中的作用研究——以鄂尔多斯地区蒙古族纠纷解决为例	张文香	法学院	专著	2015.12
清末、民国时期少数民族议员（代表）传略	苏　钦	法学院	专著	2015.12
民族地区农村微型金融服务体系建设与机制创新研究	谢丽霜	经济学院	研究报告	2015.12
中国小规模农业发展研究	张兴无	经济学院	专著	2015.12
碳排放定价研究	王月欣	经济学院	研究报告	2015.12
牧民合作经济组织发展中存在的问题及对策研究——以内蒙古为例	塔　娜	继续教育学院	系列研究论文 研究报告	2015.12
民族地区创意产业的发展模式研究	胥悦红	管理学院	专著	2015.12
边疆民族旅游发展中社区能力建设创新途径研究——社区心理学视角	李燕琴	管理学院	论文集 研究报告	2015.12
我国民族地区中小企业发展融资与区域信用担保体系的建设研究	梁积江	管理学院	研究报告 其他	2015.12
汉译困境：英国文学中的族裔身份问题研究	宋　达	外国语学院	专著	2015.12
少数民族大学生英语学习错误分析研究	张建青	外国语学院	专著	2015.12

续表

项目名称	负责人	承担部门	成果形式	完成日期
跨境俄罗斯语——新疆俄罗斯族语言研究	白　萍	外国语学院	专著	2015. 12
东北三省民族民间故事类型研究	汪立珍	少数民族语言文学系	著作	2015. 12
蒙古谜语研究——人、生活、劳动谜语为例	胡格吉夫	蒙古语言文学系	专著	2015. 12
中国满—通古斯语民族神话的跨国比较研究	那木吉拉	蒙古语言文学系	专著	2015. 12
《红楼梦》一百二十回本修订进程研究	曹立波	文学与新闻传播学院	专著 电脑软件	2015. 12
规训与反规训：中国现当代文学空间主题研究	敬文东	文学与新闻传播学院	专著	2015. 12
疾病、医疗与先秦两汉文学审美趣味之关系研究	蓝　旭	文学与新闻传播学院	译著 论文	2015. 12
6—8岁儿童数概念发展特点及双语教学策略研究——以云南哈尼族、景颇族、彝族为例	董　艳	教育学院	论文集	2015. 12
民族·时尚·创造——服装设计实习实践教学研究	钟志金	美术学院	专著	2015. 12
当代中国少数民族展演服装设计中的能动与认同	周　莹	美术学院	研究报告 其他	2015. 12
黔东南地区苗族、侗族女性服饰传承研究	周　梦	美术学院	专著	2015. 12
印度古典音乐的节奏研究	庄　静	音乐学院	专著 译著	2015. 12
小型器乐曲创作研究	刘洋洋	音乐学院	专著	2015. 12
仿真实验在民族地区的拓展应用研究	苏玉成	理学院	论文集 研究报告	2015. 12
房地产经济的虚拟化及其经济效应研究	刘　红	经济学院	研究报告	2015. 12
责任政府建设与预算改革	王　华	经济学院	专著 论文集	2015. 12
中国北方草原水资源利用的社会学研究	柴　玲	民族学与社会学学院	研究报告	2015. 12
贵州都司卫所与贵州省建置关系研究	唐　莉	历史文化学院	其他	2015. 12
近代哈萨克书面（文书）语研究	杜山那里·阿不都拉西	哈萨克语言文学系	专著	2015. 12
汉语国际推广背景下的海外汉语教材词汇调查研究——以缅甸汉语教材为例	冯凌宇	国际教育学院	研究报告 其他	2015. 12
藏传因明史研究	周　拉	藏学研究院	论文集	2015. 12

续表

项目名称	负责人	承担部门	成果形式	完成日期
基层政权建设的宪法基础研究	李秀鹏	法学院	论文	2015.12
民族旅游可持续发展中的文化交融机制研究	张　瑛	管理学院	研究报告	2015.12
汉语国际推广与中国公共外交	冯凌宇	国际教育学院	讲座	2015.12
中国少数民族经典的教育学解读（第一期）	吴明海	教育学院	论文	2015.12
国际商务定性研究方法论工作坊——企业全球采购能力建设的案例研究	周　英	经济学院	学术报告 论文	2015.12
民族地区义务教育数学课程现状、发展趋势及对策研究	何　伟	理学院	研究报告	2015.12
社会·地域与族群——古史诸面相	李鸿宾	历史文化学院	论文	2015.12
中国和平崛起进程中民族问题的国际话语能力研究	王云芳	马克思主义学院	研究报告	2015.12
西北民族走廊的文明、宗教与政治——一种知识社会学的视角	张亚辉	民族学与社会学学院	论文	2015.12
中国与周边的文化互动：构建地区研究的多学科视角	龚浩群	世界民族学人类学研究中心	论文	2015.12
体质研究视角下我国少数民族大学生人体适应能力的研究	侯会生	体育学院	论文	2015.12
美国少数族裔文学史	王　林	外国语学院	研究报告	2015.12
宗教美学	宋旭红	文学与新闻传播学院	讲座	2015.12
民族舞蹈技术技巧	杨　敏	舞蹈学院	讲座	2015.12
网络学习分析工具集	孙洪涛	现代教育技术部	论文	2015.12
少数民族大学生心理与性健康教育	段青梅	校医院	论文	2015.12
民族关系认知中基于协同交互的表情识别研究	张　廷	信息工程学院	论文	2015.12
新世纪以来中国少数民族题材电视剧研究	臧　宁	研究生院	调研报告	2015.12
不同文化背景对第二语言（汉语）学习的影响探究	徐　健	预科教育学院	研究报告	2015.12
当代哲学前沿问题（中西哲学比较）	常　宏	哲学与宗教学学院	论文	2015.12
民族药物发现策略研究	李志勇	中国少数民族传统医学院	讲座	2015.12
语言类型学	胡素华	中国少数民族语言与古籍研究所	论文	2015.12
高校英语专业教学与思辨能力（Critical Thinking）培养	陈　薆	外国语学院	讲座	2015.12
影像民族志	朱靖江	民族学与社会学学院	讲座	2015.12
民族民间舞蹈教学法研究	马　啸	舞蹈学院	讲义	2015.12

续表

项目名称	负责人	承担部门	成果形式	完成日期
民族教育政策研究：问题、理论和实践	江凤娟	教育学院	论文	2015.12
文化强国背景下公司法改革研究	段　威	法学院	论文	2015.12
多学科视野下的明清时期制瓷手工业市镇研究	黄义军	历史文化学院	讲座	2015.12
现代宏观经济学的根本性争论与前沿进展——以持续的金融、经济危机为背景	张兴无	经济学院	论文	2015.12
“世界田野”上的民族认同问题的研究	鲁　晓	世界民族学人类学研究中心	讲座	2015.12
民族地区社会组织管理的突出问题研究	陈旭清	管理学院	研究报告	2015.12
民族高校道德教育与法律教育融合研究	孙　英	马克思主义学院	讲座	2015.12
工作状况、组织权威与社会不平等——基于中国综合社会调查数据的实证分析	秦广强	民族学与社会学学院	讲座	2015.12
“顿渐之诤”诸问题探讨	孙悟湖	哲学与宗教学院	论文	2015.12

（中央民族大学科研处供稿）

中国政法大学

2012年承担国家或省部级社科研究项目

项目名称	负责人	承担部门	项目来源	成果形式	计划完成日期
行政诉讼法修改研究	解志勇	法学院	国家社会科学基金重点项目	专著 研究报告	2014.12
刑事证据规则研究	樊崇义	诉讼法学研究院	国家社会科学基金重点项目	专著	2015.12
自然之债在债法体系中的地位研究	李永军	民商经济法学院	国家社会科学基金一般项目	专著	2014.10
科学化司法证明中的逻辑与经验研究	栗　峥	诉讼法学研究院	国家社会科学基金一般项目	专著	2014.12
法律硕士教育评价指标体系实证研究	袁　钢	法学院	国家社会科学基金一般项目	专著 研究报告	2015.3
律师法实施问题研究	王进喜	证据科学研究院	国家社会科学基金一般项目	专著	2014.12
西方马克思主义论域中的欧洲一体化研究	贾文华	政治与公共管理学院	国家社会科学基金一般项目	专著	2015.8
美国“重返亚洲”战略下日本的国家战略动向研究	孙　承	政治与公共管理学院	国家社会科学基金一般项目	专著	2015.6

续表

项目名称	负责人	承担部门	项目来源	成果形式	计划完成日期
扩大文化消费的有效供给研究	张宏伟	新闻与传播学院	国家社会科学基金一般项目	专著	2015.6
WTO框架下中国应对及运用贸易救济措施促进产业发展的经验研究	宏　结	商学院	国家社会科学基金一般项目	论文集 研究报告	2015.9
子女移居国外的空巢老人家庭代际关系研究	李　超	商学院	国家社会科学基金青年项目	论文集 研究报告	2014.12
武装冲突环境下中国海外投资保护法律问题研究	冷新宇	法学院	国家社会科学基金青年项目	专著	2015.3
英美契约法的变迁与发展	刘承韪	比较法研究院	国家社会科学基金后期资助项目	专著	2013.8
英美民事诉讼的历史文化背景	杜　闻	民商经济法学院	国家社会科学基金后期资助项目	专著	2013.5
社会视域下的经济法基本范畴	薛克鹏	民商经济法学院	国家社会科学基金后期资助项目	专著	2012.12
海域污染相关法律制度及其新发展	张丽英	国际法学院	国家社会科学基金后期资助项目	专著	2013.1
清代长江中游地区的仓储和基层社会——以社仓为中心	白丽萍	马克思主义学院	国家社会科学基金后期资助项目	专著	2013.6
中国法律的传统与近代转型（英文版）	张立新	外国语学院	国家社会科学基金中华外译项目	专著	2013.1
价值论（第3版）英文版	李德顺	人文学院	国家社会科学基金中华外译项目	专著	2013.5
中国特色社会主义人权保障制度研究	孙平华	外国语学院	国家社会科学基金中华外译项目	专著	2013.12
专利许可谈判行为与决策模型研究	王　玲	商学院	国家自然科学基金项目（面上项目）	论文	2016.12
加拿大自然科学与工程研究理事会法律制度研究	张　玲	国际法学院	国家自然科学基金项目（软课题研究）	论文	2013.5
重点科技立法项目研究	马怀德	法治政府研究院	国家软科学研究计划	论文	2013.12
我国公共文化服务体系保障机制研究	张桂林	政治与公共管理学院	教育部哲学社会科学研究重大课题攻关项目	专著 研究报告	2015
信息时代网络法律体系的整体建构研究	于志刚	刑事司法学院	教育部哲学社会科学研究重大课题攻关项目	专著 论文	2015
大学生村官成长成才机制研究	马抗美	马克思主义学院	教育部哲学社会科学研究重大课题攻关项目	专著 论文	2015

续表

项目名称	负责人	承担部门	项目来源	成果形式	计划完成日期
法律与秩序——清代群体性事件研究	林　乾	法律史学研究院	教育部重点研究基地重大项目	专著	2015
中国法系与中华文化——以明清法律学术为中心	张明新	法律史学研究院	教育部重点研究基地重大项目	专著	2015
民事执行参与分配制度研究	王　娣	诉讼法学研究院	教育部重点研究基地重大项目	专著	2015
传闻证据规则的理论与实践——以刑诉法修订为视角	刘　玫	诉讼法学研究院	教育部重点研究基地重大项目	专著	2015
中国对国际人权公约的批准和实施——以联合国核心人权公约为视角	班文战	人权研究院	教育部重点研究基地重大项目	专著 论文集 研究报告	2015
转型乡村的纠纷解决	栗　峥	诉讼法学研究院	教育部哲学社会科学研究后期资助项目	专著	2014.6
说唱、唱本与书坊：北京民间说唱文学综论	崔蕴华	人文学院	教育部哲学社会科学研究后期资助项目	专著 研究报告	2014.6
中美高等教育评估体系比较及基于DS证据理论的教育评估决策系统研究	肖　滢	科学技术教学部	教育部人文社科研究一般项目（青年项目）	论文	2015
詹姆逊与马克思主义文化批判理论	倪寿鹏	人文学院	教育部人文社科研究一般项目（青年项目）	著作	2015
城市住宅小区业主自治与善治问题研究	杨玉圣	法学院	教育部人文社科研究一般项目（规划项目）	著作 论文	2015
民事诉讼询问权制度的理论与实务运作考察	孙邦清	民商经济法学院	教育部人文社科研究一般项目（规划项目）	著作	2015
中国公民司法公正感实证研究	马　皑	社会学院	教育部人文社科研究一般项目（规划项目）	著作 论文	2015
中美刑事判决书比较研究	张　清	外国语学院	教育部人文社科研究一般项目（规划项目）	著作 论文	2015
我国文化产品“走出去”的有效供给机制研究	鞠宏磊	新闻与传播学院	教育部人文社科研究一般项目（规划项目）	著作 论文	2015
自媒体繁荣背景下的政法舆情引导机制研究	王佳航	新闻与传播学院	教育部人文社科研究一般项目（规划项目）	著作	2015

续表

项目名称	负责人	承担部门	项目来源	成果形式	计划完成日期
体制和规制约束条件下美国金融制度变迁研究	巫云仙	商学院	教育部人文社科研究一般项目（规划项目）	著作 论文	2015
情境语义学视野下的态度句研究	王建芳	人文学院	教育部人文社科研究一般项目（规划项目）	论文	2015
地方政府对劳资关系的软性调控及其效果研究——以浙江省为例	游正林	社会学院	教育部人文社科研究一般项目（规划项目）	著作	2015
网络传播伦理案例、问题与对策研究	阴卫芝	新闻与传播学院	教育部人文社科研究一般项目（规划项目）	著作 论文	2015
法庭语言证据实证分析——以《人民法院案例选》为例	邹玉华	人文学院	国家语言文字工作委员会科研项目	专著 研究报告	2014. 7
香港特别行政区的法律体系	焦洪昌	法学院	教育部特别委托项目	著作	2012. 9
青少年学生法制教育现状及对策研究	马怀德	法治政府研究院	教育部委托项目	研究报告 测评指标体系、建议、论证报告	2012. 11
“中国教育法制建设报告”之“政府教育管理职能转变与依法行政”	马怀德	法治政府研究院	教育部委托项目	专题报告	2012. 12
学习宣传贯彻党的十八大精神理论研究课题	黄　进	国际法学院	教育部“学习宣传贯彻党的十八大精神理论研究课题”	论文	2013. 3
学习宣传贯彻党的十八大精神理论研究课题	朱　勇	法律史学研究院	教育部“学习宣传贯彻党的十八大精神理论研究课题”	论文	2013. 3
学习宣传贯彻党的十八大精神理论研究课题	张桂林	政治与公共管理学院	教育部“学习宣传贯彻党的十八大精神理论研究课题”	论文	2013. 3
六朝史部文献编纂研究	张蓓蓓	法律古籍整理研究所	全国高等院校古籍整理研究项目	专著	2013. 6
睡虎地秦简法律文书集释	徐世虹	法律古籍整理研究所	全国高等院校古籍整理研究项目	专著 译著	2015. 7

续表

项目名称	负责人	承担部门	项目来源	成果形式	计划完成日期
《刑台法律》点校与研究	孙　旭	法律古籍整理研究所	全国高等院校古籍整理研究项目	著作	2016
海外华人新移民家庭代际关系研究	李　超	商学院	教育部留学回国人员科研启动基金项目	研究报告论文	2013.12
美国问责机制对中国的启示与借鉴	应松年	法治政府研究院	北京市哲学社会科学规划项目（重点项目）	研究报告	2014.4
民事执行中的检察监督制度研究	谭秋桂	诉讼法学研究院	北京市哲学社会科学规划项目（一般项目）	研究报告	2013.12
北京食品安全法律对策研究	徐久生	刑事司法学院	北京市哲学社会科学规划项目（一般项目）	研究报告	2014.12
北京行政复议委员会制度研究	王青斌	法治政府研究院	北京市哲学社会科学规划项目（一般项目）	研究报告	2013.12
新刑事诉讼法证明标准实证研究	李训虎	证据科学研究院	北京市哲学社会科学规划项目（一般项目）	专著	2014.12
民营经济与国有经济法律保护差异性的制度经济学分析——基于北京市的调研	马丽娜	商学院	北京市哲学社会科学规划项目（一般项目）	专著	2014.12
西方政治思想的传播与当代中国政治意识的变迁	庞金友	政治与公共管理学院	北京市哲学社会科学规划项目（一般项目）	专著	2015.6
首都法治指数研究	蒋立山	法学院	北京市哲学社会科学规划项目（一般项目）	研究报告	2013.3
北京市法律援助体系实证研究	袁　钢	法学院	北京市哲学社会科学规划项目（青年项目）	研究报告	2014.4
北京市人民调解制度研究	刘坤轮	法学教育研究与评估中心	北京市哲学社会科学规划项目（青年项目）	研究报告	2014.12
两岸四地跨境旅游纠纷应对机制研究——以北京游客跨境旅游纠纷为中心	曾　涛	国际教育学院	北京市哲学社会科学规划项目（青年项目）	研究报告	2014.4
社会救助体系中的残疾人就业指导法律问题研究——以北京市残疾人就业服务体系为考察对象	徐　爽	人权研究院	北京市哲学社会科学规划项目（青年项目）	研究报告	2014.4

续表

项目名称	负责人	承担部门	项目来源	成果形式	计划完成日期
意大利行政诉讼制度变迁研究	罗智敏	比较法学研究院	北京市哲学社会科学规划项目（青年项目）	专著	2015.9
中英文合同语言对比：基于语料库的研究	魏　蔚	外国语学院	北京市哲学社会科学规划项目（青年项目）	研究报告	2014.9
基于语料库的法律常用词语应用研究	崔玉珍	人文学院	北京市哲学社会科学规划项目（青年项目）	其他	2014.12
北京国学教育发展现状的分析与研究	刘　震	人文学院	北京市共建项目	论文	2013.12
北京文科高校大学生素质研究	李　净	科学技术教学部	北京市共建项目	论文	2013.12
法庭科学用新型多波段光源的研究	刘　斌	证据科学研究院	北京市共建项目	论文	2013.12
北京哲学社会科学奖分析研究	柳经纬	科研处	北京市共建项目	调研报告	2013.12
北京市信访与多元纠纷解决机制研究	王敬波	法治政府研究院	北京市共建项目	调研报告	2013.12

2012 年重要横向课题（省、部级单位委托研究）

项目名称	负责人	承担部门	项目来源	成果形式	计划完成日期
人民监督员制度实证研究	卞建林	诉讼法学研究院	最高人民检察院	论文	2013.7
政府采购（GPA）协定与其他相关协定的协调	董京波	国际法学院	外交部	调研报告	2012.11
刑事侦查程序研究	顾永忠	诉讼法学研究院	国家安全部	研究报告	2012.9
经营者集中反垄断审查中的企业合营问题研究——案例分析与对策建议	郝　倩	法治政府研究院	商务部	研究报告	2012.11
土壤污染防治法立法的国际比较	胡　静	民商经济法学院	环境保护部	研究报告	2013.2
促进产业技术创新战略联盟构建和发展的法律机制研究	胡利玲	民商经济法学院	科技部	研究报告	2012.12
《价格法》《反垄断法》有关问题研究	解志勇	法学院	国家发展改革委员会	研究报告	2012.12
地方知识产权管理机构相关情况调查	来小鹏	民商经济法学院	国家知识产权局	研究报告	2012.5
知识产权保护社会信用评价办法研究	来小鹏	民商经济法学院	国家知识产权局	研究报告	2013.6
组织重点联系单位开展执法维权调查、暗访	来小鹏	民商经济法学院	国家知识产权局	研究报告	2013.6
农村水环境与水资源保护法规体系建设	刘　瑛	民商经济法学院	水利部	研究报告	2012.11

续表

项目名称	负责人	承担部门	项目来源	成果形式	计划完成日期
铁路管理中的行政强制法律制度研究	罗晓军	法学院	铁道部	咨询报告	2012.12
环境损害评估 2012——环境责任法律法规国别比较研究	王灿发	民商经济法学院	环境保护部	研究报告	2012.12
农业部生态环境保护项目——外来物种入侵防治管理办法	王灿发	民商经济法学院	农业部	研究报告	2012.12
应对气候变化立法项目	王灿发	民商经济法学院	国家发改委	研究报告	2014.12
工信部依法行政课题研究	王传丽	国际法学院	工信部	报告	2013.5
世界主要国家行政区划体制与地名信息资料汇总	薛刚凌	法学院	民政部	研究报告	2012.5
推进畜禽养殖污染防治立法	杨素娟	民商经济法学院	环境保护部	立法草案	2013.12
畜禽污染防治条例的解释与适用	杨素娟	民商经济法学院	环境保护部	书稿	2012.12
关于利用网络实施的诽谤犯罪等犯罪惩治与预防问题	于志刚	刑事司法学院	最高人民法院	报告	2012.12
各国缔结条约程序立法翻译	曾　涛	国际教育学院	外交部	翻译文稿	2013.1
加拿大加入 GPA 的法律程序及其法律调整研究	曾　涛	国际教育学院	外交部	研究报告	2013.1
我国社会志愿者权益保障比较研究	曾　涛	国际教育学院	民政部	研究报告	2012.8
中国传统司法文化研究	张晋藩	法律史学研究院	最高人民法院	专著	2013.6

中国政法大学校级人文社会科学项目

项目名称	负责人	所在单位	成果形式	完成日期
中国传统司法文化研究	崔永东	法学院	系列论文	2014.7
环境权、环境正义及其法律保障	胡　静	民商经济法学院	论文	2014.7
孝与汉代刑事法律研究	姜晓敏	法学院	论文	2014.7
古代中国民众法律需求的构成——以石刻法制文献分类研究为中心	李雪梅	法律古籍整理研究所	专著	2014.7
防控疾病国际传播的国际法律机制研究	廖敏文	国际法学院	专著	2014.7
宋代地方治理与法制：以官府处理民间纠纷为中心的考察	屈超立	政治与公共管理学院	专著	2014.7
孙明经教育电影研究	史兴庆	新闻与传播学院	专著	2014.7
《消极情绪调节期待量表》在我国大学生中的修订及试用	王国芳	社会学院	论文 研究报告	2014.7
产业辐射机理及其动态优化模型研究	王　玲	商学院	论文 研究报告	2014.7
刑事执行的理论与实践	王顺安	刑事司法学院	专著	2014.7
我国垄断性行业政府监管体制改革研究	王湘军	政治与公共管理学院	专著	2014.7
大三角视野下的中印关系研究	卫　灵	马克思主义学院	论文	2014.7

续表

项目名称	负责人	所在单位	成果形式	完成日期
共犯或共同被告人口供的证据属性及证明力研究	卫跃宁	刑事司法学院	论文	2014.7
两岸四地跨境旅游纠纷应对机制研究——以内地游客跨境旅游纠纷为中心	曾　涛	国际法学院	论文 研究报告	2014.7
国际金融危机影响下跨国破产法的发展与我国立法完善研究	张　玲	国际法学院	论文	2014.7
大城市治理交通拥堵监管措施比较研究	张　卿	法和经济学研究中心	论文	2014.7
突发事件应急预案研究	张永理	政治与公共管理学院	专著	2014.7
清代禳灾制度研究	赵晓华	人文学院	研究报告	2014.7
公共租赁房的融资模式研究：基于租金定价的金融创新	朱晓武	商学院	论文 研究报告	2014.7
两岸直航面临的法律与实务问题研究	朱子勤	国际法学院	专著	2014.7
我国山寨产品消费者购买动机研究：理论与实证	陈　曦	商学院	论文 研究报告	2014.7
计算机证据调查取证程序研究	杜春鹏	刑事司法学院	研究报告	2014.7
服务北京教育国际化的大学英语教师团队发展模式研究	郝瑞丽	外国语学院	论文 研究报告	2014.7
传媒产业边界监管：从媒介融合到产业融合的路径选择	黄　金	新闻与传播学院	论文	2014.7
欧盟碳排放权贸易机制及其实施研究	兰　花	国际法学院	论文集或论文	2014.7
子女移居国外的空巢老人家庭代际关系研究	李　超	商学院	论文 研究报告	2014.7
中国慈善立法的困境与出路研究	李　响	民商经济法学院	论文	2014.7
中国外交的国际体系战略定位研究	李晓燕	政治与公共管理学院	论文	2014.7
中国大陆法律电影研究	宋庆宝	人文学院	专著	2014.7
DS证据理论在高校教育管理决策支持系统中的应用	肖　滢	科学技术教学部	论文 研究报告	2014.7

（中国政法大学科研处刘璐供稿）

中央财经大学

2012年承担国家或省部级社科研究项目

项目名称	负责人	承担部门	项目来源	成果形式	完成日期
国家自然科学基金大型数据项目管理研究	李海峥	中国人力资本与劳动经济研究中心	国家自然科学基金委员会	研究或咨询报告	2013.12
复杂产品系统动态项目组织的治理研究	宋砚秋	管理科学与工程学院	国家自然科学基金委员会	研究或咨询报告	2015.12
基于协同、量化准则的多级分散供应链追溯系统的设计研究	代宏砚	商学院	国家自然科学基金委员会	研究或咨询报告	2015.12

续表

项目名称	负责人	承担部门	项目来源	成果形式	完成日期
无形资产准则国际趋同的后果研究：基于相反趋同路径视角	魏　紫	会计学院	国家自然科学基金委员会	研究或咨询报告	2015. 12
董事网络与公司信息传递：需求渠道与后果	陈运森	会计学院	国家自然科学基金委员会	研究或咨询报告	2015. 12
数字盗版经济学的进一步探究	卢远瞩	中国经济与管理研究院	国家自然科学基金委员会	研究或咨询报告	2015. 12
我国城镇居民基本医疗保险的经济学分析和绩效评估：基于微观数据的研究	刘　宏	中国经济与管理研究院	国家自然科学基金委员会	研究或咨询报告	2015. 12
我国主体功能区差异化绩效评估：检验、比较分析和政策调整	王红梅	政府管理学院	国家自然科学基金委员会	研究或咨询报告	2015. 12
询价制下机构投资者报价行为与 IPO 定价效率研究	黄瑜琴	金融学院	国家自然科学基金委员会	研究或咨询报告	2016. 1
商业银行跨周期动态信用风险模型构建与调整	陈暮紫	管理科学与工程学院	国家自然科学基金委员会	研究或咨询报告	2015. 12
微观结构噪声下高频金融时间序列 LEVY 跳跃的非参数统计推断与应用研究	刘志东	管理科学与工程学院	国家自然科学基金委员会	研究或咨询报告	2016. 12
劳动保护、人力资本专用性与公司价值：基于新《劳动合同法》	廖冠民	会计学院	国家自然科学基金委员会	研究或咨询报告	2016. 12
面向小微企业的电子商务交易平台融资模式与策略研究	孙宝文	信息学院	国家自然科学基金委员会	研究或咨询报告	2016. 12
商业银行物流金融信用风险的度量与防范研究：基于 COPULA 理论视角的分析	周利国	商学院	国家自然科学基金委员会	研究或咨询报告	2016. 12
中国人力资本指数体系完善及其应用	李海峥	中国人力资本与劳动经济研究中心	国家自然科学基金委员会	研究或咨询报告	2016. 12
金融抑制、资源错配和中国消费需求	陈斌开	经济学院	国家自然科学基金委员会	研究或咨询报告	2016. 12
我国转基因作物经济效益的可持续性研究：以抗虫棉为例	乔方彬	中国经济与管理研究院	国家自然科学基金委员会	研究或咨询报告	2016. 12
欧洲主权债务危机的影响及对策研究	张礼卿	金融学院	国家自然科学基金委员会	研究或咨询报告	2013. 2
国际贸易保护主义发展趋势及我国应对策略研究	唐宜红	国际经济与贸易学院	国家自然科学基金委员会	研究或咨询报告	2015. 12
Knight 不确定环境下战略性外包的价格协商与合同选择研究	高咏玲	商学院	国家自然科学基金委员会	研究或咨询报告	2015. 12

续表

项目名称	负责人	承担部门	项目来源	成果形式	完成日期
R&D驱动经济增长模型的拓展和应用研究	严成樑	经济学院	国家自然科学基金委员会	研究或咨询报告	2015.12
基于博弈论的信息安全理论与方法研究	朱建明	信息学院	国家自然科学基金委员会	研究或咨询报告	2016.12
稳健投资组合选择的并行最优化算法研究与实现	胡永宏	统计学院	国家自然科学基金委员会	研究或咨询报告	2016.12
基于矩阵分解和人机互动的网络社团结构探测问题研究	张忠元	统计学院	国家自然科学基金委员会	研究或咨询报告	2015.12
多尺度视角下电子信息产业空间转移过程与机理研究——以重庆市为例	高菠阳	管理科学与工程学院	国家自然科学基金委员会	研究或咨询报告	2015.12
基于多种保费准则的最优风险控制	孟　辉	中国精算研究院	国家自然科学基金委员会	研究或咨询报告	2016.12
突发公共事件中新媒体舆情传播、监测及管理机制研究	祝兴平	文化与传媒学院	全国哲学社会科学规划办公室	研究或咨询报告	2015.6
扩大文化消费问题研究	李　涛	经济学院	全国哲学社会科学规划办公室	研究或咨询报告	2015.4
宪法释义学	白　斌	法学院	全国哲学社会科学规划办公室	专著	2013.12
中国城市亲属关系与精神健康	孙薇薇	社会发展学院	全国哲学社会科学规划办公室	专著	2013.12
中外合资企业控制权转移影响因素、路径与防范机制研究	方　刚	商学院	全国哲学社会科学规划办公室	研究或咨询报告	2015.6
经济权力视角下我国对外战略调整研究	白云真	政府管理学院	全国哲学社会科学规划办公室	专著	2014.12
国际大宗商品定价权的金融视角分析及我国的对策研究	谭小芬	金融学院	全国哲学社会科学规划办公室	研究或咨询报告	2014.7
农村失能老人照顾过程中的家庭策略研究	丁志宏	社会发展学院	全国哲学社会科学规划办公室	研究或咨询报告	2014.12
社会学中国化视野下的社会建设理论与实践研究	杨　敏	社会发展学院	全国哲学社会科学规划办公室	专著	2015.12
公共财政的法制监督研究	郭维真	法学院	全国哲学社会科学规划办公室	研究或咨询报告	2015.5
刑事法治视野下的没收制度研究	李　伟	法学院	全国哲学社会科学规划办公室	研究或咨询报告	2014.12
能源产业监管的行政法研究	苏苗罕	法学院	全国哲学社会科学规划办公室	研究或咨询报告	2014.6
加强人大预算监督权力的途径研究	王淑杰	财政学院	全国哲学社会科学规划办公室	研究或咨询报告	2014.7
小微企业信用风险生成路径识别与评估体系构建研究	满向昱	统计学院	全国哲学社会科学规划办公室	研究或咨询报告	2015.12
劳动报酬比重的决定因素和变动机理研究	邹　燕	经济学院	全国哲学社会科学规划办公室	研究或咨询报告	2015.12

续表

项目名称	负责人	承担部门	项目来源	成果形式	完成日期
当代垄断资本金融化研究	齐　兰	经济学院	全国哲学社会科学规划办公室	研究或咨询报告	2015.10
当前大学生对宗教的关注度及心理取向研究	邢国忠	马克思主义学院	全国哲学社会科学规划办公室	研究或咨询报告	2013.9
基于包容性发展的我国都市圈地方政府整体性协作治理机制研究	崔　晶	政府管理学院	全国哲学社会科学规划办公室	论文集	2014.12
中国特色社会主义理论体系的范畴与逻辑建构研究	黄　刚	马克思主义学院	全国哲学社会科学规划办公室	专著	2015.6
印度宗教冲突与融合研究	张占顺	政府管理学院	全国哲学社会科学规划办公室	专著	2015.7
从模仿创新到自主创新的转型路径研究	王生辉	商学院	全国哲学社会科学规划办公室	专著	2014.12
胡乔木对马克思主义中国化时代化大众化的探索和贡献研究	朱家梅	马克思主义学院	全国哲学社会科学规划办公室	专著	2015.6
首都社会稳定视角下的互联网治理对策研究	王天梅	信息学院	北京市哲学社会科学规划办公室	论文集	2014.6
北京金融街发展金融市场和金融创新产品的思路	李建军	金融学院	北京市哲学社会科学规划办公室	研究或咨询报告	2013.6
家庭视角下北京市残疾人服务需求研究	尹　银	社会发展学院	北京市哲学社会科学规划办公室	研究或咨询报告	2013.11
基于电子商务交易平台的供应链融资模式研究——以北京小微企业为例	晏妮娜	商学院	北京市哲学社会科学规划办公室	研究或咨询报告	2014.12
北京市节能减排自愿协议机制研究	刘　倩	财经研究院	北京市哲学社会科学规划办公室	研究或咨询报告	2014.8
社会转型期大学生心理变迁的追踪研究——基于北京市大学生的调查分析	黄四林	社会发展学院	北京市哲学社会科学规划办公室	研究或咨询报告	2015.12
北京市最低生活保障法律制度研究	李海明	法学院	北京市哲学社会科学规划办公室	研究或咨询报告	2014.4
财政信息公开的驱动因素与效应研究——基于北京市现实	肖　鹏	财政学院	北京市哲学社会科学规划办公室	研究或咨询报告	2013.6
中关村示范区与北京创新体系协同发展及其政策研究	崔新健	商学院	北京市哲学社会科学规划办公室	研究或咨询报告	2014.9
提升北京市文化消费需求研究：基于供需均衡的视角	陈斌开	经济学院	北京市哲学社会科学规划办公室	研究或咨询报告	2013.12
建立健全北京市绿色金融体系与优化机制研究	王卉彤	财经研究院	北京市哲学社会科学规划办公室	研究或咨询报告	2013.6
北京市中小企业社会责任建设的现状、问题及推进对策研究	肖海林	商学院	北京市哲学社会科学规划办公室	研究或咨询报告	2014.6
北京市实体书店的功能演进与布局优化研究	李桂君	管理科学与工程学院	北京市哲学社会科学规划办公室	研究或咨询报告	2014.12
北京市公共租赁住房融资模式研究	陈　钰	行政机关	北京市哲学社会科学规划办公室	研究或咨询报告	2014.6

续表

项目名称	负责人	承担部门	项目来源	成果形式	完成日期
北京市PM2.5治理的政府规制政策工具比较分析和选择	王红梅	政府管理学院	北京市哲学社会科学规划办公室	研究或咨询报告	2014.12
态度形成理论视角下首都大学生信仰问题研究	邢国忠	马克思主义学院	北京市哲学社会科学规划办公室	研究或咨询报告	2014.4
北京财经研究基地2012年度报告——破解北京市城市交通拥堵的财政金融对策研究	陈　灵	财经研究院	北京市哲学社会科学规划办公室	专著	2013.4
北京市水资源消耗评价及需求预测研究	刘轶芳	经济学院	北京市自然科学基金委员会	研究或咨询报告	2013.6
学习宣传贯彻党的十八大精神理论研究	刘　扬	统计学院	教育部社科司	论文	2013.3
学习宣传贯彻党的十八大精神理论研究	褚福灵	保险学院	教育部社科司	论文	2013.3
高校思想政治理论课程网站共建团队——形势与政策	韩小谦	马克思主义学院	教育部社科司	研究或咨询报告	2013.9
高校思想政治理论课程网站共建团队——中国特色	郭红梅	马克思主义学院	教育部社科司	研究或咨询报告	2013.9
居民收入占国民收入比重统计指标体系研究	刘　扬	统计学院	教育部社科司	研究或咨询报告	2015.12
从机会均等到结果平等：中国收入分配现状和出路	陈斌开	经济学院	教育部社科司	研究或咨询报告	2013.12
高校人文社会科学研究成果评价方法适用性的国际多案例比较研究	李桂君	管理科学与工程学院	教育部社科司	研究或咨询报告	2014.12
基于网络群体事件的虚拟社会治理机制研究	崔　鹏	行政机关	教育部社科司	论文	2014.12
网络舆情传播过程中的情绪演化规律研究	李雪峰	信息学院	教育部社科司	论文	2014.6
公共危机传播中的新媒体舆情监测与风险管控研究	祝兴平	文化与传媒学院	教育部社科司	专著	2014.1
基于系统逻辑的我国新城规划管理模式创新研究	温锋华	政府管理学院	教育部社科司	研究或咨询报告	2014.12
人口转型、劳动力迁移与资本积累：论我国经济长期发展与短期波动中的人口因素	张　琼	经济学院	教育部社科司	论文	2014.9
基于结构突变的分数单积半参数统计推断及应用研究	邓　露	统计学院	教育部社科司	研究或咨询报告	2014.12
财政体制视角下的房产税改革：理论与实证分析	李　升	财政学院	教育部社科司	研究或咨询报告	2014.12
若干金融保险问题的最优时间一致性决策研究	伍慧玲	中国精算研究院	教育部社科司	论文	2014.12
保险公司最优风险控制策略研究	周　明	中国精算研究院	教育部社科司	论文	2014.12

续表

项目名称	负责人	承担部门	项目来源	成果形式	完成日期
我国网络意识形态的基础理论研究	谢玉进	马克思主义学院	教育部社科司	专著	2014.10
市场转型与城市基层社会管理体制创新——以“单位”研究为视角	王修晓	社会发展学院	教育部社科司	论文	2015.3
义务教育均衡发展的指标体系研究	林存银	社会发展学院	教育部社科司	专著	2014.6
基于供应链跨界搜索的港资企业二元创新与企业绩效：动态竞争的权变视角	陈金亮	商学院	教育部社科司	论文	2014.12
跨国公司在全球化共同体中的软法治理机制研究——以企业社会责任规范为中心	历　咏	法学院	教育部社科司	专著	2013.12
劳务派遣法律规制研究	李海明	法学院	教育部社科司	专著	2014.10
融资约束和市场分割对中国出口的影响机制研究	周世民	国际经济与贸易学院	教育部社科司	研究或咨询报告	2014.1
经济周期测度与逆周期经济政策国际协调机制研究	孙　瑾	国际经济与贸易学院	教育部社科司	专著	2014.10
跨境贸易人民币结算对我国出口的效应研究——理论机制、现状与对策	马光明	国际经济与贸易学院	教育部社科司	研究或咨询报告	2014.10
董事连锁网络与独立董事治理：理论分析和实证检验	陈运森	会计学院	教育部社科司	专著	2014.12
无形资产资本化与证券分析师盈余预测：影响机理与制度背景	魏　紫	会计学院	教育部社科司	论文	2014.12
中国大学课程管理制度的演变与发展趋势研究	郭德红	高教研究所	教育部社科司	专著	2014.9
我国地区财力差异研究——基于地级市的视角	张　莉	中国公共财政与政策研究院	教育部社科司	研究或咨询报告	2014.12
新农合的筹资结构优化及精算平衡研究——基于可持续发展的视角	陈　华	保险学院	教育部社科司	研究或咨询报告	2014.12
早期中国共产党人群体对马克思主义中国化的初步探索及其当代价值研究	张世飞	马克思主义学院	教育部社科司	专著	2014.12
基于中国企业跨国经营的公司品牌影响机制研究	孙国辉	商学院	教育部社科司	研究或咨询报告	2014.12
海洋环境污染诉讼问题研究	曹晓燕	法学院	教育部社科司	研究或咨询报告	2014.10
会计规范和监管政策不断变化下的财产险公司盈余管理及动机的实证研究	赵雪媛	会计学院	教育部社科司	专著	2015.3
寿险公司内含价值研究	李冰清	中国精算研究院	教育部社科司	研究或咨询报告	2015.3
我国城乡养老保障评估指标体系构建及其实证应用研究	褚福灵	保险学院	教育部社科司	研究或咨询报告	2015.3
村选举、寻租行为，以及公共品的供给：来自中国农村的实证分析	张　舰	经济学院	教育部国际合作与交流司	研究或咨询报告	2014.12

续表

项目名称	负责人	承担部门	项目来源	成果形式	完成日期
内部人交易行为及其信息传递机制研究	王汀汀	金融学院	教育部国际合作与交流司	研究或咨询报告	2013.12
群体构成特征对群体决策中非共享信息加工的影响机制研究	于泳红	社会发展学院	教育部国际合作与交流司	研究或咨询报告	2014.12
人口老龄化的挑战：代际转移、养老保障和医疗制度	吴晓瑜	中国公共财政与政策研究院	教育部国际合作与交流司	研究或咨询报告	2014.12
非营利组织理事会的成员构成及其影响因素：基于县级经验的实证研究	李国武	社会发展学院	教育部国际合作与交流司	研究或咨询报告	2014.12
董事网络与公司政策趋同行为研究	陈运森	会计学院	教育部科技发展中心	研究或咨询报告	2014.12
企业异质性与服务贸易的理论和实证研究	唐宜红	国际经济与贸易学院	教育部科技发展中心	研究或咨询报告	2014.12
协同创新与人才考核聘任机制改革研究	徐兆铭	商学院	教育部科技发展中心	研究或咨询报告	2013.3
关于研制学生军事训练基地管理办法	陈　波	国防经济与管理研究院	教育部体育卫生与艺术教育司	研究或咨询报告	2013.1
从大学生农民工现象反思大众化阶段高校人才培养模式	尹　银	社会发展学院	全国教育科学规划办公室	研究或咨询报告	2015.12
大学生社会责任的心理结构及其培养研究	黄四林	社会发展学院	全国教育科学规划办公室	研究或咨询报告	2015.12
营业税改增值税影响的投入产出分析	张宝军	统计学院	国家统计局	研究或咨询报告	2014.6
中央文化企业财务监督管理规范化研究	李晓慧	会计学院	财政部	研究或咨询报告	2013.9
民办非企业单位财产制度研究——以行政和司法的对接为中心	方志平	保险学院	民政部	研究或咨询报告	2012.10
社会组织负责人能力建设研究	张世飞	马克思主义学院	民政部	研究或咨询报告	2012.8
残疾人社会政策效果研究	满向昱	统计学院	中国残疾人联合会	研究或咨询报告	2013.9
体育需求与消费的经济学模式及实证检验	张　若	体育经济与管理学院	国家体育总局	研究或咨询报告	2013.8
基于多元化资本市场的科技金融体系研究	孙宝文	信息学院	北京市科学技术委员会	研究或咨询报告	2013.1

（中央财经大学科研处供稿）

对外经济贸易大学

2012年承担国家或省部级社科研究项目

项目名称	负责人	承担部门	项目来源	成果形式	完成日期
我国对外贸易战略转型研究	林桂军	国际经济贸易学院	国家社科基金（重大项目）	专著 研究报告	2015.12

续表

项目名称	负责人	承担部门	项目来源	成果形式	完成日期
未来十年世界经济格局演变趋势及我国发展战略调整研究	张汉林	WTO 研究院	国家社科基金（重大项目）	研究报告 译著	2014. 6
我国自主创新型技术赶超发展战略与路径研究——基于跨学科协同的多层次整合研究	王永贵	国际商学院	国家社科基金（重大项目）	专著 研究报告	2015. 11
全球化背景下的自由贸易和文化多样性的国际法研究	石静霞	法学院	国家社科基金（重点项目）	专著	2014. 12
扩大内需过程中家庭消费信贷的适度规模和经济后果研究	何丽芬	金融学院	国家社科基金	专著 研究报告	2014. 12
地方融资平台信用风险压力测试研究	孙东升	金融学院	国家社科基金	研究报告 专题论文集	2014. 12
中低收入群体对通货膨胀的承受能力研究	吴　军	金融学院	国家社科基金	专题论文集 研究报告	2014. 12
准公益性水利项目投融资机制研究	邹亚生	金融学院	国家社科基金	专著	2014. 12
我国“走出去”企业国际人力资源管理政策与实践研究	刘世敏	国际商学院	国家社科基金	专著	2015. 6
我国战略新兴产业技术创新路径研究	王玉荣	国际商学院	国家社科基金	研究报告	2014. 12
制度环境、会计准则国际趋同后果与资本市场监管体系创新	吴　革	国际商学院	国家社科基金	专著	2014. 12
我国国际版证券发行监管制度的构建研究	马其家	法学院	国家社科基金	专题论文集	2014. 8
云计算技术条件下网络财产的发展趋势及保护规则研究	梅夏英	法学院	国家社科基金	研究报告	2013. 6
我国战略性新兴产业政府引导基金及运行机制问题研究	蒋先玲	国际经济贸易学院	国家社科基金	研究报告	2014. 7
适度社会保障水平与克服“中等收入陷阱”关系研究	杨风寿	保险学院	国家社科基金	专著	2014. 12
国际气候变化谈判与合作中的技术转让问题及我国的对策研究	王　波	国际关系学院	国家社科基金	专题论文集 研究报告	2014. 12
同声传译能力发展研究	高　彬	英语学院	国家社科基金	研究报告	2015. 6
日本上代文学文体与汉文佛经的比较研究	马　骏	外语学院	国家社科基金	专著	2014. 6
邓小平共同富裕思想的科学内涵及其实现路径研究	刘宏元	思政部	国家社科基金	专著	2015. 6
资本市场调控机制的影响及政策研究	边江泽	金融学院	国家社科基金	专题论文集 研究报告	2014. 12
发达经济体主权债务可持续性及我国对策研究	黄晓薇	金融学院	国家社科基金	研究报告	2014. 8
我国劳动收入比重偏低的原因和有效提高的途径研究	钱震杰	金融学院	国家社科基金	专著 专题论文集	2013. 12

续表

项目名称	负责人	承担部门	项目来源	成果形式	完成日期
预防与遏制贪官外逃制度研究	李晓欧	法学院	国家社科基金	专题论文集 研究报告	2014. 3
知识经济时代中竞争法的变革和我国的对策研究	刘　彤	法学院	国家社科基金	专著	2015. 5
中国海外工程承包风险的法律规制研究	王秉乾	法学院	国家社科基金	专著	2015. 6
现代西方民主的思想史研究	霍伟岸	国际关系学院	国家社科基金	专著	2015. 5
跨太平洋合作协议对亚太区域合作制度化进程的影响及我国对策研究	熊李力	国际关系学院	国家社科基金	研究报告	2015. 6
政治传播视域下中西微博运用对策研究	赵鸿燕	国际关系学院	国家社科基金	专著	2014. 12
我国制造业应对碳关税的预警机制与系统策略研究	蓝庆新	国际经济研究院	国家社科基金	专题论文集 研究报告	2014. 12
世界经济结构变迁中的对外直接投资与风险控制研究	李玉梅	国际经济研究院	国家社科基金	研究报告	2014. 12
文化事业单位改制中社会保障政策衔接和配套改革研究	孙守纪	保险学院	国家社科基金	专著	2015. 12
18 世纪英国小说与文学公共领域的建构研究	胡振明	英语学院	国家社科基金	专著	2014. 12
财政政策对私人消费的效应及解释研究	李晓嘉	公共管理学院	国家社科基金	专题论文集 研究报告	2014. 3
东北老工业基地的历史记忆与当代文化生产研究	刘　岩	中文学院	国家社科基金	专著	2015. 5
中国企业对外直接投资的动机与路径研究	李自杰	国际商学院	国家社科基金（后期资助）	专著	2015. 12
中非农业公共政策与农村贫困的比较研究	张海森	国际经济研究院	国家自科基金	论文 研究报告	2017. 12
群体性服务失败与补救研究：竞争性理论构建和实证检验	陈　可	国际商学院	国家自科基金	论文 研究报告	2016. 12
变革期新生代员工的自杀意念："动机—生命意义"模型的跨层次研究	刘玉新	国际商学院	国家自科基金	专著 论文 研究报告	2016. 12
金融生态、企业财务质量与资本配置效率	钱爱民	国际商学院	国家自科基金	论文 研究报告	2016. 12
中国多元化经营企业集团管控体系创新研究	汤谷良	国际商学院	国家自科基金	论文 研究报告	2016. 12
在华外资企业逃避税行为的驱动机制、规模及效应研究	毛程连	国际经济贸易学院	国家自科基金	论文 研究报告	2016. 12
基于产品内分工生产率增长空间溢出效应的中国区域经济协调发展路径优化研究	汤　碧	国际经济研究院	国家自科基金	专著 论文 研究报告	2016. 12

续表

项目名称	负责人	承担部门	项目来源	成果形式	完成日期
带有参与成本的有效拍卖与最优拍卖设计	曹小勇	国际经济贸易学院	国家自科基金	论文 研究报告	2016.12
高维近似因子模型的极大似然分析：理论与方法	李鲲鹏	国际经济贸易学院	国家自科基金	论文	2016.12
气候变化下贸易结构调整的碳减排效应研究：基于WIOD数据库的MRIO模型	裴建锁	国际经济贸易学院	国家自科基金	论文 研究报告	2016.12
价格受限市场中的最优投资与消费决策及其应用研究	余白敏	国际经济贸易学院	国家自科基金	论文	2016.12
个体特质和履职环境对独立董事行为及后果的影响	刘慧龙	国际商学院	国家自科基金	专著 论文 研究报告	2016.12
规范性情境因素对员工创造力的影响：基于意义建构和互动主义的多层次研究	魏　昕	国际商学院	国家自科基金	论文	2016.12
基于市场结构的竞争环境中供应链制造柔性的协调运作研究	杨　柳	国际商学院	国家自科基金	论文	2016.12
新媒体冲击、公司治理与上市公司财务欺诈行为	孙艳梅	金融学院	国家自科基金	专著 论文 研究报告	2016.12
惠普金融体系下P2P小额信贷融资模式的风险评估方法和创新机制研究	谢尚宇	金融学院	国家自科基金	专著 论文	2016.12
自相似过程与高斯随机场	栾娜娜	保险学院	国家自科基金	论文	2016.12
基于“时间不一致偏好”理论的保险决策行为与合约激励机制研究	祝　伟	保险学院	国家自科基金	论文	2016.12
后金融危机时代风险自留监管与或有资本监管的综合作用机制研究：基于不对称信息的视角	郭桂霞	国际经济研究院	国家自科基金	专著 论文 研究报告	2016.12
企业与非营利组织的社会联盟战略研究	尹珏林	英语学院	国家自科基金	专著 论文 研究报告	2016.12
TPP的困境、影响及我国的对策研究	林桂军	国际经济贸易学院	国家自科基金	论文 研究报告	2012.8
外国科学基金科研诚信制度研究	梁清华	法学院	国家自科基金	论文	2013.4
公司品牌联想对消费者品牌选择决策的影响	谢　毅	国际商学院	国家自科基金	论文	2014.13
困境与突破：防范高新技术企业创新风险的科技保险政策体系研究	吕文栋	国际商学院	国家自科基金	论文 研究报告	2013.12
人才集聚的理论分析与实证研究	孙　健	保险学院	科技部（国家软科学出版项目）	专著	2012.12

续表

项目名称	负责人	承担部门	项目来源	成果形式	完成日期
包容性增长视角下中国家庭负债的适度规模和经济后果研究	何丽芬	金融学院	教育部人文社科规划基金	论文 研究报告	2014.12
城市商业银行跨区域经营的风险控制与效率提升研究	欧阳青东	金融学院	教育部人文社科规划基金	著作 论文	2015.9
地方政府融资平台违约率的估算与风险防范——基于宏观压力测试的研究	孙东升	金融学院	教育部人文社科规划基金	论文	2013.10
中国通货膨胀成因量化解析与全面压力测试——基于宏观审慎视角	吴　军	金融学院	教育部人文社科规划基金	论文 研究报告	2014.12
中国参与国际投资体制的新战略研究	崔　凡	国际经济贸易学院	教育部人文社科规划基金	论文 研究报告	2014.6
后危机时代银行跨境监管合作机制研究	温晓芳	国际经济贸易学院	教育部人文社科规划基金	论文 研究报告	2014.12
基于关系网络与组织学习视角的我国软件与信息服务业国际化水平提升研究	曹淑艳	信息学院	教育部人文社科规划基金	论文 研究报告	2014.2
城乡一体化背景下基于教师研修社区的学习模式对农村教师能力提升的作用及路径	秦良娟	信息学院	教育部人文社科规划基金	论文 研究报告	2014.4
我国积极应对欧盟反补贴问题研究	李计广	WTO 研究院	教育部人文社科规划基金	著作	2014.12
世代交叠框架下赡养经济（中国）中教育投入、社会保障和经济增长之间的理论和实证研究	刘庆彬	保险学院	教育部人文社科规划基金	论文	2013.7
海洋石油污染损害赔偿制度比较研究	王　军	法学院	教育部人文社科规划基金	著作 论文	2014.12
不同制度情境下人力资源管理实践的差异与整合机制研究——基于中国企业跨国经营的经验	刘世敏	国际商学院	教育部人文社科规划基金	著作 论文	2015.5
全球化进程中的中国国际话语权拓展策略研究	梁凯音	思政部	教育部人文社科规划基金	著作 论文 研究报告	2014.12
虚拟组织的治理与管理控制研究	戴天婧	国际商学院	教育部人文社科青年基金	著作 论文 研究报告	2014.12
中国制造业 OEM 企业转型升级的模式及实现路径研究——基于全球价值链的视角	黄满盈	国际商学院	教育部人文社科青年基金	论文 研究报告	2014.6
政策性负担、市场环境与国有股权的治理效应	刘慧龙	国际商学院	教育部人文社科青年基金	论文	2014.12
和而不同与组织有效性：对组织冲突管理的系统化研究	魏　昕	国际商学院	教育部人文社科青年基金	论文 案例	2014.12

续表

项目名称	负责人	承担部门	项目来源	成果形式	完成日期
不确定技术变革条件下的产业追赶机制研究：以中国（后发国家）的家电和汽车制造业为例	杨震宁	国际商学院	教育部人文社科青年基金	论文 研究报告	2014.12
基于Web2.0技术的西方对华“新媒体外交”态势及我国对策研究	董青岭	国际关系学院	教育部人文社科青年基金	论文 研究报告	2014.12
中国海外利益保护机制构建研究	李志永	国际关系学院	教育部人文社科青年基金	著作 论文	2014.4
当代日本亲台势力对我国台湾问题的影响研究	王海滨	国际关系学院	教育部人文社科青年基金	论文 研究报告	2013.12
欧盟贸易决策制定：多层网络内公、私行为体之间的物品交易	王宏禹	国际关系学院	教育部人文社科青年基金	著作 论文 研究报告	2014.9
全球经济治理视角下新兴经济体与传统大国的互动关系研究——以20国集团为例	徐　婷	国际关系学院	教育部人文社科青年基金	论文 研究报告	2014.6
证券交易税能够稳定市场吗	边江泽	金融学院	教育部人文社科青年基金	论文 研究报告	2014.12
碳金融产品的结构化设计与估值问题研究	冯建芬	金融学院	教育部人文社科青年基金	论文 研究报告	2014.12
我国银行贷款质量的内在机理及影响因素分析——来自全国各省的证据	潘慧峰	金融学院	教育部人文社科青年基金	论文 研究报告	2013.8
信息不对称环境下银行资产证券化的风险自留监管框架研究：作用机制、效果评估与再设计	郭桂霞	国际经济研究院	教育部人文社科青年基金	论文	2015.6
沿海外商投资企业撤资风险防范	李玉梅	国际经济研究院	教育部人文社科青年基金	论文 研究报告	2013.12
中国区域间产品内分工深化与缩小地区差距的路径优化研究	汤　碧	国际经济研究院	教育部人文社科青年基金	论文 研究报告	2013.12
城市失能老人照顾中的劳动力供需矛盾与人力资源开发机制	方黎明	保险学院	教育部人文社科青年基金	论文 研究报告	2014.12
社会法请求权体系之架构——以德国为中心的考察与制度本土化讨论	娄　宇	保险学院	教育部人文社科青年基金	著作 论文	2015.1
工人工资增长、企业经营选择与工作创造	巫　强	保险学院	教育部人文社科青年基金	论文	2013.12
高维因子模型的极大似然分析	李鲲鹏	国际经济贸易学院	教育部人文社科青年基金	论文	2014.4
高铁与民航竞争的博弈模型研究和实证分析	杨杭军	国际经济贸易学院	教育部人文社科青年基金	论文 研究报告	2014.12
我国辩护律师涉嫌伪证罪的追诉机制研究	陈学权	法学院	教育部人文社科青年基金	论文 研究报告	2014.9
我国基金会的法律监管机制研究	冯　辉	法学院	教育部人文社科青年基金	论文 研究报告	2013.10

续表

项目名称	负责人	承担部门	项目来源	成果形式	完成日期
意象的磁场——对法国作家于连·格拉克的作品主题的亲缘性研究	阎雪梅	外语学院	教育部人文社科青年基金	著作 论文	2014.9
商务话语的批评隐喻分析：基于语料库方法	孙　亚	英语学院	教育部人文社科青年基金	著作 论文	2014.12
东北老工业基地的历史记忆与当代文化生产	刘　岩	中文学院	教育部人文社科青年基金	著作	2014.12
“五四”时期翻译高潮中的另面景观：以《学衡》翻译为例	王雪明	英语学院	教育部人文社科青年基金	著作 论文	2015
历史·当下——J. M. 库切作品与后现代文化景观	邵　凌	英语学院	教育部后期资助	著作	2014.6
深化高校学生思想动态调研工作研究——基于涉外高校中外学生交流现状	陶好飞	学工部/团委	教育部人文社会科学研究专项	论文 研究报告	2013.11
创新人才培养体系中的思想教育研究	王云海	学工部/团委	教育部人文社会科学研究专项	论文 研究报告	2012.10
我国入世以来利用WTO争端解决机制解决中美贸易争端的实践与经验研究	栾信杰	WTO研究院	教育部人文社科基金（基地重大项目）	论文 研究报告	2015.9
我国区域金融服务贸易自由化的特点与展望	齐天翔	WTO研究院	教育部人文社科基金（基地重大项目）	论文 研究报告	2015.9
加快发展高新技术企业的融资问题研究	林汉川	国际商学院	教育部人文社科基金（特别委托项目）	研究报告	2012.12
学习宣传贯彻党的十八大精神理论研究课题	张汉林	WTO研究院	教育部人文社科基金（特别委托项目）	论文	2012.12
自我效能感对大学生职业生涯规划的影响研究——问卷调查数据分析	郭　蕾	公共管理学院	全国教育科学规划教育部青年项目	论文 研究报告	2015.6
融券交易对市场质量及公司估值的影响：基于香港市场高频数据的研究	姜　晶	国际经济贸易学院	教育部留学回国人员科研启动基金	研究报告	2014.1
我国土地使用权拍卖中的腐败问题分析	曹小勇	国际经济贸易学院	教育部留学回国人员科研启动基金	研究报告	2014.1
基于网络的国际团队协作中的个人诚信发展演化研究	程絮森	信息学院	教育部留学回国人员科研启动基金	论文 研究报告	2014.1
现代职业教育体系与提高全球竞争力关系研究	施建军	教育与开放经济研究中心	教育部人文社科研究专项	论文 研究报告	2013.12
全球竞争力比较分析及其启示	史　薇	教育与开放经济研究中心	教育部人文社科研究专项	研究报告	2013.12

续表

项目名称	负责人	承担部门	项目来源	成果形式	完成日期
中国商业银行理财测评体系研究	宋国良	金融学院	北京市自科基金	研究报告	2014. 9
北京外向型高新技术企业增长模式转变的研究——基于拆分增值分析方法	王铁栋	国际商学院	北京市社科规划办	研究报告	2014. 12
北京市战略新兴产业发展中的企业创新模式研究——以新一代信息科技产业为例	王智慧	国际商学院	北京市社科规划办	研究报告	2013. 12
北京金融产业竞争力发展研究	吴　军	金融学院	北京市社科规划办	研究报告	2014. 4
中关村自主创新示范区企业知识产权管理模式研究	赵旭梅	国际经济研究院	北京市社科规划办	研究报告	2014. 12
北京市电子商务信用服务制度体系建设研究	张　莉	信息学院	北京市社科规划办	研究报告 论文集	2013. 12
北京市新能源基础设施的投资效益评价与政策支持手段研究	潘慧峰	金融学院	北京市社科规划办	研究报告	2014. 4
北京市低收入群体现状及社会救助研究	张晓静	国际经济研究院	北京市社科规划办	研究报告	2013. 12
北京市政府非税收入管理的法律对策研究——域外经验与立法完善	冯　辉	法学院	北京市社科规划办	论文集	2014. 9
北京地名文化遗产的保护与应用研究	王长松	公共管理学院	北京市社科规划办	研究报告	2014. 12
19 世纪以来北京话的语音演变研究——海外北京话文献之语言学研究	周晨萌	中文学院	北京市社科规划办	研究报告	2014. 12
我国碳排放交易机制及替代机制研究：北京在其中的功能定位	赵忠秀	国际经济贸易学院	北京市教委	研究报告	2013. 6
北京金融业可持续发展与创新研究	丁志杰	金融学院	北京市教委	研究报告	2013. 6
基于世界城市建设的北京金融发展战略研究	刘　亚	金融学院	北京市教委	论文 研究报告	2013. 6
北京市公共安全风险管理机制研究	王　稳	保险学院	北京市教委	研究报告	2013. 6
经济类硕士专业学位研究生教育质量的影响因素与评价	王　颖	研究生院	北京市教育科学规划办公室	论文	2014. 1

2012 年对外经济贸易大学校级科研项目

项目名称	负责人	承担部门	项目来源	成果形式	完成日期
中国融资租赁业行业发展报告	史燕平	国际经济贸易学院	特色项目	研究报告	2013. 12
中阿经贸论坛年度报告	杨言洪	外语学院	特色项目	研究报告	2013. 12
中国中小企业发展研究报告 2011、2012	林汉川	国际商学院	特色项目	研究报告	2013. 12
基于国际化视角的公司金融创新	蒋先玲	国际经济贸易学院	学术创新团队	论文 著作	2014. 12

续表

项目名称	负责人	承担部门	项目来源	成果形式	完成日期
转轨时期公司财务创新研究	郑建明	国际商学院	学术创新团队	论文 著作	2014.12
全球化时代汉语言文学的研究与国际传播	董　瑾	中文学院	学术创新团队	论文 著作	2014.12
基于精算的微型保险和信贷研究	黄　薇	保险学院	学术创新团队	论文 著作	2014.12
文学与文化资本研究——商务视野下的文学与文化	许德金	英语学院	学术创新团队	论文 著作	2014.12
马克思主义中国化研究	李景瑜	思政部	学术创新团队	论文 著作	2014.12
中国实施自由贸易区战略问题研究	林桂军	国际经济贸易学院	重大项目预研	论文 著作	2013.12
国际货币动荡与我国汇率政策应对	孙华妤	国际经济贸易学院	重大项目预研	论文 著作	2013.12
我国企业国际化经营的风险管理问题	王　稳	保险学院	重大项目预研	论文 著作	2013.12
作为异质性企业的跨国公司的出口决策的研究	殷晓鹏	国际经济贸易学院	一般项目	论文	2013.12
财政转移支付与地方政府规模	郑　榕	国际经济贸易学院	一般项目	论文	2013.12
基于消费动机的中国奢侈品消费群体与购买行为研究	朱明侠	国际经济贸易学院	一般项目	论文	2013.12
阿尔及利亚柏柏尔人问题研究	黄　慧	外语学院	一般项目	专著	2014.12
中国投资拉美的政治和社会风险分析	李紫莹	外语学院	一般项目	论文	2013.12
廖馥君研究	吕巧平	外语学院	一般项目	论文	2013.12
中国涉农企业“走出去”战略研究	李　丽	英语学院	一般项目	论文	2013.12
英语多元化背景下对英语教育的实证研究	魏　明	英语学院	一般项目	论文	2013.12
《红楼梦》话语标记语英译的译者主体性研究	祖利军	英语学院	一般项目	论文	2013.12
破解我国银行监管困局的本土策略——基于银行压力测试的视角	丁建臣	金融学院	一般项目	论文	2013.12
走出去战略下股权集中度对公司绩效的影响：基于战略性新兴产业的视角	贺炎林	金融学院	一般项目	论文	2013.12
中国企业赴印度直接投资障碍研究：成因分析与指数评估	高　巍	国际经济研究院	一般项目	论文	2013.12
中国农业产业安全预警体系构建	张军生	国际经济研究院	一般项目	论文	2013.12
汉字数字化背景下的字体研究	高淑燕	中文学院	一般项目	论文	2013.12
“兴象”诗学研究	王明辉	中文学院	一般项目	论文	2013.12
加强中国广播影视的国际传播能力研究	冯　峰	国际关系学院	一般项目	论文	2013.12

续表

项目名称	负责人	承担部门	项目来源	成果形式	完成日期
旅游目的地网站评价体系的构建与应用研究	黄健青	信息学院	一般项目	论文	2013. 12
关于居民企业境外所得的税收政策研究	李海莲	公共管理学院	一般项目	论文	2013. 12
企业自主创新能力与绩效间关系的实证研究——以国家战略性新兴产业为例	刘春英	国际商学院	一般项目	论文	2013. 12
职业教育的扶贫效应研究	苏丽锋	教育与经济研究中心	一般项目	论文	2013. 12
大型体育赛事举办过程中群体性事件的预警机制研究	王智慧	体育部	一般项目	论文	2013. 12
中国保险公司投资“走出去”与美国经验借鉴	徐高林	保险学院	一般项目	论文	2013. 12
明清女性职业发展与婚姻家庭经营	赵崔莉	思政部	一般项目	论文	2013. 12
我国企业“走出去”战略中知识产权海外维权与风险防范机制研究	卢海君	法学院	青年项目	论文	2013. 12
地方政府性债务风险的法律控制研究	赵　玲	法学院	青年项目	论文	2013. 12
突发事件应急准备体系研究——基于“情景—权变—调适”的分析框架	郭　蕾	公共管理学院	青年项目	论文	2013. 12
智能算法研究及其在旅行商和多维采购拍卖下的库存管理问题中的应用	郝俊玲	信息学院	青年项目	论文	2013. 12
消费文化中的美国当代疾病叙事研究	李　靓	英语学院	青年项目	论文	2013. 12
异述者话语的叙述特征研究——比较《我是猫》与《阿Q正传》的叙述特征	于　丽	外语学院	青年项目	论文	2013. 12
农村劳动力流动为何如此之高?以宗族网络为基础的社会保险	郭云南	国际经济贸易学院	新进青年教师科研启动项目	论文	2013. 12
房地产业链对政府收入的贡献及地区差异	黄夏岚	国际经济贸易学院	新进青年教师科研启动项目	论文	2013. 12
政府间垂直竞争与企业避税研究	李　明	国际经济贸易学院	新进青年教师科研启动项目	论文	2013. 12
地方政府规模与经济周期波动	赵旭杰	国际经济贸易学院	新进青年教师科研启动项目	论文	2013. 12
库存共享对离散供应链的影响研究	邵　婧	国际商学院	新进青年教师科研启动项目	论文	2013. 12
运用于协同创新分析和实证产业组织分析的微观计量方法研究	周　末	国际商学院	新进青年教师科研启动项目	论文	2013. 12
极差风险的理论性质及应用研究	谢海滨	金融学院	新进青年教师科研启动项目	论文	2013. 12
政府政策与可再生能源发展——来自跨国的证据	王丽丽	国际经济研究院	新进青年教师科研启动项目	论文	2013. 12

续表

项目名称	负责人	承担部门	项目来源	成果形式	完成日期
信息不对称环境下金融控股集团母公司管控模式研究	郭锐欣	保险学院	新进青年教师科研启动项目	论文	2013.12
扫描数据在价格指数编制中的应用	刘亚文	统计学院	新进青年教师科研启动项目	论文	2013.12
Markov 机制转换状态空间模型的理论建模及其应用研究	唐晓彬	统计学院	新进青年教师科研启动项目	论文	2013.12
分位数模型中变点的监测	王景乐	统计学院	新进青年教师科研启动项目	论文	2013.12
中国崛起进程中安全危机管理的战略研究	杜　旸	国际关系学院	新进青年教师科研启动项目	论文	2013.12
国际能源新形势下我国能源企业海外战略研究	李　扬	国际关系学院	新进青年教师科研启动项目	论文	2013.12
现代性视野下近代中国的乌托邦思想研究	余艳红	国际关系学院	新进青年教师科研启动项目	论文	2013.12
中国学生英语书面语动词形式错误检查研究	陈　功	英语学院	新进青年教师科研启动项目	论文	2013.12
中国发明专利价值影响因素研究	李晨乐	英语学院	新进青年教师科研启动项目	论文	2013.12
情感意义的分类——基于对汉语常用情感词多维尺度分析的考察	宋成方	英语学院	新进青年教师科研启动项目	论文	2013.12
美国公共住房政策模式的变迁及对中国的启示	张淑玲	英语学院	新进青年教师科研启动项目	论文	2013.12
《红楼梦》翻译研究	陈　寒	外语学院	新进青年教师科研启动项目	论文	2013.12
小说媒介的社会交往功能	陈　敏	外语学院	新进青年教师科研启动项目	论文	2013.12
朴趾源的散文诗学与庄子美学	郝君峰	外语学院	新进青年教师科研启动项目	论文	2013.12
巴尔加斯·略萨作品中的戏仿与元小说特点	毛　频	外语学院	新进青年教师科研启动项目	论文	2013.12
雕塑艺术与企业文化研究	刘　松	文化艺术教学部	新进青年教师科研启动项目	论文	2013.12
协同创新视角下科学研究与人才培养的互动机制研究	黄海刚	开放经济研究中心	新进青年教师科研启动项目	论文	2013.12

（对外经济贸易大学科研处供稿）

中国传媒大学

2012 年承担国家或省部级社科研究项目

序号	项目名称	负责人	所属单位	项目来源	项目级别
1	网络舆情监测与引导机制研究	张树庭	MBA 学院	国家社会科学基金项目	国家级一般

续表

序号	项目名称	负责人	所属单位	项目来源	项目级别
2	加强我国学术期刊建设研究	李　频	传播研究院	国家新闻出版总署项目	省部级重点
3	中国在非洲的国际影响力和国际话语权建构研究	龙小农	传播研究院	国家社会科学基金项目	国家级青年
4	研究型大学教师绩效评价制度研究	耿益群	传播研究院	教育部人文社会科学研究项目	省部级一般
5	构建传统节日现代传播的仪式体系	周　文	电视与新闻学院	文化部专项项目	省部级一般
6	北京市政务微博的公共治理与舆论引导研究	詹　骞	电视与新闻学院	北京市社科规划项目	省部级青年
7	我国新闻记者职务权利保障研究	唐远清	电视与新闻学院	国家新闻出版总署项目	省部级重点
8	跨文化交流背景中的“十七年电影”研究	李玥阳	对外汉语教育学院（留学生院）	国家社会科学基金项目	国家级青年
9	东北解放区文学出版和刊物的勃兴与文学发展	逄增玉	对外汉语教育学院（留学生院）	教育部人文社会科学研究项目	省部级一般
10	国际传播发展新趋势	胡正荣	广播电视研究中心	国家社会科学基金项目	国家级重大
11	“三网融合”背景下的我国广播电视媒体发展战略研究	黄升民	广告学院	国家社会科学基金项目	国家级重点
12	左翼文学与左翼电影的生态背景与文化关联研究	袁庆丰	经济与管理学院	国家社会科学基金项目	国家级一般
13	基于附随扩散模型的我国手机阅读用户扩散的实证研究	程静薇	经济与管理学院	教育部人文社会科学研究项目	省部级青年
14	完善中国现代大学制度视域中世界女子高等教育及大学女校长群体研究	刘继南	经济与管理学院	教育部人文社会科学研究项目	省部级重大
15	体育传播理论与实践发展研究	王大中	体育部	国家体育总局项目	省部级一般
16	改革开放以来境外电视剧在中国的流变会通研究	姚皓韵	文学院	教育部人文社会科学研究项目	省部级青年
17	深化出版体制改革问题研究	蔡　翔	文学院	国家新闻出版总署项目	省部级重点
18	唐宋古文金元传播接受史	王　永	文学院	教育部人文社会科学研究项目	省部级青年
19	中国现当代文学中的北京城市形象研究	张鸿声	文学院	北京市社科规划项目	省部级一般
20	听觉元素的艺术及文化内涵与大众传播关系研究	姜　燕	戏剧影视学院	教育部人文社会科学研究项目	省部级青年
21	中国电视剧理论批评发展史	戴　清	戏剧影视学院	教育部人文社会科学研究项目	省部级一般
22	中国影视文化软实力研究	胡智锋	学报	国家出版基金项目	国家级一般

续表

序号	项目名称	负责人	所属单位	项目来源	项目级别
23	合作制片与中国主流文化的互动影响研究（1979—2012）	蒲　剑	戏剧影视学院	教育部规划基金项目	省部级一般
24	经典电视剧主创者“口述历史”及理论溯源	胡黎红	艺术研究院	教育部人文社会科学研究项目	省部级青年
25	中国电视剧批评模式研究	王黑特	艺术研究院	教育部人文社会科学研究项目	省部级一般
26	中国音乐的国际传播研究——以美国为例	张丰艳	音乐与录音艺术学院	国家社会科学基金艺术学项目	国家级青年

2012 年中国传媒大学科研培育项目

序号	项目名称	负责人	项目类别	所属单位
CUC12A01	制造角色：凤凰卫视的生产机制研究（1996—2011）	徐　帆	重点和优势学科项目	电视与新闻学院
CUC12A02	现代性视域中的电视剧理论与创作研究	陈莹峰	重点和优势学科项目	党校办
CUC12A03	社会性别视野下的媒介与儿童研究：基于北京 5 所小学的实证研究	陈志娟	重点和优势学科项目	传播研究院
CUC12A04	中国电视内容产业政策演变研究	邓文卿	重点和优势学科项目	文科科研处
CUC12A05	中国纪录电影院线发展及建构研究	丰　瑞	重点和优势学科项目	电视与新闻学院
CUC12A06	媒介融合中的信息传播与组织动员机制研究	付晓光	重点和优势学科项目	电视与新闻学院
CUC12A07	叙述机制重构：数字化叙事聚焦与影像修辞价值生成研究	韩佳政	重点和优势学科项目	动画与数字艺术学院
CUC12A08	美国公共电视研究	侯红霞	重点和优势学科项目	外国语学院
CUC12A09	基于中国经验的传播政治经济学理论研究	姬德强	重点和优势学科项目	广播电视研究中心
CUC12A10	危机事件中的政府新闻发言人角色研究	冷　爽	重点和优势学科项目	电视与新闻学院
CUC12A11	CCTV 北美分台国际传播策略研究	梁　岩	重点和优势学科项目	国际交流与合作处
CUC12A12	文化城市与中国城市形象传播方式的转型与创新	刘新鑫	重点和优势学科项目	亚洲传媒研究中心
CUC12A13	自媒体生态下社会传播创新社会管理的作用与机制研究	龙小农	重点和优势学科项目	传播研究院
CUC12A14	欧盟影视传媒公共政策研究	罗　青	重点和优势学科项目	传媒高等教育国际联盟秘书处
CUC12A15	历史、文本、意义——美国情境喜剧发展史及其文化阐释	吕晓志	重点和优势学科项目	外国语学院

续表

序号	项目名称	负责人	项目类别	所属单位
CUC12A16	视网融合下的电视媒体互动传播研究	吕艳丹	重点和优势学科项目	传播研究院
CUC12A17	理解新媒体受众——“虚拟自我”的建构与呈现	马忠君	重点和优势学科项目	电视与新闻学院
CUC12A18	我国版权产业集群的演进机理与区域发展研究	齐　骥	重点和优势学科项目	文化发展研究院
CUC12A19	融媒体与中国形象：全球化背景中我国融媒体新闻构建国家民族认同策略研究	秦瑜明	重点和优势学科项目	电视与新闻学院
CUC12A20	国际传播的知识谱系：历史与理论	任孟山	重点和优势学科项目	传播研究院
CUC12A21	新媒体自制内容的媒介属性及舆论引导研究	孙振虎	重点和优势学科项目	电视与新闻学院
CUC12A22	基督教文化背景下好莱坞电影与美国主流价值观的建构	唐建英	重点和优势学科项目	文化发展研究院
CUC12A23	中国广播电视公共服务的政策输入研究	唐晓芬	重点和优势学科项目	广播电视研究中心
CUC12A24	SNS 网络用户的舆论形成模式及调控分析	田　卉	重点和优势学科项目	文化发展研究院
CUC12A25	性别现代化：中国早期电影女明星的性别传播研究	王青亦	重点和优势学科项目	文化发展研究院
CUC12A26	全球著名电影节的角色功能设置对中国电影节的启示研究	王　田	重点和优势学科项目	文科科研处
CUC12A27	媒介融合时代的广播发展研究	王　宇	重点和优势学科项目	学科建设办公室
CUC12A28	当代美剧创作手法新趋势研究	徐智鹏	重点和优势学科项目	戏剧影视学院
CUC12A29	文化传播与商业角力——中国电影的北美市场研究	薛　华	重点和优势学科项目	经济与管理学院
CUC12A30	微博舆情与应对机制研究	杨凤娇	重点和优势学科项目	电视与新闻学院
CUC12A31	多元信息媒介环境下农村信息政策体系内部效度研究	叶明睿	重点和优势学科项目	电视与新闻学院
CUC12A32	武侠电影的生存现状及策略研究	袁　冶	重点和优势学科项目	戏剧影视学院
CUC12A33	公共治理视野下的政务微博舆论引导研究——以北京市政务微博为例	詹　骞	重点和优势学科项目	电视与新闻学院
CUC12A34	网络剧产业发展趋势研究	赵　晖	重点和优势学科项目	戏剧影视学院
CUC12A35	参与生产——流行真人秀节目的受众研究	周　亭	重点和优势学科项目	广播电视研究中心
CUC12A36	我国电视媒体的国际传播影响力研究	赵希婧	重点和优势学科项目	电视与新闻学院

续表

序号	项目名称	负责人	项目类别	所属单位
CUC12A37	多维视野观下的中意文化传播比较	郭彬彬	重点和优势学科项目	外国语学院
CUC12A38	中国电视的创新之路——来源于美国电视发展与创新的启示	张文娟	重点和优势学科项目	戏剧影视学院
CUC12A39	二十一世纪的文摘杂志研究——以《读者》为例	曹培鑫	重点和优势学科项目	电视与新闻学院
CUC12B01	中国无声电影翻译史（1905—1933）	金海娜	交叉学科培育项目	外国语学院
CUC12B02	中国动漫产业链重构研究	谭　笑	交叉学科培育项目	动画与数字艺术学院
CUC12B03	北京市艺术类大学生网络生活问题研究——基于思想政治教育的视角	陈江华	交叉学科培育项目	学生工作处
CUC12B04	中国影视新媒体发展、影响及监管问题研究	戴建华	交叉学科培育项目	经济与管理学院
CUC12B05	城市休闲的审美文化研究与现实实践	耿　波	交叉学科培育项目	文学院
CUC12B06	新媒体视听系统信息设置及评价	李海玲	交叉学科培育项目	动画与数字艺术学院
CUC12B07	推进三网融合的路径与政策研究——从共享价值的视角出发	刘　虎	交叉学科培育项目	经济与管理学院
CUC12B08	基于粗交流的组织传播模型及应用研究	罗　雪	交叉学科培育项目	传播研究院
CUC12B09	中国传媒大学校园文化的数字化保护与传承研究	马　铨	交叉学科培育项目	电视与新闻学院
CUC12B10	传媒高等教育中的大学生心理互助长效机制构建研究	毛建国	交叉学科培育项目	经济与管理学院
CUC12B11	社会网络（SNS）信息传播的社会心理机制	倪　桓	交叉学科培育项目	电视与新闻学院
CUC12B12	新中国体育传播事业发展研究	宋立欣	交叉学科培育项目	体育部
CUC12B13	三网融合背景下中国数字音乐市场发展态势研究	佟雪娜	交叉学科培育项目	音乐与录音艺术学院
CUC12B14	中国电影融资机制创新研究——版权证券化视角	王锦慧	交叉学科培育项目	经济与管理学院
CUC12B15	跨文化的动画影像与国家文化形象研究	王可越	交叉学科培育项目	动画与数字艺术学院
CUC12B16	大学生生涯规划指导内容研究	肖怀宇	交叉学科培育项目	教务处
CUC12B17	高校学生事务“一站式”服务模式研究	杨　璇	交叉学科培育项目	学生工作处
CUC12B18	受众与媒介人物准社会关系视角下公民道德教育新途径探索	阴军莉	交叉学科培育项目	思政部

续表

序号	项目名称	负责人	项目类别	所属单位
CUC12B19	新闻传播学信息服务体系构建	于迎娣	交叉学科培育项目	图书馆
CUC12B20	当代艺术的社会关怀功能及传播效果研究	张学伟	交叉学科培育项目	广告学院
CUC12B21	音乐剧环绕声录制探索	张一龙	交叉学科培育项目	音乐与录音艺术学院
CUC12B22	体育传播高层次人才培养定位研究	张　云	交叉学科培育项目	体育部
CUC12B23	大型体育场馆在城市文化发展中的价值研究	赵晓琳	交叉学科培育项目	体育部
CUC12B24	全球化背景下中国对日公共关系策略与国家形象塑造研究	赵新利	交叉学科培育项目	广告学院
CUC12B25	社会转型期网络公益慈善传播研究	郑苏晖	交叉学科培育项目	传播研究院
CUC12B26	我国西部地区广播电视新闻宣传人才培养发展模式研究	黄　勇	交叉学科培育项目	远程与继续教育学院
CUC12C01	中国古代政治传播的现代价值研究	白文刚	基础学科培育项目	思政部
CUC12C02	区域文化资源利用与汉语国际推广——以北京地区为核心	包学菊	基础学科培育项目	对外汉语教育学院
CUC12C03	中国古代写人传统的文化修辞学研究	刁生虎	基础学科培育项目	文学院
CUC12C04	十年“两会”记者招待会现场口译策略分析	丁硕瑞	基础学科培育项目	外国语学院
CUC12C05	中国基督教“家庭教会”的法律规制研究	韩新华	基础学科培育项目	政治与法律学院
CUC12C06	英译汉中的文化负迁移现象及应对策略研究	郝险峰	基础学科培育项目	外国语学院
CUC12C07	墨西哥华人的双语境关系研究	李　阳	基础学科培育项目	外国语学院
CUC12C08	微博传播中的侵权问题研究	刘文杰	基础学科培育项目	政治与法律学院
CUC12C09	中国传媒大学体育课程“课内外一体化”教学模式的理论构建和实验研究	石　磊	基础学科培育项目	体育部
CUC12C10	古典文学名著中的地域方言浅探 ——以《红楼梦》山东方言为例	孙现瑶	基础学科培育项目	对外汉语教育学院
CUC12C11	电影类型与泛类型化发展研究	谭　苗	基础学科培育项目	艺术研究院
CUC12C12	美国媒体涉华报道话语特色研究	王晨燕	基础学科培育项目	外国语学院
CUC12C13	同素异序词历时分化研究	肖晓辉	基础学科培育项目	文学院

续表

序号	项目名称	负责人	项目类别	所属单位
CUC12C14	网络环境下个人信息的民法保护研究	张鸿霞	基础学科培育项目	政治与法律学院
CUC12C15	新形势下高校校园文化活动建设路径研究	张 芊	基础学科培育项目	团委
CUC12C16	新时期我国文化安全面临的机遇与挑战	赵 波	基础学科培育项目	思政部
CUC12C17	文化认知对二语习得的影响——以韩国语学习者为例	郑 梅	基础学科培育项目	外国语学院
CUC12D01	北京地区报纸广告视觉传播模式：类型与转变	冯丙奇	后期资助项目	广告学院
CUC12D02	网络传播消费主义现象批判	高永亮	后期资助项目	广播产业研究所
CUC12D03	电视访谈节目主持人传播能力	熊征宇	后期资助项目	播音主持艺术学院
CUC12D04	新世纪中国电视类型节目研究	杨洪涛	后期资助项目	学报
CUC12D05	非主流的沉浮：中国流行音乐批评的话语实践与场域变迁	张 谦	后期资助项目	音乐与录音艺术学院
CUC12D06	理解媒介素养：起源、理论与方法	张艳秋	后期资助项目	传播研究院

（中国传媒大学文科科研处供稿）

中国农业大学

2012 年承担国家或省部级社科研究课题

项目名称	负责人	承担部门	项目来源	成果形式	完成日期
我国期货农业模式创新研究	安 毅	经济管理学院	国家社会科学基金	研究报告	2013.12
农业女性化对农业发展的影响研究	吴惠芳	人文与发展学院	国家社会科学基金	论文 研究报告	2014.12
我国食品安全法实施中疑难问题实证研究	王小龙	人文与发展学院	国家社会科学基金	研究报告	2014.10
“体医结合”的全民健身模式与实证研究	黄亚茹	体育教学部	国家社会科学基金	研究报告	2015.12
鲜活农产品追溯系统激励机制研究——以淡水活鱼为例	张建胜	经济管理学院	教育部人文社会科学研究项目	论文 咨询报告	2013.12
生物技术应用的社会规制问题研究	王玉斌	经济管理学院	教育部人文社会科学研究项目	著作 论文	2014.12
劳动力流动与农民工市场一体化研究	李晓峰	经济管理学院	教育部人文社会科学研究项目	论文 著作	2014.12
食用农产品标识管理中利益相关者的行为特征及其影响因素研究	张小栓	信息与电气工程学院	教育部人文社会科学研究项目	论文 咨询报告	2014.12
基于主体功能区规划的欠发达地区土地利用模式与区域经济发展耦合研究——以贵州省为例	朱道林	资源与环境学院	教育部人文社会科学研究项目	论文 咨询报告	2014.12
区域社会史视野下的上海电影文化消费社区研究（1896—1937）	陈 刚	人文与发展学院	教育部人文社会科学研究项目	著作 论文	2014.12

续表

项目名称	负责人	承担部门	项目来源	成果形式	完成日期
清代北京地区粮价波动与社会应对	李　军	经济管理学院	北京市哲学社会科学规划项目	研究报告	2015.6
京津冀地区农民工流动与市场整合研究	李晓峰	经济管理学院	北京市哲学社会科学规划项目	研究报告	2014.6
北京发展信用卡消费扩大消费需求研究	黄纯纯	经济管理学院	北京市哲学社会科学规划项目	研究报告	2015.12
基于农户需求及参与供给和融资意愿的农村公共品供给模式研究——以北京市为例	廖媛红	经济管理学院	北京市哲学社会科学规划项目	研究报告	2014.12
重点国家农业产业政策跟踪研究	陈永福	经济管理学院	农业部软科学	研究报告	2012.12
粮食生产经营主体变化与粮食安全关系研究	田国强	经济管理学院	农业部软科学	研究报告	2012.12
农村空心化问题与对策研究	饶　静	人文与发展学院	农业部软科学	研究报告	2012.12
职业农民视角下农业适度规模经营研究	朱启臻	人文与发展学院	农业部软科学	研究报告	2012.12
农村科技创新与创业一体化发展模式研究	翟留栓	经济管理学院	国家软科学研究计划	论文 研究报告	2013.12
中国道路交通部门污染排放对居民健康福利的影响研究	何凌云	经济管理学院	国家自然科学基金	论文	2016.12
粮食市场化改革以来农户粮食经营行为及其对粮食市场的影响研究	朱俊峰	经济管理学院	国家自然科学基金	论文	2016.12
在线消费者心理距离及其对消费决策的影响研究	赵冬梅	经济管理学院	国家自然科学基金	论文	2016.12
中非农业官方发展三方合作意愿调查研究协议	林　海	经济管理学院	国家自然科学基金	论文	2013.12
中国农产品进口影响的实证研究	辛　贤	经济管理学院	国务院发展研究中心	研究报告	2013.2
新时期新阶段的国际扶贫交流	李小云	人文与发展学院	国务院扶贫办	研究报告	2012.12
多层次资源市场发展战略研究	王　军	经济管理学院	国家发展和改革委员会	研究报告	2013.8
国际农产品市场与贸易追踪研究	田维明	经济管理学院	农业部	研究报告	2012.12
城乡一体化背景下北京农村社区管理问题研究	李　鹤	人文与发展学院	北京市委农工委	研究报告	2014.6
大宗农产品补贴与WTO规则的一致性研究	田志宏	经济管理学院	商务部	研究报告	2012.8
农户生产决策及其对农产品市场波动的影响	武拉平	经济管理学院	农业部	研究报告	2012.12
生猪等畜禽产品信息监测统计——肉羊生产定点监测与分析	肖海峰	经济管理学院	农业部	研究报告	2012.12

续表

项目名称	负责人	承担部门	项目来源	成果形式	完成日期
我国食品安全监管体制研究	吴广枫	食品科学与营养工程学院	国务院食品安全委员会	研究报告	2012.7
中国农村公共服务改革试点项目总结报告	林万龙	经济管理学院	国家发展和改革委员会	研究报告	2012.2
林果业机械化水平评价指标体系研究	杨敏丽	工学院	农业部	研究报告	2012.9
新阶段贫困地区人力资源开发研究	徐秀丽	人文与发展学院	国务院扶贫办	研究报告	2012.12

（中国农业大学科学技术发展研究院王虹供稿）

中国地质大学（北京）

2012年承担国家或省部级社科研究项目

项目名称	负责人	承担部门	项目来源	成果形式	完成日期
优势战略性矿产资源出口贸易优化模型设计与政策模拟研究——以稀土为例	葛建平	人文经管学院	国家自然科学基金青年项目	论文 结题报告	2015.12
中国区域间产品内分工深化与区域协调发展研究	吴三忙	人文经管学院	国家自然科学基金青年项目	论文 结题报告	2013.12
我国稀土战略开发及出口产业规制政策研究	雷涯邻	人文经管学院	国家自然科学基金专项项目	论文	2013.12
境外矿业投资环境指数结构研究	雷　平	人文经管学院	教育部人文社科一般项目	结题报告	2012.12
中小高新技术企业知识溢出与合作创新研究	方　伟	人文经管学院	教育部人文社科一般项目	研究或咨询报告	2014.12
我国新能源汽车产业发展的财税政策支撑：基于“3E”复合系统和动态CGE模型的研究	葛建平	人文经管学院	教育部人文社科一般项目	结题报告	2014.12
南水北调引水进京后北京市地下水修复的生态补偿机制研究	王　玲	人文经管学院	北京哲学社会科学规划项目	结题报告	2014.9
绿色煤炭矿山标准研究	黄　启	人文经管学院	国土资源部	结题报告	2014.12
重要矿产资源成矿区带调查评价研究	周进生	人文经管学院	国土资源部	结题报告	2015.12
以责任意识为核心品质的大学生品德培养模式研究	王燕晓	思想政治教育学院	北京市教工委	结题报告	2014.4
网络背景下的社会认同及其对偏向性信息传播的影响研究	陶　塑	思想政治教育学院	北京市哲学社会科学规划项目	结题报告	2014.12
校史文化育人研究	吴　军	思想政治教育学院	北京市教工委	结题报告	2013.12
健身登山对高校大学生体质的影响及其健身作用	杨绛梅	体育部	体育总局	论文等	2014.8

2012年中国地质大学（北京）其他社科类课题

项目名称	负责人	承担部门	项目来源	成果形式	完成日期
对优势—弱势群体的社会性偏向：分化、传播和改变	陶　塑	思想政治教育学院	学校社科项目	结题报告	2014.12
网络穿越小说的审美研究与文化研究	李玉萍	思想政治教育学院	学校社科项目	论文	2014.12
转型期高校腐败与治理问题研究——以北京高校为例	马海军	思想政治教育学院	学校社科项目	结题报告	2014.11
板块训练理论在我国普通高等院校高水平运动队训练中的应用研究	刘小学	体育部	学校	论文等	2014.12
基于我国世界地质公园的中英文公示语，研究双语平行对译语料库的构建	张翼翼	外国语学院	中央高校基本科研业务费	结题报告 论文	2014.11
乔伊斯笔下“顿悟”的破解——动态认知文体学维度	张之俊	外国语学院	中央高校基本科研业务费	结题报告 论文	2014.3
英汉句式的句法语义研究	张焕香	外国语学院	中央高校基本科研业务费	结题报告 论文 专著或专著手稿	2014.12
后理论时代的文学思潮研究	纪爱梅	外国语学院	中央高校基本科研业务费	结题报告 论文	2014.12
大学英语与中学英语有效衔接的实证研究	王丽娟	外国语学院	中央高校基本科研业务费	结题报告 论文	2014.12
翻译理论的整合范式研究	罗　雷	外国语学院	中央高校基本科研业务费	结题报告 论文	2013.12
形式与结构：后结构主义时期语言诗学研究	隗雪燕	外国语学院	中央高校基本科研业务费	结题报告 论文 专著或专著手稿	2014.12
高等教育国际化背景下维护国家文化安全的外语教育研究	许秀妍	外国语学院	中央高校基本科研业务费	结题报告 论文	2014.12
理工科高校外语教师专业发展状况调查与研究	李　立	外国语学院	中央高校基本科研业务费	结题报告 论文	2014.12

（中国地质大学（北京）科技处供稿）

北京科技大学

2012年承担国家或省部级社科研究项目

项目名称	负责人	承担部门	项目来源	成果形式	完成日期
转型期社会不满情绪的法社会学研究	邢朝国	文法学院	国家社科基金项目	研究报告	2014.12
马克思货币物役性思想研究	杨兴业	马克思主义学院	国家社科基金项目	专著	2015.12

续表

项目名称	负责人	承担部门	项目来源	成果形式	完成日期
以青年马克思主义者为目标的研究生党员培养研究	谢 辉	党办、校办	教育部人文社科规划项目专项任务	著作 咨询报告	2013.2
《婚姻法》及其司法解释对农村婚姻家庭的影响	王竹青	文法学院	教育部人文社会科学规划项目	论文 研究报告	2015.3
面向自然语言信息处理的组合范畴语法研究	满海霞	外国语学院	教育部人文社会科学规划项目	论文	2014.12
基于“发现程序”设计计算机模型模拟儿童语言习得过程	赵 亮	外国语学院	教育部人文社会科学规划项目	著作 论文 软件	2014.10
“高校思想政治理论课程网站”共建团队	彭庆红	马克思主义学院	教育部人文社会科学规划项目	研究报告	2013.12
中国共产党执政道德建设的历史考察与基本经验研究	赵 静	马克思主义学院	教育部人文社会科学规划项目	著作 论文	2014.12
19世纪英国文学文化思想史研究	范一亭	外国语学院	教育部人文社会科学规划项目	著作 论文	2014.10
“思想道德修养与法律基础”课程教学模式创新的理论与实践探索	彭庆红	马克思主义学院	教育部人文社科研究专项任务项目	研究报告	2014.12
组织发展理论视野下的高校班集体建设研究	何 进	机关	教育部人文社科规划项目专项任务	研究报告	2014.12
中小学学困生学习心理发展特点及教育矫正研究	官 群	外国语学院	全国教育科学“十二五”规划2012年度教育部重点课题	研究报告	2015.12
高校思想政治教育学科建设前沿问题研究	彭庆红	马克思主义学院	教育部思政司委托项目	研究报告	2013.12
“众源方式”在网络词典编纂中的应用	秦晓惠	外国语学院	北京市哲学社科规划项目	研究报告	2014.6
多元文化背景下大学生马克思主义宗教观教育的机制与路径研究——以北京高校为中心的考察	刘丽敏	马克思主义学院	北京市哲学社科规划项目	研究报告	2015.12
地域性价值观与社会主义核心价值体系建设研究——以“北京精神”建设为例	孙文营	马克思主义学院	北京市哲学社科规划项目	专著	2013.12
2030年首都学龄人口变化趋势与教育对策研究	杨晓明	中国教育经济信息网管理中心	北京市哲学社科规划项目	研究报告	2014.12
用社会主义核心价值体系引领高校社会思潮的有效途径研究	左 鹏	马克思主义学院	北京市哲学社科规划项目	论文集	2014.9
北京企业低碳运营战略研究基地	张 群	东凌经济管理学院	北京市教委共建项目	研究报告 论文	2012.12

续表

项目名称	负责人	承担部门	项目来源	成果形式	完成日期
北京民办教育类行政执法的现状及限制性因素研究	王霁霞	文法学院	北京市教工委、市教委两委委托课题	研究报告	2013.12
以“中国近现代史纲要”课程推动理工科高校人文素质教育研究	李　怡	文法学院	北京市教工委高校思想政治理论课专项项目	研究报告	2013.6
马克思主义宗教观教育教学工作室	左　鹏	马克思主义学院	北京市教工委委托课题	研究报告	2013.6
高等教育内涵发展背景下大学生学风建设的目标体系研究	谢　辉	党办、校办	北京市哲学社科规划项目、市教工委首都大学生思想政治教育战略课题项目	研究报告	2012.12
2012年度《反兴奋剂管理办法》立法研究	王霁霞	文法学院	国家体育总局科教司委托课题	研究报告	2012.12
《世界反兴奋剂条例》修改研究	王霁霞	文法学院	国家体育总局科研项目	研究报告	2013.3
知识产权强国标准及评价指标体系研究	俞文华	文法学院	国家知识产权局	研究报告	2012.12
友成社区安全建设项目标准研究	张小明	文法学院	国务院扶贫办特别委托课题	研究报告	2012.9
兴奋剂纠纷解决机制研究	王霁霞	文法学院	国家体育总局政策法规司	研究报告	2013.9
国际组织会费分担模式与中国应对WADA会费缴纳研究	王霁霞	文法学院	国家体育总局科教司	研究报告	2012.6
高校科普创作与传播试点活动	刘晓东	机关	中国科协委托课题	研究报告	2013.10
发展中国家女性投身科技创新活动模式比较与政策研究	章梅芳	冶金与生态工程学院	中国科学院科技政策与管理科学委托科研课题	研究报告	2014.5
北京市应急队伍建设工作方案研究	刘　建	土木与环境工程学院	北京市应急指挥中心	研究报告	2012.12
如何进一步搞好干部人事制度改革的宏观设计	谢　辉	党办、校办	北京市教工委2012年党建研究课题	研究报告	2013.4

（北京科技大学科学研究与发展部李静供稿）

北京交通大学

2012年承担国家或省部级社科研究项目

项目名称	负责人	承担部门	项目来源	成果形式	完成日期
应用体裁语篇翻译质量评估模式研究	司显柱	语言与传播学院	国家社科基金项目	专著	2013.12
生态文化与生态文明研究	路日亮	人文社会科学学院	国家社科基金项目	专著 专题论文集	2014.12
高校人才培养模式改革与质量提升研究	曹国永	校内其他部门	国家社科基金教育专项项目	论文 研究报告 专著	2016.12

续表

项目名称	负责人	承担部门	项目来源	成果形式	完成日期
先秦儒墨关系研究	孔德立	人文社会科学学院	国家社科基金后期资助项目	专著	2014. 12
马克思《巴黎手稿》再研究	刘秀萍	人文社会科学学院	国家社科基金后期资助项目	专著	2013. 3

2012 年承担教育部人文社科项目

项目名称	负责人	承担部门	项目来源	成果形式	完成日期
企业成长中的凝聚力研究	李文兴	经济管理学院	教育部人文社会科学规划基金项目	论文 研究报告	2015. 3
企业资源价值与商誉变动报告及其应用研究	李玉菊	经济管理学院	教育部人文社会科学规划基金项目	研究报告	2014. 12
话语权及影响力对国际财务报告准则应用效果的影响研究	姚立杰	经济管理学院	教育部人文社会科学青年基金项目	论文	2014. 12
基于有限理性行为的服务外包决策方法与应用研究	张　磊	经济管理学院	教育部人文社会科学青年基金项目	论文 研究报告	2014. 10
企业社会责任信息披露对权益资本成本的影响研究	李远慧	经济管理学院	教育部人文社会科学青年基金项目	研究报告	2014. 3
我国产业结构调整与大学生就业的关联性研究	赵　杨	经济管理学院	教育部人文社会科学青年基金项目	论文 专著	2013. 11
网络环境下由突发性事件引发的公共危机传播和管理研究	董媛媛	语言与传播学院	教育部人文社会科学青年基金项目	论文 研究报告	2014. 10
中国翻译思想史研究：周秦至民国的翻译思想谱系	夏登山	语言与传播学院	教育部人文社会科学青年基金项目	论文 专著	2014. 12

2012 年承担北京市哲学社会科学项目

项目名称	负责人	承担部门	项目来源	成果形式	完成日期
北京市信息安全问题研究	张真继	经济管理学院	北京市哲学社会科学重点项目	研究报告	2013. 6
党的先进性与纯洁性建设的历史进程及基本经验研究	纪淑云	人文社会科学学院	北京市哲学社会科学重点项目	论文集	2014. 6
基于运输时间价值的北京市轨道交通票价模型与应用研究	林晓言	经济管理学院	北京市哲学社会科学重点项目	研究报告	2014. 12
北京精神与社会主义核心价值体系研究	韩振峰	人文社会科学学院	北京市哲学社会科学一般项目	研究报告 论文集	2013. 12
当代青年政治态度与党的执政基础研究	何玉芳	人文社会科学学院	北京市哲学社会科学一般项目	研究报告 其他	2014. 7
以社会主义先进文化为动力推进北京市学习型党组织建设研究	陈树文	人文社会科学学院	北京市哲学社会科学一般项目	研究报告 论文集	2014. 6
基于路权分配的北京小汽车出行需求研究	李雪梅	经济管理学院	北京市哲学社会科学一般项目	研究报告	2013. 12

续表

项目名称	负责人	承担部门	项目来源	成果形式	完成日期
北京市交通拥堵治理的社会评价体系研究	王　超	经济管理学院	北京市哲学社会科学青年项目	研究报告	2013.10
基于知识管理的北京学习型企业建设研究	段海超	首都大学生思想政治教育研究中心	北京市哲学社会科学青年项目	研究报告	2013.5
北京市社会教育资源共享及云服务建设研究	周　围	计算机与信息技术学院	北京市哲学社会科学一般项目	研究报告 论文集 其他	2014.12
北京地铁脆弱性及应急管理研究	宋守信	经济管理学院	北京市哲学社会科学一般项目	研究报告	2014.4
北京市物流产业安全指数设计与实证研究	蒋志敏	中国产业安全研究中心	北京市哲学社会科学一般项目	专著 研究报告	2014.4
影视传播对中国道德建设的影响与对策研究	张　杰	语言与传播学院	北京市哲学社会科学青年项目	研究报告	2014.9
北京历史文化遗产英语译介研究	王建荣	人文社会科学学院	北京市哲学社会科学一般项目	研究报告	2014.12
高校青年教师行为方式研究——以北京高校为例	吴　静	校内其他部门	北京市哲学社会科学一般项目	研究报告	2015.9

2012年承担北京市社工委政府购买社会组织项目

项目名称	负责人	承担部门	项目来源	成果形式	完成日期
全面推进社会诚信建设研究	颜吾佴	校内其他部门	北京市社工委政府购买社会组织项目	研究报告 论文	2013.10
政府购买社会组织服务测评标准体系研究	刘延平	经济管理学院	北京市社工委政府购买社会组织项目	研究报告	2013.5

（北京交通大学人文社科办公室供稿）

首都师范大学

2012年承担国家或省部级社科研究项目

项目名称	负责人	承担部门	项目来源	成果形式	完成日期
国家文化中心建设的历史现实与未来设计	邱运华	文学院	国家社科基金项目	专著	2017.12
汉字教育与书法表现	欧阳中石	中国书法文化研究院	国家社科基金项目	专著	2015.12
我国公务员养老保险制度改革研究	龙玉其	管理学院	国家社科基金项目	专著	2014.12
戴高乐第二次执政时期的美法关系（1958—1969）	姚百慧	历史学院	国家社科基金项目	专著	2015.6
西晋复古改制及其对4—6世纪的影响研究	顾江龙	历史学院	国家社科基金项目	专著	2015.7
文书制度与北宋中枢政务运行	张　祎	历史学院	国家社科基金项目	专著	2015.6

续表

项目名称	负责人	承担部门	项目来源	成果形式	完成日期
六朝道教古灵宝经的历史学研究	刘 屹	历史学院	国家社科基金项目	专著	2015.12
20世纪三四十年代亚洲主义的演变与中日关系研究	史桂芳	历史学院	国家社科基金项目	专著	2015.12
清代目录学研究	陈晓华	历史学院	国家社科基金项目	专著	2015.9
罗兰·巴尔特“法兰西学院课程”研究	黄晞耘	外国语学院	国家社科基金项目	专著	2015.12
两周金文作器用途铭辞综合整理与研究	陈英杰	文学院	国家社科基金项目	专著	2015.12
干宝及其《搜神记》研究	张庆民	文学院	国家社科基金项目	专著	2015.6
慈善组织公信力的评价体系与评价模型研究	石国亮	政法学院	国家社科基金项目	专著	2015.6
修宪权的内在限制研究	杜强强	政法学院	国家社科基金项目	论文集 译著	2015.6
关于儿童模仿性学习的认识与实践——教育人类学视角下对学习的反思	张志坤	初等教育学院	教育部其他项目	论文	2015.12
幼儿园图书资源调查研究	李 莉	学前教育学院	教育部其他项目	调研报告	2012.5
陶渊明文献精粹汇刊与研究	赵敏俐	文学院	教育部人文社科研究项目	调研报告	2012.12
游戏与德育——小学生校园游戏生活的道德审视	李 敏	初等教育学院	教育部人文社科研究项目	著作 论文	2014.12
县域中小学布局调整的政策工具分析	荣利颖	教育学院	教育部人文社科研究项目	著作 论文	2014.12
商代前期青铜容器分期与区域类型研究	朱光华	历史学院	教育部人文社科研究项目	著作 论文	2014.12
古灵宝经所见的晋宋时代江东信仰世界	刘 屹	历史学院	教育部人文社科研究项目	著作	2014.12
《晋书·地理志》与西晋分封制的互进研究	顾江龙	历史学院	教育部人文社科研究项目	论文	2014.12
对现当代中西方教育哲学研究问题的比较研究	邵燕楠	首都基础教育发展研究院	教育部人文社科研究项目	著作 论文	2014.12
家庭因素对大学生学习动力与就业选择的影响——以北京地区生源为例	高 蓉	数学科学学院	教育部人文社科研究项目	论文 调查报告	2014.12
新时期俄罗斯图书馆事业研究	文 凤	图书馆	教育部人文社科研究项目	论文	2014.12
《西厢记》资料汇编	张燕瑾	文学院	教育部人文社科研究项目	著作	2014.12
楚简通假字汇编与研究	张富海	文学院	教育部人文社科研究项目	著作	2014.12

续表

项目名称	负责人	承担部门	项目来源	成果形式	完成日期
批判理论在中国：新时期效果历史研究	孙士聪	文学院	教育部人文社科研究项目	著作	2014.12
东周金文作器用途铭辞与东周社会研究	陈英杰	文学院	教育部人文社科研究项目	著作	2014.12
北京市义务教育教师交流现状、问题与对策研究	田汉族	学前教育学院	教育部人文社科研究项目	论文 研究报告	2014.12
2012年应对气候变化媒体及非政府组织培训及多哈会议专用宣传编制	赵新峰	管理学院	中央其他部门社科专门项目	论文 研究报告	2013.8
中国应对气候变化媒体宣传与舆论引导	赵新峰	管理学院	中央其他部门社科专门项目	研究报告	2013.6
依法引导，规范管理——宗教类社会团体公益慈善活动管理对策研究	冀志刚	学校办公室	中央其他部门社科专门项目	研究报告 论文	2012.10
网络结社及其管理研究	石国亮	政法学院	中央其他部门社科专门项目	研究报告	2013.1
基于复杂动机模型的志愿者激励机制研究	李水金	管理学院	中央其他部门社科专门项目	研究报告	2012.8
全球化语境中影视艺术的地域化生存策略	盖　琪	文化研究院	中央其他部门社科专门项目	论文 研究报告	2014.5
汉字文化与书法艺术的当代发展研究	解小青	中国书法文化研究院	中央其他部门社科专门项目	专著	2014.12
网络文学出版研究	包晓光	文学院	中央其他部门社科专门项目	研究报告	2013.5
马克思《1861—1863年经济学手稿》研究	李怀涛	政法学院	中央其他部门社科专门项目	研究读本	2013.12
《新疆图志》文献学研究	史明文	历史学院	高校古籍整理研究项目	专著	2015.6
清代子弟书十五种校释	冯　蒸	文学院	高校古籍整理研究项目	专著	2014.12
宋本《切韵指掌图》校释索引	李　红	文学院	高校古籍整理研究项目	专著	2014.12
全球史的兴起及其影响研究	施　诚	历史学院	北京市社科规划项目	专著 论文	2013.12
英格兰天主教徒的生存之路(16—18世纪)	刘　城	历史学院	北京市社科规划项目	专著 论文	2014.12
两周金文异体字研究	陈英杰	文学院	北京市社科规划项目	专著 论文	2014.12
现当代散文中的北京地域文化研究	陈亚丽	文学院	北京市社科规划项目	专著	2014.12
首都高校法人化治理的现状与制度完善	李　昕	政法学院	北京市社科规划项目	专著 论文	2014.12
北京文化资源在汉语国际教育中的作用	刘晓天	国际文化学院	北京市社科规划项目	研究报告	2014.12

续表

项目名称	负责人	承担部门	项目来源	成果形式	完成日期
教学诊断对北京市中小学教师专业成长的作用及实践策略研究	岳欣云	教育学院	北京市社科规划项目	论文集	2014.12
群体性事件中群体情绪的产生与扩散机制及相关因素研究	方　平	教育学院	北京市社科规划项目	研究报告	2015.12
日伪北京新民会若干问题研究	符　静	历史学院	北京市社科规划项目	论文集	2015.6
北京前都时代地名遗产的整理与研究	马保春	历史学院	北京市社科规划项目	研究报告	2015.12
“文化治理”与北京文化产业园区的“创意软环境”构建	徐海龙	文学院	北京市社科规划项目	论文集	2015.6
中国当代美学审美问题研究	邹　华	文学院	北京市社科规划项目	专著	2015.6
北京话的历史与现状研究	周建设	文学院	北京市社科规划项目	专著	2015.6
北京市高素质幼儿教师培养模式研究	王建平	学前教育学院	北京市社科规划项目	研究报告 论文集	2015.7
音乐如何影响情绪及其对机体稳态改善和调节作用的研究	王超慧	音乐学院	北京市社科规划项目	研究报告	2014.12
北京市学前教育的立法现状与制度完善	李　昕	政法学院	北京市社科规划项目	研究报告	2013.8
中国与不同社会制度国家和平合作共同发展基本经验研究——以中日关系为中心的考察	史桂芳	历史学院	北京市社科规划项目	专著	2015.7

2012 年首都师范大学校级社科研究项目

项目名称	负责人	承担部门	成果形式	完成日期
汉藏文明史：中国内地藏传佛教文物遗存研究	谢继胜	美术学院	专著 研究报告	2012.12
当代北京艺术品市场生态研究	吴明娣	美术学院	专著 论文	2012.12
日本汉诗整理研究	李均洋	外国语学院	专著 论文	2012.12
比较文学基础问题研究	林精华	文学院	专著 论文	2012.12
易代之际文学思想研究	左东岭	文学院	专著 论文	2012.12
我国当代人的发展问题研究	陈新夏	政法学院	专著 论文	2012.12
世界文化多样性背景下的中国文化之路	陈嘉映	政法学院	专著 论文	2012.12
双语儿童语言习得	孟海蓉	初等教育学院	论文	2013.1
论科学社会主义的实践品质	李宏伟	初等教育学院	论文	2013.6

续表

项目名称	负责人	承担部门	成果形式	完成日期
中澳小学教育专业课程设置比较研究	崔　嵘	初等教育学院	论文	2012. 12
国家文化利益视角下的中国外语教育政策研究	曹　迪	大学英语教研部	论文	2013. 7
中国公务员福利制度的反思与改革初探	龙玉其	管理学院	论文	2012. 12
创业教育对大学生就业与创业影响的实证研究	廖　娟	管理学院	论文	2013. 6
近义词辨析方法的系统性研究	刘士红	国际文化学院	论文	2013. 6
初中作文量表互改实施的可行性与成效性研究	张燕华	教育学院	论文	2013. 1
中国公立高等学校法人制度研究	罗　爽	教育学院	论文	2013. 1
联合国儿童基金会的国际教育援助与合作研究	乔　鹤	教育学院	论文	2012. 12
“教育导向”的新生代农民工社会融合机制研究	王　东	教育学院	论文	2013. 6
徘徊于内外之间：晚清天津女学初探	秦　方	历史学院	论文	2012. 12
弗朗索瓦·基佐关于启蒙和大革命的思考	倪玉珍	历史学院	论文	2013. 7
20 世纪以来中国的世界通史编纂路径研究	曹小文	历史学院	论文	2013. 1
思想政治理论课教学实效性深化研究	刘文革	马克思主义教育学院	论文	2012. 12
甘肃甘谷县华盖寺“唐僧取经”壁画研究	于　硕	美术学院	论文	2013. 1
艺术设计教育中的视觉思维养成研究	段　鹏	美术学院	论文	2012. 12
首都师范大学英语专业学生课外英语阅读情况调查	王秋林	外国语学院	论文	2013. 6
语言哲学视域中的时间概念化研究	徐先玉	外国语学院	论文	2013. 6
语言内部形式与“团契”精神——论俄语语言属性与俄罗斯民族意识的独特性	张如奎	外国语学院	论文	2013. 6
关于日汉两语言表示数量多寡的形容词——以名词修饰用法为中心	毕晓燕	外国语学院	论文	2013. 6
准人格研究	刘召成	政法学院	论文	2013. 6
桑德尔的政治哲学及其对我国的启示	朱慧玲	政法学院	论文	2013. 6
抗战前国民政府的立宪筹备研究	马　飞	政法学院	论文	2013. 6
何谓“过庭法”——试论晋唐笔法的联系和区别	王亚辉	中国书法文化研究院	论文	2012. 12

（首都师范大学社科处黄胤英供稿）

首都经济贸易大学

2012 年承担国家或省部级社科研究项目

项目名称	负责人	承担部门	项目来源	成果形式	完成日期
促进中国新能源战略发展的财税政策研究	丁　芸	财政税务学院	全国哲学社会科学规划办公室	专著 研究报告	2015. 7
连片特困少数民族地区旅游发展中的贫困人口受益机制研究	李　佳	工商管理学院	全国哲学社会科学规划办公室	研究报告	2014. 12
城乡接合部规划建设模式与土地利用协调机制研究	李　强	城市经济与公共管理学院	全国哲学社会科学规划办公室	专著 研究报告	2014. 12

续表

项目名称	负责人	承担部门	项目来源	成果形式	完成日期
我国食品安全监管的实证分析研究	刘智勇	城市经济与公共管理学院	全国哲学社会科学规划办公室	专著 研究报告	2014. 6
特大城市公交巴士企业补贴机制与测算方法研究	卢　宇	工商管理学院	全国哲学社会科学规划办公室	研究报告	2015. 12
《人口与经济》期刊资助项目	童玉芬	劳动经济学院	全国哲学社会科学规划办公室	提升刊物竞争力绩效考核	2014. 12
理性疏忽、粘性信息与通货膨胀预期形成机制研究	王　军	经济学院	全国哲学社会科学规划办公室	专著 研究报告	2014. 12
产品多样化视角下我国外贸利益评估研究	王明荣	经济学院	全国哲学社会科学规划办公室	专著 研究报告	2015. 12
多元视角下的企业营销渠道研究	温宏建	工商管理学院	全国哲学社会科学规划办公室	专著	2013. 12
正确处理经济平稳较快发展、调整经济结构、管理膨胀预期的关系研究	张连城	经济学院	全国哲学社会科学规划办公室	研究报告 专著	2015. 12
遗产地铭刻时代痕迹与旅游发展研究	张祖群	工商管理学院	全国哲学社会科学规划办公室	专著 研究报告	2014. 12
政府干预亲周期特征、企业投资协同行为与经营绩效研究	赵懿清	会计学院	全国哲学社会科学规划办公室	论文集 研究报告	2015. 3
全球百年人口结构变迁对国际资本流动格局的效应研究	朱　超	金融学院	全国哲学社会科学规划办公室	论文集	2014. 12
我国高校教师组织认同的结构及其与工作绩效的关系研究	姜　红	科研处	教育部	论文 咨询报告	2015. 1
马克思主义大众化的传播内容研究	李丽娜	马克思主义学院	教育部	论文 咨询报告	2012. 11
企业会计准则实施的经济后果研究	刘文辉	会计学院	教育部	著作 论文 咨询报告	2014. 10
基于信息技术的企业内部控制缺陷认定与早期预警机制研究	王海林	会计学院	教育部	论文 咨询报告	2014. 6
伦理与企业：企业伦理探源	温宏建	工商管理学院	教育部	专著	2014. 6
基于政府干预亲周期特征的企业投资协同行为研究	赵懿清	会计学院	教育部	论文 研究报告	2015. 1
银行业资本监管有效性的国际比较及中国经验	高杰英	金融学院	教育部留学回国科研启动基金	研究报告	2014. 12
第三部门发展与行政治理变革——基于对北京交道口等4街道的实证调查	徐　君	城市经济与公共管理学院	教育部留学回国科研启动基金	研究报告	2014. 12
北京商务中心区（CBD）服务贸易竞争力研究	康增奎	经济学院	北京市社科规划办公室	研究报告	2013. 9

续表

项目名称	负责人	承担部门	项目来源	成果形式	完成日期
北京市 CPI 变化规律的经验模态分解及驱动因素实证研究	李　雪	经济学院	北京市社科规划办公室	研究报告	2014. 12
北京 OFDI 逆向技术溢出效应对全要素生产率影响程度及政策仿真研究	刘　宏	经济学院	北京市社科规划办公室	专著 研究报告	2014. 12
北京城市公用事业价格形成机制及其管理研究	柳学信	工商管理学院	北京市社科规划办公室	研究报告	2014. 12
北京市的人口增长和调控对策研究	童玉芬	劳动经济学院	北京市社科规划办公室	研究报告	2013. 12
我国特大城市 CBD 金融集聚差异化发展研究	王曼怡	金融学院	北京市社科规划办公室	专著 研究报告	2014. 12
北京率先形成创新驱动发展格局研究	徐则荣	经济学院	北京市社科规划办公室	研究报告	2014. 12
北京市文化管理体制改革的总体研究	张祖群	工商管理学院	北京市社科规划办公室、北京市机构编制委员会	研究报告 论文	2013. 6
中国城市群中农村劳动人口特征比较与就业转移对策研究	纪　韶	劳动经济学院	国务院第六次人口普查领导小组办公室	研究报告	2012. 8
流动人口的现状与变迁研究	亓　昕	劳动经济学院	国务院第六次人口普查领导小组办公室	研究报告	2012. 8
中国城镇化进程中的人口与环境关系研究	童玉芬	劳动经济学院	国务院第六次人口普查领导小组办公室	研究报告	2012. 8
首都土地利用方式转变与土地增效技术研究	王德起	城市经济与公共管理学院	国土资源部	研究报告	2014. 12
国外非营利组织财务管理机制研究	蔡秀云	财政税务学院	民政部	研究报告	2012. 10
志愿者教育培训机制研究	冯　浩	城市经济与公共管理学院	民政部	研究报告	2012. 8
生态文明建设的实现机制研究：基于环境税优化的视角	刘　辉	财政税务学院	中共中央编译局	专著	2015. 7
保险强国评价指标研究	张玉春	统计学院	中国保监会	研究报告 论文	3013. 6
北京居民消费价格指数的编制办法、波动规律及其驱动因素研究	刘　强	统计学院	北京市优秀人才资助项目	研究报告	2014. 6
福利的范围与限度：北京市社会保障模式选择和民生政策走向的制度设计研究	刘业进	城市经济与公共管理学院	北京市优秀人才资助项目	研究报告	2014. 6
首都功能定位及配套政策研究	肖周燕	劳动经济学院	北京市优秀人才资助项目	研究报告	2014. 3

续表

项目名称	负责人	承担部门	项目来源	成果形式	完成日期
北京户外广告创意新趋势研究——以广告和城市环境关系为切入点	许敏玉	文化与传播学院	北京市优秀人才资助项目	研究报告	2014.4
北京市属高校学生学习现状及其影响因素的调查研究	马　力	学生处	北京市教育科学规划办公室	研究报告 论文	2014.10
北京高校青年教师职业生态研究——基于职业幸福感和组织公民行为的视角	杨旭华	劳动经济学院	北京市教育科学规划办公室	研究报告 论文	2014.10
北京文化遗产的教育发掘与实施途经研究	张祖群	工商管理学院	北京市教育科学规划办公室	研究报告 论文	2014.12
北京地区高校青年教师住房保障调查研究	赵秀池	城市经济与公共管理学院	北京市教育科学规划办公室	研究报告	2012.12
思想政治理论课教学设计体系的构建及实践创新研究	成林萍	马克思主义学院	北京市教育工委	研究报告	2013.6
思想道德修养与法律基础课"教学方法群"的构建研究	王小莹	马克思主义学院	北京市教育工委	论文	2013.4
北京市大学生体制健康运动处方系统的设计与实现	贺　慨	体育部	北京市教委	研究报告 计算机软件	2012.12
后危机下 WTO《反倾销协定》修订的法律对策	金晓晨	法学院	北京市教委	研究报告 论文	2013.12
北京城市游憩商业区游客价值研究	李　佳	工商管理学院	北京市教委	研究报告 论文	2013.12
北京市房地产业发展过热与房地产业定位的关系研究	刘水杏	城市经济与公共管理学院	北京市教委	研究报告	2014.1
基于消费者信心的消费行为影响因素实证分析与经济仿真研究	任　韬	统计学院	北京市教委	研究报告 论文	2013.12
基于交通环境承载力的北京市极限机动车保有量预测与路网容量研究	尚华艳	信息学院	北京市教委	论文	2013.12
北京市失业人员再就业培训现状、问题与对策研究	王　静	劳动经济学院	北京市教委	研究报告 论文	2014.7
理性疏忽、粘性信息与经济周期——基于中国数据的实证研究	王　军	经济学院	北京市教委	专著 研究报告 论文	2014.12
促进北京市绿色金融发展的对策研究	王　苹	金融学院	北京市教委	研究报告	2013.8
北京市文物艺术品拍卖现状与法律制度完善	王德山	法学院	北京市教委	研究报告	2013.12
农村宅基地使用权制度研究	王小莹	马克思主义学院	北京市教委	论文	2013.12

续表

项目名称	负责人	承担部门	项目来源	成果形式	完成日期
我国上市公司信息披露公正性评价研究	吴启富	统计学院	北京市教委	研究报告 论文	2013. 12
创新愿景、路径创造与高技术企业的可持续发展——基于北京市高技术企业的研究	尹丽萍	工商管理学院	北京市教委	研究报告 论文	2013. 12
财务重述与上市公司外部监管效率研究	于　鹏	会计学院	北京市教委	论文	2013. 12
华兹华斯诗歌跨宗教文化视角研究	张宏峰	外语系	北京市教委	专著	2013. 12
基于中外创业板市场的企业估值方法研究	张晓慧	财政税务学院	北京市教委	研究报告	2013. 12
资源空间配置效应对北京发展方式转变影响研究	周明生	经济学院	北京市教委	研究报告 论文	2013. 12

2012 年首都经济贸易大学校级科研项目

项目名称	负责人	承担部门	成果形式	完成日期
新城建设中土地流转与农民安置问题研究	陈　飞	城市经济与公共管理学院	研究报告	2012. 12
中介语特殊句式的化石化现象探析	崔淑燕	国际学院	研究报告 论文	2012. 12
北京市低碳城市建设目标与政策体系	单吉堃	城市经济与公共管理学院	研究报告	2012. 12
低碳经济与可持续发展政策的国际比较	杜　军	经济学院	论文	2012. 12
高校人文环境构建研究	方俊青	外语系	论文	2012. 12
基于管理控制系统的政府部门绩效评估体系研究——以北京市为例	何　晴	财政税务学院	研究报告 论文	2012. 12
中国特色社会主义发展理论的形成和发展	何绍铭	马克思主义学院	研究报告	2012. 12
外资流入与宏观经济的关系研究	黄　璐	金融学院	研究报告	2012. 12
新形势下商业保险的发展策略研究——基于近年来社会保险快速的背景	李文中	金融学院	研究报告 论文	2012. 12
中美国民对中国刻板印象之跨文化研究	刘　丽	外语系	研究报告 论文	2012. 12
北京世界城市建设中商务语言文化架构研究	刘燕梅	外语系	研究报告 论文	2012. 12
高校突发事件网络舆情的引导研究	卢　山	信息学院	研究报告 论文	2012. 12
我国城市公交行业的六位一体改革研究	卢　宇	工商管理学院	研究报告	2012. 12
北京市老旧小区管理的难点——房改房产权制度改革研究	马洪波	城市经济与公共管理学院	研究报告 论文	2012. 12
中国广告在文化传播中的多维选择与定位	母晓文	文化与传播学院	论文 研究报告	2012. 12

续表

项目名称	负责人	承担部门	成果形式	完成日期
我国碳排放权交易市场创建与机制设计的综合研究	聂　力	统计学院	研究报告 论文	2012. 12
企业社会责任的披露与监管	申慧慧	会计学院	论文	2012. 12
劳动争议仲裁制度研究	盛龙飞	劳动经济学院	论文	2012. 12
上海永安公司创新经营经验研究	苏　威	经济学院	研究报告	2012. 12
北京城市形象建设中标识性语言翻译文本研究	孙　丽	外语系	研究报告	2012. 12
北京市高校学生体质现状与健康促进的研究	孙　杨	体育部	论文	2012. 12
通货膨胀压力下中国经济发展模式的转变与对外金融资产的积累	唐伟霞	金融学院	研究报告	2012. 12
丰台科技园区管理体制转变与集团化管理研究	涂建民	工商管理学院	研究报告	2012. 12
体育项目对大学生心理健康水平研究	王　伟	体育部	论文	2012. 12
北京市发展循环经济路径与实施对策研究	王　颖	马克思主义学院	论文	2012. 12
犯罪动机情节在死刑裁量中的具体运用	王剑波	法学院	研究报告	2012. 12
基于成长期权的创业板公司投融资策略研究	王哲兵	会计学院	研究报告 论文	2012. 12
知识型员工自我管理运行机制的系统研究	魏华颖	劳动经济学院	论文 研究报告	2012. 12
城市场一体化的测度与评价——以京津冀为例	邬晓霞	城市经济与公共管理学院	研究报告	2012. 12
北京市灵活就业政策及其执行效果研究	吴　江	劳动经济学院	论文 研究报告	2012. 12
顺义空港物流基地国际物流便利化水平调查研究	杨　莉	工商管理学院	研究报告	2012. 12
大学教师组织公民行为结构和影响因素的实证研究	杨旭华	劳动经济学院	论文 研究报告	2012. 12
基于资本成本的我国企业投融资决策优化研究	袁光华	会计学院	论文	2012. 12
缺失数据下半参数可加模型的统计推断及其在信用风险研究中的应用	张　娟	统计学院	研究报告 论文	2012. 12
金融时间序列聚类分析及其应用研究	张贝贝	统计学院	论文	2012. 12
后危机时代 FDI 视角下我国产业升级问题研究	赵　琼	财政税务学院	研究报告	2012. 12
影响我国 FDI 技术溢出效应与 OFDI 逆向技术溢出效应因素的比较	赵　涛	经济学院	论文	2012. 12
网络环境中著作权侵权问题研究	周　平	法学院	研究报告	2012. 12
北京市汽车服务供应链结构特征与管理策略研究	周永强	工商管理学院	论文	2012. 12
比较文学与文化视阈中的都城文学想象	朱　琳	文化与传播学院	论文	2012. 12
金融危机的微观经济学分析	朱京曼	经济学院	论文	2012. 12

（首都经济贸易大学科研处供稿）

北京工商大学

2012 年国家或省部级社科研究项目

项目名称	负责人	承担部门	项目来源	成果形式	完成日期
微博政治参与和社会主义民主建设研究	赵春丽	法学院（马克思主义学院）	国家社科基金	研究报告论文	2014.12
松辽区域文化的可持续发展研究	田建华	法学院（马克思主义学院）	国家社科基金	研究报告论文	2014.12
我国特殊贫困地区加快发展的障碍与对策研究	龚晓菊	经济学院	国家社科基金	研究报告论文	2014.12
消费者视角下零售商品牌价值评价模型构建研究	张　蕙	经济学院	国家社科基金	研究报告论文	2014.12
基于分位数回归的时空数据分析及应用研究	罗玉波	经济学院	国家社科基金	研究报告论文	2014.12
大规模侵权救济机制法律问题研究	刘道远	法学院（马克思主义学院）	国家社科基金	研究报告论文	2014.12
农民财产权保障视角下的土地征收补偿制度研究	董　彪	法学院（马克思主义学院）	国家社科基金	研究报告论文	2014.12
中国品牌跨文化传播战略研究	张景云	商学院	国家社科基金	研究报告论文	2014.12
集团财务公司风险控制与投资者保护	袁　琳	商学院	国家社科基金	研究报告论文	2014.12
拓宽农产品流通渠道管理制度研究	郭崇义	商学院	国家社科基金	研究报告论文	2014.12
改革开放以来中国电视娱乐栏目价值取向的变迁	董华峰	艺术与传媒学院	国家社科基金	研究报告论文	2014.12
政府购买服务的理论与实践研究	魏中龙	商学院	国家社科基金后期资助项目	专著	2014.12
UGC 情境下顾客参与自助服务补救研究：维度构建、影响因素和机制研究	彭艳君	商学院	国家自然科学基金	研究报告论文	2015.12
区域差异视角下我国农村金融体系构建研究	杨德勇	经济学院	国家自然科学基金	研究报告论文	2015.12
公开债务融资的动因与治理效应研究	毛新述	经济学院	国家自然科学基金	研究报告论文	2015.12
未成年人民事诉讼专门程序研究	俞　亮	法学院（马克思主义学院）	教育部	研究报告论文	2014.12
参考价格对创新产品消费者支付意愿分布离散性影响研究	陈立彬	商学院	教育部	研究报告论文	2014.12
技术标准形成过程中的规制作用机理研究	高俊光	商学院	教育部	研究报告论文	2014.12
盈余波动对公司价值的作用机理研究	刘　婷	商学院	教育部	研究报告论文	2014.12

续表

项目名称	负责人	承担部门	项目来源	成果形式	完成日期
基于扎根理论的国有非上市公司外部董事管理机制研究	孙玥璠	商学院	教育部	研究报告论文	2014.12
产权配置对企业纵向经营边界的影响及其经济后果研究	张伟华	商学院	教育部	研究报告论文	2014.12
基于顾客体验视角的在线冲动性购买行为研究	张运来	商学院	教育部	研究报告论文	2014.12
政治关联、企业绩效与权益资本成本——基于中国民营企业的研究	赵峰	商学院	教育部	研究报告论文	2014.12
创业型经济创新商业模式与创业板上市公司信息披露战略性重构	王仲兵	商学院	教育部	研究报告论文	2014.12
我国现代服务业发展机制及对策研究	孙永波	商学院	教育部	研究报告论文	2014.12
CFO权力的测度、决定因素与经济后果研究	王斌	商学院	教育部	研究报告论文	2014.12
零售商品牌价值构成要素及培育路径研究	张蕙	经济学院	教育部	研究报告论文	2014.12
首都绿色农业金融发展机制研究——基于供应链金融的探讨	张伟	经济学院	教育部	研究报告论文	2014.12
转型社会的公正研究	杜凡	法学院（马克思主义学院）	教育部	研究报告论文	2014.12
中国农村金融组织结构优化研究	张正平	经济学院	教育部后期资助	专著	2014.12
北京生产性服务业与区域经济发展互动机制研究	张耘	商学院	北京市哲学社会科学规划项目	研究报告论文	2015.12
北京新能源产业发展的融资支持研究——基于绿色金融的视角	徐丹丹	经济学院	北京市哲学社会科学规划项目	研究报告论文	2015.12
北京居民农产品供应保障体系建设研究	郭崇义	商学院	北京市哲学社会科学规划项目	研究报告论文	2015.12
北京市中小企业社会责任管理研究	刘文纲	商学院	北京市哲学社会科学规划项目	研究报告论文	2015.12
北京市中小型生产性服务企业创新管理案例研究	庞毅	商学院	北京市哲学社会科学规划项目	研究报告论文	2015.12
金融衍生品监管与会计准则变革——基于宏观审慎政策的视角	陈凌云	商学院	北京市哲学社会科学规划项目	研究报告论文	2015.12
首都流通业与京津冀区域经济协同发展研究	李丽	经济学院	北京市哲学社会科学规划项目	研究报告论文	2015.12
青少年色彩审美心理建构途径研究	朱慧	艺术与传媒学院	北京市哲学社会科学规划项目	研究报告论文	2015.12

续表

项目名称	负责人	承担部门	项目来源	成果形式	完成日期
北京市粮食价格形成机制研究	李　宁	商学院	北京市哲学社会科学规划项目	研究报告论文	2015.12
基于复杂系统理论的北京市中心城区交通拥堵综合治理研究	杨浩雄	商学院	北京市哲学社会科学规划项目	研究报告论文	2015.12
首都高校大学生对应激性生活事件的情感反应和行为决策研究	陈红敏	体育与艺术教学部	北京市哲学社会科学规划项目	研究报告论文	2015.12
北京市经营性国有资产管理体制研究	崔学刚	商学院	北京市哲学社会科学规划项目	研究报告论文	2015.12
监督与增值服务：来自创业投资参股IPO公司的经验证据	王力军	商学院	北京市自然科学基金项目	研究报告论文	2015.12
北京文化创意产业集群效应研究	李朝鲜	经济学院	北京市教委科研计划重点项目	研究报告论文	2015.12
北京零售企业自有品牌战略研究	王国顺	商学院	北京市教委科研计划重点项目	研究报告论文	2015.12
知识产权质押融资制度设计与创新模式研究	刘筠筠	法学院（马克思主义学院）	北京市教委科研计划重点项目	研究报告论文	2015.12
北京市率先形成消费拉动型经济发展模式研究——基于居民消费的视角	魏中龙	商学院	北京市教委科研计划重点项目	研究报告论文	2015.12
人口老龄化背景下北京市城镇职工养老保险制度研究——政策选择和数值模拟	徐　徐	经济学院	北京市委组织部优秀人才资助项目	研究报告论文	2014.12
石油价格传导效应及其对北京市经济增长影响研究	杨晓华	经济学院	北京市委组织部优秀人才资助项目	研究报告论文	2014.12
基于贝叶斯网络的首都城市交通研究	尹玉良	经济学院	北京市委组织部优秀人才资助项目	研究报告论文	2014.12
品牌伦理价值建构研究	刘红菊	艺术与传媒学院	北京市委组织部优秀人才资助项目	研究报告论文	2014.12
政府的新媒体舆论引导能力研究	赵春丽	法学院（马克思主义学院）	北京市委组织部优秀人才资助项目	研究报告论文	2014.12
基于国际分工视角的北京服务贸易发展研究	侯海英	商学院	北京市教委科研计划人文社科一般项目	研究报告论文	2014.12
北京市生态建设社会化途径研究	张　予	经济学院	北京市教委科研计划人文社科一般项目	研究报告论文	2014.12
组织文化的个体转化机制研究：基于组织认同的理论框架及实证分析	周　燕	商学院	北京市教委科研计划人文社科一般项目	研究报告论文	2014.12
顾客——企业价值共创过程中顾客参与的整合管理研究	彭艳君	商学院	北京市教委科研计划人文社科一般项目	研究报告论文	2014.12
北京市突发事件应急资源保障体系优化设计研究	王　晶	商学院	北京市教委科研计划人文社科一般项目	研究报告论文	2014.12

续表

项目名称	负责人	承担部门	项目来源	成果形式	完成日期
北京市粮食价格的影响因素、形成机制与稳定策略研究	李　宁	商学院	北京市教委科研计划人文社科一般项目	研究报告论文	2014.12
符号学视域下的北京精神研究	王妍慧	艺术与传媒学院	北京市教委科研计划人文社科一般项目	研究报告论文	2014.12
北京市企业规章制度与法制的衔接现状和改善研究	张羽君	法学院（马克思主义学院）	北京市教委科研计划人文社科一般项目	研究报告论文	2014.12
三网融合背景下中国电视新闻发展路径探究——美国三网融合的经验给中国的启示	连少英	艺术与传媒学院	广电总局项目	研究报告	2014.12
中国电影创作战略——基于十家电影公司的样本分析	杨　柳	艺术与传媒学院	广电总局项目	研究报告	2014.12
我国社会主义审计制度的特征和基本经验研究	赵保卿	商学院	审计署项目	研究报告	2014.12
糖料市场、贸易及产业政策研究	刘晓雪	经济学院	农业部	研究报告	2014.12

2012 年北京工商大学校级人文社科研究项目

项目名称	负责人	承担部门	成果形式	完成日期
商业企业的社会责任建设策略研究	王　勇	商学院	论文	2014.10
互联网环境中企业如何开展品牌危机传播	公克迪	艺术与传媒学院	论文	2014.10
基于贝叶斯网络的城市交通研究	尹玉良	经济学院	论文	2014.10
英美小说与叙事理论中的空间问题研究	孔海龙	外国语学院	论文	2014.10
基于移动终端的高校科研成果展示应用——以北工商为例	吕燕茹	艺术与传媒学院	论文	2014.10
语料库视角的中国商业银行制度合法性研究	朱　蓉	外国语学院	论文	2014.10
传统艺术生存与现代动画发展之间的互动关系应用研究	严　励	艺术与传媒学院	论文	2014.10
口译技能训练和大学生英语语言思维培养实证研究	李学勤	外国语学院	论文	2014.10
在大学体育课堂中辅以心理健康教育模式的研究	杨君建	体育与艺术教学部	论文	2014.10
和谐政党关系视野下的参政党监督研究	张宏伟	法学院（马克思主义学院）	论文	2014.10
美国设计教育对中国设计教育的启示作用研究	陈　思	艺术与传媒学院	论文	2014.10
企业培训对校本课程的启示研究	周付安	经济学院	论文	2014.10
物流信息服务平台数据质量研究	周永圣	商学院	论文	2014.10
新形势下我国企业运营资本管理体系创新模式研究	徐小茗	经济学院	论文	2014.10
科技型中小企业上市融资研究	徐　凤	经济学院	论文	2014.10
基于社会网络分析视角的微博网络舆论传播模式研究	黄婉秋	经济学院	论文	2014.10
基于 SNS 的大学生非正式学习现状与对策研究	曹　刚	经济学院	论文	2014.10

续表

项目名称	负责人	承担部门	成果形式	完成日期
北京市体育与旅游服务业互动关系要素相关度分析研究	崔　正	商学院	论文	2014.10
广告摄影的色彩构成与品牌表现研究——以时尚品牌迪奥和安娜苏为例	蒋永华	艺术与传媒学院	论文	2014.10
我国企业对外直接投资的绩效与发展趋势研究	王　卓	马克思主义学院	专著	2014.10
黑白画装饰原理	张　帆	艺术与传媒学院	专著	2014.10
我国消费者在线冲动性购买形成机理及策略研究	张运来	商学院	专著	2014.10
企业内部控制体系的构建、实施和评价	张继德	商学院	专著	2014.10
新媒体时代公民隐私的侵害与保护研究	张慧子	艺术与传媒学院	专著	2014.10
创新产品消费者支付意愿分布变动成因研究	陈立彬	经济学院	专著	2014.10
动画片声音制作	欧阳玥	艺术与传媒学院	专著	2014.10
低碳旅游景区建设的理论与实践	侯晓丽	商学院	专著	2014.10
流通企业价值链管理创新研究	崔学刚	商学院	专著	2014.10
高等学校本科教学综合改革——试点学院的运行与管理研究	王国顺	商学院	研究报告	2014.12
服务本科教学综合改革的教学运行模式研究	李海生	计算机与信息工程学院	研究报告	2014.12
我校本科教学综合改革试点专业建设与人才培养体系研究	张　伟	经济学院	研究报告	2014.12
“法商结合”人才培养模式的构建	郝琳琳	法学院（马克思主义学院）	研究报告	2014.12
专业导师制与本科生职业规划的研究与实践	张玉霞	材料与机械工程学院	研究报告	2014.12
同伴教学法在大学物理课堂教学中的应用	李宝河	理学院	研究报告	2014.12
基于任务驱动的信息管理与信息系统专业课程体系研究	王　雯	计算机与信息工程学院	研究报告	2014.12
重激励的过程化课程考核体系研究与构建	谭　励	计算机与信息工程学院	研究报告	2014.12
财政学考试创新实践与教学改革研究	吴　强	经济学院	研究报告	2014.12
提高大学生数学课程参与度的研究	马玉兰	理学院	研究报告	2014.12
面向创新创业教育的财务管理课程体系建设研究	王力军	商学院	研究报告	2014.12
会计学专业创新人才培养模式研究——基于国际化背景下的探索	毛新述	商学院	研究报告	2014.12
课外体育健身俱乐部的教学研究与实践	王立红	体育与艺术教学部	研究报告	2014.12
基于我校试点专业大学英语课程教改方案的设想	关　涛	外国语学院	研究报告	2014.12
探索共生价值，创新交集模式——“艺术学”门类下艺术与设计各专业跨界发展研究	郑子云	艺术与传媒学院	研究报告	2014.12
基于教学研究型大学建设的本科教学改革比较研究	施　枫	北京工商大学	研究报告	2014.12

续表

项目名称	负责人	承担部门	成果形式	完成日期
基于开放实验教学的实验室建设与管理模式创新研究	郭馨梅	经济学院	研究报告	2014.12
基于大学生个性化发展的文科高等数学改革的研究与发展	吴巧梅	理学院	研究报告	2014.12
体育教学改革的动力机制及整体规划研究	张文艳	体育与艺术教学部	研究报告	2014.12
《国际贸易实务》课程案例库建设	李时民	经济学院	研究报告	2014.12
商法学标准化题库建设	白慧林	法学院（马克思主义学院）	研究报告	2014.12
中外大学经济学教学比较研究	徐秋慧	经济学院	研究报告	2014.12
上大学，学《大学》——《思想道德修养》本科教学改革探索	杜　凡	商学院	研究报告	2014.12
项目教学法在“微机原理与应用”课程中的实践	吴　雪	法学院	研究报告	2014.12
打造核心竞争力——新闻学特色教学理念的深化与课程体系的优化研究	蔡海龙	艺术与传媒学院	研究报告	2014.12
地方高校构建本科教学质量监控体系的中外比较研究	王　轶	科学技术处	研究报告	2014.12
高校图书馆课程导引服务体系实践研究	张　南	北京工商大学	研究报告	2014.12

（北京工商大学科学技术处供稿）

北京工业大学

2012 年承担国家或省部级等社科研究项目

项目名称	负责人	所属部门	项目分类	成果形式	计划完成日期
社会主义核心价值体系大众化面临的挑战与对策研究	阚和庆	马克思主义学院	国家社会科学基金项目	研究报告 论文	2014.12
面向中国特色社会管理实践的社会秩序理论构建研究	高　峰	马克思主义学院	国家社会科学基金项目	研究报告 论文	2014.1
城市化进程中农民工的就业歧视及其风险研究	冯　虹	校领导	国家社会科学基金项目	研究报告 论文	2015.6
新技术应用领域转移研究	吴菲菲	经管学院	国家社会科学基金项目	研究报告 论文	2014.12
新能源产品国际市场准入权研究	廖　玫	经管学院	国家社会科学基金项目	研究报告 论文	2015.5
制度+科技+文化：三元视角下的高校廉政风险防控框架研究	龚　裕	校领导	教育部人文社科项目	研究报告 论文	2013.12
基于创先争优活动的高校推进党的建设科学化的探索	高　峰	马克思主义学院	教育部人文社科项目	研究报告 论文	2013.12
中国政府环境规制影响低碳经济发展的理论与实证研究	谭　娟	经管学院	教育部人文社科项目	研究报告 论文	2013.12
项目基于现代服务业的中国设计产业研究	胡　鸿	建规学院	教育部人文社科项目	研究报告 论文	2013.12

续表

项目名称	负责人	所属部门	项目分类	成果形式	计划完成日期
世界城市高等教育的基本特征、发展经验及其对北京的启示	金保华	校办党办	教育部人文社科项目	研究报告 论文	2013. 12
基于空间权的北京城市公共建设用地分层利用规制研究	李　强	建规学院	教育部人文社科项目	研究报告 论文	2013. 12
体育竞赛中越轨行为及其法律控制研究	韩新君	体育部	教育部人文社科项目	研究报告 论文	2013. 12
我国专利资产证券化的法律制度研究	季景书	后勤管理处	教育部人文社科项目	研究报告 论文	2013. 12
北京市上市公司财务重述现状与控制机制研究	尚洪涛	经管学院	北京市教委社科计划重点	研究报告 论文	2014. 12
运用传统手工艺和现代工业设计手段改良京剧乐器产品的设计研究	贾荣建	艺术设计学院	北京市教委社科计划重点	研究报告 论文	2013. 12
汽车制造企事业的商业生态系统运行机制研究	顾力刚	经管学院	北京市教委社科计划重点	研究报告 论文	2013. 12
北京城市商业银行碳金融业务X效率分析	张文远	经管学院	北京市教委社科计划重点	研究报告 论文	2013. 12
我国高等教育实行以多因素拨款为核心的综合预算管理模式研究	李国俊	纪检监察审计处	北京市教育科学规划项目	研究报告 论文	2012. 12

（北京工业大学科技处张爱民供稿）

北京林业大学

2012年承担国家或省部级社科研究项目

项目名称	负责人	承担部门	项目来源	成果形式	计划完成日期
新时期我国中小学校自主变革的价值取向研究	宋兵波	人文社会科学学院	全国教育科学规划领导小组办公室	论文 研究报告	2012. 12
北京市高新技术企业绿色创业导向的驱动因素和绩效转化机制研究	李华晶	经济管理学院	北京市自然科学基金委员会办公室	论文 研究报告	2014. 6
“十三五”时期社会对林业需求变化及影响因素	温亚利	经济管理学院	国家林业局	论文 研究报告	2014. 10
林下经济理论和政策研究	陈建成	经济管理学院	国家林业局	论文 研究报告	2013. 10
修订《森林病虫害防治条例》	徐　平	人文社会科学学院	国家林业局	论文 研究报告	2013. 9
研究建立林业有害生物损失核算及其预警模型	张　颖	经济管理学院	国家林业局	论文 研究报告	2012. 12
北京市林产品绿色政府采购政策研究	李小勇	经济管理学院	北京市哲学社会科学规划办公室	论文 研究报告	2013. 12

续表

项目名称	负责人	承担部门	项目来源	成果形式	计划完成日期
北京市外来务工农村劳动力职业技能培训政策评估	汪　雯	经济管理学院	北京市哲学社会科学规划办公室	论文 研究报告	2014.9
密云水库流域生态补偿研究	周建华	经济管理学院	北京市哲学社会科学规划办公室	论文 研究报告	2014.12
北京市幼小衔接教育环境生态系统模式的构建与应用	雷秀雅	人文社会科学学院	北京市哲学社会科学规划办公室	论文 研究报告	2014.4
新企业绿色创业导向的驱动因素和绩效转化机制研究	李华晶	经济管理学院	国家自然科学基金委员会	论文 研究报告	2015.12
基于CAS与SD交互模型的中国木材供需预测研究	程宝栋	经济管理学院	国家自然科学基金委员会	论文 研究报告	2015.12
辽宁省集体林权制度改革跟踪监测农户生计问题研究	温亚利	经济管理学院	国家林业局	论文 研究报告	2012.12
集体林权制度改革农民权益保护跟踪观察与分析	吴守蓉	人文社会科学学院	国家林业局	论文 研究报告	2013.8
主要发达经济体服务业研发创新激励政策与我国的政策选择研究	付亦重	经济管理学院	全国哲学社会科学规划办公室	研究报告	2013.12
林业行政许可案件整理与归档研究	李媛辉	人文社会科学学院	国家林业局	论文 研究报告	2013.2
生态文明指标体系研究	严　耕	人文社会科学学院	国家林业局	论文 研究报告	2013.5
国有林场贫困标准研究	刘俊昌	经济管理学院	国家林业局	论文 研究报告	2013.4
规范性文件汇总研究	李媛辉	人文社会科学学院	国家林业局	论文 研究报告	2012.12
林业行政许可公告修改研究	徐　平	人文社会科学学院	国家林业局	论文 研究报告	2012.11
辽宁省集体林权制度改革跟踪监测	温亚利	经济管理学院	国家林业局	论文 研究报告	2012.12
林业行政复议案件立卷归档研究	徐　平	人文社会科学学院	国家林业局	论文 研究报告	2012.12
我国森林保险制度设计运行机制研究子课题	张卫民	经济管理学院	国家林业局	论文 研究报告	2012.12
基于资源基础视角的中国木材产业竞争力来源研究	印中华	经济管理学院	教育部	论文 咨询报告	2013.12
集体林权改革后林区农户集群创业的机理与培育路径研究	薛永基	经济管理学院	教育部	论文 咨询报告	2014.12
当代艺术研究——“中国文脉”与国家文化战略	郭　茜	材料科学与技术学院	教育部	论文 咨询报告	2014.5

续表

项目名称	负责人	承担部门	项目来源	成果形式	计划完成日期
基层公职人员离职意愿识别及作用机理研究——基于离职扩展准则的视角	张玉静	经济管理学院	教育部	著作 论文 咨询报告	2014.12
森林保险制度选择及保费补贴试点实证与仿真	马　宁	经济管理学院	教育部	著作 论文 咨询报告	2014.12
我国林业创新工程技术人才培养模式研究	李　勇	高教研究室	教育部	论文 咨询报告	2013.12
当代大学生对马克思主义中国化最新成果接受状况及规律研究	姜恩来	党政办公室	教育部	论文 咨询报告	2012.12
森林资源资产评估咨询人员知识体系构建研究	张卫民	经济管理学院	国家林业局	论文 研究报告	2013.6

（北京林业大学科技处张力供稿）

北京联合大学

2012 年承担国家或省部级等社科研究项目及校级项目

项目名称	负责人	承担部门	项目来源	成果形式	完成日期
大学生健康体育实施模式研究	冯　霞	应用文理学院	国家社科基金项目	研究报告 论文	2015.6
国家层面的私人档案信息资源体系建设研究	孙爱萍	应用文理学院	国家社科基金项目	专著	2012.12
保持党的纯洁性研究	韩　强	人文社会科学部	国家社科基金项目	研究报告 专著	2014.12
5—8 世纪汉地佛像服饰	陈悦新	应用文理学院	国家社科基金项目	专著	2013.9
《旅游学刊》国家社科基金学术期刊资助	黄先开	党委（校长）办公室	国家社科基金项目	期刊	2013.7
西方新纪录电影及其导演研究	孙红云	应用文理学院	国家社科基金项目	专著	2012.12
台湾民进党政治生态发展趋势研究	陈　星	台湾研究院	国家社科基金项目	专著	2014.12
海峡两岸政治关系研究（1949—2014）	朱松岭	台湾研究院	国家社科基金项目	专著	2015.12
加强人大常委会依法行使监督权的途径研究	徐永利	党委（校长）办公室	国家社科基金项目	论文 专著	2014.9
我国高端装备制造业转型升级的模式及实现路径研究	邓晓虹	商务学院	国家社科基金项目	研究报告	2014.6
湖北省郧县人遗址发掘研究报告	冯小波	应用文理学院	国家社科基金项目	研究报告 专著	2015.12
我国保障性住房市场板块化设计与动态管理研究	张远索	应用文理学院	国家社科基金项目	论文 研究报告	2014.9

续表

项目名称	负责人	承担部门	项目来源	成果形式	完成日期
《共产党宣言》创作史问题研究	李　锐	师范学院	国家社科基金项目	论文 研究报告	2015.12
我国超大城市人口调控及“城市病”防治研究	刘　洁	商务学院	国家社科基金项目	研究报告	2013.12
《1861—1863 年经济学手稿》文本研究	李　锐	师范学院	教育部人文社科研究项目	论文 研究报告	2015.3
语言类型学视角的中国手语定中语序调查研究	吕会华	人文社会科学部	教育部人文社科研究项目	论文 研究报告 资料库	2014.12
基督宗教与近现代中国社会工作	左芙蓉	应用文理学院	教育部人文社科研究项目	专著	2014.12
交汇、互动与认同——北京民族史研究	于　洪	应用文理学院	教育部人文社科研究项目	著作	2014.12
我国文化创意产业实践社区运营模式及政策应用研究	季　皓	商务学院	教育部人文社科研究项目	专著 论文	2014.10
基于《国内旅游接待统计体系方案》的评价指标体系建构研究	李　享	旅游学院	中央其他部门社科专门项目	研究报告	2014.11
人大专门委员会制度研究	王维国	人大研究所	中央其他部门社科专门项目	论文 研究报告	2013.12
商晚期青铜方鼎范铸模拟实验研究	张　经	应用文理学院	中央其他部门社科专门项目	论文 研究报告	2014.6
旅游业与资源枯竭型城市转型研究	张金山	旅游学院	中央其他部门社科专门项目	研究报告	2013.4
北京联合大学中青年教师专业发展支持体系的研究与实践	付晨光	党委（校长）办公室	地、市、厅、局等政府部门项目	研究报告	2014.12
首都大学生北京精神培育研究	宋志强	人文社会科学部	省、市、自治区社科基金项目	研究论文	2014.12
特教教师专业发展的内容及实施研究	刘全礼	特殊教育学院	省、市、自治区社科基金项目	专著 研究报告	2014.12
基于企业行业实践的听力障碍大学生就业促进模式研究	周　博	特殊教育学院	省、市、自治区社科基金项目	论文 研究报告	2015.12
北京市企业的自主创新研究	张泽一	商务学院	省、市、自治区社科基金项目	专著	2013.6
北京学研究报告 2012	张宝秀	应用文理学院	省、市、自治区社科基金项目	研究报告	2013.3
北京市属高校中青年教师专业化发展状况与院校支持策略研究	曲学利	人事处	省、市、自治区社科基金项目	论文 研究报告	2014.12
邪教的文化策略研究	徐永利	党委（校长）办公室	省、市、自治区社科基金项目	研究报告	2013.12

续表

项目名称	负责人	承担部门	项目来源	成果形式	完成日期
北京城市文化旅游发展主导模式研究	董恒年	应用文理学院	省、市、自治区社科基金项目	论文 论文集	2013. 12
北京市保障性住房运行机制研究	张远索	应用文理学院	省、市、自治区社科基金项目	论文 研究报告	2014. 3
北京文化日历构建研究	张　勃	北京学研究所	省、市、自治区社科基金项目	研究报告	2013. 12
北京历史文化街区保护模式研究	朱永杰	北京学研究所	省、市、自治区社科基金项目	研究报告 论文集	2013. 10
社区空巢老人的团体心理辅导模式及效果研究	曾美英	师范学院	省、市、自治区社科基金项目	研究报告	2014. 6
基于北京文化创意产业特点的微电影创作传播机制问题与对策研究	孔昭林	广告学院	省、市、自治区社科基金项目	专著	2014. 4
北京博物馆文化旅游质量提升研究	王　静	旅游学院	省、市、自治区社科基金项目	研究报告	2013. 12
北京市典当融资立法研究——基于金融法二元规范结构的视角	郭娅丽	商务学院	省、市、自治区社科基金项目	研究报告 其他	2013. 12
出版《数学万花筒》系列科普动画片音像制品	周玉基	师范学院	省、市、自治区社科基金项目	专著	2013. 6
就业能力视角下的首都大学生就业结构性失衡问题研究	汪昕宇	生物化学工程学院	省教育厅社科项目	研究报告 论文	2013. 12
北京历史文化街区旅游开发对其传统地方性保护的影响研究——以南锣鼓巷为例	成志芬	北京学研究所	校级课题	论文 研究报告	2014. 12
我校预算管理的机制创新与应用研究	张艳秋	财务处	校级课题	论文 研究报告	2014. 12
北京金融后台服务产业发展与金融中心城市建设	傅巧灵	管理学院	校级课题	论文	2015. 12
我国创新型工程科技人才培养效用与机制研究	盛晓娟	管理学院	校级课题	论文 专著	2014. 5
中国期刊产业的数字出版研究	陈冠兰	广告学院	校级课题	论文 研究报告	2014. 12
基于对外依存度分析的我国旅游服务贸易发展对策研究	孙梦阳	旅游学院	校级课题	论文 研究报告	2015. 1
北京城中轴线廊道遗产价值与旅游利用研究	李　飞	旅游学院	校级课题	论文 研究报告	2014. 12
新媒体技术的发展对社会影响力研究	杭孝平	人事处	校级课题	论文 研究报告	2015. 1
寿险业发展与扩大消费内需的关系	史丽媛	商务学院	校级课题	论文 研究报告	2014. 12

续表

项目名称	负责人	承担部门	项目来源	成果形式	完成日期
北京地区科技型中小企业人力资源外包风险研究	李新娥	生化学院	校级课题	论文 研究报告	2014.12
基于大学生社交网络行为的人格类型和抑郁情绪识别	张　婍	师范学院	校级课题	论文	2015.1
80后“北漂族”的城市认同与社会心理融合研究	杨金花	师范学院	校级课题	论文 研究报告	2015.1
北京市资源教师岗位适应、功能发挥状况调查及培养培训机制研究	王善峰	特教学院	校级课题	论文 研究报告	2014.12
提升大学英语教师信息素养的对策研究	何　芳	外语部	校级课题	论文	2015.1
以共享为导向的公共档案信息资源配置政策研究	张　敏	文理学院	校级课题	论文 研究报告	2014.1
B2C电子商务中消费者权益的法律保护研究	鞠　晔	文理学院	校级课题	专著	2015.1
九门提督与清代北京城市社会治安管理	李　扬	文理学院	校级课题	论文 研究报告	2015.1
“90后”大学生价值观的特点及教育对策研究	黄大庆	学生处	校级课题	论文 研究报告	2014.6
高等职业教育国际化发展战略及政策研究	李润华	应用科技学院	校级课题	论文 研究报告	2014.12
CG技术在影视创作中的应用和对影视艺术的影响研究	崔亚娟	应用科技学院	校级课题	论文 研究报告	2014.12

（北京联合大学科研处供稿）

首都体育学院

2012年承担国家或省部级等社科研究项目

项目名称	负责人	承担部门	项目来源	成果形式	完成日期
职业运动员国家文化使者的形象塑造与培养途径研究	钟秉枢	体育教育训练学院	国家社会科学基金一般项目	研究报告 专著	2014.2
社区市民团体及其体育志研究	汪　流	休闲与社会体育学院	国家社会科学基金一般项目	研究报告	2013.12
我国城市社区公共体育服务体育研究	李骁天	休闲与社会体育学院	国家社科基金后期资助项目	研究报告	2014.9
文化“走出去”战略背景下中华武术的国际传播研究——以美国为例	孟　涛	武术与表演学院	北京市哲学社会科学规划项目	研究报告	2013.12
北京市中小学生体育锻炼兴趣培养机制的研究	燕　凌	运动科学与健康学院	北京市哲学社会科学规划项目	研究报告	2013.4
构建重大体育赛事媒介传播效果的量化指标体系研究	黄若涛	管理与传播学院	国家体育总局体育哲学社会科学研究项目	研究报告	2013.9

续表

项目名称	负责人	承担部门	项目来源	成果形式	完成日期
体育赛事与体育旅游互动发展对北京建设国际体育中心城市的推动研究	李骁天	休闲与社会体育学院	国家体育总局体育哲学社会科学研究项目	论文	2013.9
中国武术全面国际化传播的举国战略研究	张长念	武术与表演学院	国家体育总局体育哲学社会科学研究项目	研究报告	2013.9
中国大、中、小学体育课程一体化模式的构建	王皋华	国际教育学院	教育部人文社会科学研究规划基金项目	研究报告	2015.2
国际象棋训练对青少年问题解决能力的影响	谢　军	运动科学与健康学院	北京市教委社科计划重点项目	专著 研究报告 论文	2013.12
北京市职工体育理论与实践的创新研究	李相如	休闲与社会体育学院	北京市教委社科计划重点项目	研究报告 论文	2013.12
促进北京体育赛事经济发展的研究	骆秉全	管理与传播学院	北京市教委社科计划重点项目	研究报告 论文	2013.12

（首都体育学院科研处罗笛供稿）

外交学院

2012年承担国家或省部级等社科研究项目

项目名称	负责人	承担部门	项目来源	成果形式	完成日期
外交评论（学术期刊资助项目）	陈志瑞	学报编辑部	国家社科基金	期刊	2013.11
未来十年上海合作组织的发展趋势及其影响因素研究	高　飞	外交学系	国家社科基金	专著	2015.1
中国在非洲的国家形象形成机制与演变规律研究	冉继军	英语系	国家社科基金	专著	2015.12
请求权基础探寻方法：展开民法的公因式	吴香香	国际法系	教育部	专著	2015.1
影响公共外交受众心理的路径分析	陈雪飞	外交学系	教育部	论文 咨询报告	2013.12
从“制度困境”看全球治理体制的改革与中国对策	卢　静	国际关系研究所	教育部	著作 论文	2015.4
新古典现实主义与外交政策理论的新发展	陈志瑞	学报编辑部	教育部	著作	2013.10
当代外交理念和体制的调适与转型	王春英	外交学系	北京市教委	专著	2012.9
复杂系统思维与中国外交战略规划（共建项目）	王　帆	国际关系研究所	北京市教委	专著	2013.9
北京市大学生跨文化交际能力现状调查与发展模式探究	黄文红	英语系	北京市教育科学规划领导小组	研究报告	2014.6
马克思主义文化动力观研究——基于马克思主义经典著作的理解	张明霞	基础部	北京市哲学社会科学规划办公室	研究或咨询报告	2015.5

续表

项目名称	负责人	承担部门	项目来源	成果形式	完成日期
北京市外国驻华使馆的历史与现状	李潜虞	外交学系	北京市哲学社会科学规划办公室	论文	2014. 1
国际新媒体与中国北京政治安全研究	张历历	外交学系	北京市哲学社会科学规划办公室	研究或咨询报告	2013. 6
国际视野中的"北京精神"：文化传播与影响力研究	朱立群	国际关系研究所	北京市哲学社会科学规划办公室	研究或咨询报告	2013. 12
北京建设中国特色世界城市中的外国人管理机制研究	万 霞	国际法系	北京市哲学社会科学规划办公室	专著	2014. 6
国际组织总部与北京世界城市建设研究	高 飞	外交学系	北京市哲学社会科学规划办公室	研究或咨询报告	2014. 12
美国、欧盟及日本科研经费管理经验及其对中国的启示	徐赤宇	院长办公室	北京市哲学社会科学规划办公室	专著	2014. 6

（外交学院科研处陈海花供稿）

国家行政学院

2012 年国家级立项课题

项目名称	负责人	承担部门	项目来源	成果形式	完成日期
竞争性选拔和任用领导干部拓展研究	刘 峰	政治学部	国家社科基金重点项目	论文集 研究报告	2014. 7
实施扩大内需战略的重点和路径研究——政绩指标视角	王 健	经济学教研部	国家社科基金重点项目	专著 论文	2014. 12
系统重要性金融机构宏观审慎监管研究	董小君	经济学部	国家社科基金一般项目	研究报告	2014. 7
公共文化服务保障立法研究	胡建森	法学教研部	国家社科基金特别委托项目	研究报告	2012. 11
儒学与马克思主义中国化关系研究	刘东超	社会文化教研部	国家社科基金一般项目	研究报告	2013. 12
政府流程再造国际经验比较研究	金竹青	公共管理教研部	国家软科学项目面上项目	研究报告	2013. 12
创新管理对科技行政管理体制的新要求	宋世明	公共管理教研部	国家软科学项目面上项目	研究报告	2013. 12
中国主权债务风险研究：基于欧洲主权债务危机比较视角	董小君	经济学部	国家自然科学项目专项基金	研究报告	2013. 2
信息科学基础研究后评估制度研究	许正中	经济学部	国家自然科学项目专项基金	研究报告	2013. 6

2012 年国家行政学院院级招标课题

项目名称	主持人	承担部门	成果形式	完成日期
基层政府社会管理新设机构研究	易丽丽	公共管理部	研究报告	2013. 10
事业单位科学管理体制及运行机制研究	刘 锐	法学教研部	研究报告	2013. 10

续表

项目名称	主持人	承担部门	成果形式	完成日期
分类推进事业单位改革的难点问题研究	刘小康	公共管理部	研究报告 系列论文	2013.10
公共服务体系可持续发展与绩效改进研究	刘旭涛	领导测评中心	研究报告	2013.10
经济结构调整与加快转变经济发展方式研究	樊继达	经济学教研部	系列论文	2013.10
我国保障房政策选择研究	马秀莲	社会和文化部	系列论文	2013.10
我国教育投入体制改革研究	许正中	经济学教研部	研究报告	2013.10
政策执行力与政府治理有效性研究	宋雄伟	政治学教研部	系列论文	2013.10
电子政务与虚拟社会管理研究	王益民	领导测评中心	研究报告 系列论文	2013.10
	李　宇	社会和文化部	系列论文	2013.10
转变经济发展方式背景下的财税金融体制改革研究	徐　杰	经济学教研部	系列论文	2013.10
建立健全预防和惩治腐败体系研究	马宝成	院刊室	系列论文	2013.10
青年干部成长特点与规律研究	刘　峰	政治学教研部	研究报告	2013.10
干部选拔竞争及公平机制研究	雷　强	政治学教研部	研究报告	2013.10
可持续发展政绩评估指标体系研究	王　健	经济学教研部	研究报告	2013.10
网络社会基础若干问题研究	何　哲	公共管理部	研究报告	2013.10
新媒体管理与网络舆情引导研究	翟　云	领导测评中心	研究报告 系列论文	2013.10
法律规范审查与适用研究	胡建森	法学教研部	研究报告 著作	2013.10
基于跨域治理的灾害应急联动机制研究	张小明	应急管理培训中心	系列论文	2013.10
互联网环境下的群体性事件动员结构及对策研究	庞　宇	应急管理培训中心	研究报告	2013.10
公务员网络参政道德建设研究	王彬彬	教务部	研究报告	2013.10

2012 年国家行政学院院级委托课题

项目名称	主持人	承担部门	成果形式	完成日期
东南沿海联动发展示范区战略研究（重大）	陈图深	深圳行政学院	研究报告 著作	2013.12
九十年代以来福州经济社会发展回顾与前瞻	林秀玲	福州行政学院	研究报告	2013.12
省会中心城市对海峡两岸经济区发展的拉动作用研究	林秀玲	福州行政学院	研究报告	2013.12
闽都文化品牌建设与城市竞争力研究	林秀玲	福州行政学院	研究报告	2013.12
深化我国医疗保险制度改革问题研究——以“桑植模式”为例	邓大渊	张家界行政学院	研究报告	2013.12
国家旅游综合改革试点的金融支持研究——以张家界为例	高志敏	张家界行政学院	研究报告	2013.12

续表

项目名称	主持人	承担部门	成果形式	完成日期
关于“五位一体”总格局中的生态文明建设研究	李建华 何家成	院领导	研究报告 《送阅件》	2013. 12
深化行政体制改革研究	薄贵利	公共管理教研部	研究报告	2013. 12
转变经济发展方式和提高经济发展质量和效益研究	慕海平 张占斌	决策咨询部 经济学部	研究报告	2013. 12

（国家行政学院科研部项纪旸供稿）

中国青年政治学院

2012 年承担国家或省部级等社科研究项目

项目名称	负责人	承担部门	项目来源
网络“类民间组织”的运行机制与社会影响研究	王冬梅	社会工作学院	国家社会科学基金青年项目
高校体育场馆融入公共体育服务体系的实证研究	尹　博	体育教学中心	国家社会科学基金教育学国家一般项目
俄罗斯现代化战略及其对中俄经济合作的影响研究	田春生	经济系	国家社会科学基金一般项目
金融交易课税的理论探索与制度建构——以金融市场的稳健发展为核心	汤洁茵	法律系	国家社会科学基金后期资助项目
网络“微信息”知识化的形成机理与组织模式研究	杜智涛	新闻与传播系	国家社会科学基金青年项目
最优授权理论及其在中国政府治理中的应用研究	李石强	经济系	国家社会科学基金青年项目
大众传媒与农民工阶层关系的研究	何　晶	新闻与传播系	国家社会科学基金青年项目
网络社会的文化创新	张　跣	中国语言文学系	国家社会科学基金艺术学国家一般项目
政党认同理论比较研究	柴宝勇	公共管理系	国家社会科学基金青年项目
制度约束下中国县级政府自主性决策的实践逻辑与扩张路径探究——以河北省 Z 市为例	孙广厦	公共管理系	教育部人文社会科学研究青年基金项目
媒介融合环境下的“微学习”模式及实现机制研究	杜智涛	新闻与传播系	教育部人文社会科学研究青年基金项目
WTO 贸易报复机制研究——发展中的法理和制度	李晓玲	法律系	教育部人文社会科学研究青年基金项目
共同犯罪的归责基础研究	何庆仁	法律系	教育部人文社会科学研究青年基金项目
网络趣缘群体中的聚众传播及其社会整合功能研究	罗自文	新闻与传播系	教育部人文社会科学研究青年基金项目
法国研究生教育质量保障体系研究	高迎爽	规划与评估处	教育部人文社会科学研究青年基金项目
基督教在中西文化交流中的影响和作用——以基督教在北京的发展为例	薛晓建	中国马克思主义学院	北京市哲学社会科学规划一般项目

续表

项目名称	负责人	承担部门	项目来源
流动人口人际交往环境对其道德行为的影响——以北京市为例	王旭凤	青少年工作系	北京市哲学社会科学规划青年项目
北京市大学生政党认同的现状与特征——以××大学为例	柴宝勇	公共管理系	北京市哲学社会科学规划青年项目
中关村青年创业人才成长机制研究	黄敬宝	经济系	北京市哲学社会科学规划青年项目
社会排斥视角下北京市流浪儿童救助保护出口问题及应对策略	薛在兴	社会工作学院	北京市哲学社会科学规划青年项目
人身损害国家赔偿标准研究	柳建龙	法律系	中国法学会部级法学研究课题自选课题
新刑事诉讼法背景下刑事诉讼监督模式选择与配套设计	程　捷	法律系	最高人民检察院检察理论研究自筹经费课题
马克思主义大众化的青年维度及传播路径研究	万资姿	中国马克思主义学院	共青团中央青少年和青少年工作研究重点课题
微博客发展对青少年社会认知的影响	王　斌	新闻与传播系	共青团中央青少年和青少年工作研究一般课题
基于社会化媒体的青年公共参与模式及治理机制研究	杜智涛	新闻与传播系	共青团中央青少年和青少年工作研究一般课题
青少年法制教育与有不良行为青少年帮教问题研究——以刑事一体化理念为视角	李卫红	法律系	共青团中央青少年和青少年工作研究一般课题
青少年与变化的媒介环境——新媒体在团青融合中的功能和作用研究	李永健	新闻与传播系	共青团中央青少年和青少年工作研究一般课题
中国共产党执政的青年基础——以青年大学生的政治观和政治参与为视角	李　伟	中国马克思主义学院	共青团中央青少年和青少年工作研究一般课题
“罪错”青少年法制教育的现状与完善——以北京市海淀区不良青少年和犯罪青少年情况为对象	李　勐	保卫处	共青团中央青少年和青少年工作研究一般课题
共青团融入社会生活问题研究——青少年健康行为测评指标和监测系统研究	周华珍	青少年工作系	共青团中央青少年和青少年工作研究一般课题
国外社会群体行为中青年及组织的状态	郑丹娘	图书馆	共青团中央青少年和青少年工作研究一般课题
社会网视角下新生代农民工子女的社会融入与适应研究	赵　莉	社会工作学院	共青团中央青少年和青少年工作研究一般课题
提高共青团工作科学化水平研究	徐　莉	公共管理系	共青团中央青少年和青少年工作研究一般课题
高校团委促进大学生就业路径研究	黄敬宝	经济系	共青团中央青少年和青少年工作研究一般课题

（中国青年政治学院科研处供稿）

中国劳动关系学院

2012年承担的国家或省部级社科研究项目

项目名称	负责人	项目来源	成果形式	完成日期
民俗学视域下的乡村基督教群体的日常生活研究	曹　荣	国家社科基金青年项目	著作	2015.12
新时期职工维权与大众媒体的关系研究	张玉洪	国家社科基金青年项目	著作	2015.12
劳动关系调整的多方参与机制研究	闻效仪	国家社科基金青年项目	著作	2015.12
农民工身份的代际传递研究	周　潇	国家社科基金青年项目	著作	2015.12
唐诗选本与唐诗学之演进	贺　严	国家社科基金一般项目	著作	2015.12
基于前景理论的商业银行信贷决策及绩效评价研究	周　超	国家自科基金专项基金项目	著作	2015.12
事业单位人事争议处理法律制度研究	张冬梅	教育部人文社会科学研究规划基金项目	著作	2015.12
经济增长模式转型背景下劳动者收入结构对消费需求影响的实证研究	谢　琦	教育部人文社会科学研究青年基金项目	著作	2015.12
农村人力资本溢出效应与城乡收入差距研究	张艳华	教育部人文社会科学研究青年基金项目	著作	2015.12
大众传媒与构建和谐劳资关系研究——以新生代农民工为核心对象	吴　麟	教育部人文社会科学研究青年基金项目	著作	2015.12
媒介融合趋势下的数字品牌建设	张佰明	教育部人文社会科学研究青年基金项目	著作	2015.12
“90后”大学生宿舍文化建设及管理模式研究	萧新桥	教育部人文社会科学研究辅导员专项	著作	2015.12
工会作为群团组织参与社会管理体系研究	许晓军	北京市社科基金一般项目	著作	2015.12
劳动文化学：一门新兴的交叉学科	王江松	北京市社科基金青年项目	著作	2015.12
非常规突发事件社区常态化管理评估方法	任国友	北京市自科基金预探索项目	著作	2015.12
北京市新生代农民工就业培训服务供给模式创新与政策选择	李杏果	北京市教育科学规划项目青年专项	著作	2015.12

续表

项目名称	负责人	项目来源	成果形式	完成日期
和谐校园文化建设机制研究——以中国劳动关系学院为例	张晓波	首都大学生思想政治教育课题一般项目	论文	2013.12
全球治理中的劳动问题及中国工会的政策主张	李德齐	中华全国总工会委托项目	论文 调研报告	2013.12
中国境外企业劳动用工多元化背景下的劳动关系调处机制研究	沈琴琴	中华全国总工会委托项目	论文 调研报告	2013.12
国际贸易与劳工权益保障关系研究	郑　桥 林燕玲	中华全国总工会委托项目	论文 调研报告	2013.12
成熟市场经济国家应对罢工的法律和政策借鉴	姜　颖 乔　健	中华全国总工会委托项目	论文 调研报告	2013.12
国外工会组织在职工教育培训中的作用研究	李　桃	中华全国总工会委托项目	论文 调研报告	2013.12
世界经济萧条大背景下各国工会政策主张的变化分析	杨冬梅 许晓军	中华全国总工会委托项目	论文 调研报告	2013.12
中外社会保险政策的比较和利弊得失研究	黄任民	中华全国总工会委托项目	论文 调研报告	2013.12
中国特色社会主义工会发展道路研究	赵健杰	中华全国总工会委托项目	论文 调研报告	2013.12
社会保障问题研究	杨思斌	中华全国总工会委托项目	论文 调研报告	2013.12
社会治理问题研究	彭恒军	中华全国总工会委托项目	论文 调研报告	2013.12
国民收入分配问题研究	信卫平	中华全国总工会委托项目	论文 调研报告	2013.12
农民工融入城镇问题研究	吴亚平	中华全国总工会委托项目	论文 调研报告	2013.12
工会参与职业安全卫生工作模式研究	孟燕华	中华全国总工会委托项目	论文 调研报告	2013.12
论传统文化对构建当代中国职工文化核心价值的重要作用	李　双	中华全国总工会委托项目	论文 调研报告	2013.12

（中国劳动关系学院科研处陈邓海供稿）

国务院发展研究中心

2012 年承担主要软科学项目

课题名称	承担部门	负责人
我国近中期经济社会发展的特征、挑战与战略选择研究	中心跨部门	刘世锦
推进我国城镇化健康发展的战略与对策研究	中心跨部门	韩　俊
推进经济体制重点领域改革研究	中心跨部门	侯云春
中国资源性农产品进口战略与政策研究	办公厅	程国强
网络舆情的治理机制研究	办公厅	王雄军

续表

课题名称	承担部门	负责人
我国中长期负债能力与系统性风险研究	宏观经济研究部	余　斌
我国设备投资周期研究		任泽平
建立利益共享机制、走合作共赢的企业发展之路		余　斌
中国城镇化过程中若干典型问题研究	发展战略和区域经济研究部	侯永志 张永生
中国迈向高收入过程中的现代化转型研究		宣晓伟
有管理的利率市场化机制研究		卓　贤
广州新型城市化发展的目标、问题与对策		侯云春
青岛西海岸经济新区建设“全国海陆统筹发展综合配套改革实验区”研究		侯云春
聊城建设冀鲁豫交界地区新的经济隆起带研究		侯永志
中欧气候变化和绿色发展合作		张永生
碳公平和碳排放空间分配方案的应用研究		张永生
农业经营制度创新研究	农村经济研究部	徐小青
人口倒挂地区社会管理研究		金三林
农民工融入创新机制研究		韩　俊
人口迁移、户籍制度改革与城市化发展		何宇鹏
粮食生产经营主体变化与粮食安全关系研究		秦中春
农民土地财产权利问题研究		张云华
昌平区城乡经济社会发展一体化动态评估考核体系研究		徐小青
农地流转扩大趋势下农机推广模式研究		张云华
北京市新型城市化中农民土地权益发展研究		张云华
浙江省小城市培育试点中期评估报告		徐小青
要素成本上涨对产业竞争力的影响机制与相关政策研究	产业经济研究部	冯　飞
中国汽车社会面临的挑战与对策		冯　飞
广东省民航发展和改革专题研究		冯　飞
中关村产学研合作研究		冯　飞
广东国际煤炭交易中心建设方案与政策研究		钱平凡
上海战略性新兴产业率先突破的选择		冯　飞
迎接第三次工业革命，推动上海产业创新转型发展研究		冯　飞
“十二五”能源体制改革总体规划研究		冯　飞

续表

课题名称	承担部门	负责人
产业结构调整升级过程中的创新战略与政策研究	技术经济研究部	吕 薇
我国云计算应用的经济效应与战略对策		田杰棠
特种设备产业发展与贡献指标研究		吕 薇
三峡直流输电工程国产化研究		吕 薇
外国知识产权在华收益情况研究		吕 薇
产业技术政策研究		吕 薇
科技创新政策评估理论与实证研究		李志军
我国对外投资与培育我国跨国公司研究	对外经济研究部	隆国强
深圳住房建设体系研究		卢中原 隆国强
沈阳综合保税区战略发展规划编制		隆国强
中国—加拿大自由贸易区预研究		赵晋平
“十二五”国家防震减灾发展战略与政策措施		赵晋平
世界经济结构转变对东亚的影响		赵晋平
中乌农业投资合作规划编制工作		隆国强
中国对外援助发展战略研究		隆国强
加强深港机场合作的研究		隆国强
我国加工贸易当前就业状况调查研究		隆国强
中关村科技园区国际化战略发展规则研究		隆国强
完善城市化进程中的相关社会政策研究	社会发展研究部	葛延风
加强中国养老服务人员队伍建设战略研究		贡 森
强化政府医疗服务监管职能研究		葛延风
建立健全我国住房保障体系的制度与政策研究	市场经济研究所	任兴洲
存货变动规律分析和实证研究		任兴洲
“十二五”期间国内贸易发展研究		任兴洲
大宗商品中远期交易研究		任兴洲
石油等大宗商品价格分析与预测		任兴洲
建立我国生猪期货市场的战略与政策研究		任兴洲
公共租赁住房等保障性住房投融资机制研究		王 微
经济转型发展期我国农产品流通体系建设研究		任兴洲
苏州现代物流园（苏州工业园综保区）“十二五”规划研究		任兴洲

续表

课题名称	承担部门	负责人
中国企业转型发展的调查研究	企业研究所	赵昌文
中国产融结合问题分析及风险防范		张政军
国际知识产权制度未来愿景及中国的战略应对		王怀宇
土地供应制度对房地产市场影响的研究		邵　挺
中小企业培训服务业发展研究		马　骏
2030 年的 GE 中国		赵昌文
场外交易市场建设研究	金融研究所	张承惠
人民币利率市场化的风险控制		吴　庆
中国资本项目开放等问题研究		张承惠
经济增速下滑情况下节能减排的难点和对策研究	资源与环境政策研究所	曹小奇
国家边境地区国土综合防护前期研究		谷树忠
南水北调受水区统筹不同水源的水价体系研究		谷树忠
适应主体功能区规划的水利发展对策研究		谷树忠
重金属污染综合防治技术创新与政策研究		曹小奇 周宏春
大洼县唐家镇绿色发展定位研究		李佐军
广东省碳交易市场建设的若干重大问题研究		李佐军
国家生态产业示范市发展规划研究		李佐军

（国务院发展研究中心办公厅科研处张力供稿）

中共中央编译局

2012 年中央编译局社科基金资助项目

类别	申报人	名称	成果形式
A 类	郭伟伟	全球治理动态跟踪研究	专著
	赖海榕	国外的马克思主义经典著作目录整理与研究	专题文献目录
	陈雪莲	构建政治合法性——政府绩效管理中的公共参与机制研究	专著

续表

类别	申报人	课题名称	成果形式
B类	王　臻	基于多语平行语料库中央文献翻译研究	专著
	范　为	一种作为现代性批判的历史哲学——赫勒的后期思想研究	专著
	袁　群	尼泊尔联合共产党（毛主义）的变革与转型研究	专著
	项佐涛	东欧新社会主义者对苏联模式的反思	专著
	陈高华	阿伦特政治哲学语境下的马克思研究	专著
	韩振江	后马克思主义的主体理论研究——以齐泽克为中心	专著
	葛艳玲	马克思主义理论在我国少数民族地区传播研究	专著 研究报告
	宋　微	美国对非政策与非洲国家治理：冷战后美国对撒哈拉以南非洲政策研究	专著
	刘　辉	生态文明建设的实现机制研究：基于环境税优化的视角	专著
	张利军	日本自民党一党优位体制下的政治参与	专著
	沈　丹	伯恩施坦与德国社会民主党——修正主义在德国社会民主党中的产生及影响	专著
	兰燕卓	社会企业的国际比较研究	专著
	蔡乐渭	土地征收补偿制度研究	专著
	曲顺兰	基于马克思主义公平理论的税收调节收入分配政策研究	专著
	杨沛龙	街道办事处管理体制改革研究	专著
C类	曹浩瀚	马克思的波拿巴主义理论研究	论文
	周思成	MEGA2 未发表的恩格斯波斯语学习笔记——释读、翻译与考证	论文
	鲜　明	晚清中国人对日译马列经典著作的译介	论文
	徐　焕	城市治理中的公共服务体制改革	论文
	王　浩	中国参与全球金融治理的文献研究	论文
	隋斌斌	基层人大代表的身份均衡与政府信任	论文
	郎　玫	节约型政府视域下地方政府绩效评价的成本研究	论文
	殷冬水	西方民主理论的当代争论研究	论文
	彭萍萍	国外主流政党加强党内民主的主要经验及启示	论文
	杜文丽	科拉科夫斯基三主旨说与马克思国家理论的关系	论文
	赵付科	中共早期报刊视域下马克思主义的传播路径及启示研究	论文
	原宗丽	网络问政视阈下党的政治整合研究	论文
	李永杰	马克思市民社会概念的传播史研究	论文
	孙召鹏	从宗族新特征看宗族（家族）对乡村治理的影响——以平度市为例	论文
	赵　超	中西方比较视野下的政府问责研究	论文
	张　欢	多重维度下解读中国文化现代性的历史构想与生成——以延安文艺座谈会为历史节点	论文

2012年中央编译局出版基金资助项目

申报人	著作名称	书稿类型
孔明安	当代国外马克思主义新思潮研究	专著
刘海静	人文主义抵抗与后殖民文化批判	专著
员俊雅	马克思异化理论新探——从德国观念论的建构主义视角谈起	专著
闫　健	中共转型与中国的变迁——海外学者中共研究评析	专著
谢来辉	全球公共物品提供的逻辑	专著
钟金燕	政法理念与制度成长——当代中国政法委制度研究	专著

（中共中央编译局供稿）

国家发展和改革委员会宏观经济研究院

2012年度院级重点课题

课题名称	负责人	承担单位	成果形式	完成时间
消费升级问题研究	王　蕴 黄卫挺	经济研究所	研究报告	2012.12
我国宏观税负研究	许　生 李世刚	经济研究所	研究报告	2012.12
我国反垄断重点、难点及其对策	刘泉红 臧跃茹	经济研究所	研究报告	2012.12
跨太平洋伙伴关系协议（TPP）发展趋势、影响及战略对策研究	吴涧生 曲凤杰	对外经济研究所	研究报告	2012.12
欧债危机下的中欧经济关系研究	丁　刚 林晨辉	对外经济研究所	研究报告	2012.12
房地产业发展问题研究	杨　萍	投资研究所	研究报告	2012.12
重大投资项目社会风险防范机制研究	马小丁	投资研究所	研究报告	2012.12
新形势下完善我国重要农产品价格调控机制研究	蓝海涛 涂圣伟	产业经济与技术经济研究所	研究报告	2012.12
我国产业跨区域转移研究	王云平	产业经济与技术经济研究所	研究报告	2012.12
我国国际次区域经济合作研究	杨小兵 曹忠祥	国土开发与地区经济研究所	研究报告	2012.12
我国主要矿产资源利用战略研究	陈龙桂 高国力	国土开发与地区经济研究所	研究报告	2012.12
社会组织参与社会管理研究	李　璐 曾红颖	社会发展研究所	研究报告	2012.12
新形势下我国就业问题研究	谭永生 李　爽	社会发展研究所	研究报告	2012.12
我国碳交易制度研究	戴彦德 康艳兵	能源研究所	研究报告	2012.12
合理控制能源消费总量研究	王仲颖 张有生	能源研究所	研究报告	2012.12

续表

课题名称	负责人	承担单位	成果形式	完成时间
未来 10 ~ 15 年交通建设投资研究	罗仁坚 宿凤鸣	综合运输研究所	研究报告	2012. 12
我国交通运输网络规模研究	李连成	综合运输研究所	研究报告	2012. 12
推进交通运输业体制改革研究	史立新	经济体制与管理研究所	研究报告	2012. 12
中美企业国际化经营比较研究	张晓文	经济体制与管理研究所	研究报告	2012. 12

（国家发展和改革委员会宏观经济研究院丁刚供稿）

中共北京市委党校　北京行政学院

2012 年承担国家或省部级等社科研究项目

项目名称	负责人	项目来源	成果形式	完成时间
构建党内民主参与机制研究	薛　梅	国家社科基金一般项目	研究报告 专著	2014. 6
农民工文化与城市主流文化的融合路径研究	洪小良	国家社科基金一般项目	研究报告	2013. 12
以公众为中心的政务微博运行机制研究	张　玲	国家社科基金一般项目	研究报告	2013. 12
中国特色社会主义的宏观调控理论范式研究	张　勇	国家社科基金青年项目	研究报告 专著	2015. 6
京津冀地区区域立法研究	王　轩	国家社科基金青年项目	专著	2014. 6
城镇化进程中乡村文化的保护与发展研究	蔡　杨	国家社科基金青年项目	研究报告 专著	2015. 6
企业异质性与我国出口市场多元化研究	马相东	国家社科基金青年项目	专著	2014. 12
明代北京社会经济史研究	高寿仙	国家社科基金后期资助项目	专著	2014. 6
失能老人社会照料服务制度建设研究——北京市失能老人家庭照料状况调查	侯亚非	北京市哲学社会科学重点项目	专著	2015. 12
基于就业的适度增长与结构调整问题研究	王　昊	北京市哲学社会科学一般项目	专著	2015. 6
北京市领导干部完善人格提升领导力的路径研究	林　泉	北京市哲学社会科学一般项目	研究报告	2014. 6
建国以来党的执政理念与执政方式的变化发展问题研究	刘智峰	北京市哲学社会科学研究基地一般项目	专著	2014. 12
首都人口红利延续机制研究——北京“用工荒”现象探微	尹德挺	北京市哲学社会科学研究基地一般项目	研究报告	2015. 6
基于城市增长边界的北京城市空间管理研究	谢天成	北京市哲学社会科学青年项目	研究报告	2014. 11
北京建设社会主义先进文化之都践行机制研究——以北京地铁特色文化建设为例	顾伟伟	北京市哲学社会科学青年项目	研究报告	2014. 6

续表

项目名称	负责人	项目来源	成果形式	完成时间
北京市区域化党建问题研究	靳连芳	北京市哲学社会科学重点项目	研究报告	2014.12
传承与超越：社会主义核心价值体系与中国传统文化精神	董滨宇	北京市社会科学界联合会青年社科人才资助项目	专著	2014.11
新世纪中国共产党国家文化安全战略论析	孙　宁	北京市社会科学界联合会青年社科人才资助项目	专著	2014.10
北京人口转折点研究——基于流动人口趋势的分析	尹德挺	北京市社会科学界联合会青年社科人才资助项目	研究报告	2014.10
京郊“村办股份企业”产权问题研究	潘建雷	北京市社会科学界联合会青年社科人才资助项目	研究报告	2014.11
北京今后五年立法需求与重点任务调研	金国坤	北京市社会科学界联合会重大决策咨询项目	研究报告	2012.11
科技北京建设的法制保障研究	金国坤	北京市科技委员会委托课题	研究报告	2013.8
基于“四个认同”的新疆青少年核心价值观研究	顾伟伟	全国党校系统重点课题	研究报告	2013.6
社会主义核心价值观的认同与实践研究	黄　杰	全国党校系统重点课题	研究报告	2013.6
社会管理创新的法律保障机制建设研究	金国坤	全国党校系统重点课题	研究报告	2013.6
我国加快发展生产性服务业面临的突出问题及对策	朱晓青	全国党校系统重点课题	研究报告	2013.6
我国政务微博运行现状调查	张　玲	全国党校系统重点课题	研究报告	2013.6
北京市新生代农民工社会认同问题研究——基于“反城市中心论”的视角	潘建雷	全国党校系统重点课题	研究报告	2013.6
城镇化进程中乡村文化的保护与发展研究	蔡　杨	全国党校系统重点课题	研究报告	2013.6

2012 年校（院）级社科研究项目

项目名称	负责人	承担部门	成果形式	完成时间
市场化背景下北京小剧场话剧的生存与发展	董滨宇	哲学教研部	研究报告	2013.12
认真组织会前代表活动，提高人民代表大会会议的质量	黄小钫	政治学教研部	研究报告	2013.12
北京市非公企业党组织的地位与作用问题研究——以海淀区为例	张玉宝	党史党建教研部	研究报告	2013.12

续表

项目名称	负责人	承担部门	成果形式	完成时间
北京市城乡一体化进程中的公共服务体系比较研究——基于西城区广外街道和大兴区黄村镇的考察	刘　良	公共管理教研部	研究报告	2013.12
京津冀地区区域间政府合作法治化研究	王　轩	法学教研部	研究报告	2013.12
社会组织参与弱势群体社会服务的问题研究——基于北京民间艾滋病防治组织的考察	杜　鹃	社会学教研部	研究报告	2013.12
北京市人口和计划生育基层网络在社会服务领域的功能探析	杨　存	社会学教研部	研究报告	2013.12
北京“双自主”企业出口市场多元化发展研究：以北汽福田为例	马相东	校刊编辑部	研究报告	2013.12
北京市高龄空巢老人照护需求及社区照护体系研究	方建新	老干部处	研究报告	2012.12
和谐社会语境下涉法涉诉信访问题探究——北京市化解社会矛盾、促进社会稳定与和谐的创新经验研究	周悦丽	教务处	研究报告	2012.12
北京发展文化创意产业的问题与对策——基于798艺术区的实践	黄　杰	哲学教研部	研究报告	2012.12
京郊农村居民点整理模式研究：基于多元利益格局优化的视角	刁琳琳	经济学教研部	研究报告	2012.12
人民代表大会职能与作用研究——基于海淀区人民代表大会会议中信息沟通的分析	何　军	政治学教研部	研究报告	2012.12
北京市社区公共治理工具研究	周美雷	政治学教研部	研究报告	2012.12
北京市运用新媒体创新基层党建工作的实践经验调研	江　伟	党史党建教研部	研究报告	2012.12
北京市区域化党建问题的调查与思考——以东城区为例	靳连芳	党史党建教研部	研究报告	2012.12
北京市城乡一体化进程中的公共服务体系建设研究——以大兴区黄村镇为中心的考察	刘　良	公共管理教研部	研究报告	2012.12
北京市重大行政决策程序立法研究	丁保河	法学教研部	研究报告	2012.12
北京市“政府信息公开条例”实施中的问题与对策	宋　冰	法学教研部	研究报告	2012.12
构建与首都发展相适应的人口红利研究	尹德挺	社会学教研部	研究报告	2012.12
北京市城市老人卫生服务及医疗保障问题研究	闫　萍	社会学教研部	研究报告	2012.12
北京市建设国际文化交往中心路径的调研	姜志伟	外语教研部	研究报告	2012.12
北京市加强和完善信息网络管理研究——北京市政务微博运行现状调查	靖艳霞	计算机网络中心	研究报告	2012.12
北京市党政干部报刊阅读状况调查	俞景华	校刊编辑部	研究报告	2012.12
北京市领导干部网络舆情监控能力的调研	许平沧	图书馆	研究报告	2012.12
北京地区图书馆公共服务模式调研探析	陈国彦	图书馆	研究报告	2012.12
书院文化与中国式教育	王志捷	哲学教研部	论文	2012.12
康德《纯粹理性批判》（第二版）中“先验演绎”结构的阐释	董滨宇	哲学教研部	论文	2012.12
对“新马克思主义”思潮的思考	王虎成	经济学教研部	论文	2012.12
马克思地租理论的科学性及其现实意义	刘长龙	经济学教研部	论文	2012.12

续表

项目名称	负责人	承担部门	成果形式	完成时间
地方人大代表团研究——以北京市海淀区第十四届人民代表大会第三次会议为分析对象	黄小钫	政治学教研部	论文	2012. 12
“第三波”民主化浪潮下当代民主理论发展研究述评	龚文婧	政治学教研部	论文	2012. 12
中国特色政党制度若干问题研究	丁　青	党史党建教研部	论文	2012. 12
从历史与国际视野看中国政治体制的形成与发展	刘智峰	党史党建教研部	论文	2012. 12
公共政策民主化路径的实践观察与理论思考	黄伯平	公共管理教研部	论文	2012. 12
中国行政伦理学的研究现状及发展趋势	鄯爱红	公共管理教研部	论文	2012. 12
社会转型背景下中国企业管理创新研究	陆园园	工商管理教研部	论文	2012. 12
组织行为的经济学分析	钟　勇	工商管理教研部	论文	2012. 12
“北京精神”的法治文化解读	吕廷君	法学教研部	论文	2012. 12
农村集体土地上房屋征收立法问题研究	傅　强	法学教研部	论文	2012. 12
社区社会服务管理的实践总结、理论反思与国际比较	王雪梅	社会学教研部	论文	2012. 12
社会转型中的社会工作本土化研究	李　宁	社会学教研部	论文	2012. 12
中英互译中形合与意合的对比分析	赵永江	外语教研部	论文	2012. 12
对国际都市元大都和元上都形成要素的研究	洪坚毅	外语教研部	论文	2012. 12
领导干部应对网络舆情策略研究	戴　珊	计算机网络中心	论文	2012. 12
探索党校数字图书馆在干部在线培训中的服务新模式	李学俭	图书馆	论文	2012. 12

（中共北京市委党校、北京行政学院科研处供稿）

北京市社会科学院

2012 年承担国家社科规划项目

题目	负责人	承担部门	成果形式	完成日期
教育对策对流动儿童社会融入的影响研究	韩嘉玲	社会学所	研究报告	2014. 6
从科索沃到利比亚：西方人道主义干预新发展及我国对策研究	刘　波	外国所	专著	2014. 12
近千年来北京城市发展与人口、资源、环境的关系研究	孙冬虎	历史所	专著	2015. 6
县级人大选举中的选民参与追踪研究	雷　弢	社会学所	研究报告	2013. 9

2012 年承担北京市哲学社会科学项目

题目	负责人	承担部门	成果形式	完成时间
保持党的纯洁性，防范“四个危险”研究	谭维克	北京市社会科学院	研究报告	2013. 12
北京精神知行状况调查及实践创新研究	孙照红	科社所	研究报告	2013. 12
北京文化创意产业结构及演化趋势研究	田　蕾	市情调研中心	研究报告	2013. 8
北京国际高端人才使用效率研究	李　茂	市情调研中心	研究报告	2013. 12
中美食品安全刑法保护比较研究	左袖阳	综治所	论文集	2014. 12
北京水环境变迁研究	吴文涛	历史所	专著	2014. 10

续表

题目	负责人	承担部门	成果形式	完成时间
管理创新与政策选择：政府培育扶持社区社会组织的研究	谭日辉	城市所	研究报告	2013. 12
北京建设中国特色世界城市战略重点研究	唐　鑫	市情调研中心	研究报告	2013. 12
促进文化科技商务旅游融合发展研究——以海淀区为例	郭万超	文化发展研究中心	研究报告	2013. 6
北京加入 GPA（政府采购协议）应对策略研究	王燕梅	北京市社会科学院	研究报告	2013. 6
北京城乡接合部网络化治理研究	袁振龙	综治所	研究报告	2013. 12

2012 年院级重点课题

课题名称	负责人	单位	成果形式	完成时间
北京城市转型与绿色发展实证研究	陆小成	管理所	研究报告	2012. 9
北京实体经济发展研究	杨维凤	经济所	研究报告	2012. 9
首都经济圈发展战略深化研究	王德利	经济所	研究报告	2012. 9
北京率先形成城乡一体化发展新格局战略研究	王朝华	经济所	研究报告	2012. 9
首都网络文明工程建设研究	徐　翔	文化所	研究报告	2012. 9
后工业阶段北京产业、人口、资源、环境协调发展战略研究	姚腾霄	经济所	研究报告	2012. 9
北京生产性服务业新兴业态培育研究	梁昊光	经济所	研究报告	2012. 9
中关村国家自主创新示范区创新发展关键问题及对策研究	赵　弘	经济所	研究报告	2012. 9
重大决策社会稳定风险评估研究	许传玺	法学所	研究报告 论文	2012. 9
北京历史文化街区保护与发展深化研究	程二奇	历史所	研究报告	2012. 9
北京包容性发展研究——建设中国特色世界城市的视角	唐　鑫	市情调研中心	研究报告	2012. 9
北京公共服务资源空间布局战略研究	施昌奎	管理所	研究报告	2012. 9
北京网格化服务管理模式完善及推广研究	袁振龙	综治所	研究报告	2012. 9
十八大后中国人文精神新走向研究	王双洪	哲学所	著作	2013. 6
北京文化史	王建伟	历史所	专著	2013. 6
北京社会建设创新研究	李伟东	社会学所	专著	2013. 6
首都文化竞争力研究	刘　瑾	文化所	专著	2013. 6
北京生态文明建设研究	于燕燕	城市所	专著	2013. 6
北京全面建成小康社会战略重点研究	李　茂	市情中心	研究报告	2013. 6
北京法治建设重大问题研究	张真理	法学所	著作	2013. 6
新时期北京“三型政党”建设研究	左宪民	科社所	专著	2013. 6
北京行政管理体制改革与创新研究	庞世辉	管理所	专著	2013. 6
政务文明研究——服务型廉洁政府建设国际比较	张　暄	外国所	专著	2013. 6

续表

课题名称	负责人	单位	成果形式	完成时间
构建首都特色的社会管理体系研究	殷星辰	综治所	专著	2013.6
提高北京经济发展质量研究	王德利	经济所	专著	2013.6
中国民族融合发展理论与实践研究	常越男	满学所	专著	2013.6
北京文化发展报告	李建盛	文学所	编著	2012.12
北京社会发展报告	戴建中	社会学所	编著	2012.12
北京经济发展报告	孙天法	经济所	编著	2012.12
北京公共服务发展报告	施昌奎	管理所	编著	2012.12
中国区域经济发展报告	梁昊光	经济所	编著	2012.12
中国总部经济发展报告	赵　弘	经济所	编著	2012.12
中国社区发展报告	于燕燕	科社所	编著	2012.12

2012年院级青年课题

课题名称	负责人	单位	成果形式	完成时间
清季北京学术圈研究	程二奇	历史所	研究报告 综述 论文	2012.12
清代京津地区商贸研究	高福美	历史所	研究报告 综述 论文	2012.12
民国前后北京小人物考一：砦窳	王鸿莉	满学所	研究报告 综述 论文	2012.12
试论伪满时期日本学者在中国东北地区做的人类学调查	晓　春	满学所	研究报告 综述 论文	2012.12
满语日本语词汇比较研究	戴光宇	满学所	研究报告 综述 论文	2012.12
北京市设计产业现状及其战略研究	陈红玉	文化所	研究报告 综述 论文	2012.12
严肃游戏在中国的发展与应用	刘　瑾	文化所	研究报告 综述 论文	2012.12
社会组织管理创新的理论与实践——基于北京市的实证研究	谭日辉	城市所	研究报告 综述 论文	2012.12
城市两型社区建设路径研究——北京实证分析	赵　清	城市所	研究报告 综述 论文	2012.12

续表

课题名称	负责人	单位	成果形式	完成时间
基于新城建设的北京区域联动发展研究	袁　蕾	城市所	研究报告 综述 论文	2012.12
北京市空间紧凑度调控与优化模式研究	王德利	经济所	研究报告 综述 论文	2012.12
基于空港—高铁门户枢纽驱动的首都经济圈空间结构重构研究	孙　莉	经济所	研究报告 综述 论文	2012.12
北京创新驱动与绿色发展的促进机制与关键问题研究	刘　薇	经济所	研究报告 综述 论文	2012.12
增强北京科技创新动力的对策研究	唐　勇	经济所	研究报告 综述 论文	2012.12
构建大北京区域产业结构优化模型研究	刘小敏	市情调研中心	研究报告 综述 论文	2012.12
中国人口变动对高等教育需求的影响研究	赵　勇	《城市问题》编辑部	研究报告 综述 论文	2012.12
以“拆违”代征收的制度困境与出路	成协中	法学所	研究报告 综述 论文	2012.12
中国共产党领导文化体制改革的实现路径研究	尤国珍	科社所	研究报告 综述 论文	2012.12
参政党章程建设科学化研究	孙照红	科社所	研究报告 综述 论文	2012.12
中美食品安全刑法保护比较研究	左袖阳	综治所	研究报告 综述 论文	2012.12
北京市少年帮伙犯罪研究	姚　兵	综治所	研究报告 综述 论文	2012.12
北京特色网络群体性事件应对模式研究	熊　炎	综治所	研究报告 综述 论文	2012.12

（北京市社会科学院科研处供稿）

北京市档案局

2012 年承担省部级以上社科研究项目

项目名称	负责人	承担部门	项目来源	成果形式	完成日期
国家综合档案馆建设研究	陈乐人	北京市档案局 北京联合大学	国家档案局	研究报告	2013.12
大型国有控股企业归档管理工作的对策研究	赵彤宇 张秋燕	北京市燃气集团有限责任公司	国家档案局	研究报告	2013.10

（北京市档案局科教处胡晓燕供稿）

北京市社会科学界联合会

2012 年决策咨询课题

课题名称	首席专家	所在单位	委托方
北京今后五年立法需求与重点任务调研	金国坤	中共北京市委党校	杜德印
推动首都文化科技融合发展研究（A）	王　晖	首都经济贸易大学	鲁　炜
推动首都文化科技融合发展研究（B）	姚永玲	中国人民大学	鲁　炜
统战工作服务中国特色社会主义先进文化之都建设研究	王春玺	中央财经大学	牛有成
新形势下加强全市区县局级领导班子思想政治建设对策研究	高新民	中共中央党校	吕锡文
健全干部交流培养制度研究	刘陈德	北京市党建研究会	吕锡文
北京发展实体经济问题研究（A）	李勇坚	国信在线（北京）经济文化发展中心	郭金龙
北京发展实体经济问题研究（B）	范黎波	对外经济贸易大学	郭金龙
首都文化产业发展与金融创新体系建设研究（A）	周　煊	对外经济贸易大学	鲁　炜
首都文化产业发展与金融创新体系建设研究（B）	杨　涛	中国社会科学院	鲁　炜
地方人大常委会监督司法工作的重点、途径与方法（A）	何　兵	中国政法大学	杜德印
充分发挥北京奥运财富功效，弘扬和践行北京精神研究	万安伦	北京奥促会	奥促会
首都智库建设研究	李凯林	中国政法大学	鲁　炜
地方人大常委会监督司法工作的重点、途径与方法（B）	汤维建	中国人民大学	杜德印
《北京文化发展报告 2011—2012》		北京师范大学	北京市社科联

（北京市社科联科研工作部供稿）

2012 年青年社科人才资助项目

项目编号	项目名称	负责人	所在单位	成果形式	完成日期
2012SKL001	外来人口对北京发展的社会经济影响	张丹丹	北京大学	系列论文	2014.10
2012SKL002	北京健康城市建设中的农民工医疗保障问题研究	秦雪征	北京大学	系列论文	2014.10

续表

项目编号	项目名称	负责人	所在单位	成果形式	完成日期
2012SKL003	北京市营业税改征增值税试点中的法律问题	叶　姗	北京大学	系列论文	2014. 10
2012SKL004	北京市长期照顾理念下的养老服务体系	丁　华	北京大学	系列论文 调研报告	2013. 12
2012SKL005	从留学生文化体验视角看北京文化国际影响力的提升	文　雯	清华大学	调研报告	2014. 11
2012SKL006	北京地区寺陵聚落的历史地理考察	刘新光	中国人民大学	调研报告	2014. 12
2012SKL007	西周燕国的族群和社会等级——基于墓葬和金文的研究	曹　斌	中国人民大学	系列论文	2014. 12
2012SKL008	北京社会企业的培育与发展策略研究	祝玉红	中国人民大学	调研报告	2014. 10
2012SKL009	北京社会工作者队伍建设——社工教育与就业	郭　瑜	中国人民大学	系列论文 调研报告	2014. 12
2012SKL010	社会主义平等观——全球语境中核心价值体系建设	张晓萌	中国人民大学	专著	2014. 10
2012SKL011	民变、邪教与清中叶的政治、学术与社会	张瑞龙	中国人民大学	专著	2014. 11
2012SKL012	社会管理创新与在华外国人犯罪防控研究	郭理蓉	北京师范大学	系列论文 调研报告	2015. 3
2012SKL013	少年矫正工作的实践与推进——以北京市为例	苏明月	北京师范大学	系列论文	2014. 10
2012SKL014	打击跨国文物贩运活动刑事法律问题——以北京市为视角	张　磊	北京师范大学	调研报告	2014. 11
2012SKL015	北京市低碳社区建设与社会管理创新研究	果　佳	北京师范大学	系列论文	2014. 11
2012SKL016	北京市流动儿童放学后处境及社会教育支持机制研究	周金燕	北京师范大学	调研报告	2014. 12
2012SKL017	北京市耕地功能保护和优化配置研究	金建君	北京师范大学	调研报告	2014. 10
2012SKL018	北京宫廷昆曲文化遗产的保护研究	蒯卫华	北京师范大学	系列论文	2014. 11
2012SKL019	北京市社会保障收入再分配作用的现状与完善对策	龙玉其	首都师范大学	调研报告	2014. 11
2012SKL020	基于人口预测的北京市幼教师资需求分析：2015—2025	沙　莉	首都师范大学	调研报告	2014. 11
2012SKL021	北京城乡一体化格局下幼教师资均衡配置研究	夏　婧	首都师范大学	调研报告	2014. 11
2012SKL022	基于物质文化遗产的北京八旗文化研究	赵寰熹	首都师范大学	系列论文	2014. 12
2012SKL023	北京市流动人口犯罪防控分析	王剑波	首都经济贸易大学	调研报告	2014. 12
2012SKL024	北京市社会工作者的职业认同与组织认同研究	杨旭华	首都经济贸易大学	系列论文 调研报告	2014. 10
2012SKL025	现阶段北京市民精神文化生活调查研究	阮　敬	首都经济贸易大学	调研报告	2014. 11

续表

项目编号	项目名称	负责人	所在单位	成果形式	完成日期
2012SKL026	北京城乡市场一体化现状与发展研究	宋丕丞	首都经济贸易大学	专著 调研报告	2014.12
2012SKL027	基于文化空间因子的北京遗产旅游管理	张祖群	首都经济贸易大学	系列论文 调研报告	2014.9
2012SKL028	北京蔬菜流通体系优化研究	徐振宇	北京工商大学	调研报告	2014.11
2012SKL029	北京市城镇居民基本医疗保险制度评价与完善研究	徐　徐	北京工商大学	系列论文 调研报告	2014.11
2012SKL030	北京地名文化遗产的保护与规划研究	王长松	对外经济贸易大学	系列论文	2014.12
2012SKL031	北京市文化创意产业保护的立法研究	卢海君	对外经济贸易大学	调研报告	2014.10
2012SKL032	北京市产业结构升级对首都圈域的经济影响研究	陈红霞	中央财经大学	系列论文	2014.9
2012SKL033	北京市城市交通政策的经济效率：基于限行政策与空气质量关联性的计量研究	苏　治	中央财经大学	系列论文	2014.12
2012SKL034	北京保障房社区治理的经验与发展研究	方　舒	中央财经大学	调研报告	2014.11
2012SKL035	扩大北京市文化消费的思路与对策研究	史宇鹏	中央财经大学	调研报告	2014.12
2012SKL036	北京突发事件与网络舆论的情报引导模式研究	王沙骋	中央财经大学	系列论文 调研报告	2014.11
2012SKL037	北京市乡镇社会矛盾化解机制研究	栗　峥	中国政法大学	专著	2014.8
2012SKL038	首都互联网产业自律与发展研究	朱　巍	中国政法大学	专著	2014.10
2012SKL039	北京市法制事件的舆论形成模式及疏导策略	王天铮	中国政法大学	调研报告	2014.11
2012SKL040	北京市完善食品安全监管保障法律制度研究	李　响	中国政法大学	系列论文	2014.11
2012SKL041	北京非物质文化遗产传承人口述史研究	李　扬	北京联合大学	专著	2015.1
2012SKL042	“80后”“北漂族”的城市认同与社会心理融合研究	杨金花	北京联合大学	系列论文 调研报告	2014.12
2012SKL043	北京—河北“接点地区”跨界协作与府际治理机制的创新	孙广厦	中国青年政治学院	系列论文 调研报告	2013.12
2012SKL044	文化建设与北京近郊区“新市民”培育研究	李　升	北京工业大学	调研报告	2014.10
2012SKL045	“北京微博发布厅”的推广机制研究	柳思思	北京第二外国语学院	调研报告	2013.12
2012SKL046	北京什刹海历史文化街区保护研究	赵晓梅	北京建筑工程学院	系列论文	2014.10
2012SKL047	北京城市基础设施投资效果系统评价研究	万冬君	北京建筑工程学院	专著	2014.10
2012SKL048	首都经济圈空间组织与要素整合研究	王德利	北京市社会科学院	专著	2014.10

续表

项目编号	项目名称	负责人	所在单位	成果形式	完成日期
2012SKL049	北京社会建设评价指标体系研究	李晓壮	北京市社会科学院	调研报告	2014. 6
2012SKL050	北京居民“个体化”现状调查	宋　梅	北京市社会科学院	系列论文	2014. 5
2012SKL051	传承与超越：社会主义核心价值体系与中国传统文化精神	董滨宇	中共北京市委党校	专著	2014. 11
2012SKL052	新世纪中国共产党国家文化安全战略论析	孙　宁	中共北京市委党校	专著	2014. 10
2012SKL053	北京人口转折点研究——基于流动人口趋势的分析	尹德挺	中共北京市委党校	调研报告	2014. 10
2012SKL054	京郊“村办股份企业”产权问题研究	潘建雷	中共北京市委党校	调研报告	2014. 11
2012SKL055	在京外国人犯罪的司法对策研究	李怀胜	中国人民公安大学	系列论文	2014. 11
2012SKL056	北京市进城务工人员随迁子女职业教育模式研究	王　颖	中华女子学院	系列论文	2014. 9
2012SKL057	关于北京小产权房屡禁不止的法律实证研究	唐　勇	中央民族大学	系列论文	2014. 11
2012SKL058	唐代北京地区墓志铭研究	蒋爱花	中央民族大学	系列论文	2014. 12
2012SKL059	北京市生态文明建设的关键问题与对策研究	王　会	北京三生环境与发展研究院	调研报告	2014. 10
2012SKL060	抗战时期在北京的德国文化机构	崔文龙	北京中国抗日战争史研究会	系列论文	2014. 11

（北京市社科联学术活动部供稿）

2012 年承担重点学术活动资助项目

项目名称	负责人	承担部门	成果形式	完成日期
哲学发展与文化建设	胡　军	北京市哲学会	学术前沿论坛	2012. 12
社科信息在政府工作中的应用	王超湘	北京市社科信息学会	学术前沿论坛	2012. 12
世界语的应用与研究	于建超	北京市世界语协会	学术前沿论坛	2012. 12
语言学与国家发展	孙德金	北京市语言学会	学术前沿论坛	2012. 12
政治发展与政府行政管理体制改革	王浦劬 许耀桐	北京市政治学行政学学会 北京市科学社会主义学会	学术前沿论坛	2012. 12
当代北京与创新精神	许　方	当代北京史研究会	学术前沿论坛	2012. 12
结构转型与中国中长期发展	沈　越	北京市经济学总会	学术前沿论坛	2012. 12
史学与民族精神的塑造	杨共乐	北京市历史学会	学术前沿论坛	2012. 12
中国当前城镇化过程中的风险与应对	史玲玲	北京市社会学学会	学术前沿论坛	2012. 12
北京的流动人口与城市化	翟振武	北京市人口学会	学术前沿论坛	2012. 12
后金融危机以来的社会主义与资本主义	郭春生	北京市国际共运史学会	学术前沿论坛	2012. 12
北京新世纪文学的走向	张　泉	北京市文艺学会	学术前沿论坛	2012. 12
党史期刊发展论坛	谢荫明	北京市中共党史学会	学术前沿论坛	2012. 12

续表

项目名称	负责人	承担部门	成果形式	完成日期
逻辑、动态与信息	周北海	北京市逻辑学会	学术前沿论坛	2012.12
社会心理学与文化建设	蒋　奖	北京市社会心理学会	学术前沿论坛	2012.12
提高学习能力　增强人文素养	李　荐	北京市学习科学学会	学术前沿论坛	2012.12
经济体制改革重点领域和关键环节	陈　剑	北京改革和发展研究会	学术前沿论坛	2012.12
走进崇高　践行北京精神	贺茂之	北京走进崇高研究院	学术前沿论坛	2012.12
区域经济合作——北京论坛	吴　强	北京区域经济学会	学术前沿论坛	2012.12
北京地区 PM2.5 治理对策研究	王鸿春	北京市决策学学会	学术前沿论坛	2012.12
法治文化建设	刘金国	北京市法学会	学术前沿论坛	2012.12
北京精神与北京文化	张　蒙	北京史研究会	学术前沿论坛	2012.12
北京市居家养老服务体系建设	陈　谊	北京市老年学学会	学术前沿论坛	2012.12
繁荣古都历史文化，推动北京文化之都建设	许金和 周正义	北京市文物保护协会	学术前沿论坛	2012.12
北京市社会保险理论与实践	赵玉斌	北京市人力资源和社会保障学会	学术前沿论坛	2012.12
“低碳城市发展”高层论坛	刘春英	北京市城市经济学会	学术前沿论坛	2012.12
档案工作与社会主义文化发展繁荣	赵艳达	北京市档案学会	学术前沿论坛	2012.12
深化土地制度改革 促进城乡统筹发展	王　涛	北京土地学会	学术前沿论坛	2012.12
北京精神与《易大传》的伦理精神	徐　坤	北京周易研究会	学术前沿论坛	2012.12
金融结构对产业结构变动的影响	方福前	北京外国经济学说研究会	学术前沿论坛	2012.12

（北京市社科联学术活动部供稿）

2012 年首都社科专家进基层课题

项目编号	项目名称	负责人	所在单位	成果形式	完成日期
2012SKLJJC001	西城区“首善”建设的理论与模式研究	古　波	北京国际城市发展研究院	调研报告	2012.12
2012SKLJJC002	西城区金融服务发展与服务金融发展的实践与思考	沈　越	北京师范大学	调研报告	2012.12
2012SKLJJC003	西城区创新驱动现状与对策研究	文　魁	首都经济贸易大学	调研报告	2012.12
2012SKLJJC004	建设世界城市背景下的西城综合竞争力研究	段　霞	首都经济贸易大学	调研报告	2012.12
2012SKLJJC005	西城区“全响应”机制建设研究	丁元竹	国家行政学院	调研报告	2012.12
2012SKLJJC006	北京金融街发展金融市场和创新金融产品的思路与对策研究	李建军	中央财经大学	调研报告	2012.12
2012SKLJJC007	城市发展理念创新与西城区历史文化资源开发利用研究	王建民	中央民族大学	调研报告	2012.12
2012SKLJJC008	依托西城区域文化资源推进廉政文化建设问题研究	鄯爱红	北京市委党校	调研报告	2012.12
2012SKLJJC009	开展西城区委权力公开透明运行工作研究	赵爱玲	北京信息科技大学	调研报告	2012.12

续表

项目编号	项目名称	负责人	所在单位	成果形式	完成日期
2012SKLJJC010	关于西城区文化创意产业统计分析体系的研究	张梅青	北京交通大学	调研报告	2012. 12
2012SKLJJC011	西城区会展业发展方向研究	李智玲	北京联合大学	调研报告	2012. 12
2012SKLJJC012	西城区功能街区匹配发展研究	姚永玲	中国人民大学	调研报告	2012. 12
2012SKLJJC013	传统文化中“德”的内涵与西城区人文景区的道德弘扬对策研究——以历代帝王庙为例	刘　勇	北京师范大学	调研报告	2012. 12
2012SKLJJC014	关于什刹海文化遗产保护、利用与传承的思考	李　艳	首都师范大学	调研报告	2012. 12
2012SKLJJC015	关于构建什刹海大博物馆的思考	郗志群	首都师范大学	调研报告	2012. 12
2012SKLJJC016	关于打造什刹海区域品牌的对策研究	王　晖	首都经济贸易大学	调研报告	2012. 12
2012SKLJJC017	关于新形势下提高西城区政府投资效率和综合管理能力的研究	唐任伍	北京师范大学	调研报告	2012. 12
2012SKLJJC018	创新西城商圈党建工作模式研究	张秀芬	北京工商大学	调研报告	2012. 12
2012SKLJJC019	关于加强基层党校中青年后备干部党性教育实效性的研究	王久高	北京大学	调研报告	2012. 12
2012SKLJJC020	西城区民生商业服务网点建设研究	郭馨梅	北京工商大学	调研报告	2012. 12
2012SKLJJC021	西城区投资服务网络对策研究	孙永波	北京工商大学	调研报告	2012. 12
2012SKLJJC022	西城区 0 ~ 3 岁婴幼儿发展现状及需求调研	程　淮	北京幸福泉儿童发展中心	调研报告	2012. 12
2012SKLJJC023	西城区社区儿童早期发展模式研究	程　淮	北京幸福泉儿童发展中心	调研报告	2012. 12
2012SKLJJC024	金融街地区管理体制模式研究	杨晓东 魏　云	北京城乡创新发展博士研究会	调研报告	2012. 12
2012SKLJJC025	关于进一步加强北京金融街地区城市管理与文化建设的研究	金良浚	北京城市发展研究院	调研报告	2012. 12
2012SKLJJC026	关于旅游产品（西城礼物）开发与推广研究	姚长宏	首都师范大学	调研报告	2012. 12
2012SKLJJC027	大栅栏地区历史文化资源开发保护研究	朱永杰	北京联合大学	调研报告	2012. 12
2012SKLJJC028	西城区志愿服务资源统筹利用研究	李茂森	中国人民大学	调研报告	2012. 12
2012SKLJJC029	关于西城区公共医疗信息一体化问题研究	韩圣龙	北京大学	调研报告	2012. 12
2012SKLJJC030	关于构建西城区社会矛盾多元化解体系的研究	石秀印	陆学艺社会学发展基金会	调研报告	2012. 12
2012SKLJJC031	西城社区矫正模式研究	王丽霞	北京市委党校	调研报告	2012. 12
2012SKLJJC032	关于努力打造让群众满意的优质服务平台的研究	张　玲	北京市委党校	调研报告	2012. 12
2012SKLJJC033	关于在总部经济环境下构建税收有效管理模式的研究	丁　芸	首都经济贸易大学	调研报告	2012. 12

续表

项目编号	项目名称	负责人	所在单位	成果形式	完成日期
2012SKLJJC034	关于新形势下进一步加强税收执法风险管控机制建设的研究	李友元	北京工商大学	调研报告	2012.12
2012SKLJJC035	西城区痴呆老人服务情况研究	李　兵	北京市委党校	调研报告	2012.12
2012SKLJJC036	警察职业价值观方法和途径的研究——以西城为例	于兆波	北京理工大学	调研报告	2012.12
2012SKLJJC037	城市管理与社会服务关系研究——以西城为例	路　宁	北京创新学会	调研报告	2012.12
2012SKLJJC038	西城区城市管理人性化的现状及对策研究	高丙中	北京大学	调研报告	2012.12
2012SKLJJC039	通州文化创新服务平台建设——现状及对策	金元浦	中国人民大学	调研报告	2012.12
2012SKLJJC040	首都城市副中心文创产业发展战略定位研究报告——打造国际化艺韵新城的思考	齐勇锋	中国传媒大学	调研报告	2012.12
2012SKLJJC041	通州人文形象塑造与北京城市副中心建设	李嘉珊	北京第二外国语学院	调研报告	2012.12
2012SKLJJC042	丰台区文化品牌提升与文化产业突破对策研究	陆小成	北京社会科学院	调研报告	2012.12

（北京市社科联学术活动部供稿）

北京市教育学会

2012年承担国家或省部级等社科研究项目

项目名称	负责人	项目来源	成果形式	完成日期
北京市义务教育阶段“名师同步课程资源建设工程”——特级教师综合课程资源开发	钟作慈	北京市教育委员会委托	优秀教学实录与评析汇编	2012.12
北京市义务教育阶段名师同步课程资源暨北京数字学校建设——虚拟课堂建设项目	李观政	北京市教育委员会委托	虚拟课堂数据库（教学资源库）	2012.12
北京市幼儿园非师范类教师培训和早期教育服务指导培训——北京市0~6岁流动儿童社区早期教育和服务	李观政	北京市教育委员会委托	信息同步指导 家长育儿手册	2012.12
农村中小学教师教学能力诊断与提升	吴　甡	北京市教育委员会委托	教师教学能力诊断及教学案例集	2012.12
北京市农村地区小学数学教师专业发展培训	李观政 吴正宪	北京市教育委员会委托	优秀案例集 论文集	2012.12
北京市义务教育阶段农村地区学习困难学生干预对策研究及推广	吴正宪	北京市教育委员会委托	编辑2本学生用书，1本教师指导用书	2012.12
向基础教育倾斜——课程改革：北京市幼儿园、小学科学启蒙教育实验工程	李观政	北京市教育委员会委托	可行性报告及教材汇集	2012.12

续表

项目名称	负责人	项目来源	成果形式	完成日期
推进中小学德育内容、方法和机制创新——6~12岁家长手册研制与家庭教育开展	李观政	北京市教育委员会委托	出版2本家长指导手册	2012.12
基于云和数据终端技术的新教学模式实验	李观政	北京市教育委员会委托	主题教学活动课程资源	2012.12

（北京市教育学会李文鸾供稿）

·获奖成果·

概　　述

本栏目记述北京市第十二届哲学社会科学优秀成果奖获奖成果目录及特等奖、一等奖成果简介；记述北京市优秀调查研究成果奖名单及一等奖成果简介；记述北京地区24个高校、科研单位获国家、省部级人文社会科学研究成果奖获奖情况，以及获特等奖、一等奖成果简介。获奖成果的记述，包括成果名称、作者姓名、颁奖单位、奖励等级、成果形式等内容。这些信息反映出北京地区社会科学研究领域的最新成果和理论贡献。

北京市第十二届哲学社会科学优秀成果奖获奖成果目录及特等、一等奖成果简介

一、优秀成果奖目录

特　等　奖

（3项）

哲学1项

1. 中国儒学史（九卷本）　著作　北京大学　汤一介　北京大学出版社　2011年6月

马克思主义理论1项

2. 马克思主义中国化研究——历史进程和基本经验（上、下）　著作　北京市中国特色社会主义理论体系研究中心　石仲泉　北京人民出版社　2009年9月

法学1项

3. 中国司法制度的基础理论问题研究　著作　中国政法大学　陈光中　经济科学出版社　2010年2月

一 等 奖

(45 项)

哲学2项

1. 危机中的重建：唯物主义历史观的现代阐释（第二版） 著作
北京师范大学 杨耕 武汉大学出版社 2011年2月
2. 雅克·拉康——阅读你的症状（上、下） 著作
中国人民大学 吴琼 中国人民大学出版社 2011年5月

社会学2项

3. 面对艾滋风险的自律与文化——对低交易价格商业性行为的人类学研究 著作
中国人民大学 刘谦 中国社会出版社 2010年6月
4. 当代中国社会分层：测量与分析 著作 清华大学 李强 北京师范大学出版社 2010年4月

经济学8项

5. 中国城市居民的金融受排斥状况研究 论文
中央财经大学 李涛 《经济研究》 2010年7月第7期
6. 北京2030——世界城市战略研究 著作
北京市发展和改革委员会 张工等 社会科学文献出版社 2011年6月
7. 中国农村金融论纲 著作 中国人民大学 陈雨露等 中国金融出版社 2010年6月
8. 统筹国内发展和对外开放：依据、内容与路径 著作
对外经济贸易大学 桑百川等 中国财政经济出版社 2011年5月
9. 自然垄断产业改革：国际经验与中国实践 著作
首都经济贸易大学 戚聿东等 中国社会科学出版社 2009年12月
10. 政府政策改变的福利分析方法与应用 著作 北京大学 龚六堂 北京大学出版社 2011年3月
11. 马克思主义危机理论和1975—2008年美国经济的利润率 论文
中国人民大学 谢富胜等 《中国社会科学》 2010年9月第5期
12. 中国就业60年：1949—2009 著作
北京师范大学 赖德胜 中国劳动社会保障出版社 2010年1月

马克思主义理论1项

13. 马克思主义理论学科体系建构与建设研究 著作
中国人民大学 张雷声 经济科学出版社 2011年3月

政治学3项

14. 气候变化与中国国家安全 著作 北京大学 张海滨 时事出版社 2010年3月
15. 当代美欧关系史 著作 外交学院 赵怀普 世界知识出版社 2011年4月
16. 中国共产党北京历史（第一卷、第二卷） 著作
中共北京市委党史研究室 谢荫明等 北京出版社 2011年6月

教育学5项

17. 中国大学合并与整合管理研究 著作 北京师范大学 毛亚庆 教育科学出版社 2010年1月
18. 中国义务教育财政研究 著作 北京师范大学 杜育红 北京师范大学出版社 2009年12月
19. 博士质量：概念、评价与趋势 著作 北京大学 陈洪捷 北京大学出版社 2010年9月
20. 学无止境——构建学习型社会研究 著作
北京师范大学 顾明远 北京师范大学出版社 2010年6月
21. 学位与研究生教育：战略与规划 著作 清华大学 谢维和等 教育科学出版社 2011年1月

法学3项

22. 公法变迁与合法性　著作　北京大学　沈岿　法律出版社　2010年1月
23. 现代刑法问题新思考（四卷本）　著作　北京师范大学　赵秉志　北京大学出版社　2010年1月
24. 卢旺达国际刑事法庭的理论与实践　著作　中国政法大学　凌岩　世界知识出版社　2010年7月

历史学3项

25. 清代外交礼仪的交涉与论争　著作　北京师范大学　王开玺　人民出版社　2009年7月
26. 军都山墓地　著作　北京市文物研究所　靳枫毅等　文物出版社　2010年1月
27. 中国古代历史理论（上、中、下）　著作　北京师范大学　瞿林东　安徽人民出版社　2011年1月

管理学6项

28. 质量评价与软件质量工程知识体系的研究　著作
首都经济贸易大学　马慧　人民邮电出版社　2009年7月
29. 技术引进与自主创新：边界划分、过程转换和战略措施　著作
清华大学　吴贵生　知识产权出版社　2010年7月
30. 中国农产品现代物流发展机制研究　调研报告
北京交通大学　张明玉等　北京交通大学出版社　2010年12月
31. 企业财务质量与管理质量关系研究　著作
对外经济贸易大学　张新民等　对外经济贸易大学出版社　2009年9月
32. 中国社会保障改革与发展战略（总论卷、养老保险卷、医疗保障卷、救助与福利卷）　著作
中国人民大学　郑功成　人民出版社　2011年3月
33. Portfolio Analysis：From Probabilistic to Credibilistic and Uncertain Approaches　著作
北京科技大学　黄晓霞　Springer-Verlag（德国斯普林格出版社）　2010年2月

语言文学4项

34. 宋本《切韵指掌图》研究　著作　首都师范大学　李红　吉林人民出版社　2011年3月
35. 20世纪美国女性小说研究　著作　北京外国语大学　金莉等　北京大学出版社　2010年6月
36. 汉魏乐府艺术研究　著作　北京大学　钱志熙　学苑出版社　2011年1月
37. 印度中世纪宗教文学（上、下）　著作　北京大学　唐孟生等　昆仑出版社　2011年1月

艺术学·新闻传播学4项

38. 作为劳动的传播——中国新闻记者劳动状况研究　著作
清华大学　王维佳　中国传媒大学出版社　2011年1月
39. 论贝多芬《庄严弥撒》　著作　北京大学　刘小龙　北京大学出版社　2010年1月
40. 网众传播：一种关于数字媒体、网络化用户和中国社会的新范式　著作
北京师范大学　何威　清华大学出版社　2011年6月
41. 微博：一种新传播形态的考察——影响力模型和社会性应用　著作
中国人民大学　喻国明等　人民日报出版社　2011年5月

交叉学科·综合4项

42. 中国古代科学思想史要　著作　北京市社会科学院　李烈炎等　人民出版社　2010年6月
43. 北京奥运的人文价值　著作　中国人民大学　冯惠玲等　中国人民大学出版社　2010年8月
44. 当代中国城市发展丛书·北京（上、下）　著作　当代北京编辑部　当代中国出版社　2011年3月
45. 中国能源报告2006、2008、2010（三卷本）　著作
北京理工大学　魏一鸣等　科学出版社　2010年8月

二 等 奖

(162 项)

哲学 9 项

1. 价值论的视野 著作 中国人民大学 马俊峰 武汉大学出版社 2010 年 1 月
2. 简帛文明与古代思想世界 著作 北京大学 王中江 北京大学出版社 2011 年 3 月
3. 读不懂的西方哲学 著作 清华大学 王路 北京大学出版社 2011 年 1 月
4. 语言 · 意义 · 指称：自主的意义与实在 著作 北京大学 叶闯 北京大学出版社 2010 年 2 月
5. 现代性论域及其中国话语 著作 北京师范大学 张曙光 武汉大学出版社 2010 年 5 月
6. 中国哲学批评史论 著作 北京市委党校 张耀南 商务印书馆 2009 年 12 月
7. 说理 著作 首都师范大学 陈嘉映 华夏出版社 2011 年 5 月
8. 批判学派与现代和后现代科学哲学 著作 北京市社会科学院 郝苑 北京燕山出版社 2010 年 12 月
9. 杜威的经验自然主义及其宗教观 著作 中央民族大学 常宏 中央民族大学出版社 2011 年 6 月

社会学 7 项

10. 转轨时期农民工就业歧视问题研究 著作
对外经济贸易大学 李长安 中国社会科学出版社 2010 年 9 月
11. “气”与抗争政治：当代中国乡村社会稳定问题研究 著作
中国政法大学 应星 社会科学文献出版社 2011 年 3 月
12. 新时期首都外国人口服务管理面临的问题及对策 调研报告 北京大学 陆杰华 内部 2010 年 12 月
13. 老北京杂吧地：天桥的记忆与诠释 著作
北京师范大学 岳永逸 生活 · 读书 · 新知三联书店 2011 年 5 月
14. “习以为常之蔽”：一个马来村庄日常生活的民族志 著作
北京外国语大学 康敏 北京大学出版社 2009 年 8 月
15. 中国农村劳动力非农化转移规模估算及其变动过程分析 论文
首都经济贸易大学 童玉芬 《人口研究》2010 年 9 月第 5 期
16. “文人风化与人的变形——卢梭《论科学与艺术》的社会学主旨” 论文
北京市委党校 潘建雷 《社会理论学报》（香港） 2010 年秋季第 13 卷第 2 期

经济学 24 项

17. 中国对外贸易出口：问题、原因与对策 论文
北京市委党校 马相东 《宏观经济研究》2010 年 12 月第 12 期
18. 中国社会保障制度一体化研究 著作 对外经济贸易大学 王国军 科学出版社 2011 年 5 月
19. 北京金融产业集聚效应研究 著作 首都经济贸易大学 王曼怡 中国金融出版社 2010 年 8 月
20. 中国宏观经济分析与预测（2010—2011）——流动性回收与新规划效应下的中国宏观经济 著作
中国人民大学 中国人民大学经济研究所 中国人民大学出版社 2011 年 3 月
21. 落实科学发展观的财税政策体系研究 著作 中央财经大学 白彦锋 经济科学出版社 2009 年 10 月
22. 中国税收高速增长的源泉：税收能力和税收努力框架下的解释 论文
中国人民大学 吕冰洋等 《中国社会科学》2011 年 3 月第 2 期
23. 贸易与环境：理论与政策研究 著作 北京师范大学 曲如晓 人民出版社 2009 年 9 月
24. 建立与物价变动相适应的城乡低保标准调整机制研究 研究报告
中国人民大学 杨立雄 财政部社会保障司 2010 年 6 月
25. 2010 中国绿色发展指数年度报告——省际比较 著作
北京师范大学 李晓西 北京师范大学出版社 2010 年 10 月
26. 北京现代服务业与经济增长实证研究 著作 北京工商大学 李朝鲜 经济科学出版社 2011 年 6 月
27. 变革与崛起——探寻中国金融崛起之路 著作
中国人民大学 吴晓求 中国金融出版社 2011 年 3 月
28. WTO 框架下的国际反倾销政策与实践 著作
中国人民大学 宋利芳 对外经济贸易大学出版社 2010 年 4 月

29. 世界城市研究 著作 北京大学 陆军 中国社会科学出版社 2011年3月
30. 中国通货膨胀的预期、形成机制和治理政策 著作
中国人民大学 陈彦斌 科学出版社 2010年6月
31. 中国宏观经济分析的理论体系 著作 中国人民大学 郑超愚 中国人民大学出版社 2011年3月
32. 首都经济新增长点研究 著作 北京市社会科学院 赵弘 北京出版社 2009年10月
33. 北京西部地区发展战略研究 调研报告
北京方迪经济发展研究院 赵燕霞 北京市发改委 2010年7月
34. 劳动就业与反贫困问题研究 著作 北京大学 夏庆杰 中国经济出版社 2010年3月
35. 发展战略与经济增长 论文 对外经济贸易大学 徐朝阳 《中国社会科学》2010年5月第3期
36. 追寻中国经济与世界的联系——对外经济统计数据估算与计量分析 著作
中国人民大学 高敏雪 经济科学出版社 2010年12月
37. 北京建设国际商贸中心研究 调研报告 北京市政府研究室 课题组 内部 2010年10月
38. 会计与投资者保护——理论、证据与案例 著作
北京工商大学 崔学刚 中国财政经济出版社 2011年6月
39. Exporting Behavior of Foreign Affiliates：Theory and Evidence 论文
北京大学 路江涌 Journal of International Economics（Volume 81，Issue 3）2010年7月
40. 中国区域经济差异与收敛 论文 清华大学 潘文卿《中国社会科学》2010年1月第1期

马克思主义理论5项

41. 新中国思想政治教育史纲（1949—2009） 著作 北京师范大学 王树荫 人民出版社 2010年1月
42. 党内民主文化建设——党的建设的新视角 论文
北京市委党校 刘汉峰 《中国特色社会主义研究》2009年12月第6期
43. 网络思想政治教育研究 著作 清华大学 张再兴 经济科学出版社 2009年9月
44. 当代中国的发展哲学——科学发展观的哲学解读 著作
北京大学 夏文斌 人民出版社 2009年12月
45. 天人和谐论 著作 北京交通大学 路日亮 中国商业出版社 2010年3月

政治学11项

46. 北京市乡镇人大发挥职能作用情况调研报告 调研报告
北京联合大学 王维国 北京市社会科学界联合会 2010年11月
47. 后危机时期影响美国对外政策走向的内外因素及其对中美关系的影响 调研报告
北京大学 王缉思 外交部政策规划司 2010年12月
48. 纪念中国共产党成立90周年文库——中国共产党辉煌90年、中国共产党建设90年、90年中人与事 著作
北京市中国特色社会主义理论体系研究中心
北京市中国特色社会主义理论体系研究中心办公室 北京人民出版社 2011年6月
49. 公民参与：北京城市居民态度与行为实证研究 著作
中国人民大学 孙龙 中国社会科学出版社 2011年5月
50. 利益表达与分配：转型期中国的收入差距与政府控制 著作
北京科技大学 吴群芳 中国社会出版社 2011年5月
51. 北京地区主要网站党建工作专题调研 调研报告 北京市委宣传部 佟力强等 内部 2011年6月
52. 学习型政党的理论与实践 著作 北京朝阳区委宣传部 陈刚 中共中央党校出版社 2011年6月
53. 美国学：政治维度与中国意义 著作 清华大学 赵可金 上海人民出版社 2010年6月
54. 正确处理人大代表履职工作中的若干关系 论文
北京市委党校 黄小钫 《人大研究》 2011年6月第6期
55. 当代中国国际定位的若干思考 论文 中国政法大学 蔡拓 《中国社会科学》 2010年9月第5期
56. 美国对华公共外交战略 著作 对外经济贸易大学 檀有志 时事出版社 2011年4月

教育学17项

57. 学习化社会高等教育的使命 著作 北京师范大学 马健生 山西教育出版社 2010年6月

58. 中国地区教育发展报告 著作 北京师范大学 王善迈 北京师范大学出版社 2011 年 4 月
59. 西方体育社会学：理论、视点、方法 著作 清华大学 仇军 清华大学出版社 2010 年 1 月
60. 儿童受教育权：性质、内容与路径 著作 北京师范大学 尹力 教育科学出版社 2011 年 5 月
61. 新制度与大革命——以近代知识分子和教育为中心 著作
清华大学 叶赋桂 教育科学出版社 2010 年 5 月
62. 高等学校的公法人地位研究 著作 中国人民大学 申素平 北京师范大学出版社 2010 年 10 月
63. 复归与重构——当代美国道德教育理论与实践的变革 著作
首都师范大学 朱晓宏 山东教育出版社 2011 年 6 月
64. 创新型国家建设与中国高等教育改革 著作
北京师范大学 刘宝存 高等教育出版社 2009 年 12 月
65. 古代希腊教育 著作 中国人民大学 李立国 教育科学出版社 2010 年 2 月
66. 高校教育教学改革的理论思考与实践探索 著作 北京工业大学 肖念 人民出版社 2010 年 11 月
67. Effects of encoding and retrieval on the mechanism of item + context binding 论文
首都师范大学 肖鑫 Chinese Science Bulletin（Volume 56，Number 17） 2011 年 6 月
68. 中国奥运经济波动与各届奥运经济周期性的特点比较分析 论文
北京大学 张锐 《北京体育大学学报》 2010 年 2 月第 2 期
69. 教育理论的边缘 著作 北京师范大学 周作宇 安徽教育出版社 2009 年 11 月
70. 制度变迁、城市遴选、市场开发——我国综合性体育赛事改革研究 论文
首都体育学院 钟秉枢 北京体育大学出版社 2011 年 4 月
71. 知识 · 产权 · 课程——政策视野中的课程研究 著作
首都师范大学 蒋建华 教育科学出版社 2010 年 10 月
72. 城乡教育一体化：体系重构与制度创新 论文
北京师范大学 褚宏启 《教育研究》 2009 年第 11 期
73. 教育生产函数与义务教育公平 论文 首都师范大学 薛海平 《教育研究》 2010 年第 1 期

法学 13 项

74. 版权客体论 著作 对外经济贸易大学 卢海君 知识产权出版社 2011 年 1 月
75. 犯罪构成理论：比较研究与路径选择 著作 中国人民大学 付立庆 法律出版社 2010 年 11 月
76. 金融创新的税法规制 著作 中国青年政治学院 汤洁茵 法律出版社 2010 年 6 月
77. 中国刑事司法鉴定制度实证调研报告 论文 北京大学 汪建成 《中外法学》 2010 年第 2 期
78. 当代中国民法学的理论转型 著作 中国政法大学 柳经纬 中国法制出版社 2010 年 9 月
79. 柔性行政方式法治化研究——从建设法治政府、服务型政府的视角 著作
中国人民大学 莫于川 厦门大学出版社 2011 年 4 月
80.《联合国海洋法公约》争端解决机制研究 著作
中国政法大学 高健军 中国政法大学出版社 2010 年 12 月
81. 中央与地方关系的司法调控研究 著作 北京师范大学 郭殊 北京师范大学出版社 2010 年 3 月
82. 北京市中小企业地方立法研究：《北京市中小企业促进条例》立项论证报告及《条例》草案研究报告
调研报告 北京联合大学 陶秋燕 北京市经济和信息化委员会 2010 年 12 月
83.《侵权责任法》保护的民事权益 论文 北京大学 葛云松 《中国法学》 2010 年 6 月第 3 期
84. 论刑事证据排除 著作 北京海淀区人民法院 葛玲 中国人民公安大学出版社 2011 年 3 月
85. 检察制度比较研究 著作 北京市人民检察院 甄贞 法律出版社 2010 年 3 月
86. 刑事诉讼法哲理思维 著作 中国政法大学 樊崇义 中国人民公安大学出版社 2010 年 7 月

历史学 11 项

87. 六朝墓葬的考古学研究 著作 北京大学 韦正 北京大学出版社 2011 年 3 月
88. 北京文物建筑大系（共 10 册） 著作 北京市文物局 北京美术摄影出版社 2011 年 6 月
89. 宗教改革与德国近代化道路 著作 北京大学 朱孝远 人民出版社 2011 年 3 月
90. 北京地名发展史 著作 北京市社会科学院 孙冬虎 北京燕山出版社 2010 年 11 月
91. 宋教仁思想研究 著作 首都师范大学 迟云飞 湖南师范大学出版社 2010 年 12 月

92. The emergence of agriculture in southern China 论文
北京大学 张驰 Antiquity (Volume 84, Number 323) 2010年3月
93. 汉唐籍账制度研究 著作 北京师范大学 张荣强 商务印书馆 2010年3月
94. 北京文物地图集(上、下) 著作 北京市文物研究所 赵福生等 科学出版社 2009年7月
95. 中世纪英国财政史研究 著作 首都师范大学 施诚 商务印书馆 2010年12月
96. 明代佛教方志研究 论文 中国人民大学 曹刚华 中国人民大学出版社 2011年3月
97. 五四时期社会文化嬗变研究 著作 首都师范大学 梁景如 人民出版社 2010年9月

管理学 21 项

98. 中关村国家自主创新示范区税收政策研究 调研报告 中关村科技园区管委会 内部 2009年11月
99. 北京市轨道交通司机安全性评价与管理研究 调研报告
北京交通大学 叶龙 北京市社科规划办公室 2011年5月
100. 中国上市公司财务信息披露与监管研究 著作 中央民族大学 叶华 经济管理出版社 2010年8月
101. 北京节水型社会战略研究 著作 北京市水务局 冉连起 中国城市出版社 2011年4月
102. 北京服装品牌个性的国际化研究 调研报告
北京服装学院 宁俊 北京市社科规划办公室 2010年5月
103. 系统分析方法集成研究及其在预测和监测中的应用 著作
中国人民大学 许伟 科学出版社 2011年3月
104. 首都城市公用事业市场化研究 著作 北京市社会科学院 杨松 中国经济出版社 2010年5月
105. 北京城乡一体化进程评价研究 著作
北京市科学技术研究院 李永进 北京科学技术出版社 2009年12月
106. 企业管理范式转型研究 著作 中央财经大学 肖海林 人民出版社 2009年12月
107. 从规模到质量:中国利用外资的历史进程 著作
首都经济贸易大学 邹昭晞 科学出版社 2009年12月
108. A pictorial Record of the Qing Dynasty: Qing Dynasty Architecture 著作
北京大学 张红扬 Cengage Learning Asia Pte Ltd. 2010年
109. 中国消费者购买行为的文化价值观动因研究 著作
首都经济贸易大学 张梦霞 科学出版社 2010年1月
110. 北京市社科类社会组织现状及激发活力、发挥作用对策研究 调研报告
北京市社科联 陈之昌等 北京市社科规划办公室 2011年4月
111. 中国企业国际化经营研究报告 2010 著作 对外经济贸易大学 林汉川 商务印书馆 2010年11月
112. 产业整合理论与中国种业整合 著作 北京信息科技大学 侯军岐 中国旅游出版社 2011年4月
113. 中国政务信息化研究 著作 北京师范大学 唐任伍 贵州人民出版社 2010年3月
114. 公共行政执行的中层理论——政府执行力研究 著作
中央财经大学 曹堂哲 光明日报出版社 2010年5月
115. 中国地方政府绩效评估方法与应用研究 著作
北京市统计局 崔述强 中国统计出版社 2009年7月
116. 解读苏南 著作 中国人民大学 温铁军 苏州大学出版社 2011年4月
117. 企业文化的沉思 著作 北京工商大学 魏中龙 经济科学出版社 2010年8月
118. 经验·价值·影响——2008北京奥运会、残奥会志愿者工作成果转化研究 著作
共青团市委 魏娜 中国人民大学出版社 2010年12月

语言文学 15 项

119. 先秦散文研究——早期文体及话语方式的生成 著作
北京师范大学 过常宝 人民出版社 2009年7月
120. 两晋士族文学研究 著作 清华大学 孙明君 中华书局 2010年7月
121. 朝鲜文学通史(上、中、下卷) 著作 中央民族大学 李岩等 社会科学文献出版社 2010年9月
122. 北京官话语音研究 著作 北京语言大学 张世方 北京语言大学出版社 2010年5月

123. 现代诗的再出发：中国四十年代现代主义诗潮新探 著作
首都师范大学 张松建 北京大学出版社 2009年11月
124. 杨柳的形象：物质的交流与中日古代文学 著作
北京师范大学 张哲俊 人民文学出版社 2011年3月
125. 新乐府辞研究 著作 首都师范大学 张煜 北京大学出版社 2009年8月
126. 作为学科的文学史 著作 北京大学 陈平原 北京大学出版社 2011年2月
127. 中国文学与阿拉伯文学比较研究 著作 北京大学 林丰民 昆仑出版社 2011年1月
128. 英汉语篇语用学研究 著作 北京师范大学 苗兴伟 上海外语教育出版社 2010年8月
129. 北平的大学教育与文学生产：1928—1937 著作
北京市社会科学院 季剑青 北京大学出版社 2011年3月
130. 从形式回到历史——20世纪西方文论与学科体制探讨 著作
北京大学 周小仪 北京大学出版社 2010年5月
131. 新出简帛与古文字古文献研究 著作 清华大学 赵平安 商务印书馆 2009年12月
132. 大众媒介与文化变迁：中国当代媒介文化的散点透视 著作
北京师范大学 赵勇 北京大学出版社 2010年1月
133. 汉语历史语法研究 著作 首都师范大学 洪波 商务印书馆 2010年9月

艺术学·新闻传播学15项

134. 戏剧三人行：重读曹禺、田汉、郭沫若 著作 中央戏剧学院 丁涛 厦门大学出版社 2009年8月
135. 表意主义戏剧——中国戏曲本质论 著作 中国戏曲学院 冉常建 人民文学出版社 2010年7月
136. 建设世界城市，打造东方影视之都 调研报告
中国传媒大学 杨乘虎 北京市广播电影电视局 2011年2月
137. 汉族民间长篇叙事歌的音乐类型及文化属性 著作
中国音乐学院 李月红 上海音乐出版社 2011年6月
138. 论政与启蒙：近代同人报刊研究——以《努力周报》为例 著作
北京工商大学 沈毅 中国传媒大学出版社 2011年1月
139. 风格创造——张艺谋电影创作论 著作 北京电影学院 张会军 中国电影出版社 2010年6月
140. 苏州早期宅第园林之宅园关系考 论文
中国人民大学 张建宇 中国建筑史论汇刊第三辑 清华大学出版社 2010年9月
141. 京剧音乐分析 著作 中国音乐学院 张筠青 中央音乐学院出版社 2011年5月
142. 中国农村居民媒体接触与消费行为研究报告 调研报告
北京大学 陈刚 中央电视台广告经营管理中心 2009年11月
143. 可持续室内环境设计理论 著作 清华大学 周浩明 中国建筑工业出版社 2011年1月
144. 复调的产生 著作 中央音乐学院 姚亚平 中央音乐学院出版社 2009年11月
145. 当代中美主流电视剧比较 著作 中国传媒大学 郭艳民 中国广播电视出版社 2010年3月
146. 阳光、生命和雕塑的乐土：中外雕塑公园研究 著作
首都师范大学 陶宇 河北美术出版社 2010年6月
147. 中国现代性的影像书写：新时期改革题材电视剧研究 著作
中国传媒大学 彭文祥 中国传媒大学出版社 2009年7月
148. 中国当代舞蹈创作与研究 著作 北京舞蹈学院 慕羽 中国文联出版社 2009年10月

交叉学科·综合14项

149. 建设人文北京、科技北京、绿色北京决策研究 著作
北京市委研究室 王力丁 同心出版社 2010年1月
150. 吾土吾民——北京市怀柔区村卫生室实地研究 著作
首都医科大学 吕兆丰 北京燕山出版社 2011年6月
151. 中国文化亮点通俗读本 著作 北京市社科联 朱良志 北京出版社 2011年1月
152. 彝族氏族祭祖大典仪式与经书研究——以大西邑普德氏族祭祖大典为例 著作
中央民族大学 朱崇先 民族出版社 2010年6月

153. 北京城市内部人口迁居研究　著作　北京市社会科学院　齐心　经济日报出版社　2010年6月
154. 传统与现代：鄂温克族牧民的生活　著作
中央民族大学　祁惠君　中央民族大学出版社　2009年8月
155. 中国省域生态文明建设评价报告（ECI2010）　著作
北京林业大学　严耕　社会科学文献出版社　2010年5月
156. 首都跨界水源地经济与生态协调发展模式与机理　著作
首都经济贸易大学　张贵祥　中国经济出版社　2010年11月
157. 医患关系的经济学研究　著作　首都经济贸易大学　张琪　中国劳动社会保障出版社　2011年5月
158. 海外油气勘探开发项目技术经济评价方法研究　调研报告
中国石油大学出版社　罗东坤　中国石油大学出版社　2011年1月
159. 我国高等教育境外消费出口市场研究　著作
北京教育科学研究院　郭秀晶　光明日报出版社　2010年1月
160. 我国对美离岸服务外包影响因素与竞争力研究　著作
中央财经大学　章宁　经济科学出版社　2011年4月
161. 城市生活垃圾减量化对策研究　调研报告
北京信息科技大学　葛新权　北京市社科规划办公室　2011年6月
162. 从幽燕都会到中华国都——北京城市嬗变　著作　北京大学　韩光辉　商务印书馆　2011年5月

（北京市哲学社会科学优秀成果评奖委员会办公室供稿）

二、特等奖、一等奖成果简介

特　等　奖

《中国儒学史》（九卷本）（著作）

北京大学　汤一介

北京大学出版社　2011年6月出版

该书在吸收学界新近取得的文字学、考古学、文献学等交叉学科学术研究成果及儒学自身研究成果的基础上，以历史为线索，追溯儒学的起源、发展与演变的历史过程，再现各个历史时期儒学发展的不同形态及其同质性与差异性，对历代儒学的主要代表人物的思想体系及其与中国古代政治、社会、其他文化资源之间的互动关系等做出了广泛的观察与思考，并在此基础上，广泛讨论了经学与儒学的关系、儒学的历史形态、基本内涵及经学的诠释学等重要学术问题，通过这些讨论和研究，旨在揭示儒学的核心价值、理论特点、思想史意义、文化贡献及其局限性等。

"反本开新"是九卷本《中国儒学史》坚定不移的指导思想，希望通过对中国儒学史的研究，探寻实现不同文化间"普遍价值"的途径。这套书把儒学与经学的研究结合起来，特别注重经学的传世文本的经典意义及其所蕴含的思想理论价值对儒学发展的内在推动作用。因此，它不仅是中国儒学的发展史或儒学思想通史，同时也是中国经学的诠释史。该书在体例、范式、方法、内容、文献考证和思想观点等多方面都实现了对传统研究的突破。

汤一介，男，1927年出生，原籍黄梅，1951年毕业于北京大学哲学系。现任北京大学哲学系资深教授、博士生导师，儒学研究院院长、《儒藏》编纂与研究中心主任、中国哲学与文化研究所名誉所长、中国文化书院院长，兼任中华孔子学会会长、中央文史研究馆馆员、中国哲学史学会顾问、国际儒学联合会顾问、北京外国语大学文学院名誉院长、上海社会科学院兼职研究员等职。主要论著有《郭象与魏晋玄学》《早期道教史》《魏晋南北朝时期的道教》《中国传统文化中的儒道释》《儒道释与内在超越问题》《儒教、佛教、道教、基督教与中国文化》《在非有非无之间》《汤一介学术文化随笔》《非实非虚集》《昔不至今》《郭象》《当代学者自选文库：汤一介卷》《佛教与中国文化》《生死》《和而不同》《我的哲学之路》《新轴心时代与中国文化的建构》等。主编《20世纪西方哲学东渐史》丛书，第一次系统、完整地展示了20世纪西方哲学东渐的百年历程，被张岱年先生称为"一项贯通中西哲学视野的难得的学术工程"；2003年更是以耄耋之年发起并主持《儒藏》工程，一年间组织20多所高校两三百位学者投入此项工程，主要包括500多种约1.5亿字儒家典籍的《儒藏》精华本。主编的九卷本《中国儒学史》是迄今出版的资料最翔实、内容最丰富、体系最完备的中国儒学通史。此外还撰写有学术论文二百余篇。

（北京大学社会科学部供稿）

《马克思主义中国化研究——历史进程和基本经验》（上、下）（著作）

北京市中国特色社会主义理论体系研究中心组织编写
首席专家 龚育之 石仲泉
北京人民出版社 2009年9月出版

该书是北京市中国特色社会主义理论体系研究中心承担的中央马克思主义理论研究和建设工程重大课题“马克思主义中国化的历史进程和基本经验”的最终成果。本书全面梳理了马克思主义中国化的历史进程，系统阐述了马克思主义中国化的基本经验，是一部研究马克思主义中国化的力作。

该书的具体指导思想是，党的两个“历史决议”、改革开放30年来6次党代表大会的报告和引领马克思主义中国化两次历史性飞跃的党的主要领导人的相关文献和著作。该书主要分为三部分内容。第一部分为前言和绪论。前言对该书若干情况作简要说明，带有开题和交代性质。绪论着重讲马克思主义诞生以来理论本身的一些基本内容、基本观点；对马克思主义如何实现民族化和当代化，不断向前发展的历程作概括的叙述，并将马克思主义中国化的历史作简要勾勒。这一部分带有马克思主义发展简史性质。第二部分为历史进程。主要是讲马克思主义中国化历史进程的本然，把中国共产党近90年在革命、建设和改革三个大的历史阶段，遇到了一些什么问题，怎样艰辛地将马克思主义理论与中国实际相结合而开辟出中国特色道路、形成两大理论体系和众多理论成果的过程。第三部分为基本经验。主要是讲马克思主义中国化的所以然问题，说明中国共产党为什么能取得这样的成就，并作深层次的理论分析和经验总结，进行具有一定规律性的概括。如果说历史进程部分的三个时期是在“画龙”，那么基本经验这一部分力求“点睛”。

该书深入而具体地揭示了马克思主义中国化的发展历程，既不是单纯的理论史，也不是单纯的中国共产党的党史。它是理论史和党史的“二合一”，从党的历史和党的理论发展相结合这个视点展开研究，兼顾马克思主义中国化的理论和实践两个层面，以研究理论探索的历程和成果为主。本书具有理论与实践相联系、历史与逻辑相一致、党史与思想史相结合、学术研究与政治总结相统一的鲜明特点，既坚持了毛泽东提出的马克思主义中国化的原意，又在总结中国共产党历史经验的基础上提出了一些创新的观点，对于今天加强党的思想理论建设，具有重要的现实意义和影响。

龚育之（1929—2007），著名马克思主义理论家、教育家，中国科学技术哲学和相关学科的奠基人之一。中共中央党校原副校长、中共中央党史研究室原常务副主任，北京大学科学技术哲学专业博士生导师、教授，中共中央党校科学社会主义专业博士生导师，中国科协名誉委员，中国自然辩证法研究会名誉理事长，中共党史学会会长，中共十五大代表，第五、六、七、八届全国政协委员，第九届全国政协常委，曾参与《毛泽东选集》和《邓小平文选》的编辑工作和党的“十一大”至“十五大”文件的起草工作。

石仲泉，1938年5月出生，中共党史学家，中共中央党史研究室原副主任。享受国务院颁发的专家特殊津贴，兼任中国人民大学博士生导师和中国青年政治学院马克思主义研究中心主任，中国中共党史学会副会长、毛泽东思想邓小平理论研究会会长、毛泽东哲学思想研究会会长，全国哲学社会科学规划党史党建学科组副组长，北京大学邓小平理论研究中心兼职研究员，北京师范大学等多所高校、党校、军校兼职教授。

（北京市中国特色社会主义理论体系研究中心供稿）

《中国司法制度的基础理论问题研究》（著作）

中国政法大学 陈光中
经济科学出版社 2010年2月出版

该书分上、下两编，共14章，近60万字。通过创新性研究，探索了司法的规律性问题，提出司法体制改革与三大诉讼法修改的一系列建议，为建设中国特色社会主义司法制度提供有力的理论支持。该书上编为“综论”，含“导论”“中国政治制度与司法制度”“法治与司法制度”“社会公平正义与司法制度”“中国法院制度”“中国检察制度”“中国侦查制度”和“中国律师制度”八章。重点论述了中国司法制度涉及的若干基础概念，与我国国体、政体相适应的司法制度，法治、社会公平正义等基本理念与司法制度的密切关系，并就我国司法基本制度（法院制度、检察制度、侦查制度、律师制度）的重点理论和实践问题加以阐述并提出改革建议。下编为“诉讼论”，含“诉讼民主”“诉讼公正”“诉讼真实”“诉讼和解”“诉讼效率”和“诉讼构造”六章，研究了诉讼民主的内涵和基本要求，司法公正和诉讼真实的基本理论及实体公正和程序公正、客观真实和法律真实的关系，诉讼和解的基本原理和制度设计，诉讼效率一般理论和具体实现途径，诉讼构造的理论和三大诉讼构造的发展方向。

陈光中，男，1930年4月出生，浙江永嘉人，原中国政法大学校长，现任中国政法大学终身教授，博士生导师，诉讼法学研究院名誉院长。兼任中国法学会学术委员会副主任；中国法学会刑事诉讼法学研究会名誉会长；国家哲学社会科学研究基金法学评议组副组长；教育部人文社会科学研究专家咨询委员会委员，法学部召集人之一；最高人民法院特邀咨询员；最高人民检察院咨询委员会委员。主要研究领域是刑事诉讼法学、证据法学、司法制度和国际人权法学。迄今为止，共出版专著、教材45部（含合著、主编），发表论文200余篇（含合著），代表作有《陈光中法学文集》《联合国刑事司法准则与中国刑事法制》和《中华人民共和国刑事诉讼法再修改专家建议稿与论证》等。

（中国政法大学科研处刘璐供稿）

一 等 奖

《危机中的重建：唯物主义历史观的现代阐释》（第二版）（著作）

北京师范大学 杨 耕

武汉大学出版社 2011年2月出版

该书是作者近年来关于“重建唯物主义历史观”这一主题进行系统研究的重要成果。作者力图站在现代实践、科学和哲学的基础上，重新解读唯物主义历史观的文本，用现代实践经验、科学成果和哲学精神重新阐述已经成为“常识”的唯物史观基本观点；深入挖掘原本是唯物史观的基本观点，但由于种种原因被忽视或未被重视的唯物史观的基本观点；充分展开唯物史观创始人有所论述但尚未详细论证、充分展开，同时又是现代日益凸显、迫切需要解答的重大问题，并使之上升为唯物史观的基本观点。

该书共分四个部分：第一部分，即导论考察了历史哲学的形成和发展史，以说明马克思的历史哲学，即唯物主义历史观在历史哲学史上的地位。第二部分，即第一、二章考察了唯物主义历史观概念的由来及其实质，唯物史观形成的历史，旨在说明唯物史观是马克思的历史哲学，并重新考察了唯物史观的理论基础，提出历史认识论是唯物史观的理论生长点，历史本体论和历史认识论是唯物史观的双重职能。第三部分，即第三、四、五、六、七、八、九、十章属于历史本体论问题，重新探讨了唯物史观的基本观点，对社会与自然、个人与社会、社会的本质和社会有机体的特征、社会结构与实践活动、社会历史过程与自然历史过程、历史规律的形成和特征进行了新的审视，重新探讨了生产力与生产关系的矛盾运动，以及社会主义代替资本主义的历史必然性和人文取向、世界历史的形成与东方社会的命运。第四部分，即第十一、十二、十三、十四章属于历史认识论问题，分析了社会科学范式的历史性转换、社会科学研究的基本环节，重新考察了科学抽象法，探讨了“从后思索法”，旨在说明唯物史观是历史本体论和历史认识论的统一，说明方法论不仅是唯物史观的功能，更重要的，是其内在规定。唯物史观在本书中被赋予了新的时代意义，并展现出作者对唯物史观的一种新理解。

该书的主要创新和学术价值在于：

第一，深入探讨了唯物主义历史观在现代的理论生长点问题；第二，深入阐述了马克思的社会发展理论；第三，深入考察了社会结构和实践活动的关系；第四，重新审视了历史规律的形成及其特征；第五，深入论述了社会科学方法的历史性转换问题；第六，深入探讨了“从后思索法”，认为从后思索法是历史认识论的根本特征。

杨耕，男，1956年出生，哲学博士，北京师范大学哲学系教授、博士生导师，北京师范大学出版集团总经理兼北京师范大学出版社社长，北京师范大学校务委员会委员。国务院学科评议组成员，国家社会科学基金学科评审组成员，教育部社会科学委员会学部委员，教育部跨世纪学科带头人。中国辩证唯物主义学会副会长，中央实施马克思主义理论研究和建设工程首席专家，教育部人文社会科学重大攻关项目首席专家。获政府特殊津贴。先后在《中国社会科学》《哲学研究》《马克思主义研究》《人民日报》《光明日报》《求是》《唯物论研究》（日本）等发表论文200余篇；出版专著10部。主持、参与编写国家级教材6部；先后获国家级教学成果奖、国家精品课程等国家级奖6项。

（北京师范大学社科处刘娜供稿）

《雅克·拉康——阅读你的症状》（上、下）（著作）

中国人民大学 吴 琼

中国人民大学出版社 2011年5月出版

该书立足于拉康的文本（包括他的《文集》和已出版的研讨班报告），以主体间性作为进入拉康理论的基本角度，以拓扑学变换作为运作其理论体系的基本方法，以无意识主体作为阐发其理论概念的出发点，以这一主体的分裂或离心化作为把握其理论意义的核心，力图为拉康那庞杂的思想提供一个较为完整的地图。该书分为上、下两编，共十二章。

上编“拉康的事业”结合拉康的生平传记追述了法国精神分析运动的历史及拉康思想与拉康学派

的发展过程。第一章“弗洛伊德在法国”追述了弗洛伊德的理论与法国动力精神病学的关系，以及弗洛伊德理论在巴黎医学界和文人圈子两大阵营的传播史；第二章“自我认同的罪与罚”追述了拉康早期思想的发展过程；第三章“镜像的神话”以拉康的镜像阶段理论为焦点，追述了他在二战后至50年代初的思想发展，讨论镜像阶段理论的形成过程；第四章“精神分析的政治”围绕拉康的两次大决裂追述了拉康与国际精神分析协会和法国精神分析共同体的关系；第五章“拉康的王国”追述了拉康学派的形成及其内部矛盾；第六章“研讨班的岁月”对拉康的研讨班进行了历史性的描述，对拉康的理论技术进行了思考。

下编“主体间性的科学”将围绕主体间性的构架来讨论拉康理论的各个方面。第七章“主体的真相”主要围绕无意识的主体、能指的主体、言说的主体、欲望的主体这几个方面来讨论拉康的主体概念；第八章“三界的拓扑学”讨论了拉康著名的“三界”理论即想象界、象征界和实在界以及这“三界”之间的拓扑学关系；第九章“他者的逻辑”讨论拉康的他者问题；第十章“欲望的辩证法”讨论拉康的欲望理论；第十一章“原乐的伦理学”讨论了拉康的一个极其重要的概念——“jouissance”（原乐），尤其强调该概念的伦理维度；第十二章“话语的政治学”讨论了拉康的四种话语，即主人话语、大学话语、歇斯底里话语和分析家话语。

吴琼，男，安徽宿松人，1964年12月出生。先后于1982—1986年、1988—1991年就读于中国人民大学哲学系，获哲学学士和硕士学位。1996—1999年就读于北京师范大学中文系，获文艺学博士学位。1992年1月至今任职于中国人民大学哲学系（院）。专业特长有西方美学、西方哲学、视觉文化研究、艺术批评。主要学术成果《西方美学史》《走向一种辩证批评》《雅克·拉康——阅读你的症状》《20世纪美国马克思主义文论史》等。

（中国人民大学科研处张玉洁供稿）

《面对艾滋风险的自律与文化——对低交易价格商业性行为的人类学研究》（著作）

中国人民大学　刘　谦

中国社会出版社　2010年6月出版

该书通过运用人类学田野工作方法，在西南地区A市特有的低价格性交易形式“板板茶”中开展田野观察，探讨当地性产业中的组织文化、人们的思维与行为方式等，将人类学关于组织、自律和医患关系的相关理论运用在性病、艾滋病防治领域，寻求人类学理论支持下卓有成效的干预实践，从而使传统的学院式研究转向理论指导下的公共卫生与人类学的联合应用性研究。

该书以人类学视角检视“板板茶”人们追寻健康的种种文化考量与生动实践，最终目的在于阐释健康意味着人类生存状态的完整与安康，若欲促进健康，必须俯身观察其所依附的社会文化环境特质，寻找富有文化敏感性的措施。作者身为女性，以健康工作者和研究者的双重身份开展田野工作，获得社区的接纳与尊重。它体现了学者锲而不舍的治学精神，也展现了田野工作方法在认识论上的意义，它为作品的成功奠定了坚实的基础。著作中关于“自律”问题的讨论是该研究的亮点。它很好地体现了从文化视角关注健康问题的人类学理论视角，是文化自觉性在公共卫生领域的体现。

刘谦，女，籍贯北京，1972年3月出生，中国人民大学人类学研究所副教授，兼任中国人类学民族学研究会副秘书长。1994年获首都师范大学哲学学士学位，2000年获首都经济贸易大学经济学硕士学位，2007年获英国布莱顿大学国际健康促进专业硕士学位，2008年获中国人民大学人类学博士学位。2008年9月至今执教于中国人民大学人类学研究所。主要研究方向和授课为田野工作方法、医学人类学、婚姻家庭与亲属制度、教育人类学。主要科研成果与课题：在 Biomed Environ Sci（SCI收录）《新华文摘》《人民日报·理论版》《中国人民大学学报》《教育研究》《人口研究》等发表论文20余篇。近三年来，主持国家社科基金、教育部人文社科基金、北京市社科基金、国家民委、卫生部等省部级研究项目5项。

（中国人民大学科研处张玉洁供稿）

《当代中国社会分层：测量与分析》（著作）

清华大学　李　强

北京师范大学出版社　2010年4月出版

该书对于当代中国的社会分层进行了比较全面的研究。首先，分析了长期以来中国社会结构的主要特征，包括社会差异巨大、城市与农村的社会分隔、金字塔的社会结构、身份地位突出、官与民两种明显的地位差异群体、精英阶层的巨大社会作用、社会基层群体的重大社会功能以及家庭纽带弥合社会差异的重要功能等。其次，分析了改革开放以前中国社会分层结构的主要特征，包括非财产型的社会分层结构、比较均等化的收入分配政策、特殊的社会身份分层体系，以及提出了在解释社会冲突方面的“整体型社会聚合体”的特点。最后，分析了改革开放三十多年以来中国社会分层结构的重大变迁，包括身份制的重大变迁、从政治分层转变为经济分层、贫富差距的变化、社会中心群体与社会边缘群体关系的变化，以及新的社会阶层的形成。在新中国成立以来总结几十年社会分层变化的基础上，提出了政策变量对于中国社会分层结构有巨大影响的观点。分析了历史上政策变量是怎样改变社会分层结构的，分析了改革以来政策影响社会分层的几个阶段，分析了中央提出的“更加注重社会公平”以后的社会影响。该书还探讨了贫富差距与社会公平的关系。

该书提出了不少独立见解：第一，提出了政策变量对于社会分层结构有重要影响的观点；第二，提出了“整体型社会聚合体”和“社会利益碎片化”的观点；第三，提出了“丁字形”社会结构与社会结构紧张的观点；第四，提出房地产成为今日中国区分各个群体、阶层社会地位的重要指标，提出了“住房地位群体”的概念等。

（摘自《北京市第十二届哲学社会科学优秀成果奖获奖成果简介》）

《中国城市居民的金融受排斥状况研究》（论文）

中央财经大学　李　涛

《经济研究》　2010 年 7 月第 7 期发表

该文从金融排斥这一经济与社会发展过程中的重大现实问题出发，朝着为我国构建包容性金融体系的和谐社会立论。文章实证分析了 2007 年中国 15 个城市的居民投资行为微观调查数据，发现中国城市居民在储蓄、基金、保险、贷款等方面存在着严重的金融排斥状况，他们不能以恰当合理的方式获得以上金融服务。进一步考察金融排斥的影响因素，离散变量计量模型回归结果显示，家庭资产的增加和社会互动程度的提高都可以降低居民金融排斥的可能性，而居民在储蓄方面没有被排斥也可以降低他们在基金、保险、贷款等方面受到排斥的可能性。此外，不同金融服务的排斥状况也有着其他不同的影响因素。

该研究结果显示，维护和增进中国居民的福利需要解决他们面对的金融排斥问题，但是这一问题的有效解决不能完全依赖政府的行政干预手段或一些短期的救济措施。各有关方面应该充分考虑到影响居民金融排斥状况的各种因素的具体影响。就中国城市居民而言，增加他们的家庭资产积累、改善他们在获得金融服务时的社会结构、保证他们有一定的储蓄存款，这些是降低中国城市居民在储蓄、基金、保险、贷款等方面的金融排斥可能性所必需的，因此这些措施也是政府应大力提倡和鼓励的。

李涛，1977 年 4 月出生，1998 年毕业于中国人民大学，获经济学学士，2003 年获香港科技大学经济学系博士，现任中央财经大学经济学院教授，副院长。兼任《世界经济》编委、伦敦大学亚非学院附属研究员，清华大学中国与世界经济研究中心兼职研究员、奥尔多中心执行主任。主要研究方向为：转型经济、投资者参与、社会互动、社会资本、中国经济、银行监管、经济发展、财政政策。担任《China Economic Review》《Economics Bulletin》《经济研究》《经济学季刊》《世界经济》《金融研究》《国际金融研究》等多家国内外核心期刊审稿人。获 2012 年度国家社科基金第一批重大项目（文化类）资助立项。

（中央财经大学科研处供稿）

《北京 2030——世界城市战略研究》（著作）

北京市发展和改革委员会

张　工　卢映川　张　远

社会科学文献出版社　2011 年 6 月出版

该书着眼于北京建设世界城市的目标，展望 2030 年城市发展远景，在研究国内外和近现代世界城市的形成脉络和发展利弊的基础上，清晰地阐述了建设中国特色世界城市的意义、价值、内涵、目标，并且绘制了实现这一目标的具体蓝图，提出了未来北京完善城市定位、提升城市功能、强化保障支撑、提升城市软实力和和谐宜居品质的具体思路。

该书从全球经济格局未来演变的战略视角出发，从中国崛起的历史背景入手，从全球城市演变的最新趋势要求入手，阐述北京建设世界城市的中长期思路。提出了创新型世界城市的总体定位，实施大创新、大金融双轮驱动战略，建设世界中华文化展示区等创新观点。对未来三十年北京世界城市建设的阶段作了划分，对每个阶段需要采取的主要措施进行了针对性的谋划，对每一阶段可能在世界城市体系中所处的位置作了预测。更加明确了首都加快转变经济发展方式的战略取向，有利于进一步落实首都功能定位，有利于统一各界对首都建设世界城市的认识，明确了中国特色世界城市的战略定位、特色和内涵。

（摘自《北京市第十二届哲学社会科学优秀成果奖获奖成果简介》）

《中国农村金融论纲》（著作）

中国人民大学　陈雨露　马　勇

中国金融出版社　2010 年 6 月出版

该书从现场调研获得的微观基础实证出发，强调立足中国农村和农民的实情，以一种动态、持续变迁的视角来理解中国的农村金融改革和发展问题。这一视角恢复了经济理性在农户经济行为和农村金融市场中的基础性作用，同时纳入了中国现阶段的社会、政治和文化制度背景，尝试在主流经济学的框架内通过纳入特定国家和特定发展阶段的“局限条件”来重构中国农村金融研究的基本框架和逻辑体系。

全书内容共分五章，分别以中国农村金融困境的形成背景、农户行为、农贷市场、政府与金融机构、农村金融体系为切入点，渐进式和全景式地阐述了中国农村金融的五大核心问题：一是作为整个农村经济微观基础的农户的经济行为具有什么特征，这些特征对有效的金融需求的形成具有何种性质的影响；二是作为联结供需双方桥梁的农贷市场具有什么特征，这些特征对金融资源在农村经济的实际配置具有何种性质的影响；三是作为金融服务供给者的金融机构具有什么特征，这些特征对有效的金融供给的形成具有何种性质的影响；四是在中国这样一个具有政府引导经济发展传统的国家，在农村金融市场化的总体趋势下，政府的作用应该如何界定；五是在当前农村社会面临持续转型的条件下，中国农村金融的整体布局应该如何设计，才能有效地实现长期中农村经济和农村金融的双向可持续发展。

陈雨露，男，1966 年 11 月生于河北，经济学博士，中国人民大学财政金融学院教授、博士生导师，美国艾森豪威尔基金高级访问学者，哥伦比亚大学富布赖特高级访问学者。现任中国人民大学校长，兼任全国青联副主席、中国人民银行货币政策委员会专家委员、中国国际金融学会副会长，中国金融学会副秘书长、常务理事。曾入选人事部“新世纪百千万人才工程”国家级人选，获首届教育部全国高校青年教师奖和全国优秀博士学位论文指导教师奖。学术成果曾荣获全国普通高等学校优秀教学成果一等奖（合作）和二等奖、教育部高等学校人文社会科学研究优秀成果二等奖、北京市哲学社会科学优秀科研成果一等奖、安子介国际贸易优秀著作奖等多项国家级、省部级奖项。

马勇，男，1982 年 1 月生于四川，经济学博士，中国人民大学国际货币研究所研究员，在《经济研究》《金融研究》《财贸经济》《改革》《经济理论与经济管理》《中国人民大学学报》等 CSSCI 刊物上发表论文 30 余篇，其中多篇文章被《新华文摘》或《中国人民大学报刊复印资料》全文转载。任《经济研究》《金融研究》《世界经济》《经济学（季刊）》《国际金融研究》等刊物审稿人。现已出版著作（合著）4 部，曾获北京市哲学社会科学二等奖、和讯网年度十五大财经图书等奖项。

（中国人民大学科研处张玉洁供稿）

《统筹国内发展和对外开放：依据、内容与路径》（著作）

对外经济贸易大学　桑百川等

中国财政经济出版社　2011 年 5 月出版

该书立足于我国对外开放进入全面转型期、经济体制改革处于艰苦攻坚阶段、国内经济发展面临新形势和新课题、全球金融危机后世界经济格局出现新变化的时代背景，以中国特色社会主义理论为基础，运用西方国际贸易理论、国际投资和跨国经营理论、经济全球化理论、WTO 知识，建立起统筹国内发展和对外开放的思想框架；运用逻辑分析方法，探讨统筹国内发展和对外开放的理论依据，系统阐述统筹国内发展和对外开放的基本内容，确立统筹国内发展和对外开放的原则、方法和途径；运用历史方法，归纳总结 30 多年对外开放的经验、模式，以及对外开放演进的具体路径；运用计量模型，测算我国与主要新兴市场国家的贸易互补性、竞争性和贸易合作潜力，提出拓展新兴市场的路径。

该书的主要创新和学术贡献在于：（1）围绕统筹国内发展和对外开放的条件、内容、路径，从进出口贸易、外商投资和对外投资、金融开放、经济安全四个维度，构建起统筹国内发展和对外开放的理论研究框架。（2）全面系统评价了我国对外开放、对外贸易、利用外资、对外投资、金融开放和经济安全的理论文献，归纳了对外开放的经验和模式，系统分析了对外开放政策的得失，提出系统的统筹国内发展和对外开放的路径。（3）弥补了理论界侧重从国内经济发展自身研究发展问题，为政府制定新时期的经济发展战略和对外开放战略提供参考依据，为评价对外开放效应提供参照系，为国内经济社会发展寻找新的路径。

桑百川，1966 年 2 月生，经济学博士，对外经济贸易大学国际经济研究院院长、教授、博士生导师，中国国际贸易学会理事，中国非洲问题研究会常务理事，享受国务院政府特殊津贴专家，中国商务部特聘商务时评专家。研究领域为对外开放、国际直接投资、国际贸易、中国经济体制改革等，出版著作 20 余部，发表学术论文 300 余篇。主持国家社会科学研究基金重大项目、自然科学基金项目、中国商务部重大项目和重点项目、教育部人文社科重点研究基地重大项目等国家级、省部级科研课题 20 余项，10 余项研究成果获省部级以上奖励。2003 年获五一首都劳动奖章；2007 年入选教育部新世纪优秀人才。

（对外经济贸易大学科研处供稿）

《自然垄断产业改革：国际经验与中国实践》（著作）

首都经济贸易大学　戚聿东　柳学信

中国社会科学出版社　2009年12月出版

该书通过综述国外自然垄断及其运营理论的发展演变和最新发展情况，以若干国家为蓝本，从总体上系统研究国外自然垄断产业改革的动因和初始条件、改革的模式设计和改革路径、改革的具体内容、改革的外部条件和配套措施以及改革的风险分析及其控制等，从中总结出自然垄断产业改革的国际经验和教训。结合中国垄断行业改革现状和问题，重新审视中国垄断行业的改革思路，提出了把产权模式、治理模式、竞争模式、运营模式、价格模式、规制模式等六大方面系统设计，形成“六位一体”和“三阶段”构成的整体渐进改革思路。在具体研究中，主要是结合电力、电信、铁路、民航等自然垄断产业，集中研究中国自然垄断产业的改革模式和措施，包括中国自然垄断产业传统体制的形成、发展现状、改革的总体指导思想、总体模式、改革路径、改革风险以及具体产业的运营模式选择和改革配套措施等问题。

戚聿东，男，1966年出生，吉林东丰人。经济学博士，教授，博士生导师，现为首都经济贸易大学校长助理，中国产业经济研究中心主任。主要从事公司治理、产业组织等领域的研究工作。主持国家社科基金重大项目、重点项目等国家级项目和其他省部级以上研究项目10余项。著有《中国现代垄断经济研究》等6部较有影响的专著。在《经济研究》《管理世界》等期刊发表论文140余篇。研究成果获教育部人文社会科学研究优秀成果二等奖和三等奖，蒋一苇企业改革与发展学术基金奖，北京市哲学社会科学优秀成果一等奖和二等奖等。先后被授予北京市跨世纪优秀人才、北京市高等学校学科带头人、北京市新世纪社科理论人才百人工程人选、北京市属市管高校拔尖创新人才和高层次人才等荣誉称号。

柳学信，男，1972年出生，河南信阳人。经济学博士，清华大学博士后，现为首都经济贸易大学工商管理学院副院长，教授，硕士生导师。首都经济贸易大学中国产业经济研究中心常务副主任。九三学社北京市经济委员会委员。主要研究领域为产业组织与政府规制等。曾经或目前主持包括教育部人文社科项目、北京市自然科学基金项目、北京哲学社会科学项目和中国博士后基金项目等8项科研项目的研究，并参与国家社科重大项目、国家自然和国家社科等项目研究；已在《中国工业经济》等核心期刊发表论文30多篇，出版专著2部，合著1部，作为副主编出版专著4部。

（首都经济贸易大学科研处供稿）

《政府政策改变的福利分析方法与应用》（著作）

北京大学　龚六堂

北京大学出版社　2011年3月出版

该著作共分两部分，在第一部分重新给出了讨论政府财政政策和货币政策对经济影响的方法。第二部分作为应用例子，重新考虑了政府政策改变对经济的影响，如货币政策、政府援助和政府公共开支对经济的影响。

该著作的系列文章给出的福利评价方法可以更加仔细分析政府政策改变对经济所产生的影响，给出的方法可以从更深刻、全面的角度重新考虑政策改变对经济的系统影响。

在研究政府行为中，一些决定经济的参数改变对经济的影响是至关重要的，特别是政府政策改变以后对经济的影响。该书是这方面研究的重要成果，是作者的系列研究成果的总结，它给出了讨论政策改变对经济影响的最一般的方法，包括对于连续时间的模型、离散时间的模型中的政府政策对经济的影响。另外，作为应用该书给出了大量的经济学应用例子。该成果对分析政策改变对经济的影响具有重要的意义，这个成果入选2010年国家哲学社会科学成果文库。

龚六堂，男，1992年毕业于武汉大学数学系，先后获得学士、硕士、博士学位。现任北京大学光华管理学院副院长、应用经济系教授、博士生导师，国家杰出青年基金获得者。2004年入选教育部首届“新世纪优秀人才”，其研究成果先后获得北京市人文社会科学优秀成果一等奖（第八届、第十二届）、二等奖（第七届、第十一届）；获得第九届霍英东基金会全国高校青年教师奖（研究类）一等奖；2006年获得第四届中国人文社会科学优秀成果三等奖；研究成果《政府政策改变的福利分析方法与应用》入选2010年全国哲学社会科学优秀成果文库；2010年获得厉以宁科研奖。出版的专著以及教科书有《经济增长理论》《经济学中的优化方法》《高级宏观经济学》《动态经济学方法》《公共财政理论》《政府政策改变的福利分析方法》等。

（北京大学社会科学部供稿）

《马克思主义危机理论和1975—2008年美国经济的利润率》（论文）

中国人民大学　谢富胜等

《中国社会科学》　2010年9月第5期发表

该文着眼于2007年始于美国次贷市场的金融危机根源的研究。作者指出，用市场失灵、监管不力、金融发展过度、信息不充分和贪婪或恐慌等因素，来解释金融危机，忽略产生这些问题的结构性前提，是只在现象之间寻找因果联系。作者分析了西方马克思主义学者对当前经济危机的三种理论解释：生产过剩论、金融化或金融掠夺论和新自由主义体制失败论。作者认为，这些理论解释缺乏一个一致的分析框架，甚至混淆了危机的原因、形式和结果，并没有触及导致经济危机的根本原因。需要以马克思的利润率下降理论为基础，发展一个系统的马克思主义经济危机理论，并在实证基础上更深刻地审视30多年来劳资之间以及资本与资本之间的矛盾运动及其与危机的联系。

作者在西方马克思主义学者对危机已有研究成果的基础上，将劳资斗争、价值实现和有机构成等因素纳入利润率公式，将实际因素和货币、信用等金融因素相结合，综合出一种符合马克思本意的多因危机理论，进一步发展了马克思主义危机理论。谢富胜，1973年出生，经济学博士，中国人民大学经济学院副教授，主要研究马克思主义经济学基础理论和当代资本主义劳动过程。

（中国人民大学科研处张玉洁供稿）

《中国就业60年：1949—2009》（著作）

北京师范大学　赖德胜

中国劳动社会保障出版社　2010年1月出版

该书围绕60年来中国就业形势变化与发展战略演变两者之间的互动关系，阐述各个历史时期就业形势的特点与难点，以及该时期经济发展战略对促进就业的作用。

全书共分8章，分别为：第一章：绪论。第二章：计划经济形成与“全面就业”制度确立。第三章：社会主义经济建设与就业波动。第四章：农村经济体制改革与农村剩余劳动力转移。第五章：劳动力市场初步建立与城镇就业。第六章：社会主义市场经济体制确立与就业市场化。第七章：和谐社会建设与积极就业政策。第八章：未来就业形势与就业战略的选择。

该书的主要创新点有：（1）全面回顾和总结了新中国建国六十年来我国劳动就业的发展历程和经验教训，对中国的就业战略演变背景、过程、内容及其效果作了深入的分析和研究。这对于全面了解和把握中国就业六十年的发展脉络具有较大的理论意义，并填补了这一领域文献的空白。（2）构建了一套综合历史分析法、文献研究法和实证研究法等多种研究方法在内的框架体系，这对深刻理解我国的就业状况和就业政策的演变，多角度分析各种影响就业变动与就业政策调整，具备了方法论上的科学性和严谨性。（3）从战略的角度审视了我国就业政策的变化背景和调整过程，使我们能够从宏观的角度把握就业问题的核心要素。事实上，作为引致需求的就业问题只是整个宏观经济变动的一个结果，并将随宏观经济形势的变化而变化，随经济结构的调整而调整。研究就业问题不能就事论事，必须与当时的经济背景和时代背景紧密结合。（4）在总结历史的基础上，对未来的就业战略提出了建设性的政策建议，并得到国家发改委等有关部门的采纳，为国家相关政策的制定和出台提供了有益的咨询意见。

赖德胜：男，北京师范大学经济与工商管理学院院长，劳动力市场研究中心主任，经济学博士，教授，博士生导师。学术方向为劳动经济学和教育经济学，主持完成国家社科基金重大项目“实施扩大就业的发展战略研究”等项目20多项，在《经济研究》《教育研究》等刊物发表论文百余篇，出版专著10余部。兼任国家社科基金学科评审组专家、北京市劳动保障学会副会长、中国教育经济学会常务理事、中国劳动学会劳动科学教育分会副会长等，享受国务院政府特殊津贴，获国家图书奖提名奖、全国教育科学研究优秀成果奖、北京市哲学社会科学优秀成果奖、霍英东基金青年教师奖、北京市“五四”奖章等，并入选教育部“新世纪优秀人才支持计划”“北京市跨世纪优秀人才支持计划”“北京市新世纪优秀人才支持计划”和北京市首届“四个一批”人才。

（北京师范大学社科处刘娜供稿）

《马克思主义理论学科体系建构与建设研究》（专著）

中国人民大学　张雷声

经济科学出版社 2011年3月出版

该书运用历史、理论与现实相结合的方法，逻辑与历史相统一的方法，以及文献梳理、实际调研和理论概括的方法，论证了马克思主义理论学科形成的基础，阐述了马克思主义理论一级学科的内在逻辑体系，以及所属的六个二级学科的研究范围、研究重点和学科建设方向，探讨了马克思主义理论学科的突出特征，讨论了马克思主义理论学科与思想政治理论课课程之间的关系，研究了马克思主义理论学科建设中的师资队伍、人才培养、学术交流等问题，并提出了一些相应的具体建设意见和建议，基本代表了马克思主义理论学科发展的趋势。

该书除“前言”和“附录”外，共有三篇十五章。上篇，从中国共产党开展马克思主义理论教育的基本经验、马克思主义理论的科学性、繁荣发展哲学社会科学与加强改进大学生思想政治教育、高校思想政治理论课的改革进程、马克思主义理论一级学科设立以前的“马克思主义理论与思想政治教育”学科建设等方面，分析和研究了马克思主义理论学科形成的基础。中篇，集中论述了马克思主义理论学科体系的构成及内容，包括马克思主义理论学科的内在逻辑体系，六个二级学科的研究范围和研究重点，马克思主义理论学科与思想政治理论课的关系，马克思主义理论研究的中国特色、中国风格、中国气派，马克思主义理论学科与思想政治教育学科的关系。下篇，分别从马克思主义理论学科教师的素质构成、人才培养模式、学术研究与交流、学科意识、学科建设和教学规律、教学管理机制和保障机制等方面，系统梳理了马克思主义理论学科建设的基本思路。

张雷声，女，江苏泗阳人，1954 年 2 月出生。中国人民大学马克思主义学院党委书记，教授、博士生导师。中央马克思主义理论研究和建设工程首席专家、国务院学科评议组成员、教育部社会科学委员会委员、教育部教学指导委员会委员、全国高校马克思主义理论学科研究会副会长。入选教育部“跨世纪人才培养计划”、全国文化宣传系统“四个一批人才”，获国务院政府特殊津贴、北京市爱国立功标兵、北京市教学名师。研究方向为马克思主义基本原理、马克思主义经济思想等。主要成果有：《寻求独立、平等与发展》《资本主义的社会矛盾及其历史走向》《马克思劳动价值论的历史与现实》《20 世纪国外马克思主义经济思想史研究》等。发表论文 200 余篇。

（中国人民大学科研处张玉洁供稿）

《气候变化与中国国家安全》（著作）

北京大学　张海滨

时事出版社　2010 年 3 月出版

该书回答的核心问题是：为什么说气候变化是中国的国家安全问题？这一问题又具体细化为四个相互关联的问题：气候变化是否关乎中国的国家安全？气候变化通过什么方式、在多大程度上影响中国的国家安全？如何解读和评价中国应对气候变化的内外政策？中国如何在国家安全的战略框架下应对气候变化？

该书首先建立了气候变化与中国国家安全的分析框架，强调中国的安全问题并不一定就是军事问题、政治问题或经济问题，气候变化同样关乎中国的国家安全。该书认为，当前中国在应对气候变化方面还存在一些不足，因此，为有效应对气候变化，未来我国应在国家安全框架下统筹规划，一要坚定不移地走低碳经济之路，二要从战略高度开展中国与其他大国的气候合作，三要建立涵盖地方和军队的综合性应对气候变化决策机制，四要大力发挥非政府组织在应对气候变化中的作用，五要在国际气候谈判中敢于坚持不承诺绝对量化减排的基本立场，六要打造一支能有效执行多样化任务的低碳军队，七要在现有的国家、省、市三级应急管理体系基础上充分考虑气候变化的可能影响，增强国家的危机管理能力。

总体而论，该书具有三大特色：（1）研究的开拓性。（2）成果的全面系统性。（3）丰富了中国的非传统安全研究。

张海滨，男，贵州铜仁人。1984 年考入北京大学国际关系系，先后获法学学士、硕士和博士学位。现为北京大学国际关系学院教授，博士生导师。主要从事国际环境政治、中国环境外交和联合国研究，兼任北京大学国际组织研究中心主任、商务部贸易与环境专家组成员、世界经济论坛全球议程委员会委员、中国联合国协会理事、中国环境文化促进会理论界委员、中国气象学会气候变化与低碳发展委员会委员、WWF 中国气候变化论坛核心专家。主要研究成果包括：《气候变化与中国国家安全》《环境与国际关系：全球环境问题的理性思考》《全球治理中的国际非政府组织》（主编之一）、《当代韩国政府与政治》（合著），发表《中国与国际气候变化谈判》《中美应对气候变化合作：挑战与机遇》《论国际环境保护对国家主权的影响》《联合国改革：渐进还是激进?》等学术论文 30 篇。主持国家科技支撑计划课题《气候变化与国家安全》、教育部《21 世纪初叶中国的生态安全》、财政部《未来国际气候制度构建中的气候变化资金问题研究》、环保部《亚太区域绿色发展战略与对策研究》等国家、部委及海外合作课题 10 余项。

（北京大学社会科学部供稿）

《当代美欧关系史》（著作）

外交学院　赵怀普

世界知识出版社　2011 年 4 月出版

美国和欧洲是当代国际政治中两支重要力量，美欧关系的发展变化不仅对当事双方具有直接意义，而且也对 21 世纪国际格局的塑造有着重大影响。该书站在 21 世纪全球政治的高度，深入探究当代美欧关系的发展变化及其未来走势，从中发现其纵向发展规律和总体特征，具有较重要的理论意义和现实意义，同时对我国对欧美外交决策亦具有一定的政策参考价值。

该书尝试性地提供一种新的跨大西洋关系研究的方法体系。具体来说就是，在第二次世界大战后的大西洋联盟关系和美国－欧盟关系纳入一个整体性的跨大西洋关系框架，综合运用历史学、政治学、经济学和社会学等相关学科的理论，在借鉴系统论观点的基础上采用以历史研究为主、历史与现状相结合、史论结合的方法，对美欧关系进行系统的整体性研究。

该书的创新和学术价值主要为两个方面：其一，研究的系统性与整体性。该书在借鉴和吸收国内外现有研究成果的基础上，深入探究当代美欧关系的发展变化和演变趋势。其二，研究模式创新。该书尝试将大西洋联盟和美国与欧盟关系纳入一个整体性的跨大西洋关系框架，并采取历史长时段、宏观与微观相结合的研究视角以及组织机构的视角，通过对北约体制内的大西洋联盟和欧盟层面的欧盟与美国二者的互动关系进行比较论证和分析，以期形成一个新的跨大西洋研究的方法体系。

赵怀普，男，河南安阳人，1963 年出生。郑州大学英语语言文学专业学士（1985 年）、外交学院国际关系专业硕士（1988 年）、博士（1997 年）。英国莱斯特大学政治系客座研究员（1998—199 年）、美国约翰·霍普金大学高级国际问题研究院富布莱特研究学者（2006—2007 年）。现任外交学院国际关系研究所教授、博士生导师。主要从事欧盟与美欧关系的教学与研究，已出版专著、合著、译著多部，发表学术论文 50 余篇。

（外交学院科研处陈海花供稿）

《中国共产党北京历史》（第一卷、第二卷）（著作）

中共北京市委党史研究室　谢荫明等

北京出版社　2011 年 6 月出版

《中国共产党北京历史》第一卷（修订本）、第二卷是一部两卷本党史基本工作。反映北京党组织从创立到发展壮大，领导北京人民取得新民主主义革命、社会主义革命的胜利，带领首都人民进行社会主义革命和建设的历史。

第一卷（修订本）记述北京党组织从 1920 年诞生到 1949 年新中国成立，北京党组织领导北京人民取得新民主主义革命胜利的历史过程。该书在 2001 年版本的基础上，根据新发现和公布的历史资料，吸收和借鉴学术界的最新研究成果，对史实进行了大量的考订和增补，对一些重大历史事件的评价更加客观公允。

第二卷是第一部反映从新中国成立到 1978 年 12 月党的十一届三中全会，北京党组织带领全市人民进行社会主义革命和建设的全景式党史著作。

（摘自《北京市第十二届哲学社会科学优秀成果奖获奖成果简介》）

谢荫明，男，1955 年 1 月出生，北京市委党校党史专业研究生毕业。现任北京市委党史研究室主任。担任中国中共党史学会副秘书长、中国李大钊研究会常务理事、中国中共党史人物研究会常务理事、北京史研究会副会长、北京历史学会副会长等职。独立和合作撰写有《北京党组织的创建活动》《延安时期毛泽东的文化思想》《李大钊与第一次国共合作》《中共北京历史八讲》等多部党史著作；发表《中共一大党纲研究》《由七七事变引起的北平社会动荡》《谁保护了故宫》等论文、综述、书评等百余篇；主编和主持编辑过《北京市重要文献选编》《中共北京市组织史资料》（1987—2010）《北京改革开放三十年》《北京志·共产党志》等多部党史资料专辑；多次获全国党史部门优秀成果特等奖、一等奖，北京市哲学社会科学优秀成果一等奖、二等奖。

（作者自撰）

《中国大学合并与整合管理研究》（著作）

北京师范大学　毛亚庆

教育科学出版社　2010 年 1 月出版

该书在文献研究和比较研究的基础上，通过个案研究，对合并大学进行实地调研和非结构访谈，掌握了大学合并的一手材料，从大学合并矛盾冲突的内在文化、合并大学核心能力的培育、大学合并后的整合管理等方面深入探讨了大学合并的相关问题；通过实证研究，以发生合并的 20 所中央部委直属高校作为研究对象，采用因子分析的方法计算出高校合并前后其在人文社会科学研究中的科研能力综合得分指数和科研投入因子、科研人员效率因子、科研经费效率因子、科研成果获奖和科研成果转化因子的得分，通过纵向时间序列和横向同类比较分析各高校科研能力的变化情况，客观分析了这场“大学合并”改革所产生的实际效益。

作者从高等教育管理的视角对这一场影响中国高等教育未来发展走向的改革思潮进行了理性的思考，不仅深化了国内关于大学合并的研究，而且对于人们从理论研究与实证研究相结合、宏观视角同微观视角相结合的角度来理解这场影响深远的中国高等教育的大变革，有着非常重要的意义。

毛亚庆，男，教育学博士，教授，博士生导师。1999 年中国（中组部）与瑞士政府合作项目——高级人事官员培训（TOT 培训）项目成员，在瑞士日内瓦大学进行人力资源管理与培训理论与方法的学习；2002 年英国伦敦大学高级访问学者，进行高等教育质量管理的博士后专题研究；2001—2006 年为联合国儿童基金会与中国政府合作项目（教育部）——学校发展规划（SDP）与校长培训项目的中方主持人和培训专家；2007—2008 年密歇根大学教育学院高级访问学者。主要研究领域：学校管理与教师培训。关注学校发展战略与规划制定、人力资源的开发与培训，基础教育基本理论等领域的研究与培训。专著有《从两极到中介——科学主义教育与人本主义教育研究方法论研究》和《清理教育地基：教育设计与未来教育》，编著有《世界基础教育发展概览》，主编有“发达国家和地区教育改革和发展”丛书，发表论文70多篇。2003年主持教育科学“十五”规划国家级重点课题《基于核心竞争力构建的我国大学发展研究》；2003年主持教育部人文社会科学研究2003年度博士点基金项目《基于核心竞争力构建的我国大学合并与整合管理研究》；2004年主持教育部《校本培训》网络课程项目；2003年主持教育部《校长培训的理论、方法与培训模式研究》；2001年主持联合国儿童基金会与教育部的合作项目——中国西部贫困地区校长培训状况研究；2001—2005年主持北京市“十五”教育规划课题——反思型教师培训模式研究；2003年主持北京师范大学与国家工商总局的联合研究课题《国家工商总局公务员培训课程体系与培训模式研究》；2002年主持北京市教育规划办委托项目——北京市教育资源配置研究；2003年主持北京市教育规划办委托项目——发达国家和地区高中教育发展的趋势及政策研究等10余项研究课题。

（北京师范大学社科处刘娜供稿）

《中国义务教育财政研究》（著作）

北京师范大学　杜育红

北京师范大学出版社　2009年12月出版

该书及英文报告 *Research on Compulsory Education Financing in China*，是中国政府—亚洲开发银行“义务教育财政改革项目”的主要成果。这一项目是亚洲开发银行资助的技术援助项目，目的在于配合中国政府建立健全义务教育经费保障的长效机制。2005年中国政府全面实施了农村义务教育经费保障新机制，这一新机制的实施是中国农村义务教育发展中里程碑式的成就，中国农村的义务教育真正实现了“义务教育政府办”。不过，这项新体制的实施与完善还需要一个比较长的时期，本研究立足于新机制的进一步完善，进而为建立中国农村义务教育经费保障长效机制服务。

全书共分六章，第一章是对中国农村义务教育财政体制与政策变革的简要回顾。第二章探讨了义务教育公用经费标准的制定。第三章以“两免一补”为核心讨论了义务教育阶段学生资助制度。第四章对近几年教育财政公平的状况做了系统全面的分析，对影响教育财政公平的因素与近几年教育财政政策的公平化效果做了计量分析。第五章是对义务教育经费保障新机制的监测与评价研究，主要是设计了一个系统全面的监测与评价体系。

整个研究注重方法的规范与合理性，为此，课题组设计了统一的研究方法与抽样方案。在方法层面，各章主要以对统计数据的描述统计和计量经济分析为主，并结合了对政策资料和访谈资料的文本分析。在抽样上，按照区域位置和经济水平选择了四个省区作为样本省，即东部的浙江省、中部的湖北省、西部的广西壮族自治区以及东北的黑龙江省，每个省又选择了三个县，共12个县作为样本县。在每个县中选择了四个乡镇，每个乡镇的所有初中和小学都作为样本学校。在数据资料的收集上，课题组设计了不同类型的调查问卷、访谈提纲以及需要收集的文本资料清单。所收集的数据资料包括了省级、县级、学校、学生和家庭四个层面。另外，报告中的一些内容还充分利用了全国性的教育经费统计数据。

杜育红，男，教授，博士生导师，教育经济研究所所长。研究领域有：教育经济学、教育财政、校本管理与校本财政。现任北京师范大学财经处处长、全国教育经济学会副理事长；世界银行/英国政府双边项目：西部地区基础教育发展项目影响力评价专家组组长；中英西南基础教育项目：教育财政专家；世界银行/英国政府：西部地区贫困社区社会发展项目教育财政专家。学术成果《教育发展不平衡研究》获第三届全国教育科学优秀成果一等奖，《学校管理的经济分析》获北京市第八届哲学社会科学优秀成果二等奖；丛书《教育经济研究丛书第一辑（5卷）》获第五届国家图书奖提名奖，第二届全国教育图书奖一等奖；专著《教育发展不平衡研究》获第四届吴玉章人文社会科学优秀奖，《教育发展不平衡研究》获北京师范大学人文社会科学优秀成果奖。

（北京师范大学社科处刘娜供稿）

《博士质量：概念、评价与趋势》（著作）

北京大学　陈洪捷

北京大学出版社　2010年9月出版

该书在大样本问卷调查和大规模访谈的基础上，综合运用定量分析、制度分析、比较分析方法，对博士质量概念、博士质量评价、博士生教育规模扩张与就业分布、博士生教育质量保障机制、西方博士生教育的改革等问题进行了深入分析。

该书分为四个部分：第一部分为博士质量的概念与理论探讨；第二部分为中国博士质量的实证分析；第三部分为博士教育质量保障体系和博士就业趋向；第四部分为欧洲、美国等博士生教育改革的比较分析。

该书积极回应中国博士教育改革发展的政策性和现实性需求，研究成果呈送国务院学位委员会等教育主管部门。论著的核心观点通过中国教育政策研究院以《教育政策决策参考》的方式报送国务院有关领导和全国人大教科文卫委员会、教育部、发改委等相关部门。

主要创新和学术价值体现在：理论研究方面，对博士质量成为全球性问题的原因进行了分析，同时分析了博士教育在中国的扩散过程以及制度、文化在博士教育质量保障体系中的作用，阐述了制度刚性以及制度与文化的错对博士培养本身产生的消极影响。概念和方法方面，对评价博士质量的相关概念进行了界定，对评价博士培养质量的方法进行了探索。国际比较分析方面，在国内第一次系统地分析了欧洲博士生培养的结构化趋势，对欧洲博士生培养的结构化改革、研究生院的建立等制度创新进行了深入分析。国外文献掌握方面，按研究主题对西方的博士生教育研究进行了全面系统的梳理，为我国学界系统开展博士生教育研究提供了扎实的学术史基础。

陈洪捷，男，1983年毕业于北京大学西语系德国语言文学专业，1998年在北京大学获教育学博士学位。现任北京大学教育学院教授，教育与人类发展系主任，兼任北京大学德国研究中心主任，《北京大学教育评论》杂志主编，《北京大学德国研究》主编，中国蔡元培研究会理事，中国德国研究会理事，澳大利亚《高等教育》杂志顾问编委。先后获得北京市第八届哲学社会科学优秀成果奖一等奖、首届中国高等教育学会高等教育学优秀博士论文奖、第三届全国教育科学研究优秀成果二等奖、教育部“高等学校科学研究优秀成果奖”等十多项重要称号和成果奖。代表作有《在传统与现代之间：德国世纪的高等教育》《论寂寞与学术工作》《中德之间——大学、学人与交流》《观念、知识和高等教育》等。

（北京大学社会科学部供稿）

《学无止境——构建学习型社会研究》（著作）

北京师范大学　顾明远

北京师范大学出版社　2010年6月出版

该著作系教育部哲学社会科学研究重大课题攻关项目“构建学习型社会研究”的主要研究成果，采用文献研究法、问卷调查法、访谈法、政策文本分析法、个案研究法等研究方法，主要梳理了学习型社会的理论脉络，调查了我国公民当前的学习状况，建构了学习型社会的评价指标体系，提出了我国建构学习型社会的政策建议。

主要内容包括六部分。第一部分是对学习型社会的理论研究。第二部分主要研究的内容为中国公民学习状况的调查研究。第三部分是有关学习型社会指标体系的研究。第四部分是有关学习型社会的实践研究。第五部分是有关学习型社会中的学校研究。该著作提出，从学校实际出发，促进学校的发展是建设学习型学校的根本出发点；紧密结合校本教研，有限干预，以管理学中的“五项修炼”（自我修炼、改善心智模式，建立共同愿景、团队学习、系统思考）转变教师的观念，提高教师的能力、完善现代学校制度是建设学习型学校的基本保障。第六部分是有关学习型社会的政策研究。

总结该著作的创新，有三点较为突出：（1）该著作对学习型社会的理论基础作了系统的探究，系统梳理了“学习型社会”概念内涵的历史演化过程，帮助人们历史地和完整地把握这一概念的实质；提出并分析“人是学习动物”这一重要的命题，把学习型社会的提出和实践与人类社会包括中国社会面临的发展问题结合起来讨论。（2）该著作不仅通过大量的实证调查研究和分析，对中国公民总体的学习状况进行描述并分析其中存在的问题和关键影响因素，而且提出了学习型社会的指标体系的理论框架模式（CIPA），为具体的学习型社会评价指标体系的确立提供了总体框架。（3）该著作总结了一些地区、社区及学校实践学习型社会理念的基本经验和典型模式，并从学习型社会建设实践出发，分析制定或完善有关法律、制度和政策的必要性、可行性和现实性，通过对有关政策文本和学习型社会建设实践的分析，提出了有针对性的政策建议。

顾明远：男，国内外知名的教育家和学者，50多年来一直在教育战线从事教学、科研和管理工作。曾任北京师范大学副校长、研究生院院长、教育管理学院院长、国务院学科评议组教育学科组长等职，并曾在世界比较教育联合会任两主席之一；现任中国教育学会会长、教育部社会科学委员会副主任等职。获奖情况：1991年获全国优秀教师称号；1991年获政府津贴及证书；1995年《战后苏联教育研究》获国家教委社会科学司颁发的人文社会科学研究优秀成果一等奖；1995年《中国教育大系》获国家图书奖提名奖；1997年获曾宪梓教育基金会高等师范院校教师一等奖；1998年《比较教育导论》获北京市第五届哲学社会科学优秀成果一等奖；1999年《教育大辞典》获全国第二届教育科学优秀成果一等奖；1999年荣获北京市人民政府颁发的“人民教师”称号；2000年《民族文化传统与教育现代化》获北京市第六届哲学社会科学优秀成果一等奖；2002年《比较教育导论》获北京师范大学优秀教学成果（教材）一等奖、北京市优秀教学成果（教材）一等奖、教育部优秀教学成果（教材）二等奖；2002年《教育大辞典》获吴玉章奖一等奖；2002年《国际教育新理念》获北京市第七届哲学社会科学优秀成果二等奖；2007年《中国教育的文化基础》获教育部第四届高等学校哲学社会科学优秀成果一等奖。其中大型工具书《世界教育大系》和《世界教育大事典》，被誉为传世精品。

（北京师范大学社科处刘娜供稿）

《学位与研究生教育：战略与规划》（著作）

清华大学　谢维和　王孙禺　袁本涛

教育科学出版社　2011年1月出版

该书理论创新主要体现为：（1）探寻中国学位与研究生教育发展的历史定位。今天研究生培养的质量就是明天国家竞争力的水平，因此能否培养出一批批在中华民族伟大复兴的历史进程中率先垂范、敢于担当的拔尖创新人才，是中国学位与研究生教育的质量观，是中国学位与研究生教育发展水平高低的最根本标准，也是中国大力发展研究生教育的最重大战略意义。（2）面向未来发展和外部竞争的战略视角。该研究特别强调学位与研究生教育发展的理论研究和政策制定必须具有战略性思维，要将研究生教育发展与服务国家战略紧密结合，要以增进国家核心竞争力为目标，以研究生教育发展体制机制改革为动力，以提高研究生教育质量为主线，以加大研究生教育资源投入为保障，使研究生教育成为中国建设人力资源强国和创新型国家的人才储备库和创新发动机。（3）树立研究生教育的系统质量观。基于社会系统论和开放系统论，该研究将研究生教育发展放在社会发展的大系统中来考察，分析了宏观与微观、结构与质量、规模与效益的内在关联性，提出在关注研究生教育人才培养质量的同时，要从研究生教育的系统质量观出发，优化研究生教育结构，加快研究生教育管理体制改革，切实完善和强化研究生教育的支撑条件，有效推动研究生教育质量保证体系重心的下移。

（摘自《北京市第十二届哲学社会科学优秀成果奖获奖成果简介》）

《公法变迁与合法性》（著作）

北京大学　沈　岿

法律出版社　2010年1月出版

该书紧扣公法一贯的主题关怀——公权力的合法性，立足当下中国的公法变迁或转型情境，主要运用个案研究、交叉学科研究的方法，证成了“因开放、反思而合法”的基本观点。

该书主要目的是在形式法治主义和实质法治主义之间寻求一条新的公共权力合法化路径。对于公共权力的合法性评判，历来有形式法治和实质法治之争，前者强调以成文法律规则为依据，后者强调以成文法律规则内含的法律原则、法律精神甚至超越成文法律规则以外的道德、价值等标准为依据。

该书不仅在一般理论层面上提出了基本观点，而且，通过探讨行政组织的法治化路径、司法作为一种开放、能动的反思过程、当下中国在宪法与人权维度实现公权力合法化的难点以及具体治理合法性问题的应对方法，尝试在个案的、部分的经验基础上证成上述观点。

该书的主要创新之处有：（1）在法学领域中，首次提出政治学、社会学的合法性与法学的合法性之间存在密切关联和对接；（2）通过中国发生的实际个案研究，强调在疑难情形之中，政府行为可接受性的评判，没有绝对的、唯一的正确答案，从而证明“实体合法化”路径存在难以自我克服的局限；(3) 在国内，首次提出“开放、反思的形式法治”命题及其基本观点。该书以个案的、部门法的研究视野进入一般法理学问题，在此基础上提出的“开放、反思的形式法治”已经引起学界的相当关注。

沈岿，男，1970年出生，1998年获北京大学法学博士学位。毕业后留校任教，现为北京大学法学院教授、博士研究生导师，北京大学法学院副院长，北京大学法学院学位委员会主席，北京大学宪法与行政法研究中心研究员。先后获得了“2008年北京市教育教学成果（高等教育）一等奖”、教育部“第六届高等教育国家级教学成果奖二等奖”、第三届“全国法学教材与科研成果奖”三等奖等荣誉。主要著作有：《平衡论：一种行政法认知模式》《美国行政法的重构》（翻译）、《谁还在行使权力——准政府组织个案研究》（主编）、《行政国的正当程序》（翻译）、《铗秤弹咏——在修远路上》。主要论文有：《现代行政法的精义——平衡》《关于美国协商制定规章程序的分析》《扩张之中的行政法适用空间及其界限问题——田永诉北京科技大学案引发的初步思考》《重构行政主体范式的尝试》等。

（北京大学社会科学部供稿）

《现代刑法问题新思考》（四卷本）（著作）

北京师范大学　赵秉志

北京大学出版社　2010年1月出版

该文集系作者将其2003—2008年这六年间发表的学术论文经认真筛选整理而成，为作者此一时期学术研究中最具代表性的成果，体现了其一贯的学术风格和专业追求。（1）积极探索当代刑法理论研究的前沿问题。关注理论前沿问题是刑法学研究持续发展、保持旺盛活力的基础，本此认识，该文集始终坚持把理论前沿问题作为研究的重点内容。（2）努力揭示我国刑事法治建设的现实需求。该文集结合社会现实和法治实践，对刑法立法改革暨司法改进的诸多问题展开探讨，提出了作者的学术见解和完善建言，从而对我国刑事法治建设有所贡献。

该文集按所涉主题分为四卷，总计240余万字。其中，第一卷为《刑法基本问题》，计7编24篇论文。该卷从刑事立法领域、刑事司法领域和刑事法治发展的宏观角度等三个方面解析当代中国刑事法治的重大现实问题，展望中国刑法学理论研究暨刑法改革的方向；系统地阐释了宽严相济的刑事政策及其与刑事司法改革等的关系；以全球化的视野对刑法机能、刑法哲学、刑法解释以及刑法研究方法等刑法基础领域的问题进行了深入探讨。第二卷为《罪刑总论问题》，计2编29篇论文。该卷立足于犯罪总论和刑罚总论两个层面，侧重对犯罪构成要件理论、犯罪特殊形态理论、死刑改革理论中的诸多疑难、前沿理论问题进行了深入细致的研析。第三卷为《罪刑各论问题》，计5编34篇论文。该卷深入探讨刑法典分则中的部分重点罪名在司法中的问题及立法之不足，为改进司法适用和推动立法完善提出建议；并关注近年来社会上发生的刑事疑难案件和大案要案，注重学术研究与法治现实的结合。第四卷为《外向刑法问题》，计3编24篇论文。该卷内容涉及比较刑法、国际刑法和区际刑法等外向型刑法学领域，对外国刑法中的若干重要课题，国际公约在中国刑事法治中的贯彻实施，以及中国区际刑法和区际刑事司法合作诸问题进行了深入研究，提出了有益的见解。

赵秉志，刑法学家，现任北京师范大学刑事法律科学研究院暨法学院院长、教授、博士生导师。兼任中国法学会常务理事暨学术委员会委员，中国法学会刑法学研究会会长，中国法学会审判理论研究会副会长，国际刑法学协会中国分会主席，国务院学位委员会学科评议组法学组成员，国家社会科学基金项目学科评审组专家，最高人民法院特邀咨询员，最高人民检察院专家咨询委员会委员等社会职务。创建国家重点研究基地中国人民刑事法律科学研究中心并曾任该中心第一、二届主任（1999—2005）。国家授予“作出突出贡献的中国博士学位获得者”称号（1991）；中国法学会评定为首届“全国十大杰出青年法学家”（1995）；国家人事部评选纳入首批“百千万人才工程”（1997）；教育部评选纳入“跨世纪优秀人才培养计划”（1999）；北京市评选纳入首批“百人工程”（1995）和“新世纪社科理论人才工程”（2001），入选教育部“长江学者特聘教授”（2006）。

（北京师范大学社科处刘娜供稿）

《卢旺达国际刑事法庭的理论与实践》（著作）

中国政法大学　凌岩

世界知识出版社　2010年7月出版

1994年，卢旺达发生了惨绝人寰的种族大屠杀，在短短的100天内，80万图西族人命丧黄泉。该书以这一震惊世界的历史事件为开端，挖掘了发生灭种屠杀的卢旺达本国的历史根源以及当时的国际原因。作者亲眼目睹了卢旺达国际刑庭的建立，在法庭工作的六年期间，访问了卢旺达首都基加利附近的大屠杀场所，掌握了丰富的庭审第一手资料。在该书中，作者以一个内部知情者的视角，揭示了在卢旺达发生的灭绝种族的犯罪事实，论述了卢旺达国际刑庭在审判中所涉及的法律理论问题，并客观地评价了法庭的审判工作。该书的问世也希冀人们从卢旺达国际刑庭对大屠杀责任者的审判所揭示的事实真相中吸取教训，在国内和国际做些实事，防患于未然，让这样的人间悲剧永远不再重演。

凌岩，中国政法大学国际法学院教授，中国国际法学会常务理事，中国国际法年刊主编。曾任联合国卢旺达国际刑事法庭法律官员，澳门科技大学客座教授，国际刑事法院访问学者，荷兰莱顿大学国际航空外空法研究所访问学者。在科研方面曾先后获得2012年第12届北京哲学社会科学优秀科研成果一等奖，2004年第8届北京哲学社会科学优秀科研成果二等奖，2007年北京市法学会优秀论文奖，1996年司法部第三届部级优秀教材二等奖，1992年中国政法大学优秀论文二等奖，1994年中国政法大学宪梓优秀科研成果荣誉奖。在教学方面曾获得2012年北京市师德先进个人，2009年北京市优秀教师，2008年北京市优秀教育成果一等奖，2005—2006年度中国政法大学优秀教师特别奖等。主要专著有：《卢旺达国际刑事法庭的理论与实践》《跨世纪的海牙审判——记前南斯拉夫国际法庭》。主要主编的书籍有：《国家主权与国际刑法》《匡扶正义共享和平》《国际空间法问题新论》《国际刑事法院规约评释》。在中外期刊上发表了数十篇专业论文。

（中国政法大学科研处刘璐供稿）

《清代外交礼仪的交涉与论争》（著作）

北京师范大学　王开玺

人民出版社　2009年7月出版

该书全面系统地论述了清代二百余年中外礼仪之争的全过程，分析了三个阶段的中外礼仪之争的不同特点。

第一阶段，自明末清初至1840年鸦片战争爆发前。在这一阶段，清廷与俄国，清廷与英国的礼仪之争，主要是因中外国情的隔膜而引起的，其性质属于两个主权国家间的争执。第二阶段，自1840年第一次鸦片战争至1900年义和团运动前。这一阶段的中外礼仪之争，是西方资本主义国家推行殖民扩张和炮舰政策引起的。此时列强与清廷间的礼仪冲突，已超出了两个主权国家间的礼仪冲突范围，侵略与反侵略的色彩明显地凸显出来，是中外关系发生根本性变化的时期。第三阶段，从1901年签订《辛丑条约》到清王朝的覆灭。这一阶段中的礼仪纠葛，无论是形式还是内容，不再具有主权国家间礼仪之争的性质。外国公使全然无视中国的主权，对于外国公使觐见清帝的地点、方式、礼仪等，都提出了具体明确的要求，而清廷则处于屈辱的服从地位。

该书对于清廷的天朝大国思想、中外礼仪之争与各国传统文化的关系、戊戌年清廷觐见礼仪的变革等具体问题，均提出了个人独到的见解，并深入挖掘清廷外交礼制、外交礼仪与中国传统政治制度、文化之间的关系，结合近代外交理论、外交惯例等，就事而论理，较好地处理了史与论间的关系。

王开玺，男，汉族，中共党员，教授，博士生导师，北京师范大学历史学院中国近代史研究中心主任。1989年7月于北京师范大学历史系获硕士学位。长期从事中国近代史的教学和研究，尤致力于晚清政治史的研究。出版有《南国风烟》《隔膜、冲突与趋同——清代外交礼仪之争透析》《清通鉴·道光卷》（合著）等著作。发表论文约60篇，讲授《晚清政治史》等课程。

（北京师范大学社科处刘娜供稿）

《军都山墓地》（著作）

北京市文物研究所　靳枫毅　王继红

文物出版社　2010年1月出版

1985—1991年，北京市文物研究所军都山考古队以寻找和发掘东周时期含直刃匕首式青铜短剑为其主要内涵特征之一的文化遗存为课题目标，在北京市延庆县军都山地带进行了考古调查，并选定玉皇庙、葫芦沟、西梁垙三处墓地作了科学发掘，共发掘东周时期墓葬594座，出土各类文物6万余件。《军都山墓地》发掘报告对上述调查与发掘成果，作了全面、系统的整理、介绍和研究。全书共280万字，插图1097幅，附表302个，科学测定与研究附录报告15（项）篇，彩版96面，黑白图版563面。

《军都山墓地》填补了中国北方地区和北京地区东周考古学的空白，为中国北方民族史、中国古代畜牧经济史和北京先秦史的研究，增添了新的篇章；同时对于中国古代技术史、兵器史和艺术史等领域的研究，也具有重要的学术价值和意义。

（摘自《北京市第十二届哲学社会科学优秀成果奖获奖成果简介》）

靳枫毅，男，辽宁大连人，1944年11月出生，北京市文物研究所研究员。1968年北京大学历史系考古专业毕业，1981年中国社会科学院研究生院考古系毕业，硕士学位。20世纪70—80年代初，从事中国东北地区青铜文化研究，曾发表《论中国东北地区含曲刃青铜短剑的文化遗存》等多篇论文；20世纪80年代中期至90年代，从事中国北方含直刃匕首式青铜短剑文化遗存的研究，主持调查并发掘了延庆县军都山玉皇庙、葫芦沟与西梁垙墓地，主编了《军都山墓地》发掘报告，提出了玉皇庙文化这一新的考古学文化，并考证这一文化的主人应为东周时期活动于燕北地区的游牧和畜牧部族——山戎。这一研究成果，填补了中国东周考古和中国北方民族史研究的空白。2001—2004年，主持勘察了圆明园西部20余处遗址，发掘了长春园宫门区和含经堂遗址。

王继红，女，1964年12月出生，北京市文物研究所研究员。1987年毕业于北京大学分校历史系。1996年开始参与军都山墓地考古报告的编写工作，负责玉皇庙、葫芦沟和西梁垙三个墓地除陶器以外的器物的整理，并撰写报告近60万字。在编写《军都山墓地》报告期间，发表了论文《山戎动物纹的分布地域与年代分期》《山戎动物纹的基本特征及相关问题的探讨》及《军都山玉皇庙墓地青铜削刀研究》，该文曾获北京市文物局2008—2009年度学术论文评比一等奖。参与编写《圆明园长春园含经堂遗址发掘报告》，并编写了《圆明园长春园宫门区遗址发掘报告》。

（作者自撰）

《中国古代历史理论》（上、中、下）（著作）

北京师范大学　瞿林东

安徽人民出版社　2011年1月出版

该书是主编及其合作者历经十年左右时间的研究成果，面世后受到史学界的高度评价，被认为是一部填补了重要空白的著作。

该书分三卷，共27章，130万字，主要内容如下：上卷，先秦秦汉时期，是中国古代历史理论的形成时期。先秦史学逐步萌生出一些重要的历史观点，涉及天人关系、古今关系、君主与国家的关系、地理条件与社会发展的关系、民族与文化的关系、兴亡之辩与历史借鉴的关系，以及人物评价的标准等问题；至司马迁《史记》以“究天人之际”和“通古今之变”将上述论题结合成一个完备的理论体系，标志着中国古代历史理论的初步形成。中卷，魏晋南北朝隋唐时期，是中国古代历史理论的发展阶段。主要反映在三个方面：一是对前一个时期提出的重大理论问题有更深入、更全面的认识；二是提出了一些新问题，如关于“天下一家”的思想和国家起源的认识等；三是出现了一些标志性著作，如杜佑的《通典》和柳宗元的《封建论》等。下卷，五代辽宋西夏金元明清（1840年以前）时期，是中国古代历史理论的嬗变、繁荣时期。其繁荣的表现是：郑樵、马端临对“会通”“相因”与“不相因”的论说，是对古今关系更深刻的探讨；到明清之际的“二顾”，在地理条件与社会发展之关系的认识上，其理论形态的整体性和系统性超过了前人；顾炎武的国家论、王夫之的兴亡论皆有突出的见识；辽、金、元、清四朝的很多史家，把中国古代历史文化认同的优良传统进一步弘扬开来；等等。李贽的历史人物论、黄宗羲的君主批判论，以及崔述的疑古、考信等，则表明中国古代历史理论出现了嬗变的趋势。

该书理论创新主要表现在：第一，明确指出必须充分考虑到中国和西方史学各自在理论内涵和表现形式上的区别，在揭示中国古代历史理论特点的基础上，对一些重大理论问题作系统的论述，有助于国内外史学界对中国古代史学的理论遗产之丰富内涵的认识。第二，初步构建起中国古代历史理论的范畴体系，并提出相应的研究方法，开拓了中国史学研究的新领域，使该书兼具提出问题和阐述问题两个层次上的创新价值。第三，以唯物史观为指导，梳理和研究中国古代历史理论，力求理论指导与具体研究对象相结合。

瞿林东，现任北京师范大学资深教授，博士生导师，北京师范大学史学理论与史学史研究中心主任，兼任中国史学会理事、中华炎黄文化研究会理事、中国史学会史学理论分会副会长、教育部普通高等学校人文社会科学咨询委员会委员等职。长期从事史学理论与史学史方面研究，在中国史学史领域有所建树，所著《唐代史学论稿》《中国史学史纲》曾先后获得北京市哲学社会科学优秀成果二等奖。为博士生讲授中国古代历史理论、中国古代史学理论、中国古代史学批评、中国史学史、中国史学名著研读等课程。

（北京师范大学社科处刘娜供稿）

《质量评价与软件质量工程知识体系的研究》（著作）

首都经济贸易大学　马　慧

人民邮电出版社　2009 年 7 月出版

该书作者基于长期的研究和教学实践，遵循质量管理的规律，为质量管理研究带来了质量标准研究与应用的领先视角——质量管理知识体系。它有助于深刻理解质量，达成质量工程理论与实践的创新和进步。

专著共分五篇九章，第一篇概论；第二、三篇质量度量与控制（质量工程核心技术即提炼“核心孵化模块”）；第四篇质量标准与实施案例分析，主要为六西格玛管理和 CMMI 软件能力成熟度模型；第五篇管理链与知识体系的研究。阅读此书，人们会发现质量工程技术发展变迁与驾驭管理思路的成熟程度密切相连。在诸多国际质量标准与应用中，质量工程技术无处不在，它们几乎能够自然无缝链接。

马慧，女，1963 年出生，北京市人。首都经济贸易大学教授，信息学院党总支书记/副院长。1993 年被评为北京市优秀教师。研究领域为质量管理工程与应用，包括能力成熟度评价模型 CMMI、六西格玛应用等。讲授课程包括“会计信息系统”“软件配置与质量管理”“管理信息系统”等。主持北京市哲学社会科学“以云技术及评价推动北京信息资源配置效率提升的研究”项目、北京自然资金“基于碳管理能力认证的北京市信息资源碳排放目标实现路径的研究”项目；获得实用新型、发明专利“碳足迹的工程控制方法与评价层次模型”；北京市精品建设教材《软件质量管理与认证方法》《管理信息系统》受到好评。

（首都经济贸易大学科研处供稿）

《技术引进与自主创新：边界划分、过程转换和战略措施》（著作）

清华大学　吴贵生

知识产权出版社　2010 年 7 月出版

该书对技术引进和自主创新进行了理论回顾，界定了技术引进和自主创新的概念；指出两者的边界要从识别和决策两个方面、根据“依赖/自主”程度和自主创新定义加以划分；阐述了从技术引进到消化吸收再到创新可以划分为 3 个层次：第一个层次是熟练掌握引进的技术和设备，这是技术引进的最低要求；第二个层次是消化吸收和模仿，这一层次比第一层次前进了一步，为自主创新奠定了一定的能力基础；第三个层次是消化吸收后的再创新，只有到达第三个层次才能摆脱技术依赖。在此基础上，进一步从国家技术战略选择、产业演进过程和企业成长特征的角度分析了影响技术战略的边界因素，构建了国家层次的技术引进和自主创新边界框架、产业层次和企业层次的技术引进和自主创新边界模型。

该书利用技术能力理论、技术轨道理论和组织惯域理论分析了技术引进向自主创新转换的过程，构建了技术引进向自主创新转换的概念模型与测试指标。对于已有的技术引进与自主创新的边界划分和过程转换的机理、路径关系进行了分析。

该书在关于自主创新的概念、技术引进与自主创新的边界、从技术引进到自主创新的转换等方面具有创新和学术价值。

（摘自《北京市第十二届哲学社会科学优秀成果奖获奖成果简介》）

《中国农产品现代物流发展机制研究》（调研报告）

北京交通大学　张明玉等

北京交通大学出版社　2010 年 12 月出版

该研究成果全面系统地归纳了我国当前农产品物流存在的问题，并针对存在的问题，提出了适合于国家作出重大决策的政策。该研究成果的学术价值包括三个方面：（1）首次明确提出了中国农产品现代物流发展战略。（2）首次明确提出了中国农产品现代物流的发展模式与发展方向。（3）首次完整构建了农产品现代物流发展机制的理论体系。

张明玉，男，1965 年 8 月生于山东，北京交通大学经管学院教授、党委书记，北京市重点学科——企业管理责任教授，华中科技大学工学博士，南开大学经济学博士后，北京交通大学管理学博士生导师。中国高校工业技术研究会企业管理委员会主任，中国国际工程咨询公司专家委员会委员。2008 年入选教育部新世纪人才支持计划，北京市高校学科带头人，铁道部科技拔尖人才。主要研究方向是农产品物流与城镇化战略。国家“十五”“十一五”科技攻关项目“农产品现代物流”首席专家。2011 年研究成果“加快构建农产品现代物流体系，控制流通环节农产品价格上涨”，得到国务院领导的审阅，并由国务院办公厅发布成为国家的一项重大政策。主持完成的研究成果《中国农产品现代物流发展机制研究》，获得 2012 年北京市第十二届哲学社会科学优秀成果一等奖；专著《中国农产品现代物流发展研究——战略·模式·机制》获得 2012 年教育部第六届高等学校科学研究优秀成果奖（人文社会科学）；主持完成的研究成果“中国农产品加工跨越式发展战略研究”获得 2006 年北京市科学技术二等奖。出版专著三部，发表论文 100 余篇。

（北京交通大学人文社科办公室供稿）

《企业财务质量与管理质量关系研究》（著作）

对外经济贸易大学　张新民　钱爱民

对外经济贸易大学出版社　2009 年 9 月出版

该书系统地研究了企业财务质量与管理质量之间的内在规律性联系，从企业战略管理和企业财务战略的高度进行企业财务质量分析，探索通过财务质量分析来透视企业财务战略管理的方法体系。这种财务分析与管理分析相结合的研究视角和研究方法在理论研究中是一种创新和尝试，其研究成果对于学术界进一步开展财务领域与管理领域的交叉研究具有重要的借鉴价值，有助于企业高层管理者适时发现管理中存在的问题和面临的困境，为管理决策提供较为充分的财务信息支持。

该书的理论创新点体现在如下两个方面。（1）对传统财务分析框架的突破——财务质量分析理论得到进一步完善。该书将资产负债表、利润表、现金流量表等三张报表作为主要研究对象，分别就资产质量分析、利润质量分析、资本结构质量分析和现金流量质量分析等项内容展开深入研究，试图对传统财务分析框架加以突破，进一步完善财务质量分析理论，并对企业财务质量与管理质量的关系展开系统研究。（2）研究视角上的创新——系统展开财务质量与管理质量关系研究。该书主要针对财务状况与管理质量关系展开系统化研究，在研究视角上加以创新，试图将财务质量研究与管理质量研究结合起来，进而通过企业财务质量去透视其管理质量。

张新民，1962 年 12 月生，管理学博士，对外经济贸易大学副校长、教授、博士生导师，全国 MBA 教育指导委员会委员，资深英国特许公认会计师（FCCA）、澳洲注册会计师和香港注册会计师，企业财务状况质量分析理论的创立者，享受国务院政府特殊津贴专家。2005 年入选教育部“新世纪优秀人才”支持计划，2006 年荣获北京市教学名师奖。主要研究领域：企业财务质量分析；企业价值评估；资本结构与公司治理。承担国家社科基金重点项目、教育部、北京市教委等项目 10 余项，出版著作 20 多部，发表学术论文 30 多篇，研究成果多次获得教育部人文社科优秀成果奖、北京市哲学社会科学优秀成果奖等省部级科研奖励。

（对外经济贸易大学科研处供稿）

《中国社会保障改革与发展战略》（总论卷、养老保险卷、医疗保障卷、救助与福利卷）（著作）

中国人民大学　郑功成

人民出版社　2011 年 3 月出版

该书是一项由全国众多学者参与并历时四年才完成的重大战略成果。它立足于国家层面与战略高度，从人民福祉与社保制度长远发展视角出发，不仅从理论上厘清了我国社会保障的建制理念、目标与原则，而且规划了战略步骤与推进措施，并对养老保险、医疗保障、社会救助、社会福利及其具体制度安排的长远发展进行了深入探索，从理论上阐述了合理的发展路径与行动方案，从而是对我国社保发展战略的全景式战略规划与顶层设计。

该成果的重大价值主要可以概括为如下四个方面：（1）首次从宏观战略与长远发展的视角出发，梳理了社会保障制度发展的客观规律；（2）从战略高度为国家社会保障改革与发展决策提供理论依据；

(3) 明确提出了中国社会保障制度发展的战略目标;(4) 对养老保险、医疗保障、社会救助、社会福利四大制度体系中的主要制度安排的发展与优化提出了系统的改革与发展思路。

郑功成，男，湖南平江人，1964 年 9 月出生。1985 年毕业于武汉大学政治经济学专业。1985—2000 年 5 月先后任武汉大学经济学院助教、讲师、副教授、教授，兼武汉大学社会保障研究所所长、武汉市政协常委。2000 年 5 月至今任中国人民大学社会保障学科教授、全国人大常委等。长期从事社会保障及与民生相关领域的研究，主持过国家重大战略项目和国家社科基金重大攻关项目及部委重大或重点项目 30 多项，出版有《论中国特色的社会保障道路》《中国社会保障 30 年》《社会保障学》《灾害经济学》等 20 多种著作，发表学术文章 400 多篇，多篇论文被《新华文摘》等转载，约 20 项重要政研成果获中央领导同志批示。入选教育部新世纪优秀人才支持计划、国家百千万人才工程国家级人选等，是有突出贡献的中青年专家和国务院政府津贴获得者。

(中国人民大学科研处张玉洁供稿)

Portfolio Analysis: From Probabilistic to Credibilistic and Uncertain Approaches
(《投资组合分析：从概率分析法到可信性和不确定理论分析法》)(著作)

北京科技大学　黄晓霞

Springer-Verlag (德国斯普林格出版社)

2010 年 2 月出版

该书包含五章内容。第一章对投资组合选择的基本问题和分析的一般思路进行了介绍。第二章首先简要地回顾了概率论的基本概念与基本定理，接着介绍了证券收益为随机变量情况下的多种优选模型与方法，并且利用上海证券市场的数据针对这些模型进行了应用举例。本章引入了风险曲线，并提出了基于风险曲线的投资组合模型，对于复杂的模型求解，给出了基于随机模拟和遗传算法的混合智能算法。第三章首先介绍了可信性理论的基础知识，在这一章里，作者结合证券投资，运用模糊理论，给出了以往一些研究中可能出现决策结果与矛盾律和排中律不符合的原因，论证了作者研究方法的合理性与严密性。然后介绍了一系列模糊投资组合选择模型，包括均值—风险模型，β—收益—风险模型，机会最小化模型，均值—方差模型，均值—方差模型和熵优化模型，给出了当证券收益为三角、梯形、正态和等可能性模糊变量时模糊投资组合模型的清晰等价形式，以及复杂情况下求解模型的混合智能算法。第四章在介绍了不确定理论的最新成果之后，介绍了证券收益既不是随机变量也不是模糊变量时的投资组合优选模型与决策方法。本章给出了通过证券收益的不确定分布函数的反函数求出其均值、方差、半方差、β—收益、不确定熵等特征值的方法，给出了模型的清晰等价形式及求解算法。第五章针对更为保守的投资者投资分散化的要求，利用熵的性质，对基本投资组合优选模型进行了扩展。

黄晓霞，女，籍贯北京，1970 年 1 月出生，管理学博士，北京科技大学东凌经济管理学院金融系教授，博士生导师，教育部新世纪优秀人才，是多家国际期刊的编辑，中国运筹学会不确定系统分会以及中国运筹学会智能计算分会的常务理事。研究方向为投资组合分析、资本预算、投资优化、国际投资。主要成果：22 篇论文被 SCI 检索的国际著名期刊发表或接受。主持了 2 项国家自然科学基金项目和 2 项教育部基金项目。

(北京科技大学科学研究与发展部李静供稿)

《宋本〈切韵指掌图〉研究》(著作)

首都师范大学　李　红

吉林人民出版社　2011 年 3 月出版

该书将《指掌图》与《广韵》《集韵》《礼部韵略》(两种版本) 进行全面的比较研究，利用数理统计法将各项对比统一到一起，从量化的角度观察其与各韵书的同异比例。得出了《切韵指掌图》与《切韵》系韵书无关，既不是依《广韵》而作，也不是依《集韵》而作，更不是依《礼部韵略》而作的结论。并探讨了《礼部韵略》对《指掌图》的影响。打破了韵图 (等韵图) 必须依韵书而作的惯性思维，走出《切韵》系统的笼罩，对《指掌图》功用重新定位，为语音史研究提供了重要依据。该书受到了音韵学界的肯定；被认为是难得的功夫之作，文献考证尤见真功，在翔实的数据基础上分析问题，把等韵图研究提升到了新的水平。

李红，1973 年 9 月出生，首都师范大学文学院副教授。2006 年于吉林大学获得博士学位，2008 年厦门大学博士后出站。主要研究方向为音韵学、文献学、少数民族汉语教学。音韵学研究将音韵学与文献学、社会制度史相结合，对历史文献资料进行全面研究并结合历史文化因素，揭示文献真实面貌，在文献面貌清晰的基础上，提出新的音韵学研究视角。结合现代语言理论，借助现代方言研究历史文献资料，将音韵学问题与方言有机结合，科学揭示古方言及音韵学发展面貌。专著《宋元吉安方音研究》，被看作近代汉语方言语音演变研究的重要成果，2009 年获福建省人民政府哲学社会科学优秀成果三等奖。出版专著3本，并发表论文30余篇。

（首都师范大学社科处黄胤英供稿）

《20世纪美国女性小说研究》（著作）

北京外国语大学 金 莉等

北京大学出版社 2010年6月出版

该书以20世纪美国女性小说这一群体文化为研究对象，意在从史学角度考察社会、文化与文学之间的互动关系，探究社会性别政治对于女性文学创作的影响。全书选取了25位具有代表性的著名女性小说家的作品为例，系统展现了这一时期美国女性小说的嬗变，深入探讨了作品中独特的叙事方式和思想意识形态，回应并扩展了女性文学评论中的一系列重大问题，如女性文学这一概念的合法性及其独特的美学特征与内在的谱系传承等。

全书采用编年史的结构安排，按照时间的先后顺序构建章节，在每个大的历史分段中对于这一时期社会背景、重大历史事件以及文学创作进行概述，在兼顾一般作家的基础上另辟章节论述重要作家，借助20世纪流行的各种文学批评方法，尤其是女性主义批评对作品进行细读，使读者对于20世纪美国女性小说的全貌有更加全面的认识。

（摘自《北京市第十二届哲学社会科学优秀成果奖获奖成果简介》）

金莉，女，1954年出生，山东青岛人。北京外国语大学教授、博士生导师。1982年获山东大学文学学士学位，1986年获北京外国语大学文学硕士学位，1993年获美国得克萨斯基督教大学文学博士学位，2000—2001年作为富布莱特高访学者在美国耶鲁大学英文系进修。现任北京外国语大学副校长、国务院学位委员会外语学科评议组召集人、北京市学位委员会委员、全国美国文学研究会副会长等职务。主要研究领域为美国小说与美国妇女作家。著作包括《美国文学》《文学女性与女性文学——美国19世纪妇女小说家及作品》《20世纪美国女性小说研究》及多篇论文；任《新世纪汉英大词典》和《汉英词典》（第三版）副主编，并主持国家社科基金重点项目“当代外国文学纪事”、福特基金会项目“社会性别与全球环境问题研究”和北京市优博论文指导教师项目“当代美国女权批评家研究”。

（作者自撰）

《汉魏乐府艺术研究》（著作）

北京大学 钱志熙

学苑出版社 2011年1月出版

全书由上、下两编构成。上编《汉魏乐府的音乐与诗》将汉魏乐府艺术系统放在广阔的社会文化背景中来把握，共分为七个部分；下编《汉魏乐府丛考》是对汉魏乐府音乐史实及相关文献的个案性的考察，共收入八篇论文。

该书突破历来汉魏乐府研究中单纯的文学批评式的研究方法，也突破了乐府音乐研究中只注重单纯音乐史事实的研究方法，结合音乐研究、文献研究、诗学研究三种方法，将汉魏乐府诗歌置于综合的艺术系统中来分析，这是研究方法上的创新之处。通过这样的研究，对于汉魏乐府艺术的生态及其歌、乐、舞、戏诸方面的艺术形态，艺术体制、时代风格等做出一种近乎全新的描述。所以该书也可以说是一种艺术史的、文化学的研究方法在诗歌史研究上的一种尝试。

钱志熙，男，1960年出生于浙江。1987年考入北京大学中文系，于1990年获文学博士学位；后留校任教。现为北京大学中文系教授、博士生导师。获北京大学“1996至1997年度青年教学优秀奖”，“安泰奖教金”，1998年宝钢优秀教师特等奖，2000年因高等教育有突出贡献而获国务院特殊津贴。入选北京市理论建设百人工程，教育部人文社会科学跨世纪人才培养计划。曾发表《黄庭坚与禅宗》《黄庭坚诗分期初论》《谢灵运〈辨宗论〉与山水诗》《魏晋诗歌中的飞翔形象》等众多论文。著有《魏晋诗歌艺术原论》《唐前生命观和文学生命主题》《活法为诗》等多本专著。

（北京大学社会科学部供稿）

《印度中世纪宗教文学》（上、下）（著作）

北京大学 唐孟生等

昆仑出版社 2011年1月出版

该书所介绍和讨论的印度中世纪宗教文学，是根据印度宗教和文学的发展状况以及我国的研究状况而截选的一段时间，即从13世纪初到18世纪中叶。这一时期印度基本上是在穆斯林政权统治之下，印度社会兴起了一股宗教改革热潮。印度教社会的虔诚运动和穆斯林社会的苏非运动相互呼应，彼此促进，都在蓬勃进行。这一时期的文学也基本上附属于这两大运动。由于我国学界对此研究和介绍较少，该书试图弥补这一方面的缺憾。

该书有三个主要特点：第一，力图将宗教和文学结合起来，既从宗教的层面阐发印度中世纪文学的特殊性，又从文学的角度描述印度中世纪宗教的发展轨迹。第二，兼顾不同宗教和不同地区的方言文学，为此，该书分为上、下两卷。上卷以印度教为纲，以印地语虔诚文学为主要介绍和评论对象，同时兼顾了各地区各语言的虔诚文学；下卷主要以伊斯兰教为纲，重点介绍和评论了印度的苏非文学，同时还兼顾了锡克教、佛教和耆那教文学。书中，伊斯兰教苏非文学，锡克教、佛教和耆那教文学的绝大部分内容都是第一次介绍给中国读者。第三，在充分借鉴我国学界前辈已有成果的同时，尽量发挥作者的长处，从研读原文入手，占有第一手资料。

唐孟生，1950年出生，祖籍陕西西安。中共党员，北京大学教授，北京大学巴基斯坦研究中心主任。1974年毕业于北京大学东语系乌尔都语专业，2001年获北京大学历史学博士学位。现任北京大学外国语学院教授，长期从事教学与研究工作，主攻南亚伊斯兰文学、历史与文化研究。著有《印度苏非派及其历史作用》，参与主编和撰写的著作有《巴基斯坦文化与社会》（合著）、《东方风俗文化词典》（合著）、《东方趣事佳话集》（合著）等。译著有《印度河畔的阿凡提》《巴基斯坦民间故事》等。主要论文有《赛义德运动与南亚文化》《论齐亚·哈克的伊斯兰化》《毛杜迪的思想历程与伊斯兰教促进会的建立》《关于德里苏丹国时期的穆斯林种姓问题》《苏非诗歌的神秘主义哲理》《巴基斯坦与印度政治制度比较》等。2003年3月，获得巴基斯坦总统颁发的“贡献之星”勋章。

（北京大学社会科学部供稿）

《作为劳动的传播——中国新闻记者劳动状况研究》（著作）

清华大学　王维佳

中国传媒大学出版社　2011年1月出版

该书是国内唯一有关新闻记者劳动状况的调查，也是目前国内仅有的“文化劳动商品化”研究。该书作者尝试为新闻工作者劳动状况的研究引入一个历史的、动态的背景，通过各个时期新闻实践范式与劳动者社会角色的比较来探析中国社会新闻传播领域内历史与意识形态变迁的逻辑。文中，作者对商品化新闻产生的劳动过程和劳动控制进行了系统分析。作者还通过对全国各地五家媒介类型和市场环境各不相同的媒介机构进行了实地调查，分析了劳动过程的结构化图景和日常新闻实践中的各种劳动控制机制。

（摘自《北京市第十二届哲学社会科学优秀成果奖获奖成果简介》）

《论贝多芬〈庄严弥撒〉》（专著）

北京大学　刘小龙

北京大学出版社　2010年1月出版

《论贝多芬〈庄严弥撒〉》是研究德国作曲家路德维希·凡·贝多芬晚年所作大型宗教音乐作品《庄严弥撒》（MissaSolemnis，Op. 123）的音乐学专著。笔者从《庄严弥撒》的创作特征、信仰内容和宗教文化背景三个方面展开研究，以渐次深入的方式对这部作品的音乐本体、思想内涵和社会文化属性进行挖掘和探索。

该书第一章对《庄严弥撒》创作特征的研究属于作曲技术分析范畴，是研究的基础层次；第二章集中讨论《庄严弥撒》包含的信仰内容，属于音乐的表现层次；第三章中，研究视角从《庄严弥撒》本身转移到孕育它产生的宗教文化背景上，这属于音乐的社会文化层次。

《论贝多芬〈庄严弥撒〉》一书为我国贝多芬音乐研究填补了一项空白，使人们对这位耳熟能详的作曲家的宗教作品和人文思想有了更为深入的理解。研究者在论述中强调对作品艺术内涵的独立理解，从而产生了同西方学者不同的思考角度和学术论点。此外，该书还力图从这部特殊的宗教作品出发，探索音乐形式与其思想表达之间的内在联系，从而将音乐本体研究同艺术思想研究结合贯通，以实际个案推动国际学界主张的音乐学分析方法的深化与发展。更为重要的是，本书在一定程度上修正和改变着国人对贝多芬的基本看法和观念，进而从学理上赋予其新的定位。同时，该书在音乐史学和音乐分析研究方法上的探索，也为音乐学分析和思想阐释提供了可资借鉴的样本。

刘小龙，男，1977年出生，北京大学艺术学院副教授。1996年起在中央音乐学院音乐学系学习，先后获得学士、硕士和博士学位。2007年至今在北京大学艺术学院从事教学科研工作。主修西方音乐史专业，对于德国作曲家J. S. 巴赫、L. V. 贝多芬，以及19世纪早期欧洲音乐文化有专门研究。先后获得第三届全国高校学生中国音乐史论文评选本科生三等奖、中国音乐家协会西方音乐学会学生论文评比学生论文一等奖和硕士学位论文三等奖、北京大学第十届青年教师教学基本功大赛三等奖、北京大学2011年度北京银行奖教金等荣誉。代表作有《利都奈罗在〈勃兰登堡协奏曲〉中的运用》《论贝多芬晚期弦乐四重奏的风格转变》《“从心灵而发—但愿再次—回到心灵”——论贝多芬〈庄严弥撒〉的创作特征、信仰内容和宗教文化背景》《复归音乐与心灵的契合——就黑格尔音乐美学思想展开的当代反思》和《论于润洋教授的肖邦音乐研究》等。

（北京大学社会科学部供稿）

《网众传播：一种关于数字媒体、网络化用户和中国社会的新范式》（著作）

北京师范大学　何威

清华大学出版社　2011 年 6 月出版

该书的旨趣是努力在现象的基础上对框架、过程、要素、特征、模式等作出抽象而深入的思考。具体说来，本书从传播学、社会学理论辨析开始，建构并展示了较为全面的网众传播研究框架，包括网众传播的语境、行为主体、媒介，及其中的信息流动、群体行为和权力博弈。通过对近年来一系列典型案例的分析，对信息传播技术与社会形态建构之间的互动关系作了认真梳理和深入剖析，为我们理解今天的人类传播行为、媒体环境和社会形态提供了可供借鉴的理论框架和学术探讨。

该书的主要创新可以归纳为：“新现象、新概念、新理论”：（1）新现象。选择了一系列近年发生在中国的与网众传播密切相关的热门事件和典型案例展开分析，其中有部分通过虚拟民族志等方法获得了第一手的实证资料，也具备一定史料价值；而且更进一步探索性地剖析了新现象背后的新模式、新特征。（2）新概念。创造性地提出了“网络化用户”“网众”“网众传播”等一组新概念，以弥补“网络传播”“大众传播”等概念在分析数字媒体中种种新兴传播现象时的不足。同时，进行了严谨的推理论证，将之建立在传播学和社会学的理论基础之上，并力求对当下现实具备足够的解释力。（3）新理论。以丰富的量化与质化结合的实证资料为基础，建构而来的“网众传播”理论可以成为一种新范式，用以剖析理解当代社会中大量存在、影响深远，但又不是传统的“人际传播”或“大众传播”的行为、现象与模式。它也抛弃了所谓“网络传播”概念带来的“只见技术不见主体”的“技术决定论”，始终强调“社会—媒介—人”三者间的互动。

何威，北京师范大学艺术与传媒学院数字媒体系教师，清华大学传播学博士，读博期间由国家公派赴英国威斯敏斯特大学媒体、艺术与设计系访学 16 个月。研究方向包括数字媒体、互联网、文化创意产业等领域。在 CSSCI 收录期刊与核心期刊发表学术论文近 20 篇，主持国家哲学社会科学基金青年项目一项，主持和参加了与文化产业和数学媒体相关的各类课题 10 余项。

（北京师范大学社科处刘娜供稿）

《微博：一种新传播形态的考察——影响力模型和社会性应用》（著作）

中国人民大学　喻国明等

人民日报出版社　2011 年 5 月出版

该项成果完成于 2009 年 11 月，它既是喻国明为首席专家的团队所承担的教育部哲学社会科学重大攻关课题“新媒体环境下的危机传播及舆论引导”科研项目成果之一，同时也是新浪网在筹备规模化推出微博之前委托进行的关于“微博在中国发展的技术路线及社会影响力”的课题项目。

该书共四大章，三重附录。第一章是微博传播形态解读，第二章是微博的国际经验个案研究，第三章是微博的中国本土化实践，第四章是微博市场调研报告；三重附录分别为 Twitter 大事年表、Twitter 第三方软件范例与微博用户深度访谈。

该成果对微博产生以来的历史沿革进行了从理论到实践的系统梳理，考察了微博发展的关键事件，编制了微博发展的大事年表，并使用嵌套性理论对微博的发展逻辑和价值本质进行了深入探讨，是目前关于微博的学术研究中最具影响力的一种学说。

在研究方法的使用上，复合采用了文献分析方法、个案分析法、问卷调查法、焦点人群访谈法以及在传播学的实证研究中颇为前沿的社会网络分析方法，在研究方法的配合使用模式上也具有相当的前沿性和示范性。

喻国明，1957 年出生，1989 年毕业于中国人民大学新闻系，获博士学位。现任中国人民大学新闻学院副院长、中国人民大学舆论研究所所长，博士生导师。同时兼任中国传媒经济与管理学会会长、中国传播学会副会长、《中国传媒发展指数（蓝皮书）》主编、《中国社会舆情年度报告（蓝皮书）》主编等职务。主要研究领域有：新闻传播理论；舆论学；传媒经济与社会发展；传播学研究方法。是中国传播学实证研究领域的领军人物，从 20 世纪 80 年代至今，已主持进行了 400 余项具有广泛学术影响的实证研究项目，出版学术著作 21 部，发表学术论文和调研报告 400 余篇。特别是近 5 年来，智能化文本分析技术在互联网舆情监测分析中的应用、认知神经科学方法在传播学研究中的应用等高水平科研项目的开拓与完成，在学术界产生了深远影响。

（中国人民大学科研处张玉洁供稿）

《中国古代科学思想史要》（著作）

北京市社会科学院　李烈炎　王　光

人民出版社　2010 年 6 月出版

该书是一部旨在深入系统审视中国古代科学思想、透视中华民族文化观念深层意识要素的多学科综合性研究著作。该研究选取中国古代有代表性的相对独特的科学形态为重点考察对象，揭示其科学思维要素，诠释其科学思想观念。全书主体内容论及古农工、度量衡、乐律、医学（主内科）、数学、历法、哲学（主理学），共七卷。

该书以发掘古农业文明时代与原始科学、初级科学相关的诸多认识信息，为人们认识中国古代早期科学面貌及其思维价值提供确凿的资料线索和中肯的论证思路；通过对度量衡、天文历算和数学的系统考察，理出古代中国人科学思想的最基础思维脉络；将与艺术科学相关的乐律思想、与生命科学相关的医学思想以及与宇宙自然－人文社会观相关的理学思想，视为体现着自然哲学之普遍意义的代表性侧面，借以洞察科学思维向人文观念的渗透与转化。

该书研究论证了中国古代即有科学；构建了总体把握中国古代科学思想的基本框架；切实从哲学高度审视了科学；尝试揭示了科学思想与民族文化形成之间的内在关系；纠正了一系列以往人们不以为然的诸多陋说讹传；提供了所涉领域经过严谨考据、分析、组织的成系统资料；在人文学科领域发扬了严谨确凿、求真求实的科学精神。

李烈炎，研究员，1937年出生，广东大埔人。早年入湖北大学攻读法律专业，毕业后于北京从事高中政治课教学。1979年转入北京市社会科学院从事哲学研究工作，主攻自然辩证法，科学思想。所著《时空学说史》（1988），荣获1989年度“中国图书奖”。退休前任哲学所所长，退休后试拟多卷本“中国古代科学思想史”研究计划。遂着手积累研究资料，五年间初得草稿三卷。2003年8月谢世。

王光，研究员，1951年生于北京。60年代习得蒙古语言文字及历史文化。70年代攻读法国语言及文化，研修英语。大学毕业后从事国外科技研译工作。1980年入北京市社会科学院从事文学研究。主攻文学文化民族性方向各类课题。发表《创造性继承民族优秀文化遗产的范例——论钱钟书〈管锥编〉》《六朝诗评》《文学与民族》《现代巴勒斯坦人文学》《多民族性的北京文学》《毛泽东的社会文艺观与民族文艺观》《草原学者论》（蒙古文版）、《人文情怀，文学境界——法布尔与〈昆虫记〉》等论文；著有《中国古代音乐思想》《民族文学文化论集》《中国古代科学思想史要》（合著）。所译《昆虫记》（1998年版）获北京市第五届哲学社会科学优秀成果奖二等奖。

（北京市社会科学院科研处供稿）

《北京奥运的人文价值》（著作）

中国人民大学　冯惠玲等

中国人民大学出版社　2010年8月出版

该书聚焦北京奥运会的精神遗产，以古今中西为经纬，从文化、社会、政治和传播四个模块切入，通过十四个专题全面、深入地总结、开掘了北京奥运会成功举办的重大意义和基本经验。其中，文化模块着重记录、诠释了中国元素与传统文化的当代价值、中国传统文化的世界意义、文化与共同体精神、体育精神与人的全面发展等主题；社会模块提出北京奥运会为公民参与国家事务创造了典范，促进了理性、成熟的社会性格的培育；政治模块论述了北京奥运对以人为本、科学发展等国家治理原则的强化，“人文”“绿色”“科技”三大奥运理念转化为北京城市发展理念；传播模块认为，北京奥运会塑造了开放的国家形象，显现了在新的全球秩序之下中国与世界的对话之道。

该书的主要观点包括：北京奥运激活了数千年中国传统文化的核心价值，为其实质性复兴并于现实社会创造性转化提供了契机；传统与现实相结合的中国文化具有世界意义，必将随着中国的和平崛起而为人类文明进步作出更大贡献；北京奥运促进了国民心态、社会性格的成熟，提升了公民素养和社会文化水平，推动了体育精神、志愿精神的普遍化和日常化——从发达国家的经验看，这种遍及整个社会的心智引导、道德训练和精神涵化，正是建立公民社会的必要条件，是促进社会和谐的“底层秩序”和持久动力；北京奥运巩固、改善了国家传播体系，塑造了良好的国家形象，为“中国走向世界、世界了解中国”，进而建设和谐世界奠定了更加坚实的基础；北京奥运检验、强化了人本、民主、开明、公平、和谐、可持续、科学发展等政治理念，以对历史、人民和世界负责的态度调整、创新了多个维度的公共政策。

冯惠玲，女，1953年8月出生，教授，博士生导师，中国人民大学常务副校长。兼任第六届国务院学科评议组成员，国家电子文件管理专家委员会主任，教育部社会科学委员会委员，教育部档案学科教学指导委员会主任，北京市哲学社会科学联合会副主席，中国人民大学电子文件管理研究中心主任，人文北京/人文奥运研究中心主任等。主要学术方向为信息资源管理、档案学、电子文件管理、人文奥运等。主持多项国家和省部级科研项目，撰写和主持编写著作、教材30余部，发表论文120余篇，获得省部级以上优秀教学科研奖多项。1991年、2004年两度被评为北京市优秀教师，1997年入选北京市“社科理论人才百人工程”，1999年7月入选教育部“跨世纪优秀人才培养计划”，2000年6月获国务院颁发的政府特殊津贴，她所领衔的人文奥运研究中心在学术研究和社会服务方面作出的重要贡献，被党中央、国务院授予“北京奥运会、残奥会先进集体”称号。

（中国人民大学科研处张玉洁供稿）

《当代中国城市发展丛书·北京》（上、下）（著作）

当代北京编辑部著

当代中国出版社　2011 年 3 月出版

《当代中国城市发展丛书》是中共中央书记处批准立项的国家级科研项目，北京卷是其中的一卷。该书是一部总结 60 年来北京城市化、现代化进程的特点和经验，探索中国特色城市化道路，面向实际工作、面向未来、面向现代化的著作。

该书分为历史篇、专题篇、展望篇三篇，共 22 章，约 90 万字，200 幅插图。历史篇开篇概述了北京 3000 多年的建城史和 800 多年的建都史，梳理了这一历史文化名城的来龙去脉，昭示了当代北京城市发展的基础。专题篇的十三个专题（北京城市性质与功能，城市发展规模与空间布局，土地资源开发利用，城市水资源、供水与防洪排水建设，城市能源建设，城市生态环境建设，城市综合交通体系建设，产业结构调整，历史文化名城保护，文化事业与文化产业，城市突发事件应对，城市管理，城乡统筹协调发展）是在历史回顾的基础上确立的对当代北京城市发展具有全局意义的重要方面。展望篇就北京建设中国特色世界城市的目标及相应举措作了近期和远期的预测和描绘。

（摘自《北京市第十二届哲学社会科学优秀成果奖获奖成果简介》）

《中国能源报告2006、2008、2010》（三卷本）

北京理工大学　魏一鸣　廖华　等

科学出版社　2010 年 8 月出版

该书旨在应用科学方法，在定量研究的基础上为决策者提供科学依据和决策参考。该著作具有重要的理论方法创新和实践意义：（1）提出并形成了能源效率的计量分析框架和方法论，从理论上研究了能源效率内涵及其影响因素，突破了通常研究中割裂总量与结构关系、忽视能源其他要素替代作用的局限性；（2）提出了能源效率测度指标体系及测试方法（包含能源的宏观效率、实物效率、物理效率、价值效率、要素利用效率、要素配置效率和经济效率）；（3）把结构异质性和要素替代性信息纳入到能源经济系统研究中，突破了已有研究中主要采用单位产值（产量）能耗等指标的局限性，分析了各类指标的含义、相互关系、适用范围和优缺点，开展了能源效率国际比较研究；（4）提出：优化结构是减排的长远战略；引导居民消费模式作用显著；改善贸易结构是当务之急；技术进步减少碳排放是根本途径；碳税政策能抑制碳排放增长；国际碳市场是减排的有效机制。

（摘自《北京市第十二届哲学社会科学优秀成果奖获奖成果简介）

魏一鸣，男，1968 年 3 月出生，江西安远人，工学博士（1996 年）。现任北京理工大学管理与经济学院院长，北京理工大学能源与环境政策研究中心主任，教育部“长江学者奖励计划”特聘教授。研究领域包括：管理系统工程、资源与环境管理、能源经济与气候经济。在复杂系统分析与建模、能源与环境政策、资源开发战略、灾害风险评估与管理等方面。开展了有创新的研究工作并作出了贡献。先后主持国家自然科学基金重大国际合作项目、973 课题、“十一五”国家科技支撑计划项目、国家自然科学基金重点项目、国家科技攻关课题、欧盟 FP7 国际合作、国家杰出青年基金等重要科研课题 40 余项。曾获国家杰出青年科学基金（2004 年）、第七届中国青年科技奖（2001 年）；纪念博士后制度 20 周年“全国优秀博士后”称号（2005 年）、“首批新世纪百千万人才工程国家级人选”（2004 年）；获国务院政府特殊津贴（2004 年）；教育部“长江学者奖励计划”特聘教授（2008 年度）。曾获 5 项省部级科学技术或自然科学奖，其中 1 项获得北京市哲学社会科学奖一等奖；1 项获得教育部科技进步一等奖。在国内外学术期刊发表学术论文 200 余篇，其中在本领域国际一流学术期刊 *Energy Economics*、*Energy Policy* 等国际重要学术期刊发表论文 70 余篇；著作 12 部（含合著和合编）。

（作者自撰）

附：

北京市哲学社会科学优秀成果奖评选条例

第一章　总则

第一条　为进一步繁荣发展哲学社会科学事业，鼓励哲学社会科学工作者以马克思主义为指导，高举中国特色社会主义伟大旗帜，全面贯彻落实科学发展观，为首都经济建设、政治建设、文化建设和社会建设服务，根据中共北京市委、北京市人民政府《关于以中共北京市委、北京市人民政府名义表彰奖励工作的管理规定》（京发〔1996〕21 号，以下简称《规定》），特制定本条例。

第二条　中共北京市委、北京市人民政府设立北京市哲学社会科学优秀成果奖，作为对全市哲学社会科学优秀成果的市级奖励。

第三条　北京市哲学社会科学优秀成果奖每两年评选一次。

第四条　根据《规定》要求，北京市哲学社会科学优秀成果奖评选工作由中共北京市委宣传部、北京市教育委员会、北京市人力资源和社会保障局共同承办。

第二章　评选范围

第五条　哲学社会科学研究成果，凡符合下列条件之一者均可参加评奖：

（一）北京市哲学社会科学研究和教学单位（包括北京市与中央各部委双管单位）、学术团体、民办社会科学研究机构、政策研究机构、实际工作部门的研究成果；

（二）中央、国家机关和军队系统在京单位研究北京历史和现状的研究成果；

（三）以北京市单位为主，有北京市以外单位参加的研究成果。

第六条　参加评选的哲学社会科学研究成果的主要形式包括：著作类、论文类、调研报告类。

第七条　已获得省部级以上奖励的哲学社会科学研究成果（不包括民间奖励），不在参评之列。

第三章　奖励等级和标准

第八条　北京市哲学社会科学优秀成果奖设特等奖、一等奖、二等奖。

第九条　获北京市哲学社会科学优秀成果奖的研究成果，须具备以下条件：

（一）坚持以马克思主义为指导，高举中国特色社会主义伟大旗帜，全面贯彻落实科学发展观；

（二）在本学科研究领域有新观点、新论证、新方法或对改革开放和社会主义现代化建设事业有较高应用价值。

第十条　获北京市哲学社会科学优秀成果奖特等奖的研究成果，除须具备第九条规定的条件外，还必须具备下列条件之一：

（一）理论上有重大创新；

（二）对本学科建设有重大贡献或对改革开放和社会主义现代化建设事业有重大应用价值。

第四章　组织领导、程序和纪律

第十一条　评奖工作由北京市哲学社会科学优秀成果评奖委员会负责。市评奖委员会委员由中共北京市委宣传部会同各有关部门协商提名，报请中共北京市委、北京市人民政府批准后组成。

市评奖委员会的职责是：

1. 根据本条例规定，制定评奖工作实施细则；

2. 选聘市评奖委员会各学科评选小组的成员，领导各学科评选小组的工作；

3. 评出获奖成果，并公布获奖名单；

4. 决定评奖工作中的其他重大事项。

第十二条　市评奖委员会下设系统评奖委员会和若干学科评选小组。系统评奖委员会受市评奖委员会委托，组织开展本系统初评工作。学科评选小组由本学科的专家、学者组成，主要职责是评选本学科报送市评奖委员会终评的成果。

第十三条　评奖工作的程序是：作者申请、单位推荐、系统初评、学科评选小组评选、市评奖委员会终评。

第十四条　市评奖委员会、系统评奖委员会及各学科评选小组在评选过程中，以成果质量为依据，坚持公正、公平的原则，少数服从多数的原则和回避制度，通过民主评议，采用无记名投票方式确定获奖成果。

第十五条　经市评奖委员会终评的获奖成果，向社会公示。

第十六条　北京市社会科学界联合会承担市评奖委员会办公室的职责，负责评奖的日常工作。

第十七条　严肃申报和评奖工作纪律。对弄虚作假的申报者，取消其参评资格；对违反评奖纪律的人员，取消其参加评奖工作资格并予以通报批评。

第五章　奖励、奖励撤销和经费

第十八条　对获奖成果以中共北京市委、北京市人民政府的名义给以表彰奖励，并颁发获奖证书和奖金。

第十九条　对伪造材料、弄虚作假、骗取奖励的成果，经有关部门核实后，报中共北京市委、北京市人民政府批准，按规定程序撤销其奖励，并予以通报批评。

第二十条　评奖所需经费，由北京市社会科学界联合会编制预算，市财政拨款，专款专用。

第二十一条　本条例由北京市哲学社会科学优秀成果评奖委员会负责解释。

第二十二条　本条例自发布之日起施行。

（北京市哲学社会科学优秀成果评奖委员会办公室供稿）

北京市优秀调查研究成果奖名单及一等奖成果简介（2010—2011 年度）

一、获奖成果名单

序号	单位	课题名称	主持课题领导	执笔人	获奖等级
1	市委研究室	北京市"十二五"规划纲要框架思路研究	胡雪峰	石明磊、刘洪波、胡春皓、金旭毅	一等奖
2	市人大研究室	新形势下首都地方立法工作研究	刘维林	李正斌、李媛	一等奖
3	市政府研究室	北京市学前教育办学体制改革研究	王明兰	孙晓峰、宋伟琦	一等奖
4	市政协办公厅、研究室	关于加快首都经济发展方式转变若干问题的建议	孙新军、陈煦	陈煦、郝红专、杨清柏、王晓欣、胡占利、袁晓希	一等奖
5	市纪委研究室	关于提高廉政风险防控工作有效性的调研报告	王海平	刘永强、吴剑飞	一等奖
6	市委组织部	关于建立北京市大学生村官工作长效机制的调查与研究	史绍洁、张祖德、李世新、韩昱	张仪涛、张丽娜、王子兵、陈健	一等奖
7	市委宣传部	关于加快推进首都文化改革发展的调研报告	严力强	彭司海、申雅琳、徐运红、谭一鸣、晁宝栋、章胜	一等奖
8	市委政法委	关于构建社会矛盾多元调解体系的调研报告	李万钧、滕盛萍	徐世辉、范军、徐长明、常宁、杨建、欧彦峰	一等奖
9	市编办	推进本市事业单位改革研究	刘云广	王军、钱大公、付广增、邹宇	一等奖
10	市委社工委	关于加强和创新在京境内外社会组织管理服务的调研报告	宋贵伦、刘轩	卢建、马永兴	一等奖
11	市委农工委、市农委	关于促进农民增收的调研报告	王孝东	王修达、王鹏翔	一等奖
12	市发展改革委	北京世界城市建设中长期思路研究	张工、张远	王颖捷、隆学文、林恩全、赵丽丽、张晨光、简明珏、王敏俊、王倩	一等奖
13	市住房城乡建设委	加快推进建筑节能的政策与机制	杨斌	冯可粱、祝根立、李禄荣	一等奖
14	市外办	关于吸引国际组织落户北京问题研究	赵会民	胡东、李中州、李玉琳、黄佳楠	一等奖

续表

序号	单位	课题名称	主持课题领导	执笔人	获奖等级
15	市检察院	行政执法与刑事司法衔接之工作机制研究	苗生明、张新宪	孙春雨、戚进松	一等奖
16	市人力社保局	北京市城乡结合部社会保障问题研究	张欣庆、孙彦	张辉、武玉宁	一等奖
17	市审计局	关于加强地方政府融资管理的研究	李颖津	张亚亮	一等奖
18	市统计局	北京建设世界城市监测评价体系及实证研究	苏辉	李萍、潘建民、崔萍、杜明翠、任盼盼	一等奖
19	东城区	关于创新网格化社会服务管理模式的研究	杨柳荫	石利生、潘广辉、周慧萍、赵蕊	一等奖
20	朝阳区	朝阳区土地、空间、产业、人口“四规合一”研究报告	程连元	程连元、刘军胜、宗刚	一等奖
21	市委研究室	重大决策社会稳定风险评估机制研究	王文水	王文水、郑红君、姚斌、蔡善长	二等奖
22	市委研究室	建设中国特色社会主义先进文化之都着力点研究	王强	蔡兵、李志高、石红亮	二等奖
23	市人大内务司法办公室	合理调控城市人口规模，加强城市流动人口服务和管理	李小娟	李小娟、潘爱兵	二等奖
24	市政府研究室	“十二五”期间北京行政管理体制改革研究	史利国	刘绍坚、张晓红、宋伟琦、朱红军、孙进军、牛振华、牛争芳、王传松、杨磊	二等奖
25	市政协经济委员会	关于促进本市中小企业发展若干问题的调研报告	李进山、马士华	范和香	二等奖
26	市政协办公厅、研究室	关于北京市国民经济和社会发展第十二个五年规划的若干建议	孙新军、陈煦	陈煦、郝红专、高林宇	二等奖
27	市纪委研究室	大力推广运用廉洁奥运经验　不断加强首都反腐倡廉建设	王海平	段梓斌、钟成	二等奖
28	市委组织部	首都人才总体发展战略研究	张志伟、闫成、杨开忠	于淼、姜琳娅、邵志清、于海蛟、徐学才	二等奖
29	市委宣传部	北京市文化创意产业行业发展分析报告	梅松	吴锡俊、刘生全、王海玉	二等奖
30	市委统战部	统一战线服务社会管理专题研究报告（以北京为例）	闵克	浦卫忠、陈勇	二等奖
31	市委社工委	关于我市推进社区基本公共服务全覆盖的实践与思考	宋贵伦、周开让、王智玲	孙志祥、杨柏生	二等奖
32	市委教育工委、市教委	2020首都教育总体发展战略研究报告	线联平	桑锦龙等	二等奖

续表

序号	单位	课题名称	主持课题领导	执笔人	获奖等级
33	市总工会	北京职工发展调查报告	韩子荣	何广亮、高媛、孙越	二等奖
34	市发展改革委	首都人口规模调控对策措施研究	张工、张远	王颖捷、隆学文、张晨光、简明珏	二等奖
35	市科委	推动科技成果转化的北京模式研究	闫傲霜	闫傲霜、伍建民	二等奖
36	市规划委	首都区域空间发展战略研究	黄艳、王飞	赵峰、李伟、郑皓、彭珂、杨明、郭睿、魏保义、白劲宇、阮金梅、王姗	二等奖
37	市交通委	积极推进公交城市建设　为建设中国特色世界城市提供有力支撑	刘小明	王兆荣、郭卫亮、冯陶、刘莹	二等奖
38	市高级法院	关于构建有理有据胜诉机制、树立社会主义审判权威的调研报告	朱江	郭鹏、赵瑞罡	二等奖
39	市民政局	适度普惠社会福利体系建设研究	吴世民	杨宝山、梁艳、万婷婷、赵鑫、许林	二等奖
40	市财政局	促进北京市转变经济发展方式的财政支出体系建设研究	杨晓超	班毅、侯雪梅、蔡秀云	二等奖
41	西城区	关于基层群众工作机制体制问题的研究	王宁	刘化杰、汝连荣、朱长合	二等奖
42	海淀区	治理、改造、转型三管齐下　深入破解海淀城乡接合部发展难题	隋振江	张启兵、王凌志、李振宇、王雷、祁明军	二等奖
43	丰台区	丰台区城乡接合部51个村城市化研究	冀岩	汝玉虎、陈丽	二等奖
44	石景山区	首钢搬迁调整后社会建设管理问题研究	荣华、田利跃	岳林华、赵恩国、陈勇、张德俊、倪裴远	二等奖
45	房山区	关于房山区落实“两个率先”的实践与思考	刘伟	宋春福	二等奖
46	通州区	关于通州现代化国际新城产业发展的研究	王云峰	李彦明	二等奖
47	密云县	大力发展休闲旅游产业　建设“绿色国际休闲之都”	汪先永	汪先永	二等奖
48	首都社经所	继承奥运健康遗产　努力把北京建设成健康城市研究	王鸿春	王鸿春、鹿春江	二等奖
49	市社科院	北京世界城市建设路径和近期建设重点研究	叶立梅	叶立梅、肖亦卓、柴浩放、袁蕾	二等奖

续表

序号	单位	课题名称	主持课题领导	执笔人	获奖等级
50	市社科联	北京建设世界城市的指标体系和努力方向研究	段霞、文魁	赵文、张贵祥、张智新、彭利芝、吕淑然、李婧、马力平、邱爱军、卞洪登	二等奖
51	市政府研究室	奥运后北京人口问题研究	史利国	张晓红	三等奖
52	市委统战部	北京市非公有制企业劳动关系现状分析及和谐构建研究报告	吴杰、王文杰	张卫江、蒋泽中、李丁	三等奖
53	市委政法委	化解涉法涉诉进京重复访的对策研究	刘大为	谢超、陈星言、牛晓锐	三等奖
54	市编办	关于乡镇机构改革的调研报告	刘云广	左铭飞、刘国强	三等奖
55	市直机关工委	增强机关党员党性教育有效性问题调研报告	杜顺成	赵廷林、刘蒙	三等奖
56	市委农工委、市农委	“十二五”时期新农村建设的新任务——新型农村社区建设	王孝东	王修达	三等奖
57	市总工会	2010 北京职工工资研究报告	王北平	何广亮、高媛、孙越	三等奖
58	市妇联	北京市高教及卫生系统女性高层次人才职业发展状况调查报告	赵津芳	市妇联课题组	三等奖
59	首都文明办	北京市农村精神文明建设情况调研报告	陈冬	武忠池、李彬、普书贞	三等奖
60	市经济信息化委	北京市军民融合发展研究	李洪	杜涛、李贺春、郑杰光	三等奖
61	市规划委	《北京城市总体规划（2004 年—2020 年）》实施评估研究报告	黄艳、王飞、施卫良、杜立群	王飞、赵峰、郑皓、杨明、于彤舟、彭珂、史妍萍	三等奖
62	市市政市容委	首都城市环境建设考核评价体系研究	李如刚、吴文胜	周学胜、王伟	三等奖
63	市商务委	国际商贸中心城市比较研究	申金升、何明珂	刘文纲、郭崇义、王勇、崔正	三等奖
64	市旅游委	北京旅游管理精细化研究	鲁勇	鲁勇、安金明、陈永平、姚斌	三等奖
65	市政府口岸办	加强京冀港口合作　拓展出海通道	王卫平	卢跃、尹海、张竞天	三等奖
66	市国资委	北京市属国有企业增强自主创新能力问题研究	周毓秋	贺昂、白隽滢、杨军	三等奖
67	市政府法制办	世界城市的政府治理	周继东	杨建顺	三等奖
68	中关村管委会	中关村国家自主创新示范区重大问题研究报告	戴卫、郭洪	盖玉云、阮高峰、任中保	三等奖

续表

序号	单位	课题名称	主持课题领导	执笔人	获奖等级
69	市高级法院	关于构建和完善民事纠纷大调解工作机制的调研报告	贺荣、张柳青	单国军、张朝阳	三等奖
70	市公安局	全面推行立案公开　提高规范执法水平　构建密切和谐的警民关系	单志刚	课题组	三等奖
71	市民政局	北京市社会化养老服务体系研究	吴世民	杨宝山、陈谊	三等奖
72	市司法局	关于司法行政工作服务首都经济社会发展的思考和探索	于泓源	王石田	三等奖
73	市国土局	北京市土地储备开发战略研究报告	曾赞荣	史庆今、罗元开	三等奖
74	市环保局	加强首都环境保护　推动经济发展方式转变	陈添	吴问平、宋强、张峰	三等奖
75	市地税局	发挥地方税收职能作用，积极服务加快转变首都经济发展方式	王晓明	常海龙、饶梦阳、刘丽、王勇超	三等奖
76	市工商局	北京市食品安全行动计划(2011—2015年)	张志宽	唐云华、冯源、孟辉	三等奖
77	市质监局	扩大组织机构代码应用领域，为企业创造良好的发展环境	赵长山	薛领、李辉、贺程	三等奖
78	市安监局	北京城市安全生产发展研究	张家明	汪卫国、路韬	三等奖
79	市广电局	依托高清交互数字电视平台，促进三网融合，满足人文北京建设新需求	李春良、何桂芝	陈煜、安凭、赵曙光、李鏞、刘少楠	三等奖
80	市新闻出版局	版权作品价值评估模型及其应用	李洪波	李洪波	三等奖
81	市文物局	北京城市传统中轴线世界文化价值研究	孔繁峙	陈莼蓉、刘保山	三等奖
82	市园林绿化局	关于建设生态园林、科技园林、人文园林的调查和思考	董瑞龙	王军、刘军朝	三等奖
83	市知识产权局	"十二五"时期北京知识产权(专利)事业发展总体研究	汪洪	赵毅、黄森华、叶远强、冒小飞、胡晓彤、倪炜、吴晓敏、蔡芬芬、雷若冰	三等奖
84	市药监局	药品经营许可制度研究	郝田仓	郗文静、曾伟	三等奖
85	市农业局	北京市土地规模经营情况调研报告	赵根武	唐衡	三等奖
86	丰台区	丰台南中轴区域发展与功能定位研究	李超钢	汝玉虎、陈丽	三等奖
87	门头沟区	门头沟区旅游文化休闲产业发展研究	韩子荣、王洪钟	付军利、谢晓东、李晓冉、刘伟	三等奖
88	顺义区	顺义新城发展思路研究	张延昆	张中茂	三等奖

续表

序号	单位	课题名称	主持课题领导	执笔人	获奖等级
89	昌平区	昌平区产业结构调整战略与推进策略研究	侯君舒	瞿会宁	三等奖
90	大兴区	关于推动大兴区和北京经济技术开发区行政资源整合的研究与思考	林克庆	王宗刚、杨春光、陈峰、锁鹏	三等奖
91	怀柔区	城乡一体化进程中加强和创新农村社会管理与服务问题研究	张建东	张建东	三等奖
92	平谷区	中国乐谷课题研究	邱水平	白云冰	三等奖
93	延庆县	关于延庆县建设绿色北京示范区的研究	孙文锴	祁增华、盛德林	三等奖
94	市委党校	北京市国有资本经营预算　总结"十一五"，谋划"十二五"研究报告	赵虹君、佟瑄	钟勇	三等奖
95	市社科院	中关村国家自主创新示范区引领国家战略性新兴产业发展的战略重点及对策研究	赵弘	赵弘、赵艳霞、陈智国、何芬	三等奖
96	市社科联	加快推进优质公共资源均衡配置，促进城市中心区人口和功能疏解	赵秀池	赵秀池	三等奖
97	中国农业大学（市社科规划办申报）	北京市食品追溯体系的利益主体与监管机制研究	乔娟	乔娟、李秉龙、韩杨、王慧敏	三等奖
98	首都医科大学（市社科规划办申报）	以有效控制费用为目标的医疗服务预付费方式的选择研究	常文虎	常文虎	三等奖
99	市农研中心	关于"十二五"时期北京农民收入增长的分析预测	郭光磊	曹四发、葛继新、张春林	三等奖
100	市思政会	北京市区县基层宣传思想文化队伍建设状况及对策研究报告	陈启刚、钟岩	朱华东	三等奖

二、一等奖成果简介

《北京市"十二五"规划纲要框架思路研究》

主持人：胡雪峰

执笔人：石明磊　刘洪波　胡春皓　金旭毅

"十二五"规范纲要框架思路研究，是服务于市委"十二五"规划建议起草和北京市"十二五"规划纲要编制进行的前期研究工作。该课题在深入分析"十二五"时期首都发展面临的阶段性特征、存在的主要矛盾和问题、面临的机遇与挑战的基础上，提出"十二五"时期首都发展的指导思想、发展目标和战略重点，并从加快经济发展方式转变、提升自主创新能力、推动城乡区域协调发展、推动文化发展繁荣、推进生态文明建设、保障和改善民生、创新城市管理模式、深化改革、扩大开放等九个方面，提出了发展任务和政策取向以及相应的对策建议。

《新形势下首都地方立法工作研究》

主持人：刘维林

执笔人：李正斌　李　媛

课题在分析了首都地方立法工作面临的新形势、新要求的前提下，提出要根据首都形势的发展变化及时调整立法的指导思想，围绕建设“三个北京”开展立法工作，为首都的科学发展提供强有力的法制保障。在此基础上提出了新形势下做好地方立法工作的意见建议：进一步明确新形势下首都地方立法工作的价值取向、基本功能和主要任务；进一步调整立法工作思路；完善立法工作格局；建立健全立法工作机制，创新立法工作方式；注重发挥首都立法资源丰富、专家荟萃的优势，提高立法者的素质；提高立法服务保障工作水平，积极探索立法助理制度等。

《北京市学前教育办学体制改革研究》

主持人：王明兰

执笔人：孙晓峰　宋伟琦

课题围绕北京市学前教育办学体制改革问题，梳理总结了全市学前教育基本情况和办学体制主要模式，从办学认识、思路、财政保障、政策环境等方面深入分析了学前教育办学体制存在的主要问题。在此基础上，借鉴国内外发展学前教育的经验，提出了“将学前教育作为政府公共教育服务职能的重要内容，切实强化政府主导，加大投入，合理布局，完善政策”的推进办学体制改革基本思路，并提出加强统筹规划与宏观管理、明确各级政府主体责任、加大财政投入力度、扩大公办学前教育资源、大力举办公办园、完善收费政策、引导扶持民办园发展、整顿规范非法办园行为等八方面的具体对策建议。

《关于加快首都经济发展方式转变若干问题的建议》

主持人：孙新军　陈　煦

执笔人：陈　煦　郝红专　杨清柏　王晓欣　胡占利　袁晓希

课题着眼于破解加快首都经济发展方式转变中的重点和难点问题，从结构调整、科技创新、环境保护、民生改善、文化发展等方面入手，进行认真研究、反复论证，提出了加快首都经济发展方式七个方面的对策建议：把握关键领域、抓好重点问题，切实推进经济结构战略性调整；加快推进科技成果产业化，发挥科技创新驱动作用；统筹区域、城乡协调发展，大力推进“首都经济圈”建设；妥善应对城市发展资源瓶颈，建设资源节约型、环境友好型社会；促进文化创意产业和文化旅游产业升级发展，加快文化软实力建设；推动医疗保险政策科学调整和养老机构医疗服务体系建设，着力解决民生热点问题；深化行政管理体制改革，为转变经济发展方式提供体制机制保障。

《关于提高廉政风险防控工作有效性的调研报告》

主持人：王海平

执笔人：刘永强　吴剑飞

课题认真总结近年来全市开展廉政风险防控工作的主要经验，深入分析研究廉政风险防控工作存在的薄弱环节以及权力结构和权力运行等方面存在的问题，提出了提高廉政风险防控工作有效性的思路和对策建议：科学配置权力，努力形成相互制衡的权力结构；完善内控机制，规范权力运行；坚持分类推进，强化重点防控；充分运用信息化手段，开展科技防控；加大外部监督力度，强化对风险点的监控等。

《关于建立北京市大学生村官工作长效机制的调查与研究》

主持人：史绍洁　张祖德　李世新　韩　昱

执笔人：张仪涛　张丽娜　王子兵　陈　健

报告全面总结和分析了当前北京市大学生村官工作的总体状况和工作成效，准确把握了大学生村官工作长远发展需要破解的一系列关键问题，研究提出了建立大学生村官工作长效机制，为首都科学发展提供坚实的人才支撑和组织保障的对策建议：进一步完善招录选聘机制，把好入口关；完善教育培训机制，提升素质能力；完善发挥作用机制，做到人尽其才；完善培养使用机制，推动加快成长；完善待遇保障机制，发挥激励作用；完善流动发展机制，拓展成长空间；完善宣传交流机制，营造良好氛围；完善组织领导机制，提供组织保障。

《关于加快推进首都文化改革发展的调研报告》

主持人：严力强

执笔人：彭司海　申雅琳　徐运红　谭一鸣　晁宝栋　章　胜

课题总结了北京市文化改革发展的基本情况，分析了首都文化改革发展面临的主要问题，提出了以更大力度推动文化改革发展，大力实施科技创新和文化创新“双轮驱动”的发展战略，推动各项文化工作走在全国前列，在八大领域先行先试、率先突破，努力打造中国特色社会主义先进文化之都，建设具有重大国际影响力的文化中心的加快推进首都文化改革发展总体目标。工作思路：推动六大改革创新；实施六大发展战略；搭建六大服务平台；统筹处理六大关系。十一项建议措施：组建相关工作机构；加大财政投入力度；加大政策扶持力度；努力提升产业集聚效应；积极推动文化体制改革；创作推出更多精品力作；不断提升公共文化服务质量和水平；大力推动文化走出去；扎实推进社会主义核心价值体系建设；切实加强文化领域管理；加大人才培养力度等。

《关于构建社会矛盾多元调解体系的调研报告》

主持人：李万钧　滕盛萍

执笔人：徐世辉　范　军　徐长明　常　宁　杨　建　欧彦峰

课题在全面掌握北京市矛盾纠纷的数量、性质、存在领域以及调解工作的发展现状基础上，明确了现阶段和今后一个时期首都加强社会矛盾多元调解工作的主要目标和任务，形成了“源头化解，重在基层；多方联动，贵在衔接”的工作思路。提出了建立社会矛盾多元调解体系的意见建议：夯实人民调解基层基础，切实发挥“第一道防线”作用；加强行政调解工作，建立矛盾排查化解齐抓共管格局；加强和改进司法调解工作，努力实现案结事了；健全人民调解、行政调解、司法调解有效衔接的工作机制；加强对构建多元调解体系工作的组织领导；落实对构建多元调解体系工作的经费保障。

《推进本市事业单位改革研究》

主持人：刘云广

执笔人：王　军　钱大公　付广增　邹　宇

报告概述了北京市事业单位的基本情况和改革进展，分析了事业单位存在的主要问题，在此基础上提出了分类推进本市事业单位改革的指导思想、基本原则和总体目标。首先是根据《中共中央国务院关于分类推进事业单位改革的指导意见》精神，在清理规范的基础上，按照社会功能将现有事业单位划分为承担行政职能、从事生产经营活动和从事公益服务三个类别；其次按照不同社会功能类别出台不同的改革措施；最后是进一步加强领导，扎实推动改革工作，做好改革长远规划，整合衔接，研究完善配套政策，积极稳妥，按照部署推进改革。

《关于加强和创新在京境内外社会组织管理服务的调研报告》

主持人：宋贵伦　刘　轩

执笔人：卢　建　马永兴

通过课题调研摸清了北京市各级各类社会组织的数量、类型、分布和发展状况，对在服务管理中的主要做法和存在的问题进行了系统的梳理分析，有针对性地提出了进一步做好在京境内外社会组织管理服务工作的建议，即从丰富思路完善体系、健全机制、扩大工作覆盖面等角度进一步完善社会组织“枢纽型”工作体系，将各级各类社会组织纳入党和政府主导下的社会管理体系；从加强政府职能转变、加大政府购买社会组织服务力度、完善社会组织税收优惠政策等方面入手，为社会组织发展营造良好环境；通过理顺现行社会组织工作领导体制、实行登记与备案“双轨制”等措施，进一步完善对社会组织的监督与管理；对于“草根”组织、国际非政府组织等敏感组织，要打破原有思路，转变观念、创新方式方法，综合采取引导、服务、联系、备案、登记等多种手段，更好地加以利用，促其健康、规范、有序地发展。

《关于促进农民增收的调研报告》

主持人：王孝东

执笔人：王修达　王鹏翔

该课题在对远郊六个区县进行深入调查研究的基础上，摸清了京郊农民增收的难点，分析了农民持续快速增收面临的严峻形势，提出了促进农民增收的措施：实施充分就业工程，增加农民工资性收入；提高保障水平，增加农民转移性收入；深化产业制度改革，增加农民财产性收入；转变发展方式，增加农民经营性收入；落实帮扶举措，促进低收入农民增收；加强宣传引导，动员社会力量积极参与；切实加强组织领导，确保各项增收政策落到实处。

《北京世界城市建设中长期思路研究》

主持人：张　工　张　远

执笔人：王颖捷　隆学文　林恩全　赵丽丽　张晨光　简明珏　王敏俊　王　倩

课题从北京建设中国特色世界城市的总体思考入手，来确定战略定位、建设原则、建设时序和功能建设的着力点，提出了支撑北京中国特色世界城市可持续建设的战略举措：构建具有世界影响力的运筹决策中心；形成大金融与大创新双驱动的城市发展格局；构建跨国经营的高端综合服务平台；构筑区域支撑的世界城市空间网络；建设更清洁、更绿、更宜居的生态城市；营造便捷、高效、包容的国际环境。

《加快推进建筑节能的政策与机制》

主持人：杨　斌

执笔人：冯可梁　祝根立　李禄荣

该报告在总结北京市建筑节能工作主要成果和分析存在问题的基础上，借鉴国内外先进经验，提出加快推进建筑节能政策与机制的建议：政策推动，以综合手段支持建筑节能；市场拉动，促进行为节能拓融资渠道；创新驱动，为建筑节能提供科技支撑；产业支撑，为建筑节能提供科技支撑；强化管理，为建筑节能建立保障机制等。

《关于吸引国际组织落户北京问题研究》

主持人：赵会民

执笔人：胡　东　李中州　李玉琳　黄佳楠

课题围绕吸引国际组织落户北京的目标，通过分析国际组织发展情况、世界城市吸引国际组织落户的做法及国际组织对城市发展的作用，北京吸引国际组织落户具备的机遇优势、挑战和弱势，提出北京吸引国际组织落户的总体思路、工作目标、下一步工作重点和相应的政策建议。

《行政执法与刑事司法衔接之工作机制研究》

主持人：苗生明　张新宪

执笔人：孙春雨　戚进松

课题阐述了行政执法与刑事司法衔接的概念、基本内容、理论基础和法律依据，分析了行政执法与刑事司法衔接的运行现状及存在的问题以及问题产生的原因，提出了完善行政执法与刑事司法衔接工作机制的对策：完善相关立法是根本保证；建立相关的衔接工作机制体系；建立完善行政执法与刑事司法衔接的检查监督制度。

《北京市城乡接合部社会保障问题研究》

主持人：张欣庆　孙　彦

执笔人：张　辉　武玉宁

该课题以50个重点村整治农转居面临的社会保障问题为研究对象，探索城乡接合部改造过程中加快构建城乡一体化社会保障制度的具体实现途径。课题重点梳理了50个重点村村民参保现状，从部分人员参保过程中存在的问题、社会保障政策衔接、个别村提高待遇水平诉求、社保资金筹集等六个方面详细分析了50个重点村整建制农转居过程中存在的社会保障问题，有针对性地提出了六项对策建议。

《关于加强地方政府融资管理的研究》

主持人：李颖津

执笔人：张亚亮

报告通过梳理北京市截止到2009年底融资债务规模、结构、类型、成因及管理情况，深入分析了北京市政府性融资债务形成的原因，揭露出债务举借、使用、偿还、监管等方面存在的问题，从防范和化解债务风险、维护财政和金融安全的角度提出了：清理核实并妥善处理融资平台债务；建立规范、完整的地方政府融资管理制度体系；明确政府性融资的归口管理部门，建立政府融资管理的集体领导机制；完善防范政府融资风险的预警体系；强化对地方政府融资的审计监督；建立健全政府融资绩效考评机制等六项建议措施。

《北京建设世界城市监测评价体系及实证研究》

主持人：苏　辉

执笔人：李　萍　潘建民　崔　萍　杜明翠　任盼盼

课题报告对北京建设世界城市的内涵、发展路径进行了系统研究，对世界城市评价指标进行了深入探讨，在遵循世界城市共性发展规律的基础上，突出北京建设世界城市的个性和特色化发展道路，力求在此基础上构建北京建设世界城市监测评价体系。通过监测和评价北京建设世界城市的发展过程，北京与世界城市的差距，提出北京应着力加强的发展领域，为市委、市政府科学决策提供参考依据。

《关于创新网格化社会服务管理模式的研究》

主持人：杨柳荫

执笔人：石利生　潘广辉　周慧萍　赵　蕊

报告分析了东城区创新网格化社会管理模式的背景和意义，全面介绍了网格化管理模式的主要做法，总结了该模式实践中取得的初步成效，提出以提高群众安全感为核心，进一步健全社会管理服务体制机制；以提高群众幸福感为重点，进一步提高公共服务优化水平；以提高群众参与度为基础，进一步巩固广泛动员、共享的良好局面；以区域化党建工作为保障，进一步加强党对社会服务管理创新的领导等四项完善网格化社会服务管理模式的思考建议。

《朝阳区土地、空间、产业、人口“四规合一”研究报告》

主持人：程连元

执笔人：程连元　刘军胜　宗　刚

课题在论述了“四规合一”重要意义的基础上，研究借鉴了欧洲、亚洲一些国家及国内上海、重庆、广州等城市“多规合一”的典型经验，深入分析朝阳区土地、空间、产业和人口规划之间存在的主要问题，结合工作实际，提出进一步推进“四规合一”的思路与对策，以期在更高起点上为实现朝阳区经济社会协调可持续发展提供理论支撑。

（中共北京市委研究室供稿）

部分高校、科研单位获国家或省部级人文社会科学研究成果奖

北京大学

项目名称	负责人	奖项名称	颁奖单位	成果形式	获奖等级
中国儒学史（九卷本）	汤一介	第十二届北京市哲学社会科学优秀成果奖	中共北京市委 北京市人民政府	著作	特等奖
政府政策改变的福利分析方法与应用	龚六堂	第十二届北京市哲学社会科学优秀成果奖	中共北京市委 北京市人民政府	著作	一等奖
气候变化与中国国家安全	张海滨	第十二届北京市哲学社会科学优秀成果奖	中共北京市委 北京市人民政府	著作	一等奖
博士质量：概念、评价与趋势	陈洪捷	第十二届北京市哲学社会科学优秀成果奖	中共北京市委 北京市人民政府	著作	一等奖
公法变迁与合法性	沈　岿	第十二届北京市哲学社会科学优秀成果奖	中共北京市委 北京市人民政府	著作	一等奖
汉魏乐府艺术研究	钱志熙	第十二届北京市哲学社会科学优秀成果奖	中共北京市委 北京市人民政府	著作	一等奖
印度中世纪宗教文学（上、下）	唐孟生	第十二届北京市哲学社会科学优秀成果奖	中共北京市委 北京市人民政府	著作	一等奖
论贝多芬《庄严弥撒》	刘小龙	第十二届北京市哲学社会科学优秀成果奖	中共北京市委 北京市人民政府	著作	一等奖
简帛文明与古代思想世界	王中江	第十二届北京市哲学社会科学优秀成果奖	中共北京市委 北京市人民政府	著作	二等奖
语言·意义·指称：自主的意义与实在	叶　闯	第十二届北京市哲学社会科学优秀成果奖	中共北京市委 北京市人民政府	著作	二等奖
新时期首都外国人口服务管理面临的问题及对策	陆杰华	第十二届北京市哲学社会科学优秀成果奖	中共北京市委 北京市人民政府	调研报告	二等奖
Exporting Behavior of Foreign Affiliates：Theory and Evidence	路江涌	第十二届北京市哲学社会科学优秀成果奖	中共北京市委 北京市人民政府	论文	二等奖
劳动就业与反贫困问题研究	夏庆杰	第十二届北京市哲学社会科学优秀成果奖	中共北京市委 北京市人民政府	著作	二等奖

续表

项目名称	负责人	奖项名称	颁奖单位	成果形式	获奖等级
世界城市研究	陆　军	第十二届北京市哲学社会科学优秀成果奖	中共北京市委 北京市人民政府	著作	二等奖
当代中国的发展哲学——科学发展观的哲学解读	夏文斌	第十二届北京市哲学社会科学优秀成果奖	中共北京市委 北京市人民政府	著作	二等奖
后危机时期影响美国对外政策走向的内外因素及其对中美关系的影响	王缉思	第十二届北京市哲学社会科学优秀成果奖	中共北京市委 北京市人民政府	调研报告	二等奖
中国奥运经济波动与各届奥运经济周期性的特点比较分析	张　锐	第十二届北京市哲学社会科学优秀成果奖	中共北京市委 北京市人民政府	论文	二等奖
《侵权责任法》保护的民事权益	葛云松	第十二届北京市哲学社会科学优秀成果奖	中共北京市委 北京市人民政府	论文	二等奖
中国刑事司法鉴定制度实证调研报告	汪建成	第十二届北京市哲学社会科学优秀成果奖	中共北京市委 北京市人民政府	论文	二等奖
宗教改革与德国近代化道路	朱孝远	第十二届北京市哲学社会科学优秀成果奖	中共北京市委 北京市人民政府	著作	二等奖
The emergence of agriculture in southern China	张　弛	第十二届北京市哲学社会科学优秀成果奖	中共北京市委 北京市人民政府	论文	二等奖
六朝墓葬的考古学研究	韦　正	第十二届北京市哲学社会科学优秀成果奖	中共北京市委 北京市人民政府	著作	二等奖
A Pictorial Record of the Qing Dynasty：Qing Dynasty Architecture	张红扬	第十二届北京市哲学社会科学优秀成果奖	中共北京市委 北京市人民政府	著作	二等奖
作为学科的文学史	陈平原	第十二届北京市哲学社会科学优秀成果奖	中共北京市委 北京市人民政府	著作	二等奖
从形式回到历史——20 世纪西方文论与学科体制探讨	周小仪	第十二届北京市哲学社会科学优秀成果奖	中共北京市委 北京市人民政府	著作	二等奖
中国文学与阿拉伯文学比较研究	林丰民	第十二届北京市哲学社会科学优秀成果奖	中共北京市委 北京市人民政府	著作	二等奖
中国农村居民媒体接触与消费行为研究报告	陈　刚	第十二届北京市哲学社会科学优秀成果奖	中共北京市委 北京市人民政府	调研报告	二等奖
从幽燕都会到中华国都——北京城市嬗变	韩光辉	第十二届北京市哲学社会科学优秀成果奖	中共北京市委 北京市人民政府	著作	二等奖
德国文学史（5 卷本）	范大灿	第六届高等学校科学研究优秀成果奖（人文社会科学）	教育部	著作	一等奖
中外文化交流史	何芳川	第六届高等学校科学研究优秀成果奖（人文社会科学）	教育部	著作	一等奖
中国青铜器综论（上、中、下）	朱凤瀚	第六届高等学校科学研究优秀成果奖（人文社会科学）	教育部	著作	一等奖

续表

项目名称	负责人	奖项名称	颁奖单位	成果形式	获奖等级
工业化和制度调整——西欧经济史研究	厉以宁	第六届高等学校科学研究优秀成果奖（人文社会科学）	教育部	著作	一等奖
中国市场经济发展研究——市场化进程与经济增长和结构演进	刘　伟	第六届高等学校科学研究优秀成果奖（人文社会科学）	教育部	著作	一等奖
汉语词类的认知研究和模糊划分	袁毓林	第六届高等学校科学研究优秀成果奖（人文社会科学）	教育部	著作	二等奖
汉语非线性音系学：汉语的音系格局与单字音（增订版）	王洪君	第六届高等学校科学研究优秀成果奖（人文社会科学）	教育部	著作	二等奖
中国戏剧研究的三种路向	陈平原	第六届高等学校科学研究优秀成果奖（人文社会科学）	教育部	论文	二等奖
阿拉伯文学通史	仲跻昆	第六届高等学校科学研究优秀成果奖（人文社会科学）	教育部	著作	二等奖
叙事、文体与潜文本——重读英美经典短篇小说	申　丹	第六届高等学校科学研究优秀成果奖（人文社会科学）	教育部	著作	二等奖
世界现代化历程（6卷本）	钱乘旦	第六届高等学校科学研究优秀成果奖（人文社会科学）	教育部	著作	二等奖
先周文化探索	雷兴山	第六届高等学校科学研究优秀成果奖（人文社会科学）	教育部	著作	二等奖
Globalization, Institutional Change, and Industrial Location: Economic Transition and Industrial Concentration in China	贺灿飞	第六届高等学校科学研究优秀成果奖（人文社会科学）	教育部	论文	二等奖
Do Executive Stock Options Induce Excessive Risk Taking?	董志勇	第六届高等学校科学研究优秀成果奖（人文社会科学）	教育部	论文	二等奖
转型中的地方政府：官员激励与治理	周黎安	第六届高等学校科学研究优秀成果奖（人文社会科学）	教育部	著作	二等奖
Pros and Cons of International Use of the RMB for China	海　闻	第六届高等学校科学研究优秀成果奖（人文社会科学）	教育部	论文	二等奖

续表

项目名称	负责人	奖项名称	颁奖单位	成果形式	获奖等级
政府绩效评估中的公民参与：我国的实践历程与前景	周志忍	第六届高等学校科学研究优秀成果奖（人文社会科学）	教育部	论文	二等奖
关于北京市2004—2008年实施新型农村合作医疗制度状况调查报告	王红漫	第六届高等学校科学研究优秀成果奖（人文社会科学）	教育部	研究报告	二等奖
Marketization and Democracy in China	张建君	第六届高等学校科学研究优秀成果奖（人文社会科学）	教育部	著作	二等奖
走向财税法治——信念与追求	刘剑文	第六届高等学校科学研究优秀成果奖（人文社会科学）	教育部	著作	二等奖
刑事诉讼的中国模式（第二版）	陈瑞华	第六届高等学校科学研究优秀成果奖（人文社会科学）	教育部	著作	二等奖
公司法的观念与解释（全三册）	蒋大兴	第六届高等学校科学研究优秀成果奖（人文社会科学）	教育部	著作	二等奖
判例刑法学（上、下卷）	陈兴良	第六届高等学校科学研究优秀成果奖（人文社会科学）	教育部	著作	二等奖
社会身份的结构性失位问题	张　静	第六届高等学校科学研究优秀成果奖（人文社会科学）	教育部	论文	二等奖
走向多元话语分析：后现代思潮的社会学意涵	谢立中	第六届高等学校科学研究优秀成果奖（人文社会科学）	教育部	著作	二等奖
博士质量：概念、评价与趋势	陈洪捷	第六届高等学校科学研究优秀成果奖（人文社会科学）	教育部	著作	二等奖
从稀缺走向充足——高等教育的需求与供给研究	李文利	第六届高等学校科学研究优秀成果奖（人文社会科学）	教育部	著作	二等奖
Cultural Differences in the Self: From Philosophy to Psychology and Neuroscience	朱　滢	第六届高等学校科学研究优秀成果奖（人文社会科学）	教育部	论文	二等奖
马克思主义哲学中国化的当代视野	郭建宁	第六届高等学校科学研究优秀成果奖（人文社会科学）	教育部	著作	三等奖
维特根斯坦《哲学研究》解读	韩林合	第六届高等学校科学研究优秀成果奖（人文社会科学）	教育部	著作	三等奖

续表

项目名称	负责人	奖项名称	颁奖单位	成果形式	获奖等级
西方马克思主义的逻辑	仰海峰	第六届高等学校科学研究优秀成果奖（人文社会科学）	教育部	著作	三等奖
佛教思想与文化	姚卫群	第六届高等学校科学研究优秀成果奖（人文社会科学）	教育部	著作	三等奖
欧美佛教学术史——西方的佛教形象与学术源流	李四龙	第六届高等学校科学研究优秀成果奖（人文社会科学）	教育部	著作	三等奖
句法结构标记“给”与动词结构的衍生关系	沈　阳	第六届高等学校科学研究优秀成果奖（人文社会科学）	教育部	论文	三等奖
缅甸语与汉藏语系比较研究	汪大年	第六届高等学校科学研究优秀成果奖（人文社会科学）	教育部	著作	三等奖
中国语音学史	林　焘	第六届高等学校科学研究优秀成果奖（人文社会科学）	教育部	著作	三等奖
德里达的底线——解构的要义与新人文学的到来	陈晓明	第六届高等学校科学研究优秀成果奖（人文社会科学）	教育部	著作	三等奖
齐梁诗歌向盛唐诗歌的嬗变	杜晓勤	第六届高等学校科学研究优秀成果奖（人文社会科学）	教育部	著作	三等奖
革命与反革命：社会文化视野下的民国政治	王奇生	第六届高等学校科学研究优秀成果奖（人文社会科学）	教育部	著作	三等奖
周代用玉制度研究	孙庆伟	第六届高等学校科学研究优秀成果奖（人文社会科学）	教育部	著作	三等奖
中国集体林权制度改革调研报告	光华管理学院集体林权制度改革课题组	第六届高等学校科学研究优秀成果奖（人文社会科学）	教育部	研究报告	三等奖
Observational Learning: Evidence from a Randomized Natural Field Experiment	蔡洪滨	第六届高等学校科学研究优秀成果奖（人文社会科学）	教育部	论文	三等奖
Tunneling through Inter-corporate Loans: The China Experience	姜国华	第六届高等学校科学研究优秀成果奖（人文社会科学）	教育部	论文	三等奖

续表

项目名称	负责人	奖项名称	颁奖单位	成果形式	获奖等级
The New Cooperative Medical Scheme in Rural China: Does More Coverage Mean More Service and Better Health?	雷晓燕	第六届高等学校科学研究优秀成果奖（人文社会科学）	教育部	论文	三等奖
环渤海地区 2006—2015 年经济社会发展环境承载力研究	杨开忠	第六届高等学校科学研究优秀成果奖（人文社会科学）	教育部	研究报告	三等奖
Do We Really Need a Reason to Indulge?	徐　菁	第六届高等学校科学研究优秀成果奖（人文社会科学）	教育部	论文	三等奖
中国高校哲学社会科学发展报告（1978—2008）（政治学卷）	王浦劬	第六届高等学校科学研究优秀成果奖（人文社会科学）	教育部	研究报告	三等奖
寻求渐进政治改革的理性——理论、路径与政策过程	徐湘林	第六届高等学校科学研究优秀成果奖（人文社会科学）	教育部	著作	三等奖
政治利益分析	高鹏程	第六届高等学校科学研究优秀成果奖（人文社会科学）	教育部	著作	三等奖
从中国犯罪率数据看罪因、罪行与刑罚的关系	白建军	第六届高等学校科学研究优秀成果奖（人文社会科学）	教育部	论文	三等奖
私法立宪主义论	薛　军	第六届高等学校科学研究优秀成果奖（人文社会科学）	教育部	论文	三等奖
秦汉石刻题跋辑录	容　媛 胡海帆	第六届高等学校科学研究优秀成果奖（人文社会科学）	教育部	著作	三等奖
全球化背景下的高等教育责任制	蒋　凯	第六届高等学校科学研究优秀成果奖（人文社会科学）	教育部	论文	三等奖
退役军人教育资助政策研究报告	闵维方	第六届高等学校科学研究优秀成果奖（人文社会科学）	教育部	研究报告	三等奖
Forward Regression for Ultra-High Dimensional Variable Screening	王汉生	第六届高等学校科学研究优秀成果奖（人文社会科学）	教育部	论文	三等奖
国际关系英国学派——历史、理论与中国观	张小明	第六届高等学校科学研究优秀成果奖（人文社会科学）	教育部	著作	三等奖

续表

项目名称	负责人	奖项名称	颁奖单位	成果形式	获奖等级
寻找楼兰王国（插图本）	林梅村	第六届高等学校科学研究优秀成果奖（人文社会科学）	教育部	著作	成果普及奖
中国文化读本	叶　朗 朱良志	第六届高等学校科学研究优秀成果奖（人文社会科学）	教育部	著作	成果普及奖
图书馆学是什么	王子舟	第六届高等学校科学研究优秀成果奖（人文社会科学）	教育部	著作	成果普及奖
论语本解	孙钦善	第六届高等学校科学研究优秀成果奖（人文社会科学）	教育部	著作	成果普及奖
从甲骨文到 E-Publications——跨越三千年的中国出版	肖东发	第六届高等学校科学研究优秀成果奖（人文社会科学）	教育部	著作	成果普及奖

（北京大学社会科学部供稿）

第十二届北京市哲学社会科学优秀成果奖特等奖、一等奖成果简介

《中国儒学史》（九卷本）（见第 733 页）
《政府政策改变的福利分析方法与应用》（见第 739 页）
《气候变化与中国国家安全》（见第 741 页）
《博士质量：概念、评价与趋势》（见第 743 页）
《公法变迁与合法性》（见第 745 页）
《汉魏乐府艺术研究》（见第 751 页）
《印度中世纪宗教文学》（上、下）（见第 751 页）
《论贝多芬〈庄严弥撒〉》（见第 752 页）

教育部第六届高等学校科学研究优秀成果奖（人文社会科学）一等奖成果简介

《工业化和制度调整——西欧经济史研究》（著作）

北京大学　厉以宁

商务印书馆　2010 年出版

该书包括十个章节，是一部以西欧经济史为考察对象，研究工业化和制度调整之间关系的专著。该书的基本观点是：在西欧国家，资本主义制度建立后，从 18 世纪末到 20 世纪初实行的是自由市场经济体制（即资本主义的刚性体制），其特征是奉行政府不干预经济的信条，政府只充当“守夜人”或“看门人”的角色；而从 1929—1933 年严重的经济危机以后，特别是在第二次世界大战结束以后，西欧各国的资本主义已从刚性体制转向弹性体制，即由自由市场经济体制转向混合市场经济体制。混合市场经济体制的特征是政府调控市场，实行“福利国家”模式以及重视可持续发展。这一转变就是资本主义的制度调整。西欧国家通过一两百年的工业化，尽管体制转换了，制度调整了，但资本主义制度依然是资本主义制度。在受到当前世界金融和经济危机的冲击之下，资本主义制度调整在西欧国家仍在继续进行之中。

该书的主要创新在于：从制度角度研究提出工业化并不是一个单纯的技术变革过程，而是引发制度变迁的一系列重大事件，是对传统生产方式的突破。该书既有经济理论的深刻分析，也有经济事实的具体叙述，还有政治人物的思索与行动。其对于当前的政治、社会和经济发展都具有很大的借鉴意义。

厉以宁，江苏仪征人。1951 年考入北京大学经济学系，1955 年毕业后留校工作，任教至今。现为北京大学光华管理学院名誉院长、博士生导师，北京大学资深教授。著作包括：《体制·目标·人：经济学面临的挑战》《中国经济改革的思路》《非均衡的中国经济》《中国经济改革与股份制》《股份制与现代市场经济》《经济学的伦理问题》《转型发展理论》《超越市场与超越政府——论道德力量在经济中的作用》《资本主义的起源——比较经济史研究》《罗马-拜占庭经济史》《论民营经济》《工业化和制度调整》等。因在经济学以及其他学术领域中的杰出贡献而多次获奖。其中包括"孙冶方经济学奖"、"国家中青年突出贡献专家证书"、"金三角"奖、国家教委科研成果一等奖、环境与发展国际合作奖（个人最高奖）、第十五届福冈亚洲文化奖——学术研究奖（日本）、第二届中国经济理论创新奖等。

《中国市场经济发展研究——市场化进程与经济增长和结构演进》（著作）

北京大学　刘伟等

经济科学出版社　2009年出版

该书分为三大篇十七章来系统探讨、分析和总结我国改革开放以来市场经济的演化发展进程。如何认识和评价我国的社会主义市场化进程，中国社会主义市场化进程中的经济增长水平、经济结构的变化和经济效率提升间的相互关系怎样？是该书所关注的核心命题。

该书主要创新在于：首先，从价值理论层面上揭示了经济理论争辩制度变迁正义性的基本动因，并明确提出判断改革进步性的价值标准；其次，不仅深化了对我国改革发展经验的认识，而且依据我国市场化经验对宏观经济理论作出了有特点的讨论；最后，全面而系统地探讨了我国经济的增长是否建立在效率提升基础上。

该书30多篇阶段性成果曾发表在《中国社会科学》《经济研究》等核心刊物上，并得到了大量引证和转载。该书第10章《供给管理与我国现阶段的宏观调控》的阶段论文发表于《经济研究》2007年第1期，被评为2008年北京市第十届哲学社会科学优秀成果奖二等奖；该书第16章《中国经济增长中的结构效率和技术进步》的阶段论文发表于《经济研究》2008年第11期，被评为2010年北京市第十一届哲学社会科学优秀成果奖一等奖。

刘伟，男，1957年1月生于河南商丘，1978年春考入北京大学经济系学习，1990年获经济学博士学位。1984年起留校任教至今，历任讲师、副教授、教授，2006年被聘为长江学者（特聘教授）。2010年5月至今任北京大学党委常委、副校长。围绕政治经济学中的社会主义经济理论，制度经济学中的转轨经济理论，发展经济学中的产业结构演变，转型经济中的产权问题，已发表学术论文（核心刊物）逾百篇；出版的学术著作多部。获得多项学术奖励，包括两次获得"孙冶方经济学著作奖（1994、1996）"，两次获得教育部人文社会科学经济学二等奖（第二、第三届），两次获得北京市哲学社会科学成果一等奖（第四、第七届），两次获得北京市哲学社会科学成果二等奖（第五、第六届），获全国首届青年社会科学成果一等奖（1995）。

《中国青铜器综论》（上、中、下）（著作）

北京大学　朱凤瀚

上海古籍出版社　2009年12月出版

全书分上、下两编，上、中、下三册。上编（上册）为通论，包括八章，分章论述了中国青铜器的起源与青铜时代，青铜器发现、著录与研究的历史，中国青铜器的分类、定名及各类青铜器常见器形的形式分类，青铜器纹饰的形式分类，铭文字体及布局的演变，青铜器合金成分的变化，铸造与装饰工艺发展的过程，青铜器的仿造与辨伪等问题。下编（中、下册）为分论，包括六章，以断代方式，逐次论述了二里头文化时期、商、西周、春秋、战国各历史时期内青铜器的器类、功用、造型与制造技术的发展过程，作为随葬礼器的组合形式及其演变情况。在作断代论述的同时，也对不同历史时段中诸文化区域青铜器在形制、纹饰上体现的地域特点及其所反映的考古学与历史学信息做了深入的探讨。

该书是迄今最为系统、全面地论述中国青铜器的专著，不仅构建了研究中国青铜器的科学框架，反映了当前学术界对中国青铜器新的研究成果，而且在若干具体学术问题上提出了作者独立的见解，体现了相当的理论深度。书中有不少专题性研究是此前研究者未做过的工作，书中配有大量根据内容需要而设计的线图与照片，凡典型器物与重要出土器组、器群大致齐备，也因而使该书同时具有很强的资料性，非常有利于研究者查检。该书在采用考古学研究方法的同时，注意综合运用历史学、历史文献学、古文字学及自然科学相关学科的理论与方法，以从多层面、多角度去研究青铜器。

朱凤翰，1947年出生，1982年获南开大学历史学硕士学位，1988年南开大学（在职）博士研究生毕业，获历史学博士学位。现任北京大学历史系教授、博士生导师，北京大学历史系学术委员会委员。是在学术界内公认的研究金文（青铜器铭文）最具权威的专家。主要著作有：《商周家族形态研究》《古代中国青铜器》。曾发表学术论文多篇，有《论殷墟卜辞中的"大示"及其相关问题》《论卜辞与商金文中的“后”》《论祭》等。先后获得国家人事部批准的国家级“中青年有突出贡献的专家”，天津市人民政府授予的“天津市劳动模范”称号，国务院颁发的政府特殊津贴，国家教育委员会、国务院学位委员会授予的“作出突出贡献的中国博士学位获得者”等荣誉称号。

《中外文化交流史》（上、下卷）（著作）

北京大学 何芳川 主编

国际文化交流出版公司 2008年出版

全书分上、下两卷，共21章，近100万字，采用了分篇论述与总体勾勒相结合的方法，依地区由近及远分篇立章，导论后设历史勾勒篇，就中外文化交流的历史总体发展作综合叙述，全书有点有面，点面结合，古今相连，构成了一个有机整体。

该书是我国第一部研讨中国与外部世界两千年文化交流的综合性著作。它以全球文明的大视角揭示人类文明发展的大势，系统全面地论述了中国文化对世界各个地区和国家的传播、交流、互动与影响，既反对“欧洲中心论”，又摒弃“东方中心”“中华中心”；同时，着力反映贯穿在中国对外交流史上的和平友好主题特色。

该书集北大人文学科的优势，为不同学科专家集体劳动的结晶，作者成员涉及了东西方国家15种语言文字。该书的写作在继承和吸纳前辈学者的学术长处的基础上，有所进步与创新。（1）在视角与基本观点上，提倡文明大视野，要求从“自我中心”的误区中解脱出来，代之以文化交流是动态的、双向的、互动的和立体交叉的观点，全面展现文化交流中不同时期不同国家和地区极其复杂的现象。（2）着力反映了中国对外交流史上以和平友好为主题的特色，表现了中华文化的博大与和平特质。和平友好交往模式是中国两千年对外交流史上的主导形式。当今，弘扬中国对外交往的和平特色无疑具有十分重要的现实意义。（3）提出了在文化交流史研究中的一些值得探讨的理论问题，对文化交流中“接受与拒斥”“误读”现象等问题作了新的阐释。

何芳川（1939—2006），原籍山东菏泽，出生于重庆市，1956年考入北京大学东语系，一年后转入历史学系学习。1962年10月留校任教，历任助教、讲师、副教授、教授、博士生导师，先后被美国狄金森学院和香港城市大学聘为客座教授，2004年被日本樱美林大学授予荣誉博士学位。他治学范围宽广，在非洲史、亚洲史、环太平洋地区史、中外文化交流史等领域进行了卓有成效的开拓和探索，先后出版了《崛起的太平洋》《澳门与葡萄牙大商帆》《太平洋贸易网500年》（主编）、《世界历史·近代亚非拉部分》（合著）、《非洲通史·古代卷》（主编）、《中外文明的交汇》等著作十余部，发表了《古代东非城邦》《19世纪东方国家的上层改革活动》《“华夷秩序”论》《太平洋时代与中国》等论文50多篇。其著作多次获得国家、教育部、北京市和北京大学的优秀成果奖。

《德国文学史》（5卷本）（著作）

北京大学 范大灿 主编

译林出版社 2006—2008年先后出版

全书共五卷。第一卷：从开始到17世纪的德国文学，包括古代日耳曼文学、骑士－宫廷文学，早期市民文学和17世纪巴洛克文学；第二卷：18世纪文学，包括启蒙文学、古典文学和晚年歌德；第三卷：19世纪文学，包括浪漫文学、介于古典文学与浪漫文学之间的作家、比德迈耶文学、政治化文学和现实主义文学；第四卷：19世纪末到二战结束的文学，包括自然主义、世纪更迭时期的文学、表现主义文学、魏玛共和国时期的文学、第三帝国时期的文学和流亡文学；第五卷：二战结束后到两德统一时期的文学，包括联邦德国文学和民主德国文学。该书是“九五”国家重点项目，是迄今国内最全面、最详尽的德国文学史，约250万字。

该书的主要创新在于：（1）突出了史的特点。（2）特别注重文学现象产生的背景。（3）对一些文学时期和文学流派（如中世纪文学、17世纪巴洛克文学、启蒙文学、浪漫文学、所谓的“颓废文学”、纳粹统治下的德国国内文学、民主德国文学等）以及一些作家（如高特舍德、莱辛、诺瓦利斯、海涅等）做出了不同以往的阐述和评介。

范大灿，男，1934年出生，山西祁县人，中共党员。1957年毕业于北京大学西语系。历任北京大学西语系助教，民主德国莱比锡大学学员，北京大学西语系讲师、副教授、教授、博士生导师。1979年开始发表作品。1986年加入中国作家协会。著有专著《关于卢卡契文艺思想中的几个问题》《歌德对实现人道主义理想的道路的探索》，译著《现实主义论文集》等。

（北京大学社会科学部供稿）

中国人民大学

序号	成果名称	主要作者	奖项名称	颁奖单位	成果形式	获奖等级
1	雅克·拉康——阅读你的症状（上、下）	吴琼	北京市第十二届哲学社会科学优秀成果奖	中共北京市委 北京市人民政府	著作	一等奖
2	面对艾滋风险的自律与文化——对低交易价格商业性行为的人类学研究	刘谦	北京市第十二届哲学社会科学优秀成果奖	中共北京市委 北京市人民政府	著作	一等奖
3	中国农村金融论纲	陈雨露	北京市第十二届哲学社会科学优秀成果奖	中共北京市委 北京市人民政府	著作	一等奖
4	马克思主义危机理论和1975—2008年美国经济的利润率	谢富胜	北京市第十二届哲学社会科学优秀成果奖	中共北京市委 北京市人民政府	论文	一等奖
5	马克思主义理论学科体系建构与建设研究	张雷声	北京市第十二届哲学社会科学优秀成果奖	中共北京市委 北京市人民政府	著作	一等奖
6	中国社会保障改革与发展战略（总论卷、养老保险卷、医疗保障卷、救助与福利卷）	郑功成	北京市第十二届哲学社会科学优秀成果奖	中共北京市委 北京市人民政府	著作	一等奖
7	微博：一种新传播形态的考察——影响力模型和社会性应用	喻国明	北京市第十二届哲学社会科学优秀成果奖	中共北京市委 北京市人民政府	著作	一等奖
8	北京奥运的人文价值	冯惠玲	北京市第十二届哲学社会科学优秀成果奖	中共北京市委 北京市人民政府	著作	一等奖
9	价值论的视野	马俊峰	北京市第十二届哲学社会科学优秀成果奖	中共北京市委 北京市人民政府	著作	二等奖
10	中国宏观经济分析的理论体系	郑超愚	北京市第十二届哲学社会科学优秀成果奖	中共北京市委 北京市人民政府	著作	二等奖
11	中国宏观经济分析与预测（2010—2011）——流动性回收与新规划效应下的中国宏观经济	中国人民大学经济研究所	北京市第十二届哲学社会科学优秀成果奖	中共北京市委 北京市人民政府	著作	二等奖
12	中国通货膨胀的预期、形成机制和治理政策	陈彦斌	北京市第十二届哲学社会科学优秀成果奖	中共北京市委 北京市人民政府	著作	二等奖
13	中国税收高速增长的源泉：税收能力和税收努力框架下的解释	吕冰洋	北京市第十二届哲学社会科学优秀成果奖	中共北京市委 北京市人民政府	论文	二等奖
14	变革与崛起——探寻中国金融崛起之路	吴晓求	北京市第十二届哲学社会科学优秀成果奖	中共北京市委 北京市人民政府	著作	二等奖
15	WTO框架下的国际反倾销政策与实践	宋利芳	北京市第十二届哲学社会科学优秀成果奖	中共北京市委 北京市人民政府	著作	二等奖
16	追寻中国经济与世界的联系——对外经济统计数据估算与计量分析	高敏雪	北京市第十二届哲学社会科学优秀成果奖	中共北京市委 北京市人民政府	著作	二等奖
17	建立与物价变动相适应的城乡低保标准调整机制研究	杨立雄	北京市第十二届哲学社会科学优秀成果奖	中共北京市委 北京市人民政府	研究报告	二等奖

续表

序号	成果名称	主要作者	奖项名称	颁奖单位	成果形式	获奖等级
18	公民参与：北京城市居民态度与行为实证研究	孙　龙	北京市第十二届哲学社会科学优秀成果奖	中共北京市委 北京市人民政府	著作	二等奖
19	高等学校的公法人地位研究	申素平	北京市第十二届哲学社会科学优秀成果奖	中共北京市委 北京市人民政府	著作	二等奖
20	古代希腊教育	李立国	北京市第十二届哲学社会科学优秀成果奖	中共北京市委 北京市人民政府	著作	二等奖
21	犯罪构成理论：比较研究与路径选择	付立庆	北京市第十二届哲学社会科学优秀成果奖	中共北京市委 北京市人民政府	著作	二等奖
22	柔性行政方式法治化研究——从建设法治政府、服务型政府的视角	莫于川	北京市第十二届哲学社会科学优秀成果奖	中共北京市委 北京市人民政府	著作	二等奖
23	明代佛教方志研究	曹刚华	北京市第十二届哲学社会科学优秀成果奖	中共北京市委 北京市人民政府	著作	二等奖
24	系统分析方法集成研究及其在预测和监测中的应用	许　伟	北京市第十二届哲学社会科学优秀成果奖	中共北京市委 北京市人民政府	著作	二等奖
25	解读苏南	温铁军	北京市第十二届哲学社会科学优秀成果奖	中共北京市委 北京市人民政府	著作	二等奖
26	苏州早期宅第园林之宅园关系考	张建宇	北京市第十二届哲学社会科学优秀成果奖	中共北京市委 北京市人民政府	论文	二等奖

一等奖成果简介

《雅克·拉康——阅读你的症状》（上、下）（见第 735 页）

《面对艾滋风险的自律与文化——对低交易价格商业性行为的人类学研究》（见第 736 页）

《中国农村金融论纲》（见第 737 页）

《马克思主义危机理论和 1975—2008 年美国经济的利润率》（见第 739 页）

《马克思主义理论学科体系建构与建设研究》（见第 740 页）

《中国社会保障改革与发展战略》（见第 749 页）

《微博：一种新传播形态的考察——影响力模型和社会性应用》（见第 753 页）

《北京奥运的人文价值》（见第 754 页）

（中国人民大学科研处张玉洁供稿）

清华大学

序号	成果名称	主要作者	奖项名称	颁奖单位	成果形式	获奖等级
1	当代中国社会分层：测量与分析	李　强	北京市第十二届哲学社会科学优秀成果奖	中共北京市委 北京市人民政府	著作	一等奖
2	学位与研究生教育：战略与规划	谢维和	北京市第十二届哲学社会科学优秀成果奖	中共北京市委 北京市人民政府	著作	一等奖
3	技术引进与自主创新：过界划分、过程转换和战略措施	吴贵生	北京市第十二届哲学社会科学优秀成果奖	中共北京市委 北京市人民政府	著作	一等奖
4	作为劳动的传播——中国新闻记者劳动状况研究	王维佳	北京市第十二届哲学社会科学优秀成果奖	中共北京市委 北京市人民政府	著作	一等奖
5	读不懂的西方哲学	王　路	北京市第十二届哲学社会科学优秀成果奖	中共北京市委 北京市人民政府	著作	二等奖

续表

序号	成果名称	主要作者	奖项名称	颁奖单位	成果形式	获奖等级
6	中国区域经济差异与收敛	潘文卿	北京市第十二届哲学社会科学优秀成果奖	中共北京市委 北京市人民政府	论文	二等奖
7	网络思想政治教育研究	张再兴	北京市第十二届哲学社会科学优秀成果奖	中共北京市委 北京市人民政府	著作	二等奖
8	美国学：政治维度与中国意义	赵可金	北京市第十二届哲学社会科学优秀成果奖	中共北京市委 北京市人民政府	著作	二等奖
9	西方体育社会学：理论、视点、方法	仇　军	北京市第十二届哲学社会科学优秀成果奖	中共北京市委 北京市人民政府	著作	二等奖
10	新制度与大革命——以近代知识分子和教育为中心	叶赋桂	北京市第十二届哲学社会科学优秀成果奖	中共北京市委 北京市人民政府	著作	二等奖
11	新出简帛与古文字古文献研究	赵平安	北京市第十二届哲学社会科学优秀成果奖	中共北京市委 北京市人民政府	著作	二等奖
12	两晋士族文学研究	孙明君	北京市第十二届哲学社会科学优秀成果奖	中共北京市委 北京市人民政府	著作	二等奖
13	可持续室内环境设计理论	周浩明	北京市第十二届哲学社会科学优秀成果奖	中共北京市委 北京市人民政府	著作	二等奖
14	法院如何发展行政法	余凌云	第六届高等学校科学研究（人文社会科学）优秀成果奖	教育部	论文	二等奖
15	国家“十二五”规划总体思路与目标研究	胡鞍钢 鄢一龙 王亚华 王　磊 魏　星	第六届高等学校科学研究（人文社会科学）优秀成果奖	教育部	研究报告	二等奖
16	中国学位与研究生教育发展规划纲要研究（2008—2020）	谢维和 袁本涛 王孙禺 刘惠琴 延建林 李锋亮	第六届高等学校科学研究（人文社会科学）优秀成果奖	教育部	研究报告	二等奖
17	中国区域经济差异与收敛	潘文卿	第六届高等学校科学研究（人文社会科学）优秀成果奖	教育部	论文	二等奖
18	文物中的古文明	李学勤	第六届高等学校科学研究（人文社会科学）优秀成果奖	教育部	著作	二等奖
19	网络思想政治教育研究	张再兴 曾国屏 张　瑜 冯务中 金兼斌 樊富珉 等著	第六届高等学校科学研究（人文社会科学）优秀成果奖	教育部	著作	二等奖

续表

序号	成果名称	主要作者	奖项名称	颁奖单位	成果形式	获奖等级
20	城市化进程中的重大社会问题及其对策研究	李　强 刘佳燕 彭剑波 肖　林 王大为 许　健 等著	第六届高等学校科学研究（人文社会科学）优秀成果奖	教育部	著作	二等奖
21	设计道——中国设计的基本问题	杭　间 陈岸瑛 连　冕 田　君	第六届高等学校科学研究（人文社会科学）优秀成果奖	教育部	著作	二等奖
22	中外关系鉴览1950—2005——中国与大国关系定量衡量	阎学通 周方银 漆海霞 徐　进 姜宅九 阎梁著	第六届高等学校科学研究（人文社会科学）优秀成果奖	教育部	著作	二等奖
23	论归责原则与侵权责任方式的关系	崔建远	第六届高等学校科学研究（人文社会科学）优秀成果奖	教育部	论文	三等奖
24	深化行政管理体制改革问题研究	王有强 杨永恒 宋玉萍 孟　芊 张万宽 丁　姿	第六届高等学校科学研究（人文社会科学）优秀成果奖	教育部	研究报告	三等奖
25	全球创业观察报告2007——创业转型与就业效应	高　建 程　源 李习保 姜彦福 石书德著	第六届高等学校科学研究（人文社会科学）优秀成果奖	教育部	著作	三等奖
26	研究型大学与区域创新体系——首都地区案例研究与数量分析	何建坤 李应博 周　立 孟　浩 吴玉鸣 张继红 等著	第六届高等学校科学研究（人文社会科学）优秀成果奖	教育部	著作	三等奖
27	Domination of the scientific field: the capital struggle in a Chinese isotope lab	洪　伟	第六届高等学校科学研究（人文社会科学）优秀成果奖	教育部	论文	三等奖
28	工程师与工程教育新论	李曼丽	第六届高等学校科学研究（人文社会科学）优秀成果奖	教育部	著作	三等奖

续表

序号	成果名称	主要作者	奖项名称	颁奖单位	成果形式	获奖等级
29	中国的早期近代经济——1820年代华亭—娄县地区GDP研究	李伯重	第六届高等学校科学研究（人文社会科学）优秀成果奖	教育部	著作	三等奖
30	Von Wright's "The Logic of Preference" Revisited	刘奋荣	第六届高等学校科学研究（人文社会科学）优秀成果奖	教育部	论文	三等奖
31	论耻感的基本内涵、本质属性及主要特征	吴潜涛 杨峻岭	第六届高等学校科学研究（人文社会科学）优秀成果奖	教育部	论文	三等奖
32	新出简帛与古文字古文献研究	赵平安	第六届高等学校科学研究（人文社会科学）优秀成果奖	教育部	著作	三等奖
33	论道德运气	唐文明	第六届高等学校科学研究（人文社会科学）优秀成果奖	教育部	论文	三等奖
34	考文叙事录——中国现代文学文献校读论丛	解志熙	第六届高等学校科学研究（人文社会科学）优秀成果奖	教育部	著作	三等奖

一等奖成果简介

《当代中国社会分层：测量与分析》（见第736页）

《学位与研究生教育：战略与规划》（见第745页）

《技术引进与自主创新：过界划分、过程转换和战略措施》（见第748页）

《作为劳动的传播——中国新闻记者劳动状况研究》（见第752页）

（清华大学文科建设处刘金梅供稿）

北京师范大学

序号	成果名称	主要作者	奖项名称	颁奖单位	成果形式	获奖等级
1	教育大辞典、中国教育的文化基础、思考教育：顾明远自选集	顾明远	第四届全国教育科学优秀成果奖	教育部		全国教育科学研究突出贡献奖
2	教育哲学通论、教育哲学、现代教育论	黄　济	第四届全国教育科学优秀成果奖	教育部		全国教育科学研究突出贡献奖
3	张厚粲心理学文选、心理测量学、现代心理与教育统计学	张厚粲	第四届全国教育科学优秀成果奖	教育部		全国教育科学研究突出贡献奖
4	危机中的重建：唯物主义历史观的现代阐释（第二版）	杨　耕	第十二届北京市哲学社会科学优秀成果奖	中共北京市委 北京市人民政府	著作	一等奖

续表

序号	成果名称	主要作者	奖项名称	颁奖单位	成果形式	获奖等级
5	中国就业60年：1949—2009	赖德胜	第十二届北京市哲学社会科学优秀成果奖	中共北京市委 北京市人民政府	著作	一等奖
6	中国义务教育财政研究	杜育红	第十二届北京市哲学社会科学优秀成果奖	中共北京市委 北京市人民政府	著作	一等奖
7	学无止境——构建学习型社会研究	顾明远	第十二届北京市哲学社会科学优秀成果奖	中共北京市委 北京市人民政府	著作	一等奖
8	中国大学合并与整合管理研究	毛亚庆	第十二届北京市哲学社会科学优秀成果奖	中共北京市委 北京市人民政府	著作	一等奖
9	现代刑法问题新思考（四卷本）	赵秉志	第十二届北京市哲学社会科学优秀成果奖	中共北京市委 北京市人民政府	著作	一等奖
10	中国古代历史理论（上、中、下）	瞿林东	第十二届北京市哲学社会科学优秀成果奖	中共北京市委 北京市人民政府	著作	一等奖
11	清代外交礼仪的交涉与论争	王开玺	第十二届北京市哲学社会科学优秀成果奖	中共北京市委 北京市人民政府	著作	一等奖
12	网众传播：一种关于数字媒体、网络化用户和中国社会的新范式	何　威	第十二届北京市哲学社会科学优秀成果奖	中共北京市委 北京市人民政府	著作	一等奖
13	现代性论域及其中国话语	张曙光	第十二届北京市哲学社会科学优秀成果奖	中共北京市委 北京市人民政府	著作	二等奖
14	老北京杂吧地：天桥的记忆与诠释	岳永逸	第十二届北京市哲学社会科学优秀成果奖	中共北京市委 北京市人民政府	著作	二等奖
15	2010中国绿色发展指数年度报告——省际比较	李晓西	第十二届北京市哲学社会科学优秀成果奖	中共北京市委 北京市人民政府	著作	二等奖
16	贸易与环境：理论与政策研究	曲如晓	第十二届北京市哲学社会科学优秀成果奖	中共北京市委 北京市人民政府	著作	二等奖
17	新中国思想政治教育史纲（1949—2009）	王树荫	第十二届北京市哲学社会科学优秀成果奖	中共北京市委 北京市人民政府	著作	二等奖
18	城乡教育一体化：体系重构与制度创新	褚宏启	第十二届北京市哲学社会科学优秀成果奖	中共北京市委 北京市人民政府	论文	二等奖
19	创新型国家建设与中国高等教育改革	刘宝存	第十二届北京市哲学社会科学优秀成果奖	中共北京市委 北京市人民政府	著作	二等奖
20	学习化社会高等教育的使命	马健生	第十二届北京市哲学社会科学优秀成果奖	中共北京市委 北京市人民政府	著作	二等奖
21	中国地区教育发展报告	王善迈	第十二届北京市哲学社会科学优秀成果奖	中共北京市委 北京市人民政府	著作	二等奖
22	儿童受教育权：性质、内容与路径	尹　力	第十二届北京市哲学社会科学优秀成果奖	中共北京市委 北京市人民政府	著作	二等奖
23	教育理论的边缘	周作宇	第十二届北京市哲学社会科学优秀成果奖	中共北京市委 北京市人民政府	著作	二等奖
24	中央与地方关系的司法调控研究	郭　殊	第十二届北京市哲学社会科学优秀成果奖	中共北京市委 北京市人民政府	著作	二等奖
25	汉唐籍账制度研究	张荣强	第十二届北京市哲学社会科学优秀成果奖	中共北京市委 北京市人民政府	著作	二等奖

续表

序号	成果名称	主要作者	奖项名称	颁奖单位	成果形式	获奖等级
26	中国政务信息化研究	唐任伍	第十二届北京市哲学社会科学优秀成果奖	中共北京市委 北京市人民政府	著作	二等奖
27	先秦散文研究——早期文体及话语方式的生成	过常宝	第十二届北京市哲学社会科学优秀成果奖	中共北京市委 北京市人民政府	著作	二等奖
28	英汉语篇语用学研究	苗兴伟	第十二届北京市哲学社会科学优秀成果奖	中共北京市委 北京市人民政府	著作	二等奖
29	杨柳的形象：物质的交流与中日古代文学	张哲俊	第十二届北京市哲学社会科学优秀成果奖	中共北京市委 北京市人民政府	著作	二等奖
30	大众媒介与文化变迁：中国当代媒介文化的散点透视	赵　勇	第十二届北京市哲学社会科学优秀成果奖	中共北京市委 北京市人民政府	著作	二等奖
31	我国资源、环境、人口与经济承载能力研究	邱　东	第十一届全国统计科研优秀成果奖	国家统计局	论文奖	二等奖
32	北京市生态足迹的投入产出核算研究	王亚菲	第十一届全国统计科研优秀成果奖	国家统计局	论文奖	二等奖
33	中国劳动收入份额的测算研究：1993—2008	吕光明	第十一届全国统计科研优秀成果奖	国家统计局	论文奖	二等奖
34	2008SNA 对金融核算的发展及尚存议题分析	陈梦根	第十一届全国统计科研优秀成果奖	国家统计局	论文奖	二等奖

一等奖成果简介

《危机中的重建：唯物主义历史观的现代阐释》（见第 735 页）

《中国就业 60 年：1949—2009》（见第 740 页）

《中国义务教育财政研究》（见第 743 页）

《学无止境——构建学习型社会研究》（见第 744 页）

《中国大学合并与整合管理研究》（见第 742 页）

《现代刑法问题新思考》（四卷本）（见第 745 页）

《中国古代历史理论》（上、中、下）（见第 747 页）

《清代外交礼仪的交涉与论争》（见第 746 页）

《网众传播：一种关于数字媒体、网络化用户和中国社会的新范式》（见第 753 页）

（北京师范大学社科处刘娜供稿）

中央民族大学

成果名称	主要作者	奖项名称	颁奖单位	成果形式	获奖等级
关于提升我国在所谓“西藏问题”国际话语体系中的地位与影响的调查与思考	李俊清 何希泉	2011 年度全国民委系统调研报告奖	国家民族事务委员会	调研报告	一等奖
新疆、西藏当前民族政策舆情调研报告	严　庆	2011 年度全国民委系统调研报告奖	国家民族事务委员会	调研报告	一等奖
新闻传播与西藏地区国家认同调查	刘立刚	2011 年度全国民委系统调研报告奖	国家民族事务委员会	调研报告	二等奖
南方边疆城市民族工作调研	余梓东	2011 年度全国民委系统调研报告奖	国家民族事务委员会	调研报告	二等奖

续表

成果名称	主要作者	奖项名称	颁奖单位	成果形式	获奖等级
新疆喀什、和田地区双语教育的实地考察与对策研究	滕　星	2011 年度全国民委系统调研报告奖	国家民族事务委员会	调研报告	三等奖
新疆跨越式发展中需关注的两个重大问题调研	夏建新	2011 年度全国民委系统调研报告奖	国家民族事务委员会	调研报告	三等奖
台湾原住民特考制度调研报告	熊文钊等	2012 年度全国民委系统调研报告奖	国家民族事务委员会	调研报告	二等奖
中央民族大学部分师生国家认同与宗教信仰调研报告	余梓东等	2012 年度全国民委系统调研报告奖	国家民族事务委员会	调研报告	三等奖
延边州双语教育实施的调研报告	苏德等	2012 年度全国民委系统调研报告奖	国家民族事务委员会	调研报告	三等奖
集中连片特困民族地区反贫困问题研究	刘璐琳	2012 年度全国民委系统调研报告奖	国家民族事务委员会	调研报告	三等奖
现阶段中国民族政策及其实践环境研究	青觉等	国家民委第二届民族问题研究优秀成果奖	国家民族事务委员会	著作	一等奖
民族自治地方税权论	王玉玲	国家民委第二届民族问题研究优秀成果奖	国家民族事务委员会	著作	二等奖
新中国民族理论 60 年	金炳镐等	国家民委第二届民族问题研究优秀成果奖	国家民族事务委员会	著作	二等奖
圣书与圣民：古代以色列的历史记忆与族群构建	游　斌	国家民委第二届民族问题研究优秀成果奖	国家民族事务委员会	著作	二等奖
网络民族主义与中国外交	王　军	国家民委第二届民族问题研究优秀成果奖	国家民族事务委员会	著作	二等奖
中国民族地区经济政策的演变与调整	张冬梅	国家民委第二届民族问题研究优秀成果奖	国家民族事务委员会	著作	二等奖
论中国民族政策体系与集成	余梓东	国家民委第二届民族问题研究优秀成果奖	国家民族事务委员会	论文	二等奖
论多民族国家协调发展的政治基础	贺金瑞	国家民委第二届民族问题研究优秀成果奖	国家民族事务委员会	论文	二等奖
民族地区政府与市场关系的定位与调适	李俊清	国家民委第二届民族问题研究优秀成果奖	国家民族事务委员会	论文	二等奖
黔东南苗族侗族女性服饰文化比较研究	周　梦	国家民委第二届民族问题研究优秀成果奖	国家民族事务委员会	著作	三等奖
80 后摩梭女达布口述生活史	赵　鹏	国家民委第二届民族问题研究优秀成果奖	国家民族事务委员会	著作	三等奖
在汉文化的边界地带——新疆园村汉族移民的族群认同与文化适应性研究	张　咏	国家民委第二届民族问题研究优秀成果奖	国家民族事务委员会	著作	三等奖
民族地区经济体制研究	张春敏	国家民委第二届民族问题研究优秀成果奖	国家民族事务委员会	著作	三等奖
内蒙古生态移民研究	包智明等	国家民委第二届民族问题研究优秀成果奖	国家民族事务委员会	著作	三等奖
景洪市嘎洒镇傣族语言文字使用现状及其演变	赵凤珠等	国家民委第二届民族问题研究优秀成果奖	国家民族事务委员会	著作	三等奖

续表

成果名称	主要作者	奖项名称	颁奖单位	成果形式	获奖等级
彝语义诺话研究	曲木铁西	国家民委第二届民族问题研究优秀成果奖	国家民族事务委员会	著作	三等奖
中国少数民族新创文字应用研究——在学校教育和扫盲教育中使用情况的调查	滕　星等	国家民委第二届民族问题研究优秀成果奖	国家民族事务委员会	著作	三等奖
当前民族地区土地流转面临的问题及对策研究	刘璐琳	国家民委第二届民族问题研究优秀成果奖	国家民族事务委员会	论文	三等奖
认同问题与跨界民族的认同	吴楚克等	国家民委第二届民族问题研究优秀成果奖	国家民族事务委员会	论文	三等奖
以人为本理念下的中国少数民族发展权	韩小兵等	国家民委第二届民族问题研究优秀成果奖	国家民族事务委员会	论文	三等奖
民族地区自主创新对国家经济安全的影响	李曦辉	国家民委第二届民族问题研究优秀成果奖	国家民族事务委员会	论文	三等奖
资源枯竭民族地区产业升级的实践探索	张秀萍等	国家民委第二届民族问题研究优秀成果奖	国家民族事务委员会	论文	三等奖
杜威的经验自然主义及其宗教观	常　宏	北京市第十二届哲学社会科学优秀成果奖	中共北京市委 北京市人民政府	专著	二等奖
传统与现代：鄂温克族牧民的生活	祁惠君	北京市第十二届哲学社会科学优秀成果奖	中共北京市委 北京市人民政府	专著	二等奖
中国上市公司财务信息披露与监管研究	叶　华	北京市第十二届哲学社会科学优秀成果奖	中共北京市委 北京市人民政府	著作	二等奖
朝鲜文学通史	李　岩	北京市第十二届哲学社会科学优秀成果奖	中共北京市委 北京市人民政府	著作	二等奖
彝族氏族祭祖大典仪式与经书研究——以大西邑普德氏族祭祖大典为例	朱崇先	北京市第十二届哲学社会科学优秀成果奖	中共北京市委 北京市人民政府	著作	二等奖

注：“2011 年度全国民委系统调研报告奖”2012 年 5 月颁发。

一等奖成果简介

《关于提升我国在所谓“西藏问题”国际话语体系中的地位与影响的调查与思考》（调研报告）

中央民族大学　李俊清　何希泉

（内部报告，简介略）

李俊清，男，山西大同人，现任中央民族大学教授、博士生导师、管理学院院长。国家民委突出贡献专家、北京市教学名师。兼任行政管理教学研究会副会长、全国 MPA 教指委委员、国家行政学院教授等。撰写和主编学术著作 12 部，发表学术论文 100 多篇，主持完成国家社科基金重大项目“影响边疆少数民族地区社会稳定的突出问题及对策研究”、国家社科基金一般项目“中国边疆少数民族地区政府应急机制建设研究”及北京市哲学社会科学“十一五”规划项目“北京民族关系监测系统构成及作用研究”等多项。

何希泉，男，河北人。现为中央民族大学管理学院外聘专家。中国人权研究会常务理事，曾任中国现代国际关系研究院民族与宗教问题研究中心主任，研究员，博导。享受政府特殊津贴，主要研究方向为中亚地区综合情况和民族宗教等问题。主要译著有《政治和军事地理学》《列宁军事活动》《军事法学》等；主要编著有《全球民族问题大聚焦》《世界宗教问题大聚焦》《周边地区民族宗教问题透视》等。曾主持完成“科索沃、车臣和新疆分裂问题比较研究”“外国反分裂问题研究”和“周边地区伊斯兰极端势力研究”等国家社科基金新疆特别项目课题。

《新疆、西藏当前民族政策舆情调研报告》

中央民族大学　严庆等

该报告依托 45 天的主题实地调研和近三年的持

续调研，调研组行程1.3万多公里，分别对政府公务员群体、各民族学者代表和基层群众进行深度访谈，形成5万字的专题报告。主要内容涉及对口支援、维稳方式与效果、双语教育、宗教管理、内地办学、旧城改造、各种惠民政策、少数民族干部队伍建设等。提出了民族政策舆情的三个分层，即官方主导的主流舆情、民族学者映射的情感舆情和自为状态的民间舆情，并提出了健康民族政策舆情引领与建设的建议。

严庆，男，河北乐亭人，1970年7月出生。法学博士，中央民族大学中国民族理论与民族政策研究院教授，硕士生导师，教研室主任。1992年毕业于河北师范大学思想政治教育专业，2004—2010年，在中央民族大学攻读硕士、博士学位，2008年赴美国得克萨斯大学政府学院交流访学。

主要研究方向：民族政治学、民族理论与民族政策、民族教育。合著、参编学术著作12部。主持和参研省级以上课题18项。已在《民族研究》《中国特色社会主义研究》等刊物发表学术论文100多篇。主要作品有《冲突与整合：民族政治关系模式研究》《解读“整合”与“民族整合”》《中国共产党民族工作发展研究（新疆卷）》《宗教理论与宗教政策》《民族关系理论通论（编写4章）》等。

《现阶段中国民族政策及其实践环境研究》（专著）

中央民族大学　青觉　严庆　沈桂萍

社会科学文献出版社　2011年12月出版

该书以民族政策基本范畴、具体政策调查研究和政策评估的结构安排，阐述了我国民族政策的基本内涵、体系构成、发展历程，以具体的政策实践揭示了民族政策与实践环境之间的互动，并通过介绍民族政策评估的理论与方法，使读者能够进一步体味我国民族政策的范畴与演变。全书共分三个部分，第一部分为民族政策系统的基本范畴，在这部分详细介绍了民族政策系统、民族政策的实践环境和中国民族政策的总体战略；第二部分从民族平等与团结政策、民族区域自治政策、维护民族团结、反对民族分裂政策、民族经济政策、民族教育政策、发展少数民族社会文化事业政策、宗教政策及少数民族干部政策8个方面对民族政策的内涵及其实践环境进行阐释分析；第三部分民族政策实践环境评价体系由民族政策实践环境评价概述和民族政策过程与实践环境关系评价分析组成。

青觉，男，1957年出生，甘肃天祝人。1979年毕业于中央民族学院政治系，1988年获法学硕士学位，2004年获法学博士学位，享受国务院特殊津贴。现任中央民族大学学术委员会委员，中央民族大学副校长，教授，博士生导师；北京市科学社会主义研究会常务理事，中国民族理论学会副会长兼秘书长，中国世界民族研究会常务理事。研究方向：民族政治学、民族理论与民族政策，在《民族研究》《中国特色社会主义研究》等学术期刊发表论文90余篇。已出版著作10余部，代表作：《马克思主义民族观的形成与发展》《中国共产党三代领导集体的民族理论与实践》《苏联民族政策的多维审视》《现阶段中国民族政策及其实践环境研究》等。

（中央民族大学科研处供稿）

中国政法大学

成果名称	主要作者	奖项名称	颁奖单位	成果形式	获奖等级
中国司法制度的基础理论问题研究	陈光中	北京市第十二届哲学社会科学优秀成果奖	中共北京市委 北京市人民政府	著作	特等奖
卢旺达国际刑事法庭的理论与实践	凌　岩	北京市第十二届哲学社会科学优秀成果奖	中共北京市委 北京市人民政府	著作	一等奖
刑事诉讼法哲理思维	樊崇义	北京市第十二届哲学社会科学优秀成果奖	中共北京市委 北京市人民政府	著作	二等奖
当代中国民法学的理论转型	柳经纬	北京市第十二届哲学社会科学优秀成果奖	中共北京市委 北京市人民政府	著作	二等奖
《联合国海洋法公约》争端解决机制研究	高健军	北京市第十二届哲学社会科学优秀成果奖	中共北京市委 北京市人民政府	著作	二等奖

续表

成果名称	主要作者	奖项名称	颁奖单位	成果形式	获奖等级
当代中国国际定位的若干思考	蔡　拓	北京市第十二届哲学社会科学优秀成果奖	中共北京市委 北京市人民政府	论文	二等奖
“气”与抗争政治：当代中国乡村社会稳定问题研究	应　星	北京市第十二届哲学社会科学优秀成果奖	中共北京市委 北京市人民政府	著作	二等奖
WTO框架下农产品特殊保障机制（SSM）的设立及中国的立场选择	宏　结 慧　聪	商务部第七届中国贸易经济与产业安全研究奖	中华人民共和国商务部	论文	二等奖

特等奖、一等奖成果简介

《中国司法制度的基础理论问题研究》（见第734页）

《卢旺达国际刑事法庭的理论与实践》（见第746页）

（中国政法大学科研处刘璐供稿）

中央财经大学

成果名称	负责人	奖项名称	颁奖单位	成果形式	获奖等级
中国城市居民的金融受排斥状况研究	李　涛	北京市第十二届哲学社会科学优秀成果奖	中共北京市委 北京市人民政府	论文	一等奖
落实科学发展观的财税政策体系研究	白彦锋	北京市第十二届哲学社会科学优秀成果奖	中共北京市委 北京市人民政府	著作	二等奖
企业管理范式转型研究	肖海林	北京市第十二届哲学社会科学优秀成果奖	中共北京市委 北京市人民政府	著作	二等奖
公共行政执行中的中层理论——政府执行力研究	曹堂哲	北京市第十二届哲学社会科学优秀成果奖	中共北京市委 北京市人民政府	著作	二等奖
我国对美离岸服务外包影响因素与竞争力研究	章　宁	北京市第十二届哲学社会科学优秀成果奖	中共北京市委 北京市人民政府	著作	二等奖

一等奖成果简介

《中国城市居民的金融受排斥状况研究》（见第737页）

（中央财经大学科研处供稿）

对外经济贸易大学

成果名称	主要作者	奖项名称	颁奖单位	成果形式	获奖等级
企业财务质量与管理质量关系研究	张新民	北京市第十二届哲学社会科学优秀成果奖	中共北京市委 北京市人民政府	著作	一等奖
统筹国内发展和对外开放：依据、内容与路径	桑百川	北京市第十二届哲学社会科学优秀成果奖	中共北京市委 北京市人民政府	著作	一等奖
中国企业国际化经营研究报告2010	林汉川	北京市第十二届哲学社会科学优秀成果奖	中共北京市委 北京市人民政府	著作	二等奖
中国社会保障制度一体化研究	王国军	北京市第十二届哲学社会科学优秀成果奖	中共北京市委 北京市人民政府	著作	二等奖
转轨时期农民工就业歧视问题研究	李长安	北京市第十二届哲学社会科学优秀成果奖	中共北京市委 北京市人民政府	著作	二等奖

续表

成果名称	主要作者	奖项名称	颁奖单位	成果形式	获奖等级
发展战略与经济增长	徐朝阳	北京市第十二届哲学社会科学优秀成果奖	中共北京市委 北京市人民政府	论文	二等奖
美国对华公共外交战略	檀有志	北京市第十二届哲学社会科学优秀成果奖	中共北京市委 北京市人民政府	著作	二等奖
版权客体论	卢海君	北京市第十二届哲学社会科学优秀成果奖	中共北京市委 北京市人民政府	著作	二等奖

一等奖成果简介

《企业财务质量与管理质量关系研究》（见第 749 页）

《统筹国内发展和对外开放：依据、内容与路径》（见第 738 页）

（对外经济贸易大学科研处供稿）

中国传媒大学

成果名称	主要作者	奖项名称	颁奖单位	成果形式	获奖等级
当代中美主流电视剧比较	郭艳民	北京市第十二届哲学社会科学优秀成果奖	中共北京市委 北京市人民政府	专著	二等奖
中国现代性的影像书写	彭文祥	北京市第十二届哲学社会科学优秀成果奖	中共北京市委 北京市人民政府	专著	二等奖
建设世界城市，打造东方影视之都	杨乘虎	北京市第十二届哲学社会科学优秀成果奖	中共北京市委 北京市人民政府	调研报告	二等奖
群体性事件：信息传播与政府应对	曾庆香	教育部第六届“高等学校科学研究优秀成果奖”（人文社会科学）	教育部	专著	三等奖

（中国传媒大学文科科研处供稿）

中国地质大学（北京）

成果名称	主要作者	奖项名称	颁奖单位	成果形式	获奖等级
全国矿业权实地核查	曹希绅	国土资源科学技术奖	国土资源部	科研报告	一等奖
低品位油气资源税费政策研究	雷涯邻	2011—2012 年度软科学研究优秀成果	国家能源局	科研报告	二等奖
全球能源战略研究	牛建英	国土资源科学技术奖	国土资源部	科研报告	二等奖

［中国地质大学（北京）科技处供稿］

北京科技大学

成果名称	主要作者	奖项名称	颁奖单位	成果形式	获奖等级
Portfolio Analysis：From Probabilistic to Credibilistic and Uncertain Approaches（中文译名：投资组合分析：从概率分析法到可信性和不确定理论分析法）	黄晓霞	北京市第十二届哲学社会科学优秀成果奖	中共北京市委 北京市人民政府	专著	一等奖

续表

成果名称	主要作者	奖项名称	颁奖单位	成果形式	获奖等级
利益表达与分配——转型期中国的收入差距与政府控制	吴群芳	北京市第十二届哲学社会科学优秀成果奖	中共北京市委 北京市人民政府	专著	二等奖
国外技术性贸易壁垒对我国出口影响研究	胡　波 阚　宏	国家质量监督检验检疫科技兴检奖	国家质量监督检验检疫总局	研究报告	二等奖
论艺术教育与创意经济发展	韩学周	全国第三届大学生艺术展演活动高校艺术教育科研论文奖	教育部	论文	三等奖

一等奖成果简介

《Portfolio Analysis: From Probabilistic to Credibilistic and Uncertain Approaches》(见第750页)

(北京科技大学科学研究与发展部李静供稿)

首都师范大学

成果名称	主要作者	奖项名称	颁奖单位	成果形式	获奖等级
宋本《切韵指掌图》研究	李　红	北京市第十二届哲学社会科学优秀成果奖	中共北京市委 北京市人民政府	著作	一等奖
说理	陈嘉映	北京市第十二届哲学社会科学优秀成果奖	中共北京市委 北京市人民政府	著作	二等奖
复归与重构——当代美国道德教育理论与实践的变革	朱晓宏	北京市第十二届哲学社会科学优秀成果奖	中共北京市委 北京市人民政府	著作	二等奖
知识、权力、课程——政策视野中的课程研究	蒋建华	北京市第十二届哲学社会科学优秀成果奖	中共北京市委 北京市人民政府	著作	二等奖
Effects of encoding and retrieval on the mechanism of item + context binding	肖　鑫	北京市第十二届哲学社会科学优秀成果奖	中共北京市委 北京市人民政府	论文	二等奖
教育生产函数与义务教育公平	薛海平	北京市第十二届哲学社会科学优秀成果奖	中共北京市委 北京市人民政府	论文	二等奖
五四时期社会文化嬗变研究	梁景和	北京市第十二届哲学社会科学优秀成果奖	中共北京市委 北京市人民政府	著作	二等奖
宋教仁思想研究	迟云飞	北京市第十二届哲学社会科学优秀成果奖	中共北京市委 北京市人民政府	著作	二等奖
中世纪英国财政史研究	施　诚	北京市第十二届哲学社会科学优秀成果奖	中共北京市委 北京市人民政府	著作	二等奖
现代诗的再出发：中国四十年代现代主义诗潮新探	张松建	北京市第十二届哲学社会科学优秀成果奖	中共北京市委 北京市人民政府	著作	二等奖
汉语历史语法研究	洪　波	北京市第十二届哲学社会科学优秀成果奖	中共北京市委 北京市人民政府	著作	二等奖
新乐府辞研究	张　煜	北京市第十二届哲学社会科学优秀成果奖	中共北京市委 北京市人民政府	著作	二等奖
阳光、生命和雕塑的乐土：中外雕塑公园研究	陶　宇	北京市第十二届哲学社会科学优秀成果奖	中共北京市委 北京市人民政府	著作	二等奖

一等奖成果简介

《宋本〈切韵指掌图〉研究》(见第750页)

(首都师范大学社科处黄胤英供稿)

首都经济贸易大学

项目名称	负责人	奖项名称	颁奖单位	成果形式	获奖等级
博弈论应用与经济动态模拟	王文举	第六届高等学校科学研究优秀成果奖（人文社会科学）	教育部	专著	三等奖
中国失业预警——理论视角、实践模型	纪　韶	第六届高等学校科学研究优秀成果奖（人文社会科学）	教育部	专著	三等奖
自然垄断产业改革：国际经验与中国实践	戚聿东	北京市第十二届哲学社会科学优秀成果奖	中共北京市委 北京市人民政府	专著	一等奖
质量评价与软件质量工程知识体系的研究	马　慧	北京市第十二届哲学社会科学优秀成果奖	中共北京市委 北京市人民政府	专著	一等奖
从规模到质量：中国利用外资的历史进程	邹昭晞	北京市第十二届哲学社会科学优秀成果奖	中共北京市委 北京市人民政府	专著	二等奖
中国消费者购买行为的文化价值观动因研究	张梦霞	北京市第十二届哲学社会科学优秀成果奖	中共北京市委 北京市人民政府	专著	二等奖
北京金融产业集聚效应研究	王曼怡	北京市第十二届哲学社会科学优秀成果奖	中共北京市委 北京市人民政府	专著	二等奖
首都跨界水源地经济与生态协调发展模式与机理	张贵祥	北京市第十二届哲学社会科学优秀成果奖	中共北京市委 北京市人民政府	专著	二等奖
医患关系的经济学研究	张　琪	北京市第十二届哲学社会科学优秀成果奖	中共北京市委 北京市人民政府	专著	二等奖
中国农村劳动力非农化转移规模估算及其变动过程分析	童玉芬	北京市第十二届哲学社会科学优秀成果奖	中共北京市委 北京市人民政府	论文	二等奖
我国高新技术产业创业政策的定量评估	肖周燕	第二届中国人才发展论坛	国家人力资源与社会保障部	论文	二等奖
公共财政对社会基本公共服务投入的最优规模与结构分析——以北京市为例	蔡秀云	第五次全国优秀财政理论研究成果奖	财政部	论文	三等奖
农村社区公共服务发展及其保障机制研究——以北京市为例的分析	蔡秀云	民政部 2012 农村社区建设理论研究课题成果奖	民政部	研究报告	三等奖
政府土地收益的现状解析与政策建议——以北京市为例	张立彦	第五次全国优秀财政理论研究成果奖	财政部	论文	三等奖

一等奖成果简介

《自然垄断产业改革：国际经验与中国实践》（见第 739 页）

《质量评价与软件质量工程知识体系的研究》（见第 748 页）

（首都经济贸易大学科研处供稿）

北京交通大学

项目名称	负责人	奖项名称	颁奖单位	成果形式	获奖等级
“小土豆”如何办成“大产业”——西部地区落实十七大精神加强新农村建设的有效产业支撑	李孟刚等	第六届高等学校科学研究优秀成果奖（人文社会科学）	教育部	咨询报告	二等奖

续表

项目名称	负责人	奖项名称	颁奖单位	成果形式	获奖等级
中国农产品现代物流发展研究——战略·模式·机制	张明玉等	第六届高等学校科学研究优秀成果奖（人文社会科学）	教育部	著作	二等奖
引入空间维度的经济学分析及我国铁路问题研究	赵　坚	第六届高等学校科学研究优秀成果奖（人文社会科学）	教育部	著作	三等奖
物流网络：物流资源的整合与共享	鞠颂东	第六届高等学校科学研究优秀成果奖（人文社会科学）	教育部	著作	三等奖
中国农产品现代物流发展机制研究	张明玉等	北京市第十二届哲学社会科学优秀成果奖	中共北京市委 北京市人民政府	调研报告	一等奖
北京市轨道交通司机安全性评价与管理研究	叶　龙	北京市第十二届哲学社会科学优秀成果奖	中共北京市委 北京市人民政府	调研报告	二等奖
天人和谐论	路日亮	北京市第十二届哲学社会科学优秀成果奖	中共北京市委 北京市人民政府	著作	二等奖

一等奖成果简介

《中国农产品现代物流发展机制研究》（见第 749 页）

（北京交通大学人文社科办公室供稿）

北京工业大学

项目名称	负责人	奖项名称	颁奖单位	成果形式	获奖等级
高校教育教学改革的理论思考与实践探索	肖　念	北京市第十二届哲学社会科学优秀成果奖	中共北京市委， 北京市人民政府	著作	二等奖
北京市生态涵养区生态补偿机制的构建与实施途径研究	李云燕	2011 年度北京市统一战线理论研究和调查研究优秀成果奖	中国致公党北京市委员会	调研报告	优秀成果奖

（北京工业大学科技处张爱民供稿）

北京林业大学

项目名称	负责人	奖项名称	颁奖单位	成果形式	获奖等级
中国省域生态文明建设评价报告	严　耕 林　震 杨志华 吴明红 刘　洋 樊阳程	高等学校科学研究优秀成果奖（人文社科类）	教育部	著作	三等奖
中国省域生态文明建设评价报告	严　耕	北京市第十二届哲学社会科学优秀成果奖	中共北京市委 北京市人民政府	著作	二等奖

（北京林业大学科技处张力供稿）

北京联合大学

项目名称	负责人	奖项名称	颁奖单位	成果形式	获奖等级
北京市中小企业地方立法研究：《北京中小企业促进条例》立项论证报告及《条例》草案稿	陶秋燕	北京市第十二届哲学社会科学优秀成果奖	中共北京市委 北京市人民政府	调研报告	二等奖
北京市乡镇人大发挥职能作用情况调研报告	王维国	北京市第十二届哲学社会科学优秀成果奖	中共北京市委 北京市人民政府	调研报告	二等奖

（北京联合大学科研处供稿）

首都体育学院

成果名称	主要作者	奖项名称	颁奖单位	成果形式	获奖等级
制度变迁、城市遴选、市场开发——我国综合性体育赛事改革研究	钟秉枢	北京市第十二届哲学社会科学优秀成果奖	中共北京市委 北京市人民政府	专著	二等奖
美与和谐的体育教学及其构建	骆秉全	北京市第六届教育科学研究优秀成果奖	北京市教委	课题研究报告	三等奖

（首都体育学院科研处罗笛供稿）

外交学院

成果名称	主要作者	奖项名称	颁奖单位	成果形式	获奖等级
当代美欧关系史	赵怀普	北京市第十二届哲学社会科学优秀成果奖	中共北京市委 北京市人民政府	专著	一等奖

一等奖成果简介

《当代美欧关系史》（见第 742 页）

（外交学院科研处陈海花供稿）

中国青年政治学院

成果名称	主要作者	奖项名称	颁奖单位	成果形式	获奖等级
金融创新的税法规制	汤洁茵	北京市第十二届哲学社会科学优秀成果优秀奖	中共北京市委 北京市人民政府	专著	二等奖

（中国青年政治学院科研处供稿）

国家发展和改革委员会宏观经济研究院

项目名称	负责人	完成单位	成果形式	获奖等级
提高能效实现 2020 年单位 GDP 二氧化碳排放量	戴彦德 杨宏伟	能源研究所	研究报告	二等奖
哈尔滨发展战略研究	马晓河	宏观经济研究院	研究报告	三等奖
“十二五”时期促进农民工市民化问题研究	申　兵 欧阳慧	国土开发与地区经济研究所	研究报告	三等奖

续表

项目名称	负责人	完成单位	成果形式	获奖等级
促进民间金融健康发展若干问题研究	林勇明	投资研究所	研究报告	三等奖
全球温室气体中长期减限排机制对我国能源发展和碳排放战略的影响研究	韩文科 姜克隽	能源研究所	研究报告	三等奖
基本公共服务均等化标准与阶段性目标研究	曾红颖 杨宜勇	社会发展研究所	研究报告	三等奖
“十二五”时期加快贫困地区脱贫致富的对策	胡　勇 张庆杰	国土开发与地区经济研究所	研究报告	三等奖

（国家发展和改革委员会宏观经济研究院丁刚供稿）

国家行政学院

2012 年度国家行政学院（省部级）第三届优秀科研、咨询成果奖

成果名称	负责人	颁奖单位	成果形式	获奖等级
监督大变革：从控制走向治理——当代中国政府审计功能演进	易丽丽	国家行政学院	著作	一等奖
风险治理与政府应急管理流程优化	钟开斌	国家行政学院	著作	一等奖
转变发展方式重在创新	樊继达	国家行政学院	论文	一等奖
当代中国社会体制的改革与创新	丁元竹	国家行政学院	论文	一等奖
互联网时代的政府公信力建设	褚松燕	国家行政学院	论文	一等奖
“十二五”时期我国产业重在“四张网”建设	董小君	国家行政学院	研究报告	一等奖
关于我国应急产业和装备发展现状的调研报告	刘　钊	国家行政学院	研究报告	一等奖
财政风险概论	许正中	国家行政学院	教材	一等奖
低碳经济视角下的地方政府征集指标体系研究	王　茹	国家行政学院	著作	二等奖
权力论——权力制约与监督法律制度研究	魏　宏	国家行政学院	著作	二等奖
人民币汇率制度选择研究	马小芳	国家行政学院	著作	二等奖
经济学范式革命与中国模式解读——基于社会原组织理论的模式经济学	张孝德	国家行政学院	著作	二等奖
中美利益集团与政府决策的比较研究	刘恩东	国家行政学院	著作	二等奖
人民币升值给中国经济带来的风险及对策建议	马小芳	国家行政学院	论文	二等奖
以“控”“疏”协调的宏观经济政策治理通货膨胀	王　健	国家行政学院	论文	二等奖
“大城管”模式下城市综合执法联动机制研究——以贵阳市为例	张小明	国家行政学院	论文	二等奖
我国政府审计的绩效及其特征——基于1983—2008年间的数据分析	易丽丽	国家行政学院	论文	二等奖
发达国家如何求解食品安全之惑	车文辉	国家行政学院	论文	二等奖
美国联邦政府远程办公改革对我国节约型机关建设的启示	李　明	国家行政学院	论文	二等奖
“十二五”期间应进一步巩固和推进“万村千乡市场工程”	蔡春红	国家行政学院	论文	二等奖
裁量基准效力研究	戴建华	国家行政学院	论文	二等奖

续表

成果名称	负责人	颁奖单位	成果形式	获奖等级
有关对物权行政限制的几个法律问题	胡建森	国家行政学院	论文	二等奖
阻碍我国经济长期增长的三大思维误区	李江涛	国家行政学院	论文	二等奖
预防和减少信访问题根本在于加快推进依法行政	钟开斌	国家行政学院	研究报告	二等奖
中国旅游公共服务发展“十二五”规划	李军鹏	国家行政学院	研究报告	二等奖
加强经费管理，预防科研腐败	季成亮	国家行政学院	研究报告	二等奖
当前新疆社会稳定和社会管理的认识和建议	胡颖廉	国家行政学院	研究报告	二等奖
完善地票交易制度的几点建议	宋志红	国家行政学院	研究报告	二等奖
全面总结奥运会、世博会安保经验，推进中国特色应急管理和社会管理体制创新	乔仁毅	国家行政学院	研究报告	二等奖
领导能力提升简明读本	刘　峰	国家行政学院	教材	二等奖
能源应急管理：国际事件与中国探索	李江涛	国家行政学院	著作	三等奖
中国文化产业发展前沿——“十二五”展望	祁述裕	国家行政学院	著作	三等奖
形式辨认的原理与规制	王　佳	国家行政学院	著作	三等奖
当代中国公共政策输入过程研究——应急管理长效机制的治本之道	张小明	国家行政学院	著作	三等奖
突发事件应急指挥	宋劲松	国家行政学院	著作	三等奖
当代国际救灾体系比较研究	游志斌	国家行政学院	著作	三等奖
中国责任政府建设：基本评估与发展趋势	李军鹏	国家行政学院	论文	三等奖
《比希莫特》与霍布斯的政治教育	孔新峰	国家行政学院	论文	三等奖
中国的公务员制度：对西方经验的拒绝、改造、引进与超越	宋世明	国家行政学院	论文	三等奖
应急管理理论与实践的经济学视角	李　明	国家行政学院	论文	三等奖
政府公共服务创新：类型、动力机制及创新失败	孙晓莉	国家行政学院	论文	三等奖
少数民族地区公共服务建设的难点及对策	黄　伟	国家行政学院	论文	三等奖
不同地区基层党政干部工作满意度实证调查	胡月星	国家行政学院	论文	三等奖
应急救援队伍建设：德国模式及借鉴	张　磊	国家行政学院	论文	三等奖
驾驭经济危机、重构世界货币体系	许正中	国家行政学院	论文	三等奖
构建国家应急广播体系的分析与思考	王彩平	国家行政学院	论文	三等奖
英国政府改革中的执行机构	宋雄伟	国家行政学院	论文	三等奖
社会保险权的历史发展：从工业公民资格到社会公民资格	李志明	国家行政学院	论文	三等奖
中国检查制度改革应侧重行政权监督	李　勇	国家行政学院	论文	三等奖

续表

成果名称	负责人	颁奖单位	成果形式	获奖等级
全面认识资本管制，稳步推进资本项目可兑换	陈炳才	国家行政学院	论文	三等奖
感知国家话语下市场话语的脉动——我国网络新媒体管理政策的宏观思考	高宏存	国家行政学院	论文	三等奖
关于进一步完善产品质量责任制度的建议	车文辉	国家行政学院	研究报告	三等奖
关于建立我国减灾救灾的社会联运参与机制的研究报告	褚松燕	国家行政学院	研究报告	三等奖
提升我国民用大飞机关键技术研发水平——中国民用大飞机发展战略及产业政策研究之四	程　萍	国家行政学院	研究报告	三等奖
解决我国民间高利贷问题的政策建议	陈炳才	国家行政学院	研究报告	三等奖
加强特殊人群社会管理服务	张林江	国家行政学院	研究报告	三等奖
解开民族心理上的结	丁元竹	国家行政学院	研究报告	三等奖
经济社会热点问题研究	蒲　实	国家行政学院	研究报告	三等奖
依法保障主体功能区建设的建议	杨小军	国家行政学院	研究报告	三等奖
社会组织能力建设	马庆钰	国家行政学院	教材	三等奖

（国家行政学院科研部项纪旸供稿）

中共北京市委党校　北京行政学院

获奖成果名称	作者	奖励名称	颁奖单位	成果形式	获奖等级
中国对外贸易出口：问题、原因与对策	马相东	北京市第十二届哲学社会科学优秀成果奖	中共北京市委 北京市人民政府	论文	二等奖
党内民主文化建设——党的建设的新视角	刘汉峰	北京市第十二届哲学社会科学优秀成果奖	中共北京市委 北京市人民政府	论文	二等奖
中国哲学批评史论	张耀南	北京市第十二届哲学社会科学优秀成果奖	中共北京市委 北京市人民政府	著作	二等奖
正确处理人大代表履职过程中的若干关系	黄小钫	北京市第十二届哲学社会科学优秀成果奖	中共北京市委 北京市人民政府	论文	二等奖
文人风化与人的变形——卢梭《论科学与艺术》的社会学主旨	潘建雷	北京市第十二届哲学社会科学优秀成果奖	中共北京市委 北京市人民政府	论文	二等奖
北京市国资委国有资本经营预算总结“十一五”、谋划“十二五”研究报告	赵虹君	北京市 2010—2011 年度优秀调查研究成果奖	中共北京市委 北京市人民政府	调研报告	优秀奖
公众参与：利益表达与利益整合的视角	何　军	全国党校系统第九届优秀科研成果奖	中央党校	论文	一等奖
“行业组织”抑或“服役名册”	高寿仙	全国党校系统第九届优秀科研成果奖	中央党校	论文	一等奖
北京市党内基层民主创新研究报告	刘汉峰	全国党校系统第九届优秀科研成果奖	中央党校	研究报告	二等奖
青石存史	梁　骏	全国党校系统第九届优秀科研成果奖	中央党校	著作	二等奖

（中共北京市委党校、北京行政学院科研处供稿）

一等奖成果简介

《公众参与：利益表达与利益整合的视角》（论文）

中共北京市委党校　何　军

该文主要作了以下阐述：拆迁涉及政府、拆迁户、开发商和拆迁公司等各方利益，是当前产生社会矛盾和不稳定的一个重要领域。北京市酒仙桥地区在危改拆迁中引入了投票，是基层政府面对复杂的各方利益纷争和冲突的政府管理目标，难以协调整合下的“无奈选择”。酒仙桥“投票拆迁”颇具创新精神，但也反映出公众在利益表达，参与决策中存在的问题；反映出政府在社会利益结构中的准确定位，在协调和整合能力、机制方面的欠缺等问题与弊端。可以预见，各种形式的公众参与将持续增加，对以整合社会利益、增进公共利益为最终目标的政府提出了严峻的挑战。

何军，男，1974年出生，安徽巢湖人，2000年云南大学政治学理论专业硕士毕业，2000—2003年在安徽省委党校任教，2003—2006年在中国人民大学攻读中外政治制度专业博士学位，2006年至今在北京市委党校（北京行政学院）任教，2007—2009年在中国社会科学院法学所从事博士后研究工作，在CSSCI刊物发表论文10余篇。主要研究领域为中国政治、公民参与、政党政治及公共管理等。

《“行业组织”抑或“服役名册”》（论文）

中共北京市委党校　高寿仙

该文对中国社会经济史上长期争论不休的“行会”问题进行了全面、彻底的检视和探讨，提出了“行”不但不是行会，甚至也不是实体组织的全新见解。该文认为，欧洲不同城市的行会，其起源、形态和作用颇有差异，但它们也有共同的特征，就是对外享有行业垄断特权以避免外来竞争，对内实行管理和监督以避免内部竞争。但中国的“行”却完全不具备这两方面的功能，综合分析相关史料，可以确定，宋代的“团行”，除了承担官府差役，似乎并无其他功能，不能称为“行会”，硬要称之为“行会”，除了造成概念的混淆外，并无实质意义。更加丰富的明代史料显示，被认为与宋代“团行”属于同种类型的“铺行”，确凿无疑地是由官府强制佥编的。如同其他类别的役户一样，官府要对铺户定期清审，强迫他们轮流当役，而一些特权身份者可以享受优免待遇。不唯如此，从相关资料看，“行”很可能只是一种“役籍”，即服役名册，而并非实体性的行业组织，在册成员除了按照官府确定的次序轮流服役之外，相互之间并无组织性的活动和联系。正因“行”不过是一种“役籍”，所以在有的时候、有的地方，并不从事工商业的富裕户也被强迫佥编当役。

高寿仙，1962年出生，河北东光人。北京大学历史系毕业。现任中共北京市委党校（北京行政学院）校刊编辑部主任、《新视野》副主编、研究员，兼任中国明史学会副会长、北京大学明清研究中心研究员、中国社会科学院历史所明史室客座研究员等职。著有《中国宗教礼俗——传统中国人的信仰观念及其实态》《明代农业经济与农村社会》《徽州文化》《天启皇帝大传》（合著）等书，发表论文80余篇。个人论著曾获得北京市第10届哲学社会科学优秀成果奖二等奖、全国党校系统第九届优秀科研成果一等奖，参撰著作曾获得“五个一工程”入选图书奖、中国图书奖、全国教育图书二等奖、中国社会科学院优秀科研成果奖等。

（中共北京市委党校、北京行政学院科研处供稿）

北京市社会科学院

北京市第十二届哲学社会科学优秀成果奖

项目名称	负责人	颁奖单位	成果形式	获奖等级
中国古代科学思想史要	王　光	中共北京市委 北京市人民政府	著作	一等奖
批判学派与现代和后现代科学哲学	郝　苑	中共北京市委 北京市人民政府	著作	二等奖
首都经济新增长点研究	赵　弘	中共北京市委 北京市人民政府	著作	二等奖
北京地名发展史	孙冬虎	中共北京市委 北京市人民政府	著作	二等奖

续表

项目名称	负责人	颁奖单位	成果形式	获奖等级
首都城市公用事业市场化研究	杨　松	中共北京市委 北京市人民政府	著作	二等奖
北平的大学教育与文学生产：1928—1937	季剑青	中共北京市委 北京市人民政府	著作	二等奖
北京城市内部人口迁居研究	齐　心	中共北京市委 北京市人民政府	著作	二等奖

北京市优秀调查研究成果奖

项目名称	负责人	颁奖单位	成果形式	获奖等级
北京世界城市建设路径和近期建设重点研究	叶立梅	中共北京市委 北京市人民政府	研究报告	二等奖
中关村国家自主创新示范区引领国家战略性新兴产业发展的战略重点及对策研究	赵　弘	中共北京市委 北京市人民政府	研究报告	优秀奖

全国新闻学青年学者优秀学术成果奖

项目名称	负责人	颁奖单位	成果形式	获奖等级
异化的“去中心”：审视电子乌托邦	徐　翔	教育部	论文	十佳论文

一等奖成果简介

《中国古代科学思想史要》（见第754页）

（北京市社会科学院科研处供稿）

·学术活动·

概　述

本栏目记述2012年度北京地区哲学社会科学各大学科的重要学术活动简况，包括国内与国际的理论研讨会、纪念座谈会、学术年会、论坛、学术报告会、选题策划会、学术讲座以及社科普及活动等学术活动。简介包括活动主题、主办协办单位、参与单位、主要出席人士、主要观点、主要成果等内容。

马克思主义　科学社会主义

第二届马克思主义中国化学术论坛　2012年1月是邓小平"南方谈话"发表20周年。1月5日来自理论界的百余人聚会中国社会科学院，出席由中国社会科学院马克思主义研究院马克思主义中国化研究部主办的第二届马克思主义中国化学术论坛——"南方谈话"与中国特色社会主义新发展学术研讨会。中国社会科学院马克思主义研究院党委书记侯惠勤教授致开幕词。马克思主义中国化研究部副主任金民卿作"邓小平南方谈话的思想价值和当代思考"主题演讲。

汝信、李崇富、徐崇温、郭建宁、秦宣、龙平平等知名专家一致指出，1992年年初在苏联解体还不到一个月，第一个社会主义国家苏联垮台，以及其他9个社会主义国家也发生剧变，全世界目光同时转向中国时，邓小平以88岁的高龄毅然南下考察，并在武昌、深圳、珠海、上海等地发表了一系列重要讲话。"南方谈话"及时深刻地回答了我国改革开放中一些重大问题，极大地解放了人们的思想和坚定了人们的社会主义信念，成为继十一届三中全会以来的第二份宣言书，指引了中华民族沿着中国特色社会主义道路前进的正确航向。从此，一个快速发展的中国屹立于世界的东方。

专家们说，"南方谈话"成功回答了社会主义本质，形成了中国特色社会主义发展史上的一座丰碑，是马克思主义中国化思想史上的重要篇章。专家们强调，世界在变，形势在发展，中国特色社会主义实践在深入纪念"南方谈话"20周年和重温讲话精神，就是要立足当下，继续高举中国特色社会主义伟大旗帜，坚持中国特色社会主义道路和中国特色社会主义理论体系，不断推进马克思主义中国化，向着全面建设小康社会的宏伟目标努力前行。

（参见《光明日报》2012年1月6日第1版）

纪念邓小平南方谈话发表20周年理论研讨会　1月6日下午，北京市中国特色社会主义理论体系研究中心办公室和《中国特色社会主义研究》杂志社在京召开了"纪念邓小平南方谈话发表20周年"理论研讨会。来自中共中央党史研究室、中共中央党校、北京大学、中国人民大学、北京行政学院等单位的知名专家学者十余人参加了会议。会议由研究中心秘书长、办公室主任李翠玲主持。

研讨会上，北京行政学院教授、北京师范大学兼职教授侯且岸，中共中央党史研究室第三研究部党建处处长、研究员张士义，中共中央党校党建部教授张荣臣，中国人民大学马克思主义学院教授、博士生导师陶文昭，中国人民大学马克思主义学院中共党史系教授杨德山，北京大学马克思主义学院教授、博士生导师程美东分别以"邓小平'南方视察谈话'的思想史意义""'南方谈话'对党的十四大三大决策的影响""重温党和国家领导制度改革""缩小贫富差距需要硬指标""中共执政党建设转型的关节点""在追求共识中推进政治体制改革"等为题作了主题发言。与会专家一致认为，"南方谈话"

是邓小平对中国特色社会主义理论的重大贡献，是邓小平理论创新的集中体现，在推进马克思主义中国化的历史进程中具有特殊的重要性；“南方谈话”是把改革开放和现代化建设推向新阶段的又一个解放思想、实事求是的宣言书，为党的十四大的召开作了充分的理论准备，不仅对中国而且对世界具有重大的政治影响；“南方谈话”对当前进一步深化改革开放，全面建设小康社会也具有重要的现实意义。学术界应当结合中国特色社会主义建设的伟大实践，继续加强和深化对“南方谈话”的研究，推动中国特色社会主义理论体系的研究和宣传，推进马克思主义中国化、时代化和大众化。

（北京市中国特色社会主义理论体系研究中心办公室供稿）

纪念邓小平南方谈话发表20周年座谈会　北京大学中国特色社会主义理论体系研究中心于1月17日在京举行纪念邓小平同志南方谈话发表20周年座谈会，杨河、黄宗良、夏学銮、王东、钟哲明、闫志民等专家学者出席会议。

与会同志一致认为，20年前，在我国改革开放和现代化建设关键时刻，邓小平同志以巨大的理论勇气，对一系列关系党和国家命运的重大问题作了精辟论述，深刻回答了长期困扰和束缚人们思想的许多重大认识问题，开启了改革开放和现代化建设的新局面，坚持和发展了科学社会主义。

大家认为，建设中国特色社会主义必须始终坚持马克思主义，坚持马克思主义的前提是弄清楚什么是马克思主义、如何对待马克思主义。邓小平同志强调，马克思主义是科学，马克思主义是打不倒的，实事求是是马克思主义的精髓。邓小平以其对马克思主义的正确理解、科学态度，坚持与发展了马克思主义，开拓了马克思主义新境界。

与会者说，关于什么是社会主义、怎样建设社会主义，邓小平同志科学分析了社会主义与资本主义的本质区别，对社会主义的本质作了总结性的理论概括，即“社会主义的本质，是解放生产力，发展生产力，消灭剥削，消除两极分化，最终达到共同富裕”。这一概括揭示了社会主义的根本任务和根本目的，突出了发展生产力的基础地位，反映了人民利益和时代要求，摆脱了拘泥于社会主义具体模式的错误倾向，深化了对社会主义的认识。“三个有利于”标准的提出把发展生产力、增强综合国力和提高人民生活水平三者有机结合起来，从根本上排除了姓“资”姓“社”的抽象争论的干扰，明确了衡量改革开放和现代化建设是非得失的依据。

大家表示，重温南方谈话，要学习南方谈话所蕴含的科学思想方法，从中汲取智慧，更好地解决前进道路上遇到的问题，把中国特色社会主义伟大事业不断推向前进。

（参见《光明日报》2012年2月7日第11版）

思想道德修养与法律基础研究会年会　1月中旬，北京高教学会思想道德修养与法律基础研究会在北京湖北大厦召开了学术年会，来自研究会50多个理事单位的近100名老师参加了此次会议。邀请北京大学马克思主义学院院长郭建宁教授作了题为《当前理论研究与文化建设若干前沿问题》的学术报告。郭教授的报告就马克思主义的中国化、时代化和大众化，中国经验、中国道路和中国模式，以及文化建设的整体态势与发展走向等问题作了精彩的阐述。此次报告既丰富了大家的知识，也开阔了大家的视野。

（北京高等教育学会秘书处牛惠兰供稿）

北京高校中国化马克思主义教学研究会2011年寒假教学研讨会　“北京高校中国化马克思主义教学研究会2011年寒假教学研讨会”最近在北京举行。与会者围绕教学与科研相结合这一主题进行了研讨。

与会者认为，高校思想政治理论课教师既承担着教育教学任务，又承担着马克思主义理论学科建设的任务。推进马克思主义中国化、时代化和大众化，需要高校思想政治理论课教师在课程教学中以马克思主义为指导，对教学内容进行深入研究，这样才能达到引领学生学习、提高学生素质的目的。高校应充分认识思想政治理论课在帮助学生树立正确的世界观、人生观、价值观方面的重要作用，高度重视马克思主义理论研究，并及时将研究成果运用于学科建设中。为此，应坚持以学科建设支撑教育教学，以教育教学促进学科建设，使教学与科研相结合。在学科体系建设中，坚持马克思主义指导地位，把中国特色社会主义理论体系贯穿到哲学社会科学各学科中，把社会主义核心价值体系体现到学科建设的方方面面。同时，不断加强教师队伍建设，进一步提高教师素质，引导他们钻研业务、加强修养，用良好的道德形象影响学生，用优良的思想作风带动学生，用高尚的人格力量感染学生；深化教学方法改革，采用多种教学方式帮助学生真正理解党和国家的路线方针政策，增强教育教学的针对性、实效性和吸引力、感染力。

（参见《人民日报》2012年2月2日第7版）

贯彻落实科学发展观课题调研会　2月4日下午，北京市中国特色社会主义理论体系研究中心办公室在京召开了“贯彻落实科学发展观”课题调研会。来自北京大学、中国人民大学、北京师范大学、北京日报、北京交通大学，国防大学中国特色社会主义理论体系研究中心、中国社会科学院中国特色社会主义理论体系研究中心、中共中央党校中国特色社会主义理论体系研究中心等单位的九名专家学者参加了会议。

调研会上，北京大学马克思主义学院院长郭建宁、北京大学宣传部部长夏文斌、中国人民大学马克思主义学院院长秦宣、北京师范大学马克思主义学院院长王树荫、北京日报社副总编伍义林、北京交通大学马克思主义学院院长韩振峰、国防大学中国特色社会主义理论体系研究中心办公室主任颜晓峰、中国社会科学院中国特色社会主义理论体系研究中心秘书长辛向阳、中共中央党校中国特色社会主义理论体系研究中心研究室主任洪向华等分别作主题发言。与会专家一致认为，科学发展观作为指导我国社会主义现代化建设的长期指导思想，具有深刻丰富的内涵。它不仅进一步推动了我国经济社会的全面发展和进步，而且也进一步丰富了马克思主义发展理论。与会专家对北京市科学发展观的贯彻情况进行了回顾，对所遇到的重点难点问题进行了分析，并指出北京贯彻落实科学发展观的生动实践不仅深刻印证了科学发展观这一重大战略思想的科学性，而且极大丰富了全党落实科学发展观的实践成果。应当结合中国特色社会主义建设的伟大实践，继续加强和深化对科学发展观的理论研究，从学理上阐明中国特色社会主义理论体系道路和制度的内在逻辑，通过对实践经验的总结和概括来丰富和发展马克思主义中国化的最新成果。

（北京市中国特色社会主义理论体系研究中心办公室供稿）

高校马克思主义传播之思想政治理论载体研究学术论坛　4月28日，“高校马克思主义传播之思想政治理论课载体研究”学术论坛在中国传媒大学召开。本次论坛是中国传媒大学马克思主义传播与大众化研究中心年度论坛之一，由思想政治理论课教研部承办。教育部高等学校社会科学发展研究中心主任、马克思主义传播与大众化研究中心主任冯刚，原教育部社科司司长杨瑞森，武汉大学马克思主义学院院长、马克思主义传播与大众化研究中心兼职研究员佘双好教授，中国农业大学思想政治教育学院李明教授，北京科技大学马克思主义学院左鹏教授以及来自中国传媒大学传播研究院、教务处、科研处等相关部门专家学者出席了会议。

（中国传媒大学科研处供稿）

马克思主义在当代的范式转型学术研讨会　5月12日，由中国政法大学马克思主义学院、《中国政法大学学报》主办的“马克思主义在当代的范式转型”学术研讨会在北邮科技大厦举行。参加本次会议的有来自北京大学、南开大学、苏州大学、台湾中国文化大学、中国社会科学院、中国政法大学马克思主义学院、人文学院等22家高校和科研单位以及《中国社会科学》《马克思主义研究》《中国人民大学学报》《北京行政学院学报》等11家理论刊物的近60位学者，中国政法大学马克思主义理论创新团队的青年教师、马克思主义学院的硕士生和博士生也参加了本次会议。会议围绕20世纪下半叶以来世界历史现实的结构性变化，围绕现代科学技术对人类生存方式和思维方式的改变，围绕包括西方马克思主义在内的各种社会思潮，对马克思主义理论新范式的可能生成路径进行了深入探讨。

（中国政法大学科研处刘璐供稿）

马克思主义中国化论坛·2012——科学发展观与当代中国　6月14日，中共北京市委宣传部、北京市中国特色社会主义理论体系研究中心、北京市社科联、北京大学马克思主义学院、清华大学马克思主义学院、中国人民大学马克思主义学院、北京师范大学马克思主义学院联合举办的“首都推进马克思主义理论研究和建设工作座谈会暨马克思主义中国化论坛·2012——科学发展观与当代中国”在清华大学召开，市委常委、宣传部部长、副市长、研究中心主任鲁炜出席论坛并讲话，清华大学党委书记胡和平教授致辞。市委副秘书长、研究中心常务副主任傅华，市社科联党组书记、研究中心常务副主任史秋秋和清华大学马克思主义学院常务副院长艾四林教授分别主持论坛。清华大学人文社会科学院院长李强教授，中国工程院院士、清华大学钱易教授，中国人民大学马克思主义学院院长秦宣教授，首钢总公司党委书记、董事长朱继民，中央党校哲学部原主任庞元正教授，中共中央文献研究室第五编研部巡视员张宁，北京师范大学党委副书记王炳林教授，北京大学马克思主义学院孙代尧教授分别作了大会发言。在京全国中国特色社会主义理论体系研究中心代表，首都各高校马克思主义学院院长，北京大学、清华大学、中国人民大学、北京师范大学部分师生代表，论坛征文作者代表，有关专家学者和理论工作者等150余人参加了论坛。

（北京市中国特色社会主义理论体系研究中心办公室供稿）

中国特色社会主义制度理论研讨会　6月26日，由北京市中国特色社会主义理论体系研究中心办公室和《中国特色社会主义研究》杂志社主办的“中国特色社会主义制度”理论研讨会在京召开。来自中共中央党校、中国社科院、中共北京市委党校、北京工业大学、首都经贸大学等单位的专家学者参加了会议。与会专家围绕中国特色社会主义制度的形成、价值追求、实践基础等问题进行了深入研讨。

中共中央党校陈文通教授认为，中国特色社会主义制度建设是一个过程。在当代，中国特色社会主义制度专指我国社会主义初级阶段的制度，是在政治、经济、文化、社会等各个领域形成的一整套相互联系的制度体系。首都经贸大学文魁教授指出，要从社会主义理论对改革开放实践的解释力出发，深化对中国特色社会主义制度的认识。中央党校辛鸣教授强调，探讨中国特色社会主义制度，首先应着重研究其实践基础、制度基础与价值基础以及三者之间的内在关系，只有透彻分析这些基础性问题，才能深刻理解中国特色社会主义制度的内涵。中国社科院辛向阳教授认为，应围绕价值观进行制度构建，中国特色社会主义制度的形成与完善离不开社会主义信仰体系的支撑。北京工业大学崔希福教授认为，西方新制度经济学的人的本质论、国家职能论、意识形态论等提出了崭新的理论视角和研究模式，这对唯物史观的理论研究以及中国特色社会主义理论与实践研究都具有重要的启迪和借鉴意义。

（《中国特色社会主义研究》杂志社供稿）

科学发展与人的发展理论研讨会　6月27日，《中国特色社会主义研究》杂志社和中国人学学会在北京联合举办了“科学发展与人的发展”理论研讨会。来自北京大学、中共中央党校、中国社会科学院、北京交通大学、中国人民解放军防化指挥工程学院等单位的知名专家学者参加了会议。会议由市社科联党组副书记、《中国特色社会主义研究》杂志主编崔新建主持。

研讨会上，与会专家认为，党的十六届三中全会明确提出“坚持以人为本，树立全面、协调、可持续的发展观，促进经济社会和人的全面发展”，把人的全面发展纳入科学发展观中，使人学研究有了更广阔的发展空间。与会专家学者就如何正确理解和落实科学发展观，如何正确认识“以人为本”思想和人的全面发展等问题发表了各自的见解。

关于科学发展观中以人为主体的思想，中国人学学会名誉会长、北京大学教授陈志尚指出，科学发展观凸显了马克思主体性思想的当代价值，从人的实践活动去解释和推动发展，从主客体两个方面探讨人的发展问题，给发展充实了新的内涵。中国人学会副会长、中国社会科学院罗文东教授认为，只有把科学的真理性和国家的政治指导思想结合起来，才能推动社会良好发展。只有保障人民群众的主体地位，才能符合人的自由全面发展。北京交通大学路日亮教授提出要以人为主体，首先就是要注重人的生命价值，人的生命价值是一切价值形成的基础和逻辑起点，是自然生命、社会生命、精神生命的统一，要加强生命价值观教育、强化生命意识；要创造和谐的社会环境，化解人的压力；要消除人的精神危机，完善人的生命意义，寻找生命价值；最后，要加强法制建设，保障生命权利。

关于科学发展的人学思考，中国人学会会长，北京大学教授丰子义认为，科学发展的核心问题是以人为本，科学发展与否的标准是人的发展，离开人的发展很难评判科学发展。对发展的科学性的理解和把握不是纯粹学理性的问题，而是有着深刻内涵的具有现实针对性的问题，是人类经历种种挫折失败之后才提出来的。发展的科学性合理性体现了规律性和目的性的统一，科学维度和价值维度的统一，既包含着尊重规律，又包含人的发展的最终价值追求。中国人学会副会长、中央党校教授韩庆祥认为以人为本体现了马克思主义哲学的价值取向，科学发展要尊重规律、实事求是、与时俱进，都要依靠人、为了人、尊重人。今天中国发展实践最根本的要求是依靠人的能力，每个人享受发展成果，以人为目的，以人为本。

关于正确认识人的全面发展，北京大学徐春副教授认为人的全面发展应该以自由发展为前提。人的发展程度和人的自由度密切相关，自由度越大，发展程度越高，就个人而言，自由发展与全面发展相互统一，前者是保证、是条件，没有自由，全面发展就是一句空话。防化指挥工程学院张维祥教授认为，自由是人的本性，人的发展都是在人的自由需要的基础上的，要按照需要发展自己，应当重视自由与人的全面发展问题的研究。

学者们还从其他视角对科学发展与人的发展进行讨论，李宏伟从生态文明的角度认为，科学发展的重点之一是转变发展方式，而转变经济发展方式尤其要注重生态文明建设，生态危机导致生态觉醒，科学发展不能仅重视学理层面，更应对这些问题给予关注。王虎学从历史发展的角度理解认为，科学发展就是从传统的发展到现代性发展的递进，将人的因素纳入其中，发展因人而变得科学，人的全面发展应涵盖人的自由个性、能力、社会关系和价值高度，要有一定的价值导向。

崔新建同志认为，科学发展观作为一种理念为人民群众所认知认同，但在其践行和落实中难度比较大，根源并非思想认识不到位，而在于利益驱动问题。因此应逐步减少发展中的盲目性，减少不科学因素，要用过程的观点、全球的眼光看待科学发展的长期性和复杂性，推进科学发展的实践，需要从社会发展和人的发展两个方面来把握，既注重社会的全面可持续发展，也要注重人的自由全面发展。

（《中国特色社会主义研究》编辑部供稿）

当代社会主义论坛　7月25日上午，北京市社会科学院第三次院长论坛在北京市社会科学院举行。本次论坛的主题是“当代社会主义”。论坛邀请了北京大学国际关系学院世界社会主义研究所所长张光明教授和中国人民大学马克思主义学院副院长侯衍社教授作主题报告。该院党组书记、院长谭维克主持论坛，许传玺副院长和院属相关部门负责人和研究人员参加了会议。张光明教授作了“从民主社会主义谈起”的学术报告。张教授认为，今天的资本主义已经成为资本社会主义，只要资本主义仍有着强大的生命力，当代历史的发展就只能通过内部演进而不是革命的手段来推动。中国特色的社会主义发展必然会走向民主的道路，这是一个漫长的过程，需要我们去用马克思主义唯物史观的思维方法，寻找到解决现实问题的钥匙。侯衍社教授作了“第三条道路价值观批判”的学术报告。侯教授从第三条道路价值观的凸显与提出、价值观产生的时代背景、价值观的理论来源和实质、价值观在各领域体现、价值观的影响和历史地位、价值观带给我们的启示等六个方面作了阐释。最后，张光明教授和侯衍社教授与北京市社科院与会的科研人员进行了交流互动。

（北京市社会科学院科研处供稿）

首都理论界学习胡锦涛总书记重要讲话精神座谈会
8月3日，中共北京市委宣传部、北京市中国特色社会主义理论体系研究中心、北京市社科联共同举办“首都理论界学习胡锦涛总书记重要讲话精神座谈会”，市社科联党组书记、常务副主席、研究中心常务副主任史秋秋同志主持会议。李君如、王怀超、辛鸣、秦宣、丰子义等来自中央党校、中国社会科学院、北京大学、中国人民大学、北京师范大学、市社会科学院的首都著名专家学者在会上发言，畅谈了学习胡锦涛总书记重要讲话精神的体会。

与会的专家学者畅谈了学习胡锦涛总书记“7·23”重要讲话精神的体会。大家一致认为，胡锦涛总书记的重要讲话，思想深刻、内涵丰富、论述精辟，通篇贯穿了解放思想、实事求是、与时俱进的思想路线，科学分析了当前我国面临的新形势新任务，深刻阐述了事关党和国家全局的若干重大问题，深刻回答了党和国家未来发展的一系列重大理论和实践问题。胡锦涛总书记的重要讲话集中体现了马克思主义中国化的最新成果，是指引全党全国各族人民开创中国特色社会主义伟大事业新局面的纲领性文献，对于我们在新的历史条件下推进中国特色社会主义伟大事业和党的建设新的伟大工程具有重大而深远的指导意义。

与会专家表示，首都理论界要把认真学习、深刻领会讲话精神，作为首都理论界当前和今后一个时期的一项重要政治任务，充分认识讲话的重大意义，全面把握讲话内涵，深刻领会讲话实质，切实把思想和行动统一到讲话精神上来。首都理论工作者要在认真学习深刻领会的基础上，作好讲话精神的研究、阐释和宣传，进一步深化中国特色社会主义理论体系特别是科学发展观的研究，为党的十八大胜利召开营造良好的思想理论氛围。

（北京市中国特色社会主义理论体系研究中心办公室供稿）

中国道路：十六大以来理论与实践的新发展座谈会
8月29日，中共中央文献研究室主办的“中国道路：十六大以来理论与实践的新发展”学术座谈会在北京举行。座谈会结合学习胡锦涛同志7月23日在省部级主要领导干部专题研讨班开班式上的重要讲话，集中研讨了十六大以来中国道路理论与实践的新发展。

中央文献研究室主任冷溶同志出席会议并致辞。来自中央文献研究室、中央党校、中央编译局、中国社会科学院、国防大学等单位的专家学者，从“科学发展观与十六大以来的理论创新”“在改革开放中发展中国的道路”“总结科学发展观理论和实践成果的思考”“中国特色社会主义道路与党的基本路线的关系”“科学发展道路与十六大以来中国道路的新拓展”“中国特色社会主义道路越走越宽广”“科学发展观与中国式现代化道路”等不同角度，交流自己学习胡锦涛同志重要讲话的体会、梳理十六大以来中国道路在理论和实践两方面的新发展。

与会专家学者一致认为，胡锦涛同志在研讨班开班式上的重要讲话，从坚持和发展中国特色社会主义的政治高度和宽广视野，深入总结改革开放以来特别是十六大以来建设中国特色社会主义的经验，精辟分析我国面临的新形势新任务，科学阐述事关党和国家全局的若干重大问题，深刻回答了党和国家未来发展的一系列理论和实践问题，对于团结动员全党全国各族人民解放思想、实事求是、与时俱进、开拓创新，满怀信心地沿着中国特色社会主义道路，为全面建成小康社会而奋斗具有十分重要的意义。

（中共中央文献研究室胡昌勇供稿）

北京市科社学会纪念邓小平南方谈话20周年理论研讨会　8月31日，北京市科学社会主义学会与中国社科院马克思主义研究院马克思主义发展研究部在中国社科院联合举办了“纪念邓小平南方谈话20周年学习贯彻胡锦涛同志‘7·23’重要讲话理论研讨会”。研讨会采取了主题发言与自由发言相结合的形式。中央文献研究室的张贺福研究员和中国社科院马克思主义研究院马克思主义发展研究部罗文东研究员作主题发言。北京大学、中国人民大学、国防大学、空军指挥学院、中国社科院、北京社科院和北京市委党校等50多人出席了会议，北京科学社会主义学会会长许耀桐主持。

张贺福研究员的发言题目是：“从‘7·23’讲话看南方谈话的重大意义——沿着南方谈话开辟的

新境界继续推进改革开放的历史进程”。张贺福首先讲述了邓小平南方谈话和胡锦涛“7·23”讲话的相似背景和重大意义。他认为，在南方谈话发表整整20周年之际，党的十八大即将召开。关于改革开放的走向问题的争论格外激烈。不外是因改革开放出现的问题引发的走老路和邪路两种思潮的干扰以及改革开放面临一系列极具复杂困难和挑战的新考验。20年前，当中国的改革开放处于重大关头，邓小平同志视察南方发表了重要谈话，深刻回答了长期束缚人们思想的许多重大认识问题，这个谈话被称作是把改革开放和现代化建设推进到新阶段的又一次思想解放、实事求是的宣言书。20年后的今天，在党的十八大即将召开之际，胡锦涛同志“7·23”重要讲话，深刻回答了党和国家未来发展的一系列理论和实践问题，从某种意义上讲，是南方谈话精神的继续。两篇讲话都是在国内改革开放向何处去备受关注的重要历史关头发表的；都是在国际局势发生重大变化的历史条件下阐发的，统筹国际国内两个大局的意识都很强；都是重大理论创新成果（邓小平理论、科学发展观）成熟期的重要篇章或者说标志性文献；都带有高度的概括意义；都经过了实践的充分检验。

学习两篇讲话可以得到以下启示：南方谈话的意义重大，基本精神不会过时：坚持科学发展才是硬道理；以思想的不断解放，提高改革开放的能力和水平；善于把握世界大势和中国发展的大势，善于统筹国际国内大局。

中国社科院研究员罗文东发言的题目是“坚定不移沿着中国特色社会主义道路前进——学习胡锦涛同志7·23重要讲话精神”。罗文东认为，走什么路，是关系党和人民的事业兴衰成败的首要问题，是关系国家和民族的前途命运的根本问题。胡锦涛同志“7·23”讲话从党和国家事业发展全局和战略的高度，阐明了在改革和发展关键时期举什么旗帜，走什么道路、朝什么目标继续前进的重大问题，是我们党领导人民坚持和发展中国特色社会主义的政治宣言和行动纲领。学习贯彻胡锦涛同志重要讲话精神，必须深刻领会中国特色社会主义道路的历史进程和本质特征，牢牢把握坚持和拓展中国特色社会主义道路的根本要求和必然趋势，不断增强走中国特色社会主义道路的自觉性和坚定性。

（北京市社科联学会部供稿）

《苏联兴亡通鉴——六十年跟踪研究评析》研讨会

2011年，是苏联剧变20周年；2012年，是苏联成立90周年。90年前，苏维埃社会主义共和国联盟的建立令世界社会主义者欢欣鼓舞；20年前，苏联这个超级联盟大国的突然崩塌震惊了世界，苏联共产党的骤然消亡令无数的社会主义者唏嘘不已。20多年来，世界范围内无数的专家学者绞尽脑汁，苦苦探寻，试图解开苏联和苏共的兴亡之谜。

2012年，人民出版社出版了高放教授苏联史研究的结晶《苏联兴亡通鉴——六十年跟踪研究评析》。2012年9月23日，北京市国际共运史学会围绕“苏联兴亡”的主题，对高放教授的著作进行评析和探讨。

参加研讨会的有来自中国人民大学、北京大学、中共中央党校、中共中央联络部、中央编译局、中国社会科学院等单位的领导、专家学者和研究生，共40余人。

结合高放教授的著作，这次研讨会研讨的主要是苏联社会主义兴衰成败的大问题。与会学者认为，苏联社会主义的历史实际上由三大问题组成，一是列宁主义问题，二是斯大林模式问题，三是苏联剧变问题。这三大问题实际上涵盖了苏联70余年历史的全部问题。关于列宁主义问题，实际上斯大林的列宁主义定义是很不完备的，它忽略了列宁关于社会主义建设的重要理论和实践。高放教授在他的著作中对列宁主义有一个全新的定义，指出“列宁主义是列宁探索由俄国革命带头实现世界共产主义的思想体系”。这个定义科学地概括了列宁主义的核心和实质内容。列宁的革命实践取得了十月社会主义革命的伟大胜利，同时列宁也在俄国进行了社会主义建设的有益尝试，但是列宁在多党合作、世界革命及军事共产主义的实施等问题上，都存在着不少的失误。

关于斯大林模式的问题，首先涉及的就是对斯大林的个人评价。斯大林在苏联社会主义革命和社会主义建设中的作用是从来没有被完全否定过的。但是，斯大林所犯的错误也是非常严重的，尤其是他破坏社会主义法治的行为极大地损害了社会主义的声誉。关于斯大林模式，实际上是关系苏联兴亡的一个关键问题，近些年来国内围绕斯大林模式存在着重大分歧，对这种模式的基本肯定和基本否定实际上涉及对苏联社会主义建设道路的基本认识，即到底是按照高度集中的体制建设社会主义还是走社会主义民主之路、激发人民群众建设社会主义的积极性的问题。基本肯定这种模式者同时也就基本否定了斯大林之后苏联出现的所有改革。事实上，斯大林模式存在着重大缺陷，必须对它进行必要的改革才能真正建设社会主义，尤其是在第二次世界大战结束后，这种改革的必要性已经显示得越来越明显，同时也迎来了最佳的改革时机。正是因为没能完成对斯大林模式的必要改革，才导致了勃列日涅夫时期苏联社会主义的“停滞”局面。

戈尔巴乔夫是一个改革者，将戈尔巴乔夫全盘否定而一棍子打死显然不符合客观事实。但关于戈尔巴乔夫在1988年6月苏共第十九次代表会议之后的举措，目前学术界存在着不同的看法。高放教授认为戈尔巴乔夫由此转向“民主的、人道的社会主义”。这是一个“大倒退”。无论如何，除非你将苏联剧变视为“历史进步”，否则苏联剧变的结果已经说明戈尔巴乔夫在这一时期的极端错误。与会者大多同意高放教授的观点，认为戈尔巴乔夫时期的苏联社会主义也并不是不可以通过改革渡过危机的，到这一时期，“苏联模式固然有沉疴宿疾，然而接近晚期的癌症在当今决非绝症。只要治疗得法，还是能够起死回生的，被救活者大有人在”。而之所以造成了苏联剧变的结果，是因为戈尔巴乔夫是个庸人、庸医，他“私心太重，下错了药，把苏联治死了”。

因为苏联是世界上第一个社会主义国家，苏联和苏共的兴亡对其他社会主义国家和社会主义政党有重要的借鉴和启示意义。研究苏联社会主义的历史也因此具有更重要的历史意义和现实意义。中国的社会主义与苏联社会主义有着割不断的联系，从“十月革命一声炮响，给我们送来了马克思列宁主义”，到新中国实行“一边倒”的外交政策，再到斯大林模式对中国社会主义建设的多方面影响，中国社会主义革命和建设中的苏联社会主义因素俯拾即是，即便是苏联剧变后，中国特色社会主义建设中仍存在许多这样的因素，当然，其中不乏亟须改革的因素。

参加会议的学者认为，从高放教授的研究中，能够得到许多启示。同时，一些学者也谈了自己对高放教授某些观点的不同认识，如针对高放教授根据苏联共产党曾实行年会制而提出的相关主张，有的学者就提出关键的是苏共党内民主缺乏的问题，是否坚持年会制只是一种形式。

（北京市社科联学会部供稿）

社会主义理论前沿高层论坛　10 月 28 日，为迎接党的十八大胜利召开，中央党校齐聚理论界的赵曜、李忠杰、高放、徐崇温、沈宝祥、闫志民、奚广庆、秦宣等 100 多位知名专家在京出席“社会主义理论前沿高层论坛”。中央党校常务副校长李景田专门会见与会专家并合影。会议由中央党校科社部主任王怀超主持。

专家们一致认为，中国特色社会主义是科学社会主义基本原则同中国实际和时代特征相结合的产物。中国特色社会主义承接、体现、包含了科学社会主义的基本原则，同时又发展了科学社会主义。比如，社会主义本质、社会主义初级阶段、社会主义改革开放、社会主义市场经济、社会主义科学发展、社会主义和谐社会、社会主义政治及精神文明建设等思想，都带有鲜明的中国风格。大家说，改革开放三十多年来，我国综合国力大幅提升，人民生活水平明显改善，国际地位显著提高，这都得益于我们找到了中国特色社会主义道路。中国特色社会主义道路是我们党带领人民历经艰辛探索才开辟出来的，是一条实现中华民族富强的正确道路，我们要坚定信念，统一思想，不管遇到什么风险与考验，都要毫不动摇地坚持中国特色社会主义道路。

专家们指出，回望十六大以来的辉煌十年，科学发展观不仅成为我们党对社会主义建设规律、社会发展规律、共产党执政规律认识的最新理论成果，而且成为中国人民前行的“思想灵魂”，它引导了人们开创中国特色社会主义事业的新局面。然而，社会主义在实践中。我们在经济体制转轨期，还面临发展不平衡、矛盾较突出、经济增长方式较粗放、体制机制还不完善等问题。这就要求我们用科学发展观作指导，准确把握国情世情，深刻认识发展规律，在统筹兼顾中协调好改革进程中的各种利益关系。

会上，专家们深入探讨了科学社会主义学科的研究对象、逻辑起点、基本范畴、理论框架和研究方法等，强调只有改革开放才能发展中国、发展社会主义、发展马克思主义。改革开放中遇到的矛盾只能用深化改革的办法来化解，发展中出现的问题只能靠科学发展去解决。我们必须坚持党的十一届三中全会以来的路线方针政策，在新的历史起点上更加自觉地开拓中国特色社会主义的广阔前景。

（参见《光明日报》2012 年 10 月 30 日第 4 版）

《中国之路》研讨会　11 月 6 日，由中宣部，中央电视台联合推出，学习出版社、中国国际电视总公司、中国广播电影电视节目交易中心联合承制的八集电视系列片《中国之路》研讨会在京召开。来自中宣部、中央电视台、国资委、教育部、广电总局以及其他各界的领导和专家学者齐聚一堂，就“学术政论片的全新电视理念”“权威与通俗的结合，学者与电视的结合”“百姓关注与政府宣传的统一”等话题进行了深入的研究和探讨。

据了解，《中国之路》集合数十位各学科领域的专家学者，分别从中国崛起、中国贡献、中国人权、中国民生、中国板块、中国文明、中国话语、中国模式八个重大方面，多视角深入分析国情，坦率言说现状，分享多角度的思维方式，带领观众去探索、去发现、去领悟改革开放以来的真实中国。与会领导和专家对该片给予了高度评价，他们指出，《中国之路》以理论与实践的联系，历史与现实的结合，融合国际视野，弘扬时代精神，深入浅出地阐释了中国特色社会主义建设的辉煌成就、宝贵经验和深刻启示，客观真实地展示了一个文明国家和平崛起的发展道路。片中不夸大事实，不回避问题，直面当代中国发展中面临的机遇与挑战，以理性客观的学者思维深入地解读中国，为我们展示了一条与平常所见角度完全不同的“中国之路”，充分体现了理论高度和学术创新的价值。虽然是政论片，《中国之路》却具有很强的可看性。作品以富有感染力的视听语言，开放广阔的国际视野，将中国与全球多个国家的发展之路进行比较研究，着重运用翔实的案例、事实和数据以及生动平实的语言，为观众解读了这种卓有成效的中国模式，并展示了这条中国之路未来的美好蓝图，令观众无不为之振奋。

（参见《光明日报》2012年11月7日第5版）

科学社会主义教学科研热点座谈会 12月9日，由外交学院政党外交研究中心、基础教学部主办的“科学社会主义教学科研热点座谈会”在外交学院举行。座谈会与会人员来自中联部政策研究室、中央编译局马克思主义研究部、中科院马克思主义研究院、北京大学马克思主义学院科社研究所、中国人民大学国际关系学院世界社会主义研究所以及外交学院。座谈会集中学习十八大报告，就科学社会主义专业教学科研中的热点问题进行了讨论。

与会学者首先提出了科社教学中的热点问题，认为研究科社首要的问题是要把基本理论和问题厘清，目前最大的问题不是理论太多的问题，而是研究不够透彻，许多理论需要进行再理论化，需要借鉴历史经验，有鲜明的主题和强大的逻辑支撑，并要兼顾大众化、时代性和本土化，在与错误观点对比的过程中彰显真理。当前的科社研究只有结论，而没有分析方法，因此构建跨学科、综合创新的研究方法论非常重要。同时，中国要想在世界上发挥更大的作用，需要建立适应现代发展的中国特色社会主义话语体系，建立更加强大的理论和知识形象。

十八大报告本身就是一个研究科社的选题宝库，可以从毛泽东思想和中国特色社会主义理论体系的关系、人类命运共同体意识、执政党如何开展立体外交、中国如何抓住战略机遇期扩大人类利益汇合点、中国怎样参与全球治理等多方面进行深入研究。与会学者也提到了中国构建话语体系的问题，认为话语权的缺失也是贫困的一种表现，中国目前的硬实力已得到很大的发展，今后中国应更加注重软实力的发展，注重在国际上扩大话语权。话语权是社会共通的，是要建立在学术科研水平的提升基础上的，必须得有学术思辨力，中国构建话语权一方面要保留现有的中国特色的意识形态，另一方面要求学者站在现代理性思维的角度与世界对话。

学者们对外交学院的科社专业学科建设积极建言献策，提出外交学院的科社专业应充分利用学校资源优势，积极和国关、外交等其他学科相结合，从中国和世界的不同角度对科社进行研究。在学科建设上首先要加大与外界的接触，教师们要积极参与本学科的学术活动，同时要加强团队建设，将个人研究兴趣与团队整体进行对接，积极借鉴其他团队的经验，促进学科发展。其次，要有学科自信，学科本身也要构建自身的话语体系和研究方法论，避免学科发展走向空心化、边缘化。

（外交学院科研处郦莉供稿）

学习贯彻党的十八大精神理论研讨会 12月18日，由中共中央文献研究室、中国中共文献研究会联合举办的学习党的十八大精神理论研讨会暨中国中共文献研究会年会在北京举行。会议由中央文献研究室常务副主任、中国中共文献研究会副会长杨胜群主持。

中央文献研究室主任、中国中共文献研究会会长冷溶在会上致辞。他说，从建党90多年的历史来总结和阐述中国特色社会主义是十八大报告的一个显著特点。只有从我们党长期奋斗的历史来阐述中国特色社会主义，才能更加深切地感受到中国特色社会主义的来之不易、深厚根基和丰富内涵，才能使全党同志充分认识高举中国特色社会主义伟大旗帜的重大意义，教育和激发全党坚持和发展中国特色社会主义的责任感和使命感，更加坚定中国特色社会主义的信念，更加充满自信。中国中共文献研究会要围绕党的十八大报告，围绕习近平总书记在中央政治局集体学习和中央经济工作会议上的重要讲话，把十八大精神学习好、理解好、宣传好，从而更加有力地推动十八大精神的贯彻落实。

中央文献研究室副主任张宏志，中央党史研究室副主任李忠杰，中国社会科学院副院长李慎明，中国社会科学院副院长、当代中国研究所所长李捷，中国光大集团董事长唐双宁，中央文献研究室原常务副主任金冲及，中央党校原副校长李君如，中国科学院生态环境研究中心研究员、中国工程院院士王如松，中央党校党史教研部副主任谢春涛，国家发改委社会发展研究所所长杨宜勇，国家发改委宏观经济研究院教授常修泽，文化部文化产业司司长刘玉珠等12位领导和专家学者在会上发言。他们围绕坚持和发展中国特色社会主义这一主线，从中国特色社会主义道路、经济体制改革、社会体制改革、经济社会发展战略、文化产业发展、生态文明建设以及党的建设等方面，深入探讨了以毛泽东、邓小平、江泽民为核心的党的三代中央领导集体和十六大以来以胡锦涛同志为总书记的党中央，在探索中国特色社会主义这一伟大历史进程中作出的历史性贡献，研讨了在新的历史条件下如何进一步推进中国特色社会主义事业发展的重大理论问题和现实问题。

参加会议的还有研究会顾问欧阳淞、滕文生、逄先知、魏礼群、虞云耀、邵华泽、郑科扬、陈群、刘国光、汝信、侯树栋，研究会副会长董宏、陈晋、李忠杰、陈小津、李书磊、徐莉莉，以及部分研究会名誉理事、常务理事、理事和会员。来自首都理论界和全国各地的200多位专家学者参加了会议。

（中共中央文献研究室胡昌勇供稿）

全国高校马克思主义理论学科建设研讨会 12月21日，由清华大学马克思主义学院主办的全国高校马克思主义理论学科建设研讨会在清华大学召开。清华大学党委副书记、马克思主义学院党委书记邓卫会见参会代表。会上，教育部社科司副司长徐维凡解读了国务院学位委员会2012年17号文件的精神，指出要进一步加强高校马克思主义理论学科建设，深刻理解马克思主义理论学科建设的重大意义、基本原则和目标，明确马克思主义理论学科建设的主要任务和要求，加强领导、严格管理，为学科建设提供有力保障。全国高校马克思主义理论学科研究会副会长、清华大学马克思主义学院常务副院长艾四林介绍了清华大学马克思主义理论学科建设情况。全国高校马克思主义理论学科研究会的成员参会，就凝练学科研究方向、加强科学研究、提高学科队伍的整体素质、加强学科专业人才培养、加强学科交流等问题进行深入讨论。

（清华大学文科建设处供稿）

首都理论界学习贯彻党的十八大精神座谈会 12月27日，首都理论界专家学者齐聚一堂，深入学习研讨党的十八大提出的新思想、新观点、新论断，从理论创新和指导实践等方面交流学习心得、畅谈学习体会。座谈会由中共北京市委宣传部、中共北京市委教育工委、北京市中国特色社会主义理论体系研究中心、市社科联共同举办。中共中央党史研究室原副主任石仲泉、市委党校党务副校长王民忠、市社科联党组书记史秋秋、首都经济贸易大学原校长文魁、中国人民大学经济学院党委书记张宇、北京大学马克思主义学院院长郭建宁、北京外国语大学校长韩震、清华大学国情研究院院长胡鞍钢等专家学者先后发言，对党的十八大取得的重大理论创新成果和重大决策部署，从理论上进行深度解读、阐述，结合我国改革发展实践中的重大理论问题、面临的挑战和机遇，结合首都经济社会发展的实际等进行了座谈。与会的首都理论工作者一致表示，大会报告描绘了全面建成小康社会、加快推进社会主义现代化的宏伟蓝图，是党团结带领全国各族人民夺取中国特色社会主义新胜利的政治宣言和行动纲领，是马克思主义的纲领性文献。首都理论界要深刻领会党的十八大精神实质，充分发挥“思想库”“智囊团”的作用，为首都经济社会发展作出自己的贡献。会议要求，首都理论界要充分认识党的十八大意义，切实增强做好学习宣传贯彻工作的责任感、使命感；要吃透精神实质，深刻领会、牢牢把握，自觉把思想和行动统一到党的十八大精神上来；要加大研究阐释力度，以精品成果强化智力支持和理论支撑；要积极开展宣讲工作，帮助人民群众更好地理解掌握党的十八大精神；要立足实践、把握规律，以非凡的勇气和魄力推进理论创新；要不断从人民群众中汲取智慧和营养，奋力开创首都社科理论工作新局面，为推动首都科学发展作出新的更大的贡献。中共中央党史研究室、北京大学、清华大学、中国人民大学、北京外国语大学、首都经贸大学等单位的专家学者，各区县委宣传部、市委各工委宣传部门有关负责人，市属社科理论单位代表和理论工作者参加了座谈会。

（北京市中国特色社会主义理论体系研究中心办公室供稿）

中国马克思主义论坛2012 12月28日，200多位来自全国各地的理论工作者齐聚中央党校，出席由中国马克思主义研究基金会主办的“中国马克思主义论坛2012暨中国马克思主义研究基金会成立20周年纪念大会”，论坛的主题是“科学发展观与全面建成小康社会”。中央党校常务副校长李景田在论坛开幕式上致辞。

与会领导和专家在演讲中认为，实现全面建成小康社会的历史伟业，必须坚持以科学发展观为指导，努力实现有质量、有效益、可持续的发展；实现人民民主不断扩大的发展；实现文化软实力显著增强的发展；实现人民生活水平全面提高的发展；实现人与自然和谐的发展。大家认为，实现“两个翻一番”，其根本途径是要确保质量和效益不断提高，要实现这种增长，就必须实施创新驱动发展战略，大力提高科技进步对经济增长的贡献率。

把解决“不平衡、不协调、不可持续”问题当作全面建成小康社会的着力点，是论坛讨论的另一重要问题。专家们从调整经济结构，推进农业转移人口市民化、提高人口城镇化水平，共同富裕与缩小收入差距，生态文明的制度创新等方面，深入探讨了这一问题。

论坛期间，还宣读了中国马克思主义研究基金会“第二届马克思主义中国化研究优秀成果奖”获奖作者名单。此次评选，从150件参评作品中评选出4部获奖专著，9篇获奖论文。评委代表和部分获奖作者出席了论坛。

（参见《光明日报》2012年12月29日第1版）

哲学（含自然辩证法、逻辑学、伦理学、美学）

价值观问题的探索：隋唐哲学的认识学术研讨会 10月13日，由北京师范大学哲学与社会学学院、价值与文化研究中心主办，中国哲学与文化研究所承办的“价值观问题的探索：隋唐哲学的认识”学术研讨会在北京师范大学举行。该项活动是哲社学院强昱教授承担的价值与文化研究中心的重大课题的组成部分，来自北京大学、中国人民大学、中国社会科学院等科研院所与高校的30余位专家学者出席了研讨会。学者们关心的主要问题集中在两个方面。其一是，经典的产生与真伪以及由此衍生的时代背景问题，而对这一问题的分析辩难自然涉及了儒释道三教的势力消长；其二是，老庄学与内丹学关于价值观问题的讨论及其现代价值，如何客观评价的问题。与会学者对此展开了热烈的讨论。虽然各位学者的认知存在着明显的不同，但是都认为历来薄弱的隋唐五代哲学的研究存在欠缺，随着学术研究的不断积累得到了可喜的改变。大家都期待着更富有探索精神的青年一代学者的成长，将此问题的研究不断向更有深度的方向发展。

（北京师范大学社科处供稿）

成瘾的科学、哲学与政策讲座　10月24日，由北京师范大学哲学与社会学学院主办的京师哲学讲坛第4期在北京师范大学举行。本次论坛由中国社会科学院哲学研究所研究员、国家人类基因组北方研究中心伦理委员会主任委员、卫生部医学伦理专家委员会委员邱仁宗主讲，其主题是“成瘾的科学、哲学与政策”（Addiction：Science，Philosophy and Policy）。哲学与社会学学院院长、“长江学者奖励计划”特聘教授江怡主持了本次报告会。

在科学角度上，邱仁宗指出，因药物滥用而引起的成瘾存在神经生物学基础，其测量依据是神经影像学技术，尤其是应用于人大脑的功能核磁共振影像术为成瘾问题找到了科学依据。而且科学研究表明，药物成瘾其实是一种慢性的、易复发的脑部疾病。因此，成瘾者是病人而非罪人，成瘾者需要治疗，而不是监禁和惩罚。从哲学角度上，邱先生对成瘾的本体论与成瘾者的自主性等问题进行了思考。邱先生认为，成瘾者虽然具有自主性，但其自主性却严重缺损。成瘾者有其自身独特的行为模式。对于成瘾者的治疗目标，目前虽存在着现实主义与理想主义的争论，但邱先生认为美沙酮的药物治疗还是有成效的，而且其成效得到了美国、瑞士等国的实践结果的证明：美沙酮可被用于治疗对鸦片制剂的依赖。除了药物治疗之外，邱先生认为，我们必须多管齐下，从心理、家庭、社会等多个方面帮助成瘾者进行治疗，使他们重新回归社会。从政策层面上讲，邱先生认为我们国家的政策制定必须重新考虑。他比较了两种针对成瘾者的模型：注重医治成瘾者的医疗模型和注重对成瘾者进行惩治的模型，并且指出前者更好。因为这实际上关系到一个公民是否有寻找快乐的初始权利的问题。邱先生最后指出我国目前在医疗方面还存在重大的缺陷，还需要每个有觉悟的人行动起来去争取自己的权利，而他自己也会尽自己的一份力量。

（北京师范大学社科处供稿）

哲学学科百年反思系列讲座　10月27—28日，以北京大学哲学系百年系庆为契机，北京市哲学会和北京大学哲学系联合主办的“哲学学科百年反思”系列讲座活动在北京大学举行。吉林大学哲学系资深教授孙正聿，武汉大学教授、国学院院长郭齐勇，复旦大学教授、哲学系主任孙向晨，北京大学哲学系教授杨立华，中国社会科学院哲学所李存山研究员、北京大学哲学系教授楼宇烈等6位知名学者分别发表了演讲，并与现场听众进行了交流和互动。六场讲座听众超过2000人次。

系列讲座围绕哲学学科百年历程以及哲学在当代中国如何创新和发展进行了深入的反思和探讨。有四个方面值得关注：（1）马克思主义哲学的未来走向。在新世纪坚持和发展马克思主义哲学，不仅需要展开中、西、马的“对话”，而且需要切实地、充分地实现以“物质”“实践”和“哲学”为核心范畴的三种马克思主义哲学研究范式之间的“对话”。（2）儒家哲学的现实意义。从政治方面来看，儒家强调对人，特别是人民的尊重。其天下大同、天下为公的社会理想与社会正义观、公私义利观等观念，是中国当下政改与民主政治建设的重要精神资源。从个体层面来看，中国哲学强调要在现实的生活世界中自强不息地追求和实现人生、社会的理想，厚德载物，生生日新。孔子哲学的精神实质其实是以最饱满的心灵，去肯定这朴素平凡的生命，精神家园不在别处，就在此种肯定生命的意志和力量之中。（3）科学与人文的关系问题。科学知识体系与人文知识体系同是人类不可或缺的知识体系，这两种知识体系都要找到自己的特点和位置，在各自的特点和位置上解决人类所遇到的不同问题，在各自的特点和位置上去进行发展。（4）当代中国哲学发展的任务及路径。今天哲学的任务无疑是双重的，既要应对现代性的当下挑战，又要有超越现代性的气度，开发出新的可能性。这样的处境在本质上决定了今天的中国哲学必定是一种“比较哲学”。当代中国要厘清生活世界中的任何一个问题，其视野都必定是中西交互的，或是现代与传统的交融。

（北京市社科联学会部供稿）

世界大学哲学系主任圆桌论坛　10月28日，世界大学哲学系主任圆桌论坛召开，本次论坛由北京大学哲学系倡议发起。借百年系庆之机，北大哲学系邀请来自英国、美国、德国、法国、俄罗斯、日本、韩国、澳大利亚、瑞典、比利时、以色列、芬兰、印度、土耳其以及中国台湾、香港等十多个国家和地区的包括牛津大学、剑桥大学、耶鲁大学、加州大学伯克利分校等世界知名学校的二十余位顶尖学者共同聚首，商讨有关结成一个全球性学术共同体事宜。论坛针对哲学教育与当代社会现状，与会者通过交流与研讨，对大学哲学学科的现状有了更为清楚和更加清醒的认识，进而形成一个共识，即哲学学科目前面临严峻的挑战和诸多困难，全球哲学家必须立即行动起来，积极应对这种危机，哲学家对当今世界发展应担负的社会责任，探求如何以正确的方式介入公共事务，世界的哲学家有必要增进相互了解，经常性地就哲学教育的发展交换意见。圆桌论坛由北大哲学系主任王博教授主持，哲学系赵敦华教授对发表共同宣言的动议和起草作了补充说明。在会议中，与会学者们积极发言，热烈讨论，经过融洽而坦率的协商，各大学哲学系主任共同签署了合作宣言，约定每隔两年举办一次大型的全球性学术交流活动，以增进全球哲学界的合作与了解，建立世界大学哲学系主任合作与交流的长效机制。

（北京大学社科处供稿）

工程技术哲学国际会议　11月2—4日，工程技术哲学国际会议（FPET）（Forum on Philosophy，Engineering and Technology）在北京友谊宾馆召开。会议由中国科学院研究生院承办，美国工程教育协会、美国土木工程师协会以及北京工业大学马克思主义学院等单位协办。来自13个国家近30余位国外学者和清华大学、北京大学、上海交通大学、浙江大学、北京工业大学等50余位国内学者参加了会议。会议围绕“哲学、工程与技术”相关议题进行研讨，吸引了众多哲学家、伦理学家、社会学家、经济学家、教育家、工程师及工程管理人员，激发他们对工程与技术的反思；同时也创造了机会，加强现有哲学团体和工程师团体等之间的沟通与交流。马克思主义学院教师张恒力以《我国工程伦理的传统道德路径》为题，进行了分组报告，并与国内外学者就工程伦理教育（课程内容、方法和制度设计等）、工程伦理研究问题等进行深入交流。

（北京工业大学科技处供稿）

第五届北京人权论坛　由中国人权研究会和中国人权发展基金会联合主办的第五届北京人权论坛12月12日在北京开幕，13日闭幕。本届论坛的主题为“科技、环境与人权”。全国政协副主席、中国人权发展基金会理事长黄孟复，中国人权研究会会长罗豪才，国务院新闻办公室主任王晨等出席论坛开幕式并致辞。

这届论坛以“科技、环境与人权”为主题，来自联合国等国际组织和一些国家、地区以及中国的120多名代表相聚北京，进行了坦诚、热烈的交流和讨论，既充分表达了对关系人类生存与发展重大问题的由衷关切，也反映了对进一步推动国际人权事业发展的良好愿望和热切期盼。

这届论坛不仅继续关注传统的人权话题，而且注重拓宽视野，紧扣时代主题，从更高层面研讨当前人权事业发展面临的新形势、新情况、新问题。通过对科技、环境、人权的发展现状及相互关系等重大问题的探讨，进一步深化了人权观念，提升了新的历史条件下人们对人权的认识水平，有助于为各国人权事业的发展注入新的活力，开辟新的途径。

与会专家学者认为，要更好地解决科技、环境与人权之间的矛盾，应当创造一个和平的国际环境，建设一个可持续发展的国际社会，并分享人类科技进步的共同成果。

自2008年以来，北京人权论坛已成功举办五届。在各参与国非政府组织和相关部门，以及有关国际组织的积极参与下，论坛影响越来越大，讨论的话题越来越深入，已成为瞭望、观察国际人权发展状况的窗口，成为各国人权组织、人权机构和专家学者开展对话和交流的重要平台，在凝聚共识、加强交流、推动合作等方面发挥着越来越重要的作用。

（参见《光明日报》2012年12月13日第5版）

哲学与文化发展战略学术研讨会　12月28日，由教育部文科研究基地北京师范大学“价值与文化”研究中心、国家哲学社会科学创新基地“价值观与民族精神”、北京师范大学哲学与社会学学院、中国社会科学出版社联合主办的“哲学与文化”发展战略学术研讨暨丛书发布会在北京师范大学举行。来自中国社会科学院、北京大学、清华大学、中国人民大学、中央党校、中国政法大学、中央民族大学、首都师范大学、北京市社会科学院、北京师范大学等单位的专家学者以及北京师范大学哲学与社会学学院的部分师生，共百余人参加了会议。北京师范大学副校长曹卫东，中国社会科学出版社总编辑赵剑英、北京大学哲学系主任王博教授等出席了开幕式并致辞。北京师范大学哲学与社会学学院院长江怡教授主持了开幕式。

曹卫东副校长在讲话中指出，一个伟大的民族对世界的贡献是两样东西：技术创新和思想创新，前者使人们的生活更加安逸，后者则引领人类前进的方向，这两者也是中华民族孜孜以求的目标。哲学学科承担的这种重大时代使命，需要哲学工作者的奋斗，《哲学与文化》丛书的出版正是一个很好的尝试。中共中央党校研究生院院长、著名马克思主义理论专家韩庆祥教授，北京市社会科学院研究员、著名西方哲学研究专家洪汉鼎，中国人民大学哲学院院长、著名马克思主义哲学研究专家郝立新教授，清华大学哲学系主任、著名伦理学家卢风教授，北京师范大学哲学系原主任、著名中国哲学研究专家周桂钿教授等，围绕“哲学与文化”的发展战略各抒己见，对中国哲学和文化的未来发展充满了信心。

在这次会议上，北京师范大学哲学与社会学学院与中国社会科学出版社还联合推出了大型学术丛书《哲学与文化》，力图展现当代中国哲学与文化发展的最新进展，突出中华民族从文化自觉到哲学自觉的强烈意识。此外，北京师范大学哲学与社会学学院还推出了两套年度报告系列：《国外哲学发展年度报告》和《京师哲学发展年度报告》，对国内外哲学的最新进展给出了详尽描述和说明，为国内理论界和学术界提供了重要的研究资料。本次会议发布了《国外哲学发展年度报告（2010）》和《京师哲学发展年度报告（2011）》，引起了与会者的高度关注。

（北京师范大学社科处供稿）

政治学（含思想政治工作、党建、统战）

党的建设科学化与学科化学术研讨会 北京联合大学人文社科部主办的“党的建设科学化与学科化学术研讨会”近日在北京召开。与会者围绕如何认识党的建设科学化、党的建设科学化与学科化的关系、如何推动党建学科科学化发展等问题进行了研讨。

与会者认为，深刻认识党的建设科学化的内涵是开展相关学术研究的基本前提。党的建设科学化的本质在于正确认识、把握和运用党的建设的基本规律，在于用科学的理论指导党的建设、用科学的制度保障党的建设、用科学的方法推进党的建设。同时，要明确党的建设科学化是一个动态过程，要用发展的眼光来看待和研究。党的建设科学化与党的建设学科化是相辅相成、相互促进的关系。党的建设科学化要以党的建设学科化为支撑，党的建设学科化要为党的建设科学化服务。没有党建学科的有力支撑，党的建设科学化就难以实现；离开了党的建设科学化，党建学科的发展就会成为无源之水、无本之木。

一些学者指出，当前，在党建研究中存在着概念创新随意、照搬西方政党理论、理论和实际相脱节等问题，影响了党建学科的科学化发展。推动党建学科科学化发展，要以党章为架构，以科学社会主义为指导，以党史为基础，努力建设框架科学的党建学科体系。此外，还应明确党建学科的地位，构建党建学科的话语系统和逻辑体系，丰富党建学科的研究方法。

（参见《人民日报》2012 年 1 月 19 日第 7 版）

第二届学习型党组织建设论坛 2 月 6 日，由中共北京市委宣传部和前线杂志社举办的第二届学习型党组织建设论坛在京举行。中共北京市委常委、宣传部长、副市长鲁炜等与来自理论界的专家学者 200 多人出席论坛。中国价值学会会长李德顺、中国人民大学马克思主义学院院长秦宣、北京大学原副校长梁柱等作专题报告。

专家们指出，加强学习越来越成为我们党始终走在时代前列、引领中国先进文化发展的决定性因素。党的十七届六中全会提出推动社会主义文化大发展大繁荣对学习型党组织建设提出了新的时代要求。当代中国进入了全面建设小康社会的关键时期和深化改革开放、加快转变发展方式的攻坚时期。科学发展要求我们把文化建设放在同经济社会发展同等重要的位置，特别是着力加强社会主义核心价值体系建设，在学习型党组织建设中，要防止文化泡沫现象，别把是文化的东西搞得没文化。

（参见《光明日报》2012 年 2 月 7 日第 11 版）

台湾选后两岸关系走向研讨会 2 月 8 日，由北京大学台湾研究院和台湾中山大学亚太区域研究所联合召开的“台湾选后两岸关系走向”研讨会在新鸿基楼 C105 举行。研讨会由北京大学台湾研究院执行院长李义虎教授和台湾中山大学亚太研究所所长顾长永教授共同主持。此次与会的北大专家学者有：北京大学台湾研究院张植荣教授、印红标教授，北京大学社会发展研究所孙代尧教授；台湾中山大学与会专家学者有：中山大学社会科学研究院院长林义程教授，亚太研究所翁嘉禧副教授、陈世嶽助理教授等。北京大学相关涉台专业的研究生和中山大学亚太研究所十多位硕博士生及数位毕业校友也参加了研讨会。

（北京大学社科处供稿）

马丁·路德·金纪念讨论会 2 月 24 日，清华大学新闻与传播学院学生走进美中文化交流中心，参加由美国驻华大使骆家辉主持的“马丁·路德·金纪念讨论会”，并与骆家辉、美国卡尔顿学院（Carleton College）黑人历史专家教授哈里·威廉等进行交流。座谈会上，骆家辉从个人家庭的经历谈到美国少数族裔争取社会权利的历程，认为任何国家都不会是一个完美的国度，社会在不断满足人们理想的过程中不断进步，并鼓励同学们要努力追求自己的梦想。哈里·威廉介绍了对马丁·路德·金民权运动的研究成果，认为马丁·路德·金是为梦想而奋斗的榜样。同学们在会上讲述了各自对马丁·路德·金及其领导的民权运动的认识，并围绕“非洲裔的奥巴马当选美国总统是否是金博士梦想的实现”和“今天的青年人应该如何继续属于自己的梦想”两个问题展开讨论。

（清华大学文科建设处供稿）

第九届中国公民道德论坛　2月28—29日，中宣部在京举行第九届中国公民道德论坛。中共中央政治局委员、中央书记处书记、中宣部部长刘云山出席论坛并讲话，强调要认真贯彻党的十七届六中全会精神，在全社会深入开展学雷锋活动，大力弘扬雷锋精神，激扬人民心中蕴藏的美好思想品德，焕发人们建设文明风尚的巨大热情，把公民道德建设不断引向深入，为推动科学发展、促进社会和谐提供有力的思想道德支撑。

刘云山指出，雷锋是永远的榜样，雷锋精神是不朽的丰碑。雷锋精神以坚定理想信念为根本支撑，蕴含着爱党爱国爱社会主义的赤诚真情，始终具有激发人民团结奋进的强大力量。雷锋精神以人民至上为价值取向，把关爱他人、助人为乐当作最大幸福，始终具有感动人心，温暖社会的道德温度。雷锋精神以艰苦奋斗为人生品格，崇尚勤俭节约，彰显优良传统，始终具有引领社会文明风尚的长久魅力。雷锋精神以敬业奉献为不变信条，干一行、爱一行、钻一行，始终把普通工作岗位作为实现人生价值的舞台。新形势下弘扬雷锋精神，是推进社会主义核心价值体系建设的迫切要求，是时代和人民的热切呼唤。

刘云山指出，弘扬雷锋精神是知与行相统一、教育与实践相结合的过程。要着眼扩大认知认同，大力宣传雷锋事迹和雷锋精神，宣传雷锋式的道德模范和先进典型，宣传各地弘扬雷锋精神的生动实践，使雷锋精神走进千家万户、深入人们心灵。要广泛开展以“学雷锋、树新风”为主题的道德实践，开展扶老助残，帮困解难，便民利民等方面的志愿服务，把学雷锋活动覆盖到企业、社区、农村，机关、学校、军营，推动形成践行雷锋精神的热潮，推动形成我为人人、人人为我的良好氛围。要适应社会生活新变化，深入挖掘雷锋精神的当代价值，丰富学雷锋活动的形式载体，建设弘扬雷锋精神的网络平台，不断增强时代感和吸引力，学雷锋、做好事，人人可学，处处可为，要引导人们从自己做起、从身边做起，从日常小事做起，使学雷锋活动多样化、具体化，生活化。要建立学雷锋活动常态化的保障机制，把学雷锋活动作为推动社会文明进步的一项重要任务，融入国民教育，精神文明建设和党的建设全过程，体现到经济社会建设各领域，纳入文明城市、文明村镇、文明单位测评体系，充分发挥政策、法规的导向作用，形成齐抓共管、大力推进的工作格局，推动学雷锋活动持续深入开展。

郭金龙、徐惟诚、陆昊、杜玉波、黄丹华、杜金才、鲁炜、张江、陈润儿、乔保平等同志在论坛上作了发言，郭明义代表与会同志宣读《第九届中国公民道德论坛宣言》。中央有关部门负责同志，各省区市、新疆生产建设兵团和副省级城市党委宣传部主要负责同志，专家学者、道德模范、基层代表20余人参加论坛。中宣部常务副部长雒树刚主持会议。

（参见《光明日报》2012年3月1日第4版）

政府信息主动公开研讨会　5月12日，由中国政法大学法治政府研究院主办的“政府信息主动公开研讨会”在北京召开。此次研讨会主要围绕政府信息主动公开取得的进步与面临的困境展开讨论，旨在通过理论联系实践的途径来解决目前政府信息主动公开面临的困难，真正落实《政府信息公开条例》与《中共中央办公厅、国务院办公厅关于深化政务公开加强政务服务的意见》中的相关规定。来自国务院法制办、最高人民法院、国务院办公厅、海关总署、国家预防腐败局、中国证监会、农业部、商务部、环保部、北京市高院、北京市政府信息公开办公室及相关政府部门等单位二十余名实务专家，以及来自中国政法大学、北京大学、北京师范大学、国家行政学院、中国社会科院等单位众多专家及学者参加了研讨会。

此次研讨会分为两个单元，第一单元的主题为“中央部门政府信息主动公开”，第二单元以“地方政府信息主动公开”为主题。与会专家学者围绕两个单元的主题进行了深入的交流。

（中国政法大学科研处刘璐供稿）

全国创先争优理论研讨会　5月21日，全国创先争优理论研讨会在北京召开。中共中央政治局常委、中央书记处书记、国家副主席习近平出席会议并讲话。他强调，创先争优活动是在新的形势下保持党的先进性和纯洁性的一次有益探索。通过开展创先争优活动，提高了基层党组织的战斗力和党员队伍的素质，密切了党群、干群关系，增强了各级党委聚精会神抓党建和重视基层、加强基层、服务基层的自觉性，为加强党的先进性和纯洁性建设提供了新的经验和重要启示。

习近平指出，先进性和纯洁性是马克思主义政党的本质属性，贯穿于党的性质、宗旨、任务和全部工作中，体现在各级党组织和全体党员的实际行动上。这种先进性和纯洁性，不是固定不变的，而是与时俱进、随着形势和任务的发展变化而不断丰富与发展的；不是一劳永逸的，而是必须通过坚持不懈地加强党的自身建设才能保持与发展的。正反两方面历史经验深刻表明，保持、发展先进性和纯洁性始终是马克思主义政党根本的思想政治任务，关系党的生死存亡和前途命运。

习近平强调，我们党90多年的历史，是党领导中国人民不断赢得革命、建设、改革胜利的历史，也是党不断实现、保持、发展自己先进性和纯洁性的历史。90多年的历史说明，我们党始终保持、发展先进性和纯洁性，党在人民群众中就会有崇高的威望，党和人民事业就兴旺发达。90多年的历史也说明，党的先进性和纯洁性的保持和发展，不断面临着各种困难和风险的挑战与考验。过去如此，现在和将来也会如此。各级党组织和领导干部务必保持清醒认识，认真总结和运用这次创先争优活动的经验，以更大力度继续加强党的先进性和纯洁性建设。

习近平强调，要从思想上政治上加强党的先进性和纯洁性建设，坚持从思想教育入手，教育引导党员和干部认真学习并实践中国特色社会主义理论体系特别是科学发展观，加强党性修养和党性锻炼，模范践行社会主义核心价值体系，做共产主义远大理想和中国特色社会主义共同理想的坚定信仰者和忠实执行者；要从巩固党的阶级基础和群众基础上加强党的先进性和纯洁性建设，始终把实现好、维护好、发展好最广大人民根本利益作为检验先进性和纯洁性的试金石，进一步建立健全联系群众、服务群众的长效机制，在时时处处为群众排忧解难、造福人民的实践中体现党的先进性和纯洁性；要从提高领导骨干素质上加强党的先进性和纯洁性建设，建设好领导干部队伍，坚持在实践中培养、考察、锻炼、使用干部，推动领导干部以率先垂范的实际行动体现党的先进性和纯洁性；要从夯实组织基础上加强党的先进性和纯洁性建设，把抓基层、打基础作为一项永久的战略任务坚持不懈地抓下去，不断提高基层党建工作科学化水平，充分发挥基层党组织的战斗堡垒作用和党员的先锋模范作用；要从完善党内制度及工作机制上加强党的先进性和纯洁性建设，坚持党要管党、从严治党，增强自我净化、自我完善、自我革新、自我提高能力，健全以党章为根本、以民主集中制为核心的制度体系，为保持党的先进性和纯洁性提供制度保证。

习近平指出，保持党的先进性和纯洁性是党的建设一项长期而又常新的战略任务，需要不断地结合新形势新任务从理论和实践结合上进行研究。他希望各级党组织和广大理论工作者加强和深化这方面研究，不断取得新的成果。

中共中央政治局委员、中央书记处书记、中央组织部部长、中央创先争优活动领导小组组长李源潮主持会议。中共中央政治局委员、中央书记处书记、中央宣传部部长刘云山出席会议。

（参见《人民日报》2012年5月22日第1版）

首届和平发展论坛　5月30日，首届“和平发展论坛——制度文明对话”在北京开幕。全国政协副主席、中国和平发展基金会理事长孙家正出席开幕式并致辞。首届和平发展论坛由中国和平发展基金会主办，中国外文出版发行事业局对外传播研究中心和北京大学中国与世界研究中心协办，旨在通过中西方学者之间的深入对话和交流，进一步促进不同制度文明间的相互理解与尊重。

（参见《光明日报》2012年5月31日第4版）

建立中国的理论研究和话语体系座谈会　6月21日，中国社科院世界社会主义研究中心在京举行“建立中国的理论研究和话语体系”座谈会，围绕“用中国的理论研究和话语体系解读中国实践、中国道路，不断概括出理论联系实际的、科学的、开放融通的新概念、新范畴、新表述，打造具有中国特色、中国风格、中国气派的哲学社会科学学术话语体系”等内容进行深入研讨。来自北京大学、中国人民大学、北京航空航天大学、中国社科院各研究所的众多专家学者参加了座谈会。

与会专家指出，建立中国的理论研究和话语体系是一个十分重大的课题。话语权在本质上是一种政治经济权利，反映了人们或国家在社会或世界中不同的政治经济地位。在国际交往中，我们一定要重视建立独立于西方世界的中国特色社会主义话语体系，从而有力地维护我国的政治经济文化权益，并为建立公正合理的国际关系新秩序作出应有的贡献。

与会专家表示，在话语权问题上，我们面临的最重要问题是如何打造自己的话语权。要建构真正科学的、具有学术真理性的理论话语，必须坚持马克思主义的指导，必须坚持批判地继承古今中外的成就，必须与当代实践密切联系，并在不断总结实践经验的基础上加强创新。我国社会主义革命和建设的丰富历史实践，为当代中国马克思主义在继承传统的基础上丰富和发展我们的理论话语提供了坚实的基础和根据，这是当今中国理论话语得以走向世界也必然会走向世界的根本原因。

（参见《光明日报》2012年6月26日第3版）

人民政协理论研究工作座谈会　9月4日，人民政协理论研究工作座谈会在北京开幕。这次会议的主要任务是，认真学习贯彻胡锦涛总书记在省部级主要领导干部专题研讨班上的重要讲话精神，深入总结十届全国政协以来人民政协理论创新的重要成果，积极探索人民政协理论研究工作的特点和规律，谋划部署进一步加强人民政协理论建设的重大举措，为丰富和发展人民政协理论、推进人民政协事业发展作出新的贡献。中共中央政治局常委、全国政协主席贾庆林出席开幕式并发表重要讲话。

贾庆林在讲话中全面回顾了人民政协事业在中国共产党创立的人民政协理论指引下不断发展的光辉历程，着重阐释了中国特色社会主义人民政协理论的基本框架和内涵，进一步明确了人民政协理论建设的方向和任务。他指出，人民政协是在毛泽东人民政协思想指导下创立的。毛泽东人民政协思想确立了人民政协的基础理论和基本政策，有力地指导了人民政协的创立和发展。中国特色社会主义人民政协理论包括以邓小平同志为核心的中国共产党第二代中央领导集体、以江泽民同志为核心的中国共产党第三代中央领导集体和以胡锦涛同志为总书记的中共中央关于人民政协的重要思想、观点和论述，是马克思列宁主义统一战线理论、政党理论、民主政治理论与中国具体实践相结合的重大理论成果，是对毛泽东人民政协思想的继承和发展，是中国特色社会主义理论体系的重要组成部分。这一理论系统回答了在新时期建设什么样的人民政协、怎样建设人民政协等战略性课题，科学阐明了新时期人民政协的地位作用、性质界定、主要职能和履职原则等重大理论政策问题，是指导人民政协事业发展的强大思想武器。

贾庆林说，十届全国政协以来，人民政协在中国特色社会主义人民政协理论指引下，努力用理论创新推动实践创新，各项工作取得长足发展，显示了理论创新对实践发展的巨大指导和推动作用。他强调，推进中国特色社会主义事业的伟大实践，实现人民政协事业的不断发展，需要继续大力加强人民政协理论建设。要始终坚持正确政治方向，加快推进人民政协理论建设工程，坚持以实际问题为中心开展研究，形成协调配合的长效工作机制，不断开创人民政协理论建设新局面，为人民政协事业的发展和社会主义民主政治建设作出应有的贡献。

全国政协副主席郑万通主持会议。

全国政协副主席杜青林、张榕明、钱运录、林文漪、陈宗兴出席开幕会。这次理论研究工作座谈会为期2天。全国政协办公厅和各专门委员会，中国人民政协理论研究会，各省、自治区、直辖市和副省级市政协有关负责同志以及部分专家学者参加会议。

（参见《光明日报》2012年9月5日第3版）

首届政治心理学论坛　9月12日上午，由北京师范大学心理学院现代政治心理学研究中心承办的“首届政治心理学论坛”在英东学术会堂举行。此次论坛的主题是“洞察公众心理，构建和谐社会”。面对当今复杂的社会环境和诸多新挑战，社会心态出现许多新问题和新动向，如何从政治心理学的视角洞悉社会热点、分析社会问题，深入探讨和研究领导者的工作价值标准和动机行为及领导者的人格特质，具有重大现实意义。

论坛汇聚了北京部分知名学者和专家就政治心理学学科方面的研究成果和感兴趣的话题进行探讨与交流。论坛首先由北京师范大学心理学院院长许燕教授对当前政治心理学学科的发展现状与趋势进行了介绍，并就领袖人格问题的研究成果作主题发言；金盛华教授就政府公信困境的文化根源进行了阐述；北京双高人才发展中心主任袁方对官员心理健康现状进行了分析。论坛第二阶段是对话环节，邀请了中国人民大学心理学系主任孙健敏教授，北京师范大学社会发展与公共政策学院张强教授，北京师范大学心理学院刘力教授、徐建平副教授，就“平民与英雄间的一线之隔”这一议题展开交流，重点探讨如何重塑社会公德公信的价值导向。现代政治心理学研究中心是北京师范大学心理学院和北京双高人才发展中心于2012年4月合作创立的国内首个专门研究政治心理学为主的学术研究平台，旨在通过课题研究、学术交流研讨等方式，推动我国的政治心理学学科的发展。政治心理学研究中心目前在国内尚属首创，其成立具有重要的现实性和探索性。

（北京师范大学社科处供稿）

全球利益与国家利益学术研讨会　9月15日，由中国政法大学全球化与全球问题研究所主办的全球学博士点建设暨“全球利益与国家利益”学术研讨会在京举行。参加此次会议的有来自中央编译局、中国社会科学院、北京大学、清华大学、中国人民大学、南开大学、外交学院、国际关系学院、北京师范大学、北京外国语大学、中国传媒大学、上海大学、中央民族大学、华东政法大学、四川农业大学等院校的30多位专家学者。

中央编译局副局长俞可平教授、全国高校国际政治研究会名誉理事长梁守德教授、北京大学台湾研究院院长李义虎教授和上海大学全球学研究中心主任郭长刚教授围绕“全球学研究与全球学博士点建设”进行主题发言。与会专家学者分别围绕“全球治理的新问题与中国的应对”和“全球利益与国家利益”两个专题进行讨论。

（中国政法大学科研处刘璐供稿）

党的建设科学化高层论坛　9月26日，由北京哲学社会科学党建研究基地和北京师范大学马克思主义学院联合举办、北京市委党校科研处承办的“党的建设科学化高层论坛”在北京市委党校隆重举行。北京市委党校副校长、北京哲学社会科学党建研究基地主任刘阳教授主持论坛开幕式，北京市委党校常务副校长王民忠教授在开幕式上致辞。

论坛的主题是“迎接党的十八大，推动和深化党的建设研究，提高党的建设科学化水平”。来自全国党建研究会、国务院国资委党建工作局、中央党校、中央组织部党建研究所、人民大学、北京师范大学、首都师范大学、北京市委党校的11位专家学者围绕论坛主题作了专题演讲。全国党的建设研究会副秘书长戴焰军教授讲题：党的基层组织建设创新；国务院国资委党建工作局刘汉滨局长讲题：党的建设科学化中国有企业面临的问题；中央党校党的建设教研部高新民教授讲题：党的建设科学化与民意；中央组织部党的建设研究所副所长张阳升研究员讲题：干部人事制度改革的科学化问题；首都师范大学纪委书记潘亮研究员讲题：加强和改进高等学校党的建设的若干思考；北京师范大学马克思主义学院周良书教授讲题：高等学校党的建设史研究的价值和意义；人民大学党史系杨德山教授讲题：中国共产党的执政党建设理论体系；北京市委党校副校长殷庆言研究员讲题：党的建设科学化的内涵；北京市委党校姚桓教授讲题：党的建设研究的话语体系；北京市委党校副校长韩久根副研究员讲题：借鉴国外政党的经验教训，提高党的建设科学化水平；北京哲学社会科学党建研究基地首席专家侯且岸教授讲题：党的建设科学化中的人文性与学科性问题。（注：北京哲学社会科学党建研究基地挂牌在北京市委党校党史党建教研部）

（中共北京市委党校科研处供稿）

北京市纪念彭真诞辰110周年学术研讨会 10月12日是彭真同志诞辰110周年纪念日，为缅怀他为新中国首都建设作出的杰出贡献，北京市中国特色社会主义理论体系研究中心与中共北京市委党史研究室、北京市社科联、前线杂志社、北京市中共党史学会联合召开“北京市纪念彭真诞辰110周年学术研讨会”。社科联党组副书记、研究中心副主任崔新建与市委党史研究室副主任陈志楣分别主持会议。全国党史党建专家，来自全国各地的论文作者代表，主办单位及北京市相关部门的领导，以及中央及北京的媒体代表共70多人参加会议。

市委党史研究室副主任陆兵代表主办单位发言。他回忆了彭真同志对北京党史学习、研究、资料征集和资政工作的重要指示。他说，彭真同志20世纪30年代就在北平从事地下斗争，后任北京市市长，是北京市建设的主要奠基者。中央党史研究室第一研究部副主任孙丽萍研究员和市中共党史学会副会长姚桓教授分别进行主题发言。他们表示，彭真同志是少数经历过革命、建设和改革开放时期的党的领导人之一，70多年的革命生涯中，他自始至终保持着乐观、坚强的革命精神，追求真理、求真务实、不尚空谈，始终强调共产党员要讲真话、真理面前人人平等。他们强调，虽然彭真同志已经离开我们15年了，但他留下的精神财富永远值得铭记。

10位入选论文作者代表围绕彭真与北京的建设与发展、彭真与党的建设、彭真与群众路线及其民生思想、彭真与马克思主义中国化及彭真民主法治思想等主题进行交流发言。

（北京市中国特色社会主义理论体系研究中心办公室供稿）

海峡两岸欧洲研究学术研讨会 10月12日，由中国欧洲学会主办，中国人民大学欧洲问题研究中心、欧盟研究中心承办的“海峡两岸欧洲研究学术研讨会”人大分会在中国人民大学明德国际楼召开。中国人民大学副校长、欧洲问题研究中心、欧盟研究中心主任杨慧林，台湾大学讲座教授让·莫内、欧洲联盟中心主任苏宏达出席会议。学者们齐聚一堂，共论“欧债危机对海峡两岸的影响”，对于两岸在国际竞争中把握先机，加快两岸经济转型升级，实现共同发展与繁荣，具有特殊的重要意义。

（中国人民大学社科处供稿）

历史视野中的中西政治秩序讲座 10月17日，作为北京大学“大学堂”顶尖学者讲学计划邀请的第一位文科领域的国际知名学者，著名的美籍日裔学者福山教授在北京大学英杰交流中心作了名为“历史视野中的中西政治秩序”的演讲。福山教授最近推出的新著《政治秩序的起源》（Origins of Political Order）是从历史的视角出发理解当代政治格局，特别是理解许多国家在政治领域的衰败和脆弱的一本力作。福山教授在北大的演讲，则集中探讨了从历史的视角看，中国和西方在政治演进过程中的重要差异，并试图从中找到理解中国和西方的政治秩序在当代面临的不同困难，这一演讲的内容不仅包含了福山新书中一些最重要的思想，也包含了他对当前国际政治格局的最新思考。福山教授从其老师亨廷顿（Samuel Huntington）在《变革时代的政治秩序》中阐述的理论出发，提出了解释不同社会发展的多向度模式。他试图从国家（能力）、法治、责任政府这三组政治因素与经济增长、社会动员和思想（或合法性）这三个因素之间的互动关系入手，解释一个社会的发展形态。福山教授认为，国家、法治和责任政府是三项非常重要的制度因素。最后，福山教授指出了中国和美国的政治秩序在未来面临的主要挑战：中国面临着权力滥用等危险，需要加强法治和责任政府的建设；而美国则需要增强其国家能力。在回答听众提问时，福山教授指出，世界的未来在很大程度上受到中国政治发展的影响。

（北京大学社科处供稿）

纪念“九二共识”20周年研讨会 11月10日，北京联合大学台湾研究院在京举办了纪念“九二共识”20周年学术研讨会，海峡两岸的20余名专家学者围绕“九二共识”的历史作用、如何深化“九二共识”展开了热烈研讨。

与会学者高度肯定“九二共识”对两岸关系的重大影响。台湾中国文化大学教授蔡玮认为，“九二共识”的精神和核心价值在于两岸都坚持一个中国立场，在两岸关系发展中起到了中流砥柱和承前启后的作用。中华文化发展促进会副会长辛旗表示，“九二共识”是两岸双方求同存异政治智慧的结晶，有了“九二共识”才有“汪辜会谈”的历史性成果，才有2008年两会商谈的恢复及此后18项协议的签署，才有今天两岸大交流、大合作的和平发展新局面。

（参见《人民日报·海外版》2012年11月11日第4版）

纪念“九二共识”20周年座谈会　11月26日下午，中共中央台湾工作办公室、国务院台湾事务办公室与海峡两岸关系协会今天下午在人民大会堂举行“九二共识”20周年座谈会。中共中央台办、国务院台办主任王毅，海协会会长陈云林等分别在座谈会上讲话。

王毅表示，1992年两会达成各自以口头方式表述“海峡两岸均坚持一个中国原则”的共识，对于两岸建立基本互信、开展对话协商、改善和发展两岸关系，发挥了不可替代的重要作用。20年来，“九二共识”已经发展成为两岸关系和平发展政治基础的重要组成部分，得到两岸主流民意支持。王毅从四个方面阐明了“九二共识”的意义，强调“九二共识”的核心是坚持一个中国原则，精髓是求同存异，意义在于构建了两岸关系发展的政治基础，启示是要有正视问题、面向未来的政治勇气和智慧。“九二共识”之所以能够达成，关键在于双方做到了求坚持一个中国之同，存双方政治分歧之异。在两岸固有矛盾长期存在的情况下，处理复杂问题不可能一步到位。双方务实搁置争议，善于求同存异，进而积极聚同化异，就能在不断增进共识的过程中，逐步缩小和化解分歧，实现互利双赢。在两岸关系和平发展进程中，应当正视而不回避面临的各种问题，积极进取地思考破解难题之道，循序渐进地加以务实推进。凡是顺应两岸关系发展趋势、增进两岸同胞共同福祉、符合中华民族根本利益的事情，我们都愿与台湾各界有识之士一道，自觉承担起应尽的历史责任。两岸同胞完全有能力、有智慧克难前行，把两岸关系前途掌握在自己手中。

王毅强调，是否认同一个中国，事关两岸关系的性质与前途，事关大是大非。无论台湾政治情势发生什么变化，我们始终把坚持“九二共识”作为与台湾当局和各政党交往的基础和条件，核心在于认同大陆和台湾同属一个中国。做到了这一点，台湾任何政党与大陆交往都不会存在障碍。

海协会原常务副会长唐树备、中华全国台湾同胞联谊会会长梁国扬、全国台湾研究会执行副会长周志怀、海峡两岸经贸交流协会会长王辽平分别在座谈会上发言。

唐树备作为促成“九二共识”的亲历者，详细回顾了“九二共识”达成的历史背景和具体过程。他指出，在共识中，双方都表明了“努力谋求国家统一”和“海峡两岸均坚持一个中国原则”的基本态度；对于一个中国的政治含义，海基会表示“认知各有不同”，海协会表示“在事务性商谈中不涉及”，双方作了求同存异的处理。“九二共识”的达成，开启了两岸制度性协商的新里程。

梁国扬表示，坚持和维护“九二共识”与两岸同胞切身利益紧密相关。作为大陆各族台胞的爱国民众团体，全国台联衷心希望广大台胞乡亲与我们一道，积极巩固反对“台独”、坚持“九二共识”的共同基础，继续增进两岸同属一个中国的基本认知，继续反对和遏制“台独”分裂活动，踊跃投身到推动两岸关系和平发展的进程中来。

周志怀表示，在“九二共识”基础上，两岸关系已经走出一条独具特色的和平发展道路，两岸同胞命运共同体的重要意义也得到不断充实与彰显。“九二共识”对台海和平的影响力日益增强。在两岸关系研究领域，有必要构建以“九二共识”为主要内容的两岸学术话语体系，探索践行“九二共识”的多重途径，发掘“九二共识”蕴含的政治智慧。

王辽平表示，两岸关系在“九二共识”基础上得到改善和发展，两岸经济关系也因此实现一系列重大历史性突破。坚持“九二共识”对进一步推动两岸经济关系发展至关重要。今后要不断深化两岸经济合作，丰富和完善制度性框架和安排，以更多的合作成果厚植互利双赢的共同利益。

中共中央台办、国务院台办常务副主任、海协会常务副会长郑立中主持会议。全国政协原副主席、海协会顾问张克辉，海协会顾问林丽韫，海协会在京理事以及中央和国家有关部门、民主党派、人民团体和涉台研究机构代表参加了座谈会。

（参见《人民日报》2012年11月27日第5版）

2012年台湾政局暨两岸关系回顾与展望研讨会　12月3日，全国台湾研究会在北京举办“2012年台湾政局暨两岸关系回顾与展望”研讨会。与会两岸专家学者点评2012年两岸关系发展现状，论述十八大对两岸关系的重要影响，分析谢长廷民进党的大陆政策。专家们指出，两岸关系和平发展已经成为两岸同胞最大共识，当前两岸关系进入巩固深化新阶段，十八大为两岸关系承前启后稳固发展提供了根本保证。

全国台研会常务副会长周志怀说，今年的两岸关系亮点不少，“九二共识”写入党的代表大会文件，台湾坚持一个中国、反对“台独”的政党再获执政权，谢长廷先生成功参访大陆，充分体现了大陆对台政策更加务实灵活。

中国社科院台湾研究所副所长朱卫东表示，谢长廷成功参访大陆，虽然受到基本教义派的反对，但谢长廷的参访深具政治象征意义，代表了民进党的积极动作，民进党要正视大陆，与大陆友好相处，谢长廷此次创造的民间邀请、以适当方式来访的模式，将成为未来民、共交流的主要方式。

台湾师范大学教授范世平分析了民进党内部政治生态及民进党大陆政策调整的可能性。他认为，如果民进党2016年选举还不承认“九二共识”，支持率会下降。虽然马英九的支持率下滑，但中间选民即使不期待国民党带来的红利，也会怕民进党带来不稳定，怕两岸关系变坏令经济更差。

台湾学者苏嘉宏、陈淞山也在研讨会上分析了岛内政情和民进党与大陆交流的未来走向。王在希、刘国深、黄嘉树、陶文钊等大陆的专家学者作了主题发言。两岸近40名专家学者出席研讨会。

（参见《人民日报·海外版》
2012年12月4日第3版）

2012：比较视野下的大国政治研讨会　12月22日，由对外经济贸易大学国际关系学院主办的“2012：比较视野下的大国政治”学术研讨会在对外经济贸易大学举行。来自北京大学、清华大学、中国人民大学、北京师范大学等国内政治学与国际关系研究重镇的近30位专家学者与《中国社会科学》《中国人民大学学报》等业界权威学术期刊主编与会，从不同的视角探讨了2012年国内国际政治的特点以及大国关系和全球治理等议题。研讨会的主要议题包括：大国崛起与国际关系、中共十八大与中国政治发展、中美关系与中日关系、民主化与治理，由《国际关系学院》学报主编、编审谭秀英，《社会科学研究》编审石本惠，国际关系学院国际战略与安全研究中心副主任赵晓春，中国现代国际关系研究院研究员、《现代国际关系》主编林利民等主持。专家们一致认为，2012年被国际社会称为“超级选举年”，全世界有多达58个国家的领导人已经或即将进行换届选举，这将给国际政治环境增加新的因素和变量。当前的世界处于明显的变化之中，充满着各种不确定性。随着十八大的召开，中国新一届领导人将迎来更多的机遇和挑战。中国需要抓住契机，为实现全面建成小康社会的目标营造和平有利的外部环境。

（对外经济贸易大学科研处张瑞供稿）

经济学

北大经济国富论坛　1月3日，北京大学经济学院首届“北大经济国富论坛”暨北京大学经济学院兼职教授聘任典礼在学院泰康人寿报告厅隆重举行。2012年是北京大学经济学院建院100周年纪念，也是严复翻译《国富论》110周年纪念，北京大学经济学院举办首届“北大经济国富论坛”，并将其作为一年一度的最高学术盛会，旨在构建学术界、产业界、政界的最佳沟通平台。2011年，欧洲债务危机使部分欧洲国家陷入困境，欧元区的前景变得扑朔迷离；同时，美国被迫调高债务上限并被下调评级，美国经济的动荡给世界经济发展带来了更多变数。作为美国最大的债权国和欧盟的合作伙伴，中国无法置身事外。为回顾2011年中国经济和世界经济发展状况，展望2012年中国经济发展前景，剖析中国经济发展现状，探寻中国经济可持续发展模式，首届“北大经济国富论坛”将主题定为“增长与转型：全球经济动荡背景下的中国经济”，以把握世界经济未来走向，对中国经济发展和改革的未来趋势作出探讨。

（北京大学社科处供稿）

第16届中国资本市场论坛　1月7日，由中国人民大学金融与证券研究所（FSI）、中国证券报社、兴业证券股份有限公司和《资本市场》杂志社共同主办的第十六届（2012年度）中国资本市场论坛在中国人民大学逸夫会堂举行。《中国证券报》社长兼总编辑林晨、兴业证券总裁刘志辉、中国人民大学校长陈雨露分别作开幕式致辞，全国人大常委会前副委员长成思危作主旨演讲，中国人民大学校长助理吴晓求作主题报告，中国金融学会名誉会长黄达教授、中国人民大学前校长纪宝成教授、国务院研究室副主任宁吉喆等出席开幕式。来自全国人大、中央国家机关、著名高校、著名研究机构等有关负责人和国内外著名专家学者及有关商业银行、保险公司、证券公司、资产管理公司、基金公司、证券公司的代表，上市公司及企业高管人员和多家新闻媒体记者等参加了此次论坛。

本次论坛的主题是“中国资本市场：新起点、新机遇、新突破”。论坛分三个模块进行，模块一议题为“内外协调：中国宏观经济政策如何调整”，模块二议题为“竞争与发展：中国证券公司如何变革”，模块三议题为“功能转型与国际化：中国资本市场如何突破”。

（中国人民大学社科处供稿）

中国本土奢侈品牌未来之路论坛　1月8日，由和讯网、对外经济贸易大学奢侈品研究中心主办、财富品质协办的“中国本土奢侈品牌未来之路”论坛在北京隆重举行。对外经济贸易大学副校长赵忠秀教授、奢侈品研究中心副主任周婷副教授以及各大品牌负责人、知名媒体人、专家学者莅临论坛，共同探讨中国本土奢侈品牌的未来发展之路。嘉宾们围绕“机遇·挑战中国本土高端品牌成长环境”“转型·创新中国本土高端品牌发展之路”“借力·共赢媒体助推奢侈品牌营销”三个分论题进行了深入而广泛的研讨。本次论坛的成功举办，标志着中国本土品牌已经积极投入到自身品牌建设当中，具有引领行业发展的重要意义，也为国内外品牌带来了一次深入交流的机会和平台。

（对外经济贸易大学科研处张瑞供稿）

北京生态文明建设研讨会　1月12日北京生态文明建设研讨会——暨民建中央人资环专委会课题《废物管理与循环经济》专著首发式在北京工业大学逸夫图书馆隆重举行。研讨会由国际生态发展联盟、北京工业大学、北京绿色动力环保技术研究院共同主办，作为主办方之一，中国工程院院士、北京工业大学经济与管理学院院长李京文院士出席会议开幕式并致辞，来自环保部、国务院发展研究院、国土资源部等政府部门以及中国社会科学院、清华大学、北京大学、中国人民大学、浙江大学、云南大学等学术单位的专家学者，以及致力于生态文明发展的国内外学者、企业家等共100多人参加了此次会议。大家齐聚一堂，畅所欲言，共同探讨北京生态文明建设的成就与发展，为促进北京生态文明大发展献计献策。本次研讨会对推动北京生态文明建设的学术研究，促进低碳经济、循环经济和绿色经济研究的发展，加强国际学术交流和协作作出了积极的贡献，并为政府部门、学术界以及企业界之间的沟通与联系提供了良好的交流机会和平台。

（北京工业大学科技处供稿）

首届外交官经济论坛　2月8日，首届外交官经济论坛在北京亦庄开发区开幕。首届外交官经济论坛由中贸国际商务交流中心主办，由北京外国问题研究会协办，爱哲斯文化传媒有限公司、北京亦庄经济技术开发区、五粮液集团赞助。外交官经济论坛旨在通过外交官对经济发展和国际经济形势的独特见解和判断，提供一个外交官、企业家、学者专家等多方交流的平台，帮助中国企业加快国际化进程，为中国企业更好地实施“走出去”战略提供新的途径，促进其与世界不同国家和地区间的经贸合作与文化交流。

（北京外国问题研究会秘书处胡晓茅供稿）

境外投资企业有关税收问题研讨会　2月9日，北京市国际税收研究会在市地税局老干部活动中心召开“2012年理论调研课题研讨会暨境外投资企业有关税收问题研讨会”。邀请中国国际税收研究会有关领导和韩绍初、王诚尧两位税务专家参加，研讨该会2012年理论调研工作安排计划，并针对该会调研报告《境外投资企业有关境外资金返程中的税收问题及国际借鉴研究综合报告》进行了认真的研讨。2月13日，中国税务报“筹划专刊”以《让“走出去”企业走的更快更好》为题，对该会《境外投资企业有关境外资金返程中的税收问题及国际借鉴研究综合报告》进行了报道。

（北京市国税研究会唐乃清供稿）

第四届中奥国际税务论坛　2月21日，由中央财经大学税务学院、维也纳经济大学国际税法研究院、北京大学财经法研究中心和中央财经大学国际税务研究中心共同举办的第四届中奥国际税务论坛——“中欧税制改革与国际税法发展”学术研讨会在中央财经大学举行。中央财经大学副校长李俊生教授、维也纳经济大学国际税法研究院院长、欧洲税法教授委员会学术委员会主任 Michael Lang 教授、北京大学财经法研究中心主任、中国财税法学研究会会长刘剑文教授分别致辞。本次论坛对中欧税制改革、欧盟成员国居民企业和非居民企业如何计算缴纳企业所得税问题、中国税法制度改革、中国增值税改革影响等问题进行了深入的探讨和分析。此外，维也纳经济大学国际税法研究院研究员 Olive-Christoph Günther 介绍和分析了 OECD 范本和联合国范本最新的发展。来自中央财经大学、中国人民大学、中国政法大学等多所高校90余名师生参加了论坛。

（中央财经大学科研处供稿）

中国的战略选择与国际经验高层研讨会　2月27日，国务院发展研究中心与财政部、世界银行联合举办的“实现现代、和谐、有创造力的发展：中国的战略选择与国际经验”高层研讨会在京召开。李克强副总理27日下午在中南海紫光阁会见“2030年的中国”联合课题组中外专家，李伟主任，张玉台同志，刘世锦副主任，张军扩等人参加了会见。李伟主任作“深化改革开放推动绿色、创新、包容发展”的主题演讲，并分别参加了第一、二、三专题讨论。刘鹤书记主持开幕式。张玉台同志主持介绍研究成果专题。刘世锦副主任介绍中心与财政部、世行联合课题组的研究成果，主持第三专题讨论。

（国务院发展研究中心科研处张力供稿）

新时期深化改革扩大开放战略选择论坛　3月16日下午，中国世界贸易组织研究会第三届理事会第一次会议暨“新时期深化改革扩大开放的战略选择”

高层论坛在对外经济贸易大学宁远楼三层报告厅举行。来自商务部、国家发展改革委、农业部等近二十个国务院经济贸易部门、全国十几个省市、行业协会、大型企业、大专院校和研究机构以及 WTO 研究会的顾问、常务理事、理事、会员近 200 位代表和对外经济贸易大学 300 多名师生代表参加了会议。针对全球贸易、欧债危机和中国面临的改革开放问题，与会人员进行了深入探讨。整个会议由两部分组成，分别由全国政协委员、中国首任驻世贸组织大使、中国世界贸易组织研究会会长孙振宇和中国世贸组织研究会竞争政策与法律专业委员会主席俞晓松主持。孙振宇宣读了徐匡迪名誉会长的书面致辞。商务部部长助理俞建华代表商务部部长陈德铭出席会议并致辞。会议总结了我国加入世贸组织十年来取得的成就并对未来进行了展望。呼吁大家积极参与经济全球化，推动国际经贸秩序向更公正、合理、共赢的方向发展。

（对外经济贸易大学科研处张瑞供稿）

中国发展高层论坛 2012 年会　3 月 18 日，中共中央政治局常委、国务院副总理李克强出席 2012 年中国发展高层论坛开幕式并致辞。他指出，要坚持稳中求进，立足扩大内需，强化创新驱动，依靠改革开放，加快转方式、调结构，保持经济长期平稳较快发展。

李克强说，当前世界经济复苏与增长前景尚不明朗，不确定和不稳定因素较多。中国经济继续保持平稳较快发展，长期向好的基本面没有改变，但发展中不平衡、不协调、不可持续的问题依然突出。要按照“十二五”发展主题主线的要求和十一届全国人大五次会议批准的政府工作报告的部署，把握好稳中求进的总基调，保持经济平稳较快发展和物价总水平基本稳定，努力在转变经济发展方式、深化改革开放、保障改善民生上取得新突破。

李克强强调，加快转变经济发展方式，促进经济长期平稳较快发展，主攻方向是调整经济结构，战略基点是扩大内需。城镇化是扩大内需的最大潜力。要在严格保护耕地、保障粮食安全、不断改善农村生产生活条件的情况下，积极稳妥地推进城镇化，推动工业化、城镇化和农业现代化协调发展，实现“三化”并举，拉动经济持续增长。要把发展服务业放在扩大内需更加突出的位置，在大力发展先进制造业和高技术产业的同时，加快发展生产性和生活性服务业，这样不仅可以大量吸纳就业，而且能够提升工业发展水平。要把扩大内需和改善民生更好地结合起来。围绕保障群众的基本需求，实施好保障房建设、新一轮医改、集中连片扶贫攻坚等重大民生工程和重大发展工程，注重发展经济和提高居民收入同步，以增强居民消费能力和信心，促进消费和投资良性互动，使全体人民共享发展成果。

李克强指出，创新是经济社会发展的最大活力。推进结构调整，必须坚持企业为主体，市场为导向，加强政府引导，增加各方面资金投入，全面推进技术创新、管理创新和产品创新。李克强说，发展必须转方式，转方式根本在于创新体制机制，改革开放是实现经济转型和推动现代化建设的强大动力。目前，中国的改革已经进入攻坚期。要深化财税、金融、企业、价格、收入分配制度等方面改革，努力在重点领域和关键环节取得突破，更好地发挥市场配置资源的基础性作用，破除制约经济社会发展的体制机制障碍，增强发展的内生动力。同时，中国扩内需、调结构是在对外开放条件下进行的，要促进进出口贸易平衡发展，创新利用外资和对外投资方式，为各类企业公平竞争、共同发展提供良好环境。

开幕式前，李克强会见了出席论坛的国际货币基金组织总裁拉加德、亚洲开发银行行长黑田东彦、经济合作与发展组织秘书长等外方主要来宾，并与他们简要交谈。

本届中国发展高层论坛的主题是“中国和世界：宏观经济与结构调整”。来自国内外的企业家、专家学者、政府官员和国际组织代表共 500 多人参加开幕式。论坛由国务院发展研究中心主办。

（参见《人民日报》2012 年 3 月 19 日第 1 版）

世界一流企业业务结构要素研讨会　2012 年 3 月 19 日，由对外经济贸易大学国际财务与会计研究中心与国务院国资委联合举办的“世界一流企业业务结构要素”研讨会在京召开。

对外经济贸易大学副校长、国际财务与会计研究中心主任张新民教授，国务院国资委改革局副局长王润秋，招商局集团有限公司总经济师王宏，国家开发投资公司副总裁李冰、战略部副主任张亮，五矿集团企划部总经理徐忠芬，国资委改革局毋贤祥处长以及对外经济贸易大学国际商学院会计系主任、国际财务与会计研究中心副主任吴革教授等参加了此次研讨会。研讨会由王润秋主持。此次研讨会是在国务院国资委结合“十二五”时期中央企业改革发展的总体思路，提出“从中国一流到世界一流”这一命题的背景下召开的。张新民教授和吴革教授分别汇报了业务结构要素部分的目标、指导原则、核心业务、新兴产业和能力体系等专题内容。与会代表对上述内容进行了多视角的深入探讨和交流。

（对外经济贸易大学科研处张瑞供稿）

基础设施建设中的环境治理研讨会　3 月 26 日，由清华大学产业发展与环境治理研究小心（CIDEG）

组织的基础设施建设中的环境治理研讨会在清华大学公共管理学院举行。公共管理学院院长、CIDEG主任薛澜与会致欢迎辞。研讨会旨在讨论在项目计划、设计、建设以及运营阶段如何平衡经济发展、环境保护和公众利益。斯坦福大学城市与环境工程系教授盖瑞·格里格斯（Gary Griggs）介绍了美国加利福尼亚州高速铁路项目的发展情况以及环境影响评价的过程。芬兰阿尔托大学科学学院教授因凯里·鲁斯卡（Inkeri Ruuska）阐述了芬兰核电项目的发展与公众参与情况。中国科学院和CIDEG的研究人员还分别介绍了中国环境审计的做法与青藏铁路的案例、对中国铁路项目的环境影响评价、对性别和公众参与研究访淡的初步分析结果。来自清华大学、中国国际工程咨询公司、台湾成功大学、北京交通大学、香港城市大学、中国科学院和北京大学等单位的专家学者参会，围绕基础设施建设中环境影响评价的治理监督机制，环境影响评价、社会影响评价与项目全生命周期规划的整合，以及中国面临的挑战和未来应探索的机制与研究方向等展开讨论。27日下午，盖瑞·格里格斯和因凯里·鲁斯卡还分别做客CIDEG学术沙龙，作题为“城市交通运输的挑战与策略”和“芬兰核电项目治理”的学术报告。共40余人次师生参加沙龙。

（清华大学文科建设处供稿）

资源型地区可持续发展与政策国际会议　3月31日上午，“资源型地区可持续发展与政策国际会议暨国际区域科学学会第三次年会”在中国地质大学（北京）国际会议中心开幕。

中国地质大学（北京）党委书记王鸿冰，国家自然科学基金委员会地球科学部常务副主任柴育成，中国国土资源经济研究院院长姚华军，国际区域科学学会会长Yoshiro Higano，国际区域科学学会副会长Jean-Claude Thill，国际区域科学学会秘书长Tomaz Ponce Dentinho，SSCI期刊《Papers in Regional Science》主编Jouke van Dijk，国家自然科学基金委员会管理学学部三处处长杨列勋以及来自海内外的200多名专家和学者出席了开幕式。

开幕式由中国地质大学（北京）副校长雷涯邻主持。副校长万力致开幕词，他希望参会的来宾能通过这个平台的交流与沟通产生更多更好的思想和成果，促进资源型地区可持续发展的研究与实践，推动相关学科的发展。

现任国际区域科学学会会长、日本筑波大学教授、博士生导师Yoshiro Higano代表国际区域科学学会讲话。他指出当前人类社会面临的经济、环境等一系列严重问题，相信区域科学必将成为最有力、最成功的解决方法。还有很多国际区域科学学会未解决的问题，有待学会成员通过学习各方经验来努力改善这些问题，促进区域科学的发展。

会上，国家自然科学基金委员会地球科学部常务副主任柴育成教授对资源型地区可持续发展作出了进一步的具体阐述。

开幕式结束后，在资源型地区可持续发展与政策这一领域有着深入研究的专家就其成果作了主题报告。与会专家、学者还就资源环境承载力与可持续发展、资源环境与区域经济、相关政策与体制等议题进行了分组讨论。

本次国际会议由中国地质大学（北京）、国际区域科学学会、中国地质大学（武汉）、国土部资源环境承载力评价与规划重点实验室联合主办，北京地质大学（北京）人文经管学院、中国矿业联合会矿业城市工作委员会承办，会议主题为“资源环境承载力与区域经济可持续发展”。会议旨在促进中外资源型地区可持续发展领域研究的学术交流，为资源性地区可持续发展及政策研究领域的专家和学者搭建一个交流合作、共享成果的平台，对资源、环境与经济协调发展和区域发展均衡化等热点问题的讨论和研究具有重要的现实意义。

［中国地质大学（北京）科技处姚慧供稿］

私人银行高层论坛　4月12日，由中央财经大学中国银行业研究中心主办的《中国私人银行发展报告2012》发布仪式暨私人银行高层论坛在中央财经大学举行。《中国私人银行发展报告2012》由中央财经大学中国银行业研究中心与中信银行私人银行中心联合课题组共同完成，报告对过去五年中国私人银行变化进行了系统全面的总结，并从全新的角度，对中国私人财富市场及高净值人群进行了深入的分析研究，进而对私人银行业的发展现状与趋势提出独立见解。本报告是对当前已有研究的深化和突破，为私人银行的发展提供了重要的理论支持和指导。中信银行私人银行中心外方代表、西班牙对外银行（BBVA）亚洲区私人银行总经理Rafael Romanos在致辞中指出，中国私人银行的发展还处在发现与引导阶段，其成熟和健康发展需要监管机构和各界有识之士共同推动。来自中信银行、中国工商银行、北京银行零售银行、华夏银行等多家金融机构的代表以及国内外50余家媒体参加了此次论坛。

（中央财经大学科研处供稿）

地方债与财政风险国际研讨会　4月13日上午，由中央财经大学财政学院、澳大利亚维多利亚大学战略经济研究中心、中财－鹏元地方财政投融资研究所联合举办的“地方债与财政风险国际研讨会”在中央财经大学举办。来自澳大利亚维多利亚大学、世界银行、亚洲开发银行、财政部财政科学研究所、中国社会科学院、西南财经大学、首都经贸大学、中央财经大学、鹏元资信评估有限公司等机构的50余位专家学者，就地方债与财政风险问题深入探讨和分析。与会专家们认为，防控公共财政债务风险必须常抓不懈，虽然目前公共财政债务规模完全可控，但我国也存在公共财政风险突然放大的潜能，要加快分税制下财政体制改革，调整中央和地方财权财力分布格局。专家们还就我国地方政府债务风险的度量、评估进行了研讨。

（中央财经大学科研处供稿）

选择可持续的未来讲座 4月17日，由清华大学公共管理学院、解放日报、联合国驻华系统主办的“选择可持续的未来：解读《联合国秘书长全球可持续性问题高级别小组报告》”的主题讲座在清华大学公共管理学院报告厅举行。联合国秘书长可持续性问题高级别小组执行主任扎诺斯·帕兹托、中国气象局国家气候中心副主任罗勇、联合国工业发展组织驻华代表柯文思、清华大学气候政策研究中心主任齐晔、清华大学能源环境经济研究所所长张希良、解放日报报业集团社长尹明华出席座谈，围绕“选择可持续的未来”这一主题，深入解读《联合国秘书长可持续性问题高级别小组报告》。他们认为，全球的可持续发展必然要包含着人与自然的和谐相处、共同发展。可持续发展涉及气候安全性、能源安全性、粮食安全性等各方面问题，真正实现可持续发展，需要综合的系统解决方法。近百名来自清华大学、北京大学、中国科学院的研究人员参加讲座。讲座前，清华大学公共管理学院院长薛澜会见了扎诺·帕兹托一行，就双方合作交流事宜进行探讨。

（清华大学文科建设处供稿）

首届全国农林院校林产品贸易学术研讨会 4月20日，“首届全国农林院校林产品贸易学术研讨会”在北京开幕。研讨会由北京林业大学经济管理学院主办，北京林业大学经济管理学院国际贸易系承办。北京林业大学校长宋维明，国家林业局规划与资金管理司副司长张艳红，中国林产工业协会秘书长石峰，中国林科院科信所所长陈绍志，对外经济贸易大学WTO学院院长张汉林，国家发改委对外经济研究所国际经济合作研究室主任张建平，北京林业大学经济管理学院院长陈建成，北京林业大学经济管理学院党委书记张卫民、北京林业大学经济管理学院国际贸易系主任程宝栋以及来自国内多所农林院校的专家学者50余人出席研讨会。研讨会围绕我国对外投资以及贸易问题、中国林产品贸易现状与政策、林产品贸易与市场学科的国际科研趋势与动向等话题展开了深入研讨。会议还提出了成立全国农林院校林产品贸易教研协作组，以推动全国农林院校林产品贸易各单位之间的交流和合作，加强林产品贸易研究与政府政策、企业战略之间的结合，进一步振兴林业经济管理学科，繁荣和发展现代林业。

（北京林业大学科技处张力供稿）

知识产权金融合作论坛 4月23—24日，中日两国专家在京举行了知识产权、金融合作研讨会。日本国际贸易促进会会长河野洋平分别为两个研讨会致辞，国家创新与发展战略研究会会长郑必坚参加了金融合作研讨会。

河野洋平在致辞中说，回顾日中两国历史，特别是近代以来，日本一直都是步欧美列强的后尘，在摆脱这种压力的过程中，彷徨过，犯过错。战后终于明白了只有走国际合作道路才能达到经济高速发展。日中两国经过40年的交流合作，两国经济实力大幅增长，已经进入携手共同为亚洲乃至世界经济发展发挥作用的新阶段。

郑必坚在致辞中说，金融是现代经济的血脉，中日加强金融领域合作是大势所趋。希望大家抓住这个难得契机，将中日两国金融合作推向深化，把中日两国人民交谊推向深化，为维护亚洲、世界的繁荣与稳定作出贡献。

（参见《光明日报》2012年4月25日第8版）

发达经济体财政赤字和主权债务展望国际研讨会 4月25日下午，由对外经济贸易大学金融学院和北京师范大学经济与工商管理学院联合举办的发达经济体财政赤字和主权债务展望国际研讨会在京举行。对外经济贸易大学校长施建军教授、国际货币基金组织的驻华首席代表Il Houng Lee、中国人民银行研究局国际金融研究处处长莫万贵、日本银行北京代表处首席代表新川陆一、美国财政部驻华大使馆经济与金融特使David Dollar（杜大伟）、欧盟驻华商会高级商务经理Mark Rushton、北京师范大学经济与工商管理学院贺力平教授、中国社会科学院欧洲研究所江时学研究员以及对外经济贸易大学金融学院丁志杰院长、吴卫星书记、张海云教授等出席。

主旨演讲部分，国际货币基金组织的驻华首席代表Houng Lee结合各国数据分析了本次主次主权债务危机的起因，与此前的次贷危机之间的关联，并对未来危机的发展及对策进行了展望；日本银行北京代表处的首席代表新川陆一则对日本政府的债务情况进行了介绍，并对如何降低日本政府的高额负债提出了自己的看法；美国财政部驻华大使馆的经济与金融特使David Dollar先生分析了美国的财政情况，并对当前降低财政赤字的政策进行了评价；欧盟驻华商会的高级商务经理Mark Rushton则结合欧洲主权债务危机对中国的影响以及对中国目前的投资状况等方面分析了中国当前面临的投资及引资机会。

（对外经济贸易大学科研处张瑞供稿）

第九届国际菌草产业发展论坛 4月28日，由教育部战略研究（培育）基地——对外经济贸易大学中国开放经济与国际科技合作战略研究中心、科技部国家菌草工程技术研究中心以及世界绿色投资贸易促进会联合主办、中国国际友人研究会协办的“第九届国际菌草产业发展论坛”在对外经济贸易大学宁远楼三楼报告厅举行。

来自国家发改委、商务部、教育部、科技部、农业部、外交部、水利部、住建部、环保部、国家质检总局、国资委等相关部委以及福建省科技厅、外贸厅和河北省承德市的官员，国务院发展研究中心、中国工商联、中国战略文化促进会、中国农业大学、中国农科院等专家学者和中粮集团等相关产业和投资公司，卢旺达、斐济、莱索托、埃及的驻华使节，以及来自南非、伊朗、伊拉克、巴西等近20个国家的官员和技术人员以及在校师生共计200余人出席了此次论坛。论坛由中国开放经济与国际科技合作战略研究中心执行主任夏友富教授主持。

对外经贸大学副校长兼中国开放经济与国际科技合作战略研究中心主任刘亚、世界绿色贸易投资促进会执行主席和原交通部副部长忻元校、中国政府加勒比特使、前中国驻巴布亚新几内亚和牙买加大使赵振宇、商务部援外司副司长余应福致辞。

（对外经济贸易大学科研处张瑞供稿）

结构性减税与民生问题研讨会 5月4日，中央财经大学税务学院与国务院参事室联合举办了“结构性减税与民生问题”研讨会。研讨会在国务院参事室机关会议室举行，由国务院参事、中央财经大学税务学院副院长刘桓教授主持。研讨会盛邀国内税收界著名专家共同参与，国务院参事室党组成员、副主任方宁，参事陈全生、汤敏，参事室特邀研究员姚景源，参事室参事业务一司唐华东、张立平副司长，二司周巍副司长等领导与会，中央财经大学税务学院汤贡亮院长等部分教师参加了研讨会。国务院参事室副主任方宁就“结构性减税与民生问题研讨会的主题意义”进行了解析并致开幕词。中国人民大学安体富教授、中国社会科学院学部委员、财税战略研究院院长高培勇教授、北京大学中国财税法学研究会会长刘剑文教授、财政部财政科学研究所副所长苏明等与会嘉宾就当前税收改革的历史逻辑与战略路径等主题进行发言。此次研讨会为国家宏观经济政策多方合作研究提出了建议和意见。

（中央财经大学科研处供稿）

房产税改革研究座谈会 5月10—11日 受中国国际税收研究会委托，北京市国际税收研究会在北京市地税局老干部活动中心召开“综合与分类相结合的个人所得税征管机制研究”及房产税改革研究课题座谈会。会议邀请高世星、郭平壮等领导同志，韩绍初、王诚尧等税务专家参加，提出宝贵意见；在此基础上拟写并反复修改定稿，上报中国国际税收研究会。其中，《深化个人所得税改革的三点建议》被《中国税务报》（2012年7月18日）以“转变观念，逐步提高财产性收入的税收比重”为题刊载在第八版《财经论坛》上。《调节房价的观点分析和税收改革措施》被全文刊登在中国国际税收研究会主办的《研究要报》（2012年第5期）上，并报送国家税务总局领导及办公厅、政策法规司、科研所、中共中央政策研究室、国务院研究室等。

（北京市国税研究会唐乃清供稿）

新中国土地管理事业与土地科学发展五十年研讨会 5月13日，由中国人民大学公共管理学院土地管理系主办的“新中国土地管理事业与土地科学发展五十年研讨会暨马克伟先生八十寿辰祝寿会”在公共管理学院报告厅召开。中国人民大学副校长冯惠玲，国土资源部副部长胡存智，中国人民大学公共管理学院院长董克用、欧美同学会留苏分会代表和部分高校代表到会祝贺并致辞。从各地赶来的部分20世纪50年代留苏学子，来自国土资源系统、高校的领导和专家学者，马克伟先生的家人及留苏学子的朋友、学生等200余人参加大会。

（中国人民大学社科处供稿）

世界贸促高峰论坛 5月15日，世界贸促高峰论坛在北京举行，国家主席胡锦涛发来贺信，对此次论坛的举行表示热烈祝贺，对参加论坛的各国各地区嘉宾表示诚挚欢迎。

胡锦涛指出，这些年来，中国坚持对外开放的基本国策，积极参与国际经济合作和竞争，大力发展对外贸易，以自己的发展促进地区和世界共同发展。今后，中国将实行更加积极主动的开放战略，继续改善贸易和投资环境，促进对外贸易平衡发展，维护和加强多边贸易体制，推动建设公正合理的国际自由贸易体系。

胡锦涛强调，中国贸促会成立60年来，在促进对外贸易发展、服务改革开放大局方面做了大量富有成效的工作。面对国际贸易形势新变化，希望中国贸促会充分发挥促进对外贸易的重要桥梁和平台作用，进一步加强同各国各地区贸促机构交流合作，为提高中国开放型经济水平、推动世界经济复苏和发展作出新的贡献。

国务院副总理王岐山出席论坛并致辞。他说，自由开放的贸易和投资，是经济增长的重要引擎。加强各国贸易与投资合作，对于促进经济增长和就业增加，推动全球可持续复苏，具有重要意义。

王岐山指出，改革开放30多年来，特别是加入世贸组织10年来，中国发展快、变化大，对外开放取得了辉煌成就。伴随着工业化、城镇化的快速推进，13亿人口的巨大市场潜力逐渐爆发。我们将按照“十二五”规划的要求，加快转变外贸发展方式，调整外贸结构，不断提高对外开放水平。在稳定出口增长的同时，积极扩大进口，促进贸易平衡发展。我们欢迎各国企业来华投资，也积极推动中国企业“走出去”：通过与有关国家签订双边投资保护协定，加快自贸区建设，促进贸易和投资便利化。我们将通过打击制售假冒伪劣商品行为、保护知识产权、完善法律法规等措施，营造更加公平、规范、透明的投资环境。

法国前总理、参议院副议长拉法兰，日本前众议院议长河野洋平，墨西哥前总统福克斯，马来西亚前副首相敦·穆萨·希塔姆以及来自三十多个国家和地区的贸促机构及商协会的领导人出席了论坛。

世界贸促高峰论坛由中国贸促会主办，旨在加强各国和地区贸促机构及商协会之间的合作与交流，为世界经济的复苏与繁荣作出贡献。

（参见《光明日报》2012年5月16日第1版）

第二届首都旅游发展论坛　5月17日，由北京市社科联、北京联合大学、北京旅游学会共同主办、以“推动首都旅游产业发展——融合·创新·提升”为主题的第二届首都旅游发展论坛在北京会议中心成功举办。市社科联党组副书记陈之昌、北京联合大学党委书记徐永利、首旅集团党委副书记李中根、市旅游委副主任安金明出席论坛并分别致辞。来自首都旅游界的专家学者、政府部门及业界代表约300人参加论坛。

陈之昌在致辞中指出，当前北京正处在经济结构转型、城市功能提升的重要时期，一系列关乎旅游产业长远发展的政策举措相继出台和实施，为北京旅游产业带来前所未有的发展机遇。推动北京旅游产业跨越式发展，关键要做好旅游产业融合、发展模式创新和服务品质提升等方面的文章。

安金明在致辞中指出，北京旅游业大发展、大繁荣，需要旅游学界的鼎力相助和大力支持。他希望首都旅游学界“围绕中心、服务大局”，进一步加强理论思辨，繁荣旅游研究，促进学术交流，为北京旅游经济的发展积极建言献策。

论坛上，中国社会科学院旅游研究中心副主任戴学锋研究员提出，未来北京旅游产业应该重点发展国际化但不失京味文化内涵的都市旅游。为此要深挖京味文化的内涵，并与现代创意产业相结合，同时积极探索有效的制度，让旅游者、居民、旅游产业人士、政府等各方利益相关者都受益。北京大学旅游研究与规划中心主任吴必虎教授阐释了“环城市旅游综合体”的基本理论与模式构建。他认为，北京应该加强相关理论研究和产业整合，积极推动“环城市旅游综合体”建设。北京市东城区旅游发展委员会主任李雪敏以东城区四合院精品酒店为切入点，论述了四合院旅游资源的价值及其开发问题。中国旅游研究院学术委员会主任魏小安教授指出，中国旅游业发展到现在面临的首要任务是如何调整和优化旅游经济结构。他提出，把旅游业视为国民经济结构中一个创造幸福的独立产业，深入研究并解决旅游经济结构问题，培育旅游结构竞争力，创造结构性效益。

（北京市社科联学术活动部供稿）

中国旅游研究年会　5月18日，2012《旅游学刊》中国旅游研究年会在北京会议中心举行，本次年会由北京联合大学、中国旅游协会旅游教育分会主办，北京联合大学旅游学院、《旅游学刊》编辑部承办，年会以“前沿·理性·责任”为主题。

出席本次年会的有：国家旅游局规划财务司副司长张吉林，文化部艺术服务中心副主任李立中，教育部高教司财经政法与管理教育处处长吴燕，中国旅游研究院学术委员会主任魏小安，中国旅游协会旅游教育分会秘书长唐志辉，全国休闲标准化技术委员会秘书长刘汉奇，杭州市旅游委员会主任李虹，南开大学历史学院教授孙立群，北京大学秘书长杨开忠，北京联合大学党委书记徐永利，《旅游管理》主编Chris Ryan，对外经济贸易大学副校长张新民、赵忠秀，北京联合大学副校长乔东亮、古红梅，《旅游学刊》名誉主编、中国社科院旅游研究中心副主任刘德谦等。

（北京联合大学科研处供稿）

消费主导经济高峰论坛　5月20日，“消费主导经济与领导管理科学创新高峰论坛暨吴炳新《领导管理科学新论》研讨会”在北京举行。与会专家学者认为，发展消费社会生产力要从加强基础消费开始，人类消费的全过程也是不断创新领导管理科学的发展过程。

与会者认为，人类社会漫长的历史阶段，就是向自然索取消费物质和创造消费物质的全过程。社会文明发展程度越高，社会生活消费、社会消费、科研生产消费三大消费体现精神文化的、信息的消费就越多。《领导管理科学新论》正是从哲学、社会学、文化学、历史学等多视角研究了人类三大消费中的领导管理现象，阐述了发展消费社会生产力的内在规律。本次研讨会由中国领导科学研究会举办，来自中央政策研究室、国务院发展研究中心、中央党校等方面的学者出席。

（参见《人民日报·海外版》
2012年5月21日第4版）

世界变局下的中国改革与政府职能转变讲座 5月21日，由北京师范大学经济与工商管理学院研究生会主办的“京师经管名家讲坛”第22期成功举办。著名经济学家、上海财经大学经济学院院长、高等研究院院长、美国得州 A&M 大学终身教授田国强为本期“京师经管名家讲坛”作了题为“世界变局下的中国改革与政府职能转变”的专题讲座，讲座由经济与工商管理学院院长赖德胜主持。

田国强教授首先阐释了中国改革的必要性。从国际环境来讲，新的世纪以来，世界正在经历大变革、大调整，正从美国的单极霸权向双极、多极体系的转型；其他新兴经济体的崛起，使得国家间的竞争变得日益激烈；中国面临的外部经济环境已经发生了巨大变化。中国在这种世界环境下，无疑要从以往的追随者转变成引导者，而涉及诸如经济竞争、人才的竞争、制度的竞争和话语权的竞争，中国必须要通过改革去实现对当前的超越。而从国内经济政治形势来看，中国正面临着发展方式转变和深层制度转型的双重难题，面临着诸多深层次的问题和矛盾。中国亟待以创新的精神通过改革、发展来加以解决，实现从要素驱动向效率驱动、创新驱动转换，通过深化市场导向的改革牵引经济社会制度的合理化转型，最终理顺政府与市场及社会三者之间的合理治理边界。田国强教授最后提出，中国要实现更深层次的改革突破和发展创新，还必须加快推进政治体制改革，至少是行政体制改革。这应成为未来30年改革开放的重要议程，是国家真正实现长治久安和现代化的根本保障。政治体制改革是一个系统工程，不能故步自封，也不能好高骛远，须循序渐进、扎实推进。当务之急是，将行政体制改革这一政治体制改革的重要内容做实做好，促进政府职能的两个根本转变。

（北京师范大学社科处供稿）

欧亚美三大洲国际贸易政策2012年研讨会 5月22日，由对外经济贸易大学、英国华威大学和加拿大西安大略大学共同举办的欧亚美三大洲国际贸易政策2012年研讨会在京召开。研讨会邀请了国内外十多位优秀的经济学家参会，其中包括 CGE 模型开创者、加拿大西安大略大学 John Whalley 教授，英国华威大学经济学系 Sascha Becker 教授和 Dennis Novy 教授以及来自新加坡国立大学、浙江大学、南开大学、社科院的优秀学者。对外经济贸易大学林桂军副校长致开幕词，并与在座的学者分享了自己的学术研究成果。本次会议是继建立“国际经济与金融学会（中国）”（IEFS China）之后，在提高国际经济学学术水准，加强国际贸易政策研究方面的又一次创新，是建立全球国际贸易政策研究中心网络工作的重要组成部分。本次研讨会是2011年2月在华威大学召开第一届会议之后的又一次研讨会，标志着三大洲国际贸易政策合作研究制度化。研讨会为中国高校国际贸易政策研究和政府决策搭建了一个高端学术平台，使我国学者可以与国际知名的国际贸易大师及专家建立一种可持续性的良性互动的学术联系。

（对外经济贸易大学科研处张瑞供稿）

中欧北京论坛 5月25—26日，“中欧北京论坛”在中国银行召开。本次论坛由博源基金会、北京大学国际关系学院、财经传媒集团、英国战略对话研究院主办，中国银行和英仕曼集团协办。本次论坛邀请了中国、英国、德国、法国经济和政治领域的近50位专家、学者、官员和媒体人士共同参与，并就“中国与欧洲的经济关系”“中国经济再平衡及其对世界经济的影响”和“地缘政治及其影响”等问题交流了各自的观点，展开了深入的讨论。

5月25日，国务院副总理王岐山会见了欧方代表团全体成员。中国人民银行行长周小川、中国银行副董事长兼行长李礼辉、国际货币基金组织副总裁朱民、中国银行执行董事兼副行长王永利、博鳌亚洲论坛秘书长周文重、中国证券监督管理委员会主席郭树清等参加了本次论坛。世界贸易组织总干事帕斯卡尔·拉米在本次论坛上作了特别演讲。

北京大学国际关系学院院长、国际战略研究中心主任王缉思教授和国际关系学院教授、国际战略研究中心常务副主任袁明女士、国际关系学院副院长贾庆国教授参加了本次论坛。

（北京大学社科处供稿）

中国质量安全与发展高端论坛 5月27日上午，第十五届中国北京国际科技产业博览会中国质量安全与发展高端论坛在北京京西宾馆召开。本次论坛由中国北京国际科技产业博览会组委会办公室与对外经济贸易大学主办，国际经济贸易学院、法学院、对外经济贸易大学教育基金会、香港匡翘基金、对外经济贸易大学产品质量与安全法制研究中心共同承办。论坛主题为“科技创新与质量强国”。中国质量协会副会长弋辉，原商务部副部长、中国首任驻世贸组织大使、中国 WTO 研究会会长孙振宇，科博会组委会委员、北京市贸促会副会长储祥银，霍英东基金会董事长、北京市政协委员、论坛荣誉主席霍震宇，对外经济贸易大学党委书记王玲出席本次论坛开幕式并致辞。

（对外经济贸易大学科研处张瑞供稿）

第四届中国国际商务发展论坛 6月2日上午，“国际商务：应对经济复苏和政治变化”第四届中国国际商务发展论坛在对外经济贸易大学宁远楼国际会议厅正式开幕。中国世界贸易组织研究会会长孙振宇，商务部政策研究室主任张向晨，中国美国商会副会长王晓平，中国国际贸易学会会长王俊文，商务部国际贸易经济合作研究院院长霍建国，中国铁建股份有限公司法律法规部部长王甲国，清华大学经济管理学院陈涛涛教授，对外经济贸易大学副校长、全国MIB教指委副主任委员林桂军，对外经济贸易大学副校长赵忠秀，对外经济贸易大学国际经济贸易学院执行院长洪俊杰等专家学者应邀出席论坛。

会上，中国世界贸易组织研究会会长孙振宇围绕欧债危机发表演讲；国际经济贸易学院执行院长洪俊杰就“中国企业走出去的制度促进论”发表了自己的看法；中国美国商会副会长王晓平站在美国跨国公司的角度上以全新的视角讲述了“中国在经济转型过程中的挑战”；对外经济贸易大学副校长、全国MIB教指委副主任委员林桂军阐述了“国际商务硕士专业技能标准”的有关研究成果；中国铁建股份有限责任公司法律法规部部长王甲国先生发表了题为“大型国有企业‘走出去’法律风险防范及应对”的主题演讲。

此次论坛由中国世界经济学会、对外经济贸易大学、首都经济贸易大学和全国国际商务专业学位研究生教育指导委员会主办，由对外经济贸易大学国际经济贸易学院承办。

（对外经济贸易大学科研处张瑞供稿）

第三届国际投资论坛　6月3日，由中国世界经济学会和对外经济贸易大学联合主办、《国际经济评论》编辑部和中国远大集团海外经济投资发展有限公司协办的“第三届国际投资论坛——中国跨国公司的成长与培育：理论、环境与模式”在对外经济贸易大学诚信楼国际会议厅举行。来自国家商务部、中国社会科学院、中国银行、商务部研究院、清华大学、北京大学、南开大学、美国伊利诺伊州立大学、中石化、中铝集团、中国有色、三一重工、中国远大集团海外投资公司等国内研究机构、相关部委、著名高校和中国跨国公司的100多位领导嘉宾莅会。对外经济贸易大学副校长、中国世界经济学会副会长赵忠秀教授在开幕式上致辞。

本届论坛分为领导致辞与嘉宾发言、企业代表发言、学术界代表发言和征文代表发言4个阶段，先后有21位代表在论坛上演讲。与会专家学者和企业界领导围绕国际投资与中国跨国公司发展问题进行了广泛深入的讨论交流，提出了许多真知灼见。

（对外经济贸易大学科研处张瑞供稿）

上海合作组织工商论坛　6月7日，以“深化区域经济合作，探索新的发展机遇”为主题的上海合作组织工商论坛在北京举行。国务院副总理王岐山出席论坛开幕式并致辞。

来自商务部的数据显示，自2001年上海合作组织成立之日起，区域经济合作就成为组织合作的主要内容。中国与其他成员国间贸易额从2001年的121亿美元增长到2011年的1134亿美元，增长近9倍。2011年中国与成员国贸易总额比上年增长35.1%。2012年1—4月，中国与成员国贸易总额386.1亿美元，增长19.9%。

上海合作组织工商论坛是上海合作组织元首理事会第十二次会议框架内活动之一，约700名代表参加了本次论坛。

（参见《人民日报·海外版》
2012年6月7日第4版）

第五届Five Star·金融论坛　6月8日，中国人民大学、北京大学、长江商学院、清华大学、中央财经大学共同发起，中国人民大学汉青经济与金融高级研究院、财政金融学院主办的第五届“Five Star·金融论坛”在中国人民大学召开。论坛主席K. C John Wei教授代表主办方致辞，美国密歇根大学教授、长江商学院访问教授李海涛发表了主旨演讲，来自五所发起院校以及美国亚利桑那大学、新加坡国立大学、香港科技大学、加拿大戴豪斯大学、美国得克萨斯大学奥斯汀分校、加拿大里贾纳大学的教授在两个分会场进行了主题演讲和点评讨论。

（中国人民大学社科处供稿）

文化产业发展高峰论坛　6月10日，全国工商联宣传培训委员会2012年度会议暨中国文化产业发展高峰论坛在北京举办。本次论坛主要围绕提升企业家文化自觉、打造文化产业发展前景进行研讨，旨在引导民营企业进入文化产业领域，更好地促进民营文化企业的健康发展。与会代表还围绕企业家的文化责任、民营影视产业发展的前景、文化产业发展的机遇与挑战3个主题进行了互动交流，并认为文化产业发展要高度重视文化产品的内容和质量。

（参见《人民日报·海外版》
2012年6月11日第4版）

东亚区域经济合作暨中日韩自贸区建设研讨会
6月14日上午，由对外经济贸易大学国际经济研究院主办的“东亚区域经济合作暨中日韩自贸区建设”研讨会在该校举行。商务部商务研究院院长霍建国、国务院发展研究中心对外经济研究部部长隆国强、中国社科院亚太经济专家王玉主、北大经济学院院长张辉、北大经济研究所副所长冯科、商务部国际司处长蒋季青等经济领域的专家以及对外经济贸易大学相关专业的师生出席了本次研讨会。研讨会由对外经济贸易大学国际经济研究院院长桑百川主持，林桂军副校长致辞。

与会专家、学者就中日韩自贸区建设展开热烈的讨论，从不同的角度探讨了中日韩自贸区建设的相关问题，为中日韩自贸区谈判所出现的问题提出了解决方案，也为中日韩自贸区的建设提供了研究框架。在东亚区域经济合作进入瓶颈阶段之际，本次研讨会的成功举行具有里程碑式的意义。

（对外经济贸易大学科研处张瑞供稿）

第五届“黄达—蒙代尔经济学奖”颁奖仪式暨《人民币国际化报告（2012）》发布研讨会 6月16日，第五届“黄达－蒙代尔经济学奖”颁奖，中国人民大学赵文哲博士等三名青年学者获此殊荣。1999年诺贝尔经济学奖得主、“欧元之父”罗伯特·蒙代尔教授，中国金融学会名誉会长、中国人民大学原校长黄达教授，中国人民大学校长陈雨露教授出席典礼并共同为获奖者与获奖导师颁奖。中国人民大学同时发布《人民币国际化报告（2012）》，陈雨露教授对报告作了解读。

本届“黄达—蒙代尔经济学奖”获奖者为①中国人民大学赵文哲博士，获奖论文《财政分权和辖区竞争视角下的价格水平和通货膨胀问题研究》，导师中国人民大学卢荻教授；②中国人民银行研究生部张怀清博士，获奖论文《铸币税研究》，导师中国人民银行研究生部谢平研究员；③复旦大学范子英博士，获奖论文《中央地方关系与区域经济格局：财政转移支付的视角》，导师复旦大学张军教授。

（中国人民大学社科处供稿）

第六届中国经济增长与周期论坛 6月16—17日，由中国经济增长与周期研究中心、中国社会科学院经济研究所、首都经济贸易大学、中国经济实验研究院、香港经济导报社等单位举办的第六届“中国经济增长与周期（2012）论坛暨第二届中国城市生活质量指数发布会”在北京举行。本届论坛的主题为“稳定宏观经济、推进结构性改革”。200多位国内外高校、研究机构的专家学者、40多家媒体参加了本届论坛。中国网对本次论坛进行了网络直播，与会记者还通过“新闻媒体午餐会”与参与城市生活质量调查的专家进行了直接交流。

与会专家学者就当前国内外宏观经济走势、宏观经济稳定与外部冲击、经济运行周期与政策取向、中国潜在产出增长路径与可持续发展、经济结构调整与企业转型、国际资本流动与欧债危机、行业间工资收入差距的变动趋势等问题进行了发言和深入的讨论。专家们认为，我国经济增长速度应该保持在适度增长区间，政府的宏观经济政策取向、宏观调控目标应该以适度增长区间为依据。政府应该充分利用当前经济回调的时机，加速经济结构调整，优化产业结构和经济结构，提高经济增长质量。同时，中国经济增长与周期研究中心发布了2012年城市生活质量指数。

（首都经济贸易大学科研处张嘉艳供稿）

中国气候融资政策研讨会 6月28日，中央财经大学财经研究院气候与能源金融研究中心携手英国国际非营利机构气候组织，在北京启动“完善气候融资政策，助推中国低碳转型”项目，并召开中国气候融资政策研讨会。该项目由英国联邦与外交事务部中国繁荣战略基金（SPF）提供支持，集合了来自国内外政府机构、学术和政策研究机构、金融机构和国际机构的专家，组建了“气候融资咨询委员会”，共同探讨了中国的气候融资问题。委员会成员包括国务院参事刘燕华、中央财经大学贺强教授、财政部清洁发展机制基金管理中心主任陈欢、财政部财科所副所长苏明教授、环保部环研中心副主任原庆丹、中国银监会统计部副主任叶燕斐，联合国清洁发展机制执行理事会主席段茂盛教授、英国气候变化资本集团主席詹姆斯·卡梅隆（James Cameron)、联合国应对气候变化框架公约（UNFCCC）前秘书长伊弗·德·布尔（Yvo de Boer）等。与会专家，对国际气候融资和中国气候融资的发展现状作了分析，提出了重点关注的若干问题，并结合自身实践的案例提出了有针对性的建议。

（中央财经大学科研处供稿）

倾向于穷人的增长与发展合作国际研讨会 6月28日由中国农业大学、韩国发展研究院、亚洲基金会共同举办“倾向于穷人的增长与发展合作——来自亚洲的经验与教训”研讨会在北京举行，来自印度、泰国、美国、中国等12个国家的33位专家参加了研讨。

此次会议就发展合作在支持亚洲国家的减贫努力等方面的作用、经验及教训进行了探讨。对亚洲国家在倾向于穷人的增长与发展合作方面取得的经验和教训进行探讨，会议期间，不同国家和地区的专家对过去30年中国经济持续增长的经验从政策方面进行了解读。并从中国对外援助的状况，中国在倾向于穷人发展上取得的成就，不平等带来的挑战，发展中国家倾向于穷人发展的策略，支持倾向于穷人的发展提升援助的有效性等多个角度展开了对话，还就如何将倾向于穷人的发展战略融入发展项目的各环节展开了有针对性的小组讨论。

（中国农业大学科学技术发展研究院王虹供稿）

亚太经合组织可再生与清洁能源投资成功案例研讨会 6月28—29日，“亚太经合组织（APEC）可再生与清洁能源投资成功案例研讨会”在对外经济贸易大学召开。商务部国际经贸关系司孙元江副司长、联合国工业发展组织中国代表处胡援东主任和该校赵忠秀副校长等出席研讨会开幕式并讲话。来自APEC十多个经济体的政府、企业和学界代表40多人参加了研讨会。

来自学界、智库、企业、国际组织和非政府组织的十多位专家、企业家分别发表演讲，就可再生和清洁能源投资的政府宏观政策、可再生和清洁能源投资成功案例进行了研讨和交流。与会专家对政府、企业、国际组织、非政府组织等可再生和清洁能源投资的利益相关者的角色等进行了深入分析。与会者一致认为，政府在促进可再生和清洁能源的投资和技术扩散方面具有重要的作用，投资环境的透明对促进跨界投资至关重要，企业间的互信是技术合作的基础，国际组织和非政府组织在促进该领域投资和技术扩散上具有独特的优势。会议对促进APEC成员间在可再生和清洁能源领域投资和技术扩散提出了建设性的建议，所形成的共识和建议在会后提交给APEC秘书处，为其提供政策参考。

（对外经济贸易大学科研处张瑞供稿）

《经济与管理战略研究》期刊学术研讨会 6月29日，由中国传媒大学、经济科学出版社联合举办的《经济与管理战略研究》期刊学术研讨会在京召开。来自中国社会科学院、中央党校、财政部财政科学研究所、中国广播电视出版社、北京理工大学、对外经济贸易大学、北京交通大学等单位、高校、科研机构的专家齐聚一堂，围绕我国经济、管理领域的重要命题、热点话题、难点问题进行了讨论，并对《经济与管理战略研究》的办刊工作提出了富有建设性的意见。本次会议由中国传媒大学副校长、《经济与管理战略研究》主编吕志胜主持。

《经济与管理战略研究》期刊编辑部的全体人员参加了本次研讨会，并表示要将本次会议的学术前沿信息深刻地融入到刊物文章的编选工作之中。

《经济与管理战略研究》是由中国传媒大学主办、经济科学出版社出版、经济与管理学院承办的一个开放性的经济学和管理学学术刊物，于2011年底创刊，目前通过以书代刊的形式出版，已正式出版两期。《经济与管理战略研究》以“建学术交流特色平台，创经管学界一流期刊”为宗旨，追踪世界经济与管理理论研究前沿，探索我国经济社会发展的内在规律性，重点刊发具有原创性的反映战略设计、体制改革及经济管理相关重大问题的学术文章，致力于促进理论研究与我国宏观经济、文化传媒等相关产业经济与企业经济管理实践的紧密结合。

（中国传媒大学科研处供稿）

首届中国债券市场发展论坛 6月30日，由中国人民大学校友会、中国人民大学财政金融学院和中央国债登记结算有限责任公司联合主办，主题为“债券市场发展机遇与挑战”的第三届江山论坛暨首届中国债券市场发展论坛在中国人民大学明德堂举行。中国人民大学常务副校长冯惠玲、中国人民大学财政金融学院院长郭庆旺、国债登记结算有限公司董事长刘成相出席论坛开幕式并致辞。国家统计局副局长许宪春、国家发改委财政金融司司长徐林、银监会政策研究局副局长李文泓、中国人民大学经济学院副院长刘元春教授、中国人民银行调查统计司副司长王毅等先后作了主题演讲。

（中国人民大学社科处供稿）

中日环境研讨会 7月3—4日，由日本国际协力机构主办的中日环境污染健康损害赔偿制度研讨会在北京举行。

中国环境保护部与日本国际协力机构于2009年起开展了为期三年的“促进环境污染健康损害赔偿制度建设研修项目”。本次研讨会将对该项目进行总结并就中国环境污染导致健康损害赔偿制度建设的问题与业内知名专家、学者以及相关社会团体进行深入探讨，促进中国环境与健康管理工作的更大进步。

（参见《人民日报》2012年7月4日第3版）

第12届太平洋国际区域科学协会（PRSCO）夏季年会 7月3—6日，第12届太平洋国际区域科学协会（PRSCO）夏季年会暨第4届中国－国际区域科学协会（RSAI）“区域科学与区域可持续发展”学术研讨会在中国人民大学举行。会议由太平洋国际区域科学协会（PRSCO）、国际区域科学协会（RSAI）和中国人民大学共同主办，中国人民大学经济学院和区域与城市经济研究所承办。中国人民大学常务副校长冯惠玲教授、国际区域科学协会（RSAI）主席Yoshiro Higano教授、国际区域科学协会候任主席Jean-Claude Thill教授等分别致辞，国家发改委地区经济司司长范恒山教授、荷兰阿姆斯特丹自由大学Peter Nijkamp教授、韩国中央大学副校长Seong-Kyu Ha教授、中国人民大学经济学院区域与城市经济研究所所长孙久文教授发表主旨演讲。来自美国、欧洲、日本、韩国、新西兰、印尼和中国等十余个国家和地区的约200名代表参与了近20个主题的分会。

（中国人民大学社科处供稿）

2012年物流、信息化与服务科学国际学术会议　7月13日，北京交通大学主办“2012年物流、信息化与服务科学国际学术会议（简称LISS’2012）”。中国工程院院士、北京交通大学徐寿波教授、英国Reading大学Kecheng Liu教授和比利时Katholieke Universiteit Leuven的Jan Vanthienen教授进行了大会特邀报告，北京交通大学副校长、大会总主席之一关忠良教授代表学校致欢迎词。大会总主席之一，英国Reading大学Kecheng Liu教授报告了大会的组织情况。英国Reading大学Jasmine Tehrani博士，University of Liverpool的Dong Li教授，美国Purdue大学Ruijian Zhang教授，加拿大University of Windsor的Michael Wang教授，西班牙Universitat Politecnica de Catalunya的Vicenc Fernandez、Irene Trullas教授、台湾成功大学林正章教授，北京交通大学经管学院党委书记张明玉教授、副院长施先亮教授等出席开幕式。来自全球12个国家和地区的200多名学者及学生参会。

会议主要围绕着综合物流工程理论体系构建、低碳物流、物流信息化、服务的智能化、普适医疗、医疗健康的信息化、老年医疗服务、低碳建筑、移动电子商务、工业安全、云计算、运筹学及信息技术（物联网，RFID）进展及其在工业的应用等热点问题进行广泛深入的研讨。

（北京交通大学科技处供稿）

第五届中国人民大学国际统计论坛　7月14—15日，由中国人民大学、北京大学、国家统计局和中国统计学会联合主办，国家统计局科研所、教育部重点研究基地应用统计研究中心、中国人民大学统计学院和中国人民大学政府统计研究院承办的第五届中国人民大学国际统计论坛在逸夫会议中心举办。国家统计局许宪春副局长、中国人民大学查显友副校长、国家统计局北京调查总队李纲总队长、原中国人民大学常务副校长袁卫教授等出席论坛开幕式，袁卫教授、胡飞芳教授和伦敦政治经济学院统计系主任姚奇伟教授作了大会主题发言，国内外上百名统计学界的专家学者及各高校学生在七个分会场围绕统计广泛、数据分析、数据挖掘等主题进行了观点阐述和理论探讨。

（中国人民大学社科处供稿）

非居民税收的有关问题讲座　7月27日，北京市国际税收研究会在京举办了“非居民税收的有关问题”培训讲座。毕马威中国税务合伙人赵希尧作为主讲人，精彩解读了近年来中国在反避税方面的经典案例，通过为税务行业服务的多年丰富经验，对案例逐一进行解剖分析。在解读现有法规的同时，也大胆提出了对一些法律空白或法规模糊层面的见解，使参加培训的会员代表对中国的非居民税收问题现状及解决办法有了比较充分的了解。并针对各会员单位在实际操作中遇到的问题进行了细致答疑。中介界别组、企业界别组和区县税务局各会员单位100余人参加了讲座。

（北京市国税研究会唐乃清供稿）

东亚区域一体化及美国角色国际学术研讨会　8月4—5日，由对外经济贸易大学国际关系学院主办的“东亚区域一体化及美国角色”国际学术研讨会在该校召开。对外经济贸易大学副校长林桂军教授、外交部港澳台司司长马占武出席开幕式并致辞，国际关系学院院长戴长征教授主持了开闭幕式。来自美国、欧洲、日本、韩国和中国的40余名专家与学者从政治、经济、安全、外交等视角探讨了东亚区域一体化及美国的作用等相关议题。来自人民网、中国日报、太平洋学报等多家媒体对本次研讨会进行了报道。

研讨会由六个专题组成，包括：东亚政治与安全合作、东亚经济合作与一体化、东亚一体化中美国的角色和未来展望。经过两天的讨论，与会的国内外学者提出了推动东亚区域一体化、促进东亚国家合作共赢的战略与措施。

（对外经济贸易大学科研处张瑞供稿）

CHARLS项目第四届国际顾问委员会议、第三届用户会议　8月4—6日，在北京大学国家发展研究院，中国健康与养老追踪调查（CHARLS）项目组召开了第四届国际顾问委员会议，以及第三届用户会议。参加本次会议的国际专家有美国国家老年问题研究院（NIA）社会与行为研究项目主任Richard Suzman博士，美国健康养老调查（HRS）主持人、密歇根大学教授David Weir和美国著名智库兰德公司的高级经济学家James Smith博士。参会的CHARLS研究团队成员包括来自南加州大学的John Strauss教授、世界银行的John Giles博士，以及北京大学的沈艳教授、雷晓燕教授和清华大学的施新政教授。北京大学校长助理、社会科学部部长、北京大学中国社会科学调查中心主任李强教授出席会议。与会专家学者纷纷表示，在北京大学国家发展研究院中国经济研究中心和北京大学中国社会科学调查中心的主持下，CHARLS项目不仅走到了中国乃至全球调查研究中国老龄化问题的前沿，而且体现了极高的学术开放性：调查数据公开、调研经验分享、召集中外学者进行定期无障碍的交流。

（北京大学社科处供稿）

第九届国企改革发展论坛　8月10日，由中共北京市委研究室、北京市政府研究室、北京市政协经济委员会、北京市国资委共同举办的第九届国企改革发展论坛在京举行。市委常委、常务副市长李士祥出席论坛并致辞。

李士祥在致辞中说，市国资委成立以来，深入贯彻落实科学发展观，不断深化国资国企改革，加强国资监管，创新国企党建，推动市属国有企业加快转变发展方式。市属国有经济总体呈现“总量增长、质量提升、布局优化、功能增强”的良好发展态势。同时，市国资委高度重视国资国企改革发展的理论研究，从2004年开始，每年都要举办一届国有企业改革发展论坛，取得了丰硕成果，有力地促进了北京市国资国企改革各项事业的发展。

李士祥表示，北京国有企业的发展实践充分证明，在现代市场经济环境中，品牌已经成为企业的核心竞争力。在市场上具有较高知名度的品牌，往往能够为企业带来良好的经济效益和社会效益。本次论坛的主题为“企业品牌与文化建设”，目的是为了贯彻落实十七届六中全会以及北京市第十一次党代会精神，加强国有企业品牌和文化建设，推动国企科学发展，使北京率先形成科技创新、文化创新“双轮驱动”的发展格局。

（参见《北京日报》2012年8月11日第2版）

第二届全国商学院企业社会责任教学研讨会 8月25—27日，“第二届全国商学院企业社会责任教学研讨会”在北京大学光华管理学院召开。本次研讨会由全国MBA教育指导委员会支持，北京大学光华管理学院主办，来自全国55家商学院的80多位教员和相关负责人参加了本次研讨会。同时，来自企业社会责任研究机构、实践机构和优秀企业的代表约50位嘉宾出席了会议。开幕式由北京大学光华管理学院责任与社会价值中心主任王立彦教授主持、全国MBA教育指导委员会秘书长仝允桓教授、北京大学光华管理学院院长蔡洪滨教授分别作了精彩的演讲。

本届研讨会以“社会责任与共享价值”为主题，以“服务教员、搭建平台，共享资源”为宗旨，设置了平行分组讨论和教学方法研讨两大核心环节。通过邀请国家电网企业社会责任处李伟阳研究员、上海交通大学周祖城教授、WTO经济导刊殷格非研究员、清华大学金勇军副教授、北京大学杨东宁副教授、中山大学陈宏辉教授等进行模拟课堂教学，对讲授、模拟对话、案例教学和课堂辩论等教学方式进行了说明和演示，帮助参会教员丰富了教学手段，提升了教学能力。

同时，为了更好地推动商学院企业社会责任课程建设、师资队伍的培养，为企业社会责任教学争取更多资源的支持，本次研讨会特别安排了“院长圆桌论坛”。参与讨论的嘉宾有：光华管理学院副院长吴联生教授、北京航空航天大学管理学院副院长周宁教授、中山大学岭南学院前副院长陈宏辉教授和河北工业大学管理学院前院长王云峰教授。他们分享了各自学院在企业社会责任教学、研究和实践方面取得的成绩和未来的规划，并对商学院需要加强企业社会责任相关研究和提升积极的社会影响力达成共识。

（北京大学社科处供稿）

新结构经济学研讨会 9月17日，北京大学国家发展研究院在朗润园万众楼举行了“新结构经济学研讨会”，来自全国多所大学与研究机构的知名经济学者，就北京国家发展研究院名誉院长、世界银行前首席经济学家兼高级副行长林毅夫教授的“新结构经济学”理论，从发展经济学的传承与创新、中国经济学的责任与道路等多个角度展开讨论。

北京大学经济学院教授平新乔，天则经济研究所学术委员会主席张曙光，复旦大学经济学院教授韦森，北京师范大学经济与工商管理学院教授李实，清华经济与管理学院教授鞠建东，国家发改委财政金融司司长徐林，友成企业家扶贫基金会常务副理事长汤敏，中国人民大学财政金融学院教授岳希明，山东大学经济学教授黄少安，南开大学经济学院教授龚刚，清华大学经济与管理学院副院长白重恩，中国人民大学货币金融系副主任张成思，中国社会科学院金融研究所程炼，以及北京大学国家发展研究院的教授姚洋、张帆，助教授王敏、张丹丹等参加了研讨会。研讨会分上下两部分，第一阶段研讨发展经济学的理论框架，第二阶段研讨新结构经济学的理论延伸与政策运用。

（北京大学社科处供稿）

北京CBD国际金融论坛 9月18日，以“金融发展与区域竞争力”为主题的北京CBD国际金融论坛开幕，来自美国、意大利、中国的数位专家学者围绕“全球视角下的经济增长新引擎”“金融产业发展对提升北京城市竞争力的作用”等展开讨论。市委常委陈刚出席开幕式。

据介绍，作为全国的政治、经济、文化中心，北京同时拥有丰富的涉外资源和国际金融资源。过去五年，全市金融业年均增长率达11%，目前在京法人金融机构共有608家，数量位居全国首位，其中银行机构30家，证券业机构65家，保险公司59家，企业集团财务公司等非银行金融机构72家。今年上半年，本市金融业实现增加值1265.3亿元，同比增长12.7%，占全市地区生产总值15.2%，成为首都经济的战略产业和龙头产业。

北京CBD作为北京乃至全国国际化程度最高、涉外资源最丰富的地区，代表了北京金融业发展的水平，并成为中国内地与国际金融市场接轨、展示中国金融业改革发展成果的重要窗口。围绕“打造国际金融的主聚集区”的城市功能定位，朝阳区近年来不断吸引国际金融机构持续聚集北京CBD。目前，该区的国际金融机构和外资金融机构分别占全市25%和65%，上半年金融业增加值达156亿元，同比增长15.7%。

按照规划，“十二五”期间，朝阳区还将在北京CBD推进“国际金融城”建设，进一步提升国际金融业的影响力和辐射力。

（参见《北京日报》2012年9月19日第2版）

多边贸易体制与区域经济合作讲座　9月20日上午，世界贸易组织总干事帕斯卡尔·拉米访问对外经济贸易大学，并进行了专题为“多边贸易体制与区域经济合作”的主题演讲。施建军校长致欢迎词，千余名师生听取了演讲并与拉米先生进行了面对面的交流和讨论。演讲会由林桂军副校长主持。中国世界贸易组织研究会孙振宇会长、薛荣久副会长等出席演讲会。新华社、《中国日报》、中国教育电视台、《国际商报》、北京电视台、《北京晚报》、《新京报》、香港《文汇报》、《科技日报》、中国教育新闻网、千龙网等媒体发布了消息和评论。

（对外经济贸易大学科研处张瑞供稿）

林权改革对环境影响研讨会　9月22—23日，由北京林业大学经济管理学院统计系组织的“林权改革对环境影响”研讨会在北京达园宾馆举行，参会人数近40人。会议邀请了环保部、中国社科院、国家林业局和北京林业大学的经济管理、自然保护区学院、林学院、信息学院等专家学者针对林权改革对森林水土保持、水源涵养、生物多样性保护、森林固碳、森林净化空气、森林旅游等生态环境的影响问题展开充分的研讨与交流。研讨会上，国家林业局农村林业改革发展司缪光平、国家林业局造林绿化管理司刘道平、国家林业局科技司于玲、中国社会科学研究院农村发展研究所于法稳、环保部环境科学院李秀山、北京林业大学经济管理学院张颖等作了主题报告。

（北京林业大学科技处张力供稿）

国土资源节约集约利用论坛　9月23日—24日，由国土资源部与人民日报社联合主办的国土资源节约集约利用论坛在人民大会堂拉开帷幕。此次论坛以“推进资源节约集约利用，促进经济社会科学发展”为主题，旨在共同研究节约大战略的深刻内涵，创新资源节约集约利用理论，探索推进节约优先战略的具体路径。

人民日报社社长张研农，国土资源部部长徐绍史出席主论坛并分别致辞。国土资源部副部长王世元主持论坛。

张研农表示，此次论坛是国土资源部深入推进国土资源节约集约创建工作的一次重要活动，是人民日报创新国土资源新闻舆论工作的一次有益探索，我们要进一步整合传播平台，丰富宣传载体，为建设资源节约型社会提供有力的舆论支持。

徐绍史在致辞中指出，希望通过此次论坛，使以节约集约为内涵的资源意识成为全社会共同倡导和推崇的价值理念，成为社会公众的自觉行动；同时，广泛凝聚社会各界的力量，在推动节约集约的大思路上深入思考，在促进节约集约的体制机制上精心论证，在加快节约集约的制度供给上献计献策。

论坛由开幕式及主论坛、3个土地资源分论坛、1个矿产资源分论坛组成。土地资源分论坛论题分别是：“战略与发展”“挑战与选择”和“经验与成就”；矿产资源分论坛的论题为“先进技术方法与矿产资源综合利用”。国土资源部副部长、中国地质调查局局长汪民在矿产资源分论坛结束后作总结发言。论坛结束后，人民日报社副社长何崇元和国土资源部副部长徐德明作论坛总结。

论坛中，有专家学者在宏观战略层面的理性分析，有地方政府主管部门有关节约集约好机制好模式的经验介绍，还有一线企业的实践做法。参加论坛的代表们经过充分交流和思想碰撞，得出共识：当今节约集约利用资源已经成为时代的命题，发展的命题。在贯彻落实节约优先战略旗帜的指引下，我们必须树立科学的资源观和资源管理观，坚定地走一条国土资源节约集约之路。这是科学发展的时代要求，是现实忧患的理性抉择，是走出困境、破解两难的根本出路。

全国政协人口资源环境委员会副主任汪啸风，国土资源部副部长张少农、胡存智，全国人大常委会委员张兴凯出席。国务院发展研究中心副主任卢中原、全国政协经济委员会副主任郑新立、国务院参事张洪涛、清华大学中国经济研究中心教授常修泽在主论坛上作主题演讲。

（参见《人民日报》2012年9月24日第4版）

粮食安全：科学、技术与政策国际研讨会　9月23日，由中国农业大学、英国兰卡斯特大学、美国密苏里大学共同主办的“粮食安全：科学、技术与政策”研讨会在北京召开。

会上，中国农业大学资源与粮食安全研究中心主任张福锁教授和中科院农业政策研究中心黄季焜研究员分别作了题为“中国粮食安全与环境保护的挑战”和“全球和中国粮食经济面临的挑战”的主题发言。与会代表围绕“粮食系统与粮食经济”“粮食安全的传承”“地上地下系统”“土壤水分利用与农业和学科交流计划”等议题，探讨了如何共同应对全球粮食安全带来的挑战，并如何通过以上几方面工作达到保护粮食安全提高资源利用的目标。来自英国、美国、澳大利亚、西班牙、中国等国家的专家学者60余人参加了会议。

（中国农业大学科学技术发展研究院王虹供稿）

首届中国质量发展论坛 9月25日，首届中国质量发展论坛在京举行。中共中央政治局委员、国务院副总理王岐山出席并致辞。他强调，追求质量永无止境，要认真贯彻落实《质量发展纲要》，加快建设质量强国。

王岐山说，新中国成立特别是改革开放以来，伴随着经济社会的快速发展，我国企业质量管理水平不断提高，产品、工程、服务质量明显提升，涌现出一批具有国际竞争力的企业和产品。质量监管制度和体系逐步完善，出台了《产品质量法》《食品安全法》等一系列法律法规，制定了标准计量、检验检疫、认证认可制度，建立了专业监管机构和中介服务组织。“质量月”“3·15国际消费者权益保护日”等群众性活动深入开展，各地方、各行业以及全民质量意识明显增强。

王岐山指出，全面提高质量水平，关乎企业和产品竞争力的增强，关乎人民群众切身利益，关乎经济社会又好又快发展。当前，我国正处于全面建设小康社会的关键时期，对进一步做好质量工作提出了新的更高要求。今年2月，国务院发布《质量发展纲要》，这是指导今后时期质量工作的纲领性文件。要围绕《质量发展纲要》提出的方针、目标和任务，认真抓好落实。

王岐山强调，必须牢牢把握质量这一永恒的主题，坚持以人为本，加快建设质量强国，促进发展速度和结构、质量、效益相统一。进一步完善质量法律法规和标准、计量、认证认可、诚信体系，建立健全准入退出、评价考核、信息公开、激励约束等质量监管制度，夯实质量发展基础。培养和建设一支业务精良、敢于碰硬的监管队伍，不断提升质量监管专业化水平。打破地方保护和行业垄断，营造公平竞争、鼓励创新、优胜劣汰的市场环境。加强国际交流合作，积极参与国际标准规则制定，有效应对国外技术性贸易措施，维护我国进出口企业权益。各部门要加强协调配合，地方政府要切实负起责任，形成全社会广泛参与、共同推动质量发展的合力。从根本上说，无论提高产品质量，还是工程质量、服务质量，主体都在企业。要靠技术和管理创新，通过激烈的市场竞争提升质量水平，不断增强企业和产品竞争力。

本次论坛由质检总局等15个部门联合主办，中央有关部门负责同志以及地方质检部门、专家学者、行业协会的代表共400多人参加。

（参见《光明日报》2012年9月26日第7版）

2012京津冀晋蒙区域协作论坛 9月27日，由北京、天津、河北、山西、内蒙古五地社科联与科协联合主办的2012京津冀晋蒙区域协作论坛在北京召开。论坛主题为：“首都经济圈：内涵与路径”。中共北京市委副秘书长傅华出席会议并讲话。天津市社科联党组书记李家祥、北京市科协党组书记夏强分别代表五地社科联与科协致辞，北京市社科联党组书记史秋秋作会议总结。来自京津冀晋蒙五地两界的专家学者、实际部门领导及新闻媒体记者120余人参加论坛。

围绕“首都经济圈：内涵与路径”主题，北京市社科联副主席、首都经济贸易大学文魁教授，北京畜牧兽医学会理事长、北京农林科学院副院长王金洛研究员，河北省政策科学研究会副会长兼秘书长马建章，山西大学经济与工商管理学院院长李志强教授，内蒙古社会科学院首席研究员潘照东，北京师范大学资源学院王玉海教授，内蒙古农业大学经济管理学院院长姚凤桐教授，北京循环经济促进会会长、北京航空航天大学中国循环经济研究中心主任吴季松教授，天津市城市规划设计研究院规划一所总规划师宫媛，中共河北省委政策研究室副巡视员张建国，南开大学城市与区域经济研究所所长江曼琦教授，北京大学首都发展研究院院长李国平教授等来自京津冀晋蒙五地社会科学界和自然科学界的12位专家学者，从首都经济圈建设的内涵、发展规划、发展路径、城市个性、生态环保、能源建设等方面进行了交流发言，并与到会专家学者进行了互动交流。

傅华同志在讲话中指出，五地社会科学界与自然科学界的专家学者们汇聚一堂，共同探讨五地合作发展的方向、路径和目标，具有重要的理论意义和现实意义。他提出三点建议：第一，深刻认识建立首都经济圈的重大意义。首都经济圈的建设不仅仅是为了首都的发展，而是圈内和圈外的地区都能在合作、互补、共享的过程中实现更好更快的发展。第二、积极搭建理论研究和学术交流平台。地区合作理论先行，要整合京津冀晋蒙五地社会科学界与自然科学界的力量，搭建一个京津冀晋蒙区域发展与学术合作平台。第三、坚持理论与实践相结合，提高社会影响力。希望论坛秉承“走转改”精神，深入社会实践，开展调查研究，从实践中提炼研究课题，从群众中发掘思想智慧，提出真知灼见，推出精品力作，推进理论创新，为五地经济社会发展提供更好的理论支撑和智力支持。

史秋秋同志在总结讲话中高度评价了论坛研讨所取得的丰硕成果，指出要认真落实傅华副秘书长的指示要求，更好地发挥社科联与科协作为学术性人民团体所具备的人才资源优势和学术优势，为京津冀晋蒙区域协作发展提供更多的智力支持，作出更大的贡献，并衷心希望，作为促进京津冀晋蒙区域经济文化交流与合作的重要平台，由五地两界合作举办的京津冀晋蒙区域协作论坛，能够充分发挥社会科学和自然科学两界合力，协同创新，在促进区域协同发展方面发挥重要的理论先导作用。

京津冀晋蒙五地两界联合主办区域协作论坛，是贯彻落实国家“十二五”规划纲要和《华北五省区市文化发展战略合作框架协议》的具体举措，旨在推动区域交流与合作，共创五地美好未来。

（北京市社科联学术活动部）

世界经济中典型与非典型发展道路研讨会　10月8日，由中央财经大学中国海外发展研究中心、中国社会科学院经济与政治研究所和中国人民大学出版社联合主办的“世界经济中典型与非典型发展道路研讨会暨《世界经济论纲》新书发布会”在中央财经大学学术会堂召开。国家开发银行李吉平副行长、研究院姜洪常务副院长、办公厅张林武主任、信息科技局洪正华局长、上海分行郭濂行长，北京大学黄桂田教授、中国人民大学贺耀敏教授等来自国家开发银行、中国社会科学院、北京大学、中国人民大学、对外经济贸易大学、华中科技大学、华东师范大学和中央财经大学中国海外发展研究中心等单位80余位国内外领导、专家、学者参加了会议。与会嘉宾就世界经济发展过程中不同国家的发展道路选择问题和中国发展道路对世界的作用与意义，对姜洪教授的新著《世界经济论纲》给予了高度评价。本次研讨会深入讨论了世界与中国经济发展的典型和非典型道路问题，对当前处于经济快速发展时期的中国，如何更大程度、更大规模地参与到世界经济之中，更好地发挥中国在世界经济格局中的作用具有重要的启发意义。

（中央财经大学科研处供稿）

促进海峡两岸经贸发展的税收合作交流学术研讨会　10月11日，由中央财经大学税务学院、台湾逢甲大学财税学系、台湾朝阳科技大学管理学院和中央财经大学港澳台事务办公室联合举办的“促进海峡两岸经贸发展的税收合作交流”学术研讨会在中央财经大学举行。中央财经大学税务学院院长汤贡亮教授，尤尼泰税务师事务所董事局主席刘志忠先生，逢甲大学黄琼如教授、何艳宏教授，朝阳科技大学林国全教授、王若莲教授，中央财经大学税务学院杨虹教授、梁俊娇教授分别就中国大陆“营改增”相关税收政策、中国大陆注册税务师制度、台湾现行租税制度、台湾现行不动产相关税制、台湾营利事业所得税、大陆促进小额信贷组织可持续发展的税收政策、电子商务税收问题等进行了深入探讨和分析。此次活动加深了海峡两岸学术界彼此间对两岸税收制度发展的认识。

（中央财经大学科研处供稿）

第六届国际税务论坛　10月11—12日，由中央财经大学税务学院及国际税务研究中心主办、国际税务机构Lnoppen（诺本集团）协办的“第六届国际税务论坛”在中央财经大学学术会堂召开。国际税务研究中心学术委员会荣誉主任，国家税务总局总经济师张志勇先生作了“中国国际税收动态”的大会报告。随后，进行了美国国内收入署大企业与国际业务部主管Sam Maruca先生、美国世达律师事务所高级合伙人Hal Hicks、高级顾问Robert H. Green先生关于“大企业转让定价管理问题”的讨论；中税咨询集团高级合伙人王裕康先生、宋宁先生与微软中国的国际税务总裁Cindy Li关于“无形资产与权益的估值问题”的讨论；以及普华永道国际税务专家Qisheng Yu和Constance Lin关于“世界经济格局变动与国际转让定价挑战”的讨论。国际税务论坛是目前中国最高层次的专业税务论坛之一，在国际经济发展面临许多困境和经济秩序剧烈动荡的关头，国际税务体制亟须变革，中外专家齐聚在这里共同讨论国际税务热点问题，交流和分享国际税务专业信息，为我国的国际税收发展战略献计献策，具有特别重大的现实意义。

（中央财经大学科研处供稿）

林业经济国际论坛·2012　10月13—14日，“林业经济国际论坛2012”在北京西郊宾馆开幕。论坛由北京林业大学经济管理学院、中国林业经济学会、国家林业局经济发展研究中心、亚太森林恢复与可持续管理组织、中国绿色碳汇基金会、中国林业科学研究院林业科技信息研究所共同主办。论坛主题为“应对气候变化背景下中国与亚太地区林业发展”，来自中国、美国、加拿大、德国、芬兰、尼泊尔等国家和地区的近百名学者共同就中国与亚太地区林业发展及应对全球气候变化的理论问题和政策着力点进行了深入的研讨。论坛中方主席由北京林业大学校长宋维明教授担任，外方主席由加拿大多伦多大学教授Shashi Kant担任。国家林业局原副局长李育材，国家林业局经济发展研究中心研究员、党委书记王焕良，国家林业局农村林业改革发展司司长张蕾，亚太森林恢复与可持续管理组织秘书长曲桂林，中国绿色碳汇基金会秘书长李怒云、国家林业局经济发展研究中心副主任戴广翠、中国林产工业协会秘书长石峰、中国社科院农村发展研究所所长李周、中国林业科学研究院林业科技信息研究所所长陈绍志、北京林业大学经济管理学院院长陈建成教授、纽约州立大学教授David Newman等领导和专家出席了该论坛并发表了主题报告。本次论坛还围绕亚太地区发展中国家林业资源管理的挑战与变革，亚太地区林业发展对经济社会的影响，亚太地区发展林业碳汇的机会、挑战与路径，亚太地区林业政策与协调机制，亚太地区林业绿色增长与社区发展，绿色经济与中国林业政策等专题开展专场研讨。

（北京林业大学科技处张力供稿）

第五届中俄高级经济论坛　10月24日，由中国人民大学和俄罗斯圣彼得堡国立经济大学联合主办，中国人民大学经济学院承办，中国人民大学俄罗斯研究中心协办的“第五届中俄高级经济论坛”在中国人民大学国学馆报告厅举行。中国人民大学常务副校长冯惠玲、俄罗斯圣彼得堡国立经济大学副校长卡尔里克、中华人民共和国外交部欧亚司副司长桂从友、俄罗斯联邦驻华公使陶米恒等出席开幕仪式并致辞。

（中国人民大学社科处供稿）

第三届 SEBA-IE WORKSHOP　10月26—27日，北京师范大学经济与工商管理学院（SEBA）与匈牙利社会科学研究院经济研究所（IE）共同举办的第三届 SEBA-IE 学术研讨会在京举行。匈牙利经济研究所主任 Karoly Fazekas 教授，北京师范大学经济与工商管理学院院长赖德胜教授，副院长杨澄宇教授，中国收入与分配研究中心执行院长、经济与工商管理学院李实教授等24位中匈学者和研究生参加了研讨会，赖德胜教授主持了开幕式。

本次会议共提交学术论文13篇，其中匈方7篇，中方6篇。与会者分别就教育、税收、人口流动、危机管理、跨文化交流及生产力等问题展开了学术研讨。其中，Karoly Fazekas 教授的“Geography of jobs in Hungary-landscape from two perspectives”用三维失业率地图形象地阐述了经济危机给匈牙利全国，尤其是东北部地区带来的高失业率；Karoly Attila Soos 教授的报告阐述了波兰和匈牙利中小型企业在面对全球危机中的表现；Janos Kollo 教授作了题为“Whose children gain from starting school later”的报告，分析了不同阶层的儿童推迟入学的利弊；赵向阳的报告主要阐述了不同国家和不同文化背景下创业活动的差异；来自 IE 的 Maria Csanadi 教授、Zsombor Cseres-Gergely 博士、Tamas Novak 博士、Julia Varga 博士，与中方的尹恒教授、郭垍副教授、林树明博士等均作了精彩的论文陈述，并相互点评论文。来自中央财经大学和英国伯明翰大学的学者也参会交流了各自的研究成果。应匈方要求，李实教授在会议第三单元介绍了 CHIPs 数据库，并就相关问题与匈方来宾展开讨论。

（北京师范大学社科处供稿）

国有企业公司治理评价研讨会　10月28日北京师范大学经济与工商管理学院高明华教授主持承担的英国 SPF 项目“The Reform of China SOEs in View of Corporate Governance Regulation”阶段性会议——“国有企业公司治理评价研讨会”在北师大举行。出席本次会议的专家有：国务院国资委企业改革局副局长王润秋，国务院国资委研究中心副主任彭建国，国务院国有重点大型企业监事会副主任郑新军，北京市国资委党委副书记赵林华，中国社会科学院经济学部工作室主任、研究员韩朝华，中共中央党校经济学部副主任、教授韩保江，中国人民大学经济学院经济系副主任、教授李军林，北京师范大学经管学院党委书记、教授沈越，新华社北京分社总编助理、签发人周宁，京煤集团党委副书记常海波，北京金隅集团有限责任公司党委副书记吴东，北京三元食品股份有限公司副总经理吕淑芹，中国人民保险集团股份有限公司股权管理部主任牛凯龙，中国神华集团董事会办公室业务处处长沈学松，新华社北京分社新闻信息中心主任助理、经济信息部主任范智展，新华社北京分社金融采编中心主任杨毅沉，英国驻华使馆经济与贸易政策处一等秘书 Henry Bell，英国驻华使馆经济及贸易政策处经济顾问黄震乾，英国驻华使馆经济与贸易政策处项目经理刘可。北京师范大学经管学院党委书记沈越教授、英国驻华使馆经济与贸易政策处一等秘书 Henry Bell 先生先后致辞。他们对本次会议的召开表示祝贺，对与会的专家表示欢迎，并对项目成果充满期待。

（北京师范大学社科处供稿）

社会经济发展政策：战略·发展·能力国际研讨会

10月31日至11月2日，由国家行政学院、韩国开发研究院、世界银行共同举办的“社会经济发展政策：战略·发展·能力”国际研讨会在国家行政学院召开。来自韩国、美国、加拿大、德国、新加坡和中国澳门特别行政区以及国内有关方面的专家学者共150多人参加研讨会。国家行政学院副院长洪毅、韩国开发研究院公共政策与管理学院院长南相宇、世界银行北京代表处首席经济学家吴卓瑾出席开幕式并致辞。

在三天的研讨会中，各国专家围绕寻找新的发展模式、工业和创新政策、包容性发展、中小企业金融政策和财政包容以及可持续发展政策、房价与政府调控等专题进行了深入探讨。在战略、发展和能力层面为破解全球经济困境、推动社会经济持续发展，提供了新思路，交流了新经验，贡献了新建议。与会专家对于当前经济现象的探讨，为中国改革开放、世界经济的复苏和进一步发展提供了许多富有建设性的意见。

本次研讨会由国家行政学院研究生部承办，研究生部副主任朱国仁主持了开幕式。国家行政学院原副院长韩康、澳门理工学院院长李向玉等出席了研讨会。

研讨会开幕前，洪毅还会见了出席“社会经济发展政策”国际研讨会的韩国开发研究院公共政策与管理学院院长南相宇、世界银行学院亚太区及中国项目部主任梅洁诗、世界银行驻中国代表处首席经济学家吴卓瑾以及澳门理工学院院长李向玉等境外嘉宾。

（国家行政学院科研处项纪旸供稿）

财政理论创新与财政学科发展研讨会　11月6日，由中国社会科学院财经战略研究院和山东财经大学联合主办的“财政理论创新与财政学科发展研讨会”在北京举行。在开幕式上，财政部王保安副部长和中国社会科学院副院长、学部委员李扬研究员发表讲话，山东财经大学校长刘兴云致辞，中国社会科学院财经战略研究院院长、学部委员高培勇教授主持了开幕式。

此次研讨会的主题是“财政学向何处去”。改革开放以来财政学科建设取得了很大的成绩，但也面临众多挑战。未来财政学科应该怎样发展，才能跟上时代的脚步，才能发挥其应有作用，需要学界深入探讨并达成共识。财政学科建设应该围绕重大财政问题进行联合攻关，以有分量的成果来应对来自现实和其他学科的挑战。财政学科的创新和发展要走出一条有中国特色的道路，这些都需要财政学界的共同努力。

此次研讨会的召开，得到了财政学界的热烈响应。来自财政部科研所、国家税务总局科研所、国务院发展研究中心等研究机构，以及清华大学、中国人民大学、厦门大学、武汉大学等近30家高校的财政学教学科研机构的专家参加了会议，并展开了深入的研讨。安体富、贾康、靳东升、吴俊培、张馨、苏明、倪红日、白重恩、李俊生、郝书辰等专家学者作了主题发言。

（参见《光明日报》2012年11月7日第16版）

2012农业贸易政策国际论坛　11月15日，由对外经济贸易大学国际经济研究院与农业部农业贸易促进中心共同主办的“2012农业贸易政策国际论坛——危机与农产品贸易”在京召开。来自中国农业部及地方农业厅，美国、英国、丹麦、捷克、澳大利亚、荷兰、巴西、阿根廷、菲律宾等大使馆参赞、农业处官员以及国际食物研究所，美国田纳西大学、阿肯色大学，韩国农村经济研究院，对外经济贸易大学、国务院研究室、国务院发展研究中心、发改委产业与技术经济研究所、中国世界贸易组织研究会、中国科学院、中国社科院、中国农业大学、华中农业大学等中外著名科研院校的专家学者，拜耳作物科学有限公司、中粮集团战略研究部、中信证券研究部等企业代表共计100多名嘉宾出席了本次论坛。开幕式仪式由农业部农业贸易促进中心徐宏源副主任主持，农业部国际合作司谢建民副司长、对外经济贸易大学赵忠秀副校长致辞。本次论坛围绕“宏观经济与农产品贸易”“粮价波动与粮食安全”以及“非传统因素对农产品贸易和粮食安全的影响”三大主题进行了探讨。

（对外经济贸易大学科研处张瑞供稿）

第四届中国经济学前沿论坛　11月16日，北京市社科联、辽宁大学、经济科学出版社等在京联合举办了以“打造中国经济第四增长极”为主题的第四届中国经济学前沿论坛。市社科联党组副书记陈之昌、辽宁大学校长黄泰岩、经济科学出版社总编辑吕萍出席论坛并致辞。来自国家发改委、中国社会科学院、中国人民大学、辽宁大学等单位的领导、专家学者等共120多人参加了会议。

论坛上，中国社会科学院金融所所长王国刚研究员、国家发改委培训中心主任王青云研究员、辽宁大学校长黄泰岩教授、辽宁大学经济学院党委书记林木西教授、中国人民大学中国经济改革与发展研究院张培丽副教授等专家学者，分别以“区域经济协调发展中的金融创新”“从国家主体功能区规划看中国经济第四增长极”“中国经济增长中的区域经济”“打造中国经济第四增长极中的东北振兴”“从企业竞争力的区域差异看第四增长极”为题进行了深入研讨，尤其重点关注了十八大报告中提出的“推进经济结构战略性调整，促进区域协调发展”的问题。同时，论坛还围绕十八大报告强调指出的全面建成小康社会，经济、政治、文化、社会、生态文明五位一体建设，转变经济发展方式，提高城乡居民收入等重大问题进行了研讨，从理论和实践上对十八大报告进行了深入的解读，对我们学习领会十八大精神具有很大的帮助。

自2003年开始，北京市社科联对黄泰岩教授领衔主持的《中国经济热点前沿》和《国外经济热点前沿》予以了出版资助，并在此基础上，于2009年成功推出了中国经济学前沿论坛。目前，论坛已举办了四届。论坛每年发布中国经济学研究的年度热点排名与分析，展示中国经济学的最新研究进展，同时邀请著名经济学家就中国经济学的热点问题进行研讨。

（北京市社科联学术活动部供稿）

中国黄金市场十年发展回顾与展望学术研讨会　11月17—18日，由首都经济贸易大学主办，首都经济贸易大学中国黄金市场研究中心、经易期货有限公司承办，山东招金投资股份有限公司协办的“中国黄金市场十年发展回顾与展望学术研讨会”在北京举行。来自中国人民银行、上海期货交易所、中国黄金协会、中国黄金集团总公司、北京黄金经济发展研究中心、中国外汇投资研究院、山东大学、上海金融学院等单位的领导、专家共130多人参加了此次研讨会。

与会专家就中国黄金市场十年发展的成就和存在的问题、中国黄金市场发展的路径、国际金价高涨形势下的我国黄金发展战略、中国黄金储备规模及其结构、非金融机构金商与中国黄金市场的发展、实物黄金产品创新、黄金市场的发展趋势、黄金与国际货币体系等重大和热点问题进行了深入研讨。随后，首都经济贸易大学产业经济学研究生还就“黄金与国际货币体系重建”展开了一场激烈的辩论赛，博得了与会者的阵阵掌声，并引起了与会嘉宾的激烈讨论。

（首都经济贸易大学科研处张嘉艳供稿）

首届金融街论坛　11月18日，以“金融业发展与金融中心建设”为主题的首届金融街论坛在京举行。国家金融管理部门领导和海内外金融界专家学者汇聚一堂，共同分析世界经济发展格局，探讨金融业改革发展，交流金融中心建设经验，为中国金融业创新发展提供思想启迪和理论借鉴。中国人民银行行长周小川出席论坛并作演讲，北京市委副书记、代市长王安顺和国家开发银行董事长陈元为北京金融街研究院揭牌。

近年来，北京金融业呈现出快速发展的势头，金融机构加速聚集，市场交易规模不断扩大，新兴业态进一步发展，金融功能区建设稳步推进，金融区域合作不断深化，金融业对首都经济的贡献率不断提高。今年前三季度，全市金融业实现增加值1837.8亿元，成为本市服务业中第一大产业。与此同时，金融街作为首都金融主中心区的辐射效应也更加凸显，已经成为促进经济发展、聚集金融要素、推动改革开放、引领产业发展的重要载体。首届金融街论坛正是在这一背景下举办的。北京市委常委、常务副市长李士祥、中国银监会副主席郭利根、中国证监会副主席庄心一、中国保监会纪委书记陈新权等先后在开幕式上致辞。北京正以加强设施建设、完善支持政策、提升服务水平为重点，强化金融总部特色金融的发展优势，巩固首都金融决策中心、金融管理中心、金融信息中心、金融服务中心的地位，加快建设具有国际影响力的金融中心城市。创立金融街论坛将有力地促进首都金融与全球金融业界的交流与合作，为中国金融业发展以及北京建设中国特色世界城市提供智力支持。

论坛，主要围绕“全球经济变革中的金融业创新与发展”“金融市场完善与制度创新”“金融机构创新发展与综合化经营”“金融中心的发展与建设”等议题进行讨论。全国人大财经委员会副主任委员吴晓灵、国务院发展研究中心副主任卢中原、中国光大集团董事长唐双宁以及世界银行原副行长兼首席经济学家林毅夫、2010年诺贝尔经济学奖获得者克里斯托弗·皮萨里德斯等先后发表了精彩的主题演讲。

市政府秘书长孙康林出席论坛开幕式。

（参见《北京日报》2012年11月20日第1版）

2012年国际贸易与国际合作学术论坛　11月19日，由对外经济贸易大学和新布雷顿森林体系委员会联合主办，北京道信律师事务所协办的“2012年国际贸易与国际合作学术论坛”在对外经济贸易大学举行。诺贝尔奖获得者罗伯特·蒙代尔（Robert Mundell）、新布雷顿森林体系委员会主席马克·让（Marc Uzan）等12名国外嘉宾、中国人民银行副行长潘功胜等多名政府官员和专家出席论坛。论坛的主题是“分割的世纪：布雷顿森林时代的终结?”

开幕式由对外经济贸易大学副校长林桂军主持。对外经济贸易大学校长施建军、中国人民银行副行长潘功胜、新布雷顿森林体系委员会主席马克·让和北京道信律师事务所主任宋学成作为开幕式嘉宾分别致辞。

（对外经济贸易大学科研处张瑞供稿）

第二届世界贸易便利化论坛　11月21日，第十三届世界贸易网点联盟年会暨第二届世界贸易便利化论坛在京开幕，来自中国、印度、埃及、阿根廷等国家的15个贸易网点负责人齐聚北京，为中国企业走出去搭建交流平台。副市长鲁炜、世界贸易网点联盟主席布鲁诺·麦斯尔出席了开幕式。

世界贸易网点联盟是一个非政府非营利性的国际贸易促进组织，总部设在日内瓦。作为具有重要影响力的国际贸易促进组织，该联盟一直致力于为各国中小企业提供贸易机会和贸易服务，在促进世界贸易全球化方面发挥了十分重要的作用。本届年会暨论坛将持续至23日，以“发展贸易便利化，加强企业国际竞争力”为主题，由世界贸易网点联盟、市商务委及朝阳区政府共同主办，旨在通过引入投资贸易洽谈会环节，为国内150余家总部经济、知名跨国企业与联合国贸发会议、世界贸易组织、世界贸易中心、联合国欧洲经济委员会四大国际组织以及印度、埃及等国贸易网点搭建商务洽谈平台，实现国际组织资源、国际商协会、国际知名企业和北京企业的成功对接。本届世界贸易网点联盟年会是首届京交会签约成果的具体落实，将进一步深化北京与联盟各国网点的沟通与联系，推动全球贸易

的便利化，减少和消除贸易要素跨境合作的诸多障碍，为中外企业创造更多的商机，

作为年会的主办城市，北京市近年来经济社会实现了快速发展，2011年地方财政收入突破3000亿元，全市地区生产总值超过1.6万亿元，其中第三产业比重约占75%以上。未来，北京将大力实施科技与文化的双轮驱动战略，加快转变经济发展方式，全力推进中国特色世界城市建设，着力打造国际活动的集聚之都，世界高端企业总部的聚集之都。

（参见《北京日报》2012年11月22日第2版）

中韩国际税法研讨会　11月23日，由中国政法大学韩国法研究中心，中国政法大学财税法研究中心、韩国国际税收协会联合举办的以“中韩经济合作的国际税法课题与展望”为主题的中韩国际税法研讨会在北京召开。研讨会分为三个单元，分别围绕“转移定价税制的理论与实践”“国际税收协定的适用与问题”和“外商直接投资的税法问题”三个主题予以展开。与会的中韩两国税法学者、律师、注册税务师、会计师等围绕这三个主题进行了广泛且深入的探讨，为中韩两国在新的世界经济形势下应当采取何种更加合理并富有远见的税收政策和税收制度提供了丰富的理论实务经验。

（中国政法大学科研处刘璐供稿）

中国宏观经济论坛（2012—2013）　11月24日，由中国人民大学经济研究所、东海证券有限责任公司、中国诚信信用管理有限公司主办，中国人民大学经济学院承办的中国宏观经济论坛（2012—2013）在中国人民大学逸夫会堂举行。中国人民大学校长陈雨露教授出席论坛并致辞。全国人大常委、民建中央副主席辜胜阻教授，中国社科院金融研究所所长王国刚教授，中金公司投资银行部总经理王庆博士，中国人民大学常务校董、经济研究所联席所长、东海证券有限责任公司董事长朱科敏教授，中国诚信信用管理有限公司董事长董辅礽、经济科学发展基金会副理事长关敬如博士，经济研究所联席副所长、中国诚信信用管理有限公司副总裁闫衍博士出席，来自中国社会科学院、中国人民大学经济研究所及经济学院等宏观经济研究领域的专家和业界代表参加。会上，经济研究所课题组发布了《中国宏观经济形势分析与预测（2012—2013）——迈向新复苏和新结构、超越新常态的中国宏观经济》。

（中国人民大学社科处供稿）

2012（第五届）中国人力资源管理年会　11月24—25日，由中国人民大学商学院和中国人力资源理论与实践联盟联合主办的“2012（第五届）中国人力资源管理年会”在中国人民大学举行。中国人民大学党委书记程天权，人力资源和社会保障部副部长邱小平，康奈尔大学产业与劳工关系学院院长Harry C. Katz教授发表致辞。年会包含4场主题演讲、2场主题论坛和4场平行分论坛，并推出“2012（第二届）中国人力资源管理学院奖”颁奖典礼和《2012中国企业人力资源管理最佳实践白皮书》。

（中国人民大学社科处供稿）

博弈论角度下的世界金融市场讲座　11月27日上午，希伯来大学罗伯特·奥曼教授应北京师范大学经济与资源管理研究院李晓西教授的邀请作了题为“博弈论角度下的世界金融市场”的专题讲座。北京师范大学党委常委、副校长杨耕教授致欢迎辞，李晓西教授主持并作讲演评论，国际交流与合作处王秀梅处长出席了讲座。本次讲座由北京师范大学经济与资源管理研究院与首都科技发展战略研究院联合主办。罗伯特·J. 奥曼（Robert J. Aumann）教授于2005年因利用博弈论分析冲突和合作而获得诺贝尔经济学奖。罗伯特·奥曼教授的研究领域主要涉及博弈论、预期效用理论、完全竞争经济理论等。他发表了80多篇研究论文，撰写了6本著作——《非原子博弈的价值》《博弈论》《关于博弈论的论述》《经济学应用博弈论手册》《不完全信息下的重复博弈》，奥曼教授在博弈论、预期效用理论、完全竞争经济理论都有着广泛而深度的研究，学术造诣极高，在世界经济领域的研究中具有广泛而深远的影响。

（北京师范大学社科处供稿）

第七届中美税法高级论坛学术研讨会　11月30日，由中国青年政治学院法律系和北京大学财经法研究中心共同主办，美国密歇根大学协办的第七届中美税法高级论坛在中国青年政治学院图书馆九层会议室召开。本次会议主题为“受控外国公司制度与管辖权——国际法与比较法的视角”，会议为期一天。中国青年政治学院党委常委、副校长林维教授在开幕式上致辞。

本次会议主要围绕中美受控外国公司制度比较研究、税法上的“受益所有权”解析、间接股权转让的税收管辖权——698号文的适用与评析、反避税调整的域外效力、税法的域外适用、美国FATCA制度评析和其他反避税争议的解决等问题展开探讨。

（中国青年政治学院科研处供稿）

第五届亚太经济与金融论坛　11月30日—12月1日，由中央财经大学金融学院主办，中国社会科学院世界经济与政治研究所国际金融研究中心协办，中央财经大学国际金融研究中心承办的“第五届亚太经济与金融论坛”在中央财经大学举行。来自瑞士、韩

国、日本、中国香港地区、国际货币基金组织和中国大陆的10多位大会演讲嘉宾，以及来自国内高校、科研机构、金融机构、新闻媒体的专家学者和中央财经大学师生共计300余人参加了此次论坛。本届论坛以“欧债危机及其对全球经济的影响”议题，目的在于汇集国内外专家学者对上述问题的最新思考，为决策部门提供有价值的咨询参考。日本应庆大学 Naoyuki Yoshino教授、中国社会科学院学部委员余永定研究员等专家分别作了精彩的发言。与会者大多认为，危机国家普遍存在财政纪律问题，而整个欧元区又缺乏统一的财政政策和银行监管制度，这些都是危机发生的重要原因。危机对全球的贸易、资本流动等产生了显著的负面影响，包括中国在内的新兴市场国家应该增强货币和汇率政策的灵活性，适当加强资本管制来应对可能产生的外部冲击。和讯网对本次论坛进行了实时播发，新华社、《中国证券报》《金融时报》《中国社会科学报》等国内知名财经媒体和网络媒体进行了大量的及时报道。

（中央财经大学科研处供稿）

2012面对全球金融危机风险管理新趋势研讨会 12月1日，由中央财经大学主办，国际商业机器（中国）有限公司（IBM）、国际风险管理师大中华认证中心协办的“2012面对全球金融危机风险管理新趋势”研讨会在中央财经大学举行。IBM大中华区风险管理及合规总监李越君先生，IBM风险管理总监顾问王雪松博士，台湾金融工程师学会副秘书长、国际风险管理师大中华认证中心研发部主任黄柏翔先生，台湾证券柜台买卖中心高级专家、国际风险管理师大中华认证中心大陆事务部主任吴宗叡先生，北京鸿道投资管理有限公司研究总监与风控总监刘毅先生，以及来自国内各大金融机构的财务总监、风险总监及中央财经大学部分师生共计150余位参加了研讨会。会上针对“美国次贷危机与欧债危机”“全球金融危机风险管理新趋势”“利率市场化下的经济资本管理”“实现市场风险和信用风险的全面管理”等问题进行了深入探讨和分析。此次研讨会旨在为教育、研究及社会各界提供一个公益性的互动交流平台，研讨财经领域与实务紧密连接的专业性问题。

（中央财经大学科研处供稿）

用现代计量经济学方法进行政策分析2012国际会议 12月3—4日，首都经济贸易大学国际经济管理学院举办“用现代计量经济学方法进行政策分析”2012国际会议。来自北京大学、清华大学、上海财经大学、中国科学院、加州大学伯克利分校（UC Berkeley）、密歇根州立大学（MSU）、得克萨斯农工大学（TAMU）、肯塔基大学等中外院校及研究机构的百余名学者参加了大会。

会议邀请了美国南加州大学教授、计量经济学界泰斗萧政（Cheng Hsiao），普林斯顿大学终身教授范剑青（Jianqing Fan），得克萨斯农工大学教授詹森（Dennis Jansen）作主题报告。还邀请了两位中组部“千人计划”入选者，密歇根州立大学的杨立坚教授和西南财大的甘犁教授分别作了主题报告。来自北大的虞吉海教授、清华的詹兆国教授、国际经管学院的助理教授苏志和李晓凤也分别作了大会报告。

本次会议将众多世界级经济学家会聚一堂，将国际上优秀的学术思想和研究方法引进首都经济贸易大学，力图搭建平台，使教师们加强沟通与国际合作，始终与世界接轨，站在学术研究的前沿。

（首都经济贸易大学科研处张嘉艳供稿）

2012中国商业经济国际论坛 12月7日，“2012中国商业经济国际论坛”在北京钓鱼台国宾馆举行。本次论坛由中国商业联合会、中国商业经济学会、北京工商大学、香港利丰集团联合主办，中国全聚德（集团）有限公司、北京金源新燕莎商业有限公司协办。全国人大常委会原副委员长顾秀莲出席论坛。商务部部长助理房爱卿出席开幕式并发表主旨演讲。中外知名专家学者、全国20余所商科高校校长、著名中外企业家以及中国商业经济学会部分理事、流通产业界代表共200余人参加了论坛。

论坛开幕式由北京工商大学校长谭向勇主持。论坛以“创新·效率”为主题，倡导创新发展、效率为先。中国商业经济学会会长安惠民致欢迎辞。香港利丰集团主席冯国经博士、香港冯氏集团利邦控股有限公司董事总经理王日明先生，美国《零售学刊》主编Ganesan，普华永道新兴市场服务组主管合伙人兼普华永道首席经济学家Harry Boardman博士，Cerruti 1881总裁Catherine Gerardin-Vautrin女士，中国商业联合会张志刚会长，中国社会科学院财经战略研究院副院长荆林波研究员，苏宁电器股份有限公司华北区总部执行副总裁兼北京公司总经理侯恩龙先生等作了精彩演讲。论坛分为“创新”“效率”两个专题进行话题互动。湖南商学院柳思维教授，重庆工商大学校长杨继瑞教授，首都经济贸易大学陈立平教授，翠微大厦股份有限公司董事长兼总经理张丽君，世纪金源商业管理集团筹备管理委员会副总裁李赟，中国商报社社长范识宇、中国商业经济学会副会长刘海飞研究员，中国人民大学马龙龙教授，中共十八大代表、长春欧亚集团股份有限公司董事长曹和平，第十一届全国人大代表步步高商业连锁股份有限公司董事长王填，山东德百集团董事长杨维星等参加了互动。

利丰发展（中国）有限公司及利丰研究中心董事总经理张家敏先生宣布论坛闭幕。本次论坛是中国商业经济学会举办的首届年度高层次理论性国际论坛，旨在为政府、企业、协会和学界提供共商中国流通产业发展，拓展视野、贴近现实、探索前沿的高层次对话平台。论坛深入探讨了流通产业的体制机制、经营理念、管理模式、流通技术等方面的创新方向，以及提高效率、降低成本等重要议题，交流了流通企业在品类创新、业态创新、模式创新等实践体会，取得了丰富的成果，并为打造开放、多元、现代的国家级、国际化经济论坛品牌奠定了基础。

（北京工商大学科研处王葳供稿）

第七届中国雇主品牌论坛　12月7—8日，第七届中国雇主品牌论坛在北京会议中心召开。论坛由首都经济贸易大学劳动经济学院、美国高科技创新委员会和国际人力资源管理协会等单位主办，中国雇主品牌网、中国福基会社区发展基金和中国雇主品牌研究中心联合主办，十分钟招商网、十分钟云OA管理软件有限公司、《企业管理》杂志、《中国品牌》杂志及搜狐财经协办。新华社、《环球时报》、腾讯网、人民网等50多家知名媒体到会进行采访和报道，300多位专家学者、知名企业家、人力资源界管理精英和权威媒体人士等出席了本届论坛。

本次论坛主题为“雇主品牌重构”。论坛进行了4场学术研讨、2场尖峰对话和7场专家演讲，与会领导专家、学者及企业代表从雇主品牌的内涵、外延、现状及发展趋势方面进行了精彩的发言和热烈的讨论。论坛现场揭晓了“2012中国最佳雇主”，“2012中国最关注员工发展企业家”“2012中国杰出经理人”等奖项榜单。

（首都经济贸易大学科研处张嘉艳供稿）

2012年首都现代服务业发展论坛　12月8日，“2012首都现代服务业发展论坛——零售业发展创新”在北京工商大学阜成路校区召开。本次论坛由北京市社会科学界联合会与北京工商大学共同举办，首都流通业研究基地和北京批发研究基地协办。

北京工商大学党委书记孙尧东，北京市社科联党组副书记、副主席陈之昌出席论坛，来自美国亚利桑那大学、清华大学、中国人民大学、中国社科院等20余所科研院校的国内外专家学者以及北京工商大学部分师生共130多人参加了本次论坛。论坛分别由北京工商大学国际合作与交流处处长何明珂教授，商学院院长王国顺教授主持。

北京市社科联党组副书记陈之昌在致辞中指出，北京市正着力提高服务业发展水平，加快推动国家服务业中心城市和国际商贸中心建设。希望理论界和实践界联合起来，深入分析国内外零售业发展现状、发展瓶颈及发展趋势，总结经验，剖析问题，寻求新的途径，为推动北京市零售业发展建言献策。同时也希望首都现代服务业发展论坛能够成为各界人士探讨、推动北京现代服务业发展的重要平台。北京工商大学党委书记孙尧东在讲话中指出，零售业在服务经济中有举足轻重的地位和作用，研究零售业的发展和创新问题具有重要意义，希望与会专家学者本着空谈误国、实干兴邦的精神，关注零售业发展的重大现实问题，重大战略问题和前瞻性问题，形成成果、共识，最终影响决策，指导行业发展，造福人民福祉。在报告会阶段，与会专家学者分两组，从政府部门、理论界和实践界的不同角度，对零售业的发展创新进行了深入讨论。北京市商务委员会副主任申金升、中国社科院财经战略研究院副院长荆林波研究员、金源新燕莎MALL总经理傅跃红女士、美国亚利桑那大学Ganesan教授、清华大学中国零售研究中心常务副主任李飞教授、北京工商大学MBA教育中心执行主任刘文纲教授分别就北京商贸流通业发展和建设、零售业发展与创新、大型购物中心运营管理创新、Trends and Challenges in Retailing、零售创新的道法术器、北京零售业自有品牌建设与发展等重要问题发表了精彩的演讲，并进行了互动讨论。北京工商大学商学院院长王国顺教授最后作总结发言，他介绍了本次论坛的筹备背景，肯定了本次论坛取得的成果及意义，并对2013年的首都现代服务业论坛的举办提出期待和展望。

（北京工商大学科研处王葳供稿）

第十二届中国经济论坛　12月9日，由人民日报社《中国经济周刊》杂志社、国务院国资委新闻中心联合主办的第十二届中国经济论坛在京举行。

本届论坛以“实体经济的回归和转型”为主题，人民日报社总编辑蔡名照、国务院国资委副主任邵宁，全国政协经济委副主任厉以宁、张国宝，中国国际经济交流中心副理事长兼秘书长魏建国等专家学者出席论坛并发言。

在开幕致辞中，蔡名照介绍，中国经济论坛是人民日报社所属的《中国经济周刊》创办的全国性、经济类年度学术论坛，从2001年至今，已连续成功举办了11届。论坛自创办以来坚持围绕中国经济社会发展的重大问题，聚焦经济热点、汇集各方观点、共谋发展思路，形成了媒体牵头、社会支持、共话经济、促进发展的良好效益。

邵宁说，中国经济论坛已经成为观测我国经济发展质量、分析我国经济发展趋势的一项品牌工程。此次论坛以“实体经济的回归与转型”为主题，探讨我国实体经济的现状和未来趋势，引领企业认清形势、把握机遇、科学发展，这在当前全球经济形势依然震荡的大背景下，意义十分重大。

除主旨演讲外，论坛还下设“中国实体经济

2012：内生衰退还是转型‘阵痛’”“中国实体经济的重塑路径”“实业与资本”等三个分论坛，吸引了140多位来自地方政府和企业人士参会讨论。在论坛上，《中国经济周刊》杂志社与商务部研究院信用评级与认证中心联合发布了《2012年中国实体经济发展报告》，这是对我国实体经济的首份年度研究报告。

（参见《人民日报》2012年12月10日第2版）

第十一届中国实证会计国际研讨会 12月14—16日，由《中国会计评论》理事会主办、北京工商大学商学院承办的第十一届中国实证会计国际研讨会在北京举行。本次会议由博士生和青年学者论坛、大会主题报告和分组讨论三部分组成。共有来自美国哈佛大学、麻省大学、英国卡迪夫大学、新加坡南洋理工大学、香港中文大学、香港大学、比利时安特卫普大学、北京大学、清华大学、中国人民大学、复旦大学等7个国家、60多所大学的200余名专家、学者出席会议。北京工商大学副校长张耘、商学院党总支书记欧阳爱平，《中国会计评论》理事会轮值主席刘星、《中国会计评论》主编王立彦等两百余名学者出席大会。北京工商大学科技处处长杨有红教授主持大会开幕式。北京工商大学商学院副院长毛新述主持博士生和青年学者论坛。

在大会主题报告阶段，会议邀请了香港中文大学的T. J. Wong教授、新加坡南洋理工大学Bin Ke教授、哈佛大学Gwen Yu教授分别作了题为“制度会计研究：挑战与机遇”“国有股权转让市场”和“实证会计研究的多元化及启示”的精彩报告。分组讨论共有20名左右的海归博士和全国会计领军（后备）人才作为分组报告论文的评论人参加会议。内容涵盖了财务会计研究，审计研究，公司财务研究，内部控制与风险管理研究，资本市场财务与会计研究，其他相关会计、审计、财务问题研究等各个领域。

本次会议共收到来自国内外60余所院校共计220余篇参会稿件。参会论文基本代表了我国目前实证会计研究领域的最新发展动态和研究成果。

（北京工商大学科研处王葳供稿）

《中国绿色发展指数报告2011（英文版）》发布暨研讨会 12月15日，“中国绿色发展指数英文版发布暨研讨会”在北京师范大学举行。“中国绿色发展指数系列报告”是北京师范大学“985”工程重点支持的研究项目。2011年的报告已由德国斯伯林格（Springer）出版集团面向全球推出英文版。该报告已受到了联合国环境规划署（UNEP）、联合国工业发展组织（UNIDO）、国合会（CCICED）等国内外高端组织的关注。发布会上，北京师范大学党委常委、副书记田辉研究员出席会议并作了热情洋溢的致辞。田辉充分肯定了《中国绿色发展指数报告2011（英文版）》这一重大研究成果。他强调，绿色发展指数研究交叉融合了经济、管理、资源、生态等多学科，是协同创新的尝试，对推动绿色经济发展、建设美丽中国有重要意义，今后北京师范大学将继续大力支持。中国环境与发展国际合作委员会副秘书长、环境保护部国际合作司司长唐丁丁研究员从十八大提出的“推进绿色发展、循环发展、低碳发展”谈起，强调了“生态文明建设”的重要性，感谢本书在此方面迈出了重要的一步，并期待与北京师范大学进一步的合作。国务院发展研究中心对外经济研究部部长隆国强研究员认为，“绿色发展”并非不发展，而是在发展中选择先进的技术和管理方式，要将中国放在全球贸易和产业分工的大背景下来考虑绿色发展问题。“十八大”提出了五位一体建设，地区间的竞争也要引入绿色发展，就需要可衡量与测度，因此本报告就很有实践意义。中国社会科学院美国所所长黄平研究员认为，生态文明和环境保护写入了“十八大报告”，需要可操作、可比较和可测量，这才能把发展的理想主义落实到实践上去。他还认为，生态文明建设的中外合作非常重要，而生态文明合作也有助于建设新型大国关系。中国环境与发展国际合作委员会中方委员、北京师范大学学术委员会副主任、本课题负责人李晓西教授阐释了《China Green Development Index Report 2011》一书的编制思路、指数结构、指标内容、测算结果等，并对2012报告中文版及绿色经济与深化体制改革作了介绍。经济与资源管理研究院院长胡必亮教授、直属党支部书记张琦教授分别主持了本次发布会。来自中央电视台、中国新闻社、中国教育报、北京日报等20余家新闻媒体及经资院师生出席了本次大会。发布会上，国合会外方首席顾问、加拿大可持续发展研究院特邀高级顾问阿瑟·汉森教授（Arthur Hanson）高度评价英文版报告。

（北京师范大学社科处供稿）

首届中国小微企业发展论坛 12月16日，首届中国小微企业发展论坛在京举行。此次论坛由国务院发展研究中心指导、中国经济时报社主办。

工业和信息化部总工程师朱宏任在论坛上表示，下一步政府扶持小微企业的工作重点有四项：一是着力优化小微企业发展环境，包括政策环境、市场环境和法律环境；二是着力发展服务，围绕小微企业的各类需求，以推进中小企业公共服务体系建设为重点，继续实施中小企业公共服务平台网络建设工程；三是建立一批创业基地，着力推动创业兴业；四是着力推动创新和集聚发展，提升中小企业创新能力。

在论坛上，中国经济时报社还发布了《中国小微企业生存报告（2012）》，指出2012年上半年处在微利或亏损状态的小微企业数量增加，只有那些拥有独家产品或产品技术含量高的小微企业境况尚可。

（参见《人民日报》2012年12月17日第19版）

全球治理高层政策论坛　12月17日，由联合国开发计划署和中国国际经济交流中心共同举办的全球治理高层政策论坛，在北京召开。会议围绕全球治理问题，研究改革和完善全球治理机制，探讨促进全人类共同发展的有效途径。中国国际经济交流中心理事长曾培炎和联合国副秘书长、联合国开发计划署副署长丽贝卡·格林斯潘在开幕式上致辞。来自中国等十几个国家、地区和国际组织约100位政府官员、专家学者出席会议。

曾培炎指出，人类进入21世纪，和平、发展与合作仍然是时代主题，世界多极化、经济全球化深入发展。但是，全球发展依然很不平衡，南北差距还在拉大，局部动荡频发，大宗商品价格大幅波动、金融秩序混乱等全球性问题越发突出。对此，要从更深层次、更长远角度，在体制机制上寻求治本之策。

曾培炎认为，建设持久和平、共同繁荣的和谐世界，广大发展中国家特别是低收入国家的发展是问题的关键。为此，在制度安排与设计上应充分考虑发展中国家的利益与诉求。全球治理是一个庞大与深邃的命题，涉及各国政府、国际组织、机构、企业和个人的各方利益，矛盾相互交织、错综复杂，改革难度较大，各国政府和政治家们应当表现出信念、智慧和勇气，求同存异、妥处分歧，建设性地开展工作，力争各领域改革迈出实质性步伐。

与会代表认为，当前国际金融危机的影响尚未消除，欧洲债务危机还在延续，需要深入研究全球治理特别是全球经济治理中存在的缺陷，加快全球治理改革步伐，尽快消除不适应全球发展的弊端。广大发展中国家加快发展是实现全人类共同发展的关键，国际社会应更多倾听发展中国家的呼声，多从发展中国家的视角探讨全球治理问题的解决途径，为其加快发展排忧解难。

（参见《人民日报·海外版》2012年12月18日第4版）

中国气候金融与生态文明制度建设研讨会　12月21日，中央财经大学财经研究院气候与能源金融研究中心与国务院参事室联合举办了“中国气候金融与生态文明制度建设研讨会”。国务院参事室参事业务一司司长张彦通、中央财经大学副校长史建平、国家发展和改革委员会气候变化司司长苏伟、社科院财经战略研究院院长高培勇、国家应对气候变化战略研究和国际合作中心主任李俊峰，以及数十位来自国务院参事室、英国驻华大使馆、“完善气候融资政策，推动中国低碳增长”项目咨询委员会的专家出席了研讨会。与会专家学者就我国生态文明制度建设及气候金融等相关问题进行了热烈的讨论与交流。中央财经大学气候与能源金融研究中心提交了本年度研究报告——《2012中国气候融资报告：气候资金流研究》，研究成果显示，目前国际气候融资形势不甚明朗，国内气候融资大有潜力，但当前存在的公共资金引导能力不足，创新金融工具开发不够以及资金运用不平衡，使用效率不高等问题制约了气候资金的流动。为破解气候金融融资瓶颈，不仅需要激活融资机制，还要完善气候融资的基础条件。来自新华社、中国新闻网和证券时报的记者参加了会议并进行了报道。

（中央财经大学科研处供稿）

第十一届WTO与中国学术年会　12月22日，由对外经济贸易大学中国WTO研究院主办的第十一届WTO与中国学术年会在北京会议中心召开，会议围绕“中国的经济转型与WTO的未来”展开。来自中国WTO研究会、商务部、中国社会科学院、国务院发展研究中心、北京大学、对外经济贸易大学以及来自全国各地80多家科研院校的专家学者，共150余人出席了会议。

大会共分六节，分别以“中国的经济转型与WTO的未来：十八大后的中国需要什么样的WTO”“美国的再制造业化和中国的经济转型：2012年后的中美经贸关系”“产业政策与国有企业：中国模式与国际规则的博弈”“中国的争端解决：输赢与得失”“服务贸易和货物贸易：如何相互促进”“中日韩FTA与TPP：该选哪一边?”为主题，来自商务部、国家发改委、中国WTO研究会、中国社科院、国务院发展研究中心、北京大学、南开大学、中央民族大学、对外经济贸易大学的专家以及中国WTO研究院的全体研究人员，进行了深入探讨。

（对外经济贸易大学科研处张瑞供稿）

2012首都圈发展高层论坛　12月22—23日，2012首都圈发展高层论坛在北京商务会馆举办。论坛由首都经济贸易大学主办，来自京津冀三地及墨西哥国立自治大学的专家学者百余人参加了论坛。

本次论坛以“京津冀区域承载力与生态文明建设”为主题，与会专家就中国的城镇化、城市综合承载力和吸纳能力、打造首都经济圈、北京城市功能疏解与空间布局、天津开发区转型发展及其影响、天津滨海新区开发开放的最新进展、国内外经济形势与京津冀区域发展、我国区域振兴政策的实施及发展趋势、保护乡村绿色空间建设都市圈生态文明、基于三生空间识别的京津冀城市群综合承载力、京津冀地区资源承载力与生态文明建设模式、对京津冀区域承载力的理论思考、京津冀人口空间布局、京津冀土地资源承载力、京津地区水资源承载力、京津冀生态环境承载力、河北省综合承载力、环首都生态经济示范区建设以及墨西哥城发展过程与都市圈形成分析等主题进行了深入探讨。

（首都经济贸易大学科研处张嘉艳供稿）

李京文院士六十年学术历程回顾学术研讨会 11月25日，北京工业大学经管学院与中国社会科学院数量经济技术经济研究所联合举办了李京文院士六十年学术历程回顾学术研讨会。李慎明、胡存智、胡增印等部分国家部委、省（市）领导，相关单位、高等院校的负责人，以及李院士的众多学子参加了庆典活动。中国科学院、中国工程院院长周济、中国社会科学院常务副院长王伟光、著名经济学家刘国光、中央财经大学校长王广谦、国家税务总局副局长邱小雄、河南省常务副省长李克、中国生产力学会、中国技术经济学会、浙江大学马庆国教授以及深圳特区报等媒体发来贺信。中国社会科学院副院长李慎明和北京工业大学党委书记王守法分别致辞，向李京文院士从事学术研究60周年暨80寿辰致以祝贺，并高度赞扬了李京文院士为学校学术发展作出的突出贡献。高度赞扬了李京文院士严谨的治学精神，理论研究与实践活动相统一的治学风格，以及他80岁高龄仍坚持在工作第一线，为国家培养大量优秀人才所作出的杰出贡献，为北京工业大学发展献计献策的工作精神。与会的领导、李先生的弟子们也纷纷进行了发言，并系统地回顾了李京文院士的学习生活和工作经历，介绍了李京文院士从教以来的学术成就与科研贡献。北京工业大学经济与管理学院常务副院长宗刚、中国生产力学会常务副理事长翟立功、原建材研究院院长刘赋捷、国土资源部副部长胡存智、中国社会科学院院长刘迎秋、中国工程院办公厅主任董庆九等分别发表了热情洋溢的讲话，共祝李京文院士桃李芬芳，事业长青。

（北京工业大学科技处供稿）

第四届中国产业安全论坛 12月29日，由北京交通大学主办、中国产业安全研究中心协办的“第四届中国产业安全论坛”在北京举行。北京交通大学校长宁滨、副校长余祖俊、美国洛杉矶加州大学助理校长孙仁、中国产业安全研究中心主任李孟刚以及人民日报、新华社等40余家媒体记者以及《管理世界》《管理现代化》等核心期刊编辑出席论坛。

新华社中经社控股集团指数中心主任周文龙、国务院发展研究中心中国经济年鉴社社长助理张诗雨、中国轻工业信息中心产业研究处副处长昝欣分别作了“金融、保险、私募产业安全”“海洋、外资产业安全”“能源、新能源、轻工业产业安全”的年度报告。论坛秘书长、中国产业安全研究中心主任李孟刚教授在讲话中指出，以“聚焦国家产业安全，助力经济协同发展”为主题的第四届中国产业安全论坛，旨在为深化我国改革开放、维护国家经济安全、促进经济协同发展，奉献有价值的决策参考。此次论坛发布了八份产业安全报告，中国产业安全研究中心还将进一步丰富和完善我国产业安全理论体系。

（北京交通大学科技处供稿）

第四届中国经济前瞻论坛 12月29日，由国务院发展研究中心指导，中国经济时报社、中国经济新闻网主办的第四届中国经济前瞻论坛在北京举行。全国政协副主席陈宗兴等出席论坛。

本届论坛主题是“2013年中国加快形成新的发展方式：挑战和机遇”。主办方还举办了3场分论坛，主题分别为“发展现代农业与农业经营组织创新”“思变·共赢：中国平板显示产业”“汽车市场变革与汽车社会”。

（参见《人民日报·海外版》
2012年12月31日第4版）

货币圆桌会议·2012冬 12月29日，“货币圆桌会议·2012冬”暨中国人民大学国际货币研究所学术委员会年度会议在中国人民大学明德楼举行。中国人民大学校长陈雨露，中国人民银行研究局局长纪志宏，前国家外汇管理局副局长、东盟+3宏观经济研究室主任魏本华，前中国人民银行国际司司长张之骧，《环球财经》杂志社副社长彭晓光，中国银监会政策研究局副局长张晓朴，摩根大通银行（中国）有限公司行长赉圣林，中国人民大学财政金融学院院长郭庆旺及研究所全体研究员出席了本次会议。会议由中信银行副行长、中国人民大学国际货币研究所联席所长曹彤主持。向松祚教授围绕着中国能否跨越中等收入陷阱这一议题发表了主题演讲，之后与会嘉宾就中等收入陷阱问题、中国2012年发展状况以及未来发展展望展开了深入讨论。

（中国人民大学社科处供稿）

社会学（含人口学）

中国社保30人论坛年会（2012） 2月11—12日，由中国社会保障30人论坛、中国人民大学中国社会保障研究中心共同主办，人民网、太平人寿保险有限公司协办的“中国社会保障30人论坛年会（2012）”在中国人民大学举行。本届年会的主题为“城乡统筹：走向公平的社会保障”。中国人民大学党委书记程天权教授为本届年会致辞，国家发改委副主任孙志刚，人力资源社会保障副部长胡晓义等出席论坛并作主旨报告。来自国家发改委、人力资源社会保障部、民政部、财政部等中央部门的有关负责人，中国社会保险学会等全国性学术团体负责人，以及来自杭州市、成都市等富有代表性的地方政府负责人和太平人寿、新华人寿等全国性保险公司负责人约 120 多名正式代表出席了本届年会。

中国社会保障 30 人论坛的年会，是中国社会保障界最重要的年度学术会议，也是社会保障界知名专家学者与相关政策层面重要官员进行直接交流对话的高级平台。本届年会发布了 2011 年中国社会保障十大事件的评选结果，分设“社会保障综合”“医疗保险”“养老保险”“老年人福利”“儿童、残疾福利与慈善”“社保基金与老年服务”六个分论坛。

（中国人民大学社科处供稿）

郑杭生教授从教 50 周年学术研讨会 2 月 29 日，由中国人民大学社会与人口学院、中国人民大学社会学系、中国人民大学社会学理论与方法研究中心、北京郑杭生社会发展基金会联合主办的郑杭生教授从教 50 周年学术研讨会暨北京郑杭生社会发展基金会成立大会在中国人民大学逸夫会堂举行。中共中央政治局委员、国务委员刘延东以学生名义赠送花篮祝贺。中国人民大学党委书记程天权、校长陈雨露，中国社会学会名誉会长、中国人民大学社会学理论与方法研究中心主任郑杭生，中国社会学会名誉会长、中国社会科学院荣誉学部委员陆学艺，中国社会学会会长宋林飞，北京市社会科学界联合会党组书记、常务副主席史秋秋，北京市委副秘书长张建明，中国社会科学院学部委员、社会学研究所所长李培林，中国人民大学党委副书记马俊杰，北京市民政局副局长谢延智等出席大会。来自中国社会科学院、北京大学、清华大学、复旦大学等众多科研院所的专家学者以及郑杭生教授的朋友、学生等 400 余人参加大会。

（中国人民大学社科处供稿）

加强社会诚信建设　推进和谐社会发展论坛 3 月 11 日，北京交通大学主办“北京交通大学北京社会建设研究院”签字仪式暨“加强社会诚信建设 · 推进和谐社会发展”论坛。教育部副部长李卫红，北京市委常委、市人大常委会副主任梁伟为研究院揭牌。校党委书记曹国永和北京市委社会工委书记宋贵伦在协议书上签字。随后举办了“加强社会诚信建设 · 推进和谐社会发展”论坛，国家自然基金委副主任何鸣鸿，北京市消费者协会副秘书长屈建辉，中国人民大学哲学院党委书记葛晨虹教授，南京大学教授叶继元，国家质量监督检验检疫总局质量管理司副司长惠博阳，首都师范大学政法学院思想政治教育系主任、国家社科基金重大项目首席专家王淑芹教授和北京交通大学服务经济与信息产业研究所所长、经济管理学院教授冯华，北京汽车集团有限公司代总经理、北京交通大学客座教授张夕勇，北京交通大学人文学院院长、马克思主义学院院长韩振峰教授等九位来自政府部门、社会组织、高等院校、企业领导和专家学者从不同的视角就如何加强社会诚信，推动社会和谐发展作了精彩演讲。

（北京交通大学科技处）

中日社区福利研讨会 3 月 13 日上午，由北京社区研究基地、北京市社会科学院城市所主办、中国社会福利基金会社区发展基金协办的“中日社区福利研讨会”在北京市社会科学院召开。此次研讨会旨在促进中日学者对社区福利、社会服务、社会养老等重要问题的思考与交流。本届研讨会的重点是：少子化、老龄化、人口减少化引发了日本“社会负担过重”的现状，中国社会的农民工福利问题、老龄人的社区养老问题，中日韩三国如何应对本国的社区福利问题，以及如何构建新的社会福利体系。作为中日韩三国轮流举办的社区福利研讨会，本次会议得到了学界和政界的高度关注，到会发言的专家、学者、民政部和北京市哲学社会科学规划办负责人 20 名，参会学者和政府各职能部门工作人员 25 名。大会由北京市社科院党组书记、院长谭维克和日本关西学院大学牧里每治教授共同致辞，原民政部社会福利司司长张明亮对中国社区福利制度的变迁作了重要讲话，原北京市社会科学院副院长戚本超主持研讨会。

（北京市社会科学院科研处供稿）

社会诚信制度体系建设理论与实践高端论坛 3 月 24 日，首都师范大学国家社科基金重大招标课题“我国社会诚信制度体系建设研究”课题组在国际文化大厦举办“社会诚信制度建设理论与实践高端论坛”。全国政协社法委副主任、原国务院法制办主任曹康泰、国务院法制办财政金融司司长刘长春、北京市法制办副巡视员孔繁荣、中国伦理学会会长、清华大学博士生导师万俊人教授等领导和专家出席会议并作专题讲话。首都师范大学纪委书记潘亮、社科处处长梁景和教授、政法学院党委书记辛红光、中国政法大学法学教育研究与评估中心相关研究成员以及课题组全体成员参加了此次论坛。

课题组成员和与会专家领导还就一些具体问题进行了深入探讨。课题组首席专家王淑芹教授代表课题组，表示要认真研究并充分吸收专家领导所提意见和建议，加强与社会现实的对接，使课题研究成果根植于现实土壤，为我国的社会诚信建设作出贡献。

（首都师范大学社科处供稿）

中国当代社会管理创新与国家科学发展战略研讨会

3月28日，“中国当代社会管理创新与国家科学发展战略重大课题研究”研讨会在京举行。课题首席专家中国社会管理研究院院长魏礼群，北京师范大学党委书记、中国社会管理研究院咨询委员会主任委员刘川生，课题组成员国务院研究室社会司司长、中国社会管理研究院咨询委员会委员邓文奎，国务院研究室综合司巡视员、中国社会管理研究院兼职教授刘应杰，国家行政学院决策咨询部副主任、中国社会管理研究院咨询委员会委员丁元竹，清华大学公共管理学院党委书记孟庆国，天津大学马克思主义学院院长孙兰英，武汉大学生活质量研究与评价中心主任周长城，全国老龄工作委员会办公室政策研究部主任吕晓莉，东北财经大学经济学院教授张抗私，国家行政学院办公厅处长王露，国家行政学院决策咨询部副处长、中国社会管理研究院兼职教授蒲实，国家行政学院决策咨询部副处长王君琦出席。

刘川生书记在致辞中首先对社会管理领域的一流专家学者来北京师范大学参加研讨工作表示热烈的欢迎和诚挚的谢意。然后充分肯定了该课题研究具有重要的理论意义、学术价值和应用意义，表示学校将全力支持课题组面向国家重大战略、面向现实急需解决的问题，抓住研究重点，搭建合作平台，产出高水平的研究成果。首席专家魏礼群就课题立项背景、经过，课题研究的主要任务和预期目标，以及本次研讨会开法等方面作了说明。强调该项课题研究既响应了国家科学发展战略的重大需求，也顺应了社会各界探索社会管理创新的需要。课题组成员就课题整体思路、研究内容、研究方法以及研究产出等多方面进行了深入而广泛的讨论交流。课题组成员阵容强大，汇聚了来自政府、高校、研究机构等十余个单位的专家学者，既有深厚的理论素养，也有丰富的实践经验。课题紧紧围绕“社会管理创新与国家科学发展战略”分设了科学发展观与中国特色社会主义社会管理体系整体设计研究、中国社会体制改革的目标与任务研究、创新社会管理中有关行政体制改革问题研究、虚拟社会发展与社会管理创新研究、社会组织管理体制创新研究、新型城镇化道路与流动人口管理创新研究、应对人口老龄化挑战问题研究、创新社会管理中有关就业政策和战略研究、社区管理体制创新研究、社会管理的绩效评估体系建设与社会管理创新研究、重大决策社会稳定风险评估机制研究、社会管理经验教训国际比较研究和案例分析以及国内社会管理创新案例总结12个子课题。

最后，魏礼群院长从课题任务、研究重点、研究进度、组织落实、工作要求等八个方面作了全面的总结和部署。他要求课题研究要站在国家现代化建设全局的高度，从贯彻落实科学发展观的角度，着眼发展中国特色社会主义事业，紧紧围绕“社会管理创新、促进科学发展”这一主题，解放思想，改革创新，集思广益，注重质量，讲求实效，通过理论研究和实践经验总结，最大限度提高课题成果质量和水平，真正发挥研究院在社会管理科学研究和社会管理政策咨询中的重要作用。同时，通过课题研究形成一支紧密联系的、具有战斗力和凝聚力强的社会管理创新研究团队。

（北京师范大学社科处供稿）

北京群体性事件媒体应对措施研究座谈会 根据中共北京市委宣传部主要领导的批示精神，在北京市社会科学院周航副院长的协调帮助下，北京群体性事件媒体应对措施研究课题组于4月5—6日组织了三次较大规模的调研座谈会，座谈会分别由副院长赵弘研究员和综治研究所所长殷星辰研究员主持。座谈会分别邀请市新闻办、市公安局、市委维稳办等近20个市委市政府委办局新闻发言人或宣传处室负责人，以及《北京日报》、北京电视台、北京人民广播电台等十几家市属新闻媒体相关编辑记者座谈，收集北京市群体性事件媒体应对现状一手资料，了解当前媒体应对能力建设的不足，倾听他们关于媒体应对能力建设的心声和建议。通过座谈，课题组成员对北京群体性事件媒体应对和舆论引导的现状、体制机制、存在的不足、国外的经验有了更为直观全面的认识。座谈会得到了北京市社会科学院办公室和行政处的大力支持和配合。下一步，课题组将在政府各部门中开展问卷调查，对收集的材料进行充分研读消化，分析研究的关键点，并将到有关部门开展更深入细致的调研。在此基础上，课题组将形成最终研究成果，上报院科研处及相关市领导、市委市政府委办局。

（北京市社会科学院科研处供稿）

《中国社会舆情年度报告（2012）》蓝皮书发布暨研讨会 4月13日，《中国社会舆情年度报告（2012）》发布会在中国人民大学举行。全国政协常委、中国人民大学新闻学院院长赵启正，中国人民大学党委书记程天权，人民日报出版社社长董伟，中国人民大学新闻学院执行院长倪宁，百度副总裁朱光出席发布会并致辞，共同为蓝皮书的发布揭幕。中国人民大学新闻学院副院长、中国人民大学舆论研究所所长喻国明教授解读报告，人民网舆情监测室秘书长祝华新等专家就报告内容进行深入探讨。

《中国社会舆情年度报告（2012）》蓝皮书采用现代科学技术手段和社会科学的新兴研究范式，通过分析民众对民生、经济、社会期待、社会责任、环境生态安全、公共安全、卫生安全等一系列关注指数，集中呈现了2011年中国网民关注的信息领域、信息偏好以及网民关注度的变化趋势，为中国未来的社会发展提供了极为重要的来自民意的参照，对推动现实社会的健康发展具有极高的参考价值及借鉴意义。

（中国人民大学社科处供稿）

第十届北大赛瑟论坛——建立社会公平保障体系与经济社会发展　4月17日，由北京大学经济学院和北京大学中国保险与社会保障研究中心（CCISSR）主办的“北大赛瑟（CCISSR）论坛·2013（第十届）”在北京大学举行。本届论坛的主题是：建立社会公平保障体系与经济社会发展。

在大会第一阶段，中国保监会副主席周延礼以“促进社会公平保障体系建设，在推动城镇化建设中贡献力量”为题，原外经贸部首席谈判代表、副部长龙永图以“从入世谈判看社会保障体系发展”为题，北京大学经济学院院长孙祁祥以“以社会公平保障体系为新型城镇化保驾护航”为题，分别发表了大会主旨演讲。在大会第二阶段“高层对话”环节，北京大学经济学院院长孙祁祥教授与美国信安金融集团亚洲总裁欧阳伯权先生还为孙祁祥、郑伟刚刚出版的新书《中国养老年金市场——发展现状、国际经验与未来战略》进行了揭幕。中国社科院世界社保研究中心主任郑秉文、美国信安国际公司副总裁袁时奋、中国人寿养老保险公司董事长王建、北京大学经济学院风险管理与保险学系主任郑伟分别围绕“中国养老年金市场发展”这一主题发表演讲，并展开热烈的对话和讨论。

北大中国保险与社会保障研究中心顾问、常务理事、研究员和理事会员单位代表、保险与社会保障及相关领域的学界专家、政界高层人士和业界精英、北大师生以及《中国证券报》、《金融时报》、《中国保险报》、和讯网等新闻媒体的记者共约200人参加了本届论坛。

（北京大学社科处供稿）

首届中国社会工作论坛　5月12—13日，由中国人民大学社会工作系和中国人民大学北京社会建设研究院共同主办的“社会建设中的社会工作”首届中国社会工作论坛在中国人民大学逸夫会堂召开。中国人民大学副校长、北京社会建设研究院常务副院长冯惠玲，民政部社会工作司副司长柳拯，中国社会工作教育协会会长王思斌，中华女子学院副院长刘梦，中国人民大学社会与人口学院院长翟振武等出席论坛。来自中国人民大学、香港大学、北京大学、南京大学、中山大学等50余所高等院校的专家学者和全国部分社会工作服务机构的一线社会工作者代表100余人共同探讨社会工作如何在社会建设中发挥积极作用。

（中国人民大学社科处供稿）

公共服务改革的国际比较：理论与实践国际学术研讨会　2012年5月19日，由中国政法大学政治与公共管理学院与新西兰维多利亚大学当代中国研究中心联合主办的“公共服务改革的国际比较：理论与实践国际学术研讨会”开幕式在北京举行。开幕式由中国政法大学－惠灵顿维多利亚大学新西兰政治与法律研究中心中方主任卢春龙主持。

研讨会分为“公共服务改革的理论研究”“国外公共服务改革及其对中国的借鉴”等专题，分别由中国政法大学潘小娟教授、马建川教授和清华大学公共管理学院苏峻教授担任主持，十多位海内外学者发表了演讲。

（中国政法大学科研处刘璐供稿）

第二届中国社会管理论坛　5月28日，由北京市委社会工委、北京师范大学中国社会管理研究院联合举办的第二届中国社会管理论坛在京召开，论坛主题为深化社会体制改革与推进科学发展。全国政协副主席陈宗兴，全国人大常委会原副委员长顾秀莲，北京市委常委、市人大常委会副主任梁伟等出席论坛。

全国政协文史和学习委员会副主任魏礼群表示，对社会体制与科学发展的理论与实践问题进行深入研讨，是我国现阶段经济社会发展的迫切需要，也是中国特色社会主义事业长远发展的战略要求。目前，社会管理领域还存在着不少缺陷和问题，主要有社会管理的理念、组织、形式、手段、方法不适应社会经济迅猛发展，特别是社会结构、利益结构多层次、多元化和互联网新兴媒体异军突起出现的新情况、新挑战、新要求；政府、社会、企业、中介机构的社会管理职能不清、关系不顺；社会管理的体系、制度、机制不健全，难以有效发挥应有作用，解决这些问题必须进行社会体制改革。

梁伟说，加强社会建设是实现科学发展的内在要求，深化社会体制改革是当前社会建设面临的重大课题。深化社会体制改革有利于加快推进政府职能转变，有利于充分激发社会活力，有利于促进社会和谐。近年来，北京市不断加强统筹协调、积极探索，创新了社会建设工作体制、社区治理体制、社会组织管理体制、社会动员参与体制和社会领域党建工作体制，在社会建设方面取得了一定成绩。他指出，社会体制改革是一项复杂的系统工程，不可能一蹴而就，需要长期而艰辛的探索实践。北京市今后将进一步探索社会体制改革创新，推动社会建设健康发展。

（参见《北京日报》2012年5月29日第2版）

首届北京市残疾人社会组织建设论坛 6月15日，由北京工业大学人文社会科学学院主办的首届北京残疾人社会组织论坛在北京工业大学逸夫图书馆报告厅举行。论坛由北京市残疾人联合会提供支持，来自全市近200家残疾人社会组织的230多位代表参加了此次论坛，服务残疾人的7个社会组织代表在论坛上交流了发展经验，来自中国社会科学院、国家行政学院、中国残疾人联合会、北京工业大学等单位的专家学者作了点评。

（北京工业大学科技处供稿）

2012北京社会建设论坛 6月16日，由北京市社科联和清华大学共同主办的2012北京社会建设论坛在清华大学召开。论坛主题为“转型时期城乡社区管理创新研究”。市社科联党组副书记、副主席陈之昌同志出席论坛并致辞，清华大学人文学院院长李强教授主持论坛。来自首都高校、科研机构的专家学者以及政府部门代表约100人出席论坛。

陈之昌同志在致辞中指出，在首都北京加快实施“三个北京”发展战略、推动中国特色世界城市建设进程中，城乡社区服务管理工作既大有作为，又将面临许多新的挑战。希望首都社会学界的专家学者对首都城乡社区服务和管理的基础性工作及创新发展问题进行深入研究，在总结经验、分析问题、预测挑战的基础上，提出对现实有指导意义的政策建议。

论坛上，来自首都社会学界的十余位专家学者，以“社会工作在社会管理创新中的协同作用”“流动人口和社区建设”“基层社区建设和服务的社会学思考”“社区社会组织的培育和发展”“城市社区管理服务的网格化模式”“社区服务与社会管理创新研究”“信息化网络化与社会资源的社区化配置机制”等为题发表了主题演讲，并进行了热烈的现场互动研讨。

与会专家认为，作为加强和创新社会管理的重要内容和突破口，首都城乡社区服务和管理工作取得了明显成效，但在实践中也面临着诸多考验和挑战，需要继续探索和完善。专家建议，进一步加强顶层设计，在充分运用信息化技术创新社会管理的同时，要始终坚持正确的价值导向；寓管理于服务之中，在改进服务中加强管理，把“以人为本”落到实处；在社区建设中加强对流动人口的服务和管理，为他们的安居乐业和向上流动做一些积极工作；进一步完善社会组织扶持政策，加快推进各类社会组织与行政主管部门在机构、人员、资产、财务等方面彻底分开，逐步实现自我管理、自主发展。

（北京市社科联学术活动部供稿）

生育意愿、生育行为和生育水平全国学术研讨会 6月29—30日，中共北京市委党校社会学教研部（市人口研究所）与市人口和计划生育委员会、中国人民大学人口与发展研究中心联合举办“生育意愿、生育行为和生育水平全国学术研讨会”。全国九届人大副委员长、中国人口学会名誉会长彭珮云出席会议并在闭幕式上作了重要讲话。北京市委党校副校长、市人口研究所所长姚光业在开幕式上致欢迎辞并主持了闭幕式，市人口和计划生育委员会副主任耿玉田和中国人口学会常务副会长、中国人民大学人口与发展研究中心主任翟振武在开幕式上讲话。来自中国社会科学院、北京大学、清华大学、中国人民大学、南京大学、南开大学、华东师范大学、西安交通大学、首都经贸大学、河北大学、河南财经大学、西安财经学院、中央财经大学、吉林大学、北京市人口研究所以及联合国人口基金会北京办事处、国家和北京市人口计生委系统的近百位学者、嘉宾参加了本次学术研讨会。

此次“生育意愿、生育行为和生育水平”的全国学术研讨会，通过全国征文和特邀方式，对递交的近百篇论文进行了筛选，邀请26名学者分“关系探讨和追踪研究”“理论研究与国际比较”“实证研究”“研究回顾与评述”以及“低生育水平及其影响因素”五个专题作了大会发言。著名专家作为评论人，在每个专题发言后点评并进行充分的自由讨论。众多的国内学者共同对这样一个重要的话题进行深入、坦诚而科学的探讨，在人口学界尚属首倡。

（中共北京市委党校科研处供稿）

首届北斗论坛 7月5日，由中国青年政治学院社工学院和香港圣公会福利协会联合主办的首届“北斗论坛”在中国青年政治学院召开，共分为三大主题：汇贤传爱——社会工作人才队伍建设、共学同进——社会工作服务发展经验分享、同心同行——北斗毕业同学真情分享。社工学院教师代表、圣公会福利协会工作人员、“北斗之旅”毕业生参加了论坛。

校党委副书记、常务副校长王新清出席论坛开幕式并致辞。他说，社会工作既替政府分忧，又为人民服务，目前我国正提倡大力发展社工行业，社会工作在内地乃至香港都是朝阳产业。他高度肯定了与圣公会福利协会策略性联盟的签订，希望双方开展更多的合作，携手共进，把学科专业建设好，把学生培养好，把内地的社会工作发展好。

开幕式上举行了简短的策略性联盟签约仪式，自此，双方正式成立策略性联盟，未来将在社会工作教学、研究、实务发展和社会工作专业人才培养方面共同发展，广泛开展策略性合作，携手为国家的社会工作人才培育贡献力量。学校特别在社工实验室提供一块场地，命名为“北斗小屋”，为“北斗人”提供自己的家，让北斗精神在这里得到延续和发展。

“北斗之旅”是社工学院与圣公会福利协会合作举办的赴港实习项目，已成功举办了6期，有120多名毕业生，第7期师生将于今年暑假前往香港。“北斗论坛”为双方在6年成功合作的基础上总结经验、加强交流提供了平台。

从此次论坛开始，中国青年政治学院与圣公会福利协会将联合推出优秀北斗人评选活动，旨在鼓励“北斗之旅”毕业生今后能投身专业、扎根实务，到国家城乡基层、边远贫困地区、边疆民族地区、革命老区从事社会工作。在评选中，天枢、天璇、天玑、天权四个等级的奖项将分别颁给参与一线服务达到三年五年七年十年的北斗人；玉衡、开阳、摇光三个等级的奖项将分别颁给为北斗网络捐赠和引进资源，积极参与北斗网络建设，投身边远贫困地区、边疆地区、革命老区进行社会服务的北斗人。此次共有9人获得天枢奖，10人获得天璇奖。

（中国青年政治学院科研处供稿）

老年人权益保障立法讨论会　7月8—9日，受全国人大委托，中国政法大学人权研究院和耶鲁大学法学院中国法律中心在京共同举办了“老年人权益保障立法讨论会”。全国人大内务司法委员会副主任委员陈斯喜同志、全国老龄委办公室副主任朱勇同志、原教育部老干部局局长史丽荣女士、全国人大内务司法委员会内务室主任于建伟同志、民政部政策法规司副司长许立群同志出席会议并讲话。参加会议的还有来自冰岛阿库雷利大学、耶鲁大学法学院中国法律中心、Davis O'Sullivan & Priest LLC律师事务所、耶鲁法学院法律诊所、康涅狄格州社会服务部、山东大学、中国政法大学的多位知名专家和学者。讨论会由开幕式、主题发言与集体讨论、闭幕式三部分组成。讨论会的主题发言和集体讨论分为两个单元进行，主要围绕目前亟须重点解决的老年人监护和社会服务两方面内容展开讨论。

（中国政法大学科研处刘璐供稿）

第五届当代中国学国际论坛　8月8日—9日由北京工业大学人文社会科学学院，诺丁汉大学当代中国学学院主办的第五届当代中国学国际论坛：中国未来的发展——社会建设与社会治理在京召开。论坛得到了来自欧洲、美洲、亚洲、大洋洲等十余个国家和地区的200多位专家学者的支持和积极参与，论坛围绕社会建设与社会治理的主题，分设了中国社会建设的历史与趋势、公共物品与政策、国家市场与社会、比较视野中的中国发展、经济金融与创新五个分论坛，两个博士研究生论坛，一个特别会议以及两个圆桌会议，共计23个场次。与会专家学者积极探讨了中国的发展道路和发展模式，并就民族国家走向现代化的途径、人类对社会发展规律和道路的认识以及全球化时代人类文明的多样性发展等问题进行了深入探讨。

（北京工业大学科技处供稿）

2012经济全球化与工会国际论坛　8月28日，“2012’经济全球化与工会”国际论坛在京开幕。中共中央政治局委员、全国人大常委会副委员长、中华全国总工会主席王兆国在论坛上指出，各国工会都应该致力于尊重和保护劳动，保障劳动者权益、增进劳动者福祉，努力促进本国经济健康发展和全球经济复苏，使各国劳动者能分享世界经济增长的成果。

王兆国强调，把尊重和保护劳动与保障和发展劳动者权益紧密结合起来，推动实现劳动者体面劳动，既有助于实现国家经济社会的全面发展，又有助于实现劳动者的全面发展，归根到底有利于人类社会的全面发展。中国在社会发展中始终鼓励劳动创造，以促进实体经济发展为本，贯彻尊重劳动、尊重知识、尊重人才、尊重创造的方针，为劳动者充分发挥创新潜能和创造活力提供了良好的环境和条件。在社会关系中始终尊重劳动者的地位，积极宣传劳动者的伟大贡献，弘扬工人阶级伟大品格和劳模精神，努力营造“劳动最光荣、劳动者最伟大”的良好社会风气。在社会保障中始终重视劳动者权益，坚持民生优先，让劳动者权益能随着经济社会发展而发展，努力使发展成果惠及全体劳动者。王兆国指出，中国党和政府一贯高度重视工会在国家经济和政治生活中的独特地位和重要作用，支持中国工会依照法律和章程开展工作，充分履行维护劳动者合法权益的神圣职责；支持中国工会同各国工会和国际工会组织进一步扩大交往、加强合作、增进友谊，为实现世界经济全面复苏携手努力，为推动建设持久和平、共同繁荣的和谐世界作出更大贡献。

非洲工会统一组织总书记松莫努代表出席论坛的外国工会组织领导人在开幕式上致辞，对中华全国总工会主办论坛表示感谢，表示完全有理由为论坛自2004年举办以来取得的成果感到自豪，并希望今年的论坛能使各工会组织加强团结，更好地履行职能，维护工人的合法权益。

“经济全球化与工会”国际论坛自2004年首次召开以来，迄今已成功举办7次。本次国际论坛是第8次，论坛主题为“尊重劳动创造，维护职工权益”，由中华全国总工会主办。共有来自亚、非、拉和欧洲国家工会组织以及国际和区域工会组织、国际劳工组织等100多名代表参加。

论坛期间，王兆国会见了出席论坛的外国工会组织领导人。

（参见《光明日报》2012年8月29日第3版）

青少年社会工作与社会建设论坛 9月3日上午，清华大学社会科学院与北京团市委合作协议签约仪式暨青少年社会工作与社会建设论坛在清华大学主楼接待厅举行。中共北京市委常委陈刚，清华大学校长陈吉宁、副校长谢维和出席签约仪式。清华大学社会科学院院长李强与北京团市委书记常宇代表双方签署合作协议。陈刚在致辞中表示，清华大学与团市委的合作是首都加强和创新社会管理的历史趋势使然，是教育教学和理论研究服务经济社会发展的客观现实需要，希望双方勇于创新、敢为人先，创建科学的青年社会工作理论体系；勤于实践、育人为本，打造一流的青年社会工作者队伍；真诚互信、资源共享，实现在更深更广领域的合作。谢维和在讲话中强调，社会工作是社会建设的重要形式，需要政府力量、社会参与和学术支持。清华大学社会学系为清华大学和国家社会学科的发展奠定了坚实基础，确立了研究传统和学风，是合作的良好资源和基础。清华大学在建设和发展中特别重视为地方服务，把社会工作的学科建设和北京市社会工作的实际需要和专业队伍建设结合起来。在仪式上，北京团市委副书记熊卓还介绍了北京团市委开展社区青年汇工作和推进专职青少年社工队伍建设的基本情况。清华大学社科学院社会学系副教授晋军介绍了清华大学社会工作专业硕士的设置等基本情况。来自香港、广东、上海等地从事青少年工作的专家、学者，北京市各团区县委的负责人、社区青年汇总干事、专职社工和相关社工事务所负责人等150多人，以及清华大学社会学系的师生也参加了此次活动。李强还在签约仪式之前作主旨报告，介绍我国社会发展各阶段共青团社会工作的基本情况，并阐释了具有中国特色的共青团工作的内涵和特点。在为期两天的青少年社会工作与社会建设论坛中，社会工作的专家学者还将就社会工作中的热点和难点问题进行分组讨论。据悉，协议双方将发挥各自在理论学术研究、人才培养和工作实践等方面的特长，优势互补，资源共享，共同推进青少年社会工作的理论研究、队伍培训、人才培养等工作，探索形成共青团参与社会管理服务创新的模式和经验。

（清华大学文科建设处供稿）

首届人资人职业发展论坛 9月22日，“首届人资人职业发展论坛暨北京林业大学人力资源管理专业成立10周年”庆祝活动在北京林业大学图书馆举办。论坛由北京理工大学、中国人民大学劳动人事学院、北京林业大学经济管理学院相关领导及教师，行政管理专业与人力资源系往届毕业生及在校生等100余人参加会议。论坛就“能力提升与职业发展——软技能的分层、评价及提升”；“中国人力资源管理的未来10年：新使命与新价值”，职业发展中的情商与领导力，人力资源管理专业人才的职业发展之路等主题开展了热烈的讨论与交流。北京理工大学原常务副校长李志祥、中国人民大学劳动人事学院院长曾湘泉、中国就业研究所副所长杨伟国等发表了主题演讲。论坛不仅总结了经济管理学院人力资源系10年来的教学与人才培养经验，同时对人资源管理的未来发展进行了探索和思考，开拓了经济管理学院人力资源管理的办学思路。

（北京林业大学科技处张力供稿）

第十届中俄经济社会发展比较论坛 10月26日，第十届中俄经济社会发展比较论坛在中国青年政治学院开幕。校党委书记倪邦文在致辞中向与会嘉宾简要介绍了学校的办学历史和发展现状，重点介绍了近年来学校在学科建设、学术研究方面打造“青年”特色，加强对青年群体、青年工作、青年组织等方面的研究，在青年社会参与、青年发展与社会变迁等多学科交叉综合领域取得的成果。倪邦文表示，此次论坛汇集了中俄两国在青年研究领域的知名专家学者，搭建了中俄两国高等院校、研究机构开展学术交流的重要平台，既是一次不同学术思想的交流，也是一次青年研究成果的共享，还是一次中俄传统友谊的融通，对于进一步拓展和加强中俄两国学者的交流联系，深化双方在青年研究领域的学术交流，推动中俄两国青年全方位、多领域、深层次的交流具有重要意义。学校将以论坛的举办为契机，进一步扩大研究视野，拓宽交流渠道，吸收新鲜思想，借鉴有益经验，为培育学术新人、繁荣青年研究、服务青年事业、促进青年发展作出更大的贡献。开幕式由校党委副书记、常务副校长王新清教授主持。

论坛由中央编译局俄罗斯研究中心、中国青年政治学院和俄罗斯圣彼得堡大学联合举办，为期一天半，共分为6个单元。来自俄罗斯圣彼得堡大学社会学系、圣彼得堡俄罗斯青年团、中央编译局、中国社会科学院、上海社会科学院、北京大学、清华大学、上海交通大学、中国农业大学、首都师范大学和中国青年政治学院中国马克思主义学院、青少年工作系的20余位专家学者，就全球化条件下的新媒体对青年的影响、青年的社会公民认同问题、青年的教育国际化问题、青年的价值观问题、青年的就业问题、青年的行为方式问题进行了深入探讨。

（中国青年政治学院科研处供稿）

企业社会责任与中国发展国际学术研讨会 10月26—27日，由中国传媒大学广告学院与国家广告研究院共同主办、公共关系系与公共舆情研究所承办的“企业社会责任与中国发展国际学术研讨会”在中国传媒大学举行。中国传媒大学副校长袁军，校学术委员会副主任、国家广告研究院院长丁俊杰，中国国际经济交流中心副秘书长陈永杰，中国国际公共关系协会副会长赵大力出席开幕式并致辞。在企业代表发言中，来自百威英博啤酒集团、联想集团、玛氏食品（中国）有限公司的代表分别介绍了各自企业对企业社会责任的理解和开展的相关活动，表达了企业对此问题的关注点和期待专家研究的问题。在随后的研讨中，围绕“新媒体环境下危机公关与企业社会责任”“转型期企业发展和企业社会责任的关系”“全球化背景下跨国公司与企业社会责任”等热点问题进行了深入探讨。

（中国传媒大学科研处供稿）

第二届亚洲人类学民族学论坛 11月9—10日，由中央民族大学世界民族学人类学研究中心（Institute of Global Ethnology & Anthropology，IGEA）与中国社会科学院民族学与人类学研究所、中国民族学学会主办，中国社会科学出版社、《民族研究》编辑部协办的“第二届亚洲人类学民族学论坛”（The Second Asian Forum of Anthropology and Ethnology）在京举行。

本届论坛的主题是“资源环境与人类社会”。来自日本、韩国、蒙古、马来西亚、新加坡、越南、澳大利亚、意大利、中国台湾等国家和地区的学者与国内专家、学者百余人参加，在为期两天的学术研讨和交流中，中央民族大学世界民族学人类学研究中心主任包智明教授等中外三位学者进行了主题演讲。75名专家、学者就“资源环境与人类生存”“地理环境与人类文化多样性”“资源开发与社会发展”“生态文明与人类可持续发展”“亚洲环境问题与文化生态个案研究”“生态危机与环境政策”“生态人类学的新进展”“文化资源与民族文化产业”“亚洲人类学民族学前沿理论与分支学科发展”等9大议题作了深入、细致的研讨与交流，研讨活动严格遵循报告—评议的国际学术惯例，取得了丰硕的成果，增强了学界在人类学民族学学科发展方面的共识，有力地推动了亚洲人类学民族学学术的发展与交流，进一步提升了中国人类学民族学在亚洲学界乃至世界学界的影响力。

（中央民族大学科研处陈海如供稿）

新生代农民工家庭的社会融入学术研讨会 11月16日，由中国青年政治学院和香港青年发展基金联合举办的“新生代农民工家庭的社会融入”学术研讨会在北京大学开幕，来自美国、加拿大、中国台湾、香港及北京等地的10余位专家学者分别就可持续的家庭及社区发展、政策行动研究在农民工家庭社会融入中的角色与实践、社会融入的跨地域经验、社会融入的理论与实践等主题进行深入的研讨。被美国《时代》杂志评为“2010年度全球最有影响力百大人物”之一的华盛顿大学社会发展中心主任迈克尔·谢若登（Michael Sherraden）教授亲临会议并作主题演讲。

中国青年政治学院党委书记倪邦文研究员出席开幕式并致辞，香港青年发展基金会会长蔡元云，原民政部副部长、中国老龄事业发展基金会理事长、中国青年政治学院社会工作学院院长李宝库，民政部社会工作司处长贾维周，团中央权益部副部长王峰，香港高等科技教育学院副校长潘秉匡教授等嘉宾出席会议。倪邦文在致辞中向与会嘉宾简要介绍了中国青年政治学院的情况。作为共青团中央所属的唯一一所高等院校，中国青年政治学院始终以研究和服务青少年，打造青年特色学科，促进社会和谐发展为己任，并通过鼓励各专业师生参与服务社会，发展出我校独特的人才培养模式。开幕式由党委常委、副校长王义军主持。

（中国青年政治学院科研处供稿）

中国公共卫生：改革、协同与创新学术研讨会 11月17日，由中央财经大学中国财政发展协同创新中心、财政学院、公共卫生经济与管理研究所联合举办的“中国公共卫生：改革、协同与创新”学术研讨会在中央财经大学召开。财政部财政科学研究所所长贾康、财政部社保司副司长宋其超、卫生部妇社司副司长秦耕、疾控局副局长雷正龙、中央财经大学副校长李俊生教授、中央财经大学、中国财政发展协同创新中心主任马海涛教授等有关领导、专家参加了本次会议。会上由中央财经大学公共卫生经济与管理研究所汇报近年针对公共卫生的研究进展，并重点介绍2012年7—9月开展的“中国居民公共卫生行为与机构跟踪调查（CBPHS）”的主要情况及研究发现。与会领导和专家还针对中央财经大学公共卫生经济与管理研究所的工作汇报发表建议，分享观点。

（中央财经大学科研处供稿）

2012首都论坛 11月18日，北京市社科联、市中国特色社会主义理论体系研究中心和《中国特色社会主义研究》杂志社在京联合举办了以“城乡一体化与首都十二五发展”为主题的2012首都论坛。中共北京市委副秘书长、北京市中国特色社会主义体系研究中心常务副主任傅华同志出席论坛并致辞。市社科联党组书记史秋秋、党组副书记陈之昌分别主持论坛开幕式和主题演讲。来自首都高等院校、科研院所的专家学者，政府相关部门领导以及社科联所属学会代表约120人参加论坛。

傅华同志在致辞中指出，学习宣传贯彻十八大精神，把思想和行动统一到十八大精神上来，是当前和今后一个时期摆在我们面前的最重要任务。北京作为首都，有基础、有条件、有责任率先形成城乡经济社会发展一体化新格局，在全国工业化、城市化快速发展的进程中发挥示范引领作用。对此，他提出三点意见：首都城乡经济社会发展一体化必须以科学发展观为指导；率先形成城乡社会发展一体化新格局是首都建设中国特色世界城市的重要战略步骤；率先形成城乡经济发展一体化新格局，哲学社会科学工作者大有可为。

论坛上，市政协研究室主任陈煦同志、首都经济贸易大学原校长文魁教授、北京大学首都发展研究院院长李国平教授、中国人民大学区域经济研究所所长孙久文教授、首都经济贸易大学城市经济与公共管理学院张强教授、北京市农村经济研究中心张英洪研究员、北京市统计局农村统计处处长孟素洁同志、北京郑各庄村党总支书记黄福水同志，分别以“关于深入推进首都城乡一体化发展的几点思考”“小城镇 大战略——以现代小城镇托举特大城市的战略思考”“北京市经济空间组织特征与发展趋势研究”“北京城乡一体化发展需要更积极的城市化战略”“城乡一体化：从实践、理论到策略的探索”“推进首都城乡基本公共服务均等化的重点与难点”“城乡一体化评价监测指标体系研究”和“以主动城市化为载体推进城乡一体化”为题，从不同角度对首都城乡一体化的独特规律和实现路径进行了研讨。

与会专家认为，城乡一体化不仅仅是制度创新，也必然导致城乡发展空间格局的调整，在新的基础上形成新的城乡分工。当前北京正站在建设中国特色世界城市的新起点上，应该实施更积极的城乡一体化战略，加快推进以统筹城乡综合配套改革为基本方向的制度建设；推进城乡基本公共服务均等化，使城乡居民共享优质服务资源；完善强农惠农政策体系，缩小城乡差距；统筹城乡规划建设，打造核心区功能疏解战略腹地；重视小城镇对特大型城市的战略意义，积极规划建设现代化小城镇；推进土地资源节约集约利用，整合城乡发展空间布局；加快新型产业区和新型沟域经济的发展，等等。

（北京市社科联学术活动部供稿）

第四届三生共赢论坛　11月24日，北京市社科联、北京大学中国持续发展研究中心、北京三生环境与发展研究院在北京大学共同主办以“绿色社区建设”为主题的第四届三生共赢论坛，市社科联主席满运来出席论坛并致辞。论坛开幕式由市社科联党组书记史秋秋同志主持。

围绕“绿色社区建设”为主题，北京大学中国持续发展研究中心主任、北京三生环境与发展研究院院长叶文虎教授，中国政法大学环境资源法研究和服务中心主任王灿发教授，北京市科委副主任伍建民博士，北京大学哲学系徐春副教授，北京市房山区旅游发展委员会赵圳副主任，北京三生环境与发展研究院社会发展部主任向虎博士等作了主题演讲，并与在场的专家学者、企业家、政府官员、社会工作者，围绕环境法修订、城市绿色社区建设、农村绿色社区建设、环境管理、公众参与等问题，进行了广泛交流与探讨，旨在汇集多方智慧，为建设绿色社区，全面推进我国生态文明建设献计献策。大会报告由北京三生环境与发展研究院常务副院长王强主持。

满运来指出，党的十八大报告把生态文明建设纳入五位一体的中国特色社会主义事业的总体布局中，这既是对中国传统生态文明的继承和发扬，凸显了科学发展的本质和特点，又是当前经济社会发展的必然选择，顺应了人民群众过上美好生活的新期待。因为，在资源环境制约日益凸显、环境污染加剧、生态系统退化现象的今天，没有生态文明建设就没有我们经济持续、快速、健康发展，也不能实现中华民族的永续发展。生态文明建设，需要制度建设的顶层设计，需要相关的政策配套，更需要从点滴做起的具体事件。满运来强调，社区作为城乡社会构成的基本单元，是人们生生不息的时空部落，也是人们以自然、以周边环境互动最为频繁和最为持久的重要场所，只有作为城乡细胞的社区先绿起来，我们的美丽中国才能真正成为现实。希望本次论坛为建设我们的“天更蓝、水更绿、环境更美好的美丽新世界”，提供更多更好的途径和办法。

此次论坛是市社科联组织首都社科界学习宣传贯彻十八大精神的系列学术活动之一。

（北京市社科联学术活动部供稿）

京津冀和长三角区域人口流动与发展学术研讨会　12月14日，由中国人民大学社会转型与社会管理协同创新中心主办的京津冀和长三角区域人口流动与发展学术研讨会在中国人民大学中国调查与数据中心会议厅举办。学校常务副校长、社会转型与社会管理协同创新中心主任冯惠玲和国家人口计生委流动人口服务管理司司长王谦到会致辞，社会转型与社会管理协同创新中心首席专家袁卫出席会议。来自社会转型与社会管理协同创新中心主要参与单位复旦大学、南京大学等高校的专家学者和中国人民大学的研究人员参加会议，共同探讨推动区域人口流动与发展的比较研究与创新拓展的理论和方法。研讨会举行了两个单元的大会发言，围绕“中国流动人口问题的建构”“当前我国流动人口生存发展面临的主要问题与对策思考”“我国劳动力流动对迁出地经济发展的影响”“人口流动家庭化及其影响因素”“京津冀区域近十年来人口分布格局研究”等主题展开具体分析。

（中国人民大学社科处供稿）

第十二届学术前沿论坛　12月15日，北京市社科联与北京师范大学联合主办了以“科学发展：深化改革与改善民生”为主题的第十二届学术前沿论坛。北京师范大学党委书记刘川生、市社科联党组书记史秋秋出席并致辞。市社科联党组副书记陈之昌、北京师范大学副校长曹卫东主持论坛。来自北京各大高校、科研机构、社科类学会的专家学者及相关政府部门的同志约130人参加了论坛。

围绕论坛主题，辽宁大学校长黄泰岩教授、中国社科院政治学研究所副所长杨海蛟研究员、清华大学社会科学学院院长李强教授、首都经济贸易大学原校长文魁教授、北京师范大学北京文化发展研究院执行院长刘勇教授、中央财经大学中国社会保障研究中心主任褚福灵教授、北京师范大学中国收入分配研究院执行院长李实教授，分别以“改革的民生动力”“坚持以科学发展观为指导　推动政治建设和政治体制改革”“社会建设和保障民生”“合理消费：生态文明建设的源头”“国民文化素养的提升与民生改善”“北京市社会保障的量化分析”“深化收入分配制度改革　跨越中等收入陷阱”为题作了精彩演讲，并与在场听众进行了热烈的互动研讨。

在本次论坛举办前后，北京市社科联所属32家社科类社会组织还陆续举办了31场涵盖哲学社会科学各主要学科的学会专场研讨。研讨内容包括“哲学发展与文化建设”“政治发展与政府职能创新——学习贯彻党的十八大精神”“北京的流动人口与城市化”“北京市居家养老服务体系建设研究”“北京精神与北京文化”“北京市社会保险理论与实践”“结构转型与中国中长期发展”“社会建设与城市发展”“区域经济合作”等，具有较强的学术前沿性和现实意义。

学术前沿论坛由北京市社科联和北京师范大学联合主办。自2001年创办以来，论坛以“立足学术前沿，把握时代脉搏，聚焦民生国是，探讨发展思路”为宗旨，以北京雄厚的文化底蕴和优质的学术资源为依托，先后围绕“小康社会”“和谐社会”“科学发展”三大主题举办论坛12场和学会专场研讨259场，编辑出版《学术前沿论丛》12套，已经成为首都哲学社会科学繁荣发展的重要学术品牌，成为首都哲学社会科学界集中展示最新研究成果、推动学术创新的年度盛会。

（北京市社科联学术活动部供稿）

国家社会福利制度发展战略研讨会　12月15—16日，由社会转型与社会管理协同创新中心、中国人民大学中国社会保障研究中心联合举办的“国家社会福利制度发展战略研讨会”在中国人民大学明德楼举行。民政部副部长窦玉沛、全国老龄办副主任朱勇、中国人民大学常务副校长冯惠玲致辞，国家社会福利制度发展战略项目首席专家郑功成教授在会上介绍了国家社会福利制度发展战略研究项目的进展。来自中国人民大学、中国社科院、北京师范大学、南京大学、浙江大学等20多所高校和中国残联、中国社会福利协会、中国老龄产业协会等机构80余人出席了会议。研讨会围绕着国家社会福利制度发展战略设立了“总体规划与国外借鉴”“老年人福利制度发展战略”“残疾人福利制度发展战略”等专题研讨会场，与会者围绕各个专题分别进行了深入研讨。

（中国人民大学社科处供稿）

第二届中国应急管理50人论坛　12月21日下午，由清华大学公共管理学院中国应急管理研究基地和北京城市系统工程研究中心承办的第二届“中国应急管理50人论坛”在京召开。本届论坛的主题是“基于情景任务的巨灾应对”。中国安全科学技术研究院学术委员会主任刘铁民介绍了突发事件情景的组成、分类与情景构建的一些基本技术方法等。国务院参事、国务院应急管理专家组组长闪淳昌在总结发言中提出应按照中央精神，注意重大突发事件情景策划和构建的整体性、系统性和协调性，并提出“服务决策，适度超前，平稳推进，求实管用”四个原则。

会上，中国政法大学副校长马怀德，首都师范大学常务副校长宫辉力，北京市科学技术研究院院长丁辉，中国国家疾病预防控制中心流行病学首席科学家曾光，中国工程院院士、清华大学公共安全研究院院长范维澄，清华大学公共管理学院院长薛澜，以及来自中国科学院心理研究所、中国科学院可持续发展战略研究组，中国疾病预防控制中心化学污染与健康安全重点实验室、中国科学技术大学火灾科学国家重点实验室、中国计量科学研究院化学分析所、民政部国家减灾中心、中国人民公安大学治安系、《环球时报》等各领域的专家分别发言，为重大突发事件情景构建的理论完善、实践应用的本土适应性等提供可参考的途径。与会专家就“重大突发事件的情景构建”中的基础研究、各类灾难情景模拟的实现途径、标准体系设计、人群心理行为规律、舆情监控与舆论引导、我国各省市突发事件处置可借鉴经验等进行研讨。

来自国务院参事室、中国疾病预防控制中心、民政部国家减灾中心、国家地震局应急救援中心、中国科学院、中国安全生产科学研究院、清华大学、国家行政学院、北京师范大学、北京市科学技术研究院、北京市市政市容委、北京市应急办，黑龙江应急办，陕西应急办等30余家单位的50余名专家学者参加大会。

“中国应急管理50人论坛”是由50名左右应急管理领域的专家学者组成的学术交流与政策研讨平台，旨在凝聚本领域理论与实践的专家，促进不同学科在应急管理理论研究中的交叉融合；同时聚焦中国应急管理实际问题，加强与决策部门沟通，旨在推动应急管理相关研究和实践，为中国防灾减灾与和谐发展贡献智慧。

（清华大学文科建设处供稿）

北京市政治学行政学学会年会　12月23日，北京市政治学行政学学会2012年学术年会在中共北京市委党校召开，本届学术年会的主题是“公共服务均等化与政府职能优化”。来自国家行政学院、北京师范大学、对外经济贸易大学、中国人民公安大学、北京市社会科学院、北京市委党校等首都高校和科研院所的60多位专家、学者，从公共服务测量指标、城市及农村社会管理制度创新、社会组织发展环境、群体性事件应对等多个专题入手，进行了深入的阐述和讨论。

（北京市社科联学会部供稿）

法　学

关注死刑改革系列论坛　2月18日下午，由中国刑法学研究会和北京师范大学刑事法律科学研究院共同主办的“关注死刑改革系列论坛”（第32期）在北京师范大学举行，本次论坛的主题为“聚焦吴英案的罪与罚”。来自中国法学会、中国人民大学、北京大学、中国政法大学、中国社会科学院、华中科技大学、国家法官学院、北京师范大学的专家、学者以及刑事法律科学研究院博士后、博士生、硕士生共80余人参加了论坛。论坛由北京师范大学法学院院长、中国刑法学研究会会长赵秉志教授主持。中国法学会研究部主任方向首先致辞，他肯定了此次论坛对于推进立法进步和司法改革的重要意义，并预祝论坛圆满成功。随后，北京师范大学刑科院特聘教授储槐植先生、国家法官学院周道鸾教授、北京师范大学法学两院院长赵秉志教授、中国人民大学法学院黄京平教授、北京大学法学院梁根林教授、中国政法大学阮齐林教授、中国社会科学院法学所刘仁文教授，北京师范大学刑科院常务副院长卢建平教授、副院长刘志伟教授等先后就吴英案件的定罪与处罚及相关问题作了主题发言。在自由讨论阶段，与会代表积极发言，围绕集资诈骗罪死刑的限制与废除、吴英构成何种犯罪、吴英案量刑应当考虑的因素，对吴英是否应当适用死刑、吴英案的财产处置是否恰当、吴英案与民间融资困境等问题展开了广泛而又深入的研讨。

本次论坛秉承中国刑法学研究会、北京师范大学刑科院密切关注现实重大刑事法治问题的一贯传统，对于当前社会各界密切关注的吴英案从立法、司法、社会、经济等多个视角进行了全方位的反思和研讨，对于促进我国刑法理论研究的深入发展、推动我国经济犯罪死刑的限制与废除具有积极的意义。

（北京师范大学社科处供稿）

金融与法律前沿论坛　2月27日下午，清华大学法学院金融与法律研究中心在法学楼模拟法庭举办金融与法律前沿论坛。美国俄亥俄州凯斯西储大学法学院院长劳伦斯·米切尔（Lawrence E. Mitchell）作题为“反思金融主义——一个历史的视角”的专题讲座。米切尔以“美国后危机时代的金融主义”为主题，讲述了美国金融主义取代资本主义的趋势，发表了回归资本主义的见解。法学院副院长、金融与法律研究中心主任施天涛主持论坛并作点评。50余名学生参加论坛，并就金融领域的前沿发展展开交流。论坛结束后，法学院副院长申卫星、余凌云会见了米切尔，就两院学生交换与培训项目洽谈合作事宜。

（清华大学文科建设处供稿）

最高法院如何控制死刑研讨会　3月3日，中国青年政治学院法律系与美国律师协会联合主办的“最高法院如何控制死刑”研讨会在中国青年政治学院召开。来自最高人民法院、司法部、各地方法院、律师事务所的司法实务人员与北大、人大、北师大、中国社科院法学所等高校、科研机构的专家学者，以及美国律师协会代表，围绕主题进行了历时一天的研讨。

开幕式由法律系主任林维教授主持。中国青年政治学院党委副书记、常务副校长王新清教授和最高人民法院刑五庭副庭长马岩致辞。王新清指出，作为法律人，对于法学的研究不可仅局限于法律知识层面，更应对社会文化进行深入了解。同时他希望通过不同观点的碰撞，能对我国死刑课题的研究与发展有所助益。

本次研讨会共探讨了五个议题，分别是死刑裁量标准的确立与统一、死刑的程序控制、最高法院在控制死刑中的作用、律师如何介入死刑审判程序、下一步死刑废除步骤的展望。林维教授和美国律师协会全球法治项目部中国办公室主任莫慧兰分别致闭幕词。

（中国青年政治学院科研处供稿）

刑事司法与犯罪预防区域合作研讨会 3月7日下午，由北京师范大学刑事法律科学研究院主办的“刑事司法与犯罪区域合作研讨会”在北京师范大学举行。此次研讨会的主要目的是为了促进联合国犯罪预防与刑事司法机构网络（以下简称PNI）亚洲成员之间在刑事司法与犯罪预防方面的区域合作。参加此次研讨会的日本代表团成员有：联合国亚洲与远东犯罪预防研究所教官暨研究部部长多田裕一先生、主任专门官谷佳子女士、专门官冈庭隆司先生，日本大使馆一秘吉田纯平先生、日本大使馆领事业务助理姜润女士、日本静冈地方检察厅检事冈部正树先生等。

卢建平教授简要回顾了刑事法律科学研究院加入PNI的历程，并再次对日本代表团对刑事法律科学研究院加入PNI所给予的支持表示感谢，多田裕一先生在随后的致辞中，对北京师范大学刑事法律科学研究院顺利加入PNI表示热烈的祝贺。此次研讨会的成功举办增进了联合国犯罪预防与刑事司法机构网络亚洲成员之间的相互了解，增强了北京师范大学刑事法律科学研究院与联合国远东犯罪预防研究所之间的友谊，为双方接下来展开合作夯实了基础。

（北京师范大学社会处供稿）

立法后评估工作会 3月23日，北京市人大常委会教科文卫体办公室组织召开《北京市学前教育条例》立法后评估工作会议。部分市人大常委会委员、市人大教科文卫体委员会委员和市人大代表参加会议。会上，市教委就当前本市学前教育发展现状、条例实施以来本市学前教育改革发展的主要措施、当前学前教育发展存在的主要问题、修订条例的必要性以及修订的建议作了详细汇报。与会委员、代表就条例立法后评估的重点以及学前教育的政府职责、教师队伍建设、幼儿园收费、居住区配套设施的规划、教育经费投入等方面提出了意见和建议。

（北京市人大常委会研究室艾淑美供稿）

两岸四地海商法研讨会 4月7日，由中国政法大学国际法学院、海商法研究中心主办的“两岸四地海商法研讨交流会”在北邮科技大厦召开。来自两岸四地的各高校和研究机构的学者、官员、律师、企业代表、协会、学生等，一百多人参加了本次会议。交流会共安排一个主题报告和四个议题。会议由海商法研究中心主任张丽英教授主持。会议特别邀请了最高人民法院民四庭审判长王淑梅法官，以“最高法院新近司法解释及热点”为主题为大家作了精彩的主题报告。报告分为两部分，分别涉及海事赔偿责任限制和货代问题。本次会议还围绕《鹿特丹规则》问题、海事争议解决中的法律问题、油污问题、海盗问题等四个议题展开了讨论。

（中国政法大学科研处刘璐供稿）

中国知识产权案例教学研讨会 4月8—9日，中国知识产权案例教学研讨会在清华大学法学院召开。本次会议由美国华盛顿大学法学院与清华大学法学院知识产权法研究中心联合举办，来自20所大学的学者和最高人民法院、北京市第一中级人民法院和北京市第二中级人民法院的法官参加了研讨。清华大学法学院院长王振民出席开幕式并发表演讲。本次会议分别就案例在中国知识产权司法中的作用、知识产权案例在课堂教学中的使用、中国知识产权法教学材料的创新等问题展开讨论，并就具体案例在知识产权教学中如何应用等问题交流了经验。

（清华大学文科建设处供稿）

湿地立法专题调研活动 4月16—25日，市人大常委会农村办公室组织部分农村委员会委员和市人大常委会法制办、市园林绿化局相关人员到通州区、房山区、延庆县和大兴区进行湿地立法专题调研，对《北京市湿地保护条例（草案）》征求意见。与会农村委委员、市区县人大代表、相关政府部门和湿地管理机构负责人充分肯定了《条例（草案）》出台的必要性和可行性，同时提出几点修改建议：一是要大力宣传湿地具有的生态价值，增强市民保护湿地的责任意识。二是关于湿地概念，应结合北京市湿地特点，再具体一些。三是要设立湿地保护专门管理机构，明确管理职责。四是湿地的保护是一个长期复杂的过程，要重视湿地运营管护工作，同时政府要给予相应的政策和资金扶持。五是关于新建或恢复重要湿地，给农村集体经济组织或农民造成经济损失的，应该给予补偿，保障农民享有生态补偿的权利。调研组指出，《北京市湿地保护条例》的制定，将进一步对做好全市湿地保护工作，改善、维护首都北京生态环境，提高首都北京生态文明水平具有十分重要的意义。北京作为首都，通过湿地立法，依法对湿地资源进行保护和管理，将对推进全国的湿地保护工作起到积极的指导、促进、带动和示范作用。

（北京市人大常委会研究室艾淑美供稿）

2012中国反垄断民事诉讼论坛 4月17—18日，由对外经济贸易大学竞争法中心、佛罗里达大学法学院、中国反垄断论坛联合主办，最高人民法院知识产权庭为支持单位的“2012中国反垄断民事诉讼论坛”在北京举行。全国政协社会与法制委员会副主任、国务院反垄断委员会专家咨询组组长张穹，最高人民法院知识产权审判庭高级法官张绳祖、商务部反垄断局局长尚明、国家发展和改革委员会价格监督与反垄断局副局长李青、中国消费者协会秘书长姜天波、工信部政策法规司巡视员李国斌、对外经济贸易大学副校长赵忠秀、英国高等法院竞争法院院长 Peter Roth 法官、美国洛杉矶初审法院 John Wiley 法官、美国联邦贸易委员会 Daniel Ducore 助理司长、南加利福尼亚大学谭国富教授、佛罗里达大学法学院的 Daniel Sokol 教授、美国高通公司副总裁级法律顾问 Roy Hoffinger 等出席了论坛。来自最高人民法院和北京、上海、天津、重庆、广东等省市高级中级人民法院的 30 余名法官，以及全国人大法工委、国务院法制办、国家发展和改革委员会、商务部、国家工商总局、工业和信息化部、北京大学、中国人民大学、对外经济贸易大学、中国政法大学、中国社科院等机构负责人、中外专家学者，国内外跨国公司、中外著名律师事务所代表共计 140 余人参加了本次会议。本次论坛由国务院反垄断委员会专家咨询组副组长、对外经济贸易大学竞争法中心主任、法学院黄勇教授主持。

在论坛主题发言阶段，中外法官和学者分别就国内外反垄断民事诉讼的经验和突出问题以及反垄断与知识产权交叉问题作了主题演讲。

（对外经济贸易大学科研处张瑞供稿）

区域贸易安排中的贸易救济条款研讨会　4 月 20 日上午，清华大学法学院在法学楼举办主题为“区域贸易安排中的贸易救济条款”研讨会。清华大学法学院副院长申卫星出席会议并致欢迎辞。法学院教授傅廷中、副教授吕晓杰，来自商务部公平贸易局、商务部条法司和清华大学法学院、中国政法大学、对外经济贸易大学、中国青年政治学院、北京师范大学等机构的专家学者参加研讨会，探讨与区域贸易安排中贸易救济条款谈判相关的法律问题。与会人员围绕我国商签区域贸易协定、区域贸易协定、区域贸易救济措施中的反倾销条款和争端解决机构等问题进行交流，并结合我国在商签区域贸易协定中遇到的问题和困难，就我国在今后区域贸易谈判中救济条款的设计问题提出建设性意见。

（清华大学文科建设处供稿）

国家豁免立法问题研讨会　4 月 21 日，由中国政法大学国际法学院举办的“国家豁免立法问题研讨会”在学院路校区图书馆举行。外交部条法司二处徐宇处长，中国政法大学国际法学院分党委书记杜新丽教授、副院长马呈元教授、国际公法研究所所长李居迁副教授、国际法学院工会主席齐湘泉教授，兰台律师事务所董箫律师，国际法学院曾涛副教授、郭红岩副教授等出席了研讨会，部分博士研究生和硕士研究生也参加了本次会议。研讨会由马呈元主持。

徐宇首先就 2008 年至今的关于国家豁免立法的调研活动的启动与进展向在座师生进行了介绍，其中特别阐述了这几年工作中他个人的体会以及国家豁免立法调研中发现的问题。在初步了解我国国情和实际需要的基础上，加之现阶段积累的丰富信息和资料，徐宇介绍了关于国家豁免立法下一阶段的工作部署。随后，董箫就美国法院处理涉及外国国家豁免的案例和美国国内法依据作了介绍。杜新丽、李居迁、郭红岩、曾涛分别就“刚果（金）案的豁免问题”“公约情况与我国立场选择”“国家豁免与个人权利的保护”“国家豁免立法的几点思考”的问题进行了发言。

（中国政法大学科研处刘璐供稿）

法律全球化高端战略研讨会　4 月 21 日，法律全球化高端战略研讨会在清华大学法学楼模拟法庭召开。来自清华大学、北京大学、中国政法大学、中国人民大学、中国社科院法学所的数十位学者与各大政法院校校长出席会议，围绕“法律全球化”相关议题进行研讨。会议由清华大学法学院主办，副校长谢维和到会并致辞。研讨会分为法律全球化——中国与世界、传统与现代、公法与私法、法理学与比较法 4 个单元。与会专家就比较法研究范式的转换、法律移植的理论与实践、WTO 的法律问题、法律全球化与中国法文化以及知识产权、环境、宗教与全球化等议题进行了跨学科交流。

（清华大学文科建设处供稿）

关于国际海洋法法庭第 16 号案（孟加拉—缅甸海洋划界案）学术报告会　4 月 26 日，中国海洋法学会与清华大学法学院海洋法研究中心在京共同举办“关于国际海洋法法庭第 16 号案（孟加拉—缅甸海洋划界案）”学术报告会。京内外各地有关机构和院校 40 多人参加了报告会。清华大学法学院兼职教授、国际海洋法法庭法官高之国介绍了孟加拉国与缅甸海洋划界案的有关情况和法庭的判决情况。与会人员就该案中的若干关键问题以及对我国周边海洋争端解决给予的启示进行了讨论。该案件是亚洲发展中国家之间的第一个海洋划界案，也是国际海洋法法庭审理的第一个海洋划界案件，对今后海洋划界的理论和实践有重要参考价值。

（清华大学文科建设处供稿）

新刑事诉讼法贯彻实施研讨会　4 月 28 日，中国政法大学诉讼法学研究院在昌平校区国际交流中心举行了新刑事诉讼法贯彻实施研讨会。来自全国人大常委会、最高人民法院、最高人民检察院、公安部、司法部、全国律协、北京市人民检察院、河南省洛阳市人民检察院等实务部门及北京大学、清华大学、中国人民大学、中国社会科学院、国家法官学院、国家检察官学院、中国人民公安大学、中央财经大学、北京理工大学、北京航空航天大学、北京工商大学、北京市第二外国语大学、北京吉利大学、中国政法大学等高校的领导与专家、学者参加了本次研讨会。

本次研讨会共分三个单元。第一单元主题为审前程序。第二单元主题为审判程序。第三单元主题为证据制度。与会代表就新刑事诉讼法的贯彻落实进行了热烈的交流与探讨。

（中国政法大学科研处刘璐供稿）

行政复议东亚学术研讨会　4月28日，“行政复议东亚学术研讨会”在北京召开。该研讨会邀请了日本、中国澳门地区的两位专家就日本、澳门行政纠纷解决的制度与实践进行了详细介绍。会议还邀请了全国人大法工委、最高人民法院、国务院法制办、北京市人民政府法制办、国家行政学院、北京大学、中国人民大学、南开大学、中国政法大学、中国社科院法学所、中央民族大学、郑州大学、东南大学、河海大学、江西财经大学等共计40余位法学领域的专家学者参加。本次国际会议旨在促进东亚行政复议学术交流，借鉴日本行政不服审查制度改革的相关情况以及澳门解决行政纠纷的行政程序等有关制度，推动我国行政复议制度改革。

开幕式由中国政法大学法学院刘莘教授主持，中国法学会行政法学研究会会长、中国政法大学终身教授应松年致开幕词。研讨会分为三个主题，与会专家学者围绕“日本行政不服审查法的实践与近期改革”“澳门解决行政争议的行政程序”“《行政复议法》的修改与日本和澳门经验的启发”进行了交流。

（中国政法大学科研处刘璐供稿）

第二届公司法司法适用高端论坛　5月5日，“第二届公司法司法适用高端论坛”在北京举行。论坛由中国法学会商法学研究会、最高人民法院民二庭、中国政法大学民商经济法学院共同主办。全国高校、科研单位的商法学者、法院系统从事商事审判的法官、有关国家机关的专家、有代表性的公司企业法务人员和从事公司法律实务的其他专家作为受邀嘉宾出席了本次论坛。

论坛集中研讨公司法司法适用中最为广泛、纠纷最多、法律问题最复杂的股权转让法律问题。这一议题具体又分为四个单元，即股权转让合同的一般效力分析，股权转让合同的无效、撤销与变更，股权转让的权利变动研究，股东优先购买权的性质与保护。四个单元的内容环环相扣，从不同的视角和梯度围绕股权转让法律问题进行探讨。

（中国政法大学科研处刘璐供稿）

《侵权责任法》之环境污染责任的适用论坛　5月5日，“《侵权责任法》之环境污染责任的适用”论坛在北京昌平举办。中国政法大学民商经济法学院环境资源法研究所邀请来自中国人民大学法学院、中国政法大学民法研究所和民事诉讼法研究所、环境保护部政策法规司、环境保护部环境规划院、早稻田大学的学者和官员参加本次论坛。与会代表对环境资源法研究所王灿发教授牵头起草的《环境污染侵权责任法律适用司法解释（专家建议稿）》提出了意见和建议，就环境侵权归责原则、环境侵权诉讼举证责任、共同环境侵权的责任分配以及环境侵权免责事由等议题进行了研讨。

（中国政法大学科研处刘璐供稿）

第六届中国军事法治前沿论坛　5月5日，第六届中国军事法治前沿论坛在北京昌平开幕，本次论坛的主题为“军民融合式发展道路与军事法学的协同创新”，由中国政法大学法学院和东方毅军事法研究中心共同主办，为期两天。出席前沿论坛的有中国政法大学党委书记石亚军、全国人大国法室副主任孙镇平、国务院法制办政法司副司长姜秀元、中央军委法制局副局长王黎红、中国政法大学法学院院长薛刚凌等，其他与会人员还有来自军事科学院、解放军总政治部、解放军军事法院、解放军军事检察院、中南财经政法大学、吉林大学、国防大学、西安政治学院、南京政治学院等40多家单位的120余位军地学者。

本次论坛旨在研究和探讨新形势下我国军民融合式发展战略所涉及的重大理论与实践问题，探索和构建面向军事法学术前沿、面向国防与军队建设科学发展、面向战斗力生成模式的快速转变等重大需求的协同创新模式。论坛分为五个部分，分别为“军民融合式发展的实践问题”“军民融合式发展的制度构建”“军民融合法律体系的建设与未来发展”“军民融合式发展对军事法的影响”和“军事法研究的其他问题”。

（中国政法大学科研处刘璐供稿）

控烟条例论证研讨会　5月11日，控烟条例论证研讨会在清华大学法学院举行。会议由法学院卫生法中心主任王晨光主持，中国疾病预防控制中心副主任、控烟办公室主任杨功焕，中国疾病预防控制中心教授王若涛，新探健康发展研究中心主任王克安，控烟活动家臧英年等参加研讨。会议围绕《北京市控制吸烟条例（专家建议稿）》，从“控烟条例”的名称和宗旨、控烟的范围、应否及如何设置室外公共场所吸烟区、控烟执法、控烟宣传和制度、法律责任等几个方面展开研讨。与会专家就我国现行的控烟措施与国外一些控烟执法比较完善的国家和地区的状况进行了对比，并围绕法律理论和控烟立法与我国现有法律制度的相容性等进行了讨论。本次会议旨在通过研讨进一步完善《北京市控制吸烟条例（专家建议稿）》的有关内容，并促进控烟条例尽早进入立法程序。

（清华大学文科建设处供稿）

中韩FTA法律问题国际研讨会 5月15日，“中韩FTA法律问题国际研讨会”于中国政法大学国际交流中心举行。本次会议由中国政法大学、大韩民国驻华大使馆主办，中国政法大学韩国法研究中心承办。出席会议的嘉宾主要有韩国大使馆代表，韩国的教授、法官、检察官、律师和中国政法大学各院的教授以及来自在京律师事务所、企业法务部门的代表，中国政法大学研究生和本科生约100人参加。会议分为两个讨论单元，即中韩FTA与投资、贸易的法律课题以及中韩FTA与纠纷解决的课题。各位嘉宾针对目前前沿的FTA相关法律问题发表了各自的见解。

（中国政法大学科研处刘璐供稿）

传统文化与中国法治学术论坛 5月15日，由中国政法大学东方毅法治与文化研究中心、“人文精神与当代文化”青年教师学术创新团队共同主办的“传统文化与中国法治”学术论坛举办。来自中共中央党校、中国社会科学院、北京大学、中国人民大学、北京师范大学、北京化工大学、山东大学、北京航空航天大学、商务印书馆等多所高校和科研机构的哲学、法学、文学、史学、新闻学等专家学者及《民主与法制》杂志社、《法制日报》《检察日报》《慈善公益报》等新闻界人士80余人出席了会议。

此次论坛是就文化层面探讨中国法治建设的跨学科、多视角的高端互动论坛。全天分四场主题发言，与会的23名不同领域的专家学者进行了主题发言。学者们就中国传统文化的内涵及界定方式、如何理解法治、文化是否是法治建设的影响因素、中西文化比较、中国法治进程在文化层面存在的现实问题、从文化层面推进法治的具体方法及进路等问题展开了较激烈的争论。

（中国政法大学科研处刘璐供稿）

中意法学家私法研讨会 5月15日，“中意法学家私法研讨会——法治社会中的人格权保护”研讨会在中国政法大学学院路校区图书馆举行。本次研讨会由中国法典化和法学人才培养研究中心、中国政法大学罗马法与意大利法研究中心、中国欧美同学会意大利分会和中国政法大学法律硕士学院共同主办。中国政法大学党委副书记兼纪委书记胡明教授，意大利罗马第一大学、中国法典化与法学人才培养研究中心主任桑德罗·斯奇巴尼教授，中国政法大学罗马法与意大利法研究中心主任费安玲教授，意大利罗马第二大学里卡尔多·卡尔迪里教授，博洛尼亚大学玛丽娜·提莫戴欧教授，意大利驻华法务参赞费德里克·安东内利，北京航空航天大学刘保玉教授等国内外高校、科研单位的民法学者、法院系统从事民事审判的法官作为受邀嘉宾出席了本次研讨会。

本次研讨会分为两个阶段进行。第一阶段，桑德罗·斯奇巴尼教授通过对原始文献《学说汇纂》的历史梳理，阐明罗马法学家们对人的法律保护的贡献。朱庆育副教授、玛丽娜·提莫戴欧教授、薛军副教授、张平华教授和罗智敏副教授依次作了精彩的专题发言，就人格权保护原则、保护内容、保护边界以及保护的程序等方面内容进行翔实生动的介绍。第二阶段，里卡尔多·卡尔迪里教授着重分析从公民权到人权进程中人的因素。梅夏英教授、海淀法院李颖副庭长、苏号朋教授、刘保玉教授和张莉教授针对学术界和司法实践过程中的疑难问题各自发表了见解。

（中国政法大学科研处刘璐供稿）

首届京华法治论坛 5月18日下午，首届“京华法治论坛”在北京市检察院召开。论坛主题为“非法证据排除之挑战与应对”，由清华大学法学院与北京市检察院联合举办。北京市检察院检察长慕平，清华大学副校长谢维和、法学院院长王振民、副院长申卫星，全国人大法律委员会委员、清华大学法学院中国司法研究中心主任周光权等出席论坛。近百位来自基层检察院实务界和法学院司法研究中心的专家学者和博士生，围绕非法证据排除的案例、法律法规以及检察官的应对措施，尤其是刑事诉讼法新修订的内容和检察官的证据意识等展开了探讨。今后该论坛将继续以巡回开展沙龙的方式，深入高等院校或基层检察机关开展活动。

（清华大学文科建设处供稿）

我国证券法修改的理念和进路讲座 5月19日下午，金融与法律前沿论坛在清华大学法学院举行。中国证券法学研究会会长、中央财经大学法学院院长郭锋作了题为“创新、自治与功能监管：我国证券法修改的理念和进路”的专题讲座。郭锋以当前我国《证券法》第三次修订为背景，指出资本市场监管要以市场自治为主导，强调《证券法》的修订要体现和强化放松管制和鼓励创新的理念，进一步确立功能性监管的改革进路，并且展望了我国《证券法》的立法前景，建议制定综合的《金融商品发行和交易法》以对具有投资性的金融商品统一规制，切实保护投资者利益。全国人大法工委经济法室主任袁杰、最高人民法院法官周伦军、北京大学法学院教授甘培忠和清华大学法学院副教授汤欣分别进行了主题评议，从立法、司法以及学界的多维视角对本次讲座以及《证券法》修订的主题深入评析，评议内容涵盖了从《证券法》的修订理念到具体制度设计的诸多方面，全面而深刻。讲座由清华大学法学院副院长、金融与法律研究中心主任施天涛主持。来自清华大学、北京大学和中央财经大学的近120位师生听取了讲座。

（清华大学文科建设处供稿）

药事法论坛　5月22日，药事法论坛暨清华大学法学院药事法研究所成立仪式在清华大学法学楼模拟法庭举行。成立仪式由法学院副院长申卫星主持。副校长谢维和、法学院卫生法研究中心主任王晨光、公管学院教授杨燕绥、中国化学制药工业协会会长潘广成、美国药品研发与制造企业协会主席兼CEO约翰·卡斯特拉尼、卫生部医政司医疗管理处处长焦雅辉及国家食品药品监督管理局、卫生部、国家质监局、中国法学会、中国卫生法学会、北京卫生法学会、中国外商投资企业协会和部分学术界、实业界的人士参加了会议。谢维和与潘广成为药事法研究所揭牌。谢维和指出清华大学是一所关注生命健康的学校，清华大学支持法学院进行药事法律研究工作。王晨光阐述了当前药事法律研究的必要性和紧迫性，以及法学院在这样的形势下成立药事法研究所的意义。潘广成、焦雅辉、杨燕绥以及浙江医药高等专科学校主任万仁甫、绿叶国际集团有限公司总经理姜华分别在会上发表了讲话，对药事法研究所的成立表示祝贺，并提出了一些当前形势下值得研究的药事法律课题，为药事法研究所的下一步工作提供了素材。

（清华大学文科建设处供稿）

中美知识产权司法审判研讨会　5月28日，由中国法学会主办，中国知识产权法学研究会承办的"中美知识产权司法审判研讨会"在中国人民大学明德堂举行。美国驻华大使骆家辉、美国联邦巡回上诉法院首席法官兰德尔·雷德、美国商务部副部长兼美国专利商标局副局长大卫·卡波斯，以及中国法学会常务副会长陈冀平、最高人民法院常务副院长沈德咏、商务部国际贸易谈判副代表崇泉、国家知识产权局局长田力普、国家版权局副局长阎晓宏，中国人民大学校长陈雨露、党委副书记兼副校长王利明出席开幕式。中美两国从事知识产权审判工作的法官进行了主题报告，并联合进行模拟法庭活动。美国联邦巡回上诉法院的法官、知识产权业界人士在为期三天的会议中与中国各级人民法院从事知识产权审判工作的法官，围绕"司法、诉讼、创新"等多层次、备受关注的知识产权领域法律应用主题展开了对话与交流。

（中国人民大学社科处供稿）

WTO专题研讨会　6月2日，由中国政法大学国际法学院主办的"WTO专题研讨会"在北邮科技大厦召开。本次会议由国际法学院国际经济法研究所筹办，并邀请了商务部、国家发展和改革委员会、民航企业代表、知名国际贸易律师、京津高校的学者以及校内和校外的学生代表共70余人参加会议。

会议选取WTO领域最为前沿的两个问题进行了研讨，并以先报告、后全体讨论的形式分上下午进行。研讨会的第一个专题为"DSB贸易救济案件裁决在中国的执行"，第二个专题为"欧盟航空碳排放交易体系的国际法问题"，与会专家学者围绕主题进行了热烈和深入的讨论。

（中国政法大学科研处刘璐供稿）

第五届犯罪学高层论坛　6月9—10日，北京工业大学人文社会科学学院、中国政法大学青少年犯罪与少年司法研究中心在北京工业大学逸夫图书馆报告厅举办第五届犯罪学高层论坛。本届论坛是中国犯罪学界首次以个案和要案为切入点、注重实证分析、探索个案要案背后的深层次原因和规律的多学科学术会议。来自中国社科院、北京大学、中国政法大学、中国人民公安大学、北京师范大学、复旦大学、上海交通大学、南京大学、华东政法大学、上海政法学院、苏州大学、湘潭大学、香港公开大学、司法部预防犯罪研究所、天津社科院、北京社科院等20余所高校、科研院所和实务部门的学者、专家70余人参会研讨。

（北京工业大学科技处供稿）

网络舆论与法律规制高端学术论坛　6月12日，由中国人民公安大学和中国宪法学研究会主办，中国人民公安大学法律系承办的"网络舆论与法律规制高端学术论坛"在中国人民公安大学举行。来自最高人民法院、公安部等中央机关，地方公安政法机关，中国社科院、军事科学院、北京大学、清华大学、中国人民大学、中国政法大学、中央民族大学、北京航空航天大学、中国青年政治学院等科研单位和院校的有关领导和专家学者共80余人参加了研讨会。

针对网络舆论的法律规制，与会专家指出，维护网络的法治就是维护基本的社会秩序、维护人民群众的根本利益，网络舆论的法律规制已成为目前日益紧迫的问题，要通过制定、完善相关法律法规，从源头上保障网络监督的可靠与完备，给网络监督一个法治的支撑点。网络舆论的法律规制研究是一项综合性的系统工程，需要发挥各方面的力量，除了法学理论工作者的努力外，还须有掌握计算机网络技术、信息管理等相关领域专家们的共同努力，以及公安网安实践部门同志的大力配合与参与。与会专家希望通过此次研讨会的举行，人们能够从宪法学、行政法学、新闻学、警察学等不同领域，来探讨我们的网络舆论在现行制度中到底存在什么问题，哪些问题是法律规制本身的问题，哪些问题是我们法律规制在运行中的问题。

针对网络安全保卫和网络信息传播，企业界代表介绍了如何从技术层面具体地针对网络安全中最为突出的网络欺诈和舆情管控问题作出回应。研究公安学的学者提出了与法学学者不同的观察视角，他们更加侧重于关注网络言论所产生的消极效应及对于国家安全和社会稳定构成的威胁，并指出背后有意识形态领域的斗争和国际政治斗争的复杂背景，应当予以高度重视。法学学者则对于实务界和理论界的分歧作出了进一步回应，有学者具体分析了网络谣言在东西方不同法律文化中的不同定义，以及在不同社会背景中存在着不同的影响，指出只有在理解这些差异的基础上才能形成有效的治理策略。还有学者提出在网络舆论规制方面不能单一地依赖政府，而要发挥NGO的作用。

与会专家一致认为，为了更好地规制虚拟社会出现的法律问题，应当准确引导网络舆论的传播和发展方向，推进网络舆论步入立法进程。

（参见《光明日报》2012年6月12日第11版）

第六届中国知识产权执法论坛　6月21日上午，第六届中国知识产权执法论坛在清华大学主楼开幕。国家知识产权局副局长贺化、清华大学副校长谢维和出席论坛并致辞。贺化指出知识产权执法工作充满朝气和希望，但也面临各种挑战，需要相关各界共同努力，本着实事求是的态度，从国情出发，科学探讨有关知识产权执法的重要问题，为知识产权保护作出更大的贡献。谢维和指出，加强知识产权保护，已经逐渐成为全社会共识，我国知识产权领域的相关法律正日趋完备；清华大学与国家知识产权局有着良好的合作关系，希望通过此次论坛双方能在完善我国知识产权法法律体系、加强知识产权行政执法体系建设等重要问题上深入交流，为我国的知识产权法治建设建言献策。全国人大教科文卫委员会科技室副主任欧琳、北京市知识产权局局长付小辉，以及国家工商行政管理总局商标局、公安部经济犯罪侦查局、各地方局执法工作负责同志、各全国专利保护重点联系基地有关负责人、高校专家，以及地方知识产权执法工作负责人与全国专利保护重点联系基地单位与知识产权中介服务机构负责人约150人参加了开幕式。开幕式后，清华大学法学院院长王振民作了题为“对行政执法的若干思考”的主题发言，法学院副院长余凌云、法学院知识产权研究中心主任崔国斌分别主持了上、下午的论坛。此次论坛具体由清华大学法学院培训中心和知识产权研究中心共同承办。

（清华大学文科建设处供稿）

冲突与共赢——著作权法修改与利益平衡研讨会
7月5日，“冲突与共赢——著作权法修改与利益平衡”研讨会在中国传媒大学举办。本次研讨会由中国传媒大学媒体法规政策研究中心、北京法院知识产权保护实践基地联合主办。来自政府相关部门、法律实务界、传媒业界、互联网领域、著作权集体管理组织、高校和科研机构的40多位代表围绕本次著作权法修改和相关问题进行了深入研讨。

研讨会上，与会专家围绕著作权法的修订进行研讨，不仅有全局性的分析和深入的学理、法理分析，而且，各相关组织和利益群体的代表交流、交锋、协商，使草案的起草人员、司法审判人员零距离地听取和了解到各方的呼吁和诉求，这对于著作权法的修订、执法和审判具有一定的积极作用。

（中国传媒大学科研处供稿）

《村委会组织法若干规定》立法调研座谈会　7月10日，北京市人大常委会法制办公室组织召开实施《村委会组织法的若干规定（修订草案）》立法调研座谈会。会上，市农研中心介绍了农村集体资产管理的情况。目前，本市农村集体资产规模迅速增长，农村土地承包管理不断完善，集体资产清产核资工作稳步推进，农村财务管理进一步规范，审计监督工作得到加强。但是，还存在集体资产经营效益偏低，部分管理制度落实不到位以及集体土地资源产权不完整等问题。今后，要以保障农民经济权益为核心，以加强农村集体资金、资产、资源管理为重点，继续推进产权制度改革，推动农村资产资源配置市场化，探索集体资产管理信托化，完善集体经济组织的法人治理结构。市委农工委介绍了集体经济组织与村党支部、村委会的关系以及产权制度改革、集体土地确权登记等情况。村级三个组织在村务管理上密切合作，实行村党支部领导下的分工负责制，即：村党支部发挥领导核心作用，对村委会和集体经济组织进行领导和协调；村委会履行村民自治的职责，负责办理本村公共事务和公益事业；集体经济组织行使村集体资产所有权、经营管理权、收益权，促进集体资产的保值增值，不断增加集体成员的财产性收入。市人大常委会副主任柳纪纲出席会议并讲话。

（北京市人大常委会研究室艾淑美供稿）

中国商法三十年研讨会　北京工商大学法学院主办的“中国商法三十年研讨会暨徐学鹿教授80华诞

庆祝会”前不久在北京举行。与会者回顾了我国商法创建以来的发展历程和主要成就，并对目前存在的问题及未来发展进行了研讨。

与会者认为，30年来我国商法取得了较大成就。主要表现在：在国际化视野下研究中国问题，注重本土化研究，初步构建起具有中国特色的商法研究的基本概念和理论体系；随着社会主义市场经济的发展，提炼出诚实信用、营利便捷等基本理念和原则，形成和确立了我国商法的基本理念和基本原则；根据实际需要，初步形成了由公司法、证券法、票据法、保险法、海商法等组成的商事部门法体系；商法逐步成为与民法并行的一个组成部分，原有的民法学科演变为民商法学科，研究队伍日益壮大。

与会者指出，我国商法发展既面临严峻挑战，也面临难得发展机遇。加快商法研究和发展，应做好研究范式的转型工作：一是从立法论转向解释论，在商事法律制度初步形成后，研究重心应转向司法解释和学理解释，注重研究规范体系的理解和适用问题。二是从分散的制度性研究转向体系化研究，提炼出更多具有普遍适用性的商事裁判理念、方法和规则。三是研究方法从单一转向多元，注重借鉴法经济学、法社会学、法哲学等的研究方法。四是从传统商法转向现代商法，集团化、企业社会责任、网络交易形式等新问题已成为商法关注的重点，须加快推动现代商法体系的形成和完善。

（参见《人民日报》2012年8月16日第18版）

中国诚信法治保障论坛　8月17日，由中国法学会主办，中央政法委员会、中央综治办、国家发改委、中国人民银行指导，全国人大常委会法工委、最高人民法院、最高人民检察院、公安部、司法部、国务院法制办、国家工商总局、国家预防腐败局、证监会等13家中央部门共同举办的“中国诚信法治保障论坛”在北京人民大会堂举行。全国政协副主席李金华出席论坛并讲话。中央政法委副秘书长、中央综治办主任陈训秋，中国法学会党组书记、常务副会长陈冀平，国家发改委副主任连维良在论坛上致辞。

李金华指出，重建诚信，需要重视道德教育，但归根结底要靠法律保障。发挥法治在诚信体系建设中的基础性作用，一要树立法律权威；二要建立社会诚信行为规范体系；三要建立守信受益、失信惩戒的诚信奖惩机制。

陈训秋表示，社会诚信体系建设，要加强调查研究，促进立法工作；形成工作合力，加强社会诚信制度建设；加强监督指导，抓好贯彻部署；加强考核评价，确保取得实效。

陈冀平表示，诚信体系建设必须重视顶层设计，尽快制定基础性法律法规，逐步建立诚信法律制度体系。

（参见《人民日报》2012年8月18日第4版）

中外法学领袖论坛　9月4日，由北京大学法学院所主办的“中外法学领袖论坛”第一期第一讲成功举办。“中外法学领袖论坛”是北京大学法学院为继续提升学院国际知名度、培养师生国际化视野、加强中外合作、创建国际化法学院而打造的法学国际交流平台。该论坛得到了北京大学海外名家讲学计划和北大法学院院长基金的支持，每年定期举行，特别邀请世界顶尖的法学名家，以研讨会的形式，同国内法学名家进行交流，并向广大师生和社会开放，以期实现顶级的学术对话。

“中外法学领袖论坛”第一期邀请到了德国著名法社会学家贡塔·托依布纳（Gunther Teubner）教授。托依布纳教授是德国法兰克福大学私法和法律社会学教席教授，同时也是德国卓越大学计划项目之一“规范秩序的形成”首席研究员。托依布纳教授从尼古拉斯·卢曼（Niklas Luhmann）的社会系统理论出发思考法律与社会之间的关系，发展了法的系统理论；并以之观察、思考包括法律全球化、基本人权的国际保护、超越民族国家的宪法等在内的诸多社会现象与理论问题，提出了许多新颖而有洞察力的见解。作为本期的第一讲，托依布纳教授“匿名的魔阵”研讨会于4日下午在北京大学法学院廖凯原楼报告厅举行。来自北京大学法学院、中国政法大学、清华大学法学院、中国人民大学法学院、北京理工大学法学院、北京航空航天大学法学院等高校的20多位教授与专家学者参加了本次研讨会。其中，中国政法大学中欧法学院院长方流芳教授、中国政法大学民商经济法学院商法研究所所长王涌教授、北京大学法律经济学研究中心共同主任邓峰教授作为评论嘉宾出席会议，并与托依布纳教授进行对话。

（北京大学社科处供稿）

国际刑事法院暨国际刑法问题研讨会　9月6日，由北京师范大学刑事法律科学研究院主办的国际刑事法院暨国际刑法问题研讨会在北京师范大学高铭暄学术报告厅举行。来自英国驻荷兰使馆、外交部、司法部、最高人民法院、最高人民检察院、红十字国际委员会、北京市石景山区人民检察院、北京一法律师事务所、北京众达律师事务所等机构以及来自北京大学、北京师范大学、中国人民大学、中国政法大学、西南政法大学、西安政治学院、中国社会科学院、军事科学院等院校、科研机构的30余名专家、学者参加了研讨会。北京师范大学刑事法律科学研究院院长助理暨国际刑法研究所副所长王秀梅教授担任主持人。

会议伊始，王秀梅教授简要介绍了研讨会的议程以及与会的各位嘉宾、学者。随后，北京师范大学刑事法律科学研究院暨法学院院长赵秉志教授在致辞中，首先简要回顾了国际刑事法庭及国际刑事法院发展的历史。他指出，国际刑事审判实践充分证明了国际刑事法庭和国际刑事法院在惩治国际犯罪方面所起的重要作用。在国际法院成立的十年时间里，已经有一百多个国家成为了国际法院的成员国，充分说明国际社会对国际刑事法院有着新的期待与要求。目前，国际刑事法院还存在诸如世界主要大国还不是国际刑事法院的成员国等问题，但是国际刑事法院取得的成就是毋庸置疑的。理论界专家学者的积极研究对国际刑事法院的发展也发挥了巨大作用，国际刑事法院的发展在另一方面还说明国际社会希望国际刑事法院在打击国际刑事犯罪和维护国际社会的公平正义方面能发挥更大的作用。

（北京师范大学社科处供稿）

中日民事诉讼法修改比较研究国际学术研讨会 9月7日，由清华大学法学院民事程序法研究中心和日本现代亚洲法研究会联合主办的中日民事诉讼法修改的比较研究国际学术研讨会在清华大学举行。中国民事诉讼法学研究会会长、清华大学法学院教授张卫平，最高人民法院研究室民事处副处长黄建中，日本现代亚洲法学研究会会长村上幸隆，日本国际协力机构中国事务所所长中川闻夫与会致辞。研讨会由清华大学法学院教授王亚新主持。会上，与会学者、律师就中国民事诉讼中的第三人撤销之诉、专属管辖、公益诉讼，日本民事诉讼中的律师照会、消费者团体诉讼等问题进行了交流和探讨。王亚新就我国《民事诉讼法》规定的第三人撤销之诉作了介绍并提出若干解释适用的问题。中国民事诉讼法学研究会常务副会长、南京师范大学法学院教授李浩就新《民事诉讼法》中有关证人证言和鉴定意见的修改作了基调报告。日本庆应义塾大学教授三木浩一就我国新《民事诉讼法》中有关举证时限、审判公开和小额诉讼等内容与日本法相关规定进行了比较。日本大阪市立大学教授王晨介绍了日本消费者团体诉讼制度，并指出了对中国公益诉讼制度的若干启示。国际协力机构长期派遣专家白出博之报告了日本公益诉讼制度的发展动向。日本律师法人三宅法律事务所加藤文人依据日本律师法中的照会制度对民事诉讼中证据收集方法进行考察。来自全国人大法工委、最高人民法院、清华大学、北京大学，日本现代亚洲法学研究会、日本国际协力机构中国事务所等相关机构的40余位专家学者参加会议。

（清华大学文科建设处供稿）

普通法世界中的“一国两制”演讲 9月21日下午，英国最高法院副院长、大法官霍普勋爵（Lord Hope of Craighead）到访清华大学法学院，并作了题为“普通法世界中的‘一国两制’”的演讲。演讲前，清华大学校务委员会副主任韩景阳在法学楼会见了霍普，就中英法律和法学教育等问题进行交流。演讲中，霍普介绍了苏格兰的大陆法制度与英格兰地区的普通法制度的不同，着重论述了苏格兰法律体系糅合大陆法系和普通法系的特征，并阐释了英国最高法院尝试包容两种法律制度的努力。法学院院长王振民主持演讲，来自清华大学和其他法律院校的200余名师生听取演讲。讲座结束后，霍普与法学院师生就英国最高法院的制度设计进行深入探讨。

霍普先后就读于剑桥大学和爱丁堡大学，1996年成为英国贵族院终身贵族大法官，现任英国最高法院副院长，是在最高法院中代表苏格兰的两位法官之一，已有24年法律执业经验。1989年被任命为苏格兰最高刑事法院首席大法官和苏格兰高等民事法院院长，即全苏格兰首席大法官。2009年被英国女王伊丽莎白二世授予蓟花勋章。自1998年起兼任斯特拉斯克来德大学校监。

（清华大学文科建设处供稿）

2012年中国资本市场法治论坛 9月22日，由中国人民大学商法研究所主办、宏源证券股份有限公司协办的“2012年中国资本市场法治论坛：PE（私募股权投资基金）前沿法律问题高峰会”在中国人民大学逸夫会议中心举行。来自全国人大法工委、财经委，国务院法制办公室、最高人民法院、国家工商行政管理总局、中国证券登记结算公司等相关部门与机构的领导和来自中国人民大学、北京大学、清华大学等国内著名高校和科研机构的专家学者以及来自PE界、PE行业协会与法律实务界相关方面的180余名嘉宾代表出席了论坛。与会专家学者围绕PE立法、监管与司法救济体系的建立健全展开了深入讨论。

（中国人民大学社科处供稿）

第七届中国法学论坛——宪法实施法治论坛 10月13日，“第七届中国法学家论坛——宪法实施法治论坛”在北京举行。

全国人大常委会副委员长路甬祥出席论坛开幕式并讲话指出，30年来，宪法在中国特色社会主义经济建设、政治建设、文化建设、社会建设、生态文明建设中发挥了极其重要的作用。以宪法为核心和统帅的中国特色社会主义法律体系的形成，是我国法治建设的重要成果，也是我国法治发展进入新阶段的重要标志。面向未来，要深入学习宪法、宣传宪法、研究宪法，进一步树立宪法权威、倡导宪法思维、加强宪法研究、保障宪法实施，大力弘扬中国特色社会主义宪法文化。

中国法学会党组书记、常务副会长陈冀平也在开幕式上讲话。

（参见《人民日报》2012 年 10 月 14 日第 4 版）

校园突发事件应急体系建设国际学术研讨会　10 月 16 日，由中国政法大学法治政府研究院主办的“校园突发事件应急体系建设：理论与实践”国际学术研讨会在北京召开。共有包括来自法国、德国、日本及我国大陆地区和台湾地区的 30 余位行政法学及公共管理学专家学者出席了此次会议。

研讨会分为三个单元。第一个单元，台湾东海大学原学务长邱瑞忠先生，法国法兰西学院院士、巴黎第二大学终身教授皮埃尔·德沃维，中国人民大学公共管理学院王宏伟副教授，神户大学都市安全研究中心客座教授顾林生分别以“东海大学的突发事件应急管理体系”“法国教育机构赔偿责任”“中国校园安全管理的问题分析与解决对策”以及“日本高校应急管理机制与法制化”为主题作了精彩报告，与会嘉宾针对四位主题发言人的发言展开了热烈的讨论。

第二个单元，荷兰乌得勒支大学吕孝礼教授、杭州市教育法学会常务理事夏雪先生、中国政法大学政治与公共管理学院詹承豫副教授分别以“关于中国危机研究基本理论前提的一些思考”“论教育联合调解机制在应急处理中的作用”以及“中、小学校园应急管理的理念目标及实现路径”为主题作了精彩报告。

第三个单元，中国政法大学法治政府研究院林鸿潮副教授、西南政法大学陆伟明副教授、中国政法大学政治与公共管理学院张永理副教授、中国社科院法学所研究员莫纪宏分别以“中国校园安全的制度建设与预案编制”“学校突发事件应急预案管理的法律调控”“中国大陆高校网络安全事件研究”“高等学校在突发事件应对中的法律义务”为题进行了发言。

（中国政法大学科研处刘璐供稿）

纪念 82 宪法颁行 30 周年学术研讨会　11 月 10 日，“宪政的理想与现实——纪念 82 宪法颁行 30 周年学术研讨会”在北京举行。研讨会由中国政法大学法学院宪法研究所主办。国务院法制办、全国人大常委会法工委国家法室、中央统战部、中国法学会、中国政法大学的领导和来自全国各地 25 个高校、法学研究所或杂志社等单位的 50 多位专家学者齐聚一堂，共同探讨和交流 1982 年宪法的伟大成就和不足，立足现实展望未来，在纪念宪法的同时推动宪法和宪法学的发展。

研讨会分四个单元，分别以 82 宪法的制定、功能和权威，82 宪法实施机制的发展与完善，公民基本权利及其保障，国家权力与宪法秩序四个主题进行了研讨、评议。研讨过程中，各位专家学者各抒己见、畅所欲言，对与主题相关的宪法学问题进行了充分的深入的讨论、辩论。

（中国政法大学科研处刘璐供稿）

海峡两岸暨第八届内地中青年刑法学者高级论坛　10 月 19 日，中国青年政治学院法律系主办的海峡两岸暨第八届内地中青年刑法学者高级论坛在中国青年政治学院开幕，此次论坛分为“共同犯罪关系的脱离”“共同犯罪与身份”“教唆犯的独立性与从属性”和“教唆犯的独立性与从属性”四个主题，来自海峡两岸的 80 多位刑法学界专业人士与会。北京大学法学院梁根林教授、中南财经政法大学法学院夏勇教授、西南财经大学法学院冯亚东教授和中国社会科学院法学研究所邓子滨研究员，分别在 10 月 19 日上午和下午以及 20 日的上午和下午主持了上述四个议题。

（中国青年政治学院科研处供稿）

2012 年中国法学会 WTO 法研究会年会　10 月 20 日上午，“WTO 法与中国论坛”暨 2012 年中国法学会世界贸易组织法研究会年会开幕式在对外经济贸易大学举行。本次年会由中国法学会世界贸易组织法研究会与对外经济贸易大学法学院联合主办，主题为“中国入世第二个十年：新起点与新挑战”。本次会议吸引了来自全国各地和海外的近 150 名代表参加，并收到了 80 余篇论文，参会人数和论文数量均为历年来 WTO 法年会之最。WTO 机构、中国商务部、国务院法制局、中国法学会等政府部门、40 多所院校和科研机构的专家与法律实务界的 WTO 法业务精英人士代表参加，开幕式由商务部条法司前司长、WTO 法研究会张玉卿副会长主持，中国法学会党组书记、常务副会长陈冀平、WTO 法研究会孙琬钟会长、对外经济贸易大学施建军校长出席并致辞，全国政协副主席、原中国法学会会长、中国法学会世贸组织法研究会名誉会长任建新同志为本次年会发来贺信。WTO 上诉机构主席张月姣大法官和商务部条法司副司长杨国华博士作了精彩的主题报告。本次年会的议题主要有：“中国与 WTO”“WTO 贸易救济的理论与实务”“WTO 服务贸易与投资规则及其新挑战”“WTO 争端解决机制的理论与实践”“WTO 框架下的贸易与非贸易社会价值的冲突与协调”“与 WTO 有关的知识产权、技术壁垒及其他新问题”。

（对外经济贸易大学科研处张瑞供稿）

清华房地产法论坛　10 月 29 日下午，清华房地产法论坛（第二期）——中国企业在美房地产投资及建设工程法律风险研讨会在清华大学举行。研讨会由法学院房地产法研究中心联合美国加州大学伯克利分校、美国奥睿律师事务所共同举办。加州大学伯克利分校商学院教授罗伯特·埃德尔斯坦（Robert Edelstein）、奥睿律师事务所高级合伙人诺埃尔·内利斯（Noel W. Nellis）、中国葛洲坝集团国际工程有限公司副总经理陈九霖、万科集团首席律师颜雪明分别作专题发言，展望了美国经济以及房地产市场发展，介绍了美国房地产投资相关法律问题，分析了中国企业海外工程投资的法律风险以及中国房地产市场的法律环境。来自清华大学法学院、土水学院的学者，以及奥睿律师事务所、美国城市经济研究学院、全国工商联房地产商会、中弘控股地产、北京盈科律师事务所、北京富力地产、天洋控股等的代表参会并展开交流。

（清华大学文科建设处供稿）

食品安全立法调研座谈会 10月31日，北京市人大常委会法制办公室组织召开食品安全立法调研座谈会，就立法中的重点问题听取了相关部门的意见。市食品办及相关政府部门汇报了本市食品安全工作情况和管理中的重点难点问题，并就食品生产加工作坊和食品摊贩的监管、完善食品追溯制度、委托加工食品的责任承担、农业投入品的监管、明确乡镇和街道管理责任、建立区域协作机制等问题提出了建议。市人大常委会副主任柳纪纲出席会议并讲话。市人大常委会财经办公室的相关负责同志参加了会议。

（北京市人大常委会研究室艾淑美供稿）

中韩国际私法学会2012年年会暨学术研讨会 11月3日，由中国政法大学国际法学院主办，国际私法研究所承办的第二届中韩国际私法学会2012年年会暨“国际民事诉讼管辖权”研讨会在北京举行。参加本次研讨会的主要嘉宾有中国国际私法学会副会长、国际法学院分党委书记杜新丽教授，中国国际私法学会副会长、秘书长郭玉军教授，韩国国际私法学会会长孙京汉教授，首尔大学石光现教授，中国政法大学国际私法研究所所长刘力副教授，副所长霍政欣副教授，齐湘泉教授，冯霞教授，宋连斌教授，赵一民副教授，北京大学张潇剑教授，安徽大学汪金兰教授，浙江工商大学胡敏飞教授，复旦大学杜涛副教授等。郭玉军首先致开幕词。与会的专家学者就研讨会主题分别进行了大会报告和研讨。

（中国政法大学科研处刘璐供稿）

全球论坛：宪法与社会管理 11月7—11日，第三届全球论坛：“宪法与社会管理”在清华大学举行。清华大学法学院院长王振民，副院长申卫星、余凌云，教授王晨光、何海波等出席论坛。来自美国宾夕法尼亚大学、德国法兰克福大学、早稻田大学、法国巴黎政治学院的师生与清华大学师生共同参加论坛。

论坛上，王晨光，宾夕法尼亚大学副院长威廉·伯克－怀特（William Burke-White）、宪法教授克米特·罗斯福（Kermit Roosevelt）、雅克·迪莱尔（Jacques DeLisle），法兰克福大学教授莫里茨·贝尔茨（Moritz Baelz），早稻田大学教授惠川岸（Norikazu Kawagishi）等，围绕政府在过渡社会的转型、公众参与和政府管理、宪政机构与社会冲突、在中央集权制国家与单一制国家的权力分配、网络空间自由言论问题以及战争、紧急状态与宪政秩序等议题发言。

来自五个国家的学生进行了圆桌会议，各组代表进行了总结发言。王振民等五位教授作了圆桌发言——从比较角度看宪法和社会管理。第一、第二届全球论坛分别在宾夕法尼亚大学和法兰克福大学举行，围绕公共卫生法、金融调整与监管的主题展开过交流。

（清华大学文科建设处供稿）

涉外法律人才教育培养基地建设研讨会 11月20日，外交学院国际法系邀请清华大学法学院前院长和书记车丕照教授、中国政法大学国际法学院党委书记杜新丽教授、北京外国语大学法学院院长万猛教授和北京科技大学文法学院副院长魏增产教授，与部分教师召开涉外法律人才教育培养基地建设研讨会，共同探讨卓越法律人才教育培养和外交学院国际法系涉外法律人才教育培养基地建设事宜。外交学院教务处谭继军处长和韩银安副处长莅临研讨会。

外交学院本科教育一直以培养外交外事复合型人才为目标，走特色办学之路。专业加语言这种教育培养模式在学院早已存在，各专业之间的互通互融非常明显。近几年又增加了对学生社会实践能力培养，“专业＋语言＋社会实践”的教育培养模式已成为一项传统的教学实践。在当今大外交的背景下，会议所探索的是若干专业加若干语言这种新模式，以培养高端的复合型人才。

与会专家学者一致认为，卓越法律人才教育培养目标的设定、标准和基本路径都没有问题，而问题在于如何落实，如何设计可操作的具有实效的具体制度和措施。车丕照教授针对学生专业知识不扎实、实践能力不强等问题，介绍了清华法学院在本科生导师制、校外实习、学生实践能力培养时间的前移及如何利用校友资源和社会资源等方面的成功做法。车教授指出，关键问题是如何提高教师的积极性，如何使教师真正关心学生的学习和成长。杜新丽教授着重介绍了中国政法大学国际法学院在整合自身和国外师资、学生交换、双导师制、校外实习以及指导学生参加国际模拟法庭比赛等方面的做法。为了克服双校园运行格局对指导学生工作所致的不便，杜教授还介绍了教师值班制这一新举措的运行情况。万猛教授则就卓越法律人才教育培养计划在实施过程中所遇到的问题和对策进行了全面的剖析。万教授指出，法律人才的培养目标和课程的设置，应该考虑市场的需要；为克服跨国法律人才培养过程中所遇到的资金不足问题，可以考虑吸纳家长参与培养计划的制订；而学生实践能力的培养关键在于教师实践能力的提高。魏增产教授认为，涉外卓越法律人才教育培养基地的建设，必须聚全院之力，学院必须高度重视，各职能部门通力协助；外交部应为外交外事人才的培养提供制度性平台。在研讨期间，与会其他专家学者也都就法学人才培养的国际化或特色化方面的做法和体会，发表了各自看法，并提出了宝贵的建设性意见。

（外交学院科研处郦莉供稿）

第一届中国应用法学高端论坛　11月20日，“第一届中国应用法学高端论坛暨贯彻党的十八大精神推进依法治国与人民法院工作理论研讨会”在京召开。最高人民法院党组书记、院长王胜俊在贺信中希望与会代表认真学习党的十八大报告中关于法治建设和人民司法事业发展的重要论述，尽快形成一批有影响力的理论研究成果，充分发挥应用法学研究在实现全面依法治国和推进人民法院各项工作中的积极作用。

最高人民法院党组副书记、常务副院长沈德咏出席会议并致辞。他要求，各级人民法院要按照十八大的明确要求，从深化改革、队伍建设、工作机制、制度保障各方面保证人民法院依法独立公正行使审判权；要自觉服务于五位一体的社会主义现代化建设总体而布局，把“为大局服务，为人民司法”的工作主题始终贯穿于法院全部工作。

（参见《人民日报》2012年11月22日第11版）

2012亚太诊所法律教育论坛　11月24—25日，由中国诊所法律教育专业委员会、中国人民大学法学院、联合国开发计划署共同主办的“2012亚太诊所法律教育论坛暨中国诊所法律教育年会”在中国人民大学召开。中国人民大学常务副校长冯惠玲，中国法学会党组成员、秘书长林中梁先生，联合国开发计划署国别主任白桦（Christophe Bahuet）先生，福特基金会项目官员魏梦欣（Katherine Wilhelm）女士和中国法学教育研究会诊所法律教育专业委员会主任、中国人民大学法学院副院长龙翼飞教授分别在开幕式上致辞。本届论坛共分为四个单元，分别就“亚太国家和地区诊所法律教育的经验与展望”“法律职业发展与诊所法律教育发展方向”等主题进行探讨，并观摩了中国人民大学、北京大学、清华大学和中国政法大学的法律诊所课程展示。论坛有来自中国、日本、韩国、越南、泰国、印度、印度尼西亚、蒙古、美国、澳大利亚等国家和地区的共150余名代表参加了研讨。

（中国人民大学社科处供稿）

《文物法》颁布30周年座谈会　12月11日，全国人大教科文卫委员会、国务院法制办、文化部和国家文物局在北京联合召开座谈会，纪念《中华人民共和国文物保护法》颁布30周年暨修订10周年。

全国人大常委会副委员长路甬祥出席会议并讲话。文化部部长蔡武，国务院法制办公室副主任袁曙宏，文化部副部长、国家文物局局长励小捷等在会上发言。全国人大教科文卫委员会主任委员白克明主持会议。

北京市、河北省、浙江省、新疆维吾尔自治区等省（市、区）文物局负责同志，专家代表谢辰生等分别作了发言。与会代表结合各地实际，从不同侧面回顾、总结了《文物法》实施以来的工作情况和经验，并对如何进一步贯彻实施《文物法》提出了许多好的意见和建议。

（参见《光明日报》2012年12月12日第9版）

京师名家刑事法讲座　“京师名家刑事法讲座”是由北京师范大学刑事法律科学研究院主办，由蜚声中外的刑事法理论与实务界的法学名家主讲的刑事法专题讲座。2012年，该院先后在高铭暄学术报告厅主办了七期讲座，分别就刑事法学的诸多前沿、热点问题以及司法实务中的重大疑难问题展开了深入的研讨与交流。

2012年第1期“京师名家刑事法讲座”（总第60期）于2012年3月22日举办。最高人民法院党组副书记、副院长张军大法官应邀作了题为“从司法审判角度谈修改刑事诉讼法决定的理解与适用”的专题演讲。刑科院暨法学院院长赵秉志教授主持了本次讲座，北京师范大学师生140余人聆听了讲座。张军大法官旁征博引，通过刑事审判实践中多个鲜活的案例，结合《刑事诉讼法》具体条文，以强化思想认识为角度，从六个方面详细解读了刑事诉讼法修改中的若干重要问题。

2012年第2期“京师名家刑事法讲座”（总第61期）于2012年5月7日举办。美国宾夕法尼亚大学Paul H. Robinson教授应邀作了题为“美国刑事责任和刑罚中的合法性、统一性和可信性”的专题演讲。赵秉志教授主持本次讲座，北京师范大学师生50余人聆听了讲座。Robinson教授分别对美国刑事责任和刑罚中的合法性、统一性和可信性问题进行了深入浅出的分析，并即席回答了师生们的提问。

2012年第3期“京师名家刑事法讲座”（总第62期）于2012年6月5日举办。美国圣玛丽大学反恐法中心主任、资深法学教授、原美军特种部队资深法律顾问Jeffrey F. Addicott先生担任主讲人，他演讲的主题为“美国反恐的立法与实践”。刑科院周振杰副教授担任此次讲座的主持人。Addicott先生分别从国际和美国国内视角就恐怖主义相关的法律问题进行了阐述，并就惩罚性赔偿问题、刺杀问题、爱国者法案是否侵犯了美国公民的隐私权、如何看待美国在对内对外实行双重标准等敏感问题发表了意见。

2012年第4期“京师名家刑事法讲座”（总第63期）于2012年6月15日举办。牛津大学犯罪学中心主任Ian Loader教授发表了题为“英国的犯罪学与刑事司法改革”的专题演讲。赵秉志教授主持本次讲座。Ian Loader教授分别就犯罪学研究与政策制定之间的关系、英国犯罪学研究在理论犯罪学研究中地位、英国犯罪学研究对英国政策制定的影响程度等问题进行了深入的分析。

2012年第5期“京师名家刑事法讲座”（总第64期）于2012年6月19日举办。韩国刑事政策研究院院长金日秀教授应邀发表了“国家刑罚的目的和意义”的专题演讲。刑科院常务副院长卢建平教授主持本次讲座。演讲中，金日秀教授分别就一般预防和特殊预防之间的冲突及其解决、韩国的地方法规是否可以规定犯罪和刑罚、如何有效保证社会化的实现等问题进行了深刻的论述。

2012年第6期“京师名家刑事法讲座”（总第65期）于2012年9月12日举办。赵秉志教授应邀作了题为“若干最新热点刑事案件观察与思考”的内部学术讲座。赵秉志教授在简述了研究热点刑事案件之意义的基础上，选择近来引起社会关注的“常熟农民工聚众斗殴案”“薄谷开来、张晓军故意杀人案”以及王立军涉嫌四项罪案件等五个热点刑事案件，进行了理论联系实际、深入浅出的分析和评论。

2012年第7期“京师名家刑事法讲座”（总第66期）于2012年12月18日举办。韩国东亚大学法学院许一泰教授应邀作了主题为“我的法哲学观”的专题演讲。刑科院常务副院长卢建平教授担任此次讲座的主持人。许一泰教授对刑法的基本哲学问题作了深入浅出的讲解，并即席回答了北京师范大学师生们关于刑法本质、刑法的目的、刑罚权的根据等刑法基本问题的提问。

（北京师范大学社科处供稿）

城市科学

中国特大城市发展高层论坛　6月20日，由首都经济贸易大学主办、首都经济贸易大学特大城市经济社会发展研究院与科研处联合承办、北京市CBD发展研究基地和北京市经济社会发展政策研究基地联合协办的“中国特大城市发展高层论坛”在北京商务会馆举行。本次论坛以“特大城市发展规律与趋势探讨”为主题，重点围绕特大城市与城市群、特大城市的承载力、辐射力、产业体系、空间结构、社会民生、安全运行、人口调控、国际化等问题展开研讨，以期推进中国特大城市的理论研究和实践发展。来自中国社会科学院、中国科学院、国务院发展研究中心、中国城市经济学会、北京科学技术研究院、美国马里兰大学、中国人民大学等机构的专家学者90余人参加了此次论坛。

（首都经济贸易大学科研处张嘉艳供稿）

2012城市可持续发展北京论坛　6月27日上午，来自北京市各友好城市的嘉宾相聚2012城市可持续发展北京论坛，共同探讨“城市可持续发展”这一关乎城市建设、国家发展和国际合作的重大议题。中共中央政治局委员、中共北京市委书记刘淇致贺词并宣布论坛开幕。北京市委副书记、市长郭金龙致欢迎辞。

郭金龙在欢迎辞中说，可持续发展是人类社会共同的理念和追求。面对众多因素的困扰和挑战，深入探讨推动城市经济持续稳定增长的新途径和新动力，具有十分重要的战略意义。本届论坛以“文化：城市可持续发展的动力”为主题，有利于我们学习借鉴国际城市文化发展的成功经验，深化文化领域国际交流合作，促进文化事业和文化创意产业繁荣发展，为加快转变经济发展方式，提升城市可持续发展水平，提供有益的经验借鉴和智力支持。北京市将坚定不移地推进改革开放，更加广泛深入地开展国际城市间各层次、各领域的交流合作，更加注重发挥科技创新、文化创新的引领带动作用，更加积极推动创新发展、包容发展和可持续发展，加快建设中国特色世界城市。真诚期待各位嘉宾在本届论坛上畅所欲言，一起深入交流、分享经验，为促进城市的持续繁荣发展贡献智慧和力量。

丹麦哥本哈根市市长弗兰克·延森代表全体与会城市代表致辞，衷心感谢北京市邀请大家来到这座美丽的城市，出席2012城市可持续发展北京论坛。他表示，我们不远万里来到这里，就是要相互学习，携手合作，寻找和分享实现可持续发展的解决方案，建设更加宜居的城市。

北京市领导吉林、苟仲文、鲁炜和美国华盛顿特区、泰国曼谷市、匈牙利布达佩斯市、拉脱维亚里加市、阿尔巴尼亚地拉那市、斯里兰卡科伦坡市、摩尔多瓦基希讷乌市、韩国光州市的市长们出席开幕式。

开幕式后，出席2012城市可持续发展北京论坛的世界各地市长，围绕“文化与城市发展战略”议题，各抒己见、分享经验。北京市副市长苟仲文主持市长论坛并发言。

“文化：城市可持续发展的动力”，这一论坛主题引起与会市长的共鸣。在两个小时里，13位市长讲案例、谈理念，踊跃发言。韩国光州市市长姜云太、釜山市副市长金钟海以城市开发为例，介绍了对文化与经济整合发展，提升文化价值和城市功能的探索。美国华盛顿特区市长文森特·格雷则强调，华盛顿特区正在致力于为市民提供更加绿色、健康的生活环境。

（参见《北京日报》2012年6月28日第1—2版）

2012百城论坛　7月2日，2012百城论坛在北京举行，来自国内外的专家学者、国际友好城市组织代表200多人与会，共同探讨解决城市品牌定位、人口老龄化、生态能源合理利用等城市可持续发展问题的新途径。

本次论坛以“新环境、新方向、新举措”为主题，举办了国际化与友好城市、城市化与科学发展、城市定位与品牌建设、智慧城市与智能产业等四场主题论坛。此外，论坛还新增了城市对话和城市与企业优势项目推介会。论坛由中国人民对外友好协会、中国国际友好城市联合会主办。

（参见《人民日报·海外版》2012年7月3日第5版）

标准化在世界城市建设中的作用以及效果评价研讨会　2012年7月18日，北京市社会科学院第二次院长论坛在京举行。本次院长论坛的主题是“标准化在世界城市建设中的作用以及效果评价”，由北京市质量技术监督局党组书记、局长赵长山主讲。北京市社会科学院党组书记、院长谭维克主持论坛，相关部门负责人和研究人员参加了会议。赵长山局长首先阐明了质监局目前的职能定位和工作性质。质监工作的特点是技术性强，在具体行业和企业的微观层面，目前还存在监管量大、政府监管资源相对有限、监管不到位的情况。与此同时，政府主要集中于微观层面的监管，也使得企业部分丧失了其作为责任主体的积极性和主动性。在这种意义上来说，政府又存在监管过度的嫌疑。究其根本原因，这种看似矛盾的状态主要是由于在中观和宏观层面，政府缺乏合理的监管制度和相对完善的标准体系所致。因此，标准化建设成为有效提高政府监管力度的途径，因而也是目前质监工作的重要内容之一。此外，赵长山局长还就标准化推行几年来的进展、取得的阶段性成果和面临的新发展阶段进行了详尽的阐述。在互动环节，赵长山局长就北京市社会科学院专家提出的标准化与食品安全、政府监管、媒体监管等问题进行了认真的回答和热烈的讨论。最后，谭维克院长进行了论坛总结。

（北京市社会科学院科研处供稿）

第九届中国中小城市科学发展高峰论坛　9月7日，由中国中小城市科学发展高峰论坛组委会、东北亚开发研究院联合主办的中国中小城市科学发展评价体系研究成果发布暨第九届中国中小城市科学发展高峰论坛在北京召开。论坛期间，全国政协常委、中央党校原副校长李君如提出中小城市是新型城镇化的重要主体。

李君如认为，我国中小城市数量众多，在城镇化和现代化建设格局中居于重要的战略地位，中小城市推进新型城镇化，对于我国健全城镇化体系、加快转变发展方式、推动经济社会协调发展、全面建设小康社会具有重大意义。李君如指出，中小城市是我国行政区体系的基本单元，经济总量占据全国的半壁江山，中小城市联结广大农村，是城乡统筹发展的战略支点。

对于目前中小城市城镇化建设中存在的问题，李君如表示了担忧。他指出，由于中小城市经济发展的总体水平还不高，城镇化发展明显滞后，与大城市相比还存在很大差距。城镇化率较低，2011年中小城市城市化率为33.9%，远远低于全国城镇化水平。城镇综合功能较弱，基础设施落后，公共服务缺失。工作和居住在城市的农业户籍者大多处于“半城市化”状态，面临劳动保障与社会保障覆盖不足等困境。城乡之间发展不协调，资源要素过多地集中在城镇。

李君如强调，中小城市应充分把握国家的政策机遇和城镇化的发展趋势，从以下五条路径推进新型城镇化：一是以科学规划为基础，推进城市转型发展。按照“大中小城市协调发展”的要求，科学规划自身在城市群中的功能定位、产业和人口布局，形成与城市群衔接有序、错位发展、和谐共赢的发展格局，打造城市的自然、产业、文化等特色。二是加快产业转型升级，建立现代产业体系。坚持走新型工业化道路，依托人力资源、区位禀赋资源，大力改造提升传统产业，培育发展新兴产业，打造特色优势产业，同时以生产性服务业为重点，大力发展现代服务业，激发城镇发展活力。三是健全公共服务体系，着力改善民生。加大户籍改革力度，探索收入分配改革措施，推进农村转移人口加快融入城市，提高人民群众收入水平。四是深化城乡统筹，构建城乡一体发展新格局。坚定不移地实施

"以城带乡，以工促农"战略，加大投入力度，大力推进城乡基础设施、产业发展、公共服务等一体化发展。五是坚持集约、节约型发展，建设"两型"城市，降低发展成本。

（参见《光明日报》2012年9月8日第5版）

中国特色社会主义城镇化道路理论研讨会 11月9日，北京市社科联《中国特色社会主义研究》杂志社召开"中国特色社会主义城市化道路"理论研讨会，来自中国社科院、北京大学、北京师范大学、中国人民大学、北京社科院等单位的知名专家学者参加了会议，与会专家结合学习十八大报告，围绕我国城市化的经验、存在问题及发展趋势进行了深入研讨。会议由杂志副主编、编辑部主任李翠玲主持。杂志主编、北京市社科联党组副书记崔新建出席并作会议总结。

研讨会上，北京市社科院戴建中研究员、北京大学陆杰华教授、中国社科院于建嵘研究员、北京师范大学张汝立教授、赵孟营教授、中国人民大学于显洋教授分别以"城镇化中的经济利益分配——以北京为例""论小城镇与我国的城市化过程""城镇化要突破土地制度的瓶颈""城市改革中对弱势群体的保护""城市化：中国社会发育新阶段""城市社区公共服务均等化"等为题作主题发言。

（《中国特色社会主义研究》杂志社供稿）

第五届城市国际化论坛 11月10—11日，北京市社科联与首都经济贸易大学在京联合举办了以"世界城市：规律、趋势与战略选择"为主题的第五届城市国际化论坛。市社科联党组书记史秋秋、首都经济贸易大学校长王稼琼、市哲学社会科学规划办公室主任王祥武出席论坛并致辞，市社科联党组副书记陈之昌作大会总结，首都经济贸易大学党委书记柯文进致闭幕词。来自首都高校、科研院所的专家学者和政府相关部门领导约120人参加论坛。

论坛上，北京大学首都发展研究院院长李国平教授、美国马里兰大学国家增长中心主任丁成日教授、中共北京市委研究室副主任余钟夫研究员、航天二院民用产业研发中心主任周翔研究员、求是杂志社国际部主任杨发喜研究员、国家科技政策东北研究中心主任娄成武教授、清华大学建筑学院城市规划系主任吴唯佳教授、台北大学不动产与城乡环境学系赖世刚教授、首都经济贸易大学城市经济与公共管理学院张智新副教授、中国科学院北京城市运行与发展研究中心主任陈锐研究员，分别以"北京2030：面向世界城市的北京经济与空间发展""北京2030年展望和战略选择：前沿理论和国际经验启示""北京未来发展的趋势、特点和战略选择""智慧城市——城市发展的战略之选""未来十年中国发展对北京建设中国特色世界城市的机遇和挑战""城市创新能力提升与产业布局""人居与北京2049及京津冀""计划与控制都市成长""世界城市行政体制一般特点及启示""世界与中国城市化之路：特征、规律与趋势"为题，与大家分享了最新研究成果并进行了热烈的交流研讨。与会专家学者还围绕"世界城市发展的理论与实践""世界城市规划的重点与难点""公共服务与城市治理"主题进行了分组研讨。

自2008年起，北京市社会科学界联合会与首都经济贸易大学先后以"奥运后首都国际化进程的新趋势与新挑战""城市国际化进程中的安全问题""转变经济发展方式，奠定世界城市基础""全球化进程中的大都市治理""世界城市：规律、趋势与战略选择"为主题，共同举办了五届城市国际化论坛。论坛在首都各界引起了积极反响，并收到了良好的社会效果，已成为首都政、学、研各界人士进行学术交流、对话和探讨的重要平台，对提升首都国际化水平，推进首都中国特色世界城市建设发挥了重要的理论先导作用。

论坛举办时，正逢党的十八大在北京胜利召开。《求是》杂志社国际部主任杨发喜研究员以"未来十年中国发展对北京建设中国特色世界城市的机遇和挑战"为题作了大会发言。他详细分析了十八大报告中为实现全面建成小康社会宏伟目标而提出的"经济持续健康发展""人民民主不断扩大""文化软实力显著增强""人民生活水平全面提高""资源节约型、环境友好型社会建设取得重大进展"等五项新要求，并结合这些新要求畅谈了对北京建设世界城市的一些思考，特别强调要按照十八大指出的"坚定不移走中国特色社会主义道路"的方向，不断探索北京世界城市建设的中国特色。很多专家的发言也充分关注了十八大报告中强调指出的"坚持以人为本""全面协调可持续发展""着力保障和改善民生""促进社会公平正义"等重大理论问题，很好地宣传体现了十八大精神。

（北京市社科联学术活动部供稿）

中国城市化进程与生态文明建设研讨会 12月16日，由北京社科院主办、该院城市所承办的"中国城市化进程与生态文明建设"研讨会在北京举行。来自中国城市科学研究会、国家环境保护部、北京大学、北京师范大学、国家行政学院、首都经济贸易大学、同济大学、上海社科院、北京社科院、华东师范大学、墨西哥国立自治大学、北京节能环保中心等机构的专家学者和政府工作人员应邀出席会议。北京社科院院长谭维克出席会议并讲话。19位会议演讲人分别从城市研究者和城市管理者的视角，围绕“生态文明建设”这一重大主题和“城镇化”这一关系现代化建设全局的重大战略，集中探讨了生态文明与城市可持续发展、生态文明与经济社会发展方式转变、生态城市建设与中国城市低碳发展模式、生态文明理念指导下的城市规划、交通管理和城市更新等四大专题。会议认为，作为生态文明建设的重要载体，城市建设、发展与生态文明建设高度关联。中国正处于快速城镇化与资源危机并存的阶段，社会、经济与自然协调发展的生态城市是中国城市未来的发展方向。会议讨论了低碳发展中引入公众参与的必要性，同时也讨论了生态文明理念下的城市规划与建设问题，提出要建设生态文明，必须重新审视城市空间，创造“人城和谐”的空间环境。会议还就如何将生态文明理念融入到中国特色世界城市中进行了研讨。

（北京市社会科学院科研处供稿）

历史学（含中共历史、中外史、考古）

纪念“2·28”起义65周年学术研讨会　2月24日，台盟中央、全国台联和中国社科院台湾史研究中心在京举办纪念台湾人民“2·28”起义65周年学术研讨会。全国政协常委、台盟中央副主席黄志贤主持会议。台盟中央原副主席李敏宽、全国台联副会长纪斌、台盟中央秘书长张宁等出席会议。

黄志贤说，纪念台湾人民“2·28”起义65周年，不仅是为了缅怀起义中被捕和牺牲的先烈与同胞，更是为了继承和弘扬台湾同胞爱国爱乡的光荣传统，坚决反对“台独”势力的分裂活动，努力维护好、建设好两岸同胞的共同家园，为促进祖国和平统一和中华民族伟大复兴而努力。

纪斌在发言中表示，1947年爆发的“2·28”起义，是台湾同胞反对当时国民党当局专制统治的爱国、民主、自治运动，是中国人民解放斗争的一部分，是台湾同胞光荣爱国主义传统的重要体现。65年来，为实现祖国的完全统一，中华儿女进行了长期不懈的努力。40年前，中美两国发表上海（联合）公报，确立了“一个中国”原则，为台湾问题的和平解决创造了有利的外部条件。20年前，两岸授权民间团体海协会与海基会，达成各自以口头方式表述坚持“一个中国”原则的共识即“九二共识”，奠定了两岸协商的政治基础，开启了海峡两岸中国人沟通对话、协商合作的历史新篇章。

纪斌强调，在当前承前启后的历史时刻，两岸同胞共同巩固好已有成果，并继续不断务实向前推进，凝聚共识，累积互信，拉近情感，互利双赢。

研讨会上，台盟中央、全国台联、中国社科院台湾史研究中心的研究人员，分别在会上作了发言。中央和北京市有关部门负责人、部分“2·28”起义亲历者、专家学者及部分在京盟员、台胞等50余人出席了会议。

（参见《人民日报·海外版》2012年2月27日第3版）

《中国古代历史理论》出版座谈会　3月10日，为继承优秀史学遗产，推进历史学的理论研究，促进当代文化繁荣，安徽人民出版社历经16年努力，隆重推出“十一五”国家重点图书出版规划项目、国家出版基金资助项目、教育部人文社会科学重点研究基地重大项目《中国古代历史理论》一书，并在京举办学者座谈会。

这部中国史学理论专著是关于中国古代历史理论研究的一部系统的开创之作，填补了中国古代史学在理论研究领域的一个重要空白。该书由著名史学家、北京师范大学资深教授、博士生导师瞿林东先生主编。全书凡三卷，其内容断限，上卷含先秦两汉时期，中卷含魏晋南北朝隋唐时期，下卷含五代辽宋西夏金元明清（1840年以前）时期，共27章，130万字。该书从中国古代史学在发展中提出的主要范畴、重要问题着眼，以横向分析要旨、纵向阐述演变相结合的方法，对中国古代历史理论进行系统梳理和深入研究，各卷分别论述了中国古代历史理论的产生与形成、丰富与发展、繁荣与嬗变，全面展现了中国古代历史理论的面貌和成就，具有很强的前沿性和创新性，学术价值和社会意义十分突出。

西北大学教授、名誉校长，清华大学双聘教授张岂之认为，该书是主编瞿先生依据其亲身受教的著名历史学家白寿彝先生的提示，完成的一部具有史学创新内容的学术著作，系统论述了中国古代历史理论形成的过程和标志。

中国社科院研究员田居俭认为，该书有三大贡献：一是冲击了一个认识误区，令人信服地证明了中国古代是有历史理论的；二是填补了一个学术空白，第一次对中国古代历史理论作了系统的梳理；三是实施了一个理论对接，马克思主义历史理论和中国古代历史理论在书中有很好的融合。

中国社科院研究员、《中国史研究》主编彭卫认为，该书价值有三，一是有别于西方史学理论，证明中国有自己的历史理论和方法；二是系统梳理了中国古代历史理论的表现形式和基本特征；三是通过对先秦至晚清不同时期历史理论特点的分析，全面揭示中国古代历史理论的基本走向。

河南大学教授、著名史学理论学者、《史学月刊》主编李振宏认为，该书为中国史学史的研究打开了一片新的天地，是第一次对中国历史理论作系统而深入的揭示和梳理，推动中国古代历史理论的研究成为中国史学史研究的一个新的生长点，同时还创新了书写古代史学的著作体例。

瞿林东先生最后发言，他谦虚地向大家表示感谢，并回顾了这16年来写作该书的漫漫过程。虽说近年来国内有多家出版社联系想要出版该书，但他坦言做学问也要讲诚信，16年前安徽人民出版社约请的书稿在16年后终于兑现了，这也是他还了一个对于安徽家乡的赤诚感激的心愿。

与会专家学者一致认为：该书的出版，进一步拓展了中国史学史研究的领域，彰显了中国古代历史理论的丰富、特点和魅力，对于加强当代中国史学在唯物史观指导下的历史理论建设具有重要的参考价值，对于显示中国史学的中国特色、中国风格、中国气派也将产生积极的影响。

（参见《人民日报·海外版》2012年3月30日第11版）

中国考古学与世界考古学学术报告会 4月28日下午，由北京大学考古文博学院主办的“中国考古学与世界考古学学术报告会”在北京大学百周年纪念讲堂举行。

此次报告会邀请到英国牛津大学副校长、考古学院亚洲考古艺术与文化研究中心教授罗森女士，哈佛大学人类学系史前考古学教授巴约瑟夫先生，日本上智大学教授、东京大学东洋文化研究所研究员量博满先生，英国伦敦大学考古研究所所长、理论考古学教授斯蒂夫·申南先生，美国加州大学洛杉矶分校珂岑考古研究所副所长、考古及艺术史系罗泰教授以及北京大学考古文博学院严文明教授等六位世界顶尖考古学者分别报告，为中国考古学界献上了一场盛大的学术盛宴。本次报告会听会人员超过500人。

与会学者围绕“北大与世界考古学”这一主题，将北大考古置于世界考古学学科史的广阔背景中，立足于当下学科发展的前沿，从不同的角度全面而深刻地阐释了中国考古学与世界考古学之间的关系，突出了作为中国考古学发展缩影的北大考古的地位与贡献。

这场高端学术报告会让中国考古与世界考古相聚。由于历史和语言等多种原因，中西方考古学长期存在隔阂，但本次学术报告会加强了双方的交流，将有力推动中国考古学的国际化进程。

（北京大学社科处供稿）

纪念苏联十月革命95周年学术报告会 5月中旬，北京高教学会中国近现代史研究会在北京联合大学举办纪念苏联十月革命95周年学术报告会。2012年是前苏联十月革命发生95周年，主办方邀请了参加十月革命的中国军团团长任辅臣的长孙任公伟教授作了“中国军团在十月革命”的学术报告。这一报告或者说中国军团参加十月革命改变了毛泽东在《论人民民主专政》一文中的说法，即“在十月革命以前，中国人不但不知道列宁、斯大林，也不知道马克思、恩格斯”。当然毛泽东这里讲的是十月革命改变了中国的命运。如果普通高校的《中国近现代史纲要》课再讲十月革命就可以讲在第一次世界大战中在俄国的华工组织了一支中国军团，团长就是任辅臣。任辅臣在1918年俄国卫国战争中战死，其妻子和儿女曾受到列宁的亲切接见。北京40所高校80余人参加报告会。

（北京高等教育学会秘书处牛惠兰供稿）

纪念中国人民抗日战争全面爆发暨七七事变75周年座谈会 7月7日，“纪念中国人民抗日战争全面爆发暨七七事变75周年座谈会”在北京会议中心召开。会议邀请曾在北京亲历抗战岁月的何光、谷平、蓝文长、伊之、叶于良等老同志代表，吕正操、何基沣、张克侠、冯治安、段苏权等抗战将领亲属代表，以及高等院校、科研院所的抗战史研究专家30余人出席。围绕会议主题，与会人员深情回顾北平人民艰苦卓绝的抗战历程，缅怀先辈的丰功伟绩，弘扬伟大的爱国主义精神，宣示我们要“牢记历史、不忘过去、珍爱和平、开创未来”。专家学者从抢救口述资料的紧迫性、做好口述资料的整理保存、关注七七抗战在全国抗战乃至世界反法西斯战争中的地位、加强北平抗战文化研究等方面提出了恳切的意见和建议。最后，市委党史研究室主任谢荫明说，中国抗战的胜利对中国国际地位的提升有非常重大的影响。我们今天纪念七七抗战的意义在于：在重温历史的同时，要对今天和未来有清醒的认识，居安思危；在缅怀先烈的同时，更要继承和发扬抗战精神，并转化为推动社会进步的动力。今后北京党史部门将抓紧征集、整理北平抗战史口述资料和各种文献史料，深化研究，提供利用，切实发挥党史“以史鉴今，资政育人”的职能。

（中共北京市委党史研究室陈丽红供稿）

清帝逊位与民国肇建一百周年国际学术研讨会 7月11日，由中国人民大学清史研究所主办的“清帝逊位与民国肇建一百周年”国际学术研讨会在北京召开。来自中国社科院近代史所、上海社科院、北京大学、清华大学、中国人民大学、复旦大学、北京师范大学、南京大学、中山大学、四川大学、华东师范大学、首都师范大学、台湾政治大学，美国华盛顿大学、亚利桑那州立大学，日本北九州市立大学以及《历史研究》《近代史研究》等海内外高校和科研机构的专家学者90余人参加了此次会议。

清史研究所所长黄兴涛在开幕词中指出，清帝逊位与民国肇建虽然都是辛亥革命带来的结果，但也有着自身丰富的历史内涵以及独特的生成、演变逻辑和社会政治影响，非常值得进行专门的研讨。这一主题的深入发掘，不仅有助于丰富人们对辛亥革命的认识，而且对于深化认知清朝与民国、传统与现代的复杂关系，对于推进中国近代史研究的整体发展都具有重要意义。

中国人民大学原校长李文海、台湾中央大学资深教授汪荣祖、北京大学教授罗志田、中山大学教授桑兵、华东师范大学教授许纪霖、四川大学教授杨天宏、中国社科院近代史所研究员马勇、美国得克萨斯大学奥斯汀分校教授李怀印，中国人民大学教授杨念群等学者，在大会上作了精彩的主题发言，从各自的角度，展开了对清帝逊位与民国肇建的历史以及那一特定时期历史的深入思考。李文海把清王朝的覆亡放到中华民族复兴的全过程中加以审视，深入阐释了其值得反思的历史意蕴，指出清朝覆亡标志着中华民族在发展趋向上基本结束了不断沉沦的状态，开始了逐步上升的势头。桑兵敏锐地抓住当时“逊位”“退位”“辞位”“让位”等不同的提法，分析了清帝逊位前各方力量围绕这些措辞的博弈情况，揭示了其背后隐藏的政治斗争和社会变迁因素。李怀印考察了中国近代史研究中的叙事建构，认为不同时期的史家写作难免不受个人政治立场和意识形态的影响，主张抛开现有的宏大叙事，突破近代史研究中的时空限制，以“在时、开放的近代史”概念来研究中国近代史。与会专家围绕清帝逊位前后的政治时局与政治运作、政治观念与时代思潮、政治集团或政治人物的心态与活动，社会灾荒及其影响等主题进行了热烈的研讨和交流，不仅发掘了不少新史料，还提出了不少具有新意的看法与见解，不同学术经历、不同学科背景的学者之间的讨论使会议深富启发性，各种观点立场的差异与碰撞，有利于推动清末民初政治变迁以及中国近代史相关问题研究的深化。

（参见《光明日报》2012年7月12日第11版）

纪念南昌起义85周年学术座谈会　为纪念南昌起义85周年，由中国中共文献研究会周恩来思想生平研究分会、朱德思想生平研究分会联合举办的“缅怀先辈殊勋，发扬优良传统”学术座谈会，于7月31日在北京召开。来自中央文献研究室、中央党史研究室、中国社会科学院、国防大学、军事科学院、南京政治学院以及周恩来、朱德、贺龙、刘伯承、陈毅等领导、参加南昌起义的老一辈革命家的亲属、身边工作人员和周恩来、朱德思想生平研究会会员代表，共130人出席了座谈会。

中央文献研究主任冷溶，中央文献研究室原常务副主任金冲及，中央党史研究室原副主任石仲泉，中国社会科学院副院长李慎明，国防大学原政委李殿仁中将，以及老一辈革命家亲属代表陈昊苏、朱和平、周秉德、贺晓明、刘弥群等20余人在大会上发言。济南军区原政委宋清渭上将向会议提交了题为《继承优良传统，再创新的辉煌》的书面发言。中央文献研究室原主任滕文生、逄先知出席会议。会议由中央文献研究室副主任陈晋主持。

与会代表缅怀周恩来、朱德等老一辈革命家的丰功伟绩，回顾中国共产党领导创建人民军队的光辉历程，围绕南昌起义对探索中国革命道路和探索中国化马克思主义的意义、南昌起义在党史和军史上的历史地位、革命先辈在南昌起义中表现出来的崇高精神、南昌起义与坚持党对军队的绝对领导的“军魂”、南昌起义的现实启示等主题，展开了热烈的讨论。大家一致认为：南昌起义揭开了中国共产党独立领导武装斗争、创建新型人民军队的序幕，是创立中国化马克思主义的伟大开篇，它不仅是理解中国新民主主义革命道路的一把钥匙，也对我们探索社会主义建设道路具有重要启迪意义。南昌起义开启了中国共产党创建新型人民军队新阶段，并启示我们，要巩固党的执政地位、保证国家长治久安和保持人民军队的本色，必须始终不渝地坚持党对军队的绝对领导。革命先辈在南昌起义中所表现出来的坚定不移的革命信念、敢于斗争的英雄气概、百折不挠的坚强意志在今天仍然是我们攻坚克难的强大思想武器。

（中共中央文献研究室胡昌勇供稿）

党史期刊发展前沿论坛　7月31日，由中共北京市委党史研究室主办的党史期刊发展前沿论坛暨《北京党史》创刊30周年座谈会在北京会议中心召开。《中共党史研究》《党的文献》《当代中国史研究》《百年潮》《党史博览》等期刊代表，《北京党史》顾问张静如、朱成甲、张注洪、陈铁健、侯且岸以及《北京党史》编辑部新老同志40多人参加座谈。与会人员充分肯定刊物30年来取得的成绩，认为编辑部同志始终用心、专心、创新，始终把握政治方向，始终坚持学术特色，在办刊宗旨、办刊形式、办刊内容上都有了长足进步，很好地团结了一大批著名专家学者、青年研究人员，刊登了许多有价值、高质量的文章，在全国30多家地方党史期刊中地位比较突出。大家还指出，面对新形势新任务，党史期刊的发展到了一个关键时期，如何实现可持续发展，成为重大课题。中共北京市委党史研究室主任谢荫明在总结时深情回顾了30年走过的历程后，概括了四条基本经验：始终坚持“提供党史资料，反映研究成果，交流动态信息，开展宣传教育”的办刊宗旨，不断从党史部门自身职能和首都实际出发，办好学术性、理论性刊物；始终及时反映研究成果，积极发挥研究导向功能，不跟风、不媚俗、不浮躁，坚持正确的立场、方向；始终真诚依靠专家学者，建设高素质的作者队伍；始终重视编辑队伍自身建设，做到“创一流、出精品、育人才”。他要求以这次座谈会为新的发展契机，力戒浮躁，不断改革创新，推动包括《北京党史》在内的整个北京党史工作迈上新台阶。

（中共北京市委党史研究室王锦辉供稿）

第四届北京文史论坛　10月10日上午，由北京市社会科学院与北京市文史研究馆、北京市政协文史和学习委员会、北京市地方志编纂委员会办公室共四家单位联合举办的第四届“北京文史论坛”在北京市政协大楼二层会议厅召开。北京市社会科学院院长谭维克、市政协副主席陈平、市政协副主席陈宝昌、市政协秘书长闫仲秋，以及北京市文史研究馆、北京市地方志编纂委员会办公室等单位的领导出席了会议。北京市社科院历史所全体人员参加会议，并由王岗研究员、尹钧科研究员、王建伟副研究员作了主题发言。本届论坛的主题是“传承历史文化，建设先进文化之都”，旨在深入发掘北京历史文化的丰富内涵和多元价值，探索北京文化大发展、大繁荣的有效途径。会议共收到论文61篇，是历届论坛中数量最多的一次，体现出政府和学界对于文化建设问题的关心与重视。市政协副主席陈平在致辞中指出，自2009年举办以来，北京文史论坛取得了丰硕的研究成果，前三届论坛累计收到论文120余篇，20余位学者作了主题发言。本届论坛的举办，对于提高北京地域文化研究水平、传承优秀历史文化和促进北京文化建设等方面，将发挥出积极的作用。最后，市政协副主席沈宝昌在总结讲话中说，加强北京历史文化的研究，将为实施“人文北京”战略、打造社会主义先进文化之都和推动中国特色世界城市建设，提供丰富的历史文化资源和强大的精神力量。市政协将继续发挥文史论坛的平台作用，为将北京打造成为先进文化之都提供了厚重的思想基础、精神动力和理论支持。

（北京市社会科学院科研处供稿）

世界史发展历程的回顾与展望学术研讨会　10月15日，由首都师范大学历史学院与中国社科院老专家协会联合主办的“世界史发展历程的回顾与展望”学术研讨会在首都师范大学北一区国际文化大厦召开。

会议由首都师范大学齐世荣先生和中国社科院世界历史研究所张椿年先生主持，首都师范大学校长、世界史学科负责人刘新成校长致欢迎词。历史学院党委书记梁占军教授、世界历史所所长张顺洪研究员以及社科院科研处处长等出席了会议。北京大学的马克垚先生、徐天新先生，北京师范大学的刘家和先生、张宏毅先生，北京语言大学李铁城先生等知名专家在会上作了重点发言。本次会议旨在对世界史学科在中国的发展历程进行回顾，总结其中的经验和教训并对未来进行展望。在开幕式上，齐世荣先生首先明确了举办此次学术研讨会的重要意义。其后，各位老专家在会上依次结合亲身的经历就中国世界史学科的发展历程进行了回顾和讨论。

（首都师范大学社科处供稿）

首届中国历史学博士后论坛（2012）　10月19—20日，为纪念中国社会科学博士后制度实施20周年暨中国社会科学院博士后制度实施20周年，以“历史进程中的中国与世界”为主题的“首届中国历史学博士后论坛（2012）”在北京举行。论坛由中国社会科学院、全国博士后管理委员会、中国博士后科学基金会与中国史学会共同主办，中国社会科学院博士后管理委员会与中国社会科学院近代史研究所承办。来自全国各地科研院所和教学机构的百余名历史学领域的专家及博士后参加。

中国社会科学院副院长李扬，人力资源和社会保障部专业技术人员管理司司长、全国博士后管理委员会办公室主任孙建立，中国史学会会长张海鹏先后致辞。本次论坛不仅集中展示推介了一批优秀历史学术成果，发现凝聚了史学研究的优秀后备力量，而且对促进历史学各学各科各领域研究方法、研究理论和学术观点的相互借鉴，深化史学理论和各专题的研究具有重要意义。

（参见《光明日报》2012年10月27日第10版）

纪念台湾光复座谈会　10月21日，在10月25日台湾光复日即将到来之际，由中华全国台湾同胞联谊会、台湾民主自治同盟中央委员会和台湾抗日志士亲属协进会等主办的“纪念台湾光复67周年座谈会”在中国人民抗日战争纪念馆举行。中华全国台湾同胞联谊会会长梁国扬，台盟中央副主席黄志贤，以及台湾抗日志士亲属协进会大陆参访团等共100余人出席座谈会。

梁国扬在会上发言说，台湾光复彰显了“祖国的命运，亦台湾的命运，祖国存，则台湾亦存”，启示了我们要牢牢树立两岸同胞命运共同体的理念；台湾光复还彰显了台湾同胞不屈不挠抗击外敌侵略的爱国主义精神，这也必将成为两岸同胞推动两岸关系和平发展、促进祖国完全统一的宝贵精神财富。

台湾抗日志士亲属协进会会长丘秀芷和在京台胞代表林力、蔡宁以及北京联合大学台湾研究院教授徐博东等围绕台湾同胞抗日斗争的历史分别发言。

（参见《人民日报·海外版》
2012年10月22日第2版）

满铁资料研究分会年会　10月26日，北京交通大学举办满铁资料研究分会2012年年会。满铁资料研究分会会长、中国近现代史史料学学会副会长、北京交通大学副校长关忠良，满铁资料分会顾问、原铁道部副部长国林，满铁研究专家苏崇民，满铁资料研究会原秘书长沈友益以及大连图书馆馆长辛欣，中央编译局信息部主任郗卫东，北京交通大学图书馆直属党支部书记裴劲松等国内20多家单位的50余名代表出席会议。年会由满铁资料研究分会常务副会长、北京交通大学图书馆馆长韩宝明教授主持。

韩宝明作了2012年满铁资料研究分会工作汇报。就满铁资料全文数据库建设、分会首届基金项目的研究建设、第二届分会基金项目申报、电子期刊《满铁研究》编辑工作及合作交流与组织建设等项工作作了介绍。我国满铁研究的开创者之一、《满铁史》作者苏崇民专程从澳大利亚赶来参会，并作了《善用满铁资料》的报告。苏崇民先生在1958年接手满铁资料，对满铁资料有着深入的研究。他还提出一些研究方向，希望满铁研究继续深入发展，壮大满铁资料研究队伍。沈友益作了《关于满铁资料整理研究工作的若干思考》的报告。苏崇民先生向山东图书馆和哈尔滨图书馆颁发了分会首届基金项目结项证书；韩宝明为"满铁资料研究分会天津地区工作组"授牌。郗卫东主持满铁研究分会理事长会议和满铁工作学术研讨会，与会专家学者就满铁资料整理工作中的相关问题展开深入讨论与交流。满铁分会秘书长、北京交通大学图书馆副馆长郑兰就满铁研究人才培养，加大人才建设力度等作了重要发言。

"满铁资料"是研究中国近代史、中日关系史极为珍贵的文献史料。满铁资料研究分会由著名学者季羡林呼吁成立，2007年4月起挂靠北京交通大学图书馆。

（北京交通大学科技处供稿）

《〈清实录〉经济史资料（顺治—嘉庆朝）》（11卷）出版学术研讨会　11月7日，由北京大学经济学院主办的"《〈清实录〉经济史资料（顺治—嘉庆朝）》（11卷）出版学术研讨会"于北京大学经济学院泰康厅举行。来自中国社会科学院、中国国家图书馆、国家清史编纂委员会、北京大学、清华大学、中国人民大学、南开大学、辽宁大学、山西大学和北京社会科学院等高校和科研机构的80多位专家学者参加了研讨会。《〈清实录〉经济史资料》整理从立项至今已整整63年，不仅是名副其实的跨世纪工程，也算得上新中国成立以来持续时间最长的资料整理项目。几代学者发扬愚公移山的精神，百折不挠，薪火相传，为读者在浩如烟海的清史档案中查找经济史资料提供了一盏指路明灯。这部书的出版，即使在当今信息社会，依然具有不可替代的学术价值。与会专家围绕《清实录》在清代经济史研究中的地位、《〈清实录〉经济史资料》出版的学术价值和社会效益，及如何振兴经济史学科等问题展开了深入讨论。

（北京大学社科处供稿）

历史·史学·社会学术研讨会　11月10—11日，北京市历史学会与北京师范大学史学理论与史学史研究中心、北京师范大学历史学院联合举办了"历史·史学·社会"学术研讨会。来自北京和全国高校及科研院所专家学者近80人参加了会议，60余人提交了论文。

在为期两天的讨论中，刘家和、张广智、施丁、瞿林东分别作"历史、史学和社会三者关系之思考""时代、社会与史学变革""传统史学的'为人'问题""史学史研究中的历史与史学"主题发言；吴怀祺、陈其泰、牛润珍、李振宏、彭刚、周兵作大会发言。在分组讨论中，与会学者分别以中国和世界为大主题，围绕历史、史学和社会的关系进行了深入讨论。

本次研讨会在关注学术界研究的重点问题的基础上，进一步深入挖掘历史、史学与社会之间的密切关系，拓宽历史研究的视野，立足新的维度，探讨深层次的问题，力求得出新的认识。

（北京市社科联学会部供稿）

教育学　心理学

北京高教心理素质教育年会暨心理素质理论与实践研讨会　1月4—5日，北京高教学会在京召开北京高教心理素质教育年会暨心理素质理论与实践研讨会。会议研讨内容：（1）中共北京市委教育工委副书记王民忠作《当前形势下的大学生思想教育与心理素质教育》报告。（2）清华大学心理学系副主任樊富珉教授作《中国心理学会临床与咨询心理学注册系统与高校咨询师的伦理关注》报告。（3）北京心理危机研究与干预中心、北京回龙观医院张艳萍作《心理危机干预方法》报告。（4）北京中医药大学谷晓红教授作《中国传统医学中的养心理念与方法》报告。（5）学术交流发言：首都师范大学蔺桂瑞的《萨提亚转化式心理咨询督导模式的理论与应用》、北京语言大学王颖的《以微博为契机推进网络平台建设、课程建设与朋辈互助》、北京交通大学田宝伟的《大学生挫折与应对研究范式的变化》、北京大学宋振韶的《朋辈辅导在高校心理健康教育的实践与展望》、北京化工大学王晓艳的《高校辅导员的心理知识技能需求的调查研究》、北京服装学院倪男奇的《高校大学生心理健康教育课程教学模式与方法试探》、北京航空航天大学马喜亭的《大学生活动渗透式积极心理健康教育的探索与实践》、首都师范大学杨芷英《搭建心灵互助平台，促进学生健康成长——大学生朋辈辅导体系的探索与构建》等。

（北京高等教育学会秘书处牛惠兰供稿）

数字学习与智慧校园建设研讨会 3月30日，由教育技术学北京市重点实验室、北京师范大学教育技术学院联合主办的“2012数字学习与智慧校园建设研讨会”在北京师范大学举行。日前，教育部刚刚发布《教育信息化十年发展规划（2011—2020年）》，在此背景下，本次研讨会主题确定为“数字学习和智慧校园建设”，涵盖了智慧学习的新兴技术、数字化内容的开发、智慧教室设计、电子教材、学习助手、学习分析、教育云服务等研讨专题。来自北京市各区县信息中心、各区县中小学校、中央电教馆、陕西师范大学、西南大学、西北师范大学、沈阳师范大学、高等教育出版社、外语教学与研究出版社等二十余家单位的120余名代表参加了此次研讨会。研讨会同时邀请了为智慧学习环境不同方面提供技术解决方案的苹果（中国）公司、思科（中国）公司和西门子（中国）有限公司，共同探讨新世纪教育理念变革、新技术对学习环境影响前景等议题。北京师范大学教育学部分党委书记褚宏启和北京市教委基教二处李奕处长分别致辞。本次研讨会受到了众多学者的积极支持，内容丰富，形式多样，议程紧凑，研讨深入，既为教学一线的教育技术工作者提供良好的交流平台，也为北京师范大学师生科研学术能力的建设和培养创造了良好的环境。

（北京师范大学社科处供稿）

第七届全民教育国家论坛 4月12日，在京召开了第七届全民教育国家论坛，随着“两基”任务的全面完成，中国切实履行了对国际社会的承诺，提前实现了达喀尔会议确立的全民教育两大目标——普及初等教育和成人扫盲。

2011年，全国所有县（市、区）、所有省级行政单位通过国家验收，2010年青壮年文盲率下降到1.5%以下，小学净入学率达到99.7%，普及九年义务教育和扫除青壮年文盲的目标全面实现。论坛肯定了中国对本地区乃至世界全民教育发展所作出的贡献，认为中国的经验是世界全民教育运动的宝贵财富，特别是对那些仍然致力于解决全民教育问题的国家更是如此。

国家总督学顾问陶西平在会议上表示：普及九年义务教育、扫除青壮年文盲，显著改变了中国教育的基本面貌，更广泛地保障了公民的基本学习权利，全面提升了国民素质。义务教育均衡发展实际上是“两基”达标的后续工程，承接着“两基”达标没有完成和需要完善的任务。因此，加大对中西部地区、广大农村地区、基础薄弱学校和困难群体的政策倾斜仍是工作重点。

2003年，中国正式公布了《全民教育国家行动计划》，并设定了2015年前实现6个全民教育目标的路线图。召开七届的全民教育国家论坛，已成为中国介绍全民教育发展情况、交流国内外教育发展经验、创新举措的重要平台。本次会议由中国联合国教科文组织全国委员会和联合国教科文组织北京办事处、联合国儿童基金会驻华代表处共同主办。

（参见《光明日报》2012年4月13日第1版）

高等学校文化育人研讨会 4月13日，高等学校文化育人研讨会暨第五次文化素质教育工作会议在清华大学举行。

教育部党组副书记、副部长杜玉波指出，全面提高高等教育质量，是当前高等教育战线最核心最紧迫的任务，文化素质教育要在人才培养的基础性、综合性、实践性和创新性上狠下功夫，积极探索科学基础、实践能力和人文素养融合的培养模式。他同时要求高等学校建设高水平的文化素质教育通选课，加强大学文化建设，切实履行文化传承创新职责，以加强基地建设为重点，探索文化素质教育运行的有效机制。

本次研讨会由“主题报告”“专题报告”“专家学术报告”“校院长论坛”组成，中国高教学会会长周远清、中央教科院院长袁振国、华中科技大学校长李培根、北京理工大学党委书记郭大成、香港大学副校长徐美碧等就提高大学的文化自觉与素质教育自觉、大学文化传承创新与文化育人的深入实施等问题进行了理论思考与实践经验分享。

（参见《光明日报》2012年4月15日第4版）

立足课堂教学凸显学科特色大型教学研讨活动 4月20日，北京市教育学会在芳草地国际学校世纪小学召开了主题为“立足课堂教学 凸显学科特色”大型教学研讨活动。此次活动由北京市教育学会主办，芳草地国际学校承办。

为了更好地促进区域协同发展，经市教育学会批准，在朝阳区教委及教研室的大力支持下，芳草地国际学校邀请了城乡学校共同体管庄小学、星河实验小学、白家庄小学、朝阳实验小学、花家地小学、朝阳师范附属小学、北京师范大学奥林匹克花园实验小学等七所学校一起协办此次活动。

活动中，200多名与会教师观摩了七所学校最具本校特色的学科课堂教学35节，其中，芳草地国际学校范颖老师在主会场展示了一节在去年全国科学学科课堂大赛活动中荣获一等奖的科学课。

在此项活动中，七所学校还介绍了本校学科特色的整体建设情况。北京市教科院课程中心的李群老师、星河实验小学马芯兰校长作了大会发言。北京市教育学会李观政会长在讲话中指出，这次朝阳区七所学校首次联手举办的大型市级教学研讨活动，活动氛围友好热烈、内容充实，为促进区域共同发展，探讨学科课堂教学，提高教学质量作了大胆尝试，取得了良好的效果。

（北京市教育学会张宏、李文鸾供稿）

2012年北京高教学会计算机教育研究会学术年会 4月21日在中央民族大学召开北京高教学会计算机教育研究会2012年学术年会。年会主题为《应用类本科、高职院校计算机专业实践教学》。中央民族大学副校长喜饶尼玛应邀出席并致辞。大会特邀请北京市教委高教处处长黄侃作报告。北京市高教学会常务副会长兼秘书长陈锡章应邀出席并讲话。研究会理事长高林作了2011年研究会工作总结报告。大会进行了学术交流，会上学术交流发言有：北京大学胡俊峰的《程序设计课程中数学物理模型的引入与教学案例探讨》，北京石油化工学院张晓明的《计算机专业工程教育模式改革与实践》、北京信息职业技术学院张治斌的《技术应用型课程的开发与教学实践——NET应用软件技术》、首都师范大学骆力明的《以培养工程能力为导向的实践教学模式的探讨与实践》、中央民族大学曹永存的《程序设计基础课程教学改革的一些思考与实践》。会上还开展了精彩教学片断交流并评选出获奖选手。

（北京高等教育学会秘书处牛惠兰供稿）

亚洲体育教练：过去·现在·未来研讨会 4月25—29日，由国际教练员教育委员会（ICCE）主办，首都体育学院承办、国家体育总局科教司给予支持的“国际体育教练体系”第四次工作组会暨“亚洲体育教练：过去·现在·未来”研讨会在首都体育学院举行。这是该国际组织首次在亚洲举办工作组会，也是首都体育学院继北京奥运会之后承办的规格最高、规模最大、与会者来自不同国家范围最为广泛的国际会议。来自英国、加拿大、葡萄牙、西班牙、瑞士、澳大利亚、南非、日本、巴林、马来西亚、菲律宾及中国香港等国家与地区的20余位国际体育教练教育专家齐聚首都体育学院共商国际体育教练体系构建问题。

本次为期三天的研讨会以国际体育教练体系与亚洲体育教练的历史、现状与未来为主题，强调国际教练教育委员会将连接全球教练教育，与高等教育、职业培训、国家教练机构、体育协会、教育工作者和科研人员一起推进教练教育产业的发展。来自世界各国各地区的教练教育管理人员、研究人员在研讨会期间进行广泛的交流与讨论，内容涉及21世纪中国体育教练的现状与作用、21世纪亚洲体育教练面临的主要挑战、加强亚洲国家（地区）间合作及亚洲国家（地区）与全球组织合作的最佳方法等。国家体育总局田管中心副主任兼中国田径队总教练冯树勇、自行车教练员李卫、训练局体能训练中心主任王雄等中方教练也在研讨会上介绍了中国教练的成功做法和先进经验。

（首都体育学院罗笛供稿）

全球化时代的教育与社会正义系列学术讲座 5月8日，“全球化时代的社会正义——教育角色的再思考”首次讲座在英东学术会堂举行，由美国高等教育界著名学者，密歇根大学高等教育研究中心亨德森讲席教授爱德华·圣约翰（Edward St. John）博士主讲。爱德华·圣约翰教授现担任美国院校多元化研究中心副主任、密歇根大学福特公共政策学院美国贫困研究中心研究员等职，在美国高等教育研究领域有重要的学术地位和广泛的学术影响，并荣获了多项美国教育研究界和高等教育界的重要荣誉，如2002年获美国高等教育研究协会领导力成就奖，2010年获得美国教育研究会会士称号和美国高等教育研究协会研究成就奖。爱德华·圣约翰教授认为，随着全球化时代国际竞争的加剧，经济主义和市场竞争的盛行，以及教育科学性研究范式的影响，教育实践中的不平等日益加剧。通过对教育现实的分析，他判断进入全球化时代后，经济和社会处于不利地位的学生其获得教育的机会反而日益减少。要解决这一不平等问题，教育应该而且能够发挥更重要的作用。该讲座作为系列讲座的第一场，从框架背景、理论基础和基本观念上确立了全球化时代教育与社会正义关系的前提。讲座由教育历史与文化研究院院长郭法奇教授主持，教育学部副部长李家永教授致欢迎词。在9日和10日上午，圣约翰教授分别带来了名为“可行动研究与社会正义”的第二场讲座和“全球化与社会正义诸问题：国际高等教育的比较研究”的第三场讲座。最后，爱德华教授与来自美国、韩国、印度等地的学生以及在场的其他同学进行了面对面的互动交流，大家向爱德华教授提出了各自的疑问。爱德华教授用他亲切、富有感染力的话语给了大家很多有益的启示。系列讲座在非常愉快的互动交流中圆满结束。

（北京师范大学社科处供稿）

全球化与高等教育国际化论坛 5月16日，“全球化与高等教育国际化”在中国政法大学昌平校区举行。大会由西南政法大学校长付子堂与美国加州大学戴维斯分校副校长威廉·拉西（William B Lacy）主持。

意大利罗马第二大学校长雷纳多·劳罗（Renato

Lauro)、厦门大学校长朱崇实、法国波尔多四大校长雅尼克·冷先生（Yannick Lung)、中国政法大学校长黄进、新西兰惠灵顿维多利亚大学副校长罗伯托·拉伯尔（Roberto Rabel)、台湾中正大学校长吴志扬、中南财经政法大学校长吴汉东、瑞士卢塞恩大学副校长、瑞士帕拉塞尔苏斯协会联席主席马库斯·莱易斯（Markus Ries）分别作了题为“全球化社会高等教育的前沿”“高等教育国际化——厦门大学的实践”“高等教育全球化的机遇与风险”“推进大学国际化，提升大学竞争力”“把学生培养成全球市民：维多利亚国际领导者项目”“东亚高等教育的愿景——以中正大学为例”“趋势与使命：中国法学高等教育的国际化”的演讲。

（中国政法大学科研处刘璐供稿）

法律变革与法学教育创新论坛　5月16日，“法律变革与法学教育创新”在中国政法大学昌平校区举行。海内外学者、法大师生共500余人参加论坛。论坛由西北政法大学校长贾宇、中国政法大学中欧法学院前院长高美莲主持。

会上，香港终审法院大法官陈兆恺、国家检察官学院院长胡卫列、巴西前任大法官埃伦·诺斯弗利特、华东政法大学党委书记杜志淳、澳大利亚新南威尔士大学法学院院长大卫·迪克逊、中国人民大学法学院院长韩大元、美国律师协会下任主席詹姆士·西尔克纳特、中国政法大学副校长张保生分别作了题为“法律教育、法治社会和实践”“二十一世纪中国司法官教育展望”“法律和法学院的未来”“法律人才培养模式之创新——从理念到实践”“新式法学教育：为21世纪的法学院设计国际化、实验性和以研究为重点的课程”“全球化与法学院的社会责任”“法学教育、法律服务和律师监督”“全球化背景下的法学教育国际化”的报告。

（中国政法大学科研处刘璐供稿）

首届民族地区高校教育学院院长联席会议暨民族教育学学科建设研讨会　5月26日，首届民族地区高校教育学院院长联席会议暨民族教育学学科建设研讨会在中央民族大学召开。本次会议由中央民族大学主办，来自全国8个地区，16所院校的50多位领导、专家参加了会议。

教育部民族教育司张强副司长、国家民委教育科技司边境副司长、原中央民族大学校长哈经雄教授、中央民族大学石亚洲副校长、广西民族大学钟海青书记等出席了会议。张强副司长和边境副司长分别在讲话中，充分肯定了我国民族教育工作所取得的重大成绩，要求民族地区教育学院进一步加强沟通与合作，积极推进我国民族教育事业的健康、快速、持续发展。会上，中央民族大学教育学院院长苏德教授，广西师范大学教育科学学院院长孙杰远教授，内蒙古师范大学教育科学学院院长等七位教授等分别作了主题发言。与会的领导、专家围绕各自学院的学科建设、人才培养、我国民族教育学科前沿问题等进行了热烈而深入的探讨和交流。

与会专家一致认为，本次会议的顺利召开，对促进我国民族教育学科建设、人才培养、队伍建设等方面具有重大意义，希望以本次会议为契机，进一步加强民族地区教育学院之间的交流与合作，以促进我国民族教育事业更好、更快地发展。

（中央民族大学科研处陈海如供稿）

北京教育督导与评价研讨会　6月14日“北京2012教育督导与评价研讨会”在北京工业大学举行。本次研讨会由教育部教育督导团办公室、北京市人民政府教育督导室、北京市教育委员会、北京教育科学研究院主办，北京工业大学高教所承办，以“公平、优质、创新——义务教育均衡发展与督导评价”为主题。教育部副部长刘利民、北京市副市长洪峰等领导出席会议。国家教育咨询委员会委员、国家总督学顾问陶西平作主题演讲。教育督导领域的专家以及来自全国20多个省（自治区、直辖市）和较大城市的教育督导相关领导、督学，围绕义务教育均衡发展的内涵和外延，不同区域推进义务教育均衡发展的理论研究、政策设计与实践探索，以及义务教育均衡发展督导评价的思想和理念、评价技术和工具、评价方法和结果的使用等方向，展开了研讨。

（北京工业大学科技处供稿）

教育创新：大学与创新人才培养国际学术研讨会　6月16—17日，“教育创新：大学与创新人才培养”国际学术研讨会在北京师范大学举行。北京师范大学校党委书记刘川生、常务副校长董奇、资深教授顾明远、林崇德，教育部原副部长、全国人大常委吴启迪，建设创新型国家战略推进委员会秘书长吴子敬、香港科技大学副校长翁以登，以及来自美国、澳大利亚、芬兰和国内高校的专家学者200余人参加了会议。大会开幕式由北京师范大学常务副校长董奇主持。刘川生书记在致辞中指出：教育创新是当今世界面临的共同课题，教育创新日益成为经济社会发展的主要驱动力。大学是自主创新的重要主体，肩负着培养输送创新人才，研究推出创新成果的艰巨使命。作为中国第一所国立师范大学，北京师范大学始终重视创新精神的培养，一直走在引领教育创新、培养创新人才的前列。为提高人才培养质量，目前学校正在进行新一轮的教育教学改革。本次研讨会为探讨全球化背景下的教育创新与大学改革等战略性、前瞻性问题提供了一个高端对话的平台，必将有助于把教育创新理论研究推向纵深，有助于催发更多的教育创新学术成果，有助于进一步加强国内外学者的深度交流合作，推动教育创新研究的全球化合作与跨文化的对话。

研讨会上，与会专家学者围绕全球化背景下的教育创新及评价、创新人才培养的国际经验与发展趋势、创新人才的成长规律和培养模式、高等教育领导力、大学精神、大学改革等前沿理论和实践问题展开深入的研讨和广泛的交流。研讨会还专门安排了七场高水平的学术讲座，千余名师生聆听了讲座。

（北京师范大学社科处供稿）

首届中国小学国际教育研讨会 7月17日，首届中国小学国际教育研讨会在京举办。小学，是学校教育的起点，将为孩子一生的发展奠定重要基础。重视并加强对小学阶段学校教育的目标、使命及其实现过程的研究，始终是世界各国教育的热点问题。

谁能以明天的视角培养今天的孩子，谁就意味着交给了孩子一把适应未来的金钥匙。“而问题的关键是：要养成哪些习惯？要培养哪些核心素养？哪些核心素养是发展所必需的核心素养……这些问题的回答其实就决定了小学教育的主要任务，决定了小学教育的目标和方向。随着对这些问题的思考和回答，新一轮的问题就又会跳入我们的脑海中。”国务院参事、中国教育学会副会长李烈表示，我们不仅需要对教育本质、教育规律有思考，还需对教育及教育的发展有前瞻性的思考。站在前瞻和高位的角度，不但去了解世界，更要因此而反思自己，从而真的为今天的小学生、未来世界的主人们作出最好的、起始阶段的启蒙教育或者小学教育蓝图。

来自全国各地小学教育界的校长、教师代表近500人与美国、加拿大等国的教育界同人围绕着“未来对教育的挑战”展开了广泛的交流与研讨，分享了各自的见地。

（参见《光明日报》2012年7月18日第4版）

指尖上的教育幼教论坛 8月11日，“指尖上的教育”幼教论坛在京举行，3ikids互动宝宝应用平台同时启动。本届论坛由哈佛教育科技研究院主办，《学前教育》杂志社协办。围绕“家园共育”的主题，来自国内外150多名幼教专家、学者及幼儿园园长，就互联网迅猛发展环境下，如何解决幼儿家长与幼儿园互动理念缺失及互动手段匮乏等问题展开探讨。论坛上，还举行了3ikids互动宝宝应用平台启动仪式。据介绍，该平台基于移动互联网技术，家长通过文本信息、图片、视频可随时随地了解宝宝在幼儿园的全面情况，并可以与幼教专家、幼儿园教师进行信息互动，达到“家园共育”的目的，使宝宝健康快乐地成长。

（参见《光明日报》2012年8月12日第5版）

中国特色社会主义教育发展道路研究学术研讨会 8月26日，“中国特色社会主义教育发展道路研究”学术研讨会在北京师范大学举行。研讨会由教育部高校社会科学发展研究中心和北京师范大学联合举办，北京师范大学资深教授顾明远先生、教育部高校社会科学发展研究中心主任杨河教授、清华大学副校长谢维和教授、北京外国语大学校长韩震教授、中央教育电视台党委书记张剑等专家和领导出席了会议。“中国特色社会主义教育发展道路研究”学术研讨会围绕教育部高校社会科学发展研究中心当前的工作重点和2012年教育部哲学社会科学研究重大委托项目“中国特色社会主义教育发展道路研究”展开。顾明远先生、杨河教授、谢维和教授、韩震教授、张剑、国家教育行政学院副院长李文长教授、中国人民大学马克思主义学院院长秦宣教授等专家和领导，就如何理解中国特色社会主义教育发展道路、如何把握中国特色社会主义教育与中国特色社会主义的关系、中国教育发展历史与现实的关系、道路与模式的关系、规律与特色的关系、本土与国际的关系等问题进行了主题发言，充分肯定了“中国特色社会主义教育发展道路研究”的政策意义和开创性。会上，北京师范大学刘复兴教授系统介绍了“中国特色社会主义教育发展道路研究”重大项目的研究价值与意义、研究现状与趋势，研究的目标、内容、重点、难点、创新点，研究的思路与方法，与会专家围绕重大项目的进一步研究工作展开了深入研讨。

（北京师范大学社科处供稿）

北师大特级教师校友发展论坛 8月26日，特级教师校友发展论坛在北京师范大学举行。百余位特级教师校友重返校园，共叙师生同窗情谊，共商教育事业发展大计，为北师大建设世界一流大学助力。这也是庆祝北师大110周年校庆系列活动之一。

教育部部长、哲学系77—78届校友袁贵仁，原国家教育委员会副主任、国家总督学、中文系1961届校友柳斌等出席论坛。

柳斌在致辞中指出，尽管我们在实施素质教育方面做出了巨大努力，但今天中国的基础教育基本上仍然是“应试”的天下。综观我国的教育，育人基本上是以考试为本，看人基本是以分数为本，用人基本上以文凭为本，这三者都与“以人为本”的理念相去甚远。在这种情况下，教育家办学、教育改革家办学已成为社会呼声的强音，时代呼声的强音。中国已到了呼唤特级教师的时代、呼唤教育家的时代、呼唤师范教育的时代，正是在这场广泛深刻的教改实践中，一批批有思想、有作为的教育家将涌现出来，引领中国改革新潮流。

北师大一附中特级教师校友代表、地理系1949届校友王树声表示，教育中出现的问题，其根本原因不在教育本身，因而解决教育问题也不是单纯靠教育就能解决的。当然我们不能坐等外部环境的改善，还要加强内部修炼，发挥教育自身的优势，建设好我们的队伍。

（参见《光明日报》2012年8月27日第6版）

农村教育发展论坛　9月10日，主题为“关注农村教育，关心乡村教师”的农村教育发展论坛由中央电视台与《光明日报》联合在京举办。论坛是“寻找最美乡村教师”大型公益活动的重要组成部分。“寻找最美乡村教师”活动得到社会各界广泛关注，目前已经评选出10位“最美乡村教师”。

《光明日报》总编辑何东平说：“今天我们在这里举办‘农村教育发展论坛’，以这样特殊的方式纪念第28个教师节。我们国家目前有13亿多人口，其中，半数生活在农村地区，一半以上的学龄儿童在农村。农村教育不仅是农村的希望，更是整个国家和我们民族的希望。今天广大农村的6600万中小学生，正是明天国家建设的生力军，将形成我们国家又好又快发展的巨大人力资源优势。”

全国人大常委、民进中央副主席朱永新认为，农村教育反映的是公平和质量两个基本问题。“如何有效解决这两个基本的问题？我认为一是加强对各级政府的考核、监督力度，二是发挥民间社会组织的作用。”

北京师范大学农村教育与农村发展研究院教授袁桂林对农村教师发展的问题进行了深入思考。“从促进农村教育发展的角度看，对于农村教师编制的审核可以从两方面入手解决问题。首先，以农村学校为单位，以实际教育教学需求为标准核定教师编制；其次，核定教师编制要多维度考虑，要考虑教职工与班级数之比。”

中央民族大学教授吴明海以民族地区乡村教育为着眼点，呼吁重视文化建设的力量。中国农业大学教授朱启臻从提高农村教育质量的角度，对农村学校布局调整提出了意见和建议。蒙牛集团副总裁李彤、红烛老区公益基金会会长冀盛华表示，将进一步关注农村教育，为农村教育的发展贡献力量。

中国教师发展基金会秘书长杨春茂以及乡村教师代表马建红等先后发言，就农村教师培养、提高待遇、教师流动等问题深入探讨，呼吁全社会重视农村教育，为农村教师的职业发展提供更多机会。

（参见《光明日报》2012年9月11日第1版）

全球化背景下的多元文化教育国际学术研讨会　9月22日，由中央民族大学主办，中央民族大学教育学院承办的“全球化背景下的多元文化教育国际学术研讨会”在中央民族大学召开。教育部民族教育司副司长张强、中国教育学会名誉会长顾明远、美国华盛顿大学多元文化教育中心主任James A. Banks等嘉宾莅临开幕式，来自美国华盛顿大学、美国纽约城市大学、澳大利亚澳洲国立大学、台湾成功大学、清华大学、中国人民大学、北京师范大学以及中央民族大学等30多所高校、科研机构的专家、学者、教师和研究生代表参加了开幕式并共同探讨全球化背景下多元文化教育的理论、实践和发展思路等相关问题。

在为期两天的研讨会中，与会代表围绕“多元文化教育的理论与实践研究”“民族认同、国家认同与民族团结教育研究”“乡土知识传承与多元文化课程研究”“语言文化多样性与少数民族双语教育研究”“民族教育的历史与文化传承研究”“多元文化背景下的教师教育与教学研究”等议题进行了深入探讨和交流，为全球化背景下多元文化教育的发展献计献策。

代表们指出，多元文化教育国际学术研讨会的召开具有重要的学术意义和现实意义，有利于增进国内学术界对国际多元文化教育的了解、促进国内外多元文化教育研究的对话和交流、提高我国民族教育研究的国际化水平。希望让多元文化教育的理论与本国教育的实践结合起来，为中国少数民族教育的改革和发展、为世界文明的进步与发展提供重要参考和借鉴。

（中央民族大学科研处陈海如供稿）

第三届中国金融教育论坛　10月12—13日，由首都经济贸易大学金融学院与中央财经大学金融学院主办，《国际金融研究》《金融论坛》协办的2012年中国高等教育学会高等财经教育分会金融学专业协作组年会暨第三届中国金融教育论坛在北京举行。来自北京大学、浙江大学、中央财经大学、上海财经大学等全国近40所高校及中国银行和工商银行等机构的80多位代表出席了大会。本届论坛以“协同创新与多层次金融学教育”为主题，全面研讨金融学专业教育存在的问题和解决的对策。

在金融业面临经营环境发生了深刻的变化，从而对高级金融人才的培养提出了更新、更高要求的背景下，本次会议各位专家学者齐聚一堂，共同探讨多层次金融学教育的发展问题，共同探讨如何培养适合市场需要的金融人才问题，具有重要的现实意义。与会专家的深入探讨与交流，为我国金融学教育的发展提出了有价值的真知灼见，促进了全国金融学科的发展，加强了各校间的交流与合作。

（首都经济贸易大学科研处张嘉艳供稿）

吴正宪教育思想研讨会　10月18日，北京市教育学会在朝阳区星河实验小学召开吴正宪教育思想研讨会。北京市特级教师队伍是北京教育界的宝贵财富，他们是师德的楷模，业务的专家，为更好地践行特级教师的教育教学思想，推广特级教师的先进的教学经验，北京市教育学会在“十二五”期间举办北京市特级教师系列研讨会，吴正宪教育思想研讨会是系列研讨会之一。

吴正宪是全国著名的特级教师，一直致力于小学数学教学改革，形成了比较系统的吴正宪数学教育教学思想，被大家誉为没有写完的小学数学教学的方法论，“吴正宪效应”影响着北京市甚至是全国小学数学教学界，把吴正宪教育思想研讨会作为北京市特级教师系列思想研讨会的第一讲，我们就是要深入总结吴正宪老师的教育教学思想，最大限度地拓展、推广吴老师的教育教学资源，促进北京市小学数学教学的发展。吴老师40年的教育一直坚守着对数学、对儿童的热爱。从学生教育到教师教育，从师带徒到创建团队记录着吴老师对自身专业成长的不懈追求。2012年9月，吴正宪老师被国务院评为全国“双基”先进工作者；10月，吴正宪老师又被国务院教育督导委员会聘为国家督导特约教育督导员。

朱永新、李观政，北京教科院、北京教育学院、北京师范大学、首都师范大学及河北、天津等兄弟省市的专家、学者和区县教委的领导及教师450人参加了研讨会。

（北京教育学会贾福禄　李文嶌供稿）

第四届教育国际研讨会　10月23—24日，北京师范大学与伦敦大学教育学院合作举办的第四届教育国际研讨会在京召开，主题为教育公平与质量。中国教育学会会长钟秉林教授和北京师范大学董奇校长出席了开幕式并致辞。此次英国伦敦大学教育学院派遣了近50人的代表团，包括其现任校长Husbands教授和前任校长Whitty教授。在双方的努力下，邀请到7位中外一流学者作为主题发言人，包括清华大学教育研究院的刘精明教授，教育学部郑新蓉教授、伦敦大学教育学院的Whitty教授、Ainscow教授、Kress教授、世界银行的King教授，美国威斯康辛大学麦迪逊分校的Ladson-Billing教授等。国内有180位代表注册，境外有80位代表。发言人150位。此次会议的学术水平和规模都是空前的。大会围绕着教育公平与质量问题中的教育实践中的公平、道德教育和公民教育、全纳教育、研究、研究者与教育公平和质量和交流、文化与认同等分主题展开讨论。

（北京师范大学社科处供稿）

性别平等与教育领导力中非经验交流会　10月29日下午，由联合国教科文组织国际农村教育研究与培训中心举办的“性别平等与教育领导力中非经验交流会”在北京师范大学召开。来自非洲妇女教育家论坛、联合国教科文组织非洲能力建设国际研究所、非洲教育发展协会、加纳高级信息技术中心、非洲性别和社会发展中心、肯尼亚内罗毕大学发展研究所等非洲地区的国际组织和性别与发展机构，以及来自中国高校、研究所、政府部门、非政府组织的专家、学者、管理者和实践者参加了此次交流活动。会议就中国和非洲地区在通过教育和培训赋权女性，促进性别平等及女性领导力建设方面的经验与实践进行了交流与讨论。联合国教科文组织国际农村教育研究与培训中心副主任王力在交流会中致欢迎辞，北京师范大学教育基本理论研究院主任郑新蓉、非洲妇女家论坛执行主任Ms. Oley Dibba-Wada作总结发言，指出交流会讨论了很多重要和热点问题，并高度赞赏了会议对增进中国和非洲在促进性别平等方面相互了解的重要意义。

Ms. Oley Dibba-Wada指出教育是发展的重要动力，非洲妇女教育家论坛致力于通过教育赋权妇女和女童，在国家政策、能力建设、信息传播等不同层面积极开展工作。同时，她还介绍了非洲妇女教育家论坛通过提供奖学金促进女童入学，为女性提供生活技能培训，并推进性别平等的教育。联合国教科文组织非洲能力建设国际研究所主任Mr. Arnaldo Nhavoto介绍了非洲能力建设国际研究所的教师培训和研究项目，非洲教育发展协会执行秘书长Mr. Ahlin Byll-Cataria、加纳高级信息技术中心秘书长Ms. Dorothy K. Gordon、非洲性别和社会发展中心主任Ms. Thokozile Ruzvidzo与肯尼亚内罗毕大学发展研究所所长Mr. Kabiru Kinyanjui分别就合作伙伴的重要意义，终身学习与个人及社会的可持续发展，科学技术发展对信息传递及女性声音表达的促进作用，新媒体发展进程中的数字鸿沟问题，领导力的重新定义，性别主流化的挑战以及非洲地理、历史、文化、性别平等进程多元化的问题进行了交流。虽然中国和非洲有着不同的历史、文化和社会背景，但在性别平等与女性领导力方面面临着很多共同的问题，如农村女性的教育与生活技能发展，女性领导能力的提升与决策参与，教师及教育实践中性别敏感性的提升，女性在信息科技领域的平等参与及数字鸿沟的缩小等。此次活动为增进中国和非洲地区在性别平等与女性领导力建设方面的相互了解提供了一个良好的交流平台。与会学者、专家认为在共同致力于实现全民教育目标及千年发展目标的过程中，教科文组织国际农村教育研究与培训中心与非洲相关组织应该加强在实现性别平等目标方面的合作伙伴关系。通过会议、论坛等各种形式的交流活动增进双方在促进性别平等与女性领导力提升方面的经验与实践分享，加强双方在实现女性平等接受教育、平等社会参与方面的合作研究，通过组织培训项目提升女性的领导技能与能力，重视男性参与，促使更多的女性参与决策制定和管理，使女性的声音与需求得到反映，并能平等地贡献社会。

（北京师范大学社科处供稿）

中非教育合作交流活动 10月31日，由北京师范大学、联合国教科文组织国际农村教育研究与培训中心（以下简称国际农教中心）和联合国教科文组织非洲能力建设国际研究所（以下简称非洲能力所）共同组织的中非教育合作交流活动在北京师范大学国际学术交流中心举行。联合国教科文组织教育助理总干事唐虔、北京师范大学校长兼国际农教中心主任董奇、非洲能力所主任 Mr. Arnaldo Nhavoto 和中国联合国教科文组织全国委员会秘书长杜越出席并致辞。来自联合国教科文组织非洲办事处、非洲能力所、非洲经济委员会、非洲教育发展协会、非洲妇女教育论坛、非洲性别和社会发展中心等非洲地区的国际组织的17名代表，以及来自中国外交部非洲司、中国商务部援外司、中国国际扶贫中心、联合国教科文组织驻华代表处、华东师范大学、浙江师范大学、中非希望工程、中非杂志、北京师范大学和国际农教中心的30多位代表参加。

来自联合国教科文组织、非洲和中国的专家和政府官员探讨了非洲教育发展面临的挑战、中非教育合作的新模式和新思路以及高校和国际组织的作用，对中非教育合作的机遇和前景给予了积极的评价。唐虔教育助理总干事表示，中国和非洲国家之间应建立教育合作的新模式，建立平等的合作伙伴关系。他高度评价了中国政府在联合国教科文组织设立信托基金支持非洲教育发展的多赢模式。Arnaldo Nhavoto 主任认为非洲和中国的教育机构之间有很大的合作潜力，可以互相学习、互惠互利。非洲妇女教育论坛执行董事 Ms. Oley Dibba-Wadda 认为本次活动提供了一个很好的分享经验和交流看法的机会。杜越秘书长认为中非教育合作意义深远，合作是相互的，国际农教中心与非洲能力所的合作将有一个美好的未来。设在北京师范大学的国际农教中心主要面向发展中国家在教育促进农村发展领域开展国际性的研究、培训、信息传播和网络建设等活动。非洲能力所聚焦非洲国家的教师教育机构和教师的能力建设，在非洲有广泛的网络联系。此次活动期间，国际农教中心与非洲能力所签署了备忘录，将继续在技能开发、教师教育、妇女赋权和农村教育信息化等领域开展国际项目合作。北京师范大学董奇校长表示，希望双方今后在科研、能力建设、咨询、合作筹款、联合出版和信息共享等方面加强合作，这份合作备忘录将进一步加强中非教育合作伙伴关系。

（北京师范大学社科处供稿）

京疆学院人文素质论坛 10月31日，“京疆学院人文素质论坛”开幕仪式暨论坛首讲在首都师范大学良乡校区艺术楼举行。教育部民族教育司司长、教育部民族教育发展中心主任、国家考试委员会资深专家阿布都（维吾尔族），教育部民族教育发展中心副主任赵建武，教育部民族司协作处宋遂周，良乡基础学部常务副部长颜忠诚，首都师范学院京疆学院党总支书记林广成出席了开幕式。开幕仪式由首都师范大学副校长周建设主持。阿布都司长作了题为“京疆学院人文素质论坛”的第一讲。人的素质主要决定于精神品格、专业基础、思维方式和技术能力四大方面，而这四大要素除了来自课堂教学外，更需要第二课堂的有力补充，而“京疆学院人文素质论坛”正是首都师范大学开展民族教育第二课堂的积极探索与有益实践。该论坛在11月12日，11月15日，12月12日还将举行由北京市副秘书长傅华作“宣传思想工作”讲座；教育部语言文字应用管理司司长姚喜双教授作“推广普通话的规范字的意义”讲座；首都师范大学欧阳中石教授作了“中华传统文化”讲座。

（首都师范大学社科处供稿）

自闭症儿童教育干预研讨会 11月1日，认知神经科学与学习国家重点实验室副主任李小俚教授主持的自闭症儿童教育干预研讨会在京召开。民政部国家康复辅具研究中心罗椅民教授、联合国儿童基金会项目官员陈学锋、南开大学医学院王崇颖副教授、北京师范大学教育学部胡晓毅副教授、贵阳学院钱贵晴教授、北京海淀培智中心学校于文校长、北京师范大学脑与认知科学研究院刘文利副教授等作为专家组成员参加研讨会。罗椅民教授在致辞中，从国家民生建设、社会服务和科技创新等方面充分肯定了自闭症儿童教育干预研究的重要意义，并从特殊教育辅具专业开发和利用角度发表了深刻见解。同时提出，希望北京师范大学和民政部国家康复辅具研究中心共同建设国家认知障碍辅具与技术研究中心，由北京师范大学认知神经科学与学习国家重点实验室提供理论和技术支持，协助国家康复辅具研究中心形成认知障碍辅具技术标准和规范。

研讨会中，王崇颖重点介绍了国内外自闭症儿童教育干预研究现状；胡晓毅就自闭症的教育干预研究作了说明；于文就目前国内益智学校中的自闭症儿童教育干预发展与现状作了阐述与分析，提出实际的需求；李小俚介绍了自己的实验室概况与辅具开发，提出从解决自闭症儿童教育干预的实际问题出发，发挥工程和信息技术在自闭症儿童教育干预中的作用；陈学锋就“在游戏中发展与评价儿童”向专家组作了系统、详尽的介绍，希望对自闭症儿童教育干预有所启迪；刘文利就自闭症儿童教育干预中的教师专业发展及培训的未来计划作了说明。最后，专家组达成一致意见和建议：自闭症儿童的教育干预研究方向符合社会需求和国家民生建设要求。下一步需要开展的具体工作有：开展教师培训，搭建科研平台，优化研究队伍，申请课题支持。李小俚表示将结合自闭症儿童教育干预现状，依托北京师范大学认知神经科学与学习国家重点实验室，推进自闭症儿童教育干预的深入研究与跨学科、跨部门广泛合作。

（北京师范大学社科处供稿）

第九届北京论坛　11月2—4日，由北京大学、北京市教育委员会、韩国高等教育财团联合主办的第九届北京论坛圆满闭幕。300多名海内外知名学者和嘉宾应邀参加，围绕本届论坛主题“新格局·新挑战·新思维·新机遇”，分析当今世界面临的变革与挑战，反思人类精神文明的现状，探讨新格局下不同社会角色的责任，从社会发展、文明、信仰、经济、教育等不同视角，对人类发展面临的问题展开纵深讨论，收获了累累硕果。11月2日上午，论坛在北京钓鱼台国宾馆隆重开幕。全国人大常委会副委员长、民进中央主席、中央社会主义学院院长严隽琪，中国人权研究会会长、全国政协原副主席罗豪才，德拉华大学特聘教授、诺贝尔和平奖得主约翰·拜恩，教育部副部长杜占元，印度前总统卡拉姆，韩国前总理卢在凤，韩国高等教育财团事务总长朴仁国，中国人民外交协会党组书记兼副会长卢树民，联合国教科文组织教育助理总干事唐虔，北京大学党委书记朱善璐、校长周其凤等出席开幕式。在三天的会议中，本届北京论坛展开涵盖经济、哲学、教育、城市、语言、新闻、企业家等方面的八个分论坛。经过三天充实、深入的学术交流和探讨，4日上午，本届论坛在北京大学英杰交流中心落下帷幕。澳大利亚前总理、国会议员陆克文，韩国高等教育财团事务总长朴仁国，北京市教育委员会副主任付志峰，北京大学党委书记、校务委员会主任朱善璐等出席闭幕式，英国前首相托尼·布莱尔发来视频致辞。

（北京大学社科处供稿）

北京市首届中小学校长美育论坛　11月19日，“北京市首届中小学校长美育论坛”在北京市陈经纶中学分校举行。论坛旨在全面落实中国共产党第十八次全国代表大会报告精神，明确立德树人的教育根本任务，深化德智体美全面育人目标的整体实施，强化美育是学校教育的重要目标，是全面实施素质教育的重要组成部分。国家总督学顾问陶西平在大会主报告中强调：“美育是学校教育的重要目标，是全面实施素质教育的重要组成部分。美育的根本是培养人的人格与心灵，它贯穿在学校的全部工作中，是学校全体干部教师的工作，而绝非单是艺术教师的工作。”在论坛中，北京市陈经纶中学分校校长刘永芬、北京市第三十五中学书记孔燕、北京黄肯艺术实验小学校长沈淑芳、北京市大兴区第十小学校长高爱军、北京市第六十五中学副校长李嫄作了专题报告。朝阳区60所学校的美育工作在论坛中得到展示。陈经纶中学分校学生的管乐团、舞蹈团、合唱团和健美操队的精彩演出得到了与会者的高度赞赏。

北京市中小学美育研究会新老会长、北京市教育委员会、北京市教育学院、北京市教育科学研究院、人民音乐出版社社长吴斌以及中央教育科学研究所、中央美术学院的专家学者以及朝阳区政府、东城区教工委、朝阳区教委及全市18个区县的教委领导和全市400余所中小学教师代表500余人出席了论坛。论坛由北京市教育学会中小学美育研究会与北京市朝阳区教育委员会共同举办。

（北京教育学会杨国英　李文骞供稿）

海峡两岸教育政策论坛　11月25日，以“教育改革与发展的趋势：挑战与对策”为主题的海峡两岸教育政策论坛在京举行。论坛由中国教育科学研究院主办。

论坛以教育政策为视角，聚焦当前教育发展过程中所遇到新挑战、面临的新趋势，研讨教育问题，探寻教育发展的新对策。与会的海峡两岸学者认为，教育政策研究与创新在促进教育决策科学化、推进教育改革与发展的过程中发挥着基础性和关键性的作用。

（参见《人民日报》2012年11月26日第12版）

学习·认知·健脑——友善用脑健脑操与提升学生学习力研讨会　12月1日，由北京市社科联、北京市科协主办，北京市学习科学学会、北京针灸学会承办，北京市第十九中学协办的“学习·认知·健脑——友善用脑健脑操与提升学生学习力研讨会”成功举办。北京市社科联党组副书记陈之昌、北京市科协副主席田文出席研讨会并致辞。北京市学习科学学会理事长、北京教育学院党委书记马宪平主持研讨会。来自北京各区县的160余位中小学教师代表参加了研讨会。

研讨会上，北京师范大学原党委书记周之良、首都医科大学附属北京中医医院针灸科主任王麟鹏、北京针灸学会常务副秘书长黄毅、北京市学习科学学会副理事长兼秘书长李荐，分别以“学习科学发展走向”“脑健康、人健康与学习”“中医调神与健脑——友善用脑健脑操的构想”“友善用脑健脑操的理论探索与课堂实践”为题作了主题报告，并与现场听众进行了热烈研讨。

（北京市社科联学术活动部供稿）

第三届首都教育论坛 12月12日，为学习贯彻党的十八大提出的“着力提高教育质量，大力促进教育公平”的精神，北京市社科联与首都师范大学联合举办了以“走向教育的质量与公平”为主题的第三届首都教育论坛。市社科联党组副书记陈之昌、首都师范大学党委书记张雪、北京市教委副主任付志峰出席论坛并致辞。来自首都教育界的专家学者、北京16个区县的教委领导和首都中小学校长及教师代表约200人参加论坛。

围绕论坛主题，民进中央副主席、中国教育学会副会长朱永新教授，清华大学副校长谢维和教授，首都师范大学首席专家劳凯声教授，北京教育学院院长李方教授，北京大学教育学院院长文东茅教授，北京师范大学裴娣娜教授，首都师范大学教育学院副院长蔡春教授等专家学者分别作了主题发言，并就“如何推动首都基础教育从基础均衡走向优质均衡”和“怎样办好每一所学校、教好每一个学生”与在场听众进行了热烈的交流研讨。

此次论坛是北京市社科联与首都师范大学联合主办的第三届首都教育论坛。论坛自2010年创办以来，始终密切关注首都教育发展的重大战略问题，努力汇聚学界、政界和奋战在教学工作一线的教师代表，力求把首都教育论坛建设成为各界人士探讨、推动北京教育事业发展的重要平台。

（北京市社科联学术活动部供稿）

认知神经科学与学习国家重点实验室2012年度学术年会 12月16日，认知神经科学与学习国家重点实验室2012年度学术年会在北京举行。中科院上海生命科学研究院李朝义院士、华东师范大学周永迪教授、英国谢菲尔德大学Mikko Juusola博士、西班牙卡哈尔研究所Gonzalo de Polavieja博士、合肥工业大学生物与食品工程学院郑磊教授、中科院心理所所长傅小兰教授，北京师范大学信息科学与技术学院周明全教授、系统科学系韩战钢教授等应邀出席了此次年会。来自中国科学院、北京大学、德国慕尼黑大学医学心理所、上海外国语大学语言研究院、二炮总医院等研究机构的师生，北京师范大学认知神经科学与学习国家重点实验室的全体师生及相关院系所师生共350余人参加了年会。

实验室主任李武教授首先代表实验室作了2012年度实验室工作进展报告，总结了实验室本年度各方面工作所取得的成绩。之后由西班牙卡哈尔研究所Gonzalo G. de Polavieja博士作特邀报告，主题为Decision-Making in Animal Groups，介绍了该领域的最新研究进展以及他本人的研究成果，引起了与会师生的强烈反响。实验室研究人员围绕着基本认知过程与学习，语言、数学认知与学习，情绪与认知的相互作用，心理发展与脑发育以及认知神经科学的方法学研究等方向的最新研究成果展开了10项高水平学术报告。

（北京师范大学社科处供稿）

首届京津沪渝促进义务教育学校均衡发展论坛 12月21日，北京市教委基教一处主办，首都师范大学基础教育研究院与北师大基础教育研究院共同承办的“聚焦教育内涵发展，办好百姓身边学校”——首届京津沪渝促进义务教育学校均衡发展论坛在京召开。此次论坛深入探讨区域内义务教育学校均衡发展的有效途径和模式，广泛交流教育管理体制机制创新，从直辖市、区县、学校三个层面搭建起交流、探索促进义务教育均衡发展的平台，为政府推进义务教育均衡发展提供了决策参考。

教育部基础教育一司司长王定华、上海市教委巡视员尹后庆、北京市教委副主任罗洁、北京教育学院副院长杨志成、首都师范大学校长助理孟繁华等领导出席论坛。北京市各区县主管主任及中小学校长代表；天津、上海、重庆市教委基教处及部分区县教委负责人、中小学校长代表等共150余人参加了论坛。论坛分别由北京市教委专职委员李奕、首都师范大学基础教育研究院常务副院长张景斌教授主持。

（首都师范大学社科处供稿）

2012年全国地方高水平大学发展峰会 12月22日，由北京工业大学、上海大学、苏州大学、郑州大学和南昌大学共同发起，北京工业大学主办的2012年全国地方高水平大学发展峰会在北工大召开，全国30所地方高水平大学的校领导参加了峰会。会议以“贯彻落实十八大精神，努力办好人民满意的教育”和“‘2011计划’与地方高水平大学建设”为主题，旨在通过研讨交流，共同促进地方高水平大学的健康发展，推动高等教育强国的建设。教育部副部长杜玉波，市委教育工委副书记、市教委主任姜沛民等相关领导出席了开幕式。来自全国30所地方高水平大学的代表，结合学校发展实际，针对如何建设好地方高水平大学、有效推进“2011”计划的实施、建立地方高水平大学发展峰会的长效机制等进行了深入的讨论与广泛的交流，并提出了建议意见。

经过研讨，与会代表对地方高水平大学改革与发展的基本问题达成初步共识，并通过《坚持改革创新 加快地方高水平大学的发展 努力办好人民满意的教育——2012年全国地方高水平大学发展峰会宣言》。

（北京工业大学科技处供稿）

语言学　文学

第七届功能语言学与语篇分析国际高层论坛　3月29日，为期两天的第七届“功能语言学与语篇分析”国际高层论坛在北京科技大学外国语学院开幕。北京科技大学校长助理朱鸿民教授，国际系统功能语言学著名学者、英国加的夫大学（Cardiff University）Robin P. Fawcett教授，利物浦大学（University of Liverpool）Geoff Thompson教授，香港城市大学中文、翻译及语言学系教授、韩礼德研究中心主任Jonathan Webster教授，中国功能语言学研究会名誉会长、北京大学资深教授胡壮麟教授，中国功能语言学研究会会长、中山大学黄国文教授，中国功能语言学研究会名誉副会长、清华大学方琰教授，中国功能语言学研究会副会长、同济大学张德禄教授等30余人出席了会议。

各位教授肯定了此次会议的重要性以及外国语学院功能语言学研究团队为功能语言学的发展所作的贡献，强调了北京科技大学功能语言学研究中心对于推动学术交流所发挥的重要作用。朱鸿民教授表示，功能语言学的发展有效带动了外国语学院和北京科技大学外语学科的发展，希望以后能举办更多这样的学术活动。开幕式后，Geoff Thompson教授等12位专家学者先后围绕本次论坛的议题“英/汉功能句法研究”作了精彩的学术报告。

（北京科技大学科学研究与发展部李静供稿）

首届全国教师文学研讨会　5月26日，由中国当代文学研究会校园文学委员会和中国教育学会中学语文教学专业委员会联合主办的首届教师文学表彰奖颁奖典礼暨首届全国教师文学研讨会，在中国现代文学馆举行。白烨、吴思敬、苏立康、庄之明、林莽、金波、毛志成等专家学者与会，并围绕教师文学创作这一主题进行了研讨。会上还颁发了首届教师文学表彰奖，并成立了教师文学创作研究中心，校园文学研究专家王世龙担任中心主任。

（参见《光明日报》2012年6月9日第9版）

庆祝中国与中亚五国建交20周年暨双语教育国际学术研讨会　6月16日，“庆祝中国与中亚五国建交20周年暨双语教育国际学术研讨会”在中央民族大学召开，本次会议由中国少数民族双语教学研究会主办，中央民族大学中国少数民族语言文学学院、外国语学院、预科教育学院、东干学研究所以及北方民族大学北方民族语言研究院联合协办。在为期两天的会议中，来自国内外各高校和学术研究机构的200余名专家学者济济一堂，以大会报告和分组讨论的形式，围绕双语教育的意义、存在的问题和发展前景进行了探讨。

全国人大常委会民族委员会主任委员马启智、中国外交部欧亚司参赞刘彬、上海合作组织秘书处顾问扎哈罗夫、塔吉克斯坦共和国驻华大使拉稀德·阿里莫夫、中国中亚友好协会秘书长鲁爱珍、国家民委国际交流司外管处副处长刘庆余、中央民族大学副校长宋敏等领导和嘉宾莅临开幕式。

代表们指出，中央民族大学对中亚的研究历史由来已久，学校的许多专家学者以及一些中青年学者从民族学、人类学、历史、语言、文化等学科和角度对中亚进行了深入研究，并取得了一定的成绩。代表们希望海内外各个学科的专家学者利用这个平台共同研究中亚区域的文化、历史、宗教等各个方面的相关问题，以更好地促进文化交流。

（中央民族大学科研处陈海如供稿）

网络文学作品研讨会　6月28日，中国作协在京举行“网络文学作品研讨会”，这是中国作协自成立以来首次专门研讨网络文学作品。各文学网站推荐了5部代表作品：《遍地狼烟》（李晓敏）、《扶摇皇后》（天下归元）、《隋乱》（酒徒）、《新宋》（阿越）、《凝暮彦》（杨蓥莹）。

专家认为，网络文学表现出与传统文学相异的特点，需要探索符合其特点的评价体系。

（参见《人民日报》2012年6月29日第14版）

文学批评如何更有效地进入文学现场学术研讨会　6月28日，由中国现代文学馆主办的“文学批评如何更有效地进入文学现场”学术研讨会暨“中国现代文学馆客座研究员届满离馆仪式”在中国现代文学馆举行。

中国现代文学馆首批客座研究员是7位“70后”“80后”优秀青年批评家。中国作家协会党组成员、书记处书记李敬泽对中国现代文学馆一年来对客座研究员工作的成效给予肯定。与会专家还就“文学批评如何更有效地进入文学现场”的话题进行了讨论。

（参见《人民日报》2012年6月29日第14版）

林佩芬长篇小说《故梦》研讨会　8月29日，由北京市社会科学院满学研究所、文化研究所和台湾研究中心共同举办的台湾籍女作家林佩芬（满族）长篇小说《故梦》学术研讨会，在北京市社会科学院举行。除邀请到林佩芬女士外，来自北京市社会科学院满学研究所、文化研究所以及中国社会科学院、北京大学、北京语言大学、西北大学等单位的相关专家学者参加了此次研讨会。长篇小说《故梦》（上下两卷）是台湾著名历史小说家林佩芬女士精心创作的长篇历史小说，由广西师范大学出版社出版。作品以百年中国的历史变迁为宏观背景，以陆天恩的人生历程，以及与5位奇女子人生情感纠葛为主线，塑造了一批性格鲜明的人物形象，在宏大的历史情景中演绎了百年中国的慷慨悲歌。与会专家学者从不同角度、不同层面，对历史叙事与小说叙事、历史场景和艺术描述、性别视角和性别文化、创作成就与问题分析等方面对作品进行了热烈讨论和激情争辩。在研讨中，其他专家学者分别从不同的角度阐释了自己对作品的理解。《故梦》作者林佩芬女士对研讨中提出的问题，与专家学者进行了互动和交流。

（北京市社会科学院科研处供稿）

外国文学与翻译研究高端论坛　11月9日，北京师范大学外国语言文学学院主办全球化语境下的外国文学与翻译研究高端论坛。来自美国、中国社会科学院、北京大学、清华大学、中国人民大学、北京外国语大学等单位的40多位学者参加了此次论坛并发言。北京师范大学副校长杨耕、外文学院党委书记林洪参加了开幕式并分别致辞。此次论坛，多位外国文学和文学翻译研究学者共聚一堂，商讨当前外国文学研究和翻译研究中的问题，思考今后的发展方向和趋势。论坛邀请了来自美国加州大学伯克利分校的专家伊什梅尔·里德、中国社会科学院外国文学研究所盛宁研究员、北京大学的申丹教授、辜正坤教授、清华大学曹莉教授以及中国人民大学陈世丹教授作主讲发言。纵观本次论坛的讨论问题，可以从如下几个方面进行总结：（1）当前外国文学理论发展态势；（2）外国文学经典文本的研究；（3）外国文学教学；（4）翻译原则和翻译理念；（5）当前的中外文学翻译状况；（6）翻译实践中的具体问题；（7）中外文学的传播与译介。此次论坛对我国的外国文学研究、翻译研究和跨文化交流产生了积极影响，对于外语学科的发展，尤其是对北京师范大学的外国文学和翻译的教学与研究，产生了积极的促进作用。

（北京师范大学社科处供稿）

西域—中亚语文学国际学术研讨会　11月23日，西域—中亚语文学国际学术研讨会在中央民族大学召开。本次会议是由中央民族大学教育部“长江学者”特聘教授，中国少数民族语言文学学院、维吾尔语言文学系、哈萨克语言文学系和古籍研究所联合举办。来自俄罗斯科学院、英国伦敦大学、德国勃兰登堡科学院、哥廷根和美因茨大学，日本京都大学、弘前大学和龙谷大学，奥地利维也纳大学、捷克马萨里克大学、土耳其安卡拉大学等世界各地著名高校的专家以及来自北京大学、复旦大学、中国社科院、中国人民大学、新疆大学和中央民族大学等中国高校的70多名专家学者参加了会议。

本次专题研讨会的主旨是汇报中央民族大学从2009年开始进行的研究项目“古代维吾尔诗歌文集”的研究成果，为潜心研究20世纪初开始在吐鲁番、敦煌及邻近地区发现的各种语言文字文本的专家学者提供一个平台。会上，60多名专家学者宣读论文并探讨和交流了文本中反映的语言文学、语言学、历史学及文化学等论题。

（中央民族大学科研处陈海如供稿）

第四届全国话语语言学学术研讨会　12月1日，第四届全国话语语言学学术研讨会在中国传媒大学举办。研讨会由中国传媒大学外国语学院和全国话语语言学研究会联合举办。中国传媒大学副校长廖祥忠，教育部语用司文字处处长孟庆瑜，全国话语语言学研究会会长、中国传媒大学外国语学院院长李佐文，中国语用学研究会副会长、华东师范大学教授何刚等来自全国20多所高校话语语言学学界的专家学者代表出席研讨会。

在开幕式上，廖祥忠副校长详细介绍了中国传媒大学话语语言学的发展情况及取得的成绩，阐述了该学科的重要作用并表达了对本次学术研讨会的良好祝愿。孟庆瑜处长系统介绍了教育部语用司制订的中长期语言文字工作发展规划，为与会学者开展研究提供了参考。

论坛期间，6位与会教授介绍了自己的研究成果。向明友教授在“试论话语的社会交际功能”发言中，介绍了有关话语的社会交际功能方面的研究成果。何刚教授在“用文化方式解读回话语境”主题发言中，对会话的文化驱动及语境信息类别进行了深入探讨。刘永兵教授在“基于语料库的中学英语课程规约话语研究”发言中，分析了我国中学英语课堂教学中的规约话语，该研究成果有助于大众加深对课堂规约话语的理解并对教师改进课堂教学提供启发。王相锋教授根据其对世界500强企业商标和中国100家老字号商标的调查，作了题为“商标命名的认知转喻研究”的发言。北京师范大学外国语学院副院长苗兴伟教授、中国传媒大学外国语学院麻争旗教授也分别进行了题为“话语建构：从理论到实践”和“电影翻译中的语言学问题”的发言。

在分组讨论环节，与会代表就话语语言学的相关热点话题进行了讨论交流。

（中国传媒大学科研处供稿）

第四届全国国际汉语教育人才培养论坛　12月7—8日，北京师范大学汉语文化学院主办的第四届全国国际汉语教育人才培养论坛暨专业硕士培养工作研讨会在京师大厦举行。世界汉语教学学会会长、汉语文化学院院长许嘉璐先生，北京师范大学刘川生书记，国家汉办马箭飞书记等，出席了论坛开幕式并先后发表了重要讲话。来自北京大学、南开大学、中山大学等62所兄弟院校的100多名专家学者以及汉语文化学院的30多位教师参加了本次论坛，围绕本次论坛主题——新形势下汉语国际教育人才中华文化素养、文化传播能力的培养与培训，进行了分组发言与热烈讨论。

（北京师范大学社科处供稿）

第一届中国语言产业论坛　12月1日，为贯彻党的十八大精神，繁荣语言事业，发展语言产业，首都师范大学语言产业研究中心与北京市语言文字委员会共同主办的中国第一届语言产业论坛在京举行。教育部副部长、国家语委主任李卫红，北京市副市长、市语委主任洪峰出席论坛。来自国内相关领域的专家学者和相关语言企业代表共100余人参会，首都师范大学副校长周建设、校产办主任程振勇、北京语言产业研究中心主任陈鹏、文学院副院长包晓光等出席论坛。与会代表就中国语言产业的现状及未来发展等问题进行了广泛而深入的探讨。

（首都师范大学社科处供稿）

2012年全国英美文学教学研讨会　12月7—8日，由中央民族大学外国语学院主办的“2012年全国英美文学教学研讨会”在中央民族大学召开。本次会议邀请了“英美文学”国家级精品课程主持人、省部级精品课程主持人、校级精品课程主持人，以及在各类院校讲授英美文学课程的主讲教师40余人，3位来自台湾师范大学、台湾交通大学的知名教授也应邀参加会议。

本次会议是该学院继2009年6月举办“亚裔美国文学研讨会”、2010年11月举办“21世纪英语学科建设与发展”研讨会、2011年6月举办“英美文学最新动态”研讨会后，所举办的第四次全国性的英美文学大型学术会议，是我国英美文学界在“文学教学”研究上的一次大胆尝试，得到了与会同行的一致称赞，被认为是一次及时、必要、很有成效的会议。

（中央民族大学科研处陈海如供稿）

杰姆逊与中国当代理论批评学术研讨会　12月12日下午，北京大学英杰交流中心阳光大厅座无虚席，弗雷德里克·杰姆逊教授北大演讲正式拉开帷幕。杰姆逊教授在演讲中围绕奇异性、全球化、后现代主义等关键词展开了内容丰富、洞察深刻、思辨敏锐的演讲。虽然题目中有“美学”一词，但杰姆逊教授并非谈论艺术，而是将目光集中在了时间与空间，特别是当下社会生活，即全球化时代的时间与空间关系问题。杰姆逊教授所言的“全球化”并不是列宁意义上的垄断和帝国主义时期，即现代，而是与之有着本质区别和迥异文化逻辑的资本主义第三个阶段，即后现代。而后现代，抑或后现代性这一概念也正是在这个意义上，即便过了近30年时间，也依旧没有过时。

为配合杰姆逊北大演讲，推动国内文学批评、文化理论学科发展，北大中文系、北大批评理论中心、《人民论坛》杂志社联合主办了“杰姆逊与中国当代理论批评”学术研讨会。此次研讨会吸引了来自全国20余所高校和科研院所的师生参与，并有超过半数代表提交了高质量的长篇论文。12至13日，在中文系一楼会议室内，代表们齐聚一堂，围绕“杰姆逊思想研究”“反思中国西方马克思主义研究的状况”“反思中国后现代文化研究”“关于第三世界文学的问题”这四个议题展开了务实而富有成效的对话与讨论。杰姆逊教授参与了研讨会的后半程，并同与会代表进行了对话和交流。作为北大演讲和学术讨论会的延伸，北大批评理论中心还与中国社会科学院文学研究所合作，在12月14日上午举办“文化风格的历史分析：全球资本主义时代的经验与叙事”座谈会。

（北京大学社科处供稿）

北京市语言学会年会　2012年北京市语言学会学术年会于12月26日在中央民族大学召开。

北京市社科联、北京语言大学、中央民族大学，社科院语言所等相关单位的领导和专家学者出席了本次年会。

本次年会主题为：语言与社会变化。会议邀请到英国伦敦大学应用语言学教授李嵬、中央民族大学国际教育学院教授吴应辉、中国社会科学院语言研究所研究员张伯江、商务印书馆总编周洪波四位专家作了大会报告。

本次年会的下半场为研究生论坛专场。目的是鼓励广大青年教师和研究生参与研讨，为高校语言学专业的学生提供一个互相学习和交流的平台。在此项评选活动中，学会请专家审阅了研究生的投稿，从中评选出15篇年会优秀论文。在学术年会的闭幕式上，学会向获奖研究生颁发了获奖证书和鼓励奖金。

（北京市社科联学会部供稿）

文化　艺术（含民俗）

2012礼仪中国东岳论坛　1月16日，农历腊月二十三小年，由中国民俗学会、中国人民大学国学院、北京市文物研究所和北京民俗博物馆联合主办的

2012“礼仪中国”东岳论坛开幕，东岳书院揭牌仪式同时举行。40多名国内外知名学者汇聚一堂，以礼仪为切入点，围绕“礼仪文明的历史源流及人文内涵”“礼仪文明在中国社会的地位与作用”等论题进行交流，旨在促进对全球化时代中国文明主体性的理论思考和实践关怀。据悉，“东岳论坛”已举办四届。

（参见《光明日报》2012年1月17日第7版）

全国省级公共图书馆馆长座谈会 2月23日，由国家图书馆举办的“全国省级公共图书馆馆长座谈会”在京召开。来自全国省级（含副省级城市）公共图书馆馆长50余人在会上将围绕策划和实施全国古籍普查登记工作、数字图书馆推广工程、民国时期文献保护计划、“领导干部讲座共享平台”、“中国记忆”等多个全国性的重大项目建言献策。

国家图书馆馆长周和平表示，当前和今后一段时期是我国推进公共文化服务体系建设的重要时期，公共图书馆作为公共文化服务体系的重要组成部分，面临难得的发展机遇。以项目带动事业发展是一个成功经验。他表示，本次会议要为正在实施的“中华古籍保护计划”和“数字图书馆推广工程项目”作好新部署；为新启动的“民国时期文献保护计划”项目起好步、开好局；为新策划的“领导干部讲座共享平台”和“中国记忆”项目明确思路。

会上，国家图书馆有关负责人特别介绍了2011年策划实施“中国记忆”项目的思路。作为传承文明血脉、弘扬民族文化、建设中华民族共有精神家园的全国性文化工程，“中国记忆”项目是收集、整合、保存、传播有关中华民族重要事件和重要人物的集体和个体记忆资源，项目初期将以建设专题记忆资源为主要内容，从文献入手，依托图书馆馆藏文献，形成全方位的历史记忆专藏。

（参见《人民日报》2012年2月24日第12版）

主流文化与文化之争高层论坛 5月8日上午，由北京大学新闻与传播学院与北京大学文化产业研究院、商务印书馆、《英才》杂志社联合主办的“主流文化与文化之争”高层论坛在北京大学图书馆北配殿顺利举行。全国人大常委会副委员长严隽琪，新闻与传播学院常务副院长徐泓，新闻与传播学院教授、博士生导师、北京大学现代出版研究所所长肖东发，以及众多文化产业领袖、知名文化学者、媒体运营代表齐聚一堂，共话国际竞争环境下的主流文化与文化之争。徐泓代表主办方致辞。在致辞中，徐泓向出席领导、嘉宾及专家学者致以热烈的欢迎和衷心的感谢，并对本次论坛的理论与实践意义予以充分肯定。著名文化学者、北京师范大学教授于丹发表了题为“中国智慧的当代应用”的主题演讲。中国电影集团公司董事长韩三平在“电影与主流价值观”的主题演讲中分析了电影的四大属性，即文学艺术性、工业属性、科技属性和高商业属性。在题为“主流文化与文化产业”的主题演讲中，中国出版集团公司总裁谭跃表达了对我国文化产业与国际文化竞争的见解。严隽琪在讲话指出，主流文化决定着文化发展的方向，将真正影响着广大国民的思维方式和生活方式，而优秀的文化之所以能成为主流文化，还必须走出精英的殿堂，为大多数人所接受，在大众中广为传播。中国对外文化集团公司董事长兼总经理张宇，北京大学艺术学院副院长向勇，中国出版集团公司党组书记、副总裁王涛，北京融达弘文董事长颜子悦围绕“主流文化与文化之争”的中心议题进行圆桌会议，进一步探讨中国文化如何实现大发展大繁荣，如何走出国门并且在国际文化竞争中长盛不衰。

（北京大学社科处供稿）

中西人文研究论坛 5月18日，北京师范大学外文学院举办了中西人文研究论坛暨北京师范大学外文学院人文研究所成立仪式。本次论坛邀请了美国国家人文研究所主席瑞恩教授（Claes G. Ryn）与执行主席巴尔达奇诺先生（Joseph Baldacchino），台湾辅仁大学康士林教授（Nicholas Koss）、北京大学乐黛云教授、北京大学孟华教授、北京师范大学刘象愚教授、全国人大立法委员会吴学昭女士、北京市政协副秘书长方炎研究员等著名学者与知名人士到场观礼并作主旨发言。北京师范大学校长助理曹卫东教授出席论坛开幕仪式和人文研究所揭牌仪式，并向瑞恩教授颁发北京师范大学客座教授聘书。曹卫东教授致辞祝贺中西人文研究所的成立，并指出该所设在外文学院所具有的开创性意义。他希望，在学校一如既往地支持下，外文学院能够把外语教学与人文学结合起来，培养出更多具有人文底蕴的外语人才。方炎研究员在发言时指出，国家需要精通人文学的人才，人文学研究涉及领域广泛，人文所的建立具有现实性的意义。乐黛云教授殷切希望，人文所能在北师大外文学院发芽，在中国人文学界发展，进而在国内外人文主义研究领域发挥影响。

在接下来的中西人文研究论坛上，与会的中外学者作了精彩的发言。巴尔达奇诺先生回顾了两所的历史渊源，指出两所今天合作的历史性意义。瑞恩教授指出，中国自古以来就有人文主义传统。他相信美国国家人文研究所与北师大外文学院此次在人文学研究领域的合作不仅会在中国国内有效仿者，西方也会起而效之。康士林教授重忆北师大老校长陈垣先生往事，敦促在座师生要重视中西文化的交流合作，继续发扬陈垣校长“窄而深”的学术传统。孟华教授在肯定了人文研究所成立意义的同时，强调外院学生应当有意识地培养自己中外文史哲的人文修养，并应利用各种学术交流机会建立自己的学术交流网。外文学院刘象愚教授强调人文主义是一切主义中的主义。外文学院承办人文所对人文学科建设和人文教育发展的影响至为深远。中西人文论坛闭幕前，外文学院院长程晓堂教授表示，外文学院深感使命在身，一定不辜负学校和学界同人的支持和期待，立志办好这一研究所，发挥其传承及发扬人文主义传统之功用。最后，人文研究所执行所长张源副教授作了总结性陈词，她饱含深情地提到美国国家人文研究所成员及其前辈与中国几近百年的渊源，北京师范大学外文学院人文研究所的建立承载了白璧德至吴宓等几代人文学者的期望，具有承前启后，继往开来的意义。正是在学校和学院的支持下，在学界前辈这些年来的栽培和浇灌之下，才促成了人文所今天的成功启动。人文研究所自此成立，将作为文化交流单位和教育单位来搭建校际平台，通过开展与美国其他高校互访，举办暑期学习班等方式充分发挥其学术职能，以教育的方式进行文化的交流与传承，推动人文主义传统在中国的复兴和发展。

（北京师范大学社科处供稿）

第一届中国公益广告趋势论坛　5月18日，第一届中国公益广告趋势论坛暨《中国公益广告年鉴（1986年—2010年）》首发仪式在中国传媒大学举行。本届论坛是在国家工商行政管理总局指导下，由中国传媒大学、国家广告研究院、中国广告协会和中央电视台广告经营管理中心共同主办，全国公益广告创新研究基地、中国传媒大学广告学院与《媒介》杂志承办的年度公益广告研讨活动，来自政府管理机构、学界和业界的近百名代表参加了论坛。

本届论坛的另一重要环节为《中国公益广告年鉴（1986年—2010年）》的首发仪式，年鉴由全国公益广告创新研究基地和中国传媒大学共同编撰，是教育部“211工程”学科建设项目的科研成果。年鉴对25年来中国公益广告的发展历程进行了学术梳理和总结，填补了广告研究领域的空白。在首发仪式上，全国公益广告创新研究基地宣布本年度的年鉴编纂工作正式启动。

（中国传媒大学科研处供稿）

《三绝诗书画——启功书画及题画诗赏析》讲座　5月24日晚，“师心墨意兴国粹”纪念启功先生100周年诞辰系列讲座的第三场“三绝诗书画——启功书画及题画诗赏析”在北京师范大学敬文讲堂举行。此次系列讲座是在北京师范大学教育基金会和团委的指导下，北京师范大学N计划志愿者团与学生团体联合会为校庆110周年和启功先生诞辰100周年的献礼之作，本场讲座意在让大家领悟启功先生诗书画的精魂所在，了解启先生学诗作画的历练之道，以及与启先生对诗书画创作的独到见解和他卓尔不群的艺术魅力。主讲嘉宾为启功先生弟子之一，中央文史研究馆馆员，北京师范大学文学院教授、博士生导师赵仁珪老师。赵仁珪生动地讲述了启功先生从小拜师学艺的故事，向现场听众分析了在社会分工越来越细的今天，启先生能在众多领域都卓有成就的三个重要因素：天资过人，与大师同行及自身的勤学刻苦，让在场听众备受鼓舞。其后，赵老师精辟解析了启功先生的书画作品，拉近了观众与国学艺术的距离，让大家深刻感受到了中国古老而灿烂的书画艺术的极大魅力。赵老师的讲座内容丰富精彩，让大家在融洽的氛围中学习到许多国学知识，了解了启老先生习书作画的历程。

（北京师范大学社科处供稿）

档案前沿学术论坛专题报告会　6月8日，北京市档案学会与中国科学院档案馆、中国档案学会档案自动化管理技术委员会联合在中国科学院国家科学图书馆报告厅举办“档案前沿学术论坛”专题报告会。邀请国家档案局经济科技档案业务指导司副司长、研究馆员王岚博士作题为《从简牍到云端——信息时代档案管理的挑战、机遇和启示》学术报告。举办此次报告会旨在宣传与探讨先进、实用的新技术在档案管理与服务中的应用前景，充分认识信息时代对档案管理创新提出挑战性的研究课题，加速现代档案管理理念与新信息技术的融合。来自北京市和中央在京单位档案部门的档案工作者约百余人参加了报告会。中国科学院档案馆馆长屠跃明主持了报告会。

（北京市档案局科教处胡晓燕供稿）

中美民国时期文献保护工作研讨会　6月19日，由中国国家图书馆主办的中美民国时期文献保护工作研讨会在京召开，50余位来自中国、美国、加拿大三国的代表齐聚一堂，探讨如何以更好的方式保护民国文献。

文献保护是文化建设的重要内容，近年来国内越来越重视这方面的工作。国家图书馆已于今年启动了民国时期文献保护计划，该计划还被列入文化部《全国公共图书馆事业发展“十二五”规划》。

此次会议历时两天，专家们就“民国时期文献保护计划介绍”“海外民国文献存藏现状”“民国文献学术研究”等议题进行讨论。海内外图书馆将在这一领域加强交流，了解双方的最新研究动向和发展情况，在联合目录、文献数字化，举办展览、讲座，文献整理等方面进行沟通合作。

（参见《北京日报》2012年6月20日第15版）

北京文化走出去国际学术研讨会 6月28日，由北京市社会科学院外国所主办的“北京文化走出去”国际学术研讨会在北京市外国专家大厦成功召开。会议由外国所副所长邱莉莉研究员主持，北京市社会科学院谭维克院长致开幕词，中国社科院世界传媒研究中心主任姜飞研究员、中国人民大学新闻学院副院长喻国明教授、印尼驻华使馆文化处三秘Dyah Retno Andrini女士、《环球时报·英文版》专栏作家Chris Hawke先生、墨西哥电视台亚洲部主任Arturo Casares Cortina先生，中国社科院文化所沈望舒研究员、外国所张丽副研究员等八位专家学者作了主题发言。大会发言中，各位专家围绕文化走出去战略积极建言献策，旨在从新高度、以新视角，用新举措，为首都文化走出去采取一些具有针对性的、可行的和创造性的研究思路和可持续发展的战略对策。会议研讨内容丰富热烈，精彩纷呈，实事求是，既有中外学者在文化上的交流交锋，也有不同专家就文化走出去的具体内容路径进行色彩丰富的探讨；既有国内学者在文化概念及层次上的多重分析，也有域外学者就展示中华文化的原貌问题进行多维度辨识；既有学者对文化走出去的理念及内核进行剖析，也有学者对文化走出去的通约性、历史场景和向度进行表达。北京市社会科学院文化所、满学所、综治所、市情中心、科社所、历史所、法学所、经济所等30余名院内学者参加本次研讨会。

（北京市社会科学院科研处供稿）

2012北京文化论坛 7月8日，北京市社科联、北京市文化局、北京社会主义学院、民盟北京市委、九三学社北京市委、北京联合大学、北京改革和发展研究会等单位联合主办了以“首都非物质文化遗产保护”为主题的2012北京文化论坛。市社会主义学院党组书记马兰霞、市社科联党组副书记陈之昌出席并分别致辞。论坛开幕式和主题发言阶段分别由市政协副秘书长方炎、市社会主义学院副院长陈剑主持。来自首都高校、科研机构、民主党派的专家学者150余人参加了论坛。

陈之昌同志在致辞中指出，以人的实践活动为主要载体、以活态方式存续的非物质文化遗产，蕴含着中华民族特有的精神价值、历史记忆和生命基因，体现着中华民族的生命力和创造力，是弘扬优秀传统文化的重要载体，是建设社会主义精神文明的重要资源。未来五年，是首都北京全面建设中国特色世界城市的关键时期，是深化改革开放、深入推进经济发展方式转变的攻坚时期。首都非遗保护工作既迎来了新的发展机遇，也将面对诸多问题和挑战，还要在实践中不断探索和完善，尤其需要处理好保护与开发、社会效益与经济效益、政府主导与社会参与、“有形”与“无形”、传承与创新的关系。希望北京各界专家学者关注首都的非物质文化遗产保护，深入研讨非物质文化遗产保护的理论与实践，在总结经验、分析问题、创新思路的基础上，提出有现实指导意义的政策建言。

北京市文化局副局长何昕、北京文史馆研究馆员赵书、中国艺术研究院邱春林研究员、中国社会科学院色音研究员、北京中华文化学院客座教授李汉秋、北京联合大学张勃副教授、中国艺术科技研究所文化标准研究中心主任闫贤良、《大众电影》编审金依围绕主题，分别以“北京市非遗保护工作情况介绍”“首都非遗保护五项建议”“技艺因人而存在：非物质文化遗产活态传承的关键”“非物质文化遗产保护的国际经验与国内实践”“非遗的活态传承，中华人伦节日”“关于非物质文化遗产保护行动性质和任务的新思考”“突破保护与创新的不解命题”“应从国家文化战略的高度，认识传承和保护中国书法的重要性”为题作了大会发言并展开了热烈讨论。

与会专家充分肯定了近些年来首都在非物质文化遗产保护领域所采取的有力措施和丰硕成果，同时建议：成立非物质文化遗产保护研究会，充分吸收、借鉴国内外非物质文化遗产保护的经验，推动非物质文化遗产保护的理论研究并加强实践指导；加强非物质文化遗产传播工作，通过向世界传播首都非物质文化遗产所蕴含的中华文化，服务北京中国特色世界城市建设；加强对非物质文化遗产项目的研究和应用，充分发挥首都非物质文化遗产的资源优势，发展具有中华民族特色的文化产品，建设“龙文化博物馆”；进一步做好首都非物质文化遗产的普查和挖掘工作。

北京文化论坛旨在聚合首都文化领域的社科研究资源，研讨北京文化发展所面临的重大理论与现实问题，推动理论工作部门与实际工作部门之间的联系，促进首都文化大发展、大繁荣，服务北京中国特色社会主义先进文化之都建设。自2009年推出以来，已先后以“北京文化产业发展”“建设世界城市 提升首都软实力”“打造先进文化之都 培育创新文化”和“首都非物质文化遗产保护”为主题举办了四届北京文化论坛，出版《北京文化论坛文集》四册，在首都文化界引起了积极反响，并收到了良好的社会效果。

（北京市社科联学术活动部供稿）

晋商文化论坛 7月8日，以“弘扬晋商精神，传承晋商文化”为主题的“晋商文化论坛”在北京举行。此次论坛由首届世界晋商大会执委会、山西省阳泉市主办。

“晋商文化论坛”分为晋商文化专家论坛、晋商企业家论坛两部分。来自国内的著名专家、学者云集一堂，以全球化的视野，以经济、政治、文化、社会的多维视角，深入挖掘晋商文化的宝藏，对其包含的“节俭勤奋、明理诚信、精于管理、勇于开拓”的内涵进行精到的阐释，提示其对今天经济与社会发展的意义。论坛呼唤要不断丰满“晋商文化”的结构与内涵，期盼新晋商的崛起。此外，专家、学者还对《晋商大典》的编纂进行了讨论。

（参见《光明日报》2012年7月10第10版）

三祖文化高层论坛　7月25日，由全国政协教科文卫体委员会、河北省政协等单位主办的“同根、同源、同心——中华三祖文化与黄帝城遗址公园建设高层论坛”在全国政协礼堂举行。全国政协副主席孙家正出席论坛开幕式。

“三祖文化”是指5000年前黄帝、炎帝与蚩尤在河北涿鹿一带共同创造的灿烂文化。将蚩尤作为中华民族的人文始祖和黄帝、炎帝相提并论，确立了中华民族同祖同源的观点，明确了始祖文化是爱国主义的精髓和民族团结的基石。从1995年起，已举办了六届“三祖文化”学术研讨会，先后有近百名专家学者参与了学术研讨。

（参见《人民日报》2012年7月26日第12版）

姜椿芳百年诞辰座谈会　7月28日是我国著名翻译家姜椿芳100周年诞辰纪念日。为纪念这位中国现代百科全书事业的奠基人，7月29日，纪念姜椿芳百年诞辰暨《姜椿芳文集》出版座谈会在京举行。全国政协副主席郑万通出席会议。中共中央编译局局长衣俊卿、中国大百科全书出版社社长龚莉、中共黑龙江省委宣传部副部长赵德信、常州市市长姚晓东、上海外国语大学校长曹德明等代表主办方致辞。

姜椿芳，1912年7月28日生于江苏常州。早在抗日战争期间，姜先生就曾先后在哈尔滨和上海担任多家刊物、报纸的负责人，用传媒向沦陷区人民传播反法西斯正义之声。新中国成立后，他曾担任中共中央编译局副局长、中国大百科全书总编委会副主任、大百科全书出版社总编辑，是《中国大百科全书》的首倡者之一和第一任总编辑，是上海外国语大学前身华东人民革命大学附属上海俄文学校首任校长。姜椿芳先生译著等身，译有《列宁在十月》《俄罗斯问题》《小市民》等剧本、小说、诗歌和学术论著40余种。专家们说，姜椿芳先生是我国翻译事业重要的开拓者，他在我国思想文化诸多领域留下许多宝贵的财富，特别是他作为中央编译局的开创者之一，为我国马克思主义经典著作的编译、文献典藏和人才培养作出了重要贡献，为我国马克思主义经典著作编译事业奠定了整体基础。

会上，中央编译局还推出了组织编辑出版的10卷本《姜椿芳文集》。

（参见《光明日报》2012年7月30日第3版）

第五届北京（国际）藏学研讨会　8月2日，秉持“传承文化、服务社会”的理念，由中国藏学研究中心、中国西藏文化保护与发展协会、西藏社会科学院主办的第五届北京（国际）藏学研讨会在北京召开。来自日本、蒙古、印度、英国等21个国家和地区的267名藏学学者就“西藏社会变迁与国际藏学发展趋势”主题进行了交流探讨。

会议共收到论文238篇。会议以大会交流和分组专题交流的形式召开，与会学者围绕“可持续发展与民生保障（社会与经济）”“历史”“文献、考古与艺术”“宗教”“梵文”“当代政治”“藏医药”“文化”“语言与信息技术”等学科或专题展开学术研讨。

开幕式上，中国藏学研究中心总干事拉巴平措介绍了自2008年第四届北京（国际）藏学研讨会以来，中国藏学在藏学学科建设、学术研究成果、藏学人才培养、传统文化保护以及学术交流合作等领域取得的新成绩。

北京（国际）藏学研讨会是中国藏学界定期举办的大型国际性学术会议，每4年召开一次。从20世纪90年代至今，已成功举办过4次。它既是国内外藏学界展示最新研究成果的平台，也是藏学专家学者们加强学术交流，加深同仁友好情谊，共促藏学发展繁荣的平台。

（参见《光明日报》2012年8月3日第3版）

第二届书院论坛　近日，由白鹿洞书院、中国书院研究中心主办，北京七宝阁书院承办的“第二届书院传统和未来发展论坛”在北京召开。学术界、企业界、现代书院创办人、在校大学生等各界人士汇聚于此，就如何继承和发扬传统书院精神问题进行探讨。学者们一致认为，书院的复兴是时代的产物，在当今应试教育阴影下，书院旨在培养人的德性修养，可以说是对现行教育模式的一种有益补充。同时，书院文化也是中国传统文化的一部分，我们在继承优秀文化遗产的同时还要与当下相结合，走出一条书院教育的新道路。

（参见《人民日报·海外版》2012年8月25日第8版）

2012北京国际出版论坛　8月28日，由新闻出版总署、国务院新闻办公室和中国民主促进会中央委员会主办，中国图书进出口（集团）总公司承办的2012北京国际出版论坛在京举行。全国人大常委会副委员长、民进中央主席严隽琪出席论坛并致辞。

严隽琪指出，目前，加快传统出版产业结构调整和发展方式转变，大力发展新兴数字出版产业，已成为当前国际出版业的共识。中国政府已经把“积极推进传统出版企业向数字出版转型”作为当前中国出版业改革的核心任务之一。中国政府将加大政策引导和扶持力度，通过足够的政府投入及相应的优惠政策，支持科技研发与应用项目的开发。

本届论坛的主题为“数字环境下出版企业的生存与发展”。

来自国内外出版界的权威人士围绕论坛主题进行了主题演讲和交流。

（参见《人民日报》2012年8月29日第2版）

第七届中国企业文化论坛　8月30—31日，为期两天的第七届“中国企业文化论坛”在京召开。

论坛由中国思想政治工作研究会主办，中共北京市委宣传部、北京市思想政治工作研究会承办。北京市委常委、宣传部部长、副市长鲁炜代表市委、市政府对论坛召开表示祝贺。在他致辞中说，企业文化是企业的精气神，是引领企业发展的无形生产力。北京市针对中央企业多、世界500强企业多、行业领军企业多、老字号企业多的特点，不断提高对企业文化建设重要地位和作用的认识，加强顶层设计，着力打造品牌，坚持典型示范，大力践行北京精神，深化专业研究，扎实推进企业文化建设，取得了良好效果。北京市将充分利用好本次论坛成果，努力把首都企业文化建设提高到一个新的水平。

文化部党组成员、纪检组长、中国政研会副会长李洪峰和国务院国资委副主任、中国政研会副会长黄丹华分别就中国文化大师的产生和国有大型企业企业文化建设等内容作专题发言。

中宣部副部长、中国政研会常务副会长申维辰在主旨讲话中指出，党的十六大以来，企业广大干部职工认真贯彻落实中央关于推动社会主义文化大发展大繁荣的战略部署，全面加强、改进、创新企业文化建设工作，企业文化在确立正确的企业核心价值观、培育积极健康向上的企业精神、提高员工素质、推动企业改革发展、促进经济社会进步、维护社会和谐稳定、全面建设小康社会方面取得了显著成效，发挥了重要作用。

申维辰指出，当前和今后一个时期，企业文化建设工作要认真学习领会胡锦涛总书记在省部级主要领导干部专题研讨班开班式上的重要讲话精神，深入贯彻落实党的十七届六中全会精神，要坚持以马克思列宁主义、毛泽东思想、邓小平理论和“三个代表”重要思想为指导，深入贯彻落实科学发展观，大力践行社会主义核心价值体系，坚持贴近实际、贴近生活、贴近群众，围绕企业改革发展的中心工作，正确认识和处理企业文化建设中的各种关系，深入开展人文关怀和心理疏导工作，积极加快企业文化建设与信息科学技术深度融合，切实加强对非公有制企业文化建设工作的指导、规范、扶持，努力提高职工群众的思想道德素质和科学文化水平，不断提升企业文化软实力，推动企业科学发展，以优异的成绩迎接党的十八大胜利召开。

中宣部原常务副部长、中国政研会顾问徐惟诚，全国政协常委、中国政研会副会长高俊良出席论坛。同仁堂集团、国奥集团、嘉德拍卖公司等11家单位代表在论坛上发言。与会代表一致认为，企业文化是社会主义文化的重要组成部分，广大企业文化工作者要深刻领会胡锦涛总书记在省部级主要领导干部专题研讨班开班式上的重要讲话精神，切实把思想和行动统一到中央重大决策部署上来，以高度的文化自觉和文化自信建设中国特色企业文化，为推动社会主义文化大发展大繁荣、建设社会主义文化强国作出积极贡献。

北京市多年来对企业文化建设常抓不懈，取得了突出成效。企业文化建设已在全市各类企业中得以推广普及深化，形成了同仁堂、全聚德、联想、燕京啤酒等一批享誉全国的企业文化品牌，一大批企业建立并形成了具有自身特色的企业文化体系，企业文化的宣传力度不断加大。首都企业文化也在企业改制重组中发挥了整合观念、凝聚人心、引导发展的突出作用，为企业思想政治工作提供了新的途径和载体，引领企业勇担社会责任，实现了经济效益和社会效益的有机统一。

（参见《北京日报》2012年9月1日第3版）

第四届档案馆日系列活动启动仪式暨档案学术论坛　9月4日，北京市第四届“档案馆日”系列活动启动仪式暨档案学术论坛在中国科技会堂举行。北京市档案局（馆）局（馆）长吕和顺主持了系列活动启动仪式，市档案局（馆）党组书记陈乐人致辞；北京市社科联党组副书记、社科联副主席陈之昌讲话；市档案局（馆）副局（馆）长徐玉伟宣布北京市档案系统参加全国档案法制知识有奖竞赛优秀组织奖获奖名单。在欢快的乐曲声中获奖单位的代表上台领奖。随后，市档案局马素萍副局（馆）长主持2012学术前沿论坛、北京市档案学会专场“档案工作与社会主义文化发展繁荣”学术主题论坛——中国人民大学常务副校长冯惠玲教授，国家档案局副局长、中央档案馆副馆长李明华，北京市社科联党组副书记崔新建应邀分别作了“当代身份认同中的档案价值”“关于档案文化建设的若干问题”“关于文化创新的再思考”的精彩演讲。“档案馆日”系列活动领导小组成员以及来自全市区县档案局馆、市属单位和学会会员单位的档案工作者近240人出席了会议。

（北京市档案局科教处胡晓燕供稿）

跨文化对话：第三届中美文化论坛　9月6日，由文化部、美国国家人文基金会共同主办的“跨文化对话：第三届中美文化论坛”在北京揭幕。文化部副部长赵少华、美国国家人文基金会主席詹姆斯·利奇出席了开幕式并致辞。

本次论坛以“文化的语境：文化与地域，文化与人类，文化与历史”为主题，探讨中美两国由于不同的地理环境、民族渊源、历史发展等原因形成的文化特质，从而寻求相互认知、理解与认同的基础。从这个角度对比中美文化，将会给我们一种更为宏大、高远的视野，来认识两国的文化和两国的关系。

赵少华说，不可否认，中美两国在文化传统、社会制度和发展阶段等方面存在着差异和不同，但问题的关键是如何看待差异和不同。中国尊崇“和而不同”的文化理念，相信文化交流有助于缓解冲突、消弭误解和矛盾。赵少华希望中美两国有识之士能更多思考如何减少由于两国之间的差异和不同所造成的误读、误解、误判，在增进文化间互相了解方面下功夫。

美国国家人文基金会主席詹姆斯·利奇在致辞中回顾中美两国在历史上对人类文明作出杰出贡献时说，中国和美国的文化虽有差异，但这并不意味着我们不能尊重彼此的创造和成就，要想增进对彼此的尊重，就必须重视人文交流，如果人们尊重彼此的文化，认识到不同背景下人们面临的共同挑战，就可以大大降低因差异而导致矛盾的可能性。

中美文化论坛是中美人文交流高层磋商机制框架下文化领域的重要项目，其宗旨是为中美两国在文化领域建立一个公共性、学术性、互动性的定期对话机制。中美文化论坛于2008年、2010年先后在中国和美国成功举办了两届，吸引了两国众多文化机构和有识之士参与，双方从不同视角进行了广泛探讨交流。

本届论坛由中国艺术研究院、江苏省文化厅承办，来自中美两国文化界、学术界、艺术界的50余名知名专家、学者和艺术家出席了本次论坛，进行了深入的交流探讨。结束在北京的两天论坛日程后，中美两国专家学者将转赴南京，继续论坛分会场“文化与地域”议题的讨论。

（参见《光明日报》2012年9月7日第5版）

2012中国文化产业30人高峰会　9月22日，由中国传媒大学参与主办并承办的2012“中国文化产业30人高端峰会”在朝阳区规划艺术馆召开。中共北京市委常委、宣传部长、副市长鲁炜，朝阳区委书记程连元，中国传媒大学党委书记陈文申出席论坛并致辞。来自国家有关部委、北京市相关部门、朝阳区的领导，中国社会科学院等20余所科研院校专家和学者，京外省市文化机构代表，部分国家驻华使馆文化参赞，文化产业重点企业代表出席了峰会。开幕式由朝阳区委常委、宣传部长谢莹主持。

2012中国文化产业30人高端峰会由中国社会科学院、经济日报社、北京大学、清华大学、上海交通大学和中国传媒大学六家单位共同发起主办，中国传媒大学文化发展研究院、中共北京市朝阳区委宣传部、朝阳区文化创意产业领导小组办公室承办。

迄今为止，中国文化产业30人高端峰会已成功举办了四届。峰会以年度文化产业焦点性话题和热点议题为主题，为文化产业学界和业界提供了重要的交流互动平台，在推动国家文化产业理论创新、发挥学术引领作用方面成效显著。峰会的影响力逐年扩大，得到了相关政府部门、文化产业企业、高校及科研院所的普遍认可和高度赞赏，被誉为中国文化产业界的“达沃斯论坛”。

（中国传媒大学科研处供稿）

2012中国-南非岩画研讨会　10月11日，“2012中国-南非岩画研讨会”在中央民族大学召开。本次研讨会由中央民族大学与内蒙古岩画研究院联合主办。中央民族大学中国岩画研究中心、内蒙古岩画研究院、南非金山大学岩画研究所的代表与来自内蒙古、陕西、云南、广西、江苏等全国多个省份的岩画专家、考古学家和艺术史学家40余人参加了会议。

本次研讨会的主题为“中非岩画的交流与互动”。会上，代表们对中、非、蒙研究所的历史与发展作了简短的回顾，就中国、非洲乃至世界岩画研究事业的发展等重要问题，进行了深入的探讨。20余位学者作了主题发言，并与来自全国各地及南非的岩画研究者们分享了精彩而生动的田野调查及研究成果。会后代表们赴内蒙古巴彦淖尔市对阴山岩画进行了为期5天的田野调查，并与内蒙古岩画研究院以及河套大学进行学术互动。

（中央民族大学科研处陈海如供稿）

华侨华人与中华文化论坛　10月21日，由北京市侨联主办的“华侨华人与中华文化论坛”在北京举行。论坛以“传承与发展”为主题，来自印尼、英国、美国、巴西、埃及、澳大利亚等16个国家24个中文学校的校长及老师、部分海外侨团负责人、北京市侨联所属侨团、北京华商会等20个侨界社团的代表和中国华侨华人历史研究所等机构的研究人员、教师代表共80余人欢聚一堂，共同研究探讨中华文化在海外的传承和发展问题。

北京市侨联主席李昭玲认为，生活在海外的5000万华侨华人，是中华文化的重要传承者和传播者。无论过去侨胞前辈安身立命的“三把刀”（菜刀、剪刀和剃刀）、散落在世界各个角落的唐人街，还是日渐被接受的中医，都是展现中华传统文化的重要窗口。海外侨胞是传播中华文化的种子，在日常生活中，在不经意的点点滴滴中，自觉不自觉地为中华文化走出国门走向世界添砖加瓦。随着海外侨胞跨国流动性的不断增强和实力不断提升，向世界传播中华优秀文化的友好使者地位和重要桥梁作用更加明显。

来自南美巴西的刘正勤，是巴中文教中心国际部兼中葡文班主任。5 年来，巴中文教中心一直坚持开办中文班，学员保持在 30 名左右，1/3 为侨胞子弟，大部分为巴西人。刘正勤说："学员已成为传播中华文化的种子和增进中巴人民友谊的桥梁。"

缅甸，东南亚一个 67 万平方公里土地的国度，生活着约 250 万华侨华人。他们在这里成立侨团、华社，经商，创办报纸，兴办私塾，建立书院。百余年过去，不管世事如何变幻，他们却不忘自己的祖先，不忘自己的根；在这片异国的土地上，让中华文化延绵不息。

缅甸仰光东方语言与商业中心校长杜子明认为，这是因为缅甸华人从多个方面、以多种方式传承中华传统文化，包括家庭、宗教、华社、饮食、媒体、华教等。

来自印度尼西亚棉兰的陈思基说："从 1965 年的中文教育在印尼被禁止，到 1998 年中文的禁忌被解除，这期间，中文在印尼断层 30 多年。"

为了保护自身的文化以及传承和发扬中华文化，一些对中华文化的传承有责任感的华人，开始为华人子弟创办华人学校。因考虑到在印尼的华人都已进入印尼国籍，成为印尼的公民，同时又要传承华人的自身中华文化和思想理念，配合面向国际化，华人在印尼就开办了"三语学校"。"三语学校"就是教学印尼文、中文和英文的印尼国民型学校。"三语学校"还分为幼儿园、小学及中学。在教学方面，幼儿园更注重学习中文；小学时，三文都教；中学时则以印尼文为主，中文和英文并举。

（参见《人民日报·海外版》2012 年 10 月 22 日第 6 版）

2012 中医针灸北京论坛　10 月 21 日，由北京市社科联、北京市科协、中国针灸学会针灸文献专业委员会共同主办，北京针灸学会、北京市学习科学学会承办的 2012 中医针灸北京论坛在京召开。北京市社科联党组副书记陈之昌、北京市科协副主席田文出席论坛并分别代表主办单位致辞。来自北京、上海、山东等地关注中医针灸发展与文化传承的专家学者 120 余人参加了论坛。

围绕"文献理论研究与针灸学科发展"主题，北京师范大学李修生教授，上海中医药大学李鼎教授，原《中国针灸杂志》主编王居易教授，中国中医科学院黄龙祥研究员、赵京生研究员等 14 位专家学者作了主题发言，从多层面、多角度深入探讨了如何基于古代针灸文献发展中医针灸学。

陈之昌同志在致辞中指出，北京自然科学界和社会科学界联席会议历经十年，不断推动两界学会、学者之间进行深入学术交流，促进了首都自然科学和社会科学的交融与发展。此次论坛汇聚不同领域的专家学者，共同探讨中医针灸这一中国传统医学文化，对于弘扬祖国博大精深的优秀传统文化和促进首都文化发展繁荣必将产生积极的推动作用。

（北京市社科联学术活动部供稿）

2012 城市发展与文化创新北京论坛　10 月 26—27 日，由首都经济贸易大学和北京市社科联主办、首都经济贸易大学文化与传播学院承办的"2012 城市发展与文化创新北京论坛"在北京会议中心举行。

本次论坛主题为"文化大发展、大繁荣形势下的城市发展与文化创新"，论坛分为主题发言和分论坛两个部分。与会专家学者以城市具体文化资源禀赋为基础和条件，分享了城市文化事业、文化产业的建设经验，探讨了城市发展与文化创新能力建设等方面的问题，为北京等城市的社会与文化发展提供了对策与建议。

（首都经济贸易大学科研处张嘉艳供稿）

第三届中国大学生电视节高峰论坛　10 月 28 日，第三届中国大学生电视节高峰论坛在中国传媒大学新落成的图书馆环形报告厅召开。来自全国 30 多所高校的专家学者、45 所大学的学生会主席，以及传媒集团和研究机构的百余名代表，围绕"全媒体环境下影视艺术人才培养"的议题进行了深入探讨。中国传媒大学党委副书记田维义、中国电视艺术家协会副秘书长张彦民出席论坛并致辞。

论坛由中国电视艺术家协会副主席、全国高校电视艺委会主任、中国传媒大学戏剧影视学院院长李兴国教授主持，北京大学艺术学院院长王一川教授，中国艺术研究院院长助理、国家文化战略发展中心主任贾磊磊，上海大学影视艺术技术学院刘日宇书记担任点评嘉宾。

论坛由中国电视艺术家协会和中国传媒大学主办，中国视协全国高校电视艺术委员会和中国传媒大学戏剧影视学院联合承办，是第三届中国大学生电视节的重要学术议程。

（中国传媒大学科研处供稿）

学术期刊与学术评价论坛暨复印报刊资料品牌创建 50 周年庆典　10 月 30 日，中国人民大学举行学术期刊与学术评价论坛暨复印报刊资料品牌创建 50

周年庆典。中国人民大学党委书记程天权出席庆典并致辞，中宣部、教育部、新闻出版总署等有关部门负责人，中国人民大学校长陈雨露、党委常务副书记牛维麟、党委副书记兼副校长王利明出席庆典。来自全国高校的科研部（处）、图书馆负责人，人文社科评价研究专家，人文社科学术期刊负责人等各界代表以及学校相关部门、院系负责人共150余人参加大会。本次论坛主题为“以创新为导向的学术期刊出版与学术成果评价”，围绕科研管理创新、学术成果评价创新、学术期刊出版创新等议题展开交流研讨。中国人民大学人文社会科学学术成果评价研究中心同时发布2012年版“复印报刊资料”重要转载来源期刊。

（中国人民大学社科处供稿）

第三届世界汉学大会　11月3日，由中国人民大学与国家汉办共同举办的“第三届世界汉学大会”在中国人民大学明德堂召开。开幕式上，全国人大原副委员长许嘉璐、教育部副部长郝平、中国人民大学校长陈雨露等出席会议并讲话，共有一百多位来自海内外的专家学者参加。本届大会的主题为“汉学与当今世界”，设有“‘新汉学’的趋势与展望”“中国道路与世界经济秩序”“文化差异与国际政治的走向”“传统伦理与人类的未来”及“中国典籍的翻译及其当代意义：对译及其差异”五个议题，并设“汉学的未来与‘孔子新汉学计划’”一个大会专场，及“中外文学大奖获奖者论坛”“孔子学院与世界多元文化交流”两个专题论坛。

（中国人民大学社科处供稿）

全球化视野中的赫尔岑学术前沿论坛　11月4日，“全球化视野中的赫尔岑”学术前沿论坛在北京师范大学举办，来自国内外不同高校、科研院所的近40名代表参加了会议。本次会议的主要议题是：不同历史语境中的赫尔岑；赫尔岑与俄罗斯现代性；赫尔岑与俄罗斯思想；赫尔岑的文学创作；赫尔岑在中国的传播与接受；赫尔岑研究中的新观点；赫尔岑与西方等。开幕式后研讨会正式开始。本次会议分四场进行。来自俄罗斯的三位学者参加了会议，北师大哲学系张百春教授主持并担任同声传译。俄罗斯科学院通讯院士Б.Г.尤金作首个特邀报告。尤金高度评价了本次研讨会的意义，简要回顾了赫尔岑的生平并客观评述了赫尔岑的思想。尤杜斯·亚鲁林教授作了题为“赫尔岑与俄国公民社会问题”的报告。他认为，在庆祝赫尔岑200周年诞辰之际，我们在全球化的视野下重新阅读赫尔岑，对于俄罗斯、亚洲，甚至非洲都有重要意义。Т.В.别尔纽凯维奇教授、中国社科院历史研究所专家闻一研究员、马龙闪研究员也作了精彩的发言。他们从宗教、民粹主义、历史进程等角度详细解读了赫尔岑的政治思想。

（北京师范大学社科处供稿）

变革与走向：重新定义大学图书馆的未来国际会议　11月4—6日，“变革与走向：重新定义大学图书馆的未来”国际会议暨环太平洋数字图书馆联盟（PRDLA）2012年年会在北京大学图书馆成功举办。来自美国、加拿大、澳大利亚、荷兰、波兰、印度、新加坡、新西兰、沙特阿拉伯、巴基斯坦等国家以及中国香港、澳门、台湾、大陆地区的高校图书馆和图书馆学系代表240多人参加了会议，共收到作者投稿69篇。

会议共分6个主题，包括：（1）战略规划、管理创新与知识产权保护；（2）数据管理与数据服务；（3）社会媒体与共享空间；（4）联盟、合作与共享；（5）知识发现与学科服务；（6）用户研究与服务推广。

在7场专题会议、36个报告中，“变化”“变革”“转变”，是词频最高、代表们讨论最多的主题，国内外各个图书馆都有各自不同的发展需求，也都有必须应对的变化和挑战。代表们通过讨论，对如何战胜挑战、对未来大学图书馆的定位、方向、发展策略的制定、解决新形势下的新问题等，有了更新和更深刻的认识。就北大图书馆而言，历史上曾多次经历变化和改革，因而得到不断发展；而今面对数字时代的挑战，北京大学图书馆也会努力把握机遇，准确定位，敢于创新，走出一条既与国际上最好的大学图书馆同步，又有本土特色和创新，从而在整体上领先大学图书馆的发展之路。

（北京大学社科处供稿）

首届韬奋出版人才高端论坛　11月5日，首届韬奋出版人才高端论坛在京举行。韬奋基金会理事长聂震宁表示，论解决新闻出版业转企后人才培养和管理中凸现的新情况新问题为基本目标，以培养高端人才、加强人才队伍建设管理、服务行业发展为根本出发点，力图打造成研讨人才培养大计的平台，并着力推进人才兴业战略，激励新闻出版工作者建功新闻出版强国的建设。

在主论坛上，新闻出版总署副署长孙寿山发表主旨演讲，中国出版集团总裁谭跃、中国教育出版传媒集团有限公司总经理李朋义、中国科技出版传媒集团有限公司董事长柳建尧、江苏凤凰出版传媒集团有限公司董事长陈海燕、安徽出版集团总裁王亚非、河北出版集团有限公司董事长杜金卿等多位业界领军人物，也各自就人才的培养和管理等问题发表了高见。论坛分四个专题进行了深入探讨：编辑、数字出版与专业技术人才培养，转企改制与经营管理人才培养，“走出去”战略与国际化人才培养，以及民营出版发展与人才培养。

（参见《光明日报》2012年11月7日第5版）

《中国法书全集》出版座谈会 18卷的《中国法书全集》正式面世，弘扬中华文化又有了一部鸿篇巨制。11月5日，《中国法书全集》出版座谈会在文物出版社召开。

全国政协副主席、中央国家机关书画协会名誉主席李金华，第十届全国政协副主席、全国政协书画室主任张思卿以及在京的部分书法理论界专家参加了座谈会。

书法是中国特有的一种传统文化及艺术。它是按照文字特点及其含义，以其书体笔法、结构和章法进行书写，使之成为富有美感的艺术作品。在历史上能够长远流传，供后人作为楷模取法的书法，称为法书。我们的祖先创造了文明，创造了文字，创造了书法艺术。随着社会的演进，我国的文字形态、书法艺术逐步演变，展现了由甲骨文、金文、石刻演变而成的篆书、隶书，以及草书、楷书、行书诸体的风采。

《中国法书全集》是迄今最大、最系统的一部中国古代法书墨迹全集。全集共分18卷，计先秦两汉一卷、魏晋南北朝一卷、隋唐五代三卷、宋代三卷、元代三卷、明代四卷、清代三卷。全书于2012年初正式面世。

《中国法书全集》各分卷主编汇集了目前国内各相关领域的一流权威：先秦两汉卷主编宋镇豪、魏晋南北朝卷主编王靖宪、隋唐五代卷主编苏士澍、宋代卷主编马宝杰、元代卷主编王连起、明代卷主编萧燕翼、清代卷主编单国霖。

法书墨迹是最能反映古代书法艺术面貌的书法存留形式。与会的书法理论界专家充分肯定了《中国法书全集》的编纂质量和艺术传承价值，认为这部全集在中国书法史乃至出版史上都是一件意义重大的事件。启功先生非常重视法书墨迹的艺术价值，始终关注《中国法书全集》的编纂工作，不仅直接策划、指导了18卷本《中国法书全集》的出版工作，还亲自出任主编。该书也成为启功先生生前主编的最后一套大型工具书，是先生留给后人的又一笔巨大的文化财富。

（参见《人民日报·海外版》
2012年11月9日第8版）

白先勇先生的文学与文化实践暨两岸艺文合作学术研讨会 11月9—11日，由中国社会科学院文学研究所主办的“白先勇先生的文学与文化实践暨两岸艺文合作”学术研讨会在京召开。来自中国大陆（内地）、台湾和香港的学者叶朗、何西来、廖奔、齐锡生、杨天石、汪朝光、申晓云、林桶法、翟志成、华玮、章立凡、刘登翰等50位专家出席了研讨会。

白先勇因其独有的文艺天才，在读者心目中占据特别的位置。他的《台北人》和《纽约客》，在大陆可谓脍炙人口。近几年来，白先勇在文学创作之外重大的文化创举是联合中国大陆（内地）、台湾和香港的艺术家，推动青春版《牡丹亭》的演出。自2004年昆曲青春版《牡丹亭》在中国台湾、香港演出后，其后的八年间，《牡丹亭》的足迹遍及世界各地。无论是在北京、上海、苏州，还是在美国的洛杉矶、旧金山，英国的伦敦，所到之处，无不引发观众的热烈欢迎。

此次研讨会，针对白先勇文学、文化实践的独特性，将分为文学写作、昆曲复兴与历史书写三个专题。来自中国大陆（内地）、台湾和香港的文学研究、历史研究以及戏曲研究领域久负盛名的专家学者齐聚一堂，将分别就“白先勇与台湾文学六十年”“白先勇文学及其影视改编”“青春版《牡丹亭》的制作与昆曲复兴”以及“《父亲与民国》与民国史的重建”“白先勇文学中的历史重量”等问题展开研讨。

（参见《北京日报》2012年11月10日第14版）

第三届中欧文化高峰论坛 11月30日，以“文化外交与合作”为主题的第三届中欧文化高峰论坛在京举行。论坛分为主旨发言和圆桌会议两个部分，来自中国与欧洲的20多位专家学者、政府官员、文化机构负责人共同深入探讨了中国与欧盟在制定文化外交与合作政策时各自的目标、主要挑战和机遇以及进一步推动中欧文化合作与关系的新途径等话题。

当晚，“中欧文化对话年”闭幕式也在京举行。中国文化部部长蔡武与欧盟委员会教育文化委员安德鲁拉·瓦西利乌共同发表了《中国—欧盟文化合作联合声明》。

（参见《人民日报·海外版》
2012年12月1日第4版）

北京企业博物馆建设与发展研讨会 11月30日上午，北京企业文博协会在北京市社科联召开了《学习贯彻十八大精神，推动北京企业文博工作—北京企业博物馆建设与发展研讨会》。市社科联、市国资委、协会顾问及专家、同仁堂集团等15家会员单位及3家特邀博物馆的代表等，近50人出席了会议。

会上发布了《北京企业博物馆现状调查》成果。会员单位代表交流了各自办馆经验。同仁堂集团党委副书记陆建国将经验概括为：小而全、小而精、小而深、小而特。自来水博物馆、印钞博物馆、汽车修理公司展览馆、排水集团科普馆等代表也介绍了各自的办馆经验和特色。全聚德集团、北京地铁运营公司、中国联通北京分公司等11家单位向研讨会提供了书面经验交流材料。

研讨会上黄江松、沈望舒、谭烈飞、陈乐人4位专家、顾问，提出了承担社会责任，创新载体和形式，突出特色，服务内外结合、上下结合，重人重物，各美其美等方面建议。民营的古陶博物馆、匾额博物馆馆长也在会上交流了办馆体会。

（北京企业文博协会李然供稿）

第十届北京自然科学界和社会科学界联席会议高峰论坛　12月2日，北京市社科联和北京市科协联合主办了以“文化创新、科技创新双轮驱动战略”为主题的第十届北京自然科学界和社会科学界联席会议高峰论坛。市科协党组书记夏强出席并致辞，市社科联党组副书记陈之昌和市科协副主席田文主持。来自各高等学校、科研机构、两界学会的专家学者，市文物局、市中医药管理局、市科委、市发改委、市国土资源局等政府部门的领导及《人民日报》《光明日报》等各大媒体近150人参加了论坛。

围绕论坛主题，中国人民大学文化创意产业研究中心执行主任金元浦教授、北京建筑工程学院测绘学院院长王晏民教授、清华大学经济管理学院雷家骕教授、北京理工大学软件学院院长丁刚毅教授、中关村知识产权促进局局长徐正祥博士、北京服装学院计算机信息中心姜延副教授等分别以“创建新模式：文化与科技的深度融合”“高新技术在文化领域中的应用初探”“科学推动型产业及其创新”“数字演出与智能创意”“知识产权战略推动首都双轮驱动”“虚拟服装　创意万千”为题作了精彩演讲并与现场听众进行了热烈研讨。

北京市社科联和北京市科协于2003年共同发起设立了北京自然科学界和社会科学界联席会议，至今已走过了10年。10年来，两界联席会议坚持自然科学与社会科学并重的原则，紧密围绕北京发展过程中带有全局性、战略性和前瞻性的问题组织两界联席会议高峰论坛、两界学会联合学术活动、两界联合重大课题研究等，促进了首都自然科学和社会科学的交融与发展，服务了北京的科学发展大局。

（北京市社科联学术活动部供稿）

第九届国际儒学论坛　12月2—3日，第九届国际儒学论坛在中国人民大学举办。中国人民大学校长陈雨露，韩国高等教育财团总裁朴仁国，亚洲和平贡献中心理事长、日本早稻田大学原校长西原春夫，台湾辅仁大学原校长黎建球，中国人民大学孔子研究院院长张立文，中国国际教育交流协会秘书长邵巍，中国宋庆龄基金会研究中心副主任陈红军等出席开幕式。论坛适逢中国人民大学孔子研究院建院十周年，议程以“儒学与生态文明”为主题，来自中国大陆、韩国、日本、美国、加拿大、巴西、马来西亚、新加坡，中国台湾、香港、澳门等十多个国家和地区的近300名学者在6轮18场的分组讨论环节中，围绕“儒家思想与学术”“儒家一般生态理论”“儒家具体生态理论”“儒家生态理论的现代意义”“儒家生态智慧与实践”五个分论题展开探讨和交流。

（中国人民大学社科处供稿）

第四届文化创意产业与品牌城市国际论坛　12月22—23日，以“文化消费与城市文化产业发展”为主题的第四届“文化创意产业与品牌城市”国际论坛在中国人民大学举行。此次论坛由中国人民大学和文化部文化产业司共同主办。中国人民大学党委副书记牛维麟、文化部文化产业司司长刘玉珠、北京市委宣传部副部长张淼等出席开幕式并致辞。中国人民大学文化创意产业研究中心向社会公开发布“中国省市文化产业发展指数（2012）”和“中国文化消费评价指标体系”。来自国内外的专家学者围绕论坛主题分别作了精彩演讲，在论坛的“文化产业精品项目推介会暨投融资洽谈会”环节，投资机构与文化产业园区及企业开展了洽谈合作。

（中国人民大学社科处供稿）

《2012文化发展统计分析报告》学术发布会　12月24日下午，由国家文化部主编、中央财经大学国家文化创新研究中心提供学术支持的《2012文化发展统计分析报告》学术发布暨专家座谈会在中央财经大学举行。来自文化部、财政部、各研究机构和媒体的专家、学者参加了座谈会。文化部财务司副司长饶权和中央财经大学副校长李俊生出席了会议。会议由中央财经大学国家文化创新研究中心主办。文化部财务司王明亮处长介绍了“文化发展统计分析报告”的编撰情况。中国社科院文化研究中心副主任张晓明、中国传媒大学文化发展研究院院长范周、《光明日报·文化产业版》主编张玉玲、人民日报社文艺部编辑董阳、财政部教科文司处长宋文玉、中央财经大学统计学院副院长高兴波和北京市文化创意产业促进中心主任梅松等先后在座谈会上发言，对《2012文化发展统计分析报告》给予了高度评价，该报告提供了最权威的数据，对我国文化事业和文化产业的深入研究提供了科学依据，具有非常重要的意义。同时，专家和学者也为统计分析报告的年度出版提出了一些合理化建议。

（中央财经大学科研处供稿）

北京企业博物馆现状调查活动　开展北京企业博

物馆现状调查是北京市社科联支持的重点项目，也是北京企业文博协会2012年的重点工作。4月正式成立了课题组，由协会常务副会长顾国源任组长，进行了认真的调研。张凤朝会长多次听取课题汇报，对如何搞好课题调研提出明确要求，并亲自主持座谈会。协会名誉会长、协会顾问也参加了实地调研。

课题组在调研中，利用网络、电话、发放调查问卷、召开座谈会等多种形式，对北京市1400余家企业进行了调查，先后走访了近30家企业博物馆、展览馆等，取得了主要基础资料。课题组经过半年多的调查，对相关材料进行了认真分析，于10月完成了近2万字的《北京企业博物馆现状调查》（以下简称《报告》）及北京企业博物馆主要情况统计等。

10月25日课题结题会上，北京市政协常委、副秘书长、研究室主任、研究员张平夫，北京市思想政治工作研究会常务副会长周欣，北京地方志办公室副主任、北京史研究会副会长谭烈飞分别对北京企业博物馆现状调查情况及《报告》给予了充分肯定，评价全部为优秀。他们认为北京企业博物馆现状调查很有意义，填补了空白。《报告》内容丰富，调查细致、观点鲜明、材料翔实、分析科学、结论明确，具有开拓性、前瞻性。

《报告》还被《北京调研》以12个版面、1.7万字的篇幅予以刊登，并作为两篇要目之一在刊物封面推荐给读者。同时在刊物封二以整版篇幅刊登了课题组提供的10张企业博物馆照片，题为：企业博物馆成为首都文博事业重要组成部分。

（北京企业文博协会李然供稿）

北京的胡同四合院系列讲座　“北京的胡同四合院”展览于5月26日在首都博物馆展出，结合展览的展出北京市档案局在首都博物馆多功能厅共推出10场主题讲座，受益听众达1500余人。

5月26日北京地理学会副理事长、北京联合大学北京学研究所朱祖希教授首开第一讲“红花与绿叶”。讲座以图文幻灯为背景，概括阐述了北京城市历史演变的轨迹。朱教授将高大雄伟、金碧辉煌的故宫比喻为红花，将数以千计灰色调的胡同四合院形容为绿叶，形象地解释了其相互衬托的关系，并称其为“举世无双的艺术创作”。

6月9日北京市地方志办公室副主任、北京史研究会副会长谭烈飞作“北京胡同四合院的变迁”为主题的讲座。通过图文形式生动地描述了北京人居住形态的演变过程，用对比的方法阐述北京城与四合院的关系，重点介绍了北京胡同的由来、胡同之最以及北京四合院的特点、规制等，最后，总结了北京胡同和四合院的文化价值。

6月23日新华社高级记者、《城记》作者王军作“合院之城”讲座。他将北京城比喻为一个大的四合院，解读了间、院、坊、城的递进关系，以及在城市的营造演进中，中外文化的碰撞与融合，阐释了胡同四合院在历史、文化和美学上的价值。

7月7日市委党史研究室宣传教育处处长刘岳作了题为“品味胡同”的文化讲座。

7月21日北京市社科规划办副主任、北京史研究会副会长李建平作“北京城中轴线”讲座。他以多年来对北京城中轴线的研究成果为依托，采用图文并茂的形式对这条全世界最长、最伟大的南北中轴线上的主要建筑及文化特征进行了讲解，并说明了中轴线作为北京城的脊梁对这座壮美城市所起到的支撑作用。

8月18日《北京铁路年鉴》编审、《风景——京城名人故居与轶事》作者陈光中作了题为“北京的名人故居”的讲座。他以“京城名人故居”为切入点，图文并茂地讲述了他在胡同如织的京城，历时数载，用辛劳和功力考据名人的故事。他不囿于前人的定论和成说，对历史名人客观评价，把名人的心路历程和当时的时代背景、社会状况以及他们的人生旅程结合在一起品读，提出不少颇具新意的独到见解，给听众以更深的启迪，在听众心中产生了共鸣。

9月22日北京市作家协会副主席赵大年作了第八讲——“北京文化漫谈”。讲座以北京城的历史形态、文化氛围为依据，阐述了北京为大气之都、仁厚之都的具体体现，并根据反映北京历史文化的文学作品，品读北京精神。

10月6日鲁迅文学院副院长王彬作了题为“井田制与北京城”的讲座。他图文并茂地讲述了北京城的起源与井田制的密切关系，井田制对营建北京城的影响，以及井田制在北京胡同四合院建筑形式中的具体反映。

10月20日北京民俗学会秘书长高巍作了“北京的胡同四合院”第十讲。他从北京四合院的种类、传统元素、历史载体等几方面阐述了北京四合院的实用价值、实用功能、审美功能和认知功能。

（北京市档案局科教处胡晓燕供稿）

档案见证北京文化系列讲座　北京市档案学会为大力宣传档案文化，弘扬“北京精神”，每月15日在东城区图书馆进行“档案见证北京”文化系列讲座，全年举办12场，听众达1500余人。

1月15日，为贯彻市委关于加快先进文化之都建设的战略，助推2012年北京中轴线申遗工作，特邀景山公园文化研究室主任张富强研究员以“北京中轴线历史文脉”为题，宣讲北京中轴线历史文化。他引经据典并结合文献、照片、地图等，从国都位置的选择、中轴线的中心点确定、中轴线的范围、中轴线文化、怎样看待中轴线等五个方面，诠释了中轴线的文化价值和文化内涵，强调在保护“物”的同时，强化对“文”的保护和利用，帮助听众认识中轴线的历史文化价值，认识中轴线申遗工作对加强旧城整体保护，促进历史资源的保护与文化的传承，形成面向世界的首都文化展示窗口的重要意义。

2 月 15 日，邀请曹耘山讲述“从共产国际档案探寻外祖父毛泽民的足迹”。毛泽民烈士女儿毛远志的儿子曹耘山同志从他到俄罗斯查找共产国际档案的过程，独家解读外祖父毛泽民以及其他我党早期领导人的革命历程，倾情讲述毛泽民等数位毛家英烈为中国革命的解放事业奋斗的一生。

3 月 15 日，中国人民大学档案馆副馆长、研究馆员张世林博士解读“清陆军部（段祺瑞执政府）旧址的历史与建筑特色”。主讲人依据档案文献资料、图片，介绍清陆军部衙署的前身与由来；解读衙署建筑缘起与中西结合的建筑特色；通过影视资料介绍了 86 年前发生“三一八惨案”的史实。同时，主讲人也从保护北京历史文化名城的角度，对如何更好地保护利用这座古建筑，进行了深入的思考和研究。

4 月 15 日，由中共北京市委党史研究室研究一处的赖生亮主讲“北平和平解放时期的市民生活”。讲座通过 PPT 展示老照片等档案文献资料，讲述了 1945 年抗战胜利后，国民党接收大员们大肆掠夺公私财产，市民怨声四起，国民党政府大量发行法币，通货膨胀日趋严重，全市粮食、燃煤等生活必需品不断涨价，粮荒、煤荒接踵而来，整个北京城呈现出一片民生凋敝的景象，解读了当时北平市民的生活状况。北平和平解放之后，北平市民生活发生了天翻地覆的变化，由衷拥护共产党领导的人民政府。讲座从一个侧面揭示了只有共产党才能救中国的真理。

5 月 15 日，中国人民大学信息资源管理学院博士生导师、中国档案学会档案文献委员会副主任刘耿生教授主讲“清宫医案与同仁堂文化”。他依据清宫医案诠释同仁堂医药与清代宫廷医疗的关系，以及据脉案解读同治帝是否因为梅毒而死，光绪帝是否被慈禧太后害死等史实，介绍同仁堂在传承中医药文化方面的贡献。

6 月 15 日，“老照片见证颐和园历史变迁”讲座举办。本次讲座由北京颐和园学会秘书长翟小菊研究员担任主讲。主讲人通过珍贵的照片档案，解读了颐和园建筑群后面那些不被人知的秘密，流传百年的老照片不仅揭示了颐和园的变迁史，还是颐和园发掘文化、传承文明的真实见证。讲座吸引了市民听众近百人。

7 月 15 日，“从古代科场作弊到当今高考的反思：千年科举的功劳与罪过”讲座举办。中国第一历史档案馆编研处处长、《历史档案》杂志总编辑，中国档案学会档案文献编纂学术委员会执行主任李国荣研究员担任主讲。讲座通过档案文献透析科举制度的功劳与罪过，既肯定了科举制度打破特权制度，创造平等机会积极的一面，为增强国力、稳定民心、传承文化发挥了不可磨灭的作用，同时也指出科举制度丑闻不断，诱导文人读死书，选拔人才思路僵硬、眼界狭隘等弊端。千年形成的各类考场规则在今天仍有借鉴意义，只要我们不断调整革新内容与方法，就能确保选拔真才。

8 月 15 日，“梁实秋与北京——兼谈梁实秋的文学贡献”讲座举办。第八讲由北京市地方志编纂委员会办公室刘宗永博士担任主讲人。通过长期对梁实秋的作品深入研究及对其女梁文茜的采访，从档案文献和口述史的角度介绍了梁实秋的一生及其在中国现代文学史、学术史上的重要地位。

9 月 15 日，由中国第一历史档案馆原副馆长、研究馆员冯伯群主讲“鲜为人知的康熙往事”。通过主讲人的讲座让我们从侧面认识这位求真务实的皇帝。

10 月 15 日由中共北京市委党史研究室李自华博士主讲“毛泽东与新中国定都北平的重要决策”。他以档案文献、报刊文章及当事人的传记、年谱、日记、回忆录等为基本资料，将定都北平这一重大事件放在时代大背景下讲述，由民国时期的 5 次建都之争一直到新政协会议上拍板并改名为北京，其中经历的实现北平和平解放、七届二中全会宣布“定都北平”等推进工作，为最终定都为北京打下基础。

11 月 15 日，由北京史地民俗学会理事、研究员，中国紫禁城学会会员，北京消防史专家王铭珍解读“北京历史上的灾异”。他从分析历史上北京的几次灾难发生的真实情况，唤起人们居安思危的忧患意识，提高防灾减灾重要性的认识。

12 月 15 日，北京市档案馆馆员、北京史研究会会员、北京史地民俗学会会员王兰顺作“档案见证东交民巷街区”讲座。讲座以档案史料为依托，解读了东交民巷街区的历史沧桑和发生在那里的感人故事。

（北京市档案局科教处胡晓燕供稿）

管理学（含人才学、信息学）

百人工程学者论坛·北京精神　2 月 6 日，由中共北京市委宣传部、北京市社科联和北京市社科规划办公室、北京师范大学承办的第五届北京中青年社科理论人才“百人工程”学者论坛在京举行。论坛主题为“北京精神：构建精神家园，提升文化软实力”。北京市社科联党组书记史秋秋、北京市社科规划办主任王祥武、北京师范大学副校长韩震等与来自社科理论界的专家学者150多人出席论坛。

学者们指出，社会主义核心价值体系影响人们的精神和灵魂，渗透于社会生活各个方面。北京精神的提出是首都践行社会主义核心价值体系的具体体现，“爱国、创新、包容、厚德”既概括了北京厚重的民族情怀和积极进取的精神状态，又体现了兼容并蓄的文化传统与人文精神，对于凝聚人们的智慧与力量、激发人们的热情与干劲，更好地推动科学发展，建设社会主义文化强国具有积极意义。

（参见《光明日报》2012年2月7日第11版）

管理与设计融合教育论坛 4月24日下午，“管理学走出商学院：管理与设计融合”论坛在清华大学经管学院举办。经管学院院长钱颖一、美术学院院长鲁晓波出席论坛并致辞。钱颖一在致辞中表示，管理学走出商学院，同大学中的其他专业相融合，产生聚合力量，推动教育和研究的发展，是大学商学院发展的趋势，也是大学商学院的重要优势。经管学院和美术学院联手探索教育融合之路的可操作方法，不仅有利于管理教育和设计教育的发展，也符合学校人才培养的战略方向。鲁晓波认为，国家面临的重大需求就是创新，创新包括自主创新，管理创新和设计创新等。在国家经济的转型升级阶段，急需解决的重要问题之一就是品牌的缺失，尤其是世界知名的品牌。将管理和设计融合的任务迫切而且艰巨，无论对学科建设还是对国家的转型和发展，都意义重大。会上，经管学院市场营销系的赵平、姜旭平，技术经济与管理系的高建，美术学院信息艺术设计系的徐迎庆、蔡军，视觉传达系的马泉等6位教授，以及创新工场的用户体验总监吴卓浩，中国工业设计协会秘书长、海尔集团设计部前部长刘宁结合各自研究领域，分别解读了管理教育发展的一大趋势，即强调思维训练和融合教育，设计思维正受到管理学院的重视，设计同时也在影响甚至改变着管理思想、管理方法和管理模式。论坛从信息管理与艺术设计、品牌的设计与管理及设计、创新与创业三个方面对教育融合进行了深入探索。管理与设计融合教育研讨会由经管学院与美术学院共同举办，旨在促进管理与设计的融合教育，探索推动创新、复合型人才的培养模式。

（清华大学文科建设处供稿）

网络空间安全：中国与世界国际学术研讨会 5月28日，为期两天的“网络空间安全：中国与世界”国际学术研讨会在北京开幕。来自20多个国家的80余名代表与会，欧盟委员会前主席、意大利前总理普罗迪和瑞士前联邦主席施密德应邀出席。

会议由中国国际战略学会和香港陈复生基金共同举办，旨在深化对网络空间安全问题的战略性研究，探讨维护网络空间安全的有效对策及如何加强国际社会在此问题上的合作。中国人民解放军副总参谋长马晓天上将在开幕式上作了题为“关注网络空间安全 构建和谐网络世界”的主旨讲话。

（参见《人民日报》2012年5月29日第21版）

预算绩效管理试点工作跟踪调研活动 6月15日，部分北京市人大常委会委员、人大代表赴市卫生局和市医院管理局就预算绩效管理试点工作进行跟踪调研。调研中，市卫生局和市医院管理局汇报了本单位绩效预算编制和执行情况、试点方案的实施情况，市财政局绩效考评中心介绍了市级财政预算绩效管理工作情况。随后，委员和代表前往首都医科大学附属北京口腔医院和方庄社区卫生服务中心进行实地调研。跟踪监督小组成员通过调研认为，试点单位通过邀请专家进行培训等方式加深了对预算绩效概念的理解，提升了预算绩效管理能力，但现阶段仍然存在部分申报项目绩效目标不明确、项目资金使用效率不高等问题，建议试点单位切实从人民群众利益出发，把人民群众满意作为必要的评价基础，利用试点工作的契机，切实改变传统的资金管理方法，不断提升自我管理能力，同时要敢于发现问题并及时总结经验，为下一步试点工作范围的扩大提供参考。

（北京市人大常委会研究室艾淑美供稿）

第三届中国行政改革论坛 6月17日，以“十年来中国行政体制改革回顾与展望”为主题的第三届中国行政改革论坛在北京举办。此次论坛由中国行政体制改革研究会、中国行政管理学会、中国机构编制管理研究会主办。全国政协副主席李金华出席论坛开幕式并致辞，国家行政学院党委书记、常务副院长李建华出席论坛并讲话。论坛由中国行政体制改革研究会会长魏礼群主持。

全国政协副主席李金华在致辞中说，改革开放30多年来，伴随着经济体制改革的进程，行政体制改革不断深化。特别是党的十六大以来，行政体制改革不断取得新进展。经过多年努力，我国政府职能转变迈出重要步伐，社会管理和公共服务职能有所加强；政府组织机构逐步优化，法治政府建设全国推进，行政管理方式不断改进，决策科学化、民主化水平不断提高，行政监督、行政问责不断增强，我国行政体制改革取得了显著成绩。李金华指出，现行的行政体制仍然存在一些不适应的方面，突出表现在政府职能转变还不到位，越位、缺位、错位问题仍然存在，社会管理和公共服务职能仍然比较薄弱；行政组织结构不够合理，行政职责界定模糊，权责脱节、相互推诿扯皮现象依然突出；法治政府建设、政务公开，与人民群众的期待仍有很大距离；

在对行政权力的监督制约机制方面还有很多值得完善之处；公务员自身建设、反腐倡廉工作任重道远。李金华强调，深化行政体制改革，努力推动3个“根本转变”，特别需要解决好6个方面的问题。一是进一步切实转变政府职能；二是进一步推进大部门制改革；三是进一步加强法治政府建设；四是进一步推行政务公开；五是进一步完善行政监督；六是进一步推进反腐倡廉工作。

中央文献研究室主任、中央文献研究会会长冷溶，中央机构编制委员会办公室副主任王峰，中国行政管理学会会长王澜明，中国机构编制管理研究会会长黄文平，国家行政学院副院长、中国行政体制改革研究会副会长何家成、周文彰，中国行政体制改革研究会副会长唐铁汉、王金祥、刘克崮，中国经济体制改革研究会名誉会长高尚全，国务院发展研究中心副主任侯云春，全国政协委员、中国经济体制改革研究会会长宋晓梧，广东省委常委、常务副省长肖志恒等领导同志应邀出席论坛开幕式。

国家行政学院副院长、中国行政体制改革研究会副会长周文彰、中国行政管理学会会长王澜明、中国机构编制管理研究会会长黄文平分别在论坛开幕式上发表了主旨演讲。有关领导同志和专家学者在分论坛作了演讲。

来自中央和国务院有关部门、部分省市负责同志、3个主办单位的部分会员、理事和我国行政改革理论研究的专家学者共计200多人参加了本届论坛。

（国家行政学院科研处项纪旸供稿）

首届中国票据论坛　6月21日，中国政法大学和中国银行业协会共同主办的“首届中国票据论坛”在中国银监会会议室进行。论坛由中国银行业协会秘书长陈远年主持，副秘书长郭三野以及该协会的其他有关负责人出席了会议，中国银行业协会会员单位100多家银行的参会人员，从全国各地汇聚一堂，研讨票据风险预防和化解问题。中国政法大学黄进校长首先介绍了法大的发展情况和科研成就，以及法大在银行、金融、票据等方面的科研力量和成果。中国政法大学票据法研究中心名誉主任江平教授，中国银行原副行长、票据法研究中心主任张燕玲，北京市司法局副局长、最高人民法院民二庭原庭长吴庆宝，国家财政部票据监管中心主任王清剑等作了主题演讲。中国政法大学票据法研究中心执行主任、民商经济法学院教授刘心稳作了关于票据论坛发展规划的报告。

（中国政法大学科研处刘璐供稿）

2012·运筹学和管理科学研究协会国际大会　6月24—27日，由清华大学经管学院承办的2012年运筹学和管理科学研究协会（INFORMS）国际大会在北京国家会议中心举行。清华大学经管学院联想讲席教授陈剑担任大会主席，经管学院特聘教授、国家“千人计划”专家、美国哥伦比亚大学教授David Yao担任大会程序委员会主席，经管学院副院长、EMC讲席教授陈国青担任大会组织委员会主席。此次大会是INFORMS国际大会首度在中国大陆召开。大会主题为“低碳时代的管理科学”。美国艺术和科学学院院士、美国金融学会前会长、斯坦福大学Dean Witter杰出讲席教授达雷尔·达菲（Darrell Duffie）介绍了自己在金融系统风险方面的研究成果，特别指出了运筹学和管理科学方法在金融风险管理中的重要作用；以色列理工学院Benjamin & Florence Free讲席教授（Avishai Mandlebaum）介绍了服务系统和服务科学领域的研究前沿；IBM副总裁、主管商务分析业务的CTO布伦达·迪特里希（Brenda Dietrich）展望了大规模数据在商务分析中的价值；经管学院校友、中国工程院院士、中国神华集团总经理张玉卓博士针对中国的能源困境，基于经济能源双约束模型提出了“控制总量、清洁转化、优化结构”的解决思路。

会议还邀请了来自斯坦福大学等高校的学者和美国SAS软件公司等国际知名优化软件公司的高层经理带来7场关于数据分析和价值挖掘、金融工程、优化软件等方面的专题讲座。

此次大会共吸引了来自全球超过千名专家学者参会，会议共安排1100余场报告，分19个分会场288个主题进行，研讨内容涵盖能源经济、绿色供应链、决策优化、运输物流、生产运作、营销科学和服务管理等众多相关学科。

（清华大学文科建设处供稿）

新闻文风改革暨中新风格学术研讨会　8月31日，中国新闻社、中国社会科学院新闻与传播研究所在京联合举办新闻文风改革暨中新风格学术研讨会。清华大学新闻与传播学院副院长史安斌出席会议并受聘为中国新闻社华文传播研究中心学术顾问。史安斌在发言中指出，从全球视野来看，外国媒体对“走基层”相似选题的挖掘正在增加，这说明我们目前对外报道当中基层人物和基层社会已经成为潜在增长点。研讨会的召开将对把“走转改”工作向对外传播领域延伸起到重要作用。来自清华大学、北京大学等10余所高校、《人民日报》、《长江日报》等多家中央和地方主流媒体的负责人从各自角度阐述了“走转改”，特别是新闻文风改革的重要意义，并对“中新风格”给予肯定，对中新社未来的发展提出期望。与会人员还就新形势下如何改进新闻文风，提升对外传播能力展开讨论。

（清华大学文科建设处供稿）

高校信息公开国际研讨会 10月15日，由中国政法大学法治政府研究院主办的高校信息公开国际研讨会在北京召开，共有来自国内外50余位嘉宾参加了会议。会议由中国政法大学法治政府研究院副院长兼教育法研究中心主任王敬波教授主持。中国政法大学副校长兼法治政府研究院院长马怀德和法国法兰西学院院士、巴黎第二大学终身教授皮埃尔·德沃维分别致开幕词。研讨会围绕着“高校信息公开的域外视角”“高校信息公开的理论透视与制度展望”“高校信息公开的实践反思”这三个单元展开讨论，专家学者各抒己见，探究高校信息公开的中外理论制度，反思高校信息公开实践做法，进行了深入的学术交流。

（中国政法大学科研处刘璐供稿）

社科信息服务机构评估研讨会 10月15日，北京市社会科学信息学会举办社科信息服务机构评估研讨会，来自高校、研究机构、理事单位的30名学会理事参与研讨会，围绕“社科信息服务机构评估”进行了研讨，主要提出了几个方面的重要观点：（1）对社会信息服务机构评估是社会发展的必然选择。与会专家认为，当今时代已进入知识经济时代，知识、信息、效率日益成为当代传播关键词。最初来源于经济学的绩效逐渐扩展到社会各个领域。绩效评估业已成为经济社会衡量各种组织、项目运行情况和结果的重要手段。而且随着政府绩效评估深入开展和社会民众对政府管理、公共事务的日益关注，在我国社科信息服务机构主要有各类图书馆和商业化的数字文化机构，对于依靠公共财政资金生存的社科信息机构的绩效也受到社会的广泛关注。因此，这类机构开展评估是社会发展的必然。（2）对社科信息服务机构评估对于社科信息机构发展具有积极的推动作用。（3）社科信息服务评估要注重绩效评估，切勿走形式。（4）社科信息服务评估的主体以自我评估为主，外部评估为辅。

（北京市社科联学会部供稿）

数字时代档案资源的视觉传播学术论坛 10月16日，由北京市社科联、北京市科协主办，北京市档案学会、北京数字科普协会承办的“数字时代档案资源的视觉传播”学术论坛在京召开。北京市社科联党组副书记陈之昌、北京市科协副主席田文出席论坛并分别代表主办单位致辞。来自北京市档案学会、北京数字科普协会的代表80余人参加了论坛。

论坛上，北京大学张浩达教授、北京市档案局（馆）网络管理处宋红处长、首都博物馆数字首博管理部孙芮英副主任、北京市档案馆王兰顺馆员、首都博物馆乔红副研究馆员围绕视觉传播的社会影响力与数字视觉信息的管理、数字时代档案资源视觉传播的途径与展现、以及如何在博物馆藏品、展览、馆藏文书等方面利用数字化技术等问题进行了主题发言和深入研讨。

陈之昌同志在致辞中指出，北京自然科学界和社会科学界联席会议历经10年，充分发挥市社科联和市科协两大学术性人民团体的人才资源优势，紧密围绕北京发展过程中的全局性和前瞻性问题开展活动，推动了两界学会、学者之间的学术交流，促进了首都自然科学和社会科学的交融与发展，服务了北京的科学发展。作为2012年北京自然科学界和社会科学界联席会议的首场两界学会联合学术活动，此次论坛汇聚不同领域的专家学者，围绕如何在数字时代利用视觉传播文化，挖掘档案文化资源，更好地展示了档案文化的独特魅力进行深入研讨，必将进一步推进首都文化建设的大发展大繁荣。

（北京市社科联学术活动部供稿）

中德行政改革比较国际学术研讨会 10月22日，主题为“中德行政改革比较——金融危机背景下的公共治理”国际学术研讨会在国家行政学院召开。围绕主题分设“中德行政体制改革比较”“中德公共财政体制比较”“中德纵向行政管理层级比较”“应对金融危机——中德公共治理变革比较”4个单元，来自德国施拜尔公共行政大学、国家行政学院，德国波恩市、中国海南省等地的专家学者和政府部门实际工作者发表演讲并围绕主题进行探讨。

研讨会由中国行政体制改革研究会、德国联邦经济与合作发展部主办，德国国际合作机构协办。国家行政学院副院长、中国行政体制改革研究会副会长周文彰，德国施拜尔公共行政大学校长约阿希姆·维兰德出席了开幕式并致辞。德国驻华大使馆参赞贝文德、中国商务部国际司处长康炳建致欢迎词。国家行政学院国际部副主任董青、德国施拜尔公共行政大学教授吉塞拉·费尔伯尔出席本次研讨会。开幕式由国家行政学院教授、中国行政体制改革研究会副会长汪玉凯主持。

周文彰在致辞中指出，优化行政层级是中国行政体制改革的重要内容，它有利于降低行政成本，提高行政效率。早在19世纪初，德国就开始进行县级改革，在乡村地区建立了专业的高水准的公共行政体系。200多年来，伴随经济社会的发展，德国行政结构不断改革、发展和完善，其成功经验，对推动中国建立一个便捷、高效的公共行政体系有积极推动作用。

周文彰说，早在2009年9月，中德双方就已达成意向并开展了一系列交流等合作。该项目正式立项后，中德双方通过一系列实地考察，通过中德双方公务员交流和合作、开展课题研究等方式，建立了一个由中德双方共同支持的课题研究网络，中德双方近百位专家学者参与到此项目中。双方紧紧围绕在后金融危机背景下，全球公共治理、行政改革、政府建设等热点难点问题，联合组织研究人员共同研究，相互考察、座谈和交流，拓展了中德双方研究人员的视野，丰富了思考问题的维度，提出了更有效的对策和建议，为推动中德公共行政改革，推动双方行政层级改革和专项研讨作出重要贡献。

作为中德行政层级改革项目中方实施人之一，汪玉凯介绍到，项目立项之初，是想通过比较中国和德国纵向行政层级的设置、运作的比较，探索纵向行政层级的规律，为中国正在推动的省直管县改革提供借鉴。项目实施3年多来，双方通过考察交流，共同开展研究，在中国和德国共召开4次大型学术交流会，分别是：2010年10月第一次“中德县域公共治理比较”国际会议；2011年9月在德国施拜尔公共行政大学召开的第二次“中德行政层级改革学术研讨会”；2012年3月在中国杭州召开的“城乡一体化背景下的县域公共财政改革”专题研讨会；2012年10月的“中德行政改革比较——金融危机背景下的公共治理”研讨会。一系列的学术研讨活动后，中方共形成了3份考察报告，4篇综述，50多篇论文。研讨会后，项目所有成果将汇集成册并出版成书。

参与中德项目的课题组成员，国家行政学院部分专家学者以及论文作者60余人参加了此次研讨会。

据了解，“中德行政改革比较——金融危机背景下的公共治理”国际学术研讨会是中德行政层级改革合作研究的结项会。项目始于2010年，近3年来中国行政体制改革研究会与德国国际合作机构中国分部就中德双方在纵向行政层级改革方面开展了一系列的课题研究和互访学习互动，并建立起了中德双方的对话机制。

（国家行政学院科研处项纪旸供稿）

2012安全科学与工程国际学术会议　11月7—8日，2012安全科学与工程国际学术会议在京举行。本次会议由首都经济贸易大学和中国安全生产科学研究院主办，清华大学公共安全研究院、北京市科学技术研究院、环境保护部核与辐射安全中心、香港理工大学消防研究中心、柏林斯泰恩拜斯大学高级风险技术研究院、欧洲综合风险管理虚拟研究院和中国职业安全健康协会工业防毒专业委员会等单位协办。来自国内外相关安全领域知名高校、知名企业的百余名专家、学者等参加了本次国际学术会议。

在大会报告环节，来自清华大学、北京市科学技术研究院、柏林斯泰恩拜斯大学、美国华盛顿大学、阿拉伯联合酋长国石油学院，日本横滨国立大学、关东学院大学，北京劳动保护科学研究所、北京交通大学、台湾的中国医药大学及首都经济贸易大学的教授们分别发表了自己的最新研究成果和学术观点。分会场上，与会专家学者从安全学科发展的各个层面做了学术交流，共同为安全科学理论研究和安全工程技术应用提供了新理论、新思路、新方法。

本次会议是安全工程领域一次高层次的大型国际学术会议，对于推动中国的安全科学的发展具有重要的意义，首都经济贸易大学安全与环境工程学院将继续搭建平台，加强与业内同行的交流与合作，为促进安全科学理论体系的稳步建立和安全工程实际应用的快速发展作出应有的贡献。

（首都经济贸易大学科研处张嘉艳供稿）

管理与环境融合研讨会　11月14日，由清华大学经管学院和环境学院联合主办的“管理学走出商学院：管理与环境融合”研讨会在清华大学经管学院举行。研讨会由清华大学经管学院副院长高建主持。

会上，环境学院环境规划与管理系主任王灿，经管学院副院长、经济系主任白重恩和北京中创碳投科技有限公司副总经理郭伟围绕“低碳经济下的产业变革”的主题阐述观点。王灿认为建立以低碳排放为特征的产业体系和消费模式，是中国实现低碳发展的核心内容。白重恩重点解读了碳税和碳交易等经济政策的优势和弊端，产业政策对经济的影响，以及经济政策对国际贸易的影响等问题。郭伟总结了企业发展和低碳的关系，即低碳带来了约束和发展、风险和机遇的双重性，企业在准确认知的基础上，必须多角度创新，才能正确地把握这种变化。

在“环境保护产业的未来”的主题研讨中，经管学院金融系教授朱武祥、中德（中国）环保有限公司董事长陈泽峰和环境学院环境管理与政策研究所所长常杪结合相关领域作主题报告。朱武祥探讨了构建环保产业发展的新模式，即从“产学研”到“产学研政金”。陈泽峰介绍了世界各地和中国的垃圾处理现状，发达国家以焚烧为主，而中国等发展中国家仍以填埋为主，目前中国政府已出台系列政策，鼓励垃圾发电等环保产业。常杪全面分析了环保产业的范畴和我国环保产业的发展现状，认为解决日益严重的环境污染问题的客观需要、来自中央、地方政府的大力推进、新兴产业发展的需要和市场竞争格局的形成是环保产业发展的原动力。

在“可持续发展的战略”主题研讨中，环境学院副研究员石磊，经管学院副教授、清华大学技术创新中心副主任高旭东和北京建工环境发展有限责任公司总经理杜郁分别发表观点。石磊梳理了可持续发展的发展脉络，阐述了可持续发展的实践范式和发展战略，探讨了环境绩效与竞争绩效能否统一和全球化与本土化的权衡等问题。高旭东提出了可持续发展面临的严峻挑战和三种思路，即发达国家的模式、以降低消费为前提的生活模式和生活好又可持续模式，并强调通过（技术）创新寻求新的可持续发展模式、突破性创新的潜力和自主创新与民族品牌的重要性。杜郁阐述了环境保护“十二五”规划要求，并通过城镇污水处理、土壤污染治理等7个环保行业的现状和发展趋势，进行了热点环保产业投资分析，认为企业战略选择要综合考虑国内外经济形势、资本追逐热点排序、国企与民企投资兴趣差异、大型国有环保企业和民企的投资模式与产业布局以及跨行业企业的投资模式与产业布局等因素。

“管理学走出商学院：管理与环境融合”研讨会旨在汇聚管理与环境各自领域的智慧、深化对实践的认识和探索共同的战略问题。

（清华大学文科建设处供稿）

2012年应急管理国际研讨会 11月24—25日，由国家行政学院、公安部、民政部、卫生部、国务院国有资产监督管理委员会和国家安全监督管理总局共同举办的2012年应急管理国际研讨会在京举行。此次研讨会的主题为“加强应急能力建设：创新与合作”。

国家行政学院党委书记、常务副院长李建华出席研讨会开幕式并致辞。李建华说，改革开放特别是2003年抗击“非典”疫情取得重大成效以来，中国政府坚持以人为本、执政为民，按照科学发展观的要求，健全完善应急管理体制机制和法制，狠抓应急预案体系建设，并以此带动风险防范、应急队伍、物资保障等应急准备工作的深入开展，有效提高了各级政府的应急能力。近年来，我们及时成功应对了南方低温雨雪冰冻、汶川特大地震、玉树强烈地震、舟曲特大山洪泥石流等自然灾害，有效开展了王家岭煤矿特大透水事故等事故灾难的救援行动，科学防控甲型H1N1流感、高致病性禽流感等突发公共卫生事件，最大限度地减少了突发事件造成的生命财产损失，促进了社会和谐稳定。

李建华强调，中国共产党第十八次全国代表大会刚刚闭幕，大会提出了到2020年全面建成小康社会的宏伟目标。在实现小康目标的过程中，中国既面临机遇，也面临着各种风险和挑战。防范各种突发事件，应对日趋复杂的公共安全形势，满足公众日益增长的公共安全需求，对应急能力建设提出了新的更高要求。为此，中国政府把能力建设确定为“十二五”期间国家应急管理工作的重点，确立了“十二五”期间应急能力建设的主要任务和总体目标，就是要以保障公众生命财产安全为根本，以强化应急管理基础基层和提高重特大突发事件处置能力为重点，着力加强薄弱环节和解决共性问题，明显增强重大基础设施抗灾、城乡防灾减灾等应急管理基础基层能力，显著提高突发事件预防与应急准备、监测与预警、应急处置与救援、事后恢复与重建以及应急保障等综合应急能力。加快构建统一指挥、结构合理、反应灵敏、保障有力、运转高效的突发事件应急体系和工作机制，大力提升社会各界的参与程度，全面提高应对复杂多变公共安全形势的能力。

研讨会上，国家行政学院副院长洪毅、公安部副部长黄明、民政部副部长姜力、卫生部副部长徐科、国务院国资委副主任黄淑和、中国煤矿安全监管局副局长王树鹤、欧盟委员会人道主义援助和公民保护总干事杜尚就应急管理相关方面工作分别作了主题演讲。

此次研讨会会期两天。研讨会将围绕“应急管理协调联动”“应急保障能力建设”“风险评估与突发事件预警”“应急预案与演练”“企业应急管理”“应急技术与应急产业”6个分主题进行深入研讨。此次研讨会将对增强社会各界的应急意识，深化应急管理理论研究，提升应对突发事件的能力，促进应急管理领域的交流合作，产生积极的影响。研讨会还得到了中国—欧盟应急管理合作项目、德国国际合作机构、中国红十字会的大力支持。来自20多个国家和有关国际组织的官员、企业代表、专家学者和应急管理实际工作者400多人参加了本次研讨会。

（国家行政学院科研处项纪旸供稿）

2012年中欧行政改革论坛 由中国国家行政学院与欧盟共同举办的2012年中欧行政改革论坛在京召开。论坛的主题为“中欧公共治理的新挑战与行政改革”。国家行政学院党委书记、常务副院长李建华、欧盟驻华大使艾德和出席论坛开幕式并致辞。论坛开幕式由国家行政学院副院长何家成主持。

李建华在致辞中强调，本次论坛以中欧公共治理的新挑战与行政改革为主题，适应了全球治理新形势下中欧各国深化行政体制改革、全面提高政府效能的共同需要。当前，国际金融危机深层影响尚未消除，全球经济下行风险增大。在这样的形势下，围绕公共治理新挑战，就政府角色新定位、优化政府结构和推进政府绩效管理等问题进行研讨交流，对于深入推进行政体制改革和公共管理创新，具有重要的理论和实践意义。李建华指出，改革开放30多年来，特别是2002年党的十六大以来，按照科学发展观的要求，紧紧围绕转变政府职能，努力推进服务型政府建设，中国行政体制改革取得了重大进展和成就。刚刚闭幕的中国共产党第十八次全国代表大会着眼于中国特色社会主义事业发展全局，提出了行政体制改革总体目标和重点任务，对深化行政体制改革、建设服务型政府作出了战略部署。

李建华强调，为实现党的十八大关于深化行政体制改革的战略部署，要重点在以下 8 个方面采取措施、积极推进：一是着力转变政府职能，二是优化政府组织结构，三是推进行政层级改革，四是创新行政管理方式，五是努力降低行政成本，六是推进事业单位分类改革，七是大力推进依法行政，八是加强行政权力监督。必须坚定不移地全面推进行政体制改革，不断提高改革的科学化水平，最终建成与全面建立小康社会目标相适应的中国特色社会主义公共行政体制。

开幕式后举行主题演讲，中国中央机构编制委员会副主任王峰、人力资源和社会保障部副部长胡晓义、广东省常务副省长肖志恒、丹麦社会事务和改革部常任国务秘书詹斯帕·席斯勒、匈牙利行政和司法部副国务卿鲁道夫·维格等 5 位中外嘉宾在大会上发表了主题演讲。国家行政学院副院长洪毅主持了主题演讲会。

此次论坛会期一天半，将围绕三个分主题展开：一是围绕“公共治理的新挑战与政府角色新定位”，讨论政府职能科学化的新思路、公共服务供给创新、公益类事业单位改革、政府与社会协同共治等，探索如何把握行政体制改革的核心问题，进一步科学界定政府职能，推进政府管理创新。二是围绕“大部门体制探索”，讨论大部门制改革的价值取向、结构形式、功能定位等问题，研究如何稳步推进大部门制改革，健全部门职责体系，以夯实行政权力廉洁高效运行的组织基础。三是围绕“政府绩效管理研究”，讨论政府绩效管理制度化、法制化和评估主体多元化等问题，探索如何建立科学有效的政府绩效评估体系，完善绩效管理方式，以提高政府的执行力和公信力。

出席论坛的中外嘉宾还有：全国政协经济委员会副主任、国家工业和信息化部原部长李毅中、国家行政学院副院长周文彰、纪委书记杨文明、副院长杨克勤，国家行政学院党委委员，办公厅主任李季，监察部绩效管理监察室主任陈雍，北京市医改办主任韩晓芳，北京大学教授王浦劬、周志忍等；欧盟驻华代表团发展合作处公使衔参赞高佑翰、欧盟驻华代表团治理与社会事务主任奇瑞安、法国政府秘书处办公厅主任奥利维尔·法布、德国专家狄爱特·史马克、荷兰内政部欧洲事务高级顾问约翰·海克等。

来自中国和欧盟近 10 个国家以及有关国际组织的 400 多位官员、专家学者参加了本次论坛。

（国家行政学院科研处项纪旸供稿）

2012（第七届）中国电子政务论坛　12 月 6—7 日，由国家行政学院、国家信息中心联合主办的“2012（第七届）中国电子政务论坛”在国家行政学院成功举办。本次论坛的主题是：“中国电子政务十年实践进程”。来自中央和国家机关、地方政府、地方行政学院、有关科研单位和企业负责信息化工作的 300 多位代表参加了论坛。

国家行政学院副院长洪毅和国家信息中心常务副主任杜平代表主办单位在开幕式上致辞，工业和信息化部副部长杨学山、中国工程院院士沈昌祥分别作了主题报告。在为期一天半的会议上，共有 40 多位领导和专家学者围绕中国电子政务 10 年进程、电子政务“十二五”规划、互联网与政府管理创新、新媒体与政府管理、电子政务最佳实践、新技术背景下的电子政务建设等多个议题进行了专题研讨和案例介绍。论坛发布了“中国电子政务最佳实践”评选结果。国家行政学院副院长洪毅，党委委员、办公厅主任李季，工信部信息化推进司副司长（正司级）秦海、国家信息中心原总工宁家骏为 40 个来自中央部委、国家机关、地方政府等单位的代表颁发了电子政务最佳实践奖项。

“中国电子政务论坛”由国家行政学院、国家信息中心联合发起创办，从 2006 年开始每年举办一届。论坛以“学术性、公益性、开放性、务实性”为原则，结合年度电子政务发展热点，由政府高层阐述政策导向，介绍具有创新性、普及性的优秀电子政务案例，交流电子政务应用的思路和经验，探讨电子政务发展趋势，促进政企合作，推动中国电子政务健康发展。

“中国电子政务论坛”是面向中央及国家机关、地方政府信息化主管领导和专家学者的高层次学术交流活动，创办以来一直得到中共中央办公厅信息中心、国务院办公厅电子政务办公室、国家发展与改革委员会、工业和信息化部、国家信息中心等单位的大力支持，相关领导多次莅临论坛给予指导。时至今日，“中国电子政务论坛”已成为国内外最具影响力的电子政务领域学术交流活动。

（国家行政学院科研处项纪旸供稿）

第六届北京中青年社科理论人才“百人工程”学者论坛　12 月 23 日，中共北京市委宣传部、北京市社科联与北京市社科规划办在首都经济贸易大学联合主办了以“全面小康：发展与公平”为主题的第六届北京中青年社科理论人才“百人工程”学者论坛。首都经济贸易大学党委书记柯文进出席并致辞，市社科联党组副书记陈之昌、市社科规划办主任王祥武分别主持论坛主题发言。来自北京大学、清华大学、中国人民大学、北京师范大学、首都师范大学、首都经济贸易大学等首都各大高校的“百人工程”学者近 200 人参加了论坛。

围绕主题，北京大学马克思主义学院孙熙国教授、北京师范大学心理学院辛涛教授、首都师范大学教育学院蔡春教授、首都经济贸易大学法学院李晓安教授、中国人民大学法学院姚海放副教授、清华大学环境学院温宗国副教授等专家学者，分别以“文化自觉与文化创新”“高质均衡是教育公平的根本追求”“分配正义与教育公正”“增长、分配、公平——人的发展与社会发展的统一”“财政法治视野下的房产税法改革”“探索中国绿色发展之路：挑战与展望”为题，从文化创新、教育公平、分配正义、经济增长与共享发展成果、房产税法改革、绿色发展等角度作了发言，并与在场听众进行了互动研讨。首都经济贸易大学校长助理戚聿东教授进行了精彩的总结。

作为北京中青年社科理论人才“百人工程”学者培养计划的重要组成部分，北京中青年社科理论人才“百人工程”学者论坛已成功举办了六届，取得了丰硕的研究成果，在首都理论界产生了广泛的影响。

（北京市社科联学术活动部供稿）

食品安全与食品伦理学术研讨会　12月28日，由北京市社科联与北京市科协主办、北京伦理学会和北京食品学会承办的“食品安全与食品伦理”学术研讨会召开。来自中国社会科学院、中国人民大学、首都师范大学、北京联合大学、国家食品安全风险评估中心、北京市食品及酿酒产品质量监督检验一站、北京稻香村食品有限责任公司、北京义利面包食品有限公司、北京三元食品股份有限公司、北京二商王致和食品有限公司等首都各界人士50余人参加了会议。会议由北京伦理学会秘书长王淑芹、北京食品学会秘书长徐峰、中国伦理学会秘书长孙春晨主持。

围绕主题，中国社会科学院陈瑛研究员、国家食品安全风险评估中心刘秀梅研究员、北京稻香村食品有限责任公司副总经理池向东、中国人民大学曹刚教授，分别以“民以食为天的伦理诉求”“科学认识、客观剖析食品安全”“食品安全责任重于泰山”“食品安全的伦理问题与对策”为题作了精彩发言，并与在场的市科协副主席田文、北京食品学会理事长金宗濂、北京食品学会监事长孙容芳、中国人民大学龚群教授、北京联合大学食品功能研究院院长姜招峰、北京伦理学会常务副会长葛晨虹等各界人士进行了热烈的互动讨论。

自2010年起，市社科联与市科协已推动北京伦理学会分别与北京环境科学学会、北京土木建筑学会、北京食品学会联合主办了“环境伦理的理论与实践”“建筑伦理的理论与实践”“食品安全与食品伦理”3场两界学会联合学术活动，为繁荣伦理学研究、服务首都科学发展作出了贡献。

（北京市社科联学术活动部供稿）

综合（含新闻、国际关系、其他）

公共媒体的未来国际学术研讨会　1月12日，由中国传媒大学广播电视研究中心和英国威斯敏斯特大学中国传媒中心联合主办的“公共媒体的未来”（Future of Public Media）国际学术研讨会在北京国际饭店成功举办。中国传媒大学副校长胡正荣到会致辞，并在晚宴中会见了英国驻华大使吴思田（ebastian Wood）先生。

研讨会就公共新闻、记者的角色和责任以及公共媒体与娱乐节目的关系等进行了深入而广泛的讨论。中央电视台对本次会议进行了报道。

（中国传媒大学科研处供稿）

俄罗斯总统大选及中俄关系座谈会　1月16日，俄罗斯驻华使馆参赞孟津政来北京外国问题研究会俄罗斯研究中心，就俄总统大选及中俄关系进行交流座谈。研究中心主任苏函、副主任孟秀云，高级记者盛世良，前驻哈萨克斯坦大使张志明，现代国际关系研究院研究员王郦久及秘书处研究人员参加了座谈会。会上对就俄罗斯总统大选期间俄社会情况、中俄经济合作中的问题进行了交流，重点讨论了俄罗斯新成立的“欧亚经济联盟”作用以及“欧亚经济联盟”与“上合组织”未来相互关系问题。俄使馆官员对来会座谈表示感谢，并愿意就双方感兴趣的问题保持与中心交流。

（北京外国问题研究会秘书处胡晓芳供稿）

首届中法媒体论坛　2月13日，由国务院新闻办公室和法国驻华使馆举办，五洲传播中心和法国“中国学院”共同承办的首届中法两国媒体论坛在北京召开。会议围绕“媒体在促进和推动中法全方位宽领域合作和交流中的作用”和“传统媒体与新媒体的关系及发展前景”两个议题展开了广泛、深入的讨论。国务院新闻办公室主任王晨和法国驻华大使白林分别发表主旨演讲，中华全国新闻工作者协会常务副主席翟惠生和法国总理办公室项目主任诺戴在开幕式上发言。

王晨说：“大家在这里相聚，就加强中法新闻媒体交流与合作，增进两国相互理解和友谊进行探讨，这是一件十分有意义的事情。”他指出：“中国与法国走过了不同的发展道路，两国在社会制度、经济发展水平、文化传统和价值观念等方面存在差异，但我们之间不存在利害冲突。中国政府重视促进中国传媒与包括法国传媒在内的国际传媒界的交往。”王晨呼吁中法两国媒体从战略高度和长远角度出发，摒弃偏见和误解，客观、全面、准确地报道中国，把真实的中国和真实的法国呈现出来，切实把帮助两国民众客观、理性地认识对方国家的历史责任承担起来，希望两国媒体更多关注中法关系的积极进展，更多关注中法两国人民的友好往来，培育理解友谊，缩短心理距离，推动两国各领域的合作。他说：“我相信，以更加广阔的全球视野和与时俱进的思维方式看待和处理中法关系，走出一条相互尊重、平等互信、互利共赢之路，是两国人民的共同愿望。希望中法媒体为实现这一愿望而共同积极努力！”

在法方与会的媒体高管阵容中，有《世界报》社长伊斯拉艾勒维克、电视五台台长巴蒂诺、法新社总经理托马谢斯基、法国最高视听委员会总经理雅皮欧。新华社、人民日报社、中央人民广播电台、中国国际广播电台、中央电视台、经济日报社、中国日报社、新华网、人民网、人民画报社等中方媒体数十位领导与会，本报副总编辑方正辉代表本报出席了论坛。外交部、国务院新闻办公室、国家广电总局、国家新闻出版总署、中华全国新闻工作者协会有关部门的负责人也出席了论坛。

据出席论坛的国务院新闻办公室副主任王仲伟介绍，在中法两国的交往中，媒体间有如此高层次的交流尚属首次。

（参见《光明日报》2012 年 2 月 14 日第 8 版）

担负文化繁荣重任　推进新闻文化事业研讨会　3 月 6 日，全国政协新闻出版界与中国新闻文化促进在京联合举办“担负文化繁荣重任　推进新闻文化事业”研讨会。全国政协副主席孙家正出席并讲话，中央军委原副主席迟浩田上将出席会议。

孙家正对全国政协新闻出版界，对从事新闻工作的同志，提出 3 点要求。第一，全国政协新闻出版界委员要聚精会神地共商国是，为国家的长远发展、人民的幸福安康作出自己的贡献。第二，新闻文化工作者要努力创造更多好作品。第三，新闻出版界委员认真梳理自己的工作体会，为后人留下宝贵经验。

新闻出版总署署长柳斌杰指出，当前新闻文化建设面临两个重要任务。一是营造新闻文化发展的良好环境，探索一条有中国特色社会主义新闻文化发展的路子。二是树立新闻人的核心价值体系，形成传输快捷、技术先进、覆盖全面的新闻传播格局。

全国政协委员、新闻出版总署原副署长、中国新闻文化促进会会长李东东在主题报告中提出 3 点意见。第一，深入贯彻党的六中全会精神，提高新闻文化科学化水平。第二，把握形势，探索规律，建设中国特色的新闻文化。第三，开拓创新，搭建平台，引导新闻从业人员做好文化人。

研讨会上，全国政协委员、中国新闻文化促进会原副会长江绍高，全国政协常委、中国残疾人联合会主席张海迪，全国政协委员、凤凰卫视董事局主席刘长乐，北京师范大学艺术与传播学院副院长于丹等先后发言。

中国新闻文化促进会在会上聘请孙家正、迟浩田、艾丰、吴昊为名誉会长。

全国政协新闻出版界委员，新闻界有关领导和文化界知名人士，新促会副会长和部分常务理事共 150 余人与会。

（参见《光明日报》2012 年 3 月 7 日第 2 版）

南海问题研讨会　3 月 9 日，北京外国问题研究会东南亚研究中心就中越关系最新情况及南海问题举行研讨会。东南亚研究中心主任谷源洋、副主任张加祥，中国驻越南前大使李家忠、齐建国，中国驻文莱前大使刘新生等部分东南亚问题专家及秘书处人员参加了研讨会。与会专家就越南政治经济新情况、中越关系、解决南海划界问题的思路与模式以及美国在南海地区的影响进行了深入研讨。

（北京外国问题研究会秘书处胡晓芳供稿）

《中国广播电视年鉴》创新与发展战略研讨会　3 月 20 日，由《中国广播电视年鉴》（以下简称《年鉴》）编辑部主办的年鉴创新与发展战略研讨会在京举行。

国家广电总局传媒机构管理司司长陶世明、中国传媒大学副校长廖祥忠、中国版协年鉴工委会学术委员会主任孙关龙、中国广播电视年鉴主编赵玉明和来自全国广电系统的《年鉴》特约编辑以及编辑部的工作人员近 40 人参加了研讨会。

《年鉴》常务副主编、《年鉴》编辑部主任曲宗生主持会议，并介绍了本次研讨会举行的背景及目的。中国传媒大学廖祥忠副校长结合当前媒体发展的形势，就《年鉴》创新发展的思路发表了讲话。孙关龙主任对《年鉴》进行了点评，并介绍了世界知名年鉴的基本情况，就如何打造精品名鉴、知名年鉴等回答了与会人员的提问。陶世明司长就有关广播电视频率频道建设与管理情况作了专题报告。

中国广播电视年鉴主编赵玉明作会议总结。

研讨会上，来自北京市广电局和云南省广电局的特约编辑还与大家分享了《年鉴》供稿和发行工作的经验，并交流了心得体会。

（中国传媒大学科研处供稿）

首届中国传媒（北京）论坛　3 月 28 日，由中国新闻文化促进会主办，北京大学新闻与传播学院等承办的以“履行传媒责任 彰显传媒力量”为主题的“首届中国传媒（北京）论坛暨中国传媒社会责任座谈会”在北京大学召开。会上发布了由北京大学新闻与传播学院课堂组完成的首份传媒行业社会责任报告——《2011 中国传媒行业社会责任报告》（简版）。中国记协名誉主席、北京大学新闻与传播学院院长邵华泽，中国新闻文化促进会会长李东东等出席座谈会。《2011 中国传媒行业社会责任报告》（简版）由北京大学新闻与传播学院副院长、中国传媒社会责任课题组组长陈刚发布。据了解，在参考国际标准化组织制定的 ISO 26000 等相关指标体系的基础上，课题组结合中国传媒业的特殊属性，制定了中国首个传媒社会责任指标参照体系。课题组从全国报社、电视台、期刊社中抽取了 200 家单位（不包含港澳台地区）作为样本，发放调查问卷，进行了相关数据采集。同时，还从主管部委及数据机构获得了部分抽样媒体的相关数据和材料，并以领军人物访谈、征文等方式，对传媒业履行社会责任现状、路径、成绩等进行深度的调研，撰写了该报告。

（北京大学社科处供稿）

中国软实力崛起讲座　4 月 24 日，“软实力”概念的提出者和软实力理论的首创者，曾任美国卡特政府助理国务卿、克林顿政府国家情报委员会主席和助理国防部部长的政治活动家，哈佛大学著名教授、肯尼迪政府学院前院长约瑟夫·奈应北京大学马克思主义学院、北京大学中国文化研究中心之邀访问了北京大学，并在北京大学英杰交流中心举行了一场题为“中国软实力崛起”的精彩演讲。演讲前，北京大学党委书记朱善璐会见了约瑟夫·奈教授。朱书记对约瑟夫·奈教授应邀为北京大学马克思主义学院院庆二十周年发表首场演讲表示欢迎，并对北京大学与哈佛大学的教育合作以及两校在中美两国文化软实力研究领域的合作提出富有建设性的建议。北京大学党委副书记杨河教授、副校长李岩松教授，马克思主义学院院长郭建宁教授、院党委书记孙熙国教授等出席了会见。演讲会由郭建宁主持。

约瑟夫·奈首先对北京大学马克思主义学院的盛情邀请表示感谢，并盛赞北京大学是“中国的哈佛”。约瑟夫·奈从软实力概念的提出、产生软实力的各种资源，中国软实力的崛起以及中美软实力的协作等方面阐释了软实力的理论。他回顾了“软实力”概念的提出以及过去 20 多年以来软实力概念在国际社会中的使用情况，澄清了一些曲解和误读，指出权力是影响他者获得期望结果的能力，软实力是权力的一种形式，主要是通过吸引和说服以获得更优结果，而不是传统意义上通过军事、经济威胁和收买的行为。在信息革命时代，软实力将会成为巧实力战略中越来越重要的部分。

在主题演讲结束之后，约瑟夫·奈还回答了同学们关于中国文化软实力的建设问题、中美软实力合作问题、文化软实力与经济硬实力、巧实力与软实力、中国改革问题以及与周边国家的关系等问题。

（北京大学社会科学处供稿）

2012 中国网络科学论坛　4 月 27 日上午，由中国传媒大学主办，中国传媒大学电视与新闻学院、调查统计研究所、亚洲传媒研究中心、传播研究院及新媒体研究院联合承办的“2012 中国网络科学论坛”在中国科技会堂报告厅开幕。论坛以“科学与艺术和谐统一”为主题，汇聚了来自全国各高等院校和业界相关行业的 500 余名专家学者，共同交流与分享了关于网络科学研究的新成果和新观点。

“2012 中国网络科学论坛”是面向自然科学、社会科学、人文学科及传媒实践等领域的一次空前开放的盛会。论坛以网络为纽带，集合自然科学和社会科学领域以及传媒实践领域专家的智力共同探讨“科学与艺术的和谐统一之路”。

（中国传媒大学科研处供稿）

联盟理论与东亚秩序研讨会　5 月 12 日，主题为“联盟理论与东亚秩序”的学术研讨会在北京召开，研讨会由中国社会科学院亚太与全球战略研究院主办。与会学者普遍认为，随着崛起进程的推进，中国未来外交思考的重心在于如何瓦解或弱化美国在东亚联盟体系的行动力，从而为中国的和平发展创造良好的周边环境。研讨会就联盟的理论与历史、美国的亚太联盟战略与东亚地区秩序、崛起中的中国如何应对由美国主导的东亚联盟体系等议题进行了讨论。

（参见《人民日报》2012 年 5 月 14 日第 22 版）

首届公共外交国际论坛　5 月 19 日，以“公共外交的智慧：中欧美对话”为主题的首届公共外交国际论坛在北京 GBD 公共外交文化交流中心举行。全国政协外事委员会主任赵启正，全国政协外事委员会副主任、察哈尔学会主席韩方明，荷兰国际关系研究所研究部主任梅利森，美国公共外交顾问委员会前执行主任阿姆斯特朗，欧盟驻华代表团团长艾德以及国际问题专家、学者 100 多人出席研讨会。赵启正、阿姆斯特朗、艾德等分别在论坛上发表了主旨演讲。

本届论坛由察哈尔学会和荷兰国际关系研究所联袂举办，荷兰外交部、荷兰驻华使馆协办。论坛是不久前启动的中欧人文交流机制的组成部分，也是中荷建交 40 周年庆典活动之一。察哈尔学会是中国一家非官方的外交与国际关系智库，荷兰国际关系研究所是欧洲重要的公共外交研究机构。

（参见《光明日报》2012 年 5 月 20 日第 8 版）

欧盟在当前世界格局中的作用研讨会　5 月 22 日，北京外国问题研究会欧洲研究中心以“欧盟在当前世界格局中的作用”为题，研讨欧盟政经形势以及欧债问题对欧盟在世界格局中作用的影响。副会长裘元伦、欧洲中心副主任王熙敬、中国驻欧盟前大使关呈远、中国国际问题研究所副所长邢骅、北京外国语大学教授吴江等 14 名专家学者参加了研讨会。与会者盘点了近 500 年欧洲发展史和欧盟发展历程，从世界经济政治发展角度评价欧洲主要国家及欧盟的先行作用，从社会发展角度审视当前欧盟存在的问题。一致认为，近百年来由于其他国家的赶超使得欧洲世界地位相对下降，但其科技成就亦使之经济、政治影响一直在提高，这体现在欧洲福利制度的先进性及“一体化进程”是人类国家发展的探索。欧盟一定会走出困难，唱衰欧盟是站不住脚的，欧盟不是在绝望中求生，而是在病中求治，但其自我修复约需 10 年时间，不能盲目乐观。与会者还交流了各自近期访欧考察情况，认为欧盟情况不象媒体报道得那样停滞不前，我国应加强与欧盟国家发展关系。

（北京外国问题研究会秘书处胡晓芳供稿）

当代中国外交研究的前沿问题研讨会　5 月 23 日，为了促进新形势下中国外交研究的发展，加强学术交流与合作，以便更好地为国家大外交和北京市对外交流服务，由外交学院外交学与外事管理系主办的“当代中国外交研究的前沿问题”研讨会在外交学院举行。会议邀请到来自北京大学、清华大学、中国人民大学、北京外国语大学、对外经贸大学、中央党校、中央财经大学、中国社会科学院等院校及研究机构的 10 多位专家学者，以及外交学院特聘教授，美利坚大学的著名华人学者赵全胜教授及外交学院教师 10 多人与会。

外交学院副院长郑启荣教授代表学院致辞。在欢迎和感谢各位专家学者参会的同时，指出当今中国外交面临的一系列机遇与挑战，以及进一步加强中国外交研究的重要性，希望与会学者能够围绕前沿问题，就中国外交研究的理论、方法、政策建议等发表看法、积极讨论。

赵全胜教授就“冷战后美日同盟的转型”作了主题演讲，详细介绍了冷战结束后美日同盟由产生矛盾到漂流进而转型强化的过程，分析了导致这一现象的原因及国际背景，并在此基础上指出了这一转型对当今东亚国际政治产生的影响，最后同与会专家进行了研讨活动。

为期一天的研讨会，与会专家宋伟、赵可金、成晓河、蒲俜、尹继武、罗建波、赵磊、熊李力、李志永、白云真、熊炜、牛仲君、任远喆、李潜虞等围绕中国外交的转型、改革及方向，中国多边外交，TPP、朝鲜、南海等热点问题，中国与美国、非洲、德国、俄罗斯等国关系以及外交政策及理论研究等问题进行了主旨发言。外交学院王春英、苑崇利、陈奉林、苏浩、陈志瑞、高飞、陈涛、施展等老师也参加了本次研讨会，并参与了讨论与交流。

（外交学院科研处郦莉供稿）

中国国际问题论坛 · 2012　5 月 24 日，由国内 17 家国际问题教研单位发起，中国人民大学国际关系学院主办，全国高校国际政治研究会协办的“中国国际问题论坛 · 2012：中国崛起的安全环境与对外战略”在中国人民大学召开。来自美国芝加哥大学、中国人民大学、北京大学、清华大学、澳门大学、国际关系学院、外交学院、国务院发展研究中心、中国社会科学院亚太所等高校和学术机构的 40 多位国际问题专家出席了本次论坛。论坛围绕“中国崛起的安全环境与战略选择”这一主题，在“中国崛起的周边安全环境”“中国崛起的国际安全环境”“中国崛起的对外战略”等方面展开讨论。

（中国人民大学社科处供稿）

《全球趋势 2030》国际学术研讨会　5 月 25 日，“《全球趋势 2030》国际学术研讨会”在外交学院召开。来自欧盟驻华使团、欧盟安全研究所（EUISS）、中国现代国际关系研究院、中国社会科学院、北京大学、中国人民大学、国际关系学院、外交学院近 30 名官员和学者参加了会议。与会代表围绕欧盟安全研究所最新发布的报告《全球趋势 2030——互联与多中心世界中的公民》进行了深入交流。欧盟安全研究所是欧盟在共同外交与安全政策领域最为重要的智库机构之一，在欧洲和世界范围都具有广泛影响。

研讨会由北京对外交流与外事管理研究基地学术委员万霞教授主持，研究基地首席专家朱立群教授与欧盟驻华使团副团长、公使衔参赞 Carmen Cano De Lasala 女士分别致欢迎词。

欧盟安全研究所所长 Alvaro De Vasconcelos 先生从三个方面介绍了《全球趋势 2030》报告（简称《报告》）的内容。他指出，有别于其他的各种类似研究，该《报告》将个人（而不是国家）放在研究的中心位置。《报告》试图采用全球视角来分析未来全球趋势，而非仅局限于欧洲人的看法。《报告》将未来 20 年的全球发展趋势概括为三大特点：一是个人获得赋能，全球中产阶级将强势崛起。中产阶级的需求越来越高，没有一个国家的政府能够满足他们，从而产生期待值差距。另外，伴随着中产阶级对政治参与的需求，可能导致民族主义与民粹主义。二是资源的稀缺、持续的贫困，以及环境问题等对可持续发展提出了更高的要求。三是世界更加多元化，权力不再集中于某一个大国，而是呈现更加分散的趋势。中等国家、非国家行为体、城市体系等都发挥十分重要的作用，从而对全球治理提出挑战。各国政府必须调整政策以应对这些趋势，在制定政策时必须更具包容性。

针对《报告》内容，与会中外学者们展开了深入讨论。中国学者普遍认为，《报告》对今后20年的全球发展趋势进行了有益探讨，对中欧关系和世界局势都具有重要影响。然而也存在以下几方面的争论：第一，《报告》“以人为本”的研究方法突出了后现代视角，但忽视了现代性、传统性问题的存在。第二，对俄罗斯、印度两国发展趋势判断不同。第三，缺少对拉丁美洲发展、未来能源及科技格局变化的预测。欧盟驻华使团副团长 De Lasala 评价该报告称，中欧关系发展到今天，就广泛合作达成了共识，但是双方也在努力缩减差异和分歧，这时非常需要加强理解。报告讨论了未来的发展趋势以及趋势对中欧关系的影响，非常及时、非常重要。她坚信，中欧关系在未来仍然会对全球局势产生重大影响，因此，分析中欧关系并理解其对全球格局的影响非常重要。

北京对外交流与外事管理研究基地首席专家朱立群教授为研讨会作了总结发言。她从权力、价值观和国际秩序3个角度分析了中国与全球发展趋势之间的联系，认为《报告》中所阐释的“三大趋势”对于我们理解未来国际形势变化具有启发式意义。朱立群教授指出，中国和欧洲是世界上两个最重要的力量，二者如何应对新的发展变化，加强政策协调、深化合作，将会对国际秩序建设产生深远影响。

（外交学院科研处郦莉供稿）

第二届中非青年领导人论坛 6月18日，第二届中非青年领导人论坛在北京开幕，中共中央政治局常委、全国政协主席贾庆林出席并发表主旨讲话。

贾庆林首先代表中国共产党、中国政府和人民，向论坛的举办表示热烈祝贺，向开创中非友谊的老一代领导人和参加论坛的青年领导人致以崇高敬意和亲切问候。他说，举办中非青年领导人论坛是中非青年交往史上一大创举，本届论坛以“中非合作与青年发展”为主题，顺应了中非合作蓬勃发展的大势，反映了广大青年参与中非合作、实现自身发展、推动各自国家繁荣富强的迫切愿望，必将对中非青年事业的发展和中非合作的深化产生广泛而深远的影响。

贾庆林说，中非友谊源远流长、根基牢固，中国和非洲人民休戚与共、并肩奋斗，结下了深厚的友谊，中非合作关系不断发展和巩固。特别是2006年中非合作论坛北京峰会以来，双方着力构建“政治上平等互信，经济上合作共赢，文化上交流互鉴”的新型战略伙伴关系，推动中非关系进入全面快速深入发展的新时期。他强调，在中非友好关系发展历程中，青年始终扮演着重要角色。从领导非洲民族解放运动并与毛泽东等中国领导人共同开启中非友好大门的非洲青年志士，到建设坦赞铁路的中国青年建设者，一批又一批中非青年用热血和汗水，在中非关系史上书写了可歌可泣的壮丽篇章。中国共产党和中国政府一贯重视和支持中非青年合作事业，将继续与非洲政党和政府共同努力、积极行动，全面支持中非青年交流与合作，推动中非友好薪火相传、永续发展。

贾庆林就中非青年传承中非友谊、密切中非合作提出3点希望：一是弘扬传统，努力做中非友谊的有力推动者。希望中非青年深刻认识加强中非关系的战略意义，更加积极地了解中非友谊的历史，更加自觉地坚持真诚友好、平等相待、相互支持、共同发展的原则，更加广泛地宣传中非友好的成果，为推动中非友谊深入发展作出更大贡献。二是开拓进取，努力做中非合作的积极促进者。希望中非青年解放思想、勇于探索，发挥聪明才智，积极投身中非合作事业，为拓展和深化中非合作作出更大贡献。三是胸怀天下，努力做世界和平与正义的坚定维护者。希望中非青年着眼全局，与各国有识之士和进步力量一道，共同推进南南合作，积极维护发展中国家权益，促进国际关系民主化，为实现世界持久和平与共同繁荣作出更大贡献。

出席开幕式的外宾首先对中国神舟九号飞船的成功发射表示热烈祝贺并对第二届中非青年领导人论坛的召开表示祝贺。大家一致认为，中国成功实现了经济的强劲增长并使发展成果为全体人民共享。中国的发展不会给任何人带来威胁，只会给包括非洲在内的全世界带来更多的机遇。非中友谊与合作源远流长，非中青年对推动非中友好合作及可持续发展发挥着日益重要的作用。大家还表示，将珍惜这次难得的机会，分享各自国家的经验，并学习中国人民的智慧和中国共产党治国理政的经验。

论坛开幕前，贾庆林集体会见了参加论坛的纳米比亚前总统努乔马以及坦桑尼亚、纳米比亚、赞比亚、南非执政党代表。贾庆林表示，非洲在中国对外关系全局中具有重要地位，中非关系的影响已经超越了中国和非洲，具有更加广泛和深远的国际意义。在中非关系发展过程中，党际交往发挥了重要作用，在不同历史时期分别扮演过开路机、助推器和稳定器的角色。我们应积极用好党际交往渠道，推动中非关系在新的历史条件下迈上更高水平，中非青年领导人论坛就是很好的尝试。

团中央书记处第一书记陆昊，以及坦桑尼亚革命党副主席姆塞夸、纳米比亚人组党总书记伊塔娜、赞比亚爱国阵线总书记卡林巴、南非总统府部长沙巴纳等出席开幕式，来自非洲38个国家和中国的近200名青年领导人代表与会。论坛由中国共产党与纳米比亚人组党联合举办。

（参见《人民日报》2012年6月19日第3版）

中非文化部长论坛　6月18日，为进一步加强我国与非洲国家的文化交流与合作，深化中非传统友谊，为期两天的“中非合作论坛——文化部长论坛”在京开幕。中国文化部部长蔡武，非洲45个国家的文化部长、文化部长代表，非洲各国驻华使节以及中方有关专家学者出席了论坛相关活动。

今年是“中非合作论坛——沙姆沙伊赫行动计划”的收官之年，此次论坛的主题为“继往开来——开创中非文化交流与合作新局面”。与会代表回顾了中非合作论坛北京峰会以来的中非文化合作关系，全面评估了《北京行动计划》和《沙姆沙伊赫行动计划》文化领域条款的执行情况，并就如何深化中非文化交流与合作进行了深入探讨。作为论坛的重要成果，与会中非文化部长共同宣布通过了《中非文化部长论坛北京宣言》。

蔡武表示，中国和非洲大陆都是人类文明的发祥地，都有着源远流长、灿烂多姿的传统文化，现在又都处于经济社会加快发展的重要时期。中非两大文明间的交流对话，有助于推动中非文化互鉴，有助于维护世界文化的多样性，有助于扩大发展中国家在国际上的文化话语权，有助于推动世界文化的繁荣发展。

论坛举办期间，中国还与塞内加尔、利比里亚、厄立特里亚以及尼日尔四国分别签署了文化合作协定年度执行计划，进一步丰富了论坛成果，扩大了论坛影响。

（参见《人民日报》2012年6月19日第2版）

世界和平论坛　7月7日，国家副主席习近平在北京出席“世界和平论坛”开幕式并以“携手合作共同维护世界和平与安全”为题致辞。

习近平首先对论坛的开幕表示热烈祝贺，向与会嘉宾和专家学者致以诚挚问候。他说，“世界和平论坛”是中国举办的第一个高级别非官方国际安全论坛，论坛的主题“各方共赢：和平、安全、合作”，是攸关当今世界前途命运和各国人民幸福安康的重大课题，就此展开深入研讨和交流，将为促进世界和平与安全提供新思路、探索新方法、作出新贡献。

习近平指出，当今世界正处于大发展大变革大调整时期，国际形势正发生着极为深刻复杂的变化。和平与发展仍然是时代的主题。与此同时，国际社会也面临更加复杂多样的安全挑战，维护世界和平、促进共同安全依然任重而道远。

习近平指出，当今世界，不同制度、不同类型、不同发展阶段的国家利益交融、相互依存日益紧密。各国不仅利益与共，而且安危与共。在这样的新形势下，安全问题的内涵既远远超越了冷战时期对峙平衡的安全，也超越了传统意义上的军事安全，同时也超越了一国一域的安全。面对复杂多样的安全挑战，任何一个国家都难以置身事外而独善其身，也不可能靠单打独斗来实现所谓的绝对安全。各国必须坚持以合作的胸怀、创新的精神、负责任的态度，同舟共济、合作共赢，共同应对各种问题的挑战，携手营造和谐稳定的国际和地区安全环境。为此，我们应该恪守以下理念和原则：

第一，必须以发展求安全。经济发展繁荣是维护安全的重要保障。应该继续高度重视并切实解决好全面协调可持续发展这个重大课题，持续致力于自身发展，积极支持发展中国家发展，努力缩小南北发展差距，真正实现共同发展繁荣。

第二，必须以平等求安全。平等相待是维护安全的基本前提。在任何时候任何情况下，都要坚持和平共处五项原则，不干涉别国内政，不把自己意志强加于人，通过平等对话、互利合作，实现各国普遍安全。

第三，必须以互信求安全。增进互信是维护安全的必要条件。要不断增进各国战略和政治互信，妥善处理分歧、矛盾和敏感问题，切实尊重他国核心和重大利益，不断扩大战略共识，夯实维护安全的深厚根基。

第四，必须以合作求安全。对话合作是维护安全的根本途径。要超越“你输我赢、你兴我衰”的“零和”思维，坚持以合作谋和平、以合作保安全、以合作化干戈，努力寻求和扩大各方利益汇合点，致力于实现双赢和共赢。

第五，必须以创新求安全。要坚决摒弃落后于时代发展潮流的思想观念和陈旧的方式方法，牢固树立互信、互利、平等、协作的新安全观，树立综合安全、共同安全、合作安全新理念，努力为解决老问题寻找新答案，为应对新问题寻找好答案，不断破解人类面临的发展难题和安全困境。

习近平强调，正处在快速工业化、城镇化进程中的当代中国，始终致力于聚精会神搞建设、一心一意谋发展，同时始终致力于维护世界和平、促进人类共同发展。中国谋求的发展，是和平的发展、开放的发展、合作的发展、共赢的发展。实践证明，中国已成为国际体系的积极参与者、建设者、贡献者。中国持续快速发展得益于世界和平与发展，同时中国发展也为世界各国提供了共同发展的宝贵机遇和广阔空间。中国将继续坚持走和平发展道路，继续坚持推动构建新型大国关系，继续坚定维护亚太地区和平稳定，继续坚持承担应尽的国际责任和义务。

习近平最后表示，当今世界总体和平稳定与局部冲突动荡并存、发展与安全的机遇和挑战同在，唯有同舟共济、合作共赢，才能逐步实现世界的普遍和平与安全，使21世纪成为各国共享和平安宁、共同发展繁荣的世纪。

论坛主席唐家璇主持开幕式。论坛特邀嘉宾秘鲁前总统加西亚也在开幕式上致辞。

开幕式前，习近平会见了出席论坛的秘鲁前总统加西亚、马来西亚前总理巴达维、巴基斯坦前总理阿齐兹、法国前总理德维尔潘、日本前首相鸠山由纪夫、俄罗斯前国家安全会议秘书伊万诺夫、欧盟理事会前秘书长兼共同外交与安全政策高级代表索拉纳等外国前政要，并与他们集体合影留念。

加西亚代表与会各国前政要感谢习副主席会见，表示论坛聚集各方智慧，共同探讨世界和平与安全的重大问题具有重要意义。中国长期以来始终奉行与各国友好和互利共赢的政策，是世界和平的参与者和保证者。中国越发展越有利于解决世界的问题，有利于世界的和平与发展。

外交部部长杨洁篪、教育部部长袁贵仁、商务部国际贸易谈判代表兼副部长高虎城等出席上述活动。

论坛由清华大学主办，中国人民外交学会协办。来自22个国家的专家、学者和36个国家的驻华使节等中外来宾近500人出席开幕式。

（参见《人民日报》2012年7月8日第1版）

第七届蓝厅论坛·新形势下的中非合作　7月12日，以“新形势下的中非合作”为主题的第七届蓝厅论坛在外交部举行。

外交部副部长翟隽发表题为“中非新型战略伙伴关系前景广阔”的主旨演讲，回顾论坛发展历程，介绍今年论坛部长级会议的预期成果，并就如何看待当前中非关系发展特点、新形势下如何推动中非关系深入发展提出看法和思路。

（参见《人民日报》2012年7月13日第3版）

中国国际关系学会2012年理事会会议　7月14—15日，由中国国际关系学会主办、吉林大学国际关系研究所承办，以“中国大外交：回顾与展望”为主题的中国国际关系学会2012年理事会会议在吉林大学隆重举行，共有来自国内30余家高等院校与科研单位的80多位专家、学者与会。

吉林大学党委书记陈德文教授出席了会议开幕式并致辞，学会常务副会长、外交学院院长赵进军大使总结了学会的工作，同时就当前国际形势发表了看法。外交部部长助理乐玉成先生就国际形势和中国与周边国家关系作了专题报告。学会副会长、吉林大学国际关系研究所所长刘德斌教授主持了开幕式。出席本次会议的中国国际关系学会副会长还有上海国际问题研究院院长杨洁勉研究员、外交学院党委书记秦亚青教授、中国现代国际关系研究院院长崔立如研究员、上海社会科学院副院长黄仁伟研究员、南京大学国际关系研究院院长朱瀛泉教授、南开大学国际问题研究院院长张睿壮教授、复旦大学国际关系与公共事务学院陈志敏教授等。外交部规划司吕录华参赞，学会秘书长、外交学院副院长朱立群教授，外交学院副院长郑启荣教授，中国社会科学院世界经济与政治研究所国际政治研究室主任李少军教授等也参加了会议。

（外交学院科研处郦莉供稿）

中非合作论坛第五届部长级会议　中非合作论坛第五届部长级会议19日上午在人民大会堂隆重开幕。

中国国家主席胡锦涛、南非总统祖马、贝宁总统亚伊、赤道几内亚总统奥比昂、吉布提总统盖莱、尼日尔总统伊素福、科特迪瓦总统瓦塔拉、佛得角总理内韦斯、肯尼亚总理奥廷加、埃及总统特使阿姆鲁、联合国秘书长潘基文以及50个论坛非洲成员国外交部长和主管对外经济合作事务的部长、非洲联盟委员会主席让·平、部分非洲地区和国际组织代表等出席开幕式。

9时50分许，胡锦涛在人民大会堂北大厅迎候与会领导人等贵宾，同他们热情握手。

10时，会议正式开幕。

在热烈掌声中，胡锦涛发表题为《开创中非新型战略伙伴关系新局面》的重要讲话。

胡锦涛代表中国政府和人民对各国嘉宾表示欢迎，向兄弟的非洲人民转达中国人民的诚挚问候和良好祝愿，预祝会议取得圆满成功。

胡锦涛指出，2000年10月，中非合作论坛应运而生。这一创举符合时代要求，反映了新形势下中非人民求和平、谋发展、促合作的共同愿望。12年来，这一合作机制持续向前发展，取得重要成就。本届部长级会议的主题是“继往开来，开创中非新型战略伙伴关系新局面”。中非双方应该共同描绘下一阶段中非合作发展蓝图，为中非关系取得新的更大的发展打下坚实基础。6年前，我们在这里召开了中非合作论坛北京峰会，中非双方一致同意建立中非新型战略伙伴关系。6年来，中非新型战略伙伴关系取得了重大进展。事实证明，中非新型战略伙伴关系是中非传统友谊薪火相传的结果，符合中非双方根本利益，顺应和平、发展、合作的时代潮流，开启了中非关系新的历史征程，必将迎来更加美好的未来。

胡锦涛指出，同6年前相比，国际形势又发生了很大变化。非洲和平发展事业取得了令人瞩目的成就。同时，非洲在发展振兴道路上依然面临严峻挑战。国际社会应该继续加大对非洲和平与发展问题的关注和投入，帮助非洲尽早实现联合国千年发展目标。

胡锦涛强调，中国同非洲的命运紧紧相连，中非人民始终真诚友好、平等相待、相互支持、共同发展。不管国际风云如何变幻，我们支持非洲和平、稳定、发展、团结的决心不会改变，永远做非洲人民的好朋友、好伙伴、好兄弟。中非应该增强政治互信，拓展务实合作，扩大人文交流，密切在国际事务中的协调和配合，加强合作论坛建设，努力开创中非新型战略伙伴关系新局面。

胡锦涛表示，中国始终铭记和衷心感谢广大非洲国家和人民对中国发展给予的大力支持和帮助。中国在坚持自己和平发展的同时，将继续致力于维护世界和平、促进共同发展。今后3年，中国政府将采取措施，在以下5个重点领域支持非洲和平与发展事业，推进中非新型战略伙伴关系。第一，扩大投资和融资领域合作；为非洲可持续发展提供动力。中国将向非洲国家提供200亿美元贷款额度，重点支持非洲基础设施、农业、制造业和中小企业发展。第二，继续扩大对非援助，让发展成果惠及非洲民众。中国将适当增加援非农业技术示范中心；为非洲培训3万名各类人才，提供政府奖学金名额18000个；派遣1500名医疗队员；帮助非洲国家加强气象基础设施能力建设和森林保护与管理。第三，支持非洲一体化建设，帮助非洲提高整体发展能力。中国将同非方建立非洲跨国跨区域基础设施建设合作伙伴关系。第四，增进中非民间友好，为中非共同发展奠定坚实民意基础。中国倡议开展“中非民间友好行动”；在华设立“中非新闻交流中心”；继续实施“中非联合研究交流计划”。第五，促进非洲和平稳定，为非洲发展创造安全环境。中国将发起“中非和平安全合作伙伴倡议”，增加为非盟培训和平安全事务官员和维和人员数量。

胡锦涛最后强调，共同开创中非新型战略伙伴关系新局面，共同推动建设持久和平、共同繁荣的和谐世界，是我们共同的目标和责任。让我们携起手来，为实现共同的美好未来而不懈努力！

论坛共同主席国埃及总统特使、外交部部长阿姆鲁随后宣读穆尔西总统贺辞。穆尔西在贺辞中说，中非合作论坛是双方集体对话的重要平台和务实合作的有效机制，取得了丰硕成果，造福了非中人民。埃及作为论坛现任共同主席国同中方开展了建设性合作。埃方感谢中国为促进非洲和平、安全、发展作出的积极贡献。非中双方完全可以在现有良好基础上开辟非中关系更广阔的前景。

论坛下届共同主席国南非总统祖马、非盟现任轮值主席国贝宁总统亚伊、联合国秘书长潘基文先后致辞。

祖马表示，非中友谊源远流长，非中战略伙伴关系建立在相互尊重、平等互利、合作共赢基础上，体现了南南合作精神。在2006年论坛北京峰会上，胡锦涛主席宣布了中国政府支持非洲发展的8项举措。6年来，中方兑现了承诺，使国际社会深刻理解了中国珍视同非洲的友谊，加强同非洲的团结合作是中国外交政策的重要原则。新形势下，非洲国家希望同中国加强在基础设施建设、信息、通信技术、能源等领域合作，实现共同发展。相信本届会议将为未来几年非中合作奠定坚实基础。南非作为论坛下届共同主席国，将同中方密切合作，共同推动非中关系发展。

亚伊表示，长期以来，在非洲人民争取民族独立和国家发展的事业中，中国政府和人民给予了宝贵支持和帮助。中国援建的非盟会议中心是非中传统友谊新的标志。当前，非洲国家联合自强，实现和平、稳定、发展的愿望更加强烈，希望同中国加强合作，应对粮食安全、可持续发展等方面的挑战，在国际事务中加强协调和配合，推动国际秩序朝着更加公正合理的方向发展。

潘基文表示，中非伙伴关系是南南合作的重要组成部分，为非洲带来了机遇，也为世界经济注入新动力。希望中非合作论坛今后在消除贫困、提升非洲自主发展能力、推动绿色经济、促进中非人文交流等方面发挥更大作用。联合国坚定支持中非合作，愿与中国、非洲共同努力，推动实现世界持久和平、发展、繁荣。

国务院副总理王岐山、国务委员戴秉国等出席开幕式。外交部部长杨洁篪主持会议。

（参见《人民日报》2012年7月20日第1版）

第十七届中韩未来论坛　8月10日，第十七届中韩未来论坛在京举行。此次论坛的主题为“公共外交与中韩关系”。论坛由中国人民外交学会、察哈尔学会、韩国国际交流财团联袂主办。

全国政协外事委员会主任赵启正、韩国外交通商部公共外交大使马宁三先后发表主旨演讲。赵启正表示，加强和推进中韩公共外交建设势在必行。马宁三说，中韩两国睦邻而居，双方要高度重视以公共外交的方式共同发展，建设友好邻邦。双方与会者都表示，发展公共外交就要加强多领域、多渠道的合作与交流，不断深化两国贸易往来，促进文化交往、人员交流，这样才能达成高水平的战略合作伙伴关系。

（参见《光明日报》2012年8月11日第8版）

第七届中国国际关系学会博士生论坛　8月18—19日，第七届中国国际关系学会博士生论坛在外交学院举办。此次博士生论坛由中国国际关系学会和外交学院国际关系研究所联合主办。来自中国社会科学院世界政治经济研究所、北京大学、中国人民大学、外交学院、复旦大学以及《当代亚太》《外交评论》《国际政治科学》《欧洲研究》《国际问题研究》和《世界经济与政治》的多位专家、学者应邀参加了论坛。在经过严格的专家评审后，来自南开大学、华中师范大学、外交学院、吉林大学、北京大学、中国人民大学、暨南大学、上海外国语大学、上海师范大学、北京师范大学、中央党校、复旦大学以及清华大学的16位博士生脱颖而出，入围参加本次论坛并作主题演讲。

外交学院院长助理王帆教授主持了论坛，副院长朱立群教授致开幕词。朱教授指出本届博士生论坛将延续历届论坛的宗旨，促进学术交流、加强学科建设和鼓励学术创新，为各位与会的专家、学者以及博士生提供一个创新、多元、兼容并蓄、百花齐放、百家争鸣的讨论平台。本届博士生论坛围绕以下主题进行：理论思考，中国的崛起与对外关系，美国对外战略挑战，欧债危机，全球治理以及公共外交。

在理论探讨部分，同学们在梳理和介绍理论的同时，大胆提出自己的设想和研究设计。论文对新现实主义、建构主义以及国际关系理论的新发展提出质疑，并就所发现的问题提出创新的见解。在关于中国外交的讨论中，以中国国力上升为背景，本着对中国大战略的好奇与追问，提出由于中国自身的独特性和巨大的规模效应，使中国无论作出何种国家意义上的政策决策都足以对世界产生深远影响，但在此过程中也遇到了重重阻碍。针对美国亚太战略，论坛从联盟的角度以及离岸制衡的角度，基于美国亚太联盟转型的动因，指出中美关系是影响亚太联盟转型的主要因素，并对中国外交的应对策略提出了自己的见解。在论及欧债危机时，参会者认为解决欧债危机的方法是完善或建立相应的金融稳定机制以及共同的财政纪律，进而提高欧盟一体化水平。

鼓励博士生发现和提出问题，并在论述和解决问题层面勇于创新，是举办博士生论坛的目的所在。入选的论文无一不体现着博士生在理论和实证研究过程中所进行的探索性思考。与会专家在认真阅读相关论文后，本着学术平等的原则，从学术的角度，针对论文所存在的问题提出真知灼见，明确指出可供改进的建议。此外，论坛还为博士生提供了一个与专业期刊编辑的交流环节，同时，评审委员还会为博士生提出具有阅读价值的书单，对同学们日后的研究有非常好的实际借鉴意义。

（外交学院科研处郦莉供稿）

首届中非媒体合作论坛　8月23日，首届中非媒体合作论坛在北京举行。来自中国和42个非洲国家的政府部长、广播电视媒体机构负责人，以及非洲联盟、非洲广播联盟等国际组织代表200多人汇聚一堂，畅所欲言。与会代表们围绕中非媒体政策交流、中非媒体交流与合作和中非广播电视数字化等议题进行深入研讨和广泛交流。

本次论坛以“交流合作，共同发展”为主题，旨在加强中非政府部门和媒体机构间的沟通与对话，促进双方在新闻传播、内容产业、信息技术和人力资源等方面的交流合作，分享发展经验，共同应对挑战。“‘中非媒体合作论坛’是上个月刚刚结束的中非合作论坛第五届部长级会议框架下为加强传媒领域交流合作和共同发展采取的重要举措，既是对一个时期以来中国与非洲各国交流合作的经验总结，也是共谋未来发展的新起点。”国家广播电影电视总局局长蔡赴朝在致辞中这样说。

外交部副部长翟隽表示，随着近年来中非关系全面快速发展，中非合作的国际影响力不断提升，中非关系正在成为各方关注的热点话题。但在正面评价中非关系声音增多的同时，也存在一些负面的、片面的观点，认为中国在非洲推行新殖民主义，一些合作中的个别问题被人为炒作。这既反映了当前国际舆论格局中发展中国家仍然处于弱势地位的现实，更凸显了中非媒体增进交流，在事关中非关系的问题上共同捍卫中非友好合作的重要性和紧迫性。

“媒体是引导民意的武器，非洲应努力促进与中国的媒体合作，让非洲的声音传递到更远的地方，传递给更多的人。中非媒体合作是一座沟通的桥梁。”非洲联盟委员会前主席让·平的一番话语，令与会代表们频频点头。

“非洲媒体得到了来自中国的许多支持，中国为非洲媒体人提供了很多培训，并把很多电视节目译制成非洲国家语言。一批中国优秀影视剧在非洲国家播出，受到当地观众的喜爱。”肯尼亚新闻与通讯部副部长西蒙·翁盖里在会上激动地说。

论坛期间，中非广播电视媒体签署了多项合作协议，包括在南非、苏丹、津巴布韦、毛里求斯等非洲国家电视台播放中国电影、电视剧、动画片、纪录片等优秀影视节目，中国广播电视节目在非洲国家落地播出，开展新闻交流合作，以及协助非洲国家进行广播电视数字化建设等，标志着中非媒体务实合作取得重要进展。论坛还发表了《中非媒体合作论坛北京宣言》，就新时期深化中非媒体合作提出战略规划和具体措施。

（参见《人民日报》2012年8月24日第31版）

纪念中日邦交正常化40周年国际学术研讨会　8月29日，由中国社科院主办，日本国际交流基金会、日本驻华大使馆协办的“纪念中日邦交正常化40周年国际学术研讨会”，在中国社科院举行。会议的主题是：增进互信互惠，共同面向未来。中日友好协会会长唐家璇、中国社科院常务副院长王伟光、中华日本学会会长武寅、全国日本经济学会会长王洛林，文化部原副部长刘德有，以及日本国驻华大使丹羽宇一郎、驻华公使垂秀夫、驻华原大使谷野作太郎、日本内阁官房副长官原助理柳泽协二、日本文化原厅长官青木保等国内外200多位专家学者出席会议。中国社科院日本研究所所长李薇主持开幕式。武寅会长和丹羽宇一郎大使致辞。唐家璇会长发表了题为“维护大局，管控危机——推动中日关系健康稳定发展”的长篇演讲。

（参见《光明日报》2012年8月30日第8版）

新闻战线“走转改”活动理论研讨会　8月30日，在“走转改”活动开展一年之际，中宣部在京举行新闻战线“走基层、转作风、改文风”活动理论研讨会。来自中央和地方有关部门、新闻单位和高校研究机构的100多名代表参加研讨，进一步深化了对“走转改”活动的规律性认识。

2011年8月起，全国新闻战线开展了“走基层、转作风、改文风”活动。为进一步总结经验、提高认识、深化拓展“走转改”活动，中央新闻单位、社科研究机构、高校新闻传播院系等组织力量对一年来的“走转改”实践进行了深入研究，形成了130余篇研究论文。研讨会上，26位新闻工作者和专家学者进行了交流发言，通过多媒体展示、案例剖析等形式交流了研究成果。

与会人士一致认为，“走转改”活动开展以来，一大批源于基层实际、内容生动鲜活、文风清新质朴的优秀作品给人们留下深刻印象，一大批奔走现场一线、善于调查研究、密切联系群众的优秀记者脱颖而出。在如此短的时间里，形成如此大的报道规模，涌现如此多的新人佳作，是我国新闻界多年来少有的现象，“走转改”活动开创了我国新闻宣传工作新局面。

会议认为，经过一年来的实践，大家对“走转改”活动的认识越来越深刻。这项活动是党的新闻工作传统在新时期的继承弘扬，是马克思主义新闻观在新时期的生动实践，是党的新闻工作传统在坚守中的发展创新，体现了马克思主义新闻观的时代内涵。活动以鲜明的实践特色、丰富的表现形式和深刻的精神内涵，推动了新闻事业的发展创新，为做好新形势下的新闻宣传和舆论引导工作指明了方向。

会议指出，“走转改”是改进创新新闻宣传工作的根本举措，是推动新闻事业健康发展的根本途径。“走转改”实践为创新形势下主题宣传、热点引导、舆论监督等积累了宝贵经验。优秀的“走转改”报道具备一些共性特征：立足大局，从党和政府的关切点、人民群众的关注点出发挖掘选题；深入一线，通过融入群众、扎实采访发掘鲜活翔实的素材；平实呈现，以平民视角、平等交流、朴实文风开展报道，使新闻作品“见人见物见思想，有声有色有故事”，全面反映人民群众的意愿呼声和中国特色社会主义的伟大实践。

会议强调，“走转改”活动是对中国特色社会主义新闻理论的丰富发展，是对新闻传播规律的认识深化。“走转改”告诉我们，必须坚持新闻源于实践、坚持新闻为社会发展服务、坚持把人民作为新闻报道主体、坚持与人民群众保持血肉联系，这是推动中国特色社会主义新闻事业健康发展必须遵循的重要原则。“走转改”是新闻战线的长期任务，必须形成长效机制，确保活动长期开展。通过建立领导干部示范制度、基层联系点制度，强化保障激励制度等，完善系统化、体系化、精细化的保障机制，推动“走转改”活动规范化、常态化开展。

中宣部副部长蔡名照主持会议并讲话。他强调，一年来的“走转改”活动实践成果丰硕、理论内涵丰富，是新时期新闻宣传工作的成功实践，为全面提高新闻报道水平积累了宝贵经验，为互联网环境下重塑传统媒体优势做出了有益探索，深化了我们对中国特色社会主义新闻事业的认识。要以这次理论研讨会为契机，不断总结实践经验、提高思想认识、完善制度机制，进一步推动“走转改”活动广泛深入开展，以新闻宣传的优异成绩迎接党的十八大胜利召开。

张德修、周树春、谭健、张振华、方正辉、丁士、杨华、严力强、徐炯、王立文、邹贤启、尹韵公等新闻单位和新闻研究机构的代表先后在会上作了发言。

（参见《光明日报》2012年9月1日第3版）

创新瑞典系列研讨会　9月12—19日，创新瑞典（Innovative Sweden）系列研讨会在清华大学美术学院举办。中瑞两国20多位专家学者、企业代表，围绕创新信息通信技术、生命科学、创新设计、清洁技术及交通运输等领域发表演讲。该系列研讨会是由瑞典驻华大使馆、瑞典对外交流委员会和清华大学联合举办的“创新瑞典”活动的一部分。研讨会期间，清华大学美术学院信息艺术设计系教授徐迎庆作题为“移动终端的用户体验服务设计”的演讲，结合移动终端上的个人服务设计体验，介绍用户体验分析、用户体验研究、图形界面设计等案例；环境艺术设计系教授周浩明作主题为“可持续设计：我们的实践”的演讲，分析有关可持续设计的几个误区，重点介绍近年来在可持续设计方面的研究进展；工业设计系教授严扬作题为“中国老龄化危机与城市交通”的演讲，认为充分利用中国城市的“非机动车道路”发展具有特色的“先进慢速交通系统”，才是解决老龄化城市交通之道。

（清华大学文科建设处供稿）

年度我国对外关系形势研讨会 9月27日，北京外国问题研究会举行“年度我国对外关系形势研讨会”。研讨会安排了4个主题发言，分别是谷源洋的“南海形势及对策”，徐长文的“中日韩三国关系展望”，彭光谦的“对钓鱼岛问题处理的评判和对策”，亓成章的“我国战略安全总体形势”。就主题发言，与会理事积极发表了自己的看法和建议，就我国周边近期发生的事态进行了热烈讨论。王顺柱副会长就研讨会作了总结发言。

（北京外国问题研究会秘书处 胡晓芳供稿）

传播与全球权力转移国际学术研讨会 10月12—13日，由中国传媒大学广播电视研究中心与加拿大西蒙菲沙大学传播学院联合举办的“2012中国传播论坛：‘传播与全球权力转移’国际学术研讨会”在中国传媒大学召开。胡正荣副校长主持开幕式并致辞。国家广电总局发展研究中心主任庞井君作了题为“转型、价值与融合的三重变奏”的主题演讲。

本次会议以“传播与全球政治、经济和文化权力转移”为主题，汇集了来自中国、美国、英国、澳大利亚、加拿大等国家的数十位国际传播研究知名学者，从理论、实践和世界体系等角度，就国际传播与媒介发展问题进行了论文宣读和研讨。

本次会议的一个突出特点是学者来源的多元化，不仅有来自欧美学界的知名传播理论研究者，更汇集了来自新兴经济体和发展中国家的学者。“金砖四国传播学者的传播理论视野”专场就邀请到了巴西巴西利亚大学的费尔南多·奥利维拉·保利诺、澳大利亚昆士兰大学印裔学者普拉蒂普·托马斯、俄罗斯国立高等经济学院奥丽莎·科特索娃、清华大学新闻与传播学院史安斌和印度国立伊斯兰大学的帕塔萨拉蒂，从中国、印度、巴西和俄罗斯的文化传统和理论背景出发，解读当下国际传播所面临的地区与国际问题。

发展中国家国际传播硕士项目班学员和校内外师生参加了本次会议。

（中国传媒大学科研处供稿）

国际安全与世界秩序再思考：中国的角色研讨会

10月13—14日，北京大学国际安全与和平研究中心举办的“国际安全与世界秩序再思考：中国的角色”研讨会在北京达园宾馆召开。来自北京大学、中国人民大学、复旦大学、清华大学、中共中央党校、武汉大学、国防大学、中国政法大学等40余所高校和出版社的60多位专家学者应邀参加了会议。

本次研讨会具体划分为“中国的国际定位”、“国际秩序与中国的和平发展”、“美国、周边局势与中国的国家安全”、“政治发展、国内舆论与对外政策”和“中国外交：方向与挑战”5个主题进行。与会专家学者围绕中国在地区与世界的角色定位、中国面临的国内外安全环境，以及未来中国外交应该是更加积极进取还是继续韬光养晦等问题展开了热烈而深入的讨论。尽管在对一些问题的看法上存在不少差异，与会专家学者还是在以下问题上达成基本共识。首先，中国外交当前处于一个节点。在这一节点上，中国的内政外交已经紧密地结合在一起，中国未来在世界上扮演的角色既是国际问题也是国内问题，需要顶层设计和综合把握。其次，中国的发展与当下的国际体系形成了结构性冲突，在发展道路的选择上，中国需要逻辑和思维的转变，也就是需要新的理论指导。再次，对现有国际秩序中国应建设性参与，进一步向国际社会提供公共物品。最后，在塑造中国未来国际角色的过程中，应充分注意到中国传统文化资源是我们必须发掘和继承的宝库。

（北京大学社科处供稿）

中国和国际发展合作研讨会 10月27日，由中国农业大学人文与发展学院/国际发展研究中心举办的“中国和国际发展合作”研讨会在北京召开。与会代表围绕“中国与国际发展合作”议题，分别就“双边发展援助与中国的参与”“多边发展援助和中国”“国际三边发展合作与中国”等3个专题展开了热烈的讨论。与会者认为国内学者开展国际发展援助研究应重点关注以下几个方面：第一，中国的对外发展援助的战略和目标；第二，中国对外援助的区域性战略安排；第三，中国对外援助的发展伦理问题；第四，中国对外援助的机构管理；第五，中国对外援助和其他发展援助提供国家的对比研究；第六，中国对外援助经验的总结和分析。来自国家相关部门和高等院校的部分专家学者约40余人参加了研讨。

（中国农业大学科学技术发展研究院王虹供稿）

“未来五年的中美关系：议题与挑战”中美学者战略对话会 10月27—28日，由外交学院国际关系研究所主办的“未来五年的中美关系：议题与挑战”中美学者战略对话会在京举行。来自中美20多名中青年学者参与了对话。外交学院国际关系研究所所长卢静教授主持了开幕式，外交学院副院长朱立群教授、外交部美大司副司长蔡伟、外交学院院长助理王帆教授、美国进步研究中心梅勒妮·哈特(Melanie Hart)女士出席了会议。

与会学者梳理了中美关系中的根本问题和在未来可能面临的挑战，尝试提出理解两国关系的新思路、新框架、新概念和方法，从而实现稳定与和谐的双边关系，并为地区与世界的和平与繁荣作出共同贡献。谈到新时期中美关系的性质，与会学者认为，对中美关系如何定位将深刻影响中美关系的互动，但两国学者对此看法分歧较大。美方学者大多认为中美关系是老大与老二的关系，比如“G2”“中美国”，还有“亚太地区中美共治”，同时认同彼此之间的相互建构关系；中方学者则认为，中国是一个处在发展进程中的国家，存在城市化、发展不平衡等问题，不能仅仅以GDP总量的视角来定义中国的国际地位与身份，可以尝试用社会权力的新视角来分析中美关系，更多考虑规则与制度。

尽管两国学者对中美关系定位存在分歧，但都认为有必要构建中美新型大国关系，不过对这种新型大国关系的内容和实现途径仍然需要深入研究。与会学者就如何理解与推进中美互信进行了热烈探讨。学者指出，深层次的互信需要文化上的相互尊重与相互理解。2008年世界经济危机后，华盛顿模式的吸引力有所下降，中国模式引人注目，但这更多的是这些国家寻求脱离危机的现实诉求，中国需要更多思考能够为世界提供什么样的普世价值。随着中国的不断发展与海外利益的扩大，在各种危机的刺激下，中国的民族主义不断凸显。民族主义在美国更是一种文化。两国民族主义将会更加影响未来中美的相互理解与相互信任。未来中美关系的三大趋势，一是中美关系越来越立体化，如政府、民间等多层次参与。二是中美关系会越来越音乐化，会出现多种曲调、多种节奏、多种基调。三是中美关系会越来越夫妻化，有问题、有麻烦，但难以发生大规模冲突，始终具有强烈流动性或不确定性特色。中美合作关系的构建是一个双方都需精心培育的长期过程。双方决策者与公众的良性互动会引向一个双方受益的蓝图，反之，双方根本利益将会受到损害。国内政治对中美关系的影响在逐渐加强。研究中美关系需要更多关注两国国内政治，如选举政治、领导人变更对两国关系的影响。放任中美关系遭受破坏性因素的影响，将会导致历史悲剧的重演。推动处于转折时期中美关系沿着积极良性道路发展合乎中美双方的根本利益。

（外交学院科研处郦莉供稿）

2012创意传播管理与数字营销发展论坛　11月1日，北京大学新闻与传播学院广告专业20周年系列活动之一——“2012创意传播管理与数字营销发展论坛”在北京大学博雅国际会议中心举行。美国西北大学终身荣誉教授唐·E. 舒尔茨等来自世界各地的120余名专家学者与会，论坛开幕式由北京大学新闻与传播学院副院长、广告系主任陈刚教授主持。北京大学副校长刘伟、中国广告协会会长李东生、北京大学新闻与传播学院常务副院长徐泓、北京大学社科部常务副部长萧群、国家工商总局广告管理司司长黄新民、百度副总裁王湛先生分别在开幕式上致辞。本次论坛共分为“新模式与新趋势”“新观点与新交锋”“新技术与新变化”3个板块，与会专家围绕“创意传播管理”理论以及未来数字营销发展趋势进行了深入的探讨和交流。北大广告专业的学术团队提出的创意传播管理的模式，在业界及学术界产生了较大的反响。目前正在进行的发展广告学的研究，同样在学术界起到了引领的作用，并且在国家高度重视广告业发展的背景下，对行业的发展产生了直接的推动作用。此次论坛是国际数字营销传播行业一次难得的聚会，这一平台的搭建，汇聚了各方经验和智慧，展现了前沿的研究和思考，共同了推动数字营销学术研究和行业发展。

（北京大学社科处供稿）

社科规划项目成果宣传与推介座谈会　11月15日，北京市哲学社会科学规划办公室召开“北京市社科规划项目成果宣传与推介座谈会”。《光明日报》《中国社会科学报》《人民论坛》杂志、《北京日报》《前线》等9家媒体，以及30所高校承担市社科规划项目的负责人和科研管理部门负责人近100人参加会议。《中国社会科学报》（2012年12月17日B3版）对会议作了报道。

（北京市哲学社会科学规划办公室供稿）

媒介与女性教席2012年度论坛　11月27—28日，联合国教科文组织“媒介与女性”教席2012年度论坛暨联合国教科文组织国际传播发展计划工作坊在中国传媒大学举行。来自联合国教科文组织北京办事处、中国妇女研究会、首都女新闻工作者协会、中央电视台、网易、中国妇女报、北京市东城区妇联、北京大学及中国传媒大学近100位专家学者和媒介从业者参加论坛。

该活动由中国传媒大学和首都女新闻工作者协会联合举办，旨在推进传播学的学术研究和国际合作，并启动联合国教科文组织国际传播发展计划。

2005年，联合国教科文组织在中国传媒大学设立了“媒介与女性”教席，这是联合国教科文组织在中国设立的第十八个教席，也是信息与传播领域的第一个教席。自设立以来，“媒介与女性”教席已成功举办多届年度论坛，先后吸引了全球各地10多个国家和地区的联合国教科文组织教席主持人和专家学者参与，搭建了交流合作、分享智慧的国际平台。

联合国教科文组织国际传播发展计划是联合国教科文组织所设立的传播类项目，旨在通过媒体施加影响力，以期在更广泛的范围内帮助不同人群。2012年3月，“媒介与女性”教席向联合国教科文组织提交了题为“提升中国大众传媒的性别意识”项目申请书，经审议后被批准立项。联合国教科文组织特授权“媒介与女性”教席举办工作坊，并进行相关研讨。

（中国传媒大学科研处供稿）

第二届两重生命的互动论坛 12月9日，由北京市社科联与北京市科协主办、北京东方生命文化研究所和北京医学会承办的第二届两重生命的互动论坛在京召开。市委宣传部副部长张淼、市社科联党组副书记陈之昌出席论坛并致辞。来自市发改委医改办及人民医院、协和医院、儿童医院、安贞医院、朝阳医院、北医六院、肿瘤医院、解放军302医院等单位的领导、专家学者约100人参加了论坛。

围绕“身体健康与心理健康”论坛主题，北京协和医院心理医学科主任魏镜教授、国家卫生部干部培训中心李传俊教授分别以“心理与疾病的关系”和“双重生命互动的机制及与生命文化的关系”为题发表了精彩演讲，并与在场听众进行了热烈的互动讨论。主报告后，与会专家学者还围绕“医院文化建设”“从病理学看两重生命互动的基础——心理健康与调适”“养生与养心——探讨生命文化在养生领域的应用”等主题进行了分组研讨。

两重生命的互动论坛是市社科联与市科协主办的两界学会联合学术活动的组成部分。论坛自2011年创办以来，集中研讨人的两重生命——自然生命与文化生命之间互为依存、互为促进的关系，推动了生命文化的普及，为首都城市文化建设做出了贡献。

（北京市社科联学术活动部供稿）

中国国际关系学会2012年年会 12月25日，由外交学院主办的“中国外交：机遇、挑战、对策”中国国际关系学会2012年年会在京举行。外交部党委书记、常务副部长张志军和宋涛副部长出席会议、发言，并与来自国内高校和科研机构的70多名专家学者进行了交流。

在对2012年中国外交工作给以充分肯定的基础上，会议着重讨论了中国特色外交理论的三重使命、如何发展中美新型大国关系和坚持走和平发展道路的问题。

与会学者认为，大国崛起不仅需要物质准备，还需要理论准备，中国特色外交理论就是要做这种努力。现在中国外交理论已经进入到了新的阶段，需要实现从“引进”到“发展”的转变。发展中国特色外交理论需要注意3点：一是凝聚中国特色。中国特色外交理论不能盲目引用、套用西方语境，而是要进行系统性、全面性的建设，既要有历史基础，也要有现实发展。二是注重理论对实践的指导意义。目前存在着外交理论滞后于实践的问题，理论对外交实践的指导作用不足。三是中国外交是世界性的。中国外交理论建设要坚持自身特色与世界意义，实现“存量共处、增量共塑”。

在如何发展中美新型大国关系的问题上，与会学者认为，新型关系的提法旨在破解新兴大国与守成大国的对抗宿命、塑造差异大国间和平共处的范例。中美关系的复杂性前所未有，在经济相互依存不断增长、人文交流日益加深、对话机制逐渐丰富的情况下，避免军事冲突构成了两国发展新型大国关系的共同基础。构建中美新型大国关系的难点主要表现在中美力量对比变化、战略互信不足、军事交流有限以及难以缓和的意识形态结构性矛盾、贸易纠纷和相互认知失衡。只有理清了困难，才能为发展中美新型大国关系创造条件。

在讨论为何要坚持走和平发展道路的问题时，学者们认为，这其中包含了“唯一”“最优”“信念”三层逻辑。“唯一”是指中国不得不和平发展，现在搞侵略扩张、殖民掠夺，都是不现实的。“最优”是指走和平发展道路是利益最大化的唯一道路。“信念”是价值层面的选择，指中国已饱尝侵略、掠夺和丧权辱国，而国家制度和性质决定了我们不能称霸。

与会学者认为，中国特色道路与世界主流价值观并不矛盾，如能处理好中国外交中的“理论与实践”“国际与国内”“经济与政治”以及“软实力与硬实力”四组关系，就可以在普遍性与特殊性之间找到恰当的定位。

（外交学院科研处郦莉供稿）

第八届蓝厅论坛·新形势下的中国外交 12月28日，以“新形势下的中国外交”为主题的第八届“蓝厅论坛”在外交部举行。外交部副部长张志军、外国驻华使节、国际组织驻华代表、商界代表、有关专家学者以及中外媒体代表200余人出席。

张志军发表了题为“坚持和平发展，推动合作共赢”的主旨演讲。他表示，党的十八大报告重申，中国将继续坚定奉行独立自主的和平外交政策，始终不渝地走和平发展道路，奉行互利共赢的开放战略，坚持在和平共处五项原则基础上全面发展同各国的友好合作，推动建设持久和平、共同繁荣的和谐世界。张志军说，党的十八大报告更加突出合作共赢理念，展示了中国将为促进世界和平与发展事业作出更大贡献的前景。

国家创新与发展战略研究会副会长吴建民、中国国际问题研究所所长曲星、中央党校国际战略研究所副所长刘建飞和复旦大学国际关系与公共事务学院副院长吴心伯等分别从中国外交总体政策、中国同周边国家关系、公共外交等角度作了专题发言，并与来宾进行了交流互动。

（参见《光明日报》2012年12月29日第8版）

北京市社科联2012年社会科学普及工作概要

2012年，北京市社科联坚持以科学发展观为统领，深入贯彻落实党的十八大、党的十七届六中全会和市第十一次党代会精神，紧紧围绕中国特色世界城市建设和“人文北京、科技北京、绿色北京”建设、打造社会主义先进文化之都，秉承“普及人文知识、传播人文思想、弘扬人文精神、提高市民素质”的工作宗旨，按照“坚持主导性、把握规律性、体现社会性、注重普及性”的工作要求，扎实推进各项社会科学普及工作。

一、社会科学普及品牌活动重策划、有提升

（一）深入开展两大首都市民学习品牌活动

北京周末社区大讲堂和系列科普讲座两大市民学习品牌，以迎接党的十八大、学习宣传党的十八大，宣讲中国特色社会主义理论体系、传播社会主义核心价值理念、弘扬“北京精神”为主线，全年累计举办讲座达到3000余场，直接受众30余万人次。其中，大讲堂征集遴选30余个北京精神讲座选题，专题讲座达百余场；举办系列科普讲座的学会突破30家，共申报讲座407场。进一步扩大讲座专家队伍，加强与有关单位沟通，整合吸纳市委党史研究室、人民大学等单位有关专家，征集设置党史知识和北京精神讲座专题。

（二）精心举办北京社会科学普及周

2012北京社会科学普及周以“学习宣传党的十八大精神，提高市民人文素质”为主题，于11月24—30日成功举办。本届社科普及周主题突出，内容丰富，形式多样。精心制作“学习宣传党的十八大精神——您应该掌握的大会报告的要点、您应该了解的大会报告的新意、大会报告中与您息息相关的那些事儿”系列科普宣传折页，发放市民群众10万余份；设计制作“学习宣传党的十八大精神”和“北京精神50问”大型展板，举办系列巡展活动；邀请专家学者和十八大代表举办十八大精神专题辅导报告，组织开展以“十八大精神”“北京精神”宣讲等为主要内容的百场科普讲座；设计7个分会场活动，分别到街道、社区、村镇、高校、公园举办“学习宣传十八大精神巡回展”和“十八大精神知识问答”等活动；与西城区首届社科普及周共同举办，第一次把主会场活动直接搬到居民小区，使之更加贴近社区群众。科普周为学习宣传十八大精神营造了浓厚氛围，深受基层群众欢迎。在第十届北京国际图书节期间举办了社科普及园，组织举办名家大讲堂、科普展览，向市民赠送了一批社科图书。

（三）持续推进社会科学普及“七进”活动

在成功举办社科普及“四进”活动的基础上，推出了社科普及进机关、进军营、进公园，形成社科普及“七进”活动。先后走进大兴区旧宫镇明圆学校、昌平区沙河镇、怀柔区雁栖湖定向安置房项目工地、朝阳区中海城社区、海淀有关街道社区、花园路北极寺干休所、陶然亭公园等，开展专家咨询、知识问答、科普展览、猜灯谜、义诊以及富有人文内涵的文艺演出，累计赠送各类社科图书2万余册、学习生活用品4000余套。

（四）联合举办“党史讲堂”活动

与中国中共党史学会联合创办“党史讲堂”，6月成功开讲以来，先后邀请欧阳淞、李忠杰、任贵祥等党史专家，分别以“党的全国代表大会与党和国家事业发展”“从党的历史中汲取营养和智慧”“领会十八大报告的内涵、创新及意义”为主题作专题报告，面向广大党员干部、社区群众和青年学生开展党史教育。“党史讲堂”作为宣讲普及党史知识的重点项目，定点在中央党史研究室坚持长期开展，邀请中国中共党史学会和首都有关党史方面的专家学者，面向首都广大党员干部群众，每2至3个月举办一次讲座，努力打造成为传播党史知识、开展党史教育的重要平台。

二、社会科学普及宣传精品重推广、有创新

（一）加大社会科学普及专题片《长河》宣传推广

在《长河》中文版的基础上，组织外研社、北京外国语大学英语专家对专题片进行翻译，配制英文字幕，4月份正式出版了适合欧洲、亚洲国家播出的N、P两个制式的英文光盘，和中英文对照、图文并茂的《长河》解说词图书，并参加了2012年伦敦国际书展、开普敦国际书展等。央视老故事频道3次滚动播放。应新疆社科联要求，达成协议，将其翻译制作成4种少数民族语言文本，在新疆进行普及推广。该专题片荣获第26届中国电视金鹰奖最佳电视纪录片提名奖。

（二）制作发放社会科学普及系列宣传折页

为扩大社科普及有效传播，创新推出了“北京社会科学普及系列折页”。折页主题鲜明，内容突出，简明扼要，图文并茂，易于阅读和携带，成为科普工作的新载体。结合重大形势和传统文化节日，先后设计制作了“学习宣传党的十八大精神”“学习宣传贯彻市十一次党代会精神”“北京精神”“端午节文化”“中秋节文化”等主题的系列宣传折页，通过16个区县、社科普及试验基地、学会和有关文化单位等发放给首都市民群众30余万份。

（三）推进社会科学普及读物编写和推广工作

《中国文化亮点通俗读本》经专家评审，初评入选中宣部、新闻出版总署第四届全国优秀通俗理论读物，荣获市十二届哲学社会科学优秀成果二等奖。

在大讲堂和系列讲座的基础上，遴选优秀讲稿，组织2012科普讲座集萃编辑出版工作。探索开展向学会征集科普读物资助项目，有8个学会申报科普读物资助项目。

（四）积极探索社会办科普的方式方法

积极整合社会资源，探索利用社会力量参与社科普及活动。在科普周期间，支持部分社区自主组织开展十八大精神和北京精神进基层巡展和知识问答系列活动，扩展了工作平台和渠道。

三、社会科学普及基础工作重建设、有突破

（一）社会科学普及试验基地建设不断加强

完成首批科普试验基地项目申报评选资助工作，共资助项目经费10万元。各基地结合自身特点，积极开展专家咨询、科普讲座、科普展览等活动。在中国人民抗日战争纪念馆、北京民俗博物馆、石景山区图书馆、西城区宣武图书馆、北京建筑工程学院等单位，新建第二批5个北京市社科普及试验基地，并在科普周仪式上授牌。

（二）网上社会科学普及园建设扎实推进

加强网上社科普及园建设，推荐介绍一批全国优秀科普读物并提供在线阅读，展示宣传一批知名社科普及专家，实现科普活动、讲座等信息网上在线公布，方便市民查询参与。开辟“学习宣传十八大精神社科普及”专题，图文并茂地宣传十八大精神。

（三）社会科学普及立法探索推进

在认真调研的基础上，起草《关于〈北京市社会科学普及条例〉的立法建议说明》，并报送市人大常委会法制办，为下一步推进科普立法工作打下了基础。

（北京市社科联科普部供稿）

首都社科专家进基层学术活动概述　3月31日，北京市社科联召开常委会学术工作委员会会议，对深入推进“首都社科专家进基层”活动进行了研讨。活动坚持社科研究服务基层、指导基层、促进发展的基本原则，形成了“研究跟着问题走、专家跟着需求配”的模式，成功搭建了理论与实践、研究与应用的互动转化平台。

4月26日，“首都社科专家进西城”课题对接会议在西城区政府会议楼召开，北京市社科联党组副书记、副主席陈之昌出席会议并讲话。

会议由西城区社科联常务副主席孙树平主持。来自首都社科界的有关专家学者和西城相关实际工作部门的课题联系人等近80人参加了会议。

会上，西城区发改委主任吴向阳进行了简要的区情介绍。以此为铺垫，专家学者们与课题申报单位进行了课题对接。北京国际城市发展研究院副院长古波、首都经济贸易大学教授文魁、首都经济贸易大学教授段霞、国家行政学院教授丁元竹、中央财经大学教授李建军、中央民族大学教授王建民等专家学者承担的40个与西城经济社会文化发展紧密相关的应用课题进入实质性运作阶段。

“首都社科专家进西城”课题对接会的召开，标志着作为首都社科理论界“走转改”活动重要内容的首都社科专家进西城活动正式落地。

5月4日，应丰台区委宣传部之邀，市社科联党组书记史秋秋、党组副书记陈之昌带队前往丰台永定河规划展览中心，参加“丰台区建设充满活力的首都文化强区”研讨会。

会议听取了丰台区委宣传部关于丰台区文化发展现状的介绍，并就组织首都社科理论专家深入丰台开展调查研究，积极破解发展难题，提供智力支持等合作事宜进行了深入探讨。会议决定组织开展“丰台区文化品牌提升与文化产业突破对策研究”课题。

史秋秋在研讨中强调，组织社科界专家学者深入基层开展调研，一方面可以发挥专家学者的理论优势，解决基层发展中遇到的难题；另一方面，也可以从基层的实践中汲取养分，推进专家学者的理论创新。

6月13日，由市社科联和通州区委区政府联合主办的“打造现代化国际新城　提升文化软实力——首都社科专家进通州建言献策”活动成功举办。

市委副秘书长傅华出席活动并讲话，市社科联党组书记、常务副主席史秋秋，通州区委书记王云峰，通州区委副书记、通州区区长岳鹏分别致辞。通州区党委、人大、政府、政协领导班子成员，全区各部门、各乡镇负责人，和来自中国人民大学、清华大学、中国传媒大学等首都高校的专家学者等共300余人参加了活动。活动主题发言阶段分别由市社科联党组副书记、副主席陈之昌，通州区委副书记李玉君和通州区副区长李亚兰主持。通州区委常委、宣传部部长王杰群作总结讲话。

围绕“打造现代化国际新城　提升文化软实力——首都社科专家进通州建言献策”的活动主题，中国人民大学文化创意产业研究中心执行主任金元浦研究员、中国社会科学院文化研究中心副主任章建刚研究员、中国传媒大学文化产业研究院学术委员会主任齐勇锋研究员、北京第二外国语学院党委书记冯培教授、北京第二外国语学院副校长李小牧教授、北京第二外国语学院文艺学研究中心主任唐晓敏教授、北京第二外国语学院国家文化发展国际战略研究院常务副院长李嘉珊教授、清华大学人文社会科学院新经济与新产业研究中心副主任李昶博士、文化部中央文化管理干部学院文化体制改革与发展研究中心秘书长毕绪龙副教授、首都师范大学文学院文化产业系李艳副教授等分别根据前期课题研究成果作了主题发言。

8 月 2 日，市社科联“首都社科专家进密云”活动启动。

市社科联党组书记、常务副主席史秋秋，市社科联党组副书记、副主席陈之昌及北京大学中国持续发展研究中心主任叶文虎教授、原首都经济贸易大学校长文魁教授、中国人民大学文化创意产业研究中心执行主任金元浦教授、北京市社会科学院副院长赵弘研究员等首都知名专家学者前往密云开展调研活动。

调研组与密云县委书记汪先永，县委常委、宣传部部长徐芳等领导围绕密云经济社会发展，特别是生态建设与水资源保护、总部经济与旅游产业发展问题等进行了研讨座谈，提出了一些有针对性的意见建议。

此次活动是首都社科专家“走转改”、服务基层发展的一次智力服务供需对接活动。经过研讨，初步确定以“密云生态服务价值”、“密云总部经济发展”和“密云旅游产业提升”等为主题请专家学者和有关部门合作，进行深入研究，力争在理论上做出新的概括，在实践上提出切实可行的对策。

（北京市社科联学术活动部供稿）

首都社科专家宁夏行活动　为使首都社科专家学者了解国情、对接实践、立足前沿、创新理论、服务发展，推动社科理论工作者深入开展“走转改”，8 月下旬，北京市社科联组织 20 余位首都高校知名专家学者赴宁夏回族自治区开展了丰富多彩的学术交流活动。

8 月 23 日，在北京市社科联联合宁夏社科联举办“宁夏首届社会科学年会暨首都社科专家宁夏行”活动开幕式上，宁夏自治区党委常委、宣传部部长蔡国英出席并讲话，北京市社科联党组书记、常务副主席史秋秋出席并致辞。中直机关侨联主席、中央党校原副校长李君如，首都经济贸易大学原校长文魁，北京大学马克思主义学院院长郭建宁，北京师范大学社会学系主任赵孟营等 4 位来自首都高校的知名学者分别以“科学发展观”“经济文化与文化经济”“文化传承创新与建设文化强国”“社会公正：社会管理创新的纲领”为题作了社科学术交流研讨发言。首都社科专家团 20 余人、宁夏回族自治区有关部门负责人、宁夏社科界专家和社科工作者共计 400 余人参加了开幕式。当天，由中国人民大学校务委员顾海兵教授主讲的“创新文化与创新思维”、由外交学院中国外交理论研究中心主任高飞主讲的“国际形势与中国外交”同时在吴忠市、宁夏人民会堂举行，宁夏回族自治区区直机关和吴忠市 1500 名党政干部聆听了讲座。

在宁夏行期间，北京市社科联还为宁夏基层单位送去了 1700 余册、价值 5 万余元的社科读物，分别赠送给宁夏职业技术学院和银川市西夏区地矿局社区“社区之家”，并收到“情系西部教育 传承民族文化”和“心系基层 传承文明”两块回赠牌匾。北京市社科联与宁夏社科联还围绕社科联自身发展、作用发挥和交流合作等问题进行了交流研讨。

此次首都社科专家宁夏行活动，在北京市社科联、宁夏社科联精心策划、积极筹备，以及首都社科专家积极响应下，取得了圆满成功，主要表现在：

一是立足前沿，服务发展。这次首都社科专家宁夏行，是为了学习、考察宁夏在推动科学发展，特别是促进文化大发展大繁荣方面的新思路、新举措、新经验；同宁夏社科界专家学者研讨交流学术创新成果，共促社科繁荣发展；同时，也略尽首都社科界微薄之力，为宁夏的发展作一点智力贡献。经前期与宁夏社科联反复沟通、共同策划，决定以宁夏首届社会科学年会为结合点开展此次交流活动，首都社科专家团的到来，有力提升了宁夏首届社会科学年会的品质。中央党校原副校长李君如的发言重点分析了胡锦涛总书记“7·23”重要讲话精神中关于“科学发展观”的最新论述，具有很高的理论水平和很强的现实指导意义；文魁、郭建宁、赵孟营等专家学者，结合宁夏实际，从理论和现实两方面与宁夏社科界著名学者共同为宁夏经济社会发展把脉，高屋建瓴地从经济、文化、社会等方面为宁夏发展建言献策。他们的发言对推进和谐富裕新宁夏建设意义重大，受到与会自治区领导和专家学者的欢迎。

二是对接实践，创新理论。首都社科专家团通过考察宁夏经济社会发展情况，与宁夏回族自治区领导、当地专家学者、当地百姓、媒体记者交流，以及亲身所见所感，收获颇丰。在接受《宁夏日报》和宁夏电视台记者采访时，专家们纷纷畅谈感想，结合自身的专业领域对宁夏经济社会发展特别是文化保护与开发提出了诸多中肯的意见建议。专家们表示，将会继续关注西部和宁夏的发展与实践；同时，专家们也对北京建设中国特色社会主义先进文化之都增添了许多感悟，表示要进一步以理论创新成果服务首都经济社会发展。

三是反响良好，影响广泛。此次活动受到宁夏自治区领导的充分肯定，蔡国英同志希望，宁夏和首都社科界进一步密切联系，建立长期合作、协作机制，为宁夏的发展提供更多的决策咨询、智力支持。活动也在宁夏引起了强烈反响，宁夏日报社、宁夏电视台、宁夏新闻网等当地媒体对学术交流发言、社科专题讲座、赠送社科图书等活动进行了广泛报道，并对首都社科专家团成员进行了专题采访，并在宁夏电视台和《宁夏日报》予以播放和刊登，人民网、新华网等中央媒体也纷纷予以转载。

首都社科专家边疆行活动作为北京市社科联长期坚持的一项工作，旨在组织社科专家了解国情、对接实践、立足前沿、创新理论、服务发展。2009年以来，先后赴青海、黑龙江、新疆、西藏等边疆地区，开展了丰富多彩的学术交流活动，受到首都社科专家的积极参与和热烈欢迎。大家表示，社科联组织专家边疆行活动，对社科工作者了解国情、对接实践很有好处。社科联做了学者个人想做而无法做到的好事，是深化社科理论工作者“走转改”的具体举措和有效载体，坚持下去，必将让许多人受益。

（北京市社科联研究室供稿）

中共北京市委讲师团组织重大理论宣讲活动 中共北京市委讲师团根据中央精神和市委宣传部统一部署，精心组织党的十七届六中全会精神、“北京精神”、全国“两会”精神、“科学发展、辉煌五年”、市第十一次党代会精神、胡锦涛总书记“7·23”重要讲话精神、党的十八大精神等集中宣讲活动和形势政策报告。理论宣讲活动注重推进马克思主义大众化、通俗化、具象化，把高层辅导与通俗阐释相结合，把专家宣讲与领导宣讲、百姓宣讲相结合，把讲宏观形势与讲微观热点问题相结合，既有“理论大餐”，又有“理论快餐”。宣讲家网同步开设相关专栏。编发《市民理论学校》和《党员干部读本》免费下发基层。全年共组织协调各类辅导报告会8100余场次，直接参加报告会人数达320余万人次。

2012年度辅导报告精品超市，共开列出30个专题270个报告选题供基层“点学”；通过4部热线电话，2部手机24小时值守，为全市各级党组织和不同社会群体的宣讲教育提供优质服务。全年共接听热线电话18500余人次，为基层免费代请报告人，协办报告会、培训班。

（一）市委讲师团举办百姓宣讲“双十佳”评选活动

市委讲师团主办、承办的百姓宣讲“双十佳”评选活动于2月开始，9月结束。全市各区县、各系统高度重视，广泛动员基层成建制单位先后组建工人宣讲团、农民宣讲团、高校师生宣讲团、社区宣讲团、来京建设者宣讲团、公务员宣讲团、法官宣讲团、公安干警宣讲团、城管宣讲团、航天人宣讲团、党外人士宣讲团、残疾人宣讲团、家庭宣讲团等500多支各具特色的基层宣讲团，1万多人参加宣讲活动。宣讲家网站展播视频共收到网民选票1.9亿多张，浏览率达2.7亿多次。截至9月份，全市共举办百姓宣讲报告会3000多场次，直接受众达100多万人次。活动还创作了主题歌和宣传片。中央和市属主流媒体及广大网络媒体都给予了重点报道。

（二）市委讲师团举办迎接和学习宣传贯彻党的十八大精神百姓宣讲活动

迎接和学习宣传贯彻党的十八大精神百姓宣讲活动由市委讲师团主办、承办。第一阶段从9月6日—9月底，由进入“十佳基层百姓宣讲团”总评决赛的20支基层百姓宣讲团组成10支宣讲团，赴全市各区县、各系统基层单位开展巡回宣讲活动，共宣讲110多场，直接受众达5万多人次。第二阶段从10月8日到十八大召开前，全市各区县、系统23支宣讲团深入辖区基层单位进行巡回宣讲。宣讲团还走进中直机关、北京大学等高校。截至10月底，共宣讲150余场，直接受众达4.5万多人次。学习宣传贯彻党的十八大精神百姓宣讲团12月10日开始全市巡讲，截至12月底宣讲200余场，受众约5万人次。活动得到市属各主要媒体和各网络媒体的重点报道。中共中央政治局常委、中央书记处书记刘云山到北京市调研时强调：北京市组织百姓宣讲团、利用互联网渠道创办宣讲家网站，都是很好的方式方法创新，有力促进了学习宣传贯彻党的十八大精神的进一步深化。

（三）市委讲师团建设宣讲家“宣讲视频智库”

市委讲师团认真抓好宣讲视频智库一期建设，突出宣讲家网站专业化、国际化、人性化、个性化特色，不断提升用户体验，加强网上舆情监控；提高标题和内容可读性，增加视频推荐；注册用户免费下载，开发新用户注册邮箱验证功能；推动内容频道制，增强社区互动功能等。全年共上传完整视频报告330部，精彩微视频1565部，其他视频文件465部，文章10.4万余篇，图片21120余幅。同时完成学习宣传贯彻2012年全国两会精神、北京精神、纪念延安文艺座谈会70周年、北京市百姓宣讲‘双十佳’评选活动、学习宣传贯彻北京市第十一次党代会精神、“科学发展·成就辉煌”、专家解读胡锦涛总书记“7·23”重要讲话精神、学习宣传贯彻党的十八大精神、中央经济工作会议精神、百姓宣讲、理论热点面对面2012等16个专题，与广电总局合作录制《网编大讲堂》12期；与《京华时报》、国子监合办“京城尚书房”4期；编发政务微博9期；每周编发“宣讲家信息”。IP访问总量达2700多万次，PV访问总量达3.6亿多次，最高PV日访问量302多万次。全国排名进入前300名，全球排名进入前2100名。

（中共北京市委讲师团高亚雄供稿）

中国社会科学院部分学术活动

2011—2012中国人类发展报告——可持续和宜居的城市研讨会综述 2012年4月9日，“2011—2012

中国人类发展报告——可持续和宜居的城市”项目启动会暨主题研讨会在中国社会科学院举行。会议由中国社会科学院城市发展与环境研究所（以下简称城环所）主办，中国社科院副院长李扬教授，全国人大常委、内务司法委员会副主任委员、民建中央副主席、经济学家辜胜阻先生，中国社会科学院城市发展与环境研究所所长潘家华教授、副所长魏后凯教授，联合国开发计划署城市项目主管白桦先生，国家发改委应对气候变化司副司长孙翠华女士，国家发改委国家气候变化战略研究与国际合作中心副主任邹骥教授，国家发改委城市和小城镇改革发展中心副主任邱爱军女士出席了此次会议，城环所部分研究人员、博士后和博士生也参加了此次会议。

李扬副院长首先致辞。他首先对2011—2012中国人类发展报告项目给予了高度评价，认为城市发展与环境研究所此次承担联合国开发计划署（UNDP）关于城市发展的项目，以及确定的报告主题“可持续和宜居城市”，具有重要的时代意义，是对以往研究的深入，也是对新问题的追踪。

李扬副院长认为，在项目研究中，应该深入考虑影响城市化进程众多因素之间的相互关系，为政策的制定者提供更为充分的依据。中国的城市化经验不仅是中国自身发展的宝贵财富，对印度和巴西这样的发展中人口大国也有直接的借鉴意义，中国的城市化发展对世界的城市发展都非常重要。项目的启动是个很好的开头，希望接下来的研究能够深入落实项目大纲，为中国城市可持续发展提供良好的政策建议。同时也希望通过这个项目的合作能够增进中国社科院和联合国开发计划署的深入合作，为学术机构的国际合作树立典范。

联合国计划开发署的白桦先生认为，在中国城市化率超过50%的时点选择“可持续和宜居城市”作为研究主题是非常正确的。关于本报告研究和撰写，白桦提出了三个方面的期许：第一，对中国城市化发展现状作出正确的判断和评估；第二，对中国城市未来的发展方向作出预测和研判；第三，对中央政府和地方政府等不同政府层面提出政策建议。

中国社科院城环所所长潘家华教授对项目的选题背景、初步写作大纲、团队结构、主要作者等问题做了介绍。潘家华认为2011年中国城市化率达到51.3%，超过50%的临界点，中国城市的发展将从单纯规模和数量增长转向质量提升。中国城市的发展正面临一系列经济、社会、环境和边界有所交叉的问题，所有问题最终都归结到人的发展问题上。本报告将选题定为“可持续和宜居”就是要将人的发展作为经济社会发展的核心概念。所谓可持续，是既要保障当代人的发展权益，也要保障后代人的发展权益。所谓宜居，则是要关注城市发展的质量以及城市居民的福祉。城环所与联合国开发计划署一道，已经组建了强大的协作队伍，并制定了详细的研究方案和项目执行进度。同时，我们邀请了很多外援专家学者参与项目讨论并为最终的项目成果提意见和建议。

辜胜阻先生就中国的城镇化提出了5点看法：第一，中国的城镇化是最大的内需驱动力，是维持GDP高速增长的最大的发动机。第二，中国的城镇化必须建立在坚实的实体经济基础上。第三，要防止城镇化进入可持续发展的误区，譬如过度依赖土地红利、单纯追求规模增长、过度依赖人口红利等。第四，控制中国的城镇化趋向房地产泡沫化。第五，中国要建立宜居城市需要通过建立更多中小城市，形成城市集群，发挥规模经济效应。

孙翠华女士指出可持续和宜居城市最核心的是绿色低碳发展问题，因此要在报告中体现绿色低碳的意识和理念。要加强各个研究机构之间的沟通，以宽视角反映关于中国城市发展的观点。要加强与政府人员的沟通，争取通过报告影响决策人员，将研究成果体现在规划和计划当中。

邹骥教授首先对世界的城市化趋势作了分析，认为城市化的速度过快也可带来一系列社会问题，未来的10—20年面临的挑战较大，要避免进入“中等收入陷阱”。他还对中国城市发展的五种路径作了归纳总结，认为在城市发展过程中，要把人放在核心地位，协调处理人与环境的关系问题。

邱爱军女士认为要深刻分析各种经济指标背后的经济学含义。她指出，如果按照户籍人口统计，中国的城市化率只有30.6%，而按照常住人口统计的城市化率是51.3%，则意味着还有20%多的人口没有完全城市化。无论是地均GDP指标还是人均GDP指标，东中西部的差距巨大。大约2亿流动人口集聚在城中村和城乡结合部，这种现象对城市的基础设施带来了非常大的压力。在城市中的农民工不能享有平等的市民服务，需要在城市的资源配置和福利制度上作进一步的改进。

最后，白桦先生和潘家华所长分别作了总结发言，对各位嘉宾的到来和发言表示感谢。本次启动会为联合国开发计划署和中国社科院城环所的深入合作研究打下了基础，与会各方都对项目的深入开展充满期待。

（中国社会科学院朱丽雅供稿）

中国社会科学论坛（2012年国际问题）“变化中的世界经济：中国和拉美及加勒比的选择”　2012年5月8日，中国社会科学论坛（2012年国际问题）在北京新闻大厦隆重召开。论坛的主题是“变化中的世界经济：中国和拉美及加勒比的选择”。论坛由中国社会科学院主办，中国社会科学院拉丁美洲研究所（以下简称拉美所）和CAF－拉丁美洲开发银行联合承办，中国进出口银行提供支持。来自外交部、中联部、国家发改委等国家机关的相关负责人，部分拉美和加勒比国家驻华大使及使馆官员，国内著名研究机构和高等院校的专家学者共200余人参加了本次论坛。

（一）保持经济增长活力，跨越“中等收入陷阱”

全国人大原副委员长、中拉友好协会会长、著名经济学家成思危，CAF－拉丁美洲开发银行执行主席恩里克·加西亚，中国社会科学院副院长高全立，中共中央对外联络部副部长于洪君，国务院发展研究中心副主任、著名经济学家刘世锦，经济合作与发展组织（OECD）发展中心主任马利奥·佩斯尼，外交部拉美司副司长李宝荣应邀出席了本次论坛开幕式并作了演讲。拉美所所长郑秉文主持了论坛开幕式。

成思危先生在演讲中指出，改革开放以来，特别是近10年来中国的经济和社会发展取得了飞跃性进步，经济实力得到很大的提升。2010年中国人均GDP已达4277美元，进入了“上中等收入”国家的行列。中国经济如何避开“中等收入陷阱”，继续保持持续、健康、稳定发展，即使中国到2020年全面建成小康社会，并向高收入国家行列迈进的需要，也是中国能够持续为世界经济发展作出贡献的保证。在这一过程中，特别是在后危机时代全球经济趋势不确定性增大的背景下，实现上述目标所需要的内外部条件都将面临更大的难度和更多的复杂因素。关于如何走出“中等收入陷阱”问题，他认为，发达国家走过的道路也很值得我们参考。无论是早期工业化国家，如英美等国，还是后期崛起的国家，如日韩等国，它们以不同的方式避免了落入“中等收入陷阱”，总结他们的成功经验对于当前的中国是非常重要的。在这样的背景下，尤其需要中国和拉美的智囊机构与国际组织密切合作，为中国的持续健康发展而献计献策。

国务院发展研究中心副主任刘世锦研究员就“中等收入陷阱”发表了演讲，他认为，基于充分的国际比较和理论推导，中国落入拉美国家所经历的“中等收入陷阱”的可能性已经很小。中国面临的真正挑战是想要如何翻越“高收入之墙”，成为高收入国家。他指出，中国翻越“高墙”，需要解决几个方面的重要问题，即能否在增速下台阶时有效防范和化解高速增长期所积累的财政、金融风险；企业能否适应较低的增长速度环境，逐步改变“速度效益型”的盈利模式；能否随着增速回落而相应调整宏观经济调控目标；能否形成充分有效的市场环境，在竞争基础上产生一批创新型大企业和大量的创新型中小企业，培育出具有长期国际竞争力的技术、知识密集型制造业与服务业；能否进一步开放市场，放宽垄断行业特别是服务业准入限制，为服务业的大发展提供空间和动力；能否在城乡统筹的基础上，加快进城农民成为完整意义上的市民的进程，促进农民承包土地在保障权益的前提下优化配置；能否通过改革开放形成适应创新型社会建设需要的大学和科研体系；能否通过促进就业、创业与收入分配制度改革，使中等收入群体快速成长；能否建成适应新阶段发展和创新需要、有效分散和防范风险的现代金融体系；政府能否由增长主导型向公共服务主导型转变。关于经济转型过程中面临的问题，他认为中国目前面临的两大挑战：一是防控风险，我们应当比以往任何时候都重视防控风险，注意到高速增长期隐含的风险，防止增长速度短期内大幅下滑而引出的风险，预防高速增长后期不确定性加大而引起的投资失误风险；二是转换动力，由低成本要素为主转向创新和产业升级为主。他指出，资产泡沫和得到政府支持的大企业垄断是向创新驱动转型的两大威胁，重点是要解决好虚拟经济和实体经济、国有垄断性大企业与民营企业，特别是微小企业在资源配置上的关系，培育一批民营行业龙头企业，在产业升级上发挥重要作用。

加西亚先生在致辞中首先介绍了CAF－拉美开发银行的发展历程，该组织自成立以来，规模和影响力不断扩大，由原先的安第斯集团5个成员国，发展到目前的18个国家，包括了拉美和加勒比地区及欧洲。该组织致力于推动拉美和加勒比地区国家缩小与发达经济体国家的发展差距，致力于促进地区的社会公平和公正的发展。加西亚表示，中国科研人员研究“中等收入陷进”及其在拉美的表观，对拉美国家是有积极的启示意义。

马利奥·佩斯尼先生指出，当今世界新兴经济体都拥有较高的经济增长率，在促进世界经济快速发展的同时，也面临提高国民收入、科技创新、保持更高的竞争力等方面的障碍，如何避免陷入“中等收入陷阱”，是当前我们面临的首要问题。他认为，“中等收入陷阱”是暴露很多国家、尤其是拉美国家虚假增长的一个典型现象。究其原因主要有两点，即结构性改革的失败和公共部门未能够对经济增长采取持续措施。他还指出，在应对2008年经济危机的过程中，拉美和加勒比地区国家与中国的表现都很出色，这得益于好的国内宏观经济政策以及贸易政策。他希望在发展生产力、制定创新政策、促进社会公平、公共基础设施发展等方面，中国与拉美和加勒比地区国家进一步加强交流，分享政策经验。

李宝荣先生的讲话主要围绕近来中国与拉美和加勒比地区国家之间关系发展所取得的进步，主要体现在四个方面：第一，双方高层领导互访交流加强；第二，双方务实合作不断扩大；第三，双方在国际事务上较好的沟通协调，共同维护发展中国家的利益；第四，双方民间交流取得了丰硕成果，增进了人民之间的友谊。

（二）变化中的世界经济：特点与挑战

本次论坛共分为4个主题单元，第一单元的主题是“变化中的世界经济：特点与挑战”。联合国拉美经委会国际贸易和一体化部主任奥斯瓦尔多·罗萨莱斯主持了该单元。CAF－拉美开发银行顾问、哥伦比亚财政部前部长、世界银行负责拉美地区事务的前首席经济学家吉列尔莫·佩里，国家发改委学术委员会秘书长、对外经济研究所原所长张燕生，西班牙对外银行新兴市场部首席经济学家阿莉西亚·加西亚·埃雷罗3位专家围绕当前经济全球化背景下，新兴大国面临的挑战，中国经济转型前景等问题进行了深入探讨，中国进出口银行首席经济学家王建业对上述演讲进行了总结点评。

吉列尔莫·佩里的发言主要围绕中国与印度的经济增长对拉美和加勒比地区国家的影响。佩里认为，近年来，中国与印度的经济快速增长，对拉美和加勒比地区国家既是机遇又是挑战。中国与印度的经济快速增长对拉美和加勒比地区国家经济产生明显的拉动作用，同时也对这些国家的某些产业和部门产生较严重的冲击和竞争。

张燕生在其演讲中指出，当前世界经济不确定性在增加，面对缺需求、缺信心、缺办法的复苏困境，美欧是否会进入日本式的量化宽松的模式，是人们当前关注的重点之一。中国要突破“中等收入陷阱”，需要实现以下几个方面的转变，从外向型发展模式向扩大内需战略与经济国际化战略之间的互动性发展模式转变；由不平衡战略向实现共同富裕，东中西协调发展以及经济、社会和生态环境的协调发展战略转变，这意味着要由前30年效率改善型模式向均衡型模式转变；政府职能要从经济建设回归公共服务，实现法治和社会公平正义，政府要放权、让利、轻税、简政，以进一步培育市场经济；从“摸石头过河”，转向基于法制和规则行事；从价格无序竞争转向差异化有序竞争，实现中国企业沿产品价值链向两端转型升级，通过进一步完善研发设计、增值服务环节和综合物流、售后服务等环节，培育企业的核心竞争力。

阿莉西亚·加西亚·埃雷罗在演讲中谈到，基于新兴经济体的出色表现，有更多的人认识到在发达经济体受金融危机困扰之际，新兴经济体正成为“世界经济稳定的源泉”。未来10年，预计亚洲新兴经济体对全球经济增长的贡献将达58%左右，其中中国将占到30%以上；与此同时，中国对其他新兴经济体的影响也将进一步加强，中国将成为全球投资的主要来源，并由发达国家向新兴经济体转移，且向基础设施和制造业集中。此外，中国城市化发展的推进，意味着对原材料的需求仍将不断扩大，新兴经济体国家中产阶级消费需求提高的拉动作用日渐加大。

（三）面向发展：金融服务的可获性

第二单元围绕“面向发展：金融服务可获性”的主题展开。中国社科院拉美所所长助理、经济研究室主任柴瑜主持了该单元。CAF－拉美开发银行研究员丹尼尔·奥尔特加，中国人民银行研究局局长张健华，全球发展中心研究员、德意志银行负责拉美地区事务的前首席经济学家莉莉亚娜·罗哈斯－苏亚雷斯，全国中小企业协会副会长和温州中小企业促进会会长周德文，联合国拉美经委会国际贸易和一体化部主任奥斯瓦尔多·罗萨莱斯等分别就面向中小企业的金融可获性问题、改善基层金融服务、提高金融可获性等问题分别作了专题演讲。

丹尼尔·奥尔特加首先介绍了CAF－拉美开发银行在促进拉丁美洲和加勒比国家金融可获性方面所取得的成果，并指出其服务水平依然相对较低，仍存在经营成本较高、灵活性不够、缺乏高端技术、贷款人资格选择难度大等问题。对拉美和加勒比国家的金融可获性的调查表明，该地区家庭和微型企业的金融服务的可获性仍处于较低水平。该银行推出的“微金融模式”，旨在为低收入家庭和微小企业提供金融服务，通过灵活性手段和可行性探索，促进该地区的低收入家庭提高收入和消费水平，改善教育和医疗卫生，进而提高该地区家庭的整体福利水平，促进中小企业发展，使更多的低收入家庭和微小企业能够从中获益。

张健华在演讲中表示，经过多年改革和发展，目前中国大中型城市的金融服务品种相对丰富，其覆盖面较广，能较好满足企业和个人的金融需求。但与此同时，在农村和中小城市社区仍存在金融服务相对缺乏的现象。近年来，政府通过出台多项政策措施，在改善农村和小微企业金融服务方面取得了一定成效。但在不少地区，金融服务不足问题仍较为突出。其原因众多，但从金融业务本身来看，症结还在于未形成竞争性的基层金融服务体系。目前，基层金融机构竞争不充分，定价权掌握在供给方手中，因此在造成供给不足的同时，积累了较大的风险；与此同时，客户由于缺乏足够的选择权，往往只能被动接受较高价格或较差金融服务。张建华指出，目前在推动中国金融体系竞争、改善基层金融服务方面，可以从下述几方面入手：首先，为改善基层金融服务放宽市场准入。逐渐拓宽民间资本进入金融领域的渠道，放宽金融业特别是社区型中小金融机构的准入，组建更多为小微企业服务的小型金融机构，发展多元化农村金融机构，形成适度竞争的农村金融格局。其次，完善农村金融风险防范和化解机制。银行外部性的特点决定一旦银行出现风险，存款人利益可能受到损害。为此，要加快建立存款保险制度，有效保护存款人利益，防止个别中小银行倒闭可能引发的系统性风险。存款保险制度既是风险防范的重要手段，也是发生风险的金融机构市场退出机制运作的重要保障。最后，正确处理监管、金融服务业与实体经济发展之间的关系。根据中国全国金融工作会议要求，以金融支持实体经济发展为根本出发点，调整金融供给和布局，改善金融服务能力和质量，使其与实体经济的需求相适应。金融服务业快速发展可能对金融监管提出新的挑战，监管部门需要通过不断改进和加强监管，以适应金融业发展的需要，使监管与金融服务扩大供给及合理布局相适应。

莉莉亚娜·罗哈斯－苏亚雷斯演讲的主要内容是拉丁美洲的金融包容性障碍。她认为，在拉美地区金融包容性的重要性应体现在以下几方面，一是家庭和企业使用的各种金融服务，可以使其进行跨期消费，可以增加收入和福利分配的资源；二是金融工具允许企业和家庭得到相应的金融保护，使其免受不同性质的潜在冲击（例如失业，自然灾害，疾病等）；三是通过作为中介的金融工具使其客户具备提高储蓄和投资的能力，为将来需要工作的青少年提供更多的教育和培训机会；四是欠发达的金融体系受到歧视，资源流向好的投资机会。罗哈斯－苏亚雷斯最后认为，拉美地区金融包容性的主要障碍主要由4方面因素造成，即宏观经济因素、社会因素、机制因素和金融部门的有效性和效率的因素。

奥斯瓦尔多·罗萨莱斯在演讲中表示，通过对发展中国家对世界贸易增长贡献率的分析，发展中国家之间的贸易会显著增加，预计到2017年，可能会超过发达经济体国家之间的贸易。在2010年，发展中国家吸收了全球50%的直接投资。经济危机使得发展中国家与发达经济体国家的人均收入水平差距缩小。

（四）中等收入陷阱：产业转型的挑战

第三单元的主题是“中等收入陷阱：产业转型的挑战”。该单元由OECD发展中心主任马利奥·佩斯尼先生主持。CAF－拉丁美洲开发银行社会经济研究部主任巴勃罗·桑吉内蒂，中国社会科学院经济所副所长张平、拉美所副研究员谢文泽博士和助理研究员张勇博士先后作了演讲，浙江外国语学院拉美研究所副所长唐俊博士对该单元进行了评论。

巴勃罗·桑吉内蒂在演讲中分析了拉美和加勒比地区国家陷入“中等收入陷阱”的原因。他认为，该地区国家之所以长期没有走出“中等收入陷阱”，主要是结构性改革失败所导致。根据传统的经济增长理论，欠发达国家可以采用成熟的先进技术赶超发达经济体，利用后发优势缩小差距。而拉美国家没有实现这一过程，主要是其在经济结构变化过程中的自身弱点所致。其他原因还包括，收入分配不公、税收制度不合理、公共部门对经济发展的支持不力；服务业生产率低下，其从业人员素质较低；国家对国有企业过度保护致其竞争力下降；大量地下经济的存在使税收大量流失。

张平在演讲主要谈到以效率的持续改善推动经济转型。通过对经济结构演进的国际比较，对产业结构演变与配置效率的实证分析，张平认为，一国经济的高增长应和其劳动生产率的持续提高相匹配，否则是不可持续的，并由于服务业的规模性改善落后于制造业，都会导致结构性减速。中国当前的产业演进问题也已经到了关键时刻，现代服务业的管制问题和制造业就业能力下降，以及农业补贴导致的更多滞留和公共部门就业激增的问题都是面临的严峻挑战。

谢文泽主要从产业结构角度分析“中等收入陷阱”的成因。他认为，拉美的“初级产品出口繁荣”落后于美国的“工业繁荣”有两方面的原因，一是技术因素：拉美国家没有抓住“第二次工业革命”的机遇；二是制度因素：增长模式的选择成为制约拉美国家工业化的内源性制度因素。

张勇认为，来自进口替代的内生缺陷及转型失误导致了拉美“中等收入陷阱”。20世纪60年代中期至80年代，是拉美国家与东亚国家逐渐拉开经济发展差距的重要时期，这既与拉美国家前期实行进口替代工业化模式的内生缺陷有关，也与其对该模式转型的历史性延误有关。进口替代工业化作为一种发展模式有其自身的明显局限性。一般来说，进口替代模式在工业化初期运行相对顺利，但随着时间推移逐渐出现多种结构性失衡；该模式延续的时间越长，结构性失衡就会不断加剧，甚至酿成结构性发展危机。

唐俊对该单元演讲者的发言进行了评论。他认为，“中等收入陷阱”问题从表面上看，是一个有关人均GDP增长的数字问题，但其实质不仅是一个增长的问题，同时也是一个发展的问题。需要我们以系统的、全面的和发展的思路去看待。未来一段时间内，包括政府管理、社会保障、民生改善等在内的各方面影响经济和社会发展的因素，都将是拉美和加勒比国家与中国需要面对和解决的问题。

（五）面向发展：国家的转型

第四单元的主题是“面向发展：国家的转型”。CAF－拉丁美洲开发银行执行主席顾问赫尔曼·里奥斯主持了该单元。经济合作组织发展中心美洲区域负责人克里斯琴·道登，国家行政学院经济学部主任张占斌，阿根廷托尔夸托·迪特利亚大学教授，阿根廷前经济部长、联合国拉美和加勒比经委会前秘书长何塞·路易斯·马奇内阿等，就国家经济转型与政府管理创新等问题进行演讲。

克里斯琴·道登在演讲中谈到国家在改革中的作用。国家要成为更高效的改革工具，需要更强有力的政策来协调各种方案和项目的规划，采取有利于发展所需要的积极政策，促进社会可持续发展和包容性增长，包括推进教育、基础设施和创新等发展。在这个过程中，拉美国家面临的主要挑战之一是如何恢复公众的信心。此外，稳定的财政政策也是国家转型的必不可少的任务之一。在财政政策方面，要重视加强公民和国家之间的社会契约关系，以恢复公众的信心；建立支持财政政策的中期计划、问责制度以及透明的方案评价等正规机制；在公共服务方面，要注重资源的有效分配、教育和社会的公平性，推动相关领域的改革。所有这些举措的关键是公共政策的制定。

张占斌的演讲主要围绕政府经济发展方式转变过程中，政府部门的管理创新展开。他认为，当前转变经济发展方式要做好以下几方面工作：首先，要不断提高居民收入水平，突出消费在促进经济增长中的作用；其次，要加快推进自主创新和产业结构升级；再次，以推进农民工市民化为突破点，提高城镇化水平；最后，以资源价格改革为突破点，加快建设资源节约型、环境友好型社会。在此基础上，政府管理创新应当抓好与社会主义市场经济体制相适应的宏观调控体系的建设；调动两个积极性，调整和理顺中央与地方的关系；积极稳妥地推进行政区划改革，为经济发展创造空间；加快财政税收体制改革，逐渐形成有利于经济发展方式转变的价格机制；深化收入分配制度改革，确保发展成果社会共享；改革现有的政绩评价机制，形成有效的激励约束体系。

何塞·路易斯·马奇内阿的演讲从 3 个方面展开，商品生产和服务的私有化、资源配置方面政府放松管制和经济自由化、社会保障（养老金、医疗和教育）的民间参与。

在会议主办方举行的闭幕式晚宴上，全国人大常委、中国社会科学院学部委员、中国社会科学院原副院长陈佳贵作了主旨演讲，全面介绍了当前中国的经济形势。他谈道，2012 年 3 月份刚刚闭幕的十一届全国人大五次会议，中国政府将当年的 GDP 增长目标确定为 7.5%，并着重谈了增长指标的变化对中国经济的意义。在分析中国经济形势时，陈佳贵认为，从 2011 年开始中国经济增长速度逐季回落。在当前发达国家经济复苏乏力、国际经济环境严峻、国内经济面临许多矛盾和不确定因素的情况下，中国经济增长速度要超过 2011 年的水平，客观上有很大难度。他认为，中国目前需要在各方面避免盲目追求增长速度，切实把工作着力点放到深化经济体制改革、加快转变经济发展方式、调整经济结构、提高经济发展质量和效益上来。

（中国社会科学院朱丽雅供稿）

2012 国际热点、焦点问题学术报告会——构造中国与世界关系的新模式　12 月 13 日，中国社会科学院在京举办“2012 国际热点、焦点问题学术报告会”。来自中国社会科学院、中国人民大学、国防大学、外交学院的 12 位学者，围绕世界经济与政治形势、世界综合热点问题、地区热点问题，总结了 2012 年的基本形势并预测了未来中长期发展态势。中国社科院党组成员、副院长李扬到会致辞。报告会由中国社科院国际研究学部主任张蕴岭研究员主持。

李扬副院长在致辞中指出，全球性金融危机还远没有过去，对世界政治经济格局的影响还在持续发酵中。中国作为古老的文明国家，正日益显示出勃勃生机，中国的发展道路引起国际社会的广泛关注。世界是多样化的，通过文艺复兴、工业革命获得现代经济增长的英美模式仅是全球众多发展模式中的一种，英美的标准并不普遍适用于其他国家。金融危机后各国的恢复过程将不同，发展的路径也是多样的。李扬强调，习近平总书记最近指出“国际社会日益成为一个你中有我、我中有你的命运共同体”，这是对中国与世界关系的新表述，将研究中国与世界关系提到了一个新的高度。中国的国际问题研究界要认真学习党的十八大精神，以更宽阔、更高标准的框架，树立真正科学的对外战略。

针对当前普遍关注的全球经济增长形势，中国社科院亚太与全球战略研究院李向阳院长认为，从全球经济周期角度看，发达国家如何摆脱主权债务危机，将决定全球经济未来的走势。

媒体讨论正热的“财政悬崖”问题实际上是个伪风险，美国的决策者并不就此规避风险。李向阳强调，中国国内对美国经济走势的判断过于悲观，实际上美国依靠量化宽松政策、“再工业化”以及能源革命，其经济发展还有很大潜力。与此同时，新兴经济体的前景不容乐观，正处于经济发展的拐点阶段，未来经济将进一步减速。

在国际政治安全形式方面，国务院参事、中国人民大学教授时殷弘的基本判断是世界已经大变，前景不定。美国经济前景还很难认识，但作为超级大国手段多于其他国家。美国正在搞新军事革命，中国的军事建设也引起国际关注，重大的军事战略关切分外突出，对未来国际战略中长期影响非常深刻。受全球金融危机影响，全球多边机制呆滞、低效，德国、印度、日本等中等强国的对外政策不定，某种程度上更加张扬。目前世界基本力量结构的走势判断还不明确，但自由民主主义的高潮正在消退，民主的效能不高，世界欠缺稳定之锚。国防大学战略研究院原所长杨毅少将认为，世界的潮流还是和平与发展，大国关系呈现复杂化，合作与竞争并存，大国实力对比更加扁平化，单边主义行不通。中美处于一个关键的相互适应期和磨合期，美国的政策是防我，而不是亡我。中国应深化与俄罗斯的关系，加强对日本的研究。从根本上讲，中国面临的最大挑战是如何审慎运用自己的实力。

社科院世界经济与政治研究所研究员姚枝仲认为，当前发达国家普遍出现“日本化症候”，其特点是政府债务占GDP比重不断攀升、传统货币政策不起作用、人口老龄化趋势加强以及国内不同党派严重对立。不过，人口老龄化不一定导致所有发达国家的经济增长率都下降。由于发达国家深陷债务困境，新兴经济体占世界经济的比重将超过发达经济体，国际经济平等化趋势加强。从目前趋势看，美国仍然前所未有的强大，长期增长的动力并没有削弱，但其发动现代战争的能力与意愿在显著下降。

与发达经济体深陷困境不同，东亚经济格局正发生快速、全面的变化。外交学院副院长江瑞平认为，金融危机以来，东亚在全球经济格局中的地位得到进一步提升，中国越来越取代日本、美国成为东亚经济增长的动力，东亚也正在取代欧洲、美洲成为新一轮区域合作浪潮的中心，地区合作的框架正从以东亚为中心转变为以亚太为中心，但日本地位显著下降、美国勉励维持，而中国的地位进一步上升。特别需要引起中国注意的是，钓鱼岛事件以来，在贸易关系上日本疏离中国、亲近美国的趋势正在进一步显现。

社科院欧洲研究所所长周弘表示，欧洲人正在做的事情是其他国际行为体还没有做过的，如何解决欧洲债务危机，既取决于如何认识欧债危机的根源，也取决于德国在其中扮演何种角色。欧洲的特色在于一系列政策的组合，进一步推进大市场建设，与美国具有根本的不同。欧洲债务危机体现出全球化发展的困境，也表明现在的确是一个多样化的世界。周弘强调，与美国、日本的债务问题相比，欧洲的债务难题被夸大，某种程度上是被国际金融界炒作成了全球性问题。

社科院拉丁美洲研究所吴国平研究员报告了拉美地区一体化的发展。

他认为，拉美地区一体化呈现重新整合的态势，其特色是多头主导、次区域化趋势明显，且发生了分层的板块化现象。目前，拉美各国尤其重视基础设施和服务业基础上一体化建设，但受限于意识形态分化、区域机制重叠以及边界纠纷，不能过高估计拉美一体化进程。特别是，中国不能对该地区一体化施加更多意识形态的想象，尤其是对抗美国的意图并不是那么突出，比如智利、哥伦比亚、秘鲁和墨西哥等具有相对一致的市场开放目标的国家，都与美国、欧盟签署有自由贸易协定。

社科院俄罗斯与东欧中亚研究所郑羽研究员重点讲解了中俄结盟问题。他认为，学术界凡是主张中俄结盟的，都不是搞俄罗斯问题的。实际上，无论是从利益基础、威胁变化，还是政策调整的幅度、军事同盟的性质来讲，中俄均不存在结盟的可能性。自苏联解体以来，俄罗斯与西方的传统矛盾全面降低，出现了前所未有的战略机遇期。不过，美俄也不会形成联盟制约中国，俄罗斯并不允许美国独揽国际权力，俄罗斯要争的是大国地位，但受制于金融危机影响，其信心明显不足。中国近期应加大与俄罗斯的经济协作，继续与俄罗斯保持良好关系。

社科院亚太与全球战略研究院副研究员叶海林从大国博弈的角度分析了南海争端。他认为，各方在南海的争斗并没有使出全部力量，其目标也都是相对有限的，各方都试图争势、而不是争胜。经过南海这轮博弈，我们已经认清，通过维稳来稳定局势是不现实的，韬光养晦的时间窗口已经没有了。中国在南海问题上的行为和预期发生显著变化，从被动应对、提供解决方案，转向主动谋划、提升实际控制力。与此同时，中国也应该明确力量使用的限度，进一步明晰中国的南海政策，对周边国家的国内情况也要深入研究。

在目前最具不确定性的中东问题上，社科院西亚非洲研究所余国庆研究员判断，其核心仍然是巴勒斯坦问题，其深层次根源在于历史上的大国兴衰、文明冲突以及种族矛盾。不过，美国并不愿意再次卷入中东的战争之中。关于伊朗核问题，目前初步形成了类似于六方会谈的机制，但主要还是美国、俄罗斯、欧盟、中国四方，大国相互牵制，谁也不轻易冒险。从本质上看，伊朗核问题是伊朗的地区霸权雄性与美国及西方价值观的差异所致，但美国也并非没有接受伊朗核地位的可能性，中国要同时与美俄保持密切接触。

对国人普遍关注的日本政局走势以及钓鱼岛争端，日本研究所吕耀东研究员认为，未来事态仍有持续恶化的可能性。鉴于自民党即将上台，而且其海洋政策主张是扩充自卫队预算和人员，在岛上常驻公务人员，中国的海上安全环境将进一步复杂。日本对华战略调整的基础仍然是美日同盟，但日本显著加大了对海上自卫队建设的投入，形成基于实力的海洋战略。从全球范围来看，在1982年《海洋法公约》公布之后，国家之间的争端从未停止过。中日之间的摩擦将是长期性的，中国要注重策略性。

在大选后的美国政情方面，美国研究所副所长倪峰研究员认为，奥巴马第二任期将比以往更加关注国内问题，其核心挑战还是在国内，外交安全问题相对来讲处于第二个层次。不过，中美关系进入了一个越来越复杂、越来越难以管理的矛盾高发期、问题凸显期。美国围绕着中国是对手、还是潜在的伙伴进行博弈，中美关系未来也将在这两个区间形成动态的平衡，特别是中美在具体问题上的互动会产生更大的影响。此外，美国过去一段时间采取利用中国与周边矛盾，进行非接触性介入，但其效用正在下降。未来一段时间，美国将从只关注西太平洋转向同时关注西太平洋和印度洋，其重点也将从显示军事力量转向更加注重经济。

张蕴岭研究员提出，亚太区域合作进入了“竞争性驱动”阶段。全球化并没有停滞，只是其制度构造陷入了停滞。以拉美、亚太为新发展区域的区域化正显著加强，特别是以东亚为核心的泛太平洋经济伙伴关系（TPP）、全面地区经济伙伴关系（RCEP）两大区域化机制，齐头并进，既具有战略性竞争，又具有结构性互补。与欧盟不同，亚太的这两大机制保留了成员国签订的双边、诸边协定，以及继续谈判新的协定的权利。美国推崇TPP的目的，主要是主导新开放和新竞争规则的制定，而美国的国内市场仍然是亚太周边国家愿意参加TPP的最大考虑。不过，美国单纯依靠改变外部环境，而不对其国内改革的做法很难实现亚太的新增长模式。未来，要从更宽广的角度考虑亚太区域化的制度重构，既要看区域内部也要看各国的内部改革。中国在16个RCEP成员国中基本处于有利位置，从构建未来的一体化区域战略考虑，中国需采取更开放的谈判战略，助推RCEP的达成。

最后，张蕴岭对报告会作了总结。他指出，中国未来的一个根本性问题是中国需要一个什么样的世界。党的十八大报告提出来，构建新型伙伴关系世界，这是中国的一个创造。对于这一重大问题，中国既要考虑到外部世界对中国的影响、外部世界与中国的利益关系，也要看到中国对外部世界的影响力。从21世纪初开始，中国逐步推动国际制度的改革、参与了在外国的政治治理，中国也从小处着手塑造地区安全机制。中国与美国不同，中国的方式是有选择的、有限度的。随着中国综合国力的提升，在世界政治经济格局中的地位将显著加强，成为大国的时间要比中国人想象得早，为此也到了提出中国自己的世界观，构建自己的新型世界的阶段。

（中国社会科学院朱丽雅供稿）

·机　构·

概　述

本栏目记述了北京地区1所高校的概况；记述了3个2012年新建立的北京市哲学社会科学研究基地。在已刊机构补充介绍中，记述了8所高校的机构增设及领导成员变动。

部分高校简介

中央民族大学

一、学校概况

中央民族大学的前身是1941年9月中国共产党在延安创办的延安民族学院。1951年6月，中央民族学院在北京正式成立，乌兰夫任首任院长。1993年11月，学校更名为中央民族大学。

在党和国家的高度重视下，学校1978年被批准为国家重点大学，1999年、2004年先后进入“211工程”和“985工程”国家重点建设大学行列。学校现有23个学院，有覆盖10个学科门类的60个本科专业、5个一级学科博士学位授权点、39个二级学科博士学位授权点和137个硕士学位授权点，国家级重点学科3个、省部级一级重点学科2个、二级重点学科13个，2个国家文科基础学科人才培养和科学研究基地，1个教育部人文社会科学重点研究基地，3个国家“985工程”哲学社会科学创新基地。

学校建校之初，一批学界知名专家学者到校任教，成为学校教学科研和学科建设的重要奠基人。学校现有教职工总数为1991人，其中专任教师1083人，专任教师中教授、副教授628人，占专任教师总数的58%。他们当中既有知名专家学者，也有不断涌现的诸多中青年新秀，已渐成学界翘楚。学校还拥有一支高水平的外聘专家队伍。建校60多年来，已为国家培养了10万余名合格毕业生。

新世纪，学校紧紧围绕提高人才培养质量和科研创新能力两大主题，认真实施“特色兴校、质量立校和人才强校”三大战略，坚持“质量第一、内涵为主、可持续发展”的办学之路，为实现特色鲜明、国际知名的高水平研究型大学目标而努力奋斗。

历任校长：乌兰夫、刘格平、刘春、李力、宗群、江云、任世琦、哈经雄、荣仕星、鄂义太。

现任校长：陈理。

现任党委书记：鄂义太。

二、教研机构

民族学与社会学学院

民族学与社会学学院的前身是中央民族学院研究部。1952年，燕京大学、清华大学、北京大学等单位从事民族学、社会学、人类学、民族史和民族语言等方面研究的权威学者，大多集中到了中央民族学院，建立了研究部。1993年，经国家民委批准，中央民族大学民族学系、民族研究所、藏学系、博物馆、民族理论与民族政策教科部和岩画中心合并组成民族学研究院。2000年更名为民族学与社会学学院。民族学与社会学学院拥有雄厚的师资和研究队伍，综合实力一直处于国内民族学和人类学的首席地位，在国际民族学、人类学界也有广泛的联系和影响。

学院的主要研究方向为民族学、社会学、岩画、文物与博物馆及文物考古等。其中，民族学包括中国民族研究、世界民族研究、人类学研究及人口学研究；社会学包括社会学理论与方法研究、应用社会学研究、社会工作研究。

学院的学者们在民族学、民族问题研究方面一直处在全国的领先地位。目前所承担的国内外重大研究项目的数量及经费均居全国同行的前列，并在党和国家的民族工作及政策咨询等方面发挥了重要作用。

学院目前拥有民族学和社会学 2 个一级学科博士点，具体包括民族学、人类学、考古学及博物馆学、社会学、民族社会学、人口学 6 个硕士学位点；社会工作、文物与博物馆 2 个专业硕士点；民族学、人类学、社会学、民族社会学 4 个博士学位点。还拥有 1 个博士后流动站。

院长：丁宏。联系电话：68932301

少数民族语言文学系

1951 年中央民族学院（中央民族大学前身）成立伊始，从北京大学抽调相关专业师生组建了“语文系”，是学校第一个学历教育单位，后改为“民语系”。1986 年划分民语一、二、三系，在原民语三系基础上设“语言学系”“民族文学系”，2000 年“语言学系”和“民族文学系”合并为“少数民族语言文学系”。

该系有中国少数民族语言文学、语言学及应用语言学、中国古典文献学和比较文学与世界文学博士和硕士授权点。其中中国少数民族语言文学为国家级重点学科，主要以我国少数民族语言和文学作为研究对象，下设藏缅语族语言、壮侗语族语言、南岛南亚苗瑶语以及中国少数民族文学等方向。语言学及应用语言学为北京市重点学科，是该系研究生学历教育较早的一个专业，该专业以现代前沿语言学理论为指导，结合我国少数民族语言应用、语言教学实际进行研究，下设社会语言学、人类语言学、历史语言学、文化语言学、应用语言学和语言文字信息处理、现代语音学等方向。中国古典文献学专业也是该系建立时间较早，发展较为成熟的一个专业，主要以南方少数民族古文字文献作为研究对象，同时兼顾北方古籍文献的研究，下设有民族古典文献与非物质文化研究、古籍整理与文献资料信息化研究、北方民族古文献研究、南方民族古文献研究。比较文学与世界文学是近几年新建的一个专业，该专业研究领域包括世界及东亚各国之间的文学比较研究、我国多民族文学间的比较研究和民间文艺比较研究，所涉及的国家、民族、语族、文字众多，文化背景错综复杂，是具有广阔发展前景和自身鲜明特色的新型专业。

主任：木乃热哈。联系电话：68937354

蒙古语言文学系

蒙古语言文学系的前身是 1952 年建立的蒙古语言文学专业。1995 年 1 月正式成立蒙古语言文学系，隶属于中国少数民族语言文学学院。蒙古语言文学专业 1981 年获得硕士学位授权资格；1986 年获得博士学位授权资格；1995 年被指定为教育部“文科基础学科人才培养与研究少数民族语言文学基地”；2001 年设立中国语言文学博士后流动站；2002 年由部委级重点学科晋升为国家级重点学科。蒙古语言文学系设有蒙古语言文学和蒙汉双语两个本科专业方向。

该系现有教职工 20 人，其中教师 15 名、行政管理人员 7 人（兼职 2 人、专职 5 人）；教师队伍中具有正高职称 10 人、副高职称 2 人、中级职称 3 人，具有博士学位 12 人，硕士学位 3 人；博士生导师 7 人，硕士生导师 11 人。该系承担的国家级科研项目 13 项、省部级科研项目 24 项、校级和横向合作课题 20 余项。在 60 年的办学过程中，与蒙古国、俄罗斯和日本等国外知名大学和科研机构签署了合作协议书；与日本、俄罗斯、捷克、保加利亚、德国、美国、台湾政治大学等知名大学和科研院所建立了友好合作关系，在蒙古文论、蒙古民间文学、蒙古文文献等教学科研领域形成了自己的特色和优势。一批标志性、创新性研究成果的问世充分显示了该系的特色和优势，得到国内外蒙古学界的认可，享有较高的声望和知名度，其中有的科研成果已达到国内一流水平或世界先进水平。

主任：朝格吐。联系电话：68937890

朝鲜语言文学系

朝鲜语言文学系前身是 1972 年创办的中央民族学院汉朝翻译专业，经过 40 年的努力，该系发展成为培养创新性、复合型高级专门人才的教学科研单位。朝鲜语言文学专业是国家重点学科之一，也是全国基础科学人才培养和科学研究基地之一，现设有朝鲜语言文学和中韩经贸翻译 2 个本科方向；每年招收 70 名本科学生。

该系自 1979 年起招收硕士研究生，自 2001 年起招收博士研究生。硕士研究方向包括朝鲜—韩国语研究、朝鲜近现代文学研究、朝鲜—韩国当代文学研究、中国朝鲜族文学研究、朝鲜民俗文化研究；博士研究方向有朝鲜—韩国语研究、朝鲜近现代文学研究、朝鲜古典文学研究、朝鲜—韩国当代文学研究、中国朝鲜族文学研究。

该系成立至今，在国内外出版了朝鲜—韩国语言文学、文化相关著作 100 多部，文学作品、译著、编著 100 余部，发表论文 600 多篇。教师中有国务院学位委员会学科评议组成员、北京市优秀教师、宝钢优秀教师奖获得者、北京市高等院校优秀青年骨干教师、韩国“东崇学术功劳奖”获得者、韩国“宝冠文化勋章”获得者。

主任：姜镕泽。联系电话：68932366

维吾尔语言文学系

维吾尔语言文学系的前身是维哈柯语言文学系维吾尔语言文学专业，是新中国成立后开办最早并面向全国招生的少数民族语言文学专业之一，是1951年与中央民族学院同步建立的专业学科之一。2004年，在维哈柯语言文学系维吾尔语言文学专业的基础上，正式成立维吾尔语言文学系。维吾尔语言文学专业1979年获得硕士学位授权资格；1993年获得博士学位授权资格；1995年被指定为教育部“文科基础学科人才培养与研究少数民族语言文学基地”；2001年设立中国语言文学博士后流动站；2002年由部委级重点学科晋升为国家级重点学科。维吾尔语言文学系先后设立维吾尔语言文学、汉语维吾尔语翻译（1993）、维英汉翻译（2002）和维吾尔语言（零起点）4个本科专业方向，目前招生的有维吾尔语言文学和维吾尔语言（零起点）2个专业方向。

该系现有教职工18人，其中专兼职教师13名，行政管理人员7人（兼职2人、专职5人）；有正高职称4人，副高职称4人，中级职称5人，具有博士学位6人，硕士学位8人；博士生导师4人，硕士生导师8人；承担国家级科研项目3项、省部级科研项目8项、校级和横向合作课题20余项。半个世纪以来，为加强国际合作，该系教师先后到美国、德国等国家访学和交流，提高了中央民族大学维吾尔语言文学专业的知名度，对我国突厥语言学科的建设起到了重要作用。

主任：艾尔肯·阿热孜。联系电话：68937797

哈萨克语言文学系

哈萨克语言文学系前身是创办于1953年的哈萨克语言文学专业，1971年成立哈萨克语教研室，2004年独立建系。成为国内高校中唯一的哈萨克语言文学系。现有在编教职工11人，其中专职教师7名，行政人员4名，双肩挑教师3名，教授3人，副教授2人，一、二、三级讲师各1人。该系设有哈萨克语言教研室、哈萨克文学教研室和由5名专家组成的系教授委员会。在读本科生187名，硕士生19名，博士生9名。本系为中国少数民族语言文学专业学士、硕士、博士学位授予点和博士后流动站，属中央民族大学“211工程”“985工程”重点建设单位，属国家级重点学科、教育部“国家文科基地”单位。已建立20个高层次专业实习基地。优势学科方向为现代哈萨克语言学、古代突厥语、哈萨克民间文学。已建成10门合格课程和2门精品课程。专业课课群：专业基础课群；突厥语言学课群；哈萨克语言学课群；哈萨克文学课群；翻译课群。专业主干课：语言学概论、现代汉语、现代哈萨克语、古代突厥语文学、突厥语言学概论、哈萨克语言史、翻译理论与实践，文学概论、哈萨克民间文学、中国文学史、哈萨克文学史、哈萨克语文写作。特色教材19部，北京市精品教材项目成果3部，教师承担科研项目18项，举办200多场国内外专家学术讲座，举办4次学术研讨会，参加近百次国际国内学术研讨会。该系在职教师出版著作、译著、教材15部，发表学术论文197篇，累计获得学术科研奖项11项。

主任：张定京。联系电话：68938946

中国少数民族语言与古籍研究所

中国少数民族语言与古籍研究所成立于2010年9月，其前身为创建于1979年的中央民族学院少数民族语言研究所和成立于1982年的少数民族古籍整理出版规划办公室。

研究所致力于推动中国国内少数民族语言研究，特别是对人口较少的少数民族语言和濒危的语言进行研究，推动和促进中国少数民族古籍文献研究，同时根据需要培养有关语种的研究生，为少数民族语言和古籍文献研究培养后备人才和新生力量。

研究所现有专职科研人员11人，民族构成为汉族、蒙古族、彝族、哈尼族、京族、锡伯族。其中5人具有正高职称，3人具有副高职称。1人入选“百千万人才工程”国家级人选，5人入选“新世纪优秀人才”支持计划。研究所下设办公室、汉藏语研究室、阿尔泰语研究室、少数民族语言文字应用研究室、民族古籍研究室以及少数民族语言文字信息处理（包括语音实验中心）研究室。

研究所编辑出版两种学术刊物。《汉藏语学报》创刊于2007年，为汉藏语研究领域专业刊物，被列入商务印书馆语言学期刊方阵。《民族古籍研究》创刊于2011年，辑收国内外民族古籍整理研究优秀成果。

所长：胡素华。联系电话：68933607

藏学研究院

藏学研究院的前身是成立于1951年的藏语文教研组。1993年，原中央民族学院语文系藏文教研室与藏学研究所合并成立了藏学系，藏学研究所名称仍然保留，形成两块牌子，一班人马的格局。1995年，国家批准设立了中央民族大学藏学硕士点。2000年，藏学系扩建为藏学研究院，下设藏学系、藏学研究所。2004年国家批准设立了中央民族大学藏学博士点。

目前，藏学研究院的本科专业是藏语言文学专业，包括藏语言文学、汉藏翻译和藏语零起点3个方向，教学内容以藏语言文学为主；硕士和博士的专业都是藏学，其中硕士研究生的教学和研究方向包括藏语言文学、藏族历史和藏族宗教文化3个方向；博士研究生的教学和研究方向包括藏族文化史，藏族宗教史，藏语言学、藏文文法，藏族文化、藏传佛教文化艺术、近代藏族历史、古代藏族历史及文献、古代藏语言文学（敦煌古藏文）、藏文典籍

（历代藏文文献）、藏族宗教文化等。

院长：才让太。联系电话：68932412

经济学院

经济学院前身是1952年成立的中央民族学院政治系政治经济学教研室与1980年成立的中央民族学院少数民族经济研究所。2000年8月成立经济学院（少数民族经济研究所）。学院是中国第一个专门从事少数民族经济研究的学术机构和培养少数民族经济高级理论与应用人才的教学基地，第一个设立中国少数民族经济专业硕士点和博士点及博士后流动站的单位，是中央民族大学进入“211工程”“985工程”的重点学科之一。学院拥有理论经济学、应用经济学一级学科硕士学位授予权，目前设有中国少数民族经济、政治经济学、区域经济学、人口资源与环境经济学、财政学、金融学、国际经济与贸易、西方经济学8个硕士点及经济学、国际经济与贸易、金融学、财政学4个本科专业。学院现有教职工60人，专任教师56人，教授、副教授37人，其中有一批国内外知名学者。

院长：张丽君。院办电话：68933940

管理学院

管理学院是一所综合性管理学院，专业横跨管理学和法学两大学科门类，拥有工商管理、公共管理、政治学3个一级学科。现设有工商管理、市场营销、会计学、财务管理、人力资源管理、旅游管理、行政管理、公共事业管理、政治学与行政学9个本科专业。学院拥有企业管理、技术经济及管理、会计学、旅游管理、行政管理、民族地区公共行政管理、教育经济管理、社会保障、民族政治学、中外政治制度、国际关系、科学社会主义与国际共产主义运动12个硕士学位点和公共管理专业硕士（MPA）、工商管理专业硕士（MBA）两个专业学位硕士授予权；民族地区公共行政管理、民族政治学两个博士学位点。学院专业设置齐全，学科层次完备，在学科建设与人才培养方面突出效率、公平两大目标。

院长：李俊清。联系电话：68936716

法学院

中央民族大学法学院是全国15所民族类院校中第一个获得法学一级学科硕士学位授权点的单位，目前设有9个学术型硕士学位点：法学理论、法律史、宪法学与行政法学、刑法学、民商法学、诉讼法学、经济法学、国际法学、民族法学；2个专业型硕士学位点：法律（法学）、法律（非法学）；1个博士学位点；民族法学是国内第一家设立民族法学博士点的单位。学院发挥自身特色与优势，形成了本科、硕士和博士教育相结合的多层次办学体系。

学院汇集并形成了一支学缘结构合理、实力雄厚、发展潜力大的学术梯队。现有专任教师47名，行政管理人员7名；其中教授13人，副教授20人，具有博士学位31人，少数民族11人，来自7个少数民族地区。专任教师大多毕业于国内外一流大学。近年来，学院教师在《法学研究》《中国法学》等法学类权威和核心期刊上发表文章300余篇，承担国家级、省部级课题以及“985工程”和“211工程”等项目70余项，出版学术专著30多部，科研工作呈现出强劲的发展势头。

院长：张泽涛。联系电话：68932067

马列主义学院

马列主义学院（中国民族理论与民族政策研究院）前身是2004年3月在原民族理论与民族政策教科部和原马列主义教科部基础上成立的，2011年4月更名为马克思主义学院（中国民族理论与民族政策研究院）。

马克思主义学院现有7个教研室，1个研究中心，2个研究所，2个研究创新基地。开设全校本、硕、博思想政治理论课。学院有马克思主义理论硕士学位授权一级学科点；有民族理论与民族政策专业本科、硕士、博士研究生的培养体系。有博士点1个，博导4人；硕士点3个，硕导16人。在编教职员工36人，国家级名师1人，具有博士学位教师22人。

该学院是我国部委级重点学科——民族理论与民族政策学科的所在单位，是国家“211工程”和“985工程”重点建设单位。在全国同类学院和研究院所中，中国民族理论与民族政策研究院是全国唯一拥有本科、硕士、博士等培养层次的教学与科研单位，是本学科教学科研人才和民族工作管理人才的培训中心，是学科教材建设和科学研究的中心。

院长：孙英。联系电话：68933602

文学与新闻传播学院

文学与新闻传播学院是兼有本科、硕士及博士研究生、留学生等多种人才培养层次的文科学院。学院具有中国语言文学一级学科博士学位授予权、民俗学博士学位授予权、新闻传播学一级学科硕士学位授予权。目前学院设有中国古代文学、中国现当代文学、汉语言文字学、民俗语学4个博士点；中国古代文学、中国现当代文学、汉语言文字学、民俗语学、文艺学、新闻学、传播学7个硕士点。

中国古代文学在汉唐文学、唐宋诗学、明清小说等研究领域，有较强的学术实力；中国现当代文学在女性文学、现代报刊与文学关系、中国新诗等方面，形成了鲜明的学术特色。汉语言文字学二级学科的汉语方言研究、汉语文字学研究，以及文艺学二级学科的西方宗教美学研究、现当代文艺流派研究等，也不断有新的学术成果问世。民俗学（含民间文学）在少数民族节日文化研究、民间叙事文学研究等方面，取得了令人瞩目的学术业绩，近年已逐步形成了少数民族民俗文化研究与非物质文化遗产保护、少数民族口头传承文化研究、少数民族民俗文化资源的价值转换与文化创意研究等研究方向。新闻传播学科在中国少数民族新闻传播史研究领域卓有建树，目前新闻传播学科致力于传播理论与应用、跨文化传播、广播影视传播以及新媒体等领域的研究，在巩固发展新闻史论、新闻实务研究方向的前提下，逐步拓展民族文化传播研究的新领域。

院长：钟进文。联系电话：68932939

哲学与宗教学学院

哲学与宗教学学院的前身是1956年中央民族学院成立的政治系哲学教研室。1986年哲学专业独立建系，1988年创办中央民族大学宗教研究所。1994年、1998年、2000年相继获得宗教学专业本科、硕士、博士招生和学位授予权，2002年宗教学学科被评为国家民委重点学科。2011、2012年中央民族大学依托宗教学专业的优势，进一步获得了哲学一级学科硕士、博士授权点。现设有哲学、宗教学两个本科专业，马克思主义哲学、中国哲学、外国哲学、伦理学、宗教学等5个硕士点，马克思主义哲学、哲学和宗教学两个博士点。

通过多年的建设，学院以民族宗教学研究为重点，围绕中国少数民族宗教和少数民族哲学，在哲学学科发展上实现了全面提升。学院拥有博士、硕士、本科3个层次的人才培养体系，本科宗教学专业为国家级特色专业建设点；教职工当中有中央马克思主义理论研究和建设工程“宗教学”首席专家3人，国家社科基金评委2人；学术交流活动较为活跃，已与美国、日本、韩国、挪威、俄罗斯、吉尔吉斯斯坦、蒙古和中国香港地区的高等学校建立了学术联系。

院长：刘成有。联系电话：68938991

历史文化学院

历史文化学院是中央民族大学最早设立的系科之一（建于1956年，前身为历史学系）。成立之初，汇聚了原燕京大学、辅仁大学、清华大学等院校的一批民族史、民族学、社会学等方面的著名学者，设有历史学和民族学两个专业，招收本科生和研究生。

1981年，中国民族史、考古学获得国务院首批硕士学位授予点；1986年，专门史（中国民族史）获得博士学位授予点。2000年获得中国少数民族史硕士、博士授予点（属民族学学科）。2005年获得历史学硕士一级学科授予点。2007年获准建立历史学博士后流动站。2011年获得历史学博士一级学科授予点。

目前，学院下设有民族史、中国古代史、中国近现代史和世界史等4个教研室。设有1个本科历史学专业，是“国家文科基础学科人才培养和科学研究基地”、教育部“本科生研究型创新人才培养基地”，是北京市“特色专业”和北京市重点学科建设单位。

学院现有5个博士点、9个硕士点和1个博士后流动站。学院是教育部“985工程”“211工程”建设单位，设有“中国边疆民族地区历史与地理研究中心”。科研涵盖了史学领域的主要方向，以民族史和民族关系史为特色。

院长：苍铭。联系电话：68932363

教育学院

教育学院前身是1991年由中央民族大学高等教育研究室、教育学教研室、《民族教育研究》杂志共同组建的民族教育研究所。2000年9月正式成立由民族教育研究所和艺术研究所合一的教育系，2003年由教育系扩建成立教育学院。学院现拥有教育学一级学科硕士学位授予权，现有学术型硕士点6个，分别为教育学原理、课程与教学论、比较教育学、高等教育学、中国少数民族教育、中国少数民族艺术；专业学位点1个，即教育硕士专业学位点；博士点1个，即中国少数民族教育博士点（法学门类，一级学科为民族学）。

主要研究方向：民族教育学、教育人类学、少数民族双语教育、跨文化心理与教育、少数民族教育史、少数民族艺术教育等。

主要教学内容：（1）教育学院有一个本科专业，即教育学专业，教学内容主要包括教育学、心理学、民族教育学等3个课程群组成，其中民族教育学课程群是教育学本科专业课程设置的特色。（2）教育学院承担全校的公共艺术教育教学，开设课程涵盖美学、艺术理论、音乐、舞蹈、美术、服饰、建筑等不同门类。

院长：苏德毕力格。联系电话：68932725

外国语学院

外国语学院前身为1986年成立的外语系。学院现有教师104人。其中教授9人，副教授30人，讲师54人，助教3人，管理岗位教师8人。教师当中拥有博士学位26人，在读博士6人，有硕士学位55人。主要研究方向有：比较文学与世界文学、外国语言学（英语、俄语、日语、韩语）、翻译、国别与国际区域研究。

外国语学院有较强的科研能力，学术成果丰硕。近几年来，学院教师共获得2项国家社科基金项目立项，多项省部级科研项目立项；获得4项省部级优秀科研成果奖；1人获得宝钢优秀教师奖。

院长：郭英剑。联系电话：68932002

理学院统计系

理学院统计系建于2003年，2011年获得统计学一级硕士点。目前有教师12人（其中博士9人），教授5人、副教授5人、讲师2人。每年招收本科生80人，硕士研究生10人。

近年来，该系教师采用统计方法，开展了民族问题定量化研究工作。承担了国家“兴边富民行动‘十二五’规划”和“少数民族事业‘十二五’规划”两个规划的编制研究工作，完成了我国少数民族地区和边疆地区经济社会发展现状的统计与预测任务；编制了《中国少数民族地区社会发展指数》，对我国77个地级民族地区社会进步进行了定量分析；承担了全国和北京市的第六次全国人口普查研究课题，给出了全国和北京市少数民族人口发展状况的明确结论；开展了我国西北四省民族地区的义务教育的现状、差距与特征的调查研究，为国家民族教育决策提供了数据支持。

目前该系承担国家社科项目3项、国家自然科学基金1项，教育部人文社科项目4项，国家民委民族问题研究课题3项。

负责人：魏传华。联系电话：68933910－8062

美术学院

美术学院的前身为1959年中央民族学院的艺术系美术专业，1983年成立美术系，2002年成立美术学院。该院现为我国少数民族文化艺术事业发展培养高级美术专业人才的重要教育基地，已承担美术学、设计学两个一级学科的硕士学位授权点和中国少数民族艺术博士授权专业的研究生教学任务，并在学科基础上展开中国画、油画、美术教育、视觉传达设计、服装设计、环境设计和影像设计7个本科专业的教学和科研方向。学院长期坚持“双百方针”、现实主义美术创作的文艺思想和理论，坚持基础教学严格的基本功训练，坚持民族地区深入生活的办学特色，坚持为少数民族文化事业发展服务的办学理念，在各专业基础教学研究的均衡发展下，重点突破少数民族美术各学术专题的研究和实践探索。目前依托教育部重大专项“中国少数民族影像中心”“985工程中国少数民族艺术创作中心”和各实验室建设发展，组建少数民族主题美术创作方向、少数民族美术理论研究和少数民族艺术设计3个青年教师团队，逐步完成民族地区建筑景观艺术及新时期民生设计、民族风服饰时尚设计、民族地区旅游形象设计、民族题材美术创作实践、民族题材美术史研究和民族美术高等教育研究等课题，多年来积累的学术成果能够为国家整体文化发展战略提供关键性的学术支撑，而创作团队的实力也逐步提升，在新时期将迎来更具社会文化影响力的发展机遇。

院长：殷会利。联系电话：68932806

舞蹈学院

舞蹈学院的前身为1959年中央民族学院的艺术系舞蹈专业，1983年成立为舞蹈系，2002年发展为舞蹈学院。舞蹈学院是国家级少数民族艺术重点学科基地，是中国民族舞蹈家的摇篮。学院在培养有特色、综合素质全面、有较高实践与理论研究能力的民族舞蹈高级专业人才的同时，还肩负着继承、发展、弘扬中国少数民族舞蹈文化的重任。经过50多年的发展，学院已成为融少数民族舞蹈教育、表演、创作研究为一体的中国少数民族舞蹈艺术中心，在历届“桃李杯”“荷花奖”比赛以及国内外其他各类舞蹈大赛中，获众多奖项。

学院以培养创造型、研究型、复合型的民族舞蹈优秀人才为办学宗旨，目前拥有本科4个专业，分别为舞蹈学、舞蹈表演、舞蹈编导、舞蹈表演（定向）；一个舞蹈学硕士学位点、一个少数民族艺术（舞蹈方向）博士学位点，同时还具有艺术硕士（MFA）学位授权点。

学院有民间舞、基本功、技能技巧、理论、编导、钢琴伴奏6个教研室，学院建立了基础技术技能课程、民族舞蹈课程、艺术实践课程、基础理论课程相辅相成的四大课程体系，基本形成了课堂学习与社会实践相结合的实践、实习体系。民族民间舞蹈教学是舞蹈学院的特色，不论是课堂教学、剧目创作，还是舞台表演在国内均处于领先地位。

院长：蒙小燕。联系电话：68931656

音乐学院

音乐学院始建于1959年，是中国少数民族音乐教育的最高学府，是培养少数民族高级音乐人才的摇篮。学院经过50多年发展，已形成“融教学、学术、创作与艺术实践为一体的办学模式”，成为国家级“民族音乐创新人才培养模式实验区”、国家级“特色专业（音乐学）”建设单位。学院现有本科、研究生两个教学层次，设音乐学、作曲、声乐、民乐、管弦、少数民族器乐、钢琴、音乐教育等8个系30多个本科专业方向，一个音乐学硕士学位授权点和一个少数民族音乐学博士学位授权点。

多年来，学院坚持以传承和弘扬少数民族音乐文化为办学宗旨和特色，努力构建中国少数民族音乐的教学、科研、创作与开发中心，逐步实现完整而科学的特色学科体系。中国少数民族传统音乐、中国少数民族声乐表演、中国少数民族器乐演奏等成熟的特色课程体系在国内具有一定影响，围绕这些课程开发的特色教材有20余部。承担的国家社科重点项目有《西藏本教音乐文化研究》、国家社科项目《民族地区艺术院校小型器乐曲教学与创作探索》及省部级项目《蒙古宗教与祭祀音乐文化研究》《雍和宫佛教音乐研究》《音乐治疗对灾后儿童心理危机干预研究》等多项省部级科研项目，在国内外学术期刊及会议发表论文和音乐作品200多篇（部）。

院长：孟新洋。联系电话：68936929

体育学院

体育学院成立于2004年，其前身是体育系，成立于2001年。体育学院除了承担学校公共体育和体育教育专业的教学、群体、训练、科研工作外，还承担传承中国民族体育文化的任务。

经过几十年的公共体育教学和10多年体育学科的建设和发展，体育学院已逐步形成了研究力量雄厚、学术梯队发展潜力较大、团结求实奋进的老中青相结合的师资队伍。目前全院有教职工38人，行政人员5人；教师33人，其中教授6人、副教授12人、讲师14人；博士研究生4人、硕士研究生10人，在读博士2人、硕士6人。

体育学院下设学院办公室、教学管理办公室、学生工作办公室，有5个教研室，1个学生体质测试中心，1个北京市民族传统体育训练基地，1个国家体育总局体育文化发展中心中央民族大学体育文化研究基地。

院长：张涛。联系电话：68932258

国际教育学院

国际教育学院是主要负责全校留学生工作的综合管理部门。包括负责留学生的招生、日常管理；协调学历留学生教务工作；开展留学生汉语言本科专业的教学与学科建设工作；负责各类留学生的汉语课程教学工作。学院从2010年开始招收中国硕士生，培养对外汉语教学专门人才。经过多年努力，国际教育学院已有具备相当实力的师资和研究队伍。现有专职教师27人，其中教授3人，副教授11人，讲师13人；具有博士学位者占50%，具有硕士学位者占27%。

目前国际教育学院有国际汉语教学二级学科博士点和汉语国际教育硕士专业学位点，主要研究方向有“汉语国际传播研究”，“国际汉语教师、教材、教法研究”及“面向国际汉语教学的汉语研究”。其中“汉语国际传播研究”在国际汉语教学界已有较高的知名度和认可度。在此方向上攻读博士学位的学生18人，其中外国留学生13人，分别来自泰国、缅甸、马来西亚、越南、美国、韩国等6个国家。由该院2011年创刊主办的《汉语国际传播研究》，现已发行4辑。

2010年1月，“国际汉语教学”被列为中央民族大学重点培育学科，由国际教育学院负责实施该学科的建设工作。

院长：吴应辉。联系电话68933469

继续教育学院

继续教育学院（成人教育学院）于2000年在原管理干部学院、继续教育处、夜大函授部、干训部的基础上成立，是中央民族大学服务民族地区、履行社会职能的重要组成部分，也承担着学校内部继续教育的管理工作。

中央民族大学的继续教育始于50年代，为满足民族地区建设发展需要，以学校军政干部培训班为基础，开展干部培训。截至1991年，结业培训班近150期，毕业学员7000余名，大批干训部学员成为工作战线上的模范人物，为民族团结、边疆稳定和现代化建设，作出了贡献。

1983年学院开始实施成人学历教育，经过20余年的探索和发展，本着“立足首都社会，面向民族地区”的办学宗旨，学院充分整合本院师资，严格规范课程设计和教学管理，办学质量和社会满意度逐年提升，自2006年以来，成人学历教育招生数量连续五年居北京市第一。

学院现有专职员工35人，其中教授4人，获得博士、硕士学位者25人，兼任教师200余人。初步形成了具有成人学历教育、函授教育、成人脱产教育、各类继续教育培训等多层次、多规格、多形式的办学体系。学院还建设有成人教育研究所，开展民族成人教育有关研究。

院长兼干训部主任：朴承权。

联系电话：68932270

预科教育学院

民族预科教育创办于1951年建校初期，1953年正式成立预科部，是中央民族大学成立最早，培养人才最多的教学单位之一，也是民族高等教育的重要组成部分。2008年7月更名为预科教育学院。

半个多世纪以来，中央民族大学民族预科教育为民族地区和近100所高等学校培养、输送了近16000名各类人才，其中包括12名省部级领导和鄂伦春族、裕固族、佤族等少数民族的第一位博士，为民族地区的社会经济发展和现代化建设，为少数民族人才的培养作出了巨大贡献。

目前，预科教育学院下设语文教研室、汉语教研室、英语教研室和数学教研室。

院长：吕炳丽。办公室电话：68937504

世界民族学人类学研究中心

世界民族学人类学研究中心成立于2011年11月，是中央民族大学为拓宽民族学人类学社会学的研究领域，深化国外民族社会文化研究而创建的教学科研实体机构。该中心下设4个研究机构：世界民族研究所、海外民族志研究所、国外社会研究所和边疆与跨界民族研究所。该中心的学科特色是以国外的民族和社会文化作为主要研究对象，从民族学、人类学和社会学的角度，对目标地区的民族、社区做微观深入研究。该中心的理论方法特色是基于长时间的实地调查田野工作来研究国外的民族和社会文化。该中心为独立招收研究生的单位，设有3个博士点和3个硕士点。自2013年开始招收民族学专业（世界民族研究方向）、人类学专业（海外民族志研究方向）和社会学专业（国外社会研究方向）等3个专业方向的博士研究生和硕士研究生。研究生培养特色在于倡导和资助学生出国做长时间的田野调查，在此基础上完成学位论文。

主任：包智明。中心联系电话：68932440

（中央民族大学科研处供稿）

2012 年新建立的北京市哲学社会科学研究基地

北京现代产业新区发展研究基地

北京现代产业新区发展研究基地是依托北京石油化工学院建立的北京市哲学社会科学研究基地。2012 年 8 月 20 日经北京市哲学社会科学规划办公室和北京市教育委员会联合批准，正式挂牌成立。研究基地主要研究方向为：北京现代产业新区经济发展与政策研究、北京现代产业新区社会发展与文化研究、北京现代产业新区能源与环境发展研究。建设目标是：以北京市大兴新区经济、社会和可持续发展为主要研究对象，适时延伸至周边区域，通过充实内涵、加强外联，为北京市政府、大兴区政府及其相关职能部门制定现代产业新区发展战略、推动增长方式转型、统筹城乡社会与文化发展、开展能源与环境可持续发展建设等提供决策支持和咨询服务，成为大兴新区经济发展战略的政策制定和咨询服务中心、科研中心、人才培养中心、学术交流中心以及信息资料中心。

基地负责人：郭文莉；首席专家：陈彦玲。

电话：81292045

北京对外文化交流与世界文化研究基地

北京对外文化交流与世界文化研究基地是依托北京外国语大学建立的北京市哲学社会科学研究基地。2012 年 8 月 20 日经北京市哲学社会科学规划办公室和北京市教育委员会联合批准，正式挂牌成立。研究基地坚持在全球文化视域中，围绕北京对外文化交流、首都国际语言环境建设、北京国际形象塑造、世界文化多样性和北京对外文化交流人才培养等内容开展深入研究，为北京对外文化交流与发展提供学术支持，为提升国家文化软实力作出积极贡献。经过 3—5 年的努力，将研究基地建设成为北京对外文化交流与发展的咨询智库和世界文化研究的学术高地，成为北京乃至国内对外文化交流与世界文化研究的学术重镇。

基地负责人：张朝意；首席专家：金莉。

电话：88818760

首都教育经济研究基地

首都教育经济研究基地是依托北京师范大学建立的北京市哲学社会科学研究基地。2012 年 8 月 20 日经北京市哲学社会科学规划办公室和北京市教育委员会联合批准，正式挂牌成立。主要开展教育经济领域的研究工作，主要包括：教育财政、教育投资效率与效益、教育与劳动力市场。建设目标：结合自身的运行机制和研究特色，对内创新科研体制机制、提升研究能力、提高政策咨询服务水平、促进人才培养的创新与实践能力，对外进一步与北京市各政府部门、研究机构建立更广泛的联系，扩大研究领域，更多地为北京市教育改革与发展提供咨询服务。

基地负责人：袁纯生；首席专家：王善迈。

电话：58802167

（北京市哲学社会科学规划办公室供稿）

已刊机构补充介绍

中国政法大学

2012 年新增机构

刑事法律援助研究中心

刑事法律援助研究中心成立于 2012 年 2 月 27 日，是我国在刑事法律援助领域的一家专业研究机构。该中心在中华全国律师协会法律援助与公益法律事务委员会支持下，与北京青少年法律援助与研究中心、北京致诚农民工法律援助与研究中心展开合作，引进专职、专业公益律师，由中青年骨干教师和专职优秀公益律师共同参与对学生的指导，通过开通法律咨询热线、建设专业刑事法律援助网络平台、办理典型刑事法律援助案件等方式，在为困难群众提供免费法律帮助的同时，实现由专职教师、法官和律师三位一体的对青年学生学习法律知识和提高应用法律技能等全方位能力的培养，并通过组织相关的专题研究，积极参与并推动我国刑事法律援助制度的研究与发展。

中心主任：顾永忠。

台湾研究中心

台湾研究中心成立于2012年2月27日，是以从事台湾问题综合研究、政策咨询和促进两岸学术交流为主要任务的学术机构。它以“科学研究台湾问题，促进祖国统一大业”为宗旨，以两岸和平统一战略、国际格局与两岸关系、台湾政党与选举、两岸公共管理与法律比较研究等为研究重点。研究中心共包括40余名专兼职研究人员，既有来自大陆高校和科研机构的学者、相关实务部门的领导，也有来自台湾高校及相关部门的学者、专家。中心以校内外相关研究资源的整合与合作为基础，搭建政、产、学、研互动交流的台湾研究平台。

中心主任：吴琼恩。

中国国际反垄断和投资研究中心

中国国际反垄断和投资研究中心成立于2012年3月19日，是一个中外合作科研机构，主要的任务是增进亚洲和其他先进的（主要是西方国家的）反垄断制度之间以及对各自执法重点之间的相互了解，以在反垄断诉讼中加强正当程序和提高透明度，并在可行之处促进政策的一体化。中心创办的高端反垄断论坛，将会促进亚洲与欧洲的政策制定者/执行官员和私营机构之间进行持续的、有建设性的对话。

中心主任：孔庆江。

文学与法律研究中心

文学与法律研究中心成立于2012年7月9日，共有20余位专兼职研究人员，既有来自高校和科研机构的学者，也有与法治相关新闻媒体的领导及编辑、记者。中心的宗旨是从文学艺术的视域关注中国的法治进程，探索如何推动文学创作为社会主义法治建设以及法治观念的思考与传播作出贡献，进而推动涉及法律的文学创作与文学研究。中心致力于文学所反映的中国法治建设进程中法律现实与法律生活等的创作与理论研究，特别关注大众传媒，尤其是影视文学艺术对法治进程的影响与作用的研究，同时涵盖中国古代法制与文学研究、中国现代文学与法律研究，世界文学对于法治进程的反应与影响的研究，从历史文化传统与中外文学比较研究的角度全方位梳理文学作用于法治建设的价值。

中心主任：陆昕。

法庭科学文化研究中心

法庭科学文化研究中心成立于2012年7月9日。该中心以中国政法大学证据科学研究院为依托，吸收本校其他院所和校外相关研究人员共同组建的跨学科研究团队。中心以学科交叉研究为手段，多角度研究法庭科学文化内涵，传承、弘扬和发展法庭科学文化中的精髓，提升法庭科学文化软实力，为构建公正科学的司法鉴定环境提供理论支撑。

中心将以“中国法庭科学博物馆”建设为中心，开展多领域研究，包括证据科学理论研究（重点是法庭科学与证据法学的交叉研究）；法庭科学史研究；司法鉴定法律制度研究；法庭科学执业心理学研究；法庭科学执业精神文化研究；法庭科学执业行为文化研究；其他法庭科学文化研究，主要有法庭科学执业教育研究、法庭科学执业质量评估体系研究等。中国法庭科学博物馆是集法庭科学文献文物收藏、宣传教育、科学研究等为一体的学术研究机构。其收藏与研究的重点是中国法庭科学文献文物（含古代和近现代），同时兼顾世界各国法庭科学文献文物。

中心主任：常林。

东方毅文化战略研究中心

东方毅文化战略研究中心成立于2012年7月9日，宗旨是以全球化最新趋势为语境，从文化软实力等角度研究中国社会发展的战略问题。中心打破单位与学科条块分割之局面，整合校内外学术研究资源，构建集科学研究、师资队伍建设、人才培养、社会咨询服务、国际合作交流于一体的综合性科研机构。中心聘请校内外相关专家、学者20多人为学术顾问和兼职研究员，并与国内外相关研究机构建立合作伙伴关系。

中心主任：孙美堂。

伪劣商品犯罪预防与控制研究中心

伪劣商品犯罪预防与控制研究中心（简称RS3C）成立于2012年7月9日，目的在于研究我国《刑法》分则第三章规定的11种生产、销售伪劣商品犯罪（包括相关的职务犯罪）的预防与控制，通过科学研究和学术上的国际合作与交流，实现理论创新并推动实践创新，促进立法和司法的改革，逐步完善各种相关制度，以保障人民的生命安全和健康，保护消费者和企业的合法权益，维护经济和社会稳定。

中心成立后，与“世界反非法交易组织”基金会（简称Waito基金会）建立了长期的战略合作关系。Waito基金会聘请中国政法大学RS3C主任何秉松教授担任Waito基金会的理事，参与基金会的领导和决策，RS3C聘请Waito基金会的总理事长皮埃尔·戴尔瓦尔（Pierre Delval）教授担任顾问，为RS3C提供咨询和指导。Waito基金会还为RS3C的全部活动提供长期的资金支持。双方通力合作，为实现打击非法交易，打击（包括预防与控制）生产、销售伪劣商品犯罪的共同战略目标而共同奋斗。

中心主任：何秉松。

当代中国私法研究中心

当代中国私法研究中心成立于2012年7月9日，现有20余名专兼职研究人员，分别来自中国政法大学和其他相关高校及科研机构。中心致力于改革开放以来中国私法发展状况的研究，重点研究民商事立法的发展状况、民商事司法的发展状况、民事权利的发展状况，关注私法发展中的重大理论和现实问题，为国家的立法、司法提供决策咨询建议。中心还将在“一国两制”的框架下，致力于“两岸四地”私法统一问题的研究，为实现“两岸四地”私法统一、推进“两岸四地”的交流和祖国统一提供理论储备。中心接受司法机关以及企事业单位的委托，组织专家就重大疑难案件提供专业咨询意见，提升服务社会的水平。

中心主任：柳经纬。

邮政法研究中心

邮政法研究中心成立于2012年7月9日，宗旨是为加强邮政领域法律法规的研究与跨学科交流和合作，推进邮政事业的发展。近3年内，中心将重点研究下列两个问题：一是邮政监管体制调整与现行规定适应性研究。具体内容包括研究公用事业规制的基本原理及民营化背景下公用事业规制的革新，研究邮政监管体制调整后我国邮政监管的目标与方向，研究目前我国邮政监管的现状及存在的主要问题。二是邮政行政执法监督总体框架体系研究。具体包括研究目前我国邮政行政执法的现状及存在的主要问题，研究邮政行政执法监督的基本原理、邮政行政执法监督的内容，完善我国邮政行政执法监督机制。

中心主任：许身健。

政法宣传与舆情研究中心

政法宣传与舆情研究中心成立于2012年7月9日，共包括20余名专兼职研究人员，既有来自高校和科研机构的学者，也有来自相关实务部门的领导、学者型官员、总编、总监、编辑、记者。研究中心的宗旨是成为中国政法大学在政法宣传、政法舆情领域多学科协同研究的平台，成为我国政法宣传、政法舆情问题权威的专家库和咨询服务机构。

研究中心致力于整合校内外政法宣传、政法舆情研究领域的相关力量，着力搭建官、产、学、研互动交流的知识平台和科研转化机制。研究中心强调学术研究和实践应用并注重其相互促进，重视科研成果向实践应用的转化。

中心的使命是在新传播格局、新媒介生态、新社会环境、新法治背景下，探析政法宣传规律，创新政法宣传理念，解剖政法热点事件和舆论形成路径，总结舆情应对得失，提出政法舆情处置的建设性专业意见，为公检法司等机构创新政法宣传、应对政法舆情提供对策和建议。

中心主任：刘徐州。

合同法研究中心

合同法研究中心成立于2012年7月9日，包括10余名专兼职研究人员，既有来自高校和科研机构的从事专门研究工作的学者，也有来自相关实务部门的专家型领导及第一线律师。研究中心致力于整合校内外合同法研究领域的相关力量，着力搭建科研及国内外学术交流平台。研究中心的宗旨是成为中国政法大学在合同法理论、实务及相关学科协同研究的平台，成为我国合同法律问题权威研究机构和咨询服务机构。中心的使命是以科研为基础，为立法提供有益建议，为教学提供新鲜资料，为学生提供实验基地，为实务提供指导。

中心主任：隋彭生。

反对人口贩运国际合作与保护研究中心

反对人口贩运国际合作与保护研究中心成立于2012年7月9日，主要从国际法角度开展有关防治人口贩运的学术研究，紧紧围绕我国已经加入的多边国际条约，对照国内法和政策措施开展研究工作，并尽快实现兼具法律咨询、法律援助、宣传教育的研究和受害人保护职能。

中心研究人员以中国政法大学国际法学院的师资力量为依托，并根据学术研究需要邀请最高人民法院、最高人民检察院、外交部、公安部、司法部、人劳部、民政部、妇联等部门参与课题项目。必要时，与联合国劳工局、联合国儿基会、联合国UNIAP机构、国际移民组织等国际机构开展合作研究。

中心开展的项目类型主要为：（1）申报与开展相关课题学术研究；（2）与实务部门合作，开展横向课题研究；（3）主办“反对人口贩运国际合作与保护中心”网站；（4）举办反拐论坛和相关学术研讨会；（5）出版有关专著、论丛和反拐教材，开展反拐宣传；（6）开展理论研究的学术交流，推动反拐工作的国际合作；（7）开展反拐法律咨询、受害人法律援助；（8）参与国家惩治人口贩运重大决策的咨询论证，为相关法律制度建设、机制创新提供理论支持。

中心主任：姜茹娇。

公共文化服务建设研究中心

公共文化服务建设研究中心成立于2012年11月8日，包括15名专兼职研究人员，主要是来自中国政法大学政治与公共管理学院、社会学院、新闻学院、法学院等院所的教师，以及来自文化部公共文化司、政策法规司、文化科技司的领导。中心聚合校内外公共文化服务研究领域的研究力量，致力于搭建校府合作的学术平台，成为国内公共文化服务建设的权威研究机构和咨询服务机构。

中心的具体工作任务是：（1）科学研究，就我国公共文化服务建设的理论基础和实践中的重大问题开展攻关研究；组织申报国家级科研项目、教育部、文化部等国家部委的相关科研项目；承担地方政府文化管理部门和社会文化组织委托的科研项目。（2）学术交流，与政府公共文化服务部门联合举办定期的学术会议。（3）发布研究报告。围绕我国公共文化服务建设主题，开展专题调研并撰写研究报告，组织编撰《我国公共文化服务建设报告》并力争入选"教育部哲学社会科学发展报告项目立项"。(4) 提供咨询。为政府公共文化管理部门、社会文化服务组织等提供政策咨询和政策建议。

中心主任：张桂林。

大学生思想教育研究中心

大学生思想教育研究中心成立于2012年11月19日，共包括10余名专兼职研究人员，以中国政法大学学生思想教育工作者为主，同时聘任来自有关机构的专家学者及实践经验丰富的管理人员。

中心致力于整合中国政法大学的优势资源，形成合力进行研究，及时总结大学生思想教育的新经验，探索新时期大学生思想政治教育工作的规律，为学校的思想政治教育工作寻求新的思路，进而推动学校思想政治教育工作科学发展。通过中心的影响力，使中心成为学校大学生思想政治教育工作者汇聚的平台，实现交流思想、交流工作经验、交流心得体会，联络感情的功效。

为了实现这一目标，研究中心将通过经常性的调研和观察，及时了解和把握学校大学生的思想动态，全面掌握大学生的思想政治道德状况，洞察和预测大学生思想变化的趋势，为大学生思想政治工作提供预警。同时，围绕大学生思想政治教育工作的热点、难点问题开展研究，抓住重点，集中目标，注重研究的实效性和针对性，积极探索大学生思想政治教育的新内容、新方法、新途径。

研究中心的宗旨是以立德树人为己任，以推动大学生成长成才为目标，不断提高研究工作的水平和实效，推动学校大学生思想政治教育工作再上一个新的台阶。

中心主任：王光进。

商法研究中心

商法研究中心成立于2012年11月19日，共包括20余名专兼职研究人员，既有来自高校和科研机构的学者，也有来自相关实务部门的领导、学者型官员，其中教授11人，副教授13人，具有博士学位的占88％。

研究中心的宗旨是成为中国政法大学商法领域协同研究的平台，推动商法理论与实践研究，强化和进一步提升中国政法大学商法学科在商法学界的学术地位和影响力。推动商法学的教学改革，跟踪学术动态，注重科学研究，将商法学的最新理论成果贯穿到教学中，以实现商法学科研与教学的紧密结合。研究中心也将成为我国商法法律问题权威的专家库和咨询服务机构，积极参与国家和地方立法，推动商法实践和商事法制宣传工作，充分利用自身的智识资源和专业优势，为政府机关、企事业单位提供法律咨询、法律论证、法律信息整理等形式多样的法律服务工作。

中心主任：赵旭东

知识产权维权援助研究与服务中心

知识产权维权援助研究与服务中心成立于2012年12月10日，是我国国内高校首家以知识产权援助与服务为研究对象的机构。研究中心主要依托中国政法大学民商经济法学院知识产权法研究所的科研人员作为研究、管理人员，同时聘任来自国内专利行政管理机关、版权行政管理机关、商标行政管理机关及知识产权司法审判实务部门等领域专家20余人作为研究人员。

研究中心充分利用中国政法大学在法学领域和知识产权维权保护领域的理论和实践方面的人才优势，探索以高校为主导的知识产权维权援助新模式，扩大中国政法大学在法学实务领域的理论指导和实践参与能力，积极为企业和个人知识产权的权利实现和竞争优势发挥提供维权援助与服务，实现高校、研究机构和企业的良性互动，为我国的知识产权维权援助作出理论和实践上的贡献。

研究中心将充分发挥机构开放、体制灵活和人员流动的特点及优势，利用学校的学术和交流平台，积极开展知识产权维权援助研究和服务工作，在理论研究的同时，提供知识产权维护动态过程的法律咨询、调查、研讨和维权服务或其他形式的服务，为推进和完善我国知识产权维权援助工作提供法律对策和建议。

中心主任：来小鹏。

预防职务犯罪研究中心

预防职务犯罪研究中心成立于2012年12月10日。中心以预防职务犯罪为主题，充分发挥中国政法大学的人才和学科优势，建立系统的研究网络，积极探索新形势下预防职务犯罪的规律和特点，摸索预防工作的新思路和新机制，推动党风廉政建设和反腐倡廉工作科学有序发展，为廉洁中国、和谐社会的建设添砖加瓦。

中心的主要目标和任务是：开展预防职务犯罪基本理论和应用对策研究，结合社会实际进行理论创新和拓展，针对前沿性腐败和反腐败问题进行深入研究，加强对预防职务犯罪的前瞻性、战略性问题的系统研究，探索职务犯罪产生的规律，消除职务犯罪产生的条件，寻求抑制职务犯罪的治本之策；融合法学、经济学、政治学、管理学、社会学等学科的研究力量，整合多专业人才资源，进行多学科攻关研究，不断推出具有重大影响的研究成果，并将成果固化推广；推动国际社会与中国的互动交流，充分借鉴海内外预防职务犯罪的先进研究成果与政策经验，并以中国的特殊性为背景，致力于提出有中国特色的反腐倡廉理论与政策研究成果；参与反腐倡廉形势政策教育，组织预防职务犯罪法制宣传和教育，通过进高校、进法检、进机关，开展专题讲座、学术研讨、政策宣讲、法规解读等多种形式，加强预防职务犯罪的宣传与教育力度；开展培训工作，结合职务犯罪的实例研究和趋势分析展开预防职务犯罪培训和警示教育，增强受训人才的法制意识、廉洁意识；加强与地方政府、党政机关、纪检监察部门、社科研究机构、高等院校、国内外企事业单位等机构的交流互动，优势互补，资源共享。

中心主任：屈超立。

（中国政法大学科研处刘璐供稿）

中央财经大学

2012 年新增机构

中国财政发展协同创新中心

该中心由中央财经大学牵头，以上海财经大学、中南财经政法大学、东北财经大学和江西财经大学等原财政部直属的六所财经类高校以及 3 家国家会计学院为基础，联合财政部、国家税务总局、中国社科院等所属科研机构，以及国际著名财税科研机构，汇聚社会多方资源，建立协调机制，按照“国家急需、世界一流”的要求，围绕中国公共财政体制发展与改革领域的重大理论和现实问题，积极整合校内外、国内外学术资源，有效聚集创新要素，构建起协同创新的新模式与新机制，形成有利于协同创新的文化氛围，实现财经类高校财政创新能力的持续提升，推动我国财政学科的融合发展。2012 年 4 月，财政部、教育部、北京市共同签署了“共建中央财经大学协议”，为该中心拓展了新的体制空间。该中心已被纳入财政部的协调与领导之下，紧紧围绕国家财政发展过程中亟待解决的重大问题，协同相关科研院所展开了广泛深入的调查研究，为国家重大财税决策提供强有力的咨询服务，充分发挥了政产学研用之间的协同创新优势。

主要联系人：马海涛。联系电话：62289774

（中央财经大学科研处供稿）

对外经济贸易大学

2012 年新增机构

对外经济贸易大学统计学院

2012 年 10 月 20 日，对外经济贸易大学统计学院正式成立。学院由经济统计系、数理统计系和应用数学系 3 个学系组成，研究机构设有统计与决策研究所。

目前学院有教授、副教授等专职教师 25 人，其中千人计划学者 1 人，博士生导师 6 人，教师学源背景、年龄结构合理，教学和研究梯队健全，师资力量雄厚。

统计学院拥有统计学一级学科博士学位授予权，2013 年正式招收经济统计学专业本科生、统计学专业硕士研究生和博士研究生，各层次学生均授予经济学学位，其中，统计学专业的博士研究生已经进行了招生。学院将借鉴国内外统计人才培养的先进经验，充分结合学校学科特色和优势，致力于培养具有国际视野，能够胜任政府部门、高校及研究机构、金融机构和各类企业的经济统计实务和高层次研究工作的复合型高素质专门人才。

院长：对外经济贸易大学校长施建军（兼）；

副院长：刘立新。联系电话：64492001

对外经济贸易大学（深圳）开放经济研究中心

深圳是我国改革开放的前沿和窗口，也是我国开放经济研究的重要标本，为更好地开展有关深圳开放经济发展的研究，对外经济贸易大学于 2012 年与深圳市社会科学院合作建立“对外经济贸易大学（深圳）开放经济研究中心”。研究中心的主要职能是致力于研究开放经济条件下深圳市经济社会发展相关前沿理论和重大现实问题，包括城市发展战略研究、产业发展研究、市场开放研究、贸易安全与产业损害研究等；合作开展有关深圳开放经济的研究课题，共同承担相关的研究项目，开展人员交流和学术活动。

中心主任：张汉林。联系电话：64495778

法律与经济研究中心

对外经济贸易大学法律与经济研究中心成立于 2012 年，是非实体性的研究机构。中心的宗旨是：突出对外经济贸易大学的学科优势，对处于经济转型期的中国所面临的新型法律问题展开针对性的研究，为立法机构提供立法建议，为政府及政策制定部门提供政策咨询，为学术研究提供跨学科交流的平台。研究领域为私募股权基金的界定及监管、特殊目的公司返程并购法律问题、外资并购中的安全审查、上市公司治理与高管薪酬激励机制、公司实际控制人的法律规范、上市公司退市法律制度等。

中心主任：梁清华。联系电话：64496035

国际财经新闻研究所

对外经济贸易大学国际财经新闻研究所成立于 2012 年，是非实体性的研究机构。研究所的主要任务是积极开展研究，组织学术讲座以及学术会议，多方位开展国内外学术交流，建立国际接轨的财经新闻教育与研究中心；培养高层次研究人才，造就创新学术梯队；主要研究方向为英语新闻、财经新闻、国际传播、公共关系、新闻话语分析、英语演讲。

所长：冯悦。联系电话：64494629

国际法研究所

对外经济贸易大学国际法研究所成立于 2012

年，是非实体性的研究机构。其宗旨是以国际法理论和实践为基础，对国际关系和格局的发展变迁对传统国际法体系所产生的影响进行法理和实证研究，促进国际法体系与国际社会和时代发展相接轨，并加强中国在这一重要法律领域的规则制定权和主导权，为我国积极参与全球化时代的国际事务及增强话语权能力贡献力量。研究所将努力建成一个重要的科研基地，并注重学术交流、人才培养、对外联络和法律服务，使学校在国际法领域的整体研究水平在全国居于领先地位，并具有一定国际影响。主要目标是组建专业的国际法学术研究团队来开展研究工作，为政府和政策制定部门提供咨询服务，并为中国企业“走出去”过程中引发的国际法问题提供切实有效的理论研究和实际对策建议。

所长：石静霞。联系电话：64496035

海峡两岸合作与发展研究中心

对外经济贸易大学海峡两岸合作与发展研究中心成立于2012年，是非实体性的研究机构。该中心以海峡两岸经济社会合作与发展战略和政策为研究对象，通过研究，促进双边从企业合作到产业一体化合作，并涵盖服务业的合作、战略性新兴产业的合作、技术合作，甚至两岸战略合作等全方位合作，为海峡两岸深化合作与交流，实现互利共赢作出积极贡献。

主要研究范围：海峡两岸深化合作的理论、战略与政策研究；海峡两岸深化合作存在的主要问题及面临的主要挑战；海峡两岸经济合作框架协议的深化与完善；海峡两岸在产业一体化、战略性新兴产业、服务贸易及服务业、能源产业、WTO领域、大陆沿边区域的合作。

中心主任：夏友富。联系电话：64492090

科技创新与文化创意法学研究所

对外经济贸易大学科技创新与文化创意法学研究所成立于2012年，是非实体性的研究机构。其宗旨是对科技创新与文化创意进行法律理论研究和实证研究，促进这一重要法律领域的繁荣，为我国法制建设服务。研究所将努力建成为一个重要的科学研究基地，即学术交流、人才培养、对外联络和法律服务的基地，一个跨学科、跨部门的交叉研究和交流的平台，使学校在科技创新与文化创意法制领域的整体研究水平在全国居于领先地位，具有国际影响，成为国内外知名的国家级研究所。

所长：王小川。联系电话：64495038

青云环境与社会责任研究中心

对外经济贸易大学青云环境与社会责任研究中心成立于2012年，是非实体性的研究机构，宗旨是依托对外经贸大学强大的科研力量和青云创投世界领先的社会责任投资经验、案例和技术，利用北京首都的区位优势，联合国内外企业社会责任领域的优秀学者，积极推动企业社会责任问题在中国情境下的理论研究和积极实践，并在该领域内培养优秀的研究、教学和实践型专业人才。中心的主要研究方向为开展中国企业社会责任问题的理论研究和案例研究，为政府部门、社会团体和企业等各类组织提供意见和解决方案；出版年度《中国企业社会责任白皮书》，持续发布《中国企业社会责任发展指数报告》，研究记录我国企业社会责任发展的阶段性特征；最终制定、发布、推动《中国企业社会责任报告评级》。

中心主任：许亦平。联系方式：64493306

私权与社会发展研究中心

对外经济贸易大学私权与社会发展研究中心成立于2012年，是非实体性的研究机构。其宗旨是以社会实践为基础，对社会发展变迁给传统私权法律体系所产生的影响进行法律理论研究和实证研究，促使民事法律体系始终与时代发展相接轨，促进这一重要法律领域的繁荣，为我国社会主义法治社会的完善贡献力量。中心将努力建成为一个重要的科学研究基地，暨学术交流、人才培养、对外联络和法律服务的基地，一个跨学科、跨部门的交叉研究和交流的平台，使我校在私法研究领域的整体研究水平在全国居于领先地位，并具有国际影响，成为国内外知名的国家级研究机构。

中心主任：梅夏英。联系电话：64495038

文化资本与跨文化研究中心

对外经济贸易大学文化资本与跨文化研究中心成立于2012年，是非实体性的研究机构。中心的宗旨是多方位开展国内外学术交流与研究，建设成为与国际接轨的文化资本与跨文化教育、研究中心。主要研究方向包括：商务文化资本及跨文化研究、城市文化资本及跨文化研究、文学文化资本及跨文化研究、文化资本与跨文化对比研究。

中心主任：许德金。联系电话：64494629

中国大型民营企业创新与竞争力研究中心

中国大型民营企业创新与竞争力研究中心为非实体性研究机构，2012年成立于对外经济贸易大学。中心以中国大型民营企业提升创新能力和国际竞争力的路径，以及为其创造良好国内外发展环境为主要研究对象。通过研究，为国家制定推动大型民营企业的发展战略及政策提供决策依据，为大型民营企业的国际化发展制定规划战略，从而为提升我国国家和民营企业的创新能力和国际竞争力作出积极贡献。研究重点为大型民营企业国际化发展面临的优势、劣势、机遇与挑战；培育和发展世界级民营跨国集团的国际经验；培育世界级民营跨国集团的全球化经营人才培养战略研究；大型民营企业国际化发展中应对国际挑战的路径与方法；培育世界级民营跨国集团的国家战略、政策、技术创新研究等。

中心主任：夏友富。联系电话：64492060

中国能源环境研究中心

对外经济贸易大学中国能源环境研究中心成立于2012年，其前身是2008年成立的非实体性研究机构——国际新能源战略研究中心。中心宗旨是跟踪影响全球和地区能源、环境、气候变化的动向，开展能源环境发展与政策、节能环保与低碳经济、新能源与能源资源、气候变化、行业和区域能源环境等方面研究，为国家制定能源、环境、气候变化政策提供决策咨询意见和建议。立足中国，促进和深化中国与世界其他国家和地区能源环境、气候变化领域的交流、协调与合作。通过举办或承办中国能源环境高峰论坛，为政府、企业及专家学者等提供一个共商能源环境、气候变化及其他相关问题的高层对话交流平台；进一步帮助社会各界更为有效地了解、深刻把握我国能源环境、气候变化发展的问题与趋势，准确理解政府政策导向，促进能源环境、气候变化经济及技术的国际合作。

中心主任：林智钦。联系电话：64492251

中国犹太经济文化研究中心

中国犹太经济文化研究中心成立于2012年，为非营利性的非实体研究机构，中心以全球犹太经济、技术、文化及其与中国的合作为研究对象，通过研究与交流，推进中国与犹太经济和文化包括与以色列的交流和合作，促进对外经济贸易大学的科研工作和学科建设。本中心将聚集国内外犹太学及相关领域优秀专家学者，打造官产学研结合平台，展开对中国具有现实意义的犹太经济和文化研究；促进相关学科发展；不定期向有关领导、部门呈送研究成果，成为中国这一领域的知名智库。

中心主任：夏友富。联系电话：64492060

开发性金融国际研究中心

对外经济贸易大学开发性金融国际研究中心成立于2012年，为国家开发银行与对外经济贸易大学合作建立开发性金融国际实践的研究平台，全面落实双方确定的合作内容与项目，是非实体性的研究机构。中心的宗旨是发挥对外经济贸易大学的人才、教育和科技优势，为国家开发银行投资决策和海外经营以及国家相关政策的制定提供咨询和服务，增强服务国民经济的实力；发挥国家开发银行的金融和社会资源优势，促进对外经济贸易大学人才培养和相关学科的进一步发展，将研究中心建设成国内一流、有重要影响力的政府智库，为国家开发银行推动实施“走出去”战略开展前瞻性、实用性研究。国家开发银行以设立项目等形式，资助开展开发性金融国际实践、海外经营、国家经济与金融安全等重大经济金融课题的研究；定期举办开发性金融论坛和年度开发性金融银行家论坛，编制年度海外投资服务报告，为国家开发银行的决策提供参考服务。

中心主任：王稳。联系电话：64495044

（对外经济贸易大学科研处供稿）

北京交通大学

2012年新增机构

法学院

北京交通大学法学院于2012年在原法律系基础上成立。原法律系从1995年开始面向全国招收法学专业本科生，并于2004年开始招收经济法专业硕士研究生，2007年开始招收国际法专业硕士研究生，2010年获法学一级学科硕士授予权，目前招收宪法与行政法学、刑法学、经济法学、国际法学、民商法学等五个专业的硕士研究生，同时招收法律专业硕士学位研究生。同时，法学院与本校经济管理学院、交通运输学院、国家保密学院等三个学院合作分别招收经济法方向、运输与物流法方向、信息安全与保密法方向博士研究生。

学院目前已形成以本科生教育为主体，硕士研究生、博士研究生教育坚实发展的办学格局，着力提高人才培养质量。结合法律专业特点，为培养应用型、复合型的法律职业人才，法学院在北京市设有以北京市消费者协会、西城区司法局、丰台区法律援助中心、中铁建工集团公司为代表的10余个专业实习基地，拓宽人才培养路径。目前法学院设有理论法学系、公法学系、民商经济法学系、国际法学系四个系，并建有保密法研究所、交通运输法研究所、科技法研究所、比较法与法律文化研究所、经济与劳动法研究中心、司法裁判研究中心等6个研究单位。这些研究单位在各自领域均取得了大量学术成果，并且通过开展学术活动，为法学院营造了整体学术氛围。

院长：张生。

建筑与艺术学院

建筑与艺术学院办学历史可以追溯到成立于1946年的原国立交通大学唐山工程学院建筑系。1996年建筑学教研室改设为建筑系，隶属土木建筑工程学院。2002年建筑系增设艺术设计本科专业，学制4年。2007年7月，建筑学专业、艺术设计专业从土木建筑工程学院划出，单独组建建筑与艺术系，2009年建筑与艺术系增设数字媒体艺术专业，学制4年。2012年5月，经学校批准改为建筑与艺术学院。

目前，学院设有建筑学、艺术设计和数字媒体艺术3个本科专业，拥有3个硕士授权点（建筑学、城乡规划学、设计学）以及2个工程硕士专业学位授权点（建筑与土木工程和工业设计工程），教学、研究领域覆盖工学、文学2个学科门类。学院设有7个教研室，4个实验室，拥有中国轨道交通建筑与城市设计研究中心、建筑遗产与景观研究所2个研究机构并与土木建筑工程学院共建建筑环境与节能研究中心。专任教师49人，其中教授6人、副教授18人、硕士生导师28人，具有博士学位的教师占57%。逐步形成了以中青年教师为骨干，学历层次高、结构合理、教学严谨、思想活跃、创新务实的学术队伍。学院与国内多所高校、设计院和科研单位开展科技合作及联合培养，在企业建立了近30个教学实践与科研基地，开创了产学研结合、优势互补的新局面。

院长：夏海山。

北京交通大学北京社会建设研究院

北京交通大学北京社会建设研究院是北京交通大学与北京市委社会工委合作成立的旨在研究社会诚信建设问题的科研平台。2012年3月11日，教育部副部长李卫红，北京市委常委、市人大常委会副主任梁伟为研究院揭牌。

研究院着力于研究分析社会诚信建设的重点难点问题，为北京社会建设提供决策建议和理论支持，并以此推进学校学科建设、人才培养和科学研究。研究院有效整合学校及相关单位资源，充分发挥专业优势，力争用3~5年时间建设成为北京市社会诚信重大问题研究中心、学校社会发展人才培养和国际交流中心，建设成一流的社会建设研究基地，为北京市乃至全国提供高质量的社会诚信建设方面的决策参考、智力支持和理论支撑，为建设人文北京、科技北京、绿色北京，建设中国特色世界城市和繁荣、文明、和谐、宜居的首善之区作出应有贡献。

北京人文交通、科技交通、绿色交通研究基地

北京人文交通、科技交通、绿色交通研究基地是北京市社科联和北京市科协联合批准成立的首批6个北京市社会科学与自然科学协同创新研究基地之一。

研究基地将面向首都交通领域，围绕人文交通、科技交通、绿色交通三大主题，重点开展交通与城市协调发展、城市交通拥堵治理、交通信息化与安全、低碳交通等领域的理论研究和应用研究。针对北京城市交通面临的关键问题，探索实际可行的解决方案及模式。通过社会科学界和自然科学界深层次合作、交流与融合，将北京人文交通、科技交通、绿色交通研究基地初步建设成为具有较大影响力、基础理论研究与应用对策研究并重、文理工交叉的协同创新研究基地和人才培养中心，为实现北京交通的可持续发展提供强有力的理论支撑，发挥决策咨询智囊团的作用。

文化部民族民间文艺发展中心数字文化研究基地

文化部民族民间文艺发展中心数字文化研究基地是我校与文化部民族民间文艺发展中心联合成立的研究平台。2012年12月24日，校党委书记曹国永和文化部民族民间文艺发展中心主任李松共同为数字文化研究基地揭牌。校党委副书记高福廷代表学校致辞，副校长孙守光与文化部民族民间文艺发展中心副主任张刚签署合作协议。基地聘任校党委副书记高福廷为首席专家，聘任计算机与信息技术学院苗振江教授为基地主任。

数字文化研究基地建设将充分发挥北京交通大学数字媒体方面的技术优势和文化部民族民间文艺发展中心文化艺术方面的资源优势，实现技术资源共享和优势互补，更好地开展中国民族民间传统文化的数字化记录保护、处理开发和展现传播等方面工作，促进数字媒体与文化艺术相关学科的发展。

（北京交通大学人文社科办公室供稿）

首都经济贸易大学

2012年新增机构

特大城市经济社会发展研究院

特大城市经济社会发展研究院是以国家需求为导向，依托学校国家重点学科、一级应用经济学博士授予权和两个北京市哲学社会科学研究基地于2010年7月建立的独立研究机构。

目前，研究院已形成特大城市发展战略、特大城市产业形态、特大城市人口与民生、特大城市资源环境、京津冀协调发展和特大城市运行安全管理等较为稳定的研究方向，已初步形成围绕特大城市的支撑力、集聚力、承载力、辐射力、影响力等展开研究的理论体系和研究队伍。

院长：王稼琼。联系电话：83952016

（首都经济贸易大学科研处供稿）

北京联合大学

2012年新增机构

海外中国学研究中心

2012年6月7日，北京联合大学海外中国学研究中心正式成立。研究对象是“中国学研究”。研究内容主要涉及对海外关于中国近现代历史、党史，以及哲学、教育、艺术、经济等有关中国问题研究情况的追踪和评析，重点进行中国近现代史、党史学方面的研究和对比研究。开展对国外中国近现代史、党史研究信息的追踪，为条件成熟时建设专题原始资料信息库做准备。组织国际/国内学术论坛，每年召开一次专题学术会议，隔年召开一次国际学术会议。定期编辑出版《海外中国问题研究集刊》（以书代刊形式），中心首席专家为梁怡教授。

中心主任：韩强。联系电话：64900201

北京社会建设研究院

12月8日，北京联合大学北京社会建设研究院正式成立。研究院由中共北京市委社会工作委员会与北京联合大学合作成立，研究院办公室设在北京联合大学人大制度研究所（北京市政治文明建设研究中心）。研究院着力于研究分析城乡社区自治建设的重点难点问题，为北京社会建设提供决策建议和理论支持，并以此推进学校学科建设、人才培养和科学研究。研究院重点致力于四项任务。一是建设社会建设研究平台；二是发布年度《北京城乡社区自治建设研究报告》，把它作为研究院的一个基本品牌；三是每年举办一届"城乡社区自治建设论坛"；四是共同承担课题研究。

研究院负责人：徐永利。联系电话：64909384

（北京联合大学科研处供稿）

外交学院

2012年新增机构

外交学院体育对外交流研究中心

外交学院体育对外交流研究中心于2012年2月经外交学院批准成立。

中心成立目的：以马克思列宁主义、毛泽东思想、邓小平理论、"三个代表"重要思想和科学发展观为指导，遵守国家宪法、法律法规和学院有关规章制度，积极开展体育对外交流的学术研究与活动，推动外交学院体育教学与研究工作，为我国体育对外交流事业的进一步繁荣与发展进言献策。

中心主要从事体育对外交流研究，并为体育对外交流研究提供一个学术活动平台，为国内外学术界关于体育交流研究提供一种联系渠道。

中心主任：周庆杰。联系电话：68323878

外交学院东方外交史研究中心

东方外交史研究中心是由外交学院热心于国际问题研究的优秀学者组成的学术性非营利团体，成立于2012年。宗旨是在国家宪法、法律、法规与政策的指导下，广泛联系院内外专业人士，开展东方外交史研究工作，推动国内东方外交史研究不断发展，为繁荣中国的学术和改革开放服务。为了推动东方外交史研究，外交学院东方外交史研究中心将联合国内一流专家参与到东方外交史研究中来，将此研究做成在国内国际有影响的学术品牌，为中国外交决策提供有益的理论支持。中心拟集体攻关，开展东方外交史中的重大政治、经济、文化、科技以及人员往来的多方面研究，提取和发现那些对当今人类社会有重大意义的主题，真正体现外交史的丰富性和多层次性特征，为国家培养外交史人才服务。中心将致力于东方外交史与现实的重大课题研究，组织学术会议、出版著作和争取社会资助；本着实事求是的学风，开展学术交流与合作，推动国内外交史研究纵深发展。

研究中心的业务范围：组织与协调本中心成员的学术工作和学术活动；从事东方外交史研究的组织、联系与指导工作，培养外交史专业人才；定期组织召开"东方外交史"年会；征集、编辑和出版有关著作与刊物；促进国际交流活动，为繁荣学术研究作贡献；开展东方外交史与现状相关的业务活动。

中心主任：陈奉林。联系电话：68323903

外交学院金砖国家研究中心

近些年，随着金砖国家合作机制化的逐步提升和务实合作的不断推进，金砖国家在国际经济和政治舞台上发挥的作用越来越突出和重要。同时，金砖国家也成为中国"多边外交"的重要平台和积极参与国际治理，在不断变化的全球秩序中创造更显著地位的重要手段。

外交学院领导高度重视对金砖国家的学术研究与交流合作。鉴于此，2012年5月，外交学院成立金砖国家研究中心。中心通过内引外联方式组成了由校内学者和外聘专家组成的20余人的研究团队。中心致力于加强对金砖国家的学术研究和人员交流，积极参与金砖国家智库合作，目的是为我国推进金砖国家合作参与全球治理提供智力支持，全力配合我国总体外交工作。

研究中心拟围绕以下方面展开对金砖国家的学术研究和交流活动：

金砖国家国别研究。对目前金砖的五个成员国进行经济、政治、文化社会等方面国别研究。

金砖国家合作机制研究。虽然金砖国家之间差异突出、分歧明显，但从金砖国家近年来的合作历程可以发现，共同利益和战略诉求是金砖合作的纽带，金砖国家在推动国际金融体系变革和其他全球问题上立场的相似性会推动金砖合作机制深化。

金砖国家与非成员国的关系。金砖国家被普遍认为是发展中国家的代表，由此也成为西方发达国家的竞争者，金砖国家如何处理与广大发展中国家和西方大国的关系，直接影响到其未来发展。

金砖国家参与全球治理研究。以金砖国家为代表的新兴经济体的崛起深刻改变着国际秩序，金砖国家也积极参与到全球治理中，参与路径与方式直接影响到其效果。

中心主任：卢静。联系电话：68323903

外交学院政党外交研究中心

2012年3月，外交学院政党外交研究中心经学院批准成立。中心以基础部（马列教研室）为主要依托，以科社专业硕士点为重要支撑，整合学院相关部门科研力量，聘请中共中央对外联络部、中央编译局、中国社会科学院、北京大学、中国人民大学等单位专家学者为兼职教授（研究员），力图建立一支高水平的学术队伍。中心拟从以下几个方面加强政党外交的研究：

1. 围绕“什么是政党外交”“怎样进行政党外交”的问题展开，加强政党外交理论研究，力图构建当代中国政党外交理论。

2. 研究自新中国成立到20世纪70年代末的政党外交实践，研究梳理这一时期政党外交历史脉络、基本特征、地位作用等。特别是要重点研究新时期以来的政党外交实践，着力研究新时期政党外交在国家总体外交和推进党的事业进程中的地位作用。

3. 加强对中国同世界各主要国家和地区（如日本、非洲、拉美、俄罗斯等）的政党外交的研究；加强中共同世界各主要类型的政党、政党集团交往交流研究。

4. 加强世界主要国家之间的政党外交和主要类型政党之间的交流交往研究。如社会党之间、社会党与保守党、自由党之间的相互关系的研究。

5. 加强基础性、延展性课题的研究，如政党政治与政党外交、全球化与政党外交、社会主义制度与资本主义制度的比较、国际共产主义运动与政党外交等。

中心主任：余科杰。联系电话：68322960

外交学院国际安全与战略研究中心

外交学院国际安全与战略研究中心是经外交学院院务会研究决定，将外交学院战略与冲突管理研究中心合并到国际安全研究中心，于2012年6月成立的。中心主要由外交学院国际关系研究所研究人员组成，以内引外联的方式开展研究合作。中心主要从事国际安全理论、地区安全形势、国际安全机制、国际战略、中国国家战略、危机管理、冲突管理、裁军与军控等问题的研究与教学。目前，中心由国际关系研究所管理。中心成立以来，举行了多次对外交流和学术研究活动，包括接待外宾访问、组织学术讲座、开展国际问题研讨会等各类研究活动，有效地促进了外交学院学术文化氛围的提升和外交思想的传播。

中心主任：李海东。联系电话：68323903

外交学院国家软实力研究中心

2011年7月1日，在庆祝中国共产党成立90周年大会上，胡锦涛同志对外事工作作出重要指示：“要着眼于推动中华文化走向世界，形成与我国国际地位相对称的文化软实力，提高中华文化国际影响力。”

2011年11月，在学习贯彻党的十七届六中全会决议期间，外交部在提交中央国家工委的报告中明确提出：外交工作在文化建设特别是推动中华文化走向世界方面肩负着特殊职责和重要使命；紧密结合当前国际形势和外交工作主要任务，外交部必须加强战略谋划，努力为增强国家文化软实力作出更大贡献。

在上述背景下，作为全国唯一由外交部直属的高等院校，外交学院依托自己的优势和特色，成立以“国家软实力”为主题的科研机构，打造高层次与国际化的智库平台，力图填补国内社会科学领域的研究空白，并直接服务于中央领导所关注的“争取中国国际话语权”的国家课题，具有重要的战略意义。

外交学院国家软实力研究中心是在外交部政策规划司指导下，2012年由外交学院和中国公共外交协会合作共建，以关注中国外交话语权的建构与传播。以外交学院为科研基地，同时联合中共中央党校、中国社会科学院、北京大学、清华大学等高等院校与科研院所的学术资源与研究力量，聘请国内外专家、学者和政要作为中心顾问，参与指导博士和硕士研究生，研究课题向院内各系所及院外的教学科研人员开放。中心目的与宗旨：

1. 填补国内空白，努力构建中国软实力的研究框架与理论体系。

2. 对国家外事部门所关注的软实力课题进行社会科学属性的研究。

3. 加强学院与媒体、企业和社会团体的互动，致力于建设性的决策咨询研究。

4. 研究中心的宗旨为：争取中国在国际舆论中的话语权，争取中国外交在全球治理中的影响力，争取中华文化在国际社会中的发展空间。

中心主任：王帆。联系电话：68323903

（外交学院科研处佟巍供稿）

中国青年政治学院

学校领导变化情况：

2012年退休的校领导：高延斌（校党委委员、副校长）、李宝国（校党委副书记）。

2012年新增的校领导：陆玉林（校党委委员、副校长）、林维（校党委委员、副校长）。

（中国青年政治学院科研处供稿）

· 大 事 记 ·

2012 年

1月

4 日　经北京市民政局审查批准，同意增设北京市教育学会学校文化研究会。北京市教育学会学校文化研究分会旨在为学校开展教育理论研究、学术交流、信息交流、咨询服务、科普宣传、北京专业刊物，开展学校文化研究，普及学校文化理念，推广学校文化建设，弘扬学校文化精神，组织文化交流活动，努力把学校建设成富有人文关怀，师生共享和谐的精神家园。（北京市教育学会李文鸾供稿）

7 日　上午第四届建设创新型国家大会在北京开幕。全国人大常委会副委员长、民建中央主席陈昌智出席开幕式并讲话。

陈昌智说，国际金融危机爆发至今 3 年，我们正处在世界政治经济格局大调整、大变革的时代。随着经济全球化的深入发展，我国在全球化调整发展中占据了新的优势：随着新技术、新产业成为推动新一轮增长的重要力量，我国在抢占科技和产业制高点的竞争中出现新的机遇；随着新兴大国地位上升，我国正在成为推动全球经济增长的重要力量，拥有更多的主导权和话语权。

本届大会的主题是“破局、增长、共赢”。首届建设创新型国家大会于 2009 年 1 月在北京召开。

同日　由北京大学主办，北京大学文化产业研究院同中共北京市房山区委、北京市房山区人民政府共同承办的 2012 年第九届中国文化产业新年论坛暨房山现代生态休闲新城论坛在北京大学英杰交流中心开幕，400 多名来自政产学研各界的与会嘉宾齐聚燕园，共享这一年一度的文化产业盛事。北京大学副校长刘伟，北京大学文科资深教授、北京大学文化产业研究院院长叶朗分别为论坛致辞。全国人大原副委员长许嘉璐，中共北京市委宣传部副部长张淼，中共北京市房山区委副书记、区长祁红出席论坛开幕式并分别作主题发言。（北京大学社科处供稿）

8 日　中共北京市委宣传部、市中国特色社会主义理论体系研究中心、市社科联、市社科院、市社科规划办、市委讲师团等单位联合举办首都社科理论专家新春招待会。市委常委、市委宣传部部长、副市长鲁炜在招待会上致辞时强调，首都社科理论界在深入贯彻落实党的十七届六中全会精神，发挥首都文化中心作用，建设中国特色社会主义先进文化之都方面肩负着重要使命，要努力把北京建设成为哲学社会科学学术之都和人才高地。徐惟诚、金冲及、王大明、李君如、石仲泉、章百家、李捷、侯树栋、刘川生、陶西平、刘新成、满运来、沈宝昌等领导和著名社科理论专家出席招待会。

首都社科理论界的专家学者代表，市社科联顾问、常委，市属社科类社会组织负责人，市社科理论单位负责人，社科工作者代表和新闻媒体代表等 400 余人出席了招待会。（北京市中国特色社会主义理论体系研究中心办公室供稿）

同日　第十三届北大光华新年论坛在北京大学百周年纪念讲堂举行。在论坛上，各界与会嘉宾围绕“创新创业与经济转型”的主题，深入探讨了中国未来的创新发展和经济转型。全国政协副主席厉无畏，北京大学光华管理学院教授、名誉院长厉以宁，国家发展和改革委员会副主任、党组成员张晓强，科学技术部副部长、党组成员张来武先后发表了主题演讲。随后的高峰对话中，围绕着论坛主题并结合自己的经验，联想控股有限公司董事长兼总裁、联想集团创始人兼名誉董事长柳传志，泰康人寿股份有限公司董事长兼首席执行官陈东升，中国铝业公司总经理、党组书记熊维平，大唐电信科技产业集团董事长真才基，中国房地产开发集团理事长、幸福人寿保险股份有限公司监事会主席孟晓苏，北京大学光华管理学院院长蔡洪滨进行了深入的交流和探讨。当天下午，4 场分论坛——“创新创业生态环境”“当创业家遇上投资家”“互联网产业的商业模式创新”“中国汽车工业的创新路径”也在北大光华管理学院举行，与会嘉宾从各自不同的角度深入探寻中国经济的创新和转型之路。本次北大光华新年论坛吸引了60多位嘉宾参与主论坛和分论坛的讨论，超过50家媒体对论坛进行了报道，到场观众超过3000人。（北京大学社科处供稿）

同日　“冯其庸《瓜饭楼丛稿》出版座谈会”在京举行。《瓜饭楼丛稿》共35卷1700万字，汇聚了冯其庸先生一生的学术精华，由青岛出版集团出版发行。国务委员兼国务院秘书长马凯同志专门为座谈会发来贺信，贺信中说，丛稿“文史哲地，诗书画曲，领域之广泛，内容之浩瀚，研究之深入，给人以心灵的震撼”。

冯其庸先生在中国的文化史、古代文学史、戏曲史、艺术史等学术研究领域造诣深厚，尤其是对《红楼梦》研究作出了卓越贡献。现任中国人民大学国学院院长、中国文字博物馆馆长、中国红楼梦学会名誉会长、中华炎黄文化研究会副会长、中国戏曲学会副会长、中国敦煌吐鲁番学会顾问。

中宣部、新闻出版总署、文化部有关领导，山东省、青岛市有关领导，以及来自中国艺术研究院、中国红楼梦学会、中国社会科学院、中国人民大学等单位的专家学者70余人出席了座谈会。

9日　全国党的建设研究会在北京召开第五届理事会第二次全体会议。全国党建研究会理事、顾问、特邀研究员，各省区市和中央有关部门党建研究会（学会）的负责同志259人参加了会议。

全国党建研究会会长虞云耀代表常务理事会作工作报告。中宣部副部长王晓晖就学习贯彻党的十七届六中全会精神作了专题报告。会议还表彰了全国党建研究会2011年度课题调研优秀成果。

中央组织部副部长、全国党建研究会副会长王秦丰作了总结讲话。他表示，2012年是党的十八大召开之年，加强党建研究工作，具有不同寻常的重要意义。要坚持突出主线开展党建研究，确保党建研究会各项工作服从和服务于迎接十八大的各项部署，落实十八大的各项任务；要坚持政治坚定开展党建研究，坚定马克思主义信仰和中国特色社会主义共同理想，同党中央在思想上政治上行动上保持高度一致；要坚持服务大局开展党建研究，围绕深入贯彻落实科学发展观、提高党的建设科学化水平深入开展理论研究；要坚持改革创新开展党建研究，总结提炼新实践新经验，推进党建理论和实践创新；要坚持提升素质开展党建研究，努力培养政治素质过硬、理论水平高、研究能力强的党建研究人才。

13日　上午，北京市教育学会与昌平区教委联合在昌平区教师进修学校报告厅召开了“十二五”时期昌平区骨干教师高级研修班开班典礼。时任教育部基础教育司副司长朱慕菊，北京市教育学会会长李观政以及昌平区委、区教委等领导参加了开班典礼。

朱慕菊司长首先肯定了举办的骨干教师高级研修班是一个很有创意的项目设计。接着传达了义务教育课程标准修订的新变化。希望特级教师在带领骨干教师共同研究学习的过程中，把聚焦点落在课堂教学上，要关注两个点：一是研究人，二是研究内容。最后提出3点建议：一是确立共同的研究课题；二是形成骨干教师培养过程的经验；三是核心梳理所有研究成果并向全国传播。（北京市教育学会张丽芳、李文鸾供稿）

同日　2011年度两岸四地消费者信心指数（CCCI）发布会在中央财经大学举行。来自两岸四地的专家学者在会上发布了两岸四地消费者信心指数的最新调查结果，中央财经大学统计学院马景义博士、香港城市大学管理科学系曹国辉博士、中央财经大学统计学院孟浩博士、台湾辅仁大学统计资讯学系谢邦昌教授分别对中国大陆（内地）和港澳台地区2011年的消费者信心指数进行了评析。两岸四地消费者信心指数（CCCI）由中央财经大学统计学院、中国人民大学中国调查与数据中心、香港城市大学管理科学系统计咨询中心、澳门科技大学可持续发展研究所和台湾辅仁大学统计资讯学系应用统计所等6家单位共同编制，从2009年开始每季度发布一次。（中央财经大学科研处供稿）

16日　创新人才教育研究会成立大会暨第一次会员代表大会今召开，来自全国27个省市近300个会员单位代表参加了大会。

创新人才教育研究会是经教育部、民政部批准的国家一级学会，将致力于创新人才教育与研究的单位和个人集结在一起，搭建一个跨地域、跨部门、跨学科合作的新型高端平台，共同探索行之有效的创新人才培养模式。

会议选举并产生了第一届理事会。国务院参事、国家教育咨询委员会委员、人大附中校长刘彭芝当选为会长；清华大学、北京大学、中国人民大学、北京师范大学、中国科技大学、上海交通大学、北京航空航天大学、复旦大学等20多所大学的校长和副校长，以及上海中学、华东师大二附中、北京四中、北京师大附中等50多所中小学的校长当选为副会长或常务理事。

同日　首家葡语国家研究中心——对外经济贸易大学区域国别研究所葡语国家研究中心成立暨揭牌仪式于对外经济贸易大学隆重举行。中国国际经济交流中心秘书长、商务部原副部长魏建国，对外经贸大学校长施建军教授，中国—葡语国家经贸合作论坛（澳门）常设秘书处秘书长常和喜，商务部、外交部相关司局领导，巴西驻华大使胡格内，葡萄牙驻华大使诺泽·索阿雷斯，几内亚比绍驻华使馆公使衔参赞卡林通，佛得角驻华使馆参赞乔治·席尔瓦，莫桑比克驻华使馆经济参赞安东尼奥·卡洛斯等驻华葡语国家使节出席成立仪式。（对外经济贸

易大学科研处张瑞供稿）

17 日　在北京大学马克思主义学院迎 20 周年庆典之际，该院院长郭建宁向学术理论界宣布创刊《北大马克思主义研究》和《北大中国文化研究》。北京大学是中国最早传播和研究马克思主义的发源地，这块神圣的沃土培养了我国最早的一批马克思主义者。1992 年北京大学率先创立了中国高校第一个马克思主义学院，今年该院成立 20 周年。为在新的时代和新的实践中继续深入研究马克思主义，以及提高中国文化的研究水平，该院推出了《北大马克思主义研究》和《北大中国文化研究》。这两份杂志由北京大学马克思主义学院和北京大学中国文化发展研究中心编辑、社科文献出版社出版。

2 月

2 日　下午，北京大学法学院王世洲教授接受德国大使馆的邀请，会见了正在北京访问的德国总理默克尔。参加会见的有来自北京大学、中国人民大学、中国政法大学和企业界的人士共 6 人。德国总理默克尔与各位中国学者与企业家就“德国在中国人心中的印象”、民主与法治、增进中德相互理解等话题，在轻松愉快的气氛中进行了交流。王世洲教授告诉默克尔，德国的科学技术在中国享有很高的声誉，德国的法学理论是中国法学的重点学习对象，她本人在中国受到普遍的尊敬，但是，她会见达赖喇嘛的做法并不受欢迎。其他与会人士也对中德人民之间如何加强交流、克服偏见、增强合作、共创未来发表了意见与愿望。会谈持续了近一个小时。默克尔总理对能有机会与中国学者和企业家面对面地直接用德语交流感到高兴，并愉快地和各位与会人士合影留念。会见时，德国驻华大使施明贤博士在座。（北京大学社科处供稿）

10 日　由宋庆龄女士创刊的《今日中国》杂志，迎来 60 周年庆典。由中国外文局主办的《今日中国》杂志创刊 60 周年纪念招待会，在北京隆重举行。全国人大常委会副委员长韩启德、全国政协外事委员会主任赵启正等出席招待会。来自中央各部委和各人民团体的代表、各地各界来宾、海外华侨华人和外国驻华使节等 300 余人出席招待会。

《今日中国》杂志前身为《中国建设》杂志，于 1952 年 1 月由宋庆龄女士根据周恩来总理的建议创办的。它是我国唯一的多文种综合性对外报道的月刊。国际著名记者爱泼斯坦曾长期担任该杂志的总编辑，并把毕生心血献给了《今日中国》发展事业。60 年来，《今日中国》始终坚持宋庆龄倡导的真实报道原则，用事实对外介绍中国的经济、政治、社会、文化和人民生活水平不断提高与变化，受到国外读者的欢迎和肯定。杂志由当初单一的英语版双月刊已发展成为拥有英文北京版、英文北美版、法文版、阿文版、西文北京版、西文墨西哥版、西文秘鲁版、土耳其文版和中文版等 9 个印刷版月刊，并开通了中、英、法、西、阿、德文网络版和拉美门户网。2011 年，《今日中国》印刷版在全球 150 多个国家和地区发行 300 多万册，网络读者遍及世界各地，各文版读者来信 2500 多封，被境内外媒体转载文章 1000 多篇次。

12 日　北京市正式启动千名文化遗产监督员上岗工程。

该工程是在全市热爱文物并热心遗产保护的人士中聘请 1000 名文物安全监督员或志愿者，实现对不可移动文物的安全监督，鼓励社会共同参与监督文物保护状况，加强对不可移动文物的日常管理和巡视检查，及时发现和纠正损毁文物的行为和文物安全方面存在的隐患，确保全市文物的安全。

此外，普查文物挂牌工程也启动，全市各区县将为 2826 处普查登记文物设立保护标志，力争今年上半年完成；具有重要保护价值的及时公布为区县级文物保护单位，以加强其保护监管的基础工作。同时对已知区县级文物保护单位、普查登记项目在内的不可移动文物加强研究，挖掘文化内涵，对名人故居、重要历史事件等进行说明展示。

15 日　埃德加·斯诺逝世 40 周年纪念大会在北京大学举行，缅怀他为增进中美两国的相互了解和建立联系所作出的卓越贡献，会议由中国国际友人研究会和北京大学中国埃德加·斯诺研究中心共同举办。北京大学校长周其凤、中国国际友人研究会会长马灿荣、黄华同志夫人何理良及 1972 年赴瑞士救治斯诺的医生张贻芳到会讲话。中共中央对外联络部原部长朱良，国务院外事办公室原主任钱永年，北京大学原党委书记、中国埃德加·斯诺研究中心第一任主任王学珍，外交部部长助理张昆生，及 50 多名著名国际友人、学者、外交官和北大师生代表出席纪念大会。美国斯诺纪念基金会名誉主席戴蒙德、现任主席詹姆斯·希尔，斯诺母校美国密苏里大学副校长汉迪·威廉姆逊和海伦·斯诺的侄女谢里尔·比绍夫为本次大会发来致电。会议由北京大学副校长、中国埃德加·斯诺研究中心主任李岩松主持。（北京大学社科处供稿）

22 日　2012 年北京自然科学界和社会科学界联席会议工作会议在京召开。北京市科协党组书记、常务副主席夏强，北京市社科联党组副书记、副主席陈之昌，市社科联和市科协领导赵峰、景晓东、刘颖、周立军、崔新建、田文、王彦京、王学勤、陈滕以及市社科联、市科协相关部室负责同志等近 30 人出席会议。会议由陈之昌主持。

会上，北京市科协党组成员、副主席田文对 2011 年两界联席会议工作进行了总结。陈之昌代表市社科联详细介绍了 2012 年北京两届联系会议工作设想。夏强提出，希望2012年两届联席会议工作要与弘扬北京精神结合起来，要在如何加强两界协同创新方面下功夫；要总结两界联席会议10年来的工作思路和经验，进一步推进深入合作，提升两界联席的合作成效，服务首都科学发展，为迎接党的十八大召开作出应有的贡献。

会议通过了2012年北京两届联席会议工作设想，并进一步明确了召开北京两届联席会议10周年座谈会、设立“北京市社会科学与自然科学协同创新研究基地”、举办2012年两界联席会议高峰论坛和2012京津冀区域协作论坛、共同打造两界品牌学术活动和科普活动等重点工作。（北京市社科联学术活动部供稿）

23日　2012年寒假北京高校领导干部会暨北京高校党建工作会召开。市委常委、组织部部长吕锡文，市委常委、教育工委书记赵凤桐，市委常委、市委宣传部部长、副市长鲁炜，副市长洪峰出席会议。

此次会议的主题是贯彻党的十七届六中全会、全国高校哲学社会科学工作会议、第二十次全国高校党建工作会议、市委十届十次全会精神，总结2011年北京高等教育工作，研究部署2012年工作。会上，鲁炜就北京市文化建设作专题辅导报告。北京大学、中国人民大学、中国农业大学、首都师范大学代表分别作交流发言。

赵凤桐说，北京高校要以社会主义核心价值体系统领意识形态工作和大学生思想政治教育，深入推进学习践行北京精神，推进大学文化建设与传承创新。要大力加强高校领导班子思想政治建设、能力建设和作风建设，加强师德建设，重视对青年教师的政治引导、业务指导和人文关怀。要深入贯彻落实《北京市实施〈中国共产党普通高等学校基层组织工作条例〉的办法》，抓基层、打基础，不断激发基层党组织生机活力，推进高校反腐倡廉建设，完善权力运行监督机制。他要求各高校切实加强维护高校安全稳定工作的组织领导，高度重视人才培养工作，创新人才培养模式，建设高素质教师队伍，进一步提升高校科技创新和文化创新能力，以优异成绩迎接党的十八大和市第十一次党代会胜利召开。

洪峰说，本市将加大高校合作共建力度，鼓励中央高校与市属高校通过多种形式、在多个领域加强合作。加强专业课程设置和建设，进一步完善本科专业设置的咨询、评价、信息发布及预警机制。注重学生创新实践能力的培养，发挥高校科技创新的智力优势，加速科技创新成果转化。重视哲学社会科学研究，继续加大对哲学社会科学建设发展的支持。

同日　故宫博物院研究员、国家文物鉴定委员会委员、西泠印社顾问、著名书画鉴定家徐邦达先生因病医治无效，于2012年2月23日8时38分在北京逝世，享年101岁。

徐邦达，字孚尹，号李庵，1911年生于上海市，祖籍浙江省海宁市。徐邦达先生集鉴定家、收藏家、书法家、画家、诗人、词家于一身。1950年徐邦达调北京国家文物局从事古书画鉴定工作，致力于重建故宫博物院书画馆。1978年起，与启功、谢稚柳、刘九庵等组成全国书画巡回鉴定专家组，为我国古书画研究作出了杰出贡献。他的一生为国家鉴考、收购、征集传世名迹三四万件，全国各大博物馆所藏字画的一级品全部经过他的鉴定。作为中国艺术史界“鉴定学派”的一代宗师，徐邦达将传统鉴定方法与现代考古学手段相结合，为书画鉴定建立了可传授的研究方法和学术理论。

25日　上午，北京市义务教育阶段“名师同步课程资源建设”——特级教师综合课程资源开发项目启动大会在北京新大都饭店举行。北京市教育学会会长李观政、北京市教育委员会委员李奕、参与此项目的各学科特级教师、北京市特级教师学习指导中心有关人员、北京市教育学会学术委员会执行主任钟作慈及部分专家等50余人参加了会议。（北京市教育学会冀和平、李文鸾供稿）

27日　由国务院发展研究中心，日本贸易振兴机构亚洲经济研究所（IDE-JETRO）及韩国对外经济政策研究院（KIEP）共同举办的“中日韩联合研究大会——新兴产业合作：中日韩区域一体化的新动力”在京召开。国务院发展研究中心国际合作局局长孙兰兰主持开幕式，KIEP蔡旭院长、JETRO执行副总裁丸屋丰二郎出席开幕式并发表讲话。杨建龙、张小济、张琦等以及来自发改委、商务部、贸促会等单位的代表出席会议并发言。（国务院发展研究中心科研处张力供稿）

同日　中国传媒大学与美国天地卫视传媒集团及北京唐风汉语教育科技有限公司战略合作协议签约仪式在中国传媒大学举行。

美国天地卫视传媒集团董事长苏珊女士、亚太地区副总裁刘飞女士，北京国际汉语学院院长耿学超、副院长周焱云，中国数据广播联盟理事长杨健雄，北京唐风汉语教育科技有限公司总经理李劲松与中国传媒大学领导苏志武、高福安、廖祥忠共同出席仪式。苏志武校长代表学校签署协议，廖祥忠副校长致辞。仪式由高福安副校长主持。

根据协议，三方将通过公司化运营的方式在中国传媒大学文化创意产业园落实合作内容，研发适合海外媒体播出的汉语教学节目形态并进行内容制作，共同推动文化“走出去”工程。（中国传媒大学科研处供稿）

同日　中国传媒大学崔永元口述历史研究中心与口述历史博物馆协议书签约仪式在中国传媒大学

举行。慧聪网总裁郭凡生，中美集团总裁陈逸飞，蒙牛集团北京公司总经理王建邦，中国新光控股集团董事长周晓光，艺术家都本基先生应邀参加签约仪式。传媒大学领导李培元、苏志武、高福安、袁军、吕志胜、廖祥忠及学校学术委员会副主任丁俊杰出席签约仪式。仪式由中国传媒大学校友、中央电视台主持人敬一丹主持。

根据协议，中国传媒大学将与校友崔永元合作共建中国传媒大学崔永元口述历史研究中心，开展口述历史的采访、拍摄、抢救、整理和研究工作；合作建立口述历史博物馆，并将现有的电影传奇馆、连环画传奇馆以及口述历史资料中心的收藏资料作为口述历史博物馆馆藏资料，馆藏资料（保密范围内的资料除外）将面向中国传媒大学师生开放。（中国传媒大学科研处供稿）

28 日　北京市国际税收研究会第三届第三次理事会议在市地税局昌平培训中心召开。会议报告了 2011 年工作情况，布置了 2012 年工作安排，通报了财务收支情况，通过了《关于调整增补理事、常务理事建议》。会议由孙振刚会长主持。中国国际税收研究会会长郝昭成，北京市地税局党组成员、副巡视员王勇生，北京市社科联副巡视员、学会部主任王彦京，北京市社团办管理处处长侯庆权到会并讲话。来自北京市地税系统、大学、机关、企业、税务中介组织的 110 余名理事参加了会议。（北京市国税研究会唐乃清供稿）

29 日　中国人民大学郑杭生教授从教 50 周年暨北京郑杭生社会发展基金会成立大会在京召开。郑杭生教授对我国社会学理论研究与社会调查实践作出了重要贡献。郑杭生社会发展基金会是国内第一个注册的促进社会发展的基金会。中共中央政治局委员、国务委员刘延东送花篮以示祝贺。市委副秘书长张建明、教育部领导出席致辞，中国人民大学、北京大学、清华大学、上海大学、中山大学等 25 所高校领导到会祝贺。（北京市社科联研究室供稿）

2 月　《北京联合大学学报》“北京学研究”栏目近日以非常靠前的名次入选教育部“名栏工程”。该学报自 1998 年创办“北京学研究”栏目以来，始终坚持“立足北京，研究北京，服务北京”的办刊定位，依托“北京学研究基地”和“北京学研究所”，主要发表北京文化史、北京文化遗产的保护与传承方面的论文，栏目特色突出。该栏目至今设栏期数达 26 期，总发文量 220 篇，所发文章被其他报刊转载、摘编的篇次和比率，在全国同类期刊中名列前茅。据悉，教育部“名栏建设”工程于 2004 年启动，此次“名栏工程”全国共有 24 种“特色栏目”入选。（北京联合大学科研处供稿）

3月

1 日　下午，北京市中国特色社会主义理论体系研究中心（以下简称“研究中心”）召开了重大理论宣传选题策划会。来自北京大学、中国人民大学、北京交通大学、中共中央党校、中纪委、北京市社会科学院、《人民日报》、《光明日报》、《求是》等单位的 10 多位专家学者参加了会议。会议由研究中心副主任、市社科联党组副书记崔新建主持。

选题策划会上，中共中央党校赵曜教授、中国人民大学陈先达教授、北京大学闫志民教授、中纪委研究室邵景均研究员、中国人民大学徐志宏教授、北京市社会科学院左宪民研究员、北京交通大学马克思主义学院院长韩振峰教授、北京大学程美东教授等先后发言，与会的中央媒体负责人就今年理论宣传的重点进行了交流沟通。专家们提出的选题主要聚焦于以下几个方面：一是中国特色社会主义理论体系的基本内容和逻辑建构；二是中国特色社会主义道路和中国特色社会主义制度研究；三是科学发展观与中国特色社会主义理论体系的关系问题；四是社会主义核心价值体系研究；五是政治体制改革问题；六是先进文化建设问题；七是干部选拔任用制度和民主监督问题；八是民众关心的热点问题，如教育、就业、腐败问题、贫富差距问题等。（北京市社科联中国特色社会主义理论研究部供稿）

2 日　北京市档案局（馆）与北京联合大学签订“校政合作发展战略框架协议书”，推动双方在人才培养、科学研究、信息化服务、文化传承与创新等多方面实现优势互补、互利互赢、共同发展。北京市教委认定北京市档案局（馆）为“北京市校外人才培养基地”，11 月 16 日举行挂牌仪式，标志着北京市档案部门与高校的合作迈上了新的台阶。（北京市档案局科教处胡晓燕供稿）

5 日　下午，以国际部部长沃尔肯恩 · 玛丽亚娜女士为团长的芬兰全国总工会代表团一行 5 人访问中国劳动关系学院。李德齐院长会见了来宾，学院干部培训学院、外事办等部门相关负责同志参加了会见。

李德齐院长及干部培训学院常务副院长何布峰向来宾介绍了中国劳动关系学院的办学特色及工会干部培训基本情况，并就工会干部培训、工会集体谈判、两国的工会工作等问题与来宾进行了深入交流和探讨，双方一致表示将在共同感兴趣的领域进行合作与交流。芬兰总工会成立于 1907 年，是芬兰最大的工会组织，会员有 100 多万，共有 21 个产业工会，以蓝领工人为主，与我国工会有着较为密切的联系和交流。（中国劳动关系学院科研处陈邓海供稿）

8 日　下午，联合国教科文组织“三八节 · 妇女制作新闻”主题活动在中国传媒大学举行。传媒大学党委副书记、联合国教科文组织“媒介与女性”教席主持人刘利群教授出席活动。联合国教科文组织驻华办事处信息与传播项目官员安卓（Andrea Cairola），《中国妇女报》前总编卢小飞，《中国妇女报》编委、《新女学周刊》主编禹燕，传播研究院副书记张艳秋，媒介与女性研究中心副主任王琴和部分海外媒体代表参加了交流。

“三八节·妇女制作新闻”是联合国教科文组织于2000年发起的一项全球行动，每年在三八节之际进行推广，旨在积极提倡、促进传媒中的性别平等。今年是联合国教科文组织在中国首次推广该行动，联合国教科文组织“媒介与女性”教席受教科文组织驻华代表处的委托，承担了此次活动。（中国传媒大学科研处供稿）

11日　投资50亿元的国内首个“文化保税区”——国家对外文化贸易基地暨北京国际文化贸易服务中心在北京天竺综合保税区奠基动工。

据悉，占地260亩、建筑面积50万平方米、投资总额50亿元的国家对外文化贸易基地，将集成国家支持中国文化“走出去”的政策资源体系、北京市发展文化创意产业的政策支持体系、天竺综合保税区的政策法规体系，成为北京发挥全国文化中心示范作用，推动中国对外文化贸易发展的重要平台。该基地预计2015年全部建成并正常运营，年营业额将超过500亿元。

据介绍，国家对外文化贸易基地将发展成为国家对外文化贸易的创新示范区、国家级文化贸易口岸、中国文化“走出去”的能力培养区和亚洲最大的艺术品交易市场。

北京市委常委、宣传部部长、副市长鲁炜表示：“此举是文化部与北京市共同推动对外文化贸易工作的一次有益尝试，是北京实施文化走出去工程的重大举措，将会有力促进首都对外文化交流与合作，有力推动中国文化走向世界，有力促进首都文化产业的发展。”

同日　市委社会工委与北京交通大学合作成立北京交通大学北京社会建设研究院，为首都社会建设提供决策与理论支持。教育部副部长李卫红，北京市委常委、市人大常委会副主任梁伟为研究院揭牌。

据介绍，研究院将重点致力于建设北京社会诚信研究平台等任务，持续推出研究成果。此外还将举办年度社会诚信论坛，邀请国内外专家学者共同探讨，促进理论创新，解决社会建设领域的突出问题。

北京交通大学校长宁滨表示，研究院将整合学校和相关单位资源，充分发挥专业优势，力争用3—5年建成北京市社会诚信重大问题研究中心、学校社会发展人才培养和国际交流中心。

梁伟说，首都改革发展正处在关键阶段，加强和创新社会服务管理的任务越来越迫切、要求越来越高。新的形势、新的任务、新的问题、新的变化，都迫切需要从理论上予以回答，需要更多领域的专家学者为北京社会建设建言献策。他要求有关部门把研究院建成一流的社会建设研究基地，为北京市乃至全国提供高质量的社会诚信建设方面的决策参考、智力支持和理论支撑，为建设人文北京、科技北京、绿色北京，建设中国特色世界城市和繁荣、文明、和谐、宜居的首善之区作出应有贡献。

16日　中共中央政治局常委李长春同志来到国家博物馆，参观了由文化部、财政部等10部委组成的扶持动漫产业发展部际联席会议办公室主办，中国传媒大学参与筹备的“十七大以来中国动漫产业发展成果展”。

中共中央政治局委员、中央书记处书记、中宣部部长刘云山，全国人大常委会副委员长、全国妇联主席陈至立，全国政协副主席、中国文联主席孙家正一同参观。中国传媒大学廖祥忠副校长代表全国动漫教育界向前来参观的领导介绍了十七大以来我国动漫教育的丰硕成果。此次展览主办方邀请中国传媒大学作为中国动漫教育界代表负责动漫教育成就展版块的策划、筹备等工作，体现了国家对中国传媒大学成绩的高度认可和肯定。（中国传媒大学科研处供稿）

20日　北京市哲学社会科学规划办公室召开“2012年北京市社科规划工作会议”。中共北京市委副秘书长、市社科规划领导小组副组长傅华出席并讲话，市社科规划办公室主任王祥武作了工作报告，市教委领导和北京地区有关高校、科研院所的科研管理部门负责人100余人出席了会议。（北京市哲学社会科学规划办公室供稿）

21日　全国非公有制企业党的建设工作会议在北京召开。中共中央政治局常委、中央书记处书记、国家副主席习近平会见会议代表并讲话。他强调，非公有制企业是发展社会主义市场经济的重要力量。非公有制企业的数量和作用决定了非公有制企业党建工作在整个党建工作中越来越重要，必须以更大的工作力度扎扎实实抓好。

习近平强调，非公有制企业面广量大、类型多样，各级党委要切实加强领导、落实责任，健全机构、配强力量，对民营、外资等不同规模、不同类型企业要注重分类指导，增强工作的针对性和实效性。

中共中央政治局委员、中央书记处书记、中央组织部部长李源潮参加会见并在会议上讲话。

中央和国家机关有关部门负责同志、各省区市和新疆生产建设兵团有关负责同志、部分非公有制企业党组织书记或出资人代表参加会议。

22日　据中国政府网消息，国务院日前同意并转发了国家发改委《关于2012年深化经济体制改革重点工作的意见》（以下简称《意见》)。《意见》从10个方面提出了2012年的改革重点工作：一是加快财税体制改革；二是深化金融体制改革；三是深化资源性产品价格和环保体制改革；四是深化收入分配和社会保障制度改革；五是深化文化体制改革；六是深化教育科技医药卫生等社会体制改革；七是推进行政体制改革；八是完善统筹城乡发展体制机制；九是深化涉外经济体制改革；十是积极推进综合配套改革试点。

在坚持和完善基本经济制度方面，《意见》提出3个要点。

一是完善国有资产管理体制。深入推进国有经济战略性调整；健全国有资本有进有退、合理流动机制，优化国有资本战略布局。继续推进国有企业公司制股份制改革，加快建立现代企业制度。健全国有资本经营预算与收益分享制度，提高国有资本收益用于社会公共支出的比重。

二是按照政企分开、政资分开的要求，研究制定铁路体制改革方案。深化电力体制改革，稳步开展输配分开试点，促进形成分布式能源发电无歧视、无障碍上网新机制，制定出台农村电力体制改革指导意见。提出理顺煤电关系的改革思路和政策措施。扩大三网融合试点范围。深化省级以下邮政监管体制改革。

三是抓紧完善鼓励引导民间投资健康发展的配套措施和实施细则。鼓励民间资本进入铁路、市政、金融、能源、电信、教育、医疗等领域，鼓励、引导民间资本进行重组联合和参与国有企业改革。完善扶持小型微型企业发展的财税金融政策，支持中小型企业上市融资，继续推进中小企业服务体系建设。深化流通体制改革。

《意见》提出，加快财税体制改革，稳步扩大营业税改征增值税试点行业和地区范围，适时扩大房产税试点范围；深化金融体制改革，积极培育面向小型微型企业和“三农”的小型金融机构，修订《贷款通则》，合理引导民间融资，深化利率市场改革，健全新股发行制度和退市制度等。

《意见》还提出，深化资源性产品价格改革，稳妥推进电价改革，实施居民阶梯电价改革方案，深化成品油价格市场化改革，择机推出改革方案；深化收入分配和社会保障制度改革，抓紧制定收入分配制度改革总体方案，规范公务员津贴补贴制度，推进事业单位实施绩效工资制度，改革国有企业工资总额管理办法，加快研究城镇企业职工基础养老金全国统筹方案。

23日　由市社科联主办的“学雷锋　手拉手——社科普及进校园”活动在大兴区旧宫镇明园学校举行，向全市79所打工子弟自办校赠送图书16000册。中宣部原常务副部长徐惟诚出席并讲述雷锋精神。龙新民同志和市委党史研究室主任谢荫明等出席。史秋秋同志主持。1000余名师生参加。（北京市社科联研究室供稿）

25日　北京华商会第四次会员代表大会暨2012年会在京召开。第十届全国政协副主席罗豪才，中国侨联副主席王永乐，北京市人大常委会副主任、北京市侨联主席李昭玲以及北京华商会会员300余人出席。

李昭玲代表北京市侨联向大会选举产生的理事、监事、常务理事及领导班子成员表示衷心的祝贺。她希望北京华商会新一届领导班子在提高凝聚力、影响力上下功夫，把更多精力放在华商会发展壮大上，使华商会成为北京市经济建设的重要力量。在北京华商会第四次会员代表大会上，选举产生了新一届理事、监事、常务理事及领导班子成员。山水文园投资集团董事局主席李辙当选为会长。

同日　全国出版界个人最高奖项韬奋出版奖今日在京揭晓，20名长期在出版界勤奋工作、在编辑出版岗位作出突出贡献的优秀人物受到表彰和奖励。

生活·读书·新知三联书店总经理樊希安、北京大学出版社社长王明舟、化学工业出版社总编辑潘正安、军事科学出版社编辑室主任潘宏、新世界出版社社长杨雨前、中国建筑工业出版社社长兼总编辑沈元勤、中国科技出版传媒集团党组书记向安全、中国青年出版总社总编辑胡守文、中国轻工业出版社副总编辑马静、中国社会新闻出版总社总编辑米有录、河北出版传媒集团副总经理张晨光等获奖。

据介绍，本届评选先由各省区市新闻出版局或版协初评，中国出版协会组织专家复评，新闻出版总署相关负责人和中国出版协会副理事长组成评委会进行终评，最终从近百名候选人中评选出20名获奖者。

29日　下午，清华大学五道口金融学院成立大会在清华大学主楼举行。中国人民银行与清华大学合作，在中国人民银行研究生部的基础上，建设清华大学五道口金融学院。五道口金融学院成为清华大学第十七学院。

教育部部长袁贵仁，中国人民银行行长周小川，中国人民银行原副行长、中国证监会原主席刘鸿儒，全国人大财经委员会副主任委员、中国人民银行原副行长吴晓灵，中国人民银行副行长胡晓炼，中国证监会副主席庄心一，中国保监会副主席周延礼，中国保监会原副主席魏迎宁，清华大学校长陈吉宁、党委书记胡和平、原校长顾秉林、副校长程建平等出席成立大会。副校长谢维和主持大会。

袁贵仁、周小川、陈吉宁、胡和平、刘鸿儒、吴晓灵共同为五道口金融学院揭牌。

成立大会上，胡和平宣读了《教育部关于同意中国人民银行研究生部并入清华大学的批复》，清华大学校务会议关于成立五道口金融学院的决定以及学院理事会和名誉院长、院长名单。周小川出任学院名誉院长，刘鸿儒出任学院理事会名誉理事长，吴晓灵出任学院理事会理事长，并担任首任院长。陈吉宁为他们颁发了聘书。（清华大学文科建设处供稿）

30日　中国人民大学和北京市通州区人民政府合作建设中国人民大学东校区协议签字仪式在学校世纪馆举行。教育部副部长鲁昕，北京市委常委、市委教育工委书记赵凤桐，北京市副市长陈刚，通州区区委书记王云峰、区长岳鹏，中国人民大学程天权书记、陈雨露校长，原校长纪宝成等出席。程天权书记表示，立足于建设通州东校区，学校将一举解决办学空间极其紧张这一最大发展瓶颈问题。带动学科建设、队伍建设、人才培养、提升国际性等各项事业发展，同时结合北京市区域发展定位，助力于完善北京教育发展格局，有利于改变北京教育发展总体上“西强东弱”的格局。（中国人民大学社科处供稿）

1—30日　为认真贯彻落实《国家中长期教育改革和发展规划纲要》，促进教育均衡发展，进一步提高中小学校长的教育理论水平和管理实践能力，开阔校长眼界，感受名校长先进的办学理念，零距离观摩内部管理全过程，学习成功的办学经验，北京市教育学会举办了“2012 春季校长研修实践班”。学员除专业理论学习外，还要进行20天的挂职跟岗实践活动。

挂职跟岗实践中，学员全面参与学校的教育教学管理活动，全面了解学校的办学理念、学校文化、教育教学情况、学校特色办学及管理流程等。学员列席学校行政例会、班主任例会、年级组教研组工作会、教学质量分析会，通过听课交流访谈，考察学校全方位管理流程，学习先进的经验。

受四川省教育学会的委托，为四川省40余名校长组织安排了10天的集中研修，并安排其到东城、西城的11所学校进行挂职学习。（北京市教育学会李文鸾供稿）

31日　首都文明办与首都地区5所高校院所举行共建首都精神文明建设研究基地签约成立仪式。此次成立的5个研究基地分别是：依托清华大学建立的首都网络文明研究基地；依托中国传媒大学建立的北京市美育与文明研究基地；依托北京市社科院建立的公共文明比较研究基地。据悉，近期，5个研究基地将突出“弘扬北京精神，推进首都公民道德建设，促进文化大发展大繁荣”，重点围绕“国家文化中心与精神文明建设”“北京精神与社会主义核心价值体系”“北京市民思想道德素质现状调查”“新媒体与文明传播”“雷锋精神与公民道德建设”等重大理论与实践课题进行研究。

4月

1日　共青团北京林业大学委员会、首都大学生环保志愿者协会、首都青少年生态文化研究中心联合举办“低碳生活，绿色北京”首都大学生第28届绿色咨询活动。同时，“高擎团旗，绿色长征”2012年绿桥、绿色长征活动启动仪式在校举行，游本昌、李素丽、吕薇、保剑锋、栗坤、鲍春来、胡佳、刘璇、郜丽华等受聘成为首都大学生“绿桥”暨全国青少年绿色长征活动“绿色志愿大使”。（北京林业大学科技处张力供稿）

7日　根据国际商学院联合会（The Association to Advance Collegiate Schools of Business，AACSB）的正式通知，经过AACSB董事会投票决定，清华大学经管学院正式通过了AACSB商学院及会计认证维护。这是在中国大陆商学院中率先通过该项知名国际认证维护。至此，经管学院国际认证的第一轮认证维护均已圆满完成。经管学院于2007年4月通过AACSB商学院认证，同年12月通过AACSB会计认证，2008年2月通过EQUIS认证，成为中国内地率先获得AACSB和EQUIS两大全球管理教育顶级认证的学院，是目前中国内地唯一同时拥有AACSB商学院认证、AACSB会计认证和EQUIS认证的商学院。2011年6月，欧洲管理发展基金会（European Foundation for Management Development，EFMD）正式公布清华经管学院通过EQUIS再认证。（清华大学文科建设处供稿）

13日　“2011年度全国十大考古新发现”的评选在北京揭晓。河南郑州老奶奶庙遗址暨嵩山东南麓旧石器遗址等入选“十大”。

这10个项目按年代排列分别是：河南郑州老奶奶庙遗址暨嵩山东南麓旧石器遗址，福建漳平奇和洞遗址，浙江余杭玉架山史前聚落遗址，内蒙古通辽哈民史前聚落遗址，四川宜宾石柱地遗址，湖北随州叶家山西周早期曾侯墓地，辽宁建昌东大杖子战国墓地，江苏盱眙大云山西汉江都王陵，山西大同云冈石窟窟顶北魏—辽金佛教寺院遗址，山东京杭大运河七级码头、土桥闸与南旺分水枢纽遗址。

15日　中华基督教青年会、中华基督教女青年会代表会议今日在京开幕。这是青年会、女青年会自新中国成立以来召开的首次代表会议。来自中国10个城市的代表、特邀代表及嘉宾共约180人参加了会议。

这次会议的主要任务是回顾青年会、女青年会发展历程，总结近年来的工作，提出新形势下工作任务和目标；修改青年会、女青年会全国协会章程；选举产生青年会、女青年会全国协会第一届理事会；理事会选举产生全国协会会长、副会长、聘任总干事。

青年会、女青年会是19世纪末相继传入我国的基督教性质的社会服务机构。百余年来，中国社会发展的不同历史阶段都留下青年会、女青年会的足迹。目前在全国10个城市有青年会、女青年会组织。

同日　上午，纪念邓广铭教授105周年诞辰座谈会暨《想念邓广铭》新书发布会在北京大学守仁国际中心举行。此次会议由北京大学历史学系、北京大学中国古代史研究中心和新世界出版社联合主办，由北京大学中国古代史研究中心主任荣新江教授主持。参加此次会议的有汤一介、宁可、吴荣曾、张传玺、白化文、马克垚、邢义田等著名学者和邓先生的同事及学生60多位，还有邓先生的亲属及新世界出版社相关负责人。《想念邓广铭》一书，是新世界出版社"想念大师丛书"系列之四，该书收录了邓先生的弟子、亲属撰写的回忆文章。作者以凝练的文字，从不同侧面讲述了先生渊博的学术造诣，回忆了先生"文革"之后"拨乱反正"，作为学术奠基人的影响力；通过贴切感人的点点滴滴，勾勒出一位眼界高远的历史教育家的感人形象，为广大读者了解、认识和学习邓广铭先生提供了一部真实可信的读本。（北京大学社科处供稿）

16日　2012年中国社会建设论坛暨第二届"社会学优秀成果奖"颁奖仪式在京举行。景天魁的《底线公平：和谐社会的基础》、王宁的《从苦行者社会到消费者社会——中国城市消费制度、劳动激励与主体结构转型》、张静的《现代公共规则与乡村社会》获优秀著作奖。风笑天的《独生子女青少年的社会化过程及其结果》、李强的《"丁字形"社会结构与"结构紧张"》、李友梅的《社会结构中的"白领"及其社会功能》、马戎的《理解民族关系的新思路》、沈原的《社会转型与工人阶级的再形成》、王春光的《新生代农村流动人口的社会认同与城乡融合的关系》获优秀论文奖。会上，还发布了中国社会学会名誉会长、中国社会科学院荣誉学部委员、北京工业大学人文社会科学院院长陆学艺教授的新著《社会建设论》（社会文献出版社出版）。

同日　北京市社科联按照"学会规范管理建设年"活动要求，自16—21日举办社科类社会组织规范化建设研讨培训班，希望通过分类指导、业务交流，提高所属社会组织规范化建设水平，提高社会组织"五种能力"，以适应北京市社科类社会组织发展的需要，适应首都文化大发展大繁荣的需要，适应人文北京、科技北京、绿色北京建设的需要。共有33家业务主管学会参加了为期5天的封闭式培训，邀请市社团办社团管理处干部侯庆权同志在培训班上作社会组织规范化建设辅导报告。（北京市社科联学会管理部供稿）

同日　教育部教育科学决策研究中心2012年学术年会暨现代职业教育体系建设规划编制工作座谈会在北京大学英杰交流中心召开。教育部副部长鲁昕，北京大学常务副校长柯杨，北京大学副校长刘伟出席会议并发言。来自教育科学决策研究中心各课题主要负责人，教育部有关司局代表，各地教育行政部门及相关处室代表，有关专家学者和行业企业界代表等参加会议。（北京大学社科处供稿）

同日　由英国使馆文化处和清华大学美术学院共同主办的"智慧课堂·探索新视野——安迪·格慈用简约镜头捕捉别样好莱坞"活动在清华大学美术学院报告厅举行。美术学院院长鲁晓波出席活动并致辞。此次活动邀请英国专业摄影协会前主席、国际摄影界先锋和作家安迪·格慈交流职业摄影生涯的起点和前进之路，介绍自己的摄影作品和项目，展示成为好莱坞一线摄影师的奥秘。全校共300余名师生参加活动。（清华大学文科建设处供稿）

23日　北京市委教育工委副书记唐立军等领导为北京联合大学"知北京、爱北京、荣北京"文化墙微缩版题跋，正式启动了"三知""三走""三育"这一主题教育活动。"三知"，即学生通过现场聆听讲座报告、参观名胜古迹、参加知识竞赛等不同形式"听北京""看北京""悟北京"，从而"知北京的文化底蕴、时代特征及精神品质"。"三走"，即带领学生走社区，深入基层社区开展志愿服务工作；走农村，在农村开展调研实践；走企业，开展专业实践。"三育"，即教师围绕"打基础""求创新""重美德"等关键词，培育学生良好的学习能力、牢固的专业技能、高尚的人格情操。（北京联合大学科研处供稿）

24日　北京市石景山区举行教育咨询委员会成立仪式，中国教育科学研究院教育政策研究中心主任吴霓等15位来自新闻、科研、教育等各行业专家学者成为首批委员会委员。这是北京市成立的首个区域教育咨询委员会。据了解，首届教育咨询委员会委员的任期为两年，将对石景山区"十二五"时期及未来教育发展和改革创新项目进行规划、咨询、督察和评估。石景山区教委主任叶向红认为，教育咨询委员会将发挥重要的智囊团作用，为区域教育工作科学发展提供有力支撑。

25日　国家社科基金年度项目立项评审工作会议在北京召开。刘云山出席会议并讲话，市社科规划办公室主任王祥武参加会议。次日，北京市哲学社会科学规划办公室利用中心组学习，贯彻刘云山同志在2012年度全国社科基金立项评审工作会议上的重要讲话，并结合传达贯彻会议精神进行了研讨。（北京市哲学社会科学规划办公室供稿）

26日　下午，"笔墨尘缘——冯远中国画作品展"在中国美术馆开幕。中共中央政治局委员、中共中央书记处书记、中宣部部长刘云山观看了展览。全国人大常委会副委员长华建敏，全国人大常委会副委员长、民革中央主席周铁农，全国政协副主席李金华、郑万通出席开幕式并剪彩。全国政协副主席孙家正发来贺信。国务委员兼国务院秘书长马凯参观了展览。中央政策研究室常务副主任何毅亭、中宣部副部长翟卫华、中国作协主席铁凝等，中国文联党组书记、副主席赵实，文化部党组成员、副部长王文章，清华大学校长陈吉宁，中国民间文艺家协会主席冯骥才，中国美术馆馆长范迪安等出席开幕式并致辞。开幕式由中国美术家协会常务副主席吴长江主持。

冯远出生于上海，曾是“北大荒”下乡知青，凭着爱好，耕读之余从事绘画。1974 年，他的作品入选全国美展，此后多次获奖。1978 年他入读浙江美术学院的研究生，毕业后留校任教，曾任浙江美术学院教务处处长、副院长、教授，1999 年任文化部教育科技司司长，2001 年任文化部艺术司司长，2004 年任中国美术馆馆长，现为中国文学艺术界联合会副主席、党组成员、书记处书记、中国美术家协会副主席、清华大学美术学院名誉院长。

此次展览由中国文学艺术界联合会、文化部、全国政协书画室、清华大学、中国美术家协会、中国美术馆联合主办，全面展示了冯远自 20 世纪 80 年代从浙江美术学院（现为中国美术学院）毕业以来 30 余年的美术创作历程。（清华大学文科建设处供稿）

27 日　北京师范大学心理学院与北京双高人才发展中心联合正式成立了国内首家“政治心理学研究中心”。北京师范大学心理学院院长许燕教授、北京双高人才发展中心主任袁方及受邀业内专家出席了成立仪式。许燕院长和袁方主任分别致词，北京双高人才发展中心副主任王璞和北京师范大学心理学院院长许燕在“政治心理学研究中心”成立仪式上共同签署了战略合作协议，并对“新形势下，政治心理学的热点研究课题的探索与思考；未来人才测评工具开发的新视角、新展望”进行了研讨。（北京师范大学社科处供稿）

同日　下午，首都高校 10 所院系共建联合体启动仪式暨践行“北京精神”学术交流会在首都师范大学国际报告厅举行。首都师范大学党委副书记林蓉蓉、缪劲翔，宣传部部长苏寄宛，关心下一代工作委员会副主任、政法学院博士生导师安云凤教授等出席大会。来自北京航空航天大学、北京交通大学、北京理工大学、北京林业大学、北京师范大学、北京语言大学等高校 10 所院系的党委副书记、研究生辅导员及研究生代表参加了本次活动。政法学院党委副书记李灵主持了大会。（首都师范大学社科处供稿）

28 日　实践“同心”思想，深化政治交接——各民主党派学习践行社会主义核心价值体系活动经验交流会在北京举行。中共中央政治局常委、全国政协主席贾庆林作出重要批示。

贾庆林在批示中指出，两年来，各民主党派通过开展多种形式的学习践行社会主义核心价值体系活动，取得了阶段成果，积累了宝贵经验。将这项事关多党合作事业发展的长期战略任务继续推向深入，责任重大，意义深远。希望认真总结经验，以“同心”思想为指导，着眼增进政治共识，深入搞好政治交接，不断丰富和展示学习践行活动的成果。

全国政协副主席、中共中央统战部部长杜青林出席会议并讲话。他指出，开展好学习践行活动，必须坚持思想教育与发挥作用相统一，继承传统与弘扬时代精神相结合，政治引导与自觉自主自为相促进，典型示范与整体推进相统筹。希望各民主党派以“同心”思想为引领，深化学习践行活动的丰富内涵，在充分讨论中析事明理，在交流碰撞中深化认识，使核心价值真正深入人心。把握学习践行活动的着力重点，突出弘扬优良传统、搞好政治交接，把各民主党派与中国共产党“同心”的理念和事业一代一代传下去，不断发扬光大。丰富学习践行活动的内容形式，着力服务科学发展、促进民生改善、推进民主政治建设、增进社会和谐，提升活动的价值和成效。进一步加强理论研究和科学谋划，发挥好先进典型带动作用，确保学习践行活动全面深入、扎实有效推进，更好地展现参政党的进步品质，有力彰显中国特色社会主义政党制度的独特优势。

会上，民革中央主席周铁农、民盟中央主席蒋树声、民建中央主席陈昌智、民进中央主席严隽琪、农工党中央主席桑国卫、致公党中央常务副主席王钦敏、九三学社中央主席韩启德和台盟中央主席林文漪分别就本党派开展学习践行活动情况作了发言。大家一致表示，要以“同心”思想为统领，继续推进学习践行活动深入开展，不断提高自身建设和履行职能的水平。

5月

8 日　上午，北京市委宣传部常务副部长王海平、市文资办筹备组负责人张慧光等一行 10 人，到首都师范大学文化研究院调研。首都师范大学校长兼文化研究院院长刘新成、文化研究院首席专家陶东风等出席座谈会。会议由刘新成校长主持。座谈会上，刘校长简要介绍了研究院的研究宗旨、组织机构和运行模式。陶东风教授详细阐述了文化研究院的定位、研究取向、主要工作以及与市委宣传部合作的意愿与可能性，指出研究院希望与市委宣传部建立长效、及时的沟通机制。民进首都师范大学主委、文化研究院学术委员会委员王德胜教授强调要以研究院为平台，充分发挥民主党派在首都文化建设中的作用。文化研究院研究人员蒋璐、盖琪和符鹏等分别就各自的工作领域和研究方向作了汇报。会后，王海平副部长一行在刘新成校长等相关领导的陪同下实地考察了文化研究院专家办公室、资料室、会议室等研究场所。（首都师范大学社科处供稿）

9日　市调查研究工作协调联席会组织召开了北京市调查研究工作会议。会议由市委副书记、市长郭金龙主持，中央政治局委员、市委书记刘淇作了重要讲话，市委常委、市委秘书长李士祥宣布2010—2011年度全市调查研究工作先进单位、优秀调查研究成果一等奖获奖名单。会议总结和部署了全市调查研究工作，表彰了25家2010—2011年度调查研究工作先进单位和100篇优秀调研成果，市发展改革委、市民政局、东城区代表获奖单位交流了调研工作经验。（中共北京市委研究室冀淑萍供稿）

11日　2012年北京两界联席会议专家顾问会议召开。孙小礼、何祚庥、吴季松、王友彭、陶铁男、习五一、邹昭晞等两界专家顾问，以及北京市社科联领导史秋秋、陈之昌、赵峰、刘颖、崔新建、梁立新，北京市科协领导夏强、田文等出席会议。会议由北京市社科联党组书记、常务副主席史秋秋同志主持，北京市社科联主席满运来同志出席会议并讲话。

会上，北京市科协党组书记、常务副主席夏强同志对2011年两界联席会议工作进行了总结。北京市社科联党组副书记、副主席陈之昌同志介绍了2012年北京两界联席会议工作设想。满运来同志作了总结发言。他首先对各位专家顾问长期以来对北京两界联席工作的支持表示了感谢，并对两界联席会议工作今后的发展提出了3点意见。一是北京两界联席会议制度经过十年探索和实践，在新的发展时期，应进一步思考并明确自身的定位。二是北京两界联席会议有着高层次的专家资源，多元化的学术资源以及丰富的信息资源，应思考如何使这些优质资源有更大的发挥空间。三是应思考如何让社会科学和自然科学在更大的平台上充分对话，实现两界学会、专家的真正合作，切实为首都经济社会发展作出更大贡献。（北京市社科联学术活动部供稿）

同日　下午，北京企业文博协会组织召开了企业博物馆现状调研座谈会，二七轨道交通集团、同仁堂集团、联通北京分公司、首农集团、自来水集团、排水集团、龙徽葡萄酒公司、励志堂科举匾额博物馆、东韵民族艺术博物馆等9家单位的博物馆负责人参加了此次座谈。协会会长张凤朝、市国资委副巡视员周荫良、协会常务副会长顾国源、协会秘书长梁丽以及企业博物馆现状调研组副组长高春香出席了座谈会。座谈会由协会常务副会长顾国源主持。（北京企业文博协会供稿）

13日　上午，清华大学新闻与传播学院十周年庆典在大礼堂举行。国务院新闻办公室主任王晨，国家新闻出版总署署长、清华大学新闻与传播学院院长柳斌杰，全国政协常委兼外事委员会主任、中国人民大学新闻与传播学院院长、清华大学新闻与传播学院顾问委员会主任赵启正，教育部党组副书记、副部长杜玉波，校党委书记胡和平分别讲话。庆典大会上还同时举行了“范敬宜新闻教育基金成立仪式”、“清华—数码视讯媒介融合实验室建成仪式”和“清华大学清新传媒教学科研实践全媒体平台启动仪式”，知名传媒人席伟航、曹景行、刘春、陈彤、敬一丹、白岩松、水均益、张泉灵、鲁健、柴静、闾丘露薇被聘为“清新传媒”的特聘导师。（清华大学文科建设处供稿）

14日　《北京公共服务发展报告（2011—2012）》发布会在北京市社会科学院召开。发布会由北京市社会科学院管理所施昌奎研究员主持，来自《北京日报》、《北京晚报》、《新京报》、《京华时报》、《中国社会科学报》、《参考消息·北京参考》、首都之窗网等媒体的记者参加了发布会。根据研究，当前北京市基本公共服务发展趋向标准化，城乡一体的均衡化格局已初步形成，基础教育“少有所学”，教育课程设置标准体系，学区化管理开始试点，“科技惠民”与“文化惠民”举措落实；市民“病有所医”，社区医疗标准化管理模式全面推广；市民“老有所养”，养老机构服务标准颁布，养老机构星级评定工作启动；市民“住有所居”，保障性住房各项标准进一步规范；网格化社会管理体系形成，食品、药品安全标准进一步提高，环保措施进一步加强。《报告》同时认为，北京基本公共服务城乡一体的均衡化格局虽然已初步形成，但与广大市民的需求和世界城市的标准相比还有不小的差距，“科技惠民”与“文化惠民”的实现路径需要进一步创新，公办幼儿园的缺口依然很大，城乡之间的社保差距尚存，流动人口的医疗和养老保险跨地区转移和接续还没有完全实现，核心区的交通拥堵依然严重，食品、药品安全问题隐忧尚存，环境质量有待进一步提高。（北京市社会科学院科研处供稿）

15日下午，中国—肯尼亚工会领导人座谈会在中华全国总工会举行。中华全国总工会书记处书记江广平和肯尼亚中央工会总书记弗朗西斯·埃特沃里、肯尼亚劳动部长约翰·穆尼耶斯·基永加先后讲话。双方均强调中肯友谊源远流长。肯尼亚中央工会总书记弗朗西斯·埃特沃里对中国工会在肯尼亚遭受严重旱灾时给予的2万美元援助以及为加强肯尼亚中央工会能力建设给予的大力支持表示真挚的感谢。相信此次会见必将进一步增进两国工会的相互了解，推动两国工会的友好合作。

中国劳动关系学院法学系主任姜颖教授、干部培训学院副院长李桃教授在座谈会上发言，介绍了学院发展现状，以及学院在工会、劳动关系研究和干部培训方面的情况，希望在全总领导下与肯尼亚中央工会劳工学院开展进一步交流。中华全国总工会基层部、保障部、女工部相关领导，中国水电建设集团、中国路桥工程有限责任公司和中国土木工程集团有限公司等相关负责人分别介绍了在肯尼亚及非洲地区企业创建和谐劳动关系的成功经验。（中国劳动关系学院科研处陈邓海供稿）

16日　北京市社会科学院与北京城市学院举行战略合作签字仪式。北京市社会科学院党组书记、院长谭维克，北京城市学院校长刘林出席签字仪式并致辞，谭维克在致辞中指出，北京市社会科学院与北京城市学院的战略合作创下了关于中国城市研究的数个“第一”，这次合作的意义就是希望以此为契机，实现组织协调、优势互补，建立全方位的“学研合作”新典范，从而促进双方的共同繁荣、共同发展。北京城市学院校长助理刘承水宣读了战略合作协议，北京市社会科学院副院长赵弘及各所处室负责人、城市所和《城市问题》编辑部全体人员参加了签字仪式。（北京市社会科学院科研处供稿）

同日　中国国际传播战略与发展研究中心（中国人民外交学会中国传媒大学研究基地）在京成立。

中心由中国人民外交学会和中国传媒大学合作创办，由中国传媒大学主要负责日常管理和运作，其建设目标为全球性研究和智库机构。中心的主要功能是，通过开展国际传播战略与发展学术研究活动，为政府、媒介机构及企业提供智力支持；组织国际学术论坛，建立国际传播话语平台；提供针对性的国际传播与公共外交人才培养与培训项目，提升公民公共外交意识与素养；定期出版学术研究刊物，建立全球性国际传播交流平台。

在理事会第一次会议上，全国人大外委会主任委员、前外交部部长李肇星被推举为名誉理事长，中国人民外交学会副会长、党组书记卢树民，中国传媒大学校长苏志武当选理事长。中心共聘任高级理事和理事32名。

在随后举办的“国际传播视阈下的人民外交与公共外交”研讨会上，全国政协外事委员会主任赵启正作主旨发言。与会理事和嘉宾就全力推动中国特色公共外交事业，提升中国国家形象与软实力，服务国家发展与对外工作大局进行了研讨。

17日　中国文联在京举行座谈会，纪念毛泽东《在延安文艺座谈会上的讲话》发表70周年。

全国政协副主席、中国文联主席孙家正出席座谈会并讲话。他说，纪念《在延安文艺座谈会上的讲话》（以下简称《讲话》）发表70周年，对于引导广大文艺工作者继承弘扬《讲话》精神，发扬党的文艺工作优良传统，深入贯彻落实党的十七届六中全会和全国九次文代会精神，坚持“二为”方向、“双百”方针和“三贴近”原则，以饱满的热情投身先进文化建设，努力开创文艺事业新局面，为建设社会主义文化强国贡献力量，具有十分重要的意义。他希望广大文艺工作者时刻把《讲话》的精神记在心头，真正把“爱国、为民、崇德、尚艺”的文艺界核心价值观体现在文艺作品中。

尚长荣、王晓棠、侯一民、李准、姜昆、冯双白、赵长青、宋祖英、王一川等9位艺术家、评论家结合自己的艺术实践和研究，畅谈了对《讲话》精神内涵和指导意义的理解，表达了践行文艺界核心价值观，以及为人民抒写、为人民放歌的信念。

同日　由北京大学经济学院和中国经济思想史学会联合主办，中国商业联合会老字号工作委员会、北京老字号协会和北京干部管理学院老字号研究基地协办，北京大学市场经济研究中心承办的首届“中华老字号”发展与创新论坛举行。来自北京大学、北京财贸职业学院、中国社会科学院等著名高等院校和科研机构的专家学者以及北京老字号企业界代表出席并发表演讲。《人民日报》、《光明日报》、《经济日报》、《经济学动态》、《经济科学》、《中国产经新闻》、《中国经济》、新华网、中国经济网、央视国际频道等多家媒体参与此次高端对话交流活动。（北京大学社科处供稿）

同日　在朝阳区广渠路36号院举行了北京市档案馆新馆奠基仪式，标志着档案馆建设向前推进。国家档案局局长、中央档案馆馆长杨冬权，时任市委常委、市委秘书长李士祥，市政府秘书长孙康林等领导同志出席。国家档案局有关部门和市委、市政府相关委办局领导，各区县分管档案工作领导以及来自全市各有关单位的档案工作者代表400余人参加了奠基仪式。（北京市档案局科教处胡晓燕供稿）

18日　教育部人文社科重点研究基地建设座谈会在中国政法大学召开，教育部李卫红副部长，社科司杨光司长、何健处长、徐青森处长，中国政法大学黄进校长、朱勇副校长、张保生副校长，以及来自北京高校的教育部人文社科重点研究基地负责人参加了会议。座谈会由杨光司长主持。来自北京大学、清华大学、北京师范大学、中国人民大学、北京外国语大学、北京语言大学和首都师范大学的重点研究基地主任分别介绍各自基地建设的经验。（中国政法大学科研处刘璐供稿）

20日　中国教育学会第七次会员代表大会在京召开，并选举产生第七届理事会。教育部部长袁贵仁希望中国教育学会坚持学术立会、服务立会、规范建会，继续为教育科学发展贡献力量。会议选举产生了由 270 位理事组成的中国教育学会第七届理事会，钟秉林当选会长，郭振有等 20 位同志当选副会长，杨念鲁当选秘书长。

23 日　中国传媒大学—新华通讯社通信技术局下一代网络技术研究中心（以下简称中心）在中国传媒大学举行揭牌仪式。新华社通信技术局副局长陈明祥、中国传媒大学副校长高福安出席仪式，并共同为中心揭牌。

该中心由中国传媒大学与新华通讯社通信技术局共同创建，主要负责下一代网络新技术的科学研究、人才培养、学术交流，推动新兴交叉学科的发展和新一代网络技术的进步。该中心为学术研究实体，设置主任、学术委员会，陈明祥副局长和高福安副校长担任中心主任，办公室设在计算机学院。启动仪式上，计算机学院院长王永滨对中心的任务及前期工作作了整体介绍。（中国传媒大学科研处供稿）

24 日　雷锋精神是中华民族精神的重要内容，哺育和激励了一代又一代人成长。由中宣部宣教局主办，中国文明网承办的弘扬雷锋精神网上座谈会今天在京举行。鞍钢矿业公司齐大山铁矿采场公路管理员郭明义，上海“南京路上好八连”指导员闫永祥，湖北武汉百步亭社区党委副书记、管委会主任王波，山东淄博原山林场党委书记孙建博，中国伦理学会副会长、清华大学教授、博士生导师吴潜涛等 5 人进行主题发言，并与广大网友交流，共同探讨如何学习践行雷锋精神。

据统计，当天的网上座谈会浏览量为 279.7 万次，网友留言 1238 条。

27 日　《中国改革报告 2012》正式出版。该书由北京改革和发展研究会负责编辑，北京市社科联资助。

中国改革已经进入十分关键的历史新阶段，在新的历史阶段里，一些深层次的东西被触及，如何解决经济持续快速增长与资源环境约束的矛盾，如何解决经济快速增长的巨大潜力同经济增长的体制机制存在缺陷的矛盾，如何解决经济总量、物质财富的不断增加与城乡差距、贫富差距扩大的矛盾，如何解决经济发展、社会进步同公共治理滞后的矛盾等诸多问题，是改革需要进行研究的问题，也是中国社会各阶层乃至国际社会共同关注的问题。

《中国改革报告 2012》站在全新的角度，以事实为依据，对以上问题进行深入分析，从理论上分析一些问题的症结所在，并结合实际提出针对性政策建议，供决策部门参考之用，无论从理论角度还是实践角度，都具有积极的意义。

报告全方位论述了 2011 年度中国在经济、政治、社会文化等各个领域改革发展状况，围绕社会各界普遍关注的，如食品安全与卫生、公共慈善事业、政府三公支出、社会公共治理等不同领域的热点话题，对 2011 年度中国改革进行全面总结和评述，并约请相关领域知名专家，针对一些深层次的问题进行剖析，提出政策性建议。

28 日　首届中国（北京）国际服务贸易交易会在北京国家会议中心开幕。中共中央政治局常委、国务院总理温家宝出席开幕式并发表了题为“在扩大开放中推动服务贸易发展”的演讲。

老挝总理通辛，卡塔尔首相哈马德，津巴布韦总理茨万吉拉伊，肯尼亚副总统穆西约卡，萨摩亚副总理福诺托，世界贸易组织、联合国贸发会议、经合组织负责人，中共中央政治局委员、北京市委书记刘淇，澳门特区行政长官崔世安等出席了开幕式。

开幕式前，温家宝参观了交易会综合展示区。展示区由主题核心展区、省市展区、港澳台展区、国际展区、央企展区、跨国公司展区等 6 部分组成，展示了国内外服务贸易领域发展现状和最新成果。温家宝参观了国电公司环保节能技术服务项目、北京市科技创新与文化创新“双轮驱动”典型项目、中关村国家自主创新示范区标志性企业项目、摩托罗拉软件和服务项目、美国通用电气集团公司远程会诊系统项目等。

经国务院批准，由中华人民共和国商务部和北京市人民政府共同主办的中国（北京）国际服务贸易交易会，自 2012 年起每年在北京举行。

29 日　中国光彩事业基金会第二届一次理事会议在京召开。全国政协副主席、中央统战部部长杜青林会见与会人员。

中央统战部副部长、全国工商联党组书记、第一副主席全哲洙在会上讲话指出，中国光彩事业基金会既是服务社会公益事业、支持扶贫开发的社会组织，也是践行“同心”思想、促进“两个健康”的重要载体。在新的形势下，光彩事业基金会必须要准确把握面临的发展形势，努力提升自身的发展水平，充分发挥理事的模范作用，为推动光彩事业发展和社会事业建设作出更多贡献。

全哲洙强调，要进一步加强光彩事业基金会的制度建设，实现捐赠透明、资助透明、管理透明，切实提升公信力；要强化队伍建设，加大工作队伍的业务培训和思想教育，不断提高工作专业水平和能力。

会议选举产生了中国光彩事业基金会第二届理事会，中国民间商会副会长谢伯阳当选为理事长，王玉锁、卢志强、张近东、张永珍、胡文新、郭广昌、曹德旺当选为副理事长；李河君任监事长。会议还审议通过了中国光彩事业基金会工作报告、《中国光彩事业基金会章程》修订案。

中国光彩事业基金会成立于2005年。成立以来，广大非公有制经济企业和非公有制经济人士通过中国光彩事业基金会捐赠了12.4亿元，在灾害救助、教育、医疗、环保、新农村建设、文化传承和保护等领域开展了卓有成效的工作，有力推动了公益事业发展。

30日　由中国社会科学院当代中国研究所、中华人民共和国国史学会联合主办的纪念胡乔木同志100周年诞辰座谈会在京召开。全国人大原副委员长、中国延安精神研究会会长李铁映发来贺信。中共中央文献研究室原主任滕文生、逄先知，中华全国新闻工作者协会名誉主席、全国政协原常委邵华泽，国防大学原副校长侯树栋，全国政协原副秘书长卢之超，中国社会科学院副院长、当代中国研究所所长、中华人民共和国国史学会副会长李捷，中国社会科学院原副院长、当代中国研究所原所长、中华人民共和国国史学会常务副会长朱佳木，求是杂志社原总编辑有林等出席会议。

李捷在致辞中说，胡乔木同志是我们党内不可多得的理论大家、思想大家和大学问家，为我们党的思想理论建设立下了汗马功劳。他参与起草了许多重要的中央文件，在革命、建设和改革的各个历史时期作出了重要贡献。胡乔木同志还是党的文献事业、党史研究工作、国史研究工作的开创者和领导者，他高度重视创建国史馆的工作，并对党的文献编辑与研究、中共党史研究、国史研究提出了许多富有真知灼见的思想观点。在哲学社会科学经历了“文化大革命”的严重破坏百废待兴之际，胡乔木同志受党中央委托，担任了中国社会科学院第一任院长。他大力倡导实事求是、理论联系实际的学风，领导制定哲学社会科学研究规划，带动和培养了一大批忠诚于党、忠诚于祖国、忠诚于人民的哲学社会科学的领军人才和中坚力量，为哲学社会科学的繁荣和发展作出了巨大贡献。

朱佳木在发言中说，胡乔木是中华人民共和国史编研事业的重要开拓者和奠基人。他不仅积极倡导、支持和推动国史编研的开展，而且在繁忙的公务活动中挤出时间致力于编研国史，潜心解决国史编研中的各种重大和疑难问题，为党领导的国史编研事业作出了不可磨灭的贡献。

出席座谈会并讲话的还有新闻出版署原署长、国家出版局原局长宋木文，中共中央党史研究室原副主任沙健孙，中共中央顾问委员会原副秘书长黎虹，军事科学院军事百科研究部原部长贺捷生，中国音乐家协会名誉主席、解放军艺术学院原院长傅庚辰，解放军出版社昆仑图书编辑部副主任丁晓平，胡乔木同志女儿胡木英等。

31日　凌晨1点59分，周汝昌先生在家中溘然辞世，享年95岁。逝世前，老人留下遗愿：不开追悼会，不设灵堂，安安静静地离开这个世界。

周汝昌逝世的消息传开后，好友、后学纷纷表示悼念。《农民日报》记者、作家王景山悲痛不已：“周老身体一直不好，就靠一股子精气神支撑着，黑白颠倒，只为‘红楼’。他是我们做人治学的楷模。”红学家邓遂夫称周汝昌“将一生都献给了红学”，正如他曾经自称的那样，“为芹辛苦见平生”。红学家梁归智则表示，周汝昌不仅是位红学家，还是中华文化学家，他的逝世是中华文化的损失，“老人虽已离去，但他留下的精神和研究方式仍将泽被后世。”

6月

1日　《中国可持续发展国家报告》在北京正式发布。国务院新闻办举行新闻发布会，国家发展和改革委员会副主任杜鹰介绍报告情况，并答记者问。杜鹰表示，我们坚持了开发式扶贫的方针，10年来，中国的贫困人口从9422万减少到2688万人，贫困发生率从10.2%下降到2.8%。

在介绍我国在可持续发展领域采取的举措和成效方面，杜鹰说，1992年联合国可持续发展大会以后，中国在1994年率先发布了国家级的可持续发展战略行动，也就是《中国21世纪议程》，在1996年又把可持续发展上升为国家战略。

杜鹰介绍说，我们实行了最严格的耕地和水资源的保护制度，用占全球不到10%的耕地和人均仅有世界平均水平28%的水资源，养活了占全球1/5的人口。我们坚持了开发式扶贫的方针，是最早实现联合国千年发展目标中贫困人口比例减半目标的国家。在生态建设方面，我们先后实施了天然林保护、退耕还林、退牧还草等一系列重大的生态工程，20年累计建成人工林9.25亿亩。我们还坚定不移地实施节能减排，加大环境污染的治理力度。2005年以来，中国的单位国内生产总值能耗下降了21%，二氧化硫和化学需氧量排放总量分别下降了16%和14%。

2日　马克思主义理论研究和建设工程在京召开工作会议，对8年来的工作进行系统总结，对深入推进工程进行全面部署。中共中央政治局常委李长春出席会议并讲话。他指出，要深入贯彻党的十七届六中全会精神，以高度的理论自觉和理论自信深入推进工程，更好地推动党的思想理论建设，推动哲学社会科学繁荣发展，为党的十八大胜利召开营造良好的思想理论氛围。

李长春指出，实施马克思主义理论研究和建设工程，是以胡锦涛同志为总书记的党中央，从深入推进马克思主义中国化时代化大众化、坚持和发展中国特色社会主义事业的战略高度，作出的一项重大决策。工程实施8年来，在党中央的高度重视和直接领导下，取得了重要阶段性成果，为推进党和国家事业发展作出了贡献。实践证明，党中央作出实施马克思主义理论研究和建设工程的决策是完全正确的。通过工程实施，进一步高扬了马克思主义旗帜，创新了理论工作机制，打开了繁荣发展哲学社会科学的突破口，搭建了培养马克思主义理论人才的重要平台，有力促进了党的思想理论建设和哲学社会科学繁荣发展。马克思主义理论研究和建设工程，不愧是关系中国特色社会主义事业发展全局的战略工程、生命工程、基础工程。

李长春强调，必须充分认识深入推进工程对党和国家事业长远发展的战略意义，以对党对人民对历史高度负责的精神，把马克思主义理论研究和建设工程不断引向深入，加强理论创新和学术创新，继续推进充分反映马克思主义中国化最新成果的哲学社会科学学科体系和教材体系建设；加强对重大理论和现实问题的研究阐释，引导干部群众更好地统一思想、凝聚共识；进一步加大工程的宣传力度，充分展示党的思想理论建设的丰硕成果；深入开展对外交流，努力扩大我国在国际学术领域的话语权和影响力；继续发挥工程的纽带和桥梁作用，大力加强马克思主义理论队伍建设。各级党委和有关部门要把工程摆在重要位置，加强领导，作出部署，精心组织，使这项重大战略部署得到更好的贯彻落实。

中共中央政治局委员、中央书记处书记、中宣部部长刘云山主持会议。中共中央政治局委员、国务委员刘延东、全国政协副主席、中国社会科学院院长陈奎元出席会议。

中央宣传思想工作领导小组成员，马克思主义理论研究和建设工程主管单位负责人，工程咨询委员会委员，课题组部分首席专家，中国特色社会主义理论体系研究基地负责人，各省、自治区、直辖市和新疆生产建设兵团党委宣传部及教育厅（教委）、教育局主要负责人，教育部部分直属高校和各省区（市）重点综合高校主要负责人，中央主要新闻单位负责人，共 320 人参加了会议。徐光春、袁贵仁、王伟光、刘树成在会上作了发言。

4 日　记者从教育部获悉，今年高校学生思想政治状况滚动调查已结束。调查反映，当前高校学生思想主流继续保持积极、健康、向上的良好态势。另外，网络在学生获取信息中的主要渠道地位进一步提升，微博在学生中的影响进一步扩大。

调查表明，广大高校学生坚决拥护党的领导，坚持中国特色社会主义道路，拥护我国基本经济政治制度。91.4% 的学生认为应该增强我国各族人民对伟大祖国、中华文化和中国特色社会主义道路的认同。

调查表明，大学生高度认同并积极践行社会主义核心价值体系，具有良好的道德认知和较强的社会责任感。97.9% 的学生认同“社会主义核心价值体系是兴国之魂，是社会主义先进文化的精髓”；98.7% 的学生认同“诚信是做人之本”；97.8% 的学生认同“青年是祖国的未来、民族的希望，也是我们党的未来和希望”。学生认同“大学生应当走在公民道德建设的前列”“人生的价值在于奉献”“在考虑利益问题时，应首先考虑国家利益和集体利益”等观点的比例也呈现逐年上升趋势。

调查显示，高校学生入党意愿持续高涨，学生基层党组织建设取得积极进展，学生党员质量不断提升。近八成的学生表示有入党愿望，与近年来的比例基本持平。将“追求理想信念”作为入党动机的学生比例比 2011 年高出 8.3 个百分点，连续 3 年排在入党动机的首位。

另悉，今年已经是该项调查实施的第二十一年，在京、津、黑、沪、浙、赣、鲁、豫、鄂、粤、川、滇、陕、宁、新 15 个省（区、市）和新疆生产建设兵团进行取样，同时在上海开展了网络调查。

同日　人社部发布统计公报：公报显示，截至 2010 年年底，人才资源总量稳步增长，全国人才资源总量达到 1.2 亿人，比 2008 年增加 780 万人，人才资源总量占人力资源总量的比重达到 11.1%。从 1978—2011 年年底，各类留学回国人员总数达 81.84 万人。全年留学回国人员总数为 18.62 万人，比上年增长 38.08%。2011 年年末全国就业人员 76420 万人，其中城镇就业人员 35914 万人。农民工总量为 25278 万人，其中外出农民工数量为 15863 万人。

持外国人就业证在中国工作的外国人共 24.19 万人，持台港澳人员就业证在内地工作的台港澳人员共 9.46 万人。

公报显示，城镇非私营单位在岗职工年平均工资为 42452 元，同比增长 14.3%。城镇私营单位就业人员年平均工资为 24556 元，同比增长 18.3%。

6 日　首都文化创新与文化传播工程研究院成立大会在北京师范大学英东学术会堂举行。教育部副部长李卫红，中共北京市委常委、宣传部部长、副市长鲁炜，北京市委宣传部常务副部长王海平，北京市社科联党组书记史秋秋，北京市文资办党组书记张慧光，北京市社科院党组书记、院长谭维克，教育部社会科学司司长杨光，北京市编办、市教委、财政局、人力社保局、社科规划办等有关单位领导，北京师范大学党委书记刘川生，常务副校长董奇，副校长葛剑平、陈光巨、郝芳华，党委副书记田辉，副校长曹卫东，校长助理张凯，以及北京师范大学相关职能部处负责人、知名专家学者出席了成立大会。会议由北京市委副秘书长傅华主持。（北京师范大学社科处供稿）

同日　下午，首都师范大学在实验楼报告厅举办党建研究中心成立仪式暨党的先进性与纯洁性建设报告会，中央党史研究室副主任高永中、北京市委副秘书长张建明、北京市委宣传部理论处处长贺亚兰出席会议并讲话，北京市委党校教授、首都师范大学政法学院77级校友姚桓应邀作党的先进性与纯洁性建设报告。首都师范大学党委书记张雪，党委副书记林蓉蓉、缪劲翔，纪委书记潘亮以及全校中层干部参加了会议。党建研究中心成立仪式、党的先进性与纯洁性建设报告会分别由纪委书记潘亮、党委副书记缪劲翔主持。（首都师范大学社科处供稿）

10日　中央编译局全球治理与发展战略研究中心成立大会在京举行。中央编译局局长衣俊卿表示，积极参与全球治理，发挥中国在促进世界发展中的重要作用，是中国不可回避的战略选择。

中央编译局副局长、全球治理与发展战略研究中心主任俞可平介绍，全球治理与发展战略研究中心将重点开展五方面的职能：一是组织协调全球治理与发展战略研究领域重点课题的研究，二是承担中央决策部门的调研课题，三是开展对外学术交流与合作，四是编辑出版全球治理和发展战略的研究成果，五是举办全球问题专业培训。

中央有关部委、联合国开发计划署等国际组织的代表，以及部分高校的专家学者参加了成立大会。

11日　上午，主题为“科学发展观视域中的政府管理”的首届科学报告会在国家行政学院隆重开幕。国家行政学院党委书记、常务副院长李建华出席首届科学报告会开幕式并作重要讲话。国家行政学院党委委员、副院长何家成，周文彰，党委委员、纪委书记杨文明，党委委员、教务长杨克勤等院领导出席开幕式，并共同为首届科学报告会揭幕。中共中央党校副校长李书磊、中国社会科学院副院长武寅、国防大学科研部副部长秦天、中央社会主义学院副院长张峰、北京大学常务副校长吴志攀、中国人民大学副校长查显友、北京师范大学副校长韩震、清华大学文科处副处长仲伟民、中国社会学会名誉会长、中国人民大学一级教授郑杭生、中国行政管理学会执行副会长兼秘书长高小平、中国政治学会常务副会长王一程、中国宏观经济学会副秘书长、国家发展改革委员会司长杜迅力、北京行政学院副院长姚光业等国家公务员培训机构、在京部分高校和学术团体的有关负责同志作为嘉宾应邀出席了首届科学报告会开幕式。开幕式上，国家行政学院教师代表应急管理培训部副教授钟开斌，在院学习的学员代表第11期青干班学员、共青团贵州省委组织部部长蒋云丽和全国行政学院系统代表北京行政学院副院长姚光业发言。会议主持人还宣读了有关高校和学术团体对国家行政学院科学报告会召开发来的贺信。

国家行政学院各部门各单位教职员工、在院各班次学员代表以及中央新闻媒体记者近400人参加了科学报告会开幕式。（国家行政学院科研处项纪旸供稿）

12日　北京人民艺术剧院建院60周年座谈会在北京人民大会堂举行。中共中央政治局常委李长春，中共中央政治局委员、北京市委书记刘淇，中共中央政治局委员、书记处书记、中宣部部长刘云山，中共中央政治局委员、国务委员刘延东发来贺信。

李长春在贺信中说，60年来，北京人艺始终坚持社会主义先进文化前进方向，认真贯彻落实党的文艺方针政策，在继承中创新，在创新中发展，创作出许多深受人民喜爱的精品剧目，涌现出一大批德艺双馨的艺术家，培养出一代代艺术新人，为满足人民精神文化生活、繁荣我国文艺事业、推动中华文化走向世界作出了重要贡献。今天的北京人艺，已经成为享誉世界的著名文化品牌，成为具有重要国际影响力的艺术殿堂。

60年来，北京人艺排演了《茶馆》《雷雨》《龙须沟》《骆驼祥子》《狗儿爷涅槃》《天下第一楼》《李白》《窝头会馆》《我们的荆轲》《我爱桃花》《有一种毒药》《屠夫》《关系》等300多部中外剧目，演出场次数以万计。

15日　在联合国教科文组织授予北京“设计之都”仪式上，联合国教科文组织副总干事格塔丘·安吉达表示，北京将主流文化纳入发展战略的道路是与联合国教科文组织的目标相一致的。全国政协副主席林文漪，北京市市委副书记、市长郭金龙和格塔丘·安吉达出席仪式并为北京“设计之都”标志揭牌。

“设计之都”设立于2004年，是联合国教科文组织创办的“创意城市网络”中的一部分。入选城市须经过严格的评审程序。北京市委市政府高度重视设计产业发展，从推动社会主义文化大发展大繁荣，发挥首都全国文化中心示范作用的高度，将设计产业融入科技和文化创新双轮驱动战略，取得了显著成绩，设计产业已成为北京文化创意产业的一支生力军。目前，北京拥有各类设计企业2万余家，设计从业人员近25万人；拥有798艺术区等30个设计产业集聚区，汇集上万家企业；涌现出绿色制版印刷等一系列重大科技成果；具有了建设“设计之都”的强大资源基础。

格塔丘·安吉达向市委常委、宣传部部长、副市长鲁炜颁发了“设计之都”批准函。

副市长苟仲文主持仪式。科技部党组成员、科技日报社社长王志学，文化部党组成员、部长助理高树勋出席。

同日　上午，中欧应急管理合作项目启动暨中欧应急管理学院揭牌仪式在国家行政学院隆重举行。

国家行政学院党委书记、常务副院长李建华，欧盟委员会人道主义援助和危机应对委员格奥尔基耶娃出席揭牌仪式并致辞，为中欧应急管理学院揭牌，并与中欧双方负责相关事务的高层官员共同为中欧应急管理项目全面启动剪彩。

国家行政学院党委委员、副院长何家成、洪毅、周文彰，中央机构编制委员会办公室副主任张崇和，国务院食品安全委员会办公室副主任李继平、国家煤矿安监局副局长兼总工程师王树鹤、国务院应急管理办公室主任陈建安，国家行政学院党委委员、教务长杨克勤，以及欧盟驻华代表团副大使卡门卡诺、欧盟委员内阁成员丹尼·查比等中外嘉宾出席揭牌仪式。揭牌仪式由洪毅主持。

揭牌仪式后，中外双方嘉宾还参观了刚刚落成并投入使用的国家行政学院应急管理中心公寓楼、中欧应急管理学院办公室和港澳培训中心。

活动结束后，格奥尔基耶娃女士还在国家行政学院作了题为“中国—欧盟：发展伙伴关系共建从容应对危机的世界”的主题演讲。

格奥尔基耶娃女士的随行人员、欧盟有关官员、欧盟成员国驻华使节，联合国、亚洲基金会等国际组织代表，以及来自中央编办、外交部、国家发改委、工信部、公安部、民政部、国土资源部、环保部、商务部、卫生部、国资委、安全监管总局、中国地震局、中国气象局、国务院食品安全办、国务院应急办等有关部委办有关领导，地方政府应急管理机构、省级行政学院及应急管理培训基地等有关负责人，中外高校、研究机构、企业的专家代表，中外新闻媒体记者约 200 多人出席了当天的揭牌仪式和有关活动。（国家行政学院科研处项纪旸供稿）

同日　首届明德师范教育奖励基金在北京颁奖，来自北京师范大学、华东师范大学等 8 所师范院校的 24 名教师和 480 名学生获此殊荣。

在颁奖大会上，教育部副部长杜占元表示，师范院校要抓住契机，不断改革创新，全面提高教师培养质量，把师范生的培养工作作为学校的核心工作来抓，调动学校及社会各方面力量，持续支持师范生的培养工作，形成国家政策支持、社会力量辅助、师范院校执行的教师培养平台。

明德师范教育奖励基金由实业家钟瀚德先生捐资 4680 万元设立，旨在奖励和支持师范院校德才兼优的在校师范生和教师，鼓励他们刻苦学习钻研，不断提高自身素质，成为能担负教育兴国重任的优秀人才。

18 日　北京市社会科学院廉政文化理论研究的重要科研成果——《中国古今官德研究》丛书正式面世，同时举行了隆重的出版发行座谈会。该书旨在弘扬中国优秀传统文化，将传统官箴教育与当代廉政教育相结合，切实加强党员领导干部从政道德教育。市委、市政府对丛书出版给予了极高的重视。中央政治局委员、市委书记刘淇为丛书作序，并在座谈会上发表了重要讲话。市委副书记、市长郭金龙，市委副书记、市政协主席王安顺，市委常委、秘书长李士祥，市政府秘书长孙康林以及市委、市政府各委办局负责同志、各区县委书记出席座谈会。座谈会由市委常委、宣传部部长、副市长鲁炜主持。座谈会上，市委常委、市纪委书记叶青纯对《中国古今官德研究》的提出背景及丛书主要内容作了介绍。（北京市社会科学院科研处供稿）

同日　北京市国有文化资产监督管理办公室挂牌成立，这是全国首家省级国有文化资产监督管理机构。成立当天，10 家银行与北京市文资办签约，承诺为北京文化产业发展每年提供 1000 亿元授信额度，11 家企业签订总投资额 608 亿元文创合作项目。

据悉，北京市创新文化管理体制，按照“管人管事管资产管导向”的要求，组建国有文化资产监督管理机构，统筹规划和实施文化改革发展相关工作，负责文化投资、资本运作、国有文化企事业单位资产管理及文化创意产业园区、重大文化项目、重点文化工程的规划立项和组织实施。

据介绍，北京市文资办成立后，将履行国有文化资产出资人职责，确保国有文化资产保值增值，推进所监管文化企事业单位改革重组，建立现代企业制度，打造文化“航母”，促进文化产业发展，落实文化创新与科技创新“双轮驱动”战略，做强做大文化产业。

19 日　中共中央政治局常委、中央书记处书记、国家副主席习近平 6 月 19—20 日先后到北京大学、中国人民大学、清华大学就加强和改进高校党建工作进行调研，并召开座谈会听取意见。他强调，加强和改进高校党的建设要继续坚持和贯彻好正确的指导原则，紧紧围绕服务大局和促进高等教育事业科学发展这一主题来开展，围绕培养中国特色社会主义事业合格建设者和可靠接班人这一根本来推进，围绕贯彻好党委领导下的校长负责制这一领导体制来加强，围绕抓好基层打牢基础这一重要支撑来深化，为高校改革发展稳定提供坚强保证。

上午，习近平来到北京大学环境科学与工程学院，了解大气污染细颗粒物研究、水污染治理研究情况和党建工作情况。之后，他又来到考古文博学院，观看“考古科学 90 年、考古专业 60 年成果展”，了解学院党建创新项目情况，对他们把“支部建在考古队上”和党员群众“手拉手”等创新做法给以肯定。

在中国人民大学《资本论》教学研究中心，习近平仔细询问中心教学和科研情况，与教师亲切交谈。在图书馆新馆，习近平认真观摩正在进行的“红船领航”新生党员马克思主义经典研习会，听取同学们学习经典著作的体会。

下午，习近平视察了清华大学校史馆，在工程物理系安全科学与技术研究所与青年教师进行交流，在化学工程系了解可再生资源综合利用与深度开发研究及应用情况。

在清华大学紫荆操场，习近平与国防生代表和毕业生代表进行了交谈。当了解到他们中有的将投身军队和国防建设事业，有的志愿去西部基层建功立业，有的准备潜心科研事业时，习近平勉励他们坚持把文化知识学习和思想品德修养紧密结合起来，把创新思维和社会实践紧密结合起来，把全面发展和个性发展紧密结合起来，在艰苦环境中砥砺意志，在实践锻炼中增长本领，在奉献祖国中成长成才，充分利用所学知识、充分发挥聪明才智，书写充实、美好、灿烂的人生。

20日上午，习近平在清华大学主持召开高校党建工作座谈会，在听取教育部负责人和北京大学等5所高校党委书记的发言后作了讲话。他强调，高校是重要的教育阵地，也是重要的思想文化阵地。各级党委要牢牢把握社会主义大学的办学方向，切实加强和改进高校思想政治工作，强化大学生思想政治教育，强化教师队伍特别是青年教师队伍的思想政治建设，加强辅导员队伍建设，加强党员队伍建设，坚持党建带团建，不断提高高校党建工作科学化水平。

中共中央政治局委员、北京市委书记刘淇，中共中央政治局委员、国务委员刘延东，一同参加调研并出席座谈会。中央有关部门负责同志，在京部分高校党委书记和部分高校院系党组织负责人、优秀共产党员、青年教师、辅导员、班主任、学生代表，共70余人参加了座谈会。

同日 中国和平统一促进会今天在京召开第十一次海外统促会会长会议，来自74个国家和地区的127个海外统促会组织负责人等160余人参加会议。

中央统战部副部长、中国和平统一促进会秘书长尤兰田出席会议并讲话。她说，第十次海外统促会会长会议以来，海外各统促会坚持两岸关系和平发展主题，深入挖掘各自优势，开展了大量卓越有成效的工作，保持了反“独”促统的活跃势头，形成了坚持一个中国原则、反对“台独”的强大声势，维护了两岸关系和平发展的良好局面，为两岸关系承前启后、稳中求进作出了积极贡献。

出席会议的代表还列席了中国和平统一促进会八届二次理事大会，深入交流了新形势下推动反“独”促统的经验、思路和措施。会后，海外统促会负责人将赴湖南长沙、湘潭、株洲等地参观考察。

同日 世界知识产权组织保护音像表演外交会议上午在北京开幕，中共中央政治局委员、国务委员刘延东出席开幕式并致辞。

刘延东在致辞中提出，知识产权与科技进步、文化繁荣相伴而生，保护知识产权是全球推动经济发展和社会进步的必然要求和共同选择。多年来，世界知识产权组织致力于建设兼顾各方利益、有利于方便获取的国际知识产权制度，促进了创新成果的应用和保护，为维护国际社会公共利益作出了积极贡献。

开幕式前，刘延东会见了世界知识产权组织总干事高锐一行。

同日 为了弘扬传统文化、践行北京精神，北京市社科联精心设计制作了有关端午节和北京精神的社科普及系列宣传折页10万余册，即日起将发放到全市16个区县社区、村镇。（北京市社科联研究室供稿）

21日 为进一步研究阐释、宣传弘扬北京精神的丰富内涵，引导广大干部群众更好地认知、认同和践行北京精神，由市委宣传部组织编写的《北京精神通论》由北京出版社正式出版发行。市委书记刘淇为本书作序。

刘淇在序言中指出，北京精神是首都贯彻落实党的十七届六中全会精神的重要思想成果，是建设中国特色世界城市进程中高度的文化自觉和文化自信的体现。北京精神发布以来，在全市干部群众中引起强烈反响和广泛共鸣。学习北京精神、弘扬北京精神、践行北京精神、宣传北京精神，已经成为全市人民的自觉追求。用北京精神引领社会思潮、引领道德风尚、引领城市建设，已成为首都经济社会发展的时代强音。

22日 适逢世界知识产权组织“保护音像表演外交大会”召开，作为配套活动之一的第四届中国国际版权博览会在京开幕。

由新闻出版总署（国家版权局）、工业和信息化部、国家广电总局、文化部等共同举办的版博会，旨在为我国知识产权战略与中国文化“走出去”战略的实施创造有利条件，并为加速实现文化创意及版权产业成果转化提供国际化、专业化的交流、交易平台。

本届版博会的主宾国是俄罗斯。版博会期间将举办中国版权产业权威信息发布会、国际影视音乐版权论坛、中国网络文学数字出版论坛、推动中国演出市场版权保护及交易等多项活动。各国代表将通过这些活动了解中国版权产业的发展。

25日 中共北京国际城市发展研究院委员会正式成立，这是市社科联所属160家社会组织中成立的第一个基层党委，市社科联党组副书记陈之昌到会祝贺，并被聘为该委员会党建指导委员会顾问。中央党校原副校长李君如、朝阳区委书记陈刚、市委社会工委副书记张坚等领导出席。（北京市社科研究室供稿）

同日 上午，教育部社科司副司长徐维凡到清华大学马克思主义学院，参观“人间正道——第二届清华大学学生中国近现代史纲要课程因材施教美术创作作品展”。常务副院长艾四林陪同参观，并简要介绍学院近几年在思想政治理论课教学中实施因材施教的情况。徐维凡仔细观看了同学们的参展作品，对清华大学思想政治理论课近几年的改革和建设给予了高度评价，他说，结合学生的专业特点进行因材施教，是提高思想政治理论课教学实效性的行之有效的途径，希望马克思主义学院的老师们深入总结因材施教经验，凝练和升华教学理念，在全国发挥示范作用。（清华大学文科建设处供稿）

同日　中国传媒大学经济与管理学院和澳大利亚默多克大学媒体传播与文化学院共建的“亚太传媒经济与传播管理研究中心”揭牌仪式在中国传媒大学举行，胡正荣副校长出席揭牌仪式并致辞。胡正荣副校长在致辞中表示，“亚太传媒经济与传播管理研究中心”是中国传媒大学与默多克大学积极探索多种合作模式的重要成果之一，在此良好的合作基础上，两校将在合作科研、共同举办国际会议、合作出版学术刊物以及师生交换等领域展开更加深入的合作。

“亚太传媒经济与传播管理研究中心”旨在推进中澳双方在传媒经济与传播管理方面的合作研究，共同举办传媒经济与传播管理方面的国际会议，合作出版学术刊物，促进中澳双方教职工的交流互访并开展学生交流及合作教育项目等。（中国传媒大学科研处供稿）

26日—7月2日　台湾中国文化大学劳工关系学系师生一行33人前来中国劳动关系学院进行学术交流访问。访问团由徐广正教授和陈正良教授率领，人员包括该校劳工关系和人管等学科的研究生和本科生。

中国劳动关系学院劳动关系系主任乔健副教授与中国文化大学劳工关系学系徐广正教授代表双方签署教学与研究合作意向书。双方达成加强学术研讨交流、促进师生交流、开展课题合作和学术刊物合作等四项合作意向。其后，文大劳工关系学系与中国劳动关系学院劳动关系学生举行了别开生面的校际模拟集体谈判对抗赛暨交流会。中国劳动关系学院劳动关系系教师乔健和闻效仪还为访问团分别作了大陆劳动关系和人力资源管理教育和现状的学术报告。此次文化大学师生的来访，对促进两岸劳动关系教育的相互了解及深化校际教学和科研合作，具有重要意义。（中国劳动关系学院科研处陈邓海供稿）

26日　北京交通大学隆重举行徐寿波院士《技术经济学》第五版首发式暨北京交通大学中国技术经济研究中心成立大会。教育部社会科学司司长杨光、全国哲学社会科学规划办公室副主任姜培茂、北京市哲学社会科学规划办公室主任王祥武、中国教育科学研究院副院长刘建丰出席会议。徐寿波院士介绍了《技术经济学》第五版的写作历程并介绍了中国技术经济研究中心的发展设想。校党委书记曹国永就进一步推动学校哲学社会科学繁荣发展发表了讲话。（北京交通大学科技处供稿）

27日　北京市社科联、中国中共党史学会在中共中央党史研究室礼堂共同举办“党史讲堂”开讲仪式暨首场报告。中共中央党史研究室主任、中国中共党史学会会长欧阳淞，中共中央党史研究室副主任、中国中共党史学会常务副会长李忠杰，中国中共党史学会常务副会长龙新民，北京市委副秘书长傅华，北京市社科联主席满运来，北京市委党史研究室主任谢荫明，北京市社科联党组副书记刘颖，海淀区委常委、宣传部部长陈名杰等领导出席。开讲仪式后，欧阳淞同志以“党的全国代表大会与党和国家事业发展”为主题作报告。中共中央党史研究室、中国中共党史学会、北京市社科联、北京市委党史研究室、海淀区有关街道社区党员干部群众参加了开讲仪式，并听取报告。

开讲仪式由中共中央党史研究室副主任、中国中共党史学会常务副会长李忠杰主持。中国中共党史学会常务副会长、中央党史研究室原副主任龙新民，北京市委副秘书长傅华分别致辞。欧阳淞主任和北京市社科联主席满运来为“党史讲堂”开讲揭幕。（北京市社科联社科普及部供稿）

27日　经过精心筹备，北京企业文博协会出版了第一期《京企文博》杂志，该杂志为季刊，到2012年底已经出版了3期。杂志设置内容包括，工作交流、文博研讨、百家论坛、特别报道、企博巡礼、知识之窗及协会动态等十几个栏目。杂志主要发送给上级单位、协会会员、企业博物馆及国资委所属企业等。《京企文博》在协会与会员、企业博物馆之间搭起了沟通交流的桥梁，也为会员和博物馆之间搭建了互相学习、交流的平台。（北京企业文博协会李然供稿）

28日　中央编译局首次对国外媒体开放。来自印度尼西亚、印度、巴基斯坦、泰国、马来西来和孟加拉国6个国家的18名记者走进中共中央编译局，饶有兴致地参观了马克思主义传播史展览馆，考察了中央文献翻译部，并与中央编译局局长衣俊卿等进行了对话与交流。孟加拉国《万众一心报》记者迈努尔·阿拉姆说：“这是一个很重要的机会，让我对中国革命有了深刻的了解。”马来西亚《新海峡时报》记者阿兹曼·阿卜杜尔·哈米德看着经过几代人不懈努力翻译的厚厚的马恩书籍，留言：“有重要历史意义的伟大著作。”巴基斯坦《每日时报》记者拉希德·拉赫曼写下了“大量的著作，奋斗的历史”的感言。

同日　上午，首都师范大学附属学校合作共同体启动大会暨学术报告会在首都师范大学附属育新学校举行。首都师范大学原校长杨学礼，校长助理孟繁华，基础教育发展研究院执行院长郑开义等特邀出席，首师大附中、首师大附属育新学校等11所附属学校校长、中层干部、教师等共40余人到会。启动大会由首都师范大学基础教育发展研究院执行院长郑开义主持。自1958年首师大附中挂牌起，首师大附属学校的规模现已扩展至11所，从城区到远郊、从京城到京外，涵盖了基础教育的每个阶段。合作共同体的正式启动，标志着首都师范大学附属学校的建设与发展进入了一个全新的阶段。（首都师范大学社科处供稿）

30日　以“文化传承、创新和发展”为主题的2012年海峡两岸大学生科技与文化交流营在北京科技大学开营，来自台湾16所大学的近150名大学生与内地大学生一起感受中华传统文化魅力。北京科技大学校长徐金梧在开营仪式上表示，文化传承离不开科技创新，科技既是文化的工具，又对文化形成反作用，凝练、升华文化的内在品质和特征。多年来，北科大与台湾多所大学建立了深厚的友谊，并在科技、人文与社会等领域开展了富于成效的交流与合作，惠及两岸学子，造福两岸学林。

7月

3日　由中华全国台湾同胞联谊会组织的2012年台胞青年千人夏令营今天在北京举行开营仪式。千余名来自海外及台湾的青年，与来自北京高校200位优秀大学生志愿者一起汇聚北京，展开丰富多彩的夏令营活动。

开营仪式由全国台联会长梁国扬致欢迎词，全国政协前副主席张克辉宣布“2012年台胞千人夏令营北京总营正式开营”。海峡两岸关系协会副会长王富卿、全国政协港澳台侨委员会副主任楼志豪等人分别为各分团授了团旗。

以“龙脉相传·青春中华”为主题的台胞青年夏令营从2004年首次举办以来，迄今为止已连续举办9届，累计有万余名台胞青年参与了该项活动。

同日　上午，由北京外国语大学东西方关系中心，尼山圣源书院、北京四海孔子书院、武汉大学国学院、山东大学儒学高等研究院、北京外国语大学英语学院和英国密德萨斯社区大学联合举办的“第二届国际尼山儒学与中华文化师资班（2012）”结业典礼在北京四海孔子书院隆重举行。本届师资班于2012年6月6日开班，历时1个月，来自国内外的17名学员圆满完成了培训目标，顺利结业。

在为期1个月的中国传统文化经典培训中，学员初步了解了比较文化学的基本原理，较为系统地学习了《大学》《论语》《中庸》《老子》和庄子等儒道经典。此外辅以经典电影欣赏、太极拳、冠礼、书法、围棋、吟诵、中医等丰富多彩的文化体验课。该项目旨在培养一批具备比较文化的思维素质、掌握比较哲学方法论的教师或预备教师，为中国10多年来的国学复兴运动带来更深入的思考、鲜活的动力的崭新前景。

6日　上午，北京工商大学MBA综合管理实践项目启动仪式在北京工商大学阜成路校区举行。副校长谢志华教授出席了本次活动，北京建工集团、北汽福田汽车集团、神州英才咨询公司、基镇源国际信息咨询公司、北京新发地农产品批发市场等企业的高层管理者与北京工商大学研究生部主任杨德勇、商学院院长王国顺、商学院党总支书记欧阳爱平、商学院副院长张翔及MBA教师、学生参加了此次活动。MBA中国网、《中国教育报》、速途网等媒体参加了会议。启动仪式由北京工商大学MBA中心执行主任刘文纲主持。（北京工商大学科研处王葳供稿）

7日　下午，“国博百年·中国雕塑百年作品展”在中国国家博物馆开幕。展览由中国国家博物馆和中国雕塑学会共同主办，为国博百年庆典系列活动之一。清华大学美术学院雕塑系教师的23件作品参加展览。文化部副部长王文章，北京市委常委、宣传部部长、副市长鲁炜，中国文联副主席、清华大学美术学院名誉院长冯远，副校长谢维和，中国国家博物馆馆长吕章申，中国国家画院院长杨晓阳，中国美术家协会副主席吴长江，清华大学美术学院院长鲁晓波、党委书记赵萌，中国雕塑学会会长、清华大学美术学院雕塑系主任曾成钢出席开幕式。展览是对20世纪中国现代雕塑的学术性总结和时代性展示，较为系统地展示了20世纪中国雕塑艺术发展的学术脉络，凸显了20世纪现代雕塑艺术对中华民族艺术精神的表现，代表了20世纪中国现代雕塑的发展水平。展览于2012年12月31日结束。（清华大学文科建设处供稿）

10日　下午，贯彻全国文物工作会议精神座谈会在京召开。文化部部长蔡武出席会议并讲话。

蔡武强调，全面准确把握全国文物工作会议精神，就是要客观评价文物事业发展的巨大成就，切实增强发展文物事业的责任感和紧迫感，牢固树立建设文化遗产强国的奋斗目标，严格遵循文物工作的基本方针，明确全社会保护文物的共同责任，落实文物工作的重点任务。蔡武指出，必须扎实推进文化遗产强国建设，一要建立基础工作长效机制，提升文物保护能力；二要创新文物保护传承体系，建设中华民族共有精神家园；三要深化博物馆免费开放，保障人民基本文化权益；四要拓展文物利用途径，不断提高文物事业对促进发展、惠及民生的贡献；五是周密实施“十二五”规划，确保实现发展目标；六要切实抓好今年重点工作，迎接党的十八大胜利召开。

国家文物局局长励小捷在总结会议时部署了下半年的重点任务。他要求全面启动国有可移动文物普查，继续做好文物安全防范和不可移动文物保护工作，开展全国文博人才队伍建设专题调研，抓好社会文物流通管理和职业道德建设，切实加强预算安排、执行工作，提前谋划2013年工作布局。

11日　中国政法大学、吉林大学、武汉大学共建司法文明协同创新中心签约揭牌仪式在北京举行。在签约仪式上，中国政法大学、吉林大学和武汉大学的校领导首先签署了三校共建司法文明协同创新中心协议。教育部党组成员顾海良、最高人民法院副院长张军、最高人民检察院副检察长孙谦、公安部科信局局长厉剑，为中国政法大学、吉林大学、武汉大学司法文明协同创新中心揭牌。（中国政法大学科研处刘璐供稿）

12日　北京市教育学会网站正式开通。随着互联网等现代化信息手段的普及，公众的信息渠道日益丰富，网站的开通，是北京市教育学会在信息化建设基础之上，建立起跨学科的、综合的业务应用系统，是提高社团组织效能的关键环节。（北京市教育学会张宏、李文鸾供稿）

同日　由台湾海基会副董事长兼秘书长高孔廉率领的海基会文化创意参访团一行13人，考察了北京尚8文化集团。海峡两岸关系协会副秘书长张胜林、北京市台办主任马玉萍等陪同考察。高孔廉表示，文化创意产业相较于其他行业来说起步比较晚，其发展需要从创意、创新和创业三方面来提升品质和规模，两岸文创产业既有共同点，也有不同点，给双方提供了很多交流和合作机会。尚8文化集团创始人薛运达表示，尚8正在结合自身优势，积极与台湾文化创意产业相关部门和企业加强沟通联系，为两岸文创企业搭建沟通桥梁和服务平台。

14日　在京举行的中国法学会研究会会长会议提出，各法学研究会要积极组织法学专家和法律工作者投身到建设社会主义法治话语体系工作中，用中国的法学理论研究解读中国法治实践、中国法治道路，打造具有中国特色的法治话语体系。

中国法学会党组书记、常务副会长陈冀平对研究会工作提出要求：要组织开展更加务实的法学研究和法学交流活动；要处理好坚持正确政治方向和学术自由的关系；要处理好中国特色和吸收借鉴的关系；要坚持理论研究与应用研究并重；要特别注重法律实施问题的研究，要建立良好的学术氛围，增强研究会的活力和影响力，大力推进理论创新，要探索建立跨学科、跨专业、跨部门的综合应用型研究机制，注重探索把握法学研究成果应用转化规律，完善研究成果的应用转化机制，建立和完善法学研究成果的评价体系和激励机制，扩大我国法学在世界上的话语权。

来自中国法学会53个研究会的会长、副会长、秘书长、常务理事参加了会议。

15日　由北京市中国特色社会主义理论体系研究中心组织编写、中央党史研究室研究员李颖所著的通俗理论读物《党代会现场：99个历史深处的细节》，近日由党建读物出版社出版发行。该书是市中国特色社会主义理论体系研究中心为迎接党的十八大胜利召开而策划组织编写的，被国家新闻出版总署列为迎接党的十八大主题出版重点出版物。本书通过有关历次党代会的99个相对独立又紧密勾连的问题，真实再现了中国共产党的成长历程。著名党史专家张静如、章百家等对本书给予高度评价。（北京市社科联研究室供稿）

17日　新版《马克思画传》《恩格斯画传》和《列宁画传》出版座谈会在京召开。中共中央政治局委员、中央书记处书记、中宣部部长刘云山致信祝贺，充分肯定画传出版的意义和作用，并对加强马克思主义经典著作的学习、研究和宣传提出要求。

刘云山在贺信中指出，我们党历来重视马克思主义经典著作的学习，重视经典作家生平事迹的研究。由中央编译局编纂、重庆出版集团和中央编译出版社联合出版的三部画传，以《马克思恩格斯文集》《列宁专题文集》的编译成果为基础，用生动的图片、朴实的文字，全面展示了马克思、恩格斯和列宁的卓越贡献，有助于读者特别是青年读者深切感悟他们的光辉品格、深刻领会他们的宝贵思想，是宣传普及马克思主义经典著作的重要读物，是推进马克思主义大众化的有益尝试。

会议认为，马克思主义经典著作深刻蕴含和集中体现着马克思主义基本原理，包含着经典作家汲取人类探索真理的丰富思想成果。十六大以来，我们党在学习运用马克思主义经典著作、推动马克思主义中国化时代化大众化方面做了大量工作，取得了显著成效。巩固马克思主义在意识形态领域的指导地位，巩固全党全国各族人民团结奋斗的共同思想基础，迫切要求我们立足于新的时代条件和社会实践，切实加强马克思主义经典著作的学习、研究和宣传，推动研究解决改革发展中的实际问题，进一步增强理论自觉和理论自信，把中国特色社会主义事业不断推向前进。

中宣部常务副部长雒树刚在座谈会上讲话，中央文献研究室常务副主任杨胜群、中央党校原副校长李君如、新闻出版总署副署长邬书林、教育部党组成员顾海良、光明日报社总编辑何东平、中国人民大学教授庄福龄在座谈会上发言。中央编译局和重庆市委宣传部有关负责同志介绍了画传编纂出版的情况，有关部门负责同专和专家学者共100余人参加座谈会。

19日 《当代北京社会生活史话丛书》座谈会召开。北京市人大常委会原副主任、当代北京史研究会会长范远谋，北京市社科联党组书记史秋秋同志出席座谈会并讲话。当代北京编辑部主任陶一凡主持座谈会。与会者对当代北京编辑部历时7年组织编写并陆续出版的这套39本、反映北京60年来社会发展与百姓生活密切相关的方方面面变化的丛书给予高度评价。市委宣传部理论处相关负责人、丛书作者、读者以及来自北京高校、相关实际工作部门、新闻出版单位的30余人参加座谈会。（北京市社科联研究室供稿）

同日 北京市社科联在海淀区委党校成立决策咨询调研基地。市社科联和海淀区委相关领导为基地揭牌并对基地发展规划提出详细的工作要求。市社科联决策咨询调研基地的成立，将为及时掌握市情舆论、促进学术交流、凝聚核心人才、开展决策咨询服务提供强有力的支持。（北京市社科研究室供稿）

20日 全国社会管理综合治理工作会议20—21日在北京召开。中共中央政治局常委、中央政法委书记、中央社会管理综合治理委员会主任周永康出席会议并讲话。他强调，要准确把握我国国情和人民群众期待要求，善于把握新时期社会管理的规律特点，相互学习借鉴成功经验，坚持民生优先、服务为先、基层在先，进一步从源头上、根本上、基础上搞好社会管理，努力实现经济社会全面协调可持续发展。

周永康要求，各地各部门要加强组织领导、统筹协调，着力搞好整体规划、加强法制建设、完善体制机制，由点到面、突出重点、远近结合、上下联动抓好落实，坚持求真务实，不唱空调子，不搞花架子，真正在取得群众满意的实效上下功夫，为改革发展稳定奠定更加坚实的社会基础。要广泛宣传各地各部门创造的好经验、取得的新成效，进一步动员组织各方面力量积极支持参与社会管理；加强社会管理理论研究，为实践创新提供坚实的理论支撑；加强国际交流合作，学习借鉴国外社会管理的成功经验，使中国特色社会主义社会管理之路越走越宽广。

中共中央政治局委员、中央政法委副书记、中央综治委副主任王乐泉，中共中央政治局委员、中央书记处书记、中央综治委副主任刘云山和国务委员、中央综治委副主任马凯分别主持了有关会议。国务委员、中央综治委副主任孟建柱，全国政协副主席，中央综治委副主任钱运录出席会议。各省、自治区、直辖市和新疆生产建设兵团，各省会城市和计划单列市综治委主任，中央和国家有关部门及全国社会管理创新综合试点地区的负责同志约500人参加会议。

23日 启功先生百年诞辰日，“纪念启功先生百年诞辰——启功遗墨展”开幕式暨《启功全集》首发式在国家博物馆拉开帷幕。展览由北京师范大学、全国政协书画室、中国文学艺术界联合会、九三学社中央、中国国家博物馆、故宫博物院等单位联合举办。（北京师范大学社科处供稿）

26日 在三联书店创建80周年之际，中共中央总书记、国家主席、中央军委主席胡锦涛致信三联书店，向全体员工和离退休老同志表示热烈的祝贺和诚挚的问候。

胡锦涛指出，80年来，三联书店始终秉持爱国进步立场，在我国革命、建设、改革各个历史时期，编辑出版了一大批优秀图书和刊物、赢得了一大批忠实读者，为传播先进思想、弘扬优秀文化促进社会发展作出了积极贡献。

胡锦涛强调，在深化文化体制改革、推动社会主义文化大发展大繁荣的新形势新任务面前，希望三联书店坚持走中国特色社会主义文化发展道路，以创建80周年为契机，创新体制机制，发挥特色优势，不断推出思想性、知识性、可读性有机统一的精品出版物，为建设社会主义文化强国贡献新的力量。

党和国家领导人吴邦国、温家宝、李长春、习近平、李克强分别向三联书店创建80周年表示祝贺。

下午，三联书店创建80周年庆祝大会在北京人民大会堂举行。会前，李长春亲切会见了与会人员，并同大家合影留念。

中共中央政治局委员、中央书记处书记、中央宣传部部长刘云山出席庆祝大会并讲话。中共中央政治局委员、国务委员刘延东致信祝贺三联书店创建80周年并出席庆祝大会。

李瑞环、李岚清、严隽琪、陈奎元、孙家正和邹家华、许嘉璐等也以不同方式对三联书店创建80周年表示祝贺。

庆祝大会上新闻出版总署署长柳斌杰、中国出版集团公司总裁谭跃、三联书店总经理樊希安、三联书店作者代表金冲及、三联书店老员工代表吴道弘作了发言。

中央宣传思想工作领导小组成员、中央和国家机关有关部门负责人参加庆祝大会。

29日 第十二届海外侨界高层次人才为国服务活动7月29日—8月1日在北京启动。中国侨联副主席王永乐和北京市人大常委会副主任、北京市侨联主席李昭玲对海外30位专家学者携带50多项高新技术项目来京，为北京市经济社会发展服务表示感谢，并表示，各级侨联将一如既往地竭诚为海外侨界人才在京发展服务。

由中国侨联和北京市侨联共同举办的海外侨界高新技术人才为国服务活动至今已成功举办了12届，共吸引了50多个国家的600多人次海外侨界高层次人才参加，其中，有40多位海外高层次人才在北京发展，有50多个高科技项目在北京落地，总投资超过数十亿元。

本届为国服务团成员分别来自美国、日本、加拿大、澳大利亚、德国等国家，其中80%以上是博士，主要从事高新技术研究推广工作，他们携带的高新技术项目涵盖了科技、医疗、软件开发、融资信贷、现代企业管理、低碳环保节能、农业新技术等领域。

8月

5日　北京大学中国社会科学调查中心召开“中国家庭动态跟踪调查”研讨会，发布《中国民生发展报告·2012》。教育部和国家计划生育委员会相关部门负责人，来自清华大学、中国人民大学、中国社会科学院等院校和科研机构的专家学者，北京大学部分职能部门的负责人、社会科学相关院系的负责人和专家出席了会议。新华社、《人民日报》《光明日报》《中国青年报》《中国教育报》《北京青年报》《北京日报》的记者也参加了本次会议。(北京大学社科处供稿)

10日　上午，第十五届海峡两岸大学生新闻营师生一行80余人访问清华大学新闻与传播学院，开展交流活动。新闻与传播学院副教授周庆安为新闻营师生作题为《大陆媒介生态与社会舆论变革》的专题报告，并就新闻媒体与社会发展、新闻工作者的专业素养等话题与新闻营师生进行互动交流。海峡两岸大学生新闻营活动由国台办新闻局和全国新闻工作者协会港澳台部共同主办，自2004年至今已举办15届，已被列为国台办每年两岸新闻交流的重点项目。本届新闻营活动吸引了来自清华大学、北京大学、中国人民大学、中国传媒大学、复旦大学、厦门大学、内蒙古大学、台湾世新大学、台湾政治大学等近20所高校的80余名师生参与。(清华大学文科建设供稿)

15日　由国家发展和改革委员会与中国人民大学共建的国家社会发展研究院成立仪式在中国人民大学明德主楼举行，国家发改委副主任朱之鑫，教育部副部长刘利民，中国人民大学校长陈雨露，国家发改委社会发展司司长王威、副司长王凤玲和彭福伟，教育部社会科学司副司长张东刚，中国人民大学常务副校长冯惠玲、原常务副校长袁卫等出席。仪式上，王威司长与冯惠玲常务副校长代表共建双方签署协议。(中国人民大学社科处供稿)

16日　中共中央编译局在16—17日于北京举行的“新马克思主义的问题意识与马克思主义的时代化”高峰论坛上宣布，中央编译局国外马克思主义研究中心成立，并推出《新马克思主义评论》刊物。

据介绍，国外马克思主义研究中心主任由中央编译局局长衣俊卿教授兼任；其主要职能是，为党和国家的领导机构提供关于国外马克思主义及左翼理论方面的资讯，为中央决策服务，为党的理论建设服务。该中心承担两大研究任务：一是新马克思主义发展史研究，这一研究侧重于思想史的维度，将用新的理论视野重新梳理、评价新马克思主义的人物与流派；二是对新马克思主义理论出现的新动向、新趋势跟踪研究，这一研究侧重于现实地着力展现马克思主义在面对资本主义和社会主义的新问题时所作出的新回应。目前，研究中心有六大主要研究方向：一是新马克思主义发展史研究；二是经典人物或流派的重新评介；三是东欧新马克思主义研究；四是20世纪70年代以来欧美新马克思主义研究；五是后马克思主义研究；六是当代左翼政治理论研究。

在国外马克思主义研究中心成立同时，中央编译局创办了以刊载国外马克思主义研究优秀译文为主的刊物——《新马克思主义评论》。该刊每辑将集中研讨一位著名思想家或一个学派，围绕一个主要理论范畴或概念展开专题探讨，选择国外著名学者讨论此问题的重要学术论文10至15篇。本刊第一系列为“西方马克思主义早期经典人物”，首先推出《卢卡奇专辑》《柯尔施专辑》《葛兰西专辑》，随后将全面展开“新马克思主义前沿系列”。

18日　我国首个马克思主义协同创新中心——“马克思主义与中国道路协同创新中心”在中国人民大学揭牌成立。教育部副部长李卫红，教育部党组成员、国家教育行政学院院长、协同创新中心主任顾海良，人大校长陈雨露，复旦大学党委副书记陈立民，中山大学党委副书记李萍，武汉大学党委副书记骆郁廷，中央编译局秘书长杨金海，中国社会科学院当代中国研究所副所长张星星，教育部社科司司长杨光，人民大学常务副校长冯惠玲等出席会议。陈雨露校长表示，人民大学作为一所以人文社会科学为主的高等学府，牵头成立协同创新研究中心，就是用实际行动来落实党中央、国务院和教育系统有关提高高等教育质量，推进文化大发展大繁荣和繁荣哲学社会科学的指示、文件、和会议精神。中心将按照中央提出的推进马克思主义理论研究和建设工程，大力推进协同创新，培养造就一批马克思主义理论家，特别是中青年理论家，力争通过5至10年的建设，在人民大学建设国内一流、世界知名的思想库。(中国人民大学社科处供稿)

20日　清华大学法学院与最高人民检察院公诉厅在京签署战略合作框架协议。根据协议，双方将互设公诉理论研究与法学教育实践基地，联合开展高端公诉人才法学研究生学历教育，合作开展公诉理论与实践课题研究。19名公诉人将进入清华大学参加首届高端公诉人才法学硕士班学习。最高人民检察院副检察长朱孝清、清华大学副校长谢维和出席签约仪式并讲话。最高人民检察院公诉厅厅长彭东和法学院院长王振民分别代表合作双方签署协议。（清华大学文科建设处供稿）

26—30日　由亚洲幼儿体育学会主办，首都体育学院、北京大学妇女体育研究中心联合承办的第八届亚洲幼儿体育大会在首都体育学院举办，大会以“运动，健康，快乐，聪慧”为主题，吸引了来自亚洲和其他地区的百余名学者参与。

教育部体卫艺司司长王登峰、中国教育学会体育与卫生分会理事长宋尽贤、北京市教委体美处处长王东江、北京市妇联主席赵津芳，来自中国台湾的幼儿体育协会理事长周宏室教授等领导和嘉宾出席了大会开幕式并发表了热情洋溢的致辞。

本次会议深入研讨幼儿体育与发展、幼儿体育与健康、幼儿体育课程与教学等方面的问题，为中国幼儿体育的研究者和实践者提供了一个向国外、境外专家学习的好机会，能更好地促进中国父母重视体育在幼儿身心发育中的核心地位，帮助幼儿教育工作者科学指导幼儿参与体育运动。（首都体育学院罗笛供稿）

27—31日　北京市属国有企业董事长研修班在清华大学经管学院举办。北京市委常委、常务副市长李士祥，市委组织部副部长闫成，市国资委党委书记、主任周毓秋，清华大学副校长邱勇，经管学院院长钱颖一、教培处处长邓丽曼等出席开学仪式并致辞。

来自北京市大中型国有企业的45位董事长参加学习。本次研修班主题为“创新发展理念，增强企业核心竞争力”。（清华大学文科建设处供稿）

28日　在民政部和国台办的共同指导下，海峡两岸婚姻家庭协会成立大会和第一次会员大会在北京举行。民政部部长李立国和国台办主任王毅出席成立大会并致辞。

大会选举产生了协会第一届理事会、常务理事会和协会负责人，窦玉沛当选为协会会长。窦玉沛表示，协会将从服务为先起步，逐步增强海峡两岸对协会的认同，要为两岸婚姻当事人搭建服务平台，为两岸婚姻家庭合作交流构建服务载体，为相关部门提供咨询服务。

据了解，两岸婚姻家庭作为连接两岸同胞的血脉纽带，是传承中华民族根脉、传播两岸爱情亲情、传递和平发展信念的重要力量，已被誉为两岸三通之外的第四通。截至目前，已有32万多对两岸同胞喜结连理，这一群体还在以每年1万—2万对的速度增长。

29日　中共北京市委党史研究室召开平北抗日根据地党史资料征集座谈会。段苏权、张孟旭、陆平、詹大南、伍晋南、钟辉琨、吴涛、曾威、葛震、王亢等平北抗日根据地老同志的亲属代表及平北抗日战争纪念馆负责人到会。座谈会上，老同志亲属先后发言。在回顾先辈开辟、坚持、巩固、发展平北抗日根据地艰苦卓绝战斗历程的同时还就平北抗日根据地的战略意义、冀热察挺进军成立的国际国内背景及重要贡献、平北抗日根据地政权建设等展开了热烈讨论，为编写《平北抗日根据地史》提供了宝贵线索，对根据地史研究提出了恳切的期望和建议。（中共北京市委党史研究室第一研究处陈丽红供稿）

30日　教育部公布2011年全国教育事业发展统计公报。教育部相关负责人表示，在“十二五”开局之年，教育事业改革发展取得重大进展。

在义务教育方面，2011年，全国共有小学24.12万所，比上年减少1.62万所；招生1736.80万人，比上年增加45.10万人；在校生9926.37万人，比上年减少14.34万人。小学学龄儿童净入学率达到99.79%；其中，男女童净入学率分别为99.78%和99.80%，女童高于男童0.02个百分点。

在学前教育方面，全国共有幼儿园16.68万所，比上年增加1.63万所，在园幼儿（包括附设班）3424.45万人，比上年增加447.78万人。学前教育毛入园率达到62.3%，比上年提高5.7个百分点。

全国中等职业教育（包括普通中等专业学校、职业高中、技工学校和成人中等专业学校）共有学校13093所，比上年减少779所；招生813.87万人，比上年减少56.55万人，占高中阶段教育招生总数的48.89%。

全国各类高等教育总规模达到3167万人，高等教育毛入学率达到26.9%。

全国共有各级各类民办学校（教育机构）13.08万人，比上年增加1.26万所；招生1400.88万人，比上年增加100.43万人；各类教育在校生达3713.90万人，比上年增加320.94万人。

同日　中央财经大学首个协同创新中心——“中国财政发展2011协同创新中心”揭牌成立。中心由中央财经大学牵头，以上海财经大学、中南财经政法大学、东北财经大学、江西财经大学、山东财经大学等原财政部直属的6所财经类高校以及3家国家会计学院为基础，联合财政部、国家税务总局、社科院等所属科研机构，以及国际著名财税科研机构。旨在汇聚多方资源，按照“国家急需、世界一流”的要求，研究中国公共财政体制发展与改革领域的重大理论和现实问题。（中央财经大学科研处供稿）

9月

2日　北京市人民政府和中国社会科学院在北京国际饭店签署协议，决定共建首都经济贸易大学特大城市经济社会发展研究院。教育部副长李卫红、中国社科院副院长王伟光，北京市委常委、秘书长、市教工委书记赵凤桐，北京市副市长洪峰等领导出席仪式。

此次共建研究院，旨在充分发挥首都经济贸易大学的学科优势和特色，与中国社科院共同开展协同创新活动，进一步整合力量、凝练方向、形成优势，更好地落实教育部“2011 计划”。研究院确定的首批协同创新方向涉及特大城市形成机理、发展战略、产业形态、人口与民生、安全与治理等领域。

3日　北京大学、南开大学、中国社会科学院欧洲研究所（简称“两校一所”）“世界文明与区域研究协同创新中心”培育启动仪式在北京大学中关新园联合举行。教育部副部长李卫红、社会科学司司长杨光、副司长张东刚、中央外事办公室政策研究局局长王亚军、外交部政策规划司参赞吕录华、商务部国际贸易经济合作研究院院长霍建国、中国国际问题研究所欧盟研究部主任崔洪建等领导出席仪式。出席仪式的两校一所领导有：北京大学校长周其凤、副校长刘伟、校长助理李强；南开大学校长龚克、副校长朱光磊；中国社会科学院副院长武寅、欧洲研究所所长周弘等。“世界文明与区域研究协同创新中心”管理委员会委员、咨询委员会委员代表、联合主任和平台主任，两校一所相关学科方向学者代表、职能部门负责人、研究生代表及媒体记者等近百人参会。李卫红副部长作了重要讲话。李卫红强调协同创新中心的培育组建要充分结合《教育部关于深入推进高等学校哲学社会科学繁荣发展的意见》精神，完善落实日常运行机制，不断丰富协同创新的形式和内容。她对“世界文明与区域研究协同创新中心”的组建寄予殷切期望，希望培育工作取得实质性效果。她要求世界文明与区域研究协同创新中心，通过强强联合、协作攻关，以世界文明与区域研究的基础性、战略性、前瞻性重大问题为核心，努力整合学术资源、培养精英人才、产出科研精品，为国家改革、开放、发展与稳定的大局提供坚实的理论基础、高水平的政策咨询和高质量的人才保障。（北京大学社科处供稿）

4日　清华大学新闻与传播学院常务副院长尹鸿、党委书记金兼斌、副书记赵曙光一行到北京市房山区长阳镇调研考察城市化发展的新农村建设情况，与长阳镇党委书记齐文东、镇长李军、党委副书记栗鹏程等进行了深入交流。齐文东介绍了长阳的城市规划和经济社会发展情况，希望清华大学新闻与传播学院能够为该镇提供更多更好的人才培训和智力资源，推动长阳休闲文化产业的有序发展。双方就今后在文化产业、新媒体和人才培训等方面可能开展的合作事项进行了探讨。（清华大学文科建设处供稿）

6日　下午，中国传媒大学国家文化创新研究中心（筹）创新平台实验室战略合作签约仪式在中国传媒大学西校区举行。中国传媒大学党委书记陈文申出席签约仪式并讲话。

签约仪式上，国家文化创新研究中心（筹）创新集群实验室、创意设计实验室、文化产业数据云实验室分别与尚 8 文化集团、上海金汇通创意设计发展股份有限公司、北京杰威品牌营销顾问有限公司签订了战略合作协议。

国家文化创新研究中心（筹）创意设计实验室旨在构建专业化、协同式创意设计服务平台，形成整体技术与创意集成解决方案，面向广告、会展、工艺品等文化创意设计开展社会化服务。创新集群实验室以信息化、数字化技术为手段，全面剖析国内外典型创意集群、集聚区、园区的建设形态和管理运作，形成可复制、可标准化的“园区产品”。文化产业数据云实验室用交互技术和数据可视化手段展现文化产业重点行业的资源分布、产业发展变化和未来趋势，构建中国文化产业发展动态数据库和文化信息资源库。（中国传媒大学科研处供稿）

7日　第二十八个教师节到来之际，全国教师工作暨“两基”工作总结表彰大会在京召开。中共中央总书记、国家主席、中央军委主席胡锦涛发来贺信，代表党中央、国务院，向全国广大教师和教育工作者表示节日的问候，向这次受表彰的先进集体和先进个人表示热烈的祝贺。

胡锦涛在贺信中指出，经过全党全社会的不懈努力，我国已经全面实现普及义务教育和扫除青壮年文盲的“两基”目标。这是我国教育发展史上的重要里程碑，对于促进教育公平、提高国民整体素质、推动经济社会又好又快发展都具有重要意义。希望各地区各部门坚持把教育摆在优先发展的战略地位，认真总结“两基”工作经验，切实巩固“两基”工作成果，加快建成覆盖城乡的基本公共教育服务体系，逐步实现基金公共教育服务均等化，真正办好人民满意的教育。

胡锦涛强调，教育大计，教师为本。我国教育事业的长足发展，同广大教师和教育工作者爱岗敬业、无私奉献是分不开的。在新形势下，希望广大教师和教育工作者全面贯彻党的教育方针，按照面向现代化、面向世界、面向未来的要求，切实做好教书育人各项工作，大力培养德智体美全面发展的社会主义建设者和接班人，为促进教育事业科学发展、建设教育强国和人力资源强国再立新功。

中共中央政治局常委、国务院总理温家宝出席大会并讲话，他强调，要适应人民群众接受更好教育的新期盼，把教育发展的重点放到提高质量、促进均衡发展上来，加快实现基本教育公共服务均等化，努力办好每一所学校，培养好每一个孩子。

中共中央政治局委员、国务委员刘延东在大会总结时说，要深入学习贯彻胡锦涛总书记贺信和温家宝总理讲话精神，认真落实教育改革发展规划纲要，深化教育改革，创新体制机制，努力开创义务教育均衡发展和教师队伍建设新局面。

全国人大常委会副委员长严隽琪、国务委员兼国务院秘书长马凯、全国政协副主席李兆焯出席大会。

会前，温家宝等领导同志参观了“奠基中国——‘两基’成就图片展”。

国家教育体制改革领导小组成员单位，各省（区、市）和计划单列市、新疆生产建设兵团及所属相关部门负责人，国家教育咨询委员会委员，部分国家督学和高校负责人，以及受表彰的先进集体和先进个人代表等参加大会。300个全国“两基”工作先进单位、500名先进个人和80个先进地区受到表彰。

8日　北京师范大学的广大校友齐聚母校，与全校2万多名师生、来宾一起，共同庆祝北京师范大学110周年华诞。

1902年，北师大的前身京师大学堂师范馆成立。110年来，北京师范大学作为国家高素质人才培养的重要基地，为国家输送了30多万名各级各类高级专门人才和高水平师资，培养了大批杰出的教育家、科学家、文学家、企业家和社会活动家。目前，5个一级学科为国家重点学科，15个一级学科排名全国前10，8个科学领域进入ESI世界前1%，学科点覆盖了12个学科门类，综合办学实力位居全国高校前列。

北师大现有全日制在校生2万余人，建有4个国家重点实验室、19个省部级重点实验室和工程中心，11个“985工程”创新平台，4个国家创新群体，7个教育部创新团队，已经成为国家自主创新的重要基地。

10日　国务院总理温家宝来到位于北京市昌平区的外交学院新校区，出席周恩来同志和陈毅同志铜像揭幕仪式。（外交学院科研处郦莉供稿）

13日　中国新闻社成立60周年纪念大会在北京举行。中共中央政治局常委、国务院总理温家宝为中国新闻社题词。中共中央政治局常委李长春，中共中央政治局常委、国务院副总理李克强分别发来贺信。中共中央政治局委员、中央书记处书记、中宣部部长刘云山出席纪念大会并讲话。全国政协副主席万钢出席大会。

温家宝为中国新闻社题词：“传播中国声音，留下历史记忆”。李长春在贺信中向中国新闻社的全体同志表示热烈祝贺和亲切慰问，他指出，中国新闻社成立60年来，始终服务党和国家工作大局，以沟通世界、传递中国声音为使命，不断发展壮大，已经成为向海外华文媒体提供中国新闻和资讯的重要渠道，成为促进海峡两岸和全球华人新闻交流的纽带和桥梁。希望中国新闻社加快打造国际一流媒体，努力做到“中国立场、国际表达”，不断提高新闻信息的原创率、首发率、落地率，不断增强新闻宣传的针对性、时效性和吸引力、感染力，不断巩固和扩大在海外华人社会中的影响。李克强在贺信中指出，面对世界渴望更加全面深入准确认知中国的新形势，希望中国新闻社着力增强国际影响力，占领世界华文资讯制高点，开创国际传播新征程。

中央和国家机关有关部门负责人、中央主要新闻单位负责人、部分地方党委宣传部门负责人、各省区市侨办主任、传媒界知名学者、中国新闻社员工代表等500余人参加了纪念大会。国务院侨务办公室主任李海峰、中国新闻社社长刘北宪等在会上发言。

中国新闻社是在廖承志等党和国家领导人的亲切关怀和推动下，由中国新闻界和侨界知名人士发起，于1952年9月14日成立的。目前，中国新闻社有48个境内外分社和记者站，员工队伍2000余人，建立了24小时不间断的信息发布系统，拥有文字、图片、特稿、网络、期刊、供版、视频七大主干新闻产品体系，形成了覆盖海外大多数华文媒介的用户网络。

17日　北京市哲学社会科学规划办公室召开2012年度“北京市哲学社会科学研究基地工作会议”。为新成立的6个哲学社会科学研究基地、2个应用对策研究基地授牌；公布了第二批研究基地第二期建设验收结果，对7个优秀研究基地进行了表彰。大会由市社科规划办主任王祥武同志作工作报告，北京市委副秘书长、市社科规划领导小组副组长傅华同志到会讲话。市教委及有关高新校、科研单位、研究基地相关负责同志共150余人出席会议。（北京市哲学社会科学规划办公室供稿）

19日　中国人民大学举行社会转型与社会管理协同创新中心挂牌仪式，教育部副部长李卫红，人力资源与社会保障部副部长邱小平，南京大学党委常务副书记张异宾，复旦大学副校长林尚立，中国人民大学领导程天权、陈雨露、冯惠玲等校领导出席。社会转型与社会管理协同创新中心是以中国人民大学为牵头单位，以复旦大学、南京大学为主要参与单位。作为国家“2011计划”协同创新体系的重要部分，中心旨在有效汇聚创新资源和创新要素，联合国内外高校、科研、政府等机构开展协同攻关，推进人口与劳动力、社会保障、社会冲突治理、舆论民意、宗教事务管理等国家重大理论与现实问题的研究，提升高等学校人才、学科、科研三位一体的创新能力。(中国人民大学社科处供稿)

20日　为拓宽外交学院国际法系学生的国际视野，便于学生在熟知英美法系和大陆法系之外，学习和了解斯堪的纳维亚国家的法律思维和法制状况，进而为教育部涉外法律人才教育培养项目的全面实施作好充分准备。外交学院国际法系与挪威卑尔根大学法学院达成合作意向，由朱立群副院长代表学院与卑尔根大学签署关于学生交换的合作协议。

根据该合作协议，双方将在以下方面展开合作：教学科研人员的学术交流，包括学术报告演讲、举办学术研讨会、进行课题研究；资料互换，包括书籍、资料和相关的研究出版物；学生互换。该协议着重就学生互换事宜，包括每学年交换学生的数量、语言要求、期限、费用及住宿等事项作了较全面的规定。(外交学院科研处郦莉供稿)

同日　由对外经济贸易大学作为牵头单位的"中国企业'走出去'协同创新中心"（UIBE Networking and Collaboration Center for China's Multinational Business）在对外经济贸易大学内正式成立，WTO总干事拉米先生出席成立仪式并为中心揭牌。该中心的主要协同单位有中华人民共和国商务部、联合国贸易和发展会议（UNCTAD）、联合国工业发展组织（UNIDO）、国际贸易与可持续发展中心（ICTSD）、国际可持续发展研究院（IISD）、国家开发银行股份有限公司和浙江省义乌市政府，旨在围绕中国企业"走出去"这一主题，实施人才培养、学科建设、科学研究三位一体的创新能力提升计划。(对外经济贸易大学科研处张瑞供稿)

23日　上午，北京市教育学会联合北京市教委在北京市润丰学校召开了"北京市0~6岁儿童社区早期教育服务和指导项目"朝阳试点区启动仪式暨新闻发布会。该项目由市教委委托，北京市教育学会组织和实施，以"爱国、创新、包容、厚德"的北京精神为指导，面向所有0~6岁儿童家庭（包括京籍与非京籍），着力搭建专业、全面、免费的儿童家庭教育指导服务平台，逐步帮助全市0~6岁儿童家长树立科学的家庭早期教观念，学习正确的家庭教育方法，创造良好的家庭教育环境。全国妇联原副主席、书记处书记、中国关心下一代工作委员会副主任、中国家庭教育学会副理事长刘海荣，北京市教委、市教育学会领导，朝阳区教工委等部门领导及街乡社区、幼儿园园长代表、0~6岁儿童家长代表等近500余人参加。北京电视台、《北京晚报》、网易、搜狐等20余家媒体出席了启动仪式和新闻发布会。(北京市教育学会陈刚、李鸾供稿)

26日　由北京市社科联承办的"2012年华北五省区市社科联协作会"在京召开。北京市社科联主席满运来出席会议并致辞，市委宣传部副部长、首都文明办主任陈冬出席会议并讲话。京津冀晋蒙5省区市社科联主要领导及相关部门负责同志30余人参加，围绕"服务双轮驱动战略　促进文化繁荣发展"主题交流研讨。会议由市社科联党组书记、常务副主席史秋秋主持。

此次会议是落实《华北五省区市文化发展战略合作框架协议》的一项重要举措，是在华北五省区市社科联友好协商基础上轮流承办的一项学术会议，旨在推动区域间文化与社科工作交流合作。(北京市社科联研究室供稿)

27日　北京外国问题研究会召开了常务理事扩大会议。会上王昆城副会长宣布上级主管部门关于马振岗同志任北京外国问题研究会会长的决定。(北京外国问题研究会秘书处胡晓芳供稿)

28日　2012北京国际设计周开幕式暨颁奖典礼在北京中华世纪坛举行。清华大学美术学院被授予"设计教育奖"。清华大学美术学院院长鲁晓波出席开幕式并领奖。米兰设计周主席、米兰市副市长斯丹法诺·博埃里，本届设计周组委会主席、北京市委副书记、代市长王安顺，组委会主席、教育部副部长郝平，组委会主席、文化部副部长王仲伟，组委会执行主席、市委常委、市委宣传部部长、副市长鲁炜出席开幕式及颁奖典礼。"设计教育奖"旨在表彰长期以来在高端设计人才培养和设计普及教育方面作出突出贡献的高等艺术设计教育机构或职业设计教育以及公众设计普及教育领域的机构和项目。本届设计周围绕"设计北京 智慧城市"的主题，在全市156个场所举办200多场展览、论坛、讲座和各类设计活动，还首次推出设计品交易会，吸引了近20家国际一线品牌参展及国内外近70家展商参加联展，我国首家文化城市跨界合作机构——创意中国文化城市设计中心也在设计周期间同时启动。(清华大学科建设处供稿)

同日　北京联合大学海外中国学研究中心成立大会暨学术研讨会在北京会议中心举行，这是北京市属高校成立的第一家海外中国学的研究机构。海外中国学研究中心主任韩强教授介绍了中心的成立过程以及下一步的工作计划。北京联合大学徐永利书记和教育部社科司徐维凡副司长为中心揭牌。中心首席专家梁怡教授主持了学术研讨会。(北京联合大学科研处供稿)

10月

3日　中国人民大学举行第六届吴玉章人文社会科学奖暨终身成就奖颁奖典礼，吴玉章基金会名誉会长李鹏同志为颁奖典礼发来贺信，吴玉章基金委员会主任委员、学校老校长袁宝华，学校校友、国务委员、国务院秘书长马凯，教育部副部长李卫红，教育部党组成员、国家教育行政学院院长顾海良，北京大学原校长吴树青，学校党委书记程天权、校长陈雨露，老校长黄达、纪宝成等出席。首次设立的吴玉章人文社会科学终身成就奖，分别授予著名人口学家、中国人民大学荣誉一级教授邬沧平，著名国学家、中国人民大学国学院荣誉院长冯其庸，著名哲学家、北京大学教授汤一介。会上，陈雨露校长还宣布了第六届吴玉章人文社会科学奖、优秀教学科研奖。颁奖典礼上同时宣布，袁宝华老校长因年龄原因不再担任吴玉章基金委员会主任委员，由马凯校友接任。（中国人民大学社科处供稿）

10日　教育部、文化部首届“动漫高端人才联合培养实验班”开班仪式在北京师范大学艺术与传媒学院何思敬讲堂举行。教育部高等教育司副司长刘贵芹、文化部文化产业司副司长吴江波、北京师范大学副校长陈光巨、中国传媒大学副校长胡正荣、北京电影学院副校长孙立军、“动漫计划”联合工作组专家、动漫产业界有关专家等出席开班仪式。该实验班由北京师范大学、中国传媒大学和北京电影学院3所高校联手开办。（北京师范大学社科处供稿）

11日　北京时间昨晚19时，中国著名作家莫言获得了由瑞典文学院授予的2012年诺贝尔文学奖。瑞典文学院常任秘书彼得·恩隆德当天中午在瑞典文学院会议厅先后用瑞典语和英语宣布了获奖者姓名。他在颁奖词中赞扬说，中国作家莫言的“魔幻现实主义融合了民间故事、历史与当代社会”。

就在当天的一份新闻公报中，瑞典文学院指出：“从历史和社会的视角，莫言用现实和梦幻的整合在作品中创造了一个令人联想的感观世界。”诺贝尔文学奖评委之一、瑞典汉学家马悦然在接受新华社记者专访时也表示，莫言是一位很好的作家，他的作品十分有想象力和幽默感，他很善于讲故事。此次莫言的获奖，将会进一步把中国文学介绍给世界。

莫言于1955年2月17日出生在山东高密，原名管谟业。他从1981年开始发表作品，创作了一系列乡土作品，充满“怀乡”“怨乡”的复杂情感，被称为“寻根文学”作家。其主要作品包括《丰乳肥臀》《蛙》《红高粱家族》《檀香刑》《生死疲劳》《四十一炮》等。其中，《红高粱家族》被译为20余种文字在全世界发行，并被张艺谋改编为电影《红高粱》获得国际大奖；长篇小说《蛙》于去年获得第八届茅盾文学奖。

中国作协发表贺辞，就莫言获奖向他表示热烈祝贺。

16日　北京林业大学建校60周年庆祝大会在国家体育馆举行。国务院总理温家宝为北京林业大学校庆60周年题了词：“知山知水求真知，树木树人树高才。”中共中央委员、全国人大常委会副委员长乌云其木格，中共中央委员、全国政协副主席白立忱，全国政协副主席罗富和、原全国政协副主席张怀西等出席庆祝大会。国务院副总理回良玉、国务委员刘延东等发来贺信，向北京林业大学校庆60周年表示热烈祝贺。国家教育部、国家林业局、北京市委市政府、国家水利部、国家环境保护部等，也发来贺信祝贺北京林业大学60周年华诞。（北京林业大学科技处张力供稿）

17日　应外交学院基础教学部汉语教研室邀请，北京风雷京剧团来到外交学院沙河新校区，为师生们送上了一道异彩纷呈的文化盛宴。自此，外交学院“走进传统文化”校园文化建设月活动正式拉开帷幕。外交学院沙河校区师生，学院本部部分本科生、研究生、留学生以及航空航天大学师生近500人观看了这场演出。（外交学院科研处郦莉供稿）

同日　第二届“怀柔杯国际大学生公益广告节”在北京联合大学启动。

本届广告节由联大和怀柔区共同主办。以“创意源于青年，公益温暖人间”为口号，以宣传怀柔区绿色产业为主题。并预设“保护首都水资源，营造绿色生态屏障”、“文明旅游，保护环境”、“发展绿色产业，建设创新基地”等主题，向参赛大学生征集设计作品。作品征集至明年2月结束，评审结果于6月公布。参赛作品包含招贴类、VI设计类、影视广播类作品（包括视频广告、音频广告）、网络动漫类和文案类。2012年10月至2013年2月，进行高校巡讲、征集作品。单项奖获奖者最高可获得8000元奖金。（北京联合大学科研处供稿）

20日　上午，清华大学人文学院成立大会在大礼堂举行。清华大学校长陈吉宁，校党委书记胡和平，副校长谢维和、姜胜耀出席大会。胡和平在大会上宣读了关于成立清华大学人文学院的决定和干部任免通知。为进一步提升清华大学文科的质量和水平，适应文科的发展规律，按照人文和社会科学两个学科群建立基础学科，经2011—2012学年度第28次校务会议讨论通过，决定成立清华大学人文学院。万俊人出任人文学院院长。美国斯坦福大学、阿姆斯特丹大学，澳门人文科学学会、复旦大学、南京大学、中山大学、浙江大学、辽宁大学、东南大学、中南大学、武汉大学、湖北大学、华东师范大学、陕西师范大学等院校相关院系所发来了贺信贺电。北京大学、中国人民大学、北京师范大学、中国社会科学院、中央党校、中央民族大学、中国政法大学、中南大学、北京航空航天大学等院校的专家学者，清华大学有关部处和院系负责人以及人文学院、社科学院师生代表共900余人参加了大会。大会由罗钢主持。新成立的人文学院包括中文系、历史系、哲学系、外文系、对外汉语文化教学中心，有人文与社会科学高等研究所、国学研究院、出土文献研究与保护中心、道德与宗教研究中心、中俄战略合作研究所、语言学研中心、马克思恩格斯文献研究中心、孔子学院北京分院等 20 余个高等学术研究机构，以及清华大学国家大学生文化素质教育基地。人文学院还负责主办《清华大学学报》（哲学社会科学版）。目前，学院设有 6 个博士授权点的一级学科，1 个硕士专业学位授权点，4 个本科专业，4 个博士后流动站，有 1 个国家重点学科，3 个北京市重点学科。学院现有教职工 180 余人，在站博士后 20 余人。目前在读本科生 1100 多人、硕士生 200 多人、博士生 200 多人，还有来自 20 个国家和地区的留学生 1000 余人。（清华大学文科建设处供稿）

21 日　在"纪念台湾光复 67 周年座谈会"召开前，台湾抗日志士亲属向抗日战争纪念馆捐赠了先辈留下的历史文物和文献。

伴随着《永远的卢沟桥》悲壮的歌声，台湾抗日志士、爱国诗人丘逢甲侄孙女丘秀芷和台湾抗日义军领袖姜绍祖曾孙姜文滉、台湾抗日志士蔡智堪之子蔡广源、萧道应之子萧开平等分别向抗战馆捐赠文物并获颁捐赠证书。

这批文物文献数量众多、价值珍贵、保存良好。主要有：台湾义勇队创建人李友邦之子李力群珍藏的一批台湾勇队、台湾少年团的档案等文献资料；姜文滉捐赠的丘念台关于台湾光复致敬团行程安排给姜振骧的信；丘秀芷捐赠的叔祖父丘逢甲"赠秦人毛生诗"缩印挂轴等。台湾抗日志士亲属们分别介绍了部分文物、文献的流传经历，并讲述了发生在它们身上的历史故事。

24 日　中华全国新闻工作者协会主办的第二十二届中国新闻奖、第十二届长江韬奋奖评选结果揭晓。来自全国报社、通讯社、电台、电视台和新闻网站的 291 件作品获得中国新闻奖，其中特别奖 3 件，一等奖 44 件，二件奖 90 件，三件奖 154 件；20 名新闻工作者获得长江韬奋奖，其中长江系列 10 名，韬奋系列 10 名。

26 日　鲁迅文化基金会成立会议暨 2012"鲁迅论坛"在北京召开。中共中央政治局常委、全国政协主席贾庆林出席会议并讲话。

贾庆林向鲁迅文化基金会的成立表示祝贺。他指出，鲁迅先生是伟大的文学家、思想家、革命家，是中国近现代文化战线、思想战线的伟大战士，是享誉中外、深受景仰的一代文化大师，是中国现代文化史上一座巍然屹立的丰碑。鲁迅不懈呼唤民族的觉醒，不懈向往社会的光明，不懈追求崇高的理想，为实现民族解放和社会解放作出了突出贡献。鲁迅是中华民族的骄傲，是我们当之无愧的"民族魂"。在鲁迅身上，集中体现了忧国忧民、不懈斗争的爱国主义精神；集中体现了首在立人、为民请命的以人为本精神；集中体现了博采众长、吐故纳新的勇于创新精神；集中体现了百折不挠、锲而不舍的"韧"的战斗精神。鲁迅精神在唤起中国人民的觉醒和团结奋斗、增强中华民族凝聚力、提高民族自信心方面发挥了巨大作用，是中华民族精神的结晶，成为中华民族不屈的筋骨和灵魂。

出席基金会成立会议的有全国政协办公厅、中宣部、文化部、民政部、国家广播电影电视总局、新闻出版总署、共青团中央、全国妇联、中国文联等部门和北京市、上海市负责同志，海内外鲁迅研究界以及有关方面代表 300 余人。

同日　北京大学医学部百年庆典大会在北医运动场隆重举行。全国人大常委会副委员长、医学部主任韩启德，全国政协原副主席罗豪才，全国政协副主席王志珍、张梅颖，卫生部部长陈竺，教育部部长助理林蕙青，北京市副市长洪峰等领导应邀出席。北京大学党委书记朱善璐、校长周其凤，常务副校长、医学部常务副主任柯杨、党委副书记、医学部党委书记敖英芳等校本部及医学部领导出席大会。北京大学以及医学部的老领导，两院院士、杰出校友等在前排就座。参加大会的还有来自教育部、卫生部的领导和国内 78 所兄弟院校、友好合作单位、57 所海外院校和机构的来宾及北医校友、师生代表。专程赶来的海内外兄弟院校代表，美国中华医学基金会主席陈致和教授、美国大学 Duke 大学医学及医疗体系总裁 Victor Dzau 教授、台湾阳明大学校长梁赓义教授、复旦大学校长杨玉良院士、北京协和医学院校长曾益新院士发表了热情洋溢的致辞。庆祝大会的颁奖环节，韩启德为来到现场的杰出校友钟南山、甘英、王澍寰、钱煦、张友尚、屠呦呦、于德泉、吴景春、程书钧、曹荣桂、彭玉、曹泽毅、王存玉颁奖。敖英芳宣读了对支援边疆及基层卫生事业发展的校友的集体表彰决定。韩启德在致辞中回顾了北医初建至今的发展过程，指出对社会责任的担当是贯穿北医百年历史的一条主线。他鼓励广大北医人继承百年传统，不负使命，敢于担当，甘于奉献，共谱新百年的辉煌篇章。（北京大学社科处供稿）

27 日　上午，清华大学社会科学学院成立大会在清华大学主楼隆重举行。全国政协原副主席徐匡迪，清华大学校长陈吉宁、党委书记胡和平、副校长谢维和出席大会。胡和平在大会上宣读了关于成立清华大学社会科学学院的决定和干部任免通知。为进一步提升清华大学文科的质量和水平，适应文科的发展规律，按照人文和社会两个学科群建设基础学科，经 2011—2012 学年度第 28 次校务会议讨论通过，决定撤销原人文社会科学学院建制，分别成立清华大学人文学院和社会科学学院。李强出任社会科学学院院长。（清华大学文科建设处供稿）

同日　中国现代教育史上最古老的哲学系——

北京大学哲学系100周年庆典在北京大学百周年纪念讲堂隆重举行。中共中央政治局委员、国务委员刘延东，教育部部长袁贵仁发来贺信。黄枏森、杨辛、汤一介、袁行霈、汪子嵩、杨宪邦、杜维明、欧阳中石、余敦康、朱德生、黄心川、方立天、叶朗、楼宇烈、牟钟鉴、赵敦华、陈来等著名学者应邀出席庆典。参加庆典的还有：国务院参事室主任、党组书记陈进玉，政协第十一届全国委员会常委、人口资源环境委员会主任张维庆，中央文献研究室主任冷溶，中国社会科学院常务副院长王伟光，天津市人大常委会主任、党组书记刘胜玉，教育部副部长李卫红，中央编译局局长衣俊卿，光明日报社原总编辑苟天林等领导及来自海内外17个国家和地区的71所著名大学哲学院（系）的院长、系主任和一直以来关心支持哲学学科发展的企业界代表以及北京大学领导。从90高龄的老者到就读哲学系的学生志愿者，2000余名系友、教职工、学生代表和海内外嘉宾欢聚一堂，为北大哲学系献上诚挚的祝福。庆典大会后，世界哲学系主任联席会议以及七场高端学术讲座陆续召开。（北京大学社科处供稿）

28日　第二批国家社科基金学术期刊资助入选名单（100种）公布。由市社科规划办组织推荐的《北京社会科学》（市社科院主办）、《中国特色社会主义研究》（市社科联主办）、《人口与经济》（首都经济贸易大学主办）入选，获得全国社科规划办资助。这是北京市属单位第二批获得国家资助的重要学术期刊。（北京市哲学社会科学规划办公室供稿）

30日　由中华全国台湾同胞联谊会、北京师范大学及台湾中华青年数位文创交流协会共同主办的“两岸大专院校新媒体青年交流周”拉开帷幕。来自海峡两岸的嘉宾和学生代表共200多人相聚北京师范大学，以新媒体为主题，进行思想的碰撞和深入的交流。

在为期8天的活动交流期间，除展映两岸新媒体青年编辑制作的新媒体影视作品之外，两岸新媒体青年还将赴北京大学、北京798艺术产业园区等地进行参访交流活动。

10月　围绕落实市十一次党代会提出的“今后五年要加快城乡经济社会发展一体化步伐”的目标任务，中共北京市委研究室在全市10个远郊区县开展了调查，共发放问卷1000份，回收有效问卷977份。调查显示，郊区居民对新一届市委班子领导全市人民完成发展目标充满信心。同时也提出对下一阶段农村工作的意见建议：一是加快提升农村地区经济发展水平，确保农民在集体经济产权制度改革中得实惠；二是加强农村地区民生建设，进一步提高农村地区社会管理水平；三是进一步加强农村基础设施建设，大力推进城乡结合部整治工作；四是加强农村基层组织建设，进一步密切党群干群关系。（中共北京市委研究室徐舟供稿）

10月　围绕“北京建设中国特色世界城市”主题，中共北京市委研究室就城区居民对此项工作的认知和评价以及居民自身生活状况四个方面共计24项指标进行了调查。调查在城六区20个街道40个社区居委会共发放1000份问卷，其中有效问卷996份。调查显示，居民对于过去5年来的个人、家庭以及社会的发展持正面评价。对涉及民生福祉的相关方面，尤其是对房价调控、义务教育建设工作有更高的期待；对实现社会经济均衡发展、高质增长有更高的诉求；期盼政府在城市管理方面进一步转变观念，完善体制机制。（中共北京市委研究室徐舟供稿）

11月

1日　北京市社会科学院与多家单位联合发布《北京法治发展报告》。北京市社会科学院党组书记、院长谭维克，中共北京市委政法委副书记刘大为，北京市人民检察院副检察长甄贞，北京市法学会党组书记、常务副会长田玉龙，北京市信访办副主任、北京市信访矛盾分析中心主任张宗林，北京市社会科学院副院长周航、许传玺等出席首发式。首发式上，许传玺同志介绍了《北京法治发展报告》的编撰情况，重点介绍了报告的几大特点。院党组书记、院长谭维克发表致辞，高度评价了《北京法治发展报告》发布了重要意义，并对《北京法治发展报告》的未来发展提出了更高要求。刘大为同志在讲话中代表市委政法委对《北京法治发展报告》的发布表示祝贺，并指出，北京法治发展报告的编撰和发布，既是首都哲学社会科学事业取得的一个重要成果，也是北京市落实依法治国基本方略的一项重要举措。（北京市社会科学院科研处供稿）

同日　上午，2012年北京市中心学生网络生活方式研讨暨蓝皮书发布会在北京师范大学召开，由北师大青少年网瘾防治研究中心和传媒与教育研究中心两家机构共同完成的、北京市教育科学“十一五”规划重大课题《2012年度北京市中小学生网络生活方式蓝皮书》正式发布，这是国内首个针对北京这样的国际化大都市进行的中小学生网络生活方式的调查研究成果。（北京师范大学社科处供稿）

3日　全国首个文化保税中心——北京大山子文化保税中心在798艺术区成立。文化保税中心为国外文化艺术品进入中国交流展示及交易开通了一条便捷、优惠的“绿色通道”。

据了解，大山子保税中心的范围包括以798艺术区为核心的约6平方公里区域，目前已经初步确定了10个仓储面积平均在1000平方米的文化公共保税仓库，今后还将根据区内文化企业的实际需求逐步拓展。公共保税仓库是目前海关授权程度最高的保税服务基地，可为文化企业提供进出口报批、物流、通关、仓储、评估、担保、保险、交割、结算等全流程保税服务。

同日　由国家汉办与中国人民大学共同举办的“第三届世界汉学大会”今天举行。全球100多位专家学者出席会议。

此前两届世界汉学大会分别是，2007年3月第一届，主题为“文明对话与和谐世界”；2009年10月第二届，主题为“汉学与跨文化交流”。本届大会主题为“汉学与当今世界”，共设有“‘新汉学’的趋势与展望”“中国道路与世界经济秩序”“文化差异与国际政治的走向”“传统化理与人类的未来”“中国典籍的翻译及其当代意义：对译及其差异”等5个议题，意在梳理传统汉学与当代研究的承续，推进中国主流学术与海外汉学的沟通，探讨世界对中国的阐释以及“中国道路”对世界的意义，通过语言与思想、汉学与国学、“新汉学”与世界大势的相生互动，使“文明对话”与“文化交流”的主题得到进一步深化。

著名学者许嘉璐围绕“汉学与当今世界”的时代性、开放性和对话性内涵发表主旨演讲。据了解，此次会议，国内著名学者汤一介、乐黛云、方立天、英国伦敦政治经济学院高级客座研究员马丁·雅克、美国贝勒大学资深教授谢大卫、美国哈佛大学教授杜维明等也就各相关议题发表了见解。

同日　下午，中美人文交流研究基地揭牌仪式在北京大学斯坦福中心李兆基大厅举行。教育部副部长郝平，北京大学党委书记朱善璐，教育部国际合作与交流司副司长杨军，中共中央党校战略研究所副所长潘悦，北京大学副校长李岩松，以及来自北京大学、清华大学、复旦大学、北京外国语大学及哈佛大学等中美高校及研究机构的专家学者出席了揭牌仪式。仪式由李岩松主持。中美人文交流研究基地是由教育部批准设立并由北京大学承办的研究机构，旨在依托北京大学深厚的人文底蕴，在学术研究、科研合作、文化交流等方面，推动中美两国间的人文交流，为在民间层面增进互信与友谊，消除偏见与误解，促进两国关系健康发展作出积极的贡献。（北京大学社科处供稿）

5日　第三届曹雪芹文化艺术节闭幕式暨全国曹雪芹红楼梦文化发展联盟成立仪式在京举行。中共北京市委常委、宣传部部长、副市长鲁炜出席。

闭幕式同时也是“全国曹雪芹红楼梦文化发展联盟”的成立仪式。联盟由北京曹雪芹学会发起，联合北京植物园、北京大观园、上海大观园、南京江宁织造府、河北唐山曹雪芹文化主题公园等相关单位共同成立。联盟成员将发挥各自的区域优势与特色，资源共享，彼此提携，定期交流，共同推进曹学与红学研究，在各自所在地区，打造高品质的文化项目与产品，推动地区文化发展，为中华民族传统文化瑰宝的保护与传承作出贡献。

12日　上午全国政协在北京中山公园中山堂举行仪式，纪念中国民主革命的伟大先行者孙中山先生诞辰146周年。

在肃穆庄严的中山堂内，全国政协副主席李兆焯代表全国政协，全国政协副主席、民革中央副主席厉无畏代表民革中央，中共中央统战部副部长林智敏代表中共中央统战部，北京市副市长程红代表北京市政府，分别向孙中山先生塑像敬献了花篮。参加纪念仪式的各界人士在孙中山先生塑像前肃立并三鞠躬。

全国政协副主席阿不来提·阿不都热西提主持纪念仪式。黄孟复、张梅颖、张榕明、王志珍和何鲁丽、罗豪才、张怀西、李蒙出席纪念仪式。

同日　上午纪念台盟成立65周年座谈会在北京举行。全国政协副主席、台盟中央主席林文漪在会上强调，深入学习贯彻中共十八大精神，是台盟今后一个时期的首要政治任务。我们要认真总结成立65年来与中国共产党亲密合作的宝贵经验，紧密联系广大盟员的思想实际，用十八大精神武装头脑，更加坚定不移地高举中国特色社会主义伟大旗帜，沿着中国特色社会主义道路阔步前进。

65年前的11月12日，在中国共产党的帮助下，谢雪红等一部分台湾有识之士在香港发起成立了台湾民主自治同盟。1948年5月，台盟发表“告台湾同胞书”，公开响应“五一口号”，从些掀开了台盟与中国共产党通力合作，共同致力于中国革命、建设和改革事业的历史新篇章。

台盟中央党务副主席汪毅夫主持了座谈会。全国政协原副主席，台盟中央原主席张克辉，台盟中央副主席吴国祯、黄志贤及部分在京台盟中央委员、台盟中央部门负责人、在京盟员约60人参加了座谈会。

13日　由中华文化促进会、太平洋文化基金会和北京大学共同举办的“2012两岸人文对话”活动在北京大学英杰交流中心举行。中华文化促进会名誉主席许嘉璐、太平洋文化基金会董事长钱复以及刘梦溪、傅佩荣、包宗和、金灿荣、陈哲明、葛兆光、郑贞铭、何亮亮等12位来自海峡两岸的知名学者参加了此次对话，北京大学校长周其凤出席开幕式并致辞。首场对话以中国艺术研究院中国文化研究所所长、终身研究员刘梦溪和台湾大学哲学系教授傅佩荣的发言展开。刘梦溪首先发表了题为“将无同——文化融合是人类未来的大趋势”的主题发言，他从魏晋著名诗人阮籍的名言“将无同”说起，论证世界各民族最终注定会走到一起，表达了他对未来全世界“美美与共，天下大同”的殷切期望。傅佩荣教授发表了题为“中国传统文化价值理念的当代思考”的演讲，在论述中，他首先从“身、心、灵”3部分全面阐述文化的内涵，又以独特的视角诠释了儒家、道家的处事之道，并与听众分享了自己超然从容的人生观。第二场对话在上海复旦大学文史研究院院长葛兆光和台湾专栏著名作家陈哲明之间展开。第三场对话由中国人民大学国际关系学院副院长金灿荣与台湾大学政治学系教授包宗和开启。最后一场对话的嘉宾是凤凰卫视著名评论员何亮亮与台湾中国文化大学华岗教授郑贞铭。最后，钱复与许嘉璐作为综述人为“两岸人文对话”作总结发言。两位嘉宾对本次活动给予了高度肯定，并表示本次“两岸人文对话”是极为必要的，其主题“中华文化与世界和平”更是切中时弊与世弊。（北京大学社科处供稿）

14日　由教育部语言文字信息管理司和北京大学共建的“中国文字字体设计与研究中心”续约签字仪式在北京举行。“中国文字字体设计与研究中心”的具体工作由北京大学计算机科学技术研究所、北大方正电子有限公司承担，自建立以来承担了“规范汉字表”的字库设计，完成了新一代报刊正文、标题字体，目前在出版行业广泛使用，推出的几十款书法、创意字体在产品包装、广告设计行业深受欢迎；开发的兰亭黑屏幕显示字体被微软Windows、苹果iOS作为系统字体，也被三星、华为、小米、汉王等不少手机、电子书设备厂商采用；积极参与中文信息编码相关国家标准、国际标准的制定工作，研制的“宋一”成为国际标准中的标准字形；承担研制的人口信息字库已经在第二代居民身份证、护照上采用，还参加了国家中华字库工程的建设，承担中间字库、宋体、楷体精品字库工作。（北京大学社科处供稿）

21日　全国人大常委会副委员长陈昌智出席中国集团公司促进会主办的第十届中外跨国公司国际年会时指出，深化国企改革、提高市场化程度是一个必须清醒认识和勇敢面对的问题。要继续深化国有企业改革，努力实现国有、民营的共同发展。

陈昌智说，全球经济依然没有摆脱国际金融危机的阴影。受此影响，我国经济发展形势依然严峻。当前，转变经济发展方式、调整经济结构仍然是企业的首选之策。我国企业低端产能过剩、高端产能不足的问题依然突出，解决这一难题的唯一出路就是加大自主创新力度。这方面，我国的大型企业集团应当做出表率，率先扎实推进结构调整。

陈昌智说，继续深化国有企业改革的目的，不是要削弱国有企业，限制国有企业以展，而是要有利于进一步做优做强；不是要解决所谓的“谁进谁退”的问题，而是要实现国有、民营的共同发展。

23日　清华大学法学院模拟法庭协会开幕式在法学楼举行。院长王振民，香港特别行政区资深大律师郑若骅，最高人民法院法官刘峥，清华大学法学院教师、校友代表以及来自北京大学、中国人民大学、中国政法大学、对外经贸大学、北京师范大学、国际关系学院等多所高校的法学院学生代表参加开幕式。作为协会的顾问，香港终审法院前首席法官李国能、常任法官陈兆恺以视频的方式致贺辞。与会教师均鼓励同学们努力学习法律知识，增强论辩等技能。与会校友也希望同学们胸怀责任感，加强练习，将书写、口才、逻辑性相结合，通过模拟法庭塑造中国法律人的气质、形象，并平衡好学习与模拟法庭比赛的关系。法学院模拟法庭协会是在院学生工作办公室指导下成立的学生自治社团。作为法学院的模拟法庭赛事组织、培训及推广团体，法学院模拟法庭协会致力于推动学院法律人才培养，积累模拟法庭赛事经验，锻炼学生法律实践能力，激发团队合作精神，规范发布、整合各类赛事信息，促进各支队伍交流、传承，建立模拟法庭赛事共同体。（清华大学文科建设处供稿）

24日　北京师范大学北京文化发展研究院为了庆祝建院10周年，在京先后举办了“北京人艺的文化底蕴”“台湾中国现代文学研究概观——京台文化交流的重要窗口”“论京派与海派的文化资源”“文化资源对文学研究的重要意义”“五四全盘反传统问题的思考”等多场北京文化演讲会。（北京师范大学社科处供稿）

30日　中共中央政治局常委、中央纪委书记王岐山在京主持召开座谈会，听取了来自研究机构和高校的8位专家学者对党风廉政建设和反腐败工作的意见和建议。清华大学公共管理学院教授、廉政与治理研究中心主任程文浩应邀参会，并就国家预防腐败策略提出多项具体政策建议。在认真听取专家学者们的发言后，王岐山表示，做好新形势下党风廉政建设和反腐败工作，需要加强调查研究，集思广益，广泛听取各方面特别是专家学者的意见。（清华大学文科建设处供稿）

12月

1日　由中国侨联、华中科技大学、张培刚发展经济学研究基金会联合主办的第四届张培刚发展经济学优秀成果奖颁奖典礼暨2012中国经济发展论坛在人民大会堂举行。清华大学经管学院弗里曼讲席教授、副院长白重恩与钱震杰合著的《谁挤占了居民的收入——中国国民收入分配格局分析》（发表在《中国社会科学》2009年5期）论文获得第四届张培刚发展经济学优秀成果奖。另有厉以宁、万广华、张曙光、徐滇庆、沈坤荣等的4部著作和1篇论文同时获奖。张培刚发展经济学优秀成果奖于2006年启动，每两年评选一次。何炼成、林毅夫、史晋川、谭崇台、吴敬琏、刘遵义、蔡昉、姚洋、胡必亮、

帕金斯（美）、李实、卢锋、张军等学者先后荣获此奖。(清华大学文科建设处供稿)

2日　为贯彻党的十八大精神，落实《中共中央关于深化文化体制改革推动社会主义文化大发展大繁荣若干重大问题的决定》和《中共北京市委关于发挥文化中心作用加快建设中国特色社会主义先进文化之都的意见》，促进北京社会科学界和自然科学界更深层次的合作、交流与融洽，推动首都率先形成科技创新、文化创新“双轮驱动”的发展格局，市社科联和市科协创新北京两界联席会议运行机制，联合建立了首批6个北京市社会科学与自然科学协同创新研究基地，分别为：（1）北京中医管理局：北京中医药文化与中医药医学发展研究基地；（2）中关村知识产权促进局：知识产权与北京科技创新、文化创新双轮驱动研究基地；（3）首都经济贸易大学：北京中国特色世界城市研究基地；（4）北京联合大学：北京旅游信息化研究基地；（5）北京工商大学：北京食品安全研究基地；（6）北京交通大学：北京人文交通、科技交通、绿色交通研究基地。市社科联党组副书记陈之昌宣布了市社科联和市科协《关于建立北京市社会科学与自然科学协同创新研究基地的决定》。(北京市社科联学术活动部)

5日　为了进一步推动民国时期文献保护计划的实施，促进优秀典籍与文化的传承，充分发挥专家顾问的咨询指导作用，民国时期文献保护工作专家委员会在京成立。国家清史编纂委员会副主任马大正、南京大学中华民国史研究中心主任张宪文、中国社会科学院荣誉学部委员杨天石、中国社会科学院近代史研究所研究员陈铁健、中共中央文献研究室原常务副主任金冲及等41位专家受国家图书馆聘请担任民国时期文献保护工作专家委员会成员。

半个世纪以来，在学界、图书馆界、出版界等社会各界人士的大力关注下，全面启动民国文献保护工作已具备了扎实的基础。全面保存和整理开发民国时期文献，积极抢救文化遗产、传承文明正当其时。成立会上，与会专家详细听取了情况介绍并畅所欲言，分别就民国时期文献保护及文献整理出版工作建言献策。

6日　“十二五”国家重点图书出版规划图书《南京大屠杀全史》在京首发。由著名民国史专家、南京大学教授张宪文领衔主编的这部史书是国内学界抗日战争研究特别是南京大屠杀研究领域又一重大成果，全面客观再现了南京大屠杀这一人类历史上罕见的暴行真相，成为回击日本右翼否认南京大屠杀荒谬言论的有力武器。

国家新闻出版总署副署长邬书林和南京大学党委书记洪银兴充分肯定《南京大屠杀全史》出版的重要意义。洪银兴表示，“以史为鉴”才能“面向未来”，客观公正的历史研究是构建历史共识的前提和基础。适逢南京大屠杀75周年之际，《南京大屠杀全史》的出版将有助于推动世界各国特别是中日两国爱好和平的学者，以学者的睿智，理性研究，寻求共识，化解仇恨，推进中日关系真诚友好发展，促进世界和平与安宁。

7日　首都师范大学儿童生命与道德教育研究中心揭牌仪式暨首届论坛在首都师范大学实验楼报告厅举行。首都师范大学常务副校长宫辉力教授、北京师范大学朱小蔓教授、香港中文大学郑汉文博士、中国青少年研究中心孙云晓主任、人民教育出版社教师教育分社刘立德社长、江西师范大学郑小江教授、国家开放大学刘惊铎教授等出席会议。揭牌仪式由首都师范大学初等教育学院副院长、儿童生命与道德教育研究中心副主任俞劼副教授主持。

会上，由宫辉力常务副校长宣读学校关于成立首都师范大学儿童生命与道德教育研究中心的决定，中心主任刘慧介绍儿童生命与道德教育研究中心从2011年11月成立以来所做的工作及中心的主要任务和研究方向。下午，首届儿童生命与道德教育论坛在首都师范大学东校区10层会议厅举行。中心各研究方向负责人阐述了研究方向的主题和发展计划。(首都师范大学社科处供稿)

8日　“国家领土主权与海洋权益协同创新中心”在北京举行揭牌仪式。该中心由武汉大学牵头，中国政法大学以及复旦大学、外交学院、郑州大学、中国社会科学院中国边疆史地研究中心、水利部国际经济技术合作交流中心共同组建，中心主任由武汉大学中国边界与海洋研究院院长胡德坤担任。“国家领土主权与海洋权益协同创新中心”是中国政法大学参与组建的第三个协同创新中心，主要以国际法学院为主体参与建设。(中国政法大学科研处刘璐供稿)

同日《北京断代史》纂修工程启动仪式在北京市社会科学院举行。中共北京市委、北京市政府、北京市政协、中共北京市委党史研究室、北京市社科联、北京市地方志办公室、北京市文史研究馆、北京市社会科学规划办、首都图书馆、北京市园林中心等单位的领导同志以及来自中国社会科学院、北京大学、中国人民大学、北京师范大学、首都师范大学、北京联合大学、《北京档案史料》杂志社、《北京文博》杂志社和北京市社会科学院的专家学者50余人参加了启动仪式。仪式由北京市社会科学院党组成员、副院长周航主持。北京市社会科学院党组书记、院长谭维克致欢迎词，中共北京市委副秘书长傅华代表市委常委、宣传部部长、副市长鲁炜对《北京断代史》纂修工程的顺利启动表示祝贺。各专家学者也纷纷提出富有建设性的意见和建议，并对《北京断代史》的学术价值和现实意义作出肯定。(北京市社会科学院科研处供稿)

8日　中国人民大学中国艺术品金融研究所成立仪式暨学术论坛在中国人民大学逸夫会堂举行。人民大学校长陈雨露，常务副校长陈惠玲，书画大家王镛先生、李宝林先生、王振中先生，上海文化产权交易所总经理张天，中国银行中国文化产业基金董事总经理陈杭，中国民生银行文化产业金融事业部总裁万晓芳，人民大学财政金融学院院长郭庆旺，经济学院黄隽教授，中国艺术品金融研究所副所长、上海保珍堂艺术品公司董事长陆华强等多位专家学者出席大会并演讲。多位书画名家、收藏家、金融机构人士以及来自北京、上海的10多家新闻媒体参加大会。

中国艺术品金融研究所是由中国人民大学、中国文化艺术界联合会和上海文化产权交易所作为联合发起单位，以中国人民大学财政金融学院为基地设立的跨学科研究机构，是国内首家以艺术品金融为研究方向的科研机构。（中国人民大学社科处供稿）

8日　中国最大文化企业——北京万达文化产业集团在京举行揭牌成立仪式。万达文化产业集团注册在北京市通州区，注册资本50亿元，资产310亿元，预计2012年收入220亿元，无论注册资本还是资产、收入都远远超过国内其他文化企业，成为中国最大的文化企业。

新成立的万达文化产业集团整合了万达集团的文化产业资源，旗下共有11家公司，涉及9个行业，包括中国万达院线、美国AMC影院公司，万达影视传媒公司、万达德贡舞台演艺公司、万达电影科技娱乐公司、大型主题公园公司、万达美术馆、大歌星连锁量贩KTV以及财经类周刊《华夏时报》、商业类月刊《全球商业经典》和《大众电影》杂志。

10日　由中国传媒大学传播研究院组织的“非洲传媒研究中心”揭牌仪式暨“中非传媒研究”圆桌交流会在新图书馆举行。苏志武校长与埃塞俄比亚驻华使馆大使塞尤姆·梅斯芬先生共同为非洲传媒研究中心揭牌。胡正荣副校长主持了揭牌仪式及交流会。非洲五国驻华使馆、国内涉非政府机构、高校研究机构、传媒业界等代表出席了此次活动。（中国传媒大学科研处供稿）

12日　安子介先生诞辰100周年纪念会暨第十七届“安子介国际贸易研究奖”颁奖典礼在对外经济贸易大学举行。外经贸部原副部长佟志广，“安奖”评委会主任、对外经济贸易大学校长施建军等150位专家及师生参加会议。（对外经济贸易大学科研处张瑞供稿）

13日　中外新闻社中国传媒大学工作室揭牌仪式在中国传媒大学39号楼举行。中国传媒大学苏志武校长、刘利群副书记，联合国北北合作组织首席新闻官、中外新闻社总裁韦燕和新华社内刊部主任王永平等出席揭牌仪式。（香港）中外新闻社是香港特别行政区政府批准成立的具有独立法人地位的新闻出版机构，办有《中外新闻》杂志和“中外新闻网”网站，在国际社会具有较高知名度和影响力。2011年经国务院港澳办批准，中外新闻社成立了北京记者站。（中国传媒大学科研处供稿）

16日晚，第七届全球孔子学院大会在京举行开幕式，教育部部长袁贵仁主持，来自全球400所孔子学院、500多所孔子课堂的2000多名代表参加。中国人民大学陈雨露校长应邀出席，并接受刘延东国务委员颁发给学校的“孔子学院先进中方合作院校”奖牌。“孔子学院先进中方合作院校”是今年首次设立的重要奖项，也是国家汉办为贯彻落实《孔子学院发展规划（2012—2020）》、进一步加强孔子学院建设的重要举措。获此荣誉的中国人民大学及北京外国语大学、南开大学等10所院校，从全国300多个中方合作单位中经过严格评估、筛选产生。（中国人民大学社科处供稿）

17日　上午，2012年度国家开发银行优秀留学生奖励金项目颁奖典礼在清华大学主楼接待厅举行。国家开发银行副行长袁力、国家留学基金管理委员会秘书长刘京辉、清华大学副校长袁驷出席典礼并为获奖学生颁发证书。来自清华大学、北京大学、复旦大学、中国人民大学、山东大学和对外经济贸易大学的44名优秀留学生获奖。该奖励金项目由国家开发银行于2011年出资设立，每年评选一次，以鼓励和支持发展中国家留学生在华学习经济、金融、管理等专业，推动中国与其他发展中国家之间的跨文化交流和友好合作。（清华大学文科建设处供稿）

18日　今年是郭沫若诞辰120周年，也是5年一次的郭沫若中国历史学奖揭晓的年份。中国社会科学院、中国科学院、中国文学艺术界联合会、中国人民对外友好协会联合主办，郭沫若纪念馆承办的“郭沫若诞辰120周年纪念会暨第四届郭沫若中国历史学奖颁奖仪式”在北京举行。

中国社会科学院党组副书记、常务副院长王伟光表示，郭沫若留给20世纪中国的文化财富仍然具有当代价值和现实意义，学习和发扬他所留下的精神财富，在推动社会主义文化大发展在大繁荣，进一步兴起社会主义文化建设新的进程中，能够给我们提供有益的思想启迪。

纪念会后，出席会议的有关领导向第四届郭沫若中国历史学奖获奖代表颁发了荣誉证书。本次荣获一等奖的是郭书春主编的《中国科学技术史·数学卷》，张秀民著、韩琦增订的《中国印刷史（插图珍藏增订版）（上下）》，中国社会科学院考古研究所编著的《中国考古学·秦汉卷》，刘克祥、吴太昌主编的《中国近代经济史（1927—1937）（上中下)》等3部著作获二等奖，中国社会科学院考古研究所编著的《中国考古学·新石器时代卷》等7部著作获三等奖。

郭沫若中国历史学奖于1998年7月经中国社会科学院批准设立，已进行4届，共有105部史学专著获奖。

同日　商务部公布数据，今年1—11月，我国实际使用外资金额1000.2亿美元，同比下降3.6%。11月当月全国吸收外资82.9亿美元（未含银行、证券、保险领域数据)，同比下降5.4%。

统计显示，前11个月，全国新批设立外商投资企业22503家，同比下降10.3%，其中11月当月，全国新批设立外商投资企业2482家，同比下降8.7%。

19日　由中央音乐学院主办，清华大学、上海交通大学、东南大学协办的“顾毓琇教授诞辰110周年纪念活动”在北京举行，活动包括纪念大会、顾毓琇生平成就展和顾毓琇塑揭幕仪式、纪念音乐会等内容。

顾毓琇是中国现代史上杰出的文理大师，在科学、教育、文学艺术等领域都取得了卓越的成就。顾毓琇是中央音乐学院的前身——国立音乐院的创始人和首任院长、中国古乐谱的研究权威、黄钟标准音的制定者，并曾兼任国立交响乐团团长和礼乐馆馆长。

顾毓琇早年参加“五四”新文化运动，是中国现代话剧的发起人之一、上海戏剧学院前身上海市立实验戏剧学校的主要创始人。顾毓琇创作诗词歌赋近8000首，曾获得世界诗人大会授予的“国际桂冠诗人”称号。顾毓琇对佛学的研究造诣精深，出版过禅宗研究专著。顾毓琇还是国际公认的电机权威和控制理论的先驱、国际电气与电子领域最高奖项“兰姆奖”的获得者。

20日　曾宪梓教育基金会成立20周年暨2012年度优秀大学生颁奖大会在北京人民大会堂举行，来自35所高校的1750名家庭经济困难的优秀大学生获得总额为525万元的资助。

曾宪梓先生日前向内地教育事业再赠巨资，以曾宪梓教育基金会名义捐赠1000万港币，通过教育部设立“曾宪梓教育基金会滇西边境山区小学援建项目”，用于滇西边境山区小学教学和生活用房的建设；以曾宪梓个人名义分别向北京大学、天津大学、中山大学、北京航空航天大学、嘉应学院、广东梅州市梅县东山中学各捐赠1000万港币，向宁夏大学捐赠500万港币，以曾智明、曾智雄名义向中国青年政治学院捐赠1000万元人民币，用于支持上述学校教育事业的发展。

23日　张静如先生从教60周年暨学术思想研讨会在北京师范大学英东学术会堂举办。此次研讨会由中国中共党史学会、北京市社会科学界联合会、北京中共党史学会、北京师范大学马克思主义学院联合主办。中共中央党史研究室副主任龙新民、张树军和全国政协常委、民族和宗教委员会主任田聪明、北京师范大学党委书记刘川生等出席会议。会议由北京师范大学党委副书记王炳林和北京师范大学马克思主义学院院长王树荫主持，来自清华大学等50余所高校及科研院所的150余位专家学者参加了论坛。张静如先生是新中国培养出来的第一代马克思主义专家学者。他致力于中共党史研究和教学已经60年，是我国中共党史研究的开拓者和领军人。张先生被称为“李大钊研究第一人”，是中国党史学史研究的首倡者，以率先建构党史学科体系享誉学界。张先生做学问勤奋严谨，善于创新。他曾写出国内第一系统研究李大钊思想发展历史的著作，他主编了第一部中共党史学史，第一部中国共产党思想史，他首倡以社会史研究为基础深化党史研究、首倡从社会现代化的角度研究中共党史。《中国现代社会史》从经济、政治、教育文化、阶级与阶层、社会组织、家庭、社会习俗等诸多方面全景式展示了中国现代社会的风貌，堪称是中国现代社会的小百科，在学术界产生了很大的影响。2004年，他又倡导设立了北师大高校党建研究中心，率先在全国当时学位点中设立了高校党建研究方向。北京师范大学党委书记刘川生出席研讨会并致辞。刘川生书记指出，张静如先生是一位爱国知识分子，是北京师范大学的杰出校友和著名学者；张静如先生是我国著名的中共历史学家，在中共党史研究方面取得了卓越的成就；张先生尤其喜欢年轻人，乐于帮助他们进步，他自筹钱款并设立的“张静如中共党史党建优秀论文奖励基金”对全国党史专业中青年学术队伍建设起到了很大的推动作用。刘川生书记强调，党的十八大报告提出，要增强文化整体实力和竞争力。造就一批名家大师的民族文化代表人物，表彰有杰出贡献的文化工作者。今天我们齐聚一堂，庆祝张静如先生从教60周年，对他的教育与学术思想展开研讨、深入交流，这对于贯彻和落实党的十八大精神，在新的历史起点上进一步推进中共党史党建学科、马克思主义理论学科发展，具有十分重要的意义。我们要学习张静如先生对学术锲而不舍的执着精神；学习他对教育孜孜不倦的敬业精神；学习纯朴本色、平实大气、自信达观的人生态度。

中共中央党史研究室原副主任石仲泉、北京大学教授谢龙、中国人民大学党史系主任杨凤城、中共中央学党校史教研部主任柳建辉、南京师范大学马克思主义学院院长王跃等围绕张静如先生的学术成就和精神风范作了主题发言，对张先生在学术体系、学科建设、教书育人方面的成就作出了高度评

价。（北京师范大学社科处供稿）

同日　第二届“中国法治政府奖”评选暨颁奖典礼在北京举行。“中国法治政府奖”是我国第一个由学术机构发起设立，依据科学的评选标准和公开的评选程序，独立评价推广建设法治政府的制度和措施的奖项。“农业部政策法规司：农业综合执法”“浙江宁波市：行政审批服务标准化建设”“北京市政府信息公开综合考评机制”等13项成果获得“中国法治政府奖”，“山东济宁：行政复议委员会改革”等11项成果获得提名奖。（中国政法大学科研处刘璐供稿）

28日　全球治理与国际法治协同创新中心签约暨揭牌仪式在京举行。教育部副部长李卫红出席会议讲话并为全球治理与国际法治协同创新中心揭牌。中国政法大学、武汉大学、厦门大学、南开大学和对外经贸大学等5所协同高校的领导和代表及国外合作高校的代表参加了揭牌仪式。（中国政法大学科研处刘璐供稿）

·附 录·

概 述

本栏目记述2012年北京市社会科学理论著作出版基金资助情况，包括每部著作的推荐单位、著作名称、申请人、出版社等内容；记述北京地区15所院校和1所科研单位2012年人文社会科学研究基本情况统计，包括研究人员情况、课题研究情况和研究成果情况。

北京市社会科学理论著作出版基金资助情况一览表

2012年上半年（总第40批）批准资助著作名单

编号	推荐单位	著作名称	申请人	出版社
1	中国人民大学	礼物——当代法国思想史的一段谱系	张　旭	北京大学出版社
2	北京大学	南画十六观	朱良志	北京大学出版社
3	北京大学	现代思想政治教育课程论	宇文利	北京大学出版社
4	北京大学	行政监督与制约研究	侯志山 侯志光	北京大学出版社
5	北京大学	话本小说叙论——文本诠释与历史构建	刘勇强	北京大学出版社
6	北京大学	美国图书馆藏宋元版汉籍研究	卢　伟	北京大学出版社
7	北京大学	汉语作格动词的历史演变及相关问题研究	宋亚云	北京大学出版社
8	北京大学	德语修养小说研究	谷　裕	北京大学出版社
9	北京大学	印度宗教文学	姜景奎 等4人	北京大学出版社
10	北京大学	留还是流——我国大学生区域流动行为研究	马莉萍	北京大学出版社
11	北京大学	财政赤字的法律控制研究	叶　姗	北京大学出版社
12	北京大学	人口迁移与儿童发展的跟踪研究	周　皓	北京大学出版社
13	中国人民大学	文化与政治——西方马克思主义研究	欧阳谦	中国人民大学出版社

续表

编号	推荐单位	著作名称	申请人	出版社
14	中国人民大学	中国转型时期汇率政策在货币政策中的作用——理论研究与国际经验	胡乃武 郑　红	中国人民大学出版社
15	北京师范大学	情绪犯研究	袁　彬	北京师范大学出版社
16	北京师范大学	刑事证据定量分析	刘广三	北京师范大学出版社
17	北京师范大学	新生代农民工市民化研究	张　斐	北京师范大学出版社
18	中共北京市委党校	北京市党内基层民主创新研究	刘汉峰	首都师范大学出版社
19	首都师范大学	当代大学生性道德教育研究	安云凤等4人	首都师范大学出版社
20	北京城乡创新发展博士研究会	北京城乡结合部建设管理模式研究	杨晓东	中国农业科学技术出版社

2012年下半年（总第41批）批准资助著作名单

编号	推荐单位	著作名称	申请人	出版社
1	北京师范大学	詹姆逊的马克思主义阐释学研究	姚建彬	北京大学出版社
2	北京邮电大学	电子文化批判——尼尔·波兹曼媒介学思想研究	吴晓恩	北京大学出版社
3	北京大学	真实的空间——英国近现代主要诗人所看到的精神境域	丁宏为	北京大学出版社
4	对外经济贸易大学	语言与高层转喻研究	陈香兰	北京大学出版社
5	中国人民大学	传播研究史	刘海龙	北京大学出版社
6	中国政法大学	对媒体法制新闻报道的监测与分析	姚广宜	北京大学出版社
7	外交学院	清代的故意杀人罪	闵冬芳	北京大学出版社
8	中国人民大学	社会主义市场经济制度论	纪宝成	中国人民大学出版社
9	中国人民大学	内需可持续增长的结构基础与政策选择	杨瑞龙	中国人民大学出版社
10	中国人民大学	中国流通业组织化问题研究	王晓东	中国人民大学出版社
11	中共北京市委党校	公共产权收入问题研究——产权的公共性及其收入公共性的法学思考	贾小雷	中国人民大学出版社
12	中国人民大学	第四方物流整合供应链资源研究	姚建明	中国人民大学出版社
13	中国人民大学	自利性业绩归因行为分析及经济后果研究	孙蔓莉	中国人民大学出版社
14	中国人民大学	中共党史学研究	宋学勤	中国人民大学出版社
15	北京大学	构成要件论	蔡桂生	中国人民大学出版社
16	中央财经大学	社会工作在加强和创新社会管理中的功能与作用	方　舒	中国人民大学出版社
17	中共北京市委党校	北京人口史	高寿仙	中国人民大学出版社
18	中共北京市委党校	当代北京人口	马小红	中国人民大学出版社
19	中国人民大学	西方社会运动理论研究	冯仕政	中国人民大学出版社

续表

编号	推荐单位	著作名称	申请人	出版社
20	北京师范大学	网络舆论蝴蝶效应研究：从微内容到“舆论风暴”	党生翠	中国人民大学出版社
21	北京市社会科学院	世变、士风与清代京籍士人学术	刘仲华	中国人民大学出版社
22	中央财经大学	增值税行业税负研究	张宝军	清华大学出版社
23	清华大学	著作权研究——国际公约、中国立法与司法实践	吴伟光	清华大学出版社
24	中国人民公安大学	法律的综合维度——朱利叶斯·斯通法律哲学研究	薄振峰	清华大学出版社
25	北京青年政治学院	企业情报失察——现状、成因与对策研究	江　洁	清华大学出版社
26	北京师范大学	中国土地制度改革的新思考	张　琦	北京师范大学出版社
27	首都师范大学	杨齐贤、萧士赟《分类补注李太白诗》版本系统研究	张　佩	首都师范大学出版社
28	首都师范大学	美国汉学界的20世纪中国小说研究	胡燕春	首都师范大学出版社
29	中国矿业大学(北京)	中国环境跨域治理研究	欧阳帆	首都师范大学出版社
30	中共北京市委党校	不动产保有税与城市土地利用关系研究	刁琳琳	北京燕山出版社
31	首都医科大学	吾乡吾情——北京市密云县村卫生室实地研究	吕兆丰	北京燕山出版社
32	北京师范大学	中国文学奖励史	万安伦	北京出版社

（北京市社会科学理论著作出版基金办公室供稿）

北京地区社科研究单位(部分)2012 年人文社会科学研究基本情况统计

北京大学 2012 年人文社会科学研究基本情况统计表

学科门类	研究人员情况						课题研究情况				研究成果情况		
	合计	教授	副教授	讲师	助教	初级	合计	基础研究	应用研究	其他	出版著作	发表论文	获奖成果(省部级及以上)
	1428	574	586	266	0	2	1324	441	859	24	385	2758	83
管理学	93	32	30	31	0	0	193	21	170	2	24	214	4
马克思主义	18	9	7	2	0	0	34	22	12	0	18	170	2
哲学	81	41	33	7	0	0	37	29	8	0	14	134	5
逻辑学	6	4	2	0	0	0	4	4	0	0	0	4	0
宗教学	12	6	4	2	0	0	9	9	0	0	4	28	2
语言学	166	42	90	34	0	0	45	35	10	0	40	170	6
中国文学	80	41	32	7	0	0	38	35	3	0	32	307	2
外国文学	108	40	41	27	0	0	23	21	2	0	12	84	6
艺术学	29	16	12	1	0	0	39	17	21	1	6	50	1

续表

学科门类	研究人员情况						课题研究情况				研究成果情况		
	合计	教授	副教授	讲师	助教	初级	合计	基础研究	应用研究	其他	出版著作	发表论文	获奖成果(省部级及以上)
历史学	81	50	29	2	0	0	58	48	10	0	37	243	4
考古学	50	24	19	6	0	1	72	25	45	2	5	157	6
经济学	174	74	68	32	0	0	209	35	169	5	32	268	14
政治学	80	46	29	5	0	0	72	22	50	0	10	75	6
法学	101	45	37	19	0	0	132	36	96	0	71	291	9
社会学	59	32	18	9	0	0	158	34	120	4	29	199	3
民族学	1	0	1	0	0	0	8	4	3	1	1	9	0
新闻学与传播学	22	10	11	1	0	0	41	6	34	1	9	113	2
图书、情报、文献学	154	34	62	57	0	1	53	14	35	4	11	123	4
教育学	48	17	20	11	0	0	74	19	52	3	30	107	4
统计学	7	2	2	3	0	0	8	1	7	0	0	3	1
心理学	8	1	4	3	0	0	3	0	2	1	0	2	1
体育学	50	8	35	7	0	0	14	4	10	0	0	7	1

说明：本表格中数字依照2012年度统计年报数据

（北京大学社会科学部供稿）

中国人民大学2012年人文社会科学研究基本情况统计表

学科门类	研究人员情况					课题研究情况				研究成果情况		
	合计	教授	副教授	讲师	助教	合计	基础研究	应用研究	其他	出版著作	发表论文	获奖成果(省部级及以上)
	1763	573	632	538	20	3305	1298	2007	0	432	3198	15
管理学	305	70	106	119	10	810	192	618	0	83	514	0
马克思主义	37	20	11	6	0	84	70	14	0	19	155	1
哲学	89	45	26	17	1	153	129	24	0	29	276	4
逻辑学	0	0	0	0	0	0	0	0	0	0	0	0
宗教学	14	6	7	1	0	30	21	9	0	3	56	0
语言学	120	15	48	57	0	63	54	9	0	20	66	0
中国文学	65	25	21	18	1	38	30	8	0	12	84	1
外国文学	19	6	5	8	0	23	22	1	0	4	17	0
艺术学	69	14	18	35	2	27	25	2	0	25	96	0
历史学	101	37	34	30	0	102	88	14	0	21	168	1
考古学	12	3	2	7	0	21	16	5	0	3	13	0
经济学	339	121	135	82	1	749	205	544	0	78	709	3
政治学	77	34	30	13	0	108	43	65	0	20	128	0
法学	147	61	53	32	1	348	144	204	0	45	248	2

续表

学科门类	研究人员情况					课题研究情况				研究成果情况		
	合计	教授	副教授	讲师	助教	合计	基础研究	应用研究	其他	出版著作	发表论文	获奖成果(省部级及以上)
社会学	78	32	26	19	1	297	105	192	0	17	117	0
民族学	0	0	0	0	0	2	2	0	0	0	0	0
新闻学与传播学	59	21	20	17	1	109	44	65	0	31	317	2
图书、情报、文献学	77	24	29	24	0	86	30	56	0	6	99	1
教育学	65	18	17	29	1	104	41	63	0	5	54	0
统计学	42	18	17	6	1	114	23	91	0	8	50	0
心理学	11	2	3	6	0	32	13	19	0	3	26	0
体育学	37	1	24	12	0	5	1	4	0	0	5	0

（中国人民大学科研处关晓斌供稿）

北京师范大学2012年人文社会科学研究基本情况统计表

学科门类	研究人员情况						课题研究情况				研究成果情况		
	合计	教授	副教授	讲师	助教	初级	合计	基础研究	应用研究	其他	出版著作	发表论文	获奖成果(省部级及以上)
	1099	380	399	314	6	0	2789	2213	546	30	369	3095	9
管理学	57	16	26	15	0	0	201	151	45	5	21	187	0
马克思主义	24	9	12	3	0	0	38	37	1	0	6	78	0
哲学	35	19	11	5	0	0	107	105	2	0	24	170	1
逻辑学	2	0	1	1	0	0	6	6	0	0	0	0	0
宗教学	6	3	2	1	0	0	2	2	0	0	0	6	0
语言学	121	35	48	37	1	0	75	61	14	0	22	142	0
中国文学	70	36	19	15	0	0	125	118	7	0	64	267	0
外国文学	21	11	8	2	0	0	27	27	0	0	6	35	0
艺术学	68	19	20	29	0	0	88	75	13	0	8	182	0
历史学	63	31	18	14	0	0	151	145	6	0	16	221	1
考古学	3	1	0	2	0	0	5	5	0	0	0	0	0
经济学	74	28	19	27	0	0	230	151	70	9	26	277	2
政治学	22	9	7	6	0	0	45	44	1	0	5	36	0
法学	88	29	31	28	0	0	212	162	47	3	47	307	0
社会学	37	9	18	10	0	0	225	141	82	2	7	77	0
民族学	3	2	1	0	0	0	23	16	7	0	2	36	0
新闻学与传播学	12	2	3	7	0	0	26	14	12	0	2	27	0
图书、情报、文献学	18	3	10	5	0	0	30	24	6	0	0	56	0
教育学	223	67	83	73	0	0	919	756	159	4	95	636	4

续表

学科门类	研究人员情况						课题研究情况				研究成果情况		
	合计	教授	副教授	讲师	助教	初级	合计	基础研究	应用研究	其他	出版著作	发表论文	获奖成果(省部级及以上)
统计学	10	3	5	2	0	0	24	9	15	0	1	26	0
心理学	88	31	27	30	0	0	203	145	51	7	11	270	1
体育学	54	17	30	2	5	0	27	19	8	0	6	59	0

（北京师范大学社科处刘娜供稿）

中央民族大学2012年人文社会科学研究基本情况统计表

学科门类	研究人员情况						课题研究情况				研究成果情况		
	合计	教授	副教授	讲师	助教	初级	合计	基础研究	应用研究	其他	出版著作	发表论文	获奖成果(省部级及以上)
	1100	174	237	557	96	36	647	336	311	0	70	1023	37
管理学	75	12	15	35	7	6	74	23	51	0	5	106	2
马克思主义	17	3	5	8	0	1	4	2	2	0	2	16	3
哲学	25	7	4	12	1	1	8	8	0	0	0	20	1
逻辑学	0	0	0	0	0	0	0	0	0	0	0	0	0
宗教学	5	4	1	0	0	0	15	11	4	0	0	27	3
语言学	149	20	35	77	13	4	95	54	41	0	13	111	2
中国文学	82	23	20	31	4	4	43	41	2	0	2	77	2
外国文学	54	2	11	36	3	2	17	11	6	0	1	13	0
艺术学	197	21	33	102	39	2	21	14	7	0	23	93	1
历史学	45	11	12	20	1	1	34	32	2	0	1	53	0
考古学	6	0	2	4	0	0	13	11	2	0	0	15	0
经济学	90	16	22	46	4	2	63	23	40	0	6	82	6
政治学	16	2	4	9	0	1	12	7	5	0	0	10	4
法学	76	11	19	37	6	3	31	14	17	0	0	77	3
社会学	25	9	4	9	3	0	44	6	38	0	6	69	4
民族学	64	22	13	24	1	4	93	53	40	0	10	114	2
新闻学与传播学	36	2	9	22	2	1	18	6	12	0	1	58	1
图书、情报、文献学	51	0	9	35	7	0	3	2	1	0	0	1	0
教育学	49	6	7	30	3	3	33	11	22	0	0	76	3
统计学	1	0	0	0	1	0	7	1	6	0	0	2	0
心理学	6	0	1	4	0	1	3	2	1	0	0	0	0
体育学	31	3	11	16	1	0	16	4	12	0	0	3	0

（中央民族大学科研处供稿）

中国政法大学人文社会科学活动人员情况表（2012年度）

学科分类		编号	总计	女性	按职称划分						按最后学历划分			其他人员	按最后学位划分	
					小计	教授	副教授	讲师	助教	初级	研究生	本科生	其他		博士	硕士
			L01	L02	L03	L04	L05	L06	L07	L08	L09	L10	L11	L12	L13	L14
		1	995	509	995	272	407	254	39	23	776	196	23	0	510	283
按现从事学科划分	管理学	2	62	28	62	8	26	22	4	2	40	21	1	0	27	19
	马克思主义	3	39	20	39	3	7	23	5	1	31	8	0	0	13	23
	哲学	4	33	12	33	9	15	8	0	1	27	6	0	0	20	8
	逻辑学	5	7	5	7	3	4	0	0	0	7	0	0	0	3	4
	宗教学	6	3	1	3	2	0	1	0	0	3	0	0	0	3	0
	语言学	7	76	66	76	10	35	30	1	0	64	11	1	0	22	44
	中国文学	8	12	8	12	1	5	5	1	0	11	0	1	0	10	1
	外国文学	9	16	11	16	2	2	11	0	1	16	0	0	0	6	10
	艺术学	10	9	7	9	1	2	5	0	1	5	4	0	0	1	4
	历史学	11	19	11	19	6	9	4	0	0	17	2	0	0	11	7
	考古学	12	0	0	0	0	0	0	0	0	0	0	0	0	0	0
	经济学	13	32	16	32	15	10	5	2	0	29	3	0	0	25	4
	政治学	14	47	20	47	22	15	10	0	0	44	3	0	0	37	8
	法学	15	467	207	467	170	222	56	8	11	396	70	1	0	287	112
	社会学	16	14	6	14	3	7	3	1	0	14	0	0	0	12	2
	民族学与文化学	17	0	0	0	0	0	0	0	0	0	0	0	0	0	0
	新闻学与传播学	18	24	14	24	3	10	8	3	0	21	3	0	0	17	4
	图书、情报、文献学	19	61	48	61	6	9	37	9	0	9	36	16	0	2	7
	教育学	20	17	11	17	1	3	9	1	3	13	2	2	0	2	12
	统计学	21	6	4	6	0	0	3	0	3	2	4	0	0	0	2
	心理学	22	15	8	15	4	10	1	0	0	15	0	0	0	12	3
	体育学	23	36	6	36	3	16	13	4	0	12	23	1	0	0	9
按年龄划分	60岁及其以上	24	24	6	24	24	0	0	0	0	14	10	0	0	7	6
	55—59岁	25	108	36	108	73	27	7	1	0	69	34	5	0	45	23
	50—54岁	26	112	57	112	53	47	12	0	0	67	40	5	0	40	28
	45—49岁	27	222	125	222	80	104	33	2	3	160	54	8	0	107	61
	40—44岁	28	185	88	185	32	103	42	5	3	156	24	5	0	117	44
	35—39岁	29	175	96	175	10	97	62	3	3	158	17	0	0	122	42
	30—34岁	30	145	87	145	0	29	89	18	9	134	11	0	0	66	68
	29岁及以下	31	24	14	24	0	0	9	10	5	18	6	0	0	6	11

（中国政法大学科研处刘璐供稿）

对外经济贸易大学2012年人文社会科学研究基本情况统计表

学科门类	研究人员情况						课题研究情况				研究成果情况		
	合计	教授	副教授	讲师	助教	初级	合计	基础研究	应用研究	其他	出版著作	发表论文	获奖成果(省部级及以上)
	937	171	346	341	50	29	673	181	492	0	145	1436	14
管理学	209	31	76	69	18	15	204	57	147	0	32	397	3
马克思主义	32	3	10	9	9	1	16	8	8	0	2	44	0
哲学	2	0	1	0	0	1	0	0	0	0	0	1	0
逻辑学	0	0	0	0	0	0	0	0	0	0	0	0	0
宗教学	0	0	0	0	0	0	0	0	0	0	0	0	0
语言学	179	27	75	72	5	0	45	31	14	0	37	69	0
中国文学	15	1	10	4	0	0	6	5	1	0	3	18	0
外国文学	27	7	9	10	1	0	20	16	4	0	3	23	0
艺术学	4	0	1	1	1	1	2	1	1	0	0	3	0
历史学	3	2	0	1	0	0	2	2	0	0	1	1	0
考古学	0	0	0	0	0	0	0	0	0	0	0	0	0
经济学	297	74	103	109	5	6	257	31	226	0	44	641	7
政治学	30	2	11	16	0	1	11	5	6	0	2	41	1
法学	65	21	24	18	1	1	65	17	48	0	13	111	3
社会学	1	0	1	0	0	0	7	1	6	0	0	7	0
民族学	0	0	0	0	0	0	0	0	0	0	1	0	0
新闻学与传播学	3	0	1	2	0	0	6	1	5	0	0	10	0
图书、情报、文献学	27	0	6	18	1	2	0	0	0	0	0	4	0
教育学	10	0	2	2	5	1	20	5	15	0	1	23	0
统计学	9	3	1	5	0	0	11	1	10	0	2	10	0
心理学	0	0	0	0	0	0	0	0	0	0	0	0	0
体育学	24	0	15	5	4	0	1	0	1	0	4	33	0

（对外经济贸易大学科研处供稿）

中国农业大学2012年人文社会科学研究基本情况统计表

学科门类	研究人员情况						课题研究情况				研究成果情况		
	合计	教授	副教授	讲师	助教	初级	合计	基础研究	应用研究	其他	出版著作	发表论文	获奖成果(省部级及以上)
	391	100	180	92	4	15	848	170	678	0	5	956	0
管理学	71	24	24	14	1	8	208	35	173	0	2	371	0
马克思主义	11	2	8	1	0	0	26	18	8	0	0	23	0
哲学	7	2	4	1	0	0	6	3	3	0	0	0	0
逻辑学	0	0	0	0	0	0	0	0	0	0	0	0	0

续表

学科门类	研究人员情况						课题研究情况				研究成果情况		
	合计	教授	副教授	讲师	助教	初级	合计	基础研究	应用研究	其他	出版著作	发表论文	获奖成果（省部级及以上）
宗教学	0	0	0	0	0	0	0	0	0	0	0	0	0
语言学	37	6	18	12	1	0	10	2	8	0	0	19	0
中国文学	2	0	2	0	0	0	0	0	0	0	0	4	0
外国文学	2	0	1	1	0	0	0	0	0	0	0	0	0
艺术学	2	0	0	2	0	0	6	3	3	0	0	9	0
历史学	4	0	2	2	0	0	9	6	3	0	0	6	0
考古学	0	0	0	0	0	0	0	0	0	0	0	0	0
经济学	93	34	46	11	0	2	409	72	337	0	3	343	0
政治学	4	1	3	0	0	0	3	0	3	0	0	0	0
法学	20	3	11	6	0	0	25	3	22	0	0	20	0
社会学	54	14	26	13	1	0	118	21	97	0	0	80	0
民族学	0	0	0	0	0	0	2	1	1	0	0	0	0
新闻学与传播学	18	3	8	6	0	1	10	2	8	0	0	24	0
图书、情报、文献学	40	6	15	16	0	3	6	0	6	0	0	20	0
教育学	7	2	1	3	0	1	6	2	4	0	0	26	0
统计学	0	0	0	0	0	0	1	0	1	0	0	0	0
心理学	2	0	2	0	0	0	1	1	0	0	0	0	0
体育学	17	3	9	4	1	0	2	1	1	0	0	11	0

（中国农业大学科学技术发展研究院王虹供稿）

中国地质大学（北京）2012年人文社会科学研究基本情况统计表

学科门类	研究人员情况						课题研究情况				研究成果情况		
	合计	教授	副教授	讲师	助教	初级	合计	基础研究	应用研究	其他	出版著作	发表论文	获奖成果（省部级及以上）
	191	14	68	85	18	6	192	33	159	0	18	100	3
管理学	45	7	20	16	1	1	117	13	104	0	3	40	1
马克思主义	11	2	6	3	0	0	5	5	0	0	0	4	0
哲学	4	0	3	1	0	0	1	0	1	0	0	0	0
逻辑学	0	0	0	0	0	0	0	0	0	0	0	0	0
宗教学	0	0	0	0	0	0	0	0	0	0	0	0	0
语言学	49	1	16	18	11	3	12	2	10	0	3	1	0
中国文学	4	0	2	1	0	1	1	1	0	0	5	3	0
外国文学	7	0	2	5	0	0	0	0	0	0	2	11	0
艺术学	1	0	1	0	0	0	0	0	0	0	0	0	0

续表

学科门类	研究人员情况						课题研究情况				研究成果情况		
	合计	教授	副教授	讲师	助教	初级	合计	基础研究	应用研究	其他	出版著作	发表论文	获奖成果（省部级及以上）
历史学	0	0	0	0	0	0	0	0	0	0	0	2	0
考古学	0	0	0	0	0	0	0	0	0	0	0	0	0
经济学	18	1	7	10	0	0	24	4	20	0	2	9	2
政治学	1	0	0	1	0	0	5	1	4	0	0	0	0
法学	11	0	4	7	0	0	5	2	3	0	0	3	0
社会学	3	0	0	3	0	0	0	0	0	0	0	1	0
民族学	0	0	0	0	0	0	0	0	0	0	0	0	0
新闻学与传播学	0	0	0	0	0	0	0	0	0	0	0	0	0
图书、情报、文献学	4	0	0	1	2	1	1	0	1	0	0	0	0
教育学	9	1	2	5	1	0	17	4	13	0	3	10	0
统计学	3	0	0	3	0	0	0	0	0	0	0	0	0
心理学	1	1	0	0	0	0	4	1	3	0	0	8	0
体育学	20	1	5	11	2	1	0	0	0	0	0	8	0

（中国地质大学（北京）科技处供稿）

北京科技大学2012年人文社会科学研究基本情况统计表

学科门类	研究人员情况						课题研究情况				研究成果情况		
	合计	教授	副教授	讲师	助教	初级	合计	基础研究	应用研究	其他	出版著作	发表论文	获奖成果（省部级及以上）
	871	133	301	416	19	2	505	312	193	0	39	450	2
管理学	450	70	156	213	10	1	89	39	50	0	10	158	1
马克思主义	27	7	11	9	0	0	49	23	26	0	5	20	0
哲学	8	2	5	1	0	0	10	8	2	0	1	7	0
逻辑学	0	0	0	0	0	0	0	0	0	0	0	0	0
宗教学	0	0	0	0	0	0	1	1	0	0	0	0	0
语言学	86	7	19	57	3	0	45	35	10	0	2	40	0
中国文学	4	0	4	0	0	0	3	3	0	0	1	5	0
外国文学	16	1	5	10	0	0	3	3	0	0	0	21	0
艺术学	23	2	6	15	0	0	5	2	3	0	1	9	0
历史学	2	0	1	1	0	0	7	5	2	0	1	8	0
考古学	10	5	2	3	0	0	7	2	5	0	0	12	0
经济学	87	29	35	20	3	0	163	129	34	0	8	59	0
政治学	1	0	0	1	0	0	18	5	13	0	0	4	0
法学	18	3	8	7	0	0	22	9	13	0	3	17	0

续表

学科门类	研究人员情况						课题研究情况				研究成果情况		
	合计	教授	副教授	讲师	助教	初级	合计	基础研究	应用研究	其他	出版著作	发表论文	获奖成果（省部级及以上）
社会学	6	0	5	1	0	0	25	14	11	0	2	26	0
民族学	0	0	0	0	0	0	2	0	2	0	0	1	0
新闻学与传播学	10	2	1	7	0	0	2	1	1	0	0	0	0
图书、情报、文献学	70	4	17	47	2	0	1	0	1	0	0	4	0
教育学	5	1	1	3	0	0	42	24	18	0	1	35	1
统计学	1	0	1	0	0	0	2	2	0	0	0	1	0
心理学	3	0	1	2	0	0	8	7	1	0	0	0	0
体育学	44	0	23	19	1	1	1	0	1	0	4	23	0

（北京科技大学研究与发展部李静供稿）

北京交通大学2012年人文社会科学研究基本情况统计表

学科门类	研究人员情况						课题研究情况				研究成果情况		
	合计	教授	副教授	讲师	助教	初级	合计	基础研究	应用研究	其他	出版著作	发表论文	获奖成果（省部级及以上）
	803	153	247	354	29	20	1552	501	1051	0	41	361	7
管理学	271	77	84	89	13	8	791	174	617	0	21	78	4
马克思主义	28	10	10	7	1	0	20	12	8	0	1	54	0
哲学	11	3	4	1	3	0	0	0	0	0	1	11	1
逻辑学	0	0	0	0	0	0	3	1	2	0	0	0	0
宗教学	0	0	0	0	0	0	0	0	0	0	0	0	0
语言学	130	6	38	78	8	0	74	55	19	0	11	43	0
中国文学	7	1	2	3	1	0	5	4	1	0	0	3	0
外国文学	4	1	2	1	0	0	0	0	0	0	0	4	0
艺术学	57	8	13	35	1	0	123	34	89	0	5	51	0
历史学	3	0	3	0	0	0	7	5	2	0	0	4	0
考古学	0	0	0	0	0	0	0	0	0	0	0	0	0
经济学	118	27	40	49	0	2	313	73	240	0	0	40	2
政治学	23	6	10	7	0	0	57	53	4	0	0	3	0
法学	32	4	10	16	1	1	49	39	10	0	2	25	0
社会学	4	0	1	2	1	0	45	19	26	0	0	4	0
民族学	1	0	1	0	0	0	0	0	0	0	0	0	0
新闻学与传播学	9	1	0	8	0	0	11	7	4	0	0	22	0
图书、情报、文献学	46	2	10	31	0	3	0	0	0	0	0	1	0
教育学	11	5	4	2	0	0	33	14	19	0	0	3	0

续表

学科门类	研究人员情况						课题研究情况				研究成果情况		
	合计	教授	副教授	讲师	助教	初级	合计	基础研究	应用研究	其他	出版著作	发表论文	获奖成果(省部级及以上)
统计学	1	0	1	0	0	0	4	2	2	0	0	0	0
心理学	7	0	1	2	0	4	12	5	7	0	0	15	0
体育学	40	2	13	23	0	2	5	4	1	0	0	0	0

（北京交通大学人文社科办公室供稿）

首都经济贸易大学2012年人文社会科学研究基本情况统计表

学科门类	研究人员情况						课题研究情况				研究成果情况		
	合计	教授	副教授	讲师	助教	初级	合计	基础研究	应用研究	其他	出版著作	发表论文	获奖成果(省部级及以上)
	726	118	297	249	35	27	861	120	741	0	183	1122	14
管理学	170	27	66	54	13	10	345	23	322	0	73	271	3
马克思主义	11	3	6	2	0	0	8	6	2	0	5	59	0
哲学	8	2	2	3	0	1	4	3	1	0	0	10	0
逻辑学	0	0	0	0	0	0	0	0	0	0	0	0	0
宗教学	0	0	0	0	0	0	0	0	0	0	0	2	0
语言学	54	3	14	36	0	1	11	5	6	0	10	78	0
中国文学	18	0	8	10	0	0	7	6	1	0	1	1	0
外国文学	1	0	1	0	0	0	5	5	0	0	0	1	0
艺术学	7	0	1	2	2	2	0	0	0	0	0	9	0
历史学	0	0	0	0	0	0	4	4	0	0	2	6	0
考古学	0	0	0	0	0	0	0	0	0	0	0	1	0
经济学	274	60	134	66	8	6	317	27	290	0	54	376	9
政治学	4	1	2	1	0	0	3	2	1	0	1	4	0
法学	37	6	15	15	1	0	53	20	33	0	16	78	0
社会学	13	3	5	4	0	1	38	2	36	0	3	42	2
民族学	0	0	0	0	0	0	0	0	0	0	0	11	0
新闻学与传播学	20	2	7	9	2	0	11	5	6	0	5	44	0
图书、情报、文献学	29	2	11	8	5	3	1	0	1	0	0	3	0
教育学	35	3	7	21	3	1	18	4	14	0	2	71	0
统计学	19	4	10	3	1	1	26	7	19	0	2	23	0
心理学	1	0	1	0	0	0	0	0	0	0	0	0	0
体育学	25	2	7	15	0	1	10	1	9	0	9	32	0

（首都经济贸易大学科研处供稿）

北京工商大学2012年人文社会科学研究基本情况统计表

学科门类	研究人员情况						课题研究情况				研究成果情况		
	合计	教授	副教授	讲师	助教	初级	合计	基础研究	应用研究	其他	出版著作	发表论文	获奖成果（省部级及以上）
	641	69	217	290	51	14	503	66	437	0	99	787	0
管理学	143	17	39	71	13	3	214	15	199	0	35	259	0
马克思主义	16	0	8	6	2	0	10	8	2	0	2	17	0
哲学	11	1	3	5	2	0	2	2	0	0	1	1	0
逻辑学	0	0	0	0	0	0	0	0	0	0	0	0	0
宗教学	0	1	0	0	0	0	0	0	0	0	0	0	0
语言学	66	0	23	42	0	0	10	6	4	0	3	24	0
中国文学	4	0	3	1	0	0	0	0	0	0	0	0	0
外国文学	6	1	0	4	1	0	2	1	1	0	0	0	0
艺术学	53	2	11	36	4	0	46	6	40	0	6	53	0
历史学	2	0	1	0	0	1	0	0	0	0	0	1	0
考古学	0	0	0	0	0	0	0	0	0	0	0	0	0
经济学	151	35	70	38	5	3	134	5	129	0	22	223	0
政治学	3	0	0	1	2	0	2	1	1	0	0	4	0
法学	55	6	21	19	7	2	33	12	21	0	14	63	0
社会学	2	0	0	2	0	0	1	0	1	0	0	7	0
民族学	0	0	0	0	0	0	0	0	0	0	1	0	0
新闻学与传播学	22	4	4	13	1	0	27	3	24	0	7	43	0
图书、情报、文献学	29	0	9	12	5	3	1	0	1	0	0	1	0
教育学	34	0	8	21	3	2	15	6	9	0	3	25	0
统计学	10	0	5	4	1	0	4	1	3	0	1	12	0
心理学	4	1	0	1	2	0	0	0	0	0	0	0	0
体育学	30	1	12	14	3	0	2	0	2	0	4	54	0

（北京工商大学科学技术处供稿）

北京林业大学2012年人文社会科学研究基本情况统计表

学科门类	研究人员情况						课题研究情况				研究成果情况		
	合计	教授	副教授	讲师	助教	初级	合计	基础研究	应用研究	其他	出版著作	发表论文	获奖成果（省部级及以上）
	410	42	138	176	19	35	246	224	21	1	39	344	0
管理学	97	13	33	39	3	9	50	46	4	0	10	80	0
马克思主义	14	3	9	2	0	0	0	0	0	0	0	3	0
哲学	12	0	4	6	0	2	5	5	0	0	1	19	0
逻辑学	0	0	0	0	0	0	2	2	0	0	0	1	0

续表

学科门类	研究人员情况						课题研究情况				研究成果情况		
	合计	教授	副教授	讲师	助教	初级	合计	基础研究	应用研究	其他	出版著作	发表论文	获奖成果(省部级及以上)
宗教学	0	0	0	0	0	0	0	0	0	0	0	0	0
语言学	95	7	30	45	7	6	7	6	1	0	8	59	0
中国文学	1	0	1	0	0	0	1	1	0	0	0	4	0
外国文学	0	0	0	0	0	0	3	3	0	0	0	10	0
艺术学	1	0	1	0	0	0	1	1	0	0	0	0	0
历史学	4	0	1	1	0	2	3	3	0	0	0	7	0
考古学	0	0	0	0	0	0	0	0	0	0	0	0	0
经济学	53	10	18	22	0	3	84	74	9	1	7	67	0
政治学	0	0	0	0	0	0	5	5	0	0	0	4	0
法学	16	1	6	7	1	1	21	20	1	0	2	20	0
社会学	0	0	0	0	0	0	17	16	1	0	4	22	0
民族学	0	0	0	0	0	0	0	0	0	0	0	3	0
新闻学与传播学	0	0	0	0	0	0	1	0	1	0	0	0	0
图书、情报、文献学	54	3	16	27	0	8	3	3	0	0	0	0	0
教育学	5	0	2	1	1	1	17	16	1	0	1	20	0
统计学	5	0	1	4	0	0	7	7	0	0	1	1	0
心理学	16	1	5	8	0	2	15	14	1	0	5	19	0
体育学	37	4	11	14	7	1	4	2	2	0	0	5	0

（北京林业大学科技处张力供稿）

北京联合大学2012年人文社会科学研究基本情况统计表

学科门类	研究人员情况						课题研究情况				研究成果情况		
	合计	教授	副教授	讲师	助教	初级	合计	基础研究	应用研究	其他	出版著作	发表论文	获奖成果(省部级及以上)
	1411	104	351	771	81	104	148	30	117	1	102	1673	2
管理学	290	24	81	151	9	25	50	7	43	0	20	332	0
马克思主义	70	8	21	35	3	3	15	5	10	0	5	156	0
哲学	29	4	8	15	1	1	0	0	0	0	1	8	0
逻辑学	0	0	0	0	0	0	0	0	0	0	0	0	0
宗教学	1	0	0	1	0	0	0	0	0	0	0	2	0
语言学	240	12	48	148	22	10	5	2	3	0	8	187	0
中国文学	0	0	0	0	0	0	0	0	0	0	0	20	0
外国文学	42	2	10	21	4	5	2	2	0	0	2	25	0
艺术学	161	6	30	97	22	6	3	1	2	0	6	153	0

续表

学科门类	研究人员情况						课题研究情况				研究成果情况		
	合计	教授	副教授	讲师	助教	初级	合计	基础研究	应用研究	其他	出版著作	发表论文	获奖成果(省部级及以上)
历史学	41	8	17	15	0	1	7	3	4	0	7	58	0
考古学	5	1	2	2	0	0	3	2	0	1	0	8	0
经济学	129	9	41	65	4	10	13	0	13	0	11	124	0
政治学	17	4	2	6	3	2	10	2	8	0	16	96	1
法学	55	7	16	23	5	4	5	1	4	0	2	59	1
社会学	13	0	2	9	0	2	9	3	6	0	2	17	0
民族学	1	0	1	0	0	0	0	0	0	0	0	4	0
新闻学与传播学	22	4	7	8	0	3	2	0	2	0	1	45	0
图书、情报、文献学	86	1	17	54	0	14	5	0	5	0	0	57	0
教育学	130	13	29	69	3	16	15	1	14	0	14	274	0
统计学	8	0	3	5	0	0	1	0	1	0	0	5	0
心理学	0	0	0	0	0	0	0	0	0	0	0	0	0
体育学	71	1	16	47	5	2	3	1	2	0	7	43	0

（北京联合大学科研处供稿）

中共北京市委党校、北京行政学院社会科学队伍统计表

学科门类	按职称划分					按最后学历划分					按最后学位划分	
	小计 L01	正高 L02	副高 L03	中级 L04	初级 L05	研究生 L06	本科生 L07	大专生 L08	中专生 L09	其他 L10	博士 L11	硕士 L12
	144	22	54	58	10	117	21	3	0	2	66	33
哲学	14	5	6	3	0	14	0	0	0	0	11	3
经济学	11	2	5	4	0	11	0	0	0	0	8	0
政治学	14	3	4	7	0	13	1	0	0	0	9	1
党史党建	11	3	5	3	0	10	1	0	0	0	6	2
公共管理	11	3	4	4	0	11	0	0	0	0	6	4
工商管理	13	1	7	5	0	12	1	0	0	0	5	4
法学	14	2	5	7	0	14	0	0	0	0	9	4
社会学	13	2	7	4	0	12	0	0	0	0	10	2
语言文学	8	0	5	3	0	6	2	0	0	0	0	4
历史学	1	1	0	0	0	1	0	0	0	0	0	1
计算机	12	0	3	6	3	4	8	0	0	0	0	4
图书、情报、文献学	11	0	2	5	4	5	4	0	0	2	0	4
其他学科	11	0	1	7	3	4	4	3	0	0	2	0

说明：该表统计时间为2012年12月底截止，参公人员不包括在内。

（中共北京市委党校、北京行政学院科研处供稿）

北京市社会科学院2012年人文社会科学研究基本情况统计表

学科门类	研究人员情况					课题研究情况				研究成果情况		
	合计	正研	副研	助研	初级	合计	基础研究	应用研究	其他	出版著作	发表论文	获奖成果（省部级及以上）
	148	23	66	59	0	70	15	55	0	43	534	7
文化所	13	3	6	4	0	6	0	6	0	4	104	2
历史所	16	3	9	4	0	6	5	1	0	4	38	1
哲学所	12	1	7	4	0	1	1	0	0	2	41	0
经济所	17	0	12	5	0	14	1	13	0	3	67	2
科社所	10	2	5	3	0	4	2	2	0	2	48	0
社会学所	13	4	5	4	0	4	0	4	0	4	31	0
城市所	12	3	3	6	0	6	0	6	0	7	22	1
外国所	8	2	4	2	0	2	1	1	0	2	28	0
满学所	7	1	3	3	0	4	4	0	0	2	23	0
管理所	15	2	7	6	0	4	0	4	0	5	49	0
综治所	10	2	3	5	0	7	1	6	0	5	42	0
市情调研中心	7	0	1	6	0	6	0	6	0	2	26	1
法学所	8	0	1	7	0	6	0	6	0	1	15	0

（北京市社会科学院科研处供稿）